D1997309

Liebe ,

in Erinnerung an einen schönen Gesprächsabend in Münster

mit herzlichem Gruß

Wolf G. Schmidt

1682 J.B.METZLER

Wolf Gerhard Schmidt

Zwischen Antimoderne und Postmoderne

Das deutsche Drama und Theater der Nachkriegszeit im internationalen Kontext

Verlag J.B. Metzler
Stuttgart · Weimar

Gedruckt mit Unterstützung
des Förderungs- und Beihilfefonds Wissenschaft der VG Wort

Bibliografische Information der Deutschen Nationalbibliothek
Die Deutsche Nationalbibliothek verzeichnet diese Publikation
in der Deutschen Nationalbibliografie; detaillierte bibliografische Daten
sind im Internet über http://dnb.d-nb.de abrufbar.

Gedruckt auf säure- und chlorfreiem, alterungsbeständigem Papier.

ISBN 978-3-476-02309-4

www.metzlerverlag.de
info@metzlerverlag.de

Einbandgestaltung: Willy Löffelhardt/Melanie Weiß
Druck und Bindung: Kösel Krugzell · www.koeselbuch.de
Printed in Germany
Juli 2009

Verlag J. B. Metzler Stuttgart · Weimar

Meiner kleinen Familie

Vorbemerkung

Die vorliegende Arbeit, die in den Jahren 2004 bis 2007 entstanden ist, wurde im Januar 2008 als Habilitationsschrift an der Katholischen Universität Eichstätt-Ingolstadt eingereicht. Die Anzahl derer, bei denen ich mich für Anregungen, Hinweise und sonstige Unterstützung zu bedanken habe, entspricht dem Umfang der vorliegenden Studie. Aufarbeitung, Analyse, Interpretation wurden mir erleichtert durch bereitwillige Hilfe und Anteilnahme von Universitätslehrern, Kommilitonen, Freunden und Verwandten.

Für Themenfindung und wissenschaftliche Begleitung möchte ich zunächst meinem Doktorvater, Prof. Dr. Gerhard Sauder, sehr herzlich danken. Die Tätigkeit als wissenschaftlicher Mitarbeiter an seinem Saarbrücker Lehrstuhl hat mich stark geprägt. Auch nach dem Universitätswechsel stand mir Herr Sauder stets mit Rat und Tat zur Seite. Ganz besonderen Dank schulde ich meinem neuen Chef, Prof. Dr. Thomas Pittrof – sowohl für die offene Ausschreibung der Assistentenstelle im Jahr 2003 als auch dafür, daß er mir seitdem viel Zeit für eigene Forschung eingeräumt hat. Zudem fühle ich mich Herrn Pittrof verpflichtet, weil die vorliegende Arbeit von ihm mit geduldiger Akribie gelesen und – in Text wie Gutachten – umfangreich kommentiert wurde.

Ich habe mich darüber hinaus sehr gefreut, daß Prof. Dr. Monika Schmitz-Emans (Bochum), Prof. Dr. Helmuth Kiesel (Heidelberg) und Prof. Dr. Gerhard Lauer (Göttingen) sich bereiterklärten, das hiesige Fachmentorat zu vervollständigen. Auch für die fristgerechte Begutachtung der Habilitationsschrift bin ich ihnen dankbar. Ein weiterer Universitätslehrer, der den Entstehungsprozeß der vorliegenden Arbeit begleitet hat, ist Prof. Dr. Bernd Balzer (FU Berlin). Obwohl teilweise mit demselben Forschungsgebiet befaßt, überließ er mir freundlicherweise Kopien schwer zu beschaffender Nachkriegsdramen aus seinem umfangreichen Archiv. Entsprechende Fragen meinerseits wurden ebenfalls immer bereitwillig beantwortet. In einer Zeit voller Terminkalender ist ein solcher Einsatz außerhalb universitärer Verpflichtungen sicher nicht selbstverständlich. Um so schöner war es, daß ich ihm als Ergebnis eigener Forschung ebenfalls bisher unbekannte Theaterstücke zukommen lassen konnte.

Für Hinweise, Diskussionen, Materialbeschaffung und/oder allgemeinen Beistand möchte ich mich des weiteren bedanken bei Prof. Dr. Michael Braun, Prof. Dr. Georg Braungart, Prof. Dr. Norbert Otto Eke, Prof. Dr. Manfred Engel, Prof. Dr. Anat Feinberg, Prof. Dr. Alberto Gil, Prof. Dr. Andreas Kablitz, Prof. Dr. Volker Kapp, Prof. Dr. Stefan Keppler, Prof. Dr. Steffen Martus, Prof. Dr. Ulrich Profitlich, Prof. Dr. Ruprecht Wimmer, PD Dr. Stefan Scherer, Dr. Branka Schaller, Dr. Ralf Trinks, Irmeli Altendorf, Wolfgang Altendorf (†), Herbert Asmodi (†), Gisela Crémer, Pia Kipphardt, Roland Kleiner, Christian Mächler, Agnes Steimann. Sehr zu Dank verpflichtet bin ich zudem Jessica Weppler, M.A. Sie hat nicht nur die gesamte Arbeit Korrektur gelesen, sondern auch das umfangreiche Dramen- und Personenregister erstellt. Beim Vervielfältigen der Primär- und Sekundärliteratur waren mir dagegen meine Mutter und meine Frau behilflich.

Abschließend möchte ich noch drei Institutionen danken: der VG Wort für die Bewilligung eines großzügigen Druckkostenzuschusses sowie den Fernleihabteilungen der Universität des Saarlandes und der Katholischen Universität Eichstätt-Ingolstadt wegen des unermüdlichen Einsatzes bei der Beschaffung relevanter Quellentexte – stellvertretend seien Christiane Speicher und Bernhard Matschulla genannt. Als überaus hilfsbereit haben sich auch nahezu alle Bibliotheken, Archive, Museen und Verlage erwiesen; die Beschaffung bzw. Auswertung des notwendigen Materials wäre ohne ihr Entgegenkommen sehr schwierig geworden.

Angesichts der Anspannung, unter der ein so umfangreiches Projekt notwendig entsteht, möchte ich meinen Eltern und meinen Schwiegereltern ganz herzlich für die Unterstützung und Nachsicht danken, die sie mir in sehr arbeitsintensiven Zeiten entgegengebracht haben. Dies gilt in besonderer Weise für meine Frau Carolin und meinen kleinen Sohn Friedrich Robert. Ihnen sei dieses Buch in großer Liebe und Dankbarkeit gewidmet.

Beilngries, im Juni 2009 — Wolf Gerhard Schmidt

Inhaltsverzeichnis

1. Einleitung 1

»Restaurationsepoche«? Zur Neubewertung der Nachkriegszeit 1 – *Posthistoire*: Das Ende der europäischen Avantgarden 6 – Konservatismus/Innovation in Drama und Theater 11 – Relative Autonomie des deutschen Diskurses 17 – Kulturgeographische Perspektive 19 – Die Frage der Periodisierung 20 – Aufbau und Struktur der Arbeit 25

2. Der Mythos vom »Schweigen des Dramas« 27

Forschungsbericht 27 – Gründe bisheriger Fehleinschätzungen 33

3. Drama und Theater als Medien kollektiver Sinnstiftung 37

»Fiktionsbedürftigkeit« und Formung des »Imaginären« im »Probespielraum« 38 – Applikation auf das vorliegende Projekt 40 – Verhältnis Referenz/Performanz 42

A. Soziokulturelle Ordnungen 45

1. Globalperspektive und Theaterpolitik 47

1.1 »Anstalt der Moral« und Medium der Ideologie(kritik): Die soziokulturelle Funktion von Drama und Theater 47

1.2 Direktiven I: Westliche Besatzer/Bundesrepublik 53

1.3 Direktiven II: Sowjetunion/DDR 60

1.3.1 Nachkriegsphase (1945-1949) 60

1.3.2 Aufbauphase I: Affirmation (1949-1953) 66

1.3.3 Aufbauphase II: Dialektisierung (1953-1961) 72

2. Topographie und Repertoire 77

2.1 Das Zürcher Schauspielhaus 77

2.2 Das ›Theaterwunder‹ der ersten Nachkriegsjahre 83

2.3 Die Diversifikation der deutschen Bühnenlandschaft 90

3. Medialisierung und Performanz ... 96

3.1 Integrales Theater: Sinnstiftung im ›Spiel aller möglichen Fälle‹ ... 96

Systemisch: Pluralität der ästhetischen Konzepte (im Subventionsmodell) 97 – Architektonisch: Dekonstruktion der Guckkastenbühne 100 – Dramaturgisch: Offenhalten verschiedener Textperspektiven 104

3.1.1 Statuarische Expression (Fehling) ... 105
3.1.2 Skeptischer Klassizismus (Gründgens) ... 110
3.1.3 Instrumentale Choreographie (Sellner/Koch) ... 116
3.1.4 Sonstige (semi)integrale Konzepte ... 127

Hilpert 128 – Schalla 129 – Stroux 130 – Schweikart, Schuh 131 – Barlog 132 – Ruhrfestspiele 133 – Buckwitz 135

3.2 Engagiertes Theater: Provokation durch gegenwartsbezogene Regie ... 137

3.2.1 »Wahrheit des Ausdrucks« und pazifistische Revolte: Ambivalenzen in Kortners Inszenierungskonzept ... 138

3.2.2 Kritik, Defätismus, Kontrolle: Zur Subversivlogik von Piscators »Bekenntnistheater« ... 145

3.3 Tangentiales Theater: Aktualisierung im Zeichen des Sozialismus ... 160

3.3.1 Linearer Realismus: Leitfunktion der ›Überaufgabe‹ ... 162

Stanislawski-System 163 – Klassikerdiskurs 165 – Regietheater: Wangenheim, Heinz, Vallentin, Kayser, Burghardt, Paryla 166 – Abweichung: Hellberg – Versuche einer Repertoire-Ausweitung 169

3.3.2 Vom linearen zum dialektischen Realismus: Langhoffs (Klassiker)Inszenierungen ... 170

3.3.3 Epischer Realismus: Modellbildung und Adaptionstechnik bei Brecht ... 177

B. Semantische Ordnungen ... 187

1. Narrative der Repräsentation ... 189

1.1 Biologisch-anthropologischer Diskurs: Äquivalenz zwischen Menschheits- und Naturentwicklung ... 189

Krieg als Sintflut (Wilder-Rezeption) 189 – Krieg als Krankheit 190 – Krieg als Kampf der Geschlechter 191

1.2 Historisch-intertextueller Diskurs:
Äquivalenz/Diskrepanz zwischen Gegenwart und Vergangenheit........193

1.2.1 Statische Geschichte: Vergleichbarkeit/Wiederholung..............193

Abstandstheorie 193 – Der ›ewige Krieg‹ (psychologisch, mythisch, ökonomisch, ethisch) 195 – Deutsche Tragödie/Welttragödie: historisch (Postfaschismus), intertextuell (Kain, Faust, Hamlet etc.) 199

1.2.2 Dynamische Geschichte I: Bekenntnis/Peripetie........................205

Das angebliche Fehlen einer deutschen »Bewältigungsdramatik« 205 – Widerstand/Revolte 206 – Leiden/Schuld 208 – Holocaust-Diskurs: Vierziger Jahre (Boeheim, Müller, Denger, Rohde, Vogel, Geis, Meier) 213 – Fünfziger Jahre (Drewitz, Altendorf, Remarque, Sylvanus, Frank, Andres, Haecker, Harlan u.a.) 217 – Wandlung/Heimkehr 226 – Absurdität von Krieg und Subordination 228

1.2.3 Dynamische Geschichte II:
Der ›dritte Weg‹ als Lösung weltpolitischer Aporien 229

2. Narrative der Ethik..233

2.1 Deontologischer Diskurs: Gewissen und *moral sense*..........................233

2.2 Utilitaristischer Diskurs: Aufbautat und Verantwortung.......................236

2.3 Agapistischer Diskurs: ›Liebe‹ als Universalprinzip............................239

3. Narrative der Transzendenz...241

3.1 Christlich-religiöser Diskurs:
Äquivalenz zwischen Menschheits- und Heilsgeschichte 241

Das Dritte Reich als Objektivation biblischer Archetypen: Luzifer, Kain, Judas etc. 242 – Opfertod statt Revolte (Andres, Ahlsen u.a.) 244 – Christentum und Sozialismus 248

3.2 Mythisch-metaphysischer Diskurs:
Äquivalenz zwischen irdischer und kosmischer Ordnung....................249

Mythos versus »Oberflächenwirklichkeit« 250 – diachron: Antikerekurs (Rehberg, Glaeser u.a.) 252 – synchron: Duplizität der Handlungsebenen (Syberberg, Vietta u.a.) 254

4. Narrative des Marxismus...260

4.1 Konvergenzdiskurs..260

4.1.1 Theorie und Wirklichkeit: Sozialistischer Realismus 260

Begriffsgeschichte 261 – Theatrale Politik: Der Staat als Kunstwerk 264 – Kodifizierung I: Lukács' Modellvorgabe 266 – Kodifizierung II: Die affirmative DDR-Diskussion 268 – Kritik und Ausweitung 272

4.1.2 Geschlecht und Kollektiv: Neuer Mensch 276

Die Frau als sozialistische »Muse« 276 –
Der Weg vom »Ich« zum »Wir« 279

4.1.3 Technik und Humanismus: Befreite Arbeit 284

Das Produktionsstück 285 – Pioniertat und sinnstiftendes Opfer 287

4.2 Divergenzdiskurs 289

4.2.1 Negative Geschichte I: Monokapital und Faschismus 289

Totalitarismusthese 289 – Das ›kleine Absurde‹ der
bürgerlichen Welt 291 – Frieden und Kampf 295 –
Modifikationen im Avantgardebereich 297

4.2.2 Negative Geschichte II:
Analyse der Klassengesellschaft (Hacks) 298

Das Volksbuch vom Herzog Ernst 299 – Eröffnung des
indischen Zeitalters 300 – Die Schlacht bei Lobositz 302 –
Der Müller von Sanssouci 304

4.2.3 Positive Geschichte: Aufstände und Revolutionen 308

Abstandstheorie / Wider die ›deutsche Misere‹ 308 –
Dramatisierung historischer ›Höhepunkte‹ von der Antike
bis zur Gegenwart (Knauth, Wolf, Zinner u.a.) 309

5. Narrative des Absurdismus 316

5.1 Nonsens als Systembegriff 316

5.1.1 Die ›Pariser Avantgarde‹ in Deutschland 316

5.1.2 Sinnlose Revolte und Posthistorismus (Hildesheimer) 320

Theorie des Absurden und Kunstdiskurs 321 – Der Drachenthron 323 –
Die Herren der Welt 324 - Spiele in denen es dunkel wird 325 –
Der schiefe Turm von Pisa, Das Opfer Helena 327 – Die Verspätung 328

5.2 Nonsens als Grenzphänomen 330

5.2.1 Soziale Apokalypse: Der (deutsche) Bürger 331

Altendorf, Asmodi, Oelschlegel, Waldmann, Dorst, Moers, Hey u.a.

5.2.2 Nukleare Apokalypse: Das zerstörte Genom (Jahnn) 338

6. Problematisierung der Narrative 342

6.1 Repräsentation: Insuffizienz systembildender Ähnlichkeitsbezüge 342

6.1.1 Jenseits des Humanen: Das Groteske, Surreale und Extreme 342

6.1.2 Jenseits der Historie: Politisch-gesellschaftliche Ortlosigkeit 345

6.2 Ethik: Grenzen der Wirksamkeit moralischer Maximen 347

6.2.1 Inkommensurabilität individueller Normgebung 347

Westdiskurs: Extremsituation (Scholz, Weiss u.a.) 348 –
Der ›funktionale Mensch‹ (Hubalek, Kästner, Michelsen u.a.) 350 –
Ende der Universalmoral (Spoerl, Ahlsen, Andres u.a.) 351 –
Ostdiskurs: Triebsubversion (Hacks, Müller, Lange u.a.) 353

6.2.2 Inkommensurabilität kollektiver Machtmechanismen 358

6.3 Transzendenz: Zweifel an Sinn und Wahrheit höherer Ordnungen 360

6.3.1 Aporien christlicher Herrschaft (Schneider) 360

Der Kronprinz 360 – Der große Verzicht 361 – Die Tarnkappe 362 –
Der Traum des Eroberers, Zar Alexander, Innozenz und Franziskus 363 –
Claudel-Kritik / Das Drama als »Tribunal in apokalyptischem Aspekt« 365

6.3.2 Polyvalenz mythischer Erzählungen 369

Mythos als ab- und anwesendes »Urbild« (Haecker, Lange) 369 –
Offenheit des Mythos (Peregrin, Westpfahl) 371 –
Manipulation des Mythos (Eschmann, Lintzel) 372

6.4 Marxismus: Skepsis gegenüber dem historischen Fortschritt 374

6.4.1 Deformierte Dialektik I: Oberfläche/Tiefenstruktur (Brecht) 374

Der kaukasische Kreidekreis 374 – Die Tage der Kommune 378 –
Turandot oder Der Kongreß der Weißwäscher 385 – Leben des Galilei 389

6.4.2 Deformierte Dialektik II: Hypertrophie (Hacks) 395

»Konvergenztheorie« und Wahrheitspluralismus 395 –
Die Sorgen und die Macht 399 – Moritz Tassow 405

6.4.3 Deformierte Dialektik III: Fragmentarisierung (Müller) 410

Teleologie und Inkommensurabilität 410 – Der Lohndrücker 415 –
Die Korrektur 418 – Die Umsiedlerin oder Das Leben auf dem Lande 419

6.5 Absurdismus: Nonsens als Katalysator kritischer Sinnstiftung 424

6.5.1 Postnihilismus (Borchert) 425

Die Utopie in der Leerstelle I: Draußen vor der Tür

6.5.2 Postexistentialismus (Grass) 429

Der Sisyphos-Mythos 429 – Hochwasser 430 – Onkel, Onkel 432 –
Noch zehn Minuten bis Buffalo / Eine »neue Muse« 433
Die bösen Köche 434 – Zweiundreißig Zähne 435

6.5.3 Postmarxismus (Müller) 435

Die Utopie in der Leerstelle II: Das aporetische Produktionsstück

C. Ästhetische Ordnungen 441

1. Der Dramatiker: Zwischen Pontifikat und Identitätsverlust 443

Legitimation der Sonderstellung: religiös (Syberberg u.a.) – ethisch (Weisenborn u.a.) 443 – elitär (Jahnn u.a.) 446 – Der politische Diskurs (Kipphardt u.a.) 448 – Der skeptizistische Diskurs (Dorst u.a.) 451 – Neue Selbstfindung? (Weiss) 453 – Ende des Avantgardismus 454

2. Der Protagonist: Heroe, Invalide, dezentriertes Subjekt 455

3. Gattungstypologie 459

3.1 Tragödie – Tragik – Katharsis: Pluralisierung und Kontrolle 459

»Wiedergeburt der Tragödie« / »Inflation« des Tragik-Begriffs 459 – semantische Dimension der Katharsis: ethisch (Weisenborn, Andres, Piscator) 464 – christlich (Rutenborn, Andres, Ahlsen) 466 – metaphysisch (Vietta, Zuckmayer) 467 – marxistisch (Wolf) 469 – ästhetische Dimension der Katharsis: episch (Brecht, Hacks, Rutenborn, Hermanowski, Hausmann) 470 – transzendental (Borchert, Schneider) 473 – metapoetisch (Weisenborn) 474

3.2 Komödie – Komik I: Differentialdiskurs 475

Probleme der Begriffsbestimmung / Vielfalt der Perspektiven: anthropologisch (Burg, Mostar, Böll, Waldmann, Wittlinger u.a.) 475 – sozialkritisch: Kabarett (Lommer, Neumann), Dramatik (Sauer, Fleisser, Hubalek u.a.) 477 – universalistisch (Brodwin, Vietta, Coubier, Hey u.a.) 480 – defätistisch (Ambesser, Kästner, Asmodi) 485 – anarchistisch (Hacks, Müller) 486

3.3 Komödie – Komik II: Tangentialdiskurs 488

»Tod der Tragödie« / Mediation von Verlachen und Humor 488 – Affirmatives Lustspiel (nicht-systemische Binnenkritik): aristotelisch (Wangenheim, Wolf, Freyer, Lucke, Sakowski, Zinner u.a.), episch (Baierl) 491 – DDR-Satire I (systemische Außenkritik: Knauth, Dudow/Keisch/Tschesno-Hell, Kuhn, Hauser) 494 – Transgressives Lustspiel: DDR-Satire II (latent systemische Binnenkritik: Kipphardt, Knauth) 497

3.4 Die Tragikomödie: Sinnstiftung im Modus der Diskrepanz 504

3.5 Aufhebung von Tragödie und Komödie 509

3.5.1 Positiv (Hacks): Das realistische Theaterstück als »Ende« der Kunst 509

3.5.2 Negativ (Ionesco-Rezeption): Darstellung des Abgrunds in der anarchischen »Mitte« 512

4. Dramen- und Theaterkonzepte ... 516

4.1 Aristotelisch-illusionistische Modelle ... 516

4.1.1 Vom Antagonismus zur Entscheidung: Die Bühne als »geistiger Kampfplatz« (Wolf) ... 520

4.1.2 Zwischen Identifikation und Distanz: Theater der »äußersten Konfliktmöglichkeiten« (Kipphardt) ... 528

4.1.3 Transzendenz und Totalität: Metaphysischer Naturalismus (Zuckmayer) ... 534

4.1.4 Transzendenz und Diskontinuität: Poetischer Naturalismus (Matusche) ... 539

4.2 Episch-distanzierende Modelle ... 548

4.2.1 Internationale Vorgaben und deutsche Rezeption ... 548

Wilders ›Universaltheater‹ 548 – Dramaturgische Umsetzung: ethisch (Pilaczek, Altendorf) – sozialkritisch (Kipphardt, Sylvanus) 551 – transzendent: Claudel-Integration (Andres, Rutenborn, Vietta, Hausmann) 554 – defätistisch: Anouilh-Integration (Lampel, Ambesser, Meier, Wittlinger, Tettenborn) 557 – modernegeschichtliche Einordnung 561

4.2.2 Der späte Brecht: Ästhetik der Dispersion ... 561

Form- und Strategiepluralismus: Die dritte Werkperiode 561 – Theater der »guten Kausalität« 564 – Zentralbegriff ›Fabel‹: Das Drama als Staat 566 – Neue Dialektik von Identifikation und Verfremdung 570 – Der 17. Juni 1953 und die Folgen 573 – Aporien des Realsozialismus: Das Büsching/Garbe-Fragment 576

4.2.3 Filiation I: Vom Blankvers-Volksstück zum prosaischen »Bilderbogen« (Strittmatter) ... 581

Katzgraben: Zusammenarbeit mit Brecht 581 – Die Holländerbraut 590

4.2.4 Filiation II und proletarisches Erbe: Experimentelle Nachkriegsdramatik in der DDR ... 591

Agitprop-Renaissance 591 – Didaktisches Theater: affirmativ (Baierl, Keller), transgressiv (Müller, Hacks) 596 – Aufwertung dialektischer Konzepte 600

4.2.5 Filiation III: Brecht-Rezeption in Westdeutschland ... 602

Existentialistisch (Warsitz) 602 – Sozialkritisch (Weisenborn, Hubalek) 604 – Marxistisch (Harlan) – Defätistisch (Asmodi) 609 – Absurdistisch (Hildesheimer) 611

4.3 Poetisch-performative Modelle 611

Poetisch-surreales Theater (Eliot, Fry, Syberberg) 612 – Absolutes Theater (Vietta, Sachs) 613 – Poetisch-absurdes Theater / Commedia dell'Arte (Tardieu, Ionesco, Beckett, Grass, Hildesheimer, Dorst, Asmodi, Waldmann, Moers, Sellner) 618 – Postdramatische Tendenz versus Integralbildung: perspektivisch (Beckett, Ionesco, Hildesheimer, Grass, Dürrenmatt, Willems), dramaturgisch (Vauthier, Audiberti, Anouilh, Grass, Weiss) 625

4.4 Film-, Hörspiel-, ›ortlose‹ Dramaturgie 632

Funktion und Kritik filmischer Verfahren (Zuckmayer, Weiss, Brecht, Müller u.a.) 632 – Hörspieltechnik / ›ortlose‹ Dramaturgie: Perspektiverweiterung (Wilder, Rutenborn, Hausmann u.a.) 635 – Raumästhetik / Lichtregie (Kriwet, Fehling, Piscator u.a.) 636 – »Zentrierung« der Fabel (Weisenborn) 638 – Absolute »Ortlosigkeit« (Hey, Dorst) 640

4.5 Ansätze zum Dokumentarismus 641

Allgemeine Tendenzen 641 – Piscator-Tradition (Weisenborn, Kipphardt) 642

Bibliographie 647

Abkürzungen 649

Siglenverzeichnis 650

Quellen 654

Forschungsliteratur 706

Register und Nachweise

Personenregister 759

Dramenregister 781

Abbildungsverzeichnis 799

»Es ließe sich fraglos ein umfangreiches wissenschaftliches Werk über die Situation des Dramatikers deutscher Sprache nach dem Kriege abfassen. [...] Es ist nicht wahr, daß die Schubkästen leer sind! Es scheint sogar, daß heute viel mehr geschrieben wird als früher. Die meisten Verlage und Bühnenvertriebe können sich nicht retten von Manuskripten!«

(*Rolf Italiaander*, 1951)

»Manuskripte deutscher Autoren gibt es genug. Sogar ›Zeitstücke‹. Sie stapeln sich in den dramaturgischen Büros der Intendanten und Bühnenverleger. Und legte nicht das künstlerische Verantwortungsbewußtsein der ›geschäftstüchtigen‹ Dramaturgen einen vorsorglichen Damm zwischen diese Manuskript-Flut und die Öffentlichkeit – vielleicht, daß dann manchem der behenden Kritiker doch das voreilige Wort im Halse steckenbliebe.«

(*Sabina Lietzmann*, 1948)

»Der Mensch hat sein Jenseits, das Abstrakte, aufgehoben. Gut, böse, komisch, ernst, ironisch, unwichtig, wichtig. Keine Wertungen mehr. Nichts schließt vom Abenteuer aus. Seine Erlebnisse sind Reihung, Brüche, Unterschiede, Verhältnisse, Strukturen.«

(*Claus Bremer*, 1957)

1. Einleitung

Der einschlägigen Forschung gilt die Nachkriegsepoche, d.h. die Phase zwischen 1945 und dem Beginn der sechziger Jahre, vor allem mit Blick auf Drama und Theater als »Dürrezeit«.[1] Eine ›Stunde Null‹ habe es nicht gegeben, und die Schubläden seien bis auf ›drei Ausnahmen‹[2] leer gewesen. Nach den Staatsgründungen scheint insbesondere der Westen von einer »nahezu alle gesellschaftlichen Bereiche betreffenden ›Restauration‹« gelähmt,[3] was Jost Hermand noch 1998 zu der These veranlaßt, das DDR-System sei dem Adenauer-Staat vorzuziehen, weil es sich zumindest um die Künstler bemüht habe.[4] Demgegenüber feiert man die sechziger Jahre als »Jahrzehnt der Veränderungsbewegungen«[5] und schlägt ihnen zum Beweis die »Neo-Avantgarde« der vorangegan-

1 Schröder (1994b), S. 151.

2 Zuckmayer: Des Teufels General (1942-1945), Weisenborn: Die Illegalen (1946), Borchert: Draußen vor der Tür (1947). Vgl. hierzu Kapitel 2 (Der Mythos vom »Schweigen des Dramas«).

3 Fischer-Lichte (1993a), S. 393. Dieselbe These begegnet, wie Kiesel (1997) nachgewiesen hat, in fast allen neueren Literaturgeschichten (vgl. S. 16-25). Von Emmerich wird sie noch 2007 affirmiert (S. 425).

4 Vgl. Hermand (1998), S. 383.

5 Schnell (1986), S. 168.

genen Dekade zu.[6] Mitunter begegnet auch der Versuch, vierziger und fünfziger Jahre in ähnlicher Weise zu separieren. Während die frühe Nachkriegszeit gesellschaftskritisch ausgerichtet sei, zielten die fünfziger Jahre auf poetische Derealisierung mit dem Ziel der Vergangenheitsverdrängung.[7] In sozialgeschichtlichen Studien wird der Restaurationsbegriff allerdings schon seit Mitte der siebziger Jahre problematisiert, nicht zuletzt angesichts von Fakten, die dem Befund klar widersprechen: u.a. Entideologisierung der politischen Parteien, Aufbrechen des Konfessionalismus im Kirchenbereich, Unterordnung des Militärs unter eine demokratische Machtinstanz, zunehmende Heterogenität der Kultur durch Westbindung. Helmuth Kiesel hat – beginnend mit Hans-Werner Richter und Walter Dirks – Geschichte, Bedeutung und Strategiewert des Restaurationsbegriffs untersucht und dabei herausgearbeitet, daß der Terminus »nicht nur als factum brutum festgestellt, sondern als raffinierter Verblendungsvorgang ausgegeben« wurde, »was zur Folge hatte, daß jemand, der die Restauration bezweifelte, gleich auch gegen sich selber den Verdacht hegen mußte, ein naives Opfer ihrer reformerischen und modernisierenden Augenwischereien zu sein«. Kiesel schlägt deshalb den Begriff »Restitution« vor als »Erweiterung und Verbesserung« der »Zivil- oder Bürgergesellschaft«.[8] Zwar gibt es nach 1945 unübersehbare personelle Kontinuitäten in Industrie, Justiz und Universität, mit deutlichen Abstrichen auch im Dramen- und Theaterbereich (A, 2.2), aber nicht jede Karriere unterm Hakenkreuz führt notwendigerweise zu ideologischer Deformation, wie die Beispiele Fehling, Gründgens und Sellner zeigen. Weshalb – so die nicht unberechtigte Frage Fritz Kortners – sollte der Deutsche »gerade Hitler gegenüber ehrlich gewesen sein«.[9] Des weiteren ist die künstlerische Bilanz der Nachkriegszeit keineswegs so mager, wie häufig behauptet wird. Wichtige Autoren, die auch oder sogar vorwiegend Dramen schreiben, beginnen hier ihre literarische Karriere (Heinrich Böll, Tankred Dorst, Günter Grass, Peter Hacks, Wolfgang Hildesheimer, Heinar Kipphardt, Heiner Müller, Peter Weiss) oder entwickeln eigene Konzepte weiter (Bertolt Brecht, Marieluise Fleißer, Nelly Sachs, Friedrich Wolf, Carl Zuckmayer). Ähnliches gilt für den Theaterbereich (Jürgen Fehling, Gustaf Gründgens, Fritz Kortner, Erwin Piscator, Gustav Rudolf Sellner). Bühnenautoren wie Herbert Asmodi, Ernst Wilhelm Eschmann, Hans-Joachim Haecker, Richard Hey, Peter Hirche, Alfred Matusche, Hermann Moers oder Egon Vietta sind darüber hinaus zu Unrecht vernachlässigt worden, und selbst die sich langsam konstituierende »Frauendramatik«[10] hat bisher kaum Beachtung gefunden, obwohl gerade sie sich der Vergangenheitsaufarbeitung verschreibt (Ingeborg Drewitz, Elisabeth Flickenschildt, Marie Luise Kaschnitz, Ilse Langner, Hedwig Rohde, Ingeborg Strudthoff). Auch andere Künste erleben in der Nachkriegszeit neue Impulse: 1946 ruft das Internationale Musikinstitut Darmstadt

---

6 Lehmann (²2001), S. 84. Gegen jede Evidenz konstatiert der Autor: »in den 60er Jahren steht das ›absurde Theater‹ im Mittelpunkt des Interesses« (S. 86). Hätte er »60er« durch »50er« ersetzt, stimmte die These. Vgl. B, 5.1 und C, 4.3.

7 Vgl. Balzer (1995b), S. 133 und Trinks (2002), S. 105, 207.

8 Kiesel (1997), S. 14, 43. Vgl. auch ders. (2003), S. 187-189.

9 Kortner: Aller Tage Abend (1959), S. 557.

10 Drewitz: Wege zur Frauendramatik (1955/56), passim. Vgl. C, 4.1.

(IMD) die »Internationalen Ferienkurse für Neue Musik« ins Leben,[11] 1955 der Kasseler Maler und Akademieprofessor Arnold Bode die »documenta«.

Seit Ende des 20. Jahrhunderts werden daher vermehrt Sammelbände publiziert, in denen die ›Janusköpfigkeit‹ der Nachkriegsepoche, vor allem der fünfziger Jahre, profiliert ist.[12] D.h. man unternimmt den Versuch einer »Rekonstruktion« der »Gemengelagen und Spannungsverhältnisse zwischen Kontinuitätslinien und neuen Elementen einer zuvor noch ungekannten Modernität«.[13] Gegenüber dem wiedergewonnenen »Glanz«[14] der Wirtschaftswunderzeit scheinen die sechziger Jahre nicht mehr nur Epoche der intellektuellen Emanzipation, sondern auch der ›Reideologisierung‹ oder – wenn man böswillig die Etiketten tauscht – der ›Restauration‹ jener Bipolaritäten, die in der westlichen Nachkriegsavantgarde bereits weitgehend verabschiedet wurden. Es ist sicher richtig, daß die ›Schockwirkung‹ des Dokumentartheaters weniger auf ästhetischer Innovation beruht als dem Aggressionspotential gesellschaftlicher Anklage und Frontenbildung. Nicht ganz grundlos wendet sich Joachim Kaiser 1990 gegen die Verherrlichung »bloßer Schuldzuweisungs-Dramaturgie«,[15] und Wolfgang Schneider fordert 2004 sogar, es sei endlich »an der Zeit, die oft gescholtenen fünfziger Jahre zu rehabilitieren« gegenüber dem »Muff der Ideologie und der ›Politisierung‹« der beiden nachfolgenden Dekaden.[16] Yaak Karsunke konstatiert 1992 mit Recht, daß der oft geforderte Rekurs auf die zwanziger Jahre, deren Theatermodelle »die Zuschauer zur Veränderung aufrufen«, implizit voraussetzt, »daß die Welt in einem gewünschten Sinn geändert werden kann und daß Methoden und Ziel dieser Veränderung bekannt sind«.[17] Vor diesem Hintergrund scheint es problematisch, das poetisch-absurde Theater sozialer Unverbindlichkeit zu zeihen. Für Wolfgang Hildesheimer ist der ästhetisch evozierte Nonsens nichts weniger als »krasser Realismus«, und die Wirklichkeit, deren Darstellung Brecht-Anhänger Henning Rischbieter wünscht,[18] lediglich »dramatisiertes Symptom unter einer Vielzahl von dramatisierten Symptomen«.[19] Auch Tankred Dorst hinterfragt das Mimesis-Postulat: »Wer sagt mir denn verbindlich, daß unsere alltägliche Welt, so wir wie sie gewöhnt sind und wie sie uns aufgegeben ist, die wirkliche ist, und in welcher Weise ist sie es? Haben wir uns vielleicht bloß an sie gewöhnt? Unterliegen wir vielleicht dem bloßen Sog der Mode, die uns gestern das Existentielle, heute das

---

11 Man muß kein ausgesprochener Adorno-Adept sein, um darauf hinzuweisen, daß diese Tatsache sowie die Integration zeitgenössischer Kunstmusik durch Sellner (A, 3.1.3) eher Modernitätssigna darstellen als die oft betonte Etablierung der Popkultur. Zur künstlerischen Avantgarde zählen Carl Orff und Ernst Křenek, nicht Elvis Presley oder Mick Jagger.

12 Vgl. u.a. Schildt/Sywottek (1998), S. 4; Bollenbeck/Kaiser (2000), S. 7; Faulstich (2002), S. 8 und Hummel/Nieberle (2004), S. XIIf. Seit 2005 existiert für diesen Zeitraum sogar ein neues Publikationsorgan: *Treibhaus. Jahrbuch für die Literatur der fünfziger Jahre* (hrsg. von Günter Häntzschel, Ulrike Leuschner und Roland Ulrich).

13 Schildt (2002), S. 11.

14 Vgl. den von Michael Koetzle, Klaus-Jürgen Sembach und Klaus Schölzel herausgegebenen Sammelband *Die fünfziger Jahre. Heimat · Glaube · Glanz · Der Stil eines Jahrzehnts* (1998).

15 Kaiser (1990), S. 73.

16 Schneider (2004), S. 40.

17 Karsunke (1992), S. 91.

18 Vgl. Rischbieter: Hoffnung für das deutsche Drama? (1962), S. 11f.

19 Hildesheimer: Die Realität selbst ist absurd (1962), S. 8.

Gesellschaftliche als einzigen Schlüssel zur Wirklichkeit in die Hand gibt?«[20] Solche Äußerungen machen deutlich, daß derjenige, der das Jahr 1945 als »[v]ertane Chance« ansieht,[21] damit weniger eine vergangene Literaturperiode kennzeichnet als eine aktuelle ideologische Tendenz. Ihm fehlt, wie Helmut Motekat selbstkritisch konzediert, der zeitliche Abstand, um von eigenen Präferenzen absehen zu können.[22] Dies trifft auf fast alle bisherigen Gesamtdarstellungen zu, weshalb Lothar Bossle bereits 1986 in bezug auf die Nachkriegsepoche konstatiert, die »Verschüttungen durch ideologische Einseitigkeiten und Mißverständnisse« seien »mittlerweile von einem katastrophalen Ausmaß«.[23] 1998 mahnt Klaus von Delft hinsichtlich desselben Zeitraums »eine gründliche Entideologisierung der divergierenden Grundparadigmen« an.[24] Fast zwei Jahrzehnte nach der Wiedervereinigung und dem Ende des Kalten Krieges müßte es möglich sein, das deutsche Nachkriegsdrama unvoreingenommener zu betrachten.[25] Dieses Vorhaben ernstnehmen heißt aber auch, die Zuschreibungen keineswegs zu invertieren. Mit anderen Worten: Das DDR-Schauspiel sowie die engagierte westdeutsche Literatur der sechziger Jahre sind nicht deshalb ›vormodern‹, weil sie auf einen politisch-gesellschaftlichen Zweck verpflichtet werden. An die Stelle der Dichotomie von ›Restauration‹ und ›Innovation‹ soll vielmehr die diskursive Analyse ästhetischer Polyvalenz treten.

Nun hat sich die Rehabilitierung der fünfziger Jahre bisher jenseits von Drama und Theater vollzogen; keiner der genannten Sammelbände enthält hierzu fundierte Beiträge. Vor allem mit Blick auf das Schauspiel erweist sich die Forschungssituation als defizitär: Die einschlägigen Gesamtdarstellungen berücksichtigen kaum zehn Prozent des tatsächlich Existenten. Auch der Theoriediskurs im Theaterbereich ist weitgehend ignoriert worden. Kritikwürdig scheint daher nicht nur das »ungenaue Lesen« der gegenwärtigen Literatur- und Kulturwissenschaft,[26] sondern auch das extrem selektive. Wer meint, man könne zu gesicherten Erkenntnissen gelangen, ohne »›flächendeckende‹ Untersuchungen« vorzunehmen, ja sogar die »Partialität« der Perspektive transzendental auflädt als »Bedingung der Möglichkeit« moderner Forschung, sollte seinen Wissenschaftsbegriff überdenken. Der Hinweis darauf, daß man nie »umfassend« und »vollständig« sein kann,[27] ist so obsolet wie wohlfeil, entbindet er doch gleichsam apriori von fundierter Philologie. Aus diesem Grund wundert es nicht, daß die deutsche Nachkriegszeit in entsprechenden Studien peripher behandelt und/oder ästhetisch denunziert wird.[28] Bernhard Greiner plädiert daher zu Recht für ein Betrachten der Literatur »nicht im nachträglichen Bestätigen dessen, was sich durchgesetzt hat, sondern

---

20 Dorst: Die Wirklichkeit auf dem Theater (1962), S. 8. Ähnlich sieht es Richard Hey: »je ›*realistischer*‹ das Theater heute ist, um so größer der Abstand zur Realität« (Der Sinn des Theaters [1957], S. 86).

21 Kröll (1986), S. 164.

22 Vgl. Motekat (1977), S. 18.

23 Bossle (1986), S. 324.

24 Delft (1998), S. 175.

25 Vgl. U. Heukenkamp (1990b), S. 233-235.

26 Rickes (1999), Titel, passim.

27 Fischer-Lichte (1995), S. 13.

28 Vgl. Fischer-Lichte (1993a), S. 393-398; Lehmann (^{2}2001), S. 84f. und Schalk (2004b), passim.

aus einer Perspektive, die in dieser Zeit eröffnet war«.[29] Ähnlich sieht es bereits der Regisseur Oscar Fritz Schuh, wenn er 1955 mit Blick auf die deutsche Dramatik der Weimarer Republik konstatiert: »Ich glaube, wenn wir uns heute mit den Werken dieser Zeit wieder auseinandersetzen, so bleibt nicht allzuviel. Ich habe kürzlich versucht, ein Stück von Paul Kornfeld wieder zu lesen oder ›Jenseits‹ von Hasenclever – ich bin nicht über den ersten Akt hinausgekommen. Aber in ihrer Zeit hatten die Stücke ihre Gültigkeit«.[30] Sicher ist die Dramatik der zwanziger Jahre dem Nachkriegsschauspiel keinesfalls unterlegen; die Verächter des letzteren sollten allerdings bedenken, daß kein Heimkehrerstück der Zwischenkriegszeit heute noch annähernd so bekannt ist wie Borcherts *Draußen vor der Tür* (1947). Ungeachtet des Gesagten kann das Ziel der Arbeit nicht darin bestehen, die Stoffmenge von über 500 Dramen quasi *in toto* analytisch zu bewältigen.[31] Die Gefahr, große Paradigmen aus den Augen zu verlieren, wäre kaum mehr zu vermeiden. Deshalb besitzt das Transgressive den interpretativen Vorrang gegenüber dem Affirmativen, ohne daß jenes ausgeschlossen würde. Die vorliegende Abhandlung versteht sich vielmehr als Grundlage weiterer Spezialstudien zum Drama und Theater der Nachkriegszeit. Als dieser zugehörig begreift der Verfasser Stücke, die zwischen 1945 und 1961 geschrieben werden, sowie Dramen, deren Entstehungszeit bis 1945 reicht (Zuckmayer: *Des Teufels General*) oder die kurz vorher abgeschlossen sind, aber Nachkriegsthemen behandeln (Brecht: *Der kaukasische Kreidekreis*).

Sinn und Zweck der Studie ist jedoch keineswegs nur die philologische Aufarbeitung des deutschen Nachkriegstheaters, sondern auch der Versuch seiner Einordnung in die Geschichte der Moderne und demnach die Neubewertung der Epoche. Selbstverständlich muß ein derartiges Unterfangen die nationalliterarischen Grenzen überschreiten – gerade bei Zeitphasen bzw. Gattungen, die wie wenige andere international gespeist sind. Die ohnehin kaum mehr übersehbare Literatur zum Modernebegriff soll damit aber nicht um ein neues Kapitel erweitert werden. Die zentralen Parameter scheinen bekannt, wobei unklar ist, ob sie zusammen oder nur je einzeln Eigenschaft entsprechend zu klassifizierender Texte sind (Fragmentarisierung, Hybridisierung, Konstruktionismus, Offenheit der Form, Performanz statt Referenz, anti-totalitäre Weltsicht etc.). Hinzu kommt, daß der Begriff nur selten an dramatischen Texten exemplifiziert wird; meist greift man auf narrative Genres zurück (Roman, Erzählung). Auch die Debatte um das Verhältnis zwischen Moderne und Postmoderne erweist sich als so diffus, daß man sie – nicht zuletzt aufgrund inhärenter »Aporien«[32] – inzwischen »reizlos« findet.[33] Die nachfolgenden Überlegungen bezwecken daher nur bedingt eine Fortsetzung der Diskussion, noch weniger allerdings den Versuch, die Nachkriegsepoche als ›Postmoderne *avant la lettre*‹ aus tiefem Vergessen gleichsam direkt auf den Platz an der Sonne zu heben. Statt dessen soll gezeigt werden, daß Drama und Theater dieser Zeit, die man bis dato fast nie progressiv eingeschätzt hat, erstaunlich viele der obengenannten Merkmale erfüllen. Helmuth Kiesel ist deshalb zuzustimmen, wenn er mit Blick auf die Nachkriegsepoche von einer »Kontinuität der Moderne« spricht, d.h. von »einer zweiten Moderne, in der die Muster der vorausgehenden, durch das ›Dritte

29 Greiner (1983a), S. 342. Ähnlich sieht es Brockmann (2004), S. 5.
30 Darmstädter Gespräch »Theater« (1955), S. 328.
31 Hör- und Fernsehspiele sind nur integriert, wenn sie Vorlagen zu Dramen bilden.
32 Kiesel (2004), S. 10.
33 Baßler (2007), S. 435.

Reich‹ sistierten Moderne zur Geltung gebracht und fortentwickelt« werden.[34] Trotz Persistenz traditionalistischer Schreibweisen bzw. Inszenierungsformen sind Schauspiel und Bühne sogar die Genres, die schneller als Prosa, Architektur oder Film Anschluß an internationale Tendenzen und Diskussionen finden. Bereits 1946 sind zahlreiche Stücke der ausländischen Gegenwartsdramatik auf deutschen Theatern präsent (A, 2.2/2.3); nahezu gleichzeitig werden sie produktiv adaptiert – oft epigonal, mitunter aber durchaus eigenständig (C, 4.2.1/4.3).

Grundlage des weltanschaulich-ästhetischen Pluralismus ist die These, die gegenwärtige Situation sei mit der am Ende des Ersten Weltkriegs nicht zu vergleichen. Nach Egon Vietta ist man von 1918 »durch einen Abgrund getrennt«,[35] und auch Frank Thiess konstatiert »fast mit Schrecken, die geradezu komische Entfernung, die uns von einer Welt trennt, an die so viele allzu unbedenklich wieder anknüpfen möchten«.[36] »Stürzte man sich damals«, so Rüdiger Syberberg, »mit Idealismus in allerlei große soziale und kulturelle Utopien, suchte sein Heil in religiösen Zwischenbereichen, oder flüchtete sich endlich auf irgendwelche seeligen Inseln, um in reiner Menschlichkeit seine Tage zu verbringen, so steht der Mensch heute in schrecklicher Nacktheit einer nicht minder entblößten Welt gegenüber«.[37] Mit anderen Worten: Die eigene Epoche wird erstmals in der deutschen Literaturgeschichte als dezidiert postideologisch verstanden, und zwar nicht nur angesichts der »Niederlage aller ideologischen Aktionen«,[38] sondern auch wegen der »unüberschaubaren Verästelung und Aufspaltung von Ideen und Begriffen«.[39] Dies trifft mit Abstrichen selbst auf den engagierten Diskurs zu, der selbstverständlich noch an Narrativen festhält. So konstatiert Brecht um 1945: »Die Welt ist gewiß aus den Fugen, nur durch gewaltige Bewegungen kann alles eingerenkt werden«.[40] Ähnlich sehen es Weisenborn und Piscator: Für den Dramatiker lebt man in einer »beispiellosen Zeit,[41] für den Regisseur in der »schlimmsten Epoche der Weltgeschichte«.[42]

Während der affirmative Diskurs beider deutscher Zonen bzw. Staaten die Rückkehr zum Humanismus des 18. Jahrhunderts fordert (A, 1.1/2.1) Schuld- und Wandlungsbekenntnisse inszeniert (B, 1.2.2) oder neobiedermeierlich das Glück gemeinsamen Wiederaufbaus (B, 2.2), setzt sich vor allem im westlichen Avantgardebereich zunehmend die für die Postmoderne konstitutive »anti-totalitäre Option« durch, die Absage an »Einheitswünsche«.[43] Das Reden vom »Zerfall der großen Erzählungen«[44] kulminiert in Ionescos Diktum vom »Ende der Ideologien«[45] (B, 5.1.1). Es überrascht

34 Kiesel (2004), S. 438f.

35 Vietta: Theologie ohne Gott (1946), S. 6.

36 Thiess: Zum Problem der künstlerischen Freiheit (1946), S. 13.

37 Syberberg: Der Mensch im Spiegel des Dramas (1946), S. 47. Siehe auch Buch: Vom Gegenwartsauftrag des Theaters (1946), S. 64; Drews: Für und wider das Zeitstück (1947), S. 99 und Stobbe: Europäisches Theater – deutsche Situation (1947/48), S. 113. Dieselbe Ansicht vertritt Walter Jens 1961 in seiner *Deutschen Literatur der Gegenwart* (vgl. S. 31).

38 Vietta: Die tragische Gestrigkeit des heutigen Theaters (1951/52), S. 140.

39 Buch: Vom Gegenwartsauftrag des Theaters (1946), S. 75.

40 GBA 22.2, S. 817 (Der Messingkauf).

41 Weisenborn: An die Deutschen Dichter im Ausland (1947), S. 3.

42 PT, S. 442 (Die Bühne als moralische Anstalt in der Prägung dieses Jahrhunderts [1966]).

43 Welsch (1987), S. 5, 33.

44 Lyotard: Das postmoderne Wissen, S. 54. Vgl. auch ebd., S. 16, 112, 122, 175.

45 Ionesco: Habe ich Anti-Theater gemacht? (1961), S. 3.

daher nicht, daß Lyotard den »Übergang« in das postmoderne Zeitalter »Ende der fünfziger Jahre« situiert.[46] Tatsächlich hat man bereits hier das Gefühl, »mit Tabu-Attacken in allen Bereichen offene Türen« einzurennen.[47] 1961 erklärt Richard Hey:

> Entlarvungen sind überflüssig geworden, da alles längst entlarvt ist, was zu entlarven war: die Bürger, die Generäle, die Arbeiter, die Sprache, die Wissenschaft, sogar die Kunst. Wir wissen, hinter Plüsch lauern ebenso wie hinter Nylon die Triebe, und Ausbeutung, Lüge, Unrecht ist in allen Klassen zu finden. Sofern überhaupt noch Klassen zu finden sind. [...] Alle Dramatiker aber werden davon betroffen, daß die alte Antithese, die sie seit eh und je in Brot gesetzt hat, die Antithese: Individuum – Gemeinschaft abgelöst wird durch die undramatische Verhältnisgleichung Spezialist – Kollektiv (WA, 4).[48]

Auch Professor Scholz-Babelhaus, Protagonist von Wolfgang Hildesheimers absurdem Theaterstück *Die Verspätung* (1961), muß schmerzlich erkennen, daß die »Ideologie der Potenzierung, der Innovation, der Überholung und Überwindung«[49] an ihr Ende gelangt ist:

> Alles war erforscht, entdeckt, vom Größten bis zum Kleinsten. Da habe ich Entdeckungen erdacht, mir aus den zehn Fingern gesogen, habe Akademien bestürmt, in dröhnenden Aufsätzen, habe gegen Widersacher gewettert, widerlegt, was ich las, habe Thesen an die Türen der Hochschulen und Institute angeschlagen. Und wissen Sie, was geschah? [...] Alles, was ich in der Qual schlafloser Nächte ersonnen hatte, gab es schon, sowohl das Erdachte als auch das Widerlegte (HT, 421).

Ganz ähnlich äußert sich 1983 der französische Soziologe Jean Baudrillard, einer der führenden Theoretiker der Postmoderne: »Alles« ist »schon eingetreten«. »Es ist nichts mehr zu erwarten«, »weder die Realisierung einer revolutionären Utopie« »noch andererseits ein explosives Atomereignis. [...] der Endpunkt liegt schon hinter uns.«[50] Bereits Teile der westdeutschen Nachkriegsdramatik, die angeblich ›schweigt‹,[51] bekennen sich somit zum *Ende der Philosophie*, das Maurice Blanchot 1959 in seinem gleichnamigen Aufsatz konstatiert.[52] So fordert Hans-Joachim Haecker auf der Basis einer fundamentalen »Skepsis gegenüber den Metaerzählungen«[53] das moderne Schauspiel der »illusionslosen«[54] Epoche (B, 6.3.2), und auch Tankred Dorst entwirft eine »Dramatik der Absage«, weil »Sicherheit der Wahl« nicht mehr vorhanden sei.[55] Hildesheimer antizipiert sogar – zumindest im Theoriediskurs – das »Stay cool«[56] postmoderner Weltaneignung, wenn er schreibt, man müsse im Absurden »heimisch« werden,

---

46 Lyotard: Das postmoderne Wissen, S. 19. Auch der Begriff selbst wird Anfang der sechziger Jahre in der nordamerikanischen Literaturdebatte formiert (vgl. Hoffmann/Hornung/Kunow [1988], S. 21f.).

47 Žmegač (1991), S. 23.

48 Vgl. auch Der Sinn des Theaters (1957), S. 86 (R.H.).

49 Welsch (1987), S. 6.

50 Der Tod der Moderne (1983), S. 103f.

51 Vgl. Schröder (1990), S. 287.

52 Für Derrida mutet Blanchots »Grabgesang« allerdings so »gespenstig« an, daß er nach »Auferstehung« klingt (Marx' Gespenster, S. 57).

53 Lyotard: Das postmoderne Wissen, S. 14.

54 Haecker: Die Antike und der Autor der Gegenwart (1954/55), S. 154.

55 DS, S. 116f. (Die Bühne ist der absolute Ort [1962]).

56 Hochschild (1977), S. 196.

d.h. den endgültigen Utopieverlust ohne sentimentalische Wehmut betrachten.[57] Wie weitreichend diese ›Epochenstimmung‹ ist, zeigt eine Äußerung Erwin Piscators, der trotz allen politischen Impetus in den fünfziger Jahren konzedieren muß: »Ob wir es wollen oder nicht, wir sind relativ geworden. Wir trauen auch gar nicht einem einzigen Urteil, selbst der primitive Mensch tut das nicht«.[58] »Wir leben in der Situation des ›Wartens auf Godot‹!«[59]

Mit dem ›Ende der Ideologien‹ verbindet man demnach die Vorstellung des *Posthistoire*, die Wolfgang Welsch unverständlicherweise von dem Begriff ›Postmoderne‹ trennt.[60] Denn gerade das Gefühl, sich jenseits der Geschichtsteleologie zu befinden, bildet eine wichtige Grundlage für das Anerkennen des Verlusts archimedischer Perspektiven. Dies zeigt paradigmatisch die Avantgarde-Problematik. Nun hat sich die Forschung bisher fast ausnahmslos mit den ›historischen Avantgarden‹ beschäftigt, obwohl auch Ionesco stark an diesem Diskurs partizipiert und 1963 in der Pariser Zeitschrift *Théâtre* zwischen ihm und Piscator ein Kampf ausbricht um die Deutungshoheit im Modernitätsdiskurs.[61]

Hinsichtlich der Entwicklung des Phänomens ist dabei folgendes festzuhalten: Das dynamische System konkurrierender Avantgarden, wie es zu Beginn des 20. Jahrhunderts mit vielfältiger Facettierung entsteht,[62] wird in der Nachkriegsepoche dispers. So zählen die »Pariser Theateravantgardisten«[63] Beckett, Ionesco, Adamov etc. zu den letzten stilbildenden Künstlern und in gewisser Weise auch zu den radikalsten, weil sie Sinn erstmals umfassend in Frage stellen und tradierte Modelle ad absurdum führen – im Gegensatz zu Brecht, der trotz aller Innovation noch immer »Aristoteliker« bleibt.[64] Gleichzeitig erscheint die Pariser Avantgarde als Übergangsbewegung, die sich nachhaltig von ihren Vorläufern unterscheidet – nicht zuletzt durch den Verzicht auf Gruppenidentität. Zwar besitzt Ionescos *Cantatrice chauve* (1951) noch eine »erwartungsirritierende«, »normbrechende Programmierung«, wie man sie Avantgarden attestiert,[65] wenig später wendet sich der Autor jedoch einem integralen Modell zu, das dauerhafte Provokationsästhetik als Irrweg begreift. Denn obwohl Beckett und er mit der aristotelischen Dramaturgie brechen, lassen sie deren Rahmen (Aktaufbau, Einheiten) als veraltetes Korsett stehen – ein Verfahren, das bereits Alfred Jarry in *Ubu roi* (1896) praktiziert. Wie es kein wirkliches Außen der Welt gibt (*Fin de partie*, *Les chaises*), existiert auch kein Anderes der Tradition. Die Wiederholung (*En attendant Godot*) ersetzt die avantgardistische »Ideologie der Dauerüberholung«,[66] wie sie noch Adorno fort-

---

57 In der *Verspätung* ist dieser Prozeß allerdings nicht ohne sentimentalische Implikate dargestellt, d.h. die »Sehnsucht nach der verlorenen Erzählung« persistiert (Lyotard: Das postmoderne Wissen, S. 122). Vgl. B, 5.1.2.

58 PT, S. 328 (Erläuterungen zur Aufführung von *Biedermann und die Brandstifter* [1959]).

59 PT, S. 285 (Meine *Räuber*inszenierung [1957]). Vgl. A, 3.2.2.

60 Vgl. Welsch (1987), S. 17f. Siehe hierzu die Kritik von Žmegač (1991), S. 24. Auch Gumbrecht denkt Postmoderne und Posthistoire zusammen (vgl. [2003], S. 83 und [2006], S. 32f.).

61 Vgl. Wer ist die Avantgarde? (1963). H. 2, S. 57.

62 Peter Bürgers normative »Theorie der Avantgarde« (1974) ist daher zu Recht wegen ihres Konstruktcharakters kritisiert worden. Vgl. u.a. Boehncke (1976), S. 173f.; Oehler (1976), S. 147 und Hardt (1983), S. 151.

63 Maske und Kothurn 4 (1958). H. 1, S. 1.

64 K.-D. Müller (2000), Titel, passim. Vgl. C, 4.2.2.

65 Plumpe (2001), S. 7.

66 Welsch (1987), S. 7. Vgl. hierzu ausführlich W.G. Schmidt (2009a).

schreibt, wenn er in der *Ästhetischen Theorie* konstatiert: »Nur das je Fortgeschrittenste hat Chance gegen den Zerfall in der Zeit« (AS 7, 67). Während der fünfziger Jahren wird diese These bereits mit Skepsis betrachtet. Man sieht, daß sich die Halbwertszeit ästhetischer Revolten reduziert, d.h. der Abstand zwischen Innovation und deren Aufhebung in rezeptiv gesicherten Strukturen. »Es dauert keine Generation«, so der Theaterkritiker Paul Ellmar 1953, »und die herausfordernden Neuerer werden in ihren Zielen überrundet von neuen Avantgardisten, und die Alten gliedern sich gelassen ein in die Reihen der biederen Lieferanten des Boulevardtheaters«.[67] Es wundert deshalb nicht, daß, als die Pariser Dramatiker zu Beginn der sechziger Jahre an Bedeutung verlieren, mit ihnen auch der Avantgardismus problematisiert wird – u.a. von dem deutschen Dramatiker Gerd Oelschlegel:

> Sprechen wir es doch aus: die verworrene Hilflosigkeit unseres Kulturbetriebes ist nichts anderes als ein Spiegelbild der gesellschaftlichen Situation. Revolutionen hängen im luftleeren Raum oder rennen offene Türen ein, Avantgardismen werden zu Beifallsempfängern degradiert und setzen spätestens unter den Lobeshymnen der Kritiker Patina an (WA, 4).[68]

Mit der Sinndestruktion des Absurdismus scheinen auch die letzten Extrempositionen erobert – in semantischer wie ästhetischer Hinsicht. Folge ist der bereits für die gesamte Nachkriegszeit konstitutive Objektivitätsverlust. Hans Magnus Enzensberger muß daher 1962 einräumen, daß »sich kein Standpunkt ausmachen« läßt, »von dem aus zu bestimmen wäre, was Avantgarde ist und was nicht«.[69] Im deutschen Drama scheint diese Einschätzung schon früher präsent und wird zudem ohne Bedauern vorgetragen. So parodiert Günter Grass in dem Einakter, den er seiner *Blechtrommel* (1959) integriert, die Attitüde des Malers Lankes, »ne neue Stilart« zu preisen, die »noch keiner gemacht« hat (GGW 2, 413). Gleiches gilt für den Maler Kotschenreuther, der in dem Stück *Noch zehn Minuten bis Buffalo* (1957) erklärt: »Ich bin ein Mensch, dessen Uhr um mehrere Jahrhunderte vorgeht. Wer sich mit mir verabredet, kommt unweigerlich zu spät« (GGW 8, 146). Auch in Peter Hirches bisher unbeachtet gebliebenem Schauspiel *Die Söhne des Herrn Proteus* (1960) wissen die Nachkommen mit den sprechenden Namen Schall und Rauch, daß »keine neue Sprache«, »keine neuen Gefühle« erfunden werden können. Ihr Leitspruch lautet deshalb: »Wir wiederholen das Alte« »Ohne Erschöpfung / – Ohne Enttäuschung« (123, 137). Dieser These korreliert die Ansicht Octavio Paz', die »Avantgarde von 1967« sei im Grunde keine mehr, weil sie nur »die Taten und Gesten derjenigen von 1917« wiederhole.[70] Edgar Lohner muß 1976 sogar einräumen: »In der Gegenwart weiß niemand mehr, wo die Avantgarde zu suchen ist«.[71] Es hat somit durchaus Sinn, die Epoche der Avantgarden, wie ein belgisches Forschungsteam unter Leitung von Jean Weisgerber vorschlägt, auf die Zeit zwischen

---

67 Ellmar: Das französische Avantgardetheater (1953/54), S. 49.

68 Carl Zuckmayer bekennt sich vor diesem Hintergrund dazu, »nichts dagegen« zu haben, »für einen Narren oder Arrièregardisten gehalten zu werden«. »Arrière [sic!] ist nicht schlecht, denn ich weiß, wie rasch die Kolonne kehrtmacht, dann ist man wieder vorne« (Bienek: Werkstattgespräche mit Schriftstellern, S. 204).

69 Enzensberger: Die Aporien der Avantgarde (1962), S. 300. Ähnlich sieht es Arnold Gehlen (vgl. Zeit-Bilder [1960], S. 222).

70 Paz: Essays 2, S. 329 (Baudelaire als Kunstkritiker [1967]).

71 Lohner (1976), S. 121.

1905/10 und 1960/65 zu begrenzen.[72] Tatsächlich erweist sich das poetisch-absurde Theater, zu dem auch einige der zitierten deutschen Vertreter gehören, bereits als eine Art »Trans-Avantgarde«,[73] denn es suspendiert das bis dato »untrennbare Bündnis zwischen Revolution und Kunst«, d.h. die »Gleichsetzung von politischen [sic!] und künstlerischem Fortschritt«.[74] In der Tat trennt Ionesco beide Bereiche, indem er der Kunst – anders als der Philosophie – einen postideologischen Status zuspricht (B, 5.1.1) und gleichzeitig den Avantgarde-Begriff pluralisiert: »En réalité, tous les courants littéraires font partie de l'avant-garde au moment où ils surgissent, avant d'être récupérés et digérés par la culture qu'ils ont aidé[e] à promouvoir«.[75] ›Literatur‹ erscheint hier als komplexes System ästhetischen Fortschritts, dem alle Strömungen und Gruppen angehören, die auf je eigene Weise bestehende Ordnungen übertreten, bevor sie ihrerseits Teil der Tradition werden.

Diese Sehweise trifft besonders für die Nachkriegszeit zu, in der auf deutscher wie internationaler Ebene eine Vielzahl unterschiedlicher Theaterkonzepte präsent sind. Nach Friedrich Dürrenmatt gibt es »nur noch Dramaturgien und keine Dramaturgie mehr«,[76] Oscar Fritz Schuh spricht vom »Ausverkauf der Stile« »nach 1945« (TiG, 90), und Kurt Hirschfeld konstatiert »so viele Stilrichtungen, wie es Dramatiker gibt« (114). Wahrhaftig ist im Schauspielbereich kaum es etwas denkbar, das mit Kriegsende nicht übernommen, aktualisiert oder neu entwickelt wird.[77] Ernst Wilhelm Eschmann bezeichnet die Nachkriegszeit aus diesem Grund als »Epoche der mehrfachen Betrachtungsweisen«,[78] und für Helmut Schelsky existieren »so viel Wahrheiten« wie »Theorien«.[79] Nach Ansicht von Walter Jens ist »›Diskontinuität‹« daher das wesentliche Charakteristikum der Gegenwart. Man finde »keine verpflichtende Grundposition, kein[en] -ismus im Thematischen«.[80] Ähnlich sieht es Arnold Hauser, wenn er 1953 die »Gleichzeitigkeitsstimmung« des »heutigen Menschen« betont. Dieser erlebe alles »im Nebeneinander, in der Verbundenheit und Verschränktheit der Dinge und Vorgänge«.[81] Auch Arnold Gehlen versteht den Synkretismus der »zahllose[n] ›Standpunkte‹«, die »niemand mehr« aufregen, als Hauptsignatur der Kunst.[82] Die fünfziger Jahre weisen damit Parallelen zu den achtzigern auf, mit denen sie im Positiven wie Negativen zuweilen verglichen werden.[83] Während Werner Faulstich den ersten Teil der Kohl-Ära wieder mit dem Begriff »Restauration« versieht,[84] spricht Jürgen Habermas von »neu-

72 Vgl. Hardt (1983), S. 147. Klaus von Beyme (2005) nimmt eine ähnliche Eingrenzung vor: »ca. 1905-1955« (S. 24).

73 Borchmeyer (1991), S. 118. Die Bezeichnung wird Anfang der achtziger Jahre von dem italienischen Kunsthistoriker Achille Bonito Oliva geprägt (vgl. Im Labyrinth der Kunst, S. 54).

74 Lohner (1976), S. 117.

75 Entretien avec Eugène Ionesco (1976), S. 9.

76 Dürrenmatt: Theater-Schriften und Reden, S. 102 (Theaterprobleme [1955]).

77 Vgl. die verschiedenen Kapitel in Teil B bzw. C der vorliegenden Arbeit.

78 Eschmann: Von Schauspielern und anderem (1951/52), S. 33.

79 Schelsky: Die Bedeutung des Klassenbegriffes für die Analyse unserer Gesellschaft (1961), S. 368.

80 Jens: Deutsche Literatur der Gegenwart (1961), S. 64, 21.

81 Hauser: Sozialgeschichte der Kunst und Literatur, S. 500.

82 Gehlen: Zeit-Bilder (1960), S. 203.

83 Vgl. Podiumsdiskussion (1990), S. 299 (Helmut Mörchen); Hauck (1995), S. 111 und Kiesel (2003), S. 186.

84 Faulstich (2005), S. 10.

e[r] Unübersichtlichkeit«.[85] Frauke Langguth und Jan Weirauch erkennen ebenfalls ein »Mosaik aus lauter Gegensätzen«.[86] Es ist sicher kein Zufall, daß die postmodernen Philosopheme, die Mitte der fünfziger Jahre an Kontur gewinnen, erst zwei Dekaden später breit rezipiert werden.

Angesichts der Vielfalt an Narrativen und Dramaturgien wird der Begriff ›Avantgarde‹ im Rahmen der vorliegenden Arbeit funktional verstanden. Es scheint geboten, für verschiedene Diskurse ›Vorreiterinstanzen‹ zu postulieren, die eine Metaerzählung oder Gattungskonzeption an die Grenzen führen, während andere sie lediglich bestätigen. Die Trennung von Avantgarde und zeitgenössischer Moderne ist demnach – auch im Rekurs auf Ionescos Definition – kaum sinnvoll.[87] Dies bedeutet jedoch, daß es auch im Sozialismus ›Avantgarden‹ gibt (u.a. Brecht, Hacks, Müller), deren Existenz von der marxistischen Forschung erst 1979 anerkannt wurde.[88] Eine Kunst, die zumindest in der Theorie dieselbe Ausrichtung hat wie das Gemeinwesen, muß sich gegenüber dem gesellschaftlichen Status nur sehr bedingt als experimentell und innovativ erweisen. Der Dramatiker Herbert Keller schlägt daher vor, den Begriff »modern« durch »sozialistisch« zu ersetzen,[89] denn – so ein DDR-Autorenkollektiv – »neuer als wir kann kein Pseudoavantgardist sein«.[90] Die Innovation beschränkt sich allerdings meist auf den semantischen Bereich. Dahinter steht die Vorstellung, »der Abgrund« von 1945 könne »nur durch neuen Inhalt, durch neue Substanz gefüllt werden«.[91]

Einige Sinnstiftungsmodelle sind im folgenden mit Termini aus der Mathematik versehen: u.a. »integrales« bzw. »tangentiales Theater« (A, 3.1/3.3) sowie »Differentialkomik« (C, 3.2). Dies hat zwei Gründe: Einerseits lassen sich die Phänomene (wie zu zeigen sein wird) auf diese Weise adäquater beschreiben. Nicht von ungefähr greifen Adorno und Iser in anderen Kontexten ebenfalls auf den Integral- und/oder Differential-Begriff zurück.[92] Auch der Ausdruck »Tangente[]« begegnet in einer Publikation zum DDR-Theater.[93] Andererseits ist die Bezugnahme auf mathematische Termini Teil des zeitgenössischen Diskurses. So projektiert Dürrenmatt eine »Dramaturgie aller möglichen Fälle« als Äquivalent einer »Geometrie«, die »alle möglichen Dimensionen einschließt«.[94] Das Erdenken konstruierter Welten schafft gleichsam den geordneten Gegenpol zu einer Realität, die man für dispers und chaotisch hält (B, 6.2.2). Ähnliches gilt mit Blick auf die Anthropologie: Der Mensch scheint nämlich ebensowenig bere-

85 Habermas: Die neue Unübersichtlichkeit (1985), Titel, S. 139-163.

86 Langguth/Weirauch (1999), S. 7. Glaubt man Gumbrecht (2003), so ist auch das beginnende 21. Jahrhundert eine »›Gegenwart der Simultaneitäten‹« (S. 82).

87 Dies gilt nicht für die von Becker/Kiesel (2007) zu Recht vorgenommene Unterscheidung zwischen Avantgardismus und klassischer Moderne (vgl. S. 25-29).

88 Vgl. Barck/Schlenstedt/Thierse (1979), S. 18.

89 Keller: Versuch einer Vorbemerkung (1958), S. 65.

90 [Wolf/Hauptmann/Kaiser/Roscher:] Die literarische Hauptaufgabe (1959), S. 3.

91 DD, S. 20 (Herbert Ihering: 1932 oder 1946?).

92 Vgl. u.a. AS 7, S. 260 (Ästhetische Theorie), AS 16, S. 555 (Wagners Aktualität) sowie Iser: Das Fiktive und das Imaginäre, S. 16.

93 Pfelling (1972b), S. 329. Er ist zudem Teil des zeitgenössischen Realismus-Diskurses (vgl. Strittmatter: Notizen vom Schriftstellerkongreß in Moskau [1959], S. 10). Die Begriffe »Integral«, »Differential« und »Tangential« werden in den betreffenden Kapiteln von Teil A bzw. C genau definiert.

94 Dürrenmatt: Theater-Schriften und Reden, S. 102 (Theaterprobleme [1955]).

chenbar und daher wie bei Hans Henny Jahnn nur mehr durch die Summe des Disparaten zu beschreiben, d.h. als »Integral«.[95]

Die Präsenz eines inhaltlichen bzw. ästhetischen Pluralismus im deutschen Drama und Theater der Nachkriegszeit darf jedoch nicht dazu führen, den Unterschied zwischen Innovation und Konservatismus zu nivellieren. Es gibt zahlreiche Phänomene, die dezidiert ›antimodernen‹ Charakter besitzen. Hierzu zählen im semantischen Bereich vor allem die Tendenz zur Komplexitätsreduktion: Der Nationalsozialismus wird häufig auf einfache Erklärungsmuster zurückgeführt, die eine schnellere Bewältigung versprechen (wobei es in der Tat »wohlfeil« ist, dieses existentielle Bedürfnis aus heutiger Perspektive zu verurteilen[96]). So findet man neben der Aufrechnung von Schuld vor allem deren Fremdattribuierung (Krieg als Naturkatastrophe, Schicksal, göttliche Vorsehung), Personalisierung (Hitler als einzig Verantwortlicher, Terror-Oligarchie der NS-Elite) und/oder Intertextualisierung (Deutschland als Kain, Faust, Hamlet etc.).[97] Kaum differenzierter urteilen die sozialistischen Dramatiker. Bei ihnen dominiert die Totalitarismus-These (B, 4.2.1), die später große Teile der 68er-Avantgarde übernehmen. Für den ästhetischen Bereich ist der Versuch charakteristisch, den Modernisierungsprozeß der Weimarer Republik rückgängig zu machen. Man beruft sich – vor allem im kulturpolitischen Diskurs – auf den Humanismus des 18. Jahrhunderts (Lessing, Goethe, Schiller) und möchte die Bühne als »moralische Anstalt« retablieren (A, 1.1/2.2). An die Stelle von Sprach- und Ideologiekritik treten wie erwähnt neobiedermeierliche Aufbauideologie, Wandlungs- und Versöhnungserlebnis. Nur so glaubt man sich von einer Epoche absetzen zu können, deren künstlerische Anarchie, moralischer Relativismus und theatrale Performanz den Sieg des Nationalsozialismus nachhaltig befördert hätten. Die Mehrzahl diesbezüglicher Theaterstücke ist – das muß betont werden – qualitativ schwach, wenngleich diskursanalytisch nicht uninteressant.

Entsprechenden Tendenzen steht allerdings schon früh das Vorhaben gegenüber, die ausländische Theateravantgarde auf der Bühne zu präsentieren und im Drama produktiv umzusetzen. Internationalität wird zum ersten Mal in der deutschen Geschichte nicht als Bedrohung verstanden; die Moderne wirkt kulturstabilisierend. So erklärt Jürgen Habermas 1991 in einem Brief an Christa Wolf, nur durch »die spontane Zuwendung zu den Traditionen des Westens« sei es den Deutschen nach 1945 möglich geworden, das »verquaste Eigene, das sich durch die NS-Zeit hindurch erhalten hatte«, kritisch zu betrachten und »Zugang« zu finden »zu den nicht-korrumpierten Bestandteilen der eigenen Tradition«.[98] Folgt man Anke-Marie Lohmeier, dann ist das Überschreiten der nationalen Perspektive durchaus ein Kriterium für ästhetische Modernität, sofern man sie stärker an den Prozeß gesellschaftlicher Modernisierung bindet, d.h. versteht als »Zustimmung zur offenen, pluralen Gesellschaft« bei gleichzeitiger »Verabschiedung totalitärer Wünsche nach Ganzheit, Einheit und universeller Wahrheit«.[99]

95 WT 4, S. 220 (Dramaturgisches Kollegium. Sitzungsprotokoll vom 22. Januar 1953).
96 Winter (1999), S. 33. Derselben Ansicht ist Niedhart (1992), S. 17f.
97 Vgl. B, 1.2.1 und 3.1.
98 Habermas: Vom Gepäck deutscher Geschichte (1991), S. 146f.
99 Lohmeier (2007), S. 3. Die Autorin versteht ihre These jedoch apodiktisch und kommt deshalb zu fragwürdigen Schlußfolgerungen. Bei aller Wertschätzung Thomas Manns scheinen Zweifel angebracht hinsichtlich des Versuchs, den ›demokratischen Humanismus‹ des Lübek-

Tatsächlich wird die Multiplikation der Lebens- bzw. Denkwelten mit ihren je eigenen Ordnungen, Wissensbeständen und Normen nach Kriegsende weitgehend anerkannt, wobei die Liberalität durchaus ›konservativ‹ gespeist ist als bildungsbürgerlicher Wunsch nach Wiederanschluß an die Moderne. Dies zeigt mustergültig eine Forderung Rudolf Stobbes aus dem Jahr 1947: »Das ausländische Drama muß in seiner ganzen Vielfalt auf deutschen Bühnen erscheinen, selbst wenn es das Gegenteil von dem vertritt, was wir jetzt brauchen«.[100] Auch sonst plädiert man dafür, den »Nationalismus« durch »Europäismus« zu überwinden.[101] US-Autor Thornton Wilder beschreibt 1955 den skeptischen Pluralismus der Nachkriegsgeneration und kennzeichnet damit Tendenzen des globalisierten Zeitalters:

> Diese jungen Leute werden die ersten wirklich international eingestellten Menschen sein. [...] Einige von uns, von der älteren Generation, stürzten sich in Sozialreformen und wollten eine Revolution der Gesellschaft; wir taten dies mit einer persönlichen Begeisterung, die wenig Raum für Überlegungen und weitschauende Pläne ließ. Um einen Mißbrauch abzustellen, waren wir bereit, viel bereits Erreichtes aufs Spiel zu setzen. Der im Entstehen begriffene internationale Mensch wird sich viel weniger fieberhaft in seiner erweiterten Gedankenwelt bewegen. Die heutige Generation ist schweigsam, weil die Entwicklung nicht Debatten fordert, sondern eingehendes Durchdenken. Die Fehler der älteren Generation sind offensichtlich und allzu bekannt.[102]

Betrachtet man das Theater der Nachkriegszeit komparatistisch, so besitzen die innovativen Aspekte wiederum eine semantische und eine ästhetische Dimension. Das von der Moderneforschung eher vernachlässigte Drama ist in der Tat die erste Gattung, die das ›Ende der großen Erzählungen‹ nachdrücklich umsetzt. Folgerichtig betont Ionesco, die »Krise der Sprache« sei sekundär gegenüber der »Denkkrise«.[103] Zentrale Bedeutung besitzt auch das Phänomen der ›Inkommensurabilität‹, das gleichfalls auf die Postmoderne verweist, weil es den Glauben an die »Determinierbarkeit des Ganzen« in Zweifel zieht.[104] Die Unberechenbarkeit individueller Normgebung bzw. kollektiver Machtmechanismen erweist sich als eine entscheidende Erfahrung der deutschen Nachkriegsdramatiker (B, 6.3). Dabei gewinnen mit Bezug auf Jaspers Grenzsituationen an Bedeutung, durch die deutlich werden soll, wo die Limite von Aufklärung und Fortschrittsglaube liegen (B, 6.1.1). Indem einige Theaterautoren der fünfziger Jahre darüber hinaus skeptisch sind, was die Einflußnahme politischer Programme auf eine Welt betrifft, die den Zwängen der Ökonomie folgt, antizipieren sie – im Gegensatz zur nachfolgenden Generation – Befindlichkeiten des globalen Zeitalters. Daneben existiert allerdings eine gesellschaftskritische Variante deutscher Nachkriegsdramatik. Es sind keineswegs erst die Frankfurter Auschwitz-Prozesse Anfang der sechziger Jahre, die den Holocaust-Diskurs initiieren. Wie zu zeigen sein wird, entstehen bereits 1946/47 drei Thea-

---

ker Autors als eigentliche (Post)Moderne zu begreifen (vgl. S. 12-15). Siehe hierzu auch die kritische Replik von Anz (2008).

100 Stobbe: Europäisches Theater – deutsche Situation (1947/48), S. 114.

101 Thiess: Zum Problem der künstlerischen Freiheit (1946), S. 22. Vgl. Stolle: Mensch an der Wende (1948), S. 113.

102 Wilder: Die schweigsame Generation (1955/56), S. 155f. Ähnlich sieht es Helmut Schelsky (vgl. Die skeptische Generation [1957], S. 84-95).

103 Ionesco: Habe ich Anti-Theater gemacht? (1961), S. 3.

104 Lyotard: Das postmoderne Wissen, S. 15.

terstücke, die ausschließlich im KZ spielen. Bis Anfang der sechziger Jahre folgen zahlreiche Bühnenwerke, die auf verschiedene Weise die Massenvernichtung der europäischen Juden thematisieren, auf den Bühnen jedoch kaum präsent sind. Auch die Hauptschuld der Deutschen am Zweiten Weltkrieg wird mehrheitlich anerkannt (B, 1.2.2).

Im ästhetischen Bereich lassen sich ebenfalls eine Reihe innovativer Entwicklungen nachweisen. Besonders charakteristisch ist das ›Integralmodell‹, ein Konzept strikt nebenordnender Pluralität und somit die große bisher übersehene Leistung des Nachkriegstheaters – im deutschen wie internationalen Kontext. Grundlage ist die Vorstellung, daß sich die Realität eindimensionaler Profilbildung entzieht. Es bedarf daher mathematisch betrachtet eines Verfahrens, das der funktionalen Komplexität (Bedeutungs- und Stilvielfalt) gerecht wird, zugleich aber durch Summenbildung einen neuen Sinnhorizont schafft. Das so hergestellte ›Integral‹ ist also notwendig, weil die Gattung ›Drama‹ – oder mathematisch gesprochen: die Funktion ›Drama‹ – sich als so komplex, d.h. krummlinig erweist, daß ihr sinnstiftendes Potential nur mehr in der nächsthöheren Dimension bestimmt werden kann: sei jene Ebene die verschiedene Textperspektiven aufzeigende Inszenierung, das alle Stilrichtungen umfassende Theater (A, 3.1), die Summe absurder Bühnenstücke (B, 5.1.2) oder die Addition großer Kunstwerke (B, 5.1.1), sämtlicher Wirklichkeitsperspektiven (B. 6.3.2) bzw. zur Verfügung stehender Dramaturgiemodelle (C, 4.3). Die hiermit verbundene Demokratisierung der Anschauungsweisen entspricht Silvio Viettas Moderne-Definition, derzufolge »Systeme *nicht* als geschlossene, autopoietische und autoreferentielle Entitäten« verstanden werden, sondern »als *offene Formen*, deren Innovationsgrad und Innovationsfähigkeit gerade davon abhängt, in welchem Maße sie Fremdeinflüsse aufnehmen und in sich verarbeiten können«.[105] Hinsichtlich der Radikalität der Umsetzung sind allerdings Differenzen festzustellen. Indem Gustaf Gründgens zwar auf interpretatorische Vorentscheidungen verzichtet, zugleich aber das Absurde wie das Performative ausschließt, erweist er sich als Vertreter eines skeptischen Klassizismus (A, 3.1.2). Demgegenüber sind Gustav Rudolf Sellner und sein Darmstädter Team modernistischer orientiert (A, 3.1.3). Zu Recht konstatiert Gerald Köhler: »Was unter dem Diskursthema *Postmodernes Theater* als dessen Spezifika vorgestellt wird, ist zu einem großen Teil bei Sellner schon realisiert gewesen«.[106] Dies gilt auch für das theoretische Konzept, das bei Köhler nur bedingt Berücksichtigung findet. So zielt der Darmstädter Dramaturg und Theaterautor Egon Vietta wie der späte Heiner Müller auf ästhetische Verlangsamung, möchte »das moralische Weltgebäude der pausenlosen Aktion zum Einsturz« bringen.[107] Noch avancierter agiert sein Nachfolger Claus Bremer. Er wendet sich gegen die »diktatur des regisseurs«[108] als dem Versuch, das Inkalkulable der Schrift zu vereindeutigen. Solche Kritik an der »Wut des Verstehens«[109] antizipiert nicht nur sprachlich Vorstellungen des Poststrukturalismus. Nach Bremer hat der Mensch »sein Jenseits, das Abstrakte, aufgehoben. Gut, böse, komisch, ernst, ironisch, unwichtig, wichtig. Keine Wertungen

---

105 Vietta (2001), S. 25.
106 Köhler (2002), S. 18.
107 Vietta: Die tragische Gestrigkeit des heutigen Theaters (1951/52), S. 139.
108 Bremer: Das instrumentale Theater (1958/59), S. 173.
109 Hörisch (1988), Titel, S. 50.

mehr. Nichts schließt vom Abenteuer aus. Seine Erlebnisse sind Reihung, Brüche, Unterschiede, Verhältnisse, Strukturen«.[110]

Differenziert zu betrachten ist des weiteren die These, die Vorkriegsmoderne sei erst in den sechziger Jahren wiederaufgegriffen worden. Tatsächlich ist Hochhuths *Stellvertreter* (1963) dramaturgisch stark von Zuckmayers *Des Teufels General* beeinflußt,[111] während Weisenborn und Kipphardt bereits vor 1961 im Rekurs auf Piscator Dokumentarstücke schreiben (C, 4.5). Vergleichbare Interferenzen bestimmen den internationalen Bereich: So wirkt Piscator über seinen New Yorker »Dramatic Workshop« nachhaltig auf Tennessee Williams,[112] dessen nach Kriegsende vielgespielte *Glass Menagerie* (1945) ebenfalls eine Sprecherinstanz verwendet. Auch Thornton Wilders Universaltheater ist nachhaltig von Brecht und dem Drama des deutschen Expressionismus angeregt, fördert dann jedoch in den vierziger und fünfziger Jahren seinerseits Episierungstendenzen deutschsprachiger Bühnenwerke. Gleichzeitig katalysiert Brecht durch die *Mutter Courage*-Aufführungen am Pariser Théâtre Sarah Bernhardt, für die er 1954 den ersten Preis des »Theaterfestivals der Nationen« erhält, Adamovs Abkehr vom Absurdismus. Dessen Stück *Le Printemps 71* (1959) ist eine konstruktiv-kritische Revision von Brechts *Die Tage der Kommune* (1949).[113]

Das deutsche Theatersystem bleibt nach seiner Restitution international führend und entsprechend hochgeschätzt.[114] Dies zeigt sich nicht zuletzt darin, daß die Stücke von Beckett und Ionesco erstmals hierzulande auf großen Bühnen etabliert werden, zudem von namhaften Regisseuren (Kortner, Sellner, Stroux). Seit 1958 finden sogar Uraufführungen in Deutschland statt (B, 5.1.1). Darüber hinaus bereitet man aber auch das engagierte Theater der sechziger Jahre vor. Während Fritz Kortner mit Aktualitätsbezügen provozieren will – eine Tendenz, die sein Assistent Peter Stein fortführt (A, 3.2.1), sucht Erwin Piscator durch Politisierung zu wirken, die allerdings der dominanten Ideologieskepsis zufolge weniger aggressiv ist als zu Zeiten der Weimarer Republik (A, 3.2.2). D.h. die Ausdifferenzierung des theatralischen Kodes, die in den zwanziger Jahren einsetzt (Reinhardt, Jeßner, Fehling, Piscator, Brecht) und 1933 abgebrochen wird, setzt sich nach 1945 fort – keineswegs epigonal, sondern unter Verschiebung diskursiver Innovation. Denn erstmals sind Teile der Regieavantgarde postideologisch orientiert. Die Verbindung der Bühne mit einer wie auch immer gearteten politisch-gesellschaftlichen Utopie wird nachdrücklich verabschiedet. Aus diesem Grund muß entgegen bisheriger Thesen die »Rückkehr der Avantgarde« als »Selbstreflexion des Theaters auf den Theater-Begriff«, auf die »Ästhetik des Theaters« als »Ereignis« sowie auf das Verhältnis Zuschauer/Akteur in den fünfziger Jahren angesetzt werden.[115]

Auch das deutsche Nachkriegsdrama erweist sich als durchaus innovativ, wenn man bedenkt, daß auch derjenige ›modern‹ sein kann, der bewußt Dramaturgiekonzepte verwendet, die sich in »desolate[r] Verfassung« befinden.[116] Nicht nur die Fragmentari-

110 Bremer: Der Teufel auf der Bühne (1957/58), S. 35.

111 Vgl. Wehdeking (1973), S. 517.

112 Vgl. PT, S. 266 (Erwin Piscator über Theater [1956]).

113 Vgl. Hüfner (1968), S. 151f. und Heller (1975), S. 93-101.

114 Vgl. Darmstädter Gespräch »Theater« (1955), S. 250.

115 Fischer-Lichte (1993a), S. 410, 413f. Die Autorin datiert diesen Prozeß auf die sechziger Jahre (vgl. ebd.).

116 Asmodi: Der Autor an seinen Verleger (1961), S. 98.

sierung neuer Modelle wirkt progressiv (Heiner Müller), sondern auch die Hypertrophie der alten (Herbert Asmodi, Reinhold Schneider). Wer meint, nur durch »*Radikalität*« könnten sich Drama und Theater »eine Zukunft sichern«,[117] verbleibt im Denken der historischen Avantgarde, verkennt er doch, daß für die Postmoderne gerade nicht Polarisierungsdiskurse kennzeichnend sind, sondern komplexe Dekonstruktionsvorgänge.[118] Nichtsdestoweniger lassen sich nach 1945 deutliche Tendenzen zu postdramatischer Theatralität feststellen, d.h. Fabel und Sprache verlieren zugunsten eines performativ-intermedialen Gegendiskurses an Bedeutung, der – so die Präsupposition – »außerhalb der Wissenschaft und jenseits seiner Ideologie« liegt. »Das Wort wird von der Geste weitergeführt«, »durch Pantomime ersetzt« oder mittels szenischer »Gegenständlichkeiten« erweitert.[119] Aus diesem Grund erweist sich Hans-Thies Lehmanns Behauptung, der Absurdismus sei durch einen »Graben«[120] vom ›postdramatischen Theater‹ getrennt, als problematisch (C, 4.3). Es sollte nachdenklich stimmen, daß »trotz der Stücke von Heiner Müller und Bernard-Marie Koltès« noch »heute« vielen »die Dramatik von Beckett und Ionesco [...] als Inbegriff des modernen Theaters« gilt.[121]

Bei aller Modernität trennt die fünfziger Jahre aber auch einiges vom ausgehenden 20. Jahrhundert. In der vorliegenden Arbeit wird deshalb von ›kontrollierter (Post)Moderne‹ gesprochen. Denn obwohl allenthalben die Rede vom ›Ende der Ideologien‹ kursiert, bleiben Bereiche bzw. Phänomene übrig, denen man einen transideologischen Status zuspricht: u.a. Natur, Existenz, Moral, Religion, Kunst. Folgerichtig ermöglicht das Drama noch im Absurdismus Wahrheitsfindung, und zwar ›integral‹ als endlose Summe möglicher Perspektiven:

> Eine ausgesagte Philosophie verliert ihre Kraft, wenn eine andere Philosophie oder ein neues System sie übertrifft. Lebendige Philosophien jedoch, wie sie die Kunstwerke darstellen, können sich gegenseitig nicht aufheben und vermögen daher nebeneinander zu bestehen. Die großen Meisterwerke, die großen Dichter scheinen sich gegenseitig zu rechtfertigen, zu ergänzen und zu bestätigen.[122]

Hier liegt der Grund dafür, weshalb Drama und Theater auch jenseits humanistischer Funktionalisierung zu Medien kollektiver Sinnstiftung werden können.[123]

Andererseits nehmen bestimmte Tendenzen der Nachkriegszeit auch Probleme der späten Postmoderne vorweg: (1) die Angst vor neuer Mythisierung (Lyotard selbst spricht vom »grand récit de la fin des grands récits«[124]), (2) die Gefahr eines sich selbst aufhebenden Relativismus, d.h. in praxi die Begründung einer operativen Ethik, die philosophisch kompatibel bleibt mit avancierter Epistemologie. Diese Leerstelle zu füllen bemühen sich – wenngleich auf verschiedene Weise – sowohl Foucault als auch Derrida. Denn beide fürchten, durch das Ende der Rede vom Individuum könne dessen Leid jeden Stellenwert verlieren. Aus diesem Grund gewinnt die »Existenz«[125] Ende

---

117 Schnell (1986), S. 63.
118 Vgl. Borchmeyer (1991), S. 126.
119 Ionesco: Ganz einfache Gedanken über das Theater (1958), S. 30, 38.
120 Lehmann (^{2}2001), S. 89.
121 Sieß (1994), S. 119.
122 Ionesco: Ganz einfache Gedanken über das Theater (1958), S. 46f. Vgl. C, 4.3.
123 Vgl. Kapitel 3 (Drama und Theater als Medien kollektiver Sinnstiftung).
124 Lyotard: Le différend, S. 197.
125 Vgl. Foucault: Eine Ästhetik der Existenz, S. 280-286.

des 20. Jahrhunderts erneut transideologischen Charakter: »Das Leben eines Menschen, so einzig wie sein Tod, wird immer mehr als Paradigma sein und immer etwas anderes als ein Symbol«.[126] Vergleichbare Erkenntnisse finden sich bereits in den fünfziger Jahren. Man zweifelt, ob mit totaler Sinnpluralisierung auf Zivilisationsbrüche wie den Holocaust adäquat reagiert werden kann. So gesteht Sellner im Rückblick auf die eigene Theaterarbeit: »vor lauter Avantgardismus« habe er schließlich nicht mehr gewußt: »Was ist gut? Was ist schlecht?«[127] Auch hieraus (und nicht nur als Folge fehlender Vergangenheitsaufarbeitung) erklärt sich die Retablierung dramatischer »Schwarz/Weiß-Zeichnung« im Dokumentartheater,[128] das sich bei aller Offenheit nachhaltig gegen das »verfluchte ›J-ein!‹ (ja – nein)« ideologiekritischer Schauspiele wendet.[129] Bemerkenswert ist in diesem Kontext die ›Diskulturalität‹ diesbezüglicher Entwicklungen. Während westdeutsche Dramatiker den skeptizistischen Impetus ihrer Stücke gegen Ende der Nachkriegszeit bzw. in den sechziger Jahren verringern und gesellschaftskritischer agieren (Stefan Andres, Rüdiger Syberberg, Hans-Joachim Haecker, Peter Weiss, Günter Grass, Richard Hey, Tankred Dorst),[130] nähert sich die DDR-Avantgarde bereits in den fünfziger Jahren ebenjener Ausgangsposition an (Bertolt Brecht, Heinar Kipphardt, Peter Hacks, Heiner Müller, Hartmut Lange). Es wäre durchaus zu diskutieren, ob die ästhetische Komplexität von Müllers *Umsiedlerin* (1956-1961), einem der besten Theaterstücke der gesamten Nachkriegszeit, nicht höher zu veranschlagen ist als die von Weiss' *Marat/Sade* (1964), an dem der DDR-Autor nicht ohne Grund »die Plattheit der politisch-philosophischen Aussage« kritisiert.[131]

Mit der modernehistorischen Einordnung des Schauspiels ist die Frage seiner Eigenständigkeit verbunden. Sie scheint vor allem für die Zeit nach 1945 berechtigt, weil auf hiesigen Bühnen – katalysiert durch das Zürcher Schauspielhaus (A, 2.1) – geradezu ein »dramatisches Welttreffen«[132] stattfindet, während die deutschen Autoren sich erst neu ausrichten müssen. So beklagt Frank Thiess 1946: »Wir haben keine Tradition, an die wir anknüpfen können«,[133] und auch Karl H. Ruppel konstatiert, das deutsche Bühnenstück finde »dem nun wieder greifbaren Angebot an dramatischer Weltliteratur gegenüber noch keinen sicheren Standpunkt«.[134] Als vorbildhaft gilt insbesondere das Theater der beiden Hauptalliierten: an den Amerikanern schätzt man die »kraft- und traditionslose Unbeschwertheit«, an den Sowjets »Optimismus« und »Fröhlichkeit« als »Grundstimmung in der dramatischen Produktion«.[135] Das wichtigste Ereignis der Nachkriegszeit ist für Oscar Fritz Schuh daher »nicht nur das Wirtschaftswunder, son-

---

126 Derrida: Marx' Gespenster, S. 7. Vgl. auch ders./Roudinesco: Woraus wird Morgen gemacht sein?, S. 231-273 und Foucault: Die Rückkehr der Moral, S. 239-252.

127 Kerr: AZ-Gespräch mit dem Intendanten der Deutschen Oper Berlin (1967), S. 7.

128 Weiss: Das Material und die Modelle (1968), S. 55.

129 WW 16, S. 355 (Talent und Aussage [1951]). Friedrich Wolf denkt vor allem an Jean Anouilh (vgl. C, 4.1.1).

130 Auf internationaler Ebene wären u.a. Sartre und Adamov zu nennen, mit Abstrichen auch der späte Ionesco.

131 GI 1, S. 47 (Einen historischen Stoff sauber abschildern, das kann ich nicht [1976]).

132 Ihering: Theater der produktiven Widersprüche, S. 91 (Die ersten Begegnungen [1947]). Zu Einschränkungen durch Direktiven der Alliierten vgl. A, 1.2/1.3.

133 Thiess: Geistige Revolution (1947), S. 49.

134 Ruppel: Geisteswandel im modernen Spielplan (1946), S. 63.

135 Stobbe: Europäisches Theater – deutsche Situation (1947/48), S. 110.

dern die Tatsache, daß im Gegensatz zu 1918 das besiegte Deutschland ohne Haß auf die Alliierten reagierte«.[136] Die enorme Bereitwilligkeit, sich das ›fremde Neue‹ anzueignen, hat mitunter dazu verführt, das deutsche Schauspiel als Derivat zu betrachten. Darüber hinaus wird häufig die These vertreten, die jüngere Autorengeneration habe durch Gleichschaltung, Krieg und Emigration kaum Kenntnis internationaler Entwicklungen. Als Paradigma gilt Wolfgang Borchert, der auf expressionistische Versatzstükke zurückgreife, während sich Frisch und Dürrenmatt bereits an Brecht, Wilder und/oder Claudel orientierten.[137] Die tatsächliche Situation ist komplexer: So weist nicht nur das Heimkehrerstück eine »stilistische und formale Vielfalt« auf,[138] sondern die deutsche Nachkriegsdramatik insgesamt. Neben die Tendenz, eine Art Neoklassizismus zu retablieren (C, 4.1), tritt schon früh der Versuch, das Schauspiel »in ein neues Stadium des Experimentes« zu führen. Denn – so Gunter Groll – »die Welt ist heute ein einziges Experiment«.[139] Vor diesem Hintergrund spricht sich Vietta gegen den »moralischen Aufschrei« der Kriegs- und Wandlungsstücke aus und fordert die Abkehr von der »Gestrigkeit«.[140] Auch Coubier, Haecker, Hey, Sylvanus u.a. fordern nachdrücklich Experimente (B, 5.1.1/C, 4.3). Zwar wird der Existentialismus (Sartre, Camus) stark rezipiert und bei Grass als Beleg für das Ende der idealistischen Philosophie gesehen (B, 6.5.2), nicht selten ordnet man ihn jedoch anderen Narrativen unter (B, 3.2/5.2.1). Noch stärker präsent ist das Universaltheater Thornton Wilders – im semantischen Bereich als Beleg für die Fatalität von Krieg und Vernichtung, d.h. das Ende aufklärerischer Fortschrittsutopien (B, 1.2.1), im ästhetischen Bereich meist als Möglichkeit, trotzdem eine objektive Perspektive einnehmen zu können (Stage Manager). Gerade hier sind allerdings interessante Weiterentwicklungen des Modells nachweisbar (B, 4.2.1). Selbst die Adaption des absurden Theaters ist mit dem Begriff ›epigonal‹ nur unzureichend bezeichnet, zumal Grass bereits entsprechende Techniken verwendet, als Ionesco noch weitgehend unbekannt ist. Hildesheimer und Dorst entwickeln ebenfalls selbständige Dramaturgiekonzepte (B, 5.1.2/5.2.1). Darüber hinaus werden eigene Traditionen modifizierend fortgeschrieben: neben Brechts epischem Theater, das man in beiden Teilen Deutschlands produktiv umsetzt (C, 4.2.3-4.2.5), u.a. das Volksstück (Marieluise Fleißer) sowie das ›absolute Theater‹ (Egon Vietta, Nelly Sachs) in Wagner- und Claudel-Nachfolge (C, 4.3). Ähnliches gilt für die DDR-Dramatik. Hier nimmt die affirmative Variante zwar auf sowjetische Produktions- und Revolutionsdramatik Bezug (C, 4.1.3/4.2.3), gleichzeitig aber auf den deutschen Naturalismus (Hauptmann) sowie die sozialistische Dramatik der zwanziger Jahre (Wolf). Durch die Denunziation der westlichen Moderne verliert sie allerdings das zeitgenössische Bezugsfeld und erweist sich großenteils als provinziell. In der Avantgarde dominiert dagegen der Brecht-Einfluß, wobei die Dramatiker zuweilen neue Akzente setzen. So ist das ›didaktische‹ Theater Helmut Baierls keineswegs mit dem Lehrstück-Typus der Weimarer Republik identisch. Im Gegenteil, es antizipiert Vorstellungen von Habermas' Diskursethik und der Transzendentalpragmatik Karl-Otto Apels. Auch Heinar Kipphardt, Peter Hacks und vor allem Heiner Müller emanzipieren sich deutlich von Brecht. Helmut Fuhrmann ist zuzustim-

[136] Schuh: So war es – war es so? (1980), S. 135.
[137] Zu Borcherts Modernität vgl. B, 6.5.1.
[138] Trinks (2002), S. 20.
[139] Groll: Das magische Theater (1946), S. 263f.
[140] Vietta: Die tragische Gestrigkeit des heutigen Theaters (1951/52), S. 138, 142.

men, wenn er *Lohndrücker* (1956/57) und *Umsiedlerin* (1956-1961) zu den »eigenständigsten Leistungen« auf dem Gebiet des Nachkriegsschauspiels zählt.[141] Zu Unrecht vernachlässigt ist, wie Otto F. Riewoldt 1983 mit Recht moniert,[142] der Außenseiter Alfred Matusche, den sowohl Brecht wie Müller überaus schätzen (C, 4.1.4). Selbst im osteuropäischen Vergleich zählt die DDR-Avantgarde zu den innovativsten Vertretern engagierter Dramatik. Der Theaterbereich ist ebenfalls nur teilweise international beeinflußt. Denn obwohl die Stanislawski-Theorie dominiert (A, 3.3.1) und Gastspiele sowjetischer Bühnen deren Verbreitung fördern, ist die Brecht-Rezeption nicht unerheblich – insbesondere über Hacks' Vermittlung beim späten Langhoff (A, 3.3.2). D.h. Epigonalität steht im deutschen Nachkriegstheater neben Versuchen produktiver Adaption. Und wenngleich viele Dramen der Epoche heute kaum mehr gespielt werden (was übrigens in gleicher Weise für das Schauspiel der Weimarer Republik gilt), ließe sich problemlos ein erstklassiger Kanon von einem Dutzend Stücke zusammenstellen.

Auf der Basis des bisher Erörterten sind zwei weitere Problemaspekte zu klären: die kulturgeographische Perspektive sowie die Frage der Periodisierung. Das vorliegende Buch versteht sich als erster Band einer umfassenden Darstellung von Drama und Theater im deutschsprachigen Europa der Nachkriegszeit; der zweite soll Österreich und die Schweiz behandeln. Die lokale Trennung hat also zunächst operative Gründe. Darüber hinaus lassen sich – unbeschadet der grundsätzlichen Einheit deutscher Literatur als Literatur deutscher Sprache – gerade nach dem Zweiten Weltkrieg nationalliterarische Unterschiede feststellen. Dies gilt ab den späten vierziger Jahren vor allem für den Westen und Osten Deutschlands. Denn nun etablieren sich zwei politisch divergente Systeme, die Teile antagonistischer Blöcke sind und auch die Funktion von Literatur verschieden beurteilen. Demgegenüber weisen die soziokulturellen Rahmenbedingungen der beiden Alpenländer stärkere Übereinstimmungen mit der Bundesrepublik auf, wobei bezüglich historischer Situation, traditionaler Anbindung und Vergangenheitsrekurs Differenzen bzw. zeitliche Verschiebungen zu konstatieren sind.[143] Die vorgeschlagene ›Trennung‹ der deutschsprachigen Länder ist aber nicht generalisierend oder apodiktisch gemeint, sondern muß für verschiedene Phasen und Epochen immer wieder neu bewertet werden.[144] Zudem darf sie nicht den Blick für Parallelentwicklungen und Interferenzen verstellen, die daher an entsprechender Stelle erwähnt sind. In der Forschung ist diese moderate und geschichtlich flexible Position vor allem mit Blick auf die Nachkriegsliteratur konsensfähig. Auch die umfangreichen Studien von Karasek/Franke und Buddecke/Fuhrmann operieren territorialspezifisch.[145] Vor der Wiedervereinigung hatte die These der Existenz zweier deutscher Literaturen einen politischen Impetus, zumal sie von der SED in den siebziger Jahren offiziell propagiert

141 Fuhrmann (1997), S. 72.

142 Vgl. Riewoldt (1983), S. 155f.

143 Vgl. u.a. Durzak (1972), S. 9; Honsza (1974), S. 17; Daiber (1976), S. 20; Trommler (1976c), S. 162-164; Mittenzwei (1979a), S. 191f.; Fischer (1986a), S. 25f.; Kruntorad (1986) und Siegrist (1986).

144 Vgl. Trommler (1984), S. 28f.

145 Vgl. Franke/Vormweg (1974), S. 9 und Buddecke/Fuhrmann (1981), S. 10, 468f. Dieselbe Strategie befürworten u.a. H. Mayer (1967), S. 347; Durzak (1972), S. 9; Raddatz (1972), S. 7; Trommler (1976c), S. 162f.; Lange (1980), S. 75; Charbon (1986), S. 84 und Schröder (1994a), S. 101.

wurde.[146] Heute kann eine germanistische Untersuchung zu ähnlichen Ergebnissen kommen, ohne zwischen Systemfronten zu geraten.

Des weiteren stellt sich mit Blick auf die Nachkriegsdramatik die Frage nach der Legitimation der Periodisierung. Im Rahmen eines kulturwissenschaftlich orientierten Modells, wie es sich insbesondere für die Literatur nach 1945 anbietet, können entsprechende Kriterien weder ausschließlich ästhetisch noch politisch gewonnen werden. Zudem zielt der Epochenvorschlag keineswegs auf starre Grenzziehung, sondern versteht sich als Phase, in der spezifische Diskursveränderungen ablaufen. Daß die sog. ›Stunde Null‹ von vielen Zeitgenossen zum Gründungsmythos stilisiert wurde, ist bekannt und seit den sechziger Jahren ein Topos der Nachkriegsforschung.[147] Dennoch gibt es nur wenige Wissenschaftler, die in ihren Arbeiten die epochale Bedeutung des Jahres 1945 bestreiten. Hierzu zählen Hans Dieter Schäfer (1977) und Frank Trommler (1984), die den literarhistorisch relevanten Einschnitt bereits fünfzehn Jahre früher ansetzen. Durch die Weltwirtschaftskrise (1929-1932) und den Zerfall der demokratischen Ordnung werde eine breite »Revision« der klassischen Moderne eingeleitet,[148] die erst Anfang der sechziger Jahre dank einer »geradezu gigantischen Prosperität« überwunden sei und zum »Bruch mit der Restaurationsepoche« geführt habe.[149] In den vergangenen Jahren ist diese These, die lange Zeit kaum Unterstützung fand, in zwei Publikationen reaktiviert worden: (1) Stephen Parker, Peter Davies, Matthew Philpotts: *The Modern Restoration. Re-thinking German Literary History 1930-1960* (Berlin 2004) und (2) Gustav Frank, Rachel Palfreyman, Stefan Scherer (Hrsg.): *Modern Times? German Literature and Arts beyond Political Chronologies. Kontinuitäten der Kultur: 1925-1955* (Bielefeld 2005). Die britischen Verfasser des ersten Bandes konstatieren, wie der Titel zeigt, mit Beginn der dreißiger Jahre eine Epochenwende hin zu einer Literatur der ›Modernen Klassik‹. Ihr Buch erweitert zwar die schmale Materialbasis von Schäfer und Trommler, spart allerdings noch immer zentrale Bereiche aus. Die Kapitel beschränken sich auf Lyrik, Essay, Biographie. Drama und Theater der Zeit werden (abgesehen von Brecht) nicht diskutiert. Ein großes Manko der Studie ist darüber hinaus die terminologische Orientierung an Friedrich Sengles Biedermeier-Monographie, aus der die Autoren den problematischen Restaurationsbegriff übernehmen. Kennzeichen der klassizistischen ›Gegenmoderne‹ sei der Wunsch »to re-establish [...] disrupted traditions« (125). Er werde verwirklicht u.a. durch »a re-assertion of the conventional bourgeois institution of literature« (12), den gemeinsamen »Bildungsdialekt« (14) als Ausweis einer bürgerlichen Wertgemeinschaft sowie (und dieser Punkt widerspricht am stärksten den Ergebnissen der vorliegenden Arbeit) »a search for stability of meaning« (13). So behauptet man, Brecht habe schon früh das Anarchische durch epische Disziplinierung ersetzt (17, 271f.). Selbst wenn man dieser Logik folgen möchte (was diskutabel ist, denn das epische Theater kann durchaus als ästhetische Neuerung begriffen werden), auf den späten Brecht und seine ›Ästhetik der Dispersion‹ (C, 4.2.2) trifft die Schlußfolgerung keinesfalls zu. Im Gegenteil, spätestens seit den *Tagen der Kommune* (1949) etabliert der Augsburger Dramatiker metaliterarische Subdiskurse, die die Oberflächendialektik

146 Vgl. Sander (1972), S. 276-278; Link (1980), S. 59/Anm. 2 und Haase (1986), S. 72.

147 Vgl. u.a. Trommler (1970), S. 11f., 14; Vormweg (1981), Titel, passim; Lange (1982), S. 7f.; Berg (1986), S. 505f.; Barner (1987b), S. 38 und Kurz (1988), S. 310f.

148 Schäfer (1977), S. 96.

149 Ebd., S. 112. Ähnlich argumentiert Trommler (1984), S. 10.

nachhaltig deformieren (B, 6.4.1). Bei Hacks und Müller ist die menschliche Triebdisposition bereits Mitte der fünfziger Jahre zentrales Konstituens der Handlungsmotivierung (B, 6.2.1). In dem Sammelband *Modern Times?* wird die Schäfer-These ebenfalls wiederaufgegriffen (393), wobei die Herausgeber die ›Restaurationsepoche‹ um fünf Jahre vorverlegen, was die Argumentation kaum überzeugender macht, zumal Beiträge zum deutschsprachigen Drama und Theater fehlen. Mit Blick auf die internationale Ebene wird lediglich Beckett erwähnt, wobei man *Warten auf Godot* – vermutlich in Unkenntnis der tatsächlichen Entstehungszeit – auf das Uraufführungsjahr 1953 datiert (419).

Nun ist sicher richtig, daß die Nachkriegsepoche nur unter Bezugnahme auf Weimarer Republik und Exilsituation angemessen beurteilt werden kann. Sowohl im ästhetischen wie gattungstypologischen Bereich lassen sich Parallelen feststellen; auch bestimmte Regiekonzepte und Theaterstile bleiben – durch konstante Personalstruktur – oft kaum modifiziert erhalten. Ähnliche Übereinstimmungen können mit Blick auf die Unterhaltungsdramatik nachgewiesen werden, wobei sich die jeweilige kulturpoetische Funktion stark unterscheidet (A. 2.2). Solche Kontinuitäten, die für alle Epochenmodelle gelten, dürfen jedoch nicht den Blick verstellen für Brüche und Innovationen. Zudem muß sich die Schäfer-These den Vorwurf einseitig ästhetischer Betrachtung gefallen lassen, denn sie ignoriert großenteils Wechselwirkungen zwischen politisch-gesellschaftlichem Rahmen, Narrativ und Form.[150] Komparatistisch betrachtet (denn Schäfer wie Trommler denken über die deutsche Literatur hinaus) ist die Restaurationsthese ohnehin kaum haltbar. Denn in besagtem Zeitraum entstehen für den literarischen Modernisierungsprozeß zentrale Werke – um nur im Dramenbereich zu bleiben: Eugene O'Neills Trilogie *Mourning becomes Electra* (1929-1931), die, wie Erika Fischer-Lichte herausgearbeitet hat, »Figuren gleichsam als Duplikate von Duplikaten in einer zum Anfang hin prinzipiell unabschließbaren Reihe« einführt. D.h. es gibt »kein ›Original‹ und damit kein individuelles Ego«.[151] Noch stärker degeneriert sind die Subjekte in den Stücken der Pariser Avantgarde, deren frühste (*En attendant Godot, La cantatrice chauve*) bereits 1949/50 geschrieben werden.[152] Zu Recht konstatiert Adorno mit Blick auf die »Beckettschen Menschenstümpfe«[153] in *Fin de partie* (1957): »Der tödlichste Schrecken der dramatischen Personen, wenn nicht des parodierten Dramas selber, ist der verstellt komische darüber, daß sie irgend etwas bedeuten könnten«.[154] Mit anderen Worten: Die häufig beschworene Entliterarisierung des Dramas, die zur Auflösung tradierter Formmodelle führt und der Rede neue Funktionen zuweist, wird gerade in der ›Restaurationsepoche‹ nachhaltig vorangetrieben. Man sollte diese Entwicklung allerdings weniger als Einsicht in die Theatralisierung des sprachlichen Zeichens sehen,[155] denn als – und hier ist Ionesco zuzustimmen – Zeichen einer fundamentalen

---

150 Vgl. u.a. Roberts (1981), S. 41f.; Hüppauf (1981b), S. 50f. und Trinks (2002), S. 14-16.

151 Fischer-Lichte (2000), S. 232.

152 Noch früher entstehen die quasi absurden Theaterstücke von Audiberti (*Quoat-Quoat* [1945], *Le mal court* [1947]) und Tardieu (*Qui est là?* [1947], *La politesse inutile* [1948]).

153 AS 11, S. 594 (Offener Brief an Rolf Hochhuth).

154 AS 11, S. 305 (Versuch, das Endspiel zu verstehen).

155 Vgl. Fischer-Lichte (1995), S. 11.

»Denkkrise«.[156] Das Wort kann angesichts der Relativität diskursiver Sinnstiftung kaum mehr tragfähiges Kommunikationsmittel sein.

Die These vom »restaurativen Modernitätsbegriff der Nachkriegsliteratur«[157] läßt sich aber auch für das deutschsprachige Europa nicht aufrechterhalten. So entwickelt Sellner sein performativ orientiertes ›Integraltheater‹ bereits Anfang der fünfziger Jahre, und Nelly Sachs ihr ›absolutes Theater‹ seit Mitte der vierziger (C, 4.3). Erika Fischer-Lichte macht die später »vorherrschenden Trends« dafür verantwortlich, daß der »Blick für das spezifische Innovationspotential dieser Dramen« getrübt worden sei.[158] Gleiches gilt für Peter Weiss, dessen Schauspiel *Die Versicherung* (1952) im Gegensatz zu späteren Stücken ideologisch offen ist und noch vor Beckett Menschen als Müll zeigt (B, 6.2.1). Einer der wenigen, die auf entsprechende Fehlurteile hingewiesen haben, ist Horst Denkler. In einer Rezension kritisiert er mit Recht die »Verkennung der dramatischen Leistung« des frühen Weiss, die weniger nach traditionellen Kategorien zu bemessen sei als im Rekurs auf »szenische Bildphantasie, choreographisches Vorstellungsvermögen und sprachgestische Formulierungskraft«.[159] Darüber hinaus werden schon Ende der vierziger Jahre Theaterstücke verfaßt, die bestehende Mythen dekonstruieren, d.h. in widersprüchliche Erzählungen auflösen (B, 6.3.2) – u.a. von Peter Peregrin (*Odysseus in Ithaka*), Hans-Joachim Haecker (*Der Tod des Odysseus*) und Ernst Wilhelm Eschmann (*Alkestis*). Hinzu kommen Dramen, die aus unterschiedlicher Perspektive Aporien bipolarer Denk- bzw. Verhaltensweisen aufzeigen und die Utopie zunehmend in den Bereich der Form verlegen – u.a. Wolfgang Borchert: *Draußen vor der Tür* (1947), Reinhold Schneider: *Innozenz und Franziskus* (1952), Alfred Matusche: *Die Dorfstraße* (1953), Hans-Günter Michelsen: *Stienz* (1953) sowie Günter Grass: *Beritten hin und zurück* (1954).[160] Auch das epische Theater erlebt nicht nur zwischen 1930 und 1950 seinen Höhepunkt (Brecht, Claudel, Wilder, Anouilh, Williams), sondern wird nach Kriegsende in Deutschland massiv rezipiert und integraler Bestandteil der kulturellen Moderne (C, 4.2.1). Angesichts der Vielfalt von Themen und Modellen scheint es gewinnbringender, das Neben- bzw. Ineinander von Tradition und Innovation zu untersuchen. So ist grenzt beispielsweise die Dramatik des späten Reinhold Schneider semantisch ans Absurde, während der Autor ästhetisch am Aristotelismus festhält, diesen aber durch hypertrophe Strukturbildung zugleich subvertiert (B, 6.3.1). Im Unterschied hierzu schreibt Egon Vietta in Wilder- und Claudel-Nachfolge episch-experimentelle Bühnenwerke, bleibt semantisch aber insofern ›konservativ‹, als er der Intermedialität utopischen Gehalt zuspricht (C, 4.3). Hildesheimer hält dagegen wie Beckett zumindest oberflächlich an den Einheiten fest, inszeniert in *Die Verspätung* jedoch eine postmodern anmutende ›Endgeschichte des Subjekts‹ (B, 5.1.2). Ähnliche Interferenzen zeigen sich mit Blick auf Fehling, Gründgens, Kortner, Piscator (Theater) sowie Brecht, Hacks, Müller, Kipphardt (Schauspiel). Der mit einem positiven Technikbegriff verbundene, aber ideologisch fundierte Einbezug von Film- und Collageverfahren kann ästhetisch *progressiver*, gleichzeitig aber semantisch *affirmativer* sein als ein technikkritisches Modell, das Intermedialität als performativen Gegendiskurs verwendet und

156 Ionesco: Habe ich Anti-Theater gemacht? (1961), S. 3.
157 Schäfer (1977), S. 111. Vgl. auch Kröll (1986), S. 246 und Fischer (1986b), S. 50.
158 Fischer-Lichte (2000), S. 223.
159 Denkler (1983), S. 313.
160 Vgl. das Dramenregister.

nicht, um die Beweiskraft des Wortes zu unterstützen. Bei genauer Betrachtung lassen sich daher Drama wie Theater der Nachkriegszeit nur bedingt als »Schrumpfvariante«[161] ihrer Pendants in der Weimarer Republik bezeichnen.

Die vorliegende Arbeit postuliert aus diesem Grund einen »*relativen* Neuanfang«[162] nach 1945, wobei der Ausdruck ›Stunde Null‹ primär pragmatische Bedeutung erhält. Denn seit dem 1. September 1944 sind die deutschen Theater geschlossen,[163] und mit Kriegsende verbieten die Alliierten nationalsozialistische Stücke, während Exildramatik und internationale Avantgarde dem Publikum nun erst zugänglich werden. Nicht zuletzt deshalb wendet sich Joachim Kaiser 1990 gegen die These, mit der Kapitulation habe kein epochaler Kulturwandel eingesetzt:

> Die Nachkriegszeit von 1945 bis 1948 [...], das war für meine Generation wirklich etwas vollkommen Neues, Überwältigendes – das waren unsere zwanziger Jahre. Denn für die intellektuell oder musisch Bewußteren brach nicht erst 1945 eine Welt zusammen. Das Jahr 1945 – da haben wir viel Falsches gehört in den letzten Jahren, auch bei Feiern dieses Jahres, da wird viel aus unguten Motiven gelogen – war ja nicht mehr der Schicksalsmoment des Zusammenbruchs [...], sondern 1945 war der Augenblick der Rettung für alle, die damals irgendwie neuanzufangen noch den Impuls hatten. Es gab also durchaus etwas wie eine Stunde Null.[164]

Tatsächlich können die dominanten Themen der Zeit (Heimkehr, Kriegserfahrung, Schuldfrage, Genozid etc.) im Rahmen einer das Dritte Reich bruchlos integrierenden ›Restaurationsepoche‹ kaum adäquat verortet werden.

Noch konsensfähiger als der ›relative Nullpunkt‹ 1945 ist der Beginn der sechziger Jahre. Er markiert in politischer wie literarhistorischer Hinsicht einen für beide Staaten wesentlichen Einschnitt, der durchaus als Ende der eigentlichen Nachkriegszeit verstanden werden kann und auch häufig so verstanden wurde. Als Beleg dürfen zwei vor einigen Jahren veröffentlichte Sammelbände dienen, in denen die vorgeschlagene Periode standardisiert erscheint: *Deutsche Erinnerung. Berliner Beiträge zur Prosa der Nachkriegsjahre (1945-1960)* sowie *Schuld und Sühne? Kriegserlebnis und Kriegsdeutung in deutschen Medien der Nachkriegszeit (1945-1961)*.[165] Ohne mit Thomas Koebner einseitig die Dominanz des philosophisch-poetischen Theaters bis 1961 zu konstatieren,[166] um dann die »große Wende dramatischen Schreibens« zu feiern,[167] muß die Politisierung der deutschen Literatur in den frühen sechziger Jahren als Indiz für eine sich verändernde Bewußtseinslage gesehen werden. Dies gilt für die Prosa (Walser, Grass, Enzensberger), die Lyrik (Heißenbüttel, Mon, Becker), aber auch für das

161 Bollenbeck (2007), S. 60.

162 Lange (1982), S. 15.

163 Jan Berg (1986) weist allerdings darauf hin, daß die Ensembles weiterhin in Betrieben, Truppen oder Lazaretten Theater spielten. »Kurz vor Ostern 1945 war in der Hamburger Oper noch die Premiere von Glucks ›Iphigenie auf Tauris‹ zu erleben, im Schauspielhaus – zwischen Bombenalarm – ›Faust I‹, das Thalia-Theater spielte Unterhaltsameres. Erst mit der britischen Besatzung endete im Mai das Theaterspielen« (S. 493).

164 Kaiser (1990), S. 71.

165 Für die Bundesrepublik vgl. u.a. auch Germay (1975), S. 165, 167; Huyssen (1976), S. 46f.; Buddecke/Fuhrmann (1981), S. 69; Roberts (1981), S. 45; Schnell (1986), S. 105, 168; Feinberg (1988), S. 33; Profitlich (1990), S. 315 und Geschichte der deutschen Literatur von 1945 bis zur Gegenwart (1994), S. V-VIII.

166 Vgl. Koebner (1971), S. 359.

167 Ebd., S. 423.

Schauspiel, denn dort entstehen durch das sog. Dokumentartheater neue Modelle und semantische Tendenzen – insbesondere in der Auseinandersetzung mit dem Dritten Reich. (Dieser Prozeß vollzieht sich allerdings keineswegs so voraussetzungslos, wie allgemein konstatiert wird, und die These, es habe in den vierziger und fünfziger Jahren keine wirkliche Bewältigungsdramatik gegeben [B, 1.2.2], rechnet unter die Forschungsmythe.) 1961 veröffentlicht Walter Jens seine Studie *Deutsche Literatur der Gegenwart*, die den ›Anschluß‹ progressiver Autoren an die Moderne bestätigt,[168] bevor Peter Rühmkorf im Jahr darauf Invektiven gegen das »lyrische Weltbild der Nachkriegsdeutschen« publiziert. Vergleichbare Modifikationen kennzeichnen den soziologisch-philosophischen Diskurs, wie Agnes Heller mit Blick auf den Positivismusstreit (1960-1967) nachgewiesen hat.[169] Des weiteren führen erste Anzeichen abflauender Konjunktur zu einer Ernüchterung im Glauben an permanente ökonomische Prosperität. Hinzu kommen Defizite in der Innen- und Sozialpolitik sowie Unzufriedenheit mit der restriktiven Vergangenheitsbewältigung unter Adenauer. 1958 nimmt die Zentralstelle zur Klärung von NS-Gewaltverbrechen ihre Arbeit auf – mit der Folge, daß man immer wieder ehemals aktive Nationalsozialisten in leitenden Positionen aufspürt. Aber auch durch den Jerusalemer Eichmann-Prozeß im Frühjahr 1961 sowie die KZ-Prozesse um Auschwitz und Treblinka (1963-1965) gewinnen das Dritte Reich und die Frage seiner Aufarbeitung in der Öffentlichkeit stark an Präsenz. Gleichzeitig erfolgt die Restitution der politischen Rechten durch die NPD-Gründung im Jahr 1964. Da sich die SPD seit ihrem Godesberger Programm (1959) als bürgerliche Volkspartei definiert, bleiben bestimmte Ideologeme fortan unbesetzt, was 1962/63 zur Bildung der ›Neuen Linken‹ führt. Zunächst optieren die meisten westdeutschen Intellektuellen noch für das ›kleinere Übel‹, und so erscheint 1961 zur ersten Kanzlerkandidatur Willy Brandts das von Martin Walser herausgegebene Pamphlet *Die Alternative oder Brauchen wir eine neue Regierung?*.[170]

Eine ähnliche Epocheneinteilung wird in der Nachkriegsforschung für die DDR postuliert, und zwar aus ost- wie westdeutscher Perspektive.[171] Allerdings weisen Begründungs- und Bewertungszusammenhang mitunter starke Divergenzen auf – dies gilt insbesondere für historisch zentrale Ereignisse wie Arbeiteraufstand oder Mauerbau. Die Zeitspanne von 1949 bis 1961 erscheint in der DDR-Geschichtsschreibung als ›Aufbauphase‹, die der Herausbildung einer sozialistischen Nationalliteratur dient. Nach der faktischen Durchsetzung der Planwirtschaft (1948/49) wird auf dem 5. Plenum des Zentralkomitees der SED (1951) der ›sozialistische Realismus‹ vorgeschrieben, während man andere Konzepte als ›formalistisch‹ diskreditiert (B, 4.1.1). Im Gegensatz zu einer Literaturgeschichte der Bundesrepublik muß sich die der DDR stärker an kulturpolitischen Daten orientieren, weil direktere Interferenzen zwischen Staatsdoktrin und Kunstproduktion bestehen (A, 1.3). Um das Jahr 1953 ist demzufolge ein Phaseneinschnitt anzusetzen, denn mit den Ereignissen vom 17. Juni gerät die SED in die Defen-

---

168 Vgl. Jens: Deutsche Literatur der Gegenwart (1961), S. 71, 81, 150-152.

169 Vgl. Heller (1981), S. 181f.

170 Aus diesen Gründen faßt auch der Historiker Adolf M. Birke (1989) die Jahre 1945 bis 1961 als geschichtliche Epoche zusammen.

171 Vgl. Nössig (1972), S. 13, 29; G.R. Kaiser (1975), S. 223; Haase u.a. (1976), S. 21; Münz-Koenen (1980), S. 27f.; Emmerich (1981), S. 73, 125-127; Greiner (1983a), S. 337; M.-J. Fischer (1989), S. 65, 82; Schnell (1993), S. 142 und Ebert (2001), S. 37.

sive gegenüber Versuchen, die staatliche Kontrolle des literarischen Feldes weiter voranzutreiben. Nachhaltig begünstigt werden die nun einsetzenden ›Liberalisierungstendenzen‹ durch den XX. Parteitag der KPdSU (1956) mit seinen Enthüllungen über Stalins Verbrechen und der daraus abgeleiteten Bekämpfung von Personenkult und Dogmatismus. Die Unruhen, die in Polen und Ungarn entstehen, führen 1958 auf dem V. Parteitag der SED zu erneuten Restriktionen. Diese werden bei der I. Bitterfelder Konferenz (1959) auf den künstlerischen Bereich übertragen. Die Entwicklung erlebt ihren Höhepunkt im Mauerbau, der der Konsolidierung der DDR dient und zugleich die deutsche Teilung festschreibt. Die Einführung des Neuen Ökonomischen Systems der Planung und Leitung (NÖS) im Jahr 1963 bleibt – entgegen der These von Buddecke/Fuhrmann[172] – dem welthistorischen Vorgang gegenüber sekundär. Im dramatischen Bereich führt die Abschottung vom ›Klassenfeind‹ zur Konzentration auf landes- bzw. systemspezifische Probleme, so daß der antifaschistisch-antikapitalistische Diskurs weniger präsent ist. Die Invektiven gegen ihre Zeitstücke zwingen Hacks und Müller darüber hinaus zur Adaption mythischer Muster und damit zu historischer Verfremdung.[173] Gleichzeitig verliert mit der abgeschlossenen Kollektivierung der Landwirtschaft (1960) ein für die Nachkriegszeit konstitutives Genre an Relevanz: das Produktionsstück.

Der Aufbau der vorliegenden Arbeit sucht den Wechselbezügen von Geschichte, Inhalt und Form gerechtzuwerden. Ausgangspunkt ist die These, daß »alle[] kulturellen Systeme[]« der »Erzeugung von Bedeutung« dienen.[174] Im Zentrum von Teil A stehen die soziokulturellen Ordnungen; sie markieren gleichsam den Rahmen, zu dem sich die semantischen und ästhetischen Ordnungen verhalten müssen, ohne daß sie von diesem strictu senso zu trennen wären. Das zeitgenössische Regietheater ist hierunter subsumiert, denn die Bühne als öffentliche Institution wird in ihrer Struktur- und Modellbildung stärker von politisch-gesellschaftlichen Direktiven geprägt als die Gattung ›Drama‹. Da es sich somit um eine schwerpunktbezogene Einteilung handelt, sind unter A, 3. auch Aspekte thematisiert, die die nachfolgenden Großkapitel betreffen. Teil B befaßt sich dagegen mit den semantischen Ordnungen, d.h. der Vielzahl an Narrativen, die mit Kriegsende aktualisiert werden, fortbestehen oder sich wie der Absurdismus erst ausbilden. Vor diesem Hintergrund ist Peter-André Alt zuzustimmen, wenn er Kulturhistorie versteht als »Geschichte der Wechselwirkungen zwischen den Ordnungen des Wissens und den Gestaltungsmustern der poetischen Einbildungskraft«.[175] Nun widerspricht das Trennen von Inhalt und Form der literarischen Hermeneutik;[176] die Rückwirkung des einen Faktors auf den anderen wird deshalb stets präsent gehalten. Trotzdem scheint eine Separatbetrachtung sinnvoll, weil die einzelnen Aspekte auf diese Weise klarer zu konturieren sind, denn – so Günther Weisenborn 1947 – »niemals haben mehr Denksysteme, Schlagwortfronten und Begriffsschwärme ihre Sprachschlachten geschlagen als heute«.[177] Darüber hinaus gibt es Interferenzen sowie Strukturhomologien zwischen verschiedenen Narrativen. Dies erklärt, weshalb manche Autoren und

172 Vgl. Buddecke/Fuhrmann (1981), S. 261.
173 Vgl. Riewoldt (1983), S. 157-159, 164-166.
174 Fischer-Lichte (1983). Bd. 1, S. 8.
175 Alt (2002), S. 11.
176 Vgl. Japp (1977), S. 152f.
177 Weisenborn: Tod und Hoffnung, S. 6.

Regisseure in mehreren Kapiteln erscheinen. Hinzu kommt, daß jede Ordnung hinterfragt (B, 6.) und dasselbe Narrativ verschiedenen Genremodellen integriert werden kann. Selbst der Absurdismus vermag kritische Sinnstiftung zu befördern, wobei die Utopie mitunter in die Leerstelle rückt, d.h. der Form anvertraut ist. Kapitel 6 stellt somit einen Übergangsbereich zwischen den Teilen B und C dar.

Auch innerhalb der ästhetischen Ordnungen findet man Restitutions- neben Destruktionsprozessen. Dies betrifft sämtliche Instanzen und Erscheinungen des literarischen Diskurses: den Dramatiker, den Protagonisten, Gattungstypen und Dramenkonzepte. Letztere werden dabei mit Wilhelm Voßkamp als »geschichtliche *›Bedürfnissynthesen‹*«[178] verstanden, die bestimmte historische Problemkonstellationen und Widersprüche aufbewahren. Im Vordergrund stehen dabei folgende Fragen: (1) Welchen Formkonzepten werden die Narrative eingepaßt, und was bedeutet dies für die Sinnstiftung? (2) Wie funktionieren die einzelnen Modelle und in welchem Verhältnis stehen sie zu Vorgaben der deutschen und/oder internationalen Tradition? Wer wie Axel Schalk in der 2004 erschienenen Studie *Das moderne Drama* auf jede historisch fundierte Gattungstypologie verzichtet, entledigt sich nur scheinbar unbrauchbar gewordener Schematismen. In Wirklichkeit reduziert er vor allem Komplexität: zum einen wegen des stark eingeschränkten Textkorpus (dessen eklatante »Unvollständigkeit« auch hier transzendental aufgeladen wird als »unvermeidbare Begleiterscheinung auf der Suche nach einem Überblick«),[179] zum anderen weil er durchaus vorhandene Unterschiede zwischen Strukturmodellen nivelliert. Tatsächlich entstehen durch Schlagwort-Überschriften neue Eindeutigkeiten, die den behandelten Dramatiker zuweilen in ein engeres Korsett pressen, als es inhaltsoffene Gattungsbegriffe könnten. So erscheinen Dürrenmatts *Physiker* zusammen mit Hochhuths *Stellvertreter* unter »Formen politischer Dramatik« statt unter »Erfahrung des Absurden«. O'Neill, der *Mourning becomes Electra* am antiken Tragödienmodell ausrichtet, firmiert unter dem Begriff »Nebelsüchte«, während Ionesco mit der Charakterisierung »Vollkommenes Nichts« leben muß, obwohl er selbst entsprechende Zuschreibungen süffisant mit einem Fragezeichen versieht.[180] Der Titel des Tabori-Kapitels »Anti-Ismen« träfe dagegen auf wenigstens vier weitere Autoren zu, die Schalk in seiner Arbeit behandelt: Dürrenmatt, Beckett, Ionesco, Pinter (5f.). Nun macht der Hinweis, Gattungs- und Dramaturgiebegriffe besäßen keine absolute Trennschärfe (8), diese damit nicht obsolet. (Gleiches gilt im übrigen für Epochenbezeichnungen.) Selbst wenn die »Fächer der Dichtkunst« nach 1945 »durcheinander geworfen« sind,[181] so heißt dies keineswegs, daß sie nicht mehr existent wären, noch weniger, daß man sich mit ihnen und ihren Versatzstücken nicht produktiv auseinandersetzte. Eben diese Auseinandersetzung möglichst differenziert zu beschreiben ist Ziel der Kapitel 3 und 4 von Teil C. Dabei wird zu zeigen sein, daß Teile der deutschen Nachkriegsdramatik – obzwar sie nicht immer internationale Standards erreichen – die Moderne nachdrücklich fortschreiben und damit einen bis heute unterschätzten Beitrag leisten zur Retablierung des deutschen Theaters in der Weltliteratur.

---

178 Voßkamp (1977), S. 32.

179 Schalk (2004b), S. 7. Zudem bleibt die philologische Basis zahlreicher Kapitel extrem defizitär. Vgl. das Verzeichnis der Forschungsliteratur (S. 242-249).

180 Vgl. Ionesco: Bekenntnisse (1969), S. 66. Siehe auch B, 5.1.1 und C, 4.3.

181 JS, S. 88 (‹Heinrich Christian Meier zum Geleit› [1947]).

2. Der Mythos vom »Schweigen des Dramas«

In seiner Rezension zu der von Wolfram Buddecke und Helmut Fuhrmann verfaßten Studie *Das deutschsprachige Drama seit 1945* konstatiert Horst Denkler 1983, daß »die längst fällige Geschichte des deutschen Nachkriegsdramas« auch nach dieser Arbeit noch »zu schreiben« sei.[1] Tatsächlich erlaubt selbst die Addition sämtlicher Beiträge zu diesem Themenkomplex kein annähernd vollständiges Bild. Besonders defizitär scheint die Forschungslage (abgesehen von Frisch und Dürrenmatt) für den Zeitraum von 1945 bis zum Beginn der sechziger Jahre, der als eigentliche ›Nachkriegszeit‹ verstanden werden soll.[2] Obwohl das Drama neben der Publizistik zum Hauptmedium gesellschaftlicher Selbstverständigung avanciert (A, 1.1), bedauert man allenthalben den Mangel an hochwertigen Stücken. Bereits 1958 scheint es Fritz Martini kaum sinnvoll, Namen zu nennen, weil sie »mehr eine Leere als einen Besitz« bezeichneten.[3] Trotz ernsthafter Bemühungen fehle noch immer das »GDD«, wie es Martin Walser ironisch nennt, »das Große Deutsche Drama«.[4] Frank Trommler konstatiert 1976 sogar das »Ausbleiben der deutschen Nachkriegsdramatik«[5] und Jürgen Schröder 1990 die deutsche »Unfähigkeit zum Drama«.[6] In der frühen Nachkriegszeit kennt man lediglich drei Ausnahmen: Carl Zuckmayer: *Des Teufels General* (1942-1945), Günther Weisenborn: *Die Illegalen* (1946) und Wolfgang Borchert: *Draußen vor der Tür* (1947).[7] Ansonsten bedauert man »das dramatische Schweigen einer ganzen deutschen Nachkriegsperiode« und feiert die politisch orientierten Dramen der sechziger Jahre als »endliche Rede«.[8]

Bernd Balzer hat in mehreren Aufsätzen nachgewiesen, daß entsprechende Thesen mit Blick auf das Drama der frühen Nachkriegszeit einer Revision bedürfen. Denn weiten Teilen der Forschung sind »so viele Details aus dem Blick geraten – oder gar nicht erst vor Augen gekommen –, daß sich mit dem gewonnenen Abstand der Gegenstand verlor«. Ähnliche Fehleinschätzungen zeitgenössischer Kritiker führt Balzer u.a. auf »Kommunikationsprobleme« im zerstörten Deutschland zurück.[9] Die detaillierte Analyse historischer Quellen (Zeitschriften, Theateralmanache etc.) sowie umfangreicher

---

1 Denkler (1983), S. 314.
2 Vgl. Kapitel 1 (Einleitung).
3 Martini (1959), S. 83.
4 Walser: Erfahrungen und Leseerfahrungen, S. 59 (Vom erwarteten Theater [1962]).
5 Trommler (1976c), S. 155.
6 Schröder (1990), S. 286.
7 Vgl. Rischbieter/Wendt (1965), S. 42-46; Durzak (1972), S. 12-14, Patterson (1976), S. 34-44; Lange (1980), S. 3; Buddecke/Fuhrmann (1981), S. 63-68; Emmerich (1981), S. 58f.; Gajek (1982), S. 256; Berg (1986), S. 496-499; Schnell (1986), S. 96-104; Barner (1987), S. 107-112; Wilke (1992), S. 213; Niefanger (1997), Titel. Eine etwas größere Zahl an Dramen findet sich bei Berger (1972), S. 107-136; Karasek (1973), S. 545-560; Daiber (1976), S. 66-75; Trautwein (1982), S. 325f. und François (1987), S. 641-658.
8 Schröder (1990), S. 287. Vgl. auch Honsza (1974), S. 143 und Schreiber (1980), S. 474.
9 Balzer (1995b), S. 121. Balzer plant ein Handbuch zum deutschsprachigen Zeitstück (1945-1950), das ein Einleitungskapitel sowie Inhaltsangaben der Dramen enthalten soll.

Nachschlagewerke (Allgayers *Dramenlexikon*) vermitteln dagegen ein anderes Bild. Zwischen 1945 und 1950 sind im deutschsprachigen Europa über 200 Zeitstücke gedruckt und teilweise uraufgeführt worden. Die »Manuskript-Flut«,[10] der sich viele Lektoren ausgesetzt sehen, wird jedoch vor der Folie einer klassizistischen Ästhetik eingedämmt. Man wirft den Stücken surrealistische Tendenzen, Defizite in der formalen Gestaltung und existentialistischen Pessimismus vor (A, 2.3). Bereits die von Balzer publizierten kleineren Listen zeigen, daß allein diese Phase wissenschaftlicher Aufarbeitung bedarf. Ursula Heukenkamp fordert sogar eine umfassende Bestandssicherung der gesamten frühen Nachkriegszeit.[11] 2002 hat Ralf Trinks für ein begrenztes Korpus an »Heimkehrer*zeit*stücken« (1945-1949) eine entsprechende Neusichtung unternommen.[12] Dabei weist er nach, daß *Draußen vor der Tür* keineswegs wie bisher postuliert als Prototyp und Paradigma des Genres bezeichnet werden kann. Der innovative Impetus liegt jedoch vor allem im Bereich des Philologischen; die reduziert verwendete Literatursoziologie Bourdieus vermag kaum neue Perspektiven zu vermitteln (B, 1.2.2). Matthias Elsdörfers Studie *Ein tiefer Blick in »leere« Schubladen. Deutsches im Nachkriegstheater 1945-1948* aus dem Jahr 2007 genügt dagegen kaum basalen Erwartungen an eine wissenschaftliche Arbeit. Nahezu die gesamte Forschung ist ausgespart, so daß die ohnehin narrativ ausgerichtete Studie allenfalls einzelne Neuentdeckungen für sich verbuchen kann. Aber nicht nur hinsichtlich der frühen Nachkriegszeit wird »Bilanz« gezogen, »ohne vorher Inventur gemacht zu haben«.[13] Sieht man von Wolfgang Hildesheimer und Günter Grass ab, stellt sich die Situation mit Blick auf das westdeutsche Drama der fünfziger Jahre ähnlich defizitär dar. So behauptet Frank Trommler beispielsweise, daß die inneren Emigranten dem Theater fernstünden.[14] Tatsächlich schreiben Stefan Andres und Reinhold Schneider noch in den fünfziger Jahren erfolgreiche Bühnenwerke. Auch die Nachkriegsstücke der Exilanten Nelly Sachs und Peter Weiss fehlen in fast allen einschlägigen Publikationen. Lediglich das DDR-Schauspiel ist stärker präsent, wenngleich auch hier eine Gesamtdarstellung Desiderat bleibt.

Ein »erster, zögernder Versuch«, das deutsche Nachkriegsdrama »zu überblicken«, wird 1965 von Henning Rischbieter und Ernst Wendt unternommen.[15] Es handelt sich allerdings nur um kurze wertende Skizzen. Ähnliches gilt für Marianne Kestings *Panorama des zeitgenössischen Theaters* (1969), das 58 Porträts internationaler Dramatiker enthält, wobei historisch-systematische Aspekte unberücksichtigt bleiben. Hervorzuheben ist, daß Kesting trotz selektiver Darstellung die Stücke von Sachs und Weiss integriert. Thomas Koebner verzichtet 1971 in seiner Abhandlung *Dramatik und Dramaturgie seit 1945* auf breitere Materialbasis, unternimmt jedoch eine Analyse verschiedener Modelle szenischen Schreibens. Dabei präformiert das politische Vorurteil die Perspektive: Koebner fordert im Sinne Brechts eine »exakt analysierende Geistesbeschäftigung«[16] und verbucht die westdeutschen Stücke der fünfziger Jahre unter dem

---

10 Lietzmann: Nach der Schubladen-Legende (1948), S. 6.

11 Vgl. Heukenkamp (1990a), S. 310/Anm. 42.

12 Trinks (2002), S. 12. Dennoch werden insgesamt 31 Dramen behandelt.

13 Balzer (1995b), S. 123.

14 Vgl. Trommler (1976c), S. 161.

15 Rischbieter/Wendt (1965), S. 7.

16 Daß der Autor dieser Forderung selbst nicht immer genügt, zeigt der fehlerhafte Gebrauch des Adjektivs »transzendental« (vgl. Koebner [1971], S. 387, 435).

Begriff »Realitätsflucht«.[17] (Das DDR-Drama wird nur beiläufig erwähnt.) Auch Walter Hinck argumentiert in seiner Studie *Das moderne Drama in Deutschland* (1973), die vom Expressionismus bis zur Gegenwart reicht, sehr schematisch und vereinfachend. So sieht er das gesamte deutschsprachige Schauspiel im »Bannkreis Brechts«[18] und behandelt ausschließlich kanonisierte Autoren. Die Kapitel, die sich mit Nachkriegsstükken beschäftigen, umfassen kaum mehr als sechzig Seiten, wobei die DDR-Dramatik nur kurz dargestellt wird. Die bis heute materialreichsten Arbeiten zum deutschen Nachkriegsdrama finden sich in den ersten Bänden von *Kindlers Literaturgeschichte der Gegenwart* (1973/74) und stammen von Hellmuth Karasek (Westzonen/Bundesrepublik) bzw. Konrad Franke (SBZ/DDR). Beide bieten eine nach Autoren chronologisch geordnete Darstellung, die jedoch summarisch bleibt und kaum interpretatorische Ansätze bietet. Ähnliche Defizite kennzeichnen den zweiten Band von Franz Norbert Mennemeiers Studie *Modernes Deutsches Drama* (1975). Hier verhindert das zugrundeliegende »Vorlesungskonzept«[19] eine Bezugnahme der einzelnen Kapitel aufeinander. Der Arbeit mangelt des weiteren die philologische Basis. Der Zeitraum von 1945 bis 1961 ist auf nicht einmal hundert Seiten dargestellt, und das Textkorpus beschränkt sich – abgesehen von Weiss' frühen Dramen – auf Kanonisiertes. 1976 erscheint eine weitere Überblicksdarstellung: Michael Pattersons *German Theatre Today. Post-war Theatre in West and East Germany, Austria and Northern Switzerland*. Dem umfassenden Anspruch kann die systematisch orientierte Arbeit auf gut hundert Seiten allerdings kaum gerecht werden. Dennoch kennt der Verfasser u.a. Dramen von Bruckner, Jahnn, Schneider und Vietta, die allerdings nur kurz genannt werden.[20] Auch die 1977 von Helmut Motekat vorgelegte Einführung *Das zeitgenössische deutsche Drama* verfährt additiv und behandelt fast ausschließlich Standardautoren. Auf Brecht wird verzichtet, weil seine Stücke »seit Jahren Gegenstand des Deutschunterrichts sind«, auf das DDR-Drama, weil eine Analyse des politisch-gesellschaftlichen Kontexts den Rahmen des Buches gesprengt hätte.[21] 1980 erscheint schließlich die von Franz Norbert Mennemeier und Frithjof Trapp verfaßte Studie *Deutsche Exildramatik 1933 bis 1950*. Sie ist für das vorliegende Projekt insofern von Bedeutung, als hier zwei Stücke Berücksichtigung finden, die in den bisherigen Gesamtdarstellungen nicht genannt werden: Lampels unveröffentlichte *Nazi-Dämmerung* (1945) und Friedrich Wolfs Drama *Die letzte Probe* (1945/46). Die bisher ambitionierteste Darstellung des deutschen Dramas nach 1945 stammt von Buddecke und Fuhrmann. In ihrem »Kommentar zu einer Epoche« wird das gesamte deutschsprachige Europa berücksichtigt. Der editorisch bedingte Fokus auf »breitere Leserkreise«[22] führt allerdings zu einem Verzicht auf thematische Ausweitung und analytische Innovation. Zudem ist die »Flut der Fakten und Bezüge« nicht systematisch organisiert, so daß sich der Leser einer »nahezu erdrückenden Materialfülle und Datenmenge« gegenübersieht, deren Ordnung erst rezeptiv hergestellt werden muß. Was bleibt ist das Gefühl, »mit Fakten überhäuft zu werden, ohne dabei

---

17 Ebd., S. 370. Gleiches gilt für die gekürzte, überarbeitete Fassung von 1984.
18 Hinck (1973), S. 152.
19 Bormann (1975), S. 518.
20 Vgl. Patterson (1976), S. 18f.
21 Motekat (1977), S. 19f.
22 Buddecke/Fuhrmann (1981), S. 13.

genug zu erfahren«.[23] Das Nachkriegsschauspiel ist auf ca. sechzig Seiten behandelt, und nur Heiner Müllers *Korrektur* erfährt eine detailliertere Einzelanalyse. Der Schwerpunkt liegt also erneut auf den sechziger Jahren. Gleiches gilt für Konrad Gajeks 1982 erschienene Abhandlung *Deutschsprachige Dramatik nach 1945*, die aus marxistischer Perspektive geschrieben ist und nur bedingt höheren Ansprüchen genügt. Auch Rolf Schneider verbindet mit seinem Buch *Theater in einem besiegten Land* (1989) keinen wissenschaftlichen Impetus. Obwohl der Schriftsteller eine fundierte Materialkenntnis besitzt, werden die Dramen nur kurz besprochen. Philologisch defizitär und methodisch konservativ bleibt auch Jean-Claude François' Studie *Le théâtre allemand contre le nazisme de l'exil à l'après-guerre* (1992), die auf einer umfangreichen, aber weitgehend inhaltsorientierten Dissertation beruht.

Über die Gesamtdarstellungen hinaus existieren eine Reihe von Arbeiten zur DDR-Dramatik. Bereits 1964 erscheint ein erster Sammelband mit dem Titel *Theater hinter dem »Eisernen Vorhang«*. Er enthält u.a. zwei Aufsätze, die sich aus Westperspektive mit »Theater und Theaterpolitik in der DDR« (Heinz Kersten) und »Drama und Dramaturgie in der DDR« (Klaus Völker) befassen. Die Anzahl der behandelten Stücke ist jedoch ähnlich gering wie in Werner Mittenzweis Habilitationsschrift *Gestaltung und Gestalten im modernen Drama* (1965/²1969). Dort werden neben Brecht und Wolf lediglich Baierl, Sakowski und Schneider eingehender analysiert. Abgesehen von der marxistischen Perspektive, die für den Sozialismus keine antagonistischen Widersprüche mehr zuläßt, ist die Arbeit daher auch als »Information über das DDR-Drama unbrauchbar«.[24] Wesentlich mehr Werke kennt Hermann Kähler, der sich in seiner Studie *Gegenwart auf der Bühne* (1966) mit der sozialistischen Wirklichkeit in Theaterstücken von 1956 bis 1963/64 befaßt. Der wissenschaftliche Ertrag wird aber beeinträchtigt durch die narrative Darstellung, den Verzicht auf Autorenkapitel und die politische Didaxe. So erscheinen Sakowskis *Steine im Weg* und Baierls *Frau Flinz* als bedeutendste dramatische Gestaltungen der Gegenwart.[25] Ein größerer Aufsatz zur DDR-Dramatik findet sich in Fritz J. Raddatz' Schrift *Traditionen und Tendenzen. Materialien zur Literatur der DDR* (1972/²1976), allerdings wird die Stoffmenge meist ohne leitenden Gedanken präsentiert. Die bisher umfangreichste Darstellung der »Geschichte des Dramas und des Schauspieltheaters in der Deutschen Demokratischen Republik« erscheint ebenfalls 1972 u.d.T. *Theater in der Zeitenwende*. Verfasser ist eine Forschergruppe unter Leitung von Werner Mittenzwei am Institut für Gesellschaftswissenschaften beim ZK der SED Berlin. Die zweibändige Arbeit umfaßt den Zeitraum von 1945 bis 1968, ist materialreich und gut dokumentiert. Problematisch bleibt allerdings der Versuch, politisch-gesellschaftliche Ereignisse ausschließlich im Sinne der offiziellen Geschichtsschreibung zu bewerten. So sind der Arbeiteraufstand vom 17. Juni 1953, die Versuche einer Liberalisierung der Kulturpolitik (1956/57) oder der Bau der Berliner Mauer hier keine zentralen Daten. Ähnliches gilt für die Analysen, die einseitig den didaktischen Impetus des Schauspiels betonen und systemkritische Aspekte nivellieren. Neuere Monographien zu diesem Thema existieren nicht. 1987 gibt Ulrich Profitlich allerdings einen Sammelband zur *Dramatik der DDR* heraus, in dem mehrere Aufsätze enthalten

---

23 Pausch (1982), S. 153f. Vgl. auch White (1983), S. 993.
24 Kaiser (1975), S. 238.
25 Vgl. Kähler (1966), S. 158.

sind, die den Zeitraum von 1945 bis 1961 behandeln. Im selben Jahr wird auch eine grundlegende bibliographische Arbeit zu diesem Thema publiziert: Herbert Lederers *Handbook of East German Drama 1945-1985* (^{2}1991). Die Studie ist jedoch aufgrund philologischer Ungenauigkeiten nur bedingt verwendbar und bedürfte der Überarbeitung.[26] 1998 erscheint schließlich eine von Helmut Kreuzer und Karl Wilhelm Schmidt herausgegebene Materialsammlung zur *Dramaturgie in der DDR* (1945-1990), deren erster Band die Zeit bis 1969 umfaßt und theoretische Texte unterschiedlicher Provenienz enthält.

Nicht weniger defizitär als im Dramenbereich gestaltet sich die Forschungslage mit Blick auf das Theater der Nachkriegszeit. 1971 erscheint mit Christoph Funkes *Theater-Bilanz 1945-1969* eine erste Bilddokumentation über die Arbeit der DDR-Bühnen, im nachfolgenden Jahr das erwähnte Kompendium *Theater in der Zeitenwende*, in dem auch sozialistische Inszenierungsmodelle besprochen werden. Die bisher umfassendste Darstellung des Themas ist Hans Daibers Studie *Deutsches Theater seit 1945. Bundesrepublik Deutschland, Deutsche Demokratische Republik, Österreich, Schweiz*. Leider wird die enorme Stoffülle weitgehend unsystematisch und mit bibliographischer Nachlässigkeit präsentiert. Wissenschaftlicher Anspruch und Ertrag bleiben daher so gering, daß die Geschichte des Nachkriegstheaters »auch nach diesem Buch noch zu schreiben« ist.[27] Selbst in den einschlägigen Arbeiten von Erika Fischer-Lichte sind die Regie- und Inszenierungskonzepte der fünfziger Jahre kaum vertreten. Der fehlende Rückgriff auf Primärtexte führt darüber hinaus zu oberflächlichen Urteilen.[28] Tatsächlich existiert – abgesehen von Piscator und Brecht – kaum fundierte Forschungsliteratur zu wichtigen Exponenten des deutschen Nachkriegstheaters. Ausnahmen bilden Edda Kühlkens Arbeit über Gründgens' Klassikerinszenierungen (1972) sowie Gerald Köhlers Studie zur Bewegungsregie in Sellners ›instrumentalem Theater‹ (2002). Ansonsten lassen sich lediglich biographisch orientierte Bildbände nachweisen, die allerdings nur bedingt wissenschaftlichen Ansprüchen genügen.

Einige Arbeiten befassen sich zudem mit Teilaspekten des Themas. So erscheint 1966 Sigrid Ammers Dissertation *Das deutschsprachige Zeitstück der Gegenwart*. Das Textkorpus ist von geringem Umfang und nur thematisch gegliedert. Bernhard Greiner untersucht 1974 in seiner Studie *Von der Allegorie zur Idylle: Die Literatur der Arbeitswelt in der DDR* die Abfolge dreier Modelle, die sich nach 1949 etablieren: das stalinistische Modell des sozialistischen Realismus, das literarische Modell des ›Bitterfelder Weges‹ und das Modell einer Literatur der ›entwickelten sozialistischen Gesellschaft‹.[29] Dabei bezieht sich der Verfasser u.a. auf Brechts *Büsching*-Projekt, Müllers *Lohndrücker* und Hacks' *Die Sorgen und die Macht*. Wie Wolfgang Schivelbusch, der im selben Jahr eine Arbeit zum sozialistischen Drama nach Brecht publiziert, bietet auch Greiner detaillierte Analysen und Interpretationen; beide Arbeiten kommen jedoch über die schablonenhafte Unterscheidung zwischen ›wahrer sozialistischer‹ (harmonisierender) und ›sozialistisch wahrer‹ (dialektischer) Dramatik nicht hinaus.[30] 1978 wird Johannes Maczewskis bis heute wenig rezipierte Studie *Der adaptierte Held* veröffent-

---

26 Vgl. Peters (1992).
27 Onderdelinden (1979), S. 154.
28 Vgl. Fischer-Lichte (1993a), S. 393-397.
29 Vgl. Greiner (1974), S. 55, 99, 191.
30 Vgl. ebd., S. 154 und Schivelbusch (1974), S. 202.

licht. Im Zentrum steht die Frage, welche Rückwirkungen das Postulat nicht-antagonistischer Widersprüche auf die Figurenkonzeption der DDR-Dramatik hat. Fünf der elf analysierten Schauspiele stammen aus der Zeit bis 1961. Die Möglichkeit einer Divergenz von Theorie und Praxis wird jedoch nicht in Betracht gezogen. Nachdem Jack D. Zipes 1976 in einem Aufsatz die Funktion der Frau in den Komödien der DDR untersucht hat, erscheint 1982 Katherine Vanovitchs Dissertation *Female Roles in East German Drama 1949-1977.* Dabei werden Darstellung und Funktion weiblicher Figuren in Schauspielen von Wolf, Strittmatter, Sakowski, Baierl, Hacks und Müller analysiert. Trotz Einführung in den kulturpolitischen Hintergrund der ›Frauenfrage‹ bleibt die Studie autorenbezogen und stark textimmanent orientiert. Mit dem »Schicksal« jüdischer Figuren im deutschsprachigen Nachkriegsdrama befaßt sich 1988 Anat Feinberg. Sie beschreibt u.d.T. *Wiedergutmachung im Programm* die unterschiedlichen Zielsetzungen, die mit dem Rekurs auf jüdisches Dramenpersonal verfolgt werden, und entdeckt dabei kulturwissenschaftlich bedeutsame Divergenzen zwischen Bundesrepublik und DDR. Trotz Materialfülle berücksichtigt die Autorin aber keineswegs alle relevanten Schauspiele. 2001 erscheint schließlich Branka Schallers Dissertation *Der Atridenstoff in der Literatur der 1940er Jahre. Unter besonderer Berücksichtigung der Nachkriegsdramatik.* Die Arbeit behandelt zahlreiche der Forschung bisher unbekannte Theaterstücke und widerlegt dabei die These von der rein restaurativen Tendenz des Antikerekurses. (Auf die Beiträge von Bernd Balzer zum deutschsprachigen Zeitstück zwischen 1945 und 1950 ist bereits hingewiesen worden, ebenso auf Ralf Trinks Dissertation zum Heimkehrerdrama.)

Mitte der siebziger und Anfang achtziger Jahre entstehen zudem Arbeiten über die Kulturpolitik der frühen Nachkriegszeit. So beschäftigt sich Henning Müller in seiner Dissertation *Theater im Zeichen des Kalten Krieges* (1976) mit den Westsektoren Berlins von 1945 bis 1953 – allerdings aus marxistischer Perspektive. (Die Buchfassung erscheint fünf Jahre später u.d.T. *Theater der Restauration. Westberliner Bühnen, Kultur und Politik im Kalten Krieg.*) 1976 entsteht darüber hinaus Hansjörg Gehrings Studie zur amerikanischen Literaturpolitik in Deutschland zwischen 1945 und 1953. Sie wird ergänzt durch Wigand Langes umfangreiche Dissertation *Theater in Deutschland nach 1945. Zur Theaterpolitik der amerikanischen Besatzungsbehörden.* Nach Ansicht des Verfassers mißlingt der durch die *Information Control Division* (ICD) unternommene Versuch einer personellen wie inhaltlichen Demokratisierung der deutschen Theater- und Medienlandschaft. Der zunehmende Anti-Kommunismus und das Interesse an einem wirtschaftlich starken Bündnispartner hätten die Erziehungsmaßnahmen verflachen lassen. Des weiteren setzt sich Lange kritisch mit dem von amerikanischer Seite favorisierten Dramenkanon auseinander, der auf Unterhaltung ziele und nicht auf Umerziehung. Problematisch ist allerdings die ideologische Perspektive, denn Lange bezeichnet die Bundesrepublik im Rückgriff auf Lenin als einen »imperialistischen, monokapitalistischen« Staat.[31] Abschließend sei noch auf Otto F. Riewoldts Arbeit zur *Rezeption westdeutscher Theaterstücke durch Kritik und Wissenschaft in der DDR* (1978) hingewiesen. Während in den ersten Nachkriegsjahren keine Differenzierung zwischen west- und ostdeutscher Dramatik festzustellen ist, setzt sich 1947/48 eine selektive Rezeption durch. Der Kulturdoktrin entsprechend werden die ›realistischen‹

31 Vgl. Lange (1980), S. 7, 9f., 28, 326.

Stücke gegenüber dem poetisch-absurden Theater bevorzugt. Zuckmayers *Des Teufels General* und Borcherts *Draußen vor der Tür* bleiben in der DDR daher unaufgeführt.[32]

Wo liegt nun aber der Grund dafür, daß die These von der »Lähmung der dramatischen Gattung bis in den Beginn der sechziger Jahre«[33] zum Forschungstopos avancieren konnte? Zunächst wurden die Ursachen für das Fehlen des ›GDD‹ »so oft benannt«, daß eine kritische Sichtung des Materials verzichtbar erschien. Horst Denkler wendet sich daher bereits 1983 gegen die Tendenz zur Auflistung des historisch Obsoleten: »›Name dropping‹ hilft in einer Gattungsgeschichte nicht weiter – die Texte verlangen ihr Recht«.[34] Die meisten der über 200 Zeitstücke, die allein bis 1949 publiziert werden, haben indes nur als Bühnenmanuskripte überlebt: Sie befinden sich heute (so sie nicht verlorengegangen sind) bei Pflichtexemplarstellen bzw. in Theatersammlungen und Verlagsarchiven. Nur Dramen von Zuckmayer, Borchert, Wolf und Langner haben Neuauflagen erlebt; hinzu kommen überarbeitete Fassungen von Weisenborns *Die Illegalen* und Dengers *Wir heißen euch hoffen*. Ralf Trinks hat in seiner Dissertation zur Heimkehrerdramatik verschiedene Recherchemöglichkeiten beschrieben.[35] Mit Blick auf das von ihm behandelte Textkorpus kommt er allerdings zu dem Ergebnis, daß sowohl das *Deutsche Bücherverzeichnis* als auch Wilhelm Allgayers *Dramenlexikon* große Lücken aufweisen, obwohl letzteres ca. 10.000 Nachkriegstitel umfaßt. Ergänzend müssen daher auch zeitgenössische Quellen herangezogen werden: u.a. die Zeitschrift des Schutzverbands Deutscher Autoren (SDA), die Fritz Ernst Bettauer u.d.T. *Der Autor* herausgibt, sowie Theateralmanache, Journale und Zeitungen der frühen Nachkriegszeit. Für die fünfziger Jahre gestaltet sich die Situation übersichtlicher, wenngleich noch immer vieles maschinenschriftlich gedruckt ist (u.a. Dramen von Ahlsen, Hubalek, Moers und Waldmann). Systematische Vollständigkeit kann daher im Rahmen der vorliegenden Arbeit nicht intendiert werden. Dennoch zeigt bereits das hier eruierte Material, daß die oft wiederholte Rede von der ›tabula rasa‹ diskursive Vielfalt zu thesenhafter Eindeutigkeit reduziert. Gerechtfertigt werden konnte der Mythos vom »Schweigen des Dramas«[36] durch Äußerungen zeitgenössischer Schriftsteller und Theaterkritiker. So beklagt Richard Drews 1947, es gebe zu den »aufrüttelnden Stükken«, die Toller und Unruh nach dem Ersten Weltkrieg publizierten, gegenwärtig keine Pendants. »Oder will man im Ernst, daß man die schon in der Emigration geschriebenen Stücke von Wolf, von Leonhard, von Rehfisch, von Brecht und einigen anderen dazurechnet? Hier im Inland hatten wir Weisenborn und Dengern – und wen noch?«[37] An die Stelle des Neuen sei die Reproduktion des Alten getreten, eine fast ungebrochene Kontinuität des Theaters unter dem Hakenkreuz: »Man spielte«, so Bruno Werner 1946, »meist die gleichen Stücke, die in den vergangenen zwölf Jahren auf dem Spielplan gestanden hatten«.[38] Angesichts derartiger Verdikte wundert es nicht, daß Hans

---

32 Vgl. Riewoldt (1978), S. 74, 80.

33 Schröder (1994a), S. 99.

34 Denkler (1983), S. 315.

35 Vgl. Trinks (2002), S. 27-29.

36 Schröder (1994a), S. 101.

37 Drews: Für und wider das Zeitstück, S. 99f.

38 Hamburg. Kritischer Rückblick, S. 303. Dahlmann urteilt mit Blick auf die bayerische Metropole etwas milder (vgl. München. Kritischer Rückblick, S. 271, 282f., 294).

Werner Richter nach den Gründen für das ›Schweigen‹ der jungen Generation fragt.[39] In Wirklichkeit hat vor allem die unzureichende überregionale Kommunikation eine kritische Gesamtschau verhindert. Hinzu kommt, daß gattungspoetische Experimente von offizieller Seite restringiert werden (A, 2.3).

Auch die fünfziger Jahre gelten »theatergeschichtlich« als »vergleichsweise langweilig«,[40] mitunter spricht man sogar von einer »dramatischen Dürrezeit«.[41] Anders als in der Frühphase (bis 1949/50) verdanken sich solche Urteile nicht allein philologischen Defiziten, sondern auch zeitlichen Verschiebungen, mit deren Hilfe progressive Tendenzen verlagert werden. So schlägt Ralf Schnell das 1955 verfaßte, zu Beginn des folgenden Jahres uraufgeführte Drama *Philemon und Baukis* von Leopold Ahlsen dem kritischen »Zeitstück« der sechziger Jahre zu, indem er ein späteres Entstehungsjahr angibt. Auch die frühen Dramen von Peter Weiss, die zwischen 1949 und 1952 entstehen, werden mit dem »Jahrzehnt der Veränderungsbewegungen« assoziiert. Dagegen fallen die Theaterstücke der »Restauration« – u.a. Erwin Sylvanus' episch-dokumentarisches Holocaust-Drama *Korczak und die Kinder* – dem *name dropping* zum Opfer.[42] Ähnlich verfährt Manfred Durzak, wenn er konstatiert, daß eine Reihe renommierter deutscher Romanciers (Böll, Lenz, Walser, Grass, Weiss) »erst seit 1961« Theaterstücke zu schreiben begonnen habe.[43] In Wirklichkeit entstehen die frühen Dramen dieser Autoren vor 1961, einige sogar schon in den vierziger Jahren. Dieselbe Strategie findet sich im Umgang mit der DDR-Dramatik. Nach Jürgen Schröder fallen auch dort »die bemerkenswerten dramatischen Leistungen« in die sechziger Jahre.[44] Zur Manifestation der These werden bedeutende Theaterstücke, die vorher entstehen, entweder ausgespart (Matusche: *Die Dorfstraße*, Hacks: *Die Sorgen und die Macht*) oder unkorrekt datiert (Müller: *Die Umsiedlerin*). Auch Hacks' Komödie *Moritz Tassow* (1961) verweist in ihrem Zeitbezug stärker auf die fünfziger Jahre als auf die ›sozialistische Klassik‹ mit ihrem politisch erzwungenen Antikerekurs (B, 6.4.2). Ralf Schnell läßt für die ›Restaurationsepoche‹ insgesamt nur einen »einzigen bedeutenden deutschen Dramatiker« gelten: Bertolt Brecht, und der habe seine produktive Zeit bereits hinter sich.[45] Angesichts solcher ›Verfälschungen‹ droht die Geschichte des deutschen Nachkriegstheaters tatsächlich zur »Satire« zu werden.[46] Lediglich Otto F. Riewoldt konstatiert mit Blick auf die DDR eine »beeindruckende Serie von Einzelleistungen«.[47]

Hinter der weitgehend negativen Beurteilung der fünfziger Jahre stehen zudem politische Vorentscheidungen, die der Revision bedürfen. So verdankt sich die Rede von der nur »vermeintlich nichttotalitären Bundesrepublik«[48] einer linken Perspektive, die das Primat engagierter Literatur mit dem Verdikt ideologiekritischer Tendenzen ver-

---

39 Vgl. Richter: Warum schweigt die junge Generation? (1946), Titel, passim.
40 Lange (1980), S. 3.
41 Schröder (1994b), S. 151.
42 Schnell (1986), S. 138, 168, 189. Gleiches gilt für Berg (1986), der die bundesdeutsche Dramatik der fünfziger Jahre auf vier Seiten abhandelt (vgl. S. 512f., 520f.).
43 Durzak (1972), S. 15. Vgl. auch Rühle (^{2}1980), S. 119f.
44 Schröder (1994a), S. 103.
45 Schnell (1986), S. 137.
46 Schreiber (1980), S. 465.
47 Riewoldt (1983), S. 133.
48 Pott (1986), S. 277.

bindet. Ähnlich fragwürdig sind Begriffe wie »Restaurationsepoche«[49] oder »Neobiedermeier«.[50] Denn obwohl das deutsche Nachkriegsdrama im internationalen Vergleich sicher nicht an erster Stelle rangiert, greift zu kurz, wer das Gros der Stücke als epigonal und ästhetisch minderwertig klassifiziert.[51] Gestützt werden solche Einschätzungen meist durch den Hinweis, daß es im Theater keine Vergangenheitsbewältigung gegeben habe und ästhetischer Konservatismus dominiere. Das Gegenteil ist richtig: während der gesamten Epoche entstehen Holocaust-Stücke (B, 1.2.2), und epische Tendenzen (C, 4.2.1) sind ebenso präsent wie performative (C, 4.3) und dokumentarische (C, 4.5).

Des weiteren bleiben in der Forschung Denkrückstände hegelianischer Provenienz wirksam. So bemüht man, um (angeblich) regressive Nachkriegsstücke zu entschuldigen, häufig die idealistische These vom Ende des Dramas durch soziale Diversifikation. Unter den Bedingungen der Moderne sei es unmöglich geworden, abgegrenzte, überschaubare Stoffe in der geschlossenen Form klassisch-bürgerlicher Literaturmuster darzustellen. Noch Szondi setzt mit seiner These von den »Zeiten, die dem Drama feindlich gesinnt sind«, das als maßgebend voraus, was er vermißt: Dialog, Unmittelbarkeit, Aktion.[52] Uwe-Karsten Ketelsen konstatiert daher 1975 zu Recht, daß der dramenpoetische Diskurs noch immer »in den umfassenden deutschen Diskussionszusammenhang eingebunden« sei.[53] Nicht von ungefähr macht Henning Rischbieter die »Windeseile« der politischen, ökonomischen und gesellschaftlichen »Neukonsolidierung« der Bundesrepublik für das Ausbleiben qualitativ hochwertiger Theaterstücke verantwortlich. Der Dramatiker benötige »eine länger etablierte, in Formen und Konventionen ausgeprägtere, solider gegründete Gesellschaft für seine Darstellung«.[54] Ähnliche Totalitätsimplikationen finden sich bei Ralf Schnell, wenn er die ›fehlende Vergangenheitsbewältigung im deutschen Nachkriegsdrama‹[55] damit erklärt, daß die Autoren eine das »Wesen« der Zeit »ergründende Deutung« weder vorfänden noch selbst entwickelten.[56] Statt dessen leiden sie nach Ansicht Jürgen Schröders am Hamlet-Syndrom und werden »zunehmend unfähiger«, die aus den Fugen geratene Welt »durch eine entschlossene Tat wieder einzurichten«. Diese ›Tat‹ liefert Hochhuths *Stellvertreter*, der 1963 das langjährige »Schweigen des Dramas« bricht.[57] Trotz des internationalen Erfolgs sollte man nicht übersehen, daß sich weder dieses Stück noch andere Bühnenwerke der sechziger Jahre (Walser, Weiss, Kipphardt) auf dem heutigen Theater gehalten haben. Zudem ist der stark an Schiller und Zuckmayer orientierte *Stellvertreter* sicher ›restaurati-

---

49 Fischer (1986b), S. 46.

50 Daiber (1976), S. 116. Vgl. Kapitel 1 (Einleitung).

51 Vgl. Rischbieter (1983), S. 76f. und Berg (1986), S. 496.

52 Szondi: Theorie des modernen Dramas (1956), S. 27. Gleiches gilt für Kaiser, wenn er postideologische Tendenzen mit dem Begriff des »nicht mehr« belegt (Vorwort [1962], S. 10).

53 Ketelsen (1975), S. 65.

54 Rischbieter/Wendt (1965), S. 47.

55 Auch Schröder (1994e) spricht von einer »bundesrepublikanischen (oder österreichischen) Verdrängungsgeschichte zwischen 1949 und 1961« (S. 463).

56 Schnell (1986), S. 139. Ähnlich sieht es Niedhart (1992), der allerdings stärker psychoanalytisch argumentiert: »Offenbar setzt nach der Tat bzw. dem Ereignis meist eine Phase des Schweigens ein, und zwar sowohl beim Täter als auch beim Opfer. Traumatische Erfahrungen wie der Krieg bedürfen der Distanz bzw. einer Trauerphase, um über sie sprechen zu können. [...] Insgesamt war es wohl die Mischung aus Leiderfahrung und Täterschaft, die die Deutschen 1945 für lange Zeit sprachlos sein ließ« (S. 31f.).

57 Schröder (1994a), S. 102.

ver‹ als Weiss' surreales Drama *Die Versicherung* (1952), Canettis anthropologisches Experimentierspiel *Die Befristeten* (1952) oder Asmodis Groteskkomödie *Pardon wird nicht gegeben* (1954).

Schließlich darf die öffentliche Präsenz des Dokumentartheaters in den sechziger Jahren nicht unbesehen als Indiz verstärkter Auseinandersetzung mit der eigenen Geschichte verstanden werden. Die »Auflösung« des nach 1945 reaktivierten bildungsbürgerlichen »Deutungsmusters«[58] befördert eher gegenteilige Tendenzen:

> In der Zeit des wirtschaftlichen Aufbaus und der zunehmenden Sicherung der Existenz nach dem Zweiten Weltkrieg beschäftigen sich die meistgespielten Stücke (ernst oder heiter) mit einer Aufarbeitung der Vergangenheit. Stücke mit Hintergrund. In den 60er Jahren findet ein Strukturwandel in vielen Theatern statt. Neues Publikum, Mitbestimmung, raus aus dem Guckkasten, auf die Straße heißen die Schlagworte. Sie sind Trend einer allgemeinen politischen Veränderung. Gleichzeitig werden die meistgespielten Stücke Boulevard. Stücke ohne Hintergrund.[59]

Ähnliches gilt, wie Wolfgang Petzet nachweist, für Liberalität und Interesse des Theaterpublikums.[60] Auch die Besucherzahlen erreichen in der Saison 1959/60 mit 20,2 Millionen ihren Zenit, um in den nachfolgenden Jahren langsam, aber stetig abzunehmen.[61]

---

58 Bollenbeck (1996), S. 305.
59 Hadamczik u.a. (1978), S. 30.
60 Vgl. Petzet (1973), S. 490.
61 Vgl. Daiber (1976), S. 139.

3. Drama und Theater als Medien kollektiver Sinnstiftung

Wie die Literatur der Weimarer Republik kann auch die der Nachkriegszeit nicht ohne Bezug zum historischen Kontext dargestellt werden. Allein die semantische Bedeutung des Dritten Reichs für das Drama ist kaum zu überschätzen. Der Rekurs auf einen kulturwissenschaftlichen Ansatz, der durchaus als Fortschreibung der Sozialgeschichte verstanden werden kann,[1] legitimiert sich zudem aus der Konkurrenz der politischen Systeme. Denn jene bieten nicht nur differente Narrative an, sondern bestimmen auch Funktion und Spektrum künstlerischer Ausdrucksformen verschieden (A, 1.2/1.3). Trotz einer unübersehbaren Menge an Publikationen erweist sich der kulturwissenschaftliche Diskurs als überaus heterogen. Einigkeit herrscht weder über die Abgrenzung des Gegenstandsbereichs noch über das Verhältnis zu anderen Modellen. Der Omnipräsenz des Terminus sollte daher mit einer Begriffsdefinition begegnet werden, die das Verknüpfungsproblem zwischen Autor, Werk und Kontext berücksichtigt. Versteht man nämlich die gesamte Kultur als ›Text‹, wie dies unter verschiedenen Prämissen Kristeva, Derrida, Geertz, Bachmann-Medick u.a. tun, dann wird Literarizität negiert und das Werk Dokument. Vor diesem Hintergrund spricht sich die vorliegende Arbeit für eine »textwissenschaftlich fundierte Kulturwissenschaft«[2] aus und versucht im Rückgriff auf spieltheoretische Konzepte Drama und Theater als Medien kollektiver Sinnstiftung darzustellen.

In der modernen Forschung ist das ›Spiel der Signifikanten‹ zu einem Topos geworden, der *contra theoriam* den produktiven Aspekt semiotischer Bedeutungsgebung kaum mehr wahrnimmt. Derrida selbst schreibt in dem wenig rezipierten Aufsatz *Fines hominis* (1972): »Die Aufmerksamkeit auf System und Struktur [...] besteht nicht darin, [...] den Sinn auszulöschen oder zu zerstören. Es handelt sich eher darum, die Möglichkeit von *Sinn* zu bestimmen, ausgehend von einer ›formalen‹ Organisation, die in sich selbst keinen Sinn hat, was nicht heißen soll, sie sei der Unsinn oder die beängstigende Absurdität«.[3] Aus diesem Grund redet der französische Philosoph an anderer Stelle vom »jeu des substitutions«.[4] Tatsächlich ist es das Spiel zwischen Zufall und Notwendigkeit, das vor logozentristischer Selbstgenügsamkeit bewahrt, zugleich aber der Sinnstiftung dient, indem es bestimmte Regelsysteme entwirft und konkurrierende ausschließt. Auch der Realitätsbezug ist keineswegs verabschiedet, sondern lediglich perspektiviert. Denn »die vom Spiel verlassene Wahrheit« wäre nach Adorno »Tautologie«,[5] während das von der Wahrheit verlassene Spiel kontingent bliebe. Nun hat sich in Deutschland (weitgehend unabhängig von Wittgenstein) eine hermeneutisch basierte Spieltheorie entwickelt, die über Heidegger zu Fink und Gadamer führt. Wolfgang Iser

1 Vgl. Engel (2001), S. 24.
2 Grabes (1996), Titel, passim.
3 Derrida: Randgänge der Philosophie, S. 120f.
4 Derrida: L'écriture et la différence, S. 423 (La structure, le signe et le jeu).
5 AS 11, S. 29 (Der Essay als Form).

hat diese Tradition aufgegriffen und im Rekurs auf kommunikationstheoretische Modelle französisch-amerikanischer Herkunft weitergeführt.[6] Seine auf Sinn- und Subjektkonstitution ausgerichtete *literarische Anthropologie* erweist sich mit Blick auf das Nachkriegseuropa als methodisch vielversprechender Ansatz. Wie Sartre, Lacan, Plessner und Blumenberg, die aus unterschiedlicher Perspektive einen ›Mangel‹ an Ich-Sicherheit und Evidenz konstatieren, bestreitet auch Iser die Möglichkeit stabiler Individualität. Der Mensch bestimmt sich allein in bewußt gewählten Entwürfen, d.h. er hat ein Bedürfnis nach immer neuer, die eigene Erfahrungswelt übertretender Selbstdeutung. Deren Aufgabe besteht darin, »vom Druck des Unbekannten zu entlasten, um es in der Abgeschlossenheit eines ausbalancierten Systems beherrschbar zu machen«.[7] Das Verhältnis zwischen Wirklichkeit und Fiktion bleibt ambivalent: Einerseits geht der Text nicht in der »Repräsentation vorgegebener Gegenständlichkeit« auf, andererseits sind die Gesetze der Gesprächssituation, die im »Als-Ob«-Handeln vorausgesetzt wird,[8] weiterhin präsent. Iser spricht deshalb von einem »gespaltenen Signifikanten«, der semantisch zwischen Realbild und Vorstellung oszilliert. Die so entstandene Fiktion bietet indes die Möglichkeit von Identitätsbildung: Der Mensch erkennt und akzeptiert die Kontingenz seiner Entwürfe und gewinnt dadurch die Freiheit, sich selbst als »Differential seiner Rollen« zu bestimmen. Diese Form spielerischer Sinnstiftung muß nach Iser als »Zeichen einer anthropologischen Disponiertheit« verstanden werden, denn das Reale selbst existiert für den Menschen nur als »Vielfalt der Diskurse«.[9]

Bevorzugter Ort dieser Bedeutungsbildung ist die Literatur. Hier wird das als diffuses Vorstellungspotential gedachte ›Imaginäre‹ »unter Formzwang« zum ›Fiktiven‹, d.h. erst durch ästhetische Kombination läßt sich Nichtdarstellbares kommunizieren. Iser bezeichnet diesen Vorgang als »Kipp-Spiel«, in dem die Nachahmung zur Symbolisierung umschlägt. Durch die diskursive Reorganisation läßt sich das lebensweltliche Material aus dem pragmatischen Kontext lösen und neuen Zusammenhängen integrieren: »Der Spielraum [des Textes] wird daher zum Generator einer Semantik, die sich dadurch auszeichnet, daß die erzeugten Bedeutungsebenen sich wie Signifikanten ausnehmen, die nicht mehr auf ein konventionsstabilisiertes Signifikat zugeordnet sind, sondern sich ein solches selbst suchen«. Es ist also gerade der mit der Poetisierung verbundene »Verlust garantierter Zuordnungen«, der zur »Quelle semantischer Produktivität« wird und aus dem Vorhandenen neuen Sinn zieht. Die ästhetische Perspektive besitzt jedoch (im Unterschied zur Utopie) einen Wirklichkeitsindex, der nur das erlaubt, was möglich scheint. Andererseits führt die »Lockerung des referentiellen Bezugs« dazu, daß Literatur zwar sinnstiftend wirkt, der erzeugte Sinn aber nicht fixierbar ist: Es entstehen »Simulacra des Unverfügbaren«.[10]

Isers ›Akt des Fingierens‹ weist allerdings wie die in den siebziger Jahren entwickelte Wirkungsästhetik ein sozialwissenschaftliches Defizit auf. D.h. die Sinnstiftung bedarf einer historischen Indizierung, so daß die *literarische Anthropologie* zur *Kulturanthropologie* wird. Des weiteren gelingt es Iser im Gegensatz zum frühen Foucault

---

6 Vgl. Matuschek (1998), S. 19-21.

7 Iser: Der Akt des Lesens, S. 31.

8 Der Ausdruck geht auf Konstantin Stanislawski zurück, wird in anderem Zusammenhang jedoch bereits von Hans Vaihinger verwendet (vgl. Die Philosophie des »Als-Ob« [1911]).

9 Iser: Das Fiktive und das Imaginäre, S. 481, 44, 429, 148, 405, 20.

10 Ebd., S. 393, 430, 124f., 387, 508.

nicht, operativ zwischen Affirmation und Übertretung zu unterscheiden. Die These, poetische Fiktionen seien per se dekonstruktiv,[11] läßt sich für die Gesamtheit literarischer Texte nicht aufrechterhalten. Zudem können Themen und Formen gerade nach 1945 nicht unabhängig von soziokulturellen Feldstrukturen analysiert werden. Überhaupt bleibt die Bewertung genetischer, anthropologischer und gesellschaftlicher Determinanten nicht folgenlos für die Konstruktion semantischer Ordnungen. Kulturwissenschaftlich interessant scheint daher weniger die Kontingenz menschlicher Sinnentwürfe als die Frage, auf welche Weise Bedeutung entsteht, wie sich Formationen zueinander verhalten und ob die ästhetische Umsetzung ein Narrativ bestätigt oder unterminiert.

Wie bereits erwähnt bezieht sich Isers literarische Anthropologie auf alle Arten poetischer Texte, und auch die kulturwissenschaftliche Fundierung rechtfertigt kein genrespezifisches Primat. Jede Gattung ist Fiktionsraum, in dem sich Metaerzählungen entfalten, zugleich aber auch »kombinatorisches System«,[12] das Diskurse selektiert, ausschließt oder übertritt. Andererseits weist gerade das Drama eine besondere Affinität zur Lebenswirklichkeit auf. Die Schauspielmetapher ist nicht umsonst zentrales Konstituens abendländischer Topik[13] und für den ästhetischen Diskurs der Moderne von großer Bedeutung.[14] Auch in der Sozialpsychologie wird das gesellschaftliche Interagieren mit dramentechnischem Vokabular beschrieben, u.a. dem seit der Antike präsenten Terminus ›Welttheater‹. So versteht Ralf Dahrendorf das Rollenspiel des »homo sociologicus« als *conditio sine qua non* für die Mediation von Individualität und Kollektivbezug: »Indem der Einzelne soziale Positionen einnimmt, wird er zur Person des Dramas, das die Gesellschaft, in der er lebt, geschrieben hat. Mit jeder Position gibt die Gesellschaft ihm eine Rolle in die Hand, die er zu spielen hat. Durch Positionen und Rollen werden die beiden Tatsachen des Einzelnen und der Gesellschaft vermittelt«.[15] Ähnliche Handlungstheorien vertreten Helmuth Plessner[16] und Rudolf Münz. Letzterer faßt die »veränderliche, dynamische Relation« zwischen Bühnendarstellung und Alltagspräsentation unter dem Begriff »Theatralität«.[17] Selbst Lacans Psychoanalyse referiert auf das »Drama« des Spiegelstadiums, um den Prozeß darzustellen, in dessen Verlauf das Mängelwesen Mensch durch »Täuschung der räumlichen Identifikation« das fragmentierte »Bild des Körpers« zur phantasmatischen Totalität vollendet.[18] Gleiches gilt für Iser, der die Formung des Imaginären als performativen Akt beschreibt. Der »inszenierte Diskurs«[19] der Literatur entwirft einen »Probespielraum«,[20] der es möglich macht, »Imaginäres über seinen pragmatischen Gebrauch hinaus erfahrbar zu machen, ohne von dessen ›Entfesselung‹ überschwemmt zu werden«.[21] Oder anders formuliert: Wie das Drama lebensweltliches Material unter ›Einklammerung‹ der herkömmlichen

---

11 Vgl. ebd., S. 502f.
12 Haverkamp/Lachmann (1991), S. 21.
13 Vgl. Curtius ([10]1984), S. 148-154.
14 Vgl. Spariosu (1989), S. 190-204 und Matuschek (1998), S. 1-23, passim.
15 Dahrendorf: Homo sociologicus, S. 26.
16 Vgl. Plessner: Gesammelte Schriften. Bd. 7, S. 411f. (Zur Anthropologie des Schauspielers [1948]) und Bd. 10, S. 232f. (Soziale Rolle und menschliche Natur [1960]).
17 Münz (1989), S. 70.
18 Lacan: Schriften I, S. 67 (Das Spiegelstadium als Bildner der Ichfunktion [1949]).
19 Iser: Das Fiktive und das Imaginäre, S. 35. Der Autor bezieht sich hier auf Warning (1983).
20 Wolfgang Iser im Gespräch mit Ellen Spielmann, S. 97.
21 Iser: Das Fiktive und das Imaginäre, S. 381.

Semantik szenisch umsetzt, verfahren fiktionale Texte insgesamt. Durch diese Strukturäquivalenz wird das Schauspiel zum Protomedium der Identitätskonstruktion, denn es offeriert ›Rollenangebote‹, die im Rahmen fingierter Wirklichkeitsmodelle wahrgenommen werden können. Nicht von ungefähr bemüht Iser die Theatralität des Bühnendarstellers, um die Tätigkeit des Lesers zu erläutern. Indem letzterer in das ›Textspiel‹ eintritt, übernimmt er ›Rollen‹ und suspendiert das Wissen von sich selbst zugunsten neuer imaginativer Besetzungen.[22]

Mit Blick auf Nachkriegsdeutschland kann die skizzierte Theorie erklären, weshalb Drama und Theater weiterhin die Medien sind, die – mit Bourdieu zu sprechen – das größte symbolische Kapital besitzen. Das Schauspiel firmiert als ›höchste‹[23] und ›natürlichste‹[24] Form der Poesie, besitzt nach Meinung vieler im Augenblick seiner Realisation die »stärkste und unmittelbarste Wirkung«.[25] Darüber hinaus hält man das Theater für ein »Urphänomen der Menschheit«,[26] es exponiere (so die These) »keine Beispiele, sondern offenbart uns uns selbst«.[27] Die Bühne rechnet folglich unter die »schlechthin notwendigen Einrichtungen«.[28] Dahinter steht die Idee, der *modus ludicer* erlaube es, traumatische Erlebnisse nachzustellen und Humanität zu retablieren. Für Frank Thiess ist das Theater eine »Stätte, in der das Volk sein eigenes Leid und seine eigenen Verfehlungen im Spiel erlebt«.[29] Die Bühne behält diese Funktion sogar bei Dramatikern, die wie Gerd Oelschlegel jedem »festgefügten Weltbild« eine Absage erteilen. Denn noch immer fungiert das Theater als »Stätte«, »die dem verlassenen Menschen unserer Tage Hilfe zu geben vermag, sich selbst und seine Situation zu erkennen«. Es übernimmt damit eine »Aufgabe«, »die bislang Institutionen zugewiesen war, deren Programme und Dogmen dem Menschen wohl zu helfen versuchten, deren Macht aber im Schwinden begriffen ist« (Religion, Philosophie, Politik).[30] Tatsächlich scheint das handelnde Subjekt auf der Bühne der eindrucksvollste Widerspruch gegen die These, Nationalsozialismus und Krieg hätten das Subjekt endgültig zum Objekt gemacht. Der Verifikation dieses Befunds dient auch die Wiederbelebung des antiken Topos von der ›Welt als Bühne‹. Friedrich Wolf betrachtet den Zweiten Weltkrieg als globalpolitisches Drama, in dem sich der »Kampf des Alten gegen das Neue« »mit allen denkbaren Intrigen« vollzieht,[31] und für Egon Vietta nimmt »die Weltgeschichte in ihren Höhepunkten« stets »dramatischen Charakter an«.[32] Mitunter erscheint die Bühne aber auch als kultischer Ort, an dem sich ein »religiöses Zeremonial« vollzieht.[33] Sie kompensiert damit den Evidenzverlust des christlichen Glaubens und wird zur letzten Einspruchsinstanz gegenüber der zunehmend entzauberten Welt. In der DDR reüssieren Drama und

22 Vgl. ebd., S. 44.
23 Vgl. Rutenborn: Das Theater als theologische Anstalt (1949), S. 354 und WT 4, S. 200 (Ortlose Dramaturgie [1951-1954]).
24 Vgl. Der Sinn des Theaters (1957), S. 35 (Carl Zuckmayer).
25 Schöpf: Dramatisches Wesen und Wort (1946), S. 113.
26 Darmstädter Gespräch »Theater« (1955), S. 20 (Emil Preetorius).
27 Der Sinn des Theaters (1957), S. 80 (Paul Willems).
28 Ebd., S. 53 (Stefan Andres).
29 Stimmen der Dichter (1953/54), S. 2*.
30 Der Sinn des Theaters (1957), S. 85. Vgl. C, 4.1.
31 WW 6, S. 16 (Die letzte Probe [1945/46]). Vgl. C, 4.1.1.
32 Vietta: Orpheustrilogie, S. II (Einführung in den »Orpheus« [1945]). Vgl. B, 3.2.
33 Der Sinn des Theaters (1957), S. 28 (Jean Cocteau). Vgl. B, 3.1.

Theater dagegen, weil man sie für die »Kunstgattungen« hält, die »am unmittelbarsten gesellschaftlich« ausgerichtet sind und größte Öffentlichkeitswirkung besitzen.[34] Sie sollen deshalb der antifaschistischen Umerziehung dienen sowie die Distanz zwischen Gegenwart und Zukunft überbrücken helfen. Da sich Lyrik und Epik vorwiegend an den isolierten Leser wenden, d.h. keine eskalierende Wechselwirkung zwischen Einzel- und Massenreaktion zu befürchten ist, gesteht die SED den Autoren dieser Genres größeren Freiraum zu als den Dramatikern bzw. Regisseuren.[35] Laut FDGB-*Handbuch* ist das Theater nämlich eine »Einrichtung, die den Genuß unseres sozialistischen Menschseins in ganz besonders sinnlicher und exponierter Weise ermöglichen kann und die im kollektiven und unmittelbaren Erleben wie keine andere Kunst sozialistisches Verhalten erzeugt«.[36] Sogar das Staatsgebilde ist entsprechend metaphorisiert: Der »Sieg des Sozialismus« wird nach Ulbricht den »dritten Teil des ›Faust‹ abschließen«.[37]

Dieser Idolatrie steht nicht erst seit Peter Szondi die Ansicht gegenüber, die modernen »Zeiten« seien »dem Drama feindlich gesinnt«.[38] In der Nachfolge Hegels hat man immer wieder daran gezweifelt, ob es trotz Industrialisierung möglich bleibe, lebensweltliche Stoffe mit der geschlossenen Form bürgerlicher Literaturmuster zu behandeln. In Nietzsches vierter *Unzeitgemäßer Betrachtung* (1876) und Hofmannsthals Chandos-Brief (1902) artikuliert sich zudem tiefes Mißtrauen, was die Transferfähigkeit sprachlicher Äußerungen betrifft. Diese Krise bestimmt – verstärkt durch das Erlebnis historisch singulärer Perversion und Zerstörung – auch Teile des Nachkriegsdiskurses (B, 5.1/C, 4.3). Darüber hinaus muß die Fragwürdigkeit ethischer Autonomie (B, 6.2.1) gerade bei einer Gattung, die Wirklichkeit vor der Folie individueller Aktion darstellt, zu Rechtfertigungsproblemen führen. Dies mag ein Grund dafür sein, weshalb die der Gruppe 47 angehörenden Autoren fast ausschließlich Lyrik und Prosa verfassen. Programme wie »Kahlschlag«[39] (Weyrauch) und »radikale[r] Beginn von vorn«[40] (Richter) scheinen sich hier konsequenter umsetzen zu lassen. Dem Theater wird statt dessen mit Vorbehalten begegnet. Man ist skeptisch, was die Zusammenarbeit mit einer Institution betrifft, die im Dritten Reich Propaganda-Instrument und Weihestätte völkischer Kunst war. Nichtsdestoweniger entstehen nach 1945 eine Vielzahl dramaturgischer Programme, die der Forschung bisher nur teilweise bekannt sind. Im Avantgardebereich geschieht dies meist auf der Grundlage der These vom ›Ende der Ideologien‹, d.h. das Schauspiel besitzt Priorität, weil man es für die diskursiv offenste Gattung ansieht. Nur in ihr läßt sich – Reinhold Schneider (B, 6.3.1) und Heiner Müller (B, 6.4.3) zufolge – »das eine« und »das Gegenteil sagen«.[41] Hinzu kommt das Abstandsargument: So erweist sich die Dramatik für Wolfgang Borchert deshalb als zeitgemäßes Genre, weil die »jüngste Vergangenheit [...] noch zu lebendig in uns« ist, »als daß wir ihr nun objektiv und gefaßt in Form eines Romans begegnen können«.[42] Richard Hey stellt die ›subjek-

---

34 DD, S. 178 (Fritz Erpenbeck: Blutarmes Theater [1957]). Vgl. A, 1.3.

35 Gleiches gilt mit Abstrichen für die Tätigkeit der US-Theaterkontrollabteilung (bis 1949).

36 Handbuch für den Kulturfunktionär (1972), S. 33.

37 Ulbricht: Rede vor dem Nationalrat der Nationalen Front am 25. März 1962. Vgl. B, 4.1.1.

38 Szondi: Theorie des modernen Dramas (1956), S. 27.

39 Weyrauch: Nachwort, S. 213.

40 Richter: Warum schweigt die junge Generation?, S. 63.

41 Müller: Rotwelsch, S. 72 (Mauern [1981]). Vgl. SW 10, S. 165 (Verhüllter Tag [1954]).

42 Borchert: Sechzig Jahre Hamburg (1947), S. 505.

tive‹ Qualität der Gattung jedoch in Frage, wenn er das Drama als ungeeignet betrachtet, eine geschichtliche Wirklichkeit darzustellen, die sich »schon längst« in »eine Art Übertheater« verwandelt habe. In ihr finde man »sämtliche Gags«, sie sei »reißerisch bis zum Überdruß«. »Was« könne »der Dramatiker da noch überspitzen [...], um sichtbar zu machen?«[43] Diesem Skeptizismus widerspricht Ingeborg Drewitz, wenn sie rückblikkend betont, »die entsetzliche Wahrheit der Ermordung der Juden und der Brutalität der nazistischen Kriegführung« habe einen »Zwang zu schreiben« hervorgerufen, »diesen Widersinn zu entlarven und hinter dem Schmerz den Anfang zu finden«. Wie Borchert optiert die Autorin dabei zunächst für »szenische Arbeiten«,[44] da diese sich im Unterschied zur Prosa sogar »halben Erfüllungen« entzögen. »Der Verlockung der kleinen Form, ja sogar der Verlockung des Romans« müsse man »widerstehen«. Allein das »Drama« fordere die der Zeit angemessene »völlige Entsagung« und »äußerste Willensanspannung«.[45] Zuweilen wird ihm sogar eine transzendentale Funktion beigemessen. So konstatiert die Theaterkritikerin Margret Dietrich 1960, nur dem Menschen, »der sich in seiner hiesigen Existenz als dramatisch« empfinde, falle die »Freiheit der sittlichen Entscheidung« zu.[46]

Das Schauspiel ist aus Sicht der Zeitgenossen aber nicht nur aufgrund seiner Vielstimmigkeit vor anderen Genres prädestiniert, sondern auch weil es die Gattung zu sein scheint, die am stärksten intermedial ausgerichtet ist und produktiv auf die Sprachkrise reagieren kann. Vor diesem Hintergrund sucht man überlieferte Modelle in verschiedener Hinsicht zu erweitern (C, 4.2-4.5), wobei das Verhältnis Referenz/Performanz differenziert zu betrachten ist. Vor allem der Begriff ›Performanz‹ wird im Rahmen der vorliegenden Arbeit weder universal noch bipolar verstanden. Das heuristische Potential der Behauptung, Kultur konstituiere sich als performativer Akt, bleibt gering, zumal hiermit das Modell sich selbst regulierender Strukturen verbunden ist.[47] Erika Fischer-Lichte versteht »Performanz« statt dessen als Wahrnehmungsform, die grundlegend von textbezogenen Modellen der Repräsentation unterschieden sei. So gehörten Drama und Theater zwei semiotischen Systemen an: dem der Literatur (geschriebene Sprache) und dem der Bühne (gesprochene Sprache, nonverbale Zeichen etc.).[48] Fischer-Lichte verbindet dieses Konzept mit der These einer »Dominantenverschiebung« seit der klassischen Moderne. Die performative Dimension verdränge die referentielle, so daß nicht mehr Werke und Gattungen im Zentrum stünden, sondern »theatrale Prozesse«.[49] André Bucher hat jedoch mit Recht auf die Fragwürdigkeit dieser Trennung hingewiesen. Tatsächlich ist Kunst stets referentiell *und* performativ ausgerichtet. Es gibt daher keinen Grund, das Textparadigma in der (Post)Moderne zu verabschieden. Im Gegenteil, die Dynamisierung der *écriture* bei Barthes, Kristeva und Derrida zeigt gerade die Wechselwirkung beider Funktionen: »es gibt keinen Text ohne Performanz, und genauso we-

[43] Hey: »Ich lande immer in der Gegenwart« (1962), S. 36.

[44] Drewitz: Hinterm Fenster die Stadt (1985), S. 11.

[45] Drewitz: Tagebuchnotiz vom 1. Dezember 1951 (SAdK, Nachlaß Drewitz). Vgl. B, 1.2.2/1.2.3 und C. 4.1.

[46] Dietrich: Sinnlichkeit und Sittlichkeit des Theaters, S. 187.

[47] Vgl. Butler: Körper von Gewicht, S. 22.

[48] Fischer-Lichte (1983). Bd. 1, S. 194f. Die Autorin untergräbt diese Gegensatzbildung jedoch durch die Einführung des Begriffes »theatralischer Text« (ebd. Bd. 3, S. 10, 19).

[49] Fischer-Lichte (2001a), S. 3f., 13.

nig gibt es auch eine Performanz ohne Text. [...] Die *clôture* der Repräsentation[50] kann nicht aufgesprengt werden, sie schliesst sich immer wieder von neuem, in neuen repräsentativen, und das heisst notwendig zeichenhaften, textuellen Formen und Strukturmustern«.[51] Obwohl das »theatrale Potential« des Dramas größer ist als das anderer Gattungen, bleibt der Text »Ausgangspunkt« jeder »Transformation«.[52] Dies gilt selbst für ›postdramatische‹ Tendenzen, die ihren Ausgang vom poetisch-absurden Theater nehmen. »Die Figuren sprechen oftmals der Sprache die Fähigkeit, Wirklichkeit adäquat zu erfassen, ab, während sie die Sprache als Mittel zur Konstituierung der Spielrealität, also des semantischen Raumes affirmieren«.[53] Vor diesem Hintergrund scheint es sinnvoll, eine Interferenz beider Komponenten anzunehmen. Die Aufwertung des Performativen kann nämlich durchaus die referentielle Dimension verstärken – und zwar dann, wenn man im theatralen Modus (Körper, Bewegung, Pantomime etc.) die einzige Möglichkeit sieht, das Humane im postideologischen Zeitalter wiederherzustellen (Vietta, Sachs). Andererseits können realitätsnahe Stoffe derart ›verfremdet‹ werden, daß der performative Effekt den referentiellen fast überwiegt (Asmodi, Dorst). Fischer-Lichtes These ist darüber hinaus zu stark am westlichen Diskurs orientiert. In der avantgardistischen DDR-Dramatik (Hacks, Müller) bleibt der repräsentative Bezug auf den Marxismus bis in die achtziger Jahre hinein virulent.

Dem Versuch, beide Aspekte strikt zu separieren, widerspricht auch das Verknüpfungsproblem, d.h. die Frage, wie Literatur diskursiv eingebunden ist. So beziehen sich jeder Bühnentext und jede Theateraufführung auf kollektive Regelsysteme, ohne jedoch mit ihnen identisch zu sein. Selbst Foucault wendet sich gegen die absolute Äquivalenz zwischen der *Episteme* als »Gesamtheit der Beziehungen« »in einer gegebenen Zeit«[54] und den einzelnen Diskursen. Kunst läßt sich vielmehr als Entgrenzung etablierter Ordnungen und Narrative verstehen; sie optiert für (noch) nicht realisierte oder ausgeschlossene Möglichkeiten, kann diese aber nur metaphorisch verwirklichen. Die ›Übertretung‹ vollzieht sich dabei allerdings nicht als Selbstreproduktion von Strukturen, sondern wird durch Faktoren mitbestimmt, die eine ›relative Transdiskursivität‹[55] aufweisen. Hierzu zählen neben dominanten Themen soziale, politische und ökonomische Praktiken. Wesentliche Faktoren sind darüber hinaus die »textuell Handelnden (Autor/Leser)« und die »verhandelten Dritten (Personnage)«. Wer sie ausschließt, befördert nicht nur die »Remythisierung der Textwissenschaft«,[56] er übersieht auch, daß Individualität und Körperlichkeit letztlich ›unhintergehbar‹ sind.[57]

50 Vgl. Derrida: L'écriture et la différence, S. 341-368 (Le théâtre de la cruauté et la clôture de la représentation).

51 Bucher (2001), S. 12. Vgl. auch Garner jr. (1994), S. 5.

52 Totzeva (1995), S. 337, 339.

53 Eisendle (1995), S. 145.

54 Foucault: Archäologie des Wissens, S. 272.

55 Vgl. hierzu W.G. Schmidt (2003/04). Bd. 1, S. 50-55.

56 Grübel (1983), S. 222. Vgl. hierzu den von Fotis Jannidis, Gerhard Lauer, Matias Martinez und Simone Winko edierten Sammelband *Rückkehr des Autors* (1999).

57 Vgl. Frank (1986), Titel, passim und Levin (1987), S. 108.

A. Soziokulturelle Ordnungen

1. Globalperspektive und Theaterpolitik

1.1 »Anstalt der Moral« und Medium der Ideologie(kritik): Die soziokulturelle Funktion von Drama und Theater

Daß Schauspiel und Bühne nach Kriegsende zu bevorzugten Orten gesellschaftlicher Selbstverständigung werden, hat verschiedene Gründe. Zunächst verhindern der Mangel an Papier und publizistischen Foren eine stärkere Medienkonkurrenz. Doch auch als jene existiert, bleibt das Theater die Instanz, von der man sich im Unterschied zu erzählender Literatur, Kino oder Fernsehen ein sinnspendendes Kollektiverlebnis verspricht. Nur hier scheint nach dem Trauma ethischer Perversion humanes Miteinander möglich – im Sinne spielerisch »wiedergefundenen Kontakts«.[1] Dahinter steht zumeist die Vorstellung, daß nur eine heteronome Kunsttheorie auf Katastrophen wie Weltkrieg und Holocaust adäquat reagieren kann. Die Bühne müsse »Anstalt der Moral« sein, dann sei sie in der Lage, »als Basis für die öffentliche Diskussion« zu dienen.[2] Wenngleich der Schiller-Bezug auch sonst omnipräsent ist,[3] handelt es sich hier weniger um klassizistische denn aufklärerische Ideen. Im Vordergrund steht kein ästhetischer Wirkmechanismus, sondern das *»Erziehungsstück«*[4] sowie sein Protagonist, »der ›positive Typ‹ des deutschen Menschen«.[5] Vernunftorientierung wird dabei zusammengedacht mit einer karthartischen Diätetik: »Erkenntnis und Reinigung« sind die Aufgaben, denen sich das Drama »in höchstem Ausmaß« verschreiben soll.[6] Günther Weisenborn zählt zu den prominenten Schriftstellern, die entsprechende Maximen in ihrem Werk umzusetzen versuchen. So konstatiert er am 24. Oktober 1945 in einer Rede »vor führenden Theaterleuten in Berlin«:

> Die wichtigste Funktion der Bühne, neben dem Vergnügen, ist die öffentliche Erschütterung, ist das in Verantwortung orchestrierte Erlebnis eines Dramas. Die Szene soll uns allen helfen, sehen und denken zu lernen, die Szene soll wieder Meinungen, Bewegung der gehorsam steif gewordenen Gehirne, innere Erregung, Vernunft und damit Impulse geben. Jeder Theaterabend soll wie eine Pflugschar durch die eingefrostete Hirnrinde des Mannes von der Straße gehen.[7]

---

1 Lattmann (1983), S. 421. Vgl. hierzu Kapitel 3 (Drama und Theater als Medien kollektiver Sinnstiftung).

2 Jung: Jugendproblem und Reaktion (1946), S. 3.

3 Vgl. Steiner (1986), S. 176.

4 Harnack: Die Aufgaben des deutschen Theaters in der Gegenwart (1946), S. 9. Vgl. auch Ruppel: Geisteswandel im modernen Spielplan (1946), S. 69.

5 Müller-Glösa: Zur Problematik des Zeitstücks (1946), S. 3.

6 Dahlmann: Der Theater-Almanach (1946), S. 10.

7 WT 4, S. 184 (Erneuerung des Theaters 1945). Vgl. C, 3.1.

Auch andere Autoren und Kritiker zeigen sich davon überzeugt, daß aus dem »Labyrinth«,[8] in dem sich Deutschland und die Welt nach Ende des Dritten Reichs befänden, »gerade das Theater«[9] heraushelfen könne – allerdings nur, wenn es seine »sittliche Aufgabe« akzeptiere.[10] Resultat ist der Ausschluß ästhetizistischer Modelle und damit die ethisch-politische Kontrolle diskursiver Polyvalenz. Vor diesem Hintergrund erklärt der württemberg-badische Kulturminister Theodor Bäuerle 1948:

> Der »l'art pour l'art«-Standpunkt muß grundsätzlich abgelehnt werden. Er gilt weder für die Wissenschaft, noch für die Kunst. Alle Lebensgebiete sind dem Menschen und der Gemeinschaft verpflichtet. Das Theater also kann nicht spielen, was es will. So sehr sich der Staat hüten wird, in die Verantwortung der dazu berufenen Persönlichkeiten einzugreifen, so sehr muß er verlangen und darüber wachen, daß das Theater aufbauende Arbeit leistet, das heißt daß der Theaterintendant, ob Intendant oder Schauspiel- oder Operndirektor, aus einem verpflichtenden Wertmaßstab heraus seine künstlerische Arbeit tut. Ich möchte nicht in den Verdacht des Banausentums oder engherzigen Sittenrichters kommen. Das liegt mir völlig fern. Aber ein Theater, das aus öffentlichen Mitteln finanziert wird, ist der Öffentlichkeit, das heißt dem ganzen Volk, verpflichtet, nicht nur einem kleinen Kreis von Ästheten oder unterhaltungsbedürftiger Mußebesitzer. Auch das Theater muß sich in den Dienst des geistigen und seelischen Wiederaufbaus stellen.[11]

Hiermit verbunden ist der Versuch, die Massen zu erreichen, wie es das Projekt ›Ruhrfestspiele‹ beabsichtigt (A, 3.1.4). Denn angesichts der erlebten Subordination des Menschen unter die Kriegsmaschinerie soll das Theater, und dies gilt für die gesamte Nachkriegszeit, zum sozialen Integrativmedium werden, d.h. Technisierung und Humanismus versöhnen. Nur auf der Bühne besitze der Mensch noch jene Zentralstellung, die er in Kosmos, Globalpolitik und Konsumgesellschaft verloren habe.[12] Während zunächst die Retablierung der Moral im Mittelpunkt steht (B, 2.), möchte man später das Subjekt in seiner gesamten Bandbreite zeigen.[13]

Die didaktische Funktionalisierung der Dramatik erzeugt allerdings einen hohen Erwartungsdruck, der zu Restriktionen führt. So verlangt Fritz Erpenbeck, Gründer und Chefredakteur des Fachjournals *Theater der Zeit*, 1946 von den deutschen Bühnen die Gestaltung »gesellschaftliche[r] Wahrheit«.[14] Ähnlich sieht es Herbert Ihering, wenn er fordert, der Spielplan habe sich daran auszurichten, was »nützlich« sei »in unserer kulturellen Situation« und »schädlich in diesem politischen Augenblick«.[15] Der sozialkritisch-marxistische Diskurs tritt daher für die »Renaissance des Zeitstückes«[16] ein und wehrt sich gegen »verlogene Gespreiztheit und Wiederherausposaunen der ›tief menschlichen‹, unverbindlichen ›indirekten Methode‹, die niemandem wehe tut und

---

8 Buch: Vom Gegenwartsauftrag des Theaters (1946), S. 81. Vgl. auch Stefan Andres' ›dramatische Dichtung‹ *Tanz durchs Labyrinth* (1946).

9 Buch: Vom Gegenwartsauftrag des Theaters (1946), S. 81.

10 Lindtberg: Wendepunkt (1945), S. 26.

11 Bäuerle: Aus der Begrüßungsansprache, S. 16.

12 Darmstädter Gespräch »Theater« (1955), S. 20 (Emil Preetorius). Vgl. auch SF, S. 3 (Grischa Barfuss) und 4 (Helmut Henrichs).

13 SF, S. 5 (Siegfried Melchinger). Ähnlich sieht es allerdings bereits Rüdiger Syberberg (vgl. Der Mensch im Spiegel des Dramas [1946], S. 35).

14 DD, S. 16 (Zeittheater oder Theater der Zeit? [1946]).

15 Ihering: Theater der produktiven Widersprüche, S. 162 (Entscheidungsjahre des deutschen Theaters. Rede vor den Intendanten der sowjetischen Besatzungszone [1948]).

16 Drews: Für und wider das Zeitstück (1947), S. 100.

von der niemand sich getroffen zu fühlen braucht«.[17] Problematisch bleibt jedoch die Mediation von Lehre und Realitätsgehalt. Denn dem kontrastiv-typologisch orientierten Aufklärungsmodell steht das Postulat gegenüber, im Drama müßten »gequälte, konfliktreiche Menschen unserer Zeit« dargestellt werden, keine »simpel hingeschmierten Figuren eines falschen und totalen Gut und Böse«.[18] Hier deutet sich bereits an, daß die Fokussierung auf das Humane in Konflikt geraten kann mit der Inkommensurabilität individueller Normgebung (B, 6.2.1). Andererseits führt selbst die Tendenz, das moderne Bühnenwerk aus einer »therapeutischen Ethik« zu entwickeln, nicht notwendig zum Primat des Wirklichkeitsbezugs. Tatsächlich halten Befürworter einer transzendenzbezogenen Dramatik »politisches Theater« für unfähig, das »schwere Erlebnis der gewaltigsten Niederlage« zu bewältigen, »die je unserem Volk zugeteilt war«. Die Untaten des Hitler-Regimes sollten nicht »naturalistisch« aufgearbeitet werden, weil – so das Kompensationsmodell – »die schuldlose metaphysische Verstrickung der vergangenen Jugend« auf eine »Welt« verweise, die »fern des Realpolitischen« liege.[19] Die Unberechenbarkeit menschlichen Handelns ist hier nicht gesellschaftlich kausiert, sondern das Ergebnis mythischer »Polarität«, deren Ausgleich allein möglich scheint durch die Erkenntnis der »unteilbaren Ureinheit, daraus diese Welt erstanden ist, darin sie verankert ist und dahinein sie einmal zurückkehren wird«. Gattungsästhetisch spricht man sich deshalb für die Integration surrealistischer Elemente aus und fordert, das »Drama von morgen« müsse ein »Mysterienspiel« sein.[20] Trotz solcher Divergenzen, die hier nur exemplarisch angedeutet werden können, bleibt die Verbindung von Epistemologie und Didaxe weitgehend konstitutiv für das frühe deutsche Nachkriegstheater. Dem Schriftsteller kommt dabei besondere Bedeutung zu. Er hat seine moralische Integrität im Unterschied zum Politiker während des Dritten Reichs nicht eingebüßt und ist nun der alleinige »Vertreter des deutschen Geistes«.[21] In Horst Langes Kriegsstück *Der Traum von Wassilikowa* (1945) wird der Dichter Puschkin sogar von aller Schuld am menschlichen Elend freigesprochen, weil er »Der Wahrheit, der erhab'nen nahekam / Und noch aus seinem Irrtum Strophen fügte, / In denen sich der Sinn uns offenbart«.[22] Es wundert vor diesem Hintergrund nicht, daß der Einfluß der Literatur, insbesondere aber der Dramatik, überaus hoch eingeschätzt wird. Der Bühnenautor avanciert zum »gottgesandten Sprecher«,[23] der Schauspieler zum »Erfüller« und »Künder«.[24]

Auch die Besatzer halten das Wirkungspotential des Theaters für so groß, daß sie schon bald Maßnahmen zu kulturpolitischer Nutzung und Kontrolle einleiten (A, 1.2/1.3). Die Direktivbildung ist aber zugleich Ausdruck einer tiefgreifenden Skepsis gegenüber der Fähigkeit des Massensubjekts, aus sich heraus ethisch fundiert zu handeln.

---

17 Wolf: Tagebuchnotiz vom 4. November 1948 (zit.n. Pollatschek [1958], S. 267).

18 WT 4, S. 188 (Erneuerung des Theaters 1945).

19 Goldschmit-Jentner: Die Bühnen und die Generationen (1946), S. 85, 87f.

20 Syberberg: Der Mensch im Spiegel des Dramas (1946), S. 57-59. Vgl. B, 3.2 und C, 4.3.

21 Weisenborn: Tod und Hoffnung (1947), S. 32. Auch Becher konstatiert 1947 auf dem Ersten Deutschen Schriftstellerkongreß: »unsere Literatur hat in ihren besten Vertretern, in ihrer eigentlichen schöpferischen Substanz, die härteste Prüfung deutscher Geschichte in Ehren bestanden. Kein deutscher Schriftsteller von Rang hat sich dem Nazi-System verschrieben. Einen deutschen Knut Hamsun hat es nicht gegeben« (Gesammelte Werke. Bd. 17, S. 167f.).

22 Lange: Der Traum von Wassilikowa, S. 37.

23 Goldschmit-Jentner: Die Bühnen und die Generationen (1946), S. 86.

24 Falckenberg: Schauspieler und »Chorische Einheit« (1946), S. 194. Vgl. hierzu C, 1.

Nicht von ungefähr bestimmt Arnold Gehlen den Menschen als ›Mängelwesen‹, das den Modernisierungsprozeß nur mit Hilfe sozialer Stabilisation bewältigen könne. Das Fehlen intuitiv gesteuerter Weltaneignung erfordere Autoritätsstrukturen – nicht zuletzt im kulturellen Bereich.[25] Aus dieser Sicht ist der Intellektuelle kein Messias, sondern Anarchist, d.h. er schädigt die Sozietät, wenn er nicht an öffentliche Einrichtungen gebunden wird.[26] Ähnlich kulturpessimistisch argumentiert Walter Sedlmayr in seiner Abhandlung *Verlust der Mitte* (1948), die stark von Spenglers Geschichtsphilosophie beeinflußt ist. Sedlmayr beschreibt den Zerfall abendländischer Wert- und Ordnungssysteme seit der Aufklärung und begründet damit die fundamentale Desorientierung der Gegenwart. Drei Jahre später führt Hannah Arendt die »Ursprünge totaler Herrschaft« auf die Vereinsamung des Industriemenschen zurück, der seine Lebensunsicherheit mit der Teilnahme an außerparlamentarischen Massenbewegungen kompensiere.[27] Die Strukturäquivalenz der drei Ansätze wird durch die unterschiedliche Perspektive – existentialontologisch (Gehlen), kunstgeschichtlich (Sedlmayr), sozialpsychologisch (Arendt) – kaum beeinträchtigt.

Im Westen ändert sich der politisch-gesellschaftliche Kontext mit Staatsgründung und Wirtschaftswunder. Dirigistische Eingriffe werden zwar nicht vollständig verabschiedet (wie u.a. der Brecht-Boykott von 1953 zeigt), vollziehen sich aber ohne strategische Planung. Dies führt mit Blick auf die Dramensemantik zu deutlichen Modifikationen. Der Kriegsdiskurs bleibt weiterhin präsent (Hubalek, Ahlsen, Sylvanus), verliert jedoch seine Zentralstellung, während zeitgeschichtliche Aspekte an Relevanz gewinnen (Kapitalismuskritik, nukleare Bedrohung, politische Ortlosigkeit). Die damit verbundene Moraldidaxe ist jedoch subvertiert durch apokalyptische Visionen, wie sie Ende der vierziger Jahre von Jaspers, Jünger und Bernanos beschworen werden und im Schauspiel u.a. beim späten Jahnn begegnen (B, 5.2.2). Darüber hinaus kehrt sich die Wechselwirkung zwischen ästhetischem und politischem Diskurs um: Nach 1945 erwartet man vom Theater die Umsetzung ethisch fundierter Narrative, mit deren Hilfe die soziokulturelle ›Unordnung‹ bewältigt werden soll; in den fünfziger Jahren erzeugt das Nebeneinander von ökonomischer Prosperität und politischer Frontenbildung tiefgreifende Kontingenzerfahrungen. Mit anderen Worten: Dem Durchdeklinieren divergenter Sinnentwürfe in der frühen Nachkriegszeit folgt die Dekonstruktion ideologischer Konzepte. Richard Hey beschreibt diese fast postmoderne Befindlichkeit im Nachwort seiner Tragikomödie *Weh dem, der nicht lügt* (1960/61):

> Wer heute ein Theaterstück schreibt, findet keinen Widerstand mehr vor. Sondern einen weiten, freien Horizont. Seine Vorgänger haben ihn weit und frei geschrieben und eine ungeheure Energie dazu benötigt. Nationalismus, Faschismus, Bürgertum, Kommunismus, Kirche, Kapitalismus, Rassenprobleme – nichts engt diesen toleranten Horizont mehr ein. [...] Völker und Kulturen gleichen sich bereits einander an, durchdringen sich, und wo Westen und Osten sich noch befehden, benutzen doch beide Seiten die gleichen, wenn auch verschieden ausgelegten und weiter entwickelten Begriffe aus dem alten, unerschöpflichen, in Auflösung befindlichen europäischen Geisteshaushalt.[28]

---

25 Vgl. Gehlen: Urmensch und Spätkultur (1956), S. 7-11, 47-50.

26 Vgl. Gehlen: Das Engagement der Intellektuellen gegenüber dem Staat (1964), S. 407-413.

27 Vgl. Arendt: Elemente und Ursprünge totaler Herrschaft, S. 492-525.

28 Hey: Weh dem, der nicht lügt, S. 79f. In diesem Sinne äußert sich der Autor bereits Ende der fünfziger Jahre (vgl. TiG, S. 254 [Schreiben fürs Theater]).

Diese Diagnose führt *semantisch* zum Agnostizismus (Dorst)[29] bzw. zum Absurdismus (Hildesheimer),[30] wobei der Verzicht auf politisches Engagement mit der Unveränderbarkeit sozialanthropologischer Konstanten begründet wird. *Ästhetisch* entwickelt sich eine verstärkte Tendenz zum Performativen (Intonation, Gestik, Pantomime), denn textbezogene Dramaturgie scheint unmöglich, nachdem der Mensch zum Automaten und die Sprache zur Schablone geworden ist (C, 4.3). Gleichzeitig wird wie bei Beckett deutlich, daß es zu den unhintergehbaren Merkmalen des Humanen gehört, auch in absurder Welt immer wieder Sinn zu suchen und Ordnungen zu etablieren. Daß dieses Bemühen letztlich vergeblich bleibt, ändert nichts an seiner Präsenz. Im sozialkritischen Diskurs (Weisenborn) versucht man dagegen das Inszenierte, den »Kult der Vorstellung«, einzuschränken und eine »Zentrierung des Dramas« auf die »Fabel« zu erreichen. Das poetisch-absurde Theater erscheint hier als »billiges Feuerwerk« formloser »Effektserien«.[31] Radikalisiert werden solche Vorstellungen im Dokumentartheater, das ansatzweise schon während der fünfziger Jahre entsteht (C, 4.5). Grundlage der zunehmenden Politisierung ist die Vorstellung, die Bühne müsse »regulierendes Kulturelement« werden »inmitten der Relativierung aller Werte«.[32] Man wünscht deshalb wie Piscator, daß das Theater aus der »Peripherie« der engagierten Kräfte »wieder« in den »Mittelpunkt« des Daseins rückt.[33] Solche Thesen sind vereinzelt bereits früher präsent. 1945 fordert Leonard Steckel, die Bühne solle »eine gewichtige Stimme für den demokratischen Staatsgedanken« werden,[34] und Stefan Andres projektiert 1957 mit Blick auf die Vergangenheitsverdrängung im Adenauer-Deutschland ein Theater, das der »richterlichen Anklage« dient und damit »Ort des öffentlichen Gewissens« ist.[35]

Auch im Osten sollen Drama und Theater in erster Linie didaktisch wirken. Daher verkündet die *Sowjetische Militäradministration in Deutschland* (SMAD) am 25. September 1945 nachfolgende Leitlinien bezüglich der Wiedererrichtung und Tätigkeit von Kulturinstituten:

a) volle Befreiung der Kunst von nazistischen, rassischen, militaristischen und anderen reaktionären Ideen und Tendenzen;
b) aktive Verwendung der Kunstmittel im Kampf gegen den Faschismus und für die Umerziehung des deutschen Volkes im Sinne einer folgerichtigen Demokratie;
c) eingehende Einführung in die Kunst der Welt und das russische Kunstschaffen.[36]

Auch die KPdSU fordert im August 1946, die Schauspielhäuser sollten »Pflanzstätten der Kultur, der fortgeschrittenen sowjetischen Ideologie und Moral« werden.[37] Ein dezidiert marxistisches Theaterkonzept existiert jedoch nicht (A, 1.3.1), und auch entsprechende Stücke entstehen erst mit der Staatsgründung (B, 4.1.3). Das Bemühen um

---

29 Vgl. DS, S. 116f. (Die Bühne ist der absolute Ort [1962]).
30 Vgl. HA, S. 171, 179f., 183 (Über das absurde Theater [1960]).
31 WT 4, S. 198f. (Ortlose Dramaturgie [1951-1954]).
32 SF, S. 4 (René Deltgen).
33 SF, S. 5 (Erwin Piscator). Vgl. A, 3.2.2.
34 Steckel: Notizen zum ideellen Neuaufbau des Theaterwesens im freien Deutschland, S. 34.
35 Der Sinn des Theaters, S. 54. Im internationalen Bereich vertritt der irische Dramatiker Sean O'Casey ein ähnliches Konzept (vgl. ebd., S. 19f.).
36 Befehle des Obersten Chefs der Sowjetischen Militärverwaltung in Deutschland [i.e. Georgi Schukow], S. 39.
37 Zit.n. Daiber (1976), S. 95.

demokratische Verhaltensformen verbleibt damit zunächst in der humanistischen Tradition ethischer Optimierung. Der Dichter muß kein Politiker sein, sondern »Pädagoge« und »Lehrer des Volkes«.[38] Diese Teleologie findet ihre Legitimation in Ernst Blochs Ästhetik des »Vor-scheins«, wie sie im *Prinzip Hoffnung* entwickelt ist, das zwischen 1938 und 1947 im US-Exil entsteht, bevor der Philosoph 1949 eine Professur an der Universität Leipzig annimmt. Der Kunst wird hier das Vermögen zugesprochen, die Wahrheit des noch nicht gewordenen Objekts fiktional zu fassen. Der Akt subjektiver Antizipation ist aber nicht kontingent, denn er verweist zugleich auf die Realisierbarkeit, steht nach Bloch also »im Horizont des Wirklichen«.[39] Mit der Etablierung des sozialistischen Systems wird diese Vision zunehmend regressiv. So sieht der marxistische Theoretiker Wolfgang Heise 1968 die wesentliche Aufgabe des DDR-Theaters nur mehr in der »Selbstbesinnung der Gesellschaft« auf den historischen Entwicklungsprozeß.[40]

Auch die SED funktionalisiert Drama und Theater schon früh für den gesellschaftlichen Aufbau. Stärker als alle anderen Gattungen sollen sie »zur geistigen Formung des neuen Menschen beitragen«.[41] Denn die Bühnenrealisation eines Schauspiels zeige »in ganz besonders sinnlicher und exponierter Weise« den »Genuß unseres sozialistischen Menschseins«.[42] Beide Medien besitzen somit zwei Funktionen: das Konkretisieren einer Wahrheit, die abstrakt dargestellt ›unwahr‹ wäre, sowie das Didaktisieren jener Wahrheit angesichts der Tatsache, daß viele Menschen »den Sozialismus aufbauen, ohne sich dessen voll bewußt zu sein«.[43] Der Dramatiker muß deshalb gemäß den Richtlinien des parteipolitischen Auftrags produzieren und in seinen Stücken das Prinzip der Volksverbundenheit verwirklichen. An die Werktätigen ergeht der Appell, sich selbst produktiv am Kulturschaffen zu beteiligen (A, 1.3.3). Ziel ist Aufhebung des Gegensatzes von materieller und geistiger Tätigkeit. Dieses Programm wird aber in einer Weise konkretisiert, daß die alte Dichotomie fortbesteht. Die Arbeiter sollen durch Produktionssteigerung die Grundlagen sozialen Wohlstands schaffen, die Autoren den dazu notwendigen Überbau. Es gibt nicht wenige, die dieser Maxime folgen. So erklärt Helmut Sakowski 1966 nach dem 11. Plenum des ZK der SED, jeder Schriftsteller müsse »Haltung« zeigen, d.h. »Begriffe« gebrauchen wie »Klassenkampf oder Parteilichkeit«.[44] Im Avantgarde-Bereich schwindet dagegen mehr und mehr die Hoffnung, ein derart reguliertes Theater könne im Sinne des Marxismus aufklärerisch wirken. Hinzu kommt die Skepsis gegenüber der intellektuellen Kapazität des Publikums. Nicht von ungefähr konstatiert Brecht mit Blick auf *Courage*-Inszenierungen resigniert, die »Zuschauer des Jahres 49 und der folgenden Jahre« hätten trotz epischen Gestus nicht gesehen, »was der Stückschreiber meinte«.[45]

38 DSED, S. 58 (Alexander Dymschitz: Probleme der heutigen Sowjetkunst [1946]).
39 Bloch: Das Prinzip Hoffnung, S. 948.
40 Dialog der Theaterleute mit Philosophen, Politikern und Naturwissenschaftlern, S. 217.
41 Zapff: Um ein sozialistisches Nationaltheater (1960), S. 138.
42 Handbuch für den Kulturfunktionär, S. 33 (Heinz Hanns: Aufgaben der Gewerkschaften [1972]).
43 Kaufmann: Wider den sozialistischen Realismus (1959), S. 220.
44 Sakowski: Nach dem 11. Plenum, S. 13.
45 GBA 24, S. 273 (Die Courage lernt nichts [1953]). Vgl. C, 4.2.2.

1.2 Direktiven I: Westliche Besatzer/Bundesrepublik

Der politischen Vormachtstellung der USA nach 1945 entspricht ihre kulturgeographische in Deutschland. Die amerikanische Besatzungszone umfaßt eine Reihe wichtiger Theaterstädte wie München, Frankfurt, Stuttgart, Wiesbaden, Mannheim, Darmstadt, Kassel und Bremen; im US-Sektor von Berlin liegen darüber hinaus das Hebbel- und das Schiller-Theater, an denen bedeutende Ur- und Erstaufführungen stattfinden (A, 1.3). Der den Franzosen unterstellte Sektor besitzt dagegen nur eine Theaterstadt mit überregionaler Reputation: Baden-Baden.[46] Dieser institutionsstrategische Vorsprung sichert den Amerikanern beste Voraussetzungen, den eigenen Dramenkanon von mehr als sechzig übersetzten Stücken auf deutschen Bühnen unterzubringen.[47]

Die Wirkungen der französischen Kulturpolitik liegen statt dessen im Bereich des Verlagswesens, der Retablierung moderner Kunst sowie dem Bemühen um bilaterale Verständigung.[48] Durch die Nähe der eigenen Zone zu Frankreich findet zwischen den Theatern allerdings ein intensiver Austausch statt. Es werden zahlreiche Gastspiele aus Paris arrangiert, darunter 1947 eine Aufführung von Sartres *Fliegen* durch die Companie des Dix mit Claude Martin als Regisseur. Dies ist insofern interessant, als der offizielle Beschluß der französischen Militärregierung vorsieht, vorübergehend Stücke mit existentiell-philosophischem Gehalt zu eliminieren, »which could encourage an amount of passivism that would not gell with the campaign for democracy«.[49] Diese Schwerpunktverschiebung bestimmt jedoch die gesamte Besatzungszeit, und so erscheint der Existentialismus als *der* repräsentative Beitrag Frankreichs zum Nachkriegsdiskurs. Bemerkenswert ist auch die Zahl der übersetzten Stücke. Sie beläuft sich auf 98,[50] während der britische Kanon lediglich fünfzehn Dramen umfaßt.[51]

Aufgrund der Führungsrolle der USA können die Theaterkonzepte der übrigen Alliierten nur bedingt territorialspezifisch betrachtet werden. Die maßgeblichen Direktiven kommen aus Übersee und bestimmen auch das Verhalten der westlichen Besatzer. Da Wigand Lange die amerikanische Theaterpolitik bereits ausführlich dargestellt hat (wenngleich aus marxistischer Perspektive), werden hier nur die wichtigsten Grundzüge skizziert sowie deren Auswirkungen auf das deutsche Nachkriegsdrama. Zunächst gilt die unter dem Einfluß Morgenthaus entstandene und stark antifaschistisch ausgerichtete Direktive *Joint Chief of Staff* (JCS) 1067. Sie wird noch vor der Potsdamer Konferenz ausgearbeitet und betrachtet Deutschland als »besiegte[n] Feindstaat«.[52] Truman-Doktrin und Marshall-Plan führen jedoch zu einem Kurswechsel in der amerikanischen Außenpolitik. Der frühe Feindstaat erscheint nun als Partner, dessen wirtschaftliche Stär-

---

46 Insgesamt besitzt die US-Zone 96 Theater, die britische 144 und die französische 21.

47 Vgl. das »Verzeichnis der für Deutschland freigegebenen, übersetzten und in den Westzonen oder der SBZ aufgeführten amerikanischen Dramen« bei Lange (1980), S. 730-741.

48 Vgl. Vaillant (1984), S. 19.

49 Gilmore (1973), S. 142.

50 Vgl. die »liste des principales œuvres dramatiques françaises traduites en allemand et jouées en Allemagne depuis janvier 1946« in den *Réalités allemandes* vom 14. Februar 1950, S. 36f.

51 Vgl. die Liste in Box 347-3/5. Folder ›British Plays‹ (National Archives. Record Group 260). Im Unterschied zur US-Theaterabteilung nimmt die britische *Information Control Service Branch* nur Dramen in ihr Programm auf, die nach 1935 entstanden sind. Die Verträge mit deutschen Verlagen für Stücke aus der Vor- und Zwischenkriegszeit bleiben weiterhin gültig.

52 Deuerlein: Die Einheit Deutschlands (1961), S. 336 (Dokument 17).

kung im Kampf gegen den Kommunismus dringend geboten ist. Manifest wird die Umwertung in der neuen Direktive JCS 1779, die im Juli 1947 in Kraft tritt.

Unabhängig von solchen Modifikationen vollzieht sich amerikanische Kulturpolitik von Beginn an in zwei Phasen. Die erste hat korrektive Funktion, die zweite konstruktive. So gilt es zunächst, Veröffentlichungen zu verhindern, deren Inhalt militaristisch, rassistisch oder nazistisch ist. Entscheidungsbefugt sind regionale Kulturoffiziere, mitunter aber auch Stadtbibliothekare.[53] Die *Illustrative List of National Socialist and Militarist Literature* besitzt dagegen keine offizielle Relevanz; sie dient dem Personal der *Information Control Division* (ICD) lediglich zur Orientierung und stützt sich sehr wahrscheinlich auf die *Liste der auszusondernden Literatur*, die 1946 von der Deutschen Verwaltung für Volksbildung in der SBZ herausgegeben wird. Im Zentrum der langfristig angelegten zweiten Phase stehen Beschaffung und Distribution von Literatur, die geeignet scheint, das Demokratieverständnis der Deutschen zu fördern. Ein Instrument zur Realisierung dieses Ziels stellt das *Translation Program* der ICD dar, das von der *Book Translation Unit* koordiniert wird. Daneben existiert seit 1945 auch eine Abteilung zur Übersetzung amerikanischer Theaterstücke, die allerdings der *Film, Theatre and Music Branch* der ICD untersteht. Dort werden bis 1951 deutsche Textvorlagen zu 54 US-Dramen erstellt – keine geringe Zahl angesichts der Zeit, die der Weg durch sämtliche Kontrollinstanzen beansprucht. Bereits drei Jahre zuvor veröffentlicht die Theater- und Musikabteilung der *Office of Military Government for Germany U.S.* (OMGUS) eine Einführung in Themen und Inhalte amerikanischer Bühnenwerke, die in deutscher Übersetzung erschienen sind. Die Sammlung umfaßt 44 Stücke. Dennoch herrscht nach Kriegsende ein Mangel an US-Dramatik. Im Mai 1946 sind gerade ein halbes Dutzend Theatertexte spielfertig, und erst ein Schauspiel, Wilders *Our Town*, wurde aufgeführt (bei den Münchner Kammerspielen im Dezember 1945).

Fokus der amerikanischen Kulturpolitik ist die Umerziehung der Deutschen. Hierbei werden zwei Arten von Maßnahmen eingeleitet: Reformen, die auf den Strukturwandel bestimmter Institutionen abzielen (*democratization*), und Programme, die zu »Änderungen im politischen Wertbewußtsein« führen sollen (*reeducation*).[54] Da der Faschismus als psychologisches Phänomen angesehen wird,[55] bleibt seine Bekämpfung mentalitätsorientiert. Man müsse – so Morgenthau – »gegen den deutschen Geist vorgehen«.[56] In der Praxis beschränkt sich die ›Entnazifizierung‹ allerdings meist auf die Substitution politisch vorbelasteter Funktionsträger, was zu personellen Engpässen führt. Bis zur Lizenzvergabe nach Abschluß der Überprüfung werden deshalb Sondergenehmigungen erteilt, um einen reibungslosen Bühnenbetrieb zu gewährleisten. Die regulären Lizenzträger sind meist unbedeutend, weil künstlerische Voraussetzungen kaum Relevanz besitzen. »Wenn der Fragebogen in Ordnung schien«, so Hanns Walther Sattler, Vizepräsident des Deutschen Bühnenvereins, »wurde die Lizenz erteilt«.[57] Mit der Suspension des Morgenthau-Plans ändert man die Richtlinien, und der Aspekt der Idoneität gewinnt an Virulenz. Nicht realisiert wird allerdings ein von westdeut-

[53] Vgl. Gehring (1976), S. 35-42.
[54] Ebd., S. 18.
[55] Vgl. Lange (1980), S. 27-43.
[56] Zit.n. Koß (1972), S. 26.
[57] Sattler: Das deutsche Privattheater (1949), S. 67.

schen Kulturbeauftragten gefordertes Institut zur Schauspielerausbildung. In der SBZ hat ein entsprechender Antrag Erfolg (A, 1.3.1).

Wie die Theater- unterliegt auch die US-Literaturpolitik zunächst Restriktionen: »intrinsic merit and value« eines Werks stehen lediglich an vierter Stelle des Auswahlkatalogs.[58] Erst gegen Ende der Besatzungszeit werden ästhetische Kategorien wichtiger. Im Unterschied zu Lyrik und Prosa dominieren bei der Zusammenstellung des Dramenkanons jedoch weniger didaktische Kriterien als der Aspekt kultureller Eigenwerbung. Man bevorzugt Theaterstücke auf internationalem Niveau, und auch das Distributionsverfahren erinnert an Werbekampagnen:

> Die Nachfrage sollte angeregt werden durch Vorlesungen, Dramenlesungen in den Amerikahäusern, Zeitungsartikel, Radiogespräche und -lesungen und durch persönlichen Kontakt mit den Intendanten der deutschen Theater. Diese Aktivitäten wurden von den Theateroffizieren selbst initiiert und oft auch durchgeführt. In einigen Fällen waren sie sogar direkt an der Aufführung amerikanischer Stücke beteiligt.[59]

Die gattungspoetische Vorliebe der Alliierten erklärt sich nicht zuletzt aus der enormen Bedeutung von Schauspiel und Performanz im Nationalsozialismus. So konstatiert Theateroffizier Gerard Willem van Loon 1946:

> We have been forced to use the same methods employed by the enemy. Fire must be fought by fire. Though it may be »dirty fighting« to create a unit entirely devoted to control the moulding of public opinion, we must stop and think to what lengths the nazis went in order to distort and poison men's mind.[60]

In der US-Besatzungszone darf daher kein Drama gespielt werden, das gegen die offiziellen Ziele der Militärregierung verstößt. Ausarbeitung und Observanz der Richtlinien erfolgen in Washington und dienen einer ›unpolitisch‹ verstandenen »Sendung des amerikanischen Theaters«.[61] Abgesehen von zwei Ausnahmen[62] gelangen keine sozialkritischen Stücke auf westdeutsche Bühnen. Zu den prominenten Opfern der Zensur gehört Arthur Miller, dessen 1947 in New York uraufgeführtes und preisgekröntes Drama *All my Sons* von der *Civil Affairs Division/Reorientation Branch* (CAD/RO) keine Freigabe erhält. Die von ihm thematisierte Profitgier amerikanischer Kriegsmaterialproduzenten scheint »harmful to Reorientation Program«.[63] Aus ähnlichen Gründen steht man dem deutschen Drama des frühen 20. Jahrhunderts skeptisch gegenüber. Politisierung und Psychologisierung werden als subversiv empfunden und scheinen somit ungeeignet für die *reeducation*.[64] Tatsächlich sind Wedekind und Sternheim erst Mitte

---

58 Schreiben des Chief, CAD, Reorientation Branch an Chief, Current Procurement Branch vom 28. April 1947: »Procurement of Translation Rights on American Books for Occupied Areas«. In: National Archives. Record Group 165. War Department, Staff of Civil Affairs Division file 073. Sec. II (zit.n. Gehring [1976], S. 40).

59 Lange (1980), S. 284.

60 Loon: Bavarian Theater Stages Come Back (zit.n. Lange [1980], S. 105).

61 Parth: Die Sendung des amerikanischen Theaters (1946), S. 4.

62 Lillian Hellmans *Watch on the Rhine* und Clifford Odets' *Awake and sing*. Aufführungen finden jedoch erst Ende 1946 (Odets) bzw. Anfang 1947 (Hellman) statt.

63 Telegramm der CDA/RO an OMGUS vom 21. August 1947. In: National Archives. Record Group 165. WDSCA file 073, sec. IV (zit.n. Lange [1980], S. 524).

64 Vgl. Loon: Bavaria: Showcase of Democracy (1947), S. 64.

der sechziger Jahre wieder auf dem Theater präsent, und auch Stücke von Kaiser und Hasenclever erleben während der Besatzungszeit nur wenige Inszenierungen.[65] Anders als im Osten, wo die Erbetheorie vorherrscht (B, 4.1.1), fehlt den Amerikanern eine klare Doktrin. Während van Loon dem Klassikerrekurs eher kritisch gegenübersteht,[66] zeigt Eugene Bahn, Nachfolger von Benno Frank als Leiter der Theaterabteilung, Verständnis dafür, »that the Germans wanted most of all to see the old and the stable«.[67]

Ein weiteres Ziel der dramenpolitischen Richtlinien ist die Sicherung des Besatzungsstatus. Daher finden sich auf der anonymen Schwarzen Liste der US-Behörden Stücke, die »under normal circumstances« konstitutiver Bestandteil des Repertoires wären, mit Blick auf den »present mental and psychological status of Germans« jedoch vermieden werden sollten: u.a. Shakespeares *Coriolan* (»glorification of dictatorship«), Goethes *Egmont* (»opposition to foreign occupation forces«), Schillers *Wilhelm Tell* (»Gessler, for us Hitler could be Eisenhower to Germans«), Kleists *Prinz Friedrich von Homburg* (»tread into dust all foes of Brandenburg«) sowie sämtliche Dramen von Hebbel (»most intolerant plays of literature«) und Hauptmann (»pending clarification of his position«).[68] Zwar läßt sich nicht mehr feststellen, wie viele Dramen tatsächlich und – wenn ja – für welchen Zeitraum verboten wurden, Fakt ist jedoch, daß die Militärregierung ein Stück sofort absetzen konnte, wenn Textmaterial oder Inszenierung bestehenden Vorschriften zuwiderliefen.[69]

Der Ausschluß bestimmter Dramen(konzepte) hat auch kulturstrategische Bedeutung, denn er ermöglicht die Konzentration auf anthropologische Themen. Der didaktische Impetus soll durch ›Entideologisierung‹ verwirklicht werden, d.h. im Rekurs auf »das transzendente, von der Umwelt unabhängige [...] Wesen des Menschen«.[70] Theateroffizier Frederic Mellinger fordert für die *reeducation* der Deutschen deshalb typisch amerikanische »Stücke ohne Botschaft«,[71] denn »blasierte[r] Rationalismus« könne die »Nachkriegsschwächezustände des Fatalismus und Skeptizismus« nicht beheben. Bei Wilder, O'Neill und Saroyan finde man dagegen eine »Vernunft des Herzens«, die sich »aus den Fesseln materialistischen Aberglaubens befreit« habe. Der »magische[] Realismus« müsse aus diesem Grund als der neue »Stil« gelten.[72]

Die weitgehende Emanzipation von politisch-gesellschaftlichem Engagement erklärt auch die besondere Präsenz der Unterhaltungsdramatik. Tatsächlich sind über die Hälfte aller in Deutschland aufgeführten amerikanischen Bühnenwerke Lustspiele. (Ähnliches gilt für das Theaterprogramm der britischen und französischen Besatzungszone.) Dem Lachen wird dabei allerdings ein erzieherischer Wert zugeschrieben: »By giving comedies and plays in a lighter vein the purpose still remains educational; To

---

65 Vgl. Hadamczik u.a. (1978), S. 44-47.

66 Vgl. Loon: Bavaria: Showcase of Democracy (1947), S. 64f.

67 Bahn: Report from Western Germany (1953), S. 314.

68 Anonyme Spielplanliste im Privatbesitz von Eugene Bahn (zit.n. Lange [1980], S. 321f.).

69 Beispiel hierfür ist die Carmen-Parodie *Nie wieder Frieden* (1947) von Herrmann Mostars Kabarett »Die Hinterbliebenen«, in der – so der Vorwurf – die »Luftbrücke« als »Unternehmen« dargestellt werde, »das in die russische Tasche arbeite« (Anonym: »Die Hinterbliebenen« verboten [1948], S. 4).

70 Mellinger: Das Theater am Broadway, S. 14.

71 Mellinger: Memorandum an Eric Clarke vom 27. Oktober 1947. Subject ›Reorientation‹. In: National Archives. Record Group 260 (zit.n. Lange [1980], S. 25).

72 Mellinger: Das Theater am Broadway, S. 106, 109, 111.

show the free and easy ways of life in democratic countries; graciousness, charm, sense of humor and the ability to rib and take a ribbing without becoming belligerent«.[73]

Mit Beginn des Kalten Krieges wird die antifaschistische Stoßrichtung der US-Theaterpolitik zunehmend als antikommunistische definiert. Dies hat Folgen für die Spielplangestaltung. Den sozialkritischen Stücken von Lillian Hellman (*Watch on the Rhine*) und Clifford Odets (*Awake and sing*) werden Ende 1947 die Aufführungsrechte für Deutschland entzogen, andere Bühnenwerke fallen sofort unter die Zensur – neben *All my Sons* (Arthur Miller) u.a. *Deep are the Roots* (Arnaud d'Usseau/James Gowe), *Strange Fruit* (Lilian Smith), *Jeb* (Robert Ardrey) sowie sämtliche Dramen von Albert Maltz und Irwin Shaw. Die Berliner und SBZ-Intendanten protestieren nach ihrer Tagung vom 16./17. Juli 1948 gegen solche Restriktionen. In einem offenen Brief wenden sie sich direkt an die betroffenen Autoren und bitten um »die Rechte an Ihren Stücken«.

> Unser Publikum, das sich nach der langen faschistischen Nacht und der Isolation auf dem Wege der Überwindung der Irrungen der Vergangenheit befindet, benötigt die Unterstützung aller freiheitlichen Kräfte, besonders der Dramatik aller Länder. Geben Sie uns die Möglichkeit, das demokratische Amerika, das fortschrittliche Amerika im Spiegel seiner dramatischen Literatur kennenzulernen.[74]

Die kulturellen Vorkämpfe des Ost-West-Konflikts zeichnen sich allerdings schon früher ab. Im Sommer 1945 fällt eine Inszenierung von Wilders *Unsere kleine Stadt* am Deutschen Theater Berlin dem Widerstand der Sowjets zum Opfer. Gleichzeitig übt die US-Kontrollbehörde heftige Kritik an Fritz Wistens *Mamlock*-Inszenierung, die im Februar 1946 am Hebbel-Theater Premiere hat. Das Stück sei – so Karlheinz Martin in einem Brief an Wolf – »nicht optimistisch genug«.[75] Eine öffentliche Debatte löst aber auch Gustav von Wangenheim aus, der Fred Dengers Heimkehrerstück *Wir heissen Euch hoffen* zum Ankunftsdrama umschreibt.[76] Derartige Eingriffe begegnen zunächst jedoch selten: Amerikanische, britische und französische Dramatiker werden in der SBZ gespielt, russische (wenngleich weniger häufig) an Theatern der Westzonen. Über Ursachen und Schuldanteile der 1947 einsetzenden Konfliktverschärfung herrscht bis heute Dissens.[77] Wichtige Stationen sind die von Alexander Dymschitz erhobene Forderung nach einem ›sozialistischen Realismus‹ (August 1946) sowie das Wilder-Verbot der *Sowjetischen Militäradministration in Deutschland* (SMAD) im nachfolgenden Jahr. Auch beim Ersten Deutschen Schriftstellerkongreß (Oktober 1947) entstehen – ausgelöst durch die antisowjetischen Thesen des Journalisten Melvin J. Lasky – scharfe Kontroversen, wenngleich am Ende ein Manifest verabschiedet wird, das den beiderseitigen Wunsch nach Frieden und einem ungeteilten Deutschland bekräftigt.[78] Schon vorher kommt es in Berlin zu Protesten und Aufführungsverboten. So stoßen Friedrich

---

73 Anonyme Liste mit Klassifizierungen für einen möglichen Spielplan im Privatbesitz von Eugene Bahn (zit.n. Lange [1980], S. 295).

74 Offener Brief an die amerikanischen Dramatiker Lilian Hellmann, Clifford Odets, Arthur Miller (1948), S. 40.

75 23. Februar 1946 (zit. bei Müller [1976], S. 59). Zu weiteren Invektiven vgl. ebd., S. 56-68.

76 UA 3. April 1946 (Deutsches Theater). Vgl. Trinks (2002), S. 181-186.

77 Zum aktuellen Forschungsstand vgl. Pike (1992), S. 249-256 sowie Dietrich (1993), S. 83-94. USA-kritische Positionen werden vertreten von H. Müller (1976), S. 56-176 und Lange (1980), S. 516-605.

78 Vgl. Wehner (1992). Bd. 2, S. 709-751.

Wolfs Stücke *Die Matrosen von Cattaro*[79] und *Cyankali*[80] auf heftigen Widerstand der westlizensierten Kritik, bevor die Premiere von Konstantin Simonows *Russischer Frage* am 3. Mai 1947 (Deutsches Theater) zur Kulmination der alliierten Auseinandersetzungen führt. Die Amerikaner sehen in dem Stück, das den Kampf eines US-Journalisten um objektive Berichterstattung über die Sowjetunion thematisiert, »die volle Kriegserklärung auf dem Berliner Theaterschauplatz«.[81] Ähnlich empört reagiert man im Osten auf Sartres Dramen *Die Fliegen*[82] und *Die schmutzigen Hände*.[83] Letztere erleben 1949/50 in der Bundesrepublik 19 Inszenierungen mit 214 Vorstellungen und avancieren damit zum »antistalinistischen Denkspiel«.[84] Aufgrund eigener Assimilation an den Marxismus, den er als »Philosophie unserer Epoche«[85] bezeichnet, zieht Sartre das Werk 1952 allerdings von der Bühne zurück.

Insgesamt bleibt es – auch vor der Folie der skizzierten Direktiven – schwierig, die Auswirkungen westalliierter Theaterpolitik auf Genese und Entwicklung des deutschen Nachkriegsdramas genau zu taxieren. Daß durch Papierzuteilung, Lizenzvergabe und Organisation von Copyrights einflußreiche Machtmittel verfügbar sind, steht außer Frage. Strittig ist allerdings die kulturpoetische Gewichtung. So kommt Ralf Schnell 1993 zu dem allerdings nicht näher begründeten Urteil, daß »die Kulturpolitik der Alliierten nur wenig Raum für eine ungehinderte innovative Entwicklung des Theaters« gelassen habe.[86] In der Tat werden von seiten der westlichen Besatzer auch Eingriffe vorgenommen, die deutschsprachige Zeitstücke betreffen. Bekanntestes Beispiel ist die verspätete Freigabe von Zuckmayers Drama *Des Teufels General*, das am 12. Dezember 1946 in Zürich uraufgeführt wird und erst elf Monate später im Frankfurter Börsensaal seine deutsche Erstinszenierung erlebt. (In der französischen Besatzungszone gilt das Verbot sogar noch länger.) Hinzu kommen Entscheidungen, die die deutsche Bühnenlandschaft nachhaltig beeinflussen. So erhält Brecht, der in den USA kommunistischer Umtriebe verdächtigt wird, 1948 kein Einreisevisum für die amerikanische Besatzungszone, obwohl sich Benno Frank, damaliger Leiter der Theaterabteilung, persönlich dafür einsetzt. (Brecht reagiert mit seinem Antrag auf eine Einladung Erich Engels, der zu dieser Zeit Intendant der Münchner Kammerspiele ist und eine Kooperation mit dem Dramatiker plant.) Als Folge des negativen Bescheids wird Benno Frank gezwungen, die Offerte an Brecht auszusetzen und die Verantwortung für die ›Fehlaktion‹ zu übernehmen. Er tritt am 1. Mai 1948 als Leiter der Theater- und Musikabteilung der Militärregierung zurück, während Brecht seine Arbeit in der SBZ fortsetzt.[87] Ähnlich ergeht es Leonard Steckel und Ferdinand Bruckner, denen ebenfalls keine Aufenthaltsbewilligung für die US-Zone ausgestellt wird. Trotz solcher Restriktionen haben die westlichen Besatzer den Deutschen weitgehend freie Hand gelassen, was Spielpläne und Inszenierungsmodelle betrifft. Auch ökonomische Interessen tangieren den Thea-

79 18. Februar 1947 (Theater am Schiffbauerdamm).
80 9. März 1947 (Volksbühne des Hebbel-Theaters).
81 Luft: Vorwort, S. 15. Vgl. hierzu Baumgarten (1975), S. 8-15.
82 7. Januar 1948 (Hebbel-Theater).
83 15. Januar 1949 (Renaissance-Theater).
84 Luft: Vorwort, S. 15.
85 Sartre: Marxismus und Existentialismus, S. 27.
86 Schnell (1993), S. 104.
87 Vgl. Lange (1980), S. 537-542.

terbereich nur marginal. Ralf Trinks weist zudem darauf hin, daß für die Heimkehrerdramatik »weder Aufführungsverbote noch gravierende Texteingriffe bezeugt« sind.[88] Die US-Theaterpolitik wirkt allerdings diskursformierend. So werden anti-naturalistische Tendenzen im deutschen Nachkriegsdrama durch die Forderung nach einem ›magischen Realismus‹ sicher begünstigt (B, 3./C, 4.3). Hinzu kommt die enorme Präsenz internationaler Bühnenwerke. Sie verschlechtert die Startbedingungen einheimischer Autoren und führt bei den maßgeblichen Stellen zu vorauseilendem Gehorsam. Tatsächlich zeichnen für die Eindämmung der »Manuskriptflut« in erster Linie deutsche Institutionen verantwortlich (A, 2.3).

Mit Gründung der Bundesrepublik verändert sich das soziokulturelle Ordnungssystem. Drama und Theater sind nicht mehr an Vorgaben der Besatzer gebunden, werden aber durch die Globalpolitik ›reguliert‹. Dies zeigt sich u.a. im Umgang mit Bertolt Brecht. Bereits 1949 entscheidet der Berliner *Tagesspiegel*, von der Eröffnungsinszenierung des Berliner Ensembles (*Herr Puntila und sein Knecht Matti*) nicht zu berichten. Der Widerstand verstärkt sich im darauffolgenden Jahr, als Brecht seine *Mutter Courage* bei den Münchner Kammerspielen einstudieren soll. In Zeitungsartikeln fordert man den Dramatiker auf, sich gegen die DDR und für die Bundesrepublik zu entscheiden. Da Brecht im Westen jedoch nur interimsweise tätig sein möchte, beantragen Mitglieder des Münchner Stadtrats eine Absetzung der Produktion.[89] Nach kurzzeitiger Entspannung verschärft sich die Polemik 1953 erneut: aufgrund der gewaltsamen Niederschlagung der Demonstrationen vom 17. Juni sowie Brechts vier Tage später publiziertem Brief an Ulbricht, in dem der Autor seine »Verbundenheit« mit der SED ausspricht.[90] In der Bundesrepublik findet daraufhin ein erster Boykott statt, der fast zwei Jahre andauert. Stücke werden von den Bühnen abgesetzt, und sogar Leseausgaben verschwinden zeitweise aus den Buchläden. Dennoch gehört Brecht – bei fallenden Aufführungszahlen der ›Klassiker‹ – bereits 1956 wieder zu den meistgespielten Gegenwartsautoren, wird dann aber im Herbst wegen der Ereignisse in Ungarn erneut für ein halbes Jahr verboten. Die anrollende ›Brecht-Welle‹ kann dadurch nicht aufgehalten werden, und auch Brentanos Vergleich der späten Lyrik mit der von Horst Wessel bleibt rezeptionsstrategisch erfolglos.[91] Erneut sind es Modifikationen im weltpolitischen Kontext, die den dritten und letzten Boykott auslösen. Die Schließung der DDR-Grenzen am 13. August 1961 macht den bekennenden Marxisten nochmals zur *persona non grata*, und in martialischer Rhetorik verkündet die BILD-Zeitung ihre *damnatio memoriae* des Bertolt Brecht: »Millionen verfluchen diesen Namen seit dem 17. Juni 1953 – und seit dem 13. August 1961 verursacht er uns Übelkeit«.[92] Tatsächlich handelt es sich jedoch primär um eine publizistische Kontroverse, denn mit dem Ende der Adenauer-Zeit und ersten Zweifeln an der Dauer ökonomischer Prosperität gewinnen Brechts Themen wieder an Relevanz. Fast siebzig bundesdeutsche Intendanten wenden sich daher im November 1961 gegen jede tendenziöse Beeinflussung ihrer Spielpläne durch externe Gruppen.

---

88 Trinks (2002), S. 15.

89 Vgl. Schnell (1986), S. 137.

90 Zit.n. Völker (1971), S. 146.

91 Vgl. Verhandlungen des Deutschen Bundestages, S. 1195b (Heinrich von Brentano: Erklärung zu Brecht an den Abgeordneten Kahn-Ackermann vom 9. Mai 1957).

92 Zit.n. Hohnhäuser (1973), S. 193.

1.3 Direktiven II: Sowjetunion/DDR

1.3.1 Nachkriegsphase (1945-1949)

Die in der offiziellen Historiographie als ›antifaschistisch-demokratische Umwälzung‹ bezeichnete Periode von der Kapitulation bis zur Staatsgründung ist ökonomisch durch zwei Maßnahmen bestimmt: die sog. Bodenreform (Aufteilung privaten Großgrundbesitzes) sowie die Verstaatlichung von Schlüsselindustrien und Banken. Politisch entscheidend bleibt die im April 1946 durchgeführte Zwangsvereinigung von KPD und SPD zur SED. Letztere wird in den folgenden zwei Jahren in eine leninistische ›Partei neuen Typs‹ transformiert, womit die Entwicklung der SBZ nach dem Muster der UdSSR vorgezeichnet ist. Ähnliches gilt für den kulturellen Bereich. So postuliert Alexander Dymschitz 1946 den Vorbildcharakter der sowjetischen Kunst und begründet dies mit deren kollektivbildender Kraft.[93] Die Direktiven der Sowjetischen Militäradministration in Deutschland (SMAD) bezwecken zunächst eine »demokratische Revolution auf geistigem Gebiet«.[94] Der Schwerpunkt liegt in der »politisch-moralischen Vernichtung des Faschismus«, weniger in der produktiven Gestaltung einer sozialistischen Zukunft.[95] Wesentlich ist hierbei jedoch – anders als bei der Praxis der westlichen Besatzer – die direkte Einflußnahme auf das menschliche Bewußtsein durch ein »*Programm der Erziehung und Selbsterziehung*«.[96]

Als ideologische Grundlage der antifaschistisch ausgerichteten Kulturpolitik dient das Volksfront-Konzept der dreißiger Jahre. Unter Führung der Arbeiterklasse sollten auch liberale Teile des Bürgertums das Hitlerregime attackieren. Die 1939 in Bern weiterentwickelte Strategie zielt darüber hinaus auf Integration exilierter bzw. untergetauchter Intellektueller. Mit der Gründung des ›Kulturbundes zur demokratischen Erneuerung Deutschlands‹ im Juli 1945 erlebt dieses Modell seine Fortsetzung.[97] Das vorwiegend von Angehörigen der kommunistischen Partei gegründete Organ intellektueller »Selbstverständigung«[98] avanciert schon bald zum wichtigsten Repräsentanten der SBZ-Kulturpolitik. (Im Westen kann sich der Bund nicht etablieren.) Sinnstiftender Bezugspunkt ist die humanistische Tradition, die sich als zeitloser Fundus menschlichen Idealverhaltens erweist. In ihrem Zeichen möchte man »die besten Deutschen aller Berufe und Schichten« sammeln, »um eine deutsche Erneuerungsbewegung zu schaffen, die auf allen Lebens- und Wissensgebieten die Ueberreste des Faschismus und der Reaktion zu vernichten gewillt ist und dadurch [...] ein neues, sauberes, anständiges Leben aufbaut«.[99] Der Begriff ›Kultur‹ gewinnt dabei systemstabilisierende Funktion. Als

93 Vgl. DSED, S. 58 (Probleme der heutigen Sowjetkunst).

94 Laschitza (1969), S. 183.

95 Aus dem Titel eines Vortrags, den Johannes R. Becher 1944 vor der KPD-Kommission gehalten hat, die das Aktionsprogramm zur Errichtung einer antifaschistisch-demokratischen Nachkriegsordnung entwickeln sollte (abgedruckt bei Schulmeister [1965], S. 129-134). Eine ähnliche Formulierung findet sich im Parteiprogramm der SED von 1946 (vgl. Revolutionäre deutsche Parteiprogramme, S. 201f.).

96 Münz-Koenen (1980), S. 50.

97 Vgl. Engelbach/Krauss (1977).

98 Deiters: Wiedergeburt einer Kultur (1947), S. 2.

99 [Becher:] Aufruf zur Gründung des »Kulturbundes zur demokratischen Erneuerung Deutschlands«, S. 6.

neues altes Totum verbürgt er jenseits der Zerfallserscheinungen Kontinuität und Wahrheit. Damit ist jedoch kein didaktischer Impetus verbunden, weil weder die Existenz gesicherten Wissens vorausgesetzt wird noch eine zureichende Methode der Welterklärung. Man pflegt in Foren gesellschaftspolitische Streitgespräche, zwingt sich zur Überprüfung eigener Positionen und sucht »das uns Trennende«[100] produktiv wirken zu lassen. Formiert ist die Meinungspluralität allerdings durch den teleologischen Impetus der aufgeklärten Haltung. Denn die rationale Analyse des Geschehenen führt zu neuer Eindeutigkeit, retabliert – so das Programm der Zeitschrift *Aufbau* – »feste Maße und Werte« und befreit »das Wort« damit »von der hinterhältigen Vieldeutigkeit«.[101] Indem Johannes R. Becher, der erste Präsident des Kulturbunds, die Orientierung am nationalen ›Erbe‹ mit einer antifaschistischen Stoßrichtung verbindet, wird er zum Hoffnungssymbol für das erstrebte Bündnis zwischen Sozialismus und Bürgertum.[102] Aber auch Anton Ackermann verweist 1946 in seiner Rede bei der Ersten Zentralen Kulturtagung der KPD auf die Tradition eines »anderen Deutschlands«, die er für die Gegenwart nutzbar machen will.[103] Derartige Syntheseversuche bleiben zunächst jedoch auf eine geistige Elite bezogen, mit der die geforderte Führungsrolle der Arbeiterschaft kaum vereinbar scheint. In der Tat überläßt der Kulturbund die Aufgabe, das intellektuelle Niveau der unteren Bevölkerungsschichten zu heben, weitgehend dem Freien Deutschen Gewerkschaftsbund (FDGB).[104] Erste Ansätze zu einer ›kulturellen Massenarbeit‹ zeichnen sich – begünstigt durch den Ost-West-Konflikt sowie den Übergang zur Planwirtschaft – erst 1948 ab.[105]

Wie nach der Formalismus-Naturalismus-Debatte, die 1936 von der *Pravda* ausgetragen wird und zur Diskreditierung der agitatorischen Kunstpraxis führt, gewinnen auch mit Ende des Zweiten Weltkriegs realistische Tendenzen an Bedeutung. In ihnen verkörpern sich, so glaubt man, die reinsten Werte bürgerlicher Kultur, die nun für den Aufbau des Sozialismus genutzt werden sollen. Im Theaterbereich führt dies zur Abkehr von den bis 1933 entwickelten proletarisch-revolutionären Modellen (Agitprop, Lehrstück, Epiktheater). Neues Vorbild ist Konstantin Stanislawski, der durch psychologisierende Schauspieltechnik, dekorative Ausstattung und kathartische Illusionsästhetik Volkstümlichkeit zu erreichen sucht. Regisseure wie Gustav von Wangenheim und Maxim Vallentin, ehedem Vertreter eines operativen Theaters, vollziehen während der sowjetischen Exilzeit den Methodenwechsel. Im Oktober 1945 gründet Vallentin mit Ottofritz Gaillard und Otto Lang eine Schauspielabteilung an der Staatlichen Hochschule für Musik in Weimar, die zur Grundlage wird für das zwei Jahre später eröffnete Institut zur methodischen Erneuerung des deutschen Theaters (ab 1953 Theaterhochschule Leipzig). Es dient der Ausbildung von Schauspielern im Sinne des Stanislawski-Systems und trägt damit nachhaltig zu dessen Paradigmenstatus bei.[106] Die Rezeption des russischen Theatertheoretikers in SBZ bzw. DDR ist zunächst allerdings durch das

[100] Zit.n. Joho: Kulturbund – Wollen und Wirken (1947).
[101] Zum Geleit (1945), S. 1.
[102] Vgl. Wehner (1992). Bd. 1, S. 67-129 und Schmitz (1997).
[103] Vgl. Um die Erneuerung der deutschen Kultur, S. 49, 53f. (Unsere kulturpolitische Sendung).
[104] Zum Verhältnis beider Organisationen vgl. Winckler (1988).
[105] Vgl. Thoms: Premiere in Unterwellenborn (1949), S. 9.
[106] Vgl. Kuckhoff (1968). Ab 1949 besitzt Vallentin mit dem Jungen Ensemble Berlin eine eigene Bühnentruppe, aus der drei Jahre später das Maxim Gorki Theater hervorgeht.

idealistische Frühwerk bestimmt, während die späteren Schriften, die in der postrevolutionären Sowjetunion entstehen, vielfach unbekannt sind (A, 3.3.1).

Der Fokus auf Erberezeption und Formalismuskritik zeitigt darüber hinaus Veränderungen im Geschichtsbegriff. An die Stelle der Darstellung fortschrittlicher Energien tritt die Sicherung des historischen Faktums ›Oktoberrevolution‹ (B, 4.2.3). D.h. Dialektik wird *integrativ* verstanden als statische Versöhnung von Gegensätzen,[107] nicht *progressiv* als stets neu zu leistende Mediation der Gegenwartswidersprüche (selbstverständlich nur innerhalb der Grenzen des sozialistischen Narrativs). Dieser affirmative Gestus läßt sich jedoch nicht monokausal erklären, sondern muß diskursiv perspektiviert werden: *kulturpoetisch* als Form uniformer Sinnstiftung nach einer historisch singulären ›Katastrophe‹, *politisch* als Voraussetzung für die Genese eines durchsetzungsfähigen Staatsapparats und *sozialstrategisch* als Konzession an eine noch immer bürgerlich geprägte Bevölkerungsstruktur. Ziel ist die Realisierung einer operativen Dramatik, deren Doppelaufgabe Friedrich Wolf 1949 folgendermaßen begründet: »Die Kunst als Waffe gegen die Ewiggestrigen, das ist die eine Funktion des Dramas. Aber das Drama ist zugleich auch ein wirksames Werkzeug! Ein Werkzeug des Baues einer neuen Welt! Die Dialektik des Lebens ist ja dieses: Stirb und Werde! Über den Trümmern des Alten bauen wir heute das Neue«.[108]

Für die kulturpolitische Praxis ergeben sich hieraus vier Zielsetzungen: (1) Aktualisierung der durch den Nationalsozialismus unterdrückten bzw. pervertierten Theatertraditionen, (2) Retablierung der antifaschistischen Exildramatik, (3) Förderung des deutschen Zeitstücks sowie (4) Import sowjetischer und (in Auswahl) westlicher Bühnenwerke. Der Einsatz für das Schauspiel der Emigration bleibt allerdings eine vorübergehende Tendenz. So fühlt sich Herbert Ihering 1947 gerade noch »an Georg Kaiser, Friedrich Wolf und Ernst Toller erinnert«,[109] während der Verfasser des *Mamlock* das antifaschistische Drama schon 1946 »völlig in die Defensive« gedrängt sieht.[110] Dies gilt insbesondere für Bertolt Brecht, der selten gespielt wird, obwohl sich Karlheinz Martin, Günther Weisenborn, Fritz Busch und Slatan Dudow für seine Theaterstücke einsetzen.[111] Die Kontroverse nach der Berliner Premiere von *Mutter Courage* (1949) zeigt jedoch, wie stark die offiziell propagierte Kunsttheorie den Vorstellungen Brechts, aber auch Lukács' widerspricht, die sich – wenngleich aus unterschiedlicher Perspektive – für eine kritische Aneignung der Kulturtradition aussprechen (A, 3.3.3).

Gemäß der SMAD-Doktrin bleibt die sowjetische Theaterpolitik bis zur Verschärfung des Ost-West-Gegensatzes weitgehend liberal. Die 75 Bühnen der SBZ[112] bieten

---

107 Daß es sich zumindest dem Anspruch nach tatsächlich um Dialektik handelt, zeigt Hans Rodenbergs Brecht-Kritik auf der 5. Tagung des ZK der SED (1951): »In der ›Mutter‹ wird das Didaktische zum Selbstzweck, und das ist Formalismus. Das Didaktische muß im Menschen liegen, im Handeln, im Kampf, in allem, was der Mensch auf der Bühne denkt, empfindet, tut, und in den Beziehungen des Menschen zur Wirklichkeit und der Wirklichkeit zu ihm, im Kampf der Widersprüche, in der Lösung der Widersprüche. Darin muß das Didaktische liegen, aber es kann nicht isoliert werden« (Der Kampf gegen den Formalismus, S. 131).

108 WW 16, S. 250 (Das Drama als Waffe und Werkzeug).

109 Ihering: Nach zwei Jahren, S. 330.

110 Wolf: Briefwechsel, S. 226 (Brief vom 10. September 1946 an Sonja und Wsewolod Wischnewski).

111 Vgl. Mittenzwei (1977a), S. 19-22.

112 Vgl. Theater-Bilanz 1945-1969, S. 377-389.

ein vielfältiges Programm, das Vertreter aller vier Besatzungszonen integriert – u.a. Leonid Rachmanow (*Stürmischer Lebensabend*), Jewgeni Schwarz (*Der Schatten*), Konstantin Simonow (*Die russische Frage*), Arthur Miller (*Alle meine Söhne*), Clifford Odets (*Die das Leben ehren*), John Priestley (*Ein Inspektor kommt*) und Armand Salacrou (*Nächte des Zorns*).[113] Dennoch liegt dieser Auswahl bereits eine zentrale Zielsetzung sozialistischer Kulturpolitik zugrunde: die energische Abwehr des Fatalismus der Moderne, den man in den Dramen von O'Neill, Giraudoux, Wilder, Anouilh und Sartre zu erkennen glaubt.[114] Eberhard Brüning hat sich 1959 mit der Rezeption amerikanischer Dramen an den Bühnen von SBZ bzw. DDR befaßt. Dabei weist er – trotz Nähe zum Gegenstand – überzeugend nach, daß es vor allem sozialkritische Stücke sind, die in Ostdeutschland zur Aufführung gelangen.[115] Auf dem Ersten Kulturtag der SED (1948) wird diese ›moderate‹ Selektion zum strategischen Prinzip erhoben:

> Jede Kultur entfaltet sich in ihrer nationalen Form. Sie bedarf aber der lebendigen Verbindung und Wechselwirkung mit der Kultur anderer Völker. *Die Pflege eines regen Kulturaustausches mit den friedliebenden fortschrittlichen Kräften der Welt, besonders mit den freien, fortschrittlichen Völkern des Sozialismus und der neuen Demokratie wird der Bereicherung unseres eigenen Kulturlebens dienen.*[116]

Sartres Existentialismus erfüllt solche Anforderungen nicht und wird bereits 1947 als »neofaschistische Nachkriegsmode« denunziert.[117] Das Subversive liegt im Verbinden von Faschismus- und Institutionskritik, das der integrativen Dialektik des Staatssozialismus zuwiderläuft. Denn der französische Dramatiker löst sämtliche Ordnungsmechanismen auf zugunsten einer inkommensurablen »Freiheit«, die den Einzelnen »wie der Blitz« trifft.[118] Für Wolfgang Harich läßt sich Sartres Philosophie nach der Zeitenwende daher nicht mehr rechtfertigen.[119] Diese Äußerung steht im Kontext der beiden *Fliegen*-Inszenierungen von Gustaf Gründgens (November 1947 in Düsseldorf) und Jürgen Fehling (Januar 1948 am Westberliner Hebbel-Theater).[120] Durch die stark mythisierende Tendenz der Fehling-Produktion (A, 3.1.1) werden DDR-Kritiker in dem Eindruck bestärkt, hier einen »Gipfelpunkt des idealistischen Subjektivismus« vor sich zu haben.[121] Der Aufführung des Dramas *Die schmutzigen Hände* (Januar 1949 am Renaissance-Theater) spricht man sogar eine postfaschistische Stoßrichtung zu. Fritz Erpenbeck zieht Vergleiche zur Mitwirkung am Jud-Süß-Projekt,[122] und Alexander Dymschitz konstatiert, die Westberliner Schauspieler seien teilweise identisch mit dem Personal des Harlan-Films.[123] Als sich Sartre jedoch zu Beginn der fünfziger Jahre mit

---

113 Vgl. Weber (1955), S. 74-76; Kersten (1964), S. 18-20 und Berger (1972), S. 151-155.

114 1947 verbietet die SMAD Aufführungen der Stücke Thornton Wilders. Darüber hinaus erwähnt Daiber (1976) eine Erfurter Inszenierung von O'Neills Schauspiel *Trauer muß Elektra tragen*, das öffentlich als »dekadent« diskrediert wird, durch Intervention des Regisseurs Herbert Henze aber dennoch auf die Bühne gelangt (S. 39).

115 Vgl. Brüning (1959), S. 247f., 250f., 261-269 (Aufführungs- und Veröffentlichungsdaten).

116 Protokoll der Verhandlungen des Ersten Kulturtages, S. 267.

117 Niekisch: Der Existentialismus – Eine neofaschistische Nachkriegsmode, passim.

118 Sartre: Die Fliegen, S. 59.

119 Vgl. Harich: »Freiheit – jenseits der Verzweiflung« (1948).

120 Vgl. Lusset (1984), S. 110-117 und Steiner (1986), S. 309-422.

121 Erpenbeck: Lebendiges Theater, S. 277 (Kritik vom 7. Januar 1948).

122 Vgl. Erpenbeck: Verantwortung für die Rolle (1949), S. 4.

123 Vgl. Dymschitz: Schmutzige Hände (1948). Diese These hält der Nachprüfung nicht stand.

französischen Kommunisten gegen den Atomkrieg wendet und weitere Aufführungen der *Schmutzigen Hände* verbietet, wird er in der DDR positiver rezipiert. Dies gilt auch für die antibürgerlichen Dramen *Die ehrbare Dirne* und *Nekrassow*. Erst Sartres Kritik am Einmarsch der sowjetischen Truppen in Ungarn führt erneut zu Distanzierungsmanövern.

Durch die Polarisierung der Globalpolitik werden zunehmend auch deutsche Zeitstücke gegeneinander ausgespielt: Zuckmayers *Des Teufels General* und Weisenborns *Die Illegalen* im Widerstands-Diskurs, Borcherts *Draußen vor der Tür* und Wolfs *Professor Mamlock* hinsichtlich der Notwendigkeit tiefgreifender Gesellschaftsveränderung.[124] Tatsächlich erleben die Bühnenwerke von Zuckmayer und Borchert in SBZ bzw. DDR keine Aufführung; gleiches gilt für Walter Erich Schäfers Stauffenberg-Drama *Die Verschwörung* (1949). Aber auch die qualvolle Suche nach tragfähigen Ordnungsstrukturen, wie sie viele Schauspiele jüngerer Autoren kennzeichnet, läßt sich nur schwer mit der Vorstellung einer sozialistischen Realutopie verbinden. Gustav von Wangenheim schreibt deshalb das eher pragmatische Ende von Dengers Heimkehrerstück *Wir heissen Euch hoffen* (1946) für die Uraufführung am Deutschen Theater in eine Ankunftshandlung um.[125]

Die SMAD wendet sich darüber hinaus gegen extensiv definierte Begriffe von Freiheit und Widerstand. So ergeht im Frühling 1948 an das Städtische Theater in Leipzig der »Befehl«, das Zeitdrama *Rufer vor dem Tore* von Karl Georg Fischer-Föbus umgehend abzusetzen – und zwar nach dreizehn Aufführungen »vor fast immer ausverkauften Häusern«. A. Potthast vom AFL-Bühnenvertrieb Krefeld verfaßt deshalb einen offenen Brief »An die Intendanten aller Deutsch sprechenden Bühnen«. Dort heißt es:

> »Rufer vor dem Tore« ist ein »im Thema bedeutendes Stück« (Berliner Palette), das im Juni 1940 in Berlin spielt und den Kampf eines deutschen Gelehrten gegen den Terror und die Nötigung zeigt, die der Staat im Interesse der »Volksgemeinschaft« dem Gelehrten gegenüber ausübt. Das Stück hält sich nach dem übereinstimmenden Urteil der Presse von jeder einseitigen politischen Tendenz frei und stellt das Menschliche und die unabdingbare Freiheit des Individuums gegenüber der Willkür der Staatsallmacht in den Mittelpunkt der Handlung. [...] Nun ist das Stück demselben Schicksal anheimgefallen, das es abwehrend und beschwörend darstellt. Es wurde ohne Angabe von Gründen willkürlich verboten. Die gleichzeitig laufenden Aufführungen in Görlitz und am Neuen Theater in Wurzen, ferner die für April vorgesehene Aufführung am Stadttheater Zittau sind in Frage gestellt.

Angesichts solcher Interventionen der sowjetischen Besatzer nimmt es nicht wunder, wenn die offiziell propagierte ›Zeitenwende‹ weniger als visionärer Neubeginn betrachtet wird denn als Camouflage für kaum differente Kontinuität. Gerade nach dem ›Fall Fischer-Föbus‹ scheint klar, »daß der Eingriff in die Sphäre des frei schaffenden

---

[124] Vgl. Kurzweg (1972), S. 103-107 und Riewoldt (1978), S. 28f., 69-75, 77-80.

[125] In Dengers Stück ist Veit Chef einer Schieberbande jugendlicher Heimkehrer und Waisen. Durch die Liebe zu Claire wird ihm sein Tun fragwürdig. Als die Polizei schließlich den geheimen Treffpunkt entdeckt, sucht man auszubrechen. Ein Bandenmitglied stirbt, Veit möchte sich opfern. Zwar kann das Mädchen den ›Suizid‹ verhindern, beider Zukunftsperspektive bleibt allerdings offen.

Schriftstellers und der freien Kunstausübung auch heute mit denselben Methoden geschieht wie zu den Zeiten des hinter uns liegenden nazistischen Staatsterrors«.[126]

Nicht selten gehen Zensurmaßnahmen indes auf deutsche Stellen zurück. So wird Ingeborg Strudthoffs Drama *Der Gast* 1949 zwei Tage vor der Premiere in Wernigerode durch die Provinzregierung abgesetzt, obwohl sich die Autorin zuvor vom sowjetischen Theateroffizier bestätigen ließ, daß ihr Schauspiel ›politisch unbedenklich‹ sei.[127] In dem Gutachten, das eine gewisse Hanna Goetz für den SED-Landesvorstand Sachsen-Anhalt verfaßt, ist das Verbot wie folgt begründet:

> Die Thematik wühlt in den untersten Regionen menschlicher Verkommenheit. Da diese Verkommenheit der Hauptfiguren nicht als einmalig abnorm dargestellt, sondern sukzessiv psychologisch um Verständnis für diese Vertiertheit geworben wird, und zwar durch die Folgeerscheinungen des Krieges, Flüchtlingselend etc., so ist dieses Stück wohl für den Psychiater interessant, für das Theater aber, als heute wichtigstes Mittel zur Volkserziehung – schädlich und wertlos.[128]

Es ist also gerade der Versuch, einen ›realistischen‹ Diskurs über das Vergangene zu etablieren, der in der SBZ kulturpolitische Sanktionen nach sich zieht. Daß derartige Eingriffe das auktoriale Selbstbewußtsein nicht steigern, ist evident und erklärt zumindest teilweise die Rede vom ›Schweigen‹ des deutschen Nachkriegsdramas. Am 1. Februar 1949 findet man in Strudthoffs Tagebuch folgenden Eintrag:

> Die Tatsache, daß es mit der Wernigeroder Aufführung nichts geworden ist, bedrückt mich doch mehr, als ich wahrhaben wollte. Jedes abfällige Urteil über das Stück und sei es aus dem unfähigsten Munde, erscheint mir ewige Wahrheit, und ich habe bei all dem ein dummes Gefühl, als könnte ich nie wieder etwas schreiben.[129]

Nicht verboten, dafür aber sinnentstellend ›aktualisiert‹ wird ein zweites Schauspiel von Ingeborg Strudthoff bei der von Hanns Anselm Perten initiierten ›Uraufführungswoche‹ am Mecklenburger Landestheater. Dort stellt man vom 26. bis 31. Januar 1950 sechs Bühnenwerke junger deutscher Autoren aus den Jahren 1947/48 der Öffentlichkeit vor.[130] Strudthoffs Drama erscheint hier nicht nur unter dem veränderten Titel *Der Schicksalsacker*, sondern wird auch einer Totalrevision unterzogen. Der Regisseur »schrieb« – so Fritz Erpenbeck – »gleich das ganze Stück um und ›dichtete‹ den vierten Akt neu«.[131] Auf diese Weise verliere das Stück jedoch seinen größten Vorzug: »konsequentes Durchführen selbst der brutalsten Szenen im Interesse der Wahrhaftigkeit«.[132] Die Autorin, die ihr Stück als »sehr individuell psychologisch« charakterisiert, zieht aus

---

126 A. Potthast: An die Intendanten aller Deutsch sprechenden Bühnen! (MS im Besitz von W.G.S.).

127 Vgl. Strudthoff: Tagebucheintrag vom 22. Januar 1949 (SAdK/Nachlaß).

128 Abschrift SAdK/Nachlaß Strudthoff. Zum Inhalt vgl. B, 1.2.1.

129 SAdK/Nachlaß.

130 Es handelt sich dabei um folgende im Henschel-Verlag erschienenen Schauspiele: *Der taube Acker* (Ingeborg Strudthoff), *Der göttliche Orpheus* (Martin Lintzel), *Das Institut des Herrn Maillard* (Heinrich Goertz), *Insel im Weltmeer* (Heinz Paarmann), *Herr Glitsch wird es schaffen* (Helmut Vogt), *Die ersten Schritte* (Hans Werner Kubsch).

131 Erpenbeck: Aktualisieren oder Historisieren? (1950), S. 8.

132 Erpenbeck: Ein Publikumserfolg wider Willen. »Der Schicksalsacker« – eine umstrittene Uraufführung. Zeitungsausschnitt von Ende Januar oder Anfang Feburar 1950 ohne Quellenangabe (SAdK/Nachlaß Strudthoff).

dem Erlebten die »wesentliche Konsequenz«, »langsam aber sicher« Ostdeutschland zu verlassen. Alles stehe hier »nur im Dienste der Politik«.[133] Eine ähnliche Erfahrung macht Heinrich Goertz, dessen Drama *Das Leben kein Traum* am 24. März 1951, einen Tag nach der Premiere im Theater am Schiffbauerdamm, behördlich verboten wird.[134]

1.3.2 Aufbauphase I: Affirmation (1949-1953)

Die mit der Staatsgründung verbundene Konzentration auf den wirtschaftlichen Aufbau führt zu Modifikationen im Verhältnis von Kunst und Politik. Nicht von ungefähr basiert der Versuch, eine sozialistische Nationalliteratur heranzubilden, auf strikter institutioneller Lenkung. Dem Fortschreiben ästhetischer Positionen (Formalismuskritik, Erbetheorie) steht das Vorhaben gegenüber, die neue proletarische Arbeitswelt dramatisch umzusetzen. Dabei bleibt die patriotische Perspektive erhalten, denn statt »amerikanischen Kosmopolitismus« wird eine »positive Einstellung« zur deutschen Kultur gefordert. Die Intellektuellen sollten sich nicht die ›imperiale‹ Avantgarde zum Vorbild nehmen, sondern das eigene Volk, das »einen viel gesünderen Instinkt« habe.[135]

Der gleichzeitige Fokus auf die Gegenwart erklärt sich aus den ökonomischen Problemkonstellationen der frühen DDR. So fordern der Wiederaufbau zerstörter bzw. demontierter Industrien sowie Engpässe in der Versorgungslage eine höhere Produktivität, die durch Arbeitsnormen und Aktivisteneinsatz erreicht werden soll. Der faktischen Durchsetzung der Planwirtschaft (1948/49) folgt auf der II. Parteikonferenz der SED (1952) das offizielle Bekenntnis zum »*Aufbau des Sozialismus*« (SED 4, 73). Damit verbunden ist die Gleichschaltung des Kulturbetriebs. Nach der Regierungsbildung übernimmt der in der KPD engagierte Paul Wandel das Ministerium für Volksbildung, das die Theaterpolitik bis zur Gründung der Staatlichen Kommission für Kunstangelegenheiten (SKK) am 12. Juli 1951 bestimmt. Letztere besitzt als selbständiges Staatssekretariat für den eigenen Bereich Administrationshoheit und ist auf Länder-, später auch Bezirksebene durch Außenstellen vertreten, sog. Verwaltungen für Kunstangelegenheiten. Diesen unterstehen in den Städten und Kreisen wiederum entsprechende Amtsbehörden; weitere staatliche Komitees für angrenzende Gebiete kommen hinzu. Überwacht wird die gesamte Tätigkeit durch die Koordinierungs- und Kontrollstelle für Unterricht, Wissenschaft und Kunst.

Als die genannten Einrichtungen am 7. Januar 1954 aufgelöst und ihre Funktionen durch das von Becher geleitete Ministerium für Kultur übernommen werden, ist damit keine Strategieänderung verbunden. Die Staatsmacht bleibt Hauptinstrument bei der Schaffung der Grundlagen des Sozialismus und schließt damit das Entstehen einer ›proletarischen Öffentlichkeit‹ aus,[136] die wie ihr Pendant bei Habermas gesellschaftliches Kontroll- und Kritikmedium werden könnte. Realiter sind subjektive Emanzipationserwartung und objektiver Anspruch des Selbstverfügens in der Produktion nur no-

---

133 Strudthoff: Tagebucheintrag vom 14. Februar 1950 (SAdK/Nachlaß).

134 Vgl. Balzer (1995b), S. 131. Balzer verweist auf ein Gespräch mit Goertz. Nach Daiber (1976) ist das Drama erst mit der »fünften Vorstellung« abgesetzt worden (S. 141).

135 Stellungnahme des »Neuen Deutschland« (1951), S. 3.

136 Vgl. Greiner (1982), S. 1-13.

menklatorisch verwirklicht, denn die ›ideale Sprechsituation‹[137] autonom kommunizierender Individuen ist kaum ansatzweise gegeben. Der Arbeiteraufstand vom 17. Juni 1953 läßt sich vor diesem Hintergrund als Versuch verstehen, das Machtgefälle zwischen Sprecher- und Hörerdiskurs wirksam auszusetzen. Brecht fordert denn auch im Sinne der Diskursethik eine »große Aussprache« sämtlicher Betroffener »über die allseitig gemachten Fehler«, um die Realutopie vor weiterem Schaden zu bewahren.[138] Tatsächlich ist es nicht zuletzt der fehlende Praxisbezug der SED-Entscheidungen, durch den notwendige Reformen aufgeschoben oder sogar verhindert werden. Der Staatssozialismus macht aus dem marxistischen Narrativ eine »Legitimationswissenschaft«[139] politischer Machtausübung, die jede Form sozialer Autonomie als subversiven Akt einschätzt. Dies gilt auch für den ästhetischen Bereich: Das Inkommensurable muß eliminiert sein, damit das Kunstwerk zum Instrument sozialistischer Erziehung werden kann. Dahinter steht die Forderung nach einer Strukturäquivalenz beider Diskurse: Künstler und Politiker, die im ›neuen‹ Intellektuellentypus eine Einheit bilden, operieren vor der Folie identischer Narrative und widersprechen sich nicht substantiell. Um diesen Idealzustand zu realisieren, muß der Dramatiker den Richtlinien des gesellschaftlichen Auftrags genügen, d.h. die Wahrheit der Partei kritiklos anerkennen und ›volkstümlich‹ darstellen. Gleichzeitig ruft man die Arbeiter auf, ihrerseits am Kulturschaffen zu partizipieren. Dies geschieht vor allem durch Umsetzung der bereits 1946 von Berliner Theaterleuten formulierten Bitte, den Volksbühnengedanken wiederzubeleben.[140] Durch Ausbau dieser Einrichtung zur Massenorganisation sollen die Theater »von unten, vom Zuschauer aus«[141] restauriert und »breite Besucherkreise« mit fortschrittlicher Dramatik »vertraut« gemacht werden.[142] 1953 ersetzt man das Volksbühnenmodell durch gewerkschaftlich betreute Kulturarbeit.

Die Etablierung staatlicher Lenkungsmechanismen führt dazu, daß ›externe‹ Instanzen an Bedeutung verlieren. So gilt eine Politik des breiten Bündnisses seit der 1. Parteikonferenz der SED (1949) als innenpolitisch obsolet.[143] Dies zeigen auch die vom Zentralsekretariat publizierten Richtlinien, in denen der Kulturbund – dem Zweijahresplan (1949/50) entsprechend – aufgefordert wird, seine Leitsätze zu ändern. Man müsse die politische Erziehung der Werktätigen in den Mittelpunkt stellen, das Bekenntnis zur UdSSR deutlicher formulieren und für einen klaren Realismus-Begriff eintreten.[144] Die 5. Tagung des ZK der SED im März 1951 steht denn auch unter dem Thema *Der Kampf gegen den Formalismus in Kunst und Literatur, für eine fortschrittliche deutsche Kultur*. Politischer Kern ist die im Beschluß enthaltene Direktive, den ›sozialistischen Realismus‹ als Kunstprinzip verbindlich vorzuschreiben (B, 4.1.1). Unter dem Begriff ›Formalismus‹ werden divergente Theorien und Konzepte zusammengefaßt, die der ästhetischen Struktur partielle Autonomie einräumen (bürgerliche Moderne, Exi-

---

137 Vgl. Habermas: Diskursethik – Notizen zu einem Begründungsprogramm, S. 97-99.

138 GBA 23, S. 250 ([Dringlichkeit einer großen Aussprache] [1953]).

139 Negt (1969), S. 7, passim.

140 Vgl. Autorenkolletiv [Boleslav Barlog u.a.]: Schafft neue Volksbühnen!

141 WW 16, S. 131 (Zeitprobleme des Theaters [1947]).

142 Dornberger: Die Volksbühne (1953), S. 46.

143 Vgl. Um die Erneuerung der deutschen Kultur, S. 344f. (Entschließung der 1. Parteikonferenz der SED in Berlin, 25.-28. Januar 1949).

144 Vgl. ebd., S. 380-383 (Aus den Richtlinien der Abteilung Kultur und Erziehung beim Zentralsekretariat der SED, 19. April 1949).

stentialismus, Epiktheater) oder zur naturalistischen Darstellung der Arbeitswelt tendieren. Die Abwehr entsprechender Tendenzen dient der Massenmobilisierung, denn die Literatur, insbesondere aber das Theater, sollen dazu beitragen, Projekte wie den ersten Fünfjahresplan (1951-1955) ideologisch zu untermauern und hinsichtlich ihres Verlaufs zu katalysieren. Hierin besteht – so Ulbricht – die »große erzieherische Aufgabe« der sozialistischen Dramatik.[145] Exekutivorgan ist die SKK, die nach Verordnung vom 12. Juli 1951 »dafür zu sorgen« hat, daß »der Kampf gegen die Dekadenz entschieden weitergeführt und eine realistische Kunst durch Anknüpfen an die großen Meister der Klassik entwickelt wird«.[146] Um dies sicherzustellen, überwacht die Kommission Spielpläne, genehmigt (meist umfangreiche) Programmhefte und entscheidet über die Eröffnung oder Schließung von Theatern bzw. anderen künstlerischen Einrichtungen. Bereits Mitte der laufenden Saison muß das Konzept für die nachfolgende bei der jeweiligen Verwaltung für Kunstangelegenheiten vorgelegt werden.

Neben die Kontrolle von Methode und Material tritt der Versuch, die Realisation systemkonform zu gestalten. Auf Anordnung des von Erpenbeck geleiteten SKK-Hauptreferats Darstellende Kunst ist zu jeder Aufführung ein an Stanislawski orientiertes Regiekonzept anzufertigen, in dem folgende Informationen enthalten sein müssen:

> Das Leben des Dichters oder Komponisten,
> Die Aussage des Werkes zu unserer Zeit,
> Der gesellschaftliche Hintergrund des Werkes,
> Die Überaufgabe des Stückes [...],
> Charakteristik der handelnden Personen und ihre gesellschaftspolitische Funktion,
> Die Funktion des Bühnenbildes und des Kostüms.[147]

Als besonders wichtig erweist sich der marxistische Aktualitätskoeffizient. Die Regie muß das Theaterstück »konkret analysieren, um dabei zu überprüfen, inwieweit in ihm gesellschaftspolitische Parallelen zwischen dem Damals und Heute aufdeckbar und mit den Mitteln der Bühne sinnfällig zu machen sind, ohne daß dem Werk dabei (durch Zusätze, Streichungen usw.) Gewalt angetan wird«.[148] In Einführungsvorträgen, die vor dem eigentlichen Beginn der Probenarbeit liegen, ist das Konzept dem Ensemble, aber auch dem technischen Personal zu erklären. In Ausnahmefällen findet eine Diskussion mit Kulturfunktionären und Massenorganisationen der SED statt. Die SKK empfiehlt jedoch, zu den letzten Proben vor Uraufführung bzw. Premiere Parteivertreter einzuladen, um das Bündnis zwischen Intelligenz und Arbeiterklasse zu festigen. Hinzu tritt der Rekurs auf eigene Traditionen, wie die Leitformeln zeigen, unter denen einzelne Spielzeiten stehen: »Nationale Besinnung« (1951/52), »Nationale Verteidigung und Befreiung Deutschlands« (1952/53) und »Nationale Wiedervereinigung« (1953/54). Im alljährlichen ›Monat der Deutsch-Sowjetischen Freundschaft‹ sind die Bühnen darüber hinaus verpflichtet, zeitgenössische russische Dramatik zu präsentieren. Solchen Maßnahmen ist zunächst allerdings wenig Erfolg beschieden: 1949/50 steht John Priestleys Drama *Seit Adam und Eva* an der Spitze der Aufführungsstatistik, und mit Blick auf die

---

[145] Ulbricht: Zur Geschichte der deutschen Arbeiterbewegung. Bd. 4, S. 55 (Der Fünfjahrplan des friedlichen Aufbaus. Aus der Rede vor der Volkskammer, 31. Oktober 1951).
[146] Weber (1955), S. 13.
[147] Ebd., S. 29.
[148] Äußerung von Erpenbeck (zit.n. ebd.).

Saison 1952/53 moniert Willi Lewin, daß »die Aufstellung und Genehmigung der Spielpläne oft noch von einem gewissen ›L'art-pour-l'art‹-Standpunkt« erfolge »statt vom Standpunkt des kämpferischen Humanismus«.[149] Für das darauffolgende Jahr wird daher ein Planvorhaben entwickelt, das die Hauptlinien einer fortschrittlichen Repertoirepolitik proportional festlegt:

140 Inszenierungen von Werken der deutschen Klassiker
113 Inszenierungen von klassischen Werken der Weltliteratur
145 Inszenierungen von zeitgenössischen deutschen dramatischen Werken
132 Inszenierungen von Werken russischer Klassiker und der Sowjetunion
52 Inszenierungen von Werken der Volksdemokratien und
16 Inszenierungen von Werken des westlichen Auslandes.[150]

Wie das Theaterprogramm kann sich auch der öffentliche Dramendiskurs parteipolitischer Einflußnahme nicht entziehen. Dahinter steht die leninistische Auffassung, daß Medien der Propaganda dienen; sie erscheinen als ›kollektiver Agitator‹ ohne jede demokratische Kontrollfunktion.[151] Voraussetzung hierfür sind Maßnahmen der Zentralisierung und Monopolbildung im Pressebereich. Tatsächlich vertritt das staatlich subventionierte Fachblatt *Theater der Zeit* nahezu ausschließlich SED-Linie.[152]

Partielle Autonomie bewahren sich lediglich die dem Kulturbund nahestehenden Zeitschriften *Sonntag* und *Aufbau*. Beide vertreten einen an Nation und Bildungselite orientierten Kulturbegriff, der mit der Forderung, Kunst müsse sich aktiv an der Erfüllung des Zweijahresplanes beteiligen, nur bedingt kompatibel ist. Für Becher bleibt es nämlich »ein gefährlicher Irrtum zu glauben«, man habe die Intelligenz für den neuen Staat »im großen und ganzen schon gewonnen«.[153] Ähnliches gilt für die Formalismusdebatte. Sowohl *Sonntag* als auch *Aufbau* wehren sich gegen die Einführung normativer Kunstbegriffe und bieten ein Kommunikationsforum der Alternativentwürfe: u.a. von Wolfgang Weyrauch (»Realismus des Unmittelbaren«), Heinz von Cramer (»Realismus« und »Abstraktion«) und Gerhard Pohl (»Magischer Realismus«).[154] Dies ist insofern bemerkenswert, als die Tendenz zu ästhetischer Uniformierung bereits den Breslauer *Weltfriedenskongreß der Kulturschaffenden* (1948) bestimmt. Vor diesem Hintergrund kann der Kulturbund zwar nicht ›überparteilich‹ genannt werden (obwohl er sich selbst so versteht), aber doch ›liberalkommunistisch‹. Denn indem er das »geistige Modell [...] einer anderen deutschen Möglichkeit«[155] präsent hält, bietet er den Intellektuellen nach Ende der Volksfrontpolitik Inseln relativer ideologischer Toleranz. Bechers Absicht, den ästhetischen Diskurs von Redeformen des Kalten Krieges freizuhalten, muß jedoch angesichts der veränderten Interessen im Parteiapparat scheitern. Darüber hinaus führen der Eklat beim Ersten Deutschen Schriftstellerkongreß (A, 1.2) und das Verbot des Kulturbundes in Westberlin schon bald zu einem merklichen Bedeutungsverlust der Organisation. Aufmerksamkeit erregt erst wieder die Präsidialerklärung vom

---

149 Lewin: Die Aufgaben des Theaters im Fünfjahrplan (1952), S. 13.
150 Lewin: Zum Beginn der neuen Spielzeit (1953), S. 2.
151 Vgl. Herrmann (1963), v.a. S. 28-40.
152 Vgl. allgemein King (1974), S. 76-88 und Riewoldt (1978), S. 47-67.
153 Kulturbund-Archiv 16/216/0042/43 (zit.n. U. Heukenkamp [1990a], S. 52).
154 Vgl. Weyrauch: Realismus des Unmittelbaren (1946), S. 701; Cramer: Kunstwerk und Betrachter in unserer Zeit (1947), S. 406 und Pohl: Magischer Realismus? (1948), S. 650.
155 Becher: Auf andere Art so große Hoffnung (1946), S. 680.

3. Juli 1953, in der die Forderung nach einer Liberalisierung der Kulturpolitik erhoben wird.[156] Ulbricht zeigt Entgegenkommen: Die SKK wird wie erwähnt aufgelöst; statt dessen entsteht ein *Ministerium für Kultur*, das ehedem führende Kulturbundfunktionäre wie Becher (1954-1958), Abusch (1958-1961) und Gysi (1966-1973) leiten. Der Kulturbund selbst erhält durch Arbeiterrevolte und Reformpolitik (1953/54) allerdings nicht die erhoffte Aufwertung. Abgesehen von einzelnen Wirkungsgruppen bleibt lediglich der hauseigene Aufbau-Verlag von Bedeutung (inklusive dort publizierter Zeitschriften).

Die Überführung des liberalen in einen normativen Diskurs erfolgt zweistufig: zunächst als *ästhetische* Verpflichtung auf die Realismus-Doktrin. Katalytisch wirken dabei vor allem die Invektiven Alexander Fadejews, Ilja Ehrenburgs und Ernst Fischers gegen den westlichen Formalismus.[157] In einem zweiten Schritt wird die *semantische* Regulierung vorgenommen: Friedensappelle finden kaum mehr Akzeptanz, während der Krieg zunehmend positiv konnotiert ist. Man sieht in ihm die Voraussetzung für den Sieg des Sozialismus, nicht die politische Katastrophe. Die sowjetische Journalistin Susanne Altermann moniert denn auch an Brechts *Mutter Courage*, daß dort »die bei dem langen und für das Volk so qualvollen Kriege unvermeidlich anwachsende spontane Empörung der Massen« nicht »sichtbar« werde.[158] Zwei Jahre später wendet sich das ZK der SED gegen Brechts pazifistisch ausgerichtetes Libretto *Das Verhör des Lukullus* und erreicht eine Umarbeitung, die unter dem Titel *Die Verurteilung des Lukullus* deutlicher zwischen Angriffs- und Verteidigungskrieg trennt.[159] Das dialektische Modell des Augsburger Dramatikers steht in Konflikt mit dem parteipolitischen Syllogismus, wonach die sozialistische Realutopie in Frage stellt, wer nicht tendenziös »für die Erzeugung staatsgewünschter Eigenschaften mobilisiert«.[160] Weder die *Antigone*-Bearbeitung noch das Nachkriegsdrama *Die Tage der Kommune* werden am Berliner Ensemble inszeniert. Im zweiten Fall sind die Ursachen bis heute unklar: Obwohl das Revolutionsstück 1949 vorbereitet wird, kommt die geplante Uraufführung nicht zustande – sei es aufgrund offizieller Kritik an defätistischen Tendenzen,[161] sei es durch Intervention Brechts, der es für wenig sinnvoll erachtet, das Drama einem Volksbühnen-Publikum mit 0,3 Prozent Arbeitern zu ›präsentieren‹.[162] Gegen die Integration in den humanistischen Klassikerdiskurs sperrt sich auch Brechts *Urfaust* (1952),[163] den man ablehnt, weil das »Handeln« des Protagonisten nur als »herrisch« und »schmutzig«[164] dargestellt werde, d.h. nicht vor der Folie der Schlußworte im zweiten Teil der Tragödie (V. 11573ff.). Noch provokativer wirkt das im gleichen Jahr publizierte Opernlibretto *Johann Faustus* von Hanns Eisler,[165] das allein auf volkstümlichen Überlieferungen basiert. Der Protagonist wird hier zu einer Figur des Klassenverrats, weil er vor der Re-

156 Abgedruckt in: 17. Juni 1953 (1982), S. 206f.

157 Vgl. Mayer: Tagebuch vom Breslauer Kongreß (1948), S. 8.

158 Altermann: Wo beginnt die Dekadenz (1949), S. II.

159 Vgl. den Materialband *Das Verhör in der Oper. Die Debatte um die Aufführung »Das Verhör des Lukullus« von Bertolt Brecht und Paul Dessau* (1993).

160 GBA 27, S. 309 (Journaleintrag vom 14. November 1949).

161 Vgl. Kersten (1964), S. 20; Franke (1974), S. 507 und Daiber (1976), S. 107.

162 Vgl. GBA 27, S. 309 (Journaleintrag vom 22. Dezember 1949).

163 Vgl. die Materialienbände von Schmitt (1981) und Mahl (1986).

164 Wekwerth: Schriften, S. 104f. (Urfaust [1953]).

165 Vgl. Münz-Koenen (1987), Bunge (1991) und Schartner (1998).

volution zurückschreckt und so den Status quo affirmiert. Die kulturpolitische Wirkung der Formalismus-Kampagne zeigt sich nicht zuletzt in der Tatsache, daß die ›Antipoden‹ Brecht und Wolf nach der Staatsgründung unter demselben Problem leiden: der fehlenden Resonanz ihrer Stücke. 1953 findet das epische Theater in Berlin »fast kein Echo mehr«,[166] und auch der individualistische Impetus der Dramen Wolfs verhindert ein Anknüpfen an frühere Erfolge. Das 1945 entstandene Exilstück *Was der Mensch säet* wird vom Deutschen Theater abgelehnt. Hinzu kommt parteiinterne Kritik an dem Lustspiel *Bürgermeister Anna* (1950), die dazu führt, daß ein vor der Uraufführung gedrehter Film trotz Freigabe wieder eingezogen und bis auf eine Archivkopie vernichtet wird. Wolf konstatiert aus diesem Grund 1952, er habe »nach über dreißig Jahren« »zum erstenmal« »den Kampf gegen Bürokratie, Trägheit und Dilettantismus« aufgegeben (WW 16, 395).

Aber selbst die »Schaustellungen kommunistischer Selbstbefriedigung«[167] werden mitunter kritisch beurteilt. So moniert Fritz Erpenbeck, daß es in den neuen Stücken »nur Sprecher, Deklamatoren und (bestenfalls) Diskutierende« gebe. Zudem fehlten den meisten Schriftstellern die »handwerklichen Voraussetzungen«.[168] Die Dramaturgen-Tagung der DDR schreibt daher im Mai 1952 einen offiziellen Theaterwettbewerb aus. Im Gremium sitzen – neben Brecht, Wolf und Erpenbeck – Otto Lang, Walther Pollatschek, Fritz Wisten sowie Wolfgang Langhoff. Sämtliche Mitglieder erklären sich bereit, »je zwei Stipendiaten [...] beratend zur Seite zu stehen«.[169] Den ersten Preis, der im Juni 1953 vergeben wird, erhält Hedda Zinner für ihr Schauspiel *Der Teufelskreis*, das den Reichstagsbrand und dessen Folgen aus marxistischer Perspektive darstellt. An zweiter Stelle liegt das Debütstück des Berliner Dramaturgen Heinar Kipphardt (*Shakespeare dringend gesucht*); einen dritten Preis vergibt man nicht, statt dessen versieht man fünf Werke mit Empfehlungen.[170] Die restlichen Einsendungen werden eher negativ beurteilt: Die Kritik beklagt »starke Fehler des Schematismus«, unzureichende Vertiefung der Konflikte und »sprachliche Mängel«.[171] Gleichzeitig setzt sich jedoch die Meinung durch, man habe nun endlich »eine beachtliche Anzahl spielbarer, die Theaterbesucher interessierende und nützliche Stücke«.[172] In der Tat gehen aus dem Wettbewerb Autoren wie Herbert Freyer und Harald Hauser hervor, die in der Folgezeit affirmative DDR-Dramatik schreiben. Die künstlerische Toleranz der SED bleibt aber begrenzt, und Kipphardts Satire auf die Kulturpolitik gelangt nur unter Schwierigkeiten zur Uraufführung am Deutschen Theater. Erst die Ereignisse des 17. Juni und der damit verbundene ›Kurswechsel‹ machen weitere Vorstellungen möglich. Kipphardts Stück wird schließlich zum größten ostdeutschen Bühnenerfolg seit Ende des Zweiten Weltkriegs: Zwischen 1953 und 1956 erlebt es über 380 Aufführungen an zwölf Großstadttheatern. Der binnenkritische Aspekt ist allerdings so deutlich akzentuiert (C, 3.3), daß

---

166 Vgl. GBA 27, S. 346 (Journaleintrag vom 4. März).

167 Luft: Berliner Theater, S. 75 (Ernst Fischer: »Der große Verrat« [20. Juli 1950]).

168 Zit.n. Weber (1955), S. 31.

169 Bernhard: »Die Aufgab' ist gestellt...« (1952), S. 5.

170 Peter Bejach: Jedes Jahr im Mai (Operettenlibretto), Herbert Freyer: Die Straße hinauf, Harald Hauser: Prozeß Wedding, Horst Ulrich Wendler: Thomas Müntzer in Mühlhausen, Günter Felkel: Kampf um Erdöl.

171 Zit.n. Weber (1955), S. 32.

172 Pollatschek: Junge deutsche Dramatik (1954), S. 6.

Teile der SED das Manuskript für ›gefährlich‹ halten und der Henschel-Verlag keine Freigabe für Inszenierungen in der Bundesrepublik erteilt. Zudem werden – mit Ausnahme von Peter Martin Lampels *Kampf um Helgoland* – westdeutsche Dramen bis 1953 an DDR-Bühnen nicht gespielt. Die Legitimation der Abstinenz besitzt topischen Charakter: Man konstatiert wie bei Zuckmayers *Barbara Blomberg* das Ausweichen vor »*wichtigen* Problemen der Gegenwart« und vermißt eine »offen parteiliche[] Stellung ihnen gegenüber«.[173]

1.3.3 Aufbauphase II: Dialektisierung (1953-1961)

Nach dem Arbeiteraufstand vom 17. Juni 1953 fehlt zunächst die politische Stoßkraft, um die Kontrolle des literarischen Feldes weiter voranzutreiben. Hinzu kommen Forderungen von Autoren nach Suspension der »unmusischen administrativen Maßnahmen«.[174] Man reagiert hierauf mit begrenzter Liberalisierung, dem sog. ›Neuen Kurs‹, der im Juli auf der 15. ZK-Tagung verabschiedet wird:

> Bei der besonderen Förderung der fortschrittlichen Wissenschaft und Kunst muß den Wissenschaftlern und Künstlern die Möglichkeit einer freien schöpferischen Tätigkeit gesichert werden. [...] In der Kunst und Literatur ist der ideologische Kampf für den Realismus gegen alle Erscheinungen der antinationalen, antidemokratischen Dekadenz fortzusetzen, wobei darauf geachtet werden muß, daß die Künstler und Schriftsteller von den Auffassungen der Partei über die Entwicklungswege von Kunst und Literatur geduldig überzeugt und diese Auffassungen ihnen in keinem Falle administrativ aufgezwungen werden [...].[175]

Die politische Funktionalisierung der Dramatik bleibt jedoch erhalten. So heißt es am 11. Mai 1954 in der »Entschließung« einer vom Kulturministerium einberufenen Intendantenkonferenz: »Die Theater sind ein wichtiges Mittel unseres Staates. Deshalb müssen unsere Theater den Werktätigen dienen«. Auch der ›Neue Kurs‹ gewinnt damit normativen Charakter, soll »ein Programm aller Theaterschaffenden« sein.[176] Zum Problem wird jedoch die Verbindung von Tendenz und Qualität. Große Teile der dramatischen Gegenwartsproduktion entsprechen den offiziellen Ansprüchen nur bedingt, weil sie – so Peter Kord im *Theaterdienst* – »unter jener Höhe« stagnieren, »die aus Literatur erst einen ins Leben wirkenden Faktor, erst Realität macht«.[177] Aus diesem Grund wird 1955 das Leipziger Literaturinstitut gegründet (ab 1959 Literaturinstitut Johannes R. Becher).[178] Ziel ist, »die zeitgenössische deutsche Literatur im Geiste aller progressiven Traditionen und Errungenschaften der deutschen und Weltliteratur zu entwickeln und die ideologische und künstlerische Ausbildung der Schriftsteller zu fördern«.[179] Dies geschieht durch Vergabe mehrjähriger Stipendien. Das Zusammenwirken von äs-

---

173 Adling: Die Entwicklung des Dramatikers Carl Zuckmayer (1959), S. 234. Vgl. ausführlich Riewoldt (1978), S. 82-89.

174 DSED, S. 300 (Bertolt Brecht: Kulturpolitik und Akademie der Künste [1953]).

175 DSED, S. 297f. (Entschließung des ZK der SED vom 26. Juli 1953).

176 Entschließung der Intendantentagung, H. 32.

177 Zit.n. Weber (1955), S. 106.

178 Vgl. Neumann (1989) und Clarke (2006).

179 Gesetzesblatt der Regierung der DDR. Teil I. Nr. 13. Ausgabetag: 21. Februar 1955 (zit.n. Weber [1955], S. 108).

thetischer und ideologischer ›Erziehung‹ hält allerdings den Assimilationsdruck präsent und behindert so authentische Kunstproduktion. Trotzdem gehen aus dem Institut Schriftsteller wie Heinz Czechowski, Sarah Kirsch und Kurt Bartsch hervor.

1956 gewinnen die Liberalisierungstendenzen mit dem XX. Parteitag der KPdSU eine neue Dimension. Die Enthüllungen über Stalins Verbrechen schaffen ein kritischeres Verhältnis zu Personenkult und Dogmatismus. Nun ist erstmals öffentliche Kritik am Ministerium für Kultur möglich, und die Theater öffnen sich in der ›Tauwetter-Spielzeit‹ 1956/57 verstärkt westlicher Dramatik (was den Anteil sozialistischer Stücke deutlich reduziert). Gleichzeitig erreichen die Besucherzahlen durch staatliche Subvention und Mobilisierung eine historische Hausse: In der Saison 1955/56 verzeichnen die 77 DDR-Bühnen 17,9 Millionen Zuschauer. Durch die Medienkonkurrenz zum Fernsehen (seit Januar 1956) sinkt der Publikumsstand allerdings sukzessive – im Schauspiel mehr als doppelt so stark wie in Oper und Operette.[180] Hieran ändern auch Bemühungen, verstärkt Arbeiterschaft und Landbevölkerung zu rekrutieren, wenig. Die DDR-Führung erklärt das Rezeptionsproblem aus der kleinbürgerlichen Erwartungshaltung des Publikums:

> In weiten Kreisen stößt die Forderung nach einem Theater, das Forum der Zeit ist, das Zeitstücke spielt, auf Unverständnis. Wenn sich auch inzwischen eine bedeutende Umschichtung der Besucher vollzogen hat, so ist bei diesen neuen Besuchern der Theaterbesuch noch nicht ein selbstverständliches kulturelles Bedürfnis geworden. Der Wunsch nach Zerstreuung, nach Ablenkung, genährt durch Film und Funk, dominiert.[181]

Indem die neuen Medien die Unterhaltungsfunktion des Theaters mitübernehmen, entsteht im Dramenbereich ein diskursiver Freiraum, der in der Avantgarde zur Dekonstruktion des marxistischen Narrativs führt (B, 6.4). Begünstigt wird diese Entwicklung durch die steigende Reputation Brechts, die Diskreditierung der Lukács-Ästhetik sowie die Tatsache, daß mit Ausnahme von Hausers *Am Ende der Nacht* (1955), Baierls *Feststellung* (1957) und Luckes *Keller* (1958) das affirmative DDR-Drama kaum Resonanz findet.

Doch obwohl der Aspekt künstlerischer »Meisterschaft«[182] ins Zentrum rückt und auch die Realismus-Doktrin großzügiger ausgelegt wird, bleiben die Aufführungszahlen westdeutscher Dramatik weiterhin gering. Zur ›Abwehr‹ bedient man sich kaum modifizierter Standardkritik: Andres' *Gottes Utopia* erscheint als »Antikommunismus religiös verpackt«,[183] Zuckmayers *Kaltes Licht* als »ideologische Waffe«[184] gegen die Sowjetunion. Darüber hinaus dienen Dramen von Syberberg (*Josip und Joana*), Altendorf (*Schleuse*) und Tettenborn (*Der Mann auf dem Sockel*) als Beleg für den politischen Konformismus der Autoren.[185] Erst nach 1953 entstehen aus DDR-Sicht bundesdeutsche Theaterstücke, die mit der ›reaktionären‹ Kriegsperspektive brechen – so Hubaleks *Hauptmann und sein Held*, Honolds *Geschwader Fledermaus*, Hirches *Triumph in tausend Jahren*, Weymanns *Generationen* und Sylvanus' *Korczak und die Kinder*.

---

180 Vgl. Burckhardt (1968), S. 223, 250f.
181 Bork: Vielgestaltig – interessant – sozialistisch (1957), S. 4.
182 Vgl. Kurella: Von der Lehrbarkeit der literarischen Meisterschaft (1955), passim.
183 Äußerung von André Müller (zit.n. Riewoldt [1978], S. 43).
184 Erpenbeck: Old Shatterhand im kalten Krieg (1955), S. 1.
185 Vgl. Müller: Westdeutsche Theater-Tendenzen (1959), S. 11f.

Kritisch angemerkt wird allerdings das Fehlen einer marxistischen Systemanalyse: »Ursachen und tiefere Zusammenhänge« blieben verborgen, weil es nicht gelinge, »im individuellen Fall gesellschaftliche Erscheinungen sichtbar zu machen«.[186] Trotz dieser vergleichsweise positiven Beurteilung sind nur wenige West-Autoren wie Günther Weisenborn, Ulrich Becher und Hans Rehfisch kontinuierlich auf DDR-Bühnen präsent.[187] Dies ändert sich mit der erneuten Verschärfung der Direktiven nach den Aufständen in Polen und Ungarn (1956). Auf dem 32. Plenum des ZK der SED kritisiert Alexander Abusch die Leitung des Leipziger Schauspielhauses, weil man lediglich Klassiker und Bühnenwerke von Anouilh, O'Neill und Zuckmayer inszeniere, »aber keinen einzigen Autor unserer Republik oder anderen sozialistischen Autor«.[188] Gleiches gilt für das Volkstheater Rostock.[189] Vor diesem Hintergrund verpflichtet die ›Theoretische Konferenz‹ des Schriftstellerverbandes die Gegenwartsliteratur Ende 1957 auf Themen der landwirtschaftlichen und industriellen Produktion. Die offizielle Festschreibung erfolgt wenig später beim 35. Plenum des ZK der SED. Dort beschließt man, »in verstärktem Maße alle Formen der Kunst und Kulturvermittlung [zu] lenken und [zu] kontrollieren« (DSED, 517). Im Theaterbereich führt dies zu einer Säuberungskampagne, in deren Verlauf 22 der insgesamt 63 Intendanten suspendiert werden. Ende der Saison 1958/59 ist die gewünschte Proportion innerhalb der Spielpläne wiederhergestellt. Der V. Parteitag der SED (10. bis 16. Juli 1958) verabschiedet darüber hinaus Maßnahmen zur Intensivierung der sozialistischen Kulturrevolution, um die »Trennung von Kunst und Leben« sowie die »Entfremdung zwischen Künstler und Volk« zu überwinden. Während die Schriftsteller aufgefordert werden, die Produktionsstätten zu besuchen, soll das Proletariat *»die Höhen der Kultur stürmen und von ihnen Besitz ergreifen«* (535f.). Tatsächlich nimmt bereits 1955 eine Gruppe von Arbeitern aus dem Braunkohlekraftwerk Nachterstedt Stellung zur Gegenwartsliteratur. In einem offenen Brief an den deutschen Schriftstellerverband heißt es:

> Wir möchten mehr Bücher über den großen Aufbau, der sich auf allen Gebieten in unserer Deutschen Demokratischen Republik vollzieht, über das Schaffen und Leben der Werktätigen. [...] Schreiben Sie mehr Werke über unsere neuen Menschen, die mit ihren Händen alle materiellen Dinge schaffen, über die Neuerer in der Produktion, die bewußt für die Werktätigen, für das Volk, für ihre Arbeiter-und-Bauern-Macht arbeiten und kämpfen (351).

Solche Forderungen machen den Schriftsteller zum Illustrator des Status quo und beschränken den ästhetischen Impetus auf die Motivationsfunktion. Im Vorfeld des IV. Deutschen Schriftstellerkongresses (1956) hat der ›Nachterstedter Brief‹ daher primär strategische Bedeutung: Er soll die Unzufriedenheit mit dem Erreichten dokumentieren und eine neue Schwerpunktbildung anregen.[190] Denn – so Helmut Baierl – der »Alltag« ist »für den sozialistischen Aufbau der wichtigste Tag« und damit bevorzugtes »Themenfeld unserer Kunst«.[191] Auf der I. Bitterfelder Konferenz (1959) werden die ge-

---

186 Mittenzwei (1961), S. 207f.
187 Vgl. Riewoldt (1978), S. 101-105, 115-117.
188 Abusch: Es gibt nur eine Kulturpolitik (1957), S. 3.
189 Zum »Sonderfall« Volkstheater Rostock, das ab 1955 unter der Intendanz von Hans-Anselm Perten steht, vgl. Theater-Bilanz 1945-1969, S. 273-278.
190 Vgl. Der Nachterstedter Brief. Diskussionsbeiträge von Arbeitern und Schriftstellern (1955).
191 Baierl: Über die Bedeutung des Details (1958), S. 6.

nannten Initiativen exakter gefaßt und ausgeweitet. Ergebnis ist die Aufwertung vernachlässigter Traditionen der proletarisch-revolutionären Literatur (Agitpropgedicht, szenische Reportage, politische Revue). Des weiteren versucht man die Entwicklung vom ›lesenden‹ zum ›schreibenden‹ Arbeiter voranzutreiben und das kulturelle Niveau der Massen zu heben. So entsteht auf dem Gebiet des betriebsinternen Theaters eine breite Laienbewegung, die sich in jährlich stattfindenden Arbeiterfestspielen dokumentiert.[192] Damit ist jedoch keine Renaissance proletkultischer Literaturformen verbunden, sondern die konfliktfreie Synthese des klassischen mit dem marxistischen Programm:

> Weimar und Bitterfeld – Weimar, wo die großen Dichter des bürgerlichen Humanismus einst gewaltet, und Bitterfeld, wo arbeitende Menschen unserer Tage neue humanistische Maße und Werte schaffen, indem sie auf sozialistische Art zu arbeiten, zu lernen und zu leben begonnen haben –, diese beiden Begriffe werden eins in dem Begriff des sozialistischen Humanismus und in der Arbeit für seine weiteste Ausstrahlung in das Leben.[193]

Folgt man der affirmativen DDR-Geschichtsschreibung, so stellen die späten fünfziger Jahre eine Übergangsperiode dar, die der ›Vollendung der sozialistischen Produktionsverhältnisse‹ dient. In der Tat sieht Ulbricht die Möglichkeit, daß Ostdeutschland »schon Ende 1961« die Bundesrepublik wirtschaftlich übertreffen könnte.[194] Solche Rhetorik reagiert auf eine kaum mehr kontrollierbare Massenflucht nach Westdeutschland, die durch die Zwangskollektivierung der Landwirtschaft (1960) noch verstärkt wird. Der Mauerbau kennzeichnet somit die letztmögliche ›Konsolidierung‹ des Systems durch Exklusion der gesellschaftlichen Alternative. Gleichzeitig avanciert der ›Staatsbankrott‹ zum neuralgischen Punkt des politischen Programms: Denn der Warencharakter der Arbeitskraft scheint in der auf Normerfüllung ausgerichteten Planwirtschaft seine Fortsetzung zu finden – ein Problem, das vor allem Peter Hacks und Heiner Müller in ihren Industriestücken thematisieren. Nicht von ungefähr verfällt Hacks' Schauspiel *Die Sorgen und die Macht* 1959 nach einer Probeaufführung am Deutschen Theater dem Verdikt der SED. Eine revidierte Version hat 1960 in Senftenberg Premiere, wird aber nach wenigen Vorstellungen abgesetzt. Auch die dritte Fassung, die Wolfgang Langhoff Oktober 1962 erneut am Deutschen Theater inszeniert, muß man nach kontroverser Debatte vom Spielplan nehmen. Langhoff wird im März 1963 als Intendant abberufen, Hacks als Dramaturg.[195]

Politische Eingriffe dieser Qualität waren zur Entstehungszeit des Stücks nicht erwarten. Angeregt durch einen Beschwerdebrief dreier Brandenburger »Stahlwerker«[196] und nach ausgedehnten Feldstudien im Industriekombinat Bitterfeld wird das Schauspiel 1958 (noch unter der Überschrift *Briketts*) fertiggestellt und in einem Theaterwettbewerb des Henschelverlags prämiert. Der endgültige Titel nimmt Bezug auf eine Äußerung Ulbrichts, derzufolge die Werktätigen auch deshalb »Sorgen« bei der »Erfüllung der Produktionsaufgaben« haben, weil sie nun (anders als im Kapitalismus) an der

---

192 Bei den Rügenfestspielen wird 1959 Kubas Revolutionsballade *Klaus Störtebeker* aufgeführt (vgl. B, 4.2.3).

193 Abusch: Kulturelle Probleme, S. 195 (Weimar und Bitterfeld [1960]).

194 Ulbricht: Der Kampf um den Frieden (1958), S. 3.

195 Nachfolger wird Wolfgang Heinz, der während des Zweiten Weltkriegs ebenfalls am Zürcher Schauspielhaus tätig war (vgl. A, 2.1).

196 Neues Deutschland (B) vom 26. Februar 1958. Nr. 49, S. 5.

»Macht« sind.[197] Hacks verwendet die Formel nach Ansicht Ulbrichts allerdings, um einen »prinzipielle[n] Gegensatz des Heute zur kommunistischen Zukunft« darzustellen.[198] Mit anderen Worten: Die DDR ist Zerrbild ihrer selbst und verweist nur noch *ex negativo* auf das ideologische Fundament. Im Drama wird diese Ansicht von der Arbeiterin Emma Holdefleiß sentenziös formuliert: »Kollegen, Kommunismus, wenn ihr euch / Den vorstelln wollt, dann richtet eure Augen / Auf, was jetzt ist, und nehmt das Gegenteil; / Denn wenig ähnlich ist dem Ziel der Weg« (HS, 360). Um sich die Möglichkeit einer Aufführung offenzuhalten, entwickelt Hacks von Beginn an verschiedene Strategien. So ist der Konflikt geschichtlich verfremdet: Die Handlung spielt 1956/57 und wird zunächst bewußt als »Historie« bezeichnet. Im Vorspiel der Erstfassung wendet sich letztere (als allegorische Figur) mit den Worten ans Publikum: »Gottlob, die Zeit, von der mein schlechtes Stück / Den Abdruck gibt, liegt weltenweit zurück: / In einem Jahr, da nichts wie heut noch war«.[199] Zudem weist Hacks 1962 darauf hin, das Holdefleiß-Verdikt beziehe sich lediglich auf die Brikettfabrik, keineswegs auf den SED-Staat. Die Arbeiterin fordert nun nicht mehr auf, das, »was jetzt ist«, zu sehen, sondern das, was »da« ist, d.h. ein lokales Problem.[200] Im Drama selbst gestalten sich die Konflikte indes durchaus antagonistisch (B, 6.4.2) – auch ein Grund für die langjährige Diskussion, die fast ausschließlich inhaltsbezogen bleibt.[201] Auf seiten der SED moniert man zwei Punkte: die Infragestellung der »Vernunft der Partei«[202] sowie den Zweifel am Sozialismus als Kollektivunternehmen. Wolfgang Langhoffs Selbstkritik greift jene beiden Aspekte explizit heraus (DD, 296f.). Obwohl sich Intellektuelle wie Anna Seghers und Henryk Keisch gegen die Absetzung der dritten Fassung aussprechen, steht die Mehrzahl der Rezensenten dem Stück ablehnend gegenüber.[203] Auf der ›Beratung des Politbüros des ZK der SED und des Präsidiums des Ministerrates mit Schriftstellern und Künstlern‹ am 26. März 1963 nimmt Ulbricht Stellung. Er wirft Hacks vor, in seinem Drama einen »kleinbürgerlichen Sozialismus« zu vertreten (DSED, 895). Und in der *Abschließenden Stellungnahme des Sekretariats des Deutschen Schriftstellerverbandes* heißt es: »Das Stück ›Die Sorgen und die Macht‹ von Peter Hacks kann nicht als Beitrag des sozialistischen Realismus betrachtet werden. Das Schauspiel orientiert nicht nach vorn und kann insgesamt gesehen die Menschen nicht für unsere Aufgaben mobilisieren«.[204]

Noch stärkerem Widerstand sieht sich Heiner Müller ausgesetzt. Sein *Klettwitzer Bericht 1958*, eine Agitprop-Hörfolge über Problemkonstellationen im Braunkohletagebau, wird gedruckt, aber nicht gesendet. Auch das zusammen mit Inge Müller verfaßte Drama *Die Korrektur* (1957) muß noch einmal ›korrigiert‹ werden, damit kein »zu stark negatives Bild« des sozialistischen Aufbaus entsteht (MT 1, 59). Müller reflektiert in einer *Zwischenbemerkung* über die Kommunikationsprobleme der Erstfassung, verbleibt dabei jedoch weitgehend im Fragemodus, so daß sich die »Selbstkritik« rheto-

197 Hacks: Die Sorgen und die Macht (1960), S. 3.
198 Äußerung von Ulbricht aus dem Jahr 1963 (zit.n. Gerlach [1974], S. 87).
199 Hacks: Die Sorgen und die Macht (1959), S. 4.
200 Gerlach (1974), S. 87.
201 Vgl. Scheid (1977), S. 51-58; Schmidt (1980), S. 169-178 und Jäger (1986), S. 3-12.
202 Diskussionsbeiträge zu den Referaten (1957), S. 112 (Äußerung von Uwe Berger).
203 Vgl. Schütze (1976), S. 283f.
204 Abschließende Stellungnahme (1963), S. 118.

risch dekonstruiert. Und noch die überarbeitete Version, die 1958 am Maxim Gorki Theater uraufgeführt wird, trennt ästhetische Polyvalenz und politische *clarté*. Denn der die ›neue Welt‹ beschwörende Epilog gehört – indiziert durch die Versbildung – einem anderen Diskurs zu. Auf parteipolitischen Widerstand stößt auch das Agrardrama *Die Umsiedlerin oder das Leben auf dem Lande* (1956-1961). Es wird nach der Uraufführung durch die Studentenbühne der Berliner Hochschule für Ökonomie zurückgezogen, weil die Darstellung der Wirklichkeit ›unzureichend‹ sei.[205] Hinter solcher Kritik steht neben dem Interesse am eigenen Machterhalt ein Anthropologiekonzept, das der Selbstgesetzgebung des Individuums zutiefst mißtraut. Dramaturgisch manifest wird diese Tatsache in der deus ex machina-Funktion des Parteisekretärs. Allein er verhindert als Exponent ›richtigen‹ Denkens, daß nicht-antagonistische Konflikte unter der (menschlichen) Hand wieder zu antagonistischen mutieren (B, 6.4.3).

205 Vgl. Franke (1974), S. 575. In Hacks' Aufsatz *Ekbal, oder: Eine Theaterreise nach Babylon* wird der Vorgang satirisch dargestellt (HM 1, S. 30f., 34-37).

2. Topographie und Repertoire

2.1 Das Zürcher Schauspielhaus

Nach Hitlers Machtantritt avanciert das Zürcher Schauspielhaus unter der Leitung Ferdinand Riesers zum »einzigen ernstzunehmenden Antipoden«[1] der nationalsozialistischen Staatstheater. Insgesamt neunzehn Dramen von Exilschriftstellern werden allein bis 1938 inszeniert, darunter viele Uraufführungen. Auf diese Weise entsteht ein Spielplan, der nicht nur in der deutschsprachigen Schweiz, sondern im gesamten Europa singulär bleibt. Als der Jude Rieser nach dem Anschluß Österreichs emigrieren muß (zunächst nach Paris, später in die USA), übernimmt Oskar Wälterlin die Leitung der Pfauenbühne. Die kulturpoetische Ausrichtung erfährt damit eine Veränderung: Aus der operativen Widerstandsästhetik wird ein Stabilisationsmodell, das unter dem Banner bürgerlicher Wertvorstellungen integrativ fungieren soll. »Dieses antifaschistische Theater schuf eine Kampfgemeinschaft und gab dieser sogleich ein scharfes Profil. Sie war aber zu einseitig negativ, um konstruktiv in die Zukunft zu wirken«. Vor diesem Hintergrund sieht Wälterlin die Hauptaufgabe nicht darin, gesellschaftliche Funktionsmechanismen durchsichtig zu machen. »Politisch muß das Theater sein, aber gegen die Politik der äußeren Geltung; revolutionär muß es sein, aber für die Menschlichkeit«.[2] Der Dramaturg Kurt Hirschfeld bezeichnet deshalb – trotz divergierender Einschätzungen innerhalb des Ensembles – den »humanistischen Realismus« als das prägende Stilideal des Zürcher Schauspielhauses nach 1938. Ziel sei es gewesen, aus der Bühne wieder eine ›moralische Anstalt‹ zu machen. Auf diese Weise wird jedoch der theatrale Darstellungsmodus sekundär: Die Inhalte der Werke sollen vermittelt und diskutiert werden, damit das Spiel »Korrektiv und Kontrolle« sein kann »des verleiteten Fühlens, des verwirrten Denkens und des gefährdeten Lebens«. Dennoch antizipiert man durch Konzentration auf das schlechthin Humane die ›ortlose Dramaturgie‹ der fünfziger Jahre (C, 4.4). Der sozialkritische Impetus wird zum anthropologischen, denn im Zentrum steht »das Bild des Menschen in seiner ganzen Mannigfaltigkeit«.[3] Solche Orientierung bedeutet aber keineswegs die Präferenz illusionistischer Dramaturgiekonzepte. Tatsächlich sieht Wälterlin die eigene Vorstellung eines ›entzauberten Theaters‹ paradigmatisch bei Thornton Wilder realisiert.[4]

Der anthropologische Schwerpunkt führt dazu, daß auch Bühnenwerke des kritischen Realismus (Ibsen, Tschechow, Gorki) und sogar Brechts Dramen den diskursiven Vorgaben gemäß inszeniert werden. Im Programmheft zur Uraufführung von *Mutter Courage* am 19. April 1941 betont man explizit, daß trotz der epischen Form noch

[1] Mittenzwei (1979a), S. 91.

[2] Wälterlin: Verantwortung des Theaters (1947), S. 12, 68. Hieraus erklärt sich auch die veränderte Prioritätenbildung im Bereich des zeitgenössischen Theaters: Bruckner und Wolf verlieren gegenüber Kaiser und Brecht an Bedeutung.

[3] Hirschfeld: Dramaturgische Bilanz (1945), S. 11-13, 15.

[4] Vgl. Wälterlin: Entzaubertes Theater (1945), S. 45.

immer das »Menschlich-Mitleidvolle« im Mittelpunkt der Handlung stehe. Brecht habe sich »in seinem neuen Stück vom Lehrhaft-Epischen zum Menschlich-Epischen entwickelt« und das marxistische Narrativ nachhaltig untergraben.[5] Ähnliche Einschätzungen finden sich wenig später in der Schweizer Presse.[6] Der Vorbildcharakter der Uraufführung für die Berliner Modellinszenierung von 1949 bezieht sich damit vor allem auf theatertechnische Aspekte. So übernehmen Brecht und Engel, angeregt durch Teo Otto, das Prinzip der Drehbühnenbewegung sowie bestimmte Arrangements (u.a. den rollenden Planwagen der Courage).

Abb. 1: Szene aus der Zürcher Uraufführung
Regie: Leopold Lindtberg / Bühnenbild: Teo Otto / Mutter Courage: Therese Giehse (sitzend)

1943 werden zwei weitere Brecht-Dramen in Zürich gespielt: *Der gute Mensch von Sezuan* am 4. Februar (Regie: Leonard Steckel) und sieben Monate später das *Leben des Galilei*. Aktualitätsbezogene Stücke wie die Szenenfolge *Furcht und Elend des Dritten Reiches* erscheinen dagegen nicht im Repertoire. Darüber hinaus sind in Zürich zahlreiche Dramen der internationalen Avantgarde präsent, die auch während der ersten Nachkriegsjahre an deutschen Theatern aufgeführt werden: Wilder: *Our Town*, *The Skin of our Teeths*, Giraudoux: *Ondine*, *Sodome et Gomorrhe*, Ardrey: *Thunder Rock*, O'Neill: *Mourning becomes Electra*, Sartre: *Les Mouches*.[7] Anders als im besiegten Deutschland besitzen die genannten Stücke jedoch kaum Öffentlichkeitswirkung. Insbesondere das moderne französische Theater kann sich nicht durchsetzen: Sowohl *Sodom und Gomorrha* (1943) als auch *Die Fliegen* (1944) stoßen bei den Besuchern auf Ablehnung. Größere Resonanz findet nur Wilders Drama *Unsere kleine Stadt*, das in Zürich entsteht und am 9. März 1939 unter Wälterlins Leitung uraufgeführt wird.

5 Zur Premiere von Brechts: *Mutter Courage und ihre Kinder* (1940/41), S. 2f.
6 Vgl. Mittenzwei (1979a), S. 125-127.
7 Vgl. Schoop (1957), S. 214-224 (Spielplanstatistik von 1938/39 bis 1944/45).

Durch das humanistische Regulativ erleben die vor 1933 entwickelten marxistischen Modelle in Zürich keine Fortführung. Da Brechts Theatertheorie erst nach dem Krieg zugänglich ist, erscheint die dialektische Methode entpolitisiert. Ähnliches gilt für die frühen Schriften Stanislawskis, die auf der Pfauenbühne zwar zur Kenntnis genommen, aber nicht reflektiert oder umgesetzt werden. Zeitdruck und ideologische Divergenzen verhindern die Ausbildung einer experimentellen Bühnenpraxis; das Personal versteht sich als Teil der Anti-Hitler-Front und verzichtet auf weitergehende politische Orientierung. Daher ist Zürich im Gegensatz zu vielen deutschsprachigen Nachkriegsbühnen nicht Regie-, sondern Schauspielertheater. Zu denjenigen, die neben Wälterlin, Lindtberg und Steckel eigene Inszenierungen präsentieren, gehören u.a. Ernst Ginsberg, Wolfgang Heinz, Kurt Horwitz, Karl Paryla und Robert Trösch. Kurt Hirschfeld, der spätere Direktor des Schauspielhauses, leitet dagegen bis 1945 fast nur externe Projekte, während Wolfgang Langhoff primär als Akteur in Erscheinung tritt.

Nach Kriegsende läßt die Auflösung des Ensembles neue Netzwerke in Ostberlin entstehen. Langhoff zählt zu den ersten, die die Schweiz verlassen, um mit entsprechender Reputation die deutsche Bühnenlandschaft neu zu organisieren. Am 17. Dezember 1945 übernimmt er für kurze Zeit die Generalintendanz der Städtischen Bühnen Düsseldorf, bevor man ihn im Sommer 1946 zum Leiter des Deutschen Theaters Berlin ernennt. Als Nachfolger Gustav von Wangenheims entwickelt Langhoff ein sozialistisch-realistisches Inszenierungsmodell, das vor allem an Aufführungen klassischer Dramen erprobt wird (A, 3.3.2). Aber nicht nur auf diese Weise finden marxistische Theaterkonzepte in Ostdeutschland ihre personelle Fortführung. Auch Ernst Trösch zieht 1946 nach Berlin, wo er bis 1952 der Neuen Bühne vorsteht, um danach als Regisseur und Schauspieler am Deutschen Theater, der Volksbühne sowie dem Kabarett »Die Distel« zu arbeiten. Wolfgang Heinz, Karl Paryla, Hortense Raky und Emil Stöhr (Frau und Bruder Parylas) kehren dagegen nach Wien zurück, um in Österreich für den Erfolg der kommunistischen Bewegung zu kämpfen. Dies geschieht vor allem am Neuen Theater in der Scala, dessen Direktion Heinz und Paryla 1948 von der sowjetischen Besatzungsmacht erhalten. Mit der Premiere des Simonow-Dramas *Die russische Frage* findet am 6. März die Eröffnung statt. Acht Jahre später wird die Einrichtung nach massivem politischen Druck geschlossen, und ein Großteil des Ensembles ›emigriert‹ auf Initiative von Langhoff nach Ostberlin. Da sich auch Heinz nachdrücklich für die Theatertheorie Stanislawskis einsetzt, bleibt das Deutsche Theater in den fünfziger Jahren trotz dialektischer Weiterentwicklung das Gegenmodell zum Berliner Ensemble. Während Langhoff den Klassikerdiskurs profiliert, befassen sich Heinz und Paryla vor allem mit Stücken von Tschechow und Gorki. Am ›Schweizer Netzwerk‹ ändert sich wenig: Noch 1957 ist die Aufführung der *Kleinbürger* in den Hauptrollen fast ausschließlich durch ehemalige Mitglieder der Pfauenbühne besetzt.[8]

Eine zweite Filiationslinie führt zu Brecht, der 1949 für das Theater am Schiffbauerdamm Inszenierungen moderner Theaterstücke plant, damit auf dieser Basis »die Züricher Exil-Tradition fortgesetzt werden kann«.[9] Als der Dramatiker Anfang November 1947 in Zürich eintrifft, schwebt ihm zunächst eine neutrale Residenz vor. »Ich kann mich ja nicht in irgendeinen Teil Deutschlands setzen und damit für den andern Teil tot

8 Vgl. Nössig (1972), S. 148-151.
9 GBA 29, S. 490 (Brief vom 24. Januar 1949 an Leonard Steckel).

sein.«[10] Aus diesem Grund bespricht er mit Oskar Wälterlin und dem Dramaturgen Uz Oettinger Möglichkeiten zukünftiger Zusammenarbeit. Da Brecht am Zürcher Schauspielhaus jedoch keine ihm adäquaten Arbeitsbedingungen vorfindet, wird das *Antigone*-Projekt, die erste durchphotographierte Modellinszenierung, schließlich in dem von Hans Curjel geleiteten Stadttheater Chur realisiert. Probleme im persönlichen wie technischen Bereich drohen das Unternehmen allerdings scheitern zu lassen, so daß die Uraufführung erst am 15. Februar 1948 stattfindet. Auch die Pfauenbühne erweist sich nicht als vielversprechendes Experimentierfeld, weil das anthropologische Formationssystem eine soziale Analytik ausschließt und damit für Brecht ›unrealistisch‹ bleibt: »Schon bevor ich die Trümmer der Theaterhäuser sehe, bekomme ich die der Schauspielkunst zu sehen«. Solche Kritik bezieht sich u.a. auf eine *Wozzeck*-Probe mit Leonard Steckel und Walter Richter, in der das »Material« vergewaltigt werde, um letztlich doch nur »eine *Illusion* von Menschlichkeit, Schwung, Technik« zu erzeugen.[11] Trotzdem findet wenig später unter Brechts Regie die Uraufführung des *Puntila* statt, der mehrere Inszenierungen in Deutschland folgen.[12] Nach der Ankunft in Berlin zeigt sich Brecht bemüht, Steckel, Giehse, Otto und den jungen Benno Besson für die eigene Theaterarbeit zu gewinnen.[13] Des weiteren denkt er an Ginsberg, Lindtberg sowie später Heinz und Paryla. Aber dem Projekt stehen politische Direktiven entgegen, wie das Beispiel Teo Otto zeigt, der 1949 auf Initiative Brechts zum Ensemble stößt, die Mitarbeit jedoch bald darauf beendet, weil sein Tagebuch *Nie wieder* von führenden SED-Funktionären für ›volksfremd‹ und ›dekadent‹ erklärt wird.[14] Kaum weniger problematisch gestaltet sich die 1951 geplante Einreise in die Bundesrepublik, weil der als Kommunist geltende Otto nur unter Schwierigkeiten ein Visum erhält. Während der folgenden Jahre fördert er jedoch zusammen mit dem Frankfurter Intendanten Harry Buckwitz die westdeutsche Brecht-Rezeption (A, 2.3).

Obwohl das Ensemble nach Kriegsende auseinanderbricht und die skizzierten Vernetzungen ausbildet,[15] bleibt die Pfauenbühne bis 1949 ein wichtiges Distributionsforum der Weltdramatik.[16] Hierfür zeichnen weniger ästhetische als finanzielle Gründe verantwortlich, denn ausländische Verlage erhalten für die Genehmigung deutschsprachiger Erstaufführungen in der Schweiz europaweit die meisten Devisen. So wird Giraudoux' Drama *La Folle de Chaillot* bereits kurz nach Jouvets Inszenierung am Pariser Théâtre de l'Athénée in Zürich gespielt.[17] Auch Eliot, dessen *Murder in the Cathedral* 1947 auf dem Programm steht, gelangt via Pfauenbühne auf das deutsche Nachkriegstheater. Vor allem Gustaf Gründgens setzt sich als Intendant der Städtischen Bühnen Düsseldorf nachhaltig für das Bühnenwerk des anglo-amerikanischen Schriftstellers

---

[10] Ebd., S. 511f. (Brief von Anfang/Mitte April 1949 an Gottfried von Einem).

[11] GBA 27, S. 268 (Journaleintrag vom 15. April 1948).

[12] Vgl. Hadamczik u.a. (1978), S. 13, 49.

[13] Besson inszeniert 1960 die Uraufführung von Erwin Strittmatters *Holländerbraut*.

[14] Vgl. Teo Otto (2000), S. 210.

[15] Hinzuzufügendes: Horwitz leitet zunächst das Stadttheater Basel (1946-1950), später das Bayerische Staatsschauspiel (1953-1958). Lindtberg wird zu einem erfolgreichen Regisseur am Wiener Burgtheater; Giehse, Ginsberg und Steckel gastieren an renommierten deutschen Bühnen.

[16] Vgl. Weber (1970), S. 207-225 (Spielpläne von 1945/46 – 1949/50).

[17] UA 22. Dezember 1945, DE 13. Juni 1946. Weitere Inszenierungen folgen an den Münchner Kammerspielen (1948) und an den Städtischen Bühnen Frankfurt a.M. (1950).

ein.[18] Darüber hinaus nimmt einer der größten deutschen Theatererfolge seinen Ausgang vom Zürcher Schauspielhaus. Dort findet am 12. Dezember 1946 unter der Regie Heinz Hilperts die Uraufführung von Zuckmayers Drama *Des Teufels General* statt, das die alliierten Kontrollbehörden für Deutschland noch nicht freigegeben haben. Trotz vereinzelter Kritik sind Erschütterung und Resonanz im Publikum ›beispiellos‹.[19]

Abb. 2: Szene aus der Zürcher Uraufführung
Regie: Heinz Hilpert / Bühnenbild: Caspar Neher / General Harras: Gustav Knuth (sitzend)

Das Pfauentheater verliert jedoch durch die veränderte Nachkriegsordnung sowie die ökonomische Prosperität der Bundesrepublik an institutionsstrategischer Valenz. Aus der einstigen Monopolstellung entwickelt sich eine theatrale Wettbewerbssituation, in der Aspekte wie Personaltransfer und Gastspielkonkurrenz bedeutsam werden. Zwar finden noch immer erfolgreiche Produktionen statt (so Wälterlins Inszenierung von Wilders *Our Town* am 27. Oktober 1949), gleichzeitig büßt aber die Gesellschaft der Schauspielfreunde sukzessive Mitglieder ein. Als der Pachtvertrag 1952 ausläuft, steht die Neue Schauspiel AG zur Disposition. Der Versuch der Stadt Zürich, die Aktien vorsorglich zu erwerben, scheitert trotz großer Propaganda der Arbeitsgemeinschaft für das Schauspielhaus im Pfauen an dem notwendigen Plebiszit. Erst der Verkauf des gesamten Gebäudekomplexes an die Schweizerische Bankgesellschaft sichert den Fortbestand der ehedem führenden Sprechbühne Europas.[20]

18 Vgl. Gustaf Gründgens. Eine Dokumentation (1981), S. 238-240.
19 Vgl. Weber (1970), S. 111-114.
20 Vgl. Riess (1963), S. 335-339.

2.2 Das ›Theaterwunder‹ der ersten Nachkriegsjahre

Die Renaissance des deutschen Theaterlebens nach Kriegsende wird bis heute ambivalent beurteilt. Zwar hebt man die Singularität von Enthusiasmus, Breitenwirkung und ›Atmosphäre‹ hervor, moniert jedoch das Fehlen eines innovativen Impetus. Ende 1947 notiert Max Frisch in sein Tagebuch:

> Jeden Abend im Theater. Viele gute Schauspieler, aber keine Spielleiter, keine neuen. Und keine eignen Dichter, keine neuen. Oder sie spielen sie nicht; auch möglich. Als könnte es ohne lebende Dichter, eigene, ein lebendiges Theater geben! Nachher wieder in Gesellschaft, Künstler, Kritiker, Offiziere der Besatzung, Ärzte, Beamte, Wirtschaftler, alles redet vom Theater, klug, lebhaft und neugierig. Etwas Betörendes; mindestens für unsereinen: Theater als öffentliches Interesse. [...]
> »Haben Sie Gründgens gesehen?«
> »Noch nicht.«
> »Müssen Sie aber!«
> »Ich weiß.«
> »Hier tut sich was, wissen Sie, wie vielleicht nirgends in der Welt –!«
> (Was?).[21]

Das Konstatieren der Diskrepanz zwischen oberflächlicher Dynamik und künstlerischer Kontinuität versteht sich als Kritik an einem Theatersystem, dem das moderne Drama zu fehlen scheint und das deshalb bürgerliche Restauration betreibt. Es wurde bereits im Einleitungskapitel darauf hingewiesen, daß solche Pauschalurteile der philologischen Prüfung nicht standhalten. Mit Recht konstatiert Fritz Peter Buch, das ›Theaterwunder‹ sei kaum zureichend erklärbar als »bloße Sucht nach Ablenkung und Entspannung«.[22] Wesentlich scheinen auch folgende Aspekte: Bewältigung der Vergangenheit, Retablierung von Humanität sowie Entwicklung identitätsstiftenden Theaters. Mit anderen Worten: Es ist das ›Spiel‹, das in idealistischer Tradition den Menschen wieder zu sich führen soll.[23] Vor diesem Hintergrund gehen bis Herbst 1945 rund 400 Aufführungsanträge beim Berliner Magistrat ein. Obwohl große Teile der Ensembles versprengt sind, existiert als Folge des Flüchtlingsstroms ein Überschuß an Theaterpersonal. 1947/48 ist die Zahl sogar höher als 1938/39 im Großdeutschen Reich.[24] Zudem entstehen ca. 1000 Wandertruppen.[25]

Logistisches Hauptproblem sind die Folgen des alliierten Bombenkriegs: Die Berliner Innenstadt bietet ein Bild der Verwüstung: Zwischen Alexanderplatz und Bahnhof Zoo befindet sich kaum ein intaktes Gebäude. Da die meisten bewohnbaren Häuser durch Besatzungstruppen belegt sind, muß die Bevölkerung in Ruinen oder Luftschutzbunkern wohnen. »Wie soll in dieser Totenlandschaft jemals wieder Theater gespielt werden?«, fragt Friedrich Wolf im September 1945.[26] Tatsächlich beginnt jedoch trotz – oder gerade wegen – der gewaltigen Schäden noch im selben Jahr das vielzitierte

---

21 Frisch: Gesammelte Werke in zeitlicher Folge. Bd. 2, S. 529f. (Tagebuch 1946-1949: Berlin, November 1947).

22 Buch: Vom Gegenwartsauftrag des Theaters (1946), S. 73.

23 Vgl. Kapitel 3 (Drama und Theater als Medien kollektiver Sinnstiftung).

24 Vgl. Deutsches Bühnen-Jahrbuch 56 (1945/1948), S. 661.

25 Vgl. Daiber (1976), S. 28.

26 WW 16, S. 57 (Theater des Übergangs).

›Theaterwunder‹.[27] Dies gilt für alle Besatzungszonen Berlins, und es sieht anfänglich aus, als könne die Stadt erneut zum Zentrum der Bühnenlandschaft werden. Bereits wenige Wochen nach Einmarsch sowjetischer Truppen in Mitteldeutschland erlaubt der SBZ-Oberbefehlshaber Theateraufführungen. 1945/46 wird an nicht weniger als 74 Einrichtungen (exklusive Ostberlin) inszeniert, auch in Städten, die zuvor über keine Ensembles verfügt haben. Man spielt in Hallen, Kellern, Fabriken, sitzt auf Restbeständen des Theaterinventars, auf Wirtshausbänken und Biergartenstühlen. Boleslaw Barlog, der in Berlin-Steglitz das Schloßpark-Theater wiedereröffnet, läßt an der Kasse Eintrittskarten gegen Nägel und Briketts tauschen. Heizung wie Beleuchtung sind unzureichend, und an Dekorationen und Kostümen mangelt es überall. Bis zum Sommer 1948 gilt »jedes Stück Leinwand« als »Kostbarkeit«.[28]

Abb. 3: Eingang zum Deutschen Theater Berlin (1945)

Kriegserfahrung, Massenmord und individuelle Notlage verstärken zugleich den anthropologischen Faktor, der mit dem Schlagwort ›Kompensation‹ nur ungenügend bezeichnet ist. »Kunst ist notwendig«, verkündet Friedrich Luft 1946 pathetisch,[29] und in der Tat besitzt vor allem das Theater nach der Kapitulation große Bedeutung für den Entwurf sinnspendender Narrative. Es erlaubt dem von der Realität geschockten Menschen die Übernahme von ›Rollen‹, wobei die Selbstwahrnehmung durch fiktive Besetzungen verändert wird. Das Schauspiel repräsentiert die Wirklichkeit im Modus des ›Als-Ob‹ und schafft damit einen Interimsbereich zwischen Erlebnis und Vorstellung.

27 Vgl. stellvertretend Friedrich Lufts Ansprache im RIAS vom 7. Februar 1946 (Berliner Theater, S. 9f.) und Ernst Schröders Rückblick (Das Leben – verspielt [1981], S. 84).

28 Braun (1956), S. 12. Vgl. hierzu Karla Höckers *Berliner Aufzeichnungen 1945* mit Berichten von Boleslaw Barlog, Erna Berger, Käte Haack u.a.

29 Luft: Berliner Theater, S. 10.

Dieser »inszenierte Diskurs«[30] bietet zugleich die Möglichkeit neuer Identitätsbildung, indem er die real erfahrenen Greuel in einen »Probespielraum«[31] verlegt. (Differenzen zwischen den einzelnen Theaterkonzepten sind an dieser Stelle von untergeordneter Bedeutung.) Im Rekurs auf Iser könnte man sagen, daß hier nicht nur Imaginäres, sondern auch Wirkliches durch die Fiktion geformt und beherrschbar gemacht wird. Der Begriff »Realitätsflucht« ist somit differenziert zu betrachten, handelt es sich doch beim ›Rollenspiel‹ um eine Kulturtechnik, die bis in die Antike zurückreicht. Dem Versuch, das Subjekt theatral wiederherzustellen, entspricht die Orientierung am großen Einzelnen. Dies führt zu *misreadings* wichtiger Rollenangebote, wobei auch Verdrängungsmechanismen zu beobachten sind: So ist Harras ebensowenig Sinnbild des ›guten‹ Nazis wie Beckmann den Durchschnittsheimkehrer verkörpert. Und selbst Anouilhs Kreon kann nur bedingt als Rechtfertigungsinstanz für die aktive Teilnahme an Unrechtsregimen dienen.[32] Hinzu kommt, daß die Vorstellung schicksalhafter Unvermeidbarkeit von Krieg und Schuld, wie sie vielen ausländischen Stücken inhärent scheint, gesellschaftliche Erklärungsmuster des Faschismus untergräbt (B, 1.2.1). Ort sozialer Optimierung bleibt folgerichtig das Individuum: Seine »Erziehung« ist »einziges«, »brennendes Problem« des Wiederaufbaus.[33]

Hieraus erklärt sich nicht zuletzt die Vielzahl von Klassikerinszenierungen. Am 7. September 1945 wird ›Max Reinhardts Deutsches Theater‹ (die Namensänderung erfolgt auf Beschluß des Senats) mit Lessings dramatischem Gedicht *Nathan der Weise* eröffnet – unter der Intendanz des aus Moskau zurückgekehrten Gustav von Wangenheim und mit Fritz Wisten als Regisseur. Die Titelrolle spielt Paul Wegener, dessen Interpretation bis zu seinem Tod 1948 Standardcharakter besitzt.[34]

Abb. 4: Szene aus der Berliner Premiere
Regie: Fritz Wisten / Bühnenbild: Willi Schmidt / Nathan: Paul Wegener (links)

---

30 Iser: Das Fiktive und das Imaginäre, S. 35. Der Autor bezieht sich hier auf Warning (1983).

31 Wolfgang Iser im Gespräch mit Ellen Spielmann, S. 97.

32 Dies gilt insbesondere für folgende Bemerkung des Königs: »Es muß doch einer da sein, der das Schiff steuert. [...] Da kann man nicht mehr lange fragen, ob man es nicht eines Tages teuer bezahlen wird oder ob man nachher überhaupt noch ein Mensch sein kann« (Dramen. Bd. 1, S. 62f.). Vgl. hierzu Karsch: Was war – was blieb (1947), S. 99.

33 Lindtberg: Wendepunkt (1945), S. 26.

34 Vgl. 100 Jahre Deutsches Theater Berlin (1983), S. 146-149. Zur »Konstruktion jüdischer Bühnenfiguren in Deutschland nach 1945« siehe auch Feinberg (2007).

Obwohl Lessings Stücke sehr häufig gespielt werden, bleibt *Nathan* aufgrund seines ethischen Impetus das bei weitem erfolgreichste Schauspiel. Ähnlich präsent sind u.a. Goethes *Iphigenie*, Schillers *Maria Stuart* sowie im Bereich der Oper Beethovens *Fidelio*. Dramen aus Sturm und Drang bzw. Romantik werden dagegen selten inszeniert,[35] sicher auch deshalb, weil sie sich durch die Fokussierung des Affektiven, Extremen und Abnormen einem kollektiv ausgerichteten Humanismus widersetzen. Der Rückgriff auf den klassischen Kanon eröffnet die Möglichkeit einer Synthese von ästhetischer Inkommensurabilität und moralischer Autonomie. So seien »die ewigen Werte des Theaters« durch den Nationalsozialismus nicht pervertiert worden, weil Autoren wie Lessing, Goethe, Schiller und Kleist »allen Versuchen, sie zu fälschen oder durch eine unangemessene Ideologie zu brechen, widerstanden« hätten.[36] Kraft solcher Resistenz scheint die Nachkriegsrezeption unproblematisch: »Shakespeare und die deutschen Klassiker werden mit neuen Zungen zu den Hörern sprechen«.[37] Dieser Vorstellung entspricht das Postulat, der Mensch sei durch Kontakt mit literarischen Ikonen immun gegen politische Verführung. »Denn«, so Wolfgang Goetz in seiner *Goethe-Rede* (1947), »wer nur *einen* Schlag dieses größten aller Herzen vernommen hat, kann unmöglich Ja zu einem Buben wie Herrn Hitler sagen«.[38] An dieser Stelle zeigt sich eine Parallele zum marxistischen Diskurs: Auch für Wolfgang Harich sind es die Klassiker-Aufführungen des Staatstheaters Berlin, die »aus dem blutigen Grauen« des Dritten Reichs »wie Brückenpfeiler« emporragen »zu unserer Zeit«.[39] Darüber hinaus betrachtet man die kanonischen Stücke als Texte, die sowohl der Geschichte angehören als auch der Gegenwart, d.h. historisch *und* modern zugleich sind. Max Reinhardt erklärt diese Duplizität 1928 aus der Allgemeingültigkeit des Klassischen, die darin bestehe, daß es sich »aus dem Geiste« einer Epoche immer »neu« »begreifen« lasse.[40] Ähnlich argumentiert nach Kriegsende Karl H. Ruppel, Schauspieldirektor des Württembergischen Staatstheaters: »Jede überzeitliche dramatische Dichtung erhält durch die jeweilige Gegenwart einen besonderen Zeitaspekt – man könnte sagen, daß alle Kunstwerke dieser höchsten Gattung einen ›Aktualitäts-Koeffizienten‹ enthalten«.[41] Philosophisch fundiert werden solche Vorstellungen 1960 von Hans-Georg Gadamer in *Wahrheit und Methode*. Dort avanciert das Klassische zur Kontrollinstanz richtigen Verstehens, weil es »unmittelbar[e] Sagkraft« besitze und keine diachrone Alterität aufweise.[42] Die damit verbundene Vorrangstellung erklärt den geringen Einsatz vieler Starregisseure für die junge deutsche Dramatik. So konstatiert Jürgen Fehling, nur die Klassiker könnten »die maß-

---

[35] Vgl. Hadamczik u.a. (1978), S. 12, 14, 39, 42.

[36] Gründgens: Wirklichkeit des Theaters, S. 157 (Theater und Presse [1947]).

[37] Steckel: Notizen zum ideellen Neuaufbau (1945), S. 33. Die Parallele zu Max Reinhardt ist evident. So heißt es in dessen Programmschrift *Über ein Theater, wie es mir vorschwebt* aus dem Jahr 1901: »Von den Klassikern her wird ein neues Leben über die Bühne kommen: Farbe und Musik und Größe und Pracht und Heiterkeit« (Schriften, S. 66).

[38] Goetz: Goethe-Rede, S. 34. Zum Goethe-Kult der frühen Nachkriegszeit und den Kontroversen um die politische Funktionalisierung des Dichters vgl. u.a. Schwab (1977), Kaes (1986), Wehner (1992). Bd. 2, S. 889-913 und Mandelkow (1998).

[39] Zit.n. Kühlken (1972), S. 16.

[40] Kahane: Tagebuch des Dramaturgen, S. 119.

[41] Ruppel: Geisteswandel im modernen Spielplan (1946), S. 66.

[42] Gadamer: Wahrheit und Methode, S. 274.

gebenden Gedanken und Bilder« als »Gesetzestafeln« an die Sinne geben.[43] Im gehobenen Breitendiskurs rechtfertigen solche Thesen neokultische Rituale, wie die anläßlich Goethes Geburtstag in einer Hamburger Kirche zelebrierte *Jedermann*-Inszenierung (29. August 1945).[44] Es hieße allerdings die historische Situation verkennen, wollte man Repertoireüberschneidungen mit dem Dritten Reich als Indiz kultureller Kontinuität werten.[45] Tatsächlich hat die starke Präsenz klassischer Dramatik in den Nachkriegsspielplänen »nichts mit einer Fortführung nationalsozialistischer Theatertraditionen zu tun, sondern ist als bewußter Affront gegen den barbarischen Mißbrauch der humanistischen Werte im Dritten Reich zu verstehen«.[46]

Mit Abstrichen gilt dies auch für die zahlreichen Boulevardkomödien, Revuen, Operetten und Schwänke, die zusammen über die Hälfte aller nachweisbaren Aufführungen ausmachen. Bereits am 27. Mai 1945 wird im Berliner Renaissance-Theater Franz Schönthans Lustspiel *Der Raub der Sabinerinnen* gespielt – die erste offiziell genehmigte Nachkriegsinszenierung. Ende August eröffnet Victor de Kowa seine »Tribüne« mit Curt Goetz' *Ingeborg*, und Anfang November hat an dem von Boleslaw Barlog gegründeten Schloßpark-Theater ein Stück desselben Autors Premiere: *Hokuspokus*. Auch Brechts *Dreigroschenoper*, die im unversehrten Hebbel-Theater unter Karlheinz Martin neuinszeniert wird (15. August 1945), erweist sich, was die Rezeption betrifft, eher als unterhaltsames Musical denn als kritisches Lehrstück.[47] Nichtsdestotrotz bleibt die Aufgabe der Komik ambivalent: Sie dient zwar dazu, Unrecht und Schuld zu verdrängen, erlaubt aber auch, den drückenden Sorgen des Alltags zu entfliehen (und fördert so den Streßabbau). Bei aller Kritik an der »Amüsierroutine« bestreiten sozialkritische Dramatiker wie Günther Weisenborn daher keineswegs die Legitimität zweckfreien Lachens: »Vergnügungsstücke« seien »zur Entspannung notwendig«.[48] Nun läßt sich die »menschenfremde Bühnenlustigkeit«[49] auf den ersten Blick durchaus als »Kontinuitätssymbol«[50] verstehen. In der Tat hat Curt Goetz schon vor Kriegsende große Erfolge gefeiert. Fast alle seine Stücke wurden gespielt, und *Dr. med. Hiob Prätorius* erreichte 1936 bei den Münchner Kammerspielen über hundert Aufführungen, »damals eine ungewöhnlich hohe Zahl«.[51] Es wäre dennoch problematisch, für die ersten Nachkriegsjahre »ein besinnungsloses Weitermachen«[52] zu konstatieren. Das Lachen im Terrorregime hat letztlich doch eine andere Qualität als das Lachen in einem zwar besetzten, aber auf Demokratie und Pluralismus hin orientierten Land. Daran ändern selbst die oft konstatierten Übereinstimmungen in Regiekonzeption und Schauspielstil nur wenig, denn auch hier müßte »die jeweilige Funktion differenzierend betrachtet werden«.[53] Ähnlich fragwürdig ist die These, die Entnazifizierung habe »nur

43 TF, S. 28 (Prominentendämmerung [1948]).
44 Vgl. Rischbieter (1983), S. 74.
45 So bei Stephan (2002), S. 55f. Vgl. hierzu die differenziertere Darstellung von Flashar (1991), S. 181-198.
46 Lange (1982), S. 10f.
47 Vgl. GBA 27, S. 232 (Journaleintrag vom 25. September 1945).
48 WT 4, S. 185 (Erneuerung des Theaters 1945).
49 Kortner: Aller Tage Abend (1959), S. 560.
50 Berg (1986), S. 494.
51 Petzet (1973), S. 364.
52 Schröder (1994a), S. 100.
53 Lange (1982), S. 15.

wenige Lücken in die Reihen der Bühnenkünstler« gerissen.[54] Bernd Balzer verweist mit Recht darauf, daß sich Schauspieler wie Horst Lommer, Tilla Durieux oder Elisabeth Flickenschildt sogar als Autoren kritischer Zeitstücke betätigen.[55] Selbst die Ebene von Regie und Intendanz besteht keineswegs nur aus »Größen von gestern«,[56] wie bereits Wigand Lange nachgewiesen hat.[57] Zudem führt nicht jede Karriere unter Hitler notwendig zu ideologischer Deformation. Nach Ansicht von Gustaf Gründgens hat vielmehr ein deutscher »Mangel an politischer Erziehung« dazu geführt, daß für die Akteure meist nur »die gute Rolle, die interessante schauspielerische Aufgabe« wichtig gewesen sei.[58] Die Kontinuitätsthese greift aber auch deshalb zu kurz, weil sie anthropologische Faktoren übersieht und psychologische Aspekte entwertet. So bildet der Fokus auf Spiel und Alltag die Basis eines Lebensoptimismus, der nicht nur ökonomische Bedeutung hat, sondern zugleich die Genese einer neuen Verantwortungsethik befördern soll (B, 2.2).

Das deutsche Nachkriegsdrama wird entgegen bisheriger Forschungsthesen auf den Bühnen durchaus gezeigt. Allein in der ersten Spielzeit 1945/46 erleben u.a. folgende Stücke ihre Uraufführung: Axel von Ambessers *Das Abgründige in Herrn Gerstenberg* (Kammerspiele Hamburg), Fred Dengers *Wir heissen Euch hoffen* (Deutsches Theater Berlin), Ilse Jungs *Wo ist der Weg?* (Deutsches Nationaltheater Weimar), Horst Langes *Der Traum von Wassilikowa* (Theater der Jugend München), Wilhelm Michael Munds *Feuersturm* (Neues Theater Simmern), Richard Pilaczeks *Das große Erwachen* (Städtisches Theater Chemnitz), Hedwig Rohdes *Ein anderes Land* (Ruhr Kammerspiele Witten-Ruhr), Günther Sauers *Signal Stalingrad* (Stadttheater Freiberg), Wolfgang Martin Schedes *Die Liebe und der Tod* (Städtische Bühnen München), Rüdiger Sybergs *Lilith* (Neues Theater München) und Helmut Weiss' *Danach* (Städtisches Schloßparktheater Berlin).[59] Ähnliches gilt für die gesamte frühe Nachkriegszeit, wobei die Mehrzahl der Schauspiele an kleineren Bühnen Premiere hat (A, 2.3).[60] Vorhanden, wenngleich nicht dominant ist auch die antifaschistische Dramatik. Schon kurz nach der Kapitulation wird in Rostock und Gera Hedda Zinners Exilstück *Caféhaus Payer* uraufgeführt, und im Hebbel-Theater spielt man abgesehen von der Premiere der *Dreigroschenoper* im Mai 1946 Brechts Lehrstücke *Die Gewehre der Frau Carrar* und *Der Ja-*

54 Schröder (1994a), S. 105.

55 Vgl. Balzer (1995b), S. 121 (mit Anm. 10).

56 Schröder (1994a), S. 105.

57 Lange (1980) kommt nach Vergleich der Bühnenjahrbücher von 1944 bis 1948 zu dem Ergebnis, »daß von den 427 [Intendanten] ungefähr 275 schon eine künstlerische Stellung vom Schauspieler aufwärts bis zum Intendanten im Dritten Reich hatten. Das sind ungefähr 65 Prozent. Ungefähr 49 oder 11 Prozent der 427 waren schon 1944 in einer Intendantenstellung, davon mindestens zehn vor und nach 1945 an demselben Theater« (S. 201).

58 GB, S. 57 (Zur Soziologie des deutschen Schauspielers [1946]).

59 Eine vollständige Liste, die den Rahmen der vorliegenden Arbeit sprengen würde, ist für die Zukunft projektiert. Vgl. die umfangreiche »Übersicht über die neuen deutschen Bühnen« der ersten Spielzeit im *Theater-Almanach 1946/1947* (S. 351-376) sowie die nicht deckungsgleiche Zusammenstellung im *Theater-Almanach 1947* (S. 461-466).

60 Vgl. u.a. die Verzeichnisse im *Theater-Almanach 1947* (S. 466-472) und im *Deutschen Bühnen-Jahrbuch* 58 [1950] (S. 33-37). Hinzu kommen regional orientierte Aufführungslisten (Hamburger Theater-Almanach 1947, S. 9, 26-28, 47-53, 59-63, 71-74, 79f., 146f.; ebd. 1948/1949, S. 57f., 69f., 74f., 84, 92f., 116; Hamburger Jahrbuch für Theater und Musik 1947-48, S. 314-321; ebd. 1950, S. 164-178; ebd. 1951, S. 178-192).

sager. Alle drei Inszenierungen werden von der Presse recht wohlwollend kommentiert – ebenso die zahlreichen Aufführungen der folgenden Jahre. Am 31. Januar 1948 schreibt *Die Welt* über die Ostberliner Premiere von *Furcht und Elend des Dritten Reiches*: »Ein volles Ja zu diesem Brecht«.[61] Selbst Exilstücke wie *Mutter Courage* und *Puntila* führt man erstaunlich häufig auf.[62] Hierbei sind zuweilen allerdings kulturgeographische Aspekte von Bedeutung: So verdankt sich die *Courage*-Inszenierung, die am 30. Mai 1946 in Konstanz Premiere hat, nicht zuletzt der Grenznähe zur Schweiz. Und noch die Aufführung bei den Münchner Kammerspielen (1950) ist ohne Exiltradition undenkbar: Brecht führt Regie, Teo Otto gestaltet das Bühnenbild, und Therese Giehse spielt wie im Pfauentheater die Titelrolle (A, 2.1). Vergleichsweise hohe Aufführungszahlen erreichen auch Friedrich Wolfs Schauspiel *Professor Mamlock*, das Anfang 1946 am Hebbel-Theater unter Karlheinz Martin seine deutsche Erstinszenierung erlebt, sowie Günther Weisenborns Widerstandsdrama *Die Illegalen*, das Ende März an gleicher Stelle uraufgeführt wird. Darüber hinaus zählt Wolfs Antikriegsstück *Die Matrosen von Cattaro* zu den ersten Produktionen, die man 1947 unter der Regie des Schauspielers Ernst Busch und der Intendanz Fritz Wistens im Theater am Schiffbauerdamm spielt, wo die neukonstituierte ›Volksbühne‹ bis zur Restauration ihres früheren Domizils untergebracht ist. Insgesamt kann die Programmgestaltung nach Wiedereröffnung der Theater zwar nicht unabhängig von externer Einflußnahme betrachtet werden, bis 1947 handelt es sich jedoch um moderate Interventionen. Erst im Zuge des Kalten Krieges werden die Direktiven verschärft (A, 1.2/1.3).

Nachhaltig präsent ist zudem das internationale Schauspiel. Herbert Ihering spricht 1947 mit Recht von einem »dramatische[n] Welttreffen« auf deutschen Bühnen.[63] Das erste moderne Theaterstück, das nach der Kapitulation gezeigt wird, ist Robert Ardreys *Leuchtfeuer*. Die über fünfhundert Aufführungen, die der Berliner Premiere am 6. November 1945 folgen, machen das Werk zu einem der meistgespielten ausländischen Dramen. In den USA bleibt der Popularitätsgrad des Stücks, das von der Bekehrung des an Mensch und Welt verzweifelnden Journalisten David Charleston handelt, wesentlich geringer. Gleiches gilt für das am 31. März 1946 unter Karl Heinz Stroux in Darmstadt erstaufgeführte Schauspiel *The Skin of our Teeth* von Thornton Wilder.[64] Mit dem Titel *Wir sind noch einmal davongekommen* entspricht es dem Lebensgefühl der Nachkriegsdeutschen und avanciert – nicht zuletzt wegen des Identifikationspotentials der Handlung (C, 4.2.1) – zu einem der einflußreichsten Theaterstücke (B, 1.2.1). Kaum weniger populär ist das 1939 in Zürich uraufgeführte Schauspiel *Unsere kleine Stadt*.[65] Zwar werden auch Dramen von Eugene O'Neill (*Trauer muß Elektra tragen*), Tennessee Williams (*Die Glasmenagerie*) und Arthur Miller (*Tod eines Handlungsreisenden*) mit großer Resonanz inszeniert,[66] die Bedeutung für das deutsche Nachkriegstheater bleibt allerdings gering. Wesentlich nachhaltiger wirken Bühnenwerke von Paul Claudel (*Der seidene Schuh*), Jean Giraudoux (*Der Trojanische Krieg findet nicht statt*) und

---

61 Zit.n. Autorenkollektiv (1973), S. 275.
62 Vgl. Hadamczik u.a. (1978), S. 13, 49.
63 Ihering: Theater der produktiven Widersprüche, S. 91 (Die ersten Begegnungen).
64 Vgl. Kaiser (1961), S. 67f., 200.
65 Zur Rezeption der Wilder-Dramatik auf deutschen Bühnen vgl. Brüning (1959), Frenz (1960, 1973), Voss (1963), Schimpf (1964) und Oppel (1977).
66 Vgl. Adam/Müller (1977), S. 160f. und Rischbieter (1983), S. 76.

Jean Anouilh (*Antigone*),[67] deren Aufführungen die 1946 gegründete französische Kulturmission in Berlin unterstützt und hinsichtlich der Regiequalität überwacht.[68] Fast ebenso häufig gespielt werden bis Ende der Dekade einige Theaterstücke Jean-Paul Sartres. Während man *Die Fliegen* vergleichsweise selten zeigt, dafür unter Leitung bedeutender Regisseure (Gründgens/Fehling),[69] erreicht das Stück *Bei geschlossenen Türen* 1949/50 hohe Aufführungszahlen. Die Dramen Albert Camus' erleben dagegen eher wenige Inszenierungen. Die Rezeption im deutschen Nachkriegstheater ist aber jeweils produktiv und vielschichtig. Meist wird der Existentialismus religiös-metaphysisch fundiert – u.a. bei Stefan Andres (B, 3.1), Rüdiger Syberberg und Egon Vietta (B, 3.2). Bezugnahmen auf das ursprüngliche Konzept zielen entweder auf Vergangenheitsbewältigung (B, 1.2.2) oder die Evokation von Perspektivlosigkeit (B, 5.2). Ab Mitte der fünfziger Jahre orientiert man sich stärker am Absurden Theater, das den Existentialismus auf deutschen Bühnen verdrängt (B, 5.1.1).

2.3 Die Diversifikation der deutschen Bühnenlandschaft

Der Mythos vom ›Schweigen des Dramas‹ basiert nicht zuletzt auf der Tatsache, daß die soziokulturellen Ordnungen, unter denen sich die dramatische Produktion nach 1945 entfaltet, bisher nur unzureichend berücksichtigt wurden. Gerade die Restrukturierung der Bühnenlandschaft bedingt Modifikationen im theatralen Feld, deren Folgen bis in die Gegenwart reichen. Sah es in den ersten Nachkriegsjahren noch aus, als könne Berlin weiterhin deutsche Theaterhauptstadt sein, so verhindert der Kalte Krieg eine entsprechende Entwicklung. Hinzu kommt, daß aufgrund geringer Schäden oder günstiger geographischer Lage schon früh Subzentren entstehen, die mit der zerstörten und zunehmend gespaltenen Metropole künstlerisch konkurrieren. 1948 heißt es hierzu in der Zeitschrift *Der Monat*:

> Bei erhöhten Anforderungen gewinnen die kleineren Provinztheater an Bedeutung. Und so haben sich neben den größeren Theaterzentren wie München, Hamburg, Stuttgart, Düsseldorf, Köln neue Kernpunkte gebildet, die Ansätze zu einer vielversprechenden Entwicklung zeigen. Bühnen wie Wuppertal oder Mönchen-Gladbach-Rheydt im Westen, Wiesbaden und Konstanz im Südwesten.[70]

Bei der Aufteilung Berlins unter den vier Besatzungsmächten erhalten die Sowjets die Stadtmitte samt Theaterzentrum (darunter das Deutsche Theater und das Theater am Schiffbauerdamm). Im amerikanischen Sektor befindet sich nur eine große Bühne, das Hebbel-Theater. Karlheinz Martin, ehedem Spielleiter und Bühnenvorstand am Schiller-Theater, eröffnet es im August 1945 mit Brechts *Dreigroschenoper*. Zuvor hatte er, von den Briten mit der Leitung des Renaissance-Theaters betraut, am 7. Juli Schnitzlers Einakter *Der grüne Kakadu* inszeniert. Von der US-Kontrollabteilung erhält Martin daraufhin die Lizenz für das Theater in der Saarlandstraße, das von ihm wieder Friedrich-Hebbel-Theater genannt wird. Dort bemüht sich der Intendant in der Folgezeit um

---

67 Vgl. B, 1.2.1/3.2/5.1.2 und C, 4.2.1.

68 Vgl. Lusset (1984), S. 109.

69 Vgl. A, 3.1.1/3.1.2.

70 Zit.n. Karasek (1973), S. 542.

moderne deutsche Dramatik. Es kommt daher schon bald zu einer Reihe Erst- und Uraufführungen – u.a. von Wolfs *Professor Mamlock*, Brechts *Die Gewehre der Frau Carrar*, Weisenborns *Die Illegalen* und Kaisers *Der Soldat Tanaka*. Auch an dem ebenfalls in Westberlin gelegenen Schiller-Theater, das seit 1951 von Boleslav Barlog geleitet wird,[71] ist das deutsche Gegenwartsstück durchaus präsent.[72] Gleichzeitig bemüht man sich – allerdings ohne größere Nachwirkungen – um die Dramatik der zwanziger und dreißiger Jahre, insbesondere Ernst Barlachs. Von ihm werden unter der Regie Hans Lietzaus vier Stücke gespielt. Das Schiller-Theater gewinnt jedoch erst 1964 durch die Uraufführung von Weiss' *Marat de Sade* an Bedeutung für die Resonanz zeitgenössischer Bühnenwerke.

Die frühe deutsche Nachkriegsdramatik wird an den wichtigen Theatern kaum inszeniert, was dazu geführt hat, ihre Existenz generell in Abrede zu stellen.[73] Den Sehgewohnheiten der Weimarer Republik folgend ist die Aufmerksamkeit der Zeitgenossen auf die großen Häuser gerichtet, während ein Gutteil der über 200 Stücke, die allein bis 1948 entstehen, an Provinzbühnen zur Uraufführung gelangt. Hieraus erklärt sich das quasi paradoxe Szenario, daß die namhaften Theater einen »Mangel« an deutschen Dramen beklagen,[74] während zugleich eine unübersehbare »Manuskript-Flut« existiert. Jene wird durch »das künstlerische Verantwortungsbewußtsein der ›geschäftstüchtigen‹ Dramaturgen« nachhaltig eingedämmt.[75] In der Tat dient die »Frage nach dem Nachwuchs der deutschen Literatur« auch der Repression von ästhetisch Mißliebigem. »Es ist zur Gewohnheit geworden«, bemerkt Alfred Kantorowicz 1947, »daß jedesmal, wenn die Frage gestellt wird, einige Stimmen junger Leute antworten: hier sind wir. Die Fragenden aber sagen: Ihr seid nicht die, die wir suchen«.[76] Solche Ablehnung ist Resultat der ›offiziellen‹ Tendenz, die erlebte Katastrophe mit verstärkter Traditionsbindung zu bewältigen. Nahezu paradigmatisch wird diese Strategie in Fritz Erpenbecks *Brief an einen jungen Dramatiker* (1947) formuliert.[77] Dort heißt es unter Berufung auf den klassisch-humanistischen Kanon:

> unsere Größten – Lessing, Schiller, Goethe, Hebbel, um ein paar Namen zu nennen – haben sich mit [...] dramaturgischen Problemen immer und immer wieder beharrlich auseinandergesetzt. Mir will es aber oft scheinen, als ob sich unsere jungen Dramatiker für so genial hielten, daß sie es nicht einmal für nötig erachteten, sich mit den theoretischen Schriften und Briefen dieser Größten auseinanderzusetzen, ja daß sie nicht einmal Freytags »Technik des Dramas« ihrer Aufmerksamkeit für würdig befinden.[78]

---

71 Angegliedert sind das Schloßpark-Theater, das schon seit 1945 unter Barlogs Intendanz steht, sowie die Werkstatt im Schiller-Theater.

72 Vgl. Barlog: Theater lebenslänglich (1990), S. 399-409, 414-420, 425f. Man führt u.a. Werke folgender Autoren auf: Leopold Ahlsen, Stefan Barcava, Ulrich Becher, Tankred Dorst, Günter Grass, Hans Henny Jahnn, Peter Lotar, Hans J. Rehfisch, Walter Erich Schäfer, Theodor Schübel, Martin Walser, Günther Weisenborn, Helmut Weiss, Carl Zuckmayer.

73 Vgl. Kapitel 2 (Der Mythos vom »Schweigen des Dramas«).

74 Hamburger Jahrbuch für Theater und Musik 1951, S. 132.

75 Lietzmann: Nach der Schubladen-Legende (1948), S. 6. Vgl. auch Italiaander: Die Bühnenschriftsteller der Gegenwart und das heutige Theater (1951), S. 138f.

76 Kantorowicz: Wo bleibt die junge deutsche Dichtung?, S. 88.

77 Nach Ansicht von Balzer (1995b) handelt es sich hier »wohl um den Chemnitzer Autor Hans Mundorff, dessen Stück 1949 unter dem Titel *Hydromin* vom Laienspielstudio der Volksbühne Sachsen zumindest geprobt wurde« (S. 126/Anm. 27).

78 Erpenbeck: Lebendiges Theater, S. 75.

Aus diesem Grund erreichen nicht-aristotelische Experimente junger Bühnenschriftsteller nur selten eine größere Öffentlichkeit. Meist enden sie am »vorsorglichen Damm«, den Dramaturgen und Chefredakteure gegen die »Monologe aus dem Chaos« errichtet haben.[79] Hier zeigt sich die Diskreditierung der Klassischen Moderne, deren Absage an tradierte Ordnungen zum Movens politischer Instabilität verkürzt wird:

> Es ist [...] kein Zufall, daß heutige junge Künstler, sofern sie überhaupt bewußt zu Gesetzmäßigkeiten (zu einem »Stil«) streben, zur Form, auf die im Grunde disziplinlose Formlosigkeit eines inhaltlich unverbindlichen »Surrealismus« verfallen, weil sie [...] eine willkommene Fluchtgelegenheit vor der wahrhaften und deshalb qualvollen Auseinandersetzung mit den menschlich-gesellschaftlichen Problemen unserer Zeit wittern. Oder auch – in seltenern Fällen –, weil sie in dieser scheingesetzlichen Form [...] all ihren weltschmerzlichen Skeptizismus, ihre pessimistische Todessehnsucht, ihre unausgegornen, dekadenten Halbphilosophien reibungslos unterbringen können.[80]

Mit nahezu identischen Formeln äußert sich Erpenbeck über Aufbau, Struktur und Gehalt des Heimkehrerstücks *Draußen vor der Tür*.[81] Daß mit Borchert schließlich doch noch die ersehnte ›Stimme der Jugend‹ hörbar wird und einen für Gattung wie Generation einzigartigen Erfolg verbucht, erklärt sich – wie Ralf Trinks herausgearbeitet hat – »zum Teil aus einer geschickt geführten ›Begleitkampagne‹«.[82] Tatsächlich ist es, wie Fritz Ernst Bettauer 1948 in seiner Artikelserie *Deutsche Autoren* bemerkt, kaum zu glauben, daß unter den von ihm eruierten »200 Stücken keine aufführungswürdigen oder brauchbaren zu finden seien«.[83] Das Angebot an qualitativ hochwertiger Dramatik aus dem Ausland erschwert die Situation zusätzlich, weil man den diesbezüglichen Nachholbedarf möglichst rasch befriedigen will. Daher wird bereits auf dem Ersten Deutschen Schriftstellerkongreß (1947) den Dramaturgen vorgeworfen, »die Werke neuer deutscher Autoren, deren es doch genug gibt, böswillig zurückzuhalten, ja nicht einmal anzusehen«.[84] Wenngleich derartige Invektiven übertrieben sein mögen, sie verweisen doch auf kulturpoetische Kontrollmechanismen, die gerade mit Blick auf das Drama stärker berücksichtigt werden müßten. Denn sie erklären die bereits erwähnte Tatsache, daß auf den großen Bühnen zunächst die Schriftsteller dominieren, deren Werke man bereits vor 1945 spielt (Weisenborn, Zuckmayer, Lange, Wolf), während junge Dramatiker wie Sauer, Denger und Jung vorwiegend an kleineren Theatern präsent sind. Balzer verweist mit Recht auf das »Problem unzureichender überregionaler Kommunikation«, wodurch eine Gesamtschau der in Deutschland veröffentlichten und uraufgeführten Dramen verhindert worden sei.[85]

Tatsächlich etabliert sich im Westen erst Mitte der fünfziger Jahren ein ›Ersatz‹ für die fehlende Hauptstadtbühne: das Deutsche Schauspielhaus Hamburg unter der Ägide von Gustaf Gründgens. Wie schon in Düsseldorf, wo der ehemalige Intendant des Berliner Staatstheaters von 1947 bis 1955 tätig ist, bestimmen auch hier Klassikeraufführ-

[79] Lietzmann: Nach der Schubladen-Legende (1948), S. 6f.
[80] Erpenbeck: Lebendiges Theater, S. 87f. (Dramaturgisches Handwerk [1947]).
[81] Vgl. ebd., S. 286-288 (Kritik vom 20. April 1948).
[82] Trinks (2002), S. 23. Vgl. auch ebd./Anm. 55.
[83] Bettauer: Deutsche Autoren: Ferner liefen... (1948), S. 13.
[84] Lietzmann: Nach der Schubladen-Legende (1948), S. 6.
[85] Balzer (1995a), S. 25. Vgl. auch die von Balzer (1995b) zusammengestellte Übersicht über die »geographische Verteilung der Zeitstückpremieren« (S. 133f.).

rungen den Spielplan (u.a. *Faust*, *Don Carlos*, *Wallenstein*). Darüber hinaus tritt Gründgens für das Primat der Schrift ein. Im sog. *Düsseldorfer Manifest* (1952) wird die »willkürliche Interpretation der Dichtung durch ungerechtfertigte Experimente« kritisiert, »die sich zwischen Werk und Zuschauer drängen«.[86] Stücke wie Dieter Waldmanns Komödie *Von Bergamo bis morgen früh*, die Performativität textbezogen inszenieren (C, 4.3), finden dagegen das Interesse des Intendanten. Die Uraufführung am 22. Dezember 1960 wird zu einem großen Erfolg, der »Ovationen« und »Sprechchöre« für den »Dichter« nach sich zieht.[87] Aber auch sonst engagiert man sich in Hamburg durchaus für zeitgenössische deutsche Autoren (Hildesheimer, Zuckmayer, Jahnn, Oelschlegel, Brecht, Lenz, Hey). Einen Schwerpunkt im Bereich der internationalen Dramatik bildet das poetische Theater T.S. Eliots. Dessen Absage an sozialökonomische Diskurse entspricht der ästhetizistischen Orientierung, die Gründgens zeitlebens bevorzugt. Ähnliches gilt für Karl Heinz Stroux, der während des Krieges ebenfalls am Berliner Staatstheater tätig ist und 1945/46 in Darmstadt Goethes *Iphigenie*, Anouilhs *Antigone* (DE) und Wilders *Our Town* (DE*) inszeniert. Bis 1948 arbeitet Stroux als Schauspieldirektor in Wiesbaden, 1955 übernimmt er die Düsseldorfer Intendanz. Seine Spielplangestaltung unterscheidet sich nicht grundlegend von der des Vorgängers. So steht das deutsche Zeitstück auch weiterhin im Schatten hochbesetzter Klassiker-Premieren, wobei sich Stroux jedoch nachhaltig für Ionesco einsetzt, dessen Drama *Les Rhinocéros* 1959 in Düsseldorf uraufgeführt wird.

Weitere Theaterschwerpunkte entwickeln sich unter der Leitung Heinz Hilperts, der 1946 in Zürich bei der Uraufführung von Zuckmayers *Des Teufels General* Regie geführt hat. Nach erfolgloser Intendanz in Frankfurt a.M. (1947/48) zieht er sich nach Konstanz zurück, das durch die Nähe zur Schweiz günstige Voraussetzungen für einen vielfältigen Bühnenbetrieb verspricht. Wie erwähnt verdankt sich die *Mutter Courage*-Inszenierung vom 30. Mai 1946 dieser kulturgeographischen Grenzlage. Das von Hilpert gegründete »Deutsche Theater« ist im Zuge der Währungsreform allerdings großen finanziellen Problemen ausgesetzt. Daher verläßt der Intendant bereits 1950 die kleine, kaum ausbaufähige Bühne und verlagert sein Projekt nach Göttingen, wo er bis 1965 in leitender Funktion tätig ist. Abgesehen von dem Physikerdrama *Das kalte Licht* hat Hilpert alle wichtigen Nachkriegsstücke Carl Zuckmayers uraufgeführt: *Barbara Blomberg* (Konstanz 1949), *Gesang im Feuerofen* (Göttingen 1950), *Ulla Winblad* (ebd. 1953) und *Die Uhr schlägt eins* (Wien 1961). Darüber hinaus beschäftigt er sich intensiv mit dem Werk Ödön von Horváths.

Das epische Theater Bertolt Brechts wird in der Bundesrepublik vor allem durch Harry Buckwitz gefördert, den Generalintendanten der Städtischen Bühnen Frankfurt a.M. (1951-1968). Sein Einsatz trägt maßgeblich dazu bei, den langwierigen Brecht-Boykott zu beenden, der nach dem 17. Juni 1953 einsetzt (A, 1.2). Gleichzeitig gelingt es Buckwitz, den Autor für die Mitarbeit an seiner Inszenierung des *Kaukasischen Kreidekreises* (1955) zu gewinnen, wodurch das Verfremdungsmodell im Westen an Einfluß und Präsenz gewinnt. Auch Fritz Kortner und Erwin Piscator führen unter Buckwitz Regie; ersterer inszeniert 1956 Frischs Drama *Graf Öderland*. Anknüpfend an die Zusammenarbeit mit Brecht in der Weimarer Republik sucht auch Erich Engel,

[86] Text des Communiqués. Zit.n. Debatte mit Gründgens (1952), S. 9. Vgl. auch A, 3.1.2.
[87] H.T.: Hinreißender Theaterabend im Deutschen Schauspielhaus.

der von 1945 bis 1947 die Münchner Kammerspiele leitet, zeitbezogenes Theater zu machen. Während der ersten Saison haben u.a. folgende Stücke Premiere: Paul Raynals *Grabmal des unbekannten Soldaten*, Giraudoux' *Der Trojanische Krieg findet nicht statt* und Max Frischs *Nun singen sie wieder*. Deutlich ist zugleich das Bemühen, dem deutschen Publikum die internationale Avantgarde zu präsentieren. Den größten Erfolg mit siebzig Aufführungen in zwei Spielzeiten kann jedoch Wolfs *Professor Mamlock* verbuchen. Im Juli 1947 geht Engel aus Ärger über Eingriffe in seine Spielplanpolitik zum Berliner Ensemble. Man bestimmt Hans Schweikart zum Nachfolger. Unter seiner Leitung (bis 1962) werden zahlreiche Stücke von Brecht und Dürrenmatt aufgeführt.[88] Innovatives Zentrum der deutschen Bühnentopographie ist das Landestheater Darmstadt unter der Intendanz Gustav Rudolf Sellners (1951-1961). Zusammen mit Egon Vietta, Claus Bremer und Franz Mertz (Dramaturgen/Bühnenbildner) entsteht hier ein ›Integraltheater‹, das postmoderne Tendenzen antizipiert (A, 3.1.3). Anders als Buckwitz und Engel verbindet Sellner mit seiner Tätigkeit kein sozialkritisches Engagement. Neben dem klassischen Repertoire (Antike, Shakespeare) stehen vor allem das poetische und absurde Drama im Vordergrund (Giraudoux, Eliot, Fry, Ionesco).[89]

Insgesamt profiliert sich das deutsche Nachkriegstheater aber eher per Klassikerrezeption als durch die Arbeit mit zeitgenössischen Autoren. Auch die Impulse, die zu konzeptionellen Neuerungen führen, stammen meist aus Inszenierungen älterer Stücke – so bei Gründgens, Sellner, Kortner und Piscator. (Ur)Aufführungen zeitgenössischer Dramatik finden dagegen oft auf Studiobühnen statt. Zu den wenigen Regisseuren, die sich (teilweise auch nach 1961) mit dem deutschen Gegenwartstheater befassen, zählen außer den genannten Hans Lietzau (Grass), Peter Palitzsch (Kipphardt, Asmodi, Walser) und Peter Zadek (Dorst, Walser). Begünstigt wird die ›rückwärtige‹ Orientierung durch den nun endgültig vollzogenen Paradigmenwechsel vom Autoren- bzw. Schauspiel- zum Regietheater. So konstatiert Wilfried Berghahn 1953 anläßlich der Berliner Festwochen: »Das neue Theater ist zur Zeit in weitaus größerem Maße eine Frage der Interpretations- und Darstellungs-Kunst als der Stücke«.[90]

Obwohl bis Anfang 1947 von seiten der SMAD kaum kulturpolitische Direktiven ausgehen (A, 1.3.1), unterscheidet sich die ostdeutsche Bühnenlandschaft deutlich von der im Westen. Theater ist hier von Beginn an auf die Großstadt Ostberlin zentriert. 1945 eröffnet der aus Moskau zurückgekehrte Gustav von Wangenheim das Deutsche Theater mit Fritz Wistens *Nathan*-Inszenierung. Ziel ist die »*Rückkehr zum Humanismus*«, der als »*Sinn der kommenden Zeiten*« Hauptaufgabe der Bühne werden soll.[91] Gleichzeitig setzt sich Wangenheim für die antifaschistische Gegenwartsdramatik ein. Schon im September, d.h. kurz nach der Lessing-Premiere, findet die Uraufführung von Julius Hays *Gerichtstag* (1943) statt – ein Stück, das im Deutschland nach Stalingrad spielt und Teile des Publikums durch die politische Appellstruktur frappiert.[92] Weitere zeitgenössische Produktionen sind Wolfs *Beaumarchais* und Rachmanows *Stürmischer Lebensabend*. Für junge Autoren richtet Wangenheim im April 1946 ein Studio ein, das mit Fred Dengers Drama *Wir heissen Euch hoffen* eröffnet wird. Wenig später insze-

88 Vgl. Petzet (1973), S. 415-434, 441-448, 603-607.
89 Vgl. Kaiser (1961), S. 112-151, 201-205.
90 Berghahn: Von den Elementen des heutigen Theaters, S. 881.
91 Jung: Spiegel der Welt: Theater (1945), S. 4.
92 Vgl. Luft: Berliner Theater, S. 12.

niert Heinrich Goertz, Dramaturg des Deutschen Theaters, an gleicher Stelle sein Heimkehrerstück *Peter Kiewe*. Die zweite große Bühne Ostberlins, das Theater am Schiffbauerdamm, wird im Januar desselben Jahres von Fritz Wisten übernommen. Der Fokus liegt trotz Vielfalt im Repertoire auf der Komödie. Darüber hinaus versucht man zukunftsoptimistische Dramatik für den Wiederaufbau fruchtbar zu machen. Die erfolgreichsten Projekte stammen aus dem Jahr 1947: Wolfs *Matrosen von Cattaro* (Regie: Ernst Busch) und Tur/Scheinins *Oberst Kusmin* (Regie: Robert Trösch).

Die Dominanz der Ostberliner Bühnen wird durch die Staatsgründung noch verstärkt. Tatsächlich finden die wichtigsten Auseinandersetzungen, Positionsbestimmungen und administrativen Eingriffe in der Hauptstadt statt. Hinzu kommt die nach 1948 sukzessiv durchgeführte Schließung bzw. Transformation der zahlreichen Privattheater in kollektive (kommunale, genossenschaftliche und staatliche) Eigentumsformen. Die Provinz bildet lediglich Subzentren aus (Dresden, Leipzig, Rostock) und ist so ›Probespielraum‹ neuer Ansätze und Perspektiven (Halle, Karl-Marx-Stadt, Potsdam, Senftenberg, Schwerin). Die Etablierung konformer Dramatik wird begünstigt durch die Tätigkeit kommunistischer Theaterkritiker wie Fritz Erpenbeck, Herbert Ihering und Paul Rilla. Mit ihrer Forderung nach gesellschaftlicher Wahrheit und politischem Engagement affirmieren sie das Konzept des sozialistischen Realismus (B, 4.1.1). Vor diesem Hintergrund dominiert auch im Osten das Regietheater. Die fünfziger Jahre sind dabei bestimmt von der Polarität zwischen Wolfgang Langhoff, der seit 1946 das Deutsche Theater leitet, und Bertolt Brecht. Während der eine in der Stanislawski-Nachfolge inszeniert, sucht der andere – zunächst gegen Widerstände – sein episches Modell zu erproben. Mit der kontrovers diskutierten Premiere der *Mutter Courage* (1949) wird das Berliner Ensemble (ab 1954 im Theater am Schiffbauerdamm) experimentelles Zentrum der DDR-Bühnen. Neben Brechts eigenen Werken finden auch Gegenwartsstücke Eingang in das Repertoire: 1953 *Katzgraben*, 1960 *Die Holländerbraut* (Strittmatter), 1961 *Frau Flinz* (Baierl). Darüber hinaus sollen sich Schauspiele vergangener Epochen durch Betonung ›aktivierender‹ Züge in Zeitstücke verwandeln. Diese Tendenz liegt sowohl in der Erbetheorie begründet als auch dem vielzitierten Mangel an ›brauchbaren‹ Gegenwartsdramen. Nichtsdestoweniger entsteht progressives Theater schon zu Beginn der fünfziger Jahre (Matusche, Strittmatter, Kipphardt), verstärkt seit Mitte der Dekade (Hacks, Müller, Lange). Nur wenige Stücke werden jedoch an größeren Bühnen uraufgeführt, nachhaltigen Erfolg erreicht keines. Eine Ausnahme bilden diejenigen Dramen von Peter Hacks, die sich thematisch noch nicht mit der sozialistischen Wirklichkeit beschäftigen. So erlebt die *Eröffnung des indischen Zeitalters* 1956 unter der Regie Ernst Kahlers am Deutschen Theater ihre DDR-Erstinszenierung. Es folgen Uraufführungen der *Schlacht bei Lobositz* (1956) und des *Müllers von Sanssouci* (1958) – jeweils in der Einstudierung Wolfgang Langhoffs. Vor allem die Arbeit am *Müller* markiert für den Regisseur eine wichtige Etappe auf dem Weg zur Integration dialektischer Komponenten in sein Theaterkonzept (A, 3.3.2). Die produktive Zusammenarbeit endet allerdings 1963 mit der Debatte um Hacks' Produktionsstück *Die Sorgen und die Macht*. Langhoff gesteht in einer »Selbstkritik« Fehler ein und wird als Intendant abberufen (A, 1.3.3). Hacks' nachfolgender Antikerekurs ist daher auch Reaktion auf die fehlende Perspektive, kritische Gegenwartsdramen theatral umsetzen zu können (B, 6.4.2). Nicht von ungefähr werden Volker Brauns *Kipper Paul Bauch* (1962-1965) und Heiner Müllers *Bau* (1965) erst Anfang der siebziger bzw. achtziger Jahre uraufgeführt.

3. Medialisierung und Performanz

3.1 Integrales Theater: Sinnstiftung im ›Spiel aller möglichen Fälle‹

Das deutsche Theater der Nachkriegszeit gilt der einschlägigen Forschung als konservativ und weitgehend anti-modern. Im kulturpolitischen Bereich werde das Subventionstheater als Malrauxscher »musée imaginaire« restauriert; im künstlerischen Bereich dominiere – abgesehen von Kortner, Piscator und Brecht – ein unpolitischer Humanismus, der sich zuweilen durch abstrakte Choreographie den Anstrich des Innovativen gebe. Ursache dieser Negativbilanz sei der Bruch mit den Traditionen der Weimarer Republik. Hans Dieter Schäfer, Frank Trommler und Stefan Scherer vertreten vor diesem Hintergrund sogar die These einer internationalen ›Restauration‹ zwischen 1930 und 1960.[1] Mit Blick auf das Integralmodell läßt sich jedoch zeigen, daß die Absage an einzelne Theoreme der klassischen Moderne nicht nur regressive Züge tragen muß. Mit anderen Worten: Es gibt diskursive Verschiebungen von Innovation, durch die bestimmte Epochen wenigstens »janusköpfig« erscheinen.[2]

Tatsächlich basiert das Integraltheater auf einem kulturanthropologischen Konzept, das nach der »Niederlage aller ideologischen Aktionen«[3] dem freien Spiel nochmals sinnstiftende Bedeutung zuspricht. Hierbei gewinnt die Intermedialität, vor allem jene zwischen Drama und Theater, eine neue Dimension, denn sie kompensiert die fundamentale Skepsis gegenüber gesellschaftlichen Optimierungsmodellen. So schreibt der Dramatiker Rüdiger Syberberg bereits 1946 mit Blick auf Theaterautoren der Zwischenkriegszeit wie Kaiser, Toller und Brecht: »Stürzte man sich damals mit Idealismus in allerlei große soziale oder kulturelle Utopien, [...] so steht heute der Mensch in schrecklicher Nacktheit einer nicht minder entblößten Welt gegenüber«.[4] Und noch 1961 konstatiert der Dramatiker Richard Hey:

> selbst wenn das Theater je gesellschaftskritische Aufgaben gehabt hätte: heute wäre es damit vorbei. Gut und Böse ist mit den Mitteln der Gesellschaftskritik nicht mehr zu lokalisieren, die Entlarvungen sind überflüssig geworden, da alles längst entlarvt ist, was zu entlarven war: die Bürger, die Generäle, die Arbeiter, die Sprache, die Wissenschaft, sogar die Kunst. Wir wissen, hinter Plüsch lauern ebenso wie hinter Nylon die Triebe, und Ausbeutung, Lüge, Unrecht ist in allen Klassen zu finden (WA, 4).

Diesem Befund tritt nun ein Theatermodell entgegen, das den Sinnverlust anerkennt, zugleich aber intermedial aufzuheben versucht, wobei sich drei Erscheinungsformen unterscheiden lassen: das *systemische*, das *architektonische* und das *dramaturgische* Integral.

---

1 Vgl. Kapitel 2 (Der Mythos vom »Schweigen des Dramas«).
2 Vgl. den von Georg Bollenbeck und Gerhard Kaiser edierten Sammelband *Die janusköpfigen 50er Jahre. Kulturelle Moderne und bildungsbürgerliche Semantik* (2000).
3 Vietta: Die tragische Gestrigkeit des heutigen Theaters (1951/52), S. 140.
4 Syberberg: Der Mensch im Spiegel des Dramas (1946), S. 47.

Mit Blick auf das systemische Integral könnte man von institutionsästhetischer Intermedialität sprechen, denn nicht mehr das einzelne Schauspiel vermag Totalität zu stiften, sondern nur noch die Bühne mit ihrer pluralen Ausrichtung. Auf ihr findet das ›Spiel aller möglichen Fälle‹[5] statt, d.h. sie ist »Forum« für die »verschiedenen Auffassungen vom Drama«.[6] Dies erklärt, weshalb im Theaterbereich schneller Anschluß an moderne Tendenzen gefunden wird als in Architektur oder Film. Schon 1947 fordert der Hamburger Theaterkritiker Rudolf Stobbe, das ausländische Drama müsse »in seiner ganzen Vielfalt auf den deutschen Bühnen [...] erscheinen«, selbst wenn es »ein Weltbild vertritt, was durchaus den Gegenpol dessen darstellt, was wir in Deutschland benötigen«.[7] Und auch Harry Buckwitz, bedeutendster Brecht-Regisseur der jungen Bundesrepublik, betont Anfang der sechziger Jahre, daß auf dem Theater jede ideologische Festlegung vermieden werden müsse, solange »Wesen« und »Sinn« der »Schaukämpfe unseres Lebens« nicht »definiert« seien (SF, 3). Hier liegt der eigentliche Unterschied zum Theaterverständnis des Berliner Ensembles, das mit seiner politischen Profilbildung Traditionen der Weimarer Republik fortführt. Im Westen steht man dem Theater der klassischen Moderne dagegen skeptisch gegenüber. Piscators multimediale Agitation laufe sich in einer Epoche leer, die keine Sozialutopien mehr habe. Auch Max Reinhardts Versuch, das Publikum durch Einsatz sämtlicher Theatermittel zu ›verzaubern‹, lasse sich angesichts der Greuel des Zweiten Weltkriegs nicht mehr aufgreifen. Allein Leopold Jeßners expressionistisches Theater wird von Jürgen Fehling kurzzeitig aktualisiert – u.a. in der Berliner Inszenierung von Sartres *Fliegen* (1948), die man aufgrund der Pathosschwere scherzhaft als »Die Brummer« bezeichnet (A, 3.1.1). Aber selbst Fehling favorisiert wie die meisten Vertreter der westdeutschen Regie-Avantgarde eine offene Spielplan- und Inszenierungspolitik, d.h. man setzt zumindest ansatzweise das Konzept um, dem Publikum möglichst viele theatrale Erscheinungsformen zu präsentieren. So will Oscar Fritz Schuh, 1953 bis 1959 Intendant des Theaters am Kurfürstendamm, wie Picasso alle Konzepte der Moderne »zur Diskussion und gleichzeitig in Frage« stellen.[8] Das Programm ist entsprechend vielfältig: Von Sophokles bis Pirandello, von Schiller bis O'Neill. Ähnliches gilt für Heinrich Koch (Hamburg/Frankfurt a.M.), Hans Schalla (Bochum) und Karl-Heinz Stroux (Düsseldorf). Letzterer setzt sich sogar trotz ideologischer Divergenzen für Kipphardts Übersiedlung in die Bundesrepublik ein (KS, 149-153). Auch Gustav Rudolf Sellner inszeniert am Darmstädter Landestheater große Teile der internationalen Avantgarde, u.a. 1958 die Uraufführung von Ionescos *Mörder ohne Bezahlung*.

Hinter solcher Regiepolitik steht die Vorstellung, daß sich die Nachkriegswirklichkeit eindimensionaler Profilbildung entzieht. Es bedarf daher mathematisch betrachtet eines Verfahrens, das der funktionalen Komplexität (Bedeutungs- und Stilvielfalt) gerecht wird, zugleich aber durch Summenbildung einen neuen Sinnhorizont schafft. Das so hergestellte ›Integral‹ ist also notwendig, weil die Gattung ›Drama‹ – oder mathematisch gesprochen: die Funktion ›Drama‹ – sich als so komplex, d.h. krummlinig erweist, daß ihr sinnstiftendes Potential nur mehr in der nächsthöheren Dimension

5 Dürrenmatt spricht in seinem Aufsatz *Theaterprobleme* (1955) von einer »Dramaturgie [...] aller möglichen Fälle« (Theater-Schriften und Reden, S. 102).

6 WA, S. 3f. (Hans-Joachim Haecker).

7 Stobbe: Europäisches Theater – deutsche Situation (1947), S. 114.

8 Darmstädter Gespräch »Theater« (1955), S. 251.

bestimmt werden kann: dem Theater (mathematisch gesprochen der Flächeninhalt). Dies betrifft (1) das Einzelstück und (2) die Gesamtheit aller Schauspiele. Schon 1948 konstatiert der Regisseur Hannes Razum: »Nicht eine einzelne Aufführung kann den Sinn eines Kunstwerks erschöpfen, erst eine Vielzahl von solchen, zusammengesehen, erschließt ihn – wie sich der Reichtum des Lichts in der Brechung der Farben erst ganz offenbart«.[9] Neun Jahre später beschreibt der Dramatiker Hans-Joachim Haecker den zweiten Aspekt des Phänomens in einer Umfrage zur Wiedereröffnung des Mannheimer Nationaltheaters:

> Es gibt heute eine Vielzahl von Wegschildern, die das Drama unsrer Tage in eine bestimmte Richtung zu weisen versuchen [...]. Da heißt es: Das Theater sei seinem Ursprung und Wesen nach kultisches Theater; oder: das Theater sei moralische Anstalt; oder: es sei Spiegelbild der realen Wirklichkeit; oder: es sei Aufruf zu politischer Aktion; oder: es sei einfach Schauplatz des freien Spiels der Phantasie; oder schließlich: das Theater sei der Ort der Auslotung der Existenz. Jede dieser Thesen läßt sich in Frage stellen.[10]

Dadurch verlieren sie aber nicht an Berechtigung. D.h. »wenn die Dramen selbst auch einander widersprechen«, so Haecker 1961, dann bleibt das Theater als ›nächsthöhere Dimension‹ einziges Medium, mit dem sich in der Nachkriegsmoderne Totalität retablieren läßt. Nur auf der Bühne »dürfen« wir nämlich »gemeinsam teilhaben« an dem »Gärungsprozeß unserer Zeit«. Die damit verbundene ›Demokratisierung‹ der Narrative soll zugleich ein postideologisches Zeitalter einläuten, denn für Haecker scheint evident, daß die Autoren der Zukunft »nicht zu einheitlicher Aktion in der Welt aufrufen« können (WA, 3).[11]

Das systemische Integral ist eingebunden in den Restaurationsprozeß des deutschen Bühnensystems. Jener wird administrativ bestimmt durch Direktiven der Besatzer bzw. zuständiger Regierungsstellen, diskursiv erweist er sich jedoch als Ausdruck einer spezifisch deutschen Kulturpoetik, die zwar noch vor der Folie idealistischer Bildungsmodelle operiert, gleichzeitig aber auf Sinnpluralität ausgerichtet ist. Die politischen Vorgaben der Westalliierten zielen in erster Linie auf Dezentralisierung; an eine Neuorganisation der Theaterstruktur wird kaum ernsthaft gedacht.[12] Um das staatliche Einflußpotential zu reduzieren, fördert man die Errichtung von Privatbühnen. Statt Monopolbildung soll sich ein freier Wettbewerb (*free competition*) etablieren, der aus sich heraus für Chancengleichheit (*equal opportunity*) sorge und damit zur Qualitätssteigerung beitrage. Darüber hinaus beabsichtigt man, die Schauspieler sämtlicher Berliner Bühnen zu einer kartellartigen Gruppe von *pool artists* zusammenzuschließen, damit sie nach Bedarf eingesetzt werden können. Der Versuch, wie in den USA Prinzipien der Marktwirtschaft auf den Theaterbereich zu übertragen, ist allerdings in mehrfacher Hinsicht unterminiert: *ökonomisch* durch die massive Besteuerung,[13] *kulturpolitisch* durch das *reeducation*-Programm (A, 1.2) sowie *institutionell* durch die nach der Währungs-

---

9 Razum: Theater in der Krisis, S. 17.

10 Der Sinn des Theaters (1957), S. 57.

11 Zu ›integralen‹ Tendenzen der Dramatik vgl. B, 6.3.2 und C, 4.3.

12 Vgl. Lange (1980), S. 215.

13 Noch 1948 moniert Hanns Walther Sattler, Vizepräsident des Deutschen Bühnenvereins, die Höhe staatlicher Forderungen: 40% Vergnügungssteuer, 3.75% Umsatzsteuer und (bei Gewinn) 90% Einkommenssteuer (vgl. Das deutsche Privattheater, S. 68f.).

reform notwendig gewordene Wiederherstellung des Subventionsmodells.[14] Dabei werden die Bühnen den Ländern und Kommunen unterstellt, nachdem der Wiederaufbau entsprechender Verwaltungsapparate abgeschlossen ist. Solche Anknüpfung an das Weimarer System erklärt sich nicht zuletzt aus dessen internationaler Reputation. Bereits im Januar 1946 lobt ein Vertreter der amerikanischen Militärregierung »die Gestaltung des deutschen Theater- und Musikwesens, wie sie vor 1933 bestand und in der ganzen Welt bekannt war als eine Kulturleistung von höchster Qualität, die eine freie Bühne sicherte, obwohl weithin und vorwiegend der Staat die Gestaltung des Theaterwesens in der Hand hatte. Wenn man es so regeln wolle, wie es vor 1933 war, so sei es gut«.[15] Die Finanzierung der Opern- und Schauspielhäuser ist daher an das Gewähren öffentlicher Zuschüsse gebunden, die in den späten vierziger Jahren enorm ansteigen – sowohl in absoluten Zahlen als auch hinsichtlich des prozentualen Anteils am Gesamtetat.[16] Statt privater Provisorien dominieren nun staatliche Einrichtungen, der ›Probespielmodus‹ der ersten Nachkriegsjahre (A, 2.2) ist institutionalisiert. Mit Gründung der Bundesrepublik werden in Großstadt wie Provinz nicht nur umfangreiche Restaurierungsarbeiten begonnen, sondern auch aufwendige Neubauprojekte verwirklicht. Schon im Winter 1955/56 existieren in 70 westdeutschen Gemeinden 121 öffentliche Bühnen mit einer Kapazität von 82.602 Plätzen, die mehr als 18 Millionen Zuschauer nutzen (davon ca. fünfzig Prozent im Schauspielbereich). Bis Anfang der sechziger Jahre erhöht sich die Zahl der Staats-, Landes- und Stadttheater auf 147. Das entsprechend vergrößerte Platzangebot wird von 20 Millionen Besuchern in Anspruch genommen; die Subventionen steigen auf über 227 Millionen DM.[17]

Durch die Einrichtung des Subventionssystems gewinnen die Bühnen an Autonomie gegenüber dem Publikumsgeschmack, befinden sich dafür jedoch in partieller Abhängigkeit von öffentlichen Einrichtungen: »Leistung und Gesamtbudget der Theater unterliegen bereits einer z.T. intensiven Überwachung durch die an jedem Theater bestehenden Verwaltungsausschüsse, durch die Presse und die Stadt- oder Landesverwaltung, die die Zuschüsse gibt«.[18] Der Konflikt zwischen der Dispositionsfreiheit des Intendanten und staatlicher Einflußnahme und Bürokratisierung erklärt nicht zuletzt Harry Buckwitz' Wechsel von den Münchner Kammerspielen an die Städtischen Bühnen Frankfurt a.M. (1951). Denn anders als Gründgens, der nach langem Insistieren relative Eigenständigkeit erreicht und nur mehr dem Bürgermeister für die Einhaltung des Etats verantwortlich ist,[19] wird Buckwitz' Arbeit durch Interventionen aus dem Münchner Stadtrat nachhaltig beeinträchtigt. Dabei tut sich nach der schweren Erkrankung des ›Theaterzaren‹ Hans Ludwig Held insbesondere Stadtrat Rudolf Bößl hervor, der mit kameralistischen Quisquilien (Reinigungskosten entliehener Faschingskostüme, Klau-

---

14 Den meisten Zimmer- und Wanderbühnen wird mit der Geldumstellung die Existenzgrundlage entzogen. Zuvor konnten sie einen Großteil des privaten Geldüberhangs verbuchen.

15 Protokoll der Besprechung vom 29. Januar 1946 des Generalsekretariats des Länderrats, Villa Reitzenstein (Stuttgart). In: Bundesarchiv Koblenz. Akte Z1/1040, Bl. 202.

16 Vgl. Wezel (1964), S. 136.

17 Vergleichende Theater-Statistik 1949-1974, S. 17 (Tab. 1a/1b), 19 (Tab. 2), 23 (Tab. 5).

18 Becker/Kluge (1961), S. 158.

19 Gründgens ist ab 1951 erster Intendant, erster Regisseur, erster Schauspieler und verantwortlicher Geschäftsführer der nach eigenen Vorstellungen konzipierten Düsseldorfer Schauspielhaus GmbH (vgl. GB, S. 223-225 [Abdruck des Vertragstextes]).

seln von Büffet-Pachtverträgen etc.) die Transformation des Bühnenbetriebs in ein Planungsinstitut betreibt.[20]

Die Abhängigkeit von politischen Direktiven stellt jedoch keineswegs für alle Zeitgenossen das Grundübel des modernen Theaters dar.[21] Kritik wird vielmehr am Ausbau des amerikanischen Free-Enterprise-Modells geäußert. So wenden sich Vertreter der Genossenschaft Deutscher Bühnen-Angehöriger (GDBA) 1949 dagegen, »das deutsche *Kulturtheater und die Kulturorchester* als einen *unzeitgemäßen Luxus*« anzusehen.[22] Auch Adorno bezeichnet die Tendenz zu ästhetischer Standardisierung anläßlich des *Darmstädter Gesprächs* 1955 als »Verwandlung der Kultur in Coca-Cola«. Manipulationen gingen »gerade nicht von den staatlichen Stellen« aus, »die die Theater subventionieren«, sondern von den Massenmedien, d.h. »den Mächten, die hinter den illustrierten Zeitungen und allen möglichen anderen Institutionen dieses Typus stehen«. Vor diesem Hintergrund erscheint die »öffentliche Hand« sogar als letzte Instanz, die in der spätkapitalistischen Moderne eine weitgehend autonome Kunstproduktion erlaubt, da sie »dem einen Schlupfwinkel bietet, was sonst durch die Machtapparatur der Kulturindustrie sich überhaupt gar nicht mehr an das Licht wagen kann«.[23] Im Unterschied zum französischen, britischen und amerikanischen Theater mit den Bühnenmetropolen Paris, London, New York ist das Theater der Bundesrepublik daher nicht kritisches Medium einer gesellschaftlich dominanten Kulturschicht. Der öffentlich geförderte Pluralismus bildet vielmehr die Grundlage postidealistischer Identitätsbildung. Im Zentrum steht die Fortschreibung des anthropologischen Diskurses mit Blick auf höchste Kulturleistungen, die sich kraft zeitloser Aktualität zu einem für die Zukunft offenen Kanon formieren. Aus diesem Grund greift zu kurz, wer hierin nur eine »wenig« veränderte Fortsetzung der »Subventionsgebarung des Nationalsozialismus« sieht.[24]

Der Unterschied zwischen systemischem Integral und staatlich subventionierter Programmvielfalt läßt sich allerdings ebenso so deutlich konturieren: Während die administrative Ebene am Ideal des durch Kunst harmonisch gebildeten Menschen festhält (d.h. Identität entsteht als gesichertes Anderes jenseits ästhetischer Polyvalenz), ist die Subjektkonstitution für große Teile der westdeutschen Theateravantgarde (Sellner, Bremer, Koch, Schalla, Stroux, Schuh) kein organischer Prozeß mehr. Der Mensch kann sich nur noch als Integral der ihm präsentierten ›Funktionsmöglichkeiten‹ bestimmen. Auf diese Weise läßt sich das idealistische Modell des im zwecklosen Spiel beglückten Individuums aktualisieren, wobei selbst die Perversion zum Negativausweis des Humanen wird. Nicht die Politisierung der sechziger Jahre beendet daher die Gültigkeit bürgerlicher Lebensmodelle; deren Nachkriegsrenaissance ist bereits eine gebrochene, denn Hintergrund bleibt die Genese von Ordnung wider besseres Wissen.

Mit Etablierung des Subventionssystems gewinnt auch die Theaterarchitektur an Bedeutung: Schon im September 1948 wird das ehemalige Schauspielhaus Dresden als Staatstheater in Betrieb genommen, zwei Jahre später das Laves-Theater in Hannover

---

20 Vgl. Meinungsstreit um die Unabhängigkeit der Kammerspiele (1951), S. 4.

21 Zu den prominenten Gegnern zählen Gustaf Gründgens (A, 3.1.2) und Egon Vietta (C, 4.3).

22 Wüllner: Kulturdemontage durch Reprivatisierung?, S. 132.

23 Darmstädter Gespräch »Theater« (1955), S. 195f. Auch Karl Korn kritisiert 1953 Negativentwicklungen der *Kulturfabrik*.

24 Bahn (1972), S. 26.

und 1951 das Nationaltheater Weimar.[25] Allein auf dem Gebiet von SBZ/DDR sind bis Ende der vierziger Jahre nahezu dreißig Theater restauriert, von denen meist nur die Fassade unversehrt blieb. Anders als im Westen dominiert hier jedoch die historisch exakte Rekonstruktion: Trotz politischer Neuorientierung bleibt die Ostberliner Volksbühne ein Rangtheater mit Mittelloge, und auch die Staatsoper ›Unter den Linden‹ behält ihre luxuriöse Innenausstattung.[26] Wegen der hohen Theaterdichte in Deutschland sind die meisten der nach 1950 geplanten und gebauten Bühnen kleinere oder mittlere Häuser des sog. ›gemischten Betriebs‹, d.h. alle Gattungen (Oper, Operette, Schauspiel, Ballett) werden in demselben Gebäude präsentiert.[27] Folgerichtig bleibt die traditionelle Grundstruktur der Theater – Guckkastenbühne mit Orchestergraben, Rang- und Logenkonstruktion – weitgehend erhalten. Dies bedeutet allerdings, daß außer im musikalischen Bereich alle Aufführungen zum Kompromiß werden. Denn der *musée imaginaire* bedarf ›integraler‹ Architektur, um für jedes Genre bzw. Modell möglichst adäquate Rahmenbedingungen gewährleisten zu können.

Statt radikaler Modernisierung steht deshalb Detailmodifikation im Vordergrund. Vor allem in der Bundesrepublik zeigt man sich bemüht, die seit dem Barock dominante Trennung von Akteur und Zuschauer aufzuweichen und die Rampe so zu gestalten, daß sie auch mit Dekoration versehen werden kann. Tatsächlich stellt der konsequente Einbezug der Vorbühne eine wesentliche Innovation des deutschen Nachkriegstheaters dar. Als Prototyp dient das im September 1953 fertiggestellte Schauspielhaus Bochum, der erste Theaterbau des Architekten Gerhard Graubner.[28] Dort ist der Vorhang konvex gewölbt und *vor* den klein dimensionierten Orchestergraben verlegt.

Abb. 5: Blick in den Zuschauerraum des Bochumer Schauspielhauses

25 Vgl. Schubert (1971), S. 93-95 und Pausch (1974), S. 177.
26 Vgl. Daiber (1976), S. 184f.
27 Der erste Einspartenbetrieb, das Stuttgarter Schauspielhaus, wird im Oktober 1962 eröffnet.
28 Vgl. Graubner (1968), S. 50-55.

Solche Neuerungen kommen episierenden Tendenzen entgegen, aber auch dem systemischen Integral. Denn das westdeutsche Theater ist weder Experimentierstudio noch Propagandamedium, sondern Ort repräsentativer Sinnstiftung. Die Dekonstruktion der Guckkastenbühne erscheint daher abgesehen von spielpraktischen Erwägungen als letzte Möglichkeit, Hegels Forderung nach Totalität zumindest architektonisch zu verwirklichen. Aus diesem Grund wird auch die Raumordnung ›demokratisiert‹: Der moderne Stahlbau erlaubt freitragende Ränge, wodurch die hierarchische Struktur des Zuschauerraums in eine egalitäre überführt wird. So entwickeln die Architekten Voelker und Grosse für das Berliner Schiller-Theater 1948 ein *integrativ* ausgerichtetes Modell. Der Repräsentationscharakter bleibt erhalten, aber in dem großen, ungeteilten Raum existieren bis auf einen breiten Balkon keine bevorzugten Sitzplätze mehr. *Kontrastiv* verfährt man dagegen bei den Städtischen Bühnen Münster, deren klassizistische Fassade (Romberger Hof) vor dem Foyer wie eine Freiplastik aufragt, während der Neubau (Zuschauerhaus) diagonal gestellt ist und als gläsernes Oval ohne Tragestützen zum modernen Gegenpol avanciert.[29]

Abb. 6: Foyer der Städtischen Bühnen Münster

Im Unterschied zu den USA setzt sich die Arenabühne hierzulande kaum durch. Man bezieht sich statt dessen auf das von Walter Gropius und Erwin Piscator 1927 skizzierte ›Totaltheater‹, das mit geringem Aufwand die Umsetzung verschiedener Dramentypen erlaubt.[30] Der vieldiskutierte Entwurf von André Perottet von Laban und Erwin Stoeck-

---

29 Vgl. Feldhammer (1999), S. 122-124. Es handelt sich hierbei um den Entwurf eines jungen Architektenteams (Harald Deilmann, Max von Hausen, Ortwin Rave und Werner Ruhnau), das sich 1953 aus Protest gegen die schwachen Wettbewerbsentwürfe zusammengeschlossen hat. Siehe hierzu Henze (1955), S. 135-137.

30 Vgl. Woll (1984), S. 109-149.

lin für die Städtische Bühne Krefeld (1951) zielt in diese Richtung, aber auch bei der zwei Jahre später initiierten Ausschreibung am Stadttheater Basel werden Vorschläge eingereicht, die das Portal variabel halten, um zwischen Guckkasten und Raummodell wechseln zu können.[31]

Derartige Theatralitätskonzepte sind weitgehend referentiell ausgerichtet, denn sie entsprechen einem Stilbegriff, für den Werkgerechtigkeit zentral ist. Das jeweilige Drama soll in der ihm gemäßen Bühnenform gespielt werden. Durch die Flexibilität der Konstruktion stehen zudem Möglichkeiten offen, um auf neue Entwicklungen in der Dramaturgie reagieren zu können. Die geforderte Kongruenz zwischen innerem und äußerem Kommunikationssystem (Stück, Inszenierung, Architektur) hält jedoch an der Idee performativer Universalität fest und ist damit für ›postdramatische‹[32] Tendenzen weniger geeignet. Denn das Überspielen der Rampe funktioniert nur bei Werken, die noch als ›Theaterstück‹ entworfen sind, d.h. die Trennung, die sie voraussetzen, suspendieren wollen. Eine historisch jüngere Entwicklung besteht in der Anlage von Räumen, die durch Technik kaum festgelegt sind. R. von Dobloff entwirft 1958 ein solches »Freies Theater«, Werner Ruhnau 1959/60 ein ähnlich konzipiertes »Mobiles Theater«. In beiden Fällen orientieren sich die Architekten am Aufbau von Fernsehstudios: Ein großer Saal wird so eingerichtet, daß die gesamte Apparatur in der Decke untergebracht ist und der Grundriß veränderlich bleibt. Pro praxi bedeutet dies meist den Bau eines sog. ›Kleinen Hauses‹, das als Ergänzung zum Mehrspartenbetrieb wie in Düsseldorf Studiocharakter behält. Der Raum läßt sich hier in eine Arenabühne verwandeln, indem die vorderen Parkettreihen verschoben und seitlich des freigelegten Mittelpodests angeordnet werden.[33]

Abb. 7: Studio des Düsseldorfer Schauspielhauses: Zuschauerraum und Bühne

31 Vgl. Schubert (1971), S. 17f.
32 Vgl. Lehmann (^{2}2001), S. 20-24.
33 Vgl. Schubert (1971), S. 18f., 168-170. Darüber hinaus existieren im Nachkriegsdeutschland noch zwei weitere Theater mit variablen Bühnenformen: der Mehrzwecksaal der Berliner Akademie der Künste und das ›Kleine Haus‹ in Mannheim.

Die beschriebene Kompromißbildung wird von einigen Dramatikern jedoch kritisch gesehen. Schon früh zweifelt man an der Möglichkeit, mit Hilfe des ›gemischten Betriebs‹ die erwünschte Retheatralisierung verwirklichen zu können. Frank Thiess plädiert daher 1951 für Experimentierbühnen, von denen er sich ein Aufbrechen konventioneller Spielweisen verspricht: Das Zimmertheater »holt den Zuschauer aus seiner snobistischen Isolierung, es preßt ihn gleichsam in das Stück hinein, es zwingt ihn durch die fehlende Rampe und das die Dekoration ersetzende Wort zu einer Teilnahme, die zugleich verborgenes Mitschaffen ist«.[34] Noch schärfer argumentiert Egon Vietta, wenn er 1955 fordert, das Theater müsse sich der musealen Dienste verweigern und »*in die Katakomben steigen*«.[35] Unterstützung finden solche Vorstellungen bei Gustav Rudolf Sellner, der mit der Darmstädter Orangerie bewußt eine Behelfsbühne wählt,[36] um dort zwischen 1951 und 1960 avantgardistische Darstellungsweisen zu erproben (A, 3.1.3). Die nachfolgende Dekade verzichtet schließlich auf jede Form integraler Performanz. Nicht von ungefähr steht am Ende des Berliner Kolloquiums »Theater für morgen«, das 1965 unter Leitung von Fritz Bornemann, Rolf Gutbrod und Henning Rischbieter stattfindet, die Absage an architektonische Idealformen.[37]

Während das systemische Integral darauf abzielt, die Vielfalt der Interpretationen und Konzepte im Theater zu neuer Einheit zu verbinden, folgt das dramaturgische derselben Strategie auf regieästhetischer Ebene. Auch hier möchte man einen Modus finden, der den ›Zerfall der großen Erzählungen‹ zugleich anerkennt und ausgleicht. Dies geschieht dadurch, daß Inszenierungskonzepte entwickelt werden, die das Nebeneinander möglicher Textperspektiven theatral umsetzen. Denn erst die Zusammenschau des Divergenten ermöglicht die Genese einer Totalität, die dem als postideologisch empfundenen Gegenwartsstatus entspricht. Für die Regiepraxis bedeutet dies: (1) Fortschreibung der spezifisch deutschen Trennung von Höhenkamm- und Trivialliteratur, (2) Reduktion des Dekors auf symbolische Essenz bei gleichzeitiger Aufwertung von Körper und Sprache, (3) Verzicht auf naturalistische Mimesis, der jedoch im Unterschied zu früheren Modellen (Granville-Barker, Copeau, Meyerhold) meist mit dem Postulat der Werktreue assoziiert ist.

Die genannten Schwerpunkte verweisen auf die bereits in Zürich geforderte Absetzung von Traditionen der Weimarer Republik und des Nationalsozialismus. So habe sich der »chaotische Grundzug des expressionistischen Starts« bis 1933 erhalten, denn »Anarchie und Romantik des Asozialen« seien schon die »zugkräftigsten Elemente des durch und durch politisierten Theaterlebens von Berlin« gewesen.[38] Die »völlige Sprengung«[39] ästhetischer Formen erscheint hier als Katalysator der totalen Suspension des Humanen. Tertium comparationis ist die »Sucht nach Originalität«,[40] die jeden ethischen Fundaments entbehre und der »Degradierung des Menschen zum Material«[41]

---

34 Thiess: Hat das Zimmertheater eine Zukunft?, S. 3. Ähnliche Thesen vertritt Ferdinand Kriwet (vgl. Möglichkeiten des Theaters [1959/60], S. 156).

35 Vietta: Katastrophe oder Wende des deutschen Theaters, S. 220.

36 Vgl. Köhler: Der Umbau der Orangerie (1952/53), S. 129-131.

37 Vgl. Daiber (1976), S. 195.

38 Lindtberg: Wendepunkt (1945), S. 25.

39 Hirschfeld: Dramaturgische Bilanz (1945), S. 14.

40 Steckel: Notizen zum ideellen Neuaufbau (1945), S. 30.

41 Otto: Gedanken (1945), S. 21.

Vorschub geleistet habe. Das »Theater der zertretenen Individualitäten« von Piscator und Brecht erweise sich als Scheinblüte, denn auch nach Hitlers Machtergreifung werde »unmenschliche[s] Theater« gespielt: »mit schwingendem Pathos, übergreifender und daher hohler Geste, einem sinnlosen Prunk der Dekorationen«.[42] Vor diesem Hintergrund weicht der Anspruch auf sozialkritisches Engagement einer Orientierung an »Bildern und Gleichnissen«,[43] die es erlaubt, ästhetisch plural zu sein, ohne wie das »unentschiedene Zeitalter der vorfaschistischen Jahre«[44] die Gefahr einer politisch-moralischen Katastrophe heraufzubeschwören. Die »Entrealisierung der Bühne«[45] im Integraltheater läßt sich mit dem Begriff »Verdrängung«[46] deshalb nicht zureichend erklären.

3.1.1 Statuarische Expression (Fehling)

Trotz des Versuchs, durch »Überwindung des illusionistischen Bühnenbildes«[47] ästhetische Inkommensurabilität zu inszenieren und damit beherrschbar zu machen, unterscheiden sich die einzelnen Spielarten des dramaturgischen Integrals nachhaltig voneinander. Im Unterschied zu Gründgens, Sellner und Koch favorisiert Jürgen Fehling einen expressiven Darstellungsmodus: Das in kritischem Rückgriff auf Jeßner entwickelte ›pathetische Theater‹[48] stellt der Vieldeutigkeit der Schrift das »vieldeutige Primat des Menschen«[49] gegenüber. D.h. Subjektivität kann nach 1945 nur mehr integral restituiert werden, als Panorama sämtlicher Verhaltensweisen (selbst wenn dabei logische Brüche auftreten). Dieser Facettenreichtum läßt sich jedoch nicht in der von Oberflächenevidenz verzerrten Alltagswelt beobachten; dazu bedarf es existentieller Erlebnisse. Mit anderen Worten: Es ist die Extremsituation, die das Individuum in seiner Unberechenbarkeit zeigt, gerade dadurch aber eine Identitätsbildung ermöglicht, die auch nach dem Ende der Ideologien noch Bestand hat. Nur aus dieser Perspektive kann die Bühne »das sinnvolle Leben« sein, obwohl »das sinnlose« ihr »ewige[s] Thema« ist.[50] Die Entwicklung neuer Welterklärungsmodelle bleibt indes ausgeschlossen: »Heute ist schärfstes Mißtrauen vor jeder programmatischen Gebärde geboten... Kein Ismus mehr, kein Tendenztheater, kein politisches Theater, sondern die ewige Barrikade des absoluten Theaters«.[51] Mit der Einsicht in das Scheitern sozialoptimativer Ideen muß der moderne Mensch Selbstbeschränkung üben: Er »schafft« keine »Ordnung«, er »ordnet sich ein«. Fehling vergleicht ihn mit einer Note im Akkord.[52] Und wie der musikalische Klang die Vielfalt der Töne faßt, zeigt der statuarische, im Bild fixierte Körperausdruck Fehlingscher Figuren das Spektrum menschlicher Emotionalität.

---

42 Mayer: Eine Stimme aus dem Zuschauerraum (1945), S. 57f.
43 Wälterlin: Zum Geleit (1945), S. 8.
44 Steckel: Notizen zum ideellen Neuaufbau (1945), S. 31.
45 Sellner/Wien: Theatralische Landschaft, S. 27 (Äußerung Sellners vom 27. März 1961).
46 Koebner (1984), S. 287.
47 TF, S. 28 (Prominentendämmerung [1948]).
48 FM, S. 76 (Regisseur, Dramaturg, Publikum [1953]).
49 TF, S. 25 (Der Fall Mensch auf der Bühne [1945]).
50 TF, S. 18 (Die Geburt des Theaters [1953]).
51 Äußerung von Fehling (zit.n. TF, S. 214).
52 TF, S. 18 (Die Geburt des Theaters [1953]).

Abb. 8: Szene aus der Inszenierung von Friedrich Hebbels *Maria Magdalena*
(Meister Anton: Otto Wernicke / Seine Frau: Anne Kersten / Klara: Joana Maria Gorvin)
18. Mai 1949: Theater am Brunnenhof, München

Das Inkalkulable wird auf diese Weise zugleich anerkannt und gebändigt, und zwar – um mit Husserl zu sprechen – durch das »Im-Griff-behalten der ganzen Variationsmannigfaltigkeit«.[53] Dahinter steht die Vorstellung, daß sich die Angst vor dem Absurden nicht durch Reduktion ästhetischer Polyvalenz überwinden läßt. Zwar sei der »Rattenfänger« Brecht »hochbegabt«, bleibe aber genau dort »unwahr«, »wo er bei der Wahrheit nicht richtig liegen würde«. Nach Fehling kann dem philosophischen Relativismus nur durch eine kontrollierte Expressivität begegnet werden, die sinnlich den Sinn sichert, der reflexiv nicht mehr einholbar ist. (Da der Film dies nicht leiste, sei er »bald pleite«.[54]) Ein didaktischer Impetus ist hiermit jedoch nicht verbunden, weil es im Nachkriegstheater »kein Überzeugen«, »kein Belehren und kein Bilden« geben kann.[55]

Das der Aufführung zugesprochene Sinnstiftungspotential basiert auf dem wiedergewonnenen Vertrauen, daß »unsere Konstruktion des Weltbildes richtig« ist: Mit Hitlers Niederlage habe sich die abendländische »Grundüberzeugung von der Gerechtigkeit« bestätigt.[56] Solcher Invarianz des Rahmensystems – die »Schöpfung« steht noch immer in »Dur«[57] – korreliert das Festhalten an der Guckkastenbühne und ihr angemessenen Inszenierungsformen. »Maßstäbe« und »Rangordnung« könnten nur »unverrückt durch politische und menschliche Inflation auf die Jugend kommen«.[58] Als zeitlos-adäquate Realisierung des Verhältnisses von Kunst und Leben, Dichtung und Alltag,

53 Husserl: Erfahrung und Urteil, S. 413.
54 FM, S. 72f. (Autor, Dichtung und Regisseur [1953]).
55 TF, S. 37 ([Äußerungen auf der] Berliner Dramaturgentagung [1953]).
56 TF, S. 26 (Wir sind alle uns unähnlich geworden [1945]).
57 TF, S. 43 (Meine lieben jungen Freunde [1959]).
58 TF, S. 24 (Der Fall Mensch auf der Bühne [1945]).

Genie und »Canaille«[59] bleibt das traditionelle Theater nach Fehling resistent gegenüber allen »soziologischen Kinderkrankheiten«,[60] die es zu überwinden suchen. Die Hoffnung auf ideale Bühnenformen setze zudem eine intermediale Kompatibilität voraus, die realiter nicht existiere, denn die »größten Dramen« seien »unter restloser Ignorierung der Möglichkeiten und Wahrscheinlichkeiten des Theaters« entstanden.[61] Dem Regisseur fällt daher stets die Aufgabe zu, einen Text spielbar zu machen. Er ist dabei allerdings nicht freier Künstler, sondern »Diener der Dichter«,[62] d.h. er stellt die semantische Äquivalenz zwischen Werk und Aufführung her. Bezugsmedium ist wie bei Gründgens die Textpartitur; nur ihre ›authentische‹ Realisation erlaubt den Transfer unverfälschter Vieldeutigkeit.[63] Die geforderte Werktreue ist somit nicht restaurativ intendiert. Im Gegenteil: Das Elementarereignis ›Theater‹ zerstört nach Fehling jede Form bürgerlicher Ordnung und Übersichtlichkeit. Im »gewittrigen Klima«[64] der Vorstellung werde die kapitalistische Konsum- und Bildungshaltung zum Erlebnis »exemplarischer Lebensgebärde« transzendiert. Kunst erscheint hier nicht als Katalysator theoretischer Erkenntnis oder gesellschaftlicher Veränderung; sie dient vielmehr dazu, den Ambitus menschlicher Potentialität zu bezeichnen. Zwar könne das einfache »Volk« an der »Geheimlehre des Schönen« gedanklich nicht partizipieren, bei den theatralen »Entladungen« müsse und werde es aber »in die Knie gehn« – aus Ehrfurcht vor dem rätselhaften, intuitiv als »groß« empfundenen Werk.[65]

In dieser Absage an Sekundärtugenden liegt sicher der Hauptgrund dafür, daß Fehling mit seinem Bemühen, eine eigene Intendanz zu erhalten, mehrfach scheitert – zunächst in der ersten Nachkriegsspielzeit. Während der Regisseur selbst schlechte Schauspielerleistungen für ursächlich hält, erklärt Paul Wegener, Fehling habe »keine Begabung für einen Theaterleiter«.[66] Dies bestätigt sich zwei Jahre später, als letzterer nach der erfolgreichen *Fliegen*-Premiere den verstorbenen Karlheinz Martin beerbt und die Leitung des Hebbel-Theaters übernimmt. Die Zusammenarbeit wird jedoch auf Druck der Belegschaft nach nur zwei Wochen beendet. Fehling, der »dem schmutzigen Berliner Theaterbetrieb meinen reinen Trieb entgegensetzen« wollte,[67] übersiedelt daraufhin mit der Schauspielerin Joana Maria Gorvin nach München. Dort inszeniert er am Brunnenhoftheater mehrere Stücke: Hebbels *Maria Magdalena* (1949), Ibsens *Nora* und Lorcas *Doña Rosita* (beide 1950). Die vierte Produktion, Tiecks *Ritter Blaubart* (1951), löst einen Proteststurm aus, so daß der Vertrag mit dem Bayerischen Staatsschauspiel nicht verlängert wird.[68] Fehlings letzte Inszenierung, Schillers *Maria Stuart* am Berliner Schiller-Theater, führt 1952 ebenfalls zu keiner vertraglichen Bindung, obwohl Publikums- und Presseresonanz überwältigend sind.[69]

59 TF, S. 43 (Gedanken eines alten Theatermannes in Deutschland 1959).
60 FM, S. 69 (Für die Guckkastenbühne [1953]).
61 FM, S. 72 (Autor, Dichtung und Regisseur [1953]).
62 TF, S. 24 (Der Fall Mensch auf der Bühne [1945]).
63 Gründgens sieht hier eine tiefere Gemeinsamkeit zwischen Fehling und sich (A, 3.1.2).
64 FM, S. 74 (Autor, Dichtung und Regisseur [1953]).
65 TF, S. 43 (Gedanken eines alten Theatermannes in Deutschland 1959).
66 Zit.n. Rose (1969), S. 150.
67 Äußerung von Fehling (zit.n. TF, S. 215).
68 Vgl. FM, S. 43 und TF, S. 216-244.
69 Vgl. Steiner (1986), S. 327.

Im Mittelpunkt von Fehlings Regiearbeit stehen vor allem anthropologisch fundierte Phänomene wie »Geschlecht« und »Totentanz«.[70] Dies gilt auch für die berühmte Inszenierung von Sartres *Fliegen* am Berliner Hebbel-Theater (Premiere: 7. Januar 1948).[71] Das Werktreue-Axiom bezieht sich hier allein auf den Dramentext; die existentialistische Philosophie, die Fehling nach eigener Aussage nicht begreift, bleibt für die theatrale Realisation ohne Bedeutung. Im Mittelpunkt stehen vielmehr die beiden Hauptfiguren: »Orest, der nicht das Unglück suchend, sondern auf Familie und Geborgenheit hoffend nach Argos kommt und sich vollkommen wandelt, demgegenüber Elektra, die den Mord wünscht und ihn nicht verkraften kann«.[72] Während bei Sartre allerdings die plötzliche Erkenntnis der Freiheit sinnspendend wirkt,[73] ist der Nihilismus für Fehling nur zu überwinden durch den »Glauben an die unzerstörbare Genialität des Menschen«.[74] Not tut der große Einzelne, der das Inkalkulable kennt und sich zugleich imstande zeigt, es theatral umzusetzen. »Der wahre Regisseur« muß daher »so sehr rücksichtsloser Abenteurer« sein »wie wilder Gärtner«.[75] Um sicherzustellen, daß sich das Theaterspiel »nicht schablonieren«[76] läßt, ist das Bühnenbild offen zu gestalten. Heinrich Kilgers weitgehender Verzicht auf naturalistische Dekorationen bedeutet aber keineswegs die Absage an jede Form repräsentativer Sinnstiftung. Denn obwohl die Nachkriegszeit »nicht mehr [...] über ein gemeinschaftliches Weltbild verfügt«,[77] sucht man weiterhin, »Symbole herauszuarbeiten«.[78] So schafft die düster leuchtende Sonne zu Beginn des ersten Auftritts eine Atmosphäre südlicher Ekstase, während die Jupiterstatue, die links vorne auf dem Platz von Argos steht, deutliches Sinnbild des Phallus ist. Stärker als Sartre zeigt Fehling jedoch die Ambivalenz von Abneigung und Faszination, die Elektra (Joana Maria Gorvin) in der dritten Szene des ersten Akts dem monumentalisierten Diktator gegenüber empfindet (vgl. Abb. 9). Während im Thesentheater des französischen Existentialisten trotz aller Symbole das Wort dominiert, ist hier der Körperdiskurs zumindest ebenbürtig. Die abstrakt-philosophischen Dialoge steigern sich immer wieder zu eruptiven Ausbrüchen – sicher ein Grund dafür, daß unter den Zeitgenossen von Fehlings ›Brummern‹ gesprochen wird.[79] Die Bewegungsregie besitzt in diesem Kontext zwei Funktionen: Zunächst ist wie bei Adolphe Appia, in dessen Tradition auch Sellner steht (A, 3.1.3), der »Rhythmus des Raumes« wichtig. Er »hat eine dem Geist des Stückes entsprechende Sprache zu reden«,[80] d.h. das Bühnenbild muß mit seiner dynamischen Offenheit die Bedeutungspluralität des Textes widerspiegeln.

---

70 Äußerung von Fehling (zit.n. Steiner [1986], S. 330).

71 Zur zeitgenössischen Rezeption vgl. ausführlich Steiner (1986), S. 394-412.

72 Mündliche Äußerung von Joana Maria Gorvin (zit.n. ebd., S. 351).

73 Vgl. Sartre: Die Fliegen, S. 59.

74 Äußerung von Fehling (zit.n. TF, S. 9). Ähnlich sieht es Hans Henny Jahnn (vgl. C, 1.).

75 Äußerung von Fehling (zit.n. TF, S. 59). Der einzige namhafte Regisseur, der sich noch in den sechziger Jahren als »Jürgen Fehlings Erbe« bezeichnet, ist Rudolf Noelte (vgl. R.N.: Jürgen Fehlings Erbe [1970]). Vor der Folie ästhetischer Revisionen bei Meyerhold wehrt er sich vehement gegen die »Simplifizierung« theatraler Polyvalenz durch Konzentration auf Sozialkritik und Didaxe (S. 32).

76 Äußerung von Fehling (zit.n. Steiner [1986], S. 355).

77 Kilger: Ähnlichkeit und Wahrheit im Bühnenbild (1948), S. 222.

78 Äußerung von Kilger (zit.n. Tündern: Aus der Werkstatt des Bühnenbildners [1948], S. 271).

79 Vgl. Hensel (1995), S. 104.

80 Kilger: Ähnlichkeit und Wahrheit im Bühnenbild (1948), S. 225.

Abb. 9: Sartre: *Die Fliegen* (I, 3) / Elektra: Joana Maria Gorvin

Auch die ekstatische Choreographie in den Massenszenen dient dem theatralen Ausdruck des Inkommensurablen, wobei ein deutlicher Zeitbezug festzustellen ist. Denn die Menschen von Argos, die sich zu »behexten Gruppenbewegungen religiösen Wahns«[81] formieren, sind – so Joana Maria Gorvin – »dem deutschen Volk« ähnlich, »das aufgerüttelt werden sollte«.[82] Fehling inszeniert aber zugleich das Faszinationspotential des Faschismus, die »ungeheuerliche Wollust der Selbstunterjochung«.[83] Für Klaus Heinrich besitzt das Szenario darüber hinaus einen Gegenwartsindex: Die stöhnende, sich auf dem »Blut- und Bretterboden« wälzende Menge stehe den »nicht erledigten Toten« gegenüber, »nachlebend als Schuld- und Rachegeister«[84] (vgl. Abb. 10).

Die ethische Fragwürdigkeit menschlicher Verhaltensweisen zeigt Fehling auch in seinem letzten Projekt, der Münchner *Maria Stuart*-Inszenierung (1952) – nach Ansicht von Hans Mayer ein unerreichter Höhepunkt deutscher Schiller-Regie. Die Welt erscheint hier als ein Ort, an dem jeder jedes Feind ist. (Fehling setzt die Haßausbrüche entsprechend expressiv in Szene.) Wie in den *Fliegen* wird erneut das Sexuelle zum Signum des Unberechenbaren. Das belegt insbesondere Leicesters Monolog, in dem dieser teichoskopisch Marias Hinrichtung beschreibt (V, 10). Fehling zeigt die Szene in grellem Licht, wobei der Graf (Martin Held) das grausame Geschehen »in einer sonderbaren Mischung aus Aufgegeiltsein und Entsetzen« schildert. Als die Protagonistin geköpft wird, bricht er zusammen. Die Bühne ist schlagartig dunkel, wobei für Mayer unklar bleibt, wie der Kollaps zu beurteilen ist: »Es kann auch ein Orgasmus gewesen sein«.[85] An dieser Stelle erhellt, daß Fehling diskursive Offenheit als einzige Möglichkeit betrachtet, nach 1945 authentisch Theater zu machen. Der offizielle Humanismus-Diskurs weicht einem »[V]ergewaltigen durch die Kraft der Talente«.[86]

---

81 Lierke: Theater des Bodenlosen (1948), S. 124.
82 Äußerung von Joana Maria Gorvin (zit.n. Steiner [1986], S. 391).
83 Linfert: Was tun – in einer zerstörten Welt? (1948), S. 3.
84 Heinrich (1985), S. 205.
85 Mayer (1985), S. 236.
86 FM, S. 78 (Regisseur, Dramaturg, Publikum [1953]).

Abb. 10: Sartre: *Die Fliegen* (II, 1/3) / Elektra: Joana Maria Gorvin

3.1.2 Skeptischer Klassizismus (Gründgens)

Die Darstellung des Inkommensurablen erfolgt jedoch nicht nur über statuarische Expression, sondern auch im Rahmen eines skeptischen Klassizismus. Hauptrepräsentant dieser Richtung ist Gustaf Gründgens, von 1947 bis 1955 Intendant der Städtischen Bühnen Düsseldorf, danach bis 1963 in gleicher Funktion am Hamburger Schauspielhaus. Wie Fehling wendet er sich gegen jede Form sozialkritischer Aktualisierung. Im Mittelpunkt der Theaterarbeit stehe der »Sinn des Dramas«, nicht die »Arabesken«. Der Regisseur übt wieder eine dienende Funktion aus; seine »Hauptverpflichtung« gilt dem »Werk«. Das damit verbundene Textprimat erklärt, weshalb sich Gründgens zwei Tendenzen gegenüber zu distanzieren versucht: Während die »Idiosynkrasie gegen große Worte«[87] der Emanzipation vom ›Reichskanzleistil‹[88] dient, soll die Kritik an der »Originalitätssucht«[89] das »dogmatische« und »esoterische« Theater treffen.[90] Dahinter steht der Glaube an eine organisch fortschreitende Innovation, deren Nachvollzug in Deutschland jedoch erschwert werde durch die jahrzehntelange Abgeschlossenheit vom avantgardistischen Diskurs. Der den ausländischen Dramen zugesprochene ›formale Wert‹ sei daher Resultat verzerrter Perspektivbildung: Durch die fehlende Kenntnis der literarischen »Zwischenglieder« erscheine Kontinuität als Bruch, was in der Inszenierung zu einer »falschen Modernität« verführe. Nur die Wahrung einer Form, die »ent-

87 GWT, S. 161f., 156 (Theater und Presse [1947]).

88 Dennoch werden Gründgens' Inszenierungen unter Berufung auf Kortner (Aller Tage Abend [1959], S. 479) noch bis in die achtziger Jahre mit dem Reichskanzleistil in Verbindung gebracht (vgl. Rischbieter [1983], S. 82 und Berg [1986], S. 510).

89 GWT, S. 183 (Auf der Suche nach dem Gesicht des Theaters [1948]).

90 GWT, S. 146 (Eine Entscheidung [1947]).

schieden klassisch« sei, Gründgens zitiert hier Sartre,[91] könne sicherstellen, daß das Nachkriegstheater seine wichtigste Funktion erfülle: »in einer aus den Fugen geratenen Zeit den Sinn für Maß und Gewicht der Dinge wieder herzustellen«. Zugleich distanziert sich der neue Düsseldorfer Intendant von der Forderung, die Bühne müsse »moralische Anstalt« werden. Humanität sei weder durch Didaxe noch Katharsis retablierbar, sondern wie bei Goethe eine Frage von »Beschränkung« und »Gesetz«, sc. der Form. Nicht der Inhalt schafft Sinn, sondern das Werk als Textordnung. Jene »unverfälscht« sprechen zu lassen, ist für Gründgens Hauptaufgabe des Regisseurs,[92] auch mit Blick auf zeitgenössische Dramatik: »Ich erstrebe bei jeder Aufführung die größtmögliche Authentizität, d.h. wenn ich das Stück eines lebenden Autors inszeniere, sei es nun Gerhart Hauptmann oder Zuckmayer oder Hans Henny Jahnn oder, wie im neueren Fall, Gerd Oelschlegel, so würde ich keine Änderung vornehmen, die nicht das Plazet des Dichters hat«.[93] Gründgens sieht sich »wie Fehling« als »Enthüller« der Struktur des Dramas: »Wir legen es bloß«.[94] Vor diesem Hintergrund zielt die Theateraufführung auf formale Transparenz: Wie im musikalischen Bereich, wo Eingriffe in die Partitur (bis heute) kaum vorkommen, soll auch auf der Bühne eine Adäquanzrelation zwischen den Medien (Text/Inszenierung) angestrebt werden.[95] Diese Vorstellungen entsprechen den Thesen im sog. *Düsseldorfer Manifest*, das Gründgens 1952 zusammen mit Kurt Hirschfeld und Walther Karsch initiiert. Die Resolution, die von etwa fünfzig namhaften Intendanten, Regisseuren, Dramaturgen, Verlegern und Publizisten unterzeichnet ist, wendet sich »gegen eine willkürliche Interpretation der Dichtung durch ungerechtfertigte Experimente«.[96] Das Urteil der Presse fällt jedoch weitgehend negativ aus.[97] Zudem sind wichtige Repräsentanten des deutschsprachigen Nachkriegstheaters in der Verlautbarung nicht vertreten: u.a. Fehling, Sellner und Kortner. Hans Schweikart zieht seine Unterschrift schließlich mit der Begründung zurück, Theater sei zwangsweise experimentell und die Grenze des Erlaubten nicht bestimmbar, während Sellner die »superdeutsche Vereinsbildung« als Restriktion künstlerischer Pluralität grundsätzlich ablehnt.[98]

Gründgens orientiert sich dagegen weiter an den »Idealfällen« exakten Verstehens der Autorintention durch den Spielleiter.[99] Dies schließt Eingriffe in die Vorlage keineswegs aus, wenn sie für die Theaterpraxis notwendig sind, d.h. der genauen Umsetzung des Textsinns dienen. Letzterer bleibt indes maßgebliches Korrektiv. So verweist der Regisseur bei interpretatorischen Unklarheiten sofort auf die Autorität der Schrift. Er tut dies, wie Marianne Hoppe berichtet, mit der berühmten Handbewegung: »Darf ich mal das Buch sehen?«[100] Trotzdem bleibt der Medienwechsel keineswegs unerheblich für die Werkintention. Im Gegenteil, jene läßt sich erst über das Theater angemes-

---

91 GWT, S. 184f. (Auf der Suche nach dem Gesicht des Theaters [1948]).
92 GWT, S. 155, 157, 174, 177f. (Theater und Presse [1947]).
93 GB, S. 165 (Auf eine Anfrage [1957]).
94 Haas: Wir sprachen mit Gustaf Gründgens (1956), S. 6.
95 Ähnlich sieht es noch Martin Walser (vgl. Erfahrungen und Leseerfahrungen, S. 69).
96 Text des Communiqués. Zit.n. Debatte mit Gründgens (1952), S. 9.
97 Vgl. Wenke: Die kulturpolitische Lage des deutschen Theaters (1953), S. 435.
98 Vgl. Gruendgens. Die ominöse Silbe Grün (1952), S. 30f. Zur Diskussion über die Kategorie ›Werktreue‹ vgl. Kaiser (1974), Berg (1982), Wittkowski (1983) und Fischer-Lichte (1985).
99 GB, S. 377 (Das Theater und die moderne Kunst [1954]).
100 Zit.n. »So spiel ich viel Personen ganz allein...« (1980).

sen realisieren. Für Gründgens ist klar, »daß es niemals gelingen kann, die Ur-Absicht eines Dichters auf einer Bühne zu verwirklichen, ja, daß sie den Dichtern selbst während der Aufführung aus dem Gedächtnis gerät«.[101] Der Paratextbereich (Philosophie, Ästhetik, Dramaturgie) wird aus diesem Grund als sekundär eingestuft. Wie Fehling sucht Gründgens das existentialistische Drama *Die Fliegen*, dessen deutsche Erstaufführung er leitet,[102] ausschließlich von der Schrift her zu verstehen: »Ich muß gar nicht sartrieren, ich verstehe vom Existentialismus noch weniger als vom Hömbergismus«.[103] Dürrenmatts Brecht-Rezeption ähnlich geht Gründgens davon aus, daß Literatur und Kommentar einander widersprechen können. So sei in »keiner Zeile« der *Fliegen* »eine Rechtfertigung für die unseriöse Behauptung einer nihilistischen Welt- und Lebensauffassung zu finden«. Alle Figuren hätten »die Möglichkeit, Freiheit oder Bindung zu wählen«.[104]

Die Konzentration auf den Einzeltext erklärt auch den Verzicht auf konzeptionelle Regiearbeit. »Am liebsten« würde Gründgens »auf eine leere Bühne kommen« und alles weitere im Probenverlauf ergänzen. Diese intuitive Verfahrensweise basiert auf einer ideologiekritischen »Feindseligkeit« gegen »alles Unkontrollierbare, Dumpfe, Dunkle, das bei uns unter dem schönen Wort ›Gefühl‹ mit durchgeht«.[105] Wesentlich ist daher nicht die erzeugte Emotion (Katharsis), sondern das »Maß der Empfindung« zeigt sich »an der Kraft, sie zu bändigen«. Der Schauspieler soll sich von seinen Affekten und Gedanken »nicht wegschwemmen lassen«, sondern sie »in eine geordnete Form zwingen«.[106] Während Fehling das Unberechenbare menschlicher Weltaneignung in seiner *Fliegen*-Produktion ekstatisch exponiert (A, 3.1.1), sucht es Gründgens intellektuell gezähmt darzustellen. »Ich hatte bei diesem Argos immer das Gefühl, als müßte ich verfaulten, morbiden Camembert ins Bild umsetzen. [...] Je ernster das Stück gespielt wird, desto leichter, federnder, tänzerischer wird die Szene: höchster Ernst hat für mich immer höchste Entspanntheit bedeutet.«[107] Auch die zeitgenössische Kritik betont, Gründgens' Orest besitze »den lächelnden Skeptizismus«, den Sartre intendiert habe.[108] Der sinnspendende Impetus der Form bestimmt darüber hinaus das reliefartige Bühnenbild, das aus wenigen Architekturelementen besteht, die »mit lasziven, brüchigen, unwirklichen Farbentapeten« umhüllt sind.[109] Grau, grün, violett, schwefelgelb gehalten symbolisieren sie die dionysisch-morbide Atmosphäre des Handlungsortes. Im Unterschied dazu wird die Szenerie im dritten Akt von der Statue des Apoll beherrscht, die an das klassizistische Domestizieren des Inkommensurablen mahnt. Aufragend hoch zu den Sternen verheißt sie den unter ihr schlafenden Protagonisten Rettung im (Kunst)Gesetz, selbst wenn die Erinnyen eine entsprechende Stücklösung vereiteln.

---

101 GB, S. 377 (Das Theater und die moderne Kunst [1954]).
102 7. November 1947, Städtische Bühnen Düsseldorf.
103 GB, S. 80 (Brief vom 17. August 1950 an Hans Hömberg).
104 Gründgens über Sartre (1947), S. 3.
105 GWT, S. 172 (Theater und Presse [1947]).
106 Äußerung von Gründgens (zit.n. GB, S. 445).
107 Gründgens: »Sartres Argos ist Europa« (1947), S. 5.
108 Peiper: Von »Oedipus« bis Mackie Messer (1947), S. 8. Vgl. Steiner (1986), S. 264-271.
109 Gründgens: »Sartres Argos ist Europa« (1947), S. 5.

Abb. 11: Elektra: Marianne Hoppe / Orest: Gustaf Gründgens

Gründgens' Regietheater integriert sich auf diese Weise in die kontrollierte (Post)Moderne der fünfziger Jahre. Denn der Verzicht auf ein »Programm«[110] dient nicht nur der Herstellung von Objektivität,[111] sondern verweist zugleich auf die Infragestellung übergreifender Erzählungen. An die Stelle engagierter Kunst tritt der fast posthermeneutische Versuch, intentionale Vorentscheidungen zugunsten detaillierter Strukturdeskription zu verabschieden. In der Tat erinnert Gründgens' Reduktionismus an den von Gehlen beschriebenen »Meta-Routinier«,[112] der sich – ebenso vital als selbstbeherrscht – auf Leistung fixiert und daher ohne eigene Auffassung vom Werk ist.[113] Die von der Kritik überaus positiv beurteilte *Don Carlos*-Inszenierung (1962)[114] erscheint denn auch als »Bearbeitung«, die intentional offen ist, d.h. »noch keine Vorentscheidung« enthält.[115] Inszeniert Kortner eine aktualisierte Variante des politischen Intrigenstücks (A, 3.2.1), so versucht Gründgens der poetischen Vieldeutigkeit des Dramas gerecht zu werden, läßt Familiendrama, Herrschertragödie und politisches Ideenschauspiel nebeneinander bestehen.[116] Der sozialkritische Diskurs erweist sich dagegen wie in der Ur-

[110] GWT, S. 173 (Theater und Presse [1947]).
[111] Vgl. Schwab-Felisch (1970), S. 49 und Rischbieter (1970), S. 58.
[112] Gehlen: Das Ende der Persönlichkeit? (1956), S. 1152.
[113] Vgl. GB, S. 386 (Gustaf Gründgens über Schiller und die Moderne Bühne [1955]). Ähnlich äußert sich Gründgens bereits 1937 in dem umfangreichen Aufsatz *Regie* (GWT, S. 34).
[114] Vgl. Kühlken (1972), S. 208-211.
[115] Kaiser: Triumph für Schiller und Gründgens (1963), S. 8.

aufführung von Brechts Schauspiel *Die heilige Johanna der Schlachthöfe* (1959)[117] als partikular und ambivalent. Der spanische König, von Gründgens selbst gespielt, avanciert zum Exponenten einer Welt nach dem Ende aller Ideologien. Er ist schwarz gekleidet und befindet sich wie alle Figuren in einem schwarz ausgehängten Bühnenraum, dessen Boden mit einem schwarzen schalldämpfenden Tuch ausgelegt ist (Abb. 12).

Wie sein Pendant in Reinhold Schneiders Studie *Philipp II. oder Religion und Macht* (1931), die der Regisseur während der Probenarbeit liest,[118] spricht Gründgens' Philipp leise, unterbricht nicht, schweigt häufig. Während sich Posa (Will Quadflieg), vom Idealismus übermannt, vor dem König auf die Knie wirft, um dann eindringlich seine Forderung nach Gedankenfreiheit zu artikulieren, bleibt Philipp ruhig, hebt ein wenig den Kopf und sieht den Marquis aufmerksam an. Nach längerer Pause, die wie bei Schneider (B, 6.3.1) und Heiner Müller (B, 6.4.3) das Fehlen der Utopie anzeigt, spricht er wie für sich: »Sonderbarer Schwärmer«. Anders als Kortner stellt Gründgens den Liberalitätsdiskurs nicht einseitig in den Vordergrund; betont wird auch Posas Schlußfolgerung: »dann ist / Es Ihre Pflicht, die Welt zu unterwerfen«.[119] Der Marquis erscheint hier keineswegs als vorbildhafter Utopist, sondern als in seiner Dialektik problematischer Fanatiker. Für Gründgens ist er »die gefährdetste Figur im Stück, weniger ein Freund, als ein politischer Spieler – eine jener unseligen politischen Figuren, die ihr Konzept nicht pur erhalten, sondern durch jene unkontrollierbare Mischung von Idealismus und Spielertum soviel Unheil anrichten«.[120] Posa wendet sich zwar gegen Philipps hybriden Machtanspruch, fordert zugleich aber eine Politik, die Humanität gewaltsam

116 Vgl. Kühlken (1972), S. 189. Die These von Fischer-Lichte (1993a), Gründgens ziele auf eine »totale ›Reprivatisierung‹« der Konflikte, ist daher nicht aufrechtzuerhalten (S. 394).

117 Gründgens inszeniert neutral und zeigt allenfalls »Mitgefühl für die von Anfang an chancenlose Weltverbesserin Johanna« (Rischbieter [1999a], S. 28).

118 Vgl. GB, S. 269 (Brief an Senator Dr. Biermann-Ratjen vom 20. Oktober 1962).

119 Vgl. Kühlken (1972), S. 199.

120 GB, S. 144 (Brief an Teo Otto vom 1. September 1962).

durchsetzen soll. Gerade die Betonung der Mehrdeutigkeit des Schillertextes wird neben der »phantastischen Besetzung«[121] von den Zeitgenossen positiv vermerkt: »Das eigentliche Ereignis an dieser Stelle [...] ist dies: Regie, die nicht das Kunstwerk preisgibt, um das Ideal zu retten«. Gründgens entlarve »den Propagandisten eines chileastisch verklärten Terrors«.[122] Nicht von ungefähr agiert Quadflieg mit wildem Backenbart, festem Blick und scharfer Gestik.

Abb. 13: Don Carlos: Sebastian Fischer / Posa: Will Quadflieg

Gründgens erweist sich hier als Vertreter der ›skeptischen Generation‹, die sich von gesellschaftlichen Optimierungsphantasien absetzt und deshalb nach Schelsky »nie revolutionär, in flammender kollektiver Leidenschaft auf die Dinge reagieren« wird.[123] Statt dessen manövriert sie sich in eine Interimsposition, die zwischen politischer Resignation und postmoderner Sinnpluralität oszilliert. Die beschriebene Reduzierung individueller Teilhabe führt dabei zu Formen performativer, deskriptiver und reflexiver Abstinenz: So entwickelt Gründgens (1) keinen eigenen Stil, verwendet (2) keine Regiebücher und verzichtet (3) weitgehend auf Diskussionen mit Kritikern und Wissenschaftlern.[124] Die »Zeitgebundenheit« von Kunst, die der Regisseur 1947 fordert,[125] ist vor diesem Hintergrund keine politische, sondern eine strukturelle Kategorie. In der Praxis kann dies allerdings durchaus zu ausgeprägten Interpretationen führen: So enthält die berühmte *Faust*-Inszenierung (1958) vor allem in der Walpurgisnachtszene aktuelle Anspielungen: Das Volk tanzt Rock 'n' Roll, Marsmännchen erscheinen in Raumanzügen und als ›Antwort‹ auf die neuen »Rätsel« (V. 4041) zeigt Gründgens eine Atombombenexplosion.

---

121 Kaiser: Triumph für Schiller und Gründgens (1963), S. 8.

122 Wagner: Kabale und Liebe im Escorial (1962), S. 32. Ähnlich sieht es Kaiser (vgl. Triumph für Schiller und Gründgens [1963], S. 17).

123 Schelsky: Die skeptische Generation (1957), S. 488.

124 Vgl. Kühlken (1972), S. 2f., 25f.

125 GWT, S. 157 (Theater und Presse [1947]).

Abb. 14: Mephisto: Gustaf Gründgens / Faust: Will Quadflieg / Gretchen: Ella Büchi

Der Regisseur übt auf diese Weise Kritik an einem Spiel ohne Grenzen, dessen kunstlose Anarchie zur Apokalypse führen könne. »Ich möchte«, erklärt Gründgens bereits 1947, »vor allem unserer Jugend immer wieder zurufen: seid auf der Hut! Ihr habt mit Mythos und Mystik, mit Urschlamm und Chaos so fürchterliche Erfahrungen gemacht, daß ich für mein Teil ganz bescheiden zur ›Ordnung‹ rufen möchte«.[126] Revolten dürfen daher nur im Medium des Ästhetischen erfolgen; dort sind die »großen Beleidiger von Maß und Ordnung«[127] indes notwendig, damit das Theater nicht stagniert. Die Aufnahmefähigkeit« des Publikums bleibt allerdings Regulativ jeder Innovation: »Mein Spielplan«, so Gründgens, »soll lieber unoriginell sein als publikumsfremd«.[128] Dennoch untergräbt die Rücksichtnahme auf Konsumverhalten und steigende Medienkonkurrenz nicht nur das angestrebte Integralmodell, sondern verhindert auch Inszenierungen progressiver deutscher Theaterstücke. Der Einsatz für die »Beleidiger« beschränkt sich auf solche, die einem humanästhetischen Diskurs integrierbar bleiben (Grabbe, Jahnn, Sartre). Ähnliches gilt für die von 1955 bis 1962 in Hamburg uraufgeführten jungen deutschen Dramatiker (Oelschlegel, Lenz, Waldmann, Hey).[129] Das absurde Theater spart Gründgens dagegen vollständig aus.

3.1.3 Instrumentale Choreographie (Sellner/Koch)

Während bei Gründgens die Strukturhomologie zwischen Werk und Aufführung Bedingung dafür ist, das Menschliche in seiner Vielfalt wiederherzustellen, verlegt das sog. ›instrumentale Theater‹ den Akt der Sinnstiftung stärker in den intermedialen Bereich. Hauptvertreter sind Gustav Rudolf Sellner und sein Darmstädter Team (darunter Egon

126 Ebd., S. 173.
127 GB, S. 380 (Das Theater und die moderne Kunst [1954]).
128 GWT, S. 159 (Theater und Presse [1947]).
129 GB, S. 332f. (Uraufführungen und deutsche Erstaufführungen unter G.G.).

Vietta bzw. später Claus Bremer) sowie mit Abstrichen der Regisseur Heinrich Koch. Zwar steht noch immer das Wort im Zentrum, aber es bleibt an eine Materialisierung gebunden, muß sich ›verkörpern‹.[130] Das »naturalistische«, »sozialkritische« und »psychologische Theater« erscheint aus dieser Perspektive anthropologisch defizient und historisch »erledigt«.[131] An seine Stelle tritt ein Regiemodell, das auf die Synthese von Referentialität und Performanz zielt: Der Bühnenraum soll durch das *»dichterische Wort«* entstehen, ohne daß der Ereignischarakter der Inszenierung aufgehoben wird.[132] Um dies zu gewährleisten, projektiert man ein Theater mit weitgehendem Dekorationsverzicht, denn nur die von Ornamentik befreite Szene erlaubt die Konstruktion einer Welt, die in ihrer Abstraktion das Offenlassen möglichst vieler Perspektiven garantiert.[133] Die Modellbühne von Franz Mertz zu Sellners *Hamlet*-Inszenierung (1956/57) besteht daher aus einem sich drehenden Bühnenbogen mit schwenkbaren Seitenwänden, wodurch der Raum bei jeder ›Wendung‹ des Geschehens neue Konturen gewinnt. Er versinnbildlicht damit eine ›aus den Fugen‹ geratene Welt, die zahlreiche Öffnungen, d.h. Daseinsoptionen bietet. Gleichzeitig halten die beiden Torbögen im Zentrum die Polarität der Entscheidungssituation (»Sein oder Nicht-sein«) präsent (Abb. 15).

Die sog. Sellner-Bühne steht damit in der Tradition der ›rhythmischen Räume‹ des Schweizer Opernregisseurs Adolphe Appia.[134] Auch dort bleibt das geometrisch geglie-

---

130 Vgl. die bei Kaiser (1961), S. 106 zitierte mündliche Bemerkung Sellners.

131 Vgl. Sellner/Wien: Theatralische Landschaft, S. 13 (Äußerung Wiens vom 14. Februar 1961).

132 Vietta: Grundfragen des Raums auf der Bühne (1951/52), S. 70. Vgl. auch Sellner: Theater aus dem Geist der Sprache (1954), S. 4 und Bremer: Das instrumentale Theater (1958/59), S. 173.

133 Die Geometrie des Bühnenbilds entspricht der »gebremste[n] Sachlichkeit der Nachkriegsarchitektur« (Petsch [2000], Titel), aber auch dem Versuch, »Technik« als produktive »Antwort« auf die »spezifische Seinsproblematik« des Menschen zu begreifen (Blumenberg: Das Verhältnis von Natur und Technik [1951], S. 462).

134 Vgl. Nehring (2004), S. 40-51 und Beacham (2006).

derte Bühnenbild inhaltlich unbestimmt. Der Raum ist in verschiedene Ebenen geteilt und weitgehend dekorationslos, wodurch das Licht wie bei Sellner zum herausragenden Gestaltungsmittel wird.[135] (Eine ähnliche Stufenbühne, die durch Treppen verbunden ist, verwendet Leopold Jeßner in seiner Berliner Einstandsinszenierung des *Wilhelm Tell*, die 1919 zu einem Theaterskandal führt.)

Abb. 16: Bühnenbild aus Appias Inszenierung von Glucks *Orfeo* (Akt II) in Hellerau (1912)

Während Appia und Jeßner vor allem den eingeschränkten Wahrnehmungsbereich des naturalistischen Theaters erweitern wollen, sucht man in Darmstadt die Sinnpluralität des Textes umzusetzen. Vor diesem Hintergrund erhellt Sellners Kritik am Systemdenken, denn das »*Wesen* einer Dichtung« entziehe sich dem linearen Zugriff. »Weder die szenische Anlage noch die Darstellungsweise der Schauspieler kann sich hier also mit ›Abbildern‹, ›Schildern‹ oder ›Nacherleben‹ begnügen.«[136] Ziel ist die Konstruktion einer »möglichst objektive[n] welt«, die semantisch neutral bleibt und »möglichst viele perspektiven zuläßt«. Das Sellner-Team wendet sich daher gegen die »diktatur des regisseurs«[137] als dem Versuch, das Inkalkulable der Schrift zu vereindeutigen. Solche Kritik an der »Wut des Verstehens«[138] antizipiert auch sprachlich Vorstellungen des Poststrukturalismus. Nach Bremer hat der Mensch »sein Jenseits, das Abstrakte, aufgehoben. Gut, böse, komisch, ernst, ironisch, unwichtig, wichtig. Keine Wertungen mehr. Nichts schließt vom Abenteuer aus. Seine Erlebnisse sind Reihung, Brüche, Unterschiede, Verhältnisse, Strukturen«.[139] So postmodern Teile des Zitats klingen (man fühlt sich

135 Vgl. Appia: Die Musik und die Inszenierung (1899), S. 72, 81-90. Siehe auch C, 4.4.

136 Sellner: Anmerkungen zu Szenarium und Dramaturgie von »Monte Cassino« (1950), S. 84, 86.

137 Bremer: Das instrumentale Theater (1958/59), S. 173. Vgl. auch Vietta: Bühnenbild und Bühne in den Darmstädter Inszenierungen (1951/52), S. 184.

138 Hörisch (1988), Titel, S. 50.

139 Bremer: Der Teufel auf der Bühne (1957/58), S. 35.

an Barthes' *Le plaisir du texte* erinnert), Bremers Regiemodell hält trotz allem an der Idee einer Sinnpräsenz fest. Wie in Isers Wirkungsästhetik wird die Vorstellungsfreiheit des Rezipienten durch das Textschema gelenkt und begrenzt. Die Anlage des Bühnenraums muß dem Drama aus diesem Grund »strukturell entsprechen«,[140] denn nur mit »Wahrung der Proportionen, die der Dichter aufgezeichnet hat«, läßt sich die moderne Aufführung verwirklichen.[141] Dies zeigt paradigmatisch das Bühnenbild zur *Nathan*-Inszenierung des Gastregisseurs Franz Reichert (1956/57). Die Vorgaben des Textes sind deutlich umgesetzt: zum einen die doppelte Ringstruktur an der Decke, die sich im kreisrunden Boden zur Trias ergänzt; zum anderen die versetzten Wände als Symbol für den Irrgarten lebensweltlicher Beziehungsgeflechte (Abb. 17).

Der Versuch, den Raum der Textstruktur entsprechend zu montieren, erklärt auch Sellners Absage an das *Düsseldorfer Manifest*. Im Gegensatz zur »superdeutsche[n] Vereinsbildung«[142] um Gründgens (A, 3.1.2) wenden sich die Darmstädter trotz Zentralstellung der Sprache gegen das Postulat strikter Werktreue. Tatsächlich werden in der *Tell*-Inszenierung von 1954/55 ganze Szenen und Figuren eliminiert.[143] Sellners Theaterpraxis entspricht damit der von Schadewaldt erhobenen Forderung nach »verwandelnden Anverwandlungen« bei der Wiedergabe klassischer Texte auf dem Theater. Die Gestaltungsformen müßten »moderne« sein und den »zeitperspektivischen Sinn« realisieren.[144] Ähnlich sieht es Bloch, wenn er fordert, »jedes neue Geschlecht« müsse das »Bühnenbild« bis »zur Kenntlichkeit« verändern,[145] und auch Adorno trennt zwischen historischer Bedeutung und aktuellem Sinn. Angemessenes Verstehen erfasse den »Gehalt«, der die »Intention« eines Werkes, »das, was es von sich aus bekunden will«,

---

140 Bremer: Das instrumentale Theater (1958/59), S. 175.
141 Bremer: Der Dichter muß zeichnen (1957/58), S. 157.
142 Zit.n. Gruendgens. Die ominöse Silbe Grün (1952), S. 30.
143 Vgl. Kaiser (1961), S. 122f.
144 Schadewaldt: Die antike Tragödie auf der modernen Bühne (1956), S. 116, 118.
145 Bloch: Das Prinzip Hoffnung, S. 494f.

nachhaltig überschreite.[146] Hinsichtlich des Versuchs, die Vielfalt der Textperspektiven zu inszenieren, könnte man von einer ›kontrollierten Postmoderne‹ sprechen, die notwendig scheint, weil nur so dem Menschen die Möglichkeit eröffnet wird, im nachideologischen Zeitalter Identität zu entwickeln. Der Selbstfindungsprozeß muß sich jedoch intermedial vollziehen, denn die Entfremdung des Subjekts durch die Technik kann nicht durch den *reinen* Leseakt, also durch den isolierten Dialog mit dem Text aufgehoben werden. Es bedarf vielmehr der Umsetzung auf der Bühne, des *Spiels*.[147] Das instrumentale Theater ist somit wie das epische performativ orientiert. Während Brecht jedoch als »wecker des kopfes« erscheint, will man in Darmstadt »der ständig wachsenden inneren verödung« durch choreographische »gymnastik der phantasie« entgegenwirken. Ziel ist nicht das Vergnügen des Wissens (C, 4.2.2) sondern die Lust am Fingieren. Die Wirkungsästhetik des Sellner-Teams nimmt damit zentrale Bestandteile der Iser-Theorie vorweg, denn auch hier erfolgt die produktive Rezeption »nicht durch fertige stimmungen, sondern durch pläne von stücken, die sich in mir ergänzen, die sich in jedem anders ergänzen, mehr oder weniger«.[148] Da das Theater diesen Prozeß in Gang setzt, gewinnt es anthropologischen Status, ist Medium imaginärer Selbstauslegung des Menschen.[149]

Für den intermedialen Transfer bedeutet dies: Der Schauspieler muß sich entsubjektivieren, damit der Zuschauer wieder Subjekt sein kann. Oder anders formuliert: Damit der Mensch »deutlicher«[150] wird, muß der Schauspieler »Instrument«[151] bleiben und »seine Rolle innerhalb der ganzen Dichtung [...] sehen«.[152] Institutionell führt dies zur Betonung der Ensemblekunst,[153] die Schelskys Modell einer ›nivellierten Mittelstandsgesellschaft‹ entspricht und es zugleich kompensiert. Denn die auf der Bühne montierte Welt stellt den Menschen, der im wirklichen Leben »[g]egenüber- und wohinlos« ist,[154] wieder ins Zentrum. Indem sie dabei die »merkwürdige Harmonie« der Technik mit dem Humanen zu demonstrieren versucht,[155] entstehen Einbindungen jenseits kultischer,[156] politischer[157] oder bürgerlicher Ordnungssysteme.[158] Wie bei Heidegger, Sartre und Camus, die Sellner stark rezipiert, sind die »Götter« für den Menschen »ausgestorben«,[159] d.h. es gibt nur mehr eine ›Sehnsucht nach Transzendenz‹.[160]

[146] AS 7, S. 515 (Ästhetische Theorie).

[147] Vgl. Sellner/Wien: Theatralische Landschaft, S. 116 (Äußerung Sellners vom 11. März 1962).

[148] Bremer: Das instrumentale Theater (1958/59), S. 176.

[149] Vgl. Kapitel 3 (Drama und Theater als Medien kollektiver Sinnstiftung).

[150] Vietta: Grundfragen des Raums auf der Bühne (1951/52), S. 70.

[151] Sellner/Wien: Theatralische Landschaft, S. 19 (Äußerung Sellners vom 27. März 1961).

[152] Äußerung von Sellner (zit.n. Karsch: Theater aus dem Geist der Sprache [1958/59], S. 24).

[153] Vgl. Bremer: Das instrumentale Theater (1958/59), S. 174.

[154] Bremer: Gegenüber- und wohinlos (1957/58), S. 8.

[155] Äußerung von Mertz (zit.n. Bremer: Der Bühnenbildner Franz Mertz [1953/54], S. 141).

[156] So konstatiert Sellner in seinem Vortrag *Das neue Bühnenhaus* (1951/52), »daß unser Theater nie ›kultisches‹ Theater sein kann« (S. 145).

[157] Vgl. Bremer: Das instrumentale Theater (1958/59), S. 173.

[158] Nach Bericht von Walther Karsch ist Sellners Inszenierung der *Iphigenie auf Tauris* bei den Ruhrfestspielen frei von allem »falschen ›klassischen Glanz‹, da wird kein Bildungsdrama gespielt« (Theater aus dem Geist der Sprache [1958/59], S. 26).

[159] Sellner: Das neue Bühnenhaus (1951/52), S. 145.

[160] Vgl. Sellner: Grundlagen zur Aufführung des »Idomeneo« in Salzburg 1973, S. 12. Theaterwissenschaftliche Sammlung der Universität Köln (Nachlaß Sellner).

Gerald Köhler irrt demnach, wenn er die »Setzung« einer religiösen Dimension postuliert und als ›konservative Essenz‹ des instrumentalen Theaters ansieht.[161] Es ist vielmehr die choreographisch gezähmte Begegnung mit dem Inkalkulablen, die allein noch sinnspendende Kraft besitzt. Vor diesem Hintergrund greift derjenige zu kurz, für den Sellner lediglich Exponent ›psychologisch-realistischen Schauspielertheaters‹[162] ist oder formelhaft »der Konservative mit dem progressiven Image«.[163] Tatsächlich unterscheidet sich die Darmstädter Schule trotz integraler Ausrichtung nachhaltig vom Regietheater eines Gustaf Gründgens, für den Dichtung noch immer durch den »Abglanz des ›Absoluten‹« gespeist wird.[164] Dies erklärt auch die Umwertung des Klassikerdiskurses: Im Zentrum steht nicht mehr das ›humane‹ Weimar, sondern die Tragödie des griechischen Altertums als Sinnbild für das Abgründige, Furchtbare und Unversöhnliche des Menschenlebens. Damit ist jedoch die Hoffnung, im antiken Drama den »Zauberspruch« zu finden, der die »Suche nach dem verlorengegangenen Menschenbild« beenden könnte, zum Scheitern verurteilt.[165]

Das Offenlassen »möglichst viele[r] perspektiven« bedingt den pluralen Spielplan am Landestheater Darmstadt, der divergente Modelle internationaler Provenienz umfassen soll – darunter Dramen »der alten griechen, shakespeares, kleists, büchners, jarrys, brechts, ionescos, schehadés oder dürrenmatts«.[166] Ab Mitte der fünfziger Jahre entsteht jedoch ein Schwerpunkt im Bereich des absurden Theaters, wobei nicht die zeitgenössische Prominenz (Beckett, Adamov) im Zentrum steht, sondern der damals eher unbekannte Ionesco. Seine Werke werden als »Beginn der Moderne«[167] verstanden und dienen zur Rechtfertigung der eigenen Theaterästhetik. Tertium comparationis ist die Vorstellung, daß der Mensch im Bühnenraum mit einer Transzendenz konfrontiert wird, die er verloren hat, aber nicht vergessen kann. Angesichts der »gänzlich veränderten Drehung der Weltspirale« lasse sich auch die Natur nicht mehr zum »Ort der tröstlichen Zuflucht« stilisieren. Erst die totale Absage an Sinngehalt schließe jede falsche Versöhnung aus und damit die »Möglichkeit ideologischen Mißbrauchs«.[168] Zugleich scheint für Sellner klar, daß die »Todesgewalt der Banalität«, die Ionesco im »archetypischen Überfall« enthüllt, die Greuel des Zweiten Weltkriegs genauer einzufangen vermag als die »Paßform eines naturalistischen Kolportagestückes«.[169] (Der Regisseur denkt hier an die Dramen *Mörder ohne Bezahlung* bzw. *Opfer der Pflicht* – letzteres wird 1957 in

161 Köhler (2002), S. 72.

162 Vgl. Fischer-Lichte (1993a), S. 393.

163 Hensel (1970), S. 38. Fischer-Lichte und Hensel urteilen ohne Kenntnis der relevanten Primärtexte.

164 Vietta: Das Theater als Realität (1953/54), S. 160. Vgl. GWT, S. 174 (Theater und Presse [1947]).

165 Sellner/Wien: Theatralische Landschaft, S. 27 (Äußerung Sellners vom 27. März 1961).

166 Bremer: Stichworte zu einem zeitgemäßen Theater (1960/61), S. 272 (Kleinschreibung im Original). Vgl. Kaiser (1961), S. 202-204 (Premieren-Verzeichnis 1951-1961).

167 Bremer: Die moderne Inszenierung (1956/57), S. 94.

168 Schulze Vellinghausen: Eugène Ionesco (1957), S. 13f., 17, 8.

169 Sellner/Wien: Theatralische Landschaft, S. 10, 119, 7. »Die Sprache der Pseudo-Intellektualljé des Schwarzen Korps war tödlich. Hitlers bis zum äußersten abgegriffene Sprach-Scheidemünze (ich erinnere an einen Satz aus ›Mein Kampf‹: ›Die Eier des Columbus liegen nur so auf der Straße herum‹) – meine Damen und Herren, die Banalität dieses ›nur so herum‹ war unmittelbar tödlich. Mindestens im gleichen Sinne wie die Bombe von Hiroshima« (ebd., S. 10).

Darmstadt erstaufgeführt und zum »heftigsten deutschen Skandal der Nachkriegszeit«.[170]) Die Übereinstimmung solcher Äußerungen mit Adornos Beckett-Rezeption und der damit verbundenen Brecht-Kritik ist evident.

Wie das Inkommensurable muß aber auch das Absurde intermedial kontrolliert werden, um Sinnstiftung nicht per se auszuschließen. Grundlage hierfür ist ein der Forschung bisher unbekannter »Mitte«-Begriff, der sich nachdrücklich unterscheidet von dem zeithistorisch dominanten Konzept Hans Sedlmayrs. Während letzterer den Verlust eines ordnenden Zentrums beklagt,[171] wendet das Integraltheater ebendiesen Verlust ins Positive, wobei die polare Denkstruktur beibehalten wird. So verweist die Koexistenz von Tragik und Farce bei Ionesco auf die »radikale Austauschbarkeit« der Ideologien. Gerade dadurch entsteht allerdings eine »anarchische[] Mitte« zwischen »Faschismus« und »Determinismus«,[172] die auf dem Theater jene »Entbindung ins Spiel«[173] möglich macht, derer das moderne Subjekt zur Selbstfindung bedarf. Für die Regiearbeit heißt dies, daß der Bühnenraum bei allem Verzicht auf Mimesis einen Wirklichkeitsindex benötigt, d.h. ebenfalls eine ›Mitte‹ bewahren muß, und zwar diejenige zwischen Abstraktion und Naturalismus. In den Sellner-Inszenierungen von Büchners *Woyzeck* und Williams *Camino Real* (1954/55) sieht man deutlich den Versuch, beide Komponenten zu verbinden (Abb. 18/19).

Auf der Basis dieser Lesart wird der Absurdismus zum avantgardistischen Bestandteil integraler Regie, denn die »Liquidation der klassischen Unterscheidungen« verheißt dem Menschen die »Möglichkeit aller Möglichkeiten«[174] und markiert damit das Ende

[170] Ebd., S. 54 (Wilhelm Ringelband).
[171] Vgl. Sedlmayr: Verlust der Mitte (1948), S. 145-167.
[172] Schulze Vellinghausen: Eugène Ionesco (1957), S. 8.
[173] Sellner/Wien: Theatralische Landschaft, S. 118 (Äußerung Sellners vom 11. März 1962).
[174] Schulze Vellinghausen: Eugène Ionesco (1957), S. 8.

reflexiver Sinnstiftung.[175] Das Banale ist so omnipräsent, daß sich »Dialektik« nur noch »medial«[176] begreifen läßt als Ergebnis einer »poetischen Logik«.[177] Andererseits bleibt die Darstellung der Brüche durch den Transfer der Literatur auf das Theater stets Ergebnis eines Spiels, d.h. die Welt wird choreographisch geordnet, nicht psychologisch. Gerald Köhler hat in seiner 2002 erschienenen Dissertation die Bewegungsregie des instrumentalen Theaters eingehend untersucht. Seiner Ansicht nach hat Sellner »Bühnenergebnisse« erzielt, »die weit in ein von Hans-Thies Lehmann so bezeichnetes postdramatisches Theater vorausweisen«. Als Parameter nennt Köhler u.a. »Chortheater, Textlandschaft, auditive Semiotik, Körper als Skulpturen«.[178] Zwar drängt Bremer das tänzerische Element, das Vietta einfordert, sukzessive zurück, katalysiert mit der Integration des Absurdismus jedoch gleichzeitig die Dekonstruktion metaphysischer Weltbetrachtung: »Das Schöne, das ästhetisch Stimmige, das rhythmisch Zusammenklingende, das fugal Komponierte, wird immer mehr vom Banalen abgelöst. Der Weg führt von der Poesie zur Realität«.[179] Aber selbst das Banale ist performativ ausgerichtet. So sind Vergewaltigung und Exekution der Schülerin durch den Professor in Ionescos *Unterrichtsstunde* auf der Bühne nur angedeutet und zugleich »wie ein Ballett konstruiert«.[180] Die Gebärde ersetzt hier das Wort, weil der moderne Mensch gerade in der Extremsituation nicht mehr als verantwortlich handelnd darzustellen ist (B, 6.1.1).

Auf die Postmoderne (u.a. Robert Wilson) verweist darüber hinaus Sellners Tendenz zur ›Verlangsamung‹. Obwohl sie theoretisch nicht reflektiert wird, erscheint sie in der Theaterpraxis sehr häufig. So steht Ödipus während der Darmstädter Aufführung (1952/53) »minutenlang in einer Geste« da, »erstarrt in Abwehr, horchend in die schicksalhafte Vergangenheit und zugleich ergeben, das unbekannte, unbegreifliche Urteil hinzunehmen«.[181] Ähnliches gilt für das Schweigen, das wie bei Heiner Müller letztes Reservat der Utopie ist (B, 6.5.3). In der Stuttgarter Inszenierung von Orffs *Prometheus* (1968) läßt Sellner die Lautstärke derart variieren, daß einzelne Textpassagen sich dem Verstummen nähern.[182] Die »Auflösung von Sprache und Dramaturgie« ist aber auch Antwort auf die Aporie postmoderner Dekonstruktion. Denn – so Sellner – »vor lauter Avantgardismus« habe man schließlich nicht mehr gewußt: »Was ist gut? Was ist schlecht?«[183] Die Infragestellung des archimedischen Punkts erklärt, weshalb der mit ätherischen Schwebeteilen ausgestattete Bewegungsraum der instrumentalen Bühne seine rhythmische Dimension zunehmend verliert und dafür eine »anthrophagische« der »akustischen, baulichen und choreographischen Starre« erhält.[184] Folgerichtig ist die

---

175 Vgl. Sellner: Banalität als szenisches Material (1958), S. 19 (»Das heißt, es gibt nichts mehr Reflektierbares, keine Aussage, der man auf irgendeine Weise begegnen könnte«).

176 Schulze Vellinghausen: Eugène Ionesco (1957), S. 8.

177 Sellner: Banalität als szenisches Material (1958), S. 19.

178 Köhler (2002), S. 18.

179 Bremer: Stadien des Sellner-Theaters (1961), S. 19. Ein Beispiel für den Versuch, choreographisch Sinn zu stiften, ist Sellners *Ödipus*-Inszenierung von 1952/53. Hier bewegt sich der Chor streng rhythmisiert, und die Gesänge sind wie in Viettas Mysterienspiel *Monte Cassino* (1950) fugenmäßig durchgearbeitet (C, 4.3).

180 Seelmann-Eggebert: Theaterskandal um Eugène Ionesco (1957), S. 3.

181 Makarowa-Linfert: Terpsichore, die Dienerin des Mannes (1952/53), S. 71.

182 Vgl. Köhler (2002), S. 235.

183 Kerr: AZ-Gespräch mit dem Intendanten der Deutschen Oper Berlin (1967), S. 7.

184 Köhler (2002), S. 215.

Bühnenmusik, die Sellner konsequent einsetzt,[185] weniger Mittler der Transzendenz als imaginationsfördernder Platzhalter für deren Fehlen. Diese Form intermedialer Sinnstiftung entspricht der von Malraux vertretenen These, bereits die Produktion von »Vorstellungsbilder[n]« genüge, das »Nichts zu verneinen«.[186] Sellner verbindet daher selbst mit Ionescos ›Anti-Stücken‹ die Entstehung eines poetischen Organismus, der nicht nur den »Verlust« als »Veränderung« erkennen läßt,[187] sondern zugleich ein neues Weltgefühl etabliert durch Aufhebung der »Grenze zwischen Zuschauerraum und Bühne, zwischen Alltag und Dichtung«.[188] Diese Tendenz wird Anfang der sechziger Jahre von Claus Bremer radikalisiert, der sich vom instrumentalen Theater abwendet und unter Mitwirkung Daniel Spoerris ein ›dynamisches Theater‹ entwickelt. Hier sollen die künstlerischen Mittel Selbstzweck sein, nicht mehr Zeichen für etwas anderes.[189]

Sieht man von Wieland Wagner und ›Neu-Bayreuth‹ ab (da es sich hier um Opernregie mit gleichbleibendem Repertoire handelt),[190] so ist Heinrich Koch der einzige namhafte Regisseur der Nachkriegszeit, dessen Medialisierungsmodell mit dem der Darmstädter Schule vergleichbar ist. In der Tat bestehen bereits während der NS-Zeit persönliche Beziehungen, denn Koch, der seit 1939 auf Empfehlung Hilperts in Berlin und Wien inszeniert, wird vier Jahre später unter Sellners Intendanz Leiter des Schauspielhauses Hannover sowie der Theaterschule in Celle.[191] Nach Kriegsende folgt er einer Einladung nach Hamburg, wo er Sophokles' *Antigone* in der Hölderlin-Übersetzung mit großem Erfolg auf die Bühne bringt. Bereits 1954 gilt Koch als Paradigma eines »modernen Regisseurs«, dessen Theaterarbeit der Erwartungshaltung von Menschen entspricht, »denen die Technik neue Dimensionen und Zeitbegriffe erschlossen hat«, deren »Träume« aber noch immer »von Angst überschattet« sind nach dem »grauenhaftesten aller Kriege«. Um die Restituierung des Humanen auf der Bühne adäquat verwirklichen zu können, entwickelt Koch zusammen mit der Atempsychologin Margarethe Mhé in München ein Studioprojekt, das ohne Dekoration und Repertoire den ›homo ludens‹ ins Zentrum stellt. Aber auch später bleibt der Schauspieler wie bei Sellner »Instrument«, damit das Subjekt künstlerisch wiederhergestellt und das Theater zur »Stätte der Selbstbesinnung« werden kann. D.h. Koch möchte die »Kluft« zwischen dem »von der Physik und Politik und Technik revolutionierten Weltbild der Gegenwart« und der theatralen Umsetzung schließen. Dieser Versuch, Mensch und Mechanik

185 Sie stammt von zeitgenössischen Komponisten – nahmhaften (Orff, Křenek) und unbekannteren (Hermann Heiss, Hans Ulrich Engelmann).

186 Malraux: Psychologie der Kunst, S. 105.

187 Sellner: Die Wirklichkeit des Theaters und seiner technischen Zweigkünste (1957/58), S. 281.

188 Sellner: Banalität als szenisches Material (1958), S. 20.

189 Vietta sieht Sellner bereits 1955 an einem Endpunkt angelangt (vgl. Köhler [2002], S. 70f.). Die Hinwendung zum Absurdismus hätte Vietta ohnehin nicht nachvollziehen können (B, 3.2).

190 Vgl. W. Wagner: Überlieferung und Neugestaltung (1954), S. 36-43. Werner Oehlmann ist der erste, der den »Stilwandel« im Festspielhaus mit dem Regietheater von Sellner und Koch in Verbindung bringt (vgl. Der neue Stil Bayreuth [1952/53], S. 57).

191 In der Schrift *Theatralische Landschaft* erwähnt Sellner seine Arbeit in Hannover (1943/44) nicht. Gleiches gilt für die Tätigkeit als Göttinger »Gaukulturwart«, die Karena Niehoff 1960 als »eine sehr aktive Form der Reverenz vor den Nazis« brandmarkt (Wer wird Eberts Nachfolger?). Köhler (2002) beurteilt den Mitläuferstatus dagegen vorsichtiger, »weil auch die Möglichkeit besteht«, daß Sellner »Repressionen von seinem Theater und den Mitarbeitern abzuhalten versuchte« (S. 36).

»ins Gleichgewicht zu bringen«,[192] ist jedoch nicht mehr inhaltlich orientiert, sondern performativ. Gleichzeitig verbindet sich hiermit keine Kulturkritik; Internationalität und Modernisierung werden angenommen und produktiv einbezogen.[193] Dies gilt auch für Kochs Tätigkeit in Frankfurt a.M., wo er 1956 den erkrankten Lothar Müthel als Schauspieldirektor ablöst und zwei Jahre später das sog. »III. Programm« gründet. Dort stellt man – zunächst in Matineen und Mitternachtsvorstellungen – Werke der literarischen Avantgarde zur Diskussion (u.a. Beckett, Brecht, Dürrenmatt, Genet, Ionesco, Pinter, Tardieu, Wilder). Zu den wenigen deutschen Dramatikern der fünfziger Jahre, deren Werke unter Koch uraufgeführt werden, zählt Hans Günter Michelsen – im Fall *Stienz* (1963) allerdings mit deutlicher Distanz zur Entstehungszeit (1955).

Wie dem Darmstädter Team geht es Koch um den Transfer der Textsubstanz in Körper- und Raumwerte. Der Grundriß erscheint daher auch hier »als Rückgrat der Inszenierung«. Ziel ist die Konstruktion einer der Textvorlage strukturäquivalenten Bühnenordnung, denn jedes Drama trägt nach Koch in sich das »Geheimnis« seiner »absoluten räumlichen Lösung«.[194] Dahinter steht die Vorstellung eines ›organischen Ganzen‹, das nur mehr durch modernste Technik retablierbar ist. Die Totalität, die sich mit Hilfe der Sprache nicht einholen läßt, muß theatral erzeugt werden. Um dies zu erreichen, bedarf es der Koinzidenz von Raum und Zeit. Die hierfür im Münchner Studio entwickelte Bühnenscheibe, die sog. »Koch-Platte«, ist meist dekorationslos und wird 1950 bei der Aufführung von Zuckmayers *Gesang im Feuerofen* erstmals verwendet (Abb. 20).

Sellner verwendet schon früh ähnliche Bühnenscheiben, so in der *Ödipus*-Inszenierung (1952/53), dort allerdings verbunden mit einer deutlichen Phallus-Symbolik (Abb. 21).

192 Stobbe: Heinrich Kochs Hamburger Theaterarbeit (1954), S. 34f., 37, 112.

193 So inszeniert Koch nach seiner Rückkehr ans Hamburger Schauspielhaus (1950) neben Klassikern des Welttheaters (Shakespeare, Calderon, Kleist, Ibsen) zeitgenössische Autoren wie Claudel, Giraudoux und Zuckmayer (vgl. ebd., S. 34f.).

194 Äußerung von Koch (zit.n. Stobbe: Heinrich Kochs Hamburger Theaterarbeit [1954], S. 36).

Wie Koch mehrfach betont, ist die Bühnenplatte kein »kreisrundes Inszenierungsdogma«, sondern ein Raum, der »das bedeutet, was der Dichter will«,[195] und damit jede einseitige Auffassung eliminiert. Dennoch läßt sich der ›Werktreue‹-Begriff, der Kochs Modell zugrundeliegt, nicht philologisch fassen. Stärker als bei Sellner wird der Zeitablauf des Stücks zum Zentrum der Regiearbeit. Die bereits erwähnte Inszenierung von Zuckmayers *Gesang im Feuerofen* unterscheidet sich nicht nur medial, sondern auch textlich von der Göttinger Uraufführung durch Hilpert. Ganze Szenen sind neu geschrieben, andere umgestellt – allerdings mit Zustimmung des Autors, dem Theatralität als wirkungsästhetisches Korrelat dramatischer Konzeption erscheint:

> Der produktive Regisseur dichtet das Stück noch einmal, indem er es auf seinen Raum überträgt und ihm die klarste, seinem Wesen angemessene Theaterform schafft. Ist nun dieser konkrete Raum des Regisseurs gleichzeitig imstande, ein neues und gültiges Raumgefühl und damit eine neue Form des Theaters zu schaffen, so handelt es sich um einen Idealfall. Ich glaube, daß ein solcher Idealfall in der Begegnung zwischen dem Regisseur Heinrich Koch und meinem Stück eingetreten ist.[196]

Das Primat der Raumdimension entspricht Zuckmayers Versuch, mit seinem ›Mysterienspiel‹ zur »Wiederherstellung des geschöpflichen Zusammenhangs«[197] beizutragen (C, 4.1.3). Aber auch Kochs eigene Theaterarbeit zielt auf integrale Performanz, d.h. eine »*Gesamtinszenierung*«,[198] deren Einzugsbereich neben Dramaturgie, Schauspielerführung und Bühnenentwurf auch den Spielplan umfaßt. Der Regisseur entwickelt darüber hinaus 1951 in einem Beitrag für RIAS Berlin (*Der Schauspieler und das Theater*)

---

195 Äußerung von Koch (zit.n. ebd., S. 37).

196 Zuckmayer: Zeichen für Klage und Lust (1950). Auch das *Peer Gynt*-Projekt (1952) wird ohne Griegs Bühnenmusik realisiert, weil Koch das »veroperte Inszenierungsschema« aufheben möchte (Stobbe: Heinrich Kochs Hamburger Theaterarbeit [1954], S. 37, 112).

197 Zuckmayer: Geleitwort (1960), S. VII.

198 Stobbe: Heinrich Kochs Hamburger Theaterarbeit (1954), S. 36.

eigene Vorstellungen einer Raumbühne, die Akteur und Publikum zusammenführen soll, gleichzeitig aber flexibel auf unterschiedliche Stücke bzw. Konzepte reagieren kann. Die mit namhaften Architekten entwickelten Modelle reichen vom transportablen Wandertheater bis zum stationären Bühnenhaus.[199] Daher scheint Fehlings These, an Kochs Programm sei nichts »neu«, weil man »alles«, was er fordere, in der Weimarer Republik »viel raffinierter und konsequenter versucht und gezeigt« habe,[200] durchaus diskutabel. So berechtigt diese Skepsis für manche Bereiche der deutschen Nachkriegs-avantgarde sein mag, sie übersieht nachhaltige Veränderungen im diskursiven Feld.

Denn – so läßt sich resümierend festhalten – erst das Integraltheater begreift Intermedialität als Möglichkeit, postidealistisch Sinn zu stiften. Die neu erzeugte Totalität ist dabei weder ethisch noch politisch fundiert: Dem Theater der fünfziger Jahre fehlt jede Vision eines wie auch immer gearteten Gesellschaftswandels, d.h. es bleibt politisch perspektivlos, wie Thomas Koebner beklagt.[201] Der anthropologische Fokus setzt bestenfalls eine durch Spiralbildung untergrabene ›Wiederkehr des Gleichen‹ voraus und hinterfragt so die Sinnhaftigkeit sozialkritischen Engagements. An dieser Stelle ist Dieter Borchmeyer zuzustimmen, wenn er Parallelen zwischen Postmoderne und konservativer Revolution zieht.[202] Gleichzeitig wird jedoch ein Problem virulent, das das europäische Theater der Epoche insgesamt betrifft – nämlich das seiner Verortung im Modernisierungsprozeß. Nicht von ungefähr kommt es 1963 in der französischen Zeitschrift *Théâtre* zwischen Ionesco und Piscator zu einem ›Kampf der Avantgarden‹ um die Deutungshoheit im Modernitätsdiskurs: Was ist regressiv: politische Affirmation oder anthropologische Vereindeutigung? Realisiert sich Polyvalenz diachron als Vielfalt der Möglichkeiten, die Welt zu verändern, oder synchron als gleichsam ewige Inkommensurabilität des Subjekts? Die historische Einordnung des Integralmodells bleibt somit ambivalent: Einerseits agieren Fehling, Gründgens, Sellner und Koch rückwärtsgewandt, weil sie an einer Äquivalenz zwischen Text und Aufführung festhalten (die Stücklösung darf nicht ›diktatorisch‹ in Frage gestellt werden). Andererseits suchen sie einen theatralen Aufführungsmodus zu schaffen, der dem Irreduziblen der Schrift gerecht wird und es zugleich für die Identitätsbildung nutzt. Denn letztere ist in einem Zeitalter, das sich selbst als postideologisch begreift, nur mehr als Summe verschiedener Rollenentwürfe möglich. Das Integraltheater markiert daher eine bisher unbeachtete Zwischenposition auf dem Weg zu postmodernen Spieltheorien, die sich – so Wolfgang Iser in *Das Fiktive und das Imaginäre* – am ›Differenzial der Rollen‹ ausrichten.[203] Und das Differenzial ist bereits in der Mathematik nur eine Umkehroperation des Integrals.

3.1.4 Sonstige (semi)integrale Konzepte

Für den Kritiker Siegfried Melchinger ist das deutsche Nachkriegstheater »gekennzeichnet durch disparate Phänomene, deren Überblick ein fast bizarres Bild ergibt«. Denn obwohl die meisten Intendanten bzw. Regisseure derselben Generation angehö-

199 Vgl. ebd., S. 112. Siehe auch A, 3.1.
200 FM, S. 69 (Für die Guckkastenbühne [1953]).
201 Vgl. Koebner (1971), S. 352, 369.
202 Vgl. Borchmeyer (1991), S. 116-118, 126.
203 Vgl. Kapitel 3 (Drama und Theater als Medien kollektiver Sinnstiftung).

ren, kommt es nach 1945 – verstärkt durch die Diversifikation der Bühnenlandschaft (A, 2.3) – zur Ausbildung individueller Profile. Melchinger konstatiert sogar das Fehlen von »Spuren einer gemeinsamen Linie«.[204] Nichtsdestotrotz lassen sich die Konzepte großenteils auf das Integralmodell zurückführen, wobei die konstitutiven Bestandteile (A, 3.1) in unterschiedlicher Form und Konsequenz realisiert werden.

Heinz Hilpert vertritt beispielsweise einen Systembegriff, der zwar postideologisch ausgerichtet ist, zugleich aber eine moralische Grundlage besitzt. Folgerichtig kann nur die »*intensivste Humanisierung* des Theaters«[205] einer »Weltkatastrophe« entgegenwirken, die durch ihre »nicht überblickbaren Ausmaße« zur »Chaotisierung der politischen, soziologischen und rein menschlichen Verhältnisse« geführt hat.[206] Wenn die Bühne also ihrer Bestimmung gemäß »Spiegel der Zeit«[207] sein will, müssen auf ihr nicht nur aktuelle Fragestellungen reflektiert, sondern auch »Fundamente« zu einer »neuen« Welt gelegt werden.[208] Produktiv wirkt hier weniger die Totalität der Performanz (*musée imaginaire*) als die Performanz der Totalität (Wiederherstellung des ›ganzen Menschen‹ durch Nachweis der Harmonie »seines inneren Wesens mit den göttlichen Geboten«[209]). Das Theater benötigt daher Wegweiser, die von dem »kompaßlosen« Individuum angesteuert werden können und dessen atavistisches Bedürfnis nach Mitte, Maß und Gesetz befriedigen. D.h. der Regisseur hat sowohl den Status quo wie das Potential anthropologischer Existenz zu zeigen (was pessimistische Stücke ausschließt).[210] Tatsächlich entspricht Hilperts Versuch, die Entfremdung des modernen Arbeiters im »religiösen Theater« aufzuheben, bei allen Differenzen mit der Adenauer-Regierung einem Klerikalismus, für den ökonomische Prosperität und transzendente Sinnstiftung Korrelate darstellen.[211] Medium der angestrebten Synthese ist die Bühne, auf der dem Berufstätigen der ›spielende Mensch‹ entgegentritt, die allen Zweckzusammenhängen entbundene, in zwangloser Tätigkeit beglückte Individualität.[212] Dahinter steht noch immer die idealistische Vorstellung, daß der Höchstgrad humaner Entwicklung im ästhetischen Zustand erreicht werde, nicht durch Etablierung demokratischer Regularien:

> Der Verleger, der Bühnenleiter, der Zeitungsmann, der Politiker vor und nach der Wahl, der prominente Parteimann von rechts bis links, sie alle (Ausnahmen bestätigen nur die Regel) richten sich aus nach dem, was die Masse, die Mehrheit verlangt. Die Mittelmäßigkeit hat den Marschallstab im Tornister. Mehrheit bestimmt Gesetz und Gerechtigkeit. Wehe der Wahrheit und Wahrhaftigkeit – sie wird ärger gesteinigt, als das schon eh und je der Fall war.[213]

---

204 Melchinger (1970), S. 4f.

205 HG, S. 131 (»Zur Himmelsleiter werden die Übel« [1947]).

206 HG, S. 96 (Probleme des heutigen Theaters [1950]).

207 HG, S. 37 (Vom Sinn und Wesen des Theaters in unserer Zeit [1945]).

208 HG, S. 130 (»Zur Himmelsleiter werden die Übel« [1947]).

209 HG, S. 45 (Vom Sinn und Wesen des Theaters in unserer Zeit [1945]).

210 HG, S. 117f. (Probleme des heutigen Theaters [1950]). Hilpert nennt als Beispiele Tennessee Williams' *A Streetcar Named Desire* und Arthur Millers *Death of a Salesman*.

211 HG, S. 62. Zu Hilperts Konflikt mit der Göttinger Stadtverwaltung wegen der Solidaritätserklärung mit einem offenen Brief Brechts (1956) vgl. Dillmann (1990), S. 266-268.

212 Vgl. HG, S. 122 (Etwas über das Wort [1948]).

213 HG, S. 98 (Probleme des heutigen Theaters [1950]).

Hilpert wendet sich hier in der Nachfolge von Brahm und Reinhardt gegen das »Primat der Politik« und fordert eine deontologische Ethik der inneren Stimme. Entscheidungsinstanzen sind »Herz«, »Geist« und »Gewissen«.[214] Im Zentrum steht demnach nicht Gesellschafts- oder Systemkritik, sondern der Nachweis, daß bürgerliche Tugenden »in der Hand des falschen Mannes« zwar »zu teuflischen Kräften« werden können, »unter normalen Verhältnissen« aber »richtige Mittel« sozialer Interaktion darstellen.[215] Um jede ideologische Tendenz auszuschließen, muß der Regisseur auch hier hinter das Werk zurücktreten. Hilperts Position bleibt allerdings ambivalent, weil er eine Ausrichtung am Humanismus fordert, zugleich jedoch opponiert gegen die »Genormtheit eines [...] auf irgendeinen ›ismus‹ eingeschworenen falschen Idealbildes«.[216] Die Kritik an den »Stilspielereien«[217] der Weimarer Republik macht andererseits deutlich, daß der Rahmen dem Bild gegenüber sekundär ist: Die Raumordnung ergibt sich aus der Werkstruktur. Nur kraft dieser Homologie läßt sich – so Hilpert – die künstliche »Temposteigerung des Lebens« in ein »organisches Wachstum« überführen.[218] Die filmische Montagetechnik der Göttinger Uraufführung von Zuckmayers *Gesang im Feuerofen* (1950) symbolisiert denn auch die menschliche Distanz zum Göttlichen: »The combination of strong characters, realistic yet understated dialogue exchange, rapid scene changes, and detailed blocking on the lower playing areas contrasted strongly with the static quality of the cosmic atmosphere on the upper level.«[219] Aufgrund der moralischen Bewertung ästhetischer Verfahren kann Hilperts ›religiöses Theater‹ nur mit Abstrichen als Integralmodell bezeichnet werden.

Dies gilt in weit geringerem Maß für Hans Schalla, der während der NS-Zeit als Gastregisseur am Berliner Staatstheater arbeitet und 1949 von Saladin Schmitt die Generalintendanz am Bochumer Schauspielhaus übernimmt. Der Klassikerschwerpunkt wird zunächst beibehalten, aber szenische Realismen sind wie bei Fehling und Sellner weitgehend verabschiedet. Die Dekoration ist meist symbolhaft ausgerichtet, während die Regietechnik an das choreographische System von Inge Maria Leddihn erinnert.[220] Auch hier soll die Darstellung elementarer Körperlichkeit den sprachlichen Kommunikationsbereich erweitern und das Subjekt in seiner Ganzheit ins Zentrum rücken (A, 3.1.3). Die zunehmende Integration moderner Stücke führt Anfang der fünfziger Jahre zur Ausbildung eines pluralen Spielplans. So werden unter Schalla deutsche Autoren wie Brecht, Kaiser und Wedekind inszeniert, später auch Hochhuth und Nelly Sachs. Darüber hinaus engagiert sich der Bochumer Intendant für internationale Schriftsteller (u.a. Anouilh, Giraudoux, Ionesco, Sartre, Miller, O'Neill, Williams) und veranstaltet programmatisch angelegte ›Wochen‹ der zeitgenössischen Dramatik, die sich mit den USA (1955), Frankreich (1956), Deutschland (1957) und Großbritannien (1959) beschäftigen.[221] Diese Form integraler Sinnstiftung ruft im christlich-bürgerlichen Lager scharfe Abwehrreaktionen hervor. Winter 1955/56 kommt es schließlich zu einem

214 HG, S. 130 (»Zur Himmelsleiter werden die Übel« [1947]).
215 HG, S. 152 (Einige Gedanken zu Zuckmayers »Des Teufels General« [1948]).
216 HG, S. 53 (Vom Sinn und Wesen des Theaters in unserer Zeit [1945]).
217 HG, S. 131 (»Zur Himmelsleiter werden die Übel« [1947]).
218 HG, S. 41, 58, 44 (Vom Sinn und Wesen des Theaters in unserer Zeit [1945]).
219 Grange (1991), S. 142. Vgl. C, 4.1.3.
220 Vgl. Gregor (1958), S. 196-199, 228.
221 Vgl. Ketelsen (1988), S. 69-72.

handfesten Skandal, als die Figur der Alkmene in Giraudoux' *Amphitryon 38* als französische Durchschnittsfrau dargestellt wird, die zwar tugendhaft, zugleich aber laszivverotisch auftritt. Proteststürme von seiten der katholischen Kirche und der CDU (durch Innenminister Dufhues) sind die Folge. Ähnliche Invektiven begleiten Schallas Inszenierung der *Dreigroschenoper* (1956), die gegen Widerstand aus Bonn für die Theaterfestspiele in Paris ausgewählt wird. Eine Bezuschussung des Projekts lehnt Walter Hallstein, Staatssekretär im Auswärtigen Amt, mit der Begründung ab, daß Brecht (wie Wedekind) keine gültigen Zeugnisse klassisch-moderner deutscher Kunst hervorgebracht habe. Erst eine Spende der Stadt Bochum in Höhe von 6000 DM ermöglicht die Realisierung des Gastspiels.

Für die internationale Avantgarde engagiert sich auch Karl Heinz Stroux, der während des Krieges als Gastregisseur am Berliner Staatstheater arbeitet und nach Aufenthalten in Heidelberg bzw. Darmstadt 1955 die Gründgens-Nachfolge in Düsseldorf übernimmt.[222] Mit Hilpert wendet er sich gegen »alles was mit -ismus endet« und setzt an die Stelle theoretischer Reflexion ein expressives Theater, in dem es »um nichts als Menschen« geht.[223] Die Aufführung ist für Stroux emotional-erotisches Ereignis und damit der Ort, an dem wie bei Ionesco (B, 5.1.1/C, 4.3) anthropologische Konstanten in ihren gesellschaftlichen Auswirkungen gezeigt werden. Dahinter steht die These, daß »gerade die Werke, die sich jeder ideologischen Nutzbarmachung entziehen, die größte Sprengkraft haben«.[224] Es ist also wieder das Inkommensurable, das den Ort tradierter Sinnstiftungsmodelle einnimmt und die Absage an Konzepte der Weimarer Republik begründet. »Alle Versuche« nämlich, »programmatisches oder politisches Theater zu machen«, haben nach Stroux »zu gar keinen Resultaten geführt«.[225] Aus solcher Perspektive wird jeder Naturalismus obsolet, und die Inszenierungen erhalten oft etwas Gewalttätiges, das im Sinne Fehlings (A, 3.1.1) als Signum großer Dichtung firmiert. Hieraus erklärt sich die Konzentration auf Klassiker (Shakespeare, Goethe, Schiller, Kleist) sowie kritisch-absurde Parabeln (Beckett: *Warten auf Godot*, Ionesco: *Die Nashörner*, Böll: *Ein Schluck Erde*) – zuweilen ist beides sogar in experimenteller Weise kombiniert (*Unterrichtsstunde* und *Zerbrochner Krug* am 11. April 1959). Einige späte Dramen Ionescos, den Stroux als »mon Shakespeare« bezeichnet,[226] erleben in Düsseldorf sogar ihre Welturaufführung: neben den *Nashörnern* die Stücke *Fußgänger der Luft*, *Hunger und Durst* sowie *Triumph des Todes*. Stroux engagiert sich darüber hinaus nachhaltig für die moderne Dramatik Osteuropas, indem er bekannte Schauspieler, Regisseure und Bühnenbildner nach Düsseldorf einlädt.[227] Der damit verbundene Versuch, die Dominanz des westeuropäischen Theaters zu brechen, ist jedoch nicht politisch motiviert, sondern funktional, d.h. das Ergebnis eines auf Totalität ausgerichteten Integralmodells. Der Intendant versucht »in aller Freiheit das große Weltpanorama aufzurollen«, weil die Aufgabe von Kunst und Theater »bis heute noch gar nicht eindeutig geklärt« ist.[228] Vor diesem Hintergrund ist auch der angekündigte Einsatz für Brecht zu

222 Vgl. Riemenschneider (1988).
223 Sarti: [Karl-Heinz Stroux] (1947), S. 273.
224 Äußerung von Stroux aus dem Jahr 1960 (zit.n. Stroux: Aufsätze, Reden, Interviews, S. 148).
225 Stroux: Aufsätze, Reden, Interviews, S. 156 (Die Zeit der Suchenden [1963]).
226 Zit.n. Schwab-Felisch (1970), S. 50. Vgl. Neukirchen (1970).
227 Vgl. H. Schmidt (1970).

sehen, der nach Stroux »einer der großen Menschen- und Sprachgestalter Deutschlands« ist. Um dies deutlich zu machen, müsse der Augsburger Dramatiker allerdings »aus der Tagespolitik herausgezogen werden«.[229] Die erste Brecht-Inszenierung (*Der gute Mensch von Sezuan*) datiert daher aus dem Jahr 1971.

Während Schalla und Stroux trotz persönlicher Beziehung zu Gründgens und vergleichbarer Unternehmensstrategie letztlich Exponenten der Fehling-Tradition sind,[230] steht die Theaterarbeit von Hans Schweikart und Oscar Fritz Schuh dem Konzept eines skeptischen Klassizismus näher (A, 3.1.2). Hierbei konzentriert sich der Intendant der Münchner Kammerspiele (1947-1962) auf die Einzelinszenierung und betont deren Singularität. Stil werde »im wesentlichen von der Persönlichkeit gemacht« und tauge nicht zur Bildung von Schulen. Nur die Auseinandersetzung mit dem Text könne Standards setzen. Schweikart fordert deshalb nach dem Vorbild Brechts »einen genauen Arbeitsreport« über wesentliche Inszenierungen, um Leitlinien zu schaffen, die eine »moderne Regie« ohne »Aktualitätssucht« sicherstellen und die ideologisch fundierten Experimente der zwanziger Jahre produktiv überwinden.[231]

Gegen die Reduktion von Kunst auf nur jeweils eine gesellschaftliche Funktion wendet sich auch Oscar Fritz Schuh,[232] der nach Engagements in Wien und Salzburg 1953 Intendant des Theaters am Kurfürstendamm wird, bevor er 1959 die Leitung der Städtischen Bühnen Köln übernimmt (bis 1963). Schuh argumentiert dabei im Rekurs auf Picasso, der der Begründer einer pluralistischen Moderne sei, weil er »alle Arten der Malerei aufgegriffen, zur Diskussion und gleichzeitig in Frage gestellt« habe. Diese Verfahrensweise soll nun auf den theatralen Bereich übertragen werden und auch dort »die vorgekaute Auffassung [...] eliminieren«.[233] Damit aus der Offenheit keine Beliebigkeit wird, dürfen die »Grundlagen« der Regiearbeit zwar »sehr verschiedener«, d.h. auch »politischer Natur« sein, müssen aber wie bei Brecht »belegbar« bleiben »aus Erkenntnissen, die unserem wissenschaftlichen Zeitalter jene Unterlage geben, ohne die es heute eine Diskussion über künstlerische Dinge nicht mehr gibt«. Schuh denkt hier jedoch nicht an marxistische Theoreme oder Formen intermedialer Konvergenz, sondern an die These C.G. Jungs, derzufolge Wissenschaft und Religion »keine unvereinbaren Gegensätze« sind. Der göttliche Ursprung der Kunst kompensiert das Sinndefizit von Technik-Narrativen: »Wir leben nicht mehr in einer Zeit, in der man glaubte, daß durch Erfindungen, durch neue Errungenschaften das Paradies auf Erden konstruiert werden könnte«.[234] Aber selbst die Bühne kann »aus eigenen Mitteln« keine »Totalität« mehr herstellen, weil die Medienvielfalt zu irreversiblen Veränderungen der Struktur und soziologischen Funktion des Theaters geführt hat. Ziel ist daher nicht inhaltliche Ganzheit, sondern funktionale Polyvalenz, d.h. der Versuch, »entscheidende weltanschauliche Begebenheiten künstlerisch zu antizipieren«.[235] Um dies leisten zu können, muß die

---

228 Äußerung aus dem Jahr 1960 (zit.n. Stroux: Aufsätze, Reden, Interviews, S. 148). Vgl. hierzu Stroux: Düsseldorfer Schauspielhaus (1972), S. 5*-11* (Inszenierungsverzeichnis).
229 Stroux: Aufsätze, Reden, Interviews, S. 153 (Ich spiele Dichtungen [1963]).
230 Vgl. Doll (1983), S. 102 und Schölzel (1998), S. 128f.
231 Vgl. Darmstädter Gespräch »Theater« (1955), S. 264, 308, 294 (Schweikart).
232 Vgl. Schuh: Der Theaterleiter (1966), S. 51.
233 Darmstädter Gespräch »Theater« (1955), S. 251, 329.
234 Schuh: Zur Situation des Theaters (1955), S. 89.
235 Darmstädter Gespräch »Theater« (1955), S. 254f. (Schuh).

Bühne ein »geistiger Raum«[236] sein, in dem das menschliche Leben transparent gemacht wird in bezug auf biologische, psychische, soziale und politische Abhängigkeiten. Den Schwerpunkt der Kölner Theaterarbeit bilden denn auch Werke von O'Neill, Pirandello und Strindberg.[237]

Wie Gründgens geht Schuh davon aus, daß Stil eine aufführungsspezifische Kategorie ist, weil er sich aus der Werkstruktur ergibt. Fortschrittsglaube und Materialismus hätten zur Selbstüberschätzung des Subjekts geführt und damit die »Inthronisation des Regisseurs« vorbereitet, dessen subjektive Auffassung unzulässigerweise zwischen Dichtung und objektive Interpretation getreten sei.[238] Dahinter steht das Modell eines ›théâtre pur‹, das an Tairow und Sellner erinnert,[239] weil es der »neuerstandenen« Maschinentechnik den choreographischen Fokus auf »die geistige Struktur eines Werkes«[240] gegenüberstellt. Die Bühne soll wieder »Bewahrerin der Sprache«[241] sein, um das »Theater der Geste«[242] logozentrisch zu fundieren. Aus diesem Grund umfaßt die Probenarbeit zwei Phasen: eine ›naturalistische‹ und eine ›parabolische‹. Maske, Kostüm, Stimme und Geste sind zunächst auf Illusionsbildung orientiert, die wie bei Brecht in einem zweiten Durchgang aufgehoben wird (C, 4.2.2) – allerdings nicht durch epische Distanz, sondern durch Stilisierung.[243] Die ästhetische Abständigkeit von Theater und Realität, die Transsubjektivität verbürgen soll, verschleiert nach Schuh aber zugleich die Darstellung der ›einen bestimmten Wahrheit‹ und nimmt der Inszenierung damit das »Lehrhafte«.[244] Durch diesen Dekonstruktionsprozeß läßt sich das Inkalkulable der Schrift auf die Bühne übertragen. Schuh kritisiert daher sowohl das kathartische wie das epische Theater und plädiert für eine Form abstrakter Performanz. Um jene verwirklichen zu können, müsse der qualitativ divergente Spielplan der zwanziger Jahre suspendiert werden zugunsten eines Repertoires, das ästhetische Essenz mit künstlerischer Perfektion verbinde.[245] Dies führt zu einer veränderten Ausrichtung des Integralmodells: Totalität wird in Anlehnung an die Berliner Theaterlandschaft der Weimarer Republik nicht mehr bühnen-, sondern territorialbezogen verstanden: Keineswegs alle Theater dürften dem »Zwang zum Pluralismus« unterliegen, statt dessen müsse jeder Bezirk eigene Gesetze ausbilden, damit die »eine große, herausragende Leistung« trotz der »Vielfalt« an Produktionen weiterhin möglich sei und auch angemessen rezipiert werde.[246]

Ähnlich universal orientiert ist Boleslaw Barlog, der während des Dritten Reichs mit Hilpert zusammenarbeitet und nach dem Krieg die Berliner Staatsbühnen Schiller- und Schloßpark-Theater leitet (1945/1951-1972). Unter seiner Ägide wird nahezu die gesamte Avantgarde gespielt, wobei Barlog selbst vorwiegend moderne Dramatik auf-

---

236 Schuh: Bühne als geistiger Raum (1963), Titel, passim.

237 Vgl. Schuh/Willnauer (1963), S. 136-150 (Inszenierungsverzeichnis).

238 Vgl. Schuh: Der Regisseur von heute (1954), S. 31.

239 Darmstädter Gespräch »Theater« (1955), S. 331. Schuh nennt beide Regisseure.

240 Schuh: Der Regisseur von heute (1954), S. 32.

241 Schuh: Zur Situation des Theaters (1955), S. 92.

242 Darmstädter Gespräch »Theater« (1955), S. 258 (Schuh).

243 Vgl. Gregor (1958), S. 230f.

244 Darmstädter Gespräch »Theater« (1955), S. 327.

245 Vgl. ebd., S. 260, 255.

246 Schuh: So war es – war es so? (1980), S. 155. Die Parallelen zu Gründgens' Leistungsmodell sind evident (vgl. A, 3.1.2).

führt. Das kanonische Repertoire wird durch entsprechend profilierte Gastregisseure abgedeckt: u.a. Fehling (*Maria Stuart*), Gründgens (*Faust II*), Sellner (*Don Carlos*), Hilpert (*Richard II*), Stroux (*Nathan der Weise*), Koch (*Antigone*), Kortner (*Hamlet*), Piscator (*Dantons Tod*). Darüber hinaus inszenieren im zeitgenössischen Bereich Noelte (Barcava: *Die Gefangenen*), Schalla (Frisch: *Don Juan*), Schweikart (Shaw: *Der Teufelsschüler*) und Schuh (Wedekind: *Die Büchse der Pandora*). Ziel ist der unkonventionell plurale Spielplan, der dem »Verlorensein im Tragischen«[247] durch weltanschauliche Vielfalt entgegenwirkt. Mit zunehmender Medienkonkurrenz (Film/Fernsehen) wird darüber hinaus der Aspekt künstlerischer Perfektion wichtig, die zur Sicherstellung autarker Theatralität führen soll. Barlog erhebt daher hinsichtlich der modernen Bühne zwei Forderungen: »Pflege der Dichtung« und »Durchhalten eines hohen Spielplan-Niveaus«.[248] Beabsichtigt wird jedoch keine soziale Elitebildung, sondern der Einbezug sämtlicher Publikumsschichten bei gleichzeitigem Verzicht auf Konzessionen an die kulturindustrielle Praxis. Welche Vielfalt das so gestaltete Integral aufweist, zeigt die Saison 1954/55 am Schiller-Theater. Dort werden Sellners choreographische *Troilus und Cressida*-Inszenierung, Piscators epische Tolstoi-Adaption *Krieg und Frieden* (A, 3.2.2) sowie Barlogs filmisch-realistische Umsetzung von Wouks *Meuterei auf der Caine* mitunter in derselben Woche aufgeführt. Auch Beckett ist präsent – zunächst mit *Warten auf Godot* unter Stroux (DE 1953). Weitere Inszenierungen folgen, Ende der sechziger Jahre sogar in Eigenregie des Autors (*Endspiel*, *Das letzte Band*, *Glückliche Tage*).[249] Am 28. September 1959 wird zudem Albees *Zoo-Geschichte* uraufgeführt. Barlogs Wirkungsästhetik bleibt dagegen traditionell: Wie viele seiner Kollegen ist er ein Befürworter ›werktreuer‹ Darstellung. Er will »bewegen« und »erschüttern«,[250] nicht zeigen oder erklären. Zu diesem Zweck entwickelt der ehemalige Filmemacher eine theatrale Detailregie, die auf Lebenswahrheit zielt und dafür die Übungspraxis verändert: statt Lese-, Stell-, Szenen-, Akt- und Durchlaufprobe nacheinander umzusetzen, wird jede ›Einstellung‹ sofort als ganze realisiert.[251]

Auf institutioneller Ebene entspricht der Genese dramaturgischer Totalität die Einrichtung der Ruhrfestspiele, die – ausgehend von einem Gastspiel des Hamburger Theaters in Recklinghausen – 1948 vertraglich festgesetzt ist, bevor Stadt und DGB im darauffolgenden Jahr die offizielle Gründung einer GmbH beschließen. Das neue Festspielhaus wird nach langwierigem Planungsprozeß allerdings erst 1965 eröffnet.[252] Da sich Konzeption und Ausführung des Projekts »keinesfalls einheitlich und eindeutig« gestalten,[253] scheint es problematisch, in ihm das »Konzentrat bundesrepublikanischen Theaterverständnisses« zu sehen.[254] Zwar lassen sich einige Bestandteile nennen, aber sie korrelieren den beschriebenen Medialisierungsmodellen nur bedingt. Die Ruhrfestspiele bleiben allenfalls semiintegral ausgerichtet: Aufgabe ist die Realisation eines sozialen Vorsatzes, weniger die Genese autonomer Theatralität. So soll der ansässigen

---

247 Barlog: Theater lebenslänglich (1990), S. 262.
248 Barlog: Ist das Theater überflüssig? (1955), S. 24.
249 Vgl. Barlog: Theater lebenslänglich (1990), S. 403, 425-429.
250 Barlog: Ist das Theater überflüssig? (1955), S. 25.
251 Vgl. Gregor (1958), S. 222.
252 Vgl. Storck (1971), S. 455-472.
253 Limbach (1965), S. 66.
254 Rischbieter (1983), S. 87. Vgl. auch Hickethier (2002), S. 45.

Bevölkerung »wertvolles Kulturgut«[255] vermittelt werden, allerdings nicht um »der Kunst allein« zu »dienen«, sondern dem »neu sich aufschließenden Publikum durch die Kunst«.[256] Dahinter steht wie in der DDR das Postulat, daß die Arbeiterbewegung »die primäre gesellschaftliche Macht unserer Zeit« darstellt und daß »aus ihren Notwendigkeiten« die »gesellschaftlichen Verhältnisse [...] gestaltet werden müssen«.[257] Die Ruhrfestspiele besitzen vor diesem Hintergrund nur bedingt pädagogischen Impetus, statt dessen erscheinen sie als Vorgriff auf die Realutopie einer künstlerisch ›nivellierten Mittelstandsgesellschaft‹. Die Werktätigen sollen anspruchsvoll werden, die Gebildeten ihr Wissen nicht als Besitz, sondern als Herausforderung begreifen. Hans Böckler verbindet hiermit den Anbruch eines »neuen Zeitalters«, in dem Kunst und Technik harmonisch synthetisiert werden. Das »mutige Schaffen von Millionen fleißigen Händen und der Alltag der im Büro und Geschäft Tätigen« würden auf diese Weise »ihre Verklärung und ihre Erhebung auf eine höhere Ebene des menschlichen Seins«[258] finden – eine Vorstellung, die in modifizierter Form auch den sozialistischen Diskurs bestimmt (B, 4.1.3). Arbeitsteilung und Rollendiversifikation der modernen Gesellschaft sind hier durch das Kunsterlebnis so weit aufgehoben, daß die Entfaltung »personale[r] Subjekthaftigkeit«[259] in der Massengesellschaft möglich scheint. Gleichzeitig tritt an die Stelle sozialgeschichtlicher Analyse das Herausbilden einer inneren Wertordnung, die spezifisch deutsche Denkmuster aktiviert. Für den 1949 zum Festspielleiter berufenen Karl Pempelfort steht außer Frage, daß nur durch die »Hinführung zum Wesen des unverfälscht Menschlichen« die »Abkehr von aller Gewalt und aller Barbarei« vollzogen werden kann.[260] (Die damit verbundene Suspension historischer Aufarbeitung erklärt sich allerdings auch aus der Tatsache, daß Pempelfort selbst im Dritten Reich keineswegs unverfänglich agiert hat.[261]) Durch die naive Hoffnung, der Mensch könne noch im Atomzeitalter »Einklang mit der Schöpfung«[262] erzielen, wird die semantische Pluralität domestiziert. Trotzdem schreibt sich Ideologieskepsis noch in den Versuch ein, das Humane als Totalität wiederherzustellen, denn die erstrebte »Ganzheit« des Menschen bleibt die seiner Funktionen, d.h. das Integral von »materiellen, biologischen, seelischen und geistigen Kräften«.[263] Im Unterschied zur einheitsstiftenden Propaganda im DDR-Theater sollen die Ruhrfestspiele frei bleiben von ideologischen Auseinandersetzungen, auch jeder direkte Zusammenhang mit gewerkschaftlichen Programmen fehlt. Dies erklärt, weshalb nur wenige Aufführungen von Dramen stattfinden, die aktuelle Probleme behandeln, und Angebote ostdeutscher Bühnen, eigene Produktionen zu präsentieren, mehrfach zurückgewiesen werden. Selbst die geplante Inszenierung von Brechts *Kaukasischem Kreidekreis* löst 1955 heftige Proteste aus – nicht nur in CDU-Kreisen und katholischen Verbänden, sondern gleichfalls beim DGB.[264]

---

255 Gesellschaftsvertrag [zur Gründung der »Ruhrfestspiele-Gesellschaft«] (1948), Präambel.
256 Mugrauer u.a.: o.T. (1956), S. 7*.
257 Böckler: Gewerkschaften und Kulturpolitik (1954), S. 11.
258 Böckler: Festspielwochen im Ruhrgebiet (1948), S. 5.
259 Kogon: Die Rolle der Arbeiterschaft in der Kultur (1958), S. 3.
260 Pempelfort: Zur Idee der Ruhr-Festspiele (1948), S. 15.
261 Vgl. Wulf (1964), S. 131, 257.
262 Pempelfort: Zum Spielplan der Ruhr-Festspiele 1951, S. 9.
263 Pempelfort: Vom Sinn der Ruhr-Festspiele (1949), S. 6.
264 Vgl. Limbach (1965), S. 73f. Zum westdeutschen Brecht-Boykott siehe A, 1.2.

Der Spielplan der Ruhrfestspiele ist dennoch qualitativ hochwertig, semantisch plural und bietet während der gesamten Nachkriegszeit einen respektablen Querschnitt des zeitgenössischen deutschen Theaters. In Recklinghausen gastieren nahezu alle namhaften Regisseure der Epoche (von denen einige auch an diversen Arbeitsgruppen teilnehmen, die der Institution eine ›geistige Grundlage‹ geben sollen): Gründgens, Sellner, Koch, Hilpert, Schalla, Stroux, Schweikart, Schuh, Barlog, Buckwitz, Kortner und Piscator. Im Mittelpunkt des Repertoires steht immer ein großes klassisches Schauspiel, bei mehreren Projekten stammt mindestens ein Drama von Shakespeare, Goethe oder Schiller. Grundlage bildet die Auffassung, daß lediglich Klassiker in der Lage seien, Massen anzuziehen. Nur hier erscheint künstlerische Qualität ohne jene ästhetische Subversion, wie sie für aktuelle Meisterwerke konstitutiv ist. Nichtsdestotrotz versucht man dem Arbeiter – anders als in der DDR – ein umfassendes Panorama der europäischen Moderne zu vermitteln. D.h. die internationale Avantgarde wird durchaus als kulturstabilisierend verstanden. In der Tat bestehen fünfzig Prozent aller Fremdproduktionen aus zeitgenössischen Schauspielen, wobei nahezu die gesamte Bandbreite der Gegenwartsdramatik abgedeckt ist – sogar unter Einschluß des absurden bzw. engagierten Theaters. Zwischen 1947 und 1961 sind Stücke folgender Autoren zu sehen: Zuckmayer, Giraudoux, Brecht, Saroyan, Kafka/Gide/Barrault, Fry, Wilder, Hohoff, Eliot, Miller, Lotar, O'Neill, Frisch, Dürrenmatt, Sartre, Beckett, Camus, Anouilh, Adamov, Ahlsen und Waldmann.[265] Darunter befinden sich drei deutsche Erstaufführungen (Kafka/Gide/Barrault: *Der Prozeß*, Fry: *Der Erstgeborene*, Eliot: *Der Privatsekretär*) sowie eine Welturaufführung (Anouilh: *Majestäten*). Ähnliches gilt für den Bereich der Oper, die bis 1953 Bestandteil der Ruhrfestspiele ist. Hier werden u.a. Werke von Orff, Strawinsky, Honegger und Berg inszeniert. Die Vielfalt des Dargebotenen entspricht der von Walter Dirks erhobenen Forderung, für Recklinghausen »das wesentliche gegenwärtige Experiment« zuzulassen.[266] Anspruch und Erfolg der kollektiven Bildungsmaßnahme divergieren allerdings. Was 1959 noch als »eine unserer vordringlichsten gesellschaftlichen und staatlichen Aufgaben« erscheint,[267] wird schon im darauffolgenden Jahr als gescheitert betrachtet, d.h. *vor* der Wiederbelebung ähnlicher Programme im Kontext der Studentenrevolten. So kommt ein Gutachten des Deutschen Ausschusses für das Erziehungs- und Bildungswesen zu dem Ergebnis, daß sich die »Hoffnung« auf intellektuelle Assimilation der unteren Bevölkerungsschichten »in den Gegensätzen der pluralistischen Gesellschaft, die sich ständig verschärften, als trügerisch« erwiesen hat.[268]

Eine ähnliche Zielsetzung wie die Ruhrfestspiele verfolgt das sog. »II. Programm« der Städtischen Bühnen Frankfurt a.M. Mit seiner Hilfe sollen Industriearbeiter, die in der Regel kaum Schauspielvorstellungen besuchen, an das Theater herangeführt werden. Initiator ist Generalintendant Harry Buckwitz. Die erste Aufführung (Warren: *Blut auf dem Mond*) findet am 1. November 1956 im Casinosaal der Farbwerke Hoechst statt. Es folgen positiv rezipierte Gastspiele in weiteren Fabrikhallen und Werkskantinen. Wegen der beschränkten Bühnenverhältnisse verlegt man die Aufführungsreihe

265 Vgl. ebd., S. 172, 176f., 188, 190, 192, 194, 196, 198f., 201, 204-206, 209f., 212.
266 Dirks: Ein Fest und ein Zeichen (1956), S. 49.
267 Burrmeister: Warum Ruhrfestspiele? (1959).
268 Gutachten des Deutschen Ausschusses für das Erziehungs- und Bildungswesen (1960), S. 12.

jedoch bald in das ›Große‹ und ›Kleine Haus‹. Begünstigt durch den Ortswechsel avanciert das »Theater für die Betriebe« schon bald zum festen Bestandteil des Frankfurter Repertoires (meist mit geschlossenen Samstagsvorstellungen). Buckwitz selbst ist wie Gründgens »reiner Theaterpraktiker«[269] und verbindet Theorieskepsis mit ästhetischem Pluralismus. So werden unter seiner Leitung neben zahlreichen Brecht-Stücken – darunter die Uraufführung der *Gesichte der Simone Machard* (1957) sowie die westdeutsche Erstaufführung von *Schweyk* (1960) – auch Dramen von Giraudoux, Miller, Frisch, Camus und Anouilh gespielt. Obwohl trotz allem eine sozialkritische Tendenz sichtbar ist, geht Buckwitz von der These aus, daß das Theater erst dann zur »Arena für die Schaukämpfe unseres Lebens« werden kann, wenn »das Wesen und der Sinn dieser Kämpfe wieder definiert« sind. Dies impliziert die Hoffnung, »den verlorenen Gesamtüberblick« doch einmal »wiedergewinnen« zu können, und zwar – in Übereinstimmung mit Thesen Hans Böcklers – durch die »Wiederherstellung des Gleichgewichts zwischen technischer Spekulation und göttlicher Weltordnung, zwischen Individuum und Masse« (SF, 3f.). Brechts Werk scheint Buckwitz prädestiniert, diese Synthese zu befördern. Tatsächlich trägt sein Einsatz maßgeblich dazu bei, den langwierigen Boykott zu beenden, der nach dem 17. Juni 1953 einsetzt.[270] Gleichzeitig gelingt es Buckwitz, den Autor für die Mitarbeit an der westdeutschen Erstaufführung des *Kaukasischen Kreidekreises* (1955) zu gewinnen, wodurch das Verfremdungsmodell in der Bundesrepublik an Einfluß und Präsenz gewinnt. Der Frankfurter Intendant versteht sich hier als einer jener »Brechtomanen«, die »den so eigenwillig geprägten Marxisten« in das Integralmodell »einzubeziehen« suchen. Folgerichtig kritisiert Buckwitz sowohl Formen sozialdemokratischer Vereinnahmung als auch klerikale Antisepsis. Brecht müsse zudem nicht »brechtisch« inszeniert werden, denn die »Qualität« der Umsetzung bemesse sich »ausschließlich« an der »Treffsicherheit«, mit der man »die sprachliche und geistige Diktion« des Dramentextes freilege (TiG, 317-319). Buckwitz vertritt damit ebenfalls ein auf Strukturhomologie ausgerichtetes Theatralitätsmodell, d.h. das Schema (Schauspiel) erfährt wie bei Iser durch den Medienwechsel (Lektüre) eine gelenkte, zugleich aber ›uneindeutige‹ Konkretisation. Der Hauptunterschied der Frankfurter Inszenierung besteht im Verzicht auf das Vorspiel, wodurch Brechts Drama deutlich entpolitisiert wird, zugleich aber an DDR-kritischem Gehalt verliert (B, 6.4.1). Für Westdeutschland besitzt diese Perspektive kaum Bedeutung, denn hier soll in erster Linie das Kapitalismusverdikt wirken. Aus diesem Grund kann Brecht die theatralen Änderungen akzeptieren. Buckwitz selbst verweist auf ein Gespräch über das Regiebuch:

> Meine Striche, meine Arrangements, die Dosierung der Musik, die Zusammenfassung einzelner Rollen und nicht zuletzt das Bühnenbild von Teo Otto unterschieden sich grundlegend von der Konzeption Brechts. Er fand das hochinteressant, er kam nach Frankfurt, er bezeichnete die Vorstellung als richtig, er lud mich ein, mit dieser Inszenierung ein Gastspiel im Schiffer-baudamm-Theater zu absolvieren, weil er es aufschlußreich fand, zwei grundverschiedene Versionen des gleichen Stückes nebeneinander zu stellen und zu demonstrieren, daß sie gleichermaßen richtig sein könnten (318f.).

Für Buckwitz ist Brecht nur poetologisch »Dogmatiker«, als »Inszenator« agiere er »völlig undogmatisch«.

---

[269] TiG, S. 316 (Äußerung von Buckwitz).
[270] Vgl. Autorenkollektiv (1973), S. 278f. bzw. A, 1.2.

> Ich bin in der Probe des *Galilei* neben ihm gesessen, und immer wieder wurde ich dadurch verblüfft, daß er frei von jeder Theorie, locker, leicht, ganz der gegebenen Situation[,] der spezifischen Schwierigkeit hingegeben, haargenaue Anweisungen gab, Probleme salomonisch klärte, Passagen in überspitzter Richtigkeit vorspielte. [...] Er inszenierte aus der Fülle seiner Vorstellungen, aus der Listigkeit seines Verstandes – er griff auf keine Lehrsätze zurück, er dozierte weder das *Kleine Organon* noch den Verfremdungseffekt. Aus seiner Theorie wurde nicht Praxis, sondern aus seiner praktischen Werkstattarbeit leitete er immer wieder neue Theorien ab. Er boykottierte seine gedruckten Regiebemerkungen ebenso oft, wie er sie auf das pedantischste zu realisieren versuchte (318).

Trotz des Einsatzes für Brecht bleibt Buckwitz im Unterschied zu Kortner und Piscator ein Vertreter semiintegraler Performanz. Dies zeigt auch das 1960 entworfene Konzept eines ›sozialkritischen Theaters‹. Denn der geforderte Aktualitätsbezug wird noch immer anthropologisch begründet: Er muß »Spürsinn nach übergeordneten Werten« verraten und »Kraft zum Gleichnis« besitzen.[271]

3.2 Engagiertes Theater: Provokation durch gegenwartsbezogene Regie

Der Vorherrschaft des (semi)integralen Theaters steht die Ausbildung konkurrierender Konzepte gegenüber, die ihre Wurzeln in der Weimarer Republik haben, zugleich aber nachhaltig geprägt sind durch diskursive Veränderungen nach 1945. Im Unterschied zu sozialistischen Modellen bleiben Kortner und Piscator linksliberal ausgerichtet: Sie fordern die gesellschaftskritische Ausrichtung der Bühne, ohne zugleich ein bestimmtes Narrativ zu propagieren. Vor diesem Hintergrund lassen sich beide trotz ideologischer Vorbehalte dem bundesdeutschen Theatersystem integrieren. Leitende Positionen werden ihnen (zunächst) allerdings vorenthalten. Regiegeschichtlich unterstreicht die Existenz engagierter Performanz nicht nur die ästhetische Pluralität der Epoche, sondern zeigt auch, daß hier Entwicklungen der sechziger Jahre antizipiert sind – für Günther Rühle »der am wenigsten beachtete Vorgang im deutschen Nachkriegstheater«.[272]

Verbindendes Merkmal nicht-integraler Inszenierungskonzepte bleibt die kritische Distanz zu ästhetizistischen Tendenzen. So wendet sich Brecht gegen die »Kunstseligkeit«[273] der Nachkriegsregie, Viertel beklagt den »Reichskanzleistil«,[274] und auch für Piscator ist das »deutsche Theater« »unwahrhaftig, falsch, verlogen, kalte Stilmache«.[275] Der ›postideologische‹ Pluralismus erscheint aus dieser Perspektive als »Richtungslosigkeit«,[276] der »musée imaginaire« als staatlich subventioniertes Modell »geistige[r] Leere«.[277] Wer auf der Bühne die stilistische Vielfalt einer Epoche präsentiert, wird solcher Logik zufolge Katalysator eben jener materialistischen Ideologie, die er qua Retheatralisierung bekämpfen möchte. Nach Ansicht von Klaus Völker hätte das

---

271 Buckwitz: Das sozialkritische Theater (1960), S. 90.
272 Rühle (²1980), S. 279.
273 Frisch: Gesammelte Werke in zeitlicher Folge. Bd. 6, S. 31 (Tagebuch 1966-1971: Erinnerungen an Brecht).
274 Viertel: Schriften zum Theater (1970), S. 266.
275 Tagebuchnotiz von Erwin Piscator aus dem Jahr 1951 (zit.n. Rühle [²1980], S. 278).
276 Völker (1970), S. 34.
277 Friedrich Luft (zit.n. Jaesrich: Ein Schlußwort [1955], S. 180).

Bühnenleben innovativer sein können, wenn die »Herausforderung Brecht« im Westen »angenommen« worden wäre. Obwohl es tatsächlich kein bundesdeutsches Schauspielhaus gibt, das »sich in der Auseinandersetzung mit den Stücken und Theorien Brechts entwickelt« hat, werden solche Verdikte der Nachkriegssituation nicht gerecht. Ihnen liegt zudem ein Dogmatismus zugrunde, demzufolge allein die Frage »entscheidend« ist, ob der jeweilige Regisseur bzw. Intendant »die grundsätzlichen Überlegungen zur gesellschaftlichen Funktion des Theaters akzeptiert«. Diese Erkenntnis fehle in den fünfziger Jahren; verantwortlich hierfür seien das »mangelnde politische Bewußtsein« der Theaterschaffenden sowie die »undemokratische Verwaltungsstruktur«. Derartigen Malaisen hätte – so Völker – ein neues Bekenntnis zur »Einseitigkeit«[278] entgegenwirken können.

3.2.1 Wahrheit des Ausdrucks und pazifistische Revolte: Ambivalenzen in Kortners Inszenierungskonzept

Die von Völker geforderte ›Einseitigkeit‹ wird in der Nachkriegszeit in gewisser Hinsicht durch Fritz Kortner verwirklicht, der vor Hitlers Machtantritt als Schauspieler am Berliner Staatstheater tätig ist.[279] Dessen Intendant Leopold Jeßner setzt Max Reinhardts Ausstattungsopulenz ein reduktives Stilkonzept entgegen. Das ahistorische Bühnenbild wird dabei mit Anspielungen auf das politische Zeitgeschehen durchsetzt.[280] Ähnliches gilt für Kortner, der erst 1947 aus dem amerikanischen Exil zurückkehrt und nun primär Regiearbeit macht. Wie Fehling betrachtet man ihn – wenngleich aus anderen Gründen – bald als »Querkopf und Störenfried«.[281] Kortner verweigert sich denn auch vollständig dem Rekurs auf das griechische Altertum: Unter vierzig Inszenierungen, die er bis Ende der sechziger Jahre zur Diskussion stellt, befindet sich keine antiker Dramatik. Obwohl Kortner seiner Außenseiterstellung wegen zeitlebens ohne Intendanz bleibt, avanciert er schnell »zu einer der prägenden Figuren des deutschen Theaters der Nachkriegszeit«[282] – nicht zuletzt durch seine kontrovers diskutierten Produktionen bei den Münchner Kammerspielen und am Berliner Schiller-Theater.

Im Gegensatz zu Sellners instrumentaler Choreographie ist Kortners Spiel von analytischer Dynamik gekennzeichnet. Die individuelle Aktion wird mikroskopisch aufgefächert, um sie subtiler Untersuchung zugänglich zu machen. Im Zentrum steht die ›Wahrheit‹ einer Figur, der »Kampf der Impulse«, das szenische Darstellen von Beweggründen, Energien und Widersprüchen.[283] Kortner interessiert sich hierbei vor allem für das Unabsichtliche, Banale, für ideologische Motive, die bei jedem Menschen offen oder subkutan wirksam sind. Er ›zertrümmert‹ deshalb den Charakter, legt dessen »Sprünge« frei, um ihn daraufhin »präzise wieder zusammenzusetzen«.[284] So ist der Philipp der vieldiskutierten *Don Carlos*-Aufführung (1950) zugleich kalt berechnender

---

278 Völker (1970), Titel, S. 35.
279 Vgl. Brand (1981).
280 Vgl. Fischer-Lichte (1993a), S. 380-383.
281 Hickethier (2002), S. 49.
282 Schölzel (1998), S. 131. Vgl. Völker (^{2}1993), S. 354-403.
283 Kortner: Aller Tage Abend (1959), S. 82. Vgl. auch ebd., S. 74.
284 Brandauer: Bleiben tu' ich mir nicht (1991), S. 47.

Herrscher, gütig besorgter Vater, eifersüchtiger Liebhaber und fanatischer Katholik.[285] Kortner sucht hier wird wie Jeßner[286] die Ubiquität des Politischen auch oder gerade im Privatbereich vorzuführen: Der Einzelne bleibt gefangen durch ein Geflecht komplexer Determinationen. Ursache hierfür ist jedoch weder ein überweltliches Schicksal noch das Scheitern der Synthese von Idee und Wirklichkeit, sondern Desorientierung im zwischenmenschlichen Bereich (Camouflage, Mißverstehen).[287] Für den Agnostiker Kortner[288] finden die anthropologischen Grundreaktionen, die solchen Diskontinuitäten antworten, »ihr Echo in dem Schrei der Bühne«.[289] Angst und Hoffnung sind damit jeder metaphysischen Konnotation enthoben und werden zum elementaren Ausdruck menschlicher Weltaneignung. Aus dieser Perspektive verfallen die Vertreter des Integraltheaters dem Verdikt unzulässiger Stilisierung: Fehlings neoexpressionistische *Fliegen*-Interpretation (A, 3.1.1) sei vom Konzept »grundfalsch«.[290]

Eine autonome Ästhetik des Visuellen wird allerdings nicht entwickelt; vielmehr besitzt die Ausstattung referentielle Funktion, indem sie wie bei Sellner dem adäquaten Transfer des dramatischen Textes dient.[291] Die Bühnenräume sind oft kulissenhaft verwinkelt und enthalten wie in der Münchner *Faust*-Inszenierung (1956) eine Überfülle von Möbeln und Requisiten, die dem Menschen Widerstand leisten, (Aus)Wege verbauen und so neue Aktionen herausfordern (vgl. Abb. 22). Zudem behalten die Kulissen oft Andeutungscharakter, so daß Illusionsbildung per se ausgeschlossen ist. Da Kortner mit seinen Inszenierungen »der Vollkommenheit so nahe wie möglich zu kommen« versucht,[292] fordert er ausgedehnte Probenarbeit (einschließlich möglicher Verschiebung des Premierentermins), Exaktheit im Ausdruck und realistische Figurendarstellung.[293] Trotz des Verzichts auf antike Dramatik steht auch das deutsche Gegenwartsstück keineswegs im Zentrum der Regietätigkeit. Kortner konzentriert sich statt dessen auf ›sozialkritische‹ Klassiker (u.a. *Don Carlos*, *Die Räuber*, *Hamlet*, *Dantons Tod*, *Maria Magdalena*).[294] Brechts episches Modell schätzt er vom Ansatz her,[295] inszeniert jedoch kein einziges Schauspiel des Autors. Grund hierfür sind Divergenzen mit Blick auf die Frage, in welcher Form und zu welchem Zweck das Theater auf die Wirklichkeit referiert. Während Brecht Techniken ablehnt, die der Verhüllung gesellschaftlicher Kausalität dienen, zeigt Kortner gerade die Komplexität sozialer Interaktion und suspendiert damit jede Möglichkeit politischer Teleologie. Hieraus entsteht eine ›Ortlosigkeit‹, die weite Teile des deutschen Nachkriegsdramas kennzeichnet: »Es ist schwer, im Westen kein Sozialist zu sein und unmöglich, im Osten einer zu blei-

285 Vgl. Karsch: Kortner inszeniert »Don Carlos« im Hebbel-Theater (1950), Beiblatt, S. 1.
286 Vgl. Jeßner: Schriften, S. 97, 107f. (Das Theater. Ein Vortrag [1928]).
287 Vgl. Kortner: Aller Tage Abend (1959), S. 486.
288 Vgl. Kortner: Letzten Endes (1970), S. 186-188.
289 Kortner: Gruß an das deutsche Theater (1948), S. 73. Hier liegt ein Grund für die Rückkehr des Schauspielers in die alte Heimat, denn das Singuläre am »deutschen Theater« sei dessen interkulturelle Position: »die Spannungen und das Drama eines überbevölkerten Kontinentes scheinen in dessen Zentrum zu kulminieren und sich zu entladen« (ebd.).
290 Kortner: Aller Tage Abend (1959), S. 562.
291 Ebd., S. 479.
292 Äußerung von Kortner (zit.n. Rischbieter: Wir wollten's wissen [1963], S. 47).
293 Vgl. Kortner: Aller Tage Abend (1959), S. 82, 484f.
294 Vgl. Völker (^{2}1993), S. 354, 367, 378, 383, 394.
295 Vgl. Kortner: Aller Tage Abend (1959), S. 482-484 und Kortner anekdotisch (1967), S. 283f.

ben«.[296] Kortners Inszenierungen wirken daher meist subversiv, zersetzen Ideale und Konventionen. Ihnen fehlt jene lineare Perfektion, die für Produktionen von Gründgens, Sellner oder Schuh konstitutiv ist. Dies erklärt sich auch daraus, daß Authentizität hier nicht durch Strukturhomologie entsteht, weil der Werktreue-Begriff weitgehend verabschiedet wird.

Abb. 22: Szene aus der *Faust*-Aufführung

Kortners Projekte basieren meist auf einer hinsichtlich Umfang, Wortlaut und Chronologie stark veränderten Textquelle. Der Vorstellung Craigs entsprechend ist es der Regisseur, der als Künstler die theatrale Medienkombination beherrscht (Bewegung, Wort, Linie, Farbe, Rhythmus).[297] Was dem Integraltheater als Kontrolle semantischer Polyvalenz erscheint (der »Diener der Dichter«[298] begründet eine »diktatur«[299]), wird hier zur conditio sine qua produktiver Hermeneutik. Denn wie bei Jeßner ist der Klassiker nicht *per se*,[300] sondern nur *substantiell* ein aktueller Text, d.h. die Umsetzung auf dem Theater hat den Transfer zu leisten: »Jene Menschen müssen aus der Abstraktion der Zeitferne in konkret anschauliche Nähe gebracht werden, um für uns Heutige begreifba-

296 Brief vom 6. Juni 1964 an Teo Otto (zit.n. Völker [²1993], S. 222). Vgl. B, 6.1.2.

297 Vgl. Craig: Über die Kunst des Theaters, S. 106 (Die Kunst des Theaters [1905]).

298 TF, S. 24 (Der Fall Mensch auf der Bühne [1945]), GWT, S. 161 (Theater und Presse [1947]).

299 Bremer: Das instrumentale Theater (1958/59), S. 173. Vgl. auch Vietta: Bühnenbild und Bühne in den Darmstädter Inszenierungen (1951/52), S. 184.

300 Für Gadamer besitzt das Klassische »unmittelbare[] Sagkraft« und weist daher keine diachrone Alterität auf (Wahrheit und Methode [1960], S. 274).

re Gestalten zu sein«.[301] Die ›Wahrheit‹ des Textes wird damit zu einem historisch indizierten Begriff. Aus diesem Grund bemüht sich Kortner um provokativen Gegenwartsbezug und versteht Werktreue als »Aufforderung zur Lüge«,[302] nicht als Sicherstellung ästhetischer Inkommensurabilität. Für die Inszenierung bedeutet das, die Widersprüche eines Textes kenntlich zu machen – nicht nur wie im Integraltheater hinsichtlich des inneren, sondern auch oder gerade mit Blick auf das äußere Kommunikationssystem. Mit anderen Worten: Das Theater ist jenes Medium, daß den geschichtlich variablen Sinn eines Dramas offenzulegen vermag: »Vom Buch zur Bühne: dieser Weg führt zum Erkennen jener primären Umstände, Zustände, die die ins Leben zu rufenden Traumgestalten zu sprechen zwingen, zu schweigen, zu gehen, sitzen und stehen [...]. Ich versuche, den Zustand aufzuzeigen, der die Texte sprechen läßt, und sie nicht der Rezitationslust des Schauspielers zu überlassen«.[303]

Bereits Kortners erstes klassisches Nachkriegsprojekt, *Don Carlos* am Berliner Hebbel-Theater, löst einen heftigen Theaterskandal aus.[304] Die Vorstellung wird immer wieder unterbrochen und als entstellend denunziert. Für Friedrich Luft bietet sie »Provokationen im heute weit überholten Stil eines frühen Piscator«.[305] Tatsächlich tritt Carlos wie ein »Autoschlosser«[306] im Overall auf, und Herzog Alba trägt einen Lederanzug aus Militärbeständen. Zudem hat Kortner den Aktionsraum hinter den spanischen Palast verlegt, um das Intrigenspiel zu betonen. Höhepunkt der Provokation ist die fünfte Szene des fünften Aufzugs. Ein Trupp schwarzgepanzerter Soldaten, der auf Albas Befehl »Madrid den Frieden« bringen (V. 4879), d.h. den Volksaufstand niederschlagen soll, umstellt den Escorial und feuert Musketen Richtung Publikum ab. Der Effekt ist jedoch nicht geplant, sondern Ergebnis eines zu frühen Arretierens der Drehbühne.[307] Nichtsdestoweniger sucht Kortner mit seiner Inszenierung die Omnipräsenz diktatorischer Praxis zu zeigen: Die Herrschaft Philipps II. und der Kirche alludiert nicht nur die totalitären Systeme Hitlers oder Stalins, sondern auch Adenauers ›institutionellen‹ Katholizismus.[308] Trotz der komplexen Charakterdisposition des spanischen Königs, den Kortner selbst spielt, gewinnt die Aufführung dadurch etwas Einseitiges. So fehlt dem von Hans Hessling verkörperten Großinquisitor jede Ambivalenz. Er ist ein hämischer Gnom mit eingepflanzten Froschaugen (vgl. Abb. 23), der seinen Triumph über den kniefälligen König demonstrativ auskostet: Mit der Hand streicht er Philipp vom Hals über den Rücken bis zum Steißbein. Kortner geht es nach Ansicht Lufts hier darum, »den politisierenden Klerus gegen die offene Christlichkeit des Malteserritters Posa« abzusetzen.[309]

---

301 Kortner: Aller Tage Abend (1959), S. 484.

302 Wendt (1978), S. 3.

303 Kortner im Interview mit Charlotte Kerr (zit.n. Schütze [1994], S. 103).

304 Vgl. Fischer-Lichte (1993a), S. 389-393.

305 Luft: Umstrittener »Don Carlos« (1950), S. 2.

306 Ypsi: Das hat Schiller nicht verdient! (1950). Zu Kortners Vorstellung vom modernen ›Helden‹ vgl. C, 2.

307 Vgl. Völker (^{2}1993), S. 239.

308 Für Adenauer selbst fungiert die »Rückkehr zum christlichen Denken« dagegen als Impfung gegen den »Materialismus«, denn aus jenem »stammt der Kapitalismus, stammt der Sozialismus und stammt der Nationalsozialismus« (zit.n. Badstübner [1965], S. 161).

309 Luft: Umstrittener »Don Carlos« (1950), S. 2.

Die ›Entmythologisierung‹ Schillers erstreckt sich auch auf den Sprachduktus, der jedes Pathos vermeidet und mitunter fast ›beiläufig‹ anmutet. Kortner schreibt dazu 1959 als Antwort auf eine Rundfrage des *Tagesspiegels*:

> Schillers Dramatik darf nicht dem am Gegenwärtigen sich formenden Verstand entzogen werden. Die Aussage, die poetische und die realistische, muß sich gegen das Einlullende der rhythmischen Akzente durchsetzen. [...] Die Melodie ist ausgeleiert und kann nicht mehr der die Idee vermittelnde Ausdruck sein, der erst dann entsteht, wenn im Stück Aufgespürtes, Unerwartetes, Heutiges durchbricht. In den die Sinne betörenden, anaesthesierenden Gleichstrom von Metrik und Melodie muß der sich immer erneuernde Gedanke kontrapunktartig einschlagen. Sonst macht das altvertraute, den Inhalt überspülende Tongefälle aus einem kühnen Angriff gegen die Inquisition ein unverbindliches Jambenduett.[310]

Während Gründgens seine Inszenierung ideologiekritisch ausrichtet und deshalb um Verständnis für Philipp wirbt, rückt Kortners engagiertes Theater die Posa-Figur in ein besseres Licht. Der Marquis ist hier nicht gewaltbereiter Fanatiker, sondern aufopferungsvoll kämpfender Sisyphos. Er ähnelt dem modernen Regisseur, der angesichts weiterer Kriege bzw. nuklearer Aufrüstung nach 1945 »nicht anders« kann »als – in künstlerischer Form – zu protestieren«.[311] Die Wahrheit des Ausdrucks wird auf diese Weise humanistisch diszipliniert: Moralität und Pazifismus sind Grenzpfeiler semantischer Offenheit. Hieraus ergibt sich ein strategisches Problem: Die Aufführung darf

310 Kortner: Schiller gegen die Schiller-Schwärmer (1959), S. 4. Der Theaterskandal ist auch ein Grund dafür, daß man in Berlin – nach der Absage von Gründgens und Hilpert – nicht mehr den Mut aufbringt, Kortner die Leitung des Schillertheaters zu übertragen.

311 Äußerung von Kortner (zit.n. Rischbieter: Wir wollten's wissen [1963], S. 47).

zwar das Inkalkulable menschlicher Verhaltensweisen zeigen, die soziale Utopie aber nicht verabschieden. Eine schönere Zukunft soll trotz Aufzeigens der Brüche möglich bleiben.

Das Dritte Reich besitzt in diesem Zusammenhang Erkenntnisfunktion: Kortner sieht »sein Leben und seine Laufbahn in eine *vor-* und *nachhitlerische* Zeit zerschlagen«.[312] Vor diesem Hintergrund kämpft er gegen inszenierten Heroismus, große Geste und martialische Rhetorik. Zudem beschränkt er sich wie in der Inszenierung von O'Caseys *Preispokal* (Berlin 1953) nicht darauf, »den Krieg als unmenschlich anzuprangern«, sondern sucht ihn »als Wahnsinnsaktion einer scheinbar unheilbaren Geisteserkrankung darzustellen«.[313] Im Zentrum des Plots stehen irische Fußballer, die übermütig in den Ersten Weltkrieg ziehen, weil sie ein Abenteuer wittern. Während des zweiten Akts erleben sie jedoch (von Kortner schonungslos gestaltet) die Schlacht als Inferno, bevor sie sich schließlich als invalide Heimkehrer von der Gesellschaft isolieren.

Abb. 24: Szene aus dem zweiten Aufzug der Inszenierung von O'Caseys *Preispokal* (Bühnenbild: Caspar Neher)

Wie zentral der Zweite Weltkrieg für Kortners Theaterarbeit ist, zeigt auch die Münchner Inszenierung von Shakespeares *Julius Cäsar* (1955). Denn – so der Regisseur – »auf der heutigen Darstellung der Schlacht bei Philippi« liegt noch immer die »nicht verblaßte Erinnerung an Stalingrad«.[314]

Der Fokus ›Drittes Reich‹ hat darüber hinaus Folgen für die Konzeption des dramatischen Helden. Das neue Vorbild ist das ›deformierte‹ alte: Schauspieler Horst Cas-

---

312 Schütze (1994), S. 105.

313 Brief vom 11. Januar 1966 an Ronald Ayling (zit.n. Völker [²1993], S. 235). Die kontroverse Rezeption, die Kortners Aufführung erlebt, erklärt sich teilweise aus der Koinzidenz mit dem DDR-Arbeiteraufstand, der drei Tage vor der Premiere stattfindet.

314 Äußerung von Kortner (zit.n. Rischbieter [1999b], S. 73).

par, ehedem jugendlicher Heroe, nun als Brustkranker vom Unheil gezeichnet. Er zählt für Kortner zu den Menschen, die »das Grauen von dem aus ihrem Bewußtsein verdrängten Krieg noch in ihrem Gesicht« haben. »Es schnürt ihnen die Kehle zu, daß sie nicht schmettern können. Sie können auch nicht mehr heldenhaft schreiten [...]. Diese Burschen haben schöne, durchgeistigte Gesichter, ergreifender als Römerköpfe – und geziemender«. Die Vorstellung vom eigenverantwortlichen Subjekt wird damit jedoch nicht suspendiert; im Gegenteil, auch der moderne Held erweist sich als ›großes‹ Individuum: »Einen Kopf muß er haben! Einen rebellischen, mit der Welt rechtenden Kopf [...] und Züge eines Grüblers und Zweiflers und ja nicht einen Stroh-Feuer-Kopf«. Prototyp ist Schillers Räuberhauptmann, der »mit seiner Welt« hadert, zugleich aber an dem »schwersten Problem« »unserer Zeit« zerbricht, weil ihm »vor dem Töten« graut, »auch vor dem Toten [sic!] um der Gerechtigkeit, um einer besseren Welt willen«.[315] Becketts absurdes Theaterspiel *Warten auf Godot*, das Kortner 1954 bei den Münchner Kammerspielen inszeniert, wird vor diesem Hintergrund postexistentialistisch verstanden: als Rechtfertigung für Protest ohne jede Erfolgschance. Denn der gebürtige Ire zeigt – so die These – das »kindliche, verbissene, lächerliche Aufrechterhalten der Lebensillusion. Alle Enttäuschungen, die bitterste, ausweglosesete Lebensnot bewirken nicht, daß die beiden Tramps, diese Stehaufmännchen der Hoffnung, ihr Warten auf Godot aufgeben«.[316]

Abb. 25: Szene aus der Inszenierung von Becketts *Warten auf Godot*
(Estragon: Heinz Rühmann / Wladimir: Ernst Schröder)

[315] Kortner: Über die Darstellung von Helden (1953), S. 357-359.
[316] Kortner: Aller Tage Abend (1959), S. 98f.

Mit dem Ziel, den Dramentext der Wahrheit des Ausdrucks unterzuordnen, bereitet Kortner eine Entwicklung vor, die sein Assistent Peter Stein zunehmend realisiert: die Infragestellung der Autorintention durch den Regisseur. Stein tut dies Anfang der sechziger Jahre bei Kurt Hübner in Ulm (*Tasso*), später mit der Berliner Schaubühne (*Die Mutter*, *Peer Gynt*).[317] Lediglich Brecht hat durch Peter Palitzsch ähnlich nachhaltig auf das Regietheater der Bundesrepublik gewirkt. Claus Peymann stammt dagegen aus dem Kreis der Studentenbühnen (deren Erlanger Treffen in den fünfziger Jahren richtungsweisende Bedeutung gewinnen), während Peter Zadek aus dem Londoner Exil nach Deutschland zurückkehrt und ab 1959 unter Hübner arbeitet, zunächst am Ulmer,[318] dann am Bremer Theater.[319] Den Vertretern integraler Performanz gelingt es nicht, über die Nachkriegszeit hinaus eigene Schulen auszubilden – sicher auch, weil das Konzept, wie der Fall Sellner zeigt (A, 3.1.3), theoretisch an einem toten Punkt angelangt ist.

3.2.2 Kritik, Defätismus, Kontrolle: Zur Subversivlogik von Piscators »Bekenntnistheater«

Die Position, die Erwin Piscator nach dem Zweiten Weltkrieg in der westdeutschen Bühnentopographie einnimmt, ist keineswegs so klar konturiert, wie häufig behauptet wird. Zwar zählt der eigentliche Begründer des epischen Modells zu den Vertretern politischer Performanz, doch sein Programm bewegt sich (vor allem in den fünfziger Jahren) zwischen Eckpunkten, die widersprüchlich scheinen. So fordert Piscator

(1) ein »Bekenntnistheater«,[320] das sich durch »analytische[n] Kritizismus«[321] auszeichnet, zugleich aber eine »neue Katharsis«[322] etabliert,
(2) die Verabschiedung fatalistischen Denkens bei gleichzeitigem Konstatieren der Abhängigkeit politischen Handelns »vom Zufall«,[323]
(3) theatrale »Einfachheit«,[324] aber auch das »Nichteinfache«, das »neue Drama«,[325]
(4) eine gesellschaftsbezogene Medialisierung,[326] die in Frage gestellt ist durch den Versuch, »seelisch nackt« zu spielen, um »endlich« den »Inhalt unseres Lebens« zu entdecken.[327]

Solche Diskontinuitäten erklären sich – wie zu zeigen sein wird – aus einem komplexen Narrativ-Netzwerk, das sich »nach dem Ende der schlimmsten Epoche der Weltgeschichte«[328] in Deutschland konfiguriert und bisher nur unzureichend untersucht ist.

---

[317] Vgl. Nagel (1989), S. 55-62.
[318] Auch Palitzsch wird von Hübner nach Ulm engagiert, wo er im September 1961 trotz drohenden Boykotts Brechts Bearbeitung von Anna Seghers' Hörspiel *Der Prozeß der Jeanne d'Arc zu Rouen 1431* aufführt.
[319] Vgl. Peter Zadek (1989), S. 146-152.
[320] PT, S. 260 (Bekenntnistheater und das Unbehagen der Kritik [1955]).
[321] Piscator: Brief vom 4. Mai 1961 an Anna Lazis und Bernhard Reich (Reich [1970], S. 224).
[322] PT, S. 321 (Erläuterungen zur Aufführung von *Biedermann und die Brandstifter* [1959]).
[323] Neumann/Piscator/Prüfer: Krieg und Frieden (1955), S. 11.
[324] PT, S. 258 (Bekenntnistheater und das Unbehagen der Kritik [1955]).
[325] PT, S. 329 (Erläuterungen zur Aufführung von *Biedermann und die Brandstifter* [1959]).
[326] Vgl. PT, S. 271 (Erwin Piscator über Theater [1956]).
[327] PT, S. 251f. (Über das Zuhören [1955]).
[328] PT, S. 442 (Die Bühne als moralische Anstalt in der Prägung dieses Jahrhunderts [1966]).

Piscator selbst fällt es zunächst schwer, einen adäquaten Platz innerhalb der diversifizierten Theaterlandschaft zu finden. Als er 1951 aus dem amerikanischen Exil zurückkehrt, tut er dies ohne Einladung: »Niemand hatte mich gerufen, weder die im Westen noch die im Osten«.[329] Der Mißerfolg seiner ersten Inszenierung am Hamburger Schauspielhaus (Hochwälders *Virginia*) zerschlägt für lange Zeit jede Hoffnung, an einem renommierten Theater der Republik Fuß zu fassen. Daher muß Piscator als freier Regisseur durch die Provinz reisen (Marburg, Gießen, Oldenburg, Mannheim, später Tübingen und Essen).[330] Die Folge von Einzelinszenierungen[331] zwingt darüber hinaus zu einer »Arbeitsmethode«, die »bestenfalls Zufallsresultate liefern« kann, »niemals künstlerisch durchgeformte Konzeptionen«.[332] Auch Harry Buckwitz' Angebot, 1953 in Frankfurt a.M. die deutsche Bühnenfassung von Sartres Filmszenario *L'engrenage* aufzuführen, ändert die Situation nicht nachhaltig. Theaterästhetisch bedeutsam ist jedoch die Tatsache, daß bei dieser Inszenierung erstmals die sog. ›Lichtbühne‹ verwendet wird, eine von unten beleuchtete Spielfläche, die zwei Jahre später durch die Berliner Produktion der Tolstoi-Bearbeitung *Krieg und Frieden* Modellcharakter gewinnt. Piscator bleibt jedoch trotz mehrerer Versuche, eine westdeutsche Intendanz zu erhalten (u.a. in Duisburg, Bremen, Saarbrücken und Heidelberg) während der gesamten fünfziger Jahre Reiseregisseur. Weitgehend ignoriert wird auch sein Vorschlag, nach Art des »Dramatic Workshop« in New York eine deutsche Theaterakademie zu institutionalisieren, an der Kapazitäten wie Gründgens, Sellner und Stroux als »ständige Lehrer« arbeiten sollen.[333] Hinzu kommt die Diskreditierung der eigenen Ästhetik durch die DDR-Forschung. So konstatiert Ernst Schumacher 1955 in seiner Brecht-Studie, Piscators epische Performanz ziele auf ein »linksradikales, kleinbürgerliches Theater«, dessen Prinzipien in der UdSSR schon lange bekannt seien.[334] Eine Umorientierung vollzieht sich erst mit der zunehmenden Kritik an normativ-realistischer Bühnendarstellung.[335]

1961 betont Piscator in einem Brief an Willy Brandt, daß für ihn »Kunst und weltanschauliche Haltung« immer eine »Lebenseinheit« dargestellt hätten.[336] Solche Teleologie ex post wird jedoch unterminiert durch signifikante Modifikationen der theatralen Ästhetik. Denn während Piscator in Weimarer Republik und Exil »politisches Theater«[337] fordert, erfährt das Konzept nach 1951 eine anthropologische Ausweitung. Erst mit der Übernahme der Westberliner Volksbühnen-Intendanz soll der »Stil der 20er Jahre«[338] retabliert werden: Das Programm stellt sich nun wieder als explizit »politisches« dar.[339] In der Zwischenzeit spricht Piscator dagegen fast ausschließlich vom

---

329 Piscator: Abflug von Amerika [Manuskript], S. 3. SAdK/PC 2628.
330 Vgl. Piscator: Theater der Auseinandersetzung, S. 149-165.
331 Vgl. Amlung (1993) und Wannemacher (2004), S. 24-50.
332 Brief Erwin Piscators vom 12. Mai 1959 an den Senatsdirektor beim Senator für Volksbildung Berlin (zit.n. Haarmann [1991], S. 167).
333 PT, S. 250 (Vorschlag zu einer Theaterakademie [1955]).
334 Schumacher (1955), S. 136.
335 Vgl. u.a. Pfützner (1959), S. 393-401, 427-442, 468-473 und Fiebach (1965).
336 Brief Erwin Piscators vom 11. Oktober 1961 an Willy Brandt. SAdK/PC 855.
337 PT, S. 31-34 (Das politische Theater [1927]).
338 PS 1, S. 361 (Tagebuchnotiz).
339 PT, S. 427 (Politisches Theater heute [1965]). Piscator plant Anfang der sechziger Jahre, die Programmschrift *Das politische Theater* (1929) zusammen mit Heinar Kipphardt neu zu bearbeiten. Das Projekt wird jedoch – vor allem aus Termingründen – nicht realisiert (vgl. KS, S. 230f. [Briefwechsel Kipphardt-Piscator]).

»Bekenntnistheater«,[340] das er als Wiederbelebung der »moralische[n] Anstalt im Diderot-Schillerschen Sinne«[341] versteht und durch ein Trikolon beschreibt:

> Bekenntnistheater ist die Forderung an sich selbst, für eine Idee, für eine Sache einzustehen.
> Bekenntnis kommt von Kenntnis, Erkenntnis.
> [1] Kenntnis des geschichtlichen Vorgangs der letzten 50 Jahre, [2] Erkenntnis, wie wir diese Kenntnisse hätten anwenden müssen und nicht angewandt haben.
> [3] Bekenntnis, wie wir das Erkannte hätten durchführen, ja, wie wir dafür hätten kämpfen müssen!
> Aus der theoretischen Klarheit in die praktische Handlung eindringen.[342]

Piscator entfaltet hier einen theaterübergreifenden Wirkungsmechanismus, der humanistische Traditionen der europäischen Kultur ohne präzise Konzeptbildung amalgamiert. So verbinden sich Kants kategorischer Imperativ, Schillers Dramentheorie und Tolstois Optimierungsästhetik zu einem »Kommunismus der Liebe«,[343] der die semantische »Totalität«[344] schafft, auf deren Grundlage »engagierte[s] Theater«[345] entstehen kann. Piscator bezeichnet die eigene Methode als »analytische[n] Kritizismus über Verwendung epischer Elemente«,[346] d.h. die mikroskopische Perspektive dient wie bei Fritz Kortner dazu, das komplexe Bezugssystem zwischen »Mikrokosmos der Seele« und »Universum der menschlichen Gesellschaft« transparent zu machen.[347]

Im Unterschied zu den Exponenten integraler Performanz, die auf »Propaganda« und »Riesenreklame« der Nachkriegszeit mit Autonomiekonzepten antworten, fordert Piscator eine »gesellschaftsbildend« ausgerichtete Regiearbeit.[348] Brechts Modell, die strukturelle Tendenz von Geschichte durch Parabelbildung zu enthüllen, scheint zu »theoretisch« und »formal«.[349] Mit ihm könne man zwar »bedeutsame Details des sozialen Lebens« untersuchen, gelange aber zu keiner »Schau der politischen Dinge in ihrer Totalität«.[350] Das von Piscator propagierte »logische Theater«[351] zeichnet sich statt dessen durch den Primat der referentiellen Funktion aus – bei gleichzeitiger Verabschiedung der Kategorie ›Werktreue‹.[352] Integral- und Bekenntnistheater setzen somit divergente Essenz-Begriffe voraus, was sich mustergültig mit Blick auf die Parameter »Dichtung« und »Darstellung« zeigt. Bei Piscator ist die Reihenfolge umgestellt,[353] denn für ihn ist Kunst nur dann »ehrlich«,[354] wenn sie der »Weiterentwicklung«[355] des Menschen dient. Ästhetische Perfektion und »Vielfalt der Möglichkeiten«[356] werden

---

340 PT, S. 251 (Über das Zuhören [1955]).
341 PT, S. 276 (Die Dramatisierung von Romanen [1956]).
342 PZ, S. 387 (Notiz aus den Tagebüchern).
343 Tagebuchnotiz von Erwin Piscator aus dem Jahr 1957 (zit.n. Gleber [1979], S. 405).
344 PT, S. 339 (Technik – eine künstlerische Notwendigkeit des modernen Theaters [1959]).
345 Piscator: [Antworten auf 5 Fragen], S. 3 (zit.n. Haarmann [1991], S. 169).
346 Piscator: Brief vom 4. Mai 1961 an Anna Lazis und Bernhard Reich (Reich [1970], S. 224).
347 PZ, S. 388 (Notiz aus den Tagebüchern). Vgl. Kortner: Aller Tage Abend ([2]1959), S. 74.
348 PT, S. 325 (Erläuterungen zur Aufführung von *Biedermann und die Brandstifter* [1959]).
349 Tagebuchnotiz von Erwin Piscator (zit.n. Haarmann [1991], S. 171).
350 PT, S. 271 (Erwin Piscator über Theater [1956]).
351 PZ, S. 386 ([Gestaltung des Spielplans]).
352 Vgl. PT, S. 242 (Gespräch mit Erwin Piscator [1954]).
353 Vgl. PT, S. 352 (Darstellung und Dichtung [1959]).
354 PB, S. 142 (Brief Erwin Piscators vom Februar 1956).
355 PT, S. 351 (Technik – eine künstlerische Notwendigkeit des modernen Theaters [1959]).
356 PT, S. 240 (Gespräch mit Erwin Piscator [1954]).

heteronomen Zielsetzungen untergeordnet. Aus diesem Grund kommt es – wie Piscator hinsichtlich der Hörspielfassung von Ilse Langners *Heimkehr* konstatiert – »weder auf das technische Mittel [...], noch auf den künstlerischen Stil an, sondern auf den Inhalt«.[357] Der hier vertretene ›emphatische Stoffbegriff‹ konturiert eine diskursive Position, die zwar im linken Spektrum verortet wird, gleichzeitig aber in Distanz steht zu Modellen epischer Verfremdung (Brecht) und theatraler »Überkultivierung« (Meyerhold).[358] Piscators Begriff von Technik scheint ambivalent: Ohne »Selbstzweck«[359] zu sein soll sie der gesellschaftlichen Entwicklung strukturhomolog bleiben: »Der heutige Mensch ist optisch verwöhnt und gibt dem Bild gegenüber dem Wort den Vorzug. Wenn wir unser Publikum auf die Dauer nicht verlieren wollen, müssen wir uns der gleichen Mittel bedienen, wenn sie für unseren Zweck sinnvoll erscheinen«.[360] Vor diesem Hintergrund wendet sich Piscator gegen die »künstlerische Vollkommenheit«[361] nicht nur des Film-, sondern auch des Integraltheaters, weil deren ›instrumentaler‹ Charakter »Gesichtslosigkeit« bedeute und notwendigen Reformen den Boden entziehe.[362]

Dies führt zur strategischen Eingrenzung des Repertoires. In der Tat inszeniert Piscator nur Dramen, die seiner Theatertheorie nicht widersprechen. Ausgeschlossen ist damit nahezu die gesamte Avantgarde (Anouilh, Beckett, Eliot, Fry, Giraudoux, Ionesco), deren angeblich »kühne Experimente«[363] auf eine »geradezu hassenswerte Weise« in das »Nichts« führten,[364] d.h. für »die ganze Passivität des gegenwärtigen Zustandes«[365] verantwortlich seien. Tatsächlich gebe es »abgesehen von bestimmten Stücken oder Szenen von Brecht, Sartre, O'Neill, Arthur Miller, Robert Penn Warren und O'Casey« keine der Epoche »würdige dramatische Literatur, weder vom Stoff noch von der Form her«.[366] Man verherrliche den »ausweglosen amerikanischen Pessimismus«[367] oder propagiere einen »kolossalen weltanschaulichen Unsinn«,[368] der »die Luft eines ungesunden und reaktionären Zeitalters« atme.[369] Während im Integralmodell der möglichst adäquate Transfer des semantisch Divergenten sinnstiftend wirkt, ist die Funktion des Bekenntnistheaters inhaltlich-aktional bestimmt. Piscator wartet »nicht auf Godot, sondern auf eine Tatsache«.[370] Daher steht Hildesheimers Behauptung, die Bühne habe »noch keinen Menschen geläutert und keinen Zustand gebessert«,[371] in diametralem Gegensatz zur These, daß »Aussage« und »Wirkung« eines Dramas »der Vernunft wieder zu ihrem Recht verhelfen« könnten. Piscators Aufklärungsoptimismus vertraut auf die (re)konstruktiven »Kräfte der Menschennatur«[372] und nähert sich dadurch dem ›of-

---

357 Tagebuchnotiz von Erwin Piscator aus dem Jahr 1953 (zit.n. Wannemacher [2004], S. 45).
358 PT, S. 271 (Erwin Piscator über Theater [1956]).
359 PT, S. 332 (Technik – eine künstlerische Notwendigkeit des modernen Theaters [1959]).
360 PT, S. 241 (Gespräch mit Erwin Piscator [1954]).
361 PT, S. 271 (Erwin Piscator über Theater [1956]).
362 PT, S. 240 (Gespräch mit Erwin Piscator [1954]).
363 PT, S. 338 (Technik – eine künstlerische Notwendigkeit des modernen Theaters [1959]).
364 PT, S. 329 (Erläuterungen zur Aufführung von *Biedermann und die Brandstifter* [1959]).
365 PT, S. 338 (Technik – eine künstlerische Notwendigkeit des modernen Theaters [1959]).
366 PT, S. 275 (Die Dramatisierung von Romanen [1956]).
367 PA 2, S. 163 ([Über *Krieg und Frieden*] [1955]). Vgl. hierzu kritisch C, 4.2.1.
368 Brief Erwin Piscators vom 4. Juli 1961 an Bernhard Reich (Reich [1970], S. 357).
369 PT, S. 275 (Die Dramatisierung von Romanen [1956]).
370 PT, S. 381 (Christus mit der Gasmaske [1961]).
371 HA, S. 179 (Über das absurde Theater [1960]).
372 PT, S. 241, 243, 239 (Gespräch mit Erwin Piscator [1954]).

fiziellen‹ Diskurs der frühen Nachkriegszeit, wo das Theater ebenfalls kein Ort »bloßer, behutsamer Ästhetik« ist, »sondern die letzte Tribüne der Prophetie, Stätte der Verkündung, der Erkenntnis, des Bekenntnisses und der Erschütterung«.[373] Der hier virulente Katharsis-Bezug erklärt auch die Kritik an jeder Form ästhetischer Abständigkeit: »Verfremdung ist mir zu entfremdend. Sie gibt mir zuviel Distance, während das Eindringen in den anderen, das Glaubbarmachen, die Notwendigkeit[,] Dinge bis zum letzten Rest auszuschöpfen und wissenschaftlich fast zu ergründen – das erfordert eine bestimmte Anteilnahme, die sich nicht in Skepsis umsetzen darf«.[374]

Ziel ist die Schaffung einer doppelten Totalität: (1) die Restitution des ›ganzen‹ Menschen als »Subjekt« und »Objekt« durch die »Einheit von Vernunft und Gefühl«,[375] (2) die Genese des engagierten Kunstwerks, das dem Ideal Schillerscher Dramatik gemäß die »völlige Einheit von Inhalt und Form« erstreben soll.[376] Der Begriff ›episch‹ gewinnt damit eine im Vergleich zu Brecht modifizierte Bedeutung. Zwar wenden sich beide Regisseure gegen naturalistische Mimesis (A, 3.3.3), aber Piscator beabsichtigt keine dialektische Rezeption. Nicht das Verfremden der dramatischen Handlung steht im Vordergrund, sondern das ›einfache‹ Herausarbeiten ihres Gehalts,[377] d.h. die Performanz wird episch durch die Anwendung zeitgenössischer Bühnentechnik, die einen theatralen Strukturwandel initiiert. Dabei entsteht mit Hilfe der modernen Maschinen ein ›gelenktes Erzählen‹, das jeden monomanen Subjektbezug ausschließt, indem es wie im Roman »vom Individuum her verallgemeinert«.[378] Piscator sucht künstlich »Klarheit« herzustellen – im Unterschied zum ›Avantgardismus‹, der ebendiese ›Klarheit‹ künstlich verberge »hinter der Kompliziertheit des Stils und der Verworrenheit der Ausdrucksmittel«.[379] Die Parallelen zur normativen DDR-Ästhetik einschließlich des Dekadenzvorwurfs sind evident (A, 1.3.2). Zugleich resultieren hieraus Ionescos Invektiven gegen Brecht und Piscator als Repräsentanten einer ›diktatorischen‹ Ästhetik.[380]

Zentralprojekt des Bekenntnistheaters ist die bereits erwähnte Dramatisierung von Tolstois Roman *Krieg und Frieden*, an der Piscator fast zwanzig Jahre arbeitet – zunächst mit Alfred Neumann und (nach dessen krankheitsbedingtem Ausscheiden) ab Juli 1952 mit dem Rundfunkautor Guntram Prüfer.[381] Angesichts der Gefahr eines Atomkriegs, der zur Destruktion der gesamten Kultur führen kann, wird die expressiv-radikale Bühnendarstellung verabschiedet. Gleichzeitig sucht man Tolstois metaphysische Prinzipien konkret zu machen: Der »passive[] Pazifismus« avanciert zu einem »*kämpferischen*«,[382] denn das Bekenntnistheater hat »den bestimmten Zweck, den guten Beziehungen zwischen den Menschen zu dienen«.[383] Piscator entwickelt auf der Basis dieser These eine friedensorientierte Kasuistik, die militärische Gewalt lediglich

---

373 Neumann/Piscator/Prüfer: Krieg und Frieden (1955), S. 8. Vgl. A, 1.1.
374 Piscator: Gespräch mit Gerd Semmer aus dem Jahr 1959 (zit. bei Gleber [1979], S. 409).
375 PT, S. 228 (Objektive Spielweise [1949]).
376 PT, S. 257 (Bekenntnistheater und das Unbehagen der Kritik [1955]).
377 Vgl. ebd., S. 258.
378 PA 2, S. 145 (Brief vom 4. Mai 1953 an Guntram Prüfer).
379 PT, S. 258f. (Bekenntnistheater und das Unbehagen der Kritik [1955]).
380 Vgl. Wer ist die Avantgarde? (1963), S. 57.
381 Zu den einzelnen Fassungen vgl. Wannemacher (2004), S. 61-65. Die Uraufführung findet am 20. März 1955 im Schiller-Theater Berlin statt.
382 Piscator: [Antworten auf 5 Fragen], S. 3 (zit.n. Haarmann [1991], S. 169).
383 Neumann/Piscator/Prüfer: Krieg und Frieden (1955), S. 7.

im Extremfall zuläßt (faschistische Expansion, Genozid). Stärker als bei der 1942 in New York uraufgeführten Erstfassung steht Tolstois Philanthropismus im Vordergrund; neuralgischer Punkt ist das dem ›Kommunismus der Liebe‹ äquivalente Ideal christlich-karitativer Verantwortung für den Nächsten.[384] Diese Form sinnstiftender Humanität unterliegt jedoch wie bei einigen Vertretern des (semi)integralen Theaters (Fehling, Gründgens, Hilpert) keiner kritischen Reflexion. So wird auch Piscators Versuch, ein neues ›nichteinfaches‹ Drama zu schaffen, das die »vielspältige« Liebe »positiv« darstellt (»die Herren Sartre usw. beschreiben sie negativ«),[385] im Sinne der pazifistischen Ethik diskursiv kontrolliert. Denn während alle Formen »menschlicher Liebe« »in Haß umschlagen« können, bleibt allein die »göttliche Liebe« invariant.[386]

Am anderen Ende der bipolaren Formation steht der Krieg als »das Böse schlechthin«.[387] Er ist Paradigma des Sinnlosen und Inkalkulablen, weil sein Resultat stets »vom Zufall abhängt«. Selbst Napoleon, das »Feldherrngenie«, kann den Verlauf einer Schlacht nicht im voraus berechnen.[388] Daher thematisiert die Romanbearbeitung weniger politisch-gesellschaftliche Sachverhalte[389] als das existentielle Erleben der Kontingenz – technisch verwirklicht durch die von unten beleuchtete »Schicksalsbühne«.[390]

Abb. 26: Szene aus der Berliner Uraufführung / Napoleon Bonaparte: Klaus Miedel

384 Vgl. ebd., S. 22, 32, 37f., 89f., 95.
385 PT, S. 329 (Erläuterungen zur Aufführung von *Biedermann und die Brandstifter* [1959]).
386 Neumann/Piscator/Prüfer: Krieg und Frieden (1955), S. 89.
387 PA 2, S. 163 ([Über *Krieg und Frieden*] [1955]).
388 Neumann/Piscator/Prüfer: Krieg und Frieden (1955), S. 7, 11. Vgl. auch ebd., S. 25, 27, 35f., 77, 80, 82, 85, 93f.
389 Das kapitalistische Interesse ist für die Gesamtaussage nicht zentral (vgl. ebd., S. 52f., 77f.).
390 Ebd., S. 8.

Hier wird gezeigt, wie sich die Privatsphäre in ständiger Abhängigkeit von politischen Ereignissen befindet. Da während des Kriegs aber der Zufall herrscht, ist dem Menschen die Möglichkeit ordnender Einflußnahme verwehrt. Dies bedeutet jedoch, daß »wir« das »Gesamtschicksal« keineswegs, wie Piscator an anderer Stelle behauptet, »korrigieren« und »in unsere Hände nehmen« können.[391] Denn nur dem Frieden zeigt sich die Welt transparent.[392] Der Mensch muß daher versuchen die »Bedingungen« zu ändern, »die unsoziale Verhältnisse schaffen und Kriege hervorbringen«.[393] Gelingt ihm dies, wird das Politische »unser Schicksal«.[394] Der Lösungsmechanismus ist allerdings – abgesehen vom Fehlen einer klaren Programmatik – dadurch subvertiert, daß Kriege noch immer »wie die Brandungswellen eines wütenden Meeres« »gegen das Leben der Menschheit« anrollen,[395] d.h. selbst ihr Ursprung entzieht sich rationaler Kontrolle. Dieser Widerspruch zwischen Geschichtsfatalismus und Autonomiekonzept, der auch Piscators Hochhuth-Rezeption prägt,[396] wird semantisch vereinfacht bereits 1955 von Hagen Mueller-Stahl hervorgehoben.[397] An solcher Diskrepanz vermag das Postulat einer »kritischen Objektivität«[398] des Erzählers nichts zu ändern. Dieser fungiert zwar als »eine Art Ausstellungsführer«,[399] der das Geschehen von der »Vogelperspektive«[400] kommentiert, aber was er »zum Ausdruck bringt«[401] ist die Einsicht in die Inkommensurabilität des machtpolitischen Feldes. Im Stück selbst wird diese Wahrnehmung durch Andrei verkörpert, der als »Sinnbild der Resignation des modernen Menschen« »fast existentialistisch« agiert.[402] Ähnlich ambivalent äußert sich Piscator über die geplante *Danton*-Inszenierung am Schiller-Theater: »ich habe noch keine bestimmte Konzeption davon [...] – es könnte sogar sein, ich tue es im Sellner-Stil, d.h. alogisches Theater«.[403]

Trotz der skizzierten Dekonstruktion verstehen die Zeitgenossen das Tolstoi-Projekt weitgehend affirmativ, wobei die ästhetische Bewertung unterschiedlich ausfällt: »Ein Drittel der Kritiken waren schlecht, ein Drittel mittel, ein Drittel gut, ja sogar sehr gut«.[404] Moniert wird vor allem das epische Dirigat, das als »Sprecherwalze der weltanschaulichen Kommentatoren«[405] zur »Vereinfachung des Komplexen«[406] führe. Diese These ist teilweise gattungspoetisch begründet (Infragestellung der Möglichkeit, umfangreiche Romane strukturadäquat zu dramatisieren). Piscator selbst vertritt dagegen einen Kunstbegriff, der weniger auf ästhetische denn theatrale Innovation ausgerichtet

---

391 Ebd., S. 268.
392 Vgl. ebd., S. 27, 45.
393 PT, S. 381 (Die politische Bedeutung der »Aktion« [1961]).
394 PT, S. 399 ([Aus dem Vorwort zur französischen Ausgabe des *Politischen Theaters*] [1961]).
395 Neumann/Piscator/Prüfer: Krieg und Frieden (1955), S. 97.
396 Vgl. Berg (1977), S. 80-88.
397 Vgl. Mueller-Stahl: Die Ansteckungsfähigkeit der Kunst (1955), S. 3f.
398 PT, S. 440 (Totaltheater und totales Theater).
399 PT, S. 227 (Objektive Spielweise [1949]).
400 PB, S. 129 (Brief Erwin Piscators vom 28. Dezember 1954).
401 PT, S. 227 (Objektive Spielweise [1949]).
402 Piscator: Tagebuch Nr. 2 [Juni 1952], S. 1. Johann Wolfgang Goethe-Universität Frankfurt a.M., Universitätsbibliothek Johann Christian Senckenberg (Nachlaß Aleida Montijn).
403 PB, S. 143 (Brief vom 27. Januar 1956). Die Premiere findet am 4. Mai 1956 statt.
404 PA 2, S. 156 ([Über *Krieg und Frieden*] [1955]).
405 PT, S. 258 (Bekenntnistheater und das Unbehagen der Kritik [1955]) [aus: *Der Tag*].
406 Ebd., S. 257 [aus: *Die Welt*].

ist. Die Polyperspektive der (Post)Moderne erscheint als Merkmal »aprèsgardistische[r] Kritik«,[407] deren Argumente durch den enormen Publikumserfolg konterkariert werden. In der Tat erhält die Tolstoi-Bearbeitung mit 41 Vorhängen den stärksten Premierenbeifall seit der Neueröffnung des Schiller-Theaters.[408] Piscator begründet die Qualität einer Produktion daher primär wirkungsästhetisch:

›Wenn der Mensch von der Seelenstimmung, in der sich der Autor befand, angesteckt wird und seine Vereinigung mit anderen Menschen fühlt, so ist der Gegenstand, der diesen Zustand hervorruft, Kunst; findet diese Ansteckung nicht statt, so ist keine Kunst da. Aber nicht genug, daß die Ansteckungsfähigkeit ein untrügliches Kennzeichen der Kunst ist, der Grad der Ansteckungsfähigkeit ist auch das einzige Maß des Wertes der Kunst. Je stärker die Ansteckung ist, desto besser ist die Kunst an und für sich, ganz abgesehen von ihrem Inhalte, also unabhängig von dem Wert der Gefühle, die sie wiedergibt‹.[409]

Solche Argumentation widerspricht nicht allein der inhaltsbezogenen Stoßrichtung des Bekenntnistheaters, sondern erscheint aus ideologiekritischer Sicht nun selbst als ›aprèsgardistisch‹. Piscator setze das »Thesentheater« der Weimarer Republik fort und biete daher eine »entleerte Methode«.[410] Katalysiert werden solche Verdikte durch die Oppositionsdynamik im Kalten Krieg: Die Vorbereitung des westdeutschen NATO-Beitritts verträgt sich nur schwer mit einem rigoristisch verstandenen Pazifismus.

Untersucht man die anthropologischen Prämissen des ›engagierten Theaters‹, so zeigt sich auch hier das für die Nachkriegszeit konstitutive Mißtrauen in die Autonomie individueller Normgebung (B, 6.2.1). Tatsächlich betont Piscator mehrfach die reflexive Diskrepanz zwischen Bühne und Zuschauerraum: »Für mich hat das Publikum keine Phantasie, darum schreibe ich alles auf der Bühne an, soviel ich überhaupt nur kann. Über jeden Fehler, den ich vergessen habe, ihnen anzuzeigen, ärgere ich mich, denn ich weiß, sie werden dann wieder nicht mitkommen«.[411] Zum Beweis der These dient die jüngste Vergangenheit: Wenn die Zuschauer »Vorstellungskraft«[412] hätten, d.h. selbständig denken könnten, »dann wäre in Deutschland das nicht geschehen, was geschehen ist«.[413] Die Eigenkraft des Ästhetischen wirkt subversiv und muß theatral kontrolliert werden. In der Bearbeitung von Tolstois *Krieg und Frieden* fungiert der Erzähler daher als »Dirigent«,[414] der das Publikum durch verbale Lenkung in einen »Mitakteur«[415] verwandeln soll. Denn nur wer das »zweckhaft Gezielte« des »politischen Theaters« unhinterfragt annimmt,[416] erwirbt sich die Achtung des Regisseurs. Zu Beginn möchte Piscator deshalb als Zeichen intellektueller Diskreditierung »einen ungeheuren Arsch« herunterlassen. Im Gegensatz zu integralen oder dialektischen Modellen bleibt die Performanz hier allein auf den Nachvollzug ›richtigen‹ Denkens ausgerichtet. Solcher Regulation entsprechen die »Riesentrommeln an den Eingängen«, die das Er-

---

407 PA 2, S. 156 ([Über *Krieg und Frieden*] [1955]).
408 Vgl. PA 2, S. 134f. (25 Jahre »Krieg und Frieden«).
409 PA 2, S. 161 ([Über *Krieg und Frieden*] [1955]). Es handelt sich hier um ein Tolstoi-Zitat.
410 Luft: Berliner Theater, S. 232.
411 PT, S. 314 (Erläuterungen zur Aufführung von *Biedermann und die Brandstifter* [1959]).
412 PT, S. 272 (Erwin Piscator über Theater [1956]).
413 PT, S. 314 (Erläuterungen zur Aufführung von *Biedermann und die Brandstifter* [1959]).
414 Neumann/Piscator/Prüfer: Krieg und Frieden (1955), Klappentext.
415 PT, S. 273 (Erwin Piscator über Theater [1956]).
416 PT, S. 427 (Politisches Theater heute [1965]).

kennungszeichen des »neue[n] Theater[s]« werden sollen.[417] Nach dem Ende der Aufführung erscheint der Mensch, der zuvor »weder gut noch schlecht« war,[418] als »völlig verwandelt« durch die präsentierte Wahrheit. »Er ist friedfertig, er ist still, er ist ein Philosoph, und er hat einige tausend Jahre hinter sich gelassen.«[419] Die gesamte Theaterarbeit soll denn auch in erster Linie eine Wiederholung der nationalsozialistischen »Katastrophe« unmöglich machen.[420]

Vor diesem Hintergrund sucht Piscator die Polyvalenz zeitgenössischer Dramen szenisch disziplinieren. Ziel ist die Ausschaltung rezeptiver Offenheit, damit nicht wie bei Frischs *Biedermann* »Durchlaßmöglichkeiten« entstehen für politisch unliebsame Interpretationen (z.B. Kommunisten als Brandstifter).[421] Das »Lehrstück ohne Lehre« wird deshalb trotz Annäherung an das Absurde[422] auf seine Warnfunktion zurückgeführt. Da sich die parabolische Struktur einem derartigen Zugriff sperrt, muß man sie konkretisieren. Denn für die »Wirkungslosigkeit des Theaters« sind nach Piscator nicht Bühne oder Publikum verantwortlich, sondern dramaturgische Fehlleistungen der Autoren. Mit anderen Worten: Frischs Stück weist »prinzipiell« die »Schwäche« auf, »ambivalent« zu sein.[423] Um solche Inkommensurabilität für das Theater auszuschließen, wird die Nutzanwendung performativ verwirklicht. Zu diesem Zweck gestaltet der Bühnenbildner Paul Walter für die Saalwände Entwürfe zu zwölf Plakatmotiven (u.a. Raub der Helena, Prager Fenstersturz, Der Schuß von Sarajewo, Korea-Krieg, Atomversuche), mit deren Hilfe man die Leerstellen füllen möchte. Piscator verzichtet schließlich auf diese Form historischer Illustration – jedoch aus pragmatischen Gründen.[424] Realisiert werden nur Wandtafeln, die Grafiken von Streichholzhäuschen zeigen, sowie Photographien der Stadt Mannheim im Vor- bzw. Nachkriegszustand.[425]

Weniger gut dokumentiert sind zwei weitere (Ur)Aufführungen deutschsprachiger Theaterstücke durch Piscator: Hans Henny Jahnn: *Der staubige Regenbogen* (Frankfurt 1961) und Herbert Asmodi: *Mohrenwäsche* (Berlin 1964). Auch diese Projekte bleiben bestimmt durch das Inszenierungsmodell der Tolstoi-Adaption, wobei auf Vorwürfe, Komplexität zu vereinfachen, kämpferisch geantwortet wird: Es sei nunmehr falsch, »davor zurückzuschrecken, die unverhüllte Wahrheit zu sagen«.[426] Tatsächlich konzediert Piscator noch im selben Jahr, daß »unter meinen Händen, gegen meinen Willen fast« »alle Stücke und Inszenierungen zu Bekenntnissen« werden.[427] Die Folge sind deutliche Modifikationen in der semantischen Ausrichtung. So wird Jahnns Biologismus-Diskurs unterminiert durch die Konzentration auf die Nuklearproblematik, wo-

417 PT, S. 320f. (Erläuterungen zur Aufführung von *Biedermann und die Brandstifter* [1959]).
418 PT, S. 271 (Erwin Piscator über Theater [1956]).
419 PT, S. 321 (Erläuterungen zur Aufführung von *Biedermann und die Brandstifter* [1959]). Ähnlich argumentiert Friedrich Wolf (vgl. C, 4.1.1).
420 PT, S. 427 (Politisches Theater heute [1965]).
421 PT, S. 294 (Erläuterungen zur Aufführung von *Biedermann und die Brandstifter* [1959]).
422 Vgl. Esslin (1985), S. 211-213.
423 PT, S. 294 (Erläuterungen zur Aufführung von *Biedermann und die Brandstifter* [1959]).
424 »Wir scheiterten an unserem Talent in diesem Falle, sowohl an meinem, da ich nicht genug geschichtliche Beispiele hervorbrachte, um diese 12 Plakate zu zeichnen, wie auch an dem Können der Maler dort, die eine sehr primitive Zeichnung lieferten« (ebd., S. 297).
425 Vgl. ebd., S. 298. Eine zweite ›Metamorphose‹, die »totale Zerstörung« des »neuen Mannheims«, läßt sich dagegen nicht umsetzen (ebd.).
426 Piscator: Tagebuch Nr. 14 [zwischen 21./22. und 24. April 1955], S. 105f. SAdK/PS 392.
427 PT, S. 251 (Über das Zuhören [1955]).

durch das quasi nihilistische Drama als Muster engagierter Performanz erscheint. Wie einschneidend die philologischen ›Korrekturen‹ sind, beschreibt Walter Muschg nicht ohne Polemik im Nachwort zur deutschen Erstausgabe:

> Am 17. März 1961 fand in Frankfurt unter der Regie Erwin Piscators die Uraufführung einer Bühnenfassung statt, für die dieser gemeinsam mit Karlheinz Braun [verantwortlich] zeichnet. Sie verändert Jahnns Drama bis zur Unkenntlichkeit. Von den elf Bildern sind vier – das zweite, dritte, sechste und achte – samt mehreren Haupt- und Nebenpersonen gestrichen, bei vier Bildern ist der Schluß abgeändert und auch am Schluß des elften eine wichtige Regieanweisung weggelassen. Aus den gestrichenen Bildern sind einzelne Partien in die beibehaltenen verpflanzt und andern Personen untergeschoben [...]. Die Barszene schließt mit einem aus dem fünften Bild übernommenen Fragment und endigt mit Sätzen über den staubigen Regenbogen, die von den Bearbeitern stammen. Denn sie haben sich auch tiefe Eingriffe in den Text erlaubt. Der Dialog wurde von ihnen auf ein Skelett reduziert, in den stehengebliebenen Sätzen sind immer wieder Wörter oder Satzteile weggefallen, einzelne Wörter willkürlich geändert oder ganze Sätze anders formuliert. [...] Und ganz unverzeihlich ist, daß sie zur Auflockerung oder effektvolleren Gestaltung des Dialogs einzelne Wörter, Wendungen und Ausrufe, halbe und ganze Sätze, ja mehrere Sätze eigener Erfindung mitunterlaufen ließen. Sogar bei den Schlüssen hatten sie dagegen keine Bedenken. Nicht nur der Schluß der Barszene, auch der des vorletzten Bildes besteht aus von ihnen beigesteuerten Sätzen. Das Ergebnis dieser Verstümmelung ist ein reißerisches, gedanklich und sprachlich verwässertes Konversationsstück, das sich zur Hauptsache um die Atombombe dreht und streckenweise als dramatisierter Leitartikel wirkt, weil ihm seine ohnehin karge dichterische Substanz[428] wegoperiert wurde. Jahnn, der jeden Kompromiß schroff ablehnte, hätte sich vor diesem Machwerk bekreuzigt, auch wenn er hier um der Sache willen zu einigen Zugeständnissen bereit war.[429]

Die Aufführung des *Staubigen Regenbogen* scheitert jedoch ebenso wie die der *Mohrenwäsche*, deren zynisch-groteske Komik hinter dem antirassistischen Impetus nahezu verschwindet, so daß erneut »ein überdimensionaler Zeigefinger aus den zwanziger Jahren, aus der Expressionismus-Zeit in unsere bundesrepublikanische Epoche herüberragt«.[430] Asmodi selbst schreibt hierzu rückblickend:

> Piscator: Ein Schwachkopf. Darin bin ich mit Zuckmayer einig. Er wollte u.a., daß die farbigen Herren auf der Bühne mit Akzent reden. (Welchem?) Ich fragte ihn, was er täte, wenn ich Eskimos auf die Bühne brächte. Eine klägliche Figur. Wie weit er eingriff, weiß ich nicht mehr. Mein Verleger Stauffacher und ich reisten vor der Premiere ab. Ich war krank vor Ärger, und Piscator bekam einen Prozeß.[431]

Derartige ›Korrekturen‹ sind in den fünfziger Jahren jedoch weniger politisch als humanistisch motiviert. Schon während des US-Exils läßt sich bei Piscator ein zunehmendes Interesse an Philosophie und Dichtung der Goethezeit feststellen. Beides stand nach 1918 weitgehend im Schatten der Beschäftigung mit Zeitstücken – trotz einer stark aktualitätsbezogenen *Räuber*-Inszenierung am Preußischen Staatstheater (1926).[432] In der Mannheimer Produktion vom 13. Januar 1957 (zur Eröffnung des neuen Nationalthea-

---

428 Vgl. hierzu kritisch B, 5.2.2.

429 Muschg (1961), S. 205-207.

430 Kalow: Moralische Anstalt und Zeigefinger (1959), S. 13. Boleslaw Barlog kolportiert zudem folgende Bemerkung Gustaf Rudolf Sellners: »wenn Piscator den ›Danton‹ macht, erscheint bestimmt ein Transparent mit der Inschrift ›helft unseren chinesischen Brüdern‹« (PB, S. 142 [Brief vom 27. Januar 1956]).

431 Brief vom 21. Februar 2005 an W.G.S.

432 Vgl. Gleber (1979), S. 124-140.

ters am 175. Jahrestag der Uraufführung) erscheint Schillers Schauspiel dagegen nicht mehr als politisches Exempel, sondern als Antwort auf die Sinnde(kon)struktion der Nachkriegsmoderne: »Wir leben in der Situation des ›Wartens auf Godot‹!« Das Hauptgewicht liegt somit bei den Monologen, die »das gedankliche Gerüst Schillerscher Freiheitsantithetik«[433] enthalten. Wie Kortner (A, 3.2.1) versucht Piscator die »Schichten der Überlieferung«[434] abzutragen und den »wirklichen Schiller der *Räuber*«[435] durch Reflexion über das Problem moralischer Selbstgesetzgebung wiederherzustellen. Auch die übrigen »moderat historisierenden« Schiller-Projekte kennzeichnet »eine gänzlich unartifizielle, sprachlich nüchterne Darbietung«, mit deren Hilfe »die geistige, d.h. idealistische Substanz der Textvorlagen« exponiert werden soll.[436]

Abb. 27: Szene aus der Mannheimer Premiere von Schillers *Räubern*

Dies führt jedoch zu einer von der Forschung bisher nicht beachteten Assimilation an den Performanz-Begriff des Integralmodells, der ebenfalls auf essentielle Strukturhomologie ausgerichtet ist. (Divergenzen bestehen nur über die ursprüngliche Form der Struktur.) Darüber hinaus plädiert Piscator hinsichtlich der Romanadaption *Krieg und Frieden* für partielle Retheatralisierung:

> In der Tat sehe ich eine solche Veranstaltung gar nicht als ›Aufführung‹ an, sondern als Stunde der Besinnung, als eine mit anderen Mitteln ins Werk gesetzte Gedächtnisstunde, eine

433 PT, S. 285 (Meine *Räuber*inszenierung [1957]).
434 Piscator: Tagebuch Nr. 16 [19. Januar 1957], S. 152. SAdK/PS 422.
435 PT, S. 289 (Meine *Räuber*inszenierung [1957]).
436 Wannemacher (2004), S. 87.

Stunde der Erbauung insofern, als ich mir von dort her den Mut hole, weiterzumachen, ja, wie die Antike, aus dem Mut, dem Leid ins Auge zu sehen, ja das Leid selbst ›groß‹ zu gestalten, wieder an die Tapferkeit des menschlichen Geistes zu glauben, und an seine Kraft, es bis zum Ende durchdenken und durchfühlen zu können, um das Leid am Ende auch zu beherrschen – und vielleicht überwinden zu können.[437]

Die diskursive Annäherung ist evident. Auch für Sellner und Koch korreliert im antiken Drama »die Größe der Bilder der Größe der Leiden«,[438] so daß die Bühne qua Adäquanzrelation zur »Stätte der Selbstbesinnung«[439] werden kann. Um die Neuorientierung des eigenen Modells produktionsstrategisch zu festigen, konstruiert Piscator unerwartete literarhistorische Teleologien: »Entspricht nicht das EPISCHE THEATER, wie ich es sehe, tatsächlich dem klassischen Theater? Ist es nicht die eigentliche Fortsetzung davon? Das EPOS – der Drang nach der Menschheitsidee – und ihrer *Größe*! [...] Im Grunde theologisches Theater – *theatrum sanctum*«.[440] Aufgrund der beschriebenen Kontrollmechanismen läßt sich jedoch nicht von einer *integral* retablierten Ganzheit sprechen. Darüber hinaus ist die von Piscator geplante »Errichtung einer heroischen, [...] auf den Menschen gegründeten Gesellschaft«[441] inhaltsethisch begründet, d.h. Freiheit entsteht keineswegs in der Zusammenschau divergenter Konzepte, sondern durch Dramen, die wie Hochhuths *Stellvertreter* eine »die Totalität menschlichen Verhaltens untersuchende Geschichts-, nicht Geschichten-Schreibung« darstellen.[442] Gleichzeitig wird gefordert, was Sellner ›sentimentalisch‹ ausschließt: die Rückkehr des Theaters in »den kultischen Bereich, aus dem es einmal hervorgegangen ist«.[443] Der ehemalige »Bürgerschreck«[444] Piscator stilisiert die Aufführung »zum beschwörenden Ritual eines unfaßbaren Schicksals«[445] und fällt damit hinter Dokumentar- wie Integralmodell zurück.[446] Tatsächlich verweist der mit unterschiedlichen Philosophemen durchsetzte ›romantische Sozialismus‹ auf Tendenzen der frühen Nachkriegszeit.[447] Aber auch die Erfahrung des Stalinismus in Exil und DDR hat katalytisch gewirkt.[448] Vor 1933 noch bekennender Vertreter der »revolutionäre[n] Marxisten«,[449] träumt Piscator zwanzig Jahre später von einer einzigen »Partei der Menschen«,[450] deren Engagement eine »wahrhaft menschliche Kultur« ins Leben rufen wird.[451] Solche Konzentration auf das Humane kennzeichnet auch die Uraufführung von Weisenborns *Göttinger Kantate* im Rahmen des SPD-Parteitags vom 19. bis 22. Mai 1958. Wie in einem »dokumentarischen Hörspiel (feature)« sollen die Tatsachen »registriert« werden: »Nur die Balladen oder Lieder haben eine gewisse Unmittelbarkeit«. Im Zentrum steht die »Tragödie des

437 PA 2, S. 158 ([Über *Krieg und Frieden*] [1955]).
438 Sellner/Wien: Theatralische Landschaft, S. 27 (Äußerung Sellners vom 27. März 1961).
439 Stobbe: Heinrich Kochs Hamburger Theaterarbeit (1954), S. 112.
440 Erwin Piscator: Tagebuch Nr. 13 [3. April 1954], S. 28f. SAdK/PS 390.
441 PT, S. 271 (Erwin Piscator über Theater [1956]).
442 PT, S. 413 (Vorwort [zum *Stellvertreter*] [1962]).
443 PT, S. 419 (Anmerkungen zu einem großen Thema [1965]).
444 Kortner: Letzten Endes (1971), S. 189.
445 PT, S. 419 (Anmerkungen zu einem großen Thema [1965]).
446 Vgl. Weiss: Das Material und die Modelle (1968), S. 57.
447 Vgl. Felbick (2003), S. 491-497.
448 Vgl. Willett (1982), S. 83-97 und Hintze (1993), S. 59-68.
449 PT, S. 38 (Grundlinien der soziologischen Dramaturgie [1929]).
450 Piscator: Tagebuch Nr. 12 [29. Januar 1954], S. 41. SAdK/PS 389.
451 PT, S. 376 (Darstellung und Dichtung [1959]).

Volkes«: »Das Schweigen, das Dulden, das Leiden. / Keine Diplomatie / " Politik / " / " / es geht nur um die Menschen / *den* Menschen / um Dich / und Dich / und Dich!«[452] Mit Parteipragmatik ist dieses Universalkonzept kaum harmonisierbar. Die SPD erscheint nur mehr als »Steigbügelhalter [...] – besser – Zuhälter« der Bourgeoisie.[453]

Wie Kortner befindet sich Piscator nach 1945 zwischen den Blöcken, da er sowohl die normative Kulturordnung des Staatssozialismus kritisiert als auch das marktwirtschaftlich ausgerichtete System der Bundesrepublik. Dies geschieht allerdings bei gleichzeitiger Umwertung der ›topographischen‹ Orientierungslosigkeit in eine ›ortlose‹ Utopie. Als »Freier Mann und Kommunist«[454] kann sich Piscator über die gewaltsame Niederschlagung des Arbeiteraufstands empören und trotzdem den Berliner Demonstranten vorwerfen, sie hätten »ihre Mutter geschlagen«.[455] Andererseits ließen sich selbst im Kapitalismus »Werte erzielen und Arbeiter besser bezahlen«, aber dies sei ebensowenig eine tragfähige »Lösung« wie das Reden vom »idealen Kommunismus«, einer »Ideologie«, »zu der das Fundament nicht paßt«.[456] Des weiteren sind strategische Gründe von Bedeutung: So lehnt Piscator Ende der fünfziger Jahre mehrere Einladungen von sozialistischer Seite ab, um seine Chancen im Bewerbungsverfahren für die Westberliner Volksbühnen-Intendanz nicht zu minimieren.[457] Hinzu kommen kulturpoetische Divergenzen, denn die epische Bühnentechnik entspricht kaum dem an Stanislawski orientierten Realismus-Ideal. Ähnlich ambivalent ist das Verhältnis zu bedeutenden Vertretern des Integraltheaters: Einerseits werden sie aufgrund fortgesetzter Tätigkeit im Dritten Reich als ›gesinnungslos‹[458] bezeichnet. Ihre Performanz bleibe »leer«[459] (Gründgens) oder degeneriere zu einer »Stilübung der Choreographie«, die »zwar immer sehr schön« aussehe, »im Grunde« aber »kein Windchen bewegen« könne (Sellner, Schalla).[460] Andererseits entspreche dem »Konformismus«, der aus der »weltanschaulich unfundierte[n] Tätigkeit«[461] resultiere, ein »sehr hohes« künstlerisches »Niveau«. Regisseure wie »Stroux, Sellner, Koch« seien daher »mit Recht« erfolgreich.[462] Daß Piscator die positiven Äußerungen im Zusammenhang mit dem erwähnten Vorschlag zu einer Theaterakademie macht, mindert vielleicht die Objektivität des Gesagten, verweist aber auf die beschriebene Assimilation.

Letztere vollzieht sich vor allem performativ: als Versuch einer eigenständigen Umsetzung der ›ortlosen Dramaturgie‹ (C, 4.4). Dabei avanciert das Licht zur wichtigsten Komponente für die »Erneuerung der Bühnenkunst« in der Nachkriegszeit. Mit ihm ist eine »neue Plastik« geschaffen, die der Sprache ihre Zentralstellung zurückgibt. »Nichts wird dem Wort mehr entgegenstehen – da das Wort die Reflexion des Lichts

452 Piscator: Notizen zu der Göttinger Kantate, S. 5 (Nachlaß Aleida Montijn [vgl. Anm. 402]).
453 Piscator: Tagebuch Nr. 14 [5.(?) November 1954], S. 23. SAdK/PS 391.
454 Piscator: Tagebuch Nr. 16 [Nacht vom 4./5. November 1956], S. 86. SAdK/PS 399.
455 Piscator: Tagebuch Nr. 7 [4. Juli 1953], S. 25. SAdK/PS 388.
456 PT, S. 330 (Erläuterungen zur Aufführung von *Biedermann und die Brandstifter* [1959]).
457 Vgl. Gleber (1979), S. 393-397.
458 Vgl. PZ, S. 384.
459 PT, S. 316 (Erläuterungen zur Aufführung von *Biedermann und die Brandstifter* [1959]). Piscator bezieht sich hier auf die von Gründgens geleitete Uraufführung des Brecht-Schauspiels *Die Heilige Johanna der Schlachthöfe* am 30. April 1959.
460 Ebd., S. 320.
461 PT, S. 358 (Darstellung und Dichtung [1959]).
462 PT, S. 245 (Vorschlag zu einer Theaterakademie [1955]).

beherrschen und dirigieren wird«.[463] (Für die Berliner Uraufführung der Tolstoi-Bearbeitung *Krieg und Frieden* sind 280 verschiedene Beleuchtungseinstellungen dokumentiert.[464]) Das Theater erhält auf diese Weise eine »neue Optik«, die es »von der Versklavung der Illusions- und Dekorationsbühne befreit«. Gleichzeitig entstünden »völlig neue Gesetze, auch in der Gestik, der Mimik, der Bewegung«. Gerade das nachdrückliche Hervorheben eigener Innovation verweist jedoch *ex negativo* auf die enge diskursive Vernetzung mit konkurrierenden Modellen. In der Tat propagiert Piscator ebenfalls »die ›ortlose‹ Bühne«, ja sogar »die ›raumlose‹«. Ziel ist die »Befreiung von der Technik«, d.h. ihre komplette Subordination unter das »Licht«.[465]

Dieser Versuch einer ›humanisierenden‹ Kontrolle von Maschine und Mechanik deckt sich, was die Forschung bisher übersehen hat, mit dem Anliegen abstrakt-choreographischer Modelle (Sellner, Koch). Selbst die assoziierten Konsequenzen sind nahezu identisch: So wird auf der von Piscator entwickelten »Lichtbühne« – dem integralen Theater folgend – »die Dichtung allein und ungestört dominieren«.[466] Die Aussage des Stücks steht im Zentrum; nur ihrem verlustfreien Transfer dient die Technik. Aus solcher Perspektive erscheint die Bühne wie bei Schuh als »geistiger Raum«,[467] denn »das Wort kommt wieder« durch den »Geist, der es schafft«.[468] Die Projektionen der Tolstoi-Inszenierung besitzen somit (anders als bei der Uraufführung der Erstfassung 1942) lediglich illustrative Funktion. Dahinter steht die Vorstellung, im Nuklearzeitalter des vergeblichen ›Wartens auf Godot‹ müsse man »die Dichtung an die erste Stelle setzen«[469] und sich mit den »großen menschlichen Fragen« beschäftigen. Das Licht wirkt in diesem Zusammenhang erkenntnisfördernd, verändert es doch »Auffassung«[470] und »Proportionen des Körpers«, so daß das entfremdete Individuum wieder »zum Menschen an sich« werden kann. Die *textuell semantisierte* Anthropologie ist damit zugunsten der *technisch-performativen* verabschiedet, denn erst die von unten beleuchtete Bühne erlaubt die hierfür notwendigen »Röntgenaufnahmen«.[471] Deren Wirkung ist allerdings so umfassend, daß Piscator die theatrale Utopie entwirft, einmal »ohne Dekoration, ohne Kostüme, ja ohne Kleidung« spielen zu können – »nackt, aber nicht körperlich, sondern seelisch«.[472]

Im Unterschied zu Sellner und Kortner, die mit ihren Analyseverfahren keinen moraldidaktischen Impetus verbinden, dient die Konzentration auf »Exempel des Immer-Gültigen«[473] bei Piscator gesellschaftlichen Zielsetzungen: »endlich dahinterzukommen, wo die Wahrheit liegt«, und »die Gesetze zu finden, nach denen wir leben und glücklich sein können«.[474] Theoretisch bedeutet dies ›ortlose Dramaturgie‹ ohne »Standpunktlosigkeit«. Piscator wendet sich daher explizit gegen Weisenborns Kon-

463 PT, S. 243 (Gedanken zu einer Erneuerung der Bühnenkunst durch das Licht [1954]).
464 Vgl. Wannemacher (2004), S. 66.
465 PT, S. 243f. (Gedanken zu einer Erneuerung der Bühnenkunst durch das Licht [1954]).
466 Ebd.
467 Vgl. Schuh: Bühne als geistiger Raum (1963), passim.
468 PT, S. 351 (Technik – eine künstlerische Notwendigkeit des modernen Theaters [1959]).
469 PT, S. 354 (Darstellung und Dichtung [1959]).
470 PT, S. 271, 269 (Erwin Piscator über Theater [1956]).
471 PT, S. 243f. (Gedanken zu einer Erneuerung der Bühnenkunst durch das Licht [1954]).
472 PT, S. 251 (Über das Zuhören [1955]).
473 PT, S. 283 (Die Dramatisierung von Romanen [1956]).
474 PT, S. 251f. (Über das Zuhören [1955]).

zept, das er in Absetzung vom eigenen ›Lichtraum‹ als »›örtchenlose Bühne‹« bezeichnet.[475] Solche Form der Selbstlegitimation widerspricht der dargestellten Annäherung nur bedingt, zumal die Fundamente des Bekenntnistheaters keineswegs unhinterfragt bleiben. Den »Zerfall der großen Erzählungen«,[476] der zumindest im Westen weite Teile der Nachkriegsavantgarde bestimmt, hat auch Piscator zu akzeptieren: »Ob wir es wollen oder nicht, wir sind relativ geworden. Wir trauen auch gar nicht einem einzigen Urteil, selbst der primitive Mensch tut das nicht«.[477] Vor diesem Hintergrund scheint jede Form hermeneutisch begründeter Weltaneignung problematisch: »Aber was ist die Wahrheit? Auch nur eine relative Illusion?«[478] Ähnliches gilt für die Praxis der ›moralischen Anstalt‹. Trotz des großen Erfolgs der Tolstoi-Bearbeitung muß Piscator erkennen, daß sich die »Gesinnung des Volkes« nicht verändern läßt: »Der Effekt ist gering, – die Wehrpflicht wurde eingeführt, Deutschland rüstet auf«.[479] Während die politische Bühne der zwanziger Jahre noch der »marxistischen Ideologie« folgt, besteht die »Paradoxie« des Nachkriegstheaters darin, »daß seine Aktualität vorwiegend auf die jüngste Vergangenheit bezogen ist«.[480] D.h. die Wahrheit, die philosophisch dekonstruiert ist, wird teilsystemisch wiederhergestellt – durch die ethisch gerechtfertigte »Schwarz/Weiß-Zeichnung« dokumentarischen Protests.[481]

Der sinnstiftende Schulddiskurs bleibt denn auch ein spezifisch deutsches Phänomen, wobei Piscator die komplexe Nachkriegssituation vereinfacht, wenn er den Kollektivvorwurf erhebt, Deutschland habe die nationalsozialistischen Verbrechen weitgehend verdrängt: »Man restauriert Klassiker, weil die Vergangenheit besser erscheint, anstatt den Blick auf die Gegenwart zu richten«.[482] Tatsächlich hält die dem offiziellen SED-Diskurs entsprechende These, in der Bundesrepublik besitze man »kein Gewissen«,[483] der historisch-ästhetischen Analyse ebensowenig stand wie die Behauptung, Becketts »Avantgardismus« sei »dekadentes Bürgertum« und Sinnbild für die »Nichtbewältigung« des Zweiten Weltkriegs.[484] Bezeichnenderweise muß Piscator im Vorwort zu Hochhuths *Stellvertreter* konzedieren, daß es »schon fast ein literarisches Genre von Stücken« gibt, »die sich mit unserer jüngsten Vergangenheit befassen«. Diese Dramen würden allerdings zu Recht »in den dramaturgischen Büros« verstauben, weil sie zwar »gut gemeint«, aber meist »auf ein Einzelschicksal« bezogen seien (PT, 411f.). Hinter solcher Absage an gesamtgesellschaftliche Orientierung steht allerdings nicht selten die Einsicht, daß die Konstruktion kollektiver Narrative vor der Folie des Geschehenen fragwürdig erscheint. Mit anderen Worten: Die Dramatik der Nachkriegszeit sperrt sich, ohne den Holocaust zu verharmlosen (B, 1.2.2), gegen den »unter Umständen« anti-objektiven Ruf nach »Verurteilung«, weil manche Autoren negieren,

---

475 PT, S. 358 (Darstellung und Dichtung [1959]).
476 Lyotard: Das postmoderne Wissen, S. 54.
477 PT, S. 328 (Erläuterungen zur Aufführung von *Biedermann und die Brandstifter* [1959]).
478 PZ, S. 390.
479 Brief Erwin Piscators vom 22. Juli 1956 an Émile Copfermann. SAdK/PC 920.
480 PT, S. 428f. (Politisches Theater heute [1965]).
481 Weiss: Das Material und die Modelle (1968), S. 55. Dieselbe Argumentationsfigur findet sich 1949 in Friedrich Wolfs Aufsatz *»Schwarzweißmalerei« im Drama* (vgl. WW 16, S. 230).
482 PT, S. 240 (Gespräch mit Erwin Piscator [1954]).
483 Piscator: Tagebuch Nr. 14 [10./11. November 1954], S. 16. SAdK/PS 391.
484 PS 2, S. 290f. (Volksbühne heute [1962]).

»daß die Wirklichkeit, so undurchschaubar sie sich auch macht, in jeder Einzelheit erklärt werden kann«.[485]

Piscator selbst übernimmt 1962 die Leitung der Freien Volksbühne Westberlin und inszeniert dort die Uraufführungen der drei wichtigsten Beiträge zum sog. Dokumentartheater – Rolf Hochhuth: *Der Stellvertreter* (1963), Heinar Kipphardt: *In der Sache J. Robert Oppenheimer* (1964) und Peter Weiss: *Die Ermittlung* (1965). Es handelt sich dabei um Dramen, die auf Piscator und die politische Bühne der Weimarer Republik Bezug nehmen, konzeptionell aber in den fünfziger Jahren vorbereitet werden (C, 4.5). Die Assimilation an das Integraltheater ist dadurch nur teilweise relativiert. Es zeigt sich vielmehr, wie das spezifische Dispositiv der Nachkriegsepoche (1945-1961) bis in die Einzelkonzepte ausstrahlt, so daß Parallelen erkennbar werden zwischen Modellen, die einander im literarischen Feld bipolar gegenüberzustehen scheinen.

3.3 Tangentiales Theater: Aktualisierung im Zeichen des Sozialismus

Wenngleich mit Blick auf die Entwicklung eines marxistischen Theaters bis 1947 noch keine einheitliche Kulturpolitik existiert (A, 1.3.1), planen die Sowjets im Unterschied zu den westlichen Besatzern eine Transformation der Bühnen zu staatlichen, kommunalen und genossenschaftlichen Eigentumsformen. Das ›Bildungsmodell‹, das zumindest idealiter Kunst und Politik trennt, ist verabschiedet zugunsten der »Festigung«[486] systemkonformen Bewußtseins (wobei die Spielpläne durch den Klassikerschwerpunkt durchaus Parallelen aufweisen). Die staatstragende Bedeutung des Theaters erklärt auch die enormen Subventionen, die in der DDR gezahlt werden und aufgrund der Systemkonkurrenz entsprechende Maßnahmen in der Bundesrepublik zur Folge haben. 1954 erhalten 88 ostdeutsche Theater finanzielle Unterstützung in Höhe von 168 Millionen Mark; die 121 westdeutschen Bühnen sind im gleichen Jahr mit 111 Millionen Mark subventioniert.[487] Darüber hinaus setzt man in der DDR schon früh auf feste Ensembles und organisiert Laienbewegungen, deren Einbindung in das öffentliche Theaterleben durch den »Abschluß von Patenschaftsverträgen«[488] gesichert wird (u.a. zwischen dem Deutschen Theater Berlin und dem Theater der Bergarbeiter in Senftenberg). Dahinter steht der Versuch, das bürgerlich-repräsentative System schrittweise aufzulösen und ein flächendeckendes Netz von Betriebs- und Dorftheatern einzurichten, die mit Produktionsstätten, Kollektiven, Armee-Einheiten etc. kooperieren. Ende der fünfziger Jahre werden schließlich die ersten Arbeiter- und Massenfestspiele durchgeführt, deren bedeutendstes an der Küste bei Ralswiek auf Rügen stattfindet. (Die Organisation trägt das Volkstheater Rostock.) Mit Blick auf den immensen Publikumszuspruch – von 1959 bis 1961 zählt man jährlich über 100.000 Besucher – ist auch die Aufführung animativ ausgerichtet. So gestaltet das von Kuba zu diesem Zweck geschriebene Theaterstück *Klaus Störtebeker* ein volkstümliches Sujet als ›dramatische Ballade‹, in der figurenzentrierte Spielszenen, kommentierende Lieder, pantomimische Einzeldarstellun-

[485] Weiss: Das Material und die Modelle (1968), S. 55, 58.
[486] Handbuch für den Kulturfunktionär, S. 43.
[487] Zu weiteren Vergleichswerten siehe Daiber (1976), S. 136 und Riewoldt (1983), S. 145.
[488] Pfelling/Berger (1972), S. 223f.

gen sowie große Volksauftritte und Massenchöre abwechseln (B, 4.2.3). Um das kulturpolitische Ziel eines qualitativ ansprechenden sozialistischen Nationaltheaters verwirklichen zu können, stiftet der Zentralvorstand der Gewerkschaft Kunst ab 1958 den Hans-Otto-Preis, der in jedem Jahr an dasjenige Schauspielhaus vergeben wird, das »durch die Entwicklung einer schöpferischen Masseninitiative im Ensemble besondere Ergebnisse bei der Erfüllung seines gesellschaftlichen Auftrags erzielte«.[489] Die schon kurz nach der Staatsgründung forcierte Integration marxistischer Bildungskonzepte in die Theaterpraxis (kollektive Projektplanung) führt Anfang der sechziger Jahre zu Arbeitsabkommen zwischen Ensembles und Laiengruppen – u.a. beim Thomas Müntzer-Theater Eisleben.

Abb. 28: Szene aus der *Störtebeker*-Aufführung der Rügenfestspiele 1959

Diskulturale Aspekte lassen sich auch mit Blick auf Funktion und Ausstattung der künstlerischen Intelligenz feststellen. Während die westdeutschen Schriftsteller durch die Währungsreform zunächst stark getroffen sind, werden ihre Kollegen in SBZ bzw. DDR – zumindest bei weitgehender Staatsloyalität – umfassend privilegiert. Hintergrund solcher Maßnahmen ist das Bild vom befreiten Menschen, der nur dann ein »Mensch« ist und keine »Arbeitsmaschine«, wenn ihn »das materielle, geistige, künstlerische Dasein gleichermaßen einschließt«.[490] Literatur bleibt demnach zweckgebunden, soll mit der Arbeitsfreude die Produktionsleistung steigern und dadurch zum wirtschaftlichen Aufschwung beitragen. (In der Bundesrepublik gilt statt dessen das Primat

[489] Nössig (1972), S. 37. Preisträger sind das Theater der Bergarbeiter in Senftenberg (1958), das Volkstheater Halberstadt (1959), die Landesbühnen Sachsen (1960) und das Maxim Gorki Theater Berlin (1961).

[490] Gysi: Neue Entwicklungen (1948), S. 547. Vgl. B, 4.1.2.

wirtschaftlicher Konsolidierung; erst auf solcher Grundlage könne ein hochwertiger Kulturbetrieb eingerichtet werden.[491]) Die Teilhabe am gesellschaftlichen Transformationsprozeß verhindert jedoch die Etablierung eines Gegendiskurses. So kann aufgrund der rigiden Direktiv- und Kontrollpraxis, die kultureller Gleichschaltung dient, im Osten kein autonomes Bühnensystem entstehen. Der Begriff ›Tangente‹, der bereits in dem Sammelband *Theater in der Zeitenwende* (1972) begegnet,[492] bezeichnet vor diesem Hintergrund die Tatsache, daß eine Dramenhandlung stets von ihrem Berührungspunkt mit der geschlossenen (›runden‹) Metaerzählung inszeniert wird. Dennoch übernimmt man im Rahmen der Erbetheorie die »gewohnten Formen des Kulturlebens« aus der »bürgerlichen Gesellschaft«.[493] Dies gilt selbst für deren Repräsentativcharakter. Hiervon zeugen die Gedenkjahre für Goethe (1949), Bach (1950), Beethoven (1952) und Schiller (1955), die man zu Höhepunkten des »Ringens um die theoretische und praktische Aneignung, Bewahrung und Weiterentwicklung der humanistischen deutschen Kultur« stilisiert.[494] Aber auch Max Reinhardts Vorstellung vom Theater als einem »Haus des Lichts und der Weihe«[495] ist keineswegs verabschiedet. So gesteht der DDR-Dramatiker Harald Hauser noch 1953, er finde es »herrlich«, daß »in allen Theatern wunderschöne, prächtige Vorhänge zu sehen sind, die eine festliche Stimmung beim Zuschauer erzeugen«. Es sei daher »bedrückend«, wenn man im Berliner Ensemble nur einen »schmutzigen Sack« verwende.[496] Tatsächlich werden die proletarisch-revolutionären Traditionen im DDR-Theater zunächst nicht wiederbelebt: Das Bürgerliche wirkt aufgrund seines ethischen Impetus sinnstiftend und integrativ, was die Stabilisation der neuen Gesellschaftsordnung nachhaltig befördert (B, 4.1.1).

3.3.1 Linearer Realismus: Leitfunktion der ›Überaufgabe‹

Da die »Grundlagen des Theaterspiels« durch die NS-Diktatur »in Frage gestellt sind«, müssen sie – so Herbert Ihering 1946 – »erneuert oder gefestigt werden«.[497] Man bezieht sich deshalb auf Max Reinhardts ›realistische‹ Schauspielregie.[498] Im Kontext des Sozialismus wird jedoch bald Kritik laut an den Grundlagen eines Theaters, das den Einzelnen »aus der grauen Alltagsmisère über sich selbst« hinausführen soll.[499] Der Versuch, Humanität unpolitisch zu restituieren, verfällt schließlich sogar dem Vorwurf »einer totalen Täuschung durch das Spiel«.[500] Korrekturbedürftig scheint vor allem das Fehlen eines historisch begründeten Menschenbilds. Bereits im ersten Heft des Journals

---

491 Vgl. Anonym: Währungsreform – auch gegen Kulturinflation (1948), S. 4 und Eberlein: Bewährungsprobe der Kunst (1948), S. 4.

492 Vgl. Pfelling (1972b), S. 329. Er ist zudem Teil des zeitgenössischen Realismus-Diskurses (siehe Strittmatter: Notizen vom Schriftstellerkongreß in Moskau [1959], S. 10).

493 DD, S. 245 (Alfred Kurella: Wege zur sozialistischen Volkskultur [1959]).

494 Nössig (1972), S. 209.

495 Reinhardt: Schriften, S. 67 (Über ein Theater, wie es mir vorschwebt [1901]).

496 DD, S. 146 (Harald Hauser: Abstraktion).

497 Ihering: Theater der produktiven Widersprüche, S. 77 (Gedanken zu einer Theaterreise).

498 Am 7. September 1945 wird das Deutsche Theater auf Beschluß des Berliner Senats in ›Max Reinhardts Deutsches Theater‹ umbenannt.

499 Reinhardt: Schriften, S. 64 (Über ein Theater, wie es mir vorschwebt [1901]).

500 Braulich (1966), S. 66.

Theater der Zeit fordert Fritz Erpenbeck eine Dramaturgie, die auf »gesellschaftliche Wahrheit« zielt.[501] Und Ihering spricht sich 1947 für eine stärkere Orientierung an Otto Brahm aus, weil dessen Naturalismus soziale Antagonismen in Zentrum rücke.[502] Moniert wird allerdings das Vorherrschen passiv leidender Figuren: Damit unterstütze man nicht nur den Fatalismus der Trümmerideologie, sondern behindere zugleich den Aufbau sozialistischer Strukturen. Die Idealform moderner Regie setzt demnach eine Synthese beider Modelle voraus, wobei ›Realismus‹ nicht mehr als Epochen- oder Stilbegriff erscheint, sondern als künstlerisches Metakonzept. Mit ihm ist der Raum des Ästhetischen binär begrenzt und jede Abweichung (d.h. fast die gesamte Avantgarde von Anouilh bis Brecht) als ›formalistisch-dekadent‹ ausgeschlossen.[503] Theatrales Referenzkonzept wird schon bald Konstantin Stanislawskis Schauspieltheorie, die in der Sowjetunion seit dem Kampf gegen proletkultische Tendenzen (Meyerhold) Standardcharakter besitzt. Auch Gustav von Wangenheim und Maxim Vallentin, ehedem Vertreter operativer Bühnenkunst, machen sich während der Moskauer Exilzeit die neue Methode zu eigen. Im Oktober 1945 gründet Vallentin mit Ottofritz Gaillard und Otto Lang eine Schauspielabteilung an der Staatlichen Hochschule für Musik in Weimar, die zur Grundlage wird für das zwei Jahre später eröffnete Institut zur methodischen Erneuerung des deutschen Theaters (ab 1953 Theaterhochschule Leipzig).[504] Es dient der Ausbildung von Schauspielern im Sinne des Stanislawski-Systems und trägt damit nachhaltig zu dessen Paradigmenstatus bei. (Ab 1949 besitzt Vallentin mit dem Jungen Ensemble Berlin eine eigene Bühnentruppe, aus der drei Jahre später das Maxim Gorki Theater hervorgeht.) Die Stanislawski-Rezeption gewinnt jedoch erst 1951 an Breitenwirkung – noch ein im Vorjahr publizierter Abschnitt aus dem Werk *Ethik* bleibt nahezu ohne Resonanz. Mit Erpenbecks Artikel *Ungenutzte Erfahrungen*, der den »sozialistischen Realismus« als einen der »fortschrittlichen Weltanschauung«[505] adäquaten Darstellungsmodus bezeichnet, ändert sich die Situation nachhaltig. Das Stanislawski-Modell wird landesweit erörtert und umgesetzt; für die Verbreitung zeichnet neben dem Vallentin-Kreis vor allem das Fachjournal *Theater der Zeit* verantwortlich. So kündigt Gaillard, Verfasser des *Deutschen Stanislawski-Buchs*, 1951 im dritten Heft die regelmäßige Veröffentlichung von Beiträgen zur Schauspieltheorie an.[506] Erpenbecks Zeitschrift enthält 1953 kurzzeitig sogar eine Rubrik »Unsere Stanislawski-Diskussion« (H. 5-8), in der Forschungsergebnisse und Erfahrungsberichte publiziert werden. Darüber hinaus gründen zahlreiche DDR-Bühnen Mitarbeiterzirkel zu Studium, Debatte und Einübung der Theorie.[507] Ziel ist die Suspension bürgerlicher Aufführungsverfahren, die vor allem im Klassikerbereich »unmarxistische Verfälschungen« hervorgebracht hätten.[508] Der praktische Erfolg bleibt allerdings begrenzt: Abgesehen von Langhoffs *Egmont*-Projekt (A, 3.3.2) werden nur wenige Modellinszenierungen

---

501 DD, S. 16 (Fritz Erpenbeck: Zeittheater oder Theater der Zeit? [1946]).

502 Vgl. Ihering: Vom Geist und Ungeist der Zeit, S. 57f. (Geist und Ungeist des Theaters).

503 Vgl. DD, S. 74-76 (Fritz Erpenbeck: Formalismus und Dekadenz [1949]).

504 Vgl. Gaillard: Von der Arbeit des deutschen Theaterinstituts in Weimar (1947), S. 125-132 sowie den umfangreichen Beitrag von Kuckhoff (1968), damals Leiter der 1949 gegründeten theaterwissenschaftlichen Abteilung des Instituts.

505 DD, S. 126, 128.

506 Vgl. Gaillard: Erste Begegnung mit dem Partner, S. 9.

507 Zum Prozeß der »Kanonisierung« des Stanislawski-Systems vgl. ausführlich Ullrich (2000).

508 DD, S. 131 (Otto Lang: Für eine realistische Bühnenkunst [1953]).

realisiert. Höhe- und Wendepunkt der Rezeption ist die erste deutsche Stanislawski-Konferenz, die vom 17. bis 19. April 1953 in der Berliner Akademie der Künste stattfindet und nach ruhigem Beginn zur kontroversen Auseinandersetzung mit Brechts epischem Theater führt. Nach Abschluß der Tagung nimmt die Beschäftigung mit dem russischen Theoretiker merklich ab, so daß nicht einmal das Diskussionsprotokoll wie geplant im Druck erscheint.[509]

Die marxistische Funktionalisierung der Schauspieltheorie vollzieht sich bereits Ende der dreißiger Jahre. So ergänzt Maxim Vallentin die beiden Postulate des Stanislawski-Modells (»*Wahrheit der Empfindungen*« und »*der Bühne*«) um eine dritte (»*gesellschaftliche*[] *Wahrheit*«[510]), wodurch die Ausrichtung im Sinne des dialektischen Materialismus modifiziert wird. Die konkreten Erfahrungen der Weimarer Nachkriegsarbeit werden in der bereits erwähnten Stanislawski-Schrift von Gaillard beschrieben, die als »Lehrbuch der Schauspielkunst« theatrale Breitenwirkung intendiert.[511] Im Zentrum steht der Versuch, das ›neue‹ System durch Absetzung von einem »inhaltlos gewordenen Naturalismus« als maßgebliche Grundlage moderner Bühnenkunst zu präsentieren. Die »große kulturelle Leistung des bürgerlichen Theaters« wird auf diese Weise posthegelianisch ›aufgehoben‹. Gleichzeitig gewinnt die Sowjetunion den politisch gewünschten Vorbildcharakter, weil auch dort an die »fortschrittlichen Traditionen« des überwundenen Gesellschaftssystems angeknüpft wird.[512]

Neuralgischer Punkt des Stanislawski-Systems ist die sog. »Überaufgabe«,[513] der »Ideengehalt«[514] des Dramas. Zu seiner Umsetzung bedarf es im Gegensatz zum Integraltheater weniger ästhetischer Strukturhomologie als inhaltlicher Stringenz. Der Plot hat durchgehend motiviert zu sein, so daß sich die *physische* Handlung aus den *psychischen* Dispositionen der Figuren ergibt. Dazu muß der Schauspieler das Verhalten »*des Menschen einer bestimmten Epoche, sozialen Stellung, Altersstufe*« emotional nachvollziehen.[515] Entscheidend für die Adaption ist dabei das Weltbild des Akteurs, d.h. die »richtige Einschätzung der gesellschaftlichen Entwicklung«. Nur so kann die historisch indizierte ›Wahrheit‹ eines Theaterstücks für den sozialen Fortschritt nutzbar gemacht werden. Die Hauptaufgabe der Kulturpolitik besteht deshalb in der ideologischen Schulung all derer, die »am Kunstwerk mitarbeiten«. Zweck solcher »Vorarbeit« ist die Festigung des ›Klassenstandpunkts‹, der es ermöglicht, die geschichtlich relevanten Problemfelder des Theaterstücks zu bezeichnen. Auf diese Weise entsteht eine Repräsentationsordnung, die Kunst-, Moral- und Sozialtheorie syllogistisch verbindet: Wenn »[a]lle großen Künstler des klassischen Kulturerbes« »Humanisten«[516] sind und »[j]e-

509 Die vollständige Mitschrift ist »heute nicht mehr auffindbar« (Pfelling/Mittenzwei [1972], S. 394/Anm. 2).

510 Vallentin: Nachbemerkung (1945), S. 47.

511 Grundlage hierfür bildet Alexandra Meyenburgs deutsche Ausgabe der *Arbeit des Schauspielers an sich selbst* (Zürich 1938 u.d.T. *Das Geheimnis des schauspielerischen Erfolges*). Da Gaillard Quelle und Übersetzung für untauglich hält, entschließt er sich, »einen völlig neuen Text zu schaffen« (Das deutsche Stanislawski-Buch [1948], S. 21).

512 DD, S. 113, 116 (Ottofritz Gaillard: Das deutsche Stanislawski-Buch [1948]).

513 Stanislawski: Die Arbeit des Schauspielers an sich selbst. Bd. 1, S. 292.

514 DD, S. 132 (Otto Lang: Für eine realistische Bühnenkunst [1953]).

515 Prokofjew: Die physischen Handlungen und die Arbeit an der Rolle (1950), S. 85. Vgl. hierzu Jansen (1997).

516 SED 3, S. 440 (Entschließung des Zentralkomitees vom 17. März 1951 [5. Tagung]).

des große Kunstwerk« »gesellschaftlich wahr«, dann bleiben »dichterische« und »gesellschaftliche Wahrheit« nicht nur »die gleiche«,[517] sondern werden ethisch geadelt.

Die Stanislawski-Rezeption der Nachkriegszeit fußt jedoch auf dem idealistisch geprägten Frühwerk, weshalb spätere Modifikationen unberücksichtigt bleiben. (Die achtbändige russische Gesamtausgabe erscheint erst 1961.) Auch Vallentin befaßt sich in der Emigration lediglich mit dem ersten Teil der *Arbeit des Schauspielers an sich selbst*. Die Autobiographie *Mein Leben in der Kunst* ist ihm dagegen erst nach Kriegsende zugänglich. Vor diesem Hintergrund fordern sowohl Lang als auch Brecht die diskursive Integration dessen, was Stanislawski »in der letzten Phase gelehrt hat«. Nur so könne man erkennen, in welcher Form auf die veränderte Gesellschaftsstruktur der UdSSR reagiert worden sei.[518] Tatsächlich besitzt die »*Kunst des Erlebens*«[519] im Spätwerk keine Zentralstellung mehr, d.h. der Schauspieler muß nicht in jedem Augenblick versuchen ›echt‹ zu fühlen und zu erleben. Statt dessen wird die Figurendarstellung als psychophysischer Prozeß verstanden, in dem alle Parameter des Systems zusammenwirken. Die Konzentration auf die ›physische Handlung‹ führt bei Stanislawski allerdings kaum zur Erschließung gesellschaftlicher Zusammenhänge. Eine (vor allem stoffbedingte) Ausnahme bildet die Inszenierung von Iwanows Roman *Panzerzug 14-69*, die zum zehnten Jahrestag der Oktoberrevolution aufgeführt wird. Hier fordert der russische Regisseur explizit, daß die Zuschauer durch das Handeln der Schauspieler den Grundkonflikt des Stücks erkennen sollen: Ursprung und Konsequenzen »sozial negativen Verhaltens«.[520] Erst diese »Bewegung« auf ein »bestimmtes, gesellschaftliches Ziel« unterscheidet den sozialistischen vom klassisch-bürgerlichen Realismus.[521] Am Ende steht – so das strategische Axiom – der egalitäre Staat. Diese Konsenssemantik ist unhintergehbar, denn sie bezeichnet »die Höhe der in der gesellschaftlichen Wirklichkeit unserer Zeit errungenen umfassendsten Weltanschauung«.[522] Selbst Brecht kann es aus diesem Grund nicht wagen, offiziell gegen das Stanislawski-System zu opponieren (C, 4.2.3).

Die geforderte Synthese von Realismus, Humanität und materialistischer Dialektik erklärt die Bedeutung des ›Erbes‹ für den Aufbau der sozialistischen Kultur. Wie im Westen (und das unterstreicht die ›konkulturale‹ Ausrichtung der frühen Nachkriegszeit) dominieren auch hier Klassiker den Spielplan.[523] Selbst Vertreter proletarischer Traditionen wie Gustav von Wangenheim, Intendant des Deutschen Theaters in Berlin, bekennen sich nach 1945 zum Volksfront-Schlagwort des ›Humanismus‹.[524] Dahinter steht der Versuch einer Neubestimmung der deutschen Identität im Rückgriff auf das »Jahrhundert Lessings, Herders und Kants, das Jahrhundert Schillers und Goethes«. Der Nationalsozialismus ist im Rahmen dieser Formation »der barbarische Gegensatz« zur klassischen Epoche, wodurch er als »undeutsche und antideutsche Haltung« diskur-

---

517 DD, S. 14, 16 (Fritz Erpenbeck: Zeittheater oder Theater der Zeit? [1946]).

518 GBA 23, S. 233 (Vorschläge für die Stanislawski-Konferenz [1953]). Vgl. auch Lang: Die Bedeutung des Stanislawski-Systems (1951), S. 26.

519 Stanislawski: Das Geheimnis des schauspielerischen Erfolges, S. 17.

520 Gortschakow: Regie-Unterricht bei Stanislawski (1951), S. 521.

521 DD, S. 78 (Fritz Erpenbeck: Formalismus und Dekadenz [1949]).

522 DD, S. 43 (Max Schröder: Bertolt Brechts Bühnenstil [1949]).

523 Vgl. Kersten (1964), S. 31; Pfelling/Berger (1972), S. 209f. und Lange (1982), S. 10f.

524 Zu Geschichte und Verwendung des Begriffs vgl. Felbick (2003), S. 342-349.

siv ausgeschlossen werden kann.[525] Während das Integraltheater die Restitution von Humanität in Anerkennung der Moderne praktiziert, bekämpfen die Befürworter des Stanislawski-Systems dieses Verfahren als Ausdruck spätbürgerlicher Dekadenz. Durch »höchstes Können« sei noch immer die »Klärung jeglicher Wirrnis« möglich.[526] Die Klassiker eignen sich hierfür (zumindest in Auswahl) paradigmatisch, weil der historische Abstand die ästhetische Subversivität bereits deutlich nivelliert hat. Das Erbe wird damit zum Quasi-Paradox hochwertiger Tendenzliteratur. Eine politische Analogie läßt sich jedoch nur dann erreichen, wenn man die in den Klassikern gestalteten »großen sozialen Konflikte«[527] aufdeckt. Ziel ist ein »lebendiger, tatbereiter Humanismus«,[528] der auf die Zukunft ausgerichtet ist. Um dies sicherzustellen, müssen die »bedeutenden Werke« der deutschen Kultur »realistisch« aufgeführt werden.[529] Die theatrale Umsetzung der Textvorlage darf weder auf Stukturhomologie gründen noch gewaltsam aktualisieren, d.h. nicht mehr »historischen Materialismus« herausarbeiten, »als tatsächlich darin ist«.[530] Die Kategorie ›Werktreue‹ bleibt daher weiter wirksam. So muß der Klassiker zwar stets gegenwartsrelevant sein, aber zugleich dem Eindruck vorbeugen, die Welt sei »im Grunde genommen immer gleich gewesen«. Der Aufbau des Sozialismus hat nämlich nur Sinn, wenn »die menschliche Gestalt sich wandelt, sich gewandelt hat und also wandelbar ist«.[531] Vor diesem Hintergrund erscheint selbst das Erbe nur selektiert im Theater des Sozialismus: Lessing (*Nathan*), Goethe (*Iphigenie*, *Egmont*) und Schiller (*Kabale und Liebe*) zählen zu den bevorzugten Autoren. Darüber hinaus werden sozialkritische Stücke inszeniert (von Hebbel, Ibsen, Shaw, Hauptmann) sowie russische Klassiker (Gogol, Tschechow, Gorki). Bühnenwerke des griechischen Altertums finden sich kaum auf dem Spielplan, denn der Glaube an das »schicksalgestaltende Walten der Götter« widerspricht der »Erkenntnis der schicksalbestimmenden Kraft individueller Leidenschaften und menschlich-gesellschaftlicher Triebkräfte«.[532]

Erste Ansätze zu einem marxistischen Regietheater lassen sich in Wangenheims *Hamlet*-Inszenierung vom 11. Dezember 1945 nachweisen.[533] Der Protagonist erscheint hier als einer der ›radikalen‹ Menschen, die im Feudalismus noch »allein« waren, während er »heute« die Möglichkeit besäße, »*gemeinsam*« mit anderen »ein besseres, ein wahrhaft demokratisches Leben« aufzubauen. Wangenheim distanziert sich hier von Gundolfs mythisierender Deutung, indem er die wissende Tat des Kollektivs als zukunftsträchtigen »Ausweg« propagiert: »Wir verstehen den Sinn unserer Kämpfe«.[534] Das Integral möglicher Textperspektiven, das Sellner mit seinem *Hamlet*-Projekt verwirklichen möchte (A, 3.1.3), ist hier durch die Tangente ersetzt: Geschichtliche Vor-

525 DD, S. 5 (Paul Rilla: Das Hohelied der Humanität [1945]).
526 DD, S. 77 (Fritz Erpenbeck: Formalismus und Dekadenz [1949]).
527 Barkhoff: Nationales Erbe – Neue deutsche Dramatik (1952), S. 8.
528 Pfelling (1972), S. 314.
529 Ulbricht: Zur Geschichte der deutschen Arbeiterbewegung. Bd. 4, S. 55 (Der Fünfjahrplan des friedlichen Aufbaus. Aus der Rede vor der Volkskammer, 31. Oktober 1951).
530 DD, S. 189 (Henryk Keisch: Kriterien einer sozialistischen Bühnenkunst [1957]).
531 DD, S. 196 (André Müller: Unser Werkstatt-Gespräch mit Benno Besson [1966]).
532 DD, S. 73 (Fritz Erpenbeck: Formalismus und Dekadenz [1949]).
533 Vgl. ausführlich Baumgarten (1975), S. 177-203.
534 DD, S. 8, 11 (Gustav von Wangenheim: Über meine Hamlet-Inszenierung [1946]).

gänge werden auf die Gegenwart ausgerichtet und teleologisch interpretiert – entsprechend der »Gretchen-Frage« des Sozialismus: »Wie hältst du's mit der Revolution?«[535]

Die meisten sozialistischen Regisseure halten sich an diese Vorgabe. Dies gilt auch für Wolfgang Heinz, der nach dem Zürcher Exil in Wien das Neue Theater in der Scala gründet, auf Einladung von Langhoff aber bereits vor der Übersiedlung in die DDR als Gastregisseur am Deutschen Theater tätig ist. Seine *Othello*-Inszenierung von 1953 profiliert in erster Linie den Klassenkonflikt: Shakespeares Tragödie erscheint als Darstellung des Kampfes um Humanität in einer von sozialen Widersprüchen gezeichneten Welt. Heinz setzt hier Langhoffs Vorstellungen sozialistischer Klassikerrezeption (*Egmont, Don Carlos*) fort, wobei er die Werktreue-Kategorie keineswegs verabschiedet. Ähnliches trifft auf Fritz Wisten zu, seit 1946 Intendant des Theaters am Schiffbauerdamm. In kritischer Distanz zu Reinhardt fordert er ebenfalls eine gesellschaftsbezogene Medialisierung des dramatischen Materials: »Aus meinen Aufführungen soll der Geist einer neuen Zeit zu den Zuschauern sprechen. Der Literatur der Welt soll meine Bühne offen sein, aus der Traumlandschaft der Illusionskunst will ich in meiner Arbeit die Menschen herausführen in die Wirklichkeit«.[536] Schillers *Verschwörung des Fiesco zu Genua* wird daher verstanden als politisches Drama vom Mißbrauch der Revolution durch einen Aufsteiger.[537] Gleichzeitig betont Wisten in seiner Inszenierung (1951) das Problem der Demagogie und verweist so auf den Nationalsozialismus. Der Protagonist ist als charismatischer Verführer dargestellt, der wie Hitler »kühl wägend und listig wagend« agiert.[538] Aufgrund der tangentialen Perspektive bleibt die Vergangenheitsbewältigung allerdings sekundär; der Blick ist »nicht so sehr kritisch rückwärts gewandt als vorwärts auf die Ideale einer friedlichen Welt sozialer Gerechtigkeit, die es zu verwirklichen gilt«.[539] Während Wisten die politische Ausrichtung in Form eines ›stilisierenden‹ Realismus umsetzt, zielt Maxim Vallentin auf naturalistische Detailgenauigkeit, um soziale Zugehörigkeit und charakterliche Disposition zu akzentuieren. Er tut dies zwischen 1950 und 1954 vor allem durch Aufführungen sowjetischer Gegenwartsdramen; das in Weimar erprobte Stanislawski-Modell soll hierbei die Synthese von inhaltlicher und emotionaler Wirkung (Katharsis) sicherstellen.[540]

Mit Aufwertung der Bezirkstheater, die dazu dient, neue Publikumsschichten zu erschließen, rückt die Volksmasse auf der Bühne in den Vordergrund – u.a. bei Karl Kayser in Weimar. Das Repertoire bleibt wie im Westen (Ruhrfestspiele) weitgehend klassikerbezogen.[541] Der realistische Darstellungsstil ist jedoch mit Agitprop-Elementen durchsetzt. Bei der Aufführung von Wischnewskis *Optimistischer Tragödie* dienen Projektionen, Filmszenen und musikalische Überleitungen dazu, den Konnex zwischen

---

535 DD, S. 443 (Hans-Dieter Mäde: Wirkung – Inhalt – Verantwortung [1960]).

536 Zit.n. Eylau: Ein junger Sechziger (1950).

537 In dieser Weise sind auch *Wilhelm Tell* und *Götz von Berlichingen* marxistisch umgedeutet. (Beide Inszenierungen stammen aus dem Jahr 1954.)

538 Eylau: Gegen den Tyrannen (1951).

539 Wisten: [Vorwort] (1951), S. 2*.

540 Als dramaturgisches Experiment dient die 1947 realisierte Studioinszenierung von Cervantes' *Wundertätigem Puppentheater* (vgl. Kuckhoff [1968], S. 15f.).

541 *Egmont* (1951), *Wilhelm Tell* (1951/1955), *Wallenstein* (1953), *Götz von Berlichingen* (1953) und *Die Jungfrau von Orleans* (1954). Darüber hinaus inszeniert Karl Kayser deutsche Zeitstücke und sowjetische Revolutionsdramen (vgl. Pfelling [1972], S. 336f.).

Oktoberrevolution und sowjetischem ›Endsieg‹ deutlich zu machen.[542] Andererseits muß jedoch der anarchische Impetus diszipliniert werden, wodurch der Ordnungsfaktor an Bedeutung gewinnt: Während die Aufständischen in Kaysers Inszenierung von *Ljubow Jarowaja* (Trenjow) die Stadt »geordnet und überlegt« verlassen, fliehen die Weißgardisten »überhastet, planlos und nur darauf bedacht, sich zu bereichern«.[543] Systemkonform arbeitet auch Max Burghardt, von 1950 bis 1954 Generalintendant der Städtischen Theater Leipzig. In der Welturaufführung von Rollands *Robespierre* (Mai 1952) stilisiert er den Protagonisten zum positiven Gegenbild des Fiesco. Der jakobinische Volkstribun ist kein blutiger Tyrann, sondern das Opfer einer kapitalistischen Verschwörung. Wie bei Kayser wird der Gegensatz zwischen progressiver Masse und reaktionärer Bourgeoisie stark profiliert.[544] Burghardts größter Aufführungserfolg – Bechers *Winterschlacht* (1954) – offenbart darüber hinaus die Differenz von sozialistischem Realismus und epischer Dialektik. In Leipzig möchte man das Publikum durch »Unmittelbarkeit des Beteiligtseins« »zum Sinn des Geschehens« führen,[545] bei der Aufführung im Berliner Ensemble (1955) betont man dagegen Brüche und Diskontinuitäten der Handlung. Die mit dem Autor erstellte Bühnenfassung soll weniger »Mahnung an alle Verirrten« sein, »umzukehren und den richtigen Weg des neuen, besseren Deutschlands zu gehen«,[546] als Movens kritischer Reflexion über das Gestalten ebendieses ›Weges‹. Deshalb erhält der Protagonist Johannes Hörder – zunächst ideengeschichtlich als »deutsche Hamletfigur«[547] gedacht – eine sozial differenziertere Kontur. Er ist bürgerlicher Intellektueller aus nazistisch geprägtem Elternhaus, der das Dritte Reich nur aufgrund anerzogener Vorbehalte gegenüber der Arbeiterklasse ablehnt und daher nicht zur entscheidenden Tat fähig ist. Zudem werden Figuren wie Oberfeldwebel Gerhard Nohl, die das proletarische Element verkörpern, mit höherem Sympathiewert versehen.[548]

Neben Langhoffs Inszenierungen von *Egmont* (1951) und *Don Carlos* (1952) gilt Karl Parylas *Wallenstein*-Projekt als Musterbeispiel sozialistisch-realistischer Klassikerperformanz. (Wie bei Heinz verweist der Traditionsbezug nach Zürich.) Die Erstaufführung findet 1959 am Deutschen Theater Berlin statt; für seine Regiearbeit wird Paryla noch im selben Jahr mit dem Nationalpreis ausgezeichnet. Intentionales Zentrum ist nicht Wallensteins Untergang, sondern die Tragödie des Volks. Als Konsequenz daraus verliert der Schicksalsdiskurs fast vollständig an Relevanz.[549] Ähnliches gilt für eine weitere Klassikeradaption: die *Räuber*-Inszenierung von Maxim Vallentin und Hans-Dieter Mäde (29. April 1960, Maxim Gorki Theater).[550] Auch hier sollen »hinter

---

542 Identische Verfahren benutzt Ernst Kahler in seiner Inszenierung von Hauptmanns *Weber* (1957). Dort werden vor jedem Akt Zitate aus dem *Kommunistischen Manifest* auf den Vorhang projiziert, um die Handlung als exemplarischen Fall innerhalb der Geschichte des Klassenkampfs auszuweisen (vgl. Nössig [1972], S. 202).

543 Vgl. Seidowsky (1966), S. 136.

544 Vgl. Keisch: »Robespierre« (1952), S. 6.

545 Eylau: Ein Feldwebel und ein Mann (1955), S. 3.

546 Burghardt: Warum spielen wir »Winterschlacht«? (1953/54).

547 Becher: Winterschlacht (1953), S. 8 (Vorbemerkung).

548 Vgl. GBA 24, S. 442-454 (Zu »Winterschlacht« von Johannes R. Becher [1954]).

549 Vgl. Nössig (1972), S. 202f.

550 Die Aufführung basiert auf einer von Vallentin geleiteten Schiller-Produktion aus dem Jahr 1955 (vgl. Pfelling [1972], S. 314).

den philosophisch-ethischen immer sozialmaterielle Fragestellungen spürbar bleiben«.[551] Franz Moor erscheint als »Urtyp kurzsichtigen Machtdenkens«, der im Nationalsozialismus seine »Vollendung« erreicht,[552] wohingegen Karl den Verhaltenskodex einer bürgerlich-revolutionären Position vertritt. Abweichungen von dieser Inszenierungslinie sind vehementer Kritik ausgesetzt. Als prominentes Beispiel darf die Dresdner *Räuber*-Inszenierung von Martin Hellberg gelten, in der – begünstigt durch Techniken filmischer Raffung – der soziale Gestus in den Hintergrund rückt. Statt dessen sucht man zu zeigen, »wie jede Jugend vom kalten Fanatismus der Ratio bedroht ist«.[553] Die hier postulierte Dialektik aufklärerischen Denkens übertritt das marxistische Modell, indem sie die Frage nach den Grenzen objektiver Welterkenntnis aufwirft. Im offiziellen Diskurs besitzt der Gebrauch der Vernunft dagegen axiomatische Funktion; emotionale Extreme als Bedingungsfaktoren moralischen Handelns scheinen nicht tragbar. Des weiteren verzichtet Hellberg auf Textstellen, die für materialistische Deutungen zentral sind, und isoliert die Monologe durch Einsatz von Lichtregie. Dies widerspricht jedoch der geforderten »Verantwortung« des sozialistischen Künstlers, derzufolge die theatralen Mittel »ständig am Inhalt« kontrolliert werden müssen.[554]

Hieraus erklärt sich die Eingrenzung des Klassikerrepertoires, die erst durch Initiative der Schauspieltheater-Konferenz (1959) sukzessive aufgehoben wird. Das Fachjournal *Theater der Zeit* druckt bis zum Mauerbau sozialistische Lesarten selten gespielter Werke ab (u.a. Aischylos: *Die Perser*, Büchner: *Woyzeck*, Kleist: *Prinz Friedrich von Homburg*, Hebbel: *Gyges und sein Ring*). Darüber hinaus wird der Shakespeare-Fundus erweitert. Hauptkriterium bleibt indes die Möglichkeit tangentialer Sinnstiftung. So wird *Dantons Tod* 1961/62 am Volkstheater Rostock in einer Bearbeitung von Kuba (Kurt Barthel) aufgeführt, deren Ziel die Suspension der fatalistischen Perspektive ist.[555] Büchners Schauspiel bezeichnet hier nicht die Tragödie eines von der Revolution gefressenen Revolutionärs,[556] sondern avanciert in der Nachfolge des *Störtebeker*-Projekts (B, 4.2.3) zum Vorläufer sozialistischer Klassenkampf-Dramatik. Um Struktur und Intention systemkonform zu gestalten, verletzt Kuba sogar das für die DDR-Kulturpolitik maßgebende Werktreue-Axiom: Er streicht ambivalente Stellen, integriert proletarisches Personal und schaltet kommentierende Chansons zwischen.[557] Der Verzicht auf eine psychologische Interpretation der Danton-Figur zugunsten gesellschaftlicher Linearität erfolgt im Rückgriff auf eine Aussage Büchners, dessen Mimesis-Forderung politisch vereindeutigt wird: »Ich betrachte mein Drama wie ein geschichtliches Gemälde, das seinem Original gleichen muß«.[558] Auch in Vallentins Inszenierung von Kleists *Zerbrochnem Krug* (1961) sollen Handlungszusätze (u.a. eine

551 DD, S. 442 (Hans-Dieter Mäde: Wirkung – Inhalt – Verantwortung [1960]).

552 Keisch: Ein gelungenes Wagnis (1960), S. 5.

553 Hellberg: Gedanken zur »Räuber«-Inszenierung (1959/60), S. 15*.

554 DD, S. 444 (Hans-Dieter Mäde: Wirkung – Inhalt – Verantwortung [1960]).

555 Vorher sind in Ostdeutschland lediglich Inszenierungen in Altenburg und Erfurt (1946/47) nachweisbar (vgl. ebd., S. 198).

556 Vgl. A. Müller: Revolution als Passionsspiel (1959), S. 43 (zu Fritz Kortners Münchner *Danton*-Inszenierung).

557 Dies entspricht dem Anliegen des Intendanten Hans-Anselm Perten, Erfahrungen des Weimarer Agitprop-Theaters für die Gegenwart nutzbar machen (vgl. Theater-Bilanz, S. 273-278 und Riewoldt [1978], S. 31-33).

558 Kuba: Georg Büchner (1961/62).

pantomimische Prangerszene am Beginn) die Fabel im Sinne des Klassenkampfs umdeuten. Adams Versuch, von der eigenen Täterschaft abzulenken, erscheint nun als vergebliche Camouflage sozialer Antagonismen. Fehlen in der ästhetischen Textur entsprechende Hinweise, werden sie im Bewußtsein objektiver Einsicht in den Geschichtsprozeß theatral ergänzt.[559] Der Versuch einer Repertoire-Ausweitung führt mitunter allerdings zu heftigen Kontroversen. So streitet man im Kleist-Jahr 1961 über die Vereinbarkeit einer Inszenierung des *Käthchen von Heilbronn* mit der »sozialistischen Moral«.[560] Einige Kritiker vertreten die Ansicht, der Arbeiterklasse dürften keine »Kunstschätze« vorenthalten werden,[561] andere sind der Meinung, daß Kleists Drama bereits zu Beginn des 19. Jahrhunderts »reaktionär« gewesen sei und daher heute keinen gesellschaftlichen Nutzen habe. »Bei diesem und jenem Werk mag eine Bearbeitung helfen; aber wo die Grundtendenz falsch ist, hilft die beste Bearbeitung nichts.«[562]

3.3.2 Vom linearen zum dialektischen Realismus: Langhoffs (Klassiker)Inszenierungen

Geprägt durch die Arbeit am Zürcher Schauspielhaus ist Langhoffs Regie zunächst dem Leitbild eines kritischen Humanismus verpflichtet. 1946 zum Intendanten des Deutschen Theaters Berlin ernannt, sucht er Parameter der Brahm-Tradition (Gegenwartsorientierung, Ensemblekonzept) mit Reinhardts Klassikerdiskurs zu verbinden. Ziel ist – und hier erfüllt Langhoff parteipolitische Postulate – die Darstellung vorbildlichen Verhaltens in historischen Extremsituationen. Tatsächlich zeichnet sich der Faust der Inszenierung vom 28. August 1949 dadurch aus, daß er seine intellektuelle Isolierung durch handlungsorientierte Ethik überwindet und sich bedingungslos für den Fortschritt einsetzt. Unter Absage an jede mentalitätsgeschichtliche Lesart avanciert Goethes Protagonist zum »großen Überwinder aller mittelalterlichen Fesseln«.[563] Das Primat der »schöpferische[n] Tat«, die auch Grotewohl in seiner Goethe-Rede *Amboß oder Hammer* (1949) fordert, dient dabei als sinnstiftender Konnex zwischen dem Menschenbild von Weimarer Klassik und Marxismus. Hier wie dort finde man einen »tief fundierten, unbegrenzten Glauben an eine bessere Zukunft in dieser Welt«.[564] Daß sich Langhoff mit dieser Position identifiziert, zeigen Bemerkungen zur Erbediskussion aus dem darauffolgenden Jahr. (Spät)Bürgertum und Nationalsozialismus hätten die schlimmste »Verfälschung unserer höchsten nationalen Güter« zu verantworten; »eine der großen Aufgaben« sei daher, diese Werke »aus ihrer Mißdeutung zu befreien«, »die fortschrittlichen Tendenzen, die in ihnen schlummern, zu entdecken«. Wie bei Jeßner, allerdings in affirmativer Form sollen die Klassiker »zu wahren Zeitstücken« werden.[565] (›Reali-

---

559 Vgl. Nössig (1972), S. 205f.

560 DD, S. 465 (Ernst Schumacher: Die Jungfrau von Brandenburg [1961]).

561 DD, S. 452 (Hans-Rainer John: Kleists »Käthchen« auf der Bühne [1961]). Vgl. auch DD, S. 458-461 (Hansjörg Schneider: Gedanken zu »Käthchen von Heilbronn« [1961]).

562 DD, S. 465, 467 (Ernst Schumacher: Die Jungfrau von Brandenburg [1961]). Kaum weniger kritisch wird eine Adaption der *Hermannsschlacht* beurteilt, die 1957 im Harzer Bergtheater Thale auf dem Spielplan steht (vgl. Nössig [1972], S. 194f.).

563 Langhoff: Faust 1949 – Faust 1954, S. 254.

564 Grotewohl: Deutsche Kulturpolitik, S. 72.

565 Langhoff: Die deutsche Bühne und Deutschlands Einheit (1950), S. 21.

stisches‹ Vorbild ist die erwähnte *Hamlet*-Inszenierung Gustav von Wangenheims.) Aus dieser Perspektive erklärt sich auch die Bedeutung der Referenzfunktion. Das Hauptanliegen theatralen Gestaltens besteht nach Langhoff darin, »die Geschichte, den Hergang, die Fabel zu erzählen, schmucklos und genau, einfach und menschlich«.[566] Performative Simplizität erscheint hier als conditio sine qua non einer marxistischen Neubewertung der Nationalkultur. Denn nur die Linearität des Plots kann sicherstellen, daß notwendige Gegensatzkonstruktionen (Individuum/Kollektiv, Feudalismus/Bürgertum, Zerstörung/Tatkraft) ästhetisch nicht unterminiert werden können.

Zu Debatten über eine zeitgemäße Umsetzung klassischer Texte kommt es jedoch erst mit Blick auf Langhoffs *Egmont*-Projekt (1951), das auf intensiven Stanislawski-Studien basiert und den Anspruch erhebt, eine im Sinne des sozialistischen Realismus adäquate Inszenierung zu sein.[567] Die regieleitende ›Überaufgabe‹ erscheint hier bereits als Ergebnis einer Stoffanalyse, die sowohl der marxistischen Gesellschaftstheorie Rechnung trägt als auch den Anforderungen der Tagespolitik. Demzufolge zeigt Goethes Drama, daß der gerechte Freiheitskampf der Niederländer trotz feindlicher Übermacht am Ende erfolgreich ist. Der dargestellte Antagonismus zwischen Diktatur und Autonomie muß im Nachkriegskontext allerdings diskursiv reguliert werden, um nicht systemkritisch zu wirken. Daher ist die aktualitätsbezogene Stoßrichtung ›außenpolitisch‹ orientiert: »Unser Zuschauer soll [...] durch ein großes Beispiel angeregt werden, alle seine Kräfte zur Vereinigung unseres eigenen Vaterlandes anzuspannen«.[568] Dahinter steht das geschichtsphilosophische Postulat, daß das Schicksal durch Aktivität beeinflußbar bleibt. Egmonts Entwicklung ist daher die eines »gutgläubigen Reformisten zum Revolutionär«.[569] Ihr Gelingen wird musikalisch bestätigt durch das Einspielen der *Siegessymphonie* von Beethoven (op. 84/9). Goethes Trauerspiel erscheint auf diese Weise als »optimistische Tragödie«,[570] wobei die Intermedialität das Werk zudem mit *Fidelio* assoziiert, einer der meistgespielten Opern der deutschen Nachkriegszeit. In beiden Fällen ist das Verlies historisch obsolet und die Befreiung des Individuums Teil der kollektiven: »Die ganze Kerkerrundwand wird transparent. Hinter ihr erscheint in strahlendem Lichte als lebendes Bild das befreite Volk, in seiner Mitte Klärchen in roter Bluse mit der niederländischen Fahne im Arm, Egmont den Lorbeer des Sieges reichend«[571] (vgl. Abb. 29). Das Stanislawski-System besitzt für Langhoff zu diesem Zeitpunkt unbedingte Gültigkeit, weil es Höhe- und Endpunkt einer Entwicklung darstellt, in die sich die »neuere Geschichte der deutschen Schauspielkunst« (Neuberin, Schröder, Ekhoff, Bassermann, Winterstein) paradigmatisch einreiht. Dem Zürcher Schauspielhaus wird ebenfalls eine Vermittlungsfunktion zugesprochen (A, 2.1). Der interkulturelle Aspekt verbürgt aber nicht nur »Qualität«,[572] sondern auch historische Resistenz. Denn indem das neue System am »Kampf gegen alle überlebten bürgerlichen

566 Langhoff: Faust 1949 – Faust 1954, S. 254.

567 Vgl. DD, S. 143 (Langhoff: Unsere Stanislawski-Diskussion [1953]).

568 Langhoff: »Egmont« – eine optimistische Tragödie (1951/52), S. 4.

569 Vgl. Langhoff: Die Gestalt des Egmont (1957), S. 118.

570 Langhoff: »Egmont« – eine optimistische Tragödie (1951/52), Titel.

571 Ypsi: »Egmont« als optimistische Tragödie (1951). Solche Zukunftszuversicht erklärt den Ausschluß bürgerlicher Deutungsansätze: Goethes Drama als Tragödie »revolutionären Volksversagens« oder »einer wahrhaft freien Persönlichkeit« (Langhoff: Die Darstellung der Wahrheit auf der Bühne [1953a], S. 9).

572 DD, S. 136f. (Langhoff: Die Darstellung der Wahrheit auf der Bühne [1953]).

Restbestände« teilhat,[573] vermag es »diejenigen Tendenzen, Handlungen und Wahrheiten« zu exponieren, die »zum ewigen Bestand« der Menschheit gehören.[574] Es wundert kaum, daß Brecht die auf solchen Prämissen beruhende *Egmont*-Inszenierung für »undialektisch« hält. Sobald die Bühne lediglich die »Ideen des Dichters« verkörpere, werde die Realität »idealistisch« überformt und damit ihrer Widersprüchlichkeit beraubt. Egmont sei »nur der makellose Vorkämpfer eines nationalen Befreiungskrieges«, keine vielschichtige Figur.[575] Langhoff vertritt demgegenüber die Ansicht, daß Brechts episches Verfahren die Spaltung des modernen Menschen künstlerisch affirmiere. Darsteller und Darzustellendes, deren Konvergenz Stanislawski fordere, stünden einander ›entfremdet‹ gegenüber. Brecht weiche deshalb »in vielen *entscheidenden und wesentlichen Punkten*« vom sozialistischen Realismus ab. Als Beleg zitiert Langhoff Auszüge der *Organon*-Thesen 48 bis 52, wobei er (auch aus legitimatorischen Gründen) eine Opposition zu Stanislawski herstellt. Hier solle der Schauspieler ›Lear sein‹, dort lediglich ›spielen‹.[576]

573 DD, S. 143 (Langhoff: Unsere Stanislawski-Diskussion [1953]).

574 Langhoff: Die Darstellung der Wahrheit auf der Bühne (1953a), S. 7.

575 GBA 23, S. 239, 237 (Einige Gedanken zur Stanislawski-Konferenz [1953]).

576 Vgl. DD, S. 138 (Langhoff: Die Darstellung der Wahrheit auf der Bühne [1953]). Solche Thesen müssen allerdings differenziert betrachtet werden, da sich der späte Brecht durchaus dem Stanislawski-Modell annähert (C, 4.2.3).

Im Vergleich mit *Egmont* bietet Langhoffs *Don Carlos* (1952) kaum Innovatives. Das Stück wird als realutopischer Entwurf für das »kühne Traumbild eines neuen Staates« verstanden (V. 4278), der im SED-Sozialismus realisiert scheint.[577] Carlos und Posa sind Vorkämpfer dieser Prophetie, während ihre Antipoden, Philipp und Großinquisitor, den »Despotismus in seiner reinsten Form«[578] verkörpern. Um die politische Divergenz deutlicher zu gestalten, integriert Langhoff Textstellen aus früheren Fassungen.[579] Resultat ist eine affirmative Aufführung, die der kontrovers diskutierten Kortner-Produktion aus dem Vorjahr diametral gegenübersteht. Zwar wird auch dort politisch aktualisiert, aber in Jeßner-Tradition, d.h. unter Verzicht auf theatrales Pathos und versifizierten Ausdruck. Zudem fehlt bei Kortner eine klar konturierte gesellschaftliche Perspektive (A, 3.2.1). Schillers Drama ist für Langhoff dennoch keineswegs »nur mehr von historischem Interesse«,[580] wie Erika Fischer-Lichte behauptet. Denn tangentiale Sinnstiftung stellt ebenfalls eine Form von Gegenwartsbezug dar.

Erste Tendenzen zur Absage an ein undialektisches Geschichtsverständnis finden sich in der *Faust*-Inszenierung von 1954, die auf neuen Ergebnissen der marxistischen Goetheforschung basiert. (Der Einfluß epischer Theatralität gewinnt erst im *Lear*-Projekt an Bedeutung.) Regieleitend ist jetzt die These, daß auch das Böse zum Vehikel des objektiven Fortschritts werden kann. Fausts Kampf gegen Mephisto erscheint daher als eine – zumindest unter kapitalistischen Koordinaten – notwendige Voraussetzung für die Weiterentwicklung des Menschen. Langhoff selbst begründet die veränderte Lesart mit Modifikationen im Status quo:

> 1954 hatte sich unser Leben bereits weitgehend gefestigt. Wir waren aus dem Gröbsten heraus. Ein erster Hügel war erklommen, der zum Atemholen und Rundblick Anlaß bot. Eine breitere Landschaft erschloß sich vor uns. Berge und Täler, Flüsse und Wiesen, Forsten und Felder, die nun uns gehörten, weckten in uns ein neues Gefühl: das der Schönheit, der Mannigfaltigkeit, der Hintergründe.[581]

Vor solchem Panorama bleibt Faust jedoch weiterhin Sinnbild tätiger Selbstbefreiung und nicht wie bei Brecht oder Eisler Paradigma der ›deutschen Misere‹.[582] Auch in der Inszenierung von *Kabale und Liebe* (1955) reagiert Langhoff auf aktuelle Tendenzen der marxistischen Klassikerexegese. Neben der Hervorhebung sozial bestimmter Handlungsmotive ist vor allem eine stärker individualisierte Figurenkonzeption erkennbar. Dies ändert indes nichts am Bezug zur Überaufgabe: Luises Freitod erscheint als letzte Protestmöglichkeit gegen die Intrigen einer Feudalklasse, deren materielle Existenz auf amoralischem Menschenhandel basiert. Die Wirkungsstrategie ist evident: Der Zuschauer soll »Schillers sittlichen Zorn auf eine veränderungswürdige Zeit begreifen«.[583]

Durch die Zusammenarbeit mit Peter Hacks, die 1956 beginnt (B, 4.2.2), wird Langhoff zur Weiterentwicklung seiner Dramaturgie angeregt. Er sucht das Darstellen zu entpsychologisieren und die Reflexion über den Handlungsverlauf ins Zentrum zu

577 Vgl. Schrade: Schiller und der sozialistische Realismus (1953), S. 7.
578 Heiden: Regiekonzeption »Don Carlos« von Friedrich von Schiller (1953), S. 1.
579 Vgl. Pfelling (1972a), S. 319, 392/Anm. 65.
580 Fischer-Lichte (1993a), S. 389.
581 Langhoff: Faust 1949 – Faust 1954, S. 254.
582 Zur Toposgeschichte vgl. Hermand (1977).
583 H.: Gespräch mit Wolfgang Langhoff (1955), S. 7.

rücken. Gleichzeitig ist der Sprachduktus wie bei Kortner dem Alltag angenähert, um bürgerliches Repräsentativpathos zu vermeiden.[584] Das veränderte Konzept wird erstmals im *Lear*-Projekt realisiert (Premiere: 19. Mai 1957). Bereits die Textauswahl verweist auf den Grenzbereich des kanonischen Erbes, denn Shakespeares Tragödien und Historien werden in der DDR kaum inszeniert.[585] Zwar ist die ethische Bipolarität früherer Produktionen nicht aufgehoben, aber insofern in Frage gestellt, als der Fokus nicht mehr auf der Charaktertragödie liegt. Die emotionale Handlungsdimension ist der politischen Perspektive untergeordnet. Daher sollen die Schauspieler keine Leidenschaften an sich spielen, sondern den »Vernichtungskampf der Leidenschaften in eine[r] ihrem Untergang entgegenstürmende[n] Gesellschaftsordnung«.[586] Obwohl die Grundelemente ›realistischer‹ Theatralität (linearer Plot, Katharsis) präsent sind, wird die *Lear*-Inszenierung von konservativer Seite heftig kritisiert. Erpenbeck wirft dem Regisseur vor, er mache unter dem Postulat künstlerischer Innovation ›blutarmes Theater‹. Dies widerspreche der Kunstform ›Drama‹, die »am unmittelbarsten gesellschaftlich« orientiert sei. Dahinter steht die These, daß eine Annäherung an den bürgerlichen Moderne-Begriff die sinnspendende Tangentialstruktur zerstört. Zum »zeitgemäßen Darstellungsstil« gehört für Erpenbeck nämlich eine historische Rückbindung, die »auch national« ausgerichtet ist, d.h. sich »organisch aus unserer besten Tradition« ergibt. Nicht Desentimentalisierung durch »saloppe Alltagsprosa« könne die marxistische Klassikerrezeption begründen, sondern Erschütterung vom »leidenschaftlichen Spiel«.[587]

Unterstützung erhält Langhoffs Konzeption von seiten der Brechtianer. Dort erkennt man die ›bürgerliche‹ Provenienz der Erpenbeck-Invektiven und fordert daher ein Theater, das konsequent die »materialistische Dialektik« anwendet und »Erkenntnisse« liefert, die das Proletariat »für den Umbau der Gesellschaft braucht«.[588] Wieviel ›symbolisches Kapital‹ das episch-didaktische Modell Ende der fünfziger Jahre besitzt, zeigt die Tatsache, daß sich die Apologeten der Ibsen-Dramaturgie feldstrategisch in der Defensive befinden (C, 4.2.4). Henryk Keisch, Chefredakteur der *Friedenswacht*, unternimmt daher im kritischen Rekurs auf Kipphardt einen letzten Syntheseversuch, der an die Vermittlung von Reinhardt, Brahm und Stanislawski zu Beginn der Nachkriegszeit erinnert (A, 3.3.1). Argumentative Grundlage ist die These, daß es »im Bereich der künstlerischen Mittel keinen Monopolanspruch« gebe. Kein Parameter könne als »spezifisch bürgerlich« oder »spezifisch sozialistisch« bezeichnet werden. Deshalb müsse man die Form der theatralen Realisation »für jede Inszenierung neu« festlegen. Das Ergebnis weist jedoch produktions- wie rezeptionsästhetische Abhängigkeiten auf, denn es bestimmt sich (1) »aus dem Werk«, (2) »den besonderen gesellschaftlichen Umständen zur Zeit der Aufführung«, (3) »den beim Zuschauer anzunehmenden Voraussetzungen« und (4) »der Art der jeweils angestrebten Hauptwirkung«. Um dieser Komplexität zu genügen, kann das DDR-Theater nach Keisch »neben den neuen Kunstmitteln,

---

584 Vgl. May: Nicht einverstanden! (1957), S. 13.

585 Zu den Ausnahmen zählen Wangenheims *Hamlet* (1945), Heinz' *Othello* (1953) und Brechts *Coriolan*-Adaption, die aber erst 1962 im Frankfurter Schauspielhaus uraufgeführt wird.

586 Äußerung des Kritikers Christoph Funke aus dem Jahr 1959 (zit.n. Nössig [1972], S. 208).

587 DD, S. 178-181 (Fritz Erpenbeck: Blutarmes Theater [1957]).

588 KS, S. 92 (Zu einigen Fragen des heutigen Theaters [1957]).

die Brecht zu entwickeln begonnen hat, keines der früheren einfach entbehren«.[589] Dennoch werden letztere zunehmend obsolet, wie die ›zweite *Lear*-Premiere‹ im Sommer 1957 zeigt: Publikum und Presse reagieren nun wesentlich positiver – obwohl die Konzeption der Aufführung kaum verändert ist.[590]

Während der Klassikerdiskurs episch didaktisiert wird, greift Langhoff bei der Inszenierung zeitgenössischer Dramatik verstärkt auf proletarische Traditionen zurück. Die damit verbundene Distanz zielt jedoch nicht auf dialektische Verfremdung, sondern plastische Theatralität. Im Zentrum steht die Suche nach einer »Ausdrucksform«, bei der »die siegreiche Vernunft, das Argument, die Überwindung des Widerspruchs sichtbar werden« kann.[591] Die szenische Realisation von Bill-Bjelozerkowskis Revolutionsstück *Sturm* nähert sich daher dem Piscator-Stil der zwanziger Jahre.[592] So verwendet Langhoff Plakate, Projektionen und Fotomontagen, um die politische Aussage zu verstärken. Zudem wird der Text nachhaltig verändert und mit kommentierenden Eisler-Songs durchsetzt. Ergebnis ist eine illustrative Totalität, die »Einheit« stiften soll »zwischen Poesie und dokumentarischer Härte«. Allerdings verbleibt die Aufhebung des Bühnennaturalismus im Rahmen affirmativer Performanz, denn der *realistische* Versuch, das »Wesen« zu erfassen, wird *sozialistisch* formiert durch die Tatsache, daß sich ebendieses ›Wesen‹ klar bezeichnen läßt. Es fällt als großer »Schatten Lenins« in Räume, die »nur markiert« sind,[593] und schafft so rezeptive Eindeutigkeit: »Vernunft heißt Vernunft, Lump heißt Lump, und Dummheit wird Dummheit genannt«[594] (vgl. Abb. 30).

[589] DD, S. 189-191 (Henryk Keisch: Kriterien einer sozialistischen Bühnenkunst [1957]). Vgl. auch DD, S. 247 (Alfred Kurella: Wege zur sozialistischen Volkskultur [1959]).

[590] Vgl. Nössig (1972), S. 208.

[591] DD, S. 421 (Dieter Kranz: Gespräch mit Wolfgang Langhoff [1957]).

[592] Vgl. DD, S. 422-424 (Herbert Ihering: Sturmwind des Theaters [1957]).

[593] DD, S. 420f. (Dieter Kranz: Gespräch mit Wolfgang Langhoff [1957])

[594] DD, S. 423 (Herbert Ihering: Sturmwind des Theaters [1957]).

Der episch-diaktische Impetus des *Lear*-Projekts bestimmt auch die *Minna von Barnhelm*-Inszenierung, die am 30. März 1960 bei den Kammerspielen des Deutschen Theaters Premiere hat. Im Rekurs auf Mehrings These vom aufklärerischen Humanismus der ›Klassik‹[595] wird Lessings Komödie als ein Drama verstanden, das den strategischen Machtgehalt preußischer Ideale aufzudecken sucht. Tellheim scheint bereits zu Beginn entsprechend indoktriniert: Er nimmt steife Offiziershaltung an und verfällt häufig in den Befehlston (vgl. Abb. 31).

Auf diese Weise wird die zweckfreie Komik früherer Lustspielaufführungen im Sinne des Marxismus tangential ausgerichtet (C, 3.3). Daß es dem Protagonisten trotzdem gelingt, den Liebesdiskurs ›natürlich‹ zu gestalten, dient als Beweis für die ethische Autonomie des Menschen. Auf solcher Grundlage kann eine versöhnliche Lösung gefunden werden, die über das Individuum hinausweist auf den »humanistischen Ehrbegriff einer neuen Klasse«, des »jungen Bürgertums«.[596] Letzteres repräsentiert Minna: Bei ihr ist aristokratischer Scherz durch authentische Heiterkeit ersetzt. Langhoffs Versuch, die sozialistische Komödientheorie auf Werke des klassischen Erbes anzuwenden, wirkt in den Folgejahren modellbildend.[597] Das letzte Klassikerprojekt, das der Leiter des Deutschen Theaters vor seiner Abberufung realisieren kann (*Wilhelm Tell*), liegt außerhalb des betrachteten Zeitraums (1962) und ist intentional wie rezeptiv nicht ohne den Einschnitt ›Mauerbau‹ zu verstehen.[598]

595 Zur Mehring-Rezeption in der DDR siehe Trommler (1976b), S. 27-36.

596 DD, S. 447 (Dieter Kranz: Gespräch mit Hans-Peter Minetti [1979]).

597 Vgl. u.a. Kleist/Vallentin: *Der zerbrochne Krug* (1961), Goethe/Langhoff: *Die Mitschuldigen* (1962) und Molière/Besson: *Tartüff* (1963).

598 Vgl. Nössig (1972), S. 212-216.

3.3.3 Epischer Realismus: Modellbildung und Adaptionstechnik bei Brecht

Als Brecht 1948 über die Schweiz und Prag nach Berlin zurückkehrt, hat er zunächst Schwierigkeiten, sein Theaterkonzept zu etablieren. Trotz mehrerer Aufführungen von *Mutter Courage* und *Puntila* in den ersten Nachkriegsjahren existieren kaum Textausgaben. Nach Ansicht von Ingeborg Münz-Koenen sind hierfür vor allem lizenzrechtliche Gründe ausschlaggebend.[599] Zudem gibt Brecht die Exilstücke für die Besatzungszonen nicht frei, um schlechte Inszenierungen zu verhindern. Eine Ausnahme bildet das Drama *Furcht und Elend des Dritten Reiches*, das nur deshalb in Buchform erscheinen kann, weil es als »Kette naturalistischer Einakter«[600] verstanden wird und damit als Absage an die »falsche[] Theorie vom epischen Theater«.[601]

Der erste, der nach Kriegsende auf Brecht hinweist, ist Georg Lukács in seiner 1945 publizierten Studie *Deutsche Literatur im Zeitalter des Imperialismus*. Da er die neue »Darstellungsweise« jedoch als »Formexperiment« bezeichnet, das der »erwünschten gesellschaftlichen Erneuerung der Literatur« entgegensteht,[602] befördert der ungarische Philosoph die Dekadenzdebatte der späten vierziger Jahre. Darüber hinaus erscheinen bis zu Brechts fünfzigstem Lebensjahr in keinem maßgebenden Journal Artikel, die über die künstlerische Entwicklung des Autors hätten informieren können. Lediglich Fritz Erpenbeck läßt 1946/47 zwei Auszüge aus *Furcht und Elend des Dritten Reiches* bzw. *Mutter Courage* abdrucken. Auf Weimarer Republik und frühe Exilzeit bezogen bleibt auch Alexander Dymschitz' Beitrag *Der »kleine Mann« kämpft gegen die Nazis*, der am 12. Januar 1947 in der *Täglichen Rundschau* veröffentlicht wird und Brecht zum ›Schweyk‹ im Zweiten Weltkrieg stilisiert.[603] Es wundert daher nicht, daß Wolfgang Weyrauch im darauffolgenden Jahr lediglich das »Fragment eines sogenannten Gedenkartikels«[604] verfassen kann, weil ihm fast nichts über Brechts neue Produktionen bekannt ist. Ähnliches gilt für eine Reihe weiterer ›Geburtstagsaufsätze‹ (u.a. von Slatan Dudow, Heinz Lüdecke und Max Schroeder), die zwar für eine höhere Publizität des Autors sorgen, in ihrer Positionsbestimmung aber nicht über die zwanziger Jahre hinausgehen. Auf Kritikerseite erhält Brecht seit Kriegsende Unterstützung von Herbert Ihering und Paul Rilla, im Theaterbereich u.a. von Karlheinz Martin, Günter Weisenborn und Ernst Busch. Ziel ist die Integration des Augsburger Dramatikers in den Fundus progressiven Kulturerbes. Mit ihm erscheine der »wahre Gegenspieler« der westlichen Avantgarde und damit der einzige, dessen Werk »der sozialen Problemstellung der Gegenwart mit rücksichtsloser Dialektik gewachsen ist«.[605] Brechts Theatertheorie vollende Traditionen des Deutschen Idealismus, denn nur der epische Stil ›materialisiere‹ Schillers Ästhetik und erreiche damit den von Hegel geforderten Objektivitätsgehalt.[606] Solche Rehabilitationsversuche gewinnen an Nachhaltigkeit durch das erste Brecht-Sonderheft der Zeitschrift *Sinn und Form*, das 1949 während der Formalismusdebatte erscheint. Insbesondere die Aufsätze von Herbert Ihering, Hans Mayer und

599 Vgl. Münz-Koenen (1980), S. 34.
600 Emmerich (²1984), S. 60.
601 Erpenbeck: Lebendiges Theater, S. 281 (Kritik vom 30. Januar 1948).
602 Lukács: Deutsche Literatur im Zeitalter des Imperialismus (1945), S. 57.
603 Vgl. Dymschitz: Der »kleine Mann« kämpft gegen die Nazis.
604 Weyrauch: Fragment über Bertolt Brecht (1948), S. 134.
605 DD, S. 27, 25 (Herbert Ihering: Der Gegenspieler [1948]).
606 Vgl. DD, S. 34f. (Paul Rilla: Episch oder dramatisch? [1949]).

Ernst Niekisch profilieren Volksnähe, plebejische Gesinnung und marxistische Attitüde des Dramatikers. Enthalten ist zudem das *Kleine Organon für das Theater* – die erste und letzte theoretische Schrift, die Brecht selbst veröffentlicht. Das übrige im Exil entstandene publizistische Werk gelangt dagegen nur verzögert an die Öffentlichkeit. Dennoch bleibt Brecht abgesehen von Alfred Matusche (C, 4.1.4) bis 1953 der einzige Vertreter experimenteller sozialistischer Dramatik.

Um die »Trümmer« nationalsozialistischer »Schauspielkunst« zu beseitigen,[607] steht zunächst der Versuch im Vordergrund, mit dem neugegründeten Berliner Ensemble eigene Stücke in Modellinszenierungen zu präsentieren. Die Erstaufführung der *Mutter Courage* am 11. Januar 1949 wird dabei nicht nur »zum folgenreichsten Theaterereignis der Nachkriegszeit«,[608] sondern markiert zugleich den eigentlichen »Beginn des DDR-Theaters«.[609] Nach der Premiere entwickelt sich eine heftige Kontroverse über Brechts episches Modell.[610] Zentrale Kritikpunkte sind der Verzicht auf Katharsis bzw. Identifikation mit einer vorbildhaften Protagonistin. Hauptgegner ist Fritz Erpenbeck, der 1945 mit kulturpolitischen Instruktionen aus der Sowjetunion zurückkehrt und im Rekurs auf Lukács (B, 4.1.1) die Experimente der westlichen Avantgarde als »volksfremde Dekadenz« ablehnt. Brechts Stück enthalte allerdings einzelne »Stellen«, die *contra theoriam* den »Sieg des ›dramatischen‹ Theaters über das ›epische‹« zeigten.[611] Ähnlich urteilt Friedrich Wolf, dessen Ansicht zufolge das *Courage*-Schauspiel »*noch* wirksamer« sein könnte, wenn es »bei der Mutter einen sichtbaren Handlungsausdruck« der Erkenntnis gebe: »›Verflucht sei der Krieg!‹«[612] Zu den Befürwortern der neuen Technik zählen u.a. Wolfgang Harich, Herbert Ihering und Hans Mayer.[613]

Abb. 32: Szene aus der Aufführung des Berliner Ensembles / Mutter Courage: Helene Weigel

607 GBA 27, S. 268 (Journaleintrag vom 15. April 1948).
608 Mittenzwei (1977a), S. 26.
609 Vormweg (1974), S. 477.
610 Vgl. ausführlich GBA 6, S. 395-397.
611 DD, S. 47 (Fritz Erpenbeck: Einige Bemerkungen zu Brechts »Mutter Courage« [1949]).
612 WW 16, S. 225 (Formprobleme des Theaters aus neuem Inhalt [1949]). Vgl. C, 4.1.1.
613 Vgl. GBA 6, S. 395-398.

Obwohl die erste Inszenierung des Berliner Ensembles nach der Staatsgründung (*Puntila*, 8. November 1949) dank ihres volkstümlichem Impetus sehr positiv rezipiert wird, kommt es am Beginn der fünfziger Jahre zu einer erneuten Verschärfung des Konflikts. So schreibt der SED-Politiker Fred Oelßner nach der Premiere von Brechts *Mutter*, die Aufführung sei ›unrealistisch‹, »historisch falsch und politisch schädlich«.[614] Auch die Oper *Das Verhör des Lukullus* (1951) wird trotz erfolgreicher Probeaufführung »aus ideologischen und künstlerischen Gründen« abgesetzt. Man kritisiert vor allem die Tendenz, mit der Darstellung der Verbrechen des römischen Feldherrn und Gourmets einen radikalen Pazifismus rechtfertigen zu wollen. Aus diesem Grund trennt die umgearbeitete *Verurteilung des Lukullus* (ebenfalls 1951) deutlich zwischen Angriffs- und Verteidigungskrieg. Paul Dessaus Musik, die u.a. ein mit Reißnägeln gefülltes Klavier sowie neun Schlaginstrumente verwendet, stößt dagegen weiterhin auf Unverständnis.[615] Verstärkt wird die Distanz zur Parteidoktrin durch Brechts *Urfaust*-Inszenierung (1952), die den humanistisch geprägten Klassikerdiskurs verabschiedet und das »Handeln« des Protagonisten als »herrisch« und »schmutzig« darstellt.[616] Faust ist hier kein revolutionärer Held, sondern Renegat, der – statt sich der Wirklichkeit zuzuwenden – in eine Ideenwelt flüchtet. Dadurch verweist er auf zentrale Stereotypen ›deutscher Misere‹: (1) mangelnde Sinnenfreude, (2) übertriebene Ordnungsliebe, (3) unpolitische ›Knechtseligkeit‹.[617] Die Alterität zur offiziellen Lesart ist immens, und das Projekt wird nach vernichtender Kritik sogleich abgesetzt (A, 1.3.2).

Abb. 33: Szene aus der Aufführung des Berliner Ensembles / Faust: Albert Krumm

614 Der Kampf gegen den Formalismus (1951), S. 51. Vgl. hierzu Klatt (1989).

615 Vgl. GBA 6, S. 422.

616 Wekwerth: Schriften, S. 104f. (Urfaust [1953]).

617 Zu Entwicklung und Divergenz in Brechts Urteil über die »deutsche Geschichte« vgl. Schöttker (1993).

Trotz der internationalen Reputation, die das Berliner Ensemble seit der erfolgreichen Gastspiele am Pariser Théâtre des Nations (1954/55) genießt, behält es im DDR-Kontext weiterhin eine Außenseiterstellung. Tatsächlich hat zwischen dem 7. November 1951 (*Mutter Courage* in Gera) und dem 6. Januar 1956 (*Der gute Mensch von Sezuan* in Rostock) kein einziges nicht-aristotelisches Brecht-Stück in Ostdeutschland Premiere. Das Theater am Schiffbauerdamm wird damit zur »Quarantäne-Station«[618] des epischen Modells, zumal sich auch die Kritik bis in die sechziger Jahre hinein großenteils reserviert verhält.[619] Nicht von ungefähr befinden sich unter den 21 Dramen, die das Berliner Ensemble zwischen 1949 und 1956 aufführt, nur fünf Brecht-Originale.[620] Die Zukunft der Einrichtung steht jedoch wegen ihrer kulturpolitischen Relevanz für den SED-Staat nicht zur Disposition. Man weiß um die Wertschätzung Brechts im Westen: So bezeichnet der Frankfurter Intendant Harry Buckwitz den Wahlberliner 1957 als »größte[n] Dramatiker und Theaterpraktiker unseres Jahrhunderts« (TiG, 317).

Im Unterschied zu den Vertretern des Integralmodells fordert Brecht jedoch die vom marxistischen Standpunkt aus neu orientierte Bühne, das »Thaeter«.[621] Ihr fällt die »würdige Aufgabe« zu, »an der gründlichen Umgestaltung des Zusammenlebens der Menschen mitzuarbeiten«.[622] Hierfür müsse allerdings die Architektur aktualisiert werden: Den modernen »Nützlichkeitsbauten« bleibe die »spätbürgerliche Ideologie« inhärent, Zweckorientierung sei nicht ›Schönheit‹. Allein durch konsequenten Verzicht auf Rentabilität scheint Weiterentwicklung möglich: »Episches Theater wird es erst geben, wenn die Perversität aufhört, aus einem Luxus einen Beruf zu machen, nämlich den Beruf des Schauspielers«.[623] In diesem Zusammenhang wendet sich Brecht wie Artaud gegen die Überbewertung der Textreferenz. »So darf die sogenannte ›Welt des Dichters‹ nicht als eine abgeschlossene, autoritäre, ›in sich logische‹ behandelt werden [...]. Das ›Wort des Dichters‹ ist nicht heiliger, als es wahr ist, das Theater ist nicht die Dienerin des Dichters, sondern der Gesellschaft«.[624] Was für Fehling, Gründgens und das Sellner-Team unzulässige Vereindeutigung ästhetischer Polyvalenz ist (der »Diener der Dichter«[625] verhindert die »diktatur«[626] des Regisseurs) gerät bei Brecht zum Hemmnis modernen Theaters. Denn das epische Konzept präsupponiert – so Lyotard – die Existenz einer »*Struktur*«, deren Erkenntnis über das menschliche »›Bewußtsein‹« zu sozialer »Wirksamkeit« führen soll.[627] Solchen Kausalnexus negiert ein Integralmodell, das gerade die Inkommensurabilität der Schrift umzusetzen versucht. Andererseits ist auch das ›instrumentale Theater‹ performativ orientiert. Sinn entsteht als Ergebnis von Choreographie, nicht durch das reine Wort (A, 3.1.3). Dies erlaubt eine Ausweitung des Repertoires (bis hin zum Absurden), während Brecht nur Dramen aufführen möchte,

618 Buddecke/Fuhrmann (1981), S. 256.
619 Vgl. Fischer (1989), S. 98-101, 105f.
620 Zu Spielplan(politik) und Inszenierungsformen des Berliner Ensembles bis 1956 vgl. Münz-Koenen (1972), S. 287-312; Daiber (1976), S. 123-133 und Wege (1999).
621 Vgl. GBA 22.2, S. 761, 768, 779f. (Der Messingkauf [1942/43]).
622 GBA 23, S. 167 (Falsche Darstellungen neuer Stücke [1951]).
623 Mündliche Äußerung von Brecht (zit.n. GI 1, S. 150 [Die Form entsteht aus dem Maskieren] [1985]).
624 GBA 25, S. 79 (Antigonemodell 1948).
625 TF, S. 24 (Der Fall Mensch auf der Bühne [1945]).
626 Bremer: Das instrumentale Theater (1958/59), S. 173.
627 Lyotard: Essays zu einer affirmativen Ästhetik, S. 18 (Der Zahn, die Hand).

die auf eine »immer kräftigere, zartere und kühnere Humanität« zielen.[628] Der Materialwert muß daher in der Inszenierung mit dem Aktualitätswert des Kunstwerks verbunden werden. Medium dieser Synthese ist der ›soziale Gestus‹[629] als performativer Ausdruck der Beziehungen, in denen die Menschen einer bestimmten Epoche zueinander stehen. Mit der demonstrierenden Spielweise wird jedoch die Finalspannung verabschiedet, denn der Akteur tritt auf, als ob er »die ganze Epoche zu Ende gelebt hätte und nun, aus der Erinnerung, [...] das äußerte«, was »für diesen Zeitpunkt wichtig war«.[630]

Um diesem Präsentationsmodus Standardcharakter zu verleihen, dürfen insbesondere die Bearbeitungen »nicht in der üblichen Weise den Theatern zur freien Gestaltung übergeben werden«. Brecht legt deshalb für die *Antigone* (1948) ein »verpflichtendes Aufführungsmodell« fest,[631] das er in Buchform beschreibt nach dem Muster der Notate zu Laughtons Galilei-Darstellung und deren photographischer Dokumentation.[632] Ziel ist, einen Maßstab festzulegen, der Ausgangspunkt späterer Inszenierungen werden kann. Allerdings müssen die Modifikationen in ein »Kontinuum dialektischer Art« integrierbar sein, d.h. das Abbild der Realität »wahrheitsgetreuer und aufschlußreicher, oder artistisch befriedigender machen«.[633] Die Aufführungsgeschichte avanciert so zum Assimilationsprozeß an das ›Wesen‹ der Wirklichkeit. Erst 1954 beschließt das Ensemble nach anhaltender Kritik, den Theatern zuzusichern, daß die gedruckten Dokumentarbände zwar gekauft werden, aber lediglich als »Anregung« dienen sollen.[634]

Abb. 34: Szene aus der *Antigone*-Uraufführung in Chur (1948) / Kreon: Hans Gaugler

628 GBA 23, S. 286 (Sozialistischer Realismus auf dem Theater [1954]).
629 Vgl. Heinze (1992), S. 37-143.
630 GBA 23, S. 85 (Kleines Organon für das Theater [1948]).
631 GBA 25, S. 75 (Antigonemodell 1948).
632 Zur Konzeption der Modellbücher vgl. K.-D. Müller (1990).
633 GBA 25, S. 76 (Antigonemodell 1948).
634 GBA 25, S. 520 (Entwurf eines Vertrags über die Herausgabe von Modellbüchern [1954]).

Im Gegensatz zu Brechts Nachkriegsstücken, die durchaus realutopische Momente aufweisen (C, 4.2.2), wirken die Adaptionen primär regressiv sinnstiftend, üben Fundamentalkritik am bürgerlich-kapitalistischen Weltverhalten. Auf diese Weise gewinnen sie jedoch Kommentarfunktion hinsichtlich der eher dispersen ›Originalstücke‹, die zugleich naiv *und* metapoetisch, apologetisch *und* subversiv sind (B, 6.4.1). Der diskursformierende Charakter tangentialer Performanz führt auch bei Brecht dazu, daß die Dramatik »avancierter« ist »als das gleichzeitige Theater«.[635] Denn letzteres »wird ›von Oben‹ dazu eingesetzt, das politische Bewusstsein des Publikums zu verändern«.[636] Die Gattung ›Adaption‹ scheint hierfür prädestiniert, weil sie als »Stück durchleuchteter Geschichte«[637] eine objektive Sicht auf die Kausalität gesellschaftlicher Strukturen und Prozesse erlaubt. D.h. die ideologische Perspektive kann – einfacher als im Gegenwartsschauspiel – als ›inszenierte Rationalität‹[638] dargestellt werden. Die dramaturgische Korrektur besitzt allerdings einen historischen Index: Notwendig ist sie nur, weil das neue Publikum noch nicht über die Kompetenz verfügt, klassische Stücke ohne Bearbeitung zu verstehen. Der »Denkmalschutz« bleibt daher nur vorläufig ausgesetzt und kann »vielleicht« nach »20 Jahren Schulung« wiedereingeführt werden.[639]

In diesem Sinne zeigt die *Antigone*-Adaption unter Verkürzung des Sophokles, »daß das Schicksal des Menschen der Mensch selber ist«.[640] Dies bedeutet jedoch keine Renaissance individualistischer Konzepte; sowohl Kreon, der Züge Hitlers trägt,[641] als auch Coriolan in der gleichnamigen Shakespeare-Bearbeitung gehen letztlich an der Hybris zugrunde, das Weltgeschehen eigenmächtig beeinflussen zu wollen.[642] Selbst im *Hofmeister* (1950) werden Leid, Schuld und Einfluß der Läuffer-Figur aus gesellschaftlicher Perspektive tragikomisch relativiert. Das Individuum dient nur als Exempel für das Versagen einer sozialen Gruppe (deutsches Bürgertum), deren progressive Züge wie in der Farquhar-Bearbeitung *Pauken und Trompeten* (1955) nicht mehr existent sind.[643] Ähnliche Strategien bestimmen die übrigen Adaptionen, wobei Brecht der eigenen Maxime, auf ›Verfälschung‹ der Vorlage zu verzichten,[644] explizit widerspricht: »Wir befinden uns nicht auf der Seite Molières«, heißt es mit Blick auf die Figur des Don Juan. Folgerichtig erscheint der Protagonist nur als »sexuelle Großmacht«,[645] wodurch die Erotik zum sozialökonomischen Phänomen wird. Brecht zeigt den Nonsens des (Feudal)Kapitalismus mit opernhafter Zuspitzung und – wie Peter Christian Giese betont – im historischen »Plusquamperfekt«, denn die Adelskritik »rennt jene Türen ein, durch die einst die gesamte bürgerliche Gesellschaft hindurchgeschritten ist«.[646]

---

635 Ein Gespräch zwischen Wolfgang Heise und Heiner Müller (1989), S. 197.

636 Brecht: Ein schwieriges Unternehmen (1953), S. 61.

637 GBA 23, S. 402 (Die Dialektik auf dem Theater [1953]).

638 Brecht spricht von »Durchrationalisierung« (GBA 25, S. 74 [Antigonemodell 1948]).

639 GBA 9, S. 347.

640 GBA 24, S. 350 ([Anmerkung zur Bearbeitung] [1951]).

641 Vgl. GBA 8, S. 205, 238, 241 (Die Antigone des Sophokles [1948]).

642 Vgl. GBA 9, S. 32, 39f., 77 (Coriolanus [1951-1953]). Wege (1999) weist mit Recht darauf hin, daß die Exposition dieser Problematik »auch als Attacke gegen den Personenkult« verstanden werden kann, »also als eine Attacke gegen Stalin und Ulbricht« (S. 94).

643 Brecht streicht in seiner *Hofmeister*-Adaption die erste Szene des zweiten Akts und damit zugleich die dort exponierten Reformideen.

644 Vgl. GBA 24, S. 412 ([Wie soll man Molière spielen?] [1954]).

645 GBA 24, S. 415, 413 (Notate zu »Don Juan« [1954]).

646 Giese (1974), S. 156.

Für Brecht sind dagegen beide Klassen Exponenten eines Systems, in dem es »keine Instanz« gibt, »die dem Parasiten Einhalt gebieten könnte«.[647]

Vor diesem Hintergrund bleiben der Regiefreiheit Grenzen gesetzt. Die szenischen Arrangements erzählen die Fabel, so daß die »Form« einer Aufführung »nur gut sein« kann, »wenn sie die Form ihres Inhalts ist«.[648] In dem Fragment *Der Wagen des Ares* (1947/48) spricht sich Brecht daher gegen Dramaturgen aus, deren Kunstgriffe auf Unklarheit zielten. Wer »ein neues Leben« aufbaue, dürfe das Publikum die »Stellungnahme« des Autors »nicht erraten« lassen.[649] Im Gegenteil, der »Zaunpfahl« sei »legitimes Instrument ästhetischer Veranstaltungen«,[650] denn die »Mißverständlichkeit« eines Stücks werde allein durch den angehängten »Leitartikel« vermieden.[651] Anfang der dreißiger Jahre hatte Brecht noch betont, der »moderne Zuschauer« wünsche nicht, »bevormundet und vergewaltigt zu werden«, er wolle »einfach menschliches Material vorgeworfen bekommen, *um es selber zu ordnen*«.[652] Die Erfahrungen von Nationalsozialismus und Nachkriegssituation zwingen Brecht jedoch zu verstärkter Rücksichtnahme auf anthropologische Defizite. So fordert er mit Blick auf *Die Rundköpfe und die Spitzköpfe* einen Schauspieler, der auktorial agiert und »im Auftrag des Stückeschreibers« Erläuterungen »direkt an den Zuschauer« richtet.[653] Der fiktional vermittelte Charakter der Instanz wird auf die Weise relativiert, allerdings nicht vollständig, da der Erzähler noch immer dem Diskurs der Literatur angehört. Brecht verbindet Intention, Textmaterial und theatralische Zeichen hier zu einem System kontrollierter Freiheit. Dies bedeutet: »alle Macht dem Publikum«, jedoch nur, wenn der Regisseur den »Schlüssel [...] für die Vorgänge« gefunden hat. Dahinter steht die These, daß im »Zeitalter der großen Kriege der Klassen und der Völker ein fester Standpunkt eingenommen« werden muß.[654] Auch das epische Regietheater ist somit tangential ausgerichtet. Nicht von ungefähr trennt Brecht wie Bloch[655] die ›falsche‹ von der ›echten Aktualisierung‹ und wendet sich gegen

> die Bestrebungen oft talentierter Regisseure oder Schauspieler, neue, bisher nicht gesehene, sensationelle Effekte auszudenken, die jedoch rein formalistischer Art sind, d.h. dem Werk, seinem Inhalt und seiner Tendenz aufgesetzt und aufgedrängt werden, so daß es zu sogar noch schlimmeren Schädigungen kommt als bei den traditionsgebundenen Aufführungen; denn hierbei wird Inhalt und Tendenz des klassischen Werks nicht nur verdunkelt oder verflacht, sondern direkt verfälscht.[656]

Der Stanislawski-Bezug dieser Äußerung ist evident: Aufgrund der Tatsache, das sich »nur so viel Wahrheit« durchsetzt, »als wir durchsetzen«,[657] bedarf es der theatralen

---

647 GBA 24, S. 413 (Notate zu »Don Juan« [1954]).
648 GBA 23, S. 325 (Einige Irrtümer über die Spielweise des Berliner Ensemble [1955]).
649 GBA 24, S. 308 (Prologe, Gesang zwischen den Szenen und Szenentitel [1951]).
650 GBA 29, S. 455 (Brief vom Juli 1948 an Max Frisch).
651 GBA 27, S. 263 (Journaleintrag vom 7. Januar 1948).
652 GBA 21, S. 440 (Die dialektische Dramatik [1930/31]).
653 GBA 24, S. 209 (Anmerkung zu »Die Spitzköpfe und die Rundköpfe« [1936-1938]).
654 GBA 23, S. 396, 408 (Die Dialektik auf dem Theater [1951-1956]).
655 Bloch: Das Prinzip Hoffnung, S. 494-497.
656 GBA 23, S. 317 (Einschüchterung durch die Klassizität [1954]).
657 GBA 5, S. 246 (Leben des Galilei [1955/56]).

Realisation einer »Überaufgabe«.[658] Sie sorgt dafür, daß bei aller »Kompliziertheit und Differenziertheit des gesellschaftlichen Lebens« Aufführungen zustande kommen, die »Sinn« »ergeben«.[659] Doch obwohl sich Brecht gleichzeitig von der »Schablone«[660] absetzt, existiert auch hier die paradoxe Chronologie eines Verfahrens, bei dem das Dokument ebenso *vor* der Stilisierung steht wie das Herausarbeiten des Repräsentativen.[661] Die Assimilation an die »Fotografie« gründet daher im Gegensatz zu Brechts Ansicht auf einer Struktur der Nachträglichkeit, ist nicht »Typisierung« des Authentischen.[662]. Vor dieser Folie scheint die These Roland Barthes' problematisch, Brechts »art de l'explication« gebe jede Vorstellung von »›essence‹«[663] auf und erfinde den Marxismus immer neu.[664] Tatsächlich koinzidiert die Absage an die Guckkastenbühne kaum mit der Arbitrarität des (gezeigten) Zeichens. Die Distanz zum Werk entsteht nicht wie bei Luhmann durch polyperspektivische Betrachtung,[665] sondern durch Rückschau »vom Standpunkt eines anderen Gesellschaftssystems aus«.[666] Letzteres bleibt zwar veränderbar, aber nur im Rahmen der ›Idee‹ historischer Optimierung.

Hierfür spricht auch das Festhalten an der Autonomie der Einzelkünste. Jene sollen zwar vereinigt werden, jedoch anders als bei Wagner unter Beibehaltung der Selbständigkeit. Denn ihre »gemeinsame Aufgabe« besteht darin, »sich gegenseitig« zu »verfremden«. Bezugspunkt der Synthese ist das Narrativ als Referenzinstanz: Architektur, Bühnenbild und Musik besitzen trotz Eigenwertes primär »Komment«-Charakter.[667] Vor diesem Hintergrund führt die theatrale Innovation letztlich zur Stärkung des Textes, zielt sie doch auf dessen verlustfreien Transfer. Äußere Handlungszusammenhänge sollen ebenso wie psychische Dispositionen durch ›gestisches Sprechen‹ externalisiert werden.[668] Daß die Darstellung der Widersprüche mit hartem Schnitt und hohem Tempo erfolgt, scheint diesem Mechanismus entgegenzustehen. In der Tat sollte der projektierte Leitartikel eher linear aufgebaut sein. Andererseits erweist sich selbst die »Montage«[669] als entsprechend vorstrukturiert: Brecht bringt nicht nur »Griffe« an, die sich »bewegen« lassen, sondern zugleich »Begriffe« mit Lenkungspotential.[670]

Wie die Intermedialität dient auch die Interaktivität, d.h. die Gemeinschaftsarbeit im Berliner Ensemble, der Sicherung semantischer Evidenz. Die egalitäre Arbeit nimmt für den Theaterbereich nämlich das vorweg, was auf Staatsebene verwirklicht werden soll: die produktive Integration der ›Weisheit der Massen‹. So berichtet Marianne Kesting, daß Brecht bei den Proben »immer Rat und Meinung der jungen Assistenten« eingeholt und »keinen Ratschlag unausprobiert« gelassen habe. Ziel sei es gewesen,

658 GBA 25, S. 440 (»Katzgraben«-Notate 1953).
659 GBA 23, S. 168 (Was unter anderem vom Theater Stanislawskis gelernt werden kann [1951]).
660 GBA 25, S. 454 (»Katzgraben«-Notate 1953).
661 Vgl. ebd., S. 404f., 476 und GBA 23, S. 227 (Stanislawski-Studien [2] [1953]).
662 GBA 25, S. 405 (»Katzgraben«-Notate 1953).
663 Barthes: Œuvres complètes. Bd. 1, S. 1204 (La révolution brechtienne [1955]).
664 Vgl. ebd., S. 1229 (Les tâches de la critique brechtienne).
665 Vgl. Luhmann: Archimedes und wir, S. 120 (Ein trojanisches Pferd).
666 GBA 22.2, S. 699 (Zweiter Nachtrag zur Theorie des »Messingkaufs« [1940]).
667 GBA 23, S. 94-96 (Kleines Organon für das Theater [1948]).
668 Fischer-Lichte (1993a) hat solche ›Gesten‹ mit Blick auf Brechts Inszenierungen von *Mutter Courage* und *Der kaukasische Kreidekreis* untersucht (vgl. S. 360-363, 366-368).
669 GBA 25, S. 429 (»Katzgraben«-Notate 1953).
670 GBA 18, S. 263 (Flüchtlingsgespräche [1940]).

»alle zu gleichgewichtigen Mitarbeitern an einer Sache zu machen«.[671] Der »Schöpfungsakt« wird dadurch »kollektiver Schöpfungsprozeß«,[672] allerdings mitunter ein inszenierter, wie Erwin Strittmatters Anekdote belegt:

> In einer »Katzgraben«-Probe wollte und wollte etwas nicht klappen. Brecht probte mit viel Geduld, aber dann konnte ich nicht mehr. Er tippte mich an und sagte: »Nichts sagen, sonst wird's echte Aufregung. Ich mach an Theaterkrach und reg mich dabei gar nicht auf!« Er machte den Krach. Es klappte. Er lächelte. »So macht man das.«[673]

Solche Ironie verweist auf die partielle Aussetzung theoretischer Vorgaben in der Theaterpraxis. Brecht selbst spricht mit Blick auf Erich Engel von der »induktiven Probenart«, bei der die Textvorlage lediglich als »vorläufige Annahme« gilt, »die studiert und korrigiert wird«.[674] Gleichzeitig wehrt er sich gegen »zuviel Geplantes, Geschicktes, Eingerichtetes«. Man könne »das Ganze« nicht »im Kopf« haben und müsse sich daher »auch vom Momentanen« leiten lassen.[675] Tatsächlich ›boykottiert‹ Brecht nach einem Bericht von Harry Buckwitz die eigenen Regiebemerkungen ebenso oft, als er sie »auf das pedantischste« zu realisieren sucht (TiG, 318). Die »Kunst des Vergessens« soll darüber hinaus wie im Integraltheater zu »vorurteilsfreier Betrachtung« führen,[676] auf deren Grundlage das Drama als »terra incognita« »ausschließlich aus den ihm innewohnenden Gesetzmäßigkeiten interpretiert werden« darf.[677] Gemäß der neuen Logik des ›Sowohl-Als auch‹ (C, 4.2.2) rechnet Brecht bewußt mit der Leerstellenstruktur des Textes, d.h. einem »zweiten Sehen des Stücks«.[678] Zudem besitzt die konkurrierende Deutung nicht notwendigerweise den höheren oder geringeren Wahrheitsgehalt. Brecht habe es – so Buckwitz – »aufschlußreich« gefunden, »zwei grundverschiedene Versionen des gleichen Stückes nebeneinander zu stellen und zu demonstrieren, daß sie gleichermaßen richtig sein könnten« (TiG, 319).

Diese poetische ›Unschärferelation‹ vervielfacht sich im äußeren Kommunikationssystem. Auch der Zuschauer *dekonstruiert* das Textschema: Er dichtet »im Geist andere Verhaltensweisen und Situationen hinzu und hält sie, der Handlung folgend, gegen die vom Theater vorgebrachten«. Dadurch wandelt er sich zum Erzähler, der durch »Ko-Fabulieren«[679] die Totalität herstellt, die das Text- und Aufführungssystem nicht verwirklichen kann. Eine affirmative Sinnpräsenz wird also bereits durch die Ungleichheit der Realitätssphären (Bühne – Publikum) verhindert. Tatsächlich hinterfragt der späte Brecht die rationale *clarté* des epischen Modells aus dreifacher Perspektive:

(1) *anthropologisch*, da er die »Schauspielkunst« zur »elementare[n] menschliche[n] Äußerung« macht, »die ihren Zweck in sich hat«.[680] Als »eigenes und ursprüngli-

---

[671] Zit.n. Vormweg (1974), S. 479.
[672] GBA 25, S. 76 (Antigonemodell 1948).
[673] Strittmatter: Gesellenjahre bei Brecht (1957), S. XXIX.
[674] GBA 25, S. 391 (Wie Erich Engel das Modell benutzt [1949]).
[675] GBA 25, S. 444, 473 (»Katzgraben«-Notate 1953).
[676] [Wekwerth:] Ein Gespräch über Brecht (1965), S. 4.
[677] Palitzsch: »Mutter Courage«, 20 Jahre danach (1965), S. 60.
[678] GBA 24, S. 381 (Über das Poetische und Artistische).
[679] GBA 23, S. 300f. ([Vom epischen zum dialektischen Theater 2] [ca. 1954]).
[680] GW 16, S. 648 (Der Messingkauf [1937-1951]).

ches Vermögen der Menschheit«, wie es Franz Mehring nennt,[681] muß Kunst daher tendenzfrei sein. Der Akteur ist »nur an eine moralische Satzung gebunden: daß er, die menschliche Natur ausstellend, nicht lügt, etwa einer Moral wegen«.[682]

(2) *strukturell*, denn Brecht integriert seinen Stücken metapoetische Subdiskurse, die der »Durchrationalisierung«[683] widerstehen, indem sie mehrere Sinnebenen voraussetzen. Zudem entziehen sich bestimmte Vorlagen wie Hauptmanns *Biberpelz* per se eindeutiger Umwertung.[684]

(3) *kulturpolitisch*: So kann Läuffers Selbstkastration durchaus auf die Situation der DDR-Kunst bezogen werden – als Ausdruck der Unmöglichkeit, Experimentelles realisieren zu können. Heiner Müller verortet das *Hofmeister*-Stück im Rekurs auf Peter Brook sogar in der Nähe von Artauds »Theater der Grausamkeit« und damit jenseits der Historisierungspraxis (MK, 228). Gleichzeitig lassen sich Brechts Adaptionen aber auch als ›geheime Selbstbezichtigung‹ lesen, im Sinne einer problematisch empfundenen Emanzipation von der staatssozialistischen Kunstdoktrin. Denn fast alle Hauptfiguren der Berliner Bearbeitungen (neben Läuffer auch Mutter Wolfen, Faust, Coriolan und Don Juan) sind abtrünnige Außenseiter, wobei die drei letztgenannten »in theologisch bestimmten Zusammenhängen«[685] gerichtet werden.

Vor diesem Hintergrund muß die These, Brecht sei ein »Theater-Diktator« gewesen,[686] differenziert betrachtet werden. Theorie wie Praxis bleiben (insbesondere in der Nachkriegszeit) dispers (C, 4.2.2). »Brecht ist nicht gleich Brecht«,[687] seine Logik keineswegs binär. Zwar »gab ein Gott [ihm] zu sagen, daß zweimal zwei vier ist«,[688] dennoch hält er weiterhin jede unkritische Zustimmung für fragwürdig – wie ein Mathematiker, »wenn er läse, ich bin mit Ihnen ganz einverstanden, daß zwei mal zwei fünf ist«.[689]

---

[681] Franz Mehring: Zur Literaturgeschichte von Hebbel bis Gorki, S. 260.
[682] GBA 27, S. 261 (Journaleintrag vom 4. Januar 1948).
[683] GBA 25, S. 74 (Antigonemodell 1948).
[684] So gesteht Brecht im Gespräch mit Hans Mayer: »Der Gerhart Hauptmann ist zu stark, den kann man nicht verändern« (zit.n. H.M. [^{2}1996], S. 430).
[685] Wittkowski (1984), S. 359.
[686] Müller-Schöll (2002), S. 407.
[687] Ein Gespräch zwischen Wolfgang Heise und Heiner Müller (1989), S. 200.
[688] Äußerung von Fritz Kortner (Brecht nach zehn Jahren [1966]).
[689] Briefliche Äußerung von Brecht (zit.n. TiG, S. 320).

B. Semantische Ordnungen

1. Narrative der Repräsentation

1.1 Biologisch-anthropologischer Diskurs: Äquivalenz zwischen Menschheits- und Naturgeschichte

Der Versuch, die Greuel der NS-Zeit zu erklären bzw. aufzuarbeiten, erfolgt nicht zuletzt im Rahmen von Repräsentationsordnungen: Man etabliert mit verschiedener Schwerpunktbildung eine »Geschichte der Ähnlichkeit«, die allerdings nicht wie im klassischen Zeitalter ahistorisch angelegt ist, sondern der von Foucault konstatierten ›Diskontinuität‹ Rechnung trägt. Tatsächlich befindet sich die Nachkriegsepoche an jener »Schwelle« von »Modernität«, die Foucault noch Mitte der sechziger Jahre für nicht übertreten hält.[1] Es hieße jedoch, die Gemengelage vereindeutigen, wollte man den Äquivalenzbezug zum Hauptmerkmal aller semantischen Ordnungen machen. Dominant ist er u.a. im biologisch-anthropologischen Bereich, denn hier wird die Menschheits- zum Ebenbild der Naturgeschichte. Solche Reduktion hat auch kompensative Bedeutung, ermöglicht sie doch ein weitgehendes Absehen von individueller Schuld.

Mit Blick auf die dramatische Praxis lassen sich mehrere Erklärungsraster unterscheiden. Das *positiv generalisierende* begreift Leben als ewigen Kreislauf von Werden und Vergehen, der – Wilders *The Skin of our Teeths* entsprechend – »immer gleich« bleibt.[2] Das Subjekt steht hier zwischen Naturgewalten, deren Gesetzmäßigkeit ebenso folgerichtig wie unaufhebbar scheint. Aus dieser Perspektive ist der Krieg wie jede Katastrophe konstitutiver Lebensbestandteil. Er wird deshalb häufig als ›Flut‹ oder (religiös aufgeladen) ›Sintflut‹ metaphorisiert.[3] Ähnliches gilt für den humanen Bereich: Revolutionen haben keine Erfolgsaussicht, und Überleben ist Selbstzweck. Dahinter steht die These, daß die menschliche Substanz zwar im Medium der Zeit erfaßt werden muß, aber trotzdem jeden gesellschaftlichen Einfluß dominiert. Das »soziale Drama der Zukunft« muß nach Arthur Miller aus diesem Grund »mehr [...] leisten, als nur die soziale Lage zu analysieren und gegen ihre Unvollkommenheit zu protestieren. Es muß sich in das Wesen des Menschen versenken, um seine wahren Bedürfnisse zu entdekken. [...] Die soziale Zugehörigkeit sagt auf der Bühne heutzutage so gut wie gar nichts über ihn aus«.[4] Diese Ansicht teilen Richard Hey und Siegfried Melchinger,[5] aber selbst der späte Brecht betrachtet, wie Hans Henny Jahnn zu Recht konstatiert, die »Ver-

---

1 Foucault: Die Ordnung der Dinge, S. 27.

2 Das Feuer darf nicht verlöschen (1948), S. 22 (Thornton Wilder). Vgl. auch Hasselbach: Der Pfirsichblütentraum (1946), S. 3; Bonsels: Persephone (1948), S. 47 und Friedrich: Die Straße Nirgendwo (1948), S. 70f.

3 Vgl. u.a. Hilpert: Gedanken zum Theater, S. 59 (Vom Sinn und Wesen des Theaters in unserer Zeit [1945]); Weisenborn: Rede über die deutsche Widerstandsbewegung (1946), S. 2; Illing: Die grosse Flut (1947), Titel, passim und Vietta: Iphigenie in Amerika (1948), S. 9.

4 DT, S. 99 (Artur Miller: Das soziale Drama der Zukunft [1956]).

5 Vgl. WA, S. 4 und SF, S. 5.

wandlung des Menschen [...] mit Skepsis«.[6] Drama und Theater gewinnen vor diesem Hintergrund eine anthropologische Funktion, sind bevorzugte Darstellungsmedien für den »Kampf gegen die Vergänglichkeit«.[7] Denn – so die These – der Tod trifft »auch den in der Masse sterbenden« Menschen »als einzelnen«, und keine Wissenschaftsutopie kann ewiges Leben versprechen.[8] Angesichts der zunehmenden Ideologieskepsis der DDR-Avantgarde gewinnt der Thanatos-Diskurs Mitte der fünfziger Jahre sogar konkulturale Züge: Während bei Brecht ›nur‹ die Utopie stirbt (B, 6.4.1), ist der Tod bei Heiner Müller noch auf höherer Ebene wirksam: als unvermeidbarer Beginn der Tragödie nach Errichtung des Paradieses (B, 6.4.3).

Der *negativ generalisierende* Erklärungsmodus betont dagegen stärker den Destruktivgehalt des Erlebten: Mensch und Welt sind hier ›krank‹ und müssen ›genesen‹. Zu den bevorzugten Referenzbegriffen für die Hitler-Diktatur zählen daher »Eiterherd«[9] und »Geschwür«.[10] Beides schmerzt lokal und ist nach operativer Entfernung verschwunden. Darüber hinaus wird durch den Vergleich von Massenhysterie und »Pest«[11] die Schuld entpersonalisiert; erst die Abkehr vom naturgemäßen Leben habe die Disposition für das Ausbreiten der Seuche geschaffen. Vergangenheitsbewältigung regrediert damit zur Moderne-Kritik: Während der ›gute‹ Mensch als höchstes Kunstwerk firmiert, ist der »erste Pflug« schon »Verrat an der Natur«.[12] Diesem Rousseau-Modell steht im gleichen Teildiskurs das Hobbes-Raster gegenüber, dessen Argumentationslinie umgekehrt verläuft: Der Mensch bleibt »Bestie«,[13] solange er nicht zivilisatorisch gezähmt wird – sei es durch Gesetz, Moral oder Liebe (B, 2.). Auf die Frage, wie die prozentuale Aufteilung der Komponenten zu denken ist, finden sich unterschiedliche Antworten: Für Walter Kiewert ist der Einzelne halb Mensch, halb Tier,[14] nach Wolfgang Martin Schede existiert zudem ein ›dämonischer‹ Bereich, der über die genannte Trennung hinaus zweiter Bestandteil der Persönlichkeit ist.[15] Der Blick auf das Kollektiv gestaltet sich eher asymmetrisch. Hier konstatiert man eine Dominanz des Animalischen: Nur wenige lassen sich als »Menschen« bezeichnen, die meisten sind »Wölfe und Schakale«.[16] Die Vertierung wird jedoch nicht immer als Substanzdefizit angesehen, sondern mitunter (auch jenseits des Marxismus) auf systemische Ursachen zurückgeführt. Erst Diktatur und Krieg zerstören das Humane, so daß der Einzelne entweder als Tier herrscht[17] oder wie ein solches gejagt wird.[18] Die zugrundeliegende Anthropologie bleibt daher positiv: Der Mensch ist »Natur« und »doch mehr«, denn für

---

6 JS, S. 314 (Vom armen B.B. [1957]).

7 DT, S. 100 (Artur Miller: Das soziale Drama der Zukunft [1956]).

8 SF, S. 5 (Siegfried Melchinger).

9 Vogel: Anno Domini nach der Pest (1948), S. 10.

10 Goertz: Das Donnerwetter (1945), S. 119. Vgl. auch Wendt: Das Regiment der Mäuse (1946), S. 122.

11 Vgl. u.a. Denger: Die Pest (1946), Titel; Schmitthenner: Ein jeder von uns (1947), S. 6 und Bostroem: Die Kette fällt (1948), S. 4.

12 Schneider-Schelde: R VII (ca. 1946), S. 36.

13 Köllner: Diagramm der Zeit (1946), S. 42.

14 Vgl. Kiewert: Der Untergang des Christian Grabbe (1945), S. 1.

15 Vgl. Schede: Die Liebe und der Tod (1946), S. 92.

16 Kirst: Auch dem Gesindel spielen Flöten (1947), S. 107.

17 Vgl. Peterich: Die Schreiber oder die ägyptische Finsternis (1949), S. II*.

18 Vgl. WW 6, S. 122f. (Wie Tiere des Waldes [1947]); Altendorf: Jeder geht seinen eigenen Weg (1948), S. 36 und Reif: Deutsche Tragödie (1949), S. 89.

ihn bleibt »natürlich, was in der Natur unnatürlich wäre«[19] – rationale Weltaneignung nämlich. Der Versuch, das Subversive im Menschen durch Vernunft zu beherrschen, darf aber selbst angesichts des Geschehenen nicht übertrieben werden, soll artgemäße Identitätsfindung möglich bleiben. In Heinrich Bölls Drama *Ein Schluck Erde* (1961) ist diese Problematik ex post gestaltet. Das Stück spielt in ferner Zukunft unter Menschen, die nach dem Ende der alten Welt auf einer künstlichen Insel leben. Die Sozietät ist streng hierarchisch gegliedert, das Leben nach Effizienzkriterien durchorganisiert. Um den Status quo zu verbessern, taucht man nach Resten der zerstörten Kultur. Gerade dadurch wird jedoch der »Hunger« (13) nach einem »Schluck Erde« (60) geweckt, d.h. die Hoffnung auf erfülltes Leben außerhalb einer Ordnung, die das »Nichts« anbetet (47). Im Unterschied zu Beckett entwirft Böll hier die Negativutopie, man könne durch ironisch-verspieltes Neubilden von Sprache (»Barme« für »Mitleid«, »Möge« für »Liebe«) der Objektwerdung des Menschen entgegenwirken. Der Versuch bleibt jedoch insofern ambivalent, als die formierte Gesellschaft ihrerseits schon eine Reaktion ist auf die Apokalypse erdbezogener Existenz. Denn es war die Idolatrie des »Eßbare[n]« (27), die den Untergang der Vorwelt begünstigt hat. Aus diesem Grund verzichtet Böll darauf, eine politische Lösung anzubieten. Die einzige Möglichkeit, das ›Endgame‹ entfremdeten Daseins aufzubrechen, bleibt die postidealistische Rückkehr zum lustvoll-zweckfreien »*Spielen*« (58), das Traditions- wie Gegenwartsbezug in Frage stellt.

Daneben existiert ein dritter Teildiskurs, der genderbezogen ausgerichtet ist und weltpolitische Konflikte auf den ewigen Kampf zwischen Mann und Frau zurückführt. Dies geschieht im metaphysischen Bereich unter Bezugnahme auf *Faust II* (B, 3.2), im anthropologischen dominiert der Anouilh-Rekurs. Denn für den französischen Dramatiker erklärt sich die Wiederkehr des Gleichen aus der Unhintergehbarkeit menschlicher Grundkonstellationen (Vater-Tochter).[20] So wird die Aussöhnung der Geschlechter in Karl Wittlingers Komödie *Junge Liebe auf Besuch* (1954) – Anouilhs *Invitation au Château* folgend – durch Intrige und Rollenwechsel vorangetrieben. Um ein Paar erneut zusammenzubringen, täuschen die Eheleute Richard und Angela ihre eigene Scheidung vor. Gleichzeitig bietet man sich den Jungen als neue Lebensbegleiter an und erreicht damit deren gemeinsame Flucht. Derselbe neobiedermeierliche Impetus bestimmt Wittlingers Lustspiel *Zwei rechts, zwei links* (1960). Auch hier wirkt Anouilhs Idee vom ›Spiel als Wiederholung‹ sinnstiftend: Das alte Schauspielerehepaar Tom und Bettina läßt sich das eigene Leben nachstellen. Zu diesem Zweck offeriert man den Studenten Sabine und Wolf dasselbe Zimmer. Sofort bricht ein Streit um die Nutzung aus, der am Ende jedoch in die Heirat mündet – ebenso wie fünfzig Jahre zuvor bei den Vermietern. Indem Wittlinger Reflexion (Tom/Bettina) und Naivität (Sabine/Wolf) handlungslogisch zusammenführt, zeigt er, daß es kein Außen der Geschlechterrollen gibt.

Im Gegensatz zu solcher Harmonisierung wird in der frühen Nachkriegszeit vor allem die Gender-Polarität hervorgehoben. Gesunden könne die Welt nur, wenn es gelinge, die historische Dominanz des Maskulinen zu brechen. Dahinter steht die Vorstellung, das Weibliche sei das unterdrückte Andere der Menschheitsgeschichte – frei von

---

19 Langner: Dramen 1, S. 100 (Heimkehr [1949]).

20 Antigone opfert sich anders als bei Brecht nicht, weil sie es für moralisch geboten hält. Ihr »war dieser Tod vorbestimmt«, sie mußte »nein sagen« (AD 1, S. 73).

jeder Schuld an Krieg und Holocaust. (Die Verführerin zum Bösen ist kaum präsent.[21]) In der dramatischen Praxis entwirft man deshalb zwei Zielzustände: (1) die Symbiose von Mann und Frau, wobei ersterer »die Macht« anerkennt, die ihm »fehlt«,[22] sowie (2) die Herrschaft des (Marianisch-)Weiblichen, das traditionellen Zuschreibungen gemäß mit Liebe und Frieden assoziiert ist.[23] Zentrale Bezugsinstanz ist hierbei das Maternale. In Heinz Hulls Schauspiel *Die Mutter* (1946) verdichtet sich die Heilserwartung zum quasi kommunistischen Aufruf: »›Mütter der Welt, vereinigt euch!‹« (9). Die Unzerstörbarkeit natürlicher Bindungen kompensiert hier die erlebte moralische Perversion, denn das »Gewissen der Welt« bleibt in den »Tränen der Mütter« stets präsent (103). Und wenn es wie in Rolf Laucknes *Requiem* gelingt, die genealogische Grenze zu übertreten und fremde Söhne zu beweinen, »stirbt« sogar »der Krieg«.[24]

Mit Blick auf das Nachkriegsleben dient die Verherrlichung des Maternalen als Legitimation bürgerlicher Lebensformen. Nur die Familie als organische Gemeinschaft kann im postideologischen Zeitalter Sinn stiften und weitere Katastrophen verhindern. In Stephan Lackners *Letzter Instanz* (1953) wird der »Mann« denn auch zu »lebenslanger Schutzhaft in der Familie« verurteilt, weil er zu viele ›Brudermorde‹ begangen hat (64).[25] Damit ist jedoch nicht notwendig eine Revision der Rollenverteilung verbunden (wie sie die Wirklichkeit häufig erzwungen hat). Der heimgekehrte Vater muß – so die Vorstellung Günther Siegmunds – als Oberhaupt eingebunden werden, wenn die Familie reibungslos funktionieren soll.[26] Gleichzeitig wird das gemeinsame Kind zum Symbol für die Wiederkehr biologischer Ordnungszusammenhänge.[27] Im christlich-religiösen Diskurs besitzt es sogar Erlösungsfunktion (B, 3.1). Hans Rehfisch parodiert in seiner Komödie *Hände weg von Helena* (1950) den Frauenkult der ersten Nachkriegsjahre. So läßt er Wissenschaftler über die Erzeugung von Leben ohne Mitwirkung des männlichen Geschlechts nachdenken, damit »Millionen versklavter Frauen« endlich die Möglichkeit erhalten, ohne »Fronvögte« die »höchste Aufgabe des Weibes« zu erfüllen: »Mutterschaft« (62). Am Ende siegt jedoch der ›natürliche Eros‹, als Versuchsmaus Helena freiwillig zu ihrem Partner zurückkehrt.

Der Gender-Diskurs gewinnt mitunter auch emanzipatorische Züge. So fordert Heinz Becker-Trier in seiner Tragödie *Die heilige Johanna von Rom* (1946), die Frau »nun endlich als volle Partnerin« anzuerkennen (125). In Ingeborg Strudthoffs Schauspiel *Der taube Acker* (1. Fassung ca. 1949) wird die Zukunft sogar wie bei Heiner Müller (*Die Umsiedlerin*) durch Kooperation zweier Frauen erschlossen. Denn Heimkehrer Karl, der bezeichnenderweise im gesamten Stück nicht auftritt, ist zu feige, den Feldacker zu pflügen, in dem sich ein Blindgänger aus dem Krieg befindet. Er flieht. Anna, Karls Frau, und ihre Schwester Elfriede beschließen nun, auf eigene Initiative

---

21 Eine Ausnahme bildet die ›Zauberin‹ Anna Maria in Kurt Langenbecks *Heimkehr* (1948).

22 Podehl: Kommen und Gehen (1948), S. 60.

23 Vgl. Becker-Trier: Die heilige Johanna von Rom (1946), S. 125; Mostar: Meier Helmbrecht (1947), S. 111; Altendorf: Die Feuer verlöschen (1948), S. 50 und Scholz: Nein (1948), S. 49. Zu christlichen Implikationen vgl. B, 3.1.

24 Lauckner: Kammerspiele, S. 359.

25 Vgl. auch Becker-Trier: König von Wunderland (1946), S. 112; Neubert: Zweimal klingeln (1946), S. 5 und Neumann: Abel (1948), S. 112-118.

26 Vgl. Siegmund: Afmunstert (1948), S. 71f.

27 Vgl. Weiss: Danach (1945), S. 18f.; Kaschnitz: Totentanz (1947), S. 54; Scholz: Nein (1948), S. 45 und Reif: Deutsche Tragödie (1949), S. 90.

neu anzufangen. Sie kaufen das Brachland, um es zu bewirtschaften und so eine Perspektive für sich und das Kind zu haben, das Anna von Karl erwartet (62). Auch im ästhetischen Bereich kommt es mit Ingeborg Drewitz zu ersten Versuchen, eine spezifische ›Frauendramatik‹ zu konturieren (C, 4.1).

1.2 Historisch-intertextueller Diskurs: Äquivalenz/Diskrepanz zwischen Gegenwart und Vergangenheit

1.2.1 Statische Geschichte: Vergleichbarkeit/Wiederholung

Um die Ereignisse der jüngsten Geschichte in eine sinnstiftende Erzählung überführen zu können, wählen zahlreiche Nachkriegsdramatiker – auch im internationalen Kontext – den Vergleichsmodus. Denn die Genese historisch-intertextueller Kontinuitäten ermöglicht repräsentatives Verstehen und untergräbt zugleich das Einzigartige des politischen Desasters. Hinzu kommt die erkenntnistheoretische Aufladung der sog. ›Abstandstheorie‹, d.h. historische Phänomene eröffnen »Gebirgszügen ähnlich ihre Struktur und ihr volles Ausmaß nur dem [...], der sich nicht in ihrem Schatten aufhält, sondern ein beträchtliches Stück zurückgeht«.[28] Grundlage ist die idealistische Vorstellung, daß die »fotografierte Fassade« der Welt »keine neuen Erkenntnisse« vermitteln kann; dies vermag nur das »Gleichnis«, »Inkarnat« geschichtlicher Vorgänge. Solche Retablierung des archimedischen Punkts, der als »Aussichtsturm« den »verlorenen Gesamtüberblick« wiederherstellt,[29] führt im Extremfall zum Postulat der Überzeitlichkeit politischer Konstellationen: Die gesamte Menschheitsgeschichte besitzt Komparativfunktion, wobei die Frage zunächst sekundär bleibt, ob die diskursive Ausrichtung auf Permanenz oder Peripetie zielt. Unterschieden werden können personen- und faktenbezogene sowie nationale und internationale Repräsentation. Bezeichnenderweise sind es keineswegs nur deutsche Autoren, die Hitler mit anderen Diktatoren bzw. den Zweiten Weltkrieg einschließlich Vorgeschichte mit sonstigen Kämpfen ›gleichsetzen‹ und (vor allem in den späten vierziger Jahren) entsprechend verfremdete Stücke schreiben.[30]

(1) Personenbezogene Repräsentation: national / international
  (a) *historisch*: Echnaton,[31] Herostrat,[32] Alexander,[33] Lucullus,[34] Cäsar,[35] Caligula,[36] Nero,[37] Tung Tscho,[38] Attila, Wilhelm der Eroberer,[39] Herzog von Alba,[40] Bockelson,[41]

[28] Baumann: Im Zeichen der Fische (1960), S. 6f. (Vorrede). Vgl. auch B, 4.2.3.
[29] SF, S. 4 (Harry Buckwitz).
[30] Der Äquivalenzbezug kann in der Praxis unterschiedliche Intensitätsstufen aufweisen.
[31] Hilpert berichtet in seinem Aufsatz *Probleme des Theaters* (1950) über Nachkriegsdramen mit »Hitler als Echnaton«, »Attila«, »Tilly« und »Fouché« (Gedanken zum Theater, S. 101).
[32] Lietzmann erwähnt 1948 Hitler-Dramen über Herostrat und Nero (vgl. Nach der Schubladen-Legende, S. 6).
[33] Bernhard: Herr der Welt (1946), Forster: Die Gesteinigten (ca. 1949).
[34] Brecht: Das Verhör des Lukullus / Die Verurteilung des Lukullus (1951).
[35] Lauckner: Cäsar und Cicero (1947).
[36] Camus: Caligula (1938).
[37] Gressieker: Seneca und die goldenen Jahre (1959).
[38] Kirst: Auch dem Gesindel spielen Flöten (1947).
[39] Schneider: Der Traum des Eroberers (1951).

Tilly, Wallenstein,[42] Cromwell,[43] Friedrich II.,[44] Fouché, Napoleon,[45] Karl X.,[46] Stalin,[47] Abd el-Nasser

(b) *intertextuell*: Zeus,[48] Kreon,[49] Teufel (B, 3.1), Belsazar,[50] Blaubart[51]

(c) *fiktiv*: Huber, Lobedanz, Schnellhase, Asmus, Voss, Gogher Gogh, Präsident, Julius[52]

(2) Faktenbezogene Repräsentation: national / international

(a) *historisch*: Zerstörung von Sybaris,[53] Punische Kriege,[54] Kreuzzüge,[55] Renaissance,[56] Tudor-Dynastie,[57] Dreißigjähriger Krieg[58]

(b) *intertextuell*: Trojanischer Krieg[59]

---

40 Unruh: Wilhelmus (1953).

41 Gemeint ist der mittelalterliche Schneidergeselle Johann Bockelson, der als Oberhaupt einer Sekte, der sog. ›blutigen Täufer‹, 1534 in Münster gewaltsam das Tausendjährige Reich zu konstituieren versucht. Anderthalb Jahre später erliegt der Prophet mit seinen Anhängern dem fürstbischöflich-reichsständischen Heeresverband. In der frühen Nachkriegszeit wird dieses Ereignis – auch wegen der zeitgeschichtliche Parallele zu Hitler – mehrfach dramatisiert. Vgl. Buch: Der Prophet (1946), Knöller: Das Tausendjährige Reich (1946) und Leonhardt: Diktator Bockelson (1947).

42 Rehberg: Wallenstein (1950).

43 Peter Ustinov stellt Hitler in eine Reihe mit Cromwell, Napoleon, Stalin und Oberst Nasser (vgl. Der Sinn des Theaters [1957], S. 73).

44 Unruh: Duell an der Havel (1954).

45 Linz: Der Doppelgänger (1945), Rossmann: Die große Armee (1945), Kohlhaas: Die Paladine (1947), Mostar: Putsch in Paris (1947), Kipphardt: Napoleon Antropus (1948), Thiess: Tödlicher Karneval (ca. 1948), Leisner: Ich bin kein Napoleon (1949), Schaper: Die Freiheit des Gefangenen (1953), Rehfisch: Oberst Chabert (1956), Rehberg: Kleist (1957). Zum deutschen »Napoleon-Mythos« vgl. Beßlich (2007).

46 Staargard: Karl X.

47 Dürrenmatt setzt Hitler und Stalin gleich (vgl. Theater-Schriften und Reden, S. 119 [Theaterprobleme]).

48 Eulenberg: Europa (1949).

49 Brecht: Die Antigone des Sophokles (1948). In Hubaleks Drama *Die Stunde der Antigone* (1960) steht Kreon für die Kontinuität zwischen NS-Diktatur und Bundesrepublik (C, 4.2.5).

50 Schneider: Belsazar (1949).

51 Heiseler: Das Haus der Angst (1950).

52 Mostar: Der Zimmerherr (1945), Wiechert: Okay oder Die Unsterblichen (1945), Wendt: Das Regiment der Mäuse (1946), Thiem: Der Zirkus brennt (1947), Schneider: Der Kronprinz (1948), Brecht: Turandot oder Der Kongreß der Weißwäscher (1953/54), Drewitz: Stadt ohne Brücke (1955), Gutkelch: Der Herr von drüben (ca. 1959).

53 Lichnowsky: Gespräche in Sybaris (1946).

54 Gerhard Klockés Schauspiel *Die Gefangenen* thematisiert »den Fall Karthagos« ([Vorwort zur Uraufführung der Komödie *Olympisches Zwischenspiel*] [1948/49], S. 6*).

55 Vgl. Lampel: Flucht vor uns selber (1946), S. 91.

56 Augstein: Die Zeit ist nahe (1947). Vgl. Daiber (1976), S. 69.

57 Rehberg: Heinrich VII., Bothwell, Elisabeth und Essex (alle ca. 1947).

58 Rombach: Licht im Fenster (1948), Schübel: Der Kürassier Sebastian und sein Sohn (1957).

59 O'Neill: Mourning becomes Electra (1931), Giraudoux: La guerre de Troie n'aura pas lieu (1935), Sartre: Les Mouches (1943), Lange: Die Frau, die sich Helena wähnte (1946), Rutenborn: Iphigenie in Aulis (1946), Iphigenie in Tauris (1949), Iphigenie in Argolis (1949), Peregrin: Odysseus in Ithaka (1947), Scheffler: Penelope wartet (1947), Schwarz: Iphigeneia in Aulis (1947), Gressieker: Der Regenbogen (1948), Haecker: Der Tod des Odysseus (1948), Heiseler: Philoktet (1948), Helena bleibt in Troja (1956), Lommer: Thersites und Helena (1948), Vietta: Iphigenie in Amerika (1948), Dröge: Penelope (1948), Heiner Müller: Gespräch der Bediensteten im Palast des Agamemnon während dieser ermordet wird in der Küche (ca. 1950/51), Rehberg: Iphigenie (1951), Der Gattenmord (ca. 1953), Der Muttermord (ca. 1955), Braun: Die Troerinnen (1959), Hildesheimer: Das Opfer Helena (1959).

(c) *fiktiv*: ägyptische »Schreiberwelt«, mittelalterliche Stadtdiktatur, chinesisches Terrorregime, Tyrannis »in unbestimmter Zeit«[60]

Eine wesentliche Funktion der Repräsentativordnung ist die Rechtfertigung der Ansicht, daß Geschichte sich wiederholt. Wie im christlich-religiösen Diskurs erscheint das Dritte Reich nicht »als einmaliger Betriebsunfall«.[61] Die Kollektivschuldthese wird aus solcher Perspektive gegenstandslos, weil sozioökonomische Ausprägungen einer bestimmten Gesellschaft sekundär bleiben gegenüber kulturellen Kontinua. Wer die Essenz der Historie erkennen will, muß bzw. (kompensativ betrachtet) *darf* von konkreten politischen Konfigurationen abstrahieren. Die Permanenz-Behauptung besitzt in diesem Zusammenhang zwei Dimensionen: Krieg, Leid und Tod sind unvermeidbar entweder aufgrund der Invarianz menschlicher Verhaltensschemata (*irreversibel*) oder der zerstörten Einheit von Mensch und Kosmos (*reversibel*).[62]

Aspekt (a) kann nun seinerseits beschwichtigend oder resignativ ausgerichtet sein. Zentrale Bezugsinstanz ist im ersten Fall Thornton Wilder, dessen ›Universaltheater‹ (C, 4.2.1) auf der Prämisse »Alles war immer gleich« basiert.[63] Die zeitlose Wiederkehr spendet jedoch Sinn, denn – so Peter Martin Lampel in seinem epischen Schauspiel *Flucht vor uns selber* (1946) – »wo ihr meint, ihr triumphiert, weil es *zu lange und zu gut ging – bricht die Welt ringsum zusammen*«. Mit anderen Worten: Die Kommensurabilität der Zerstörung macht die »Abgründe« beherrschbar und erlaubt es dem Menschen, die »Herzhaftigkeit« zu behalten. Alle »Weltuntergangs-Stimmungen« haben nämlich »die endgültige Katastrophe bisher nicht heraufbeschworen« (178f.). Einzige Zukunftsoption ist allerdings das bloße »Weiterleben« (181), denn »mit der Brüderlichkeit unter den Menschen, die heutzutage tausend ethische Programme in die Welt schreien, bleibt es – trotzdem, nach wie vor – miserabel bestellt« (184). Der Polarforscher Mark in Hermann Rossmanns dramatischer Studie *Mann im Mond* (1956) zieht daher den ›schönen‹ Erfrierungstod dem ›erhabenen‹ Leiden an irdischer Gleichförmigkeit vor (31). Wie Gottfried Benn, der die Quintessenz von Wilders Stück *The Skin of our Teeths* mißbilligt,[64] genügt Mark das rein biologische Überleben nicht: Er stellt Uhr, Sender und Ofen aus, und am Ende stört ihn nur mehr das eigene Herzklopfen. Die Erkenntnis, daß Geschichte sich zwar »nie buchstäblich« wiederholt, aber stets »die gleichen Gesetze« zeigt, ist für Wilhelm Kohlhaas' Napoleon-Drama *Die Paladine* (1947) ebenfalls konstitutiv (III*).[65] Denn trotz der »Blutspur« (127) diktatorischer Herrschaft rufen die »Narren« nach Waterloo unbeirrt: »Hoch der Kaiser!« (129). Ähnlich kritikresistent zeigt sich der junge Protagonist in Herrmann Mostars Drama *Meier Helmbrecht* (1947), wenn er noch »der Kinder Schar« ermuntert, ihm »in den Krieg« zu folgen (100). Und auch Hanns Braun demonstriert am Beispiel von Hannibals Selbstauslieferung an Prusias (182/83 v.Chr.), daß der »Schein« hinreicht, »die stumpfe Menge zu täuschen«. So ist der Versuch, den König durch Installation von »Doppelgän-

---

60 Peterich: Die Schreiber oder die ägyptische Finsternis (1949), Redslob: Die neue Stadt (1946), Ghirardini: Der Untergang der Stadt Sun (ca. 1960), Bern: Das Urteil (1946).

61 Bossle (1986), S. 323.

62 An dieser Stelle ergeben sich Parallelen zum biologisch-anthropologischen Diskurs (B, 1.1).

63 Mündliche Äußerung von Wilder (zit.n. Das Feuer darf nicht verlöschen [1948], S. 22).

64 Vgl. Benn: Ausgewählte Briefe, S. 105f. (Brief vom 15. September 1946 an Frank Maraun).

65 Ähnlich sehen es Rossmann (Die große Armee [1945], S. 1) und Kirst (Auch dem Gesindel spielen Flöten [1947], S. 106).

gern« zu schützen, ebenso zum Scheitern verurteilt wie die Hoffnung, der Friedensrhetorik des neuen Herrschers Antigonos würde auch in praxi »Bess'res« nachfolgen.[66] Frank Thiess begreift politische Geschichte vor diesem Hintergrund als ›tödlichen Karneval‹, dem mit »Vernunft« nicht beizukommen ist. Als Beleg dient erneut Napoleon, unter dessen Herrschaft die revolutionäre Marseillaise zur ewigen »Militärmusik« regrediert.[67] Die Kapitulation Nazi-Deutschlands bezeichnet deshalb nur den Beginn einer topographischen Verschiebung: Der Krieg zieht weiter – bei Traugott Krischke beispielsweise in das südöstliche Bergland Europas, und auch die Jugend bleibt weiterhin tragisch involviert.[68]

Während die Wiederkehr des Gleichen hier subjektzentriert begründet ist, gewinnt der Krieg an anderer Stelle mythische Dimension, ohne daß zugleich eine neue Vertikalität eingefordert würde. Die Haltung scheint vielmehr defätistisch – wie bei Giraudoux, der wichtigsten Bezugsinstanz. In seinem Stück *La guerre de Troie n'aura pas lieu* (1935) sind die »Staatsmänner« lediglich für »kleinliche Politik« zuständig, die ›große‹ bleibt Sache des »Schicksals«. Ursache militärischer Auseinandersetzungen ist daher kein konkreter Anlaß, sondern eine »gewisse[] allgemeine[] Geneigtheit, die von der entsprechenden Atmosphäre, Akustik und einer jeweiligen Stimmung in der Welt abhängt« (GD 1, 436f.). Aus diesem Grund vergleicht Giraudoux die Völker mit schlafenden Tigern, deren Attacken so sicher wie unberechenbar sind. Der »nächste« Krieg steht immer schon »vor der Tür« (365). Im deutschen Nachkriegsdiskurs findet sich diese Lesart u.a. bei Alfred Bernhard. Sein Alexander-Drama *Herr der Welt* (1946) hinterfragt jeden Versuch, »den sinnlos mut'gen Spieler zum Heroen« zu verklären. Der griechische Despot erscheint als geschickter Verführer (113f.), dessen Eroberungszug am Ende jedoch zum »Marsch des Todes« wird, der »ins Endlose« führt und dessen »absolute Lautlosigkeit« von »grausiger Wirkung« ist (200f.). Auch bei Hansjörg Schmitthenner besitzt der Krieg »bei aller Realität den mystischen Hauch des Zeitlosen, des Immergültigen«. Sein Stück *Ein jeder von uns* (1947), das Anfang April 1945 in einem süddeutschen Gefangenenlager spielt, zeigt die Aufseher folgerichtig als ohnmächtige Glieder eines überindividuellen Zusammenhangs.[69] Auch Hermann Rossmann und Ernst Wilhelm Eschmann thematisieren die Unvermeidbarkeit militärischer Katastrophen. Denkt letzterer bereits an den »vierten großen Krieg« zwischen China und den USA,[70] so sucht ersterer in *Die große Armee* (1945) deutlich zu machen, daß Napoleon einen »Kampf gegen das Nichts« führt. Denn weder »Heer« noch »Volk« oder »Zar« seien die »eigentlichen Gegenspieler«, sondern »das Ungeheure, das Ungreifbare« (1). Eine ähnliche Form der Mythisierung bestimmt Peter Hirches Drama *Triumph in tausend Jahren*, für das der Autor 1956 den Gerhart-Hauptmann-Preis erhält. Anknüpfend an Camus (*Pest*) und Sartre (*Geschlossene Gesellschaft*) wird im Stück die

---

66 Braun: Der gedoppelte Prusias (1946), S. 52, 49, 102.

67 Thiess: Tödlicher Karneval (ca. 1948), S. 1f., 117. Vgl. C, 3.2.

68 Joana, deren Mutter von dem Kollaborateur Ivo getötet wird, verliebt sich unwissentlich in den Mörder und wird schwanger. Als sie die wahre Identität des Geliebten erkennt, erschießt sie ihn (vgl. S. 92f.). Der Autor erhält für die Erstfassung 1958 den Dramatikerpreis der Stadt Hildesheim; die Uraufführung erfolgt ebenda am 5. September des darauffolgenden Jahres.

69 Schmitthenner: Ein jeder von uns (1947), S. 3, 6.

70 Eschmann: Tessiner Episteln (1949), S. 31. Auch Remarques Widerstandskämpfer Ross zeigt sich Ende des Zweiten Weltkriegs sicher, »daß ein dritter kommen muß« (Die letzte Station [1956], S. 219).

Vorstellung ewiger *clôture* evoziert; das ›Außen‹ ist kaum mehr existent. Folgerichtig scheitert der Versuch, eine deutsche Wehrmachtskompanie, die auf der Krim eingekesselt ist, rechtzeitig zu evakuieren. Zugleich löst Hirche die episierende Spielhaltung sukzessive auf: Offizier Emminger erläutert zu Beginn zwar die Handlungssituation, weist jedoch darauf hin, daß sein Rollenwechsel emotional bedeutungslos bleibt: Als stage manager *und* dramatis persona bewegen ihn »dieselben Gefühle« (5). Das Schlußwort ad spectatores affirmiert diese Behauptung: »Ich verfluche Euch nicht, denn wir sind verflucht« (132).

Im Extremfall führt dies zur Absage an jede politische Verantwortlichkeit, da sich der Kriegsverursacher wie bei Rolf Lauckner (*Requiem*) eindeutiger Zuschreibung entzieht. So antwortet der französische Pionier Octave Marmontier auf die These seines Vorgesetzten Perrin, die Deutschen hätten den Krieg begonnen: »Und die Deutschen sagen – die Polen, oder die Engländer, oder die Russen!... Glaubt Ihr denn, einer von den Soldaten weiß, oder überhaupt irgendeiner kann sagen, wer angefangen hat?«[71] Auch in Hans Baumanns Drama *Im Zeichen der Fische* (1960)[72] ist die Trennung zwischen Widerstand und Gehorsam, Rebellen und Mördern suspendiert, weil die Attribution der Begriffe arbiträr scheint. Sejan, der auf Anordnung von Kaiser Diokletian Oberst Mauritius und dessen thebanische Legion töten lassen muß, weil jene keine offene Erklärung gegen das staatsgefährdende Christentum abgeben wollen, wird fünf Jahre später unter Konstantin gezwungen, die »Meuterer« zu rehabilitieren. Nun droht ihm – vom pflichtbewußten Soldaten zum »Mörder« (65) geworden – bei Weigerung die Exekution, der er sich durch Selbstmord entzieht. Das Wiederholen der Ausnahmesituation unter entgegengesetzten Vorzeichen dient jedoch nicht nur der Apologie unbedingter Befehlsausführung, sondern bezeichnet auch die resignative Einsicht, daß man »aus der Finsternis« nie endgültig »ausbrechen« kann: »Wir sind alle in der Hölle, immer wieder« (71).

Hans Rehberg, wie Baumann ehedem NS-Sympathisant,[73] hält die Erzählung vom ›ewigen Krieg‹ dagegen für abschließbar, wenn die »Reinigung«[74] der eigenen Schuld vollzogen wird und der Mensch zu sich selbst findet. Konkrete Hinweise, auf welche Weise dies erreicht werden könnte, gibt der Autor nicht. Für Rehberg ist das Theater »keine moralische Anstalt«; er selbst will weder »predigen« noch »erziehen«, denn »Kunst ist nicht simpel«.[75] Statt dessen exponiert er das Scheitern weltlicher Machtausübung am Beispiel von Aufstieg und Fall der Tudor-Dynastie: *Heinrich VII.*, *Bothwell*, *Elisabeth und Essex* (alle ca. 1947/48). Schon Heinrich VII. muß erkennen, daß wir »blind und taub und elend« sind, »befangen in einen Wahn von unsrer Größe«. Er schläft daher in der Schlußszene ein, als Ritter Sir Archibald für die Zukunft einen royalen »Himmel« verkündet (99f.). Die Bothwell-Tragödie nimmt die Ehe zwischen

---

71 Lauckner: Ausgewählte Bühnendichtungen, S. 237.

72 Das ohne Wissen des Autors vom Drei-Masken-Verlag unter Pseudonym (Hans Westrum) veröffentlichte Drama erhält 1959 einstimmig den Gerhart-Hauptmann-Preis (unter insgesamt 299 vorliegenden Theaterstücken). Nach Bekanntwerden der tatsächlichen Urheberschaft versucht man die Vergabe rückgängig zu machen (vgl. Reich-Ranicki [1965], S. 65f.).

73 Vgl. u.a. das Sprechchorspiel *Der Tod und das Reich* (1934) sowie die Hörspieltrilogie *Suez / Faschoda / Kapstadt* (1940). Letztere wird von Horn (1985) in ihrer philologisch nicht immer exakten Werkbibliographie ausgespart (vgl. S. 131).

74 Rehberg: Der Gattenmord (ca. 1953), S. 154.

75 Mündliche Äußerung von Rehberg aus dem Jahr 1951 (zit.n. Horn [1985], S. 131).

dem Protagonisten und Maria Stuart zum Anlaß, die Ohnmacht menschlicher Liebe im machtpolitischen Kontext darzustellen. Der Mord an Lord Darnley scheint ethisch gerechtfertigt, Bothwells Flucht nach Dänemark Geschichtsfälschung für die Nachwelt. Tatsächlich verhilft der schottische Adlige seiner Geliebten zur Reise nach England, darf ihr aber nicht folgen und tötet sich deshalb mit Gift. Aber auch Maria weiß, daß sie in London »verloren« sein wird (81). Die Tragödie *Elisabeth und Essex* zeigt schließlich die Tudor-Queen als leidende Herrscherin, wodurch der Mythos von Glanz und Größe des Elisabethanischen Zeitalters zerstört werden soll. Betrogen vom Grafen Essex ist die Königin am Ende »elend, einsam und gescheitert« (104); selbst der Dichter Shakespeare sieht in der Welt »nichts als Verrat« (110).

Es wurde bereits angedeutet, daß sich das Wiederholungsmodell nicht auf Narrative der Repräsentation beschränkt. Auch in christlich-metaphysischen Diskursen beurteilt man die Idee eines ›ewigen Friedens‹ skeptisch. So zeigt Stefan Andres in seinem Drama *Tanz durchs Labyrinth* (1946) die Menschheitsgeschichte als Folge strukturidentischer Konstellationen von der Antike bis zum Konzentrationslager. Zwar werden stets politische Systeme gestürzt, aber der Widerstand gewinnt seinen Sinn allein aus dem Transzendenzbezug bis hin zum Selbstopfer des KZ-Häftlings in Christus-Nachfolge (B, 1.2.2). Substantielle Veränderungen auf Erden bleiben dagegen aus: »Denn allmächtig ist der Staat«, und »die uns heut erschießen, / Sie leben fort im nächsten« (129f.). Eine ähnliche Repräsentationsordnung findet sich in Ingeborg Drewitz' Schauspiel *Unio mystica – ein Spuk?* (1949). Auch hier werden zentrale Stationen der Welt- und Heilsgeschichte exponiert: die Schöpfung, Prometheus' Feuergabe, der Todeskampf Christi, Dante und Beatrice, Kopernikus' Entdeckungen, die Französische Revolution, das Warschauer Ghetto sowie eine Prometheus II-Szene, in der der letzte Mensch – weiße Laborkleidung tragend – das Universum zerstört.[76] Wieder vollzieht sich die (Er)Lösung jenseits der Geschichte: in der mystischen Einheit mit Gott. Auch Rüdiger Syberberg bekennt 1951 gegenüber Brecht, er könne nicht an »irgendwelche Vollkommenheit in dieser Welt [...], also auch nicht an eine endgültige Befriedung der Welt« glauben.[77] Gleiches gilt für den späten Reinhold Schneider, der 1954 im *Verhüllten Tag* konstatiert: »Fast könnte ich die Pazifisten beneiden um die Meinung, daß es möglich sei, die Kriege aufzuheben«.[78]

Dahinter steht im profanen Bereich die These, daß selbst den Alliierten der Wille zur Humanisierung der Gesellschaft fehlt. Stefan Barcava zeigt dies in seinem Schauspiel *Die Gefangenen*, das 1953 mit dem Gerhart-Hauptmann-Preis ausgezeichnet wird. Es thematisiert die »Wandlung«, »welche die sowjetische Politik und ihre auf Deutschland bezogene Propaganda [...] im Laufe der Nachkriegsjahre durchlaufen haben«. Während die Altinhaftierten bereits 1945 wie KZ-Häftlinge kahlgeschoren sind, scheinen die Kapitulationsgefangenen zunächst »noch gut genährt« (Vf.). Am Ende gibt es jedoch für alle kein Entrinnen, und jede Möglichkeit der Sühne fehlt. Anton Brockmann, Ex-Leiter des Antifa-Komitees, gibt sich daher tief resigniert als der Kriegsverbrecher Anton Richard Gisevius zu erkennen, der auf Partisanenjagd fünfzehn Zivili-

---

[76] Vgl. Ward (1996), S. 178.

[77] GBA 30, S. 515 (Brief vom 20. Oktober). Es handelt sich um die Antwort auf Brechts *Offenen Brief an die deutschen Künstler und Schriftsteller* (vgl. ebd., S. 514).

[78] SW 10, S. 162. Vgl. B, 6.3.1.

sten erschossen hat. Auch in Günther Ghirardinis Stück *Der Untergang der Stadt Sun* (ca. 1960), einer verfremdeten Darstellung des Aufstands vom 20. Juli, zeigen die Sieger wenig Interesse, nach Kriegsende Gerechtigkeit walten zu lassen. Die Generäle Yong und Suonga beginnen sich über der »Beute« selbst zu zerfleischen (64), und Widerstandskämpfer Brahma-York (Stauffenberg) wird mit dem Richter, der ihn wegen Hochverrats zum Tode verurteilt hat, »in dieselbe Grube« geworfen (68).

Zuweilen begründet man die Kontinuität militärischer Auseinandersetzungen aber auch ökonomisch, und zwar jenseits des marxistischen Diskurses. Kampfhandlungen erscheinen als Profitunternehmen von Herrschaftseliten, deren weltweite Präsenz nationale Verantwortlichkeit untergräbt. Denn – so Pionier Octave Marmontier in Rolf Lauckners *Requiem* – »diese paar Halunken, die sitzen in jedem Staat, bei uns genau so wie drüben, überall!«[79] Das gleiche Szenario bestimmt Erich Kästners ›Anti-Lehrstück‹ *Schule der Diktatoren* (1956), in dem Geschichte als oligarchisch inszenierter Unterdrückungsmechanismus erscheint, der nur zu beseitigen ist, wenn das Volk schlagkräftig zusammenarbeitet (B, 6.2.1). Auch Theodor Schübel zeigt in seiner Anti-Kriegsparabel *Der Kürassier Sebastian und sein Sohn* (1957),[80] die intertextuell auf Kleists *Michael Kohlhaas* und Brechts *Mutter Courage* verweist, daß der kleine Mann stets die Rechnung der Großen zu bezahlen hat. Vergeblich sucht der invalide Protagonist nach Ende des Dreißigjährigen Krieges den versprochenen Dank des Kaisers dafür zu erhalten, daß er bei der Eroberung von Regensburg als erster den Fuß auf die Festungsmauer gesetzt hat. Er zieht durch die Ämterhierarchie, bleibt aber erfolglos, während der Feldhauptmann fünf Planwagen als Beute requiriert. Zusammen mit Sohn Lorenz überfällt Sebastian den Vorgesetzten, um eine gerechte Güteraufteilung zu erwirken. Lorenz wird daraufhin verhaftet und erschossen. Dennoch beschließt der Vater, mit dem verbliebenen Fuß nach Wien zu gehen; er will des Kaisers Dank nun persönlich abholen.

Da der Kapitalismus aus dem Zweiten Weltkrieg ebenfalls siegreich hervorgegangen ist, muß selbst der Marxist über das Problem eines ewigen Krieges reflektieren. Denn »Friede« läßt sich nach Alfred Kantorowicz möglicherweise »nur durch Blut und Gewalt und Haß« erreichen; dies mag »Jahre dauern, vielleicht unser Leben lang«.[81] Solcher Perspektive entspricht das während der frühen Nachkriegszeit präsente Verdikt, die vernichtende Niederlage habe in Deutschland keine soziale Katharsis bewirkt. In seiner Tragödie *Es war Mord, meine Herren Richter!* (1946) zeigt Heinz Becker-Trier am Beispiel der sog. Penzberger Mondnacht (28. April 1945) die Fortsetzung pervertierter Jurisdiktion. Das Schauspiel kann damit als Gegenstück zu Baumanns *Im Zeichen der Fische* gelesen werden. Denn der Hauptangeklagte, Kommandeur eines schweren Werferregiments, für den »wegen sieben Verbrechen des Totschlags« eine »Gesamtzuchthausstrafe von fünfzehn Jahren« beantragt ist, wird am Ende nicht nur freigesprochen, sondern man bescheinigt ihm zudem, »ein durchaus korrekter und anständiger Mensch« gewesen zu sein (I*f.). Die Sachlage sieht anders aus: Bürgermei-

---

79 Lauckner: Ausgewählte Bühnendichtungen, S. 238. Vgl. u.a. auch Wiechert: Okay oder Die Unsterblichen (1945), S. 111; Lommer: Der General (1946), S. 146; Neuhaus: Brot der Armen (ca. 1947), S. 8; Beck: Der Tiefstapler (1948), S. 54; Scholz: Nein (1948), S. 37; Barcava: Die Gefangenen (1953), S. 172; Altendorf: Starkenburg (1955), S. 18 und Sylvanus: Unterm Sternbild der Waage (ca. 1960), S. 19.

80 Das Theaterstück wird im selben Jahr mit dem Gerhart-Hauptmann-Preis ausgezeichnet.

81 Kantorowicz: Die Verbündeten (1950), S. 50.

ster Rummer versucht 500 Bergleute vor dem sicheren Tod zu retten, den die Münchner Gauleitung billigend in Kauf nimmt, weil sie das Bergwerk zerstören will. Bevor die Amerikaner erscheinen, gibt der Kommandeur den Befehl, Rummer zusammen mit sechs »Freunden« als »Hoch- und Landesverräter« hinzurichten (113). In Herbert Wendts Tragikomödie *Das Regiment der Mäuse* (1946) möchte der faschistoide Hausbesitzer Bruno Schnellhase ebenfalls nur »nach vorn schauen! [...] Auslöschen, was gewesen ist! Keine Erinnerung mehr übrig lassen an jene zwölf Jahre« (106). Er steht damit stellvertretend für alle »Mäuse« (7), die in der Partei Karriere gemacht haben und auch jetzt noch »nackt und zähnebleckend unter uns herum[springen]« (82). Heimkehrer Ferdinand in Joan Carl Mewes' Schauspiel *Nach dem Sturm* (ca. 1947) konstatiert daher sogar den »moralische[n] Konkurs« der Gegenwartsgesellschaft (45). Ähnliches gilt für Borcherts Beckmann (B, 6.5.1), und auch Deserteur Frank in Thomas Engels *Treibgut* (1948) muß einsehen, daß in Deutschland alles »genau so erbärmlich, genau so schäbig wie vordem« ist. »Nichts hat sich geändert: Es wird gerafft, es wird gemordet, es wird geschoben, es wird geraubt, es wird gehaßt, es wird denunziert, – zum Verzweifeln!« (169). In Ingeborg Strudthoffs Drama *Der Gast* (ca. 1948) erreicht die moralische Dekadenz ihren negativen Höhepunkt: Das Elternpaar tötet und beraubt den eigenen Sohn – allerdings in Unwissen um dessen Identität.[82]

Diese Zeitdiagnose ist vielfach verbunden mit der (parabolischen) Warnung, ein neuer Tyrann könne den alten beerben und die einfältige Masse erneut verführen. So hat Schnellhase »etwas Undurchschaubares in seinem Wesen«,[83] und nur der mutige Widerspruch seines Sohnes Ewald verhindert die Restauration der früheren Verhältnisse. In Jochen Thiems Tragödie *Der Zirkus brennt* (1947) beansprucht Direktor Asmus gottgleichen Status, versteht sich als »ewiger Anfang« (37). Doch obwohl Journalist Sissiphus seine »Mission« darin sieht, die Welt vor dem Zirkus zu bewahren, kann er nicht verhindern, daß die ›Kinder‹ nach dem finalen Feuertod des ›Herrn‹ »schon wieder« vom Zirkus träumen (73). Tatsächlich drohen trotz vorläufiger Niederlage Bockelson, Napoleon, Huber, Lobedanz, Schnellhase und Julius den Zuschauern mit baldiger Rückkehr.[84] Für Friedrich Beck ist die deutsche Nachkriegsgesellschaft daher nur eine scheindemokratische. Die Nachricht, der Führer habe überlebt und sei auf dem Weg zurück, entfacht im *Tiefstapler* (1948) sogleich Euphorie und Heilsglaube. Zwar entpuppt sich die gesamte Aktion als inszeniert, und das Hitler-Pendant Adolf Wohlgemuth ist in Wahrheit »Schuhplattler« und »Kunstjodler« (103), aber Kriminalkommissar Hagedorn muß schließlich doch konzedieren: »Irgendwo hat es mit der Entnazifizierung Deutschlands noch einen schweren Haken« (145).[85] Die Furcht vor neuen Totalitarismen wird bei Julius Vogel sogar mit einer Zionismus-Kritik verbunden. So wendet sich der jüdische Buchhändler Arthur Glaser in dem Schauspiel *Anno Domini nach der Pest* (1948) gegen die »romantische[n] Emotionen« seines jungen Glaubens-

---

82 Vgl. Trinks (2002), S. 287.

83 Wendt: Das Regiment der Mäuse (1946), S. 37.

84 Vgl. Leonhardt: Diktator Bockelson (1947), S. 169, Marwitz: Napoleon muß nach Nürnberg (1946), S. 62, Mostar: Der Zimmerherr (1945), S. 156, Wiechert: Okay oder Die Unsterblichen (1945), S. 110, Wendt: Das Regiment der Mäuse (1946), S. 135 und Gutkelch: Der Herr von drüben (ca. 1959), S. 115.

85 Auch für Andreas in Wichmanns Schauspiel *Keine Zeit für Heilige* (1958) sympathisieren die Deutschen noch immer mit dem Nationalsozialismus (vgl. S. 41).

genossen Robert Kammacher, der »nach Palästina gehen und ein Herrenmensch sein« will.[86] Herbert Eulenberg sieht die Gefahr einer neuen Diktatur dagegen jenseits des Atlantik heraufziehen. In dem mythisch verfremdeten »Hirtenstück« *Europa* (1949) sucht Zeus (USA) seine Geliebte nach »Westen« zu entführen. Doch während Gespielinnen und Sklavinnen »begeistert und erregt« »Heil« rufen, bleibt das Herz der Protagonistin von »Zweifeln [...] zerschnitten, / Daß eine Zukunft einst als Echo wiederholt / Was Ihr Verblendete dort jubelt und dort johlt« (17).

Die These, zwischen Drittem Reich und Bundesrepublik gebe es ideologische Kontinuitäten, bestimmt auch große Teile der späteren Nachkriegsdramatik. So exponiert Gert Weymanns Tragikomödie *Generationen* (ca. 1954)[87] den Konflikt zwischen bürgerlicher Schlußstrich-Philosophie und jugendlichem Bedürfnis nach Vergangenheitsbewältigung. Während Rolf für seine Kriegsverbrechen büßen möchte, hat der Vater, Professor Friedrich Baum, nur den eigenen beruflichen Aufstieg im Sinn, der durch das Schuldbekenntnis gefährdet sein könnte. Der Sohn verläßt schließlich resigniert seine Familie, denn angesichts omnipräsenter Verdrängung bleibe dem Menschen nur die Alternative, »Standpunkte« zu haben »oder ein geachtetes Leben« (129). Aus demselben Grund kommt es 1955 zu einer wirklichen Emigration: Der Dramatiker Fritz von Unruh nimmt seinen »Abschied« und übersiedelt nach Nordamerika. Für ihn fehlt unter Adenauer jede Vergangenheitsbewältigung; man rüste vielmehr »*zu neuer Nibelungenschlacht*«.[88] Auch in Hans José Rehfischs Balzac-Adaption *Oberst Chabert* (ca. 1950-1955) erlaubt die Nachkriegsgesellschaft keine moralisch integre Lebensform. Der totgeglaubte Rußland-Heimkehrer muß erkennen, daß von den Idealen der Revolution nur mehr »Legenden« geblieben sind (RW 2, 261): Die alten Hierarchien stehen wieder, und der Materialismus dirigiert das Handeln. (Nicht von ungefähr hat Gattin Diane inzwischen einen Adligen geheiratet.) Chabert, der vergeblich nach Verständnis sucht, negiert schließlich die eigene Identität und bricht jeden Kontakt zur Außenwelt ab. Eine ähnliche Problematik gestaltet – allerdings ohne historischen Abstand – Johannes Mario Simmel in seinem Schauspiel *Der Schulfreund* (1959).[89] Mit Betonung der Kapitalismuskritik nähert sich die historische Permanenz-These der marxistischen. Denn Marktwirtschaft und Demokratie scheinen unvereinbar: Nach Rehfisch »verheizt« der Massenbetrieb im Gesundheitssystem Arzt wie Patienten,[90] und auch die politische

---

86 Vogel: Anno Domini nach der Pest (1948), S. 30. Vogels Drama widerlegt damit die These von Bayerdörfer (1996a), daß der »Israeli als jüdischer Zeitgenosse« im Nachkriegsdrama »auf Jahrzehnte hin« nicht präsent sei (S. 11).

87 Das Theaterstück wird im selben Jahr (zusammen mit Herbert Asmodis Schauspiel *Jenseits vom Paradies*) mit dem Gerhart-Hauptmann-Preis ausgezeichnet.

88 Von Unruh: Abschied (1955), S. 92.

89 Geldbriefträger Fuchs, PG und unbedeutender Mitläufer, versteckt einen halbwüchsigen Juden vor dem NS-Deportationskommando. Da er mit Göring zur Schule ging, verfaßt er einen Beschwerdebrief an den ehemaligen Freund – in der Annahme, jener sei über Abtransport und Ermordung der Juden nicht informiert. Der Reichsmarschall verschont zwar seinen Schulkameraden, aber der Briefträger wird für verrückt erklärt und zwangspensioniert. Nach Kriegsende kämpft Fuchs in Kohlhaas-Manier darum, wieder als zurechnungsfähig zu gelten. Die schriftliche Attestierung bekommt er allerdings erst, nachdem er wegen Beamtenbeleidigung eine Gefängnisstrafe abgebüßt hat.

90 RW 2, S. 160, 179 (Strafsache Dr. Helbig [1956]). Es handelt sich hier um die Neufassung des Dramas *Der Kassenarzt* (1955). Protagonist Richard Helbig ist vor einem Schwurgericht angeklagt, »den Kassenbeamten Heinrich Rodemann heimtückisch und mit Vorbedacht getö-

Ordnung perpetuiert – so Karl Wittlinger – den Status quo des Dritten Reichs. Trotz »dezentere[r] Methoden« bestünden weiterhin Meinungsmonopole; »Gesellschaftskritik« wie vor 1933 sei nicht möglich (WA, 5). Solche Äußerungen weisen auf die politische Radikalisierung der sechziger Jahre voraus. Tatsächlich versteht man Erich Engels und Robert A. Stemmles Bühnenfassung der *Affäre Blum* (1948), die den verhinderten Justizmord an einem jüdischen Industriellen der Weimarer Republik behandelt, angesichts des Eichmann-Prozesses nicht nur im Osten »als laute Warnung vor der Machtergreifung eines neuen Faschismus«.[91]

Aus der ›Tragödie der Welt‹ wird hier die »deutsche Tragödie« – ein Begriff, der zum Untertitel mehrerer Nachkriegsdramen avanciert,[92] aber auch sonst präsent ist – u.a. in Bernd Holger Bonsels' Schauspiel *Hans Stock* (1955), das den Eroberungszug Herzog Konrads von Schwaben, des letzten Staufers, thematisiert, der in Neapel enthauptet wird und damit eine organische Nationenbildung »verspielt« (55). Für die meisten Dramatiker beginnt Deutschlands Niedergang allerdings erst im Wilhelminismus, dessen »Ähnlichkeit« mit dem Dritten Reich »erschreckend« scheint.[93] Der Sieg über Frankreich (1870/71) ist lediglich Beginn einer Anti-Klimax, deren Verlauf Heinrich Roßbacher am Beispiel der Familie Henner darstellt. Weitere Stationen seines Dramas *Söhne* sind Sommer 1916 bzw. März 1945, und erst mit Kriegsende ist der letzte Nachkomme frei und kann die ›Auferstehung‹ des Vaterlands einläuten. Eine ähnliche »Chronik« entwirft Guido Reif in seiner *Deutschen Tragödie* (1949), wobei er mehrere Geschichtsphasen behandelt (Erster Weltkrieg, Weimarer Republik, Nationalsozialismus, Zweiter Weltkrieg, Kapitulation). Am Ende steht allerdings die Mythisierung der Schuld in Form negativer Auserwähltheit:

> Das deutsche Volk erlebt seit Jahrzehnten, besonders aber seit Beginn des ersten Weltkrieges eine beispiellose Tragödie. Von der Tragödie auf der Bühne unterscheidet sie sich dadurch, dass kein sichtbarer Gegenspieler vorhanden ist. Der steht, unheimlich und abwartend, im Dunkeln und schickt seine Söldlinge aus: den Fabrikanten und den Freund, die Geliebte und den Regiementskameraden [sic!], den Intellektuellen und den Arbeiter – Menschen, die nicht denken wollen oder nicht denken können. Wie die Arme eines Molochs greifen sie den in der Formung seines Weltbildes nicht Gefestigten, saugen ihn auf und werden durch ihn stärker. Es gibt kein Volk auf der Erde, das gegen den unsichtbaren Feind erfolgloser gekämpft hat und mehr denn je erfolglos kämpft als das deutsche.[94]

Mitunter findet sich jedoch der Versuch, Ersten und Zweiten Weltkrieg zu trennen, um die Ausnahmestellung des letzteren hervorzuheben. Kämpfte man 1914 bis 1918 in ehrlicher Kameradschaft »nur für sein Vaterland«, so sieht man sich nun »belogen und

---

tet zu haben« (S. 87). Aus persönlicher Rache – ein Vorwurf, der im Stückverlauf widerlegt wird – sei Rodemanns vereiterte Gallenblase nicht angemessen behandelt worden.

91 Galfert: Vergleich über die Grenze (1961), S. 26.

92 Vgl. Becher: Winterschlacht (1941-1953), Denger: Die heilige Hannah von Auschwitz oder ›Es muß noch vieles frisch gestrichen werden‹ (ca. 1946/47), Thiem: Der Zirkus brennt (1947); Oelschlegel: Romeo und Julia in Berlin (1952) und Andres: Sperrzonen (1958).

93 Halden: Der verlorene Sohn (1946), S. I*.

94 Reif: Deutsche Tragödie (1949), S. 82. Aus diesem Grund erscheinen nicht die Millionen gefallener Soldaten bzw. ermordeter KZ-Insassen als der »Leichnam« des Krieges, sondern »die toten Städte und Dörfer...die zerrissenen Straßen und die blutenden Schienenwege« (S. 89).

betrogen«. Gleichzeitig scheinen die Schlachten ausweglos: »Ueberall ist Front. Jeder schießt auf jeden. Keiner gibt nach. Das ist ja kein Krieg mehr. Das ist ja Mord!«[95]

Drittes Reich und Globalgeschichte werden aber nicht nur historisch, sondern auch intertextuell gespiegelt, wobei die Unterscheidung zwischen beiden Perspektiven zuweilen schwierig ist. Referenzinstanzen sind vor allem Kain (Welttragödie) sowie Faust und Hamlet (deutsche Tragödie). Daneben erscheinen u.a. Prometheus (B, 3.2), Orpheus (Bonsels, Lintzel, Schede[96]), Philemon/Baukis (Ahlsen), Lazarus (Wiechert,[97] Wittlinger), Helmbrecht (Mostar), Eulenspiegel (Weisenborn, Heiseler) und Don Juan (Syberberg[98]). Die Zielsetzungen (Wiederholung/Peripetie) können allerdings differieren. So verweist die Bibelgeschichte vom Brudermord, die im christlich-religiösen Diskurs häufig begegnet (B, 3.1), auf die Ubiquität des Bösen: »Mord ist seit Kain ein Bestandteil der menschlichen Gesellschaft, wie Seuche, Hungersnot und Krieg«. Es gibt im »Millionenheer der Verfluchten und Verdammten« daher keinen Soldaten, der nicht »Mörder werden« könnte.[99] Im Gegensatz dazu bleibt Deutschlands Entwicklung primär auf Faust bezogen, wobei die Fokusbildung variiert: Während Brecht und Eisler im Solipsismus des Renaissance-Gelehrten die politische ›Misere‹ einer ganzen Nation verkörpert sehen (A, 1.3.2), ist für die meisten Autoren der Teufelspakt tertium comparationis. Das Volk habe Luzifer gedient und müsse sich nun »vorbehaltlos« dem »Schicksal« stellen, »auch wenn, genau wie im Urfaust, Mephistos triumphierend-grausige Worte: ›Sie ist gerichtet‹ nicht von der Engel: ›Ist gerettet‹ übertönt werden sollten«.[100] Ebenfalls mehrdeutig bleibt der Faust II-Bezug: Kennzeichnet das Stück im mythisch-metaphysischen Diskurs den »Weg zur Heimkehr in die androgyne Urwahrheit«,[101] so ist es für den Marxismus ästhetisches Sinnbild tätiger Selbstbefreiung, die das Zusammenfallen von Politik und Kunst im sozialistischen Staat antizipiert (B, 4.1.1). Einen Sonderfall bildet Wolf-Frieds *Tragödie Stalingrad*, in der die intertextuelle Referenz global ausgerichtet wird. »Seit 400 Jahren« nämlich – so der Autor – »erlebt die abendländische Menschheit die Faust-Tragödie. Was ist diese Faust-Tragödie? Sie ist die Tragödie des abendländischen Menschen, der mit dem Zusammenbruch der Gotik, mit dem Verlust ihrer tiefen Religiösität, des Glaubens an Gott, nicht mehr zu sich, zu einem Glauben an Gott finden kann« (3). In Anton Strambowskis Drama *Bürgermeister Faust* (1948) ist diese Entwicklung arretiert: Der »einstige Weltenstürmer« erscheint nach positivem Ausgang der Gretchen-Tragödie biedermeierlich bekehrt. Er leitet die Amtsgeschäfte einer Kleinstadt und kann »teils aus Einsicht, teils aus Resignation« die Sehnsucht nach dem ›Ewig-Weiblichen‹ beherrschen (5f.).

Die zweite Figur der Weltliteratur, die deutscher (Vormärz-)Tradition folgend nach dem Zweiten Weltkrieg aktualisiert wird, ist Shakespeares Hamlet. Bereits 1946 sieht Gustav von Wangenheim den dänischen Königssohn als Prototypen einer Zeitstimmung, die es zu überwinden gilt.[102] Den meisten Dramatikern fällt solcher Optimismus

95 Scholz: Berlin (1948), S. 27, 50.
96 Schede: Das himmlische Saitenspiel (1948).
97 Vgl. Wiechert: Okay oder Die Unsterblichen (1945), S. 106.
98 Syberberg: Abendländische Tragödie (1947).
99 Mansfeld: Einer von uns (ca. 1960), S. 44f. Vgl. auch Scholz: Nein (1948), S. 33.
100 Karsch: Was war – was blieb (1947), S. 19.
101 Syberberg: Der Mensch im Spiegel des Dramas (1946), S. 58.
102 Vgl. DD, S. 7f. (Gustav von Wangenheim: Über meine Hamlet-Inszenierung [1946]).

schwer. So zeigt sich der Fähnrich in Markus Scholz' dramatischer Vision *Nein* (1948) den Konsequenzen seiner eigenen Widerstandsaktion nicht gewachsen. Angeklagt wegen »Zersetzung der Wehrkraft« (7),[103] beschließt er, die Nationalsozialisten nicht mehr zu unterstützen. In der Todeszelle siegt jedoch der Lebenstrieb gegen die Erkenntnis, selbst »Mörder« (40) zu sein. Der Fähnrich bricht als »Hamlet« (23) kurz vor der Urteilsvollstreckung zusammen. Auch bei Ernst Wiechert ist die intertextuelle Referenz mit dem Schulddiskurs verbunden. Denn in Shakespeares Tragödie können sich die Toten »immer noch schämen, und das ist mehr, als die meisten Lebenden heute fertig bringen«.[104] Darüber hinaus fungiert Hamlet als Sinnbild für den ideologiekritisch-passiven Intellektuellen, der die Wirkung der »soziale[n] Pflichtenlehre« eher gering veranschlagt und statt dessen zeigt, wie Menschen »wirklich handeln«.[105] Bereits 1948 stellt Sabina Lietzmann einen entsprechenden Bezug zur Gegenwartsdramatik her: »Die da zu uns sprechen und schreien, sind Verlorene, Ratlose, verzweifelnd suchende Hamlets, die die Scherben einer aus den Fugen geratenen Welt zusammensetzen müssen«.[106] Auch Dürrenmatt stellt seinen *Romulus* (1949) in die Hamlet-Nachfolge,[107] bevor die intertextuelle Konstellation während der sechziger Jahre politisiert wird.[108]

Für den marxistischen Bereich sind entsprechende Umwertungen bereits früher nachweisbar. So erscheint Johannes Hörder, Protagonist von Bechers *Winterschlacht* (1941-1953), als »deutsche Hamletfigur«,[109] weil er nicht die Kraft aufbringt, aus sich heraus Widerstand gegen das Dritte Reich zu leisten. Die Peripetie ist erst Resultat kollektiver Initiative. Trotzdem gewinnt Hamlets Zögern eine produktive Dimension, denn – so Brecht – der »Schrei nach Rache« ist bei Shakespeare »ansteckend genug reproduziert, um das neue Zweifeln, Testen, Planen befremdend zu machen«.[110] Im Kontext der bundesrepublikanischen ›Restauration‹ muß diese positive Stoßrichtung fehlen, weil das Individuum keine Möglichkeit hat, Gerechtigkeit zu schaffen. Hans Pfeiffer zeigt diese Aporie in seinem Schauspiel *Hamlet in Heidelberg* (1958) am Beispiel des ehemaligen KZ-Häftlings Leonhard Weese. Dieser muß mit dem Versuch, den verantwortlichen Bakteriologen Dr. Niemann einer angemessenen Strafe zuzuführen, scheitern, »weil der Verbrecher mit den üblichen Mitteln der Justiz nicht verurteilt wird« (45).[111] Aus diesem Grund konzediert der Protagonist selbstkritisch: »Die Zeit ist aus den Fugen [...]. Ich wollte sie einrenken. Wie Hamlet! Die Schläfer hochreißen und von furchtbaren Verbrechen künden. Aber die Schläfer liegen noch tief in den Betten« (43). In ähnlichen Kategorien, und hier beginnt die ›Poetisierung‹ der Wissenschaft, denken große Teile westdeutscher Forschung noch Ende des zwanzigsten Jahrhunderts. Stellvertretend sei Jürgen Schröder zitiert, demzufolge die deutsche Nachkriegsliteratur in

---

103 Nach Ausführung eines Exekutivbefehls hatte der Protagonist seine Waffen vernichtet, seine Dienstgradabzeichen entfernt und sein Kommando aufgefordert, das gleiche zu tun.

104 Wiechert: Okay oder Die Unsterblichen (1946), S. 69.

105 Böttcher: Die Geburt Hamlets (1946), S. 218f.

106 Lietzmann: Nach der Schublade-Legende (1948), S. 7.

107 Vgl. Dürrenmatt: Theater-Schriften und Reden, S. 206 (Zum Tode Ernst Ginsbergs [1965]).

108 Vgl. Schröder (1994c), S. 273.

109 Becher: Winterschlacht, S. 8.

110 GBA 27, S. 284 (Journaleintrag vom 25. November 1948). Zur Bearbeitung des Theaterstücks durch das Berliner Ensemble vgl. A, 3.3.1.

111 Die gleiche Problematik bestimmt Kipphardts erstes Dokumentarstück *Der Hund des Generals*, das 1960/61 entsteht (C, 4.5).

einem »Hamlet-Drama verfangen« ist und (vor allem in den fünfziger Jahren) »zunehmend unfähiger wird«, die Welt »durch eine entschlossene Tat wieder einzurichten«.[112]

1.2.2 Dynamische Geschichte I: Bekenntnis/Peripetie

Die These, vor dem Dokumentartheater habe es in Deutschland »keine Bewältigungsdramatik« gegeben,[113] zählt zu den zählebigsten Mythen der Forschung. Gleiches gilt für die Ansicht, nur die frühe Nachkriegszeit sei sozialkritisch orientiert, während mit Beginn der Adenauer-Ära das Zeitstück vom poetischen bzw. absurden Theater verdrängt werde.[114] Tatsächlich bleibt – katalysiert durch historische Ereignisse (Kalter Krieg, Atomversuche, Wiederbewaffnung, Kriegsverbrecherprozesse) – während der gesamten Nachkriegsepoche ein politisch-engagierter Diskurs virulent. Man wendet sich dabei gegen Abstandstheorie und Nihilismus, moniert aber zugleich Leitartikel-Didaxe und Entästhetisierung. Selbst Dramatiker, die wie Andres, Haecker oder Syberberg zunächst eher mythopoetisch denken, agieren zunehmend gesellschaftsbezogen. Noch Richard Heys Bewunderung der Pariser Avantgarde (Beckett, Ionesco, Adamov) ist in Frage gestellt durch die These, daß radikaler Absurdismus systemstabilisatorisch wirkt (WA, 4). Nicht von ungefähr sympathisiert der Autor später mit der Studentenbewegung. Sogar die religiös, metaphysisch oder surreal ausgerichtete Dramatik gestaltet sich nicht durchweg ›unpolitisch‹ (B, 6.1.1). Vor diesem Hintergrund kann die Mitscherlich-These, das deutsche Nachkriegsleben kennzeichne eine »Unfähigkeit zu trauern«, nur bedingt als Beschreibungsdispositiv dienen. Es ist nicht nur in seiner kollektiv-psychotischen Ausrichtung fragwürdig, sondern vereindeutigt auch die diskursive Vielfalt der Epoche. Gerade im dramatischen Bereich bildet der Versuch, das Geschehene aufzuarbeiten, ein zentrales Konstituens semantischer Sinnstiftung. Keineswegs alle »Energie« wird auf »Wiederherstellung des Zerstörten« gerichtet.[115] Zudem lassen sich Formen theatraler Derealisation (Parabel, Groteske) nicht auf ›Verdrängung‹ reduzieren, zumal jene Techniken mitunter explizit anti-psychologisch ausgerichtet sind (C, 4.3). Hauptdezifit des Mitscherlich-Modells bleibt allerdings das Adäquanzpostulat, das jeder Beschäftigung mit dem Dritten Reich zugrundegelegt wird und bis heute große Teile der Nachkriegsforschung bestimmt.[116] (Epistemologischer Totalitarismus ist noch Adornos Logik inhärent, derzufolge Vergleichen »verkleinern« bedeutet, weil es die »objektiven gesellschaftlichen Voraussetzungen« des Faschismus camoufliert.[117]) Ähnlich problematisch scheint die Behauptung, der deutsche Nachkriegsdiskurs breche »alle affektiven Brücken« zur Vergangenheit ab.[118] Anders als im Dokumentartheater

---

112 Schröder (1990), S. 289. Vgl. Kapitel 1 (Einleitung).

113 Vgl. Koebner (1971), S. 363; Huyssen (1976), S. 43; Lange (1982), S. 14; Stucke (1993), S. 300; Schröder (1994a), S. 101; Bayerdörfer (1996a), S. 15f. und Steffen (2001), S. 432.

114 Vgl. Balzer (1995a), S. 27 und Trinks (2002), S. 18.

115 A./M. Mitscherlich (1967), Titel, S. 19.

116 So geht Rotermund (1976) davon aus, im Drama müsse die Wirklichkeit des NS-Regimes »›angemessen‹ erkannt und zur Darstellung gebracht« werden (S. 84). Ähnliche Forderungen erheben die unter Anm. 113 zitierten Literaturwissenschaftler, ohne sich über die ideologischen Implikationen solcher Postulate Gedanken zu machen.

117 Adorno: Was bedeutet: Aufarbeitung der Vergangenheit (1959), S. 127, 139.

118 A./M. Mitscherlich (1967), S. 38.

ist der Verführungsdiskurs überaus präsent, zeigt sich in ihm doch nach Ansicht der Zeitgenossen das Inkalkulable individueller Normgebung (B, 6.2.1). Der Ruf nach ethischer *clarté* tritt erst gegen Ende der Nachkriegszeit an die Stelle der vorherrschenden Ideologieskepsis. So konstatiert der Dramatiker Michael Mansfeld 1961, Gesellschaftskritik sei in der Bundesrepublik nur mehr »eine Art Zeitvertreib«.[119] Gleichzeitig retabliert er die Autorinstanz, wenn er beklagt, die Intellektuellen der Bundesrepublik hätten im »Gegensatz zu anderen Ländern, ja selbst im Gegensatz zu einem Teil der Ostblockstaaten«, heute »gar keine« »Funktion« mehr (WA, 4).[120] Der Kritiker Hermann Wanderscheck fordert deshalb sogar, daß aus den »Endspielen« wieder »Kampfspiele« werden müßten »mit gerechtem moralischem Zorn« (SF, 5).

Der engagierte Diskurs, der bereits unmittelbar nach Kriegsende vehement gefordert wird,[121] umfaßt die Teilbereiche ›Bekenntnis‹ und ›Peripetie‹, wobei jeweils eine positive bzw. negative Ausrichtung zu unterscheiden sind: (1) Widerstand/Revolte ↔ Leiden/Schuld (Holocaust) sowie (2) Heimkehr/Wandlung ↔ Akzeptanz der Absurdität von Krieg und Subordination. Bereits 1946 weist Otto Müller-Glösa darauf hin, daß der »Zeitstück-Autor unsere Denkuhr, die meistens nach geht«, dem »Verpflichtetsein der Zeit gegenüber richtig stellen« müsse. Dazu habe er den »durchaus positiven Typ« des Deutschen zu zeigen, »der Widerstand leistete gegen die Nazibarbarei bis zum Ertragen vieljähriger Konzentrationslagerhaft, bis zur Todesqual«.[122] Bühnenwerke, die den heroischen Kampf gegen das Hitler-Regime oder ›vergleichbare‹ Diktaturen darstellen (B, 1.2.1), sind denn auch während der gesamten Nachkriegszeit präsent:

(1) Gegenwartsbezug:
  (a) *real*: Rote Kapelle,[123] Stauffenberg,[124] Canaris[125]
  (b) *fiktiv*: Oderbruch, Lisa, Kiewe, Debus, Jason, Strick, Tirrof, Ross[126]

(2) Historische Verfremdung:
  (a) *real*: Wilhelm I. von Oranien, Malet, Brahma-York[127] (die beiden letztgenannten Figuren sind Stauffenberg-Repräsentanten)
  (b) *fiktiv*: Wendelin, Heinrich, Mang, Fernand[128] (Mang ist nicht zufällig Uhrmacher)

---

119 Mansfeld: Gesellschaftskritik nur noch »eine Art Zeitvertreib«? (1961), S. 2.

120 Ähnlich sieht es Erwin Sylvanus (vgl. WA, S. 5). Siehe auch C, 1.

121 Vgl. Müller-Glösa: Zur Problematik des Zeitstücks (1946), S. 3; Friedrich: Wirklichkeit, Überwirklichkeit und Wahrheit (1947), S. 79; Fischer-Föbus: Zeitstück und Tendenz (1948), S. 3. Gleiches gilt für die fünfziger Jahre. Siehe u.a. Der Sinn des Theaters (1957), S. 78 (Günter Rudorf); WA, S. 4 (Rolf Honold); WA, S. 5 (Gert Weymann). Im internationalen Bereich sind es vor allem Sartre und O'Casey, die sozialkritische Schauspiele fordern.

122 Müller-Glösa: Zur Problematik des Zeitstücks (1946), S. 3.

123 Weisenborn: Die Illegalen (1946).

124 Michel: Stauffenberg (1947), Schäfer: Die Verschwörung (1949), Lotar: Das Bild des Menschen (1949-1952), Graetz: Die Verschwörer (1965), Kirst: Aufstand der Offiziere (1966), Weisenborn: Walküre – 44 (1966).

125 Artur Müllers Schauspiel über den 1945 hingerichteten Ex-Abwehrchef Wilhelm Canaris wird 1952 unter dem Titel *Der Admiral* uraufgeführt (vgl. François Cenodoxus [1954], S. 7).

126 Zuckmayer: Des Teufels General (1942-1945), Hermann: Die tote Zeit (1945), Goertz: Peter Kiewe (1946), Fischer-Föbus: Rufer vor dem Tore (1947), Büchner: Michael Jason (1948), Kirst: Galgenstrick (1948), Remarque: Die letzte Station (1956), Breinlinger: Konzert an der Memel (ca. 1957).

127 Von Unruh: Wilhelmus (1953), Mostar: Putsch in Paris (1947), Ghirardini: Der Untergang der Stadt Sun (ca. 1960).

Darüber hinaus konstituiert man eine Phalanx von Helden der Geschichte, die seit den »alten Zeiten« an einer »sauberen Welt«[129] gearbeitet haben: u.a. Spartakus,[130] Cicero,[131] Riemenschneider, Schlabrendorf,[132] Robespierre,[133] Rouget de Lisle, Lassalle.[134] Die Gegenwart erscheint als Welt der Söhne, die das positive Erbe antreten sollen.[135] Im Nachkriegsdrama überwiegt deshalb der Vorbilddiskurs gegenüber dem metaethischen Hinterfragen gewaltsamen Widerstands.[136] Gleichzeitig bleibt der Subjektbezug zentral: Ziel ist die Wiederherstellung der moralischen Integrität des ›ganzen Menschen‹ sowie die nachträgliche Sinnstiftung individuellen Opfertods.[137] Wenngleich auch Widerstandsaktionen vor 1940 dargestellt werden, konzentriert sich das Gros der Autoren auf die späten Kriegsjahre. Auslösend wirkt neben der Absurdität, einen verlorenen Krieg weiterzuführen (Rußland-/Stalingrad-Erlebnis), vor allem die Einsicht in die Perversion der NS-Herrschaft. Ist im Westen der ›bürgerliche‹ Wehrmachtsaufstand vom 20. Juli 1944 diskursiv dominant, entwickelt der Osten eine Genealogie antikapitalistischer Revolten (B, 4.2.3). Ausgespart bleibt dagegen der christliche Widerstand, da das entsprechende Narrativ auf einer Konkurrenzhistorie basiert, die sich menschlicher Einflußnahme entzieht (B, 3.1). Vereinzelt entstehen auch im Westen Revolutionsdramen, die – soweit ihr Inhalt rekonstruierbar ist – zu zeigen versuchen, daß das Subjekt nur im vernünftigen Kollektiv geschichtsbildend tätig werden kann. Historische Bezugsereignisse sind: Bauernkrieg,[138] Französische Revolution,[139] Befreiungskriege[140] und Märzrevolution.[141] Heinrich Goertz gestaltet das Thema in seinem Schauspiel *Donnerwetter* (1945) dagegen parabolisch – als ›Surrogat‹ für den nicht existenten Aufstand der Deutschen gegen Hitler, während Erich Kästner in *Die Schule der Diktatoren*

---

128 Goertz: Das Donnerwetter (1945), Knöller: Das Tausendjährige Reich (1946), Schwab: Der Morgen (1947), Schmitthenner: Die Bürger von X (1960).

129 Schwab: Der Morgen (1947), S. 20f.

130 Vgl. ebd., S. 23 (Spartakus), 59 (Riemenschneider), 90 (de Lisle).

131 Lauckner: Cäsar und Cicero (1947).

132 Penzoldt: Der Diogenes von Paris (1948).

133 Fischer-Föbus: Robespierre (1947).

134 Petzet: Lassalles Begegnung (1946), Bettauer: Der Volkstribun (1947).

135 In Lauckners Drama *Cäsar und Cicero* (1947) schlägt Octavian den Sohn des römischen Philosophen als nächsten Konsul vor (vgl. Ausgewählte Bühnendichtungen, S. 318).

136 Zuweilen wird sogar der Tyrannenmord legitimiert. Vgl. u.a. Altendorf: Der Mord an Agnes Schütz (1949), S. 30; Groll: Die Flucht (ca. 1949), S. 57f.; Goertz: Das Leben kein Traum (ca. 1950), S. 78 und Andres: Sperrzonen (1958), S. 32.

137 Nach Günther Weisenborn konnte der deutsche Widerstand nicht von der »Aussicht« auf »militärische Unterstützung« durch die Alliierten zehren. Hierzulande habe sich jeder Hitler-Gegner »dem Tod« verschrieben. Der Kampf sei trotzdem nicht sinnlos gewesen, denn ohne ihn »*wäre der Krieg nicht bereits im Frühling, sondern erst im Sommer oder Herbst des vergangenen Jahres zu Ende gegangen! Und das hätte die Welt weitere Hunderttausende von Toten gekostet!*« (Rede über die deutsche Widerstandsbewegung [1946], S. 5f.).

138 Vgl. Schwab: Der Morgen (1947), S. 51-68, Weisenborn: Ballade vom Eulenspiegel (1949), Altendorf: Bauernpassion (1954) und Heiseler: Till Eulenspiegel (1961).

139 Vgl. Schwab: Der Morgen (1947), S. 90-107 und Drewitz: Unio mystica – ein Spuk? (1949). Auch Artur Müller kündigt 1954 ein Schauspiel über die Französische Revolution an (siehe François Cenodoxus, S. 7).

140 Rehfisch: Verrat in Rom (1958).

141 Vgl. Schwab: Der Morgen (1947), S. 22. Artur Müllers Schauspiel *Im Namen der Freiheit* wird 1949 mit dem Südwestdeutschen Literaturpreis ausgezeichnet als bestes Drama zum Jahrhundertgedenkjahr der Revolution 1848/49 (siehe François Cenodoxus, S. 7).

(1956) eine Revolution exponiert, die aufgrund fehlender Unterstützung im Volk nur neue Oligarchien zu Wege bringt. Das Publikum selbst wird damit Adressat des Appells zur Systemveränderung (B, 6.2.1). Eines der wenigen Stücke, die den Widerstand im Terrorregime differenzierter behandeln, ist Zuckmayers *Des Teufels General* (1942-1945), dritter Teil der sog. ›deutschen Trilogie‹ und nicht zufällig Drama eines Exilautors. Insbesondere die Oderbruch-Figur der Erstfassung wird von den Zeitgenossen stark kritisiert. Sie handele unmenschlich und entspreche nicht der historischen Wirklichkeit des deutschen Widerstandes.[142] Nun sind Didaxe und Authentizität Begrifflichkeiten, die Zuckmayer als Beschreibungsmodi ablehnt (C, 4.1.3). Er zeigt vielmehr das Paradox universalethischen Widerstands: Die Konsistenzprüfung des kategorischen Imperativs, den Oderbruch als »das unerbittlich waltende Gesetz« begreift, weil es »Freiheit« ermöglicht (ZT 1, 155), kann der Wirklichkeit des Zweiten Weltkriegs nicht standhalten. Hier gibt es keine Unschuldigen, und selbst der Anwalt der Menschlichkeit muß töten, um das Sterben zu beenden.[143] Angesichts dieser Aporie konzediert Zuckmayer, er habe sich »nie mit Oderbruchs Handlungsweise abfinden« können, obwohl sie ihm »zwangsläufig« erschienen sei.[144] Dahinter steht die Frage nach Sinn und Preis später Revolten in einer noch immer reibungslos funktionierenden Diktatur. Daß diese Perspektive Mitläufer entschuldigen kann, ist ebenso evident wie obsolet.

Die negative Ausrichtung des Bekenntnisdiskurses wird vor allem mit der Schuld- und Holocaust-Thematik verbunden. In diesem Kontext betont man die Singularität des Zweiten Weltkriegs, um das Erlebte besser verarbeiten zu können. So hat nach Frank Thiess die »Leidkontraktion in unserer Welt« »eine Spannungsstärke erreicht, wie sie in Jahrtausenden nur einmal und nur bei großen Weltwenden möglich ist«.[145] Ähnlich sieht es Karl H. Ruppel, wenn er von der »bis zu einem unvorstellbaren Grad vorangetriebenen Ent-weltung und Ent-menschung des Lebens«[146] spricht. Auch für Jochen Thiem »übersteigt« die von Hitler initiierte »Katastrophe« »alle Maße«.[147] Sinnbild der Perversion ist zunächst jedoch nicht Auschwitz oder Hiroshima, sondern Stalingrad. Als »Völker-Golgatha«[148] bezeichnet es für Teile der deutschen Nachkriegsdramatik *das* Trauma der Geschichte. Nur hier scheint offenbar zu werden, daß Opfer *und* Täter »Spielball des Wahnsinns« gewesen sind.[149] Im Extremfall nähert sich das »Gefühl« der Deutschen sogar dem Eindruck, »kein Leid reiche an ihres heran«, was nach Kortner vielfach »zur Beruhigung des Unterbewußtseins« dient.[150]

Es wäre dennoch problematisch zu behaupten, der Trauer- dominiere den Schulddiskurs. Tatsächlich werden in der Nachkriegsepoche zahlreiche Dramen geschrieben, die sich kritisch mit der deutschen Vergangenheit auseinandersetzen. Man moniert zuweilen die Kollektivanklage, leugnet aber keineswegs eine »Schuld«, die jedes

---

142 Vgl. Geiger (1973), S. 41 und Wagener (1983), S. 104.

143 Ähnliches gilt für den Rebellen Pen in Mellers *Ein Ballen Reis* (1948), den Rebellen Silvia in Altendorfs *Die Feuer verlöschen* (1948) sowie die Attentäter Sason und Domenica in Lenz' *Zeit der Schuldlosen* (1960/61) bzw. Haeckers *Gedenktag* (1961).

144 Zuckmayer: Persönliche Notizen zu meinem Stück »Des Teufels General« (1948), S. 332.

145 Thiess: Zum Problem der künstlerischen Freiheit (1946), S. 22.

146 Ruppel: Geisteswandel im modernen Spielplan (1946), S. 65.

147 Thiem: Der Zirkus brennt (1947), S. 70.

148 Wolf-Fried: Tragödie Stalingrad (1948), S. 50.

149 Pilaczek: Dämon, Tod und Teufel (1945), S. 38.

150 Kortner: Aller Tage Abend (1959), S. 561.

»Wort«[151] übersteigt und von der man »nicht weiß, wie sie wohl jemals zu begleichen ist«.[152] Denn es sind – so Günther Weisenborn – »deutsche[] Männer und Frauen« gewesen, die »mit deutscher Energie, deutschem Mut, deutscher Gründlichkeit ein deutsches Chaos geschaffen« haben, »wie es seit der Sinflut noch nie erlebt wurde«.[153] In Wolfgang Altendorfs bisher unbekanntem Schauspiel *Die Heimkehr* (1946) kann daher keiner der Protagonisten die »Größe« der »Schuld« ertragen, und nur der »Tod« (real oder symbolisch) bleibt »klare und eindeutige Antwort« (35f.). Auch die Hauptfigur in Horst Lommers Drama *Der General* (1946) begeht angesichts eigener Verantwortlichkeit Selbstmord. Die Bereitschaft zur Sühne erscheint hier als unabdingbare Voraussetzung dafür, daß der Begriff ›Gerechtigkeit‹ wieder sinnstiftend wirken kann. Hans-Jörg Schmitthenner ermahnt deshalb die Deutschen: »Laßt uns das Furchtbare, das wir taten [...], *nie* vergessen«.[154] Entschuldigt werden mitunter die Kriegsgefangenen, die nichts von der »Grausamkeit« der KZs gewußt hätten,[155] sowie die verführte Jugend.[156] In Markus Scholz' dramatischer Vision *Nein* (1948) erscheint dagegen ein erinnyenhafter Chor der Gefallenen, für den jeder Deutscher zum »Mörder« wurde: der »treue Beamte«, der »achtbare Bürger«, der »dumme Schuljunge«, die »gute Hausfrau«, der »einfache Arbeiter«, der »Großkapitalist« sowie »Herr von und zu General« (40). Auch nach Ansicht des Hauswirts in Ingeborg Strudthoffs *Gast* (ca. 1948) »sind alle schuldig, die einen durch Tun und die anderen durch Lassen« (65). Gleichzeitig erklärt man komparativ orientierte Verteidigungsstrategien für unzulässig: Die Tatsache, daß Indianer, Inkas und Azteken »ausgerottet« wurden und auch in Rußland, Polen und Spanien »Judenpogrome« stattfanden, kann die Deutschen nicht entlasten, denn – so Feldwebel Tirrof in Hans Breinlingers *Konzert an der Memel* (ca. 1957): »Kein altes Verbrechen entschuldigt ein neues« (124f.). Aus diesem Grund fordert man unentwegt ›Bekenntnisse‹[157] oder verkündet mit postexpressionistischem Tonfall, die NS-Verbrechen »in die Welt« hinausschreien zu wollen.[158] Hier zeigt sich allerdings auch die (utopische) Sehnsucht nach Historisierung des Dritten Reichs. Heinz Becker-Trier projektiert bereits 1946 ein »Wunderland«, in dem es »keine großen Sorgen mehr gibt« und Hitler fast vergessen ist. Das Terrorregime des Führers erscheint nur mehr als »teuflische Religion«, und zwar »die kürzeste, die jemals existierte«. Statt dessen dominieren *prä et post*: Deutschland sei vorher »ein ganz fleißiges Volk« gewesen, »das in punkto Wissenschaft, Kultur und Kunst Bahnbrechendes in der Welt geleistet« habe und »das zweite Heimatland eines jeden Europäers« gewesen sei. »Die nachfolgende Generation«, so der König, »hat dann Vieles wieder gutgemacht, und heute sind die Deutschen

151 Strudthoff: Der Gast (ca. 1948), S. 65.
152 Kirst: Brief an Norbert Frýd (1955), S. 153.
153 Weisenborn: Rede über die deutsche Widerstandsbewegung (1946), S. 2. Vgl. auch Langner: Dramen I, S. 55 (Heimkehr [1949]).
154 Schmitthenner: Ein jeder von uns (1947), S. 66.
155 Becker-Trier: Keine Angst vor morgen (1946), S. 14.
156 Vgl. Borchert: Draußen vor der Tür (1947), passim.
157 Becher: Deutsches Bekenntnis (1945), Titel, passim; Neumann/Piscator/Prüfer: Krieg und Frieden (1955), S. 8; Der Sinn des Theaters (1957), S. 78 (Günter Rudorf).
158 Breinlinger: Konzert an der Memel (ca. 1957), S. 125. Ähnlich offensiv agiert bereits Ernst Glaeser, der in seinem Drama *Die deutsche Libertaet* (1948) das offene Schuldbekenntnis des demokratisch legitimierten Parlaments zur Grundlage eines ›neuen Äons‹ erklärt (vgl. S. 27f.).

Weltbürger, wie wir auch«.[159] Da diese Entwicklung nach Ansicht vieler Dramatiker von Adenauer kaum befördert wird, verbindet man den Schulddiskurs mit der Kritik an bundesrepublikanischer ›Restauration‹. So zeigt »Gefühlssozialist«[160] Leonhard Frank das westdeutsche Bürgertum in seinem Drama *Die Hutdynastie* (1958) als »automatisierte Geldanhäufungsmaschine«,[161] und auch für Michael Mansfeld, Drehbuchautor des Wicki-Films *Die Brücke* (1959), bleibt die öffentliche Exposition der Schuldbewältigung modisches Surrogat: »mit fünftausend Angeklagten schafft sich ein Fünfzigmillionenvolk ein Alibi«, um »fleißig und unbeschwert seiner Arbeit nachgehen« zu können.[162] Diese These, die weitgehend dem Mitscherlich-Modell entspricht, wird von Stefan Andres und Claus Hubalek bestätigt. Beide suchen mit ihren Theaterstücken die politische Aufarbeitung der NS-Zeit in der ›Kanzlerdemokratie‹ als inszenierte Camouflage zu entlarven. So muß die Protagonistin von Hubaleks *Stunde der Antigone* (1960) sogar in eine Irrenanstalt, damit die Entdeckung des Massengrabs den Kurort-Tourismus nicht stört (C, 4.2.5).[163] In der affirmativen SBZ/DDR-Dramatik existieren dagegen kaum Ansätze zu einem gesellschaftskritischen Schulddiskurs. Ausnahmen sind Harald Hausers Schauspiel *Am Ende der Nacht* (B, 1.2.3) sowie das konstellativ ähnlich gestaltete Drama *Schatten eines Mädchens* von Rainer Kerndl.[164]

Darüber hinaus entstehen während der Nachkriegszeit zahlreiche Dramen, in denen der Schuldvorwurf aus unterschiedlicher Perspektive und mit differenter Zielsetzung hinterfragt wird. Die Grenze zwischen berechtigter Kritik an Komplexitätsreduktion und dem Versuch, das Geschehene kompensativ zu fragmentarisieren, entzieht sich zuweilen strikter Trennung. Diskursanalytisch betrachtet lassen sich im historisch-intertextuellen Bereich vier Erklärungsmodi unterscheiden:

(1) *Globalpolitische Dimension*: Man betont die Teilschuld der alliierten Staatengemeinschaft – konkret (Versailler Vertrag,[165] Appeasement,[166] inhumane Kriegsführung[167]) sowie allgemein (imperialer Eurozentrismus[168]). Zudem wird im Kontext der Nürnberger Prozesse (1945-1949) gegen die ›Siegerjustiz‹ polemisiert und das moralische Versagen anderer Führer und Nationen in der Geschichte dargestellt. Eine der wichtigsten Bezugsinstanzen ist ›Hitler-Äquivalent‹ Napoleon, der bei Roland Marwitz und Herrmann Mostar ebenfalls vor Gericht muß,

---

159 Becker-Trier: Der König von Wunderland (1946), S. II*, 7f.

160 Grobmann (2004), Titel, passim.

161 Frank: Schauspiele, S. 310. Es handelt sich hier um die Neufassung des *Außenseiters* (1937).

162 Mansfeld: Einer von uns (ca. 1960), S. 129.

163 Andres' Tragödie *Sperrzonen* (1958) wird im Rahmen der Holocaust-Dramatik besprochen.

164 In dem 1961 veröffentlichten Drama überschattet der Tod der Polin Halina das Familienleben des deutschen Ingenieurs Karl Heilmann. Als Volkssturmsoldaten drangen Vater und Sohn Dieter in die Wohnung des Mädchens ein. Der jüngere Bruder Ulrich hatte seine Geliebte zwar vor der Razzia gewarnt, war dann aber geflohen. Nun wird der bürgerlich situierte Ingenieur durch anonyme Briefe erpreßt, die – wie sich herausstellt – Dieter geschrieben hat, inzwischen bundesdeutscher Agent. Als Ulrich und seine Mutter erfahren, daß jener Halinas Mörder ist, liefern sie ihn der Polizei aus und verhindern so die Westflucht des Vaters.

165 Schneider-Schelde: R VII (ca. 1946).

166 Vgl. Breinlinger: Konzert an der Memel (ca. 1957), S. 106f.

167 Vgl. Scholz: Nein (1948), S. 58f. und Langner: Dramen I, S. 55 (Heimkehr [1949]).

168 Heiseler: Helena bleibt in Troja (1956).

wobei die Deutschen (Preußen, Österreich) zu den Anklägern zählen und den Besiegten ächten.[169]

(2) *Ökonomische Dimension*: Im Gegensatz zu neueren Tendenzen der Geschichtsforschung wird das wirtschaftliche Appeal des Nationalsozialismus außerhalb der DDR-Dramatik kaum thematisiert. Hitler verführt durch dämonisches Charisma, menschliche Hybris und politische Erfolge, weniger durch ›soziale Wärme‹. Das Janusgesicht des Dritten Reichs (Prosperität ↔ Kriegsmaschinerie) ist nur vereinzelt präsent – bei Zuckmayer, Pilaczek, Reif, Breinlinger, Sylvanus und Frank.[170]

(3) *Anthropologische Dimension*: Grundlage dieses Erklärungsmodells ist die These, daß moralische Rigorismen der menschlichen Konstitution nicht gerechtwerden. Kein Volk der Welt bestehe – so Heiner Müller – mehrheitlich aus »Helden«,[171] und selbst »Feigheit« könne legitim sein, wenn der Körper der Idee diktatorisch unterworfen werde.[172] Solche Fundamentalskepsis gegenüber Sinn und Reichweite ethischer Disziplinierung prägt auch Siegfried Lenz' Drama *Zeit der Schuldlosen* (1960/61). Nach einem mißglückten Terrorakt läßt der Gouverneur eines totalitären Regimes neun unbescholtene Bürger zusammen mit dem Attentäter Sason ohne Wasser und Nahrung einsperren. Sie sollen erst wieder freigesetzt werden, wenn ihr Mitgefangener die Namen der übrigen Verschwörer preisgegeben hat. Als Folge dieser existentiellen Erpressung geraten die »Schuldlosen« zunehmend »ins Spektrum der Schuld«, wobei »ihr moralischer Farbwechsel« evident wird.[173] Da Sason die rettende Namensliste trotz Anwendung körperlicher Gewalt verweigert, tötet man ihn während der Nacht; die Täterschaft bleibt offen. Selbst nach dem Suizid des Konsuls, der Zweifel hegt, ob das Schuldeingeständnis des Bauern wahr ist und nicht nur Opfertat für die Freiheit der übrigen, wird das Geschehen keiner Lösung zugeführt. Die Schuldproblematik scheint dabei in zweifacher Hinsicht virulent: Erstens bezüglich der Bürger, die nur der Logik des Unrechtssystems gemäß ›schuldlos‹ sind, zweitens mit Blick auf den Attentäter. Denn Sason will sich *und* andere opfern (26, 29), um einer Idee zum Durchbruch zu verhelfen, deren Werthaltigkeit nicht bewiesen werden kann (21). Tatsächlich rechtfertigt sein Postulat, heute bleibe man »nur unschuldig«, »wenn man eine gewisse Schuld auf sich« nehme (30), auch das ›Attentat‹ der Gegenseite. Sicher ist nur, daß die Schuldfrage nicht bipolar beantwortet werden kann und deshalb »unter uns bleiben« muß (89). Lenz profiliert darüber hinaus wie Zuckmayer die Wirkung des Atmosphärischen, d.h. es gibt »gewisse Verbrechen«, die »durch eine Stimmung begünstigt werden« (69). Der Hinweis auf menschliche Schwächen ist allerdings nicht mit ethischem Freispruch verbunden. Denn auf die Frage des Ingenieurs, wie man »verantwortlich« sein könne »für

169 Vgl. Marwitz: Napoleon muß nach Nürnberg (1946), S. 25-33 und Mostar: Bis der Schnee schmilzt (1948), S. 72.

170 Vgl. ZT 1, S. 38f. (Des Teufels General [1942-1945]); Pilaczek: Dämon, Tod und Teufel (1945), S. 57; Reif: Deutsche Tragödie (1949), S. 40f.; Breinlinger: Konzert an der Memel (ca. 1957), S. 105; Sylvanus: Korczak und die Kinder, S. 17; Frank: Schauspiele, S. 236 (Männerquartett [1957/58]).

171 [H. Müller:] Stalingrad interessiert mich mehr als Bonn (1990/91), S. 70. Vgl. B, 6.4.3.

172 GI 3, S. 187 (Es gibt ein Menschenrecht auf Feigheit [1993]).

173 Lenz: Mein erstes Theaterstück (1961), S. 16.

das, was andere tun«, entgegnet der als Richter fungierende Student: »Wer sich entscheidet, zu leben als Mitwisser von Verbrechen, der kann es nur unter der Bedingung, daß er sich verantwortlich fühlt« (82). Die semantische Offenheit des Dramas wird damit individualethisch diszipliniert: Der Gewissensentscheid des Subjekts ist wie bei Jaspers und Sartre letzte Bezugsinstanz. Im Unterschied zu Camus' Attentäter Kaliayev (*Les justes*), der als gerechter Mörder staatlich exekutiert wird, ist Lenz' Sason – und hier liegt die ›deutsche‹ Konnotation – Opfer eines Gewaltakts von Mitläufern, die in der Extremsituation pervertieren. Mit anderen Worten: Die Unberechenbarkeit des Menschen untergräbt die existentialistische Selbstgesetzgebung.

(4) *Ethische Dimension*: Im Zentrum dieses Erklärungsmodells, das diskursiv am bedeutendsten ist, steht der Versuch, die Kollektivschuldthese zu hinterfragen. Man betont (historisch oder intertextuell verfremdet), daß der deutsche Charakter durchaus positive Aspekte besitze[174] und selbst Teile des Tätervolks zu den Opfern zählten.[175] Noch 1987 konstatiert Ingeborg Drewitz rückblickend, »die Grenze zwischen Schuld und Mitschuld, zwischen Betroffensein und Opfersein« sei »nicht genau auszumachen«.[176] Die Autorin gestaltet diese Problematik in der ungedruckten Tragödie *Die Mutter* (ca. 1950), aus der ein ebenfalls nicht datiertes Drehbuch hervorgeht (*Frauenherzen – Mutterherzen*). Die im Nachkriegsdeutschland verortete Handlung zeigt den Kampf der Lehrerin Gertraud Holzner um ihre sechsjährige Tochter Suzi, die von der Mutter während der Flucht aus Pommern getrennt wurde und nun – so Gertrauds feste Überzeugung – unter dem Namen Elfi bei einer Pflegemutter lebt. Da Gertraud keinen Beweis für die Identität beider Mädchen besitzt und ihr deshalb nicht erlaubt ist, das Kind zu besuchen, entführt sie es. Wenig später wird Frau Holzner gefaßt, vor Gericht aber freigesprochen. Sie folgt daraufhin der Pflegemutter nach Bremen, wo es fast zur Versöhnung kommt, als sich die Protagonistin – psychisch labil – vor einen fahrenden Zug wirft. Die Möglichkeit ethisch eindeutiger Urteilsbildung ist bei Drewitz allerdings verabschiedet. »Both [mothers] are loving but also guilty of a selfish desire to possess the child. The fine line between right and wrong, between guilt and innocence is blurred«.[177] Mit Blick auf das Dritte Reich läßt sich eine solche Ausdifferenzierung der Schuldthematik in Zuckmayers *Des Teufels General* nachweisen. Sieht man wie fast immer von den Exponenten des NS-Regimes ab (Schmidt-Lausitz, Pützchen), so verzichtet der Autor weitgehend auf jene Schwarz-Weiß-Zeichnung, die Hedda Zinner in ihrem ›Anti-Stück‹ *General*

---

174 Vgl. u.a. Wiechert: Okay oder Die Unsterblichen (1945), S. 111; Becker-Trier: Der König von Wunderland (1946), S. 8; Schmitthenner: Ein jeder von uns (1947), S. 65 und Geis: Die Brüder Allemann (1948), S. 71. Vor diesem Hintergrund erscheinen im deutschen Nachkriegsdrama – auch jenseits des Widerstandsdiskurses – mehrfach sympathische und moralisch nicht pervertierte Wehrmachtsangehörige: u.a. Harras (Zuckmayer: *Des Teufels General*), Greinz (Durieux: *Zagreb 1945*); Elmers (Honold: *Der Stoß nach Ssogrebitsche*) und Joachim von Prantow (Weymann: *Eh' die Brücken verbrennen*).

175 Vgl. Riemer: Ich komme aus Sibirien (ca. 1945), S. 20 und Peregrin: Odysseus in Ithaka (1947), S. 33. Ähnliches gilt für den marxistischen Diskurs (vgl. Pfelling [1972b], S. 335).

176 Drewitz: ›Die ganze Welt umwenden‹, S. 66.

177 Ward (1996), S. 184. Vgl. auch das 1952 entstandene Drama *Der Richter* (B, 1.2.3).

Landt (1950/51) vornimmt.[178] Tatsächlich paktiert der charismatische Harras mit einem System, das ihn fasziniert, obwohl er es verabscheut. Er weiß von Beginn an, »daß 'n kleiner Weltkrieg angerichtet wird« (ZT 1, 39), bringt aber nicht die Kraft auf, sich zu widersetzen. Ende 1941 bleibt nur mehr die moralische Aporie: Loyalität *und* Widerstand scheinen tief problematisch. Wie bei Schneider (B, 6.3.1) und Brecht (C, 4.2.2) stellt deshalb der Tod die letzte Möglichkeit dar, die Einheit der Gegensätze (Individuum ↔ Ordnung/Natur) scheiternd zu bestätigen. Im Drama selbst findet sich dagegen keine Figur, die das kategorische Postulat widerspruchsfrei erfüllen könnte. Der Kollektivvorwurf ist für Zuckmayer aus diesem Grund ohne jede Evidenz. Auch die Gründe, das System zu unterstützen, sind vielfältig und entsprechen den skizzierten Erklärungsmodellen: ökonomisch (Von Mohrungen, Hartmann), anthropologisch (Harras), ethisch (Eilers). Gerade die Absage an semantische Eindeutigkeit begünstigt jedoch die Selektivlektüre. Zuckmayer beklagt daher mehrfach *misreadings*, bevor er 1963 unter dem Eindruck der Kriegsverbrecherprozesse beschließt, sein Stück vorübergehend von deutschsprachigen Bühnen zurückzuziehen. Es solle nicht der »›Entschuldigung‹ eines gewissen Mitmachertyps« dienen.[179]

Ein wesentlicher Teilbereich der Aufarbeitung des Zweiten Weltkriegs ist der Holocaust-Diskurs. Entgegen bisheriger Forschungsthesen ist er im deutschen Nachkriegsdrama bereits vor 1955 nachhaltig präsent, allerdings gelangen entsprechende Theaterstücke häufig nicht auf die Bühne. Das Thema wird dabei in unterschiedlicher Weise aktualisiert: von der kurzen Erwähnung (Judenverfolgung,[180] Genozid,[181] Antisemitismus in Westdeutschland[182]) über das Nennen von Opferzahlen[183] bis hin zu dem Versuch, Grauen und psychische Folgen des KZ-Aufenthalts dramatisch zu gestalten. Dahinter steht die auch für den Kriegs- und Atomdiskurs geltende Frage, ob und – falls ja – wie Leiden und Perversion ästhetisch darstellbar sind. Der Holocaust rückt allerdings erst während der sechziger Jahre in eine negativ-theologische Position, von deren Warte aus man, so die »künstlerische Gestaltung« nicht per se als »Blasphemie« erscheint,[184] nachdrücklich diskursive Paradigmenwechsel einfordert – gattungspoetisch: Absage an Lyrik im traditionellen Sinn (Adorno), philosophisch: Absage an sinnstiftende Erzählungen, die dialektischer Logik folgen (Lyotard, Kofman). Literatur kann nur mehr Zeugnis ablegen, daß das ›Gebet‹ unmöglich geworden ist.[185] Vor diesem Hintergrund konzentriert man sich gegen Ende der Nachkriegszeit auf distanzierende

---

178 Vgl. Hartmann (1987), S. 88-91.

179 Zit.n. Hensel (1966), S. 1251.

180 Vgl. Ambesser: Das Abgründige in Herrn Gerstenberg (1945), S. 6; Wendt: Das Regiment der Mäuse (1946), S. 7f. und BD, S. 37 (Draußen vor der Tür [1947]).

181 Vgl. ZT 1, S. 99f. (Des Teufels General [1942-1945]); Sauer: Signal Stalingrad (1945), S. 20 (FF); Lommer: Der General (1946), S. 63; Schmitthenner: Ein jeder von uns (1947), S. 8; Bostroem: Die Kette fällt (1948), S. 53 und Kipphardt: Naopoleon Antropos (1948), S. 29.

182 Vgl. Wiechert: Okay oder Die Unsterblichen (1945), S. 79 und Phoebus: Ferner liefen mit.... (1948), S. 17.

183 Kantorowicz spricht von »fünf Millionen Juden« (Die Verbündeten [1950], S. 41), Becher von »Millionen« (Der Weg nach Füssen [1953], S. 127).

184 Zehm: Gehirnwäsche auf der Bühne (1965), S. 1.

185 Vgl. Kirberger (1994), S. 175-181.

Darstellungsmodi (Episierung, Parabel) und/oder historisch Dokumentiertes bei gleichzeitigem Bewußtsein, daß subjektbezogene KZ-Stücke dem Zeitalter von Technik und Teamwork nicht entsprechen und keine szenische Erfindung Auschwitz zu erfassen vermag.[186]

Im ersten Nachkriegsjahrzehnt fehlen solche weitreichenden Überlegungen; man reflektiert statt dessen über die Sprachproblematik,[187] verabschiedet eine *Resolution gegen den Antisemitismus* (1947)[188] und erprobt Strategien, die Greuel poetisch umzusetzen. Tatsächlich entstehen schon früh Dramen, die ausschließlich im KZ spielen. Zwei davon sind nur mehr bibliographisch nachweisbar – Alex Boeheim: *Die letzten Stunden von Maidanek* (1946)[189] und Wolfgang S. Müller: *Verlorene Menschen* (1946).[190] Ein drittes, Fred Dengers »deutsche Tragödie« *Die heilige Hannah von Auschwitz oder ›Es muß noch vieles frisch gestrichen werden‹*, ist zwar ebenfalls nicht mehr aufzufinden, aber Gisela Crémer, eine Freundin Dengers, erinnert sich aus eigener Lektüre, daß das Stück kurz nach Kriegsende entstand und mit Blick auf Brecht eine Frauengestalt thematisiert, die Häftlingen im Vernichtungslager das Leiden zu erleichtern sucht. Das Schauspiel ist nie aufgeführt worden.

Eines der ersten überlieferten Bühnenwerke, die den Holocaust im größeren Kontext thematisieren, ist Hedwig Rohdes Schauspiel *Ein anderes Land.*[191] Wie Eugen Kogons Buch *Der SS-Staat. Das System der deutschen Konzentrationslager* wird es 1946 publiziert, allerdings nur als Typoskript im Selbstverlag. Dennoch erlebt es im gleichen Jahr bei den Ruhr-Kammerspielen seine Uraufführung.[192] Der Konflikt ist personalisiert: X (Uli) hat mit Eta, der Frau Richards, während des Krieges ein Verhältnis. Nach der Kapitulation fürchtet er die Heimkehr des KZ-Inhaftierten, da »sogar aus Au-

---

186 Vgl. Bayerdörfer (1996a), S. 16 und für den internationalen Bereich Patraka (1999), S. 1-14.

187 Vgl. Wehner (1992). Bd. 2, S. 722f.

188 So verpflichtet sich der Erste Deutsche Schriftstellerkongreß, darüber zu »wachen, daß sich in keiner, sei es auch noch so versteckten Form eine antisemitische Tendenz wieder in die deutsche Literatur hineinwagt« (Resolution gegen den Antisemitismus [1947], S. 4).

189 Im Dramaturgiebericht Armin-Gerd Kuckhoffs vom Deutschen Theater Berlin findet sich folgende Notiz zu Boeheims Schauspiel: »Zwei Szenen ein ganz starker Eindruck: Die Szene mit dem besonnenen Unterstabsarzt Höppner. Die darauf folgende (Tod des 3. Schatten). Die Szene, die auf den Tod des 3. Schatten folgt, auch sehr stark, müsste aber noch gestraffter werden. Trotzdem sehr stark und sehr positiv. In der Szene: ›Der verurteilte Schmitt v. Str.‹ manches sehr gut aber die ganze Szene etwas psychologisch nicht ganz richtig, ausserdem viel zu lang, die ›Gegenargumente‹ nicht deutlich genug, sie könnten auch bei S. selber kommen. Gesamtaufbau dagegen m.E. völlig unmöglich. Mit der negativen Szene des Schmitt darf das Stück nicht enden. Es müsste vielleicht die ›Szene nach dem Tod‹ als vorletzte und noch der heute weiter vorangeschrittenen Situation entsprechend, eine letzte Szene: Die befreiten Ueberlebenden entschließen sich zur praktischen Wiederaufbauarbeit auf der Grundlage der vorigen Szene, kommen. Auch das Mittelstück scheint, der Anlage nach, noch nicht dramatisch und ›echt‹ genug zu werden. Wenn es gelingt, das ganze Stück zu ›bauen‹, wie es die guten Szenen andeuten, kann es ein sehr starkes, aktuelles und (das ist das Erstaunliche und Erfreuliche) sehr *positives* Stück werden« (SAdK [Nachlaß Gustav von Wangenheim, Nr. 1]). Zu einer Aufführung kommt es aufgrund der von Kuckhoff artikulierten ›Bedenken‹ nicht.

190 Das Stück wird 1946/47 am Theater Rudolstadt-Arnstadt uraufgeführt (vgl. Der Theater-Almanach 1947, S. 455).

191 Die szenischen Dichtungen der Nelly Sachs, von denen einige vor 1945 entstehen, sind hier nicht berücksichtigt. Sie behandeln den Holocaust aus der Opferperspektive bzw. im Kontext eines poetisch-performativen Theaters (vgl. C, 4.3).

192 Vgl. Die neuen deutschen Bühnen in der Spielzeit 1945/46, S. 376.

schwitz« Überlebende wiederkommen (1). X möchte mit Eta nach K fliehen und »ein neues Leben« beginnen (4). Da erscheint Richard, physisch und psychisch gebrochen. Rohde läßt ihn seine Erfahrungen zwar metaphorisch fassen, aber nicht euphemisieren:

> Erst bäumt man sich auf. Wenn das vorbei ist, gibt es nur noch die Schmerzen. Alles tut weh. [...] Aber auch das hört schließlich auf. Man wird ganz stumpf, man stirbt ab. Man ist wie im Traum. Es ist ja mit wachem Verstand gar nicht auszuhalten. Ja. Dann glaubt man vielleicht, nun wär' man zu gar nichts mehr fähig. Haß und Liebe und Mitgefühl, alles weg. Aus. Tiere, die haben wohl so eine Art zu leben. Bloß viel kräftiger. Sogar gefangene Tiere. Wenn du sie schlägst, haben sie so einen klagenden Blick. Wir waren auch keine Tiere mehr.

Gerade das Nihilismus-Erlebnis totaler Objektwerdung führt jedoch wie bei Borchert (B, 6.5.1) zur Wiedergewinnung der Zukunftsperspektive. Denn »hinter der letzten Verzweiflung« scheint ein »Streifen Helligkeit« auf, ein »anderes Land« (13). Voraussetzung hierfür ist jedoch das Bekenntnis eigener Schuld. Bei Eta wird dieser Prozeß durch einen Traum katalysiert: Oberfeldwebel X steht vor dem englischen Kriegsgericht, angeklagt wegen »Mord an 800 Juden«, »60 polnischen Gefangenen« und »Richards Seele« (16). Auch Eta selbst ist schuldig, da sie ihren Mann 1942 bei der Gestapo denunziert hat. Am Ende beschließt sie, Uli und sich anzuzeigen, damit endlich das ›andere Land‹ möglich werden kann, in dem – so die romantisch-sozialistische Totalitätsevokation – »alle eins« sind: »Männer schämen sich nicht, mit Kindern zu spielen. Frauen sind Richterinnen. Der Denker geht mit dem Arbeiter« (26).

Auch in Julius Vogels Schauspiel *Anno Domini nach der Pest* (1948)[193] lastet der Holocaust auf einer Ehe. Der in Cornwall exilierte Deutsche Robert Kammacher lebt mit der Schuld, seinen unehelichen Sohn Gabriel, einen Halbjuden, kurz vor Ausbruch des Krieges nicht nach England evakuiert zu haben. Dadurch sei der Junge »in die Gaskammer gestoßen« und er selbst zum »Mörder« geworden (60f.). Als man wenig später einen Mann aus dem Meer rettet, der Jude ist, aus dem KZ kommt und Gabriel heißt, erkennt Robert in ihm seinen Sohn. Die Lagererfahrung wird als »Hölle« beschrieben (19), aber nicht näher konturiert. Als historisch singulär erweist sich die Israel-Thematik, die Vogel im folgenden diskutieren läßt. Denn während der zionistisch orientierte Gabriel nach Palästina möchte, weil »dort noch die Möglichkeit besteht, für Recht zu kämpfen« (26), wendet sich der jüdische Buchhalter Arthur Glaser, Anwalt der *humanitas*, gegen »romantische Emotionen«, die einen neuen »Rechtsbegriff mit Gewalt herstellen«. Er wirft Gabriel vor, selbst »Herrenmensch« (30) werden zu wollen, und verkörpert damit die einzige Gegenposition zu der Omnipräsenz idealisierten Philosemitismus in der Nachkriegsepoche. Zu einer Versöhnung zwischen Vater und Sohn kommt es nicht, aber der »Riß« in Gabriels Seele scheint nicht mehr so groß (56), und auch Robert überwindet schließlich alle Suizid-Gedanken. Die Beteiligung der Wehrmacht am Holocaust wird in Jacob Geis' Heimkehrerdrama *Die Brüder Allemann* (1948) dargestellt. Hier ist Fliegerhauptmann Udo gezwungen geworden, Massenerschießungen polnischer Juden zu befehligen. Die letzten Worte eines Opfers – die hebräische *advocatio dei* – werden wie in Max Frischs Drama *Nun singen sie wieder* (1945) zum psychotischen Erlebnis. Udo schläft »schlecht« und hört »im Traum« den »Schrei« (57). Während er anderen gegenüber jede Einsicht leugnet, widersteht sein

---

193 UA 24. Juni 1948, Theater am Brunnenhof (München).

Schuldgefühl aller Verdrängung. Am Ende begeht der Täter Selbstmord, ohne das Friedensangebot des Juden Silbermann, der das Massaker wundersam überstanden hat, anzunehmen.

Erste überlieferte Versuche, die KZ-Realität dramatisch darzustellen, finden sich 1946 bei Hans Fritz Köllner (*Diagramm der Zeit*) und Stefan Andres (*Tanz durchs Labyrinth*).[194] In Fall eins wird von den »Lagern der Verdammten« (11) detailliert berichtet. Minna, Schwester des KZ-Heimkehrers Prof. Berthold Burger, ist durch die Inhaftierung schwer gezeichnet. Von nervösen Krämpfen geschüttelt, kann sie im Bett »auch nachts« nur sitzen. »Es war kein Platz zum Liegen, länger als ein Jahr« (9). Die Evokation des Grauens bleibt aber auch hier gebunden an die Erfahrung von Gemeinschaft und Zukunftsglaube. Im Unterschied zu Köllner, dessen Deskriptivsemantik an Arbeitsdienst denken läßt, stellt Andres Begebenheiten eines Vernichtungslagers dar. Die ›deutsche Schuld‹ ist zwar nicht zentral, doch bleibt die Regieanweisung der letzten Szene, das KZ liege »in einem hochzivilisierten europäischen Staat der Neuzeit« (103), keineswegs ortlos. Die Lebensbedingungen der Sträflinge sind allerdings recht ›human‹. Statt Gaskammern (für Andres ohnehin keine Orte qualvollen Sterbens[195]) sieht man nur das »Schattenbild des Galgens« (113). Darüber hinaus sprechen die Gefangenen im Blankvers, und auch brutale Mißhandlungen werden kaum erwähnt. Der Autor konzentriert sich vielmehr auf den Identitätsverlust: Die Menschen haben keine Namen, sondern erscheinen als Nummern auf der Bühne. Das Iphigenie-Modell bleibt jedoch erhalten, denn durch den KZ-Häftling Nr. 39, der sich opfert, damit das »Attentat auf den Galgen« zur keiner »Massenvergeltung« führt (114), wird die Vorstellung ethisch autonomer Subjektivität fortgeschrieben.

Auch in den folgenden Jahren erscheinen mehrfach Dramen, die (realistisch oder verfremdet) die Endlösung der Judenfrage thematisieren. So schaltet Heinrich Christian Meier 1948 in sein episches Theaterstück *Zwei neue Handtücher* zwischen dritten und vierten Akt einen »Chor der Vergasten« ein, der die Forderung des Protagonisten nach einem grundlegenden Neubeginn unterstützen soll.[196] Denn wovon die »vergasten Millionen« »Juden«, »Polen« und »Zigeuner« geträumt haben (»Liebe«, »Menschenglück«, »einem Heim voll Musik«) avanciert nun zum Auftrag für die junge Generation. Vor diesem Hintergrund ist die KZ-Wirklichkeit wie bei Andres euphemisiert,[197] wobei der Chor durch Diminutive, Epanalepsen und Reimtrios fast kabarettistische Züge gewinnt, die dem Schrecken der Situation entgegenstehen:

2. Stimme: Wir traten vor dem Bade an, es war eine Stunde vor'm Essen –
3. Stimme: Wir zogen unsere Hemden aus –

---

194 Das Drama wird 1956 in Oberhausen öffentlich vorgetragen; zu einer Aufführung kommt es nicht (vgl. Braun [1999], S. 167).

195 Für Andres ist der Tod durch Zyklon B »einem langsamen Erhungern und Erfrieren durchaus vorzuziehen« (Mehl: Briefwechsel Stefan Andres, S. 29 [Brief vom 3. Februar 1947]).

196 Auch bei Ilse Langner zeigt der alte Jude Israel trotz furchtbarer KZ-Erlebnisse große Neugier auf die Zeit danach (vgl. Dramen I, S. 88 [Heimkehr (1949)]).

197 Tatsächlich konstatiert Meier in einem Brief an Borchert mit Blick auf dessen Drama *Draußen vor der Tür*: »Wirksamer im künstlerischen Sinne wäre es, wenn Sie das Entsetzliche nicht auf düster entsetzlichem Hintergrunde gemalt hätten (Düster in Düster), sondern in feinster Dosis das Abgründige auf hellem Grunde gegeben hätten« (Brief vom 5. Oktober 1947, zit.n. Winter [1999], S. 28). Vgl. auch Meiers Bericht *So war es* aus dem KZ Neuengamme, in das der Autor Juni 1941 gebracht wurde.

1. Stimme:	Die Haare wurden uns abrasiert –
2. Stimme:	Die Zähne wurden uns ausplombiert –
3. Stimme:	Da hat sich das Menschlein ausgeniert!
Alle:	Wir wohnen nicht mehr im Menschenhaus, wir zogen unser Menschsein aus!
1. Stimme:	So nackt und bloß, wie wir geboren, so traten wir ins Brausebad.
2. Stimme:	Und dann ging frisch die Brause los und aus der Brause strömte Gas.
Alle:	Gas! Gas! Gas!
1. Stimme:	Ade, ade – du guter Christ –
2. Stimme:	Ade, ade – Herr Humanist –
3. Stimme:	Ade, ade – Herr Sozialist! (74).[198]

Bei Egon Vietta und Reinhold Schneider wird der Holocaust-Diskurs intertextuell evoziert. So ist der Atridenstamm in Viettas epischem Theaterstück *Iphigenie in Amerika* (1948) jüdisch. Durch die Einbindung des Geschehens in ein metaphysisch ausgerichtetes Narrativ, das menschliches Dasein per se als schuldhaft begreift, kommt es allerdings zu keiner ›nationalen‹ Vergangenheitsbewältigung (B, 3.1). Ähnliches gilt für Schneiders Mysterienspiel *Belsazar* (1949), das eine parabolische Auschwitz-Allusion enthält, denn der Tyrann beschließt, die gefangenen Juden in der »Glut des Todesofens« brennen zu lassen (28).[199] Die moralische Verantwortlichkeit des Individuums ist hier jedoch – anders als bei Vietta – nicht verabschiedet.

Im Unterschied dazu verbindet Ingeborg Drewitz in ihrem Stationendrama *Unio mystica – ein Spuk?* (1949)[200] die Historie mit der Heilsgeschichte, um Katastrophe wie Rettung der Menschheit darzustellen. So geht der eschatologischen Perspektive des Schlußbilds eine atomare Apokalypse voran, die ihrerseits vorbereitet wird durch die früheste dramatische Darstellung der Greuel des Warschauer Ghettos. Die Privatheit der Handlungsstruktur dient dabei der Exposition moralischer Konflikte. Denn als Wehrmachtssoldat Gottfried Eiber beim Sturm des Ghettos eine brennende Wohnung betritt, trifft er dort auf seine ehemalige Frau Ruth, von der er sich wegen der Rassengesetzgebung scheiden ließ. Auch beider Sohn Hiob ist zugegen. Die Jüdin klagt Gottfried heftig an und bezeichnet die Ausweglosigkeit der Schuld: »Was, meinst du, macht dich rein? Vielleicht mein Tod in der Gaskammer?« Eibers Entschluß, mit beiden zu sterben, lehnt sie kategorisch ab. Nun fällt der Deutsche in die Apologie-Haltung zurück, nimmt Mutter und Sohn aber nicht gefangen, sondern verläßt den Raum mit den Worten: »Ruth, – vergib! Mein Leben eignet mir nicht«. Ähnlich ambivalent verhält sich die Jüdin: Sie ruft Gottfried unversöhnliche Worte nach, zieht ihren Sohn jedoch ans Fenster und flüstert: »Da geht er. Gottfried! Wenn sie nur nicht schießen aus dem Gully drüben. Leb wohl, du!«[201] Kurz darauf begräbt das brennend niederstürzende Hausdach Ruth und Hiob.

---

198 Ähnlich komödiantisch liest sich die Szene, als auf den Hinweis des Dichters, er benötige für die Rolle des ›Großhuber‹ einen »Ehemaligen«, »ungeheurer Lärm entsteht« und die Bühne sich »mit einer großen Schar ehemaliger Pgs.« füllt. Der Regisseur quittiert dieses Szenario mit Kopfschütteln: »Mein Gott, soviel sind das!«, worauf der Inspizient antwortet: »Das sind noch lange nicht alle!« (S. 12).

199 In der Calderon-Vorlage fehlt das Motiv der gefangenen und ermordeten Juden.

200 Öffentliche Lesung: Berlin, Februar 1949. Drewitz erhält für das Drama daraufhin den ersten Preis in einem von der Wolfgang-Borchert-Bühne ausgeschriebenen Wettbewerb (vgl. Ingeborg Drewitz. Materialien zu Werk und Wirken, S. 8).

201 Zit.n. Ward (1996), S. 179.

Eine ähnliche Konstellation findet sich in Drewitz' Schauspiel *Alle Tore waren bewacht* (1951-1955), dem ersten überlieferten deutschen Nachkriegsdrama, das ausschließlich im KZ spielt.[202] Auch hier trifft die Hauptfigur, die wieder den Vornamen Ruth trägt, auf ihren ehemaligen Geliebten (Georg Putbus), der als SS-Mitglied neuer Kommandant des Lagers wird und, ohne dies zu wissen, Vater ihrer Tochter ist. Im Zentrum steht jedoch weniger das durchaus präsente Grauen als der noch immer realisierbare Solidaritätsgedanke. Die inhaftierten Jüdinnen der Frauenbaracke bleiben weitgehend integre Subjekte. (Margaret E. Ward verweist zu Recht darauf, daß die Autorin 1951 keine Augenzeugenberichte, schon gar nicht aus Frauenperspektive, heranziehen konnte.[203]) Gerade die Persistenz von Individualität legitimiert jedoch den Fokus auf ethische Konfliktsituationen, denn auch dieser Ruth ist es nicht möglich, ihren ehemaligen Geliebten zu »verachten«. Während sie bereits jede Hoffnung auf Rettung aufgegeben hat, glaubt Putbus weiterhin daran, auch als Einzelperson etwas verändern zu können. So versucht er nach Übernahme der Kommandantur, die Lebensbedingungen im KZ zu verbessern, muß aber erkennen, daß selbst er die Todesmaschinerie nur unterbrechen, nicht aussetzen kann. Als Ruth in die Gaskammer soll, versucht er sie samt Kind aus dem Lager zu bringen, damit sie von der Schweiz aus die europäischen Juden warnen kann. Putbus verfaßt zu diesem Zweck ein Flugblatt, das von Drewitz mehrfach revidiert wird und in seiner umfangreichsten Version die deutschen Frauen zum Widerstand gegen die kriegsfanatische Männerwelt aufruft: »Ihr haltet euch die Augen zu vor den Rauchpilzen über den Krematorien der Konzentrationslager. [...] Schweigt ihr sonst, während eure Väter, Brüder, Männer und Söhne einen falschen Heldentod sterben müssen? [...] Überschreit den Todessturm! Schreit laut, daß der Schrei nicht im Schweigen erstickt«.[204] Zu einer Widerstandsaktion kommt es nicht, da der Zettel entdeckt wird und Putbus in der Ausweglosigkeit seiner Schuldverstrickung Selbstmord begeht. Die Schlußszene zeigt die ungebrochene Stärke der Jüdinnen, die ein Sabbath-Lied singend in die Gaskammer geführt werden. Für Drewitz selbst gewinnt der Holocaust dabei poetogene Funktion, denn »die entsetzliche Wahrheit der Ermordung der Juden und der Brutalität der nazistischen Kriegsführung« schafft einen »Zwang zu schreiben«, und zwar »szenische Arbeiten«.[205] So konstatiert sie 1981 mit Blick auf ihr KZ-Drama:

> Ich schrieb das Stück 1951 als ganz junge Autorin, bedrängt von den Erfahrungen und dem, was wir in Deutschland in seiner brutalen Wirklichkeit erst 45 als wahr begreifen lernen mußten. In der Familie meiner Großeltern u. im Freundeskreis meiner Mutter, in meinen Schuljahren habe ich viele jüdische Freunde aller Generationen gekannt, ihre Emigrationen miterlebt usw. Es ist also viel persönliche Trauer in dem Stück, das 52 den Zuckmayerpreis für 10 junge dt. Autoren bekam, 1955 die Jochen-Klepper-Plakette, das 1953 anl. der Woche der Brüderlichkeit im Bühnenclub Berlin seine Leseaufführung hatte (10.2.53) und 1955 zum 10. Jahrestag der Öffnung der KZ Lager in der Synagoge in der Joachimsthaler Str. in Berlin gespielt wurde. (Insges. 20 oder 25 Auff.) in Baracken, Sälen, wie man damals spielte, wenn einen die städt. Bühnen nicht seh'n mochten. [...] Verlegt ist es nicht, wurde auch *nie* mehr nachgespielt.

---

202 Im Nachlaß von Ingeborg Drewitz finden sich insgesamt acht verschiedene Versionen des Theaterstücks, die teilweise starke Revisionen aufweisen (vgl. Ward [1996], S. 180).

203 Vgl. ebd., S. 181.

204 Zit.n. ebd., S. 182f.

205 Drewitz: Hinterm Fenster die Stadt (1985), S. 11.

Das Stück selbst dient der Vergangenheitsbewältigung. Es besitzt – so Drewitz – »die Stärken der Betroffenheit«[206] und hat darauf gezielt, den »Widersinn« des Dritten Reichs »zu entlarven und hinter dem Schmerz den Anfang zu finden«.[207] Auch hier wird somit entgegen der Mitscherlich-These Trauerarbeit zum Movens der Zukunftsgestaltung.

Mitte der fünfziger Jahre ist der Holocaust-Diskurs auch im Theater präsenter. Katalytisch wirkt bezeichnenderweise ein ausländisches Stück, die Dramatisierung des *Tagebuchs der Anne Frank* von Frances Goodrich und Albert Hackett, die 1955 den Pulitzer-Preis erhält und auch in Deutschland stark rezipiert wird. In der Saison 1956/57 finden an 44 Bühnen 1420 Aufführungen statt; das Stück ist damit nach Zuckmayers *Des Teufels General* und John Patricks *Das kleine Teehaus* der drittgrößte Bühnenerfolg seit Kriegsende.[208] Beigetragen hat hierzu neben dem kathartischen Impetus sicher auch die Tatsache, daß es sich um »kein Anklagestück, kein Schreistück, kein Rachestück handelt«.[209] Selbst der Schluß bleibt versöhnlich, denn man hört Annes Stimme sagen, sie glaube trotz allem »noch an das Gute im Menschen« (149).[210] Die verstärkte Publikation deutscher Holocaust-Stücke fällt darüber hinaus mit der Änderung des StGB (1954) zusammen, d.h. dem Gesetz über den Beitritt der Bundesrepublik zur Konvention vom 9. Dezember 1948 über Verhütung und Bestrafung des Völkermordes, das eine steigende Zahl an Ermittlungsverfahren nach sich zieht und das Geschichtsbewußtsein der Bevölkerung schärft.[211] Verbindendes Merkmal bleibt allerdings bis hin zu Hochhuths *Stellvertreter* die Personalisierung des Konflikts.[212] D.h. auf das Infragestellen der ›großen Erzählungen‹ wird *ethicae causa* nicht mit der Dekonstruktion des Subjekts reagiert, wie sie der Kollektivbildung in Technik, Wissenschaft und Krieg entsprechen würde (System ›Auschwitz‹).[213] So ist Wolfgang Altendorfs Schauspiel *Thomas Adamsohn* (1954)[214] auf den jüdischen Protagonisten zentriert, der im Zuge der ›Säuberungsaktionen‹ aus einem Internat entfernt werden soll, da sonst die Sperrung des staatlichen Zuschusses droht. Während sich der Schuldirektor und seine Frau – der Konsequenzen voll bewußt – gegen den Regierungsbeschluß stellen, bleibt das übrige Kollegium uneins, lehnt sich jedoch nicht auf. Als Thomas von den Restriktionen erfährt, die man um seinetwillen in Kauf nimmt, begeht er absichtsvoll einen Diebstahl, der allerdings im Wissen um die wahre Sachlage nicht geahndet wird. Der Junge stürzt sich sodann aus dem Fenster. Aber sein Opfertod bleibt sinnlos: Das Internat wird wegen »Versäumnis der Aufsichtspflicht« geschlossen (140). Diesem Suizid

---

206 Drewitz: [Brief an:] Anat Feinberg [vom] 20.10.[19]81. Ich danke Frau Feinberg herzlich für die Übersendung der Briefkopie.

207 Drewitz: Hinterm Fenster die Stadt (1985), S. 11.

208 Vgl. Hadamczik u.a. (1978), S. 16.

209 Goodrich/Hackett: Das Tagebuch der Anne Frank (1955), S. 2 ([Rezension von] Eric Burger).

210 Die nicht-deutsche Provenienz des Stücks erlaubt es, »auch fragwürdige Judengestalten zu präsentieren, ohne daß sie Anstoß erregt hätten« (Bayerdörfer [1996a], S. 116/Anm. 46).

211 Vgl. Steinbach (1985), S. 38-50.

212 Vgl. AS 11, S. 595 (Offener Brief an Rolf Hochhuth).

213 Selbst in Weiss' Dokumentarstück *Die Ermittlung* (1965) wird das autonome Individuum nicht suspendiert, da sonst Widerstand unter kapitalistischen Bedingungen unmöglich wäre (vgl. WD 2, S. 52, 81f.).

214 UA 8. März 1956, Die Tribüne (Berlin). Altendorf erhält 1957 für sein dramatisches Gesamtwerk den Gerhart-Hauptmann-Preis der Freien Volksbühne Berlin.

aus Verzweiflung steht in Erich Maria Remarques bisher kaum rezipiertem Drama *Die letzte Station* (1956)[215] ein jüdischer Selbstmord aus trotziger Rache gegenüber, der zudem belegen soll, daß kein KZ den Willen eines Menschen vollständig brechen kann. Zunächst agiert der verletzte Jude Koch, der von der SS gefangen wird, aus »Lagerroutine« nur objekthaft. Statt seines Namens nennt er die tätowierte Nummer und entgegnet auf Nachfrage, er sei »das Judenschwein Itzig« (195). Als aber die Nachricht von Hitlers Tod durchgegeben wird, springt er blitzschnell aufs Fensterbrett und brüllt den SS-Chargen zu: »Ich kann weg! Mich kriegt ihr nicht! Aber Rache wird genommen für mich! [...] Rache an jedem von euch, für jeden von uns! Es ist zu Ende – (*schreit aus dem Fenster hinaus*) – es ist zu Ende, schlagt sie tot, erhebt euch, schlagt die Ratten tot!« Daraufhin läßt er sich nach rückwärts fallen und bleibt mit Kreuzbruch leblos auf der Straße liegen, nachdem er den exekutierten Feldwebel, »der an der Laterne hing«, im Sturz niedergerissen hat (200-202).[216]

Die Verbindung der Holocaust-Thematik mit dokumentarischen Tendenzen wird erstmals in Erwin Sylvanus' epischem Theaterstück *Korczak und die Kinder* (1957) realisiert, das den aufopfernden Einsatz des Warschauer Arztes Henryk Goldszmith für die ihm anvertrauten jüdischen Waisen nachstellt. Anat Feinberg spricht von einem »Meilenstein im deutschen Holocaust-Drama«,[217] bleibt jedoch eine Analyse des Form-Inhalt-Bezugs schuldig. Diese ist aber insofern notwendig, als Sylvanus 1958 in einer Umfrage zum absurden Theater konstatiert, daß sich für ihn »der Rang eines Bühnenwerkes« lediglich daran bemesse, »wie sehr es als ein verwirklichtes Gewissen gelten kann«.[218] D.h. die epische Darstellung bleibt wie bei Helmut Baierl (C, 4.2.4) eingebunden in die Präsupposition ›vernünftiger‹ Logik. Um deren Wirkungsgrad zu steigern, fordert Sylvanus Dekathartisierung: ›Nachdenken‹ und »Schweigen« statt »Nervenkitzel« (32). Gleichzeitig zielt er auf diskursive Fairness: Alle Positionen kommen zu Wort, und selbst dem Leiter des Einsatzkommandos, privatim spießig-liebevoller Familienvater, wird die Möglichkeit zur Verteidigung seines Lebens eingeräumt. Das Ergebnis bleibt allerdings ethisch bipolar. Während Korczak sich »in seiner Ganzheit als Mensch« nur »seinem Gott« verantwortlich fühlt,[219] ist der Offizier einem Befehlsdiskurs ergeben, der »sein ganzes Menschsein« zerstört (40). Auch die Evokation von Tod, Leid und Grauen wird weitgehend absorbiert durch die biblische Metaphorik: Der Jude Korczak übt im Gegensatz zum Christen keine »Stellvertreter«-Funktion aus, er ist selbst »Abraham und Moses« (37). Aus diesem Grund scheint es am Ende, als »läse« der Sprecher »aus seinen Händen« die sinnspendende »Vision« eines – anders als bei Julius Vogel – utopisch konnotierten Staates ›Israel‹: »siehe, ich führe euch heraus aus den Gräbern und bringe euch in das Land, das ich euern Vätern verheißen habe, wo ihr wohnen sollt, beschützt und beschirmt« (48f.). Dokumentarisch fundiert ist auch Hans Breinlingers szenischer Bericht *Konzert an der Memel* (ca. 1957),[220] der intertextuell

---

215 Das Schauspiel wird erst 1998 gedruckt. UA 20. September 1956, Renaissance-Theater (Berlin). Zu Entstehung und Rezeption vgl. Remarque: Das unbekannte Werk. Bd. 3, S. 275-282.

216 Kipphardt bietet Piscator 1958 eine Inszenierung des Dramas an »mit Ernst Busch in der Rolle des KZ-Häftlings« (SK, S. 14 [Brief vom 29. Mai]). Das Projekt wird allerdings nicht realisiert.

217 Feinberg (1988), S. 31. Vgl. auch dies. (1983).

218 Die Pariser Theateravantgardisten (1958), S. 11.

219 So konstatiert der Sprecher mit Blick auf Korczak: »Er liebte und log nie« (S. 8).

220 UA 2. Oktober 1957 (Esslingen).

auf Bechers *Winterschlacht* (1941-1953) verweist, zugleich aber »Erlebnisse des Autors« (3) verarbeitet. Im Zentrum steht Feldwebel Hermann Tirrof, der geblendet vom politisch-ökonomischen Erfolg des Regimes durch den Obergefreiten Fred Henning sukzessive vom Unrechtscharakter nazistischer Kriegsführung überzeugt wird. Als ihm SS-Sonderführer Dr. Düren den Befehl erteilt, die 287 Juden eines nahegelegenen Ghettos zu liquidieren, leistet er offen Widerstand und wird schließlich gefangengesetzt. Im Schlußbild der Zweitfassung *Gekados* (1960)[221] erfährt man, daß ein Sondergericht des Armeekorps Tirrof »zum Tode durch Erschießen verurteilt« hat (116). Movens der Distanzierung des Obergefreiten vom NS-Staat ist – wie bei Gert Weymann (*Eh' die Brücken verbrennen*)[222] und Friedrich Kolander (*Ein Rest kehrt um*)[223] – die Liebe zu einer jüdischen Frau (Claudine).

Darüber hinaus entstehen eine Reihe von Theaterstücken, die in partieller Übereinstimmung mit der DDR-Dramatik Westdeutschland als postfaschistischen Staat verstehen, in dem der Holocaust ungesühnt bleibt. So behandelt Leonhard Franks Schauspiel *Ruth* (1957/58), das nach Motiven des Romans *Die Jünger Jesu* (1949) konzipiert und mehrfach bearbeitet worden ist, das Schicksal der nach Auschwitz und dann in ein Bordell verschleppten Jüdin Ruth Bodenheim.[224] Als die Protagonistin nach Kriegsende in ihre Heimatstadt zurückkehrt, findet sie keine Orientierung mehr und muß erkennen, daß Zwischenzahl, »der Mörder meiner Eltern«, von der Justiz »nicht bestraft worden« ist (FS, 394). Ruth tötet ihn daraufhin selbst und muß vor ein Schwurgericht, das sie trotz restaurativer Tendenzen bei Staatsanwalt und Zeugenschaft freispricht. Die Greuel des Genozids werden wie bei Peter Weiss innerhalb einer Gerichtsverhandlung exponiert, und zwar »gleichgültig« faktenbezogen – sowohl hinsichtlich des ›öffentlichen‹[225] Mordes am Ehepaar Bodenheim als auch der (im deutschen Drama erstmals präsenten) Beschreibung von Abtransport und Selektion an der Auschwitzer Rampe:

> RUTH [...]: Ich kam hier auf dem Güterbahnhof in einem Viehwaggon. In dem Waggon waren schon sechzig Juden. Männer und Frauen und Kinder. Später kamen noch zwölf. *Pause.* Die Fahrt dauerte drei Tage. Wir konnten nur stehen. *Pause.* In Auschwitz wurde der Waggon aufgeschlossen. Zwei waren gestorben. *Pause.* Auf dem Bahnhof waren SS-Leute. Sie schlugen mit den Peitschen. *Pause.* Es war Nacht. Der Himmel war rot von rotem Rauch. Es waren die Öfen des Krematoriums. *Pause.* Die Angekommenen wurden sortiert – die Kinder in eine Reihe, alte Männer, junge Männer, alte Frauen und auch die jungen Frauen und Mädchen in eine Reihe. *Pause.* Auf dem Weg zum Lager lagen Tote. Weil sie aus der Reihe getreten waren, sagten die SS-Leute. *Pause.* Doktor Mengele stand am Eingang des Lagers. Er deutete nur – nach links, nach rechts, wohin die Angekommenen zu gehen hatten. Sie klammerten sich weinend aneinander, weil sie von ihren Kindern und ihren Verwandten getrennt wurden. *Pause.* Sie sahen ihre Verwandten und ihre Kinder, die sofort vergast wurden, nicht wieder.

---

221 Sie spielt 1942 statt 1941 und ist in puncto Dekoration weniger naturalistisch gehalten. Darüber hinaus wurden einige Szenen überarbeitet.

222 UA 7. Dezember 1958, Lessing Theater Nürnberg. Zum Inhalt vgl. Feinberg (1988), S. 25f.

223 Ein SS-Soldat sucht vergeblich ein jüdisches Mädchen vor dem Erschießungstod zu retten. Im letzten Bild versöhnt er sich jedoch in einer Nachtbar mit dem Bruder der Verstorbenen. Während das Stück von der christlich-jüdischen Gesellschaft unter 200 eingereichten Dramen ausgezeichnet wird, kritisiert die linksliberale Presse das Fehlen gesellschaftskritischer Elemente. Gerhard Weise von der Frankfurter Rundschau findet die Schlußwendung »[s]chauerlich« (vgl. Woche des christlichen Theaters [1958], S. 5).

224 Die Uraufführung findet 1962 in Gera statt.

225 »Viele Mitläufer wandten sich entsetzt ab und gingen fort« (FS, S. 399).

Pause. In dieser Nacht kamen noch tausend Juden nach Auschwitz. Am Morgen lebten noch hundert (FS, 412f.).

Kontinuitäten zwischen Drittem Reich und Bundesrepublik sucht auch Joachim Wichmann in seinem Schauspiel *Keine Zeit für Heilige* (1958)[226] aufzudecken. Im Mittelpunkt der Handlung steht das Treffen zweier Brüder, die sich nach Jahren zum ersten Mal wiedersehen. Während Andreas ein Gegner des Nationalsozialismus war, jeden Widerstand aber für zwecklos ansah, hat sich Johannes unter Ausnutzung der Rassengesetze das Geschäft der Eltern seiner jüdischen Frau angeeignet. Nach Kriegsende heiratet er unter falscher Identität eine »wiedergutmachungsberechtigte jüdische Partie« (19) und wird schließlich »Spitzenkandidat« für den Bundestag (23). Die eigenen Verbrechen lastet er seinem Bruder an, dessen Forderung nach Vergangenheitsbewältigung erfolglos bleibt. Andreas ist schließlich eine soziale »Rarität«, sein Kampf gegen das Vergessen »kurios« und »abnorm« (36). Dennoch persistiert die »Wahrheit« im Nebeneinander der Existenzformen: »Wir sind sie beide zusammen. Was du bist, kann ich doch nicht töten. Aber was ich bin, das darf auch nicht sterben« (68).

In Stefan Andres' Drama *Sperrzonen* (1958)[227] endet die Verdrängung der eigenen Schuld dagegen tragisch. Ein deutsches »Städtchen« sucht – wie Hubaleks ›germanisiertes‹ Theben (C, 4.2.5) – das Vorkriegsrenommee als Kurort wiederzuerlangen. Dazu plant man u.a. die Errichtung eines Europäischen Jugenddorfes. Bei der Besichtigung des Baugeländes wird allerdings entdeckt, daß dort zweitausend KZ-Insassen begraben liegen, darunter »natürlich Jüdinnen« (9). Um dem Ruf der Bäderstadt nicht zu schaden, riegelt man das Gelände ab und beschließt, die Toten einzuplanieren.[228] Studienassessor Winfried Welch (dessen Name auf die revolutionäre Geisteshaltung der Franzosen verweist) spricht sich gegen solche »Sperrzonen des Wissens« (31) aus und will Oberstudiendirektor Dr. Karl Kaiser zwingen, sich im Rahmen einer Totenfeier zur Bedeutung des Friedhofs zu bekennen. Letzterer zeigt sich entsetzt, wird aber durch Gerda Ohligschläger, die ehemalige KZ-Oberaufseherin, daran erinnert, daß er selbst den Massenmord hätte verhindern können. Denn seine Frau Ilse, früher Lagerärztin, wäre imstande gewesen, den Kommandanten durch eine tödliche Injektion zu beseitigen. Kaiser muß einsehen, daß er den »sittlichen Mut« (32) nicht aufbringen konnte, die Opfer zu retten. Während das öffentliche Bekenntnis ausbleibt, wird die Sühne privatim vollzogen. Kaiser überantwortet sich der Oberaufseherin, die zuerst ihn und dann sich selbst erschießt. Die Logik des Letalen ist allerdings durch Oberbaurat Gregor Schnei-

---

226 UA 7. Dezember 1958, Deutsches Theater Göttingen.

227 UA 23. August 1957, Staatstheater Oldenburg. Das Schauspiel, für das Andres den »Dramatikerpreis 1957 der Stadt Oldenburg und des Oldenburgischen Staatstheaters« erhält, entsteht zwischen Mai und Juli desselben Jahres. Als Reaktion auf die Pressekritik an seiner ›leitartikelhaften‹ Sprache überarbeitet der Autor das Stück; die Neufassung kommt allerdings nicht zur Aufführung (vgl. Conrad [1993], S. 14). Nach Ansicht von Nordstrand (1968) ist das Drama »schon 1950« entstanden (S. 147).

228 Für Conrad (1993) »liegt« es »nahe«, daß Andres zu seinem Stück »durch den Fall des damaligen Bürgermeisters von Westerland/Sylt namens Rheinefahrt« angeregt wurde. »Ein sowjetzonales Filmteam entlarvt ihn 1956 nicht nur als langjähriges SS-Mitglied, sondern beschuldigt ihn auch, der ›Henker von Warschau‹ zu sein«. Als weiteres Bezugsereignis käme der »Schwurgerichtsprozeß« in Frage, »der 1957 in Arnsberg NRW stattfand: sechs ehemalige SS-ler, inzwischen alle längst wieder in Amt und Würden, waren angeklagt, zwischen dem 21. und 23. März 1945 zweihundertacht Fremdarbeiter hingerichtet zu haben« (S. 25).

der in Frage gestellt, der auf Ohligschlägers Diktum: »Hört doch und begreift's – nur so werden Gräber, die sich öffneten, geschlossen«, mit der Frage antwortet: »Nur so?!« (124). Tatsächlich könnte nach Andres selbstkritische Erschütterung einen Neuanfang ermöglichen. Dazu müßte jedoch der »Großteil der heutigen deutschen Seele« Abstand nehmen von »ihrer kopflosen Flucht vor der Verantwortung«.[229]

Eine ähnliche Konfrontation mit der NS-Vergangenheit führt auch in Hans-Joachim Haeckers Einakter *Dreht Euch nicht um* (1961),[230] der von der Forschung bisher kaum beachtet wurde, zu tödlichem Ausgang – allerdings ohne positive Perspektive. Für den Autor existiert nämlich »ein Bereich, in dem nicht mehr geprüft, bekannt, bejaht oder verneint wird, sondern nur noch das, was auf den Menschen zukommt, angenommen werden kann«. Die Judenvernichtung gewinnt damit im Rekurs auf C.G. Jung eine mythische Dimension: So kann Joseph Tibor vom Leichenkommando den Genozid in Lodz 1942/43 nicht vergessen. Er trägt »sein Grauen mit sich« »wie ein Epos, das er immer wieder hersagen muß« (114). Als er am Bahnhof zufällig die beiden Holocaust-Überlebenden Rebekka und Mirjam trifft, geht er ihnen nach und bittet sie, als Zeugen auszusagen gegen Plumpsack, den »Mann, der die Frauen und Kinder aussuchte und töten ließ« (23). (Der ehemalige SS-Offizier ist inzwischen mit neuem Paß Leiter einer Personalabteilung geworden.) Noch immer traumatisiert wehren sich die Jüdinnen gegen das Erinnern und »vergeben« dem Totengräber »alles«; sie »wollen mit der Sache nichts mehr zu tun haben« (25). Aus Angst vor einer drohenden Anzeige verfolgt Plumpsack Tibor bis zur Wohnung der beiden Schwestern. Dort kommt es zum Kampf, der Haeckers Lesart gemäß zwischen »Vision« und »Wirklichkeit« oszilliert, weil deren Trennung »sehr nebensächlich« sei. Aus diesem Grund verabschiedet der Autor auch die Möglichkeit einer ›realistischen‹ Lösung: Die Gegner »reden nicht«, sondern erstarren zum beredten Spannungsbild – Dantes Inferno ähnlich, »wo die sich hassenden Verdammten sich einander verbeißen in Ewigkeit« (113-115).

Der psychologischen Deutung des Holocausts steht Ende der fünfziger Jahre erstmals ein westdeutscher Versuch gegenüber, den Genozid marxistisch zu funktionalisieren. In Thomas Christoph Harlans[231] Chronik *Ich selbst und kein Engel* (1958)[232] geschieht dies wie bei Sylvanus episch-dokumentarisch. Das Stück behandelt mit Blick auf »gegenwärtige Verhältnisse« wie »drohende Kriege« in Nahost »Kampf und Untergang des Warschauer Ghettos« als Spiel im Spiel.[233] Dabei werden die einzelnen Szenen von einem jüdischen Arbeitertheater aufgeführt, dessen Mitglieder die Idee des Sozialismus auf einer »Kollektivfarm in Nordgaliläa« verwirklichen. Die Synthese von Altem Testament und Lenin dient u.a. dem Ziel, die israelischen »Landsleute – und die Regierung – eines Besseren zu belehren« (9f.). Gleichzeitig ist der Genozid-Diskurs

229 Vgl. Andres: Lieber Freund – lieber Denunziant, S. 30.

230 UA 21. April 1961, Schauspielhaus Bochum. Die Erstfassung, die 1957 entsteht, ist »noch fünfaktig« geplant (Haecker: Dreht euch nicht um, S. 113).

231 Der Autor ist der Sohn Veit Harlans, der die NS-Propagandafilme *Jud Süß* (1940) und *Kolberg* (1945) gedreht hat.

232 UA 17. November 1958, Kongreßhalle Berlin. Das Theaterstück ist in keiner westdeutschen Literaturgeschichte erwähnt.

233 Auch der in den Westen emigrierte Dramatiker Heinar Kipphardt denkt 1960 daran, »der grossen Aktualität wegen« ein »Stück über den Warschauer Ghettoaufstand« zu schreiben. »Materialarbeiten«, so der Autor gegenüber Piscator, »habe ich schon vor längerer Zeit gemacht« (KS, S. 228 [Brief vom 25. Januar 1960]).

desentimentalisiert: Alle Schauspieler sind Juden, darunter sowohl Holocaust-Überlebende als auch solche, die bereits im neuen Staat geboren sind. Den »unbeschreiblichen Verhältnissen« im Ghetto entsprechend werden Kinder »grundsätzlich von Erwachsenen oder sogar alten Menschen dargestellt« (7). Zudem beschließen die »Genossen« (9), damit psychische Probleme bei den Kibbuzim vermieden werden, »Abtransport« und »alle Mörder« zu streichen. Denn niemand ist bereit, einen »Christen« (Deutschen) zu spielen. Letztere werden dadurch jenseits des Humanen verortet. Sobald ihre Präsenz gefordert ist, erscheinen sie als die »Grauen«, die »kein Mensch« waren (12-14). Harlan nimmt hier die ›anti-objektive‹ Poetik von Peter Weiss' Dokumentartheater vorweg.[234] Wie bei Julius Vogel scheint der Staat der Juden aber nur dann sicher vor der Gefahr eines postfaschistischen Traums von »Groß-Israel« (74), wenn er sich dem sozialistischen Kosmopolitismus öffnet. Lejb Goldfiszlajn formuliert die Alternative im Schlußbild: »Wer nicht rot ist, ist grau« (89) – eine Aussage, die während der Uraufführung zu Protesten Anlaß gibt, während sie von der DDR-Kritik wohlwollend verbucht wird.[235] Die Bundesrepublik erscheint bei Harlan nämlich als neonazistischer Staat, der sich durch Wiedergutmachungszahlungen »Vergeßlichkeit« (15) erkaufen will, während die Verantwortlichen des Massakers in ihm unbehelligt leben können.[236]

Der Kritik am Holocaust-Tabu steht die Warnung vor fortgesetztem Rassismus in Westdeutschland (bzw. den USA)[237] gegenüber. So behandelt Erwin Sylvanus in seiner szenischen Reportage *Zwei Worte töten* (1959)[238] die Affekthandlung von Louis Antonya, der einen deutschen Halbstarken ersticht, weil jener die Verlobte des farbigen Soldaten, Ruth Benzin, als »Negerhure« beschimpft (139). Antonya wird dafür von einem kanadischen Gericht zu fünf Jahren Zwangsarbeit verurteilt. Wie im *Korczak* ist die Handlung episch nachgestellt und auf den Gewissensentscheid ausgerichtet. Am Ende erhält der Spießbürger Eugen das Messer, woraufhin er die banale Geschichte, die er unbedingt erzählen möchte, vergißt und die Zuschauer mit den Worten anklagt: »Das ist Ihr Messer. Ihr Messer. Sie haben getötet. Sie! Ich bin Zeuge!« Und der »Unbekannte«, der Spielleiterfunktion ausübt, fügt ebenfalls ad spectatores hinzu: »Er ist Zeuge. Und nun beginnt das Stück erst. Sie spielen es. Gute Nacht!« (144). Dieselbe Appellstruktur bestimmt Sylvanus' drittes Bühnenwerk *Unterm Sternbild der Waage* (1960), in dem der Versuch subvertiert wird, die deutsche Vergangenheit parabolisch zu gestalten. Denn das dem Intendanten Bauermann angebotene Schauspiel des Autors Stefan Bee, das denselben Titel wie Sylvanus' Werk trägt, stellt Drittes Reich und Holocaust in spätantiker Verfremdung dar. Als Bee durch einen anonymen Brief erfährt, daß er das »Recht« besitzt, »heute der Autor dieses Stückes zu sein« (17), beginnt er, es mit den Gästen der Von-Breitnerschen Pension einzustudieren. Die Probenarbeit wird sukzessive von der Gegenwart überblendet, wobei sich die Beteiligten als Muster deutscher ›Restauration‹ erweisen: Sie sind dekadent, nationalistisch, verführbar. Schließlich konstatiert Bee das »absurde Ende eines absurden Stückes« (88): Der Genozid hat

234 Vgl. Weiss: Das Material und die Modelle (1968), S. 55.

235 Vgl. Riewoldt (1978), S. 108f.

236 Harlan verfaßt daher eine Protestnote an den Deutschen Bundestag, in der die Bestrafung sämtlicher NS-Verbrecher gefordert wird (vgl. Feinberg [1988], S. 32).

237 Vgl. Weisenborn: Luiza Lee (1956).

238 UA 30. Mai 1959, Deutsches Theater Göttingen (Regie: Heinz Hilpert). Trotz einer weiteren Aufführung an den Bühnen der Landeshauptstadt Kiel bleibt das Stück ein Mißerfolg.

auch im Nachspielen stattgefunden und scheint somit »jeder Zeit« wiederholbar (85). Bauermann lehnt das Werk daraufhin ab, während Bee den Ort des Geschehens verläßt – in Begleitung des algerischen Studenten Benhabilles, seines neuen Geliebten, den er kraft theatralischen Exempels vor »einem solchen Leben« »gerettet« hat (89).

Sieht man von vereinzelten Erwähnungen ab, finden sich in der DDR-Literatur wenige Theaterstücke, die sich schwerpunktbezogen mit dem Holocaust auseinandersetzen. Die Juden besitzen keinen besonderen Status, sind Opfer unter anderen und meist eingebunden in den antifaschistischen Widerstand. Hierbei existieren zwei Strategien: Die erste zielt auf Kon-, die zweite auf Divergenzbildung. So findet sich bei Friedrich Wolf (infolge seiner Herkunft) die Tendenz, den Zusammenhalt zwischen Juden- und Deutschtum im »Geistesbündnis«[239] von Goethe, Mendelssohn und Lessing zu revitalisieren. Mit der Staatsgründung setzt sich zunehmend das Totalitarismus-Modell durch, demgemäß nach Kriegsende nur Ostdeutschland eine ›Zeitenwende‹ erlebt hat. Vergangenheits- und Gegenwartsbezug fallen zusammen in der Kritik am imperialen Westen. Nicht Schuldbekenntnis und historische Aufarbeitung bezeichnen den ›Gerichtstag‹ des deutschen Volkes, sondern dieser ist verwirklicht worden durch die Maßnahmen der SBZ-Militärregierung: Befreiung des öffentlichen Lebens von allen faschistischen Einflüssen, Enteignung der Kriegsverbrecher, Entmachtung des Monokapitals, Aufteilung des Großgrundbesitzes sowie Einleitung der großen Sozial- und Bildungsreformen.[240] Auch für Heiner Müller ist Auschwitz primär »*Altar*« pervertierten Kapitalismus.[241] Im Unterschied zum affirmativen Diskurs integriert er die Thematik jedoch dem weiteren Kontext der Aporie Körper/Idee. Derzufolge ist aller Geschichte das Paradox eingeschrieben, das Triebhaft-Anarchische disziplinieren und totale Selektion verhindern zu müssen (B, 6.2.1). Der Holocaust erscheint damit als neuralgischer Punkt von Ordnungssystemen: Es ist »das Gute«, das »[n]ach Auschwitz« führt,[242] denn auch dort versucht man wie die *Irre von Chaillot* weltverändernd ›auszuwählen‹.[243]

Zu den wenigen sozialistischen Nachkriegsstücken, die sich eingehender mit der Judenverfolgung befassen, zählt Johannes R. Bechers *Weg nach Füssen* (1953), eine Neufassung des Stationendramas *Das Führerbild* (e 1942 / v 1946), in dem die ›deutsche Tragödie‹ von der Machtergreifung über den Reichstagsbrand bis zur Niederlage an der Ostfront dargestellt wird. Die fünfte Szene des dritten Aktes thematisiert dabei mit Blick auf den Bankier Rosenzweig die widerrechtliche Aneignung jüdischen Kapitals durch das faschistische Großbürgertum. Präsent ist der Holocaust auch beim frühen Heiner Müller, der 1949/50 ein Stück schreibt »frei nach Sartre, über einen KZ-Kommandanten, der im Jenseits eine Jüdin wiedertrifft, die er im KZ hat umbringen lassen. Und die beiden verlieben sich ineinander« (MK, 59). Darüber hinaus sind im Nachlaß Exposé und Entwürfe zu der ›optimistischen Tragödie‹ *Held im Ring. Festliches Requiem für Werner Seelenbinder* zu finden, das 1951/52 in Zusammenarbeit mit Vilmoš Korn entsteht und bei der Eröffnung der Werner-Seelenbinder-Halle gespielt werden soll. Die Aufführung kommt allerdings nicht zustande. Im Mittelpunkt der Handlung steht der kommunistische Arbeitersportler, der 1933 bei öffentlichen Wettkämpfen den

[239] Wolf: Vortragskonzept von 1943/44 (zit.n. Müller [1990b], S. 830).
[240] Vgl. Kipphardt: Zu »Nathan der Weise« und »Gerichtstag« (1957), S. 16.
[241] [H. Müller:] Denken ist grundsätzlich schuldhaft (1990), S. 16.
[242] Müller: »Jenseits der Nation« (1991), S. 27.
[243] Vgl. Daiber (1976), S. 53.

Hitlergruß verweigert, daraufhin eingesperrt und ermordet wird. Die im dritten Band der Werkausgabe abgedruckten Szenen heben vor allem den Antisemitismus der SS hervor (MW 3, 19-21). Danach ist die Shoa erst wieder bei Alfred Matusche virulent. Sein Drama *Der Regenwettermann* (ca. 1961) spielt in einer ostpolnischen Stadt, wo am Vorabend des Überfalls auf die Sowjetunion deutsche Soldaten ansässige Juden erschießen sollen. Protagonist ist der literarisch interessierte Soldat Gleß, dem die eigene Tätigkeit zunehmend fragwürdig wird und der sich immer wieder an einen Mann erinnert, der bei Hitlers Machtübernahme im Regen schrie und wenig später verschwand. Entscheidungsunfähig begeht Gleß schließlich Selbstmord, während der junge Dani vor der Exekution gerettet wird. Die KZ-Thematik ist im DDR-Drama stärker präsent, allerdings bleibt der kommunistische Widerstand zentral (Nell, Zinner)[244] bzw. die Erkenntnis, daß die Westjustiz keine Gerechtigkeit schaffen kann (Pfeiffer).[245]

Die positive Ausrichtung des Peripetie-Diskurses manifestiert sich in einer großen Zahl zukunftsbezogener Wandlungsdramen. Katalytisch wirken hierbei neben den ›Katastrophen‹ Rußlandfeldzug (Stalingrad) und Holocaust (Auschwitz)[246] vor allem Kriegserfahrung (Leid, Unglück, Tod)[247] und ethisch-politische Perversion.[248] Positive Faktoren sind Liebes-[249] bzw. Ordnungserlebnis.[250] Die Wandlung selbst kann unterschiedliche Reaktionen hervorrufen: Desertion,[251] Herrschaftsverzicht,[252] Teilnahme am Widerstand sowie im Nachkriegskontext Fokussierung auf Wiederaufbau und Sozialinitiative (B, 2.2). Der letztgenannte Aspekt bestimmt insbesondere das Heimkehrerdrama, dem Ralf Trinks 2002 eine ausführliche Studie gewidmet hat. Trotz philologischer Akribie – und hier zeigt sich die Notwendigkeit konsequenter Erforschung der Nachkriegsepoche – kennt selbst Trinks keineswegs alle relevanten Bühnenwerke. Hinzu kommt eine restriktiv gefaßte Definition, die nur jene »*Zeitstücke*« bis 1950 umfaßt, »*die – von einer zentralen Heimkehrerfigur in einer Gegenwartshandlung ausgehend – auch die unmittelbare Vergangenheit thematisieren und die Frage nach einer Zukunftsperspektive aufwerfen*«.[253] D.h. intertextuell oder historisch verfremdete Schauspiele fehlen ebenso wie entsprechende Dramen der nachfolgenden Dekade.[254] Des weiteren

---

244 Nell: Die Eysenhardts (1950), Zinner: Der Teufelskreis (1953), dies.: Ravensbrücker Ballade (1961).

245 Pfeiffer: Hamlet in Heidelberg (1958). Vgl. B, 1.2.1.

246 Schäfer: Die Verschwörung (1949), Kolander: Ein Rest kehrt um (1957), Breinlinger: Konzert an der Memel (ca. 1957).

247 Roßbacher: Söhne (1945), Lommer: Der General (1946), Wolf: Wie Tiere des Waldes (1947), Strudthoff: Der Gast (ca. 1948).

248 Andres: Tanz durchs Labyrinth (1946), Sauer: Der Staatsstreich (1946), Schmitthenner: Ein jeder von uns (1947), Stolle: Mensch an der Wende (1948), Rehfisch: Bumerang (1960).

249 Vgl. Becker-Trier: Keine Angst vor morgen (1946), S. 80; Denger: Wir heissen Euch hoffen (1946), S. 24; Spethmann: Heimkehr (1947), S. 59; Bostroem: Die Kette fällt (1948), S. 10 und Weymann: Eh' die Brücken verbrennen (ca. 1955), S. 124. Siehe auch B, 2.3.

250 Vgl. Rohde: Ein anderes Land (1946), S. 1; Langner: Dramen I, S. 73 (Heimkehr [1949]) und Altendorf: Starkenburg (1955), S. 60.

251 Sauer: Signal Stalingrad (1945), Goertz: Peter Kiewe (1946), Wolf: Wie Tiere des Waldes (1947), Roßbacher: Deserteure (ca. 1948), Rohk: Der weichende Schatten (1949). Vgl. hierzu mit Blick auf das Heimkehrerdrama Trinks (2002), S. 65-78.

252 Leisner: Ich bin kein Napoleon (1949), Zuckmayer: Barbara Blomberg (1949).

253 Trinks (2002), S. 13. Vgl. kritisch W.G. Schmidt (2004).

254 Rehfisch: Oberst Chabert (ca. 1950-1955), Rossmann: Eine Tür geht auf (1955), Wittlinger: Kennen Sie die Milchstraße? (1956), ders.: Kinder des Schattens (1957), Zuckmayer: Die Uhr

werden nur Figuren berücksichtigt, die Fronterfahrung haben, also nicht aus Exil oder KZ zurückkommen. Nichtsdestoweniger lassen sich nach philologischer Neusichtung die von Trinks gelisteten Werke (insgesamt 31) um weitere neun ergänzen.[255] Die Hauptthese der Arbeit muß daher teilweise revidiert werden. So begegnet die erfolglose Reintegration des Veteranen zwar eher selten, aber keineswegs nur bei Borchert. Auch Wolfgang Altendorfs Schauspiele *Die Heimkehr* (1946) und *Jeder geht seinen Weg* (1948) enden gleichfalls tragisch-resignativ, und in Stefan Andres' Drama *Ein Herz, wie mans braucht* (1944/45) bleibt offen, ob Heimkehrer Nikolaus, der bei einem Bombenangriff Frau und Kinder verloren hat, den Verlust überwinden kann.[256] Auch Heiner Müllers Stück *Der Heimkehrer* (ca. 1948), das sich inhaltlich kaum rekonstruieren läßt, ist nicht gemeinschaftsbildend orientiert.[257] Obwohl Nationalsozialismus und Holocaust in den von Trinks behandelten Dramen weitgehend ausgespart sind, findet keine Suspension der Vergangenheitsbewältigung statt, sondern eine ›Verschiebung‹ bzw. Fragmentarisierung. Der Landser erscheint in der Opferrolle, und die Kriegsdarstellung beschränkt sich auf die Zeit nach der Stalingrad-Wende. Weitere Leerstellen sind die fehlende Reflexion über die Gründe der Niederlage sowie der weitgehende Verzicht auf Fronterlebnisse. Als überaus präsent erweist sich dagegen das Thema ›Desertion‹, das von der Geschichtswissenschaft erst seit Mitte der achtziger Jahre verstärkt diskutiert wird.[258]

In marxistischen Theaterstücken ist der Wandlungsdiskurs meist auf den Rußlandfeldzug bezogen und von wenigen Ausnahmen abgesehen (Becher, Kubsch, Bieleke)[259] ein Ereignis der späten fünfziger Jahre. Die Zunahme entsprechender Dramatik erweist sich dabei auch als Resultat öffentlicher Kritik. Ludwig Renn beklagt 1956 das Fehlen einer DDR-Literatur »über den Krieg«.[260] In der Tat erscheinen militärische Auseinandersetzungen bei Peter Hacks stark choreographiert, wodurch die Greuel der Schlacht schwinden.[261] Aber selbst die Affirmativstücke von Horst Enders, Hans Lucke und Manfred Richter zielen weniger auf realistische Kampfdarstellung denn Einsichtnahme in die Regeln sozialistischen Weltverhaltens.[262] Die Synthese von Kriegserlebnis und

---

schlägt eins (1961). Die These von Trinks (2002), der »Heimkehrer« trete nach 1950 »von der Bühne ab« (S. 18), erweist sich daher als unzutreffend.

255 Andres: Ein Herz, wie man's braucht (1944/45), Altendorf: Die Heimkehr (1946), ders.: Jeder geht seinen Weg (1948), Becker: Der Tor des Herrn (1946), Spethmann: Heimkehr (1947), H. Müller: Der Heimkehrer (ca. 1948), Rohk: Der weichende Schatten (1949), Hartlaub: Das Gebot der Stunde (ca. 1949/50), Bieleke: Baugeschäft Menzel (1950).

256 Vgl. Andres: Ein Herz, wie mans braucht (1944/45), S. 55.

257 Müller schreibt 1992 in *Krieg ohne Schlacht* über sein »Heimkehrerdrama im Stil von Georg Kaiser«: »Ein Mann kommt aus dem Krieg. Bevor er Soldat wurde, hatte er eine Kneipe. Nun kommt er zurück, und die Frau treibt es mit dem Kellner, und der Kellner heißt Napoleon. Eine Bruckner-Kopie über die Krankheit der Jugend nach dem Zweiten Weltkrieg. Der Böse zitiert Ernst Jünger, der Gute will den Sozialismus aufbaun, aber der Böse zieht den Guten in den Abgrund« (MK, S. 59f.).

258 Vgl. Trinks (2002), S. 94-98, 207, 103ff., 41f., 50-53, 65-78.

259 Becher: Winterschlacht (1941-1953), Der Weg nach Füssen (1942-1953), Kubsch: Ende und Anfang (1949), Bieleke: Baugeschäft Menzel (1950).

260 Renn: Weshalb keine Literatur über den Krieg? (1956), passim.

261 Vgl. Ketelsen (1981), S. 348.

262 Enders: Stützpunkt Trufanowo (1957), Lucke: Der Keller (1957), Richter: Die Insel Gottes (1959). Zum Inhalt der Stücke von Lucke und Richter vgl. Haase u.a. (1977), S. 391f., 400.

Wandlung ist allerdings Interimsphänomen und wird bereits 1961 auf dem V. Schriftstellerkongreß ex cathedra für beendet erklärt. So konstatiert Präsidentin Anna Seghers, es bestehe keine Notwendigkeit mehr, sich mit der Vergangenheit zu befassen. Das »Kollektivgedächtnis« habe »für die kommenden Generationen zum letzten Mal Zeugnis abgelegt« – »nicht nur über den zweiten [sic!] Weltkrieg, sondern über die Zeit der Kriege, die barbarische Vorgeschichte«.[263]

Im negativen Diskursmodus basiert die Peripetie auf dem Nachweis der Sinnlosigkeit des Krieges,[264] um diese Erkenntnis für die pazifistische Neuausrichtung einsetzen zu können. Militärische Konflikte sind hier Ausdruck des Chaos: In ihnen herrscht ein »Wahnsinn«,[265] der alle verläßlichen Maßstäbe zerstört. »Es ist kein Oben – ist kein Unten« mehr,[266] und jedes Handeln scheint sinnlos. Aber selbst das Absurde bleibt kontrollierbar durch die Einbindung in ›Parallelgeschichten‹ wie das Scheitern Alexanders des Großen,[267] Napoleons Niederlage in Rußland,[268] das Ende des Ersten Weltkriegs,[269] die Schlacht bei Cheprew,[270] Hitlers Volkssturm,[271] den französischen Vietnam-Krieg.[272] Im Unterschied zum Permanenzbereich dient die Wiederkehr des Gleichen hier nicht der Destruktion von Sinnstrukturen, sondern deren Restituierung. Denn – so die provozierte Gegenthese – nur im Frieden ist die Welt transparent und kalkulabel, weil der Mensch hier nicht auf Funktionen reduziert wird.

Aus diesem Grund entstehen vor allem in den fünfziger Jahren eine Reihe von Dramen, die den Nonsens unreflektierten Gehorsams darstellen. Prototyp ist (trotz Vorläufer)[273] Claus Hubaleks Komödie *Der Hauptmann und sein Held* (1953),[274] eine von Brechts *Schweyk*-Adaption inspirierte Satire auf den deutschen Militarismus. Im Zentrum der Handlung steht der junge Rekrut Kellermann, der bei einem Luftangriff das Formular für die Verleihung des Eisernen Kreuzes mit dem eigenen Namen versieht. Das dadurch erregte Aufsehen läßt ihn eine entsprechende Pioniertat erfinden. Da Kellermanns Vorgesetzter, Hauptmann Eisenblätter, seit langem auf Beförderung hofft, präsentiert er selbst dem General seinen ›Helden‹. Die Entdeckung des Betrugs trifft den inzwischen zum Regimentskommandanten avancierten Eisenblätter trotz allem hart. Als er Kellermann Anfang Mai 1945 wiedertrifft, will dieser gerade zum Feind

---

263 Seghers: Tiefe und Breite in der Literatur (1961), S. 4.

264 Peitsch (1995b) weist zu Recht darauf hin, daß sich jenes Deutungsmuster mitunter »auf die Idee des militärischen Siegs« bezieht (S. 100).

265 Rutenborn: Durst (1947), S. 48. Auch Artur Müllers Schauspiel *Wacht auf, Verdammte dieser Erde* (ca. 1950) zeigt den Nonsens des Krieges am Beispiel von Hitlers Rußlandfeldzug.

266 Rehfisch: Ausgewählte Werke. Bd. 2, S. 230 (Oberst Chabert [ca. 1950-1955]).

267 Bernhard: Herr der Welt (1946).

268 Neumann/Piscator/Prüfer: Krieg und Frieden (1955). Vgl. A, 3.2.2.

269 Fischer-Föbus: Das jüngste Gericht (1947).

270 Drolinvaux: ...Zeppelin...Dora...0,52... (1948).

271 Vgl. Sylvanus: Unterm Sternbild der Waage (ca. 1960), S. 81.

272 Honold: Geschwader Fledermaus (1954).

273 Vgl. Illing: Die grosse Flut (1947), S. 64f.; Schneider: Der Kronprinz (1948), S. 77f.; WW 6, S. 107 (Wie Tiere des Waldes [1947]); Bostroem: Die Kette fällt (1948), S. 52f.; Scholz: Nein (1948), S. 41f.; Reif: Deutsche Tragödie (1949), S. 57 und Goertz: Das Leben kein Traum (ca. 1950), S. 6.

274 UA 17. Januar 1954, Theater am Kurfürstendamm (Berlin) [Regie: Oscar Fritz Schuh]. Der Autor erhält für sein Drama 1953 den Gerhart-Hauptmann-Preis, 1955 den Dramatiker-Preis des Deutschen Bühnenvereins.

überlaufen. Wenig später müssen beide in amerikanische Kriegsgefangenschaft. Während der kurzen Abwesenheit der US-Soldaten gelingt es Eisenblätter, ein Gerichtsverfahren gegen den Deserteur einzuleiten. Die Exekution, die in der Erstfassung noch vollzogen wird, findet in der Bühnenversion (auf Anraten Oscar Fritz Schuhs) nicht mehr statt. Die US-Soldaten kehren rechtzeitig zurück. Durch das Konzentrieren auf den ›funktionalen Menschen‹, das auch spätere Dramen des Autors kennzeichnet (B, 4.2.5), antizipiert Hubalek Fragestellungen, die zu Beginn der sechziger Jahre an Virulenz gewinnen.[275] Positives Gegenbild bleibt allerdings noch immer das *totum humanum*, das den ethischen Diskurs weitgehend bestimmt (B, 1.).

1.2.3 Dynamische Geschichte II: Der ›dritte Weg‹ als Lösung weltpolitischer Aporien

Vor allem während des Kalten Krieges verweigern sich einige Nachkriegsdramatiker der Alternative Permanenz/Peripetie und fragen statt dessen nach der Möglichkeit neuer Synthesebildung. Die Suche nach einem ›dritten Weg‹ bleibt zwar kein nationales Phänomen, gewinnt in Deutschland jedoch besondere Virulenz, weil hier das Zentrum des ›Bruchs‹ liegt: Die Heimat ist ein von Grenzen durchzogenes Staatsgebiet, dessen Teile sich immer mehr auseinanderleben und geographische Relationen außer Kraft setzen: »Zur westlichen Welt gehört Japan und zur östlichen Welt gehört Thüringen«. Die Spaltung Deutschlands wird damit Movens für die Suspension dualer Logik: Gegensätze wie ›Himmel‹ (Westen) und ›Hölle‹ (Osten) scheinen weder politisch noch anthropologisch aufrechtzuerhalten, denn – so Jürgen Rühle 1955 – die »Front zwischen Gut und Böse« geht letztlich »durch jeden Menschen mitten hindurch« (TiG, 84, 80, 85).

Vor diesem Hintergrund entstehen während der gesamten Nachkriegszeit Dramen, die den Totalitätsverlust im Brennpunkt der Liebes- bzw. Familienkonstellation behandeln.[276] Die Bruchzone kann dabei historisch und/oder intertextuell fundiert werden. So verlegt Walter Gutkelch seinen Einakter *Die vergeblichen Schatten* (1950) nach Korea.[277] Die Handlung ist teleologisch aufgebaut: Der alte Prediger Shanjan und der junge Sozialist Kim müssen erkennen, daß der Mensch wie das Land »in zwei Teile zerrissen ist« (38) und nur durch »Nachsicht und Liebe« zur Einheit zurückfinden kann (52). Daher adoptiert der Vater schließlich den neuen ›Sohn‹, der ihm als Folge des ideologischen Kampfes den alten getötet hat. Auch in Ingeborg Drewitz' Drama *Der Richter* (1952) schafft die bipolare Weltlage »Spinnfäden«, die so »klebrig« sind, daß »keine Möglichkeit mehr« existiert, sich unversehrt »zu befreien«. Während der Protagonist durch Einsatz im Kleinen Humanität für den Sozialismus sicherzustellen versucht, flieht sein Sohn als Mitglied einer Widerstandsgruppe nach Westen. Trotz Kritik am DDR-Regime bleibt die Lösung an einen ›dritten Weg‹ gebunden, an »etwas anderes«,

---

275 Vgl. Kipphardt: Der Hund des Generals (1960/61) und Walser: Eiche und Angora (1962).

276 Zu den biologisch-anthropologischen Implikaten vgl. B, 1.1. Im Kriegskontext entspricht dieser Vorstellung die Liebe zwischen den Fronten (Riemer: *Flandrisches Nocturno* [ca. 1947]).

277 Das Drama ist Teil der Trilogie *Drei Begebenheiten*, deren Uraufführung am 27. Dezember 1950 in Bielefeld stattfindet. In der Vorbemerkung weist der Autor darauf hin, daß dem Stück »ein historischer Tatbestand zugrundeliegt« (S. 31).

»woran man glaubt«.[278] Dies muß schließlich selbst der Richter erkennen, als ihm sein Sohn (zu Unrecht) als Mörder vorgeführt wird, ohne daß der Vater korrigierend eingreifen könnte. Gleichfalls privat fokussiert erscheint der Ost-West-Gegensatz bei Hermann Rossmann. In seinem Drama *Eine Tür geht auf* (1955) erheben die alleinstehende Lehrerin Erna Kaluweit und der Heimkehrer Dr. Paul Kanthack Anspruch auf den Jungen Klaus. Dieser erteilt Vater wie Pflegemutter jedoch die Lehre, daß »der Schlüssel nicht Gewalt oder starres Recht, sondern nur opferbereite Liebe sein« kann. Das »Sinnbild des Einzelfalles« verweist dabei auf »das gemeinsame Los«, »unter dem die Menschheit steht«: die »Mauern« zwischen den Großmächten, die Rossmann wie Weisenborn als »Überreste des Turms von Babel« versteht (3).[279] Tatsächlich ist die Bühne während des gesamten Spiels durch eine Wand geteilt, und die Tür öffnet sich erst zum Schluß: Nachdem Marion die Verlobung mit Kanthack gelöst hat, läßt dieser Fräulein Kaluweit bei sich wohnen. Solche Familienutopie fehlt in Gerhard Baumruckers Einakter *Die Grenze* (1959). Hier wirkt die (inzwischen verschärfte) globalpolitische Konfrontation destruktiv: Ort des Geschehens ist ein deutsch-tschechisches Zollhaus, in dem sich Maria und Novotny, früher ein Liebespaar, zufällig treffen. Am Ende ihrer langen Konversation wird evident, wie die »schreckliche« Teilung der Welt auch das Selbst verändert hat: Beide sind unfähig zu produktivem Wandel. Dennoch überdauert der Glaube, daß es möglich sein kann, »die Grenzen einzureißen«, durch die »wir uns eingesperrt haben« (23).

Mitunter wird die Gegenwart aber auch intertextuell rückgebunden und so ihrer Einzigartigkeit enthoben. Bevorzugter Referenztext ist Shakespeares *Romeo und Julia*, das Gerd Oelschlegel 1952 als »deutsche Tragödie« auf Berliner Verhältnisse überträgt.[280] Judith Lünig hilft Karl Brink, dem Sohn eines christlichen Wohnungspächters, in den Westsektor zu fliehen. Da er das Mädchen wiedersehen möchte, kehrt Karl heimlich zurück, wird aber von Judiths Vater, einem SED-Mitglied, denunziert und auf der Flucht erschossen. Der Liebesdiskurs erscheint im Unterschied zu Shakespeare verbürgerlicht, das dionysische Element fehlt. Zentral ist statt dessen die politische Stoßrichtung: Der Vater bittet Judith, »wenigstens die Augen« zuzumachen, damit sie nicht sehen muß, wie Karl auf dem Grenzstreifen stirbt. Das Mädchen weigert sich jedoch und verkörpert schließlich – »ein einziger Schrei« – die Kollektivanklage gegenüber der inhumanen Weltordnung (108). In Günter Rudorfs Drama *Die Stunde der Unschuldigen* (1955) wird der Intertext dagegen utopisch verstanden. Martin und Sonja gehören zwar verschiedenen Ländern an, die sich einander weltanschaulich entfremdet haben, glauben aber fest an den »fehlenden Himmel«, der alle vereint (5). Denn die Ideologien scheinen austauschbar: Während das eine Volk den Mond verehrt, betet das andere die Sonne an. Die Polarität wird wie bei Rossmann dramaturgisch umgesetzt: Bühne, Handlung und Personal sind zweigeteilt. Aber die Spaltung kann überwunden werden: durch den Bau einer »Brücke« sowie den »Aufstand« der Unschuldigen gegen die Mächtigen (112, 114).

---

278 Zit.n. Ward (1996), S. 184. Eine ähnliche Hoffnung bestimmt Drewitz' Stück *Die Macht der Hölle*, das 1957 in Leverkusen uraufgeführt wird (vgl. ebd.).

279 Vgl. WT 4, S. 178 (Die Familie von Makabah [1961]).

280 Untertitel. Zu Oelschlegels Konzept eines ›objektiven Theaters‹ vgl. B, 5.2.1/6.5 und C, 4.1.

Dahinter steht die These, daß weder Kapitalismus noch Kommunismus tragfähige Alternativen sind. Dies führt im Westen zu verschiedenen Strategien: (1) Kritik am diktatorischen System von DDR bzw. Sowjetrußland,[281] (2) Kritik an der Scheindemokratie westlicher Staaten, wo man Menschen verhaftet, weil sie für Frieden demonstrieren,[282] und Hilfsbedürftige aus dem Osten ausnutzt.[283] Verbunden ist hiermit die Hoffnung, einen universalen Gerechtigkeitsbegriff zu etablieren, d.h. die »Logik« zu verabschieden, daß wer »gegen Bonn« ist »für« die DDR sein muß.[284] Das Hoffen auf einen ›dritten Weg‹ besitzt jedoch nur in Gert Weymanns Tragikomödie *Generationen* (ca. 1954) Wirklichkeitsgehalt: Rolf Baum und Hilde von Schneidewitz verlassen ihre Eltern, als jene sich weigern, die NS-Vergangenheit aufzuarbeiten. Während der Junge nicht weiß, wohin er gehen soll, flieht das Mädchen nach Australien. Die Realität hält ähnliche Beispiele bereit: 1955 emigriert der Dramatiker Fritz von Unruh wegen Remilitarisierung und offizieller Holocaust-Ignoranz ein zweites Mal in die USA. Auch bei Claus Hubalek, Ex-Mitarbeiter des Berliner Ensembles, ist die Synthese nur präsent als Gegenutopie zu den bestehenden Systemen. Seine Kriminalkomödie *Keine Fallen für Füchse* (1956) thematisiert den Versuch des Westberliner Margarinekaufmanns Rettig, von dem DDR-Möbelhändler Klawitter kostengünstig ein Sofa zu erstehen. Die Volkspolizei entdeckt den Handel jedoch. Daraufhin widersprechen sich beide Beteiligte derart, daß die Couch im Niemandsland zurückbleibt. Sie wird zersägt und damit Symbol für Stadt bzw. Land. Wie bei Brecht steht am Ende die Einsicht in die systemische Ursache der fehlenden Totalität: Die Kleinen können »heutzutage« nicht »unschuldig bleiben, wo die Grossen die Welt so schuldig eingerichtet haben« (115).[285]

Für den marxistischen Bereich läßt sich der Einheitsdiskurs nicht unabhängig von der Kapitalismuskritik beschreiben. Die gesamtdeutsche Ausrichtung der ersten Nachkriegsjahre, die noch die Wiesbadener Resolution des PEN-Zentrums bestimmt,[286] weicht mit Staatsgründung und NATO-Beitritt einem rigiden Separationsdenken. So konstatiert Brecht 1956 in den Redenotizen für den IV. Deutschen Schriftstellerkongreß: »Die Trennung Deutschlands ist eine Trennung zwischen dem Alten und dem Neuen«.[287] Vor allem in der Affirmativdramatik erscheint die DDR als einzig legitimer Erbe des Humanismus. Der Kampf gegen die ›imperiale‹ Politik des Westens gestaltet sich entsprechend heftig (B, 4.2.1). Nur Harald Hauser thematisiert mit seinem Schauspiel *Am Ende der Nacht* 1955 ansatzweise die Systemproblematik. So steht Ingenieur Peter Jenssen, Vertreter der bürgerlichen Elite, beschlußunfähig zwischen westlicher Abwerbungsökonomie und östlichem Staatsbürokratismus. Er sucht daher eine neue Option, die sich in Indien zu bieten scheint. Jenssens kritische Perspektive ist allerdings ›getrübt‹ durch Kriegsverbrechen. Er hatte einem russischen Gefangenen aus Mitleid Brot zugeschoben, den Vorfall später jedoch geleugnet, um nicht selbst zur Rechen-

---

281 Syberberg: Josip und Joana (1950), Ahlsen: Pflicht zur Sünde (1952), ders.: Wolfszeit (1953), Barcava: Die Gefangenen (1953), Unruh: 17. Juni (1954), Tettenborn: Der Mann auf dem Sockel (ca. 1958).

282 Denger: Drachen steigen gegen den Wind (1952).

283 Meichsner: Besuch aus der Zone (1958).

284 Denger: Drachen steigen gegen den Wind (1952), S. 22.

285 Auch in Altendorfs *Schleuse* (1958) verhindert Schuld moralische Integrität (vgl. B, 6.2.1).

286 Vgl. Peitsch (1985), S. 108.

287 Brecht: Schriften zur Literatur und Kunst 3, S. 223 ([Notizen für die Rede auf dem Schriftstellerkongreß]).

schaft gezogen zu werden. Nun erhält er Drohbriefe aus der Bundesrepublik: Er werde enttarnt, sollte er sich gegen den Kapitalismus entscheiden. Der politische Konflikt besitzt damit ethische Relevanz. In der Tat wird die richtige Entscheidung nicht zuletzt durch das Vorbildverhalten des Kommunisten Boris Strogow katalysiert, den Jenssen für den besagten Soldaten hält. (Hauser läßt die Identitätsfrage allerdings offen.) Am Ende versengt der sowjetische Hauptingenieur den Bekenntnisbrief im Feuer, und man besiegelt die produktive Verbindung von Sozialismus und Bürgertum bei gemeinsamer Kaviar-Mahlzeit.

2. Narrative der Ethik

2.1 Deontologischer Diskurs: Gewissen und *moral sense*

Gattungsübergreifendes Problem der Nachkriegsliteratur ist der »sittliche Trümmerhaufen«, den das Dritte Reich hinterlassen hat und der jede »Anknüpfungsmöglichkeit« an die »Entwicklungslaufbahn« der Zeit vor 1933 problematisch erscheinen läßt.[1] Daher fordert man vor allem zu Beginn der Epoche eine Bezugnahme auf die humane Dimension des Ästhetischen. Dieser Diskurs kann deontologisch ausgerichtet sein und *in sich gute* Handlungen voraussetzen. D.h. eine »versöhnend reine[] Lösung«[2] von Konflikten ist möglich, sobald man sich an Universalmaximen ausrichtet. Sekundär bleibt hierbei die Frage, welche Instanz dem Subjekt die Pflicht weist: das moralische »Gesetz«, »dem wir uns beugen«, selbst »wenn Welten und Sterne zerstürzen«,[3] oder der *moral sense* als Gefühl für das, was richtig ist.[4] (Im Sinne säkularisierter Psychomachie erscheint das Gewissen daher zuweilen personifiziert auf der Bühne.[5]) Für beide Legitimationsvarianten gilt jedoch: »Die Beweggründe sind's, nicht die Taten, die Gesinnung ist's, die als Sünde wiegt«.[6] Die »Tötung eines Menschen« bleibt »Verbrechen«, wurde sie auch »im Kriege begangen«.[7] Dahinter steht die These, daß sich jedes *bonum* mißbrauchen läßt, das fremdbestimmt ist. Man betont aus diesem Grund die Autonomie der Entscheidung, denn die »Welt« kann »nur durch freie Menschen gerettet werden«.[8]

Als Grundlage hierfür dient eine klare Differenzbildung zwischen Gut und Böse. Mit anderen Worten: Der Nationalsozialismus muß eindeutig negativ dargestellt sein, was in der Praxis oft zur Dämonisierung führt (B, 3.). Gleichzeitig erklärt man die Massenhysterie entweder *oligarchisch* (Diktatur einer Minderheit qua Unterdrückung der Volksgemeinschaft) oder *systemisch* (›Entmenschung‹ der industriellen Gesellschaft aufgrund fehlender Synthese von Arbeit und Leben). Beide Modelle reagieren indes auf dieselbe Problematik: wie nämlich das mißbrauchte bzw. manipulierte Individuum erneut Subjekt der Geschichte werden kann. Der ethische Dramen- und Theaterdiskurs bleibt daher zunächst produktiv ausgerichtet, obwohl die politische Desillusionierung 1945 tiefgreifender ist als nach dem Ersten Weltkrieg. Dieser Widerspruch resultiert aus der transmetaphysischen Position, die der Moral in Ost wie West zugesprochen

---

1 Richter: Warum schweigt die junge Generation? (1946), S. 63.

2 Honsell: Nachwort (1952), S. 62.

3 Schede: Das himmlische Saitenspiel (1948), S. 114.

4 Vgl. de Kowa: Katechismus des gesunden Menschenverstandes (1949), Titel, passim und Altendorf: Vorrede und Allgemeines über »Die Mücke und der Elefant« (1952/53).

5 Vgl. Schmitthenner: Ein jeder von uns (1947), S. 5; Uhl: Um den Menschen wird noch gekämpft... (1948), S. 7; Altendorf: Thomas Adamsohn (1954), S. 6 und ders.: Schleuse (1958), S. 17.

6 Penzoldt: Nachspiel zu den »Räubern« (1946), S. 5.

7 Fischer-Föbus: Sir Thomas (1946), S. 21.

8 Fischer-Föbus: Rufer vor dem Tore (1947), S. 3 (Zitat von Georges Bernanos).

wird: Über die »Restbestände der zerfetzten und entwerteten Ideologien«[9] hinweg möchte man zu »primitiven Grundbegriffen« wie »Wahrhaftigkeit und Menschenliebe« zurückfinden,[10] die scheinbar jenseits geistiger Totalitarismen liegen. »Rein künstlerische Probleme« sind »bei einem derart umfassenden Neubeginn von zweitrangiger Bedeutung«.[11] Tatsächlich bleibt diese Schwerpunktbildung bis Anfang der sechziger Jahre virulent. Selbst die Sartre-Lektüre wird entsprechend diszipliniert. Man betrachtet das End- als Durchgangsstadium und sucht, wenn man sich nicht Camus zuwendet, das Modell diätetisch fortzuschreiben (B, 3.2). Im Zentrum steht die Retablierung von Kritikvermögen durch eine neue Proportion zwischen »Gefühl« und »Denkkontrolle«[12] bzw. »technischer Spekulation« und »göttlicher Weltordnung«.[13] Das Fundament des Ethikmodells hat demnach kompatibel zu bleiben mit avancierter Epistemologie – ein Problem, mit dem sich auch die späte Postmoderne befaßt.

Doch während Derrida nach dem ›Ende der Metaphysik‹ die Partikularität des Menschen betont,[14] zielt man 1945 nach dem ›Ende der Politik‹ auf dessen Ganzheit.[15] Das Humane soll Maß der neuen Gesellschaft werden, denn als »des Menschen gefährlichster Feind« erweist sich »jener Mensch, der nur noch seiner Anlage und Möglichkeit nach Mensch ist«.[16] Diskursanalytisch betrachtet bleibt das *anthropinon* hier positiv konnotiert: Essentiell scheint nicht das Janusgesicht des Menschen, sondern seine Würde, das Gute in ihm, der »Gott«,[17] der herrscht, wenn sich das Individuum organisch ausgebildet hat. Die transzendente Rückbindung der Moral ist daher wie bei Kant notwendiges Postulat, wobei die Realisierung allein dem Subjekt obliegt. So ermahnt der Engel den Propheten Mohamed in Heinz Coubiers gleichnamiger Komödie, er dürfe »nicht immer Gott für alles verantwortlich machen«. Das Divine sei nur existent als »Teil« des Menschen und müsse vergehen, wenn es nicht verwirklicht werde (7f.). Pro praxi bedeutet dies Neubildung der Substanz. Die »Kräfte des Guten« sollen gestärkt werden, um »die Natur« zu »vollenden«.[18] Denn sobald wir »stimmen«, »werden auch die äußeren Verhältnisse um uns sich wieder harmonisieren«.[19] Solche Absage an die Dysfunktion moderner Subjektivität ist gespeist vom Humanitätsbegriff des Klassizismus. Optimierung soll zwar beim Einzelnen ansetzen, darf aber nicht – so Heinz-Winfried Sabais – »exklusives Persönlichkeitsideal« sein. »Der Krieg hat uns augenscheinlich genug belehrt, daß es wichtiger ist, die pädagogische Entwicklung des ›anständigen

9 Lindtberg: Wendepunkt (1945), S. 25.

10 Paul Wegener: Sein Leben und seine Rollen, S. 150 (Rede auf der Kundgebung »Zu neuen Ufern« [1946]).

11 Steckel: Notizen zum ideellen Neuaufbau (1945), S. 31.

12 Weisenborn: Rede über die deutsche Widerstandsbewegung (1946), S. 3.

13 SF, S. 4 (Harry Buckwitz).

14 Vgl. Derrida: Marx' Gespenster, S. 7. Vgl. hierzu Kapitel 1 (Einleitung).

15 Vgl. u.a. Andres: Tanz durchs Labyrinth (1946), S. 133; Betke: Wir, die wir im Aschengarten sind (1947), S. 59; Mewes: Nach dem Sturm (ca. 1947), S. 12; Langenbeck: Heimkehr (1948), S. 34; Bieleke: Baugeschäft Menzel (1950), S. 78; Barcava: Die Gefangenen (1953), S. 179 und Ahlsen: Philemon und Baukis (1955), S. 418.

16 Der Sinn des Theaters (1957), S. 54 (Stefan Andres).

17 Schneider-Schelde: R VII (ca. 1946), S. 23.

18 Schmitthenner: Ein jeder von uns (1947), S. 35.

19 HG, S. 45 (Vom Sinn und Wesen des Theaters in unserer Zeit [1945]).

Menschen‹ in der breiten Masse zu gewährleisten, als in der Entfaltung von zehn ›Goethes‹ alle Ziele der Menschheit erreicht zu sehen«.[20]

Vor diesem Hintergrund ist der Appell an die Vernunft dominant,[21] und Drama wie Theater erhalten eine gesellschaftliche Aufklärungsfunktion (A, 1.1). Dies führt zur Reaktivierung des Iphigenie-Modells im Sinne gewissensbezogener Peripetie und individuellen Widerstands (B, 1.2.2). Denn ob »Schwein« oder »Engel« »die Oberhand gewinnt«, hat von der »persönlichen Entscheidung« des Menschen abzuhängen,[22] »sonst fiele ja alles sittliche Bewußtsein« und »alle Vergeltung« fort.[23] Die dafür notwendige Selbstkontrolle vermag sich noch immer auf den kantianischen Rahmen zu stützen. So fragt der Schriftsteller Klinger-Bentheim in Neuberts Lustspiel *Zweimal klingeln* (1946) die junge Renate: »kennen Sie den Satz: Die Gestirne über mir und das Gewissen in mir? [...] beachten Sie ihn bitte! Bei Ihren Handlungen und Entscheidungen« (112). Heinrich Spoerls Drama *Die weisse Weste* (1946) läßt sich sogar in toto als Legitimation des kategorischen Imperativs lesen. Wie Kant im Gleichnis vom ehrlichen Kaufmann zeigt der Autor, daß egoistisches Verhalten notwendig zum Selbstwiderspruch führt, denn der dekadente ›Kampfbund gegen Korruption‹ initiiert nur »Diebstahl im Kreise« (169). Die Gültigkeit deontologischer Sinnstiftung wird durch die Empirie nicht in Frage gestellt: Das Moralgesetz bleibt in Kraft, wenngleich – so Ingeborg Strudthoff – von drei Personen »zwei zum Tier« werden.[24] Solange es nämlich noch einen ›wirklichen‹ Menschen gibt, ist das kollektive Gewissen unausrottbar. Daher kann man sich im Diesseits nur ›glückswürdig‹ machen, jedoch mit dem Wissen: »Gerechtigkeit muß ewig sein«.[25] Dies gilt auch für die Extremsituation des Internierungslagers, das »den gleichen Gesetzen« unterliegt wie die »Welt«. Wichtig ist hier nicht, »*daß* man rauskommt, sondern *wie*«.[26]

Die Ethik des Marxismus behauptet in diesem Kontext eine Zwischenstellung, denn sie ist mit Ideen verbunden, aus denen Maximen abgeleitet werden können, die gesetzgebende Funktion besitzen. Einerseits hat der Mensch als Naturwesen zwar einen guten Charakter, kann sich aber nur entsprechend verhalten, wenn die kapitalistischen Verhältnisse aufgehoben sind; andererseits gibt es keine universale Moral jenseits der sozialistischen. Das Neugestalten der Gesellschaft wird schon bei Marx zur absoluten Pflicht: »Die Kritik der Religion endet mit der Lehre, daß der *Mensch das höchste Wesen für den Menschen* sei, also mit dem *kategorischen Imperativ, alle Verhältnisse umzuwerfen*, in denen der Mensch ein erniedrigtes, ein geknechtetes, ein verlassenes, ein verächtliches Wesen ist«.[27] Nach 1945 zeigt man sich überzeugt, daß Kants ›ewiger

---

20 Sabais: Vom klassischen zum modernen Humanismus (I) (1947), S. 76. Auch Ingeborg Drewitz plädiert für »die Hervorkehrung des Heldischen im Durchschnittsmenschen« (Tagebuch vom 21. November 1951, zit.n. Ward [1996], S. 174).

21 Vgl. u.a. Weiss: Danach (1945), S. 16; Fischer-Föbus: Sir Thomas (1946), S. 21; Der Sinn des Theaters (1957), S. 32 (Friedrich Forster), 77 (Wolfgang Altendorf) und WT 4, S. 174f. (Die Familie von Makabah [1961]).

22 Der Sinn des Theaters (1957), S. 55 (William Saroyan).

23 Von Unruh: Duell an der Havel (1954), S. 77.

24 Strudthoff: Der Gast (ca. 1948), S. 65.

25 Fischer-Föbus: Sir Thomas (1946), S. 55.

26 Rossmann: Fünf Mann – ein Brot (1952), S. I*.

27 MEW 1, S. 385 (Zur Kritik der Hegelschen Rechtsphilosophie. Einleitung).

Friede‹ im Verhältnis der Sowjetvölker realisiert wurde.[28] Die Normgebung bleibt aber weiterhin deontologisch ausgerichtet.[29] 1958 formuliert Ulbricht auf dem V. Parteitag der SED sogar die »Zehn Gebote für den neuen sozialistischen Menschen«.[30] Doch obwohl der sittliche Gehalt Basis des Handelns ist, beruhen die Maximen nicht auf logischer Konsistenzprüfung, sondern werden säkular-religiös festgeschrieben. Sie sollen »den Leuten« helfen, »richtig zu leben«.[31] Daneben existiert eine zweite Gruppe, die vornehmlich die erbrachten Leistungen berücksichtigt, d.h. für ›gut‹ erachtet, was dem Neuen dient – unabhängig vom Grad moralischer Bewußtheit.[32] Da das Gebotene heteronom bestimmt wird, appelliert man hier an das Verantwortungsgefühl des Subjekts. Diese Strategie soll jedoch vorläufigen Charakter haben und angesichts menschlichen Perfektionsstrebens später obsolet werden. Beide Parteien stehen sich 1956 auf der Konferenz *Neues Leben – neue Menschen* kontrastiv gegenüber.[33]

2.2 Utilitaristischer Diskurs: Aufbautat und Verantwortung

Auch im nicht-marxistischen Bereich lassen sich Tendenzen nachweisen, neben oder sogar statt der Gesinnung die Tatfolgen zum Maßstab richtigen Verhaltens zu machen. (Der Begriff ›utilitaristisch‹ wird in diesem Sinne verstanden, nicht als reiner Zweckrationalismus.) Dahinter stehen sowohl das Unbehagen gegenüber der ›Befehlsstruktur‹ des deontologischen Diskurses als auch die Notwendigkeit, den Glückszustand realisierbar zu halten. Fundiert wird dieses Modell durch das Postulat, noch »die geringste Wohltat« besitze »unvergängliche Zeugungskraft«.[34] Rekonstruktion und Erhalt einer besseren Welt gewinnen vor dieser Folie ethische Qualität – sei es mit dem Ziel, begangenes Unrecht wiedergutzumachen oder die drohende Apokalypse (Atomkrieg) zu verhindern. Daneben begegnet allerdings auch die Forderung nach einer ›tabula rasa‹. Der Wiederaufbau solle vom Erlebten freigehalten werden, weil Vergessen die *conditio sine qua non* produktiver Weltaneignung darstelle: Wer »die Zukunft vor sich« habe, müsse »ohne Angst sein«.[35] Ähnlich urteilt der Kunsthistoriker Clemens Brandi in Helmut Weiss' Kammerspiel *Danach* (1945): »Wir Menschen dieser Welt haben alle nur ein bestimmtes Quantum Leidensfähigkeit, Fähigkeit zum Mitleiden und Kraft für Schmerzen von den Göttern mitbekommen – und ich glaube, wir alle hier in diesem Lande haben unser Quantum aufgebraucht. Wir alle müssen jetzt einen Strich ziehen

---

28 Vgl. Der erste Bundeskongreß (1947), S. 159 (Ansprache von Oberst Prof. S. Tulpanow).

29 Vgl. Klein: Über Wesen und Bedeutung des sozialistischen Pflichtbewußtseins (1956), S. 424-432; ders.: Über das Wesen und die gesellschaftliche Funktion der sozialistischen Moral (1956/57) und ders.: Vom hohen sittlichen Gehalt unserer sozialistischen Ordnung (1957), S. 699-704.

30 Vgl. Ulbricht: Zehn Gebote für den neuen sozialistischen Menschen (1958).

31 Hacks: Nachtrag zu einem Vorschlag (1957), S. 10.

32 Vgl. Schulz: Was heißt sozialistische Moral? (1957), S. 4; Koch: Kultur in den Kämpfen unserer Tage (1959), S. 162 und Hörz: Der neue gesellschaftliche Charakter der Arbeit (1961), S. 701f.

33 Vgl. Neues Leben – neue Menschen (1957), passim.

34 Linz: Der Doppelgänger (1945), S. 2.

35 Weiss: Robert und seine Brüder (1946), S. 58. Selbst die Mitscherlichs (1967) sehen hierin »Notfallreaktionen, die dem biologischen Schutz des Überlebens sehr nahe [...] sind« (S. 35).

und mit neuen Kräften neu anfangen« (14).[36] Bezugsinstanz dieser Strategie ist Thornton Wilder, in dessen Drama *The Skin of our Teeths* (1942) jeder revolutionären Utopie eine Absage erteilt wird. Denn »alles, was wir tun« können, ist »immer wieder von vorn anfangen«[37] – ein Motto, daß selbst Piscator als »das natürlichste der Welt« bezeichnet.[38] Humor, Kameradschaft, Pflichtbewußtsein und Effizienz avancieren so zur einzig möglichen Grundlage der Identitätsstiftung. D.h. die im Nationalsozialismus pervertierten Sekundärtugenden werden für den Aufbau genutzt, weil sie auch dort unverzichtbar bleiben. Andererseits basiert solche ›Transformation‹ mitunter auf der These, daß Trauerarbeit sinnlos sei, weil sie die Hoffnung beinhalte, geschichtliche ›Katastrophen‹ ließen sich durch psychologische Diätetik verhindern. Das reine (Über)-Leben wird aus diesem Grund zu Sieg und Selbstzweck gemäß dem Imperativ: »Du mußt lebendig sein, solange du das Licht schaust«,[39] und »da« den »Bau beginnen«, wo man dich »hingestellt« hat.[40] Gelingt dies, kann der Mensch zum »optimistische[n] Pessimisten« werden.[41] Nach dem Ende der Ideologien entsteht Sinn somit realpragmatisch: Das meist jugendliche ›Treibgut‹ Mensch läßt sich als Motor für die Zukunft gewinnen, allerdings unter weitgehendem Verzicht auf Globalperspektive. Pro praxi dramatis bedeutet dies eine Revitalisierung biedermeierlicher Sozialformen, wie man sie in Wilders *Our Town* (1938) vorgeprägt findet (Alltag, Beruf, Ehe, Familie, Garten).[42] Das Private firmiert als Paradigma humanen Normalmaßes und bleibt so ›sichere‹ Enklave jenseits weltpolitischer Konfrontation.

Dieser Diskurs scheint – kollektiv-psychotisch betrachtet – der Mitscherlich-These zu entsprechen, ist im Dramenbereich aber nur selten mit Vergessen assoziiert. Tatsächlich setzt die Aufbau-Initiative meist Umkehr voraus sowie Erinnerung an das Geschehene, nicht zuletzt hinsichtlich der Schuldfrage. In Wolfs Heimkehrerdrama *Wie Tiere des Waldes* (1947) fordert Mutter Krug ihren Sohn Kurt auf, er solle »gerade über das Vergangene« nachdenken und daraus »Mut« ziehen »für das Leben« (WW 6, 192f.). Fortexistenz und Wiederaufbau werden demnach explizit mit Trauerarbeit verbunden, weil das Erlebte nicht zu verdrängen ist. So sucht Ingeborg Drewitz mit ihrem frühen Holocaust-Drama *Alle Tore waren bewacht* (1951-1955) »hinter dem Schmerz den Anfang zu finden«.[43] Ähnlich sehen es Sauer, Becker-Trier, Engel, Goertz, Köllner, Wendt, Mostar, Schmitthenner, Mewes, Bostroem, Geis und Altendorf.[44] Das eingefor-

---

36 Vgl. auch Jung: Wo ist der Weg? (1946), S. 50; Schneider-Schelde: R VII (ca. 1946), S. 42; Rombach: Licht im Fenster (1948), S. 58 und Flickenschildt: Der Föhn (1949), S. 57.

37 Wilder: Theater, S. 166. Vgl. C, 4.2.1.

38 PT, S. 387 ([Aus dem Vorwort zur französischen Ausgabe des *Politischen Theaters*] [1961]).

39 TF, S. 43 (Meine lieben jungen Freunde [1959]).

40 Stuebs: Geh aus, mein Herz... (1947), S. 72.

41 Neubert: Zweimal klingeln (1946), S. 127.

42 Vgl. u.a. Mund: Feuersturm (1945), S. 130; Spethmann: Heimkehr (1947), S. 57; Altendorf: Jeder geht seinen eigenen Weg (1948), S. 23f.; Meller: Ein Ballen Reis (1948), S. 57; Langner: Dramen I, S. 100 (Heimkehr [1949]) und Reif: Deutsche Tragödie (1949), S. 23.

43 Drewitz: Hinterm Fenster die Stadt (1985), S. 11. Vgl. B, 1.2.2.

44 Vgl. Sauer: Signal Stalingrad (1945), S. 18 (FF); Becker-Trier: Keine Angst vor morgen (1946), S. 73; Engel: Treibgut (1946), S. 179f.; Goertz: Peter Kiewe (1946), S. 65; Köllner: Diagramm der Zeit (1946), S. 95; Wendt: Das Regiment der Mäuse (1946), S. 106; Mostar: Meier Helmbrecht (1947), S. 112f.; Schmitthenner: Ein jeder von uns (1947), S. 66; Mewes: Nach dem Sturm (ca. 1947), S. 89; Bostroem: Die Kette fällt (1948), S. 52f.; Geis: Die Brüder Allemann (1948), S. 92f. und Altendorf: Thomas Adamsohn (1954), S. 6.

derte Engagement bezieht sich vor allem auf Sozialmaßnahmen: Man muß Mitmenschen, die »ohne ihre Schuld ins Unglück gestürzt sind, wieder auf die Beine [...] helfen«.[45] Im Extremfall bedeutet dies Spermaspende für einen impotenten Heimkehrer.[46]

Gemeinsame Grundlage für die Wiederherstellung des Humanen ist die Absage an jede Form von Hybris und Anarchie, wie sie sich nach Meinung der Zeitgenossen mustergültig in Prometheus[47] und Faust (B, 1.2.1) manifestiert. Heinrich Goertz zeigt daher am Beispiel des Besänftigungssystems von Dr. Maillard,[48] daß man ›gefährliche Verrückte‹ nicht wie »harmlose Normale« behandeln dürfe, und retabliert damit zugleich die aristotelische Mesotes-Lehre: »Der Goldene Mittelweg ist der rechte« (80f.). Durch die Exklusion des Wahnsinns gelingt es, einen neuen archimedischen Punkt zu konturieren: Die Moral ersetzt den Verlust der Ideologie. Als letzte Möglichkeit, utilitaristische Weltaneignung durchzusetzen, dient die Schockevokation: Man zeigt, daß der Zweite Weltkrieg an Grauen noch übertroffen werden kann – sei es durch posthumane Diktatur[49] oder nukleare Apokalypse (B, 5.2.2). Damit verbunden ist die Mahnung, sämtliche »Kulturwerte« des Abendlands gingen »rettungslos« unter, sollte es nicht gelingen, »einen neuen, guten Anfang zu finden«.[50] Die Atombombe bezeichnet hier das spätindustrielle Negativ des Jüngsten Gerichts, ihr Strahlen das Andere göttlicher Erleuchtung. Vor diesem Hintergrund entstehen nach 1945 zahlreiche Wissenschaftlerdramen, die von der Sekundärliteratur nur teilweise berücksichtigt werden.[51] Das Handlungsschema ist im westlichen Affirmativbereich klar konturiert: Im Zentrum befindet sich ein renommierter Forscher mit historischer[52] oder fiktiver Identität. Er kämpft meist gegen eine kapitalistische Oligarchie, um deren Mißbrauch seiner Entdekkung/Konstruktion zu unterbinden (Kriegswaffe,[53] Dynamit,[54] Energiequelle,[55] Atombombe[56]). Die Lösung bleibt tragisch: Der Wissenschaftler opfert sich, d.h. er vernichtet Bauplan bzw. Formel oder übergibt sie, um Ausgleich herzustellen, dem Feind. Dahinter steht die prämoderne Vorstellung, der große Einzelne könne kraft singulärer Kompetenz die Katastrophe abwenden, sobald er Verantwortung der persönlichen Freiheit vorzieht. Diese Reduktion von Komplexität bestimmt noch Günther Weisenborns Schauspiel *Die Familie von Makabah* (1961). Dort sollen zum Leben erwachte Schaufensterpuppen versuchsweise der tödlichen Strahlung einer unterirdischen Atombombe

---

45 Wendland: Die Zugewiesenen (ca. 1947), S. 22.

46 Vgl. Weiss: Danach (1945), S. 19f.

47 Langenbeck: Der Phantast (ca. 1945), Drewitz: Prometheus II (1946-1949), Barnewold: Promethiden (1950).

48 Vorlage ist Poes Erzählung *Das System des Dr. Teer und Prof. Feder* (1845).

49 Vgl. Kästner: Die Schule der Diktatoren (1958) und Böll: Ein Schluck Erde (1961).

50 Burgmaier: [Vorrede] (1951), S. I*.

51 Vgl. u.a. Mittenzwei (1961), Weimar (1966), Geiger (1973), Charbon (1974), Elliott/Little/Poore (1976), Rennert (1982) und Stiefele (1982).

52 Da Vinci (Becker: Das Mahl des Herrn [1947]), Nobel (Zur Nedden: Das Testament des Friedens [1951]), Marconi (Weiss: Gebündelte Strahlen [1950]), Fuchs (Zuckmayer: Das kalte Licht [1955]).

53 Becker: Das Mahl des Herrn (1947).

54 Zur Nedden: Das Testament des Friedens (1951).

55 Freese: Das stärkere Gesetz (1948).

56 Buchholz: Reich Gottes auf Erden (1949), Drewitz: Unio mystica – ein Spuk? (1949), Barnewold: Promethiden (1950), Weiss: Gebündelte Strahlen (1950), Langner: Cornelia Kungström (1955), Zuckmayer: Das kalte Licht (1955), Kühnelt: Es ist später als du denkst (ca. 1960).

ausgesetzt werden. Der metonymische Bezug ist evident: Die Eingeschlossenen verweisen auf die gesamte Menschheit, die als ›Familie‹ der Nationen in gleicher Weise bedroht ist. Dabei persistiert das Bild des *einen* Mannes, der am todbringenden Hebel sitzt, aber nun – selbst strahlenblind geworden – vernünftiger Argumentation zugänglich scheint (C, 4.2.5).

Im Marxismus fokussiert das Nukleardrama den gerechten Widerstand gegen die US-Kriegsmaschinerie, denn die »Bücherverbrenner von gestern« sind der Kontinuitätsthese zufolge »die Atommörder von morgen«.[57] Man zeigt daher Wissenschaftler, die sich im Sinne von Stockholmer Appell (1950), Mainauer Erklärung (1955) und Göttinger Manifest (1957) nicht nur gegen Atomprojekte aussprechen bzw. Abwerbungsversuchen entziehen, sondern zugleich erkennen, daß jede »Kohlhaas«-Opposition sinnlos ist, weil der Kampf nur kollektiv geführt werden kann.[58] Folgerichtig thematisieren die DDR-Stücke neben der Perversion amerikanischer Nuklearpolitik[59] vor allem öffentliche Widerstandsaktionen, die entweder gewaltsam unterbunden werden oder zu Revolten führen, so daß die Fortsetzung der Kriegsproduktion erschwert ist.[60] Als Identifikationsfiguren dienen Vertreter aus Jugend und Volk: der Sohn eines US-Luftfahrtinstrukteurs,[61] die Atompiloten von Hiroshima bzw. Nagasaki,[62] ein H-Bomben geschädigter Bundeswehroffizier,[63] die Freundin eines atomkranken Fischers aus Japan, Londoner Arbeiter,[64] westdeutsche Kleinstadtbewohner[65] sowie ein japanischer Reisbauernsohn.[66] Ihr verantwortungsbewußtes Leiden und Tun verweist auf eine sozialistische Friedensutopie jenseits des Eisernen Vorhangs, die politisch immer unwahrscheinlicher wird.

2.3 Agapistischer Diskurs: ›Liebe‹ als Universalprinzip

Die dritte Form ethischer Sinnstiftung, die das Nachkriegsdrama bestimmt, ist der Agapismus. Er kann säkular ausgerichtet sein oder transzendent (was zur Assimilation an den christlichen Diskurs führt); teilweise werden die Aspekte auch verbunden. In beiden Fällen entzieht sich die Liebesethik jedoch der Antithese deontologisch/utilitaristisch: Während die Soll-Pflicht an die Gesinnung appelliert, bleibt die Zukunftsutopie auf das Handlungsergebnis bezogen. Fritz von Unruh fordert statt dessen, der Mensch

57 Hermlin/Renn/Keisch: Die Bücherverbrenner von gestern (1958), Titel, passim.

58 Zinner: Auf jeden Fall verdächtig (1959), S. 131.

59 Scheer: Die Rosenbergs (1953), Felkel: Narkose (1955). In der Erstfassung von Felkels Drama soll die friedliche Kernforschung der UdSSR durch ein Attentat auf Molotow verhindert werden, in der Zweitfassung (1959) ist lediglich ein Anschlag auf die Nationale Volksarmee geplant, die zum Katastropheneinsatz in ein Hochwassergebiet fährt.

60 Bengsch: Die Versuchsreihe K 7 (ca. 1955), Enders: Das Haus im Schatten (1958/59).

61 Wangenheim: Auch in Amerika.... (1950). Vgl. hierzu Peitsch (1987), S. 106-109.

62 Pfeiffer: Laternenfest (1957), Schneider: Prozeß Richard Waverly (1963).

63 Hauser: Weißes Blut (1959).

64 Hamm: Szenen gegen den Atomkrieg (1959), erste und zweite Szene.

65 Rehfisch: Jenseits der Angst (1962). In der Erstfassung sind es noch »italienische Arbeiter, die gegen eine Atomstation protestieren« (Mittenzwei [1961], S. 412).

66 Pfeiffer: Ein Abschied (1957). Zum Transgressivdiskurs vgl. B, 5.2.2 (Jahnn: Der staubige Regenbogen) und B, 6.4.1 (Brecht: Leben des Galilei).

müsse zwar über das Leben »als einzige Obrigkeit seine eigene Verantwortung« setzen, »über sein Gewissen« aber »die Liebe«.[67] Letztere wirkt somit als universales Lebensprinzip, umfaßt alles: »Religion, Weisheit, Kunst«.[68] Selbst »Gerechtigkeit« kommt nur »aus ihr«.[69] Statt des Wortes soll daher die Liebe an den Anfang gesetzt werden, denn man mag – so Heinz Becker-Trier – »den Glauben [...] verlieren«, »die Liebe« hat man »nie verloren«.[70] Sie ist kathartisch wirkendes Zauberwort, überwindet Opportunismus, Ruhmsucht und Haß. Für Gerhard Traugott Buchholz erscheint die Liebe integral sinnspendend – als *amor, caritas, agape*.[71] Ernst Walter Schmidt schließt den Sexualtrieb dagegen explizit aus.[72] Ähnliches gilt für den marxistischen Bereich. Hier findet sich die Maxime: »Einen Menschen lieben, ist dein Recht, die Menschen lieben, deine Pflicht. Diese Liebe kämpft für das Leben, steht nicht mehr allein wie die deinige, die in einem Massengrab enden würde, gäbe es keine Liebe zu allen Menschen«.[73] Die Ehefrau ist daher zunehmend Kameradin (B, 4.1.2). Angesichts der These, daß sich die Abgründe der Geschichte aus Mangel an Liebe erklären, projektiert man ein »anderes Land«,[74] in dem der Einzelne seiner Bestimmung genügen kann – nämlich »mitzulieben«[75] wie Antigone. Das Drama gewinnt vor diesem Hintergrund Appellativcharakter: Mann und Frau sollen »zusammen weitergehen«, so daß die »Menschheit« eine »Ansammlung von Liebespaaren« wird.[76] Hierbei besitzt der gender-Diskurs zentrale Funktion: Das ›neue Reich‹ scheint nur realisierbar, wenn die Dominanz des Kriegerisch-Maskulinen verabschiedet ist. Hiermit sind zwei Endzustände verbunden: die (mythische) Symbiose von Mann und Frau als »Heimkehr ins Paradies«[77] oder die Herrschaft des Weiblichen jenseits zweckrationaler Orientierung (Mutterkult). An diesem Punkt funktioniert das Ethik-Narrativ jedoch nur unter Bezugnahme auf biologisch-anthropologische Prämissen (B, 1.1).

---

67 Stimmen der Dichter (1953/54), S. 2*.
68 Podehl: Kommen und Gehen (1948), S. 36.
69 Bonsels: Persephone (1948), S. 47.
70 Becker-Trier: Keine Angst vor morgen (1946), S. 80.
71 Vgl. Buchholz: Reich Gottes auf Erden (1949), S. 5.
72 Vgl. Schmidt: Marja (1947), S. 93.
73 Gorrish: Revolte der Gefühle (1960), S. 106f.
74 Rohde: Ein anderes Land (1946), S. 26.
75 Mewes: Nach dem Sturm (ca. 1947), S. 89.
76 Podehl: Kommen und Gehen (1948), S. 62, 47.
77 Tousell: Heimkehr ins Paradies (ca. 1945-1950), Titel, S. 71.

3. Narrative der Transzendenz

3.1 Christlich-religiöser Diskurs: Äquivalenz zwischen Menschheits- und Heilsgeschichte

Im Zuge der Wiederbelebung bürgerlicher Deutungsmuster gewinnen nach 1945 auch Strategien christlicher Sinnstiftung an Virulenz.[1] Geschichte läßt sich hier im Rahmen der Heilshistorie neu perspektivieren, wobei Differenzen zwischen Protestantismus und Katholizismus weitgehend sekundär bleiben.[2] Während der fünfziger Jahre büßt das Narrativ durch die Auflösung konfessioneller Milieus allerdings Bedeutung ein.[3] Das ehedem geförderte ›christliche Zeitstück‹[4] kann seine Position innerhalb der deutschsprachigen Avantgarde nicht behaupten und ist daher entweder subversiv präsent (B, 6.3.1) oder volkstümlich (Laienspiel).[5] Paradigmatisch zeigt sich dieser Prozeß anläßlich der fünften *Woche des christlichen Theaters*, die 1958 von der evangelischen Akademie Braunschweig veranstaltet wird. Das unter zweihundert Einsendungen prämierte Drama *Ein Rest kehrt um* von Friedrich Kolander ist von geringer Qualität (B, 1.2.2),[6] und mit Blick auf die »anderen Stücke« fragt Gerhard Weise, Rezensent der *Frankfurter Rundschau*, zu Recht: »wieso waren sie christlich?«[7]

Das Hauptziel religiös orientierter Nachkriegsdramatik liegt darin, daß noch »die Toten« den »Sinn der Leiden sehn« sollen, »die sie erduldet«.[8] Für die Lebenden ist das

---

1 Dem christlich-religiösen Diskurs sind hier nicht nur Dramen zugerechnet, die einen bestimmten Merkmalssatz katholischer bzw. protestantischer Glaubensinhalte aufweisen, sondern auch solche, deren Sinnhorizont unter starker Verwendung christlicher Patterns konturiert wird.

2 So enthält die Laienspielausgabe von Hermann Mostars Drama *Die Geburt* (1950) nur »unerhebliche« Textkürzungen für katholische Bühnenvereine (S. 3), und der Protestant Günter Rutenborn exponiert seine Anthropologie mit Bezug auf Georges Bernanos (vgl. Der Fall Pilatus [1951], S. 4). Allein im holistisch ausgerichteten Diskurs kann es zum Verdikt der »Reformation« kommen, die als zentraler »Einbruch« christlicher Totalität verstanden wird (Syberberg: Abendländische Tragödie [1947], S. 19).

3 Vgl. Gabriel (1998) und Kleßmann (1998).

4 Insbesondere Victor de Kowa, dessen »Tribüne« als einziges Westberliner Theater keinen Zuschuß benötigt, setzt sich nachhaltig für die religiöse Dramatik ein. So läßt er u.a. Dramen von Günter Rutenborn (*Das Zeichen des Jona*) und Emmy Lavery (*Die erste Legion*) aufführen. Darüber hinaus entstehen in einigen Städten Süd- und Westdeutschlands Bühnengruppen christlicher Tendenz, die 1951 zum »Bund der Theatergemeinden« zusammengefaßt werden (vgl. Daiber [1976], S. 108f.). Rutenborn selbst gründet 1949 die »Vaganten-Arbeitsgemeinschaft christlicher Künstler«, die – ab 1956 mit festem Sitz in Berlin – Pfarrhäuser und Dorftheater bespielt (vgl. Balzer [1995a], S. 32).

5 Vgl. u.a. die Dramen von Josef Maria Heinen, Karl Herbst, Annemarie Krapp, Paul Mons-Franken, Bernhard Martin, Maria Mumelter, Otto Andreas Schreiber, Josef Magnus Wehner und Marianne Zink (Gutkelch: Der Herr von drüben [ca. 1959], S. 118-120).

6 Auch Josef Magnus Wehners Drama *Das Goldene Kalb* ist kaum mehr als »gut gemeinte Predigt« (Weise: Woche des christlichen Theaters [1958]).

7 Ebd. Gespielt wurden: Altendorf: *Die Mücke und der Elefant*, Ionesco: *Die kahle Sängerin* und O'Neill: *Trauer muß Elektra tragen*.

8 Redslob: Die neue Stadt (1946), S. 45.

Kunstwerk hingegen »Möglichkeit eines Dankes an Gott, der viele von uns wunderbar im großen Untergang bestehen ließ«.[9] Das Leben erscheint vor diesem Hintergrund doppelt verfugt: horizontal-diachron (Welt) und vertikal-uchron (Ewigkeit). In der Praxis werden beide Achsen zum Kreuz zusammengeführt, so daß einige Theaterstücke nicht nur in verschiedenen Jahrhunderten spielen, sondern in moderner Mysterienspiel-Tradition (Christopher Fry) zugleich zwischen irdischer und kosmischer Zeit bzw. unter Verwendung mehrerer Wirklichkeitsebenen.[10] Tertium comparationis ist die historische Invarianz moralischer Entscheidungen. Mit der Restauration von Maß und Gesetz sucht das religiöse Theater dem »Verlust der Mitte«[11] entgegenzuwirken. Der Glaube verhindert nach dem Ende jedes weltlichen »ismus«,[12] daß der Mensch »irgendwohin« fällt, »wo es ganz leer ist«.[13] Als Sinnbild absoluter Gottesferne wird »die Sünde« zum »ewigen Begleiter«[14] des Menschen und der Weltverlauf ›Schauspiel‹ ihrer destruktiven Präsenz. Während bei Brecht im Verstand das »Neue« mit dem »Alten« »ringt«,[15] ist hier das Herz »Walstatt« für den Kampf »des Himmels und der Hölle«. Gegen alle Friedensrhetorik setzt sich damit der Kriegsdiskurs fort: Die Menschen bleiben stets – so Rutenborn im Rückgriff auf Bernanos – »das Heer, das Gott zwischen sich und den Satan geworfen hat«.[16] Vor dieser Folie markiert der Zweite Weltkrieg nur die kollektive Objektivation urzeitlich privater Konflikte. Intertextuelle Referenzinstanzen sind daher vor allem biblische Archetypen (Luzifer,[17] Lilith,[18] Kain,[19] Judas,[20] Pilatus[21]).

Darüber hinaus wird der antike Mythos umgedeutet. Er bezeichnet wie bei Goethe das Chaotische, zugleich aber die »Grundunterscheidung der Welt überhaupt«[22] (sichtbar/unsichtbar) und dient somit als Vorbote christlicher Weltperzeption. »Das heimliche Ja Gottes unter einem unheimlichen Nein ist es, was aus der Offenbarung der Heiligen Schrift als Sinn dessen erkannt wird, mit dem die Helden der antiken Tragödie

---

9 Becker: Die neue Zunft (1945), S. 5.

10 Vgl. Buchholz: Reich Gottes auf Erden (1949), S. 5; Rutenborn: Der Fall Pilatus (1951), S. 4 und HR, S. 203 (Der Fischbecker Wandteppich [1955]). Ähnliches gilt – wie zu zeigen sein wird – für den mythisch-metaphysischen Diskurs (B, 3.2).

11 So der Titel der bekannten Abhandlung von Walter Sedlmayr (1948).

12 HG, S. 53 (Vom Sinn und Wesen des Theaters in unserer Zeit [1945]).

13 Ahlsen: Wolfszeit (1953), S. 110.

14 Reif: Der Rebell (1948), S. 34.

15 GBA 23, S. 128 (Zeitstücke [ca. 1950]).

16 Rutenborn: Der Fall Pilatus (1951), S. 86, 4.

17 Peters: Luzifer (1946), Schede: Die Liebe und der Tod (1946), Leonhardt: Diktator Bockelson (1947), Mund: Feuersturm (1947), Hermanowski: Weltpassion (1949), Müller: François Cenodoxus (1954) und Gutkelch: Der Herr von drüben (ca. 1959).

18 Vgl. Lemp: Lilith (1946), Syberberg: Lilith (1946).

19 Vgl. Halden: Der verlorene Sohn (1946), S. I*; Fischer-Föbus: Rufer vor dem Tore (1947), S. 30; Mund: Feuersturm (1947), S. 22f.; Wiechert: Totenmesse (1947), S. 54; Neumann: Abel (1948), S. 115; Scholz: Nein (1948), S. 33 und Lutz: Die Erlösung Kains (1949). Vorbild ist meist Thornton Wilders Drama *The Skin of our Teeth* (1942), das die Menschheitsgeschichte als fortwährenden Kampf zwischen Kain und Abel versteht (vgl. Theater, S. 114f., 163, 168).

20 Linz: Dein Bruder Judas (1947), Drewitz: Der Mann, der Gott gehasst hat (1952/53). Siehe auch Friedrich: Die Straße Nirgendwo (1948), S. 45; Ahlsen: Pflicht zur Sünde (1952), S. 53 und Altendorf: Starkenburg (1955), S. 36.

21 Weigend: Imperium (ca. 1948), Rutenborn: Der Fall Pilatus (1951).

22 Rutenborn: Iphigenie in Aulis (1946), S. 6.

rangen, die zugleich aufgehoben und erfüllt wird.«[23] Die Nachkriegsepoche avanciert auf diese Weise zur ›Postantike‹, d.h. einer Zeit, die trotz Apokalyptik der Möglichkeit eines Neubeginns versichert ist. Nicht von ungefähr schickt der bekehrte Kalchas am Ende von Rutenborns Drama *Iphigenie in Aulis* (1946) »den Schrei zur unbekannten Gottesmutter, / die einmal aus dem Schoß der Zeiten steigt, / die unbefleckt das rechte Opfer zeugt« (106). Die Permanenz des Krieges kann daher wie bei Hans Schwarz nur durchbrochen werden, wenn es gelingt, »Mannestorheit« zu ersetzen durch weibliche Einsicht in die »Macht der Liebe« (7). Motivatorisch nicht durchweg konsistent wird dieser Heilungsprozeß in Rutenborns Iphigenien-Trilogie gestaltet,[24] die folgerichtig vom Trauer- zum Schauspiel progrediert. Dennoch gelingt es der friedliebenden Protagonistin nicht, den Bellizismus letztgültig zu besiegen. Thoas, der anders als bei Goethe Orestes und Pylades ermorden läßt, bekennt zwar seine Schuld und wandelt sich, die Logik der Vernichtung ist aber nicht ausgesetzt, weil die Griechen kaum weniger barbarisch agieren. Auch im dritten Teil erscheint die heimgekehrte Iphigenie als unverstandene Erlöserfigur, die gegen Elektras Rachsucht das Evangelium der Liebe verheißt und von Thoas, ihrem Gatten, unabsichtlich getötet wird. Ihre Botschaft bleibt Erbe der Zukunft, auf daß einst »ein heller junger Tag« aufsteige.[25]

Der Übergangscharakter der Gegenwart manifestiert sich zudem in den Weihnachtsspielen, die unmittelbar nach Kriegsende entstehen und die Wiederholbarkeit der heilsgeschichtlichen Peripetie beschwören. Denn nur dank der Gnade Gottes erhält der Mensch eine zweite und letzte Chance, sich seiner Bestimmung gemäß zu entwickeln. In Walter Bauers Drama *Die Gabe der Hirten von heute*, das der Autor 1945 in englischer Kriegsgefangenschaft verfaßt, treffen drei Heimkehrer – Künstler, Bauer und Jugendlicher – am Heiligabend ein junges Paar mit Kind in der Scheune und betrachten sich daraufhin als Zeugen für die Neugeburt einer humaneren Welt. Rüdiger Syberberg verlegt den Erkenntnisprozeß dagegen in die Liebenden selbst: Peter und Anna sehen im Traum einen Engel, der den Soldaten deutlich macht, daß das Leben nicht unerträglich ist. Dieser »Reichtum« wird dem Paar im Zeichen der »Seele des zukünftigen Kindes« »*unverlierbare* Herberge« sein.[26] Dahinter steht der Versuch, das Subjekt durch Naivisierung zu bessern. Der »Heimkehrer« soll als reiner Tor die »gewaltige Einfalt« Gottes erleben und das Böse durch »Vollzug« der »Weihnacht in uns« überwinden.[27]

Mit dem Ende des Hitlerregimes ist die Zukunft demnach noch nicht gesichert. Wirklicher Fiede kann erst herrschen, wenn sich bürgerliche Sozietät und christliche Religion wieder zu jener Einheit formieren, die – so die These – mit dem Untergang der Monarchie verlorengegangen ist.[28] Aus diesem Grund projektiert das christliche Drama die symbolische Rückkehr zu Gott. Man baut eine »neue Stadt« als Zeichen für den »neuen Bund«[29] und wartet »eines neuen Himmels« und »einer neuen Erde«.[30] Grund-

23 Rutenborn: Das Theater als theologische Anstalt (1949), S. 168.

24 Vgl. ausführlich Schaller (2001), S. 107-128. Keines der drei Dramen wird aufgeführt.

25 Rutenborn: Iphigenie in Argolis (1949), S. 30. Ähnlich agapistisch ausgerichtet sind Heiselers *Philoktet* (1947) und Bonsels' *Persephone* (1948).

26 Syberberg: Die unverlierbare Herberge (1946), S. 18, 20, 23.

27 Becker: Der Tor des Herrn (1947), S. 4. Vgl. auch Wiechert: Der armen Kinder Weihnachten (1946), S. 21 und Mostar: Die Geburt (1947), S. 96.

28 Vgl. HG, S. 39 (Vom Sinn und Wesen des Theaters in unserer Zeit [1945]); Schneider: Der Kronprinz (1948), S. 88f. und Ahlsen: Pflicht zur Sünde (1952), S. 31.

29 Redslob: Die neue Stadt (1946), S. 45.

lage ist wie im marxistischen Diskurs das Projekt eines ›neuen Menschen‹ – jedoch nicht als Ergebnis soziokultureller Veränderung, sondern kraft Suspension archetypischer Extremformen: Der »Kain in uns«,[31] das »Tier in uns«[32] und der funktionierende »Jedermann«[33] sollen überwunden werden. Auch dieser Logik liegt eine Gender-Dichotomie zugrunde, denn das Böse bleibt maskulin. Das Paradies scheint nur realisierbar, wenn der »adamitische Mensch mit dem Willen zum Gott-gleich-sein« abgelöst wird durch den »marianischen Menschen, der sich sinnvoll verschwenden und gleichzeitig in Zucht dienen kann«.[34] Das Ewig-Weibliche erweist sich hier als letztes Korrektiv prometheischer Hybris, die von Katastrophe zu Katastrophe siegt, weil sich das Individuum »vom Nächsten« spaltet und als »Übermensch« ethisch degeneriert.[35]

In den ersten Nachkriegsjahren entstehen etliche Theaterstücke, die die Wandlung einer Figur zum christlichen Agapismus thematisieren.[36] Dessen Anerkenntnis soll kathartisch wirken und die »neue Einheit alles Denkbaren« ermöglichen. Der Sexualtrieb – sonst Ort des Inkommensurablen (B, 6.2.1) – ist nun Teil einer allumfassenden »Liebe«, die substanzgleich auftritt »zwischen Mann und Frau«, »Mensch und Mensch«, »Mensch und Gott«.[37] Die so erreichte »Klarheit« über das humane Potential stellt sicher, daß es »zum schlimmsten nicht zu kommen« braucht.[38] In Ingeborg Drewitz' Judas-Drama *Der Mann, der Gott gehasst hat* (1952/53) erscheint selbst der Verrat am Heiligen als Inversionsform einer Liebe, deren absorbierender Impetus den rationalen Nachvollzug übersteigt, ohne die das Subjekt jedoch nicht existieren kann. Der Umkehrschluß ist gleichfalls präsent: Wie Beckett, allerdings im Modus ›positiver‹ Absurdität exponieren Syberberg und Ahlsen die Unfähigkeit des Menschen, selbst bei extremer Hoffnungslosigkeit Nihilist zu sein.[39]

Das Primat agapistischer Weltaneignung führt einige Dramatiker dazu, lediglich Gott Handlungskompetenz zuzusprechen und edle Duldung offener Revolte vorzuziehen. Obzwar diese Maxime kompensatorischen Charakter haben kann, verweist sie zugleich auf die durch Kommunismus und Nationalsozialismus pervertierte Forderung nach Subordination unter ›humane‹ Ideen. So konstatiert die bekehrte Margarethe in Manfred Hausmanns *Zauberin von Buxtehude* (1959): »Wer kämpft, fällt in die Hände der Menschen. Wer erträgt, fällt in die Hände Gottes« (HR, 345). Extremform der

30 Unruh: Wilhelmus (1953), S. 77.

31 Karsch: Was war – was blieb (1947), S. 96.

32 Neuhaus: Brot der Armen (ca. 1947), S. 71.

33 Schäferdiek: Gesammelte Bühnenwerke, S. 371 (Jedermann 1948).

34 Becker: Die neue Zunft (1945), S. 5 (Zum Geleit).

35 Müller: François Cenodoxus (1954), S. 13. Der »Doktor von Paris« bleibt wie bei Jakob Bidermann bis zum Tod uneinsichtig: »Ich will mich nicht erniedrigen lassen. Ich will bleiben, der ich bin! Der Mächtigste dieser Erde und Gottes Sohn!« (S. 110). Vgl. auch Fromm: Urian (1946), S. 108; Hermanowski: Des Spielmanns Heimkehr (1947), S. 35; Syberberg: Abendländische Tragödie (1947), S. 3 und Ahlsen: Raskolnikoff (1960), S. 115.

36 Vgl. Andres: Tanz durchs Labyrinth (Fant), Altendorf: Josef und seine Brüder (Ruben), Rutenborn: Die Wandlung des Titus, Heiseler: Das Haus der Angst (Blaubart), Mumelter: Das Spiel vom Opfergang (Afra) und Schneider: Der große Verzicht (Karl II.). Siehe auch B, 2.3.

37 Buchholz: Reich Gottes auf Erden (1949), S. 5.

38 Rutenborn: Der Fall Pilatus (1951), S. 85.

39 Vgl. Syberberg: Josip und Joana (1950), S. 41 und Ahlsen: Pflicht zur Sünde (1952), S. 74f. Ähnlich sieht es der englische Theaterautor Ronald Duncan: »Man kann den Menschen von der Religion genauso wenig fernhalten wie vom Brot« (Der Sinn des Theaters [1957], S. 67).

Heimkehr zu Gott ist der Opfertod. In ihm erlebt der Einzelne seine »Vollendung«,[40] weil er sich selbst erkennt. Auch aus diesem Grund werden nach Kriegsende zahlreiche Dramen verfaßt, die Leidens- und Märtyrergestalten thematisieren – sei es biblischer, historischer oder fiktiver Provenienz (Moses, Hiob, Stephanus, Päpstin Johanna, Margarethe Bicker, Pierre du Molart, Maria Goretti, S. Perpetua).[41] Bekanntestes Beispiel ist Stefan Andres' Tragödie *Gottes Utopia*, die am 16. September 1950 in Düsseldorf ihre Uraufführung erlebt und in der Folge an 54 Bühnen inszeniert wird.[42] Das Stück spielt in einem Karmeliterkloster zur Zeit des Spanischen Bürgerkriegs: Der exkommunizierte Mönch Paco, ehedem Pater Consalves, ist zusammen mit einigen Soldaten Gefangener des Leutnants Don Pedro, der von der Erinnerung an ein Massaker gequält wird, das er in militärischer Pflichterfüllung verübt hat. Sein Vertrauen zu Paco ist so groß, daß dieser sich und die Seinen mit einem Mord retten könnte. Doch der Mönch verzichtet auf die Bluttat und stirbt als Märtyrer. Er folgt damit der Maxime, die bereits im *Tanz durchs Labyrinth* (1946) exponiert wird: »Widerstand« gegen Unrecht ist zwar »gut«, aber »nie gesiegt« hat, wer »das Leben nicht / Zum Pfande gab« (130).[43] Wie bei Jaspers, dessen Existentialismus der Autor stark rezipiert,[44] gewinnt die Grenzsituation sinnstiftenden Charakter. Der *locus paradisi* wechselt dadurch die Ebene: Er ist nicht mehr Teil des Diesseits, denn »keiner« kann »die Welt in ein Utopia verwandeln«, »selbst unser Herr nicht«. Andererseits liebt Gott seine Schöpfung gerade, weil sie unvollkommen ist. Er trägt somit keine Schuld an der menschlichen Perversion, die er nicht verhindert. Im Gegenteil, das »unbewegliche Zusehen« der höchsten Instanz macht erst »unsere Freiheit« aus.[45] Der Frontenbezug bleibt deshalb sekundär: Tatsächlich läßt Andres offen, welcher Antagonist welchem politischen Lager angehört. Wie bei Zuckmayer (*Gesang im Feuerofen*) findet damit keine klare Schuldzuweisung statt (C, 4.1.3). Der Opfertod, dem eine entsakramentalisierte Beichte vorangeht, führt im Sinne der »Apokatastasis«[46] zur finalen Aufhebung der Gegensätze. Trotz der Integration diskursexterner Denkmodelle (Plato, Plotin, Origenes) operiert Andres im Unterschied zu Vietta oder Syberberg weitgehend im Kontext christlicher Semantik.[47] Obwohl er Jesus keinen Gottstatus zubilligt, bleibt letzterer im Sinne des Zweiten Vatikanums zeitloser Maßstab des wahren Menschen.[48]

Das Sakrificium Christi erscheint vor diesem Hintergrund als Zenit der skizzierten Repräsentationsreihe, ist jenes »Ereignis der Geschichte, in dem sich das sonst als sinnlos erscheinende Leiden der Welt zum heilbringenden Opfer zusammenfaßt«.[49] Der

---

40 Redslob: Die neue Stadt (1946), S. 44.

41 Carwin: Moses (ca. 1949), Drewitz: Moses (1953), Lauckner: Hiob (1948/49), Zink: Die Probe Jobs (1950), Heiseler: Das Stephanus-Spiel (1947), Becker-Trier: Die heilige Johanna von Rom (1946), Hausmann: Die Zauberin von Buxtehude (1959), Schaper: Die Freiheit des Gefangenen (1953), Gutkelch: Die letzte Magd (1951), Andres: Schwestern (1960/61).

42 Die Gesamtzahl der Aufführungen beläuft sich auf 1029 (vgl. Hadamczik u.a. [1978], S. 61).

43 Später revidiert der Dramatiker diese Ansicht (vgl. B, 1.2.2).

44 Vgl. Klapper (1995), S. 75-87.

45 Andres: Gottes Utopia (1950), S. 38, 23.

46 Andres: [Brief an Pierre Elcheroth] Positano (Salerno), 4. 11. 1942, S. 248. Vgl. Braun (1999), S. 164f.

47 Der Autor bezeichnet sich selbst als »Christ« (Der Dichter in dieser Zeit, S. 8 [Über mein Werk [1951/52]).

48 Vgl. Partilla (1997), S. 65.

49 Heiseler: Bühnenstücke. Bd. 1, S. 258.

»Kreuzweg« des Messias wird aber auch mit Deutschland assoziiert,[50] dessen Schicksal auf diese Weise nicht nur kommensurabel scheint, sondern das eines negativ-auserwählten Volks. Wie Jesus, der vor dem Exitus fragt, weshalb Gott ihn verlassen habe, sieht sich auch die ehemalige ›Erlösernation‹ mit dem Theodizee-Problem konfrontiert. Ernst Wiechert wirft es im Rahmen seiner *Totenmesse* (1947) auf,[51] bei Günter Rutenborn bildet es den Höhepunkt des Epikdramas *Das Zeichen des Jona*, das aus der Provinz kommend 1947/48 zum Publikumserfolg avanciert.[52] In beiden Fällen ist die Bühne wie häufig nach Kriegsende ›Tribunal‹ am Ausgang der Geschichte.[53] Ninive wurde der Offenbarung des Johannes entsprechend zu Babel,[54] dessen Mauern nun vollständig zerstört sind. In Rutenborns Stück zeigen sich die Beschuldigten uneinsichtig und formulieren schließlich die Gegenklage »*Gott* ist schuldig« (29). Der Richter – »Er«, der Herr (38) – antwortet darauf, indem er sich selbst zur »Höllenfahrt« verurteilt, »Mensch zu sein«. Durch diesen Spruch, der »nur eine Wiederentdeckung« bezeichnet (33f.), wird aber gerade das System bestätigt, das zur Disposition stand. Und auch das »Chaos« bleibt beherrschbar, markiert es doch den »Anfang jeder neuen Welt«. Notwendig scheint nur die »Gnade«, denn im Wissen um ihren Besitz kann es »gar nicht so schrecklich sein, weiterleben zu müssen« (39).

Transgressive Dimension gewinnt der Opfer-Diskurs bei Leopold Ahlsen. Nicht die Eindeutigkeit Christi wirkt regulativ, sondern die Ambivalenz des Judas Ischariot, weil es – wie der Autor am Beispiel der russischen Revolution von 1905 zeigt – auch eine *Pflicht zur Sünde* geben kann. Der Mensch ist nur mehr Objekt bei der Umsetzung einer Idee, die zwar gerechtfertigte Kritik artikuliert, aber auch alle Rechte des Individuums aussetzt. So schrecken die Revolutionäre nicht davor zurück, mit der »Fabrik«, dem »Herrenhaus«, zugleich die Existenz der Arbeiter zu zerstören (58). Der Gutsbesitzer Grigorij fühlt sich genötigt, den Anschlag zu verhindern, muß dafür aber den Brandstifter erschießen. Wie er sich entscheidet, er wird schuldig. Für Ahlsen ist deshalb »nicht wichtig, ohne Sünde zu sein«, sondern nur, daß man das reinigende »Opfer« bringt (62). Folgerichtig läßt sich der Brand trotz Grigorijs Todesschuß nicht verhindern. Es bleibt die »erschütternde Wahrheit«, daß sich der Lauf der Welt in Strukturäquivalenz zum biologischen Diskurs (B, 1.1) als ewiger »Tanz« von Werden und Vergehen gestaltet (»Nacht – Morgen – Mittag – Abend – Nacht«). Die irdische »Straße Nirgendwo« führt somit stets »über Golgatha«,[55] d.h. das Sisyphos-Dasein des Menschen ist nur transzendent aufzulösen.[56] Dies erkennt auch der aus dem ›Totenhaus‹ entlassene Dostojewski in Rutenborns *Auferstehung* (1946). Wie bei Andres schafft

50 Vgl. Glaeser: Kreuzweg der Deutschen (1947), passim.

51 Vgl. Wiechert: Totenmesse, S. 8f.

52 Vgl. Balzer (1995b), S. 129.

53 Vgl. u.a. Pilaczek: Dämon, Tod und Teufel (1946), S. 5; Corhag: Heimkehr (1947), S. 17; Fischer-Föbus: Das jüngste Gericht (1947), Titel; Kaschnitz: Totentanz (1947), S. 39; Syberberg: Abendländische Tragödie (1947), S. 85; Friedrich: Die Straße Nirgendwo (1948), S. 69; Hermanowski: Weltpassion (1949), S. 50 und Rutenborn: Der Fall Pilatus (1951), S. 4.

54 Vgl. Wiechert: Totenmesse (1947), S. 26-28 und Rutenborn: Das Zeichen des Jona (1948), S. 9.

55 Friedrich: Die Straße Nirgendwo (1948), S. 69-71. Vgl. auch Fischer-Föbus: Sir Thomas (1946), S. 55; Jatho: Urbanität (1946), S. 120; Friedrich: Die Straße Nirgendwo (1948), S. 69 und Wolf-Fried: Tragödie Stalingrad (1948), S. 50.

56 So wird dem Protagonisten von Hermanowskis Drama *Des Spielmanns Heimkehr* (1947) erst durch ein Madonnenwunder wieder »des Lebens Licht« geschenkt (S. 42).

hier die ›Allversöhnung‹ Totalität. Die Hölle bleibt leer, denn sämtliche Seelen steigen dereinst gen Himmel, selbst »wir, das blutgezeichnetste unter allen Menschengeschlechtern, werden begnadet sein« (6).[57]

Mitunter kommt es angesichts der Greueltaten des Zweiten Weltkriegs jedoch zur Modifikation des Verhältnisses Mensch/Gott. Ziel ist, einem Nihilismus begegnen zu können, dessen materialistische Rationalität als »neue, atheistische Mystik«[58] reüssiert – sei es mit produktivem Impetus (Sozialismus) oder destruktivem (Absurdismus). Um argumentativ weniger angreifbar zu sein, betont man zunehmend die Enigmatik der Heilsordnung: Gott ist »unerforschlich«,[59] waltet »entsetzlich wunderbar«,[60] »kommt« dem Menschen aber gerade dadurch »nahe«.[61] Der subjektive Sinnverlust wird so zum objektiven Evidenzerweis: Das absolute Privileg der Religion bleibt erhalten, denn der Tod beendet das unverständliche Spiel der »Zeichen« und löst damit »alle Rätsel«.[62] Gleichzeitig ist der Vernunftappell weitgehend verabschiedet und das Böse in seiner immerwährenden Verführungskraft präsent. Wolf-Fried, Syberberg und Altendorf greifen daher auf interkulturelle Archetypen zurück, die insbesondere die Triebdisposition des Menschen profilieren (Faust, Don Juan, Quacksalber).[63]

Der Versuch, das Faszinations- bzw. Zerstörungspotential der NS-Diktatur adäquat umzusetzen, führt nicht selten zur Amplifikation des Infernalischen. So erscheinen bei Friedrich Karl Fromm nicht nur der Teufel Urian, der als Adolf (sc. Hitler) die Welt in ein »Flammenmeer« verwandeln will, sondern auch Beelzebub (Göring) und Luzifer (Goebbels).[64] In Wilhelm Michael Munds *Feuersturm* (1947) bietet der Antichrist sogar eine »ganze Panzerschar der Hölle« auf (15), um Gott, dem er sich ebenbürtig fühlt, »zu neuem Kampf« herauszufordern (10). Die Teufel unterliegen am Ende jedoch, weil »Rausch« dem Menschen »nie« ein »dauerhaftes Band« sein kann (93).[65] Richard Pilaczek übertritt diesen Diskurs insofern, als er Hitler dem ›transdiabolischen‹ Bereich zurechnet und über den Teufel triumphieren läßt. Letzterer gewährt dem »Dämon« nämlich in der Hoffnung auf Nachwuchs zwölf Jahre Machtfreiheit. Während dieser Zeitspanne wird das Deutsche Reich, »einst Land der Dichter und Denker«, zum »Spielball des Wahnsinns«. Der Satan selbst muß dem Schüler gestehen, daß dieser ihn »weit übertroffen« habe: »Mir graut vor dir – – – ich räume das Feld!« Allein der Tod, der fristgerecht erscheint, vermag den Führer zu besiegen.[66] Mit der Retablierung des Ritus (Teufelsaustreibung) wird die Unhintergehbarkeit vertikaler Sinnstiftung bezeichnet. Manfred Hausmann rechtfertigt auf diese Weise die mittelalterlichen Hexenverfolger. Jene seien zwar »Besessene« gewesen, aber der »Ansatz« habe gestimmt: »Daß sie den Menschen noch ernst nahmen. Und zwar im Hinblick auf die letzten Dinge. Das ist das Entscheidende«. Heute verliere man dagegen »die Mitte des Men-

---

57 Vgl. auch Mund: Feuersturm (1947), S. 15 und Andres: Gottes Utopia (1950), S. 55.
58 Ahlsen: Raskolnikoff (1960), S. 115.
59 Altendorf: Das Dunkel (1956), S. 24.
60 HR, S. 123 (Der dunkle Reigen [1951]).
61 HR, S. 344 (Die Zauberin von Buxtehude [1959]).
62 HR, S. 186, 195 (Der dunkle Reigen [1951]).
63 Vgl. Wolf-Fried: Tragödie Stalingrad (1948), Syberberg: Abendländische Tragödie (1947), Altendorf: Not und Erfüllung (1956).
64 Fromm: Urian (1946), S. 13.
65 Auch am Ende von Mostars *Geburt* (1947) verschwinden die Teufelsscharen wehklagend.
66 Pilaczek: Dämon, Tod und Teufel (1946), S. 9, 38, 67f.

schen« aus dem Auge, sehe nur mehr den »Leib«. Das Böse technokratisch »ausrotten« zu wollen berge indes die »tödliche Gefahr« der Katalyse seiner Herrschaft. Daher erklärt die Bürgermeisterfrau Margarethe Bicker am Ende von Hausmanns Drama gegen alle Wahrheit, sie sei »eine Zauberin«, um durch den Märtyrertod das Mysterium zu retten.[67]

Dem Opfer- und Inferioritätsdiskurs steht vor allem in der frühen Nachkriegszeit das Modell eines christlichen Sozialismus gegenüber, der bis zum Beginn des Kalten Krieges konkultural ausgerichtet ist. Teile des linkskatholischen Lagers (Walter Dirks, Jakob Kaiser, Karl Heinz Knappstein),[68] aber auch des bürgerlichen Marxismus (Johannes R. Becher) weisen darauf hin, daß Demokratie, Sozialismus und Christentum »hervorragend beteiligt sein« müssen »an der weltanschaulich-moralischen Neugeburt unseres Volkes«. Der Reaktion dürfe es nicht gelingen, »die wesenhafte Einheit dieser drei Mächte zu stören«.[69] Dieses Konvergenzmodell ist auch bei einigen Nachkriegsdramatikern präsent. So spricht Rutenborn von der Sowjetunion als »dem großen zukunftsträchtigen Lande in unserem Osten«, und Dostojewski, der Protagonist des Dramas *Auferstehung*, »will« am Ende »Sprecher sein« der »Leidtragenden aller Welt«.[70] Selbst Ahlsen zitiert die »Apostelgeschichte«, um deutlich zu machen, daß die kommunistischen Verhältnisse innerhalb der Urchristengemeinde »*wirklich*« existiert hätten. »Und da es doch schon einmal war«, so die Identifikationsfigur Grigorij, »denke ich, es könnte wiederkommen«.[71] Diese Zukunftsoption kann zur Radikalisierung des Diskurses führen: Heinz Becker-Trier fordert 1946 in seiner Tragödie *Die heilige Johanna von Rom* »das wirkliche Christentum«, das »vielleicht gar keine Religion [...] mehr ist« (124). Die Staatskirche bleibt solcher Logik zufolge »rückständig« und muß überwunden werden, weil organisierter Glaube »nur einen Sinn hat«, wenn er »auf Seiten der Armen und Unterdrückten marschiert« (122f.). Dies erkennt auch Tolstoi in Zdenko von Krafts dramatischer Vision *Flucht zu Gott* (ca. 1947). Zwar habe der Autor »dicke Büscher [sic!] geschrieben, wie man's bessern könnte«, aber seine eigenen »Bauern« brächen hinter den Pflügen »vor Mühsal und Hunger« zusammen (65). Vor diesem Hintergrund verkündet Tilmann Riemenschneider in Guido Reifs Schauspiel *Der Rebell* (1948), daß die »Erlösung der Menschen durch Christum« (47) erst erfolgen kann, wenn »vollendet wird«, was »ungezählte Bauernherzen« im gerechten Krieg »begonnen haben«. Dann – so das pathetische Schlußwort – »werde ich auferstehn!« (112). Ähnlich sieht es der Prediger Shanjan in Walter Gutkelchs Drama *Die vergeblichen Schatten* (1951): Mit Blick auf den Koreakrieg läßt er »keine andere Wirklichkeit vor Gott« gelten, »als die, die uns fordert«.[72]

Der hier virulente Säkularisierungsprozeß wird im marxistischen Narrativ fortgeschrieben, das die sozialen Postulate des Christentums zur äußersten Konsequenz

---

67 HR, S. 325f., 360 (Die Zauberin von Buxtehude [1959]).

68 Vgl. Felbick (2003), S. 165-174.

69 Becher: Deutsches Bekenntnis (1945), S. 11. Noch sechs Jahre später konzediert der Autor, das »Christentum, insbesondere der Katholizismus«, sei »eine großartige Lebenshypothese« gewesen (Auf andere Art so große Hoffnung, S. 210 [Tagebucheintrag vom 9. April 1950]). Vgl. hierzu Wehner (1992). Bd. 2, S. 515-530.

70 Rutenborn: Auferstehung (1946), S. 5, 77.

71 Ahlsen: Pflicht zur Sünde (1952), S. 55.

72 Gutkelch: Drei Begebenheiten, S. 52.

treibt[73] – getragen vom »Traum der Dichter, den Himmel auf die Erde zu verlegen«.[74] Die kapitalistische Perversion (›Hölle‹) fungiert dabei als Negativbeleg ihres Gegenteils. Gleichzeitig wird das Kommunistische Manifest ›Bibel‹ und die DDR zum Paradies. Hier kann das »Volk, voll Blut und Wunden«, endlich »auferstehn«, weil »der Weg gefunden« scheint,[75] der der »Wahrheit des Schöpfers« entspricht.[76] Friedrich Wolf reflektiert diese Thematik in seinem letzten Drama *Thomas Münzer* (1953). Ausgehend von der Frage, weshalb Gott die Welt nicht besser eingerichtet hat, propagiert der Titelheld ein naturalisiertes Christentum: Gott ist nicht, sondern »muß erst geboren werden« (WW 6, 324). Sobald die Menschen »selbst Hand anlegen an diese Welt« (340), kann das Himmelreich erstehen,[77] weil der Herr versäumt hat, seine Weissagung auf Erden zu realisieren. Deutet man die Bibel nicht dem »Buchstaben«, sondern dem »Sinn« nach (327), so herrscht überall »ein und derselbe Gott« (308), das »innere Wort als die aufgetane Vernunft« (316). Dies führt zur Absage an den Augustinischen Gnadenbegriff, der – so Wolf mit Blick auf Marx – die Erlösung im Interesse der Herrschenden auf das Jüngste Gericht vertagt (404-406). Auch nach Ansicht von Hans Halden »bekennt« »die Christenheit einen Gott«, »den zu verwirklichen sie keine Kraft hat«. Das Schauspiel *Der verlorene Sohn* (1946) invertiert aus diesem Grund das biblische Gleichnis: Gerhard Wiegert verläßt zwar den Vater, kehrt aber nicht wieder nach Hause zurück. Statt dessen wird er Sozialist, weigert sich, in der Wehrmacht zu kämpfen, und nimmt für diese Überzeugung seine Inhaftierung in Kauf.[78] Der vertikale Dualismus (Wahrheit/Sünde) ist damit in einen horizontalen überführt (Recht/Unrecht), wobei die christliche Konnotation auch nach Gründung der DDR erhalten bleibt.[79] 1958 verkündet Ulbricht die »zehn Gebote« der sozialistischen Moral (B, 2.1), mit deren Hilfe die »Menschwerdung« abgesichert werden soll, denn Kapitalisten »wissen nicht, was sie tun«.[80] Der Agapismus verschärft sich auf diese Weise sogar: »Mensch« ist man im Kommunismus nämlich »erst«, wenn man »den andern / *mehr als* sich selber liebt«.[81]

3.2 Mythisch-metaphysischer Diskurs: Äquivalenz zwischen irdischer und kosmischer Ordnung

Wie der christlich-religiöse dient auch der mythisch-metaphysische Diskurs der Genese einer Alternativgeschichte, die das scheinbare Chaos historischer Ereignishaftigkeit aufheben soll. Der Mythos kompensiert hierbei das Begründungsdefizit etablierter Ordnungssysteme (Gesellschaftsgeschichte, Politik, Psychologie). Denn anders als 1918,

73 Hierauf verweisen bereits die Zeitgenossen (vgl. Spieß: Zur philosophischen Lage der Gegenwart [1951], S. 395-399 und Lilje: Atheismus – Humanismus – Christentum [1962], S. 64f.).

74 Kipphardt: Bemerkungen zu »Shakespeare dringend gesucht« (1953), S. 167.

75 Becher: Der Weg nach Füssen (1953), S. 130.

76 Lucke: Kaution (1954), S. 70.

77 Wolf weist darauf hin, daß Münzer diese »Erkenntnis« von dem italienischen Abt Joachim von Fiore und dem deutschen Mystiker Johannes Tauler übernimmt (WW 6, S. 410).

78 Halden: Der verlorene Sohn (1946), S. I*, 101f.

79 Vgl. Schuhmann (1994) und Hansen (1995).

80 BS, S. 102, 68 (Frau Flinz [1961]).

81 Keller: Begegnung 1957 (Druck B), S. 68.

als man sich »mit Idealismus in allerlei große soziale oder kulturelle Utopien« stürzte, »steht heute der Mensch in schrecklicher Nacktheit einer nicht minder entblößten Welt gegenüber«.[82] Die Immunität wider jedes Ideologem fungiert jedoch als Movens für einen neuen Anfang, bei dessen Gestaltung vor allem Sartre und Claudel produktiv verbunden werden. Dadurch steigt der Unberechenbarkeitsindex der transzendenten Perspektive: Die Gottheit ist weitgehend entpersonalisiert, und numinoses Eingreifen jenseits humaner Selbstfindung nicht möglich. Die christliche Seite sucht sich deshalb mitunter von den »Mysterinskis und Symbolifizinskis« abzusetzen.[83] Nichtsdestoweniger existieren Strukturäquivalenzen, und einige Autoren, die im Zwischenbereich operieren (Linz, Syberberg, Schwarz), sind für beide Kapitel relevant.

Wenn Gunter Groll den »Einbruch des Irrationalen in die Welt des Theaters« zum zentralen Phänomen der Moderne erklärt,[84] dann bezeichnet er zwar eine dominante Tendenz, trennt allerdings kaum zwischen verschiedenen Erscheinungsformen. Dies gilt mit Blick auf deutsche wie internationale Literatur. Tatsächlich wird insbesondere der Bezug zwischen Glaube und Vernunft different beurteilt. So konstatiert Christopher Fry, daß »*Religion* dasselbe wie Aufklärung und Fortschritt« sei, wenn sie »das höhere Streben der menschlichen Natur« bedeute.[85] Ähnlich urteilen T.S. Eliot, Gabriel Marcel, Thornton Wilder, Ronald Duncan und Peter Ustinov,[86] während der belgische Dramatiker Paul Willems im Theater einen »Ort« sieht, »auf dem sich das Irrationale entfaltet«: Die Ordnung der Kunst sei nicht »notwendigerweise logisch«.[87] Auch für Jean Cocteau, William Saroyan und John Whiting dient das Drama keineswegs der »Beweisführung oder Überzeugung«. Es entfalte vielmehr eine theologische Hermeneutik, derzufolge sich das »Verstehen des Zustandes des Menschen« nur im »Anerkennen Gottes« realisieren könne.[88] Gemeinsam ist solchen Positionen die Absage an eine Ästhetik, die menschliches Leben auf »Oberflächenwirklichkeit« verengt.[89] Das Mysterium der Existenz entziehe sich einer Perspektive, die wie im Falle Brechts Unfaßbarkeit durch »ideologische Propaganda« zu domestizieren versuche.[90]

Hier wird erneut die Ambivalenz eines ›demokratisch‹ ausgerichteten Moderne-Begriffs deutlich, der Ästhetik- und Gesellschaftsdiskurs repräsentativ zusammendenkt. Denn die metaphysische Denunziation der Technokratie bleibt stets verbunden mit der ›postmodernen‹ Einsicht in die Inkommensurabilität von Subjekt und sozialoptimativer »Legitimierungserzählung«.[91] Vor diesem Hintergrund scheint es schon jetzt, diesseits studentenrevolutionärer Illusion, »verdammt einfältig«, das Theater als »Instrument der Aufklärung« zu verwenden.[92] Der Dramatiker darf solcher Logik zufolge kein »prae-

---

82 Syberberg: Der Mensch im Spiegel des Dramas (1946), S. 47.

83 HG, S. 102 (Probleme des heutigen Theaters [1950]).

84 Groll: Das magische Theater (1946), S. 252.

85 Der Sinn des Theaters (1957), S. 60.

86 Vgl. ebd., S. 21, 24, 37, 67f., 72.

87 Ebd., S. 79f.

88 Ebd., S. 70 (Whiting). Vgl. auch ebd., S. 28 (Cocteau) und 55 (Saroyan).

89 DT, S. 94 (Christopher Fry: Über das zeitgenössische Theater [1951]).

90 Der Sinn des Theaters (1957), S. 24 (Gabriel Marcel). Ähnlich sieht es Egon Vietta (vgl. Darmstädter Gespräch »Theater« [1955], S. 282).

91 Lyotard: Das postmoderne Wissen, S. 96. Auch der französische Philosoph bringt beide Aspekte in einen Kausalzusammenhang (vgl. S. 112, 165f.)

92 Der Sinn des Theaters, S. 67 (Ronald Duncan).

ceptor mundi« sein »mit erigiertem Zeigefinger«, sondern muß zur »Intensivierung des Lebensgefühls« beitragen.[93] Denn erst das »Maximum an Spielraum für Wirklichkeit«[94] ermögliche »die andere Art von Realismus«, deren universale Ausrichtung »viel realistischer« sei.[95] Im theatralen Feld kennzeichnet der beschriebene Gegensatz zunehmend die Kampflinie der Avantgarde. Dies zeigt paradigmatisch das von Claus Helmut Drese 1957 exponierte Alternativmodell: »*Halten Sie den Appell an die Vernunft für die wichtigste Aufgabe* [*des Dramas*] *oder mehr die ins Religiöse tendierende Darstellung irrationaler Schicksale und Bezüge?*«[96] Anfang der sechziger Jahre kommt es dann auf der Ebene der Extrempositionen zur Kontroverse zwischen Ionesco und Piscator um die Deutungshoheit im Modernitätsdiskurs,[97] nachdem Adamov einige Jahre zuvor angekündigt hat, der Absurdismus werde sich dem »*Schicksalsbegriff*« zuwenden.[98]

Der mythisch-metaphysische Diskurs, dessen Zenit während der frühen Nachkriegszeit erreicht wird, behauptet hierbei eine Zwischenposition. So distanziert man sich angesichts der »Denk- und Glaubenskrise der Gegenwart«[99] von jeder rationalistischen Fundierung des Theaters, schreibt aber – zumindest im Affirmativbereich – gleichzeitig gegen den Existentialabsurdismus an, weil Transzendenzverzicht Stabilitätssicherung ausschließe. Karl Jaspers setzt dem »verruchten Cynismus«[100] ein traditionelles Wertesystem entgegen (Vertrauen, Liebe, Solidarität), und auch Jürgen Fehling hält die französische Reaktion auf den Zweiten Weltkrieg für interkulturell kaum übertragbar, wolle man »den Lebensprozeß eines zutiefst religiös veranlagten deutschen Volkes« nicht »mißverkennen«.[101] Nach Ansicht von Frank Thiess scheint es sogar notwendig, die »Freiheit der Kunst« einzuschränken, sobald der Staat »Hort und Verfechter einer natürlich-kosmischen Ordnung ist und somit metaphysischen Rang besitzt«.[102] Das »Janusköpfige des künstlerischen Auftrags«[103] besteht für den Dramatiker nun darin, eine sinnstiftende Instanz vorauszusetzen, die sich jedem Zugriff entzieht, zugleich jedoch präsent sein muß, um das Inkalkulable der Lebenswirklichkeit beherrschbar zu halten. Die »dunklen Mächte«[104] werden meist biblisch metaphorisiert (Hölle,[105] Teufel[106]), wobei der christologische Impetus zugunsten eines naturmysti-

---

93 Ebd., S. 32 (Hans José Rehfisch). Vgl. auch ebd., S. 26 (Frank Thiess), 33 (Friedrich Forster), 36 (Carl Zuckmayer), 44 (Georges Neveux), 51 (Hermann Rossmann), 66 (André Roussin), 69 (Arthur Miller), 71f. (Peter Ustinov), 74 (Paolo Levi), 80 (Paul Willems), 85 (Gerd Oelschlegel) und 86 (Richard Hey).

94 Ebd., S. 67 (Ronald Duncan).

95 DT, S. 95 (Christopher Fry: Über das zeitgenössische Theater [1951]).

96 Der Sinn des Theaters (1957), S. 14.

97 Vgl. Wer ist die Avantgarde? (1963), S. 57.

98 Die Pariser Theateravantgardisten, S. 1.

99 ZT 3, S. 243 (Nachwort zum ›Kalten Licht‹ [1955]).

100 Jaspers: Geleitwort (1945/46), S. 4.

101 FM, S. 75 (Regisseur, Dramaturg, Publikum [1953]).

102 Thiess: Zum Problem der künstlerischen Freiheit (1946), S. 15.

103 Buch: Vom Gegenwartsauftrag des Theaters (1946), S. 78.

104 Hirschfeld: Dramaturgische Bilanz (1945), S. 13.

105 Vgl. u.a. Lange: Der Traum von Wassilikowa (1945), S. 43; Mostar: Der Zimmerherr (1945), S. 155; Goertz: Peter Kiewe (1946), S. 65; Knöller: Das Tausendjährige Reich (1946), S. 80; Syberberg: Lilith (1946), S. 35; Weiss: Robert und seine Brüder (1946), S. 10; Thiem: Der Zirkus brennt (1947), S. 33; Geis: Die Brüder Allemann (1948), S. 16; Vogel: Anno Domini nach der Pest (1948), S. 27; Thiess: Tödlicher Karneval (ca. 1948), S. 98; Rudorf: Die Stunde der Unschuldigen (1955), S. 79 und Baumann: Im Zeichen der Fische (1960), S. 71.

schen verabschiedet ist. Pro praxi bedeutet dies häufig das Nebeneinander mehrerer Wirklichkeitsebenen,[107] zwischen denen in Strindberg-Nachfolge der Traum steht: Dieser kann anklagend-didaktisch ausgerichtet sein,[108] kompensativ-utopisch[109] oder diabolisch-verführend.[110] Zudem evoziert er den Interimsbereich von Ideal und Realität.[111]

Die Mythisierung erfolgt nun in zweifacher Hinsicht: *diachron* als Rückgriff auf antike Archetypen (Rehberg, Glaeser, Schäfer, Schwarz) sowie *synchron* durch surreale Ausweitung des Plots (Zuckmayer, Schröder, Kaschnitz, Syberberg, Vietta). Aus diachroner Perspektive wird die griechische Antike zur wichtigsten Bezugsinstanz unterschiedlicher Sozial- und Theaterkonzepte. Während Hans Rehberg Goethes Mythopoetik zu reaktivieren versucht und jede Annäherung an die Moderne (Picasso) ablehnt,[112] ist die Mehrzahl der deutschen Dramatiker in der Nachfolge von Nietzsche und Bachofen davon überzeugt, daß die moralische Kraft Weimars begrenzt ist. »Die Ideen der Humanität, vor mehr als hundert Jahren von Goethe in das klassische Brevier der ›Iphigenie‹ gegossen, zerrannen vor der brutalen Realität«.[113] Branka Schaller hat diesen »Paradigmenwechsel« analysiert und gezeigt, wie stark die »pädagogische Kompetenz« der Figur an Bedeutung verliert.[114] So kann Agamemnons Tochter nicht mehr in Frieden mit Orest nach Griechenland zurückkehren, sondern bleibt exiliert (Vietta), stirbt (Rutenborn) oder wird geopfert (Rehberg).[115] Rezeptiv führt dies zur topographischen Dominanz von Aulis und Argolis: Im ersten Fall aktualisiert man die Problematik des Übergangs von Kultur in Barbarei, im zweiten die Erfahrung der Nachkriegszeit.[116] Aber auch über den historischen Ähnlichkeitsbezug hinaus wirkt der Antikerekurs sinnstiftend, denn – so Sellner – nur im griechischen Drama entspricht »die Größe der Bilder der Größe der Leiden«.[117] Es ist daher wie die Passion Christi (B, 3.1) durch »Schicksalsnotwendigkeiten« mit Deutschland verbunden.[118] Zudem exponiert das anti-

---

106 Vgl. u.a. Zuckmayer: Des Teufels General (1942-1945), passim; Becker-Trier: Der König von Wunderland (1946), S. 7; Lampel: Flucht vor uns selber (1946), S. 90f.; Schede: Die Liebe und der Tod (1946), S. 95; Leonhardt: Diktator Bockelson (1947), S. 170; Mostar: Putsch in Paris (1947), S. 113 und Kadow: Vom Teufel inszeniert (1948), Titel.

107 Vgl. Vietta: Orpheustrilogie (1943-1945), ders.: Die Vögel ehren Aristophanes (1948), ders.: Iphigenie in Amerika (1948), ders.: Monte Cassino (1950), Syberberg: Lilith (1946), ders.: Abendländische Tragödie (1947), Drolinvaux: ...Zeppelin...Dora...0,52... (1948), Glaeser: Die deutsche Libertaet (1948), Zuckmayer: Gesang im Feuerofen (1949).

108 Vgl. Lange: Der Traum von Wassilikowa (1945), S. 22-40, Marwitz: Napoleon muß nach Nürnberg (1946), S. 11-57; Rohde: Ein anderes Land (1946), S. 15f.; WW 6, S. 176-180 (Wie Tiere des Waldes [1947]) und zur Nedden: Das Testament des Friedens (1951), S. 67f.

109 Vgl. Hermanowski: Des Spielmanns Heimkehr (1947), S. 18f.; Riemer: Flandrisches Nocturno (ca. 1947), S. 51 und Langner: Dramen I, S. 81 (Heimkehr [1949]).

110 Vgl. Syberberg: Abendländische Tragödie (1947), S. 64; Linz: Dein Bruder Judas (1948), S. 8-11; Meier: Zwei neue Handtücher (1948), S. 36-38 und Schneider: Der Traum des Eroberers (1951), S. 62.

111 Vgl. Strudthoff: Unsere Großeltern nannten es – Liebe (1947), S. 36f.

112 Vgl. Der Sinn des Theaters (1957), S. 45f.

113 Vietta: Theologie ohne Gott (1946), S. 6.

114 Schaller (2001), S. 143.

115 Vgl. Vietta: Iphigenie in Amerika (1948), S. 74; Rutenborn: Iphigenie in Argolis (1949), S. 28 und Rehberg: Der Gattenmord (ca. 1953), S. 49.

116 Nicht von ungefähr spart Rehberg in seiner Atridentrilogie, von der lediglich zwei Teile fertiggestellt werden (*Gattenmord* und *Muttermord*), die Tauris-Episode aus.

117 Sellner/Wien: Theatralische Landschaft, S. 27 (Äußerung Sellners vom 27. März 1961).

118 Nestle: Griechische Weltanschauung (1946), S. 452.

ke Schauspiel die »schlechthin tragisch angelegte[] Situation des Menschen«: »In vieles Einsicht haben – und über nichts Gewalt«.[119] Erst vor dieser Folie gewinnt die deutsche Niederlage erhabene Größe jenseits moralischer Perversion. Die »christliche Beleuchtung« wird samt den für gültig gehaltenen humanistischen Maßstäben aufgegeben – in der Hoffnung, »Welt und Leben einmal wieder unbefangen«, d.h. »rein menschlich« betrachten zu können.[120]

Dennoch profiliert man, was die Forschung bisher übersehen hat, durchaus die Alterität der Epochen. Das Zeitalter von Existenzphilosophie, Astralphysik und Atombombe scheint »am entgegengesetzten Ende des griechischen Anfangs« zu stehen.[121] Der Antike-Bezug ist daher wie bei den internationalen ›Vorbildern‹[122] ein gegenwartsbezogener.[123] So spielt der erste Akt von Ernst Glaesers Drama *Die deutsche Libertaet* am »Schnittpunkt der Parallelen«, der zweite 1948 im »Plenarsaal eines deutschen Parlaments« (5). Unterstützt von Sophrosyne und Melancholia beauftragt Klio, die antike Göttin der Geschichte, den dreißigjährigen Flieger Heinrich Anfang, im Parlament ein Testament zu verlesen, um das deutsche Volk in den »*neue[n] Aeon*« zu führen (27f.). Da der Protagonist die Rede jedoch vor »Scham« und »Trauer« unterbrechen muß (42), wird sie von Melancholia, der Göttin der Sehnsucht, fortgesetzt. Am Ende schwört »ein einziger hochbrausender Chor« von Parlamentariern, »[a]bzutun die Menschenverachtung« (47).[124] Tertium comparationis beider Zeitebenen ist das Hybris-Phänomen. Der Mensch macht sich demzufolge schuldig, wenn er aus seinen natürlichen Grenzen heraustritt. Die Protagonistin von Hans Schwarz' Tragödie *Iphigeneia in Aulis* (1947) ist statt dessen »treu« und »erfüllt« so die Gottheit Artemis (93), deren transzendente Weiblichkeit Antikes mit Christlichem verbindet.[125] Vor diesem Hintergrund scheint auch das Theodizee-Problem lösbar. »Leid und Unglück« sind in der Welt, damit »wir nicht üppig werden«[126] und endlich »das Maaß erkennen, nachdem die Ewigkeit mißt«.[127] Das Prometheus-Bild bleibt deshalb ambivalent: Denn »größer als das Feuer, das er den Menschen gebracht hat – ist: den Menschen das Feuer wieder zu nehmen«,[128] weil sie aus dem Geschenk den »Staat als Maschine« gemacht haben.[129] Fried-

---

119 Syberberg: Der Mensch im Spiegel des Dramas (1946), S. 39.

120 Nestle: Griechische Weltanschauung (1946), S. 11.

121 Brück: Mythos und Gegenwart (1946), S. 101.

122 Cocteau: Orphée (1927), Gide: Oedipe (1931), O'Neill: Mourning becomes Electra (1931), Giraudoux: La guerre de Troie n'aura pas lieu (1935), Camus: Caligula (1938), Anouilh: Eurydice (1941), ders.: Antigone (1942), Sartre: Les Mouches (1943).

123 Die These von Balzer (1995a), für den mythopoetischen Diskurs nach 1945 seien vor allem Goethe und Hauptmann ›ausschlaggebend‹ (S. 31), muß daher revidiert werden.

124 Im Unterschied zu solcher Affirmation zielen die meisten deutschen Autoren auf eine Problematisierung mythischer Semantik (B, 6.3.2)

125 Vgl. Schaller (2001), S. 129-142.

126 Scheffler: Penelope wartet (1947), S. 4.

127 Uhl: Um den Menschen wird noch gekämpft... (1948), S. 91.

128 Vietta: Theologie ohne Gott (1946), S. 42.

129 Glaeser: Die deutsche Libertaet (1948), S. 37. Die Hybris-Thematik bestimmt auch Drewitz' Stück *Prometheus II*, das zwischen 1946 und 1949 entsteht. Siehe zudem die Prometheus II-Szene des Schauspiels *Unio mystica – ein Spuk?* (1949), in der ein Atomphysiker das Universum zerstört und damit den Neubeginn ermöglicht (vgl. Ward [1996], S. 178).

rich Leonhard Schäfer gestaltet dagegen 1945 die *Wiederkehr des Prometheus*.[130] Zunächst zweifelt auch hier der Titan, daß die Menschen »unsre Gnade« verdienen (5). Am Ende läßt er sich jedoch überzeugen, und den »ungeratnen Söhnen« wird noch einmal »der Funke angefacht« (14) – eine Lösung, die 1951 nur mehr »bitteres, hoffnungsloses Lächeln« erzeugt »über den Glauben jener reinen Toren«.[131]

Während der metaphysische Bezug im Antikediskurs bereits über den Assoziationsraum gegeben ist, muß er im zeitbezogenen Drama (synchrone Perspektive) erst evoziert werden. Friedrich-Carl Kobbes Unterscheidung zwischen ›surrealistischem‹ und ›magischem‹ Theater besitzt allerdings kaum heuristisches Potential.[132] Zentral scheint vielmehr die Frage, wie das Inkommensurable transformiert wird: ethisch-tragisch (Zuckmayer), psychologisch-grotesk (Schröder), somnambulistisch (Kaschnitz) oder postexistentialistisch (Syberberg, Vietta). Im ersten Fall steht dem »Sprunghaften und Antilogischen« der Natur ein göttlicher »Wahrsinn« gegenüber, der »als heimliches Maß aller Dinge« die »urewige« Ordnung bestätigt.[133] Der Schönheitsbegriff bleibt erhalten, ist jedoch nicht mehr Ergebnis einer ästhetischen Auswahl, sondern integraler Bestandteil »des gesamten Lebensvorgangs, einschließlich seiner Gewalttätigkeit, seines Zerfalls und seines Grauens«.[134] Kraft dieser ganzheitlichen Perspektive bleibt das Drama »stets den metaphysischen Mächten voll verantwortlich«, d.h. es erlaubt die »produktive Überwindung des Chaos« durch den »amor fati« (Nietzsche) als das »freie Einverständnis« mit dem »überdimensionalen Sinn des Weltgeschehens«.[135] Dies erklärt den deontologisch ausgerichteten Entwicklungsprozeß vieler Zuckmayer-Protagonisten (Harras, Blomberg, Sprenger, Wolters, Holtermann), die auch gegen verantwortungsethische Logik und in Akzeptanz des eigenen Todes das für richtig Gehaltene durchführen (C, 4.1.3). Wie im christlich-religiösen Diskurs ist der Zweite Weltkrieg daher Resultat einer fatalen Horizontalisierung der menschlichen Sehweise. Die Zukunft wird zur »vagen Ersatz-Dimension, die das in ihr lauernde Nichts mit leeren Transparenten überblendet«. Aus diesem Grund muß die Vielfalt ideologischer Sinnstiftung vertikal kompensiert werden, und zwar durch Bezug auf das organische »Koordinatensystem des Irdischen und des Außerirdischen«.[136] Der unfaßbaren Dynamik des Belebten steht eine Statik des Ewigen gegenüber, in der sich wie zu Beginn des Schauspiels *Gesang im Feuerofen* (1949) »unser Gut und Böse, Gerecht und Ungerecht auf einer göttlichen Waage ausgleicht«.[137]

---

[130] Auch Bettauer gestaltet Ferdinand Lassalle, den Protagonisten seines *Volkstribuns* (1947), als »Prometheus, der uns das Licht brachte« (S. 125f.).

[131] Burgmaier: [Vorrede] (1951), S. I*. Daneben existiert eine Form ›säkularer‹ Mythosrezeption, die den metaphysischen Bezug nahezu aussetzt. Die Antike dient in erster Linie der repräsentativen Einbindung von Gegenwartsgeschehen (meist privater Konflikte). Vgl. Friedrich: Die Halbgöttin (1946) [Zeus/Athene], Friedrich: Ausflug mit Damen (1946) [Jupiter/Alkmene], Scheffler: Penelope wartet (1947) und Lange: Kephalos und Prokris (1948). Zum letztgenannten Stück siehe Schaller (2001), S. 40f.

[132] Vgl. Kobbe: Zur Situation des deutschen Dramas in der Gegenwart (1947), S. 31f. Unter ›surrealistisch‹ erscheinen die französischen Dramatiker Gide, Giraudoux, Anouilh, Sartre und Camus, unter ›magisch‹ nur der Amerikaner Wilder.

[133] Zuckmayer: Pro Domo (1938), S. 84.

[134] Zuckmayer: Die langen Wege (1952), S. 55.

[135] Zuckmayer: Pro Domo (1938), S. 84, 76, 63.

[136] Zuckmayer: Die langen Wege (1952), S. 45.

[137] Zuckmayer: Notizen zur Situation des Dramas (1953), S. 7. Vgl. C, 4.1.3.

Im Gegensatz dazu sieht Ernst Schröder, Westberliner Dramatiker, Schauspieler und Regisseur, den Menschenakteur psychologisch in den Raum zwischen Es (»Trieb«) und Über-Ich (»Gebet«) geworfen.[138] Beide Bereiche bleiben dem »von der Lust Befallenen« allerdings fremd, so daß er in ständigen Metamorphosen versuchen muß, »den grotesken Ansprung immer wieder zu wagen, sich selbst vom Tier in den ›Gott‹ zu verwandeln, um den Gott wieder neu in das Fleisch zu schicken«. Der soziologische Faktor geht hier nahezu gegen null, denn »[e]rst im Zustande der Anonymität« – »dem Theater der Alten selbstverständlich« – kann der Schauspieler »der Zeit den Spiegel« vorhalten. Das moderne »Theater ohne Gott und ohne Teufel« weicht einer magischen Bühne totaler »Inkarnation«: Nichts darf »zu heilig«, nichts »zu gemein« sein.[139] In Schröders *Rutenbinder* (1946) wird Knecht Johann denn auch durch die unerträgliche »Spannung zwischen Schmerz und Begierde« (10) veranlaßt, den eigenen Herrn zu erschlagen, weil dieser ihn betrogen habe und »meine Braut umarmt« (46). Doch obwohl die Abkehr vom wahren Gott, der sich bildhafter Objektivation entzieht, zur Idolatrie des falschen namens »Bambusen« (29) führt, bleibt das Koordinatensystem weitgehend intakt. Der Schöpfer ist dem Eckart-Motto gemäß mir stets »näher als ich mir selber bin« (5), weshalb der bekehrte Johann am Ende beschließt, nur mehr diätetisch domestiziert, d.h. »als Mensch« zurückzukehren (51).

Auch Marie Luise Kaschnitz betont den »*mythischen Charakter des Terrors*«, allerdings stärker zeitbezogen. Bei ihr ist es eine bestimmte Generation, die als »Träger« des unangreifbaren »geschichtlichen Willens, mit der Schuld einer ganzen Epoche beladen, die Straße des Untergangs ziehen« muß.[140] Der Ausweg, den die Autorin in ihrem Drama *Totentanz* (1947) gestaltet, zielt daher auf symbolisches Martyrium. So wird das junge Paar, das »10-15 Jahre« nach Kriegsende eine romantische »Nacht der Liebe« im Wald verbringen möchte (7), durch die Schatten der Vergangenheit daran erinnert, daß der Mensch das »Abgelebte« nicht negieren kann, sondern – will er selbst »Leben zeugen« – sich »beugen« muß »vor den Toten« (15). Das Mädchen opfert sich deshalb nach mehreren Begegnungen mit Verstorbenen dem Traumbild eines Heimkehrers (55), denn nur »auf Kosten des Glückes und Ansehens« Jetztlebender läßt sich dem »zukunftsgebärende[n]« Plan genügen,[141] der sich als die »alte Sendung« erweist: »Im Endlichen zu suchen nach Vollendung«, obwohl man das »Große« nicht sieht und den Zweck »nicht zu nennen« vermag (25).

Ähnlich transpsychologisch argumentieren Rüdiger Syberberg und Egon Vietta, wenngleich der mythische Impetus hier philosophisch begründet und experimentell umgesetzt ist. Ergebnis dieser Synthese ist eine (schon in Zürich virulente)[142] ›Dekatholisierung‹ des französischen Dramatikers Paul Claudel. Dahinter steht der Eindruck, daß die »objektive Wahrheit« des Existentialismus nicht übergangen werden kann. Sartres Philosophie erfährt aus diesem Grund eine Umdeutung: Das End- wird zum Übergangsstadium, der Nihilismus zur »negativen Metaphysis«[143] bzw. »Theologie ohne

138 Auch für C.G. Jung ist »Gott« im Sinne des kollektiven Unbewußten »ein Archetypus« (vgl. Psychologie und Alchemie, S. 28).

139 Schröder: Die Arbeit des Schauspielers, S. 25, 36 (Die Besessenen [1946]).

140 Kaschnitz: Von der Schuld (1945/46), S. 146f.

141 Ebd., S. 147.

142 Vgl. Mayer: Eine Stimme aus dem Zuschauerraum (1945), S. 56.

143 Syberberg: Der Mensch im Spiegel des Dramas (1946), S. 53f.

Gott«.[144] Zwar bleibt das Subjekt »hineingestellt« in den »Raum zwischen Himmel und Erde«, besitzt aber keine Freiheit, sondern spielt nur die ihm vorgeprägte Rolle. Deren jeweilige Kontur ist gattungsbezogen skizziert: Während der antike Mensch durch die Trennung von Schicksal und Sein zerbricht, scheitert der mittelalterliche an der unreflektierten Vorwegnahme kosmischer Harmonie. In einer dritten Phase, die mit Shakespeare beginnt, herrscht das »säkularisierte« Individuum, das sich als »Weltbeherrscher« versteht und im Zweiten Weltkrieg den »Triumph der unheimlichen Kräfte des Nichts über das Sein« feiert. Diesen »Abgrund« stellt Sartre – so Syberberg – in letzter Konsequenz dar und weist zugleich darüber hinweg. Es gibt nämlich kein Außen des Diskurses: Der Rand der Hölle reicht »bis an den Himmel« und ermöglicht im Sinne der persischen Äonenlehre das vierte Menschheitszeitalter. Syberberg etabliert hier eine Alternativgeschichte, in der sich Endlichkeit (›Werdekräfte‹) und Unendlichkeit (›reines Sein‹) wechselseitig durchdringen. Ziel ist die »Sichtbarwerdung« der »großen Linie« durch die »höchste« Form der »logische[n]« Kunst: das Drama. Denn anders als Prosa und Lyrik lebt es »ausschließlich« von der Frage: »Was ist der Mensch?«. Damit ist allerdings die Suspension der Schuldfrage verbunden: Alle Epochen sind »letztlich gleich gut und böse«. Geändert werden soll daher nicht die Substanz, sondern die Perspektive: Nur der Mensch, der sich »seiner wahren *Fülle*« bewußt wird, vermag »Urangst« als »Urvertrauen«, »Schicksal« als »Gesetz« zu erfahren.[145] Aktuelles Vorbild für »die endliche tatkräftige ›*Heimholung*‹ der Schöpfung« ist Claudel. Er steht »ganz für sich« und »grenzt« einzig »unmittelbar an die Zukunft«, denn nur bei ihm wird die »Bezogenheit alles Seienden auf den höchsten Ordo« manifest als »Ad-absurdum-Führung« reiner Endlichkeit. Syberberg übertritt solche Vorgabe jedoch, wenn er – in produktiver *Faust II*-Rezeption – den Geschlechterkampf als ›notvoll notwendigen‹ Weg zur Heimkehr in die androgyne Urwahrheit begreift.[146] Mit anderen Worten: Während die »Kommensurabilität« der als Personen und Sexualpartner »inkommensurablen Menschen« bei Claudel durch das tertium des göttlichen Logos sichergestellt ist (Höhendiskurs),[147] projektiert der deutsche Adept einen inzestuösen Rückweg (Tiefendiskurs): die geschwisterliche Einheit des Menschen »auf der Stufe des wachen Bewußtseins seiner selbst«.[148] Dieser Prozeß bildet das Zentrum von Syberbergs Drama *Lilith*, das in der Forschung nicht präsent ist, obwohl die Münchner Uraufführung »heftig«[149] diskutiert wird und das Stück noch im selben Jahr gedruckt erscheint. Die Protagonistin, ursprünglich Dämon altorientalischer Herkunft (Jes. 34,14), fungiert Claudels Pensée ähnlich (*Père humilié*) als »unerhörte Mitte«[150] der Schöpfung »zwischen Himmel und Hölle« (35). Einem Urtrieb folgend sucht Lilith, die zahlreichen Männern Lustobjekt war, nach der »innergöttlichen Liebe« (34). Sie findet jene bei ihrem Bruder, dem Kaplan, und stirbt im Glück der »Geschwisterehe« (31). Die Zurückgebliebe-

---

144 Vietta: Theologie ohne Gott (1946). Der Autor bezieht sich vor allem auf Sartres *Nausée* (S. 27, 60). Auch in Claudels *Livre de Christophe Colomb* (1927) erscheint den Gefährten die Seereise als Absturz ins Nichts, während Columbus erkennt, daß das Nichts ein notwendiger Durchgangspunkt zu neuer umfassender Welterkenntnis ist (vgl. Dramen, S. 684-688).

145 Syberberg: Der Mensch im Spiegel des Dramas (1946), S. 37, 43, 49, 47, 53, 35, 50, 57.

146 Ebd., S. 56, 52, 55, 57f.

147 Hugenroth: Mensch und Welt in Paul Claudels Drama »Der seidene Schuh« (1948/49), S. 43.

148 Syberberg: Der Mensch im Spiegel des Dramas (1946), S. 58.

149 München. Kritischer Rückblick (1946), S. 278.

150 Ein Begriff aus Syberbergs Lyrik (zit.n. ebd., S. 289).

nen müssen dagegen wie bei Claudel[151] und Anouilh[152] erkennen, daß sie nur »schlechte Spieler« (59) sind in einem Stück, »auf dessen Ablauf« niemand »Einfluß« nehmen kann (54). Andererseits besteht »Gottes Liebestat« gerade in der so erreichten Sicherung des archimedischen Punktes, der den Menschen »vom Zufall erlöst« (47). Leben und Staatsordnung müssen demzufolge aus der »Steißlage« (55) befreit und wieder hierarchisch ausgerichtet werden.[153]

Wie bei Syberberg fungiert der Mythos auch in den Dramen Egon Viettas als Medium, das den »chaotischen Relativismus« der Psychologie verabschiedet. Da die Natur keinen rationalen Plan verfolgt und Geschichte alogisch fortschreitet, muß eine Perspektive zu kurz greifen, die wie im sozialen Drama »kausalgesetzliche Ordnung« präsupponiert.[154] Die Ich-Welt-Opposition bleibt bestehen, aber der Einzelne erscheint nicht mehr bestimmbar über sein empirisches Dasein. »Wenn nämlich die Richtungspfeile überallhin ausstrahlen, bleibt die Figur in der Mitte – leer«.[155] Solche Erkenntnis ist erneut zentrales Ergebnis eines Kriegs, der die »Niederlage aller ideologischen Aktionen« gebracht hat.[156] Nach dem Ende der ›großen Erzählungen‹ ist der Mensch auf das ›Sein‹ zurückgeworfen – ein Prozeß, den Vietta im kritischen Rekurs auf Nietzsche, Heidegger und Sartre als Rückkehr zum »religiösen Urerlebnis« versteht.[157] Das deutsche Schicksal wird dadurch aufgewertet: »Nicht jedem Volk ist so ein ungeheurer Einbruch in seiner jahrhundertelangen Geschichte geschenkt«, der »blitzartig Künftiges« zu »erhellen« vermag.[158] Dem Subjekt ziemt deshalb Demut, »das Sein zu befragen«, nicht »Hybris«, sich selbst »an die Stelle des Seins zu setzen«.[159] Claudels *Seidener Schuh* weist »dieser Aufgabe« »den Weg«. Hierbei werden allerdings intertextuelle Vorgaben übertreten, denn in der monumentalen *Orpheustrilogie* (1943-1945) dient das Ehesakrament keineswegs als verbindende Instanz zwischen Mensch und Gott. Im Gegenteil, die Liaison des in die Moderne versetzten Paars scheitert am »überpersönlichen Auftrag«, den der Künstler hat und dessen Realisierung nicht kompatibel scheint mit bürgerlicher Lebenswirklichkeit. Nachdem der Protagonist von dem Verdacht, seine Frau ermordet zu haben, freigesprochen wurde, gestaltet er die Beziehung zur neuen Gefährtin Esther rein platonisch. Es gelingt es ihm allerdings nicht, sich im Exil (USA) beruflich zu etablieren; er erhält keine Aufenthaltserlaubnis und muß nach Griechenland zurückkehren. Da die dortige Reintegration mißlingt, erkennt Orpheus, daß sein Reich »nicht von dieser Welt« ist. Der greise Dichter stirbt auf den Stufen der Akropo-

151 Noch der alt und machtlos gewordene Rodrigue im *Soulier de Satin* (1919-1924) glaubt, das Weltschicksal entscheidend beeinflussen zu können (vgl. Dramen, S. 627-630).

152 So gesteht Jason in *Medea* (1946): »Ich kann nichts verhindern, sondern nur die Rolle spielen, die mir von Anfang zugedacht war« (AD 1, S. 109).

153 Wie Heiner Müller (B, 6.4.3) erklärt Syberberg den Drang zum Kommunismus aus der Unfähigkeit des Menschen, mit dem Tod zu leben: »Ihr könnt nur den Blick in den Abgrund nicht ertragen und faßt euch einander an den Händen in dem Glauben, daß er nun nicht mehr so bedrohlich wäre. Das ist der tiefere Sinn eures ganzen Gemeinschaftsgefühls und eures kollektivistischen Denkens« (Lilith, S. 27).

154 Vietta: Orpheustrilogie, S. If. (Einführung in den »Orpheus« [1945]).

155 Vietta: Die Seinsfrage bei Martin Heidegger (1950), S. 11.

156 Vietta: Die tragische Gestrigkeit des heutigen Theaters (1951/52), S. 140.

157 Vietta: Theologie ohne Gott (1946), S. 54.

158 Vietta: Das Theater als Realität (1953/54), S. 158.

159 Vietta: Theologie ohne Gott (1946), S. 61.

lis – »unbekannt, ein Fremder, namenlos«.[160] Mit dem Schauspiel *Iphigenie in Amerika* (1947) kehrt Vietta vor diesem Hintergrund »zu der antiken Ansicht« zurück, »daß nicht der Mensch, sondern übermenschliche Kräfte die Geschichte lenken«. D.h. Goethes »Schlußwendung« muß revidiert werden, wenn die Antike »vor dem moralischen Chaos unserer Tage bestehen soll« (77). In dem »seltsamen« Vorspiel (5), das an Wilder erinnert, ist diese These dramaturgisch umgesetzt. Die Darsteller der klassizistischen *Iphigenie* diskutieren über Aufgabe und Funktion des modernen Theaters. Während Thoas glaubt, das Schicksal selbst in die Hand nehmen zu können, suspendiert der lediglich als Stimme präsente Regisseur jede Autonomie. Mit der »Maske« als Symbol transhistorischer Wahrheit kündigt er an, die Rollen der Spieler, die »nach eigenem Bedünken« einstudiert seien, zu »verwandeln« und nur mehr zu »zeigen«, »was sich am Mensch vollziehen wird« (12). Im Zentrum der Binnenhandlung steht NS-Offizier Orest, der von der Erinnerung an Kriegsverbrechen verfolgt wird. Als er mit seinem Freund Pylades in der Normandie gefangengesetzt ist, gelingt ihm die Flucht nach Amerika. Er hofft, durch die Begegnung mit der exilierten Iphigenie seinen Seelenfrieden wiederzufinden. Die Schwester, jüdische Ziehtochter des Senators Ismael Vandenbergh, hat ihre Jugend aufgrund der politischen Verhältnisse im Ausland verbracht. Von der eigenen Frau denunziert, stirbt der leibliche Vater im Konzentrationslager, woraufhin Orest die Mutter tötet. Es ist weniger dieser (gerechtfertigte) Mord, der dem Sohn das Gewissen bedrückt, als die Untaten im Dienste Hitlers. Iphigenies Versuch, einer neuen Humanität zum Durchbruch zu verhelfen, scheitert jedoch angesichts des pervertierten US-Kapitalismus. So foltert die Washingtoner Polizei auf höhere Anweisung den Flüchtling Pylades und erschießt ihn schließlich. Auch das Treffen der Geschwister zeitigt nicht die gewünschte Wirkung; Orest und Iphigénie stehen einander fremd gegenüber. Die Logik des Unvermögens wird am Ende transzendent bestätigt, wenn Athene als *dea ex machina* erklärt: »Mensch sein, das heißt, die Lösungen verfehlen« (72). Um »Heilung vom irdischen Wahn« zu erfahren, müsse sich der Mensch »dem Göttlichen öffnen« (78). In der Groteskkomödie *Die Vögel ehren den Aristophanes* (1948) etabliert Vietta folgerichtig eine poetische Weltperspektive, die sich speist »aus dem Pulsschlag einer immer gleichen, immer vertauschbaren Zeit«.[161] Gefangen in Wolkenkuckucksheim mit ›aufklärerischen‹ Größen wie Sokrates, Voltaire und Schiller muß der amerikanische Pilot Bob Hannegan erkennen, daß sein Kollege Irving Rève kein »Idiot« ist, wenn er die Welt *sub specie poesis* betrachtet (C, 3.2). Auch in Viettas Mysterienspiel *Monte Cassino* (1950) bildet der »historische Sachverhalt« allein »Anlaß«, nicht »Basis des Stückes«. Das geschichtlich Verbürgte, die Zerstörung des Klosters im Zweiten Weltkrieg, ist lediglich »Zeichensprache eines geistigen Geschehens«, das universale »Gleichzeitigkeit« voraussetzt. So gestaltet das Zwischenspiel eine »Kernsituation«,[162] in der Papst Pius XII., der Heilige Petrus, der Vorbeter der toten Benediktinermönche, der Kardinalstaatssekretär (Exponent strategischer Notwendigkeit) und der Abt Gregorio Diamare (Zeuge der Vorkommnisse) über das weitere Vorgehen diskutieren. Weltpolitisch vergebens, denn Geschichte erweist sich auch hier nur als »Gang der Bilder«, die »der Mensch von Gott empfängt« (51). Stärker als bei

[160] Vietta: Orpheustrilogie, S. V, IIf. (Einführung in den »Orpheus« [1945]).
[161] Vietta: Judith oder Gott und die Literatur (1951/52), S. 164.
[162] Sellner: Anmerkungen zu Szenarium und Dramaturgie von »Monte Cassino« (1950), S. 83f.

Syberberg wird diese Totalität ästhetisch umgesetzt. Vietta entwickelt im Rekurs auf Wagner und Claudel ein ›absolutes Theater‹, mit dem er sich von Brechts Dialektik-Modell absetzt (C, 4.3). Dahinter steht die Idee, die Spezialisierung der Neuzeit sei nur durch »Stiftung eines einmaligen Ereignisses«[163] rückgängig zu machen. Mit anderen Worten: Vietta fordert die postideologische Rekonstruktion der verlorenen Aura. Ziel ist eine »universale Bühne«, auf der die »Einheit« der Künste und damit »*der* Mensch wiederhergestellt« wird.[164] Wie bei Claudel vollzieht sich dieser Akt choreographisch. Der groteske Totentanz des Zweiten Weltkriegs mutiert am Ende von *Monte Cassino* zum »Liebesreigen«, der »das All beseelt« und den Menschen »sehend« macht, »als sei er nie entzweit gewesen« (77). Diese Lösung ist darüber hinaus Ergebnis des Scheiterns der letzten Realutopie: einer humanistischen Weltpolitik unter Führung der Vereinigten Staaten. Während Europa als »internationales Grab« (51) seine Leitbildfunktion verliert, wird »der junge Kontinent: Amerika« zu dem Ort, an welchem »sich abendländisches Schicksal vollstreckt«.[165] Iphigenie, die Hüterin der europäischen Wertekultur, wendet sich deshalb ebenso nach Westen wie Orpheus und Electra.[166] Da die ›Realwelt USA‹ jedoch kaum positiver erscheint,[167] muß die Lösung schließlich aus dem (Theater)Himmel kommen: Göttin Athene konstatiert das »Rätsel« menschlicher »Vernunft« und sichert zu, »daß nichts umsonst geschehn«.[168] Als dieser Restbestand an transzendenter Sinnstiftung mit Sellners Hinwendung zum Absurdismus obsolet wird, stellt Vietta seine Mitarbeit am Theater ebenso ein wie die eigene dramatische Produktion. »Nihilismus« bedeutet ihm noch immer »Herrschaft der nackten Gewalt«.[169]

Für Anhänger des Marxismus ist die mythisch-metaphysische Geschichtsdeutung bevorzugtes Objekt der Denunziation. Das Phänomen ›Nationalsozialismus‹ dürfe nicht mit der »unverbindlichen ›indirekten Methode‹« analysiert werden, »die niemandem wehe tut und von der niemand sich getroffen zu fühlen braucht«.[170] Man müsse vielmehr »die *gesellschaftlichen* Ursachen für den schrecklichen Krieg« erforschen und erkennen, daß »nicht ein unabwendbares Schicksal«, sondern »ganz bestimmte« soziale »Kräfte« die Katastrophe heraufbeschworen hätten.[171] Der Antikerekurs wird daher säkularisiert. Vor allem in der Erstfassung seiner *Antigone*-Adaption wendet sich Brecht dezidiert gegen klassizistische wie fatalistische Lektüren des griechischen Altertums.[172] Erst Hacks begründet in den sechziger Jahren eine positiv ausgerichtete Rezeption. Für ihn antizipieren die »Klassiker« den humanen Endzustand. Sie nehmen »in hohem Grade vorweg, was der Mensch sein kann«, und machen damit »die Götter arbeitslos«.[173]

---

163 Vietta: Dramaturgisches Protokoll (1951/52), S. 46.

164 Vietta: Die Einheit der Künste im Theater (1952/53), S. 7, 9.

165 Vietta: Iphigenie in Amerika (1948), S. 79.

166 Vgl. ebd., S. 26; Orpheustrilogie (1943-1945). Bd. 2, S. 2 und Die Vögel ehren Aristophanes (1948), S. 90.

167 Vgl. Marshall (1994), S. 133f. und Schaller (2001), S. 84f.

168 Vietta: Iphigenie in Amerika (1948), S. 74f.

169 Vietta: Theologie ohne Gott (1946), S. 25. Vgl. A, 3.1.3.

170 Wolf: Tagebuchnotiz vom 4. November 1948 (zit.n. Pollatschek [1958], S. 267). Vgl. auch WW 16, S. 112 (Zeitprobleme des Theaters [1947]) und 159f. (Rauchvorhang Antike [1947]).

171 Grotewohl: Deutsche Kulturpolitik, S. 27 (Die geistige Situation der Gegenwart und des Marxismus [1948]).

172 Vgl. GBA 8, S. 227 (Die Antigone des Sophokles [1948]).

173 HM 2, S. 168 (Über das Revidieren von Klassikern [1975]). Vgl. Riedel (1984), S. 144-146.

4. Narrative des Marxismus

4.1 Konvergenzdiskurs

4.1.1 Theorie und Wirklichkeit: Sozialistischer Realismus

Der dramatische Marxismus bleibt bis Anfang der sechziger Jahre auf das DDR-Territorium beschränkt und ist nur mit Blick auf die dortige Kulturpolitik analysierbar.[1] Zudem lassen sich entsprechende Semantisierungsformen erst ab 1948/49 nachweisen.[2] Grund dafür ist der ›demokratische Antifaschismus‹ der SBZ, der jedoch im Gegensatz zu westalliierten Positionen kein historisches Endstadium darstellt, sondern weiter transformiert werden soll bis zur Diktatur des Proletariats.[3] Der NS-Ideologie ähnlich erstreckt sich das Sinnstiftungspotential des Marxismus auf fast alle Lebensbereiche. Er fungiert quasi transzendental, ist Bedingung der Möglichkeit objektiver Erkenntnis. Vor diesem Hintergrund »muß« jede »Literatur«, der die »materialistische Dialektik« nicht eingeschrieben ist, »die Antwort auf die Wirklichkeit verfehlen«.[4] Der »Übung des Zweifels« (Ideologiekritik) wird hier eine »Sammlung des Sinns« entgegengestellt.[5] Tatsächlich bleibt es im Wissen um Richtung und Resultat der geschichtlichen Bewegung unumstößliches Faktum, daß »nicht zwei Wahrheiten« nebeneinander bestehen können.[6] Als geistige Ordnungsmacht, die das humanistische Erbe antritt und deshalb zur »Krönung der deutschen klassischen Philosophie« avanciert,[7] setzt der Marxismus ins Werk, was Popper *»utopische Sozialtechnik«*[8] nennt: die radikale Neukonstruktion von Gesellschaft. Er tut dies mit nahezu ungetrübtem Vertrauen auf die Kraft menschlicher Vernunft. Für den Marxismus bleibt der Kosmos beherrschbar und das Wertsystem substantiell konfliktfrei, weil es in der proletarischen Sozietät keinen Antagonismus mehr gibt. Bestehende Widersprüche sind Ergebnis individueller Schwäche oder verzerrter Perspektive. Dahinter steht die Vorstellung, daß die »Einheit der Gegensätze«[9] als »fundamentales Gesetz des Universums«[10] apriorischen Charakter besitzt: »Es gilt sowohl in der Natur als auch in der menschlichen Gesellschaft als auch im Denken der

1 Abgesehen von Harlans Chronik *Ich selbst und kein Engel* (1959) setzt die westdeutsche Marxismus-Rezeption im Drama erst mit den sechziger Jahren ein.

2 Zu den Ausnahmen zählen Kiewerts Lassalle-Tragödie *Am Anfang war die Tat* und Lommers Schauspiel *Der General* (beide 1946). Auch Wolf verzichtet in seinen Dramen *Die letzte Probe* (1945/46) und *Wie Tiere des Waldes* (1947) weitgehend auf marxistische Implikate.

3 Die SED verwendet hierfür den Begriff der *»mittleren Form der Demokratie«*, die »zwischen der bürgerlichen und der sozialistischen« steht (Was ist Demokratie [1946], S. 221).

4 Rilla: Literatur, Kritik und Polemik (1950), S. 367.

5 Ricoeur: Die Interpretation, S. 45, 41.

6 Djacenko: Menschen an der Grenze (1950), S. 27.

7 Becher: Publizistik II, S. 364 (Bemerkungen zu unseren Kulturaufgaben [1944]).

8 Popper: Die offene Gesellschaft und ihre Feinde. Bd. 1, S. 187.

9 Lenin: Aus dem philosophischen Nachlaß, S. 286 (Zur Frage der Dialektik).

10 Mao: Über die richtige Lösung von Widersprüchen im Volke (1957), S. 4.

Menschen«.[11] Diskursanalytisch lassen sich daher zwei Formationen unterscheiden: ein *synchron* ausgerichteter Konvergenzbereich, der die Welt ästhetisch, anthropologisch und technisch neu ordnet, sowie ein *diachron* orientierter Divergenzbereich, der das Vergangene tangential betrachtet: als negative Weltgeschichte der Klassengesellschaft, aber auch als positive der kommunistischen Bewegung (in Deutschland und Europa).

Die Affirmation des Narrativs erfolgt im Konvergenzbereich zunächst durch die Etablierung eines Leitkonzepts, das systemkonforme Kunstproduktion gewährleisten soll: den sozialistischen Realismus. Letzterer erfüllt dabei zwei verschiedene Aufgaben: Einerseits dient er der Abgrenzung von der westlichen Moderne, andererseits der Assimilation an die bürgerliche Ästhetik des späten 19. und frühen 20. Jahrhunderts. Zur Rechtfertigung dieser Strategie greift man auf Lenin zurück:

> Der Marxismus hat seine weltgeschichtliche Bedeutung als Ideologie des revolutionären Proletariats dadurch erlangt, daß er die wertvollsten Errungenschaften des bürgerlichen Zeitalters keineswegs ablehnte, sondern sich umgekehrt alles, was in der mehr als zweitausendjährigen Entwicklung des menschlichen Denkens und der menschlichen Kultur wertvoll war, aneignete und es verarbeitete. Nur die weitere Arbeit auf dieser Grundlage und in dieser Richtung, inspiriert durch die praktische Erfahrung der Diktatur des Proletariats, dieses seines letzten Kampfes gegen jegliche Ausbeutung, kann als Aufbau einer wirklich proletarischen Kultur anerkannt werden.[12]

Eine weitere Bemerkung Lenins im *Entwurf einer Resolution über proletarische Kultur* (1920) antizipiert zugleich zentrale Elemente des sozialistischen Realismus: Nicht die »*Erfindung* einer neuen Proletkultur« sei notwendig, sondern die »*Entwicklung* der besten Vorbilder, Traditionen und Ergebnisse der *bestehenden* Kultur *vom Standpunkt* der marxistischen Weltanschauung und der Lebens- und Kampfbedingungen des Proletariats in der Epoche seiner Diktatur«.[13] An diese Auffassung knüpft das Basisdokument der DDR-Erbetheorie an: Lukács' Aufsatz *Aus der Not eine Tugend* (1932). Auch hier wird die These vertreten, daß das Entstehen neuer Kunst keinen radikalen Bruch mit dem Alten bedeute. Es komme vielmehr darauf an, Kontinuitäten zu betonen, um die Werke der Vergangenheit nicht kampflos der Bourgeoisie zu überlassen.[14] Ähnliches gilt für Bechers Abhandlung *Von den großen Prinzipien in unserer Literatur* (1938), denn dort heißt es: »Nur durch eine hohe, ›klassische Auffassung‹ der Literatur sind wir imstande, uns auf die Dauer als die wahren Vertreter der großen freiheitlichen Traditionen zu legitimieren«.[15] Der Gesetzcharakter der Traditionsbindung unter Akzeptanz bürgerlicher Standards führt jedoch zu einem mechanistischen Verfahren, das Marx' Forderung korrigiert, die Arbeiterschaft solle jede ästhetische Normativität verabschieden und ihre Dichtung »nur aus der Zukunft« schöpfen.[16]

Ausgangspunkt der administrativen ›Einführung‹ des sozialistischen Realismus ist eine Resolution des ZK der bolschewistischen Partei, die am 1. Juli 1925 u.d.T. *Die Politik der Partei auf dem Gebiet der Schönen Literatur* in der Prawda erscheint und

---

11 Baierl: Über die Bedeutung des Details in der darstellenden Kunst (1958), S. 4.

12 Lenin: Werke. Bd. 31, S. 308 (Über proletarische Kultur).

13 Lenin: Über Kultur und Kunst, S. 373. Der Aufsatz erscheint erst 1945 im Druck. Zum legitimatorischen Impetus dieser Passage vgl. Abusch: Schillers Menschenbild (1960), S. 8.

14 Vgl. Lukács: Schriften zur Literatursoziologie, S. 143-156.

15 Zur Tradition der deutschen sozialistischen Literatur. Bd. 2, S. 300.

16 MEW 8, S. 117 (Der achtzehnte Brumaire des Louis Bonaparte).

sich gegen bürgerliche wie proletkultische Tendenzen wendet. Im Zuge der zweiten bolschewistischen Revolution, die Lenins revolutionäre Diktatur zur totalitären ausweitet, gewinnt der von Stalin favorisierte Klassizismus Ende 1927 an feldstrategischer Bedeutung. So wendet man sich auf dem II. Weltkongreß der revolutionären Literatur in Charkow (1930) mehrheitlich gegen Agitprop-Konzepte, bevor am 23. April 1932 die experimentelle RAPP-Gruppe durch ZK-Beschluß aufgelöst wird. Der Verzicht auf kulturpolitische Propaganda zieht seine Legitimation nicht zuletzt aus Äußerungen von Marx und Engels, die dem bürgerlichen Realismus den Vorzug geben vor tendenzliterarischen Modellen.[17] Auf diese Weise kommt es jedoch zu einer Anthropologisierung des Diskurses, denn der kommunistische Zentralbegriff ›Gesellschaft‹ ist in Stalins Rede *Neue Lage – neue Aufgabe des Wirtschaftsaufbaus* (1931) durch den Terminus ›Mensch‹ ersetzt. Das Schlagwort ›sozialistischer Realismus‹ wird erstmals im Mai 1932 verwendet, und zwar von Iwan Gronski, dem Leiter des Organisationskomitees zur Gründung eines sowjetischen Schriftstellerverbandes. Maxim Gorki verwendet die Formel nahezu zeitgleich. In seinem Haus findet im Oktober desselben Jahres ein Treffen mit Stalin und mehreren Schriftstellern statt, bei dem die neue Methode besprochen wird. Die offizielle Kodifizierung erfolgt auf dem I. Allunionskongreß der Sowjetschriftsteller, der vom 17. August bis zum 1. September 1934 in Moskau stattfindet. Unter der Ägide Andrei Shdanows wird nicht nur die führende Rolle der Partei im Kunstbereich festgeschrieben, sondern auch eine poetologische Reglementierung vorgenommen: Man soll ›realistisch‹ schreiben unter Bezugnahme auf die technisierte Arbeitswelt.[18] Gleichzeitig lanciert man Angriffe gegen die internationale Avantgarde (Joyce, Proust, Dos Passos), denen die antistalinistische Elite (Malraux, Herzfelde, Bucharin) lediglich verbal begegnen kann.[19] Eine staatliche Kommission für Kunstangelegenheiten überwacht wie später in der DDR die Einhaltung der Direktiven. Ziel ist die Genese einer systemkonformen Belletristik, die den Aufbau des Kommunismus bewußtseinsbildend unterstützt. Als literarische Idealtypen fungieren neben den Werken Gorkis u.a. Konstantin Fedins *Städte und Jahre* (1924), Leonid Leonows *Die Dachse* (1924), Fedor Gladkows *Zement* (1925), Fjodor Panfijorows *Wolgabauern* (1928/1937), der erste und zweite Teil von Michail Scholochows *Der stille Don* (1929), Anton Makarenkos Erziehungsromane *Der Weg ins Leben* (1931-1935) und *Flaggen auf den Türmen* (1939) sowie die Agitationsliteratur Wladimir Majakowskis. Während der ›Expressionismusdebatte‹, die 1937/38 in zwei Moskauer Zeitschriften ausgetragen wird, erfahren die postrevolutionären Theoriediskussionen ihre Fortsetzung. Das dort präsente Moderne-Verdikt bestimmt über die Lukács-Idolatrie auch den sozialistischen Nachkriegsdiskurs, zumal Gegenpositionen (Bloch, Eisler) ohne größeren Einfluß bleiben. Erst die 1966 publizierten Brecht-Kommentare zum Expressionismus, die vor allem gegen Lukács gerichtet sind, begünstigen – vermittelt durch Aufsätze Werner Mittenzweis – eine kritische Erbediskussion. Reglementierend wirkt zudem die 1936 durch *Prawda*-Artikel ausgelöste Formalismus-Naturalismus-Debatte, in deren Verlauf prole-

---

17 Marx in der Sickingen-Debatte (1859) und den *Theorien über den Mehrwert* (1862), Engels im Brief an Margaret Harkness (1888).

18 Vgl. Sozialistische Realismuskonzeptionen, S. 43-50 (Die Sowjetliteratur, die ideenreichste und fortschrittlichste Literatur der Welt [1934]).

19 Vgl. ebd., S. 136-138 (André Malraux [1934]), 239-244 (Wieland Herzfelde [1934]) und 332-345 (Bucharin: Über Dichtung, Poetik und die Aufgaben des dichterischen Schaffens [1934]).

tarisch-revolutionäre Künstler (Pilnjak, Babel, Meyerhold) angegriffen, verfolgt und liquidiert werden. Béla Balázs rechtfertigt die rigide Vorgehensweise zwei Jahre später rezeptionsästhetisch. Das neue Sowjetpublikum habe sich eindeutig und endgültig für das Stanislawski-System entschieden.[20]

Auch in der SBZ distanziert man sich vom Agitproptheater der zwanziger Jahre. An seine Stelle tritt die Funktionalisierung realistischer Literaturmodelle für den Kampf gegen den Faschismus und dessen Inanspruchnahme der Höhenkammliteratur.[21] Wer ein »neues deutsches Geistesleben begründen« wolle, müsse – so Becher im Aufruf zur Gründung des Kulturbundes (1945) – »die große deutsche Kultur, den Stolz unseres Vaterlandes, wieder erwecken«.[22] Der Patriotismus wird damit aus dem Bereich diskreditierter Ideologeme ausgeschlossen und für den Zusammenschluß der antifaschistischen Intelligenz dienstbar gemacht. Nichtsdestotrotz weist Becher noch im selben Jahr darauf hin, daß der Prozeß ›geistiger Katharsis‹ gebunden sei an die »Aufhebung untragbar gewordener gesellschaftlicher Bedingungen«.[23] Hier zeigt sich eine Assimilation an den sowjetischen Diskurs, denn die zu jener Zeit noch mögliche Entwicklung eines deutschen Sozialismus-Modells wird damit verabschiedet. Während Willi Bredel auf der Ersten Zentralen Kulturtagung der KPD (1946) fordert, die kulturpolitischen Fehlentscheidungen der Vergangenheit zu überwinden,[24] argumentieren die Hauptredner bereits im Sinne der stalinistischen Kunstdoktrin. So erklärt Wilhelm Pieck, das Bürgertum sei »völlig außerstande«, dem »Vermächtnis unserer großen Klassiker« das zu entnehmen, was sich als »wirklich zukunftsweisend und fortschrittlich« darstelle.[25] Ähnlich sieht es Anton Ackermann, wenn er die Arbeiterklasse zum »Hauptträger der nationalen[,] demokratischen und kulturellen Neugeburt Deutschlands« macht und eine Kunst propagiert, »die ihrem Inhalt nach sozialistisch, ihrer Form nach realistisch ist«.[26] Zwei Jahre später, auf dem Ersten Kulturtag der SED, spricht er bereits vom sozialen Realismus als Stilbegriff, womit er zugleich den Rahmen ästhetisch legitimer Ausdrucksformen markiert: Die »*Dekadenz in der Kunst* [besteht] neben ihrer Abseitigkeit und leeren Abstraktheit oft gerade in einem schädlichen, falschen Neuerertum bei Verzicht auf das klassische Erbe und fehlendem fachlichen Können«.[27] Eingeführt wird der sozialistische Realismus auf dem Ersten Deutschen Schriftstellerkongreß (4. bis 8. Oktober 1947): Becher optiert dort für eine Literatur, die sich zwar nicht »den politischen Bedürfnissen« unterwerfen, aber doch »auf eine ihr eigentümliche und selbständige Art politisch« sein soll.[28] Derselbe Versuch einer Mediation zwischen Narrativbezug und Tendenzkritik kennzeichnet Bechers Rede auf dem ersten Bundeskongreß des Kulturbundes (19. bis 21. Mai 1947). Das Bekenntnis zu geistiger Freiheit und nationaler

---

20 Vgl. Zur Tradition der deutschen sozialistischen Literatur. Bd. 2, S. 495f. (Meyerhold und Stanislawski).

21 Vgl. Mandelkow (1983), S. 85f. und Fischer (1989), S. 67f.

22 [Becher:] Aufruf zur Gründung des »Kulturbundes zur demokratischen Erneuerung Deutschlands«, S. 4.

23 Becher: Deutsches Bekenntnis, S. 10.

24 Vgl. Um die Erneuerung der deutschen Kultur, S. 98f. (Die Jugend und die kulturelle Erneuerung Deutschlands).

25 Ebd., S. 16 (Um die Erneuerung der deutschen Kultur).

26 Ebd., S. 42, 52 (Unsere kulturpolitische Sendung).

27 Ackermann: Marxistische Kulturpolitik, S. 26.

28 Becher: Gesammelte Werke. Bd. 17, S. 170.

Wiedergeburt wird nachhaltig eingeschränkt durch die These vom »Vorrang« der sowjetrussischen Erfahrungen.[29] Noch deutlicher bezeichnet Oberst Sergeij Tulpanow die von der Besatzungsmacht erwartete Orientierung: »Prüfstein der Ehrlichkeit und der Konsequenz eines jeden Demokraten« sei das »Verhältnis« zur UdSSR.[30]

Trotz solcher Ansätze der Direktivbildung läßt sich hinsichtlich der Genese eines sozialistischen Theaters zunächst keine einheitliche Strategie ausmachen. Die Zeitschriften *Sonntag* und *Aufbau* optieren sogar gegen Normativität, indem sie Konkurrenzmodelle wie Weyrauchs »Realismus des Unmittelbaren« oder Pohls »magischen Realismus« zur Debatte stellen. Im Zuge der Systemrepräsentation, die das Goethe-Jahr 1949 bestimmt, wird die Grenzziehung deutlicher markiert. Katalytisch wirken hier insbesondere die Abhandlungen von Lukács, die 1947 u.d.T. *Goethe und seine Zeit* erscheinen und bis in die sechziger Jahre das Erbeverständnis der DDR bestimmen. Der für den Weimarer Autor zentrale Begriff des ›Inkalkulablen‹ wird allerdings ausgespart. Mit Blick auf Thomas Manns *Lotte in Weimar* erklärt Lukács: »Die Goethesche ›Versöhnung mit der Wirklichkeit‹ ist der tiefste Realismus«.[31] Auch Becher zielt in seiner Rede *Der Befreier* auf Ikonisierung. So symbolisiert das »Reich, das Goethe heißt«,[32] die Unvergänglichkeit des Sinnkonzepts ›Kulturnation‹. Mit anderen Worten: Die politische Reichsidee, die mit dem Ende des Wilhelminismus obsolet scheint, wird auf den kulturellen Bereich übertragen, wo ihr in der Tradition utopischer Modelle (von Fiore, Lessing, Schelling) eine neue Zukunft ersteht – als Synthese der nicht eingelösten Versprechen deutscher Geschichte. 1954 konstatiert der neuernannte Minister, die »Rettung« der nationalen Kultur ermögliche dem besiegten Land, erneut »Großmacht« zu werden durch »Überlegenheit im Menschlichsein«.[33] Die Ersetzung des Terminus ›Tradition‹ durch ›Erbe‹, die sich bereits in den zwanziger Jahren vollzieht,[34] trägt dieser Konzeption Rechnung. Denn nur die Klasse, der objektiv die Zukunft gehört, kann einen rechtmäßigen Besitzanspruch auf die kulturelle Überlieferung geltend machen. Mit derselben juridischen Logik wird das Bürgertum ausgeschlossen: Es wäre – so Erpenbeck – ein »tief reaktionäres Beginnen«, »die Dekadenz mit Lebenstendenzen aufzuschminken, die es nicht mehr gibt und geben kann«.[35] Damit erhält der kommunistisch orientierte Kulturbereich eine Monopolstellung: Er ist »der legitime Erbe nicht nur der russischen, sondern auch der westeuropäischen und der gesamten klassischen Weltliteratur«.[36] Wie Marx und Engels den Idealismus »weiterentwickelt« hätten, so sei die Arbeiterklasse berufen, »in der gleichen Weise das humanistische Erbe« der Dichtung »zu übernehmen«.[37] Kraft dieser »Vollstrecker«-These sucht die DDR den von Lassalle propagierten Versprechenscharakter der Klassik einzulösen und sich selbst als ›Theatralstaat‹ zu legitimieren.[38] Die Festsetzung der »*Geburtsstunde*« sozialistischer Lite-

29 Der erste Bundeskongreß, S. 54.
30 Ebd., S. 159.
31 Zur Tradition der deutschen sozialistischen Literatur. Bd. 3, S. 176 (Die verbannte Poesie [1942]).
32 Becher: Publizistik III, S. 254.
33 Becher: Programmerklärung des Ministeriums für Kultur, S. 29f.
34 Vgl. Gleber (1979), S. 124-140.
35 DD, S. 79 (Fritz Erpenbeck: Formalismus und Dekadenz [1949]).
36 Fadejew: Der sozialistische Realismus und die Romantik (15. Juli 1947), S. 4.
37 SED 2, S. 231 (Entschließung des Parteivorstandes vom 10. März 1949).
38 DSED, S. 641 (Grundsätze sozialistischer Kulturarbeit im Siebenjahrplan [1960]).

ratur auf den »Zusammenschluß«[39] der Schriftsteller mit Arbeiterklasse und Partei dient dabei nicht allein der Erhöhung des symbolischen Kapitals der eigenen Kulturrevolution; es wertet zudem die Staatsgründung auf als Beginn eines performativen Aktes, in dessen Verlauf das völkerverbindende Nationalkunstwerk verwirklicht wird:

> Erst weit über hundert Jahre, nachdem Goethe die Feder für immer aus der Hand legen mußte, haben die Arbeiter und Bauern, die Angestellten und Handwerker, die Wissenschaftler und Techniker, haben alle Werktätigen der Deutschen Demokratischen Republik begonnen, diesen dritten Teil des »Faust« mit ihrer Arbeit, mit ihrem Kampf für Frieden und Sozialismus zu schreiben.
>
> Der Sieg des Sozialismus in der Deutschen Demokratischen Republik und die Vereinigung des ganzen deutschen Volkes in einem einheitlichen, friedliebenden, demokratischen und sozialistischen Staat wird diesen dritten Teil des »Faust« abschließen. Und dieses Schlußkapitel [...] werden die Bürger der Deutschen Demokratischen Republik und die Bürger der westdeutschen Bundesrepublik – brüderlich vereint – gemeinsam gestalten.[40]

Im offiziellen SED-Diskurs gibt es (anders als bei Brecht und Eisler) »keine ›Zurücknahme‹ von Goethes Faust von ›links‹ her«.[41] Die miseretheoretische Interpretation der deutschen Geschichte weicht dem Glauben an eine neue Hochkultur.

Perspektivmedium dieser Utopie ist aber der sozialistische Realismus, dessen Inkubationsperiode nach Vorarbeit auf der Kulturbund-Konferenz (25./26. November 1949) mit dem II. Deutschen Schriftstellerkongreß beendet wird (4. bis 6. Juli 1950). Der Kodifizierung auf dem 5. Plenum des ZK der SED im März 1951 gehen Artikel des sowjetischen Kulturoffiziers Wladimir Semjonow in der *Täglichen Rundschau* voraus. Mit Blick auf die Erbetheorie ergeben sich dabei strategische Veränderungen: Stand zunächst der Anschließbarkeit wegen die Betonung inhaltlicher Homologie zwischen Humanismus und Sozialismus im Vordergrund, so versucht man nun das Aufklärungsmodell materialistisch auszuweiten: Der Sozialismus ist der im politischen Leben verwirklichte Humanismus, zugleich aber auch dessen Voraussetzung, denn die Selbstentfremdung des Menschen kann nur durch dasjenige gesellschaftliche Projekt aufgehoben werden, das den Kommunismus zum Ziel hat. In Hermann Werner Kubschs *Ende und Anfang* (1949) findet diese These eine erste dramatische Umsetzung. So konstatiert Widerstandskämpfer Dr. Berger in bezug auf den Heimkehrer Georg: »Es schmerzt ihn, dass er nicht der Mensch ist, der er sein möchte. Aber wir müssen bei den Wurzeln anfangen. Wir müssen die Verhältnisse ändern, wenn wir die Menschen ändern wollen. Fangen wir an. Bei den Wurzeln. Heute heisst es: Das Land den Bauern. Morgen die Fabriken den Arbeitern. Daraus werden die neuen Menschen erwachsen, das neue Leben« (34). Der sozialistische Aufbau erscheint hier als Doppelakt der Revolutionierung von Individuum und Gesellschaft. Vor diesem Hintergrund erklärt sich auch die geforderte Konzentration auf den Inhalt. Der Standpunkt ästhetischer Autonomie müsse suspendiert werden zugunsten der »Erfüllung großer Aufgaben im Rahmen des Fünfjahrplans«.[42] Die gesamte Literatur (insbesondere aber das Drama) ist somit funktional bestimmt und aus dieser Sicht zu beurteilen. Mit Stalin, dessen Wort noch immer »abso-

---

39 Abusch: Zur Geschichte und Gegenwart unserer sozialistischen Literatur (1957), S. 135f.

40 Ulbricht: An alle Bürger der Deutschen Demokratischen Republik! (1962), S. 5.

41 DD, S. 109 (Alexander Abusch: Faust – Held oder Renegat in der deutschen Nationalliteratur? [1953]).

42 SED 3, S. 441 (Entschließung des Zentralkomitees vom 17. März 1951 [5. Tagung]).

luten Wahrheitsgehalt« besitzt,[43] setzt man auf wirksame Aufbauwerke mit positiven Helden und nationalem Pathos.[44] Der erste Jahrgang der Zeitschrift *Neue deutsche Literatur* (1953) stellt daher zwei Stücke zur Diskussion: Greulichs *Krieg in der Friedenstraße* (H. 5, 3-67) und Kantorowiczs *Schubert-Chor* (68-108). In beiden Fällen handelt es sich um Vorabdrucke, die nach den Kriterien sozialistisch-realistischen Schreibens beurteilt werden sollen:

> Insbesondere interessiert uns die Meinung unserer Leser zu folgenden Punkten: Ist der Stoff für eine dramatische Bearbeitung geeignet? Hat der Autor es verstanden, die allgemeinen Begebenheiten in dramatischen Konfliktsituationen zuzuspitzen? Sind die handelnden Personen als »typisch« anzusprechen? Mit welchen Mitteln wurde eine Individualisierung der handelnden Personen angestrebt und in welchem Maße ist sie dem Autor gelungen? In welchem Maße dient auch die Sprache dem Zweck der Individualisierung? (68).

Grundlage dieses Merkmalkatalogs ist die Ästhetik Georg Lukács', die bis Mitte der fünfziger Jahre »fast eine Monopolstellung« besitzt.[45] Insbesondere die *Essays über Realismus*, die zum großen Teil während des Exils entstehen und 1948 im Aufbau-Verlag erscheinen, bieten ein konsensfähiges Modell für die weltanschauliche Fundierung der neuen Kunstdoktrin. Lukács' Versuch, aus verstreuten Marx-Äußerungen systemische Kohärenz herzustellen, kompensiert dabei ein poetologisches Desiderat. Denn der ›Vater des Kommunismus‹ hat »kein umfassendes Werk über kulturelle Fragen« hinterlassen, das als »Gegenstück zur umfassenden Behandlung ökonomischer Probleme im ›Kapital‹« betrachtet werden könnte.[46] Während Becher und Abusch die Restauration klassischer Ideale anstreben, zielt Lukács auf deren posthegelianische Aufhebung. Im Gegensatz zu Goethe und Schiller, die das progressive Erbe der Aufklärung fortführen, ist die Romantik ausschließlich negativ konnotiert. Mit ihr beginnt nach Lukács eine regressive Traditionslinie, die über Nietzsche und den Expressionismus zur spätbürgerlichen Moderne reicht. Die »Kritik der Romantik« bleibt folglich »eine höchst aktuelle Aufgabe« und »kann niemals tiefschürfend und scharf genug sein«.[47] Durch diese Form tangentialer Sinnstiftung läßt sich das Realismus-Modell ›naiv‹ wiederbeleben. Der neue Weltzustand erlaubt nämlich den Rekurs auf Begriffe und Vorstellungen, die von der Moderne bereits suspendiert sind: organische Strukturbildung, sinnliche Transparenz, poetische Schönheit, Totalität der Welt- und Lebensbezüge.

Wenngleich hier mit Sicherheit eine ›erpreßte Versöhnung‹[48] vorliegt, wäre es problematisch zu behaupten, Lukács tilge durch die »ästhetische Ver-Einigung von Erscheinung und Wesen« »die Widersprüche, die der dialektischen Einheit beider zwingend zugrundeliegen«.[49] Tatsächlich meint ›Wesen‹ nicht Kopie der Wirklichkeit, sondern Suche nach deren sozialökonomischen Funktionsgesetzen: Das Ästhetische weist über den Bereich des Sichtbaren hinaus, ist Lenins dialektischem Materialismus ent-

---

43 Wolf: Stalin – das ist eine ganze Epoche (1953), S. 13.

44 Vgl. Abusch: Literatur und Wirklichkeit (1952), S. 337, 344, 348.

45 Abusch: Kulturelle Probleme des sozialistischen Humanismus, S. 324 (Lukács' revisionistischer Kampf [1958]). Zur »Diskursgeschichte« nach 1945 vgl. Marquardt (2000).

46 Äußerung von Erhard John (zit.n. Trommler [1976b], S. 36).

47 Lukács: Fortschritt und Reaktion in der deutschen Literatur (1947), S. 69.

48 Vgl. AS 11, S. 251-280.

49 Joost/Müller/Voges (1985), S. 248.

sprechend bereits ›verzerrtes Abbild‹. Da die literarische Objektivation jedoch größere Authentizität beanspruchen darf als die empirische Oberfläche, stellt sich mit Blick auf Lukács' Theorie nicht das *ästhetische* Problem des ›eingeschobenen Abbilds‹,[50] sondern das *epistemologische* der ›eingeschobenen Idee‹. Mechanistisch bleibt das Verfahren – und dies gilt für den sozialistischen Realismus insgesamt – nur deshalb, weil die ›Idee‹ normativ wirkt: Die fiktionale Welt entsteht zwar als Ergebnis der Dialektik von Bewußtsein und Realität, aber die gezeigten Widersprüche sind per theoriam lösbar. Damit wird Erkenntnis nicht prozessural aus der Wirklichkeit gewonnen; sie ist stets bereits geleisteter Akt. An dieser Stelle ergibt sich (zumindest aus SED-Sicht) ein Problem, denn Literatur markiert für Lukács eo ipso ein Medium ›richtiger‹ Weltperzeption. Es ist die *Form*, die das ideologisch verzerrte Bild korrigiert, weil sie – mit Kant zu sprechen – einen ›mundus intelligibilis‹ gestaltet, in dem vernunftgeleitete Ästhetik möglich ist, selbst wenn sie im Erscheinungsbereich nicht existiert. Vor diesem Hintergrund wohnt jedem Werk ein utopisches Potential inne, das auch unter kapitalistischen Bedingungen die »menschliche Integrität des Menschen«[51] wahrt (z.B. bei Thomas Mann). Dies bedeutet, daß im Zentrum nicht die Geschichte der Klassenkämpfe steht, sondern die der historischen Vernunft, weil durch sie »der stufenweise Fortschritt einer wesentlich gemeinschaftlichen Menschlichkeit« hervorgebracht wird.[52] Was der Legitimation der Erbetheorie dient, unterminiert jedoch zugleich das gegenwartsbezogene Literaturkonzept, denn die Notwendigkeit parteilicher Autorschaft bzw. staatlicher Lenkung entfällt. Die Tendenz wird im nachhinein retabliert, d.h. der fiktionale Raum muß so gestaltet sein, daß sich die ideologisch geforderte Zielsetzung als die der Wirklichkeit erweist. Trotz der ›wahren‹ Form wird also ein Supplement installiert, das nachträglich betonen soll, was bereits enthalten ist.[53]

Aufgrund der idealistisch-liberalen Theoriestruktur wird Lukács, der in Ungarn schon 1949 starker Kritik ausgesetzt ist,[54] nach den Unruhen vom Herbst 1956 auch durch DDR-Intellektuelle denunziert. Die Bipolarität der weltpolitischen Ordnung entzieht einer Position den Boden, die den Übergang der bürgerlichen zur sozialistischen Kultur als Kontinuität beschreibt. In der antifaschistisch-demokratischen Frühphase war ebendiese Integrativtechnik erwünscht, denn sie sollte über den marxistischen Diskurs hinaus traditional sinnstiftend wirken. Nun konzentriert sich die Kritik an Lukács gerade auf das Fehlen ideologischer Evidenz: Die Suspension der Untrennbarkeit von Weltanschauung und künstlerischer Methode führe zur »Preisgabe einer historisch-materialistischen Analyse«[55] und entwerte den Sozialismus als »unverbindliches Fernziel«.[56] Die ästhetischen Kategorien des ungarischen Philosophen bleiben jedoch auch nach 1956 weitgehend unangetastet.

---

50 Vgl. Knopf (1974), S. 148.

51 Lukács: Schriften zur Literatursoziologie, S. 221 (Einführung in die ästhetischen Schriften von Marx und Engels [1945]).

52 Spies (1991), S. 38.

53 Dieser Tautologie entspricht auch die tangentiale Theatralität marxistischer Klassikerinszenierungen (A, 3.3.1/3.3.2).

54 Vgl. Hermann (1986), S. 172-176.

55 Abusch: Kulturelle Probleme des sozialistischen Humanismus, S. 323f. (Lukács' revisionistischer Kampf [1958]).

56 Heise: Zu einigen Problemen der literaturtheoretischen Konzeption Georg Lukács' (1958), S. 1.

Der wichtigste Exponent des Lukács-Systems im theatralen Diskurs der Nachkriegszeit ist Fritz Erpenbeck. In seinem 1946 erschienenen Aufsatz *Zeittheater oder Theater der Zeit?* erhebt er den Begriff »gegenwartsnah« zum Konstitutivkriterium jeden Realismus. Die »Zeitlosigkeit« eines Schauspiels resultiert dabei quasi paradox aus dessen »Zeitverbundenheit«, denn der Leser bzw. Zuschauer kann die handlungsleitenden Prämissen nur dann nachvollziehen, wenn es sich um historisch virulente Problemzusammenhänge handelt. Durch die Erkenntnis, daß der im Drama dargestellte geschichtliche Prozeß mit dem des Rezipienten identisch ist, entsteht Gegenwartsbezug. Wie bei Lukács erscheint Realismus damit als aktuell-überzeitliche Perspektive, die »gesellschaftlich wahres« Theater ermöglicht – unabhängig von der Provenienz des dramatischen Materials (DD, 12-14). Die für den Sozialismus relevante Frage nach Art und Form der Wirklichkeitsreferenz bestimmt noch Ende der Nachkriegszeit die Theoriediskussion. So konstatiert Henryk Keisch angesichts des Mangels zeitbezogener Schauspiele, daß »Gegenwartsdramatik« aktuelle Sachverhalte historisch unverschlüsselt darstellen müsse. »Das Neue, das erst 1960 entsteht, kann nicht sichtbar werden, wenn das Stück ausdrücklich vor dem Einschnitt von 1960 angesiedelt ist.«[57] Schon im Februar 1958 hatte Keisch die These vertreten, daß man »streng genommen« nur die Literatur als »*sozialistisch*« bezeichnen solle, »deren Gegenstand unserer Zeit, unseren Verhältnissen, unseren Kämpfen entnommen ist oder leicht dazu in Beziehung gesetzt werden kann«.[58] Solcher Rigorismus bleibt jedoch vor der Folie teleologischer Selbstrechtfertigung nicht unkritisiert. So spricht sich Nyota Thun dafür aus, auch die »Erfahrungen der deutschen Arbeiterbewegung« und die »Ereignisse der Revolution von 1918« literarisch zu gestalten.[59] Im dramatischen Bereich besitzt dieser ›regressive‹ Fokus eine zentrale Funktion für die Systemstabilisierung (B, 4.2.3).

Während Lukács' Realismus-Modell ex post ideologisiert ist, weist der parteioffizielle Diskurs eine gegensätzliche Strategie auf: Die politische Engführung soll poetisch aufgeweicht werden, um der Qualitätsforderung zu genügen. In beiden Fällen dient der ›Realismus‹ jedoch als Metakonzept für die Vermittlung zwischen Kunst und Wirklichkeit. Erpenbeck erklärt ihn vor diesem Hintergrund 1951 zur »Methode«. Es sei falsch, ihn nur als »Stil« aufzufassen,[60] weil er »grundsätzliche Verhaltensweisen zum Inhalt« bezeichne.[61] Diese Schwerpunktbildung bestimmt den sozialistischen Dramaturgiediskurs nahezu in toto – vom illusionistischen bis zum epischen Theater. So weist Christian Berger darauf hin, »daß das Neue in der Kunst primär nicht anders als inhaltlich bestimmt werden kann«,[62] und auch Peter Hacks konstatiert: »*Der Inhalt unserer Kunst ist neu*«.[63] Divergenzen ergeben sich jedoch in bezug auf die Frage der ästhetischen Realisation, denn der Versuch, verschiedene Formlösungen zu etablieren, stößt zunächst auf heftige Kritik. Grund hierfür ist die Dominanz der ›integrativen‹ Dialektik, die Antagonismen nicht ›ausspielt‹, sondern statisch versöhnt. Als Legitimationsbasis

---

57 Schaffensfragen der sozialistischen Dramatik (1962), S. 121, 124. Vgl. auch ebd., S. 121 (Hans-Rainer John), 126 (Rainer Kerndl) und 137 (Ilse Galfert).

58 Keisch: [Beitrag in der Rubrik:] Unsere Meinung, S. 8.

59 Thun: Gegenwartsthema und sozialistische Aussage (1958), S. 118.

60 DD, S. 124 (Ungenutzte Erfahrungen).

61 DD, S. 76 (Formalismus und Dekadenz [1949]).

62 Diskussionsbeiträge zu den Referaten von Alexander Abusch und Kuba (1957), S. 111.

63 Hacks: Einige Gemeinplätze über das Stückeschreiben (1956), S. 126.

dient die an Plechanow, Lenin und Lukács geschulte »materialistische Lehre von der Erkenntnis als einer Abbildung oder Widerspiegelung der objektiven Realität im menschlichen Bewußtsein«.[64] Die Literatur erweist sich als bevorzugtes Medium dieser Epistemologie – allerdings nur dann, wenn die *objektive* Zielrichtung ›Sozialismus‹ verbunden wird mit dem Transfer ebendieser Erkenntnis auf den historischen Prozeß als Bedingung der Möglichkeit *subjektiver* Einflußnahme. Deshalb muß im Rahmen der Kunsttheorie sichergestellt werden, daß die ideologische Klarsicht zugleich Handlungsimpulse transferiert. Das *Statut des Verbandes der Sowjetschriftsteller* schreibt diese ›tätige Seite‹ der Ästhetik 1934 fest: »Der sozialistische Realismus [...] fordert vom Künstler wahrheitsgetreue, historisch konkrete Darstellung der Wirklichkeit in ihrer revolutionären Entwicklung. Wahrheitstreue und historische Konkretheit der künstlerischen Darstellung muß mit den Aufgaben der ideologischen Umgestaltung und Erziehung der Werktätigen im Geiste des Sozialismus verbunden werden«.[65] Vor diesem Hintergrund erwartet man »speziell in der Dramatik«[66] das »Erheben der Zukunft in eine gestalterische Potenz der Gegenwart«.[67] Um dies zu gewährleisten, muß der sozialistische Realismus wie sein ›bürgerliches‹ Pendant »gegen zwei Fronten«[68] kämpfen: Idealismus (Formalismus) und Naturalismus. Die begriffliche Nomenklatur bleibt nahezu identisch: Nicht das »Private« sei zentral, sondern das »Menschliche«,[69] nicht die »Oberfläche«, sondern das »Wesen«,[70] nicht der »Einzelfall«: das »Gesetz«.[71] Die gesellschaftliche Realutopie wird dabei zum Surrogat der diffamierten Romantik, denn die »Sphäre«, der die zeitgenössische Literatur »ein dem Alltag gegenübergestelltes Ideales und Schönes entnimmt«, ist »der Sozialismus, und zwar in der Form der Möglichkeit, der Tendenz, die der neuen Wirklichkeit als treibende Kraft innewohnt«.[72] Durch »realistische Gestaltung« kann somit trotz Auschwitz und Hiroshima eine Form »kunstästhetischer Schönheit« erreicht werden.[73] Dies gilt modifiziert auch für die Avantgarde. In Brecht-Nachfolge konstatiert Peter Hacks: »Realismus ist nicht verschönerte Wirklichkeit, sondern zeigt die Wirklichkeit als veränderbar, also schön«.[74]

Der ästhetische Ordnungsmechanismus besitzt damit zugleich epistemologische Funktion: »Es geht darum, auf welcher Ebene, in welcher Richtung man den Schnitt durch die Wirklichkeit legt, um einen echten Einblick in das Ganze zu bekommen. Entscheidend und wichtig ist dabei die Wahl des Beobachtungsträgers oder des Prismas, dessen man sich bedient, um Wirklichkeitsfragmente zu einem Bild der ganzen Wirklichkeit zusammenzuraffen«.[75] Aus dem Kunstcharakter der Konstruktion resultiert hier – zirkulär – die Erkenntnisfunktion der Kunst, d.h. nur wer im Bewußtsein der sozialistischen Ideologie schreibt, vermag es, »die Welt vorurteilsfrei, so wie sie ist, auf-

---

64 Berger u.a.: Kulturpolitisches Wörterbuch (^{2}1978), S. 11.
65 Sozialistische Realismuskonzeptionen, S. 390.
66 Schaffensfragen der sozialistischen Dramatik (1962), S. 134 (Henryk Keisch).
67 Pracht (1975), S. 326. Vgl. auch Strittmatter: Notizen vom Schriftstellerkongreß (1959), S. 10.
68 Kurella: Tatsachen gegen Legenden (1957), S. 137.
69 DD, S. 116 (Ottofritz Gaillard: Das deutsche Stanislawski-Buch [1948]).
70 DD, S. 77 (Fritz Erpenbeck: Formalismus und Dekadenz [1949]).
71 Kurella: Von der Lehrbarkeit der literarischen Meisterschaft (1955), S. 100.
72 Kurella: Tatsachen gegen Legenden (1957), S. 137.
73 DD, S. 169 (Angelika Hurwicz: Rezitierter Kommentar [1955]).
74 Hacks: Das realistische Theaterstück (1957), S. 93.
75 Kurella: Unsere künstlerische Freiheit (1961), S. 56.

zufassen«.[76] Der Unterschied zu realistischen Modellen des 19. Jahrhunderts besteht darin, daß Literatur hier keineswegs autonom ist hinsichtlich der politisch-kulturellen Zusammenhänge, denen sie ihre Existenz verdankt. Das Ästhetische vollendet nicht mehr die Natur, sondern die Kultur, und an die Stelle poetischer *Ver*klärung tritt ideologische *Er*klärung. Der sozialistische Realismus ist somit tangential ausgerichtet, bedarf einer exakt bestimmbaren Koordinate, die die Berührung mit dem Kreis (Narrativ) sicherstellt und damit den diskursiven Raum ordnet. Ziel ist eine »Kunst«, bei der man »weiß, was vorn oder hinten, links oder rechts, oben oder unten ist«.[77] Mit anderen Worten: Nur die Parteinahme für die ›fortschrittliche Weltanschauung‹ kann den »gemeinsamen *Standpunkt*« bezeichnen, der die »*neue Qualität*« des sozialistischen Realismus ausmacht.[78] Diese Form ideologischer Kontrolle wird durch Lenin-Thesen legitimiert, die sich deutlich von der protomarxistischen Position unterscheiden, derzufolge nicht die Klassenperspektive maßgeblich ist, sondern die Analyse der ökonomisch-gesellschaftlichen Totalität. Im Staatssozialismus ist dieses Panorama metonymisch verengt: Die Partei, die faktisch nur ein Teil ist, setzt sich als das Ganze, das sie nur fiktiv sein kann. Da sie jedoch die objektive Wahrheit verwaltet, wird die pars pro toto-Struktur zur Tautologie. Im Rahmen ›integrativer‹ Dialektik ist die »Identität der Gegensätze« deshalb nicht Resultat eines Prozesses, sondern apodiktische Setzung. Die entstandene ›Transparenz‹ wird nun auf die ästhetische Struktur übertragen: Der Objektivität der marxistischen Weltanschauung entsprechen die »alten, relativ ›einfachen‹ Kunstformen«.[79] So gelten Aristoteles' Fabeldefinition, Lessings *Hamburgische Dramaturgie* und Freytags Aufbauschema – wenigstens im affirmativen Diskurs – noch zu Beginn der sechziger Jahre als vorbildlich.[80] Der Begriff ›modern‹ sei nur für den »kapitalistischen Kunstbetrieb« von Bedeutung, »in einer Kunstästhetik« habe er »nichts« zu suchen. Den »zeitgemäßen Darstellungsstil« müsse man vielmehr »organisch aus unserer besten Tradition« entwickeln.[81] Der Dramatiker Herbert Keller spricht sich sogar dafür aus, den Terminus »modern« durch »sozialistisch« zu ersetzen.[82]

Die normative Darstellungstheorie wird auch auf den Theaterbereich übertragen. 1953 postuliert Otto Lang die intermediale Äquivalenz zwischen dem »sozialistischen Realismus« und der »*Methode Stanislawskis*«,[83] nachdem Ulbricht zwei Jahre zuvor gefordert hatte, »die bedeutenden Werke unserer Klassiker realistisch aufzuführen«.[84] Wie im dramatischen Diskurs steht hier semantische *clarté* im Vordergrund: Die Inszenierung darf das Leben nicht zu »vielfältig« erscheinen lassen, und der »Stückeschreiber« muß dafür sorgen, »die Quellen möglicher Fehlinterpretationen so gering wie

76 Autorenkollektiv: Thesen zum sozialistischen Realismus (1958), S. 130.
77 Grotewohl: Unsere Kunst kämpft für das Emporwachsende, für das Neue (1953), S. 4.
78 Abusch: Zur Geschichte und Gegenwart unserer sozialistischen Literatur (1957), S. 138f.
79 DD, S. 77 (Fritz Erpenbeck: Formalismus und Dekadenz [1949]).
80 Vgl. Kühne: Realistische Darstellung und dramaturgischer Perfektionismus (1961), S. 73, 80.
81 DD, S. 179f. (Fritz Erpenbeck: Blutarmes Theater [1957]).
82 Keller: Versuch einer Vorbemerkung (1957), S. 65.
83 DD, S. 132 (Für eine realistische Bühnenkunst).
84 Ulbricht: Zur Geschichte der deutschen Arbeiterbewegung. Bd. 4, S. 55 (Der Fünfjahrplan des friedlichen Aufbaus. Aus der Rede vor der Volkskammer, 31. Oktober 1951).

möglich zu halten«.[85] Dies geschieht primär durch Ausschlußmechanismen. Es würde zu weit führen und brächte kaum Erkenntnisgewinn, die Formalismus-Debatte nochmals ausführlich darzustellen.[86] Zentral ist an dieser Stelle lediglich der Aspekt der Systemstabilisierung – gerade unter dem Anspruch, Parteilichkeit und Kunstwert miteinander zu verbinden. Während Erpenbeck den Formalismus-Begriff als Regulativ nach innen und außen einsetzt,[87] beschränkt ihn Harich auf die bürgerliche Avantgarde.[88] Fundamentalkritik findet jedoch nicht statt; selbst Brecht und die ihn unterstützenden Journalisten (Rilla, Ihering) halten am Terminus fest.[89] Als das »wichtigste Merkmal des Formalismus« gilt – zumindest im offiziellen Diskurs – der Versuch, »etwas ›vollkommen Neues‹ zu entwickeln« und dabei »den völligen Bruch mit dem klassischen Kulturerbe zu vollziehen«.[90] Diesem Kritikpunkt verfallen mitunter auch episches (Brecht), didaktisches (Hacks, Müller) und proletarisches Theater (Agitprop). Die starke Typisierung bedrohe das organische Menschenbild, die Adaption der materialistischen Dialektik laufe »auf eine gefährliche Gleichschaltung der in Philosophie und Kunst doch tatsächlich unterschiedlichen Formen zur Widerspiegelung der Wirklichkeit hinaus«. Hierdurch werde die »Einheit von Gefühl und Ratio« zerstört und mit ihr die für den sozialistischen Realismus konstitutive »Einheit der Gegensätze«.[91] Des weiteren wendet man sich gegen Formen »dramaturgischen Perfektionismus« (Lucke), der im Rekurs auf eine aristotelisch fundierte Filmästhetik die ›Attraktivität‹ der Fabel betone, nicht deren geschichtliche Relevanz.[92] Solcher Binnenkontrolle steht die Abgrenzung nach außen gegenüber: Sieht man von wenigen sozialkritischen Dramen ab (A, 1.3.1), verfällt die gesamte westliche Moderne dem Formalismus-Vorwurf. Hauptkriterien sind das Fehlen von Perspektivbewußtsein sowie die damit verbundene *L'art pour l'art*-Konzeption.

Wie angedeutet beschränkt sich die SED nicht auf die Förderung sozialistischer Gebrauchsliteratur. Im Zuge der nach 1949 einsetzenden Staatspropaganda benötigt man qualitativ hochwertige Texte. Erpenbeck weist bereits im ersten Nachkriegsjahr darauf hin, daß zwar »jedes große Kunstwerk gesellschaftlich wahr ist«, aber »nicht alles, was gesellschaftlich wahr ist, ein Kunstwerk«.[93] Diese an Lukács geschulte

---

85 Schaffensfragen der sozialistischen Dramatik (1962), S. 128 (Paul Wiens). Auch Erwin Piscator faßt 1959 die Eigenschaft eines Stückes, »ambivalent« zu sein, »prinzipiell« als »Schwäche« auf (PT, S. 321 [Erläuterungen zur Aufführung von *Biedermann und die Brandstifter*]).

86 Vgl. Baumgarten (1975), S. 273-333; Ludwig (1976), S. 43-69; Mittenzwei (1977a), S. 17-49; Schlenker (1977), S. 104-136; Erbe (1993), S. 55-75 und Gerz (2003).

87 Vgl. DD, S. 79f. (Formalismus und Dekadenz [1949]).

88 Vgl. DD, S. 49f. (»Trotz fortschrittlichen Wollens...« [1949]).

89 Vgl. GBA 23, S. 143-149; DD, S. 34 (Paul Rilla: Episch oder dramatisch [1949]) und DD, S. 65 (Herbert Ihering: Der Volksdramatiker [1949]).

90 DSED, S. 180 (Entschließung des Zentralkomitees vom 17. März 1951 [5. Tagung]).

91 Adling: Zur Diskussion um die »Studentenkomödie« (1959), S. 65.

92 Kühne: Realistische Darstellung und dramaturgischer Perfektionismus (1961), S. 74. Bezugspunkt ist Luckes Aufsatz *Bessere Drehbücher – bessere Filme* (1960).

93 DD, S. 14f. (Zeittheater oder Theater der Zeit?). Vgl. auch Joho: Das literarische Erbe, die künstlerische Qualität und unsere neue Literatur (1954), S. 108; Victor: Zur Frage der Meisterschaft (1955), S. 4; Girnus: Über künstlerische Meisterschaft und ideologische Klarheit (1955), S. 4; Karl: Was ist künstlerische Meisterschaft? (1955), S. 4; Abusch: Zur Geschichte und Gegenwart unserer sozialistischen Literatur (1957), S. 139 und Wagner: Künstler und Publikum auf dem Weg (1959), S. 20f.

Erkenntnis steht jedoch der an Parteilichkeit orientierten Realismus-Doktrin entgegen. Vor diesem Hintergrund erfolgt eine strategische Inversion: die ›Nachträglichkeit der Tendenz‹ wird zur ›Nachträglichkeit der Polyvalenz‹. Denn unter der Voraussetzung, daß die Metaerzählung unhintergehbar ist, muß in der Praxis diejenige Abweichung entstehen, die verhindern soll, daß das Ästhetische auf den Begriff reduziert werden kann. Tatsächlich ist jeder Konflikt aber *reflexiv* immer schon gelöst, wenn er *poetisch* erscheint. Am Ende steht daher die paradoxe Vorstellung einer ›kontrollierten Autonomie‹, die das Schema verlassen und zugleich bestätigen muß.

Die Schwierigkeit, beiden Forderungen zu genügen, führt zu Ausweichstrategien. So wird der Niveaubegriff wirkungsästhetisch reguliert und zirkulär mit den Prämissen verbunden. Die künstlerische Qualität der Literatur sei keine »unabhängig von der Weltanschauung«[94] erklärbare Leistung kreativer Persönlichkeiten, sondern objektiv durch »zwei Faktoren« zu bezeichnen: »Breitenwirkung« und »Verbundenheit mit der literarischen Tradition.[95] Gradmesser wie formale Innovation oder semantische Komplexität besitzen dagegen keine Relevanz. Nur wer die klassischen Standards aktualisiert und damit Erfolg hat, erkennt das eigene Produkt nachträglich als hochwertig. Dies bedeutet jedoch, daß literarische Meisterschaft lehrbar ist. Die Liste konstitutiver Parameter (interessanter Einfall, packende Fabel, geordnete/neuartige Struktur, tragender Konflikt, komplexe Charaktere etc.) rechtfertigt den Rückgriff auf »Konventionen« als Basis für »echte künstlerische Wirkung«. Kontrollinstanz bleibt indes die »exakte Erkenntnis« des Weltmechanismus; mit ihrer Hilfe können die »verworrenen Erscheinungsformen«[96] der technisierten Moderne so geordnet werden, daß sich der »Hauptinhalt« eines Dramas »in wenigen Zeilen« angeben läßt.[97] Dieser Logik zufolge muß jede triebfundierte Handlungsmotivation subversiv erscheinen, und tatsächlich ist Sexualität im frühen DDR-Drama fast ausschließlich mit dem Klassenfeind assoziiert, d.h. Symbol für die kapitalistische Degradierung des Menschen zum (Lust)Objekt (B, 4.2.1).

Durch die Einführung des ›Neuen Kurses‹ auf der 15. Tagung des ZK der SED (Juli 1953) wird das monolithische Literaturkonzept langsam, aber sukzessive ausgehöhlt. Unterstützend wirkt dabei die Erfahrung relativer Selbständigkeit gegenüber Bonn und Moskau, was Ende der Dekade zu eigenen Programminitiativen führt (I. Bitterfelder Konferenz). Als Zeichen partieller Autonomie läßt sich auch das seit Mitte der fünfziger Jahre stark subventionierte Projekt einer *Geschichte der deutschen Arbeiterbewegung* verstehen, dessen Ergebnisse 1966 zehnbändig im Druck erscheinen. Der normative Impetus der Kunstästhetik wird zunächst auf dem IV. Deutschen Schriftstellerkongreß (Januar 1956) in Frage gestellt – u.a. von Brecht, Hermlin und Giordano. Kulturpolitische Bedeutung erhält die Kritik jedoch erst nach der auf dem XX. KPdSU-Parteitag gehaltenen Chruschtschow-Rede (22. Februar), die mit ihren Invektiven gegen stalinistischen Personenkult und Dogmatismus die sog. ›Tauwetter-Phase‹ einleitet. Nun sollen auch »Künstler mit anderen Schaffensmethoden«, d.h. »Nichtrealisten« dem

94 Kurella: Von der Lehrbarkeit der literarischen Meisterschaft (1955), S. 108.

95 Joho: Das literarische Erbe, die künstlerische Qualität und unsere neue Literatur (1954), S. 108.

96 Kurella: Von der Lehrbarkeit der literarischen Meisterschaft (1955), S. 104f., 109, 107. Es handelt sich hier um den »Vortrag zur Eröffnung des Instituts für Literatur in Leipzig«.

97 Kast: Vom Handwerk des Dramatikers (1956), S. 123. Der Autor zitiert Robert Hessens *Dramatische Handwerkslehre* aus dem *Goldenen Buch der Weltliteratur* (Berlin/Stuttgart 1901).

Stabilisationsdiskurs integriert werden.[98] Vertreter eines unorthodoxen Marxismus wie Wolfgang Harich und Hans Mayer nutzen diese Entwicklung als Möglichkeit feldstrategischer Einflußnahme. So begründet letzterer in seinem Vortrag *Zur Gegenwartslage unserer Literatur* (28. November 1956) die omnipräsente »Stagnation und Sterilität« mit dem Ausschluß der Weimarer Avantgarde (DSED, 449). Die hier vertretene ›Opulenz-Theorie‹ ist Anlaß heftiger Kontroversen: Man spricht von »prekärer Verabsolutierung des Modernen«, die »das ästhetische Gesetz der relativ getrennten, besonderen Entwicklungslinie der bürgerlichen und der sozialistischen Literatur« übersehe.[99] Innovativ sei in den zwanziger Jahren lediglich die von Mayer ausgesparte proletarisch-revolutionäre Literatur (Bredel, Marchwitza, Lorbeer, Petersen), während der Aufstieg bedeutender Autoren des Sozialismus (Becher, Brecht, Seghers, Wolf) die Exil- und Nachkriegszeit umfasse.[100]

Durch die Unruhen in Polen und den Ungarn-Aufstand gewinnt der Anti-Revisionismus bald wieder offiziellen Charakter. Im Sommer 1957 kritisiert Chruschtschow jene Intellektuellen, die »Fehler der Vergangenheit auszunutzen versuchen, um sich gegen die Führung der Literatur und Kunst durch die Partei und den Staat zu wenden«.[101] Auch die SED erneuert ihre Diffamierungskampagne: Am 21. Juli warnt Alfred Kurella vor der »Gefahr« jeder Annäherung an die spätbürgerliche Moderne.[102] Ähnlich urteilen Kuba, Paul Fröhlich und Alexander Abusch.[103] Das ZK beschließt daher auf der Kulturtagung im Oktober ein Poetikkonzept, das sich von westlichen Modellen abzugrenzen sucht. Die Reinthronisation des sozialistischen Realismus erfolgt auf einer von der SED-Parteigruppe im Schriftstellerverband organisierten ›Theoretischen Konferenz‹ (6. bis 8. Juni 1958), in deren Verlauf zwei Grundsatzreferate vorgetragen werden: Johanna Rudolph: *Probleme des Realismus in unserer Literatur* und Max Zimmering: *Die Entwicklung unserer Literatur seit 1945*. Zentral ist die Bindung der Literatur an den Inhalt, wodurch der »Hinweis auf die richtigen Proportionen bei der Betrachtung der Widersprüche« bereits als »komplette Anleitung zum Handeln für den Schriftsteller« erscheint.[104] Theorie und Praxis des dialektischen Theaters gelten nun wieder als »künstlerische Methode«, die »der Methode des sozialistischen Realismus nicht entspricht«, weil sie »keinen proletarischen Klasseninhalt hat, sondern einen bürgerlichen und kleinbürgerlichen«. Mitunter zeigten sich »sogar Einflüsse der westlichen Dekadenz«.[105] Das kulturpoetische Feld hat sich jedoch durch die Brecht-Rezeption so weit verändert, daß die Kritiker des illusionistischen Theaters nun ihrerseits beginnen, die eigene Position strategisch zu festigen. Dies zeigt paradigmatisch die Diskussion um

98 Abusch: Zu einigen Fragen der Literatur und Kunst (1956), S. 4.

99 Scholz: Modernismus als ästhetische und theoretische Restauration (1957), S. 26.

100 Vgl. Abusch: Zur Geschichte und Gegenwart unserer sozialistischen Literatur (1957), S. 135, 139.

101 Chruschtschow: Für eine enge Verbindung (1957), S. 4.

102 Kurella: Die Einflüsse der Dekadenz, S. 7.

103 Vgl. Kuba: Wie steht es mit der Ehrlichkeit des Schriftstellers? (1957), S. 4; Fröhlich: Kühner und mutiger im ideologischen Kampf (1957), S. 4 und Abusch: Es gibt nur eine Kulturpolitik (1957), S. 3.

104 Rudolph: Vom Werden der sozialistischen deutschen Nationalliteratur (1958), S. 105.

105 Wagner: Künstler und Publikum auf dem Weg (1959), S. 15.

Gustav von Wangenheims *Studentenkomödie* (*Mit der Zeit werden wir fertig*).[106] Zum besseren Verständnis sei die Handlung resümiert:

> Das Kind des Physikstudenten Peter Hechelberg lebt in Westberlin; die Mutter ist bei der Geburt gestorben. Damit Peter sich ausschließlich auf seine Diplomarbeit konzentrieren kann, bringt die sechzigjährige Zimmerwirtin Alwine Hampel das ›vaterlose‹ Mädchen zu ihrem Bruder und sucht (auf dessen Rat) per Annonce eine Frau für ihren Untermieter. Dieser agiert jedoch individualistisch: Statt bei der Agitprop-Gruppe und deren Braunkohleneinsatz mitzuarbeiten, beklagt er mangelnde Zeit und denkt nur an die eigene Karriere. Bevor das Fehlverhalten der FDJ-Hochschulleitung gemeldet wird, bekennt er – nach einer Agitprop-Nummer – sein »falsches Spiel«, bricht spontan das Studium ab und arbeitet in einem Gasröhrenwerk. FDJ und Partei überzeugen Peter jedoch, zunächst das Physikstudium im Rahmen eines Forschungskollektivs abzuschließen. Der Protagonist verliebt sich in seine Ex-Freundin Lotte Neumann, die das Kind bereits zu sich genommen hat. Auf Initiative der ›Hebamme‹ Alwine heiraten beide und ziehen in deren Haus ein.

Heinar Kipphardt, 1959 Chefdramaturg am Deutschen Theater, lehnt die Uraufführung des Stückes ab, weil es die gesellschaftlichen Widersprüche ›idyllisiere‹ und »den Konflikten unserer Studenten« nicht gerecht werde. An die Stelle einer »tragfähigen, beweisführenden Fabel« sei ideologischer Schematismus getreten.[107] Die systemaffirmative Kritik verbindet Kipphardts Einwände mit Positionen der sowjetischen RAPP-Gruppe, die sich ebenfalls für den »dialektischen Materialismus in der Literatur« ausgesprochen habe.[108] Solche Ansätze unterminierten den ›Neuen Kurs‹ durch »Nachgeben gegen bürgerliche Einflüsse« und »Aufgabe der Parteiposition«. In seiner »Selbstkritik« stelle Wolfgang Langhoff zu Recht fest, »daß Meisterschaft eben darin bestehe, die Forderung des Tages für diejenigen erlebbar zu erfüllen, die sie angehe«. Widersprochen habe dieser Direktive u.a. die Tatsache, daß Zinners Widerstandsdrama *Lützower* »zur Zeit des Aufbaus der Nationalen Volksarmee« ersetzt worden sei durch Hacks' pazifistisch orientierte *Schlacht bei Lobositz*.[109]

Die ›Restauration‹ des sozialistischen Realismus dient in erster Linie dazu, die Äquivalenz von Narrativ und Literatur sicherzustellen. Die Gestaltungsmittel erweisen sich zwar als relativ ideologieindifferent, sobald sie jedoch zu Parametern poetischer Produktion werden, sind sie dies der Inhalt-Form-Dialektik gemäß nicht mehr. Denn – so die Grundannahme – Parteilichkeit »durchdringt und bestimmt alle ästhetischen Elemente«.[110] Jeder Versuch, eine eigene Geschichte der Kunst zu schreiben, bestreitet somit deren gesellschaftlichen Erkenntniswert. Aus diesem Grund bleiben positiver Held, agitatorischer Gehalt sowie der Hinweis auf die ›kollektive Vernunft‹ der Partei weiterhin unverzichtbare Konstituenten sozialistischer Literatur. Die diskursgeschichtliche Veränderung besteht allerdings darin, daß eine kohärente Normativität Ende der fünfziger Jahre nicht mehr herstellbar ist. So veröffentlicht die Zeitschrift *Neue deutsche Literatur* 1958 kollektiv erarbeitete *Thesen zum sozialistischen Realismus*, die wenig später revidiert werden. Ursache hierfür sind nicht nur »Meinungsverschiedenheiten

---

106 Das Schauspiel erlebt seine Uraufführung Januar 1960 am Volkstheater Rostock. In dem von Horst Haase u.a. verfaßten Band *Literatur der Deutschen Demokratischen Republik* (1977) ist die Kontroverse ausgespart.

107 Kipphardt: [Brief vom 29. September 1958] An den Henschel Bühnenvertrieb (1959), S. 7.

108 Adling: Zur Diskussion um die »Studentenkomödie« (1959), S. 65.

109 Piens: Repertoire des sozialistischen Theaters (1959), S. 127-129.

110 Berger u.a.: Kulturpolitisches Wörterbuch (^{2}1978), S. 546.

[...] wesentlicher ideologischer Art«, sondern auch »große theoretische Unzulänglichkeiten«, u.a. der »Verzicht auf die Klärung des Realismus-Begriffs«. Tatsächlich befürchtet man sogar, die »Neigung zur revisionistischen Entstellung des Marxismus« könne »durch einige Abschnitte der ›Thesen‹ Nahrung erhalten«.[111] Was bleibt sind Universalformeln, deren ästhetische Relevanz nicht näher bestimmt wird: »proletarische Klassengrundlage«, »sozialistische Ideologie« und »sozialistische Parteilichkeit«.[112] (Ähnliches gilt für entsprechende Publikationen aus den sechziger und siebziger Jahren.[113]) Angesichts solcher Defizite wendet sich selbst die Dramatikerin Hedda Zinner, Ehefrau von Fritz Erpenbeck, 1957 gegen »theoretisch abstrakte Forderungen«.[114] Auch Henryk Keisch muß einräumen, daß es in bezug auf den sozialistischen Realismus »keine absoluten, ein für allemal gültigen Normen geben kann«.[115] Festgehalten wird jedoch an dem Konnex zwischen künstlerischem Wahrheitsgehalt und Beachtung objektiver Gesellschaftsmechanismen. Die Schaffensfreiheit ist damit reguliert durch den Autor als eigenen »Zensor«[116] und setzt voraus:

> tiefe, sozusagen organisch gewachsene Verwurzlung im revolutionär-sozialistischen Freiheitsstreben des eigenen Volkes; Verantwortungsbewußtsein für das eigene Volk; Überzeugtheit von der Notwendigkeit dramatisch-künstlerischer Aussage; aufrichtige Hilfe von seiten der Partei, der Kulturinstanzen, der Schriftstellerkollegen und der Theater; offenherzigen, rückhaltlosen, gründlichen und von Verantwortung getragenen Meinungsstreit in Presse, Zeitschriften und öffentlichen Aussprachen mit den Zuschauern; großzügigen und zugleich kritischen internationalen Austausch von Werken und gegenseitigen Besuch von Dramatikern in den wichtigsten Ländern beider Weltlager, vor allem aber zwischen den Ländern des Sozialismus und der Volksdemokratie.[117]

Ihre kulturpolitische Manifestation finden solche Thesen im Bitterfelder Programm (1959), dessen Formulierung im wesentlichen von Ulbricht und Kurella übernommen wird. Die zunehmende wirtschaftliche Assimilation an das Leistungs- und Geldwertprinzip ist hier aufgefangen durch die ›Kollektivierung‹ des Kunstdiskurses, d.h. die Absage an jede Sonderkultur bestimmter Schichten und Klassen. Durch die Konzentration auf den Inhalt werden die sinnstiftenden Differenzen retabliert, die im ökonomischen Wettbewerb der Systeme zu verschwinden drohen. Die mit Bitterfeld verbundene Liberalisierung in Formfragen[118] ändert jedoch nichts an der Tatsache, daß dem Ver-

---

111 Autorenkollektiv: Ein Nachwort zu den »Thesen«, S. 117.

112 Autorenkollektiv: Thesen zum sozialistischen Realismus, S. 126.

113 Vgl. u.a. Girnus (1968/69), S. 699f., 180f.; Handbuch für schreibende Arbeiter (1969), S. 45f.; Pracht/Neubert (1970), S. 63 und Koch (1974), S. 804.

114 Das Theater der Gegenwart, S. 133.

115 Schaffensfragen der sozialistischen Dramatik (1962), S. 139.

116 Das Theater der Gegenwart, S. 134 (Hedda Zinner).

117 Ebd., S. 129f. (Harald Hauser).

118 So erscheint das Agitprop-Theater nun als wesentlicher Bestandteil der »sozialistisch-realistischen Dramatik vor 1933« (vgl. Pfützner: »Die Mausefalle« [1959], S. 19). Darüber hinaus verlieren schematische Stücke wie Hausers *Night-Step* oder Luckes *Satanische Komödie* ihre Vorbildfunktion zugunsten moderat-dialektischer Schauspiele (Müller: *Die Korrektur* [Zweitfassung], Baierl: *Die Feststellung*, *Frau Flinz*).

such der sozialistischen Avantgarde, Dramatik auf der Höhe des wissenschaftlich-technischen Zeitalters zu schreiben, weiterhin eine Absage erteilt wird.[119]

Nichtsdestoweniger bilden die progressiven DDR-Dramatiker Brecht, Matusche, Hacks und Müller durchaus eigene Realismuskonzepte aus. Die Abweichung ist mitunter so deutlich, daß entsprechende Stücke nicht, kaum oder spät uraufgeführt werden bzw. einige Überarbeitungsvorgänge erleben (A, 1.3.3). Vor diesem Hintergrund vermutet Kurt Liebmann bereits 1957, die Umsetzung des sozialistischen Realismus stelle »bei etlichen nur ein Lippenbekenntnis« dar.[120] Kennzeichnend für den Dramenbereich ist vor allem die Tendenz zu epischer Dialektisierung. Selbst affirmativ orientierte Theaterautoren wie Hans Pfeiffer suchen nach einer Synthese zwischen Klassik (Schiller) und Moderne (Brecht), wobei westliche Konzepte integriert werden sollen (Miller, Williams, Sartre, Weisenborn). Grundlage hierfür bildet die Aufwertung der Form als Äquivalent zum »Zustand des Experimentierens«, in dem sich die sozialistische Gesellschaft befindet. Für die »Sichtbarmachung der Wahrheit« müßten »alle nur möglichen bildhaften Mittel« verwendet werden.[121] Auch Ilse Galfert, Cheflektorin des Henschel-Bühnenvertriebs, weist darauf hin, daß man ohne Kenntnis der internationalen Avantgarde »nur Eintagsfliegen« produzieren könne. Alexei Arbusows *Irkutsker Geschichte* sei ohne Thornton Wilders episches Modell »kaum denkbar«.[122] Ähnlich sieht es Ernst Fischer, wenn er in Lukács-Tradition konstatiert, das kapitalistische System bringe nicht zwangsläufig einen dekadenten Überbau hervor. Spätbürgerliche Autoren blieben durchaus in der Lage, Elemente der objektiven Wirklichkeit »zu entdecken und festzuhalten«.[123] Im parteioffiziellen Diskurs können sich solche Thesen allerdings nicht durchsetzen.

4.1.2 Geschlecht und Kollektiv: Neuer Mensch

Der ästhetischen Festschreibung des Narrativs entspricht die sozialanthropologische, die gleichfalls Ergebnis eines Konvergenzprozesses ist. Dieser vollzieht sich in doppelter Hinsicht: gender- und subjektbezogen (Mann/Frau, Individuum/Kollektiv), wobei die erste Synthese Voraussetzung der zweiten ist. Denn der »Weg zum Wir«[124] scheint nur möglich, wenn das Ich hinsichtlich seiner sozialen Aufgabe nicht ›gespalten‹ bleibt. Folgerichtig avanciert die Gleichberechtigung der Frau zu einem Hauptziel des neuen Staates. Grundlage bilden Förderungsinitiativen im Bereich der beruflichen Qualifikation, so daß beide Geschlechter produktiv am Aufbau teilhaben können.[125] Das DDR-Drama muß deshalb während der gesamten Nachkriegszeit dazu beitragen, patriarchalisch geprägte Weiblichkeitsbilder zu eliminieren. Tatsächlich wird der Plot sukzessive

---

119 Vgl. Kurella: Eine neue Etappe unserer Kulturrevolution (1959), S. 16 und Fiebach: Dramatik auf dem Wege (1962), S. 80. Fiebach bezieht sich auf Hacks' *Die Sorgen und die Macht.* Ebenso negativ beurteilt man Müllers *Umsiedlerin* und Langes *Senftenberger Erzählungen.*

120 Diskussionsbeiträge zu den Referaten von Alexander Abusch und Kuba (1957), S. 121.

121 Ebd., S. 131f. Vgl. C, 4.2.4.

122 Schaffensfragen der sozialistischen Dramatik (1962), S. 139.

123 Fischer: Entfremdung, Dekadenz, Realismus (1962), S. 851.

124 Titel der 1959 von Wilfried Adling edierten »Anthologie neuer deutscher Dramatik«.

125 Vgl. Die Verfassung der Deutschen Demokratischen Republik, S. 15 (Art. 7), 17 (Art. 18).

von Frauen bestimmt sowie deren Leistungen im Kampf gegen den Kapitalismus (Befreiungskriege,[126] Drittes Reich,[127] Nachkriegszeit[128]) bzw. für Genese und Optimierung des neuen Gesellschaftssystems.

Prototyp der zweiten Variante ist Friedrich Wolfs Lustspiel *Bürgermeister Anna* (1950), das Konflikte im Zuge der Bodenreform thematisiert. Die ›Herrschaft‹ der Frau steht hier zugleich für die Notwendigkeit des subjektiven Faktors (spontane Selbsthilfe) angesichts eklatanter Defizite im bürokratisch kalkulierten Plan. Obwohl die Protagonistin »stets mit dem Kopf durch die Wand will«, wissen fast alle, daß wir »so 'n Kopf brauchen« (WW 6, 198). Denn Anna hat »Kraft [...] für zwei Männer« (204) und ist »mutiger als mancher Soldat« (265). Während einzelne Bauern das »Weiberregiment« noch immer zur »Grundwurzel allen Übels« erklären (259), beginnen die Frauen unter Leitung der Bürgermeisterin eine Schule zu bauen. Sie werden zusammen mit der Jugend Pioniere des sozialistischen Aufbaus und genügen damit der Forderung, daß alle gleichberechtigt »beim neuen Leben« »dabeisein« (208) und etwas »leisten« müssen (199). Als Anna sich schließlich gegen die »Sesselforzer im Kreisamt« (228f.) durchsetzt und sogar den Landrat belehrt, zeigt sie damit, daß Plan und Initiative keine Gegensätze sind. Dahinter steht die idealistische Vorstellung, daß der »Sinn des Gesetzes« als dessen ›Wesen‹ Vorrang genießt gegenüber der ›Erscheinung‹, den »Paragraphen« (238). Nicht zuletzt deshalb stößt das Stück bei Funktionären zunächst auf Unverständnis, erlebt aber eine indirekte Rehabilitierung, als man auf Parteiebene beschließt, daß die staatliche Vorgabe durch Einsatz von unten ergänzt werden muß. Wolfs Komödie wirkt daher schon bald derivativ. Bis Anfang der sechziger Jahre entstehen mehrere Landstücke, deren Handlungsverlauf durch progressiv orientierte Frauengestalten mitbestimmt wird.[129] Bereits in Strittmatters Schauspiel *Katzgraben* (1953), das selbst Vorbildcharakter gewinnt, ist das weibliche Personal politisch aktiver als bei dem sowjetischen ›Lehrbuch-Text‹ *Neuland unterm Pflug* von Michail Scholochow.[130] Gleichzeitig ist die feminine Fortschrittlichkeit nicht mehr aristotelisch-figural ausgerichtet (Wolf), sondern episch-kollektiv: »Der Frauenbund muß ran« (91). Dies führt bei Ab-

---

126 In dem Schauspiel *Die letzte Stunde* (1953) von Lucke und Korb ergreift die Bäuerin für ihren ältesten Sohn Mathis Partei, der sich der Aushebung zum Kriegsdienst gegen Rußland entzogen hat, und bei Hedda Zinner (*Lützower* [1955/56]) kämpft die Ratsherrentochter Marie Kerstinn in Uniform gegen die Franzosen.

127 Nell: Die Eysenhardts (1950). Als ihr Mann Paul wegen sozialistischer Propagandaaktionen 1934 von der SS getötet wird, erkennt Emilie Eysenhardt, ehedem unpolitisch-naive Hausfrau, die Notwendigkeit gesellschaftlichen Engagements und übernimmt nun selbst den Druck illegaler Flugblätter (vgl. S. 84). Auch die Gutsarbeiterin Löffler in Strittmatters *Holländerbraut* (1959) ist eine vorbildliche Antifaschistin (vgl. S. 164, 169, 171).

128 In Djacenkos Schauspiel *Menschen an der Grenze* (1950) wendet sich Claudia, Planwirtschafterin des metallurgischen Werks AKON, gegen Chefingenieur Tromlitz, den Vater ihres Kindes, der die Kriegsvorbereitungen der britischen Besatzer unterstützt. Ähnliches gilt für Gitta Rosinus, die ihren Vater bekämpft, weil er für die Remilitarisierung Westdeutschlands eintritt (vgl. Vogt: Zwischenfall auf Norderney [1951], S. 61f.). Bei Freyer (*Das Amulett* [1962]) überzeugt Alexandrine Monnier den Soldaten Gerrit Wolf, sich gegen die Stationierung von Bundeswehr-Einheiten in Frankreich zu »wehren, bevor es wieder zu spät ist« (S. 59).

129 Strittmatter: Katzgraben (1953), ders.: Die Holländerbraut (1958), H. Müller: Die Umsiedlerin (1956-1961), Sakowski: Die Entscheidung der Lene Mattke (1958), ders.: Steine im Weg (1960).

130 Vgl. Hartmann/Eggeling (1991), S. 20.

wehr aller ›falschen‹ Emanzipation zur stärkeren Betonung der dialektischen Einheit von Mann und Frau: Parteisekretär Steinert erscheint als »eine neue Art Lehrer«, der zugleich von seiner ›Schülerin‹ (Elli) »lernt«.[131]

Wenngleich das weibliche Element vor allem im Agrodrama konfliktlösend agiert, ist es entgegen der These David Bathricks[132] auch im Industriestück präsent.[133] Die Frau erschließt sich nicht nur neue Lebensbereiche (Politik,[134] Kunst,[135] Bildung,[136] Wissenschaft,[137] Technik[138]), sondern reorganisiert auch die alten (Ehe).[139] Da sie dem Mann an Potential ebenbürtig ist, wird sie neben ihrer Funktion als Sexualpartner verstärkt »Kameradin«[140] und »tapferer Gesell auf allen Wegen«.[141] Diese Entwicklung scheint anthropologisch möglich, denn – so Fritz Erpenbeck – »Liebe war niemals gleich Liebe. Obwohl die Liebe eines der ›ewigen‹ Grundthemen aller Kunst ist«.[142] Dank dieses Fortschritts wird die Phallodynamik kontrolliert: Während die Männer oft unsozial handeln,[143] bleiben die Frauen »vernünftig«[144] und erscheinen wie in Schillers *Kabale und Liebe* als »geistig Überlegene«.[145] Mitunter gelingt es ihnen sogar, den Geliebten durch das Beispiel eigener Opferbereitschaft »um[zu]baun« (SKH, 97).[146] Im negativen Extremfall stützt und verteidigt die »Muse des Sozialismus«[147] gegen ihren Gatten die neue Ordnung.[148] (Nur bürgerlich erzogene Damen erweisen sich als regressiv.) Dennoch bestehen traditionelle Gender-Schemata fort: Die Frau bleibt

---

131 GW 16, S. 804 (»Katzgraben«-Notate 1953). Vgl. C, 4.2.3.

132 Vgl. Bathrick (1976), S. 100.

133 Eva Korn (Grünberg: Golden fließt der Stahl), Claudia (Djacenko: Menschen an der Grenze), Irmgard Ritter (Jostau: 2:1 für Irmgard).

134 Anna Drews (Wolf: Bürgermeister Anna), Frau Mellin (Kipphardt: Shakespeare dringend gesucht), Hanna Tainz (Strittmatter: Die Holländerbraut).

135 Christel Gebhardt (Zinner: Spiel ins Leben).

136 Alwine Hampel (Wangenheim: Mit der Zeit werden wir fertig), Toni Jaddasch (Reichwald: Erzieher im Examen).

137 Elli Kleinschmidt (Strittmatter: Katzgraben).

138 Friedel Mirow (Turowski: Da kräht kein Hahn nach), Traktoristin (Baierl: Frau Flinz).

139 Hedda Baller, Elli Lommel (Veken: Baller contra Baller), Brix Fröhlich (Kuhn: Leicht bewölkt, vorwiegend heiter), Trude Lorenz (Waterstradt: Ehesache Lorenz).

140 WW 16, S. 334 (Weshalb schrieb ich »Bürgermeister Anna« [1950]).

141 WW 6, S. 334 (Thomas Münzer [1953]). Vgl. auch Kubsch: Ende und Anfang (1949), S. 60; Bieleke: Baugeschäft Menzel (1950), S. 81 und Freyer: Kornblumen (1954), S. 69.

142 DD, S. 13 (Zeittheater oder Theater der Zeit? [1946]).

143 Willi Lorenz (Waterstradt: Ehesache Lorenz), Fidorra (Hacks: Die Sorgen und die Macht), Heinrich Mattke (Sakowski: Die Entscheidung der Lene Mattke), Lutz Steiger (Reimann/ Pitschmann: Ein Mann steht vor der Tür), Fondrak (H. Müller: Die Umsiedlerin).

144 WW 6, S. 130 (Wie Tiere des Waldes [1947]).

145 Galfert: »Kabale und Liebe« (1955), S. 47. Vgl. auch Wolfgang Langhoffs *Barnhelm*-Interpretation (A, 3.3.2).

146 Vgl. Freyer: Auf verlorenem Posten (1951), Röhricht: Die Söhne der Bäuerin Li (1952) und Pfeiffer: Ein Abschied (1957).

147 Zipes (1976b), S. 189.

148 Vgl. Niet (H. Müller: Die Umsiedlerin), Lene Mattke (Sakowski: Die Entscheidung der Lene Mattke), Gerda Schmitt (Richter: Ehrengericht oder Der Tag ist noch nicht zu Ende), Maria Diehl (Reichwald: Das Wagnis der Maria Diehl). Manfred Richters Drama ist über die Bibliotheks-, Museums- und Verlagsrecherche nicht nachweisbar. Zum Inhalt vgl. Keisch: Dramatische Figur oder soziales Modell? [1960], S. 109-111).

(1) ›Mutter‹ der kollektiven Produktion, die »aus dem Kleinen das Große«[149] macht und damit in doppelter Hinsicht eine ›Verjüngung‹ der Welt einleitet,[150]
(2) empfindsam-affektives Wesen, das verführbar ist: zur ›Güte‹ (Grusche) wie zum Individualismus (Ellen Stachow, Hanna Tainz, Lisa Martin),[151]
(3) egozentrische und zunächst kritikresistente ›Xanthippe‹ (Martha Flinz, Minne Martens/ Paula Lemke).[152]

Extremformen der Entweiblichung werden satirisch dargestellt. So behandelt Peter Hennings Lustspiel *Urlaub mit Jumbo* (1954) ein hyperaktives Mädchen (Lilo), das mit ihrem geliebten Hebekran auf der Baustelle ›Ferien‹ macht und erst von der Notwendigkeit geregelter Kollektivarbeit überzeugt werden muß. Als Gegenbild hierzu entwirft die von Wolfgang Bättcher und Ilse Nürnberg verfaßte Komödie *Ehe eine Ehe eine Ehe wird* (1954) die erotische Reprivatisierung des Glücks angesichts der Dominanz von Beruf und Triebverzicht. Remedium ist die Suche nach einem gemeinsamen »Sonntag«, d.h. einer Enklave, in der Mann und Frau ihre Differenz different (auf dem »Sofa« statt im Bett) ausleben können (106f.).

Darüber hinaus avanciert das Feminine zum Vorschein der Utopie. Die »Holländerbraut« Hanna Tainz waltet wie ein »Engel«, der den sozialistischen ›Himmel auf Erden‹ fühlbar werden läßt (177), und die junge Priesterin Minerva verkörpert in Knauths Komödie *Die sterblichen Götter* (1960) »das Naturprinzip: die Vernunft, gemildert durch Weiblichkeit« (21). Das Männlich-Triebhafte wird auf diese Weise ein Übergangsphänomen, das sich im Aufbauprozeß noch zum Humanum als ›diätetischem Gynäkon‹ läutern muß. Bei Heiner Müller sind die Frauenfiguren daher weitgehend stumm, weil ihre, d.h. die eigentliche Sprache noch nicht existiert.[153] Was bleibt ist der Körpergestus als schweigender Vorwurf: Die den Widerstand bereits im Namen tragende ›Niet‹ (russ. »njet«) beginnt erst dann verbal aktiv zu sein, als sie den Bauern ökonomisch gleichgestellt wird. Zuvor besitzt sie keine wirkliche Existenz, denn im Gegensatz zu den frühen Stückentwürfen fehlt jeder Bericht über ihre Vergangenheit.[154]

Der affirmative Diskurs geht statt dessen mit Marx davon aus, daß anthropologische Konstanten, die den gesellschaftlichen Fortschritt aufhalten könnten, nicht existieren. Die Fähigkeit zur objektiven Weltsicht (noch im kapitalistischen Verblendungszusammenhang) belegt vielmehr die grundlegende *bonitas* einer Gattung, deren Natur deformiert und ihrer selbst entfremdet ist.[155] Nur aus diesem Grund befördere der Arbeiter der Vergangenheit egoistische Pläne und nicht die Interessen der Allgemeinheit, die im Grunde seine eigenen sein müßten. Die Kultur der Zukunft rechnet somit im Sinne der

149 WW 6, S. 344 (Thomas Münzer [1953]).

150 Vgl. folgende Frauenfiguren, die entweder schwanger sind oder bereits junge Mütter: Grusche (Brecht: Der kaukasische Kreidekreis), Claudia (Djacenko: Menschen an der Grenze), Otti (Wolf: Thomas Münzer), Gitta Lorenz (Waterstradt: Ehesache Lorenz), Niet (H. Müller: Die Umsiedlerin), Hanna Tainz (Strittmatter: Die Holländerbraut), Sonja Liebwein (Reimann/ Pitschmann: Ein Mann steht vor der Tür).

151 Vgl. Kubsch: Ende und Anfang (1949), Strittmatter: Die Holländerbraut (1959) und Sakowski: Steine im Weg (1960).

152 Vgl. Baierl: Frau Flinz (1961) und Sakowski: Weiberzwist und Liebeslist (1961).

153 Vgl. Hirschfeld (2000), S. 13-28.

154 Vgl. Streisand (1986), S. 1366.

155 Für Gerhard Rentzsch können »im Sozialismus nur Dummköpfe und Halbmenschen [Verbrechen] begehen« (Nachbemerkung zu »Sieben Scheffel Salz« [1961], S. 96).

dialektischen Aufhebung des Klassizismus mit dem »anderen Menschentyp, der sich freiwillig und bewußt als Einzelpersönlichkeit in den Dienst der Gesamtheit stellt«,[156] d.h. »den andern / mehr als sich selber liebt«[157] und dafür sorgt, daß »Engel« nicht mehr nötig sind.[158] Dahinter steht die idealistische Vorstellung, das Subjekt müsse wieder mit sich identisch werden, weil in der Koinzidenz von Individual- und Kollektivanspruch die Voraussetzung seiner Autonomie liege. Ziel bleibt das »hohe Ideal« einer »allseitig und harmonisch entwickelten« Persönlichkeit.[159] Die neue Humanität oszilliert somit zwischen Gesinnungs- und Verantwortungsethik, ist Resultat von Erkennen *und* Ausüben des historisch Notwendigen (B, 2.1). Da man jedoch – so Strittmatter – »niemand[em] ins Herz schauen« kann, läßt sich nur an der »Verhaltensweise [...] gegenüber der Gesellschaft ablesen, ob da ein neuer Mensch [...] heranwächst«.[160] In der dramatischen Praxis folgt deshalb die Probe aufs Exempel: Entweder führt man vor, wie positive Helden handeln,[161] oder schafft Situationen, die Wahrheit und Trug voneinander scheiden.[162]

Das Aufbrechen der Subjektmonade ist jedoch mit der Entwicklung des Gesamtsystems verbunden, also Teil einer umfassenden Emanzipation des Menschen, an deren Ende das objektive Verfügen der Arbeitenden über sich und ihre Produktion stehen soll. Der Aufbau des Sozialismus vollzieht sich demnach als wechselseitiger Prozeß der Optimierung von Individuum und Gesellschaft, wobei das ethische Primat des Rahmens feststeht: »Wir müssen die Verhältnisse ändern, wenn wir die Menschen ändern wollen«.[163] Für die SED hat daher – in Fortschreibung von Gorkis Rede auf dem I. Allunionskongreß der Sowjetschriftsteller (1934) – »der neue Mensch« im »Mittelpunkt des künstlerischen Schaffens« zu stehen, »der Kämpfer für ein einheitliches, demokratisches Deutschland, der Aktivist, der Held des sozialistischen Aufbaus«.[164] Das Ästhetische wird hier zum Konvergenzmedium von Wirklichkeit und Utopie, allerdings »ohne Anspruch auf Ewigkeitswert«.[165] Dies gilt insbesondere für die beiden bevorzugten Kunstformen sozialistischer Agitation: Drama und Theater. Grundlage ist die marxisti-

---

156 DSED, S. 92 (Äußerung Anton Ackermanns auf der Arbeitstagung der sozialistischen Künstler und Schriftsteller in Berlin [1948]).

157 Keller: Begegnung 1957 (B), S. 68.

158 Lucke: Satanische Komödie (1962), S. 90.

159 Haase: Bertolt Brechts »Erziehung der Hirse« (1958), S. 70. Vgl. auch Koch: Die Geburt des neuen Menschen (1959), S. 239.

160 Strittmatter: Der neue Mensch (1958), S. 30.

161 So versucht Linke an einem »unscheinbaren Vorgang« (Diebstahl eines Kolchoseneimers) zu zeigen, daß im Kommunismus »völlig neue Menschen« leben. »Ist es denkbar, daß sich die Landarbeiter eines kapitalistischen Landguts zur Ehrenrettung des Gutes bemüßigt fühlen würden – eines Gutes, das nicht ihnen, sondern einem sie unterdrückenden Gutsherrn gehört? Nein, das ist nicht denkbar« (Der Eimer [1953], S. 14).

162 In Luckes Komödie *Glatteis* (1957) erfindet Gottfried Lehmann eine große Erbschaft (»Fabrik im Westen«), um seine Verlobte auf die »Ehrlichkeit« ihrer »Gesinnung« zu testen. Als Helga Winkler die Liebesprobe »glänzend« besteht, muß er jedoch erkennen, »daß es ein glatter Unsinn war, dich überhaupt prüfen zu wollen« (S. 61).

163 Kubsch: Ende und Anfang (1949), S. 34.

164 Ulbricht: Zur Geschichte der deutschen Arbeiterbewegung. Bd. 4, S. 466 (Die gegenwärtige Lage und die neuen Aufgaben der Sozialistischen Einheitspartei Deutschlands. Aus dem Referat auf der II. Parteikonferenz der SED. Berlin, 9. bis 12. Juli 1952).

165 DSED, S. 566 (Henryk Keisch: [Bericht über eine von der Abteilung Kultur beim ZK der SED einberufene Tagung über die »Entwicklung des sozialistischen Nationaltheaters«] [1959]).

sche *Faust*-Interpretation, derzufolge die »zwei Seelen« nicht das zeitlose Auseinanderdriften von Körper und Idee markieren, sondern den dialektisch harmonisierbaren »Widerspruch im Menschen«, ohne den es »keine Entwicklung« gibt.[166] Der positive Held hat zumindest im Affirmativdiskurs das Endstadium bereits erreicht, so daß er im Handlungsverlauf Movens werden kann für die Überwindung des Alten – sei es intern (Sabotage, Agententätigkeit) oder extern (Revolution, Partisanenkampf). Dennoch darf die »Aggressivität« des befreiten Subjekts dem objektiven Geschichtsfortschritt nicht entgegenstehen; sie muß ausgerichtet bleiben auf das Proletariat, sonst scheitert der Aktivist als »Selbsthelfer«.[167] Das Unternehmen ›Sozialismus‹ gleicht damit wie in Freyers Cook-Drama einem »Schiff auf großer Fahrt«, dessen Besatzung gezwungen ist zusammenzuhalten, wenn die Expedition ins Neuland gelingen soll. Jeder Rückzug ins »Privatleben« führt zum »Kollektivtod«.[168] Vor diesem Hintergrund zeichnet sich der ›neue Mensch‹ aus durch: (1) »Einordnung« in die Gemeinschaft, (2) »Bewährung« im sozialistischen Alltag und (3) Wille zum »Kampf für das Neue«.[169] Erst diese Synthese stellt sicher, daß es sich um einen Quantensprung innerhalb der Humanentwicklung handelt. Legitimiert wird auf diese Weise auch der Verzicht auf anthropologische Sujets (Sexualität, Liebe, Vergänglichkeit), denn das sozialistische Subjekt ist als nichtentfremdetes ›glücklich‹ und meist problemlos in der Lage, eigene Ansprüche den Interessen des Kollektivs unterzuordnen.[170]

Hauptthema marxistischer Dramatik bleibt daher während der gesamten Nachkriegszeit die Wandlung des Menschen als Beleg seiner Optimierbarkeit, denn »Helden werden nicht geboren«, sondern »erzogen«.[171] Der Aktivist ist von seinen Mitstreitern nur graduell unterschieden, weil die marxistische Anthropologie gegen das ›deutsche Empfinden‹[172] davon ausgeht, daß die Menschen »alle begabt«[173] sind und bei entsprechender Sozialisation »Faust oder Prometheus« werden könnten.[174] Voraussetzung hierfür ist lebenslanges Arbeiten, Lernen und Weiterbilden. Der positive Held erweist sich dem Kapitalisten aber nicht nur geistig weit überlegen,[175] sondern auch körperlich, sieht

---

166 Zinner: Leistungskontrolle (1960), S. 11. Maczewskis These vom »gezwungenen Helden« trifft somit nur auf die affirmative DDR-Dramatik zu ([1978], S. 41).

167 Braemer: Problem »Positiver Held« (1961), S. 43f., 47. Vgl. Leonhard Weese (Pfeiffer: Hamlet in Heidelberg), Willi Sörgel (Pfeiffer: Die dritte Schicht), Gunter Kahlert (Pfeiffer: Schuld sind die anderen), Karin Krüger (Zinner: Leistungskontrolle). Wolfs Thomas Münzer und Kubas Klaus Störtebeker sind nach Braemer »keine Selbsthelfer im Sinne des achtzehnten Jahrhunderts« (S. 47), denn beide »werden von einer Massenbewegung getragen« (S. 49).

168 Hacks: Liberalismus auf dem Theater (1957), S. 3.

169 Bonk: Auf dem Wege zum neuen Helden (1961), S. 72f.

170 Vgl. Profitlich (1988b), S. 569-585.

171 Rentzsch: Nachbemerkung zu »Sieben Scheffel Salz« (1961), S. 95f. Vgl. für den Bereich der Gegenwartsdramatik u.a. Joachim Schulte (Wangenheim: Die Maus in der Falle), Zimmermann Waldi (Wangenheim: Du bist der Richtige), Georg/Ellen Stachow (Kubsch: Ende und Anfang), Eduard Menzel (Bieleke: Baugeschäft Menzel), Helmut Fischer/Wolfgang Hederle (Freyer: Auf verlorenem Posten), Ewald Müller (Freyer: Der Dämpfer), Lore (Freyer: Kornblumen), Rolf (Nawrath: Die Mutprobe), Alwin Schmieder (Heller/Gruchmann-Reuter: Alwin der Letzte), Gerda Vollmer (Matusche: Nacktes Gras), Martha Flinz (Baierl: Frau Flinz), Hannes (Salomon: Vortrieb) und Paul Gerken (Görlich: Die Ehrgeizigen).

172 Vgl. BS, S. 53 (Frau Flinz [1961]).

173 Wangenheim: Mit der Zeit werden wir fertig (1958), S. 75.

174 Wolf: Prometheus an jeder Geige (1970), S. 46.

175 Vgl. Zinner: Stücke, S. 235 (Der Teufelskreis [1953]).

er doch »irgendwie gesünder« aus.[176] Tatsächlich propagiert man – in Äquivalenz mit Gesellschaftsmodellen der sechziger Jahre – eine Volksintellektualisierung, die als mitentscheidend für die soziale Entwicklung gilt. Denn nur die Masse, die »Macht« und nicht »Herde« ist,[177] scheint »reif für den Kommunismus«, weil man sie »nicht kaufen kann«.[178] Gleichzeitig wird die Frage des Führungsanspruchs eine arbeitstechnische, deren Lösung von vornherein gesichert ist durch die Kooperation von Intelligenz und Proletariat im Forschungskollektiv bzw. von Einzelbauer und Landbevölkerung in der LPG. Der ›alten‹ Elite (exklusive Großbauern, Kriegsverbrechern und Kriminellen) eröffnet sich damit eine Möglichkeit, die Kluft zu den Ausgebeuteten zu schließen und nachzuholen, was 1848 und 1918 versäumt wurde. Der neue Staat unterstützt entsprechendes Verhalten mit bürgerlichen Anreizformen (Geld, Titel, Orden).

Hauptgrund für die Notwendigkeit solcher Residua ist nach Brecht die Tatsache, daß in Deutschland der »reinigende Prozeß einer Revolution« gefehlt hat.[179] Dem selbstbewußten Einsatz der Massen zur Überwindung des Kapitalismus wird hier ›kathartische‹ Funktion zugesprochen: Er reduziere die »Ablagerungen überwundener Epochen in den Seelen der Menschen«.[180] Lenin beurteilt den progressiven Impetus politischer Umstürze skeptischer, wenn er darauf verweist, daß man selbst *nach* der größten Massenerhebung der Geschichte mit dem »Menschenmaterial« arbeiten müsse, »das uns der Kapitalismus als Erbteil hinterlassen hat«.[181] Im frühen DDR-Drama ist die fehlende Revolution bedeutungslos, weil der Sieg der Sowjetunion als eigener verbucht wird. Allenthalben findet man Deutsche, die »mit den Füßen noch / im Dreck der Vergangenheit« stehen, aber ihre »Stirn schon in den / Morgenwind heben«.[182] Die Kommensurabilität der dramatischen Entwicklung ist sozialdeterministisch gesichert. Jede Figur besitzt einen festen Merkmalsatz, den der Autor mitunter ausführlich exponiert, so daß das Verzeichnis der dramatis personae mehrere Seiten umfaßt.[183] Zudem sind unklare oder camouflierte Handlungsmotive in Regieanweisungen erklärt, denn nur kraft dieser Transparenz scheint es möglich zu entscheiden, welche Mitläufer sich dem neuen Sozialleben produktiv integrieren lassen.

Als Nachweis der postulierten Wandlungsfähigkeit dienen reale Beispiele aus allen Bevölkerungsgruppen: Der ›neue Mensch‹ finde sich nicht nur unter den »besten Mitgliedern sozialistischer Brigaden«,[184] sondern auch bei den »alten Genossen«[185] und

---

176 Zinner: Auf jeden Fall verdächtig (1959), S. 18.

177 Vogt: Herr Glitsch wird es schaffen... (1950), S. 25.

178 Fischer: Der grosse Verrat (1950), S. 56. In Backhaus' Schauspiel *Neun Tage* (1954) bringt der Arbeiter Lehmkuhl dem Kommerzienrat Papendieck das »Judasgeld« zurück, das ausbezahlt wurde, um einen Generalstreik zu verhindern (S. I*). Und Strittmatter berichtet, wie ein Großbauer den hungrigen Amtsvorsteher einer Dörfergemeinde mit frischer Wurst zu ködern versucht, aber an dessen Standhaftigkeit scheitert (vgl. Der neue Mensch [1958], S. 24f.).

179 GBA 23, S. 327 (Einige Irrtümer über die Spielweise des Berliner Ensembles [1955]).

180 Theaterarbeit (1952), S. 46. Ähnlich sehen es Marx und Engels (vgl. MEW 3, S. 70 [Die deutsche Ideologie]).

181 Lenin: Werke. Bd. 31, S. 35 (Der »linke Radikalismus«, die Kinderkrankheit des Kommunismus).

182 Kubsch: Die ersten Schritte (1950), S. I*.

183 Vgl. ebd., S. III*-VI* und Grünberg: Elektroden (1954), S. 4f. Auch die Stücke, die in der Laienspielreihe *Dramatischer Zirkel* erscheinen, werden durch Figurenbeschreibungen ergänzt.

184 Zapff: Um ein sozialistisches Nationaltheater (1960), S. 138.

185 Strittmatter: Der neue Mensch (1958), S. 23.

Kriegsversehrten.[186] Prominentestes Beispiel ist der Feuerungsmaurer Hans Garbe, dessen Ofenreparatur bei laufendem Betrieb mehrfach literarisch adaptiert wird.[187] Während einige Marxisten den Begriff der »Heldentat« mit dem »Verzicht auf einen Teil menschlichen Wohlergehens« verbinden,[188] halten andere bereits den sozialistischen »Alltag« für eine »Sensation«.[189] Dahinter steht der Versuch, den beschriebenen ›Quantensprung‹ angesichts zunehmender Systemkonkurrenz propagandistisch zu nutzen. Nicht von ungefähr schwärmt Alfred Kurella 1959: »Tausende und Zehntausende werden heute bei uns zu neuen Menschen«,[190] während Edith Braemer unter dem Eindruck bundesdeutscher Prosperität fordert, die Schriftsteller sollten verstärkt »Helden von nationaler und damit auch internationaler Gültigkeit« gestalten.[191] Die Darstellung des sozialistischen ›Riesen‹ antwortet hierauf. 1957 konstatiert Kurella mit Zitatrekurs auf Gorki und dessen Konzept revolutionärer Romantik: »Ein Dichter hat das Recht, sich in seiner Einbildung vorzustellen«, daß »einige« der befreiten Arbeiter sich »als Herren über die unermeßlichen Reichtümer dieser Erde« fühlen. »Dies fühlen heißt aber hoch und mächtig hinauswachsen über alle Helden aller Völker und Zeiten«.[192] Im dramatischen Bereich finden sich schon früher entsprechende Anspielungen. So rät Parteisekretär Steinert den Bauern aus Katzgraben, ihr neues Potential besser zu nutzen: »Bist du Gott, dann hilf dir selber!« (89). Und auch der Terminus ›Riese‹ erscheint nicht erst bei Hacks,[193] sondern in einem der Forschung bisher unbekannten Volksstück von E.R. Greulich.[194] Poetisch manifest wird der »Übermensch«[195] in den sechziger Jahren – teilweise allerdings mit dekonstruktivem Impetus (B, 6.2.1). Bereits Mitte der Dekade besitzt er jedoch primär kompensatorische Funktion. Hans Pfeiffer sieht sein Drama *Begegnung mit Herkules* nur mehr als Versuch, die »inflationistische Gefährdung des Heldenbildes« aufzuhalten.[196]

Während der fünfziger Jahre dominiert jedoch angesichts massiver Kritik an der ›scholastischen Schreibart‹ die Maxime, den positiven Helden nicht zum Ideologem werden zu lassen. Er darf – so Strittmatter – »kein Engel, sondern muß Mensch unter Menschen sein«. Die Entwicklung hat sich deshalb schrittweise zu vollziehen, »Quant für Quant, bis zu dem Punkt, wo sein gesellschaftlich nützliches Tun sich so verdichtet und anreichert, daß es in Heldentum umschlägt«.[197] Humanisierung und Produktion erweisen sich damit als strukturhomolog und gleichermaßen beherrschbar. Im Schlußbild von Hans Pfeiffers Industriestück *Die dritte Schicht* (1960) wird diese Vorstellung nachdrücklich bestätigt: Der sozialistische Mensch entsteht, wie Meister Willi Sörgel ausführt, als technischer Vorgang, »in so einer Art Schmelzprozeß«.

---

186 Vgl. Koeppel: Heiße Eisen (1959), S. 14f.
187 Vgl. Schoeps (1995), S. 42 und für den Dramenbereich das nachfolgende Kapitel (B, 4.1.3).
188 Lew Kassil (zit.n. Strittmatter: Notizen vom Schriftstellerkongreß in Moskau [1959], S. 8).
189 Baierl: Wie ist die heutige Wirklichkeit auf dem Theater darstellbar (1966), S. 742.
190 Kurella: Eine neue Etappe unserer Kulturrevolution (1959), S. 15.
191 Braemer: Problem »Positiver Held« (1961), S. 52.
192 Kurella: Tatsachen gegen Legenden (1957), S. 138.
193 Vgl. HS, S. 240 (Der Müller von Sanssouci) und 362 (Die Sorgen und die Macht [1962]).
194 Vgl. Greulich: Krieg in der Friedenstraße (1953), S. 16.
195 Branstner: Der positive Held und seine Widersacher (1959), S. 227.
196 Pfeiffer: Gegen-Anmerkungen zu meiner Komödie (1966), S. 169.
197 Strittmatter: Literatur heute (1961), S. 55.

> Die giftigen Abgase: das sind die schlechten Gewohnheiten der Vergangenheit. Mißtrauen, Egoismus. Die lähmen dich wie das Bleioxyd. Die Schlacke, die zweite Schicht: Bequemlichkeit ist das, Abwarten, Unwissenheit. Wir gießen unsere Schlacke zu Pflastersteinen. Und wer seine Bewußtseinsschlacken nicht ausstößt, bleibt Straßenpflaster. Die Geschichte rollt über ihn weg. Rohstein, die dritte Schicht, aus dem rotes Kupfer wird: ich vergleichs mit dem neuen Menschen. Und der ist doch auch schon da. Nur noch nicht fertig, aber er ist da, um uns, in uns, heute und hier. Drei Schichten. Zwei sind Abfall im großen Schmelzprozeß. Nur die dritte Schicht zählt: reines Metall, der neue Mensch (59f.).[198]

Diesem Prozeßmodell entspricht die Idee vom Helden mit akzidentiellen Schwächen. Eine dritte Position wendet sich sowohl gegen den idealen wie den fehlerhaften Helden. Für Gerhard Branstner bleiben selbst Figuren ohne Mängel »interessant«, wenn sie nicht »alle moralisch positiven Eigenschaften einer konkreten Epoche« besitzen. Zudem entstünden auch »ohne [...] Schuld des Menschen« permanent Konflikte, die jedoch lösbar seien, sobald es gelinge, die je »besondere Individualität in der Kollektivität zu entfalten«.[199] Dieser Zustand scheint jedoch schwer zu erreichen, weshalb nach Henryk Keisch zwischen den »Menschen von heute« und denen »von morgen« noch immer »ein geschichtlicher Sprung« liege.[200] Diese ›Quantenanthropologie‹ dient der Lösung des Problems, daß jede Humanisierung Elemente transsozialer Homogenität voraussetzen muß. Gerade in Entscheidungssituationen hört der Marxist daher auf »sein Innerstes«, dessen Gesetzgebung »unangreifbar«[201] ist getreu der Maxime: »Erst mußt Du Mensch werden, um politisch zu sein«.[202] Auf solcher Grundlage lassen sich, da subjektive und objektive Wahrheit zusammenfallen, Rollenkonflikte diesseits des Erhabenen lösen. Wirkungsästhetisch erfüllt die Darstellung des neuen Menschen damit eine doppelte Aufgabe: im inneren Kommunikationssystem wirkt sie animierend, im äußeren persuasiv. Ziel bleibt nämlich, westlichen oder im Namen des Fortschritts annektierten[203] Ländern zu beweisen, »daß der Weg des Sozialismus der richtige Weg ist«.[204]

4.1.3 Technik und Humanismus: Befreite Arbeit

Mit der neuen Qualität des menschlichen Zusammenlebens ist nach marxistischem Verständnis eine Umwertung des gesamten Produktionsvorgangs verbunden. Die Industrialisierung der DDR wird deshalb als ein von kapitalistischen Entwicklungen differentes Ereignis dargestellt. ›Arbeit‹ ist nicht mehr Herrschaftsmittel, sondern zentraler Faktor für die »Erzeugung des Menschen«[205] und »Grundlage« seiner »ständigen Höherent-

---

198 In Sakowskis Drama *Steine im Weg* (1960) ist jede der drei Schichten durch eine Hauptfigur verkörpert: Alfred → Lisa → Paul (vgl. B, 6.2.1).

199 Branstner: Der positive Held und seine Widersacher (1959), S. 227.

200 Schaffensfragen der sozialistischen Dramatik (1962), S. 134.

201 Seghers: Das siebte Kreuz, S. 288.

202 Bieleke: Baugeschäft Menzel (1950), S. 78. Vgl. B, 2.1.

203 So rechtfertigt Hauser mit seinem Drama *Im Himmlischen Garten* (1958) den Einmarsch der Chinesen in Tibet als notwendigen Zivilisationsakt.

204 Protokoll: Konferenz der »Einheit« (1957), S. 75 (Walter Ulbricht). Freyers Drama *Auf verlorenem Posten* (1951) wird zugleich in Österreich publiziert – ein Vorgang, der allerdings Ausnahme bleibt.

205 MEW/EB 1, S. 546 (Ökonomisch-philosophische Manuskripte aus dem Jahre 1844. Drittes Manuskript).

wicklung«.[206] Wer »nicht arbeitet«, bleibt – so Peter Hacks – »ein Affe«.[207] Denn der Einzelne »richtet sich auf, indem er produziert«.[208] Erst das selbst »Geschaffene« »formt« ihn.[209] Dieser Prozeß verläuft nach Ansicht des Dramatikers Hans Lucke dialektisch: Zunächst versteht der Mensch seine »Befreiung [...] nicht anders zu nutzen, als zu seinem kleinlichen egoistischen Vorteil«. »Die Folgen sind Waren von mangelnder Qualität, unverhältnismäßig hohe Produktionskosten, viel zu langsame wirtschaftliche Stabilisierung.«[210] Kraft dieser Logik werden die ökonomischen Probleme der jungen Republik auf Fragen der Individualethik reduziert, systemische Ursachen ausgeschlossen. Es ist allein die Verbindung von Selbsthingabe und sinnerfüllter Identität, die dafür sorgt, daß »der Faktor Arbeit« ein »neuartiges Instrument zur Lösung revolutionärer Aufgaben« wird.[211] Der »Stückschreiber« hat demnach die Aufgabe, den Menschen, »dessen Blick getrübt ist«, »bei der Hand« zu nehmen und »aus der Froschperspektive« herauszuführen.[212] Gelingt dies, erhält die Abschaffung des Privateigentums katalytische Bedeutung. Das Hochwertige wird aus eigenem Antrieb effizient produziert, und die neue Ordnung erscheint als »Humanismus in Aktion« (Marx)[213] bzw. »Praxis der konkreten Utopie« (Bloch).[214] Zu den großen Forderungen der SED zählt demgemäß das ›Recht auf Arbeit‹, die wie bei Gorki zentraler Gegenstand der Kunst sein soll.

Von der Staatsgründung bis in die fünfziger Jahre hinein ist der Produktionsprozeß jedoch weniger sozialökonomisch denn politisch-kulturell perspektiviert. Dies führt zur Diskrepanz zwischen dargestellter Wirklichkeit (planwirtschaftliche Transformation) und politischer Propaganda (systemübergreifender Humanismus).[215] In den ersten Industriestücken von Grünberg (*Golden fließt der Stahl*), Kubsch (*Die ersten Schritte*) und Pons (*Zement*), die auf der Basis sowjetischer Vorbilder entstehen,[216] dominiert daher der Kampf gegen kriminelle Agenten und Saboteure. Die Partei steht im Hintergrund, und auch Kollektivaktionen bleiben handlungslogisch peripher. Dies ändert sich während der zweiten Nachkriegsphase, in der dem SED-Beschluß zum ›planmäßigen Aufbau‹ des Sozialismus entsprechend vor allem Probleme der neuen Arbeits- und Produktionsformen behandelt werden – u.a. durch Dramatiker wie Freyer, Keller, Grünberg, Reichwald und Fabian.[217] Affirmativ- und Transgressivbereich differieren hier kaum; nahezu die gesamte DDR-Avantgarde befaßt sich wenigstens phasenweise mit demsel-

---

206 Kurella: Der Mensch als Schöpfer seiner selbst, S. 22 (Verfall und Triumph des Humanismus [1936]).

207 KS, S. 192 (Brief vom 11. Januar 1961 an Heinar Kipphardt).

208 GBA 27, S. 324 (Journaleintrag vom 11. Juli 1951).

209 H. Müller: »Sieg des Realismus« (1953), S. 162.

210 Lucke: Über einige Schwierigkeiten beim Schreiben von Zeitstücken (1957), S. 14.

211 Braemer: Problem »Positiver Held« (1961), S. 51.

212 Lucke: Über einige Schwierigkeiten beim Schreiben von Zeitstücken (1957), S. 14.

213 Philosophisches Wörterbuch (1969), S. 489. Vgl. MEW 3, S. 35 (Die deutsche Ideologie).

214 Bloch: Das Prinzip Hoffnung, S. 16.

215 Obwohl das ZK der KPD am 11. Juni 1945 verlautbaren läßt, daß es »falsch wäre«, »Deutschland das Sowjetsystem aufzuzwingen« (Revolutionäre deutsche Parteiprogramme, S. 196), besteht in der Ostzone faktisch keine Entscheidungsmöglichkeit zwischen sozialistischer und parlamentarischer Demokratie (vgl. Baumgarten [1975], S. 85-88).

216 Vgl. hierzu allgemein Berger (1972), S. 155-171 und Baumgarten (1975), S. 204-247.

217 Freyer: Der Dämpfer (1952), ders.: Kornblumen (1954), ders.: Die Straße hinauf (1954), Keller: Zwei Wege (1953), Grünberg: Elektroden (1954), Reichwald: Das Haberfeldtreiben (1956), ders.: Das Wagnis der Maria Diehl (1957), Fabian: Geschichten um Marie Hedder (1958).

ben Themenbereich. Eine Intensivierung erfährt der Strukturwechsel im Herbst 1957 mit dem 33. Plenum des ZK der SED. Das dort festgeschriebene ›Ende des Faschismus‹ als mésalliance von Großindustrie und Junkertum bezeichnet zugleich die endgültige Umsetzung der eurasischen Revolutionsresultate.

Nach der I. Bitterfelder Konferenz (1959) kommt es schließlich zum Transfer des kollektiven Arbeitsprozesses in den Ästhetikbereich: Die Autoren gehen – angeregt durch frühere ›Feldversuche‹[218] – in die Betriebe. In enger Kooperation mit Brigaden und Theatern dramatisieren sie konkrete Problem- und Konfliktfälle aus dem Kupferbergbau Eisleben,[219] dem Mähdrescherwerk Weimar[220] oder der Magdeburger Schwermaschinenfabrik »Georgi Dimitroff«.[221] Ähnliches gilt für das Agrodrama, in dem nicht-antagonistische Widersprüche dargestellt werden, die auf der kollektivierten Stufe der Landwirtschaft virulent sind.[222] Durch das ›Mitschreiben‹, das sukzessive zum ›Selbstschreiben‹ avanciert, soll der Arbeiter teilhaben am Kunstdiskurs.[223] Produktionsbezogene »Gegenwartsliteratur« wird deshalb »so dringlich« gebraucht »wie Kohle und Stahl«,[224] zumal sie im Vergleich mit historischen Bezugsperspektiven (B, 4.2.3) »nur von einem verhältnismäßig kleinen Kreis [...] vorwiegend junger Autoren« gespeist ist.[225]

Folgerichtig macht man die Kunst, vor allem aber das Theater, dafür mitverantwortlich, daß die DDR bezüglich der Produktivität hinter Westdeutschland zurückbleibt. Walter Ulbricht konstatiert bereits 1957 »ganz offen«: »Es geht zu langsam! Die Aktivisten, die Mitglieder der Brigaden der sozialistischen Arbeit haben ein schnelleres Tempo als ein Teil unserer Schriftsteller«.[226] In Wirklichkeit greift diese These lediglich Vorwürfe auf, wie sie mit ähnlicher Vehemenz kurz nach der Staatsgründung geäußert werden, u.a. in der *Täglichen Rundschau* vom 20. Oktober 1950. Stets wiederholter Kritikpunkt ist das Fehlen adäquater Umsetzungen jener »Heldentaten«, die der sozialistische Arbeiter täglich vollbringe »im Gedröhn der Fabriken, im Staub der Bauplätze und auf den Felderweiten«. Die ökonomischen Spitzenleistungen fungieren hier in Analogie zu Goethes Novellendefinition als »unerhörte Begebenheiten«. Sie verlangen »nach künstlerischer Gestaltung«,[227] weil sie »mehr Stoff« bieten als »die letzten 100 Jahre bürgerlicher Geschichte«.[228] So schwärmt Ulbricht nach dem Besuch eines Industriewerks: »Ich wünschte, heute wäre ein Dramatiker mitgewesen«.[229]

---

218 Heiner und Inge Müller: Die Korrektur (Erstfassung 1957), H. Müller und Hagen Mueller-Stahl: Klettwitzer Bericht 1958, Peter Hacks: Die Sorgen und die Macht (Erstfassung 1959).

219 Pfeiffer: Die dritte Schicht (1960).

220 Richter: Ehrengericht oder Der Tag ist noch nicht zu Ende (1961).

221 Koeppel: Heiße Eisen (1959).

222 Sakowski: Die Entscheidung der Lene Mattke (1959), ders.: Steine im Weg (1960), ders.: Weiberzwist und Liebeslist (1961).

223 Das erste Drama eines Arbeiters wird 1962 uraufgeführt (Horst Kleineidam: Millionenschmidt).

224 Diskussionsbeiträge zu den Referaten von Alexander Abusch und Kuba (1957), S. 116 (Karl Kleinschmidt).

225 Kurella: Eine neue Etappe unserer Kulturrevolution (1959), S. 9.

226 Ulbricht: Fragen der Entwicklung der sozialistischen Literatur und Kultur (1959), S. 9.

227 Strittmatter: Gehen wir voraus! (1959), S. 19f.

228 Lange: Theaterstücke 1960-72, S. 9 (Arbeiten im Steinbruch).

229 Zit.n. Schaffensfragen der sozialistischen Dramatik (1962), S. 138.

In den Produktionsstücken werden nicht selten eindrucksvolle Pioniertaten thematisiert, deren Auslöser unvorhergesehene Ereignisse sind (Ofenbruch,[230] Maschinenausfall,[231] Wasserschaden[232]). Ziel ist zu zeigen, daß die Menschen selbst im Atomzeitalter die Herrschaft über die Natur besitzen, wenn sie sich als Gemeinschaft verstehen. Angesichts solchen Potentials wird die erhoffte Konvergenz (Individuum/Kollektiv, Arbeit/Freiheit, Qualität/Quantität) auch während des Normalbetriebs weitgehend problemlos realisiert – sei es durch internen Wettbewerb,[233] technische Innovation[234] und/oder Beseitigung destruktiver Elemente (B, 4.2.1). Sinnstiftender Endzustand, der auf diese Weise näher rückt, ist die »Vollmechanisierung«.[235] Für ihre Erreichbarkeit stehen die »Zuwachsraten« Sowjetrußlands, die sich – so ein kolportiertes Erhard-Zitat – »auf der Höhe der größten Erfolge westlicher Volkswirtschaften« bewegen.[236] Im Avantgarde-Bereich sind jedoch signifikante Differenzen feststellbar: Brecht, Strittmatter und Baierl sehen den Sozialismus weitgehend unkritisch als entfesselte Produktion (C, 4.2.3/4.2.4), während Hacks wie Müller die Ambivalenz der Technisierung betonen als Grundlage der neuen sozialen Lebensform *und* Mittel der Reduzierung des Menschen auf seinen Leistungswert. Der Hymne auf die großen ›Vereinfacher der Arbeit‹ steht hier das Wissen gegenüber, zwar die »Fabrikherrn« besiegt zu haben, nicht aber die »Fabriken«, ihrerseits »neue, mächtige Feinde«.[237] Die Einheit von Mensch und Natur muß somit in einer Gesellschaft hergestellt werden, der die Natur nur Objekt ist.

Vor diesem Hintergrund beurteilt man die Funktion materieller Anreize unterschiedlich. Die proletarische Moral fordert zunächst einen Menschen, der hingebungsvoll und opferbereit im Volksinteresse arbeitet, d.h. die Befriedigung des individuellen Bedarfs zugunsten des gesellschaftlichen zurückstellt.[238] Mit Beginn des Kalten Krieges plädiert man jedoch – auf Lenin bezugnehmend – für die Integration des Konkurrenz-

---

230 Hans Garbes legendäre Reparatur bei laufendem Betrieb ist interessanterweise fast nur in der Avantgarde-Dramatik präsent: bei Bertolt Brecht (*Büsching*-Fragment [1950-1956]) und Heiner Müller (*Der Lohndrücker* [1956/57]). In Boris Djacenkos Drama *Dschungel* (1951) wird die ›Heldentat‹, was die Forschung bisher übersehen hat, nach Vietnam verlegt. Hier steigt der Partisanenführer Chang-Teh als erster in den brennenden Ofen, verliert aber das Bewußtsein und muß von einem Kollegen herausgezogen werden. Es gelingt schließlich durch Arbeitsteilung, den Schaden zu beheben. Antizipiert ist Garbes Aktivistenleistung bei Grünberg (*Golden fließt der Stahl* [1950]). Dort gelingt es dem Schmelzer Richard Kilian, die »Risse im Kammergewölbe« trotz Hitze mit »Schamotte« zuzuschmieren und damit einen Produktionsausfall von »fünfzehn Tonnen Stahl« zu verhindern (S. 27).

231 Horn: Kamerad Vasile (1952), H. Müller: Klettwitzer Bericht 1958.

232 Fabian: Die Stärkeren (1959).

233 Freyer: Der Dämpfer (1952), Pons: Zement (1952), Kilz: Tomaten und Stahl (1954), Kuhn: Leicht bewölkt, vorwiegend heiter (1956), Reichwald: Das Haberfeldtreiben (1956), ders.: Der Hektarjäger (1959), Hacks: Die Sorgen und die Macht (1959), Grabner: Die Sieger (1959).

234 Freyer: Die Straße hinauf (1954), Reimann/Pitschmann: Sieben Scheffel Salz (1960).

235 Reichwald: Der Hektarjäger (1959), S. 97.

236 Zinner: Auf jeden Fall verdächtig (1959), S. 24.

237 HS, S. 320 (Die Sorgen und die Macht [Fassung 1962]). Vgl. auch [H. Müller:] Denken ist grundsätzlich schuldhaft (1990), S. 16.

238 Vgl. Pieck: Karl Liebknecht zu seinem 75. Geburtstag am 13. August (1946), S. 146, 159; Jenssen: Der moralische Faktor in der Arbeiterbewegung (1947), S. 131 und Oelssner: Wirtschaftsplanung und Planwirtschaft (1947), S. 765.

prinzips, das den Sozialismus vom Kommunismus trennt.[239] Die Idee egalitärer Kollektivproduktion wird durch das Modell einer proletarischen Leistungsgesellschaft verdrängt. Dahinter steht die Erkenntnis, daß das Überleben des neuen Gemeinwesens ohne eingeübte Kulturtechniken nicht garantiert ist: »Wir brauchen«, so Abteilungsleiter Manzke in Kilz' Lustspiel *Tomaten und Stahl* (1954) »den Wettbewerb, Normerhöhungen, Planübererfüllungen« (27). Diesen Postulaten wird Ende desselben Jahres durch Initiativen entsprochen, die zu Formen individueller Konkurrenz tendieren (Prämien, Vergünstigungen). Zugleich verlieren Gegner des ›Neuen Kurses‹ wie Fred Oelssner ihre Führungsposition. Die Bereitschaft, vom bisherigen Plansystem abzurükken und den subjektiven Faktor zu profilieren, verstärkt sich mit dem XX. Parteitag der KPdSU. Offiziell hält man es daher für notwendig, einer zu starken Assimilation an den Kapitalismus vorzubeugen. Nicht von ungefähr spricht sich Ulbricht 1957 gegen den dezentralisierten Staat aus und kritisiert jede »Wendung zur Orientierung auf die Spontaneität der Massen in der Wirtschaft«.[240] Ähnliches gilt für die affirmative Dramatik, die ex negativo beschwichtigt, indem sie das für den Staat zu erbringende ›Opfer‹ als human begreift.[241] Ende der fünfziger Jahre geht man statt dessen von der dialektischen Einheit individueller und sozialer Interessen aus, betrachtet das Subjekt als Verbindung von Einzel- und Klassenwesen.[242]

Diese Schwerpunktkorrektur ändert indes nichts daran, daß das sozialistische Menschenbild, wie schon Georg Simmel betont,[243] primär am Maßstab der Produktivität gemessen wird. Variabel ist lediglich die Verschaltung mit dem Qualitäts- bzw. Kompetenzkriterium. So setzt der Arbeiter Max Fidorra (*Die Sorgen und die Macht*) das Sachargument an die Stelle der ›Tonnen-Ideologie‹ und unterstützt auf diese Weise das produktionsnahe Agieren betrieblicher Parteiorganisationen (B, 6.4.2). Der damit verbundene Übergang von der Mengen- zur Wertplanung nimmt Konzepte vorweg, die 1963 durch das *Neue Ökonomische System* (NÖS) erprobt und im Zuge der II. Bitterfelder Konferenz (1964) auf den Kunstbereich übertragen werden. Ziel der Neuorientierung ist der Versuch, die Planwirtschaft durch Adaption marktökonomischer Strukturmechanismen zu optimieren, denn das Hauptdefizit des Kapitalismus liegt nach Hacks in der »Unfähigkeit zu produzieren«.[244] Die DDR-Industrie kann somit nur dann »wie ein Nest / Von jungen Riesen« wachsen,[245] wenn absolute Effizienz herrscht. In Umkehrung von Michael Endes *Momo* erscheint der Sozialismus bei Horst Ulrich Wendler deshalb als Ort, an dem »keine Stunde« ungenutzt verstreicht.[246] Hieraus ergibt sich jedoch eine direkte Abhängigkeit des Humanen vom Wirtschaftlichen, die auch der Parteisekretär des VEB Hohlglas in Hacks' *Sorgen* konzedieren muß: »Mein Amt ist die Erziehung der Menschen und der Plan. Aber der Hebel ist die Heizgasanlage; wenn die versagt, ist für mich nichts drin, mit dem Plan nichts und nichts mit der Erziehung«.[247]

---

239 Marx wie Engels sehen Wettbewerbsorientierung und vergesellschaftete Produktion dagegen als unvereinbar an (vgl. Grundrisse der Kritik der politischen Ökonomie, S. 134).
240 Ulbricht: Grundfragen der Politik der SED (1957), S. 49.
241 Vgl. Profitlich (1988b), S. 569-585.
242 Vgl. Baierl: Über die Bedeutung des Details in der darstellenden Kunst (1958), S. 6.
243 Vgl. Simmel: Die Probleme der Geschichtsphilosophie (1905), S. 163f.
244 HM 2, S. 9/Anm.* (Vorwort [1966]).
245 HS, S. 362 (Die Sorgen und die Macht [Fassung 1962]).
246 Wendler: Das Spiel von der verlorenen Zeit (1953), S. 54.
247 HS, S. 316 (Die Sorgen und die Macht [Fassung 1962]).

Während Hacks trotz allem den »progressiven Charakter von Ungleichheit« im »Leistungsprinzip« sieht,[248] bleiben Kipphardt und Müller skeptisch. Für sie bezeichnen Wettbewerb und Konkurrenz das Ende der politischen Alternative, weil der Sozialismus nun eine selbständige geschichtliche Formation ist, nicht mehr Vorphase des Kommunismus.[249] Tatsächlich markieren die späten fünfziger Jahre einen neuralgischen Punkt innerhalb der DDR-Geschichte: Der Klassenkampf regrediert zum Konsumvergleich, die »Hauptaufgabe« des neuen Staates besteht nur noch darin, »Westdeutschland in bezug auf den Pro-Kopf-Verbrauch der Bevölkerung und im Kampf um das wissenschaftlich-technische Weltniveau zu erreichen« bzw. baldmöglichst »zu übertreffen«.[250] Die Härten des Aufbaus, die verglichen mit denen der Ausbeutung ohnehin erträglich scheinen,[251] besitzen damit transitorischen Charakter. Am Ende steht wie bei Baierl die Utopie kollektiver Weltausbeutung: »Lenin« ist »der größte Egoist aller Zeiten« und die marxistische Idee »das Unbescheidenste, was es überhaupt gibt«, denn beide verlangen, »was die Erde so an Annehmlichkeiten zu bieten hat«.[252]

4.2 Divergenzdiskurs

4.2.1 Negative Geschichte I: Monokapital und Faschismus

Es wurde bereits betont, daß in der frühen Nachkriegszeit keine dezidiert sozialistische Dramatik entsteht. Statt dessen dominiert ein human ausgerichteter Antifaschismus, der die »öffentliche Aufklärung« befördern und dadurch helfen soll, die »wichtigste Aufgabe« zu erfüllen: »Orientierung«.[253] Im Zuge des Kalten Krieges und der Realisation des neuen Staatsmodells kommt es allerdings zu ersten Versuchen ideologischer Divergenzbildung. Kulturelle Gegensätze scheinen nun sekundär gegenüber okönomischen, und man hofft, mit der weltweiten Etablierung des Kommunismus die ›babylonische‹ Diskursverwirrung der Ausbeutersysteme endgültig zu verabschieden. Die Bekämpfung der Klassengesellschaft und ihrer »Überreste« bleibt daher während der gesamten Nachkriegszeit die *»literarische Hauptaufgabe«* der DDR-Autoren.[254] Im Kontext der Erbetheorie sind hiermit auch patriotische Forderungen harmonisierbar: Wiederherstellung der deutschen Einheit sowie Genese einer sozialistischen Nationalkultur (B, 4.1.1). Grundlage solcher Verschaltungen ist das marxistische Theorem der Strukturäquivalenz von (Feudal)Kapitalismus und Faschismus.[255] Hinsichtlich der jüngeren Geschichte läßt sich so – beginnend mit der Gründerzeit – eine Repräsentationsordnung etablieren, in der die NS-Diktatur der Totalitarismusthese gemäß nur bedingt Singularität aufweist:

---

248 Hacks: Das realistische Theaterstück (1957), S. 103/Anm.*.

249 Vgl. KS, S. 218 (Brief vom 27. August 1962 an Peter Hacks) und [H. Müller:] Denken ist grundsätzlich schuldhaft (1990), S. 14.

250 Ulbricht: Fragen der Entwicklung der sozialistischen Literatur und Kultur (1959), S. 10, 23.

251 HK, S. 86 (Moritz Tassow [1960/61]).

252 BS, S. 61, 111 (Frau Flinz [1961]).

253 Ihering: Vom Geist und Ungeist der Zeit (1947), S. 101 (Nach zwei Jahren).

254 [C. Wolf/Hauptmann/Kaiser/Roscher:] Die literarische Hauptaufgabe (1959), S. 3.

255 Vgl. Wippermann (1972), S. 64-76 und Kühnl (1979), S. 213-240. Wichtige Primärtexte finden sich in dem von Kühnl edierten Materialband *Texte zur Faschismusdiskussion I* (1974).

Imperialismus (Kaiserreich)
↓
Gescheiterte Arbeiterrevolution I (1918)
↓
Demokratischer Kapitalismus (Weimarer Republik)
↓
Gescheiterte Arbeiterrevolution II (1933)
↓
Dekadenzentwicklung I: Nationalsozialismus
↓
Dekadenzentwicklung II: US-Imperialismus.

Der transatlantische ›Postfaschismus‹ erscheint hier durchaus als Steigerungsphänomen, weil man mit ihm erstmals die Apokalypse verbindet: die totale Zerstörung von Mensch, (National)Kultur, Leben und Welt. Konsequenter als die NS-Führung verneinen die »amerikanischen Kriegstreiber« den Wertekanon des Humanismus und sind deshalb die wahren »Todfeinde des deutschen Volkes«.[256] Der sozialistische Emanzipationsprozeß erfolgt hier im Rückgriff auf zivilisationskritische Denkmuster, denn seit Adam Müller wendet sich der romantische Antikapitalismus gegen eine »bloß physische Ordnung der Dinge«.[257] Die Wiederherstellung des Humanen stellt damit ein konkulturales Phänomen dar – nicht nur in der frühen Nachkriegszeit, sondern auch während des Kalten Krieges. Im Unterschied zu westlichen Narrativen basiert die marxistische Gesellschaftstheorie jedoch auf der Konvergenz von Moral und Politik, d.h. die Integrität des Subjekts wird bestimmt durch das gesellschaftliche System, in dem sich die Handlungen ereignen. Daher zielt Hans Pfeiffers Schauspiel *Nachtlogis* (1955) auf »die Beantwortung der Büchnerschen Frage ›Was ist das, was in uns hurt, lügt, stiehlt und mordet?‹« sowie auf »die Bestätigung der Büchnerschen Antwort, daß es die ›Umstände sind, die außer uns liegen‹. Es geht also um den Beweis, daß Verbrechen in letzter Instanz soziale Ursachen haben«.[258] Die Kollektivschuldthese ist damit ebenso widerlegt wie das Postulat ethischer Inkommensurabilität. Während der zum neuen Menschen gewordene Marxist gar nicht anders als richtig handeln kann, vermag der überzeugte Nicht-Sozialist unbeschadet seiner Gattungszugehörigkeit absolut inhuman zu leben. Er degradiert das Subjekt zur Nummer, experimentiert mit ihm und bereitet den nuklearen Endschlag vor.[259] (Als historische Belege dienen Indochina- und Koreakrieg sowie die gegen Proteste vorangetriebene Atomforschung.) Um kollektiven Widerstand zu verhindern, wird das Volk durch ›Brot und Spiele‹ geködert, d.h. man etabliert eine radikale Performanzkultur. Dies führt im affirmativen Schauspiel zum pole-

[256] Havemann: Kriegsziel: Niemandsland Europa (1951), S. 4.

[257] A. Müller: Die Elemente der Staatskunst. Bd. 2, S. 58.

[258] Pfeiffer: Nachtlogis (1955), S. II. Hare, Wirt eines Nachlogis, läßt 1832 in London Menschen ermorden, um die Leichen an Professor Knox zu verkaufen, der sie zu Forschungszwecken benötigt. Schließlich entdeckt der Wissenschaftler jedoch die eigene Tochter unter den Toten. Hare wird gehenkt, und Knox muß einsehen, daß »Förderung der Humanität« im Kapitalismus »nur durch inhumane Mittel« zu erreichen ist (I).

[259] Vgl. Fischer: Der grosse Verrat (1950), S. 29; Wangenheim: Auch in Amerika.... (1950), S. 39 und Kuhn: Der künstliche Mond geht auf (1956), S. 6f.

mischen Stereotyp: Der Amerikaner und seine Sympathisanten[260] rauchen, trinken, hören »Hotmusik«,[261] denken nur an Geld[262] und Sex.[263] Gleiches gilt für die Elite der europäischen ›Satellitenstaaten‹, als deren willfährigster die faschistisch eingeübte Bundesrepublik firmiert.[264] Hedda Zinner versieht sie daher mit dem Namen »Colonien«, der sowohl auf Adenauers Heimatstadt Köln als auch die westdeutsche Kolonialfunktion anspielt.[265] Überhaupt wird seit Mitte der fünfziger Jahre wie in den Grau- und Braunbüchern der DDR-Behörden der Nachweis geführt, daß die gesamte BRD-Elite (Politik/Großindustrie,[266] Militär[267]) nationalsozialistisch durchsetzt ist. Die sog. ›freie Welt‹ erscheint damit als rechtsfreier Raum, in dem »die Besten der Völker« verbluten, während »die korrupten Geschäftemacher« ihre »Machtpositionen« wiederaufbauen.[268] Zudem wird die gescheiterte Expansionspolitik nach Osten unter kaum veränderten Vorzeichen perpetuiert, denn die Latenz der alten Ordnung, die bloß »formale bürgerliche Demokratie«, schafft einen »Verfassungsstaat, der jederzeit wieder faschistisch werden kann, wenn das Interesse der Bourgeoisie es verlangt«.[269] Die Bewältigung der nationalsozialistischen Vergangenheit ist hier auf Kapitalismuskritik reduziert: Im Zentrum steht nicht die Perversion von Krieg und Massenvernichtung, sondern der Kampf

---

260 Paradigma hierfür ist Ex-Leutnant Heinrich Erdmann in Strittmatters *Holländerbraut* (1959). Er erscheint »mit amerikanischen Armeestiefeln«, pfeift »Lili-Marleen« und ist sicher, daß der »Herrentraum der kleinen Leute« bald »zu Ende« geht (S. 197, 207, 235).

261 Ulbricht: Fragen der Entwicklung der sozialistischen Literatur und Kultur (1959), S. 21.

262 In Luckes Kriminalstück *Kaution* (1954) wird Vivian, die Frau des Kapitäns Steve Deshields, von dem Reeder Mr. Adamo erschossen, weil sie eine finanzielle Bürgschaft von 20.000 Dollar zurückerstattet haben möchte (vgl. S. 72).

263 Vgl. u.a. Djacenko: Menschen an der Grenze (1950), S. 21; Zinner: Der Mann mit dem Vogel (1952), S. 31; Kantorowicz: Der Schubert-Chor (1953), S. 92; Görlich: Die Ehrgeizigen (1959), S. 30f. und Kuhn: Kredit bei Nibelungen (1961), S. 33.

264 Am Beispiel des Austauschlehrers Johnson wird in Rolf Schneiders *Mann aus England* (1961) die selbst im westeuropäischen Vergleich singuläre ›Restauration‹ der Bundesrepublik dargestellt. Der liberal orientierte Pädagoge soll durch den Unfall seines besten Schülers aus der Bildungsanstalt entfernt werden, kann die inszenierte Aktion jedoch aufklären. Da die postfaschistische Haltung auch unter Kollegen und Eltern Befürworter findet, entscheidet sich Johnson dafür, nicht weiter zu unterrichten, und kehrt nach Großbritannien zurück.

265 Zinner: Das Urteil (1958), S. 20.

266 Dudow/Keisch/Tschesno-Hell: Der Hauptmann von Köln (1956), Reimann/Pitschmann: Ein Mann steht vor der Tür (1960), Hauser: Nitschewo (1961), Kuhn: Kredit bei Nibelungen (1961).

267 Zinner: General Landt (1950/51), Vogt: Zwischenfall auf Norderney (1951), Harden: Bürger in Uniform (1957), Hauser: Weißes Blut (1959), Freyer: Das Amulett (1961). Tatsächlich befinden sich nur wenige Spitzenfunktionäre aus dem Dritten Reich in westdeutschen Führungspositionen; ein höherer Prozentsatz läßt sich allenfalls für den mittleren Beamtendienst nachweisen (vgl. Schmidt/Fichter [1971], S. 132 und Niethammer [1972], S. 23).

268 Kantorowicz: Die Verbündeten (1950), S. 33. Pfeiffers Schauspiel *Zwei Ärzte* (1959) behandelt in Rückblenden die Aufklärung des Mordes an dem westdeutschen Bakteriologen Wolfgang Bell. Schuldig ist der Ankläger, Oberstaatsanwalt Brosius, dem der Tote im Krieg als KZ-Arzt unterstanden hat. Bell wurde getötet, weil der damalige Kollege, Peter Pannwitz, einen Prozeß gegen ihn erzwingen wollte; in dessen Verlauf hätte der Beschuldigte auch seine Mittäter nennen müssen. Um der »Wahrheit« dennoch zu ihrem Recht zu verhelfen, beschließt die Widerstandsgruppe um Pannwitz, gegen Brosius »politische Mittel« anzuwenden und den Mörder »öffentlich« unter Druck zu setzen (S. 47f.). Westliche Justizwillkür bildet auch das Zentrum folgender Stücke: Zinner: Der Mann mit dem Vogel (1952), Scheer: Die Rosenbergs (1953), Pfeiffer: Hamlet in Heidelberg (1958), Schneider: Prozeß Richard Waverly (1961).

269 Knauth: Wer die Wahl hat (1958), S. 43 (Anmerkungen).

gegen das »Fortleben dieser Vergangenheit in Westdeutschland«.[270] Das international gefeierte ›Wirtschaftswunder‹ erscheint vor solcher Folie als kapitalistische Mythenbildung. Tatsächlich kämpfe die »auf Pump« reüssierende Bundesrepublik mit hoher Erwerbslosigkeit, harten Arbeitsbedingungen, inhumaner Konkurrenzwirtschaft.[271] Alle »akademischen Berufe« seien »überfüllt«, und »für die Intellektuellen« tue man »nichts«.[272] Es scheint daher nur eine Frage der Zeit, bis die westliche Welt »an ihren Lastern zugrunde gehen wird«.[273]

Der Sinntotalität des marxistischen Narrativs tritt hier die ›kleine Absurdität‹ der bürgerlichen Ordnung gegenüber, die im Avantgarde-Bereich auch ästhetisch gestaltet ist. So entfaltet das Zwischenspiel von Brechts *Hofmeister*-Bearbeitung zur »Glockenmusik einer Spieldose, der einige Töne fehlen«, den sinnlosen Kreisweg der Hauptfiguren (GBA 8, 356). Fortschritt ist durch Wiederholung ersetzt, und der Mensch mutiert zum mechanischen Interieur spießiger Wohnstuben. Auch in Kipphardts Farce *Der Aufstieg des Alois Piontek* (1954),[274] die intertextuell auf Brecht verweist (C, 4.1.2), wird die Haltung eines Menschen vorgeführt, der »auf höchster Brauchbarkeitsstufe« agiert, den »Hund übertreffend insofern, als er sich selbst in die Hose beißt« (KT, 101).

Protagonist Piontek, der in einem Hühnerstall am Rande einer westdeutschen Stadt lebt und in existentialistischer Rede die Seinsfrage reflektiert, steht kurz vor dem Suizid. Durch ein Bündel Banknoten in der Hand seines Freundes Sambale wird er jedoch zurückgehalten. Das Geld stammt von einer vermögenden Kundin, der Witwe Kassandra von Kulande, die es »unnatürlich« fand (77), daß der clevere Sambale Kreditangebote bewußt ausschlug mit dem Hinweis, man habe schon einen Hühnerstall als Laboratorium. Dem Freund gelingt es, Piontek als Professor auszugeben, der mit der Erfindung von Rohdiamanten beschäftigt sei. Neben der Dame erscheinen bald auch hohe Repräsentanten des Adenauer-Staates, die im Namen christlichbürgerlicher Tugenden auf Beteiligung am potentiellen Industrieprojekt drängen. Piontek will sich dem schmutzigen Geschäft entziehen, wird aber von seinem Freund brutal niedergeschlagen. Als er daraufhin droht, den Betrug offenzulegen, erklärt man ihn für wahnsinnig. Piontek gelingt zwar die Flucht, aber zum »Glück« für die übrigen hat er sich nur »erhängt« (126).[275]

Indem Kipphardt darauf verzichtet, die Tragik der Handlung durch den Hinweis auf ein politisches Gegenmodell aufzuheben, rückt das *Piontek*-Drama in die Nähe der schwarzen Komödien Herbert Asmodis (C, 3.2).[276] Beide Autoren exponieren aus groteskssatirischer Perspektive die totale Kommerzialisierung der bürgerlichen Welt, wobei der

---

270 Schaffensfragen der sozialistischen Dramatik (1962), S. 122 (Henryk Keisch).

271 Reimann/Pitschmann: Ein Mann steht vor der Tür (1960), S. 42f. Vgl. auch Lucke: Kaution (1954), S. 70f. und Wangenheim: Mit der Zeit werden wir fertig (1958), S. 59.

272 Kantorowicz: Der Schubert-Chor (1953), S. 75. Im selben Jahr behauptet Kipphardt ebenfalls zu Unrecht, in der BRD könne man keine Bücher von Brecht kaufen (vgl. KS, S. 128).

273 Hauser: Am Ende der Nacht (1955), S. 99.

274 UA 12. Februar 1956, Deutsches Theater Berlin. Zur Rezeption vgl. Karbach (1989), S. 109f. Zwischenzeitlich hatte Kipphardt bei Piscator angefragt, ob jener die »Realisierung des Stücks an einer westdeutschen Bühne unter den gegenwärtigen Bedingungen für möglich« halte (KS, S. 225 [Brief vom 6. Juli 1955]). Eine entsprechende Aufführung kommt jedoch nicht zustande. Kipphardt selbst findet den *Aufstieg des Alois Piontek* ein »unvergleichlich besseres und wichtigeres Stück« als das Lustspiel *Shakespeare dringend gesucht* (KS, S. 17 [Brief vom 11. April 1956 an die Eltern]).

275 Die Handlung ist trotz Übertreibung an realen Ereignissen orientiert: dem Kriminalfall um die *Hartmaterial-Kommanditgesellschaft Dr. Meincke* (HAMAK). Vgl. Karbach (1989), S. 107f.

276 Ähnliches gilt für das Lustspiel *Die Stühle des Herrn Szmil*, das faschistische Residua in der DDR ad absurdum führt (C, 3.3).

›Absurdismus‹ rein semantisch bleibt, d.h. anders als bei Ionesco keinen Eingang in die Dramaturgie findet.[277] Nicht von ungefähr urteilen weder Kipphardt noch Asmodi positiv über die ›Pariser Avantgarde‹.[278] Untereinander schätzt man sich, wobei der Marxist den Agnostiker ästhetisch goutiert, ideologisch jedoch für defizitär hält (KS, 210). Ähnliche Assimilationsprozesse zwischen Ost und West sind im aristotelischen Bereich nachweisbar, denn sowohl Stefan Andres (*Sperrzonen*) als auch Rainer Kerndl (*Schatten eines Mädchens*) und Rolf Schneider (*Godefroys*) zeigen das Potential des Bürgertums als »Kraft, welche stigmatisiert ist«,[279] weil die Absage an den Faschismus ebensowenig geleistet werde wie die eigene Vergangenheitsaufarbeitung.[280]

Im affirmativen Bereich erfolgt die Selbstlegitimation des Sozialismus dagegen bipolar: Noch das negativ gestaltete Personal wird an einer Idealvorstellung gemessen oder ist sich dieser sogar bewußt.[281] Während der dramatische Darstellungsmodus zwischen Tragik, Satire und Agitation oszilliert, erfolgt die Systemstabilisierung syn- wie diachron. Im ersten Fall verwirft man die imperialistische Politik der westlichen Welt (USA, Bundesrepublik, Frankreich) – teilweise im Hinweis auf Widerstandsbewegungen. Ein Binnendiskurs über verschiedene Formen des Realsozialismus findet dabei nicht statt: Maos Revolution wird selten, aber positiv behandelt,[282] Jugoslawien als ›egozentrisches‹ Modell ignoriert.[283] Im zweiten Fall möchte man auf der Grundlage geschichtlicher Tangentenbildung »Abscheu vor der Vorzeit«[284] erregen, ohne dabei substantiell zu unterscheiden zwischen Antike,[285] Feudalzeit,[286] Restauration,[287] Impe-

[277] Kipphardt sucht der kapitalistischen Wirklichkeit durch Sprachstilisierung gerecht zu werden. So verbindet er Epiktet-Zitate mit Heidegger-Begriffen (S. 92) und läßt Figuren in kreuzgereimten Jamben sprechen (S. 105). Es ist die Omnipräsenz einer Weltaneignung »in theatralischer Gebärde«, die den Performanz-Charakter dekadenter Bürgerlichkeit bezeichnet (S. 118).

[278] Vgl. In der Sache Heinar Kipphardt (1992), S. 14 (Gutachten: Drei Stücke von Eugène Ionesco [1957]) und Brief von Herbert Asmodi an W.G.S. (21. Februar 2005).

[279] Schneider: Godefroys (1961), S. 3.

[280] In Schneiders zunächst als Fernsehspiel konzipiertem Stück wird unter Bezugnahme auf Gorkis ›Dekadenzdramaturgie‹ die tiefe Zerrüttung der Familie des Aluminiumfabrikanten Godefroy gezeigt, und zwar am Tag des fünfzigjährigen Betriebsjubiläums im Jahr 1943. SS-Obersturmführer Siegfried, vom Vater zur Nazi-Karriere genötigt, verhaftet seinen ältesten Bruder Werner, der sich von seiner jüdischen Frau trennen mußte und deshalb heimlicher Widerstandskämpfer im Betrieb wurde. Die ehedem zur Geldheirat gezwungene Schwester Annemarie betrügt ihren Mann mit einem Wehrmachtsmajor, während der lungenkranke Gunther Selbstmord begeht. Er hatte, um den Arbeiter Siebert zu retten, seinen Bruder Werner belastet. Am Ende erklärt der uneinsichtige alte Godefroy den verbliebenen Sohn Siegfried zum Nachfolger; gleichzeitig meldet der Radiosprecher englische Luftangriffe. Was bleibt ist das kapitalistische »Werk« als »Moloch, der alles auffrißt« (S. 56). Zu Andres und Kerndl vgl. B, 1.2.2.

[281] Subinspektor McDowell antwortet in Luckes Kriminalstück *Kaution* (1954) auf die Frage, ob man den Reeder Mr. Adamo, den allein das »Wolfsgesetz« (S. 70) des Kapitalismus zum »Mörder« gemacht habe, »wissentlich frei herumlaufen lassen« solle: »In diesem Falle wäre es höhere Notwendigkeit. Jetzt müssen wir zusehen, daß die Sache geheimgehalten wird. Die Kommunisten dürfen nichts davon erfahren. Das wäre ja Wasser auf ihre Mühle« (S. 73).

[282] Brecht: Turandot (1953/54), Dornberger: Das eiserne Büffelchen (1958).

[283] So antwortet Brecht auf Wolfgang Harichs Vorschlag, die DDR solle sich nach dem Arbeiteraufstand ökonomisch am Titoismus orientieren: »Sie sind verrückt. Sie werden am Galgen enden. Das ist gefährlich!« (zit.n. Heiser-Duron [2001], S. 52). Die Ausnahme, die die Regel bestätigt, ist Ernst Fischers Drama *Der grosse Verrat*.

[284] Wagners Kindermörderin. Bearbeitet von Peter Hacks (1957), S. 23.

[285] Knauth: Die sterblichen Götter (1960).

rialismus,[288] Weimarer Republik[289] und Drittem Reich.[290] Lediglich die ›Historien‹ von Peter Hacks sind bei aller Polarität analytisch-kritisch ausgerichtet (B, 4.2.2).

Solche Denunziation zielt auf das in den fünfziger Jahren virulente Problem der Republikflucht, das von zahlreichen DDR-Dramatikern thematisiert wird. Der Westen ist im Sinne der marxistischen Säkularreligion das Andere des Paradieses, die »Nacht« hinter dem neuen »Tag«,[291] gegen deren teuflische ›Versuchung‹ (Reisen, Partys, Dollars, Alkohol) nur wahre Kommunisten immun sind.[292] Die übrigen müssen durch Abschreckung zurückgehalten werden, damit der Aufbau der neuen Sozietät nicht am Mangel qualifizierter Arbeitskräfte scheitert.[293] Gleichzeitig verlieren die Aporien der Planwirtschaft gegenüber dem ›imperialistischen Elend‹ von Ausbeutung, Terror und Krieg an Frustrationspotential. Sie werden desystematisiert und damit lösbare Sekundärprobleme. Hierunter fallen kapitalistische Interventionen (Sabotage, Agententätigkeit)[294] oder Rückstände (Bürokratie, Individualismus)[295] sowie eigene Defizite in den

---

286 Die Dekadenz der Adelsgesellschaft behandeln Knauths *Heinrich VIII.* (1955), Kuhns *Venezianisches Glas* (1957) und Wangenheims *Hier muß ein Mann ins Haus* (1960). Knauths »empfindsamer Diktator« (S. 71), der sich selbst im pluralis maiestatis als »der britische Messias« bezeichnet (S. 69), trägt allerdings deutliche Züge Stalins. Dies zeigt auch das Verhalten des Hofdichters in Narrenkappe, wenn dieser wie der Schulmeister in Büchners *Leonce und Lena* mit den Leuten Vivat-Rufe einübt und folgendes Schlußwort über Heinrich VIII. spricht: »Er war der Mann der Tat! / Wir fragen nicht mehr kleinlich nach dem Recht. / Sein kühner Schritt beflügelte den Staat, / drum ist er groß, sein Heldentum ist echt. / Bei einem Großen sieht man nur die Größe / und übergeht mit Schweigen seine Blöße« (S. 71f.).

287 In *Wer die Wahl hat* (1958) sucht Knauth aufzuzeigen, daß der »fürstliche Konstitutionalismus des Jahres 1840« lediglich ein »Synonym« ist »für die Biedermanns-Komödie des feudalen und bürgerlichen scheindemokratischen Konstitutionalismus auch unserer Tage« (S. 43).

288 Kupsch: König für einen Tag (1953), Pfeiffer: Nachtlogis (1955).

289 Knauth: Badenweiler Abgesang (1960).

290 Wolf: Was der Mensch säet (1945), Zinner: Der Teufelskreis (1953), Schneider: Godefroys (1961).

291 Görlich: Die Ehrgeizigen (1962), S. 61.

292 In Kantorowiczs Schauspiel *Der Schubert-Chor* (1953) wird dargestellt, wie meist minderjährige Sängerinnen während eines Gastspiels in Westberlin mit Zuhältermethoden an der Rückkehr in die DDR gehindert werden. Zwei Mädchen gelingt die Flucht, so daß schließlich das Volksbildungsministerium informiert werden kann. Da in der Zeitschrift *Neue deutsche Literatur* lediglich die ersten drei Bilder abgedruckt sind, läßt sich über die vermutlich glückliche Lösung hinaus nichts über den weiteren Handlungsverlauf sagen. (Der Forschung ist das Stück unbekannt.) In der Einleitung betont die Redaktion, dem Drama lägen »reale Ereignisse – die bekannten Vorgänge um den Dresdner Mozartchor – zugrunde« (S. 68).

293 Die Rettung exzellenter Wissenschaftler für die DDR wird thematisiert in Grünbergs *Elektroden* (1954), Hausers *Am Ende der Nacht* (1955) und Zinners *Auf jeden Fall verdächtig* (1959).

294 Kubsch: Die ersten Schritte (1950), Grünberg: Golden fließt der Stahl (1950), Vogt: Herr Glitsch wird es schaffen... (1950), Wangenheim: Du bist der Richtige (1950), ders.: Toleranz (1952), Finster: Der Mann im Staubmantel (1952), Greulich: Krieg in der Friedenstraße (1953), Kantorowicz: Der Schubert-Chor (1953), Freyer: Kornblumen (1954), Fabian: Geschichten um Marie Hedder (1958), Jostau: 2:1 für Irmgard (1960), Kerndl: Schatten eines Mädchens (1961). Im Vorfeld der sog. ›Ankunftsproblematik‹ erfolgen die Attacken gegen den Sozialismus verstärkt aus dem Innern. Vgl. Reichwald: Das Wagnis der Maria Diehl (1957), Sakowski: Die Entscheidung der Lene Mattke (1957), ders.: Steine im Weg (1960).

295 Bernhard: Der Lohnausgleich (1952), Baierl: Die drei Irrtümer des Sebastian Fünfling (1953), ders.: Der Streit um J.S. Bach (1955), Schulz-Wienold: Die zwölfte Krankheit (1953), Nawrath: Die Mutprobe (1954), Görlich: Die Ehrgeizigen (1959), Reimann/Pitschmann: Sieben Scheffel Salz (1960), Knauth: Die Kampagne (1961).

Bereichen Wissenstransfer,[296] Technologieentwicklung und Produktionseffizienz.[297] Wer dies erkannt hat bekennt sich offen zum Sozialismus und ist bereit, ihn gegen Übergriffe aus dem Westen zu verteidigen.[298]

Dahinter steht die Logik des ausgeschlossenen Dritten, derzufolge im Rahmen der bipolaren Weltlage kein unpolitisches Niemandsland existiert. Angesichts der Gefahr eines neuen Weltkriegs müsse »jeder sein Ja oder Nein sagen«.[299] Die DDR-Dramatik der fünfziger Jahre verbindet deshalb mit der Distanzbildung zugleich ein Konvergenzmodell, das den Kommunismus als Bewahrer des klassischen Kulturerbes zum alleinigen Hort des Friedens erklärt.[300] Abgesehen von einer Studie Helmut Peitschs, der sich auf die Jahre 1950/51 bezieht und keineswegs alle relevanten Stücke untersucht,[301] ist dieser neben dem sozialistischen Aufbau wichtigste Themenbereich der DDR-Dramatik in der Forschung bisher nicht präsent. Tatsächlich fordert jedoch bereits die Beschlußfassung vom 5. Plenum des ZK der SED (15.-17. März 1951), neben der »Erfüllung des Fünfjahrplans« stehe vor allem der »Kampf für den Frieden« und »die demokratische Einheit Deutschlands« im Vordergrund.[302] Aber auch nach Gründung und Legitimation der NVA[303] bleibt noch immer »die Hauptsorge: ›Wie erhalten wir den Frieden?‹«.[304] Dies führt in der Praxis zum Rückgriff auf archetypische Konstellationen,[305] wobei meist die jüngere bzw. weibliche Seite pazifistisch orientiert ist:

Vater/Sohn	Wangenheim: *Auch in Amerika....*, Vogt: *Zwischenfall auf Norderney*, Lucke/Korb: *Die letzte Stunde*, Pfeiffer: *Ein Abschied*
(Groß)Vater/Tochter	Zinner: *Spiel ins Leben*, Baierl: *Ein Wegweiser*
Mutter/Sohn	Röhricht: *Die Söhne der Bäuerin Li*
Eltern/Kinder	Pfeiffer: *Laternenfest*
Mann/Frau	Kubsch: *Ende und Anfang*, Kantorowicz: *Die Verbündeten*, Felkel: *Narkose*, Hauser: *Am Ende der Nacht*, Zinner: *Auf jeden Fall verdächtig*
Held/Intrigant	Grünberg: *Elektroden*, Zinner: *Der Mann mit dem Vogel*.[306]

296 Baierl: Die Feststellung (1957), Wangenheim: Die vertauschten Brüder (1959).

297 Freyer: Der Dämpfer (1952), Hauser: Am Ende der Nacht (1955), Hacks: Die Sorgen und die Macht (1959).

298 Zinner: Was wäre, wenn –? (1959). Vgl. B, 4.2.3.

299 Vogt: Zwischenfall auf Norderney (1951), S. 82.

300 In Zinners Revue *Das Urteil* (1958) trägt die DDR den Namen »Friedland« (S. 32).

301 Im Rekurs auf einen Artikel Max Schroeders behandelt Peitsch (1987) nur folgende Dramen: Fischers *Grossen Verrat*, Kantorowiczs *Verbündete* und Wangenheims *Auch in Amerika....*

302 Kritik in der Zeit. Bd. 1, S. 156f. (Entschließung des Zentralkomitees vom 17. März 1951 [5. Tagung]).

303 Die Gefahr eines Pazifismus ohne Stärkung der eigenen Kampffähigkeit behandeln u.a. Zinners *Lützower* (1955/56), Kellers *Freiheit des Gefangenen* (1956) und Knauths *Tambour und sein Herr König* (1956). Darüber hinaus wird während des Berliner Festakts zum 40. Jahrestag der Oktoberrevolution ein Kurzdrama von Hacks aufgeführt »über die Notwendigkeit, der Nationalen Volksarmee beizutreten« (Günther: Agit-Prop [1958], S. 49). Aber bereits in der *Schlacht bei Lobositz* (1955) erkennt der Soldat Braeker, daß kein »friedliebender Mann« »ohne Gewehr« leben kann (HS, S. 218).

304 Lucke: Über einige Schwierigkeiten beim Schreiben von Zeitstücken (1957), S. 15.

305 Sander bezeichnet die Fokussierung auf »menschliche Grunderlebnisse« 1957 als »wichtiges Kriterium für das Format eines Kunstwerks« (Die Verwendung von Archetypen, S. 10). Ähnlich sieht es Lucke, wenn er konstatiert, das sozialistische Drama brauche »tiefe menschliche Konflikte« (Über einige Schwierigkeiten beim Schreiben von Zeitstücken [1957], S. 15).

306 Da es im Rahmen der vorliegenden Arbeit nicht möglich ist und zudem kaum Erkenntnisgewinn brächte, Inhaltsanalysen aller gelisteten Dramen zu geben, sei exemplarisch Hedda Zin-

Die Privatisierung der Konflikte soll hier quasi paradox die private Perspektive erweitern, d.h. der Fokus auf den Einzelnen dient der Genese eines Kollektivbewußtseins, das zum maßsetzenden Rahmen menschlicher Bedürfnisse avanciert (Sexualität, Liebe, Glück) und im Extremfall den totalen Wunschverzicht fordert (»Abschied« von Frau und Kind für eine lebensgefährliche Protestaktion gegen Atomtests).[307]

Als ambivalent erweist sich auch die in Kantorowiczs Drama *Die Verbündeten* (1950) formulierte Absicht, »einen neuen Krieg zu verhindern« (77), gleichzeitig jedoch zu betonen, daß sich der »Friede« ebenso wie die »Liebe« »nur durch Blut und Gewalt und Haß« zurückerobern lasse. Aber gerade dies könne »noch Jahre dauern, vielleicht unser Leben lang« (50). Der weltweite Sieg des Sozialismus, der allein wirkliches Heil ermöglicht, rückt damit in eine transzendente Position, denn das Diesseits wird vom ›ewigen Krieg‹ bestimmt, der militärisch nicht zu gewinnen ist (B, 1.2.1). Vor diesem Hintergrund bleibt nur die Moral als ›Waffe‹, wobei Hoffnung insofern berechtigt scheint, als man sich »der Unterstützung der überwiegenden Mehrheit« sicher sein darf (40).[308] Die aufgeklärte Masse avanciert hier zur ›großen Armee‹, deren ethische Hartnäckigkeit jeden Feind besiegt: Daher ist der Satz »Wir sind die Stärkeren« (einschließlich leichter Paraphrase) im sozialistischen Nachkriegsdrama fast omnipräsent.[309] Seine glaubhafte Vermittlung wird Grundlage der erhofften ideologischen Expansion: »Die Schriftsteller müssen so schreiben, daß ihre Werke nicht nur den Menschen in der Deutschen Demokratischen Republik, sondern auch den westdeutschen Menschen zu Herzen gehen«.[310] Herbert Keller und Hedda Zinner suchen deshalb zu zeigen, daß es »für den Nicht-Kommunisten nützlicher« sein kann, »beim Aufbau des Sozialismus zu helfen, als den Kapitalismus zu stützen«.[311] Auch in Hans Luckes Kriminalstück *Kaution* wünscht der zum Mörder gewordene Kapitalist Adamo, daß die Kommunisten »stärker sind als die Western Navigal Company« (71). Während sich im Außendiskurs beide Fraktionen als große Gruppen gegenüberstehen, erscheint das Negative im DDR-Kontext individualisiert und fremd. Es findet zwar statt, hat aber keinen Ort, denn – so Lukács – »vor dem Auftreten de[r] Agenten und nach ihrer Entlarvung

ners bisher unbekannte Komödie *Der Mann mit dem Vogel* (1952) hinsichtlich ihrer Konfliktstruktur dargestellt: Der amerikanische Businessman Howard Cowley, der die Welt »nur vom Standpunkt des Jobs« aus betrachtet (S. 28), versucht den Zigarettenfabrikanten Philipp Reichert zur Verwendung minderwertiger »Virginiatabake« zu überreden, die teuer an die US-Armee verkauft werden sollen. Da sich Reichert gegenüber der Zensurstelle jedoch weigert, von dem Reklamebild eine Taube zu entfernen, die Picassos Friedenstaube ähnlich sieht, wird er verhaftet. Bei den Verhören erkennt der Fabrikant den faschistoiden Charakter der westdeutschen Justiz. Er wird vom unpolitischen Geschäftsmann zum aktiven Friedenskämpfer und entscheidet sich gegen Cowleys Angebot.

307 Pfeiffer: Ein Abschied (1957).

308 Selbst für Heiner Müller ist die »erste Qualität des Proletariers [...] seine Quantität« (DDR-Dramatiker über Brecht, S. 202).

309 Vgl. Djacenko: Menschen an der Grenze (1950), S. 80; Nell: Die Eysenhardts (1950), S. 21; Hauser: Prozeß Wedding (1951), S. 87; Wendler: Wenn wir zusammenstehn... (1952), S. 62; Kupsch: König für einen Tag (1953), S. 63; May: Der Aufstand des Babeuf (1953), S. 51; Backhaus: Neun Tage (1954), S. 59; Lucke: Kaution (1954), S. 71; Zinner: Das Urteil (1958), S. 44; Fabian: Die Stärkeren (1959), Titel; Knauth: Badenweiler Abgesang (1960), S. 68; Baierl: Stücke, S. 44 (Frau Flinz [1961]) und Salomon: Vortrieb (1961), S. 90.

310 Diskussionsbeiträge zu den Referaten von Alexander Abusch und Kuba (1957), S. 124 (Max Schroeder).

311 Keller: Begegnung 1957 (B), S. 66. Vgl. Zinner: Auf jeden Fall verdächtig (1959), S. 130.

ist alles konfliktlos«.[312] Die Entscheidung für den Sozialismus gewinnt damit den Charakter eines Jüngsten Gerichts, bei dem sich die Teilnehmer der inneren und äußeren Kommunikationsordnung vor dem Tribunal ›Narrativ‹ befinden.[313] Dessen irdische Repräsentanz ist der idealisierte Parteigesandte: Sein Ratschluß kommt von oben, seine Weisheit wirkt unmittelbar praktisch.

Im transgressiven Bereich ist diese Binärlogik teilweise verabschiedet. So betont Lukács 1948 auf dem Breslauer *Weltfriedenskongreß der Kulturschaffenden*, daß die »fundamentale[] Gleichartigkeit« zwischen Nationalsozialismus und US-Imperialismus keineswegs bedeute, der »neue Faschismus« müsse sich »auch ideologisch mit den Methoden Hitlers durchsetzen«. Die »nihilistische [...] Hypokrisie«, die im »Namen der Demokratie, des Humanismus, der Kultur und der Freiheit« entstanden sei, unterscheide sich deutlich vom »zynischen Nihilismus« des Dritten Reichs, der »mit allen Traditionen des Humanismus offen« gebrochen habe. Aus diesem Grund bezeichnet Lukács im Gegensatz zu Fadejew Intellektuelle wie Sartre oder Toynbee nicht als Faschisten. Das Primat der Ökonomie als Grundlage objektiver Wirklichkeitserkenntnis wird allerdings nicht in Frage gestellt. Denn nach Lukács ist es gerade die Abstraktion vom wirtschaftlichen Kausalnexus, die – begünstigt durch ›Fetischisierungen‹ westlicher Leitbegriffe – das Versagen der Intelligenz gegenüber dem Imperialismus erklärt.[314] Ähnlich sieht es Brecht, wenn er dem eigenen Modell ›spätbürgerliche‹ Poetotechniken integriert, gleichzeitig aber vor einer amerikanischen »Weltregierung« warnt, die »nach dem Bilde der Standard Oil« arbeiten würde.[315] Im Unterschied zu Lukács bleibt hier jedoch die Kausalrelation Kapitalismus → Apokalypse erhalten: Der Krieg erscheint wie in Brechts Fragment *Der Wagen des Ares* (1947/48) »als größter Kunde, der alles brauchen kann« (GBA 10.2, 945). Daher ist er Vertragspartner der Herrschenden und mit der Göttin des Handels verheiratet, die ihm trotz Impotenz sexuell hörig ist. Ares muß zwar vor Gericht, wird aber freigesprochen, weil er »beweisen« kann, »daß er kein Roter ist«. Als Kriegsgott, der »Atomphysik studiert« hat (942f.), kann er daraufhin siegreich wiederkehren. Es wundert nicht, daß Brecht noch im *Leben des Einstein* (1955) die »Ähnlichkeiten« der »Gesichtszüge« von NS- und US-Politik hervorhebt, um beide von der ›dritten Macht‹ abzusetzen, dem »Kommunismus« (985). Tatsächlich betrachtet die gesamte DDR-Avantgarde das moderne bürgerliche Ordnungssystem als reines Negativum. Die dramatische Integration der Standardmotive (Sabotage, Republikflucht, Parteidirigat) erfolgt jedoch keineswegs nur affirmativ, so daß subkutan ein Diskurs entstehen kann, in dem ›bürgerliche‹ Relikte nicht mehr arbiträr fungieren, sondern sich als systeminhärent (Wolf, Brecht, Kipphardt) oder anthropologisch erweisen (Matusche, Hacks, Müller, Lange).

---

312 Lukács: Werke. Bd. 4, S. 595 (Die Gegenwartsbedeutung des kritischen Realismus [1957]).

313 Dies erklärt die große, bisher nur teilweise gesichtete Zahl an Kriminalstücken: Grünberg: Golden fließt der Stahl (1950), Hauser: Prozeß Wedding (1951), Finster: Der Mann im Staubmantel (1952), Wendler: Wenn wir zusammenstehn... (1952), Scheer: Die Rosenbergs (1953), Freyer: Kornblumen (1953); Lucke: Kaution (1954), Bengsch: Die Versuchsreihe K 7 (ca. 1955), Felkel: Narkose (1955), Pfeiffer: Nachtlogis (1955), ders.: Zwei Ärzte (1959), Reichwald: Das Wagnis der Maria Diehl (1957), Guddat: Mord an der Grenze (1958), Pons: Feuer im Dorf (1961), Prodöhl: Kippentütchen (1961), Schneider: Prozeß Richard Waverly (1961), Heinze/Karl: Die schwarze Madonna (1962).

314 Vgl. Peitsch (1987), S. 118.

315 GBA 27, S. 235 (Journaleintrag vom 28. Oktober 1945).

4.2.2 Negative Geschichte II: Analyse der Klassengesellschaft (Hacks)

Im *Interview* von 1964 sucht Peter Hacks sein Bühnenwerk teleologisch zu ordnen: Während die beiden ersten Dramen (*Herzog Ernst*, *Eröffnung des indischen Zeitalters*)[313] darauf zielten, »die Klassengesellschaft zu widerlegen«, stellten die nachfolgenden entweder Menschen ins Zentrum, die sich »ihrer Schranken« entledigten (*Die Schlacht bei Lobositz*, *Die Sorgen und die Macht*) oder »solche, die gegen unemanzipierte Seelen, gegen lakaienhafte und opportunistische Haltungen polemisierten« (*Der Müller von Sanssouci*, Adaption der *Kindermörderin*).[314] In allen Fällen handelt es sich nach Hacks jedoch um »revolutionäre Tendenzstücke«,[315] die den Schritt zur Retablierung des ›ganzen Menschen‹ noch nicht vollzogen haben. Es wird zu zeigen sein, daß dieser Selbstkommentar metapoetische Funktion besitzt und nur bedingt die künstlerische Praxis beschreibt, die statthat. So unterscheidet sich das erste Produktionsstück *Die Sorgen und die Macht* (1958-1962) stark von den genannten ›Historien‹, die vergangene Ereignisse zum Negativmedium kritischer Gegenwartsbetrachtung machen. Im Unterschied zur affirmativen DDR-Dramatik verzichtet Hacks allerdings darauf, objektive und subjektive Faktoren im geschichtlichen Prozeß zu harmonisieren. Der Vorgriff auf die neue Sozialstruktur vollzieht sich im Rahmen eines kapitalistischen Systems, das trotz Umbruchssituation Bewußtseinsveränderungen nahezu ausschließt. Mit anderen Worten: Die »Pflicht des Menschen, sich zu emanzipieren«,[316] erfolgt quasi paradox unter Verzicht auf individualpsychologische Determinanten. Hacks rechtfertigt den diskursiven Ausschluß epistemologisch: Relevanz besitze das Humane nur, sofern es »sozial kausiert« sei.[317] Dies führt wie bei Columbus oder dem Müller von Sanssouci zur Engführung charakterlicher Dispositionen. Die Tendenz zur Soziotypologie erhöht nach Hacks jedoch den Realitätsgehalt, denn die Figuren handeln nun »konsequenter[,] als es einer konventionellen Richtung der Psychologie gemäß ist«.[318]

Vor diesem Hintergrund bleibt ›Geschichte‹ semantisches Demonstrationsmaterial, mit dessen Hilfe bereits Erreichtes legitimiert wird. Das Programm, »Abscheu vor der Vorzeit«[319] zu erwecken, bestimmt daher nicht nur die Historien, die Hacks aus Westdeutschland ›importiert‹, sondern auch den in der DDR entstandenen *Müller von Sanssouci*. Bedeutsam sind vor allem begriffliche Modifikationen, die in der Forschung bisher kaum berücksichtigt sind. So versucht Hacks lediglich bis 1956 die unteren Klassen zu Subjekten des Fortschritts zu erheben; im darauffolgenden Jahr negiert er die Möglichkeit, aus dem plebejischen ein proletarisches Bewußtsein zu entwickeln. Das progressive Kleinbürgertum sei sozial deformiert und »jedweder Verallgemeinerung unfähig«.[320] Ein Grund hierfür liege im »Chaos« des Feudalsystems, dessen ›ordo‹-Gedanke zwar sinnstiftend wirke, gleichzeitig aber moderner Rationalität gegenüber anfällig sei.

---

313 Hacks gibt an, er habe vor dem *Volksbuch des Herzog Ernst* (1952/53) die folgenden dramatischen Werke verfaßt: *König Augias* (»Versulk«), *Der Dildapp* (»Märchenkomödie«) und *König Belsazar* »historisches Lustspiel« (vgl. HM 2, S. 984).

314 HM 2, S. 72 (Interview [1964]).

315 HM 2, S. 29 (Versuch über das Theaterstück von morgen [1960]).

316 HM 2, S. 72 (Interview [1964]).

317 Hacks: Einige Gemeinplätze über das Stückeschreiben (1956), S. 125.

318 Hacks: Theaterstücke, S. 94 (Anmerkungen).

319 Wagners Kindermörderin. Bearbeitet von Peter Hacks (1957), S. 23.

320 Hacks: Das realistische Theaterstück (1957), S. 99.

Herr Hugo artikuliert diese Befürchtung bereits zu Beginn des *Volksbuchs vom Herzog Ernst*, wenn er Heinrich ermahnt: »Stört nicht unser Durcheinander« (HS, 13f.). In der Tat ist das staatlich-klerikale System stufenweiser Subordination (Kaiser – Herzöge/Bischöfe – Barone/Klöster – Ritter/Bürger – freie Bauern – Halbfreie – Hörige) nur ›performativ‹ gesichert, wie die Erklärung des Königs der Arimasper belegt:

> Hören Sie, ich besitze Felder. Ich besitze Sklaven, die die Felder bebauen, Polizei, die die Sklaven bewacht, und Einkünfte aus den Feldern, mit denen ich diese Polizei bezahlen kann. Ich besitze eine öffentliche Meinung, daß diese Anordnung den Erfordernissen der Natur entspricht. Allein, um diese öffentliche Meinung aufrechtzuerhalten, beschäftige ich sechstausend Priester (46).

Unterdrückung und Gewalt sind hier religiös fundiert – getreu dem Gebot: »Gott schuf die Welt, damit sie beherrscht werde« (35). Der Bezug zur Offenbarung antwortet bei Hacks keinem Bedürfnis nach Transzendenz, sondern dient lediglich als Kontrollinstanz einer Welt, deren »Sein« sich als »Geglaubtwerden« (122) erweist. Nur die Form schreibt daher die Legalität einer Handlung fest: »Gewalt« ist »Gerechtigkeit«, wenn »alles in vorgeschriebenen Bahnen« verläuft (38f.) und niemand »außer der Ordnung« existiert (15). Gleichzeitig wird die »Erfüllung des Lebens durch die Erfüllung von Aufgaben« ersetzt (8). Im Unterschied zur systemkonformen Revolutionsdramatik (B, 4.2.3) beharrt Hacks auf der Negativität des Gegenstandes. Herzog Ernst ist ein ›gehaßter‹ Held,[321] sein Schicksal interessiert allein als »Funktion des sozialen Ortes«. Folgerichtig zeigt das Stück

> die Geschichte eines Mannes, der, von Tugend und Fähigkeiten durchaus befugt zu seinem seigneuralen Posten, durch eine politische Intrige seiner persönlichen Herrschaftsrechte und später seines persönlichen Gefolges verlustig geht, endlich durch eine gesellschaftliche Umschichtung seiner allgemeinen Standesrechte als solcher. Sein Heldentum vermindert sich in genauer Abhängigkeit von seiner Macht.[322]

Als problematisch erweist sich zudem die geschichtliche Rückständigkeit der Titelfigur. Der Herzog ist ein »edler Renner auf dem Feld der Gegenwart, aber ein Ochse vorm Berg der Zukunft«. Auf der abenteuerlichen Reise durch verschiedene Länder und Kulturen muß er erleben, wie seine feudal geprägte Denkweise mit der zunehmend bürgerlichen Wirklichkeit kollidiert. Infolge intellektueller Statik wird das »Muster eines Helden« (8) daher zum »Narr des Abendlands« (60). Denn obwohl ihn nur die Unterstützung von Fremden aus gefährlichen Situationen rettet, hält Ernst an der Vorstellung fest, sein Schicksal selbst regeln zu können. Am Ende ist der Adlige, der seiner »Weltordnung verlustig geht« (60) und von der Geschichte überholt wird, trotz Versöhnung mit dem Vater weitgehend isoliert. Als Redner ohne Auditorium verkündet er jedoch die historisch zentrale (und durch die Handlung bestätigte) Einsicht in die Ubiquität kapitalistischer Systeme: »im Wesen ist es doch alles wie bei uns, denn überall gibt es Könige und Kaiser und heilige Väter und weltliche Väter, und überall ist es erstrebenswert, Grund zu besitzen« (72). Solche Formen entlarvenden Sprechens, mit deren Hilfe Relativität und Kontingenz des Feudalsystems bezeichnet werden, finden sich bereits zu Beginn der zweiten Abteilung (»Die Reise nach dem Süden«). Dort »philosophiert«

---

321 Vgl. HM 2, S. 983 (Die Entstehung des »Herzog Ernst« [1972]).
322 Hacks: Theaterstücke, S. 94f. (Anmerkungen).

Ernst »über das Wasser« und gesteht angesichts eines aufziehenden Sturms: »Welche Wellen. Nie habe ich bemerkt, was da unter mir ist. Plötzlich finde ich den Grund in Aufruhr, das Selbstverständliche fragwürdig«. Der bildhaft hergestellte Gesellschaftsbezug wird um der Eindeutigkeit willen wenig später durch einen Vergleich verstärkt. Nun erscheint das Meer »wie eine Menge, die mit den Schultern auseinander weicht und den fallen läßt, den sie tragen soll« (33f.). Die Möglichkeit eines sozialen Umsturzes wird im Stück allerdings nicht angedeutet. Zwar untergräbt die ökonomische Emanzipation die Kontrolle durch den Monarchen, etabliert aber zugleich eine neue, wirksamere Form der Ausbeutung.[323] Die Werktätigen verdienen nicht mehr als früher, müssen aber schneller und effizienter arbeiten. Positiv wirkt allein die mit der kapitalistischen Expansion verbundene ›Humanisierung‹ der Erde. Der von Columbus durchsegelte westliche Ozean ist nun ›menschlich‹. Denn die »physische Natur« erscheint dem Einzelnen als »Welt nur, insoweit er sie gesellschaftlich bearbeitet oder sie symbolisch für die Gesellschaft, unter ideologischem Blickwinkel, ansieht«.[324] Im Unterschied dazu erscheint der Feudalismus als ein Zeitalter, das »in allem, was es lehrt und was es lebt, unrecht hat« (119). Die adlige Hofgesellschaft inszeniert eine Performanzkultur, deren anthropologische Deformation sich im ›Kastraten‹ versinnbildlicht (260). Auch Kriegshandlungen sind opernhafte Spektakel (210), wobei die eigene Teilnahme möglichst vermieden wird (196). Die »große Kunst« eines politischen Auftritts besteht darin, »keinen wissen zu lassen, was die Rede bezweckt«, es selbst aber »doch zu wissen« (76).

Die skizzierte Dialektik des bürgerlichen Aufstiegs zeigt sich paradigmatisch am Beispiel des Columbus, der in der *Eröffnung des indischen Zeitalters* (1954)[325] zunächst versucht wertfreie Forschung zu betreiben, »nichts als Kenntnisse« zu erobern. Sein Verhältnis zu empirischen Daten bleibt gestört, statt dessen glaubt er an den »Ruhm der Wahrheit« (102) und eine ›Neuerschaffung‹ der Welt aus dem Wissen (86). Legitimiert ist das *sapere aude* durch die Verabschiedung der Heisenbergschen Unschärferelation – sentenziös zusammenfaßt in dem Satz: »je mehr Wissenschaft, desto einfacher wird die Welt«.[326] Auch für Columbus sind es vor allem Macht- und Wirtschaftsinteressen, die das »Vergnügen« (107) am Erkennen dadurch mindern, daß sie die menschlichen Lebenszusammenhänge für »grundsätzlich unerkennbar« erklären (118). Während einer langen Debatte in der Arena von Santa Fé wird allerdings evident, daß eine Vorstellung, die man verwirklichen möchte, nach ihrer Realisation keineswegs dieselbe ist. Der wissenschaftliche Diskurs gehorcht »eigenen Gesetzen« (113), aber seine praktische Anwendung erfolgt im Netzwerk unterschiedlicher Formationen. Wichtig ist hier weniger die *intra*- als die *inter*diskursive Konsistenz:

Columbus *siegessicher:*	Sie widersprechen einander gegenseitig. [...]
Maldonado	O nein.
Columbus	Nein? Inwiefern nein?
Die Doktoren	Nein. Denn wir alle widersprechen Euch (118).

323 Ähnlich sieht es Friedrich Engels (vgl. MEW 19, S. 192f. [Die Entwicklung des Sozialismus von der Utopie zur Wissenschaft]).

324 Hacks: Das realistische Theaterstück (1957), S. 91/Anm.*.

325 Hacks erhält für das Schauspiel den Dramatikerpreis der Stadt München. Die Uraufführung findet 1954 bei den Kammerspielen statt (Regie: Hans Schweikart).

326 HM 2, S. 14 (Literatur im Zeitalter der Wissenschaften [1959]).

Der Protagonist muß erleben, daß die »Formel, auf welche die Wissenschaft die Dinge bringt«, nicht mit den Dingen selbst verwechselt werden darf.[327] Das Niederwerfen des Talars ist äußeres Zeichen der veränderten Wahrnehmung:

> Für alle Zeit gilt: die Wahrheit der Mathematik kann nicht angezweifelt werden. Aber ich habe trotzdem heute [...] gesehen, daß Mathematik und Entdeckung der Wahrheit nicht einfach Worte für eine Sache sind, wie ich doch bis zu diesem Tage angenommen. Es gibt offenbar mehrere Arten, zu richtigen Ergebnissen zu gelangen, und mehrere Arten von Mathematik. Es gibt Erkenntnisse, die nicht aus der Mathematik folgen, und Mathematik, die nicht zu Erkenntnissen führt. [...] Die Wissenschaft, so hat es den Anschein, erleuchtet nur den, der von ihr erleuchtet werden will. Es gehört zu der Mathematik noch eine moralische Sache, noch etwas wie: der Wille zur Wirklichkeit. Oder der Wille zur Welt (125).

Columbus beschließt daher, daß die Erde rund sein »soll« (127), und hofft mit dieser Forschungsethik »eine neue Zeit [...] aus dem Meer zu ziehen« (132). Daß es sich hierbei nicht um eine Epoche »der Vernunft und der Tugend« (159) handelt, wird in einem zweiten dialektischen Prozeß evident. Denn die mit dem korrigierten Weltbild verbundene Relativität des Rahmens – die Begriffe ›oben‹ und ›unten‹, ›westlich‹ und ›östlich‹ verlieren »ihre Eindeutigkeit« (112f.) – nützt auch dem globalen Kapitalismus, der beide Diskurse vernetzt: Die Erde ist nun rund »[w]ie alles was teuer« (85). Forschung und Profit wirken symbiotisch, wenn das »Genie« zu »kommerzialisieren« ist (131). Und dies trifft auf Columbus zu, der Kenntnisse *und* Diamanten aus dem eroberten ›Indien‹ mitbringen soll. Der Wissenschaftler agiert entsprechend imperialistisch: Er bezeichnet sich als »Herr« der Indianer (139), redet »wie ein Fugger« und legitimiert die Unterwerfung des Landes mit dem Fehlen wertvoller Rohstoffe. Gerechtfertigt wird das amoralische Handeln durch einen Vertrag, der die Eingeborenen zu Wirtschaftsobjekten degradiert: »Wir bedürfen ihrer, um uns zu ernähren. [...] Es liegt mithin nicht in unserer Macht, mit ihnen freundlich auszukommen« (146). Hacks Drama avanciert an dieser Stelle zum »Gegen-Claudel«,[328] da die aggressive Christianisierung ausschließlich politisch-ökonomischen Zielen dient und präkommunistische Gesellschaftsformen zerstört. Nachdem der Kazike Cayacoa den Invasoren vergeblich deutlich zu machen versucht hat, daß der Urwald »allen zugleich« gehört, verliest Columbus die Requisition: »Eintreibung und Wiedereroberung dieser Gebiete durch die spanische Krone« (140). Als Fundament dient eine theologisch-klerikale Genealogie: Gott → Christus → Petrus → Papst → Columbus. Obwohl letzterer erkennt, daß »das Wort Spanien« »für alles« steht, »was schlecht ist« (141), läßt er kurz darauf einen Indianer unschuldig exekutieren (145). Hacks' Schauspiel wird so »fast eine Tragödie«,[329] denn für die Ausgebeuteten bleibt nur die Losung: »Eine Obrigkeit überleben, heißt sie besiegen« (92).

Aber selbst Columbus ist nicht Herr seiner Entscheidungen. Hacks hat die Figur »umgemodelt«, d.h. »unterdrückt, verstärkt, fortgelassen, hinzugefügt«.[330] Auf diese Weise soll der Protagonist »von seiner anekdotischen Zufälligkeit« befreit und zugleich die »Fiktion« zerstört werden, »daß einzelne Leute Geschichte machten«.[331] Beibehalten wird allerdings die von Bloch postulierte Duplizität der Motivation: »Die Ahnungen

327 HM 2, S. 981 (Die Entstehung des »Herzog Ernst« [1972]).
328 HM 2, S. 988 (Ein Columbus-Drama von Hacks [1969]).
329 Äußerung von Hacks (zit.n. Sz.: Autor ohne Lampenfieber [1956]).
330 Schoen: Zur Steuer der Wahrheit (1956), S. 12.
331 Hacks: Theaterstücke, S. 207f. (Anmerkungen).

aus dem Altertum von einem anderen Kontinent wären ohne neues ökonomisches Motiv, aber auch ohne Eden als Antrieb Literatur geblieben wie so lange vorher«.[332] Aus dieser Perspektive vermag Columbus – anders als Brechts Galilei – sein wissenschaftliches Unternehmen letztlich zu bejahen. Freilich würde er »ganz gern ein anderes Zeitalter machen«, doch feststeht, daß er, »wenn überhaupt eines, nur dieses machen kann«. Die Autonomie der Forschung bleibt damit der sozialistischen Zukunft vorbehalten: »Ich preise die Gelehrten einer späteren Zeit, die nichts als vernünftig zu sein brauchen« (159f.). Wie in allen Hacks-Stücken wirkt der Marxismus transzendental: als Bedingung der Möglichkeit gelingender Geschichte. Die im Stück thematisierte Revolution ist »nicht die letzte«; deshalb »muß« das achte Bild vorgezogen werden, so daß die Handlung »mit einem positiven Affekt« schließt.[333] Wenn Columbus konstatiert: »Ich tat das Nötige« (160),[334] dann bestätigt er eine teleologische Struktur, derzufolge sich soziale Verhältnisse nur über den ›Umweg‹ des Kapitalismus herstellen lassen. Die historische Endposition ist damit »implizit«[335] mitgedacht, aber noch nicht als utopisches Totum erfaßt. Im Drama selbst wird dies dialektisch umgesetzt: Während der Held nach Westen segelt, fliegen die Vögel zielsicher »nach Osten« (150).

Hacks' erste Komödie *Die Schlacht bei Lobositz*, die 1955 entsteht und bereits am klassischen Dramenmodell orientiert ist,[336] verweist stärker auf die Nachkriegssituation. Als aktueller Bezugspunkt dient die Wiederbewaffnung der Bundesrepublik unter dem Schlagwort ›Bürger in Uniform‹. Dem Baudissin-Konzept zufolge sollen Außensteuerung und Selbstgesetzgebung, militärischer Befehl und demokratisches Wollen zur ›inneren Führung‹ verbunden werden. Dieser Syntheseversuch ist in Hacks' Drama konterkariert durch die explizite Trennung von Militärischem und Humanem. Auf die »Verschwörung der Offiziere gegen die Menschen« müsse der einfache Soldat durch intellektuelle Emanzipation reagieren, denn nur so eröffne sich die »Möglichkeit einer Verschwörung der Menschen gegen die Offiziere«. Historisch wirksam scheint solches Revoltieren allerdings nur in Übergangsperioden, denn der Kapitalismus läßt »keine Gemeinsamkeit der Interessen« zu. Um diese Einsicht dramatisch umsetzen zu können, bedient sich Hacks der Technik soziologischer Engführung. Zwar ist das Stück »Teil der menschlichen Bemühungen um Abschaffung des Krieges«, zugleich wird jedoch das »ökonomische« und »moralphilosophische« Problemfeld ausgespart. Wichtig bleibt allein die »Gesellschaftsstruktur des Krieges«,[337] im vorliegenden Fall der Distanzierungsprozeß des naiven Musketiers Ulrich Braeker[338] von seinem geliebten Offizier Johann Markoni und damit vom ethisch verbrämten Unrechtssystem preußischer Militärdiktatur. Konfliktauslösend ist die ›Desertionswette‹. So zeigt sich Markoni davon überzeugt, daß man den Soldaten vor allem »am Herz« zu »dressieren« habe. »Keine Maschine« sei »berechenbarer als ein Mensch mit Herz« (178). Dieser Logik zufolge

332 Bloch: Das Prinzip Hoffnung, S. 905. Hacks bezeichnet den Entdecker daher als einen Mann, der vor dem »Atem des Jahrhunderts segelt« (zit.n. Westecker: Junge Dramatiker beim Hürdensprung [1955], S. 2).

333 Hacks: Theaterstücke, S. 208 (Anmerkungen).

334 Zur ›begrenzten Utopie‹ in Hacks' späterer Dramatik vgl. Profitlich/Stucke (1995).

335 Hacks: Theaterstücke, S. 208 (Anmerkungen).

336 Die Uraufführung findet 1956 am Deutschen Theater unter Wolfgang Langhoff statt.

337 Hacks: Theaterstücke, S. 302f. (Anmerkungen).

338 Grundlage bilden Motive der »Lebensgeschichte« des Schweizer Bauern Ulrich Bräker, die 1789 in Zürich erscheint (vgl. Ketelsen [1981], S. 340f.).

muß der Feudalkapitalismus einen Humanitätsdiskurs etablieren, um den »natürlichen Haß« auf die Obrigkeit umzulenken in einen »unnatürlichen Haß auf den Feind«. Denn nur so wird der Soldat »dazu veranlaßt, daß er stirbt«, obwohl er »in der Überzahl« und dem Krieg gegenüber »gleichgültig« ist (175f.). Der von Markoni vorgeschlagene Strategiewechsel erweist sich dabei als historische Rückprojektion der amerikanischen Theorie über das Betriebsklima als Produktionsfaktor. Hier wie dort sucht man »menschliche Beziehungen« (»human relations«) herzustellen, um die Zusammenarbeit in Hierarchiestrukturen angenehmer und effizienter zu gestalten. Aus der Perspektive marxistischer Geschichtsteleologie handelt es sich dabei jedoch um eine alogische Form von Zuneigung, die allein den Machthabern nützt, weil sie ohne Tauschwert bleibt. Der Untergebene bewundert »[f]ür nichts« und ist deshalb kalkulierbarer als jede Maschine. Die gesellschaftliche Isolation hat ihn zu einer »Kreatur« gemacht, die »den Teufel lieben« täte, »wenns der ihr bloß erlaubte« (177f.).

Zunächst scheint sich Markonis These zu bewahrheiten: Obwohl der Offizier seinen Schutzbefohlenen schon einmal betrogen hat, kann er »Ollrich« davon überzeugen, daß Herr und Diener »dasselbe Ziel« haben: »wenn es dem Herrn gut geht, geht es dem Diener gut«. Braekers Intellekt ist nun zwar »umnebel[t]« (182), aber noch nicht vollständig ausgeschaltet. Tatsächlich erscheint der leitmotivisch wiederkehrende Gestus des erhobenen Zeigefingers – was bisher übersehen wurde – bereits vor dem eigentlichen Wendepunkt (II, 2). Der Schweizer Musketier reagiert damit auf das Lied eines Heimkehrers über die Sinnlosigkeit des Krieges. Zudem erscheint der »Soldat« im anschließenden ›Tutti‹ der Invaliden als Paradigma eines Menschen, dessen Ganzheit zerstört und dem nichts »natürlicher« ist, »als daß er stirbt« (166). Aufklärung über den wahren Charakter des Gewaltverhältnisses erhält Braeker nach der Desertion seiner Landsleute. Den Faustschlag ins Gesicht, den er ungerechterweise als Strafe für mutmaßliche Mitwisserschaft erhält, quittiert er mit dem zweiten erhobenen Zeigefinger. Doch obzwar der plebejische Held jetzt die Denkblockade aufgibt und Markonis Verhalten »beschämend« findet (199), bleibt der Erkenntnisgewinn der in Haß umgeschlagenen Idolatrie begrenzt. Die Desertion ist trotz Lernerfolgs keineswegs »Teil einer Massenflucht aus ›Vernunft‹«,[339] denn sie resultiert nicht aus Einsicht in den gesellschaftlichen Konnex, sondern aus menschlicher Enttäuschung: »der Mann ist kein Deserteur«, so der österreichische Infanterist Rupert Ross, »gerad ein Melancholist höchstens. Er hat einen Kummer statt einem Bewußtsein« (216). Hieraus erklärt sich auch der mehrfache Rückfall in soldatische Aktionsformen.[340] Braeker besitzt eine plebejischen Haltung, operiert aus dem Selbstverständnis des »isolierten Ganz-Unten«.[341] So erkennt er die feindlichen Soldaten nicht als »meine Kameraden« an (216), wie überhaupt jeder organische Zusammenhalt der Truppe fehlt. »Wenn keiner dem andern traun kann, das nennt man Kameradschaft« (191). Solche Äußerungen scheinen Markonis These zu bestätigen, daß Soldaten sich »fürchten«, sobald sie »zusammen« sind. »Mut« zur Flucht erwachse ihnen nur, wenn man sie »allein« lasse (177). Vor diesem Hintergrund nimmt Braeker – anders als sein historisches Vorbild – die abgestellte

339 So die problematische These von G. Schmidt (1980), S. 70.

340 Gleiches gilt für den historischen Bräker, der bei allem Zorn über die »unersättlichen Menschen- und Geldschinder« den Preußenkönig weiterhin als den »einzigen« bezeichnet (Leben und Schriften Ulrich Bräkers. Bd. 3, S. 250, 248).

341 Hacks: Das realistische Theaterstück (1957), S. 100.

Flinte wieder mit. Die Erkenntnis, kein »friedliebender Mann« könne heute »ohne Gewehr« sein (218), führt jedoch nicht zur Kollektivinitiative.[342] Der von Hacks ausgeschlossene[343] Übergang zum proletarischen Bewußtsein wird lediglich im ›Kommentar‹ angedeutet, dem abschließenden »Lied« ad spectatores.[344] Hiervon existieren zwei Versionen: In der Erstfassung wird der »Krieger-Tod« zwar auch als »preußisch Tod« bezeichnet, aber Bräker fordert das Publikum nur dazu auf, den König wegzuhängen, während die Flinte zum revolutionären Kampf verwendet werden soll. Der Schluß der Zweitfassung suggeriert statt dessen den Verzicht auf beide Objekte.[345]

Mit diesem Verfremdungseffekt sucht Hacks deutlich zu machen, daß die Komödie in erster Linie auf »Allgemeinheiten« abzielt. Er empfiehlt sogar, einige Figuren von denselben Akteuren spielen zu lassen. Gezeigt werden soll damit die Austauschbarkeit der Kontrahenten in einem Krieg, der ein »bloßes historisches Negativum« darstellt, weil in ihm »unmöglich die Entwicklung der Menschheit durch den Sieg der einen oder anderen Partei hätte gefördert werden können«.[346] Theobul Kosegarten, der einzige Intellektuelle des Stücks, führt Braeker durch die Analyse der komplexen Bündnissysteme vor Augen, daß nationale Zugehörigkeiten im Krieg ohne substantielle Bedeutung sind. Zu proletarischer Einsicht gelangt der Protagonist allerdings nicht, denn als primum movens dient auch ihm »der unerforschliche Ratschluß der Geschichte« (192). Lediglich Ambros Drudik, ehedem Ordonnanz bei Markoni, ruft »schwer verwundet« das einfache, sinnerfüllte Leben des Bauern, der »keine Zeit zum Sterben« hat, als Gegenbild auf (210f.). Nachdem er jedoch den fliehenden Fähnrich Friderich Kracht, der Züge Ewald von Kleists trägt, aus Gerechtigkeitsgründen rücklings erschossen hat, muß er – zumindest für Klassengesellschaften – das ewige Fortbestehen sozialer Unterschiede konstatieren: »Und wir sind nun nicht quitt und in alle Jahrtausende nicht, weil der Tod nicht gleich ist« (212).[347] Bezeichnenderweise läßt Hacks keinen Plebejer, sondern den Offizier Markoni nach dessen Gefangennahme erkennen, daß der »Bauer« »eine Übermacht« hat, allerdings (noch) nicht fähig ist, »das auszunutzen« (226).

Eine ähnliche Problematik bestimmt die vierte Historie *Der Müller von Sanssouci* (e 1957 / U 1958),[348] in der Hacks die Kommentarebene verdoppelt (Vor- und Zwischenspiel sowie Anmerkungen) und damit seine Strategie verstärkt, »sich selbst zu erklären«.[349] Gleichzeitig wird durch das Wiederaufgreifen des Preußenthemas die Denunziation eines spezifisch deutschen Feudalkapitalismus fortgesetzt. Hacks rezipiert hierbei orientalische Theatertraditionen. Insbesondere »das sehr kunstvolle chinesische

---

342 Reaktionäres Gegenbild ist der Soldat Servaz Bilmoser, der das Individuum im »Haus der menschlichen Gesellschaft« als »Möbel« ansieht. Er selbst sei dem eigenen Vornamen entsprechend eine »Fußbank«, der gefangene Offizier Markoni dagegen ein »Spinett« (S. 219).

343 Vgl. Hacks: Das realistische Theaterstück (1957), S. 99.

344 Zur ästhetischen Funktion dieses Kunstgriffs vgl. Hacks: Über Lieder zu Stücken (1962).

345 Vgl. Daiber (1976), S. 140.

346 Hacks: Theaterstücke, S. 301f. (Anmerkungen). Vgl. kritisch Ketelsen (1981), S. 345, 353.

347 Ähnlich sieht es Brecht im *Salzburger Totentanz* (1949-1951): »Kaiser und Bettler sind vor dem Tod *nicht* gleich!« (GBA 10.2, S. 959).

348 Die preußische Anekdote, ein beliebter Lesebuchstoff, soll den Prozeß des Müllers Arnold aus Küstrin im Jahr 1778 zum Anlaß haben. Von Brecht stammt die Idee, die Handlung so zu verändern, daß die Auflehnung des Müllers als abgekartetes Spiel des Königs erscheint (vgl. HM 2, S. 992). Zur zeitgenössischen Rezeption des Stücks siehe Profitlich (1982), S. 108-113.

349 HM 2, S. 992 (»Der Müller von Sanssouci«, Anmerkungen [1957]). Vgl. B. 6.4.2.

Schattenspiel« ermöglicht es ihm, die soziologische Perspektive ins Zentrum zu rücken. D.h. der Autor verzichtet – Peter Weiss vergleichbar[350] – um der Vermittlung eindeutiger Erkenntnisse willen auf den Anspruch von Objektivität. Dadurch erscheint des »Menschen edles Bild« wie »auf einer Wand«, die »von hinten stark erhellt« ist, »vollkommen schwarz« (212). Gegenstand des Schauspiels ist denn auch die »Kleinheit«[351] bürgerlichen Selbstbewußtseins. Folgerichtig sind die Widersprüche ausschließlich systemisch begründet. Die damit verbundene »Skelettierung der gesellschaftlichen Strukturen«[352] korreliert der apparathaften Mechanik menschlicher Beziehungen innerhalb der Feudalgesellschaft. Selbst der Krieg erscheint als Inszenierung, wie die stark ›choreographierte‹ Beschreibung der Schlacht bei Lobositz zeigt (205). Wolfgang Langhoff, Regisseur der Uraufführung, integriert deshalb verstärkt epische Elemente in sein Theaterkonzept: gestisches Spiel, angedeutete Dekoration, Verzicht auf Pathos (A, 3.3.2). Der strategische Impetus dieser Technik ist evident: Da das Drama »keine positiven Haltungen« vorführt, »erwartet« man sie »vom Zuschauer«.[353] Die an Franz von Pocci orientierte Reduktion des Menschen zur Marionette soll die Wiederherstellung des Humanen fördern, wobei der Satire entsprechend dem verspotteten Typus kein exemplarischer gegenübergestellt wird. Es ist – um im ›Schattenbild‹ zu bleiben – allein das sozialistisch gespeiste Licht, dessen Existenz die unernste Darstellung der dunklen Vergangenheit ermöglicht. Das so entstandene ›bürgerliche Lustspiel‹ verabschiedet die Lessingsche Katharsis des »Mitgefühls« und der »Furcht« zugunsten der Parameter »Unterricht und Spaß« (239f.).

Abb. 35: Szenenbild aus der Uraufführung (15. März 1958)
Wewerka: Werner Pledath / Müller: Paul R. Henker / Lowise: Karla Runkehl / Debeln: Fritz Links

350 Vgl. Weiss: Das Material und die Modelle (1968), S. 55.
351 HM 2, S. 992 (»Der Müller von Sanssouci«, Anmerkungen [1957]).
352 Ketelsen (1981), S. 348.
353 HM 2, S. 992 (»Der Müller von Sanssouci«, Anmerkungen [1957]).

Obwohl beide Parameter an Brechts *Hofmeister*-Poetik erinnern,[354] fehlt bei Hacks die dort ebenfalls präsente Tragikomik.[355] Das Verlachen ist absolut gesetzt, denn das Friderizianische Königtum steht stellvertretend für die »Miserabilität der ganzen Welt des Zopf-Deutschlands«.[356] Tatsächlich tritt das hohe Militär, dessen Repräsentanten nicht »unter siebzig Jahre alt« sind, »bösartig und feig« auf, Friedrichs Gruß mit einem hündisch-aggressiven »wau« erwidernd (266f.). Grundlage bildet die Vorstellung, daß Menschen in hierarchischer Höhenposition notwendig größere Deformationen aufweisen als Vertreter unterer Klassen, weil sprachlicher Ausdruck und Interessenbefriedigung über Herrschaft vermittelt sind. Gleichzeitig erkennen sie nicht, daß ihre »Zeit vorüber ist«, und haben daher ›Stehprobleme‹. General Zieten fällt als pars pro toto stets in den »Kackstuhl« zurück (271).

»Denkwürdigkeit und Größe« (243) der Aufklärung sind hier nachhaltig in Frage gestellt. Die propagierte »Erhellung der Geister« führt keineswegs dazu, daß »der ewige Frieden statthabende Wirklichkeit« ist. Im Gegenteil: Der Krieg, der nur mehr eine »böse Fabel aus barbarischen Vorzeiten« sein soll (264), erweist sich als politisch wie ökonomisch erwünscht, während die ›sittliche Idee‹ allein der Fortsetzung reaktionärer Politik dient. Wie Hitler benutzt Friedrich einen fingierten Angriff, um den Rechtsgrund für eigene Offensiven zu haben. Dies ändert nichts an der Möglichkeit sittlicher Schizophrenie, denn der König zeigt sich zugleich tief ergriffen vom Vortrag einer empfindsamen Arie. »Schön« findet er vor allem die Verse: »Wenig acht ich den Gehorsam, / Welcher nicht aus Liebe quillet. / Besser noch, der ärmste Sklave / Als durch Schrecken König sein« (260). Obwohl Friedrich betont, die ausgedrückten »pathetischen Gefühle« hätten »ihre Wirkung auf mein Herz nicht verfehlt«,[357] geht von der Rührung kein Impuls zu moralischem Verhalten aus. Sie ist lediglich Ansatzpunkt eines pseudo-humanen Spiels mit Bürger und Volk. Durch die geplante Niederlage in einem zu Unrecht geführten Prozeß soll bewiesen werden, wie wenig der »Preußen-Zar« (276) zum »Despoten« (261) taugt. Statt Gerechtigkeitssinn wirklich auszuüben, befiehlt man, ihn zu attestieren, wobei die Forderung an den Müller, das Klappern der Mühle abzustellen, als Modellfall dient. Evident wird der Verblendungsmechanismus durch die Bezugnahme auf Wielands Essay *Ob man ein Heuchler sein könne, ohne es selbst zu wissen*, der den König ebensowenig interessiert wie das Schicksal seiner »verrückten Deutschen« (263). Trotzdem weiß er, daß erst die Subordination der Bevölkerung den Despotismus des Tyrannen ermöglicht. Keinem Gewaltherrscher würde es gelingen, »sechs Millionen Menschen« gegen ihren Willen »zu Untertanen machen« (273). Indem Friedrich jedoch in einer Epoche agieren muß, die erste Zeichen von »Mißtrauensseligkeit« aufweist (239), kann er »den Pöbel nicht hinters Licht führen, ohne ihn zu beachten« (289). Dies bedeutet, daß der Herrscher Gründe suchen muß zur Rechtfertigung seines Handelns: »Damit fängt es an. Das Volk bescheißen, das ist schon der halbe Parlamentarismus« (289).

---

354 Vgl. GBA 24, S. 392 (Ist der »Hofmeister« ein »negatives Stück«? [ca. 1950]).

355 Vgl. GBA 24, S. 388 (Stückwahl [ca. 1950]).

356 Ebd. Auch Engels rechnet den preußischen Herrscher zu den tausend deutschen Fürsten, die sich als »rohe, ungebildete Lumpen« erwiesen (Zur deutschen Geschichte. Bd. 1, S. 565 [Notizen über Deutschland]).

357 Wie Profitlich (1982), S. 96 nimmt der Verfasser der vorliegenden Arbeit an, daß die kathartische Reaktion nicht gespielt ist. Anders sieht es Schleyer (1976), S. 43.

Die reale Unmöglichkeit der Revolution konkretisiert sich im paradoxen Verhalten des Müllers: Einerseits erkennt er als ›Brutus‹, daß der »preußische Militarismus« die »Wurzel alles Übels« ist, weil auf Sozialpolitik verzichtet und »kein Gedanke« am »Arbeitsmarkt« ausgerichtet wird (250). Andererseits scheint Fürchtegott Bleich nach eigenen Worten »nicht fähig, vernünftigerweise in die Zukunft zu blicken« (253). Er bleibt dem kapitalistischen Denken verhaftet und sucht das Wirtschaftsleben zu humanisieren. Gestützt auf »Liebe« und »Zusammenhalt des gewerbetreibenden Standes« (258f.) etabliert er den Begriff vom »Herzwert« einer Ware (274), deren Produktion nur »durch Selbstzucht und harte Entbehrung« möglich sei (247). Als Tornow im Namen des Königs befiehlt, die Mühle zu schließen, »brüllt« Bleich zwar: »Willkür und Tyrannei«, aber sein Widerstand bleibt performativ. Erst nachdem er dem Landrat »leise« angeboten hat, »alles Korn« vom Gut »gratis« zu mahlen, konstatiert er laut: »Ich widersetze mich. Ich gehe heute abend zum König« (259). Dort zeigt sich jedoch, daß der Müller »stets neu einknickt« (239) – selbst dann noch, als ihm die Strategie des Königs bekannt ist. Bleich wird daher schon im Zwischenspiel als Puppe präsentiert. Sein unentschiedenes Verhalten verweist auf das Paradigma der ›Ideologiekritik‹ als Immunität gegen Narrative bei gleichzeitigem Verzicht auf Gegenkonzepte. Nicht von ungefähr erscheint auch dem Müller die Weltordnung kontingent und unberechenbar. Ursache hierfür seien »Armut und Schwäche des menschlichen Geistes« (279). In der Praxis führt dies jedoch zur Unfähigkeit, sich ernsthaft aufzulehnen. Resigniert muß Bleich bekennen: »Es ist einmal nicht in mir drin«. Und selbst Friedrich schafft es kaum, den Müller durch fortgesetztes Prügeln zur gewünschten Empörung zu bringen. Das finale Lob des Königs bezeichnet die Ambivalenz des bürgerlichen Dissidenten: »Männer wie Sie sind es, auf denen meine Regierungsverhältnisse fußen« (295).

In einem letzten Schritt negiert Hacks mittels einer tragikomischen Pointe die Möglichkeit, sich mit dem Feudalsystem überhaupt auf rechtsstaatlicher Basis zu arrangieren. So beruft sich der Müller auf das Versprechen des Königs, seinen Knecht Nikkel nicht der Armee abtreten zu müssen. Da die Zusage jedoch dem Gesetz widerspricht, muß Bleich den Gehilfen ziehen lassen. Friedrich hat zum zweiten Mal triumphiert. Darüber hinaus vermag auch der Plebejer Nickel keine Revolte zu tragen. Zwar artikuliert er als »Hanswurst«[358] seine »radikale[] Malice gegen alles«,[359] aber »nichts« bleibt, was ihn von einer »vierbeinigen Bestie« unterscheiden würde (247). Er zeigt Solidarität weder mit Individuum noch Kollektiv und ist zu keinem »Opfer« bereit (255). Die »Widerlegung des Schwejk-Leitbilds«[360] wird noch dadurch verstärkt, daß sich das Volk nicht für die Greueltaten der Kriegsmaschinerie begeistert, sondern für die »Reproduktion einer Frau mit drei Brüsten aus dem Kreis Hoyerswerda« (291). Indem Hacks jedoch für die Klassengesellschaft jedes revolutionäre Potential negiert, setzt er sich dem Vorwurf vulgärsozialistischer Reduktion aus. Der soziale Fortschritt erfolgt mechanistisch, denn der ›subjektive Faktor‹ bleibt ohne größere Bedeutung.[361] Andererseits ist es gerade das kapitalistisch geprägte Individualverhalten, das unter

358 HM 2, S. 992 (»Der Müller von Sanssouci«, Anmerkungen [1957]).
359 Hacks: Das realistische Theaterstück (1957), S. 100.
360 Ebd.
361 Hierauf verweist auch die zeitgenössische Kritik. Vgl. Keisch: »Der Müller von Sanssouci« (1958), S. 4; Lang: Peter Hacks und der literarische Vulgärsoziologismus (1958), S. 598f. und Nahke: Plebejisches oder sozialistisches Theater? (1958), S. 40f.

sozialistischen Bedingungen subversiv wirkt. Die Unmöglichkeit der Wiederherstellung des Humanen unter antagonistischen Verhältnissen wird somit konterkariert durch die Unberechenbarkeit menschlicher Handlungen nach Aufhebung ebendieser Verhältnisse. Hier liegt, wie zu zeigen sein wird, ein Hauptproblem Hackscher Sozialanthropologie (B, 6.4.2).

4.2.3 Positive Geschichte: Aufstände und Revolutionen

Neben die Fundamentalkritik am Kapitalismus tritt das Konturieren einer ›neuen‹ Historie, deren Höhe- und Wendepunkte dramatisch gestaltet werden. Integratives Zentrum bleibt hierbei die Negation menschlicher Entfremdung durch Beispiele aktiven Widerstands gegen Unrechtsregime sowie die nachträgliche Sinngebung gescheiterter Revolten. Dahinter steht die Gewißheit, daß eine »gute Kausalität« vorhanden ist,[362] die jede Kontingenz ausschließt. »Wissenschaft« und »Revolution« sind deshalb »der blaue und der weiße Nil des Sozialismus« wie »der sozialistischen Literatur«.[363] Die Parteinahme für das Narrativ wirkt so weit regulierend, daß in Äquivalenz zur Komikstruktur (C, 3.3) systemischer Widerstand nur außerhalb des Sozialismus erlaubt ist. Der Modus historischer Distanzierung, die sog. »Abstandstheorie«,[364] besitzt demnach eine doppelte Funktion: Einerseits wird das Neue durch Vernichtung des Alten gerechtfertigt, andererseits parabolisch kritisiert. Für den affirmativen Bereich ist die erste Variante zentral. Das Vergangene läßt sich »aus der Perspektive der modernen, wissenschaftlichen Weltanschauung« betrachten, »welche die gesellschaftlichen und psychologischen Triebkräfte [...] klar erkennt«.[365]

Nichtsdestotrotz kommt es zu Differenzen hinsichtlich der Bewertung des Status quo. Ausgangspunkt bleibt Friedrich Engels Postulat, die deutsche Geschichte sei eine fortlaufende Misere, weil sie bisher keine Revolution hervorgebracht habe.[366] Für die dramatische Avantgarde (Brecht, Matusche, Hacks, Müller) avanciert diese These zum Dogma,[367] für Partei- und Breitendiskurs stellt sie eine unzulässige Reduktion dar. Statt nur die Passivität der Deutschen zu exponieren, möchte man – ebenfalls mit Bezug auf Engels[368] – zeigen, daß es auch eine »ununterbrochene Kette« »fortschrittlicher Volksbewegungen und Helden gibt, die wir heute mit Recht zu unseren politischen Ahnen und Vorbildern zählen«.[369] Diese Reihe wird im Sinne der internationalen Orientierung des Marxismus syn- wie diachron ausgeweitet. Sieht man von Brechts Libretto *Das Verhör des Lukullus* (1951) ab, in dem die Darstellung der Verbrechen des römischen Feldherrn einen radikalen Pazifismus rechtfertigen soll (A, 1.3.2), dann entsteht im DDR-Kontext bis zum Mauerbau lediglich ein Theaterstück mit Antikebezug: Joachim

---

362 GBA 10.2, S. 984 (Leben des Einstein [1955]).
363 HM 2, S. 18 (Literatur im Zeitalter der Wissenschaften [1959]).
364 Lucke: Einige Fragen (1961), S. 5.
365 Knauth: Heinrich VIII., S. 73 (Bemerkungen zum Stück [1955]).
366 Vgl. Giese (1974), S. 162.
367 Vgl. GBA 8, S. 321 (Der Hofmeister [1950]); Matusche: Welche von den Frauen? (1951/52), S. 33; HK, S. 70 (Moritz Tassow [1960/61]) und GI 1, S. 32 (Einen historischen Stoff sauber abschildern, das kann ich nicht [1976]). Zur Toposgeschichte siehe Hermand (1977).
368 Vgl. Engels: Der deutsche Bauernkrieg, S. 29.
369 Langhoff: Über unsere Arbeit an »Thomas Münzer« (1957), S. 202.

Knauths Komödie *Die sterblichen Götter* (1960). Solche Diskulturalität (im Westen sind zahlreiche Dramen dieser Thematik nachweisbar) erklärt sich nicht zuletzt aus der marxistischen Exklusion des Erhabenen. Wie der Bote, ein figuraler »Prologus«, klarstellt, möchte Knauth *nur* zeigen, daß die politischen Folgen »bemerkenswert« waren, als »das Volk von Rom aus der Rolle« fiel und »sich nicht länger betrügen« ließ (4):

> Die Handlung spielt im Jahr 494 v. Chr. Die siegreich heimkehrenden Legionäre dringen auf die Realisierung des Gesetzes »zur Befreiung der Plebejer von Schulden und Schuldknechtschaft« (8). Als die Senatoren zögern, droht man, sich »ein Land« zu suchen, »wo wir ungestört leben können, und wo es uns gut geht«. Die Staatsführung verzichtet daraufhin auf die Etablierung einer Diktatur, denn »*es zeigt sich, daß wir ohne Plebejer gar keine Patrizier sind*« (16). Wenig später erscheint die Göttin Minerva, von einer jungen Priesterin gespielt, und teilt dem Senat mit, daß die Forderungen der Masse »vernünftig« sind (21). Man gibt nach und gewährt einen Volkstribun, der die politische Elite an die Grenzen der Macht erinnert: »Dieser Tag hat gezeigt, ihr seid sterblich. Vergeßt diesen Tag nicht« (29).

Im Unterschied zu Hacks bestimmt Knauth den Begriff ›Plebejer‹ hier durchaus positiv. Der Verzicht der Stärkeren auf Durchführung der notwendigen Revolution zeigt allerdings die Grenzen demokratisch ausgerichteten Widerstands. Subdiskursiv – denn Knauth zählt zu den semi-konformen Dramatikern (C, 3.3) – läßt sich die Warnung des neuen Tribuns Lucius aber auch auf die SED-Führung beziehen und deren Versuch, berechtigte Kritik von seiten des Volks selbstherrlich zu ignorieren und die »herkömmliche Arbeitsmaschinerie« fortzusetzen.[370] Im Unterschied zu Brecht, Hacks oder Müller ist diese Lesart inhaltlich jedoch kaum angedeutet.

Was für die Antike gilt betrifft gleichermaßen Mittelalter und Reformation: Die Vorbildfunktion beschränkt sich auf das Vorwegnehmen des sozialen Heilszustands. Dramatische Darstellungsform ist deshalb die ›optimistischen Tragödie‹, wie sie von der sowjetischen Literatur vorgeprägt wird (C, 3.1). Der große Einzelne (Klaus Störtebeker,[371] Jan Hus,[372] Thomas Müntzer) avanciert dabei zum charismatischen Führer, scheitert aber am ›Noch-Nicht‹ des politisch-kulturellen Kontexts. Dennoch gewinnt insbesondere der Bauernkrieg die Bedeutung einer Ersatzrevolution: Marx bezeichnet ihn als »die radikalste Tatsache der deutschen Geschichte«,[373] Langhoff als »die größte

---

370 MEW 17, S. 591 (Zweiter Entwurf zum »Bürgerkrieg in Frankreich«).

371 Kubas dramatische Ballade *Klaus Störtebeker*, deren Uraufführung 1959 bei den Rügenfestspielen stattfindet, handelt von einem aufrührerischen Knecht, den man bestraft, weil er Starkbier trinkt. Zusammen mit der Magd Trebele wird Klaus vom Stralsunder Bürgermeister Karsten Sarnow aufgenommen und zum Hanseschiffer. Als das Volk revoltiert, lassen sich Klaus und sein Freund Goedeke Micheel als Kapitäne anheuern, benutzen ihre Schiffe jedoch zu Kaperfahrten. Sie kümmern sich um Verfolgte und vergeben die Beute ›zu gleichen Teilen‹ unter die Besatzung (»Likedeeler«). Obwohl Klaus, der nun den Beinamen »Störtebeker« trägt, von Trebele gewarnt wird, verdingt er sich dem Friesenfürsten Keno tom Broke und wird an die Hanse ausgeliefert. Ein Gericht verurteilt nur ihn, richtet dann aber unter Wortbruch alle Likedeeler hin.

372 Horst Ulrich Wendlers Stück *Die Hussiten vor Bernau* (1956) ist als Spiel im Spiel konzipiert und soll am historischen Beispiel zeigen, »Daß niemals zwischen Herrn und Knecht / Es einen Frieden geben möcht« (S. 8). Nach der Befreiung des Bauers Jakob Timme – man tauscht ihn gegen einen Ratsherrn aus – dürfen die Rebellen abziehen. Das Stück schließt mit der Hoffnung, daß »auch für dies Land kommt der Tag, / Wo freies Volk hier leben mag« (S. 46).

373 MEW 1, S. 386 (Zur Kritik der Hegelschen Rechtsphilosophie. Einleitung).

deutsche revolutionäre Bewegung«[374] und Heiner Müller als die »einzige deutsche Revolution«.[375] Nicht von ungefähr steht Müntzer mehrfach im Zentrum dramatischer Projekte – u.a. bei Korn,[376] Brecht[377] und Wendler.[378] Intertextuell präsent ist er auch in Wangenheims Schauspielfragment *Toleranz* (1952).[379]

Prototyp des sozialistischen Revolutionsstücks wird jedoch Wolfs *Thomas Münzer* – ein Drama, das der Autor nach dreißigjährigem Entstehungsprozeß Silvester 1952/53 abschließt.[380] Auf Kommentarebene steht auch hier im Sinne der Kollektivopposition gegen die alte Ordnung das tangentiale Strukturmodell im Vordergrund: Wolf zieht Parallelen zur gescheiterten Revolution von 1848, den russischen Barrikadenkämpfen der Jahre 1905/1907 und der Deutschen Teilung nach 1945.[381] Ziel ist die sozialistische Revision der Vormärz-Aktivitäten durch die verwirklichte »Einigung der Nation von unten« (WW 6, 414). Denn – so glaubt man – nur wenn das Volk zusammensteht und die Macht der politischen Feinde bricht, kann die ›positive Aufhebung der Religion‹ gelingen. Der christliche Dualismus von Diesseits und Jenseits wird hier (wie der kantianische im Existentialismus) aufgehoben und durch eine zukunftsorientierte Säkulartheologie ersetzt: den Entwurf der kommunistischen Gesellschaftsordnung. Am Ende seines Lebens revitalisiert Wolf damit den messianischen Sozialismus der Weimarer Republik im Vertrauen darauf, daß der »wissende und bewußte Mensch« die »wahre Gerechtigkeit, das Reich Gottes auf dieser Erde, in die Tat umsetzen« kann (410f.). Die Erneuerung des Alten Bundes zwischen Gott und Volk nach der Sintflut wird durch die Regenbogenfahne bezeichnet, mit der Münzer im Untertitel des Dramas identifiziert ist und die, vom »Himmel selbst« aufgesteckt (389), »den Himmel zur Erde bring... heut noch nit, doch morgen...« (401). Subdiskursiv läßt sich der Untergang des Protagonisten, der »von seiner Idee fortgerissen« wird (332), jedoch auch als Reflex auf die DDR-Problematik lesen, ob und – wenn ja – wie Idee und Wirklichkeit zu verbinden sind. Münzer erscheint geradezu als Paradigma des engagierten Intellektuellen, der um die Einheit von Wort und Tat weiß, aber gerade deshalb »zu früh« »zuviel« will (402, 395). Er verkennt das Wesen der Zeit, die nur entstehen läßt, »was gereifet ist« (401).[382] Dennoch wird Münzer anders als seine Nachfolger im zwanzigsten Jahrhundert noch »gehört«,[383] d.h. die Wort gewordene Utopie kann überliefert werden und bleibt zumindest potentiell realisierbar. Das hiermit verbundene Infragestellen der auk-

---

374 Langhoff: Über unsere Arbeit an »Thomas Münzer« (1957), S. 201.

375 Mündliche Äußerung von H. Müller (zit.n. Streisand [1986], S. 1375).

376 Korn: Müntzers Tod (1946).

377 Vgl. GBA 10.2, S. 1310 (maschinenschriftliche Notiz [1948-1950]).

378 Vgl. Wendler: Thomas Müntzer in Mühlhausen (1953). Wendler bemüht sich darüber hinaus um die Popularisierung von Hans Sachs, der »Kampfstücke« gegen die »Mißstände seiner Zeit« geschrieben habe (Hans Sachs ein deutscher Volksdichter [1953], S. 7).

379 Vgl. Franke (1974), S. 495f.

380 Zur Uraufführung unter der Regie von Wolfgang Langhoff vgl. Kurzweg (1972), S. 268-270.

381 Vgl. WW 16, S. 189f. (Deutsche Revolution 1848 [1948]), 461 (Maxim Gorki [1953]) und 370f. (Talent und Aussage [1951]).

382 Ähnlich sieht es Engels (vgl. Der deutsche Bauernkrieg, S. 122).

383 Briefe von Friedrich Wolf, S. 98 (Brief vom 23. September 1953 an Karl Kleinschmidt).

torialen Wirkungsmacht bezeichnet den mehrdeutigen Charakter eines stets affirmativ interpretierten Dramas.[384]

Als zeitgenössische Antipoden des Bauernführers dienen Luther und Faust. Beide sind »Verräter« an der Sache »des gemeinen Mannes«, weil sie (wenngleich aus verschiedenen Gründen) den notwendigen Umsturz nicht befördern (409). Daneben gibt es aber auch »unwürdige Werkzeug[e]« des Fortschritts wie den englischen König Heinrich VIII., der – so Knauth im Nachwort seiner gleichnamigen Komödie – die Abspaltung von der römischen Kirche aus »Egozentrie« betreibt (73f.).[385] Ähnliches gilt für Napoleons imperialistische Fortsetzung der Französischen Revolution. Zudem sorgt die Omnipräsenz des Trikolons *Freiheit, Gleichheit, Brüderlichkeit* in westlichen Diskursen dafür, daß der Sturm auf die Bastille nur als Initialaktion positiv bewertet wird. Die *Terreur* der Jakobiner zeichnet nämlich verantwortlich für die Liquidation François Noël Babeufs, der die Gleichverteilung von Grund, Boden und Ertrag gewaltsam erzwingen will. Sein »Aufstand« erscheint bei Ferdinand May als »der erste Versuch«, den Kommunismus durch »Errichtung einer revolutionären Diktatur zu verwirklichen« (3).[386] Im Stück selbst etabliert der Protagonist den Tangentialmodus, wenn er auf dem Weg zur Guillotine seinen eigenen Aufstand als »Vorbote einer anderen Revolution« preist, »die weit größer und majestätischer sein wird und uns den Sieg bringt«. In Antizipation der Realutopie stimmen Verschwörer und Volk gemeinsam die Marseillaise an (50f.) – Sinnbild für die notwendige Korrektur einer verbürgerlichten Revolution.[387]

Noch problematischer erweist sich die Zeit der Befreiungskriege, denn hier sind kaum Projektionsflächen existent. Keine der Konfliktparteien kann unbesehen der marxistischen Historie integriert werden. Vor diesem Hintergrund verzichtet man bei der Darstellung des Kampfes gegen Napoleon auf »pathetische Wallungen«[388] und betont im Rekurs auf Lenin[389] auch die progressive Dimension der Neuordnung Europas durch Bonaparte. Es ist vor allem der ›antibürgerlich‹ verstandene Freiheitsbegriff, der sinnstiftend fungiert, zumal eine direkte Teleologie zu Oktoberrevolution bzw. Stalins Sieg über Hitler fehlt. Dies führt in der dramatischen Praxis zu verschiedenen Strategien:

(1) positive Darstellung des Widerstands im Kontext der Engels-These vom ›gerechten‹ Vaterländischen Krieg 1812 (Korb/Lucke: *Die letzte Stunde*),[390]

---

384 Vgl. Kurzweg (1972), S. 265-268; Berghahn (1976), S. 86-88; Rosellini (1978), S. 135-140; Buddecke/Fuhrmann (1981), S. 250; Müller-Waldeck (1986), S. 166f. und Schröder (1994b), S. 152f. Differenzierter urteilt lediglich Zipes (1976a), S. 215f.

385 Zur subdiskursiven Stalin-Kritik vgl. B, 4.2.1.

386 May zitiert hier A.W. Jefimows *Geschichte der Neuzeit.*

387 Nach Ansicht Stalins steht Napoleon einer »bürgerliche[n] Regierung« vor, »die die französische Revolution abwürgte und nur jene Ergebnisse der Revolution bestehen ließ, die der Großbourgeoisie vorteilhaft waren« (zit.n. Lucke/Korb: Die letzte Stunde [1953], S. 21).

388 Knauth: Der Tambour und sein Herr König (1957), S. 55.

389 Vgl. Lenin: Ausgewählte Werke. Bd. 2, S. 355 (Die Hauptaufgabe unserer Tage [1918]).

390 Die Handlung spielt in der Silvesternacht 1812/13. Der Bauer kann die Schande nicht verwinden, die ihm der ältere Sohn Mathis zugefügt hat, als er sich der Aushebung zum Kriegsdienst gegen Rußland entzog. Er setzt nun alle Hoffnung auf den sechzehnjährigen Michel, der statt des Bruders in die Armee eintreten mußte. Als Mathis auf der Flucht vor den französischen Behörden daheim Schutz sucht, kommt es zur heftigen Auseinandersetzung mit dem Vater, wobei die Mutter den Sohn unterstützt. Als der Bauer von einem verwundeten preußischen Husaren erfährt, daß Michel als Widerstandskämpfer von den Franzosen erschossen wurde,

(2) Präsentation des ›subjektiven Faktors‹ als Möglichkeit, gegen beide Seiten (Frankreich, Preußen) Opposition zu betreiben (Zinner: *Lützower*,[391] Knauth: *Der Tambour und sein Herr König*[392]).

Im zweiten Fall ergeben sich allerdings über den Satellitenstatus des Deutschen Bundes Möglichkeiten der Aktualisierung (Verhältnis USA-BRD / Legitimation der NVA).[393] Ähnliches scheint für Hacks' Drama *Die Schlacht bei Lobositz* zu gelten, das ebenfalls ein geschichtliches Faktum (Siebenjähriger Krieg) auf die Gegenwart projiziert. (Bezugspunkte sind die Wiederbewaffnung der Bundesrepublik sowie die Baudissin-Formel vom ›Bürger in Uniform‹.) Da der Autor jedoch auf die Harmonisierung individueller und kollektiver Faktoren im Geschichtsprozeß verzichtet, bewegen sich bereits die ›Historien‹ jenseits der Grenzen *integrativer Dialektik* (B, 4.2.2) Hinzu kommt die bei Hacks omnipräsente Ambivalenz der Triebdisposition als Januszeichen retablierter Ganzheit *und* ethischer Inkommensurabilität (B, 6.4.2). Solche Anthropologismen sind im affirmativen Diskurs ausgespart: Stets findet sich ein Individuum, dessen Verhalten mit dem objektiv notwendigen innerhalb der Epoche zusammenfällt. Die Frage, ob die jeweilige Widerstandsbewegung reüssieren kann, erweist sich daher als eine der Massenmobilisation. Eben deshalb besitzt der Vormärz zentrale Bedeutung für die marxistische Geschichtsteleologie, weil es hier erstmals »zum breiten öffentlichen Konflikt zwischen Demokratie und fürstlichem Absolutismus« gekommen sei.[394] Die Revolution erscheint als »Märzwind«, der den zukünftigen »Sturm« antizipiert.[395] In Günter Felkels Drama *Unsterbliche Flamme* (1948) ist es der »Todgeweihte« Georg Büchner, der messianisch verkündet,

> dass eine Zeit kommen wird, da das Volk aufsteht und seine Peiniger abschüttelt, – Der Same ist gesäht [sic!], – er wird aufgehen! Diese Revolution wird die Menschen gleich machen. Die Willkür wird sie aus dem Sattel werfen und die Gerechtigkeit aufpflanzen. Und keine Grenze wird sie aufzuhalten vermögen. Die hessische nicht, die französische nicht, die amerikanische nicht, die russische nicht, die englische und die deutsche nicht. Diese Revolution wird aufsteigen wie ein Brand und die Welt umziehen. Und die Völker werden auf Ihre [sic!] Fahnen schreiben: Friede den Hütten – Krieg den Palästen! (68).

---

erkennt er seinen Irrtum. Er beschließt, die Nachricht vom Untergang der ›Großen Armee‹ nun selbst als Bote nach Berlin zu bringen (S. 20).

391 Zinners Schauspiel behandelt die Geschichte von »Lützows Freischar« (S. 17), deren aufrechte Haltung den Bund der Mächtigen herausfordert. Da es Napoleon nicht gelingt, das Korps »in ehrenvollem Kampf« zu schlagen (S. 84), trifft er ein Geheimabkommen mit den Verbündeten. Man beschließt einen Waffenstillstand, damit die Freischar schuldig wird. Lützow, der die Weltsicht des Jakobiners Friesen ablehnt, hält den Verrat für unmöglich. Am Ende sieht er jedoch ein, daß er für das »Recht der Fürsten«, nicht das des »Volks« gekämpft hat (S. 111).

392 In Knauths Drama entwickelt sich ein westfälischer Tambour, Deserteur der Jerôme-Armee, zum erbitterten Kämpfer gegen den »Afterkönig« (S. 39). Als er exekutiert werden soll, retten ihn Napoleons Niederlage bei Leipzig und die damit verbundene Flucht Jerômes. Das Stück schließt mit der Gewißheit, daß die »wahre Freiheit« »nit ewig ausbleib'n« kann (S. 53).

393 In Zinners *Lützower* (1955/56) alludiert das »Signal zum Sammeln«, weil »ein neuer Kampf, ein größerer beginnt«, deutlich die Gründung der Nationalen Volksarmee (S. 115).

394 Knauth: Wer die Wahl hat (1958), S. 43 (Anmerkungen).

395 Freyer: Karl Marx (1960), S. 109.

Der so geforderten Radikalität steht der gescheiterte Versuch der Liberalen gegenüber, den »Widerspruchsgeist« zu »kultivieren«, d.h. allenfalls »sanft« zu »stechen«.[396] Des weiteren wird die Bourgeoisie beschuldigt, die Klassenfrage ignoriert und »die Revolution von 48 verraten« zu haben.[397] Den ideologisch progressiven Figuren bleibt daher nur die Flucht ins Ausland gepaart mit der Hoffnung, daß auch hierzulande einmal Ordnung herrschen wird. Deren planmäßige Realisation sieht man unter Berufung auf Marx im Aufstand der Pariser Kommune projektiert, der von Felkel und Brecht nahezu zeitgleich behandelt wird: im ersten Fall *apriorisch* als tragische Vorwegnahme des großen Sieges,[398] im zweiten *aposteriorisch* als Tragödie des Realsozialismus (B, 6.4.1).

Bezeichnenderweise ist die russische Oktoberrevolution im deutschen Nachkriegsdrama kaum präsent. Selbst die von Heiner Müller und Hagen Mueller-Stahl unter Mitarbeit von Inge Müller verfaßte Agitprop-Szenenfolge *Zehn Tage, die die Welt erschütterten* (1957)[399] rekurriert nicht auf bekannte sowjetische Revolutionsstücke,[400] sondern Berichte des amerikanischen Linkssozialisten John Reed.[401] Bedeutsam ist zudem, daß die Lösung des Widerspruchs zwischen Gewalt und Sozialismus im Rahmen einer revolutionären Moral angedeutet wird: Die ehedem kritisierte Schreckensherrschaft der Jakobiner wandelt sich unter dem veränderten historischen Index zur Rechtfertigungsstrategie des Stalinismus. So gesteht Lukács rückblickend: »Wir haben alles im Lichte der Französischen Revolution gesehen. Wir wußten, daß die Revolution immer mit Opfern verbunden ist, auch das Jakobinertum, Terror und alle anderen Dinge, das waren für uns Beispiele, die uns zur Schlußfolgerung geführt haben, jetzt wird gekämpft: Die Gerechtigkeit kommt später«.[402] Zudem erweist sich die Oktoberrevolution – »die größte Kritik«, »die je am Zusammenleben der Menschen geübt wurde«[403] – im Sinne von Jean Pauls Humorbegriff als »vernichtende oder unendliche Idee«,[404] denn verglichen mit den »ungeheuren Hindernissen«, die man in der Sowjetunion »zu überwinden« hatte, sehen die »eigenen Schwierigkeiten« nun »geringfügig und klein« aus.[405] Ähnlich wird der zweite große Sieg des Kommunismus rezipiert: die Eroberung Chinas durch Mao Tse-tungs Rote Armee.[406] In beiden Fällen hat der chiliastische Charakter des Ereignisses immun zu bleiben gegenüber der ethisch problematischen Umsetzung.

---

396 Knauth: Wer die Wahl hat (1958), S. 13, 9.

397 Freyer: Karl Marx (1960), S. 195.

398 Am Ende schießen Louise Michel, der Schriftsteller Pierre und der Arbeiter Victor ihre Kugeln nacheinander ab: »Für Frankreich!«, »Für Deutschland!«, »Für die Menschheit!« (Felkel: Aufstand [1949], S. 49).

399 Der Anteil Heiner Müllers wird neuerdings nicht mehr sehr hoch veranschlagt (vgl. Pamperrien [2003], S. 50). Tatsächlich entspricht die intentionale Stoßrichtung eher Mueller-Stahls Modell vom »Klassenkampf im Parkett« (DD, S. 241-244).

400 Pogodin: Das Glockenspiel des Kreml (DE 1951), Trenjow: Ljubow Jarowaja (DE 1952), Wischnewski: Optimistische Tragödie (DE 1952), Kornejtschuk: Der Untergang des Geschwaders (DE 1953), Slawin: Intervention (DE 1956), Bill-Bjelozerkowski: Sturm (DE 1957). Zu den DDR-Regisseuren, die sich mit diesem Genre beschäftigen, zählt u.a. Karl Kayser (vgl. A, 3.3.1).

401 Vgl. Junge Kunst 1 (1957). H. 7, S. 35.

402 Lukács: Tonbandaufzeichnung (AdK). Zit.n. H. Müller (1995b), S. 216.

403 GW 16, S. 849 (Stanislawski-Studien).

404 Jean Paul: (Sämtliche) Werke, S. 129 (Vorschule der Ästhetik [1813]).

405 DD, S. 419 (Dieter Kranz: Gespräch mit Wolfgang Langhoff [1957]).

406 Brecht: Turandot (1953/54) und Dornberger: Das eiserne Büffelchen (1958).

Die meist gescheiterten Arbeiterrevolten im Umkreis der Weimarer Republik besitzen dagegen eine doppelte Funktion. Einerseits dient ihre Darstellung der Vergangenheitsbewältigung, weil sich ehemals virulente Defizite und Fehler dramatisch vorführen lassen. Andererseits ermöglicht gerade das systemische Versagen den Erhalt der bipolaren Ordnung, so daß die Opfer des Sieges und die ›Mühen der Ebenen‹ nicht gezeigt werden müssen. Noch traumatische Niederlagen (Kieler Matrosenaufstand,[407] Hamburger Arbeiterrevolte,[408] nationalsozialistische Machtergreifung[409]) können so das eigene Geschichtsmodell bestätigen, Konsequenzen für die DDR-Gegenwart rechtfertigen (Zwangsfusion SED-SPD) und Indikator für eine Machtpotenz des Proletariats sein, wie sie sich historisch im Generalstreik während des Kapp-Putschs manifestiert.[410] Obwohl die Widerstandsproblematik mit Blick auf das Dritte Reich verschärft hervortritt, führt sie im DDR-Schauspiel kaum zu ernsthaften Konfliktsituationen.[411] Die marxistische Ethik wirkt auch hier universal sinnstiftend: »Kommunisten« sagen selbst dann »die Wahrheit«, wenn »sie wissen, daß das ihren Tod bedeutet«.[412]

Entgegen bisheriger Thesen ist die Besatzungspolitik der Westmächte im sozialistischen Nachkriegsdrama durchaus präsent.[413] Die Umsetzung steht im Zeichen des Versuchs einer ideologischen Expansion, die jedoch ex negativo lanciert wird, d.h. als Widerstand gegen das Widerstandsverbot in kapitalistischen Systemen. Denn »es ist das gemeinsame Interesse aller besseren Leute in allen Ländern, revolutionäre Umwälzungen zu verhindern«.[414] Aus diesem Grund thematisiert man mehrfach den Kampf des

---

407 Backhaus: Neun Tage (1954), Richter: Kommando von links (1958), W./C. Küchenmeister: Damals – achtzehn, neunzehn (1958).

408 Lucke: Fanal (1953).

409 Nell: Die Eysenhardts (1950). Vgl. B, 4.1.2.

410 Vgl. Knauth: Badenweiler Abgesang (1960), S. 56. Die internationale Ebene ist mit Blick auf diesen Zeitraum kaum präsent. Lediglich Friedrich Wolf stellt 1950 zwei Szenen früherer Arbeiten, die historische Ereignisse in Spanien (1936) und China (1932) thematisieren, zu dem Laienspiel *So fing es an!* zusammen.

411 Eine Ausnahme bildet Alfred Matusches Drama *Nacktes Gras* (C, 4.1.4).

412 Zinner: Stücke, S. 253 (Der Teufelskreis). Zinners Schauspiel erhält 1953 im Theaterwettbewerb der Staatlichen Kunstkommission den ersten Preis (A, 1.3.2) und wird am 21. Dezember 1953 sogar von der Londoner *Times* positiv besprochen (vgl. Adling: Zu einigen Problemen und Stücken zeitgenössischer Dramatik [1958], S. 10). Das Drama verbindet den dokumentarisch gestalteten Reichstagsbrand-Prozeß (1933) mit der fiktiven Geschichte des SPD-Funktionärs Wilhelm Lühring, der von der SA verhaftet und so lange mißhandelt wird, bis er bereit ist, mit seiner Zeugenaussage die KPD zu belasten. Der Gerechtigkeitssinn seines Sohns Paul und das unerschrockene Auftreten des bulgarischen Revolutionärs Georgi Dimitroff geben ihm jedoch die Kraft, seinen »*Verrat* [...] an der Arbeiterklasse« öffentlich zu widerrufen (S. 246) und damit die antifaschistische »Einheitsfront« wiederherzustellen (S. 259). Dimitroff reüssiert mit einem kämpferischen Schlußwort, Lühring stirbt als ›Märtyrer‹ im Konzentrationslager. Vgl. Hartmann (1987), S. 85-88.

413 So zeigt Boris Djacenko in *Menschen an der Grenze* (1950), wie sich die Arbeiter des Metallurgiewerks AKON gegen die »Befehle« der britischen Besatzungsmacht (S. 8) auflehnen, um einen neuen Krieg zu verhindern. Man initiiert eine »Revolution en miniatüre« (S. 73). Zahlreiche Aufrührer werden gefangengenommen, aber von der aufgebrachten Masse sofort befreit (S. 80). Das Stück schließt mit dem Dialog zweier englischer Soldaten über den Nonsens erneuter militärischer Eskalation. Vgl. auch Kipphardt: Napoleon Antropos (1948), S. 9 und Lampel: Kampf um Helgoland (1952), passim.

414 Kantorowicz: Die Verbündeten (1950), S. 13.

internationalen Proletariats gegen »Wolfsgesetz«[415] und Kriegspolitik der Amerikaner,[416] Briten,[417] Franzosen,[418] Westdeutschen.[419] Die Erkenntnis, daß kleine Erfolge möglich sind, zielt jedoch nicht auf Binnenoptimierung des bestehenden Systems, sondern markiert den ›kairos‹ der Gewißheit, daß das Volk »jetzt« endgültig aufsteht, »um Deutschland von den Unterdrückern und Verrätern zu befreien«.[420] Gleichzeitig soll deutlich werden, daß der Versuch der USA und ihrer Satellitenstaaten, Hitlers ›Ostpolitik‹ fortzusetzen, mit massivem Widerstand der DDR-Bewohner zu rechnen hat.[421]

Die historische Produktivkraft von Aufstand und Kampf beschränkt sich somit auf die Existenz antagonistischer Verhältnisse. Nur dort kann gewaltsam eine positive Wirkung hervorgebracht werden. Alle zukünftigen Kriege sind daher – aus der Perspektive des Sozialismus als Endpunkt – systemkonform zu führen. Was politisch zur ›deformierten Revolution‹ wird, erfährt im Ethikbereich eine topographische Verschiebung: Der Prozeß, in dessen Verlauf »das Neue sich vom Alten« losreißt, wird wie bei Brecht und Hacks auf das historische Subjekt verlagert und ad infinitum perpetuiert: »Die Revolution beginnt von Stund / Zu Stund aufs neu. Und wird gewonnen, und / Wann immer sie gewonnen ist, beginnt sie«.[422] Diese These läßt sich auch im Affirmativdiskurs nachweisen. Statt nur »1917« gewesen zu sein, findet die Revolution mit Gründung der DDR »alle Tage« statt, und zwar nach Wangenheim »[ü]berall, wo man die Augen offenhält«.[423] Angesichts der Eigendynamik von Körper und Trieb (B, 6.2.1) wird diese Gewißheit im Transgressivdiskurs zunehmend fragwürdig. Heiner Müllers saturnalische Figur Fondrak (*Die Umsiedlerin*) bezeichnet sogar das Scheitern kollektiver Optimierungsmodelle (B, 6.4.3) – kaum querständig zu Derridas These: Richtig »zu leben« ist das, »was man *per definitionem* nicht lernen kann«.[424]

---

415 Lucke: Kaution (1954), S. 70.

416 Kantorowicz: Die Verbündeten (1950), Hauser: Prozeß Wedding (1951), Röhricht: Die Söhne der Bäuerin Li (1952), Felkel: Narkose (1955), Enders: Victory-Day (1957).

417 Baierl: Ein Wegweiser (1953), Beseler: Die Moorbande (1953).

418 Djacenko: Dschungel (1951), Freyer: Der Pfad der Irrenden (1951), Auf verlorenem Posten (1951), Kupsch: König für einen Tag (1953).

419 Bengsch: Die Versuchsreihe K 7 (ca. 1955), Dudow/Keisch/Tschesno-Hell: Der Hauptmann von Köln (1956), Hauser: Nitschewo (1961).

420 Beseler: Die Moorbande (1953), S. 57.

421 In Hedda Zinners Komödie *Was wäre wenn –?* (1959) verbreiten Sepp Weymann und Konrad Bintz, zwei »sonderbare Herren« (S. 5), das Gerücht, das ostdeutsche Dorf Willshagen solle der Bundesrepublik angegliedert werden. Während die Mittelbauern der »Frontbegradigung« (S. 8) zustimmen, organisieren die Einzel- und LPG-Bauern Widerstand. Mit Hilfe des Parteisekretärs Heinz Kramer gelingt es, die ideologische Restauration der »alte[n] Zeit« zu verhindern. Weymann und Bintz entpuppen sich als DEFA-Mitarbeiter, die alles inszeniert haben, um darüber einen Film drehen zu können (S. 88).

422 Hacks: Die Sorgen und die Macht (1959), S. 47. Vgl. GBA 23, S. 128 (Zeitstücke [ca. 1950]).

423 Wangenheim: Mit der Zeit werden wir fertig (1958), S. 37.

424 Derrida: Marx' Gespenster, S. 9.

5. Narrative des Absurdismus

5.1 Nonsens als Systembegriff

5.1.1 Die ›Pariser Avantgarde‹ in Deutschland

Das Absurde ist im westeuropäischen Drama und Theater der Nachkriegszeit von enormer diskursiver Präsenz. Es tritt vor allem in zwei Bereichen auf: zunächst im Existentialismus (Sartre, Camus), seit den späten vierziger Jahren in den Bühnenwerken der sog. ›Pariser Avantgarde‹ (Beckett, Ionesco, Adamov u.a.). Gleichzeitig aktualisiert man ältere Traditionsbezüge. So werden in Deutschland mit Erfolg Dramatisierungen der großen Kafka-Romane aufgeführt: 1950 *Der Prozeß*, 1953 *Das Schloß* (beide im Schloßparktheater Berlin). Auf dem Zenit der ›Absurdismus-Welle‹ erscheint 1959 in Zürich auch die erste deutsche Übersetzung von Jarrys *Ubu roi* (1896), bevor das Stück wenig später im Werkraum der Münchner Kammerspiele seine hiesige Theaterpremiere erlebt.[1]

Der Hauptunterschied zwischen Existentialismus und Absurdismus besteht darin, daß im ersten Fall auf die Erkenntnis der Sinnlosigkeit von Leben und Welt produktiv geantwortet wird. Für Sartre ist mit dem Ende der *morale générale* nicht die Absage an jeden Humanismus verbunden. Im Gegenteil, das Subjekt entwirft sich selbst und wählt mit seiner eigenen Freiheit zugleich die der Anderen. Ähnliches gilt für Camus: Hier findet der Einzelne in der Revolte gegen das Absurde einen Weg über sich hinaus zur Solidarität mit den Mitmenschen.[2] Anders als die Pariser Avantgarde verbleiben Sartre und Camus zudem im Bereich cartesianischer Vernunftlogik. Sie versuchen argumentativ nachzuweisen, daß Gott nicht existiert und das Leben an sich bedeutungslos ist. Das absurde Theater kann deshalb auch als (polemische) Reaktion auf die Thesenstücke des Existentialismus verstanden werden. Zwar ist der Himmel nach dem Ende der Ideologien noch immer leer,[3] aber jetzt ist selbst die Möglichkeit logischer Beweisführung obsolet geworden.[4] Der Nonsens erfaßt alle Bereiche künstlerischer Darstellung, wird gleichsam zum Systembegriff, wobei inhaltlich wie formal eklatante Unterschiede zwischen den einzelnen Vertreter zu konstatieren sind. Für Beckett hat das Absurde eine ahistorische Dimension: Es bezeichnet die mit dem Tod gesetzte Perspektivlosigkeit: Das Dasein ist ein »[a]ltes, von jeher verlorenes Endspiel«. Vor diesem Hintergrund – und hier liegt der modernegeschichtliche Paradigmenwechsel – bietet die Schöpfung trotz aller Vielfalt der Erscheinungsformen keine Möglichkeit mehr zur Sinnstiftung. Nicht von ungefähr antwortet Clov im *Fin de partie* (1954-56) auf die These des gelähmten Hamm, die »Natur« habe »uns vergessen«, lakonisch: »Es gibt

---

1 Zur Rezeption des Absurden in der DDR vgl. Riewoldt (1978), S. 127-130.

2 Vgl. die Essays *L'existentialisme est un humanisme* (1946) und *L'homme révolté* (1951).

3 Vgl. Genet: Der Balkon (1956), S. 70f.

4 Vgl. HA, S. 172, 177 (Über das absurde Theater [1960]).

keine Natur mehr«.[5] In Becketts Monolog *Krapp's Last Tape* (1958) ist diese Negation organischer Totalität radikalisiert. Dort träumt der Protagonist im glücklichsten Moment davon, daß die Welt »unbewohnt sein« könnte (21).

In der deutschen Nachkriegsdramatik wird der Existentialismus meist religiös-metaphysisch fundiert – u.a. bei Stefan Andres (B, 3.1), Rüdiger Syberberg und Egon Vietta (B, 3.2). Bezugnahmen auf das ursprüngliche Konzept zielen entweder auf Vergangenheitsbewältigung – so in Hirches *Triumph in tausend Jahren* (B, 1.2.1) und Lenz' *Zeit der Schuldlosen* (B, 1.2.2) – oder bleiben weitgehend perspektivlos (B, 5.2). Ab Mitte der fünfziger Jahre orientiert man sich darüber hinaus an Ionescos Theatertheorie, die mit ihrer Ideologie- und Sprachkritik eine ›tabula rasa‹ projektiert, die der »Nullpunkt«-Vorstellung ästhetisch entspricht. Hinzu kommt, daß der gebürtige Rumäne anders als Beckett das Subjekt weitgehend wiederherstellt. Ist die *Cantatrice chauve* (1950) vor allem ein Generalangriff auf die Dramaturgietradition, so sind die späteren Stücke stärker anthropologisch ausgerichtet. Im *Tueur sans gages* (1957) muß Protagonist Bérenger erkennen, daß man gegen die »gnadenlose Grausamkeit« menschlicher Verhaltensweisen selbst mit einer Unzahl philosophischer Argumente »nichts machen« kann (IT 2, 159). Für Ionesco steht die Nachkriegsgesellschaft am »Ende der Ideologien«, »sowohl von rechts wie von links wie aus der Mitte«. Im Unterschied zu seinem irischen Antipoden, zugleich aber unter Berufung auf ihn verknüpft der Autor damit die Hoffnung auf eine ›sinnvolle‹ Weltperspektive nach radikaler Sprachrevision:

> Die Worte bedeuten nichts mehr, die Denksysteme sind nur noch monolithische Dogmen, [...] verbergen uns nur die Wirklichkeit (auch so ein Klischeewort), die irrationalen Kanäle unserer Leidenschaften. [...] Erst *Beckett* hat mit »*Endspiel*«, »*Warten auf Godot*« und so weiter diese Täuschung beseitigt. Und das ist vielleicht die neue Botschaft, eine »Anti-Botschaft«.[6]

Das hier beschriebene Objektivitätsmodell fußt auf der auch von Hildesheimer vertretenen Ansicht (B, 5.1.2), daß »die Wahrheit des Erdichteten ursprünglicher und sinnschwerer« sei »als die alltägliche Wirklichkeit«. Um solche Tiefendimension zu erreichen, muß der Autor Ideologieabstinenz üben, denn jede politische Ausrichtung verbleibt nach Ionesco an der Oberfläche. Gerade diese Arbitrarität trage aber zur »Entwurzelung«[7] des Menschen bei, weil die »wahre Gesellschaft« sich »jenseits der sozialen Grenzen« befinde – »in all unseren gemeinsamen Ängsten, unseren Wünschen, unseren geheimen Sehnsüchten«. Ionesco möchte zu der existentiellen Tragik vordringen, die selbst nach Meinung Heiner Müllers hinter allen sozialen Utopien lauert (B, 6.4.3). »Noch keiner Gesellschaft« ist es nämlich – so Ionesco – »gelungen, menschliche Trauer zu beseitigen; kein politisches System befreit uns von den Schmerzen des Lebens, von der Todesangst, von unserm Durst nach dem Absoluten«.[8] Der zeitgenössische Dramatiker – und hier trägt die beginnende Postmoderne durchaus Züge einer ›konservativen Revolution‹[9] – muß demnach auf »gültige übergeschichtliche Realitäten« zielen. Das so hervorgerufene Erlebnis »tiefster Erschütterung« dürfe aber »weder verschleiert noch abgeschwächt« werden durch »die papierenen Schranken der Ideologie«,

5 Beckett: Endspiel, S. 115, 21. Zu Becketts ›integralem‹ Theater vgl. C, 4.3.
6 Ionesco: Habe ich Anti-Theater gemacht? (1961), S. 3.
7 Ionesco: Ganz einfache Gedanken über das Theater (1958), S. 22, 49.
8 DT, S. 105f. (Ionesco: Aus Interviews [1957]).
9 Vgl. Borchmeyer (1991), S. 116-118, 126.

zumal jeder Autor »auch gegen seinen Willen soziale Bezüge« habe, da er einem »bestimmten Geschichtsabschnitt« angehöre.[10]

Doch obwohl sich Ionesco mehrfach extensiv über sein Programm äußert, projektiert er im Gegensatz zu Hildesheimer kein *philosophisches* Theater, sondern ein *performatives*, das sich jenseits von Literatur und Reflexion bewegt. Der Pariser Avantgardist nimmt damit Tendenzen postdramatischer Modelle vorweg (C, 4.3). Produktionsästhetisch führt dies allerdings zur Retablierung der Idee intuitiver Autorschaft. So betont Ionesco, er habe, wenn er ein Stück zu schreiben beginne, keine vorgefaßte Theorie. »Nur diese Spontaneität« könne »eine direkte Kenntnis der Wirklichkeit sicherstellen«. Das Artefakt gewinnt auf diese Weise einen Status, der postideologische Wahrheitsfindung ermöglicht, und zwar ›integral‹ als endlose Summe von Perspektiven:

> Eine ausgesagte Philosophie verliert ihre Kraft, wenn eine andere Philosophie oder ein neues System sie übertrifft. Lebendige Philosophien jedoch, wie sie die Kunstwerke darstellen, können sich gegenseitig nicht aufheben und vermögen daher nebeneinander zu bestehen. Die großen Meisterwerke, die großen Dichter scheinen sich gegenseitig zu rechtfertigen, zu ergänzen und zu bestätigen.

Ionesco projektiert hier einen »metaphysischen Liberalismus«,[11] den Beckett insofern teilt, als er den Theoriediskurs ebenfalls dazu verwendet, Theoriebildung zu untergraben. Radikaler als der gebürtige Rumäne entwickelt er sein ›Programm‹ nur in drei inszenierten Dialogen über die Maler des ›Informel‹ (1946-1949), mit Blick auf seine Dramatik somit gleichsam avant la lettre.[12] Dahinter steht die These, die zeitgenössische Literatur müsse dem Gefühl Ausdruck geben, daß nichts mehr zu sagen sei, wenngleich weiterhin das Bedürfnis bestehe sich zu äußern. Der Kommentarbereich verliert deshalb an Relevanz. 1957 schreibt Beckett auf eine Rundfrage des Mannheimer Nationaltheaters: »Man hat mich oft nach meinen Ideen über das Theater gefragt und jedes Mal habe ich zu meinem großen Bedauern antworten müssen, daß ich keine habe. Ich weiß, das erscheint unpassend, und doch übertreibe ich nicht«.[13]

In Deutschland wird die Pariser Avantgarde (wie die gesamte internationale Moderne) stark rezipiert. Dies gilt zunächst für den Schauspielbereich. Bereits während der ersten Nachkriegsdekade wird das poetisch-absurde Theater Bestandteil des Repertoires. Die damit initiierte Hausse wirkt so nachhaltig, daß Ende der fünfziger Jahre sogar Ionesco-Uraufführungen in Deutschland stattfinden. Zunächst spielt man aber vor allem Beckett. *Warten auf Godot* wird noch 1953, dem Jahr der Pariser Uraufführung, im Berliner Schloßparktheater von Karl Heinz Stroux inszeniert. Das Landestheater Darmstadt erlebt nahezu zeitgleich ein Gastspiel des Pariser Théâtre de Babylone.[14] Der Erfolg ist immens: Sogleich buchen zwanzig Bühnen das Theaterstück, u.a. die Münchner Kammerspiele, bei denen Fritz Kortner im März 1954 seine berühmte Inszenierung mit

---

10 Ionesco: Ganz einfache Gedanken über das Theater (1958), S. 48, 41, 38.

11 Ebd., S. 44, 46f.

12 Vgl. Beckett/Duthuit: Three Dialogues (1946-1949) und Beckett: Peintres de l'empêchement (1948).

13 Der Sinn des Theaters, S. 52. Schehadé konstatiert bei gleicher Gelegenheit: »Ich glaube [...] nicht an Theorien« (S. 56). Ähnliches gilt für den jungen Günter Grass, der sich bis Anfang der sechziger Jahre kaum theoretisch äußert, mitunter sogar zornig auf »langweilige Umfragen« über die Bedeutung des Theaters reagiert (WA, S. 3).

14 Vgl. Ellmar: Das französische Avantgardetheater (1952/53), S. 50.

Heinz Rühmann als Estragon präsentiert (A, 3.2.1). Auch das *Endspiel* erscheint kurz nach seiner Londoner Uraufführung (1957) auf deutschen Bühnen, zuerst ebenfalls im Schloßparktheater. Zwei Jahre später bringt die Werkstatt des Schillertheaters Becketts Monolog *Das letzte Band* mit Bernhard Minetti als Krapp. 1961 findet an gleicher Stelle die Erstaufführung der *Glücklichen Tage* statt, 1963 am Ulmer Theater die Uraufführung des *Spiels*. Noch früher als Beckett zeigt man am Stadttheater Pforzheim Arthur Adamov. Die Provinzbühne besitzt unter der Ägide von Franz Peter Wirth zu Beginn der fünfziger Jahren fast Avantgardestatus. Der Regisseur erarbeitet u.a. die Stücke *L'invasion* (1952) und *Tous contre tous* (1953).[15]

Ionescos Bühnenwerke werden mit einem gewissen Zeitverzug gespielt. So findet die Premiere der *Kahlen Sängerin* erst am 21. Juni 1956 in Bern statt, sechs Jahre nach der Uraufführung im Pariser Théâtre des Noctambules. Einige Wochen zuvor hat Hans Schalla am Bochumer Schauspielhaus das Lustspiel *Amédée* gezeigt – die erste deutschsprachige Inszenierung eines Ionesco-Stücks. Zentrum der Rezeption wird aber schon bald das Landestheater Darmstadt unter Gustav Rudolf Sellner. Die von ihm geleitete Erstaufführung des Stücks *Opfer der Pflicht* am 5. Mai 1957 löst den »heftigsten deutschen Skandal der Nachkriegszeit« aus.[16] Zusammen mit dem Projekt entsteht die Programmschrift *Das Abenteuer Ionesco*, in der u.a. Essays von Sellner und Ionesco enthalten sind. Ein weiterer Höhepunkt ist die Welturaufführung des Schauspiels *Mörder ohne Bezahlung* am 14. April 1958. Gegen Ende der Dekade wird Sellner von Stroux als führender Ionesco-Interpret abgelöst. Letzterer verbindet Mitte April 1959 in Bochum *Die Unterrichtsstunde* mit Kleists *Zerbrochnem Krug*, bevor er am 31. Oktober die Uraufführung der *Nashörner* leitet (A, 3.1.4).[17]

Tatsächlich ist die Pariser Avantgarde diskursiv so dominant, daß die Theaterzeitschrift *Maske und Kothurn* 1957 eine diesbezügliche Umfrage unter deutschsprachigen Dramatikern startet. Insgesamt zwanzig antworten, wobei sich der Tenor als überraschend positiv erweist (obwohl sympathisierende Autoren wie Grass oder Hildesheimer fehlen). Nur wenige Schriftsteller verwerfen die dramatischen Experimente von Beckett und Ionesco,[18] die Mehrzahl anerkennt die ästhetische Innovation.[19] Allerdings stellt man sich die Frage nach den Entwicklungsmöglichkeiten. Für Ferdinand Bruckner und Heinz Coubier ist das absurde Theater trotz aller Qualität konzeptionell nicht fortzusetzen.[20] Hinzu kommt der Vorwurf, die Sinndestruktion entbinde den Menschen davon, sich mit den realen Verhältnissen zu befassen.[21] Einer weiteren Rundfrage von 1961 zu-

---

15 Vgl. Daiber (1976), S. 174.

16 Äußerung von Wilhelm Ringelband (zit.n. Sellner/Wien: Theatralische Landschaft, S. 54). Vgl. auch Kaiser (1961), S. 144-147.

17 Zu Beginn der sechziger Jahre erscheinen auch anglo-amerikanische Absurdisten wie James Saunders und Harold Pinter auf deutschen Bühnen; wenig später dominiert allerdings das politische Drama (vgl. Daiber [1976], S. 180).

18 Vgl. Die Pariser Theateravantgardisten (1958), S. 4f. (Leopold Ahlsen), 5 (Wolfgang Altendorf), 5f. (Stefan Andres), 9f. (Gert Oelschlegel) und 10 (Hermann Rossmann).

19 Vgl. ebd., S. 6 (Ferdinand Bruckner), 6f. (Heinz Coubier), 7 (Hans-Joachim Haecker), 8f. (Richard Hey), 9 (Friedrich Kolander), 10f. (Günter Rudorf), 11 (Friedrich Schreyvogl), 11f. (Erwin Sylvanus), 12 (Joachim Tettenborn), 13 (Gert Weymann) und 13f. (Karl Wittlinger).

20 Vgl. ebd., S. 6.

21 Vgl. ebd., S. 12f. (Günter Weisenborn). Auch Max Frisch konstatiert: »Wenn ich Diktator wäre, würde ich nur Ionesco spielen lassen« (Bienek: Werkstattgespräche mit Schriftstellern [³1976], S. 34).

folge gelten die Pariser Dramatiker zwar noch immer als ›Avantgarde‹, aber der Vorwurf des ›cui bono‹ wird stärker.[22] Auch Adamov distanziert sich zunehmend von seinen Mitstreitern, wobei er vor allem die westdeutsche Ionesco-Faszination bedenklich findet. Das Land lebe »in einer absurden Epoche«, um »die politische Wirklichkeit« zu verkleiden. Da alles »schon von vornherein verloren« sei, besitze die Frage, »wozu eine Revolution machen«, per se keine Bedeutung.[23]

5.1.2 Sinnlose Revolte und Posthistorismus (Hildesheimer)

So überzogen diese Polemik ist, sie erklärt in ihrer Essenz, weshalb der systemische Absurdismus für die deutsche Nachkriegsdramatik von eher geringer Bedeutung ist. Denn angesichts der Verbrechen der NS-Diktatur scheint das Nonsens-Postulat kaum der adäquate Weg, im Kunstbereich einen produktiven Neuanfang zu gestalten. Wolfgang Hildesheimer, einziger deutschsprachiger Autor, der das absurde Theater theoretisch reflektiert,[24] ist nicht von ungefähr Jude, und es scheint ebenfalls kein Zufall, daß er erst nach Übersiedlung in die Schweiz (1957) entsprechende Dramen verfaßt.[25] Obwohl die Forschung Hildesheimers Bühnenwerk durchaus zur Kenntnis nimmt, hat man sein Verhältnis zur internationalen Avantgarde bisher wenig konturiert. Des weiteren fehlt eine modernehistorische Einordnung seines Œuvres – auch oder gerade vor der Folie des Künstlerdiskurses.[26]

Nun besitzt das absurde Theater hierzulande zwar keine spezifische Tradition, reicht in seinen Anfängen allerdings durchaus in die deutsche Literaturgeschichte zurück. Ionesco nennt als Vorbilder – neben antiken Autoren bzw. Shakespeare – »Kleist und Büchner«.[27] Ähnlich äußert sich Grass, der noch auf Grabbe verweist und selbst Beckett in dieser Linie sieht (B, 6.5.2). Theoreme Lyotards vorwegnehmend konstatiert Sellner bereits bei Schiller »das Absurde im Erhabenen«.[28] Der internationale Bereich bezieht sich zudem auf Jarrys *Ubu roi* (1896) sowie Artauds »Théâtre de la cruauté«.[29] Hildesheimers Stücke sind hiervon aber kaum beeinflußt,[30] denn der Autor sieht den

---

22 SF, S. 4 (René Deltgen).

23 Gespräch mit Arthur Adamov (1965), S. 103.

24 Vgl. Die Jüngeren schwören auf Beckett (1959), die entstehung des pastorale (1959), Empirische Betrachtungen zu meinem Theater (1959), Über das absurde Theater (1960) und Die Realität selbst ist absurd (1962).

25 So schreibt Hildesheimer, dem die jüdische Religion nach eigener Aussage »völlig fremd« ist (Ich will mich in die Rolle des Gläubigen versetzen [1989], S. 84), im Jahr 1964: »Ich bin Jud. Zwei Drittel aller Deutschen sind Antisemiten. Sie waren es immer, und sie werden es immer bleiben...« (zit.n. Reich-Ranicki [1973], S. 46).

26 In der Forschung dominiert der Epigonalitätsvorwurf, wobei eingehende Analysen unterbleiben (vgl. u.a. Durzak [1972], S. 20; Buck [1977], S. 16; Riewoldt [1978], S. 129f.; Buddecke/Fuhrmann [1981], S. 83; Kesting [1981], S. 114 und Schröder [1994c], S. 271f.).

27 Ionesco: Ganz einfache Gedanken über das Theater (1958), S. 25.

28 Vgl. Sellner: Auch er gibt das Absurde im Erhabenen (1959), S. 4.

29 Bereits von den Zeitgenossen wird diese Filiation besonders betont (vgl. Ellmar: Das französische Avantgardetheater [1952/53], S. 49).

30 Das einzige deutschsprachige Beispiel von Schock-Dramaturgie stammt von dem Exilschriftsteller Peter Weiss. Seine Farce *Die Versicherung* (1952) aktualisiert mit ihrer Bürgerkritik allerdings nicht nur Artaud, sondern auch Ivan Goll (*Methusalem* [1922]). Vgl. B, 6.2.1.

dramatischen Absurdismus in erster Linie als »philosophisches« Phänomen. Es geht ihm »weniger« um die »Rebellion gegen eine hergebrachte Form des Theaters als gegen eine hergebrachte Form der Weltsicht, wie sie sich des Theaters bedient«. Dem »absurden Dramatiker« sei bewußt, »daß das Theater genauso zukunftsreich oder zukunftsarm ist wie der Mensch«. Er verzichte deshalb »entgegen der allgemeinen Ansicht« auf »Experimente«.[31] Anders als im Brecht-Modell bleibt die Grenze zwischen innerem und äußerem Kommunikationssystem unangetastet: »Mein Theater«, so Hildesheimer, »ist der Guckkasten. Die Bühne reicht ebensowenig über das Proszenium hinaus wie das Gemälde über seinen Rahmen«. Dieser ästhetische Rigorismus wird allerdings insofern untergraben, als es nach dem Ende der Ideologien »vermessen« wäre, »eine allgemein gültige Dramaturgie als Manifest aufstellen zu wollen«.[32] Vor diesem Hintergrund – und auch angesichts des Primats der Semantik – ist nun sogar ein absurdes Stück im Stil des poetischen oder epischen Theaters denkbar.[33] Obwohl Hildesheimer keine derartigen Versuche unternimmt, scheint es problematisch, seine Schauspiele als formal konservativ zu bezeichnen.[34] Denn auch er sucht alles zu vermeiden, was den Vorgaben ›klassischer‹ Dramenkonzepte entspricht: logisch begründete Handlungszusammenhänge, mit sich selbst identische Charaktere sowie Dialoge, in denen die Sprache ihre kommunikative Funktion erfüllt. Nicht von ungefähr nennt sich Hildesheimer 1959 einen »Formalisten«. Er wolle »das sprachliche Bild in Optisches« umwandeln, das gesamte Leben »in Metapher und Metonymie«.[35]

Inhalts- und Strukturbezug stehen daher nur auf den ersten Blick im Widerspruch zueinander. Tertium comparationis ist die Vorstellung, daß dem Publikum das Absurde nicht unmittelbar augenfällig wird, weil die Wirklichkeit Sinnsicherheit vortäuscht. Um den Nonsens erkennen zu können, muß der Zuschauer höhere »Ebenen der Transposition« erklimmen.[36] Auch Hildesheimer projektiert somit eine Intellektualisierung der Gesellschaft, wobei das Theater zwar niemanden bessert, dafür aber die Einsicht vermittelt, daß Welt und Leben sinnlos sind.[37] Am Ende steht der Rezipient auf Augenhöhe mit dem Dramatiker: Er hat »die Existenz – oder vielmehr das Walten – des Absurden anerkannt«[38] und ist jetzt in der Lage, die Unlogik des Stückes als Tiefenstruktur einer scheinbar geordneten Welt zu sehen. Dieses Ziel kann aber nur erreicht werden, wenn der Autor »Planer der Aktion« ist,[39] d.h. das objektiv Unlogische ästhetisch konstruiert. Trotz seiner Ohnmacht gewinnt das Theater hier eine »didaktische Tendenz«, soll dem Publikum zeigen, daß alle ideologischen »Ersatzantworten« scheitern und der Mensch lernen muß, in der Vernunftwidrigkeit des Lebens »heimisch« zu werden. Das

---

31 HA, S. 171, 180 (Über das absurde Theater [1960]).

32 WH, S. 27f. (Empirische Betrachtungen zu meinem Theater [1959]).

33 Vgl. HA, S. 170 (Über das absurde Theater [1960]). Hildesheimer denkt hier möglicherweise an Max Frisch, den er schätzt und der das eigene Drama *Biedermann und die Brandstifter* (1958) als »Musteraufgabe für episches Theater« bezeichnet (Gesammelte Werke in zeitlicher Folge. Bd. 4, S. 456), zugleich aber als »Lehrstück ohne Lehre« (Untertitel).

34 Vgl. Blamberger (1986), S. 36.

35 WH, S. 29 (Empirische Betrachtungen zu meinem Theater).

36 HA, S. 175 (Über das absurde Theater [1960]).

37 Vgl. ebd., S. 173f., 179.

38 Ebd., S. 180.

39 WH, S. 28 (Empirische Betrachtungen zu meinem Theater [1959]).

Absurde erhält auf diese Weise Wahrheitsstatus, ist »einziger Orientierungspunkt«.[40] Indem Hildesheimer die archimedische Perspektive fortschreibt, verbleibt er jedoch im Bereich transzendentaler Ordnung. Folgerichtig ist das Drama wie bei Brecht »Parabel«,[41] denn es soll den Blick öffnen für die objektiven Gesetzmäßigkeiten der Welt. Der Unterschied besteht allein in der Semantik: Während Brecht Lust auf Veränderung machen möchte, will Hildesheimer nachweisen, »daß Sinnloses das Sinnlose gebiert und ernährt«.[42] In diesem Kontext greift er auf einen zweiten Brecht-Begriff zurück, den der »Verfremdung«. Der Funktionsmechanismus ist ähnlich: Das Fremde soll Distanz schaffen, Vertrautes fragwürdig machen. Um diesen Prozeß zu erklären, zitiert Hildesheimer Camus' berühmte Definition. Das Absurde entsteht demnach aus der »Gegenüberstellung des Menschen, der fragt, mit der Welt, die vernunftwidrig schweigt«.[43] An die Stelle des »vivre le plus«,[44] das dem Individuum eine neue Lebensqualität erschließt, tritt nun allerdings die ›religiös‹ inszenierte Assimilation an die Sinnlosigkeit: Das Theater wird »quasi zur Stätte eines symbolischen Zeremoniells, bei dem der Zuschauer die Rolle des Menschen übernimmt, der fragt, und das Stück die Welt darstellt, die vernunftwidrig schweigt«.[45]

Hildesheimers Absurdismus ist damit »geschichtslos und unmythisch«,[46] zeigt die existentielle Leere der Welt durch Absage an den sinnstiftenden Charakter der Zeit, die zum »Hauptakteur« avanciert.[47] Wie bei Beckett und Ionesco spielen die Dramen in einem ewigen Jetzt, das keine Entwicklung ermöglicht, weil es dem subjektiven Veränderungswunsch die Objektivität einer endlos in sich gekehrten Spirale gegenüberstellt:

> GLASER: Alles ist wie es war. [...] Als mein Vater jung war, was es ganz anders.
> BETTINA *interessiert:* Und als dessen Vater jung war?
> GLASER: ... war alles das gleiche. So schnell ändern sich die Zeiten.[48]

Darüber hinaus besitzt Hildesheimers Absurditätsbegriff eine integrale Dimension: Das einzelne Drama ist defizitär, und »erst die Summe der absurden Stücke – also die Existenz des absurden Theaters als Phänomen – wird zum Analogon des Lebens«.[49]

Die poetische Praxis entzieht sich indes jener klaren Klassifikation, die der Theoriediskurs nahelegt. Dies sollte allerdings nicht dazu verführen, Hildesheimers Dramatik komplett jenseits des Absurdismus zu situieren,[50] denn auch der Nonsens-Begriff der

---

40 HA, S. 172, 174, 178, 180 (Über das absurde Theater [1960]). Hildesheimer konzediert 1989 im Gespräch mit Karl-Josef Kuschel, daß man ihm hinsichtlich der Rede *Über das absurde Theater* den »Vorwurf machen« könnte, eine »Scheinsicherheit« konstruiert zu haben (Ich will mich in die Rolle des Gläubigen versetzen, S. 87).

41 HA, S. 171 (Über das absurde Theater [1960]).

42 Äußerung von Hildesheimer (zit.n. Jehle [1990], S. 302).

43 HA, S. 183, 174 (Über das absurde Theater [1960]).

44 Camus: Le mythe de Sisyphe, S. 84.

45 HA, S. 174 (Über das absurde Theater [1960]). Später verliert das Drama diese Vorrangstellung. Ort der Evokation von Sinnlosigkeit wird nun die Prosa, weil der Autor in ihr »mit dem Erlebenden identisch ist, während das Theater notwendigerweise nur das Sekundär-Erlebnis des Absurden vermitteln kann« (Interpretationen. Zwei Frankfurter Vorlesungen [1969], S. 85).

46 Ebd., S. 109.

47 WH, S. 28 (Empirische Betrachtungen zu meinem Theater [1959]).

48 HT, S. 247 (Landschaft mit Figuren [1958]).

49 HA, S. 172 (Über das absurde Theater [1960]). Vgl. C, 4.3.

50 Vgl. Jehle (1990), S. 275f.

Pariser Avantgarde ist weder totalitär noch einheitlich.[51] Mit anderen Worten: Die Unterschiede sind gradueller Natur. Zudem ist Hildesheimers Versuch, das Ende der Erzählungen emotionslos zu akzeptieren, näher an postmodernen Vorstellungen als die existentielle Melancholie Becketts. Nichtsdestoweniger findet sich bei dem gebürtigen Hamburger die Tendenz, gegen eigene Postulate anzuschreiben. Der systemische Absurdismus beschränkt sich auf eine bestimmte Produktionsphase und ist durchaus biographisch begründet. Entscheidendes Erlebnis bleibt für Hildesheimer die Dolmetschertätigkeit beim Nürnberger Prozeß; sie indiziert die defätistische Grundeinstellung des Autors, der vor allem die NS-Befehlslogik sowie das Phänomen des funktionalen Menschen als prägend empfindet.[52] Vor diesem Hintergrund wundert es nicht, daß bei Hildesheimer das Absurde eng mit dem persönlichen (Mit)Erleben verbunden wird. »Identifikation« bleibe – so der Autor 1971 rückblickend – »eine Bedingung des Schreibens«.[53] Denn »man ist immer derselbe, der sich in andere Rollen hineinversetzt, andere Rollen spielt und auch dann in die Rollen hineinwächst, wie ich es ja auch getan habe. Das ist mir immer sehr leicht gefallen«.[54] Für jedes seiner Nachkriegsstücke vermag Hildesheimer daher Identifikationsfiguren zu benennen: den falschen Prinzen von Astrachan (*Drachenthron*), Jack (*Die Herren der Welt*), Philip (*Pastorale*), Adrian (*Landschaft mit Figuren*), Kellner (*Der schiefe Turm von Pisa*), Helena (*Das Opfer Helena*), Professor Scholz-Babelhaus (*Die Verspätung*).[55] An dieser Stelle lassen sich Parallelen zu Ionesco feststellen, für den das Drama ebenfalls »ein auf die Bühne projiziertes Bild meines innern Universums« ist.[56] Hildesheimer geht jedoch insofern darüber hinaus, als er – wie kein anderer Vertreter des absurden Theaters – die Künstlerthematik profiliert. Wesentlicher »Impuls« hierfür ist, daß der Autor sich »in gewisser Weise« als »Gescheiterten« betrachtet: »Ich habe kein Schriftsteller werden wollen«.[57] Folgerichtig sieht er nicht die Literatur als höchste Kunst an, sondern in Schopenhauer-Variation Musik und (abstrakte) Malerei.[58] Die Gefühlszuschreibungen sind entsprechend different: Hildesheimer ist »glücklich«, sobald er »eine Collage« macht, die er als therapeutisch legitimiertes Kompensationsmittel versteht und mit dem Schönheitsbegriff assoziiert. Das Schreiben wird statt dessen als »eine Art Zwang« erfahren,[59] denn hier fehlt die ästhetische Autonomie: Mit jeder Silbe stellt sich die Frage nach dem Ort der Schriftstellers in der Gesellschaft.

Diese Problematik bestimmt bereits Hildesheimers erstes Theaterstück *Der Drachenthron*, das auf dem Hörspiel *Prinzessin Turandot* basiert, wofür der Autor 1954 den Hörspielpreis der Kriegsblinden erhält.[60] Gegenüber den Fassungen von Gozzi und Schiller sind vor allem zwei Modifikationen bedeutsam: Die grausame Prinzessin, die

---

51 Vgl. W.G. Schmidt (2009a).

52 Vgl. Lea (2004), S. 67, 76.

53 Über Wolfgang Hildesheimer (1971), S. 151 (W.H. im Gespräch mit Dierk Rodewald).

54 Äußerung von Hildesheimer aus dem Jahr 1986 (zit.n. Jehle [1990], S. 271).

55 Nur für das Stück *Die Uhren* kann sich Hildesheimer nicht genau festlegen: »vielleicht niemand, vielleicht das Geschehen selbst« (Über Wolfgang Hildesheimer [1971], S. 151 [W.H. im Gespräch mit Dierk Rodewald]).

56 DT, S. 104 (Eugène Ionesco: Aus Interviews [1957]).

57 Über Wolfgang Hildesheimer (1971), S. 142f. (W.H. im Gespräch mit Dierk Rodewald).

58 Vgl. Hirsch (1997), S. 273f.

59 Hildesheimer: »Ich kann die Wirklichkeit nicht mehr ertragen« (1985).

60 Zu den verschiedenen Fassungen des Stücks vgl. Mallad (1994), S. 27f.

so rigoros ihre Macht über Männer auskostet, muß hier nicht durch Rätsellösung überwunden werden, sondern in einem Prüfungsgespräch. Wer im Argumentationsverlauf den Redefaden verliert ist besiegt. Die zweite Änderung betrifft den nach neunzehn Bewerbern triumphierenden Prinzen von Astrachan: er ist ›falsch‹. Aber gerade kraft dieses anarchischen Impetus scheint der intellektuelle Flaneur fähig, in den Geschichtsmechanismus einzugreifen. Er spielt in der Unterhaltung mit Turandot auf deren Verhältnis zu Kanzler Hü an, die Dame stockt und gesteht ihre Niederlage ein. Nun verrät Dienerin Pnina jedoch, daß sie den Sieger unter dem Namen ›Prinz von Seghalpur‹ kenne, weil er sie – als sie noch Prinzessin gewesen sei – verführt habe. Hü läßt daraufhin den echten Prinzen rufen und den falschen zwecks Hinrichtung abführen. Doch Turandot rettet den Verurteilten und bekennt ihm ihre Liebe. Der falsche Prinz von Astrachan lehnt Heirats- und Herrschaftsangebot allerdings ab. Er sei »zwar ein Abenteurer, aber nicht *dieserart* Abenteurer« (HT, 60). Für Hildesheimer liegt hier der Grund, weshalb das Stück trotz anderslautender Gattungsbezeichnung keine Komödie ist: »es wendet sich am Ende nicht alles zum Guten. Im Gegenteil: alles bleibt wie es ist, das heißt schlecht, und der einzige, der die Situation vielleicht hätte ändern können, entzieht sich achselzuckend dem Geschehen, weil er die persönliche Freiheit dem dornigen Weg der menschlichen Pflichterfüllung vorzieht«. Wie Dürrenmatt hält Hildesheimer jedoch weiterhin an der ethischen Funktion des Theaters fest: »Moral wird am besten an Objekten und Figuren demonstriert, denen es an moralischen Eigenschaften gebricht, denn es ist eben dieser Mangel, der eine ethische Forderung erst so recht hervorzuheben und deutlich zu machen vermag«.[61] Dieses Verfahren konterkariert selbst die absurde Dramatik. Noch in bezug auf die Hörspielfassung der *Landschaft mit Figuren* schreibt der Autor: »Ich muß mich darauf verlassen, daß meine Moral, als Bestandteil meines persönlichen Mikrokosmos, auch in meiner Arbeit transparent wird«.[62]

Hildesheimers zweites Schauspiel *Die Herren der Welt*, das um 1958 entsteht, aber erst 1989 veröffentlicht wird (HT, 642), zeigt deutlich, daß die Einflußmöglichkeiten des Intellektuellen wesentlich geringer geworden sind. Trotz aller Bemühungen muß letzterer vor dem ausgeklügelten System internationaler Machtpolitik kapitulieren.[63] Das Fürstentum San Ignazio soll an einen multinationalen Konzern verkauft werden, damit man von dort aus künftig Kriege beginnen, lenken und beenden kann. Der zufällig dort befindliche Flaneur Jack Elmsby möchte den Plan vereiteln. Ohne Erfolg, denn der mächtigste Mann der Welt, Platon Aischylos Melassis (der Name erinnert an Onassis), ist informiert und stellt den Intellektuellen bei einer Pressekonferenz bloß. Er nennt ihn einen »Weltverbesserer in der Westentasche«, und Jack muß »mit resignierender, ironischer Fassung« konstatieren: »Melassis, – ich fürchte, Sie haben gewonnen«. Aus der Perspektive des Milliardärs erscheint er nun endgültig als »der größte Narr« (HT, 154f.). Die bittere Lehre, das »Rad des Weltgeschehens« »*nicht* drehen« zu können, wird zwar abgefedert durch Einsicht, daß es »gut« gewesen sei, »wenigstens den Versuch gemacht zu haben« (156f.), aber diese positive Wendung ist in Frage gestellt, hat Melassis doch nachhaltig demonstriert, daß exzellente Rhetorik selbst dem moralisch

---

61 Hildesheimer: Der Drachenthron (1955), S. 91.

62 WH, S. 29 (Empirische Betrachtungen zu meinem Theater [1959]).

63 In der Vorbemerkung behauptet Hildesheimer, er könne »authentisches Quellenmaterial vorlegen«, an dem deutlich werde, daß »die Wirklichkeit um Wesentliches unwahrscheinlicher« sei als das »Spiel« selbst (zit.n. Jehle [1990], S. 270).

Perversen zur Verfügung steht, d.h. Sprache auf hohem Niveau mißbraucht werden kann. Nicht von ungefähr äußert Jack »nach alledem« eine »vorübergehende Abneigung gegen Worte« (160). Und auch Hildesheimer stellt 1959 die Sprachdestruktion der absurden Dramatik als Folge dieser Erkenntnis dar. An dem *Pastorale* habe er »achtundsiebzig Wochen« gearbeitet,

> siebenundsiebzig wochen davon hieß das stück ›die herren der welt‹, hatte drei akte, die struktur einer komödie, klassischen aufbau, einen positiven und mehrere andere helden, chargen, haupt- und nebenhandlung, konflikt und apotheose, schürzte sich hier, retardierte dort, ging von einem thema aus, enthielt viel ehrliche, wenn auch sublimierte entrüstung in leichtem dialog versteckt, verarbeitete ein anliegen, machte aussagen und endete am ruhetag der siebenundsiebzigsten woche, fix und fertig, wie es war, im papierkorb: thema, entrüstung, anliegen, aussage, apotheose und konflikt und alles was dazugehörte. den montag und den restlichen teil der achtundsiebzigsten woche verbrachte ich damit, genau das gegenteil der vorhergehenden wochen zu tun, und so entstand das pastorale: die lehre aus den fehlern, resultat meiner festen überzeugung, daß das klassische theater mausetot ist.[64]

Tatsächlich entwickelt Hildesheimer in dem Zyklus *Spiele in denen es dunkel wird* (1958) ein durchaus eigenständiges Dramaturgiekonzept. Wie bei Beckett und Ionesco ist die Handlung weitgehend verabschiedet. An ihre Stelle tritt jedoch eine Situation, die »sich stetig verschärft« und ad absurdum geführt wird.[65] Der innovative Aspekt verschiebt sich damit in den Bereich der Intermedialität – hin zu einer am Surrealismus geschulten Technik serieller Bildverknüpfung, wie sie später auch in der Prosa Verwendung findet (*Schläferung*, *Vergebliche Aufzeichnungen*). Das Imago ist conditio sine qua non für die Herstellung der »Atmosphäre«, ohne die das Stück »nichts« wäre.[66] Zugleich scheint das Absurde angesichts des von Figuren und Requisiten leeren Theaters nicht von jeher gegeben, sondern notwendiges Resultat des Geschehens. Zu Anfang des Dramas sollen – wenigstens potentiell – »alle Möglichkeiten offenstehen«,[67] und folgerichtig ist der Beginn von *Pastorale oder Die Zeit für Kakao* amön gehalten, gleichsam ein stilisiertes Wilhelm-Tell-Idyll: »Die Bühne stellt eine Wiese dar, mit bewaldeten Hügeln im Hintergrund [...]. Sommerliche Geräusche, Vogelsingen, Kuhglokken, auch solche Töne, die in der Literatur gemeinhin ländlichen Sommer untermalen, die aber in der Wirklichkeit selten sind, wie etwa eine Schalmei«. Der Nonsens wird erst mit Eintritt des Wortes manifest, hier der Stimme des Hirten, dessen Gedicht das Motiv- und Assoziationsrepertoire der deutschen Romantik parodiert:

> Wie war der Abschied so lau,
> Wie waren die Birnen so blau,
> Da sprach die Rose am See:
> Wie tut der Sommer so weh! (HT, 165).

Die Betonung des Intermedialen hat zudem metapoetische Relevanz. So lassen sich die drei Spiele – abgesehen von der Darstellung umfassender Sinnlosigkeit – als Auseinan-

---

[64] Hildesheimer: die entstehung des pastorale (zit.n. Jehle [1990], S. 277). Tatsächlich ist das Stück 1958 im Gesamtverzeichnis des Theaterverlags Desch enthalten, zwei Jahre später nicht mehr, weil Hildesheimer es aus den genannten Gründen zurückgezogen hat (vgl. ebd., S. 270).

[65] WH, S. 28 (Empirische Betrachtungen zu meinem Theater [1959]).

[66] Über Wolfgang Hildesheimer (1971), S. 154 (W.H. im Gespräch mit Dierk Rodewald).

[67] WH, S. 28 (Empirische Betrachtungen zu meinem Theater [1959]).

dersetzung mit dem kulturpoetischen Status der Gattungen Musik, bildende Kunst, Literatur lesen. Im *Pastorale* ist es zunächst die Tonkunst, die bürgerlich mißbraucht wird. Vor dem skizzierten Landschaftsambiente proben der Großindustrielle Glinke, sein Diener Philip, die senilen Brüder Asbach, die unter der Obhut ihrer Pflegerin Selma stehen, sowie Fräulein Dr. Fröbel eine Kantate. Der Inhalt changiert zwischen Lyrikklischees, Wirtschaftsberichten, Staatsrhetorik und Atomdiskurs. Angesichts dieser fatalen Synthese fällt Präsident Glinke auf dem Höhepunkt der Darbietung tot zusammen (188). Dahinter steht erneut eine geschichtliche Erfahrung: Für Hildesheimer hat erst der Zweite Weltkrieg gezeigt, wozu der musikalische Mensch fähig ist. »Unter den Angeklagten der Nürnberger Prozesse waren unverhältnismäßig viele passionierte Hausmusiker.«[68] Das gemeinsame Singen dient im *Pastorale* der Camouflage ökonomischer Interessen: Wie in Adamovs *Ping Pong* (1955) oder Tardieus *Le Meuble* (1955) ist die Welt nur vom Gesetz des Handels bestimmt. Dietrich und Abel Asbach kämpfen um Glinkes Nachfolge, wobei in Umkehr der biblischen Vorgabe Abel siegt, weil Dietrich der Schlag trifft. Am Ende scheint lediglich Philip die Absurdität des Geschehenen zu erkennen, wenn er Selma gegenüber konzediert: »Es wird nichts mehr. [...] Ich denke, wir gehen« (198). Anders als Estragon und Wladimir in *Warten auf Godot* verharrt er somit nicht stillstehend – ein Indiz dafür, daß Hildesheimer den Rückzug in die Privatsphäre zu diesem Zeitpunkt noch als Möglichkeit der Weltbewältigung begreift, denn auch die *Vergeblichen Aufzeichnungen* (1962) schließen mit dem Satz: »Ich gehe«.[69] Was bleibt ist die Waldidylle mit zwei Toten, begleitet vom da capo des Hirtengedichts.

Die Unberührtheit der Szenerie verweist auf den diskursiven Ort des bildenden Künstlers, der im Zentrum des zweiten Stücks *Landschaft mit Figuren* steht. Hier porträtiert der Maler Adrian, unterstützt durch seine Geliebte Bettina, drei Vertreter des Bürgertums: die »Dame der Gesellschaft« Frau Sartorius (HT, 207), den Playboy Colin sowie Herrn von Ruhr, einen Großindustriellen. Die Leinwand zeigt jedoch nicht das *realistische* Abbild der sinnleeren Pose, in die sich alle Figuren werfen, sondern das *symbolische*: eine durchweg violette Monochromie. Dem hereintretenden Sammler offeriert Adrian statt der Gemälde aber nur die zu lebenden Bildern erstarrten Modelle, die sich mit den Klängen einer Spieldose nochmals marionettenhaft in Bewegung setzen, bevor alle für den Verkauf stoßfest in sargähnliche Kisten verpackt werden. Die Substanz der Bilder bleibt davon nicht nur unberührt, sie wird diastolisch erweitert: So ersetzt der zurückgekehrte Glaser die transparenten Fensterscheiben durch violette. Die Absurdität der Welt ist damit nicht allein soziales, sondern zugleich existentielles Phänomen. Nur der Künstler, der wie bei Ionesco das Unerträgliche auszuhalten vermag, steht mit seiner Muse jenseits des Geschehens. Im Unterschied zu den übrigen Figuren altern Adrian und Bettina nicht, weil sie als Liebende im ewigen Jetzt des Nonsens ›heimisch‹ sind. Nachdem der Sammler die Figuren abtransportiert und auch der Glaser seine Arbeit beendet hat, fallen die bemalten Scheiben heraus, das Licht ist »wieder so wie am Anfang« (269). Volker Jehle sieht hier einen Hinweis auf die »Unbeschwert-

68 Hildesheimer: Die Musik und das Musische (1967), S. 72.

69 Hildesheimer: Vergebliche Aufzeichnungen, S. 39. In der überarbeiteten Fassung des *Pastorale* (1965) fehlt dieser Satz. Hier setzt sich Philip schließlich selbst an die Spitze des Konzerns, ohne daß damit irgendeine Änderung verbunden wäre: »Es weht ein neuer Wind, beziehungsweise: es weht der alte« (S. 344). Stagnation erweist sich damit als unabhängig von gesellschaftlichen Bedingungen.

heit«, die Hildesheimer »nicht verloren hätte, wäre er bei seinem Metier, der bildenden Kunst, geblieben«.[70] Diese These wird jedoch, was Jehle übersieht, in Frage gestellt, weil der Autor selbst von einer »parodierten Peripetie« spricht.[71] Trotzdem scheint die Malerei weniger stark vom Absurden berührt als die Literatur, denn im dritten und letzten Spiel *Die Uhren* wird der ›Tod des Erzählens‹ inszeniert. Der Einakter zeigt mit deutlichen Anklängen an Strindberg (*Totentanz*) und Ionesco (*Amédée*, *Stühle*) den Kommunikationsverlust eines Ehepaares. Szenisch manifest wird die Isolation wiederum durch die Tätigkeit des Glasers. Dieser tauscht die durchsichtigen Scheiben des Zimmers, das nur Aussicht auf eine Regenlandschaft bietet, sukzessive durch schwarze aus. Der Mann und die Frau reagieren hierauf mit sinnleeren Gesprächen, wobei ihnen die Eindrücke von außen, da dort »ohnehin nicht viel« geschieht (283), nur mehr vom Glaser kolportiert werden. Je abstruser dessen Berichte sind, desto gelangweilter scheinen allerdings die beiden Ehepartner. Sie wenden sich dem unerwartet auftretenden Uhrenverkäufer zu, der die Wohnung mit seiner schier unerschöpflichen Kollektion überschwemmt. Blind umherirrend kriechen die Eheleute in die Uhren hinein, imitieren deren Geräusche und besiegeln so das Ende sprachlicher Sinnstiftung.[72]

Es ist bezeichnend für Hildesheimers ambivalentes Verhältnis zum Absurden, daß im nachfolgenden Theaterstück *Der schiefe Turm von Pisa*, das 1959 in Celle uraufgeführt wird, die assoziative Bild- und Dialogregie weitgehend verabschiedet ist. Das Drama besitzt starke Handlungselemente, wenngleich sich noch immer eine Situation verschärft. Zumindest kurzfristig zieht Hildesheimer hier das Modell in Betracht, der sozialen Apokalypse bürgerlicher Weltaneignung restriktiv zu begegnen. So wird der deutsche Unternehmer Ralf, der mit seiner Frau Verena in Pisa ein nobles Ferienappartement mit Blick auf den schiefen Turm bewohnt, am Ende von der Polizei arretiert, weil man ihn für den Einsturz verantwortlich macht. Das harte Durchgreifen des Kommissars gegenüber einem Bürger, der beteuert, nur zugesehen zu haben (HT, 331) kann durchaus als Kritik aufgefaßt werden am Vergangenheitsbezug eines Landes, das Hildesheimer gerade aufgrund fortdauernden Antisemitismus verlassen hat. Tatsächlich beginnt der Autor fast zur selben Zeit, politische Manifeste zu unterzeichnen. Die Schuldfrage bildet auch das Zentrum der Theaterversion des Hörspiels *Das Opfer Helena*, die ebenfalls 1959 entsteht.[73] Neben dem Giraudoux-Bezug und der damit verbundenen Demonstration (hier ex post), daß Kriege weder zu verhindern noch siegreich zu bestreiten sind, ist vor allem der Apologiediskurs von interpretatorischer Bedeutung. So betont Helena, sie habe den »Plan« des Menelaos »zunichte machen« wollen, sie in die Arme des Paris zu treiben. Denn nur durch diese Aktion sei der Angriffskrieg der Griechen zu rechtfertigen gewesen (HT, 358). Hatte der Autor im Hörspiel (1955) versucht, die Position der intellektuellen Mitläuferin wertneutral zu exponieren, so gewinnen nun

---

70 Jehle (1990), S. 286.

71 WH, S. 29 (Empirische Betrachtungen zu meinem Theater [1959]).

72 Während für Heinz Puknus (1978) kaum je »eine suggestivere, zwingendere ›Parabel‹ für [...] den Automatismus eines der Welt, sich selbst und dem anderen, vorgeblich engsten Partner entfremdeten Schein-Lebens« gefunden wurde (S. 52), monieren große Teil der Forschung die fehlende Offenheit der Metaphorik – ohne allerdings mögliche Funktionen zu analysieren (vgl. u.a. Esslin [1964], S. 287; Koebner [1971], S. 413; Buddecke/Fuhrmann [1981], S. 85 und Berg [1986], S. 513).

73 Zu den einzelnen Fassungen vgl. Jehle (1990), S. 255-266.

Taktik und Verdrängung an Relevanz. Helena erklärt zwar, daß es »falsch« sei, »die Götter für alles verantwortlich zu machen« (338), aber sie setzt Wissen und Weiblichkeit bewußter ein und schwört, »niemals eine böse Tat begangen« zu haben (366). Ihr Schuldbekenntnis gewinnt damit strategischen Charakter. Am Ende betrachtet sie sich als »für immer geheilt« und kann sogar »Genugtuung« darüber empfinden, »daß dieser Krieg niemandem Gutes gebracht hat« (378).

Als Höhepunkt des ›politischen‹ Einspruchs gegen das Nonsens-Postulat kann die Zweitfassung des *Drachenthrons* gelten, die Anfang der sechziger Jahre u.d.T. *Die Eroberung der Prinzessin Turandot* fertiggestellt wird. Die Protagonistin ist nicht mehr Mittäterin, sondern Opfer, denn sie weiß nichts von den korrupten Machenschaften des Kanzlers Hü, des Oberrichters Tse sowie ihres eigenen Vaters. (Das ›Triumvirat‹ hat sämtliche Heiratsbewerber nach nicht bestandener Rätselprüfung exekutieren lassen und muß daher nun einen offenen Angriffskrieg gegen Persien führen.) Gleichzeitig gewinnt der Dramenschluß utopische Züge: Der echte Prinz besteigt auch hier den Thron, aber an seiner Seite sitzt die Dienerin Pnina, die Turandots Rolle übernommen hat. Die ›Bösen‹ werden wie im *Schiefen Turm von Pisa* beseitigt, während der falsche Prinz die Prinzessin heiratet und so dem Staat als Ratgeber erhalten bleibt. Die Herrschenden zeichnen fortan für die »kleinen Dinge« zuständig, die Liebenden im Hintergrund für die »*großen*«. Dank ihrer »Ideen« wird man »das Kaiserpaar loben bis ans Ende aller Tage«, während sie selbst in *Faust*-Allusion »die Augenblicke genießen« und »hoffen, daß sie uns zur Ewigkeit werden«.[74]

Die ›gesellschaftskritisch‹ ausgerichtete Zwischenphase hält indes nicht lange an. Bereits mit dem nachfolgenden Theaterstück *Die Verspätung* (1961) kehrt Hildesheimer zur alogischen Dramaturgie zurück. Wenngleich die Rahmenstruktur (Zwei-Akt-Modell) eher konventionell anmutet, lassen sich auf inhaltlicher Ebene Tendenzen posthistorischer Weltwahrnehmung feststellen. Erst für dieses Schauspiel trifft Günter Blambergers These zu, »Formkonservativität« sei »Hildesheimers Technik zur Demonstration des Absurden«.[75] Ausgangspunkt ist wie im *Pastorale* ein visueller Eindruck, jetzt allerdings das »Bild chronischen Abbruchs« (HT, 387). In der Tat kann das Stück als ›Endspiel‹ eines sinnsuchenden Intellektuellen verstanden werden. Jürgen Schröder profiliert die sozialhistorische Lesart: Ihr zufolge kamen die Intellektuellen 1945 »immer schon zu spät« mit ihren »Appellen, Artikeln und Büchern«.[76] Man verstehe sich daher wie Hamlet als beobachtender Analytiker von Verbrechen und Perversion, ohne etwas ändern zu können. So richtig diese These ist, modernehistorisch greift sie zu kurz, denn Hildesheimer inszeniert in der *Verspätung* zugleich den Tod des Dichtersubjekts. Er wird manifest in der vergeblichen Suche nach dem Neuen in einer Welt ewiger Wiederkehr des Gleichen. Der »jämmerliche« (392) Protagonist des Dramas, Professor Scholz-Babelhaus, kommt abends in das verfallene Dorf Dohlenmoos, um dort den sog. ›Guricht‹ zu suchen. Jener Riesenvogel soll – dies die revolutionäre Entdeckung des Wissenschaftlers – Stammvater der Menschen sein, wobei letztere nur als verkümmertes Produkt einer Guricht-»Abart« betrachtet werden könnten (414). Am Ende des ersten Teils erfolgt jedoch dramaturgisch weitgehend unvermittelt die ›Peripetie‹. Der

74 Hildesheimer: Die Eroberung der Prinzessin Turandot, S. 79.

75 Blamberger (1986), S. 37.

76 Schröder (1994c), S. 273.

zunächst lächerlich wirkende Scholz-Babelhaus erklärt resigniert, seine akademischen Erfolge ebenso fingiert zu haben wie die bahnbrechende Theorie: »Alles war erforscht, entdeckt, vom Größten bis zum Kleinsten. [...] So mußte ich denn zum Äußersten greifen: das ist der Guricht! Meine letzte Erfindung«. Der Professor anerkennt den posthistorischen Zustand der Welt, der sich dadurch auszeichnet, daß jede Originalität unmöglich geworden ist: »Alles, was ich in der Qual schlafloser Nächte ersonnen hatte, gab es schon, sowohl das Erdachte als auch das Widerlegte!« (421). Aus diesem Grund erweist sich Hans-Thies Lehmanns Behauptung, der Absurdismus sei durch einen »Graben«[77] vom ›postdramatischen Theater‹ getrennt, als diskutabel (C, 4.3). Bereits Hildesheimer zieht nämlich das *arche*-Denken nachhaltig in Zweifel: Die Welt »gibt keinen Urtext her«.[78] Wenn etwas gesagt werden soll, dann geht es nur intertextuell. Eine Möglichkeit, »außerhalb des unendlichen Textes zu leben«, existiert wie bei Barthes nicht.[79] Folgerichtig ist der Guricht, der schließlich erscheint, entgegen aller Erwartung ein stummer mattgrauer Klaffschnäbler (447-449).[80] Seine Durchschnittlichkeit erscheint so evident, daß der Professor »keinen Namen mehr« für ihn finden kann. Der dekonstruktive Impetus bleibt aber auch hier ein kontrollierter, denn Scholz-Babelhaus hält ex negativo am Subjektbegriff fest: »Ich bin der Punkt, von dem sich alles wegbewegt« (450). Der Professor gewinnt dadurch die »Würde des Gescheiterten«.[81] Anders als Jack Elmsby beantwortet er das Verdikt, die »erbärmlichste Figur« zu sein, die man sich denke könne, ironisch: »Zuviel der Ehre!« (446). Trotzdem kapituliert Scholz-Babelhaus am Ende vor der Postmoderne: Er vermag das Absurde nicht anzunehmen, sondern stirbt mit dem Erscheinen des jede Hoffnung auf Individualität zerstörenden Pseudo-Guricht:

> PROFESSOR *ersterbend:* [...] Es ist zu spät! *Pause.* Ich wußte mehr als andere – aber die anderen haben recht behalten. Es gab Möglichkeiten, aber mir haben sie sich entzogen. [...] *Pause.* Kein Scherenschnabel, kein Wandelfuß, kein Sinn, kein Guricht. *Pause.* Nein – *Pause* – nein, *er schüttelt den Kopf* – ich habe mich nicht überzeugt! *Er sinkt tot auf dem Stuhl zusammen* (450).

Zurück bleibt allein der Sargtischler als Symbol des ewigen Wechsels von Werden und Vergehen. Wie stark das Geschehen biographisch bestimmt ist, zeigt die Tatsache, daß Hildesheimer, der sich nach eigenem Bekunden mit dem Professor identifiziert, 1962 in den *Vergeblichen Aufzeichnungen* erstmals ankündigt, ab dato nicht mehr schreiben zu wollen.[82] Denn einzig in der Malerei scheint sich der Mensch, wie es Scholz-Babelhaus formuliert, »mit dem Lächeln des Wissenden über die Zukunft der Künste ausschweigen« zu können (422).

77 Lehmann (²2001), S. 89.
78 Hildesheimer: Interpretationen. Zwei Frankfurter Vorlesungen (1969), S. 82.
79 Barthes: Die Lust am Text, S. 54.
80 Auch bei Günter Grass symbolisiert die Farbe ›grau‹ das postideologische Zeitalter (B, 6.5.2).
81 Aus Hildesheimers Briefen an den Regisseur Hansjörg Utzerath (zit.n. Jehle [1990], S. 312).
82 Vgl. Hildesheimer: Vergebliche Aufzeichnungen, S. 7.

5.2 Nonsens als Grenzphänomen

Neben das Absurde als Welterklärungsmodell tritt während der fünfziger Jahre ein Sinnverlust, der als Extremwert aus dem »Verzicht auf jede Utopie«[83] resultiert. Die Tendenz findet sich international vorgeprägt, denn die meisten Dramen von Wilder, Miller, Giraudoux und Anouilh bleiben nach Ansicht der Zeitgenossen »ohne Botschaft«[84] und gesellschaftsverändernde Perspektive: Die durchaus virulente Sozialkritik wird durch eine Skepsis untergraben, wie sie Menschen eignet, die sich »immun gegen alle Ideologien« glauben.[85] Obwohl der Übergang zum absurden Theater mitunter fließend verläuft, ist der Nonsens meist inhaltlich evoziert, findet also kaum Eingang in die Struktur. Auch die Vorstellung von Fremdheit und *clôture* verweist stärker auf den Existentialismus (Sartre, Camus) als auf die ›Pariser Avantgarde‹ (Beckett, Ionesco, Adamov), allerdings fehlt häufig jegliche Aussicht auf Freiheitsgewinn durch Selbstentwurf oder Revolte.

Bei Hans Günther Michelsen scheitert der Versuch der NS-Generation, die Vergangenheit produktiv zu überwinden. Während der Major an seinen Memoiren schreibt, kontrolliert der unsichtbare Offizier Stienz den Kontakt zur Außenwelt, ist gleichzeitig Beschützer und Kerkermeister. Selbst sein Tod schafft keine Abhilfe; Mechthild, die Tochter des Hauses, übernimmt sofort als neue Marionette die Arbeit des Liquidierten (B, 6.2.1). Auch Hermann Moers zeigt in seinem Schauspiel *Zur Zeit der Distelblüte* (1958) »die Ähnlichkeit der menschlichen Situation« mit der »von Gefangenen« – jedoch als existentielles Faktum.[86] (Vorbilder sind Sartres *Huis clos* und Genets *Haute surveillance*.) Das eine Anstalt umgebende Mauerwerk ist für fünf Sträflinge, die Nummern statt Namen tragen, unüberwindbar. Eine höhere Instanz, auf die der Status quo zurückzuführen wäre, scheint nicht vorhanden. Zunächst sind die Inhaftierten gefügig: Sie erproben auf Befehl des Aufsehers unterschiedliche Bewegungsvarianten: Gehen, schwerer Gehen, Säcke tragen, Springprozession machen, gegen Wind ankämpfen etc.[87] Wie bei Beckett ist die Utopie jedoch diskursiv präsent; sie verkörpert sich sogar ›real‹ in einer blühenden Distel, die aus einer Mauerritze wächst und bei deren Anblick Tränen vergossen werden. Gespeist durch neue Hoffnung revoltieren die Gefangenen und zertrampeln dabei die Distel. Als sie daraufhin vom Aufseher den Schlüsselbund erhalten, müssen sie feststellen, daß sich damit nicht der Weg nach draußen, sondern nur die eigenen Zellen öffnen lassen.

Entsteht Sinnlosigkeit bei Moers aus der Tatsache, daß Autonomie per se nicht erreichbar ist, so verläuft die Argumentation in Tankred Dorsts Drama *Freiheit für Clemens* (1960) umgekehrt. Hier wird am Beispiel eines Häftlings demonstriert, daß der Mensch dem Wagnis, eigenständig zu leben, die Sicherheit des Eingesperrtseins vorzieht. Die draußen lauernden Gefahren, die der Aufseher dem Gefangenen beschreibt, zerstören sukzessive dessen Bedürfnis nach Rückkehr in die Welt. Als Clemens schließlich »gewisse Formen des Gehens, des Reagierens, des Sprechens« beherrscht,

---

83 Drewitz: Groteske Literatur – Chance und Gefahr (1965), S. 344.

84 Mellinger: Memorandum an Eric Clarke vom 27. Oktober 1947. Subject ›Reorientation‹. In: National Archives. Record Group 260 (zit.n. Lange [1980], S. 25).

85 Syberberg: Der Mensch im Spiegel des Dramas (1946), S. 47.

86 Moers: Anmerkungen (1959), S. 5. Der Autor erhält 1960 den Gerhart-Hauptmann-Preis.

87 Zum poetisch-performativen Gegendiskurs bei Moers (Bewegung, Spiel) vgl. C, 4.3.

die ihm den Aufenthalt in der Zelle angenehm machen, ignoriert er seine Entlassung und richtet sich – die eigene Entfremdung idealisierend – endgültig im Gefängnis ein. Der dahinterstehende Versuch, »einen zunächst konturlosen Menschen auf der Bühne, im Spiel zu formen und mehr und mehr festzulegen«,[88] unterscheidet Dorsts Dramaturgie von der des absurden Theaters. Die Regression zur Marionette, die sich nach einem letzten Aufbäumen der Individualität – »Ich will raus!« (DS, 56) – vollzieht, ist »gesellschaftlich« rückgebunden.[89] Der Endzustand scheint allerdings kaum weniger ausweglos, denn die »puppenhafte Art, sich zu bewegen« (57),[90] ergreift wie bei Ionesco (*Cantatrice chauve*) schließlich die Sprache, so daß Sätze in Wörter, Silben und Vokale zerfallen (C, 4.3). Mit seiner »Dramatik des [...] ›Ich-weiß-nicht‹«[91] treibt Dorst die Ideologiekritik ins Extrem und macht den Nonsens noch nachdrücklicher als Dürrenmatt zum »Grenzbegriff«.[92] Denn die konsequente Absage an private Gewissensentscheidungen subvertiert selbst das Konzept des »mutigen Menschen«.[93]

Richard Hey äußert im Rekurs auf Giraudoux ebenfalls Skepsis gegenüber jeder politischen Funktionalisierung des Theaters. Die Wirklichkeit produziere »mehr Hackordnungen« als der Dramatiker »je erfinden« könne.[94] Vor diesem Hintergrund sei es unmöglich, »Gut und Böse« sozial zu lokalisieren; entsprechend »sinnlos und unaufrichtig« blieben alle gesellschaftskritischen »Aktionen« (WA, 4). Hey versteht sich hier als postideologischer Autor – sowohl mit Blick auf Marxismus wie Absurdismus: Brecht und Ionesco hatten nämlich noch »eine Gesellschaft, die sie attackieren, einen Widerstand, an dem sie wachsen, eine revolutionäre Ideologie, von der sie sich forttragen lassen konnten [...]: wer heute ein Theaterstück schreibt, findet keinen Widerstand mehr vor« (TiG, 254). Diese These wird in Peter Hirches Schauspiel *Die Söhne des Herrn Proteus* (1960) paradigmatisch gestaltet. Im Zentrum der Handlung steht wie bei Wilder (*The Skin of our Teeth*) eine Familie: Während der Vater sich ständig verwandelt (US-Matrose, griechischer Gott, Spacepilot), sehen sich Frau und Kinder sintflutartigen Katastrophen gegenüber. Jede Revolte gegen den Status quo bleibt zwecklos, weil die Frage nach dem »Wozu« unbeantwortbar ist. Die Söhne mit den sprechenden Namen Schall und Rauch haben dies erkannt; der Vater – mutierend sich gleichbleibend – nicht. Er sucht die junge Generation zum Aufstand zu zwingen, ohne zu sehen, daß »keine neue Sprache«, »keine neuen Gefühle« erfunden werden können (C, 4.2.1).

5.2.1 Soziale Apokalypse: Der (deutsche) Bürger

Die ideologische Perspektivlosigkeit bleibt jedoch geschichtlich fundiert. Man wendet sich in erster Linie gegen das Wiedererstarken bürgerlicher Lebenskultur, weil hier alle negativen Eigenschaften zusammenzufallen scheinen, die Drittes Reich und Holocaust

---

88 DS, S. 114 (Die Bühne ist der absolute Ort [1962]).

89 Ebd., S. 119.

90 Zur Funktion der Marionetten bei Dorst vgl. Hensing (1983, 1988).

91 DS, S. 117 (Die Bühne ist der absolute Ort [1962]).

92 Dürrenmatt: Über die Grenzen, S. 103 (Das »Labyrinth« oder Über die Grenzen des Menschseins [1990]).

93 Dürrenmatt: Theater-Schriften und Reden, S. 123 (Theaterprobleme [1955]).

94 Der Sinn des Theaters (1957), S. 86.

ermöglicht haben. Der (deutsche) Spießer ist nach 1945 in Ost wie West *das* Paradigma menschlicher Reflexions- und Handlungshemmung, seine Herrschaft bezeichnet den Niedergang jeder Utopie durch Egozentrik, Banalität und (ökonomische) Effizienz.[95] Mit anderen Worten: Das Wirtschaftswunder basiert auf derselben Geldgier, kraft derer schon Hitler das deutsche Volk kaufen konnte.[96] Auch der Biedermann der Adenauer-Zeit läßt sich daher als Spielzeug mißbrauchen, wie Wolfgang Altendorf in seiner Komödie *Der Puppenspieler* (1952) darstellt. Hier verhilft Staatssekretär Graiser General Baxter zum Präsidentenamt. Aus Profitgier fördert er jedoch die Oppositionspartei, bis es ihm gelingt, den Präsidenten mit Unterstützung von Elisa, Baxters geschiedener Gattin, nach sechs Monaten wieder zu stürzen. Um beide Lager »unter Kontrolle [zu] bekommen« (80), bestimmt er daraufhin seinen Neffen Andres zum Führer der Baxter-Partei. Nur er, der »Puppenspieler« (I), bleibt permanent im Amt.

Hauptvertreter westdeutscher Bürgersatire ist Herbert Asmodi. Seine Komödien suchen durch groteske Überstilisierung und Karikatur die moralische Perversion der Nachkriegsgesellschaft aufzuzeigen. Entgegen bisheriger Forschungsthesen (C, 4.1) verbleibt der Autor dabei allerdings keineswegs im Diskurs der Jahrhundertwende. Das Gesellschaftsstück wird vielmehr zur Persiflage seiner selbst. Hieraus erklärt sich der häufige Rückgriff auf den Adel, der für Asmodi Bürgerlichkeit in besonderer Morbidität repräsentiert. Während Dürrenmatt weiterhin am ›mutigen Menschen‹ festhält, sieht der Deutsche überall nur »Menschenfresser«, die ethisch nicht entwicklungsfähig sind.[97] Folglich verzichtet er meist auf Selbsterklärungen.[98] Anders sein Schweizer Kollege: Er sieht sich gezwungen, »Vorworte, Nachworte, Kommentare zu schreiben«, weil es in seinen Stücken keinen Bezugspunkt gibt.[99] Dieser fehlt auch bei Asmodi, dessen »Moral« nur mehr im Widerschein eines »Tabularasahumor[s]« sichtbar bleibt. Selbst hier wird das Wahrheitspostulat jedoch nicht verabschiedet, so daß trotz Zerstörung aller Illusionen die auktoriale »Missionstätigkeit« fortbesteht.[100] Heinar Kipphardt genügt diese Form der Sinnstiftung nicht. Für ihn sind Asmodis Komödien »zu Teilen ganz lustig«, aber »natürlich auch ganz nichtsnutzig«.[101] Der Autor solle endlich »den Anouilh vergessen« und »sich eine Philosophie anschaffen«.[102] Dies widerspricht indes dem Charakter eines Theaters, das sich als postideologisch versteht und »weder eine politische noch soziale Utopie« enthält.[103]

In diesem Sinne ›absurd‹ ist bereits Asmodis erstes Bühnenstück *Pardon wird nicht gegeben* (e 1954, U 1958),[104] das von der Forschung bisher für das zweite gehalten und

---

95 Proletarier und Bauer werden im Westen nahezu ausgespart (vgl. L. Fischer [1986b], S. 64).

96 Vgl. Aly (2005), S. 49-90.

97 Asmodi: Der Autor an seinen Verleger (1961), S. 99.

98 Auf die Mannheimer Rundfrage *Der Sinn des Theaters* (1957) reagiert Asmodi nicht, die der Zeitschrift *Die Kultur* (1961) beantwortet er mit polemischem Zynismus (vgl. WA, S. 4).

99 Mündliche Äußerung von Dürrenmatt aus dem Jahr 1961 (zit.n. Plett [1972], S. 14).

100 Asmodi: Der Autor an seinen Verleger (1961), S. 99-101.

101 KS, S. 199 (Brief vom 30. Mai 1961 an Peter Hacks).

102 KS, S. 210 (Brief vom 28. November 1961 an Peter Hacks). Zu Kipphardts ›marxistischer‹ Farce *Der Aufstieg des Alois Piontek* (1954) vgl. B, 4.2.1.

103 Brief vom 21. Februar 2005 an W.G.S.

104 Zitat aus der Bremerhavener Rede Wilhelm II. am 27. Juli 1900 bei der Verabschiedung des deutschen Ostasiatischen Expeditionskorps zur Niederschlagung des Boxeraufstandes im Kaiserreich China.

nicht näher analysiert wurde. Rückschauend erklärt der Autor den Sachverhalt und gibt damit Einblick in das kulturpolitische System der Nachkriegszeit:

> Die geliebten Münchner Kammerspiele machten sowas wie ein Preisausschreiben. Ich hatte nur »Pardon« fertig und trug es zum Dramaturgen – Bergold hieß der Mann: »Sowas Zynisches können Sie nicht schreiben, Herr Asmodi!« Also setzte ich mich hin und schrieb ein ganz konventionelles Stück »Jenseits vom Paradies«.[105] Ich schickte es nach Berlin, wo Oscar Fritz Schuh (das hatte ich in der SZ gelesen) verkündet hatte, er suche junge Talente »wie Diogenes mit der Laterne«. Ich kriegte unter 350 Mitbewerbern den 1. Preis, 7000 DM, schrieb »Pardon« zu Ende und drei Jahre später kam es bei den Kammerspielen heraus, der Dramaturg hatte gewechselt, und es wurde ein Theaterskandal, der sich gewaschen hatte.[106]

Die Publikumsreaktion scheint insofern verständlich, als das Utopische nur mehr als Gegenteil des Bestehenden persistiert. Im gesamten Stück herrscht totale Korruption. Initiator ist der Kunsthändler Ambrosius Krell, der mit den Bildern des Malers Boris Schuwaloff Profit machen möchte. Dies kann nur gelingen, wenn der Künstler berühmt ist, ohne am eigenen Ruhm teilhaben zu können. Vor diesem Hintergrund soll er sterben. Die Aktion wird schließlich vereitelt; eine positive Zukunftsoption ergibt sich allerdings nicht. Die Welt bleibt weiterhin »schlecht« (34), so daß die von Fürst Bonifaz einberufene Geheimkonferenz der vier Großmächte zur Farce wird. Auch Prinzessin Stephanie muß erkennen, daß sich die Welt »nicht auf dem Weg zum Frieden« befindet, »[s]ondern auf dem Weg zur Erkenntnis seiner Unmöglichkeit« (47). Gleichzeitig kritisiert Asmodi jedoch den Systemabsurdismus: Man lebt »bequemer« im Wissen darum, daß man außerstande ist, den Status quo »zu verbessern« (45). Aber auch die selbsternannten Vertreter der Moral drohen – die RAF antizipierend – im terroristischen Fanatismus zu enden. So planen Bonifaz und Stephanie die Errichtung einer ›neuen Welt‹ durch Liquidation des parasitären Gesindels: Die »Leichen« von Krell & Co. sollen der »Appell« an das Gewissen sein (82). Asmodi verfolgt hier eine Strategie umfassender Negation. Er stellt sämtliche Optionen menschlichen Verhaltens in Frage, ohne sie jedoch restlos ad absurdum zu führen. Denn obzwar die »menschliche Natur« für den Pazifismus »nicht [...] geschaffen« ist (47), scheint auch der Defätismus problematisch, d.h. der Nonsens bleibt wie bei Dorst gesellschaftsbezogen. Nicht von ungefähr wendet sich Krell am Schluß der Komödie ad spectatores, um seine Unsterblichkeit zu verkünden: »Dank Ihrer freundlichen Unterstützung meine Herrschaften!« (85).

Ähnliches gilt für die Komödie *Nachsaison* (1959), die erfolgreichste des Autors und für Marianne Kesting »des deutschen Nachkriegstheaters funkelndstes und bösestes Stück«.[107] Auch hier steht der filigranen Handlungskomposition der moralische Leerlauf der Dialoge gegenüber: Gräfin Adele Schönfeld wartet seit einer halben Generation auf Franz Ferdinand Baron von Lohenstein, der sie während einer Ballnacht verführt hat, dann aber verschwunden ist. Nach fünf Jahren beginnt sie ein Verhältnis mit

---

105 Das Schauspiel steht in der Tradition des Naturalismus (Ibsen, Hauptmann, Sudermann) und behandelt den Selbstmord der jungen Bella. Das Mädchen erschießt sich, weil der Vater, zugleich Hausfreund der Mutter ihres Geliebten, dessen Brief an sie unterschlägt. Der flatterhafte Frank war straffällig geworden, hatte in dem besagten Schreiben jedoch Reue bekundet und versprochen, sich der Polizei zu stellen.

106 Brief vom 21. Februar 2005 an W.G.S.

107 Kesting (1969), S. 292.

Kammerdiener Joseph, dem Halbbruder des Barons.[108] Dies ändert jedoch nichts an ihrer ›Treue‹, denn als der Unterhändler einer US-Firma mit der Absicht erscheint, ihr Schloß zu kaufen, weigert sie sich. Bei dem Geschäftsmann handelt es sich allerdings um den inzwischen mittellos gewordenen Baron, der Adele nun aus finanziellen Gründen heiraten will. Joseph sucht dies zu verhindern, indem er die Gräfin über Ferdinands dekadenten Lebensstil aufklärt. Da er selbst aber eine Beziehung zum Stubenmädchen Crescencia pflegt, kommt es schließlich doch noch zur standesgemäßen Vereinigung der Paare. Nur den Dienern »vergeht« der »Humor«. In Knittelversen artikulieren sie die Perversion ökonomischer Weltaneignung: »Selber sterben möchtst, so angschmiert kommst dir vor. / Geh ma haam und legen ma uns ins Bett. / Drehts die Lichter aus. Die Menschen sind ein Gfrett!« (75).

Des weiteren werden Vergangenheitsverdrängung und Untertanengeist des Bürgertums kritisiert. Die westdeutsche Gesellschaft stelle jeden Menschen vor die Alternative, »Standpunkte« zu haben »oder ein geachtetes Leben«.[109] In Gerd Oelschlegels Schauspiel *Die tödliche Lüge* (1956) zeitigt das ignorante Prestigedenken sogar letale Folgen: Elisabeth Bastian, Frau und Mutter, ist auch nach 1945 auf Repräsentation fixiert, ohne von der veränderten Realität – ihr Mann ist arbeitslos – Notiz nehmen zu wollen. Durch das »krampfhafte Festhalten an Dingen, die vorbei sind« (22), verliert sie einen Menschen nach dem anderen: zunächst Sohn Rolf, dann Jugendfreund Joachim, schließlich ihren eigenen Mann Richard, der nach heftiger Auseinandersetzung einen schweren Herzinfarkt erleidet.

Im Extremfall wird der Spießer zum funktionalen Menschen, der reflexiv versagt und kein Leben jenseits der Entfremdung kennt. Der Pensionierte in Dieter Waldmanns bisher unbekannter Etüde *Zwei schwarze Mäuse* (1958) vermag sich nicht aus dem Labyrinth beruflicher Gleichförmigkeit zu befreien. Nach vierzig Jahren Arbeit ohne Fehltag geht er am täglichen Alleinsein zugrunde (14). Er kehrt in die Fabrik zurück, um seine »Mäuslein«, schwarze Schutzärmel, aus dem Schreibtisch zu holen (16). Zu ihnen, die er »weinerlich« piepsen hört (13), besitzt er eine engere Beziehung als zur eigenen Frau. Nachdem der Saubermacher aus Sicherheitsgründen die Polizei alarmiert hat, stürzt sich der Pensionierte wie das Ehepaar in Ionescos *Les Chaises* (1954) aus dem Fenster. Auch der Sohn in Waldmanns zweiter Etüde *Der Schirm* scheitert mit seinem Emanzipationsversuch. Zwar droht er den Eltern, das Haus zu verlassen, bringt die Kraft zur Revolte jedoch nicht auf. Unter dem siegreichen Lachen des Vaters muß er erkennen, daß ihm versagt bleibt, was der in einer Traumwelt lebenden Pensionistin Gimena gelungen ist. Sie hat die Untermiete gekündigt, um ihrem (illusorischen) Lebenswunsch näherzukommen: Beschützt von einem Schirm aus roter Seide möchte die alte Dame durch den Regen laufen.

Daß aber selbst Phantasie kein sicheres Exil bieten kann gegen die ›inhumane‹ Aggressivität bürgerlicher Ordnung, zeigt Waldmann in seinem Schauspiel *Der blaue Elefant* (1959). Die alte Frau Bredow, die sich eines farbigen Waisenjungen angenommen hat, gilt den Behörden als unkalkulierbares Verkehrshindernis. Ihr wird verboten, das Fahrrad zu benutzen und, da sie es dennoch tut, die Mitschuld an einem Unfall zugeschoben. Der Junge protestiert gegen die korrupte Sozietät durch Sprach- und Hörver-

[108] Joseph erinnert an den Diener Theodor in Hofmannsthals Komödie *Der Unbestechliche* (1923).
[109] Weymann: Generationen (1955), S. 129.

weigerung: Er redet nur mit der Ziehmutter, zudem im Rahmen einer Märchenwelt, deren Integrationsfigur ein blauer Elefant ist. Während die Kämpfe in der Fiktion mit dem Sieg der beiden Außenseiter enden, verliert Frau Bredow die reale Kontroverse. Sie stirbt unter dem Druck der Ereignisse, während das Negerkind auf den drohenden Abtransport ins Heim mit dem verzweifelten Quietschschrei »Elefant« reagiert (102). Auch die alte Gräfin Athalie de Villars-Brancas in Dorsts *Gesellschaft im Herbst* (1959)[110] und die Fischersfrau Fan Chin-ting in der *Großen Schmährede an der Stadtmauer* (1961) versagen bei dem Versuch, »durch einen puren Akt der Imagination die anonyme, bloß funktionierende Automatenwelt zu überwinden«.[111] So fordert die junge Chinesin, die sich nach Liebe und Harmonie sehnt, den Kaiser auf, ihren Mann Hsüeh Li (der bereits gefallen ist) aus der Armee zu entlassen. Zielsicher benennt sie einen fremden Soldaten, der auf der Mauer steht und des eigenen Vorteils wegen zunächst mitmacht. In einem Prüfungsspiel soll sie darstellen, wie sie mit ihrem Gatten vier Jahre zusammengelebt hat. Fan Chin-ting skizziert dabei jedoch eine so konzentrische Welt, daß der Soldat durch die Erzählung abgeschreckt wird und schließlich seine wahre Identität preisgibt. Noch die fingierte Emanzipation vom Bürgertum verbleibt in dessen Grenzen. Der Schluß des Einakters tangiert daher das Absurde: Verzweifelt trommelt die Fischersfrau gegen die »große, alte, stupide Mauer« und stellt – obgleich niemand zuhört – die Frage nach dem Sinn der bestehenden Ordnung: »Warum sind alle Gesetze nichts wert? Aller guter Wille nichts wert? Alle Hoffnung nichts, alle Sorge nichts, alle Klugheit nichts, alle Liebe nichts, nichts, nichts!« (DS, 38).

Indem sich das Selbstverständnis des Bürgertums auf die Artikulation von Werten gründet, denen in praxi kein Äquivalent entspricht, muß es mit seinem Anspruch scheitern, die Welt postideologisch kontrollieren zu können. Hermann Moers Schauspiel *Im Haus des Riesen* (ca. 1961) erscheint daher als modernes Märchen von den kleinen Leuten, die sich anschicken, ein übergroßes Anwesen in Besitz zu nehmen. Denn das Extreme der Dimensionen macht die Köhlerfamilie ratlos: Die Figuren verlieren sich im Raum (sie sehen einander nicht mehr), aber auch in der Zeit: Tochter Helena heiratet »ihre Erinnerung an einen Mann, der ihr Blumen vom Wegrand abrupfte« (71). Hinzu kommen die »vielen neuen Möglichkeiten« (76), die sich durch den Besitz des Hauses bieten. Aber gerade die Pluralität der Sinnstiftung, die auf jene der Nachkriegsepoche verweist, begünstigt bürgerliche Selbstüberschätzung. Während Sohn Jakob es »wunderbar« findet, hier »schiffbrüchig« zu sein (79), verklärt Vater Köhler die Perspektivlosigkeit mit großer Geste zum Beginn einer neuen Ära: »Grenze für Grenze haben wir überschritten, so daß wir heute mit Stolz sagen können: wir kennen keine Grenzen mehr!« (89). Als schließlich der Rauch des Meilers die Vögel sterben läßt, wird die Immobilität des bürgerlichen Systems evident. Alle Familienmitglieder sind nur mit sich selbst befaßt und daher unfähig, ihren Kreisbewegungen zu entkommen.

> JAKOB *schüttelt heftig den Kopf:* Nein – nein – alle Vögel fallen tot vom Himmel. [...] Der ganze Garten liegt voll, überall! – So – so liegen sie da – dann krampfen sie sich zusammen – und strecken sich – und sind tot.

---

110 Vgl. hierzu C, 4.3.

111 DS, S. 117 (Die Bühne ist der absolute Ort [1962]).

Jakob bemüht sich in irrem Eifer, den Vorgang genau zu beschreiben. Dabei ahmt er, auf dem Boden umherrutschend, mit den Händen die Bewegungen zuckender Vögel nach, die sich verkrampfen und tot ausstrecken So – so ...

DIE KÖHLERSFRAU: Vielleicht werden sie wieder lebendig, wenn der Rauch sich verzieht.

Jakob schüttelt den Kopf, fährt fort in seiner Pantomime. Die Köhlersfrau verhüllt ihr Gesicht. Der Köhler verbeugt sich immer noch und schwenkt seinen Hut. Anna versucht unentwegt, durch die Tür zu gehen. Helene geht unverändert an ihrem Platz auf und ab. (90f.)

In Moers' Drama *Beginn der Badesaison* (1960) endet der ersehnte Meerurlaub nach grotesken Verwicklungen auf hoher Bergspitze. Trotzdem verlieren die Irregeführten nicht einen Moment die Gewißheit, daß der richtige »Weg« im Grunde »gar nicht zu verfehlen« sei (68). Solcher Nonsens bürgerlicher Planung findet sich auch im stärker systemabsurdistisch geprägten Kontext: Bei Hildesheimer stürzt der schiefe Turm von Pisa während der Familienferien nieder (B, 5.1.2), bei Grass verwüstet das Hochwasser Haus und Garten, ohne daß dadurch eine veränderte Reflexionshaltung hervorgerufen würde (B, 6.5.2). In Peter Weiss' Farce *Die Versicherung* (1952) ist die defätistische ›Zeitkritik‹ sogar mit Bezug auf Artaud gestaltet – wie erwähnt ein singuläres Phänomen im deutschsprachigen Nachkriegstheater und nicht zufällig Ergebnis der Exilsituation (B, 6.2.1). Für den Wahlschweden sind die Perversionen der Nachkriegsgesellschaft nur mehr im Modus der Überschreitung darstellbar: »Der gewaltsame grausame Angriff auf den Zuschauer, mit dem Ziel, ihm den Boden unter den Füßen wegzureißen und ihn mit den unüberstandenen Katastrophen zu konfrontieren, ist ein legales Mittel [...]. Wüste Schlägereien und Schimpfereien können ebensoviel über die heutige Zeit aussagen wie differenzierte Analysen«.[112]

Neben die Kritik an der ethischen Defizienz des Bürgertums tritt die Furcht vor der totalen Kommerzialisierung der Gesellschaft. Die zunehmend global ausgerichtete Massenkultur wird daher bis weit in die sechziger Jahre hinein zum Gegenbild geglückter Sozialisation. Mit anderen Worten: Das Absurde der Wirtschaftswunderwelt gewinnt konkulturale Züge, prägt die Dramatik von Ost wie West. So exponiert Gerd Oelschlegel in seinem Schauspiel *Staub auf dem Paradies* (1957) mit Bezug auf Giraudoux' *Irre von Chaillot* die Bedrohung idyllischer Reservate durch expandierende Machtkonzerne. Um neue Kunden zu requirieren, verunsichert die International Universum Versicherungsgesellschaft ein Dorf, indem es das Gerücht in die Welt setzt, auf dem Territorium werde ein Truppenübungsplatz errichtet. Die Kolportage zieht die Wirklichkeit nach sich und beweist damit die performative Kraft des Kapitalismus. In Richard Heys Schauspiel *Lysiane* (e 1955, U 1963), das neben einer deutlichen Wilde-Intertextualität (*Der Geist von Canterville*) ebenfalls auf Giraudoux verweist, wird die positive Schlußwendung dagegen nicht vollständig verabschiedet. Zwar plant der Geschäftsmann Fabrice Palenquet zunächst, das alte Schloß Fredersdorf niederzureißen, damit an gleicher Stelle eine Rennbahn entstehen kann, aber mit Hilfe des Gespensts Lysiane wird er schließlich bekehrt. Die Zukunft bleibt trotzdem unsicher, denn nach dem Verschwinden des weiblichen ›Engels‹ droht den Bewohnern eine neue »Nacht« mit ihren »Barbaren« (58). Auch in der Tragikomödie *Weh dem, der nicht lügt* (e 1960/61, U 1962), die den Titel von Grillparzers Schauspiel negativiert, sieht sich der Prota-

---

[112] Wie ist die heutige Welt auf dem Theater darzustellen? (1963), S. 70 (Weiss). Zum integralen Theaterkonzept des Autors vgl. C, 4.3.

gonist Hans Hilarius Edler von Kappoffum einer skrupellosen Produktionsfirma gegenüber, für die der Mensch nur »Stoff« ist, »nichts weiter« (35). Die Verfilmung der Heldentat des kauzigen Aristokraten, der 1918 ein ganzes belgisches Bataillon »in die Pfanne gehaun hat« (8), wird folgerichtig zur spätbürgerlichen Farce. Relevant ist allein die Medienperformanz: Historische Echtheit erweist sich als unrentabel, deshalb verfälscht man die inszenierte Pose zum authentischen Dokument. Derselben Umwertung von Wahrheit in Lüge bedient sich die städtische »Hochhaus-Gesellschaft«, die Kappoffum bedrängt, er solle sein Eigenheim samt Gartenhaus verkaufen. Gesundheitlich angeschlagen muß der Adlige schließlich kapitulieren und lernen, sich angesichts der Sinnlosigkeit jeder Revolte zu »bescheiden« (77).

Die Reduktion des modernen Menschen zum Funktionswert einer ökonomischen Gleichung bestimmt auch Tankred Dorsts Farce *Die Kurve* (1960). Im Gegensatz zu Hey, der noch im Absurden nach der »blauen Blume« (»Godot«) sucht,[113] wird hier die Selbstentfremdung kühl inszeniert. Die Figuren besitzen »kein bemerkenswertes Innenleben, ihre Seelenkämpfe sind nicht echt«.[114] Tatsächlich zeigen sich die beiden Brüder Anton und Rudolf zwar betroffen von den zahlreichen Verkehrstoten, die eine gefährliche Straßenkurve fordert, leben aber zugleich von den Unfällen: Anton verfaßt empfindsame Totenklagen, Rudolf setzt die zerstörten Fahrzeuge wieder instand. Trotzdem richten sie 24 Eingaben an den Ministerialdirigenten Kriegbaum zwecks Begradigung der Strecke. Diese »sittliche Schizophrenie«[115] kulminiert, als der Staatsbeamte selbst in der Kurve verunglückt, allerdings auf wundersame Weise überlebt. Konfrontiert mit einer Situation, deren Eintreten nicht vorhersehbar schien, bleiben die Brüder unfähig, die Diskrepanz ihres moralischen Verhaltens zu überdenken. So zögernd Anton dem verletzten Kriegbaum die Grabrede vorträgt, so zögernd bringt er ihn schließlich um. Gewissensbisse hat er keine: Er betrachtet das Ergebnis seiner Tat, als habe er sie nicht begangen. Erinnerungslos genießt er wie der deutsche Spießer den »Abendfrieden« nach vollbrachter Untat (DS, 111).

Auch in der sozialistischen Avantgarde setzt sich – konträr zu Gorkis Thesen[116] – die Erkenntnis durch, daß selbst die neuen Machthaber in (klein)bürgerlichen Kategorien denken und handeln.[117] Der unsterbliche ›Michel‹ wird daher bei Brecht und Kipphardt zum Signum einer spezifisch deutschen Sozialgeschichte (B, 6.4.1/C, 4.1.2).[118] Im Unterschied hierzu argumentiert Heiner Müller stärker transnational. Für ihn ist das »Dilemma« des 20. Jahrhunderts »die Korruption der revolutionären Bewegungen in Europa durch die Kleinbürger«.[119] Diese Form der Pervertierung scheint jedoch allen egalitären Systemen eingeschrieben: Demokratie wie Kommunismus (als Idealform gedacht) sind Orte ewiger Wiederholung und Langeweile.

---

113 Hey: Weh dem, der nicht lügt, S. 82 (Nachwort [1962]).

114 DS, S. 117 (Die Bühne ist der absolute Ort [1962]).

115 Profitlich (1994), Titel, passim. Profitlich bezieht sich hier möglicherweise auf eine Formulierung Max Frischs (vgl. Gesammelte Werke in zeitlicher Folge. Bd. 2, S. 444 [Tagebuch 1946-1949]).

116 Vgl. Gorki: Bemerkungen über das Kleinbürgertum, S. 84-90.

117 Die affirmative Dramatik gestaltet dagegen die problemlose Wandlung vom Kleinbürger zum proletarischen Kämpfer (vgl. Wangenheim: Die Maus in der Falle [1947], Zinner: Der Teufelskreis [1953], Baierl: Frau Flinz [1961] und Salomon: Vortrieb [1961]).

118 Um 1950 verfaßt Brecht das Fragment *Der deutsche Michel* (GBA 10.2, S. 1311).

119 Müller: »Jenseits der Nation« (1991), S. 12.

5.2.2 Nukleare Apokalypse: Das zerstörte Genom (Jahnn)

Die deutsche Dramatik reagiert auf den Beginn des Atomzeitalters im Jahr 1945 meist verantwortungsethisch. Man zeigt den inneren Kampf von Wissenschaftlern, die sich mit den verheerenden Folgen ihrer Erfindung konfrontiert sehen. Dahinter steht die Furcht, die Atombombe könne erstmals in der Geschichte die gesamte menschliche Kultur vernichten. Der nach 1947 nicht mehr auszuschließende Dritte Weltkrieg gewinnt deshalb apokalyptische Züge. Daß die Supermächte ihn dennoch einzukalkulieren scheinen, verleiht der Weltpolitik eine ›absurde‹ Komponente, die in der Praxis zu Abweichungen vom skizzierten Normalmodell (B, 2.2) führt. So wird in Fred Dengers Schauspiel *Bikini* (1948) erstmals auf eine positive Schlußwendung verzichtet: Das Schiff Mount MacKinley befindet sich auf dem Weg zum Bikini-Atoll, wo ein Atomtest geplant ist. Er soll dazu beitragen, »alle künft'gen Kriege zu entscheiden« (15). Der Autor sucht nun die Handlungsintensität so zu steigern, daß im Augenblick des Zündens der Bombe »die Grenze des Erträglichen« (46) erreicht ist. Unklar bleibt jedoch, ob das Donnern den »Beginn des letzten (oder eines neuen) Zeitalters« ankündigt (5). Während Denger die Sicherheit eines positiven Ausgangs in Frage stellt, untergraben Kurt Langenbeck und Friedrich Kolander die Hoffnung, das Forschersubjekt könne den Untergang der Welt dadurch verhindern, daß es sich bzw. seine Erkenntnisse der Gesellschaft entziehe. In Langenbecks Drama *Der Phantast* (ca. 1945) wird die verschwundene Formel von den Schülern wieder zusammengesetzt, die darauf »von Katastrophe zu Katastrophe« triumphieren (95), und auch in Kolanders Szenenfolge *Die Stunde Null* (1953) kann der vermeintliche Tod des Nobelpreisträgers Charles P. Bergman nicht verhindern, daß man seinen Nachlaß zu Kriegszwecken nutzt (101). Im Avantgarde-Bereich stellt sich ein weiteres Problem: Die Atombombe scheint dramatisch kaum darstellbar. Nach Brecht läßt sie sich allenfalls ironisch fassen,[120] für Dorst ist sie per se zu »abstrakt[]«.[121] Um das enorme Zerstörungspotential augenfällig zu machen, betont man, daß die Existenz der Nuklearwaffe die ganze Natur bedrohe. Wer der radioaktiven Strahlung ausgesetzt sei werde nicht nur sterbenskrank, sondern sein Genom verändere sich, d.h. es beginne – wie Heiner Müller konstatiert – eine »Wirklichkeit jenseits des Menschen«.[122] Bereits in Gustav von Wangenheims Drama *Auch in Amerika* (1950) besiegelt der Atomkrieg den Tod des Individuums: »Ich! – Du! – Er, sie, es, wir, ihr, sie. Alle Subjekte verschwinden« (39).

Am extremsten ist diese negative Utopie in Hans Henny Jahnns spätem Drama *Der staubige Regenbogen* gestaltet, das – stark überarbeitet (A, 3.2.2) – 1961 unter der Regie von Erwin Piscator in Frankfurt a.M. uraufgeführt wird.[123] Die Forschung hielt das Werk lange für mißlungen.[124] Erst in den letzten Jahren hat es vereinzelt stärkeres Interesse auf sich gezogen.[125] Tatsächlich ist das Stück abgesehen von Schablonen des Nukleardiskurses komplexer, radikaler und moderner als bisher angenommen. Zentrum

---

120 Am Ende des Vorworts für die amerikanische Fassung des *Galilei* konstatiert Brecht: »Infolge der nicht gelernten Lektion / Auftritt die Atombombe in Person« (GBA 27, S. 236 [Journaleintrag vom 1. Dezember 1945]).

121 DS, S. 116 (Die Bühne ist der absolute Ort [1962]).

122 Müller: Material, S. 115 (Die Wunde Woyzeck [1985]).

123 Zu Entstehung und Überlieferung vgl. JD, S. 1313-1344.

124 Vgl. Karasek (1973), S. 560; Charbon (1974), S. 79f. und Elliott/Little/Poore (1976), S. 58.

125 Vgl. Krah (2001) und Schalk (2004a), S. 97-103.

des Plots, der im zeitlosen »jetzt« spielt (JD, 772), bildet der Wandlungsprozeß des Atomphysikers Jakob Chervat, dessen Glaube an die Offenheit der wissenschaftlichen Gesellschaft zerstört wird. Nach einer Reaktorexplosion, die mehrere tausend Tote gefordert hat, muß er der Geheimhaltung wegen in einem von Agenten überwachten ›Goldenen Haus‹ leben. Er erkennt, daß er an der Entwicklung von Waffen mitarbeitet, die einen zukünftigen Krieg entscheiden sollen. Dieses Vorhaben zeitigt aber schon in der Gegenwart irreversible Folgen: Bevor der Kampf der ›Giganten‹ USA und UdSSR das Ende der Menschheit und aller Kunst besiegelt, ist der biologische Exitus eingetreten. Jahnn verweist mit seinem Drama auf die neuartige Gefahr einer Zerstörung »der Erbanlage schlechthin«.[126] So ist Chervats achtzehnjähriger Sohn Elia als Folge radioaktiver Intoxikation »kahlköpfig« und ein »Krüppel« (798). Die Hoden entwickeln sich nicht, er bleibt impotent. Noch deutlicher tritt die Degeneration bei seiner neugeborenen Schwester hervor. Das Mädchen ist kein Mensch, sondern ein »Nichtwesen« – »es sieht nicht; es hört nicht; es fühlt nicht; es schmeckt nicht; es kennt den Unterschied von satt und hungrig nicht, nicht den von warm und kalt; es nimmt nichts wahr. Man kann es überfüttern, man kann es hungern lassen; man kann es verletzen, es ansengen, es lebend sezieren« (853). Mutter Jeanne tötet das Kind wenig später, um zu verhindern, daß es »Versuchsobjekt« (883) wird. Das Vanitas-Modell erfährt dadurch eine Steigerung: War die Welt bisher wie beim späten Reinhold Schneider (B, 6.3.1) »Stoffwechsel des ewigen Untergangs« (776), so sind die heute Lebenden nur mehr »die letzte Wiederholung« (863). Das Drama endet entsprechend defätistisch: Chervat begeht Selbstmord, nachdem der junge Indianer Tiripa, Mitglied einer Rebellenorganisation, den Regierungsbeamten Sarkis getötet hat, den der Physiker gerade erschießen wollte. Mit dem Eintreffen der Staatspolizei schwindet allerdings jede revolutionäre Perspektive, und selbst die Maxime von Wagners Holländer, sich »ohne Hoffnung« doch »der Hoffnung« hinzugeben,[127] wird durch den Stallburschen Robert negiert. So entgegnet er Jeanne, die zögert, das Gift zu nehmen: »Sie tun das Falsche! Sie hoffen –!« (922).

Jahnns Drama hat daher kein *open end*, wie Axel Schalk behauptet, der die Schlußreplik in seiner Analyse ausspart.[128] Im Gegenteil, das Stück tangiert das Absurde, indem es jeder Utopie eine Absage erteilt.[129] Bereits in der ersten Szene deutet sich der ›Tod der Vernunft‹ an. Elia sucht ein »Buch über Aufklärung«, kann jedoch die Rückfrage Chervats, was er darunter verstehe, nicht wirklich beantworten. Andererseits bleibt auch der von ihm geforderte klare »Bescheid über ein paar Grundfragen« ohne überzeugende Entgegnung Chervats, so daß Elia schließlich jede sozialoptimative Aussicht verneint – selbst eine biogenetisch fundierte à la Sloterdijk: »Wir sind Tiere – und werden es bleiben, auch wenn sich unsere Gehirnzellen ungeahnt vermehren sollten. Keine noch so außergewöhnliche Mutation wird uns zu Engeln machen« (774f.).

126 JS, S. 426 ([Der Mensch im Atomzeitalter] [1956]). Jahnn tut dies im Rekurs auf den dänischen Wissenschaftler Mogens Westergaard (vgl. ebd., S. 432).

127 Wagner: Der fliegende Holländer, S. 20.

128 Vgl. Schalk (2004a), S. 102f.

129 Ionescos Drama *Mörder ohne Bezahlung* (1958) endet ähnlich defätistisch. So muß Behringer hinsichtlich der Vermeidung zukünftiger Morde konzedieren: »Mein Gott, man kann nichts machen!« (S. 159).

Argumentiert Jahnn in seinen Aufsätzen weitgehend binär,[130] so tendiert er im Drama dazu, Polaritäten sukzessive aufzuweichen. Zwar scheint Arran zunächst Prototyp des sexuell potenten Mannes, dessen »Blut, Samen, Lymphe« dem Freund Elia helfen sollen (825), wenig später erweist er sich jedoch als körperlich deformiert. Seine Blutgruppe ist unvorteilhaft, die Zeugungsfähigkeit deshalb stark beeinträchtigt. Mit anderen Worten: Das homoerotische Paar bleibt – erstmals bei Jahnn – ohne vitalistische Gegenkraft.[131] Nicht von ungefähr konzediert Arran: »Ich bin nicht Fleisch genug, um nur Fleisch zu sein. Ich gehöre auf die Seite Elias« (900). Nun ist diese Defizienz keine zufällige, sondern ergibt sich aus der Einsicht in das ›Ende des Subjekts‹, gegen die das *Chatterton*-Drama noch neuromantisch Widerstand leistet (C, 1.). In Jahnns letztem Theaterstück fehlt jede individuelle Freiheit, weil die »Maschinengigantomachie« (791) kein Außen mehr ermöglicht. Der Spielraum des Dramas koinzidiert mit dem »Universum der Welt«,[132] das durchweg totalitäre Züge trägt. »Weisheit« wird damit zur »Funktion einer Apparatur« (874), so daß jeder Mensch »ersetzbar« ist, »selbst das Genie« (881). Als Sinnbild dieser neuen Form von Wissensgesellschaft dient Professor Holokrin. Niemand hat ihn bisher gesehen, seine »Arbeit« ist vermutlich die »eines Kollektivs«. Es scheint nämlich, als sei »ein gewaltiges mechanisches Gehirn am Werke« (872f.). Entsprechend marionettenhaft laufen die von Jahnn in einer Parallelszene dargestellten Konferenzen beider Großmächte ab (886-891). Das Personal ist verdoppelt, jeder beteiligten Stückfigur korreliert auf der Gegenseite eine namenlose, die nur in ihrer Funktion aufgeht. Beide Welten folgen identischen Mechanismen. Dahinter steht wie bei Heiner Müller die Vorstellung, der Mensch werde im postindustriellen Zeitalter zur ›Ameise‹.[133] Auch sonst verwenden beide Dramatiker ein nahezu identisches Vokabular, monieren am Kapitalismus die »Eile in allen Dingen«, »Leistung« und »Akkord«.[134] Aber gerade hier zeigt sich – noch deutlicher als bei Dürrenmatt – das Absurde ebenjenes Protests, den Jahnn für die Praxis fordert. Die totale Funktionalisierung schlägt um in Hyperkomplexität. Es bleibt unmöglich, den Status quo zu verändern, weil man immer nur auf das periphere »Glied einer weitverzweigten Organisation« trifft. »Der Nichtnennbare ist kein Einzelner« (881). Aus diesem Grund wird die Zukunft inkalkulabel: »Alle Erkenntnis ist vorläufig«,[135] man kann »nichts vorausberechnen« (868). Für Jahnn gibt es »keinen Weg« in die Realutopie, sondern »nur Dikkicht«, durch das der Einzelne »mit dem Buschmesser vorwärts dringen« muß (852) – allerdings ohne Erfolgsaussicht. Gleiches gilt für den Akt der Selbstfindung, der im *Chatterton*-Drama noch einen sinnstiftenden Gegenpol zur Gesellschaft bildet. Zwar zeigt Arran durch die »Begegnung« mit dem Geliebten seiner Mutter »Mut«, »sich selber« kennenzulernen (847), aber die Loslösung vom Vater wird erst in der Deformation möglich – als das Gesicht des Jungen durch Splitter entstellt ist. Die erreichte Autono-

130 Für den ›Aktivisten‹ Jahnn sind »auf dem militärischen Sektor« nur »zwei Entscheidungen« möglich: »totale Vernichtung oder totale Abrüstung« (JS, S. 422 [Der Mensch im Atomzeitalter] [1956]).

131 Zur »jugendliche[n] Gruppe« in Jahnns Dramen vgl. Jäger (1979).

132 Krah (2001), S. 11.

133 Vgl. [Müller:] Denken ist grundsätzlich schuldhaft (1990), S. 16 und JS, S. 422 ([Der Mensch im Atomzeitalter] [1956]).

134 Ebd., S. 436. Zu Müller vgl. B, 6.4.3.

135 JS, S. 443 (Am Anfang des Atomzeitalters [1956/57]).

mie bleibt deshalb ebenso perspektivlos wie die der Literatur, zu deren einzigem »Kennzeichen« das »Trotzdem« ihrer Existenz wird.[136] Für die Praxis bedeutet das eine Abkehr vom aristotelischen Dramenmodell, die in dem von Intermezzi und (pantomimischen) Zwischenszenen unterbrochenen *Staubigen Regenbogen* bereits ansatzweise realisiert ist. Denn man kann – so Jahnn – »unsere Weltsituation nicht mehr in ein paar Akten einfangen«.[137]

---

136 JS, S. 371 (Vereinsamung in der Dichtung [1953]).
137 Brief an Ellinor Jahnn vom 23. Juli 1959 (zit.n. Freeman [1986], S. 623).

6. Problematisierung der Narrative

6.1 Repräsentation: Insuffizienz systembildender Ähnlichkeitsbezüge

6.1.1 Jenseits des Humanen: Das Groteske, Surreale und Extreme

Angesichts nationalsozialistischer Greuel und atomarer Destruktion werden Formen repräsentativer Sinnstiftung für Teile des Nachkriegsdiskurses fragwürdig. Vergleichbarkeit scheint sich nur mehr durch »Sprengung des Organischen«[1] herstellen zu lassen, im Modus des Surrealen, Extremen und Grotesken. Schon die Zeitgenossen betonen, daß es sich hierbei um ein Phänomen der Semantik handelt. Denn selbst Theaterstücke, die »alle früher gültigen Gesetze für die Stoffbehandlung« außer Kraft setzen, können formal »höchst gesetzestreu gebaut sein«.[2] Tertium comparationis der einzelnen Spielarten ist die These, das »Überwirkliche« sei »wirklicher [...] als die Welt der gewöhnlichen sinnlichen Wahrnehmung«.[3] Um diesen Differenzeffekt deutlich zu machen, werden oft mehrere Spielebenen etabliert, wobei der Traum eine ebenso wichtige wie vielfältige Bedeutung gewinnt (B, 3.2). Mitunter kommt es sogar zur Genese poetisch-surrealer Theaterkonzepte (Sachs, Vietta), die entgegen bisheriger Forschungsthesen keineswegs nur auf Vergangenheitsverdrängung abzielen (C, 4.3). Neben die Transgression der Wirklichkeitsgrenze tritt die des Humanen. Letzteres kann nicht länger als Orientierungsbasis dienen, weil der Mensch nach Sartre erst in der Extremsituation (Tod, Angst, Absurdität) seinen Möglichkeitsspielraum erkennt.[4] Selbst Karl Jaspers, der stärker universalethisch orientiert bleibt, gesteht 1947, Goethes harmonisches Weltbild widerspreche unserer Grunderfahrung.[5] Bei Stefan Andres (*Gottes Utopia*) und Leopold Ahlsen (*Pflicht zur Sünde*) ist es deshalb das Grenzerlebnis, das die moralische Aporie in kathartische Befreiung überführt (C, 3.1). Ähnliches gilt für Wolfgang Altendorfs Schauspiel *Das Dunkel* (1954), das am Beispiel von drei verschütteten Bergarbeitern zu zeigen versucht, daß sich der Mensch erst in größter Gefahr seiner bewußt wird und den Tod als Teil des Lebens akzeptiert.

Die dramatische Darstellung des Extremen umfaßt aber nicht nur die Selbstfindung des Subjekts, sondern auch dessen Inkommensurabilität – und zwar konkultural: in westdeutscher wie sozialistischer Dramatik (B, 6.2.1). Grundlage ist die Vorstellung, der Mensch könne niemals »für alle denkbaren Lagen« Verhaltensgarantien geben. Was er zu sein vermöge offenbare allein die Ausnahmesituation.[6] Darstellungsform dieser ›Schizophrenie‹ ist zumeist das Groteske, das im Unterschied zum Absurden konkrete

1 Dietrich: Das Groteske als tragisches Weltgefühl (1959), S. 289.

2 Friedrich: Wirklichkeit, Überwirklichkeit und Wahrheit (1947), S. 83.

3 Börnsen: Abstraktion, Wirklichkeit, Surrealismus (1951), S. 29.

4 Vgl. Koller (2000), S. 84. Als prototypische Umsetzung darf Orests plötzliches Freiheitserlebnis in *Les Mouches* gelten (siehe Sartre: Die Fliegen, S. 59).

5 Vgl. Jaspers: Unsere Zukunft und Goethe (1947), S. 563, 575.

6 Lenz: O.T. (1972), S. 80. Vgl. auch Lenz: Mein erstes Theaterstück (1961), S. 16.

Sinndestruktion betreibt. Die Orientierung versagt nicht generell, sondern nur hinsichtlich einer entfremdeten Welt.[7] Erkenntnistheoretisch gesehen bedeutet dies, daß Wertmaßstab und archimedischer Punkt erhalten bleiben. Denn das Groteske verzerrt Humanes, ist Deformation des Menschen durch sich selbst, somit aber auch »Travestie«[8] des Fatalismus. Der surreale Gestaltungsmodus dient in diesem Kontext dazu, paradoxe Abweichungen jenseits der *coincidentia oppositorum* beschreibbar zu machen. Die so hergestellte »absolute Dissonanz« wird von den Zeitgenossen allerdings kathartisch verstanden: Das evozierte »Lachen« soll als »heilender Reflex« dienen, um »Chaosgefühle« im Nuklearzeitalter »zu eliminieren«.[9] Folgerichtig ist die Groteskform auch für Dürrenmatt nicht »Kunst der Nihilisten, sondern weit eher der Moralisten«.[10] Gleichwohl bleibt sie auf ein »tragisches Weltgefühl«[11] gegründet, denn die ethische Unberechenbarkeit des Menschen ist nach 1945 weniger sozial begründetes Ereignis als historisch evident gewordenes Anthropologem, zentrales Konstituens des ›neuen‹ Menschenbildes. Darüber hinaus weist das Groteske einen Ausweg aus der Problematik, die jeder dokumentarischen Evokation von Grauen eignet. Denn die ›Sprache der Tatsachen‹ läuft Gefahr, Perversion durch Pragmatik abzuschwächen, zugleich aber das Inhumane als Normalzustand zu begreifen. Vielen Dramatikern scheint der Entstellungsmodus deshalb ästhetisch adäquater (wobei er mit Blick auf die Schuldfrage durchaus kompensativ verwendet werden kann). Man zeigt den Menschen als genmutierte Mißgestalt, animalischen Dämon oder funktionales Machtobjekt. Ähnliches gilt für die zentralen Epochenphänomene Nationalsozialismus und Atomkatastrophe. So versteht Richard Pilaczek das Dritte Reich als wilde »Groteske«, in der »zu Fratzen verzerrte Gesichter« ein »Meer von Tränen« zu verantworten haben.[12] In Beckmanns Traumvision erscheint der Krieg als blutüberströmter General, der auf einem »Riesenxylophon aus Menschenknochen« den Todesmarsch trommelt (BD, 24). Die expressionistische Provenienz dieser Patterns ist evident: Tatsächlich steigen auch nach 1945 wie in Tollers *Wandlung* Totenheere aus den Trümmern hervor,[13] und die Sprache erweist sich trotz Wahrheitsanspruchs bisweilen als grell pathetisiert.[14]

Obwohl das Groteske in der Forschung als wichtiger Aspekt der Nachkriegsliteratur gilt, hat man seine Funktion bisher allenfalls selektiv untersucht. Zunächst dient es – gesellschaftlich fundiert – der Darstellung eines spezifisch bürgerlichen Nonsens, und zwar sowohl im Kontext von Absurdismus wie Sozialismus (B, 5.2.1). Daneben findet sich ein Übergangsbereich, der zwischen sozialkritischem Impetus und welttheatraler Aporie oszilliert. Das Groteske gewinnt dabei quasi transzendentale Bedeutung: Ohne Gasmaskenbrille ist Beckmann hilflos, d.h. er muß das »abscheuliche Gebilde« tragen, um Verzerrungen sehen und benennen zu können (BD, 16). Auch bei Peter Weiss (*Die Versicherung*) dient die Groteskperspektive dazu, den bürgerlichen Moralkodex als

---

7 Vgl. Pietzcker (1971), S. 199 und Helbling (1976), S. 237f.
8 Heidsieck (^{2}1971), S. 83.
9 Dietrich: Das Groteske als tragisches Weltgefühl (1959), S. 278f.
10 Dürrenmatt: Theater-Probleme und Reden, S. 137 (Anmerkung zur Komödie [1952]).
11 Dietrich: Das Groteske als tragisches Weltgefühl (1959), S. 277.
12 Pilaczek: Dämon, Tod und Teufel (1945), S. 3.
13 Vgl. Lommer: Der General (1946), S. 175f.; BD, S. 24 (Draußen vor der Tür [1947]) und Langner: Dramen 1, S. 104 (Heimkehr [1949]).
14 Vgl. Schmitthenner: Ein jeder von uns (1947), S. 5f.

pervers zu entlarven (B, 6.2.1). Verabschiedet man jedoch wie Rüdiger Syberberg den Realitätsbezug, dann wird die »Hypertrophie des Dionysischen«, die jede Planbarkeit ad absurdum führt,[15] zur allgemeinmenschlichen Erscheinung. In Hans-Joachim Haekkers Drama *Der Briefträger kommt* (1961) quillt das Triebhafte denn auch »als groteske, abenteuerliche Menge« auf den Platz »Memoriale«,[16] dessen Name die ›Erinnerung‹ an Nicht-Domestizierbares wachhält (B, 6.3.2). Um die Todeslogik des Kollektivrauschs darzustellen, wird im Nachkriegsdrama häufig das Bild des *danse macabre* verwendet, das bereits die expressionistische Antikriegsliteratur bestimmt.[17]

Im Rahmen agnostisch ausgerichteter Theatertheorie (Tankred Dorst) fungiert das Groteske als Darstellungsmodus einer Wirklichkeit, in der feste Wertsysteme nicht mehr denkbar sind.[18] Die archimedische Perspektive – sonst dem Grotesken eigen – weicht hier postideologischer »Ortlosigkeit«. In Dorsts »Dramatik der Absage« gibt es keine »Sicherheit der Wahl«, wodurch die Figuren einen exzentrischen Zug erhalten: Der »Drehpunkt ihrer Bewegungen« liegt »nicht in der Mitte«. Sie ähneln damit dem »dummen« Clown, der »keine Moral« hat und jenseits »metaphysischen Halts« nur »zum Lachen bringen will«. Gleichwohl bleibt die Handlung »gesellschaftlich« determiniert, denn auf der Bühne erscheint nicht *der* Mensch, sondern ein *»bestimmter«*. Dorsts Stücke oszillieren damit wie Asmodis ›schwarze‹ Komödien zwischen sozialkritischem und absurdistischem Diskurs (B, 5.2.1). Bei beiden Autoren werden Handlungen »auf das Äußerste« getrieben, um den Möglichkeitsspielraum humanen Verhaltens auszuloten. Gleichzeitig bleibt die »erfundene Wirklichkeit« »kontrollierbar«, weil sie als Spiel gestaltet ist. Der Sinnverlust wird im Gegensatz zu Ionescos ›Anti-Theater‹ deshalb nicht Teil der Form; die »genaue Logik« des Plots steht vielmehr »in einem grotesken Mißverhältnis zum moralischen Leerlauf der Dialoge«. Eben dadurch gelingt es nach Dorst aber, in der Diskrepanz »Wahrheit sichtbar werden zu lassen«.[19]

Entgegen bisheriger Forschungsthesen ist die Groteske auch in der affirmativen DDR-Dramatik präsent.[20] Sie soll Gefahr und Perversion kapitalistischer Weltaneignung angemessen zum Ausdruck bringen. Dahinter steht die These, daß es nicht ausreicht, die ›alte Welt‹ zu verlachen, solange ihre Kriegspolitik den Aufbau des Sozialismus bedroht. Ähnliches gilt für den Transgressivbereich. In Brechts *Tagen der Kommune* (1949) erscheint die Bourgeoisie mit »Lorgnons und Operngläsern«, weil sie die gewaltsame Niederschlagung des Aufstands als »erhabenes Schauspiel« genießen möchte (GBA 8, 316), während sie den Protagonisten in Kipphardts *Aufstieg des Alois Piontek* (1954) zum Suizid treibt (B, 4.2.1). Bei Heiner Müller und Peter Hacks dient der Groteskmodus statt dessen dem Aufweis, daß »die Allianz mit dem Rationalismus

---

15 Syberberg: Lilith (1946), S. 11. Vgl. B, 3.2.

16 Haecker: Dreht euch nicht um, S. 116 (Zu meinen Stücken [1962]).

17 Vgl. Andres: Tanz durchs Labyrinth (1946), passim; Denger: Die Pest (1946), S. III*; Goertz: Peter Kiewe (1946), S. 67; Kaschnitz: Totentanz (1947), passim und Lommer: Höllenparade (1948), S. 1.

18 Nicht von ungefähr ist Dorst der einzige deutsche Nachkriegsdramatiker, der auf das Theater der Romantik Bezug nimmt. Seine Bearbeitung von Tiecks *Gestiefeltem Kater* (1964/65) wird allerdings nur am Hamburger Schauspielhaus inszeniert (vgl. Hadamczik u.a. [1978], S. 42).

19 DS, S. 114, 116-119 (Die Bühne ist der absolute Ort [1962]).

20 Pons: Ausgerechnet Bananen (1950), Kuhn: Der künstliche Mond geht auf (1956), Hauser: Nitschewo (1961). Vgl. C, 3.3.

der Linken den Rücken entblößt für die Dolche der Reaktion«.[21] So trägt Parteisekretär Flint in der *Umsiedlerin* (1956-1961) Hitler und Friedrich II. auf seinem Rücken. Der Führer erscheint mit »Eva-Braun-Brüsten«, der Preußenkönig hat »zwischen den Beinen seinen Krückstock« (MT 3, 25). Auch in *Moritz Tassow* (1961) soll die Groteskszene »Deutscher Wald« zeigen, wie gefährdet ein Sozialismus ist, der allein auf menschliche Vernunft setzt. Denn nach dem phantastischen Einzug von »Frau Holla mit Gefolge« (darunter Friedrich II., Bismarck und Hitler), wird der Protagonist von Jägern hereingetragen, ausgeweidet und tranchiert (HK, 72) – als Sinnbild für die selbstzerstörerische Wirkung seines Radikalismus (B, 6.4.2).

6.1.2 Jenseits der Historie: Politisch-gesellschaftliche Ortlosigkeit

Das sinnstiftende Potential eines ›dritten Weges‹ (B, 1.2.3), der vor allem im westdeutschen Drama gesucht wird, bleibt ebenfalls begrenzt. Für die dramatis personae öffnet sich nur selten eine positive Perspektive; statt dessen dominiert das Erleben absoluter Ortlosigkeit. Es entsteht meist dadurch, daß die Emanzipation von der Diktatur durch Strukturäquivalenzen im ›freiheitlichen‹ System entwertet wird. Der Intellektuelle erkennt, daß die Alternative (b) nur die Variante (a') und eine optimierende Synthese (c) somit unmöglich ist. In Richard Heys Schauspiel *Thymian und Drachentod* (1956) findet sich dieser Prozeß dramatisch gestaltet: Jussam, ein Widerstandskämpfer gegen das Terrorregime des Drachen, gelangt mit zerschossenen Beinen in den christlichen Nachbarstaat.[22] Aber auch hier erweist sich das »Revolutionäre« (14) als rhetorischer Gestus, der nur »Scheinfreiheit« (18) schafft. Wirkliche Kritik läßt sich nicht äußern, da man notwendig zwischen den Fronten agiert: Wer gute Arbeitsbedingungen lobt zieht den Zorn der Gewerkschaften auf sich; wer soziale Isolation moniert den der Regierenden (46). Vor diesem Hintergrund steht die Politik wie bei Dürrenmatt, an dessen Romulus Heys König erinnert, vor der barocken Einsicht, daß »alles eitel ist«. Entweder man bekämpft »irgendeinen Drachen« oder man resigniert (71). Wer sich dieser Logik verweigert wird als Mensch »ohne Ausrede« (6) fortan »gejagt« (71). Totalität kann deshalb – und dies verbindet Hey mit dem späten Brecht (C, 4.2.2) – allein der Tod stiften. »Denn drüben ist kein Platz mehr für uns und hier nicht und nirgendwo auf der Erde« (44).[23] Jussam stirbt schließlich mit seiner Geliebten Nina auf der Fluchtsuche nach »einem neuen Land« (77). Doch obwohl der Autor das Ende der politischen Erzählungen darstellt, verbleibt seine ›ortlose Dramaturgie‹ (C, 4.4) diesseits der Metaphysik: Das Hoffen auf den »Anfang einer Idee« (30) persistiert im beglückten Dasein ohne »Beweise« und »Lehre« (70f.).

Dieselbe Perspektive bestimmt Heys Schauspiel *Der Fisch mit dem goldenen Dolch* (1957) – allerdings unter Aussetzung der letalen Konsequenz. Zwar ist der staaten- und

---

21 H. Müller: Rotwelsch, S. 142 (Fatzer ± Keuner [1980]).

22 Die historische Zuschreibung DDR/Bundesrepublik ist trotz Parabolismen evident (vgl. Hey: Thymian und Drachentod [1956], S. 8f., 12f., 15, 41).

23 Peter Hirche stellt seinem Drama *Triumph in tausend Jahren* eine Pressemeldung voran, derzufolge ein staatenloser Deserteur aus der Fremdenlegion einen Suizidversuch unternimmt, weil ihm »der Aufenthalt in der Bundesrepublik verweigert wurde« (S. I*). Der Zeitungsbericht ist auf den 24. August 1955 datiert.

konfessionslose Held Rival nach seiner Odyssee durch Rußland, Amerika und Frankreich desillusioniert, aber die drohende Abschiebung nach Osten kann mit Hilfe von Freunden verhindert werden. Wie bei Reinhold Schneider und Heiner Müller ist die Utopie in der Nachkriegsepoche lediglich formal präsent: »die großen Revolutionen haben wir hinter uns; nur das Abenteuer der Gesetzanwendung ist für unsere Zeit aufgespart worden« (346). D.h. man muß den Sinn in den »Lücken« (351) einer Ordnung suchen, die trotz ihrer Kontingenz »notwendig« bleibt (346). Frei ist der »Fisch mit dem goldenen Dolch«, der symbolisch auf Rival verweist, daher allein, »solange er keine Gewißheit hat, gerettet zu werden«. Wäre die Vorstellung leitend, es könne »netzlose Stellen im Meer« geben (322), verfinge sich das Tier im Netz der Ideologeme. Nichtsdestotrotz wirkt noch immer der Glaube an ein »Geheimnis« fort, das erklärt, »weshalb zu leben sich lohnt« (352). Der Protagonist kann »nicht aufhören, neugierig zu sein« (354), selbst wenn er – Camus' Sisyphos ähnlich – um die Wiederkehr des Gleichen weiß. Hey hält deshalb am Modus des »Vielleicht« fest, exkludiert ihn jedoch aus dem Bereich poetischer Darstellbarkeit. Das »sanfte Mondlicht«, das schließlich die Szene erhellt, »irritiert« und wird per Markise verdunkelt (358).

Im Gegensatz zu Hey gestaltet Ingeborg Drewitz mit ihrem Orpheus-Drama *Stadt ohne Brücke* (1955),[24] das sich auf Drittes Reich wie Kalten Krieg beziehen läßt, die Faszinationskraft politischen Totalitarismus. Das ›Ortlose‹ entsteht hier weniger aus der Inexistenz einer tragfähigen Alternative denn der Unfähigkeit, Autonomie in der Moderne leben zu können. Anders als im antiken Mythos sind die Protagonisten gewaltsam getrennt worden. Orpheus sucht seine Geliebte und findet sie in einer diktatorisch regierten Stadt, die keine Verbindung zur Außenwelt besitzt. Beider Kind ist tot und Eurydike Lustobjekt des allmächtigen Präsidenten. Der erste Fluchtversuch scheitert, allerdings zeigt sich der Tyrann von der Liebe der Gefangenen so berührt, daß er sie ausreisen läßt. Gleichzeitig wird ihm die ethische Aporie profaner Herrschaft offenbar: »Es ist entsetzlich, zu herrschen und kein Gott zu sein« (38).[25] Nun opponiert aber das Volk, brennt den Palast nieder und zwingt den Präsidenten, Eurydike zurückzuholen und die Grenzen wieder zu schließen. Der Herrscher läßt das Paar trotzdem ziehen, weiß er doch, daß Eurydike bei ihm bleiben wird, weil sie – sozial determiniert – Freiheit nicht mehr ertragen kann (55). Orpheus selbst ist wie die Kunst heimatlos, während als Zeichen fehlender Vergangenheitsaufarbeitung »Gras« über den Toten wächst (59).

Bei Günter Rutenborn (*Die ewige Exzellenz*) erscheint das gobale Paradox 1957 im Lustspielmodus. Der Autor will den Zuschauer »über die beklemmenden Aspekte politischer Verkrampfungen« zum »befreienden Gelächter« führen (3). Im Zentrum der Handlung steht ein kleiner Staat mit spanischer Sprache, der Autarkie bewahren möchte und sich deshalb blockfrei geriert. Die zunehmende Diskrepanz zwischen Idee und Wirklichkeit kann jedoch nur qua deus ex machina aufgehoben werden, der vom Autor auch als solcher angekündigt ist. Denn ohne ihn wäre man wie im absurden Theater abends »wieder da«, wo man »heute morgen angefangen« hat. Die Lösung bleibt so trivial wie inszeniert: Man ernennt zwei Präsidenten, »einen für Ost, einen für West«. Das finale Gruppenphoto affirmiert allerdings den Bruch: Die Figuren erstarren »zu einem Standbild mit gefrorenem Lächeln« (105-107).

---

24 Der Forschung ist das Stück bis dato unbekannt.

25 Dieselbe Problematik findet sich beim späten Reinhold Schneider (vgl. B, 6.3.1).

6.2 Ethik: Grenzen der Wirksamkeit moralischer Maximen

6.2.1 Inkommensurabilität individueller Normgebung

Der Theaterdiskurs der Nachkriegszeit ist nicht zuletzt bestimmt durch Zweifel an der projektierten ›Einheit‹ von Mensch und Welt. Problematisch scheint insbesondere die Berechenbarkeit des Subjekts: (1) mit Blick auf die Triebdominanz vor allem in der Extremsituation, (2) durch die Manipulierbarkeit des ›funktionalen Menschen‹ sowie (3) als Folge der Skepsis gegenüber einer bipolaren Moral. Hier zeigt sich, daß die »Banality of Evil«[26] allenfalls einen Teilaspekt geschichtlicher Perversion abdeckt, denn die Logik des Körpers bewegt sich jenseits der Trennung von Intellektualität und Stupidität, Freiheit und Notwendigkeit. Auch dieser Diskurs bleibt jedoch ›kontrolliert postmodern‹: Das Inkalkulable ist nach 1945 zwar fester Bestandteil der Anthropologie, vermag das Konzept ›Individuum‹ aber keineswegs zu zerstören. Noch die Grenzperspektive ethischer Psychomachie setzt den ›ganzen Menschen‹ voraus: Der Held wird nicht verabschiedet, sondern dekonstruiert (C, 2.). Dies geschieht auf der Grundlage der Interferenz von Ordnung und Leben. Folglich besteht nach Erich Franzen »eine der wichtigsten Aufgaben des heutigen Theaters« darin offenzulegen, »was die Menschen aus ihren Ideologien machen, wenn sie versuchen, sie in die gesellschaftliche Wirklichkeit umzusetzen«.[27] Der Holocaust rückt dabei aus dem Zentrum: »Man kann«, so Rudolf Schneider-Schelde, »den Menschen nach Schuld <u>ver</u>urteilen; <u>be</u>urteilen läßt er sich darnach nicht«.[28]

Der erste der drei Teilaspekte basiert auf der These, Vernunft tauge nur als »Kleingeld« und könne nicht »Göttin« einer Geschichte werden,[29] die sich durch »Hypertrophie des Dionysischen« auszeichne.[30] Im Menschen steckt demzufolge »etwas Ungeheuerliches«,[31] das – wie die Hitler-Diktatur demonstriert habe – »Abgründe« öffne, »die besser zugedeckt geblieben wären«. So sei der »Verbrecher« stets »leichter zu lieben als der durchschnittliche Mitbürger«,[32] und noch den »Edelsten« könne man »mit großen Glocken« verführen.[33] Die wichtigste Lehre nach dem Zweiten Weltkrieg bleibt somit das Anerkennen menschlicher Relativität verbunden mit der Fähigkeit, jedem und allem zu mißtrauen. Wie Einsteins Theorie nur unter Extrembedingungen mit Newtons Modell divergiert, erweist auch Kants Ethik ihre Defizienz erst, wenn der Normalzustand ausgesetzt scheint. Ist dies der Fall, wird der Mensch sexuell untreu,[34] vergewal-

---

26 Arendt: Eichmann in Jerusalem (1964), Untertitel. Vgl. auch Weisenborn: Rede über die deutsche Widerstandsbewegung (1946), S. 1.

27 Franzen: Stilfragen des Theaters (1955), S. 102.

28 Schneider-Schelde: R VII (ca. 1946), S. 43.

29 Thiess: Tödlicher Karneval (ca. 1948), S. 1.

30 Syberberg: Lilith (1946), S. 11. Vgl. auch Coubier: Mohamed (1945), S. 93; Schröder: Der Rutenbinder (1946), S. 46f.; Lintzel: Der göttliche Orpheus (1947), S. 101; Peregrin: Odysseus in Ithaka (1947), S. 62; Schmitthenner: Ein jeder von uns (1947), S. 8 und Uhl: Um den Menschen wird noch gekämpft... (1948), S. 91.

31 Rombach: Licht im Fenster (1948), S. 7.

32 Syberberg: Lilith (1946), S. 23, 13.

33 Kaschnitz: Totentanz (1947), S. 37.

34 Vgl. Riemer: Ich komme aus Sibirien (ca. 1945), S. 12f.; Denger: Hunger? Hunger! (1946), S. 72 und Spethmann: Heimkehr (1947), S. 56.

tigt,[35] kostet zugefügtes Leid aus[36] und erlebt im Krieg den ultimativen Orgasmus.[37] ›Natur‹ fungiert hier nicht als sinnstiftende Instanz, sondern bezeichnet das Subversiv-Chaotische, das niemals ganz zu zähmen ist. Die »Kunst des Möglichen« besteht somit darin, »die Möglichkeiten des Gewissens zu kennen«,[38] d.h. mit Friedrich Wolf und Reinhold Schneider nachzudenken, ob man sich »heute« gegen die nationalsozialistischen »Verbrechen« erhöbe, »wenn wir den Krieg gewonnen hätten«.[39] Siegfried Lenz stellt eine ähnliche Gretchen-Frage in seiner Parabel *Zeit der Schuldlosen* (1960/61), wo wie bei Dostojewskij »unter abnorme[m] Druck und Gegendruck« deutlich werden soll, »was sich gewöhnlich nicht zu erkennen gibt« – der »Nachtkern des Menschen«. Das Drama gewinnt dadurch quasi transzendentale Funktion, denn es öffnet einen Spielraum »für alle denkbaren Lagen«. Erst durch solche Integralbildung erkennt der Mensch, der sich »seiner selbst vollkommen sicher« glaubt, zu welcher Untat er fähig ist.[40] Folgerichtig erscheint der anonyme Mord an dem Widerstandskämpfer Sason (B, 1.2.2) als Indiz für die notwendige Revision des Menschenbilds. Das Humane herzustellen erfordert »höllische Arbeit«,[41] mitunter läßt es sich nur verwirklichen, wenn man »*die Menschen nicht in solche Situationen*« bringt.[42]

Die Versuche, das Inkommensurable ethischer Normgebung zu erklären, differieren. Ein erstes Modell geht davon aus, daß das Subjekt nur begrenzt in der Lage sei, den eigenen Körper der Idee unterzuordnen. So verliert der Fähnrich in Markus Scholz' dramatischer Vision *Nein* (1948) das Bewußtsein, als er wegen Befehlsverweigerung hingerichtet werden soll.[43] Auch Brechts Galilei und Müllers ›Lohndrücker‹ Balke beugen sich diktatorischer Gewaltandrohung. Bei Stefan Andres offenbaren sich die Grenzen menschlicher Leidensfähigkeit im Schmerzschock: Heimkehrer Nikolaus berichtet von einem Landser, der – als er erfährt, daß Frau und Kinder bei Bombenangriffen gestorben sind – Amok läuft und schreiend umherschießt, bis er überwältigt und in eine Irrenanstalt gebracht wird.[44] Neben die physiologische Limitierung tritt die kulturanthropologische, die letztlich auf Schopenhauer verweist. Der Mensch tendiert demgemäß zur Rationalisierung seiner Triebe, und zwar weitgehend unabhängig von sozialer oder politischer Herkunft. Dieser »Hitler in uns«[45] dürfe nicht verdrängt werden, denn stets verrate der Widerstandskämpfer den Freund[46] und die Volksmasse das Recht.[47]

---

[35] Vgl. Monato: Sylva (1946), S. 80 und Kaufmann: Liebe zwischen den Fronten (1947), S. 26.

[36] Vgl. Hey: Thymian und Drachentod (1955), S. 24. Extrembeispiel ist Heiner Müllers erstes Theaterstück. Dort schwängert ein junger Mann, »der noch zur Schule geht«, eine Frau; »damit der Vater nichts erfährt, bringt er den Vater um und seziert ihn im Keller« (MK, S. 60).

[37] Vgl. Matusche: Der Regenwettermann (ca. 1961), S. 30.

[38] Hey: Der Fisch mit dem goldenen Dolch (1957), S. 335.

[39] WW 16, S. 6 (Deutsche zum Nürnberger Prozeß [1945]). Ähnlich sieht es Reinhold Schneider (vgl. Heer [1974], S. 145).

[40] Lenz: O.T. (1972), S. 80.

[41] Wendt: Das Regiment der Mäuse (1946), S. 122.

[42] Schmitthenner: Ein jeder von uns (1947), S. 18.

[43] Vgl. Scholz: Nein (1948), S. 56f.

[44] Vgl. Andres: Ein Herz, wie mans braucht (1944/45), S. 15.

[45] Picard: Hitler in uns selbst (1946), Titel. Vgl. auch ebd., S. 59, 278. Dieselbe Ansicht vertreten Friedrich Beck (Der Tiefstapler [1948], S. 144f.) und Ronald Duncan (Der Sinn des Theaters [1957], S. 68).

[46] Vgl. Altendorf: Partisanen (1954), S. 35. Zum Judas-Motiv im christlichen Kontext siehe B, 3.1.

Für Fritz Kortner ist dieses Faktum Argument wider die Kontinuitätsthese: Weshalb sollte der Deutsche »gerade Hitler gegenüber ehrlich gewesen sein?«[48] Eine dritte Gruppe bemüht statt dessen das sozialanthropologische Erklärungsmuster. Ihm zufolge hat die Objektwerdung des Menschen im Industriezeitalter »das größte sexuelle Irrenhaus seit dem Mittelalter« geschaffen.[49] Der einzige deutschsprachige Beitrag zu diesem Teildiskurs stammt bezeichnenderweise aus dem Exil. Dennoch zählt Peter Weiss' Schauspiel *Die Versicherung* (1952), das in Gesamtdarstellungen bisher kaum präsent ist, zu den radikalsten Evokationen von Perversität im europäischen Nachkriegsdrama. Der Plot nimmt seinen Ausgang von dem Vorhaben des Polizeipräsidenten Alfons, durch eine ›Versicherung‹ sämtliche Unglücksfälle beherrschbar zu machen – einschließlich Krieg, Mord, Revolution. Er kommt damit der Angst einer Sozietät entgegen, die den Alptraum von Kampf und Vernichtung noch in sich trägt, aber nicht reflektiert. Die große Feier zur Vertragsunterschrift ist jedoch von Beginn an gestört. Nicht einmal die Sitzgelegenheiten erweisen sich als gebrauchsfertig, und auch den Gästen gelingt es kaum, Ordnung in das verstreut liegende Inventar zu bringen. Sie »fallen mit den Stühlen um, liegen strampelnd am Boden, schrauben die Tischbeine an die Tischplatte, dicke, spiralförmig gedrechselte Tischbeine, an denen sie sich abschleppen, unter denen sie zusammenbrechen« (WD 1, 38). Wenig später machen sich die Eingeladenen wie Tiere über das Buffet her. Frau Burian gebärdet sich dabei besonders animalisch, wenn sie mit ihrem Hund, der bezeichnenderweise von einem Menschen verkörpert wird, »Küßchen pflücken« spielt:

> Sie nimmt ein Fleischstück in den Mund und hält es Pluto hin. Sie nagen sich aneinander heran, bis Pluto Frau Burian in den Mund beißt. Röchelnd greift sie sich an den Hals und fällt mit den Anzeichen des Erstickens vom Stuhl. Sie windet sich unterm Tisch. Pluto kriecht auf den Tisch hinauf und verzehrt die Reste der Mahlzeit (42).

Die Dame, die einen Knochen verschluckt zu haben scheint, wird daraufhin in Doktor Kübels Privatklinik gebracht; die übrigen Gäste folgen. Das Krankenhaus selbst erweist sich (NS-Vernichtungslagern ähnlich) als Ort skrupelloser Menschenversuche, deren Material die ankommenden Bürger sind. Weiss zeigt hier die Eigendynamik des Grauens (Folter, Mord) in der *clôture* außergesellschaftlicher Räume, um dem Nachkriegspublikum die Abgründe der eigenen Lebensform aufzuzeigen. Ästhetisch orientiert sich Weiss an Artauds »Théâtre de la cruauté« (B, 5.2.1), wobei er dessen Tendenz, das Grauen zu mythisieren, zurücknimmt, um den sozialanthropologischen Faktor stärker zu betonen. Interpretatorisch bedeutsam ist nun, daß der Autor Umsturz und Brutalität zugleich als Faszinosa darstellt und sozialen Fortschritt im Sinne des Permanenz-Diskurses (B, 1.2.1) kritisch hinterfragt. Denn der antibürgerliche Rebell Leo, Kübels Sohn, führt keine Zeitenwende herbei, sondern etabliert sukzessive die totale Anarchie. Er wird Anführer eines jugendlichen Revolutionstribunals, das die Männer brutal einschüchtert, während es die erotisierten Frauen zu Lustobjekten degradiert. Durch ein Wandloch erreicht Leo das Schlafzimmer des Polizeipräsidenten und nimmt dessen Frau Erna mit, die er anschließend – nach ebendort vollzogenem Beischlaf – in der

---

47 Vgl. DW 5, S. 124-126 (Der Besuch der alten Dame [1956]).

48 Kortner: Aller Tage Abend (1959), S. 557.

49 DT, S. 103 (John Osborne: Bemerkungen zu Stücken von Tennessee Williams [1957]).

Mülltonne einsperrt (70). Schon während des Kletteraktes auf dem Weg zu Alfons Wohnung zeigt sich eine Frau von Leo derart angezogen, daß sie keine Anstrengungen unternimmt, ihren aus dem Fenster hängenden Gatten vor dem Sturz auf die Straße zu retten. Aber auch die bürgerliche Rechtsordnung versagt: Tatsächlich wird Präsident Alfons nach einer Debatte mit seinem Friseur, der ihn äußerlich vollkommen entstellt hat (kurzer Schnurrbart, weiße Haare), von der Polizei gefangengesetzt. Niemand erkennt ihn wieder – seine Untergebenen ebensowenig wie Mätresse Hulda und die eigenen Kinder. Während Alfons »mit Gewalt« weggeschleppt wird, führt Leo eine Volksmenge an, die seiner inhaltsleeren Revolution gegen das Establishment dumpf grölend folgt. Der Glaube an moralische Integrität ist somit hinsichtlich aller (politischen) Richtungen ad absurdum geführt; keine Person des Stücks scheint immun gegenüber dem Anziehungspotential von Trieb und Terror, das sich vernichtend Bahn bricht.

Im Vergleich hierzu kann der zweite der genannten Teilaspekte als Gegenextrem verstanden werden. Der ›funktionale Mensch‹ ist das pervertierte Ordnungsbewußtsein: Ihm fehlt jede ethische Ausrichtung, so daß mit Blick auf die Handlungsmaxime nur mehr der kategorische Anspruch bestehen bleibt. Das Subjekt wird damit zur Maschine, die automatisch Befehle durchführt. Ist es für den linksliberalen Demokraten die ›natürliche‹ Humanität, die als Abstandsbild dient (Hubalek),[50] so fordert der Marxist Einsicht in gesellschaftliche Zusammenhänge (Kipphardt).[51] Diese interkulturelle Differenz verstärkt sich durch die von westlichen Dramatikern vertretene These, auch der Kommunismus spreche dem Einzelmenschen lediglich Objektcharakter zu (B, 1.2.3). Im Osten ist derartige Kritik – wie zu zeigen sein wird – auf den Transgressivbereich beschränkt. Erich Kästner vertritt statt dessen die These systemunabhängiger Perversion. Vor diesem Hintergrund erscheint das Individuum in der *Schule der Diktatoren* (1956) trotz aller »fotografischen Ähnlichkeit« bis zur »Unkenntlichkeit« verändert (KW, 461). An die Stelle des politisch Agierenden ist der jederzeit ersetzbare »Hampelmann« getreten (481), wobei sich dessen Lebenszeit so weit erstreckt, als er den vorgezeichneten Weg nicht verläßt. Gerade dies tut jedoch zu Beginn des Stücks der amtierende Diktator, wenn er eine Generalamnestie ankündigt. Man liquidiert ihn sogleich, und der nächste einsatzbereite Herrscher übernimmt die Position, ohne daß das Volk hiervon Notiz nähme. Nr. 7 versucht den fatalen Kreislauf zu durchbrechen und gelangt schließlich sogar als Tribun an die Macht. Dort muß er allerdings erkennen, daß er nur »Vehikel« war, »Trojanischer Esel« (461) zum Zweck des Diktaturwechsels. Trotzdem ist es letztlich vor allem die Apathie der Masse, die eine fortgesetzte Selbstregeneration des Systems ermöglicht. Kästners Komödie endet daher mit dem ›zornigen‹ Ruf des gestürzten Revolutionärs: »Warum ließt ihr mich so allein?« (539). Der DDR-Dramatiker Alfred Matusche sucht die Frage nach der Verführbarkeit des Kollektivs psychologisch zu beantworten. Seiner Ansicht nach »führen wir Krieg«, weil »wir mit uns selbst nicht fertig werden«.[52] D.h. der Mensch sucht die Ordnung, die ihm als polydeterminiertem Individuum fehlt, außerhalb seiner selbst (C, 4.1.4). Auch Erich Maria Remarque betont die Kontrollwirkung totalitärer Systeme. Zwar werde im KZ noch der moralisch Integre

---

50 Vgl. B, 1.2.2 und C, 4.2.5.

51 Vgl. C, 4.5. Zu Kipphardts frühem Wissenschaftler-Drama *Entscheidungen* (1952) vgl. Karbach (1989), S. 86-91.

52 Matusche: Der Regenwettermann (ca. 1961), S. 10.

zum Tier, gewinne auf diese Weise jedoch ›Handlungssicherheit‹, die später verlorengehe und angreifbar mache.[53]

In Hans Günther Michelsens Einakter *Stienz* (1955)[54] scheitert dagegen jeder Versuch, einem Befehlsmodell zu entkommen, das zugleich sinnspendend und destruktiv wirkt. Der Autor bezeichnet hier die Unmöglichkeit, Vergangenes diätetisch zu verarbeiten. Folgerichtig ist die Trennung zwischen Realität und Imagination aufgehoben: Die Existenz der Titelfigur wird poetisch nicht beglaubigt. Der ehemalige Hauptfeldwebel Stienz lebt unsichtbar im Parterre eines »notdürftig« (7) reparierten Hauses und ›bejaht‹ jede Anordnung (»Jawohemajo«). Sein Vorgesetzter möchte die Kriegsschäden erst später ausbessern, da ihm »die Vergangenheit noch auf den Nägeln brennt« (33). Während Tochter Mechthild nur »raus« will (49), weiß der Major, daß er ohne seinen Wächter »glatt verloren« wäre (33). Letzterer kontrolliert nämlich jeden Kontakt mit der Außenwelt und schützt seinen Herrn so vor der Erkenntnis, daß »alles umsonst gewesen sein« könnte (40). Als Mechthild auf Klopfen hin die Tür öffnen will, nähert sich Stienz bedrohlich, und der Major erschießt ihn. Der Tod des unsichtbaren Offiziers vermag die Wiederkehr des Gleichen jedoch nicht zu verhindern: Die Tochter, die sicher scheint, daß Stienz selbst geklopft hat, möchte nun – ihres Eingeschlossenseins bewußt – »mit ihm ein neues Leben anfangen« (68). Tatsächlich rückt sie aber lediglich an Stienz' Stelle und wird ebenfalls zur Marionette.[55] Der hierarchische Diskurs offenbart dadurch seine Permanenz, ist ebensowenig abzuschließen wie der Kriegsbericht des Majors.[56] Auch bei Wolfgang Altendorf determiniert das Geschehene die Jetztzeit, wobei im Unterschied zu Michelsen der Verzicht auf Peripetie erklärt wird. Im Zentrum des Theaterstücks *Schleuse* (1957) steht ein Wärter, der Flüchtlingen ohne Ansicht der Person über die abgesperrte Grenze hilft. Das Vorhaben gelingt diesmal jedoch nicht, weil der Fliehende seinen potentiellen Retter direkt nach Betreten des Hauses niederschießt. Zunächst scheint die letale Logik reversibel: Ein »Herr«, der als personifiziertes »Gewissen« auftritt (17), erweckt auf Bitte des Flüchtigen den Toten wieder zum Leben. Doch obwohl sich das Rad der Geschichte zurückdreht, bleibt der Ausgang identisch: Der Wärter muß ein zweites Mal sterben, als er den Fremden zur Rede stellt, da jener Petra, die Nichte, um ihr Erbe betrügen will. Wie bei Tennessee Williams (DT, 102) – allerdings jenseits sexueller Obsession – wirkt hier strikte Kausalgesetzlichkeit: Wer sich »eine Pistole beschafft« und sie lädt, kann der »Versuchung« zu schießen »nicht widerstehen«. Mord resultiert somit »aus einer Anhäufung von Schuld«, ist »logische Folge von Schuld und wieder Schuld« (19-21).

Was den dritten Teilaspekt betrifft, so finden sich im westdeutschen Dramen- und Theaterdiskurs zahlreiche Stimmen, die wie Priestley und Sartre der Ansicht sind, daß eine Universalethik nicht existiert. Die Polarität zwischen Gut und Böse scheint ebenso unsicher wie die moralische Existenz des Menschen überhaupt. Bereits 1946 stellt Heinrich Spoerl in seiner Komödie *Die weisse Weste* einen ›Kampfbund‹ dar, der Korruption beseitigen will, selbst aber so korrupt ist, daß am Ende der Konferenz die

53 Vgl. Remarque: Die letzte Station (1956), S. 157. Siehe B, 1.2.2.

54 Das Stück entsteht – wie häufig behauptet – nicht erst 1963 (vgl. Durzak [1972], S. 22).

55 Auch in Ionescos fast zeitgleich verfaßtem Drama *Victimes de devoir* (1954) gibt es kein Entrinnen aus der Ordnung: Der Dichter Nikolaus ersticht am Ende den Polizisten, übernimmt dann jedoch als »Opfer der Pflicht« dessen Aufgabe (IT 1, S. 211).

56 Zum historisch-intertextuell fundierten Wiederholungsdiskurs vgl. B, 1.2.1.

Öffentlichkeit ausgeschlossen werden muß. Andererseits bleibt auch der Entschluß des Idealisten, das Land zu verlassen, absurd. »Wohin«, so eine ›vox ex machina‹, wolle er sich wenden? (171). Bei Leopold Ahlsen besitzt dieses Dilemma tragische Züge, weil der Mensch in Situationen gerät, da er nur mehr die »Pflicht« hat, sich »zu entscheiden«.[57] Eine sozialoptimative Perspektive kann vor diesem Hintergrund kaum mehr aufrechterhalten werden. Nicht von ungefähr gestaltet Stefan Andres in drei bisher wenig rezipierten Nachkriegsdramen seine »Sorge um die Utopien unseres Jahrhunderts«[58] als Konsequenz der Problematik ihrer gerechten Verwirklichung. Dies geschieht aus unterschiedlicher Perspektive: Wie Sprachlehrer Dr. Sokrates Pappaphilomenukopulos mit seinem Männerverein »Die Söhne Platons« am kleinbürgerlichen Nonsens scheitert (*Die Touristen* [1953]), gelingt es auch König Melissos nicht, das Konzept eines vollkommenen Staats zu realisieren (*Wann kommen die Götter* [1956]). Er enteignet die Reichen, setzt jedoch zugleich Zwangsarbeit und Selektion durch (Verbannung der Kranken). Als er die Diskrepanz zwischen Modell und Realität erkennt, nimmt sich Melissos das Leben, während – dem Gender-Diskurs entsprechend (B, 1.1) – seine aussätzige Frau Klymene die vorige Ordnung wiederherstellt.[59] Damit ist allerdings keine positive Zukunftsoption verbunden. Ähnliches gilt für die Komödie *Und Zeus lächelt* (1957), denn hier schafft der Zerfall des römischen Imperiums ein Nebeneinander konkurrierender Weltanschauungen: Der wohlhabende Trierer Geschäftsmann Ursus Pacifico Babo ist den alten Göttern treu, während seine Frau Honoria, Tochter Lucina und ihr Verlobter Justinus Christen sind. Für die Hochzeit läßt Ursus einen Speisesaal bauen, der mit kostbaren Mosaiken ausgeschmückt werden soll. Die ursprünglich geplante Darstellung der Abenteuer des Zeus muß auf Wunsch der Hausherrin unterbleiben; sie bevorzugt religiöse Themen. Ursus' Toleranzidee wird allerdings durch die wechselnden politischen Verhältnisse ad absurdum geführt. Die von einem Diener zerstörten christlichen Mosaike lassen sich nicht erneuern, weil Kaiser Julians Häscher Justinus verfolgen. Unter dem neuen Machthaber Jovian ändert sich zwar die Glaubensrichtung, nicht aber Existenz und Methode des ideologischen Fanatismus. Beide Narrative sind mit Blick auf ihre Umsetzung nahezu austauschbar. Ursus' Machtwort, das am Ende gegen alle Widerstände die Restauration der Zeus-Bilder durchsetzt, bleibt theatraler Kunstgriff und kann die Zweifel hinsichtlich der Inkommensurabilität ethischer Normgebung nicht tilgen.[60]

In der Praxis führt dies zur »Nivellierung des dramatischen Helden«[61] bzw. zur Aufspaltung seiner Psyche. Die figurale Einheit kann dabei erhalten bleiben (Ambesser: der bessere/der schlechtere Mensch in Herrn Gerstenberg) oder verabschiedet werden (Goertz: Kiewe/Dr. Ast).[62] Borcherts Stationendrama *Draußen vor der Tür* (1947) bil-

57 Ahlsen: Pflicht zur Sünde (1952), S. 65. Vgl. B, 3.1.

58 Andres: Wann kommen die Götter (1956), S. I*.

59 Ähnliches gilt für Karl Wittlingers Schauspiel *Lazarus* (1958), in dem ein junger Arbeiter nach seinem Unfalltod die Möglichkeit erhält, die Fabrik nach eigenen Vorstellungen zu leiten. Während der bewußt inaktive Ex-Chef Fabrizius verhindern kann, daß die Firma zur Waffenproduktion umgerüstet wird, entwickelt sich der revolutionäre Lazarus sukzessive zur Systemstütze und muß schließlich das eigene Versagen konzedieren.

60 Zur Rezeption der Komödie vgl. Erschens (1984), S. 57-59.

61 TiG, S. 185 (Redebeitrag von Heinz Beckmann [1960]).

62 Zu Ambesser vgl. C, 4.2.1. Während sich Peter Kiewe, ein schuldbeladener Deserteur, im Handlungsverlauf für das Leben entscheidet, d.h. den aktiven Widerstand gegen Hitler, ver-

det insofern einen Sonderfall, als die Polarität invertiert ist: Dem Nihilisten Beckmann steht als Extrapolation ein Ja-Sager gegenüber, der zu unterliegen scheint, auf diskursiver Ebene aber obsiegt (B, 6.5.1). In Markus Scholz' dramatischer Vision *Nein* (1948), die der Forschung bisher unbekannt war, wird das Selbst sogar dreifach geteilt. Dennoch kommt es zu keiner dialektischen Synthese, weil beide Schatten negativ ausgerichtet sind: Das »Trieb-Ich« zeigt, wie schwach das Gewissen ist, das »moralische Ich« fordert den funktionalen Menschen, d.h. absolute Pflichterfüllung gegenüber dem Staat. Es gibt im Menschen somit keine Instanz mehr, die durch die NS-Diktatur nicht pervertiert wäre. Dem wegen Zersetzung der Wehrkraft verurteilten Fähnrich (B, 1.2.1) bleibt nur die Suche nach einem »dritten Weg« (18). Die skizzierte Distribution des Bewußtseins auf verschiedene Figuren, wie sie prototypisch bei Dostojewskij begegnet,[63] ist modernegeschichtlich ambivalent: Zwar wird die Idee eines homogenen Subjekts untergraben, zugleich entstehen jedoch ›logische Inseln‹ (Ja-Sager, Trieb-Ich), die kalkulabel sind und sich zu höherer Einheit fügen – wenngleich nicht linear, so doch integral (als disperse Summe sämtlicher Handlungsoptionen). Erst der Absurdismus zerstört die konzeptionelle Einheit der Figur (C, 2.).

Auch in der DDR-Avantgarde problematisiert man die Berechenbarkeit menschlicher Handlungen. Bereits Brecht äußert Vorbehalte hinsichtlich des »großen Einzelnen«[64] und wendet sich gegen eine undialektische Aufbauideologie.[65] Für Heiner Müller scheint die »Wirklichkeit« überhaupt nicht mehr »geschlossen darstellbar«, die Teile »bestenfalls« im »Clinch« vereint.[66] Hauptursache für solche Skepsis ist das menschliche »Fleisch«[67] mit seiner aporetischen Doppelfunktion als Katalysator und Widerstand des gesellschaftlichen Prozesses. Tatsächlich wird der Aufbau des Sozialismus bei Brecht, Kipphardt und Hacks zunächst mit der Befreiung unterdrückter Sinnlichkeit assoziiert. Die bürgerliche »Tugend« fungiert als Instrument gewaltsamer Separation, als »Rüstung«, die den Sexualtrieb von seinem »Gegenstand«[68] trennt und den Geist »für den Himmel zubereitet«. Selbstkastrieren ist somit die »höchste Qualifikation« der Didaktik.[69] Unter kapitalistischen Bedingungen bleibt dem Menschen aus diesem Grund nur eine Entwicklungsmöglichkeit: vom Spießer über den ›Fummler‹[70] zum Triebtäter, der – von Andrei Shdanow 1934 konturiert[71] – im DDR-Drama fast überall begegnet (B, 4.2.1). Wer dieses Stadium erreicht entzieht sich jeder Optimierung; die soziale De-

---

körpert sein »alter ego« Dr. Ast die Todessehnsucht (Trinks [2002], S. 265). Er will den jungen Soldaten zur Rückkehr an die Front überreden. Die Liebe der Nachbarin Lola hält Kiewe jedoch zurück und läßt ihn wieder Vertrauen in die Menschen gewinnen.

63 Vgl. hierzu Schmid (2008).

64 GW 16, S. 677 (Kleines Organon für das Theater [1948]).

65 Vgl. GBA 27, S. 346 (Journaleintrag vom 4. März 1953).

66 MW 3, S. 166 (Reisen des Glücksgotts [1958]).

67 H. Müller: Rotwelsch, S. 145 (Fatzer ± Keuner [1980]).

68 HS, S. 30 (Das Volksbuch vom Herzog Ernst [1952/53]).

69 GBA 8, S. 368, 361 (Der Hofmeister [1950]). Die christliche »Religion der Liebe« wird nach Kipphardt »von allen denen bevorzugt«, »die die Liebe in ihrem Leben vermissen, die der Liebe nicht oder nur sehr nebenher fähig sind«. »Gegen die frommen Christen spricht so beredt ihr unglückliches, von der Liebe kaum gestreiftes Aussehen« (KS, S. 243 [Aus den Notatheften [1963]).

70 Vgl. HS, S. 208 (Die Schlacht bei Lobositz [1955]).

71 Vgl. Sozialistische Realismuskonzeptionen, S. 46 (Die Sowjetliteratur, die ideenreichste und fortschrittlichste Literatur der Welt).

kadenz ist zur anthropologischen verfestigt. Nicht von ungefähr zeigen die Großgrundbesitzer bei Wolf, Strittmatter, Hacks und Müller kaum Spuren humanen Verhaltens,[72] allein deren Söhne[73] bzw. manche Mittelbauern lassen sich für den Aufbau gewinnen.[74]

Im ›neuen Menschen‹ hat sich dagegen die Versöhnung von innerer und äußerer Natur mustergültig verwirklicht. Er kann – psychoanalytisch gesprochen – das Verdrängte annehmen, weil Produktionsverhältnisse vorhanden sind, die eine gesunde Sublimierung erlauben. (In der Feudalgesellschaft ist repressionsfreies Triebleben nur während des anarchischen Karnevals möglich.[75]) Dahinter steht die mit Bezug auf Büchner vertretene These, daß das, »was in uns hurt, lügt, stiehlt und mordet«, die »Umstände« sind, »die außer uns liegen«, »Verbrechen« somit »in letzter Instanz soziale Ursachen haben«.[76] Hermann Werner Kubsch, Boris Djacenko und Harald Hauser demonstrieren deshalb, wie sexuelle Lust durch ideologische Aufklärung beherrschbar ist. In Kubschs Schauspiel *Ende und Anfang* (1949) wendet sich die nach erotischer Erfüllung suchende Ellen Stachow von ihrem italienischen Liebhaber Sylvio ab und dem heimgekehrten Ehemann Georg als »Kameradin« zu.[77] Auch Djacenko sucht mit seinem Stück *Dschungel* (1951) deutlich zu machen, daß selbst Männer, die wie Tiere im Käfig gehalten werden, ihre einzige Mitgefangene nicht vergewaltigen, wenn ihnen durch sie eine neue Perspektive aufgezeigt wird.[78] Ähnlich agiert der sowjetische Hauptingenieur Boris Strogow in Hausers Drama *Am Ende der Nacht* (1955). Als Vorbildfigur ist er nicht bereit, den sozialistischen Aufbau einer Liebesbeziehung zu opfern.[79] Derartig problemlose Verzichtsakte entsprechen der Bloch-These, daß menschlichen Triebe ›gerichtet‹ sind und durchaus revolutionäre Impulse hervorrufen können.[80] Für den Privatbereich gilt daher die ›geplante Variation‹, d.h. ein Sexualleben mit »Sonntag«.[81] Das Strukturmodell entspricht dem des Evergreens, der »das Allbekannte« und zugleich »von allem Verschiedene« unter Beibehaltung des Schemas verbindet.[82]

Andererseits bezeichnet gerade die freie Sexualität für Teile der Avantgarde das Ende des bürgerlichen Individualismus. Der Tugendbegriff wird umgekehrt, so daß man sich nun ›schämen‹ muß, »auf Frauen loszugehen, *ohne* unanständigen Gedanken«.[83] Dies führt – auch in Absetzung von Müllers Fondrak (B, 6.4.3) – Anfang der sechziger Jahre zur Gestaltung eines sozialistischen ›Riesen‹,[84] dessen erster und pro-

---

72 Lehmkuhl (*Bürgermeister Anna*), Großmann (*Katzgraben*), Treiber (*Umsiedlerin*), Albrecht von Sack (*Moritz Tassow*).

73 Herbert Martens (Freyer: Kornblumen [1953]).

74 Mittelbauer/N.N. (Reichwald: Das Haberfeldtreiben), Mittelländer (Strittmatter: Katzgraben 1958), Treiber (Müller: Die Umsiedlerin). Eine Ausgabe von Reichwalds Drama ist über die Bibliotheks-, Museums- und Verlagsrecherche nicht nachweisbar. Vgl. die Inhaltsangaben bei Nössig (1972), S. 64 und Haase u.a. (1977), S. 412.

75 Vgl. GBA 5, S. 259-262 (Leben des Galilei [1955/56]).

76 Pfeiffer: Nachtlogis (1955), S. II.

77 Kubsch: Ende und Anfang (1949), S. 60. Vgl. Profitlich (1988b), S. 572.

78 Vgl. Djacenko: Dschungel (1951), S. 25, 27.

79 Vgl. Hauser: Am Ende der Nacht (1955), S. 67, 71f.

80 Vgl. Bloch: Das Prinzip Hoffnung, S. 78f., 82f.

81 Bättcher/Nürnberg: Ehe eine Ehe eine Ehe wird (1954), S. 106f.

82 AS 14, S. 217 (Einleitung in die Musiksoziologie).

83 GBA 8, S. 261 (Die Tage der Kommune [1948/49]) [Hervorhebung von W.G.S.].

84 Vgl. folgende Dramen unterschiedlicher Qualität und Positionierung: Lange: Marski (1962), Braun: Kipper Paul Bauch (1962), Pfeiffer: Begegnung mit Herkules (1966), Kerndl: Die Selt-

blematischster Repräsentant Moritz Tassow ist. In ihm verkörpert sich das Trikolon der Sinnlichkeit als »statthabendes Glück, Störung der Ordnung und Vorwegnahme der Utopie«.[85] Hacks' Protagonist muß folgerichtig scheitern, wenn er das Lustprinzip als Grundlage der neuen Welt einführt (B, 6.4.2), denn Kollektivsysteme sind notwendig zur Triebkontrolle gezwungen – vor allem sofern sie (wie im Krieg oder nach 1945) ein asymmetrisches Geschlechterverhältnis aufweisen. Dieser Logik gemäß erklärt die tschechische Medizinstudentin Cecilie in Kantorowicz' *Verbündeten*, weshalb der Widerstandskämpfer François für sie nur ›Kamerad‹ sein darf: »Wo kämen wir da hin, wenn das bei uns einreißen würde unter achthundert Männern und dreißig Frauen«.[86]

Die menschliche Triebdisposition bleibt damit ambivalent, ist Ursache für die Inkommensurabilität des ›ganzen‹ Menschen (Brecht, Hacks, Lange), zugleich aber auch durch den Staat deformiertes Grundbedürfnis (Müller). In der Praxis führt dies dazu, daß die bipolare Aufspaltung der Protagonisten (Shen Te – Shui Ta, Puntila – Knecht) verabschiedet wird zugunsten einer ›neuen‹ Einheit des Disparaten. Die Figuren Galilei, Büsching und Flint (*Die Umsiedlerin*) bezeichnen denn auch weitgehend gescheiterte Versuche, das asoziale Element (Baal/Fondrak) gesellschaftlich produktiv zu machen. Wenn diese Symbiose lediglich dem ›Armeleuterichter‹ Azdak gelingt (B, 6.4.1), so erklärt sich dies aus der Extremsituation: Person und Kontext sind anarchisch. Für den Bereich der Ordnung gilt statt dessen die These von Horkheimer/Adorno, daß das Sexuelle (Sirenen) die elementarste Bedrohung für jede Naturbeherrschung darstellt (Odysseus), der ›Heimkehr‹ zu zivilisatorischer Stabilität nachhaltig entgegensteht.[87] Denn die Sinnenlust atomisiert die Gesellschaft: Statt »Bäume« zu fällen, jagen die Männer die Mädchen »durch den Wald«.[88] Auf diese Weise wird jedoch der ›subjektive Faktor‹ geradezu dominant. Einige Dramen der DDR-Avantgarde zeigen daher Beispiele extremer Triebfixierung und Egozentrik. Anders als Müller verorten Brecht[89] und Hacks[90] das Asoziale primär im Kapitalismus, d.h. die Zeitenwende wirkt zumindest teilweise disziplinierend. Andererseits bleibt das Sinnlich-Subversive selbst nach dem Systemwechsel omnipräsent. Wenn das ›Gute‹ siegt, so ist dies wie in dem Schauspiel *Die Sorgen und die Macht* kaum ideologisch begründet. Die Konflikte sind eher triebhaft als gesellschaftlich indiziert, weshalb man im Sozialismus damit rechnen muß, keineswegs alle Menschen überzeugen zu können (B, 6.4.2). Dadurch wird jedoch die Vorstellung allgemeiner Optimierbarkeit verabschiedet. Zwar gehen Brecht und Hacks wie Lenin davon aus, daß der Mensch vor allem in Übergangszeiten zur »Versammlung

same Reise des Alois Fingerlein (1967) und Kleineidam: Von Riesen und Menschen (1967). Im Prosa-Bereich gilt ähnliches für Strittmatters Ole *Bienkopp* (1963). Zum ›großen Individuum‹ in der DDR-Dramatik siehe Raddatz (1972), S. 413-462.

85 HM 2, S. 10 (Vorwort [1966]).

86 Kantorowicz: Die Verbündeten (1950), S. 42.

87 Vgl. AS 3, S. 61-99 (Dialektik der Aufklärung).

88 MT 1, S. 50 (Die Korrektur [Erstfassung] [1957/58]).

89 Vgl. »Durch die Organisation einer völlig neuen Wirtschaftsform, einer sozialistischen, deren Hauptzüge bei uns schon sichtbar sind, ist eine Umschulung im Gang« (GBA 23, S. 383f. [In der DDR ist ein kräftiger Versuch gemacht worden]). »Die Trennung Deutschlands ist eine Trennung zwischen dem Alten und dem Neuen« (Schriften zur Literatur und Kunst 3, S. 223 [Notizen für die Rede auf dem Schriftstellerkongreß]).

90 Vgl. HS, S. 7-9 (Das Volksbuch vom Herzog Ernst [1952/53]), 135 (Eröffnung des indischen Zeitalters [1954]), 167f. (Die Schlacht bei Lobositz [1955]) und 291f. (Der Müller von Sanssouci [1957]). Siehe B, 4.2.2.

verschiedener Ideologien« wird,[91] aber deren Anzahl und Kombinationsmöglichkeiten sind »praktisch unendlich«, so daß »kein Charakter dem anderen völlig« gleicht.[92] Der Einzelne ist demnach sozialpsychologisch unberechenbar, weil »zu viele Determinierungen bestehen«.[93] Hinzu kommen naturbedingte Schwächen, die »den Menschen als solchen betreffen« und »für alle Zeiten gelten«.[94] Die potentielle ›Unbelehrbarkeit‹ des Subjekts muß aus diesem Grund als »bitterste und verhängnisvollste Lehre«[95] mitgedacht werden. In Hacks' *Tassow* versichert Parteisekretär Mattukat, daß »andre Menschen« erscheinen werden (HK, 60), weist zugleich allerdings darauf hin, wie unproduktiv Strategien rationaler Kommunikation sind: Die Leute »wissen, / Was ihnen fehlt, sonst nichts«. »Fragen aufwerfen der Veränderung. / Einführn das Gestern und das Morgen in / Ihr Denken übers Heute, heißt sie narren« (58). Die Dialektik sozialen Fortschritts ist damit fragmentarisiert, denn das entscheidende Problem bleibt ungelöst: »Wovon werden« die Menschen »andre«? (60).

In der DDR-Dramatik ist der Diskurs des Schönen (Konvergenz von »Pflicht und Neigung«[96]) daher ergänzt durch eine Logik des Erhabenen, die ideologisch konformes Verhalten auch gegen emotionale Präferenzen einfordert. So soll Lisa Martin in Helmut Sakowskis »Volksstück« *Steine im Weg* (FS 1960, U 1962) die Entscheidung ihres Verlobten Paul akzeptieren, der als LPG-Vorsitzender die »Stall«-Aufsicht dem besseren »Fachmann« überträgt. Während es die Protagonistin jedoch als »nicht gerecht« empfindet, ihrem Ex-Freund Alfred Bergemann den eigenen Posten abtreten zu müssen, konstatiert Paul: »Was gut ist für die Genossenschaft, kann nicht ungerecht sein« (265). Doch Lisa rebelliert weiter wider die sozialistische Notwendigkeit; erst am Ende kann sie Pauls Forderung »begreifen« und »sich überwinden« (300). Unklar bleibt indes, ob Alfred die Kraft aufbringen wird, »wie einer von euch« zu handeln (294). Solcher Offenheit steht das Pflichtbewußtsein des Vorsitzenden gegenüber, der trotz persönlicher Betroffenheit ausschließlich als ›homo noumenon‹ (Kant) agiert. D.h. obwohl das Drama in seiner Konfliktstruktur affektiv bestimmt ist, bleibt es mit Blick auf das Ergebnis psychologisch kommensurabel. Sakowski entspricht damit Kipphardts Forderung nach einem Theater, das nicht »die Leidenschaften und die innerseelischen Zustände [...] zu den Triebkräften für die Entwicklung der Welt« macht.[97]

Hartmut Lange untergräbt dagegen wie Hacks die Vorstellung, man könne den Widerstand ›Körper‹ durch vernünftige Rede brechen. Sein Drama *Senftenberger Erzählungen oder Die Enteignung* (1960)[98] zeigt Proletarier, die materialistisch bestimmt

---

91 Hacks: Das realistische Theaterstück (1957), S. 103. Vgl. GBA 23, S. 306 ([Der Platz des Theaters] [ca. 1954]) und Lenin: Werke. Bd. 31, S. 35 (Der »linke Radikalismus«, die Kinderkrankheit des Kommunismus).

92 Hacks: Einige Gemeinplätze über das Stückeschreiben (1956), S. 124f.

93 GBA 18, S. 98 (Die Unberechenbarkeit des kleinsten Körper [zwischen 1934 und 1940]). Vgl. auch GBA 27, S. 361 (Journaleintrag um 1952).

94 HM 2, S. 282 (Über eine Goethesche Auskunft zu Fragen der Theaterarchitektur [1982]).

95 GBA 24, S. 273 (Die Courage lernt nichts [1953]). Auch für Kipphardt gibt es »Menschen«, die aufgrund ihres Charakters »nicht entwicklungsfähig« sind (Bemerkungen zu »Shakespeare dringend gesucht« [1953], S. 167).

96 DD, S. 334 (Helmut Baierl: Auf der Suche nach dem Helden [1964]).

97 KS, S. 92 (Zu einigen Fragen des heutigen Theaters [1957]). Vgl. C, 4.1.2.

98 1961 werden in *Theater der Zeit* zwei Szenen veröffentlicht; die angekündigte Uraufführung findet nicht statt. Eine systemkonforme Version des Stücks erscheint im darauffolgenden Jahr u.d.T. *Senftenberger Erzählungen 1947* (vgl. Hertling [1994], S. 62f.).

sind und deshalb einen Kapitalismus, der Wohlstand verspricht, dem neuen System vorziehen. Diese Tatsache muß der Parteiapparat berücksichtigen, als die volkseigene Grube wegen fehlender Pumpen unter Wasser steht. Denn der Privatunternehmer Karl Wilhelm Brack wirbt dem VEB, der nur mehr den halben Lohn zahlen kann, massiv Arbeiter ab. Zudem verteilt man in seinem Namen Büchsenfleisch, das der Schweizer Teilhaber nach Senftenberg geschickt hat. Der Versuch des Arbeiters Oswald, die Kollegen zum Bleiben zu bewegen, scheitert. Erst als Brack für sich selbst eine hagere Frau um Sauerkraut anstehen läßt und die Wartenden mit Fleischbüchsen beruhigen will, leistet die SED Widerstand und bestimmt den Lebensmittel-Import zum »Zwangsverkauf« (32). Die Belegschaft des Privatunternehmers streikt angesichts der vorenthaltenen Fleischbüchsen, aber der auf Ruhe bedachte ›Bürger‹ Brack versucht die Situation zu entschärfen. Kurz darauf wird er jedoch »verhaftet« und »enteignet«, wobei die Nahrungsmittel den Grubenarbeitern zugute kommen (40). Mit der vorübergehenden Einführung des ›reichen‹ Sozialismus »ködert« (17) man die Menge allerdings wie ein Unternehmer und konterkariert damit die eigene Maxime, Brack für den Aufbau des Sozialismus funktionalisiert zu haben. Zudem stößt Parteisekretär September allenthalben auf »ewig-menschliche Eigenschaften«,[99] deren Subversionspotential zwar durch Armut und harte Arbeitsbedingungen verstärkt ist, aber keineswegs aufgehoben werden kann. Die Genese des ›neuen Menschen‹, die allein in der Figur Regine präsent scheint,[100] verläuft diskontinuierlich, ohne Garantie produktiver Weiterentwicklung.[101] Der Sieg des Sozialismus kann sich demnach nicht auf Kausalität stützen,[102] sondern allein darauf, daß die Partei »die Macht« hat (42). Angesichts der »Schäbigkeit der Welt« (40) ist der projektierte Alternativstaat nicht mehr denkbar jenseits machiavellistischer Methodik.[103] Hinzu tritt – nicht nur bei Lange – die »Furcht« der Partei, das Wachsen der »Industrie« könne den »Hunger« derart steigern, daß die Arbeiter das neue »Haus« samt brotleerem »Schrank« »kahl« fräßen.[104] Auch nach der Zeitenwende bleibt nämlich »die logische Folge von Essen, Trinken und Anziehen« die Freisetzung unterdrückter Triebdispositionen. Das »Spaßvergnügen«[105] (Luxus, Sexgier) muß daher ideologisch diszipliniert werden, soll es nicht bürgerliche Dekadenzgrade annehmen.

Heiner Müller führt diesen Diskurs an die Grenze, wenn er die Logik umkehrt und zeigt, daß das Neue eben nicht die gelungene Sublimation rebellischer Affekte leistet, sondern deren inhumane Unterdrückung. Dahinter steht die Erkenntnis der Ambivalenz eines Regelsystems, das *objektive* Selektion durchführen und damit *subjektive* Freiheit einschränken muß. Aber auch jeder Syntheseversuch bleibt problematisch, weil sich das

---

99 Ebd., S. 62.

100 Vgl. Schivelbusch (1974), S. 157. Horn (2003) postuliert dagegen (ohne Begründung), daß »fast alle Bühnenfiguren zu einer Bewußtseinsänderung in der Lage zu sein scheinen« (S. 46).

101 Vgl. Hertling (1994), S. 63. Zum Benjamin-Bezug von Langes Geschichtsbild siehe ebd.

102 So konstatiert Regine hinsichtlich der Schlußszene, in der man sie Bracks ehemaligem Buchhalter Stockfleisch vorstellt: »er wird einen Stuhl für mich holen, und dann werden wir versuchen miteinander auszukommen. Mehr wird nicht geschehen« (S. 41).

103 Zu Langes Stalinismus-Kritik vgl. Kleinschmidt (2003), S. 33.

104 HS, S. 362f. (Die Sorgen und die Macht [Fassung 1962]).

105 BS, S. 66f. (Frau Flinz [1961]).

Lustprinzip als ›Anderes der Ordnung‹ per se ideologischer Integration entzieht (Fondrak).[106] Am Ende steht deshalb das doppelte Paradox:

(1) die Notwendigkeit, das Anthropologisch-Humane (Triebgenuß) zugunsten des Sozial-Humanen (Pflichterfüllung) einzuschränken, um Berechenbarkeit garantieren zu können, weil sonst eine »Lust« droht, die »ganz negativ« ist. Ihr wird die Front absolutes Freiheitserlebnis[107] und die kommunistische »Aufgabe« egozentrischer »Rausch«.[108]

(2) die Einsicht, das ›Neue‹ nur dadurch sichern zu können, daß man mit dem Alternativsystem auf dessen ureigenem Feld, der Effizienz, konkurriert. Hieraus ergibt sich der Zwang ewiger Produktionssteigerung, wobei der »totale Mensch«[109] nur dann nicht zur *alter machina* regrediert, wenn große Teile seiner Tätigkeit durch Technik ersetzt werden.[110] Da dies realiter kaum zu leisten ist, schafft der skizzierte Beschleunigungsprozeß ein gigantisches Arbeitslager, dessen »zuviel«[111] den Kapitalismus im Marschschritt »[l]inks und links« überholt.[112]

6.2.2 Inkommensurabilität kollektiver Machtmechanismen

Der Unberechenbarkeitsindex politischer Systeme ergibt sich zunächst aus der Inkommensurabilität individueller Normgebung. Des weiteren existieren Begründungsmechanismen, die dem Ganzen hinsichtlich der Summe seiner Teile einen Mehrwert zusprechen. Dieser kann auf Mythisierung beruhen: Der Mensch fühlt sich als »Spielkarte[]«[113] anonymer »Mächte«,[114] die durch kein Staatsmodell zu kontrollieren sind. Frank Thiess sucht diese Vorstellung in seinem Napoleon-Drama *Tödlicher Karneval* (ca. 1948) darzustellen. Nicht der französische Kaiser ist Herr der Historie, sondern eine »höhere« Gewalt, die als »das geheimnisvolle X in der großen, nie aufgehenden Gleichung« den »verhungerten General« erwählt hat, weil »keine anderen Werkzeuge zur Hand« waren, »den Kerker der Tyrannei aufzubrechen« (3, 78).[115] Sinn bleibt hier zwar Ingredienz der Geschichte, blitzt jedoch allenfalls kurz auf, ohne von einem Endzustand her begreifbar zu sein. Trotz der Kompensativfunktion, die dieser Erklärung eignet,[116] ist das Dämonische zugleich Metapher des Inkalkulablen.

---

[106] Vgl. auch die Figur des zynisch-individualistischen Adam in Langes *Senftenberger Erzählungen* (S. 37-40).

[107] GI 1, S. 177 (Der Weltuntergang ist zu einem modischen Problem geworden [1986]).

[108] Fischer: Der große Verrat (1950), S. 50.

[109] So der Titel der unveröffentlichten Erstfassung (1962) von Volker Brauns Drama *Kipper Paul Bauch* (vgl. Bathrick [1987], S. 144).

[110] Vgl. DD, S. 398 (Volker Braun: Offener Brief [1967]).

[111] HS, S. 335 (Die Sorgen und die Macht [Fassung 1962]).

[112] MT 1, S. 80 (Die Korrektur [Zweitfassung] [1958]).

[113] Rombach: Licht im Fenster (1948), S. 6.

[114] Buch: Die Fahrt der »Patmos« (ca. 1950), S. I*. Vgl. B, 3.2.

[115] Ähnlich sieht es Hermann Rossmann. In seinem Drama *Die große Armee* (1945) kämpft Napoleon nicht wider den Zaren, sondern gegen »das Ungeheure, das Ungreifbare, – das Nichts« (S. 1).

[116] Vgl. Trinks (2002), S. 91-93.

Der Unterschied zum Säkulardiskurs besteht allein in der Begründungsweise, nicht im Ergebnis. Das Rollenspiel des Menschen wird nun gesellschaftlich rückgebunden, die Herrschaft des ›Zufalls‹ folgt aus der Unübersichtlichkeit politisch-sozialer Strukturen. So ist Fritz Ernst Bettauers Volkstribun Ferdinand Lassalle Opfer »einer spitzbübischen Farce«,[117] und bei Friedrich Dürrenmatt erscheint die gesamte Lebenswelt als »Chaos«, dem gegenüber sich der »mutige[] Mensch« bewähren muß.[118] Ähnlich sieht es Wolfgang Hildesheimer – zumindest vor seiner Hinwendung zum Absurdismus (B, 5.1.2). In dem Stück *Die Herren der Welt* (1958) wird die bittere Lehre, das »Rad des Weltgeschehens« »*nicht* drehen« zu können, ebenfalls abgefedert durch die Einsicht, daß es »gut« gewesen sei, »wenigstens den Versuch gemacht zu haben« (HT, 156f.). Selbst Hans Henny Jahnn sieht 1959 keine Möglichkeit mehr, den Status quo zu verändern. Denn – so der Tenor seines Physikerdramas *Der staubige Regenbogen* – man trifft immer nur ein »Glied« der »weitverzweigten Organisation« (JD, 881). Es gibt demnach »keinen Weg« in die Zukunft, sondern »nur Dickicht«, durch das der Mensch »mit dem Buschmesser vorwärts dringen« muß (852), und zwar ohne Erfolgsaussicht (B, 5.2.2). Diese Erkenntnis bestimmt bereits Leopold Ahlsens Schauspiel *Philemon und Baukis* (1955).[119] Auch hier läßt die Zwangslogik militärischer Auseinandersetzung keinen Raum für moralisches Handeln. Das intertextuelle Paradigma ist folgerichtig nur mehr unter Negation seiner ursprünglichen Semantik zu perpetuieren. Während Ovids Ehepaar den verkleideten Zeus trotz Armut liebevoll bewirtet, erfüllen die griechischen Bauern Nikolaos und Marulja das Gebotene primär aus Zwang. Ihr ›Gast‹ ist allerdings kein Gott, sondern Invasor: der schwerverwundete deutsche Landser Franz – mit seinem Kameraden Karl auf der Flucht vor Partisanen. Als beide entdeckt werden, verurteilt man Nikolaos zum Tod, weil seine Tat das Retten eigener Geiseln verhindert habe. Marulja erzwingt daraufhin die gemeinsame Exekution. Der Diskurs ist nachdrücklich desentimentalisiert: Als tertium comparationis dient die These, daß das Leben, selbst das Lieben »keine romantische Sache« sei (403). Gerade jene Erfahrung vermag aber die Polarität zwischen Freund und Feind aufzuheben. D.h. Ahlsen unterscheidet zwei ›Kriegszustände‹: den *humanen* menschlichen Existenzkampfes und den *inhumanen* globalpolitischer Auseinandersetzung. Somit ist es erneut der Kollektivmechanismus, der universalethisches Verhalten ad absurdum führt.

Die Ohnmacht des Einzelnen wird ab Mitte der fünfziger Jahre zum konkulturalen Phänomen – sei es mit politischem (Tassow, Flint),[120] moralischem (Prinz von Astrachan, Helena)[121] oder ästhetischem Schwerpunkt (Chatterton).[122] Doch obwohl die Rede vom Individuum hier negativ fortgeschrieben wird, scheint die Problematisierung seines Einflußpotentials kaum regressiver als die Wiederherstellung der »dramatischen Täterfiguren«[123] im Dokumentartheater. Denn der Fokuswechsel von den »Subjekten auf die Objekte«[124] (Adorno) ist noch in der *Ermittlung* (1965) durch die Annahme un-

---

117 Bettauer: Der Volkstribun (1947), S. 125.
118 Dürrenmatt: Theater-Schriften und Reden, S. 123 (Theaterprobleme [1955]).
119 Für das als Hörspiel konzipierte Stück erhält Ahlsen 1955 den Gerhart-Hauptmann-Preis.
120 Vgl. B, 6.4.2/6.4.3.
121 Vgl. B, 5.1.2.
122 Vgl. C, 1.
123 Schröder (1994a), S. 102.
124 AS 11, S. 594 (Offener Brief an Rolf Hochhuth).

tergraben, der Mensch habe stets die Möglichkeit, wirksamen Widerstand zu leisten.[125] Aus den bürgerlichen Marionetten der *Versicherung* (B, 6.2.1) werden damit zumindest auf NS-Seite vollwertige und schuldfähige Akteure. Es spricht für Weiss, daß er sich bewußt ist, an dieser Stelle »Schwarz/Weiß-Zeichnung« zu betreiben.[126]

6.3 Transzendenz: Zweifel an Sinn und Wahrheit höherer Ordnungen

6.3.1 Aporien christlicher Herrschaft (Schneider)

Eine Problematisierung religiöser Perspektivbildung findet im Dramenbereich fast ausschließlich bei Reinhold Schneider statt, von dessen zehn Bühnenwerken neun nach 1945 entstehen. Für die epochen- bzw. gattungsbezogene Forschung scheint das Spätwerk nahezu inexistent, und den wenigen Einzelstudien (vor allem zu *Der große Verzicht*) fehlt es an Kontextualisierung wie formalästhetischer Analyse.[127] Festzuhalten ist zunächst, daß die vorgegebene Semantik mehrstufig in Frage gestellt wird: aufgrund der Inkommensurabilität kollektiver Machtmechanismen (B, 6.2.2), des damit verbundenen Verlusts handlungsethischer Eindeutigkeit sowie der physiko-biologischen Einsicht in die Defizienz christlicher Welterklärungsmodelle. Wenngleich sich dieser Prozeß während der fünfziger Jahre verstärkt, ist er schon in der frühen Nachkriegszeit präsent. Vor allem die Theaterstücke entziehen sich trotz appellativen Impetus klarer Gegensatzbildung: Moralisches Handeln bleibt weder mittels noch abseits konkreter Machtausübung möglich. Dies zeigt sich bereits mit Blick auf Schneiders ›politisches Drama‹ *Der Kronprinz* (1948), das den Untergang der Weimarer Republik verfremdend thematisiert.[128] So verzichtet Thronfolger Rudolf auf das ihm angebotene Königsamt und läßt sich im Exil zum Priester weihen, obwohl er weiß, daß damit die erhoffte Konvergenz von Staat und Religion suspendiert wird.[129] Erst sein Rückzug eröffnet nämlich Voss, dem »Haupt der neuen Partei« (5), die Möglichkeit, sich als ›alter deus‹ an die Spitze der Regierung zu setzen und wie Hitler ein Gewaltregime zu etablieren. Rudolf selbst rechtfertigt seine Entscheidung mit der Annahme, dem Volk fehle der Glaube, eine christliche Herrschaft zu tragen. Gegen diese Logik spricht allerdings die Tatsache, daß die Masse als in jeder Hinsicht unberechenbar dargestellt wird. Ihre Ziele sind ungewiß, die Stimmungen manipulierbar (54f.). Hinzu kommt eine allgemeine Sehnsucht nach Nihilismus (Destruktion, Sterben, Tod), die sich aus der Vergänglichkeit des Menschen ergibt (78-80).[130] Rudolfs Machtverzicht scheint aber auch vor der Folie des eigenen Erklärungsmodells fragwürdig, denn der Protagonist übt auf diese Weise Verrat am

---

125 Vgl. WD 2, S. 52, 81f. Der »einzelne als historisches Subjekt« lebt auch in Kritischer Theorie und Existentialismus fort (siehe Greven [1985], passim).

126 Weiss: Das Material und die Modelle (1968), S. 55.

127 Dies gilt selbst für die umfangreiche, häufig jedoch amplifizierende Untersuchung von Schuster (2001), die neben einem kurzen Aufsatz von Thiede (1980) als einziger Forschungsbeitrag Schneiders dramatisches Gesamtwerk im Blick hat.

128 Die Handlung spielt in »Deutschland zwischen den Kriegen« (S. 5).

129 Vgl. Schneiders Kritik an der ›horizontalen‹ Ethik von Demokratie und Kommunismus (SL, S. 167 [Brief vom 29. November 1950 an Heinrich Graf Luckner]).

130 Vgl. auch Schneider: Das Spiel vom Menschen (1949), S. 46; Die Tarnkappe (1951), S. 18f. und Zar Alexander (1951), S. 106f.

»Gesetz der Krone, das von Gott / Gesetzt für heut und immer«. Nach Schneider ist es unzulässig, sich von der »Macht der Zeit« beeinflussen zu lassen (70), d.h. die Gesinnungsethik utilitaristisch zu ergänzen.[131] Bereits Rudolf steht daher vor dem moralischen Dilemma, guten Gewissens weder herrschen noch zusehen zu können. Am Ende bleibt ihm allein die Erkenntnis, »Daß wir uns opfern müssen« (87).[132] Vor diesem Hintergrund ist das harmonische Weltmodell nur mehr jenseits realitätsbezogener Darstellung präsent: in dem von Schneider hinzugefügten Prolog der Calderon-Adaption *Belsazar* (1949). Der Autor exponiert hier den Gegenentwurf zu der im Drama gestalteten Tyrannis des babylonischen Königs, die sogar Holocaust-Allusionen aufweist (B, 1.2.2). Handlungszeit des Vorspiels ist das 17. Jahrhundert, nach Schneiders Ansicht eine Epoche, in der alles nur auf Gott hin ausgerichtet war. Der Dialog zwischen Daniel und dem ›Gedanken‹ hält allerdings das Grauen einer Wirklichkeit präsent, die deutlich an den Nationalsozialismus erinnert. So erklärt die allegorische Figur: »Ich komme aus wildzerworfner Zeit, / Geschüttelt noch von Grauen und Entsetzen, / Die uns vielleicht nicht überwältigt hätten, / Wenn noch der Geist geböte, dem Du dienst«. Andererseits scheint selbst die vertikal geordnete Barockwelt keineswegs gefeit gegen die Gefahr neuen Totalitarismus. Belsazar ist für Schneider ein zeitloser Charakter, so daß man sich fürchten muß vor »seiner immer drohnden Wiederkehr« (9).

Mit dem Schauspiel *Der große Verzicht* (1950)[133] verschärft sich die Diskrepanz zwischen christlicher Utopie und politischer Wirklichkeit. Der Titel verweist auf den für die Kirchengeschichte singulären Rücktritt von Papst Cölestin V. im Jahr 1294. Parallel hierzu thematisiert Schneider den Aufstieg Benedetto Gaëtanis zu dessen Nachfolger. Auch auf weltlicher Ebene stehen sich Entsagung und Machtgier gegenüber. Während Karl II. von Neapel machiavellistisch agiert, begibt sich Sohn Ludwig wie Rudolf im *Kronprinz* des Thronanspruchs und wird Priester. Die figuralen Antagonismen sind aber nicht nur dupliziert, sondern auch aufgeweicht. Nachhaltig sperrt sich die Handlung der Synthese im ethisch-binären »Parallelogramm« (Petrus von Murrhone [Cölestin V.] / Karl II. ↔ Benedetto Gaëtani [Bonifaz VIII.] / Ludwig).[134] Ralf Schuster weist darauf hin, daß solche Gegensatzbildung vielmehr Ergebnis interessegeleiteter Figurenrede ist. So wird Gaëtani von König Philipp denunziert, weil er eine »Bulle« erlassen hat, die den Vatikan zur höchsten politischen Instanz erhebt (SW 3, 406). Das Bild des »Papa diabolicus«[135] bleibt somit kalkuliertes Konstrukt mit dem Ziel, das französische Volk für die eigene Sache zu gewinnen.[136] In der Tat wird Bonifaz von dritter Seite wohlwollender beurteilt, verschreibt er sich doch dem Projekt, das ›himmlische Jerusalem‹ auf Erden zu errichten (362). Dies erklärt auch seine Skepsis gegenüber der Berufung des Petrus von Murrhone, der wie der alte Kardinal im *Traum des*

[131] Aus diesem Grund hält Schneider ein »Attentat« wie das vom 20. Juli 1944 »nicht für erlaubt« (Erfüllte Einsamkeit, S. 26).

[132] Noch 1946 konstatiert Schneider in *Die Macht des Bösen und die gute Macht*: »Der Mensch als der geborene Regent der Erde darf nicht verzichten. [...] Er muß glauben, daß es möglich ist, das empfangene Amt zu versehen, ohne daß sein Herz verdirbt« (SW 8, S. 65).

[133] Für das Stück erhält Schneider 1957 den ersten Preis des Dramatikerwettbewerbs der Bregenzer Festspiele. Die Uraufführung findet am 18. Juli 1958 am Wiener Burgtheater statt.

[134] So die vereindeutigende Lesart von Keller (1981), S. 276.

[135] Przywara: Humanitas (1952), S. 810.

[136] Vgl. Schuster (2001), S. 233f.

Eroberers (1951) das »Gottesreich« zuerst »im Innersten« herstellen möchte.[137] Andererseits muß Cölestin erkennen, daß herrschaftsfreie Räume nicht existieren. Seine Rücktrittsrede evoziert zwar die Utopie, benennt allerdings zugleich »unlösbare Probleme«. D.h. der Amtsverzicht verweist über Persönlichkeitsdefizit und fehlende Kollektivunterstützung auf die allgemeine »Satanisierung der Macht«, derzufolge es »Sünde« ist, »an der Herrschaft teilzunehmen«, aber auch, sich ihr zu entziehen. Der »Weg« des Petrus von Murrhone kann daher weder »Gesetz« noch »sittliche Norm« sein, »er bedeutet einsamste christliche Entscheidung«.[138] Ähnlich unsicher agiert Gaëtani, wenn er zweifelt, ob seine Kritik an Cölestin berechtigt ist. Trotzdem prüft er den Papst und bestärkt ihn, das Amt niederzulegen. Sein eigener Versuch, das »Gottesreich« auf »Furcht« zu gründen (362f.), befördert jedoch nicht die angestrebte »Herrlichkeit« (272), sondern ist Ausdruck menschlicher Hybris. Denn als neues Kirchenoberhaupt schreibt Bonifaz ein Konzil aus, bei dem er selbst »den Jüngsten Tag« halten will (441). Er regrediert auf diese Weise zum weltlichen Herrscher, der wie Karl II. überzeugt ist, daß noch niemand »unverletzten Gewissens sein Amt auf Erden getragen hat« (343). Da solcher Logik widerstehen muß, wer nicht als zweiter Cenodoxus dem Teufel verfallen will,[139] bleibt schließlich nur das Paradox. Dessen Ausdruck und Lösung ist der Tod: Nicht von ungefähr wird Cölestin ermordet. Auch Karls Sohn Ludwig, der auf das blutige Erbe des schuldbewußten Vaters verzichtet, stirbt; das Drama schließt mit der Nachricht seines Exitus.[140] Tatsächlich konstatiert Schneider bereits 1946, daß dem Menschen nur in der Niederlage »die Gnade [...] begegnen kann«.[141] Die Christianisierung der Nachkriegsgesellschaft scheitert damit an grundsätzlichen Aporien der Macht, keineswegs (oder nicht primär) an Adenauers westorientierter Bündnispolitik.[142] Gerade die doppelte Unvereinbarkeit von Herrschaft (Bonifaz, Karl) und Verzicht (Cölestin, Ludwig) läßt jedoch ein »Kreuz«[143] entstehen, das – der ›Pause‹ bei Heiner Müller vergleichbar (B, 6.5.3) – *formal* bezeugt, was *real* nicht verifizierbar ist: die Unterhintergehbarkeit des Narrativs.

Diskursanalytisch betrachtet können Schneiders nachfolgende Dramen als Versuche gelten, diese »Absurditäten«[144] variierend festzuschreiben. So zeigt das Schauspiel *Die Tarnkappe* (1951)[145] eine Welt, in der christliche Bußhaltung jeden didaktischen Sinn verloren hat.[146] Zwar distanziert sich Siegfried von Brunhilds heidnischer Existenzform, aber die Rückgabe der Tarnkappe als »Gespinst der Lüge« (53) kann den letalen Ausgang nicht verhindern. Der Protagonist wird von Hagen getötet, und selbst dem

---

137 Schneider: Der Traum des Eroberers (1951), S. 55. Vgl. SW 3, S. 329, 371, 411 (Der große Verzicht).

138 SL, S. 169 ([Manuskript] Der große Verzicht [1954]).

139 Vgl. Schneider: Artur Müller (1954/55), S. 209-211. Müllers surrealistisches Mysterienspiel wird am 2. April 1955 in Darmstadt uraufgeführt (vgl. Kaiser [1961], S. 134f.).

140 Nach Ensberg (1995) fungiert die todbringende Krankheit, das ›römische Fieber‹, als »Sinnbild der Erkenntnis, daß auch der Dienst an und in der Kirche Roms nicht davor schützt, dem ›Fieber‹ der Macht zum Opfer zu fallen« (S. 258).

141 Schneider: Die Tragiker des Abendlandes, S. 30.

142 So die fragwürdige These von Schuster (2001), S. 288.

143 SL, S. 169 ([Manuskript] Der große Verzicht [1954]).

144 SW 10, S. 403 (Winter in Wien [1958]).

145 Zum Vergleich mit Wagners *Ring* und Hebbels *Nibelungen* siehe Schuster (2001), S. 268-277.

146 In der Erzählung *Die Stunde des heiligen Franz von Assisi* (1943) zeigt sich Schneider noch überzeugt, daß »die sanfte Macht des Beispiels« »Gewalt« und »Zeit« »übersiegt« (S. 78).

Priester gelingt es nicht, den Streit um den Nibelungenhort zu schlichten: Der Mann Gottes endet als Opfer einer Gewalttat. Brunhild zieht sich daraufhin mit ihrer Dienerin Fricka in den Turm zurück und legt ein Feuer, das nicht nur sie versehrt, sondern die gesamte Burg zu zerstören droht. Die Schuldfrage bleibt hier ebenso offen wie im *Traum des Eroberers* (1951). Wilhelm I. wird (anders als Voss und Belsazar) nicht verurteilt. Der Engel führt dem Herrscher zentrale Lebensstationen vor, enthält sich indes einer moralischen Bewertung. Zudem bleibt die Schlußszene ambivalent: Der Feldherr vermag das »Licht des Engels« nicht mehr wahrzunehmen und stirbt mit der verzweifelten Frage: »Warum hast du mich verlassen?« (88). Die Distanz zu Gott, die Wilhelm das Zeichen des Himmels während der Feldzüge nicht erkennen ließ, erklärt diesen Sachverhalt nur bedingt. Denn der Protagonist zeigt durchaus Reue und ist – wenngleich zu spät – bereit, die Gefangenen in England freizugeben. Das Schweigen des himmlischen Gesandten bezeichnet vielmehr die Unmöglichkeit, Welt und Transzendenz untragisch zusammenzudenken. Hierfür spricht auch die Tatsache, daß im Folgedrama *Zar Alexander* (1951)[147] ideale Machtausübung nur noch im »Märchen«[148] möglich scheint. So wartet eine Gruppe religiöser Schwärmer auf die Wiederkunft Peter I., der eine neue christliche Ordnung etablieren soll, während Alexander sich nicht imstande sieht, die notwendigen Reformen einzuleiten. Er dankt ab und übergibt den Thron an seinen Bruder Nikolai, eine im Sinne Schneiders idealtypische Herrscherfigur: zurückhaltend, fromm, charakterfest. Entscheidend ist nun, daß selbst dieser nicht ›unschuldig‹ regieren kann. Denn als im russischen Heer eine Revolte ausbricht, wird Nikolaus I. gezwungen, die Ordnung gewaltsam zu restituieren. Er erkennt, daß es »Notwendigkeiten« gibt, »denen wir nicht mehr gewachsen sind« (178). Dies bedeutet aber: Die Frage nach Staatsform oder Diskurstechnik (Diplomatie)[149] scheint zweitrangig angesichts der Inkommensurabilität menschlicher Handlungsmotivation (B, 6.2.1).

Vor diesem Hintergrund wird die Verzichtsthematik in dem Drama *Innozenz und Franziskus* (1952)[150] wiederaufgenommen. Das Faktum ist metapoetisch bedeutsam, weil sich die Schwerpunkte der vier historischen Stücke nun zum Chiasmus ergänzen:

Verzicht (geistlich) – *Eroberer* (profan) – *Zar* (profan) – *Innozenz* (geistlich).[151]

Unterstützt wird die Spiegelsymmetrie durch die bisher nicht beachtete Tatsache, daß die beiden Eckwerke identisch strukturiert sind (jeweils fünf Akte à 34 Szenen), während die Binnendramen zusammengenommen die weltpolitische Totalität darstellen (West/Ost). Dennoch bildet das zweite Papststück insofern den Kulminationspunkt in Schneiders dramatischem Œuvre, als die »Tragik der christlich-geschichtlichen Existenz« hier »am deutlichsten ausgedrückt« ist. Der Autor selbst muß, wie er einräumt, »vor dem Abgrund der Fragen erschauern«, die sich nirgendwo anders »in so verzehrender Gegenwart unversöhnlichen Streites« stellen.[152] Was als gottgemäße Politik der

---

147 UA 12. November 1954, Staatstheater Saarbrücken (u.d.T. *Die Abrechnung*).

148 SW 10, S. 224, 241 (Winter in Wien [1958]).

149 Weder Nikolaus noch der Metropolit Seraphim sind in der Lage, die Aufständischen zu beruhigen (vgl. S. 173f.).

150 UA 13. Februar 1954, Essener Opernhaus. Die Intendanz berichtet an Schneider, das Theaterstück sei »mit insgesamt 21 Aufführungen der größte Kassenerfolg« (SL, S. 193).

151 Das Schauspiel sollte »eigentlich nur ›Innozenz‹ heißen« (SL, S. 195).

152 SL, S. 195f. Vgl. auch SW 8, S. 243f. (Theologie des Dramas [1952]).

starken Kurie intendiert ist wird realiter zum Genozid. Das päpstliche Heer tötet beim Angriff auf die häretischen Katharer[153] das Gros der Bevölkerung; zahlreiche Gläubige (darunter Frauen und Kinder) verbrennen in angezündeten Kirchen. Kurz vor Innozenz' Tod erscheint denn auch wie zu Beginn des Stücks ein Ketzer, nun jedoch als Traumgestalt.[154] Im Namen der Toten klagt er den Papst an, dessen Herrschaftspraxis »wortwörtlich bewiesen« habe, »daß die Kirche die Hölle ist« (275). Der Unberechenbarkeitsindex kollektiver Machtmechanismen subvertiert zudem Innozenz' Engagement im deutschen Thronstreit. So unterstützt das katholische Oberhaupt aus strategischen Gründen zunächst den Welfen Otto von Lüneburg-Braunschweig. Dessen hybrides Machtgebaren führt allerdings dazu, daß Erzbischof Adolf von Köln mit einigen anderen Fürsten beschließt, sich für Philipp von Schwaben einzusetzen. Innozenz bleibt angesichts der veränderten Lage keine Wahl: Er muß Otto fallen lassen und Philipp als König akzeptieren. Um die eigene Position zu stärken, will er seinen Neffen mit der Tochter des designierten Monarchen vermählen. Philipp löst zu diesem Zweck Beatrix' Verlobung, wird daraufhin aber aus Rache ermordet, so daß die Nachfolge erneut Otto zugesprochen wird. Nach der Krönung beginnt dieser jedoch – unter Bruch der gegebenen Zusage – einen Angriffskrieg gegen Sizilien. Innozenz muß erkennen, daß sich das machtpolitische Feld klarer Planbarkeit entzieht, weil die jeweils ausgelösten Reaktionen unvorhersehbar sind. Schneider verschaltet hier kosmischen, politischen und biologischen Diskurs. In allen drei Bereichen scheint die »Situation des Menschen« »verzweifelt«, denn »ein uferloser Zusammenhang« erlaubt keinen sinnhaften »Eingriff« mehr: »Die Mischung, Temperierung der Wirkstoffe ist viel zu kompliziert«.[155] Folgerichtig scheitert der Versuch, einen Kreuzzug zu initiieren, der die Einigung der Christenheit herbeiführen soll.

Das *Innozenz*-Drama besitzt aber auch insofern besondere Bedeutung, als Schneider hier erstmals über das Ende der christlichen Erzählung reflektiert. Medium ist der Astronom Thebith: Religiös ungebunden betreibt er (wie der Autor selbst)[156] wissenschaftliche Studien und weiß, daß es »tödliche Wahrheiten« gibt, »die man nicht aussprechen soll«. Nichtsdestotrotz »will« er »sehen«, »was sich da bewegt und wandelt und welche Kräfte darin walten« (162f.).[157] Schneider spaltet somit figural auf, was hinsichtlich seiner Vita konvergiert. Seit 1953 wird für ihn zunehmend evident: »Den Weltraum bestehen wir nicht«.[158] Wie Nietzsche (und später Lyotard)[159] setzt Schneider an die Stelle überkommener Narrative die »erhabene Sinnlosigkeit«, die es unmöglich

---

153 Die Katharer betrachten das »Fleisch« als »unrein« und leugnen den »Leib« Christi (S. 12).

154 Schneider schafft hier erneut eine chiastische Struktur, denn im Unterschied zum Vorsteher der Katharer tritt Antagonist Franziskus zuerst imaginär, dann realiter auf (vgl. S. 10f., 280-282).

155 SW 10, S. 336 (Winter in Wien [1958]).

156 Vgl. SL, S. 193f. (Brief vom 5. Juli 1954 an K.B. Glock).

157 Die Diskussion zwischen Thebith und König Friedrich von Sizilien über die Konsequenzen einer Verabschiedung des ptolemäischen Weltbilds erinnert stark an Brechts *Galilei*, allerdings fehlt jede wissenschaftsoptimistische Perspektive (vgl. S. 161-164). Schneiders eigene Galilei-Tragödie *Die Monde des Jupiter* verbleibt im Entwurfsstadium.

158 SW 19, S. 218 (Winter in Wien [1958]).

159 Vgl. Lyotard: Das Erhabene und die Avantgarde und ders.: Das Interesse des Erhabenen.

macht, Jahwe »als den Gott *dieses* Alls zu verstehn«[160] und »Argumente« zu finden, um für ihn zu »missionieren«.[161] Im Gegenteil, die Wahrheitspräsenz entzieht sich jeder Fixierung: Zwar wird der Wanderprediger Franz von Assisi mit sämtlichen Attributen der Heiligkeit versehen, aber es bleibt unklar, was der Herr von ihm fordert. Es scheint sogar, als wolle Gott keine diesseitige Königsherrschaft Jesu,[162] sondern die Einsicht *beider* Protagonisten in die notwendige Defizienz ihrer Heilsentwürfe.[163]

Solcher Erkenntnis, die sich nach Kriegsende durchsetzt, wird allerdings gattungsästhetisch entgegengewirkt. So ist Schneider der Ansicht, daß die »Erde« nicht »eins« ist, sich aber im Drama »zur Einheit« fügt.[164] Die drei frühen Stücke (*Kronprinz*, *Belsazar*, *Spiel vom Menschen*) sind daher aristotelisch gebaut,[165] versifiziert und traditional rückgebunden (Goethe,[166] Calderon[167]). Anders als Rutenborn, Syberberg und Vietta hält Schneider Distanz zur Moderne (Claudel, Wilder, Sartre). Selbst die Kritik am bürgerlichen Drama ist nicht strukturpoetisch orientiert, sondern bezieht sich allein auf dessen horizontale Ausrichtung.[168] Tatsächlich erscheint Schneider die »Tragödie« noch Mitte der vierziger Jahre als »wunderbar geglückte Form«,[169] die – vom »Seinsgesetz« durchleuchtet – keine Lösung verheißt. Sie ist dennoch nicht »heillos«, vielmehr »der tödliche Durchbruch in die ewige Ordnung«.[170] Wie bei Vietta (B, 3.2) wird nach dem Ende der politischen Erzählungen ein transideologischer Raum eingefordert: Die »Hoffnungen der Aufklärer und fast alle Erwartungen des 19. Jahrhunderts« sind »zertrümmert[]«, nur »das Weltbild der Tragiker« persistiert.[171]

Hier liegt der Hauptgrund dafür, daß Schneider sich gegen künstlerische Experimente wendet. Die Bühne sei »kein Laboratorium«,[172] das Drama lebe »vom Geist«, »nicht vom Theater«.[173] Mit dieser Referenzdramaturgie setzt sich der Autor dezidiert vom Renouveau Catholique ab, und zwar aus dem Blickwinkel der Moderne: »Mächtiger als der Kaiser« schafft sich Claudel wie Dante den »Frieden« »selber«, den man ihm »verweigert«. Eben dadurch erscheint er der Gegenwart jedoch »in gewissem Grade« als »Fremdling«. »Gestehen wir, daß er uns näher wäre, wenn er ein problema-

---

160 Schneider: Der Balkon, S. 164. Vgl. auch SW 9, S. 451 (Der Bildungsauftrag des christlichen Dichters [1953]).

161 SW 10, S. 338 (Winter in Wien [1958]).

162 Vgl. SW 8, S. 242 (Theologie des Dramas [1952]).

163 Wie die Lehre der Katharer gilt auch die des Franziskus als ›inhuman‹ (vgl. S. 186f., 271).

164 SG, S. 250 (Claudels Weltgedicht [1948]).

165 Schneider halt nachdrücklich an den drei Einheiten fest.

166 Balthasar (1953) sieht im *Kronprinz* ein Stück, das »unmittelbar an Goethes ›Natürliche Tochter‹« anknüpft. Es sei »die Übersetzung der goethischen Problematik der adeligen Existenzform im Zeitalter der französischen [sic!] Revolution in die Gegenwart« (S. 163).

167 Zum Vergleich von Schneiders Dramen mit Calderons Vorlagen siehe ausführlich Schuster (2001), S. 200-216 (Belsazar) und 220-227 (Das Spiel vom Menschen).

168 Vgl. SG, S. 262 (Soll die Dichtung das Leben bessern? [1955]). Nach Schneider zeigen vor allem amerikanische Theaterstücke eine »natürliche Neigung zum Chaos, die von ordnenden Gegenkräften nicht mehr aufgehalten wird« (SW 10, S. 192 [Winter in Wien]).

169 SG, S. 324 (Der Mensch und das Leid in der griechischen Tragödie [1947]).

170 Schneider: Die Tragiker des Abendlandes (1946), S. 24, 28, 30. Schneider unterscheidet daher noch im Mai 1953 zwischen der »absoluten Tragik« des »nihilistischen Pessimismus« und der »christlichen [...] Tragik unter der Gnade« (Der christliche Protest, S. 37).

171 Schneider: Die Tragiker des Abendlandes (1946), S. 32.

172 Schneider: Der Auftrag des Dramas (1955), S. 216.

173 SL, S. 167 (Brief vom 29. November 1950 an Heinrich Graf Luckner).

tischeres Weltbild darbieten würde!«[174] Während Schneider dem Evidenzverlust mit ästhetischer Strenge begegnet, ist die formale Komplexität bei Claudel gesichert durch »beseligende« Transparenz: »Gott existiert. Er ist da. Er ist ein ebenso persönliches Wesen wie ich«.[175] D.h. nur weil der Rahmen fest und Gott »Herr des Spiels« ist, kann ästhetisch subvertiert werden bis hin zur »Selbstverspottung des Dramas«.[176]

Anders bei Schneider: Hier ist Christus »nicht der Ordner der Welt«,[177] so daß das rettende Ufer »ins Nirgendwo« wandert.[178] Bereits 1950 konstatiert der Autor, er fühle einen »Zerfall mit Gegenwart und Vergangenheit bis tief ins kirchliche Leben hinein«.[179] Für die daraus resultierende »Abrechnung des Dichters mit sich selbst«[180] steht allerdings nicht mehr das gesamte Gattungsspektrum zur Verfügung. Schneider kann »Geschichte nur noch begreifen [...] in dramatischen Konzeptionen«,[181] die wegen des Fehlens epischer Regulativa zu »immer schrofferen Antithesen«[182] führen. Die »Handlung« wird »Grenzfall«[183] und das Theaterstück »Tribunal« »in apokalyptischem Aspekt«, also der Ort, an dem die Aporien »mit einer den Zuschauer unwidersprechlich einfordernden Wucht körperhaft« zusammenstoßen.[184] Gleichzeitig ist jede weltliche Lösung verabschiedet: Menschen regredieren zu Akteuren eines Spiels, das sie weder geschrieben haben noch kennen.[185] In der poetischen Praxis entsteht auf diese Weise eine Diskursäquivalenz: »[S]treitende Personen und Mächte« sind wie in der Welt, deren »Gleichnis« das Drama ist, mit »ihrem Eigenrecht« präsentiert.[186] Im Gegensatz zu Claudels Konzept eines ›theatrum mundi‹ bleibt Schneiders Bühne demnach »Innenraum«.[187] »Das letzte Wort sagt der heimgehende Zuschauer zu sich selbst.«[188]

Dem Postmarxismus Heiner Müllers vergleichbar fungiert die christliche Utopie damit als ewiges »Endbild«.[189] Sie kann – und hier laufen die Begründungsmechanismen parallel – nur deshalb nicht besiegt werden, weil sie in der Geschichte immerfort

---

174 SG, S. 250f. (Claudels Weltgedicht [1948]). Eine ähnliche Entfremdungserfahrung macht der französische Dramatiker Jean Anouilh. »[B]is 1928« habe er Claudel »in meinem Herzen« getragen, dann sei dieser jedoch »eine große unnahbare Statue« geworden, »ein Heiligenbild im Gebirge, das man nicht befragen konnte« (DT, S. 89f.).

175 SG, S. 258 (Claudels Weltgedicht [1948]). Schneider zitiert hier aus dem *Seidenen Schuh*.

176 Ebd., S. 259, 264.

177 SW 10, S. 186 (Winter in Wien [1958]).

178 Schneider: Der Auftrag des Dramas (1955), S. 208.

179 SL, S. 167 (Brief vom 29. November an Heinrich Graf Luckner).

180 SW 8, S. 244 (Theologie des Dramas [1952]).

181 SW 10, S. 165 (Verhüllter Tag [1954]).

182 SL, S. 168 (Brief vom 1. Dezember 1950 an Otto Heuschele).

183 Schneider: Der Auftrag des Dramas (1955), S. 208.

184 SW 8, S. 245, 241 (Theologie des Dramas [1952]). »Symbol des Weltgeschicks«, das »alle andern Symbole überleuchtet«, ist jedoch die »Papstgeschichte« (S. 243).

185 Vgl. Schneider: Der Auftrag des Dramas (1955), S. 208.

186 SW 8, S. 238 (Theologie des Dramas [1952]). Schneider kritisiert daher das politische Zeitstück, bei dem man sich »mit dem Argumenten der Tagesgeschichte gegen das Wesen der Geschichte« impfe (Der Auftrag des Dramas [1955], S. 209). Zum Schauspiel gehöre Vieldeutigkeit: Je stärker es sich – so der Autor – »einer Moral annähert«, »um so mehr entfernt« es sich »von der Kunst« (ebd., S. 211). Nicht von ungefähr trägt Schneiders letzter Essay den Titel *Das Drama des Prophetentums* (Datierung: 7. November 1957, vgl. SL, S. 219).

187 SW 8, S. 244 (Theologie des Dramas [1952]).

188 Schneider: Der Auftrag des Dramas (1955), S. 210.

189 MT 2, S. 7 (Bilder [1955]). Vgl. B, 6.5.3.

unterliegt, ihre Agonie nicht aufhört.[190] Wie der Kommunismus verdankt sich die Religion allein dem fehlenden Mut, »der Sinnlosigkeit in den aufgesperrten Rachen« zu blicken.[191] Das Subjekt artikuliert stets die »unsterbliche Frage: Wo ist das Reich Gottes?«,[192] so daß der Transzendenzbezug zum Existential wird.[193] Hieraus erhellt auch die Infragestellung der Semantik ästhetischer Architektur. Kniet man zunächst noch »im Dämmer [...] der Kathedrale«,[194] die wie bei Claudel[195] Metapher für das »wohlgefestigte Werk« ist,[196] so bleibt am Ende lediglich die »Kathedrale der Sinnlosigkeit«.[197] Einen ähnlichen Bedeutungsverlust erlebt das Kreuz, das nicht mehr als Integralkoordinate fungiert,[198] sondern den Ort quasi absurder Divergenz bezeichnet: Der Schnittpunkt von »Welt und Wahrheit«[199] spendet nur noch »tödliches Licht«,[200] und die christliche Praxis scheint dem Willen des Herrn zu widersprechen.[201] Die damit verbundene Absage an eine sinnhafte Realisation göttlicher Gebote erklärt die Problematisierung des Freiheitsbegriffs. Zunächst klar konturiert,[202] verliert er zunehmend an Relevanz.[203] Gleiches gilt für Schuldfrage[204] und pazifistisches Engagement[205] – ehedem zentrale Anliegen Schneiders.

Von Bedeutung sind zudem die bisher kaum reflektierten ästhetischen Konsequenzen. So führt die Unvereinbarkeit von christlicher und weltlicher Herrschaft zwar nicht zur Erprobung neuer Dramenkonzepte, aber zur Hypertrophie der alten.[206] Insbesondere die beiden Papststücke *Der große Verzicht* sowie *Innozenz und Franziskus* kennzeichnet eine stoffliche »Überfülle«.[207] Der Grundkonflikt erscheint jeweils in prismatischer

---

190 Vgl. SG, S. 286 (Soll die Dichtung das Leben bessern? [1955]).

191 SW 10, S. 315 (Winter in Wien [1958]). Für Heiner Müller basiert der »Drang zum Kollektiv« ebenfalls auf der »Unfähigkeit des Menschen, mit der Gewißheit seines eigenen Todes zu leben« (»Zur Lage der Nation« [1990], S. 50).

192 SG, S. 286 (Soll die Dichtung das Leben bessern? [1955]).

193 So konstatiert Schneider 1958 im *Winter in Wien*: »Es ist wahr: das Verhältnis zu Gott ist eine fundamentale Gegebenheit, Element der Person« (SW, S. 229).

194 Schneider: Belsazar (1949), S. 9.

195 In dem Mysterienspiel *L'annonce faite à Marie* (1912) erscheint die von Pierre de Craon erbaute Kathedrale von Reims als Sinnbild göttlicher Ordnung.

196 SG, S. 254 (Claudels Weltgedicht [1948]).

197 SW 10, S. 280 (Winter in Wien [1958]).

198 So schreibt Schneider noch 1950, die Deutschen seien »dort, wo das Volk Gottes sich bilden soll aus den Völkern; wo das Kreuz ohne jeden Unterschied der volksmäßigen Zugehörigkeit das Reichsvolk, – sofern man noch von ihm sprechen will, – schafft« (Briefe von Reinhold Schneider an Georg D. Heidingsfelder, S. 30 [Brief vom 22. Juli]).

199 SW 8, S. 239 (Theologie des Dramas [1952]).

200 Schneider: Innozenz und Franziskus (1952), S. 273.

201 Vgl. ebd., S. 272f.

202 Vgl. SW 8, S. 62 (Die Macht des Bösen und die gute Macht [1946]).

203 Vgl. Schneider: Der Auftrag des Dramas (1955), S. 208.

204 Wird in den Dramen der früheren fünfziger Jahre durchaus die Notwendigkeit einer Buße aufgezeigt (Karl II., Wilhelm der Eroberer, Zar Alexander), erscheint der Mensch später nur mehr als Figur »in einem von uns nicht gedichteten tragischen oder komischen Spiel« (ebd.).

205 Der Autor ist zu Beginn des Kalten Krieges weitgehend anti-militaristisch orientiert, was ihm in der klerikal-konservativen Presse harsche Kritik einträgt. 1954 wendet er sich jedoch gegen die »Meinung« der »Pazifisten«, daß es grundsätzlich »möglich« sei, »Kriege aufzuheben« (SW 10, S. 162 [Verhüllter Tag]).

206 Hieraus erklären sich die Relikte prämoderner Theatralität (Schuld, Vergebung, Tragik).

207 Keller (1981), S. 275.

Brechung und bestimmt eine Vielzahl von Nebenhandlungen, die sich auf der Basis komplexer Motivatorik überlagern.[208] Wie bei Grabbe, auf den intertextuell Bezug genommen wird,[209] ist das aristotelische Modell somit grenzwertig transformiert. *Innozenz* bleibt denn auch das letzte zu Lebzeiten veröffentlichte Theaterstück; danach verfaßt der Autor nur mehr den Entwurf der bereits erwähnten Galilei-Tragödie *Die Monde des Jupiter* (1954)[210] und das posthum gedruckte Schauspiel *Der Tod des Vizekönigs* (1955).[211] Die Jahre vor seinem Tod tendiert Schneider zu tagebuchartigen Prosaformen (*Verhüllter Tag*, *Winter in Wien*) – nach Gerda Riedl der Versuch, im »gewaltsamen Zugriff« die »Moderne einzuholen«.[212] Tatsächlich sind es formalästhetische Gründe, die zur Verabschiedung der Gattung ›Drama‹ führen: Eine Welt, die geschichtlich,[213] kosmisch[214] und biologisch[215] »immer unbegreiflicher« wird,[216] entzieht sich kreuzgefügter Aporetik; ihr kann man »nur Splitter bringen«.[217] Nicht von ungefähr erwähnt Schneider im Wiener Reisebericht, daß er seinen »Ring«[218] verloren hat, wie bei Claudel und Syberberg zentrales Symbol christlicher Totalität.[219] Der neue Ring ist ein autodestruktiver: Er fügt *und* zerstört sich im Liebesakt der Gottesanbeterin, die ihren Partner auffrißt, während er sie begattet.[220] Sinnstiftend wirkt allein die dem Defätismus inhärente Erhabenheit, während das Transzendenzversprechen endlose »Qual« verheißt.[221] Diese Erkenntnis ist bereits im *Zar Alexander* präsent. Hier möchte die alte Herrscherin Maria Feodorowna, wenn es »nicht Sünde wäre«, »Gott bitten«, sie »nie mehr erwachen zu lassen«. »Religion« sei »schrecklich«, und »alle Herrlichkeit des Himmels« nichts im Vergleich zum »ewigen Schlaf«. Das Gericht des Herrn wird so zum »Abgrund« (177), der noch Przywaras ›theologisches nihil‹[222] übertritt und damit eine extreme Gegenposition zu Claudel markiert.

---

208 Vgl. ebd., S. 274f. und Schuster (2001), S. 330f.

209 Vgl. SW 3, S. 262 (Der große Verzicht [1950]): Motto [Grabbe an Menzel, 1836]).

210 Vgl. Schneider: Der ferne König (1959), S. 265-297.

211 Die Erstveröffentlichung erfolgt 1979 im vierten Band der *Reinhold-Schneider-Blätter* (S. 5-25). Das 1956 von der Studentenbühne Immensee (Schweiz) uraufgeführte Kurzdrama erweist sich als seltsam affirmativ. Zwar gestaltet der Autor auch hier einen Konflikt zwischen weltlicher und christlicher Herrschaft (Machtanspruch der portugiesischen Kolonisatoren des 16. Jahrhunderts), aber das Schauspiel endet nicht in der Aporie. Während der Vizekönig stirbt, weil das »Amt zu schwer« war, spendet der Missionar am Ende allen den Segen des Herrn. Die göttliche Ordnung ist weitgehend wiederhergestellt. Vergleicht man das Stück mit dem *Innozenz* (1952) sowie Äußerungen im *Verhüllten Tag* (1954), so liegt die Vermutung nahe, Schneider agiere in erster Linie kompensativ.

212 Riedel (2004), S. 234.

213 Die Geschichte ist für Schneider 1958 »zur Farce geworden, zum Selbstmord der Welt« unter der Herrschaft von »Majestät Atom« (SW 10, S. 354 [Winter in Wien])

214 Vgl. ebd., S. 218.

215 Die Natur erscheint als ewig zeugender Vernichtungsakt: »Leben wendet sich immer gegen sich selbst« (ebd., S. 280). Zur Schopenhauer-Rezeption des späten Schneider vgl. Lütkehaus (1985), S. 264-266.

216 SW 10, S. 243 (Winter in Wien [1958]).

217 SL, S. 227 (Brief vom 25. März 1958 an Werner Bergengruen).

218 SW 10, S. 247 (Winter in Wien [1958]).

219 Vgl. Syberberg: Abendländische Tragödie (1947), S. 3f.

220 Vgl. SW 10, S. 341 (Winter in Wien [1958]).

221 Ebd., S. 350.

222 Vgl. Blattmann (1984), S. 104-108.

6.3.2 Polyvalenz mythischer Erzählungen

Bereits unmittelbar nach der Kapitulation herrscht in Deutschland Einvernehmen darüber, daß die gegenwärtige Situation »eine völlig andere« sei »als jene nach dem ersten Weltkrieg«.[223] Existierte ehedem noch »eine revolutionäre Ideologie«,[224] so scheint die »Ordnung [...] des Hauses« nun endgültig »vernichtet«. Die Kulturlandschaft zeige eine kaum zu übersehende »Aufspaltung von Ideen und Begriffen«,[225] weshalb der Mensch erstmals »dem Nichts« gegenüberstehe.[226] Doch während der Mythos im affirmativen Bereich als ›neue‹ Erzählung fungiert (B, 3.2), ist seine sinnspendende Kraft im Transgressivdiskurs nachhaltig hinterfragt.[227] Die Bühne stellt nun den »Raum« dar, in dem »die existentielle Situation des Menschen sichtbar wird«, und zwar jenseits kultischer Theatralität. Denn nach der umfassenden Erschließung wissenschaftlicher Grenzbereiche (Atomphysik, Teleskopie, Psychoanalyse) kann – so der Dramatiker Hans-Joachim Haecker – »ein verbindliches Gefüge der Glaubensvorstellungen« nicht mehr existieren.[228] Das Ende der Ideologien avanciert damit zum ästhetischen Apriori, d.h. bereits die Avantgarde der frühen fünfziger Jahre sieht sich in einer Zeit, »deren sittliche Ordnungen weitgehend relativiert worden sind«.[229] Diesem ›Verlust der Mitte‹ begegnet man allerdings nicht sentimentalisch,[230] sondern produktiv. Das Drama der »illusionslosen und skeptischen«[231] Epoche müsse darauf abzielen, die »Blendung des Menschen vor dem Unfaßbaren« inhaltlich »offen« darzustellen.[232] Das Inkommensurable dient demnach als »Archetyp«, der im Wandel der Weltmodelle virulent bleibt. Für den Antikerekurs bedeutet dies: Es ist *dekonstruktiv* zu verfahren. Man soll den »Mythos in seiner Gesamtheit mit seinen göttlichen Ordnungen in Frage stellen«, darf ihn aber »nicht ›leugnen‹«. Kennzeichen solcher Suspension bipolarer Gegensätze ist die deus ex machina-Struktur. Das »Erscheinen« der Gottheit, ihre sinnstiftende Präsenz, ist zugleich »unbegreiflich verwirrend und entwirrend«. Allein der Rezipient hat zu entscheiden, »ob er in der reinigenden Katastrophe das Aufflammen des Wahnsinns oder einen Einbruch der Gottheit sehen will«.[233]

Der Versuch, in der Zerstörung des Mythos dessen Persistenz zu zeigen, bestimmt bereits Haeckers Tragödie *Der Tod des Odysseus* (1948).[234] Im Zentrum steht der gealterte Held, der seine Reputation verloren hat und nun die eigene Geschichte versatzstückhaft revitalisieren möchte. So beschwört er die Toten, da Laertes eine heilige Grotte als Hafen nutzen will. Und auch dem Massaker seiner »Enkel« (72) an den Phäaken, die ihm einst die Rückkehr nach Ithaka ermöglichten, begegnet er ›mythisch‹. Er tötet in Wiederholung der Legende den gesamten Hofstaat, um den Mißbrauch des Gast-

---

223 Syberberg: Der Mensch im Spiegel des Dramas (1946), S. 47.
224 Ruppel: Geisteswandel im modernen Spielplan (1946), S. 64.
225 Buch: Vom Gegenwartsauftrag des Theaters (1946), S. 74f.
226 Karsch: Was war – was blieb (1947), S. 15.
227 Zur Mythendekonstruktion im Kontext des Absurdismus vgl. B, 5.1.2 (Hildesheimer: Das Opfer Helena [1959]) und B, 5.2 (Hirche: Die Söhne des Herrn Proteus [1960]).
228 Haecker: Ist Theater ein kultisches Instrument? (1953/54), S. 60.
229 Haecker: Die Antike und der Autor der Gegenwart (1954/55), S. 153.
230 So u.a. bei Walter Sedlmayr (vgl. A, 1.1).
231 Haecker: Die Antike und der Autor der Gegenwart (1954/55), S. 154.
232 Haecker: Ist Theater ein kultisches Instrument? (1953/54), S. 61.
233 Haecker: Die Antike und der Autor der Gegenwart (1954/55), S. 153f.
234 UA 18. Mai 1949, Staatstheater Braunschweig.

rechts zu sühnen. Dem Prozeß der Selbstikonisierung steht allerdings die Diskrepanz zwischen Mythos und Moderne entgegen: Zunächst vermag der greise Odysseus den berühmten Bogen nicht mehr zu spannen. Er wird verlacht als Heros, der sich überlebt hat, denn auch die »Götter« sind »unauffindbar« und die Sagenwelten »abgestürzt« (21f.). Indem es dem Protagonisten am Ende jedoch gelingt, durch List das Narrativ fortzuschreiben und begangenes Unrecht nochmals zu sühnen, retabliert er die Doppelstruktur des Mythos als ab- und anwesendes »Urbild«.[235] Zukunft läßt sich auf diese Weise nicht erobern. Gebrochen durch den ›siegreichen‹ Kampf gegen die ›Enkel‹ geht Odysseus freiwillig in den Tod, schafft damit aber eine neue Transzendenz: »Die Götter wandeln wieder« (74). Mit anderen Worten: Es gibt weiterhin einen »Bereich, in dem nicht mehr geprüft, bekannt, bejaht oder verneint wird, sondern nur noch [...] angenommen werden kann«. Vor diesem Hintergrund tritt der permanente Konflikt an die Stelle der Lösung: »Gegenspieler« formieren sich wie in Haeckers 1961 verfaßtem Holocaust-Drama *Dreht euch nicht um* (B, 1.2.2) zu einem »Bild, wie wir es ähnlich in Dantes Inferno finden, wo die sich hassenden Verdammten sich ineinander verbeißen in Ewigkeit«.[236]

Die Aufgabe des Theaters ist deshalb lediglich *integral* zu bestimmen. Es fungiert als »Forum«, auf dem »die verschiedenen Auffassungen vom Drama« Gestalt annehmen, weil »kein allgemeingültiger Weg vorgezeichnet werden kann«. Sinn entsteht aus der »Vielzahl der gangbaren und zugleich fragwürdigen Möglichkeiten«, die Haecker sukzessive durchdekliniert (kultisch, moralisch, realistisch, politisch, ästhetizistisch, existentialistisch).[237] Allein das absurde Theater erscheint ihm als »Sackgasse«, weil es »offen den Bankrott des Menschen« erklärt. Andererseits schätzt der Autor Becketts Wille zu »rigorosem szenischem Experiment«, das als »seismographischer Ausschlag« dem gegenwärtigen »Beben« mehr entspreche als jede »Konfektion, die nach veralteten dramaturgischen Regeln verfertigt ist«.[238] Haecker selbst hält allerdings am Fabelmodell fest: Die »Linie« mag zwar »bei vielschichtigen und in Gärung geratenen Zeiten eine erregt ausgezackte« sein, aber es bleibt stets eine »Linie, von der man das Bild des Menschen in seiner Zeit ablesen kann«.[239] Hinter solchem Anthropozentrismus steht die Vorstellung C.G. Jungs, daß Mythen »psychische Manifestationen« seien.[240] Haecker versucht denn auch in dem Schauspiel *Der Briefträger kommt* (1961)[241] »die menschliche Seele zum Schauplatz eines Dramas zu machen«. Dabei werden die Vorgänge des Innern durch »Chiffren« bezeichnet, die sämtliche Erfahrungsbereiche umfassen: »existentielle Unbehaustheit« (Platz Memoriale, dessen Fenster und Türen verschlossen sind), kommunikative »Erwartung« (Postbote, der Briefe in einer Mülltonne austrägt), »Fähigkeit, Menschen zu vergessen« (»peinliche Befragungen« durch alte Bekannte) sowie triebhafte Unberechenbarkeit (grotesk tanzende Volksmenge).[242] Im Mittelpunkt

---

235 Haecker: Die Antike und der Autor der Gegenwart (1954/55), S. 153.

236 Haecker: Dreht euch nicht um, S. 114f. (Zu meinen Stücken [1962]). Für sein Werk erhält der Autor im selben Jahr den Gerhart-Hauptmann-Preis.

237 Der Sinn des Theaters (1957), S. 57f. Vgl. A, 3.1.

238 Die Pariser Theateravantgardisten (1958), S. 7.

239 Der Sinn des Theaters (1957), S. 58.

240 Haecker: Dreht euch nicht um, S. 115 (Zu meinen Stücken [1962]). Der Autor zitiert Jung.

241 UA 31. März 1962, Schloßtheater Celle.

242 Haecker: Dreht euch nicht um, S. 115f. (Zu meinen Stücken [1962]).

der Handlung steht Rolf Winter, der eines Tages zahllose unfrankierte Briefe bekommt, aber nicht bezahlen kann. Der Briefträger sammelt die Post wieder ein, gibt Rolf am Ende jedoch drei absenderlose Umschläge mit Grüßen von Männern, an die sich der Protagonist nicht mehr erinnern kann (Carolus, Meerschaum, Xaver). Zudem erhält er das Bild einer Frau mit selbstloser Liebeserklärung. Die Fixierung auf den Besitz der einfachen Totalität (Geliebte) läßt ihn jedoch das skizzierte Integral menschlicher Weltaneignung vergessen.[243] Als »moderner Don Quichotte« verfolgt er sein »existentielles« Ziel schließlich so monoman,[244] daß er »allen andern« den »Anteil« an seiner Geliebten mißgönnt und »selbst die Luft« beneidet, die sie atmet. Einzig der durch Giftpulver herbeigeführte Exitus des Paars kann daher »die Gewißheit« schaffen, daß beide sich »nie verlieren« (102). Im ›realistischen‹ Epilog wird dieser neoromantische Thanatos-Diskurs subvertiert: Die drei Briefpartner warten zusammen mit der Vermieterin auf die Leichenträger, die jedoch nur den Körper von Rolf vorfinden und anhand seiner Aufzeichnungen das Geschehen ironisch hinterfragen. Winter wird schließlich »zum Toren inmitten von Wissenden«,[245] die dem Existentialismus entsprechend anerkannt haben, daß der Mensch nicht alle Lebensmöglichkeiten zu realisieren vermag.

Auch andere Nachkriegsdramatiker verweisen auf die Konstruierbarkeit mythischer Modelle, wobei sie vor allem die hiermit verbundene Pluralisierung betonen. In Horst Langes Monodrama *Die Frau, die sich Helena wähnte* (1946) scheitert der Versuch, den Archetypus produktiv auf die Moderne zu übertragen. Die antike Referenz ist zwar »von ihrem Ursprung nicht zu trennen« (II*), präsentiert sich aber »in tausendfachen Verwandlungen« (4) und deshalb »ohne eine deutlich erkennbare Moral«. Tatsächlich oszillieren die »Emanationen« der Titelfigur »zwischen äusserster Banalität und entschiedenem Pathos« (II*). Helene lebt »während des letzten Krieges in einer europäischen Großstadt« (I*) und überdenkt als Reaktion auf das Gespräch mit einem jungen Mann die eigene Existenz vor der Folie des Trojanischen Kriegs. Daraufhin beschließt sie in imaginärer Fortsetzung der Konversation, »für ihn Helena [zu] spielen«. Doch obwohl sich beide Frauen im Zuge der »Verwandlung« (9) gegenseitig träumen, entsteht weder formal (Prosa/Trimeter) noch inhaltlich ein Konvergenzbereich. Im Unterschied zu Hofmannsthal, auf den zunächst affirmativ referiert wird (II*), bleiben beide Frauenfiguren einander fremd.[246] Während sich die antike Helena als Verräterin sieht, die Kriegsschuld aber den Männern zuschreibt,[247] bleibt Helene ethisch indifferent. Sie lebt müde, gealtert und bar jeder Schönheit in einer »götterlosen Zeit« (9). Metonymisch verweist ihr Identitätsverlust auf den der Nachkriegsgesellschaft.

Anders als Lange, der vor allem die Diskrepanz zwischen Archetyp und Konkretisation gestaltet, zeigt Peter Peregrin neben der Pluralisierung des Mythos zugleich dessen Funktionalisierbarkeit. So ist die der Komödie *Odysseus in Ithaka* (1947) zugrunde liegende ›Erzählung‹ nicht mehr eindeutig zu fixieren. Der Protagonist hat sich stark verändert, kann die lange Abwesenheit kaum erklären. Die Ehepartner entfremden sich schließlich so sehr, daß Odysseus an eine erneute Trennung denkt und die Regierungs-

243 So benötigt Xaver, auf dem ein »schrecklicher Verdacht« lastet, dringend Rolfs Zeugenaussage als Alibibeweis (S. 110).

244 Haecker: Dreht euch nicht um, S. 116 (Zu meinen Stücken [1962]).

245 Ebd.

246 Zum ›Prinzip der Metamorphose‹ in der *Ägyptischen Helena* vgl. W.G. Schmidt (2002).

247 Gleiches gilt für Hildesheimers Helena-Figur (B, 5.1.2).

geschäfte – zumindest vorerst – dem Schweinehirten Eumäos überläßt. Gleichzeitig entstehen genderspezifische Lesarten: Die Befreiung Helenas erscheint aus der Perspektive der Betroffenen als »das törichte Geschwätz der Dichter«. Sie sei in Troja »Geliebte« gewesen, nicht »Gefangene«. Daher habe Ägisth den »hartherzigen Agamemnon« zu Recht erschlagen. Im Nebeneinander von »zwei ganz verschiedene[n] Geschichten« (10f.) manifestiert sich die für die Postmoderne konstitutive Vorherrschaft der Performanz gegenüber der Referenz: Das später »Geschriebene« scheint »viel wichtiger, als das, was wir wirklich erlebt haben«, deshalb will Menelaos »ganz genau wissen, was man in der Zukunft von den Ursachen des Krieges denken wird«. Historiographie ist damit schwer trennbar von Mythisierungsprozessen; selbst die Destruktion des überlieferten Narrativs legt nicht die »Wahrheit« frei (7), sondern nur neue Erzählungen, die sich dem vereindeutigenden Zugriff entziehen. Die hier virulente Problematisierung des archimedischen Punkts begegnet auch bei Inge Westpfahl. So sind sich die Figuren ihrer *Dionysos*-Trilogie (1948)[248] bewußt, »in einer Sage« zu agieren, deren weitere »Lieder« die Nachwelt »singen« wird (73). Zentrum der Handlung ist daher nicht der Protagonist, sondern dessen Wirkungspotential. Dionysos erweist sich als Personifikation mythischer Inkommensurabilität: Er rettet und beglückt Ariadne, führt Semele aus der Unterwelt zur Apotheose, zerstört aber die seinem Triebkult »ohne Maß und Gesetz« verfallene Agaue (103).[249]

Ähnliche Ambivalenzen bestimmen Ernst Wilhelm Eschmanns Schauspiel *Alkestis* (1950),[250] wobei stärker als in Peregrins *Odysseus* die ›Archäologie‹ mythischer Diskurse durch deren ›Genealogie‹ ersetzt wird. Die Sage bleibt reine Kreation des Menschen: Alkestis kann die Opfertat nur erbringen, als Admet »bewußtlos« (7) und von Verantwortung befreit ist. Auch Herakles tritt zwar auf, vermag die Protagonistin aber nicht zu retten. Denn es scheint – so die allegorische Figur ›Tod‹ – »der Wille der Zurückbleibenden, daß Alkestis nicht wiederkehren soll« (77). Tatsächlich erfüllt ihr Ableben eine gesellschaftliche Funktion, sichert die sinnstiftende Trennung zwischen weltlicher und numinoser »Ordnung« (66). Admets Gattin darf folglich nur dann auf die Erde, wenn sie gerufen wird von einem Menschen, der »einen Augenblick lang dem Göttlichen nicht mehr widerspricht« (119). Die so vollzogene Wiederbelebung der Alkestis hält Herakles jedoch nicht davon ab, einen zweiten Mythos zu schaffen und sich selbst als »größten Helden aller Zeiten« darzustellen (141). Die Korrektur von seiten des Ehepaars erfolgt nicht. Im Gegenteil, Admet bestätigt den erfundenen Bericht, weil er das Volk für unfähig hält, die Wahrheit zu verstehen. Eine derartige Reduktion von Komplexität fördert nach Meinung des Philosophen Kritoboulos jedoch gerade den Logozentrismus, weil Herakles Erzählungen, die der Nomenklatur ›wahr/falsch‹ widerstehen, in bloße Fiktionen umwertet und damit »die Erde zu hell und zu leer macht« (37). Trotzdem bleibt die andere Seite des Mythos präsent. So entschließt sich der Dichter als zweite Kommentarinstanz, ein Alkestis-Drama zu schreiben, und eröffnet damit die in-

248 Die genaue Entstehungszeit des Theaterstücks ist schwer zu eruieren. Zwei Aspekte könnten auf die Nachkriegsepoche verweisen: die partiell existentialistische Anlage der Theseus-Figur (vgl. S. 46) sowie die Evokation einer »Trümmerstätte« am Grab der Semele (S. 95).

249 Vgl. Schaller (2001), S. 36-38.

250 UA 10. November 1951, Landestheater Darmstadt (Regie: Gustav Rudolf Sellner). Vgl. Kaiser (1961), S. 112f.

tegrale »Epoche der mehrfachen Betrachtungsweisen«.[251] Das Nebeneinander von Mythendestruktion und -restauration bleibt bis zum Schluß des Stückes präsent. Während man beschließt, Herakles und die Götter zu ehren, erscheinen unvermittelt zwei Männer aus den Bergen, die das kultische Ritual stören, um mit Admet Unregelmäßigkeiten bei der Übertragung der Wasserrechte zu besprechen. Die abrupte Invasion des Ökonomischen bezeichnet die »Erfahrung des *Bruchs*«, die Eschmann – so Vietta – »oft mit verweigertem Lächeln« ausspricht.[252] Dennoch schreibt der Autor, der über Wolfgang Cordan dem George-Kreis nahesteht, keine *poésie pure*. Das Transzendenzerlebnis hat seinen Ort jenseits der Kunst, bleibt aber wie bei Schneider (B, 6.3.1) paradox: »Wer zu Gott will, [sic!] darf nicht den Willen haben, zu ihm zu gehen«.[253]

In Martin Lintzels Tragikomödie *Der göttliche Orpheus* (1947)[254] ist die genealogische Perspektive radikalisiert. Der Mythos, dessen metaphysisches Residuum allein im Blankvers präsent bleibt, steht im Dienst der Massenmanipulation. Tatsächlich ist der thrakische Sänger ein heuchlerischer Egozentriker, der seine Suggestivkraft dazu nutzt, die eigene Legende wirksam zu inszenieren. Auf den Tod Eurydikes reagiert der Betrunkene zunächst gleichgültig, hält bei der Beerdigung aber eine große Klagerede. Auch die »Konzerte« (19) im Olymp sind erfunden, und selbst Merkur läßt sich bestechen, damit Orpheus der Weissagung genügen kann. Ähnliches gilt für den Aufenthalt im Hades: Zwar darf der Protagonist nicht zurückschauen, aber das Verbot ist keineswegs Reaktion auf seine singuläre künstlerische Potenz. Überhaupt dient die gesamte Rettungsaktion lediglich der performativen Reinstallation des Mythos: »Wer von Euch«, so der klug kalkulierende Dichter, »glaubt, daß nicht in tausend Jahren / Dies Schauspiel noch die Tränen rinnen läßt« (41). Solches Vertrauen auf die kathartische Verführbarkeit der Bevölkerung wird am Ende des Dramas bestätigt. Orpheus avanciert – anders als in den antiken Überlieferungen – zur »Gottheit« (104), Philemon, der die Wahrheit kennt und sich nicht zu Boden wirft, stirbt durch das Schwert des fanatischen Dikaios.[255] Wie der Krieg bei Giraudoux (B, 1.2.1) verstetigt sich hier der Mythos, weil das ihm inhärente Wirkungsgesetz durch die Erkenntnis seiner Struktur kaum beeinträchtigt wird: Sein Erfolg bleibt die diskursive Eindeutigkeit. Gleichzeitig untergräbt das Scheitern der Aufklärung im Sieg des selbstgestalteten Programms (Orpheus-Kult) den sinnstiftenden Anspruch des Inkommensurablen (B, 3.2). Das Metaphysische ist daher im besten Sinne des Wortes *de-konstruiert*.

---

251 Eschmann: Von Schauspielern und anderem (1951/52), S. 33.

252 Vietta: Ernst Wilhelm Eschmanns »Tessiner Episteln« (1951/52), S. 36.

253 Äußerung von Eschmann (zit.n. ebd., S. 35).

254 Der ursprüngliche Titel lautet: *Reise in die Unterwelt oder Der Retter der Eurydike*. Erstmals gespielt wird das Drama während der sog. »Uraufführungswoche« am Mecklenburger Landestheater (26. bis 31. Januar 1950). Vgl. A, 1.3.1.

255 Auch am Ende von Horst Lommers Schauspiel *Thersites und Helena* (1948) richtet man den Protagonisten als pazifistischen Aufwiegler hin (vgl. S. 118f.).

6.4 Marxismus: Skepsis gegenüber dem historischen Fortschritt

6.4.1 Deformierte Dialektik I: Oberfläche/Tiefenstruktur (Brecht)

Obwohl Brecht als »Ziehvater der DDR-Dramatik«[256] gilt, ist eine umfassende Darstellung seiner Nachkriegsproduktion bis heute Desiderat – insbesondere hinsichtlich der Frage, wie der Autor auf historisch-politische Tendenzen der Zeit reagiert. Eine Neuperspektivierung scheint auch deshalb geboten, weil seit der Wende verstärkt die Vieldeutigkeit des Werks ins Zentrum rückt. So spricht sich Hans-Thies Lehmann, der Brechts Fabelbegriff später als regressiv einstuft,[257] noch 1992 dafür aus, »dem jeweiligen performativen Status der Sätze nicht zu trauen«.[258] Auch für Helmut Koopmann existiert »im gesamten 20. Jahrhundert kein ähnlich widerspruchsvolles Œuvre wie das Brechts«.[259] Teile der neueren Forschung favorisieren aus diesem Grund eine Lektüre, die »das Blockdenken des kalten [sic!] Krieges und dessen Nötigung zu einer politischen Positionsbestimmung überwindet«[260] und Brecht »im Lichte seines immer wieder in statu nascendi ansetzenden Philosophierens« liest.[261]

Tatsächlich ist es vor allem die Interferenz zwischen Oberfläche und Tiefenstruktur, die eine neue Sicht auf das Spätwerk ermöglicht. Bereits das epische Schauspiel *Der kaukasische Kreidekreis*, das seit der zweiten Fassung (Juli/August 1944) den Abzug der Hitlerarmee voraussetzt und den sozialistischen Wiederaufbau thematisiert, enthält »metaliterarische Diskurse«,[262] die das Sinnstiftungsmodell teilweise untergraben. Auf den ersten Blick scheint das Vorspiel affirmativ ausgerichtet zu sein. Schauplatz ist die Sowjetunion, die sich trotz stalinistischer Herrschaftsmaschinerie als Hauptträger des antifaschistischen Kampfes erweist und nachdrücklich den Transformationsprozeß zur kommunistischen Gesellschaft vollzieht. Gleichzeitig bildet der ›Streit‹ um das Kaukasus-Tal, in dem Mitglieder zweier Kolchosen darüber diskutieren, wem der wiedergewonnene Boden zugesprochen werden soll, ein Exempel idealtypischer Konfliktlösung, das die neue Kraft historischer Vernunft offenbart und ein Diskursmodell für Nachkriegsdeutschland bereitstellt.[263] Das Vorspiel besitzt demzufolge objektivierende Funktion: Aus der Perspektive gesellschaftlicher Utopie hält es die überwundene Geschichte im Bewußtsein. Diesem Zweck dient auch die Aufführung des chinesischen Kreidekreis-Stücks, »das mit unserer Frage zu tun hat« und »alte und neue Weisheit mischen« soll (GBA 8, 99f.). Die damit assoziierte Vorstellung einer nur aus der Vergangenheit bestimmbaren Gegenwart – sei sie nun faschistisch oder kommunistisch – erklärt den zusammengesetzten Titel des Stücks (*Kaukasischer Kreidekreis*).

Verbindende Instanz zwischen beiden Fabeln ist der Sänger Arkadi Tscheidse. Wie der Spielleiter in Wilders epischem Drama *Our Town*, das Brecht während der Arbeit

---

256 Äußerung von Helmut Lange (zit.n. Mahlke [2000], S. 170).

257 Vgl. Lehmann (²2001), S. 47f.

258 Lehmann (1992), S. 10.

259 Koopmann (1994), S. 11. Ähnlich sehen es Vaßen (1994), S. 146 und S. Müller (1994), S. 239.

260 Kloepfer (1998), S. 710.

261 Haug (1999), S. 18.

262 Duhamel (1998), S. 45. Vgl. auch Ulrich (1996). Die kritische Revision bestehender Lesarten muß jedoch im Rahmen einer primär essayistischen Annäherung rudimentär bleiben.

263 Diese These widerspricht nicht dem zwar überzeugenden, aber einseitigen Versuch von Weber (1978), Brechts Stück auf die Oktoberrevolution zu beziehen.

an der Erstfassung im New York City Center sieht,[264] besitzt er universale Funktion: Er leitet Szenen ein, berichtet Unausgesprochenes und verkündet am Schluß die parabolisch intendierte ›Moral‹. Mitunter dirigiert er sogar Figuren. Besonders deutlich wird dies am Ende des ersten Bildes. Dort ist Grusche die Entscheidung, das Kind der Großfürstin wegzutragen, nahezu abgenommen: »Sie tut«, heißt es in der Regieanweisung, »was der Sänger sagt, so wie er es beschreibt« (GBA 8, 29). Die Künstlerinstanz hat hier zentrale Bedeutung für den Aufbau des neuen Gesellschaftssystems, weil sie in besonderem Maße fähig ist, menschliche Verhaltensweisen transparent und kalkulierbar zu machen. Dazu muß man ihr allerdings Gehör verschaffen. Tscheidse wendet sich deshalb gegen die Forderung des Sachverständigen, die Erzählung der »zwei Geschichten« wegen Termindrucks »kürzer [zu] machen« als die angekündigten »paar Stunden« (14). Das Insistieren auf dramatischer Vollständigkeit ist bezeichnend, müssen doch alle übrigen »Vergnügungen« der neuen Zeit »rationiert werden« – »der Tabak [...] und der Wein und die Diskussion auch« (9). Mit anderen Worten: Weil Kunst weiterhin eine Art »Extra«[265] bleibt, darf sie dem zweckrationalen Denken nicht unterworfen werden. Erst das freie spielerische Umsetzen der kapitalistischen Vergangenheit ermöglicht die Genese neuer Humanität.

Letztere findet sich jedoch bereits in »alter«, »blutiger Zeit« (101), und ihr Symbol ist der »Garten des Azdak« (90f.). Da jener durch Beschlagnahme von Privateigentum finanziert wird, verweist er auf die politische Praxis des Sozialismus. Wie in Brechts Lyrik, wo das Garten-Motiv mehrfach mit sozialer Konnotation erscheint,[266] bezeichnet es auch hier die revolutionäre Umgestaltung: Die »Heimat des Sowjetvolkes« soll einem Majakowski-Zitat gemäß »auch die Heimat der Vernunft« sein (13). Vor diesem Hintergrund ist das Vorspiel eine noch zu erfüllende Utopie, denn die tatsächlichen Verhältnisse unter Stalin bezeichnet Brecht als »Diktatur *über* das Proletariat«.[267] Der neue ›Garten Eden‹ dient darüber hinaus als Gegenbild zum geplanten Repräsentationspark des Gouverneurs Georgi Abaschwili, der den Abriß der »ganze[n] Vorstadt« (16) plant und somit wie sein Namensgeber ›Stefan George‹[268] einen inhumanen Ästhetizismus praktiziert. Brechts Mißtrauen gegenüber gesellschaftlicher Autonomie der Kunst gründet in der Verabschiedung des Kalokagathia-Gedankens: »das Schöne darf uns nicht mehr als wahr erscheinen, da das Wahre nicht als schön empfunden wird«.[269] Erst mit Blick auf den Sozialismus ist eine dialektische Konvergenz möglich. Dies gilt selbst für Azdaks »beinah« ideale »Richterzeit« (91), die »wie alles Schöne« vergänglich bleibt und »entschwindet« (61), weil sie nicht ›wahr‹ wird, d.h. fester Bestandteil einer neuen Ordnung. Dennoch scheint es nicht nur eine Frage des Gesellschaftssystems, sondern auch der Öffentlichkeitsstruktur, ob die im Vorspiel anvisierte ›produk-

---

264 Vgl. GBA 27, S. 183 (Journaleintrag vom 6. April 1944).

265 GBA 8, S. 278 (Die Tage der Kommune).

266 Vgl. *Vom Sprengen des Gartens* (1943), *Garden in progress* (1944), *Der Blumengarten* (1953) und *Das Gewächshaus* (ca. 1954).

267 Benjamin: Versuche über Brecht, S. 135 (Gespräche mit Brecht [1938]). Tatsächlich empfindet man das Vorspiel in der Sowjetunion als ›unrealistisch‹ (vgl. Fradkin [1974], S. 323), während man es in der Bundesrepublik »bolschewistische[s] Einwickelpapier« nennt (Materialien zu Brechts »Der kaukasische Kreidekreis«, S. 144). Harry Buckwitz streicht es daher 1955 bei der westdeutschen Erstinszenierung in Frankfurt a.M. (A, 3.1.4).

268 Vgl. Kloepfer (1998), S. 725.

269 GBA 21, S. 332 (Forderungen an eine neue Kritik [ca. 1929]).

tive Haltung‹ dynamisierend wirkt. Allein das kritische Überprüfen des Geleisteten durch das Volk kann nämlich Fehlentwicklungen verhindern helfen. Brecht reflektiert hierüber im Nachspiel von 1944, wenn er den ›Alten rechts‹ auf die Prognose der Agronomin Kato, das bearbeitete Tal werde ein »Garten« sein, erwidern läßt: »Gnade euch Gott, wenn es nicht ein Garten ist« (191). Bezeichnenderweise weicht die offene Ambivalenz dieses Schlußworts in den späteren Fassungen einer subkutanen, die jede direkte Provokation der SED-Führung vermeidet. Erst im August 1956 verfügt Brecht zwei wesentliche Änderungen: Zum einen ist das Vorspiel ästhetisch aufgewertet und als erstes Bild mit dem Titel »Der Streit um das Tal« versehen; zum anderen wird folgende Textpassage integriert, die darauf verweist, daß auch ein sozialistisches System renazifizieren kann, wenn Dogmatismus vorherrscht: »Die Gesetze müssen auf jeden Fall überprüft werden, ob sie noch stimmen« (463f.).[270] Oder um im Agrardiskurs zu bleiben: Produktiv und damit menschlich kann nur sein, wer die Welt wie ein Gärtner betrachtet, Vergnügen hat am »Pflanzen, Instandhalten und Verbessern«.[271]

Aus der Nachkriegsperspektive läßt sich im *Kaukasischen Kreidekreis* der sog. ›subjektive Faktor‹, der Einfluß des Einzelnen auf die Umgestaltung der Gesellschaft, stärker betonen als in früheren Stücken. Grusche wie Azdak erscheinen als Exponenten sozialer »Produktivität«,[272] wobei Handlungsweise und Entwicklungsprozeß widersprüchlich verlaufen. So basiert die »Verführung« der Magd »zur Güte« (29) nicht auf spontaner Nächstenliebe: Grusche nimmt das zurückgelassene Kind der Großfürstin Natella fast gegen den eigenen Willen mit sich und kann es nur »unter Opfern und durch Opfer« in Sicherheit bringen, weshalb die produktive Haltung »in der Richtung ihrer eigenen Destruktion« wirkt.[273] Ähnliches gilt für Azdak, dessen Arbeit als Armeleuterichter jedoch dazu führt, daß im Unterschied zu anderen Brecht-Dramen das weibliche »Tragtier«[274] für seine Hilfsbereitschaft belohnt wird. Andererseits bezeichnet »der gute schlechte« (166) Protagonist die Engführung der bisher bipolaren Figurenkonzeptionen (Courage – Kattrin / Shen Te – Shui Ta / Puntila – Knecht) zu dem *einen* »Menschen«, in dem »das Neue« mit dem »Alten« ringt.[275] Interessant ist, daß Brecht die damit verbundene Inkommensurabilität ethischer Normgebung kurz vor Kriegsende noch weitgehend unproblematisch sieht. Obwohl Azdak wie Galilei angesichts drohender Gewaltanwendung »Todesfurcht« (171) empfindet und »keinem den Helden« machen will (184), verfällt er nicht dem moralischen Verdikt Brechts: »Azdak ist ein völlig lauterer Mann. [...] Anders wird dem Urteil mit dem Kreidekreis alle Gültigkeit entzogen«. Ein Grund für die auch späterhin positive Bewertung liegt im höheren Bewußtseinsgrad des Richters: Als »enttäuschter Revolutionär«,[276] der sieht, daß die ›große Zeit‹ ausgeblieben ist, macht er sich weniger schuldig als Galilei oder Einstein, die die Möglichkeit zur Veränderung des Status quo entweder nicht nutzen oder nicht erkennen. Trotz allem ist es letztlich nur ein glücklicher Zufall, der Azdaks Amts-

---

270 Müller-Michaels (1981), S. 71f. und Binneberg (1997), S. 341 übersehen den subversiven Impetus dieser Formel.

271 GBA 23, S. 297 ([Notizen über die Dialektik auf dem Theater 3] [ca. 1954]).

272 GBA 24, S. 343 (Der Hintergrund und der Vordergrund [1944]).

273 GBA 24, S. 346 (Hauptsächliche Widersprüche [1954]).

274 GBA 27, S. 191 (Journaleintrag vom 15. Juni 1944).

275 GBA 23, S. 128 (Zeitstücke [ca. 1950]).

276 GBA 24, S. 345 (Rat für die Besetzung des Azdak [ca. 1953]).

periode zu »einer kurzen / Goldenen Zeit beinah der Gerechtigkeit« werden läßt (91). Da die kontrollierbare Kontingenz Teil der Unschärferelation ist (C, 4.2.2), kann man das Vorspiel als ›Quantensprung‹ ansehen, der die Ausnahmesituation in Regelhaftigkeit überführt, d.h. mit einem »historische[n] und erklärende[n] Hintergrund« versieht.[277]

Die beschriebene Sinnstruktur wird jedoch subdiskursiv untergraben. In der Tat scheinen schon Brechts Eigenkommentare ambivalent, denn »die ganze Fabel« wird – so der Autor – nur »äußerlich [...] zur Klärung des Streitfalls wegen des Besitzes des Tals erzählt«. Daher sei das Stück »keine Parabel« und »beweise« »in sich selbst nichts«. Es zeige allenfalls »eine bestimmte Art von Weisheit«, »die für den aktuellen Streitfall beispielhaft sein« könne.[278] Dem widerspricht (zumindest auf den ersten Blick) das dem Schlußwort des Sängers eingeschriebene Repräsentationsmodell, in dem beide Konflikte *vergleichend* gegenübergestellt sind:

> Ihr aber, ihr Zuhörer
> Der Geschichte vom Kreidekreis, nehmt zur Kenntnis die Meinung
> Der Alten, daß da gehören soll, was da ist
> Denen, die für es gut sind, also
> Die Kinder den Mütterlichen, damit sie gedeihen
> Die Wagen den guten Fahrern, damit gut gefahren wird
> Und das Tal den Bewässerern, damit es Frucht bringt (GBA 8, 92).

Hinzu kommt, daß das Vorspiel historische Entwicklungen *aktuell* zu realisieren scheint, die in der Binnenhandlung *tendenziell* angelegt sind. Beide Teile befinden sich demnach in tektonischer Abhängigkeit.[279]

Bei näherer Betrachtung zeigt sich allerdings, daß die Konfliktlösung im Vorspiel weniger rational denn suggestiv abläuft: Brecht überzeugt nicht, er überredet oder – in der Terminologie des Stücks – ›verführt‹ zur Umsetzung der kommunistischen Utopie. Eigentlich ist der Streit von Beginn an entschieden: Der Obstbaukolchos weist nicht nur auf den erhofften Garten Eden, er trägt zudem den positiv konnotierten Namen »Rosa Luxemburg«. In der Erstfassung (1944) verwendet Brecht dagegen noch die unpolitische Bezeichnung »Galinsk« (GBA 8, 187). Gleichzeitig machen die zerstörte Apfelbaumpflanzung und das nur spärlich bewachsene Tal die Folgen des Nationalsozialismus für das ›Feld‹ der Kunst sinnfällig. Letztere muß auch nach dem Rückzug der Hitlerarmeen noch einige Zeit von der »Begeisterung über den blühenden Apfelbaum«[280] Abstand nehmen. Überhaupt besitzt die Gartenarbeit einen ›ästhetischen Bonus‹ gegenüber der Weidewirtschaft. Peter Michelsen hat des weiteren nachgewiesen, daß Brecht im Vorspiel darauf verzichtet zu klären, welche objektiven Faktoren die Entscheidung für den Obstbaukolchos begründen. Argumente würden verkürzt mitgeteilt, fehlende Kompetenz ausgeblendet, sachfremde Aspekte entscheidungsleitend eingesetzt und die maschinelle Produktivität zum Axiom erhoben.[281] Michelsen übersieht jedoch, daß Brecht selbst sich über diese Camouflage-Technik Rechenschaft gibt. So erklärt er mit

277 Materialien zu Brechts »Der kaukasische Kreidekreis«, S. 28 (Über das Vorspiel [1954]).
278 GBA 24, S. 342 (Der Kreidekreis [1944]). Ähnlich sehen es Binneberg (1997), S. 348; Hamm (1999), S. 107 und Knopf (2000), S. 181.
279 Vgl. K.-D. Müller (1967), S. 208f.
280 GBA 14, S. 432 (Schlechte Zeit für Lyrik [1939]).
281 Vgl. Michelsen (1983), S. 194-202.

Blick auf Azdaks positives ›Vorurteil‹ hinsichtlich der Protagonistin: »Grusche ist ihm sympathisch, die Gouverneurin unsympathisch. Außerdem ist Grusche arm, die Gouverneurin reich. Das genügt. Damit ist alles schon entschieden«.[282] Trotzdem weiß Brecht um die Gefahr solcher Suggestionen, die als »Verschönerungen« leicht zu unrealistischen »Fälschungen und Entleerungen« führen können.[283] Im Nachspiel von 1944 werden deshalb Zweifel an der Teleologie des Sängers geäußert, die unbeantwortet bleiben und die Konfliktlösung in Frage stellen:

> BÄUERIN RECHTS Arkadi Tscheidse, listiger Mensch, du Verbündeter der Talräuber, wie kannst du uns vom Kolchos »Rosa Luxemburg« mit Leuten wie deiner Natella Abaschwili vergleichen, nur weil wir nicht ohne weiteres unser Tal hergeben wollen?
> SOLDAT LINKS *zum Alten von rechts, der aufgestanden ist:* Wonach schaust du aus, Genosse? (GBA 8, 191).

Die hier virulente Diskontinuität findet (wenngleich verdeckt) Eingang in den bereits zitierten Sänger-Epilog, der das Nachspiel als Schlußwort ersetzt. Bereits Walter Hinck hat darauf aufmerksam gemacht, daß die thesenbildenden Beispiele »eine abfallende Bedeutungskurve« zeigen, »wo es eine ansteigende sein müßte«.[284] Aber auch die Reihung erweist sich als Addition des Inkomparablen. Das mit der Präposition »für« suggerierte Zweckverhältnis ist »streng genommen« allein hinsichtlich der Kinder zu rechtfertigen: »nur sie, die mit Hilfe der ›Mütterlichen‹ ›gedeihen‹, d.h. zu Menschen aufwachsen sollen, haben ihren Zweck in sich, während die Benutzung der Wagen durch die Fahrer oder des Tals durch die ›Bewässerer‹ Zwecken dient, die außerhalb der benutzten Objekte liegen«.[285] Ähnlich strategisch ausgerichtet ist das Ende der Binnenhandlung: Grusches Tanz mit Michel kündigt eine neue Humanität an, die über beider Verlobung am »Ostertag« (91) zugleich mit dem Auferstehungsdiskurs assoziiert wird. Die Figur des Azdak erfährt gleichfalls eine positive intertextuelle Einbindung. Wie Brough und Kavanagh betonen,[286] verweist sie auf Mazdak, den persischen Gott der Glücklichen, der aus dem Osten kommt und in Brechts Fragment *Die Reisen des Glücksgotts* »unsterblich« ist wie die Sehnsucht nach Realisierung seines Programms: »Land den Bauern / Fabriken den Arbeitern / Produktion unbegrenzt« (GBA 10.2, 925, 927). Diese Utopie scheint im *Kaukasischen Kreidekreis* allenfalls angedacht. Nicht von ungefähr verweigert sich Azdak dem finalen Kollektivtanz und »steht in Gedanken«, bevor er endgültig verschwindet und »nicht mehr gesehen« wird (GBA 8, 91). Selbst der Epilog des Sängers bleibt wie erwähnt ambivalent – sowohl in bezug auf die Vergleichsstruktur als auch vor dem Hintergrund der Tatsache, daß das Modell ›Arkadien‹ nur auf der »Meinung der Alten« beruht, d.h. gerade nicht die geforderte Verbindung von ›alter und neuer Weisheit‹ leistet, die der Stücktitel suggeriert.

Noch stärker deformiert ist der Oberflächendiskurs in dem Schauspiel *Die Tage der Kommune*, das Brecht nach Vorarbeiten, die vermutlich bis in die dreißiger Jahre zu-

---

282 Materialien zu Brechts »Der kaukasische Kreidekreis«, S. 77 (Azdak beurteilt die Rechtslage [1954]).

283 GBA 24, S. 342 (Realismus und Stilisierung [1944]).

284 Hinck (^{5}1971), S. 36.

285 Michelsen (1983), S. 192.

286 Vgl. Brough/Kavanagh (1991), S. 578.

rückreichen, am 21. April 1949 fertigstellt.[287] Hier wird die Utopie neuer Sozialbeziehungen zwar als realisierbar dargestellt, zugleich aber auch als scheiternd – in politischer wie ästhetischer Hinsicht. Von Bedeutung ist zunächst die Textur. Im 15. Heft der *Versuche* findet sich folgender Hinweis: »Das Stück *Die Tage der Commune* wurde 1948/49 in Zürich nach der Lektüre von Nordahl Griegs ›Niederlage‹ geschrieben. Aus der ›Niederlage‹ wurden einige Züge und Charaktere verwendet, jedoch sind ›Die Tage der Commune‹ im ganzen eine Art Gegenentwurf«.[288] Die hier postulierte Autonomie gegenüber der Vorlage widerspricht jedem Versuch, das Drama als bloße »Bearbeitung«[289] zu verstehen. Anhand der Szene 7a hat Klaus-Detlef Müller exemplarisch nachgewiesen, daß Brecht im Unterschied zu Grieg, dessen Schauspiel er nur einige Personennamen entnimmt, extensiv auf historische Quellen zurückgreift.[290] Tatsächlich existiert keine einzige Szene, die nicht auf wirkliche Ereignisse Bezug nimmt. Indem der Text somit »zu einem ungewöhnlich hohen Prozentsatz Zitatcharakter« besitzt,[291] läßt er montagehafte Tendenzen erkennen, die Brechts Vorhaben entsprechen, »streng der Wahrheit« zu folgen.[292] Dennoch erweist sich der Dokumentargehalt keineswegs als so dominant, daß das Drama, wie John Milfull behauptet, bereits 1949 anachronistisch gewesen sei.[293] Brecht selbst äußert sich widersprüchlich zum Aktualitätsgrad. Während er im April 1948 einen direkten Zusammenhang zwischen dem Ende des Zweiten Weltkriegs und der Zerschlagung der Pariser Kommune herstellt,[294] schreibt er am 12. November des folgenden Jahres an Eric Bentley: »Ich habe mich nicht bemüht, Parallelen zwischen Paris 71 und Berlin 49 besonders herauszuarbeiten, selbst wo es das Stück sehr vereinfacht hätte« (GBA 29, 561). Im Drama ist deshalb weder die »Geschlossenheit einer konsequent revolutionären Vision«[295] erkennbar noch der Versuch, die »aktuellen Bezüge« vollständig auszusparen.[296] Der Autor folgt vielmehr einer Maxime, die Vorstellungen Heiner Müllers antizipiert, daß nämlich »Einheit« in der »beschissene[n]« Nachkriegszeit nur noch »durch weitere Zerreißung« zu »erkämpfen« ist. Andererseits bleibt auch die sinnstiftende Dialektik ein »Zauber- und Tricksack«, weil sie die Wirklichkeit erst »zu einer Idee« erheben muß, um sie versteh- und kontrollierbar zu machen.[297] Brechts noch immer virulente Absage an »tendenziöse Darstellungen«, die »die Realität vergewaltigen«,[298] führt in der poetischen Praxis zur finalen Exposition des Widerspruchs – sicher ein Grund dafür, daß Ihering nach der Uraufführung vom »schwierigste[n] Stück« des »großen Dramatikers« spricht.[299]

---

287 Zu Entstehung und Aufführungsgeschichte vgl. GBA 8, S. 507-523.

288 Brecht: Versuche 29/37. H. 15, S. 6.

289 Knopf (2000), S. 186. Diese These überrascht, da der Autor das Schauspiel 1980 noch als »das letzte vollendete ›Original‹-Drama« Brechts bezeichnet (S. 290).

290 Vgl. K.-D. Müller (1997), S. 137-151.

291 Ebd., S. 129.

292 GBA 29, S. 514 (Brief vom 21. April 1949 an Helene Weigel).

293 Vgl. Milfull (1981), S. 242.

294 Vgl. GBA 27, S. 270 (Journaleintrag vom 20. April 1948).

295 So die These von Fischer (1981), S. 301.

296 So die Ansicht von Hinderer (1984), S. 221.

297 GBA 27, S. 262 (Journaleintrag vom 6. Januar 1948).

298 GBA 22.1, S. 129 (Die Dialektik [ca. 1935]).

299 Ihering: Die »Tage der Commune« (1956), S. 5.

Wie im *Kaukasischen Kreidekreis* dominiert zunächst der Aufweis produktiver Haltung: Das Volk feiert den (vorläufigen) Sieg über Adel und Bourgeoisie, wobei es eine neue Form der Gemeinschaft etabliert. Integrativ wirkt nicht der bürgerlich-genealogische Familienbegriff, sondern ein sozial bestimmter, der sämtliche Klassen und Lebensbereiche umfaßt. Auf diese Weise soll eine Ordnung entstehen, in der das Individuum durch ›eingreifendes Denken‹ politische Initiative entwickelt und zum determinierenden Faktor innerhalb der Gesellschaft avanciert. Ergebnis ist die Verabschiedung der kapitalistischen Dichotomie von Haus und Straße. Im Unterschied zu Theoretikern wie Habermas, die Öffentlichkeit als bürgerliches Strukturkonzept anerkennen und seinen Funktionswandel untersuchen, bleibt Brecht der bipolaren Logik des Marxismus verpflichtet: Nur in der revolutionären Kommune lassen sich Politik und »Wollust«[300] in Einklang bringen. Hier wird erkannt, kritisiert, gearbeitet und geliebt. Während die Reichen samt den von ihnen Unterdrückten nicht genießen können, entsteht durch herrschaftsfreies Miteinander sinnliche Produktivität als höchstes Glück. Die Mitglieder der Familie Cabet leben deshalb nicht wie die bürgerlichen Tuis in Impotenz (Gogher Gogh) oder Kastration (Hofmeister Läuffer), ihre Sexualität ist keineswegs egozentrisch-pervers (Turandot), sondern Zeichen einer neuen Humanität. Brecht selbst betont, wie Manfred Wekwerth berichtet, daß im Drama nur »etwas über Liebe« gezeigt werden soll, wenn es einen »politischen Berührungspunkt« hat (BBA 1081/44). So ist der privat-intime Beischlaf von Jean und Babette integraler Bestandteil der Feier zur Gründung der Kommune, d.h. es entsteht eine proletarische Gemeinschaft der ›offenen Tür‹ – in bezug auf Sexualität *und* Politik (GBA 8, 264-269). Mit präfoucaultscher Naivität situiert Brecht den Geschlechtstrieb des neuen Menschen jenseits aller Machtausübung. Wer den Soldaten an die »Brüste« drückt macht ihn zugleich »unschädlich« und frei, denn es ziemt sich nicht mehr, wie es das Kantianische Ehekonzept fordert, »auf Frauen loszugehen, ohne unanständigen Gedanken« (261).[301] Die Tatsache, daß die Erde im neuen Zeitalter endlich bewohnbar ist, steigert darüber hinaus die Kreativität des Volks. Widersprüche und Konflikte werden wie in der Kampf-Pantomine Bismarck-Thiers spielerisch bewältigt (280-282), und das neue Schulwesen ist im Gegensatz zum bürgerlichen (*Der Hofmeister*) sozial ausgerichtet. Dies impliziert u.a. Entfernung aller »symbolische[n] Gegenstände« (296) aus dem Unterricht (Kruzifixe, Madonnen) – Maßnahmen, die im Westen erst wesentlich später Gegenstand öffentlicher Diskussion sind.

Vor diesem Hintergrund scheint es problematisch, wenn David Bathrick bei Brecht eine »absence of utopian paradigms«[302] feststellt. Kaum weniger fragwürdig ist aber auch Gerhard Fischers These, in den *Tagen der Kommune* male Brecht »das utopische Paradigma der Volksherrschaft«.[303] Dieser Lesart widersprechen nicht nur der Tod der Revolutionäre, sondern auch die Tatsache, daß zentrale Fragestellungen, die mit dem Untergang verbunden sind, keiner eindeutigen Lösung zugeführt werden. Brecht diskursiviert vielmehr Tiefenwidersprüche rätedemokratischer bzw. staatssozialistischer Herrschaftspraxis inklusive der Auswirkungen auf die zeitgemäße Kunstproduktion.

300 GBA 23, S. 90 (Kleines Organon für das Theater [1948]).

301 Vgl. BBA 560/97 (»ehe der turandot: vertrag über die zeitweilige gegenseitige überlassung der geschlechtsteile zu vorsichtiger benutzung [kant]«).

302 Bathrick (1974), S. 98.

303 Fischer (1981), S. 279.

Denn einerseits vertritt er die Ansicht, der Stalinismus trage nicht zur Förderung sozialistischen Bewußtseins bei (möglicherweise ein Grund dafür, den scheiternden Aufstand von 1871 zu dramatisieren und nicht die Oktoberrevolution),[304] andererseits ist im Stück selbst gerade das Fehlen einer starken Exekutive Ursache für das Scheitern der Kommune. Sowohl der Marsch nach Versailles als auch der Sturm auf die Bank von Frankreich, den »Lebensnerv« der Bourgeoisie (288), unterbleiben, was den Sieg der Reaktion einleitet und damit die Wiederherstellung der alten Ordnung. Möglicher Ausweg könnte die Volksherrschaft in Diktaturform sein, ein mächtiges Rätesystem, das die ›Weisheit der Massen‹ widerspiegelt.[305] (Der Bezug zu entsprechenden Modellen von Engels und Lenin ist evident.[306]) Im Drama ist es Langevin, der diese Option artikuliert: »manchmal denke ich, wir hätten besser am 18. März zugeschlagen. Wir fragten: die Wahlen oder der Marsch auf Versailles? Die Antwort war: beides« (278). Das Einrichten humaner Sozialformen basiert somit auf inhumaner Politikpraxis: »Was das Stück zeigen kann«, so Brecht, »ist nur, daß das Proletariat die Gewalt seiner Gegner nicht brechen kann, wenn es selber nicht bereit ist, Gewalt anzuwenden«.[307] Wie bei Hacks (B, 6.4.2) dient auch hier der Kommentar dazu, ästhetische Polyvalenz zu vereindeutigen und inhaltliche Klarheit herzustellen. Dennoch stehen solcher Reduktion von Komplexität Problemfelder gegenüber, die sich diskursiv kaum vernetzen lassen.

Da ist zunächst der politische Sektor: Brecht muß erkennen, daß das von ihm projektierte Staatskonzept mit der antifaschistisch-demokratischen Orientierung der SBZ unvereinbar bleibt. Bereits der Exilant wartet vergeblich auf Lebenszeichen der deutschen Arbeiterschaft, bevor er am 25. Februar 1945 erstmals »Möglichkeiten« zu »Aufständen gegen Hitler« sieht (GBA 27, 220). Spätestens seit der Diskussion um sein *Aufbaulied der F.D.J.* (1948), das die Maxime des Sich-Selbst-Führens propagiert, scheint Brecht desillusioniert, was die Chance einer revolutionären Umgestaltung der Gesellschaft durch die Masse betrifft.[308] Niemand beschäftige sich mit materialistischer Theorie,[309] es gebe nicht einmal eine »Küchendialektik«, die zum Aufbau von »Doppelorganisationen« führen könne.[310] Erschwerend komme hinzu, daß die Idee der »Volksherrschaft« dem »deutschen Arbeiter« nicht einleuchte; daher sei er »nicht bereit«, die »eigene Diktatur« »zu übernehmen«.[311] Brecht sieht aus diesem Grund nur wenig Chancen, seinen politischen Alternativvorschlag publik zu machen, der durch die Normativität des Faktischen ohnehin obsolet scheint. Denn die Weichen für den sozialistischen Aufbau sind gestellt: Zweijahresplan 1949/50 (um ein halbes Jahr vorfristig erfüllt) und III. Parteitag (Juli 1950), der die Transformation der SED in eine leninistische Organisation nachträglich festschreibt. Ähnliches gilt für den kulturellen Bereich. 1949 notiert Brecht nach der »Sitzung beim Oberbürgermeister von Berlin«:

---

304 Brecht bezeichnet die linientreuen Genossen 1938 als »Murxisten« (GBA 26, S. 324).

305 Vgl. GBA 8, S. 305 (»Die Frage ›Unmenschlichkeit oder Menschlichkeit‹ wird entschieden durch die geschichtliche Frage ›ihr Staat oder unser Staat‹«).

306 Vgl. MEW 17, S. 595f. (Zweiter Entwurf zum »Bürgerkrieg in Frankreich«) und Lenin: Über die Pariser Kommune, S. 95f.

307 GBA 29, S. 561 (Brief vom 12. November 1949 an Eric Bentley).

308 Vgl. GBA 15, S. 429f.

309 GBA 27, S. 262 (Journaleintrag vom 6. Januar 1948).

310 GBA 27, S. 282 (Journaleintrag vom 31. Oktober 1948).

311 GBA 27, S. 286 (Journaleintrag vom 9. Dezember 1948).

> Meine Ausführungen über den kläglichen künstlerischen Zustand des Theaters der ehemaligen Reichshauptstadt wurden als mehr oder weniger beleidigende Meckereien eines sich überschätzenden stellungssuchenden Künstlers abgetan, alles war halb so schlimm. Die Abwanderung vieler guter Künstler, das Zaudern emigrierter Künstler, zurückzukehren, wurde mit Achselzucken beantwortet, man brauchte sie nicht (GBA 27, 358).

Das offensichtliche Desinteresse an seiner Person befördert Brechts Entscheidung, die geplante Uraufführung der *Kommune* zurückzustellen. Hinzu kommen rezeptionsstrategische Überlegungen, denn »die Volksbühne, etwa 60.000 Mitglieder zählend und die Hauptmasse unseres Publikums ausmachend«, enthält »nur etwa 0,3% Arbeiter« (309). Wahrscheinlich wäre eine Inszenierung des »wohl radikalsten«[312] Brecht-Dramas Anfang der fünfziger Jahre ohnehin nicht toleriert worden.[313] Als ›Ersatz‹ dient die *Hofmeister*-Bearbeitung, die als Exposition der »Teutschen Misere«[314] gleichzeitig die Ursachen des SED-Dogmatismus reflektiert (A, 3.3.3).

Ein zweites Problemfeld stellen die anthropologischen Unwägbarkeiten dar: Teils machen die Revolutionäre eine Entwicklung durch (Geneviève, Langevin), teils nicht (Mme. Cabet, Jean, Babette, François), teils widersprechen sie sich (›Papa‹). Das Stück zeigt daher keineswegs nur die Uneinigkeit, sondern auch die Inkommensurabilität der Menschen. Auf diese Weise wird aus der Hoffnung, daß das Volk »Augen zu sehen hat« (GBA 8, 266), die Erkenntnis seiner zumindest partiellen Verblendung. So konstatiert ein Delegierter mit Blick auf den alten Bettler, der seine Ausbeuter in Schutz nimmt: »Um ihn zu überzeugen, wird man Jahre brauchen« (295). Die Omnipräsenz der ›roten Fahne‹ kann kaum darüber hinwegtäuschen, daß die Synthese der Widersprüche unsicher ist: »Erwartet nicht mehr von der Kommune als von euch selber« (287). Brechts Drama gewinnt an dieser Stelle metapoetische Bedeutung: In zahlreichen Dialogen finden sich antithetische Strukturen, die das Problem aufwerfen, inwiefern semantische Offenheit und marxistische Teleologie kompatibel sind – gerade vor dem Hintergrund, daß sie einander wechselseitig bedürfen:

> RUFE Einigkeit! Die Wahlen sind beschlossen! [= These]
> GENEVIÈVE Wir sind uneinig, das ist schlecht. [= Antithese]
> LANGEVIN *lächelnd:* Nein, das ist gut, das ist Bewegung. Vorausgesetzt, es ist in die richtige Richtung. [...] (267).

Die letzte Replik stellt nur eine Scheinsynthese dar, denn trotz gleichen Ziels bleibt die ›richtige Richtung‹ unklar. Während Rigault fordert: »Marschiert auf Versailles«, entgegnen ihm Rufe: »Der Sozialismus marschiert ohne Bajonette« (293), und auf den Schlachtruf »Terror gegen Terror« antwortet man ihm: »Die Großmut der Kommune wird Früchte tragen« (305). Doch obwohl diese Prognose durch den Handlungsverlauf negiert wird, muß Rigault eingestehen, »daß die Anwendung von Gewalt auch den, der sie anwendet, erniedrigt« (306). Dieser ethischen Problematik steht eine ästhetische gegenüber: Die naiv-produktive Form der Kapitalismuskritik (Bismarck-Pantomime) erweist sich als ambivalent, da sie mit der Kreativität des ›neuen Menschen‹ zugleich

---

312 Fischer (1981), S. 293.

313 Einige Forscher begründen den Aufführungsverzicht mit Parteikritik an ›defätistischen‹ Tendenzen (vgl. Kersten [1964], S. 20; Franke [1974], S. 507 und Daiber [1976], S. 107).

314 GBA 8, S. 321. Gleiches gilt für die wenig beachtete Kontamination der beiden Hauptmann-Stücke *Biberpelz* und *Roter Hahn* (1951). Vgl. K.-D. Müller (1994b) und Gerz (2001).

dessen Harmlosigkeit offenbart. Überhaupt versandet die Kommune symbolisch wie syntaktisch in Erwägungen (269f.). Brecht referiert hierbei vor allem auf Aporien des Autonomie-Postulats. Im Gespräch mit Langevin muß die Lehrerin Geneviève erkennen, daß ideologischer Gehalt und pragmatischer Effekt der Proklamationen divergieren. Alle sechs »Inschriften«[315] bleiben defizitär, weil sie für die Sache des Feindes mißbraucht werden können. Langevins Freiheitsbegriff verweist daher auf Vorstellungen des frühen Brecht, für den Einzelpersonen angesichts der »Revolution« nur mehr »leere Blätter«[316] sind: »Wir waren noch nicht bereit, wie jedes Glied einer auf Leben und Tod kämpfenden Truppe auf die persönliche Freiheit zu verzichten, bis die Freiheit aller erkämpft war« (301). Ähnlich argumentiert die bekehrte Geneviève, wobei Jean diese Form kollektiver Sinnstiftung in Frage stellt und das Lebensrecht des Individuums einfordert:

> »PAPA« Am 18. März hätten wir das Nest in zwei Stunden ausgehoben.
> FRANÇOIS Was meinst du, Jean?
> JEAN Wie ich dir einmal sagte: Wir wissen nichts.
> GENEVIÈVE Nun, Jean, wir lernen.
> JEAN Indem wir ins Gras beißen, das wird viel helfen.
> GENEVIÈVE Es wird helfen, Jean. Jetzt kommen sie wieder.
> JEAN Noch nicht. Was hilft mir und dir Wissen, Geneviève, wenn wir gestorben sind!
> GENEVIÈVE Ich spreche nicht von dir und mir, ich sagte »wir«. Wir, das sind mehr als ich und du.
> JEAN Ich hoffe nur, wir haben genug *Wir* an der Seite und im Rücken (314).

Zwar zeigt sich hier, daß das »Gehirn der Bevölkerung« durchaus »in vollem Licht« arbeitet, d.h. die »großen öffentlichen Denkprozesse« reflektiert,[317] aber dieses Aufklären endet im Zwielicht. Mit Recht betont Walter Hinderer, daß die »ideologischen und bewußtseinsmäßigen Widersprüche« der Kommunarden »keineswegs durch den Hinweis auf den marxistischen Grundsatz von der historischen Unreife der Bewegung« aufzulösen sind.[318] Folglich ist es nicht nur die Trennung von Wissen und Macht, die eine optimistische Finalität verhindert, sondern auch die Existenz systemischer Widersprüche, die trotz ›Zeitenwende‹ noch immer antagonistischen Charakter besitzen. Brecht selbst deutet dies in zwei späten *Messingkauf*-Einträgen an, die der Forschungsdiskurs bisher nicht berücksichtigt hat:

> Das *tragische* Feld wird beschnitten, wo die Gesellschaft an den Grenzen ihrer Potenz anstößt.
>
> Wo sie gesellschaftliche Werte aufopfern muß, um das ganze Wertsystem im Gang zu halten (GBA 22.2, 829).

Es ist nur folgerichtig, daß der zukunftsweisende »Schlussgesang«, den Brecht in Regienotizen erwähnt (BBA 361/171), nicht mehr geschrieben wurde. Die Persistenz des

---

315 GBA 8, S. 282 (Das Recht zu leben, Freiheit des Einzelnen, Gewissensfreiheit, Versammlungs- und Assoziationsrecht, Freiheit des Wortes, der Presse und geistiger Kundgebungen jeglicher Art, Freies Wahlrecht).

316 GBA 3, S. 78 (Die Maßnahme [1930]).

317 BBA 1081/44. Diese Formulierung durfte in der Druckversion des Aufbau Verlags ebensowenig erscheinen wie der Satz: »Wir haben nichts zu fürchten außer uns selber« ([H. Müller:] Über Brecht [1996], S. 231).

318 Hinderer (1984), S. 235.

Tragischen im sozialistischen Kontext (C, 3.1) läßt das *Kommune*-Schauspiel keineswegs als Gegenstück von Dürrenmatts *Romulus* erscheinen.[319] Es stellt eher das ›epische‹ Pendant zu Wolfs resignativem Altersdrama *Thomas Münzer* dar (B, 4.2.3), denn beide Autoren zielen auf sozialistische Binnenkritik.

Bezeichnenderweise ist die Auferstehungssymbolik – anders als im *Kaukasischen Kreidekreis* – nun mit dem Untergang der ›neuen Welt‹ assoziiert: Die 12. Szene spielt am »Ostersonntag 1871« (GBA 8, 308). Hans Kaufmanns These, Brecht habe hier eine ›Ungenauigkeit‹ begangen und Ostern mit Pfingsten verwechselt,[320] kann den Sachverhalt kaum ausreichend erklären. Tatsächlich öffnet die Metaphorik, wie Albrecht Kloepfer nachgewiesen hat,[321] den Blick für einen metapoetischen Subdiskurs. Der Tod der Familie Cabet bezeichnet auch das Ende der für die Zukunft erhofften freien (Lebens)-Kunst. Brecht selbst verwendet hierfür den Terminus »Naivität«, der wie bei Schiller mit dem Phänomen »Schönheit« koinzidiert und den gesellschaftlich »Aufsteigenden« zugesprochen wird.[322] Bereits 1941 wünscht sich Brecht einen »Realismus«, »wie die Dialektik ihn ermöglichen könnte«, eine Form der Darstellung jenseits des historisch begründeten Zwangs, »unaufhörlich Partei nehmen und damit propagandieren [zu] müssen«.[323] Die Bedeutung dieses Projekts zeigt sich in dem Versuch, es anthropologisch rückzubinden. Brecht zufolge kann ein generelles »Bedürfnis nach naivem, aber nicht primitivem, poetischem, aber nicht romantischem, wirklichkeitsnahem, aber nicht tagespolitischem Theater angenommen werden«.[324] Dahinter steht die Erkenntnis, daß alle Literatur ›zum Tode‹ verurteilt ist, sobald sie ihre ästhetische Autonomie den Erfordernissen einer bestimmten geschichtlichen Lage aufopfert. Dies soll schon deshalb nicht geschehen, weil »die vollständige, die sofortige« Freiheit in der »Politik« eine »Illusion« bleibt (GBA 8, 279), während sie in der Kunst immer schon Realität ist. Um aber »aus dem Frieden etwas zu machen«, bedarf der Mensch »vor allem der Freiheit« (283) und damit der Kunst. Ebenjene ›stirbt‹ jedoch am Ende des *Kommune*-Stücks. So antwortet Geneviève zu Beginn der 12. Szene auf die Bitte eines Kindes, das zukunftsorientierte Osterlied »noch einmal« zu singen: »Aber das ist das letzte Mal« (308). Der Abschied der jungen Lehrerin verweist hier, wie Kloepfer betont, auf den »der Literatur, die sie repräsentiert«.[325] Die Doppelperspektive Politik/Ästhetik wird bis zum Ende des Dramas aufrechterhalten. Als Geneviève mit den Worten stirbt: »Es lebe die...« (316), lassen sich statt des Begriffs »Revolution« auch Worte wie »Freiheit« oder »Kunst« ergänzen. Diese These wird durch ein weiteres Indiz gestützt. Genevièves Tod ist nämlich, was Kloepfer übersieht, bereits der zweite: Zuvor erscheint eine »schwerverwundete fremde Frau«, die den Namen »Jardain« (*jardin*) trägt und bald sterben wird. Mit anderen Worten: Wenn der Garten als Symbol für die kommunistische Idee zerstört ist, muß auch die Garten*kunst* zugrunde gehen. Der blühende Apfelbaum, der in einer Regieanweisung der 13. Szene genannt wird, verweist nicht mehr auf die erhoffte

---

319 So die Ansicht von Schröder (1994b), S. 159.

320 Vgl. Kaufmann (1962), S. 267/Anm. 63.

321 Vgl. Kloepfer (1998), S. 728f.

322 GBA 22.1, S. 447 (Das Naive [1938]). Derselben Zielsetzung dienen einige Korrekturen in Szene 3b des *Kommune*-Dramas (vgl. Schöttker [1989], S. 118-127).

323 GBA 26, S. 462f. (Journaleintrag vom 31. Januar 1941).

324 GBA 24, S. 294 (Anmerkungen zum Volksstück [1940]).

325 Kloepfer (1998), S. 729.

Zukunft, sondern bezeichnet wie das Osterlied noch einmal die verlorene Utopie. Denn auch deren Ende ist im 12. Auftritt antizipiert: François will den Apfelbaum »umhauen«, um eine »ordentliche Barrikade« herstellen zu können (313f.). Die damit verbundene Selbstentfremdung der Literatur subvertiert jedoch zugleich das Modell ästhetischer ›Naivität‹. Brecht erkennt, daß die Idee reiner Kunst, wie er sie im »Gespräch über Bäume« entwirft (GBA 12, 85), der Gegenwartsrealität nicht gerecht werden kann. Die »Begeisterung über den blühenden Apfelbaum«[326] als Sinnbild der Hoffnung, im Sozialismus wieder autonom dichten zu können, erweist sich als ebenso problematisch wie die ›schöne‹ Moral der Kommune. Wer wie »Papa« für die »Vervollkommnung seiner selbst« leben möchte, d.h. »für das Extra« (GBA 8, 278), läuft stets Gefahr, dem gesellschaftlich Überwundenen zum Sieg zu verhelfen.[327] Hieran ändert auch der Versuch nichts, die Entstehung einer ›doppelten Ästhetik‹[328] dadurch abzuwehren, daß man das Erhabene einem erweiterten Schönheitsbegriff integriert, wie es »Papa« mit Blick auf die rote Revolutionsfahne tut: »Geliebt und gefürchtet! Die Verfolgte, die Furchtbare! Die Freundliche, die mit dem Sturm zusammen auftritt« (275). Der Niedergang der Kommune zeigt vielmehr, daß die Verbindung von neuer Unbefangenheit (›Naivität‹) und politischer Sicherung des Erreichten diskursiv nicht zu leisten ist. Der ›erhabene‹ Kampf gegen die bürgerlich-feudale Reaktion macht den neuen Lebensgenuß unmöglich, bevor dieser sich überhaupt etablieren konnte. Hierbei handelt es sich jedoch weniger um ein historisches Problem der Pariser Revolutionäre; eigentlicher Bezugspunkt ist der gerade gegründete erste sozialistische Staat auf deutschem Boden, dessen politisch-kulturelle Schwerpunktbildungen das Gegenteil von dem bezeichnen, was Brecht vorschwebt. Das Stück *Die Tage der Kommune* kann somit keineswegs als »›optimistische Tragödie‹« gelten.[329] Am Ende steht vielmehr der Sieg des Bürgertums – in Frankreich *und* in der DDR. Die Kontroverse um die Berliner *Courage*-Aufführung (A, 3.3.3) hat Brecht schon früh die ästhetischen Restriktionen der SED spüren lassen. Kunst schien auch hier nur mehr der Camouflage bestehender Ungerechtigkeiten zu dienen und damit wie die ›feudale‹ Oper in der Repräsentationsfunktion aufzugehen (GBA 8, 299f.).

In Brechts letztem Drama *Turandot oder Der Kongreß der Weißwäscher* (1953/54) gewinnt der Dekonstruktionsprozeß eine neue Qualität. Zunächst enthält das Stück eine für Brecht singuläre Zahl von Handlungssträngen: den Aufstieg des Straßenräubers Gogher Gogh zum Gatten der Prinzessin, die umfassende Darstellung des Tuismus, den Emanzipationsprozeß des Bauern A Sha Sen sowie (im Hintergrund) Genese und Sieg der revolutionären Bewegung des Kai Ho. Analyse und Denunziation des Faschismus (Oberfläche) sind jedoch wie in den *Tagen der Kommune* verbunden mit einer Kritik am DDR-Staat (Tiefenstruktur). Hinzu tritt erstmals eine subkutane Selbstlegitimation Brechts, die – wie zu zeigen sein wird – auch die Letztfassung des *Galilei* bestimmt. Gerade das vergleichsweise selten untersuchte *Turandot*-Drama bedarf deshalb einer

---

326 GBA 14, S. 432 (Schlechte Zeit für Lyrik [1939]).

327 Hinderer (1984) irrt im übrigen, wenn hier eine humorvolle Distanzierung des Autors vermutet (S. 226). Brecht selbst bezeichnet die »Lebenskunst« als »größte[] aller Künste« (GBA 23, S. 290) und das Theater als etwas »Überflüssiges« (ebd., S. 67).

328 Vgl. Zelle (1995).

329 Schumacher: Brecht-Kritiken, S. 19 (»Die Tage der Commune« [1962]).

Neubewertung. Wer das Stück wie Frisch zum »Kinder-Theater für Intellektuelle«[330] macht übersieht dessen metapoetische Komplexität.[331] Wiederum entfaltet sich der kritische Gegenwartsbezug zwischen den Zeilen,[332] zumal die Stückpläne deutlich machen, daß an eine »solche Häufung von Grundproblemen marxistischer Theorie und Praxis« anfangs nicht gedacht war.[333]

Aus dieser Perspektive darf *Turandot* durchaus als ›Schlüsselstück‹ über die Frühphase der DDR angesehen werden. So verweist die Distanz der kaiserlichen Administrationsorgane von den Alltagsproblemen (GBA 9, 129-131) auf ›volksfremde‹ Schematismen bei der sozialistischen Neuordnung. Gleiches gilt für die Betonung staatlicher Repräsentation sowie die Indienstnahme der Moral als Werkzeug des Machterhalts. Auch im SED-Regime herrschen tuistische Denk- und Verhaltensformen, die Brecht im *Vorwort zu »Turandot«* (1953) mit dem Faschismus in Verbindung bringt (GBA 24, 410). Tatsächlich alludiert Gogher Goghs Ankündigung, unter seiner Führung werde der Staat »sogar mehr Geld für Meinungen ausgeben«, aber nur für solche, »die mir passen« (GBA 9, 173), die Trennung von Wissen und Macht in der DDR. Brecht selbst rechtfertigt diese Deutung, wenn er 1953 mit Blick auf das neue Regime konstatiert: »Die Arbeiter drängte man, die Produktion zu steigern, die Künstler, dies schmackhaft zu machen«.[334] Darüber hinaus verweist Goghs Strategie, die Frage nach dem Verbleib der aus preispolitischen Gründen verbrannten Baumwolle verbieten zu lassen, auf die Unmöglichkeit freier Meinungsäußerung im Realsozialismus. Es ist bezeichnend, daß der kommende Diktator das Volk als »gemeingefährlich« einstuft und den Kaiser fragt, ob er »etwa gerade dieses Volk gewählt haben« würde, wenn er »die Wahl gehabt« hätte.[335] Der politischen Statik des Imperiums steht eine hohe Spielgeschwindigkeit gegenüber,[336] die auf das zu Erreichende verweist: den ›neuen Menschen‹, der entsteht, wenn die gesamte Bevölkerung intellektualisiert ist. Brechts Kritik trifft hier auch die DDR-Regierung, die wie der chinesische Kaiser erst »auf das Volk« setzt, als sie »zahlungsunfähig« ist (GBA 9, 129).[337] Gleiches gilt für den Schlußsatz, der vehement das Ende jeder Form ›nazistischer‹ Machtausübung fordert und fremdattribuierter Apologetik eine strikte Absage erteilt: »Das wart ihr alle, und jetzt weg mit euch!« (192). Dahinter steht die durch den Arbeiteraufstand gewonnene Erkenntnis, daß der SED-Apparat aus sich heraus nicht mehr mit neuem Geist erfüllt werden kann.

Die Systemkritik bezeichnet aber lediglich einen Aspekt der dramatischen Tiefenstruktur, der andere (bisher nicht berücksichtigte) ergibt sich aus der Tatsache, daß der

---

330 Frisch: Gesammelte Werke in zeitlicher Folge. Bd. 6, S. 198 (Tagebuch 1966-1971: Eintragung von Anfang 1969).

331 Stauch-von Quitzow (1971) spricht von einem »kaum zu durchschauenden« Werk (S. 25), Deichsel (1974) von einem »komplizierte[n]« (S. 90).

332 Brecht befürchtet aus diesem Grund, sein Drama könne anachronistisch wirken (vgl. GBA 27, S. 348 [Journaleintrag vom 13. September 1953]).

333 Gerz (1983), S. 197.

334 GW 20, S. 327 ([Zum 17. Juni 1953]).

335 GBA 9, S. 169. Bei der zitierten Textstelle handelt es sich allerdings nicht um eine Variation des Gedichts *Die Lösung*, sondern um eine Übernahme aus Entwürfen zum *Turandot*-Drama, die bereits in den dreißiger Jahren entstanden sind (vgl. Thiele [1981], S. 76).

336 Vgl. GBA 24, S. 410 (Anmerkungen [1953]).

337 An anderer Stelle spricht Brecht von »einer Reihe verfehlter wirtschaftlicher Maßnahmen« als Hauptursache für die »Demonstrationen des 17. Juni« (GW 20, S. 326).

ideologische Konsens jede Form antagonistischer Gegensatzbildung ausschließt, d.h. Brecht selbst muß nach außen hin ›tuistisch‹ agieren. Folgerichtig stellt das *Turandot*-Drama keineswegs nur den Versuch dar, das gesammelte Material »in seiner Essenz einmal zusammenzufassen«,[338] sondern entfaltet subkutan eine kritische Selbstreflexion über den »Mißbrauch des Intellekts«.[339] Wie für den Sänger im *Kaukasischen Kreidekreis* und den Bauer Sen gilt für Brecht: »In der Not wird man listig«.[340] Die Camouflage-Technik erscheint damit als ›neue‹ Verfremdungsvariante, die »natürlich nicht gleich« zu »begreife[n]« ist (GBA 9, 186). Eben dadurch verhindert sie jedoch die Genese freier Produktivität, denn sie vermag den Warencharakter der Kunst nicht offen aufzuheben, sondern allenfalls in Form einer politisch harmlosen Kryptopoetik. Obzwar Brecht kein ›Vermieter‹ von Meinungen wird, widerspricht er doch der eigenen Forderung, »die Herrschenden beim Wort [zu] nehmen, um ihre Taten als nicht zu ihren Worten passend aufzudecken, so den Charakter der Zustände entlarvend«.[341] Auch in dem zu Lebzeiten unveröffentlichten Gedicht *Die Wahrheit einigt* (1953) heißt es: »Freunde, ich wünschte, ihr wüßtet die Wahrheit und sagtet sie!« (GBA 12, 315).[342] Das Wirklichkeitsverhalten sieht anders aus: Auf Harichs Vorschlag, sich nach den Ereignissen des 17. Juni ökonomisch am Titoismus zu orientieren, entgegnet Brecht: »Sie sind verrückt. Sie werden am Galgen enden. Das ist gefährlich! [...] *wir wollen etwas Reales machen, wir wollen die dümmsten Bürokraten in der Kulturpolitik stürzen*«.[343] Statt wie im *Kommune*-Drama gefordert, »schlechtes Leben / Mehr zu fürchten als den Tod« (GBA 8, 269), entscheidet sich der späte Brecht für tuistische Halbherzigkeit und konterkariert damit positive Einschätzungen seines Widerstandswillens.[344] Tatsächlich verweist die Hinrichtung der Tuis (GBA 9, 164-167) wie Läuffers Selbstkastration *auch* auf den modernen DDR-Dramatiker, der sich des gemeinsamen Ziels wegen im Oberflächendiskurs ›verkauft‹.

Stärker als im Romanprojekt betont Brecht allerdings zugleich die Notwendigkeit der Tuis als Wissensvermittler in Übergangszeiten: Sie sagen den Maurern, wie Brükken zu bauen sind (175), oder bieten dem Bauern Sen das »Büchlein« des Kai Ho an (181). Man darf deshalb nicht dafür sorgen, daß die Tuis »mit Feuer und Schwert ausgetilgt werden«, sondern muß sie wie einen »Boden« ansehen und »bestimmen, was man von ihm haben will, Hirse oder Unkraut« (188). Hinzu kommt, daß noch die Sklavensprache subversiv wirkt: »jeder der verteidigenden tuis klagt auch an. der ganze tatbestand ist aufgedeckt, wenn die konkurrenz zu ende ist, da jeder *etwas* zugegeben hat« (BBA 559/63). Metapoetisch gesehen sucht Brecht hier die eigene ›Verstecktechnik‹ aufzuwerten, indem er sie als historisch notwendig darstellt. Dies zeigt paradigmatisch

338 So die These von Thiele (1981), S. 142.

339 GBA 24, S. 411 (Bemerkungen zu »Turandot«).

340 GBA 23, S. 412 (Etwas über Charakterdarstellung [1953]). Vgl. auch GBA 8, S. 190 (Der kaukasische Kreidekreis) und GBA 9, S. 163 (Turandot oder Der Kongreß der Weißwäscher).

341 GBA 21, S. 347 (Freiheit der Kunst [ca. 1929]).

342 Brecht wollte, daß das Gedicht im SED-Ministerrat vorgelesen wird (vgl. GBA 12, S. 450).

343 Mündliche Äußerung von Brecht (zit.n. Heiser-Duron [2001], S. 52).

344 1956 schreibt Arnold Zweig bezüglich der Niederschlagung des Ungarn-Aufstands an Lion Feuchtwanger: »Immer wieder sagt einer aus unserem Kreise: ›Das müßte man dem Brecht sagen! Der würde sich einen Fall des Wolfgang Harich nicht haben gefallen lassen!‹« (L.F. / A.Z. Briefwechsel 1933-1958. Bd. 2, S. 338 [Brief vom 3. Dezember]).

die Figur des Bauern Sen, der erst »in der späten Buckower Mappe«[345] erscheint und zur eigentlichen Hauptfigur des Stücks avanciert. Während er die Tuis zunächst als vorbildliche Führer der Menschheit betrachtet (135, 150), sieht er im Handlungsverlauf ein, daß sie das »Denken«, das »Edelste, was der Mensch tun kann«, zu einem »schmutzigen Geschäft« machen (148). Der letzte Schritt ist die Erkenntnis des gesellschaftlichen Funktionsmechanismus: »Im Land herrscht Unrecht, und in der Tuischule lernt man, warum es so sein muß« (187). Wieder ist es der ›Kommentar‹, der die finale Sinnstiftung gewährleisten soll, denn die sentenziöse Diktion des Bauern Sen zielt auf Überbrückung der Kluft zwischen Theorie und Praxis. In der Tat formuliert er als Ergebnis seiner Reflexionen zentrale Thesen der Brecht-Ästhetik: »Denken ist ein solches Vergnügen. Und Vergnügungen muß man ja lernen. Aber vielleicht sollte ich sagen: es ist so nützlich« (144).[346] Darüber hinaus rechtfertigt Sen das Camouflage-Verfahren. Die anfängliche Naivität weicht schon bald einer strategischen Rede, die Marginales in den Vordergrund rückt, damit die eigentliche Aussage im (Halb)Dunkel bleibt:

EH FEH Großvater, das Lied war schön.
SEN Pst! Er meint die Melodie, die Töne, den Wohllaut. *Schlau.* Siehst du, ich habe schon etwas von den Tuis gelernt. Bei den Polizisten muß man ein Tui sein (163).

Sens Position stimmt hier mit der praktisch orientierten »Weisheit des Volkes«[347] überein, die endloses Diskutieren durch Handeln ersetzt. Vertreter dieser Form ›naiven‹ Wissens sind die Mütter und Wäscherinnen (148f., 182-188, 193f.). Brecht glaubt nämlich trotz faschistischer Rückstände auf beiden Seiten mehr dem Volk als den Machthabern. Aus diesem Grund plädiert er wie Harich dafür, zur Durchsetzung des ›Neuen Kurses‹ (A, 1.3.3) »kleine fliegende Kommissionen« zu schaffen, die »ganz unorthodox zusammengesetzt sein« sollen, »einfach aus Leuten mit gesundem Menschenverstand, aus natürlichen Sozialisten«.[348]

Der Entwicklungsprozeß des Bauern Sen vermag jedoch nur deshalb sinnstiftend zu wirken, weil er eingebettet ist in die Revolution des Kai Ho. Metapoetisch gesehen bedeutet dies: Brechts Ästhetik kann ihre Wirksamkeit lediglich im Rahmen eines kollektiven Innovationsprozesses entfalten, der – anders als sozialdemokratische und staatskommunistische Modelle – zur Etablierung der neuen ›Lebenskunst‹ führt. Erst Kai Ho, der auf Mao Tse-tung verweist,[349] wird China »zu einem bewohnbaren Land« machen (GBA 9, 132). Er verkörpert damit die im Arbeiteraufstand vom 17. Juni angelegte Positivität, d.h. die Einsicht, daß allein die revolutionären Massen Motor des gesellschaftlichen Fortschritts sein können. Als ehemaliges Mitglied des Tui-Bundes ist er zudem intellektuelle Integrativ- und Vorbildfigur, denn ausgeschlossen wurde Kai Ho nur deshalb, weil er das Volk wie Ka Me (Karl Marx) zum Widerstand gegen die Staatsgewalt aufgerufen hat. Indem es ihm nachfolgend gelingt, »zwanzig Millionen« Menschen »aufzuwiegeln« (138), avanciert er zum Hoffnungsträger angesichts der Gefahr eines

345 Gerz (1983), S. 200.
346 Vgl. GBA 23, S. 67f. (Kleines Organon für das Theater [1948]) und 297 ([Notizen über die Dialektik auf dem Theater 3] [ca. 1954]).
347 GBA 12, S. 311 (Große Zeit, vertan [1953]).
348 GBA 30, S. 185f. (Brief vom 12. Juli 1953 an Otto Grotewohl).
349 In einer Mappe mit *Turandot*-Plänen findet sich auch ein Photo von Mao (vgl. BBA 1215/07).

»neuen Weltbrand[s]«.[350] Die mit ihm verbundene Zukunftsoption bleibt allerdings weitgehend unbestimmt: Ideologie, Erfolg und Ankunft sind lediglich in Gesprächen präsent, nicht realiter. Kai Ho wird primär durch das charakterisiert, was er nicht ist. Wie sein finales Erscheinen verflüchtigt sich seine Substanz zum bloßen Reflex. Brechts Erlösung bringender ›Parsifal‹ ist nur mehr im »Geschrei« der Menge gegenwärtig (192). Die ›Mühen der Ebenen‹ werden somit ausgespart: Der Autor bricht genau in dem Augenblick ab, da die gesellschaftlichen Antagonismen beendet sind und keine intersystemische Absicherung gegen das Tragische mehr existiert. Was bleibt ist wie in *Büsching*-Fragment und Letztfassung des *Galilei* der wissende ›Schüler‹ (Eh Feh), der weitermachen muß, weil es trotz aller Rückschläge »*unmöglich*« scheint, »*das Glücksverlangen der Menschen ganz zu töten*«.[351]

In der sog. ›Berliner Fassung‹ des *Galilei* (1955/56) sucht Brecht das Auseinanderdriften von Oberfläche und Tiefenstruktur durch den Einbezug der sozialethischen Perspektive aufzufangen. Damit vervielfältigen sich jedoch die diskursiven Brüche, so daß Heiner Müller mit Recht konstatiert, Brechts Wissenschaftlerdrama sei kein »hermeneutisches Stück«.[352] Wer diese These ernst nimmt vermag durchaus neue Einsichten in ein Drama zu gewinnen, über das man scheinbar »schon alles gesagt« hat.[353] Richtig ist, daß die dritte *Galilei*-Version vor der Folie nuklearer Bedrohung eine andere Zielrichtung gewinnt. Nun soll der Protagonist wie Faust (A, 3.3.3) als Renegat erscheinen, der die Interessen des Volks verrät und damit den Endzweck seiner Wissenschaft. Dieser inhaltlichen Umorientierung entsprechen die wichtigsten Eingriffe, die Brecht 1955/56 vornimmt: (1) Reintegration der Pest-Szene, in der Galilei um der Forschung willen sein Leben riskiert, (2) Verschärfung des Schreibens an den Erzbischof als Dokument der Subordination und (3) Einbezug neuer Textpassagen in Auftritt 14, die den Gegenwartsbezug verstärken. Denn »Galileis Verbrechen kann« nach Brecht »als die ›Erbsünde‹ der modernen Naturwissenschaften betrachtet werden. [...] Die Atombombe ist sowohl als technisches als auch soziales Phänomen das klassische Endprodukt seiner wissenschaftlichen Leistung und seines sozialen Versagens«.[354]

Interpretatorische Relevanz besitzt jedoch weniger die Frage nach der Legitimität einer solchen Personifizierung als vielmehr deren diskursive Funktion: die Rettung ›eingreifenden‹ Handelns angesichts der Komplexität kollektiver Machtmechanismen. Tatsächlich weiß Galilei nicht nur um die sozialen Folgen der gemachten Entdeckungen,[355] sondern auch um seinen machtpolitischen Rückhalt im Volk.[356] Der hieraus erwachsende Weltrettungsauftrag wird aber mit dem Augenblick prostituiert, als Galilei gegen besseres Wissen die neuen Erkenntnisse widerruft und damit jede Möglichkeit humanen Fortschritts zerstört. Wie die Tuis ist er ein ›Weißwäscher‹, denn er kennt die »Wahrheit« und bezeichnet sie als »Lüge« (GBA 5, 248f.), obwohl ihm bewußt ist, daß der »Sieg der Vernunft« nur der »Sieg der Vernünftigen« sein kann (246). Indem Gali-

---

350 GW 20, S. 327 ([Zum 17. Juni 1953]).
351 GBA 23, S. 242 (Bei Durchsicht meiner ersten Stücke [1953]).
352 [H. Müller:] Über Brecht (1996), S. 232.
353 Schalk (2000), S. 165f. Forschungsberichte finden sich u.a. bei Knopf (1980), S. 162-167, 173-176; Langemeyer (2001), S. 195-211 und R.E. Zimmermann (2001), S. 364-374.
354 GBA 24, S. 240 (Anmerkungen zum »Leben des Galilei« [2] [1945]).
355 Vgl. GBA 24, S. 191f., 214, 245f., 257f.
356 Vgl. ebd., S. 259-262, 264, 284.

lei dies tut, ohne – so die fragwürdige These – jemals »in wirklicher Gefahr« gewesen zu sein (284), wird er zum »Verbrecher« (249). Sich selbst anklagend fragt der italienische Gelehrte daher rhetorisch: »Aber können wir uns der Menge verweigern und doch Wissenschaftler bleiben«. Und wenig später heißt es: »Ihr mögt mit der Zeit alles entdecken, was es zu entdecken gibt, und euer Fortschritt wird doch nur ein Fortschreiten von der Menschheit weg sein. Die Kluft zwischen euch und ihr kann eines Tages so groß werden, daß euer Jubelschrei über irgendeine neue Errungenschaft von einem universellen Entsetzensschrei beantwortet werden könnte« (283f.).

Die Kommentarfunktion derartiger Passagen ist evident. Schon die Regieanweisung markiert den Diskurswechsel: »GALILEI akademisch die Hände über dem Bauch gefaltet« (283). In der Tat vermag nur der *grand récit* die Einheit der Gegensätze sicherzustellen, die Brechts Ästhetik benötigt, um produktiv wirken zu können. Je inkommensurabler das Ästhetische ist, desto stärker muß das Narrativ Kontrollfunktion übernehmen. So verbürgt sich der Autor bereits 1926 für »die absolute Echtheit und Richtigkeit dessen, was in meinen Dramen geschieht«.[357] Solche Sätze scheinen zumindest auf den ersten Blick Jean Genets Behauptung zu stützen, bei Brecht wisse man »immer, was kommen wird«.[358] Und sicher läßt sich nicht leugnen, daß der ethische Impetus der Letztfassung auf semantische Eindeutigkeit zielt, denn der *nuclear turn* bezeichnet für Brecht einen historisch singulären Zivilisationsbruch: Erst die Existenz der Atombombe hat »die Beziehungen zwischen Gesellschaft und Wissenschaft zu einem Leben-und-Tod-Problem« gemacht.[359] Die durch den 17. Juni genährten Zweifel am historischen Movens ›Volk‹ unterminieren jedoch eine Dramaturgie, die wie im *Katzgraben*-Projekt personenzentrierte Weltwahrnehmung zu überwinden sucht (C, 4.2.3). Im *Galilei* findet sich deshalb die für die gesamte DDR-Avantgarde (Matusche, Hacks, Müller, Lange) konstitutive Erkenntnis, daß der Sieg der Vernunft nicht intersystemisch, sondern sozialanthropologisch entschieden wird. Brecht muß damit eine These der frühen dreißiger Jahre revidieren, derzufolge Existentialismen poetisch »unverwertbar« sind, weil man sie als »Ding an sich« weder erkennen noch verändern kann.[360] Um 1950 konstatiert er dagegen mit Blick auf die Forderung nach Zeitstücken: »Hineingeflochten in die neuen Konflikte, welche von der Politik und der Ökonomie ausgelöst werden, gibt es immer noch die älteren Konflikte, ohne deren Berücksichtigung die Darstellung der neuen Konflikte oft blutleer und schematisch wirkt« (GBA 23, 128). Diese Einsicht erklärt die Konzentration auf das Subjekt und seine ethische Optimierung (›hippokratischer Eid‹ der Naturwissenschaftler).[361] Brecht widerspricht hier der eigenen Maxime, im »Beruf

[357] Brecht: Was arbeiten Sie?, S. 188 (Interview mit Bernard Guillemin). Auch mit Blick auf Galileis ›Verrat‹ konstatiert Brecht 1952: »Wenn es jemanden interessieren sollte, dies ist [...] das Urteil des Stückeschreibers« (GBA 24, S. 248).

[358] Jean Genet (zit.n. Henrichs [1976], S. 33).

[359] GBA 27, S. 232 (Journaleintrag vom 20. September 1945). Beim internationalen Schriftstellertreffen in Knokke het Zoute (April 1954) stellt Brecht bereits zu Anfang die Frage, ob man nicht explizit auf die Gefahr der neuen H-Bombe hinweisen solle (vgl. Bey [2000], S. 137).

[360] GBA 21, S. 413 (Kants unerkennbares Ding an sich [ca. 1930]). Katalytisch wirkt hier möglicherweise das erwähnte Schriftstellertreffen, bei dem Brecht mit Sartre lange Diskussionen führt und sich verstärkt mit dessen Ästhetik auseinandersetzt (vgl. Bey [2000], S. 133, 141).

[361] Vgl. GBA 5, S. 284. Hierbei handelt es sich um eine konkulturale Erscheinung, wie entsprechende ›Individualbekenntnisse‹ aus der westlichen Welt zeigen: die Mainauer Erklärung der

des Aufklärers« dürfe mit dem »Schema ›gut und böse‹« nicht operiert werden.[362] Tatsächlich verkündet das ›letzte Drama‹ des Autors – so Hacks 1959 – aber »keine geringere Absurdität, als daß das moralische Bewußtsein des Herrn Galilei das Sein der Welt bestimmt habe«.[363] Der italienische Gelehrte erscheint aus dieser Perspektive als tuistischer Intellektueller, der Überzeugung und Volk an die neuen Machthaber verraten hat.[364] Wie Brecht nach dem Arbeiteraufstand vom 17. Juni 1953 sieht er »Finger« auf sich deuten, die ihn als »Aussätzigen« kennzeichnen.[365] Die tiefere Tragik liegt jedoch darin, daß der Rückzug »aus einer hoffnungslosen politischen Schlägerei« (GBA 5, 282), der die Möglichkeit des genußvollen Weiterlebens allererst garantiert, zugleich jede Form produktiver Weltaneignung ausschließt: »Ich bin 46 Jahre alt«, klagt Galilei, »und habe nichts geleistet, was mich befriedigt« (200).

In der Forschung ist häufig betont worden, wie sehr Brecht den Einfluß des Individuums auf den Geschichtsverlauf überschätze. Die Entropie des Atomzeitalters sei nicht einmal von Staaten kontrollierbar, wenn überhaupt dann multilateral.[366] Brecht selbst anerkennt diese Tatsache jedoch insofern, als auch für ihn Sinn und Zweck humaner Forschung nur mehr anthropologisch zu bestimmen sind. Ihr einziges Ziel soll darin bestehen, »die Mühseligkeit der menschlichen Existenz zu erleichtern« (GBA 5, 284). Moraltheoretisch führt dies zur Retablierung des kategorischen Imperativs und damit zu einer ›doppelten Ethik‹. Neben die marxistische Maxime: »Schaff einen Zustand, wo dein Handeln die Maxime für das Handeln jedermanns sein kann« tritt mit Blick auf Galileis Widerruf erneut Kants Forderung, so zu agieren, »daß dein Handeln die Maxime für das Handeln jedes sein kann«.[367] Denn »viel ist gewonnen, wenn nur einer aufsteht und *Nein* sagt!« (273). Der von Horkheimer/Adorno beschriebene Herrschaftscharakter solcher Vernunftmechanik, mit dem die »Umrechnung« menschlicher Qualitäten »in Funktionen« verbunden ist,[368] wird von Brecht nicht nachvollzogen. Ihm stellt sich ein anderes Problem: der Unberechenbarkeitsindex ethischer Normgebung. Die »Sinnlichkeit« (269) befreiten Weltverhaltens erweist sich nämlich vor allem in Extremsituationen als ambivalent. Zwar begründet das von Galilei zur »Leistung« erklärte »Genießen« (254) eine neue Sozialethik, subvertiert dieselbe aber, sobald es triebhafte Eigendynamik entwickelt (B, 6.2.1). Die Figuren des späten Brecht sind demnach weder »Personalisierungen« einer abstrakten »Lehre«[369] noch Exponenten »manipulierter Körperlichkeit im Dienste einer gesellschaftlichen Phantasie«.[370] Im

---

18 Nobelpreisträger (1955), das Einstein-Russell-Manifest (1955), das Albert-Schweitzer-Manifest (1957) und das Linus-Pauling-Manifest (1957).

362 GBA 29, S. 320 (Brief von ca. 1943 an Hermann Borchardt). In der um 1955 entstandenen Notiz *Kunst und Moral* unterscheidet Brecht dagegen bereits zwischen »moralischer und unmoralischer Kunst« (GBA 23, S. 362).

363 HM 2, S. 16 (Literatur im Zeitalter der Wissenschaften).

364 Auch in der Bearbeitung von Anna Seghers' Hörspiel *Prozeß der Jeanne d'Arc zu Rouen 1431*, das 1952 uraufgeführt wird, empfindet die Protagonistin am Ende »Zorn gegen sich selbst«, weil sie »nicht an das Volk geglaubt« hat (GBA 24, S. 405).

365 GBA 12, S. 310 (Böser Morgen).

366 Vgl. u.a. Schumacher (1965), S. 166; Szczesny (1966), S. 63f.; Sautermeister (1984), S. 136f.; Dieckmann (1987b), S. 86 und Schalk (2000), S. 169.

367 GBA 22.1, S. 279 (Das verräterische Vokabular [1937]).

368 AS 3, S. 53 (Dialektik der Aufklärung).

369 Vellusig (1989), S. 58.

370 Haag (1999), S. 60.

Gegenteil, die ›Unsterblichkeit menschlichen Glücksverlangens‹[371] und die Forderung nach ›Produktivität‹[372] konfligieren mit dem Postulat, die individuelle Freiheit bis hin zum Selbstopfer der kollektiven unterordnen zu müssen.

Trotzdem besitzt auch der Tod eine produktive Dimension, weil er angesichts der Unlösbarkeit des skizzierten Konflikts die letzte Möglichkeit darstellt, zur ›Einheit der Gegensätze‹ zu gelangen. Sein sinnspendendes Potential liegt darin, das Inkalkulable realer Handlungsmotivation aufzuheben. Denn – so Brecht Mitte der fünfziger Jahre – die »Kunst steht vor der menschlichen Natur und damit vor den gesellschaftlichen Katastrophen individueller und allgemeiner Art (wie der Machtgier, der Liebe, dem Krieg usw.) immer noch machtlos«.[373] Nicht von ungefähr sind die späten Bühnenprojekte (*Büsching*, *Rosa Luxemburg*, *Leben des Einstein*) alle vom Tod der jeweiligen Hauptfigur her organisiert, selbst wenn diese wie Garbe 1956 noch lebt (C, 4.2.2). Daß die genannten Stücke Fragment bleiben, hat deshalb nicht nur mit Brechts Krankheit zu tun, sondern verweist auch auf das beschriebene Paradox. Die »Todesfurcht« (GBA 5, 283) bleibt nämlich auch in Szene 14 des *Galilei*-Dramas unhintergehbares Faktum: Relativiert wird lediglich die Einschätzung der tatsächlichen Gefahr, keineswegs die dahinterstehende Existenzangst. Schüler Andrea muß an diesem Punkt dazulernen: Anthropologische Konstanten entziehen sich rationaler Kalkulierbarkeit. In einer Passage aus der ersten Niederschrift der gleichen Szene, die Heiner Müller zum Ausgangspunkt seiner *Galilei*-Interpretation macht,[374] ist die Dialektik nachdrücklich verabschiedet. Der Protagonist beantwortet hier eine der von Virginia zitierten Inschriften »an der Decke der Bibliothek des Herrn Montaigne« nicht – und zwar jene, die existentiellen Charakter besitzt.[375] Aber selbst die Berliner Fassung, die auf den ersten Blick weniger offen scheint, verzichtet an entscheidender Stelle auf die Herstellung semantischer Evidenz:

> VIRGINIA Ein wunderschöner Spruch: »Wenn ich schwach bin, da bin ich stark.«
> GALILEI Keine Auslegung.
> VIRGINIA Aber warum nicht?
> GALILEI Was kommt als nächstes? (277).

Der Dialog alludiert das Problem moralischer Verläßlichkeit vor dem Hintergrund der Frage nach dem Sinn von Widerstand in totalitären Systemen. Indem Galilei den hermeneutischen Diskurs verweigert, entlarvt er die finale Selbstanklage als metapoetischen Kommentar. Denn das Stück zeigt nicht nur, daß es dem einzelnen nichts nützt, seine Lage zu erkennen, wenn er sie nicht verändern kann, sondern auch, wie die erhoffte Assimilation der Spezies ›Mensch‹ an den sozialistischen Entwurf scheitern muß. »Das ist eigentlich die beginnende Einsicht«, so Brecht mit Blick auf die »Kunstkommission«, »daß es ungeheuer viele Menschen, zunehmend mehr, gibt, die behaupten, wenn der Stein fällt, daß er nach oben fliegt«.[376] Desillusionierend wirken darüber hinaus die Berichte des Lyrikers Martin Pohl, der wegen republikschädigenden Verhaltens Ende 1953 in das Zuchthaus Zwickau eingeliefert wird. (Auf Fürsprache Brechts

371 Vgl. GBA 23, S. 242 (Bei Durchsicht meiner ersten Stücke [1953]).
372 Vgl. GBA 25, S. 423f. (»Katzgraben«-Notate 1953).
373 GBA 23, S. 362 ([»Naturgewalten«] [ca. 1955]).
374 Vgl. Ein Gespräch zwischen Wolfgang Heise und Heiner Müller (1989), S. 190f.
375 Sie ist im Rahmen der weiteren Argumentation zitiert.
376 Mündliche Äußerung von Brecht (zit.n. [H. Müller:] Über Brecht [1996], S. 232).

setzt man die vierjährige Haftstrafe im Dezember 1954 zur ›Bewährung‹ aus.) Die Ähnlichkeiten mit der Galilei-Situation sind evident: Auch Pohls Geständnis, die spätere Urteilsgrundlage, ist unter massiver Gewaltandrohung zustande gekommen. Obwohl Brecht die Erpreßbarkeit seines Schülers tadelt, hat er Verständnis für dessen Verhalten.[377] Hieraus erhellt möglicherweise die partielle Revision der figuralen Selbstanklage durch den Autor. Denn – so das Fazit einer Notiz, die erst 1955 abgeschlossen wird: »Angesichts einer solchen Lage kann man kaum darauf erpicht sein, Galilei entweder nur zu loben oder nur zu verdammen«.[378]

Die Ambivalenz des Protagonisten erweist sich deshalb nur bedingt als Resultat von Motivierungsdefiziten; sie ist vielmehr eingeschrieben in ein ästhetisches Gesamtkonzept, das dispers ist und nur scheinbar »befremdlich konventionell«.[379] Bezeichnenderweise kann man sich nicht einmal auf die extensiv vorgeführte neue Sehweise verlassen. Im ersten Bild demonstriert Galilei seinem Schüler Andrea, daß – dem optischen Eindruck widersprechend – nicht die Sonne wandert, sondern die Erde; im vierten Bild möchte er die Florentiner Gelehrtenwelt zum Blick durch das Fernrohr bewegen, um ihr die Jupiter-Monde zu zeigen. Letztere dienen als Beweis dafür, daß das ptolemäische Weltmodell zu revidieren ist, weil es für derartige Phänomene keine Erklärung hat. Hinsichtlich der übereinstimmenden Aspekte beider Passagen scheint zunächst klar, daß Galilei seine Gesprächspartner anleiten will, zu ›sehen‹ und nicht nur zu ›glotzen‹. »[W]o der Glaube tausend Jahre gesessen hat«, soll nun »der Zweifel« sitzen (GBA 5, 191f.). Der Protagonist argumentiert hier radikal aufklärerisch, fordert, die Menschen sollten dem »Zeugnis ihrer fünf Sinne« vertrauen, ohne Furcht davor, »wohin dies Zeugnis sie führen wird« (223). Jene Lesart schafft eine klare Oppositionsbildung: Dem vernunftorientierten steht das dogmatische Denken gegenüber, das gegen jede Evidenz an überkommenen Lehren festhält. Überträgt man die Erkenntnis auf den gesellschaftspolitischen Bereich (in Vergangenheit wie Gegenwart), so bedeutet dies Kritik an den ›falschen‹ Hierarchien von Klerikalismus und (Früh)Kapitalismus sowie Einsatz für eine gerechtere Sozialordnung. Bei genauer Betrachtung ist diese Interpretation jedoch kritisch zu hinterfragen. Tatsächlich sind beide Szenen mit Blick auf die Art der Sinnstiftung different gestaltet: In Bild 1 falsifiziert Galilei eine optisch evidente Wahrnehmung dadurch, daß er den Standpunkt als nicht-archimedisch entlarvt. Durch das gestische Vorführen des eigentlich wirksamen Mechanismus wird die objektive Sicht künstlich nachgestellt. Es existiert folglich eine perspektivische Divergenz zwischen ›Glotzen‹ und ›Sehen‹. Beide Wahrnehmungsformen unterscheiden sich dank des Wissens um den verzerrenden Einfluß der Anschauung.

In Bild 4 liegt der Fall anders: Hier fallen ›Glotzen‹ und ›Sehen‹ zusammen, denn die Perspektive ändert sich nicht. Mußte man, was die Position der Erde zur Sonne betrifft, den sinnlichen Eindruck außer Kraft setzen, so soll man jetzt den eigenen »Augen« unbedingt »trauen« (222) – und das, obwohl die Erkenntnis eine sogar medial vermittelte ist (Fernrohr). Will man sinnvoll zwischen ›Glotzen‹ und ›Sehen‹ trennen, muß vorher klar sein, daß der eingenommene Standpunkt der unverzerrte ist. Nun darf man aber nach Galilei – und hier liegt der Widerspruch – der eigenen Perspektive nicht

[377] Vgl. Bock (1987), S. 76.
[378] GBA 24, S. 242 (Der »Gelehrte« [1947 und 1955]).
[379] K.-D. Müller (1981), S. 247.

per se Glauben schenken, weil man sonst wie in Bild 1 zu falschen Ergebnissen gelangt. Strenggenommen könnten die Bahnbewegungen der Monde des Jupiter auf einer optischen Täuschung beruhen. Gleiches gilt damit aber für die politische Ebene und die Utopie einer Gesellschaft ohne Hierarchien. Um zu verhindern, daß der Zweifel zerstört, was er ermöglichen soll, rechnet Brecht mit der Vorbildung des Rezipienten. Jener weiß nämlich schon, daß dem Blick durchs Fernrohr zu trauen ist, dem Blick zum Sonnenaufgang dagegen nicht.

Die Aufklärungslogik ist allerdings auch anthropologisch in Frage gestellt durch die eindringlich formulierte Warnung des kleinen Mönchs, das Volk könne ohne Transzendenzbezug nicht sinnbestimmt leben:

> Ich bin als Sohn von Bauern in der Campagna aufgewachsen. [...] Es ist regelmäßig, was auf sie herabstürzt an Unfällen. Der Rücken meines Vaters wird zusammengedrückt nicht auf einmal, sondern mit jedem Frühjahr im Ölfeld mehr, so wie auch die Geburten, die meine Mutter immer geschlechtsloser gemacht haben, in ganz bestimmten Abständen erfolgten. [...] Was würden meine Leute sagen, wenn sie von mir erführen, daß sie sich auf einem kleinen Steinklumpen befinden, der sich unaufhörlich drehend im leeren Raum um ein anderes Gestirn bewegt, einer unter sehr vielen, ein ziemlich unbedeutender! Wozu ist jetzt noch solche Geduld, solches Einverständnis in ihr Elend nötig oder gut? (143f.).

Galilei kann solche Argumente weder dem Irrationalismus noch dem Dogmatismus zuweisen, denn angesichts der katastrophalen Folgen hemmungsloser Forschung gewinnt der Protest gegen die Suspension der alten Ordnung und ihrer Sicherheit ernstzunehmenden Charakter. (Schließlich ist das Leid der Bauern keineswegs nur sozial kausiert.) Projiziert man Galileis Verhalten auf den DDR-Kontext, so läßt es sich als berechtigter, zugleich aber problematischer Affront gegenüber der SED verstehen, der maternalen Institution des Staatssozialismus, die ein geordnetes Sozialleben ermöglicht und deshalb grundsätzlich Loyalität verdient.

> BELLARMIN Ist es nicht auch für Sie wahrscheinlich, daß der Schöpfer über das von ihm Geschaffene besser Bescheid weiß als sein Geschöpf?
> GALILEI Aber, meine Herren, schließlich kann der Mensch nicht nur die Bewegungen der Gestirne falsch auffassen, sondern auch die Bibel!
> BELLARMIN Aber wie die Bibel aufzufassen ist, darüber haben schließlich die Theologen der Heiligen Kirche zu befinden, nicht?
> *Galilei schweigt* (238f.).[380]

Aber nicht nur die neue Wissenschaft (im übertragenen Sinn: das Gegenkonzept zur ›bürgerlichen‹ SED-Politik) gefährdet die Genese von Ordnung; selbst das Theater des wissenschaftlichen Zeitalters nützt nicht eindeutig dem Projekt einer humaneren Gesellschaft, denn es ist wie jede Erkenntnis »zu gebrauchen«, »nicht zu gebrauchen« und »zu mißbrauchen« (284). Brecht reflektiert hierüber bereits Anfang 1948. Dabei kommt er zu dem Ergebnis, daß der »Mißverständlichkeit« eines Stücks nur dadurch entgegengesteuert werden könne, daß der Dramatiker »die Substanz aufgibt oder (und) einen Leitartikel anhängt«.[381] Galileis Selbstanklage, in der dieser sich aus ethischer Perspektive gegen die absolute Freiheit der Forschung wendet, besitzt daher primär strategische

---

[380] In diesem Sinne wirft auch Piscator den Demonstranten des 17. Juni vor, sie hätten »ihre Mutter geschlagen« (Tagebuch Nr. 7 [4. Juli 1953], S. 25. SAdK/PS 388).

[381] GBA 27, S. 263 (Journaleintrag vom 7. Januar 1948).

Relevanz, soll die Inkommensurabilität des Ästhetischen zur gedanklichen Einheit bannen.[382] Der italienische Gelehrte ist nämlich zugleich Kopernikaner, der den ›Zweifel‹ zum Denkprinzip erhebt, und Albert Einstein, der durch den kleinen Mönch darauf hingewiesen wird, was er schließlich selbst bedauert: ebendieses Denkprinzip nicht sofort gegen Mißbrauch geschützt zu haben. Beide Positionen lassen sich jedoch nicht harmonisieren: Mit Galileis Augen hat die aufklärende Sonne die Evidenz versehrt. Wie der gesamten Nachkriegsavantgarde wird auch Brecht die Sinndispersion zum Problem, da sie Verantwortlichkeit auszuschließen scheint. Der Autor dramatisiert diese Erkenntnis in der erwähnten Episode aus der 13. Szene der ersten Niederschrift:

> VIRGINIA [...] Wie einen Schatten hat Gott den Menschen erschaffen. Wer kann ihn richten, wenn die Sonne untergegangen ist?
> *Galilei schweigt* (115).

Die Absage an die großen Erzählungen (die ›Nacht‹ führt zum Aussetzen des vernünftigen Gesprächs) wird daher moraldidaktisch diszipliniert. So steht der poetischen Infragestellung überlieferter Denkschemata deren Restauration auf Kommentarebene gegenüber, wobei Brecht den Diskursbruch schon früh kenntlich macht. Virginias Zitieren der 14. Montaigne-Inschrift: »Bewundernswert ist das Gute« beantwortet Galilei nicht dialektisch, sondern affirmativ: »Lauter!« (115). Die rhetorische Verdopplung ersetzt hier die nicht zu leistende Gedankensynthese.

6.4.2 Deformierte Dialektik II: Hypertrophie (Hacks)

Eine zentrale Erkenntnis, die Columbus in Hacks' *Eröffnung des indischen Zeitalters* (1954) gewinnt, besteht darin, daß Ideen, die man umsetzen möchte, nach ihrer Verwirklichung nicht mehr mit sich identisch sind. Zwischen Gedanke und Tat liegt nämlich »mehr als bloß Zeit und Raum« (HS, 159). Diese Einsicht besitzt quasi transzendentalen Charakter, denn sie erklärt – wie zu zeigen sein wird – das Spannungsverhältnis zwischen Ideologie und Status quo, Kommentar und Text, das vor allem Hacks' sozialistische Gegenwartsdramen bestimmt. In der Forschung ist hierüber bisher kaum reflektiert worden. Dies wundert insofern, als der Autor selbst betont, daß ein Schriftsteller »normalerweise nicht zu seiner Kunst, sondern gegen seine Kunst« theoretisiert.[383] Folgerichtig ermahnt Hacks seine Leser, zwischen Paratext und literarischem Werk zu trennen: »Verwechseln Sie nie eine Landkarte mit einer Landschaft«,[384] die »Praxis, nicht die Theorie, ist, was den Menschen ausmacht«.[385] Die hier geforderte Autonomie der poetischen Umsetzung bleibt allerdings eine relative, weil die Bindung an das Narrativ ›Marxismus‹ unter keinen Umständen gelöst werden darf. Hacks vergleicht das sozialistische Kunstwerk mit dem »Klang einer vorgehabten Melodie«, zu der nur noch »die Noten zu finden« sind.[386] D.h. die Gesellschaft soll zwar in ihrer Widersprüchlichkeit gezeigt werden, aber nicht aus dem Blickwinkel eines »bloßen Plura-

382 Ähnliches gilt für Prolog und Epilog der *Hofmeister*-Bearbeitung (vgl. GBA 8, S. 321, 371).
383 HM 2, S. 36 (Die Ästhetik Brechts [1961]).
384 HM 2, S. 987 (Die Entstehung des »Herzog Ernst« [1972]).
385 Hacks: Über Lieder zu Stücken (1962), S. 423.
386 HM 2, S. 996 (Über Gegenwartsdrama, abschließend. Zu »Moritz Tassow« [1976]).

lismus«, sondern des »totalen Zusammenhangs« sämtlicher Vorgänge.[387] Demnach ist der Kunst »alles erlaubt«, »was den Sinn fördert«.[388]

Um diese Form ›kontrollierter Subversion‹ verwirklichen zu können, etabliert Hacks zwei Lenkungsmechanismen: einen *internen* (Textstruktur) und einen *externen* (Textkommentar). Auf der ersten Ebene gewinnt der Jambus zentrale Bedeutung: Er schafft ein »Erwartungsschema«, das den sozialen Fortschritt symbolisiert, während der mitunter divergente Rhythmus die wirklichen Konflikte bezeichnet. Der »Spielraum der Abweichungsmöglichkeiten« kann nach Hacks »bis an die äußerste Grenze« ausgenutzt werden, allerdings darf die Ordnung dem Ohr des Hörers nicht verloren gehen.[389] Während die DDR-Dramatiker Erwin Strittmatter und Hedda Zinner ihre Stücke in regelmäßigen Jamben schreiben,[390] ist das Metrum in Müllers *Umsiedlerin* wiederholt ausgesetzt (B, 6.4.3). Bei Hacks vollzieht sich die formale »Widerspiegelung von Produktionsverhältnissen«[391] innerhalb der beschriebenen Grenzen, wie eine viel zitierte (bis dato aber nicht untersuchte) Passage aus dem Drama *Die Sorgen und die Macht* belegt.[392] Das Blankvers-Schema ist rhythmisch dekonstruiert, bleibt allerdings präsent, so daß der dialektische Bezug von Idee und Wirklichkeit – vor allem im vierten Vers – trotz inhaltlicher Negation bestätigt wird. (Die Kontrapunkte sind unterstrichen.)

∪ – ∪ – ∪ – ∪ – ∪ –
Kollegen, Kommunismus, wenn ihr euch
– ∪ ∪ – – ∪ ∪ – ∪ – ∪
Den vorstelln wollt, dann richtet eure Augen
– ∪ – ∪ ∪ – ∪ – ∪ –
Auf, was jetzt ist, und nehmt das Gegenteil;
∪ – ∪ – ∪ – ∪ – ∪ –
Denn wenig ähnlich ist dem Ziel der Weg (HS, 360).

Gleiches gilt für die Form-Inhalt-Relation überhaupt: Die künstlerische Behandlung ist »ganz morgig«, »ganz heutig« die Fabel.[393] Die Struktur zählt damit zum Überbau und dient dem Plot als »Magd«.[394] Dies zeigt sich beispielsweise durch ein sinnstiftendes »Arrangement der Widersprüche«,[395] wie es Hacks in der *Eröffnung des indischen Zeitalters* praktiziert (B, 4.2.2). Das chronologisch letzte Bild, die Eroberung Amerikas, wird als Traum des Columbus vorgezogen, denn aus marxistischer Perspektive kommt der imperialen Unterdrückung lediglich »die Rolle des vierten Akts, des entscheidenden Retardements« zu. Am Schluß hat ein positiver Aspekt zu stehen, wenn das Theaterstück als interpretierte Darstellung der Wirklichkeit »optimistisch nicht nur sein, sondern auch wirken will«.[396] Es darf deshalb – so Hacks in antizipierender Selbstzensur –

---

387 HM 2, S. 24 (Versuch über das Theaterstück von morgen [1960]).
388 HM 2, S. 38 (Über den Vers in Müllers Umsiedlerin-Fragment [1961]).
389 Ebd., S. 37, 41, 39.
390 Vgl. *Katzgraben* (C, 4.2.3) und *Lützower* (B, 4.2.3).
391 HM 2, S. 40 (Über den Vers in Müllers Umsiedlerin-Fragment [1961]).
392 Insgesamt existieren drei Fassungen, auf deren Unterschiede im folgenden mehrfach Bezug genommen wird: BM 1959 (PrA 1959), BM 1960 (UA 1960) und HS, S. 299-382 (UA 1962). Zur Kontroverse um das Stück vgl. Jäger (1986), S. 3-12.
393 HM 2, S. 30 (Versuch über das Theaterstück von morgen [1960]).
394 HM 2, S. 40 (Über den Vers in Müllers Umsiedlerin-Fragment [1961]).
395 Hacks: Das realistische Theaterstück (1957), S. 92.
396 Hacks: Theaterstücke, S. 208 (Anmerkungen).

»auch mit Mitteln gemessen werden, mit denen man einen Zeitungsartikel oder eine öffentliche Rede mißt«.[397]

Um bei aller Autarkie der Praxis ideologisch klar Position zu beziehen können, muß der interne Lenkungsmechanismus durch einen externen abgesichert werden. Hier liegt die eigentliche Ursache, warum Hacks »nicht abläßt, sich selbst zu erklären«[398] – zuweilen unter Verwendung von Amplifikation und Tautologie.[399] Die gesellschaftlichen Widersprüche werden eigentlich nur durch den Rahmen zu nicht-antagonistischen, denn der Kommentar füllt jene »Lücken«, die dort entstehen, wo Ideologie und Wirklichkeit aufeinandertreffen.[400] Gleichzeitig dient er aber auch zur Legitimation der eigenen auktorialen Entwicklung, d.h. dem Nachweis, daß die »Serpentinen«, denen Hacks' Dramenproduktion folgt, wirklich »hochgelegene Ziele« erreichen.[401] Vor diesem Hintergrund werden sämtliche Schauspiele teilweise mehrfach mit Anmerkungen versehen bzw. frühere Werke abgewertet[402] oder wie im Falle der *Eröffnung des indischen Zeitalters* entsprechend überarbeitet.[403] Sogar die Gegenwartsreferenz verfällt nach der kontrovers diskutierten Uraufführung von *Moritz Tassow* (1965)[404] deutlicher Selbstkritik. Das Zeitdrama bleibe ästhetisch »wirkungslos«, weil es durch seine Aktualität, die »Zugkraft des Fleischlichen«, lediglich dazu beitrage, das Publikum zu »verwirren«.[405] Auf diese Weise wird der noch 1960 formulierte Traum von einem »neuen, kühnen, epochemachenden sozialistischen Stück«[406] entpolitisiert und der Rückgriff auf historisch-mythische Stoffe zum Prinzip erhoben.[407]

Erkenntnisleitendes Strukturprinzip des Kommentars ist das einer »totalen Dialektik«,[408] die – weitgehend unabhängig von der eigenen künstlerischen Entwicklung – alle Parameter des ästhetisch-politischen Diskurses erfaßt und zu einer *»Konvergenztheorie«*[409] verbindet:

Metrik:	(1) konversierender – prozessuraler → utopischer Jambus[410]
	(2) Metrum – Rhythmus → dialektischer Vers[411]
Fabel:	aristotelisch – elizabethanisch → dialektisch[412]

397 Das Theater der Gegenwart (1957), S. 129 (Hacks).

398 HM 2, S. 992 (»Der Müller von Sanssouci«, Anmerkungen [1957]).

399 Vgl. Hacks: Einige Gemeinplätze über das Stückeschreiben (1956), S. 123 und Das realistische Theaterstück (1957), S. 90, 94.

400 Ebd., S. 92/Anm.*. Auch Dürrenmatt ist, um die Gefahr »›reine[n] Theaters‹« auszuschließen, »gezwungen«, zu seinen Stücken »Vorworte, Nachworte, Kommentare zu schreiben« (Dokumente zu Friedrich Dürrenmatt ›Die Physiker‹, S. 14).

401 HM 2, S. 8 (Vorwort [1966]).

402 Vgl. HM 2, S. 985f. (Die Entstehung des »Herzog Ernst« [1972]) und 995 (Eine Neufassung, warum? Zu »Die Sorgen und die Macht« [1962]).

403 Die versifizierte Zweitfassung in fünf Akten *Columbus, oder: Die Weltidee zu Schiffe* entsteht 1970 für die geplante Ruhrfestspiel-Inszenierung, wird dort allerdings nicht verwendet. Zu Hacks' ›klassizistischer‹ Revision des Dramas vgl. Trilse (1980), S. 112-114.

404 Vgl. G. Schmidt (1980), S. 228-232.

405 HM 2, S. 1000, 997f. (Über Gegenwartsdrama, abschließend. Zu »Moritz Tassow« [1976]).

406 HM 2, S. 31 (Versuch über das Theaterstück von morgen [1960]).

407 Vgl. u.a. Margarete in Aix (1966), Amphitryon (1968) und Omphale (1969).

408 HM 2, S. 36 (Die Ästhetik Brechts [1961]).

409 Hacks: Das realistische Theaterstück (1957), S. 90.

410 Vgl. HM 2, S. 41f. (Über den Vers in Müllers Umsiedlerin-Fragment [1961]).

411 Vgl. ebd., S. 39f.

412 Vgl. HM 2, S. 23f. (Versuch über das Theaterstück von morgen [1960]).

Form:	aristotelisch – revolutionär → klassisch[413]
Gattung:	Tragödie – Komödie → realistisches Theaterstück[414]
	(später: Tragödie – Historie → Komödie)[415]
Ästhetik:	(1) Idealismus – Naturalismus → Realismus[416]
	(2) idealistisch-schön – idealistisch-häßlich → realistisch-schön[417]
Epoche:	(1) Aufklärung – Sturm und Drang → Klassik[418]
	(2) Restauration – Revolution → Klassik[419]
Narrativ:	(1) Kapitalismus – Anarchie → Sozialismus[420]
	(2) Subjektivismus – Objektivismus → Kommunismus.[421]

Die Hauptfunktion des skizzierten Synthesemodells besteht darin, die ›totale Dialektik‹ der ästhetischen Textur einzuschränken. Dies scheint notwendig, weil nur so die ›Unschärfe‹ einer Wirklichkeit kompensiert werden kann, deren »Wesen« sich – anders als im bürgerlichen Realismus – eindeutiger Koordinatenreferenz entzieht: »es ist kein fixiertes Substrat; es verändert ständig seinen Ort. Jetzt verbirgt es sich tief innen, nun ganz auf der Oberfläche«.[422] Schon das ›normale‹ Wahrnehmen der Realitätssubstanz erweist sich daher als schwierig; durch den Transfer in den poetischen Bereich entsteht zudem eine semantische Eigendynamik, die kaum mehr kontrollierbar ist, weil sie keineswegs nur durch den Autor verursacht wird, sondern auch durch die inkommensurable Sinnstruktur des Mediums: »Alle Kunstwerke sind Golems; die Seele gehört nicht zum Lehm. Noch die zahmsten entsetzen durch Ungehorsam; sie lassen sich nicht lenken, gehen, wohin sie gehen, der gute Rabbi, der sie geschaffen hat, ringt die Hände und hat alles nicht gewollt«.[423] Mit anderen Worten: Die »sicheren Fundamente[]«, auf denen die »gesellschaftliche Wirklichkeit« ruht,[424] werden hier ästhetisch in Frage gestellt. Hacks ist sich dessen bewußt, wenn er rückblickend kritisiert, die Schwäche der Komödie *Moritz Tassow* (1960/61) liege darin, daß »das Metrum [Idee] nach der Sprache [Wirklichkeit], nicht die Sprache nach dem Metrum eingerichtet« worden sei,[425] d.h. das Wort wirkt der Form gegenüber subversiv. Tatsächlich stellt der SED-Bezirksbevollmächtigte Erich Mattukat, Repräsentant dialektischer Weltperzeption, die gesamte Teleologie sozialistischen Denkens in Frage, wenn er dem linksradikalen Utopisten Tassow entgegnet: »Recht haben kann man nie als hier und heut« (HK, 115).

In seinem Versuch, eine ›totale Dialektik‹ zu etablieren, geht Hacks allerdings noch einen Schritt weiter. Sogar die Theorie ist für ihn keineswegs ›objektives‹ Korrektiv ›subjektiver‹ Kunst; auch sie vermag lediglich Teilwahrheiten zu vermitteln, weil sie »vom Widerspruch nur die Topographie der beiden Ränder, häufig nur eines Randes«

413 Vgl. ebd., S. 27f., 32f.
414 Vgl. Hacks: Das realistische Theaterstück (1957), S. 95f.
415 Vgl. Hacks: Die Sorgen und die Macht (1959), S. 4.
416 Vgl. Hacks: Das realistische Theaterstück (1957), S. 91.
417 Vgl. KS, S. 200f. (Brief von Peter Hacks an Heinar Kipphardt [24. Juni 1961]).
418 Vgl. HM 2, S. 69 (Interview [1964]).
419 Vgl. KS, S. 200f. (Brief von Peter Hacks an Heinar Kipphardt [24. Juni 1961]).
420 HM 2, S. 32 (Versuch über das Theaterstück von morgen [1960]).
421 Vgl. ebd., S. 24f.
422 Hacks: Über Lieder zu Stücken (1962), S. 424.
423 HM 2, S. 999 (Über Gegenwartsdrama, abschließend. Zu »Moritz Tassow« [1976]).
424 HM 2, S. 29 (Versuch über das Theaterstück von morgen [1960]).
425 HM 2, S. 1003 (Über Gegenwartsdrama, abschließend. Zu »Moritz Tassow« [1976]).

beschreibt.[426] Das Fragmentarische ist ihr deshalb ebenso eingeschrieben wie der Selbstwiderspruch. Nicht von ungefähr stellt Hacks seiner Abhandlung *Das Poetische* (1966) zwei Motti voran, die – obwohl sie sich logisch ausschließen – in den nachfolgenden »Kapiteln« nicht vermittelt werden: »Die Partei, die Partei, / Die hat immer recht« (Louis Fürnberg) und »Die Poesie, die Poesie, / Die Poesie hat immer recht« (Friederike Kempner).[427] Der Aufsatz ist darüber hinaus in Dialogform gestaltet, wobei beide Rollenperspektiven mitunter ironisiert sind. Selbst den Paratexten läßt sich daher nur bedingt trauen. Sie bleiben wie alle Komponenten des ästhetischen Diskurses Teil endloser Spiegelungen, die – so Heiner Müller über Hacks – »immer nur eine halbe Wahrheit enthalten«.[428] An die Stelle argumentativer Linearität tritt hier eine hypertrophe Dialektik, die quasi paradox größtmögliche Offenheit mit ideologischer *clarté* verbinden will. Hacks' Forderung, der moderne Dramatiker müsse auf dem »archimedischen Punkt« sitzen,[429] ist damit schon auf Kommentarebene unterminiert. Verläßlicher als die Utopie scheint dem Autor, wie er selbst einräumt, der Konflikt, »das einzige Thema der Kunst«,[430] denn selbst die »gut gemachte Vorhersage« beinhaltet »eine genügende Gefahr Irrtums« – »es kann auch nicht so sein«. Aus diesem Grund darf der Entwurf einer ›neuen‹ Welt auf kaum mehr vertrauen denn die Hoffnung, »daß es so sein wird«, wie das Narrativ verheißt.[431]

Dies belegen nicht zuletzt die beiden einzigen Gegenwartsdramen des Autors, das »Stück« *Die Sorgen und die Macht* und die »Komödie« *Moritz Tassow*, die ihrerseits zur dialektischen Hypertrophie neigen. D.h. das Bühnenwerk, das wie der Kommentar nur einen Teil der ›Wahrheit‹ darstellt, entfaltet in sich zahlreiche Diskurse, deren ›Wahrheiten‹ wiederum so kontrapunktiert sind, daß Sinnpräsenz fast unmöglich scheint. Zum besseren Verständnis der nachfolgenden Überlegungen sei kurz die Handlung des ersten Zeitstücks skizziert:

> Die Brikettfabrik des Braunkohlenreviers »Roter Hammer« hat das Plansoll mit 160% übererfüllt und damit den offiziellen Wettbewerb gewonnen. Die Ware ist jedoch von so schlechter Qualität, daß die damit weiterproduzierende Glashütte ihre Zielsetzungen nicht erreichen kann. Während die Kohlenarbeiter Prämien erhalten, werden ihre Kollegen unterdurchschnittlich bezahlt. Als der Brikettierer Max Fidorra sich in die Glasarbeiterin Hede Stoll verliebt, prahlt er mit seinem Einkommen und macht dadurch die fragwürdige Unternehmensstrategie transparent. Auf Parteiebene beschließt man, daß die Gütevorschriften in jedem Fall einzuhalten sind. Um Hede zu imponieren, setzt sich selbst Fidorra dafür ein. Nun sinken allerdings die Löhne der Brikettierer, während die Glasarbeiter dank der besseren Ware die Norm übertreffen. Regressive Kräfte suchen daraufhin die Qualitätsverbesserung rückgängig zu machen. Das Problem scheint zunächst nicht zu lösen, bis Fidorra im Sinne einer *consulting agency* die

---

426 HM 2, S. 8 (Vorwort [1966]).

427 HM 2, S. 92. Vgl. auch ebd., S. 30 (Versuch über das Theaterstück von morgen [1960]) und 983 (Die Entstehung des »Herzog Ernst« [1972]).

428 GI 1, S. 24 (Literatur muß dem Theater Widerstand leisten [1975]). Denn, fügt der Dramatikerkollege hinzu, wenn Hacks' Theoriekonzept »stimmen würde, könnte es nicht so witzig sein« (ebd.). Auch Zidewang konstatiert in *Die Sorgen und die Macht* mit Blick auf Fidorra: »Es ist kein Verlaß auf einen Kerl, der Witz hat« (HS, S. 321).

429 HM 2, S. 84 (Über Langes »Marski« [1965]).

430 HM 2, S. 29 (Versuch über das Theaterstück von morgen [1960]). Dieselbe These vertritt Heiner Müller (vgl. GI 1, S. 86 [Ich glaube an Konflikt. Sonst glaube ich an nichts]).

431 HM 2, S. 20 (Versuch über das Theaterstück von morgen [1960]).

Betriebseffizienz steigert: »Verbesserung der Arbeitsorganisation. Einführung von technischen Neuerungen. Hebung des Bewußtseins. Reparatur eines Kessels« (HS, 377).

Hacks stellt dem Drama einen jambischen Prolog voran, der den beschriebenen Konflikt kurz erläutert. Auf Kommentarebene wird damit die dialektische Perspektive installiert, deren Wahrnehmungsvorgabe einem zu starken Relativismus wehren soll. Im Prinzip bleibt die ›Lösung‹ auf jenen Bereich beschränkt, denn das Stück selbst droht vor Widersprüchen zu bersten. Der Autor verweist auf diese Problematik, wenn er in Prosa ergänzt, daß die Handlung vorgetragen sei mit der »Stimme des Dichters«, die zwar das »Festkleid der Wahrheit« trage, zugleich aber vervielfältigt werde durch ein endloses »Echo« (302). Ähnliches gilt für die Beziehung von gebundener und ungebundener Rede. Auf den ersten Blick stehen sie im Komplementärverhältnis: Die Prosa bezieht sich auf die zu überwindende Gegenwart, der Blankvers auf das zu verwirklichende Ideal. Bei genauerem Hinsehen wird jedoch deutlich, daß der Jambus kontextgebunden ist: Er kennzeichnet vorausgreifendes Denken *und* machtpolitische Verklärung. Der Ort des Sprechers bleibt aus diesem Grund ebenso entscheidend wie Inhalt und Präsentation des Gesagten.[432]

Durchbrochen ist der sozialistische Schematismus (B, 4.2.1) auch dadurch, daß die Partei im Drama nicht konfliktlösend fungiert. Das Problem, wie die Brikettfabrik den Zustand der ausgelieferten Ware verbessern kann, ohne gleichzeitig das Plansoll zu unterschreiten, wird keineswegs durch programmkonforme Faktoren gelöst. Denn die Regierung lobt »Menge« (302),[433] fördert Opportunismus (306f.) und bestraft Kritik (319). Daher bedeutet »die Güte der Briketts / Zu bessern [...], erst die Güte / Zu bessern der Partei« (301). Nicht das statische Kollektiv (SED) wirkt bewußtseinsbildend, sondern das dynamische (Liebespaar Fidorra/Hede, Fabrikarbeiter). Die ›zentrale Vernunft‹ ist somit ersetzt durch das Zusammenwirken partikularer Kräfte. Für die affirmative Dramatik gelten andere Gesetze: So zeigt Hans Pfeiffers Stück *Die dritte Schicht* (1960) am Beispiel der Diskrepanz von Qualität und Quantität gerade das Scheitern jeden Versuchs, Probleme der Arbeitswelt ohne Hilfe der Partei anzugehen.[434]

Dieser Abweichungsmodus ist nach Hacks so lange zulässig, wie das dargestellte Humane »in allen Inhalten sozial« bleibt.[435] Bereits im Prolog zeigt sich jedoch, daß wesentliche Handlungsmomente anthropologisch bestimmt sind.[436] Die »Triebe« werden nicht erst »wach«, als das »Gewicht des gern / Gebrachten Opfers« zunimmt (HS, 302). In der Tat sucht man bei Hacks »vergeblich Personen, die Eigenschaften von neuen Menschen tragen« und »deren Handlungen schön und nachahmenswert sind«.[437] Statt ideeller Hingabe dominieren materieller Anreiz und egoistische Züge.[438] Systemkonformes Verhalten bleibt wirkungslos: Hede Stoll, die »einfach sinnlich« ist (329),

432 Vgl. HS, S. 305 (Melz) und 360f. (Holdefleiss).

433 Fidorra konstatiert deshalb: »Sozialismus ist, wenn man jeden Dreck loswird« (ebd., S. 310).

434 Vgl. Pfeiffer: Die dritte Schicht (1960), S. 59f.

435 Hacks: Das realistische Theaterstück (1957), S. 91/Anm.*.

436 Vgl. u.a. folgende Textpassagen: »Fidorra Max, ein junger Brikettierer / Gewinnt, mit Geld und guten Worten, Herz / Und Bett von Hede Stoll« sowie »Fidorra tut für seine Freundin / Was er nicht für den Sozialismus täte« (HS, S. 301).

437 DSED, S. 867 (Kurt Hager).

438 Vgl. DD, S. 287f. (Siegfried Wagner/Kurt Bork: Über den Standpunkt des Künstlers zu unserem Kampf [1962]) und 294 (Hermann Kähler: Aktuelles Thema – noch nicht bewältigt [1963]).

verläßt für Fidorra ihren Verlobten, obwohl jener als »Bibliothekar« und »Gehirnmensch« mit ihr »Theaterstücke« besucht und »das Richtige und das Falsche an ihnen« erklärt (314). Selbst die ›neue Liebe‹ zeichnet sich durch politische Indifferenz aus:

Fidorra	Mein Herz gehört Dir ganz und gar, nicht für zwei oder drei Jahreszeiten.
Stoll	Das ist sehr wichtig, Max, weil du jetzt mein Alles bist und mein Tag und mein Leben.

Auch im industriellen Arbeitsprozeß entstehen produktive Verhaltensweisen auf der Basis eines *moral sense*: Nicht aus Wissen oder Pflichtbewußtsein wird die »Einhaltung der Güte« beschlossen, sondern dank »einer edelmütigen Regung« (343), die ihre Authentizität gerade dem Fehlen ökonomischer Kenntnis verdankt.

Derartige Verhaltensweisen, die bei fast allen Figuren nachweisbar sind, werden keineswegs, wie Raymond Heitz postuliert,[439] gesellschaftlich rückgebunden; sie behaupten vielmehr eine gewisse Autonomie. Hacks negiert nämlich nicht nur allgemeinmenschliche Erklärungsraster, sondern auch vulgärmarxistische:

Kunze	Es geht nicht ohne den materiellen Anreiz. Der Kumpel sieht zuerst aufs Geld, weil der Kumpel zuerst ein Mensch ist, Kapitalismus oder Sozialismus. Er kann nicht an gegen seine Natur.
Mitglied der Leitung	Wo der Mensch gegen seine Natur nicht ankann, das zeigt, daß politisch schlecht gearbeitet wird (318).

Subjektives Handeln ist somit *auch* durch Interessen gesteuert, denen nur schwer kontrollierbare Triebstrukturen zugrunde liegen.[440] Tatsächlich setzt sich erst mit Einführung des *Neuen Ökonomischen Systems* (NÖS) im Jahr 1963 die Ansicht durch, daß kein Staatsmodell den Maßstab sozialer Interaktion grundlegend verändern kann. Hacks nimmt diese Erkenntnis insofern vorweg, als er wie Brecht das Bewußtsein dem (Wohl)Sein unterordnet. Der Sozialismus ist damit zu wirtschaftlicher Prosperität verdammt, soll er konkurrenzfähig und lebenswert bleiben. Hieraus ergibt sich jedoch ein *antagonistischer* Widerspruch, den der Autor perspektiviert, ohne ihm – zumindest im Oberflächendiskurs – substantielle Relevanz zuzusprechen. Denn während Heiner Müller den Realsozialismus zuweilen als inhumanes Arbeitslager darstellt (B, 6.4.3), fehlt bei Hacks jede diesbezügliche Tragik. Es scheint daher, als habe Ulrich Profitlich recht, wenn er mit Blick auf *Die Sorgen und die Macht* den produktiven Impetus menschlicher Naturbestimmtheit hervorhebt. Das Stück enthält demzufolge »eine Geste der Beschwichtigung«, die aus dem »aristophanischen Komödientypus« resultiert. Dort bringe ebenfalls ein Held, der von »kleinen« Zwecken geleitet ist, »riesige Wirkungen« hervor.[441]

Derartige Harmonisierungsversuche übersehen allerdings, daß die dramatische Problemlösung ›abgekartet‹[442] ist und sich als solche zu erkennen gibt. In der Tat wird die Symbiose der Partikularinteressen keineswegs kausallogisch begründet. Fidorras Appell

---

439 Vgl. Heitz (1984), S. 66.

440 Vgl. HS, S. 308, 346, 354-356, 359, 366.

441 Profitlich (1988a), S. 36f.

442 Greiner (1974), S. 159 und Schivelbusch (1974), S. 73 haben diesen Sachverhalt als erste bezeichnet – allerdings im Rahmen von Argumentationsmodellen, die auf eine Rückbindung an Hacks' dialektische Ästhetik verzichten.

an die Solidarität der Brikettierer mit den Arbeitern der Glasfabrik erklärt sich aus Eigennutz. Ähnliches gilt für den technischen Verbesserungsvorschlag, der zwar dazu beiträgt, die Forderung nach ›Menge‹ und ›Güte‹ zu erfüllen, letztlich aber auf Ehrgeiz und Selbstliebe zurückzuführen ist.[443] Fidorras Schlußwort der dritten Fassung (1962) bestätigt die Zufälligkeit des Erreichten: »der Blitz soll mich zersägen, wenn ich begreife, wie das alles so schnell mit mir bis hierhin gekommen ist« (382). Des weiteren wird die angestrebte Verbindung von Qualität und Quantität nicht sozialethisch realisiert, sondern arbeitstechnisch. Erst Fidorras Idee, die ›Rutsche‹ zu verlängern und damit die Festigkeit der Briketts zu stärken, hebt den antagonistischen Charakter des Widerspruchs auf.

Hacks integriert nicht nur hier zentrale Konstituenten des dramatischen Schematismus. Auch die öffentliche Selbstkritik (Parteisekretär Kunze, Jungingenieur Melz)[444] sowie das Saboteur-Modell (Zidewang), das vorhandene Schwierigkeiten mit kapitalistischen Störungsmanövern begründet, sind entsprechender Provenienz. Was im affirmativen Diskurs stabilisierend wirkt (B, 4.2.1), bleibt an dieser Stelle jedoch ambivalent. Vor allem die Zidewang-Episode erweist sich trotz gegenteiliger Meinung[445] als handlungslogisch peripher. So spielen die gefälschten Laboranalysen der Briketts angesichts evidenter Qualitätsdefizite keine Rolle. Zudem trifft das Eingestehen von Fehlern bei Hacks nicht rückständige Individuen, sondern die »Parteiorganisation der Fabrik« (380), d.h. eine Instanz, die für vorbildliches Verhalten eintreten sollte. Selbst die technische Lösung hat kaum mehr als Versprechensfunktion, deutet die Möglichkeit des Erfolgs nur an.[446] Das projektierte Ziel ist daher bescheiden (Plansoll, »vielleicht darüber«), die tatsächliche Wirkung sogar offen. Fragwürdig bleibt auch Fidorras These, der Konflikt Wert/Menge sei nur entstanden, weil »wir das ganze Vierteljahr lang überhaupt nicht ernsthaft versucht haben, den Plan zu erfüllen« (375f.). Folgt man dieser Erklärung, dann wird eine unterlassene Reparatur (Kessel) zur Hauptursache sämtlicher Wirtschafts- und Sozialprobleme.

Nun untergräbt die Tatsache, daß die Widersprüche im Stück nicht vollständig gelöst werden,[447] noch keineswegs Hacks' Theorieästhetik. Im Gegenteil, der Autor distanziert sich damit lediglich von Lukács' Forderung, das realistische Theaterstück habe »Erscheinung und Wesen« als »Einheit« darzustellen.[448] Im Sinne der ›totalen Dialektik‹ ist das »Verhältnis des Allgemeinen zum Besonderen« zwar eines der »Identität«, zugleich aber der »Unversöhnlichkeit«.[449] Dies bedeutet, daß der Dramatiker in doppelter Hinsicht gezwungen ist, »gegen seine Kunst«[450] zu theoretisieren: (1) um die ›totale Dialektik‹ überhaupt herzustellen, (2) um deren subversive Eigendynamik *in* bzw. *zwischen* Werk und Kommentar zu beherrschen. Gerade die zweite Zielsetzung läßt sich allerdings nur begrenzt verwirklichen. So macht die transsystemische Virulenz

---

443 Fidorra selbst offenbart die handlungsleitende Maxime am Ende einer kritischen Replik: »Das kann man doch nicht einfach nicht machen. Das ist eine sehr gute Idee von mir« (S. 376).

444 Vgl. HS, S. 380f.

445 Vgl. Jäger (1986), S. 50.

446 Vgl. Schleyer (1976), S. 83f.

447 Gegenteiliger Auffassung sind: Laube (1972), S. 47; Schivelbusch (1974), S. 67; Maczewski (1978), S. 36 und Trilse (1980), S. 136.

448 Lukács: Probleme des Realismus, S. 13f.

449 Hacks: Das realistische Theaterstück (1957), S. 94.

450 HM 2, S. 36 (Die Ästhetik Brechts [1961]).

der Parameter Leistung und Wettbewerb deutlich, daß auch im Sozialismus Gesetzmäßigkeiten existieren, deren Wirkung und Funktion den Subjekten gegenüber autark bleiben: Was für die Brikettierer einträglich ist, die an Quantität orientierte Warenherstellung, erschwert die Arbeit der Glasfabrik, weil man dort mit schlechten Briketts den Plan nicht erfüllen kann und somit auf Prämien verzichten muß. Die beschlossene Korrektur führt zwar zur Erzeugung von Qualität, allerdings in ungenügender Menge, so daß beide Industriestätten lediglich die Rollen tauschen. Realiter unterliegt der Sozialismus damit denselben ökonomisch-distributiven Zwängen wie der Kapitalismus, gegen den man nach Hacks keinen »wichtigeren Einwand« erheben kann als »dessen Unfähigkeit zu produzieren«.[451] Anders als bei Heiner Müller besitzt das marxistische Modell hier nicht Alternativfunktion mit Blick auf ein ständig sich beschleunigendes Lebens- und Arbeitstempo in der westlichen Industriegesellschaft.

Nichtsdestoweniger lebt auch Hacks' Leistungsutopie nur mehr in Konstruktform: als »Gegenteil« dessen, »was jetzt ist«. Und allein die Negation der Negation bewahrt das Totale, so daß noch im »leeren Beutel« der »Kommunismus« als »Fülle der Welt« enthalten bleibt (360).[452] Dieser sinnstiftende Impetus einer ›Dialektik ohne Synthese‹ durchzieht das gesamte Drama und schafft wie bei Müller einen Zwischenraum, dessen *formale* Wirklichkeit die *reale* verbürgen soll:

Zidewang	Das Zeitalter der Gleichheit ist noch nicht gekommen. [These]
Generatorwart	Das der Ausbeutung ist abgeschafft (336). [Antithese]
Zidewang	[...] Ich habe herrschende Klassen kennen gelernt, Hoffmann, wie haben die gelebt! [These]
Kickull	So wird die Arbeiterklasse leben (358). [Antithese]

Ähnliches gilt für die Fünf-Akt-Struktur mit zentraler Peripetie, die Hacks bereits in der *Schlacht bei Lobositz* (1957) verwendet. Denn in dem Maße, wie der Einsatz der ›großen Form‹ mit Jambus-Partien die sozialistische Klassik antizipiert, verweigert der Inhalt ebendiese Bezugssetzung. Das marxistische Narrativ wird deshalb vor allem außerpoetisch bestätigt, und zwar durch integrierte ›Kommentare‹ systemaffirmativer Figuren. In diesem Zusammenhang besitzt die Fabrikarbeiterin Emma Holdefleiss eine schon im Namen angedeutete Zentralstellung. Neben der oben analysierten Kommunismus-Prophetie sind zwei weitere Repliken zu nennen, die den inkommensurablen Handlungsverlauf teleologisch ausrichten sollen – in bezug auf Anthropologie und Konfliktlösung:

> Wir sind doch neue Menschen. Wir haben doch eine hohe Moral. Jetzt werden wir erst recht die Güte schaffen und zufrieden; denn es gibt vernünftigerweise keine andere Zufriedenheit als die Zufriedenheit der Gesellschaft, Kollegen (348).

> Trügerischen Vorteil meidend, billigen
> Erfolg verschmähend, wählten wir
> Von allen Anfängen den schwierigsten
> Und fanden so den rechten Weg [...] (381).

---

[451] HM 2, S. 9/Anm.* (Vorwort [1966]).

[452] In der ersten und zweiten Fassung fehlt diese Passage.

Darüber hinaus wird die Herstellung gesellschaftlicher Idealzustände sukzessive zur Glaubensfrage. Heißt »sozialistisch reden« am Beginn noch: »Die Wolken packen und weg den Nebel schieben / Und zeigen den Weg, und bis zu welcher Länge / Man ihn gegangen« (364),[453] so impliziert es schließlich sogar die Unmöglichkeit, der Realität das Ziel anzusehen. Oswald Twardowski, Parteisekretär des Braunkohlenwerks »Roter Hammer«, verkündet diese Erkenntnis in religiös metaphorisierter Gleichnisform:

> Ein Mann, der durch den Wald zum Fluß herabsteigt,
> Zweifelt, wie weit er kam, und spürts aus nichts.
> Nämlich ob ihn ein Tag vom Ziel trennt oder
> Eine Sekunde, stets in gleichem Dämmer
> Hält ihn derselbe laubichte Kamin
> Von Büschen und Gestrüppen. Während dauernd
> Sein Ort sich ändert, scheint sich nichts zu ändern,
> Und vorwärtsschreitend scheint er stillzustehn
> Bis zu dem Nu, wo er ansetzt und schleunig
> Vom Dunkel ins Licht tritt und ans breite Wasser (321).[454]

Die Zukunft des neuen Gesellschaftsmodells wird damit zur Jenseitshoffnung, der DDR-Bürger zum Pilger, der durchhalten muß gegen jeden Eindruck äußerer Invarianz. Hacks widerspricht hiermit der eigenen Absage an symbolische Schreibweisen:

> Da wird, um ganz einfache Beispiele zu nehmen, oft behauptet, der Sozialismus (oder die Jugend oder wer immer) ginge der Sonne entgegen. (Was will er da?) Die Sonne steht für irgend etwas Angenehmes. Es liegt auf der Hand, daß der Dichter, wenn er das Angenehme kennte, das Angenehme beim Namen genannt hätte. [...] Also, Symbole sind nur nützlich für Leute, die in Wahrheit gar nichts zu bieten haben außer der Sonne, dem Wind und desgleichen Zeuges mehr. Symbole ersetzen keine Sachen und symbolische Abläufe keine Handlung. Realistische Gedanken können gar nicht symbolisiert werden: sie haben ihren Leib und brauchen keinen zu leihen.[455]

Während Müller die Opferleistung der Zeitenwende permanent präsent hält, läßt sich bei Hacks »um den Preis der Revolution« nicht »feilschen« (378). Der Autor entwickelt vielmehr eine postkantianische Handlungstheorie, mit der die kategorische Struktur auf den Bereich des Politisch-Gesellschaftlichen verschoben wird. Statt ›glückswürdig‹[456] kann sich der Mensch nur ›glücksmächtig‹ machen, denn erst »Arbeitermacht« gewährleistet »Arbeiterglück«. Obwohl Hacks auf transzendente Implikate verzichtet, fordert er doch den nachhaltigen Aufschub von Bedürfnisbefriedigung, und zwar bis zu dem unbestimmbaren »Tag, wo Macht in Glück umschlägt« (381). Die Liebe zwischen Fidorra und Hede Stoll avanciert aus diesem Grund zum Präsenzbeweis; sie ersetzt die Lösung des ökonomischen Konflikts. Anders als in *Moritz Tassow* führt die hypertrophe Dialektik aber noch zu keiner ›Aufspaltung‹ des Narrativs in verschiedene Figuren,

---

453 Der ›Nullpunkt‹ 1945 erweist sich vor diesem Hintergrund als bevorzugte, weil kaum zu unterschreitende Meßlatte. Mit Blick auf ihn ist das Fortschrittsbekenntnis so obligat wie obsolet (vgl. HS, S. 351-353).

454 Hermann Kähler spricht mit Blick auf solche Textpassagen von einer ›mystischen Dialektik‹ bei Hacks. Vgl. DD, S. 293 (Aktuelles Thema – noch nicht bewältigt [1963]).

455 Hacks: Das realistische Theaterstück (1957), S. 93. Der DDR-Dramatiker Günter Görlich kritisiert diese Diskrepanz bereits 1963 (vgl. Das zentrale Thema, S. 120).

456 Vgl. Kant: Werke in zehn Bänden. Bd. 4, S. 678f. (Kritik der reinen Vernunft).

so daß das Schauspiel *Die Sorgen und die Macht* trotz seines ästhetischen Defizits – es ist nicht »Komödie«,[457] sondern »Historie«[458] bzw. »Stück«[459] – deutlich weniger subversiv wirkt.

In Hacks' letztem Gegenwartsdrama steht der gattungspoetischen ›Progression‹ allerdings ein historischer Rückschritt gegenüber – sowohl zeitlich (die Handlung spielt kurz nach Kriegsende) als auch intentional. Denn entgegen der Genreerwartung offenbart die Schlußszene, wie zu zeigen sein wird, den ›Abgrund‹ realsozialistischer Zukunftsperspektiven.

Im Zentrum des Plots steht Moritz Tassow, ein »Sauhirt« (HK, 13). Noch bevor die planwirtschaftliche Umgestaltung das Mecklenburgische Dorf Gargentin erreicht hat, bricht der Protagonist sein zwölfjähriges Schweigen, das er zum Studium marxistischer Literatur genutzt hat, und überredet die Bauern zur Revolte gegen den Gutsherrn Albrecht von Sack. Die Aktion hat Erfolg, aber Tassows Versuch, ein neues gesellschaftliches Miteinander freier Individuen zu verwirklichen, scheitert an der politischen Unreife und Disziplinlosigkeit der Masse. Erst dem kranken Bezirksbevollmächtigten Mattukat gelingt es, Ordnung unter den zerstrittenen Sozialutopisten zu schaffen. Er teilt das Gut auf, setzt Tassow ab und übergibt die Leitung dem spießbürgerlichen Parteisoldaten Blasche, während sich der Protagonist trotzig zurückzieht, um Schriftsteller zu werden.

Noch stärker als in seinem ersten Zeitstück entfaltet Hacks hier eine ›totale Dialektik‹, die nahezu alles mit allem kontrastiert und durch solche Hypertrophie jeder eindeutigen Lesart eine Absage erteilt. Zwar hat es zunächst den Anschein, als verkörpere die Titelfigur die progressive Haltung eines »vitalen, großzügigen und menschenfreundlichen Anarchismus«,[460] aber bereits die mehrdeutige Intertextualität von Personenname und Ortsbezeichnung stellt diese These in Frage. Während das Dorf Gargentin an Rabelais' sinnenfrohen Renaissancehelden Gargantua erinnert,[461] läßt der infantil-provinzielle Name ›Moritz Tassow‹, der unterschiedliche Vorbilder kombiniert,[462] solche ›Größe‹ per se übertrieben erscheinen. Der Protagonist erweist sich denn auch als elitärer Egozentriker, dessen zunehmende Misanthropie mit marxistischen Vorstellungen kaum harmonisierbar ist. Fortschritt existiert für ihn nur unter der Bedingung eines substantiell ›neuen Menschen‹, der als sein eigenes »Maß« tut, »wonach ihm ist, und dem nach viel ist« (HK, 15). Von solchen »Riesen« (89) unterscheidet Tassow in faschistoider Diktion »Krüppel, Schrumpfobst, krankes Mißgebilde« (15). Nachdem er das Gut des Aristokraten von Sack in Besitz genommen und die »Kommune 3. Jahrtausend« (65f.)

---

457 Vgl. das allegorische Vorspiel zur Erstfassung von *Die Sorgen und die Macht* (1959): Zunächst stürzt sich die Tragödie in ihr eigenes Messer und wird von Historie und Komödie zu den Klängen eines Trauermarsches von der Bühne getragen. Daraufhin verabschiedet sich die Komödie und überläßt ihrer »Schwester« für »heut« den »schönen Kreis« der Bühne (S. 3f.).

458 Erste und zweite Fassung.

459 Dritte Fassung.

460 So die Ansicht von Buddecke/Fuhrmann (1981), S. 273.

461 Vgl. HM 2, S. 89 (Über Langes »Marski« [1965]).

462 Zum einen Wilhelm Buschs ›Moritz‹, zum anderen den preußisch verfremdeten Dichter ›Tasso‹, was der von Hacks geforderten Synthese von »Gottsched« und »Hanswurst« entspricht (Einige Gemeinplätze über das Stückeschreiben [1956], S. 120). Zudem nennt der Autor als Intertext Kotzebues 1791 erschienenes Lustspiel *Bruder Moriz, der Sonderling, oder: Die Colonie für die Pelew-Inseln* (vgl. HM 2, S. 177). Der Hacks-Forschung bisher unbekannt ist das ›reale Urbild‹ (vgl. ebd., S. 71), bei dem es sich nach Aussage von Heiner Müller, die Hacks nicht dementiert, um den Dramatiker Alfred Matusche handelt (vgl. Serke [1998], S. 85f.).

gegründet hat, muß er jedoch erkennen, daß das Volk keineswegs revolutionär agiert. Handlungsleitend sind noch immer Wohlstand, Opportunismus und Lustprinzip.[463] Die anarchistische Utopie erscheint dadurch als Gegenteil des Intendierten: Der ›neue‹ Mensch wird zum Schwein, das nur noch »in einem ungeheuren Sumpf« liegen und »grunzen« (66) möchte und daher militärisch ermahnt werden muß, daß die Arbeit des Menschen »nötigstes Vergnügen« ist (86). Vor diesem Hintergrund weicht Tassows humanistisches Gleichheitspostulat einem radikalen Individualismus, der im »Genie« den einzig würdigen Repräsentanten der menschlichen »Rasse« sieht (90f.). Hacks inszeniert diesen Rückfall in ›romantische‹[464] Hybris als ›prosaisches‹ Lamento der Titelfigur ad spectatores: »An meiner Einrichtung ist nichts zu tadeln; wieso ist, in meiner äußerst vernünftigen Einrichtung, der Widersinn so mächtig? Es muß an den Leuten liegen, ja da liegt der Hase im Pfeffer: die Leute. Politik geht überhaupt nur ganz ohne Leute« (89).

Obwohl der Bezirksbevollmächtigte Erich Mattukat diese Logik kritisiert, widerspricht er der zugrundeliegenden Anthropologie keineswegs. Auch für ihn sind die Menschen »einfach«: »sie wissen, / Was ihnen fehlt, sonst nichts. Das macht sie stark. / Fragen aufwerfen der Veränderung. [sic!] / Einführn das Gestern und das Morgen in / Ihr Denken übers Heute, heißt sie narren. / Der Mann spricht unklar, sagen sie. Der abert« (58). Wie in *Die Sorgen und die Macht* avanciert die Triebstruktur zum Movens sozialistischen Fortschritts, weil sie bei aller Ambivalenz produktiver scheint als intellektuelle Einsicht. Tassows Hinweis, im nicht-offiziellen Parteidiskurs sei der Mensch stets ein »Dummkopf«, wird von Mattukat bestätigt. Mit »Klugen« lasse sich der Kommunismus nicht realisieren: das seien »[u]nsichere Leute« (59). Diese Vorsichtsmaßnahme ist noch im äußeren Kommunikationssystem relevant. So verweist der Verzicht auf Letztbegründung politischer Handlungsmaximen auf die Evidenz-Axiomatik im poetologischen Bereich. Hacks selbst »haßt es« nämlich, »die Prämissen zu beweisen«,[465] da er »weiß«, »er irrt nicht«.[466] Der Unterschied besteht in der Funktion der Diskurse: Während der ästhetische antizipierend ausgerichtet ist, bleibt der politische an Durchsetzbarkeit gebunden. Der Pragmatiker muß die Gedanken »[h]albiern«, ohne darüber die »Zukunft« zu vergessen (89). Tatsächlich führt Mattukats Regie jedoch zur ›Diktatur‹ von »Mittelmaß« und »Heuchelei« (60), denn am Ende herrscht mit seiner Zustimmung der bürokratisch-biedere »Krummstiefel« (58) Kurt Blasche als »neue[r] Mensch« (115). Mit anderen Worten: Die Parteistrategie, den sozialistischen Aufbau der intellektuellen Kapazität der Bevölkerung anzupassen,[467] bleibt ebenso fragwürdig wie Tassows Radikalverfahren, das in der unmittelbaren Nachkriegszeit allerdings durchaus produktiv wirkt.[468] Der Anarchist leitet ein, was fünfzehn Jahre später abgeschlossen ist: die Kollektivierung der Agrarwirtschaft. Er wird deshalb von höchster Stelle (Wilhelm Pieck) als »auswertbares Beispiel« von »glorvollem Eröffnungsgeist« geehrt (60). Auf theoretischer Ebene rechtfertigt der Aktualitätsbezug Hacks' Ästhetik des Vorgriffs, die das Gegenwärtige perspektivisch deutet. Tertium comparationis ist

[463] Vgl. HK, S. 29, 36f., 47f., 50, 62, 64f.
[464] Zur Romantik-Kritik des Autors vgl. ausführlich Honnef (1991).
[465] HM 2, S. 8 (Vorwort [1966]).
[466] HM 2, S. 23 (Versuch über das Theaterstück von morgen [1960]).
[467] Vgl. HK, S. 8, 18, 58.
[468] Vgl. ebd., S. 21, 23f., 32f., 37, 46, 53.

die Überlegenheit des Intellektuellen im Vergleich zur historisch rückständigen Masse. Denn erst die Präsentation des »hochstehenden, wichtigen, weltumspannenden Menschen« zeige das Humane »in höchstem Grade«.[469] Der sexuell wie reflexiv hyperpotente Held verkörpert diesen Sachverhalt und wird daher in den sechziger Jahren für Teile der DDR-Dramatik konstitutiv (B, 6.2.1).

Im Stück selbst ist die Utopie kaum ansatzweise verwirklicht – zum einen wegen der zeitlichen Fixierung auf das Jahr 1945, zum anderen als Folge der Hypertrophie dialektischer Bezüge. So lassen sich die mit den jeweiligen Repräsentanten assoziierten Diskurse weder inhaltlich noch strukturell im Sinne des sozialistischen Fortschritts verbinden. Keine der Hauptfiguren besitzt Vorbildcharakter: Mattukat und Blasche verkörpern den pragmatischen bzw. bürokratischen Sozialismus, und Tassow steht zwar für den »emanzipierten«,[470] aber keineswegs für den »ganzen Menschen«, auch wenn dies häufig zu lesen ist.[471] Denn obwohl er den »behirnten Leuten« zugehört, deren Leidenschaften »neuartig und bedeutend« sind,[472] bleibt Tassow Paradigma totaler Individualität – als »Mensch« wie Langes Marski »ein Kerl, als gesellschaftliches Wesen eine Null«.[473] Sein Verhalten orientiert sich am kategorischen Als-Ob: Für ihn gibt es nichts »Gültiges / Noch Dauerndes« (59), deshalb will er die Zeit »rennen« machen (65) und akzeptiert als »Geschäft« nur das »Künftige« (37). Mattukat, der ebenfalls »die Welt / Zu ändern« vorhat (10), bittet ihn aus diesem Grund:

> Befreunden Sie sich mit der Praxis doch.
> Es ist doch die vernünftige Wirklichkeit
> Leib der Vernunft. Ideen ohne Leib
> Sind geisterblaß und unbehaust wie die
> Klagenden Seeln der ungeborenen Kinder (61).

Tassow spricht sich statt dessen für die antizipatorische Funktion des Ästhetischen aus: »Gute Worte setzen / Sich an die Dinge in der Art wie Henkel, / Daß sie beweglich sind und handhabbar« (87). Die Entscheidung für den Schriftstellerberuf am Ende der Komödie ist daher konsequent, zumal die Kunst noch immer als Werkzeug dient, »die karge Saat der Zukunft / [...] aus dem Boden hochzuziehn« (115).

Auch der Versuch, die genannten Figuren in ein dialektisches Bezugsverhältnis zu bringen, scheitert. Die erste Variante, die von der Forschung angeboten wird, ist die *integrative*: Ihr zufolge bildet Tassow die ›anarchische‹ These, Blasche die ›pragmatische‹ Antithese und Mattukat die ›sozialistische‹ Synthese.[474] Da der SED-Bezirksbevollmächtigte am Ende jedoch krankheitsbedingt abtreten muß, favorisieren einige Hacks-Interpreten das *dynamische* Modell: Dem Utopisten Tassow (These) steht nun der realpolitisch denkende Mattukat gegenüber (Antithese). Die im Stück nicht darge-

469 HM 2, S. 107 (Das Poetische [1966]).
470 HM 2, S. 72 (Interview [1964]).
471 Greiner (1987), S. 356. Ähnlich totalitätsbezogen argumentieren Schleyer (1976), S. 90; Maczewski (1978), S. 63 und G. Schmidt (1980), S. 219.
472 HM 2, S. 60 (Antworten auf 4 Fragen [1963]). Vgl. auch HK, S. 13-15, 26.
473 HM 2, S. 78 (Über Langes »Marski« [1965]).
474 Die These vertreten u.a. Schivelbusch (1974), S. 90-92; Bathrick (1976), S. 108; Zipes (1976), S. 227; Maczewski (1978), S. 66 und Buddecke/Fuhrmann (1981), S. 272f.

stellte Synthese wäre der sozialistische ›Riese‹ der Zukunft.[475] Das Drama konterkariert allerdings auch diese Option. Denn bereits mit Mattukats Rückzug wird die Dialektik zwischen beiden Figuren aufgehoben. Zurückbleibt der in keinem Synthesemodell endpositionierte Funktionär Blasche, der so spießig-unproduktiv handelt,[476] daß Mattukat den »braven Zweiten« zunächst keinesfalls zu seinem Vertreter ernennen will (91f.). Die nachfolgende Meinungskorrektur bleibt wie das Narrativ selbst unbegründet. Denn als Exponent eines ›inhumanen‹ Bürokratismus muß Blasche als Karikatur gelten.[477] Dieser Eindruck verstärkt sich durch sein jeder Realität widersprechendes Sendungsbewußtsein, mit dem er den ehemaligen Vorgesetzten in den Ruhestand verabschiedet: »Erich, fahr ab. [...] Du wirst dich nicht mehr zu bemühen brauchen«. Hacks steigert diese Kleinbürger-Arroganz, wenn er – in Parodie der eigenen Symbolkritik – Blasches Schlußrede mit dem Sonnenaufgang verbindet:

> Der blasse Mond hat ausgeschienen.
> Aurora rändert rötlich die Ruinen.
> Das Alte stirbt oder verkrümelt sich.
> Der neue Mensch bleibt auf dem Plane. Ich (115).

Der »Ich«-Bezug, der die Komödie beendet, untergräbt nicht nur die vorgeblich kollektive Ausrichtung der SED-Parteipolitik, sondern schreibt auch die »Nicht-Harmonie«[478] des Status quo fest. Mattukats Position besitzt keine gesellschaftliche Relevanz; sie bleibt unintegriert und strategisch folgenlos, wodurch wie bei Heiner Müller selbst die Utopie einer kreativen Ordnung in Frage steht. Nicht von ungefähr wird Mattukat, was die Forschung bisher übersehen hat, schon zu Beginn der Komödie als »Lügner« bezeichnet (7) – im dritten Vers, der zudem dreifach unterteilt ist. Die synthetisierende Kraft der Dialektik ist demnach ebenso aufgezehrt wie der kranke Körper des Genossen. Hinzu kommt ein weiteres Problem: Mattukat »will« die Welt »lenken«, weiß aber bereits zu diesem Zeitpunkt, daß die »Regeln« der Welt nicht von ihm gemacht werden. Sie verweisen in den Bereich der gerade nicht rational kontrollierbaren Natur: »Die Welt, das sind Gebirge, Flüsse, Wolken. Die Welt ist viele Leute und mehr Läuse«. Wie bei Schiller besitzt die Logik des Erhabenen letztgültige Autorität. Zwar fordert Mattukat ein »Wollen«, das im »Müssen« »aufgehoben« ist (10), optiert angesichts der Realität jedoch für eine sozialistische ›Notstandsgesetzgebung‹, mit der die Utopie einer versöhnten Gesellschaft abgesichert wird. Im Extremfall bedeutet dies: Die »Gesetze der Revolution« (56) sind mit »Gewalt« zu etablieren und die der Dialektik auszusetzen: »dort, wo ich geh, ist der Weg« (113f.). Mattukats Strategie führt damit zu ihrer eigenen Negation: Der sozialistische ›Riese‹ ist tot, bevor er geboren werden konnte. Blasches »Ich«-Manifest bleibt das letzte gesprochene Wort, aber Hacks fügt erstmals in seiner Dramenpraxis die Regieanweisung »*Das Ende*« hinzu (115). Die theatrale Lösung scheint durch diesen kommentierenden Kontrapunkt zur Disposition gestellt, der nachdrücklich auf die Unmöglichkeit verweist, den Widerspruch zwischen Idee und Wirklichkeit zu beseitigen. Tatsächlich schreibt Hacks vor Abschluß des *Tas-*

475 Dieser Ansicht sind u.a. Laube (1972), S. 53; Trilse (1980), S. 150; Jäger (1986), S. 151 und Greiner (1992), S. 415.

476 Vgl. HK, S. 53, 92f., 106.

477 Vgl. Kaiser (1975), S. 225; G. Schmidt (1980), S. 222 und Greiner (1987), S. 357.

478 Das Theater der Gegenwart, S. 128 (Hacks).

sow an Kipphardt: »Dieses Land genügt mir als Grund, nicht zu schreiben [...]. Wo ich schreiben kann, singt der Weise, da ist mein Vaterland; leider verabsäumt er es, die Himmelsrichtung dazuzusingen. Wo kann ich?«[479]

Das hier virulente Gefühl der Ortlosigkeit bleibt nicht ohne Folgen für die dritte *Sorgen*-Fassung, die 1962 entsteht, d.h. erst nach Abschluß des *Tassow*. Das ›Stofflich-Didaktische‹ tritt in ihr zugunsten des ›Poetischen‹ zurück.[480] Folgerichtig werden die vereindeutigenden Kommentare von ›Komödie‹[481] bzw. ›Arbeiter mit wieder gefesseltem Eigennutz‹[482] entfernt und durch die oben zitierte Replik Fidorras ersetzt. Letztere hält die defiziente Kausalität der Konfliktlösung präsent und liest sich wie Blasches Selbstdarstellung im *Tassow* als poetisches Fragezeichen hinter der These, die sozialistische Gesellschaft könne mit Menschen, »wie sie sind«,[483] aufgebaut werden. Hacks übt aus diesem Grund weder »*Scheinkritik*«,[484] noch verklärt er die DDR zum »Märchen«.[485] Seine Zeitstücke sind vielmehr ›Golems‹, die – den Produktionsdramen Heiner Müllers vergleichbar – mitunter mehr wissen als der Autor.[486] Andererseits führt aber die bewußt inszenierte ›totale Dialektik‹ dazu, daß Hacks' Komödie weit davon entfernt ist, sich (wie der Autor fordert) mit jenen »Mitteln« messen zu lassen, »mit denen man einen Zeitungsartikel oder eine öffentliche Rede mißt«.[487]

Besonders komplex wird die Sachlage mit Blick auf den gattungspoetischen Diskurs, durch den das Stück verschiedene Bedeutungsebenen erhält. So wird die ›dionysische‹ Tassow-Handlung von den ›apollinischen‹ Mattukat-Szenen ebenso eingefaßt wie der Phantasieort Gargantin vom Land Mecklenburg. Dieser realistische Rahmen wirkt aber nur bedingt sinnstiftend, denn er ist seinerseits einem Komödienmodell integriert, das konzeptionell auf Aristophanes und Nestroy Bezug nimmt und daher eine weitgehend ›unernste‹ Spielsituation voraussetzt. In der Tat scheint der Protagonist teilweise diskursiver Verbindlichkeit enthoben. Andererseits muß die Gattung ›Komödie‹ im Sinne des sozialistischen Realismus, den auch Hacks fordert,[488] gesellschaftlich fundiert bleiben: Sie ist der Ort, an dem sich die bestehenden Widersprüche als nicht-antagonistisch erweisen sollen. In *Moritz Tassow* kommt es allerdings zu einem Konflikt,

---

479 KS, S. 197 (Brief vom 25. Mai 1961).

480 Vgl. HM 2, S. 995 (Eine Neufassung, warum? Zu »Die Sorgen und die Macht« [1962]). Rückblickend hat Hacks die verschiedenen Versionen des Dramas als »drei Versuche« bezeichnet, »von Brecht & Bitterfeld weg und zu Shakespeare zu kommen« (Ein Hacks-Interview? [1974]). Auch für Heiner Müller ist »Brecht am besten, wenn er Shakespeare nah ist«, denn »Shakespeare wertet nicht« (GI 2, S. 54 [Ein Gespräch zwischen Wolfgang Heise und H.M.]).

481 Vgl. Anm. 457.

482 Vgl. Hacks: Die Sorgen und die Macht (1960), S. 67: »Also, Kollegen, hier haben wir den Eigennutz, und wieder, wie es sich gehört, in Ketten. Nicht leicht wird er besiegt, aber besiegt wird er«.

483 Hacks: Die Sorgen und die Macht (1959), S. 71. Profitlich (1988a), S. 36f. zitiert diese Passage aus dem Epilog der Erstfassung als Beleg für den harmonisierenden Impetus der Version von 1962. Hacks selbst erklärt dagegen in einem Brief, den Profitlich nicht kennt: »Ich streiche das Wort ›Sozialismus‹, wo immer ich es treffe, und setze jedesmal an seine Stelle einen Gedanken« (KS, S. 197 [Brief vom 25. Mai 1961]).

484 Zipes (1976), S. 227. Vgl. auch Buck (1989), S. 107 und Schröder (1994d), S. 329.

485 GI 1, S. 24 (Literatur muß dem Theater Widerstand leisten [1975]).

486 Vgl. GI 1, S. 100 (Ich glaube an Konflikt [1982]).

487 Das Theater der Gegenwart (1957), S. 129 (Hacks).

488 Vgl. Hacks: Das realistische Theaterstück (1957), S. 90.

der entgegen bisheriger Bewertung nicht nur der Synthese entbehrt, sondern zugleich das eigene Strukturgesetz durch »superdialektische[] Verspieltheit«[489] unterminiert. Der Protagonist selbst bestätigt diese ›Defizienz‹, wenn er seine Berufswahl u.a. damit begründet, daß man als »Schriftsteller« nicht »verpflichtet« sei, »kapiert / Zu werden« (115). Statt in den Westen auszuwandern, bleibt Tassow zwar dem Sozialismus treu, wird dadurch aber zum »Helden ohne Gesellschaft«.[490] Das so entstandene Modell einer praktisch funktionslosen Elite weist durchaus Parallelen zur westdeutschen Dramatik auf, denn auch in Hildesheimers Turandot-Drama *Der Drachenthron* (1955) reagiert der falsche Prinz von Astrachan auf das Scheitern politischen Engagements mit dem Rückzug in die Kontemplation (B, 5.1.2). Was hier das absurde Theater vorbereitet begünstigt dort den zirkulären Bezug auf eine ›Als-Ob-Wirklichkeit‹.[491] Der theoretische Diskurs erfährt vor diesem Hintergrund eine deutliche Modifizierung. Noch im Frühjahr 1963 schreibt Hacks an Kipphardt: »Mattukat ist gross von Hirn und wird rausgeschmissen für den Fehler, dass er Moritzen begreift« (KS, 221), elf Jahre später scheint diese Lesart ironisiert. In einem bisher nicht beachteten Interview gesteht der Autor: »Mattukat rettet die Revolution, Blasche hält sie am Leben. Tassow hat, soweit ich sehe, nichts mit mir zu tun. Schriftsteller halte ich für eine komische Berufsgruppe«.[492] Im Dramentext bleibt diese ›Komik‹ jedoch ambivalent, denn sie verweist über Person und Status des Protagonisten auf das Narrativ selbst. Tatsächlich entfaltet sich am »Narr« Tassow Mattukats entscheidende Fragestellung, die zugleich das ›Ende‹ gesellschaftsbezogener Dialektik bei Peter Hacks begründet: »Nicht groß sein kann, / Was leer ist [Idealismus]. Aber kann leer sein, was groß ist? [Sozialismus]« (115).

6.4.3 Deformierte Dialektik III: Fragmentarisierung (Müller)

Während Hacks das dialektische Modell durch Hypertrophie untergräbt, vollzieht sich der Subversionsprozeß bei Heiner Müller vor allem durch Fragmentarisierung. An die Stelle ›totaler Dialektik‹ tritt das Aussetzen des synthetisierenden Mechanismus: der Bruch. Hintergrund ist eine zunehmende Skepsis gegenüber der Teleologie des marxistischen Geschichtsbildes. Die damit verbundene ›Inkommensurabilität‹[493] bleibt allerdings ambivalent: Zwar wird Sinn zerstört, zugleich entstehen jedoch Reservate zu dessen Aufhebung. Dies gilt bereits für die erste ›Schicht‹[494] von Müllers Dramenproduktion, die angesichts einer »Lawine«[495] von Sekundärliteratur zum Gesamtwerk ver-

---

489 Kerndl: Tassows Gaben und Getöse (1965), S. 4. Schon Wilfried Adling konstatiert 1958 im Rekurs auf Johanna Rudolph bei Hacks einen »gefährlichen ›Zug zur Verselbständigung des Denkprozesses‹« (Zu einigen Problemen und Stücken zeitgenössischer Dramatik, S. 20).

490 HM 2, S. 21 (Versuch über das Theaterstück von morgen [1960]).

491 Erst für die ›klassische‹ Phase mit der Hinwendung zu Themen aus Vergangenheit und Mythos trifft daher zu, was Bernhard Greiner (1987) als ›kategorischen Imperativ‹ der Hacksschen Ästhetik definiert: »schreibe so, als ob die Maxime deines Schreibens (d.i. das Theorem von den aufgehobenen antagonistischen Widersprüchen) allgemeines Gesetz wäre« (S. 354).

492 Ein Hacks-Interview? (1974).

493 Müller verwendet den Begriff des Inkommensurablen 1980 mit Blick auf Brechts *Fatzer*-Fragment (vgl. Rotwelsch, S. 147 [Fatzer ± Keuner]).

494 Vgl. Eke (1989), S. 15. Müller selbst wendet sich gegen die »Klassifizierung« seiner Werke in verschiedene Phasen (GI 2, S. 95f., 133).

495 Mieth (1991), S. 604.

gleichsweise wenig Beachtung findet. In der Forschung herrscht Konsens, daß diese ›Schicht‹ die Nachkriegsepoche umfaßt. Strittig ist lediglich die Frage, ob das Stück *Der Bau* (1963) einbezogen oder als Übergangstext betrachtet wird. Für die letztere Variante optieren u.a. Marc Silberman, Helmut Fuhrmann und Norbert Otto Eke.[496]

Festzuhalten ist zunächst, daß sich Müller während des genannten Zeitraums kaum zu den eigenen Theaterstücken äußert. Es gibt somit keine Metaebene, die wie bei Brecht oder Hacks Kohärenz stiften könnte. Mitte der siebziger Jahre ändert sich die Situation: In einer Vielzahl von Gesprächen und Interviews nimmt Müller retrospektiv Stellung zu seinem Werk. Wenngleich es sich hier keineswegs nur um pseudo-authentische Inszenierungsstrategien handelt, bilden die Äußerungen letztlich doch einen »eigenen Diskurs«,[497] der mitunter inkonsistent ist. Tatsächlich agiert Müller wie seine Dramenfiguren jenseits der Opposition Wahrheit/Lüge. Wer solche Komplexität allerdings zum bloßen »Rollenspiel« erklärt, wie Müller es zuweilen selbst tut (MK, 61),[498] greift zu kurz. Zwar gibt es unklare Thesen in bezug auf das eigene Verhältnis zum Kommunismus,[499] das zu bürgerlichen Systemen ist jedoch zeitlebens von strikter Ablehnung gekennzeichnet.[500] Auch die egalitäre Logik: »Auf der Bühne hat *jeder* recht«[501] gilt keineswegs an sich, sondern bleibt stets auf ein Koordinatensystem bezogen, als dessen Achsengrößen »Denken« und »Sein« (MK, 315) bzw. »Idee« und »Körper« fungieren.[502] Hinzu kommt, daß sich Heiner Müller bei Abfassung der frühen Texte noch »IM BESITZ DER WAHRHEIT« glaubt.[503] Aber bereits hier ist die Metapher »klüger« »als der Autor«,[504] wodurch dem Dramentext ein erkenntnistheoretisches »Surplus« eignet: Müller weiß nicht nur mehr, wenn er schreibt,[505] sondern schreibt auch mehr, als er weiß und will.[506] Vor diesem Hintergrund ist es neben der Frage des dramatisierten Materials vor allem die Vielfalt der Formgebung, die Müllers Dramen so inhomogen erscheinen läßt. Denn die Absage an die ›totalitäre‹[507] Parabel zugunsten des Lehrstücks radikalisiert zunächst lediglich Brechts Fabelbegriff, demzufolge der Teil dem Ganzen gegenüber relative Autonomie beanspruchen kann (C, 4.2.2). Zudem bleibt die damit verbundene »Fragmentarisierung«[508] während der Nachkriegsperiode auf ein Ideologem bezogen, dessen Ort *jenseits* der Gegenwart, aber *diesseits* der Geschichte liegt. Die »Tendenz zu ›offenen‹ und Splitterformen« verweist daher weniger auf das ›Nicht-Mehr‹ als das ›Noch-Nicht‹ der Utopie in der »Übergangszeit«[509] (B, 6.5.3).

---

496 Vgl. Silberman (1980), S. 34; Fuhrmann (1997), S. 14 und Eke (1999), S. 89f.

497 Hensing (2002), S. 261.

498 Einfache Übernahmen dieser Position finden sich bei Gemünden (1995), S. 124 und Scholz (2001), S. 248.

499 Vgl. GI 1, S. 92 (Ich glaube an Konflikt [1982]) und 157 (Was gebraucht wird [1985]).

500 So konstatiert Müller 1990: »Für den Kapitalismus gilt nach wie vor Brechts Satz: ›Wenn sie etwas sehen wollen, was Sinn hat, dann müssen sie auf ein Pissoir gehn.‹« (Denken ist grundsätzlich schuldhaft, S. 16f.).

501 Kluge/Müller: Ich bin ein Landvermesser, S. 24 (Mein Rendezvous mit dem Tod [1995]).

502 GI 1, S. 97 (Ich glaube an Konflikt [1982]).

503 MW 1, S. 232 (Selbstkritik [1989]).

504 Müller: Rotwelsch, S. 141 (Fatzer ± Keuner [1980]).

505 GI 3, S. 193 (Es gibt ein Menschenrecht auf Feigheit [1993]).

506 GI 1, S. 100 (Ich glaube an Konflikt [1982]).

507 Vgl. MW 3, S. 166 (Reisen des Glücksgotts [1958]).

508 Müller: Material, S. 38 (Ein Brief [1975]).

509 MT 1, S. 62 (Zwischenbemerkung [1959]).

Der frühe Heiner Müller entzieht sich deshalb der Opposition parteilich[510]/postmodern.[511] Statt dessen etabliert er bis zum ›romantischen‹ Grenzwerk *Die Umsiedlerin* ein dialektisches Modell, das der Eigendynamik seiner Bestandteile ebenso Widerstand leistet wie die Idee ›Marxismus‹ dem implantierten Chaos. Ordnung und »Clinch« verweisen selbst nach dem Ende der »runden« Welt quasi paradox auf einen »Globus«.[512] D.h. es existieren Rückstände polarer, parabolischer und metapoetischer Ordnungen, die als semantische Extremwerte dienen und somit den letzten Versuch einer Korrektur von Brechts Koordinatensystem bezeichnen. Nicht von ungefähr liest sich der Prolog zum *Lohndrücker* wie eine Paraphrase des *Sezuan*-Epilogs, wobei im Sinne ›notwendiger Kritik‹[513] die Emphase der dreimaligen Muß-Forderung fehlt. Trotzdem kann das »neue Publikum«, so es existiert, den »Kampf zwischen Altem und Neuem« »entscheide[n]« (MT 1, 15), die Utopie ist noch nicht uchron. Hierfür spricht auch, daß Müller wie Brecht die Trennung von Bühne und Zuschauerraum aufheben möchte.[514] Das Lehrstück zielt folglich auf kontrollierte Destruktion: Die Dialektik wird an den Rand ihrer Synthesefähigkeit gebracht, ohne daß das skizzierte Koordinatensystem zugunsten eines ›Spur‹-Modells (Derrida) verabschiedet würde.

Interessant ist nun, daß gerade die erkenntnistheoretisch aufgeladenen Parameter subversiv wirken, weil in ihnen das Ausgeschlossene präsent bleibt. Dies gilt zunächst für den Vers als »Grenzereignis«, den nach Ansicht von Hacks niemand »so souverän« handhabt »wie Müller«.[515] Die Verwendung des Jambus, die durch die 1958 auszugsweise gedruckten *Katzgraben-Notate* angeregt ist,[516] dient zunächst der Abkehr vom Naturalismus. Gleichzeitig vollzieht sich in der Regelstruktur die formale Absicherung gegen Kontingenz. Das Metrum als Erwartungsschema ist Ausdruck des Fortschritts der Völker, der kontrapunktierende Rhythmus Sinnbild für die Widersprüche der Realität.[517] Während Hacks jedoch das dialektische Zusammenspiel beider Parameter anstrebt (B, 6.4.2), wird das Versmaß in Müllers *Umsiedlerin* (1961), die zunächst aus Prosadialogen besteht, zeitweise abgesetzt. Darüber hinaus gibt es »keine Regeln«, wann metrisierte Passagen erscheinen.[518] Der Ansatz, »die Hochsprache zu zerbrechen« und den proletarischen »Jargon« in gebundener Rede neu zu synthetisieren,[519] bleibt Fragment. Tatsächlich ist das »Schreibglück der fünfziger Jahre« bei Müller nur dann »im Blankvers« »aufgehoben«, wenn bei den vorhandenen ausschließlich die »Hebungen« »gezählt« werden.[520]

---

510 Vgl. Fehervary (1971), S. 12; Wieghaus (1981), S. 47; Rohmer (1990), S. 54; Hermand (1993), S. 99 und Pamperrien (2003), S. 57.

511 Vgl. Müller-Schöll (2002), S. 448 und Schneider (2003), S. 58.

512 MW 3, S. 166 (Reisen des Glücksgotts [1958]).

513 Vgl. Müller: Rotwelsch, S. 149 (Fatzer ± Keuner [1980]): »Brecht gebrauchen, ohne ihn zu kritisieren, ist Verrat«.

514 Vgl. DDR-Dramatiker über Brecht, S. 213.

515 HM 2, S. 90 (Unruhe angesichts eines Kunstwerks [1966]).

516 Vgl. [Müller:] Argumente gab es nie (1990), S. 3. Bereits die Anfang der fünfziger Jahre geschriebenen Szenen *Das Laken* und *Der Gemüsekeller* (aus einem Stück über Werner Seelenbinder) verwenden den Blankvers. Gleiches gilt für die zwischen 1956 und 1961 entstandenen Teile des Kurzdramas *Traktor*.

517 Vgl. HM 2, S. 37-42 (Über den Vers in Müllers Umsiedlerin-Fragment [1961]).

518 Streisand (1986), S. 1375.

519 [Müller:] Shakespeares Stücke sind komplexer als jede Aneignung (1975), S. 35.

520 Müller: Ende der Handschrift, S. 83 (Ajax zum Beispiel [1994]).

Ähnliches gilt für den auch bei Hacks präsenten Soziozentrismus (B, 4.2.2), der menschliche Verhaltensweisen vor allem als gesellschaftlich determiniert beschreibt. Im *Lohndrücker* werden Geschkes und Stettiners Skepsis gegenüber der neuen Ordnung daher nicht moralisch bewertet, sondern materiell begründet.[521] Wie der Kommunismus befindet sich das Humane im Aufbau: »Die das Neue schaffen, [sic!] sind noch nicht neue Menschen. Erst das von ihnen Geschaffene formt sie selbst«.[522] Entsprechend reduziert ist – selbst in den Agitprop-Stücken *Zehn Tage, die die Welt erschütterten* und *Klettwitzer Bericht 1958* – das Arsenal episierender Elemente. Müller verzichtet auf Erzählinstanz, Songs und V-Effekte. Während Brecht plant, seinem *Büsching/Garbe*-Projekt Chöre als Kommentarinstanz beizufügen, bleibt Müllers *Lohndrücker* »ein Stück ohne Protagonisten« (MK, 230). Das Herausarbeiten des Handlungsverlaufs, das die Privatisierung der Konflikte verhindern soll, zeitigt den gegenteiligen Effekt: Das Figurenkonzept befördert die Vermassung, die »Leute« entfernen »sich immer weiter voneinander«.[523] Der Versuch einer genaueren Bestimmung des Strukturfaktors (Idee) wird nämlich im Sinne Heisenbergs begleitet von der zunehmenden Unschärfe des Individualfaktors (Leben).[524] Letzterer darf jedoch nicht vernachlässigt werden, denn der »Kampf zwischen Altem und Neuem« findet wie bei Brecht (B, 6.4.1) »im Innern des einzelnen« statt.[525] Der Ort der Auseinandersetzung ist aber nicht neutral, sondern bildet als ›Körper‹ einen Widerstand, der aus doppelter ›Todesbedrohung‹ resultiert: politisch (Scheitern des Realsozialismus) und biologisch (Endlichkeit des Daseins). Mit Blick auf Brechts Lehrstücke konstatiert Müller deshalb, die »Reduzierung von menschlichen Beziehungen« sei »auch ein Ausdruck der Unlösbarkeit existentieller Fragen«, verweise also »immer« auf das »Problem der Sterblichkeit«.[526] Der Aufbau der neuen Welt gewinnt dadurch einen kompensativen Index, denn – so der Autor im Rekurs auf Ilja Ehrenburg – die »Tragödie des Menschen« beginnt erst, wenn »der Kommunismus gesiegt hat und alle ökonomischen Probleme gelöst sind«.[527] D.h. der diskursive Rahmen ist anthropologisch bestimmt, die Hoffnung auf ein irdisches Paradies von vornherein trügerisch, zumal dessen Realisation, wie die Praxis nahelegt, ad infinitum aufgeschoben scheint.

Vor diesem Hintergrund wundert es nicht, daß Müller bereits Ende der fünfziger Jahre als »Beckett des Ostens« bezeichnet wird (MK, 173),[528] weil man auf offizieller Seite zunehmend den Eindruck gewinnt, der Autor bringe »Widersprüche an sich auf die Bühne«.[529] Die tatsächliche Situation ist komplexer: Müller schätzt Beckett,[530] aber

---

521 Eine detaillierte Figurenanalyse, die an dieser Stelle nicht geleistet werden kann, findet sich bei Biburger (1997), S. 55-58 (Stettiner) und 65-68 (Geschke).

522 Müller: Sieg des Realismus (1953), S. 162.

523 Äußerung von Müller (zit.n. Streisand [1986], S. 1373).

524 Daher tragen die meisten Müller-Figuren lediglich Nachnamen oder Funktionsbezeichnungen.

525 Müller: Sieg des Realismus (1953), S. 163.

526 [Müller:] Über Brecht (1996), S. 231.

527 GI 3, S. 194 (Es gibt ein Menschenrecht auf Feigheit [1993]).

528 In einem Portraitgedicht von Frank-Wolf Mathies wird Müller als »Zonen-Beckett« bezeichnet (vgl. Rathenow [1996], S. 11).

529 Wagner: Künstler und Publikum auf dem Weg (1959), S. 14. Auch Hacks konstatiert 1971, daß es »kaum eine Haltung« gebe, die Müllers »Wesen so fremd« sei »wie die vermittelnde« (HM 2, S. 136 [Brief an einen Geschäftsfreund]).

530 Vgl. [Müller:] Argumente gab es nie (1990), S. 3.

er kritisiert das geschichtsferne Wiederholungsschema in *Warten auf Godot*.[531] Andererseits zieht er den gebürtigen Iren Dramatikern wie Ionesco oder Hildesheimer vor.[532] Im Unterschied zu Brecht, dessen geplante *Godot*-Adaption er als »flache Art« der Auseinandersetzung kritisiert (C, 4.2.2), hält Müller Becketts Drama bereits an sich für produktiv. Man könne nach eingehender Beschäftigung damit »eigentlich nur noch den Schluß ziehen, daß man am nächsten Tag in die Kommunistische Partei eintreten muß«.[533] Die drei wichtigsten Zeitstücke des DDR-Autors lassen sich deshalb als ›Dekonstruktion‹ des absurden Theaters verstehen: Müller anerkennt mit ihnen menschliche Existenzängste, die Gefahr enttäuschter Hoffnung und endlosen Bedürfnisaufschubs. So findet im *Lohndrücker* (1956/57) keine wirkliche Entwicklung der Figuren statt,[534] in der *Korrektur* (1957/58) wartet man fast unentwegt,[535] und in der *Umsiedlerin* sind – wie zu zeigen sein wird – Fabelstruktur, menschliche Berechenbarkeit sowie der Gegensatz Tragik/Komik weitgehend verabschiedet. Trotzdem ist die Handlung historisch fundiert, Staat bzw. Gesellschaft stehen nicht still. Ob der Zirkel des Nonsens damit allerdings aufgebrochen werden kann, bleibt offen, denn nach Müller ist es lediglich eine »technische Bedingung«, daß der »Theaterabend einen Anfang und ein Ende haben muß«. Man dürfe hieraus »keine Weltanschauung und kein Konstruktionsgesetz« ableiten.[536] Der geschichtliche Fortschritt erscheint nur mehr als utopische ›Lücke‹ *zwischen* den Schauspielen, d.h. »alle endenden Handlungen« bleiben »Fragmente größerer Prozesse, die der eigentliche Gegenstand sind«.[537] Während der *Lohndrücker* 1948/49 spielt und die *Korrektur* in der unmittelbaren Gegenwart, umfaßt die *Umsiedlerin* quasi dialektisch den gesamten Zeitraum vom Kriegsende bis zur Kollektivierung der Landwirtschaft (1960). Gleiches läßt sich für die Gattungspoetik nachweisen: Der Hinwendung zu ›klassischer‹ Formstruktur, wie sie die obengenannte Entwicklungsreihe kennzeichnet (Prosa → Blankvers, Lehrstück → Komödie), steht die zu ›romantischer‹ Übertretung gegenüber.[538] Anders als der kurze, in sich homogene *Lohndrücker* integriert die *Umsiedlerin* neben verschiedenen Genretypen auch Formen surrealistischer Darstellung.[539]

Es wurde bereits betont, daß die Exposition von Aporien in Müllers erster Schaffensphase eine eigene Qualität besitzt, weil die Zeit als Medium für die Verwirklichung der Utopie noch nicht ausgeschlossen ist. Hieraus erklären sich möglicherweise Tendenzen der neueren Forschung, das Frühwerk zum qualitativen Zenit zu erklären,[540] nicht ganz unbegründet, bezeichnet doch Müller selbst *Die Umsiedlerin* mehrfach als

531 Vgl. GI 1, S. 16 (Literatur muß dem Theater Widerstand leisten [1975]).

532 Vgl. GI 1, S. 48, 176 (Der Weltuntergang ist zu einem modischen Problem geworden [1986]). Zu Müller und Beckett siehe auch Fuhrmann (1997), S. 123-149 und Kalb (2002).

533 GI 1, S. 49 (Einen historischen Stoff sauber abschildern, das kann ich nicht [1976]).

534 Vgl. Mittenzwei (1996), S. 196.

535 Vgl. MT 1, S. 48, 51, 56.

536 Ein Gespräch zwischen Wolfgang Heise und Heiner Müller (1989), S. 205.

537 Ebd., S. 202. Vgl. auch GI 2, S. 133 (Für ein Theater, das an Geschichte glaubt [1988]).

538 Müller betrachtet die Theorie der sog. ›Neuen Klassik‹ als »eine besonders vornehme Art von Eskapismus« (GI 1, S. 23), in der die Autoren eine ›schizophrene‹ Einstellung gegenüber den Konflikten hätten (vgl. DDR-Dramatiker über Brecht, S. 200). Der Autor selbst nennt die *Umsiedlerin* eine »Historie« in »Shakespeare-Dramaturgie« (zit.n. Streisand [1996], S. 20).

539 Vgl. MT 3, S. 25. Auf die groteske Hitler-Szene wird unten ausführlich Bezug genommen. Tatsächlich entstehen erste Teile von *Germania Tod in Berlin* parallel zur *Umsiedlerin*.

540 Vgl. Braun (1995a), S. 11; Mittenzwei (1996), S. 195 und Schneider (1998), S. 126.

sein »größtes«,[541] »bestes«[542] und »liebstes Stück« (MK, 50). Ähnliches gilt für das Drama *Der Lohndrücker*, in dem der Autor zusammen mit seiner Frau Inge[543] den populären Garbe-Stoff verarbeitet und damit Brechts Dramenfragment ›fortschreibt‹.[544] Die Uraufführung erfolgt am 23. März 1958 auf der Studiobühne des Leipziger Städtischen Theaters. Im darauffolgenden Jahr wird Heiner und Inge Müller der Heinrich-Mann-Preis der Akademie der Künste verliehen.[545] Die für den Autor konstitutive ›Didaktik‹[546] des Literarischen scheint auf den ersten Blick evident: Der Aktivist Balke lernt klassenbewußtes Handeln. Wie der strafversetzte Parteisekretär Bremer (*Die Korrektur*) muß er einsehen, daß man »den Sozialismus« nicht »allein machen« kann. Schließlich arbeitet er sowohl mit Karras zusammen, von dem er wegen Normdrückerei verprügelt wurde, als auch mit Parteisekretär Schorn, den er selbst während der NS-Zeit denunziert hat. Diese rein strategisch, d.h. nicht »aus Freundschaft« (MT 1, 44) hergestellte Synthese wird jedoch dadurch unterminiert, daß sich die Beteiligten nicht wirklich verändern, es zugleich aber diese Invarianz ist, die das Fortsetzen der Aufbauarbeit sicherstellt. So konstatiert Schorn mit Blick auf Balke: »Seine Handgranaten waren immer in Ordnung. Er war ein guter Arbeiter. Er hat die Aufrüstung nicht sabotiert. Ich frage mich: Wird er den Aufbau sabotieren?« (37). Dennoch zeigt *Der Lohndrücker* nicht nur, »wie die Disziplinierung der deutschen Arbeiterklasse durch den Faschismus produktiv gemacht« werden kann,[547] sondern stellt auch schon den »Kardinalfehler« der DDR-Führung dar, die den Westen hinsichtlich Produktivität und Effizienz »überholen« möchte, statt ökonomische »Alternative« zu sein.[548] Doch wenngleich Müller die offizielle »Tempo«-Idolatrie (32) als wirklichkeitsferne Rhetorik entlarvt, die gesamte Handlung exponiert die historische Notwendigkeit, den neuen Staat ›kapitalistisch‹ aufzubauen – in bezug auf Arbeitseinstellung, -organisation und -technik. Die Hoffnung, die Zeitenwende verstetigen zu können, ist erkauft mit der Aporie eines Sozialismus fetischisierter Beschleunigung: »Wir stehen vor dem Nichts [...]. Wir bauen ein zerstörtes Land auf. Das bedeutet: Produzieren, um jeden Preis produzieren« (21). Wenn Müller rückblickend feststellt, die »Pause« sei das »Wichtigste« am *Lohndrükker*, dann nicht nur, weil sie als »Leerstelle« auf die sowjetische »Kolonialmacht« und entsprechende Zwänge verweist.[549] Das Schweigen fungiert vielmehr als Modus der »Verlangsamung«,[550] als diskursive »Notbremse«[551] angesichts der Widersprüche eines Systems, das die »biologische Geschwindigkeit des Menschen« verkennt.[552] Erst die

541 Äußerung von Müller (zit.n. Streisand [1986], S. 1382).
542 Äußerung von Müller (zit.n. Mit der *Umsiedlerin* durch die DDR-Geschichte [2003], S. 96).
543 Der Anteil der Mitarbeit von Inge Müller ist bis heute umstritten. Heiner Müller veranschlagt ihn sehr gering (MK, S. 140f.), Teile der Forschung widersprechen dieser These (vgl. Verdofsky [2000], S. 192-194 und Hauschild [2001], S. 135).
544 Nach Mittenzwei (1996), S. 194 wußte Müller vom *Büsching*-Projekt »nur durch Gerüchte«.
545 Zur Rezeption des Dramas vgl. Mieth (1991), S. 607-610 und Pamperrien (2003), S. 47-60.
546 MT 4, S. 122 (Ein Diskussionsbeitrag [1972]). Selbst nach der Wende glaubt Müller »immer noch an das Theater als einen anderen Transport von Literatur und Ideen, der funktionieren wird« (Stalingrad interessiert mich mehr als Bonn [1990/91], S. 69).
547 GI 1, S. 112 (Ein Grund zum Schreiben ist Schadenfreude [1982]).
548 [Müller:] Denken ist grundsätzlich schuldhaft (1990), S. 14.
549 GI 3, S. 164 (Zehn Deutsche sind dümmer als fünf [1992]).
550 Müller: »Zur Lage der Nation« (1990), S. 11 (Dem Terrorismus die Utopie entreißen).
551 GI 3, S. 193 (Es gibt ein Menschenrecht auf Feigheit [1993]).
552 [Müller:] Denken ist grundsätzlich schuldhaft (1990), S. 14.

›deformierte Dialektik‹ macht sinnfällig, was Müller als Autor damals »nicht gewußt« hat: »die Geburt eines Staates, der schon krank ist bei der Geburt«.[553]

Kaum ›gesünder‹ scheint der Protagonist: Balke kann nur bedingt als »Vorbild«[554] bezeichnet werden, denn er arbeitet vor allem aus Ehrgeiz und Profitstreben,[555] ist gerade nicht »[e]in vom Sozialismus überzeugter Einzelner«.[556] Im Gegenteil, er kompensiert das ›funktionale‹ Versagen im Dritten Reich dadurch, daß er dem Sozialismus ebenso ›funktional‹ dient. Während der historische Garbe einfach Gefallen an der »Brennereiarbeit« findet,[557] ist Balke jeder sinnliche Antrieb versagt. Überhaupt bringt er der Ordnung keinen körperlichen Widerstand entgegen – trinkt nicht, genießt nicht, zeugt nicht. In seiner totalen Effektivitätsfixierung verweist er auf die entfremdete Existenz der kapitalistischen »Ameise«.[558] Daß der Aktivist »arbeitet«, während Lerka »schuftet« (MT 1, 20), ist somit nicht Ausdruck befreiter Produktivität, sondern perfekter Organisation. Im Drama selbst ist diese Einstellung mit einem ›noch‹ versehen, das so unhintergehbar wie historisch ist: »Es hängt viel von ihm [Balke] ab. Zu viel« (37). *Der Lohndrücker* läßt sich daher als Gegentext zu dem Kurzdrama *Traktor* (e 1955-1961, U 1975) lesen, wo am Beispiel der invaliden Hauptfigur manifest wird, wie durch technische Innovation (Kolonnen- statt Minenpflügen) eine Ordnung entstehen kann, die »Helden überflüssig macht« (MT 2, 23). Diese Option fehlt im *Lohndrükker*, der damit wiederum Äquivalenzen aufweist zu der Szene *Das Laken* (e 1951). Dort zeigt Müller in Anlehnung an Brecht Menschen, die während der letzten Kriegstage das eigene Überleben sichern, indem sie einen Soldaten an die SS verraten, der zuvor auf ihr Geheiß ein weißes Tuch hinausgetragen hatte.[559] Dies bedeutet aber hinsichtlich der Balke-Figur, daß die Verabschiedung des ökonomischen Grundwiderspruchs den transsystemischen Antagonismus von Idee und Leben, Körper und Ordnung, Freiheit und Selektion nicht beseitigt. Hier liegt möglicherweise der Hauptgrund dafür, warum Müller – was bisher kaum beachtet wurde – in seinen Stücken niemals die Partei als solche kritisiert, die bei Hacks in ihrer »Güte« durchaus zu »bessern« wäre.[560]

Auch die Sabotageaktion gegen Balke erscheint vor dieser Folie ambivalent. Zwar droht sie, das Neue zu zerstören, klagt aber zugleich das Andere ein: menschlichere Arbeitsbedingungen.[561] Gleiches gilt für den Streikversuch, der unternommen wird, nachdem der Brillenträger verhaftet und die Arbeitsnorm erhöht ist. Während Brecht und Strittmatter den 17. Juni als ideologischen Rückschlag erleben, bleibt er für Müller Teil

---

553 GI 3, S. 133 (Ich bin kein Held, das ist nicht mein Job [1991]).

554 So die These von Hermand (1989), S. 247.

555 Vgl. MT 1, S. 19, 24f., 29.

556 Tschapke (1996), S. 19. Dieser Einschätzung widersprechen auch Schoeps (1995), S. 49 und Müller-Schöll (2002), S. 460.

557 Rülicke: Hans Garbe erzählt (1952), S. 49.

558 [Müller:] Denken ist grundsätzlich schuldhaft (1990), S. 16. Daher scheint es problematisch, wenn Greiner (1974) behauptet, Müllers *Lohndrücker* entspreche paradigmatisch der Shdanow-Forderung, »die ›Wirklichkeit in ihrer revolutionären Entwicklung‹ darzustellen« (S. 91).

559 Vgl. MW 1, S. 9f. Inhaltlich orientiert sich Müller an der Szenenfolge *Furcht und Elend des Dritten Reiches* (1938), formal am Vorspiel der *Antigone*-Bearbeitung (1948).

560 HS, S. 301 (Die Sorgen und die Macht [1962]).

561 1992 bestätigt Müller nachträglich die *Spiegel*-These von 1957, derzufolge *Der Lohndrücker* deutlich zeige, daß die Mehrheit der Bevölkerung gegen das »Zonenregime« sei (GI 3, S. 149 [Zehn Deutsche sind dümmer als fünf]).

eines Systems, dessen Überleben wie das der Oktoberrevolution[562] zuweilen nur mit Gewalt gesichert werden kann (MK, 132-138).[563] Im Stück selbst bezeichnet die antithetische Parataxe, mit der die Diskussion zwischen Führung und Arbeiter gestaltet ist, das kausallogische Defizit. Nicht Schorns geschicktes Argumentatieren läßt die Streikenden aufgeben, sondern die zweifach (durch Kapitalismus und Stalinismus) erzwungene Alternativlosigkeit des eingeschlagenen Weges. Formal führt dies dazu, daß die verbale Dialektik keine reale wird, d.h. Fragment bleibt:

> LERKA [...] Ihr seid nicht besser als die Nazis. [These]
> DIREKTOR *gepreßt*: Sag das noch mal. [verweigerte Antithese]
> LERKA Ich hab gesagt, ihr seid nicht besser als die Nazis. [wiederholte These]
> *Direktor schlägt Lerka ins Gesicht. Pause.* [›körperliche‹ Antithese]
> Das kostet dich die Stellung, Direktor. Das ist nicht wie bei Hitler. *Ab.* [Antithese]
> [...]
>
> 6a
> *Buchhaltung und Büro. Der Direktor am Schreibtisch, angestrengt und lustlos lesend.* [...] [Antithese der Antithese] (MT 1, 24).

Als ähnlich unaufgelöst erweist sich der Widerspruch zwischen Balke als Aktivist und Lohndrücker, wobei auch hier der Kommentar (Stücktitel) einen kritischen Kontrapunkt setzt. Betrachtet man die Ringofenreparatur mit Nikolaus Müller-Schöll zudem als Teil einer unmenschlichen Produktionsschlacht, so deutet Müller in der Tat an, daß dem wirtschaftlichen Weg des neuen Staates unaufhebbare Aporien eingeschrieben sind. Man kann Balke im Rahmen dieser Lesart durchaus als ›Allegorie der Kunst‹ sehen, die ebenfalls immer das Unmögliche versuchen muß.[564] Produktiv wirkt somit weniger die Ideologie denn der Riß.[565] Dies ändert jedoch nichts daran, daß der Sinnhorizont weitgehend tangential ausgerichtet ist: Die Pausen verlangsamen noch keinen ›u-chronischen‹ Vorgang, wie Manfred Schneider meint.[566]

Im Gegenteil, das gesamte Drama, vor allem aber die extrem kurze Schlußszene, sind von der »Zeit« bedroht (MT 1, 44). Dem inhaltlichen Beschleunigungsprozeß entspricht dabei ein formaler: Geringer Umfang, sprachliche Lakonie und Vorverlegung der Handlung (1948/49) verweisen auf eine Geschwindigkeit, die ständig vor der Gefahr steht unterschritten zu werden[567] und deren Aufrechterhalten zuweilen unter Einsatz des Lebens erfolgen muß (Ofenreparatur bei laufendem Betrieb). Doch wenngleich Müller den »*Schrecken*« als »*erste Erscheinung des Neuen*« rechtfertigt,[568] der ökono-

---

562 Vgl. das 1957 uraufgeführte Agitprop-Stück *Zehn Tage, die die Welt erschütterten*, das Müller mit Hagen Mueller-Stahl nach der Reportage von John Reed verfaßt. Obwohl die Widersprüche der Oktoberrevolution durchaus dargestellt sind, optieren die Autoren dafür, den Sozialismus »mit Gewalt« durchzusetzen (MW 3, S. 68). Lenins Rede bildet deshalb den argumentativen Schlußpunkt des Dramas, bevor der pazifistisch orientierte Student Rußlands ›Untergang‹ verkündet, was jedoch in Piscator-Manier konterkariert wird durch die Projektion einer »Weltkarte«, auf der »die sozialistischen Länder markiert« sind (S. 108).

563 Zum *Lohndrücker* im Kontext des 17. Juni 1953 vgl. Biburger (1997), S. 105-147.

564 Vgl. Müller-Schöll (2002), S. 462f. Nach eigener Aussage hat sich Müller »selber mit dem Balke identifiziert beim Schreiben« (zit.n. Klein [1992], S. 59).

565 Vgl. MT 1, S. 18 (zerrissenes Parteispruchband), 23 (Deckelriß) und 28 (Ofenriß).

566 Vgl. Schneider (2003), S. 58.

567 Dasselbe gilt für das eher affirmative Agitprop-Stück *Klettwitzer Bericht 1958*.

568 Müller: Rotwelsch, S. 98 (Zu einer Diskussion über Postmodernismus in New York [1979]).

mische Aufbau verlangt die fortgesetzte Negation hehrer Zielsetzungen. Denn realiter setzen sich keineswegs »diejenigen Wettbewerbsformen« durch, »deren Notwendigkeit von den Massen erkannt ist und die aus den Massen selbst kommen«.[569] ›Freie Arbeit‹ kann niemals den Effizienz- und Produktivitätsgrad erreichen, der notwendig wäre, um mit dem Kapitalismus zu konkurrieren. Dies mag der eigentliche Grund sein, weshalb Müller in der vieldiskutierten *Lohndrücker*-Inszenierung die Schlußszene streicht.[570] Es gibt 1988 keine Koordinaten mehr, auf die hin sich der Sozialismus geschichtlich beziehen ließe. Selbst die Utopie ist nicht mehr *mit* der Zeit, sondern nur mehr *gegen* sie aufrechtzuerhalten. Erst jetzt rückt die Sinnstiftung in die Nähe der philosophischen Postmoderne: Sie vollzieht sich als Aufschub (Temporalisation) »jenseits oder neben der Geschichte«.[571]

In Müllers zweitem Produktionsstück *Die Korrektur* (1957/58) ist der Beschleunigungsmodus noch omnipräsent. Er erscheint sogar verschärft als Direktive des Parteisekretärs: »Wir müssen den Kapitalismus an die Wand arbeiten. Wenn du das nicht begreifst, hast du nichts begriffen« (MT 1, 57). Der Aufbau des Sozialismus, den Müller am Beispiel des Kombinats *Schwarze Pumpe* darstellt, ist ebenso in eine neue Phase getreten wie seine ›marktwirtschaftliche‹ Ausrichtung. Statt Streik und Revolte wird nun die »Normenschaukel« praktiziert, d.h. die betrügerische ›Korrektur‹ der Vorgabe als Ausgleich für unproduktive Planung, die zu Lasten des Proletariats geht. Im Kontext dieser quasi kapitalistischen Rahmenstruktur entfaltet sich ein Subdiskurs sinnlosen ›Wartens‹, der mit der Logik des Westens auch das Absurde integriert als Gegenbild der Totaleffizienz, der absoluten Zeitausfüllung. Die ›Katastrophe‹ des DDR-Systems, auf die das Absacken des Hallenfundaments verweist (53), besteht in der erzwungenen Alternativlosigkeit inhumaner Arbeitsformen. Metapoetisch kennzeichnet der Stücktitel daher auch die ›Korrektur‹ marxistischer Kategoriebildungen angesichts einer »unreine[n] Wahrheit«.[572] Denn die binären Gegensätze Freund/Feind, Alt/Neu, Rechts/Links, Hell/Dunkel lassen sich nicht mehr klar einem Signifikat zuordnen.[573] Hier liegt der eigentliche Grund, weshalb der Sozialismus »nicht nur mit Sozialisten aufgebaut« werden kann (47). Der Altkommunist und ehemalige KZ-Inhaftierte Bremer, Protagonist des Stücks, muß dies einsehen, nachdem er den (auch im Dritten Reich) ›funktional‹ orientierten Ingenieur C. zu Unrecht beschuldigt hat, für den abgerutschten Boden verantwortlich zu sein. Aber trotz Verhaltenskorrektur entsteht keine neue Eindeutigkeit der Weltbezüge. Zwar plant Bremer zusammen mit dem Arbeiter Heinz B., dem wirklich Verantwortlichen, ein neues Fundament, aber der Bezug zum Gesamtsystem ›DDR‹, der ebenfalls alludiert ist, bleibt Leerstelle angesichts der skizzierten Strukturaporien. Das finale »Einverständnis« zwischen beiden Beteiligten ist nur möglich, weil Bremer das ›Absacken‹ als individuelle Fehlleistung beurteilt (58f.). Mit dieser Privati-

569 Müller: Das Loch im Strumpf (1953), S. 13 ([Motto aus:] Bericht über die ersten Erfahrungen aus dem Tschutkich-Wettbewerb).

570 Vgl. hierzu Schnabel (1989), Hillmann (1990), Lehmann (1990) und Rorrison (1990).

571 Müller: Rotwelsch, S. 62 (Mauern [1981]). Entsprechend »wütend« reagiert die linke Müller-Forschung, der diese Logik zu subversiv erscheint (Hermand [1997], S. 570). Der *Lohndrükker* wird daher so uminterpretiert, bis er »brauchbar« ist als Movens für »eine sinnvollere Gesellschaftsordnung« (Hermand [1989], S. 249f.).

572 MT 6, S. 52 (Die Horatier [1968]).

573 Vgl. Müller: Sieg des Realismus (1953), S. 163; MT 1, S. 57 (Der Lohndrücker [1956]) und 82 (Brecht [1956]).

sierung des Konflikts etabliert Müller einen strategischen Gegendiskurs, der das Humane zum Vorschein der neuen Welt macht. *Lohndrücker* wie *Korrektur* verweisen nämlich nur deshalb nicht negativ in die Zukunft, weil der »Umbau« des Menschen möglich scheint (50). Mit anderen Worten: Es besteht die Hoffnung, daß das »Noch« einst obsolet sein wird, wenn alle »sich interessieren« »für den Sozialismus« (57).

In der Zweitfassung ist das ursprünglich als Hörspiel verfaßte Drama redidaktisiert.[574] Müller selbst antwortet auf die Parteikritik, im Stück bekomme man »ein zu stark negatives Bild« »gegenüber dem, was hier bei uns schon steht« (MT 1, 59), interessanterweise damit, daß er die Erstfassung als verfrühten »Versuch« bezeichnet, »eine geschlossene Form herzustellen«. Die Strategie dieser ›Selbstkritik‹ ist evident: Das konsequente Alternieren von Spielszene und Reflexionserzählung führt zu einer parataktischen Reihung, die dem sozialistischen Realismus widersprechend die Hierarchie Inhalt/Form auflöst. (Anders als im *Lohndrücker* sind die Auftritte daher nicht numeriert.) Die Zweitfassung, die – so Müllers Suggestion – wieder an »offenen« Formen ausgerichtet sein soll (62), retabliert die diskursive Asymmetrie: Prolog wie Epilog fungieren als Korrektiv, und auch die Szenennumerierung ist wieder vorhanden samt ›klassischer‹ Relikte (fünf Auftritte und dialektische Dreiteilung des Schlußbilds). Andererseits, und dies hat die Forschung bisher übersehen, führt gerade die Reduktion des Handlungskonflikts auf den Wirtschaftsbereich zur Verschärfung der Systemaporie, da das historische Subjekt als ›Bremsfaktor‹ entfällt: Bremer ist nicht mehr abgesetzter Parteifunktionär mit KZ-Vergangenheit, sondern verdienter Vorarbeiter der besten Brigade des Kombinats. Selbst der affirmative Epilog ist subvertiert durch die Zwangslogik »totale[r] Beschleunigung«.[575]

> Fluchend und stolpernd und ohne Aufenthalt,
> Links und links im Schritt der Fünfjahrpläne
> Reißen wir aus der krepierenden alten
> Die neue Welt (80).

Obwohl die Frage nach dem Preis der Revolution bei Müller nahezu omnipräsent ist,[576] erscheint sie in der Komödie *Die Umsiedlerin oder das Leben auf dem Lande*[577] erstmals in Form eines personifizierten Lustprinzips. Müller konstatiert 1972, daß die »Erinnerung« an das, was der Sozialismus »gekostet« hat, »desto notwendiger« wird, je »mehr« er den »Gang der Geschichte« bestimmt.[578] Tatsächlich kommen die neben der Protagonistin zentralen Figuren des Stücks, Fondrak und Flint, in der Erzählung *Die Umsiedlerin* von Anna Seghers nicht vor.[579] Auch bei Müller ist der KV (Kindesvater) zunächst nur ein »schmieriger, kleiner Möchtegern-Patriarch«,[580] bevor er in der End-

---

574 Fassungsvergleiche finden sich bei Fuhrmann (1997), S. 78-80 und Eke (1999), S. 78-81.

575 Müller: »Zur Lage der Nation« (1990), S. 11 (Dem Terrorismus die Utopie entreißen).

576 Vgl. MT 1, S. 22 (Der Lohndrücker) und 56 (Die Korrektur/Erstfassung).

577 Die ›Neufassung‹ der Komödie, die Müller mit dem Titel *Die Bauern* versieht, ist »absolut derselbe Text« wie 1961, »nur mit einem Zusatz« – der Fondrak-Replik: »Zeig mir ein Mausloch und ich fick die Welt« (H.M.: Dialoge gibt es heute nicht mehr... [1994], S. 32).

578 Äußerung von Müller (zit.n. Schulz [1980], S. 9).

579 Zur Segher-Rezeption in Müllers Stück vgl. Rödel (2002), S. 217-229.

580 Streisand (1986), S. 1369.

fassung, die während der Proben entsteht,[581] zum anarchischen Säufer wird. Auf diese Weise entsteht jedoch ein transideologischer Rahmen, der nicht reduziert werden darf auf einen »plebejischen Radikalismus des sechzehnten Jahrhunderts«.[582] Fondrak verkörpert vielmehr das invariante Anthropologem, das sich historisch konkretisiert und den Systemwechsel ausschließlich als Garanten sinnlicher Erfüllung betrachtet.[583] Der Figur eignet demnach eine asoziale Energie, die sich rationaler Argumentation entzieht:

> FONDRAK Ein Bier und vor dir steht ein Kommunist, Flint.
> [...]
> Ich bin ein geistiger Mensch, Flint, Bier ist Geist
> Der Geist erhebt den Menschen übers Tier
> Die Arbeit wirft ihn unters Vieh zurück (MT 3, 79).

Es wundert kaum, daß dem Autor im Kontext der *Umsiedlerin*-Affäre[584] vorgeworfen wird (teilweise sogar von namhaften Kollegen), sein Drama zeige eine ›konterrevolutionäre‹ Statik hinsichtlich der Entwicklung von Mensch und Ökonomie.[585] Doch obwohl Fondrak wie Tassow »[s]einer Zeit voraus« lebt, bleibt er im Unterschied zu Hacks' ›Sauhirt‹ ideologisch ein Negativum ohne Kollektivperspektive – gemäß dem Motto: »mit mir hört die Welt auf« (79f.). Dem Anarchismus ist daher dieselbe Paradoxie inhärent, die auch den Sozialismus kennzeichnet: zugleich Freund *und* Feind des Menschen zu sein. Der in das Individuum verlagerte »Kampf zwischen Altem und Neuem«[586] kann vor diesem Hintergrund nicht mehr nur sozialdeterministisch verstanden werden. Zwar erfolgt der biologische Einspruch gegen das Narrativ von einer fragwürdigen Instanz (Ortsbauernführer Rammler),[587] aber auch die miseretheoretische Gegenthese ist ins Groteske verzerrt: Hitler und Friedrich II springen Flint auf den Rücken und sind nicht abzuschütteln. Daß es sich hier keineswegs um rein politische Residua handelt, zeigt der sexuelle Impetus der Darstellung: Der Führer erscheint mit »Eva-Braun-Brüsten«, der Preußenkönig hat »zwischen den Beinen seinen Krückstock« (25). Müller stellt hier die klassisch-marxistische Geschichtsdeutung in Frage, weil gerade »die Allianz mit dem Rationalismus der Linken den Rücken entblößt für die Dolche der Reaktion, die in diesen Dunkelzonen geschmiedet wurden«.[588] Der damit verbundene Fokus auf das Triebhaft-Animalische erweist sich jedoch als ambivalent: Denn so nachhaltig es den wahren Kommunismus einfordert, es schiebt dessen Verwirklichung ebenso sicher auf. Wie Brechts Baal berührt Fondrak mit seinem Verhalten »die Grenze des

---

581 Es scheint allerdings »unmöglich«, »die mehrere dicke Mappen füllenden Entwürfe philologisch akribisch auszuwerten (zumal sie undatiert und in sich mehrfach korrigiert sind)« (ebd., S. 1365).

582 So die These von Fehervary (1996), S. 89.

583 In seiner Autobiographie *Krieg ohne Schlacht* (1992) berichtet Müller, er habe während der Recherchen für das Stück *Die Korrektur* auch »Figuren wie Fondrak« getroffen (S. 153).

584 Vgl. an Primärtexten: MK, S. 160-187; [Müller:] Argumente gab es nie (1990); Der Fall Heiner Müller (1991) bzw. an Forschungsliteratur: Streisand (1991a) und Braun (1995a/b). Zur Rezeption der *Umsiedlerin* in DDR und Bundesrepublik siehe François (1991).

585 Vgl. Der Fall Heiner Müller (1991), S. 450 (Deutscher Schriftstellerverband), 470 (Franz Fühmann), 471 (Bodo Uhse, Stephan Hermlin), 474 (Willi Bredel) und 477 (Erich Engel).

586 Müller: Sieg des Realismus (1953), S. 163.

587 Vgl. MT 3, S. 24f. (»Ich / Hätt auch gern Kommunismus, die Idee / Ist gut. Wenn nur die Menschen besser wärn«).

588 Müller: Rotwelsch, S. 142 (Fatzer ± Keuner [1980]).

Absurden«[589] und kann als »Unkraut« (122) nicht in die Aufbaulogik der DDR einbezogen werden. Er emigriert »zum Amerikaner« (100).

Wenn Müller-Schöll das Asoziale jedoch zum »Synonym des Schreibens« erklärt,[590] dann übersieht er die schon bei Goethe für das Inkommensurable konstitutive Interferenz von Plan und »Rest / Der nicht aufging«.[591] Fondrak ist – der Umsiedlerin Niet vergleichbar – Teil einer komödiantischen Extremkonstellation: Beide »gehörn« folglich »zusammen wie die Hälften« des Markscheins, den der Anarchist zerreißt (101). Da sie Eckpunkte am Rande des Schlachtfelds ›Geschichte‹ markieren, sind ihnen die Aporien des Sozialismus (Denken/Sein, Idee/Körper) fremd. Eigentliche Zentralfigur wird daher Flint, der wie der frühe Müller »auf eine Zukunft orientiert ist«,[592] gleichzeitig jedoch den Fondrak-Anteil in sich trägt. Auch für ihn bleibt »Kommunismus« das, »was Spaß macht« (99). Deshalb hat er seine Frau (Flinte 1) verlassen und durch eine junge Geliebte (Flinte 2) ersetzt, deren Körper zum »Vorgeschmack« auf ein Paradies wird (69), das dem alter »Moses« verwehrt ist (66). Der ›Riß‹, der durch den Einzelnen geht, erweist sich demnach als zweifach vektorisiert: sozial-diachron und anthropologisch-synchron. An der Schnittstelle steht der Geschlechtstrieb, der sowohl ideologische Polarität[593] wie aristotelische Mesotes als wirklichkeitsferne Konstruktionen entlarvt. Selbst Flint, der keine faschistische Prädisposition besitzt, ist zwar »Kommunist von Kopf bis Fuß«, aber die »Mitte sperrt sich« (87). Der gescheiterte Versuch, Fondrak argumentativ und nicht durch ein »Bier« (79) für den sozialistischen Aufbau zu gewinnen, schreibt endgültig eine Spaltung fest, die selbst im größeren Rahmen paradoxal erscheint. Hinter ihr steht nämlich die Erkenntnis, daß nicht nur der Anarchist »Parasit« ist (79), sondern auch der Realutopist, da beide »leben«, indem sie die »Welt« »ausbeuten«.[594] Müller radikalisiert darüber hinaus das in der *Korrektur* ubiquitäre Warten zum tödlichen ›Aufschub‹ als Kritik an Becketts Ahistorizität. So begeht der verschuldete Bauer Ketzer Selbstmord, weil die rettenden Traktoren zu spät kommen (29). Der Beschleunigungssozialismus hat damit einen ersten Toten gefordert, und Müller hält dieses Faktum im gesamten Stück präsent bis hin zur ›komischen‹ Wiederholung (mißlungener Suizidversuch des Kapitalisten Treiber), die den Vorfall jedoch weniger im Marxschen Sinn farcenhaft aufhebt, als vielmehr die von Brecht und Hacks artikulierte Einsicht belegt, daß der Tod »*parteiisch*« ist.[595]

Die Retablierung der Tragik im Sozialismus erlaubt vice versa eine neue den Verlachmodus übertretende Humor-Perspektive, die verstärkt Elemente saturnalischer Ko-

---

589 GW 17, S. 945 (Bei Durchsicht meiner ersten Stücke [1954]).

590 Müller-Schöll (2002), S. 466. Der Autor bezieht sich hier auf eine Äußerung Müllers, die jedoch perspektivisch, nicht apodiktisch zu verstehen ist (vgl. Rotwelsch, S. 94).

591 MT 6, S. 53 (Die Horatier [1968]).

592 [Müller:] Geschichte und Drama (1976), S. 53. Die These, »Müllers Interesse« gelte bereits »in den frühen Stücken nicht dem Aufbau des Sozialismus, sondern dem von möglichst unauflösbaren Widersprüchen« (Müller-Schöll [2002], S. 466), vereindeutigt die Sinnstruktur der Produktionsdramatik.

593 So kritisiert Müller »die Plattheit der politisch-philosophischen Aussage« in Peter Weiss' *Marat/Sade* (GI 1, S. 47).

594 GI 1, S. 57 (Kunst ist die Krankheit, mit der wir leben [1980]).

595 GBA 10.2, S. 959 (Der Salzburger Totentanz). Vgl. auch HS, S. 212 (Die Schlacht bei Lobositz).

mik einbezieht (C, 3.2). Des weiteren ist die Fabelstruktur der *Umsiedlerin* dispers.[596] Eke unterscheidet »vier Schichten«, wobei die erste (Einführung neuer Produktionsverhältnisse auf dem Land) gleichsam die Basis der übrigen bildet. Alle drei weiteren Handlungsstränge sind allerdings personenbezogen. Während der korrupte Bürgermeister Beutler aufgrund seines Egoismus im neuen Gesellschaftsmodell scheitert, versucht Parteisekretär Flint die skizzierten Aporien des Sozialismus zu bewältigen. Die schwangere Umsiedlerin Niet wandelt sich dagegen vom schweigenden Außenseiter zur aktiven Neubäuerin – in bewußter Absetzung von Fondrak, dem Vater ihres Kindes. Diese vage Konturbildung ändert indes nichts daran, daß der Plot »vor Widersprüchen und Begebenheiten« zu »bersten[]« scheint.[597] Es ist vielmehr solche Welthaltigkeit, die das Drama als Instrument der »Aufklärung« in Frage stellt. Totalität kann nur mehr ›postromantisch‹ hergestellt werden – durch gebrochene Stilisierung (Blankvers) und gattungspoetische ›Progression‹ (Komödie). Müller selbst antwortet 1986 auf die Frage, ob die *Umsiedlerin* sein »größtes Stück« sei: »Ja, das glaube ich auch. Und das war auch der letzte Zeitpunkt, wo so was schreibbar war«.[598] In der Tat verbindet das *mixtum compositum* Elemente aus Geschichts-, Bauern- und Revolutionsdrama (strukturell) sowie Groteske, Tragödie und Satire (punktuell).[599] Die *Umsiedlerin* sollte daher im Unterschied zu Strittmatters *Holländerbraut* (1959) und Baierls *Frau Flinz* (1961) nicht als ›klassisch‹ rubriziert werden.[600] Sie verweist vielmehr auf Entwicklungsformen, die Müller später als ›synthetisches Fragment‹ bezeichnet.[601] Nicht zuletzt wegen des Komödienrahmens gewinnt die Wirklichkeit stärker ›Materialwert‹ (MK, 113), ohne daß damit der Gegenwartsbezug an Relevanz verlöre. D.h. Müller macht wie Godard Kunst »politisch«, ohne »politische« Kunst zu machen.[602]

Hierfür spricht auch die repräsentative Einbindung des Projekts. Wie Bernard Klaus Tragelehn, Regisseur der Uraufführung, berichtet, habe das Leben auf dem Lande eigentlich »für *das* Leben [...] zwischen Himmel und Erde« gestanden: das »Dorf« als »die Welt im Kleinen«.[603] Hinzu kommt, daß die Protagonistin in der Endfassung des Dramas keine »individuelle Vorgeschichte«[604] mehr hat. Als Projektionsfläche wird Niet wie fast alle Frauenfiguren des frühen Müller realutopisch funktionalisiert: Ihr Körper ist »Startloch« der Revolution (MT 3, 20), ihre Schwangerschaft Sinnbild der Produktivität, ihre moralische Haltung Vorschein des neuen Menschen.[605] Zudem bleibt sie die einzige Figur, die im Stück eine Entwicklung durchläuft: Das ›Schweigen‹, das als Anklage gegen den Status quo dient,[606] weicht im Augenblick ökonomischer Egali-

---

596 Bereits die Zeitgenossen vermissen eine klare Handlungslinie. Vgl. u.a. Der Fall Heiner Müller (1991), S. 448 (Deutscher Schriftstellerverband), 475 (Wieland Herzfelde), 480 (Gutachten der Sektionen Dichtkunst etc.) und 485 (Peter Hacks).

597 Streisand (1991b), S. 187.

598 Äußerung von Müller (zit.n. Streisand [1986], S. 1382).

599 Vgl. MT 3, S. 25 (Szene 1), 26-29 (Szene 2) und 66-68 (Szene 8).

600 So bei Streisand (1988), S. 1161.

601 Müller: Material, S. 37 (Ein Brief [1975]). Vgl. hierzu Christ (1996), S. 199-206.

602 GI 2, S. 97 (Ich weiß nicht, was Avantgarde ist [1987]).

603 Mit der *Umsiedlerin* durch die DDR-Geschichte (2003), S. 68.

604 Vgl. Streisand (1986), S. 1366 und 1383/Anm. 21.

605 In den späteren Dramen ist Müllers Frauenbild vielschichtiger (vgl. Streisand [1995], S. 273-282 und Hirschfeld [2000], S. 31-113).

606 Ludwig (2003), S. 69 weist darauf hin, daß der Name »Niet« das russische »njet« assoziiert.

tät der selbstbewußten Rede (98f.). Niet begleitet Fondrak nicht in die USA und lehnt – zumindest vorläufig – den Heiratsantrag des enthaltsamen Mützenbauern ab. Im Gegenzug beschließt sie, zusammen mit Flinte 1 Ketzers Hof zu bewirtschaften. Die Forschung bewertet diese Entscheidung unisono als gelungene Emanzipation vom Gesetz des Patriarchats.[607] Tatsächlich zerstört die intrafeminine Verbindung jedoch die Konvergenz von Geschlecht und Kollektiv, denn das Fondrak-Element bleibt erneut ausgeschlossen. Körper und Idee trennen sich, und ihre Einheit ist ad infinitum suspendiert: Der Säufer nimmt Niet den halben Geld- gleich »Trauschein« und verlegt das Wiedersehen auf den »Mond« als Resultat einer neuen Nuklearexplosion (101). Auf diese Weise regrediert das anthrogyne Ideal (B, 4.1.2) zur impotenten ›Selbstbefriedigung‹ verlassener Frauen, zumal die erotisierende Weiblichkeit (Flint 2 und Schmulka) nicht eingebunden ist. Das utopische Potential wird lediglich dadurch angedeutet, daß Niet Fondraks Kind austrägt, in dem sich der Widerspruch zwischen Körper und Ordnung anders lösen könnte. Eine gewisse Autarkie bewahrt auch der Landrat, der als deus ex machina konfliktlösend agiert. Er demonstriert den Bauern die Notwendigkeit kollektiver Eigentumsformen und setzt den Kapitalisten Beutler als Bürgermeister ab. Die Sicherstellung des Komödienschlusses zielt daher nur oberflächlich auf »Schönfärberei«.[608] Subkutan bleibt die Rahmendialektik fragmentarisiert: *politisch* als unendliche Verschiebung des Kommunismus im Sinne der Adorno-These, daß kein wahres Leben im falschen (Realsozialismus) möglich ist,[609] sowie *epistemologisch* als Ausdruck der *vanitas* humaner Weltaneignung. Strukturell betrachtet bleibt der zweite Rahmen allerdings dominant, denn Flint stellt in seinem Schlußwort(!) wie zuvor Fondrak[610] dem Fortschritt die Invarianz der Vergänglichkeit gegenüber:

Das Feld ging übern Bauern und der Pflug
Seit sich die Erde umdreht in der Welt.
Jetzt geht der Bauer über Pflug und Feld.
Der Erde deckt uns alle bald genug (111).

Aus der Optimierungsfunktion des Narrativs wird so ein existentialistischer Verzweiflungsakt. Denn der »Drang zum Kollektiv« basiert nach Müller allein auf der »Unfähigkeit des Menschen, mit der Gewißheit seines eigenen Todes zu leben«.[611] D.h. indem der Kommunismus als historische Ableitung Paradiesfunktion erhält, ›nichtet‹ er in erster Instanz die Sterblichkeit. Auf höherer Ebene wird jedoch deutlich, daß es keine Realutopie der Gesellschaft geben kann, demnach aber auch kein »Ende der Kunst«.[612] Deren Gegenstand ist nämlich wie bei Ionesco (B, 5.1.1) die »Unerträglichkeit des Seins« (MK, 316), und in diesem Punkt gelten unbeachtet jeder sozialen Entwicklung die »Grundtatsachen der Existenz«.[613] *Nach* der Tragödie ist also *vor* der Tragödie.

---

607 Vgl. Streisand (1986), S. 1377; Profitlich (1987), S. 307; Maltzan (1988), S. 124; Hirschfeld (2000), S. 28 und Schulz (2003), S. 284.
608 So der Vorwurf von Hanns Eisler (vgl. Der Fall Heiner Müller, S. 482).
609 Müller selbst rechtfertigt auf diese Weise 1993 seine »Kontakte zur Staatssicherheit«. Man habe »in einer schmutzigen Welt« »nicht das Recht, rein zu bleiben« (GI 3, S. 189).
610 Vgl. MT 3, S. 72 (»das Sterben ist dem Menschen angeborn, der Wurm hat den Oberbefehl«).
611 Müller: »Zur Lage der Nation« (1990), S. 50.
612 Buck (1989), S. 120. Buck übersieht die doppelte Rahmenstruktur.
613 GI 1, S. 181 (Der Weltuntergang ist zu einem modischen Problem geworden [1986]).

6.5 Absurdismus: Nonsens als Katalysator kritischer Sinnstiftung

Der Versuch, dem Publikum durch Evokation von Aussichtslosigkeit neuen Lebensmut einzuimpfen, ist für Teile der deutschen Nachkriegsdramatik konstitutiv. Während bei Giraudoux, Wilder und Saroyan im Sinne des Permanenzdiskurses (B, 1.2.1) ein desillusionierter Optimismus vorherrscht, projektieren die Existentialisten Sartre und Camus einen konstruktiven Nihilismus: Das Dasein beginnt »jenseits der Verzweiflung«.[614] Zwar bleibt evident, daß diese Welt »absurd ist«, aber »[i]m Gegensatz zu *Eurydike* stirbt das Absurde nur, wenn man sich von ihm abwendet«.[615] Der Nonsens-Begriff bezeichnet hier keine objektive Qualität der Wirklichkeit, sondern die unversöhnliche Konfrontation von Sinnerwartung und -verweigerung. Im Unterschied zu Sartres Philosophie, in der eine *morale générale* nicht existiert,[616] bleibt die deutsche Rezeption oft universalethisch ausgerichtet – auch um sich der Möglichkeit humanen Neuanfangs nicht per se zu begeben. Der Akt der Negation erscheint daher bei Hans Willibald Bakker nur als Übergang, d.h. »erste Stufe des Positiven«.[617] Auch Walter Karsch sucht das historisch evidente Nichts »zum Erlebnis werden zu lassen«, denn darin zeige sich der »Wunsch, es zu überwinden«.[618] Ähnlich sieht es Hermann Rossmann: Für ihn steht das Individuum in einem »Prozeß«, der »keine Berufung« zuläßt. Die Sinnfrage, die Shakespeare im ersten Teil der *Titanen*-Trilogie (1951) an das Dunkel richtet, bleibt deshalb unbeantwortet. Allein der Leser, der als »höhere Instanz« aus anderer Dimension auf das Spiel blickt, vermag die Aporie zu lösen, indem er eine »Entscheidung« trifft, die »verbindlich« ist (5). Bei Erich Kästner wird dieses Strukturmodell aus dem mythischen in den sozialkritischen Bereich verlagert. Nun birgt die totale Automatisierung des Menschen den Keim ihrer Überwindung. Je »rücksichtsloser« der Unterdrücker nämlich »manipuliert, um so ahnungsloser wird er. Erzwingt er den Nullpunkt der Freiheit der anderen, so erreicht er gleichzeitig den Nullpunkt seines Wissens um deren Meinung« (KW, 503). Die im Drama verhinderte Revolution wird damit an das Publikum weitergereicht (B, 6.2.1). Ähnliches gilt für Erwin Sylvanus' Theaterstück *Unterm Sternbild der Waage* (1960). Hier endet das der Vergangenheitsbewältigung dienende ›Spiel im Spiel‹ absurd, bevor man in der Rahmenhandlung eine eskapistische Lösung findet (C, 4.2.1).

Bei Wolfgang Borchert, Günter Grass und Heiner Müller existieren darüber hinaus Formen negativer Sinnstiftung, die nicht mehr rein inhaltlich ausgerichtet sind.[619] Das Absurde wird vor allem durch die Form überwunden, wodurch ein Bereich zwischen semantischer und ästhetischer Ordnung entsteht. So ist die gescheiterte Reintegration Beckmanns entgegen bisheriger Thesen zwar nicht als Faktum singulär (B, 1.2.2), aber doch insofern, als die Zukunftsperspektive nur noch strukturell persistiert. Dies unterscheidet Borcherts Dramenästhetik vom ›objektiven Theater‹ Gerd Oelschlegels, der

---

614 Sartre: Die Fliegen, S. 72.

615 Camus: Der Mythos von Sisyphos, S. 49.

616 Vgl. Wertheimer (1977), S. 278.

617 Backer: Die Jugend und das Positive (1947), S. 134.

618 Karsch: Was war – was blieb (1947), S. 9, 30. Dieselbe Ansicht vertritt Willi Schäferdieck in seinem Aufsatz *Vom Zeitstück zum Zeitmysterium* (1948) (vgl. Gesammelte Bühnenwerke, S. 313).

619 Auch Reinhold Schneiders christliche Paradoxbildung gehört in diesem Bereich. Aufgrund des Transzendenzbezugs ist sie allerdings an anderer Stelle diskutiert (vgl. B, 6.3.1).

unter Anerkennung des postideologischen Gegenwartsstatus gleichfalls »*ein Ja*« »*in das Nichts*« bauen will. Die Hoffnung auf eine »neue Liebe«, die den Menschen »aus dem Gefangensein seines Ichs« befreien soll, findet jedoch keinen poetischen Niederschlag. »Formprobleme« sind für Oelschlegel »zweitrangig[]«,[620] so daß die Sinnrekonstruktion weiterhin Teil der Textsemantik ist (B, 1.2.3/5.2.1).

6.5.1 Postnihilismus (Borchert)

In der Forschung wird Borcherts Theaterstück *Draußen vor der Tür* (e 1946/U 1947) meist als (neo)expressionistisches Drama klassifiziert.[621] Die Argumente sind durchaus stichhaltig: Man verweist auf Stationentechnik, Subjektisolation, Doppelgänger-Motiv, Väterkonflikt sowie affektiven Sprachgestus (Anapher, Ellipse, Interrogation, Synästhesie, Publikumsappell). Doch obwohl Borchert während der NS-Zeit neben internationalen Klassikern vor allem die Literatur des »modernen Expressionismus« rezipiert,[622] hat diese These Widerspruch gefunden: bei Bernd Balzer, der das O-Mensch-Pathos durch den Nihilismus der Spielhandlung untergraben sieht,[623] vor allem aber bei Winfried Freund. Letzterer versteht das gesamte Schauspiel auf der Basis von Beckmanns Vergleich des Lebens mit einem Fünf-Akt-Stück als moderne Tragödie, deren Struktur dem Handlungsverlauf entspreche. Die so gefundene »Kohärenz des Abstiegs«[624] ist – entgegen der These Freunds – aber eine funktionale, wie das von Ernst Schnabel überlieferte Motto im verlorenen Manuskript[625] belegt: »Eine Injektion Nihilismus / bewirkt oft, / daß man aus lauter Angst / wieder Mut zum Leben bekommt«.[626] Dieser Ausrichtung steht indes das Wahrheitspostulat entgegen, das der Autor mit dem literarischen Neuanfang verbindet. D.h. Borcherts Heimkehrerstück bleibt disparat, weil der Gegensatz zwischen Strategiewert und Authentizitätsgehalt nicht lösbar ist. Das Schauspiel will zugleich ernstgenommen werden (in seiner Gesellschaftskritik) und Distanz provozieren (durch die Darstellung eines Nihilismus, der gerade nicht persuasiv wirken soll). Zunächst wendet sich Borchert explizit gegen Vergessen und Verdrängen. Es sei notwendig, »daß die Menschen, die die ungeheure Gesetzlosigkeit des vergangenen Regimes erdulden mußten, diese Kapitel aus der dunkelsten Zeit unserer Geschichte aufschreiben, zur Warnung und Mahnung, für die Toten und die Lebenden«.[627] Dahinter steht die Kritik an einer »Vater- und Studienrats-Generation«, die durch Kriegsverherr-

---

620 Der Sinn des Theaters (1957), S. 84f.

621 Vgl. Koebner (1971), S. 387f.; Mennemeier (1975). Bd. 2, S. 149f.; Buddecke/Fuhrmann (1981), S. 65; Berg (1986), S. 498; Schröder (1994a), S. 107; Popov (1999); Koller (2000), S. 70f. und Trinks (2002), S. 190f.

622 Briefäußerung von Borchert (zit.n. ders.: Allein mit meinem Schatten und dem Mond, S. 11).

623 Vgl. Balzer (1983), S. 38.

624 Freund (1996), S. 34.

625 Zur Geschichte der Handschrift vgl. Schröder (1989).

626 Schnabel: Eine Injektion Nihilismus (1946/47), S. 386. Auch in der Schrift *Unser Manifest* heißt es: »wir sind Neinsager. Aber wir sagen nicht nein aus Verzweiflung. Unser Nein ist Protest. Und wir haben keine Ruhe beim Küssen, wir Nihilisten. Denn wir müssen in das Nichts hinein wieder ein Ja bauen« (BD, S. 116 [Das ist unser Manifest]).

627 Borchert: Allein mit meinem Schatten und dem Mond, S. 273 (Kartoffelpuffer, Gott und Stacheldraht [1947]).

lichung zugelassen habe, daß ihre Söhne »in die Hölle hinein*stolzierten*«, und sich nun erdreiste, »die Respektlosigkeit der Jugend« anzugreifen.[628] Es mag diese Form der Anklage sein, die Borchert veranlaßt, das Drama als »Plakat« zu bezeichnen.[629] In der Tat kehrt der Protagonist nicht irgendwohin zurück, sondern nach Deutschland, die Nationalität steht somit im Gegensatz zu Bölls *Ein Schluck Erde* (1961) fest.[630] Beckmann erscheint als »Gespenst« »von gestern, das heute keiner mehr sehen will«, weil es Reue und Trauerarbeit fordert (BD, 17). Ziel ist, den ›Menschen‹ zu retten, der durch vorschnelle Rückkehr in den bürgerlichen Alltag zur ›Marionette‹ wurde (48).[631] Die Hauptfigur bleibt daher nicht realiter ausgeschlossen, sondern intellektuell, was sich sowohl an der Entwertung männlicher Autoritäten zeigt (Gott, Oberst, Kabarettdirektor) wie der Unmöglichkeit einer Heimkehr zum Maternalen (Elbe, Mädchen, Mutter).[632] Andererseits begegnet selbst bei Beckmann die Tendenz, Schuld zu fragmentarisieren. So spricht er sich und der eigenen Generation Opferstatus zu, und die Sozialkritik rangiert weitgehend auf moralischer Ebene. Auch der Holocaust ist ausgespart zugunsten der Klage um das betrogene Ideal. Die einzige Figur, die den Antisemitismus von Beckmanns Vater erwähnt, ist Frau Kramer, während der Protagonist schweigt (37).[633] Möglicherweise ein Indiz für die Distanz zwischen Autor und Held.

Nun wird der auf Veränderung ausgerichtete Impetus jedoch insofern in Frage gestellt, als die Zukunftsperspektive inhaltlich nicht bestimmt werden kann. Grund hierfür ist, daß jedes Schuldbekenntnis problematisch bleibt, wenn sich »Verantwortung« durch Weitergabe an den jeweils Vorgesetzten eindeutiger Attribution entzieht. Am Ende steht bei Borchert denn auch die Vorstellung existentiellen Versagens. »Wir werden jeden Tag ermordet und jeden Tag begehen wir einen Mord« (52). Angesichts dieser Rahmentragödie menschlichen Daseins scheint innerweltliche Sinnstiftung absurd: »ich soll leben! Wozu? Für wen? Für was? [...] Soll ich mich weiter morden lassen und weiter morden« (54). Nichtsdestotrotz ist diese Einsicht historisch fundiert: Erst der Krieg erlaubt das Erkennen des letalen Mechanismus. Hierbei gewinnt Beckmanns Gasmaskenbrille quasi transzendentale Funktion, denn der Protagonist muß das »abscheuliche Gebilde« tragen, um Grauenhaftes entdecken und benennen zu können. Zieht er sie aus, sieht er alles nur noch »verschwommen« (16f.).

Im Stück stehen Sozialkritik und Defätismus somit gleichberechtigt nebeneinander. Borchert selbst begründet die Unentschiedenheit gattungspoetisch: Das Schauspiel avanciert zum zeitgemäßen Genre, weil die »jüngste Vergangenheit [...] noch zu lebendig in uns« ist, »als daß wir ihr nun objektiv und gefaßt in Form eines Romans begegnen können«.[634] Dem Drama bleibt dagegen das Vorläufige, Offene, Unabgeschlossene eigen. In ihm treffen wie bei Reinhold Schneider und Heiner Müller die Gegensätze mit

---

628 Brief vom 12. November 1947 (zit.n. Winter [1990], S. 215f.).

629 Borchert: Allein mit meinem Schatten und dem Mond, S. 234 (Sechs Fragen an Wolfgang Borchert [1947]).

630 Ursprünglich will Borchert sein Drama *Ein Mann kommt nach Deutschland* oder *Einer von denen* nennen (vgl. Schröder [²1989], S. 300). Zu Böll siehe B, 1.1.

631 Zur Büchner-Intertextualität vgl. Balzer (1983), S. 42.

632 Vgl. Winter (1990), S. 214.

633 Die Passage ist in der Hörspielfassung gestrichen. Zu weiteren Änderungen vgl. Balzer (1983), S. 20-22; Schröder (²1989), S. 307-311 und Watanabe (1998).

634 Borchert: Sechzig Jahre Hamburg (1947), S. 505.

voller Härte aufeinander; nur hier läßt sich »das eine« und »das Gegenteil sagen«.[635] Die Synthese der Widersprüche ist deshalb kein semantisches Ereignis, sondern ein ästhetisches, verweist auf die Form, nicht den Inhalt. Hieraus erklärt sich Borcherts ambivalente Beurteilung von Theodor Plieviers *Stalingrad*-Roman (1946). Positiv scheint der Verzicht, die »Mosaiksteine« des »Chaos« zu einem »harmonischen Ganzen« zu ordnen, fragwürdig der damit verbundene ›Tod‹ der »Dichtung«.[636] *Draußen vor der Tür* kann demnach als Versuch gelesen werden, Wahrheit und Kunst dialektisch zu verbinden. Nicht von ungefähr verhalten sich Vorspiel und Traum wie These und Antithese, geben im Stil der Psychomachie den Wahrnehmungsrahmen vor. Der ›nihilistischen‹ Konversation zwischen dem rülpsenden Tod und einem Gott, »an den keiner mehr glaubt« (BD, 10), steht der Lebensbezug der Elbe gegenüber und mit ihm die Verpflichtung zu individueller Sinngebung. Beide Positionen dürfen nach 1945 Legitimität beanspruchen: So kann die »tote Welt des theologischen Begriffs«[637] ebensowenig einen neuen Anfang befördern wie die Behauptung, das Leben sei sinnlos und Kriege unvermeidbar. Bereits die erste Szene zeigt den Protagonisten daher in sich gespalten, wobei der Andere als »Jasager« (13) die Rolle der Elbe übernimmt. Letzterer ist weder »an der Grenze der Karikatur gezeichnet«[638] noch verkörpert er Heideggers ›Gewissen‹.[639] Sein finales Verschwinden diskrediert vielmehr die von ihm vertretene Aufbauideologie als Gegenteil der Möglichkeit eigentlichen Seins. Aber auch der Nihilismus, auf den Handlungsverlauf zu zielen scheint, erweist sich als nicht universalisierbar. Ein Indiz hierfür ist das Faktum, daß die Tragödienstruktur metapoetisch reflektiert wird, und zwar von Beckmann, der selbst nur ›Teil‹ der Gesamtperspektive bleibt:

> BECKMANN: Dieses Leben? [...] Fünf graue verregnete Akte [...].
> 1. Akt: Grauer Himmel. Es wird einem wehgetan.
> 2. Akt: Grauer Himmel. Man tut wieder weh.
> 3. Akt: Es wird dunkel und es regnet.
> 4. Akt: Es ist noch dunkler. Man sieht eine Tür.
> 5. Akt: Es ist Nacht, tiefe Nacht, und die Tür ist zu. Man steht draußen. Draußen vor der Tür [...].

Indem der Protagonist das Dasein jedoch zugleich als etwas beschreibt, das »weniger als Nichts« ist (40), überbietet *und* öffnet er die Tragödie,[640] die sonst nach Anouilh eine »todsichere Angelegenheit« ist. D.h. das »Uhrwerk«[641] wird überzogen: (1) um die kathartische Wiederherstellung einer höheren Ordnung zu verhindern, (2) um die programmierte Katastrophe auszusetzen. Eben deshalb konzipiert Borchert das Stück als Stationendrama, setzt dem geschlossenen Spannungsbogen der Tragödie eine offene Reihung entgegen. Der Autor führt die beschriebene Dialektik somit auf formaler Ebene weiter, wobei er jedes Strukturmodell in seiner Defizienz zeigt, denn die Fünfzahl

---

635 Müller: Rotwelsch, S. 72 (Mauern [1981]). Zu Schneider vgl. B, 6.3.1.
636 Borchert: »Stalingrad« (1946).
637 Zit.n. Schröder (^{2}1989), S. 291. Der Gotteszweifel findet sich bereits in Borcherts 1938 entstandener Tragödie *Yorick der Narr!* (vgl. Winter [1990], S. 217).
638 So die These von Freund (1996), S. 35.
639 So die Ansicht von Weimar (1956), S. 155.
640 Noch 1940 projektiert Borchert »einen neuen griechisch-klassischen Stil« (Brief vom 10. Juni an Ursula Lietzmann, zit.n. Burgess [2000], S. 115).
641 AD 1, S. 47f. (Antigone [1942]).

der Szenen sowie die abschließende »Konferenzschaltung«,[642] in der das gesamte Personal schuldig gesprochen wird, ›runden‹ ihrerseits das Additivprinzip ab.

Auf diese Weise öffnet sich *zwischen* den Gattungstypen ein Weg, der die inhaltliche Hoffnungslosigkeit überwindet. »Beckmann geht«, so Borchert, »am Ende nicht in die Elbe. Er schreit nach Antwort! Er fragt nach Gott! Er fragt nach der Liebe! Er fragt nach dem Nebenmann! Er fragt nach dem Sinn des Lebens auf dieser Welt! Und er bekommt keine Antwort. Es gibt keine. Das Leben selbst ist die Antwort«.[643] Folgerichtig endet das Drama in einem *circulus vitiosus*: Die einzige Antwort auf Beckmanns Sinnfrage ist ein Leben, in dem permanent gemordet und Freiheit durch mythische Schuld negiert wird. Für den ethischen Selbstentwurf des Subjekts bleibt kein Raum. Aber auch auf anderen Ebenen zeigt Borchert, daß sich Bedeutungsgebung nicht mehr rein inhaltlich vollziehen kann. So ist der Maßstab durch das Groteske, die Wirklichkeit durch den Traum und der Ernst durch die Satire verzerrt (B, 6.1.1). Während Bernd Balzer hierin den Versuch sieht, die inhaltlichen Widersprüche im Nebeneinander des Disparaten zu versöhnen,[644] weist Karl S. Guthke darauf hin, daß »das Lachen über die menschliche Tragödie« ebenjene Tragödie »steigert«[645] und steigern muß, weil erst der Nihilismus das »Ja« zum Leben bzw. das »Nein« zum Status quo befördern kann.[646]

Wieder offenbart sich die erwähnte Aporie, die Borcherts Drama eingeschrieben ist und auf die der Autor verweist, wenn er 1947 konstatiert, das »Stück« stimme inhaltlich, aber mit Blick auf »das rein Formale« sei es »noch nicht gut«.[647] Die Betonung des Strukturaspekts kennzeichnet dessen Relevanz für die erhoffte Sinnstiftung, denn – so der Autor – »das Letzte, das Letzte geben die Worte nicht her«.[648] Tatsächlich ist es wie bei Heiner Müller nur mehr die ›Lücke‹ in der Dialektik, die die Möglichkeit der Antwort präsent hält. Die Diktion ist daher im gesamten Stück fragmentarisiert: Verzicht auf Artikel, Prädikate, Konjunktionen bzw. Reihung kurzer Sätze anstelle eines langen.[649] In Beckmanns Schlußreplik läßt sich diese Strategie sogar *en détail* verfolgen. Das Verlangen nach Antwort wird dreimal formuliert, bleibt aber ohne Entgegnung. Mit anderen Worten: Obwohl die Dialektik semantisch abgebrochen wird, ist sie formal weiterhin existent. Dies gilt auch für den letzten Satz des Dramas: »Gibt denn keiner, keiner Antwort???« Hier steht der inhaltlichen Ausweglosigkeit der Alternativen der Finalitätsbezug der ästhetischen Struktur entgegen: ›Keiner‹ der beiden im Stück skizzierten Lösungsvorschläge (Optimierung des Status quo durch Sozialkritik bzw. Resignation angesichts eines offenkundigen Nonsens) erweist sich als tragfähiges Zukunftsmodell.[650] Der Syntheseschritt ist lediglich formal sichtbar in der Dreizahl der Fragezeichen, die jedoch ebenfalls nur zweimal erscheint: »Gibt keiner Antwort??? / Gibt denn keiner, keiner Antwort???« (BD, 54). Die Dialektik wird somit doppelt eröffnet (zweimal »keiner«, zweimal »???«), aber nicht geschlossen. Aus diesem Grund

642 Freund (1996), S. 33.
643 Borchert: [Brief] An Dr. Max Grantz (1947), S. 118.
644 Vgl. Balzer (1983), S. 46.
645 Guthke (1972), S. 116.
646 Vgl. BD, S. 110-112 (Dann gibt es nur eins!) und 116 (Das ist unser Manifest).
647 Borchert: [Brief] An Dr. Max Grantz (1947), S. 118.
648 BG, S. 228 (Im Mai, im Mai schrie der Kuckuck).
649 Vgl. Gullvag (1997), S. 61f., 67f.
650 Ähnliches gilt wie gezeigt für den Dramaturgiebereich.

irrt Dürrenmatt, wenn er behauptet, *Draußen vor der Tür* hätte »im wesentlichen« »schon 1918« geschrieben werden können.[651] Während nämlich nach Ende des Ersten Weltkriegs der »Heimkehrer-Revolutionär« dominiert,[652] fehlt 1945 jede Utopie gesellschaftlicher Veränderung. Borchert übertritt das ›Ohne‹ mythenloser Zeit allerdings, wenn er es auf Inhaltsebene evoziert, im selben Augenblick jedoch formal hinterfragt. D.h. seine Dramaturgie ist letztlich ›postnihilistisch‹.

6.5.2 Postexistentialismus (Grass)

In der einschlägigen Sekundärliteratur zum Nachkriegsdrama werden die Theaterstücke des frühen Grass (mit den Hildesheimers) meist unter dem Schlagwort ›deutscher Absurdismus‹ kategorisiert. Dieser sei epigonal, qualitativ nicht vergleichbar mit den Werken der sog. Pariser Avantgarde. Vor allem Grass gilt als schwacher Dramatiker. Seine Schauspiele tendierten »zum ästhetischen Nonsens«[653] und blieben daher unverbindliche »Atelierscherze«.[654] Als Beleg dient nicht zuletzt die Tatsache, daß sämtliche Stücke auf der Bühne Mißerfolge waren. Seit den achtziger Jahren lassen sich allerdings Tendenzen nachweisen (wenngleich nur in der Grass-Forschung), das Bühnenwerk vor der Folie der theoretischen Schriften einer Neubewertung zu unterziehen.[655]

Grass selbst betont mehrfach, kein Vertreter des absurden Theaters zu sein. Seine Stücke stünden weniger in französischer Tradition, als daß sie »gemeinsame[n]« deutschen »Quellen« entsprängen.[656] Neben Kleist nennt er vor allem Büchner: »Von ihm kommt alles her. Die Becketts, Ionescos, Adamovs haben alle von ihm gelernt«.[657] In Grass' erstem Drama, dem »Vorspiel auf dem Theater« *Beritten hin und zurück* (1954), mokiert sich der Clown Conelli denn auch über die ästhetische Akrobatik der Wahlpariser: »Köstlich! – Das ist [...] surreal – man denkt sofort an die Franzosen, Beckett und so weiter« (GGW 8, 9). Dieser Absetzungsversuch hat indes zugleich strategische Funktion angesichts entsprechender Parallellektüren der Literaturkritik, die meist zuungunsten des Deutschen ausfallen. Tatsächlich weist der in die *Blechtrommel* integrierte Einakter (GGW 2, 409-422) Ähnlichkeiten auf mit Arrabals *Pique-nique en campagne* (1952). In beiden Fällen dominiert zunächst eine kleinbürgerliche Frontidylle, bevor Maschinengewehrsalven die ›heile Welt‹ zerstören. Andererseits wird Arrabals Stück erst 1959 uraufgeführt, so daß eine direkte Beeinflussung unwahrscheinlich ist. Das Emanzipationsbestreben scheint aber auch insofern berechtigt, als sich Grass' Verständnis von Absurdität nachhaltig von dem Becketts, Ionescos oder Hildesheimers unterscheidet. Er bezieht sich primär auf Camus, dessen Sisyphos-Mythos Paradigma ›anti-

---

651 Dürrenmatt: Die Entdeckung des Erzählens, S. 201 (Gespräch mit Dieter Fringeli [1977]).
652 Frühwald (1983), S. 178.
653 Durzak (1972), S. 20.
654 Rischbieter/Wendt (1965), S. 53. Vgl. auch Karasek (1973), S. 596; Trommler (1976c), S. 168; Buddecke/Fuhrmann (1981), S. 88f.; Kesting (1981), S. 122; Berg (1986), S. 512f. und Schnell (1986), S. 143.
655 Vgl. u.a. Kässens (1984), S. 205; Stallbaum (1989), S. 45 und Stolz (2000), S. 489.
656 Grass/Durzak: Geschichte ist absurd (1982), S. 12.
657 GGW 10, S. 6 (Den Menschen entlarven [1958]). Ähnlich sieht es Richard Hey (vgl. Die Pariser Theateravantgardisten [1958], S. 8).

idealistischen‹[658] Weltverhaltens sei und trotzdem »noch am ehesten ein Weitermachen« erlaube. Nun ist »das Gegenteil von dem, was Hegel für die Geschichte behauptet«, nach Grass »nicht [...] sinnlos, sondern absurd«. »Sinnlos« sei »etwas Wertendes«, während das Absurde insofern »eine Sinngebung« darstelle, als man ihm Widerstand leiste.[659] Der Deutsche wendet sich jedoch gegen die »modische existentialistische Mystifizierung« des Begriffs.[660] Für ihn steht die ironische Dekonstruktion von Glaubensangeboten im Vordergrund, ohne daß an ihre Stelle ein neues Lebensrezept treten könnte. Gewiß ist nur der Zweifel, der im Sinne der französischen Frühaufklärung lediglich den Versuch gestattet, »Gärten anzulegen« sowie »Einsichten« zu gewinnen in den »chaotischen und absurden Vorgang« der Historie.[661]

Pro praxi dramatis bedeutet dies zunächst die Retablierung theatraler Autonomie, denn der junge Grass sieht »Freiheit« nach dem Ende des Zweiten Weltkriegs »zuallererst in der Kunst«.[662] Er will »dem Theater geben, was das Theater braucht: Poesie, Sprache, Spiel«.[663] Wie Ionesco kritisiert er die ideologisch vorgeprägte Form, weshalb Brechts episches Theater für ihn kein Anknüpfungspunkt sein kann. Das Integralmodell (C, 4.3) dient auch hier als Gegenentwurf. So schreibt Grass in seinem Essay *Die Ambivalenz der Wahrheit zeigen* (1975): »Wir hatten uns angewöhnt, immer nur von *der* Wirklichkeit zu sprechen. Mir sind indessen mehrere Wirklichkeiten begegnet – Wirklichkeiten, die einander ausschließen, Wirklichkeiten, die verborgen liegen, von *der* Wirklichkeit verdeckt. Das Kunstwerk – ich rede jetzt nicht nur von Büchern – hat die Möglichkeit, die Vielzahl der Wirklichkeiten deutlich zu machen« (GGW 10, 185). Dies geschieht durch Einbezug des Unbewußten, Traumhaften und Surrealen. Grass spricht sich damit gegen die Trennung von Realität und Phantasie aus, wobei das Theater der einzige Ort ist, an dem »wir einen derart erweiterten Wirklichkeitsbegriff [...] ertragen«.[664] Mit der Wiederherstellung einer umfassenden, momentan jedoch deformierten Wahrnehmungsfähigkeit verbindet er den Versuch, »auf sinnliche Weise auf[zu]klären«,[665] allerdings im Wissen um »das Loch in der Schöpfung«.[666] Denn Grass ist mit Camus der Ansicht, »daß das Denken unserer Zeit – wie selten ein Denken – von einer philosophisch begründeten Sinnlosigkeit der Welt durchdrungen« ist,[667] aber er reagiert darauf (und dies nähert ihn wieder dem absurden Theater) nicht cartesianisch, sucht Sinn keineswegs kausal wiederherzustellen.

Darüber hinaus ist Grass' ›Absurdismus‹ gesellschaftlich fundiert, gründet auch in der Rückständigkeit des bürgerlichen Menschen, die das Drama *Hochwasser* (1955) mustergültig vorführt. Statt die neue Pluralität der Möglichkeiten skeptisch zu nutzen, konzentriert man sich auf das Bestehende. Hausbesitzer Noah und seine Schwägerin Betty sind zunächst nur damit beschäftigt, ihre Sammlungen und Photoalben vor der

---

658 Vgl. Becker/Weber/Müller: Interview [mit Günter Grass] (1984), S. 151.
659 Grass/Durzak: Geschichte ist absurd (1982), S. 11.
660 GGW 10, S. 326 (Sisyphos und der Traum vom Gelingen [1985]).
661 Grass/Durzak: Geschichte ist absurd (1982), S. 13f.
662 GGW 9, S. 563 (Rede gegen die Gewöhnung [1972]).
663 Mündliche Äußerung von Grass (zit.n. Grass-Premiere: In der Küche [1961], S. 78).
664 GGW 10, S. 257 (Phantasie als Existenznotwendigkeit [1981]).
665 GGW 10, S. 172 (Ich kann mir die Themen nicht aussuchen [1975]).
666 GGW 8, S. 7 (Beritten hin und zurück [1954]).
667 Camus: Der Mythos von Sisyphos, S. 44. Zu Grass' Unterscheidung zwischen »sinnlos« und »absurd« vgl. oben.

steigenden Flut zu retten. Dahinter steht die Statik eines Geschichtsbildes, das Wechsel als Entwertung versteht: »diese meine Arbeit darf nicht umsonst gewesen sein« (GH, 500). Tochter Jutta hält dagegen nur mehr aus Gewohnheit durch. In ihrem Fall besitzt die Katastrophe daher Erkenntnisfunktion: Die junge Frau will aus der ewigen Wiederholung des Alltags ausbrechen und fordert die Beteiligten auf, sich mit der Gegenwart auseinanderzusetzen: »Ihr solltet nicht immer so überschlau von morgen reden. Es regnet heute« (518). Diesem Emanzipationsprozeß steht bei Juttas Verlobtem Henn eine Abwehrhaltung gegenüber; er möchte tradierte Wertvorstellungen für die Zukunft bewahren. Beide entfremden sich, besonders als mit Noahs Sohn Leo die personifizierte Anarchie Einzug hält. Sein Auftritt erfolgt deshalb im surrealen Modus: Er, der stets »bei dem schlimmsten Wetter« zurückkehrt (509), entsteigt mit seinem Freund Kongo einer Kiste. Die exotischen Weltreisenden belächeln Noahs Sammelleidenschaft[668] und schlagen sich auf die Seite der zwei Ratten Perle und Strich, die unter dem Dach leben und ebenfalls »auf dem letzten Loch« pfeifen (514).

Der Heimkehrer präsentiert aber auch ein neues Bewältigungsverfahren: Statt den Nonsens durch Erinnerung zu bannen, entfaltet er ihn narrativ. Wie Goldmäulchen in den *Hundejahren*[669] erzählt Leo gegen den Regen, wenngleich jenseits eines logozentrischen Wahrheitsbegriffs: Er weiß, daß nicht alles stimmt, was er sagt, und er jedesmal »anders« berichtet (517). Ebenso skeptisch bleibt er dem Ästhetizismus gegenüber. Zwar gilt seine Liebe – Grass' *Ballerina*-Essay (1956) entsprechend – der Trapezkünstlerin, die mit Porzellanbeinen »im Zustand strengster Askese« Kunst betreibt (GGW 9, 10), aber er erlebt zugleich die Zerstörung dieses Ideals durch Wirklichkeitskontakt. Denn bei näherem Hinsehen entpuppt sich die Künstlerin als unattraktive Frau mit einem Lächeln, das der »Pfütze« gleicht, in die »ein Hengst gepisst« hat (GH, 517). Leo hofft zunächst auf den Absturz der Dame, akzeptiert dann jedoch die Unabänderlichkeit der Diskrepanz zwischen Idee und Wirklichkeit. Ein ähnlicher Erkenntnisprozeß bestimmt die Dramenhandlung: Leo muß einsehen, daß es keine Möglichkeit gibt, die Kleinbürger zur Reflexion über den Status quo zu veranlassen: »Die denken nur daran, was sie machen, wenn das Wasser gefallen ist und die Straßenbahn wieder fährt« (529). Nicht die anscheinend unerklärbare Flutkatastrophe wird von Grass als Signum des Absurden verstanden, sondern die Tatsache, daß sie bei den Menschen ohne jeden Bewußtseinseffekt bleibt. Folgerichtig verlassen die Ratten, als es wieder trocken wird, das ›sinkende Schiff‹, während Noah »keine Zeit« verlieren möchte, um mit dem Wiederaufbau zu beginnen (536). Auf diese Restaurationsmentalität, die historisch das Adenauer-Deutschland meint, sucht Leo zunächst ›expressionistisch‹ zu reagieren: Er will seinen Vater töten. Sogleich bemerkt er jedoch den Irrtum: Im Absurden heimisch zu werden vermag nur, wer dessen ›Ordnung‹ anerkennt. Aus diesem Grund transportiert Leo die zerstörte Standuhr ab, existentielle Grundlage bürgerlicher Sinnstiftung, denn »was sollen die Leute machen ohne den großen und den kleinen Zeiger und ohne die lebensnotwendigen Minütchen dazwischen« (537). Der Gesamtzustand läßt sich so indes kaum optimieren: Die Wiederkehr des Gleichen ist zwar durch Menschen mitverursacht, aber wie bei Wilder (*The Skin of our Teeth*) nicht zu verhindern (C, 4.2.1).

---

668 Vgl. Leos Bemerkung: »Ein Mensch ohne Fotoalbum ist ein Sarg ohne Deckel« (GH, S. 508).
669 Vgl. GGW 3, S. 792f. (Hundejahre [1963]).

An ebensolcher Statik scheitert auch der Berufsmörder Bollin in Grass' Stationendrama *Onkel, Onkel* (1956). Er kann seine Opfer nicht töten, weil sie ihn in die lähmende Banalität ihres Lebens verstricken, d.h. zum Lösen von Kreuzworträtseln ermuntern, über den Baumbestand deutscher Wälder informieren oder im Gesang unterrichten wollen.[670] Die ›Ablenkung‹ gelingt jedoch nur, weil Bollin selbst an dem Verhaltensmodell partizipiert. Zwar ist er »von innerer Unruhe getrieben« (GGW 8, 82), zugleich aber ein »Systematiker ohne Kompromiß« (77), der Zusammenhang durch Vernichtung herzustellen versucht. Dabei bedient er sich wie Noah des Archivs, füllt zahlreiche Aktenordner mit Mord-Dokumenten als Schutzwall gegen die »Langeweile« (127). Was Bollin nicht realisiert: Letztere ist gerade das Ergebnis totaler Organisation. »Wer sich einmal einer Sache [...] verschrieben hat, vereinsamt rasch« (88). Wie bei Büchner wird Langeweile so zur existentiellen Befindlichkeit von Menschen, die Modelle idealistischer Sinnstiftung ablehnen, ohne Ersatz gefunden zu haben. Dies gilt ebenso für Nicht-Intellektuelle, woraus sich die politische Dimension des Phänomens erklärt. Denn »Aufstände wie auch Kriegshandlungen« sind für Grass »eigentlich sehr weiträumige Strecken der Langeweile mit plötzlicher, zum Teil sehr absurder Aktivität, weil irgend etwas passieren muß, dann wieder einsetzende Langeweile, Gefahr, Angst, hin und her, nicht wissen, wohin«.[671] Die sozialhistorische Komponente ist damit – und dies verbindet den Autor mit Ionesco – von sekundärer Bedeutung gegenüber dem anthropologischen Bedürfnis nach Überwindung von Einsamkeit.

Bollins Zerrissenheit gewinnt in diesem Kontext metapoetische Dimension. Trotz der Fragwürdigkeit seines Charakters besitzt er nämlich Attribute von Grass' ›neuer Muse‹.[672] Er ist »mißtrauisch veranlagt« (82), befragt »die Details« (76) und weiß um das produktive Potential der Monotonie: »Wiederholung vermittelt Erkenntnis« (85). Im Unterschied zu Jutta, Leo und Kongo fehlt ihm jedoch der anarchische Impetus postideologischer Weltaneignung. Der Serienmörder versagt jedesmal auf gleiche Weise: Seine Tötungsabsicht wird durch unvorhergesehene Zwischenfälle ausgesetzt, woraufhin er den Plan fallenläßt. Tatsächlich scheint Bollins Sozialverhalten antiquiert; er ist »zu alt, um mit Puppen zu spielen«, d.h. der Sinnlosigkeit seiner Existenz mit produktiver Skepsis zu begegnen. Statt dessen ›ersticht‹ bzw. ›erschießt‹ er die Puppe Pinkie im Vorspiel des zweiten Akts von vorne und hinten – ein symbolischer Vergewaltigungsakt (90f.). Aber die erhoffte Befriedigung stellt sich ebensowenig ein wie durch das Hören von Wagner-Musik. Folgerichtig unterliegt Bollin am Ende dem Spieltrieb der Kinder Sprotte und Jannemann, die ihn beim Ausprobieren seiner eigenen Schußwaffe töten. Das geordnete und eben deshalb pervertierbare Systemdenken erweist sich hier als zu unflexibel gegenüber einem jugendlichen Verhalten, das jenseits gewohnter Kategorien situiert ist. Wie im *Hochwasser* fehlt allerdings jede positive Zukunftsperspektive. Dahinter steht die Vorstellung, daß zunächst der Mensch »entlarvt«, die Klischees »zertrümmert« und »die äußeren Fassaden niedergerissen werden« müssen, bevor »die eigentliche Existenz sichtbar« zu machen ist.[673] Da der gesellschaftliche Nutzen solcher Offenlegung nicht eindeutig bestimmt werden kann, läßt er sich auch nicht

---

670 Das Drama kann vor diesem Hintergrund als Gegenstück *avant la lettre* zu Ionescos *Tueur sans gages* (1957) gelesen werden (vgl. B, 5.1.1).

671 GGW 10, S. 53 (Es war nicht meine Absicht, den 17. Juni zu dramatisieren [1968]).

672 Vgl. hierzu die nachfolgenden Ausführungen.

673 GGW 10, S. 6 (Den Menschen entlarven [1958]).

dramatisch darstellen. In Grass' postexistentialistischem Modell soll die gezeigte Absurdität von Leben und Geschichte zwar einen Reflexionsprozeß beim Zuschauer auslösen, aber unter Verzicht auf Beweislogik und ohne semantische Füllung.

Mit dem von Hildesheimer hochgeschätzten[674] Einakter *Noch zehn Minuten bis Buffalo* (1957) gewinnt dieser Emanzipationsakt eine poetologische Komponente. Die von Pempelfort und Krudewill geführte Lokomotive steht, während beide »große Geschwindigkeit« vortäuschen (GGW 8, 139). Ziel der ›Fahrt‹ ist Buffalo – in Anlehnung an die berühmte Fontane-Ballade Synonym für eine durch maschinellen Progreß bestimmte Freiheit, die unerreichbar bleibt und lediglich Stillstand kaschiert. Neben die Technikkritik tritt die Infragestellung ästhetischer Fortschrittseuphorie. So projektiert der am Rand der Szene befindliche Maler Kotschenreuther eine neue Kunst, die »höchst zeitgemäß und dennoch zeitlos« sein soll (143). Diesem Originalitätswahn, wie er sich nach Grass auch bei der Pariser Avantgarde findet, soll der »Inhalt als Widerstand« gegenübertreten. In den gleichnamigen Essay aus dem Jahr 1957 ist denn auch ein ›mißtrauischer Dialog‹ zwischen Krudewill und Pempelfort eingelassen, der beide – im Gegensatz zum Drama – dezidiert als Dichter ausweist. Vor allem Krudewill artikuliert seine Skepsis gegenüber Theorien, die hauptsächlich experimentell orientiert sind. Statt dessen spricht er sich für ein Modell aus, das beide Komponenten als Einheit versteht.[675] Im Stück selbst symbolisiert die Lok das ›mechanisierte‹ Kunstprogramm, das wie die Landschaft statisch bleibt, obwohl es äußerlich Tempo und Innovation zu verkörpern scheint. Erst die Fregatte, die gleichsam als »neue Muse«[676] fungiert, hinterfragt die bisherige Zielrichtung und ebnet dadurch den Weg zu einem erweiterten Wirklichkeitsverständnis:

> FREGATTE: Und Buffalo?
> PEMPELFORT UND KRUDEWILL: Was ist das?
> FREGATTE: Wo liegt Buffalo?
> PEMPELFORT UND KRUDEWILL: Wissen wir nicht.
> FREGATTE: Buffalo?
> PEMPELFORT UND KRUDEWILL: Unbekannt (153).

Am Ende verlassen beide ›Künstler‹ die Lok und folgen, ein Walfangboot mimend, mit der Fregatte den Kühen; der anvisierte Ort der Erlösung wird nicht erreicht. Nachdem das zielgerichtete ›Ausbeuten‹ der modernen Technik damit beendet ist, läßt sich das Gefährt durch die spielerische Naivität des Kuhhirten erstmals wirklich in Gang setzen:

> AXEL *schüttelt langsam den Kopf:* Wie die Bremsen sind sie hinter den Kühen her. *Er nähert sich mit Eimer und Zigarre der Lok.* Nach Buffalo wollen sie und scheuchen die Kühe. *Er klettert in die Maschine und pfeift seinen Hund.* Hierher, Jonas, hierher! Kommen, scheuchen die Kühe und wollen nach Buffalo. Als wenn unsereins nicht auch mal. Hab zwar keine Verwandten dort, aber so für zwei Tage, warum nicht? – *Er kichert, raucht, die Maschine stößt Dampf aus, heult, setzt sich in Bewegung. Während sie langsam nach rechts abfährt, blickt Axel aus dem Fenster und wechselt seine Zigarren aus* [...] (154f.).

---

674 Vgl. HA, S. 172 (Über das absurde Theater [1960]).
675 Vgl. GGW 9, S. 17-19.
676 Ebd., S. 19. Die ›neue Muse‹ soll nach Grass eine »akkurate Hausfrau« sein (ebd.)

Das Ästhetizismus-Problem bleibt allerdings weiterhin virulent: Der Utopiegehalt der Kunst liegt zwar in der Befreiung des ›Augenblicks‹,[677] aber der zu entrichtende Preis ist hoch, denn die Phantasiewelt erweist sich als kontingent, weil mit den Kategorien Raum und Zeit auch die historische Fundierung abhanden kommt.

Am Ende bleibt nur die Akzeptanz der ideologischen Leere, wie sie Grass im Bild der farb- und kontrastlosen ›neuen Muse‹ zu fassen versucht. Ihre Charakterdisposition entspricht der balancebezogenen Askese der Ballerina: »Grau, mißtrauisch, ohne botanische –, Himmels- und Todeskenntnisse, fleißig, doch wortarm in der Erotik und völlig traumlos«.[678] Das Grau ist modernehistorisch jedoch ambivalent: Einerseits bezeichnet es das Ende der Ideologien (›Farben‹), andererseits kommt ihm ex negativo die Qualität eines neuen archimedischen Punktes zu. Wie bei Hildesheimer finden sich auch in Grass' Dramatik Instanzen, die gleichsam objektiv auf die Absurdität blicken: u.a. der ewig schaukelnde Clown Conelli, der die Kindervorstellung dem Spielbetrieb der Erwachsenen vorzieht (*Beritten hin und zurück*) sowie die Ratten Perle und Strich (*Hochwasser*), die »alle Minuten und Sekunden« der Uhr »ratzekahl« auffressen (GH, 512), um den Menschen die Möglichkeit teleologischer Sinnstiftung zu nehmen. Und selbst Leo und Kongo erscheinen dem Ordnungshüter Henn am Ende ihres Erkenntnisprozesses »innen und außen grau« (531).

Dieses skeptizistische Weltbild ist für die nachfolgenden Werke ebenfalls konstitutiv. Im Drama *Die bösen Köche* (1957) alludiert das Rezept des ›Grafen‹, mit dem jener ein formidables »aschgraues Süppchen« (GGW 8, 179) zubereitet, die Möglichkeit der produktiven Verbindung von Kunst und Leben. Allerdings ist nur Herbert Schymanski – so der bürgerliche Name des Grafen – fähig, die »Suppe des Phönix« (167) zu kochen. Er kann das Verfahren weder schriftlich fixieren noch mündlich weitergeben, da er es beim Kochen jedesmal unter Überdruß und Todesangst, Genußsucht und Ekel neu entdeckt. Die Lebensstrategie des Küchenchefs, für die das Rezept metaphorisch steht, ist nicht verallgemeinerbar, bleibt ein »armseliges, ganz privates kleines Geheimnis« (206). Grass selbst konzediert Ende der sechziger Jahre, das Rezept nicht zu kennen.[679] Für die übrigen Köche wird es jedoch zur universalen Idee, weshalb sie es unbedingt in ihren Besitz bringen wollen, obwohl der Erfinder dessen ›postideologischen‹ Charakter betont: »Ich habe euch oft genug gesagt, es ist kein Rezept, es ist eine Erfahrung, ein bewegliches Wissen, ein Wandel, es dürfte euch bekannt sein, daß es noch nie einem Koch gelang, zweimal dieselbe Suppe zu kochen« (222). Die ›bösen‹ Kollegen stehen indes für einen Menschentyp, der sich anmaßt, das vielgestaltige Leben in Formeln und Begriffen einfangen zu können. Sie brauchen ein Ziel, um nicht vom drohenden »Loch in der Schöpfung«[680] aufgesogen zu werden. Klaus Stallbaum versteht die Geburtsakte zu Beginn des Dramas (vor allem Bennys Verlassen der Trompete und Grüns Schlüpfen aus dem Ei) als Signal für den »Verlust von Schutzverhältnissen und das Ausgestoßensein in eine fremde Welt«.[681] Die Jagd nach dem Rezept ist daher, wie der Koch Grün konzediert, nur ein »Vorwand«. Es gehe »auch nicht um die Suppe« (228), sondern – so mag man hinzufügen – um die Frage nach der adäquaten Form menschlicher Existenz.

---

677 Vgl. GGW 9, S. 7 (Die Ballerina [1956]).
678 GGW 9, S. 19 (Der Inhalt als Widerstand [1957]).
679 Vgl. GGW 10, S. 56-58 (Ich kenne das Rezept auch nicht [1969]).
680 GGW 8, S. 7 (Beritten hin und zurück [1954]).
681 Stallbaum (1989), S. 66.

Vor diesem Hintergrund muß der Versuch des Grafen, sich mit seiner Geliebten Martha ins private Idyll (Garten) zurückzuziehen, scheitern, weil er damit den gesellschaftlichen Auftrag der ›neuen Muse‹ vergißt. Er überantwortet das Absurde der Sinnlosigkeit und geht folgerichtig in den Freitod. Die mörderische Jagd ist auf diese Weise nicht zu beenden. Denn als Koch Vasco schließlich als einziger die wahre Natur des Rezepts erkennt, übernimmt er selbst die Schöpferrolle und wird vom Verfolger zum Verfolgten. Grass zeigt hier wie Ionesco die soziale Apokalypse des »universelle[n] Bürgertum[s]«,[682] einer gesellschaftlichen Verhaltensdisposition, die nicht klassengebunden ist. In der Tat gleichen die bösen Köche mit ihrem festen Glauben, das geheimnisvolle Zubereitungsverfahren werde alle Lebenssorgen aus der Welt schaffen, ideologischen Fanatikern, die durch Druck und Terror Individualität bekämpfen wollen. Da die Reflexion über das zugrundeliegende Weltverständnis fehlt, gewinnt die initiierte Treibjagd Ewigkeitsstatus. Koch Petri stellt zwar die Frage nach dem Sinn des Laufens, aber er kann nicht verhindern, daß sich in seinen Beinen etwas darauf vorbereitet und »einem angenommenen Ziel näher kommen« will (228). Ist bei Beckett das Warten auf den *deus absconditus* anthropologisiert, so hier der Zwang, ihm zu folgen.

Die von der Forschung bisher kaum berücksichtigte Farce *Zweiundreißig Zähne* (1958) etabliert eine Art Komplementärdiskurs, denn Grass zeigt am Beispiel des Volksschullehrers Ernst Friböse das Scheitern neuer Ordnungssysteme. Der Protagonist hat sich eine Dachmansarden-Idylle geschaffen, ohne dort Frieden finden zu können. Er ist »hin- und hergerissen« (GGW 8, 286) zwischen seinen zwei Seelen, die wie in Ambessers *Gerstenberg*-Drama (C, 4.2.1) als verschiedene Personen auftreten: Friböse verkörpert den klassizistisch ausgerichteten Nachkriegslehrer, sein ›Double‹ interessiert sich für die Abgründe menschlicher Existenz. Da beide Positionen nicht zu vereinbaren sind, schließt sich der Volksschullehrer dem Studienrat Purucker an, der »aus eigener Kraft« die »große Gemeinschaft« wiederbeleben möchte, von der Rabelais, Rousseau, Pestalozzi und Goethe geträumt haben. Schließlich beugt sich Friböse resigniert dem Kult der »Hygiene« und wird über das ›kathartische‹ Ritual des Zähneputzens in den »Freundeskreis« aufgenommen (335). Der damit verbundene Verzicht auf Individualität soll im äußeren Kommunikationssystem jedoch produktiv wirken, d.h. ein weiterhin autonom gedachtes Subjekt zu kritischer Selbstbesinnung anleiten. Nur so kann nach Grass das Sinnlose zum Absurden werden und ›graue‹ Hoffnung perpetuieren.

6.5.3 Postmarxismus (Müller)

Im Unterschied zu Wolfgang Borchert, dessen Nihilismus einen neuen Lebensmut hervorrufen soll (B, 6.5.1), ist der Akt der Negation bei Heiner Müller auf den ›klassischen‹ Marxismus bezogen, weil mit dessen »Kategorien« die Nachkriegswirklichkeit »nicht zu greifen« sei.[683] Vor allem in den Produktionsstücken bleibt das Narrativ jedoch präsent, wodurch es zu einer Fragmentarisierung der Dialektik von Idee und Körper kommt (B, 6.4.3). Darüber hinaus finden sich aber bereits hier Ansätze, neben Te-

682 Ionesco: Argumente und Argumente (1964), S. 176 (Die Tragödie der Sprache [1958]). Vgl. auch B, 5.2.1.

683 Müller: Rotwelsch, S. 145 (Fatzer ± Keuner [1980]).

leologien auch Aporien sinnstiftend wirken zu lassen. Der produktive Impetus ist dabei wie in dem von Müller stark rezipierten Schauspiel *Draußen vor der Tür* (1947)[684] auf die Form bezogen. Der Autor stellt der Ordnung ein Chaos gegenüber, mit dem diese sich auseinandersetzen muß. Müller selbst spricht später von »konstruktive[m] Defaitismus«.[685]

Tatsächlich wird der Glaube an die Möglichkeit linearer Geschichtswahrnehmung schon im Frühwerk suspendiert. Der Anfang läßt sich erst nachträglich verorten, und auch die »Mitte« weiß man »nicht vorm Ausgang«.[686] »DER GLÜCKLOSE ENGEL« der Historie ist daher bereits 1958 blind (MW 3, 180), wobei der Sehverlust die Kunst zugleich »präziser« werden läßt.[687] Müller möchte »verdunkeln«, »was Brecht klargelegt« hat, »damit es neu gesehen werden kann«.[688] Dahinter steht die Überzeugung, daß »keine marxistische Position« existiert, »außer über eine Negation«.[689] Die Forschung zieht vor diesem Hintergrund Parallelen zu Camus und Adorno.[690] Im ersten Fall scheint dies allerdings ambivalent, denn während der Franzose die Revolte dem Absurden entgegenstellt, verläuft der Prozeß bei Müller in umgekehrter Richtung, die Revolte (kommunistische Zeitenwende) wird durch das Absurde untergraben (Aporien des Realsozialismus). Erst in einem zweiten Schritt gewinnt die so entstandene Leerstelle – wie zu zeigen sein wird – Utopiegehalt. Mit anderen Worten: Müller verabschiedet im Gegensatz zu Derrida zu keiner Zeit den dialektischen Bezug von Bruch und Totalität, so daß die »Sehnsucht nach dem Fragmentarischen« weiterhin die »Möglichkeit« einfaßt, »das Gefängnis aufzubrechen«.[691] Folglich ist das Denken transzendental, setzt Ordnung als Bedingung der Möglichkeit von Destruktion voraus. Der Kommunismus wird problematisiert, aber nicht als Idee an sich, sondern nur mit Blick auf seine Verwirklichung. Im Gesamtwerk bleibt er »Endbild«[692] und »Menschheitstraum, an dessen Erfüllung eine Generation nach der anderen arbeiten wird bis zum Untergang unserer Welt«.[693] Alle übrigen Utopien sind »Notstandsprogramm[e]«.[694] Zwar möchte Müller keineswegs wie der klassische Marxist *»endlich lehren, zu leben«*,[695] aber er weiß doch recht genau, wie das falsche Dasein aussieht.[696] Der Kapitalismus der »totale[n] Beschleunigung«[697] erscheint daher schon in den fünfziger Jahren nur als vorübergehender Stillstand der Geschichte.[698] Anders als sein Äquivalent bei Benjamin[699] ist Müllers

684 Vgl. Hauschild (2001), S. 56f., 204.

685 Müller: Material, S. 40 (Verabschiedung des Lehrstücks [1977]).

686 MT 1, S. 118 (Der Bau [1963/64]).

687 Äußerung von Müller aus dem Jahr 1987 (zit.n. Schulz [1989], S. 167).

688 Müller: Brecht gebrauchen, ohne ihn zu kritisieren, ist Verrat (1980), S. 134.

689 GI 1, S. 157 (Was gebraucht wird [1985]).

690 Vgl. Hensing (2002), S. 268 und Mieth (2003), S. 216-221.

691 Äußerung von Müller (zit.n. Obad [1989], S. 164).

692 MT 2, S. 7 (Bilder [1955]).

693 Müller: Das Liebesleben der Hyänen (1993), S. 8. Die »Überlegenheit« des Kommunismus gegenüber den bürgerlichen Systemen manifestiert sich für Müller auch in dem Faktum, daß er »die bessere Literatur« hervorgebracht hat (MK, S. 112).

694 Müller: »Jenseits der Nation« (1991), S. 22.

695 Derrida: Marx' Gespenster, S. 9.

696 Humble (2000) weist in diesem Kontext zu Recht darauf hin, daß Müllers Ansichten »Berührungspunkte« mit Vorstellungen der ›konservativen Revolution‹ aufweisen (S. 185).

697 Müller: »Zur Lage der Nation« (1990), S. 11 (Dem Terrorismus die Utopie entreißen).

698 Vgl. MW 3, S. 180 (Der glücklose Engel [1958]).

›Engel‹ der Zukunft zugewandt und kann als ›Gespenst des Kommunismus‹ jederzeit wieder mit dem Flügel schlagen. Obwohl der Autor diese These später »ein bißchen flach optimistisch«[700] nennt, gilt auch für ihn der Brecht-Satz, daß es *»unmöglich«* ist, *»das Glücksverlangen der Menschen ganz zu töten«*.[701] Die Historie bleibt in ihrer Grundform »Spirale«,[702] weshalb die mit bestimmten politischen Systemen verbundene Stagnation nicht ewig währen kann.[703] Wie bei Adorno sind Utopien keine Setzungen, sondern Derivate der Geschichte. Selbst dem, was gescheitert ist, haftet noch der messianische Index an, der aus der »Traumzeit« heraus Zukunft als Erlösung fordert.[704] Tatsächlich argumentiert Müller (und zwar nicht erst der späte) aus der Perspektive ästhetischer Autonomie, wenn er Adornos Brecht-Kritik zustimmt[705] und am ›deutschen‹ Modell zweckfreier Kunstproduktion festhält:

> Wenn ich eine Arbeit mache, dann mache ich sie doch, weil ich diese Arbeit gern mache, weil ich sie so gut machen will, wie ich kann. Es ist doch zunächst uninteressant, ob das fertige Produkt morgen in einem Museum steht oder wie eine Flaschenpost im Atlantik treibt. Ich muß diese Arbeit so gut machen, wie ich kann, ohne Rücksicht auf Folgen, Umstände und auch auf die Überlebensfähigkeit des Materials, aus dem ich sie mache.[706]

Aus diesem Grund greift zu kurz, wer behauptet, Müller gestalte »die zynische Absage an alle progressiven Zukunftsentwürfe«.[707] Im Gegenteil, der Autor unterscheidet mit Blick auf Nietzsche dezidiert zwischen einem »Pessimismus der Stärke« und einem »Optimismus der Schwäche«.[708] »Nekrophilie« ist für ihn »Liebe zur Zukunft«,[709] und das »Tragische« wie bei Borchert »etwas sehr Vitales: Ich sehe einen Menschen untergehen, und das gibt mir Kraft«.[710] Selbst *Warten auf Godot* erweist sich aus dieser Perspektive als »produktives Stück«, denn es befördert den Entschluß, in die Kommunistische Partei einzutreten.[711] Am Ende der Dialektik steht jedoch keine Lösung, sondern das »Paradox« von Idee und Leben. Die Gesellschaft muß, wenn sie sich Ziele setzt, selektieren, kontrollieren und disziplinieren. Gleichzeitig – und dies verbindet Müller mit Beckett – kann der Einzelne nicht »absehen von Zwecksetzungen« und »Dinge akzeptieren, wie sie sind« (MK, 315). Hinzu kommt, daß der Lebens- zugleich der Todestrieb ist, die absolute Freiheit, sei es an der Front[712] oder nach der Kapitulation,[713] die

---

699 Müller selbst konstatiert 1991, er »fürchte«, er habe »beim Schreiben gar nicht an Benjamin gedacht« (Jetzt sind eher die infernalischen Aspekte bei Benjamin wichtig, S. 349).

700 Ebd., S. 350.

701 GBA 23, S. 242 (Bei Durchsicht meiner ersten Stücke [1953]).

702 MT 4, S. 124 (Über den Dramatiker Stefan Schütz [1975]).

703 Vgl. GI 1, S. 54 (Es gilt eine neue Dramaturgie zu entwickeln [1978]).

704 Müller: »Jenseits der Nation« (1991), S. 26.

705 Vgl. Müller: Rotwelsch, S. 148 (Fatzer ± Keuner [1980]).

706 GI 1, S. 176 (Der Weltuntergang ist zu einem modischen Problem geworden [1986]). Müllers Position erinnert »an die berühmteste Formel des deutschen kollektiven Narzißmus, die Wagnersche: deutsch sein heißt, eine Sache um ihrer selbst willen tun« (Adorno: *Auf die Frage:* Was ist deutsch [1965], S. 104).

707 Schneider (1998), S. 136.

708 GI 2, S. 24 (Ich muß mich verändern, statt mich zu interpretieren [1981]).

709 Müller: »Jenseits der Nation« (1991), S. 7, 31.

710 GI 1, S. 181 (Der Weltuntergang ist zu einem modischen Problem geworden [1986]).

711 GI 1, S. 49 (Einen historischen Stoff sauber abschildern, das kann ich nicht [1976]).

712 Vgl. GI 1, S. 177 (Der Weltuntergang ist zu einem modischen Problem geworden [1986]).

713 Vgl. Müller: Rotwelsch, S. 179 (Schreiben ist Lust an der Katastrophe [1980]).

totale Verausgabung einschließt. Solche Logik erklärt, weshalb Müller die kommunistische »Gegengewalt«[714] durchaus als legitimes Mittel ansieht, das Land der Oktoberrevolution unbesiegbar und damit eine neue Weltordnung möglich zu machen.[715] Trotzdem bleibt der Staatssozialismus das Zerrbild der Utopie: Im *Lohndrücker* reißt ein junger Mann das SED-Plakat von der Wand, und drei Arbeiter gehen darüber hinweg (MT 1, 16).[716] Die Zerstörung des falschen Leitbilds wird zum Protest gegen das *vorgeblich* Neue im Wissen um die Nicht-Darstellbarkeit des *wirklich* Anderen.

Formal konkretisiert erscheint die Aporie zwischen Zwecksetzen und -zerstören in der bei Müller omnipräsenten Sprechpause, die zwar ›sinnlos‹ ist, indem sie den Fortschritt aufhält, als szenische Aposiopese jedoch auf einen Raum jenseits der Binärlogik verweist. Dies zeigt paradigmatisch folgende Passage aus dem *Lohndrücker* (1956/57):

> DIREKTOR [...] Eine große Sache haben wir vor. Das gibt ein Beispiel für die ganze Produktion. Damit können wir beweisen, was die Arbeiterklasse leisten kann. Es muß für euch eine Ehre sein, mitzumachen.
> [...]
> KRÜGER Das ist Ausbeutung.
> BALKE Es geht um den Plan, Kollegen.
> STIMME *aus dem Hintergrund*: Wir scheißen auf den Plan.
> BALKE Fragt sich, ob ihr was zu scheißen habt ohne den Plan. [...] Ich kann den Ofen nicht allein umbaun, aber wir brauchen ihn. *Schweigen* (MT 1, 30).

Für Müllers Frühwerk bedeutet dies aber: Der Rezipient soll eine Entscheidung zugunsten des Neuen treffen (MT 1, 15), ohne daß ihm die fragmentarisierte Dialektik klare Dezisionen ermöglicht. Der *deus absconditus* sitzt damit bereits hier in der »Leerstelle«,[717] die zudem – quasi paradox – auf ein koproduzierendes Publikum ausgerichtet ist,[718] in dem der eigentliche Ansprechpartner, das Proletariat, weitgehend fehlt. So muß die Redaktion der Zeitschrift *Neue deutsche Literatur* 1959 einräumen (H. 5, 144), »daß mehr als ein Drittel der Leser [...] Lehrer sind, unter ihnen viele Deutschlehrer; an zweiter Stelle folgen Studenten, Dozenten, Wissenschaftler«. Interessierte »Arbeiter, Bauern und Soldaten« gebe es jedoch »viel zu wenig«. Für Müller ist diese Tatsache nur bedingt relevant, denn das »Moment von Utopie«, das »Kraft« »gibt«, wird sukzessive der »Form« anvertraut,[719] setzt also elaboriertes ästhetisches Wahrnehmungsvermögen voraus. Da diese Tendenz bereits die Produktionsstücke bestimmt, kann selbst der frühe Müller als Exponent eines dramatischen »Postmarxismus« gelten.[720] Die durch filmische Parameter (Schnitt, Sprung, Kurzszene) hergestellten Brüche bleiben nämlich eingebettet in einen Pluralisierungsprozeß, der keineswegs »offen und ständig

---

714 GI 3, S. 154 (Zehn Deutsche sind dümmer als fünf [1992]).

715 Vgl. die affirmative Stalin-Lyrik des jungen Müller (MW 1, S. 138f., 146-148).

716 Ähnlich ergeht es einem Spruchband mit Aufbauparolen (vgl. MT 1, S. 18).

717 GI 3, S. 164 (Zehn Deutsche sind dümmer als fünf [1992]). Müller etabliert diese ›Ästhetik der Auslassung‹ erst mit Abschluß des *Lohndrücker* (1957). In den Entwürfen der *Umsiedlerin* sprechen sich die Figuren dagegen aus, und der Körperdiskurs besitzt noch keine transzendentalästhetische Funktion (vgl. Streisand [1986], S. 1368).

718 Vgl. MT 4, S. 121 (Ein Diskussionsbeitrag [1972]).

719 GI 1, S. 181 (Der Weltuntergang ist zu einem modischen Problem geworden [1986]).

720 Mieth (2003), S. 361. Konkurrierende Bezeichnungen, die allerdings inhaltliche Unstimmigkeiten aufweisen, sind »revolutionary postmodernism« (Teraoka [1985], S. 17) und »marxistische Postmoderne« (McGowan [1990], S. 65).

revidierbar« ist.[721] Er verweist vielmehr ex negativo auf die Koordinaten des sozialistischen Aufbaus; die Sehnsucht nach dem Paradies meint hier noch kein absurdes »Warten auf nichts«.[722]

Darüber hinaus hat die Forschung bisher nur unzureichend beachtet, daß die Paradoxie von Idee und Leben auch den Interferenzbereich Drama/Theater bestimmt. Indem der Text nach Müller stets »avancierter« ist als die »gleichzeitige« Aufführung,[723] leistet er dem Realitätsanspruch der Bühne »Widerstand«[724] und wird so zur »Provokation«.[725] D.h. Inkommensurabilität resultiert nicht wie im Integraltheater aus dem ›Spiel aller möglichen Fälle‹ (A, 3.1), sondern ergibt sich aus dem Kontrastbezug beider Medien. Bevorzugte Gattung ist das Schauspiel aber auch deshalb, weil es »zwischen den Fronten«[726] steht: In seinen »Masken« kann man »das eine« und »das Gegenteil sagen«.[727] Die dadurch evozierte Phantasietätigkeit des Lesers wird – der saturnalischen Komik ähnlich (C, 3.2) – zum »Differential von Freiheit«[728] inmitten ökonomischer Zwangslagen. Nur unter Verzicht auf alle »Illusionen« läßt sich ein »Kern« freilegen, mit dem man »wieder etwas bauen kann«. Es spricht für Müller, daß er weiß, wie »furchtbar metaphysisch«[729] selbst ein unendlicher Erfüllungsprozeß klingt.

721 So die These von Fischer-Lichte (1991), S. 245.
722 Müller: Ende der Handschrift, S. 79 (Leere Zeit [1994]).
723 Ein Gespräch zwischen Wolfgang Heise und Heiner Müller (1989), S. 197.
724 GI 1, S. 18 (Literatur muß dem Theater Widerstand leisten [1975]).
725 Müller: Material, S. 93 (Und vieles [...] [1979]).
726 Ebd., S. 46 (Die Hamletmaschine [1977]).
727 Müller: Rotwelsch, S. 72 (Mauern [1981]).
728 AS 7, S. 260 (Ästhetische Theorie).
729 GI 3, S. 193 (Es gibt ein Menschenrecht auf Feigheit [1993]).

C. Ästhetische Ordnungen

1. Der Dramatiker: Zwischen Pontifikat und Identitätsverlust

Der diskursiven Polyvalenz der Nachkriegsepoche entspricht die Vielfalt an Versuchen, dem Schriftsteller, insbesondere aber dem Theaterautor,[1] eine Funktion zuzusprechen, die der »beispiellosen Zeit«[2] angemessen scheint. Man wendet sich dabei sowohl gegen die Tendenz des Faschismus zu sozialer Nivellierung als auch gegen die während des Weltkriegs nachhaltig empfundene ›Diktatur der Technik‹. Im Rahmen der Deutschen Teilung gewinnen entsprechende Autorkonzepte diskulturalen Charakter; die frühen Jahre bieten ein homogeneres Bild. Dennoch lassen sich für alle Phasen sozialkritische und egalitäre, skeptizistische wie zukunftsorientierte Tendenzen nachweisen.[3]

Die positive Aufladung der Dramatikerinstanz, wie sie vor allem während der ersten Nachkriegsjahre begegnet, kann verschieden begründet werden: religiös, ethisch, elitär oder politisch. Im ersten Fall besitzt der Theaterautor gleichsam messianische Kraft, ist »gottgesandte[r] Sprecher«[4] und »Priester«.[5] Da vor der Folie christlicher Heilsgeschichte alle Zeitalter »gleich nah und fern von Gott« sind, ist es seine Aufgabe, »das jeweilige Tageszeichen« zu erkennen,[6] d.h. den Punkt, an dem sich die Menschheit auf ihrem Weg zum Jüngsten Gericht befindet. Vor diesem Hintergrund fordert Ernst Wiechert bereits 1946 den Rückzug des Intellektuellen aus der Sphäre politischer Auseinandersetzung. Man müsse sich *»von der Zeit«* weg auf den *»Abglanz der Ewigkeit«* ausrichten.[7] Selbst für Stefan Andres, der in den fünfziger Jahren durchaus sozialkritisch agiert (B, 1.2.2), ist der Schriftsteller keinem weltlichen Auftrag verpflichtet, sondern »geistiger Pontifex«, der »die verborgene Ordnung der Dinge bloßlegt«.[8] Vorbild solcher Perspektivbildung ist Paul Claudel, der schon in seinem *Art poétique* (1907) die besondere Qualität des Dichters darin erblickt, sich als Seher über die reine Wissenschaft zu erheben und den Menschen zu ewiger Weisheit zu führen. Reinhold Schneider vertritt in diesem Kontext eine Zwischenposition. Zwar kritisiert er Claudels unproblematisches Weltbild, hält gleichzeitig aber an der Vorstellung fest, das »Wesen

---

1 Im folgenden werden daher vorzugsweise Autoren, Regisseure und Kritiker zitiert, die, selbst wenn sie vom »Dichter« reden, primär den Bühnenschriftsteller meinen. Mitunter beziehen sich die Zuschreibungen aber auch auf den Künstler als solchen.

2 Weisenborn: An die Deutschen Dichter im Ausland (1947), S. 3.

3 Aus diesem Grund bleibt die These von Lohmeier (2000), nach 1945 werde in Westdeutschland auf breiter Front ein antimodernes Autor- bzw. Intellektuellenkonzept wiederbelebt (vgl. S. 127-132), zu pauschal. Siehe auch Kapitel 1 (Einleitung).

4 Goldschmit-Jentner: Die Bühnen und die Generationen (1946), S. 86.

5 Falckenberg: Schauspieler und »Chorische Einheit« (1946), S. 194.

6 Syberberg: Der Mensch im Spiegel des Dramas (1946), S. 50.

7 Wiechert: Abschied von der Zeit (zit.n. Livius: Der Dichter in mystischer Wolke [1946]).

8 Andres: Über die Sendung des Dichters (1948), S. 129, 138. Vgl. auch ders.: Die Sendung des Dichters (1953), S. 64, 72.

des Künstlers«, der primär Dramatiker ist (B, 6.3.1), bestehe darin, »voraus zu sein«.[9] In Frage gestellt wird jedoch der metaphysische Transfer: Der Autor bringt sein Werk »zum Altar«, ohne daß der Wahrheitsgehalt der Botschaft noch sicher wäre. Es bleibt allein Gott überlassen, ob er sie »richte – oder neu begnade«.[10]

Für andere basiert die Sonderstellung des Künstlers dagegen auf seiner ethischen Autonomie, kraft derer er im neuen Staat eine Führungsposition beanspruchen darf. Als »Verkünder der natürlichen Humanität« scheint er – so Günther Weisenborn – der geeignete Lenker, zumal seine Stimme »tiefer« reiche als die des Politikers.[11] Die idealistische Basis solcher Äußerungen ist evident: Noch immer wird der Geschichtsverlauf metaphysisch bestimmt; selbst der Sieg der Alliierten über Hitler-Deutschland ist kein Triumph des Materials, sondern der Kultur. Die Nationalsozialisten, die nach Horst Lommer eine »Weltbücherverbrennung« entfachen wollten, sind letztlich »am Geiste zugrunde gegangen«.[12] Für den modernen Autor bedeutet dies, daß er nur dann wirken kann, wenn er seinen Elfenbeinturm verläßt. Der Pressesprecher des Hamburger Senats Erich Lüth fordert daher mit Blick auf Fred Dengers Drama *Wir heissen Euch hoffen* (1946), der Schriftsteller solle wie Bauer, Handwerker und Architekt die Zukunft aktiv mitgestalten.[13] Auch in Kurt Werner Stolles Schauspiel *Mensch an der Wende* (1948) optiert der Maler Mattia Boaretto schließlich dafür, der Jugend wieder zu antworten, statt sich in ästhetischen Probleme zu verlieren (125). Der inkommensurable Künstlertypus gehört somit der Vergangenheit an; er steht wie Hector Berlioz in Wolfgang Goetz' Farce *Die Seifenblase* (1948) zu stark in deutscher *Faust*-Tradition. Nicht von ungefähr wendet sich Camilla Kleyel am Ende dem »Damenpianiste« [sic!] Chopin zu, der – wie es die Klänge des ersten *Nocturne* nahelegen – seine Triebhaftigkeit unter Kontrolle hat (63).[14] Allein der vernunftbestimmte Künstler ist nämlich imstande, aktivster Träger »der mächtigsten Idee der Welt« zu werden: des Friedens.[15] Solcher Enthusiasmus weicht im Zuge des Kalten Krieges zwar einer gewissen Desillusionierung, bleibt ex negativo aber virulent. Denn obgleich die Welt durch das Theater »keine bessere geworden« sei, müsse der Dramatiker doch dafür Sorge tragen, »sie nicht noch schlechter werden zu lassen«.[16] Er vermag dies, weil er unter die wenigen rechnet, die während der Kriegsjahre ihre moralische Existenz aufrechterhalten haben. So wird in Horst Langes Stück *Der Traum von Wassilikowa* (1945) am Beispiel der Napoleonischen Kriege vorgeführt, wie nur der Dichter Puschkin »frei und schuldlos« bleiben konnte. Noch im »Irrtum« habe er sich »aus seiner Niederung« erhoben und »dem

---

9 SW 9, S. 431 (Christliche Dichtung [1951]).

10 Schneider: Belsazar (1949), S. 11.

11 Weisenborn: Von Tod und Hoffnung der Dichter (1947), S. 6f.

12 Lommer: Zum Tag des freien deutschen Buches am 10. Mai 1948, S. 2. In Wolfgang Martin Schedes *Himmlischem Saitenspiel* (1948) gewinnt der Orpheus-Mythos deshalb moralischen Ewigkeitsgehalt. Sobald nämlich »alle Gesittung, alles Maß und Gesetz« vom Untergang bedroht sind, wird »wieder [...] einer erscheinen« und die Leier »zu spielen wissen« (113).

13 Lüth: »Wir heißen Euch hoffen!« (1947), S. 1.

14 Ähnlich positiv konnotiert ist der polnische Komponist in Anton Strambowskis Drama *Die Walewska* (1948). Napoleons Geliebte steht hier zwischen »Mars« und »Apoll« und muß sich stellvertretend »für uns« entscheiden (8f.). Die Lösung bleibt der Zukunft vorbehalten: Walewskas Sohn soll trotz Ähnlichkeit mit dem Vater »in der Musik« ausgebildet werden (93).

15 H.L.: Weltfriedensbewegung im Jahre 1950 (1951), S. 8.

16 SF, S. 5 (Hermann Wanderscheck).

gier'gen Nichts« entgegengestellt (37f.). Auch für Günther Weisenborn waren die Dichter die einzigen, die bereits in der Weimarer Republik angesichts der Gefahr »geschrien, gewarnt, beschworen« haben.[17] Sie sollen daher jetzt die Vergangenheitsbewältigung vorantreiben und »glühende Vorhut einer Läuterung« werden, »die in ihrer Inbrunst so beispiellos sein muß, wie die deutsche Untat beispiellos war«.[18]

Solcher Vorreiterrolle entspricht im ›realistischen‹ Diskurs das Postulat, der Dramatiker habe der offiziell geforderten Tugend »die Lehre von den Lastern« entgegenzuhalten und zu zeigen, wie Menschen »wirklich handeln«.[19] Auch hier persistiert die Vorstellung, Kunst erlaube eine tiefere Einsicht in den Weltzusammenhang. Hans Rehberg plädiert aus diesem Grund dafür, der Bühne das »Geheimnis« zurückzugeben.[20] Dahinter steht die im ethischen Bereich weitgehend verabschiedete Trennung zwischen ›beseeltem Dichter‹ und ›gewissenlosem Intellektuellen‹.[21] Hinzu kommt meist ein negativer Massenbegriff, der Grundlage ist für die Skepsis gegenüber jeder Form sozialen Fortschritts. Da die erlebte Perversion durch den »Normal-Idioten« verursacht sei, fordert der englische Dramatiker John Whiting, sich literarisch nur mehr mit dem »ungewöhnlichen« Menschen zu befassen.[22] D.h. die Darstellung des Inkalkulablen kompensiert das Ende universalistischer Moraltheorien. Allerdings wird der Traditionsbezug nicht vollständig aufgegeben: Die Theaterautoren suchen weiterhin ›organische‹ Lebensverhältnisse, avancieren sogar zu deren letzten Repräsentanten, denn nur sie können – so Claus Bremer – »als Herren ihrer Technik Freiheit realisieren und vermitteln«.[23] Dies geschieht jedoch ohne »festgefügtes Weltbild«. Man möchte wie der Dramatiker Gert Oelschlegel ›objektiv‹ sein und nicht die Lenkungsversuche jener Institutionen fortschreiben, deren ideologische Programme keine Überzeugungskraft mehr besitzen.[24] Trotzdem bleibt es allein »der seherischen Gabe, der Potenz und Kraft des Dichters« vorbehalten, den modernen Menschen jenseits fehlender Evidenz auf seine »existenzielle Verantwortung« für den Kosmos hinzuweisen.[25] Die Vorstellung des intuitiv schaffenden Künstlers erlebt deshalb eine Renaissance – gerade im poetisch-absurden Theater. Hier läßt sich der Wissensvorsprung des Autors nämlich nicht kausallogisch begründen. Folgerichtig konstatiert Ionesco: »Wenn ich ein Stück zu schreiben beginne, habe ich keine vorgefaßten kunsttheoretischen Ideen. [...] Nur diese Spontaneität kann eine direkte Kenntnis der Wirklichkeit sicherstellen«.[26] Auch für Wolfgang Hildesheimer ist klar, »daß ein Werk, welches die Wahrheit enthält, *nur* ein Kunstwerk

---

17 Weisenborn: An die Deutschen Dichter im Ausland (1947), S. 5.

18 Weisenborn: Von Tod und Hoffnung der Dichter (1947), S. 7. Zum Katharsis-Begriff des Autors vgl. C, 3.1.

19 Böttcher: Die Geburt Hamlets (1946), S. 218f.

20 Vgl. Der Sinn des Theaters (1957), S. 45.

21 Vgl. ebd., S. 45f.

22 Ebd., S. 68.

23 Bremer: Das heutige Publikum und der heutige Schauspieler (1956/57), S. 249. Selbst Adorno konstatiert 1962, es sei angesichts des Konsumzwangs »heute in Deutschland eher an der Zeit, fürs autonome Werk zu sprechen als fürs engagierte« (AS, S. 429 [Engagement]).

24 Vgl. Der Sinn des Theaters (1957), S. 84f.

25 WA, S. 4 (Gerd Oelschlegel).

26 Ionesco: Ganz einfache Gedanken über das Theater (1958), S. 44. Ähnlich sieht es Audiberti: »Meine ersten Stücke schrieb ich auf Anhieb und ohne Berechnung darstellungsreif« (TiG, S. 270), und Schehadé gesteht: »Theater ist für mich in erster Linie eine Angelegenheit der Intuition und der Spontaneität« (zit.n. Kesting [1969], S. 157).

sein kann«. Der historische Zugriff auf die Realität bleibe statt dessen defizitär.[27] Margret Dietrich spricht in diesem Zusammenhang von einem »schizothyme[n]« Schriftsteller,[28] dessen Problem darin bestehe, daß er das Fehlen von Logik als unwiderlegbares Faktum demonstrieren müsse.

Die Sonderstellung, die der Autorinstanz in der Nachkriegsepoche zugesprochen wird, erklärt die bisher übersehene Renaissance des Künstlerdramas.[29] Hier lassen sich verschiedene Bereiche unterscheiden: zunächst die Exposition des unverstandenen Genies, das an Banalität und Grausamkeit der Welt zugrundegeht. Assoziiert ist der Versuch, die Ohnmacht des Intellektuellen gegenüber dem Faschismus in einen diskursiven Sieg zu verwandeln. Man greift dabei auf bekannte Mythen der Weltliteratur zurück. So scheitert der Protagonist von Egon Viettas *Orpheustrilogie* (1943-1945) am Nonsens transzendenzloser Weltaneignung (B, 3.2), während Helmuth Maximilian Böttcher in der *Geburt Hamlets* (1946) selbst Shakespeare zum »Narren« werden läßt, »weil die Welt davor zurückschreckt, seine Weisheiten zu ertragen« (222). In Ernst Walter Schmidts Schauspiel *Der dunkle Weg* (1948) zerbricht Vincent van Gogh, dessen »einsame Seele« sich »nach Freundschaft« sehnt (100), an der Ignoranz der Mitwelt.[30] Ähnliche Tendenzen bestimmen möglicherweise Hans Rehbergs *Rembrandt*-Drama (1955), das lediglich bibliographisch zu eruieren ist. Die Lebensgeschichte des niederländischen Malers sowie die Ästhetik des Autors lassen allerdings vermuten, daß die Genese großer Kunst mit dem Einsamkeitsmodell verbunden wird bzw. der Absage an bürgerliche Lebensformen. Auch in Rehbergs *Kleist*-Schauspiel (1957) steht der Protagonist für die »Kraft der Poesie« – anders als Karl August von Hardenberg, der mit Blick auf Platon einen kunstfreien Befehlsstaat fordert (72f.). Kleists Selbstmord ist daher politisch motiviert: Nach dem Bund des Königs mit dem »Tyrannen« Napoleon scheint ihm das Weiterleben »zu gefährlich« (92). Rehberg heroisiert auf diese Weise das Scheitern des eigenen Versuchs, unter Hitler als rechtskonservativer Dramatiker zu bestehen.

Um die realpolitische Ohnmacht des Schriftstellers zu camouflieren, verleiht man ihm mitunter sogar übermenschliche Züge. So zeigt Hermann Rossmanns *Titanen*-Trilogie (1951) »dunkle Giganten«, die »herrschenden Gewalten« vergeblich trotzen (5). Während Shakespeare als moderner Hiob gegen das Absurde ankämpft, ohne von Gott eine endgültige Heilsversicherung zu erhalten, muß Dante einsehen, daß ihm Liebe und Schönheit, wie sie sich in Beatrice verkörpern, diesseits des Todes unerreichbar bleiben. Das Inkommensurable wird damit transzendent verortet, der Künstler ein zweiter Sisyphos. Zuweilen ist es aber auch Teil des Autorsubjekts, wobei Kleist und Grabbe als historische Paradigmata dienen. Sinnstiftend wirkt nun wie in Rudolf Jungnickels Schauspiel *Heinrich von Kleists Tod* (1947) allein die Tragik der Diskrepanz: Einerseits »erhellen« uns die »Großen« (84), andererseits erliegen sie »im Zweikampf mit sich selbst«, weil sie gegen »besseres Wissen« noch immer das »Höchste« wollen. Die Idolatrie des Enigmatischen kompensiert hier das Fehlen klarer Handlungsmaximen im »umgestürzten« Kosmos (9). Tatsächlich bezeichnet Walter Kiewert den Dramatiker

---

27 WH, S. 24 (Die Kunst dient der Erfindung der Wahrheit [1955]).

28 Dietrich: Das Groteske als tragisches Weltgefühl im modernen Drama (1959), S. 281.

29 In dem neuen Standardwerk von Uwe Japp (2004) findet nur Hans Henny Jahnns *Chatterton*-Drama Berücksichtigung (vgl. S. 218-226).

30 Leider nur bibliographisch nachweisbar ist Peter A. Horns Bühnenwerk *Albrecht Dürer* (vgl. Der Autor 1949. H. 5/6, S. 4).

Grabbe – ganz im Sinne von dessen Selbstcharakteristik[31] – als Titan, der für diese Welt »zu groß« war und deshalb »einer anderen« zugehört (93). Der Künstler steht demzufolge zwischen »Mensch« und »Tier« (1), sein Leben umfaßt den gesamten Spielraum möglicher Existenz.

Ähnliches gilt für das bedeutendste Künstlerdrama der Nachkriegsepoche: Hans Henny Jahnns Tragödie *Thomas Chatterton*, die 1956 unter Gründgens' Regie am Hamburger Schauspielhaus uraufgeführt wird und zu den wenigen Theatererfolgen des Autors zählt.[32] Obwohl der Plot verschiedene Dimensionen aufweist, scheint auf den ersten Blick die Gesellschaftskritik im Zentrum zu stehen. Der Autor selbst konstatiert, »die verfehlte soziale Struktur des 18. Jahrhunderts« bilde den »Hintergrund des tragischen Geschehens«.[33] Zweifellos bezieht sich diese Kritik auch auf die Zeit nach 1945, in der Jahnn gleichfalls ›zwischen den Stühlen‹ sitzt.[34] Rainer Guldin hat allerdings mit Recht betont, daß es sich trotzdem um keine politisch engagierte Dramatik handelt.[35] Es geht vielmehr um die postromantische Retablierung des Genies, wie Jahnns theoretische Schriften belegen, die Guldin weitgehend ausspart. In ihnen findet sich bereits 1949 die Ansicht, nur »schöpferische Leistung« könne den »Durchschnitt der Menschen wieder dahin« führen, »in Einklang mit sich selbst« zu leben.[36] Das Autorkonzept bleibt somit elitär: »Urheber« des Kunstwerks ist nach Jahnn stets »ein Individualist«,[37] seine Tätigkeit »kein Beruf« und »noch in der größten Vereinsamung« zu rechtfertigen.[38] Es wundert nicht, daß die berühmte Fälschungsdebatte kaum Interesse beansprucht. Sie wird zwar im Chatterton-Essay erwähnt, das Stück selbst konzentriert sich allerdings auf den Begriff der ›künstlerischen‹ Echtheit. Deren Genese kennzeichnet den eigentlichen Schwerpunkt der Tragödie. Wie in der *Spur des dunklen Engels* (1949)[39] meint Genialität die »Erfindung dessen, was nicht gelehrt und gelernt werden kann« (JD, 301). Jahnn übertritt die Kant-Definition jedoch insofern, als er Pubertät und Knabenliebe katalytische Eigenschaften zuspricht – im Essay mutmaßend,[40] im Drama thetisch. Der Handlungslogik zufolge ist Chattertons Kreativitätsverlust Ergebnis seiner Absage an frühere Männerfreundschaften: »Du schreibst«, so William Barrett, »politische Essays und denkst an Mädchen« (677).[41] Auch in der *Spur des dunklen*

---

31 1822 konstatiert Grabbe in einem Brief an die Eltern: »Ein hiesiger Schriftsteller hat von mir gesagt: ich wäre ein Mensch, den man erst nach Jahrhunderten verstehen würde« (Briefe 1, S. 48 [Brief vom 29. November]). Auch Schneider (B, 6.3.1) und Grass (B, 6.5.2) beziehen sich explizit auf Grabbe; lediglich Wiechert kritisiert den Vormärz-Dramatiker (vgl. Wiechert: Okay oder Die Unsterblichen [1945], S. 29, 69).

32 Vgl. Freeman (1986), S. 609f.

33 JD, S. 1260 (Notiz an die Deutsche Presseagentur [1954]).

34 Vgl. JS, S. 354-365 (Zwischen den Stühlen [1951]).

35 Vgl. Guldin (1996), S. 163.

36 JS, S. 350 (Die Abgründe vor uns [1949]).

37 JS, S. 421 ([Der Mensch im Atomzeitalter] [1956]).

38 JS, S. 381, 383 (Vereinsamung der Dichtung [1953]).

39 Das Schauspiel über die »Freundschaft« (JD, S. 301) zwischen dem jugendlichen »Genie« David (ebd., S. 299) und Jonathan, dem Sohn König Sauls, ist nach Uwe Schweikert »eindeutig« autobiographisch bestimmt: »Jahnn wollte sein Verhältnis und seine widersprüchlichen Gefühle zu Yngve Jan Trede in eine literarisch stilisierte Form gießen« (ebd., S. 1236).

40 Vgl. JD, S. 1030 (»wahrscheinlich waren es in früher Jugend seine Kameraden, die ihm das Herz weiteten«).

41 Die Erstfassung ist noch deutlicher: »Hast du, seit du den Schlachtersohn verworfen hast, noch eine gültige Zeile geschrieben« (zit.n. Blohm [1971], S. 247).

Engels bedeutet die »Einfügung des Genies in den durchschnittlichen Ablauf« den Verlust seines innovativen Potentials. Grundlage hierfür ist die Annahme, Begabung sei weder genetisch noch sozial determiniert, sondern ergebe sich »einzig« aus einem »Gesetz der Mutation«. D.h. die »Erbmasse« muß, und hier betritt Jahnn seiner Ansicht nach »biologisches Neuland«, beim Heranwachsen verwandelnd ausgebildet werden.[42] Doch obgleich die homosexuelle Thematik im Drama präsenter ist als im Essay, scheint es problematisch, dem gesellschaftskritischen Diskurs mit Guldin lediglich »Masken-Funktion« zuzusprechen.[43] In Wirklichkeit sind beide Perspektiven über das tragische Künstlerbild verbunden (weshalb der Satiriker Chatterton samt fingierter Selbstmordankündigung unterschlagen wird).[44] Für Jahnn ist das Genie Ausdruck geglückter Schöpfung und »Maß des Menschen«. Einzig in seiner »Anerkennung« liegt die Möglichkeit, der Welt »noch« zu »helfen«.[45] Die am Ende des Stücks diskutierte Schuldfrage besitzt damit existentielle Bedeutung: Nur wenn die Menschheit ihrer »Pflicht« nachkommt, »nicht an den Besten schuldig zu werden«, ist eine Fortsetzung der Kulturgeschichte denkbar (JD, 705). Wie der späte Brecht (*Leben des Galilei*) sucht Jahnn als Antwort auf die semantische Leere der bürgerlichen Moraltheorie die Unberechenbarkeit des Intellektuellen ethisch aufzuladen.

Im engagierten Diskurs bleibt der Künstler dagegen weiterhin fähig, weltverändernd zu wirken. Er erscheint als integrer oder zumindest gewandelter Prophet einer besseren Zukunft – sei es mit christlicher oder politischer Perspektivbildung. So beschließt der durch Zuchthausstrafe bekehrte Dostojewskij in Günter Rutenborns Schauspiel *Auferstehung* (1946), »Sprecher« der »Leidtragenden aller Welt« zu werden (77). Der Aktualitätsindex dieser Initiative ist evident, denn nur durch sie kann »das blutgezeichnetste [sic!] unter allen Menschengeschlechtern«, nämlich das gegenwärtige, Gnade erlangen und in Frieden weiterleben (6).[46] Eine ähnliche Peripetie bildet das Zentrum von Julius Maria Beckers Da Vinci-Drama *Das Mahl des Herrn* (1947), das von den Zeitgenossen sogar mit Dantes *Divina Commedia* und Goethes *Faust* verglichen wird.[47] Der italienische Bildhauer, der sich zunächst »blasphemisch« als alter deus begreift (150), lernt in einem schmerzhaften Prozeß, Hybris, Egoismus und Todessehnsucht zu überwinden. Statt der Kriegswerkzeuge stellt er schließlich sein Abendmahl-Bild fertig, dessen »ungeheure Wirkung« die Volksmenge tief erschüttert (209). Der Maler tritt jedoch hinter das Geschaffene zurück, um das Führerprinzip nicht auf anderer Ebene fortzuschreiben. Aus diesem Grund muß selbst Orpheus, der frevelnd »nach den Sternen griff« (67), in Wolfgang Martin Schedes *Himmlischem Saitenspiel* (1948) erkennen, daß allein sein Werk ewig besteht und auch nur deshalb, weil er »in höherem Dienst« wirkte (106). Betrachtet man statt dessen den sozialkritischen Diskursbereich, so avanciert der Künstler zum Visionär einer fundamentalen Systemveränderung, wird

---

42 JD, S. 1253 (Brief vom 6. August 1949 an Oskar Wälterlin).

43 Guldin (1996), S. 163.

44 Vgl. W.G. Schmidt (2010).

45 JD, S. 1253 (Brief vom 6. August 1949 an Oskar Wälterlin).

46 Das gleiche Denkmodell begegnet fünfzehn Jahre später in Hermann Gressiekers *Seneca*-Tragödie (1959) – allerdings mit deutlich resignativen Zügen. Denn die Christ gewordene Hauptfigur projektiert vor ihrem erzwungenen Freitod ein Goldenes Zeitalter der Vernunft, dessen Evokation als zynischer Kontrapunkt zur Gegenwartsgeschichte aufgefaßt werden muß (138).

47 Vgl. Fischer-Föbus: Die Bürger von Weisedum (1947), S. 88*. Das Drama wird am 16. November 1948 im Opernhaus Düsseldorf uraufgeführt.

wie Tilman Riemenschneider in Guido Reifs Schauspiel *Der Rebell* (1948) »Täter des Wortes« (III*). Sozialismus und Religion verbinden sich hierbei: Die Leibeigenschaft widerstreitet der »Erlösung der Menschen durch Christum« (47), und selbst der Erfolg des Unternehmens ist transzendent abgesichert. Der Bildhauer wird »auferstehn«, wenn der Bauernkrieg seine historische Vollendung gefunden hat (112). Auch in Günter Felkels Büchner-Drama *Unsterbliche Flamme* (1948) gewinnt der Kommunismus eine metaphysische Dimension. So verkündet der »Todgeweihte« (68), dessen Geschichtsskepsis weitgehend eliminiert ist (40f.), am Ende messianisch die große Weltrevolution. Im Unterschied hierzu schwankt der rebellische Dichter François Villon in Roland Warsitz' epischem Theaterstück *Prolet – Poet – Prophet* zwischen Fatalismus und Zukunftsglaube. Dennoch entledigt er sich schließlich der Ketten und tritt für aktives Handeln ein (C, 4.2.5).

Obwohl hinsichtlich des Künstlerbegriffs zunächst kaum Unterschiede zwischen Ost und West bestehen, reaktiviert man schon früh linksbürgerliche Autorkonzepte. So fordert SED-Sympathisant Victor Klemperer den modernen Künstler im Juni 1946 dazu auf, »das vernunftlose Vorwärtsstürmen des Instinkts zu vereiteln«.[48] Ähnlich sieht es Paul Rilla, wenn er im März 1947 betont, jeder Autor müsse »wissen, wo er steht«. Dies sei aber nur möglich, wenn er »die soziale Struktur seiner Gegenwart nicht nur mit dem Gefühl, sondern auch durch Erkenntnis« begreife.[49] Alfred Kantorowicz entwirft sogar ein gleichsam asketisches Bild: In dem Drama *Die Verbündeten* (e 1944, v 1950) agiert der Intellektuelle rational und zeigt sich resistent gegenüber jeder Anfechtung seiner Triebdisposition.[50] Gegen solche Enthaltsamkeit wendet sich Heinar Kipphardt mit seiner Kafka-Adaption *Der Hungerkünstler* (1949), einer vierseitigen Szenenskizze, die nie zum Drama ausgearbeitet wurde und der Forschung bisher unbekannt war.

Protagonist Andas Vedas (Andreas Setzwein) klagt über den »Niedergang der Hungerkunst«, den er nicht versteht, weil er sich selbst für »eher gereift« hält und daher »vor neuen großen Leistungen« sieht. Schon nach dem ersten Tag seiner Präsentation, bei der man ihn als »den größten Hungerkünstler aller Zeiten« ankündigt, reagieren die Zuschauer nur mehr erheitert. Obzwar Vedas von der »Würde des Opfers« und der »Kunst der Selbstüberwindung« spricht (1), glaubt man dem Ideal nicht mehr, betrachtet es als »Schwindel«. Dennoch ist der Käfig am 40. Tag der biblisch inspirierten Fastenzeit »mit Blumen bekränzt« (2). Um sich selber zu übertreffen, will Vedas weiter Abstinenz üben, aber die Ärzte verhindern den Rekordversuch. Wenig später kündigt der Impressario den Vertrag aufgrund mangelnden Interesses an der Hungerkunst. Dank seiner früheren Reputation kommt der Protagonist in einem großen Zirkus unter – jedoch nur als Pausenattraktion neben den Tierkäfigen, weil es sein »Stolz« nicht zuläßt, »eine andere Tätigkeit anzunehmen« (3). Man geht blicklos an ihm vorüber; Vedas selbst zieht sich immer mehr in das Dunkel seines Käfigs zurück. Mit der Zeit wird er vergessen, bis ihn der Tierwärter unter einem Haufen Stroh findet und aus dem trancehaften Halbschlaf erweckt. Nachdem klar ist, daß es sich um den Hungerkünstler handelt, errechnet der Wärter »eine unglaubliche Zahl von Tagen«, die Vedas mit höchster Genugtuung vernimmt. »Auf seinem Gesicht erscheint ein glückliches Leuchten, und er erklärt mit schwacher Stimme den tiefen Sinn seines idealischen Beispiels der Enthaltsamkeit und stirbt verklärt.« Die Dramenskizze endet – wiederum in enger motivischer Anlehnung an Kafka – mit dem Hinweis, daß der junge Berberlöwe, der am nächsten Tag den Käfig bewohnt, »ungleich größeres Interesse als der Hungerkünstler« auf sich zieht (4).

---

48 Klemperer: Die Rolle des Intellektuellen in der Gesellschaft, S. 685.
49 Rilla: Förderung junger Dramatiker, S. 5.
50 Vgl. Peitsch (1987), S. 114f.

Trotz der marxistisch gespeisten Absage an ein Autorideal genialischer Askese, wodurch sich Kipphardts Version von der Vorlage unterscheidet, deutet der Autor noch kein neues alternatives Schriftstellermodell an. Erst mit Gründung der DDR wird die sozialistische Kontur deutlicher. Die Dichter sollen nun »Herolde der Schönheit« sein, der beglückenden Produktivität nicht-entfremdeter Arbeit.[51] Gleichzeitig möchte man den ›neuen Menschen‹ animieren, selbst die »Festung« ›Kunst‹ zu erobern.[52] Denn noch der interessanteste Einfall hat nach Alfred Kurella nichts Genialisches, sondern ist lediglich Resultat einer bestimmten Einstellung zur Wirklichkeit.[53] Für den DDR-Dramatiker Hans Lucke kann es daher, sobald »die Beherrschung der handwerklichen Mittel« vorausgesetzt ist, nur noch »ideologische Schwierigkeiten« im Schreibprozeß geben.[54] D.h. Kunst ist nicht allein lehr- und lernbar, sondern anhand ihres Limes zur offiziellen Parteilinie klar zu bewerten: Der Autor muß »die Lehren der Geschichte« den Menschen »leicht verständlich nahe[]bringen«[55] und damit den »Prozeß der Ausbildung und der Festigung des Bewußtseins« katalysieren.[56] Anders als im Westen wird die Distanz von Künstler und Volk hier sukzessive nivelliert mit dem Endziel, daß »in der produktiven Gemeinschaft« alle Werktätigen die Möglichkeit erhalten, »Faust oder Prometheus sein« zu können.[57] Darüber hinaus sucht man die Kluft zwischen Ästhetik und Naturwissenschaft zu schließen, denn auch der Physiker Peter Pieper in Hedda Zinners Drama *Auf jeden Fall verdächtig* (1959) besitzt Züge eines Künstlers (8).

Daneben erheben sich jedoch Stimmen, die der Autorinstanz weiterhin einen Sonderstatus zubilligen möchten. So vertritt Johannes R. Becher schon 1950 die These, der Dichter sei im Unterschied zum Proletarier eine »poetische Persönlichkeit«.[58] Wie Friedrich Engels geht der erste Präsident des Kulturbunds davon aus, daß die kommunistische Perspektive keine rein ökonomische ist. Mit ihm opponieren seit Beginn der fünfziger Jahre eine Reihe Intellektueller gegen diejenigen SED-Funktionäre, deren Kulturverständnis auf der Negation von Individualität beruht.[59] Die DDR-Dramatiker reagieren in unterschiedlicher Weise: Erwin Strittmatter sucht den politischen Zwang zu euphemisieren, indem er den Urheber austauscht. Es sei »eine goldene Unfreiheit«, die dem sozialistischen Autor von seinen »Lesern« auferlegt werde. Denn nur dank dieser Kontrolle könne er als »Gewissen des Volkes« fungieren.[60] Der späte Friedrich Wolf sieht diesen Sachverhalt skeptischer. Die zunehmenden ökonomischen Probleme der DDR scheinen ihm nicht zuletzt Ergebnis der Tatsache, daß das große Individuum sein Innovationspotential kaum mehr entfalten kann. An Karl Kleinschmidt schreibt er daher 1953 mit Blick auf den Bauernrevolutionär Thomas Münzer: »Ja, welche Figuren

---

51 Strittmatter: Literatur heute (1961), S. 52. Vgl. auch Abusch: Die künstlerische Persönlichkeit in unserem Staat (1954), S. 4.

52 Wunder: Eine Festung wird erobert (1952), Titel, passim.

53 Vgl. Kurella: Von der Lehrbarkeit der literarischen Meisterschaft (1955), S. 108.

54 Lucke: Über einige Schwierigkeiten beim Schreiben von Zeitstücken (1957), S. 16.

55 Thun: Gegenwartsthema und sozialistische Aussage (1958), S. 118.

56 Kurella: Eine neue Etappe unserer Kulturrevolution (1959), S. 10. In Werner Schillings Lustspiel *Die Talente* (1959) überdenkt der Maler Ronald Menge seine elitäre Position, um sich schließlich dem zunächst degoutierten sozialistischen Realismus zu widmen.

57 K. Wolf: Prometheus an jeder Geige (1970), S. 46.

58 Becher: Bemühungen I, S. 66 (Der lyrische Dichter als poetische Gestalt).

59 Vgl. Wehner (1992). Bd. 1, S. 94f.

60 Strittmatter: Gehen wir voraus! (1959), S. 21.

waren es damals! Wie konnten sie alles sagen trotz Scheiterhaufen und Acht und Bann! Und wie wurden sie gehört«.[61] Noch deutlicher wendet sich Heinar Kipphardt gegen den Versuch, »die Arbeit des Geistes zu präzisieren wie die Arbeit eines Kumpels in einem Hammerwerk«. Der Autor müsse weiterhin berechtigt sein, »eigene[] Ansichten« durchzusetzen.[62] Individualität und Parteilichkeit werden hier dialektisch vermittelt, koinzidieren in der ›Einheit der Gegensätze‹. Nicht von ungefähr stellt Peter Hacks seiner Abhandlung *Das Poetische* (1966) zwei Motti voran, die sich logisch ausschließen: »Die Partei, die Partei, / Die hat immer recht« (Louis Fürnberg) und »Die Poesie, die Poesie, / Die Poesie hat immer recht« (Friederike Kempner).[63] Andererseits ist durch diese Position wieder Größe möglich: Während Hacks sich qualitativ direkt unter Shakespeare plaziert,[64] stellt sich Hartmut Lange sogar auf eine Stufe mit dem englischen Dramatiker.[65] Grundlage solcher Selbstidolatrie ist die Vorstellung, daß die neu gewonnene Freiheit des Menschen ihre höchste Ausprägung im Künstler erlebt. Denn nur ihm steht die poetische Transzendentalperspektive zur Verfügung, von der aus sich die realen Widersprüche als nicht-antagonistisch erweisen. Ex negativo bleibt dieses Denkmuster noch im Postmarxismus Heiner Müllers virulent. Auch hier repräsentiert der Künstler den ›ganzen Menschen‹, allerdings inklusive existentieller Abgründe. Schon für den frühen Müller ist Schreiben meist wichtiger als Ideologie (B, 6.4.3), wodurch der Graben zwischen Elite und Durchschnitt erneut aufbricht. Die Politikerlaufbahn sollte – so die provokante, aber durchaus ernstgemeinte These – »mittelmäßige[n] Leuten« vorbehalten sein, weil sonst wie bei Hitler und Stalin die Gefahr bestehe, den Staat durch »Ästhetisierung« zum Moloch zu machen.[66]

Im Westen wird das Wirkungspotential des Dramatikers stärker untergraben. Bereits während der ersten Nachkriegsjahre äußert man Zweifel an der Möglichkeit, gesellschaftsverändernd agieren zu können – zunächst vor allem im Kontext der Wilder-Rezeption (B, 1.2.1). Aber auch darüber hinaus zeigt man sich überzeugt, daß die Dichter ihre Stimme vergeblich erheben, und die Kraft der Phantasie die Welt nicht umzugestalten vermag. Grund hierfür scheint die menschliche Verführbarkeit. So hat der Diktator Urian in Friedrich Karl Fromms gleichnamiger Tragödie zwar zunächst Respekt vor den Intellektuellen, macht sie aber schon bald »mit leeren Phrasen« mundtot (45). Ein nicht näher zu bestimmender Autor namens »F. Phoebus« exponiert den Dramatiker in seinem Schauspiel *Ferner liefen mit....* (1948) sogar als skrupellosen Opportunisten. Behaftet mit dem ›Schandfleck‹ einer jüdischen Urgroßmutter, sucht Zdenko von Sost sich dem Hitler-Regime zu assimilieren, »das Politische mit dem Poetischen zu vermählen« (40). Es gelingt ihm auf diese Weise, selbst den Ausschluß aus dem Schriftstellerverband rückgängig zu machen getreu der parodierten Antigone-Maxime: »nicht mitzuhassen«, »[m]itzulaufen sind wir da« (91). Während der fünfziger Jahre wird die verändernde Kraft des Schriftstellers noch grundsätzlicher in Frage gestellt. Für Richard Hey ist Theater kein Ort der Bewußtseinsbildung, sondern des Stils

61 Briefe von Friedrich Wolf, S. 98 (Brief vom 23. September 1953 an Karl Kleinschmidt).
62 KT, S. 13, 33 (Shakespeare dringend gesucht [1953]). Vgl. C, 3.3.
63 HM 2, S. 92. Vgl. B, 6.4.2.
64 Vgl. HM 2, S. 168 (Über das Revidieren von Klassikern [1975]).
65 Vgl. Lange: Die Revolution als Geisterschiff, S. 181 (Arbeiten im Steinbruch [1972]).
66 Müller: Jetzt sind eher die infernalischen Aspekte bei Benjamin wichtig (1991), S. 358. Ähnlich sieht es Schneider-Schelde: R VII (ca. 1946), S. 34.

und der Form. Schreiben avanciert damit wie bei Barthes zum ›Vergnügen‹ – ähnlich dem »Entziffern eines verstümmelten Telegramms«.[67] Auch für Tankred Dorst scheint es schwer vorstellbar, daß »ein Dramatiker auf die gesellschaftliche Entwicklung aktiven Einfluß nehmen kann« (WA, 3). Peter Hirche fordert vor diesem Hintergrund Selbstbeschränkung (4), während Wolfgang Hildesheimer dem Wunsch Henning Rischbieters nach engagiertem Theater mit dem Hinweis begegnet: »Die Realität selbst ist absurd«.[68] Herbert Asmodi und Günter Grass reagieren auf das ›Ende der Ideologien‹ sogar mit der Weigerung, ihre eigene Theaterästhetik zu erläutern (4). Eine interessante, durchaus eigenständige Position vertritt Erich Kästner. Für ihn wird im Zeitalter automatisierter Menschen das Bühnenwerk zum »Individuum«, während der Autor lediglich die Aufgabe besitzt, diesen Akt der ›Subjektbildung‹ zu ermöglichen. Die Form gewinnt ein ästhetisches Eigenleben, das der Dramatiker nicht beeinflussen soll. Er muß sich vielmehr

> der Ordnung unterordnen, die er provoziert hat. Er ähnelt, von fern und en miniature, dem Gottvater des teleologischen Systems. Er hat einen Stern erschaffen, und er hält ihn in Bewegung. Doch die Bahn nachträglich und selbstherrlich verändern, das darf er nicht. Oder es kommt zur Katastrophe. [...] Dagegen hilft kein Klassenkampf. Und das hervorragende Drama ist nichts als Persönlichkeit. Damit wurde aus der Dramaturgie des Dramas das Drama der Dramaturgie.[69]

Kästner wendet sich aus diesem Grund dezidiert gegen die Suspension sinnspendender Parameter (Handlung, Sprache etc.) im poetisch-absurden Theater (C, 4.1).

Neben die These, daß es prinzipiell unmöglich sei, politische Systeme zu verbessern, tritt die eines sozial verursachten Stillstands. Struktur und Mentalität der Gesellschaft zeichnen nun dafür verantwortlich, daß die Botschaft des Künstlers nicht gehört wird. In Alfred Mensaks Schauspiel *Wie Blätter im Herbst* (1951) ist der junge talentierte Maler Wolfgang Opfer des Wirtschaftswunder-Kapitalismus. Von allen Seiten ausgenutzt, erblindet der zwischenzeitlich Geheilte am Ende wieder, wobei seine Isolation nur durch die selbstlos liebende Gisela erhellt wird.[70] Die Kritik, die auch hier meist gegen kleinbürgerliche Attitüden gerichtet ist (B, 5.2.1), verstärkt sich gegen Ende der Dekade. So macht Michael Mansfeld die restaurative Politik der Adenauer-Regierung dafür verantwortlich, daß Gesellschaftskritik nur mehr »eine Art Zeitvertreib« sei.[71] Anders als die Kollegen in den Nachbarstaaten (einschließlich der östlichen) habe der westdeutsche Dramatiker gegenwärtig »gar keine« »Funktion« mehr (WA, 4).[72] Für die DDR-Avantgarde sind ähnliche Tendenzen nachweisbar: Bertolt Brecht gestaltet in den *Tagen der Kommune* (1949) das Ende der ›freien Kunst‹, und auch die dritte *Galilei*-Fassung (1955/56) thematisiert das Problem von Assimilation und Wirkungsverlust in repressiven Systemen – allerdings mit deutlicher Tendenz zur Anthropologisierung (B, 6.4.1). Selbst in Joachim Knauths Komödie *Heinrich VIII.*

---

67 Der Sinn des Theaters (1957), S. 86.
68 Hildesheimer: Die Realität selbst ist absurd (1962), passim.
69 Kästner: Die Dramaturgie des Dramas und das Drama der Dramaturgie (1958), S. 276.
70 Vgl. Altendorf: »Wie Blätter im Herbst« (1954), S. 6.
71 Mansfeld: Gesellschaftskritik nur noch »eine Art Zeitvertreib«? (1961), S. 2.
72 Ähnlich sieht es Erwin Sylvanus (WA, S. 5)

(1955), die im Oberflächendiskurs Kapitalismuskritik übt, erinnert die Situation des einflußlosen Hofnarren an die progressiver DDR-Dramatiker (B, 4.2.1).

Eine neue Dimension gewinnt der Autordiskurs beim frühen Peter Weiss. Denn in seinem ersten Drama *Der Turm* (1948)[73] bleibt offen, ob es dem Künstler Pablo überhaupt gelingt, sich von der sektenartigen Zirkusgemeinschaft zu emanzipieren und eine eigene Identität auszubilden. Am Beginn des Stücks kehrt er als Namenloser[74] in den Turm zurück, weil er weiß, daß die *clôture* des Ich nicht durch Flucht aufgebrochen werden kann, sondern nur mit der Zerstörung des Turms im eigenen Bewußtsein. Die Forschung liest das Stück daher meist als »Dramatisierung einer künstlerischen Individuation«,[75] wobei sich Erich Kleinschmidt mit Recht gegen biographistische Deutungen wendet.[76] Weiss selbst hinterfragt die Handlungslogik allerdings, wenn er Pablos Selbstfindung im Prolog der Hörspielversion von 1962 mit einem (bisher zu wenig berücksichtigten) »vielleicht« versieht.[77] Es ist somit keineswegs klar, ob die »gewaltsame[] Verneinung«, wie sie der jüdische Existenzphilosoph Franz Rosenzweig projektiert, hier tatsächlich »den Schoß des Nichts bricht«.[78] Im Werk des frühen Weiss fehlt nämlich jede positive Option: Die Außenwelt besteht aus einer »Absurdität von Kräften«, die »sich gegenseitig« überschlagen.[79] Der erneute Eintritt in den Turm bezeichnet demnach nicht »die gewünschte Rückkehr ins Unbewußte«,[80] sondern die Sinnlosigkeit des Versuchs, jenseits aller Regelsysteme Künstler sein zu wollen. Es gibt im Drama kein Außen der »Ordnung«, und »nichts« an ihr läßt sich »ändern« (WD 1, 22). Nun trägt aber jede Formation, wie Weiss' *Versicherung* (1952) zeigt (B, 6.2.1), den Keim der Zerstörung in sich. Auch die Zirkusgesellschaft ist deshalb ambivalent gestaltet. So verkörpert der Zauberer, die »stärkste Macht des Turms«, einerseits »alles Todessüchtige«[81] (weil seine Herrschaft die Freiheit des Subjekts ausschließt), andererseits katalysiert er Veränderung, indem er – einer epischen Sprecherinstanz gleich – Pablo auf dessen handlungslogische Aporie hinweist: »Du warst nie draußen. Du bist drinnen im Turm« (13). Ähnliches gilt für die Sozialstruktur: Trotz ihrer Unübersichtlichkeit erscheint sie als Paradigma von Ordnung. Außerhalb bleibt »alles haltlos«, nur der Turm ist »fest« und schafft Zusammenhang (15). Man könnte ihn als Monument gewordene Tradition bzw. Ideologie begreifen, wobei die Semantik der Lehre nicht näher präzisiert wird – ein Indiz dafür, daß der frühe Weiss generelle Narrativkritik übt. D.h. die Zirkusgemeinschaft kann über die tiefenpsychologische Sperrfunktion hinaus mit Bürgertum und/oder Faschismus assoziiert werden. Hierfür spricht nicht zuletzt ihr immenses Verführungspotential. Selbst Pablo war so sehr »von eurer Macht erfüllt, daß jeder Gedanke, der sich gegen euch richtete, gleich auf mich selbst zurückschlug«.

---

[73] Die Uraufführung erfolgt 1950 auf der Studiobühne Stockholm in schwedischer Sprache, die deutsche Premiere siebzehn Jahre später im Wiener Theater am Belvedere. Als Hörspiel wird der Text 1962 gesendet – im Hessischen Rundfunk Frankfurt a.M.

[74] Kleinschmidt (1999) sieht hierin einen Reflex auf den Holocaust: »Wo kein Name mehr aufgerufen werden kann, ist auch Vernichtung nicht mehr möglich« (S. 13).

[75] Durzak (1972), S. 260.

[76] Vgl. Kleinschmidt (1999), S. 10.

[77] WD 1, S. 259 (Prolog zum Hörspiel [1962]).

[78] Rosenzweig: Der Stern der Erlösung (1923), S. 23.

[79] Weiss: I Come out of My Hiding Place, S. 9.

[80] Durzak (1972), S. 261.

[81] WD 1, S. 259 (Prolog zum Hörspiel [1962]).

Auch die übrigen Menschen, die sich mühelos zwischen Innen und Außen bewegen, kommen scharenweise zum Zauberer, um dort »Kraft [...] zu sammeln« (15). Angesichts dieser Polyvalenz scheint es problematisch, den Turm als Symbol für »künstlerische Tätigkeit schlechthin«[82] zu sehen. Er bezeichnet vielmehr das grundlegende Paradox von Ordnung – nämlich Kunstproduktion zu ermöglichen *und* zu verhindern. Entsprechend offen bleibt das Ende: Wenngleich Direktor, Zwerg, Verwalterin und Zauberer während Pablos Entfesselungsakt ertrinken, ist nicht sicher, ob es Pablo wirklich schafft, den Turm zu überwinden. Die Metaphorik des von einer unbekannten Stimme »sachlich« und »kühl« formulierten Schlußsatzes oszilliert zwischen Neugeburt und endgültigem Scheitern: »Der Strick hängt von ihm herab wie ein Nabelstrang –« (33). Daß Pablos Emanzipation, sofern man ihr Gelingen voraussetzt, postideologisch ausgerichtet wäre, darf jedoch als sicher gelten. Denn der Protagonist zeigt sich fasziniert von der Pluralität der Wirklichkeit: »überall Menschen – allein oder in Gruppen – ein riesiges Bild sah ich und ich suchte nach einem Sinn des Bildes – fand immer wieder neuen Sinn – eine furchtbare Unruhe ergriff mich – ich wollte heraus – aber ich wagte noch nicht – ihr hieltet mich noch fest« (16).[83]

Die Frage, ob es dem modernen Dramatiker möglich ist, jenseits der Tradition eine Identität zu finden, beschäftigt während der fünfziger Jahre fast die gesamte westdeutsche Theateravantgarde. Dahinter steht zunächst die These, daß sich die Halbwertszeiten ästhetischer Revolten merklich verkürzt haben: »Es dauert keine Generation, und die herausfordernden Neuerer werden in ihren Zielen überrundet von neuen Avantgardisten, und die Alten gliedern sich gelassen ein in die Reihen der biederen Lieferanten des Boulevardtheaters«.[84] Richard Hey vertritt sogar die Ansicht, Innovation als Absetzung von Überliefertem sei Mitte des zwanzigsten Jahrhunderts unmöglich geworden. Die ideologischen Differenzen hätten sich so stark verwischt, daß der Dramatiker »keinen Widerstand« mehr vorfinde (TiG, 254). Aus diesem Grund könne man den Künstler – so Hans-Joachim Haecker – nicht zum »Propheten« machen und fordern, er solle »zu einheitlicher Aktion« aufrufen« (WA, 3).[85] Der Zustand der Welt wird hier als posthistorisch klassifiziert, jeder Anknüpfungspunkt für neue Radikalismen fehlt. Folgerichtig klagt Professor Scholz-Babelhaus in Hildesheimers *Verspätung* (1961): »Alles, was ich in der Qual schlafloser Nächte ersonnen hatte, gab es schon« (HT, 421).[86] Auch Günter Grass hinterfragt in dem Einakter, den er der *Blechtrommel* integriert, die Attitüde des Malers Lankes, »ne neue Stilart« zu preisen, die »noch keiner gemacht« hat (GGW 2, 413).[87] So vielfältig indes die Aspekte sind, kraft derer die Autorinstanz problematisiert wird, noch die radikalste Verneinung künstlerischer Potenz schreibt den Subjektdiskurs fort. Die Avantgarde der deutschen Nachkriegsdramatik erweist sich damit erneut als ›kontrolliert postmodern‹.

---

82 Durzak (1972), S. 260.

83 Zu Weiss' Vorstellung eines ›integralen‹ Theaters vgl. C, 4.3.

84 Ellmar: Das französische Avantgardetheater (1953/54), S. 49.

85 Peter Ustinov sieht den »größte[n] Luxus« des Dramatikers ebenfalls in der Fähigkeit, »seine Ansichten zu ändern« (Der Sinn des Theaters [1957], S. 71).

86 Vgl. hierzu ausführlich B, 5.1.2.

87 Gleiches gilt für die Figur des Malers Kotschenreuther, der in dem Einakter *Noch zehn Minuten bis Buffalo* (1957) erklärt: »Ich bin ein Mensch, dessen Uhr um mehrere Jahrhunderte vorgeht. Wer sich mit mir verabredet, kommt unweigerlich zu spät« (GGW 8, S. 146).

2. Der Protagonist: Heroe, Invalide, dezentriertes Subjekt

Es ist ein Gemeinplatz der komparatistischen Literaturwissenschaft, daß mit der Problematisierung des aristotelischen Modells auch dessen Figurenkonzeption in Frage gestellt wird. Das eigenverantwortlich agierende Subjekt scheint in der Moderne kaum mehr denkbar. Nach 1945 wird diese Verlustgeschichte durch die internationale Avantgarde fortgeschrieben, jedoch lassen sich vor allem in Deutschland Tendenzen nachweisen, die angesichts nationalsozialistischer Perversion den Versuch unternehmen, um der Schuld, Ethik und Zukunft willen den handlungs- wie entscheidungsfähigen Dramenhelden zu retablieren. Dies gilt nicht zuletzt für den Peripetiediskurs: Gerade in der Widerstands- und Holocaust-Dramatik zielt man auf Wiederherstellung des ›ganzen Menschen‹, weil nur auf der Basis moralischer Autonomie und Wandlungsfähigkeit ein Neubeginn denkbar scheint (B, 1.2.2). Im Extremfall führt dies wie bei Friedrich Wolf zur ästhetisch legitimierten »Schwarzweißmalerei«.[1] Darüber hinaus verwendet man häufiger Frauen als Protagonisten – einerseits um Geschichte auf Gender-Konstellationen zurückzuführen (B, 1.1), andererseits um die agapistische Kraft des Weiblichen (Maternalen) zu profilieren bzw. Maskulines und Feminines symbiotisch zu verbinden (B, 2.3/4.1.2).

Im Transgressivbereich zeigen sich die ›Helden‹ vom Erlebten allerdings so gezeichnet, daß sie zum eigenen Zerrbild regredieren. Prototyp ist Borcherts Beckmann (B, 6.5.1), der mehr seelisch denn physisch Invalide geworden ist.[2] Fritz Kortner fordert vor diesem Hintergrund Konsequenzen für die Bühnendarstellung. Statt pathetisch rhetorisierender Titanen treten nun Personen auf, die wie der kranke Schauspieler Horst Caspar »das Grauen von dem aus ihrem Bewußtsein verdrängten Krieg noch in ihrem Gesicht« haben. »Es schnürt ihnen die Kehle zu, daß sie nicht schmettern können. Sie können auch nicht mehr heldenhaft schreiten, diese Versehrten. Der Besten einer geht auf Prothesen. Der Krieg hat eines seiner langen Glieder weggerissen. Diese Burschen haben schöne, durchgeistigte Gesichter, ergreifender als Römerköpfe – und geziemender.« Der Protagonist des engagierten Theaters steht damit noch immer in der Tradition des großen Individuums: »Einen Kopf muß er haben! Einen rebellischen, mit der Welt rechtenden Kopf [...] und Züge eines Grüblers und Zweiflers und ja nicht einen Stroh-Feuer-Kopf«. Vorbild ist Schillers Karl Moor, weil auch er am »schwersten Problem« zerbrochen sei, dem »Töten um der Gerechtigkeit, um einer besseren Welt willen«.[3]

Gerade diese Fragestellung scheint für Theaterautoren des christlich-metaphysischen Diskurses zweitrangig. Hier macht sich der Dramenheld, der eigenmächtig das Weltgeschehen beeinflussen möchte, der Hybris schuldig. Statt sich in das zu fügen, was ihm verheißen ist, hat er die Grenzen seines natürlichen Handlungsbereichs über-

---

1 WW 16, S. 230 (»Schwarzweißmalerei« im Drama [1949]). Vgl. C, 4.1.1.

2 Insgesamt spielen körperliche Gebrechen im Heimkehrerdrama eine untergeordnete Rolle (vgl. Trinks [2002], S. 119f.).

3 Kortner: Über die Darstellung von Helden (1953), S. 357-359. Vgl. A, 3.2.1.

schritten (B, 3.1/3.2). Dieses an der antiken Tragödie orientierte Modell zieht zwar das Wirkungspotential des Protagonisten in Zweifel, nicht aber seine ethische Autonomie. Das geschieht erst mit zunehmender Skepsis gegenüber der Berechenbarkeit menschlicher Handlungen. Da selbst positive Gestalten der Historie wie Danton »aus dem Leben eine Höllenmaschine« machen, scheint klar, daß es in der Wirklichkeit »keine Helden« gibt.[4] Jeder kann pervertieren, und sei es in der Extremsituation (B, 6.1.1). Selbst die wenigen, denen man Integrität zutraut, stehen Machtmechanismen gegenüber, die sich weder überblicken noch kontrollieren lassen. Aus diesem Grund erklärt Heinrich VIII. in Hermann Gressiekers gleichnamigem Schauspiel: »Ob Krieg kommt über die Welt, das entscheidet heute kein König mehr und kein Minister, kein Tribun und kein Tyrann« (113). Das Inkalkulable ist nach 1945 somit fester Bestandteil der Anthropologie; der autonome Charakter wird aber keineswegs aufgegeben. »Künstlerisch relevant« bleibt – so Leopold Ahlsen – »nur das Individuum«. Denn obwohl »die Zusammenhänge der heutigen Welt« »in Einzelpersonen nicht mehr objektiv richtig repräsentiert werden« könnten, sei die »Spiegelung im Bewußtsein« »nach wie vor darstellbar«.[5] Einige Künstlerdramen verherrlichen deshalb weiterhin das große änigmatische Subjekt (C, 1.), und noch die Aufspaltung der Hauptfigur in der Psychomachie setzt den ›ganzen Menschen‹ voraus (B, 6.2.1) – allerdings nur mehr ex negativo, was vor allem im poetisch-absurden Theater zur »Nivellierung des dramatischen Helden« führt.[6]

Hintergrund ist die Krise des Kausalsatzes, die wie bei Brecht (C, 4.2.2) nicht zuletzt aus der Übertragung der Heisenbergschen Unschärferelation auf den Anthropologiebereich resultiert. Die Inkommensurabilität der Elementarvorgänge, die sich exakter wissenschaftlicher Betrachtung entzieht, scheint der Unbegreiflichkeit menschlicher Verhaltensweisen zu entsprechen. Folglich läßt sich das die Katastrophe auslösende Movens nicht mehr als additive Verkettung unglücklicher Umstände begreifen, sondern als Etwas, das eine fatale Wirkung zeitigt, danach aber irreduzibel fortexistiert. Die Einheit der Handlung ist zugunsten der Einheit des Problems verabschiedet. Für das dramatische Subjekt bedeutet dies die Aufspaltung in Person und Rolle, jedoch nicht den Verlust der Fähigkeit, sinngeleitet zu handeln. In der Tat erweist sich die Suche nach einer Verwirklichungschance humaner Existenz als Grundthema der internationalen Dramatik, wobei herkömmliche Modelle kaum mehr fähig scheinen, dies adäquat umzusetzen. Rüdiger Syberberg konstatiert bereits 1946, die »Atomisierung« des Menschen habe sich derart beschleunigt, daß es »schwer möglich« sei, »ihm überhaupt noch eine überzeugende Form zu geben, die ihn als gleichnishafte Gestalt auf der Bühne spiegelt«.[7]

In der westlichen Avantgarde, die sich »geistig am Ende der Aufklärung« sieht,[8] ist denn auch während der fünfziger Jahre eine Tendenz zum ›dezentrierten Helden‹ nachweisbar. Dahinter steht die Vorstellung, daß sich die Bandbreite menschlicher Verhaltensmuster mit Hilfe der Psychologie nicht mehr zureichend erklären läßt. Ionesco optiert demzufolge für eine Figurenkonzeption, die am Puppentheater geschult ist – nach Ansicht des gebürtigen Rumänen »das eigentliche Welttheater, ungewöhnlich, unwahr-

---

4 Thiess: Tödlicher Karneval (ca. 1948), S. 98.
5 Wie ist die heutige Welt auf dem Theater darzustellen? (1963), S. 71.
6 TiG, S. 185 (Äußerung von Heinz Beckmann [1960]).
7 Syberberg: Der Mensch im Spiegel des Dramas (1946), S. 52.
8 Dietrich: Die dramaturgische Technik im modernen Drama (1956), S. 141.

scheinlich, doch wahrer als das Wahre, in einer unendlich vereinfachten und karikierten Form, wie um die groteske und brutale Wahrheit gleichsam zu unterstreichen«.[9] Gezeigt werden soll allerdings nicht die absolute Automatisierung des Menschen, sondern dessen Schizophrenie. Es bedarf demnach einer Spielweise, die das Gleichgewicht hält zwischen Person und Marionette. In seiner Erlanger Rede *Über das absurde Theater* (1960) fordert Hildesheimer Rollen, die »kein menschliches Ebenbild« haben: »Figuren als Requisiten etwa, oder groteske Figuren, oder aber Figuren, die mehrere Typen in schneller Folge oder simultan verkörpern«. Gemeinsam ist allen Varianten, das ihnen »der Mittelpunkt fehlt, von dem aus sie erfaßbar« wären (HA, 181). Der Autor selbst hat diese Vorgaben mehrfach verwirklicht, am nachdrücklichsten in der Figur des Professors Scholz-Babelhaus aus dem Schauspiel *Die Verspätung* (B, 5.1.2). Auch bei Dorst, dessen »Dramatik der Absage« ebenfalls auf Ionesco verweist, gibt es keine »Sicherheit der Wahl«, so daß die Figuren einen exzentrischen Zug erhalten: der »Drehpunkt« ihrer Bewegungen liegt »nicht in der Mitte«. Sie ähneln damit dem »dummen« Clown, der »keine Moral« hat und jenseits »metaphysischen Halts« nur »zum Lachen bringen will«. Gleichwohl bleiben die Protagonisten »gesellschaftlich« determiniert, d.h. auf der Bühne erscheint nicht *der* Mensch, sondern ein *»bestimmter«*.[10]

Im stärker existentialistisch geprägten Diskurs steht dagegen weniger die soziale Isolation des modernen Menschen im Zentrum als eine umfassende Fremdheitserfahrung. Die Welt ist deshalb zur Gefängniszelle verengt – im europäischen Kontext bei Sartre (*Huis clos*), Genet (*Haute surveillance*), Beckett (*Fin de partie*), im deutschen bei Michelsen und Moers (B, 5.2.1). Die Radikalität Beckettscher ›Menschenstümpfe‹, für die es »keine Natur mehr« gibt,[11] wird hierzulande allerdings kaum erreicht, möglicherweise auch nicht gewollt. Denn mit der »Endgeschichte des Subjekts«[12] scheint moralische Verantwortlichkeit und Aufarbeitung des Geschehenen kaum vereinbar. Vor diesem Hintergrund profiliert man als Gegenextrem des verführbaren Individuums den ›funktionalen‹ Menschen: Er verkörpert das pervertierte Ordnungsbewußtsein ohne ethische Ausrichtung. Seine Existenz wird entweder wie bei Hubalek und Kästner sozialhistorisch begründet als internalisierte Subordination (B, 6.2.1) oder – so in Dorsts Drama *Freiheit für Clemens* (B, 5.2) – als ›autonome‹ Entscheidung des selbstentfremdeten Bürgers. Neben die »Banality of Evil«[13] tritt aber auch deren Gegenteil: die rhetorisch brillante, perverse Intelligenz, der – und dies zeigen Asmodi (*Pardon wird nicht gegeben*) und Hildesheimer (*Die Herren der Welt*) – vernunftorientierte Weltverbesserer nicht gewachsen sind.

Im marxistischen Diskurs gewinnt der ›neue Mensch‹ zwar die durch den Kapitalismus eingeschränkte Handlungsfreiheit zurück, seiner Autonomie werden jedoch Grenzen gesetzt. Als subjektiver Faktor der objektiven Geschichtsentwicklung muß er zielgerichtet wirken und ist meist Paradigma von Triebbeherrschung und Altruismus, während die Frau in die Rolle der enterotisierten ›Kameradin‹ rückt (B, 4.1.2). Brecht übernimmt zumindest die ideologischen Vorgaben, denn auch bei ihm kann das Individuum

---

9 Ionesco: Ganz einfache Gedanken über das Theater (1958), S. 27.
10 DS, S. 116-119 (Die Bühne ist der absolute Ort [1962]). Vgl. B, 5.2.1 und C, 4.3.
11 Vgl. Beckett: Endspiel, S. 25.
12 AS 11, S. 316 (Versuch, das Endspiel zu verstehen).
13 Arendt: Eichmann in Jerusalem (1963), passim.

nur »von der Gesellschaft her« gestaltet werden.[14] Die »Einheit der Figur« ist allerdings – und hier übertritt Brecht den affirmativen Diskurs – nur mehr dialektisch herzustellen: als Beschreibung der »Art«, in der sich die »einzelnen Eigenschaften widersprechen«. Darüber hinaus verliert das Subjekt seine Zentralstellung, weil »die kleinste gesellschaftliche Einheit« nicht mehr »der Mensch« ist, »sondern zwei Menschen«. Dieser Bedeutungsverlust wird dadurch kompensiert, daß aufgrund der Systemveränderung eine neue Form von Potentialität entsteht. Sie erlaubt es, den Einzelnen nun auch so zu sehen, »wie er sein könnte«[15] – eine Perspektive, die nicht zuletzt das Drama *Katzgraben* bestimmt. Im »Prozeß der produktiven Umwandlung des Dorfes« durch den »Dynamo« der SED verändert sich jedoch die Figurenkonzeption, d.h. der bürgerliche »Held« (Kleinschmidt) wird im letzten Akt »durch einen anderen Helden abgelöst«,[16] den kollektiv orientierten Parteisekretär Steinert (C, 4.2.3). Hacks geht noch einen Schritt weiter, wenn er sogar den sozialistischen ›Riesen‹ fordert. Erst die Präsentation des »hochstehenden, wichtigen, weltumspannenden Menschen« exponiere nämlich das Humane »in höchstem Grade«.[17] Solchem Optimismus steht aber schon früh der Trieb als Widerstand gegenüber (B, 6.2.1). Die »Mitte«[18] des Helden, das Lustprinzip, sperrt sich den Ansprüchen des sozialistischen Aufklärungsprojekts. Dies bekommt Brechts Galilei zu spüren (B, 6.4.1), bevor Müllers Fondrak (B, 6.4.3) und in leicht domestizierter Form Hacks' Tassow (B, 6.4.2) die Ordnung selbst hinterfragen.

Betrachtet man verschiedenen Vorstellungen vom Protagonisten, so zeigt sich, daß gerade die Tendenz, das Subjekt analytisch zu zentrieren, dessen Dezentrierung fördert. Denn die psychologische Kohärenz fällt mit der Einsicht in die Unberechenbarkeit menschlicher Handlungsweisen – sei die Begründung existentiell-anthropologisch (Krieg als Extremsituation) oder historisch-gesellschaftlich (Krieg als letztes Stadium der Objektwerdung des modernen Individuums). Wird die moralische Prägung im ersten Fall für eine gewisse Zeit ausgeschaltet, so ist sie im zweiten bereits weitgehend verkümmert. Beide Erklärungsraster bergen indes die Gefahr, den Unterschied zwischen Opfer und Täter zu nivellieren sowie die Schuldfähigkeit einzuschränken. Aus diesem Grund retabliert Peter Weiss, in dessen *Versicherung* (1952) die Menschen noch als triebgesteuerte Marionetten erscheinen (B, 6.2.1), mit der *Ermittlung* (1965) das eigenverantwortlich handelnde Subjekt.[19] Die Nachkriegsavantgarde versieht dagegen die These, der Mensch könne auch nach Stalingrad, Auschwitz und Hiroshima weltverändernd wirken, mit einem Fragezeichen, wenngleich sie meist an der Notwendigkeit einer Verbesserung des Status quo festhält. Die »dramatischen Täterfiguren«[20] der sechziger Jahre suchen diese Aporie zu lösen, allerdings oft um den Preis anthropologischer Komplexitätsreduktion durch strategische »Schwarz/Weiß-Zeichnung«, wie sie Weiss in seinen Thesen zum Dokumentartheater fordert.[21]

---

[14] GBA 25, S. 446 (»Katzgraben«-Notate 1953).
[15] GBA 23, S. 86, 88, 82 (Kleines Organon für das Theater [1948]).
[16] GW 16, S. 780, 831 (»Katzgraben«-Notate 1953).
[17] HM 2, S. 107 (Das Poetische [1966]).
[18] MT 3, S. 87 (Die Umsiedlerin oder das Leben auf dem Lande [1956-1961]).
[19] Vgl. WD 2, S. 52, 81f.
[20] Schröder (1994a), S. 102.
[21] Weiss: Das Material und die Modelle (1968), S. 55.

3. Gattungstypologie

3.1 Tragödie – Tragik – Katharsis: Pluralisierung und Kontrolle

Die Genrepoetik der Nachkriegszeit erweist sich als dispers. Neben dem Rekurs auf tradierte Formmodelle steht deren Auflösung bzw. der Versuch, Teile davon im Dienste einer bestimmten Zielsetzung neu zusammenzufügen. Dies gilt nicht zuletzt für die Tragödie, deren ›Tod‹ mit Beginn der Moderne offensichtlich scheint und entsprechend häufig beschworen wird. Nichtsdestoweniger lassen sich bis Anfang der sechziger Jahre über dreißig deutsche Dramen nachweisen, die explizit als »Tragödie« oder »Trauerspiel« bezeichnet werden. In den Spielplänen sind entsprechende Stücke der Weltliteratur ebenfalls nachhaltig präsent.[1] Ähnliches gilt für den internationalen Bereich: Jacques Lemarchand konstatiert 1954 – wenngleich terminologisch ungenau – die »Wiedergeburt der Tragödie im französischen Theater«,[2] und auch der sozialkritisch orientierte US-Dramatiker Arthur Miller möchte die Tragödie für die Gegenwart nicht ausschließen, weil das Drama wie jede Tat des Menschen »ein Kampf gegen die Vergänglichkeit« sei (DT, 100). John Whiting vergleicht den »Zustand des tragischen Helden« daher mit dem »aller Menschen: Zu kämpfen und zu sterben«.[3] Vor diesem Hintergrund kann sich selbst Dürrenmatt, der die »schauerliche Groteske« als geschichtlich adäquat ansieht, in Zukunft eine »Tragödie« über den Zweiten Weltkrieg vorstellen. Man müsse lediglich die erforderliche »Distanz dazu haben«.[4]

Die gattungspoetische Funktion differiert mit dem Gegenstandsbereich.[5] Zunächst zeigt man allgemein die Todeslogik von Hybris,[6] Diktatur,[7] Krieg[8] und Heimkehr.[9] Eine prominente Ausnahme bildet Hans Henny Jahnn, der in seiner Tragödie *Thomas Chatterton* (1956) die letale Unvereinbarkeit von Genialität und moderner Gesellschaft zeigt (C, 1.). Daneben treten ›Deutsche‹ und ›Abendländische Tragödie‹ (B, 1.2.1). Im ersten Fall ist der Konflikt mentalitätsgeschichtlich fundiert (Militarismus,[10] Untertanengeist,[11] Vergangenheitsverdrängung[12]), im zweiten kulturanthropologisch, d.h. Ver-

---

1 Vgl. Trommler (1983), S. 282.

2 Lemarchand: Zehn Jahre Theater 1944-1954 (1954), S. 46.

3 Der Sinn des Theaters (1957), S. 70f.

4 Dürrenmatt: Theater-Schriften und Reden, S. 136 (Anmerkung zur Komödie [1952]).

5 Die nur namentlich erwähnten Tragödien/Trauerspiele sind meist in den Kapiteln ausführlicher dargestellt, die dem jeweiligen Themenschwerpunkt entsprechen (vgl. Dramenregister).

6 Bonsels: Orpheus (1945), Fromm: Urian (1946), Schwarz: Iphigeneia in Aulis (1947), Rutenborn: Die Wandlung des Titus (1948), Schaarwächter: Die Trauer der Altäa (1948).

7 Bern: Das Urteil (Michaela) (1946).

8 Lichnowsky: Gespräche in Sybaris (1946), Michaud: Sophonisbe (1949).

9 Langenbeck: Heimkehr (Anna Maria) (1948). Das Stück thematisiert allerdings nicht nationalsozialistische Perversion, sondern verweigertes Andenken an die Gefallenen.

10 Reif: Deutsche Tragödie (1949).

11 Oelschlegel: Romeo und Julia in Berlin (1957).

12 Becker-Trier: Es war Mord, meine Herren Richter! (1946), Andres: Sperrzonen (ca. 1958).

rat und Betrug sind notwendige Begleiterscheinungen politischer Herrschaft.[13] Wolfgang Altendorf stellt dieses Ausgeliefertsein des Subjekts an kollektive Machtmechanismen in seiner Tragödie *Der arme Mensch* (1945-1948/1952) dar.[14] Dort ist Kindersoldat Möller wegen Feigheit vor dem Feind zum Tode verurteilt. Mit dem Zellengenossen Boll, der einen Vorgesetzten erschlagen hat, plant er die nächtliche Flucht. Sie wird vereitelt, weil man Boll noch am selben Tag zur Hinrichtung abführt, während Möller bei dem Versuch, allein auszubrechen, stirbt – ein sinnloser Tod, da er am nächsten Morgen hätte Begnadigung erfahren sollen. Demgegenüber zeigt Fred Denger in seiner Tragödie *Hunger? Hunger!* (1948) eine Generation, die jede Orientierung verloren hat. Helmut Aspern und Katrin Freydank, ein junges Paar, kämpfen mit den Wirren des ersten Nachkriegsjahrs. Die Unmöglichkeit, ihre »Gier« nach Leben zu stillen (16), verbindet sich mit Angstneurosen. Man leidet darunter, wenn der andere das Haus zum Einkauf verläßt, bezweifelt aber zugleich die gegenseitige Liebe. Kaum ist Katrin unterwegs, läßt sich Helmut daher von der Vermieterin Thilde Schermer, die gleichfalls nach einem echten »Menschen« sucht (22), verführen. Die zurückgekehrte Katrin findet Trost bei Helmuts Freund Achim. Nachdem das Versteckspiel, an dem auch Thildes Mann Bert partizipiert, einige Zeit fortgedauert hat, kommt es schließlich zur Katastrophe: Katrin überrascht Helmut bei Thilde, wird selbst aber der Untreue bezichtigt. Sie erleidet einen Nervenzusammenbruch und stürzt sich aus dem Fenster – das Abendrot für reinigende Flammen haltend. Achim erwürgt daraufhin »entschlossen« Bert und bittet Thilde, die Polizei zu rufen (74f.). Anders als im Prototypus der modernen amerikanischen Tragödie, Eugene O'Neills *Mourning becomes Electra* (UA 1931 / DE 1947), scheinen die negativen Effekte der Triebdisposition hier historisch kausiert. Es gibt somit keine Ausweglosigkeit psychischer Determination, wie sie später u.a. auch bei Tennessee Williams begegnet (*Suddenly last Summer*).

Darüber hinaus findet sich eine heilsgeschichtliche Lesart der Tragödie (B, 3.1). Ihr zufolge beginnt der Untergang des Abendlands »mit dem Zusammenbruch der Gotik« und »dem Verlust ihrer tiefen Religiosität«.[15] Die Rückkehr zum Glauben könnte jedoch das Ende der tödlichen Kausalität ermöglichen, denn durch das »heimliche Ja Gottes unter einem unheimlichen Nein« werde das antike Trauerspiel »zugleich aufgehoben und erfüllt«.[16] Diese Option vermag für die ›Avantgarde‹ nicht sinnspendend zu wirken; christliche Ethik und politische Wirklichkeit stehen sich hier aporetisch gegenüber. Niemand kann, so Stefan Andres, »die Welt in ein Utopia verwandeln«, »selbst

---

13 Es ist sicher kein Zufall, daß diese Strategie bei einem NS-Sympathisanten wie Hans Rehberg begegnet. Vgl. die Tragödien *Bothwell* (ca. 1947/48), *Elisabeth und Essex* (ca. 1947/48), *Der Gattenmord* (ca. 1953) und *Der Muttermord* (ca. 1955) [B, 1.2.1].

14 Zuckmayer würdigt das Stück als »ungewöhnlichen Talentbeweis« (Brief vom 7. Dezember 1952 an Wolfgang Altendorf) und verschafft dem Autor ein Reisestipendium. Auch Piscator zeigt sich sehr angetan (Brief vom 28. Juni 1953 an W.A.) [Kopien im Besitz von W.G.S.]. Der Forschung ist das Drama bisher unbekannt.

15 Wolf-Fried: Tragödie Stalingrad (1948), S. 3 (Vorwort des Herausgebers). Vgl. auch Syberberg: Abendländische Tragödie (1947), S. 19f.

16 Rutenborn: Das Theater als theologische Anstalt (1949), S. 168. Im sozialkritischen Diskurs fordert man aus diesem Grund »das wirkliche Christentum«, weil organisierter Glaube »nur einen Sinn« habe, wenn er »auf Seiten der Armen und Unterdrückten« marschiere (Becker-Trier: Die heilige Johanna von Rom [1946], S. 123f.).

unser Herr nicht«.[17] Auch für Reinhold Schneider ist das irdische Paradox zwischen Freiheit und Gehorsam nur transzendent zu lösen als »tödliche[r] Durchbruch in die ewige Ordnung«.[18] Absolute Tragik wird dadurch zur »Tragik unter Gnade«[19] – eine These, die der Autor in der poetischen Praxis allerdings unterminiert (B, 6.3.1).

Im mythisch-metaphysischen Diskurs steht dagegen die Moralität der jenseitigen Instanz zur Disposition. Man sieht ›dunkle Mächte‹ am Werk, die sich jeder Einflußnahme entziehen (B, 3.2). Vor diesem Hintergrund zeigt Hermann Rossmann mit seinen Einaktern *Titanen* (1951), wie große Individuen (Shakespeare, Dante) vergeblich gegen herrschende Gewalten ankämpfen (C, 1.). Der »tiefste Sinn einer echten Tragödie« besteht folgerichtig in der Erkenntnis, daß das Schicksal nur zu überwinden ist, wenn die Menschen es »durch ihren Widerstand zwingen, sie zu segnen« (5). Ähnlich skeptizistisch ausgerichtet ist Hermann Gressiekers *Seneca*-Tragödie (1959). Zwar erhofft sich der Protagonist ein Goldenes Zeitalter im Lichte des Christentums, aber der durch die Historie beglaubigte Zweifel untergräbt jeden Optimismus: »Wenn aber, zu all dem eitlen Elend der Vernunft, auch der Glaube ohne Gnade wäre, was bliebe dann den Menschen, sich daran zu halten, – guter Gott?« (136). Vor der Folie dieser Erkenntnis entstehen nach 1945 metapoetisch ausgerichtete Tragödien, die das Scheitern rationaler Welterklärungsmodelle thematisieren – sei es hinsichtlich der Eindeutigkeit ethischer Urteilsbildung (Drewitz)[20] oder der Dekonstruktion des Mythos in der Moderne (Haecker).[21]

Während das Trauerspiel im Westen Totalität ex negativo herstellen muß, erscheint sein marxistisches Pendant strikt zukunftsorientiert, zeigt es doch »erstmals die frohe [...] Tragik des Werdegangs des neuen Menschen«.[22] Gattungspoetischer Prototyp ist Wsewolod Wischnewskis *Optimistische Tragödie* (UA 1933 / DE 1948), die am Beispiel des Matrosenaufstands von 1905 das Scheitern revolutionärer Bewegungen als Folge ihrer historisch inadäquaten Umsetzung darstellt, zugleich aber den späteren Sieg präsent hält. In der DDR-Dramatik sind es vor allem Protagonisten deutscher ›Ersatzrevolutionen‹, deren Scheitern während der gesamten Nachkriegszeit tragisch-optimistisch gestaltet wird (B, 4.2.3). Trotzdem melden sich Kritiker zu Wort, die wie Heinz Hofmann die »Furcht« der DDR-Autoren »vor der Tragödie« monieren. Das sozialistische Leben bringe – so die These – »durchaus tragische Konflikte hervor«.[23] Fred Reichwald weist in diesem Zusammenhang darauf hin, daß die »Pforte« zum neuen Menschen geöffnet sei, man aber stets mit Individuen rechnen müsse, die sich nicht änderten.[24] Einen Schritt weiter geht Hans-Dietrich Sander, wenn er mit Blick auf Pfeiffers *Laternenfest* die Existenz archetypischer Konflikte postuliert, die sich »unabhängig von Ort, Zeit, Entwicklung wiederholen«.[25] Selbst nach der Zeitenwende bleiben anta-

---

17 Andres: Gottes Utopia (1950), S. 38.

18 Schneider: Die Tragiker des Abendlandes (1946), S. 30.

19 Schneider: Der christliche Protest (1953), S. 37.

20 Drewitz: Die Mutter (ca. 1950). Vgl. B, 1.2.2.

21 Haecker: Der Tod des Odysseus (1948). Vgl. B, 6.3.2.

22 Wischnewski: Optimistische Tragödie, S. 154 (Die »Optimistische Tragödie« [1934]).

23 Hofmann: Blick auf die neue Dramatik (1955), S. 132.

24 Reichwald: Zum Thema des Stückes »Erzieher im Examen« (1960), S. 73. Ähnlich sieht es Georg Lukács (vgl. Werke. Bd. 4, S. 585 [Die Gegenwartsbedeutung des kritischen Realismus] [1957]).

25 Sander: Die Verwendung von Archetypen (1957), S. 10.

gonistische Widersprüche möglich. Johannes R. Becher, Verfasser der optimistischen Tragödie *Winterschlacht* (1941-1953), bezeichnet es sogar als den »Grundirrtum meines Lebens« geglaubt zu haben, »daß der Sozialismus die menschlichen Tragödien beende und das Ende der menschlichen Tragik selber bedeute«.[26]

Mit Blick auf die Vergangenheitsdarstellung entwickelt Joachim Knauth 1955 ein gattungspoetisches Kategoriensystem. Zur Tragikomödie kommt es demnach, wenn ein unwürdiges Subjekt von der geschichtlichen Objektivität vernichtet wird, zur Tragödie, wenn das geopferte Werkzeug »menschlich edel« ist.[27] (Als Beispiel dient der Bauernführer Thomas Müntzer.) Brecht subvertiert dieses Modell insofern, als nun der Zuschauer bestimmt, ob das Drama zur Komödie oder Tragödie wird. In den *Tagen der Kommune* (1949) ist aber selbst diese Option verabschiedet: Mit der neuen Lebenskunst stirbt zugleich die Hoffnung, nach der Genese kommunistischer Verhältnisse wieder ›naiv‹ schreiben zu können (B, 6.4.1). Vereinzelt begegnet im DDR-Drama auch die ›bürgerliche Tragödie‹, d.h. man zeigt das Scheitern einer Bewegung, die ihren Idealen untreu geworden ist und deshalb Krieg und Zerstörung hervorbringt. Gustav von Wangenheim exponiert diese Logik am Beispiel des US-Imperialismus (*Amerikanische Tragödie 1950*),[28] Hacks mit Blick auf die ›deutsche Misere‹ im 18. Jahrhundert (*Wagners Kindermörderin*).[29] Meist ist das Tragische jedoch durch die Zeitkoordinate aufgelöst: Der Kapitalismus wird denunziert (B, 4.2.1), seine Persistenz tangential verlacht (C, 3.3). Im Westen gewinnt die ›Apokalypse‹ bürgerlicher Weltaneignung dagegen quasi absurde Züge, weil im Zeitalter der Ideologiekritik kein soziales Alternativmodell denkbar scheint (B, 5.2.1).

Ebendiese Skepsis führt zur Trennung des Tragischen von der Gattung ›Tragödie‹. Peter Szondi beschreibt dieses Phänomen 1961 als Spezifikum deutscher Ideengeschichte seit Schelling, das über Nietzsche, Simmel und Scheler bis weit ins 20. Jahrhundert zu verfolgen bleibe.[30] Tatsächlich erlebt der Begriff ›Tragik‹ eine »Inflation«,[31] während die Tragödie trotz ihrer Präsenz mitunter hinterfragt wird. Anouilh ironisiert ihre Ausweglosigkeit,[32] Giraudoux ihre »Unschuld«.[33] Hinter solchen Kommentaren

---

26 Becher: Selbstzensur (1956), S. 550. Bechers Text wird erst 1988 in der Ostberliner Zeitschrift *Sinn und Form* publiziert. Als sein Buch *Das poetische Prinzip* 1957 in den Druck gehen soll, streicht der Autor in den Korrekturfahnen alle systemkritischen Passagen. Die mit dem XX. Parteitag der KPdSU verbundenen Liberalisierungstendenzen waren zu diesem Zeitpunkt von SED-Seite wieder gewaltsam unterdrückt (A, 1.3.3).

27 Knauth: Heinrich VIII., S. 74 (Bemerkungen zum Stück).

28 Die Druckfassung trägt den Titel *Auch in Amerika*.... Vgl. B, 5.2.2.

29 Das deutsche Bürgertum besitzt hier nahezu keine emanzipatorischen Züge. Standesehre und Sekundärtugenden sind pervertiert und verfallen wie im *Müller von Sanssouci* totaler Negation. Als Kennzeichen der Dekadenz dient Hacks ein omnipräsenter Gelddiskurs, der bürgerliche Handlungsformen und Moralbegriffe letztbegründet. So stellt Marianel den Schlaftrunk nur her, weil ihr dafür ein großer Taler versprochen wird, und Marthan liefert Evchen an deren Vater aus, um tausend Gulden Belohnung zu erhalten. Darüber hinaus schiebt Gröningseck seine Rückkehr zu Evchen aus finanziellen Gründen auf, während Humbrecht sogar zum Paradigma des Materialisten avanciert. Höhepunkt seiner Perversion ist das Angebot, demjenigen zehn Gulden zu zahlen, der »hilft«, seine Tochter »dem Pranger zu überliefern«. Aber selbst nach Gröningsecks verspäteter Rückkehr fordert Humbrecht für Evchens Hand noch immer »den restlichen Zins« (Wagners Kindermörderin [1957], S. 20, 22).

30 Vgl. Szondi: Versuch über das Tragische, S. 13-52.

31 Trommler (1983), S. 287.

32 Vgl. AD 1, S. 47f. (Antigone [1942]).

verbergen sich Zweifel gegenüber dem Versuch, in der Moderne Handlungen zu konstruieren, die das Tun eines selbstbewußten Subjekts kausal mit Leid verknüpfen. Gemieden wird die Tragödie aber auch, weil sie die geforderte Zukunftsorientierung ausschließt. So finden sich im Bereich der Widerstands- und Holocaust-Dramatik durchaus tragische Konstellationen, aber sie werden aus verantwortungsethischen Gründen nicht perspektivlos gestaltet (B, 1.2.2).

Im marxistischen Bereich verläuft die Diskussionslinie in umgekehrter Richtung: Hier suchen Teile der Avantgarde die geschichtlich verordnete Tangentialkomik zu untergraben. Tatsächlich muß Brecht nach dem 17. Juni 1953 erkennen, daß dem Versuch, »die allseitige Produktivität des ganzen Volkes zu steigern«,[34] Zwänge der realökonomischen Praxis entgegenstehen. Denn hier herrschen unversöhnliche Konflikte: »Kann die Regierung die neuen Normen beibehalten? Nein! Kann sie sie preisgeben? Nein!«[35] Brecht selbst nennt – was die Forschung bisher übersehen hat – das so beschrittene »Feld« ein »*tragische*[*s*]«, weil die Gesellschaft »an den Grenzen ihrer Potenz anstößt«, d.h. »gesellschaftliche Werte aufopfern muß, um das ganze Wertsystem im Gang zu halten«.[36] Strukturell betrachtet führt dies zur Dekonstruktion dialektischer Totalität – sei es durch Hypertrophie (Hacks) oder Fragmentarisierung (Müller). Die damit hergestellte Offenheit bezeichnet zwar die ›Tragödie‹ des Staatssozialismus, kann formal jedoch nicht entsprechend dargestellt werden. Das Trauerspiel setzt nämlich eine zweite Totalität jenseits des Marxismus voraus, die statt seiner sinnstiftend wirken könnte. Mit anderen Worten: Es ist letztlich der Komödienrahmen, der eine wirkliche DDR-Tragödie verhindert (C, 3.3), zugleich aber wie bei Dürrenmatt Tragik als sich öffnenden ›Abgrund‹[37] erlaubt (C, 3.2). So besitzt der Arbeiter Lerka in Müllers *Lohndrücker* Züge eines tragischen Helden, da er für einen Systemfehler persönlich verantwortlich gemacht wird.[38] Auch die Fondrak-Figur der *Umsiedlerin* verweist als ›Narr‹ auf die Tragödie des Sozialismus. Denn die Etablierung der neuen Ordnung setzt den Verzicht dessen voraus, was erreicht werden soll: die Humanisierung des Menschen durch freie Arbeit. Aus der Übergangsphase droht ein fortdauernder Zustand zu werden. Die »Permanenz der Revolution« ist jedoch nicht die einzige ›Tragödie‹ bei Heiner Müller; sie wird eingefaßt durch die der Sterblichkeit (B, 6.4.3). Wie bei Nietzsche und Borchert soll der »Pessimismus« allerdings produktiv wirken (B, 6.5.3), wodurch das »Tragische« als »etwas sehr Vitales« erscheint: »Ich sehe einen Menschen untergehen, und das gibt mir Kraft«.[39]

Der konzeptionellen Vielfalt entspricht die wirkungsästhetische. Tatsächlich bleibt das Katharsis-Erlebnis entgegen bisheriger Forschungsthesen[40] nicht nur eine zentrale Kategorie der deutschen Nachkriegsdramatik, sondern gewinnt im Vergleich zur Weimarer Republik an gattungspoetischer Autonomie. Die ›Reinigung‹ ist kaum mehr an

33 Äußerung von Giraudoux (zit.n. Brück: Mythos und Gegenwart [1946], S. 108).
34 GBA 23, S. 260 (Kulturpolitik und Akademie der Künste [1953]).
35 GBA 10.2, S. 971 (Büsching-Fragment).
36 GBA 22.2, S. 829 (Der Messingkauf [1948-1955]).
37 Vgl. Dürrenmatt: Theater-Schriften und Reden, S. 123 (Theaterprobleme [1955]).
38 Vgl. Schoeps (1995), S. 49. Um seine Familie ernähren zu können, hatte Lerka feuchte Steine vermauert und dafür nach der Explosion des Ofens eine mehrjährige Zuchthausstrafe erhalten.
39 GI 1, S. 181 (Der Weltuntergang ist zu einem modischen Problem geworden [1986]).
40 Vgl. u.a. Trommler (1976c), S. 162; Profitlich (1993), S. 90 und Freund (1996), S. 34.

das Tragödienmodell gebunden, sondern begegnet auch im politischen Zeitstück, im christlichen Mysterienspiel oder im epischen Theater. Spektrum und Funktion der Affekte werden erweitert, wobei es angesichts der Pervertierung des Emotionalen unter Hitler gleichzeitig zur Neuvermessung der Grenzen kommt. Je nachdem, ob der Reinigungsakt stärker auf Stoff oder Form des Dramas bezogen ist, dominiert die semantische bzw. ästhetische Dimension der Katharsis. Während der ethische Bereich die Vorstellung perpetuiert, Katharsis ziele auf Veredelung der Emotionen, verstehen die übrigen Semantikdiskurse die *purificatio* nicht mehr moralisch, sondern christlich, metaphysisch oder sozialistisch.[41] Im ästhetischen Kontext wird die Katharsis insofern neu verortet, als sich ihr Wirkungsmechanismus auf dramaturgische Innovationen bezieht. So erscheint sie bei Brecht als Ergebnis der Dialektik zwischen Identifizierung und Distanz: Das Erregen der Gefühle animiert den Verstand, ebendiese Gefühle zu reinigen. Intellektuelle Erhellung (*clarificatio*) und therapeutische Wirkung (emotionale *purificatio*) werden zusammengedacht, sind zugleich aber Resultat formalästhetischen Fortschritts, hier der episierenden Collagentechnik. Ähnliches gilt – wie zu zeigen sein wird – für die Adepten von Thornton Wilders Universaltheater, die den kathartischen Akt mit Hilfe des Stage Managers inszenieren. Darüber hinaus sind Modelle existent, die sich herkömmlicher Kategorisierung entziehen – entweder weil ihre Vertreter gerade durch die Absage an sinnspendende Katharsis produktive Weltaneignung fördern wollen (transzendentale Perspektive) oder weil der purgierende Effekt nicht auf die menschlichen Emotionen bezogen ist, sondern auf die Medien Drama und Theater (metapoetische Perspektive).

Zunächst zu den Modellen mit inhaltlichem Schwerpunkt: Eine zentrale Zielsetzung des deutschen Nachkriegsdiskurses ist der Versuch, das Theater als ›moralische Anstalt‹ zu revitalisieren. Vorbild ist Schiller, der – so Reinhold Schneider 1946 – »wie kein zweiter die Deutschen zu sittlichen Entscheidungen in der Geschichte aufgerufen hat«.[42] Das erhoffte »Drama der Sühne«[43] muß jedoch nicht unbedingt ein Trauerspiel sein. Im Gegenteil, der geschichtlichen Tragödie der NS-Diktatur folgt die poetisch inszenierte ›Reinigung‹ von eigener Schuld. An diesem Punkt stellt sich allerdings das Problem, ob eine Instanz wie das Gefühl, die im Dritten Reich pervertiert wurde, nun Movens sein kann, ebendiese Epoche kritisch zu überwinden. Andererseits bleibt die Frage, ob rein rationale Analyse einem Phänomen gerecht werden kann, dessen Erfolg gerade den Ruin jedes aufklärerischen Impetus zu belegen scheint. Einige Autoren bzw. Kritiker plädieren daher für eine kontrollierte Katharsis: Die »Gefühlsmacht über den Zuschauer« muß durch das vernünftige »Wort« gebändigt werden, so daß ein »neue[s] Erleben« möglich wird, das den Menschen zum »Universal-Sozialen« führt.[44] Auch Günther Weisenborn fordert 1945 das »in Verantwortung orchestrierte Erlebnis«.[45] Sein Widerstandsdrama *Die Illegalen*, das wenig später entsteht, ist zwar Reflex zeithistorischer Fakten und »Denkmal der Schafottfront« (1), zugleich aber ein Versuch, die problematisch gewordene Autonomie des Subjekts zu restituieren.

41 Zu den vier Haupttheorien der Katharsis vgl. Seidensticker (2009).
42 Schneider: Die Tragiker des Abendlandes (1946), S. 29.
43 Schöpf: Dramatisches Wesen und Wort (1946), S. 122.
44 Ebd., S. 124.
45 WT 4, S. 184 (Erneuerung des Theaters 1945).

Im Zentrum der Dramenhandlung steht eine Berliner Widerstandsgruppe, die Aktionen gegen das Hitlerregime plant. Aus Furcht entdeckt zu werden, nehmen sie keinen Kontakt mit anderen auf. Walter, der Sohn des Gastwirts, soll von der Kellnerin Lill für den Kampf gegen die Diktatur geworben werden. Tatsächlich betreibt er selbst seit längerem einen Geheimsender, behält dies allerdings zunächst für sich und tritt als ›Anfänger‹ der Widerstandsgruppe bei. Obwohl persönliche Beziehungen zwischen den Verbündeten als gefährlich gelten, verlieben sich Walter und Lill, was sogleich Mißtrauen gegenüber dem Neuzugang weckt. Als man ihm vorwirft, ein Spitzel zu sein, gibt er sich als Mitglied einer anderen Widerstandsgruppe zu erkennen, der Kontakte knüpfen möchte. Kurz darauf wird Walter jedoch von der Polizei verfolgt. Um Lill und die übrigen nicht zu gefährden, begeht er auf der Flucht Selbstmord.

Formal betrachtet domininiert zunächst die epische Perspektive: Der Zuschauer kommt gleichsam aus der Distanz und wird durch den ›guten Nachbarn‹ in den Plot eingeführt. Danach läuft das Drama weitgehend identifikatorisch ab – mit deutlicher Tendenz zu karthartischer Wirkung. Ein zentrales Moment der »Erschütterung«[46] ist die Szene, in der die Gestapo dem Werkzeugmacher Bulle das Geständnis abzuzwingen versucht, der gesuchte Bullerjahn zu sein, in dessen Wohnung Flugblätter gefunden wurden. Mit Hilfe der siebenjährigen Tochter Marie, die freudig auf ihren Vater zuläuft, gelingt den Nationalsozialisten schließlich die Überführung. Einen Augenblick lang will Bulle das Kind verleugnen, erkennt dann aber die Chancenlosigkeit dieses Unterfangens und nimmt Abschied von Marie, indem er ihr sein Vermächtnis mitteilt: »wenn sie dich fragen, warum ich gegangen bin, [...] dann sag ihnen: für die Freiheit« (71). Der kathartische Affekt ist hier ethisch diszipliniert. Das Publikum soll Mitleid haben mit einem Menschen, der für das Gute stirbt, zugleich aber weiß, daß Tragik keine existentielle Kategorie ist, sondern nur die Begleiterscheinung ungerechter Systeme, deren Überwindung jeden Glücksverzicht legitimiert. Gleiches gilt für die Liebe zwischen Lill und Walter: Ihre Erfüllung muß der »bessere[n] Zukunft der Massen« (57) geopfert werden.

Ein ähnliches Modell ›kontrollierter‹ Katharsis entwirft der späte Stefan Andres. Für ihn ist die Bühne der »Ort des öffentlichen Gewissens«, an dem das deutsche Volk der »richterlichen Anklage« entgegensieht.[47] Verweigert es sich diesem Tribunal, wird das Drama zur Tragödie, wie das Stück *Sperrzonen* (1958) zeigt: Eine Kleinstadt sucht hier ihr Vorkriegsrenommee als Kurort wiederzuerlangen. Dazu plant man u.a. die Errichtung eines Europäischen Jugenddorfes. Bei der Besichtigung des Baugeländes wird jedoch entdeckt, daß dort zweitausend KZ-Insassen begraben liegen, darunter »natürlich Jüdinnen« (9). Um dem Ruf der Bäderstadt nicht zu schaden, riegelt man das Gelände ab und beschließt, die Toten einzuplanieren. Studienassessor Winfried Welch (dessen Name auf die revolutionäre Geisteshaltung der Franzosen verweist) spricht sich gegen solche »Sperrzonen des Wissens« (31) aus und will Oberstudiendirektor Dr. Karl Kaiser zwingen, sich im Rahmen einer Totenfeier zur Bedeutung des Friedhofs zu bekennen. Letzterer zeigt sich entsetzt, wird aber durch Gerda Ohligschläger, die ehemalige KZ-Oberaufseherin, daran erinnert, daß er selbst den Massenmord hätte verhindern können. Denn seine Frau Ilse, früher Lagerärztin, wäre imstande gewesen, den Kommandanten durch eine tödliche Injektion zu beseitigen. Kaiser muß einsehen, daß er den »sittlichen Mut« (32) nicht aufbringen konnte, die Opfer zu retten. Während das öffentliche Bekenntnis ausbleibt, wird die Sühne privatim vollzogen. Kaiser überantwortet

46 Ebd.
47 Der Sinn des Theaters (1957), S. 54.

sich der Oberaufseherin, die zuerst ihn und daraufhin sich selbst erschießt. Die Logik des Letalen ist allerdings durch Oberbaurat Gregor Schneider in Frage gestellt, der auf Ohligschlägers Diktum: »Hört doch und begreift's – nur so werden Gräber, die sich öffneten, geschlossen«, mit der Frage antwortet: »Nur so?!« (124). Tatsächlich könnte nach Andres selbstkritische Erschütterung einen Neuanfang ermöglichen,[48] d.h. die Katharsis dient nicht dem Reinigen der tragischen Ereignisse durch Demonstration, daß der Held unschuldig ist (*purificatio*), sondern der Zuschauer soll seine Mitschuld erkennen und Verantwortung für das Geschehene übernehmen, damit eine ähnliche Tragödie für die Zukunft ausgeschlossen wird.

Auch Erwin Piscator, den man meist vorschnell dem politischen Diskurs zurechnet (A, 3.2.2), entwirft in den fünfziger Jahren ein »Bekenntnistheater«,[49] das mit Leidenschaft[50] und »Kritizismus«[51] eine »neue Katharsis«[52] hervorbringen soll. Ziel ist die Schaffung doppelter Totalität: (1) die Restitution des ganzen Menschen als »Subjekt« und »Objekt« durch die »Einheit von Vernunft und Gefühl«,[53] (2) die Genese des engagierten Kunstwerks, das dem Ideal Schillerscher Dramatik gemäß die »Einheit von Inhalt und Form« zu verwirklichen sucht.[54] Der Begriff ›episch‹ gewinnt damit eine im Vergleich zu Brecht modifizierte Bedeutung. Zwar wenden sich beide gegen naturalistische Mimesis, aber Piscator beabsichtigt keine dialektische Rezeption. Nicht das Verfremden der dramatischen Handlung steht im Vordergrund, sondern das Herausarbeiten ihres Gehalts. In der Bearbeitung von Tolstois *Krieg und Frieden* (1955) fungiert der Erzähler daher als »Dirigent«,[55] der das Publikum durch verbale Lenkung zum »Mitakteur« machen soll. Nach dem Ende der Aufführung erscheint der Zuschauer, der zuvor »weder gut noch schlecht« war,[56] als »völlig verwandelt« durch ein Verstand wie Emotion reinigendes Evidenzerlebnis, das beide Komponenten neuer Symbiose zuführt: »Er ist friedfertig, er ist still, er ist ein Philosoph, und er hat einige tausend Jahre hinter sich gelassen«.[57]

Neben die ethische Funktionalisierung der Katharsis tritt nach 1945 die christliche; die Bühne wird – so Günter Rutenborn – »theologische Anstalt«. Dahinter steht die Vorstellung, daß die Theatralität des Gottesdienstes in der Weltliteratur »noch nicht Drama geworden« ist. Das antike Tragödienmodell erfährt aus diesem Grund eine Umwertung: Die »Schuld« wird zur »Sünde«, die »Peripetie« zur »Heimholung durch Gott«, die »Katastrophe« zum »göttlichen Gericht« und »die Katharsis, die ›Läuterung‹ im alten Verstande, ist jetzt die Umkehr, die Buße«.[58] In Rutenborns ›biblischem Zeitstück‹ *Das Zeichen des Jona* (1947) findet sich diese Theorie paradigmatisch umgesetzt. Das Theater fungiert wie häufig nach Kriegsende als ›Tribunal‹ am Ausgang der

48 Vgl. Andres: Lieber Freund – lieber Denunziant, S. 30f., 36f. (»...War es umsonst?...«).
49 PT, S. 260 (Bekenntnistheater und das Unbehagen der Kritik [1955]).
50 Vgl. PA 2, S. 158 (Auseinandersetzung mit der Kritik anläßlich der Aufführung von »Krieg und Frieden« [1955]).
51 Piscator: Brief vom 4. Mai 1961 an Anna Lazis und Bernhard Reich (Reich [1970], S. 224).
52 PT, S. 321 (Erläuterungen zur Aufführung von *Biedermann und die Brandstifter* [1959]).
53 PT, S. 228 (Objektive Spielweise [1949]).
54 PT, S. 257 (Bekenntnistheater und das Unbehagen der Kritik [1955]).
55 Neumann/Piscator/Prüfer: Krieg und Frieden (1955), Klappentext.
56 PT, S. 273, 271 (Erwin Piscator über Theater [1956]).
57 PT, S. 321 (Erläuterungen zur Aufführung von *Biedermann und die Brandstifter* [1959]).
58 Rutenborn: Das Theater als theologische Anstalt (1949), S. 160, 168.

Geschichte. »Ninive« wurde (der Offenbarung des Johannes entsprechend) zu »Babel« (9), dessen Mauern nun vollständig zerstört sind. Bei Rutenborn zeigen sich die Betroffenen uneinsichtig und formulieren schließlich die Gegenklage »*Gott* ist schuldig« (29). Der Richter – »Er«, der Herr (38) – antwortet darauf, indem er sich selbst zur »Höllenfahrt« verurteilt, »Mensch zu sein«. Durch diesen Spruch, der »nur eine Wiederentdeckung« bezeichnet (33f.), wird aber gerade das System bestätigt, das zur Disposition stand. Und auch das »Chaos« bleibt beherrschbar, markiert es doch den »Anfang jeder neuen Welt« (39). Der Reinigungsvorgang ist entsprechend verändert: Durch das »Weinen« um eigenes Leid öffnen sich »Ventile«, so daß die »Geister der Finsternis« entweichen können (8f.). Statt ihrer zieht die »Furcht des Herrn« ein, die »der Weisheit Anfang« ist (39).

Auch in Stefan Andres' Tragödie *Gottes Utopia* (1950) gewinnt die Katharsis angesichts der moralischen Aporie des Konflikts eine christliche Dimension. Das Stück spielt in einem Karmeliterkloster zur Zeit des Spanischen Bürgerkriegs: Der exkommunizierte Mönch Paco, ehedem Pater Consalves, ist zusammen mit einigen Soldaten Gefangener des Leutnants Don Pedro, der von der Erinnerung an ein Massaker gequält wird, das er in militärischer Pflichterfüllung verübt hat. Sein Vertrauen zu Paco ist so groß, daß dieser sich und die Seinen mit einem Mord retten könnte. Doch der Mönch verzichtet auf die Bluttat und stirbt als Märtyrer. Die Frage der Frontenzugehörigkeit bleibt vor diesem Hintergrund sekundär: Tatsächlich läßt Andres offen, welcher Protagonist welchem politischen Lager angehört. Erst der Opfertot, dem eine entsakramentalisierte Beichte vorangeht, führt im Sinne der Apokatastasis zur finalen Aufhebung der Gegensätze.

Ähnliches gilt für Leopold Ahlsens Schauspiel *Pflicht zur Sünde* (1952). Erneut ist der ethische Konflikt im Diesseits nicht lösbar, wie der Autor am Beispiel der Russischen Revolution von 1905 zeigt. Das Proletariat erscheint nur mehr als Objekt bei der Umsetzung einer Idee (Kommunismus), die zwar gerechtfertigte Kritik artikuliert, aber auch alle Rechte des Individuums aussetzt. So schrecken die Revolutionäre nicht davor zurück, mit der »Fabrik«, dem »Herrenhaus«, zugleich die Existenz der Arbeiter zu zerstören (58). Der Gutsbesitzer Grigorij fühlt sich genötigt, den Anschlag zu verhindern, muß dafür aber den Brandstifter erschießen. Wie er sich auch entscheidet, er wird schuldig. Für Ahlsen ist deshalb »nicht wichtig, ohne Sünde zu sein«, sondern nur, daß man das reinigende »Opfer« bringt (62). Folgerichtig läßt sich der Brand trotz Grigorijs Todesschuß nicht verhindern.

Jenseits dezidiert christlicher Heilsperspektive fordert man ein Theater, das »metaphysische Anstalt« werden soll.[59] Hauptvertreter dieses Projekts sind Carl Zuckmayer und Egon Vietta. Letzterer beruft sich dabei auf Jean Cocteau, der sein surrealistisches Theater »religiöses Zeremonial« nennt.[60] Auch für Vietta ist die eigene *Orpheustrilogie* (1943-1945) ein »metaphysischer Versuch«, der auf »religiöse Läuterung« zielt (III). Der Plot bleibt allerdings gegenwartsbezogen: Nachdem der Protagonist von dem Verdacht, seine Frau ermordet zu haben, freigesprochen wurde, gestaltet er die Beziehung zur neuen Gefährtin Esther rein platonisch. Es gelingt es ihm allerdings nicht, sich im Exil (USA) beruflich zu etablieren; er erhält keine Aufenthaltserlaubnis und muß nach

---

59 Zuckmayer: Pro Domo (1938), S. 78f.

60 Der Sinn des Theaters (1957), S. 28. Vgl. Vietta: Einführung in den »Orpheus« (1945), S. III.

Griechenland zurückkehren. Da die dortige Reintegration mißlingt, erkennt Orpheus, daß sein Reich »›nicht von dieser Welt‹« ist. Er hat einen »überpersönlichen Auftrag«, dessen Realisation mit bürgerlicher Lebenswirklichkeit nicht kompatibel scheint. Als greiser Dichter stirbt er schließlich auf den Stufen der Akropolis – »unbekannt[,] ein Fremder, namenlos« (II). In dem Mysterienspiel *Monte Cassino* (1950) bleibt der historische Sachverhalt, die Zerstörung des Klosters im Zweiten Weltkrieg, ebenfalls Ausdruck eines geistigen Geschehens. Das Zwischenspiel zeigt eine »Kernsituation«,[61] in der Papst Pius XII., der Heilige Petrus, der Vorbeter der toten Benediktinermönche, der Kardinalstaatssekretär (Exponent strategischer Notwendigkeit) und der Abt Gregorio Diamare (Zeuge der Vorkommnisse) über das weitere Vorgehen diskutieren. Weltpolitisch vergebens, denn Geschichte erweist sich hier nur als »Gang der Bilder«, die »der Mensch von Gott empfängt« (51). D.h. die Handlung »erschüttert« den Zuschauer, weil dieser »wie in der Epiphanie des antiken Dramas«[62] einsieht, daß das Leben nur transzendent begriffen werden kann.

In diesem Sinne argumentiert auch Carl Zuckmayer, wenn er in syllogistischer Manier Kunst als »Gleichnis der Natur« und Natur als »Gleichnis der heimlich wirkenden Gottheit« versteht.[63] Auf der Basis dieser Repräsentationsordnung ist es Aufgabe des Dramas, gegen alle weltliche Ungerechtigkeit »Heil zu künden«.[64] Widerscheins dieses »höheren *Daimonions*«[65] bleibt aber die »Katharsis«, weil sie »Hoffnung schürt auf das Bestehen eines größeren, ewigen Lichtes unbekannter Substanz«.[66] Dessen Existenz macht sich affektiv bemerkbar, und zwar mit einer »produktiven Beunruhigung [...] in den Herzen und Geistern der Jugend«.[67] Die Reinigung erfolgt demnach nicht unmittelbar wie im ethischen Diskurs; es entsteht vielmehr eine Art *élan vital*, der den Menschen die tiefere Einheit mit dem Kosmos fühlen läßt. In dem zeitbezogenen Mysterienspiel *Der Gesang im Feuerofen* (1948/49) wird diese Vorstellung dramatisch gestaltet. Es steht unter dem Leitwort »›Creatori Creatoque‹« und soll der »Wiederherstellung des geschöpflichen Zusammenhangs« dienen.[68] Aus diesem Grund ist das Binnengeschehen transzendent umrahmt. Das Stück beginnt mit einer Gerichtsszene im Himmel, in der zwei Engel die Klage über Louis Creveaux hören, der eine Résistance-Gruppe aus Savoyen an die Gestapo verraten hat. Während eines Weihnachtsballs werden die Widerstandskämpfer 1943 von deutschen Einheiten erschossen oder sterben in den Flammen des angezündeten Schlosses. Die Vorgeschichte ist ebenso naturalistisch dargestellt wie die Liebesbeziehung zwischen dem Wehrmachtsfunker Sylvester Imwald und der Französin Sylvaine Castonnier, die schließlich zusammen im ›Feuerofen‹ verbrennen. Das Drama erlaubt jedoch nur bedingt klare Schuldzuweisungen, denn auf der Realitätsebene bleibt der Mensch den Schicksalsgewalten unterworfen. Freiheit besteht allein darin, das Verhängte anzunehmen (C, 4.1.3).

---

61 Sellner: Anmerkungen zu Szenarium und Dramaturgie von »Monte Cassino« (1950), S. 83f.
62 Ebd., S. 85.
63 Zuckmayer: Pro Domo (1938), S. 63.
64 Zuckmayer: Notizen zur Situation des Dramas (1953), S. 7.
65 Zuckmayer: Jugend und Theater (1951), S. 7.
66 Zuckmayer: Notizen zur Situation des Dramas (1953), S. 7.
67 Zuckmayer: Jugend und Theater (1951), S. 5.
68 Zuckmayer: Geleitwort (1960), S. VII.

Im sozialistischen Bereich erscheint das Theater statt dessen als ›politische Anstalt‹. Text und Inszenierung unterstehen hier – dem Stanislawski-Modell gemäß – einer »Überaufgabe«.[69] Da die Tragödie offiziell nur mehr als ›optimistische‹ geduldet wird, muß die Katharsis zukunftsorientiert sein. Wie Gottfried Fischborn nachgewiesen hat, ist Lessings Wirkungsästhetik dabei weitgehend intakt, allerdings konzentriert man sich auf sozial relevante Affekte.[70] Furcht und Mitleid sind nicht anthropologisch ausgerichtet, sondern beziehen sich auf die Unterdrückung des Proletariats durch den Klassenfeind. Dies ändert nichts daran, daß das Kunsterlebnis bis in die sechziger Jahre hinein auf das Einzelsubjekt bezogen bleibt, d.h. »individuelle« Läuterung angestrebt wird.[71] Wichtigster Theoretiker marxistischer Katharsis ist Friedrich Wolf (C, 4.1.1). Seine Dramenästhetik basiert (insbesondere nach dem Untergang des Dritten Reichs) auf der Vorstellung, daß die identitätsstiftende Kraft der Rationalität beschränkt bleibt: Die »*Massenseele*« könne nur »leidenschaftlich«[72] in Erscheinung treten, deshalb müsse das Drama den Sinntransfer emotional organisieren, um im »gesellschaftlichen Maßstab«[73] wirken zu können. Der Entscheidungsakt hat jedoch bei aller Gefühlsdominanz »ein von Vernunft kontrollierter« zu sein.[74] Weil das Publikum dies nicht leisten kann, erfolgt die Disziplinierung durch die Textur. Maßgeblich ist der »archimedische Hebelpunkt«, von dem aus der Autor »seine Welt bewegt«. Dieser »Standort« darf nicht jenseits der marxistischen Repräsentationsordnung liegen, denn der Dramatiker stößt wie in der Antike »zentripetal« vor, aus der »barbarischen Umwelt« zum »individuellen Zentrum Mensch«.[75] Die Wiederherstellung humaner Lebenszusammenhänge gleicht damit einem Genesungsprozeß, dessen Medium die Katharsis ist. Allerdings nimmt Wolf deutliche Modifikationen vor, die in der Forschung bisher kaum untersucht sind. Obzwar Lessing und Schiller die wesentlichen Referenzinstanzen bleiben,[76] wird den erregten Affekten erstmals universale Sinnstiftungsqualität zugesprochen. Die Bühne ist der Ort, an dem die griechische »Wortvereinigung des ›Kalon-Kagathon‹« zur absoluten Einheit des »Ethischen und Ästhetischen« wird, wie sie sich in dem russischen Ein-Wort-Begriff »choroscho«, das ›Gutschöne‹ darstellt.[77] Die Katharsis selbst wirkt dabei in doppelter Weise diätetisch: als »*Alarmsirene*« und »*Sicherheitsventil*«.[78] Einerseits fordert sie im Lichte bestehender Gefahren die »sittliche Entscheidung«,[79] andererseits zähmt sie das menschliche Aggressivitätspotential. Ziel ist wieder eine kontrollierte Suggestion: Der Zuschauer muß sich in das Geschehen hineinversetzen, wird »von Grund auf durchgerüttelt«,[80] gewinnt jedoch mittels einer klaren Konfliktlösung die Möglichkeit, in spontaner Entscheidung die objektiven gesellschaftlichen Widersprüche zu erkennen und zu bewältigen.

69 Vgl. Stanislawski: Die Arbeit des Schauspielers an sich selbst. Bd. 1, S. 292-306.
70 Vgl. Fischborn (1980), S. 589.
71 Vgl. Müller-Waldeck (1990), S. 1408.
72 WW 16, S. 104f. (Zeitprobleme des Theaters [1947]).
73 WW 16, S. 250 (Das Drama als Waffe und Werkzeug [1949]).
74 Friedrich Wolf und der Film, S. 36f. (Rededisposition zum »Cyankali«-Film [1930]).
75 WW 16, S. 49 (Vom Standort des Dramatikers [1946]).
76 WW 16, S. 105f. (Zeitprobleme des Theaters [1947]).
77 WW 16, S. 463f. (Maxim Gorki [1953]).
78 WW 15, S. 320 (Das zeitgenössische Theater in Deutschland [1934]).
79 WW 16, S. 63 (Theater des Übergangs [1946]).
80 WW 16, S. 104 (Zeitprobleme des Theaters [1947]).

Die Dichotomie der Ideologien (Faschismus/Sozialismus) wird daher personalisiert. So ist Wolfs Drama »nach dem Gesetz des Spielers und Gegenspielers«[81] gestaltet, um das Publikum zu zwingen, »sich für Gut oder Böse« zu erklären.[82] Gattungspoetisch bedeutet dies den Rückgriff auf die optimistische Tragödie, denn die »reinigende Entscheidung«[83] bleibt angesichts der erlebten Katastrophe einziger Sinngarant. Das in der Forschung bisher kaum präsente Drama *Die letzte Probe* (1945/46) besitzt hier metapoetische Bedeutung, zeigt es doch, wie aus der unpolitischen »Tragödin« (WW 6, 27) Vera eine engagierte Schauspielerin wird. Dank ihrer Initiative nimmt der von den Nationalsozialisten verfolgte Schriftsteller Peter davon Abstand, ein Theaterstück über Marie Curie zu verfassen. Er dramatisiert statt dessen sein persönliches Schicksal, d.h. das Leben dirigiert die Fabel. Dennoch bleiben die individuellen Probleme bestehen, vor allem die Frage, ob ein Mann, der »von einer großen Arbeit besessen ist, mit seinem ganzen Wesen noch eine Frau lieben kann«. Todkrank spielt Vera ihrem Geliebten schließlich die Rolle vor, die sie auf der Bühne nicht mehr darzustellen vermag – ihre eigene nämlich. Die Sterbende im Arm erkennt Peter, daß sich Zukunft nur produktiv gestalten läßt, wenn die »tödliche[n] Widersprüche« ausgeräumt sind (86f.), die Privates und Öffentliches unvereinbar machen. Vor diesem Hintergrund dient das kathartische Erlebnis wie im ethischen Diskurs der Vergangenheitsbewältigung – auch hier legitimiert durch die Theatralität der Geschichte. Der Zweite Weltkrieg wird als weltpolitisches Drama verstanden, in dem sich der »Kampf des Alten gegen das Neue« »mit allen denkbaren Intrigen« vollzieht (16), während die Nürnberger Anklagen den literarisch fortzusetzenden »Beginn« des deutschen »Reinigungsprozesses« markieren.[84]

Es wundert nicht, daß Wolfs Antipode im Feld der frühen DDR-Dramatik, Bertolt Brecht, diese Art identifizierender Sinnstiftung als »unrealistisch« betrachtet.[85] Für ihn (und damit gewinnt der Katharsis-Diskurs eine ästhetische Dimension) bleibt die Fortschreibung der antiken Wirkungspoetik an neue Theaterkonzepte geknüpft. Der Versuch, die Polarität zwischen Empathie und Verfremdung aufzuheben, liegt aber auch seinem Modell zugrunde – vor allem nach der Übersiedlung in den Osten (C, 4.2.2). Wenngleich jene Tendenz mehrfach beschrieben wurde, hat man Bedeutung und Strukturmechanismus bisher nur unzureichend analysiert. Die These, Brecht gehe hier Konzessionen an das bürgerliche Kunstprogramm ein, greift zu kurz, da sie nachhaltige Veränderungen in Theorie und Praxis übersieht. Nun lassen sich zwar auch in früheren Schriften viele Belegstellen dafür finden, daß der Autor ›Emotion‹ im Theater nicht verabschieden, sondern kontrollieren und epistemologisch nutzen möchte. Der wesentliche Unterschied besteht jedoch in der durch den Sozialismus eröffneten Potentialität. Denn erst die Einrichtung nicht-antagonistischer Verhältnisse macht die Parameter »Vernunft und Gefühl« wieder brauchbar, die zuvor »entartet« waren und in einem »schlechten, unproduktiven Widerspruch zueinander« standen. Die »aufsteigende neue Klasse« besitzt nun die Möglichkeit, beide Komponenten »in großem produktivem Widerspruch« zu sehen. Auf diese Weise entsteht ein dialektischer Katharsis-Effekt, der

81 WW 16, S. 64 (Theater des Übergangs [1946]).
82 WW 16, S. 224 (Formprobleme des Theaters aus neuem Inhalt [1949]).
83 WW 16, S. 53 (Vom Standort des Dramatikers [1946]).
84 WW 16, S. 12 (Deutsche zum Nürnberger Prozeß [1945]).
85 WW 16, S. 224 (Formprobleme des Theaters aus neuem Inhalt [1949]).

die Wiederherstellung des Humanen diätetisch beglaubigt: »Uns drängen die Gefühle zur äußersten Anspannung der Vernunft, und die Vernunft reinigt unsere Gefühle«.[86]

Das *Kleine Organon* stellt in diesem Zusammenhang eine Übergangsposition dar. So fordert Brecht, der Schauspieler solle »alles unterlassen«, was dazu beitragen könne, die »Einfühlung des Publikums« zu begünstigen. Deshalb dürften »seine eigenen Gefühle nicht grundsätzlich die seiner Figur sein«. Identifikation ist nach Brecht lediglich für das »Probieren« zulässig, bei der »Vorführung« dagegen »zu vermeiden«.[87] Solche Thesen sind indes konterkariert durch die nachdrückliche Assimilation an Aristoteles – sowohl hinsichtlich der Fabel wie der Katharsis, denn letztere wird gleichfalls dem ›Lebenskunst‹-Projekt integriert: als »Waschung [...] zum Zwecke des Vergnügens«.[88] Nicht zuletzt aus diesem Grund konzediert Brecht 1954 in den *Nachträgen zum Kleinen Organon*, die »Warnung, bei der Aufführung Einfühlung in die Figur des Stücks zu vermeiden«, könne »kaum ganz« befolgt werden. Und das sei gut, denn so komme es »am ehesten zu jener wirklich zerreißenden Widersprüchlichkeit zwischen Erleben und Darstellen«.[89] An anderer Stelle beschreibt er diese Interferenz mit Blick auf eine Schwester, die weint, weil der Bruder in den Bauernkrieg muß: »Sollen wir uns ihrem Schmerz ganz hingeben? Oder gar nicht? Wir müssen uns ihrem Schmerz hingeben können und nicht hingeben können. Unsere eigentliche Bewegung wird durch die Erkennung und Erfühlung des zwiespältigen Vorgangs entstehen«.[90]

Nach Ansicht von Peter Hacks liegt dieser Strukturmechanismus jedoch schon Lessings Katharsiskonzept zugrunde, denn »Furcht« resultiere aus der »Identifikation mit dem auf der Bühne Leidenden«, »Mitleid« aus der »Distanzierung« von ihm. Tatsächlich handele es sich also um »Bewußtseinsakte, die im Theatererlebnis aller Zeiten miteinander, sich vermischend, statthaben«.[91] D.h. die Synthese von (schöner) Empathie und (erhabener) Verfremdung ist für Hacks ein Naturgesetz der Dramatik. Die Antwort auf die Frage, wie eine konkrete Umsetzung aussehen könnte, differiert jedoch in bezug auf geschichtliche Situation und gattungspoetische Ausrichtung. Während die beiden ersten Dramen (*Herzog Ernst*, *Eröffnung des indischen Zeitalters*) darauf abzielen, »die Klassengesellschaft zu widerlegen«, thematisieren die nachfolgenden Stücke Menschen, die sich »ihrer Schranken entledigen« (*Die Schlacht bei Lobositz*) oder »gegen lakaienhafte und opportunistische Haltungen« polemisieren (*Der Müller von Sanssouci*).[92] Indem Hacks jedoch aus der Perspektive des Realsozialismus schreibt, kann die historische Rückständigkeit des Bühnenpersonals verlacht werden. Das so entstandene ›bürgerliche Lustspiel‹ verabschiedet Lessings Parameter zugunsten der Komponenten »Unterricht und Spaß«.[93] Für ›tragische‹ Restbestände schlägt der Autor die Kategorien »Empörung und Einsicht« vor, »wobei aus der Einsicht die aufgeklärte Hoffnung fol-

86 GBA 23, S. 298 ([Notizen über die Dialektik auf dem Theater 3] [ca. 1954]).
87 GBA 23, S. 83, 85 (Kleines Organon für das Theater [1948]).
88 Ebd., S. 67. Vgl. Aristoteles: Poetik 1453a, 35f.
89 GBA 23, S. 290f. ([Nachträge zum »Kleinen Organon«] [1954]).
90 GBA 23, S. 413 (Gespräch über die Nötigung zur Einfühlung [1953]).
91 Hacks: Aristoteles, Brecht oder Zwerenz? (1957), S. 5.
92 HM 2, S. 72 (Interview [1964]). Vgl. B, 4.2.2.
93 HS, S. 239 (Der Müller von Sanssouci [1957]).

gen möge«.[94] Wie Wolf lassen Brecht und Hacks also nur solche Affekte zu, bei denen »genau feststeht, zu welcher Aktivität sie führen und zu welcher nicht«.[95] Die »bloße Einfühlung« könne den »Wunsch« erzeugen, »es dem Helden gleichzutun«, nicht jedoch die »Fähigkeit«. Der Protagonist müsse aus diesem Grund so gestaltet sein, daß er zu »bewußter« Nachahmung reize.[96]

Ähnliches gilt für die westdeutsche Dramatik: Auch hier hält – als Folge epigonaler Claudel- und Wilder-Rezeption – das Katharsis-Konzept im epischen Theater Einzug. Dabei lassen sich Formen der Intensivierung feststellen, denn die Zuschauer werden mitunter explizit auf die reinigende Handlungsdimension hingewiesen. Ein Beispiel ist das bereits erwähnte *Zeichen des Jona* von Günter Rutenborn: Im Epilog erläutert der Protagonist, der zuvor als Stage Manager agiert hat, den etymologischen Ursprung der Vorstellung, religiöse »Katharsis« bedeute, wie oben zitiert, »Umkehr«.[97]

> Sehen Sie, meine Damen und Herren, [...] Theater kommt ja aus dem Griechischen, diesmal nicht aus dem Hebräischen; und im Griechischen heißt »theos« Gott. Theos und Theater kommen wohl beide von »theaomai«, was »sehen«, »schauen« bedeutet. Es kann daher nicht verwundern, wenn einem im Theater die Augen auf- und übergehen. – Na, Sie sind jetzt nicht mehr so frisch wie am Anfang und wollen zu den Garderoben. Vielleicht denken Sie noch ein wenig über diesen Punkt nach. Denken heißt ja, Gnade finden, und wenn Sie diese erfahren, so wird es Ihnen gar nicht so schrecklich sein, weiterleben zu müssen (39).

Es ist das ›Sehen‹ der Interferenz von Göttlichem und Irdischem im epischen Universaltheater, auf das der Stage Manager die Zuschauer hinweist. An die Stelle der intellektuellen Akzeptanz von Tragik als Existential (*clarificatio*) tritt die Demonstration der kosmischen Perspektive des Lebens sowie die damit verbundene Notwendigkeit einer Orientierung an den Geboten des Herrn.

In Georg Hermanowskis modernem Mysterienspiel *Weltpassion* (1949) wird die Katharsis sogar dramatisch inszeniert. Nachdem St. Michael Luzifer besiegt hat, tritt der Regisseur vor und bittet die Zuschauer, sich für das abschließende Te Deum, das der Bischof anstimmt, von den Plätzen zu erheben (59). Die Theateraufführung avanciert hier wie bei Cocteau zur »*Messe*«,[98] wobei erst das Aufheben der Distanz zum Publikum eine kollektive Buße erlaubt. Nach Manfred Hausmann ist allein der Spielleiter als Lenkungsinstanz fähig, Historie und Ewigkeit im »*Symbolon*«[99] zusammenzudenken. Ergebnis bleibt jedoch – so in der *Zauberin von Buxtehude* (1959) – die »Unbegreiflichkeit« der göttlichen »Wahrheit« (HR, 344). Das Drama basiert demnach auf der Fiktion, daß die »Handlung« lediglich »in großen Zügen« festliege und »niemand« das »Ende« wisse (286). Sicherheit kann der Mensch folglich nur in einem Glauben finden, der das Inkommensurable akzeptiert. Diese Einsicht zu vermitteln bedarf es einer epischen Katharsis, die im inneren und äußeren Kommunikationssystem wirkt. So ist der zu Unrecht als Hexe denunzierten Margarethe Quintmeyer schließlich klar, daß

---

94 Hacks: Aristoteles, Brecht oder Zwerenz? (1957), S. 6. In den beiden Gegenwartsdramen *Die Sorgen und die Macht* bzw. *Moritz Tassow* wird diese Wirkungsästhetik beibehalten, verliert aber durch dialektische Hypertrophie an Eindeutigkeit (B, 6.4.2).

95 Ebd.

96 GBA 25, S. 456 (»Katzgraben«-Notate 1953).

97 Vgl. Anm. 58.

98 Der Sinn des Theaters, S. 28.

99 Ebd., S. 41.

Widerstand gegen Gottes Handeln fragwürdig bleibt angesichts der Defizienz menschlicher Erkenntnis. Nur wer sich in sein Schicksal fügt und intuitiv tut, was ihm verheißen ist, erlebt den purgierenden Affekt: »dann«, so die Protagonistin, »flutet es heiß durch mich hindurch, als brächen Quellen in mir auf, die bis in meine Hände strömen« (333). Damit sich der gleiche Vorgang bei den Zuschauern wiederholt, muß der Stage Manager die beabsichtigte Wirkung erneut verbalisieren: »Hat Sie noch nie ein Kunstwerk so richtig ins Herz getroffen, daß sie zusammengefahren sind wie unter einem Schicksalsschlag?« (377).

In der internationalen Dramatik, auf die Rutenborn, Hermanowski und Hausmann zumindest formal Bezug nehmen, fehlt die purgierende Wirkung dagegen meist. Grund dafür ist die ideologiekritische Skepsis gegenüber jeder Form von Polarität und Teleologie. Nicht von ungefähr hebt Anouilh in *Antigone* die klare Trennung zwischen Täter und Opfer auf, während Giraudoux und Wilder die Möglichkeit gesellschaftlicher Optimierung in Frage stellen – in *La guerre de Troie n'aura pas lieu* (B, 1.2.1) bzw. *The Skin of our Teeths* (C, 4.2.1). Hinzu treten Zweifel an der Wirksamkeit des Konzepts. Gustaf Gründgens erklärt 1947, Humanität sei weder durch Didaxe noch Katharsis retablierbar, sondern wie bei Goethe eine Frage von »Beschränkung« und »Gesetz«.[100] Weniger aus anthropologischer denn modernehistorischer Perspektive wendet sich Adorno gegen subjektbezogene ›Reinigung‹ im Massenzeitalter. Er tut dies mit Blick auf das dramatisierte *Tagebuch der Anne Frank*, durch dessen Aufführung eine Dame zu der ›kritischen‹ Replik veranlaßt worden sei: »aber *das* Mädchen hätte man doch wenigstens leben lassen sollen«.[101]

Der kathartische Affekt kann indes auch quasi transzendentale Dimension annehmen, Bedingung der Möglichkeit produktiver Erkenntnis sein. Zwar ist in Borcherts Heimkehrerdrama *Draußen vor der Tür* (1947) die Tragödienstruktur textimmanent thematisiert, aber durch keine höhere Ordnung aufgefangen. Beckmanns Dasein umfaßt ausschließlich fünf »graue verregnete Akte«. Indem der Protagonist das Dasein jedoch zugleich als etwas beschreibt, das »weniger als Nichts« ist (40), überbietet *und* öffnet er die Tragödie, die sonst nach Anouilh eine »todsichere Angelegenheit« ist. D.h. das »Uhrwerk«[102] wird überzogen: (1) um die kathartische Wiederherstellung einer höheren Ordnung zu verhindern, (2) um die programmierte Katastrophe auszusetzen. Die Kohärenz des Abstiegs bleibt damit eine funktionale, wie das von Ernst Schnabel überlieferte Motto im verlorenen Manuskript zeigt: »Eine Injektion Nihilismus / bewirkt oft, / daß man aus lauter Angst / wieder Mut zum Leben bekommt«.[103] Es ist also die ›Erschütterung‹ der Zuschauer angesichts des Nonsens, die zum Medium produktiver Erkenntnis avanciert (B, 6.5.1).

Eine vergleichbare Strategie verfolgt der späte Reinhold Schneider (B, 6.3.1). Das Drama erscheint nur mehr als »Kathedrale der Sinnlosigkeit«,[104] die »tödliches Licht« spendet.[105] Während die christliche Herrschaft an der Aporie weltlicher Machtausübung scheitert, läuft der resignative Rückzug ins Leere, da er dem Willen Gottes wider-

---

[100] GWT, S. 178 (Theater und Presse [1947]).
[101] Adorno: Was bedeutet: Aufarbeitung der Vergangenheit (1959), S. 143.
[102] AD 1, S. 47f. (Antigone [1942]).
[103] Schnabel: Eine Injektion Nihilismus (1946/47), S. 386.
[104] SW 10, S. 280 (Winter in Wien [1958]).
[105] Schneider: Innozenz und Franziskus (1952), S. 273.

spricht. So versucht Papst Bonifaz VIII. in dem Schauspiel *Der große Verzicht* (1950) das himmlische Jerusalem auf Erden zu errichten. Er regrediert auf diese Weise zum weltlichen Herrscher, der die Liebe verleugnet, weil er nur durch Furcht mächtig ist. Aber auch sein Vorgänger Petrus Cölestin V., welcher das Gottesreich zuerst im Innern herstellen möchte, muß erkennen, daß herrschaftsfreie Räume nicht existieren. Seine Rücktrittsrede beschreibt zwar die Utopie, wirft dabei jedoch »unlösbare Probleme« auf. Denn der Amtsverzicht verweist über Persönlichkeitsdefizit und fehlende Kollektivunterstützung hinaus auf die allgemeine »Satanisierung der Macht«, derzufolge es »Sünde« ist, »an der Herrschaft teilzunehmen«, aber auch, sich ihr zu entziehen.[106] Vor diesem Hintergrund stellt Schneider die transzendente Sinnstiftung überhaupt in Frage, wodurch dem Zuschauer lediglich die »Erschütterung unter untragbarer Dissonanz« bleibt.[107] Kraft ihrer wird es ihm allerdings möglich, das »letzte Wort« auf dem Heimweg »selbst« zu finden,[108] d.h. das eigene Leben defätistisch-erhaben weiterzuführen.

Bei Günther Weisenborn gewinnt das Katharsis-Modell sogar metapoetische Bedeutung im Rahmen der Legitimation ›ortloser Dramaturgie‹ (C, 4.4). Jene dient unter Absage an Detailrealismus und »Stil-Experiment« allein der »Zentrierung« auf die »dramatische Fabel«. Gleichzeitig soll der Zuschauer »aktiviert« werden.[109] Dahinter steht die Idee einer »Reinigung des Dramas«[110] durch absolute sprachliche Transparenz: »Bei einer ortlosen Aufführung wird jeder Dialog, jeder Satz erbarmungslos geprüft. Es gibt keine dekorativen Stützen mehr, weder für den Autor noch für den Schauspieler. Der innere Vorgang wird klar bis zur Emanation«.[111] Eine gattungspoetische Vorgabe ist hiermit nicht verbunden; das auf seine Essenz konzentrierte Theaterstück darf durchaus Verfremdungseffekte enthalten (C, 4.2.5).

Betrachtet man die skizzierten Katharsis-Konzeptionen, so scheint evident, daß mit der Pluralisierung meist eine Neuvermessung der Grenzen einhergeht. Dies überrascht keineswegs, da sich die westdeutschen Autoren gezwungen sehen, nach der »Niederlage aller ideologischen Aktionen«[112] neue Formen der Sinnstiftung zu finden und diese gleichzeitig gegen Perversion zu schützen. Kontrollmechanismen bestimmen aber auch die DDR-Dramatik, die nur gesellschaftlich produktive Affekte erzeugen will. Die ›Läuterung‹ des Zuschauers ist daher weder an die Tragödie gebunden noch an illusionistische Modelle; sie kann sogar – um der Kollektivwirkung willen – explizit ad spectatores formuliert sein. Des weiteren sucht man Erkenntnis und Engagement des Publikums dadurch zu fördern, daß man die ›Reinigung‹ verweigert oder metapoetisch auf die Gattungstheorie überträgt. Gemeinsam bleibt den verschiedenen Konzepten jedoch der Versuch, menschliches Leiden mit Sinn zu erfüllen – auch oder gerade in der »Epoche des Wartens auf Godot«.[113]

---

106 SL, S. 169 ([Manuskript] Der große Verzicht [1954]).
107 SW 10, S. 179 (Winter in Wien [1958]).
108 Schneider: Der Auftrag des Dramas (1955), S. 210.
109 WT 4, S. 198f., 203 (Ortlose Dramaturgie [1951-1954]).
110 Weisenborn: Dramaturg und Autor (1953), S. 40.
111 WT 4, S. 204 (Ortlose Dramaturgie [1951-1954]).
112 Vietta: Die tragische Gestrigkeit des heutigen Theaters (1951/52), S. 140.
113 PT, S. 285 (Meine *Räuber*inszenierung [1957]).

3.2 Komödie – Komik I: Differentialdiskurs

Folgt man der einschlägigen Forschung, so rückt die Komödie mit Kriegsende ins Zentrum des Dramaturgiediskurses. Die Gattung wird nicht nur von den US-Besatzern kulturpolitisch favorisiert (A, 1.2), sondern auch durch deutsche Theaterautoren, Kritiker und Regisseure gefordert.[114] Mitunter beruft man sich auf die von Hofmannsthal 1921 in der *Ironie der Dinge* zitierte Novalis-Äußerung, daß nach unglücklichen Kriegen Lustspiele geschrieben werden müßten.[115] Dürrenmatt und Grass sind ebenfalls der Ansicht, die »Tragödie des Menschen« sei nur mehr »mit den Mitteln der Komödie [zu] bewältigen«.[116] Dennoch ist das Genre keineswegs so dominant, wie häufig behauptet wird.[117] Betrachtet man die über 200 Zeitstücke, die allein bis 1950 publiziert werden, so läßt sich diese These kaum aufrechterhalten – auch nicht im internationalen Vergleich. Ähnliches gilt für die fünfziger Jahre, wobei die Tragödie nun an Bedeutung verliert und die Komödie in Konkurrenz zu Modellen tritt, die sich gattungstypologischer Klassifikation entziehen (episches, poetisches, absurdes Theater). Auch in der frühen Nachkriegszeit genießt das Lustspiel nicht unbedingt Sonderstatus. Der »neue Impuls« soll zunächst »vom Dramatischen« kommen; erst in zweiter Linie denkt man an das »Komödiantische[]«, und zwar nur deshalb, weil es den Anschein hat, als sei »der Geist [...] resigniert«.[118]

Nichtsdestoweniger entstehen bis 1961 zahlreiche Komödien, die sich vor allem im Westen hinsichtlich Form und beabsichtigter Wirkung stark unterscheiden. Aus diesem Grund argumentiert zu pauschal, wer behauptet, das deutsche Nachkriegslustspiel diene entweder der »schieren Unterhaltung« oder sei nur mehr »in vertrackter Brechung« existent.[119] Ulrich Profitlich zeigt sich angesichts der konzeptionellen Vielfalt mit Recht skeptisch, was das heuristische Potential des Komödienbegriffs für die Analyse moderner Dramatik betrifft.[120] Auch produktionsästhetische Bestimmungen wie die von Helmut Arntzen, der eine »ernste« »Intention ›Komödie‹« fordert,[121] erweisen sich als begrenzt applikabel, da sie ausschließlich am bedeutenden Idealtypus orientiert sind. Mit Blick auf nicht-sozialistische Nachkriegslustspiele kann die Gattungsbezeichnung allenfalls zum historisch begründeten »Familiennamen« werden.[122] Die vorliegende Darstellung bleibt deshalb pragmatisch textbezogen. Im Gegensatz zur *Tangentialkomik*, die das Geschehen vom Standpunkt des marxistischen Narrativs aus betrachtet (C, 3.3), geben die hier untersuchten Konzepte meist Antworten auf das ›Ende der Ideologien‹ – selbst wenn man ältere Traditionen aktualisiert. Schwerpunkte und Ziele sind allerdings

---

114 Vgl. u.a. Brodwin: Die Komödie und ihre gesellschaftliche Bedeutung (1947), S. 21-28; Demokritikus: Schreiben eines Theaterenthusiasten an einen Freund (1947), S. 31f.; Sauer: Wo bleibt die moderne Komödie? (1947), S. 7-9 und Zuchardt: Rechtfertigung der Komödie (1949), S. 23f.

115 Vgl. HG, S. 105 (Probleme des heutigen Theaters [1950]).

116 GGW 10, S. 6 (Den Menschen entlarven [1958]). Vgl. Dürrenmatt: Theater-Schriften und Reden, S. 122, 124 (Theaterprobleme [1955]).

117 Richter (1978) spricht sogar vom »Herrschaftsanspruch der Komödie« (Titel).

118 Demokritikus: Schreiben eines Theaterenthusiasten an einen Freund (1947), S. 32.

119 Vaßen (1991), S. 159.

120 Vgl. Profitlich (1991), S. 513. Noch radikaler urteilt Walter Hinck (1977), der sämtliche Definitionsversuche als verfehlt bezeichnet, aber am Terminus selbst festhält (S. 12, 31).

121 Arntzen (1968), Titel, S. 12. Vgl. auch ders. (1963/65), S. 246.

122 Profitlich (2001), S. 29f.

nicht deckungsgleich: Das Lachen kann anthropologisch, sozialkritisch, universalistisch und/oder defätistisch ausgerichtet sein. Um diese Pluralität von der strukturellen Einheitlichkeit sozialistischer Modelle abzusetzen, wird in Anlehnung an Iser vom *Differentialdiskurs* gesprochen, denn das Subjekt erscheint hier als Träger verschiedener Rollenentwürfe.[123]

Nach Kriegsende ist das Komische zunächst Remedium gegen die erlebte Perversion. Denn die Fähigkeit, sich ausgelassen zu freuen, gibt – so Peter S. Burg in seinem Lustspiel *Ein Mann, der lachen lernte* (1946) – »wieder Mut« (16) und ist daher »der kostbarste Besitz« des Menschen (5). Protagonist Stein, der mit den schwierigen Lebensbedingungen der Wirklichkeit nicht zurechtkommt, bedauert sich zunächst selbst. Erst als in Faust-Allusion der Pakt mit dem ›Nazi‹ Mephisto scheitert, gelingt es Stein, die Welt anders zu sehen und über sich zu lachen. Durch diese »Heilung« wird das »Verhältnis zu den Mitmenschen« auf eine »ganz neue Basis gestellt« (91). Auch Gerhard Klocké, dessen *Olympisches Zwischenspiel* 1948/49 in Pforzheim seine Uraufführung erlebt, begreift die Komödie als Möglichkeit, »aus dem bitteren Ernst« der gegenwärtigen Situation »ein Lächeln abzuleiten«.[124] Ähnlich sieht es Karl Zuchardt, wenn er in seinem fiktiven Dialog *Rechtfertigung der Komödie* (1949) darauf verweist, daß die Spiegelung erfahrenen Leids im modernen Trauerspiel »irgendwie zu ›klein‹ bleiben muß, zu programmatisch vereinfacht«. Not tue deshalb eine Komödie, die »stille, tapfere Resignation« enthalte, »vor den Bitternissen des Lebens« nicht zurückschrecke, sondern jene »mit Humor und echtem Gefühl« überwinde.[125] Zuchardt artikuliert damit das von Max Frisch als notwendig angesehene, historisch aber schwer zu rechtfertigende »Gefühl, daß im Grunde doch alles zum Besten bestellt sei und daß die Welt nur ein gutes Ende nehmen« könne.[126] Dieselbe Hoffnung bestimmt Herrmann Mostars Komödie *Bis der Schnee schmilzt* (1948). Hier wird der Sieg über Napoleon parabolisch als Katalysator der europäischen Integration verstanden, denn durch den Besatzungsstatus scheinen »die Völker« gezwungen, sich »kennen [zu] lernen« (87). Angesichts zunehmender Technokratie und Vernichtungskapazität bleibt das Komische noch Ende der fünfziger Jahre anthropologisch fundiert. Heinrich Böll sieht in seinem Drama *Ein Schluck Erde* (1960) »gemeinsames, freies Lachen« (73) als letzte Möglichkeit, den funktional verarmten Menschen sich selbst wiederzugeben (B, 1.1). Gleiches gilt für Dieter Waldmann und seine Commedia dell' Arte-Adaption *Von Bergamo bis morgen früh*, die 1960 in Hamburg uraufgeführt wird (C, 4.3).

Vor allem während der ersten Nachkriegsjahre dient die Ideologieskepsis dazu, das Lustspiel-Genre für die Etablierung neobiedermeierlicher Lebensentwürfe zu nutzen. Man konzentriert sich auf den Neuanfang im behüteten Privatbereich,[127] beschwört das geteilte Glück als einzig wahres[128] und die Freude an wertbeständiger Arbeit als zentra-

---

[123] Vgl. Kapitel 3 (Drama und Theater als Medien kollektiver Sinnstiftung).

[124] Klocké: [Vorwort zur Komödie *Olympisches Zwischenspiel*] (1948/49), S. I*.

[125] Zuchardt: Rechtfertigung der Komödie, S. 23.

[126] Frisch: Gesammelte Werke in zeitlicher Folge. Bd. 2, S. 506 (Tagebuch 1946-1949).

[127] Vgl. Buchholz: Kibiw (1945), S. 86f.; Becker-Trier: König von Wunderland (1946), S. 112; Neubert: Zweimal klingeln (1946), S. 127; Zebrowski: Heimkehr – ohne anzuklopfen (ca. 1947), S. 69 und Gressieker: Der Regenbogen (1948), S. 116.

[128] Vgl. Herrmann: Salto mortale (1946), S. 122f.

le Erfolgsmaxime.[129] Zugleich wird über die Verführungsgewalt von Macht, Ruhm und Extremismus gelacht. So zeigt Heinrich Goertz in seiner Komödie *Das Institut des Herrn Maillard* (1948),[130] daß man verrückte Charismatiker nicht wie harmlose Normale behandeln dürfe, und retabliert damit die aristotelische Mesotes-Lehre: »Der Goldene Mittelweg ist der rechte«.[131] Auch in Wulf Leisners Lustspiel *Ich bin kein Napoleon* (1949) entscheidet sich Thronfolger Prinz Harry dafür, die an ihn herangetragenen Kriegspläne nicht umzusetzen (95). Die Neobiedermeier-Komik wird in der nachfolgenden Dekade von Karl Wittlinger fortgeschrieben – mitunter ohne dezidierten Vergangenheitsbezug. In *Junge Liebe auf Besuch* (1954) täuschen die Eheleute Richard und Angela ihre eigene Scheidung vor, um junge Liebende, die sich zerstritten haben, wieder zusammenzubringen. Gleichzeitig offeriert man sich beiden als neue Lebensbegleiter und erreicht damit deren gemeinsame Flucht. Auch in der Komödie *Zwei rechts, zwei links* (1960) wirkt Anouilhs Idee vom »Spiel als Wiederholung« sinnstiftend.[132] Das alte Schauspielerpaar Tom und Bettina läßt sich das eigene Leben nachstellen. Zu diesem Zweck wird den Studenten Sabine und Wolf dasselbe Zimmer vermietet, um dessen Nutzung ein Streit ausbricht, der am Ende in die Heirat mündet – ebenso wie fünfzig Jahre zuvor bei der Vermieterin und ihrem Liebhaber. Der Versuch, die Komik diätetisch einzusetzen, bestimmt auch Wittlingers Lustspiel *Kinder des Schattens* (1957). Hier kuriert der geheimnisvolle Landstreicher Eddy King die durch den Krieg stark lädierte Familie Gyntmann: Vater Priamus, Besitzer eines Elektrogeschäfts, ist geistig nicht mehr voll zurechnungsfähig, Tochter Antje gezeichnet vom Schock massiver Vergewaltigungen. Die Jüngeren leiden unter den Wirren der Nachkriegszeit: Sohn Sven möchte unbedingt Rennfahrer werden, seine Schwester Sigi kokette Stewardeß. Indem der Fremde jeder Figur die komische Abnormität ihres Verhaltens aufzeigt (bei Antje durch Einführung in die Sexualpraxis), bringt er die Familie dazu, den Ausfall des Vaters durch gemeinsame Arbeit im Geschäft zu kompensieren.

Entgegen bisheriger Forschungsthesen gewinnt das Komische aber auch schon früh eine sozialkritische Dimension, und zwar im kabarettistisch-dramatischen Bereich.[133] Die nach Kriegsende entstandenen Revuen zielen dabei vor allem auf die satirisch-groteske Entlarvung des Dritten Reiches. Horst Lommer tut dies mit seiner *Höllenparade* (1946), indem er der ›Irrenanstalt‹ Nationalsozialismus ein vom Anthropos vorgetragenes »Lied der reinen Menschlichkeit« gegenüberstellt (87). In Günter Neumanns »Revue der Stunde Null« *Schwarzer Jahrmarkt* (1947)[134] wird angesichts des beginnenden Kalten Krieges vor der schleichenden Renaissance militaristischer Ideologeme gewarnt.

---

129 Vgl. Meyer: Kaffee aus Quantocosta (1946), S. 87f. Anfang der sechziger Jahre wendet Heinz Gnade diese Denkfigur ins Negative. In seiner Komödie *Hinter den Hügeln das Paradies* (ca. 1960) existiert für Richter David und seine Frau Kleopatra keine Möglichkeit mehr, dem tristen bürgerlichen Alltag zu entfliehen. Man muß sich daher notgedrungen arrangieren mit der Tatsache, daß niemand »aus sich selbst und seinen Bindungen heraus« kann (S. 108).

130 Vorlage ist Poes Erzählung *Das System des Dr. Teer und Prof. Feder* (1845).

131 Goertz: Das Institut des Herrn Maillard (1948), S. 80f.

132 Karasek (1973), S. 563.

133 Vgl. Pelzer (1982).

134 UA im Cabaret »Ulenspiegel«. Im selben Jahr hat dort die Revue »Alles Theater« Premiere (Regie: Gustaf Gründgens).

D.h. man versucht – so Friedrich Luft – »den humorlosen Propheten neuer Einseitigkeit deutlich auf die Finger« zu schlagen.[135]

DR. HUMORLOS: [...] Der Militarismus ist schuld an allem,
daran is nich zu kritteln!
HÄUFIG: Ach was, Politik ist die Fortsetzung des Krieges
mit anderen Mitteln!
Vielleicht kommt der Tag,
wo die Kanonen wieder rauchen!
Vielleicht kommt der Tag,
wo se uns brauchen!
Die beiden stehen nebeneinander in der Mitte der Bühne.
BEIDE Ich bin gewiß ein friedliebender Mann!
Ich bin gewiß ein friedliebender Mann!
HÄUFIG (*nach links*): Aber wenn's gegen Osten geht! (43).

Das Kabarett soll nach 1945 eine »politisch-moralische Anstalt« werden. Weniger die NS-Chargen sind zu verlachen als die »Leute, die die Begeisterung gegen oder für Hitler geschäftlich ausnutzen«.[136] In Günter Neumanns »Groteske« *Ich war Hitlers Schnurrbart* (1949)[137] geht denn auch, begleitet von einem parodierten griechischen Chor, der kleine Postbeamte Christian daran zugrunde, daß er den Führer im Film möglichst exakt kopieren soll.[138]

Neben die Revuekultur tritt die gesellschaftskritische Komödie, die in den maßgeblichen Publikationen zum Nachkriegstheater fehlt. Eines ihrer Hauptziele ist die ›Umpolung‹ der deutschen Mentalität. Denn hierzulande hat man – so der Dramatiker Günther Sauer – den »tierischen Ernst gepachtet«, will »jedes Problem durchgrübeln und in ein tiefsinniges System pressen«. Dies erkläre die »karge Geschichte des deutschen Humors«, dem »die Stoßkraft der echten Satire« fehle. Trotzdem hält der Autor an der nicht ›undeutschen‹ These fest, daß der »Hintergrund jeder echten Komödie« »blutigernst« sei und sich gegen die »Schwarz-Weiß-Technik« des Typenlustspiels sperre.[139] Im *Staatsstreich* (1946) sucht Sauer diese Theorie umzusetzen, allerdings bietet das Stück der eigenen Forderung widersprechend kaum Identifikationsprobleme. In dem französischen Städtchen Grandville suchen Arbeiter und Republikaner nach der Niederlage Napoleons III. die Macht zu erringen. Hierfür muß Bürgermeister Roger de Malincourt, der wirtschaftlich noch immer die Fäden zieht, beseitigt werden. Während Arzt Antoine Désiré, Vertreter der Bourgeoisie, trotz republikanischen Enthusiasmus vor der proletarischen Revolte zurückschreckt (18), führt Sohn Pierre zusammen mit Malincourts Tochter Josette den Arbeiteraufstand an. Das Zukunftsvertrauen der jungen Generation besiegt schließlich die pseudo-liberale Rhetorik von Mittelstand und Aristokratie, deren ›spießbürgerliche‹ Mesalliance (23, 72f.) dem Verlachen überantwortet wird.

Wie Sauer mokiert sich Ernst Wiechert mit seiner ›ernsthaften Komödie‹ *Okay oder die Unsterblichen* (1945) über die politische Regressivität des Establishments. Im Zentrum der Handlung steht der NS-Sympathisant Günther Lobedanz, der als Chefredak-

---

135 Luft: Einleitung (1975), S. 8.
136 Riess: Das Kabarett als politisch-moralische Anstalt (1950), S. 3.
137 UA 3. Dezember 1949, Kabarett der Komiker (Berlin [West]).
138 Zwischen 1954 und 1957 erscheint Neumanns Ost-West-Kabarett *Die Insulaner* (3 Bde.).
139 Sauer: Wo bleibt die moderne Komödie? (1947), S. 7f.

teur der Neuen Deutschen Zeitung weiterhin für kulturellen Imperialismus eintritt und zugleich einen ehemaligen KZ-Insassen abweist, der um eine Stelle als Zeitungsausträger bittet. Erst als Anna ihren Gatten anzeigt, weil er zwölf Jahre NSDAP-Mitgliedschaft verschwiegen hat, greift die amerikanische Besatzung ein. Lobedanz bleibt uneinsichtig und kündigt seine Rückkehr an; die »kleenen Leute« erscheinen jedoch als Hoffnungsträger des Neuanfangs. »[V]ielleicht«, so Nachbarin Balzereit, »sind wir die Unsterblichen, in denen det ewije deutsche Herz seine Zuflucht jefunden hat« (111).[140] Auch Friedrich Beck behandelt in seinem Lustspiel *Der Tiefstapler* (1948) ideologische Kontinuitäten zwischen Drittem Reich und Nachkriegszeit. So entfacht das Gerücht, der Führer habe überlebt und sei auf dem Weg in die Heimat, sogleich Euphorie und Fanatismus. Zwar erweist sich die gesamte Aktion als inszeniert, und das Hitler-Pendant Adolf Wohlgemuth ist in Wahrheit »Schuhplattler« und »Kunstjodler« (103), aber Kriminalkommissar Hagedorn muß schließlich konzedieren: »Irgendwo hat es mit der Entnazifizierung Deutschlands noch einen schweren Haken« (145).

Ein zweiter Schwerpunkt sozialkritischer Komik sind Macht- und Geldgier des deutschen (Klein)Bürgertums. Dieses sucht Ölquellen in der Lüneburger Heide,[141] treibt Liebespaare in den Selbstmord[142] oder degradiert die Kunst zur Ware.[143] Am radikalsten – inhaltlich wie ästhetisch – wird diese Thematik in Marieluise Fleißers Komödie *Der starke Stamm* (1944/45) umgesetzt, von der 1950 durch Brechts Vermittlung eine erste überarbeitete Fassung entsteht,[144] die im November desselben Jahres in München uraufgeführt wird.[145] Die großenteils derbe Komik des Schauspiels, das die Autorin später als einziges ihrer Dramen mit der Gattungsbezeichnung »Volksstück«[146] versieht, antizipiert entsprechende Tendenzen ihrer Schüler Fassbinder und Kroetz. Der Plot spielt zur Zeit der Währungsreform und exponiert in damals singulärer Härte und Unversöhnlichkeit die moralischen Perversionen des Kleinbürgertums:

> Balbina Puhlheller hat ihrer sterbenden Schwester unter Vorspiegelung falscher Tatsachen Geld abgerungen, mit dem sie in das Spielzeugautomatengeschäft einsteigen möchte. Als Witwer Leonhardt Bitterwolf davon erfährt, zeigt er sich zunächst empört, wird dann jedoch durch den erhofften Gewinn zur Teilhabe verführt. Eine Ehe mit Balbina kommt nicht zustande, weil der Sattlermeister eine Affäre mit der Dienstmagd Annerl beginnt. Das Mädchen wird schwanger, aber Bitterwolf sperrt sich gegen jede Heirat. Nun droht Balbina ihrem Part-

---

140 Vgl. Krenzlin (2000), S. 27-32.

141 Bormann: Biedermänner (ca. 1945).

142 Peterich: Die Schreiber oder die ägyptische Finsternis (1949).

143 Scheu/Nebhut: Wer leben will, muß tot sein .... (1949). In der Mark-Twain-Adaption muß der französische Maler François Millet seinen Tod vortäuschen, um Bilder verkaufen zu können. Die Parallele zu Curt Goetz' Lustspiel *Hokuspokus* (Urfassung 1926) ist evident, wenngleich das Autorenduo den sozialkritischen Impetus deutlicher profiliert.

144 Brecht hält das Stück für »nicht besonders gut« (GBA 29, S. 523 [Brief von Anfang/Mitte Mai 1949 an Lion Feuchtwanger]). Die revidierte Dramenversion verfaßt Fleißer auf Anraten des Dramaturgen Werner Bergold.

145 Zur positiven Rezeption des Schauspiels in der Öffentlichkeit vgl. Häntzschel (2007), S. 317f. Die Autorin selbst zweifelt indes an ihrem dramatischen Talent: »Ich bin immer noch ziemlich verstört von meiner Münchener Aufführung und bin, obwohl die Presse im ganzen wohlwollend war, rein aus dem heraus, was ich spürte, jetzt davon überzeugt, dass ich nicht fürs Theater schreiben kann« (Brief vom 16. Januar 1951 an Helene Weigel, abgedruckt bei Tax [1984], S. 196).

146 Fleißer: Gesammelte Werke. Bd. 1, S. 223.

ner nicht nur mit Anzeige, sondern hetzt zugleich die eigene Mutter auf, offene Schulden bei Bitterwolf einzutreiben. Obwohl der Plan mißlingt, bleibt der ökonomische Fokus weiterhin dominant. Balbina organisiert Unterkunftsmöglichkeiten für Gläubige, die in den Nachbarort pilgern, da Kinder dort eine Marienerscheinung gehabt haben sollen. Gleichzeitig pfändet der Gerichtsvollzieher die Warenbestände des zahlungsunfähigen Bitterwolf. Der reiche Onkel von Rotteneck kann nicht als deus ex machina fungieren, denn er setzt – angewidert von der moralischen Dekadenz seiner Familie – im Testament nur den Neffen Hubert als Erben ein: »Möchts alle bloss eisackeln, möchts bloss nauszieagn, kaam is ma eingrabn« (93).

Obwohl Fleißer den gesellschaftskritischen Impetus des Dramas betont, fehlt anders als im Sozialismus jede Zukunftsperspektive. Denn der Mensch ist nicht allein durch die Umstände bestimmt, sondern es gibt wie bei Arthur Miller (*Death of a Salesman*) eine generelle Tragik menschlicher Bedürfnisbefriedigung. Im Stück selbst wird sie von Balbina artikuliert: »Und is doch a so, daß d'Tür aufreissen mögst und soviel Verlanga hast in dir drin, daß dir d'Flügel rauswachsen müassten aus dem, was de andern anschaugn für dein Buckel« (63). Hierin mag neben der Angst vor der Kulturbürokratie ein Grund dafür liegen, weshalb Fleißer Brechts Angebot einer Übersiedlung in die DDR ablehnt.[147]

Neben die Bürgerkritik tritt in den fünfziger Jahren der Versuch, eine neue Form der Schweyk-Komik zu etablieren. Hauptvertreter ist Brecht-Schüler Claus Hubalek, der in seinen Stücken *Der Hauptmann und sein Held* (1953) und *Keine Fallen für Füchse* (1956) Möglichkeiten des kleinen Mannes aufzeigt, die inhumanen Ordnungen der Großen (Drittes Reich, Kalter Krieg) zu untergraben (C, 4.2.5). Ähnliches gilt für Richard Heys Lustspiel *Lysiane* (1955), das in Giraudoux-Tradition (*La folle de Chaillot*) die David-Goliath-Thematik aktualisiert. Zunächst plant der Geschäftsmann Fabrice Palenquet, das alte Schloß Fredersdorf niederzureißen, damit an gleicher Stelle eine Rennbahn entstehen kann, aber mit Hilfe des Gespensts Lysiane wird er schließlich bekehrt. Auch in Hermann Gressiekers Komödie *Spielregeln* (1956) vermag sich die Studentin Jutta Gunelin erfolgreich dem »Zugriff der ›Planungswelt‹« (2) zu entziehen. Auf das Vorhaben des Filmproduzenten Alexander Petry, mit ihr einen neuen Walewska-Typus zu schaffen, reagiert Jutta, indem sie sich als ihre eigene Doppelgängerin ausgibt und ex negativo die Trennung von gespielter Rolle und tatsächlicher Identität fortschreibt. Dahinter steht die These, daß die zeitgenössische Soziologie (Dahrendorf) das autonome Subjekt nicht wirklich verabschiedet hat. »Sie beobachtet« nach Ansicht Gressiekers »in der Gesellschaft des Übergangs verblüffende Arten der Typenbildung und ›neue Verhaltensweisen‹, die positive Akzente zeigen. Das Leben des Menschen geht weiter« (1f.).

Diskursiv dominant ist nach 1945 die universalistische Komik. Sie zeigt – so Stefan Brodwin – »die Auflösung einer Größe ins Nichts«, wie sie dort statthat, »wo große geschichtliche Einschnitte sich vollziehen«. Das »Gelächter der Menschheit« wird damit zur Möglichkeit, die überlebten Ideologien zu suspendieren.[148] Dies zeigt sich paradigmatisch in dem Lustspiel *Das Narrenparadies* (1947). Hier stellt Brodwin ein Land dar, dessen »Sitten und Gebräuche auch bei uns ihresgleichen haben« (21) und das sich deshalb als Ort absoluter Nichtigkeit erweist. In ihm wird die Weiterentwicklung der Tötungsverfahren (Keulenschlag statt Erwürgen) als Beginn einer neuen Zeit gefeiert, wo-

147 Vgl. den Briefwechsel zwischen beiden Autoren (abgedruckt bei Tax [1984], S. 208f.).
148 Brodwin: Die Komödie und ihre gesellschaftliche Bedeutung (1947), S. 26.

bei der Krieger zwar nicht weiß, wofür er kämpft, dafür aber mutig zuhaut. Kaum weniger schizophren scheint der Dichter, wenn er verzückt auf dem Schlachtfeld umherwandert und »den zauberhaften Rhythmus« der Schläge genießt (37). Aber keine der Perversitäten, die Brodwin seinem grotesken Drama integriert, wird als ›transhuman‹ verstanden. Alle bleiben, wie das Schlußwort belegt, »dennoch [...] menschlich« (143).[149]

Der Dramatiker Günter Rutenborn referiert in diesem Zusammenhang auf Jean Paul, der den »Humor« als »Anschauung des Endlichen durch das Unendliche« bestimmt.[150] Mit anderen Worten: Man lacht über ein Verhalten, das den Bezug zur Jenseitsperspektive verloren hat. In dem Schauspiel *Das Zeichen des Jona* (1947) muß erst Anklage gegen Gott erhoben werden, bevor die Menschen erkennen, wer die wahren Schuldigen am Elend der Welt sind (B, 3.1).[151] Auch Egon Vietta versucht mit seiner Komödie *Die Vögel ehren Aristophanes* (1948) den »Irrtum« der »modernen Gesellschaft« aufzuzeigen, die es im Gegensatz zu Vorgängerepochen nicht verstehe, »vom wolkigen Fundament auf das luftigere der Erde« herabzusehen (7). Im Mittelpunkt des Plots stehen die amerikanischen Kriegspiloten Bob Hannegan und Irving Rève, die sich nahe Athen zwischen den Fronten befinden. Hannegan ist pragmatisch orientiert, Rève glaubt – seinem Namen entsprechend – an die Herrschaft der Idee. Als sie von den Vögeln Ratefreund und Hoffegut angegriffen werden, springt Hannegan mit dem Fallschirm ab, während Rève den Tieren ins Reich der Lüfte folgt. Hier herrscht mit harter Hand König Aristophanes, »Gott« der Vögel (36) und »größte[r] Lustspieldichter der Erde« (45). Er ist der Überzeugung, daß die Menschheit nur einen »Feind« hat: die »*Ideen*«, denn »jeder Idealist denunziert den andern, daß er nicht an seine Idee glaubt« (80). Deshalb hat Aristophanes die großen Vertreter dieser Denkrichtung in Zellen sperren lassen: Prometheus, Sokrates, Voltaire, Kant, Robespierre, Schiller, Beethoven. Der bekehrte Irvine verkündet schließlich die Maxime, daß Freiheit Selbstbindung bedeute. Aristophanes inszeniert daraufhin seine Thronbesteigung als Gang in den Vogelkäfig. Gleichzeitig siegt auf der realen Handlungsebene die blutige Revolution, was der in Gefangenschaft geratene Hannegan nicht verhindern kann. Das Stück endet damit, daß Aristophanes unter den Klängen von Beethovens Ode *An die Freude* zum Richtplatz geführt wird, denn er »tyrannisiert« – so Robespierre – »die Idee der Menschheit« (87). Im Epilog fliegen beide Piloten nach Amerika zurück, wobei sie das wichtigste Erbe des Komödiendichters in die Heimat mitnehmen: die Skepsis gegenüber einer Weltanschauung, die das Inkommensurable metaphysischen Seins zugunsten ideologischer Diesseitigkeit verabschiedet. Ähnliches gilt bereits für die Komödie *Goethe in Italien oder Die italiänische Reise* (1947), die sich im Rekurs auf Jacob Burckhardt gleichfalls gegen die »terribles simplificateurs« richtet (7), die das vielgestaltige Leben humanistischen Ideen unterwerfen wollen. Während für den Bildungsbürger Baron Jolander von

---

149 In Brodwins 1950 erschienener Komödie *Der leichtgläubige Thomas* wird dieser Relativismus jedoch in Frage gestellt. Nachdem der Protagonist, ein Bäckermeister, von der Betrugsorganisation ›Goldene Allianz‹ finanziell ausgenutzt wurde, zweifelt er an der Möglichkeit, das »Falsche« vom »Richtigen« trennen zu können, weil beides »wie ein Ei dem anderen« gleiche. Am Ende muß er allerdings einsehen, daß »die Wahrheit in Argwohn zu ersticken« noch gefährlicher ist, als der Lüge mit Mißtrauen zu begegnen (103f.).

150 Rutenborn: Das Theater als theologische Anstalt (1949), S. 164.

151 In Rutenborns Komödie *Die ewige Exzellenz* (1957) ist der Diskurs stärker säkularisiert. Hier will der Autor den Zuschauer »über die beklemmenden Aspekte politischer Verkrampfungen« zum »befreienden Gelächter« führen« (S. 3). Vgl. B, 6.1.2.

Schallstadt jeder Goethe-Satz »heilig« ist, profiliert die Erscheinung des Dichters das Inkalkulable menschlich-kosmischer Existenz (13f.). Auch der Satyr erklärt in einem Theaterspiel, das bei der Fremdenführung inszeniert wird: »Wir sind nicht Geist. Nichts anderes, *wir sind*« (29). Lediglich Milli, »ein ungebildetes Mädchen mit Herzensbildung« (6), situiert den Weimarer Schriftsteller »zwischen Himmel und Erde« (47), denn »kein erfundener Goethe« – das weiß sie – »ruft uns ins Paradies zurück«. Der Säulenheilige der deutschen Geistesgeschichte (A, 2.2) besitzt daher nur als Exponent des »Ungeheuren« Gegenwartsrelevanz (86f.).

Fehlt die transzendente Rückbindung, bleibt allein der Zweifel an der Fähigkeit des Menschen, Geschehenes so zu reflektieren, daß Lehren daraus gezogen werden könnten. Der Kontrast zwischen Spiel und allgemeiner Erfahrung führt aber nicht zum *Ver*lachen des Fehlverhaltens, weil die Gegenwart keine archimedische Perspektive mehr erlaubt. Obwohl der Mensch das Scheitern der Ideologien vor Augen hat, verfällt er ihnen immer wieder, kann sich dem eigenen Sinnbedürfnis nicht entziehen. Diese Problematik bestimmt Heinz Coubiers Lustspiel *Mohamed* (1945). Hier ist der Protagonist zugleich schuldhafter Mensch und angebeteter Prophet. Seine Legitimation erhält er von einem Engel, dessen Status zunächst unklar bleibt. Im Vorspiel antwortet er den Klagen Mohameds mit dem Hinweis: »Ich bin Gott ein Teil – ein Teil von dir. – Wenn Du mich leugnest, [...] muß ich im Nichts vergehn« (8). Heimgekehrt zu Frau Ayesha, die er nach etlichen Ehejahren im Stich gelassen hat, sieht sich Mohamed einer Massenhysterie gegenüber, die ihm unangenehm ist. Während er für die ›Religion des Zweifels‹ eintritt, weil es »keine Wahrheit« gebe, »die nicht morgen schon eine Lüge wäre« (29), fordert der Mufti uniforme Anbetung: »Sie müssen alle dasselbe glauben! Es gibt nur eine Seligkeit!« (22). Mohameds Integrität gerät allerdings in Gefahr, als der Bigamie-Vorwurf gegen ihn mit dem Unfehlbarkeitspostulat kollidiert. Um die »Tragödie« zu verhindern, die beginnen würde, wenn das »Ausbleiben der irdischen Gerechtigkeit« ein »Loch in die Weltordnung« risse (60), ändert der Protagonist seine Strategie und beschwört nun selbst die eigene Göttlichkeit. Das Modell allgemeiner Aufklärung ist damit anthropologisch gescheitert, wie Mohamed konzedieren muß:

> Ein einziges Mal möchte man all seinen Gläubigen die Zunge herausstrecken, hinter ihrem Rücken. Nichts zu machen! Sie drehen dir immer das Gesicht zu und fressen dir die Worte aus der Hand, jedes Wort! – Sagst du: der Himmel ist grün, der Hunger tut wohl, der Tod ist gut – alles ist wahr. Du kannst einen Mord begehen, ihr Glaube macht eine heilige Handlung daraus! Oh dieser Glaube! – Man darf nicht die kleinste Untat begehen, alle würden sie mir sofort nachmachen (66).

Die Gerichtsverhandlung belegt diese These: Mohamed wird nicht exekutiert, sondern begnadigt, weil viele ihr Leben so stark auf ihn ausgerichtet haben, daß sie nicht mehr »wissen, was gut und böse ist – wenn er stirbt« (81). Im Epilog klagt der Protagonist dem Engel sein Dilemma, woraufhin jener die Transzendenzlosigkeit der Welt insofern bestätigt, als er den eigenen Projektionsstatus offenbart: Mohameds »Wille« sei »der Wille Gottes«, weshalb der Prophet »gar nicht sündigen« könne (91). Enthusiasmiert durch diese Lösung verkündet Mohamed, er habe eine himmlische Erleuchtung gehabt und neue Gesetze empfangen: Das Weinen solle verboten werden, dafür die Bigamie erlaubt. Zudem müßten junge hübsche Frauen Schleier tragen und zu Hause bleiben.

Trotz kurzen Bedauerns ob des vorletzten Gesetzes schließt der Vorhang unter den Jubelrufen der Menge.

Auch Hanns Braun demonstriert in seiner Komödie *Der gedoppelte Prusias* (1946) am Beispiel von Hannibals Selbstauslieferung an den Bithynischen König im Jahr 182 v.Chr., daß allein der »Schein« hinreicht, »die stumpfe Menge zu täuschen« (52). Denn der Versuch, Prusias durch Installation von Doppelgängern zu schützen, ist ebenso zum Scheitern verurteilt wie die Hoffnung, der Friedensrhetorik des neuen Herrschers Antigonos würde auch in praxi »Bess'res« nachfolgen (102). Heinrich Spoerls Lustspiel *Die weisse Weste* (1946) offeriert ebenfalls keine Position höheren Wissens, von der aus die Probleme der Gegenwart zu lösen wären. Der Kampfbund, der die Korruption beseitigen will, ist selbst so korrupt, daß er am Ende seiner Gründungstagung die Öffentlichkeit ausschließen muß. Aus diesem Grund erweist sich die Entscheidung eines Idealisten, das Land zu verlassen, als absurd. »Wohin«, so eine ›vox ex machina‹, wolle er sich wenden? (171). Kaum weniger perspektivlos scheint die Welt in Hans Hellmut Kirsts satirischer Komödie *Auch dem Gesindel spielen Flöten* (1947). Ausgangspunkt der Handlung, die im antiken China spielt, ist der Tod des aufsässigen Statthalters Sun Kiän (192 n.Chr.), die es dem Tyrannen Tung Tscho ermöglicht, in »Anmaßung« und »Selbstherrlichkeit« zu herrschen. Das Volk fügt sich, die Armee »ist Stimmvieh« und die Justiz »unterstützt die Mächtigen« (83). Als es jedoch dem Innenminister Wang Yün gelingt, einen Staatsstreich zu initiieren, ist der Tyrann plötzlich isoliert und wird unter aktiver Mitwirkung der Menge getötet. Politische Veränderungen sind damit nicht verbunden: »Betrug, Diebstahl, Mord! Namen wechseln, die Methoden bleiben«. Zu vager Hoffnung gibt allein die Tatsache Anlaß, daß trotz der zahlreichen »Wölfe« noch immer einzelne Menschen existieren, »die auf Flöten hören« (106f.). Der Glaube an die »Weltherrschaft der Vernunft« wird auch in Frank Thiess' *Tödlichem Karneval* (1948) als unzulässige Generalisierung entlarvt: Die ratio sei »brauchbar im Tagesverkehr«, könne jedoch nicht »den Karren der Geschichte« ziehen. Aus diesem Grund bleibe die moderne Komödie eine Gattung, in der »über alles, was geschieht, nur die Götter lachen«. Der »unbekannte Held« des »blutigen« Stücks ist für Thiess daher nicht Napoleon, sondern eine »höhere« Gewalt, die den »verhungerten General« erwählt hat, weil »keine anderen Werkzeuge zur Hand« waren, »den Kerker der Tyrannei aufzubrechen« (1-3, 78). Das Stück schließt mit der Vorstellung, der tödliche Karneval setze sich ewig fort, weil die Masse nicht anders könne, als ameisengleich dem jeweils neuen Führer zu huldigen. Wahrhaftig folgen ihm alle nach, selbst »die einzige vernünftige Figur« des Dramas (1), der Lumpensammler Miroir, und (so die düstere Prognose ad spectatores) »auch Sie wären gerannt!« (116).

Moralische Desillusionierung bestimmt gleichfalls die Komödie der fünfziger Jahre – ein weiteres Indiz dafür, daß die Behauptung unzutreffend ist, der sozialkritisch ausgerichteten frühen Nachkriegszeit folge eine ›restaurative‹ Dekade. Tatsächlich sind beide Tendenzen in beiden Phasen nachweisbar. Dies zeigt nicht zuletzt Richard Heys »unernstes Stück« *Revolutionäre* (1954).[152] Hier folgt ein ganzes Dorf dem Betrüger Bratschaninoff, der sich als Initiator einer weltrevolutionären Bewegung ausgibt. D.h. die Masse verherrlicht erneut denjenigen, der rhetorisch überzeugend vermitteln kann,

[152] Die ursprüngliche Gattungsbezeichnung war »Komödie«. Auf Drängen der Pressekritik wird sie in der zweiten Auflage entsprechend verändert (vgl. Hey: Revolutionäre [1954], S. II).

wie »der kranken Welt die einzige Wahrheit, die sie heilen kann, beizubringen« ist (52). Selbstverständlich bleiben die Ziele so hehr wie nichtssagend: »Freiheit und Würde des Menschen«, »Festigung des Fortschritts« (25f.). Jeder der Beteiligten nutzt das Vokabular für sich: Redakteur Ilgis will sich selbst »ins Unermessliche vergrößern« (22), der Bürgermeister ein Schwimmbad finanzieren, Fürst Balthasar XXXIV. Abriß und Neubau des Schlosses in die Wege leiten, der Pfarrer die Christen zu »Revolutionären für Gott« erziehen (45) und Totengräber Zapp möglichst viele Leichen bestatten. Doch wenngleich Bratschaninoff am Ende entlarvt wird, seine Handlungsmaxime behält Gültigkeit: Wer die »Geschäfte« der Leute »zu kosmischen Ereignissen« macht, »für den tun sie alles« (94). Vor diesem Hintergrund erweist sich der Versuch, die Menschheit »rechtzeitig und fortlaufend« zu dezimieren (53), wie es der Teufel in Karl Wittlingers ›utopischer Komödie‹ *Himmel der Besiegten* (1954) vorschlägt, als erfolglos. Kriege können damit ebensowenig verhindert werden wie mit dem »Plan« einer »Restauration«, d.h. dem Versuch, die Welt in Vorwegnahme der 68er-Ideologie nochmals so einzurichten, daß »gut und böse säuberlich getrennt« sind (118). Denn trotz der Maxime, militärische Auseinandersetzungen als »Schande« zu brandmarken und die Hölle zum »›Himmel der Besiegten‹« zu machen (120), bleibt alles beim Alten. Kaum ist die neue Weltordnung beschlossen, erscheinen bereits die »ersten ›Neubesiegten‹« (124).

Die Ideologiekritik gewinnt im Rahmen universalistischer Komik aber noch eine weitere Dimension. Man lacht nicht nur über die Unfähigkeit des Menschen, jenseits totalitärer Sinnstiftung leben zu können, sondern auch über die Vielfalt der Narrative, die an die Stelle des zerstörten treten. Peter Peregrin thematisiert dieses Phänomen in seiner Komödie *Odysseus in Ithaka* (1947). Als der Protagonist aus dem Krieg heimkehrt, hat er sich stark verändert und kann die lange Abwesenheit kaum zureichend erklären. Die Ehepartner entfremden sich so sehr, daß Odysseus an eine erneute Trennung denkt. Gleichzeitig entstehen genderspezifische Lesarten: Die Befreiung Helenas erscheint aus der Perspektive der Betroffenen als »das törichte Geschwätz der Dichter«. Sie sei in Troja »Geliebte« gewesen, nicht »Gefangene«. Daher habe Ägisth den »hartherzigen Agamemnon« zu Recht erschlagen. Im Nebeneinander von »zwei ganz verschiedene[n] Geschichten« (10f.) manifestiert sich die für die Postmoderne konstitutive Vorherrschaft der Performanz gegenüber der Referenz: Das später »Geschriebene« scheint »viel wichtiger, als das, was wir wirklich erlebt haben«, deshalb will Menelaos »ganz genau wissen, was man in der Zukunft von den Ursachen des Krieges denken wird«. Historiographie ist damit schwer trennbar von Mythisierungsprozessen; selbst die Destruktion des überlieferten Narrativs legt nicht die »Wahrheit« frei (7), sondern nur neue Erzählungen, die sich dem vereindeutigenden Zugriff entziehen. Ein ähnlicher Prozeß bestimmt Stefan Andres' Komödie *Und Zeus lächelt* (1957). Im Zentrum der Handlung steht der wohlhabende Trierer Geschäftsmann Ursus Pacifico Babo. Er ist den alten Göttern treu, während seine Frau Honoria, Tochter Lucina und ihr Verlobter Justinus Christen sind. Für die Hochzeit läßt Ursus einen Speisesaal bauen, der mit kostbaren Mosaiken ausgeschmückt werden soll. Die ursprünglich geplante Darstellung der Abenteuer des Zeus muß auf Wunsch der Hausherrin unterbleiben; sie bevorzugt religiöse Themen. Ursus' Toleranzidee wird allerdings durch die wechselnden politischen Verhältnisse ad absurdum geführt. Die von einem Diener zerstörten christlichen Mosaike lassen sich nicht erneuern, weil Kaiser Julians Häscher Justinus verfolgen. Unter dem neuen Machthaber Jovian ändert sich zwar die Glaubensrichtung, nicht aber

Existenz und Methode des ideologischen Fanatismus. Beide Narrative sind mit Blick auf ihre Umsetzung nahezu austauschbar. Ursus' Machtwort, das am Ende gegen alle Widerstände die Restauration der Zeus-Bilder durchsetzt, bleibt theatraler Kunstgriff. Wenn überhaupt, so vermag nur der Humor kraft seines nivellierenden Impetus die Absurdität menschlicher Weltaneignung auszugleichen.

Extremform universalistischer Komik ist das »erstickte Lachen«[153] eines schwarzen Humors, der die Tragödie für historisch obsolet erklärt und die Komödie zum Medium der Darstellung des Abgrunds macht. Axel von Ambesser begründet diesen Paradigmenwechsel sozialanthropologisch: Trauerspiele könne man allenfalls selbst erleben, zum »Mitempfinden« sei der moderne Mensch »nur mangelhaft konstruiert«. Das Leben lasse sich daher »nur noch als Witz« begreifen.[154] Auch für Erich Kästner existieren keine tragischen Konflikte mehr, seit das »Zerrbild« des Individuums sein »Porträt« geworden ist. »Größe und Schuld, Leid und Läuterung, Wahrzeichen einer edlen Dramaturgie, liegen im Staub« (KW, 461).[155] Richard Hey inszeniert diese Gegenwartsdiagnose metapoetisch in seiner Komödie *Margaret oder Das wahre Leben* (1958). Hier arbeitet die kunstbesessene Clementine Scheuermann an »vier Tragödien«, um »dem modernen Menschen die Wurzeln seines Schicksals« zu zeigen (4, 10). Gleichzeitig sucht sie die auseinanderbrechende Liaison zwischen ihrem Neffen Colin und ihrer Gesellschafterin Margaret in eine Boulevardkomödie münden zu lassen. Beide Projekte scheitern jedoch: Ein Trauerspiel kann nicht entstehen, weil der junge Mann zwar Betrüger ist (er hat sich aus Profitgier für Clementines Neffen ausgegeben), aber die junge Dame durchaus liebgewonnen hat. Zum Lustspiel fehlt der konfliktlösende Schluß: Margaret muß ihren Traum vom Leben aufschieben und verläßt Colin in eine ungewisse Zukunft. Lediglich Clementine bleibt ein »Diener der Kunst« (37) und damit diesseits der Infragestellung bipolarer Gattungsrhetorik.

Bedeutendster deutscher Vertreter defätistischer Komik ist Herbert Asmodi. Sein erstes Stück *Pardon wird nicht gegeben* präsentiert eine ethisch derart morbide Welt, daß man es erst 1958 uraufzuführen wagt, d.h. vier Jahre nach Fertigstellung (B, 5.2.1). Beeinflußt von Dramatikern unterschiedlicher Provenienz (Wedekind, Sternheim, Brecht, Dürrenmatt) sucht Asmodi im Modus des Grotesken Perversionen der Nachkriegsgesellschaft offenzulegen. Hierbei bestehen anthropologisches und soziales Begründungsmodell nebeneinander. Einerseits scheint die menschliche Natur nicht für Moral geschaffen,[156] weshalb »[a]lle Welt« »käuflich« ist.[157] Andererseits wird am Ende der *Pardon*-Komödie das Publikum für die Niederlage der Idealisten mitverantwortlich gemacht. Im Unterschied zu Dürrenmatt ist es weniger das ›Ungestaltete‹[158] der modernen Welt, das Kontrollierbarkeit einschränkt, denn ihr rhetorisch-performativer Charakter. ›Leben‹ erscheint als absurdes Spiel, dem nur mehr die Komödie beikommt, weil tragische Sinnstiftung einen Referenzbezug der Rede voraussetzt. Entgegen bisheriger Thesen verbleibt der Autor damit keineswegs im Diskurs der Jahrhundertwende.

---

153 H.-D. Weber (1986), S. 13.

154 Ambesser: Das Abgründige in Herrn Gerstenberg (1945), S. 89f. Vgl. C, 4.2.1.

155 In der Komödie *Schule der Diktatoren* (1956) tritt der »Hampelmann« an die Stelle des politisch Agierenden (vgl. B, 6.2.1).

156 Vgl. Asmodi: Pardon wird nicht gegeben (1954), S. 47.

157 Fragen an Herbert Asmodi (1977), S. 24*.

158 Vgl. Dürrenmatt: Theater-Schriften und Reden, S. 119f., 123f. (Theaterprobleme [1955]).

Das Gesellschaftsstück wird vielmehr zur Persiflage seiner selbst: Asmodi sucht das Ende der Ideologien dadurch umzusetzen, daß er bewußt Dramentypen verwendet, die sich in »desolate[r] Verfassung« befinden. Tatsächlich verweist die Linearität des Konversationsstücks wie bei Anouilh (*Ardèle*) auf den Leerlauf menschlichen Handelns im spätbürgerlichen Zeitalter. Mit anderen Worten: Automatisiertes Verhalten und klischeehafte Sprachmuster sind Resultate möglichst »konsequente[r] Verfremdung«.[159] In dem Rassismus-Drama *Mohrenwäsche* (1963) muß sogar ein ›Weihnachtsmann ex machina‹ erscheinen, um die Tragödie zu vermeiden (C, 4.2.5). Während Dürrenmatt jedoch weiterhin am ›mutigen Menschen‹ festhält, sieht der Deutsche überall nur »Menschenfresser«, die ethisch nicht entwicklungsfähig sind.[160] Daher verzichtet er meist auf Selbsterklärungen.[161] Anders sein Schweizer Schriftstellerkollege: Er sieht sich gezwungen, »Vorworte, Nachworte, Kommentare zu schreiben«, weil es in seinen Stücken keinen Bezugspunkt gibt.[162] Dieser fehlt allerdings auch bei Asmodi, dessen »Moral« nur mehr im Widerschein eines durchweg »schwarzen Humor[s]« sichtbar bleibt.[163] Vergangenheitsbewältigung, wie sie das Dokumentartheater praktiziert, scheint vor diesem Hintergrund ein Irrweg.[164] Ähnlich sieht es Hildesheimer, wenn er Henning Rischbieters Forderung nach zeitkritischen Stücken 1962 die These entgegenhält, die »Realität selbst« sei »absurd«.[165] Die beiden Komödien *Der Drachenthron* (1955) und *Das Opfer Helena* (1959) suchen folgerichtig zu zeigen, daß individueller Widerstand gegen Terrorregime effektiv sinnlos ist. Dennoch bleibt Hildesheimer wie Dürrenmatt und Asmodi Moralist, d.h. seine Dramen suspendieren die archimedische Perspektive in politischer Hinsicht, nicht in ethischer (B, 5.1.2).

Die Differentialkomik ist interessanterweise keineswegs auf Westdeutschland beschränkt. In der DDR-Avantgarde finden sich deutliche Ansätze zur Problematisierung des Tangentialmodus. So hebt Peter Hacks mit seinem Entwurf eines ›realistischen Theaterstücks‹ die Polarität von Tragik und Komik auf (C, 3.5.1), was vor allem im *Tassow* zur Integration des Dionysischen führt (Fressen, Ausscheiden, Kopulieren).[166] Zudem verhindert die Defizienz der drei Hauptfiguren jeden Versuch dialektischer Einheitsbildung (B, 6.4.2). Der ehedem denunzierte[167] Humor erscheint damit als letzte Instanz, die angesichts der inkongruenten Ideologien sinnstiftend zu wirken vermag. Trotzdem besitzt Tassows Asozialität noch immer einen Zukunftsindex, ist radikalkommunistisch, nicht anarchistisch-parasitär: Der Protagonist gründet die »Kommune 3. Jahrtausend« (HK, 65f.) und wird von höchster Stelle (Wilhelm Pieck) als »auswertbares Beispiel« von »glorvollem Eröffnungsgeist« geehrt (60).

Bei Heiner Müller ist die Komik der Herabsetzung des historisch Überwundenen dagegen weitgehend verabschiedet; seine Dramen operieren nicht mehr im »Bereich«

[159] Asmodi: Der Autor an seinen Verleger (1961), S. 98.
[160] Ebd., S. 99.
[161] Auf die Mannheimer Rundfrage *Der Sinn des Theaters* (1957) reagiert Asmodi nicht, die der Zeitschrift *Die Kultur* (1961) beantwortet er mit polemischem Zynismus (vgl. WA, S. 4).
[162] Mündliche Äußerung von Dürrenmatt aus dem Jahr 1961 (zit.n. Plett [1972], S. 14).
[163] Asmodi: Der Autor an seinen Verleger (1961), S. 99f.
[164] Vgl. Brief vom 21. Februar 2005 an W.G.S.
[165] Hildesheimer: Die Realität selbst ist absurd (1962), S. 7f.
[166] Vgl. HK, S. 36, 41, 67, 98f.
[167] Vgl. Hacks: Das realistische Theaterstück (1957), S. 98.

des »›befreienden‹ Gelächters«.[168] Grund hierfür ist das ambivalente Verhältnis des Autors zu den gattungsästhetischen Prototypen: Einerseits bezeichnet die Tragödie »die Angst vor der Permanenz der Revolution«,[169] andererseits bleibt sie Widerstandsmedium gegen die »Amerikanisierung« mit ihrer »flächendeckenden Tendenz« zum Lustspiel.[170] Ähnliches gilt für das Lachen, das ebenfalls Perspektivbegriff wird, denn – so Müller – im »Jahrhundert des Orest und der Elektra [...] wird Ödipus eine Komödie sein«.[171] Der Erkenntnisprozeß des Königs von Theben verliert angesichts der Kriegskatastrophen seine Tragik; am Ende ist Laios' Sohn ebenso blind wie der »GLÜCKLOSE ENGEL« der Geschichte (MW 3, 180). Müller selbst findet daher »fast alle« seiner Stücke »relativ komisch«.[172] Wer dies nicht begreife könne sie nur »schief« umsetzen.[173] Gleichzeitig gewinnt das Lachen transzendentalen Charakter, weil es ein Nachdenken über die Bedingung der Möglichkeit tragischer Abläufe indiziert. Zwangsläufig ist ein Prozeß nämlich nur, wenn das System anerkannt wird. Um solche Affirmation zu verhindern, retabliert Müller bereits in der *Umsiedlerin* (1956-1961), seiner einzigen »wirkliche[n] Komödie«,[174] die saturnalische Figur, die als »Clown« den gesamten »Zirkus« in Frage stellt (B, 6.4.3).[175] Wie bei Hacks[176] wird das Lachen damit zwischen Realitäts- und Lustprinzip verortet. Der »Parasit« Fondrak fordert direkte Bedürfnisbefriedigung und verweist so auf den Hanswurst des 18. Jahrhunderts, dessen Phallozentrismus soziale Unberechenbarkeit generiert. Auch bei Müller ist der Mensch ein »Ensemble«, das ein »Mitglied« besitzt, welches »kein Bewußtsein hat«. »Es ist spontan, / Springt von der Linie ab, versteift sich auf / Den eignen Vorteil, stellt sich gegen die Leitung, / Stößt die Beschlüsse um«. Eine »Lösung« für diesen »Widerspruch« scheint kaum vorstellbar (MT 3, 68). Der Einzelne kann »Kommunist von Kopf bis Fuß« sein, die »Mitte sperrt sich« immer (87). Fondrak dient lediglich als Extremfall, der das logozentrische Ich und »die List der Vernunft als Treppenwitz« »denunziert«.[177] Damit verliert der Tangentialmodus jedoch seine Ausrichtung, denn Fondrak kann nur bedingt verlacht werden, weil Teile seiner Forderungen mit denen der projektierten Utopie zusammenfallen. Andererseits ist die Radikalität des Säufers dem Sozialismus, der wie jede Ordnung Triebe bändigen muß, nicht integrierbar. Trotz der Entscheidung, »zum Amerikaner« zu gehen (87), hinterläßt das entfernte »Unkraut«[178] Fondrak dem Staatsgarten ›DDR‹ eine unbepflanzbare Brache.

Das Lachen erweist sich in der *Umsiedlerin* daher als »obligate Innenseite der Trauer«,[179] d.h. Ausdruck der Inkongruenz von Ideen unterschiedlicher Herkunft. Am Ende

---

168 So die problematische These von Fehervary (1971), S. 5.
169 Müller: Rotwelsch, S. 142 (Fatzer ± Keuner [1980]).
170 Müller: Intelligenz muß auch stören (1990), S. 9.
171 MW 1, S. 199 (Projektion 1975).
172 GI 1, S. 139 (Was ein Kunstwerk kann [1983]).
173 GI 1, S. 115 (Ein Grund zum Schreiben ist Schadenfreude [1982]).
174 GI 1, S. 139 (Was ein Kunstwerk kann [1983]).
175 Heiner Müller: Material, S. 61 (Drei Punkte. Zu Philoktet [1968]).
176 *Moritz Tassow* ist nach Bernard Klaus Tragelehn der Versuch, Müllers *Umsiedlerin* durch ein Stück zu überbieten, das »eine Fabel« hat und »alles ins richtige Verhältnis« setzt (Mit der *Umsiedlerin* durch die DDR-Geschichte [2003], S. 79).
177 Müller: Herzstück, S. 108 (Brief an den Regisseur der bulgarischen Erstaufführung von Philoktet am Dramatischen Theater Sofia [1983]).
178 Ebd., S. 122* [= Umschlagrückseite] (Prolog »Die Bauern« [1975]).
179 Benjamin: Gesammelte Schriften. Bd. 1, S. 304 (Ursprung des deutschen Trauerspiels).

steht ein weitgehend transideologischer »Humor«, der sich dem ›Reich der Notwendigkeit‹ entzieht und somit »vielleicht« das »einzig Humane in der Literatur« darstellt.[180] Kraft dieser Autarkie wirkt er im äußeren Kommunikationssystem verbindend, sichert den sinnlichen Kontakt zwischen Bühne und Publikum. Hieraus erklärt sich die Vielfalt an Formen des Komischen: *Sprach- und Situationskomik*: Der Kapitalist Treiber wird lebend vom Strick abgeschnitten und findet sich daraufhin weder im »Himmel« noch in der »Hölle« wieder, sondern »[f]ürs erste« in der »LPG« (MT 3, 110); *gesellschaftliche Komik*, auch mit Blick auf ein naives Kommunismusverständnis (66f.); *satirische Komik* hinsichtlich affirmativer DDR-Literatur (74f.) sowie *Groteskkomik*: Hitler und Friedrich II. springen Flint auf den Rücken, der eine mit »Eva-Braun-Brüsten«, der andere »zwischen den Beinen seinen Krückstock« (25). Eine Sonderrolle besitzt Fondrak, Hauptrepräsentant des ›neuen‹ Lachens. Er ist sowohl Clown als auch »Tenorpartie«.[181] Vor allem in der zweiten Rolle gewinnt der Anarchist metapoetische Bedeutung, verweist auf die Komik als Kennzeichen der Autorexistenz und alludiert damit die Frage, weshalb man angesichts der doppelten Tragikstruktur des Lebens (B, 6.4.3) »überhaupt« schreibt und »nicht einfach nichts« tut. Tatsächlich betrachtet Fondrak die Probleme des Sozialismus mit einer »Schadenfreude«, wie sie dem »Schreiben von Stükken« wesentlich ist.[182] Denn Müller will – wie er später mit Blick auf Medea konstatiert – »euch lachen hören wenn sie schreit«.[183] Nur so kann die diskursive Zwischenstellung gehalten werden, die den Tod weder »feiert« noch die Angst vor ihm »lächerlich macht«,[184] sondern ihn in seiner Ambivalenz aufhebt: als nicht zu disziplinierendes ›Endbild‹ anarchistischer Verausgabung *und* letztes Reservat des Eigenen im gesellschaftlichen Prozeß.

3.3 Komödie – Komik II: Tangentialdiskurs

Im Unterschied zum Differentialdiskurs, der meist auf das Ende der politischen Erzählungen reagiert, entsteht der Tangentialdiskurs durch die ›Restauration‹ des *grand récit*. Peter Christian Giese hat hierfür den Begriff des ›Gesellschaftlich-Komischen‹ verwendet,[185] der in der Forschung zwar Resonanz findet,[186] zugleich aber problematisiert wird, weil er die spezifische Wirkungsstruktur marxistischer ›Lustspiele‹[187] nicht zureichend erfaßt.[188] Der Ausdruck *Tangentialkomik* scheint in diesem Zusammenhang ad-

---

180 Fried/Müller: Ein Gespräch geführt am 16.10.1987 in Frankfurt/Main, S. 80.

181 Mit der *Umsiedlerin* durch die DDR-Geschichte (2003), S. 72 (Bernard Klaus Tragelehn).

182 GI 1, S. 115 (Ein Grund zum Schreiben ist Schadenfreude [1982]).

183 Müller: Herzstück, S. 96 (Verkommenes Ufer Medeamaterial Landschaft mit Argonauten [1982]).

184 GI 1, S. 102 (Ich glaube an Konflikt. Sonst glaube ich an nichts [1982]).

185 Vgl. Giese (1974), Titel, passim. Der Ausdruck findet sich allerdings bereits in dem 1952 von Helene Weigel u.a. herausgegebenen Band *Theaterarbeit. 6 Aufführungen des Berliner Ensembles* (siehe S. 42).

186 Vgl. u.a. Richter (1978), S. 649; Knopf (1980), S. 401f. und Greiner (1987), S. 345.

187 Die Gattungsbezeichnung ›Lustspiel‹ begegnet im Osten häufiger als das griechische Synonym ›Komödie‹; im Westen ist es umgekehrt.

188 Die Kritik von Hinck (1977), S. 29; Weber (1986), S. 3 und Profitlich (2001), S. 23 wird hiermit neu perspektiviert.

äquater, bezeichnet er doch wie im Theatralitätsbereich (A, 3.3) die Tatsache, daß eine Handlung stets von ihrem Berührungspunkt mit dem Narrativ perspektiviert ist. Hieraus entsteht, was den Bezug zur sozialistischen Gegenwart betrifft, die Notwendigkeit einer Mediation von *Vertikalkomik* (destruktives Verlachen historischer Antagonismen bzw. gegenwärtiger Residua)[189] und *Horizontalkomik* (kritischer Humor hinsichtlich neuer nicht-antagonistischer Problemstellungen).[190] Die Tangentialkomik rechnet daher mathematisch gesprochen unter die abschnittsweise definierten Funktionen: Mit der Zeitenwende gilt ein ›neuer Term‹.

Nach dem Zusammenbruch des Dritten Reichs etabliert sich das Modell erst langsam und zunächst nicht narrativgebunden. Dies zeigt paradigmatisch der Aufsatz *Die Komödie und ihre gesellschaftliche Bedeutung* von Stefan Brodwin (i.e. Slatan Dudow). Zwar wird das »Lachen« hier als »ein gesellschaftlicher Vorgang par excellence« bezeichnet und u.a. im Rekurs auf Marx legitimiert, aber es ist nicht mit dem Sieg des Kommunismus verknüpft. Die Komödie offenbart vielmehr ganz allgemein »die Auflösung einer Größe ins Nichts«, wie sie dort statthat, »wo große geschichtliche Einschnitte sich vollziehen«. Damit verbunden ist das Postulat »menschliche[r] Wesenselemente«, die »von vornherein lächerlich sind«.[191] Diese These begegnet im Fachjournal *Theater der Zeit* noch Anfang der fünfziger Jahre.[192] Erst Mitte der Dekade gewinnt die sozialistische Ausrichtung an Präsenz.[193] Komisch wirkt nun der Widerspruch zwischen dem tatsächlichen oder vorgeblichen Glauben einer Klasse an ihre »ewige Existenz«[194] und der Machtlosigkeit gegenüber der historischen Bewegung, die zum Untergang ebendieser Klasse führt. Das Lachen erscheint somit als »objektives« Moment, bleibt zugleich aber auf das höchste geschichtliche Erkenntnisstadium bezogen. Metapoetisch reflektiert ist diese Problematik in dem von Paul Herbert Freyer pseudonym veröffentlichten Komödie *Wenn man Freunde hat...?!* (e 1956 / v 1957), das der Forschung bisher unbekannt war. Hier zeigt sich, ohne daß der marxistische Impetus überdeutlich exponiert wäre, die latente Absurdität bürgerlicher Lebens- und Sozialformen: Carola Treuenfels besitzt eine Doppelgängerin (Anni Epperlein), die als Prostituierte arbeitet und zu der Carolas Freunde Fred und Conny gehen, weil sie dort die freie Sexualität erleben können, die ihnen Carola verwehrt. Ehemann Michael gibt sich zunächst ethischprüde. Als beide zu Beginn des Stücks von der Aufführung eines lasziven US-Theaterstücks zurückkehren, kritisiert der Gatte den dekadenten Impetus des Dargebotenen (»Ein Mann verführt die Frau seines Freundes«) und fordert mit Schiller die Bühne als »moralische Anstalt« (2, 5). Wenig später berichtet ihm der eigene Freund Egon Vogel jedoch von der besagten Doppelgängerin und erklärt, Michael könne den schmutzigen Zirkel, dessen imaginatives Zentrum Carola sei, nur dadurch auflösen, daß er selbst mit

[189] Vgl. Knauth: Heinrich VIII., S. 73 (Bemerkungen zum Stück [1955]); Hacks: Das realistische Theaterstück (1957), S. 96; Borew: Über das Komische (1960), S. 109f.; Linzer: Komik – Parteilichkeit – Wirklichkeit (1961), S. 18 und Heise: Hegel und das Komische (1964), S. 828.

[190] Vgl. Hall: Eine notwendige Vorbemerkung (1958), S. 95; Baum: Humor und Satire in der bürgerlichen Ästhetik (1959), S. 173-177 und Zöllner: Eine Humor-Komödie (1961), S. 62.

[191] Brodwin: Die Komödie und ihre gesellschaftliche Bedeutung (1947), S. 23, 25f.

[192] Vgl. Zuchardt: Rechtfertigung der Komödie (1949), S. 23 und Schaller: Meine Nachdichtung der »Lustigen Weiber von Windsor« (1952), S. 7.

[193] Vgl. u.a. Hall: Eine notwendige Vorbemerkung (1958), S. 96; Baum: Humor und Satire in der bürgerlichen Ästhetik (1959), S. 100 und Heise: Hegel und das Komische (1964), S. 813.

[194] Grundlagen der marxistisch-leninistischen Ästhetik (^{2}1963), S. 523.

Anni ein Verhältnis beginne und die Dame auf diese Weise ›kontrolliere‹. Egon inszeniert im folgenden ein komplexes Verwirrspiel mit dem Ziel, Michael zu diskreditieren und Carola für sich zu gewinnen. Dem Lustspiel bleibt jedoch das »Happy end« (72), die erfolgreiche Eroberung, versagt, denn als Egon Carola der »bürgerliche[n] Moral« (69) entsprechend zur »Rache« verhelfen will, erklärt jene die »Komödie« für »zu Ende«, obwohl es »in der Exposition« so nicht »vorgesehen« war (72). Der bundesrepublikanische Rahmen verbietet die heitere Konfliktlösung; das westliche Lustspiel wird ad absurdum geführt und die Gattung allein für den Sozialismus reklamiert. Anhand eines Dialogs zwischen Egon und Carola zeigt Freyer jedoch, daß sich die bürgerliche Gesellschaft durchaus der Schizophrenie ihrer Lebensform bewußt ist. Das Theater stellt die »Unmoral« nämlich nur deshalb offen dar, damit das Publikum die eigene »noch geschickter« verbergen kann (13). Lachen und Ernst des Kapitalisten sind demnach relativ:

> Die Bühne tut so, als könnte das, was wir heute sahen, in der Wirklichkeit möglich sein. Und jedes Individuum im Zuschauerraum empfindet folgerichtig, es könnte möglich sein. Aber nicht bei mir! Deshalb lacht es. Der beiderseitige Ernst geht also bis zum Wörtchen »könnte«. Weiter auf keinen Fall (14).

Würde dieses Übereinkommen gebrochen und auf dem Theater »sehr deutlich etwas« gesagt, dann wäre »die abendländische Ordnung nicht mehr in Takt«, und das »Zeitalter des Wirtschaftswunders« müßte sein wahres tragisches Gesicht zeigen (13-15).[195]

Die ›Herrschaft‹ des lustspielhaften Typus in der DDR-Dramatik basiert demnach auf einem Geschichtsoptimismus, der das Überwundene verlacht, um es – so die Marx-Vorgabe – *»heiter«* zu eliminieren.[196] Das ästhetisch-anthropologische Primat der Komödie (Schiller, Hegel) wird dadurch zum historisch-politischen. Für die Kunst bedeutet dies weitgehenden Autonomieverlust gegenüber dem gesellschaftlichen Kontext. Die Verbindung dieses Axioms mit der These, im Sozialismus existierten keine unlösbaren Konflikte mehr, begründet den festen Glauben an die Möglichkeit einer Suspension menschlicher Entfremdung. Mit dem ›Tod der Tragödie‹[197] soll die Herrschaft der Vergangenheit über die Gegenwart endgültig gebrochen werden. Dies schließt Theaterstücke ein, die ohne das Merkmal ›Komik‹ auskommen. Strukturell gesehen sind jedoch alle sozialistischen Dramen Lustspiele, und zwar so lange, wie der für den Fortschritt zu zahlende Preis die sinnstiftende Kraft des Narrativs nicht aufhebt. Im Rahmen dieses Kapitels werden daher lediglich Stücke berücksichtigt, die die Gattungsbezeichnung explizit im Titel tragen und Komödien-Elemente sozialistisch funktionalisieren. (Da die Satire den Tangentialdiskurs teilweise untergräbt, ist sie separat behandelt.) Ausgeschlossen und in den Semantik-Bereich verlagert bleibt die allgegenwärtige

---

195 Das Stück ist denn auch »eine infame Komödie« ([Freyer:] Wenn man Freunde hat...?! [1956], S. 51). Ähnliches gilt historisch perspektiviert für Freyers anonym erschienenes Schauspiel *Flacon Chanel. Brokat aus Frankreich* (e 1957 / v 1958), in dem »mit Ironie« (Titelblatt) dargestellt wird, daß zu Zeiten des Feudalkapitalismus um 1800 Liebe nur als ›Ware‹ persistieren kann, selbst wenn sich – wie bei Sylvia und dem Händler Gerard [sic!] – schließlich doch wirkliche Gefühle entwickeln. Am Ende bleibt der Verlassenen zwar der Triumph über die finanziell ausgenutzten Konkurrentinnen, bald »erstirbt ihr Lächeln« jedoch, und sie geht im »Jammer der Enttäuschung« ab (S. 80).

196 MEW 1, S. 382 (Zur Kritik der Hegelschen Rechtsphilosophie. Einleitung).

197 Vgl. Rülicke-Weiler: Bemerkungen Brechts zur Kunst (1968), S. 6.

›Schwundkomik‹[198] jener Schauspiele, die stärker politisch denunzieren als verlachen, d.h. in denen der ideologische »Leitgedanke« strikten »Vorrang« hat gegenüber der »Betonung der komischen Situationen«. Hier dient der Humor allein dem Zweck, die beschriebene ›Nachträglichkeit der Polyvalenz‹ (B, 4.1.1) herzustellen. »Er ist«, so Herbert Horn mit Blick auf den Einakter *Kamerad Vasile* (1952), nur deshalb »in die Handlung gebracht worden, um die Gradlinigkeit des Motivs zu durchbrechen und das – an sich strenge [–] Thema aufzulockern« (9). Aber selbst in den eigentlichen, gattungspoetisch klar bezeichneten Komödien erscheint die »*Abbildung gesellschaftlicher Wahrheit*« als Korrektiv des Lächerlichen. Zwar werden auch Situations- und Dialogkomik verwendet, aber nicht um ihrer »selbst willen«, sondern allein um »*das gemeinsame Ziel*« der Aufführung möglichst optimal zu verwirklichen.[199] Erst im Zuge der Bitterfelder Debatte über die Retablierung der Unterhaltungskunst[200] entstehen Bühnenwerke, die durch Integration schwank- bzw. boulevardhafter Elemente eine relative Autonomie des Komischen wiederherstellen.[201]

Mit Blick auf das DDR-Lustspiel lassen sich nun zwei Schreibweisen unterscheiden: die affirmative und die transgressive.[202] Das Themenspektrum bleibt jeweils überschaubar. So sind für den affirmativen Modus folgende Bereiche bedeutsam: der nichtsystemische (sozialistische Binnenkritik) und der systemische (kapitalistische Außenkritik).[203] Im ersten Fall kommen u.a. folgende Aspekte bzw. Problemfelder zum Tragen: Rekrutierung der Jugend für den Aufbau,[204] Einsatz für die Gleichberechtigung der Frau[205] und das im Wettbewerb befindliche Kollektiv[206] sowie Kritik an übertriebener Arbeitstätigkeit,[207] pragmatischer Eheführung,[208] elitärem Bewußtsein,[209] (klein)bürgerlichem Denken.[210] Die Vernunft tritt dabei meist personifiziert in Gestalt eines Parteifunktionärs auf. Während man kapitalistisch konnotierte Malicen (elitäres Bewußtsein, kleinbürgerliches Denken) verlacht, begegnet man sozialistisch indiziertem Fehlverhalten mit Humor (übertriebene Arbeitstätigkeit, pragmatische Eheführung). Im zweiten der obengenannten Bereiche (systemischer Außendiskurs) mokiert man sich über den Klassenfeind und dessen scheiternde Kriegspolitik – in Deutschland bzw. der Dritten

198 Vgl. Weber (1986), Titel, passim.

199 Hall: Eine notwendige Vorbemerkung (1958), S. 98.

200 Vgl. Wagner: Künstler und Publikum auf dem Weg (1959), S. 7f.

201 Vgl. Nössig (1972), S. 74f. und Kühne (1976b), S. 417.

202 Die Komödien von Heiner Müller (*Die Umsiedlerin*) und Peter Hacks (*Moritz Tassow*) sind stricto sensu nicht mehr ›tangential‹ ausgerichtet (vgl. C, 3.2).

203 Die nur namentlich erwähnten Lustspiele werden meist in den Kapiteln ausführlicher dargestellt, die dem jeweiligen Themenschwerpunkt entsprechen (vgl. Dramenregister).

204 Wangenheim: Du bist der Richtige (1950), ders.: Mit der Zeit werden wir fertig (1958/59).

205 Wolf: Bürgermeister Anna (1950), Veken: Baller contra Baller (1951), Horn: Paul im Glück (1953), Jostau: 2:1 für Irmgard (1960).

206 Freyer: Der Dämpfer (1952), Pons: Zement (1952), Kilz: Tomaten und Stahl (1954), Kuhn: Leicht bewölkt, vorwiegend heiter (1956).

207 Henning: Urlaub mit Jumbo (1954).

208 Bättcher/Nürnberg: Ehe eine Ehe eine Ehe wird (1954).

209 Schilling: Die Talente (1959).

210 Bernhard: Der Lohnausgleich (1952), Baierl: Die drei Irrtümer des Sebastian Fünfling (1953), Lucke: Taillenweite 68 (1953), Glatteis (1957), Schmidt: 3 x klingeln (1960), Sakowski: Weiberzwist und Liebeslist (1961).

Welt.[211] Das gattungspoetische Primat des Lustspiels bestimmt auf den ersten Blick selbst die Avantgarde. So konstatiert Brecht 1954: »Alle beseitigbaren gesellschaftlichen Unvollkommenheiten gehören [...] in die Komödie«,[212] denn nur dort sind »Lösungen« möglich.[213] Ähnliches gilt für Hacks, der mit dem »*Überlegenheitsgefühl*« des Siegers den Tod der Tragödie verkündet.[214] Auch Matusche, Kipphardt und Strittmatter debütieren im DDR-Kontext mit Lustspielen,[215] während Heiner Müller sogar sämtliche seiner Stücke als »relativ komisch« bezeichnet.[216]

Verbindendes Merkmal aller genannten Kategorien ist eine ›Nachträglichkeit der Tendenz‹, d.h. die Perspektive des Zuschauers wird erst sukzessive auf die syntagmatische Sinndimension (Narrativ) gelenkt. Zu Beginn entsteht daher ein diskursiver Freiraum, in dem traditionelle Formen des Komischen erscheinen. Der mit dieser Öffnung verbundene ›Triumph des Seins‹ über die (falsche) kapitalistische Eindeutigkeit ist notwendig, um am Ende die (richtige) sozialistische Evidenz siegen zu lassen. Mit anderen Worten: Die Vernichtung des ›kleinen Absurden‹ der bürgerlichen Welt geschieht durch Reintegration saturnalischer Komik, die schließlich dem Verlachen des historisch Höherstehenden weicht und in »ruhig[e]« Genugtuung überführt wird.[217] Dieses ›Kipp-Phänomen‹ unterminiert vor allem im Avantgarde-Bereich den erzielten Konsens. Aber selbst der affirmative Modus kann Konstruktionslücken aufweisen. Dies zeigt sich paradigmatisch an Helmut Baierls epischer Komödie *Frau Flinz*,[218] für die der Autor 1961 den Nationalpreis der DDR erhält. Zum besseren Verständnis der nachfolgenden Überlegungen sei kurz die Handlung skizziert, die auf Brechts *Mutter Courage* verweist und eine ›Chronik‹ des sozialistischen Aufbaus darstellt (1946-1952).

Die verarmte Umsiedlerin Martha Flinz wird auf Initiative des Funktionärs Friedrich Weiler im Haus des Unternehmers Neumann einquartiert. Der Fabrikant, der sich zunächst weigert, ahnt nicht, wen er in sein Haus holt. Er hofft auf eine ruhige Person; in der zweiten Szene erscheinen jedoch die fünf Söhne, die durch Weilers legale Impertinenz ebenfalls bei Neumann untergebracht werden. Der Funktionär beginnt Frau Flinz mehr und mehr zu schätzen, weil sie es versteht, mit Klugheit, List und Geschick ihre Familie zu ernähren, und dabei die Sympathien der einfachen Leute gewinnt. Mit ihrer Hilfe will Weiler den Sozialismus popularisieren, aber er irrt: Frau Flinz hat sich noch nie »um die Politik gekümmert«, sondern denkt ausschließlich an sich (BS, 60). Wie Mutter Courage den Krieg möchte sie die neue Ordnung finanziell nutzen, ohne sich mit den Kindern daran zu beteiligen. Was unter antagonistischen Bedingungen tragisch endet, kann nach der Zeitenwende zur Komödie werden – samt Wandlung der Protagonistin.[219] Denn nachdem Martha Flinz, die mit Neumann kooperiert, auch den letzten Sohn an den ›verführerischen‹ Sozialismus verloren hat, bleibt sie unter extremen

211 Zinner: Der Mann mit dem Vogel (1952), Kupsch: König für einen Tag (1953).

212 Notiz von Brecht aus dem Jahr 1954 (zit.n. Rülicke-Weiler: Bemerkungen Brechts zur Kunst [1968], S. 6).

213 Äußerung von Brecht (zit.n. Schumacher: Er wird bleiben [1956], S. 332).

214 Hacks: Einige Gemeinplätze über das Stückeschreiben (1956), S. 124.

215 Matusche: Welche von den Frauen (1951/52), Kipphardt: Shakespeare dringend gesucht (1953), Strittmatter: Katzgraben (1953).

216 [Müller:] »Deutschland spielt noch immer die Nibelungen« (1983), S. 207.

217 BS, S. 41 (Prolog).

218 In einer Anmerkung zum Erstdruck in der Zeitschrift *Junge Kunst* konstatiert der Autor: »Dieses Stück schrieb ich in Zusammenarbeit mit Manfred Wekwerth und dem Kollektiv des Berliner Ensembles« (Frau Flinz [1961], S. 31).

219 Diese Modifikation widerspricht nicht zwangsläufig der Ästhetik Brechts, der im sozialistischen Kontext durchaus eine Wendung ins Positive zuläßt (vgl. C, 4.2.3).

Arbeitsbedingungen allein auf ihrem Hof zurück. Der verbitterte Funktionär Weiler, der ein stilles, genußvolles Leben im neuen Staat erhofft hat, besucht die Sterbenskranke und klagt ihr sein Leid. Gerade Flinz' demonstratives Schweigen läßt ihn jedoch erkennen, daß das von ihm gewählte Leben richtig ist, und selbst die Titelfigur lernt, als einfacher Mensch die Not zu überwinden. Gegen die Partei, die zu diesem Zeitpunkt noch vom Genossenschaftsmodell Abstand hält, gründet Martha Flinz die erste LPG und setzt sich damit entschlossen an die Spitze produktionsstrategischer Innovation.

Baierl verwendet – dem ›Kipp-Modell‹ entsprechend – insbesondere zu Beginn des Dramas »die Technik des alten Schwanks«, denn nur durch unmittelbar evidente »Verrücktheit« ist die »Herausarbeitung der Welt« zu leisten, »die für alle kopfsteht«.[220] So erklärt Frau Flinz dem konsternierten Oberbürgermeister Elstermann, »Frieden auf Erden« werde es erst geben, »wenn alle Fabriken [...] zu Wohnheimen umgebaut« seien (BS, 70), während Weiler den SPD-Politiker unterbricht und statt »Demokratie« eine sozialistische Diktatur fordert: »Wir wollen das Glück für alle Menschen. Und wer das nicht erkennt, den tunken wir mit dem Nüschel hinein« (73).[221] Angesichts solcher Zitate schreibt Konrad Franke 1974, Baierl beschönige nicht, sondern suche »realistisch davon zu überzeugen, daß die DDR auf dem richtigen Weg zum Sozialismus« sei. *Frau Flinz* bleibe deshalb »möglicherweise die beste Komödie«, die die DDR-Dramatik vorzuweisen habe.[222] Nach Ansicht von Heinz-Dieter Weber ist es vor allem die »episodenreihende« Struktur des Schauspiels, durch die der Autor »vordergründig zumindest auf die Aufhebung der komischen Situation in einem integrierenden Handlungszusammenhang« verzichtet.[223] Der Hinweis auf drei empörte ›Genossen‹, die die Uraufführung am 8. Mai 1961 im Berliner Ensemble nach dem ersten Akt verlassen, stützt diese These.

Trotzdem bleibt die das Drama bestimmende Dialektik eine ›integrative‹ (B, 4.1.1), denn die Antagonismen werden am Ende statisch versöhnt. Martha Flinz ist zugleich Subjekt und Objekt des Veränderungsprozesses, wobei sie gegen ihren Willen einsehen muß, daß privates und öffentliches Begehren, Spontaneität und Planung substantiell identisch sind. Dies hebt nachträglich die binären Gegensätze des Anfangs auf. Zwar führt wie bei Brecht »kein Führer« die Menschen »aus dem Salat« (BS, 118), aber eine ›Führung‹, deren Interesse mit dem des Einzelnen zusammenfällt. Daß die Protagonistin schließlich der Geschichte voraus ist, kennzeichnet die Bedeutung einer Eigeninitiative, die kompatibel bleibt mit der Entwicklung der Partei.[224] Im Epilog spricht Frau Flinz denn auch als Gastdelegierte auf der 2. SED-Konferenz, bei der Ulbricht den Übergang zum planmäßigen Aufbau des Sozialismus propagiert. Hacks' »Sauhirt« (HK, 13) muß statt dessen Schriftsteller werden, weil die Diskrepanz zwischen Sein und Sollen nur durch die Herrschaft des Spießers (Blasche) auflösbar scheint (B, 6.4.2).

Der die Komödie tragende Konflikt bleibt somit wie in dem Lehrstück *Die Feststellung* (C, 4.2.4) ein inszenierter. Obwohl die Vertreter beider Positionen Fehler ma-

220 Wekwerth/Hecht/Baierl: Notate zu »Frau Flinz« (1961), S. 8.

221 Traditionelle Formen des Komischen bleiben allerdings im gesamten Dramenverlauf virulent. Vgl. u.a. den Auftritt des »Esperanto-Lohse« (S. 39), der eine neue »Sprache der Vernunft« etablieren will, um weitere Kriege auszuschließen (S. 94), oder die lakonischen Repliken von Frau Flinz auf das Parteichinesisch der jungen Genossin (S. 96).

222 Franke (1974), S. 535f.

223 Weber (1986), S. 7.

224 Wolfs Komödie *Bürgermeister Anna* (1950) wird auf diese Weise rehabilitiert (vgl. B, 4.1.2).

chen, sind reale Widersprüche nicht vorhanden, sondern lediglich Irrtümer, die eingesehen werden. Im Unterschied zur konventionellen DDR-Dramatik geht Baierl jedoch davon aus, daß sich der Mensch erst in der Krisen- bzw. Extremsituation wandelt.[225] Hieraus erhellt u.a. die Integration der ›Einfühlung‹ sowie der Verzicht, zentrale Bestandteile des Parteiprogramms *thetisch* zu exponieren. Die ideologische Tendenz wird primär *strukturell* verwirklicht: Am Ende steht die Erkenntnis, daß die Zukunft keineswegs »leichter«, dafür aber »klarer« ist (BS, 119). Die Gegensätze sind bewiesenermaßen nicht-antagonistisch, wodurch die neue Gesellschaftsordnung als Paradies eines säkularisierten Christentums erscheint (B, 3.1). Nicht von ungefähr vollzieht sich Flinz' »Menschwerdung« (102) durch die »Beichte« (107),[226] und das Kommunistische Manifest avanciert zum Bibelersatz (84-88). Derselbe Transformationsprozeß läßt sich mit Blick auf bürgerliche Verhaltensweisen feststellen: Sekundärtugenden wie Fleiß, Sparsamkeit und Demut, die im Nationalsozialismus mißbraucht wurden, scheinen durch den Systemwechsel ebenso geläutert wie der »kleine[] Egoismus«, der nun als »große[r]« legitimiert ist (Ich → Wir).[227] Angesichts dieser Teleologie besitzen die durchaus präsenten Zweifel an der Kalkulierbarkeit menschlichen Handelns (65-67) sowie der Inhumanität sozialistischer Arbeitsprozesse (110, 116) keinen destruktiven Impetus. Kritische Fragen werden zwar gestellt, aber die Antwort ist – obgleich sie nicht szenisch umgesetzt wird – evident: Der »schwere[] Schlag für die Partei, wenn sich Herr Marx geirrt hat« (98), bleibt rein hypothetisch und gehört in den Bereich zweckfreier Komik.

Der affirmative Diskurs besitzt neben der episierenden Komik einen zweiten ›offeneren‹ Verlachmodus, der dem sozialistischen Realismus teilweise widerspricht und keineswegs die, wie Greiner postuliert, ›gemäße Form‹ des Abschieds von der Vergangenheit darstellt.[228] Gemeint ist die Satire, die trotz positiver Konnotation[229] bis Mitte der fünfziger Jahre kaum existiert und (wenn doch) fast immer Westdeutschland behandelt.[230] Kipphardts Lustspiel *Shakespeare dringend gesucht* (1953) bestätigt als Ausnahme die Regel. Denn – so Intendant Schnell – in einem Theater, das primär »moralische Schulung« sein soll, hat die »Satire« keinen »Platz« (KT, 54). Wie weitreichend dieses Verdikt wirkt, zeigt die Tatsache, daß Joachim Fiebach noch 1962 konstatiert: »Die Satire ist für unsere literarische Praxis wie auch für die Theorie eines der schwierigsten Probleme«; in ihr muß bei aller »Überhöhung« der »Anschein des Real-Möglichen« gewahrt bleiben.[231] Dem Versuch, die Gattung sozialistisch zu funktionalisieren, steht daher ein Widerspruch entgegen: Was in der westlichen Avantgarde dekadent erscheint ist hier Grundprinzip: die »Verzerrung« der Wirklichkeit. Demzufolge spricht

---

225 Vgl. BS, S. 107-112 (Frau Flinz [1961]). Dieselbe Ansicht vertritt Kipphardt, der sich aber stets negativ über Baierl äußert. Vgl. KS, S. 77 (»Der Dämpfer« von Paul Herbert Freyer [1953]), 196 (Brief vom 24. April 1961 an Peter Hacks) und 199 (Brief vom 30. Mai an P.H.).

226 Bild I/4 trägt zudem die Überschrift: »Denn sie wissen nicht, was sie tun« (BS, S. 68).

227 Wekwerth/Hecht/Baierl: Notate zu »Frau Flinz« (1961), S. 4.

228 Vgl. Greiner (1992), S. 410.

229 Vgl. u.a. Brodwin: Die Komödie und ihre gesellschaftliche Bedeutung (1947), S. 24f., 28; DD, S. 78 (Fritz Erpenbeck: Formalismus und Dekadenz [1949]) und WW 16, S. 493-497 (Die Waffe der Satire [1953]).

230 Mitunter ist es schwierig, Komödie und Satire klar zu trennen. Deshalb bleiben Schauspiele unberücksichtigt, deren Verlachmodus weitgehend ›objektiv‹ oder tragikomisch ausgerichtet ist.

231 Fiebach: Dramatik auf dem Wege (1962), S. 70.

sich Hacks gegen die Reinform der Satire aus, weil dort eine »wesentliche[]« Erkenntnis nicht darstellbar sei, daß nämlich »negative Taten in der Regel keineswegs von negativen Personen begangen werden«. Zudem entwerte man die »Greuel, die die Bourgeoisie und ihr Apparat gewohnheitsmäßig« begingen. Nur als »realistisches Genre« könne die Satire ihren »Hauptgegenstand«, die »Unfreiheit des bisherigen Menschen«, adäquat umsetzen.[232]

Hacks' Ansicht ist dennoch Teil einer Neubewertung des Genres, die sich Mitte der fünfziger Jahre vollzieht und die steigende Zahl satirischer Stücke erklärt. Im Nachwort seiner historischen Komödie *Heinrich VIII. oder Der Ketzerkönig* fordert Joachim Knauth eine »Travestie hohen Stils«, in der die »kritisch distanzierende Überhöhung« zum legitimen Kunstmittel avanciert.[233] Wenig später erscheint im *Sonntag* ein anonymer Beitrag mit dem Titel: *Wahre Satire dient dem Neuen*,[234] bevor 1959 Georgina Baums maßgebende Studie zu *Humor und Satire in der bürgerlichen Ästhetik* veröffentlicht wird. Die Autorin betont darin das »wirklichkeitsbezogene[], gesellschaftskritische[] Wesen« der Gattung, die zugleich eine diskursive Zentralstellung erhält. Denn die wesentliche »Komödienform, die aus der Marxschen Analyse abgeleitet werden kann, ist die politische Satire, die mit den schärfsten Mitteln, mit bewußter Aggressivität gegen überholte gesellschaftliche Erscheinungen, gegen die veraltete Ordnung Partei nimmt«.[235] Innersystemische Probleme bleiben dagegen exkludiert – außer wenn sie von der sozialistischen Gesellschaft bereits bewältigt sind (Baierl: *Frau Flinz*) oder scheinbar unbedeutende Bereiche betreffen (Knauth: *Die Kampagne*). Der »aus der komplizierten Entwicklung unserer nationalen Wirtschaft resultierende, nur Schritt für Schritt lösbare Widerspruch zwischen den Erfordernissen der technischen Revolution und der augenblicklichen Realisierung auf bestimmten Gebieten« darf dagegen »*kein* Gegenstand der Satire« sein. Die affirmative Variante der Gattung zielt auf individuelles Fehlverhalten, Kollektivzusammenhänge sind ausgeschlossen. Dies bedeutet jedoch, daß die ›positive‹ Satire ein Genre darstellt, das – stärker noch als die Komödie – mit Festigung der sozialistischen Verhältnisse dem Untergang geweiht ist. Lebensfähig bleibt allein die ›negative‹ kapitalismuskritische Satire.

Letztere kann sich sowohl auf Vergangenheit wie Gegenwart beziehen. Zum Hauptvertreter der Geschichtssatire wird neben Hacks (B, 4.2.2) der geborene Hallenser Knauth, dessen Dramen meist als »Komödien« bezeichnet sind,[236] allerdings wie die des Kollegen kaum auf den Spielplänen erscheinen.[237] Auch hier ist es allein die kritisch verzerrende Darstellung, die den Handlungskonflikt »in den Bereich des Komischen« erhebt. Denn das historische Lustspiel hat nach Knauth »nur Berechtigung«, insofern es »mit aller Schärfe desillusioniert«. Semantisch bedeutet dies eine Umwertung der Geschichte im Sinne sozialistischer Teleologie, ästhetisch die mit Nestroy[238] gerechtfertigte Transgression der »Grenze zwischen dem Erhabenen und dem Lächerli-

---

232 Hacks: Das realistische Theaterstück (1957), S. 97.
233 Knauth: Heinrich VIII., S. 73, 75 (Bemerkungen zum Stück [1955]).
234 Vgl. Sonntag vom 22. Januar 1956. Nr. 4, S. 3*.
235 Baum: Humor und Satire in der bürgerlichen Ästhetik (1959), S. 67, 32f.
236 Hacks spricht mit Blick auf seine historischen Schauspiele nur von ›Stücken‹, weil Tragödie und Komödie im ›realistischen‹ Drama aufgehoben sein sollen (vgl. C, 3.5.1).
237 Vgl. Knauth: Pro domo, aber nicht nur (1961), S. 5f.
238 Vgl. Knauth: Wer die Wahl hat (1958), S. 43 (Anmerkungen).

chen«.[239] Historische Fixpunkte sind das römische Altertum (*Die sterblichen Götter*), die Gründung der englischen Staatskirche (*Heinrich VIII. oder Der Ketzerkönig*), das Umfeld der gescheiterten Revolution von 1848 (*Wer die Wahl hat*) sowie der Kapp-Putsch (*Badenweiler Abgesang*).[240]

Im Unterschied hierzu verwendet die Gegenwartssatire bevorzugt Elemente aus Travestie und Groteske, wobei der Schwerpunkt entweder auf der ideologischen Denunziation liegt oder der surrealen Darstellung bürgerlicher Absurdismen. Prototyp der ersten Kategorie ist die von Slatan Dudow (Ex-Pseudonym: Stefan Brodwin), Henryk Keisch und Michael Tschesno-Hell verfaßte Komödie *Der Hauptmann von Köln* (FS 1956 / U 1959), die intertextuell auf Keller (*Kleider machen Leute*), Heinrich Mann (*Der Untertan*) und Zuckmayer (*Der Hauptmann von Köpenick*) verweist. Der arbeitslose Kellner Hans Albert Hauptmann gerät im Kölner Hotel *Prinzregent* zufällig in ein Militaristentreffen und wird dabei mit dem ehemaligen Reichswehrhauptmann Albert Karjanke verwechselt. Durch Initiative des Bürgermeisters Wilhelm Seekatz macht der Kellner in Montan-AG und Republikanischer Bundespartei Karriere. Politisch sorgt er u.a. für die Verabschiedung von Gesetzen zur Rehabilitierung von Kriegsverbrechern. Die Bundesrepublik erscheint damit als postfaschistischer Staat, dessen demokratische Konstitution Fassade bleibt, weil die NS-Elite »wieder« am Ruder sitzt (151).[241] Deshalb gilt hier wie im übrigen Westen: »[D]er Frieden ist ein ewiger Traum, und [...] nicht einmal ein schöner!« (32). Die Kriegsvorbereitungen sind rhetorisch camoufliert, die offiziellen Verlautbarungen reine Performanz. Als der ›echte‹ Hauptmann aufgrund der Generalamnestie sein Recht einklagt, wird Albert verhaftet und zu fünf Jahren Gefängnis verurteilt. Karjanke hat währenddessen den Posten eines Staatssekretärs im Verteidigungsministerium erhalten.

Das satirische Verlachen kann sogar, was bisher übersehen wurde, eine surreale Dimension besitzen. Paradigma hierfür ist Fritz Kuhns Lustspiel *Der künstliche Mond geht auf* (1956). »Die Handlung«, so der Autor im Vorwort, scheint »beinahe ebenso grotesk wie die Voraussetzung, daß dieses, unser Jahrhundert, ein amerikanisches sei oder daß es irgendwo auf dieser, unserer Welt unbegrenzte Möglichkeiten gäbe« (III*). Um die eigene Schmugglertätigkeit zu vertuschen, die allerdings erst am Ende des Stücks publik wird, täuscht der Unternehmer Samson Tiger (Pseudonym: Nr. 1) ein sensationelles Projekt vor: Er plant, per Rakete einen künstlichen Mond in den Orbit zu schicken, der »von Menschen geplant, von Menschen gebaut und von Menschen bewohnt ist« (112). Zu diesem Zweck möchte er mit totalitären Methoden (darunter Menschenversuchen) eine »Superelite« (6) züchten, die gehorsam, normiert, sexuell neutral und »zu ununterbrochener Höchstleistung« (82) fähig ist. (Wie in Auschwitz wird den Versuchspersonen ihre Identität genommen und eine Nummer in die Haut eingebrannt.) Der amerikanische Staat will das Vorhaben sogleich für militärische Zwecke nutzen, aber die ›Inhaftierten‹ beginnen zu revoltieren, als sie erfahren, daß der »Satan« (99) keineswegs mitzufliegen gedenkt. Nachdem ein groteskes Erschießungsmanöver fehlgeschlagen ist, befördert man Tiger selbst ins Weltall. Die Raumstation erweist sich als

239 Knauth: Heinrich VIII., S. 75, 73 (Bemerkungen zum Stück [1955]).

240 Vgl. B, 4.2.1 und 4.2.3.

241 Auch in Hedda Zinners Drama *General Landt* (e 1950/51, U 1957) konstatiert der Nationalsozialist Leinsdorff nach Kriegsende: »Wir sind alle wieder beisammen« (Stücke, S. 84, 145).

Chimäre, das Großprojekt als Schmugglernest, und Nr. 1 versucht in einer Kiste zu fliehen. Er wird jedoch entdeckt, muß für mehrere Jahre ins Gefängnis und entpuppt sich als kleinbürgerlicher Spießer. Kuhns Aussageabsicht scheint evident: Die Isolation des modernen Subjekts resultiert aus einer Politik »moralische[r] Leichen« (110). Dadurch wird der homo-mensura-Satz wiederhergestellt, der Grundlage sein soll für den ›neuen Menschen‹ und die von ihm erwartete Technikbeherrschung (B, 4.1.2).

Ein weiteres Beispiel sozialistischer Groteske ist Harald Hausers 1961 erschienene Satire *Nitschewo (Spuk von Frankenhöh)*, die inhaltlich auf den *Hauptmann von Köln* verweist. Aushilfskellner Fibs (Fritz Ibes) und Geschirrwäscherin Lisa Huber ›stürmen‹ in sowjetischer Militäruniform eine internationale Geheimkonferenz, bei der ein Überfall auf die Ostzone geplant wird (unter dem Kennwort »Night step«). Die westlichen Kriegstreiber desavouieren sich daraufhin, indem sie dem jeweils anderen die Verantwortung für den Plan zuschieben und so ihre moralische Dekadenz offenbaren. Am Ende verlassen sie aus Angst vor den Folgen eines angeblichen B-Angriffs der Kommunisten in groteskem Zug das Haus – militärisch grüßend zu den Klängen des verjazzten Badenweiler Marsches. Anders als Dudow, Keisch und Tschesno-Hell übertritt Hauser bewußt die Grenzen der sozialistischen Kunstdoktrin – jedoch im Rahmen metapoetischer Reflexion. Durch zahlreiche Repliken ad spectatores und pseudo-absurde Sprechensembles wird von Beginn an jede Illusionsbildung verhindert. Die Wahrheit des Gezeigten ist allerdings sichergestellt durch die mitlaufenden Tonbänder, die man schließlich zurückläßt für denjenigen, der »vielleicht [...] ein Stück draus« macht. »Das hier«, so Fibs' Schlußwort, »war doch nicht realistisch« (70). Mit anderen Worten: Die von Hauser gestaltete Selbstreflexion der Satire hebt die ›Verzerrung‹ so weit auf, daß der *poetisch* hinterfragte Authentizitätsgehalt *diskursiv* retabliert wird.

Im Unterschied zum affirmativen bleibt der transgressive Modus latent systemisch angelegt, ohne jedoch den Tangentialdiskurs, das historisch gerechtfertigte Verlachen (und die damit verbundene Dominanz der Komödie) substantiell in Frage zu stellen. Dies führt zu einer Form binnenorientierter Satire, die im DDR-Kontext aber eher Ausnahmestatus genießt. Pionierfunktion hat Heinar Kipphardts Lustspiel *Shakespeare dringend gesucht*, das am 28. Juni 1953 bei den Kammerspielen des Deutschen Theaters Berlin uraufgeführt wird und nach dem Arbeiteraufstand als erstes Beispiel des ›Neuen Kurses‹ gilt (A, 1.3.3).[242] Der Erfolg ist beachtlich: Es gibt minutenlangen Szenenapplaus, Ministerpräsident Grotewohl spendet am Ende demonstrativ Beifall, und der Autor bekommt den Nationalpreis III. Klasse. In den darauffolgenden Jahren erlebt das Stück allein am Deutschen Theater 116 Vorstellungen, in der gesamten DDR etwa 400 bei über zwanzig Inszenierungen. Es wundert daher nicht, daß Kipphardt zum »Spezialisten der Satire«[243] avanciert, zumal er selbst sein »Talent« als »ein kritisches« sieht und im »Lachen« die »listigste« und »wirkungsvollste« »Form der Kritik«.[244]

---

242 Anders als bei Brecht und Strittmatter bezeichnet der 17. Juni 1953 keinen Einschnitt in Kipphardts Wahrnehmung der DDR (vgl. Theaterstück und Theateraufführung [1957], S. 172). Erst der Mauerbau wird aus Westperspektive etwas kritischer beurteilt (vgl. KS, S. 206f. [Brief vom 4. Oktober 1961 an Peter Hacks]).

243 KS, S. 17 (Brief vom 19. Juli 1953 an die Eltern).

244 KS, S. 35 (Brief vom 13. Juni 1952 an die Eltern).

Vorbild ist wie in der frühen Nachkriegszeit Lessing als »Typus eines Schriftstellers«, der einen kämpferischen Humanismus vertritt und deshalb »unserer Zeit nottut«.[245]

Obwohl Kipphardts Komödie im Gegensatz zu den späteren Dramen ästhetisch weitgehend traditionell bleibt, scheint sie »als rein literarisches Phänomen« keineswegs so »unergiebig«, wie Gunnar Müller-Waldeck behauptet.[246] Tatsächlich kreiert Kipphardt nicht nur ein neues Genre (die binnenkritische Satire),[247] sondern auch einen neuen Gegenstand (die DDR-Kulturpolitik). Selbst das Verlachkonzept unterscheidet sich nachhaltig vom parteioffiziellen Diskurs. Indem Kipphardt den »freisinnige[n] Witz« über die »hohle Formalität« siegen läßt,[248] nähert er sich zwar der Linie des ›Neuen Kurses‹, negiert aber zugleich eine Grundthese der proletarischen Ästhetik. Denn – so der DDR-Dramatiker – die »Geschichte verbannt das Komische nicht aus dem Bereich des Bedeutenden«,[249] d.h. die Aufhebung der Horizontalstruktur (kritisches Lachen) durch die Vertikalstruktur (destruktives Verlachen) kann niemals vollständig sein. Und gerade dies zeigt das *Shakespeare*-Lustspiel:

> Der Dramaturg Amadeus Färbel veranstaltet einen Wettbewerb[250] in der Hoffnung, daß sich jemand findet, »der wenigstens halb soviel wie [...] Shakespeare auf dem Kasten hat und ein Stück über unsere Zeit schreibt« (KT, 9f.). Schon bald sieht er sich ersten Angeboten gegenüber: Ein alter, schwerhöriger Rentner will »passende Zeitungsstücke aus den Zeitungen« heraussuchen. Es folgt der Dramatiker Zaun, »Partisan des wissenschaftlichen Theaters« und Brecht-Verschnitt. Er ist entschlossen, mit seinem Lehrstück *Mast-Vertrag* »jedwedes Erlebnis auf der Bühne zu liquidieren« (16). Hernach bewerben sich Fräulein Strämmchen (fünfzehnteiliger Zyklus *Die Agentin und die Aktivistin*) sowie weitere Autoren mit schematistischen Werken (*Schlageter, Traktoristenbraut*). Zum Schluß erscheint der Dramatiker Monhaupt, dessen Stück *Generalversammlung* »alle Themen unserer Zeit« behandelt und »dem Präsidenten gewidmet« ist (20f.). In seiner Verärgerung über so viel Dilettantismus wirft Färbel auch den Schlosser Raban hinaus, Verfasser »des einzigen bedeutenden Gegenwartsstükkes« (35). Intendant Schnell tritt auf und ermahnt den Dramaturgen, »Selbstkritik« zu üben und Monhaupts Schauspiel »unverzüglich mit dem Autor« zu bearbeiten (24). Färbel entzieht sich jedoch dieser Verpflichtung und bricht auf, um Raban zu suchen. Als er jenen endlich gefunden hat, treffen ihn die Vorbehalte des Intendanten, der das Stück als »Machwerk« (53) bezeichnet und Färbel vom Dramaturgenposten suspendiert. Daß Rabans Theaterspiel schließlich doch seine Uraufführung erlebt, verdankt sich dem Engagement der Deputierten Mellin vom Ministerium für Volksbildung. Intendant Schnell, der sich den großen Erfolg selbst zuschreiben will, wird entlassen, Färbel heiratet seine Sekretärin Paula Glück und Raban die junge Lehrerin Anna.

In den ›offiziellen‹ *Bemerkungen zu »Shakespeare dringend gesucht«* (1953) verabsolutiert Kipphardt zunächst das Vertikalmodell. Die gesamte »Aufmerksamkeit« des Satirikers muß – so die These – »auf das Alte, Überlebte, Häßliche gerichtet sein, das er durch das Lachen zu zerstören unternimmt, weil es den neuen Weltzustand gefährdet«.

---

245 KS, S. 13 (300 Zeilen Leben [1953]).

246 Müller-Waldeck (1990), S. 1409. Ähnlich sehen es Peters/Töteberg (2005), S. 3.

247 Friedrich Wolfs *Bürgermeister Anna* (1950) ist durchaus eine binnenkritische Komödie; von tiefgreifender Satire auf die sozialistische Planwirtschaft kann allerdings nicht gesprochen werden (vgl. B, 4.1.2).

248 Kipphardt: Bürgerliches Lustspiel... (1952/53), S. 19.

249 KS, S. 238 (Aus den Notatheften [13. Dezember 1959]).

250 Kipphardt selbst nimmt mit seiner Komödie an dem Theaterwettbewerb teil, den die Autoren- und Dramaturgen-Tagung im Mai 1952 offiziell ausschreibt. Den ersten Preis erhält Zinners Schauspiel *Der Teufelskreis*, den zweiten *Shakespeare dringend gesucht* (vgl. A, 1.3.2).

Vor diesem Hintergrund wendet sich der Autor »unversöhnlich«[251] gegen die großen -ismen (klein)bürgerlicher Weltaneignung (Schematismus, Bürokratismus, Opportunismus, Karrierismus). Bezugsinstanzen sind abgesehen von der Parteispitze alle Ebenen des Kulturbetriebs: u.a. der Leiter des Amtes für Kunst Schulte,[252] der Intendant Schnell und der Dramatiker Monhaupt. (Kipphardt selbst weist im Programmheft der Uraufführung darauf hin, wie sehr der Plot nach der Wirklichkeit konzipiert sei.[253]) Die »häufig« anzutreffenden »Schwächen« Färbels, der »keine rundum positive Gestalt« darstellt, sind jedoch im Lichte der Horizontalkomik anders zu behandeln: Die Zuschauer sollen »mit seinen Zielen, seiner Hilfsbereitschaft, seiner Selbstlosigkeit, seiner menschlichen Zartheit sympathisieren, gleichzeitig aber die untauglichen Mittel, mit denen er sein Ziel erreichen will, kritisieren«. Nur so könne das Publikum »ermuntert werden, den Färbel in sich zu überwinden und dem Färbel in seiner Umgebung zu helfen«.[254] Es ist nicht zuletzt der hier postulierte »Klassenkampf« für die »Ideen des Kommunismus«, der eine fundamentale Systemkritik verhindert. Zumindest im Oberflächendiskurs macht Kipphardt keineswegs das Prinzip lächerlich, sondern allein dessen stalinistische Deformation. Derselben Zielsetzung dienen die »ziemlich naive Schwanktechnik«[255] sowie das Einbeziehen affirmativer Patterns. Denn der ›neue Shakespeare‹ ist schreibender Arbeiter, und Mellin, die »großartige Frau« (KT, 55) aus Berlin, widerlegt die These von der kulturellen Inkompetenz der SED-Führung. Gleiches gilt für die Kommentarebene (Programmheft): Hier legitimiert Kipphardt das eigene Satirekonzept bewußt im Rekurs auf Stalin.[256]

Betrachtet man indes den dramatischen Tiefendiskurs, so finden sich Hinweise auf eine systemische Dimension der Kritik. Die Exposition kapitalistischer Rückstände meint nämlich *auch* die »büroherrschaftliche Maschinerie« des Realsozialismus, bleibt also nicht auf den Einzelfall bezogen.[257] Dementsprechend fordert der Botenjunge Fridolin, »die eigentliche positive Gestalt des Stücks«,[258] am Ende »die Entwicklung einer innerbetrieblichen Demokratie« (KT, 68) und damit Strukturreformen. Kipphardt selbst konzediert 1977 mit Blick auf die *Shakespeare*-Komödie, »daß da schon sowas drinsteckt wie die damals mögliche Satire auf stalinistische Kulturpolitik, diese ganz gelenkte und von oben geleitete Kulturpolitik, wo Kunst eigentlich die jeweilige Regierungs- oder Parteipolitik nur so nochmal bebildert« (338).

Tatsächlich besitzt Kipphardts Lustspiel einen deiktischen Impetus. Die gesamte Handlung wird als ›inszeniert‹ gezeigt; der gute Ausgang ergibt sich aus einer deus-ex-machina-Lösung. Erst die Deputierte Mellin stellt wie Gerichtsrat Walter in Kleists *Zerbrochnem Krug* die Gerechtigkeit her. Bereits 1962 konstatiert Kipphardt, das Ende habe nur Sinn, wenn man es parodistisch auffasse: »Der dritte Akt ist ein als Über-

---

251 Kipphardt: Bemerkungen zu »Shakespeare dringend gesucht« (1953), S. 167. Ähnlich sieht es Rudolf Wessely, der Darsteller des Färbel (vgl. Über das Komische [1953], S. 27).

252 Schulte arbeitet zeitgleich »mit 28 Dramatikern« (S. 33).

253 Vgl. Müller-Waldeck (1990), S. 1410-1412.

254 Kipphardt: Bemerkungen zu »Shakespeare dringend gesucht« (1953), S. 168.

255 Kipphardt: Brief vom 12. November 1962 an Karlheinz Braun (zit.n. SK, S. 10).

256 Vgl. Programmheft des Deutschen Theaters 1952/53. H. 8 (»Shakespeare dringend gesucht!«).

257 KS, S. 238 (Aus den Notatheften [5. Dezember 1959]). In der Tat sind Schulte, Schnell und Monhaupt keine singulären Erscheinungen; sie repräsentieren vielmehr den kulturellen Normalzustand (vgl. Karbach [1989], S. 100).

258 Kipphardt: Bemerkungen zu »Shakespeare dringend gesucht« (1953), S. 168.

Happy-End auszustellender Molière-Schluß, da sich der ja auch nicht trauen konnte, daß es übel ausgeht, aber wenn man es als Phrase groß ausstellt, geht es eben doch übel aus. Die Dame, die die gute Lösung bringt, kann aus dem Theaterhimmel kommen, ordensgeschmückt, eine Göttin des Parteiapparates quasi«.[259] Auch die Figur des Friedolin bleibt ambivalent. Einerseits wird er – so Kipphardt emphatisch – »der allseitig gebildete, Wahrheit und Tätigkeit verbindende neue Mensch sein in einer Welt, die die Herrschaft des Menschen verwirklicht hat«.[260] Andererseits untergräbt Fridolin diese Vision, wenn er in einer gestrichenen Replik am Ende des Stücks zu bedenken gibt: »Kollegen! Was wir hier betreiben, das ist eine Lustspielauflösung und keine echte bolschewistische Kritik!« (SK, 9).[261] Der ›richtige‹ Schluß wird daher wie bei Hacks und Müller vorgezogen und beschließt im Zenit des Stücks eine an Büchners *Woyzeck* erinnernde Krankenszene:

FÄRBEL *brüllt:* [...] Ich bin ein normaler, vollsinniger Mensch, der im Jahre 1953 ein satirisches Zeitstück zur Aufführung bringen will!
PROFESSOR *ad spectatores:* Hier sehen Sie die schönste wahnhafte Illusion der zweiten Hälfte des zwanzigsten Jahrhunderts! (KT, 56)

Hinzu kommt, daß der ›neue Shakespeare‹ eine semantische Leerstelle ist. Zwar wird er am Ende gefunden, aber seine Existenz scheint weitgehend performativ: Titel, Handlung und Ästhetik des »schönste[n] Lustspiel[s], das es augenblicklich gibt« (35) und von dem »die Zukunft des Theaters« abhängt (40), bleiben im Dunkel. Während der historische Shakespeare ein »genialer Bursche« war, »wissenschaftlich gesprochen« jedoch »keine Ahnung« hatte, vereinigt Raban die Vorzüge des Engländers, ohne dessen Defizite zu übernehmen. Sein Stück ist »genial« (9), von »glänzende[m] Stil« (30) und ideologisch progressiv, wie das einzige Zitat belegt: »›An diesem Tage ging ich durch die Stadt, und alles, was ich sah, war wichtiger als ich selbst‹« (37). Im Unterschied zum »dramatisierte[n] Leitartikel« (20) des affirmativen Diskurses enthält Rabans Komödie weder »Sitzung« noch »Gesang« (9), dafür aber einen »Aktivisten«, »der seine Frau betrügt«, einen »hohen Parteifunktionär«, »der Bier trinkt« sowie zahlreiche »Menschen, die hassen, lieben, Fehler machen, viele Fehler« (54). Wie Brecht wendet sich Kipphardt hier gegen die Mechanismen einer talentlosen »HO-Generation«, die nur »Dinge« produziert, »die geplant, bestellt und erwünscht sind, nichts darüber hinaus«.[262] Die damit verbundene Autonomie des Ästhetischen bleibt indes eine relative, denn das ›Geniale‹ muß zugleich ein »brauchbares« sein (9). Gegen diese These wendet sich allerdings Raban, wenn er erklärt, ein »brauchbarer Schriftsteller« sei »wie ein Adler, dem man die Flügel stutzt, in einen Käfig sperrt und zur Besichtigung mit einem Schild ›brauchbarer Adler‹ versieht« (29). Kipphardt läßt somit die Frage unbeantwortet, ob die Einheit der Gegensätze: Autonomie/Parteilichkeit realiter herzustellen ist.

259 Kipphardt: Brief vom 12. November an Karlheinz Braun (zit.n. SK, S. 10).
260 Kipphardt: Bemerkungen zu »Shakespeare dringend gesucht« (1953), S. 168.
261 Die Fassung mit Kipphardts Strichen befindet sich im Nachlaß. Darüber hinaus enthält die DDR-Textausgabe (Berlin [Ost] 1954) zahlreiche Ergänzungen, die die ›Systemkritik‹ relativieren (vgl. Karbach [1989], S. 96).
262 BBA 1340/63 (Notat Käte Rülickes). Vgl. KT, S. 13, 23, 34 (Shakespeare dringend gesucht).

Das Talent soll nämlich seine »eigenen Ansichten« vertreten (33), aber den »Sozialismus« nicht »zersetzen« (53).[263]

Binnenkritisch orientiert scheint auch Kipphardts drittes DDR-Drama *Die Stühle des Herrn Szmil* (e 1956-1960 / U 1961), wobei wie schon im *Aufstieg des Alois Piontek* (B, 4.2.1) die anti-illusionistische Tendenz verstärkt ist. Der Autor wendet sich dezidiert gegen das realistische Schreiben als »abgeschmackte[] Wirklichkeitsbeschönigung aus dem Winkel einer parteipolitischen Augenblickstaktik«. Es sei »ein schlechter Sozialismus«, der »die Verbreitung von Wahrheit für ein ästhetisches Vergehen oder gar für ein Delikt quasi krimineller Art« halte. Diese Wahrheit kann nach Kipphardt jedoch nicht aristotelisch transparent gemacht werden, denn der »Irrenhauscharakter« des Status quo – eine Parallele zum Absurdismus (B, 5.2.1) – entziehe sich »wirklichkeitsgetreue[r] Darstellung«. Um das »gewöhnlich Furchtbare« zu erkennen, müsse man es distanziert betrachten, »mit Kunstgriffen als ungewöhnlich« präsentieren. Kipphardts Brecht-Bezug ist trotzdem ambivalent (C, 4.1.2). Zwar fällt der Begriff »Verfremdung«, aber er wird als »das allgemeine Mittel großer Literatur« bezeichnet und damit modellindifferent benutzt.[264] Im Unterschied zu Ionesco transferiert Kipphardt die Absurdität der spätbürgerlichen Welt nicht in die Dramaturgie. Der Nonsens hat systemischer *pars* zu sein, nicht existentielles *totum*, sonst werde der Zustand der Welt entschuldigt.[265] Der Autor optiert deshalb für eine kontrollierte Polyvalenz: Die »Abenteuer« der dramatischen ›Flußfahrt‹ sollen überschaubar bleiben. Dies scheint nur dann gewährleistet, wenn man in der Lage ist, »alle die Umstände schnell zu erfassen, die den Lauf des Flusses bestimmen«.[266] Kipphardt gesteht jedoch, daß das neue Konzept in den Dramen *Der Hund des Generals* und *In der Sache J. Robert Oppenheimer* noch »keine Berücksichtigung« finde.[267] Wichtige Vorstufen bilden allerdings die obengenannten Satiren, die bisher kaum wissenschaftlich untersucht worden sind. Vor allem *Die Stühle des Herrn Szmil* brandmarken im Modus des Grotesk-Komischen kleinbürgerliche Tendenzen des Realsozialismus, ohne das System selbst in Frage zu stellen.

Der Standesbeamte Karl Szmil (ehedem Baron von Szmilicz) erhält die Nachricht, seine Tante sei nach langem Leiden gestorben. In einem Brief informiert sie ihn, »daß sich unser Familienschmuck [...] in dem Sitz eines der zwölf englischen Stühle meines Musiksalons in Kielcow befindet« (28).[268] Auch Arzt und Pfarrer sind hiervon unterrichtet sowie die Überbringerin des Briefes, Fräulein Fukatsch. Auf dem in ein staatliches Erholungsheim umgewandelten Gut in Kielcow trifft Szmil den skrupellosen Hochstapler Kasch, der sich sofort zum »Kombinator des Unternehmens« macht (34). Während der langen Suche nach den inzwischen weit verstreuten Stühlen agieren Kasch, aber auch Szmil radikal opportunistisch, treten je nach Notwendigkeit als überzeugte Sozialisten oder Kapitalisten auf. Der letzte Stuhl wird schließlich im Museumsraum des Kulturpalastes gefunden. Nach erbittertem Kampf, an dem selbst der Arzt teilnimmt, müssen alle erkennen, daß hier »kein Schmuck« und »keine Vermögenswerte« enthalten sind. Gleichzeitig erscheint der Sarghändler Blum mit der Nachricht, die Tante

263 Obwohl Intendant Schnell diese Begriffe verwendet, entsprechen sie bei veränderter Kontextualisierung durchaus Kipphardts Forderung nach »Parteilichkeit« – ein Ausdruck, der ebenfalls von Schnell in die Debatte eingeführt wird (ebd., S. 23).

264 KS, S. 240f. (Aus den Notatheften [19. Juni 1960]).

265 Vgl. SK, S. 14 (Gutachten: Drei Stücke von Eugene [sic!] Ionesco [1957]).

266 Kipphardt: Die lustvollen Abenteuer der schöpferischen Veränderungen (1965), S. 6.

267 KS, S. 241 (Aus den Notatheften [19. Juni 1960]).

268 Das Drama stellt eine freie Bearbeitung des Romans *Zwölf Stühle* von Ilf/Petrow dar (vgl. KT, S. 26).

sei »gesund« und habe die gesamte Suche nur inszeniert, um Rache dafür zu nehmen, »daß wir sie hätten umbringen wollen« (93).

Der Titel des Erstdrucks: *Esel schrein im Dunkeln* (1960), der eine Formel Lacroix' aus Büchners *Danton* aufgreift, bezeichnet die intentionale Stoßrichtung. Tatsächlich sucht der »Galgenvogel von Welt« (30) Karl Kasch mit Hilfe subalterner ›Esel‹ auf der Jagd nach dem verborgenen Schatz »die vergangene Zeit aus den Polstern zu reißen«.[269] Im Unterschied zu Büchners Geschichtsfatalismus zielt Kipphardt jedoch auf destruktives Verlachen: Die mitunter surreale Exposition des Geschehens soll dem »Kleinbürgertraum« wehren (76), das »ewig Gute, ewig Wahre, ewig Schöne« (63) lasse sich wiederbeleben innerhalb einer »Ordnung«, »die von oben nach unten geht, damit sich der Mensch darin zurechtfinden kann« (31). Während diese Form kultureller Sinnstiftung in Brechts *Galilei* diskursiv ernst genommen wird (B, 6.4.1), verweist sie bei Kipphardt nur auf den ›funktionalen Menschen‹, der an ein »Eigentum« glaubt, »das von Gott gesetzt ist« (88), und durch den damit verbundenen Reflexionsverzicht zur Ware wird. Nun ist er vielseitig verwendbar: als Untertan (91), Tier (68) oder Leiche (93f.). D.h. solange der Kapitalismus »ewiges, heiliges Gesetz« (54) bleibt und »höhere Werte« stabilisatorisch nutzt (34), muß der Mensch ›entarten‹ (28).[270] Daher »verschafft« es Kasch auch »keine Befriedigung«, Szmil »zu prügeln«, denn der verarmte Adlige ist »nicht besserungsfähig« (44). Kipphardt reißt hier in grotesker Verfremdung den Abgrund sozialistischen Rückschritts auf – allerdings ohne »Gegenwartsfragen bei uns« zu behandeln.[271] Der Subversionsgrad verringert sich auf diese Weise, da das Narrativ selbst nicht problematisiert wird. Mit Recht bezeichnet Hacks die *Szmil*-Satire deshalb als »tief sozialistisches Stück« (mit dem Hinweis, Alexander Abusch habe ihm zugestimmt).[272] Die Reaktion des Ministeriums für Kultur fällt anders aus und befördert Kipphardts ›Übersiedlung‹ in den Westen.[273]

Anfang der sechziger Jahre entsteht ein weiteres Beispiel für die binnenkritische Ausweitung der Satire: Joachim Knauths Lustspiel *Die Kampagne* (e 1961 / U 1963). Wie Kipphardts *Stühle* fehlt es in der von Haase u.a. verfaßten Literaturgeschichte der DDR (1977).

Die Komödie zielt im Oberflächendiskurs auf »Entlarvung des Opportunismus« (59) von Fritz Zeisig, dem Werkleiter der kleinen Schuhfabrik ›Hans Sachs‹. Dort entwickelt der Mitarbeiter Erwin Jungk das Modell *Amor*, einen Damenschuh in Einschnabelform. Der Vertreter des Großhandelskontors, Herr Speck, lehnt solch extreme Artikel ab, die die »modischen Fronten« ignorierten und »auf ernste ideologische Mängel« hindeuteten (14f.). Zeisig, der den neuen Trend zunächst unterstützt, weil er der Linie folgen will, reagiert sogleich selbstkritisch auf die veränderten Direktiven: »Wir sind modisch vorgeprescht, hinken aber ideologisch nach!« (17). Er startet daher eine Kampagne zur Herstellung sozialistischer Ehen im Betrieb, um das Defizit auszugleichen. Dies führt nach etlichen Verwicklungen und Fehlversuchen schließlich dazu, daß Zeisig – »das Absurde streifend« (59) – seiner Frau vorschlägt, sich scheiden zu lassen, um daraufhin vorbildhaft sozialistisch zu heiraten. Als Frau Speck, die Gattin des Ver-

---

269 Kipphardt: Gespräch mit Georg Ubenauf aus dem Jahr 1979 (zit.n. Karbach [1988/89], S. 325).

270 Nicht von ungefähr verabschiedet sich Kasch am Ende mit dem Brecht-Satz: »Es waren die Umstände, die mich hinderten, freundlich zu sein« (S. 91).

271 KS, S. 53 (Brief vom 22. November 1958 an die Mutter).

272 KS, S. 201 (Brief von Peter Hacks an H.K. [24. Juni 1961]).

273 Vgl. SK, S. 29f. Die von Langhoff vorbereitete Uraufführung des Stücks am Deutschen Theater wird nicht mehr genehmigt.

treters, den *Amor*-Schuh jedoch anpreist und Parteisekretär Hartwig Zeisigs Fehlverhalten kritisiert, wendet sich das Geschehen. Die sozialistischen Ehen werden »freiwillig« (57) geschlossen, Speck erklärt die Schnabelschuhe zum neuen Wunschmodell, und Zeisig verurteilt den eigenen ›Karrierismus‹ als bürgerlich-kapitalistisches Relikt.

Die Tatsache, daß Knauth ein peripheres Thema wählt und den SED-Deputierten als deus ex machina präsentiert, hat dazu Anlaß gegeben, die Satire rein affirmativ zu verstehen.[274] Im Rückgriff auf Aristophanes[275] etabliert der Autor jedoch einen Diskurs sinnlicher Freiheit, der das Triebhafte aufwertet und die (mode)ästhetische »Koexistenz« (14) mit dem Westen wünscht. Dem ›Kampf‹ für »sozialistische Erotik« wird eine Absage erteilt (27). Auch »sexuelles Triebleben« soll sich ohne »ideologische[n] Überbau« vollziehen (46), damit die »Hochzeit« nicht zur »Maidemonstration« wird (22).

Die semantische Übertretung bleibt jedoch eingebettet in eine Teleologie, die getragen ist vom Glauben an den Sieg der »besseren Argumente« (17). Korrektiv sind die »Massen« sowie deren Sprachrohr, die Partei. Wer sich von beiden entfernt hat (Speck, Zeisig) benötigt »Hilfe« (29). Doch wenngleich die Struktur tangential ausgerichtet wird, ist der Inhalt teilweise umgewertet. Hinweise wie: »Es gibt noch Ministerien in Berlin« (49) oder »Die Partei macht das alles« (50) besitzen durchaus fordernden Charakter, meinen eher die Idee als deren Repräsentanten. In der Tat läßt sich die von Hartwig ad spectatores formulierte ›Moral‹ durchaus parteikritisch lesen: »Wissen Sie, was ein Dogmatiker ist? Die Quersumme von falscher Erziehung und Phantasielosigkeit. Und wissen Sie nun, was manchen Orts eine Kampagne ist? Das alles zusammen, durch eine *Losung* verdeckt« (60). Vor diesem Hintergrund zielt Knauths Satire weniger auf Verzerrung denn Aufklärung. Nicht der kleinbürgerliche Einzelfall bildet das Zentrum, sondern der Typus, nicht die Schuhmode, sondern die Modernerezeption. Das Narrativ steht damit allerdings ebensowenig zur Disposition wie die Vertikalkomik, deren Grundlage – die »durchgehend[e]« Fabel (60) – bei aller Episierung beibehalten wird. Auch in der *Kampagne* verlacht man, aber schon an der Grenze des sozialistischen Realismus. Dies zeigt nicht zuletzt die metapoetisch angelegte Szene, in der »Zeisig der zweite«, das »Original«, aus dem Publikum auf die Bühne steigt: als Vertreter des Lebens, das »Rechenschaft« fordert »von der Kunst«. Bezeichnenderweise unterliegt das Leben, denn – so Zeisig 1: »Was Sie Übertreibung nennen, ist Konsequenz bei der Darstellung eines Widerspruchs, eines nicht-antagonistischen, versteht sich«. Zeisig 2 reagiert »erbittert« und kann über das eigene Fehlverhalten nicht lachen (43f.). Am Ende bleibt somit das Scheitern der Aufklärung präsent, das Knauth selbst mit Blick auf die fehlende Rezeption seiner Stücke beklagt: »Ich befinde mich [...] zur Zeit in der Lage eines Menschen, der dauernd Briefe schreibt, die nie beim Adressaten ankommen, weil die Post sie nicht befördert, obwohl sie frankiert sind«.[276]

---

274 Vgl. Buddecke/Fuhrmann (1981), S. 271.
275 Vgl. Ziller (1973), S. 296.
276 Knauth: Pro domo, aber nicht nur (1961), S. 5f.

3.4 Die Tragikomödie: Sinnstiftung im Modus der Diskrepanz

Obgleich die These, das deutsche Nachkriegsdrama bewege sich weitgehend zwischen Tragödie und Komödie, pauschal nicht aufrechterhalten werden kann, besitzt die Tragikomödie dennoch keine unbedeutende Funktion. So sind über fünfzehn Stücke nachweisbar, die den Gattungsbegriff explizit im Titel tragen; hinzu treten zahlreiche Bühnenwerke, die beide Genres in unterschiedlicher Weise und Zielrichtung kombinieren. Aus diesem Grund gilt, was Ulrich Profitlich mit Blick auf die Komödie konstatiert, daß nämlich das Begriffsverständnis »für jeden Autor [...] neu und mit Behutsamkeit ermittelt werden« muß.[277] Entsprechende Forschungsbeiträge sind für den hier zu betrachtenden Zeitraum bisher nicht existent.[278]

Die Diskulturalität zwischen West und Ost läßt es erneut sinnvoll erscheinen, beide Produktionsräume gesondert zu behandeln. Bereits auf die Dramatik der Bundesrepublik lassen sich einschlägige Definitionen nur mehr bedingt anwenden. Dies gilt insbesondere für Arnold Heidsieck, der das Tragikomische vom Grotesken abzusetzen versucht. Gegen Trennung und Begründung ist wenig zu sagen: In der Tat setzt das Groteske ein ethisch festgefügtes Weltbild voraus (B, 6.1.1), während das Tragikomische solche Vorannahmen nicht notwendig einschließt. Problematisch bleibt allerdings die These, »das im Tragikomischen liegende Lächerliche« betreffe »eine übergesellschaftliche Heteronomie des Menschen, eine unaufhebbare Determiniertheit der gesellschaftlichen Vorgänge«. Man lache nicht mit Bitterkeit über soziale Deformationsprozesse, sondern über das Menschsein an sich.[279]

Im deutschen Nachkriegsdrama läßt sich statt dessen eine Verbindung beider Aspekte feststellen, die nicht zuletzt Ausdruck der Aporie ist, das Ende der Ideologien mit einem moralischen Neubeginn verbinden zu müssen. Unklar bleibt darüber hinaus die Frage, inwieweit der Mensch Subjekt und/oder Objekt der Geschichte ist, d.h. ob die Tragikomik seiner Existenz anthropologisch oder sozial begründet liegt. Diese Unentschiedenheit findet sich schon bei Fritz Knöller, dessen Tragikomödie *Das Tausendjährige Reich* 1946 als Bühnenmanuskript publiziert wird. Sie behandelt das Geschehen um den Schneidergesellen Johann Bockelson, der als Oberhaupt der ›blutigen Täufer‹ 1534 in Münster gewaltsam die Gottesherrschaft verwirklichen will. Obwohl man Hitlers ›Vorläufer‹ besiegen kann, verweist der Aktualitätsbezug des Stücks nachdrücklich darauf, daß die zukünftige Katastrophe nicht zu verhindern sein wird. Gleiches gilt für die Erkenntnis, die faschistische Ideologie sei zwar historisch indiziert, mit Ende des Dritten Reichs aber keineswegs überwunden, wie Herbert Wendt in seiner Tragikomödie *Das Regiment der Mäuse* (1946) darzustellen sucht. Während es Ewald Schnellhase gelingt, sich von Vater Bruno zu distanzieren, vertritt jener weiterhin die Ideen des Nationalsozialismus. Auch in Gert Weymanns Tragikomödie *Generationen* (ca. 1954) steht dem Willen der Eltern, einen Schlußstrich unter die Vergangenheit zu ziehen, das Bedürfnis der Jugend nach kritischer Aufarbeitung gegenüber (B, 1.2.1).

Dominiert in den genannten Fällen der gesellschaftskritische Impetus, so ist die Verbindung der Gefühlszustände bei Wolfgang Petzet stärker anthropologisch fundiert,

---

277 Profitlich (1991), S. 513.

278 Mennemeier (1983) berücksichtigt die Nachkriegsepoche nicht, Guthke (1961) im deutschen Sprachraum nur Borchert und Dürrenmatt (vgl. S. 361-391). Siehe auch Guthke (1968), S. 144f.

279 Heidsieck (²1971), S. 82. Der Autor zitiert als Beleg einen Brief Georg Büchners.

ohne daß damit die historisch-soziale Bezugnahme verabschiedet würde. In der Tragikomödie *Lassalles Begegnung* (1946) zeigt der Autor, wie politische Programme, die soziale Gerechtigkeit und individuelle Entfaltung verbinden wollen, an ebendieser Synthese scheitern. Zwar wendet sich der deutsche Radikaldemokrat gegen einen Kommunismus, der es für »besser« ansieht, daß »tausende verkommen«, als den neuen Idealstaat »nur ein Jahr später« zu gründen. Aber gerade durch das Eintreten für die »Vielgestalt des Lebens« (42f.) verliert sein Programm an uniformierender Kraft. Lassalle steht zwischen den Fronten (58) und stirbt schließlich an den Folgen eines selbstverschuldeten Duells. Trotzdem gelingt es den Marxisten, die Fama des Toten für ihre Zwecke zu funktionalisieren (72). Die Vorstellung, daß Regierung und Volk pervertierbar sind, bestimmt auch Martin Lintzels Tragikomödie *Der göttliche Orpheus* (1947). Der thrakische Sänger erscheint hier als Egozentriker, der seine Suggestivkraft dazu nutzt, die eigene Legende wirksam zu inszenieren. Auf den Tod Eurydikes reagiert der Betrunkene zunächst gleichgültig, hält bei der Beerdigung aber eine große Klagerede. Auch die »Konzerte« (19) im Olymp sind erfunden, und selbst Merkur läßt sich bestechen, damit Orpheus der Weissagung genügen kann. Ähnliches gilt für den Aufenthalt im Hades: Auch hier darf der Protagonist nicht zurückschauen, das Verbot ist jedoch keineswegs Reaktion auf seine singuläre künstlerische Potenz. Überhaupt dient die gesamte Rettungsaktion lediglich der performativen Reinstallation des Mythos: »Wer von Euch«, so der klug kalkulierende Dichter, »glaubt, daß nicht in tausend Jahren / Dies Schauspiel noch die Tränen rinnen läßt« (41). Solches Vertrauen auf die kathartische Verführbarkeit der Bevölkerung wird am Ende des Dramas bestätigt. Orpheus avanciert zur »Gottheit« (104), Philemon, der die Wahrheit kennt und sich nicht zu Boden wirft, stirbt durch das Schwert des fanatischen Dikaios. Auch in Ernst Klotz' Schauspiel *Ein guter Mensch* (ca. 1946) ist es der performative Gestus des Politischen, der – Kästners *Schule der Diktatoren* antizipierend (C, 6.2.1) – tragikomisch wirkt. Nach dem Mord an Präsident Diarez erlebt das Land Banduela seine sechsundachtzigste Revolution. Um sein Leben zu retten, muß der Idealist Heinrich Meyer die Identität des Attentäters Felipe Roburas übernehmen. Er wird neuer Präsident und will nun »mit allen Kräften gegen dieses korrupte System angehen« (65), in dem sich auf Kosten der Bevölkerung Liberalos und Radicalos wechselseitig die Herrschaft streitig machen. Man mißbraucht ihn allerdings als marionettenhafte Ikone, und erst das Erscheinen des wirklichen Roburas ermöglicht eine neue Epoche der Stabilität. Anton Strambowski demonstriert dagegen mit seiner Tragikomödie *Bürgermeister Faust* (1948), daß nicht der funktionale Mensch ein politisches Problem darstellt, sondern der inkommensurable. Anders als bei Heiner Müller (B, 6.4.3) endet der Versuch ethischer Selbstdisziplinierung hier keineswegs in der Aporie. ›Titan‹ Goethe scheint nach positivem Ausgang der Gretchen-Tragödie biedermeierlich bekehrt. Er leitet die Amtsgeschäfte einer kleinen deutschen Stadt, nur der Sexualtrieb wirkt noch immer subversiv. So verliebt sich der Protagonist in Ulrike, die neunzehnjährige Tochter Frau von Hains, erkennt aber schließlich »teils aus Einsicht, teils aus Resignation«, wie unerläßlich es für den Menschen ist, sein »eigenes Gefühl zu beherrschen« (6).

Neben die sozialanthropologisch ausgerichtete Tragikomik tritt nach Kriegsende die transzendenzbezogene. Ihr zufolge bleibt das göttliche Gesamtsystem zwar ein ›gutes‹, Gerechtigkeit ist jedoch allenfalls überindividuell denkbar. Wer diese vertikale Verfugung des Lebens nicht erkennt verliert den sicheren Halt. In Zuckmayers Drama

Des Teufels General (1942-1945) zeigen sich Harras und Diddo zutiefst unklar darüber, welche Gattungsbezeichnung ihr ›Spiel‹ verdient: »Große Oper – Komödie – Trauerspiel?« (120). Auch Rüdiger Syberbergs *Lilith* (1946) oszilliert »zwischen Komödie und Tragödie«, wobei Gott mit dem »Abgrund« identisch ist (14f.). Der Einzelne darf daher nicht (ver)zweifeln, sonst würde er die Schöpfung »zu einer göttlichen Komödie machen« (33).[280] Fehlt diese Gewißheit, bezeichnet das Tragikomische die Erfahrung der Aporie zwischen persönlichem Sinnanspruch und einer als absurd empfundenen Welt (wobei der Nonsens existentiell und/oder sozial kausiert sein kann). Paradigmata hierfür sind die Heimkehrerdramen *Draußen vor der Tür* (1947) und *Kennen Sie die Milchstraße?* (1956). Während Borchert Nihilismus und Sozialkritik nebeneinander bestehen läßt und die Utopie lediglich formal präsent hält (B, 6.5.1), profiliert Wittlinger die gesellschaftliche Stoßrichtung. Der Autor geht dabei von folgender Fragestellung aus: »Was wäre, wenn uns ein Mensch über den Weg laufen würde, der ein Kind geblieben wäre in seiner Vorstellungswelt von Gut und Böse, Recht und Unrecht; was hätte der von uns zu erwarten?« (6). Nicht viel, und das Drama gestaltet denn auch die mißglückte Integration des Heimkehrers Samuel Kiefer, der schließlich sogar in der Irrenanstalt landet. Durch das Nachspielen des eigenen Schicksals gelingt es ihm allerdings, den Arzt davon zu überzeugen, daß nicht er selbst verrückt ist, sondern die bürgerliche Welt (C, 4.2.1). Das Stück muß nach Wittlinger aus diesem Grund Mischform bleiben: »ein Lustspiel konnte es nicht werden, denn wir alle spielten jenem Mann übel mit; eine Tragödie auch nicht, denn das Gute kann man nicht ausrotten, höchstens umbringen. Also die Tragikomödie des durch seine Passivität letztlich siegreichen Helden« (7). Ähnlich argumentiert Friedrich Dürrenmatt. Auch er ist ein ›Moralist‹, dem Pessimismus billig und Optimismus fahrlässig scheint. Zeitgenössische Kunst solle deshalb beide Komponenten integrieren, um nicht »einseitig« zu sein.[281] Dahinter steht die These, daß der komplex ausdifferenzierte Kosmos von spontan handelnden Individuen weder durchschaut noch verändert werden kann. Anders bei Richard Hey: Seiner Meinung nach ist »alles längst entlarvt« (WA, 4) und jede Ideologie kontingent. Die moderne Welt biete »keinen Widerstand« mehr, der Agitation rechtfertige (TiG, 254); Versuche einzelner, gegen systemische Ungerechtigkeiten anzukämpfen, seien zum Scheitern verurteilt. So sieht sich Hans Hilarius Edler von Kappoffum in Heys Tragikomödie *Weh dem, der nicht lügt* (e 1960/61, U 1962) einer skrupellosen Produktionsfirma gegenüber, für die der Mensch nur »Stoff« ist, »nichts weiter« (35). Die Verfilmung der Heldentat des kauzigen Aristokraten, der 1918 ein ganzes belgisches Bataillon »in die Pfanne gehaun hat« (8), wird folgerichtig zur spätbürgerlichen Farce. Relevant ist allein die Medienperformanz: Historische Echtheit erweist sich als unrentabel, deshalb verfälscht man die inszenierte Pose zum authentischen Dokument. Derselben Umwertung von Wahrheit in Lüge bedient sich die städtische »Hochhaus-Gesellschaft«, die Kappoffum bedrängt, er solle sein Eigenheim samt Gartenhaus verkaufen. Gesundheitlich angeschlagen muß der Adlige schließlich kapitulieren und lernen, sich angesichts der Sinnlosigkeit jeder Revolte zu »bescheiden« (77). Das poetisch-absurde Theater ist im Unterschied hierzu kaum mehr an ethischen Gesetzmäßigkeiten orientiert. Statt Tragödie und Komödie zu verbinden, zielt man dort auf deren negative Aufhebung (C, 3.5.2).

---

280 Vgl. C, 4.1.3 (Zuckmayer) und B, 3.2 (Syberberg).

281 Dürrenmatt: Dramaturgisches und Kritisches, S. 282 (Gespräch 1971).

Darüber hinaus gewinnt die Affektmischung nach 1945 wirkungsstrategische Funktion – so bei Günther Weisenborn, der die Ansicht vertritt, »daß Tragik mit Komik gefiltert gewisse Absichten des Autors im Zuschauerraum erleichtert« (WT 4, 287). Während die Exponenten ökonomisch-inhumanen Weltverhaltens meist groteskkomisch wirken, bezeichnet das Faktum ihrer strukturellen Dominanz den tragischen Aspekt. Indem Weisenborn den ›herzlosen‹ Kapitalisten jedoch das ›gute‹ Volk gegenüberstellt (C, 4.2.5), zeigt seine Dramatik Parallelen zur sozialistischen BRD-Satire. Auch nach Ansicht Wolfgang Altendorfs ist die komische Darstellung tragischer Begebenheiten der Publikumsresonanz förderlich, wie das Schauspiel *Die Mücke und der Elefant* (1953) zeigt. Im Zentrum der Handlung steht der junge Leutnant Menotti, dessen Heirat mit Elisabeth, der Tochter des Majors Leclerc, durch die überraschende Ankunft des hochdekorierten Commodore Wellemer verhindert wird. Dieser will lediglich seinen Jugendfreund Leclerc besuchen, flieht allerdings den pompösen Empfang und scheint zunächst spurlos verschwunden. Hauptmann Wolkewitz, der deutliche Züge Himmlers trägt, reißt daraufhin das Kommando an sich, wobei er eine gnadenlose Vergeltungsmaschinerie in Gang setzt: Sollte der Nationalheld nicht bis zum kommenden Morgen gefunden sein, würden drei Geiseln erschossen. Menotti hat zum Entsetzen Elisabeths die Exekution zu leiten. Als Wellemer unerwartet von einem Liebesabenteuer zurückkehrt, sind die Schüsse bereits gefallen. Der verzweifelte Leclerc macht den deutschen Untertanengeist für das sinnlose Massaker verantwortlich. Altendorf suspendiert jedoch die Tragödienlogik, wenn er Menotti melden läßt, man habe nur Platzpatronen verwendet. Diese abrupte Wendung läßt das Komische als Residuum der Vernunft erscheinen; in ihm ist der Glaube aufgehoben an die Möglichkeit individuellen Widerstands.

Für die DDR-Dramatik besitzen Mischgenres eher geringe Bedeutung; hier dominiert das tangential ausgerichtete Lustspiel (C, 3.3). Trotzdem entwickelt der Autor Joachim Knauth 1955 eine sozialistische Dramenpoetik, die auch die übrigen Gattungstypen integriert. Zur Tragikomödie kann es vor der Zeitenwende nur dann kommen, wenn die Repräsentanten der ›alten Welt‹ »von der geschichtlichen Objektivität vernichtet« werden.[282] Aus diesem Grund kann das Stück *Der Tambour und sein Herr König* (1957) im Gegensatz zu *Heinrich VIII.* (1955) keine historische Komödie sein. Während der englische Regent für seine egozentrische Politik nicht zu Rechenschaft gezogen wird, bleibt das »Ableben [...] des Königreiches Westfalen« im Jahr 1813 für Knauth »ein tragi-komischer Gegenstand«. Zwar handelt es sich hier um »die letzten Zuckungen einer Herrschaft, die faktisch schon der Vergangenheit angehört und die nur noch eine Galgenfrist hat, so lange der große Bruder noch nicht endgültig geschlagen ist«. Aber gerade jene »letzten, mitunter grotesken Regungen« können nach Ansicht des Autors »sehr ernste Folgen haben, meistens für die davon betroffenen kleinen Leute«.[283]

Auch im Gegenwartsdiskurs weist die Überschreitung des Komischen denunziatorischen Charakter auf. Die Systemkonkurrenz zur bürgerlichen Welt erfordere – so der Kritiker Martin Linzer – »krasse Kontraste«, selbst Schrecken und Tragik dürften nicht ausgespart werden.[284] Heinar Kipphardt (*Der Aufstieg des Alois Piontek*) und Fritz

282 Knauth: Heinrich VIII., S. 74 (Bemerkungen zum Stück).

283 Knauth: Der Tambour und sein Herr König (1957), S. 54 (Bemerkungen zum Stück).

284 Linzer: Heiteres Spiel um ernste Dinge (1958), S. 45.

Kuhn (*Kredit bei Nibelungen*) bezeichnen ihre Stücke daher explizit als ›tragikomisch‹, und selbst Peter Hacks, der sich 1957 noch gegen den »Zwitterbegriff« ausspricht,[285] verwendet ihn sechs Jahre später bei der Überarbeitung von Wagners *Kindermörderin*.[286] Vor allem Kipphardts Stück besitzt aber insofern transgressiven Charakter, als der Autor darauf verzichtet, die Tragik der Handlung durch Hinweis auf eine sozialistische Alternative zu mildern. Dem heruntergekommenen Piontek, der von seinem Freund Sambale als Erfinder von Rohdiamanten ausgegeben wird, steht nur das groteskkomische Gebaren der Adenauer-Elite gegenüber, die im Namen christlich-bürgerlicher Tugenden auf Beteiligung am vermeintlichen Industrieprojekt drängt. Als Piontek sich dem schmutzigen Geschäft entziehen will, schlägt ihn Sambale brutal nieder, woraufhin der Protagonist Selbstmord begeht (B, 4.2.1). Kuhns ›tragische Komödie‹ *Kredit bei Nibelungen* (1961) erweist sich als systemkonformer: Der sozialistische Standpunkt ist präsent, der tödliche Ausgang fehlt. Tragikomisch bleibt allein die moralische Perversion des Postfaschismus. So gelingt es dem verarmten Hochstaplerpärchen Siegfried Block und Amelia Gruber durch das Gerücht, Hitler lebe unter Pseudonym in Barcelona, Gelder vom westdeutschen ›Nibelungenkreis‹ zu erhalten. Doch obwohl sich die Hoffnung der Neonazis, das Tausendjährige Reich wiederzubeleben, nicht erfüllt, können sie am Ende weiter vom »Endsieg« träumen (87). Denn verhaftet wird lediglich Siegfried, während man die attraktive Amelia der großbürgerlichen Gemeinschaft integriert. Die ›freie Presse‹ macht das Geschehene durchaus publik – sogar »auf der Titelseite« (84), bestätigt aber zugleich ihre Machtlosigkeit, da keiner der Beteiligten mit politischen und/oder juristischen Konsequenzen rechnen muß.

Hinsichtlich der Ästhetik Bertolt Brechts folgt die Forschung meist den auktorialen Selbstkommentaren. Ihnen zufolge können die gleichen dramatischen »Vorgänge« jeweils einen »tragischen oder komischen Aspekt« annehmen.[287] Trotzdem favorisiert der gebürtige Augsburger die »Komödie«. Es ist seiner Meinung nach klar, »daß die Tragödie die Leiden der Menschen häufiger auf die leichte Achsel nimmt«.[288] Da in den Exilstücken der glückliche Ausgang fehlt, wird oft behauptet, das Lustspielelement habe sich in die Realität des Zuschauers verlagert.[289] Tatsächlich trifft schon der erste Teil der These (fehlendes ›happy end‹) auf die Nachkriegsdramen nur bedingt zu. Auch der Wirkungsmechanismus funktioniert weniger *horizontal* (Text → Rezipient) denn *vertikal* (Oberfläche → Tiefenstruktur). In der 1950 entstandenen *Hofmeister*-Adaption legitimiert sich die Gattungsmischung nur auf den ersten Blick durch den Vergangenheitsbezug; wie im übrigen Spätwerk existiert zugleich ein tragischer Subdiskurs, der auf die ›Selbstkastration‹ des systemkritischen Dramatikers Brecht anspielt (B, 6.4.1).

Bei Heiner Müller sind Tragik und Komik ebenfalls verbunden, wobei die im Vorwort zum *Lohndrücker* (1956/57) postulierte Verlagerung der Stücklösung ins Publikum insofern rhetorischen Charakter hat, als sich die Handlungskonflikte als aporetisch erweisen. Gleiches gilt für das Nebeneinander beider Gattungstypen. So steht in der Komödie *Die Umsiedlerin* (1956-1961) Fondraks anarchisches Lachen einer doppelten ›Tragödie‹ gegenüber: dem ewigen Aufschub der sozialistischen Idealgesellschaft so-

285 Hacks: Das realistische Theaterstück (1957), S. 95. Vgl. C, 3.5.1.
286 Vgl. Hacks: Zwei Bearbeitungen (1963), S. 71.
287 GBA 23, S. 300 [Vom epischen zum dialektischen Theater 2] [ca. 1954]).
288 GW 17, S. 1178 (Anmerkungen [zu »Der aufhaltsame Aufstieg des Arturo Ui«]).
289 Vgl. Vaßen (1991), S. 162.

wie dem aussichtslosen Kampf gegen die Sterblichkeit (B, 6.4.3). Das dialektische Modell ist vor diesem Hintergrund fragmentarisiert, die Utopie wird nur mehr in Leerstellen präsent gehalten (B, 6.5.3).

3.5 Aufhebung von Tragödie und Komödie

3.5.1 Positiv (Hacks): Das realistische Theaterstück als »Ende« der Kunst

Im Unterschied zum dramenpoetischen Diskurs westlicher Herkunft ist die Problematisierung der Gattungstypen bei Hacks nicht Ausdruck der Skepsis gegenüber objektiver Welterkenntnis, sondern Resultat ideologischer Evidenz. Bernhard Greiner spricht von einem »konstituierenden *Als ob*«, das als kategorischer Imperativ die Grundlage der Hacksschen Ästhetik bildet: »schreibe so, als ob die Maxime deines Schreibens (d.i. das Theorem von den aufgehobenen antagonistischen Widersprüchen) allgemeines Gesetz wäre«.[290] So richtig die These *strukturell* ist, *argumentativ* trifft sie nicht zu, denn Hacks unternimmt keinen Versuch einer theoretischen Letztbegründung. Die Prämissen müssen nicht bewiesen werden, weil der Autor »weiß«, »er irrt nicht«.[291] Es ist somit allein das kritiklose »Befolgen selbstgegebener Gesetze«,[292] das die Verabschiedung des Erhabenen sicherstellt: Die »eherne Fatalität«[293] weicht der Vorstellung, daß Konflikte »auf evolutionäre Weise aufhebbar« sind.[294] »Wenn man sich bisher damit begnügte, in der Katastrophe eine neue Moral, einen höheren Sinn sich enthüllen zu lassen, verlangt man heute, daß die Katastrophe die Lösung enthülle.[295] Der Sinn der tragischen Katastrophe muß die Möglichkeit ihrer eigenen Aufhebung sein.«[296] Im allegorischen Vorspiel zur Erstfassung von *Die Sorgen und die Macht* (1959) stürzt sich die Tragödie folgerichtig in ihr eigenes Messer und wird von Historie und Komödie zu den Klängen eines Trauermarsches von der Bühne getragen (3f.). Die bipolare Formation abendländischer Dramaturgie scheint damit suspendiert: Der nicht-lösbare Konflikt offenbart sich als »unernst« und der lösbare als »ernst«, gleichzeitig beweist das »gute Ende« nicht die »Güte der Welt«, das »schlimme« nicht ihre »Schlechtigkeit«. Notwendige Konsequenz ist die »Identität von Komik und Tragik«, d.h. die »Aufhebung der Genres«. An diesem Punkt distanziert sich die sozialistische Avantgarde von der parteioffiziellen Erbetheorie, die sich an Weimarer Klassik und bürgerlichem Realismus orientiert und für eine Trennung der Gattungen eintritt (B, 4.1.1). Hacks rechtfertigt sein Konzept denn auch im Rekurs auf Autoren der klassischen Moderne (u.a. Shaw, Wedekind, Brecht), bei denen ebenfalls »keine reine Tragödie oder Komödie« zu finden

290 Greiner (1987), S. 354.
291 HM 2, S. 23 (Versuch über das Theaterstück von morgen [1960]).
292 HM 2, S. 7 (Vorwort [1966]).
293 Hacks: Einige Gemeinplätze über das Stückeschreiben (1956), S. 123.
294 HM 2, S. 32 (Versuch über das Theaterstück von morgen [1960]).
295 Vgl. auch die von Ernst Schumacher überlieferte Äußerung Brechts: »Die Probleme von heute [...] sind vom Theater nur soweit erfaßbar, als sie Probleme der Komödie sind. Alle anderen entziehen sich der direkten Darstellung. Die Komödie läßt Lösungen zu, die Tragödie, falls man an ihre Möglichkeit überhaupt noch glaubt, nicht« (Er wird bleiben [1956], S. 332).
296 Hacks: Einige Gemeinplätze über das Stückeschreiben (1956), S. 123.

sei.[297] Ästhetischer Zielpunkt dieser »*Konvergenztheorie*« ist – zumindest bis Ende der fünfziger Jahre – das »realistische Theaterstück«; »*fast alles bisher Dagewesene*« finde in ihm »*seinen Gipfel zugleich und sein Ende*«. Kraft dieser dialektisch verstandenen »Synthese« unterscheidet es sich nach Hacks wesentlich von der »Tragikomödie«, in der die »einseitigen Grundhaltungen« nur zu einer »Mischung« gelangen.[298]

Mit fortschreitendem Aufbau sozialistischer Gesellschaftsstrukturen nähert sich der Limes des Tragischen jedoch der Null-Koordinate. Nicht die Historie, sondern die Komödie avanciert daher wie bei Schiller, Hegel und Marx zum geschichtlichen Endpunkt der Gattungsentwicklung. Denn »*das Lachen ist um so weniger bloß blöd, je inhaltlich begründeter das Überlegenheitsgefühl des Lachers ist*«.[299] Während im internationalen Bereich die Frage aufgeworfen wird, ob man die moderne Welt überhaupt noch auf dem Theater darstellen könne,[300] sieht Hacks das Drama am Beginn einer Entwicklung, die »[e]norm günstig« scheint.[301] Der Abschied der Komödie, den der Autor im bereits erwähnten Vorspiel zur Erstfassung der *Sorgen* inszeniert, bleibt ebenso vorläufig wie der Sieg der Historie. Denn das Gelingen des sozialistischen Projekts, »die Mißstände der Welt mittels technischer und gesellschaftlicher Unternehmungen objektiv zu überwinden«, steht außer Frage.[302] Die Komödie verläßt die Historie deshalb mit den Worten: »Erschüttre sie mit Wahrheit, Schwester, heut. / Morgen bin ich's, der scherzend sie erfreut«.[303]

Hieraus erklärt sich die Schwerpunktverschiebung, die zu Beginn der sechziger Jahre erfolgt. Die gattungstypologische Entwicklungsreihe: *Tragödie – Komödie → realistisches Theaterstück* wird ersetzt durch die wirkungspoetische: *aristotelisches – revolutionäres → klassisches Drama*.[304] Dadurch gewinnt auch der Brecht-Bezug eine neue Dimension. Das Modell des epischen Theaters bleibt zwar geeignet, »die Wirklichkeit in ihrer totalen Dialektik künstlerisch zu erfassen«, aber es bedarf einer zeitbezogenen Aktualisierung, um nicht »orthodox« zu erscheinen.[305] Denn angesichts der »Harmonie der sozialistischen Gesellschaft«[306] können Methoden, die auf die Wirklichkeit der ersten Hälfte des zwanzigsten Jahrhunderts ausgerichtet sind, »nur auf dem Weg der Negation« fortgesetzt werden.[307] Brechts Theorie ist jedoch in der klassischen Ästhetik aufgehoben, weil prinzipielles Verwerfen der Tradition – so Hacks in Übereinstimmung mit der Erbetheorie – zu kreativer Impotenz führt: »Der Künstler, der darauf verzichtet,

---

297 Hacks: Das realistische Theaterstück (1957), S. 95f. Brecht antizipiert diese These, wenn er sich um 1954 gegen die »scharfe Trennung der Genres« im dialektischen Theater ausspricht. »Die Vorgänge nehmen jeweilig den tragischen oder komischen Aspekt an, es wird ihre komische oder tragische Seite herausgearbeitet« (GBA 23, S. 300 [Vom epischen zum dialektischen Theater 2]).

298 Hacks: Das realistische Theaterstück (1957), S. 90, 95.

299 Hacks: Einige Gemeinplätze über das Stückeschreiben (1956), S. 124.

300 Vgl. Darmstädter Gespräch »Theater« (1955), S. 276f.

301 HM 2, S. 73 (Interview [1964]).

302 Hacks: Einige Gemeinplätze über das Stückeschreiben (1956), S. 124.

303 Hacks: Die Sorgen und die Macht (1959), S. 4.

304 Vgl. HM 2, S. 28, 32 (Versuch über das Theaterstück von morgen [1960]).

305 HM 2, S. 36 (Die Ästhetik Brechts [1961]). Brechts Leistung ist somit zugleich »vergänglich und ewig« (ebd.)

306 HM 2, S. 32 (Versuch über das Theaterstück von morgen [1960]).

307 HM 2, S. 36 (Die Ästhetik Brechts [1961]).

auf Vorbildern aufzubauen, steht methodisch auf etwa auf der Stufe einer Feldmaus«.[308] Folgerichtig zählt die Verfremdungstechnik als »Beunruhigung zum Zweck der Beurteilung«[309] weiterhin zu den Grundlagen der Dramenpoetik; in ihr manifestiert sich die »Haltung des souveränen Bewußtseins«.[310] Selbst die proletarische Klassik bleibt »realistisch«, weil sie sich auf »Abbildungen«[311] einer Zukunft bezieht, die in der Jetztzeit bereits subsistiert, »und zwar als tatsächlich feststellbare, genau umrissene, konkrete Tendenz von einer bestimmten Größe«.[312] Der Künstler wird nun »Generalkonsul« dieser Zukunft,[313] indem er die Realität an der Idee mißt: Noch »die beste aller wirklichen Welten« ist nämlich »schlechter [...] als die beste aller möglichen«.[314]

Im Unterschied zu anderen literarischen Gattungen, die ebenfalls antizipatorischen Charakter besitzen, zeichnet sich die Dramatik dadurch aus, daß sie die Gegenwart »in ihren großen, weltbewegenden Punkten« thematisiert.[315] Der Sozialismus erweist sich hier als zentrale Peripetie der Weltgeschichte, initiiert ein neues Heilsgeschehen: die letztgültige Restitution des Heroisch-Humanen. Durch solch »große Zusammenhänge« wird nach Hacks auch das Individuum wieder »deutlich und unverwechselbar«. Es lebt »mit seinen vielen Fähigkeiten, seinen großen Haltungen, seinen kühnen Gefühlen« als der »komplette Mensch«. Aber diese Ganzheit ist soziozentrisch fundiert: Zwar kann in der klassenlosen Gesellschaft »jedermann« zum »Subjekt des Geschehens« werden,[316] aber nur um den Preis uniformer Substanz, weil »angeborene, fixe Unterschiede in den Menschen, welche durch alles Soziale Hin und Wider hindurch wirksam« sind, für den Marxisten nicht existieren.[317] Das Egalitätspostulat stellt somit die Grundbedingung dar für den »Einklang« des Weltbilds von Autor und Publikum, woraus sich der weitgehende Verzicht sozialistischer Klassik auf »Tendenz« erklärt. Anders als die »Wissenschaft« ist das Theaterstück der Zukunft nicht mehr »überholbar«. »Es zeigt alles, es beweist nichts«. Seine »Größe« referiert auf die »Gipfel« der dramatischen Weltliteratur (Aischylos, Aristophanes, Shakespeare, Lope de Vega, Goethe, Büchner), nicht auf die »Hügel« (Ibsen, Hauptmann).[318]

Die Retablierung des ›ganzen Menschen‹ im realistisch-klassischen Schauspiel bestimmt auch den wirkungsästhetischen Bereich. Zunächst steht wie bei Brecht die Analyse der Funktionsweise bürgerlich-kapitalistischer Ordnungssysteme im Vordergrund (B, 4.2.2). Dazu bedarf es epischer Distanz; aus ihr heraus – so Hacks in seinem ersten großen Essay *Einige Gemeinplätze über das Stückeschreiben* (1956) – soll das richtige »Denken« des Publikums potentielles »Handeln« werden, d.h. »chimärisches Eingrei-

---

308 Hacks: Einige Gemeinplätze über das Stückeschreiben (1956), S. 125.
309 Hacks: Über Lieder zu Stücken (1962), S. 423.
310 HM 2, S. 36 (Die Ästhetik Brechts [1961]).
311 HM 2, S. 33 (Versuch über das Theaterstück von morgen [1960]).
312 Hacks: Das realistische Theaterstück (1957), S. 91.
313 HM 2, S. 19 (Versuch über das Theaterstück von morgen [1960]).
314 HM 2, S. 10 (Vorwort [1966]).
315 Hacks: Über Lieder zu Stücken (1962), S. 421.
316 HM 2, S. 21f., 33 (Versuch über das Theaterstück von morgen [1960]). Aus diesem Grund kritisiert Hacks die westliche Avantgarde und die »Kleinheit ihrer Stoffe« (HM 2, S. 61 [Antworten auf 4 Fragen]).
317 Hacks: Einige Gemeinplätze über das Stückeschreiben (1956), S. 124.
318 HM 2, S. 28f., 20f. (Versuch über das Theaterstück von morgen [1960]).

fen«.[319] Produktiv wirkt hier nahezu ausschließlich das äußere, nicht das innere Kommunikationssystem. Die Negativität des dramatischen Diskurses zielt wie bei Borchert (B, 6.5.1) auf eine Trotzreaktion des Zuschauers. Hacks zweiter umfangreicher Aufsatz *Das realistische Theaterstück* (1957) bemüht sich bereits um eine Integration des Emotionalen – allerdings noch immer im Rekurs auf Brechts Theoreme. Als »beabsichtigte Hauptwirkung« des Dramas gilt nun »die mit Einsicht gepaarte Erregung über das Leben« oder dialektisch formuliert: das »Vergnügen an der Einsicht und die aus der Erregung folgende Aktivität«, gleichzeitig aber auch das »Vergnügen an der Erregung und die aus der Einsicht folgende Aktivität«.[320] Das Konvergenzmodell wird Anfang der sechziger Jahre anthropologisiert. Hacks sucht nun »alle Vermögen des Menschen«[321] anzusprechen – nicht zuletzt durch sinnlichen »Schmuck«, denn dieser könne »das Verlangen nach einer Wahrheit ebenso fördern wie das Verlangen nach einer Frau«.[322] Mit solcher Aufwertung menschlicher Triebdisposition wird theoretisch festgeschrieben, was die Praxis bereits seit langem vollzogen hat. Während sich die Aufhebung der Gattungstypen auf der Diskursebene *positiv* vollzieht, erfolgt sie in den beiden Gegenwartsdramen *subversiv*, d.h. die sinnstiftende Äquivalenz von Kunst und Kommentar gerät aus den Fugen (B, 6.4.2). Tatsächlich untergräbt nicht zuletzt der (selbst)ironische Impetus der Hackschen Essayistik ebenden objektiven Standpunkt, der Grundlage ist für das Verlachen des geschichtlich Überwundenen. Die hieraus resultierende Destruktion der Tangentialkomik geht einher mit der Wiederbelebung des Saturnalischen (*Moritz Tassow*). Beide Aspekte lassen sich jedoch nicht produktiv verbinden: So bezeichnet die dionysische Radikalität des Protagonisten, die »nach vorwärts«[323] verlacht wird, zwar den ›neuen‹ Menschen, aber der zieht sich am Ende in die Privatsphäre schriftstellerischer Tätigkeit zurück. Auch der realsozialistische ›Sieger‹ Blasche schafft keine ›Heiterkeit‹,[324] sondern Resignation. Der kranke Mattukat schließlich, der als einziger Weg und Ziel der Zeitenwende zusammendenken kann, muß abtreten – aus dem Bereich des Handelns *und* der Komik.

3.5.2 Negativ (Ionesco-Rezeption): Darstellung des Abgrunds in der anarchischen »Mitte«

Während Hacks Tragödie und Komödie positiv aufhebt, vollzieht sich der gleiche Prozeß im poetisch-absurden Theater negativ. Vorbild sind die Dramen des gebürtigen Rumänen Eugène Ionesco, vor allem seine »farces tragiques« *Les Chaises* (1954) und *Tueur sans gages* (1957). Dort werden Trauerspiel und Posse nicht wie bei Hofmannsthal (*Ariadne auf Naxos*) oder Eliot (*Cocktailparty*) versöhnt, sondern schroff gegeneinander gestellt. Dazu ist das Komische »hart übertrieben«, bleibt ohne jede »Zartheit« und bahnt damit den Weg »zum Unerträglichen«, »wo sich die Quellen des Tragischen öffnen«. Nur so kann man nach Ionesco ein »Drama der ursprünglichen Mächtigkeit

---

319 Hacks: Einige Gemeinplätze über das Stückeschreiben (1956), S. 122.
320 Hacks: Das realistische Theaterstück, S. 96.
321 HM 2, S. 73f. (Interview [1964]).
322 Hacks: Über Lieder zu Stücken (1962), S. 424.
323 Greiner (1992), S. 415f.
324 Vgl. MEW 1, S. 382 (Zur Kritik der Hegelschen Rechtsphilosophie. Einleitung).

schaffen«, das »ursprünglich mächtige Komik« neben »ursprünglich mächtige[] Tragik« setzt.[325] Hiermit verbunden ist eine Extremform der Katharsis: Während Brecht zur »äußersten Anspannung der Vernunft« kommen will, um die »Gefühle« zu reinigen,[326] projektiert sein Pariser Antipode ein Theater, daß »in der äußersten Anspannung der Gefühle« beheimatet ist, weil sich nur so »die Gegenständlichkeit aus den Fugen« bringen läßt. Pro praxi bedeutet dies ein Spielen »gegen den Text«. Während die sinnleere, komische Handlung »schwer, feierlich, gemessen« darzustellen ist, inszeniert man den ernsten Plot »in clownesker Manier«. Ionesco situiert Modernität dadurch in der ›anarchischen Mitte‹ zwischen beiden Parametern. Der »kritische Geist« dürfe »nichts mehr ganz ernst, aber auch nichts zu leicht nehmen«. Stehe hinter dem *Opfer der Pflicht* (1954) der Versuch, »das Komische im Tragischen zu ertränken«, so sei in den *Stühlen* das Tragische »ins Komische getaucht«. Folgt man Ionesco, dann kann es nur mit dialektischer Oppositionsbildung gelingen, beide Pole »in einer neuen theatralischen Synthese aufzuheben«. Allerdings schmelzen Tragik und Komik nicht ein; sie »stoßen sich« vielmehr »dauernd ab, bringen sich durch Kontrast ins hellste Licht, stellen sich aber auch gegenseitig in Frage, ja verneinen sich«. Obwohl auf diese Weise ein »dynamisches Gleichgewicht« entsteht, besitzt das Komische epistemologisch Vorrang: Es ist »ausweglos« und »unmittelbarer Einblick in das Absurde«.[327]

Wolfgang Hildesheimer greift dieses Konvergenzmodell in seiner Erlanger *Rede über das absurde Theater* (1960) auf, wobei er stärker wirkungsästhetisch argumentiert. Der Zuschauer soll nun »das Bühnengeschehen verspotten – es mit dem ›tragischen Spott‹ belegen, von dem Ionesco spricht, – das heißt: nicht das Bühnengeschehen selbst – nicht die Parabel, sondern ihr Objekt: das Leben. Und damit freilich auch sich selbst, als einen, der fragt und keine Antwort erhält«.[328] Hildesheimers Drama *Die Verspätung* (1961) gewinnt hierbei metapoetische Funktion (B, 5.1.2). Zunächst dominiert in ihm die satirische Komik: Die Bewohner des verfallenen Dorfes Dohlenmoos halten Professor Scholz-Babelhaus, der den Vogel Gurricht zum Stammvater des Menschen erklärt, für einen lächerlichen Angeber. Am Ende des ersten Teils erfolgt jedoch der Perspektivwechsel: Der Gelehrte bekennt plötzlich, seine wissenschaftlichen Meriten ebenso erfunden zu haben wie die Guricht-Theorie. Tragik und Komik scheinen demnach im Formalen aufgelöst: Der zweite Teil bietet das »›melancholische‹ Gegenbild« des ersten.[329] Schließlich werden beide Komponenten in nuce kontrapunktiert. Der Professor zeigt sich voller Enthusiasmus, da ein Vogelschwarm heranfliegt, in dem er den Guricht vermutet. Als dieser jedoch gewöhnlicher »Klaffschnäbler« ist (HT, 448), bricht Scholz-Babelhaus tot zusammen. Er hat die Aufhebung von Tragik und Komik zwar durchlebt, aber nicht reflexiv bewältigt.

Das Ende genrepoetischer Polaritäten fordert auch der junge Günter Grass, der »die Tragödie des Menschen mit den Mitteln der Komödie bewältigen« will.[330] Jene Absicht

---

325 Ionesco: Ganz einfache Gedanken über das Theater (1958), S. 33f.

326 GBA 23, S. 298 ([Notizen über die Dialektik auf dem Theater 3] [ca. 1954]). Vgl. C, 4.2.2.

327 Ionesco: Ganz einfache Gedanken über das Theater (1958), S. 34f. Zur »Transformation des Tragödienmodells im absurden Theater« vgl. ausführlich W.G. Schmidt (2009a), zu Ionescos integralem Dramaturgiekonzept C, 4.3.

328 HA, S. 174 (Über das absurde Theater [1960]).

329 Puknus (1978), S. 63.

330 GGW 10, S. 6 (Den Menschen entlarven [1958]).

bestimmt bereits das Kurzdrama *Beritten hin und zurück* (1954), das in Analogie zu Goethes *Faust I* die Gattungsbezeichnung »Vorspiel auf dem Theater« trägt. Im Zentrum der Handlung steht der Clown Conelli, der unentwegt auf dem Holzpferd Ingeborg herumschaukelt, ohne vom Fleck zu kommen. Der Stückeschreiber sieht in ihm eine »wahrhaft tragische Figur«, während sich der Dramaturg den Harlekin als »komisch« vorstellt. Denn Conelli fühlt sich mit seinem animierten Stillstand keineswegs unwohl, will die Position nicht verlassen. Als man den Clown daraufhin einer Schauspielhandlung integrieren möchte, wird deutlich, daß diese sich weder in Tragödien- noch Komödienform umsetzen läßt. Der Stückeschreiber versucht deshalb die »Mitte« zwischen beiden Modellen »zu treffen« (GGW 8, 7). Dies gelingt durch eine Endzeitgeschichte, mit der Grass die Flut schematistischer Nukleardramen (B, 2.2) parodiert. Der Clown findet im Rahmen des Entwurfs zunächst das Sparbuch eines reichen Herrn, lernt es auswendig und wirft es fort. Kinder hören den Inhalt und verbreiten ihn, worauf es zu »Inflation, Arbeitslosigkeit, Revolution« kommt. Im zweiten Akt wird das Geschehen variiert: Conelli entdeckt nun ein Telefonbuch, memoriert es und ruft damit sämtliche Geheimdienste der Welt auf den Plan. Dies führt im dritten Aufzug zur Apokalypse: »Krieg, Atombombe, H-Bombe, Weltuntergang« (18). Der vermeintliche Übeltäter wird anschließend während einer Massenszene gelyncht; der vierte und letzte Akt zeigt das Begräbnis. Auf den ersten Blick scheint die geforderte Mitte zwischen Tragödie und Komödie verfehlt. Und tatsächlich ist es erst die spontane Replik des Harlekin, die auf den notwendigen Balanceakt zwischen Spiel und Wirklichkeit, Ernst und Ironie verweist: »Ingeborg, wir sind tot! Wir müssen uns beeilen, sonst kommen wir zu spät zu unserem Begräbnis. Und wenn wir das Begräbnis versäumen, verpassen wir hinterher die Kindervorstellung, die pünktlich um 5 Uhr nachmittags beginnt«. Mit der Möglichkeit, zum eigenen Begräbnis zu spät zu kommen, hebt Grass die Spaltung zwischen Realität und Phantasie auf, so daß die Tragödie »unter Umständen eine Komödie werden« könnte (19). Was tatsächlich geschieht ist nicht bestimmbar, denn nur die Ordnung von Raum und Zeit, die Grass verabschieden möchte, erlaubt das strikte Trennen beider Komponenten.

Ähnliches gilt für Tankred Dorsts Dramaturgie des »Ich-weiß-nicht«. Auch er will »keine Tragödien« schreiben, sondern »Farcen, Grotesken, Parabeln«. Die Figuren haben deshalb als »großen Bruder« den »Clown«, der zwar »zum Lachen bringen will«, aber bei dem Versuch, die Situation zu erfassen, »plötzlich todtraurig« wird. »Diese schnelle Verwandlung seines Gesichts, [...] so schnell, daß man das heitere unter dem traurigen noch sieht«, ist für Dorst Grundlage jeder Personenkonzeption.[331] Dahinter steht – und dies bleibt allen vier Entwürfen gemeinsam – der Zweifel an der Möglichkeit, die Welt eindimensional betrachten zu können, sei es tragisch (vor der Folie einer objektiven Ordnung) oder komisch (unter Nivellierung von Leid und Tod). Die tragische Farce wird damit Ausdruck der Ortlosigkeit des modernen Menschen und der semantischen Leere seiner Sinnstiftungsmodelle. Dies zeigt sich paradigmatisch in Dorsts erstem Drama *Gesellschaft im Herbst* (1959). Hier versammelt die Suche nach angeblichen Schätzen eine Marionettengesellschaft von Spekulanten im Schloß der Gräfin Athalie de Villars-Brancas. Durch Demontage und Untergrabung wird die große Eingangshalle jedoch sukzessive zerstört, so daß am Ende kaum mehr als die Fassade üb-

[331] DS, S. 117f. (Die Bühne ist der absolute Ort [1962]). Vgl. auch B, 5.2.1 und C, 4.3.

rigbleibt. Versteht man das Schloß als Symbol eines geordneten Weltbilds und die Mär vom vergrabenen Gold als Sinnbild für das neue alleinseligmachende Narrativ, dann gewinnt das finale ›Spiel im Spiel‹ nicht allein sozial-, sondern auch ideologiekritischen Charakter: Denn nachdem Harlekin Lecoq der Gräfin die Geschichte von der Hochzeitsnacht des armen Patachou und des reichen Prinzeßchens vorgeführt hat, in dessen Verlauf der Dame sämtliche Kleider abverlangt werden, muß er »[k]omisch weinerlich« einräumen, die Schöne nicht mehr sehen zu können (292).

4. Dramen-/Theaterkonzepte

4.1 Aristotelisch-illusionistische Modelle

In der neueren Forschung finden sich Tendenzen, Genretypologie für obsolet zu erklären. Das diskursive Charakteristikum soll an die Stelle gattungshistorischer Prozesse treten. Hiermit ist jedoch, wie bereits erörtert,[1] eine Reduktion von Komplexität verbunden: Nicht nur der Wechselbezug zwischen Inhalt und Form bleibt weitgehend ausgespart, auch Interferenzen einzelner Strukturmodelle geraten aus dem Blick. Die Konzentration auf den kanonisierten Höhenkamm schreibt zudem die (nicht unproblematische) These fort, bestimmte Konzepte seien per se progressiver als andere. Tatsächlich läßt sich der Versuch, den Fabelverlauf zu untergraben, in fast allen Modellen nachweisen. Oder anders formuliert: Episches, ja selbst poetisches Theater kann affirmativer sein als strategischer Illusionismus.[2]

Die dramaturgische Vielfalt der Nachkriegsepoche zeigt sich aber auch darin, daß ältere Traditionen wiederbelebt werden.[3] So fordert Günter Rutenborn, wenig später Adept des Wilder-Modells (C, 4.2.1), 1946 die Rückkehr »zu den Formen der klassischen Tragödie«,[4] und auch dem bekennenden »Epigonen« Ernst Horneffer bleibt nach der »Zertrümmerung jeglicher Form« nur die »Aufnahme eines ›klassizistischen‹ Dramas«.[5] Denn – so Bernd Holger Bonsels – Hybris und Transzendenzverlust können nur überwunden werden, wenn die Menschen »Apoll« finden.[6] Stabilisatorischer Parameter ist dabei der Vers: Sein festgefügter Bau schafft Ordnung, seine rhythmische Alterität Distanz, sein sprachliches Pathos gibt dem modernen Massensterben das Erhabene antiker Tragik zurück.[7] Zahlreiche Dramen sind daher metrisiert, meist in Blankvers (klassizistisch)[8] oder Trimeter (antik).[9] Mitunter wird sogar der Chor reintegriert als Zeichen für die Totalität von Individuum und Masse.[10] Im transgressiven Diskurs betont man

---

1 Vgl. Schalk (2004), S. 7f. Siehe hierzu Kapitel 1 (Einleitung).

2 Herbert Asmodi, der bewußt konventionelle Formen verwendet (vgl. unten), ist aus intentionaler Perspektive ›moderner‹ als Erwin Sylvanus (C, 4.2.1) oder Nelly Sachs (C, 4.3).

3 Die nur namentlich erwähnten Schauspiele sind meist in den Kapiteln ausführlicher dargestellt, die dem jeweiligen Themenschwerpunkt entsprechen (vgl. Dramenregister).

4 Rutenborn: Iphigenie in Aulis (1946), S. 6.

5 Horneffer: Ricarda und Manfred (1947), S. 6.

6 Bonsels: Orpheus (1945), S. 141.

7 Vgl. Langenbeck: Heimkehr (1948), S. I*.

8 Mostar: Der Zimmerherr (1945), Pilaczek: Dämon, Tod und Teufel (1945), Andres: Tanz durchs Labyrinth (1946), Braun: Der gedoppelte Prusias (1946), Rutenborn: Iphigenie in Aulis (1946), Becker: Das Mahl des Herrn (1947), Peterich: Nausikaa (1947), Denger: Bikini (1948), Heiseler: Philoktet (1948), Schneider: Der Kronprinz (1948), ders.: Belsazar (1949), ders.: Das Spiel vom Menschen (1949), Haushofer: Chinesische Legende (1949), Goertz: Das Leben kein Traum (ca. 1950).

9 Bonsels: Orpheus (1945), Schwarz: Iphigeneia in Aulis (1947), Langenbeck: Heimkehr (1948), Eulenberg: Europa (1949).

10 Bonsels: Orpheus (1945), Andres: Tanz durchs Labyrinth (1946), Heiseler: Philoktet (1948).

statt dessen den Differenzeffekt: Verspartien stehen Prosaabschnitten gegenüber, so daß der Bruch zwischen Vergangenheit und Gegenwart, Idee und Realität evident wird.[11]

Angesichts der Notwendigkeit umfassender Sinnspende wundert es nicht, daß naturalistische Konzepte im deutschen Nachkriegsdrama kaum vertreten sind.[12] Sie bilden lediglich einen Bestandteil erweiterter Ästhetiken (Zuckmayer, Matusche), denn allenthalben konstatiert man die Defizienz photographischer Mimesis und spricht sich für die Integration von Tiefenperspektiven aus.[13] Das aristotelische Handlungsmodell bleibt dabei meist erhalten, ebenso der identifikatorisch orientierte Illusionismus. Auf diese Weise sind selbst provokante Themen (Genozid, Atomdiskurs) zu ›zähmen‹, weil die Lösung strukturell vorgegeben ist: Schuld – Peripetie – Sühne (B, 1.2.2). Hier liegt wahrscheinlich ein Grund dafür, weshalb die Gruppe 47 das Drama als inadäquates Medium der Vergangenheitsbewältigung betrachtet. Andererseits kann gerade die Möglichkeit, Handeln im realistischen Spiel neu einzuüben, die Genese einer Ästhetik der ›Wahrhaftigkeit‹ katalysieren, wie sie das Heimkehrerdrama bestimmt.[14] Entgegen bisheriger Thesen werden derartige Konzepte allerdings auch während der fünfziger Jahren vertreten bzw. fortgeführt. Dies geschieht in bewußter Absetzung vom poetisch-absurden Theater: Wolfgang Altendorf projektiert einen ›neuen Realismus‹, der »Moral ohne Pathos« vorträgt, zugleich aber jede »Negation einer Entwicklung durch den Geist« bekämpft.[15] Ähnliches gilt für Gerd Oelschlegels *»objektives Theater«*. Auch hier entwirft der Autor angesichts der Sinnlosigkeit politischer wie ästhetischer Revolutionen eine »realistisch[e]« Darstellungstechnik, die Formprobleme als »zweitrangig[]« begreift.[16]

Dahinter steht zumeist eine metaphorische Ausweitung des Aristotelismus, d.h. Leben (B, 1.1) und Geschichte (B, 1.2) folgen ihrerseits der Struktur eines ›klassischen‹ Dramas, so daß die Abkehr von dessen Schema und Wirkung (Katharsis) der Destruktion organischer Zusammenhänge gleichkommt. Die überlieferten Theatervorschriften sind für Leopold Ahlsen nämlich keine »Gesetze im juristischen Sinn«, die »irgendwann einmal ›erlassen‹ wurden«, sondern »Gesetze im naturwissenschaftlichen Sinn, die ganz einfach ›da sind‹«.[17] Erich Kästner postuliert dagegen ein evolutionäres Verhältnis zwischen Form und Inhalt: »Die Regeln stecken im Drama wie die Knochen in der Gans. Das Skelett war nicht vor dem Vogel da. Sie wuchsen gemeinsam«. Obwohl es aus diesem Grund »keine allgemeinverbindliche Dramaturgie« geben kann, wendet sich Kästner gegen ästhetische »Gesetzlosigkeit« – u.a. die Auflösung der Werkstruktur im Absurdismus. Nonsens dürfe nicht kontingent evoziert werden:

> Gegenwärtig sind, als aparte Neuheit, Häuser ohne Türen Mode, Türen ohne Klinken und Klinken ohne Türen, und das Dach findet im Keller statt. Das Sinnlose auf so tiefsinnige Art

---

11 Vgl. Horst Langes 1946 publiziertes Monodrama *Die Frau, die sich Helena wähnte* (B, 6.3.2).

12 Nur wenige Autoren orientieren sich an entsprechenden Konzepten. Vgl. Podehl: Kommen und Gehen (1948), S. I*; Barcava: Die Gefangenen (1953), S. XI und Asmodi: Jenseits vom Paradies (1954), S. 9f.

13 Zuckmayers *Teufels General* gewinnt hierbei metapoetische Funktion, denn das naturalistische Modell des ersten Akts wird im Handlungsverlauf sukzessive unterminiert (C, 4.1.3).

14 Vgl. Trinks (2002), S. 173-175.

15 Der Sinn des Theaters (1957), S. 77.

16 Ebd., S. 85. Vgl. B, 1.2.3, 5.2.1 und 6.5.

17 Die Pariser Theateravantgardisten (1958), S. 5.

darzutun, scheint mir eine Beschäftigung von Snobs für Snobs zu sein. Es ist Tiefsinnlosigkeit. Man baut nichts aus nichts und meint es allegorisch. Nun, es gibt nicht nur die Ewiggestrigen, es gibt auch die Ewigmorgigen. Wer nichts aus nichts baut, baut noch lange nicht das Nichts. Und das Labyrinth ›Zur Sinnlosigkeit‹ baut nicht, wer sinnlos baut.[18]

Vor diesem Hintergrund folgen sogar Stücke mit episierenden Elementen dem Drei- bzw. Fünf-Akt-Modell.[19] Die hier virulente Modernekritik besitzt indes auch sozialhistorische Ursachen. So fordert man von Kritikerseite massiv, die junge Generation dürfe nicht wie 1918 »in die Sackgasse des Experimentier-Theaters« gehen. An der Lösung der Gegenwartsprobleme lasse sich nur mitarbeiten, wenn man einen »realistischen Humanismus« verwirkliche. Die interkulturelle Anregung für das deutsche Drama müsse daher im »Stofflichen« verbleiben.[20] Hinzu treten ästhetische Argumente: Ein Drama, das nicht dem Freytag-Modell folge, sei »kein Kunstwerk«.[21] Den jungen Autoren wird deshalb häufig »Mangel an formalem Können«[22] und »dichterische[r] Zucht«[23] vorgeworfen. Diese kulturpolitische Tendenz, die noch in den fünfziger Jahren Ganzheit (Lessing, Goethe, Schiller) gegen Fragmentarisierung (Kleist, Büchner, Grabbe) ausspielt, hat das Bild der Epoche bis heute geprägt. Nichtsdestoweniger gibt es neben intensiver Avantgarde-Rezeption zahlreiche Schriftsteller, die sich gegen den Versuch wenden, alternative Konzepte für die Gegenwart nutzbar zu machen (Stationendrama, episches/poetisches Theater).[24] Besonders heftig ist die Auseinandersetzung in der ersten Nachkriegsdekade, als die ›Pariser Avantgarde‹ diskursiv dominiert (B, 5.1.1). Man verurteilt den Versuch, »*mit bloßen Stilmitteln*« eine »neue Kunstepoche« einleiten zu wollen,[25] und erklärt den ästhetischen Nihilismus zur Übergangserscheinung. Die »Magie des Extrems«,[26] mit der *Warten auf Godot* reüssiere, sei im *Endspiel* »schon Routine« geworden.[27] Dies unterstütze jene »*Kräfte*« im internationalen Theater, die »echte Inhalte übermitteln« wollten.[28]

Darüber hinaus existiert jedoch eine konstruierte Funktionalität, d.h. man verwendet wie Herbert Asmodi bewußt Dramentypen, die sich in »desolate[r] Verfassung« befinden und somit ein formales Äquivalent zur Gesellschaft darstellen (B, 5.2.1). Die Linearität des Konversationsstücks zeigt hier – Anouilhs *Ardèle* (1949) vergleichbar – den Leerlauf menschlichen Handelns im spätbürgerlichen Zeitalter. Mit anderen Worten: Die Absage an das aristotelische Modell vollzieht sich weniger im Aufbrechen sei-

18 Kästner: Die Dramaturgie des Dramas und das Drama der Dramaturgie (1958), S. 270, 274f., 271f. Vgl. auch C, 1.

19 Weisenborn: Die Illegalen (1946), ders.: Spanische Hochzeit (1947), Podehl: Kommen und Gehen (1948), Engel: Treibgut (1948), Altendorf: Thomas Adamsohn (1954), Schübel: Der Kürassier Sebastian und sein Sohn (1957), Hubalek: Die Festung (1958).

20 Stobbe: Europäisches Theater – deutsche Situation (1947), S. 113f.

21 Friedrich: Wirklichkeit, Überwirklichkeit und Wahrheit im modernen Drama (1947), S. 84.

22 Müller-Glösa: Zur Problematik des Zeitstücks (1946), S. 3.

23 Ihering: »Peter Kiewe« und die dramaturgische Situation (1946). Vgl. A, 2.3.

24 Hierzu zählen u.a. Leopold Ahlsen, Bernt von Heiseler, Gerd Oelschlegel, Herrmann Rossmann, Reinhold Schneider und Carl Zuckmayer. Auch das Heimkehrerdrama ist – vor allem wegen des Peripetie-Erlebnisses (B, 1.2.2) – tektonisch eher traditionell gehalten (vgl. Trinks [2002], S. 178).

25 Die Pariser Theateravantgardisten (1958), S. 10 (Hermann Rossmann).

26 Ebd., S. 6 (Stefan Andres).

27 Ebd., S. 4 (Leopold Ahlsen).

28 Ebd., S. 10 (Gert Oelschlegel).

ner Struktur als durch Überstilisierung. Aus diesem Grund sollte Asmodis Dramaturgie nicht einfach an Wedekind, Hofmannsthal und/oder Sternheim rückbunden und abgewertet werden.[29] Der Autor weiß um das Antiquierte seiner Bezugsmodelle, wenn er zu Anfang des Lustspiels *Die Menschenfresser* (1961) den Prolog als Mann mit Monokel auftreten läßt (7). Auch bei Tankred Dorst besitzt die Fabelkonstruktion strategischen Charakter, denn die »genaue Logik des Handlungsablaufs« steht »in einem grotesken Mißverhältnis zum moralischen Leerlauf der Dialoge«. Der Unterschied zum absurden Theater ist evident: Der Nonsens zerstört die Fabel, der Agnostizismus mechanisiert sie, um in der Diskrepanz eine gesellschaftliche »Wahrheit sichtbar werden zu lassen«, die sich von der Beliebigkeit »avantgardistische[r] Turnübungen« unterscheidet.[30]

Im Gegensatz hierzu fordert Ingeborg Drewitz genderspezifische Modifikationen des illusionistischen Modells. Ziel ist, für die Nachkriegsepoche eine »Frauendramatik« zu entwickeln. So singulär das Projekt erscheint, Rollen- und Gattungsverständnis bleiben weitgehend traditionell. Während der Mann wie das Theaterstück »Spannungen [...] darzustellen« suche, dränge das »Weltgefühl der Frau« auf »Ausgleich«.[31] Sie werte »als Mutter, als Liebende, als Mensch«.[32] Diese Prädisposition, die nach Drewitz erklärt, weshalb die Frau erst spät zum Drama fand, soll nun historisch fruchtbar gemacht werden. Denn im postideologischen Zeitalter habe sich die Konfliktstruktur verändert: »Das Neben- und Ineinander antipodischer Spannungsfelder ist wesentlicher geworden als der Zusammenprall«. Vor diesem Hintergrund solle die Bühnenschriftstellerin zunächst mit der »Hörspielform« experimentieren, dessen introspektiver Charakter ihrem Wesen angemessener sei als die Distanzbildung im epischen Theater.[33]

Aristotelisch strukturiert bleibt auch die affirmative DDR-Dramatik, die sich im Zuge der Staatsgründung ausbildet. Grundlage ist ein an Lessing und Freytag geschultes Formkonzept: Die Wandlung des Protagonisten soll empathisch nachvollzogen werden und zur ›marxistischen‹ Katharsis führen: der Affekt gewordenen Einsicht in die objektiven Widersprüche der Geschichte. Als Vorbild dient neben Werken des Naturalismus und der Weimarer Republik (Ibsen, Wolf) das Revolutionsschauspiel der frühen Sowjetunion (B, 4.2.3). Hinzu tritt für den Theaterbereich die Stanislawski-Theorie, d.h. Bühnentechnik, Ensemblespiel und Handlungsgestaltung werden durch die sog. ›Überaufgabe‹ bestimmt, die den fortschrittlichen Ideengehalt des Stücks exponiert (A, 3.3.1). Gleiche Funktion besitzen die Regieanweisungen: Sie erklären das Verhalten der Figuren so eingehend, daß jede Leerstelle gefüllt und alles Mißverstehen ausgeschlossen ist. Mitunter erscheint sogar wie bei Wischnewski ein kommentierender Chor.[34] Der ästhetische Eigenwert marxistischer Dramatik wird von offizieller Seite bewußt negiert. 1957 schreibt Henryk Keisch in einer Replik auf Heinar Kipphardt, es gebe keine bürgerlichen oder sozialistischen Theatermittel, sondern nur bürgerliche oder sozialistische Werke.[35] Die Dichotomie der Systeme liegt demnach in der Gesin-

---

29 Vgl. Rischbieter/Wendt (1965), S. 70; Kesting (1969), S. 291; Karasek (1973), S. 604f.; Trommler (1976c), S. 169 und Buddecke/Fuhrmann (1981), S. 77.

30 DS, S. 114, 118f. (Die Bühne ist der absolute Ort [1962]). Vgl. B, 5.2.1 und C, 4.3.

31 Drewitz: Wege zur Frauendramatik (1955/56), S. 152f.

32 Drewitz: Die Frau als Dramatikerin (ohne Jahresangabe, zit.n. Ward [1996], S. 176).

33 Drewitz: Wege zur Frauendramatik (1955/56), S. 153, 155. Vgl. B, 1.2.2/1.2.3.

34 Vgl. Matchenz/Witzke: Sprengt den Teufelskreis (1949), S. 6-8, 20-23, 35-38 u.ö.

35 Vgl. Keisch: Kriterien einer sozialistischen Bühnenkunst (1957), S. 4.

nung, nicht in der Form. Für die Gegenwartsproduktion entsteht hieraus allerdings ein Problem, denn der Dramenkonflikt ist hinsichtlich seiner Überzeugungskraft an klar konturierte Widersprüche gebunden, wie sie nach der Zeitenwende inexistent sein sollen. In DDR-Schauspielen, die sich nicht als Komödien verstehen, werden deshalb neue Antagonismen geschaffen: militärische Bedrohung durch den Westen, postfaschistische Sabotage im Osten. Diese Konstruktionsbedingung mag Grund dafür sein, daß das sozialistisch-realistische Theaterstück nach 1945 keinen prominenten Vertreter hat. Hauptexponenten sind Harald Hauser und Hedda Zinner; Friedrich Wolf läßt sich diesem Diskurs nur teilweise integrieren (C, 4.1.1). Selbst Schriftsteller wie Joachim Knauth, Herbert Pfeiffer und Hans Lucke orientieren sich Mitte der fünfziger Jahre an Brechts dialektischem Modell (C, 4.2.4). Hinzu kommen Autoren wie Heinar Kipphardt und Alfred Matusche, deren Dramaturgie sich eindeutiger Kategorisierung entzieht (C, 4.1.2/4.1.4).

4.1.1 Vom Antagonismus zur Entscheidung: Die Bühne als »geistiger Kampfplatz« (Wolf)

Obzwar Friedrich Wolf Teilen der Forschung als »einer der bedeutendsten Dramatiker unseres Jahrhunderts« gilt,[36] ist sein Œuvre einschließlich Briefwechsel bis heute nur unvollständig ediert. Vieles liegt im Archiv (AdK-O) oder ist bibliographisch noch zu sichern. Am Beginn des 21. Jahrhunderts kann daher »von einer hinreichenden Rezeption des Gesamtwerks [...] nicht ausgegangen werden«.[37] Insbesondere die Nachkriegsästhetik bedarf einer Neubewertung, denn Wolfs Wirkungsmodell konvergiert keineswegs mit der Freytag/Ibsen-Tradition. Gleiches gilt für die strikte Gegensatzbildung zu Brecht, die das ästhetische Abwerten des Antipoden zu legitimieren scheint[38] – ungeachtet des Faktums, daß letzterer in der DDR eher kritisch betrachtet wird.[39] Tatsächlich vertritt Wolf eine literarhistorisch komplexe Position, die verschiedene Diskurse vernetzt und zuweilen sogar eine Diskrepanz von Theorie und Praxis aufweist. So steht dem während der gesamten Nachkriegszeit vertretenen Programm »Kunst ist Waffe!«[40] die Forderung nach künstlerischer »Meisterschaft«[41] gegenüber, und die Absage an das dialektische Theater wird untergraben durch Integration epischer Techniken. Ähnlich ambivalent bleibt das Verhältnis zur Parteipolitik, weil der »*Kampf für die Einheit unseres Landes*«[42] den Versuch dominiert, in Absetzung vom Westen die sozialistische Alternative zu gestalten.

Nichtsdestotrotz etabliert Wolf ein bipolares Ordnungssystem, dessen Objektivitätsanspruch marxistisch begründet ist. Der Autor unterscheidet zwischen antagonistischen

---

36 Podiumsdiskussion: Friedrich Wolf (1990), S. 307 (Günter Bröhl). Ähnlich sieht es H. Müller (2000), S. 184, 198.

37 Ebd., S. 198.

38 Vgl. Raddatz (1972), S. 416; Buddecke/Fuhrmann (1981), S. 248 und Schröder (1994b), S. 148.

39 Vgl. Mittenzwei (1969b), S. 308-311.

40 Titel der Programmschrift von 1928 (WW 15, S. 76-96). Vgl. auch WW 16, S. 220 (Schritt halten mit dem Leben [1949]) und 402 (Grundprobleme der nationalen Bühne [1952]).

41 WW 16, S. 250 (Das Drama als Waffe und Werkzeug [1949]).

42 WW 16, S. 220 (Schritt halten mit dem Leben [1949]).

Konflikten, die von einem »klaren Standpunkt«[43] aus einseitig entschieden werden, und nicht-antagonistischen, die durch gemeinsame Vernunftanstrengung lösbar sind. Im Unterschied zum offiziellen Primat der Komödie (C, 3.3) gehören Drama und Theater hier vor allem dem ersten Bereich an, fungieren als »*geistiger Kampfplatz*«[44] und »Tribunal«.[45] Während die Prosa nach Wolf das reflexive Urteilsvermögen anspricht, wirkt das Schauspiel »wie kaum eine andere Kunstform«[46] suggestiv sinnstiftend. Es zielt seinem Wesen nach auf »*sofortige*«[47] frontenbildende Entscheidung, die »zum Wesentlichen« führen soll: der »Tat«.[48] Dahinter steht die Vorstellung, daß die identitätsstiftende Kraft der Rationalität beschränkt bleibt: Die »*Massenseele*« könne nur »leidenschaftlich«[49] in Erscheinung treten, das Drama müsse den Bedeutungstransfer deshalb emotional organisieren, um im gesellschaftlichen Maßstab wirken zu können.

Der Entscheidungsakt hat jedoch bei aller Gefühlsdominanz »ein von Vernunft kontrollierter« zu sein.[50] Weil das Publikum dies nicht leisten kann, erfolgt die Disziplinierung durch die Textur. Maßgeblich ist dabei der »archimedische Hebelpunkt«, von dem aus man »seine Welt bewegt«.[51] Trotz dieser Überblicksperspektive erscheint der Autor nicht als monolithisches Genie: »Talent vorausgesetzt« wird Dichtkunst »lehrbar und lernbar«.[52] Das künstlerische Subjekt kann allerdings zur »Weltmacht«[53] werden, wenn es sich mit seinen Kollegen solidarisiert. Tatsächlich glaubt Wolf noch immer an die »Kraft« des »Wortes«, »die Welt umzuformen«.[54] Grundlage dafür ist die Aura des Intellektuellen; sie kompensiert die Grenzen rationaler Überzeugungskapazität und macht Revolutionen allererst möglich. Nicht von ungefähr betont Wolf im *Münzer*-Drama, dessen Protagonist stark autobiographisch geprägt ist,[55] die Eloquenz des Bauernführers (WW 6, 296f., 313f.). Das Schauspiel rückt damit in die Nähe der sog. ›revolutionären Romantik‹ (Gorki), die nicht »ins Land der ›blauen Blume‹« flieht, sondern »nach vorn«, d.h. »die nahe Zukunft einer neuen Menschengesellschaft der sinnvollen, freudigen Arbeit« vorwegnimmt.[56] Hierzu benötigt der Dramatiker sowohl »starken Gerechtigkeitssinn«[57] als auch ›sträflichen Optimismus‹.[58] Besitzt er beide, kann er in seinen besten Augenblicken, wie Wolf mit Bezug auf Zola konstatiert, »das Gewissen der Menschheit« werden.[59] Vor diesem Hintergrund sucht der gebürtige Rheinländer den

43 WW 16, S. 506 (Meisterschaft und Volkstümlichkeit [1953]).
44 WW 16, S. 71 (Überdiplomatie in unserm Theater [1946]).
45 WW 16, S. 105 (Zeitprobleme des Theaters [1947]).
46 WW 16, S. 250 (Das Drama als Waffe und Werkzeug [1949]).
47 WW 16, S. 104 (Zeitprobleme des Theaters [1947]).
48 WW 16, S. 400f. (Grundprobleme der nationalen Bühne [1952]). Die Finalszenen sind dementsprechend konzipiert. Vgl. WW 5, S. 414f. (Was der Mensch säet [1945]); WW 6, S. 192f. (Wie Tiere des Waldes [1947]) und 280f. (Bürgermeister Anna [1950]).
49 WW 16, S. 104f. (Zeitprobleme des Theaters [1947]).
50 Friedrich Wolf und der Film, S. 36f. (Rededisposition zum »Cyankali«-Film [1930]).
51 WW 16, S. 49 (Vom Standort des Dramatikers [1946]).
52 WW 16, S. 467 (Maxim Gorki [1953]).
53 WW 16, S. 227 (Wir sind eine Macht [1949]).
54 WW 16, S. 376 (Talent und Aussage [1951]).
55 Vgl. Pollatschek (1958), S. 311.
56 WW 16, S. 450 (Maxim Gorki [1953]).
57 WW 16, S. 244 (Freiheit für Max Reimann! [1949]).
58 Vgl. Wolf: Briefe, S. 224 (Brief vom 17. März 1947 an Erwin Piscator).
59 WW 16, S. 355 (Talent und Aussage [1951]).

»Humanismus der besten deutschen Geister« (Lessing, Goethe, Heine) zu revitalisieren,[60] der ihm während der Zwischenkriegszeit noch als zu überwindende Tradition galt.[61] Gleichzeitig exponiert der Jude Wolf die Leistungen jüdischer Schriftsteller im deutschen Kulturleben,[62] um den Gegensatz der »beiden ›polaren‹ Begriffe *Nation* und *Weltbürgertum*« aufzuheben.[63] Er kämpft zudem vehement für seine Repatriierung[64] und möchte »seine Kraft« dem »kulturellen Wiederaufbau« widmen.[65] Katalytisch wirkt hierbei »die alte Sehnsucht nach einer echten deutschen Nationalbühne«.[66]

Im rezeptiven Bereich führt dies zum Ausschluß anthropologischer Inkommensurabilität. Wolf, der angesichts der immensen Zerstörungen nach 1945 »oft an Depressionen« leidet,[67] wendet sich gegen die »Verallgemeinerung des schizophrenen Individuums«[68] in der zeitgenössischen Avantgarde. Der Argumentationsverlauf antizipiert die linksliberale Kritik am Dekonstruktivismus und verweist damit auf Äquivalenzen zwischen beiden Epochen. So müsse sich der verantwortungsvolle Autor gegen die »Anarchie des Denkens«[69] wehren, der »Verneinung objektiver Wahrheitserkenntnis« eine Absage erteilen. Hauptangriffspunkt ist Anouilhs *Antigone*-Stück, das jeder Sinnkonstruktion das »verfluchte ›J-ein!‹ (ja – nein)«[70] entgegensetze und die »Doppelseele« des »›menschlichen‹ Unmenschen« zeige.[71] Ähnliche Verdikte treffen nahezu die gesamte an Strindberg und Pirandello anknüpfende Avantgarde (Ardrey, Wilder, Giraudoux, Sartre, Camus)[72] sowie einige deutsche Dramatiker (Ambesser, Denger, Zuckmayer).[73] Wolf alludiert hier das bereits angesprochene Problem der Postmoderne: die Begründung einer operativen Ethik, die philosophisch kompatibel bleibt mit avancierter Epistemologie. Denn wie soll man sich – so die rhetorische Frage – »zu den Tyrannen und Massenmördern unserer Tage verhalten«, wenn man am »Schluß« von *Antigone* mit dem Herrscher Kreon »das gleiche Mitleid« empfindet »wie mit seinen Opfern«.[74] »Was haben da Gesetze, Normen und sittliche Maßstäbe noch für einen Wert?«[75]

In Übereinstimmung mit den Vertretern des Dokumentartheaters fordert Wolf daher die ethische legitimierte Reduktion von Komplexität. Das moderne Drama darf kein »*Ausweichen vor einem klaren Bekenntnis gegen den Faschismus*« dulden,[76] es »*muß*«

---

60 WW 16, S. 11 (Deutsche zum Nürnberger Prozeß [1945]).
61 Vgl. WW 15, S. 89f. (Kunst ist Waffe! [1928]).
62 Vgl. H. Müller (1988), S. 124-128.
63 WW 16, S. 147 (Schriftsteller und Nation [1947]).
64 Vgl. Wolfs Brief vom 24. Juli 1945 an Stalin (Erstdruck in: Wer war Wolf, S. 212f.).
65 Zit.n. Leuteritz: Friedrich Wolf wieder in Deutschland (1945), S. 4.
66 WW 16, S. 399 (Um eine neue deutsche Dramatik [1952]).
67 WW 16, S. 137 (Zeitprobleme des Theaters [1947]).
68 WW 16, S. 51 (Vom Standort des Dramatikers [1946]).
69 WW 16, S. 167 (Grundelemente des Dramas [1948]).
70 WW 16, S. 357, 355 (Talent und Aussage [1951]).
71 WW 16, S. 158 (Rauchvorhang Antike [1947]).
72 Vgl. WW 16, S. 50f. (Vom Standort des Dramatikers [1946]), 68 (Gegen die Etikette [1946]), 160 (Rauchvorhang Antike [1947]), 171 (Grundelemente des Dramas [1948]) und 357 (Talent und Aussage [1951]).
73 Vgl. WW 16, S. 50f. (Vom Standort des Dramatikers [1946]), 61 (Theater des Übergangs [1946]) und 207 (Gestern – heute – morgen [1948]).
74 WW 16, S. 52 (Vom Standort des Dramatikers [1946]).
75 WW 16, S. 167 (Grundelemente des Dramas [1948]). Vgl. Kapitel 1 (Einleitung).
76 WW 16, S. 70 (Überdiplomatie in unserm Theater [1946]).

seinem »Wesen«[77] nach »Antwort«[78] geben, und zwar eindeutig, d.h. mit Gegenwartsbezug, nicht durch die ›indirekte Methode‹ historischer Analogiebildung.[79] Wolf denkt hier an den omnipräsenten Klassikerrekurs, der eine »Flucht vor der Welt«[80] darstelle und »spießerhafte ›Neutralität‹«[81] befördere. Zudem verdecke das Allgemeinmenschliche als ›ewiges Sujet‹ den geschichtlichen Index des Humanen. ›Reine Kunst‹ könne schon deshalb nicht produktiv wirken, weil »alle Negation« sozialen Wandels im Sinne Hegels »Position (Affirmation)« bleibe.[82] Darüber hinaus sucht Wolf nachzuweisen, daß die »Gegensätzlichkeit zeitnaher oder klassischer (und klassizistischer) Dramatik« konstruiert sei.[83] Shakespeare, Molière und Goethe hätten die Synthese von »Volkstümlichkeit« »Meisterschaft« und »Parteinahme« paradigmatisch verwirklicht.[84] Der gebürtige Rheinländer kritisiert vor diesem Hintergrund jene Theater, die kaum aktualitätsbezogene Stücke aufführen (A, 2.3). Ein 1952 publizierter Artikel enthält sogar ein Fünf-Punkte-Programm zur Förderung des deutschen Nachkriegsschauspiels.[85] Des weiteren bemüht sich Wolf um junge Dramatiker wie Hermann Werner Kubsch, Karl Grünberg, Harald Hauser und Horst Ulrich Wendler.[86]

Dieser Einsatz ist jedoch der beschriebenen Ästhetik entsprechend formiert: Hauptanliegen bleibt das Bekenntnis zu Wahrheit und Verantwortung. Die Bühne soll Ort der Vergangenheitsbewältigung sein und »gegen die ›Vergeßmaschine Mensch‹«[87] das Wissen um die nationalsozialistische »Bestialität«[88] präsent halten. Prototypisch wird diese Forderung in dem Stück *Was der Mensch säet* (1945) erfüllt. Anders als viele westliche Schriftsteller sieht Wolf die Sprache nach Diktatur und Holocaust keineswegs in der Krise.[89]

Im Zentrum der Handlung, die zwischen Sommer 1941 und Frühjahr 1945 spielt, steht der von der HJ verübte Mord an Sanitätsrat Dr. Feld. Dieser hatte sich als Anwalt der Aufklärung gegen den Rußlandfeldzug und für Frieden in Europa ausgesprochen. Als Schuldige brandmarkt Wolf allerdings weniger die Täter als diejenigen, die aus Feigheit und Gewinnstreben die Bluttat nicht verhindert haben: Pannwitz, den Inhaber eines Herrenmaßgeschäftes, Generalmajor Westernhagen sowie Oberstudienrat Lippe, Hauptsturmführer der SS. Mit dem moralischen Versagen gehen die Figuren unterschiedlich um: Während Pannwitz dem Wahnsinn

---

77 WW 16, S. 114 (Zeitprobleme des Theaters [1947]).

78 WW 16, S. 64 (Theater des Übergangs [1946]).

79 WW 16, S. 50 (Vom Standort des Dramatikers [1946]). Wolf widerspricht dieser Maxime mit seinem *Münzer*-Drama (1953). Vgl. B, 4.2.3.

80 WW 16, S. 357 (Talent und Aussage [1951]).

81 WW 16, S. 132 (Zeitprobleme des Theaters [1947]).

82 WW 16, S. 171 (Grundelemente des Dramas [1948]).

83 WW 16, S. 49 (Vom Standort des Dramatikers [1946]).

84 WW 16, S. 216 (Schritt halten mit dem Leben [1949]), 265 (Goethe [1949]), 465 (Maxim Gorki [1953]).

85 Der Autor fordert eine »lebendige, sachkundige theaterbegeisterte Dramaturgie«, die Erteilung von Aufträgen an »Hausdichter«, richtig proportionierte Spielpläne, den Verzicht auf »anarchische Totschlägerkritik« sowie die Veranstaltung von »Wettbewerbe[n]« und »Festspiele[n] der Gegenwartsstücke« (WW 16, S. 398 [Um eine neue deutsche Dramatik]).

86 Vgl. Pollatschek (1963), S. 345, 365.

87 WW 16, S. 227 (Wir sind eine Macht [1949]).

88 WW 16, S. 6 (Deutsche zum Nürnberger Prozeß [1945]).

89 1950 konstatiert der DDR-Dramatiker: »Bedenken wir doch, daß gerade die Sprache eines der wenigen Güter ist, die wir unveräußerlicht durch die Hölle und den Zwiespalt der letzten Jahre gerettet haben« (WW 16, S. 307 [Volksbühne und Nationaltheater]).

> verfällt, wird Westernhagen selbst Opfer des Systems, als er sich einem sinnlosen Durchhaltebefehl widersetzt. Den Mut, eine bessere Welt zu begründen, haben lediglich die beiden Kinder Marga und Manfred. Ihre Liebe, die sich gegen den »Krieg« und für das »Leben« entscheidet, gewinnt am Ende des Dramas realutopischen Gehalt (WW 15, 414).

Auch die These von der Notwendigkeit geschichtlichen Abstands läßt er nicht gelten.[90] Wichtig sei lediglich die »richtige Substanz«, der objektiv zu bestimmende »*Inhalt*«.[91] Das Unberechenbare ist damit aus dem Bereich des Humanum in den des Spätkapitalismus verlagert. Während Mensch und Welt per se kalkulierbar sind, schafft das Endstadium marktwirtschaftlicher Ordnung eine künstliche Absurdität. In ihm herrschen »*Unlogik*« und »Chaos«, so daß nur der »Krieg« als »Ausweg«[92] bleibt – eine These, die Claus Peymann angesichts der amerikanischen Irak-Invasion noch heute öffentlich vertritt.

Das Wiederherstellen organischer Lebenszusammenhänge im Drama gleicht einem Genesungsprozeß. Die Bühne ist für Wolf nämlich der Ort, an dem die griechische »Wortvereinigung des ›Kalon-Kagathon‹« zur absoluten Einheit des »Ethischen und Ästhetischen« wird, wie sie sich in dem russischen Ein-Wort-Begriff »choroscho«, das ›Gutschöne‹ darstellt.[93] Die Katharsis wirkt dabei in doppelter Weise diätetisch: als »*Alarmsirene*« und »*Sicherheitsventil*«.[94] Einerseits fordert sie im Lichte bestehender Gefahren die »sittliche Entscheidung«,[95] andererseits entlädt sie das menschliche Aggressivitätspotential. Dahinter steht erneut die Idee einer kontrollierten Suggestion: Der Zuschauer muß sich einfühlen, wird »von Grund auf durchgerüttelt«,[96] gewinnt jedoch durch eine klare Konfliktlösung die Möglichkeit, in spontaner Entscheidung die objektiven gesellschaftlichen Widersprüche zu erkennen und zu bewältigen. Wolf revidiert hier seine frühere Absage an jede Form psychologisierender Literaturproduktion.[97] Nach Ende des Zweiten Weltkriegs scheint klar, daß die »thematische, dichterische und darstellerische Betonung der menschlichen Psyche, des menschlichen Leidens«[98] im Vordergrund stehen muß. Obwohl hier Thesen Lukács' aufgegriffen werden, der mit Blick auf den Realismus des 19. Jahrhunderts psychologische Unmittelbarkeit fordert, bleibt der Begriff bei Wolf eingebunden in die Dialektik von Individuum und Kollektiv. Die subjektive Entscheidung verweist auf objektive Vorgänge, weshalb die Fabel sozial bestimmt und das Wirkungsfeld der Figuren kalkulierbar bleibt. Im Unterschied zu Brecht, der die Antinomien in die Person verlegt (B, 6.4.1), arbeitet der Arzt Wolf als trennender »Chirurg«.[99] Das »Angesicht« des Menschen ist zwar auch bei ihm »furchtbar und freundlich zugleich«,[100] dramaturgisch sind diese Eigenschaften indes auf ver-

---

90 Vgl. Wolf: Briefwechsel, S. 228 (Brief vom 10. September 1946 an Sonja und Wsewolod Wischnewski).

91 WW 16, S. 169, 172 (Grundelemente des Dramas [1948]).

92 WW 16, S. 228f. (Wir sind eine Macht [1949]).

93 WW 16, S. 463f. (Maxim Gorki [1953]).

94 WW 15, S. 320 (Das zeitgenössische Theater in Deutschland [1934]).

95 WW 16, S. 63 (Theater des Übergangs [1946]).

96 WW 16, S. 104 (Zeitprobleme des Theaters [1947]).

97 Vgl. WW 15, S. 17 (Gymnasten über euch! [1921]) und 341 (Das zeitgenössische Theater in Deutschland [1934]).

98 WW 16, S. 25f. (Theater in der Sowjetunion [1945]).

99 WW 16, S. 224 (Formprobleme des Theaters aus neuem Inhalt [1949]).

100 WW 16, S. 208 (Gestern – heute – morgen [1948]).

schiedene Figuren verteilt. Wolf plädiert für »Schwarzweißmalerei«,[101] weil – so das Postulat – die »Weltgeschichte selbst« »heute schwarz-weiß« malt.[102] Daß der Autor »schlecht Widersprüche ertragen konnte«,[103] mag dabei ebenso eine Rolle gespielt haben wie die Mao-These von der notwendigen »Übereinstimmung zwischen Politik und Kunst«.[104]

Die Dichotomie der Ideologien (Faschismus/Sozialismus) wird vor diesem Hintergrund personalisiert. Wolfs Drama ist »nach dem Gesetz des Spielers und Gegenspielers«[105] gestaltet, um das Publikum zu zwingen, »sich für Gut oder Böse« zu erklären.[106] Gattungspoetisch bedeutet dies den Rückgriff auf die optimistische Tragödie, denn die »reinigende Entscheidung«[107] bleibt angesichts der erlebten Katastrophe einziger Sinngarant. Das kathartische Erlebnis dient auf diese Weise – legitimiert durch die Theatralität der Geschichte – deutscher Vergangenheitsbewältigung: Der Zweite Weltkrieg wird als weltpolitisches Drama verstanden, in dem sich der »Kampf des Alten gegen das Neue« »mit allen denkbaren Intrigen« vollzieht,[108] während die Nürnberger Anklagen den literarisch fortzusetzenden »Beginn« des »Reinigungsprozesses« markieren.[109] Grundlage dieser Dezisionstheorie ist der Ideenbezug des Genres, d.h. der Handlungskonflikt erscheint in erster Linie als »Verkörperung geistiger Gegensätze«,[110] wobei sogar »die ganze Zeit« als Antipode auftreten kann.[111] Der damit verbundene Fokus auf gesellschaftliche Struktur- und Wirkmechanismen führt indes zur epischen Aufweichung der Aristoteles-Tradition. So verzichtet Wolf auf die Aktform zugunsten einer Synthese aus Stationentechnik und Spannungsdramaturgie, wie sie auch Brechts *Leben des Galilei* aufweist. Die Fabel verläuft u.a. im *Thomas Münzer* nicht linear, sondern ist »durch Kontinuität und Diskontinuität« bestimmt.[112] Dennoch halten beide Autoren am Kausalitätsprinzip fest, binden die Freiheit des Möglichen an das Notwendige. Die finale ›Einheit der Gegensätze‹ wird dabei im Rekurs auf Mao gerechtfertigt.[113] Vor allem das *Münzer*-Drama zeigt aber, daß das bipolare Theoriekonzept die Wirklichkeit kaum mehr adäquat beschreiben kann – eine Erkenntnis, die zunehmend auch Wolfs Wahrnehmung des SED-Staates bestimmt. Der Untergang des Bauernführers ist keineswegs das Ende einer ›optimistischen Tragödie‹, wie Jack D. Zipes meint,[114] sondern Ausdruck des vergeblichen Kampfes, den der zur geistigen Leitung prädestinierte Dramatiker gegen Widerstände führen muß (C, 3.1). Nicht von ungefähr

---

101 WW 16, S. 230 (»Schwarzweißmalerei« im Drama [1949]).
102 WW 16, S. 361 (Talent und Aussage [1951]). An diesem Punkt zeigen sich Übereinstimmungen mit Peter Weiss (vgl. Das Material und die Modelle [1968], S. 55).
103 Podiumsdiskussion: Friedrich Wolf (1990), S. 305 (Emmi Wolf).
104 WW 16, S. 385 (Kampfgenosse Volksbühne [1951]).
105 WW 16, S. 64 (Theater des Übergangs [1946]).
106 WW 16, S. 224 (Formprobleme des Theaters aus neuem Inhalt [1949]).
107 WW 16, S. 53 (Vom Standort des Dramatikers [1946]).
108 WW 6, S. 16 (Die letzte Probe [1945/46]).
109 WW 16, S. 12 (Deutsche zum Nürnberger Prozeß [1945]).
110 WW 16, S. 168 (Grundelemente des Dramas [1948]).
111 Brief vom 15. Januar 1953 an Friedrich Eisenlohr (zit. bei Pollatschek [1958], S. 309).
112 Mittenzwei (1969b), S. 323.
113 Vgl. WW 16, S. 385 (Kampfgenosse Volksbühne [1951]).
114 Vgl. Zipes (1976a), S. 203.

spielt Wolf wenige Tage vor seinem Tod mit dem Gedanken, im »Testament ein Spielverbot meiner Stücke [zu] erlassen«.[115]

Zipes ist allerdings insofern zuzustimmen, als er die Gegensatzbildung zwischen Brecht und Wolf für »hochproblematisch« hält. Die jeweiligen »Positionen« seien »nicht so antagonistisch, wie es den Anschein« habe.[116] Tatsächlich lassen sich über das Gesagte hinaus in bestimmten Bereichen interessante Übereinstimmungen nachweisen: Durch die Zusammenarbeit mit Piscator geprägt, fordert Wolf nachdrücklich »Experimente«[117] in der Kunst, um sich jedoch gleichzeitig vom ›spätbürgerlichen Formalismus‹ abzusetzen. Innovation hat also auch hier »Methodik«, »Gesetze« und »Maßstab«.[118] Des weiteren lehnt es Wolf – anders als systemkonforme DDR-Autoren – ab, sich »selbst« zu »interpretieren« oder »mit einer Etikette festlegen« zu lassen.[119] Wie Brecht macht er sich nicht zum Sprecher der offiziellen Parteipolitik, sondern unterstützt als Mitglied der Akademie der Künste im Sommer 1953 die Resolutionen seines ›Antipoden‹ für mehr kulturelle Freiheit.[120] Aus dieser Perspektive hat Wolf Recht, wenn er in dem berühmten »Zwiegespräch« mit Brecht erklärt: »Wir beide marschieren [...] von verschiedenen dramaturgischen Standpunkten auf das gleiche Ziel«.[121]

Andererseits gibt es bei allen Divergenzen auch Formen gattungspoetischer Assimilation. Die Unverzichtbarkeit der ›Einfühlung‹ im Rahmen eines humanästhetisch ausgerichteten Konzepts kennzeichnet *Bürgermeister Anna* (1950) wie *Katzgraben* (1953). Wolf äußert sich daher keineswegs negativ über Brechts Theatertheorie, die er strikt von westlichen Modellen unterscheidet.[122] Selbst als episches Theaterstück sei *Mutter Courage* durchaus wirksam. Im Zentrum des Disputs steht vielmehr die mögliche Katalyse des Rezeptionsvorgangs durch ›Wandlung‹ der Protagonistin. Während Brecht diese Idee als unrealistisch ablehnt, besitzt sie bei Wolf strategischen Charakter.[123] Wichtig ist weniger die Wandlung an sich als ihr aktivierender Impetus. »Ein Drama« ist deshalb auch für den gebürtigen Rheinländer »nicht dadurch schon geboren, daß der Dichter es geschrieben hat«,[124] es bedarf der Bühnenrealisation.

Gerade dieser Aspekt erweist sich jedoch als problematisch, denn beide Autoren sehen sich nach Kriegsende kulturpolitischen Repressalien gegenüber. Insbesondere Wolf kann in SBZ/DDR nicht mehr an die Erfolge der Weimarer Republik anknüpfen. Seine antifaschistischen Stücke werden abgelehnt oder regietheatralisch entstellt.[125] Die Gründe hierfür sind vielfältig: Neben der Dominanz westlicher Dramatiker steht seit 1947 die bipolare Weltlage einer verstärkten Wolf-Rezeption entgegen. Hinzu tritt die

---

115 Wolf: Briefwechsel, S. 168 (Brief vom 24. September 1953 an Else Wolf).

116 Zipes (1976a), S. 192f. Ähnlich sieht es H. Müller (1990a), S. 121.

117 WW 16, S. 142 (Piscator und seine Bühne [1947]).

118 WW 16, S. 297 (Wo sind die Maßstäbe in der Kunst? [1950]).

119 WW 16, S. 65, 67 (Gegen die Etikette [1946]).

120 Vgl. Zipes (1976a), S. 199.

121 WW 16, S. 221 (Formprobleme des Theaters aus neuem Inhalt [1949]). Brechts Beschreibung der gesellschaftlichen Funktion von »Wissenschaft und Kunst« könnte inhaltlich wie sprachlich von Wolf stammen (vgl. GBA 25, S. 387 [Couragemodell 1949]).

122 Vgl. WW 16, S. 170 (Grundelemente des Dramas [1948]).

123 Vgl. WW 16, S. 225, 223, 221 (Formprobleme des Theaters aus neuem Inhalt [1949]).

124 WW 16, S. 105 (Zeitprobleme des Theaters [1947]).

125 Vgl. Pollatschek (1963), S. 322; Bartholmes (1990), S. 284 und Jarmatz (1992), S. 299-301. Aus diesem Grund darf Wolfs Theaterkonzept keineswegs als »geförderte Regel« bezeichnet werden (Buddecke/Fuhrmann [1981], S. 248).

parteioffizielle Tendenz, direkte Konfrontationen mit dem Nationalsozialismus auf der Bühne zu vermeiden.[126] Eine spätere Rehabilitierung des Autors wird durch SED-Direktiven ebenso verhindert wie durch Brechts zunehmende Reputation im kulturpoetischen Feld. Ob dabei die unterschiedlich eingeschätzte Qualität von Wolfs Werk eine Rolle spielt, läßt sich schwer beurteilen. Fakt bleibt indes, daß er mit drei seiner Nachkriegsstücke Prototypen des DDR-Schauspiels vorlegt: das politisch-antifaschistische Gegenwartsdrama (*Wie Tiere des Waldes*), das sozialistische Agrardrama (*Bürgermeister Anna*) und das historisierende Revolutionsdrama (*Thomas Münzer*).[127] Der Unterschied zu Brecht ist allerdings evident: Während sich letzterer in der Themenwahl nur bedingt am Status quo der DDR ausrichtet, ordnet Wolf seine künstlerische Produktion linear; »kein Zwischenglied der Entwicklung« darf ausgespart werden.[128] Es wundert daher nicht, daß der Autor bereits im September 1952 erste Aufzeichnungen zu einem Roman über das Dresdner Transformatorenwerk macht, aus dem ein Komödienplan hervorgeht, der u.d.T. *Die Schlacht von Harmagon* im April 1953 als Exposé niedergeschrieben wird.[129]

Derartige Projekte sind aber wie bei Brecht konterkariert durch zunehmende Resignation angesichts der kulturpolitischen Misere in der DDR. Während Wolf 1945 noch an die »echte, wahrheitsuchende und kunstbegeisterte Jugend in unserem Lande« glaubt,[130] bezeichnet er die Deutschen schon zwei Jahre später als »ein vermurkstes, selbstgerechtes, unbelehrbares Volk«, wie man es »sich auf sämtlichen Planeten suchen« kann.[131] Diese Kritik wird wenig später auf die Presse ausgedehnt. 1950 schreibt Wolf, jetzt DDR-Botschafter in Polen, an Otto Grotewohl:

> Es ist innerhalb eines Jahres das 2. Mal, daß die Kulturabteilung unseres Zentralorgans »Neues Deutschland« ungerechterweise und provokatorisch gegen mich schießt. [...] Nun könnte – da das Niveau der Kulturabt. dieses Blattes sehr niedrig ist – mir die ganze Sache gleichgültig sein, wäre es eben nicht das Zentralorgan der Partei. [...] Hätte das Zentralorgan recht, daß ich wesentliche politische Fragen unsrer DDR falsch oder gar nicht erkenne, dann gehöre ich nicht auf so einen verantwortungsvollen Posten im Ausland.[132]

1952 scheint das großangelegte Projekt einer dramatischen Retablierung des Humanen endgültig gescheitert. Wolf erklärt, daß er »nach über dreißig Jahren Arbeit an den deutschen Bühnen zum erstenmal den Kampf aufgegeben habe, den Kampf gegen Bürokratie, Trägheit und Dilettantismus«.[133] Darüber hinaus sind bei ihm, obwohl der 17. Juni 1953 keinen erkennbaren Umdenkungsprozeß einleitet, erste Zweifel an der ökonomischen Entwicklung der DDR festzustellen. Nicht von ungefähr wendet sich Wolf kurz vor seinem Tod gegen literarische »Schönfärberei«, d.h. »ein zu leichtes Hinweghecheln über die schweren ernsten Probleme unserer Tage«,[134] und erwägt das zitierte

---

126 Vgl. Wolf: Briefwechsel, S. 324f. (Brief vom 2. Januar 1947 an Lion Feuchtwanger).
127 Vgl. B, 2.2, 4.1.2 und 4.2.3.
128 WW 16, S. 206 (Gestern – heute – morgen [1948]).
129 Vgl. Pollatschek (1963), S. 367-369.
130 WW 16, S. 137 (Zeitprobleme des Theaters [1947]).
131 Wolf: Briefe, S. 224 (Brief vom 17. März 1947 an Erwin Piscator).
132 Friedrich Wolf: Bilder einer deutschen Biographie (1988), S. 285 (Brief vom 20. April).
133 WW 16, S. 395 (Um eine neue deutsche Dramatik [1952]).
134 Wolf: Meisterschaft und Volkstümlichkeit. Rede zum 125jährigen Bestehen des Reclam-Verlages in Leipzig am 1. Oktober 1953 (Erstdruck in: Wer war Wolf, S. 243-249, hier S. 248).

Spielverbot seiner Werke. Er stirbt schließlich wie Brecht (C, 4.2.2) tief resigniert »an gebrochenem Herzen«. Kantorowicz verweist zur Begründung auf »einige« in seinem Besitz befindliche Briefe des späten Wolf, »die Verzweiflungsschreien ähneln«.[135] Tatsächlich entscheidet sich der Autor, der lange zwischen Tragödie (*Thomas Münzer*) und Produktionsstück (*Schlacht von Harmagon*) »schwankt«,[136] am Ende für die zwar säkularreligiös aufgeladene, letztlich jedoch regressive Variante. Die Darstellung der sozialistischen Zukunft wird (ad infinitum) verschoben.

4.1.2 Zwischen Identifikation und Distanz: Theater der »äußersten Konfliktmöglichkeiten« (Kipphardt)

Das aristotelische Modell, das für Teile der deutschen Nachkriegsdramatik konstitutiv ist, wird mitunter perspektivisch erweitert: sei es episch (Kipphardt) oder transzendent (Zuckmayer, Matusche). Vor allem die Theatertheorie des Ostberliner Dramaturgen entzieht sich eindeutiger Klassifikation: *ästhetisch* aufgrund der Verbindung illusionistischer und verfremdender Parameter bei gleichzeitigem Rückgriff auf disparate Bezugsinstanzen (Stalin/Büchner, Lukács/Brecht, Langhoff/Piscator), *diskursiv* infolge der nicht immer klar zu beantwortenden Frage, inwieweit bestimmte Äußerungen des Autors Wahrheits- und/oder Strategiecharakter besitzen. Sieht man von dem frühen Schauspiel *Napoleon Antropus* (1948) ab, das »die kuriosen Moden der literarischen Dekadenz noch nicht abgeschüttelt« hat,[137] steht Kipphardts gesamte Nachkriegsdramatik unter dem Stalin-Imperativ: »Schreibt die Wahrheit«.[138] Denn die arbeitende Bevölkerung, die sich anschickt, »die Erde bewohnbar und den Menschen menschlich zu machen«, möchte – so der Autor – »von dem Theater wissen, wie die Welt, wie der Mensch heute beschaffen sein soll, um richtig handeln zu können«.[139] Vor diesem Hintergrund besitzt die Gattung ›Drama‹ eine herausragende Funktion: Ihr gelingt es in besonderem Maße, die komplexe Realität auf durchschaubare Strukturgesetze zurückzuführen. Kipphardt ist wie Hacks davon überzeugt, »daß die großen Erkenntnisse die Welt in fortschreitendem Masse [sic!] vereinfacht haben«.[140] Folgerichtig wird Heisenbergs Unschärferelation obsolet; sie ist – Einsteins Lesart folgend – Ergebnis der Insuffizienz wissenschaftlicher Wahrnehmung, keinesfalls Beleg für das Fehlen objektiver Kausalmechanismen. Die »Atome« bleiben auch weiterhin »einfachen und genau beschreibbaren Gesetzen unterworfen«. Daß die »Weltzustände« dennoch »zunehmend komplizierter« erscheinen, offenbart lediglich die Notwendigkeit ihrer Optimierung. Mit anderen Worten: Die theoretische Simplizität des sozialen Entwurfs avanciert zum Signum seiner geschichtlichen Adäquanz. Deshalb kann »vermutlich« nur der Sozialis-

---

135 Kantorowicz: Deutsches Tagebuch. Erster Teil, S. 28.

136 Wolf: Briefwechsel, S. 153 (Brief vom 16. September 1952 an Else Wolf).

137 KS, S. 13 (300 Zeilen Leben [1953]). Wolfgang Langhoff findet das Stück »furchtbar und völlig unaufführbar« (ebd.). Vgl. C, 4.2.1.

138 KS, S. 80 (Schreibt die Wahrheit [1954]). Dieselbe Formel erscheint in einem Artikel der *Prawda*, der sich gegen den zu starken Schematismus sowjetischer Dramatik wendet (vgl. 17. Juni 1953 [1982], S. 159).

139 KS, S. 80 (Schreibt die Wahrheit [1954]).

140 KS, S. 237 (Aus den Notatheften [1959]). Vgl. HM 2, S. 14 (Literatur im Zeitalter der Wissenschaften [1959]).

mus »die große Einfachheit im menschlichen Zusammenleben« herstellen, »die dringlich gebraucht wird«.[141]

Kipphardt etabliert hier eine vormoderne Repräsentationsordnung, die dafür sorgt, daß der Transparenz im Physikalischen die Klarheit der politischen Perspektive entspricht. Wie die Naturwissenschaften darf sich die Literatur demnach »nicht mit Teilwahrheiten begnügen«, sondern muß »die ganze Wahrheit zu erfassen suchen. Die ganze, tiefere Wahrheit der Welt in ihrer Zeit, die ganze, tiefere Wahrheit des Menschen in ihrer Zeit«.[142] Aus Hegels dynamischer »Totalität der *Objekte*«[143] wird dabei die statische »›Totalität des Objekts‹«.[144] Solche Korrektur bezeichnet einen primär funktionalen, teleologisch gebundenen Wahrheitsbegriff. Tatsächlich erfährt der offizielle Wunsch nach einer »kritische[n]« Methode, die – stets »unzufrieden mit sich und anderen« – »immer nach neuen Lösungen« sucht,[145] im Privatdiskurs eine stalinistische Ergänzung. Denn Kipphardts Furcht, »peinlichen Vereinfachungen zu erliegen«, betrifft nicht das Narrativ, sondern lediglich dessen Realisation: »Man kann eine neue Gesellschaftsform nicht befehlen, leider[!], vielleicht erzwingen, aber auch das sind langwierige Prozesse«.[146] Um letztere zu beschleunigen, fordert der Ostberliner Dramaturg Sujets, in denen »die äußersten Konfliktmöglichkeiten unseres Lebens« enthalten sind.[147] Stilisierungen sollen gemieden werden, weil sie jede Identifikation verhindern (selbst die produktive) und den Status quo bestätigen. Sowohl Brechts Parabeltechnik[148] wie Hacks' Klassizismus[149] erweisen sich somit als inadäquat.

Trotz dieser (strategischen) Distanzierung bleibt der Feind identisch: Auch Kipphardt lehnt ein bürgerliches Theater ab, das den sozialen Bereich ausklammere oder »zu falschen Abbildungen gesellschaftlicher Vorgänge« komme.[150] Dahinter steht das sichere »Grundgefühl« von der »Unhaltbarkeit« des kapitalistischen Wirtschaftssystems. Der neue Oststaat, dem gegenüber der Dramatiker »nicht riesige Illusionen« hegt, erscheint als derjenige Ort, an dem »Umdenken« überhaupt »möglich« ist.[151] Kurz vor Gründung der Bundesrepublik verläßt Kipphardt deshalb den Westen und zeigt sich noch 1952 überzeugt, daß die DDR »an einer guten Sache« arbeite.[152] Der Zukunftsoptimismus wird hier zum Surrogat der kritischen Auseinandersetzung mit einer Vergangenheit, an deren Perversionen die marxistische Bewegung scheinbar keine Schuld

---

141 KS, S. 237 (Aus den Notatheften [1959]).
142 KS, S. 111 (Zur Aufführung von »Viel Lärm um nichts« [1954/55]).
143 Hegel: Vorlesungen über die Ästhetik III, S. 373.
144 KS, S. 111 (Zur Aufführung von »Viel Lärm um nichts« [1954/55]).
145 KS, S. 141 (Wolfgang Langhoff [1951]).
146 KS, S. 17 (Brief vom 22. August 1949 an die Eltern).
147 KS, S. 63 (Zur Frage des Typischen im Drama [1953]). Dies gilt insbesondere für die tragische Farce *Der Aufstieg des Alois Piontek* (B, 4.2.1) und das binnenkritische Lustspiel *Die Stühle des Herrn Szmil* (C, 3.3).
148 Vgl. KR, S. 25 (Die Regiearbeit Erwin Piscators und Bertolt Brecht [1971]).
149 Vgl. KS, S. 198f. (Brief vom 30. Mai 1961 an Peter Hacks).
150 KS, S. 94 (Zu einigen Fragen des heutigen Theaters [1957]).
151 Vgl. KT, S. 338 (Gespräch zwischen Heinar Kipphardt und Armin Halstenberg [1977]).
152 KS, S. 36 (Brief vom 13. Juni 1952 an die Eltern).

trägt. Nur das Bürgertum, dessen »Schwanengesang«[153] einige »Rufer in der Wüste«[154] anstimmten, verdränge den Krieg, den es allein zu verantworten habe.[155]

Für Kipphardt ergibt sich kraft dieser Oppositionsstruktur die Möglichkeit, selbst nach dem ›Ende der Ideologien‹ (Ionesco) eine revolutionäre »Veränderung der Welt« zu projektieren. Noch in seiner »Entstellung« bleibt der Sozialismus »die einzig ernstzunehmende Bemühung«[156] auf diesem Gebiet, denn – so die Binärlogik – ein »Denken, das in die Wirklichkeit eingreifende Folgerungen nicht für möglich hält, degeneriert zum Spiel, das bald langweilt, eben infolge seiner Folgenlosigkeit«.[157] Wie Brecht, Matusche und Hacks zielt Kipphardt auf die Retablierung des *totum humanum*, d.h. einen »Weltzustand«, in dem »Wahrheit«, »Schönheit« und »Menschlichkeit« verschmelzen.[158] Daß diese »Utopie« trotz aller »schrecklichen Katastrophen« erreichbar bleibt, gründet in der ungebrochenen »Lust« des Menschen »zur Selbstäußerung, zur Freiheit, zum freien brüderlichen Handeln«.[159] Solcher Zuversicht in Existenz und Invarianz einer ethischen Grunddisposition steht jedoch das Beharren auf »Parteilichkeit« gegenüber.[160] Was zunächst katalytische Funktion besitzt erweist sich später als camoufliertes Mißtrauen in die Verläßlichkeit individueller Normgebung. Der junge Kipphardt ist »von der unmittelbaren Wirkung der Literatur auf die Gesellschaft überzeugt«, der späte bleibt »bescheidener«,[161] weil der »Einfluß« der Kunst »klein«[162] und »der Lauf der Welt« »am wenigsten von Moralitäten« gelenkt scheint.[163]

Dieselbe Skepsis kennzeichnet zunehmend den dramaturgischen Bereich. So wird das »Typische« zum »Charakteristischen«,[164] Linearität via Dialektik zur Montage ›entideologisiert‹, wobei Kipphardts Position auch im kulturpoetischen Feld der DDR nicht eindeutig zu verorten ist. Der Autor folgt klar der SED-Doktrin, wenn er – Malenkow zitierend – betont, das »Typische« sei »stets ein politisches Problem«. Gleichzeitig wendet er sich jedoch gegen die affirmative Verwendung des Terminus: Ziel sei die Konvergenz von Unverwechselbarkeit und Repräsentativität im »ganzen Menschen«. Zwar müsse das Typische »dem Wesen der gegebenen sozialen und historischen Erscheinung« entsprechen, allerdings auf höchstem Niveau. Denn in ihm manifestiert sich keineswegs das »am häufigsten Verbreitete«, vielmehr das Exemplarische. (Als Beispiele dienen Don Quixote und Faust.) Kipphardt gelingt es auf diese Weise, Extreme komödienfähig zu machen und erkenntnistheoretisch aufzuwerten: »Bewußte Übertreibung [...] schließt das Typische nicht aus, sondern offenbart und unterstreicht es vollständiger«.[165]

---

153 KS, S. 23 (Brief vom 11. Juli 1950 an die Eltern).
154 KT, S. 346 (Gespräch zwischen Heinar Kipphardt und Armin Halstenberg [1977]).
155 Vgl. KS, S. 13 (300 Zeilen Leben [1953]) und 125, 131f. (Im Westen wenig Neues [1953]).
156 Kipphardt: Notatheft, Eintrag vom 8. April 1960 (Nachlaß).
157 KR, S. 62 (Aus den Notatheften [1967]).
158 Kipphardt: Zum Geleit (1957), S. 5.
159 KT, S. 351 (Gespräch zwischen Heinar Kipphardt und Armin Halstenberg [1977]).
160 KS, S. 65 (Zur Frage des Typischen im Drama [1953]).
161 Kipphardt: Diagnose und Therapeutik in der Literatur heute (1967), S. 13.
162 KT, S. 351 (Gespräch zwischen Heinar Kipphardt und Armin Halstenberg [1977]).
163 Kipphardt: Diagnose und Therapeutik in der Literatur heute (1967), S. 13.
164 KT, S. 341 (Gespräch zwischen Heinar Kipphardt und Armin Halstenberg [1977]).
165 KS, S. 65 (Zur Frage des Typischen im Drama [1953]).

Ambivalenzen bestimmen auch das Verhältnis zum epischen Theater. Kipphardt erklärt, er habe »von Brecht gelernt«, daß es kein »Reich der Kunst« gebe,[166] kritisiert aber die Forderung des Augsburgers nach relativer Autonomie des Poetischen.[167] Letzteres sei »im Drama ein recht unhandhabbarer Begriff«.[168] Tatsächlich hat Kipphardts oft zitiertes Engagement für »die hervorragenden Stücke von Bertolt Brecht« primär strategische Funktion. Es dient der Herstellung eines offenen Spielplans und steht neben dem Einsatz für andere zeitgenössische Autoren (Bruckner, Weisenborn, Wolf, Zuckmayer).[169] Ähnliches gilt mit Blick auf die später konzedierte ›anxiety of influence‹, die Kipphardt nach eigener Aussage bewogen hat, Distanz zum Berliner Ensemble zu wahren.[170] Dennoch ändert die Furcht vor der »übergroßen Figur Bertolt Brecht« nichts an dessen diskursiver Präsenz. Er ist, worauf Sven Hanuschek aufmerksam macht, der im Register der Nachlaßbände »am besten bediente Autor«.[171] Bei Brecht taucht der Name ›Kipphardt‹ dagegen an keiner Stelle auf, obwohl er den Verfasser des Erfolgsstücks *Shakespeare dringend gesucht* (1953) sicher zur Kenntnis nimmt. Möglicherweise resultiert die Abstinenz aus ästhetischen Vorbehalten, überliefert wird nämlich, Brecht habe den jungen Westdeutschen als »intelligenten Dummkopf« bezeichnet.[172] Aber Kipphardt setzt sich ebenfalls ab, wenn er Brecht in der Figur des Dramatikers Zaun parodiert (C, 3.3) und sein erstes Dokumentarstück *Der Hund des Generals* (1960/61) als ›Anti-Schwejk‹ gestaltet.[173]

Nichtsdestoweniger sind seit dem *Aufstieg des Alois Piontek* (e 1954 / U 1956), der inhaltlich wie formal auf Brecht Bezug nimmt,[174] Annäherungen an das epische Modell nachweisbar. Die theoretische Rezeption bleibt jedoch widersprüchlich. So moniert Kipphardt, daß der Wahlberliner »den Weltveränderungswunsch in Kunst« verwandeln wolle; das engagierte Theaterstück laufe dadurch Gefahr, »wie eine Auster geschlürft zu werden«.[175] Trotz solcher Kritik an Brechts Primat des Vergnügens möchte auch der Dokumentardramatiker »Lust auf Veränderungen« machen.[176] Kipphardts Exposition diesbezüglicher Gedanken liest sich wie eine Paraphrase zentraler Formeln des *Kleinen Organon*: »Ich meine«, so der Autor, »daß Denken eine äußerst vergnügliche Beschäftigung ist, und ich denke, es ist die menschlichste«.[177] Dem Orientieren am Extrem tut dies allerdings keinen Abbruch: »Mit Vernunft zu rasen«[178] lautet die Maxime, mit deren Hilfe schriftstellerisches Engagement wieder möglich werden soll. Aus diesem Grund wendet sich Kipphardt gegen Piscators »leidenschaftliche Emotionalisierung«[179] und fordert ein Distanzmodell, das die Widersprüche der Wirklichkeit für den Zu-

---

166 Vgl. Kipphardt: Gespräch mit Hellmuth Karasek (1965) [zit.n. Karbach (1991), S. 341].
167 Vgl. u.a. GBA 23, S. 258 (Kulturpolitik und Akademie der Künste [1953]) und 330 (Einige Irrtümer über die Spielweise des Berliner Ensemble [1955]).
168 Vgl. Schlumberger: Heinar Kipphardt [Interview] (1971), S. 8.
169 Vgl. KS, S. 82 (Schreibt die Wahrheit [1954]).
170 Vgl. KT, S. 338 (Gespräch zwischen Heinar Kipphardt und Armin Halstenberg [1977]).
171 Hanuschek (1993), S. 92f.
172 Zit.n. Müller-Waldeck (1990), S. 1417.
173 Vgl. Karbach (1993), S. 70f.
174 Vgl. Karbach (1989), S. 111f. Zum Handlungskonflikt siehe B, 4.2.1.
175 KR, S. 25 (Die Regiearbeit Erwin Piscators und Bertolt Brecht [1971]).
176 KR, S. 47 (Brief vom 6. Februar 1967 an den Hessischen Rundfunk).
177 KO, S. 192 (Die Widersprüche unserer Zeit [1965]).
178 Kipphardt: März: Roman und Materialien, S. 210.
179 KR, S. 26 (Die Regiearbeit Erwin Piscators und Bertolt Brecht [1971]).

schauer einsehbar macht (C, 4.5). Derartige Divergenzen erklären, weshalb Kipphardt noch 1960 zweifelt, ob der alte Piscator »ein Theater auf die Beine bringen kann, das geeignet ist, Abbildungen der Welt zu liefern«.[180] Die von jenem geforderte ›moralische Anstalt‹ (A, 3.2.2) ist für Kipphardt bereits Anfang der fünfziger Jahre obsolet[181] und läßt sich – so der Dramatiker mit Blick auf Hochhuth – auch dokumentarisch nicht revitalisieren.[182] Da der Nationalsozialismus keineswegs »von Teufeln« gemacht worden sei, sondern »von ganz durchschnittlichen Leuten«, greife jede ethische Polarität zu kurz. Der Kampf zwischen Gut und Böse bleibe eine »Theaterfiktion«.[183] Doch wenngleich Kipphardt betont, »kein Moralprediger«[184] zu sein, ist er der bestehenden Diskursformation strukturell verhaftet. Denn auch das ›analytische Drama‹ projektiert eine »moralische Wirkung«, lediglich eine »höhere«.[185] Gleichzeitig wird dem integren das wissende Subjekt vorgeordnet. Dieser Mechanismus dient der Disziplinierung menschlicher Unberechenbarkeit. Für Kipphardt scheint es »keine Frage«, daß der Einzelne »verhältnismäßig leicht« zum »Tier« werden kann, aber diese »Rückverwandlung« erweist sich als sozial determiniert und damit behebbar. Voraussetzung ist, und dies offenbart die Macht des Dramatikers (C, 1.), daß man »konsequent« zeigt, »welche Ursachen für eben diesen furchtbaren menschlichen Zustand verantwortlich gemacht werden können«.[186]

Am Ende steht wie bei Brecht der ›inszenierte Progreß‹ (C, 4.2.2). Kipphardt wendet sich nicht nur gegen ästhetische Subversion, sondern auch gegen ideologischen Schematismus. Die offiziell »herbeigesehnten Glorifizierungen«[187] seien »zutiefst antirealistisch«[188] und schadeten mit ihrer »Schönfärberei«[189] der »gemeinsamen politischen Sache«.[190] Statt den gesellschaftlichen Kausalnexus transparent zu machen, skizziere der Gebrauchsdramatiker »in der Regel den Arbeitsgang eines Eisenhüttenwerkes oder einer Konservenfabrik«. Der Zuschauer erfahre dabei »etwas über bestimmte Wettbewerbsformen und Neuerermethoden«, aber »recht wenig über die Menschen unserer Zeit«.[191] Fundament dieser Kritik ist Kipphardts Absage an eine Hierarchie des Wissens, wie sie ihren Ausdruck findet in der Unfehlbarkeit der Parteifunktionäre. Anders als Vertreter affirmativer Bühnenkunst (Baierl, Freyer, Zinner) bleibt Langhoffs Dramaturg überzeugt, daß sich das Individuum »nur in einschneidenden, seine Existenz bedrohenden *Handlungen* wandeln« kann, keinesfalls »durch richtige *Argumentation*«.[192] Kipphardt unterminiert auf diese Weise jedoch die selbstgesetzte Forderung nach einem Theater, das die materialistische Dialektik anwendet und nicht »die inner-

---

180 KS, S. 227 (Aus den Notatheften [1960]).
181 Vgl. KT, S. 54 (Shakespeare dringend gesucht [1953]).
182 Vgl. Kipphardt: Brief vom 10. Mai 1963 an Erwin Piscator (Nachlaß Kipphardt, Marbach).
183 Ebd.
184 Kipphardt: Diagnose und Therapeutik in der Literatur heute (1967), S. 13.
185 Kipphardt: Brief vom 10. Mai 1963 an Erwin Piscator (Nachlaß Kipphardt, Marbach).
186 SK, S. 13 (Gutachten: ›Die Tabakstraße‹ von Jack Kirkland [1957]).
187 KS, S. 23 (Brief vom 22. August 1949 an die Eltern).
188 KS, S. 30 (Brief vom 3. Mai 1951 an den Vater).
189 KS, S. 86 (Schreibt die Wahrheit [1954]).
190 KS, S. 23 (Brief vom 22. August 1949 an die Eltern).
191 KS, S. 83 (Schreibt die Wahrheit [1954]).
192 KS, S. 77 (»Der Dämpfer« von Paul Herbert Freyer [1953]). Zur Lessing-Intertextualität dieser Passage vgl. Karbach (1991), S. 338.

seelischen Zustände« zu »Triebkräften für die Entwicklung der Welt« macht. In der Extremsituation wirken keineswegs die »Vergnügungen des Wissens«[193] aktivierend, sondern zutiefst anthropologische Faktoren.[194]

Solche Widersprüche zeitigen aber kaum Konsequenzen. Als Dramaturg agiert Kipphardt allenfalls moderat innovativ. Zwar setzt er sich nachhaltig für die Historien von Peter Hacks ein,[195] Müllers *Lohndrücker* lehnt er jedoch ab.[196] Hauptkritikpunkt ist wie bei Matusches *Dorfstraße* (C, 4.1.4) das fehlende Herausarbeiten der zentralen Idee. Die »Einheit des poetischen Gegenstandes«[197] werde im letztgenannten Stück stark beeinträchtigt, weil der Fabelverlauf diskontinuierlich bleibe und das Figurenpersonal den Widersprüchen mehr ausgeliefert sei, als daß es sie beherrsche.[198] Im Unterschied hierzu projektiert Kipphardt die sukzessive Exposition der menschlichen »Charakteranlage« in ihrer »Gesamtheit«,[199] d.h. das Totalitätspostulat, das Handlungssicherheit gewährleistet, ist beibehalten. Aus Parteiperspektive erscheint Kipphardts Ästhetik trotzdem als Paradigma des Revisionismus. Der Autor sieht sich deshalb seit Mitte der fünfziger Jahre ständigen Invektiven gegenüber. Da er aber weder erpreßbar sein will noch »unter so blödsinniger Bevormundung«[200] weiterarbeiten möchte, kündigt er Dezember 1958 seinen Vertrag mit dem Deutschen Theater. Vorangegangen sind Diskussionen auf der SED-Kulturkonferenz (Oktober 1957), in deren Verlauf Kipphardt anders als zahlreiche seiner Kollegen dafür eintritt, die materialistische Dialektik auf den Dramenbereich zu übertragen. Zwei Jahre später setzt nach der Ablehnung von Wangenheims *Studentenkomödie* (B, 4.1.1) eine Pressekampagne gegen die Spielplanpolitik des Deutschen Theaters ein. Der Langhoff-Dramaturg beschließt daraufhin, »dieses Land [zu] verlassen« – jedoch mit dem Vorsatz, »Gedanken« und »Philosophie« nicht »aufzugeben«.[201] Offiziell wird der Umzug nach Westen daher als bloßer Ortswechsel verbucht. Kipphardt möchte, wie er der DDR-Führung mitteilt, keinesfalls als Renegat gelten.[202] Lediglich im privaten Diskurs sind die tatsächlichen Verhältnisse bezeichnet: »Ulbrichts Land« ist nun die »Diktatur eines spießbürgerlichen Parteiapparates, die sich mit dem Namen Sozialismus drapiert« und »eine Prostitution der Literatur« betreibt.[203] Als Kipphardt am 16. März 1959 von der SED-Kulturkom-

---

193 KS, S. 92, 95 (Zu einigen Fragen des heutigen Theaters [1957]).

194 Dies erklärt möglicherweise Kipphardts Absage an das Agitprop-Modell, die er mit Matusche und Hacks teilt, während sie ihn von Brecht und Müller unterscheidet (vgl. SK, S. 8).

195 Auch über Strittmatters *Katzgraben* äußert sich Kipphardt 1954 positiv (vgl. KS, S. 81).

196 Während der Beratung der Kulturkommission beim Politbüro des ZK (16. März 1959) bezeichnet Kipphardt diese Entscheidung als »einen großen Fehler« (SK, S. 26).

197 KS, S. 118 (Wohin führt »Die Dorfstraße« [1955]).

198 Für Kipphardt ist in Brecht-Nachfolge die »Entwicklung der Fabel [...] die wichtigste Aufgabe bei der dramatischen Arbeit« (KS, S. 75 [»Der Dämpfer« von Paul Herbert Freyer]). Aus diesem Grund plädiert der Autor in seinem Gutachten zu Hacks' Drama *Die Sorgen und die Macht* (B, 6.4.2) für die »Redaktion gewisser Sätze« (SK, S. 19).

199 KS, S. 77 (»Der Dämpfer« von Paul Herbert Freyer [1953]).

200 KT, S. 338 (Gespräch zwischen Heinar Kipphardt und Armin Halstenberg [1977]). Schon 1950 schreibt der Autor in einem Brief an die Eltern, er wolle »nicht irgendwelchen verlogenen Dreck schreiben, der gerade gebraucht wird« (KS, S. 22 [Brief vom 19. März]).

201 KT, S. 338f. (Gespräch zwischen Heinar Kipphardt und Armin Halstenberg [1977]).

202 Vgl. SK, S. 35 (Aus dem Bericht von Karl Kleinschmidt [10. November 1959]).

203 KS, S. 240 (Aus den Notatheften [1960]).

mission vorgeladen wird,[204] hat er mit Karl Heinz Stroux bereits einen halbjährigen Arbeitsaufenthalt in Düsseldorf vereinbart. Das von Langhoff zur Uraufführung vorgesehene Drama *Esel schrein im Dunkeln* (später: *Die Stühle des Herrn Szmil*) kommt nicht mehr auf die Bühne des Deutschen Theaters.[205] Zudem gestaltet sich die Ausreise der Familie wegen eines polemischen Artikels der Tageszeitung *Die Welt* schwieriger als erwartet.[206] Dies gilt letztlich auch für die kulturpoetische Position des Autors. Weder der »Nonkonformismus des leeren Kopfes«[207] noch die »Apologetik«[208] kommunistischer Staatskunst scheinen den Erfordernissen der Epoche zu genügen. Wie Hey und Weisenborn steht Kipphardt zu Beginn der sechziger Jahre zwischen den Fronten, wobei er sich (sowohl ästhetisch als auch politisch) nach Westen orientiert – schließlich hat man ihm jenseits der Grenze bereits »Gehirn«[209] und Nationalpreis[210] aberkannt.

4.1.3 Transzendenz und Totalität: Metaphysischer Naturalismus (Zuckmayer)

Während Kipphardt das aristotelische Modell durch Parameter des epischen bzw. dokumentarischen Theaters ergänzt, ist bei Zuckmayer eine vertikale Ausweitung festzustellen, die der veränderten historischen Situation Rechnung tragen soll. Tatsächlich äußert sich der Autor nach Kriegsende häufiger als zuvor über gattungspoetische Aspekte. Das Exilstück *Des Teufels General* (1942-1945) markiert dabei einen Wendepunkt: In ihm werden verschiedene Dramaturgien auf ihre Tauglichkeit hin befragt. Volker Wehdeking hat dieses Phänomen 1973 erstmals beobachtet, allerdings beschränkt sich seine Analyse weitgehend auf ästhetische Werturteile. Er übersieht, daß Zuckmayers »Stilbruch«[211] Methode hat, denn die Dramenkonzepte sind angesichts des Geschehenen aus den Fugen geraten. Nur ihre Kombination ermöglicht den Ausgleich der jeweiligen Defizite. Vor diesem Hintergrund sind die drei Akte unterschiedlich gestaltet. Zunächst dominiert ein detailgetreuer Darstellungsmodus, der den Sekundenstil der Naturalisten mit Reportagetechniken der Neuen Sachlichkeit verbindet. Beim Empfang anläßlich des fünfzigsten Luftsieges von Harras' Freund Friedrich Eilers wird die Kriegslage exakt berichtet, das Milieu der NS-Elite ist nach Jargon und Dialekt filigran abgeschattet. Der filmische Realismus dient des weiteren dem Aufweis der komplexen Dependenzen zwischen Individuum und Kollektiv in der »Höllenmaschine« Drittes Reich (ZT 1, 9). Nicht von ungefähr avanciert das Abhörgerät zum Korrelat des allgegenwärtigen Staats. Die naturalistische Perspektive bleibt nach Zuckmayer aber insofern problematisch, als sie den Fatalismus des Geschichtsverlaufs nicht abzubilden vermag. Hieraus erklärt sich die zunehmende Integration expressionistischer Muster, die auf eine höhere Seins-

---

[204] Über die fast zehnstündige Aussprache existiert eine stenographische Mitschrift, die 167 Seiten umfaßt und im Institut für Geschichte der Arbeiterbewegung archiviert ist. Auszüge des Protokolls sind inzwischen veröffentlicht worden (vgl. SK, S. 26-28). Während Langhoff Selbstkritik übt, verteidigt Kipphardt seine ästhetische Position.

[205] Zur Debatte um das Drama, das der Autor 1958 an Alfred Kurella schickt, vgl. SK, S. 29f.

[206] Vgl. Stock (1987), S. 61-63.

[207] KS, S. 191 (Brief vom 24. Dezember 1960 an Peter Hacks).

[208] KS, S. 185 (Brief vom 30. Mai 1961 an Peter Hacks).

[209] KS, S. 187 (Brief von Peter Hacks an Heinar Kipphardt [22. Dezember 1959]).

[210] Vgl. SK, S. 32. Die Aberkennung erfolgt am 8. April 1960.

[211] Wehdeking (1973), S. 512.

ebene verweisen sollen. Daß Zuckmayer der ästhetische Konvergenzprozeß nicht leicht fällt, zeigt die lange Entstehungszeit. Während erster Aufzug und Skizze des dritten innerhalb weniger Wochen abgeschlossen sind, zieht sich die Ausarbeitung des Mittelakts über zwei Jahre hin (Januar 1943 bis Juli 1945). Hinzu kommen historische Ereignisse, die in das Gesamtkonzept einzubeziehen sind: Stalingrad, Tod befreundeter Widerstandskämpfer, Aufstand des 20. Juli, Kollektivschuldthese. So wichtig diese Fakten sein mögen, Zuckmayer dienen sie letztlich nur als Beleg dafür, daß adäquate Welterkenntnis unter Ausschluß des Metaphysischen unmöglich ist. Symbol hierfür sind die nächtlichen Flakscheinwerfer, die – ähnlich wie bei Kaiser, Sorge oder Toller – über die Dächer wachsen und eine »riesenhaft ausgespreizte Hand« bilden (126). Auch Pützchen, im ersten Akt Exponent der jungen NS-Schickeria, wird nun zur »Fleischwerdung des Bösen im Geschlecht« (111). Mit Erotik und Machtphantasien sucht sie Harras zu verführen, so daß sich der General ihrer nur erwehren kann, als er nach Nietzsche-Vorbild mit einer »schwere[n] afrikanische[n] Peitsche« droht (126). Zuckmayer geht jedoch insofern über den Expressionismus hinaus, als er die Utopie eines ›neuen Menschen‹ in Frage stellt. Statt dessen betont er das Unberechenbare anthropologischer Verhaltensdisposition, wobei die spieltheoretische Fundierung durchaus moderne Züge trägt. Das innere Kommunikationssystem verlassend, gesteht Harras: »Ja, wir spielen alle. Wir sind in Rollen versteckt und wissen ihr Ende nicht. Wir kennen noch nicht einmal ihren Charakter. Wieviel Böses lauert denn in dir selbst? Frag den Autor. Ist er verrückt? Oder ein Schwindler?« (119).

Dem hiermit verbundenen Relativismus sucht Zuckmayer dramaturgisch entgegenzusteuern. Der dritte Aufzug, der den Untertitel »Verdammnis« trägt (131), wird stärker an Schiller orientiert: Die Prosa enthält zahlreiche Blankverse,[212] und der Wirklichkeit ist (wie in *Über naive und sentimentalische Dichtung*) die Idee als Korrektiv gegenübergestellt. Somit scheint der ›epigonale‹ Charakter des Schlußakts moralisch begründet. Harras erkennt nach dem Tod von Eilers, der in einem von Oderbruch manipulierten Flugzeug verunglückt ist, daß er sein Rollenspiel beenden und Verantwortung für das Geschehene übernehmen muß. Dadurch gelingt es ihm, eine ethische Zukunftsoption aufrechtzuerhalten, die wie im Klassizismus auf der Optimierung des Individuums gründet, allerdings keine gesellschaftliche Utopie beinhaltet: »Neue Zeit. Ich glaube – das ist auch so etwas, was es gar nicht gibt. Die Zeit – sie ist immer die gleiche. Groß – unberührbar. Ohne Anfang und Ende« (142). Dieses Wissen läßt sich jedoch nur emotional vermitteln als produktive »Beunruhigung« »in den Herzen und Geistern« des Publikums, vor allem des jugendlichen.[213] Um sie herzustellen, beschleunigt Zuckmayer die Handlungsgeschwindigkeit; der dritte Akt ist kaum halb so umfangreich wie der erste. Die erzeugte Finalspannung endet aber in der Aporie: Dem projektierten »Stromkreis der Liebe«[214] steht das Inkalkulable der metaphysischen Ordnung gegenüber, der

---

212 Vgl. u.a. folgende Textpassagen: »Umsonst, vergeblich, ohne Auferstehn« (ZT 1, S. 145), »Sie sind ein Mörder, Eilers war ein Held«, »Was weiß ein Mensch? Was kann ein Mensch denn wissen?« (ebd., S. 146), »mit jedem Herzschlag in die Ohren dröhnt« und »Wer bin ich denn – daß ich es ändern sollte« (ebd., S. 147).

213 Zuckmayer: Jugend und Theater (1951), S. 5.

214 Ebd., S. 10.

»politischen Aktualität« des Stücks (Andersch)[215] eine zeitlose Tragik (Langgässer).[216] Während Harras diesen Widerspruch im Suizid zu lösen trachtet, zerbricht Oderbruch daran. Sein »Schritt vom Wunsch zur Tat« soll zwar »moralisch überzeugen«, darf jedoch »nicht der Lösung« dienen.[217] Denn der Sabotage-Akt setzt eine Sicherheit im ethischen Urteil voraus, die der Mensch niemals besitzen kann. Mit anderen Worten: Oderbruch macht sich zum alter deus, der weiß, wie eine gute, gerechte Welt auszusehen hat, und dafür (zumindest in der Erstfassung) menschliche Opfer in Kauf nimmt (B, 1.2.2). Auf diese Weise verfällt er allerdings derselben »abgründige[n] Verachtung«, mit der Zuckmayer den »kindischen Versuch« betrachtet, beim Schreiben »den Lieben Gott zu spielen«.[218]

Die Hinwendung zu Schiller wird aber noch in anderer Form untergraben. Wie Goethe spricht sich Zuckmayer nämlich für eine Poetik des Inkommensurablen aus. Die Handlung folgt keiner Dialektik, fußt vielmehr wie der Mensch selbst im »Sprunghaften«, »Antilogischen«.[219] Dennoch könne man spüren (und hier schreibt der Autor traditionelle Geniekonzepte fort), »was man schreiben muß und was einen von Fall zu Fall überwältigt und wofür man dann keine ganz exakte Erklärung hat«. Die Essenz der Dramaturgie erweist sich als zeitlos, weshalb Zuckmayer sein Theater bewußt jenseits des Avantgarde-Diskurses verortet: »Ich habe nichts dagegen, [...] für einen Narren oder Arrieregardisten [sic!] gehalten zu werden – Arriere [sic!] ist nicht schlecht, denn ich weiß, wie rasch die Kolonne kehrtmacht, dann ist man wieder vorne«.[220] Dieser These entspricht die Vorstellung von der Bühne als einer »metaphysische[n] Anstalt«, auf welcher sich die »Quellen der tieferen Wirklichkeit« öffnen sollen.[221] Der Schönheitsbegriff wird deshalb erweitert: Nicht auf das Schöne »im Sinn einer ästhetischen Auswahl« komme es an, sondern auf die »heftigere, nacktere Schönheit des gesamten Lebensvorgangs, einschließlich seiner Gewalttätigkeit, seines Zerfalls und seines Grauens«.[222] Zuckmayer bezieht sich hier auf Nietzsches »amor fati«, begreift jenen indes als Fundament einer neuen Metaphysik. »Denn diese Liebe zum Schicksal bedeutet [...] den Einmut und Einklang mit dem höheren, dem überdimensionalen Sinn des Weltgeschehens.«[223]

In *Des Teufels General* ist der neue Humanitätsbegriff diskursiv präsent (ZT 1, 70, 143), ästhetisch aber noch kaum umgesetzt. Es gibt abgesehen von der expressionistischen Metaphorisierung kein konzeptionelles Äquivalent für die neue Vertikalität. Das illusionistische Modell, das in Zuckmayers erstem Nachkriegsstück nur vereinzelt auf-

---

215 Andersch: Deutsche Literatur in der Entscheidung (1948), S. 20. Zur durchaus präsenten Gesellschaftskritik in Zuckmayers Drama vgl. Rotermund (1976), S. 78-81.

216 Vgl. Bauer (1970), S. 73.

217 Äußerung Zuckmayers während einer Diskussion mit Münchner Studenten am 29. Februar 1948 (zit.n. Schröder [1964], S. 88).

218 Verbannung. Aufzeichnungen deutscher Schriftsteller im Exil, S. 147 (Brief vom 28. Februar 1944 an Friederike Zweig). Politisches Theater hat sich nach Ansicht des Autors »überlebt«. Denn – so die These aus dem Jahr 1969 – »wir sind bis aufs Hemd entlarvt. Wir wissen, was nicht in Ordnung ist, und was geändert werden muß. Darüber hinaus erheben sich ganz andere Fragen...« (ZM, S. 113 [Interview mit Dr. Heiner Gautschky]).

219 Zuckmayer: Pro Domo (1938), S. 84.

220 Bienek: Werkstattgespräche mit Schriftstellern (^{3}1976), S. 210, 204.

221 Zuckmayer: Pro Domo (1938), S. 78f., 82.

222 Zuckmayer: Die langen Wege (1952), S. 55.

223 Zuckmayer: Pro Domo (1938), S. 63.

gebrochen wird, erfährt im zweiten folgerichtig eine strukturelle Öffnung. *Der Gesang im Feuerofen* (1948/49)[224] ist ein zeitbezogenes Mysterienspiel, das unter dem Leitwort »›Creatori Creatoque‹« der »Wiederherstellung des geschöpflichen Zusammenhangs« dienen soll.[225] Vor diesem Hintergrund erklärt sich der veränderte Aktionsradius: Das Stück spielt »zwar zu einer bestimmten Zeit, ist aber nicht von Zeitverhältnissen bestimmt« (ZT 2, 12). Den Anfang bildet eine himmlische Gerichtsszene, in der zwei Engel die Klage über Louis Creveaux hören, der eine Résistance-Gruppe aus Savoyen an die Gestapo verraten hat. Während eines Weihnachtsballs werden die Widerstandskämpfer 1943 von deutschen Einheiten erschossen oder sterben in den Flammen des angezündeten Schlosses. Die Vorgeschichte ist ebenso naturalistisch dargestellt wie die Liebesbeziehung zwischen dem Wehrmachtsfunker Sylvester Imwald und der Französin Sylvaine Castonnier, die schließlich zusammen im ›Feuerofen‹ verbrennen. Allerdings erlaubt das Drama nur bedingt klare Schuldzuweisungen, denn auf der Realitätsebene bleibt der Mensch den Schicksalsgewalten unterworfen. Seine »Freiheit« liegt allein darin, das über ihn Verhängte zu »bestehn« (ZT 2, 117), sich selbst zu überwinden. Diese Existenzform kann nicht transgrediert werden, weil dem »Erkennen eine Grenze gesetzt« ist und »allem Wissen ein Ende« (157). Demzufolge verläuft die Scheidelinie zwischen Gut und Böse jenseits nationaler Zugehörigkeit, weshalb Zuckmayer die Soldaten der deutschen Heerespolizei und der französischen Garde Mobile »von den gleichen Schauspielern« darstellen läßt (12). Die eigentliche Tragödie des Menschen besteht vielmehr darin, daß er moralisch handeln soll, ohne die notwendige Autonomie zu erreichen. Auch von transzendenter Seite kann er keine Hilfe erwarten: Die »mythischen Naturkräfte« (Wind, Frost, Nebel) nehmen »am menschlichen Einzelschicksal keinen Anteil«,[226] und Gott »ist fern« (76), da er als »Erfindung der menschlichen Seele« nur »wahr« sein kann, wenn man ihn »träumt«.[227] Trotz allegorischer Handlungsebene bleibt der Einzelne damit auf sich angewiesen, vermag nur selbst jene »Liebe« zu verwirklichen, deren Kraft das Universum beseelt und den Menschen »unendlich / Segnet« (157). Sylvester gelingt dies, als er – über die Aktion ›Feuerofen‹ informiert – den französischen Widerstandskämpfern zu helfen versucht und mit ihnen in den Tod geht.

Die Erweiterung des illusionistischen Modells wirkt an dieser Stelle sinnstiftend, weil das Katharsis-Erlebnis »den Widerschein einer geheimen göttlichen Gerechtigkeit« vermittelt.[228] Um ihrer willen hat sich wie in Hofmannsthals Calderón-Aktualisierung *Das Salzburger Große Welttheater* ein kosmisches Tribunal zusammengefunden, dem die Erde als Richter vorsitzt und das Creveaux aburteilt. D.h. der Mensch ist zwar im metaphysischen Sinne unfrei (weil ohne Einfluß auf das Weltgeschehen), aber zugleich fähig, dies zu erkennen und entsprechend zu handeln. Die Gleichgültigkeit der

224 Zur Göttinger Uraufführung unter Heinz Hilpert (1950) vgl. A, 3.1.4. Zuckmayers Drama *Barbara Blomberg* (UA 1949), das Aufstieg und Selbstbescheidung der Mutter von Don Juan d'Austria behandelt, stammt bereits aus den frühen vierziger Jahren (siehe Wagener [1983], S. 85).

225 Zuckmayer: Geleitwort (1960), S. VII.

226 Zuckmayer: Zeichen für Klage und Lust (1950).

227 ZT 1, S. 143 (Des Teufels General [1942-1945]).

228 Zuckmayer: Jugend und Theater (1951), S. 9.

Naturgewalten dem Einzelschicksal gegenüber erfährt damit eine Revision, denn auch die Engel übernehmen schließlich die erbarmungslose Schuld-Sühne-Logik:

> Wer das Vertrauen bricht,
> Das von der Mutter Brust dem Kinde
> In die Lippen rinnt –
> Der hat die Gnade
> Verwirkt (ZT 2, 17).

Zuckmayer nähert sich hier antiken Vorstellungen. Sobald das Individuum »ins Weltschicksal« einzugreifen sucht, wird es »schuldig« und muß »an dieser Schuld [...] scheitern«. Derselben Kausalität folgt das Theaterstück *Das kalte Licht* (1955), dem – so der Autor im Nachwort – der Fall des Atomspions Klaus Fuchs zugrundeliegt.

> Wie dieser, ist der Handlungsträger des Stückes, Kristof Wolters, in Deutschland als Sohn eines protestantischen Pastors geboren (die Person des Vaters, die Familie überhaupt, werden im Stück nicht berührt), er betätigte sich als Student im Lager der linksradikalen Politik und mußte daher nach der Machtergreifung durch die Nationalsozialisten aus Deutschland fliehen. Er vollendete sein mathematisches Studium in England, wobei er seinen Lehrern durch ungewöhnliche Begabung auffiel, wurde nach Kriegsausbruch als ›feindlicher Ausländer‹ in ein Anhaltelager nach Kanada verschifft, aber nach einer gewissen Zeit nach England zurückberufen und arbeitete seitdem in staatlichen Geheiminstituten an der theoretischen Entwicklung der Atombombe. Obwohl er die britische Staatsbürgerschaft erworben hatte, lieferte er aus eigenem Entschluß fortgesetzt Informationen über seine Arbeitsergebnisse und die der gesamten westlichen Atomforschung an den Geheimdienst der Sowjetunion, auch als er mit einer Abordnung britischer Wissenschaftler nach den Vereinigten Staaten berufen worden war, sowie nach seiner Rückberufung zu einem englischen Forschungsinstitut, ohne daß seine Spionagetätigkeit entdeckt wurde. [...] Sein Geständnis wurde letzten Endes durch die äußerst subtile und einsichtige Ausforschungsarbeit eines britischen Untersuchungsbeamten zuwege gebracht.[229]

Der Wille zur »Form des dokumentarischen Reports« erklärt den naturalistischen Darstellungsmodus des Schauspiels. Hierbei handelt es sich jedoch um eine Schreibweise des Verlusts, denn der klare Diesseitsbezug der Handlung verweist auf die »Denk- und Glaubenskrise der Gegenwart«. Zuckmayer wehrt sich deshalb gegen die These, das Stück bleibe auch der Intention nach faktenorientiert. Tatsächlich sei der Bezug zur Atombombe nur exemplarisch; im Mittelpunkt der Handlung stehe vielmehr »ein menschlicher Gewissenskonflikt, der höchstens in Zeiten der Religionskriege Parallelen« finde.[230] Wie bei Reinhold Schneider, der ähnliche Ansichten vertritt (B, 6.3.1), dient das aristotelische Modell der Fortschreibung individualethischer Aporien und damit dem Versuch, das handelnde Subjekt ex negativo zu retten. Zuckmayer fällt aber insofern hinter Schneider zurück, als er weiterhin an der Möglichkeit adäquaten Weltverhaltens festhält. Für ihn gibt es kein notwendiges Scheitern machtpolitischen Agierens. Erkennt der Mensch seine »Schuld«, die im »Übertritt« der ihm gesetzten »natürlichen und sittlichen Grenzen« besteht, so liegt darin die »Wurzel einer möglichen Entsühnung«. Das kathartische Erlebnis läßt sich jedoch nur realisieren, wenn im Drama selbst dem »Totalitätsanspruch« der gesellschaftlichen Doktrin ein Alternativmodell gegenübergestellt wird. D.h. die fehlgeleitete Epoche muß bezogen bleiben auf den »in

---

229 ZT 3, S. 242 (Nachwort zum ›Kalten Licht‹ [1955]).
230 Ebd., S. 241, 243.

seinen menschlichen Grenzen intakt Gebliebenen«[231] – hier den englischen Geheimdienstler Thomas Northon. Aber auch ihm gelingt es nicht, Wolters zum Eingeständnis seiner Spionagetätigkeit zu bewegen. Dies vermag erst die Treue der ehemaligen Geliebten Hjördis Lundborg. Obwohl sie die kriminellen Machenschaften des Freundes entdeckt, verrät sie ihn nicht an ihren Gatten, den Chefingenieur Sir Elwin Ketterick. Es ist dieser Liebesakt, der Wolters erkennen läßt, wie problematisch sein Versuch war, die machtpolitische Asymmetrie der Nachkriegszeit rational lösen zu wollen. (Nicht zufällig unterliegt er kurz vorher im Schachspiel dem Juden Friedlaender, weil er dessen unorthodoxer Taktik nicht gewachsen ist.) Das Drama endet mit der Bekehrung des Helden, der trotz zehnjähriger Gefängnisstrafe sicher weiß, daß Hjördis ihn heiraten wird. Wolters Schlußworte beschreiben die kathartische Wirkung des Agapismus: »Ich habe mein Leben lang im Strahl eines kalten Lichtes gestanden, das von außen kam, und mich mit einem inneren Frost erfüllte. Aber ein Augenblick – kann wie ein Feuer sein, in dem sich alles verwandelt« (ZT 3, 150). Ähnliche Tendenzen bestimmen die beiden nachfolgenden Schauspiele *Die Uhr schlägt eins* (1960) und *Kranichtanz* (1961). Wieder dominiert eine filmisch-naturalistische Dramaturgie, wobei der Plot kolportagehafte Züge gewinnt. Zuckmayer kritisiert u.a. den unreflektierten Wiederaufbau, die Verdrängung des Holocaust sowie die Stellvertreterkriege der Nachkriegszeit. Im Mittelpunkt der Handlung stehen jeweils Menschen, die sich – schicksalhaft verstrickt – falscher Lebensentwürfe bewußt werden und schließlich die Liebe als sinnspendende Kraft erfahren.[232] Mit dieser Form eines metaphysischen Aristotelismus ist Zuckmayer Anfang der sechziger Jahre nahezu isoliert innerhalb der deutschen Nachkriegsdramatik.

4.1.4 Transzendenz und Diskontinuität: Poetischer Naturalismus (Matusche)

Wie Zuckmayer zeigt sich auch der DDR-Dramatiker Alfred Matusche überzeugt, daß die historische Perspektive nicht genügt, um substantielle Aussagen über die Welt treffen zu können. Er gilt daher schon früh als »schwer einzuordnende[r] Außenseiter«,[233] der im Realsozialismus »eigentlich nie« »zu Hause«[234] war und dessen Werk sich allen »Katalogisierungsversuchen«[235] entzieht. Tatsächlich wird er von Brecht und Müller wegen seiner ›Ästhetik der Authentizität‹ geschätzt,[236] von Hacks als Moritz Tassow nicht unsympathisch porträtiert[237] und doch gleichzeitig mit »Claudel« in Verbindung gebracht (GM, 85). Grund hierfür ist die Interimsposition von Matusches Dramen, die zwischen Naturalismus und christlicher Poetizität oszillieren.[238] Der Autor selbst ver-

---

231 Ebd., S. 243f.
232 Vgl. Wagener (1983), S. 119-123.
233 Siebenhaar (1987), S. 387. Ebenso sehen es Riewoldt (1983), S. 155 und Pauli (1992), S. 74.
234 GM, S. 230 (Thomas Fritz).
235 Rezension von Claus Hammel (zit.n. Matusche: Nacktes Gras [1959], S. 90*).
236 Für Müller »stimmt« bei Matusche »jeder Satz« (zit.n. Serke [1998], S. 71), und auch Brecht hält »jede Zeile« des Dramatikers für »wahr« (zit.n. GM, S. 206).
237 Vgl. die Äußerungen von Müller und Hacks (Serke [1998], S. 85f.).
238 Nach Hacks »machte« Matusche »den hiesigen poetischen Naturalismus« (zit.n. ebd., S. 71).

langt von seinen Figuren »Echtsein« (GM, 161), trotzdem verkörpert für ihn nur die Religion »die dauernde Mitte als Spannung und Ruhe zugleich«.[239]

Nach der vieldiskutierten Uraufführung der *Dorfstraße* am Deutschen Theater (1955) wird Matusche mit Hacks in die erste Reihe der ›Brecht-Erben‹ gestellt. Max Schroeder konstatiert anläßlich des IV. Schriftstellerkongresses: »Neuerlich sind zwei Talente hervorgetreten, die unserer Bühne bedeutende dichterische Beiträge gegeben haben«.[240] Matusche besitzt jedoch nahezu keine Theaterresonanz. Sowohl *Die Dorfstraße* als auch *Nacktes Gras* erleben lediglich ihre Uraufführung, letzteres 1958 im Maxim-Gorki-Theater. Während Heiner Müller das »merkwürdige Verhältnis« zwischen hoher ästhetischer Qualität und praktischer Unspielbarkeit als Faszinosum konstatiert,[241] glaubt Jürgen Schröder, Matusches »Zeit« werde »vielleicht noch kommen«.[242] Der allgemeinen Wertschätzung des Dramatikers steht quasi paradox die Inexistenz fundierter Forschungsliteratur gegenüber. Vor allem Matusches Ästhetik ist bisher nicht untersucht worden. Dies liegt u.a. daran, daß der Autor aufgrund fundamentaler Skepsis gegenüber ästhetischer Didaxe keine Theorieschriften verfaßt: »Ich kann das nicht schreiben, was ich eigentlich will und was ich damit aussagen will. Ich kann es nur empfinden, daß die Funktion der Kunst etwas anderes sein muß« (GM, 165).[243]

Vor diesem Hintergrund verweigert sich Matusche sowohl der Aufbaudramatik als auch dem Bitterfelder Weg. Sein Kommunismus ist unorthodox und systemkritisch, sein gesellschaftlicher Ort der des Eremiten, der erkannt hat, daß der Sozialismus (wenn überhaupt) »mühsam und langsam« Wurzel faßt. »Nur die Naiven können leichte und sofortige Erfolge erwarten«, das wirkliche »Leben« ist »komplizierter als eine Zeitung«.[244] Angesichts solcher Bemerkungen fällt es Matusches Freunden schwer, sein Werk mit dem parteipolitischen Diskurs zu vernetzen. Man versucht es über die Begriffe »Anti-Bürger« und »Antifaschist«,[245] deren Schlagwortcharakter die Polyvalenz der Schauspieltexte allerdings nicht zu erfassen vermag. Des weiteren werden Kommentare Matusches zu politischen Ereignissen zurückgehalten, weil es 1971 »noch immer nicht« möglich scheint, »alle seine Äußerungen zu verkraften«.[246] Der Autor selbst befürchtet statt dessen den posthumen Mißbrauch des eigenen Werks und vermacht den Nachlaß deshalb dem Schauspieler Peter Sodann, nicht seinem Intimus Armin Stolper. Ähnlich zurückhaltend agiert Matusche bereits 1961, als er die Einladung Alfred Kurellas zur vorbereitenden Aussprache des V. Deutschen Schriftstellerkongresses unbeantwortet läßt.[247] Dahinter steht eine tiefe Aversion gegenüber totalitären Narrativen: »Weltan-

239 Mündliche Äußerung von Matusche (zit.n. ebd., S. 69).

240 Schroeder: Dramatik und Bühne heute (1956), S. 7.

241 [Müller:] Über Brecht (1996), S. 235. Dieselbe Ansicht vertritt Harald Gerlach, wenn er 1979 mit Blick auf Matusche konstatiert: »nicht zur Kenntnis nehmen / Hör- und Sehgewohnheiten, / den Marktwert der Poesie« (S. 157 [Epitaph für Matusche]).

242 Schröder (1994d), S. 326.

243 Auch Soldat Gleß konstatiert im *Regenwettermann* (ca. 1961): »Ich hab Fragen, die man keinem anderen stellt. Ich hab Fragen, weil nicht das Eigentliche gesagt wird« (S. 10).

244 Äußerung von Matusche aus dem Jahr 1955 (zit.n. GM, S. 167).

245 GM, S. 229 (Christoph Schroth, Armin Stolper).

246 GM, S. 226 (Armin Stolper).

247 Vgl. Serke (1998), S. 99.

schauungen sind nichts Verpflichtendes«,[248] denn die »Staatsideologie gehört nicht zu den Menschen«. Andererseits weiß Matusche um jene anthropologische Disposition, die solche Thesen pro praxi ad absurdum führt – den »engen Gedanken« nämlich, der »nun mal« dem Individuum »eigen« ist.[249]

Hauptdefizit politischen Denkens bleibt folglich die eingeschränkte Erkenntnismöglichkeit. Während im *horizontalen* Bereich »nicht alles erklärbar« ist,[250] »öffnet« sich, sobald die Probleme »bis an die Grenze«[251] herangeführt werden, ein *vertikaler* Spalt, der neue Einsichten erschließt. Die Substanz der Dinge läßt sich daher vom irdischen Standpunkt aus nicht episierend gestalten, sondern allenfalls asyndetisch: »Kurz und knapp, eins neben das andere stellen, kein Kommentar«.[252] In Matusches Theaterstück *Die Dorfstraße*, das 1954 entsteht, ist dieses Verfahren dramatisch umgesetzt. Der Plot scheint entsprechend dispers:

> In den letzten Kriegstagen wird eine deutsche Wehrmachtseinheit unter Oberleutnant Ernst in einem Dorf nahe der Oder-Neiße-Linie eingeschlossen. Der russische Oberleutnant und Partisan Rokossi veranlaßt die Deutschen, einige Eisenbahnwagen, in denen sich Deportierte befinden, zu öffnen. Nach der Kapitulation kehrt Ernst, der inzwischen die Absurdität des Krieges erkannt hat, auf das Gut des alten Boguslaw zurück, weil Elleonor, seine Frau, dessen nächste Verwandte ist. (Der erbberechtigte Enkel wurde wegen Beteiligung am Aufstand vom 20. Juli hingerichtet.) Ernst scheut sich jedoch, den Hof zu übernehmen. Inzwischen hat Rokossi das örtliche Flüchtlingslager aufgelöst und sucht die Umsiedler auf dem Gut unterzubringen. Elleonor, die den erhofften Besitz nicht aufgeben will, schießt den russischen Oberleutnant nieder, bevor ihr Mann die blinde Partisanin Duschenka wiedertrifft, deren Augen ihm während des Krieges implantiert wurden. Der Schluß des Dramas bleibt ambivalent: Auf die Frage eines jungen Burschen, ob sie aus der Bahnhofsstation zu ihm herauskommen wolle, antwortet die Polin lächelnd: »Nein, ich sehe dich nicht« (MD, 44).

Bereits die Handlungsskizze, die nur einen kleinen Teil der politischen, sozialen und moralischen Konflikte beinhaltet, zeigt Matusches Tendenz zur Verabschiedung ideologischer clarté. Nicht von ungefähr moniert Heinar Kipphardt, der sich mit Langhoff nachdrücklich für die Aufführung des Stücks ausspricht, daß die »Einheit des poetischen Gegenstandes« in zweifacher Hinsicht »beeinträchtigt« sei: der Plot verliere sich »in Nebenhandlungen«, und die »Ursachen dieser Wirklichkeit« blieben unzureichend geklärt.[253] In der Erstfassung *Die Grenzgänger*, die vor und während der Proben mehrere Revisionen erfährt,[254] ist die Fabel noch stärker aufgelöst. Lothar Creutz spricht sogar von einem »abstrusen Gebilde ohne Handlung und Aufbau«.[255]

Wenngleich solche Äußerungen übertrieben sein mögen, sie belegen doch den Eindruck, daß Matusches *Dorfstraße* nicht von einem archimedischen Punkt aus konzipiert ist. So lernt Oberleutnant Ernst durch die »furchtbare Transplantation« (MD, 43) der

---

248 Notiz von Matusche (zit.n. ebd., S. 69).
249 Mündliche Äußerung von Matusche (zit.n. ebd., S. 70).
250 GM, S. 83 (Christoph Schroth).
251 Mündliche Äußerung von Matusche (zit.n. Serke [1998], S. 71).
252 Mündliche Äußerung von Matusche (zit.n. Stolper [1971], S. 194).
253 Kipphardt: Wohin führt »Die Dorfstraße«? (1955), S. 136f.
254 Vgl. Serke (1998), S. 91f.
255 Creutz: »Die Dorfstraße« (1957), S. 274. Ähnlich urteilt der damalige Chefdramaturg Kipphardt: »Es waren Episoden, Erzählungen. Von einer nur leidlich einheitlichen Handlung, von einer Fabel gar war noch nicht die Rede« (Vorbildliche Zusammenarbeit [1955], S. 6).

Augen Duschenkas zwar »anders« sehen (7), aber mit dem Wissen um die Perversion wird das Inhumane Teil seiner selbst, wodurch jede Natürlichkeit (scilicet sexuelle Potenz) schwindet. Matusche, der die *Dorfstraße* »ein wahres Stück« nennt,[256] zugleich aber für nicht abgeschlossen hält,[257] verzichtet auf jede textimmanente Lösung: »Nur die Sturmstöße«, heißt es in der Regieanweisung, »sind vernehmbar« (14). Andererseits ist es gerade die naturae lingua, deren Existenz »wie bei Claudel« (GM, 79) die Frage aufwirft: »Ist Gott einholbar?« und so die Grenzen des rationalen Diskurses festsetzt. »Nicht mehr grübeln, herankommen lassen. Gottsuche ist die Begegnung des Lebens mit dem Tod«,[258] der »groß und frei« macht.[259] Matusches Dramatik tangiert daher mehrfach das Absurde: Die Welt scheint »sinnlos« und der Selbstmord nahe,[260] denn Schmerz ist nicht auflösbar: »Das Bittere bleibt bitter, wie wir es auch ansehen«.[261] Vor diesem Hintergrund hat der leidende Mensch »die größte Lust«, auf einen Gott »zu fluchen«, der es »verdient«, daß »seine Kirchen zerschossen« sind. Tatsächlich erscheint in der *Dorfstraße* ein Mann namens »Hiob«, der sich vom Himmel gestraft glaubt und den geforderten Durchhaltewillen verweigert (MD, 29, 18, 30). Aber noch die totale Negation verweist bei Matusche auf die Existenz des Absoluten: Das Leben selbst erscheint als »Kirche« »mit der Erde bunten Fenstern«.[262] Damit ist jedoch die Absage an ein personales Gottesbild verbunden, und die Gretchenfrage kann nur beantwortet werden im Verweis auf die atmende Natur und eine Stadt, in der man »erst zu Hause« sein kann, »wenn man auch mal in der Kirche gewesen ist«.[263] Im Zentrum dieser Repräsentationsordnung befindet sich der Mensch; ihn hat die »größte Idee, Aufgabe und Politik [...] zum Ziel«.[264] Doch obwohl das Humane wie bei Strittmatter (C, 4.2.3) die ästhetische Größenordnung bestimmt, kann nur der Transzendenzbezug etwas »Verpflichtendes« haben.[265] Matusche konstatiert daher im Gespräch mit seinem Freund, dem Schauspieler Sodann: »Weißt du, Peter, solange die Häuser höher gebaut werden, als Bäume wachsen, wird das mit der Menschheit nichts. Und mit dieser Gesellschaft wird es auch nichts, weil die Menschen vergessen haben zu beten. Kommunismus ist eine schöne Sache. Aber wenn man nicht beten kann, sollte man den Kommunismus nicht als Ziel ansteuern«.[266] Was für das persönliche Umfeld zum »religiösen Tick«[267] wird erweist sich diskursiv als Reaktion auf den auch im Westen reflektierten ›Verlust der Mitte‹ (A, 1.1). Für Matusche bleibt der Glaube »die letzte Einheit«, Gott »die wirkende Unruhe als Sein« und die menschliche »Seele« ein »Organ«, um »das Schweigen« des Herrn

---

256 Äußerung von Matusche aus dem Jahr 1955 (zit.n. GM, S. 167).

257 Vgl. GM, S. 223f. (Armin Stolper).

258 Mündliche Äußerungen von Matusche (zit.n. Serke [1998], S. 69).

259 Matusche: Welche von den Frauen? (1951/52), S. 21.

260 Matusche: Nacktes Gras (1958), S. 50f. Matusche selbst war – so Tochter Gottfriede – »ein sehr schwieriger Charakter, sehr depressiv«. Er litt »unter der Angst der Sinnlosigkeit« (zit.n. Serke [1998], S. 84, 89).

261 MD, S. 21 (Die Dorfstraße [1955]).

262 Matusche: Der Regenwettermann (ca. 1961), S. 15.

263 MD, S. 18 (Die Dorfstraße [1955]).

264 Matusche: Welche von den Frauen? (1951/52), S. 41.

265 Notiz von Matusche (zit.n. Serke [1998], S. 69).

266 Ebd.

267 Mündliche Äußerung von Treusorg Matusche (zit.n. ebd., S. 83). In der Tat malt Alfred Matusche Heiligenbilder, und seine Kinder heißen Treusorg, Gottfriede und Friedsorg.

wie des Todes »verständlich zu machen«.[268] D.h. selbst sozialistische Kunst hat stets »mit Religion« zu tun.[269]

In Matusches Dramen ist es vor allem die Natur, die mit dem menschlichen Bewußtsein kommuniziert und damit Mediatorfunktion besitzt für das Erleben von Transzendenz und Totalität. Die sinnstiftende Kraft der Schöpfung wird durch den Krieg nachhaltig beeinträchtigt, jedoch nicht vollständig zerstört: »In einer solchen Nacht müßte alles vereint sein«, entgegnet der deutsche Soldat Gleß vor dem Abtransport ostpolnischer Juden. »Dieser Abend, Juni, sonst so herrlich. Und auch heute. Die glänzenden Büsche im Regen. Ihre Blätter, auch sie atmen. Natur, Leben, Tod. Aber nicht so.«[270] Dahinter steht wie bei Hans Henny Jahnn (B, 5.2.2) die These, daß die menschliche Ordnung der natürlichen zu folgen hat, soll sie nicht destruktiv wirken. Das gewaltsame Anrennen des Partisanen gegen die deutsche Wehrmacht ist auch deshalb erfolgreich, weil jener erkennt, wie »herrlich« das Leben sein kann: »Früh um drei schon im Wald, wenn noch im Nebel die Sonne aufkommt. Wir sahen immer deutlicher, um was wir kämpfen müssen«.[271] »Diese Wahrheit zu wissen« wird zum »Trost / gegen andere Wahrheiten: zerhackte Schultern, / gefoltertes Auge im Terror oder zwei Zentimeter / unter der Bauchdecke quellen Eingeweide hervor / durch kläffende Maschinengewehre«.[272] Heiner Müller betont ebenfalls die schizophrene Evidenz, daß in der »Zeit des Verrats« die »Landschaften schön« sind.[273] Darüber hinaus thematisieren beide Dramatiker die Bedeutungslosigkeit des Individuums im modernen Zeitalter: Müller führt sie schonungslos vor, Matusche, »das große Kind des DDR-Theaters«, gestaltet sie nach Ansicht des Kollegen mit ›bewundernswerter Naivität‹ – allerdings, wie beide meinen, auf höchstem Niveau. Müller erinnert sich 1995 zustimmend an folgende Bemerkung Matusches: »er sagte, es gibt zwei Große, zeigte auf mich und sich«.[274]

Müllers ›Naivitätsthese‹ scheint aber insofern problematisch, als bei genauerer Hinsicht auch Matusches Dramatik auf Sinn-Fragmentarisierung zielt (wenngleich jenseits dialektischer Verfahren). Dieser Prozeß wird von verschiedenen Faktoren bestimmt, u.a. der Mehrdeutigkeit der Metaphorik, dem Aussetzen der Kommunikation und bzw. dem Paradox einer nicht diskursivierbaren Utopie. So ist die Sehnsucht nach dem einfachen Leben »wie derheeme«,[275] in dem »Schönheit«, »Wahrheit« und »Wirklichkeit« zusammenfallen,[276] durch die Erkenntnis untergraben, daß es nach 1945 »nichts Gemeinsames mehr unter den Menschen« gibt. Zwar wirken die »alten Linden, die Deutschland hat«, noch immer als Faszinosum,[277] der Beginn von Heines *Nachtgedanken* bleibt aber ebenfalls präsent.[278] Ähnliches gilt für die Pflanzensymbolik: Wenn der Faschismus besiegt ist, wird der Mensch »nacktes Gras« sein, über das »der Wind

---

268 Notizen von Matusche (zit.n. ebd., S. 69, 79, 105).
269 Mündliche Äußerung von Matusche (zit.n. GM, S. 165).
270 Matusche: Der Regenwettermann (ca. 1961), S. 18.
271 MD, S. 21 (Die Dorfstraße [1955]).
272 Matusche: Welche von den Frauen? (1951/52), S. 63.
273 MT 5, S. 80 (Motiv bei A.S. [1958]).
274 Mündliche Äußerungen von Müller (zit.n. Serke [1998], S. 71, 99).
275 MD, S. 35 (Die Dorfstraße [1955]).
276 Matusche: Der Regenwettermann (ca. 1961), S. 16.
277 Matusche: Welche von den Frauen? (1951/52), S. 67, 27.
278 Vgl. ebd., S. 13.

läuft«.[279] Damit ist der Ort des Todes wie der Zeugung bezeichnet (›ins Gras beißen‹ bzw. ›legen‹).[280] Selbst die Komik bleibt ambivalent, kennzeichnet Perversion und Fortschritt. Wer lacht kann die moralische Ordnung hinter sich lassen,[281] aber auch die »deutsche[] Misere«.[282] Des weiteren werden die unterschiedlichen Weltanschauungen figural entwickelt und kommentarlos kontrapunktiert. Matusche sieht indes das damit verbundene Relativismus-Problem, wenn er der postmodernen Kontemplation den Widerstand des Einzelnen entgegensetzt, der unabhängig vom ›Tod der Ideologien‹[283] für eine gerechtere Welt kämpfen soll. Nur in diesem Sinne läßt sich das für den Autor untypische Poem *Der politische Dichter* deuten, das anläßlich des 10. Jahrestages der DDR entsteht und demzufolge noch die »reinste Zeile« zum »Flugblatt« bzw. das »Drama« zum »Ruf« wird.[284]

Trotzdem zieht Matusche auch die Forderung nach engagierter Literatur in Zweifel. Denn dem Hinweis, angesichts der Kriegsgreuel »die Schönheit nicht [zu] vergessen«,[285] steht die Erkenntnis gegenüber, daß es »keine Ausnahme« »vor der Macht« gibt. Auf die Frage des kleinen Dani, was denn »stärker als die Macht« sei, antwortet der Totengräber – Foucault antizipierend: »Nichts. Eben die Macht«.[286] Aus diesem Grund übt Matusche zwar Kritik an der Ausbeutung des kleinen Mannes, verzichtet aber auf die Konturierung einer sozialistischen Zukunftsperspektive. Letztere deutet sich allenfalls metaphorisch an, weil der Autor dagegen ist, ungefilterten »Optimismus unters Volk zu bringen«, d.h. »den Geist so anzustrengen, daß es geistlos wird, was man zusammenschreibt«.[287] Die Schuldthematik erfährt hierdurch eine perspektivische Erweiterung. Nicht Dokumentation steht im Zentrum, sondern der ›poetische Bericht‹ über die Folgen des Faschismus für alle Teile der Gesellschaft, wobei Opfer und Henker wie bei Zuckmayer (C, 4.1.3) keineswegs bipolar gruppiert sind. Matusche zeigt immer auch den einsichtigen, moralisch nicht verwahrlosten Soldaten[288] und spricht sich damit gegen die Kollektivschuld-These aus.[289] Ohne Hitlers Kriegsverbrechen zu verharmlosen, bleibt das humanistische Deutschland ebenso präsent wie die Frage, ob im Krieg »denn zweerlee Blut geflossen« sei.[290] Der Shoa-Diskurs gestaltet sich ähnlich ambivalent: Obwohl Matusche zu den wenigen DDR-Dramatikern zählt, die den Holocaust behandeln, besitzt der Jude anders als bei Erwin Sylvanus keine ethische Sonderstellung (B, 1.2.2).

Widerstand ist allerdings auch hier individuell motiviert. In dem Drama *Der Regenwettermann* (ca. 1961) äußert er sich als Schrei, führt letztlich aber zu keiner Kollektivhandlung. Denn die Arbeiter reagieren mit Sprachlosigkeit auf das Dritte Reich, sind »so stumm« (30), daß in Anlehnung an Uhlands Gedicht *Der gute Kamerad* ein neues

---

279 Matusche: Nacktes Gras (1958), S. 37.
280 Vgl. ebd., S. 62 und Matusche: Welche von den Frauen? (1951/52), S. 22.
281 Vgl. Matusche: Der Regenwettermann (ca. 1961), S. 30.
282 Matusche: Welche von den Frauen? (1951/52), S. 33.
283 Vgl. mündliche Äußerung von Matusche (zit. bei Serke [1998], S. 70).
284 Abgedruckt bei Stolper (1971), S. 204.
285 Matusche: Welche von den Frauen? (1951/52), S. 75f.
286 Matusche: Der Regenwettermann (ca. 1961), S. 20.
287 Matusche: Welche von den Frauen? (1951/52), S. 29.
288 Oberleutnant Ernst (*Die Dorfstraße*), Soldat Gleß (*Der Regenwettermann*).
289 Vgl. Matusche: Nacktes Gras (1958), S. 37 und ders.: Der Regenwettermann (ca. 1961), S. 17.
290 MD, S. 35 (Die Dorfstraße [1955]).

»Lied« gesucht wird, weil »der Prolet sein Lied verloren hat«.[291] Auf diese Weise entstehen Parallelen zum poetisch-absurden Theater, das gleichfalls zielloses Opponieren darstellt (Anouilh: *Antigone*) und den ›Regen‹ als meteorologisches Signum der Nachkriegserfahrung verwendet (Grass: *Hochwasser*). Dieser Assimilationsprozeß hat jedoch Grenzen, da Matusche den Transzendenzbezug nicht verabschiedet. So öffnet der Regen eine Kreuz-Perspektive, aus der heraus die Landschaft als »weltenweiter Park« erscheint (Horizontale) und der Himmel mit der Erde durch die »Monotonie« (27) der Tropfen verbunden ist (Vertikale). Der »Regenwettermann« avanciert daher zum Symbol für das trotz Terrorherrschaft natürlich gebliebene Subjekt. Während alle schweigen, »brüllt[]« er als »einzige[r]« los (12),[292] aber sein Rufen verhallt ungehört. Am Ende bleibt nur das Erkennen der Inkommensurabilität individueller Normgebung (B, 6.2.1): Die »Wahrheit« zu »sagen« scheint weniger schwer, als »auch zu der Sache zu stehen«.[293] Angesichts eigener Ohnmacht und Todesfurcht »denkst du etwas und tust das Gegenteil«. Matusche emanzipiert sich hier vom sozialistischen Glauben an die Veränderbarkeit des Menschen durch Systemwechsel (B, 4.1.2). Für ihn ist die grundlegende Frage jene der Theodizee: »Wie soll man es vereinbaren? Hat Gott die ganze Natur erschaffen, warum unseren Ekel auch? Das Anwidern jeder Gemeinheit, die wir dann doch ausführen«. Als natur- *und* gesellschaftsbestimmtes Wesen agiert der Mensch im Spannungsbereich von Wahn und Wirklichkeit, Vernunft und Verführung. Der Nationalsozialismus erklärt sich damit kulturanthropologisch, nicht sozialökonomisch. Bei Matusche »führen wir Krieg«, weil »wir mit uns selbst nicht fertig werden«. D.h. der Mensch sucht die Ordnung, die ihm als polydeterminiertem Individuum fehlt, außerhalb seiner selbst. Statt der eigenen Unberechenbarkeit zu »begegnen«, entzieht er sich, »indem er Befehle ausführt«.[294] Dies schafft Simplizität und Sicherheit, läßt den Einzelnen jedoch zu einer funktionalisierbaren Maschine werden: »Wir machen den Krieg genausogut wie wir arbeiten«.[295] Diesem ›apollinischen‹ Erklärungszusammenhang stellt Matusche jedoch einen ›dionysischen‹ gegenüber, der nicht weniger relevant scheint. Vor dem Rußland-Feldzug konstatiert Hauptmann Fränkel: »Es reißt mich hin. [...] Wenn es noch Trompeten gäbe, wir welche mitführten, sie könnten nicht wiedergeben, was in mir vorgeht. Nicht die größten Schlachtengewitter. Ich verändere mich mit! Die Lust zum Weibe ist kein Vergleich mehr. Es ist die größere Lust«. Während der »Henker weiß, daß er ein Henker ist«, erkennt der »deutsche Soldat« dies »nicht«.[296] »Einsicht« in die »Schuld« bezeichnet daher den ersten Schritt zur »Wahrheit«, die erreicht ist, »wenn wir wissen, warum alle starben«.[297]

Gleichzeitig erweist sich das Sexuelle jedoch als integraler Lebensbestandteil und besitzt somit humanisierende Bedeutung. Der abstinente Mensch geht innerlich zugrunde, denn »schlimmer« als »im Gefängnis« (KZ) leben zu müssen ist »ganz ohne Weib-

---

291 Matusche: Nacktes Gras (1958), S. 22.

292 Auch Matusche soll nach einer antisemitischen NS-Aktion gerufen haben: »Da muß man doch etwas machen« (zit.n. Stolper [1971], S. 210).

293 MD, S. 10 (Die Dorfstraße [1955]).

294 Matusche: Der Regenwettermann (ca. 1961), S. 9, 35, 10, 26.

295 Matusche: Nacktes Gras (1958), S. 24

296 Matusche: Der Regenwettermann (ca. 1961), S. 30f.

297 Matusche: Welche von den Frauen? (1951/52), S. 34, 63.

lichkeit« zu sein.[298] Letztere markiert nämlich die einzige Möglichkeit, Totalität herzustellen: »Unruhe« als Vorgriff der Erfüllung.[299] Folgerichtig wird ›Liebe‹ von Matusche primär ästhetisch definiert. Sie entsteht »in dem Moment, da eine Frau sich mit ihrem ersten Wort in unser poetisches Gedächtnis einprägt«.[300] Das Verwirklichen dieser Idee, die wie im Realismus als »Edelstein« erscheint, der »erst geschliffen werden« muß, führt jedoch zu Aporien. So »kostet« es den Mann »Nerven, mit einer Frau verheiratet zu sein«. »Aber es kostet nicht weniger Nerven, mit Frauen nicht verheiratet zu sein«. Dasselbe gilt umgekehrt: »Es muß furchtbar sein, mit einem Mann verheiratet zu sein. Wenn er wach ist, arbeitet er, und sonst schläft er. Und hat er wirklich Zeit, sich zu verlieben, dann liebt er in seiner Frau noch tausend andere mit«.[301] Die im Titel von Matusches erstem Drama, einem Gegenstück zu Borcherts *Draußen vor der Tür*,[302] aufgeworfene Frage: *Welche von den Frauen?* wird deshalb nicht beantwortet. Die Komödie – nach Stolper eine »der besten deutschen« der Nachkriegszeit (GM, 226)[303] – exponiert vielmehr die Ambivalenz der Liebe als sinnstiftendem Faktor. Im Mittelpunkt der Handlung steht der junge Schriftsteller Ulrich Goetzke, der mit Hitlers Machtergreifung Deutschland verließ, im spanischen Bürgerkrieg kämpfte, nach Amerika emigrierte und dort seinen Lebensunterhalt als Tellerwäscher verdiente. Noch 1945 kehrt er zurück, um beim Wiederaufbau mitzuwirken. Er erhält den Auftrag, den Rundfunk zu reorganisieren.[304] Dabei muß er sich mit dem Menschenmaterial auseinandersetzen, das der Nationalsozialismus hinterlassen hat. Goetzkes Weg kreuzen vier Frauen mit unterschiedlichem Charakter: Theresia, die leidende Jugendfreundin, Lotte, die pragmatische Bürgerin, Marietta, die maßlos liebende Italienerin sowie Elke, die Widerstandskämpferin, mit der den Protagonisten Lebensschicksal und politische Grundhaltung verbinden. Die von ihr am Schluß gestellt Frage: »Und welche, von den Frauen?« (78), die auf das Problem adäquater Lebensführung anspielt, bleibt indes unbeantwortet. Das Ideal (Theresia) stirbt zu Beginn in *Traviata*-Manier, damit die Sehnsucht leben kann. Zwar wünscht der Protagonist ein »Paradies« mit »schönen Frauen« (76), weiß aber um die Unmöglichkeit, dieses zu »beschwören« (78). Daß er sich am Schluß wie Matusche und Tassow als Schriftsteller aus der Öffentlichkeit zurückzieht, unterstreicht das Streben nach dem kompromißlos Unbedingten. Vision ist eine Beziehung, in der man den »anderen« »als Mensch[en]« liebt und nicht »nur sich selbst« (54, 49). Wer »zu seinem Ich [...] gelangen« will »braucht das Du«.[305] Da Matusche die Welt als »Sprache« an-

---

298 Matusche: Nacktes Gras (1958), S. 29.

299 Notiz von Matusche (zit.n. Serke [1998], S. 79).

300 Mündliche Äußerung von Matusche (zit.n. ebd., S. 71).

301 Matusche: Welche von den Frauen? (1951/52), S. 17, 64, 29. Solche Äußerungen sind ebenso autobiographisch geprägt wie die an *Hoffmanns Erzählungen* erinnernde Konstellation, einem Künstler vier verschiedene ›Musen‹ gegenüberzustellen (vgl. Serke [1998], S. 71f., 80, 88).

302 Vgl. GM, S. 168 (Armin Stolper). Das Schauspiel, dessen nicht mehr vorhandene Urfassung Matusche 1953 beim staatlichen Preisausschreiben zur Förderung neuer Dramatik einreicht, erlebt erst 1979, sechs Jahre nach dem Tod des Autors, seine Uraufführung (vgl. Bläss [1989], S. 64). Von der Staatlichen Kunstkommission wurde die Komödie »als gänzlich indiskutabel abgelehnt« (Pollatschek: Diese Dorfstraße ist keine Straße der Dramatik [1955], S. 16).

303 Ähnlich sieht es Serke (1998), S. 88.

304 Der Plot basiert auch hier auf persönlichen Erfahrungen: Matusche selbst arbeitet nach Kriegsende beim Radiosender Leipzig.

305 MD, S. 152 (Van Gogh [1966]).

sieht,[306] kann dieses ›Du‹ aber auch durch eine Selbstbegegnung entstehen, in deren Verlauf das Werk »herausgepreßt« wird.[307]

Dieser Synthesevorgang vollzieht sich jedoch keineswegs ahistorisch, sondern ist substantiell beeinflußt von der »Scheiße«, »in der wir stecken«.[308] Trotz Verzichts auf schematische Polarität werden die ideologischen Gegensätze nicht nivelliert, denn nach Matusche darf man »nicht dort die Gemeinsamkeit suchen, wo keine ist«.[309] In dem Drama *Nacktes Gras* verläßt Gerda Vollmer aus diesem Grund ihren faschistischen Ehemann, um sich dem systemkritischen Lehrer Wegarth zuzuwenden. Sie erschießt ihren Gatten schließlich sogar, weil er für den gewaltsamen Tod des Freundes verantwortlich ist. Im Unterschied hierzu behandelt das auf Hauptmanns *Bahnwärter Thiel* zurückgreifende Theaterstück *Die gleiche Strecke* (1959)[310] diesen Emanzipationsprozeß in seinen destruktiven Auswirkungen. Der Protagonist, dessen Kinder nach dem Tod seiner Frau von der eifersüchtigen Schwägerin erzogen werden, reagiert auf deren zunehmenden Haß mit Mord. Anders als in der Vorlage muß sich Matusches Bahnwärter allerdings nach langer Zuchthausstrafe mit dem Weiterleben arrangieren.[311] Verbindendes Merkmal beider Stücke bleibt die Vorstellung, daß soziale Konflikte letztlich triebhaft indiziert sind. Wenn das Gute siegt, so ist dies nicht politisch, sondern individuell begründet und oft mit der Selbstzerstörung des Einzelnen verbunden. Am Ende steht deshalb die Erkenntnis der strukturellen Invarianz geschichtlicher Entwicklungsprozesse: Der »kleine[] gelbe[] Vogel«, der aufwärts »in die blaue Luft« strebt, wird stets »von einer Spatzenbande« verfolgt, gefangen und im »Straßendreck« »zerhackt«.[312] Hieran vermag selbst ein Systemwechsel nichts zu ändern, denn Matusche geht wie Kortner (A, 3.2.1) davon aus, daß es stets »solche und solche« gibt. Der »Kampf zwischen Geruhsamen und Rebellen« endet »nie«; es kommt letztlich »immer auf den einzelnen« an.[313] Mit anderen Worten: Der DDR-Dramatiker glaubt an den Möglichkeitsmenschen, der seine Kraft human nutzt. Folgerichtig konstatiert Partisan Waclaw in der Schlußszene der *Dorfstraße*: »Wir können das nicht so lassen. Wir haben doch nicht gekämpft, um uns jetzt nicht zu verstehen« (MD, 44). Auch der sterbende Gleß muß im *Regenwettermann* lernen, daß das »Unmögliche« in bestimmten Fällen »möglich« ist (36). Dahinter ruht die Hoffnung, es könne keine Katastrophe geben, die alles Leben zerstört. Der sich endlos fortsetzende Kampf des Menschen, »nicht überflüssig« zu sein (14), ist aufgehoben in der prästabilierten *Existenz* des Gesamtsystems: Aus dem »Nichts« geht nämlich »keine Welt hervor, und geht eine zugrunde, ist es nicht das Nichts, was sie aufnimmt« (33). Wer diesen Zyklus anerkennt »stirbt« »froh« und »lebt weiter«.[314] Der *Regenwettermann* erweist sich vor diesem Hintergrund als ›Anti-Godot‹. So fragt sich der glücklich gerettete Jude Dani, nachdem er die Salven der Massenexekution gehört hat: »Was tue ich?« Wenngleich er wie der Schriftsteller

306 Serke (1998), S. 78.

307 Mündliche Äußerung von Matusche (zit.n. Creutz: »Die Dorfstraße« [1957], S. 274).

308 Matusche: Nacktes Gras (1958), S. 43.

309 Notiz von Matusche (zit.n. Serke [1998], S. 106).

310 Erstaufführung als Fernsehspiel im DDR-Fernsehen (DFF 1) am 4. April 1961.

311 Das Stück basiert auf dem Hörspiel *Die junge Ehe des Bahnwärters* (1946/47), das allerdings mit der Niederkunft Minnas und ihrem Sterben im Kindbett endet (vgl. Hoefert [1998]).

312 Matusche: Nacktes Gras (1958), S. 57.

313 Mündliche Äußerung von Matusche (zit.n. Serke [1998], S. 77). Vgl. B, 1.2.1.

314 Matusche: Welche von den Frauen? (1951/52), S. 78.

Goetzke nicht weiß, »wohin« alles »führt« (75), bleibt er nicht stehen, sondern geht weiter, »immer nach Hause«.[315] Ob der ersehnte »Frieden« jemals erreichbar ist, scheint unklar und wird von Matusche am Ende seines Dramas *Nacktes Gras* (1958) bewußt mit einem Fragezeichen versehen (86). Das Satzzeichen weist über den naturalistischen Schreibmodus hinaus auf eine nicht näher zu bestimmende Transzendenz, die allein die Hoffnung wachhält, lebensweltliche Diskontinuitäten aufheben zu können.

4.2 Episch-distanzierende Modelle

4.2.1 Internationale Vorgaben und deutsche Rezeption

Die unter 4.1 skizzierten Zwischenpositionen machen deutlich, daß die Grenze zwischen illusionistischer und distanzierender Dramaturgie in der Textpraxis zuweilen verschwimmt. Ähnliches gilt für die Unterscheidung zum poetisch-performativen Theater (C, 4.3). Nichtsdestotrotz besitzen die hier vorgenommenen Modellbildungen durchaus heuristisches Potential, denn sie bezeichnen differente Strategien der Form- und Wirkungsästhetik. Die für das epische Theater konstitutiven Bestandteile sind in der Forschung mehrfach benannt worden; zu ihnen zählen u.a. Stationentechnik (einschließlich Vor- und Rückblenden), Spielleiterinstanz, doppelseitige Figurenkonzeption (Rollen-/Wirklichkeitsebene) sowie Verfremdungseffekte (Szenenüberschriften, Songs, Sprachstilisierung). Während Raum- und Zeitperspektive weitgehend aufgelöst sind, wird die Fabel zwar hinsichtlich ihres Kausalnexus subvertiert, letztlich aber nicht verabschiedet. Dies gilt – wie zu zeigen sein wird – sowohl für Brecht als auch den fremdsprachigen Bereich. Gerade im nicht-marxistischen Diskurs ist es erneut das Integralkonzept, das die verlorene Totalität wiederherstellt durch »Sichtbarmachung der Ganzheit des Problems im Nebeneinander der dargestellten Teile«.[316]

Obwohl die Adaptionen deutscher Autoren oft epigonalen Charakter haben, ebnen sie doch den Weg für den Wiederanschluß des eigenen Theaters an die internationale Avantgarde. Deren Modelle sind entgegen bisheriger Forschungsthesen nicht nur genauso verbreitet wie traditionelle Dramaturgieformen, sondern auch der Brecht-Rezeption gegenüber gleichgewichtig. Wichtigste Bezugsinstanzen sind Thornton Wilder, Paul Claudel und Jean Anouilh.[317] Grund hierfür ist die Tatsache, daß man diesen Autoren im Gegensatz zu Brecht eine postideologische Schreibweise zuspricht. Dies gilt vor allem für Thornton Wilder, dessen produktive Rezeption im Nachkriegsschauspiel kaum ansatzweise untersucht ist. Schwerpunkte waren bisher lediglich Aufführungs- und Bewertungsgeschichte.[318] Auf westdeutschen Bühnen scheint der US-Dramatiker nach 1945 omnipräsent: »Für einen beträchtlichen Zeitraum dürfte«, so Horst Oppel,

---

315 Äußerung von Matusche (zit.n. Serke [1998], S. 93).

316 Dietrich (1966), S. 117.

317 Die epischen Theaterstücke von Tennessee Williams (*The Glass Menagerie*, *Camino Real*), der in Strindberg-Nachfolge versucht das innere Geschehen der Traumlogik folgend zu ordnen, werden in der deutschen Dramatik kaum adaptiert.

318 Vgl. Brüning (1959), Frenz (1960, 1973), Voss (1963), Schimpf (1964) und Oppel (1977). Lediglich zu Wilders Einfluß auf Frisch und Dürrenmatt sind Forschungsarbeiten existent. Siehe u.a. Mauranges (1973) und Durzak (1979), S. 129-144.

»kein Tag des Jahres ohne Aufführung von *Unsere kleine Stadt* vergangen sein«.[319] Während Wilder in der SBZ fast ausschließlich negativ beurteilt wird,[320] bleiben die Kommentare der liberalen Kritik ambivalent: Einige monieren den originalitätssüchtigen »Manierismus der Form«,[321] anderen gilt der amerikanische Theaterautor als Paradigma der Moderne.[322] Wie nachhaltig indes sein Einfluß auf westdeutsche Dramatiker ist, belegt schon die Tatsache, daß selbst traditionell konzipierte Stücke häufig epische Parameter enthalten (Sprecherinstanz, Songs, Reden ad spectatores).[323] Mit anderen Worten: Das Drama wird während der Nachkriegszeit »von der Epik geradezu berannt, überall in der Welt«.[324] Angesichts dieser Modeerscheinung schreibt 1956 ein Rezensent mit Blick auf Gert Oelschlegels Schauspiel *Die tödliche Lüge*: »Endlich spielt einer nicht mehr die Walze des sogenannten epischen Theaters«.[325] Fünf Jahre später bittet der Berliner Schauspieler Rudolf Fernau die jungen Dramatiker, das Publikum mit »der sogenannten ›Verfremdung‹ und sonstigen Absurditäten zu verschonen« (SF, 4). Wie stark solche Vorbehalte die Rezeption der Avantgarde behindern, läßt sich aus einer Replik des Dramatikers Erwin Sylvanus ersehen. Seiner Ansicht nach kennt kaum ein deutscher Kritiker die Dramen von Waldmann, Dorst, Moers, Hildesheimer und Grass – Autoren, »die sich einer nichtklassischen, offenen Dramaturgie auf verschiedene Weise und in unterschiedlicher Intensität verpflichtet fühlen« (WA, 5).

Tatsächlich weisen bereits die epischen Theaterstücke eine konzeptionelle Vielfalt auf, die das bisherige Bild der deutschen Nachkriegsdramatik weitreichend korrigiert. Bezieht man den internationalen Kontext ein, so lassen sich die verschiedenen Funktionen der Distanzbildung genauer kennzeichnen, auch hinsichtlich ihrer modernehistorischen Avanciertheit. Im Rahmen des Wilder-Modells dient die Absage an den Illusionismus zunächst dazu, eine planetarische Perspektive zu ermöglichen, mit der in den Bereich »absolute[r] realität«[326] vorgestoßen werden kann. Dahinter steht die Vorstellung, daß die »Welt« eine »Einheit« bildet, »sich zu jeder Zeit und an jedem Ort das menschliche Herz durchaus gleich geblieben ist«.[327] Die weltpolitischen Differenzen erscheinen demzufolge als Ergebnis verzerrter Wahrnehmung. Nach Wilder hat die technisierte Welt den Menschen dafür blind gemacht, daß anthropologische Grunderfahrungen jede interkulturelle Differenz nivellieren – eine These, die auch dem Systemabsurdismus zugrundeliegt (B, 5.1.1). Das ›Universaltheater‹ ist Reflexionsmedium feststehender Erkenntnisse, die qua Episierung ins kollektive Gedächtnis zurückgerufen werden sollen. Die horizontale Perspektive weicht der vertikalen, weil sich nur so – wie

---

319 Oppel (1977), S. 6.

320 Vgl. Schimpf (1964), S. 48-70.

321 Ruppel: Geisteswandel im modernen Spielplan (1946), S. 69. Vgl. auch Kobbe: Zur Situation des deutschen Dramas in der Gegenwart (1947), S. 31-34.

322 Vgl. Groll: Das magische Theater (1946), S. 257. Siehe hierzu Schimpf (1964), S. 70-91.

323 Vgl. u.a. Mostar: Der Zimmerherr (1945), S. 156; Bortfeldt: Schiessbudenfiguren – ? (1947), S. 1f., 15; Kirst: Auch dem Gesindel spielen Flöten (1947), S. 5, 107; Friedrich: Die Straße Nirgendwo (1948), S. 47f.; Phoebus: Ferner liefen mit.... (1948), S. 5; Podehl: Kommen und Gehen (1948), S. 62; Thiess: Tödlicher Karneval (ca. 1948), S. 1-3, 116f.; Reif: Deutsche Tragödie (1949), S. 19 und Brodwin: Der leichtgläubige Thomas (1950), S. 101.

324 Pfeiffer: Der Dramaturg Bertolt Brecht (1957), S. 310.

325 Zit.n. Oelschlegel: Die tödliche Lüge (1956), S. 7.

326 Wilder: Vorwort (1959/60), S. 54 (Kleinschreibung im Original).

327 Wilders Adresse an das Neue Forum (1952/53), S. 193.

bei den Einwohnern von Grover's Corners (*Our Town*) – Privates und Kosmisches zusammenführen läßt. Folgerichtig wird das Wahrscheinlichkeitspostulat verabschiedet. Vorbilder hierfür sind Goethes *Faust II* und Joyces *Finnegans Wake*. Die Vorstellung, das Drama müsse dem Leben »eine Form geben«, es »durch alle möglichen Mittel wahrer machen als die Wirklichkeit«, verbindet Wilder mit dem französischen Dramatiker Jean Anouilh.[328] Für beide ist das aristotelische Modell aufgrund seiner teleologischen Struktur nicht mehr in der Lage, »wahrheit« auf der Bühne transparent zu machen.[329]

An dieser Stelle reagiert das epische Theater internationaler Provenienz – Brechts dialektischem Modell ähnlich (C, 4.2.2) – auf die Krise des Kausalsatzes als Ergebnis der quantenmechanischen Unschärferelation. Die Inkommensurabilität der Elementarvorgänge, die sich exakter wissenschaftlicher Betrachtung entzieht, scheint der Unbegreiflichkeit menschlicher Verhaltensweisen zu entsprechen. Folglich läßt sich das die Katastrophe auslösende Movens nicht mehr als additive Verkettung unglücklicher Umstände begreifen, sondern als Etwas, das eine fatale Wirkung zeitigt, danach aber irreduzibel fortexistiert. Die Einheit der Handlung wird deshalb verabschiedet zugunsten der seriell inszenierten Einheit des Problems. Was Wilder vorschwebt sind Dramen, die nach außen »bloß Diskontinuität« aufweisen, so daß sich der Zuschauer fragt: »Ist das nun der erste oder schon der zweite Akt«.[330] Das Bühnenwerk gewinnt hier metapoetische Funktion, weil der Autor sich mit ihm wie am Beginn von *The Skin of our Teeth* »über die altmodische weise, stücke zu schreiben, lustig macht«.[331] Andererseits halten Wilder und Anouilh letztlich am Modell der Erzählung fest, weshalb Adorno erst das absurde Theater als zeithistorisch adäquat ansieht. Denn im Krieg verliere das Leben jedes »›epische‹ Element«, es verwandele sich »in eine zeitlose Folge von Schocks«, zwischen denen »paralysierte Zwischenräume« klafften.[332]

Dieser Eindruck, der angesichts unvorhersehbarer Katastrophen auch bei Wilder entstehen könnte, wird vermieden durch den Stage Manager, der in der Tradition des Auto sacramental als Instanz höherer Lenkung fungiert. Wie Gott in Calderons *Großem Welttheater* den Menschen ihre Rolle zuweist, so Wilders Spielleiter den Akteuren auf der Bühne. In *Our Town* und *Alcestiad* ist er fähig, die Trennung zwischen Leben und Tod aufzuheben. Die früh verstorbene Emilie darf nochmals einige Stunden am Familienalltag teilnehmen, um die Beschränktheit menschlicher Wahrnehmung zu sehen, während der Stage Manager Alkestis sogar erlaubt, ihr Dasein aus dem Wissen um den Tod neu zu gestalten.[333] Das deutsche Nachkriegsdrama enthält ähnliche Szenen: In Bernhard Zebrowskis Komödie *Heimkehr – ohne anzuklopfen?* (ca. 1947) muß der Abendregisseur einschreiten, damit die zerstrittenen Eheleute Hans und Marlies von Werda wieder zusammenfinden (68); sein Pendant in Heinrich Christian Meiers Theaterstück *Zwei neue Handtücher* (1948) verhindert den Selbstmord der depressiven Frau Röttger. Dabei verzichtet der Spielleiter auf jede Allmachtsattitüde; er zeigt sich als

328 DT, S. 91 (Anouilh).
329 Wilder: Vorwort (1959/60), S. 53 (Kleinschreibung im Original).
330 Wilder: Ich selber bin nur ein Bewahrer (1955/56), S. 148.
331 Wilder: Vorwort (1959/60), S. 55 (Kleinschreibung im Original).
332 AS 4, S. 60 (Minima Moralia).
333 Die Möglichkeit, aus dem Jenseits zurückzukehren, ist in der internationalen Dramatik sehr präsent. Vgl. Elmar Rice: The Adding Machine (1923), Jean Cocteau: Orphée (1927), Robert Ardrey: Thunder Rock (1939) und Sartre: Les jeus sont faits (1947).

Durchschnittsmensch, der bei Wilder dazu bereit ist, selbst die Rolle einer bestimmten Figur zu übernehmen. Nach Ansicht Kurt Müllers wird hier eine »egalitär-demokratische Auffassung von der Rolle des Künstlers« deutlich.[334] In Peter Hirches Schauspiel *Triumph in tausend Jahren* (1955) ist diese Tendenz radikalisiert: Zwar erläutert Offizier Emminger zu Beginn als Spielleiter die Handlung, weist zugleich aber darauf hin, daß der Funktionswechsel keine Konsequenzen hat. Als Stage Manager und dramatis persona bewegen ihn »dieselben Gefühle« (5). Auch er ist Teil der stark dezimierten Kompanie, die sich auf der Krim befindet und nicht rechtzeitig evakuiert werden kann. Aus diesem Grund hebt Hirche die epische Perspektive schließlich auf. Emmingers Schlußwort ad spectatores bestätigt das Zusammenfallen von innerem und äußerem Kommunikationssystem: »Ich verfluche Euch nicht, denn wir sind verflucht« (132).

Im ethischen Diskurs wird die illusionsbrechende Instanz darüber hinaus didaktisch eingesetzt, versucht wie der Zeitgeist in Richard Pilaczeks Parabel *Dämon, Tod und Teufel* (1945) das Publikum zur moralischen Stellungnahme aufzufordern:

> Es hebt sich der Vorhang zum grausigen Spiel,
> Der Wahrheit Abbild, nur wenig, nicht viel;
> Ein Windhauch nur des Sturms, der verrauschte
> Und eine Seifenblase zur Weltkugel aufbauschte. –
> Die hundert Millionen ins Grauen gehetzt:
> Der *Dämon*, der *Tod* und der *Teufel* zuletzt,
> Sie treten nun auf; ihr kennt die Gesichter!
> Hört an, was sie sagen – – nun seid ihr die Richter!! (5).[335]

Bei Wolfgang Altendorf (*Schleuse*) erscheint der Stage Manager 1957 sogar als personifiziertes Gewissen, das in produktiver Wilder-Rezeption einen Mord ungeschehen machen, die letale Logik aber nicht auszusetzen kann. Die Wiederholung der Szene endet gleichfalls tödlich (B, 6.2.1).

Das Episieren dient hier der Genese einer objektiven Perspektive, wodurch sich vor allem die sozialkritisch orientierte Dramatik dem Brecht-Modell nähert. Ein frühes Beispiel ist das der Forschung bisher unbekannte Schauspiel *Napoleon Antropos* (1948) von Heinar Kipphardt.[336] Das dramatische Fragment läßt sich als Gegen-Wilder lesen, ohne jedoch kommunistisches Pamphlet zu sein, denn trotz differenter Gewichtung bleibt keine weltanschauliche Positionen unkritisiert. Im Zentrum der Handlung, die ohne Spielleiter-Instanz auskommt, aber kommentierende Songs enthält, steht die Familie der Titelfigur. Napoleon Antropos ist hier jedoch nicht zeitloser Durchschnittsmensch, sondern ewiger Bürger, der als skrupelloser Inhaber eines lukrativen Flüchtlingsringhauses selbst nach dem Krieg nur an Profit denkt. Der desillusionierte Altkommunist Schlauch präsentiert ihn daher zynisch als neuen Messias:

> Das ist der Genius der Tat, der aus der Dialektik fairen Konkurrenzkampfs das Antlitz des Jahrhunderts strahlend formt. Der Mann, der Gold entdeckt, wo andere Elend sehn, der Mann,

---

334 Müller (2006), S. 71.

335 Vgl. B, 3.1. Ähnliche Formen epischer Adressen finden sich bei Heinz Friedrich (Die Straße Nirgendwo [1948], S. 47f.) und Hans Walter Leonhardt (Diktator Bockelson [1947], S. 170f.).

336 Auf Wilder verweist neben der Namensgebung auch die Tatsache, daß Kipphardt das griechische Wort für ›Mensch‹ nicht mit etymologisch korrektem »th« schreibt, wie es im Deutschen üblich ist.

> der napoleonisch kühn auf Blut und Tränen Wohlstand schafft und blühende Fabriken, der uns aus Reiz und Langeweile das Glück der Volksvergnügungsstätten schmiedet, der Lahme gehen macht und Witwen tanzen. Cäsar des Leids. Der neue Mensch! Der neue Typ! Das Sinnbild der Epoche (13).

Der Antropos-Figur stehen die Exponenten des modernen Skeptizismus gegenüber. Born vertritt den enttäuschten Idealisten, der sich eingestehen muß, daß die Dominanz sozialanthropologischer Faktoren gesellschaftlichen Fortschritt unmöglich macht:

> Wir können es nicht ändern. Die Menschen lernen nichts. Du kannst ihnen Romane schreiben, aber Du kannst ihnen nicht helfen. Sie wollen es nicht anders. [...] Man schießt ihnen die Beine weg, und sie lesen mit Vergnügen die Memoiren ihrer Generäle. Und schlägt ihnen die Knochen kaputt. Und sie jammern erneut nach einem starken Manne. [...] Es ist ein Land von imbecilen Kleinbürgern. [...] Es gibt keine Arbeiterklasse (3, 11).

Im Unterschied zu Born sieht Hamlet die eigene Position als eine der Stärke. Er mokiert sich über den »Optimismus der Revolutionen« und ist »stolz darauf[,] unbrauchbar zu sein«. Wie alle Ästhetizisten findet er die Welt nur »an den Rändern interessant. Am Tod. Am Wahnsinn« (29f.). Wenngleich solche Positionen nicht unkritisiert bleiben, müssen auch die Vertreter des Marxismus den Ereignissen des Zweiten Weltkriegs ideologisch Tribut zollen. Zwar konzediert Mac Nagel, man habe das Proletariat 1933 den »Rattenfängern überlassen« (3), aber eine neue Agitprop scheint ihm ebenso problematisch. Nachdem er entsprechende Parolen »gequält blasiert« vorgetragen hat, gesteht er seiner Freundin Claire Antropos: »Ich finde es begabt, aber ich glaube nicht daran« (32). In der Tat oszilliert Kipphardts Fragment zwischen Sozialkritik und Skepsis, deutscher Misere und Hoffnung auf neue proletarische Gesellschaftsformen. So steht Claires These, »unsre Welt« sei »stark«, Nagels Antithese gegenüber: »Sie ist schwach, weil sie unmenschlich ist« (33). Die mögliche Synthese, eine humanere Welt, die ›stark‹ sein könnte, hat im Drama allerdings keinen Ort. Im Gegenteil, der eigentliche Plot (soweit rekonstruierbar) behandelt den wirtschaftlichen Machtkampf zwischen Napoleon Antropos und Menon, dessen Trust aus »Kriegskrüppeln, Kriegerwitwen und -waisen« bereits eine halbe Million Menschen umfaßt und der einen »Streik« dazu benutzen möchte, »um die Transatlantik-A.G. aufzukaufen« (11). Antropos versucht Nagel deshalb auf seine Seite zu ziehen, will eine neue Allianz von Kapital und Ideologie:

> Sie halten mich für Ihren Gegner. Es ist Ihre Sache, aber ich denke, daß wir aus einem Holz sind. Wir wollen mehr als andere, und wir haben konkrete Vorstellungen, wie das zu machen ist. Ihre Vorfahren heißen Konfuzius, Moses, Luther, Lenin und meine Alexander, Cäsar, Napoleon, Rockefeller. Es sind verschiedene Richtungen, aber wir entstammen einer Familie, und wir wollen dasselbe: Die Welt soll sein, wie wir sind (15).

Nagel willigt ein, zum Streik gegen Menon aufzurufen – wahrscheinlich, um auf diese Weise die Massen gegen Antropos zu mobilisieren. Der oben erwähnte Zweifel an der Stärke der Welt läßt allerdings vermuten, daß die Handlung nicht auf eine Vorbildrevolte hinausgelaufen wäre. Tatsächlich übernimmt Kipphardt bei aller Kritik an Wilders ›Universaltheater‹ die Tendenz, Geschichte zeitübergreifend zu sehen und dem Zuschauer eine Vielfalt von Sinnmodellen zu präsentieren, ohne daß damit Patentlösungen verbunden wären.

Erwin Sylvanus entwickelt in den fünfziger Jahren statt dessen ein Modell epischen Theaters, das den Zuschauern eine schon existente »Wahrheit« möglichst verlustfrei mitzuteilen sucht. Wie bei Wilder und Brecht steht der archimedische Punkt von Beginn an fest. Während jene die Verständnisleistung allerdings in den Rezeptionsakt verlegen, weshalb das Drama selbst keine Lösung liefern muß, ermißt sich für Sylvanus »der Rang eines Bühnenwerkes daran, wie sehr es als ein verwirklichtes Gewissen gelten kann«.[337] Die Darstellung bleibt gebunden an die Präsupposition ›vernünftiger‹ Logik.[338] Trotzdem kommt der Struktur zentrale Bedeutung zu, denn nur durch die »gültige Form« kann nach Sylvanus Transsubjektivität hergestellt werden, »meine Wahrheit mehr sein als eine private Wahrheit und mein Gewissen mehr sein als ein privates Gewissen«.[339] Experimentelles Theater ist notwendig, aber nur insoweit es moralisch zu verantworten ist. Das bereits besprochene Holocaust-Schauspiel *Korczak und die Kinder* (1957) sucht diese Synthese zu leisten (B, 1.2.2). Hier übernimmt Sylvanus von Pirandello (*Sechs Personen suchen einen Autor*) die Problematik der Adäquanz von Rolle und Figur, kehrt die Handlungslogik indes um. Nicht der Dramatiker lehnt die Akteure ab, sondern die Akteure haben (zunächst) keine Lust, das Werk des Dramatikers aufzuführen. Man befürchtet ein »Tendenzstück«, das aus Profitgründen ein Modethema behandelt (10). Dem Sprecher gelingt es sukzessive, das Interesse der Schauspieler zu wecken und damit – so die Hoffnung – das des Publikums. Statt jedoch wie Pirandello einen interpretatorischen Wahrheitskonflikt zu inszenieren, zielt Sylvanus auf die Exposition der moralisch richtigen Lesart. Voraussetzung ist in Übereinstimmung mit Habermas' Diskursethik, daß alle Positionen zu Wort kommen. Daher wird selbst dem Leiter des deutschen Einsatzkommandos die Möglichkeit zur Apologie seines Verhaltens eingeräumt. Die Bewertungskategorien sind allerdings vorgegeben: Während die Juden »im Wissen« »leben« und »dieses Wissen« »tun« (11), ist das »Menschsein« des NS-Chargen durch die rein funktionale Existenz als Befehlsempfänger bereits zerstört (40). Die Dominanz der ethischen Zielrichtung erklärt auch, weshalb Sylvanus sein Drama dezidiert dokumentarisch versteht: »Der Verfasser hat dieses Stück nicht erfunden. Er hat es nur aufgeschrieben« (5). Die Authentizität des Berichteten verbürgt somit vor jeder Rollendiskussion die ›Wahrheit‹ der endgültigen Auslegung. Aber das Geschehen ist noch auf andere Weise gegen semantische Offenheit abgesichert. Im Schlußmonolog verheißt der Sprecher Korczak, seinen Kindern und dem ganzen »Haus Israel« (49) ein ewiges Leben in dem von Gott verheißenen Land der Väter. Anders als Wilder, der auf jede soziale Utopie verzichtet, projektiert Sylvanus einen neuen Humanismus.

Wie in Brechts Lehrstücktheorie muß das Drama vor diesem Hintergrund Überzeugungsarbeit leisten – beginnend bei den Schauspielern und sich fortsetzend im Publikum. Sylvanus tendiert auch hier zu inhaltlicher Vereindeutigung. So behandelt die szenische Reportage *Zwei Worte töten* (1959) den Racheakt des farbigen Soldaten Louis Antonya. Als dessen deutsche Verlobte von einem jungen Mann als Hure beschimpft wird, ersticht ihn der Neger im Affekt. Antonya wird dafür in Kanada zu fünf Jahren Zwangsarbeit verurteilt. Erneut ist die Handlung episch nachgestellt und auf den kollektiven Gewissensentscheid ausgerichtet. Am Ende erhält der Spießbürger Eugen das

---

337 Die Pariser Theateravantgardisten (1958), S. 11.

338 Ähnliches gilt für Baierls didaktisches Theater (vgl. C, 4.2.4).

339 Die Pariser Theateravantgardisten (1958), S. 12.

»Messer«, woraufhin er die banale Geschichte, die er unbedingt erzählen möchte, vergißt, und die Zuschauer mit den Worten anklagt: »Das ist Ihr Messer. Ihr Messer. Sie haben getötet. Sie! Ich bin Zeuge!« Auch der »Unbekannte«, der Spielleiterfunktion ausübt, fügt ad spectatores hinzu: »Er ist Zeuge. Und nun beginnt das Stück erst. Sie spielen es. Gute Nacht!« (143f.).[340] Dieselbe Appellstruktur bestimmt Sylvanus' drittes Bühnenwerk *Unterm Sternbild der Waage* (1960), in dem metapoetisch der Versuch subvertiert wird, die deutsche Vergangenheit parabolisch zu gestalten. Denn das dem Intendanten Bauermann angebotene Schauspiel des Autors Stefan Bee, das denselben Titel wie Sylvanus' Drama trägt, stellt Drittes Reich und Holocaust in spätantiker Verfremdung dar. Als Bee durch einen anonymen Brief erfährt, daß er »das Recht« besitzt, »heute der Autor dieses Stückes zu sein« (17), beginnt er, es mit den Gästen der Von-Breitnerschen Pension einzustudieren. Die Probenarbeit wird sukzessive von der Gegenwart überblendet, wobei sich die Beteiligten als Paradigmata deutscher ›Restauration‹ erweisen: Sie sind dekadent, nationalistisch, verführbar. Schließlich konstatiert Bee das »absurde Ende eines absurden Stückes« (88): Der Genozid hat auch im Nachspielen stattgefunden und scheint »jeder Zeit« (85) wiederholbar. Bauermann lehnt das Werk daraufhin ab, während Bee den Ort des Geschehens verläßt – in Begleitung des algerischen Studenten Benhabilles, seines neuen Geliebten, den er kraft theatralischen Exempels vor »einem solchen Leben« »gerettet« hat (89). In Sylvanus' Drama *Der rote Buddha* (1960) ist das Spiel im Spiel ersetzt durch die Konfrontation zweier Parallelhandlungen. Wie bei Stefan Andres (*Tanz durchs Labyrinth* [1946]) und Ingeborg Drewitz (*Unio mystica – ein Spuk?* [1949]) werden zentrale Stationen der Menschheitsgeschichte vorgeführt – beginnend allerdings erst im 18. Jahrhundert und unter Verzicht auf jeden Transzendenzbezug. Historische Schwerpunkte sind: Feudalordnung, Französische Revolution, utopischer Sozialismus (Wilhelm Weitling), Frühkapitalismus (Großbritannien), Bombenanschläge auf den Zaren (Polen), Stalinismus und Atombombenabwurf (Hiroshima).[341] Auf der Simultanbühne erscheinen zunächst die ›Opfer‹, die von den Mächtigen geschundenen Individuen, die für Menschenwürde kämpfen, aber stets niedergeschlagen werden. Abwechselnd hierzu tritt in Wilder-Nachfolge eine Familie auf, die von denselben Schauspielern gestaltet ist und durch die Zeiten hin nur darauf achtet, den Status quo zu erhalten.

Neben die sozialkritische Funktionalisierung der epischen Technik tritt seit 1945 die transzendente. Wilders Universalmodell wird dabei mit der Mysterienspiel-Tradition und Claudels Totaltheater verbunden, so daß aus der planetarischen Perspektive eine heilsgeschichtliche wird: Der Kosmos fungiert als Spiegel Gottes, der Dichter als Spiegel des Kosmos, d.h. wie bei Calderon ist der Herr Ordner der Welt und des (Lebens)Spiels. So wird in Andres' Drama *Tanz durchs Labyrinth* dem Protagonisten Fant ein Chorführer zur Seite gestellt, der Spielleiter-Züge trägt und verschiedene Stadien der Menschheitsgeschichte vorführt (B, 1.2.2). Doch obwohl stets politische Systeme gestürzt werden, läßt sich kein wirklicher Progreß nachweisen. »Denn allmächtig ist der Staat«, und »die uns heut erschießen, / Sie leben fort im nächsten« (129f.).[342] Sinn er-

340 Bei Wilder verabschiedet sich der Spielleiter mit denselben Worten vom Publikum (vgl. Theater, S. 81 [Unsere kleine Stadt] und 178 [Wir sind noch einmal davongekommen]).

341 Vgl. Sylvanus: [Auszug aus:] Der rote Buddha, S. 114.

342 Zur Staatskritik in Andres' Tragödie *Sperrzonen* (1958) vgl. Conrad (1993), S. 22-25.

hält der Widerstand daher nicht aufgrund möglicher Erfolgsaussichten, sondern nur weil er dem Individuum erlaubt, seinem Gattungsanspruch und seiner Funktion innerhalb der Schöpfung gerecht zu werden. Schließlich ist es der gottähnliche Führer, der »wie in weckendem Anruf« das erlösende »Zauberwort« ad spectatores spricht: »Alles ist eins! [...] Und du, o Mensch, bist alles« (132f.).

Ein weiteres Beispiel für diese Form dramaturgischer Synthese ist Günter Rutenborns biblisches Zeitstück *Das Zeichen des Jona* (1947). Hier fungiert die Bühne als göttliches Tribunal am Ende der Geschichte. Die Beschuldigten zeigen sich jedoch uneinsichtig und formulieren die Gegenklage »*Gott* ist schuldig« (29). Der Richter – »Er«, der Herr (38) – antwortet darauf, indem er sich selbst zur »Höllenfahrt« verurteilt, »Mensch zu sein«. Durch diesen Spruch, der »nur eine Wiederentdeckung« bezeichnet (33f.), wird aber gerade das System bestätigt, das zur Disposition stand. D.h. der epische Modus dient dazu, eine aus irdischer Perspektive zunächst unverständliche Handlung in ihrem tieferen Sinngehalt offenzulegen. Aus diesem Grund erläutert der Protagonist, der zuvor als Stage Manager agiert hat, im Epilog, daß das Theater von jeher ein religiöser Ort gewesen sei: »im Griechischen heißt ›theos‹ Gott. Theos und Theater kommen wohl beide von ›theaomai‹, was ›sehen‹, ›schauen‹ bedeutet. Es kann daher nicht verwundern, wenn einem im Theater die Augen auf- und übergehen« (39). Rutenborns Dramaturgie findet ihre Fortsetzung in dem Schauspiel *Der Fall Pilatus* (1951). Dort wird die »surrealistische Existenzerhellung« des *Jona* in die »drei Kreise der Mysterienbühne« überführt: Auf dem oberen agieren der Herr und die Engel des Gerichtes, auf dem mittleren Pilatus und seine Zeitgenossen, auf dem unteren ein deutscher, russischer, amerikanischer Soldat und der Teufel. Wie bei Bernanos sind die Menschen das »Heer, das Gott zwischen sich und den Satan geworfen hat« (3f.). Pilatus selbst steht vor Gericht, weil er nicht bereit war, »die große Antwort männlich« zu sagen (43). Den Soldaten des Zweiten Weltkriegs wird der Bezug zum eigenen Verhalten deutlich: Nur wenn der Römer freigesprochen wird, können auch sie auf Gnade hoffen: »sein Urteil ist unser Urteil« (73). Am Schluß des Dramas verkündet die Stimme des Herrn aber weder Frei- noch Schuldspruch. Statt dessen wenden sich die drei Soldaten mit dem Hinweis zum Publikum, die »Spieler« seien keine »Richter«, sondern »Mahner«. Der Zuschauer müsse das Urteil selbst finden. Nichtsdestoweniger bleibt Gott letztgültige Entscheidungsinstanz; ob man »recht gekämpft, sagt erst die Ewigkeit« (85f.). In Georg Hermanowskis Mysterienspiel *Weltpassion* (1949) ist der Mensch bereits im Stück entsühnt. Denn als St. Michael Luzifer besiegt hat, erscheint der Regisseur und bittet die Zuschauer, sich für das abschließende »Te Deum«, das der Bischof anstimmt, von ihren Plätzen zu erheben (59). Die Bühne wird damit wie bei Cocteau zur »*Messe*«,[343] wobei erst das Überspielen der Rampe eine kollektive Buße erlaubt.

Zwischen Wilder und Claudel ist auch Egon Viettas ›absolutes Theater‹ anzusiedeln, das sowohl Züge des epischen als des performativen Modells aufweist.[344] Die Distanzbildung bezeichnet hier erneut den Versuch, das Fehlen »kausalgesetzliche[r] Ordnung«[345] dramaturgisch zu kompensieren. So streiten die Darsteller im Vorspiel zu *Iphigenie in Amerika* (1948) über Aufgabe und Funktion des modernen Theaters. Wäh-

---

343 Der Sinn des Theaters (1957), S. 28.
344 Aus diesem Grund wird es in Kapitel 4.3 eingehend analysiert.
345 Vietta: Orpheustrilogie, S. I (Einführung in den »Orpheus« [1945]).

rend Thoas glaubt, das Schicksal selbst in die Hand nehmen zu können, negiert der lediglich als Stimme präsente Regisseur jede Autonomie. Diese Logik wird am Ende transzendent bestätigt. Nachdem das Binnengeschehen um den in Amerika Seelenfrieden suchenden NS-Offizier Orest ungelöst geblieben ist (B, 3.2), erklärt Göttin Athene als ›dea ex machina‹: »Mensch sein, das heißt, die Lösungen verfehlen« (72). Um »Heilung vom irdischen Wahn« zu erfahren, müsse sich der Einzelne »dem Göttlichen öffnen« (78). Dieselbe Vorstellung liegt Viettas Mysterienspiel *Monte Cassino* (1950) zugrunde, und wieder ist es die epische Instanz, die das historische Verbürgte, die Zerstörung des Klosters im Zweiten Weltkrieg, transzendiert, d.h. zur »Zeichensprache eines geistigen Geschehens« macht, das universale »Gleichzeitigkeit« voraussetzt.[346] Vor diesem Hintergrund sind die Dialogpartien meist kontrapunktisch gestaltet: Die Soldaten ziehen die Stabilität der realen Basilika in Zweifel, der Vorbeter der toten Mönche beschwört – Claudels Ansager ähnlich – die zeitlose Festigkeit der Kirche (17). Er ist darüber hinaus fähig, in den Handlungsverlauf einzugreifen. Auf sein Geheiß wird die Szene der Ermordung eines verletzten indischen Soldaten nochmals gespielt: Der letale Ausgang ändert sich nicht, aber der Feind stirbt jetzt keinen gewaltsamen Tod, sondern friedlich in den Armen des deutschen Soldaten (20f.).

Bei Manfred Hausmann besitzt der Spielleiter eine ähnliche Funktion. Allein ihm ist es möglich, Historie und Ewigkeit als »*Symbolon*« zusammenzudenken.[347] Ergebnis dieses Vorgangs bleibt jedoch wie in der *Zauberin von Buxtehude* (1959) die »Unbegreiflichkeit« der göttlichen »Wahrheit« (HR, 344). Das Drama basiert somit auf der Fiktion, daß die »Handlung« lediglich »in großen Zügen« festliege und »niemand« das »Ende« kenne (286). Sicherheit vermag der Mensch nur in einem Glauben zu finden, der das Inkommensurable akzeptiert. So wird der zu Unrecht als Hexe denunzierten Margarethe Quintmeyer schließlich klar, daß Widerstand gegen Gottes Handeln fragwürdig ist angesichts der Defizienz menschlichen Wissens. Indem der Stage Manager diesen Erkenntnisprozeß vorführt, schafft er nicht nur eine Verbindung zwischen Bühne und Zuschauerraum, sondern auch zwischen irdischer und himmlischer Sphäre. Mitunter fungiert die epische Instanz sogar als Gerichtsherr, wenn sie wie in dem Legendenspiel *Der Fischbecker Wandteppich* (1955) dem Menschen einsehen hilft, daß vor Gott Mordabsicht und Mordtat gleich schwere Verbrechen sind. Sie vermag dies aufgrund ihrer kosmischen Perspektive, die den Sinn des Gesamtsystems verbürgt. Wie bei Claudel ist »Theaterspielen« daher nur möglich durch religiöses Vertrauen. »Glaubte ich«, so der Spielleiter, »nicht an das Erbarmen, dann könnte ich nichts tun« (253).

In seiner ursprünglichen Form zielt Wilders Universaltheater weder auf ethisch-politische noch transzendente Utopiebildung. Es weist gerade dadurch aber eine hohe Anschließbarkeit auf, was den Erfolg des Modells nach 1945 erklärt. Während Distanzierung bei Claudel und Brecht dem Offenlegen verborgener Sinnzusammenhänge dient, muß Wilders Stage Manager trotz planetarischer Perspektive Inhalte verwalten, die ohne Moral bleiben. Es läßt sich keine »Idee« denken, »wie man diese verrückte alte Welt bessern könnte«.[348] Tatsächlich sieht sich Familie Antrobus in *The Skin of our Teeth* einer Reihe unvermeidbarer Katastrophen gegenüber: Sintflut, Eiszeit, Vernich-

---

346 Sellner: Anmerkungen zu Szenarium und Dramaturgie von »Monte Cassino« (1950), S. 83f.

347 Der Sinn des Theaters (1957), S. 41.

348 Wilder: Theater, S. 175. Vgl. auch ebd., S. 115, 130.

tungskrieg. Wie später bei Beckett (*Warten auf Godot*) und Ionesco (*Die kahle Sängerin*) beginnt das Drama am Ende wieder von vorn, d.h. man muß »ewig so weiterspielen«.[349] Welche Evident der Nonsens aber auch haben mag, er bleibt nicht unwidersprochen. Als das Hausmädchen Sabina dem Publikum die Absurdität der Handlung vor Augen hält, weist man sie zurecht – und zwar unter Verwendung des Schauspieler-Namens:

> SABINA: [...] Ich hasse dieses Stück und jedes Wort, das darin gesprochen wird. Unter uns gesagt: ich verstehe überhaupt kein einziges Wort darin [...] Oh – warum können wir denn nicht Stücke haben wie früher - »Alt Heidelberg«, oder »Der Ruf des Herzens«, oder die »Fledermaus«, gute Unterhaltung, mit einer Moral, die man getrost nach Hause tragen kann? [...]
>
> MR. FITZPATRICK, *der Spielleiter, seinen Kopf durch das Loch in der Kulisse steckend*: Miss Somerset! Miss Somerset![350]

Der Akt der Sinnstiftung wird auf diese Weise zum intermedialen. Beide epischen Instanzen (Sabina und der Stage Manager) heben nachdrücklich den Spielcharakter der Handlung hervor. Nun verbürgt nach Wilder aber gerade das Aus-der-Rolle-Fallen der Figuren Authentizität, weil es ihrem Verhalten in der Wirklichkeit weit mehr entspricht als jeder auf Wahrscheinlichkeit abzielende Psychologismus. Erst der Hinweis darauf, daß die Bühnenhandlung »nicht ernst« gemeint ist,[351] läßt den Zuschauer das Spielen bzw. Mit-Spielen als eigentliche Form der Freiheit erkennen. Aus diesem Grund überschreitet Wilder das Dramatische zum Theatralen hin, läßt das Stück in einer »perpetual present time« spielen und adressiert es »to the group-mind«.[352] Das Werk funktioniert somit nur als universales; bliebe es zeitgebunden und illusionistisch, hätte es keinen Sinn. Dies muß selbst Sabina einsehen: »Nun, da Sie, das Publikum, ebenfalls zuhören, verstehe ich alles ein wenig besser«.[353]

Betrachtet man die deutschen Dramatiker, die das ursprüngliche Wilder-Konzept adaptieren, dann fallen Tendenzen epigonaler Vereindeutigung auf. In Peter Martin Lampels *Flucht vor uns selber* (1945) ist der Regisseur explizit »Interpreter der Ansichten des Autors« und konstatiert noch vor Handlungsbeginn, daß die »Funktion der Künste« darin bestehe, »ein wenig aufzuklären und aktiv einzugreifen« (1f.). Dem Drama selbst fehlt indes jede Zukunftsperspektive. Der baufällige Frachtdampfer, auf dem sich kurz vor Kriegsausbruch Personen verschiedener Nationalitäten befinden, trägt Züge der Arche Noah. Während jene aber einer neuen Welt entgegenfährt, kann Lampels Schiffsbesatzung der alten, die »zum Untergange reif geworden« (31), nicht entkommen: »überall dasselbe gleiche Lied: Völker, die unglücklich sind über die, die sie regieren – und farbige Menschen, denen wir – die Weißen – behaupten, unsere Auffassung einimpfen zu müssen« (88). Das Stück bestätigt diese These: Kapitän und Steward

---

349 Ebd., S. 178. Den Utopieverlust belegt zudem die Tatsache, daß auf das Genesis-Wort »Es werde Licht« plötzlich sämtliche Lichter ausgehen (ebd.). Hier liegt ein Unterschied zum deutschen Expressionismus, auf den sich Wilder mehrfach als Vorbild beruft.

350 Ebd., S. 91f. Heinrich Spoerl übernimmt dieses Verfahren in seinem Drama *Die weisse Weste* (1946), wenn er einen Herrn aus dem Parkett Einspruch erheben läßt gegen den angeblich ›zersetzenden‹ Charakter des Theaterstücks (S. 168). Zum Schauspiel selbst vgl. B, 2.1.

351 Vgl. Wilder: Theater, S. 109.

352 Wilder: Some Thoughts on Playwrighting (1941), S. 115.

353 Wilder: Theater, S. 96.

exekutieren den Javaner Pangéran, weil sie ihm vorwerfen, den Schiffsreeder mit Gift ermordet zu haben. Der Geist des Asiaten erscheint jedoch wieder, als der Frachter vom Kurs abkommt, auf ein Riff läuft und explodiert. Mit schneidender Stimme verurteilt Pangéran die zivilisierte Welt: »ihr wolltet vor euch selbst davonlaufen. Doch hinter jedem folgt seine Vergangenheit, seine Taten und seine Ungeduld. Jedem hockt im Genick sein Schicksal – und wo ihr meint, ihr triumphiert, weil es *zu lange und zu gut ging, bricht die Welt ringsum zusammen*« (177f.). Diese pessimistische Sicht wird im Nachspiel allerdings relativiert. Man müsse – so der Regisseur – zwar die »Abgründe des Lebens« ins Auge fassen, dürfe aber »trotzdem« die »Herzhaftigkeit« nicht verlieren. Denn »seit Jahrtausenden« hätten »Weltuntergangs-Stimmungen« die »endgültige Katastrophe« nicht heraufbeschworen (179).[354] Vor diesem Hintergrund greift er abschließend nochmals in die Handlung ein und läßt einen Matrosen auf dem gekenterten Frachter jubelnd die Ankunft eines neuen großen, starken Schiffes ankündigen: »Kameraden – das Leben geht weiter!« (195).

Der Spielleiter in Axel von Ambessers epischem Theaterstück *Das Abgründige in Herrn Gerstenberg* (1945) agiert zurückhaltender, wenngleich auch er – anders als sein Vorbild[355] bei Wilder – dazu tendiert, dem Zuschauer das Schauspiel zu deuten. Des weiteren ist die Handlung ethisch bipolar gestaltet. Der Protagonist zerfällt wie John Loving in Eugene O'Neills Drama *Days without End* (1934) in zwei Ich-Perspektiven, die sich bekämpfen. Zunächst dominiert die bessere Hälfte: Gerstenberg verzichtet auf ein Mädchen, das ihn nicht liebt, aber heiraten soll, weil sich ihr Vater finanzielle Vorteile verspricht. Dann aber wird als Folge einer natürlichen Logik die Moral sukzessive »zum Schweigen gebracht« (86). Der schlechtere Gerstenberg nimmt sich die junge Lisa, ohne daß irgendeine Instanz vorhanden wäre, die Einspruch erhöbe. Was auf Dramenebene für die Figuren nicht einsichtig scheint (Lisa richtet ihr Unverständnis als direkte Frage ans Publikum) gewinnt in der Theaterperspektive des Stage Managers Kontur: »Zum Mitempfinden ist der Mensch nur mangelhaft konstruiert. Und alle Weltkatastrophen von der Sintflut bis heute, wenn er nicht selbst von dem Strudel erfasst wird, wird der Mensch in den Sessel zurückgelehnt betrachten, und wenn er sich nichts vormacht, kühl betrachten«. Daher kann auch der Spielleiter dem Geschehen keinen utopischen Impetus zusprechen: »wir sind heute schon so weit erkaltet, dass das Leben uns meist nur noch als Witz begreifbar wird. Ob das allerdings ein Witz der Entwicklung ist oder eine Tragödie, oder eben nur die Entwicklung?« (89f.). Nach Ansicht des Autors läßt diese Offenheit das epische Modell »einzig geeignet« erscheinen für die Moderne (II*).

Der Hamburger Dramatiker Heinrich Christian Meier unternimmt im Unterschied zu Lampel und Ambesser sogar den Versuch, Wilder epigonal zu überbieten. Dem Stück *Zwei neue Handtücher* (1948) wird gleich am Beginn ein metapoetischer Gehalt zugesprochen. Die Zuschauer

> sollen sehen, wie ein Stück *entsteht*. Sie sollen miterleben, wie um eine Aufführung gekämpft wird. Wie unter dem Herzen des Dichters anfangs die Idee des Dramas erwächst, und wie un-

---

354 Ganz ähnlich äußern sich Sabina und die Wahrsagerin in Wilders Drama *Wir sind noch einmal davongekommen* (vgl. Theater, S. 109f., 130).

355 Erich Kästner berichtet, Ambesser habe ihm 1940 in Berlin ein Typoskript von Wilders *Our Town* gegeben (vgl. Kästner: Splitter und Balken, S. 505f.).

ter den Schlägen der Geschichte die Idee des Dichters *wankt*. Wie das Lebendige den Geist besiegt, und wie unter den Händen des Regisseurs eine ganz andere, eine neue Dichtung erwächst. Denn wie der Geist und das Leben miteinander ringen hier und überall, so steht auch die Bühnenkunst zwischen Geist und Leben: Heute werden Sie *Zeugen* sein, Zeugen nicht nur einer Dichtung, nicht nur einer Aufführung, sondern Zeugen der lebendigen Bewegung – und des Kampfes! (5).

Im anschließenden Vorspiel ist die epische Instanz daher aufgespalten in Dichter und Regisseur, die beide heftig über den richtigen Handlungsverlauf diskutieren. Während der Autor ein ortloses Stück fordert, das reine »Improvisation des Lebens« bleibt (9), möchte der Regisseur zeitbezogen realistisches Theater (6f.). Das nachfolgende Geschehen exponiert den Widerstreit beider Postulate:

Der Heimkehrer Röttger plant auf der Basis von zwei neuen Handtüchern, die ihm nach Kriegsende geblieben sind, einen Friseursalon zu eröffnen. Im Traum wird ihm allerdings bewußt, daß er nun endlich ein ethisch engagiertes Leben führen möchte, statt »die winzigen Verhältnisse« (50) bürgerlicher Existenz wiederherzustellen. Da seine Gattin gegenteiliger Ansicht ist und er selbst jeden Kompromiß ablehnt, kommt es zum Bruch. Nur der Einspruch des Regisseurs verhindert den Freitod von Frau Röttger. Dennoch findet keine Versöhnung des Ehepaars statt. Das Stück endet mit dem Nebeneinander unterschiedlicher Daseinsmodelle: Der optimistische Röttger leitet ein Wiederaufbaukommando in Rouen, während Tochter Eva als Mitglied eines Ostberliner Kollektivs für den Sozialismus arbeitet. Frau Röttger lebt dagegen glücklich als Ehegattin des erfolgreichen Aufsichtsratsmitglieds Großhuber.

Trotz positiver Schlußwendung verweigert sich Meier diskursiver Eindeutigkeit und folgt damit der Maxime des Regisseurs, derzufolge »das große Leben weiser und weiter ist, als jede Idee« (14). Wenngleich Ralf Trinks zu Recht ästhetische Defizite des Stücks moniert, kann nicht behauptet werden, das epische Konzept sei hier »funktionslos« bzw. (im Selbstwiderspruch dazu) ein Mißverständnis der »Methode Wilder«.[356] Das Gegenteil stimmt: Den Dramen des US-Autors vergleichbar fehlt den präsentierten Standpunkten die Trennschärfe, besitzt ein und dieselbe Figur konträre Charaktereigenschaften. Röttger ist zugleich Kriegsverbrecher und Aufbauhelfer, sein Handeln ebenso rücksichtslos wie idealistisch. Auch das Stück selbst oszilliert wie Lampels' *Flucht vor uns selber* und Warsitz' Brecht-Adaption *Poet – Prolet – Prophet* (C, 4.2.5) zwischen weltanschaulichen Extremen. Neben der Forderung nach politischer Wandlung steht die Einsicht in die Unveränderbarkeit anthropologischer Konstanten. Der Titel reflektiert diese Ambivalenz: Die zwei weißen Handtücher symbolisieren den Sieg des Jungen über das Alte, gleichzeitig aber durch ihre Ähnlichkeit die Problematik, keine klare Grenze zwischen Gut und Böse festlegen zu können. Als Röttgers Sohn August beide schließlich mit dem Hinweis ins Publikum wirft, eines sei »für die Schuldigen« und »eines für die Unschuldigen«, wird diese Aporie virulent. Die Tücher markieren nämlich – so der Dichter – nur »das Koordinatensystem meines Stückes« (8), d.h. das Leben spielt sich dazwischen ab, ist ebensowenig auf einen Nenner zu bringen wie die ästhetischen Positionen von Autor und Regisseur.[357]

Durch solche Auflösung von Polarität antizipiert Meier Tendenzen der fünfziger Jahre, wie sie bei Karl Wittlinger nachweisbar sind. In produktiver Anouilh-Rezeption

356 Trinks (2002), S. 195, 204.

357 Erst die überarbeitete Fassung mit dem Untertitel *Schuldige und Unschuldige* ist semantisch klarer ausgerichtet. Sie schließt mit einem Chor der Arbeiter (vgl. ebd., S. 277).

sucht letzterer mit seiner Tragikomödie *Kennen Sie die Milchstraße?* (1956),[358] dem erfolgreichsten deutschen Drama der Dekade,[359] die Antiquiertheit einer »Vorstellungswelt« zu zeigen, die auf klarer Differenz zwischen »Recht und Unrecht« gründet. Dies geschieht allerdings entgegen der Behauptung des Autors, »kein System zu haben«, vor der Folie einer intakten Ethik, »denn das Gute kann man nicht ausrotten, höchstens umbringen« (6f.). Das Stück selbst folgt dem Modell des Spiels im Spiel, wobei nur zwei Akteure beteiligt sind. Im Vorspiel überredet Samuel Kiefer, Patient einer Irrenanstalt, den Arzt, mit ihm ein Drama aufzuführen, das in Borchert-Nachfolge (B, 6.5.1) die Stationen der eigenen gescheiterten Resozialisierung darstellt. Der Protagonist war während des Krieges zur Fremdenlegion übergelaufen und hatte dort die Papiere eines toten Legionärs mitgenommen, ohne zu wissen, daß es sich dabei um einen Schwerverbrecher handelte. Als Kiefer zehn Jahre nach Kriegsende in die Heimatstadt zurückkehrt, ist er für tot erklärt und der Besitz verkauft. Auch sein Versuch, die Existenz des anderen ›zu übernehmen‹, scheitert, weil er zwar für dessen Taten verurteilt wird, hernach aber keine Möglichkeit erhält, ein bürgerliches Leben zu führen. So muß er u.a. als Motorradfahrer in Todestrommeln arbeiten, bevor man ihn nach einer Rallye von zweitausend Runden in das besagte Sanatorium einliefert. Der Epilog kehrt die Anfangskonstellation um: Nun ist der weise gewordene Arzt Exponent der skeptischen Moderne, während der Klinikchef, vom Kiefer-Darsteller gespielt, die ›absurde‹ Vernunft des Bürgertums verbalisiert. Der Utopiegehalt der Bekehrung wird angedeutet (der Heimkehrer erhält einen neuen Ausweis), ermöglicht im gesellschaftlichen Rahmen aber nur eine tragikomische Lösungsvariante. Der Arzt nimmt Urlaub und macht sich mit dem inzwischen als LKW-Fahrer angestellten Kiefer auf den Weg zur ›Milchstraße‹, die man – so die Schlußpointe – wörtlich zu verstehen hat als Strecke zwischen Milchfabrik und psychiatrischer Klinik.[360]

Noch defätistischer orientiert ist Joachim Tettenborns Revolutionsdrama *Der Mann auf dem Sockel* (ca. 1958). Hier dient das epische Modell wie bei Wilder und Anouilh dazu, jede Möglichkeit politischer Veränderung ad absurdum zu führen, und zwar durch die Konfrontation von Inhalt und Performanz. Während der Vorleser aus den gefälschten Memoiren des Revolutionsführers rezitiert, ist jener unauffindbar (19). Man verkündet wenig später seinen heroischen Tod, damit die Umsturzbewegung nicht zum Stillstand kommt. Als der Führer jedoch bei der eigenen Trauerfeier auftaucht und ›erzählt‹ (Monologe scheinen ihm antiquiert), daß er zusammen mit einem feindlichen Soldaten verschüttet war, verhaftet man ihn. Die inszenierte Fama hat seine Person politisch obsolet werden lassen: Er regrediert zum monumentalen Standbild, einem »Mann auf dem Sockel« (65). Um weitere Interventionen des ›Verstorbenen‹ auszuschließen, transportiert man ihn wie Napoleon auf eine abgelegene Insel. Zum zehnten Jahrestag der Erhebung plant der exilierte Revolutionsführer einen Putsch. Die Regierung ist informiert, kann die Rückkehr aber nicht verhindern. Zudem gelingt es dem Oppositionsführer, eine Großveranstaltung anzuberaumen, auf der der Heimkehrer das Volk zu erneuter Revolution aufrufen soll. Obwohl letzterer die Massen anfleht, ihre

358 Zu weiteren Bezugnahmen des Autors auf den französischen Dramatiker vgl. B, 1.1.

359 Vgl. Hadamczik u.a. (1978), S. 17f.

360 Spielleiter und kommentierende Songs finden sich auch in der Bühnenfassung von Wittlingers Fernsehspiel *Seelenwanderung* (1963). Zur Handlung vgl. Karasek (1973), S. 563f.

historische »Chance« nicht zu vertun, wird er gnadenlos ausgepfiffen (160). Auch der Delegationsleiter wendet sich ab und beschließt, das eigene Leben dadurch zu retten, daß er den eben noch Hofierten verrät. Kurz darauf kommt er zurück, um den Beginn des Aufstands zu melden. Der ehemalige Führer hat jedoch »den Glauben« an die Sache »verloren« (172). Als das Volk wie zu Beginn des Dramas das Revolutionslied grölt, ist die Unmöglichkeit historischen Fortschritts evident. Anouilhs *Antigone* (1942) entsprechend erscheinen die Menschen als »Schachfiguren«, die »auf ein Feld gestellt« sind, ohne »den Spieler« zu »kennen«, der sie »spielt« (72).

Dieselbe Perspektivlosigkeit gestaltet Peter Hirche in seinem Schauspiel *Die Söhne des Herrn Proteus* (1960). Im Zentrum der Handlung steht wie bei Wilder eine Familie: Während der Vater sich ständig verwandelt (US-Matrose, griechischer Gott, Spacepilot), sehen sich Frau und Kinder sintflutartigen Katastrophen gegenüber. Jede Revolte gegen den Status quo scheint zwecklos, weil die Frage nach dem »Wozu« unbeantwortbar ist. Die Söhne mit den sprechenden Namen Schall und Rauch haben dies erkannt; der Vater – mutierend sich gleich bleibend – nicht. Er sucht die junge Generation zum Aufstand zu zwingen, ungeachtet der Tatsache, daß »keine neue Sprache«, »keine neuen Gefühle« erfunden werden können. Der Leitspruch der Nachkommen lautet deshalb im Sinne Anouilhs: »Wir wiederholen das Alte« »Ohne Erschöpfung / – Ohne Enttäuschung« (123, 137).[361] Auf diese Weise kommt es zum grotesken Mißverhältnis zwischen Inhalt und Form, denn der traditionellen Fünf-Akt-Struktur stehen teilweise absurde Dialogpassagen gegenüber – gemäß dem Motto: In »modernen Stücke[n]« »geht« alles »durcheinander« (148). Selbst der Dramenschluß ist reine Performanz. So erscheint die Mutter auf der Bühne und »zögert, als ob sie nachdächte, was sie dem Publikum zum Abschluß Tröstliches sagen könnte«. Plötzlich ruft sie lächelnd: »Mögen alle Liebenden glücklich sein, heute nacht!« (153).

Die modernegeschichtliche Einordnung des epischen Theaters nicht-marxistischer Provenienz bleibt vor diesem Hintergrund ambivalent. Einerseits wird als Folge der Krise des Kausalbegriffs das teleologische Handlungskonzept durch die Permanenz einer unlösbaren Problematik untergraben; andererseits kompensiert die Spielleiterinstanz diesen Evidenzverlust, indem sie aus höherer Warte den archimedischen Punkt wiederherstellt und so das Inkommensurable bändigt – sei didaktisch, sozialkritisch, transzendent oder defätistisch. Dies erklärt auch, weshalb Text und Sprache weitgehend dominant bleiben. Das dramatische Subjekt ist durch die Aufspaltung in Rolle und Person zwar pluralisiert, behält aber die Fähigkeit, sinngeleitet zu handeln.

4.2.2 Der späte Brecht: Ästhetik der Dispersion

Für das Gros der Forschung existiert in Brechts Werk »keine eigentliche ›dritte Periode‹«.[362] Diese These muß jedoch differenziert betrachtet werden. Weder für Weimarer Republik noch Exilzeit ist eine vergleichbare Präsenz unterschiedlichster Projekte und

---

361 So gesteht Jason in *Medea* (1946): »Ich kann nichts verhindern, sondern nur die Rolle spielen, die mir von Anfang zugedacht war« (AD 1, S. 109).

362 Milfull (1981), S. 236. Ebenso sehen es u.a. Vormweg (1974), S. 479; Theweleit (1996), S. 51 und Knopf (2000), S. 185.

Modelle nachweisbar. Neben der Forderung nach »radikale[m] epische[n] Theater«[363] (Lehrstück) steht der Rückgriff auf konkurrierende Gattungstypen wie Adaption, Parabel, Revue und Agitprop; neben dem Versuch, die Fabel ›naiv‹ zu gestalten, die zunehmende Integration metapoetischer Diskurse.[364] So wird die im *Kaukasischen Kreidekreis* angedachte kommunistische Utopie samt entsprechender Symbolik (Garten, Osterfest) bereits mit den *Tagen der Kommune* hinterfragt, bevor der *Katzgraben*-Optimismus (C, 4.2.3)[365] nach den Ereignissen des 17. Juni 1953 einer harschen Staats- und Intellektuellenkritik weicht (*Turandot*, *Galilei*), die auch das eigene Handlungsmodell problematisiert (B, 6.4.1). Am Ende steht – wie zu zeigen sein wird – die ästhetische Dispersion: der Agitprop-Kampf für die »große Aussprache«[366] in der Hoffnung auf die »Weisheit der Massen«,[367] das elegische Resignieren der späten Lyrik sowie der ambivalente Thanatos-Diskurs in den Dramenfragmenten *Büsching/Garbe* und *Einstein*. Mit anderen Worten: Brecht verabschiedet sukzessive seine »Repräsentationsmaschine«,[368] indem er als Antwort auf bestimmte soziopolitische Entwicklungen den ›circulus vitiosus‹ vorausgesetzten Sinns aufbricht. Nicht von ungefähr lobt er Goethes *Faust* 1949 als »schlaue Scharade mit mehreren Lösungen«. Das Stück sei »erfreulich uneinheitlich« und der »Grundgedanke [...] nicht zu fassen«.[369]

Daß der bekennende Marxist bei aller »Einseitigkeit seiner Lehre« ästhetisch »unendlich vielseitig« ist,[370] belegt bereits seine diskursive Anschließbarkeit. Nach 1945 dient Brecht als Antipode extrem divergenter Künstler wie Thomas Mann,[371] Stanislawski (A, 3.3.1), Wolf (C, 4.1.1), Artaud,[372] Sartre,[373] Beckett[374] und Dürrenmatt.[375] Teile der neueren Brecht-Forschung möchten den Gründer des Berliner Ensembles deshalb dekonstruktivistisch vereinnahmen – nicht nur mit Blick auf das Frühwerk, sondern totaliter. Diese Strategie verfolgen in der Tradition der französischen Postmoderne (Barthes, Althusser, Deleuze) u.a. Antony Tatlow, Elizabeth Wright, Ilona Lauscher, Fredric Jameson und Dan Friedman.[376] Als Belegkriterien dienen die Veränderung der funktionalen Beziehung zwischen Bühne und Publikum, die innerliterarische Thematisierung von Fiktionalität, die Dominanz des Performativen gegenüber dem Referentiellen, die fehlende Finalspannung, der Verzicht auf einen positiven Helden, der Ver-

363 GBA 27, S. 309 (Journaleintrag vom 13. November 1949).

364 Die von Bock (1980a) vertretene These, Brecht arbeite nach 1953 an einer »generelle[n] Neufundierung der Theorie des epischen Theaters« (S. 214), erweist sich daher als einseitig.

365 Aber selbst hier bleibt der Fortschrittsglaube keineswegs ungetrübt.

366 GBA 23, S. 250 ([Dringlichkeit einer großen Aussprache] [1953]).

367 GBA 23, S. 418 ([Über die Kritik an Stalin] [1956]).

368 Lyotard: Essays zu einer affirmativen Ästhetik, S. 21 (Der Zahn, die Hand). Vgl. auch ebd., S. 18f.

369 GBA 27, S. 306 (Journaleintrag vom 10. September).

370 Frisch: Gesammelte Werke in zeitlicher Folge. Bd. 6, S. 38 (Tagebuch 1966-1971: Erinnerungen an Brecht).

371 Vgl. Ludwig (1976), S. 71.

372 Vgl. Grimm (1976), Mennemeier (1987), Friedrich (1990) und Oh (1998), S. 162-174.

373 Vgl. DD, S. 26f. (Herbert Ihering: Der Gegenspieler [1948]).

374 Vgl. Batorsky (1987) sowie das Brecht-Jahrbuch 27 (2002) *Begegnung der Extreme. Brecht und Beckett: Eine Re-interpretation.*

375 Vgl. Knopf (1987).

376 Vgl. Tatlow (1983), S. 216; Wright (1989), S. 1; Lauscher (1991), S. 56; Jameson (1998), S. 50 und Friedman (2002), S. 44.

such, Bekanntes zu verfremden, die Ausrichtung am ›aktiven‹ Zuschauer sowie die bevorzugte Verwendung der Collagentechnik. Will man Brecht modernehistorisch verorten, dürfen solche Verfahrensweisen nicht autonom betrachtet werden. Denn der Augsburger Dramatiker spricht sich explizit für eine Dramaturgie aus, die das »Formale« nur deshalb integriert, weil es »uns verhilft, der sozialen Kausalität auf den Grund zu kommen«.[377] Die »Elemente ästhetischer Art« bleiben somit referenzbezogen, müssen »dem Stoff gerecht werden«.[378] Auch nach Kriegsende ist die Bezugnahme auf den Marxismus Hauptgrund für die Ablehnung der westlichen Avantgarde. Käthe Rülicke konstatiert 1956 in einem Brief an den sowjetischen Germanisten Ilja Fradkin: »Für Brecht kann natürlich ein Nicht-Dialektiker, Nicht-Materialist, Nicht-Kommunist kein episches Stück schreiben«.[379]

Die folgenden Überlegungen konzentrieren sich auf das Kunstprogramm des späten Brecht sowie die Interferenz von theoretischer Vorgabe, dramatischer Realisation und politisch-kultureller Entwicklung. Hierbei soll die Diskrepanz zwischen Dramatiker und Ideologe nicht harmonisiert werden, zumal sich der Autor selbst 1954 gegen jede Form von Systemdenken wendet.[380] Überhaupt scheint es problematisch, Brechts Produktion mit Blick auf den »Grad ihrer inneren Kohärenz«[381] zu untersuchen und diskursive »Bruchstücke« dadurch zu beseitigen, daß man sie einem ästhetischen »Zusammenhang« integriert.[382] »Brecht ist nicht gleich Brecht, keine feste Größe«,[383] konstatiert Heiner Müller, und nach Hacks erweist sich die Ästhetik des Wahlberliners als ein Konstrukt, das weder die Stücke noch die Abhandlungen substantiell bestimmt. Brecht habe seine Methode »nie angewendet«.[384] Dies muß jedoch keineswegs zur Absage an das philologische Paradigma führen – zumal Hacks' These mit Sicherheit übertrieben ist. Wer wie Hans-Thies Lehmann und Renate Voris eine *»Re-Lektüre«* fordert, die nur mehr »tangentiale« Annäherungen projektiert und ihr Innovationspotential allein daraus zieht, die textuelle »Signatur« weitgehend zu »mißachten«,[385] kann zum Verständnis des dramatischen Spätwerks kaum Substantielles beitragen.

Auffällig ist zunächst, daß man Brechts Eigenkommentaren – vor allem im DDR-Kontext – nur bedingt trauen darf, weil sie die Komplexität der ästhetischen Praxis zu vereindeutigen suchen. 1953 heißt es in den *»Katzgraben«-Notaten*: »Ich wollte auf das Theater den Satz anwenden, daß es nicht nur darauf ankommt, die Welt zu interpretieren, sondern sie zu verändern«.[386] Auch mit Blick auf *Mutter Courage* spricht Brecht von der Realisierung einer »Überaufgabe«,[387] die das Schauspiel in den Rahmen der marxistischen Erzählung einordnet und verstehbar macht. Da sich der Autor jedoch zugleich von jedem Dogmatismus distanziert,[388] ergeben sich Schwierigkeiten, seine Vor-

---

[377] GBA 22.1, S. 418f. (Die Expressionismusdebatte [1938]).
[378] GBA 22.1, S. 314 ([Elfenbeinturm der Beobachtung] [ca. 1937]).
[379] Brief vom 12. Januar 1956 (BBA 715/78-82, hier 715/78).
[380] Vgl. GBA 23, S. 297 (Notizen über die Dialektik auf dem Theater [2] [ca. 1954]).
[381] Heinze (1992), S. 25.
[382] Schöttker (1989), S. 27. Vgl. auch Hecht (1986), S. 45 und Jenkinson (1990), S. 272.
[383] Ein Gespräch zwischen Wolfgang Heise und Heiner Müller (1989), S. 200.
[384] HM 2, S. 36 (Die Ästhetik Brechts [1961]).
[385] Lehmann/Voris (1990), S. 5.
[386] GBA 25, S. 401 (»Katzgraben«-Notate 1953).
[387] GBA 23, S. 237 (Einige Gedanken zur Stanislawski-Konferenz [1953]).
[388] Zur Forschungsdebatte um Brechts Korsch-Rezeption vgl. Boner (1995), S. 97-106.

stellung von der Möglichkeit gesellschaftlichen Fortschritts konkret zu bestimmen. Brechts selbst konzediert im *Buch der Wendungen*, die »Schriften der Klassiker« enthielten »nur wenig Fingerzeige für das Verhalten der einzelnen« (GBA 18, 188). Trotzdem muß das Narrativ, um die Idee sozialer Progression nicht aufgeben zu müssen, strukturell resistent bleiben gegenüber der Konkurrenzlogik des Empirischen.

Brecht greift hierzu bereits in den dreißiger Jahren auf die sog. Kopenhagener Deutung der Quantenmechanik zurück – allerdings unter Beibehaltung von Einsteins Objektivitätspostulat.[389] So wird mit Blick auf dessen Diktum »Gott ist kein Würfelspieler« gefordert, auch *nach* Heisenberg gebe es noch »genug Gesetzmäßigkeit, daß Voraussagen und Planen möglich bleibe«.[390] Es ist der »Schönheitssinn« der »exakten Wissenschaften«, dem Brecht im *Kleinen Organon* eine »entdeckerische Funktion« zuweist.[391] Die gleichzeitig notwendige Autonomie vom ›strengen Naturgesetz‹ (Einstein), das Freiheit weitgehend ausschließt, erfolgt durch den Rückgriff auf die veränderte Kausalität der Quantenmechanik. Hier wird die aristotelische Logik des ›Entweder-Oder‹ durch die des ›Sowohl-Als auch‹ ersetzt. Determinismus und Kontingenz, Empirie und Spekulation fungieren nicht mehr als binäre Gegensätze.[392] Statt dessen muß der ›Zufall‹ bei der Betrachtung der Natur berücksichtigt werden, allerdings als kalkulierbarer ($h/4\pi$). Der Kontrolle des Systems sind somit zwar Grenzen gesetzt, aber der Wahrscheinlichkeitsmodus erlaubt weiterhin – auch für komplexe Einzelereignisse – wissenschaftlich fundierte Aussagen. Rosa Luxemburg beschreibt diesen Disziplinierungsakt in Brechts gleichnamigem Dramenfragment (ca. 1944):

> In den Zahlen waschen wir das Unreine
> Aus Geschehen und Körpern. Selbst das Zufällige, das
> Uns so quält in den Kämpfen, erscheint
> In den Wahrscheinlichkeitskalkulationen
> Der Mathematik gebändigt. Die großen
> Bewegungen der Gestirne gestatten
> Gute Voraussagen. Auch da
> Sind die Kugeln im Weltraum nicht völlig rund, die Kurven
> Nicht ganz stetig, aber beobachtet über Sternjahre
> Und Weltraumentfernungen befriedigen sie
> Den ordnenden Geist (GBA 10.2, 982f.).

Wie bei Gramsci erfolgt nun eine Übertragung der Unschärferelation auf das Feld gesellschaftlichen Interagierens. Wahrheit ist keineswegs »an sich vorhanden«, sondern entsteht sowohl aus der »Veränderlichkeit«, die per se »gegeben« ist, als auch »jener, der sie unterworfen werden kann – von Seiten des Beschauers als Masse«. Daraus resultiert folgendes: (1) Erkenntnis erscheint als »Frage der Praxis«,[393] (2) Individualität bleibt ohne Kontext unbestimmbar, gewinnt unter Präsupposition dieser Rahmung aber

---

389 Vgl. Einstein/Infeld: Die Evolution der Physik, S. 143, 195.

390 GBA 10.2, S. 984 (Leben des Einstein [1955]).

391 GBA 23, S. 66.

392 Vgl. GBA 27, S. 71f. (Journaleintrag vom 23. März 1942). Vor diesem Hintergrund sollte man nicht wie Sautter (1995) und Danneberg (1996) von Brechts ›Logischem Empirismus‹ sprechen.

393 GBA 21, S. 360 (Über die Philosophie [1929]).

»einige Sicherheit«. D.h. der Zufall ist »kalkulierbar«,[394] wodurch Eingreifen in die Welt möglich wird, denn »für Aufstände benötigt man eine gute Kausalität«.[395]

Nach der Rückkehr aus dem Exil sucht Brecht auf den politischen Status quo konzeptionell zu reagieren. Die Wissenschaften, die bisher nur für »Ausbeutung und Unterwerfung der Natur« eingesetzt wurden, sollen nun im sozialen Bereich produktiv wirken.[396] Ziel ist, das humanitäre Potential von Forschung und Technik zu entfalten und die kapitalistisch verursachte Undurchsichtigkeit menschlicher Beziehungen aufzuklären. Das ›wissenschaftliche Zeitalter‹ behält deshalb trotz Zeitenwende weiterhin utopischen Status. Gleichzeitig erscheint die geplante Innovation des Theaters als Teil der prozessuralen Selbstverwirklichung von Geschichte. Brecht selbst denkt an eine »ziemlich große Umgestaltung«,[397] die das für »zu formal«[398] befundene epische Modell ablösen soll. An die Stelle des erzählerischen Elements, wie es vor allem den *Kaukasischen Kreidekreis* bestimmt, tritt das (des)organisierende Spiel der Dialektik.[399] Die an Mao[400] orientierte Modifikation besitzt insofern poetologische Relevanz, als nur die »Widersprüchlichkeit« der Welt »Veränderbarkeit« ermöglicht.[401] Um die abschließende Synthese sicherzustellen, wird der physikalische Wahrscheinlichkeitsmodus durch Lenins Postulat der ›Einheit der Gegensätze‹ transzendental fundiert. Sie ist die Bedingung der Möglichkeit von Welterkenntnis und Realitätsbeherrschung. Wirklichkeit läßt sich nur bewältigen, wenn allzu subjektive Darstellungen aus der Perspektive objektiver Dialektik verabschiedet sind. Für den ästhetischen Bereich bedeutet dies: Auch Kunst bleibt kommensurabel; die ihr inhärente Tendenz zur Negation ist keine Vernichtung, sondern dient der Erhaltung von Sinn. Im *Kleinen Organon* fordert Brecht daher, der Zuschauer solle »jenen fremden Blick« entwickeln, »mit dem der große Galilei einen ins Pendeln gekommenen Kronleuchter betrachtete«. Nur dadurch könne »dies viele Gegebene« als »ebensoviel Zweifelhaftes« erscheinen.[402] Die neue Sehweise des italienischen Gelehrten erweist sich jedoch als ambivalent, denn letztlich müßte immer auch der eigene Standpunkt kritisch überprüft werden. Tatsächlich stellt allein die Fiktion eines Gegenübers, das ideologisch fast schon überzeugt ist, den sinnspendenden Bedeutungstransfer sicher (B, 6.4.1).

Dieser wird indes untergraben durch eine ästhetische Formgebung, die auf ›unfertige‹ Werke zielt, d.h. solche, die nicht begrifflich faßbar sind, sondern »zur Mühe« einladen und »Mühe machen«.[403] Brecht argumentiert hier im Sinne von Jauß und Iser, die ebenfalls die Unabgeschlossenheit der Rezeption eines Kunstwerks betonen – in historischer wie struktureller Hinsicht. Anders als die beiden Theoretiker sieht er darin jedoch weniger ein Merkmal literarischer Texte insgesamt, als vielmehr der ›wahren‹ und damit qualitativ hochwertigen – eine Einschätzung, die ihn mit dem frühen Foucault ver-

---

394 GW 20, S. 62 ([Notizen über] Individuum und Masse [1929]).
395 GBA 10.2, S. 984 (Leben des Einstein [1955]).
396 GBA 23, S. 71f. (Kleines Organon für das Theater [1948]).
397 GBA 23, S. 299 ([Vom epischen zum dialektischen Theater 1] [ca. 1954]).
398 GBA 23, S. 386 (Die Dialektik auf dem Theater [1951-1956]).
399 Vgl. GBA 23, S. 328 (Einige Irrtümer über die Spielweise des Berliner Ensemble [1955]) und 382 ([Rede auf dem IV. Deutschen Schriftstellerkongreß] [1956]).
400 Vgl. Bock (1980a), S. 221-223.
401 GBA 23, S. 301 ([Vom epischen zum dialektischen Theater 2] [ca. 1954]).
402 GBA 23, S. 82 (Kleines Organon für das Theater [1948]).
403 GBA 14, S. 34 (Über die Bauart langdauernder Werke [1929]).

bindet.[404] Politische Eindeutigkeit ist nur zu erreichen, wenn Form und Inhalt schematisch aufeinander abgestimmt werden. Vertreter eines derart affirmativen Marxismus sind daher notwendig »Feinde« einer Kunst, die sich ebendieser Kontrolle entzieht, weil sie »das Unvorhersehbare« ist und man »nie« weiß, »was bei ihr herauskommt«.[405] Um ideologischen Dogmatismus wirksam zu verhindern, ist es nach Brecht »gut«, wenn die »Wohnung« des Dramatikers »mehr als einen Ausgang hat«.[406] Die hieraus entstehenden Diskontinuitäten (›Leerstellen‹) bleiben jedoch nicht ohne Rückwirkungen auf das sinnstiftende Narrativ. Max Frisch sucht diese innersystemische Subversion in seinem Brecht-Nachruf bildhaft aufzufangen: »ich bewunderte eine Mechanik, die er eben gebastelt hatte, und er gestand mit fast weiblicher Zärtlichkeit, er halte das Ding, wiewohl es funktioniere, natürlich nicht für die Wahrheit«.[407] Auch Brecht notiert 1940 in sein *Journal*: »Die Welträtsel werden nicht gelöst, sondern gezeigt«.[408] Hier ist bereits der deskriptive Impetus virulent, der übrigbleibt, wenn das Prophetiepotential des epischen Modells nachhaltig in Frage steht – so bei Heiner Müller (B, 6.4.3).

Es sind allerdings weniger Brechts Exildramen wie *Der gute Mensch von Sezuan* oder *Puntila*, in denen »eine Zurücknahme des bipolaren Denk- und Konstruktionsschemas« erfolgt,[409] als vielmehr die bereits analysierten Nachkriegsstücke *Die Tage der Kommune*, *Turandot* und *Galilei*. Erst in ihnen zeigt sich die Tendenz, selbst das sozialistische Narrativ zu ›dekonstruieren‹, d.h. oberflächlich zu bestätigen und in der Tiefe aufzuweichen. Der anthropologische Faktor wirkt dabei wie in der gesamten Nachkriegszeit subversiv (B, 6.2.1). So erscheint Brecht die Aufspaltung seiner Figuren (Courage – Kattrin / Shen Te – Shui Ta / Puntila – Knecht) nach Kriegsende weitgehend obsolet. »Das Alte und das Neue«, konstatiert der Autor um 1950, »trennt die Menschen nicht einfach in zwei Haufen, eben Menschen alten und Menschen neuen Schlags, sondern das Neue ringt mit dem Alten in jedem Menschen selber.«[410] Beispiele sind Azdak, Galilei, Büsching und Einstein.

Der Versuch, Totalität und Fragmentarisierung dialektisch zusammenzudenken, bestimmt auch den produktionsästhetischen Bereich. Hier ist es die »Fabel«, deren synthetisierende Kraft die Einheit der Gegensätze herstellen soll. Im *Kleinen Organon* avanciert sie folgerichtig zum »Herzstück der theatralischen Veranstaltung« bzw. wie bei Aristoteles zur »Seele des Dramas«.[411] Die integrative Bedeutung der Fabel, wie sie Brecht erst nach Kriegsende profiliert,[412] erstreckt sich dabei auf unterschiedliche Diskurse: *Dramaturgisch* umfaßt der Begriff die Gesamtkomposition aller gestischen Vorgänge, *philosophisch* verweist er auf die ›große Erzählung‹ der Geschichte und *poli-*

---

404 Vgl. Foucault: Das unendliche Sprechen (1963), S. 99-102.

405 Äußerung von Brecht gegenüber Benjamin vom 24. Juli 1938 (zit.n. Völker [1971], S. 73).

406 GW 12, S. 390 (Geschichten vom Herrn Keuner).

407 Frisch: Jetzt ist Sehenszeit, S. 196 (Brecht ist tot [1956]). Vgl. auch ders.: Erinnerungen an Brecht (1966), S. 63.

408 GBA 26, S. 450 (Journaleintrag vom 20. Dezember 1940).

409 So die These von Koopmann (1994), S. 28.

410 GBA 23, S. 128 (Zeitstücke [ca. 1950]).

411 GBA 23, S. 92, 70 (Kleines Organon für das Theater [1948]). Flashar (1974), S. 28-30 und Seeck (1976), S. 402-404 haben jedoch zu Recht auf Divergenzen zwischen beiden Begriffsdefinitionen hingewiesen.

412 Im *Messingkauf* fehlt, wie K.-D. Müller (2000) betont, »ein solches emphatisches Bekenntnis zur Wichtigkeit der Fabel« (S. 139).

tisch symbolisiert er den ordnenden Staat, dem ein divergentes (Szenen)Kollektiv gegenübersteht. Für Brecht ist schon früh evident, daß jede »Totalität« letztlich Konstruktion bleibt; man kann sie »nur *bauen*, machen, zusammenstellen«.[413] Dies geschieht mit dem Ziel der Komplexitätsreduktion. Durch das künstlerische Arrangement des Materials sollen die »vielfältigen und widerspruchsvollen Beziehungen zwischen Individuum und Gesellschaft« transparent werden.[414] »Die *Fabel* entspricht nicht einfach einem Ablauf aus dem Zusammenleben der Menschen, wie er sich in der Wirklichkeit abgespielt haben könnte, sondern es sind zurechtgemachte Vorgänge, in denen die Ideen des Fabelerfinders über das Zusammenleben der Menschen zum Ausdruck kommen.« Brechts Handlungsmodell fungiert als Gerinnungsmittel gegen den Fluß der Dinge, denn das Theater muß »Darstellungen der Welt« geben, die »nicht irreführend« sind, um »asoziale Wirkungen« zu vermeiden.[415] Konzeptionsstrategisch führt dies zum ›inszenierten Progreß‹: Freiheit und Planbarkeit stehen einander komplementär gegenüber, nicht antagonistisch. Zwar besitzt die Fabel bezüglich der Bruchstücke eine gewisse Autonomie, verliert dadurch aber kein synthesebildendes Potential. Die Geschehnisse sollen nämlich in einer Weise verknüpft werden, daß das Urteil des Zuschauers die Leerstellen ausfüllen kann. Er dichtet – so Brecht – »im Geist andere Verhaltensweisen und Situationen hinzu und hält sie, der Handlung folgend, gegen die vom Theater vorgebrachten«.[416] Dieser Akt der Konsistenzbildung antizipiert Isers These von der Formierung des Imaginären im Lektürevorgang, wobei Brecht die Textur entsprechend vorstrukturiert, d.h. »Griffe« anbringt, die sich nicht nur »bewegen« lassen, sondern als »Begriffe« zugleich Lenkungspotential besitzen.[417]

Die »ergiebige Haltung«,[418] die hierfür grundlegend ist, markiert das entscheidende Differenzkriterium zur Weltwahrnehmung von Idealismus und Naturalismus. Daher wendet sich Brecht als ›zeigender‹ Künstler nicht an den »Spaziergänger«, sondern den »Gärtner«.[419] Letzterer kennt die ›gute Kausalität‹ und weiß sie produktiv zu nutzen, indem er »immerfort Ideale an der Wirklichkeit mißt und die Vorstellungen von ihr immerfort korrigiert«.[420] Brechts Konzept führt auf diese Weise zur kalkulierbaren Dekonstruktion von Totalität: Es bestätigt das Narrativ, indem es dessen statische Einheit in Frage stellt, und zwar durch neue Formen, die verhindern, daß der Realismus wie im affirmativen DDR-Drama zum *»Inhaltismus«*[421] regrediert. Subversiv ist Brechts Fabelbegriff aber insofern, als auch der Realist nur ein »begrenztes Geschehnis« sinnhaft darstellen kann. Bedeutung ist trotz metonymischer Struktur nicht-totalitär: »sie befriedigt von vielen möglichen Interessen nur bestimmte«. Da kohärentes Handeln darüber hinaus dem Wahrscheinlichkeitsmodus widerspricht, lassen sich die »gesellschaftlichen

---

413 GBA 21, S. 536 (Totalität [ca. 1931]).
414 GBA 23, S. 298 ([Notizen über die Dialektik auf dem Theater 3] [ca. 1954]).
415 GBA 23, S. 292, 295 ([Nachträge zum »Kleinen Organon«] [1954]).
416 GBA 23, S. 300 ([Vom epischen zum dialektischen Theater 2] [ca. 1954]).
417 GBA 18, S. 263 (Flüchtlingsgespräche: [Über die Hegelsche Dialektik] [1940]).
418 GBA 27, S. 285 (Journaleintrag vom 26. November 1948).
419 GW 16, S. 797 (»Katzgraben«-Notate 1953).
420 GBA 26, S. 438 (Journaleintrag vom 17. Oktober 1940).
421 GW 19, S. 321 ([Über Realismus]). Um eigenen Projekten nicht zu schaden, vermeidet Brecht zu Lebzeiten jede Kritik an der sog. »Moskauer Clique« (GBA 26, S. 316), zu der Becher, Erpenbeck, Hay, Kurella und Lukács zählen. Entsprechende Beiträge werden erst posthum veröffentlicht (vgl. Schriften zur Literatur und Kunst. Bd. 2. Berlin/Weimar 1966, S. 5-142).

Bewegungsgesetze« nicht an den »Idealfällen« demonstrieren. Zu jeder Bewegung gehört nach Brecht »Unreinheit«, es muß stets »ein Gegenexperiment denkbar« sein,[422] das die Diskontinuität retabliert und »Erwartungen« erzeugt, »die wir dann nicht befriedigen«.[423] Die Bestandteile des Plots haben demzufolge ihre eigene Struktur und bestehen für sich »ohne viel Rücksicht« auf den »Gesamtsinn des Stücks«[424] (allerdings müssen sie – wie erwähnt – imaginativer Konsistenzbildung zugänglich bleiben). Das Theater wird auf diese Weise zum Erfahrungsraum der Intervention des Anderen als Replik auf die Totalisierung des Politischen. In ihm entfaltet sich eine Potentialität, die Brecht gegen den SED-Dogmatismus bewahren möchte und deren ›Tod‹ zum Subtext des Dramas *Die Tage der Kommune* avanciert (B, 6.4.1).

Klaus-Detlef Müller erklärt die diskursive Zentralstellung der Fabel nach 1945 aus der »Verlagerung des Arbeitsschwerpunktes vom Stückeschreiben zur Theaterarbeit«.[425] So richtig diese Beobachtung ist, sie hat primär symptomalen Charakter und übersieht den dahinterstehenden Versuch, das Drama zum Modell kollektiver Sinnstiftung zu machen. Tatsächlich bezeichnet die Dialektik zwischen Teil und Ganzem den idealtypischen Funktionszusammenhang von Subjekt (Kollektiv) und Objekt (Machtapparat) in der proletarischen Öffentlichkeit. Bereits 1930 konstatiert Brecht mit Blick auf den Aufbau des Sozialismus: »Stücke und Darstellungsart sollen den Zuschauer in einen Staatsmann verwandeln«.[426] Nach Kriegsende exemplifiziert der Autor sein Modell vom ›Drama als Staat‹ in den *Katzgraben-Notaten* (1953). Dort ist der Exponent des marxistischen Narrativs zwar progressiv, aber der Wissensvorsprung führt zu keiner eindimensionalen Diskursstruktur. Parteisekretär Steinert »bewegt sich sozusagen nicht vor seinen Zuhörern her, sondern er bewegt *sie*. Er spricht nicht nur zu ihnen, sondern auch aus ihnen heraus. Es ist mehr: er macht seine Zuhörer schöpferisch« (GBA 25, 463). Wie die Handlung sukzessive die Einheit der szenischen Gegensätze entfaltet, wird der »Prozeß der produktiven Umwandlung des Dorfes« Katzgraben »durch den Dynamo der sozialistischen Partei der Deutschen Demokratischen Republik« angetrieben. Erst die so konstruierte Fabel erlaubt den Übergang vom bürgerlichen zum sozialistischen Modell, d.h. der »Held« (Kleinschmidt) wird im letzten Akt »durch einen anderen Helden abgelöst« (Steinert),[427] der das Kollektiv repräsentiert (C, 4.2.3).

Um den gesellschaftlichen Fortschritt besser nachvollziehbar zu machen, verwendet Brecht die sog. »Cidher-Technik«,[428] die an Friedrich Rückert orientiert ist. Sie zeigt dem Rezipienten denselben Ort (Katzgraben) in zeitlichen Abständen, so daß Entwicklungsprozesse deutlich werden. Für die Wahl des Verfahrens macht Brecht zunächst ästhetische Gründe geltend: »Die Abbildungen der Wirklichkeit müssen in der Kunst, anders als in den Wissenschaften, Bildcharakter haben«. Darüber hinaus dient die Fokussierung auf das Imago, das sogar »dokumentarischen Anstrich« erhalten soll, dazu, eine neue Einfachheit zu etablieren. Ziel ist ein »naiv« aufgefaßtes »philosophisches«

---

422 GBA 23, S. 91, 85 (Kleines Organon für das Theater [1948]).
423 GBA 25, S. 483 (»Katzgraben«-Notate 1953).
424 GBA 23, S. 294 ([Nachträge zum »Kleinen Organon«] [1954]).
425 K.-D. Müller (2000), S. 140.
426 GBA 21, S. 396 ([Die Große und die Kleine Pädagogik]).
427 GW 16, S. 780, 831 (»Katzgraben«-Notate 1953).
428 Ebd. Vgl. auch ebd., S. 829.

Theater,[429] denn das »Naive« bleibt nach Brecht die »konkreteste« »ästhetische Kategorie«.[430] Statt »schwierige Scharaden« herzustellen, müsse man »so einfach *wie möglich*« schreiben,[431] »Mittel«, die »zu technisch« sind, poetisieren.[432] Wie Detlev Schöttker nachgewiesen hat, entspricht der formalen Simplizität indes ein dialektischer Gehalt,[433] und auch Brecht bezeichnet das »undifferenzierte Naive« als »primitiv«.[434] Doch obwohl der Augsburger Dramatiker wie Schiller ein Konvergenzmodell anstrebt, in dem Verfremdung und Unmittelbarkeit zur Einheit verschmelzen,[435] bleiben insbesondere dem Nachkriegsdiskurs Kennzeichen einer ›doppelten Ästhetik‹[436] eingeschrieben. Zwar appelliert das epische Theater durch den Gestus an die ›naive‹ Vorstellungstätigkeit des Zuschauers, das Wissen um den Zeigecharakter besitzt allerdings ›sentimentalischen‹ Charakter. Hinzu kommt die erwähnte Subversion eigener Theoreme durch metapoetische Diskurse, so daß das »Naive« keineswegs als »Schlüsselwort« für das Programm des späten Brecht gelten kann.[437]

Zahlreichen Nachkriegsdramatikern vergleichbar zielt auch der Gründer des Berliner Ensembles auf die Restitution humaner Lebens- und Arbeitsformen als Antwort auf die Objektwerdung des Menschen im Spätkapitalismus. Medium hierfür ist das Theater, wobei die Schwierigkeit für Brecht darin besteht, daß der »reinigende Prozeß einer Revolution«[438] in Deutschland nicht stattgefunden hat. »Es ist ein großes Unglück unserer Geschichte, daß wir den Aufbau des Neuen leisten müssen, ohne die Niederreißung des Alten geleistet zu haben. [...] Wir suchen ständig das ›Harmonische‹, das ›An und für sich Schöne‹ zu gestalten, anstatt realistisch den Kampf für die Harmonie und die Schönheit«.[439] Da Genese und Formation des Bewußtseins vom Sein abhängen, kann der Einzelne aber nur »von der Gesellschaft her« gestaltet werden.[440] Dies führt zur Aufhebung der Dichotomie von privatem und politischem Leben. Gleichzeitig verliert das Individuum seine Naturgegebenheit im Raum der »historischen Relativität«. Die »Einheit der Figur« läßt sich nur mehr dialektisch aufrechterhalten – als Beschreibung der »Art«, in der sich die »einzelnen Eigenschaften widersprechen«, sowie als Ausweitung der Perspektive ins Kollektive. Sobald die »kleinste gesellschaftliche Einheit« nicht mehr »der Mensch« ist, »sondern zwei Menschen«, büßt das Subjekt seine diskursive Zentralstellung ein. Andererseits entsteht durch die veränderten Arbeitsmethoden eine neue Form der Potentialität. Sie berechtigt dazu, den Menschen unter sozialistischen Rahmenbedingungen auch so zu betrachten, »wie er sein könnte«[441] – eine Sehweise, die vor allem die Stücke *Die Tage der Kommune* und *Katzgraben* bestimmt.

---

429 Ebd., S. 825, 783, 815.
430 Wekwerth: Schriften, S. 73 (Auffinden einer ästhetischen Kategorie [1957]).
431 GBA 23, S. 266 (Was haben wir zu tun? [ca. 1953]).
432 GBA 23, S. 333 (Einige Irrtümer über die Spielweise des Berliner Ensembles [1955]).
433 Vgl. Schöttker (1989), S. 29.
434 Wekwerth: Schriften, S. 74 (Auffinden einer ästhetischen Kategorie [1957]).
435 Vgl. ebd., S. 73 (»Dialektisieren ist letzten Endes Gefühlssache«) und Wekwerth: Verfremden wir die Lehre Brechts! (1965), S. 65 (»Verfremdung sei für ihn – Brecht – auch Ausdruck einer großen Naivität«).
436 Vgl. Zelle (1995).
437 Kim (1992), S. 180. Vgl. auch Schöttker (1989), S. 29.
438 GBA 23, S. 327 (Einige Irrtümer über die Spielweise des Berliner Ensembles [1955]).
439 GBA 23, S. 138f. ([Konstruktive Kritik] [1951]).
440 GBA 25, S. 446 (»Katzgraben«-Notate 1953).
441 GBA 23, S. 79, 86, 88, 82 (Kleines Organon für das Theater [1948]).

Mittelpunkt der neuen Subjektkonzeption ist demnach ein gesellschaftlicher Faktor: die Produktivität, die Brecht zu »bisher unerhörter Ausdehnung« steigern möchte.[442] Wie im affirmativen DDR-Drama erscheint sie als kategorischer Imperativ; aus ihr fließt »die besondere Sittlichkeit« der neuen Epoche.[443] D.h. das »Menschengesicht« kann nur dann wieder »Spiegel der Empfindung« sein und sich »verschönern«,[444] wenn »das Produzieren zum eigentlichen Lebensinhalt« wird.[445] Im präökologischen Zeitalter gewinnt die an wirtschaftlicher Effizienz und sozialer Gleichheit ausgerichtete Herrschaft über die Natur damit Narrativcharakter. Sie macht die Diskontinuität der Moderne (Mensch – Technik) rückgängig, indem sie »geistige und sinnliche Tat« vereinigt und »Genuß am Leben« allererst ermöglicht.[446] Vor diesem Hintergrund scheint es problematisch, das *Kleine Organon* primär als Konzession an den bürgerlichen Publikumsgeschmack zu verstehen.[447] Solche Engführung übersieht den dahinterstehenden Entwurf einer dezidiert nicht-marktwirtschaftlich bestimmten Sozialstruktur. Als Beleg dient Brecht die Tatsache, daß »bei uns jeden Morgen die Straßenbahnen fahren, die Menschen zur Arbeit gehen, daß Brot gebacken wird«, obwohl die »ökonomische Konkurrenz, von bürgerlichen Ökonomen angegeben als die einzige Triebkraft«, »so ziemlich« fehle. »Gesetze mit Ewigkeitsanspruch seien zu Fall gebracht«.[448] Die ersten Vertreter der neuen DDR-Avantgarde (Hacks, Müller, Lange) werden diese Vorstellung in den Bereich des Utopischen verweisen (B, 6.2.1).

Der Wiederherstellung des Humanen dient darüber hinaus Brechts Versuch, die Polarität zwischen Identifikation und Verfremdung dialektisch aufzuheben. Wenngleich diese Tendenz mehrfach beschrieben wurde,[449] hat man Strukturmechanismus und Entwicklungsprozeß bisher nur unzureichend analysiert. Die Konzessionsthese greift auch hier zu kurz, verkennt sie doch nachhaltige Änderungen in Theorie und Praxis. Während Brecht noch 1939 das »Aufgeben der Einfühlung« projektiert und als »vielleicht das größte aller denkbaren Experimente« bezeichnet,[450] erklärt er den eigenen »Schrei nach der schönen Logik des Einmaleins« in der Vorrede zum *Kleinen Organon* als historisch gerechtfertigte, für die ›Zeitenwende‹ aber inadäquate Reaktion auf den bürgerlichen »Kulinarismus«.[451] Nun lassen sich zwar in früheren Schriften zahlreiche Textstellen dafür finden, daß Brecht ›Emotion‹ im Theater nicht verabschieden, sondern kontrollieren und epistemologisch nutzen möchte.[452] Der wesentliche Unterschied besteht jedoch in der durch den Sozialismus eröffneten Potentialität. Denn erst die Einrichtung nicht-kapitalistischer Verhältnisse retabliert die Parameter »Vernunft und Ge-

---

442 GBA 23, S. 286 (Sozialistischer Realismus auf dem Theater [1954]).

443 GBA 23, S. 75 (Kleines Organon für das Theater [1948]).

444 GBA 25, S. 420 (»Katzgraben«-Notate 1953).

445 GW 20, S. 328 ([Zum 17. Juni 1953]).

446 GBA 23, S. 293 ([Nachträge zum »Kleinen Organon«] [1954]).

447 Vgl. u.a. Steinweg (1971), S. 116; Knopf (1980), S. 459; Milfull (1981), S. 236; Jenkinson (1990), S. 277 und Jameson (1998), S. 36.

448 Äußerung von Brecht (zit.n. Wekwerth: Schriften, S. 16f.).

449 Vgl. u.a. Mittenzwei (1986), Jenkinson (1990) und Ekmann (1994/95).

450 GBA 22.1, S. 553 (Über experimentelles Theater).

451 GBA 23, S. 65 (Kleines Organon für das Theater [1948]).

452 Vgl. u.a. GBA 21, S. 71 (Aus einer Dramaturgie [1920]), 210 ([Schwierigkeiten des epischen Theaters] [1927]); GBA 22.1, S. 376 (Die Straßenszene [1938]) und GBA 22.2, S. 729, 739f., 748, 753 (Der Messingkauf [1939-1941]).

fühl«, die zuvor »entartet« waren und in einem »schlechten, unproduktiven Widerspruch zueinander« standen. Die »aufsteigende neue Klasse« besitze nun die Möglichkeit, beide Komponenten »in großem produktivem Widerspruch« zu sehen. Auf diese Weise entsteht ein dialektisch domestizierter Katharsis-Effekt, der die Wiederherstellung des Humanen diätetisch beglaubigt: »Uns drängen die Gefühle zur äußersten Anspannung der Vernunft, und die Vernunft reinigt unsere Gefühle«.[453]

Das *Kleine Organon* stellt in diesem Zusammenhang eine Übergangsposition dar. So fordert Brecht, der Schauspieler solle »alles unterlassen«, was dazu beitragen könne, die »Einfühlung des Publikums« zu begünstigen. Deshalb dürften »seine eigenen Gefühle nicht grundsätzlich die seiner Figur sein«. Identifikation ist nach Brecht lediglich für das »Probieren« zulässig, bei der »Vorführung« dagegen »zu vermeiden«. Solche Thesen sind indes konterkariert durch die nachdrückliche Assimilation an Aristoteles – sowohl hinsichtlich der Fabel wie der Katharsis. Letztere wird nämlich gleichfalls dem Lebenskunst-Projekt integriert: als »Waschung [...] zum Zwecke des Vergnügens«.[454] Nicht zuletzt aus diesem Grund konzediert Brecht 1954 in den *Nachträgen zum Kleinen Organon*, die »Warnung, bei der Aufführung Einfühlung in die Figur des Stücks zu vermeiden«, könne »kaum ganz« befolgt werden. Und das sei gut, denn so komme es »am ehesten zu jener wirklich zerreißenden Widersprüchlichkeit zwischen Erleben und Darstellen«.[455] An anderer Stelle beschreibt er diese Interferenz mit Blick auf eine Schwester, die darüber weint, daß der Bruder in den Bauernkrieg muß: »Sollen wir uns ihrem Schmerz ganz hingeben? Oder gar nicht? Wir müssen uns ihrem Schmerz hingeben können oder nicht hingeben können. Unsere eigentliche Bewegung wird durch die Erkennung und Erfühlung des zwiespältigen Vorgangs entstehen«.[456] Mit anderen Worten: An die Stelle atavistischer Gefühle sollen Emotionen treten, die durch Handlung ausgelöst sind und damit intellektbezogen. Die »bloße Einfühlung« könne zwar den »Wunsch« erzeugen, »es dem Helden gleichzutun«, nicht aber die »Fähigkeit«. Der Protagonist müsse so gestaltet sein, daß er zu »bewußter« Nachahmung reize.[457]

Vor diesem Hintergrund ist die mit Blick auf *Katzgraben* projektierte Modifikation des eigenen Modells nur vordergründig aus der Formalismusdebatte zu erklären. Sicher hat Brechts Eingeständnis, an der »Simplifizierung« des *Kleinen Organons* schuld zu sein,[458] wirkungsstrategischen Charakter, dennoch bleibt die angestrebte Retablierung des Humanen zentral. So betont Brecht, die notwendigen Innovationen dürften »nicht auf Kosten des Menschlichen veranstaltet werden«. Das Publikum brauche »überhaupt keine Ansprüche aufzugeben«, insbesondere nicht den »auf blutvolle, allseitig interessante Menschen von eigenem Wuchs«.[459] Dieser unmarkierten Referenz auf Erpenbeck[460] entspricht eine sozialanthropologische Verschiebung: Trotz Verteidigung der

453 GBA 23, S. 298 ([Notizen über die Dialektik auf dem Theater 3] [ca. 1954]). Vgl. auch GBA 23, S. 305 (Kann man das Theater eine Schule der Emotionen nennen? [ca. 1954]) und 326-328 (Einige Irrtümer über die Spielweise des Berliner Ensemble [1955]).

454 GBA 23, S. 83, 85, 67 (Kleines Organon für das Theater [1948]).

455 GBA 23, S. 290f. ([Nachträge zum »Kleinen Organon«] [1954]).

456 GBA 23, S. 413 (Gespräch über die Nötigung zur Einfühlung [1953]).

457 GBA 25, S. 456 (»Katzgraben«-Notate 1953).

458 GBA 25, S. 580 (Das »Kleine Organon« und Stanislawskis System [1953]).

459 GBA 25, S. 484 (»Katzgraben«-Notate 1953).

460 Vgl. DD S. 31 (Erpenbeck: Außergewöhnlich und typisch [1947]).

»etwas kühleren Spielweise«[461] fordert Brecht mit Blick auf Strittmatters Drama, die Auseinandersetzungen zwischen Parteisekretär und Großbauer »in hoher Emotion« zu spielen. Des weiteren verbindet er mit der rhythmisierten Sprache (Blankvers) einen unwiderstehlichen »Ansturm auf die Gemüter«.[462] Dahinter steht der Gedanke, daß die gesellschaftliche Umgestaltung zu »Vergnügungen« führt, die »noch nicht entdeckt« sind.[463] Man solle von sozialistischen Stücken deshalb »nicht das gleiche Kunsterlebnis erwarten« wie »von den alten«. Die Form der Auseinandersetzung habe sich gewandelt, tödliche Gegnerschaft existiere nicht mehr, und die neuen Affekte brächten »ihre Träger in völlig andere Beziehung zu ihren Mitmenschen«.[464] Wie erwähnt bedeutet dies keineswegs die Suspension karthartischer Wirkungen, im Gegenteil: letztere werden weiterhin erzeugt als Reaktion auf »Erkenntnisse von Interessen der Gesellschaft«.[465]

Dem Versuch, die Dramaturgie der Realutopie anzupassen, steht jedoch schon früh eine sich verstärkende Skepsis gegenüber, ob der diktatorisch organisierte SED-Staat die Zeitenwende tatsächlich realisieren kann. Das Narrativ ›Marxismus‹ wird allerdings kaum hinterfragt, d.h. die *»Erpressung mit der einzigen Alternative«*[466] kann als psychologisch-philosophischer Selbstzwang persistieren. 1948 erklärt Brecht: »nur wenige stehen auf dem Standpunkt, daß ein befohlener Sozialismus besser ist als gar keiner«.[467] Diese Form der ›Blendung‹ durch das gemeinsame Ziel bestimmt auch Brechts Verhalten im SED-Staat. Zumindest öffentlich zielt der Dramatiker auf Ausgleich, zeigt Dialogbereitschaft, macht verbale Zugeständnisse. Trotzdem schreibt sich das ideologische Unbehagen gegenüber der realpolitischen Alternativlosigkeit in Ästhetik und Textur ein. Hans Mayer warnt seinen Freund bereits 1951, »fortlaufend so subversive Stücke und Verse [zu] veröffentlichen«. Statt dessen empfiehlt er ihm Gellerts *Abhandlung von dem guten Geschmacke in Briefen*, »vor allem die Seiten 74 und 75, die ausführlich über die Schwierigkeiten beim Schreiben der Wahrheit handeln. Dort steht ... geschrieben: ›Man soll mit großen Herren nicht frey reden.‹ Möge Ihnen die Lektüre von einigem Nutzen sein«.[468] Auch für Albrecht Kloepfer verwendet Brecht in seinem Spätwerk »eine Art poetologische Geheimsprache«, mit der »das politisch Unsagbare zumindest literarisch sagbar« wird. Wer dieses »Versteckspiel« durchschaue, dem offenbare sich »ein ›doppelter Boden‹, in dem Brecht das Treiben seiner Spielfiguren – und damit sein eigenes – eher skeptisch und ambivalent beobachtet«. So richtig diese Perspektive ist, sie zeigt weniger, daß der Autor den »selbstgewählten Auftrag« nicht ernst nimmt,[469] als daß er die Hoffnung auf dessen Realisation ›sterben‹ sieht und den eigenen Rollenentwurf zunehmend kritisch beurteilt.

Brechts späte Dramen erscheinen aus dieser Sicht keineswegs als Bestätigung der kommunistischen »Gegen-Welt«,[470] und auch »das Problem der ›Unfruchtbarkeit‹ nach

---

[461] GBA 23, S. 295 (Verteidigung des »Kleinen Organons« [1954]).
[462] GW 16, S. 794, 809 (»Katzgraben«-Notate 1953).
[463] GBA 23, S. 69 (Kleines Organon für das Theater [1948]).
[464] GBA 25, S. 478, 482, 484 (»Katzgraben«-Notate 1953).
[465] GBA 22.2, S. 829 (Der Messingkauf [1948-1955]). Folgerichtig kann Brecht 1951 die »dem Publikum tief fühlbare Tragik der Courage und ihres Lebens« betonen (GBA 23, S. 409).
[466] Kolakowski: Der Mensch ohne Alternative (1964), S. 70.
[467] GBA 27, S. 285 (Journaleintrag vom 9. Dezember 1948).
[468] Brief von Hans Mayer an Brecht [27. September 1951]. Erstdruck bei Hecht (1997b), S. 126f.
[469] Kloepfer (1998), S. 710.
[470] So die Ansicht von Szczesny (1966), S. 91.

1948« muß differenziert betrachtet werden. So bleibt die These, dem Wahlberliner sei es nicht gelungen, »den Grundstein einer neuen DDR-Dramatik zu legen«,[471] kaum haltbar. Denn die gegenwartsbezogenen Theaterstücke von Hacks, Müller und Lange exponieren eben jene ›neuen‹ Antagonismen, die Brechts Nachkriegswerk bestimmen. Schon im *Kaukasischen Kreidekreis* (1944) zeigt sich die Dialektik zwischen Vorspiel und Binnenhandlung als deformierte; statt zu überzeugen, überredet Brecht. Gleichzeitig initiiert der »gute schlechte« Richter Azdak (GBA 8, 166) die erwähnte Engführung polarer Figurenkonzeptionen zu dem einen »Menschen«, in dem »das Neue« mit dem »Alten« ringt.[472] Das Schauspiel *Die Tage der Kommune* (1948/49) thematisiert dagegen bereits Tiefenwidersprüche sozialistischer Gesellschaftsgestaltung mit Blick auf die Möglichkeit zeitgemäßer Literaturproduktion. Hierbei wird deutlich, daß die Idee reiner Kunst samt Hoffnung, nach der Genese sozialistischer Verhältnisse wieder ›naiv‹ dichten zu können, ebenso fragwürdig ist wie die ›schöne‹ Moral der Kommune (B, 6.4.1).

Der skizzierte Subversionsprozeß bleibt in den folgenden Jahren präsent, scheint allerdings in der Zeit vor dem 17. Juni 1953 diszipliniert durch die Hinwendung zur praktischen Theaterarbeit, zur tangential ausgerichteten Adaptionstechnik (A, 3.3.3) sowie dem Versuch, das Lehrstückmodell dialektisch wiederzubeleben (*Büsching/Garbe-* und *Katzgraben*-Projekt). Im Interesse des sozialistischen Aufbaus verzichtet Brecht – dem *Maßnahme*-Diskurs entsprechend – auf bedingungslose auktoriale Selbstverwirklichung, bezeichnet dieses Opfer jedoch mit der Selbstkastration des Hofmeisters Läuffer. Aber auch diese Form der Sinnstiftung wird nach dem niedergeschlagenen Arbeiteraufstand problematisch, wobei die politische Einschätzung der Vorgänge zunächst ambivalent ist. Obwohl auch nach Brechts Auffassung faschistische Rückstände der Bevölkerung für die Revolte verantwortlich sind, besteht der Autor darauf, daß hier keine Kleinbürger, sondern Arbeiter demonstriert haben. Noch der beiderseitige »Faustschlag« bleibe »nicht einfach negativ«, sondern realisiere den lange vernachlässigten »Kontakt« zwischen Regierung und Proletariat.[473] Vor diesem Hintergrund hält Brecht »ein Manifest zu verfassen als einfache Vertrauenserklärung« an die Adresse der Partei »nicht für möglich« (BBA 1493/12). Er fordert statt dessen eine »große Aussprache über die allseitig gemachten Fehler«,[474] d.h. – mit Habermas zu sprechen – die kommunikative Wiederherstellung kollektiver Vernunft. Dieses Unterfangen wird jedoch in Frage gestellt durch die Erkenntnis, daß selbst das realsozialistische Gesellschaftsmodell antagonistisch strukturiert ist. Sowohl Faschismus wie Stalinismus können zur »Entfesselung der Destruktivkräfte«[475] führen, womit der System- zum Machtwechsel regrediert. »Unter neuen Befehlshabern« setzt sich nach Brecht »der Naziapparat wieder in Bewegung«,[476] die kommunistische Utopie scheint acht Jahre nach Kriegsende ihr eigenes Zerrbild:

> Wenn ich das ansehe, was zu sehen war, so hatte ich den Eindruck in der Frühe, daß es eine ernste und entsetzliche Angelegenheit war, daß gerade Arbeiter hier demonstrieren. Ich spre-

[471] Milfull (1981), S. 236.
[472] GBA 23, S. 128 (Zeitstücke [ca. 1950]).
[473] GBA 27, S. 346f. (Journaleintrag vom 20. August 1953).
[474] GBA 23, S. 250 ([Dringlichkeit einer großen Aussprache] [1953]).
[475] GBA 27, S. 269 (Journaleintrag vom 20. April 1948).
[476] GBA 24, S. 410 (Vorwort zu »Turandot« [1953]). Vor dem Aufstand setzt Brecht nur die Begriffe »Bürger« und »Nazi« gleich (GBA 27, S. 259 [Journaleintrag vom 1. Januar 1948]).

che ihnen auch 100%ig jede Berechtigung zu. Ich wußte, daß sie abgehalten worden waren, ihrer Erbitterung Luft zu verschaffen, nun verschafften sie sich Luft. Was gegen 11, 12, 13 Uhr geschah, zeigt das jedenfalls – ich spreche von dem, was ich gesehen habe. Dieses Berlin ist in einem geistigen Zustande, in dem es anscheinend in der Nazizeit war.[477]

Nur die ›Weisheit der Massen‹ könne zur Veränderung des neofaschistischen SED-Staats beitragen, dessen »Weißwäscherei« bereits »in vollem Gang«[478] sei. »Es liegt«, so Brecht, »jetzt an jedem einzelnen, der Regierung beim Ausmerzen der Fehler zu helfen, welche die Unzufriedenheit hervorgerufen haben«. Hauptproblem ist – und hier antizipiert der Autor Konflikte des ›didaktischen Theaters‹ (C, 4.2.4) – die noch immer kapitalistische Wirtschaftsstruktur bzw. der Versuch, sie zu rechtfertigen:

Die Produktion der Künstler wie die der Arbeiter hatte den Charakter eines Mittels zum Zweck und wurde in sich selbst nicht als erfreulich oder frei angesehen. Vom Standpunkt des Sozialismus aus müssen wir, meiner Meinung nach, diese Aufteilung, *Mittel* und *Zweck*, *Produzieren* und *Lebensstandard*, aufheben. Wir müssen das Produzieren zum eigentlichen Lebensinhalt machen und es so gestalten, es mit so viel Freiheit und Freiheiten ausstatten, daß es an sich verlockend ist.[479]

Die Solidarisierung mit dem Proletariat besitzt allerdings auch strategischen Charakter, und zwar im Kampf gegen eine »Kulturpolitik«, die »ganz erschreckend schlechte Resultate« hervorbringt und »den ästhetischen und guten Geschmack des Publikums zu ruinieren versucht« (BBA 1447/19). Im offiziellen Diskurs verzichtet Brecht auf derartige Invektiven, um die Übernahme des Theaters am Schiffbauerdamm durch das Berliner Ensemble nicht zu gefährden. Noch zwei Tage vor dem Arbeiteraufstand schreibt er an Grotewohl, »daß in Westdeutschland die unsinnigen Gerüchte über Zwistigkeiten zwischen mir und der Regierung der Deutschen Demokratischen Republik wieder sehr verstärkt aufgemacht werden«.[480] Ähnliches gilt für die – zumindest oberflächlich affirmativen – Ergebenheitsadressen an SED und KPdSU vom 17. Juni 1953.[481] Andererseits weiß Brecht um das ›symbolische Kapital‹ seiner Person.[482] Er beklagt den verkürzten Abdruck seines Ulbricht-Briefes und erklärt am 30. Juni vor der Deutschen Akademie für Künste: »Der Staat soll nichts mehr zu tun haben mit der Angelegenheit Kunst. Er soll sich nicht wie bisher einmischen, abdrosseln und unterdrücken«,[483] statt »informiert« werde man »immer nur belehrt«.[484] Die mit dem ›Neuen Kurs‹ verbundene Liberalisierung der Kulturpolitik, die dem Berliner Ensemble die gewünschte Spielstätte sichert, ist jedoch nur von kurzer Dauer (A, 1.3.3). Brecht selbst antwortet hierauf mit Verzicht auf dialektische Synthesebildung – ein Vorgang, der weniger an der Theorie als an den Texten ablesbar ist. Prominentes und häufig analysiertes Beispiel sind die

---

477 GBA 23, S. 546 (Mündliche Äußerung vom 24./25. Juni 1953 im Berliner Ensemble).

478 GBA 30, S. 180 (Brief [nach dem 17.] Juni 1953 an Käthe Rülicke).

479 GW 20, S. 327f. ([Zum 17. Juni 1953]). An der Darstellung dieser sozialen Utopie scheitert das *Büsching/Garbe*-Projekt, in dessen siebter Szene der Widerspruch zwischen Normerfüllung und -preisgabe nur mehr bipolar lösbar ist (vgl. unten).

480 GBA 30, S. 177 (Brief vom 15. Juni 1953 an Otto Grotewohl).

481 Brecht »läßt für einen kurzen Moment sogar die Bereitschaft durchblicken, gerade an diesem Tag der SED beitreten zu wollen« (Drommer [²2000], S. 122).

482 Vgl. Heiser-Duron (2001), S. 49-55.

483 AdK-O, ZAA 118, Bl. 415.

484 AdK-O, ZAA 188, Bl. 426.

zu Lebzeiten des Autors nur teilweise veröffentlichten *Buckower Elegien*. In ihnen wird der Gebrauchswert der Kunst ad absurdum geführt. So beschreibt schon das Motto die realsozialistische ›Meeresstille‹, durch die jede weitere Fahrt des listenreichen Dichters unmöglich wird: »Ginge da ein Wind / Könnte ich ein Segel stellen«. Für das Lösen von Schwierigkeiten, einem zentralen Bestandteil des dialektischen Schönheitsbegriffs,[485] fehlt jede Anwendungsmöglichkeit. Das lyrische Ich weiß, wie ein Rad gewechselt wird, aber seine Fähigkeiten sind nicht verlangt (GBA 12, 310). Die Zeitenwende degeneriert damit zum Glaubensbekenntnis, das der Hoffnung Ausdruck gibt, der Staatssozialismus könne zwar die DDR »in ein Grab« verwandeln, »niemals« aber die marxistischen »Ideen«.[486]

Neben die camouflierte SED-Kritik tritt im *Turandot*-Drama (1953/54) deshalb die Remythisierung des Goldenen Zeitalters: Der Freiheit bringende Kai Ho bleibt nur mehr im Geschrei der Menge präsent, die »Mühen der Ebenen«[487] sind ausgespart. Das Stück bricht gerade in dem Augenblick ab, da die gesellschaftlichen Antagonismen beendet werden, d.h. keine intersystemische Absicherung gegen das Tragische mehr vorhanden ist. Angesichts der Wiederkehr des Gleichen (Staatssozialismus als Postfaschismus) formt sich die Tangentialstruktur zum ausweglosen Kreis. Folgerichtig bleibt Brechts Idee unrealisiert, den absurden Zirkel von *Warten auf Godot* dadurch aufzubrechen, daß hinter dem ›statischen‹ Bühnengeschehen revolutionäre Ereignisse der Weltgeschichte vorgeführt werden.[488] Auch die ethische Kontrolle des zum Fortschritt notwendigen Skeptizismus fügt sich in der Letztfassung des *Galilei* zur Aporie, denn es kann keine Gewißheit geben, daß das ›neue Sehen‹ auch das richtige ist. Darüber hinaus erscheint die Sinnlichkeit befreiten Weltverhaltens vor allem in Extremsituationen ambivalent. Der italienische Gelehrte widerruft aus Angst und verweist somit auf den berechtigten Widerstand des Körpers gegen die Idee (B, 6.4.1). Vor diesem Hintergrund ist das *Galilei*-Drama »KEINE TRAGÖDIE«, aber eben auch kein »optimistisches Stück«,[489] wie häufig behauptet wird. Die »mörderische« Selbstanklage des Protagonisten schafft Sinn, ›tötet‹ aber die Dialektik und kann daher nicht »das letzte Wort« sein (GBA 5, 285). Dementsprechend greift Brecht zu der einzigen Möglichkeit, Veränderung jenseits planbaren Progresses darstellbar zu machen: Er versucht synchrone Diskontinuitäten durch Genealogiebildung aufzuheben. Die Zeitenwende soll sich in den Schülern realisieren: Galilei – Andrea, Glücksgott – Schüler, A Sha Sen – Eh Feh, Büsching – Jakob, Einstein – Schüler (Oppenheimer),[490] d.h. wissenschaftstheoretisch betrachtet durch einen Quantensprung (Cidher-Modell). Dieser ist in der letzten Szene angedeutet, als Andrea die *Discorsi* über die Grenze schmuggelt und trotz staatlicher Restriktion ›ehrlich‹ bleibt. Das verbotene Buch wird nicht versteckt, sondern gelesen. Die kürzeste Verbindung zwischen zwei Punkten scheint zwar weiterhin die Gerade, aber nur, wenn man sie strategisch als gekrümmte »krumme« versteht (GBA 5, 282). Ob der

485 Vgl. GBA 21, S. 520f. (Was ist schön? [ca. 1931]).
486 GBA 8, S. 302 (Die Tage der Kommune).
487 GBA 15, S. 205 (Wahrnehmung [1949]).
488 Überliefert sind Bearbeitungsnotizen zum ersten Akt, vermutlich um das Jahr 1954 entstanden (vgl. GBA 10.2, S. 1311).
489 GBA 24, S. 237 (»Das Leben des Galilei« ist keine Tragödie [1939]).
490 Vgl. GBA 10.2, S. 1309 (Handschriftliche Notizen zu dem Thema Schüler – Lehrer [1948]) und 1310 (Der Lehrer [1948/49]).

damit verbundene »Beginn« (289) allerdings teleologisch oder wie bei Beckett iterativ zu verstehen ist, bleibt offen. Trotz der Vision einer Geschichte, in der die produktiven Kräfte jedes Menschen im Kontext solidarischer Organisation entfaltet werden, impliziert Brechts Nachkriegskonzept keineswegs die Unausweichlichkeit bestimmter Resultate. Auch hier kann die Gesellschaft, wie Marx und Engels hinsichtlich des Kapitalismus konstatieren, »mit dem gemeinsamen Untergang der kämpfenden Klassen« enden.[491] Abgesehen von *Katzgraben* (das vor dem 17. Juni beendet ist) zeigt daher kein Stück konkrete Utopien, die nicht im Handlungsverlauf subvertiert würden.

Nichtsdestotrotz wäre es problematisch, den späten Brecht rein resignativ zu deuten. Wer dies tut übersieht den auch nach dem Arbeiteraufstand virulenten Versuch des »Enttäuschte[n]«, nicht zum »Enttäuscher« zu werden.[492] Dies geschieht, wie Stephan Bock herausgearbeitet hat, durch Hinwendung zu dramatischen Formen der Weimarer Praxis (Lehrstück, Agitprop).[493] Beide Gattungstypen setzen antagonistische Verhältnisse voraus und tragen der Existenz faschistischer Residua in der DDR Rechnung. »Denn« – so Brecht 1956 auf dem IV. Deutschen Schriftstellerkongreß – »wir werden mit einer Kampfphase rechnen müssen, und wir werden unsere Gemütlichkeit irgendwann ablegen, bekämpfen müssen«.[494] Zu diesem Zweck darf historische Objektivität für einen bestimmten Diskursbereich verabschiedet werden, ähnlich wie es später das Dokumentartheater tut.[495] Mit anderen Worten: Brecht wendet sich dem Agitprop-Bereich zu, weil die Mißstände hier nicht mehr entfaltet werden, sondern durch »kleine direkt agitierende Truppen«[496] kommunikativ ›getötet‹. Die Verbreitung dialektischen Denkens erfolgt also *contra theoriam* totalitär – allerdings im Rekurs auf Marx, der über die Aufgabe der Kritik schreibt: Sie »ist kein anatomisches Messer, sie ist eine Waffe. Ihr Gegenstand ist ihr *Feind*, den sie nicht widerlegen, sondern *vernichten* will«.[497] Dahinter steht die Vorstellung, daß jede Bewußtseinsveränderung zwangsläufig praktisch werden muß. Brecht stellt die Zweifel an der Berechenbarkeit des Individuums zurück, um den Versuch nicht zu gefährden, durch die Agitprop-Performanz ein ›neues Publikum‹ heranbilden und organisieren zu können. Das Theater wird dabei zum Medium politischer Sinnstiftung; es offeriert Rollen, die von Laienspielern und »natürlichen Sozialisten«[498] zu gestalten sind. Indem Brecht die Optimierung des Subjekts durch Massenmobilisation ergänzt, nähert er sich Piscator, der ebenfalls dirigistisch operiert (A, 3.2.2) und folgerichtig in das neue Projekt einbezogen werden soll.[499]

Des weiteren sucht der Augsburger Dramatiker die eigene Skepsis gegenüber der Entwicklung des Realsozialismus durch dokumentarische Authentizität zu kompensieren. So umfaßt das Material des *Büsching/Garbe*-Projekts extensive Sammlungen von Gesprächsprotokollen und Zeitzeugnissen. Kein anderes Projekt stützt sich in ähnli-

---

491 MEW 4, S. 462 (Manifest der Kommunistischen Partei).

492 GBA 24, S. 346 (Hauptsächliche Widersprüche [1954]).

493 Vgl. Bock (1980a), S. 214-236.

494 GBA 23, S. 371 ([Ausführungen zum IV. Deutschen Schriftstellerkongreß] [1956]).

495 Vgl. Weiss: Das Material und die Modelle (1968), S. 55.

496 GBA 23, S. 368 ([Ausführungen vor der Sektion Dramatik zum IV. Deutschen Schriftstellerkongreß] [1956]). Vgl. auch BBA/Bestandsverzeichnis, Agitpropbesprechungen bei Brecht am 6. März 1956 (BBA 1299/16-20, 25).

497 MEW 1, S. 380 (Zur Kritik der Hegelschen Rechtsphilosophie. Einleitung).

498 GBA 30, S. 185f. (Brief vom 12. Juli 1953 an Otto Grotewohl).

499 Vgl. Bock (1982), S. 63f.

chem Umfang auf historische, politische und soziokulturelle Vorstudien.[500] Käthe Rülicke, Verfasserin des Bio-Interviews *Hans Garbe erzählt* (1952), wird beispielsweise noch am 17. Juni zu dem ›Helden der Arbeit‹[501] geschickt, um ihn als Augenzeugen über Genese und Verlauf der Revolte zu befragen. Überhaupt fordert Brecht seine Mitarbeiter auf, »alles niederzuschreiben«, was »im Leben und Treiben des neuen Staates verwunderlich erscheint« – zunächst ohne Rücksicht auf die »moralische Wertung« des Berichteten.[502] Und noch Ende März 1956 möchte er von Fritz Selbmann, dem ehemaligen Minister für Schwerindustrie, wissen, »welche Möglichkeit« es gebe, »Material über die ökonomische Entwicklung in der DDR einzusehen«. »Mich interessieren für literarische Arbeiten Angaben über Demontagen, Reparationen, Steigerung der Arbeitsproduktivität, Steigerung des Reallohnes usw. Diese Angaben sind, soviel ich weiß, Verschlußsachen. Können Sie mir dazu verhelfen«.[503] Eine Antwort auf Brechts Bitte ist nicht überliefert.

Um die neuen Vorstellungen adäquat umsetzen zu können, nimmt Brecht dramaturgische Modifikationen vor: Das Lehrstückmodell ersetzt die im Exil entwickelte Parabel. Dies gilt sowohl für das *Büsching/Garbe-* als auch das *Einstein*-Projekt, die »im Stil der ›Maßnahme‹ oder ›Mutter‹«[504] projektiert sind und durch Betonung von Widersprüchen antithetisches Lernen einüben sollen. Ziel ist wie beim Agitprop die Konvergenz von Theater und revolutionärer Bewegung; die Sinnstiftung erfolgt deshalb vom inneren zum äußeren Kommunikationssystem. Der ästhetische Anspruch, dem Brecht mit seinem Produktionsstück gerecht zu werden versucht, manifestiert sich auch in den Verweisen auf das *Fatzer*-Fragment – den »höchste[n] Standard technisch«.[505] So sind, wie die überlieferten Skizzen belegen, folgende Elemente variiert übernommen: (1) Name (Büsching), (2) Heimkehr, (3) Besatzung, (4) Expropriation, (5) Verführung und Schwängerung einer »Kriegerfrau«.[506] Die Komplexität der mit dem Garbe-Stoff verbundenen Widersprüche scheint jedoch kaum zu bewältigen. In der Tat werden die 1950 begonnenen Planskizzen mehrfach geändert, die Ereignisse des 17. Juni führen sogar zum Neuentwurf. Mit Garbes Tod, dem Ergebnis einer weiteren Revision Ende 1954, bezeichnet Brecht die Ambivalenz der eigenen Ästhetik: Gestaltung des tragischen Endes nicht-antagonistischer Verhältnisse bei gleichzeitigem Versuch, die Einheit der Gegensätze im Exitus des Protagonisten letztmalig zu bestätigen.[507] Der ›Held‹ wird zwar vom Objekt der Geschichte zu ihrem Subjekt, kann die »Gesamtzusammenhänge der Gesellschaft« aber »nicht erkennen«.[508] Folglich sucht er Mißstände indivi-

500 Vgl. Bock (1977, 1980a, 1987), Knopf (1980), S. 372-374 und GBA 10.2, S. 1278-1285. Ähnliches gilt für das *Einstein*-Fragment (vgl. GBA 30, S. 338).

501 Hans Garbe, der einen Ofen bei laufendem Betrieb repariert und damit die Normerfüllung sichert, erhält diesen Titel samt Prämie von 10.000 Mark am 13. Oktober 1950. Heiner Müller verarbeitet den Stoff in seinem *Lohndrücker* (B, 6.4.3).

502 Äußerung von Brecht (zit.n. Wekwerth: Schriften, S. 16).

503 GBA 30, S. 443 (Brief vom 28. März 1956).

504 GBA 27, S. 349 (Journaleintrag vom 15. bis 30. Oktober 1953). Zum *Einstein*-Fragment siehe Schumacher (1965), S. 324.

505 GBA 26, S. 330 (Journaleintrag vom 25. Februar 1939).

506 GBA 10.2, S. 971. Vgl. GBA 10.1, S. 425-431, 449, 466 (Fatzer [3. Arbeitsphase]).

507 Diesen Aspekt übersieht Bock (1987), wenn er das vollendete *Garbe*-Drama zum »erste[n] große[n] proletarische[n] Requiem« stilisiert (S. 35).

508 Mündliche Äußerung von Brecht (zit.n. GBA 10.2, S. 1279).

dualistisch zu beheben. Dabei geht er hart gegen Kollegen vor, was zur »Ausstoßung aus der Partei« führt (GBA 10.2, 974). Garbe beginnt zu trinken und beschimpft seine Mitarbeiter. Zudem appelliert er beim Ofenbau an kapitalistische Interessen, verurteilt allerdings jede Form von Opportunismus und Sabotage. D.h. Garbe beabsichtigt »nicht Produktion um der Produktion willen«, sondern »Erzielung einer neuen Menschlichkeit«.[509] Trotz fehlender Einsicht in den Kausalnexus besitzt er »ein neues Bewußtsein«.[510] Da er dieses jedoch kaum zu artikulieren vermag, muß sich die Sinnstiftung diskursextern vollziehen: durch »Chöre« und »Lieder«, »die das Ganze zusammenfassen«.[511]

Dem Einbeziehen der Kollektivperspektive entspricht Brechts Sympathie für einen Marxismus revolutionär-egalitärer Prägung.[512] Die Fehlentwicklung, die 1953 zum Arbeiteraufstand geführt habe, sei »nur durch eine gigantische Mobilisierung der Massen« auszumerzen; deren »Weisheit« liege »auf der geraden Linie zum Kommunismus«.[513] Der Glaube an die Möglichkeit einer Wiederherstellung universaler Vernunft veranlaßt Brecht, in den Stückplan einen »vollen Akt über den 17. Juni« zu integrieren.[514] Dem Unterfangen, die Probleme des Arbeiteraufstands einer produktiven Lösung zuzuführen, sind allerdings Grenzen gesetzt – anthropologisch wie ökonomisch. Die Garbe-Figur selbst offenbart die Schwierigkeiten bei der Genese des ›neuen Menschen‹. Angesichts der Tatsache, daß in der DDR »wunderbare Tugenden und anachronistische Laster« nebeneinander bestehen,[515] stellt sich die Frage, ob der SS-Mann »in einen Arbeiter zurückverwandelt werden kann«. Die Antwort zeugt von Skepsis: »Nicht so schnell, nicht jetzt« (GBA 10.2, 973). Die Befreiung von Lastern braucht nämlich mehr Zeit als die Revolution, weil »Ablagerungen überwundener Epochen in den Seelen der Menschen noch lange liegen bleiben«.[516] Darüber hinaus existieren aber »unvermeidliche« naturkausierte »Schwächen«.[517] Brecht denkt hier an die Inkommensurabilität des Subjekts, die der Beseitigung negativer Verhaltensmuster entgegensteht. Die These, der Mensch habe »keinen Charakter«,[518] meint daher nicht das Fehlen persönlicher Eigenheiten; individuelles »Handeln« ist vielmehr eo ipso unberechenbar, wird es doch »in wichtigsten und gefährlichsten Angelegenheiten [...] von ziemlich trüben, ungenauen, ja widerspruchsvollen Beweggründen geleitet«.[519] Vor diesem Hintergrund reproduziert Brecht die berühmte Passage aus Hölderlins Sophokles-Übersetzung unverändert. Auch bei ihm ist »nichts / Ungeheuerer als der Mensch«,[520] und dessen potentielle Unbelehrbarkeit die »bitterste und verhängnisvollste Lehre«.[521]

---

509 Mündliche Äußerung von Brecht (zit.n. GBA 10.2, S. 1282).
510 Brecht: Über Bemühungen um den Frieden (1951), S. 205.
511 Mündliche Äußerung von Brecht (zit.n. GBA 10.2, S. 1279).
512 Vgl. Link (1975), S. 95.
513 GBA 23, S. 418 ([Über die Kritik an Stalin] [1956]).
514 GBA 27, S. 349 (Journaleintrag vom 15. Oktober bis 30. Oktober 1953).
515 GBA 23, S. 417 ([Über die Kritik an Stalin] [1956]).
516 Theaterarbeit (1952), S. 46.
517 GBA 22.1, S. 568 (Über die Theatralik des Faschismus [1939]).
518 Materialien zu Brechts »Der kaukasische Kreidekreis«, S. 72 (Logische Überlegungen [1954]).
519 GBA 21, S. 420 ([Richtiges Denken] [ca. 1930]). Brecht selbst ist, wie er um 1952 einräumt, ein »schwer beherrschbarer Mensch« (GBA 27, S. 361).
520 GBA 8, S. 208 (Die Antigone des Sophokles [1948]).
521 GBA 24, S. 273 (Die Courage lernt nichts [1953]).

Kaum weniger kalkulierbar scheint die mit der ›Weisheit der Massen‹ verbundene Produktivität. Nur ein »verhältnismäßig kleiner fortschrittlicher Teil des Volks schafft die neuen Pläne und Institutionen«, während »ungeheuer viele Menschen, zunehmend mehr«, sich »in den Zügeln ihrer Vorurteile« einleben und »behaupten, wenn der Stein fällt, daß er nach oben fliegt«.[522] Dies hat Konsequenzen für das Rezeptionsverhalten. Mit Blick auf *Courage*-Inszenierungen erklärt Brecht, daß die »Zuschauer des Jahres 49 und der folgenden Jahre« trotz epischen Gestus nicht gesehen hätten, »was der Stückschreiber meinte«.[523] Das Ausbleiben produktiven Nachvollzugs tangiert jedoch das Absurde, denn die eigenen »Bemühungen« scheinen »nur dann nicht ganz sinnlos, wenn die Spielweise späterhin aufgenommen werden kann, d.h. wenn ihr Lehrwert einmal realisiert wird«.[524] Dem Theater des wissenschaftlichen Zeitalters sind also nicht nur kulturpolitisch, sondern auch massenpsychologisch Grenzen gesetzt. Hieraus erklärt sich die Strategie des späten Brecht, statt des Volks das ›große Individuum‹ für die Rettung der Welt verantwortlich zu machen.

Trotzdem thematisiert der Autor im *Büsching/Garbe*-Projekt erstmals die systemischen Antagonismen des Sozialismus, deren Lösung auch spätere Generationen avantgardistischer DDR-Dramatiker nicht liefern können. Vor allem die Zielsetzung, »nicht nur einige Produktionsziffern, sondern die allseitige Produktivität des ganzen Volkes zu steigern«,[525] erweist sich angesichts der realökonomischen Praxis als utopisch. Denn dort herrscht die Unversöhnlichkeit des Konflikts, die sich selbst per Quantensprung (›große Aussprache‹) nicht aufheben läßt: »Kann die Regierung die neuen Normen beibehalten? Nein! Kann sie sie preisgeben? Nein!« (GBA 10.2, 971). Brecht selbst nennt, was die Forschung bisher übersehen hat, das so beschrittene »Feld« ein »*tragische*[*s*]«, weil die Gesellschaft hier »an den Grenzen ihrer Potenz anstößt«, »gesellschaftliche Werte aufopfern muß, um das ganze Wertsystem im Gang zu halten«.[526] Das mit Mao *theoretisch* abgesicherte Synthesepotential[527] erweist sich als *praktisch* uneinholbar. Am Ende steht im Gegensatz zum *Guten Menschen von Sezuan* die nicht-ironische Retablierung des deus ex machina: »Die Russen retten die Fabrik. Garbe stirbt«. Und erst danach kehrt der in den Westen geflohene »Schüler« zurück. »Zu spät. Für jetzt, aber nicht für immer« (971). Die Wirklichkeit sieht anders aus: Brechts eigener ›Lehrling‹, der Schriftsteller Martin Pohl, auf den die Jakob-Figur neben dem historischen Vorbild Hans Joachim Ehlert verweist, flieht nach seiner Freilassung in den Westen. Da Brecht auf die Nachricht mit einem Tobsuchtsanfall reagiert haben soll, macht Stephan Bock »ganz reale, menschliche« Gründe für den Fragmentstatus des Garbe-Stücks verant-

522 GBA 23, S. 306 ([Der Platz des Theaters] [ca. 1954]) und mündliche Äußerung von Brecht (zit.n. [H. Müller:] Über Brecht [1996], S. 232). Hier liegt möglicherweise der Grund dafür, weshalb Brecht zentrale, von ihm selbst geforderte Projekte nicht realisiert – so u.a. »Kunstwerke«, die »das große Warten des Proletariats« im Jahr 1919 schildern oder »die ungeheure Niederlage der deutschen Arbeiterschaft von 1933« (GBA 23, S. 259 und GBA 10.2, S. 981).

523 GBA 24, S. 273 (Die Courage lernt nichts [1953]). Vgl. auch GBA 15, S. 295 (Und ich dachte immer [ca. 1955]). Anfang 1949 hatte Brecht die Lernfähigkeit des Publikums noch wesentlich positiver eingeschätzt (vgl. GBA 27, S. 299 [Journaleintrag vom 28. Januar]).

524 GBA 27, S. 346 (Journaleintrag vom 4. März 1953).

525 GBA 23, S. 260 (Kulturpolitik und Akademie der Künste [1953]).

526 GBA 22.2, S. 829 (Der Messingkauf [1948-1955]).

527 Vgl. Link (1976), S. 13 und Bock (1980a), S. 221-223.

wortlich.[528] Interessanter als solche Erklärungsversuche, die notwendig spekulativ bleiben müssen,[529] scheint die Frage nach der ästhetischen Funktion der Handlungsstruktur. Erneut ist es nämlich das »Cidher«-Modell (977), das sinnstiftend wirkt: Die Betonung des *diachronen* Sprungs (Lehrer → Schüler) bezeichnet die letzte Möglichkeit, die *synchronen* Aporien aufzuheben. So konstatiert Brecht hinsichtlich der beiden letzten Großprojekte: »Ich kann nicht mehr, das müßt ihr Jungen weitermachen«[530] (Garbe/Büsching) bzw. »Das könnt ihr machen, wozu habe ich Schüler!«[531] (Einstein). Desillusionierend wirkt auch das neue Stalin-Bild.[532] Die Einsicht, das der »Ochse«[533] ein Moloch war (mit deutlichen Parallelen zu Hitler), führt zur endgültigen Absage an präsenzbezogene Narrative. Während der Augsburger Dramatiker die Arbeiter in der NS-Zeit lediglich davor warnt, unreflektierte »Diener von Idealen zu werden«,[534] fordert er kurz vor seinem Tod den als »schmerzlich« empfundenen totalen »Verzicht auf das Beten«.[535]

Die Ästhetik des späten Brecht daher ist eine ›doppelte‹ und mit dem Begriff ›naiv‹ nur unzureichend beschrieben. Denn die »Schönheit« der »Aufsteigenden«[536] wird subvertiert sowohl durch den ›erhabenen‹[537] Rückgriff auf die Agitprop-Kultur wie die ›elegisch‹ gestaltete Erkenntnis, daß es auch der Kunst nicht gelingt, »die Wirklichkeit unmöglich zu machen«.[538] Dies zeigt paradigmatisch eine späte Textrevision im *Kaukasischen Kreidekreis*.[539] Durch den Fassungsvergleich läßt sich die Tragweite ersehen:

> Denn die Zeit der Verwirrung und Unordnung ist vorüber, die ich in dem Lied vom Chaos beschrieben finde [...] (GBA 8, 170). [1954]
>
> Denn die Zeit der Verwirrung und Unordnung ist vorüber und die große Zeit ist nicht gekommen, die ich beschrieben fand in dem Lied vom Chaos [...] (BK, 101). [1956]

Aus diesem Grund wundert es nicht, wenn Heiner Müller eine Anekdote kolportiert, wonach Brecht der These einer Dänin zugestimmt haben soll, die »einzige Wahrheit« liege »in der Phantasie«.[540] Obwohl der gesicherte Beleg fehlt, muß es sich nicht um

---

528 Vgl. Bock (1987), S. 37, 76.

529 Käthe Rülicke geht im Rekurs auf Brecht (vgl. GBA 10.2, S. 1279) davon aus, daß das Drama nicht beendet worden ist, weil der Stoff »höchstens« einen Einakter getragen hätte ([H. Müller:] Über Brecht [1996], S. 224). Hildegard Brenner (1973) läßt diese These allenfalls für die Phase vor 1954 gelten (vgl. S. 219f.). Darüber hinaus verweist Rülicke auf Brechts Skepsis, überhaupt ein Gegenwartsstück schreiben zu können (vgl. GBA 10.2, S. 1280), was jedoch durch die Mitarbeit an Strittmatters *Katzgraben* widerlegt wird (C, 4.2.3).

530 Mündliche Äußerung (zit.n. GBA 10.2, S. 1283).

531 Wekwerth: Schriften, S. 76 (Die letzten Gespräche [1970]).

532 Zu Brecht und Stalin vgl. Lyon (1983), K.-D. Müller (1994) sowie Rienäcker (2000).

533 Vgl. GBA 12, S. 52 (Ansprache des Bauern an seinen Ochsen [1938]) und zum Stalin-Bezug Benjamin: Versuche über Brecht, S. 135 (Gespräche mit Brecht).

534 GBA 18, S. 115 (Buch der Wendungen).

535 GBA 23, S. 418 ([Über die Kritik an Stalin] [1956]).

536 GBA 22.1, S. 447 (Das Naive [1938]).

537 Brechts eigentliches Ziel ist nämlich nicht die Rückkehr zu antagonistischen Literaturformen, sondern der Versuch, ein Theater zu schaffen, das Menschen zeigt, in deren Handeln Pflicht und Neigung zunehmend konvergieren.

538 H. Müller: Rotwelsch, S. 200 (Diskussionsbeitrag auf der »Berliner Begegnung« [1981]). Die Begriffe ›erhaben‹ und ›elegisch‹ gehören für Schiller derselben Diskursformation an (vgl. W.G. Schmidt [2003c], S. 89).

539 Die Forschung hat über diese Revision nicht reflektiert; in der GBA fehlt ein Nachweis.

540 [H. Müller:] Über Brecht (1996), S. 236.

Legendenbildung handeln, da der Autor selbst in einem bis heute unveröffentlichten Textentwurf konstatiert: »ich will [...] leben mit wenig politik« (BBA 86/46).[541] Noch Brechts Tod erscheint – zumindest bei Benno Besson – als biologische Reaktion auf die beschriebene Problematik: »er ist eigentlich an einem Schnupfen gestorben, er wollte nicht mehr«.[542] Denn anders als im *Garbe*-Fragment kehrt der eigene ›Lehrling‹ Martin Pohl nicht aus dem Westen zurück. Der Autor hat den Schock des 17. Juni daher keineswegs »überwunden«.[543] Im Gegenteil: Der skizzierte Dispersionsprozeß zeigt, daß Brecht »ins Grübeln« kommt.[544] Wie bei Reinhold Schneider (B, 6.3.1) und Erwin Piscator (A, 3.2.2) wird die Nachkriegserfahrung zum negativen Quantensprung.

4.2.3 Filiation I: Vom Blankvers-Volksstück zum prosaischen »Bilderbogen« (Strittmatter)

Im Unterschied zu Hacks und Müller, die das epische Modell aus sich heraus weiterentwickeln, wird Erwin Strittmatter erst durch den persönlichen Kontakt mit Brecht zum Vertreter der neuen Dramaturgie. Nicht von ungefähr gesteht er seinem Mentor Ende 1952, »noch nie in meinem Leben so viel auf einen Sitz gelernt« zu haben wie »bei Ihnen«.[545] Auch für Brecht erscheint Strittmatters *Katzgraben*-Stück als Prototyp eines Dramas, das »den modernen Klassenkampf« im Dorf der materialistischen Dialektik entsprechend »auf die deutsche Bühne bringt«.[546] Denn während die tragenden Konflikte in Wolfs *Bürgermeister Anna* subjektbezogen bleiben (B, 4.1.2), zielt Strittmatter auf gesellschaftsorientierte Begründungsmodelle. Die endgültige Gestalt des ersten bedeutenden DDR-Gegenwartsstücks ist jedoch Resultat eines langwierigen Arbeitsprozesses, den Brecht maßgeblich beeinflußt.

Ausgangspunkt ist ein Agitprop-Sketch über die Allianzbildung zwischen Großmann und Mittelländer (SKH, 63-73), den Strittmatter angeregt vom Potsdamer Kulturbund 1951 für die III. Weltspiele der Jugend in Ostberlin verfaßt. Wenngleich die Szene von der Jury ohne Begründung abgelehnt wird, empfiehlt man dem jungen Schriftsteller, das Ganze zu einem abendfüllenden Stück auszubauen.[547] Noch im selben Jahr entsteht die Urfassung des Dramas u.d.T. *Die neue Straße von Katzgraben. Szenen aus dem Bauernleben*. Brecht selbst erfährt von dem Projekt wahrscheinlich erst durch Hans Marchwitza bei einer gemeinsamen Polenreise im Februar 1952.[548] Da auch er seit einiger Zeit Material über die landwirtschaftliche Produktion sammelt, wird Strittmatter sogleich kontaktiert. Es folgt ein langwieriger Prozeß der Textrevision, in dessen Verlauf sieben bis acht Fassungen zustande kommen.[549] Das gesamte Unternehmen

---

541 Heiner Müller kolportiert eine ähnliche Aussage (vgl. GI 3, S. 150 [Zehn Deutsche sind dümmer als fünf]).
542 Zit.n. Hein: Warum sehe ich den Radwechsel mit Ungeduld? (1998), S. 3.
543 So die problematische These von Bock (1980a), S. 236.
544 Mündliche Äußerung von Brecht im Sommer 1956 (zit.n. Drommer [²2000], S. 137).
545 GBA 25, S. 543 (Brief vom 31. Dezember).
546 GBA 24, S. 437 (Erwin Strittmatters »Katzgraben« [1953]).
547 Vgl. Pintzka: Autor und Theater (1958), S. 16.
548 Vgl. Knopf (1980), S. 462. Weber (1994), S. 176 und Philpotts (2003), S. 63 schließen dagegen eine frühere Begegnung mit Strittmatters Stück nicht aus.
549 Vgl. Herde (2001), S. 35 mit Anm. 40.

steht allerdings unter Brechts Ägide. Obwohl Strittmatter in Sachen »Parteilichkeit« bereits »faule Stellen« hat,[550] gelingt es dem »listigen Augsburger«[551] kraft seiner Autorität, die Zweifel des jüngeren Kollegen zu zerstreuen und den Text »dialektisch so zu drehen«, daß er »im Urgrund marxistisch« erscheint.[552] Die »Hauptvorgänge der Fabel« müssen »klar« konturiert sein, und erst wenn das »Verständnis gesichert« ist, darf »zu einem anderen Vorgang fortgeschritten werden«.[553] Strittmatter distanziert sich später von solcher Arbeitsweise, die er als ›wissenschaftlich‹ bezeichnet. Zwar schaffe auch der »Künstler« eine »gerade Linie«, aber »mit einer einzigen Bewegung einer ruhigen Hand«. Er solle keinesfalls »beim Herstellen jedes Punktes achtgeben, daß die Linie gerade werde«.[554] Hier zeigt sich ein wesentlicher Unterschied zur *Holländerbraut* (1959): Autor des *Katzgraben*-Dramas bleibt Strittmatter, doch »Regisseur« ist, wie Arnold Zweig nach der Uraufführung konstatiert, »freilich Bertolt Brecht«.[555] Es wundert daher kaum, daß sich Strittmatter an den *Notaten* kaum beteiligt.[556] Letztere sind jedoch, wie die neuere Forschung betont,[557] von zentraler Bedeutung für Brechts Theaterarbeit nach dem Zweiten Weltkrieg. Anders als die Modellbücher verzeichnen sie nämlich keine Aufführungsergebnisse, sondern stellen den Probenprozeß dar, der zur Inszenierung führt. Im Kontext der eigenen Nachkriegsdramatik erscheint das *Katzgraben*-Stück als Versuch Brechts, sein *Büsching/Garbe*-Projekt vorzubereiten. Strittmatters Schauspiel besitzt somit weniger Ersatz-[558] denn Probefunktion.[559] Fokus der Handlung ist die Frage, wie sich vorhandene Machtverhältnisse im Zuge des sozialistischen Aufbaus verändern. Konfliktauslösend wirken dabei ökonomische Probleme sowie Restbestände kapitalistischer Weltaneignung, die man am Beispiel der Kontroversen um den Bau einer neuen Straße zur Stadt aufzeigt. Brecht verwendet hierfür erstmals die Cidher-Technik (C, 4.2.2). Das fiktive Dorf »Katzgraben«[560] ist zu vier Zeitpunkten zwischen März 1947 und September 1948 porträtiert, wodurch der gesellschaftliche Fortschritt augenfällig werden soll.

Die Resonanz der Uraufführung vom 23. Mai 1953 bleibt zwiespältig; nach Ansicht von Käthe Rülicke sind viele Zuschauer nur gekommen, um einen »Skandal« zu erleben.[561] Als politisch problematisch erweist sich insbesondere die letzte Szene des Dramas, an deren Ende Großmann per Schubkarre von der Bühne gefahren wird. Diese Herabsetzung widerspricht dem neuen Parteibeschluß, das finanzstarke Bauerntum in die sozialistische Entwicklung einzubinden. Als Präsident Wilhelm Pieck daraufhin

550 Äußerung von Strittmatter (zit.n. Berger [1992], S. 61).
551 Äußerung von Strittmatter (zit.n. Drommer [²2000], S. 103).
552 Strittmatter: Nur, was ich weiß und fühle (1994), S. 50.
553 GBA 25, S. 473-475 (»Katzgraben«-Notate 1953).
554 Strittmatter: Selbstermunterungen (1966/67), S. 97.
555 Zweig: Notiz über »Katzgraben« und das Dramatische (1953), S. 4.
556 Hecht (1997a) erwähnt lediglich drei »von Erwin Strittmatter geschriebene Lebensläufe der Stückfiguren Kleinschmidt, Steinert, Großmann« (S. 63).
557 Vgl. Maier-Schaeffer (2003), S. 45 und Philpotts (2003), S. 59. Maier-Schaeffer fordert daher nicht nur eine Neuedition von *Katzgraben*, sondern auch adäquate Übersetzungen (S. 59).
558 So die These von Buddecke/Fuhrmann (1981), S. 251.
559 Strittmatter ist davon überzeugt, Brecht habe sich »seiner mal bedienen« wollen (Nur, was ich weiß und fühle [1994], S. 50).
560 Reales Vorbild ist das Dorf Eichwege im Kreis Spremberg/Lausitz.
561 Brief vom 23. Mai 1953 an Brecht (BBA 655/46f., hier 655/46). Ein Panorama zeitgenössischer Kritiken findet sich bei Drommer [²2000], S. 117-119.

nicht applaudiert, fragt sich Strittmatter, ob ein Drama, das so schnell vom Tagesgeschehen überholt wird, überhaupt Kunstcharakter besitzt.[562] Hinzu kommt, daß *Katzgraben* trotz zweiter Premiere im Berliner Ensemble (12. Mai 1954) keine weitere Inszenierung erlebt. Strittmatter selbst erhält 1953 zwar den Nationalpreis, aber nicht – wie von Brecht empfohlen – zweiter, sondern lediglich dritter Klasse.[563]

Gattungsgeschichtlich wirksam ist die Verwendung des Blankverses, der dem zunächst in Prosa verfaßten Stück sukzessive integriert wird. Er dient der Gestaltung eines neuen sozialistischen Realismus, der Vorbildfunktion haben soll angesichts der »Miserabilität« zahlreicher DDR-Dramen und ihrer politischen Inhalte.[564] Zudem gewinnt der Jambus epistemologische Bedeutung, denn er »klärt« als »schönes Arrangement« die »Vorgänge zwischen den Menschen des Stücks«. Kraft solcher Transparenz schwindet »viel Zufälliges, Unwichtiges, Halbgares«.[565] Mit anderen Worten: Die »jambisch gehobene Volkssprache«[566] schafft eine Äquivalenz zwischen Ästhetik und Moral, hebt den gesellschaftlichen Diskurs der Proletarier auf das »hohe Niveau« des Klassizismus und zeigt das »Edle ihrer Ideen«.[567] Indem Strittmatter Tradition und Experiment verbindet, gelangt er nach Brecht zu jener Nobilitierung des Volkstümlichen, die als Fortschreibung entsprechender Exilthesen[568] so nachhaltig gerühmt wird. *Katzgraben* zähle »zu den wenigen dichterisch bedeutenden Komoedien der deutschen dramatischen Literatur«.[569] Im Unterschied zu Hacks oder Müller, die den Blankvers als Divergenzmedium verwenden, indem sie Schema und Rhythmus kontrapunktisch, teilweise sogar autonom führen (B, 6.4.2/6.4.3), läuft der Vers bei Strittmatter unisono. Er fungiert als Ort, der jenseits des dramatischen Konfliktpotentials den Fortschritt der Geschichte bezeichnet. Auf diese Weise wird jedoch eine umfassende Dialektisierung verhindert, weshalb sowohl Brecht als auch Hacks Kritik an Strittmatters Regularismen üben.[570] Dies ändert jedoch nichts daran, daß alle genannten Autoren versuchen durch stilisierte Didaxe eine relative Autonomie des Ästhetischen sicherzustellen.

Nichtsdestoweniger ist es wie bei Stanislawski die »Überaufgabe«,[571] die im *Katzgraben*-Stück Kunst und Politik verbindet. Der Strukturmechanismus bestimmt sogar den Blankvers: So bleibt der Aufschrei der Bäuerin Kleinschmidt: »Ich kann mich ja zerreißen« metrisch unvollständig. Er stellt nicht ›das letzte Wort‹ dar, sondern wird erst durch die Tat »vervollständigt«: das »heftige Niederstellen eines Topfes«. Die Pro-

---

562 In einem späteren Interview bezeichnet Strittmatter das *Katzgraben*-Stück sogar als »Sünde gegen die Kunst«, fügt allerdings hinzu: »Bis auf die Sprache. Auf die bilde ich mir doch noch was ein« (Nur, was ich weiß und fühle [1994], S. 48).

563 Darüber hinaus bietet Brecht Strittmatter an, »unserer Brigade (Diskussion der Stückproben)« beizutreten (Brief vom 1. Mai 1953 zit.n. Drommer [^{2}2000], S. 116). Strittmatter gehört bis zu Brechts Tod dem Beirat des Berliner Ensembles an, ohne allerdings intensiv mitzuarbeiten.

564 Brecht: Ein schwieriges Unternehmen (1953), S. 61. Vgl. die Kritik des Autors an Grünbergs Drama *Golden fließt der Stahl*, »das ganz naturalistisch ist« (GBA 10.2, S. 1281).

565 GBA 25, S. 426 (»Katzgraben«-Notate 1953).

566 GBA 24, S. 439 (Erwin Strittmatters »Katzgraben« [1953]).

567 GBA 25, S. 426 (»Katzgraben«-Notate 1953).

568 Vgl. GBA 22.1, S. 405-417 (Volkstümlichkeit und Realismus I/II, Volkstümliche Literatur, Das Volkstümliche [1938]) und GBA 24, S. 293-299 (Anmerkungen zum Volksstück [1940]).

569 Brief Brechts an die Akademie der Künste (Eingangsstempel: 28. Juli 1953) [BBA 1452/5].

570 Vgl. GBA 25, S. 402 (»Katzgraben«-Notate 1953) und HM 2, S. 39 (Über den Vers in Müllers Umsiedlerin-Fragment [1961]).

571 GBA 25, S. 440 (»Katzgraben«-Notate 1953). Vgl. B, 4.1.1.

bleme der Gegenwart dienen damit in erster Linie der »Prüfung« richtigen Handelns. Indem die Bäuerin resignative Anwandlungen produktiv beantwortet, hat sie »bestanden« und kann den vorgezeichneten Weg der Subjektwerdung weitergehen (SKH, 14). Die Assimilation an Stanislawski erstreckt sich indes, wie mehrfach gezeigt wurde, auch auf andere Bereiche des *Katzgraben*-Projekts und ist damit keineswegs nur taktischer Natur. Neben der Dialogstruktur der Notate, die auf ähnliche Verfahren des russischen Schauspieltheoretikers verweist, dürften der Bezug zum naturalistischen Detail sowie die Retablierung dramatischer Identifikation entsprechend inspiriert sein.[572] Dahinter steht jedoch weniger die *strategische* Notwendigkeit, die künstlerischen Mittel der DDR-Kulturpolitik anpassen zu müssen, als vielmehr die *ästhetische* einer nur so realisierbaren ›neuen Humanität‹ (C, 4.2.2). Der Bedeutung dieser Programmatik entspricht der kontrollierte Einbezug des Tragischen. Nur der »Abgrund«, den die »Drohung der Niederlage« aufreißt, stellt nach Brecht die Fallhöhe sicher und damit die neue Repräsentationsordnung, in der Bauer Kleinschmidt (*Katzgraben*) und Richard Gloster (*Richard III.*) vergleichbar sind.[573]

Hieraus erklärt sich auch der Verzicht, die großen Klassenkämpfe »rein komisch« darzustellen, d.h. der historisch legitimierten Verlachstruktur werden Grenzen gesetzt: »Der Großbauer ist immer noch eine sehr gefährliche gesellschaftliche Erscheinung. Es ist nicht klug, einen Gegner auf die leichte Achsel zu nehmen; er könnte sich dort unangenehm bemerkbar machen«.[574] Vor diesem Hintergrund erscheint der mit dem sprechenden Namen »Großmann« versehene Antagonist ausschließlich negativ. Er besitzt – ökonomisch zutiefst fragwürdig[575] – kein Interesse an der Verbesserung der Infrastruktur, sondern zeigt sich als Paradigma postfaschistischer Misanthropie und Ausbeutung. Ihn unterstützt, wer den Sozialismus boykottiert. Die Handlungslogik bleibt daher eindeutig und wird im *Kalenderlied III* thetisch verkündet: »Räumt fort Gemoder und Gebein, / die neue Zeit will auch dran sein« (SKH, 75). Das hier virulente Aggressionspotential verweist auf Brecht, von dem Strittmatter, wie er selbst bekennt, »vor allem« gelernt hat, »die Kunst als Waffe gegen die Feinde der Arbeiter zu benutzen«.[576] Daß

---

572 Vgl. Mumford (1995), S. 244; Morley (1997), S. 201 und Philpotts (2003), S. 62.

573 GBA 25, S. 422f. (»Katzgraben«-Notate 1953). Vgl. auch ebd., S. 410, 418f., 452.

574 Ebd., S. 409.

575 Nach Ansicht des Volkswirtschaftlers Heinz Schmidt ist der handlungstragende Konflikt um den Bau der Straße »nur schwer zu begreifen«. Denn – so der Experte in einem Brief an Helene Weigel (Abschrift BBA 1331/149-167) – »seit Jahrzehnten waren die Grossbauern diejenigen, die ihre Landwirtschaft mehr als die Junker und mehr als die Mittel- und Kleinbauern nach kapitalistischen Gesichtspunkten betrieben. Sie hatten die meisten Traktoren, Maschinen und sonstigen Ackerbaugeräte, betrieben in grossem Masse Kalkung, künstliche Düngung usw., hatten eine intensive Leistungsviehzucht und hatten aus allen diesen Gründen ein Interesse an guten Transportverhältnissen [...]. [Der] Kapitalist auf dem Dorfe hätte also den Hauptprofit von einem neuen Wege. Warum ist gerade er dann so dagegen. Nur weil der Reaktionär aus symbolischen Gründen gegen den neuen Weg sein muss?« (BBA 1331/150). Strittmatter verzichtet in seinem Antwortschreiben auf eine ernsthafte Diskussion. Er fragt nur polemisch: »Wo sind denn die Prachtstrassen, die von jedem Junkerdorf in die Stadt führen (besonders bei Ihnen in Mecklenburg), wenn nach Ihrer Meinung Junker und Grossbauern aus Gründen der Intensivierung ihrer Landwirtschaften so grosses Interesse am Bau neuer Strasse[n] hatten?« (BBA 1331/170).

576 Zit.n. Hauptmann: Wie Erwin Strittmatter Schriftsteller wurde (1959), S. 125. Mit nahezu identischem Vokabular beschreibt allerdings Friedrich Wolf seine Dramaturgie (vgl. C, 4.1.1).

Katzgraben dennoch »nicht als Tendenzstück« angesehen werden darf, ergibt sich nach Brecht aus dem fehlenden Objektbezug des Schauspiels. Als »historische Komödie« sei es keineswegs darauf aus, »einen bestimmten Mißstand zu beseitigen«, sondern demonstriere lediglich ein »neues, ansteckendes Lebensgefühl«.[577] Diese Unterscheidung ist insofern problematisch, als selbst die revolutionäre Produktivität ideologiegebunden bleibt. Auch in *Katzgraben* ist die Zukunft kalkulierbar: »Es kam schon oft ganz anders, als die Großmanns dachten, / Die Leute werden immer mal was wackeln; / wie Steinert sagt, so kommt es, werdet sehn« (SKH, 91). Zur Bestätigung verfaßt Strittmatter 1958 ein Nachspiel, in dem »an sehr ähnlichen Vorgängen« gezeigt wird, »wie sich das Kräfteverhältnis in Katzgraben verändert hat« (122). Da die Genossenschaft jetzt in der Übermacht ist, wird die Allianz zwischen Mittel- und Großbauer zunehmend brüchig. Fördernd wirkt auch hier der weibliche Realitätssinn (B, 4.1.2). Am Ende tritt die Bäuerin Mittelländer selbstbewußt in die LPG ein, während ihr Mann unter Vorspiegelung von Schwindelgefühlen »unter die Bettdecke« flüchtet und von Großmann »mißbilligend« betrachtet wird (131).

Grundlage des im Drama ubiquitären Fortschrittsglaubens ist die Vorstellung einer durch Wissenschaft und Technik optimierbaren Gesellschaft. Die verbesserte Infrastruktur avanciert dabei zum universalen Sinnspender: »Konsum, Traktoren, Kino – alles durch die Straße« (57). Auch die Maschinerie der Moderne erscheint lediglich als movens humanitatis. So »pflügen« die »Traktoren« mit den Feldern zugleich »die Gehirne um« (99), wodurch ihr Erscheinen zum messianischen Moment wird:

Der Augenblick, da unsere Traktoren
auf unsren Feldern unsre Fuhren fahren,
verwandelt unsre Fuhren und verwandelt
auch unsre Arbeit und verwandelt uns (114).

Es ist bezeichnend, daß die »Eisentiere«, die bei Strittmatter noch »mit neuen Möglichkeiten« bestückt sind (105), in Heiner Müllers *Umsiedlerin* zu spät eintreffen, einen Selbstmord provozieren und die ökonomische Problemlage keineswegs lösen (B, 6.4.3). Hier gilt nicht mehr, was Parteisekretär Steinert selbstsicher erklärt: »Bald Maschinen da sind, dreht sich auch alles raus aus dem Schlamassel« (83).

Im Gegensatz zu Müller sieht Strittmatter »im schnellen Poetisieren des Neuen eine unserer vordringlichsten Aufgaben«.[578] Dies geschieht durch metaphorische Integration der Technik in den Naturbereich: Der Traktor wird zum »Freude machenden Tier«, das der Bauer »liebt« wie ehedem »sein Pferd«. Dafür müssen jedoch die Proportionen stimmen, denn nur solange das Humane für die Kunst zentral bleibt, gelingt der sozialistische Aufbau. Folglich darf »der Mähdrescher in unseren Werken nicht so groß werden, daß er den Himmel verdunkelt, und der Mensch, sein Erfinder, darf in unseren Werken nicht klein wie die Schraubenmutter am Lenkrad des Mähdrescher-Ungetüms werden«. Das Ende der Entfremdung ist damit Resultat der Genese einer sozialistischen ›Universalpoesie‹, die Technik-, Kunst- und Humanitätsdiskurs verschaltet und so den Kalokagathia-Gedanken für die Moderne revitalisiert: »Was ist schöner: Hundert ge-

577 GBA 25, S. 423 (»Katzgraben«-Notate 1953).
578 Strittmatter: Notizen vom Schriftstellerkongreß in Moskau (1959), S. 10.

bückte, schwitzende Mäher oder ein Mähdrescher, auf dem der Mensch wie auf einem Throne sitzt und den Motorenkräften gebietet?«[579]

Abb. 36: Brecht und Strittmatter vor dem IFA-Traktor der Marke »Pionier«

Obwohl Strittmatter jede Form ideologischen Schematismus ablehnt und literarische Qualität einfordert,[580] wendet er sich Ende der fünfziger Jahre nachdrücklich gegen die sog. ›harte Schreibweise‹, wie sie Hacks und Müller praktizieren. (Die Namen der Autoren werden allerdings nicht genannt.) Hauptkritikpunkt ist das »Antihumane« entsprechender Dramatik: »Nackt und kalt wird über Vorgänge und Menschen berichtet, als seien die Arbeiter Maschinenteile, die zufällig auch denken können«.[581] In Übereinstimmung mit dem SED-Diskurs konstatiert Strittmatter, die »jungen Schriftsteller« hätten keine »ökonomische und politische Übersicht über das gesamte Geschehen in unserer Republik« und gerieten daher »auf eine sehr provinzielle und naturalistische Ebene«.[582] Wer ›realistisch‹ schreiben wolle müsse »seine Träume und seine Phantasie mitnehmen, wenn er durch das Werktor geht«.[583]

Die Problemfragen des Aufbaus (Effizienz, Qualität etc.) erscheinen aus dieser Perspektive akzidentiell. Lakonisch erklärt Parteisekretär Steinert: »Ob hier und da das Soll zu hoch ist, wird man prüfen. / Ich rat euch: Bist du Gott, dann hilf dir selber! Kurz, tiefer pflügen, Schnee einfangen, Hecken pflanzen« (SKH, 89). Die Vorstellung

579 Strittmatter: Literatur heute (1961), S. 45f., 52.
580 Vgl. Strittmatter: Notizen vom Schriftstellerkongreß in Moskau (1959), S. 9.
581 Strittmatter: Gehen wir voraus! (1959), S. 21f.
582 Strittmatter: Literatur heute (1961), S. 49.
583 Strittmatter: Gehen wir voraus! (1959), S. 22.

einer dem Menschen dienstbaren Umwelt avanciert im Epilog sogar zur Realutopie annullierter Naturgesetze: »Wer wird uns hindern, Reis und Sojabohnen, / im Waldschutz Baumwollpflanzen anzusiedeln« (119). Am Ende steht das Bild vom sozialistischen Paradies, dessen Verwirklichung dank neuer Agrartheorien bereits gesichert ist.[584]

Elli:	[...] Kein Halm, kein Strauch darf unerkannt, darf ungenutzt verblühn.
Karl:	Und ohne Grenzstein bis zum Horizont fruchtvoll die Felder der Genossenschaften, Gemeinbesitz, bebaut gemeinsam.
Hermann:	Maschinen säen und Maschinen ernten.
Günter:	Kein Brocken Brachland, alle Öden grün. Der Weizen wächst auf Lüneburger Heide.
Elli:	Der Berg, den ehmals auch nicht tausend Hände von seiner Urzeit-Stelle rücken konnten, weicht einem Fingerdruck, die Flüsse ändern den Lauf, das Wasser fließt bergan. Die Menschen meistern den Planeten Erde (120).

Der späte, utopielose Strittmatter bezeichnet diese Passage 1980 in einem zu DDR-Zeiten ungedruckten Gespräch mit Heinz Plavius als »überholt, verjährt, einfach naiv«.[585] Ohne die »russischen Neuerermethoden« zu kennen, habe man sie als »sakrosankt« betrachtet und »die tollsten und kühnsten Pläne entwickelt«.[586]

Andererseits verweist gerade die opulente Verwendung epischer Techniken auf Diskontinuitäten. Was unscharf bleibt muß durch Kommentare geklärt werden. Diesem Zweck dienen Vorspruch, Kalenderlieder und Epilog. Hinzu tritt das Reihenverfahren, das wie im *Büsching/Garbe*-Fragment (C, 4.2.2) historische Brüche überdeckt. Der Zuschauer kehrt wie Rückerts Cidher »nach gewisser Zeit« wieder und findet neue Menschen vor: »geänderte« und »sich ändernde«.[587] Auch hier wirkt die Quantentheorie produktiv, denn das Bewußtsein wandelt sich sprunghaft, nicht linear.[588] So konstatiert der junge Arbeiter Hermann im zweiten Akt völlig »unvermittelt«: »Ich würd' gern Traktorist« (SKH, 59). Conditio sine qua non bleibt jedoch die Intellektualisierung der Gesellschaft, weil nur mit ihrer Hilfe sozialer Fortschritt möglich ist. Im Drama wird diese These zur prägnanten Formel verdichtet: »Studier ihn tot, den Hund!« (23). Ein weiteres Verfahren epischer Sinnstiftung jenseits dialektisch motivierten Fortschritts ist die Präsentation erinnerungsstarker »Bilder«. Diese benötigt das DDR-Theater »besonders dringend«, da es »in ihnen Entwicklung gibt und der Zuschauer die früheren Stadien im Gedächtnis bereithalten muß, um sie den neuen gegenüberzustellen«. Mit anderen Worten: Veränderung wird erst wahrnehmbar durch die Konzentration im Tableau. Hieraus erklärt sich Brechts Versuch, der Bühnendekoration einen »dokumentarischen Anstrich zu geben«.[589]

---

584 Vgl. Drommer (^{2}2000), S. 115 (vegetative Hybridisation, Trawopolnajasystem, Jarowisation und Quadratnestpflanzverfahren).

585 Strittmatter: Die Lage in den Lüften (1990), S. 246.

586 Strittmatter: Nur, was ich weiß und fühle (1994), S. 48.

587 GBA 25, S. 480f. (»Katzgraben«-Notate 1953).

588 Vgl. GBA 24, S. 441 (Erwin Strittmatters »Katzgraben« [1953]).

589 GBA 25, S. 408, 405 (»Katzgraben«-Notate 1953).

Abb. 37: Szenenbild aus der Berliner Uraufführung vom 23. Mai 1953

Gleichzeitig versucht man, Schematismen der affirmativen Dramatik zu vermeiden. Der positive Held, Parteisekretär Steinert, ist nicht als »Engel« dargestellt, sondern als »Mensch unter Menschen«.[590] Sein Wissen prädestiniert ihn zwar zum »Lehrer«, allerdings zu einem, »der lernt«.[591] Auf diese Weise entsteht eine Personalstruktur, in der sich verschiedene Vorreiter wechselseitig unterstützen: Überall »lernt« man und »verändert« – »aufs neue« und »wieder« (SKH, 115). Der kritische Impetus solcher Formulierungen ist evident und von Brecht gegenüber Strittmatter explizit bezeichnet: »Sie haben alle zu lernen. Wenn Ulbricht und Grotewohl nicht mitlernen, brauchen wir keine Stücke mehr zu schreiben. Dann ergreifen wir einen anderen Beruf«.[592] Steinert erscheint aus diesem Grund nur als primus inter pares. Um seinen Charakter glaubhaft darstellen zu können, muß man – so Strittmatter – die Entwicklung »Quant für Quant« nachzeichnen »bis zu dem Punkt, wo sein gesellschaftlich nützliches Tun sich so verdichtet und anreichert, daß es in Heldentum umschlägt«.[593]

Tatsächlich finden sich aber selbst hier Textstellen, die das Problem menschlicher Belehrbarkeit thematisieren. Ende des dritten Aktes zweifelt Steinert nachhaltig an der intellektuellen Kapazität der Masse:

> Tischkastenperspektive, Hinterm-Mond-Betrieb!
> Verdorren sollen ihre trögen Felder!
> Die Denkfaulheit hat Wüsten im Gefolge.
> Die Wimmersäcke, Heizparolenfresser!
> In unsre Grubenbrüche sollte man sie stäupen.
> Die eine Straße baun? Eh'r kalbt ein Kater (SKH, 98).

---

590 Strittmatter: Literatur heute (1961), S. 55.

591 GBA 25, S. 424 (»Katzgraben«-Notate 1953). Vgl. SKH, S. 98f.

592 Mündliche Äußerung (zit.n. Drommer [^{2}2000], S. 108).

593 Strittmatter: Literatur heute (1961), S. 55.

Als sich die Dorfbewohner noch dem Reiz ökonomischer Prosperität gegenüber resistent zeigen, bleibt dem SED-Vertreter allein die ›Gewalt‹ befohlener Vernunft:

Schluß jetzt mit Vorurteil, Schluß jetzt mit Dummheit!
Schluß mit dem Aberglauben! Jetzt schafft Licht
in die verdumpften Stuben! Kämpft die Ichsucht nieder.
Reckt eure Rücken, und der Blick wird frei sein.
Die Körperkraft, die das verkrampfte Tun verzehrte,
setzt um in Denkkraft, in Projekt und Plan (114).

Angesichts solcher Kritik an dogmatischem Denken darf die Tatsache, daß Brecht das *Katzgraben*-Projekt auch nach dem 17. Juni weiter betreibt, keineswegs als Zeichen eines »consistent ideological assent«[594] verstanden werden. Im Gegenteil, die Strategie des Augsburger Dramatikers wird zunehmend dispers: Neben dem Versuch, die eigene Situation zu verbessern (Liberalisierung der Kulturpolitik, Transfer des Berliner Ensembles), steht das Ziel, sozialistische Errungenschaften publik zu machen. Andererseits sind gerade nach der Niederschlagung des Arbeiteraufstands dramatische Subdiskurse präsent, die den Erfolg des Unternehmens ›Realsozialismus‹ in Frage stellen (B, 6.4.1). Affirmativ ist allenfalls Brechts öffentliche Rhetorik.

Ähnliches gilt für Strittmatter. Während sich sein Mentor beim Erscheinen der sowjetischen Panzer zu enthusiastischen »Hurra«-Rufen verführen läßt, bleibt der jüngere Kollege nach eigener Aussage reserviert.[595] Darüber hinaus empfindet er Mitschuld, weil er kritiklos hingenommen habe, wie in bezug auf den sozialistischen Aufbau allmählich »nur noch positive Stimmen von Funktionären und Genossen« publiziert worden seien. Er hält daher einfache »Treuekundgebungen« für problematisch; der Aufstand zeige vielmehr, »daß wir nicht genügend mit den Arbeitern verbunden sind«. Die zitierten Passagen stammen aus einem Bericht Strittmatters über die Ereignisse des 17. Juni, der dem Berliner Ensemble mit der Absicht vorgelegt wird, ihn in der Zeitung *Neues Deutschland* zu publizieren.[596] Der Text erscheint nicht, statt dessen jedoch ein Leitkommentar (*Einigen Knieweichen ins Stammbuch!*), der den *Katzgraben*-Autor wegen seiner pessimistischen Haltung angreift.[597] Strittmatter entschärft daraufhin die Wortwahl und veröffentlicht in der Juli-Nummer der Zeitschrift *Der Schriftsteller* u.d.T. *Einige Lehren vom 16./17. Juni* einen Beitrag, der sich inhaltlich an den offiziellen Brecht-Diskurs anschließt. Dort heißt es zusammenfassend: »Den faschistischen Provokateuren keine Gnade, aber mit den Menschen unserer Deutschen Demokratischen Republik müssen wir auf menschliche und nicht auf mechanisierte Weise zu reden beginnen«.[598] Realiter führt der Arbeiteraufstand jedoch zu einem Wendepunkt im Denken Strittmatters. Die gewaltsame Niederschlagung der Proteste zerstört seinen Glauben an die neue Humanität des Sozialismus; »von da an« – so der Autor 1993 – »war ich ein echter Zweifler«.[599] Offener Widerstand bleibt aus: Noch in den späten

594 Philpotts (2003), S. 56. Ähnlich sehen es Buck (1989), S. 107 und Wege (1999), S. 96.
595 Vgl. Gespräch mit Erwin Strittmatter (1993), S. 490. Käthe Rülicke behauptet indes, daß auch Strittmatter »sehr begeistert« gewinkt habe (zit.n. Drommer [²2000], S. 123).
596 Teilweise abgedruckt in: Erwin Strittmatter. Eine Biographie in Bildern (²2003), S. 100.
597 Vgl. Anonym: Einigen Knieweichen ins Stammbuch! (1953), S. 1.
598 Strittmatter: Einige Lehren vom 16./17. Juni (1953), S. 2.
599 Gespräch mit Erwin Strittmatter (1993), S. 490.

fünfziger Jahren entstehen systemkonforme Artikel, die der gewählte Sekretär des DDR-Schriftstellerverbandes (1959/60) für verschiedene Publikationsorgane verfaßt.[600]

Strittmatter praktiziert dagegen das Schreiben »zwischen den Zeilen«,[601] wenngleich das marxistische Narrativ – anders als bei Hacks und Müller – ästhetisch nicht unterminiert wird. Das zweite Drama *Die Holländerbraut* (1959), zum zehnten Jahrestag der DDR verfaßt, scheint auf den ersten Blick so affirmativ, daß der Autor dafür im nachfolgenden Jahr den Lessing-Preis erhält.[602] Auch die Uraufführung am Deutschen Theater unter Benno Besson (6. Oktober 1960) wird zum Achtungserfolg. Wie in *Katzgraben* bleibt der Verfasser dem Agrarmilieu treu, verzichtet jedoch darauf, die Tagespolitik zu thematisieren. Der produktive Impetus wird auf diese Weise ebenso zurückgefahren wie die optimistische Zukunftsperspektive.[603] Statt dessen gewinnen persönliche Verluste an Bedeutung, und die Komik tritt in den Hintergrund. Gattungspoetisch heißt dies: Die Linearität des Cidher-Modells weicht einer Reihentechnik, die sich zum »Bilderbogen«[604] fügt und den Blankvers durch Prosa ersetzt. Solche Veränderungen zeigen nicht nur, daß Strittmatter »kein Dramatiker« ist,[605] sondern sind zudem Ausdruck der Haltung eines Schriftstellers, der weder den sozialistischen Realismus noch Brechts Theatermodell als bindende Vorgaben versteht.

Das Schauspiel führt denn auch jenseits parabolischer Zielsetzung private und politische Konflikte vor, wobei Motive aus Brechts *Der gute Mensch von Sezuan* (1941), Wolfs *Bürgermeister Anna* (1950) und Sakowskis *Die Entscheidung der Lene Mattke* (1958) verbunden werden:

> Protagonistin Hanna Tainz, die von dem Nazi-Leutnant Heinrich Erdmann ein Kind bekommt, wird in den letzten Tagen des Dritten Reichs ins KZ eingeliefert. Der ehemalige Freund hatte die Schwangere aus erbrechtlichen Gründen beschuldigt, Geliebte des holländischen Zwangsarbeiters Jan van Straaten gewesen zu sein. Darüber hinaus erschießt man Hannas Vater, der – um weitere Kampfhandlungen zu verhindern – die weiße Fahne hißt. Nach dem Krieg kehrt die junge Frau, deren Kind man ermordet hat, als »Holländerbraut« (SKH, 175) zurück und wird zum Bürgermeister gewählt. Heinrich Erdmann, der Reue vorgibt, läßt sich zum Schein als Neubauer nieder, sucht Hanna jedoch zurückzugewinnen, um sie für die Interessen der Großbauern erpreßbar zu machen. Obwohl die Bürgermeisterin »keinen Wandel« (209) im Verhalten des ehemaligen Leutnants spürt, wird sie nach anfänglichem Zögern zum zweiten Mal Opfer ihrer Liebe. Erneut schwanger, denkt sie zunächst an Abtreibung, entscheidet sich dann allerdings für das Kind. Erst als Heinrich die Mehlvorräte im Armenhaus versteckt, bricht die inzwischen suspendierte Bürgermeisterin ihr Schweigen. Heinrich zieht eine Pistole, aber Parteisekretär Malten kann den tödlichen Schuß verhindern.

Oberflächlich betrachtet scheint Strittmatter hier für die »Überwindung des Standpunktes« zu plädieren, »daß die Liebe nur den einzelnen angehe, daß sie nur eine Privatsache sei«.[606] Folgt man dieser These, dann zielt auch die *Holländerbraut* darauf, das Leben zu kollektivieren: Sexualität und Zuneigung stehen nicht über den Klassen, der

---

600 Vgl. Strittmatter: Nur, was ich weiß und fühle (1994), S. 42-44.

601 Gespräch mit Erwin Strittmatter (1993), S. 483.

602 Vgl. Erwin Strittmatter. Eine Biographie in Bildern (²2003), S. 221.

603 Strittmatter beläßt es bei vereinzelter Symbolik. Im dritten Akt singt der Nachtwächter: »Alter Tag ist abgetan. Rot bricht schon der Morgen an« (SKH, S. 206).

604 Siebenhaar (1987), S. 379.

605 Strittmatter: Nur, was ich weiß und fühle (1994), S. 49.

606 Schaffensfragen der sozialistischen Dramatik (1962), S. 124 (Helmut Hauptmann).

Mensch ist auch im »letzten Winkel seines Herzens« keineswegs »allein« (226), weil »das, was man so *privat* nennt, fast über Nacht zum Fakt der Politik wird« (228). Für diese affirmative Deutung spricht, daß Strittmatter 1961 zu den talentierten Dramatikern des Landes weder Hacks noch Müller zählt, sondern lediglich Görlich, Baierl, Sakowski sowie das Schriftstellerehepaar Reimann/Pitschmann. Des weiteren lobt er Kuba (Kurt Barthel) als »nicht wegzudenkende Potenz«, da es ihm durch die Rügenfestspiele gelungen sei, »unsere jungen Talente« mit »echter dichterischer Naivität« zu »beflügeln«.[607] Daß solche Reden keinesfalls nur taktischer Natur sind, zeigt Strittmatters Äußerung in einem Interview von 1993. Demnach hat er »die Mauer in dem Augenblick, als sie gebaut wurde, vielleicht noch ein halbes Jahr bis ein Jahr danach, für richtig« gehalten.[608]

Trotzdem läßt sich selbst in der *Holländerbraut* ein Tiefendiskurs nachweisen, der die Inkommensurabilität menschlicher Verhaltensweisen perspektiviert und damit die Annullierung der Naturgesetze teilweise zurücknimmt. Hannas Lied, mit dem das Drama einsetzt, beschreibt den irrationalen Charakter der Liebe:

> Sie ist wie der Duft auf dem Winde:
> Man weiß nicht, von wannen er kommt;
> Sie ist wie das Raunen des Regens,
> Das niemand und allen gehört (SKH, 145).

Indem die Liebe »Grenzen nicht noch Land« kennt (176), scheint sie ethisch schwer berechenbar und politisch kaum zu funktionalisieren. Ähnliches gilt für die Hauptproblematik des gesamten Stücks. Zwar wird gezeigt: »Wissen is better als glauben« (157),[609] aber die »Welt« bleibt dennoch »voll von« nur bedingt kalkulierbaren »Widersprüchen« (226). Hanna hat sich daher schmerzlich von Gorkis Überzeugung zu verabschieden, daß »jeder« Mensch »gut« ist (195). Vor diesem Hintergrund wird indes nicht nur das Projekt gesellschaftlicher Optimierung fragwürdig, sondern auch der naive Glaube an die Exzellenz der sozialistischen Führung. Folgerichtig ermahnt van Straaten die Protagonistin: »Du mußt die eegenen Deutschen mehr mißtraun als jedem Fremden!« (158). Und Malten konstatiert gleichfalls in Richtung SED: »Autorität ist auf die Dauer nur, wo auch Moral ist« (227).

4.2.4 Filiation II und proletarisches Erbe: Experimentelle Nachkriegsdramatik in der DDR

Im Zuge der Etablierung des ›Neuen Kurses‹ nach dem 17. Juni 1953 gewinnt die vernachlässigte Agitprop-Tradition ebenfalls an Präsenz. Brecht selbst ermuntert seine Mitarbeiter, sich verstärkt in dieser Richtung zu orientieren, um die »große Aussprache«[610] zwischen Partei und Volk in Gang zu setzen. Ein erstes Resultat ist die im März 1954 vor dem Laienspielkongreß des Zentralhauses für Volkskunst (Leipzig) uraufge-

[607] Strittmatter: Literatur heute (1961), S. 43, 48, 55.

[608] Gespräch mit Erwin Strittmatter (1993), S. 480.

[609] Vgl. das Motto von Wolfs *Münzer*-Drama: »Wir müssen wissen und nit in den Wind glauben« (WW 6, S. 283 / Fürstenpredigt 1524).

[610] GBA 23, S. 250 ([Dringlichkeit einer großen Aussprache] [1953]).

führte Bearbeitung des chinesischen Volksstücks *Hirse für die Achte*, das 1941 von Soldaten der Befreiungsarmee beim Kampf gegen die japanischen Invasoren geschrieben wurde.[611] Im Zentrum des von Elisabeth Hauptmann geleiteten Projekts steht die Erprobung von Techniken, die geeignet scheinen, das Prinzip der materialistischen Dialektik kollektiv lern- und umsetzbar zu machen. Die Beteiligten sind sich bewußt, »daß am Ende nicht nur eine Aufführung zu stehen hat, sondern vor allem die praktische und wissenschaftliche Anregung für Laienspielgruppen, diese Arbeiten nun selbst zu wiederholen«.[612] Manfred Wekwerth erstellt daher ein Modellbuch, das auch im Kontext der allgemeinen Agitprop-Renaissance initiativbildend sein soll. Zunächst bleiben die Auswirkungen allerdings gering; allein Paul Herbert Freyers Zeitstück *Die Straße hinauf* (1954) enthält nach Aussage von Erich Kühne proletkultische Elemente.[613]

Abgesehen von Brechts fragmentarischen Versuchen in der »aristophanische[n] Revueform«[614] (*Der Wagen des Ares*, *Dante*) existieren nach Kriegsende kaum Beispiele für die produktive Rezeption proletarischer Genres. Eine der Forschung bisher unbekannte Ausnahme bildet die politische Revue *Ich war, Ich bin, Ich werde sein...* (1948). Verfasser sind Stephan Hermlin, Helmut Schneider, Günther Cwoydrak und Friedrich Wolf. Das Stück, das sich »aus allen Elementen des Theaters« zusammensetzt, umfaßt drei Teile, in denen Stationen »deutschen Freiheitsstrebens« dargestellt sind: »Die Geschehnisse des Jahres 1848, der Bauernkrieg 1525 und die politischen Ereignisse nach 1918 und 1933«. Die Aufführung soll an Formen des Piscator-Theaters anschließen:

> Alles »Historisierende« ist zu vermeiden. [...] Jeder notwendige Dekorationswechsel vollzieht sich auf offener Bühne. Projektionen und filmische Abläufe sind, wenn irgend möglich, zu verwenden. [...] Sämtliche Darsteller, der Chor und die Volksmassen sind stets dem Publikum sichtbar. »Sie gehen nicht ab«, sondern treten nur »bei Seite« oder plazieren sich auf den rechts und links vorspringenden Teil der unteren Ebene. Es soll alles offen dem Zuschauer dargeboten werden (III*-V*).

Obwohl Wolf in seiner Dramatik auf Episierung weitgehend verzichtet (C, 4.1.1), zählt er zu den wenigen, die sich bereits vor dem Arbeiteraufstand gegen Lukács und die Denunziation des Proletkults wenden. 1952 schreibt er an die 2. Deutsche Fachtagung für Volks- und Laienkunst:

> Nichts falscher aber, als heute von oben herab und mit einem Achselzucken auf die heroische, arbeitsreiche Zeit der früheren Laienspielgruppen herabzusehen oder gar über sie als ›Agitka‹ ein Werturteil sprechen zu wollen! Als wären die großartigen Leningrader ›Blauen Blusen‹ zwischen 1925-1930 nicht als ›Lebendige Zeitung‹ reinste ›Agitka‹ gewesen, als hätte nicht Majakowski zu seiner Zeit bewußte Agitka geschrieben! Nur völlige historische Unkenntnis und Überheblichkeit möchte die ›Agitka‹ in den Mülleimer der Vergessenheit werfen.

---

611 Premiere im Berliner Ensemble ist am 4. April 1954. Vgl. Bock (1980a), S. 237-243.

612 Wekwerth: Schriften, S. 117 (Hirse für die Achte [1954]).

613 Eine Textausgabe ist über die Bibliotheks-, Museums- und Verlagsrecherche nicht nachweisbar. In der von Haase u.a. verfaßten Literaturgeschichte der DDR (1977) gibt Kühne folgende Inhaltsangabe: »Anfangs ist die fortschrittliche Gruppe, eine Maurerbrigade, die auf einem Berliner Bau Neuerermethoden einführen soll, eine isolierte Minderheit. Aus Thüringen in die Hauptstadt delegiert, stößt sie von vornherein auf Ablehnung der Berliner Bauarbeiter. Doch gelingt es ihr, durch Arbeitsleistungen, politisches Bewußtsein, Witz und Humor einen Teil der Arbeiter für ihr Vorhaben zu gewinnen und es erfolgreich abzuschließen« (S. 374).

614 GBA 29, S. 406 (Brief vom Dezember 1946 an Caspar Neher).

Zwar muß auch Wolf einräumen, daß die Laienbewegung im sozialistischen Kontext »andre und erweiterte Aufgaben« habe, dennoch seien »viele Elemente jener Form als kämpferische Aufklärung noch heute brauchbar«.[615]

Trotz solcher Initiativen gewinnt die Diskussion um die Wiederbelebung des Agitprop erst im Vorfeld des IV. Schriftstellerkongresses (Januar 1956) an Bedeutung. Eine diesbezügliche Rundfrage der Zeitung *Neues Deutschland* unter Gegenwartsdramatikern bleibt allerdings defizitär, da man die Antworten von Wangenheim, Zinner u.a. abdruckt, nicht aber Brechts Kommentar.[616] In seiner Konferenzrede spricht sich der Wahlberliner jedoch nachhaltig für die Aufwertung der »kleinen, wendigen« Formen aus. Denn nur jene gestatteten »ein direktes Sich-Engagieren im Kampf«, der »gegen das Alte« zu führen sei.[617] Tatsächlich berät Brecht schon im folgenden Monat mit Schriftstellern, Kabarettleitern, Vertretern des Zentralhauses und der Volkskunstinstitute über die Aufgaben der Agitprop-Truppen – eine ästhetische Schwerpunktbildung, die Teil des skizzierten Dispersionsprozesses ist (C, 4.2.2). Es überrascht kaum, daß es vor allem die ›affirmativen‹ Brecht-Schüler sind, die Grundzüge des neuen Agitprop entwerfen. So fordert Käthe Rülicke, man dürfe nicht länger *»um den ›heißen Brei‹ herum*[*reden*]«, sondern müsse *»Mut haben, das Publikum zu spalten«*. Der Zielpunkt, die Kollektivrezeption der materialistischen Dialektik, könne aber nicht nur *»mit den Mitteln der Satire«* erreicht werden; auch die »Hauptfragen unseres Lebens« verlangten nach Antworten. Daher sollten die Agitprop-Truppen zugleich *»zeigen, was positiv ist und was unser Leben lebenswert macht«*.[618]

Der XX. Parteitag der KPdSU schafft durch die Abrechnung mit dem Stalinismus kurzfristig ein Klima der Liberalität, das ästhetische Innovation begünstigt. Projektiert ist eine Synthese von Kunst und Agitprop. Statt allein und »für ›die Ewigkeit‹ zu schreiben« möge man »mit den Truppen neue Werke schaffen«.[619] Hacks schlägt deshalb im Juni 1957 vor, verschiedene Autoren sollten sich bereit erklären, innerhalb von dreißig Monaten »je ein Stück für dramatische Brigaden« zu verfassen. Genannt sind: »Helmut Baierl, Peter Hacks, Harald Hauser, Heinar Kipphardt, Joachim Knauth, Hans Lucke, Alfred Matusche, Heiner Müller, Hagen Mueller-Stahl, Günther Rücker, Anna Elisabeth Wiede, Hedda Zinner«. Um »ein brauchbares Genre« herzustellen, dürfe der Plot nicht mehr als »vier bis sieben Personen« umfassen. Zudem müsse die Fabel »von heute« sein und dabei so gestaltet, daß sie »den Leuten hilft, richtig zu leben«. Experimentiert werden darf nach Hacks allerdings nur »über das gute Verhältnis der Kunst zu den Massen«, denn die »Absicht« der Initiative bestehe darin, »Propaganda durch Kunst und zugleich Propaganda für Kunst« zu machen.[620] Wenig später, im Oktober desselben Jahres, plädiert man auch auf der Kulturkonferenz der SED dafür, den »Reichtum der revolutionären Traditionen aus der Arbeiterkulturbewegung« »zur Ent-

615 Wolf: Briefe, S. 333 (Brief an die 2. Deutsche Fachtagung für Volks- und Laienkunst, Berlin z.Hd. Kollegen Thalheim [8. April 1952]). Zum Agitprop-Theater der Weimarer Republik vgl. Klatt (1975), S. 7-70 und Bodek (1997).

616 Vgl. [H. Müller:] Über Brecht (1996), S. 235.

617 GBA 23, S. 368, 371f. ([Ausführungen vor der Sektion Dramatik zum IV. Deutschen Schriftstellerkongreß] [1956]).

618 Rülicke: Agitprop in unseren Tagen? (1956), S. 63. Vgl. auch DD, S. 242f. (Hagen Mueller-Stahl: Klassenkampf im Parkett [1958]).

619 Günther: Agit-Prop (1958), S. 47.

620 Hacks: Nachtrag zu einem Vorschlag (1957), S. 9f.

wicklung eines interessanten sozialistischen Kulturlebens« zu nutzen (DSED, 504). Dies bedeutet jedoch keine Absage an vorhandene Leitlinien; der sozialistische Realismus bleibt weiterhin das dominante ästhetische Verfahren (B, 4.1.1).

Zentrales Publikationsorgan der neuen Tendenz ist die Zeitschrift *Junge Kunst*, die erstmals 1957 erscheint, infolge zunehmender Restriktionen aber keine lange Lebensdauer besitzt.[621] Zum Thema ›Agitprop‹ finden sich dort zahlreiche Quellen und Artikel: u.a. historisches Material aus der Weimarer Republik, der deutsche Erstdruck der *Mausefalle* Gustav von Wangenheims (1931), die von Heiner Müller und Hagen Mueller-Stahl verfaßte Szenenfolge *Zehn Tage, die die Welt erschütterten*, Müllers *Klettwitzer Bericht 1958*, Wolfgang Neuhaus' *Siegeszug* sowie Szenen aus Rainer Kerndls Stück *Damals, vor fünfzehn Jahren.* Hinzu kommen Abhandlungen von Sergio Günther und Klaus Pfützner. Ersterer beschreibt den von Kuba (Kurt Barthel) und Anselm Perten in Agitprop-Manier gestalteten Berliner Festakt zum 40. Jahrestag der Oktoberrevolution. Neben einer kommentierten Bilderfolge (junger Rädelsführer des 17. Juni wandelt sich zum Aktivisten) wird ein Kurzdrama von Hacks aufgeführt »über die Notwendigkeit, der Nationalen Volksarmee beizutreten«.[622]

Die strategische Einbindung des Proletkults weist sowohl affirmative als auch progressive Dimensionen auf. Zunächst besteht die »vorherrschende Aufgabe« darin, »eine aktuelle politische Losung zu popularisieren, zu erläutern, zu illustrieren«.[623] »Kunst« wird demnach wie bei Wolf (C, 4.1.1) als »Waffe« verwendet, die »im politischen Tageskampf« den »deutschen Militarismus als Hauptfeind der deutschen Arbeiterklasse und des Friedens« brandmarken soll.[624] Gegenwartsbezogene Anliegen sind der NATO-Beitritt des Adenauer-Staats einschließlich Gründung der Bundeswehr (›Remilitarisierung‹), die Suezkrise (›imperialistischer Überfall auf Ägypten‹) und der ungarische Volksaufstand (›Konterrevolution‹). Hedda Zinner thematisiert beispielsweise in der politischen Revue *Das Urteil* (1958) die »atomare Bewaffnung Coloniens« (BRD), die durch »Frauen und Männer aus Friedland« (DDR) verhindert wird (39, 32). Am Ende vereinigen sich die getrennten »Brüder« zu einem Massenchor, der »stärker ist als alle Waffen« und den ›alten Mann‹ (Adenauer) in die Flucht schlägt (43f.).[625] Die gesamtdeutsche Orientierung erscheint als zweiter wesentlicher Aspekt affirmativer Sinnstiftung. So projektiert Herbert Keller, der u.a. mit Brecht Möglichkeiten neuer Agitprop bespricht, die Gründung einer Zeitschrift (*Wort und Spiel*), die »auf ihrem Fachgebiet« zum »Bindeglied zwischen Ost und West« werden soll. Dazu müsse man sich allerdings »von den Auswüchsen kleinbürgerlicher Vereinsideologien befreien« und »diese Seiten allen westdeutschen Laienspielern« öffnen, »die den Weg der ehrlichen und sachlichen Auseinandersetzung mit uns suchen«. Um das »Hauptanliegen«, die »Einheit unseres Vaterlandes«,[626] verwirklichen zu können, werden Gastspiele von Studen-

[621] Bereits auf dem 4. Plenum des ZK der SED (1959) wendet sich Ulbricht gegen die »sektiererischen Tendenzen«, die dem proletarisch-revolutionären Theater eine ästhetische Vorrangstellung zusprechen wollen (DSED, S. 543). Vgl. Girshausen (1981), S. 79-85.

[622] Günther: Agit-Prop (1958), S. 48f.

[623] Kaufmann: Ästhetische Probleme (1958), S. 78.

[624] Günther: Agit-Prop (1958), S. 46f.

[625] Auch in Rainer Kerndls »Agitprop-Stück« *Damals, vor fünfzehn Jahren* (1961), das der Forschung bisher unbekannt war, entscheiden sich zwei Bergmänner nach Kriegsende für die SBZ, um dem ›Neofaschismus‹ im Westen zu entgehen.

[626] Keller: Zum neuen Jahr, zum neuen Plan, zur neuen Zeitschrift (1957), S. 59, 57.

tenbühnen in der Bundesrepublik eingerichtet. 1956 gastiert eine Gruppe der Karl-Marx-Universität Leipzig mit Tollers Drama *Feuer aus den Kesseln*, das den Kieler Matrosenaufstand (1918) zum Thema hat, in Süddeutschland. Freiburg durfte »leider« nicht bespielt werden, »weil uns der Stadtrat die Aufführungsgenehmigung versagte«. Nach der erfolgreichen Premiere in Tübingen äußert sich Piscator sehr positiv über die Integration eines Sprechers in die Handlung. Gleichzeitig fordert der Regisseur allerdings die stärkere Betonung des Agitatorischen durch konsequent »zur Rampe« ausgerichtetes Spielen.[627] Hiermit ist eine dritte stabilisatorische Zielsetzung verbunden: die Entfachung der großen Masseninitiative. Das Ensemble muß als feste Gemeinschaft die soziale Totalität schaffen, die der Wirklichkeit noch fehlt.[628] Erkenntnistheoretisch bedeutet dies für das »Agitprop«-Theater die Verabschiedung der Unschärferelation von »Professor Heisenberg«[629] zugunsten einer Transparenz, durch deren Hilfe »die Einheit von Text, Aufführung und Publikum« wiederhergestellt werden kann.[630]

Die Renaissance proletkultischer Tendenzen besitzt aber auch progressive Impulse. So sieht man die ästhetische Vielfalt der Agitprop (Revue, Couplet-/Chorstück, Kurzszene, Reportage, Parodie, Gedicht) als »lebendigen Quell ständiger Erneuerung der Kunst«,[631] der dazu beitragen soll, die Regeneration einer engagierten Theateröffentlichkeit zu befördern. Die erhoffte Wirkung ist ambivalent: Einerseits unterstützt die Agitprop ideologischen Totalitarismus, indem sie »klaffende Widersprüche«[632] zwischen Öffentlichkeit und Privatleben zu beseitigen sucht. Andererseits wird der Arbeiter als Träger von Geschichte zur Selbstinitiative erzogen,[633] d.h. im Binnendiskurs zur Korrektur der Parteipolitik. Damit verbunden ist ein neuer Begriff von demokratischer Öffentlichkeit, der zumindest theoretisch die Teilhabe der Masse an der kollektiven Sinnproduktion einschließt. Forderungen des Bitterfelder Programms werden hier antizipiert (A, 1.3.3). Die Absage an den sozialistischen Realismus führt im Dramenbereich dazu, daß der Objektivitätsgrad zugleich reduziert und erhöht wird: ersteres durch die agitatorische Vereinfachung der Sachverhalte, letzteres durch die Möglichkeit des ›Ko-Fabulierens‹ als Folge der Montagestruktur. Die offizielle Kritik macht sich solche Ambivalenz insofern zunutze, als sie den drohenden Primat der Agitprop *regressiv* bekämpfen kann, d.h. den Schematismus monierend zugleich den Subversivgehalt trifft. Im *progressiven* Diskurs dient das Postulat einer auf Überzeugung angelegten Argumentation, die nicht nur ›politische These‹ ist, dagegen der Parteinahme für ein Genre, das nach den Erfahrungen der Jahre 1953 und 1956 die gescheiterte ›emotionale‹ Aufklärung durch ›objektive‹ Persuasivlogik ersetzt.

---

627 Kunkel: Wir spielten auf westdeutschen Bühnen (1956), S. 62f. Auch Piscators Bühnenarrangement von Tolstois *Krieg und Frieden* (1955) ist entsprechend episiert (A, 3.2.2).

628 Vgl. Pfützner: Das Kollektiv – Polit-Kern des Agitproptheaters (1958), S. 10.

629 Wangenheim: Mit der Zeit werden wir fertig (1958), S. 62.

630 Einleitung der NDL-Redaktion zu Hedda Zinners Revue *Das Urteil* (Neue deutsche Literatur 6 (1958). H. 9, S. 19).

631 Kaufmann: Ästhetische Probleme (1958), S. 80.

632 Pfützner: Das Kollektiv – Polit-Kern des Agitproptheaters (1958), S. 8.

633 In Neuhaus' »Agitprop-Szene« *Der Siegeszug*, die 1959 für die Arbeiterfestspiele Halle verfaßt wird, schlägt der Baggerführer Willy Wehner vor, die Arbeit am Kohlenflöz effizienter zu gestalten, damit die Förderleistung im Kraftwerk Thräna verbessert werden kann. Mit Hilfe des Parteisekretärs gelingt es schließlich, die übrigen Kumpel für die Normerhöhung zu gewinnen.

Das ›didaktische Theater‹, das in den Jahren 1957/58 bis 1960 entsteht, weist allerdings keineswegs die Homogenität auf, die Teile der Forschung konstatieren. Unter seine Vertreter rechnen sehr unterschiedliche Autoren wie Helmut Baierl (*Die Feststellung*), Klaus Eidam (*Münchhausen*), Herbert Keller (*Begegnung 1957*) und Heiner Müller (*Der Lohndrücker, Die Korrektur*).[634] Hinzu kommen Schwierigkeiten bei der Abgrenzung zu Modellen, deren Parameter dem neuen Dramenkonzept integriert sind (Agitprop, Lehrstück, episches Theater). Die bloße Aufzählung diesbezüglicher Patterns (Lakonie, Montage, Kommentar, Rückblende, Sprecherinstanz, Rollentausch, Entpsychologisierung) kann daher zu keiner tragfähigen Gattungsdefinition führen. Auch die These, das didaktische Theater sei mit Brechts Lehrstück-Typus identisch,[635] übersieht neben der erwähnten Vielfalt an Erscheinungsformen die veränderte historische Ausrichtung. Zwar werden ebenfalls soziale Gesetzmäßigkeiten am Modellfall demonstriert, Bezugssystem ist jedoch der Sozialismus samt vorausgesetztem Ende der Antagonismen.[636] Die ›Historien‹ von Knauth und Hacks zählen deshalb nicht zu diesem Genretypus. Selbst das Schauspiel *Die Sorgen und die Macht*, das in den beiden ersten Fassungen entsprechende Elemente aufweist,[637] sprengt hinsichtlich Umfang, Stilisierung und Komplexität das Gattungsraster. Ähnliches gilt mit Abstrichen für Baierls Komödie *Frau Flinz*.[638]

Neben proletarischen Traditionen zählt insbesondere Brechts Dramaturgie zu den Vorbildern des didaktischen Theaters. Nicht von ungefähr wehrt sich Hacks dagegen, die Ästhetik des Augsburgers »als das subjektive Verfahrensmuster eines abseitigen Genies« zu bezeichnen. Sie »ist« – so die These – zumindest in ihrer Substanz »ewig«, sie »gilt für alle Theater nach Brecht und für alle Literatur und für alle Kunst, und sie gilt für alles praktische menschliche Handeln«.[639] Tatsächlich kann abgesehen von der Strukturvorgabe des Lehrstücks der *Kaukasische Kreidekreis* als didaktisches Theater avant la lettre verstanden werden. Auch hier wird nämlich einer bestimmten Zielgruppe die Möglichkeit geben, am Einzelfall Probleme aus ihrem Lebens- und Arbeitsbereich darzustellen, so daß der Zuschauer zur Reflexion darüber angeregt wird, wie man sich in der nicht-kapitalistischen Gesellschaft ›richtig‹ verhält. Der Autor erscheint auf diese Weise als ›operierender Schriftsteller‹, der – wie Brecht 1956 betont – die »direkt politische« Aufgabe der Agitprop-Form zu einem »Stück« ausweiten muß, das »vielschichtig« und »kompliziert« ist, denn »ohne die Anwendung der materialistischen Dialektik« kann heute »überhaupt nicht geschrieben werden«.[640]

---

634 Die Gesamtzahl ›didaktischer‹ Stücke ist allerdings sehr gering. Neben den genannten lassen sich streng genommen nur noch die beiden folgenden anführen: Wera und Claus Küchenmeister: *Damals – achtzehn, neunzehn* und Manfred Richter: *Kommando von links* (beide 1958).

635 So die Ansicht von Rohmer (1990), S. 54.

636 Dies gilt auch für die beiden Beispiele geschichtsbezogener Episierung (Küchenmeister, Richter). Hier sind die historischen Ereignisse (bewaffnete Revolten in Berlin, Kieler Matrosenaufstand) durch eine zweite Diskursebene ergänzt, auf der in didaktischen Zwischenspielen die Bedeutung der vergangenen Kämpfe reflektiert wird.

637 Hacks erklärt 1962, die »Neufassung« ziele auf »Verdrängung scholastischer Methoden zugunsten von poetischen« (HM 2, S. 995). Vgl. B, 6.4.2.

638 Riewoldt (1983) rechnet das Stück ohne nähere Begründung zum didaktischen Theater (vgl. S. 146). Baierl selbst ist skeptischer (siehe Gespräch mit H.B. [1976], S. 58).

639 HM 2, S. 36 (Die Ästhetik Brechts [1961]).

640 GBA 23, S. 382 ([Rede auf dem IV. Deutschen Schriftstellerkongreß] [1956]).

Vor diesem Hintergrund entstehen im darauffolgenden Jahr zwei Typen des didaktischen Theaters – ein *affirmativer* (prästabilierte Harmonie mit Synthese als Endstadium) sowie ein *transgressiver* (aufgeschobene Harmonie mit Synthese als Zukunftsprojekt). Paradigma der ersten Richtung ist Helmut Baierls Lehrstück *Die Feststellung*, das in den Spielzeiten 1957/58 und 1958/59 insgesamt 580 Aufführungen erreicht. Die sozialistische Binnenkritik erfolgt hier nicht satirisch, sondern agitativ.[641] Dem Aufbrechen der Illusionsdramaturgie steht dabei die Invarianz des Narrativbezugs gegenüber. Schon zu Beginn des Dramas ist der sinnstiftende Rahmen fixiert: Mittelbauer Otto Finze kehrt mit Frau Marta aus dem »imperialistische[n] Elend« Westdeutschlands zurück und muß einräumen, daß es ihm in der DDR »besser« ging (BS, 11f.). Auf dieser Basis gewinnt die ›Feststellung‹ des Fluchtmotivs nicht-antagonistischen Charakter. Der Bauer gibt dem Vorsitzenden die Schuld, weil er von ihm »erpreßt« worden sei, »in die Genossenschaft« einzutreten; der LPG-Vertreter ist sich jedoch »nicht bewußt«, Finze »vertrieben zu haben« (13). Das dreimalige Nachspielen der entscheidenden Kontroverse mit wechselnder Rollenbesetzung führt schließlich zur dialektischen Lösung. Die Aporie von These und Antithese (Bauer und Vorsitzender können sich auch nach dem Rollentausch nicht einigen) wird durch kollektive Synthese aufgehoben und »mit einem Lied« performativ bestätigt:

> Einer allein wird nicht alles wissen,
> einer allein sieht die Frage nicht.
> Geht gemeinsam, weil wir uns beraten müssen,
> dabei kommt die richtige Antwort ans Licht (31).

Der unrasierte Geißler Benno verhilft schließlich der »Macht der Überzeugung« (7) zum vorausgesetzten Sieg. Formallogisch antizipiert Baierl hier Konstituenten von Habermas' Diskursethik, denn er versucht zu zeigen, daß Konfliktlösungen nur im herrschaftsfreien Reden der Betroffenen erreichbar sind. Der finale Dissens bleibt durch die ›ideale Sprechsituation‹[642] ebenso ausgeschlossen wie die Möglichkeit eines substantiellen Nicht-Verstehens. Vor solcher Folie regrediert die Republikflucht zum Ergebnis falscher Rede: »Hätten wir über diese Dinge öfter beraten, wäre uns viel Ärger erspart geblieben« (37). Ökonomische Problemstellungen sind somit – anders als bei Hacks und Müller – a priori sekundär. Es ist allein die hermeneutische Totalität, die den Erfolg der Konfliktbewältigung garantiert. D.h. der Sozialismus muß siegen, »[w]eil wir feststelln, / daß wir uns verstehn« (37).

Die diskursive Zwischenposition (ästhetisch progressiv ↔ semantisch affirmativ) bereitet Baierl zunächst Schwierigkeiten. Von Parteiseite wird ihm fehlender Realismus,[643] von der Avantgarde ›schizophrene‹ Konfliktdarstellung vorgeworfen.[644] Problematisch scheint aber auch die ohne jeden Quellenbezug vertretene Forschungsthese,

---

641 Eine wichtige Grundlage des neuen Konzepts bildet der Erfahrungsraum ›Laientheater‹, dem Baierls frühe Stücke zugehören (*Die drei Irrtümer des Sebastian Fünfling – Ein Wegweiser – Gladiolen, ein Tintenfaß und eine bunte Kuh – Der Streit um J.S. Bach – Der rote Veit – Tölpel-Hans und die gelehrten Brüder*).

642 Vgl. Habermas: Wahrheitstheorien, S. 255-257 und Diskursethik – Notizen zu einem Begründungsprogramm, S. 97-99. Zum Zirkularitätsvorwurf siehe Tugendhat (1993), S. 164.

643 Vgl. Wagner: Künstler und Publikum auf dem Weg (1959), S. 12.

644 Vgl. DDR-Dramatiker über Brecht, S. 200f. (Heiner Müller); KS, S. 196 (Brief von Kipphardt an Hacks [24. April 1961]) und 197 (Brief von H. an K. [25. Mai 1961]).

Baierls Modell sei die bloße »Umkehrung von Brechts Dramaturgie«.[645] Die zahlreichen Artikel des Autors offenbaren vielmehr, daß hier der ernsthafte Versuch unternommen wird, die beschriebene ›Ästhetik der Dispersion‹ (C, 4.2.2) durch eine poetische Praxis aufzuheben, die der avancierten Theorie nicht widerspricht, zugleich jedoch den veränderten historischen Bedingungen Rechnung trägt. So geht Baierl im Rekurs auf Lenin und Mao von der »Einheit der Gegensätze«[646] aus und postuliert mit Brecht, daß die Dialektik »die einzig moderne Denkart« sei und ihre »Entdeckung« in der Wirklichkeit dem Menschen »großes Vergnügen« schaffe.[647] Nur die »Negation der Negation«[648] könne eine »Logik«[649] sichtbar machen, deren Transparenz das »Verständnis der ›Sprünge‹« gewährleiste.[650] Wie bei Brecht wird die Dialektik damit zur letzten Möglichkeit, in der Moderne Sinn zu stiften. Das ihr verpflichtete Handeln ist allerdings nicht rein wissenschaftlich zu bestimmen, sondern muß »charakterlich« fundiert sein. »Wahrscheinlich«, so Baierl, »ist es eine Kultur«, »ein Bedürfnis von elementarer Größe«.[651] Dieser Versuch einer ›humanisierenden‹ Begriffsdefinition knüpft an das von Wekwerth überlieferte Brecht-Diktum an, »Dialektisieren« sei »letzten Endes Gefühlssache«,[652] und entspricht so der spätestens seit *Katzgraben* virulenten Restauration theatraler Emotionalität (C, 4.2.3).

Baierls Fabelbegriff bezieht sich ebenfalls auf Brecht, denn die »Benutzung und Überprüfung« sämtlicher Parameter dient allein der »Deutlichmachung« des Inhalts. Ein Außen des Diskurses existiert nicht: Noch die »Fabellosigkeit« im absurden Theater (Beckett) verweist ex negativo auf die zugrunde liegende »Totalität«.[653] Baierls Denkweise erinnert hier an die Transzendentalpragmatik Karl-Otto Apels, der ebenfalls präsupponiert, daß menschliche Kommunikation nicht ohne Sinnpostulat auskommt.[654] Dementsprechend würde der Zuschauer noch »Mosaikhaftigkeit« in einen »Zusammenhang« zu bringen versuchen und als »Wirrwarr« rezipieren.[655] Der Dramatiker muß aus diesem Grund »Grenzfälle, Extreme, Überspitzungen«, wie sie den bürgerlichen, aber auch den sozialistischen Diskurs bestimmen (Hacks, Müller), ausschließen, weil sich in ihnen die »natürliche Unordnung der Dinge« manifestiert. Gleiches gilt nach Baierl jedoch für das Gegenmodell, das schematische Theaterstück, das die »unnatürliche Ordnung« darstellt und somit unwahr bleibt. Erst wenn die Proportionen stimmen, die »natürliche Ordnung« dialektisch hergestellt ist,[656] wird die »FEBAL« zur »Fabel«, die als »poetische Version der Widersprüche« die Einheit im Blick behält.[657] Dahinter steht das Postulat, die heutige Wirklichkeit sei lediglich vom sozialistischen Standpunkt aus erkennbar. Baierl ist deshalb wie Piscator von der Notwendigkeit epischer Lenkung

645 Stucke (1993), S. 305.
646 Baierl: Über die Bedeutung des Details in der darstellenden Kunst (1958), S. 3.
647 Baierl: Gesichtspunkte (1966), S. 674.
648 Baierl: Wie ist die heutige Wirklichkeit auf dem Theater darstellbar (1966), S. 739.
649 Baierl: Gesichtspunkte (1966), S. 672.
650 Baierl: Über die Bedeutung des Details in der darstellenden Kunst (1958), S. 4.
651 Baierl: Gesichtspunkte (1966), S. 674.
652 Wekwerth: Schriften, S. 73 (Auffinden einer ästhetischen Kategorie [1957]).
653 Baierl: Wie ist die heutige Wirklichkeit auf dem Theater darstellbar (1966), S. 740, 738f.
654 Vgl. Apel: Grenzen der Diskursethik?, S. 11.
655 Baierl: Wie ist die heutige Wirklichkeit auf dem Theater darstellbar (1966), S. 739.
656 Baierl: Über die Bedeutung des Details in der darstellenden Kunst (1958), S. 6.
657 Baierl: Wie ist die heutige Wirklichkeit auf dem Theater darstellbar (1966), S. 739.

überzeugt. Man dürfe es »nicht allein dem Zuschauer überlassen, daß der irgendein Allgemeines selbst aus dem Kunst-Einzelnen herausfindet«, sondern der Autor habe ihm zu »zeigen, wo er eins finden kann und wie«. Die hier geforderte Parteinahme des Künstlers geht insofern über Brecht hinaus, als selbst Bereiche, die jener als ›unabänderlich‹ ausschließt, dem Narrativ untergeordnet sind: »Das heißt: Was verändernswert ist, muß veränderbar gemacht werden«.[658]

Ein zweiter Vertreter des didaktischen Theaters affirmativer Prägung ist Herbert Keller. Sein Stück *Begegnung 1957* erlebt wie Heiner Müllers *Korrektur* aufgrund parteioffizieller Kritik eine Revision. Vor allem die Erstfassung enthält zahlreiche Elemente des epischen Lehrstücks (Regisseur, Liedeinlage, Projektion, Simultanszene). In dem *Versuch einer Vorbemerkung* wendet sich der Autor dagegen, Fragen des Klassenkampfes »an Stoffen der Vergangenheit abzuhandeln«. Wer den sozialistischen Aufbau meine müsse ihn auch »auf die Bühne bringen« (65). Obwohl das Publikum letzte Entscheidungsinstanz ist, werden zu Beginn die »drei Dinge« genannt, die das Stück »zeigen soll«:

> Es ist für den Nicht-Kommunisten nützlicher, beim Aufbau des Sozialismus zu helfen, als den Kapitalismus zu stützen.
> Es kann für den Kommunisten notwendiger sein, unter kapitalistischen Bedingungen zu kämpfen, als beim Aufbau des Sozialismus zu helfen.
> Republikflucht hat nichts mit fehlendem Zwirn zu tun, sondern mit anderen Zusammenhängen (Fassung B, 66).

Entsprechend klar gestaltet ist der Handlungskonflikt:

> Nichtkommunist Friedrich (Leipzig) und Kommunist Hein (Dortmund) wollen den jeweiligen deutschen Staat verlassen. Sie werden an den Grenze jedoch vom ›Regisseur‹, später ›Sprecher‹, aufgehalten und dazu gebracht, einander zentrale Ereignisse ihres Lebens vorzuspielen. Hein leistet in der Wehrmacht passiven Widerstand. Statt den Juden Nathan Morgenstern zu erschießen, versucht er mit diesem zur Sowjetarmee überzulaufen. Friedrich verrät sie, kann den Todesbefehl an dem gefaßten Hein aber nicht vollstrecken. Schließlich lassen sich beide von den Russen gefangennehmen. Nach dem Krieg leidet Friedrich unter den Schwierigkeiten des sozialistischen Aufbaus (Produktionsdefizite, Versorgungsengpässe). Hein trifft in Westdeutschland den Juden Morgenstern wieder, dessen Geschäft überfallen wurde. Der von einer korrupten Justiz geleitete Prozeß endet mit dem Freispruch der Schuldigen, weil der geplante Streik wegen Heins Abreise nicht zustande kommt. Der ostdeutsche Betrieb kann dagegen eine neue Erfindung nur verzögert realisieren, weil Fachmann Friedrich, der die Mitarbeiter anlernen soll, Republikflucht begangen hat. Trotz offenen Endes ist klar, wie sich die beiden Protagonisten entscheiden werden.

Es scheint vor diesem Hintergrund problematisch, das didaktische Theater mit David Bathrick als innovative Vorstufe der ›großen‹ sozialistischen Dramatik zu verstehen (zumal sich die »Wiederbelebung« des abendfüllenden Gegenwartsstücks nahezu zeitgleich vollzieht). Die »Nivellierung des revolutionären Anspruchs«[659] ist nämlich aus modernehistorischer Perspektive kein Kriterium für ästhetischen Konservatismus. Im Gegenteil, sie hebt die modellfallbezogene Komplexitätsreduktion auf. An die Stelle metonymischer Strukturen tritt mitunter eine Welthaltigkeit, die den nicht-antagonisti-

---

[658] Baierl: Über die Bedeutung des Details in der darstellenden Kunst (1958), S. 7.

[659] Bathrick (1987), S. 140. Der Autor nennt u.a. folgende Dramen: Müllers *Umsiedlerin* (1956-1961), Hacks' *Die Sorgen und die Macht* (1958-1962) und Strittmatters *Holländerbraut* (1959).

schen Rahmen antagonistisch werden läßt. Dies gilt insbesondere für den transgressiven Bereich: Sowohl Müller als auch Hacks stellen in ihren ›didaktischen‹ Stücken (*Lohndrücker*, *Korrektur*, Erstfassung von *Die Sorgen und die Macht*) den lehrhaften Impetus in Frage (B, 6.4.2/6.4.3). Aber nicht nur diese Dramen sind zeitgenössischer Kritik ausgesetzt; auch hinsichtlich der übrigen moniert man den methodischen Absolutheitsanspruch, die abstrakte Wirklichkeitswahrnehmung sowie das Fehlen inhaltlicher Eindeutigkeit.[660]

Das kulturpoetische Feld hat sich allerdings verändert. In der Nachfolge von Brechts *Dialektik auf dem Theater* ist ein dramentheoretischer Diskurs entstanden, der dem Aristotelismus die Forderung nach neuen Konzepten gegenüberstellt. Dies zeigen paradigmatisch die 1957 in der Zeitschrift *Neue deutsche Literatur* veröffentlichten Antworten von fünf DDR-Autoren auf eine »Rundfrage« der sowjetischen Zeitschrift *Teatr*. Drei der Befragten (Hacks, Knauth, Pfeiffer) wenden sich im Namen der »Freiheit« gegen das »proletarisch umfunktionierte[] Hoftheater«,[661] lediglich zwei (Hauser, Zinner) gegen »scheinfortschrittliche ›moderne‹, meist aus dem Westen eingeschleppte« Experimente.[662] Die numerische Unterlegenheit deutet an, daß die Legitimationskraft solcher Äußerungen schwindet. Auch affirmativ orientierte Dramatiker wie Pfeiffer suchen nun nach einer Verbindung von Klassik (Schiller) und Moderne (Brecht). Basis hierfür bildet die Aufwertung der Form als Äquivalent zum »Zustand des Experimentierens«, in dem sich die sozialistische Gesellschaft befindet.[663] Knauth betont sogar, daß die »besten Leistungen unserer Stückschreiber« nur durch die »Rückkehr zur Dialektik« möglich geworden seien. Daher verdiene insbesondere das Werk Brechts »größte Aufmerksamkeit«.[664] Der Kritiker Kurt Liebmann konstatiert aus diesem Grund verärgert, der sozialistische Realismus habe sich »bei etlichen« zum bloßen »Lippenbekenntnis« entwickelt.[665] Tatsächlich schreibt selbst der eher konservative Dramatiker Hans Lucke 1961 mit Rekurs auf Engels, »daß der Autor nicht genötigt sei, die Lösung des von ihm behandelten Problems zu liefern«. Er solle vielmehr auf die »Widersprüche« hinweisen, »an denen manche – aus Bequemlichkeit oder Ratlosigkeit – gern vorbeisehen«.[666] In der Praxis werden derartige Forderungen aber kaum umgesetzt. Läßt man die Avantgarde außer acht, dann verfremden nahezu alle Dramatiker mit ›harmonischer‹ Tendenz, wie sie durch Strittmatter vorgeprägt ist (C, 4.2.3). In Luckes *Keller* (1957) dient das epische Dialogisieren – drei Wehrmachtssoldaten stehen vor der Entscheidung, weiterzukämpfen oder sich den Sowjets zu ergeben – ausschließlich der Exposition ›richtigen‹ Verhaltens. Gleiches gilt für Pfeiffers Stück *Ein Abschied* (1957), in

---

660 Vgl. Adling: Zu einigen Problemen und Stücken zeitgenössischer Dramatik (1958), S. 17f.; Kaufmann: Ästhetische Probleme (1958), S. 79f.; Kurella: Wege zur sozialistischen Volkskultur (1959), S. 7; Rödel: Didaktisches Theater – pro und kontra (1959), S. 5 und Wagner: Künstler und Publikum auf dem Weg (1959), S. 12.

661 Das Theater der Gegenwart, S. 128 (Hacks). Vgl. ebd., S. 131 (Knauth) und 132 (Pfeiffer).

662 Ebd., S. 133 (Zinner). Vgl. ebd., S. 129 (Hauser). Das Schauspiel *Weißes Blut* (1959) enthält im fünften Abschnitt eine Filmprojektion (S. 34), ästhetische Konsequenzen sind damit aber nicht verbunden, weshalb die Einblendung (»Rauch- und Dampfpilz einer H-Bomben-Explosion«) nach Hauser problemlos »unterbleiben« kann (S. 3).

663 Das Theater der Gegenwart (1957), S. 131f.

664 Ebd., S. 130f. Vgl. auch Knauth: Pro domo, aber nicht nur (1961), S. 6.

665 Diskussionsbeiträge zu den Referaten von Alexander Abusch und Kuba (1957), S. 121.

666 Lucke: Einige Fragen (1961), S. 5.

dem »die letzten Erkenntnisse« – daß nämlich »ein neuer Krieg verhindert werden muß« – gleichfalls »erst durch die Gespräche möglich werden«, die der Reisbauer Kosuga mit Vater, Frau und Gutsherr führt.[667] Zwar vollzieht sich die Entfaltung des Problems, ob der Protagonist seine Familie ernähren oder unter Lebensgefahr gegen Atombombenversuche protestieren soll, als Rahmendidaxe ad spectatores, die Binnenretrospektive bleibt jedoch illusionistisch gestaltet. Eine ähnliche Strukturbildung kennzeichnet das Drama *Hamlet in Heidelberg* (1958), bei dem nur der episierende Prolog fehlt (B, 1.2.1).

Die Debatte um Agitprop bzw. dialektisches Theater beeinflußt sukzessive auch den Diskurs über Volks- und Laienkunst. 1956 fordert Christa Fischer »Stücke«, »die, ohne banal zu sein, den sogenannten ›unpolitischen‹ Zuschauer an das neue Leben in unserer Republik heranführen«. Der Gegenwartsbezug soll sich in einem ersten Schritt empathisch herstellen: Wenn das Publikum »zum Beispiel für die beiden verliebten jungen Menschen in der ›Liebesprobe‹, die an einer Wandzeitung für ihren Betrieb arbeiten, Sympathie empfindet«, müsse man darin bereits einen Erfolg sehen.[668] Ansonsten bleiben die Laienspielgruppen auf Klassiker verwiesen. Dahinter steht neben der Erbetheorie des Stalinismus (B, 4.1.1) auch Lenins Hinweis, daß Bauern »keine Sozialisten« seien und die »Verwandlung« ihrer »Psychologie« »Generationen« brauche. Dieser Prozeß dürfe allerdings nicht durch »Anwendung von Gewalt« herbeigeführt werden.[669] Man setzt auf kollektive Bildungsoffensiven, um den »*ganzen* Menschen für seine großen Aufgaben im Dienste des Sozialismus heranzubilden« – so die »ideologische Aussage« von Werner Wunders Schauspiel *Eine Festung wird erobert*, die Peter Korb 1952 für die Reihe *Dramatischer Zirkel* bearbeitet (38-40). Dort publiziert man neben Theaterklassikern und gesellschaftskritischen Werken vor allem deutsche Zeitstücke. (Der Forschung sind die entsprechenden Dramen weitgehend unbekannt.) Da ein Hauptziel des Zirkels darin besteht, »*beispielhaft* zu sein«,[670] konzentriert man sich auf Standardthemen: antikapitalistische Revolte,[671] Friedenssicherung,[672] Spionage/Sabotage,[673] bürgerliche Restbestände (Egozentrik, Karrierismus, Bürokratie),[674] Einsatz für die Gleichberechtigung der Frau[675] sowie das im Wettbewerb befindliche Kollektiv.[676] Die diskursive Absicherung erfolgt über den Kommentar: Die meisten Ausgaben enthalten eine umfangreiche Nachbemerkung, in der die Fabel untersucht, die Intention zusammengefaßt, das Personal beschrieben und die Regiekonzeption (Bühnenbild, Kostümentwürfe) dargestellt sind. Von Paul Herbert Freyers Drama *Auf verlorenem Posten* (1951) existiert sogar eine Ausgabe für Österreich, die mit der »Bitte« schließt,

667 Pfeiffer: Ein Abschied (1957), S. 23 (Nachbemerkung).
668 Fischer: Unser aller Sorgenkind (1956), S. 68.
669 Zit.n. Tümmler/Merkel/Blohm (1969), S. 54.
670 Korb: Einige Hinweise zum Spiel (1952), S. 8.
671 Röhricht: Die Söhne der Bäuerin Li (1952), Lucke/Korb: Die letzte Stunde (1953), Backhaus: Neun Tage (1954).
672 Baierl: Ein Wegweiser (1953).
673 Finster: Der Mann im Staubmantel (1952).
674 Bernhard: Der Lohnausgleich (1952), Baierl: Die drei Irrtümer des Sebastian Fünfling (1953), Schulz-Wienold: Die zwölfte Krankheit (1953), Nawrath: Die Mutprobe (1954), Baierl: Der Streit um J.S. Bach (1955), Reimann/Pitschmann: Sieben Scheffel Salz (1960).
675 Veken: Baller contra Baller (1951), Horn: Paul im Glück (1953).
676 Horn: Kamerad Vasile (1952), Pons: Zement (1952), Linke: Der Eimer (1953).

dem Zentralhaus für Laienkunst mitzuteilen, wie man das veröffentlichte »Material« noch »verbessern« könne (62).

Mitte der Dekade werden jedoch Vorbehalte laut gegenüber dem ästhetischen Traditionalismus der Volkskunst. Klaus Pfützner konstatiert 1956, daß die Gruppen der »Laienspielbewegung« wesentlich »experimentierfreudiger und vielseitiger« wären, hätte die Diskussion um eine neue Agitprop »10 Jahre eher« stattgefunden.[677] Im Kontext der beschriebenen Neuorientierung nutzt man allerdings entsprechende Modelle. Dies belegt u.a. der Bericht über die Leipziger Brigaden, die am 1. Mai 1956 ein agitatives Theaterprogramm präsentieren, wobei sie sich »auf vorhandene Rezitationen, Sprechchöre und Lieder der Arbeiterbewegung« stützen.[678] Im Gegensatz zur Avantgarde läßt sich hier kein Subversivdiskurs nachweisen. Ziel bleibt allein politische »Schärfe und Aktualität« – »Paprika ist nämlich rot!«[679]

4.2.5 Filiation III: Brecht-Rezeption in Westdeutschland

In der Forschung wird die Bedeutung Brechts für das westdeutsche Nachkriegsdrama eher gering veranschlagt. Während sein Modell in der DDR weiterentwickelt worden sei, hätten die bundesrepublikanischen Autoren und Regisseure jene »Herausforderung« nicht angenommen.[680] Diese These erscheint in mehrerer Hinsicht problematisch: Einerseits suggeriert man, das deutsche Nachkriegstheater sei in erster Linie aristotelisch-illusionistisch ausgerichtet (was keineswegs den Tatsachen entspricht); andererseits gerät aufgrund eines zu engen Einflußbegriffs sowie unzureichender Materialbasis die nicht-marxistische Rezeption aus dem Blick. Sie reicht von versatzstückhafter Aneignung einzelner Kunstgriffe bis zur Übernahme theoretischer Konstituenten.

Brechts Exildramatik ist nach Kriegsende trotz einzelner Aufführungen in Süddeutschland (A, 2.2) »bis auf kleine Szenenausschnitte unbekannt«.[681] Dennoch entstehen zwischen 1945 und 1950 Fred Dengers KZ-Stück *Die heilige Hannah von Auschwitz* (B, 1.2.2) sowie ein bisher übersehenes Villon-Drama von Viktor Warsitz, das den Titel *Prolet – Poet – Prophet* trägt und epische Techniken der *Dreigroschenoper* verwendet.[682] Das Stück enthält insgesamt fünfzehn teilweise autonome Szenen (»Balladen«), wobei die unterschiedlichen Schauplätze auf einer Simultanbühne vereinigt werden. Zudem ist das Binnengeschehen aus dem Frankreich des 15. Jahrhunderts von einer Rahmenhandlung umgeben, die im unbestimmten Jetzt spielt und allegorischen Charakter besitzt. Während der »Mann der Politik«, der »Mann der Wissenschaft« und der »Mann der Kunst« den realutopischen Charakter der neuen Zeit preisen, verweist der »Dichter« auf die noch immer fortdauernde »Not« (5). Zusammen mit dem »alten Literaten« beginnt er in Wechselrede die Lebensgeschichte François Villons vorzutragen. Beide betonen dessen lasterhafte Genialität (6), aber nur für den Dichter bleibt der

677 Pfützner: Ein verheißungsvoller Neubeginn (1956), S. 64.
678 Latsch: Wer wagt – gewinnt! (1956), S. 57.
679 – Tho –: In der ganzen Republik wurde vom 23.-30. September gespielt (1956), S. 60.
680 Völker (1970), Titel. Ähnlich sehen es Buddecke/Fuhrmann (1981), S. 72f.; Eckhardt (1983), S. 197 und Stucke (1993), S. 296.
681 Syberberg: Der Mensch im Spiegel des Dramas (1946), S. 54.
682 Der Vf. dankt Bernd Balzer sehr herzlich für die Zusendung einer Kopie des Dramentextes.

Franzose ›Zeitgenosse‹ (4). Der Konflikt zwischen offizieller Rhetorik und historischer Wahrheit wird gespiegelt in der TV-Übertragung der »Schluss-Szene« zwischen Ludwig XI. und Villon. Hier prallt vor dem Hintergrund »einer lebensgrossen Fernsehapparatur« das machiavellistische Politikmodell des Königs auf den emphatischen Sozialanarchismus des Dichters. Hauptort der nun folgenden Binnenhandlung ist ein Bordell, in dem u.a. inkognito der König von Frankreich weilt. Während sich Ludwig XI. vergnügt, suchen Doktor und General eine Verschwörung anzuzetteln. Margrit (i.e. Margarete von Schottland), die kranke Frau des Königs, liebt Villon und folgt ihm, als jener sich – aus dem Kerker entlassen – direkt zum Freudenhaus begibt. Während der Nacht wird dort der alte Herzog umgebracht und Villon des Mordes beschuldigt. Der Dichter flieht, man nimmt ihn aber gefangen. Nach weiteren Verwirrungen inszeniert Warsitz eine surreale Schlußballade »vom neuen Anfang« (70), in der auf dem Friedhof die »grossen« und »kleinen« Lebenden und Toten einen Choral singen, der sich mit Villons Rebellenlied überschneidet (76f.). Der Protagonist selbst wird begnadigt, allerdings verbannt.

Die epische Struktur des Dramas dient in erster Linie dazu, die historische Thematik zu objektivieren, d.h. für zeitlose Aspekte zu öffnen. Warsitz' Weltanschauung schwankt hierbei zwischen Vanitas und egalitärer Utopie. So ist die Welt ein von Gott konzipierter ›Spaß‹ (16), die Geschichte wie bei Wilder nicht zu beeinflussen (45) und der Mensch von Natur aus geld- und machtgierig (7). Deswegen dürfe man aber nicht dem Nihilismus anheimfallen: »lieber hoffnungsvoll im Kreis spaziert, als madig, missgelaunt und mehlig das ganze Leben auf der Stelle treten neben dem eigenen Grab!« (13). Das Camus-Modell wird darüber hinaus im Sinne Brechts marxistisch erweitert. Villon weiß nämlich, daß die Großen »schlottern«, wenn »die Kleinen sich einen« (39). Auf den letzten Choralvers: »der Tod macht alle gleich« antwortet der französische Dichter fanalartig: »Warum denn erst der Tod?!« (77). In dieser Schlußwendung liegt nicht zuletzt der Grund dafür, daß der ›erzählte‹ Plot von den Honoratioren der Rahmenhandlung abgelehnt wird. Er passe nicht zu modernen Staatskonzeptionen. Nach 1945 gebe es – wie der Mann der Politik betont – weder Diktatoren noch Traditionsparteien, selbst die Kirche halte sich »von weltlichen Dingen weit zurück«. Die »Wahrheit« des Stückes sei deshalb eine »Lüge«, die der Staat »bekämpfen« müsse (78). Auch für den Mann der Wissenschaft bleiben »Krieg und Kriegsgeschrei [...] für immer durch unsre Erfindungen gebannt«. Der Mann der Kunst moniert dagegen die Strukturbildung des Dramas – ein weiteres Indiz für die kulturpoetische Restriktion epischer Experimente:

> Es ist eine – der Kritik sattsam bekannte – Erscheinung, dass immer wieder unentwegte und allerdings hochbegabte Bohèmiens in der Kunst auftreten, die unbedingt im Revolutionieren ihre Lebensaufgabe sehen. Auf höchst eigenwillige Art suchen sie sich interessant zu machen und Verwirrung in die Gesetze von Form und Inhalt zu bringen. Merken Sie sich: Wir haben Goethe und Schiller nicht zu Klassikern erhoben, um schließlich dem Erhabenen zugunsten eines Kaschemmennihilismus zu entsagen (79).

Das letzte Wort behält indes der »Prophet« Villon. Er erscheint auf der Simultanbühne eingekerkert wie zu Beginn, um die eigene Perspektive als objektiv richtige zu bestätigen. Denn – so der Franzose sich seiner Ketten entledigend – wer »weiß, wo hinten ist und vorn«, der »fängt an zu handeln! [...] statt faul zu ›hoffen‹« (80f.).

Der bedeutendste deutsche Brecht-Rezipient der frühen Nachkriegszeit ist Günther Weisenborn.[683] Bereits 1930 hat er zusammen mit dem gebürtigen Augsburger die Bühnenfassung zu Gorkis *Mutter* erstellt. 1946 sucht er die internationale Avantgarde mit der Brecht-Tradition zu synthetisieren: »Vom Westen kommt die stilistische Rebellion, die Zertrümmerung der Form – vom Osten die Revolution des Inhalts«. Das neue Deutschland müsse zwischen den »Fronten« vermitteln und einen »eigenen Stil« entwickeln.[684] Wirkungsästhetisch zielt Weisenborn auf die »Balance zwischen Gefühl und leidenschaftsloser Denkkontrolle«[685] – ein Konzept, das mit der ›ortlosen Dramaturgie‹ weitergeführt wird, die der Autor Ende der vierziger Jahre als Modell konturiert (C, 4.4). Der Fabelbegriff bleibt dabei wie in Brechts epischem Theater zentral. Noch 1958 schreibt Weisenborn anläßlich einer Umfrage der Zeitschrift *Maske und Kothurn*: »Ich bin der veralteten Meinung des Aristoteles, daß Drama Handlung heißt«. Der »Schock«, wie ihn das absurde Theater inszeniere, sei »eine Blüte der Restaurationszeit«, wobei Weisenborn »mindestens Ionesco und Adamov« einen »dichterischen Entwicklungswert« nicht absprechen kann. Es bleibe jedoch »ein fatales Zeichen der Zeit«, daß »begabte Autoren derlei Methoden« anwenden müßten.[686]

Weisenborn selbst projektiert statt dessen – und das verbindet ihn mit Brecht – die Wiederherstellung des Humanen auf dem Theater. »Die Szene soll uns allen helfen, sehen und denken zu lernen«.[687] Vor diesem Hintergrund ist das Widerstandsdrama *Die Illegalen* (1946)[688] zwar Reflex zeithistorischer Fakten und »Denkmal der Schafottfront«,[689] zugleich aber der Versuch, die problematisch gewordene Autonomie des Subjekts im Drama zu restituieren und damit ein Handlungsmodell für Extremsituationen zu entwerfen. Das Stück bleibt nicht von ungefähr biographisch fundiert: 1936 emigriert Weisenborn in die USA (New York), kehrt allerdings Ende 1937 nach Berlin zurück, um der Gruppe Schulze-Boysen/Harnack beizutreten, die heute unter dem Gestapo-Kennwort »Rote Kapelle« bekannt ist. 1942 wird der Autor inhaftiert, 1945 von sowjetischen Truppen befreit.

Im Zentrum der Handlung steht eine Berliner Widerstandsverbindung, die Aktionen gegen das NS-Regime plant. Aus Furcht entdeckt zu werden, nehmen sie keinen Kontakt mit anderen auf. Kellnerin Lill soll Walter, den Sohn des Gastwirts, für den Kampf gegen die Diktatur gewinnen. Tatsächlich betreibt jener selbst seit längerem einen Geheimsender, behält dies allerdings zunächst für sich und tritt als ›Anfänger‹ der Gruppe bei. Obwohl persönliche Beziehungen zwischen den Verbündeten als gefährlich gelten, verlieben sich Walter und Lill, was sogleich Mißtrauen gegenüber dem Neuzugang weckt. Da man ihm vorwirft, ein Spitzel zu sein, gibt er sich als Mitglied einer anderen Aktionsgemeinschaft zu erkennen, der weitere Kontakte knüpfen möchte. Kurz darauf wird Walter jedoch von der Polizei verfolgt. Um Lill und die anderen nicht zu gefährden, begeht er auf der Flucht Selbstmord, nachdem er über den Widerstandssender zum letzten Mal die Platte mit dem ›Lied der Illegalen‹ abgespielt hat.

---

683 Auf Frisch und Dürrenmatt wird in Bd. 2 der Arbeit ausführlich rekurriert – gerade mit Blick auf die besondere Situation der Schweizer Autoren. Vgl. Kapitel 1 (Einleitung).

684 Äußerung von Weisenborn aus dem Jahr 1946 (zit.n. Reinhold [1980], S. 102).

685 Weisenborn: Rede über die deutsche Widerstandsbewegung (1946), S. 3.

686 Die Pariser Theateravantgardisten (1958), S. 12f.

687 WT 4, S. 184 (Erneuerung des Theaters 1945).

688 UA 21. März 1946, Hebbel-Theater (Berlin [Ost]).

689 Weisenborn: Die Illegalen (1946), Widmung.

Formal betrachtet dominiert zunächst die epische Perspektive: Der Zuschauer kommt aus der Distanz und wird durch den ›guten Nachbarn‹ in die Situation eingeführt (15f.). Danach läuft das Drama weitgehend identifikatorisch ab – mit deutlicher Tendenz zum karthartischen Affekt. Ein zentrales Moment der »Erschütterung«[690] ist die Szene, in der die Gestapo dem Werkzeugmacher Bulle das Geständnis abzwingen will, der gesuchte Bullerjahn zu sein, in dessen Wohnung man Flugblätter gefunden habe. Mit Hilfe seiner siebenjährigen Tochter Marie, die freudig auf ihren Vater zuläuft, gelingt schließlich die Überführung. Einen Augenblick sucht Bulle das Kind zu verleugnen, erkennt dann aber die Chancenlosigkeit dieses Unterfangens und nimmt Abschied von Marie, indem er ihr sein Vermächtnis übermittelt: »wenn sie dich fragen, warum ich gegangen bin, [...] dann sag ihnen: für die Freiheit« (71). Die ›reinigende‹ Wirkung ist somit ethisch diszipliniert. Ähnliches gilt für die Liebe zwischen Lill und Walter, deren Erfüllung der »bessere[n] Zukunft der Massen« (57) geopfert werden muß. Während das Serviermädchen seine Hilflosigkeit durch ein Gedicht äußert (26),[691] monologisiert Walter in heroischen Blankversen über Ziele und Gefahren der Gruppe (81f.). Solche Formen der Distanzbildung sollen eine zu starke Identifikation verhindern. Für Weisenborn bleibt das Theater nämlich der Ort, an dem das Volk »mit sich selbst« spricht: »hier macht es sich Vorwürfe, ist es verzweifelt, begeistert oder verwirrt«.[692] *Die Illegalen* oszillieren daher zwischen Geschichtsstück und Parabel, wobei die politische Couleur der Figuren nicht hervorgehoben wird. Die Verblendung der »im Netz« (15) sitzenden Menschen kann nur durch parteiübergreifende Zusammenarbeit aufgehoben werden, d.h. durch ein »Netz von Gruppen« (77). Vor diesem Hintergrund unternimmt Weisenborn keinen Versuch, die Ursachen des Massenhysterie zu klären. Der Nationalsozialismus wird dem biologisch-anthropologischen Diskurs entsprechend (B. 1.1) als »Seuche« verstanden, »die alle ansteckte und krank machte« (89). Für die Zweitfassung des Dramas, die 1964 im Ostberliner Aufbau-Verlag erscheint, streicht Weisenborn diese Erklärung zugunsten der Totalitarismus-These. Nun ist der Krieg das Werk von Menschen, »die sich von ihm ein Geschäft versprechen« (WT 2, 65).

Die nachfolgenden Stücke sind auch inhaltlich stärker von Brecht inspiriert. So erinnert das 1947 uraufgeführte Schauspiel *Babel* deutlich an *Die heilige Johanna der Schlachthöfe*, denn Weisenborn thematisiert den Fluch des Kapitalismus ebenfalls am Beispiel eines Fleischkönigs, der nach dem Ersten Weltkrieg im symbolisch verfremdeten Argentinien »böse Geschäfte« macht (WT 2, 170). »Glanz und Untergang« (67) dieses Menschen verweisen im Sinne von Brechts Parabelmodell auf die Aporien jeder Finanzherrschaft. Allerdings konzentriert sich Weisenborn darauf, die moralische Dekadenz des Protagonisten zu betonen und verzichtet so, was vor allem die DDR-Kritik moniert,[693] auf eine Analyse ökonomischer Gesetzmäßigkeiten. Das Proletariat tritt kaum in Erscheinung und kann demzufolge nicht Antagonist sein. Darüber hinaus reduziert der Autor im Vergleich zu den *Illegalen* die epischen Elemente: Das Publikum soll vorgegebene Rationalitätsstrukturen mit bezähmter Emotion nachvollziehen, ohne daß ein Raum diskursiver Polyvalenz etabliert würde. Ähnliches gilt für das schon während

690 WT 4, S. 184 (Erneuerung des Theaters 1945).

691 Auch die kommentierenden Liedeinlagen erinnern an Brecht (vgl. Weisenborn: Die Illegalen [1946], S. 35, 76).

692 Der Sinn des Theaters (1957), S. 47.

693 Vgl. Riewoldt (1978), S. 70f.

des Dritten Reichs vorbereitete Lustspiel *Die spanische Hochzeit* (1947), das in der Renaissance spielt und Pauschalkritik übt an den »nahrhafte[n] Kriege[n]«, die »alles den Reichen« geben und »alles den Armen« nehmen (WT 3, 246). Die lyrischen Interpolationen dienen hier, selbst »wenn sie das Gefühl ansprechen, zu guter Letzt der Vernunft« (WT 4, 287). D.h. »immer mehr Menschen« müssen, wie der »Horcher«, auktoriales Sprachrohr, am Ende verkündet, »denken lernen« und dadurch erkennen, »daß die Moral zu oft mißbraucht wird, als Ausflucht der Gierigen, als Mantel der Mächtigen, als Sprachschatz der Unmenschen« (WT 3, 247). Rationalität ist somit – anders als bei Brecht – stets Teil des inneren Kommunikationssystems.

Dies zeigt auch die dramatische *Ballade vom Eulenspiegel* (1949), die Weisenborn semantisch wie formal an Brechts *Mutter Courage* ausrichtet.[694] Der Hauptunterschied besteht jedoch in der Wandlung des Protagonisten: Eulenspiegel, der in die Zeit des Dreißigjährigen Kriegs transferiert wird, entwickelt sich vom unpolitischen Narren zum Bauernführer, womit Wolfs Brecht-Kritik antizipierend umgesetzt scheint (C, 4.1.1). Weisenborns Ziel, Gefühl und Vernunft dramaturgisch zu verbinden, rechtfertigt die breit angelegte Liebeshandlung zwischen Eulenspiegel und der Dirne Federle, durch deren Fürbitte der Schalk zu Beginn einer harten Bestrafung entgeht, nachdem er das Angebot des Truchseß abgelehnt hat, in dessen Dienste zu treten. Obwohl es die Intention des Autors ist, mit seiner Ballade auf die »List« als »Waffe der Unterdrückten aufmerksam zu machen« (WT 4, 278),[695] sind die Bauern bis auf das militante ›schwarze Kasperlein‹ träge und naiv gestaltet. Die Aktivierung des Zuschauers erfolgt primär über epische Techniken: Das Geschehen wird häufig durch kommentierende Gedichte und Lieder unterbrochen. Dirigistisch wirkt vor allem der große Schlußchor, der in Bänkelsänger-Manier die Moral »forte« ad spectatores verkündet:

> Habt verstanden ihr, wie's zugegangen,
> als der kleine Mann sich hat empört.
>
> *Sie fassen einander an.*
>
> Laßt uns weitergehn und nicht in Schwermut fallen,
> da die Finsternis nicht ewig währt! (WT 1, 218).

Wenngleich Weisenborn sich hier Brecht nähert, hebt er dessen Verfremdungsbegriff weitgehend auf, denn Stoff und Form interferieren nicht dialektisch.[696]

---

694 Tatsächlich verständigen sich beide Dramatiker schon Anfang 1948 in Zürich über den Stoff und planen sogar ein gemeinsames Filmprojekt (vgl. Müller-Waldeck [1986], S. 116-129).

695 Vgl. auch das Stück *Fünfzehn Schnüre Geld* (1958), dessen »These« Weisenborn mit dem Satz zusammenfaßt: »Der Kampf für eine Wahrheit fordert Mut und List«. Das Schauspiel, in dessen Zentrum der »gute Richter Kuang Chung« steht (WT 1, S. 289), eine bekannte Theaterfigur der Ming-Dynastie, erinnert an Brechts *Kaukasischen Kreidekreis*. Allerdings bleibt der Protagonist eine rein positive Figur, die den Menschen mit weisen Entscheidungen dazu verhelfen will, »daß ihre Augen geöffnet werden« (S. 287). Weisenborn selbst betont indes 1962 (möglicherweise um nicht als Epigone zu gelten), das Stück habe »sehr wenig mit Brecht zu tun, aber sehr viel mit chinesischem Theater« (WT 4, S. 234 [Europäisches und asiatisches Theater]).

696 Gleiches gilt für Theodor Schübels Drama *Der Kürassier Sebastian und sein Sohn* (1957), das auf *Michael Kohlhaas* und *Mutter Courage* verweist (B, 1.2.1). Der Brecht-Bezug erschöpft sich jedoch in der Uneinsichtigkeit des Protagonisten. Das Stück selbst folgt der traditionellen Fünf-Akt-Struktur.

Aus diesem Grund besitzt selbst die durch skurrile Musik untermalte ›Reihentechnik‹[697] der Komödie *Drei ehrenwerte Herren* (1951) kaum Subversivgehalt. Zu dominant bleibt die ethische Stoßrichtung eines Plots, der »informierend wirken« soll. Es ist Weisenborns erklärte »Absicht zu zeigen, wie leicht es den Vertretern der alten Methoden gelingt, die neuen Methoden zu überlisten« und als »Schurken« in »hohe Ämter« zu kommen (WT 4, 284). Die Welt ist folglich von Beginn an bipolar strukturiert: Auf der ortlose Bühne stehen sich bei der Uraufführung zwei Pfähle gegenüber. An dem einen hängt das Skelett eines Pferdekopfes, am anderen ein Strohbündel. Beide sind »Symbole für unser Dasein ›zwischen Garbe und Schädel‹« (286). Im Unterschied zu Brecht existiert bei Weisenborn allerdings keine Unschärferelation. Der archimedische Punkt ist so klar konturiert, daß – wie in der Posse *Zwei Engel steigen aus* (1954) – eine objektive Perspektive möglich bleibt. Denn aus dem Blickwinkel der Sternmädchen Nu und Na, auf deren Planet die Dichter »sehr geehrt« werden (WT 2, 259), scheint die Welt eindeutig aus dem Lot geraten. Notwendig ist jedoch keine Systemveränderung, sondern lediglich »ein wenig Vernunft« (315). Ästhetisch bedeutet dies, daß die epische Technik – und hier geht Weisenborn mit einer These des späten Brecht konform – lediglich Übergangscharakter besitzt. Wäre die Selbstentfremdung der Menschen aufgehoben, könnte wieder ›naiv‹ gedichtet werden (C, 4.2.2). Das aristotelische Dramenmodell ist somit deformiert wie das zu ewigem Lachen verzerrte Antlitz des Londoner Komödianten Lofter in dem Schauspiel *Das verlorene Gesicht* (1956).[698] In beiden Fällen besteht aber die Hoffnung, daß sich die Entstellung »eines Tages« rückgängig machen läßt (WT 1, 78).

Das bereits erwähnte Wissenschaftlerdrama *Die Familie von Makabah* (1961)[699] besitzt vor diesem Hintergrund metapoetischen Charakter, denn bei Weisenborn wächst die Präsenz epischer Muster mit der Bedeutung des Themas – in diesem Fall das kaum zu überbietende ›Ende der Kultur‹: Einige Schaufensterpuppen, Symbol Objekt gewordener Menschheit, sollen nuklearer Strahlung exponiert werden. Die marionettenhaften Gestalten, die zu Beginn aus einer Bildprojektion heraustreten, gewinnen jedoch zunehmend humane Züge. Gleichzeitig versucht Alfred Cricot, ehemaliger Mitarbeiter der Forschungsstelle, die tödliche Aktion zu verhindern, weil er fest von der Veränderbarkeit der Welt überzeugt ist (WT 4, 155). Es gelingt ihm schließlich; der verantwortliche Wissenschaftler Jönssen erkrankt selbst (175f.). Des weiteren bringt Cricot das Puppenensemble dazu, die übrigen Menschen zu warnen, wobei die Rampe als imaginäre Fensterscheibe fungiert. Doch obzwar man die Barriere niederreißt, wird kein sprachliches Verständnis möglich. Weisenborn läßt die Geretteten nur mit eindringlicher Pantomime agieren – ein Zeichen dafür, daß die Verbindung zwischen innerem und äußerem Kommunikationssystem (noch) gestört ist (178f.). ›Verfremdung‹ dient hier wie in Hildesheimers absurdem Theater (B, 5.1.2) auch der Evokation von ›Fremdheit‹. Zunächst tragen die Versuchsobjekte Masken und bewegen sich mechanisch. Selbst die Bühne ist geteilt: Physiker und Puppen handeln auf verschiedenen »Spielflächen und Spielebenen«, allerdings »in einem Bild« (294). Mit anderen Worten: Die erkenntnistheoretisch

[697] Die 32 Szenen sind mitunter nur lose verbunden (vgl. WT 4, S. 286).

[698] Das Drama basiert auf Victor Hugos Roman *L'homme qui rit* (1869) und versucht zu zeigen, daß die Volksmasse so lange zu tyrannisieren ist, wie sie »kein Gesicht« hat (73), also nicht aktiv für ihre berechtigten Forderungen eintritt.

[699] Die Erstfassung von 1959 trägt den Titel *Die Familie von Nevada*.

notwendige »Distanz« (287), die das epische Modell herstellt, entspricht der Distanz der modernen Menschen zueinander. Sie kann aber aufgehoben werden, weil die Einheit des Humanen nicht zur Disposition steht.

Der neben Weisenborn wichtigste Brecht-Rezipient unter westdeutschen Theaterautoren ist Claus Hubalek. Seit 1949 Mitglied des Berliner Ensembles verläßt er drei Jahre später die DDR und arbeitet zunächst als Dramaturg beim Norddeutschen Rundfunk.[700] Seine Stücke beinhalten zunächst kaum Verfremdungseffekte. So ist die bereits dargestellte Komödie *Der Hauptmann und sein Held* (1953) vor allem in Thematik (Herr-Knecht-Polarität), sprunghafter Szenenfolge und pointiertem Sprachduktus an Brecht ausgerichtet. Die Handlung selbst verbleibt dagegen im Rahmen geschlossener Dramaturgie; zudem fehlt eine marxistische Geschichtsanalyse. Im Zentrum steht vielmehr die ethische Kritik am deutschen Militarismus mit seiner Tendenz, den Menschen ›funktional‹ zu begreifen.[701] Zwar nützt der junge Rekrut Kellermann, der sich durch Täuschung selbst das Eiserne Kreuz verleiht, der Beförderung seines Vorgesetzten Eisenblätter. Als jener aber kurz vor Kriegsende den Betrug entdeckt und Kellermann ihm gesteht, zum Feind überlaufen zu wollen, zögert der ehemalige Hauptmann nicht, sogleich ein Gerichtsverfahren gegen den Deserteur einzuleiten. Die Exekution, in der Erstfassung noch vollzogen, fehlt auf Anraten Oscar Fritz Schuhs in der Bühnenversion. Nun kehren die US-Soldaten rechtzeitig zurück. Auch Hubaleks zweites Nachkriegsdrama *Keine Fallen für Füchse* (1956), das den Ost-West-Konflikt in seinen Auswirkungen auf den kleinen Mann zeigt, verzichtet großenteils auf episierende Elemente. Darüber hinaus werden zentrale Thesen weniger poetisch vermittelt denn explizit artikuliert (B, 1.2.3). Ähnliches gilt für das Schauspiel *Stalingrad* (1961), das zunächst im Auftrag des NDR als Fernsehspiel konzipiert ist.[702] Hier erklären allerdings Gattungsvorgabe sowie Bezugnahme auf Plieviers gleichnamigen Roman das Fehlen konsequenter Verfremdung. Hubalek verbindet mit dem Stück jedoch keinen dokumentarischen Impetus; in den sechzehn Bildern sucht er vor allem die Sinnlosigkeit nationalsozialistischer Opferideologie aufzudecken, wobei der »Zwiespalt« von »sittlichem Empfinden und soldatischer Gehorsamspflicht« (59) als Hauptursache der deutschen Misere erscheint. Wie in Brechts *Mutter Courage* sind die Protagonisten daher nicht fähig umzudenken. General Gönnern konstatiert noch in der Schlußszene: »[J]etzt bleibt nichts anderes, als sich mit Haltung in das leider Unvermeidliche zu schicken« (73). Dieselbe Verblendung befällt Friedrich Freiherr von Kress in dem Drama *Die Festung*, Hubaleks erstem Stück, das Projektionen verwendet (Bühnenfassung 1957) bzw. eine Sprecherinstanz (Laienspiel 1960). Letztere führt – allerdings ohne Kommentar – durch die Handlung und zeigt den Befehlshaber in drei Ausnahmesituationen: Röhm-Putsch (30. Juni 1934), Hitler-Attentat (20. Juli 1944), Verteidigung Königsbergs (7. April 1945). Kress erweist sich stets als unkritischer Staatsdiener. Erst als Hauptmann Werner den Führerbefehl, die ostpreußische Festung um jeden Preis zu halten, nicht befolgt, wird dem General das eigene Versagen klar. Unfähig, die »Treue« zum System aufzugeben, muß

[700] Von 1963 bis 1966 ist Hubalek Chefdramaturg beim NDR-Fernsehen, ab 1968 Chefdramaturg des Deutschen Schauspielhauses in Hamburg.

[701] Hubalek weist hier auf Kipphardt und Walser voraus (vgl. B, 1.2.2).

[702] UA 21. Dezember 1962, Städtische Bühnen Köln (Regie: Oscar Fritz Schuh).

sein militärischer Ziehsohn »das Vernünftige tun«, das Kress »nie tun« konnte. Das Stück endet mit dem Befehl Oberst Witts, den General sofort zu erschießen.[703]

Eine neue Dimension gewinnt das epische Verfahren mit Hubaleks Schauspiel *Die Stunde der Antigone* (1960), das von Brechts Sophokles-Bearbeitung inspiriert ist. Das historische Verfremden dient auch hier der Aufdeckung objektiver Geschichtsmechanismen und damit der Zeitkritik (Vergangenheitsverdrängung unter Adenauer). Tatsächlich läßt sich das Drama als ›Gegen-Anouilh‹ lesen, denn der Sprecher, Dr. Tereisias, stellt nicht nur die handlungstragenden Figuren vor, sondern betont wie sein Pendant,[704] daß die eigene Rolle »die bitterste, hoffnungsloseste« ist: Er »weiss« und wird doch »nichts hindern können«. Die resignative Perspektive betrifft aber lediglich das innere Kommunikationssystem; eigentlicher Adressat des scheinbar wirkungslosen Appells ist das Publikum. Ihm ruft der Seher zu: »Fangt nicht an. Besinnt euch« (1f.). Im Stück selbst fehlt dagegen jede Hoffnung auf Veränderung:

> Theben, Sinnbild für Deutschland, ist ein moderner Kurort mit düsterer Vergangenheit. Er wird beherrscht von Bürgermeister Kreon, der Züge Hitlers und Adenauers trägt und dessen »Machtergreifung« (2) die Ödipus-Ära beendet. Zusammen mit seinen Söhnen Eteokles und Polyneikes hat sich der Besiegte nach Westen abgesetzt. Beim Einmarsch der thebanischen Truppen – eine Anspielung auf Hitlers Frankreichfeldzug – gelingt Eteokles die Flucht über den Ozean, während man Polyneikes in die Heimat bringt. Einige Jahre später marschiert Eteokles mit Siegeruniform gegen Theben, stirbt allerdings während der Kampfhandlungen. Anders als Polyneikes, der verschollen bleibt, wird er von den Unterlegenen ehrenvoll bestattet. Von einem alten Gärtner erfährt Antigone, daß Polyneikes nicht im Feld gestorben ist, sondern von Kreon erschlagen und verscharrt wurde. Der Heimkehrte hatte beobachtet, wie die Thebaner ermordete Fremdarbeiter vor dem anrückenden Feind verbergen wollten. Als die Protagonistin beschließt, Polyneikes und die übrigen Toten zu exhumieren, wird sie in eine Irrenanstalt eingewiesen, damit die »Entdeckung des Massengrabs« den Kurort-Tourismus nicht zum Erliegen bringt. Um ganz sicher zu gehen, erläßt man schließlich sogar eine »Amnestie für die vielen in jener Zeit begangenen Verbrechen«. Antigone verweigert sich solcher ›Katharsis‹, weil »es dem Menschen nicht erlaubt ist, sich selbst loszusprechen« (91f.). Dem neuen Theben bleibt daher »noch eine schwere Arbeit [...]: Graben. Graben. Graben« (94).

Die Verfremdungstechnik zielt bei Hubalek auf Erkenntnis des Eigenen, wobei die Sprecherinstanz (Brechts *Kaukasischem Kreidekreis* vergleichbar) den archimedischen Blickwinkel bezeichnet, dem erst jetzt, nach Kriegsende, entsprechende Taten folgen können.

Ähnliches gilt für das im Holocaust-Kapitel analysierte Schauspiel *Ich selbst und kein Engel* (1958) von Thomas Christoph Harlan. Verweist der Untertitel »Dramatische Chronik aus dem Warschauer Ghetto« auf *Mutter Courage*, so erinnert die Tatsache, daß »Kampf und Untergang« (9) der Juden als Spiel im Spiel gezeigt werden, an die Praxis der kaukasischen Kolchosbauern. Harlan leitet die Szenen ebenfalls durch kurze Inhaltsangaben ein und interpoliert Songs, die das Geschehen kommentieren bzw. das Leid der Unterdrückten in harter Lakonie darstellen:

> *Mandelzweig singt*:
> Meine Momme heißt Naomi Grün,
> Momme geborene in Wien –
> Das Kleid grün und das Haar rot –

[703] Hubalek: Die Festung (1960), S. 26, 30.
[704] Vgl. AD, S. 47f. (Antigone [1942]).

General! – Wo ist mein Momme hin?
Schreit: Judenkind! – Dein Momme ist tot! (73)

Wie bei Erwin Sylvanus (*Korczak und die Kinder*) besitzt das epische Theater hier die Funktion, das Grauen zu desentimentalisieren. Während jener allerdings auf das Wilder-Modell Bezug nimmt und einen allgemeinen Humanismus vertritt (C, 4.2.1), ist Harlans Drama marxistisch ausgerichtet. Die Kibuzim, die das Stück spielen, wollen auf ihrer »Kollektivfarm in Nordgaliläa« (9) eine Planwirtschaft realisieren (B, 1.2.2).

Aber auch jenseits des sozialkritisch-politischen Diskurses lassen sich Filiationen nachweisen. Herbert Asmodi besitzt, wie er selbst konzediert, durchaus »Interesse« für Brecht.[705] Zwar habe der Augsburger »als Ideologe viel dummes Zeug verzapft«, der »Theatermann« sei jedoch »unbestechlich« gewesen.[706] Was das Gattungsraster betrifft, stellt sich Asmodi bewußt in die Nachfolge des Boulevardstücks. Er bevorzugt Dramentypen, die sich in »desolate[r] Verfassung« befinden, um die Strukturäquivalenz mit der modernen Gesellschaft aufzeigen zu können. Anders als einige Vertreter des absurden Theaters, die den Leerlauf der Dialoge durch Sprachzerstörung exponieren, verwendet Asmodi epische Techniken. Die Diktion ist häufig grotesk-überladen und dient gerade in den eingefügten Songs nicht der Motivation von Handlungen, sondern ihrer Camouflage. Ziel ist »eine systematische und konsequente Verfremdung«,[707] die aufgrund des Fehlens verbindlicher Vernunftkriterien ›Fremdheit‹ evoziert. Da Asmodi trotz schwarzen Humors Moralist bleibt (C, 3.2), können die Repliken ad spectatores stärker vereindeutigt sein als bei Brecht. So beendet der Kunsthändler Ambrosius Krell, der aus Profit beinahe zum Mörder geworden wäre, die Komödie *Pardon wird nicht gegeben* (1954) mit seiner eigenen Unsterblichkeitserklärung: »Dank Ihrer freundlichen Unterstützung, meine Herrschaften!« (85). Eine ähnliche Sentenz beschließt das Lustspiel *Nachsaison* (1959). Hier vergeht den Dienern mit Blick auf die prosperierende Dekadenz des Adels sogar der Humor: »Drehts die Lichter aus. Die Menschen sind ein Gfrett!« (75).[708] Am nachhaltigsten episiert ist die bisher kaum wahrgenommene Komödie *Tigerjagd* (1958). Im Zentrum der Handlung steht Nick, ein heruntergekommener Jazzmusiker, der aus finanziellen Gründen die Schauspielerin Belinda Button heiraten will. Da auch sie sich von der Ehe einen Reputationsgewinn verspricht, beendet sie sogleich die Liaison mit dem ›Herzog‹. In revueartigen Liedern und Duetten suchen beide Protagonisten ihre wirklichen Absichten zu verschleiern: Belinda stilisiert sich zur einsam leidenden Dame von Welt (32), Nick verfällt nach einem Liebesduett in pathetische Wagner-Alliterationen (43). Als der Dame jedoch kolportiert wird, ›Nick der Tiger‹ sei in Wahrheit ein Versager, kehrt sie unversehens zum Herzog zurück, während sich der Verlassene mit der Zeitungsredakteurin Billy tröstet. Nach einer vierstimmigen Hymne auf die Liebe degradiert sich das Stück selbst zum »dolle[n] Kokolores«. Die totale ›Verfremdung‹ ist nur mehr mit der Metapher vom Leben als »Theater« faßbar (98). In der 1963 geschriebenen Komödie *Mohrenwäsche* wird diese Logik umgekehrt: Allein die Bühnenmaschinerie vermag eine »Tragödie zu verhindern« (70); die

[705] Brief vom 21. Februar 2005 an W.G.S.
[706] Zwölf Fragen an Herbert Asmodi (2001/2002), S. 9.
[707] Asmodi: Der Autor an seinen Verleger (1961), S. 98.
[708] Eine ähnlich zynische Kritik am modernen Feudalismus findet sich in der Schlußszene von Brechts Schauspiel *Die Tage der Kommune* (vgl. GBA 8, S. 316f.).

Handlung selbst würde letal enden. Marie Mueller und ihr farbiger Geliebter Alfred Wussa aus Ombassaland dürfen nämlich nicht heiraten, weil beide Väter auf Rassereinheit bestehen. Wussas Vater, Ministerpräsident des Landes, droht schließlich sogar, seinen Sohn zu liquidieren, sollte dieser nicht ledig nach Afrika zurückfahren. In Umkehr der Götterflucht bei Brecht (*Der gute Mensch von Sezuan*) läßt Asmodi kurz vor dem Todesschuß auf einem Prunkschlitten den »Weihnachtsmann ex machina« erscheinen. »Denn wie hier auf dieser Erde, / nun einmal die Dinge liegen, / Die verfluchten Rassensachen: / [...] Ohne Gnade, ohne Wunder, / Enden sie, dass Gott erbarm« (69). Sodann entschwindet der Bote des Theaterhimmels mit den Liebenden nach oben.[709]

Es muß vor diesem Hintergrund nicht verwundern, daß sogar im Absurdismus Brecht-Filiationen nachweisbar sind. Walter Hinck hat als erster darauf hingewiesen, daß Hildesheimers Parabel-Begriff entsprechender Provenienz ist.[710] Während die meisten Dramatiker des poetisch-performativen Bereichs das dialektische Theater für prämodern halten (C, 4.3), kann Hildesheimer zumindest den allegorischen Impetus übernehmen, um mittels »Verfremdung«[711] den Blick für die totale Sinnlosigkeit des menschlichen Daseins zu öffnen (B, 5.1.2).

4.3 Poetisch-performative Modelle

Wie bereits erwähnt, entziehen sich die verschiedenen Dramaturgieformen mitunter strikter Separation. So teilen episches und absurdes Theater die Absage an psychologisch-realistische Darstellung und suchen statt dessen über die Form neue Universalität herzustellen. Ein wesentlicher Unterschied besteht allerdings darin, daß poetisch-performative Modelle auf den objektivierenden Impetus von Gestus und Kommentar (Sprecher, Song etc.) weitgehend verzichten. Neben den Einheiten von Ort und Zeit wird auch die der Handlung nachhaltig unterminiert. Dahinter steht eine radikale Skepsis gegenüber der kommunikativen Kraft der Sprache und ihrer Kausallogik.[712] Der hiermit verbundene Paradigmenwechsel manifestiert sich vor allem in der veränderten Funktion von Intermedialität. Sie ist jetzt *Ort* der Sinnstiftung, nicht mehr nur wie bei Wilder oder Brecht deren *Katalysator*. Die Worte verlieren ihren Referenzgehalt und werden zusammen mit nonverbalen Parametern (Gestus, Bild, Ton) Teil eines performativen Gegendiskurses, dessen Radikalität im Kontext der sog. ›Pariser Avantgarde‹ (Beckett, Ionesco u.a.) eine neue historische Qualität gewinnt.[713] Der semantische Mehrwert des Intermedialen kann dabei *negativ* ausgerichtet sein (Symbol der Leere menschlicher Kommunikation), aber auch *positiv* (Vertrauen auf die innovative Kraft vernachlässigter Ausdrucksformen). In Fortschreibung des surrealistischen Manifests von André Breton (1924) konstatiert der französische Dramatiker Georges Neveux, die

709 Zur Funktion des deus ex machina im Avantgarde-Theater vgl. allgemein Rokem (1995).

710 Vgl. Hinck (1981a), S. 233.

711 HA, S. 183 (Über das absurde Theater [1960]). Die Exposition der Protagonistin als Spielleiterin in dem dramatisierten Hörspiel *Das Opfer Helena* (1959) verweist dagegen eher auf die Wilder-Tradition.

712 Für Hildesheimer sind absurdes und episches Modell deshalb unvereinbar (HA, S. 173 [Über das absurde Theater]).

713 Vgl. W.G. Schmidt (2009b).

Bühne müsse die Menschen aus den »kleinen täglichen Konventionen« herausreißen und eingedenk der Tatsache, daß »die Welt schlecht« ist, »Lust« machen, ebendiese »Welt neu zu schöpfen«.[714] Nun sind poetisches und absurdes Theater zwar internationaler Provenienz, knüpfen aber explizit an deutsche Traditionen an – u.a. Kleist, Büchner, Grabbe (B, 5.1.2). Nichtsdestoweniger bleiben es jene meist in Frankreich modernisierten Modelle, durch deren Umsetzung das deutsche Nachkriegsdrama Anschluß an die westliche Avantgarde findet.

Die Forschung erweist sich in doppelter Hinsicht als defizitär: Einerseits übergeht man konzeptionelle Differenzen zwischen den Formtypen des poetisch-performativen Theaters, andererseits fehlt es – aufgrund daraus abgeleiteter Pauschalurteile – der modernegeschichtlichen Einordnung an Genauigkeit. Ähnliches gilt für den Versuch, die deutsche Rezeption zu beschreiben; auch dort ist die Sachlage komplexer als bisher angenommen. Denn obwohl das ›poetische Theater‹ von T.S. Eliot und Christopher Fry bereits von den Zeitgenossen als britische »Erfindung« angesehen wird, bleibt es hierzulande keineswegs »ohne Folgen« und »Nachfolger«.[715] Tatsächlich zählen beide Autoren neben Calderon, Strindberg, Hofmannsthal und Claudel zu den zentralen Bezugsinstanzen für die Nachkriegsrenaissance von Mysterienspiel und surrealistischem Drama. Rezeptionsästhetisch bedeutsam ist des weiteren die Absage an jede sozialoptimative Perspektive. Tegeus fragt sich in Frys Stück *A Phoenix too frequent* (1946), das stark an Hofmannsthals *Weißen Fächer* erinnert, ob »überhaupt ein Fortschreiten ohne Rückschreiten« möglich sei und es »daher nicht richtiger« bleibe zu sagen, »daß mehr und mehr die Menschheit einfach schreitet«.[716] Mit dieser Skepsis gewinnt die vertikale Dimension an Bedeutung. Die Bühnenwerke von Eliot und Fry besitzen deshalb zwei Wirklichkeitsebenen: eine realistische und eine metaphysische, wobei sich nur auf der letzteren »die Dinge ergründen« lassen, d.h. zu zeigen ist, »wie verloren, wie unfaßbar wir sind«.[717] Vor diesem Hintergrund abstrahieren beide Dramatiker von gesellschaftlicher, ökonomischer und psychischer Determination. Für Eliot hat sich »das menschliche Empfinden seit den Zeiten des Aischylos« nicht »wesentlich geändert« (DT, 92), und auch nach Fry kennt die Poesie nur das »Gesetz einer zeitlosen Wahrheit«.[718] Kernpunkt dieser Evidenz ist die positiv bewertete Inkommensurabilität menschlicher Verhaltensweisen. So gesteht Deserteur Richard Gettner in *The Dark is Light enough* (1954): »Ich liebe diese Sprache, voller / ja-nein und nein-ja«.[719] Die partielle Aussetzung der Handlungslogik garantiert Authentizität, wobei das Subjekt trotz historischer Invarianz seiner Eigenschaften niemals ganz auf den Begriff zu bringen ist, »gleichzeitig alt und neu sein« kann (DT, 96). In derselben Tradition steht Tennessee Williams, der »Stücke ›denkender Dramatiker‹« ablehnt (DT, 100) und das Leben – zumindest in seinem phantastischen Traumspiel *Camino Real* (1953) – bewußt »außerhalb der Zeit« situiert.[720]

714 Der Sinn des Theaters (1957), S. 44.
715 Melchinger: Das poetische Theater (1959), S. 24, 36, 44.
716 Fry: Ein Phönix zuviel, S. 32.
717 DT, S. 95f. (Fry). Vgl. auch DT, S. 91 (Eliot).
718 Äußerung von Fry (zit.n. Melchinger: Das poetische Theater [1959], S. 42).
719 Fry: Das Dunkel ist Licht genug, S. 121.
720 Williams: Vorwort (zur Broadway-Premiere von »Camino Real«) (1953), S. 87.

Auch im Nachkriegsdeutschland etabliert sich schon früh eine metaphysisch-surreale Dramatik, deren progressivster Exponent Rüdiger Syberberg ist. Er entwirft mit seinem Theaterstück *Lilith* (1946) ein neues welthaltiges »Mysterienspiel«, in dem der Mensch »über sich selbst« steht und »die ›von unten‹ unlösbaren Widersprüche« seines Daseins nochmals als »Einheit« erfahren kann.[721] Dabei fungiert die Protagonistin als »unerhörte Mitte«[722] der Schöpfung »zwischen Himmel und Hölle« (35). Ehedem Lustobjekt, sucht Lilith nun nach der »innergöttlichen Liebe« (34). Sie findet jene bei ihrem Bruder, dem Kaplan, und stirbt im Glück der »Geschwisterehe« (31). Die Zurückgebliebenen müssen statt dessen wie bei Claudel und Anouilh erkennen, daß sie nur »schlechte Spieler« (59) sind in einem Stück, auf dessen Ablauf niemand Einfluß nehmen kann (54). Für Syberberg bleibt daher maßgebendes Kriterium bei der Beurteilung eines Dramas dessen vertikale Perspektive: »wie tief ist hier die Frage nach dem Menschen gestellt, und aus welcher Tiefe wird eine Antwort gegeben«. Wilders Universalmodell (C, 4.2.1) genügt dieser Forderung nach Ansicht des Deutschen nur bedingt, weil es trotz planetarischer Perspektive zu ›oberflächlich‹ ausgerichtet ist. Die Kommunikation zwischen Bühne und Publikum könne nur durch ein »kultisches Spiel« wiederhergestellt werden, das dem postideologischen Status der Gegenwart entspreche. Denn die »›Atomisierung‹ des Menschen« scheint bereits »soweit fortgeschritten«, daß es nach Syberberg »nur mehr sehr schwer möglich ist, ihm überhaupt noch eine überzeugende Form zu geben, die ihn als gleichnishafte Gestalt auf der Bühne spiegelt«. Ästhetisch bedeutet dies, daß das »neue Drama« weder an die »starre Einheit von Handlung, Ort und Zeit« gebunden noch »von addierender Dramaturgie« sein darf.[723] Dialoge und Szenen der *Lilith* besitzen somit quasi transzendentalen Charakter: Sie etablieren eine Diskursivität »außerhalb des Bereiches menschlicher Erfahrung und Logik« (17) und bereiten damit die Erkenntnis der Fremdbestimmtheit des Lebens vor.

Während das poetisch-surreale Modell zwar die aristotelischen Vorgaben, nicht aber den Ausdrucksgehalt der Sprache subvertiert, zieht das »›Absolute Theater‹«[724] auch diesen in Zweifel und schafft intermedialen Ersatz. Egon Vietta und Nelly Sachs fordern eine neue Form kultischen Theaters, in dem Tanz und Musik die Defizite einer sinnentleerter Worte ausgleichen. Der Unterschied zwischen beiden Konzepten liegt im Begründungszusammenhang: Die jüdische Autorin operiert auf der Basis chassidischer Mythen, der Darmstädter Dramaturg bemüht Elemente Heideggerscher Zivilisationskritik. So ist für ihn der Tanz im »Mutterschoß des Seins beheimatet«, d.h. einer der wenigen Zustände, in denen der moderne Mensch von der »lastenden Bindung zur Umwelt« frei bleibt und »sich selbst gegeben«.[725] Ähnliches gilt für die Musik: Ihre Aufgabe besteht darin, die »Macht des Übernatürlichen zu verdeutlichen«, weil das Wort »unter der modernen Verwissenschaftlichung des gesamten Lebensstils ein gut Teil seiner früheren Magie eingebüsst« hat.[726] Die Sprache liefert nur mehr ›Grundbilder‹ und kann erst durch Verbindung mit anderen Medien zu einem theatralen Zeichensystem werden. Aus diesem Grund projektiert Vietta die »universale Bühne«, auf der mit der »Einheit

721 Syberberg: Der Mensch im Spiegel des Dramas (1946), S. 58, 41.
722 Ein Begriff aus Syberbergs Lyrik (zit.n. München. Kritischer Rückblick [1946], S. 289).
723 Syberberg: Der Mensch im Spiegel des Dramas (1946), S. 51, 57, 52, 59.
724 Sellner: Anmerkungen zu Szenarium und Dramaturgie von »Monte Cassino« (1950), S. 86.
725 Vietta: Der Tanz. Eine kleine Metaphysik (1938), S. 23, 19.
726 Vietta: Orpheustrilogie, S. V (Einführung in den »Orpheus« [1945]).

der Künste« zugleich »*der* Mensch wiederhergestellt« wird.[727] Um dies zu erreichen, müsse das Theater jedoch wieder in die »*Katakomben*«.[728] Dahinter steht zwar ein neuer Elitarismus kunstsakraler Prägung, aber die Distanz zu entsprechenden Vorbildern (Wagner, Nietzsche) wird ebenso betont.[729] Wer das Theater wie Vietta zu einer »Sammelstätte der Geistigen« machen will, um das »Jahrhundert aus seinen Angeln« zu drehen, anerkennt die Krise bürgerlicher Individualitätsvorstellungen – den »*Niemand*«, der als »*Nicht-Gott*« die moderne Gesellschaft »durchwaltet«.[730] Somit untergräbt das von Vietta entwickelte ›absolute Theater‹ strukturell, was es theoretisch wiederherstellen möchte. Die Ästhetisierung erfolgt nämlich wie bei Craig, Meyerhold, Schreyer und Tairow[731] nicht durch Vereinigung, sondern durch Kombination der Einzelkünste, wobei die Referenz zugunsten der Performanz (Musik, Tanz, Pantomime) an Bedeutung verliert. Im Zentrum steht auch bei Vietta das »Experiment«,[732] mit dem die Autonomie des Theatralen retabliert und das Axiom der Wirklichkeitsnachahmung verabschiedet wird.

Die »Niederlage aller ideologischen Aktionen«[733] läßt sich auf diese Weise intermedial ausgleichen. Folgerichtig erteilt Vietta (anders als Syberberg)[734] jeder Form dialektischer Dramaturgie eine Absage; die Konzentration auf den rationalen Verständnisprozeß dränge das spielerisch-tänzerische Element zurück.[735] Nach dem Vorbild von Claudels *Soulier de Satin* (1919-1924)[736] vollzieht sich die Bedeutungsgebung choreographisch. Denn nur das Aufbrechen von Fabel und Illusion macht wie in Viettas Mysterienspiel *Monte Cassino* (1950) den Blick frei für die »Harmonien« der Schöpfung (78). Das historische Geschehen, der Kampf zwischen deutschen und amerikanischen Truppen um das italienische Kloster, bildet lediglich die untere Handlungsebene. Auf ihr gibt es keine Möglichkeit der Sinnspende: Die Brüder Caspar Stückengold und Johann Silvester (genannt Owen), die als Hauptmann bzw. US-Captain für verschiedene Seiten kämpfen, werden mit der Absurdität des Krieges konfrontiert, ohne daß eine politische oder moralische Lösung angedacht wäre. Erst der der »prismatische«[737] Blick auf den »Pulsschlag« der »immer gleichen, immer vertauschbaren Zeit«[738] öffnet die neue Perspektive. Um sie präsent zu halten, sind die Gespräche der Soldaten durch Gesang und Tanz der toten Mönche unterbrochen:

> OWEN: Ich kenne keinen Paragraphen, nach dem ein Vaterland über das andere zu Gericht sitzen darf.

[727] Vietta: Die Einheit der Künste im Theater (1952/53), S. 7.
[728] Vietta: Katastrophe oder Wende des deutschen Theaters (1955), S. 220.
[729] Man müsse sich – so der Autor – »klar sein«, daß »die Ziele der beiden Künstler vom Geist des 19. Jahrhunderts gezeichnet waren« (Die Einheit der Künste im Theater [1952/53], S. 6).
[730] Vietta: Katastrophe oder Wende des deutschen Theaters (1955), S. 220, 224f.
[731] Vgl. Fischer-Lichte (1993a), S. 301f.
[732] Vietta: Katastrophe oder Wende des deutschen Theaters (1955), S. 226.
[733] Vietta: Die tragische Gestrigkeit des heutigen Theaters (1951/52), S. 140.
[734] Vgl. Syberberg: Der Mensch im Spiegel des Dramas (1946), S. 59.
[735] Vietta: Schauspiel auf Schallplatte – eine neue »Hör«-Bühne (1954/55), S. 159.
[736] Vgl. Vietta: Orpheustrilogie, S. V (Einführung in den »Orpheus« [1945]).
[737] Vietta: Giraudoux und Rousseau (1953/54), S. 51.
[738] Vietta: Judith oder Gott und die Literatur (1951/52), S. 164.

STÜCKENGOLD: Aber das Vaterland über seine Verräter. *Zu den Oberjägern:* Ihr baut einen Tisch auf und besorgt Stühle, Männer. Bei Fluchtversuch wird von der Schußwaffe Gebrauch gemacht.

KURT: Zu Befehl, Herr Hauptmann. Bei Fluchtversuch wird von der Schußwaffe Gebrauch gemacht.

AUGUSTIN: Zu Befehl, Herr Hauptmann. Bei Fluchtversuch wird von der Schußwaffe Gebrauch gemacht.

Der Hauptmann kriecht aus dem Gewölbe. Die Oberjäger postieren sich neben Owen auf, beide halten die Maschinenpistole schußbereit.

CHOR *jäh, sehr rhythmisch:*

Dies irae, dies illa
Solvet saeclum in favilla
Teste David cum Sibylla.

VORBETER: De profundis clamavi ad te, Domine.

CHOR *steigernd:*

Quantus tremor est futurus,
Quando judex est venturus,
Cuncta stricte discussurus.

OWEN *während die Musik nachklingt:* Habt ihr keine Mutter?

KURT: Es ist verboten, mit Gefangenen zu sprechen.

OWEN: Euer Hauptmann behandelt mich nicht als Gefangenen.

AUGUSTIN: Wir halten uns an die Dienstvorschrift (32).

Die aus dem ›irdischen Takt‹ fallenden Kontrapunkte der Mönche verweisen auf eine kosmische Einheit der Dinge, die nicht mehr positiv zu benennen ist, sondern nur noch intermedial evoziert werden kann. Zu diesem Zweck führt Vietta ganze Szenenkomplexe – so den ersten und zweiten Teil des Stücks – »fugal«[739] gegeneinander. Zunächst erscheint jeweils der Vorbeter der toten Mönche, um wie Claudels Ansager in das Geschehen einzuführen. Hernach folgen Frontszenen mit den Fallschirmjägern Kurt und Augustin. Auch die Dialogpartien sind erneut mehrstimmig konzipiert. Während die Soldaten die architektonische Stabilität der Basilika in Zweifel ziehen, beschwört der Vorbeter in Cantus firmus-Manier die zeitlose Festigkeit der Institution Kirche (17). Selbst das Drama endet nicht mit der realen Versöhnung der feindlichen Brüder, sondern mit der transzendenten: Beide schreiten mit den übrigen Figuren des Stücks tänzelnd aus dem Dunkel, um sich unter unwirklichen Klängen in den Kreisgesang der Sterne einzureihen (76-78).

Während Vietta die Fabel insofern subvertiert, als er ihren ›irdischen‹ Sinngehalt in Frage stellt, löst Nelly Sachs die dramatische Handlung fast vollständig auf. Auf deutschen Bühnen wie in einschlägigen Studien zum Nachkriegsdrama sind ihre szenischen Dichtungen (1943-1962) bis heute kaum präsent.[740] Erst die neuere Forschung hat sich eingehender mit den Texten befaßt und ihre Singularität hervorgehoben – allerdings ohne den Versuch vergleichender historischer Einbindung.[741] Eine Ausnahme bildet Erika Fischer-Lichte, die Sachs' Dramatik in den Kontext des rituellen Theaters der Postmoderne stellt[742] – eine These, die allerdings kritisch zu hinterfragen ist, weil die Autorin trotz formaler Innovation in den Grenzen zivilisationskritischer Metaphysik

739 Sellner: Anmerkungen zu Szenarium und Dramaturgie von »Monte Cassino« (1950), S. 84.
740 Vgl. Braun (1998), S. 16.
741 Vgl. Fritsch-Vivié (1994); Fleischer (1996), S. 65-126; Ostmeier (1997), S. 35-130; Grittner (1999), passim und Bühler-Dietrich (2003), S. 149-187.
742 Vgl. Fischer-Lichte (2000a), S. 226.

verbleibt. Andererseits lassen sich bei Sachs wie in der ›Pariser Avantgarde‹ deutliche Tendenzen zu postdramatischer Theatralität nachweisen.[743] Dies gilt vor allem für die eigentlichen Nachkriegswerke. Das Mysterienspiel *Eli* (1943), das den Wiederaufbau einer kleinen polnischen Landstadt thematisiert, besitzt noch Züge einer Fabelstruktur, ebenso die Stücke *Abram im Salz* (1944/45) und *Nachtwache* (1945/46). Danach gewinnen Bild- und Materialwelt an Autonomie: Gegenstände fungieren nicht mehr als illustrierende Requisiten, sondern sind den Figuren diskursiv gleichwertig. In dem Drama *Beryll sieht in der Nacht* (1961) fliegen Fische durch die Luft, »bilden« über dem Haupt des Protagonisten »die Glorie des Alphabetes« (SD, 291), und auf einer Fernsehwand »schieben sich Worte in- und auseinander (293). Wie Vietta projektiert Sachs »eine Art Kulttheater«, in dem der Sprachverlust intermedial aufgefangen wird. »Das Wort ist hier nur Haltestelle für Mimus und Musik, die weiter führen sollen«. Allein in der so eröffneten neuen »Dimension« (346) lasse sich »die endgültige Vergeistigung der Materie, die das Ganze anstrebt, zur Vollendung bringen« (354).

Die Tendenz, der metaphorischen Ebene ein Eigenleben zuzuweisen, verbindet Sachs' szenische Dichtungen mit dem Totaltheater der zwanziger Jahre (Kandinsky: *Der gelbe Klang*, Schlemmer: *Bauhaustänze*),[744] gleichzeitig aber mit der Pariser Avantgarde – insbesondere den Dramen Georges Schehadés. Auch in *La soirée des proverbes* (1954) ist das Geschehen rational kaum mehr zu erfassen. Gleichzeitig wird das Ende der Ideologien durch Medienwechsel kompensiert. »Ich kann nicht lesen. Ich kann die Wörter nur zeichnen und übertragen, als wären sie Blumen oder Figuren. Der Sinn entgeht mir wie ein kahler Raum«.[745] Gerade hier liegt allerdings der Unterschied zu Sachs, die über den Transzendenzbezug nochmals Totalität restituiert. Nicht von ungefähr tragen die *Beryll*-Szenen den Untertitel *Das verlorene und wieder gerettete Alphabet*. Grundlage dieses Ästhetikmodells ist die Vorstellung, daß aus dem Atem der »Buchstabe« geboren wird und aus dem Wort neues Leben. Sie findet sich in dem Buch *Sohar*, dem bedeutendsten Schriftwerk der Kabbala, das vor allem im Chassidismus kanonisches Ansehen genießt und auch für Sachs das Buch darstellt, »darin sich die Mystik der ganzen Welt trifft« (SD, 353).[746] Tatsächlich ist es nur die »Begegnung mit der göttlichen Ausstrahlung«, die das »Leiden Israels« (*Eli*) und »der Erde« (*Beryll*) »auf eine transzendente Ebene zu ziehen« vermag und damit »aushaltbar« macht (5, 287, 345). Wie bei Beckett führt die Perspektivenerweiterung allerdings dazu, daß sich der Unterschied zwischen Siegern und Besiegten, Opfern und Tätern nivelliert: Der »Grad« des »Schuldanteils ist verschieden«, aber der »Mensch, das unentwirrbare Universum mit blutdurchlaufenen Sternstraßen, wird immer schuldig werden« (348). Aus diesem Grund erscheint der Zweite Weltkrieg auch hier als Sintflut (B, 1.1). Protagonist Beryll liegt mit einigen Menschen und Tieren auf der im Sand festgefahrenen Arche. Im Wissen um die »Unverbrauchbarkeit der Schöpfungskraft« gelingt es ihm schließlich, die lebensfeindliche Mechanik der Moderne, verkörpert durch die Stimme des Fernsehkommentators, zu überwinden und die »Verbindung mit den geistigen Kräften« wiederherzustellen. Die Rettung des ›ertrunkenen Wortes‹ kann aber nicht mehr rein

743 Zur kritischen Auseinandersetzung mit den Thesen von Hans-Thies Lehmann vgl. unten.

744 Vgl. Fischer-Lichte (2000a), S. 225.

745 Schehadé: Sprichwörterabend, S. 139.

746 Vgl. Grittner (1999), S. 103-130.

sprachlich geleistet werden; die Figur »Netzach«, deren Name »Sieg« bedeutet, »ist stumm« (353f.). Der Akt der Sinnstiftung vollzieht sich choreographisch-intermedial:

> [...] *Man hört Lallen und dort und da lugt ein Menschen- oder Tiergesicht von gespenstig-irrealer Morgenrosa-Ahnung bestrahlt heraus. Atem des Meeres – Musik in Geburt.*
>
> BERYLL *taucht auf:*
> Nacht – mein Auge brennt –
> NACHT
> Ein Salzkorn übrig von der Sintflut
> kam in deine Träne
> sehnte sich nach Zweisamkeit
> Die erste Ehe ist geschlossen –
> Das Alphabet legt sich in seine Bilderwelt
> erst in die Träume –
>
> *Aus der Arche tönen Tierlaute: Mäh – Muh – Hähnekrähen und mehr. Dann wie wehende Windmusik: Liebe* – (292).

Der Tanz avanciert vor dieser Folie erneut zum Medium einer möglichen Emanzipation von der Technokratie, denn die »Bewegung des Leibes« ist nach Sachs die »erste Sprache vor dem Wort« (346). In dem Zwei-Szenen Stück *Der magische Tänzer* (1955), das den sprechenden Untertitel *Versuch eines Ausbruchs* trägt, wird ein solcher Befreiungsakt inszeniert – im Unterschied zu Peter Weiss' *Turm* (1949) allerdings ohne metaphorische Ambivalenz (C, 1.).

> DAVID *bewegt sich schwer, gebückt, alt, als trüge er eine Last:* [...] *Er macht mit den Händen eine Bewegung des Aufschnürens als ob er ersticken müßte.* [...]
> MARINA
> Ich wickle, ich wickle dich aus –
> *Während sie spricht, dreht sich David immer schneller wie eine Spule, die abgespult wird; Marina, in der Anstrengung, ihm zu folgen, ist hingesunken – leise wie mit letzter Kraft, fährt sie fort, fast bewußtlos schon:*
>
> Ich wickle dich aus – wickle dich aus
> aus allen Banden –
> Flieg, Schmetterling – flieg –
> da ist der Polstern –
> abgewickelt –
> da – der Äquator –
> abgewickelt –
> da – da – da –
> Flieg – flieg – flieg –
>
> DAVID *bewegt sich immer weiter von Marina fort, steht plötzlich still im Hintergrund, leuchtend wie ein Cherub* (250-252).[747]

Die Idee, der Industriegesellschaft ein »Land« gegenüberzustellen, »wo der Geist siedelt« (354), verbindet Sachs mit dem ›poetischen Theater‹ der ersten Generation. Nach Ansicht von Jacques Audiberti zielt Cocteau gleichfalls darauf, »die Poesie so weit als möglich zu verbreiten« (TiG, 270), auch Giraudoux, Supervielle und Duvignaud möch-

[747] Sachs selbst spricht hinsichtlich der zitierten Passage von einem »Ausbruch aus dem Privaten ins Universum« (SD, S. 351).

ten der Alltagswelt den ihr innewohnenden Zauber entreißen und das Publikum mit »Grundtatsachen« des Lebens wie Liebe, Kampf und Vergänglichkeit konfrontieren.[748]

Die Pariser Avantgarde (Beckett, Ionesco, Audiberti, Adamov, Schehadé, Genet u.a.) übernimmt solche Vorgaben teilweise, löst die Handlungslogik mitunter aber bis zum Absurden auf. Denn es scheint ebenso sinnlos, gegen den Tod aufzubegehren wie »gegen die heutige, hypermoderne Welt«.[749] Die Grenzlinien zwischen Generationen, Ländern und Modellen verlaufen jedoch fließend. Verbindendes Merkmal ist neben der Sprachkritik die Vorstellung, sich im posthistorischen Zeitalter zu befinden.[750] Dramaturgisch bedeutet dies eine Absage an jede Form von Thesentheater, so daß wie bei Paul Willems »Wörter kommen und gehen, gerade ohne den Verstand des Publikums zu beanspruchen« (TiG, 273). Tennessee Williams kritisiert ebenfalls die Absicht, moderne Schauspiele verstehen zu wollen. Im Nachwort zu *Camino Real* (1953) heißt es: »Die Farbe, die Grazie und das Schweben, die Harmonie der Bewegung, das intime Zusammenspiel von Menschen – diese Dinge sind das Stück, nicht Worte auf Papier, nicht Gedanken und Ideen eines Autors, diese schäbigen Dinge aus der Schwemme von Konfektionsgeschäften«.[751] Für Vietta ist Williams' Traumspiel daher ein gelungener Versuch, »das tänzerische und pantomimische Element gleichwertig neben dem Wort [...] auf der Bühne zu beheimaten«.[752]

Im Kontext des poetisch-absurden Theaters wird die Verabschiedung der Referentialität zugunsten der Performanz noch nachhaltiger umgesetzt. Die Tatsache, daß es »keine Natur« mehr gibt,[753] führt zur Genese einer Dramenform, die nicht nur anti-realistisch konzipiert ist, sondern auch auf die »Analogie des logischen Schlusses« verzichtet. In Ionescos *Cantatrice chauve* (1950) fehlen Konfliktstrukturen, die auf Lösung hin angelegt wären. Im Gegenteil, der Künstler arrangiert Material, dem er unterlegen ist, weil er es keiner sinnstiftenden natürlichen Ordnung mehr unterwerfen kann. Bekkett orientiert sich deshalb an Techniken des *Art informel*, in dem ohne Abgrenzungen und Kompositionsregeln versucht wird, durch erfundene Zeichen oder rhythmische Linien bzw. Flächen existentielle Befindlichkeiten auszudrücken. Auch Ionesco möchte mit seinen Stücken sämtliche Kunstgriffe »rückhaltlos enthüllen«.[754] Dahinter steht die Vorstellung, daß Systemdenken gleich welcher Herkunft notwendig pervertiert. So erklärt das Dienstmädchen dem Professor in der *Unterrichtsstunde* (1951): »Nach der Arithmetik kommt die Philologie und mit der Philologie kommt bei Ihnen Mord...« (IT 1, 78). Gleichzeitig wird Psychologisierung als obsolet betrachtet: Aus Sicht des Absurdismus vermag sie weder den unberechenbaren noch den funktionalen Menschen adäquat zu erfassen. Für die dramatis personae heißt dies, daß sie – so Hildesheimer im Rekurs auf Ionesco – »Gestalten« sind, »die im Unzusammenhängenden umherirren

748 TiG, S. 275 (Duvignaud) Vgl. auch Der Sinn des Theaters (1957), S. 22 (Supervielle) und Stimmen der Dichter (1953/54), S. 2* (Giraudoux).

749 TiG, S. 269 (Audiberti).

750 Die von Esslin (³1979), S. 15f. postulierte Trennung zwischen poetischem und absurdem Theater erweist sich demnach als problematisch (vgl. hierzu W.G. Schmidt [2009b]).

751 Williams: Camino Real, S. 113.

752 Vietta: Die Perfektion der Aufführung (1954/55), S. 85.

753 Beckett: Endspiel, S. 25.

754 Ionesco: Ganz einfache Gedanken über das Theater (1958), S. 32f.

und die nichts ihr eigen nennen, außer ihrer Angst, ihrer Reue, ihrem Versagen, der Leere ihres Lebens«.[755]

Mit der Destruktion sprachlicher Bedeutungsgebung ist jedoch der Versuch verbunden, in der Nachfolge von Craig und Artaud neue intermediale Schwerpunkte zu erproben. Nun ist die »Entliterarisierung des Theaters« bereits ein Phänomen der historischen Avantgarde (1910-1930),[756] und auch der ›Surrealismus‹ poetisch-absurder Dramatik steht in der Tradition Strindbergs, Maeterlincks und Pirandellos. Trotzdem erreicht die ästhetische Innovation im Rahmen der Pariser Avantgarde eine neue Qualität. Jean Tardieu entwickelt ein Intermedialitätsmodell, das die aristotelische Dramaturgie durch musikalische Strukturkonzepte ersetzt – vor allem in den Stücken *Conversation-sinfonietta* (1951), *La sonate et les trois messieurs* (1952) und *L'ABC de notre vie* (1958). Interessant ist dabei nicht nur die Variation der Formmodelle (Sinfonietta, Sonate, Solokonzert), sondern auch – damit verbunden – die zunehmende Ausrichtung am gesellschaftlichen Kontext. In der *Conversation-sinfonietta* dominiert noch das reine Formspiel. Der sinnspendende Dialog wird durch die quasi musikalische Verarbeitung von Allgemeinplätzen ersetzt wie »Bonjour, Madame!«, »Bonjour Monsieur« oder »Mais oui, mais oui«, »Mais non, mais non«.[757] Das Kurzdrama *La sonate et les trois messieurs* stellt insofern eine Weiterentwicklung dar, als sich die Figuren – ganz im Sinne von Goethes Definition des Streichquartetts – miteinander unterhalten, und zwar über ein gerade gehörtes Musikwerk. Die drei Akte erscheinen als musikalische Sätze mit entsprechenden Bezeichnungen (Largo, Andante, Finale). Da die Worte in den Dialogen wie Themen exponiert, kontrapunktiert und kadenziert sind, verlieren sie allerdings ihre Semantik. Die Materie ist anders als bei Sachs nicht Geist, sondern Mechanik geworden. Vor diesem Hintergrund dient das Übertragen musikalischer Strukturprinzipien auf die Literatur dem Nachweis, daß keine Möglichkeit mehr existiert, den Bedeutungsverlust der Sprache intermedial aufzufangen. Die Worte gleichen denotatlosen Noten; sinnstiftend wirkt allein das ›Spiel‹. Folgerichtig zählt Tardieus letztes ›Musikdrama‹ *L'ABC de notre vie* zu den »poèmes à jouer« (Titel der Pariser Ausgabe von 1960). Die musikalische Ordnung – das Solokonzert mit Dialog zwischen Protagonist, Einzelstimmen und Chor – ist nun aber Äquivalent einer sozialen Wirklichkeit, deren Polyphonie eindeutige Aussagen unmöglich macht und sich – so Tardieu – allmählich »den mächtigen Bewegungen der Natur« assimiliert (TK, 172). So gesteht der »Protagonist« am Ende in einer Art Coda:

> Ich habe den Sinn der Worte vergessen.
> Ich bin nur ein Murmeln,
> von Freude erhoben,
> von Schmerz bedrückt.
> Worte? Weniger als Worte: Töne, Klagen, Schreie, Stimmgebärden.
> Ein wortloses Murmeln
> in anderem Murmeln (211).

---

755 HA, S. 173 (Über das absurde Theater [1960]). Hildesheimer zitiert hier aus der Vorrede zu Ionescos *Stühlen*. Spätere Werke des gebürtigen Rumänen wie die *Nashörner* seien dagegen zu parabolisch ausgerichtet (vgl. S. 177-179).

756 Fischer-Lichte (1995), S. 10.

757 Vgl. Esslin (1964), S. 253.

Ionesco, der Tardieu sehr schätzt,[758] verändert und radikalisiert dieses Verfahren. Erst mit Beckett und ihm werden das Wort und seine Ausdrucksmöglichkeiten »bis zu den äußersten Grenzen« getrieben. Denn – so der gebürtige Rumäne – nur wenn die Syntax »fast« zu »zerspringen« droht, offenbart sie ihre »endliche, partikulare Eignung zum tieferen Sinnausdruck«,[759] d.h. die »Krise der Sprache« erweist sich als sekundär gegenüber der »Denkkrise«.[760] Gerade dadurch scheint es jedoch möglich, einen performativen Gegendiskurs zu etablieren, der – dies das Hauptargument – »außerhalb« der »Wissenschaft« und »jenseits« der »Ideologie« liege. An die Stelle schicksalhafter Teleologie tritt das polyphone Nebeneinander verschiedener Themen und Diktionen; die Worte werden wie im absoluten Theater »von der Geste weitergeführt«, »durch Pantomime ersetzt« oder mittels szenischer »Gegenständlichkeiten« erweitert.[761] Das Drama avanciert somit zur intermedialen Symphonie:

> Es geht von einem Farbfleck aus. Von einem Ton, der ihm zusagt. Von einem Thema. Von einem Prinzip. Der Farbfleck verlangt notwendigerweise nach einem anderen, der ihn ergänzt oder stört. Es zeichnet sich ein Dialog ab. Andere Stimmen oder Figuren drängen sich dazwischen und treten ins Spiel ein. Treten in diese Kombination oder Komposition oder Konstruktion, die Phase für Phase, und immer ganz einfach, wenn ich so sagen darf, komplizierter wird. In dieser Konstruktion kreuzt sich alles, verzweigt sich und trifft erneut zusammen. Da wird miteinander gesprochen, das Gemurmel des Wassers und der Menge schwillt an, Kräfte organisieren sich und beziehen gegeneinander Stellung, es wird sich bekämpft, es wird sich gegenseitig unterstützt, es wird sich getrennt, alles ist das Echo von allem, wiederholt sich, wächst, verwandelt sich, hält an, festigt sich, kontrolliert sich und bildet eine Welt von Klängen, Stimmen, Leidenschaften, Formen, Gewalten, Massen und Farben.[762]

In der Schlußszene der *Cantatrice chauve* (1950) hat Ionesco diese Ästhetik paradigmatisch verwirklicht. Die Sprache ist in ihre Bestandteile aufgelöst, und die einzelnen Stimmen, Worte, Silben und Buchstaben werden – der Durchführung des Sonatenhauptsatzes entsprechend (vgl. Tardieu) – gegeneinander gestellt, gesteigert und schließlich unter Verzicht auf jede ordnende Reprise der ekstatischen Coda zugeführt, die mit einem choreographisch inszenierten Schlußakkord in größter Dissonanz endet:

> MR. MARTIN: Der Papst ist eingepappt in Pappe. Papapapst. Papa- und Mamapapst in Papapappe. Der Pappapapst eingepappt in Pappe!
> MRS. MARTIN: Parabellum, Parabellum, Parabellum!
> MRS. SMITH: Pazard, Palzac, Pazaine.
> MR. MARTIN: Bizarr, Bethlehem, Bad.
> MR. SMITH: A, e, i, o, u! A, e, i, o, u! A, e, i, o, u! i!
> MRS. MARTIN: B, c, d, f, g, h, k, l, m, n, p, q, r, s, t, v, w, x, z!
> MR. MARTIN: Me, le, se, we, re, we, me, le, re, re, se, se!
> MRS. MARTIN: Der die das hat darin Platz!
> MRS. SMITH *einen Zug imitierend:* Tsch, tsch, tsch, tsch, tsch!
> MR. SMITH: Es!
> MRS. MARTIN: Ist!
> MR. MARTIN: Nicht!
> MRS. SMITH: Dort!

758 Vgl. Ionesco: Habe ich Anti-Theater gemacht? (1961), S. 3.
759 Ionesco: Ganz einfache Gedanken über das Theater (1958), S. 37.
760 Ionesco: Habe ich Anti-Theater gemacht? (1961), S. 3.
761 Ionesco: Ganz einfache Gedanken über das Theater (1958), S. 30, 38.
762 IA, S. 261 (Gérard Schneider und die Malerei [1961]).

MR. SMITH: Es!
MRS. MARTIN: Ist!
MRS. SMITH: Da!
Alle miteinander in allerhöchster Wut schreien sich gegenseitig in die Ohren. Das Licht wird ausgedreht. Im Dunkeln hört man in gesteigertem Rhythmus.
ALLE: Es ist nicht dort, es ist da, es ist nicht dort, es ist da, es ist nicht dort, es ist da, es ist nicht dort, es ist da, es ist nicht dort, es ist da, es ist nicht dort, es ist da, es ist nicht dort, es ist da! (IT 1, 39)

Becketts Stücke sind ähnlich intermedial ausgerichtet. So werden in Luckys umfangreicher Rede aus *En attendant Godot* (1949) drei Themen virtuos verarbeitet, wobei Produktions- und Rezeptionsebene divergieren. Dem eintönigen Sprachduktus des Rhetors steht ein pantomimischer Gegendiskurs von Wladimir und Estragon gegenüber (von Aufmerksamkeit über Murren und Beruhigung bis zum Schreien):

LUCKY *monotoner Vortrag:* Auf Grund der sich aus den letzten öffentlichen Arbeiten von Poinçon und Wattmann ergebenden Existenz eines persönlichen Gottes [*1. Thema: Theologie und Teleologieprinzip*] kwakwa-kwakwa [*2. Thema: postdadaistische Sprachmusik*] mit weißem Bart [*1. Thema*] kwakwa [*2. Thema*] außerhalb von Zeit und Raum der aus der Höhe seiner [*1. Thema*] göttlichen Apathie göttlichen Athambie göttlichen Aphasie [*1./2. Thema*] uns lieb hat bis auf einige Ausnahmen man weiß nicht warum [*1. Thema*] [...] Tennis Fliegen Sport Sport Wintersport Sommersport Herbstsport Herbstsport Tennis auf Rasen auf Tannen und auf festem Boden Fliegen Tennis [*3. Thema: Freizeiterholung und Repetitionsprinzip*] [...] und wenn man andererseits dabei bedenkt was noch schlimmer ist daß daraus hervorgeht was noch schlimmer ist daß im Lichte im Lichte der laufenden Untersuchungen von Steinweg und Petermann daraus hervorgeht was noch schlimmer ist daß daraus hervorgeht was noch schlimmer ist im Lichte im Lichte der aufgegebenen Versuche von Steinweg und Petermann [*1./3. Thema*] [...].[763]

Vergleichbare Tendenzen lassen sich auch im deutschen Nachkriegsdrama nachweisen, dessen Autoren die Innovation der Pariser Avantgarde weit über die Grenzen des poetisch-absurden Theaters hinaus anerkennen (B, 5.1.1). Hier liegt die eigentliche Antwort auf die häufig gestellte Frage, weshalb viele bundesrepublikanische Schriftsteller die »Herausforderung Brecht«[764] nur bedingt annehmen. Ihrer Ansicht nach führen die (Wahl)Franzosen eine progressive Dramentradition weiter (Kleist, Büchner, Grabbe), während Brecht bereits Mitte der fünfziger Jahre als ›großer Vereinfacher‹ gilt.[765] Es wäre dennoch problematisch, die deutschen Vertreter lediglich als Epigonen zu klassifizieren. Wie gezeigt schreibt Grass seine frühen Stücke teils in Unkenntnis, teils in kritischer Distanz zur Pariser Avantgarde, und auch Hildesheimer und Dorst entwickeln durchaus eigenständige Dramaturgiemodelle. Gleiches gilt für die Funktion des Performativen. Bei Grass evoziert es die ›Entlassung‹ des Menschen in die postideologische Freiheit: Koch Petri bläst zu Beginn der *Bösen Köche* (1957) eine riesige Trompete und treibt mit jedem Ton seinen Kollegen Benny weiter aus dem Instrument heraus, bis dieser auf eigenen Beinen steht. Daraufhin schiebt sich ein großes Ei in den Vordergrund, wird zertrümmert, und ihm entsteigt der Koch Grün. Dieser spielt mit Benny, dem er

763 Beckett: Warten auf Godot, S. 111-115.
764 Völker (1970), Titel.
765 Vgl. u.a. Dürrenmatt: Theater-Schriften und Reden, S. 124 (Theaterprobleme [1955]); Die Pariser Theateravantgardisten (1958), S. 8 (Richard Hey) und Ionesco: Ganz einfache Gedanken über das Theater (1958), S. 24f.

eine Bratpfanne zugeworfen hat, Tennis. Aus dem Boden wächst nun ein mannshoher, kegelförmiger Salzberg, aus dem Vasco hervorspringt. Zuletzt löst sich aus einem Schneegestöber der Koch Stach, der mit Benny sogleich eine Schneeballschlacht beginnt (GGW 8, 159-161). Das nachfolgende Geschehen macht allerdings deutlich, wie schwer mit der gewonnenen Autonomie umzugehen ist. Während die fünf Köche nach ihrer ›Geburt‹ neue Sicherheiten suchen (das geheimnisvolle Rezept des Grafen), vermögen Leo und Kongo, die im *Hochwasser* (1955) aus einer vernagelten Kiste treten, das neue ›graue‹ Dasein zu akzeptieren. Sie stellen ihr Leben trotz Einsicht in die Absurdität des geschichtlichen Prozesses unter keine Ideologie. Das Absurde ist weder existentielle Begebenheit (Beckett) noch unheimliche Realität (Ionesco), sondern Durchgangsstadium zu skeptischer Zukunftsorientierung (B, 6.5.2).

Demgegenüber dienen pantomimische Szenen und ›Requisitenspiel‹ bei Hildesheimer primär dem Nachweis, daß sprachlich vorbereitetes Handeln nicht mehr möglich ist. Sinnstiftend wirkt allerdings – dem Theoriekonzept zuwider – die intermediale Erweiterung der Dramaturgie, wobei die Bildende Kunst mitunter sogar utopischen Gehalt besitzt (B, 5.1.2). Ein ähnlicher »Leerlauf der Dialoge« bestimmt die Theaterstücke Tankred Dorsts. Auch hier führt die agnostische Erfahrung der »Ortlosigkeit« zur Aufwertung der Performanz. So dürfen sich die Akteure »nicht in die Reflexion oder in die Idee oder in Erklärungen verlieren«, denn »wo das Spiel nicht mehr hinreicht, wären sie nichts mehr, verlören sie ihre Wahrheit«. Die Austragung von Konflikten wird vor diesem Hintergrund durch deren Theatralisierung ersetzt, d.h. die »Seelenkämpfe« der Figuren »sind nicht echt«, die »Argumente« »vertauschbar«, die »Rhetorik« »bloßes Schönsprechen«.[766] In dem Schauspiel *Freiheit für Clemens* (1960) ist die Sprache daher wie bei Ionesco (*Cantatrice chauve*) und Tardieu (*La sonate et les trois messieurs*) am Ende aufgelöst und einer Clementi-Etüde folgend monoton choreographiert:

CLEMENS: *steht auf, mit Schülerstimme:* Mens sana in corpore sano!
CLEMENTINE *mit Lehrerinnenstimme:* Gut. Setzen. -ti
CLEMENS: -mens!
CLEMENTINE *eigensinnig:* -ti-ti-ti!
CLEMENS *einlenkend:* Cle-
CLEMENTINE: -ti! -ti!
CLEMENS: Cle-
CLEMENTINE: -men-
CLEMENS *unsicher:* -ti?
CLEMENTINE: -ti! -ti!
CLEMENS: *glücklich:* Clementi!
CLEMENTINE: Clemen t i ! Clemen t i !
[...] *Das Folgende immer rascher*: Cle!
CLEMENS: -ti!
CLEMENTINE: -mens!
CLEMENS: -ne – Cle-
CLEMENTINE: -ti – Cle – ne – ti
CLEMENS: – men – Cle – ne – ti
CLEMENTINE *hält erschrocken inne:* Still! (DS, 60f.).

In Herbert Asmodis schwarzen Komödien erscheint der moderne (Groß)Bürger dagegen als Marionette, die nicht nur aufgrund des Identitätsverlusts performativ agiert, son-

[766] DS, S. 114, 116f. (Die Bühne ist der absolute Ort [1962]).

dern ihre leere Rhetorik machtpolitisch einsetzt. So verkünden die vier militanten Vertreter der Alliierten in *Pardon wird nicht gegeben* (1954) den ewigen Weltfrieden, während sie sich mit »einer Art Eurythmie« auf den Utopisten Bonifaz zubewegen und ihre Botschaft »verzückt« im Chorgesang samt Tenorsolo präsentieren (81). Auch die Diskrepanz zwischen Idee und Wirklichkeit ist intermedial umgesetzt. Als Prinzessin Stephanie »an Bonifaz denken« will, um nicht zu verzweifeln, dabei aber »ins Leere« blickt, »erstarren« die nur an Reichtum denkenden Widersacher Aschenboom und Rumschedel »in ihren Positionen – wie Figuren auf einem gerissenen Filmstreifen« (11). Vergleichbare Darstellungsformen verwendet Asmodi in dem Drama *Tigerjagd* (1958): Man feiert mit pathetischer Liebesdiktion und stilisierter Kußszene eine beschlossene Geldheirat und nach deren Mißlingen im Vaudeville-Quartett die neuen Liaisons (42, 44, 95f.). Kaum weniger grotesk besingen die Protagonisten der Komödie *Nachsaison* (1959) den Tod eines einflußreichen Konkurrenten zunächst »mit scheinheiligen Trauermienen« (33), danach jedoch »freudig-flott« (38). Die Dialoge selbst sind mitunter »wie ein kleines Ballett« konstruiert (37), um auf diese Weise den Strategiegehalt menschlicher Kommunikation herauszustellen.[767] D.h. obwohl Asmodi ältere Dramenmodelle bevorzugt und das poetisch-absurde Theater ablehnt (C, 3.2/4.2.5), sind auch seine Stücke letztlich Ballette aus Worten und Gesten, in denen die »aufgestellten Figuren« in »pas-de-deux und entre-chats« agieren.[768]

Aus dieser Perspektive wundert es nicht, daß die Commedia dell'Arte-Tradition gegen Ende der Nachkriegszeit eine Renaissance erlebt.[769] In Dorsts *Gesellschaft im Herbst* (1959) versammelt die Suche nach angeblichen Schätzen eine »Marionettengesellschaft von Spekulanten«[770] im Schloß der Gräfin Athalie de Villars-Brancas. Durch Demontage und Untergrabung wandelt sich die große Eingangshalle sukzessive zu einer »Art Notaufnahmelager« (269). Gewinnstreben, Leistungsethik, Arbeitsmoral der bürgerlichen Gesellschaft werden von Dorst hier in ihrem destruktivem Potential gezeigt. Am Ende bleibt vom Grafenschloß, das durchaus als Kunstsymbol zu verstehen ist, kaum mehr als die Fassade. Dem grotesken Geschehen entsprechend erinnert die Bühne in ihren »Maßverhältnissen an den Spielausschnitt eines Marionettentheaters«, und auch die Figuren bleiben »bewußte Klischees« im Sinne der »commedia dell'arte« – mit Ausnahme der Gräfin, einem machtlos-verblendeten Gegenbild der Irren von Chaillot (Giraudoux). Für den Darstellungsstil des Stücks soll nach Dorst die Rolle des Harlekin Lecoq »maßgebend« sein (225), der als »Illusionskünstler« (252) das Geschehen entlarvt und – seiner Äußerung im Prolog folgend – die »Art von Wahrheit« transparent macht, »die es nur auf dem Theater gibt« (225). Mit anderen Worten: Die spielerische Performanz entlarvt die soziale. Lecoq führt der enttäuschten Gräfin schließlich mit beiden Händen die Geschichte von der Hochzeitsnacht des armen Patachou und des reichen Prinzeßchens vor. Denn als jener seiner Gesprächspartnerin sämtliche Kleider

767 Der Autor entspricht hier einer Forderung T.S. Eliots, der konstatiert, die »Zukunft« des Dramas werde »in der durch das Ballett angezeigten Richtung liegen« (DT, S. 92 [Ausgewählte Essays]).

768 Schulze Vellinghausen: Eugène Ionesco (1957), S. 6.

769 Im Theaterbereich ist es vor allem Giorgio Strehler, der mit seiner Mailänder Schauspieltruppe Goldonis *Il servitore di due padroni* in der gesamten Welt zur Aufführung bringt.

770 DS, S. 114 (Die Bühne ist der absolute Ort [1962]).

abverlangt hat, muß er »[k]omisch weinerlich« erkennen, daß vom Prinzeßchen nichts mehr geblieben ist (292).[771]

Bedeutendstes Beispiel für die Modernisierung der Commedia dell'Arte ist Dieter Waldmanns »Stück im alten Stil« *Von Bergamo bis morgen früh* (1960). Nach der Uraufführung unter Gustaf Gründgens mit dem Beginn einer neuen Theaterepoche assoziiert, gerät das Drama bald in Vergessenheit. Selbst in der Forschung hat man es bisher nicht näher untersucht, wenngleich die Dramaturgie innovative Aspekte besitzt. Waldmann kehrt nämlich die Logik des italienischen Stegreifspiels um. Dem funktionalen Menschen und dessen geordneter »Untergangsakrobatik« (9) stellt er die spielerische Anarchie der Commedia-Figuren gegenüber. Zentrum der Handlung ist die verfremdend inszenierte Begegnung von Harlekin und Pierrot mit einer dekadenten Moderne, deren Profitgier so weit reicht, daß der Fabrikant van der Hoos schwarz-braun-rote Schlafpillen entwickeln möchte,[772] die es dem Menschen ermöglichen, im Traum selbstentworfene Kriege zu führen. (Waldmann antizipiert hier Wirkmechanismen gewaltverherrlichender Computerspiele.) Harlekin und Pierrot bieten sich zunächst an, die fehlende Formel für die Produktherstellung zu beschaffen, weil sie mit dem erworbenen Geld die Heirat von Elisabeth, der Tochter des Fabrikanten, und dem Maler Leander finanzieren wollen. Der Pillenvertrieb wird durch den Staat verboten, nach einer Reihe von Verwicklungen gelingt es beiden Komödianten allerdings, den Konflikt ›performativ‹ zu lösen. Sie werfen den übrigen Figuren die Kleidungsstücke der jeweiligen Pendants aus der Commedia dell'Arte zu, so daß alle ein neues Freiheitsgefühl erleben. Tatsächlich ist Fräulein Taube, nachdem sie das Kostüm der Colombina trägt, kaum mehr Herr ihrer Bewegungen:

> Nicht doch, Ihr Füße! Wohin wollt Ihr?! [...] Hierher, sag ich!... Wie? Tanzen wollt Ihr? Tanzen? Mit Herrn und Hasen Pirsch und Treiben spielen und dann als Beute nur den Spaß behalten? Zwickt doch nicht so und zwackt, Ihr macht mich lachen!
> (*Sie tanzt*)
> Was ist mir, daß ich solche Füße habe, die mir den Ärger aus dem Leibe zappeln! Was ist mir, daß ich lachen muß und tanzen, als hätt ich neue Kleider, neue Sinne, aus altem Schelmenlicht der Zeit gewoben, darin zu spielen, wenn das Leben bettelt? Zerrt nicht! Ich *muß* ja mit Euch kommen! (159f.)

Im Lauf des Stückes verwandeln sich sämtliche Personen in ihre italienischen Korrelate: Elisabeth (Isabella) heiratet nicht den Bankier Goldner (Aurelio), sondern Leander (Leandro), und der ordnungsfanatische Polizist Scharmützel ist als Scaramuzza »[b]efreit vom langen Leiden strenger Zucht und heimgegangen in die helle Welt der Narrheit« (38). Wie bei dem französischen Philosophen Michel de Certeau ist es nur im Rahmen alltagsbezogener Lebenspraxis möglich, sich Planbarkeit und Automatisierung der Industriegesellschaft zu entziehen.[773] Ideologische Alternativen existieren für Waldmann nicht; mit Harlekin wendet er sich gegen den »Geist, der Namen wechselt wie die Launen, doch immer wir und immer alle heißt«. An seine Stelle tritt ein bunter ahistorischer Kosmopolitismus im Zeichen des homo ludens:

---

771 Ähnlich konzipiert ist der Clown Conelli in Grass' Kurzdrama *Beritten hin und zurück* (1954). Vgl. B, 3.5.2.

772 Die Farbenpalette alludiert die strukturelle Identität von bürgerlicher, nationalsozialistischer und kommunistischer Ideologie.

773 Vgl. Certeau: L'invention du quotidien. Bd. 1, S. 71-73.

> Wir sind von Bergamo bis morgen früh ein Bild im Spiegelglas, das keine Zeit getrübt hat. Gesicht und Farbe sind wir, die kein Wetter wusch. Ein Hauch, ein Lächeln, das kein Schmerz verwischte. Ein buntes Reden unter *einer* Sonne, die unsere Tage sieht und wärmt und duldet, von Ost bis West, vom Aufgang bis zum Mond. Ein ewig wiederholtes Treiben sind wir – und doch ein Salz, das Welt und Leben würzt, weil Welt und Leben ohne Salz nicht schmecken. Ein Spiel sind wir, das nötig ist, zu spielen (180).

Dem Menschen bleibt folglich keine Alternative; er muß die ihm zugedachte Rolle übernehmen. D.h. die soziale Funktionalisierung wird ersetzt durch eine gattungspoetische. Wie die Figuren der Commedia sind die typologischen Standards der Welt invariant, es gibt aber – so die Botschaft des Dramas – noch Möglichkeiten zur Improvisation.

Auch für Hermann Moers erweist sich das aristotelisch-illusionistische Modell als ungeeignet, die Sinnlosigkeit des menschlichen Lebens darzustellen. Deshalb müssen die »›modernen‹ Dramen«, die nach Ansicht des Autors »durchweg die gleiche apokalyptische Atmosphäre aufweisen«, ohne »die Darstellung bekannter, fest umrissener Charaktere« auf der Bühne auskommen. »Was dort statt dessen vor sich gehen soll, [sic!] ist in Form von 1. Mimik und 2. Wort die Beschwörung dessen, was seiner Natur nach unsichtbar ist«. Der von Moers *semantisch* gestaltete Nonsens moderner (bürgerlicher) Weltaneignung (B, 5.2.1) wird *ästhetisch* allerdings nicht einfach bestätigt. Aus diesem Grund unterscheidet der Autor »zwei verschiedene Lager« avantgardistischer Theaterkunst, die der vorgeschlagenen Trennung zwischen Absurdismus als Systembegriff (B, 5.1) und Grenzphänomen (B, 5.2)[774] entsprechen. Denn – so Moers – »während die einen sich reglos auf die Bühne stellen und das schreckliche Los unserer Zeit verkünden, verkünden die anderen zwar dasselbe, kämpfen aber gleichzeitig, unter Bewahrung des ›Spiels‹, mit aller mimischen Kraft dagegen an. Ich halte es mehr mit den letzteren, weil ich sonst nicht wüßte: wozu überhaupt noch?«[775] (Es wird indes zu zeigen sein, daß das sog. ›absurde Theater‹ eine ähnliche Tendenz aufweist, weshalb man es ›integrales Theater‹ nennen sollte.) Die geforderte Retablierung des ›homo ludens‹ kann jedoch – wie bei Waldmann – nicht in der Wirklichkeit erfolgen, weil der Mensch dort determiniert scheint und Marionettenstatus besitzt.

> Der Ort, an dem wir vornehmlich die Chance zur Bewegung haben, ist das Theater. [...] Wie unverzeihlich, auf der Bühne die Chance zur Bewegung durch bloßes Reden zu vertun. [...] Die Art von Bewegung, die uns nottut, läßt sich nur in einem Bereich vollführen, welcher nicht mehr von der Fessel realer Existenz umschlossen wird; denn erst da ist es dem uns vertretenden Schauspieler möglich, so leichtfüßig zu werden, daß er auf jeden Takt ›tanzen‹ kann, der uns aufgespielt wird.[776]

Der Versuch, jenseits sprachlicher Kommunikation weitere Ausdrucksmöglichkeiten zu erproben, zielt demnach sowohl auf Darstellung wie Überwindung des Nonsens. Das poetisch-absurde Theater antizipiert an dieser Stelle postmoderne Tendenzen. Auch Roland Barthes verbindet in seinem Aufsatz *Rhétorique de l'image* (1964) den Gedanken inszenierten Verstummens mit der Vorstellung einer Theatralität des Sprechaktes, der an sich sinnentleert ist, durch den Gestus aber einen neuen, wenngleich stets wieder

---

[774] Vgl. auch Grass' ›Postexistentialismus‹ (B, 6.5.2).
[775] Moers: Meine Einstellung zum Theater (1958).
[776] Moers: Ausgangspunkte (1958).

verlöschenden Bedeutungsraum schafft.[777] Ähnlich argumentiert bereits das Sellner-Team, wenn es die zerstörte Sprache Ionescos, das »Banale«, als »sofortverständliche[] Hieroglyphe« begreift, die keinem Kausalnexus mehr folgt, sondern einzig »der poetischen Logik«. Nur wer ohne vorgefaßte Meinung ist, »verstrickt sich« – so die These – »in das Abenteuer der Erfahrung von Bruchstücken und erfährt so das Abenteuer der Handlung«.[778] Wie bei Barthes ist damit die Vorstellung einer negativen Befreiung der Sprache verbunden: »ein Wort wird gesetzt, gleichsam als Wert, und im Nu diskret wieder weggewischt; so daß nur die Balance bleibt«.[779] Dahinter steht einerseits die Ansicht Malrauxs, es genüge »Vorstellungsbilder« zu erzeugen, um das »Nichts zu verneinen«,[780] andererseits aber die Annahme, eine Dramatik ohne Kalkulationslogik könne niemals vollständig ›absurd‹ sein, weil sie ebenjene Polarität aussetze. Das poetisch-performative Theater bewegt sich demzufolge immer schon jenseits der Opposition von Sinn und Unsinn.

Auf Grundlage der skizzierten Formmodelle wird deutlich, daß bereits in den fünfziger Jahren erste Tendenzen ›postdramatischer‹ Theatralität nachweisbar sind. Hans-Thies Lehmann ist daher zu widersprechen, wenn er ohne philologische Prüfung konstatiert, zwischen der Pariser Avantgarde, die er in die sechziger Jahre(!) verlegt,[781] und postmodernen Konzepten klaffe ein »Graben«.[782] Insbesondere die Behauptung, das poetisch-absurde Theater halte »im Sinnzerfall verblüffend streng sogar an den klassischen Einheiten des Dramas fest«,[783] kann so pauschal nicht aufrechterhalten werden.[784] Zudem übersieht Lehmann, daß Relikte traditioneller Formgebung bei Beckett, Ionesco und Hildesheimer Teil einer seriellen Collagetechnik sind, die Bruch und Repetition kontrastiv addiert. Das Verhältnis zwischen Form und Inhalt ist ein wechselseitiges: Zum einen wird – wie im Fall von *En attendant Godot* – die Form semantisch ad absurdum geführt (Godot erscheint nicht), zugleich aber die Semantik durch die Form (das unsinnige ›ewige‹ Warten bleibt gebunden an die Notwendigkeit einer Wiederholung).[785] Durch Ideologiekritik, Ortlosigkeit und Verlangsamung antizipiert der Absurdismus darüber hinaus zentrale Aspekte des zeitgenössischen Ritualtheaters (Wilson, Schleef), zumal die Postmoderne in der Regel ebenfalls keine neuen Modelle entwikkelt, sondern die alten aus sich heraus dekonstruiert.[786] Auch Lehmanns These, Ionescos Anti-Theater sei durch »Textdominanz« bestimmt,[787] muß fragwürdig erscheinen

777 Vgl. Barthes: Œuvres complètes. Bd. 1, S. 1427.

778 Sellner: Banalität als szenisches Material (1958), S. 19f.

779 Schulze Vellinghausen: Das absurde Theater (1959), S. 19.

780 Malraux: Psychologie der Kunst, S. 105.

781 Vgl. Lehmann (²2001), S. 86.

782 Ebd., S. 89. Ähnlich problematisch scheint das Unterfangen, episches, dokumentarisches und absurdes Theater modernegeschichtlich gleichzusetzen (vgl. ebd.).

783 Ebd., S. 87. Lehmann widerspricht hier der eigenen These, daß bei »aller Ähnlichkeit der Ausdrucksformen« stets »zu bedenken« sei, »daß gleiche Mittel in verschiedenen Kontexten ihre Bedeutung radikal verändern können« (S. 23).

784 Prominente Gegenbeispiele sind u.a. Audiberti: La fête noire (1948), Adamov: Le professeur Taranne (1951); Schehadé: La soirée des proverbes (1954), Tardieu: La sonate et les trois messieurs (1956) und Vauthier: Le personnage combattant ou Fortissimo (1956).

785 Derselbe Mechanismus ließe sich in Ionescos *Cantatrice chauve* nachweisen oder – wie gezeigt (B, 5.1.2) – in Hildesheimers Theaterstück *Die Verspätung* (1961).

786 Vgl. Borchmeyer (1991), S. 126.

787 Lehmann (²2001), S. 87.

angesichts der Vielfalt performativer Elemente sowie der Forderung des Autors, seine Stücke müßten »gegen den Text« inszeniert werden.[788] Ebensowenig läßt sich behaupten, für sämtliche Autoren poetisch-absurder Theaterstücke stelle der »Zerfall von weltanschaulichen Gewißheiten« ein »metaphysisches Angst-Problem« dar.[789] Dies trifft weder auf die Frühphase von Ionesco[790] und Adamov zu noch auf Tardieu, Vauthier, Schehadé oder Arrabal. Hildesheimer fordert sogar, man müsse im Absurden »heimisch« werden,[791] und selbst der junge Grass betrachtet das Ende der Ideologien als »eine vorauszusetzende kulturelle Gegebenheit«.[792]

Will man mit Lehmann am Modell eines postdramatischen Theaters festhalten, dann nur unter der Bedingung, daß die Differenz zu poetisch-performativen Modellen als *graduell* eingestuft wird. Denn die Pariser Avantgarde und ihre deutschen Pendants wiesen in unterschiedlicher Radikalität, Wertigkeit und Form Kennzeichen einer ›kontrollierten Postmoderne‹ auf. ›Kontrolliert‹ deshalb, weil man ex negativo noch immer an der Utopie neuer Ganzheit festhält – was im übrigen auch für Heiner Müller gilt, den Lehmann als ›postdramatisch‹ klassifiziert,[793] obwohl er noch 1993 am ordnenden ›Endbild‹ des Kommunismus festhält (B, 6.5.3). Im Falle Ionescos besteht der ›Rückfall‹ in dem Versuch, über das Banale als das zu überwindende Alltägliche ein neues ›Universaltheater‹ zu schaffen, das in seiner anthropologischen Ausrichtung an Wilder erinnert:

> Das Theater der äußeren Realität drückt nur Privates aus und kennt keine Universalität. Es kann nach einiger Zeit und in einem anderen sozialen Milieu kein Interesse mehr wecken. Wenn ich mich selber wahrhaft enthülle, bin ich auf dem Wege, das gemeinsam Menschliche zu entdecken: ich kann universell sein. Glückt mir das nicht, so habe ich wenigstens die Chance, weniger privat zu sein. Die Dicke sozialer Wände trennt uns, einander nahe bringt uns die Einsamkeit.[794]

Diese Totalitätsvorstellung wird nun durch ein transhistorisches Integralmodell ergänzt. So geht Ionesco davon aus, daß die avantgardistische Dramatik aller Zeiten »aggressiv« ist, die Unterschiede zwischen einzelnen Modellen sich aber abschwächen, bis man »eine gewisse und dann ganz deutliche Identität« feststellt, weil überall anthropologische Themen behandelt werden.[795] Ionesco fordert daher einen Tiefenrealismus, der den Menschen nicht auf seine gesellschaftliche Funktion reduziert, sondern alle weiteren »x Dimensionen« des Lebens einschließt.[796] Der Begriff ›absurdes Theater‹ erweist sich deshalb (wie erwähnt) als unangemessen, weil er eine systemische Einheitlichkeit suggeriert, die der Komplexität des Phänomens nicht gerecht wird. Das postideologische Drama, das Beckett, Ionesco und der frühe Adamov projektieren, muß trotz oder gerade wegen der Darstellung einer rätselhaften Welt inhaltlich offen sein, denn – so Ionesco:

788 Ionesco: Ganz einfache Gedanken über das Theater (1958), S. 34.
789 Lehmann (²2001), S. 88.
790 Erst Mitte der fünfziger Jahre wird die »Furcht zu sterben« auslösendes Moment von Ionescos Theaterästhetik (IA, S. 87 [Die Rolle des Dramatikers]).
791 HA, S. 178 (Über das absurde Theater [1960]).
792 Lehmann (²2001), S. 88. Vgl. B, 6.5.2.
793 Vgl. ebd., S. 149.
794 DT, 104 (Ionesco: Aus Interviews [1957]).
795 Ionesco: Habe ich Anti-Theater gemacht? (1961), S. 3.
796 IA, S. 191 (Zu »Wie wird man ihn los« [1958]).

»ne pas avoir de système, c'est encore en avoir un«.[797] Tatsächlich bezeichnet das ›Integralmodell‹ die große, bisher übersehene Innovationsleistung des Nachkriegstheaters. »[J]ede Gesamtperspektive« ist »unmöglich geworden«. »Schließlich ist nichts völlig falsch [...]. Allerdings ist, wie Monnier sagte, jede unterlegene Behauptung richtig, wird aber, sobald sie überlegen und allgemeingültig ist, ungerecht und falsch«.[798] »Keine These ist absolut und objektiv wahr«.[799] Dies bedeutet jedoch, daß Kunstwerke inkommensurabel sind, und zwar so sehr, daß sie aus allen erdenklichen Perspektiven betrachtet werden können, ohne daß ihr Bedeutungspotential damit erschöpft wäre:

> Ich könnte dazu fast jedes beliebige Kunstwerk heranziehen, jedes beliebige Theaterstück. Ich wette, ich kann jedes einzelne davon nacheinander marxistisch, buddhistisch, christlich, existenzialistisch und psychoanalytisch interpretieren. Und ich wette, ich kann jeweils beweisen, daß das Kunstwerk allen Interpretationen zugänglich ist und jeweils ein vollkommenes und vorzügliches Beispiel aller dieser Weltanschauungen abgibt. Ich wette, es kann ausschließlich diese als auch jene Ideologie bestätigen. Für mich beweist das etwas anderes: jedes Kunstwerk liegt jenseits der Ideologie und ist auf keine Ideologie zurückzuführen.[800] Wenn ich selber sage, es ist ein vollkommen willkürliches Spiel gewesen, widerlege oder bestätige ich keine der [...] Erklärungen. Denn selbst das willkürliche Spiel, oder vielleicht gerade das willkürliche Spiel, enthält alle Arten von Bedeutung, die erst aus dem Spiel hervorgehen.[801]

Im *Tueur sans gages* (1957) ist diese Erkenntnis szenisch umgesetzt. Behringer versucht verzweifelt, den Unbekannten, der unter Mitwissen der Bevölkerung ständig Stadtbewohner liquidiert, davon abzubringen, das Töten fortzusetzen. In einem langen Monolog zitiert er eine Anthologie von Argumenten aus dem Bereich der abendländischen Kultur (Pflichtbewußtsein, soziale Verantwortung, Eigennutz, religiöse Gebote, Vernunft). Der Mörder antwortet jedesmal nur mit einem enigmatischen Kichern. Trotzdem hält Behringer an seinem hermeneutischen Ansatz fest: »Warum?! Sagen Sie mir warum?! [...] Ich will verstehen. Sie werden meine Fragen beantworten« (IT 2, 149). Am Ende muß der Protagonist jedoch erkennen, daß es keinen archimedischen Standpunkt gibt, von dem aus der Mörder zu verurteilen wäre (ebensowenig können seine Taten allerdings gerechtfertigt werden):

> Was Sie tun ist vielleicht schlecht oder vielleicht gut, oder vielleicht weder gut noch schlecht. Ich weiß nicht, wie urteilen. [...] Vielleicht sind Sie im Irrtum, vielleicht existiert gar kein Irrtum, vielleicht sind wir im Irrtum, weil wir existieren wollen... [...] Sie – töten ohne Grund. In diesem Fall bitte ich Sie, grundlos, flehe ich Sie an, ja, halten Sie ein... Dafür gibt es natürlich keinen Grund, aber eben weil es keinen Grund gibt, die Leute zu töten oder nicht zu töten, hören Sie auf! Sie töten für nichts. Verschonen Sie für nichts! [...] Mein Gott, man kann nichts machen!... Was kann man machen... Was kann man machen... (157-159)

Die Wiederholung der Schlußfrage, die dem Ausruf folgt, hinterfragt dessen apodiktischen Charakter und überführt die These, man könne »nichts machen«, erneut in den Modus des »Vielleicht«.

Auch Becketts Pseudo-Figur Godot erweist sich als integrale Projektionsfläche möglicher Zuschreibungen. Wie Ionesco trennt der gebürtige Ire seine Dramen bewußt

---

797 Ionesco: Présent passé, passé présent (1968), S. 68.
798 Ionesco: Wortmeldungen (1978), S. 34, 40.
799 Ionesco: Von den Problemen des Schriftstellers (1965), S. 421.
800 IA, S. 88f. (Die Rolle des Dramatikers [1958]).
801 IA, S. 160 (Man hat mich oft gebeten... [ca. 1955]).

von eigenen Intentionen. So antwortet er auf die Frage, wer oder was mit Godot gemeint sein könnte:

> Wenn ich das wüßte, hätte ich es im Stück gesagt.[802] Mich reizt die Gestaltung von Ideen, auch wenn ich nicht an sie glaube.[803] Der Schlüssel in meinen Stücken ist das ›Vielleicht‹[804] [...]. Die Stücke sagen nicht, daß es keine Zukunft gibt, sondern daß wir sie nicht sehen.[805] Denn was bleibt an Repräsentierbarem, wenn es das Wesen des Objekts ist, sich der Repräsentation zu entziehen. Zu repräsentieren bleiben die Bedingungen des Sich-Entziehens. Sie nehmen, je nach Objekt, die eine oder die andere Form an.[806]

Nicht von ungefähr stellt Beckett diese Ästhetik der Nicht-Repräsentation an den Beginn des *Fin de partie* (1957). Hier öffnet Clov in Form einer Antiklimax die integrale Perspektive des »Vielleicht«: »... Ende, es ist zu Ende, es geht zu Ende, es geht vielleicht zu Ende« (11). Und Hamm erklärt ungestüm: »Wenn man bedenkt, daß alles vielleicht nicht umsonst gewesen sein wird!« (49) Selbst die schwer zu überblickende Beckett-Forschung läßt sich als Beleg anführen. *En attendant Godot* und *Fin de partie* wurden und werden ›integral‹ gedeutet (u.a. nihilistisch, existentialistisch, anthroposophisch, theologisch, psychologisch und marxistisch).[807]

Aber nicht nur die unendliche Vielfalt möglicher Deutungen *eines* Textes verhindert diskursive Evidenz, sondern auch die Summe aller Interpretationen sämtlicher Bühnenwerke der Literaturgeschichte mag die Wahrheit des Lebens kaum annähernd zu benennen. Trotzdem bleiben große Kunstwerke nach Ionesco zeitlos aktuell, weil sie in je eigener Weise die Inkommensurabilität des Kosmos ›abbilden‹.

> Eine ausgesagte Philosophie verliert ihre Kraft, wenn eine andere Philosophie oder ein neues System sie übertrifft. Lebendige Philosophien jedoch, wie sie die Kunstwerke darstellen, können sich gegenseitig nicht aufheben und vermögen daher nebeneinander zu bestehen. Die großen Meisterwerke, die großen Dichter scheinen sich gegenseitig zu rechtfertigen, zu ergänzen und zu bestätigen.[808]

Leicht variiert findet sich dieselbe Denkfigur bei Hildesheimer – allerdings mit synchronem Schwerpunkt und begrenzt auf den Bereich poetischer Sinndestruktion. Hier reicht nach Ansicht des gebürtigen Hamburgers das einzelne Drama nicht aus, denn »erst die Summe der absurden Stücke – also die Existenz des absurden Theaters als Phänomen – wird zum Analogon des Lebens«.[809] Eine ähnliche Perspektivenaddition fordern Grass, Dürrenmatt und Paul Willems. Zielt der Deutsche darauf, »die Vielzahl der Wirklichkeiten deutlich zu machen«,[810] so projektiert der Schweizer »eine Dramaturgie aller möglichen Fälle« als Äquivalent einer »Geometrie«, »die alle möglichen

---

802 Mündliche Äußerung von Beckett (zit.n. Esslin [1964], S. 37).
803 Mündliche Äußerung von Beckett (zit.n. ebd., S. 48).
804 Richard Hey hält in seinen Dramen ebenfalls am »Vielleicht« fest (vgl. B, 6.1.2).
805 Zit.n. Laass (1978), S. 54 (Übersetzung von W.G.S.).
806 Beckett: Vier Texte über moderne Malerei, S. 17.
807 Vgl. Quint-Wegemund (1982), S. 91-107.
808 Ionesco: Ganz einfache Gedanken über das Theater (1958), S. 46f.
809 HA, S. 172 (Über das absurde Theater [1960]).
810 GGW 10, S. 185 (Die Ambivalenz der Wahrheit zeigen [1975]).

Dimensionen einschließt«.[811] Und auch der belgische Bühnenautor möchte, wie er 1958 bekennt, »alle unsere Möglichkeiten« zeigen, »die wir in uns tragen« (TiG, 273).

»Ziel der Avantgarde« muß nach Ionesco deshalb sein, »die ewigen Formen und vergessenen Ideale des Theaters in ihrem reinsten Zustand wiederzuentdecken – nicht zu erfinden«.[812] »Jeder wirkliche Schöpfer ist klassisch.«[813] Die »Pariser Theateravantgardisten« betreiben hier eine Art Selbstaufhebung der historischen Avantgardebewegung. Tatsächlich zählen sie zu den letzten stilbildenden Künstlern und in gewisser Weise zu den radikalsten, weil sie Sinn erstmals umfassend problematisieren. Ionesco gesteht daher 1966: »[F]ür den Augenblick sehe ich nicht, daß uns die Literatur mehr geben könnte, als sie uns schon gegeben hat. [...] Was bleibt, ist das Basteln«.[814] (Man fühlt sich an Derridas *bricolage*-Begriff erinnert.) Folgerichtig spielen Beckett, Adamov und Hildesheimer mehrfach mit dem Gedanken, nicht mehr zu schreiben, sondern zu schweigen. Bis auf Hildesheimer machen jedoch alle weiter – gleichsam auf den Spuren von Wladimir und Estragon, die ebenfalls nicht davon ablassen können, auf Godot zu warten.

Das Schweigen wird statt dessen ästhetisch evoziert. Eines der bedeutendsten Beispiele ist Ionescos tragische Farce *Die Stühle*. Auf einer Insel leben ein 95jähriger Mann und eine 94jährige Frau. Das Paar wartet auf die Ankunft einer Vielzahl bedeutender Persönlichkeiten. Sie wurden eingeladen, um die Botschaft zu hören, die der alte Mann der Menschheit verkünden möchte. Da ihm entsprechende rhetorische Fähigkeiten fehlen, hat er einen Redner verpflichtet. Gast auf Gast scheint zu kommen, aber realiter erscheint niemand; nur die alten Leute schleppen Stuhl um Stuhl auf die Bühne. Der einzige, der als wirkliche Person auftritt, ist der Redner. Trotz verzweifelter Anstrengung, sich verständlich zu machen, gelingt es ihm jedoch nicht, auch nur ein klares Wort zu sprechen bzw. an die Tafel zu schreiben. Die Buchstaben und Zeichen, die er notiert, symbolisieren die Unmöglichkeit, den Sinn des Universums sprachlich transparent werden zu lassen. Nach seinem Abgang ist die Bühne leer, und die Tür »weit geöffnet – auf das schwarze Nichts«. Aber »Lachen«, »Murmeln« und »ironisches Hüsteln« der Menge müssen »lange genug dauern, um dem Publikum, – dem wirklichen und sichtbaren! – diesen Schluß ins Gedächtnis zu prägen« (IT 1, 164).

Neben das ›Integral der Perspektiven‹ treten strukturhomologe Modelle. Der Franzose Jean Vauthier dekliniert theatrale Darstellungsformen durch. Hieraus entsteht wie im Drama *Le personnage combattant ou Fortissimo* (1956) eine ›Partitur der Medien‹, die Gestus, Geräusch und Choreographie (Tanz, Pantomime) mit modernen Filmverfahren verbindet (Zeitlupe, Beschleunigung, Standbild). Nur durch solche Summenbildung scheint es noch möglich, das epistemologische Defizit der Sprache zu kompensieren. Mit anderen Worten: Hier »irrt« eine integral verstandene »Poesie« im »Raum des universellen Denkens umher« und zielt auf das »Aussprechen des Unentzifferbaren«.[815] Andere Theaterautoren übertragen das Additionsprinzip auf die Gattungsebene und sprechen dem Nebeneinander unterschiedlicher Traditionen sinnspendenden Charakter

---

[811] Vgl. Dürrenmatt: Theater-Schriften und Reden, S. 102 (Theaterprobleme [1955]). Dürrenmatts Dramentheorie wird in Bd. 2 der Arbeit ausführlich dargestellt.

[812] Äußerung von Ionesco (zit.n. Esslin [1964], S. 197).

[813] IA, S. 126 (Schließlich bin ich für den Klassizsimus [1956]).

[814] Ionesco: Bekenntnisse, S. 153.

[815] Vauthier: Theaterstücke, S. 182, 264 (Fortissimo).

zu. Bei Grass ergänzt dieses Vorgehen die zitierte Synopse der Wirklichkeiten. Nahezu alle Konzepte sind vertreten: absurdistisches Kurzdrama (*Beritten hin und zurück*, *Noch zehn Minuten bis Buffalo*), Zweiakter in Wilder-Tradition (*Hochwasser*), Stationendrama (*Onkel, Onkel*) sowie Fünf-Akt-Stück (*Die bösen Köche*).[816]

Vor der Wende zum Marxismus spricht sich Peter Weiss gleichfalls für ein integrales Theater aus, das die Antithese des Behaupteten stets präsent hält:

> Ein Thema ist die Notwendigkeit der gesellschaftlichen Veränderung, das Gegenthema dazu: die Pleiten der errichteten Systeme. Ein Thema ist die ungeheuerliche Vielfalt, das äußerst erweiterte Bewußtsein, das Gegenthema: das Mikroskopische, die winzigen Variationen im kleinsten Detail. Ein Thema ist die nüchterne aufklärende Schilderung allgemeingültiger Vorgänge, das Gegenthema: das Unbestimmbare und Fließende aller Vorgänge und die autistische Traumwelt. Ein Thema ist die Gegenüberstellung von Personen, die aus wiedererkennbaren Milieu-, Familien- und Berufsverhältnissen stammen, das Gegenthema: das Auftreten von Automaten oder Lebewesen, für die die konventionellen Ordnungen nicht gelten. Ein Thema ist der absolute Augenblick (als konsequenteste Bezeichnung der »heutigen Welt«), in dem durch Improvisation (Psychodrama, Happening, Rollenspiel) etwas Unvorbereitetes, Unberechenbares entsteht, das Gegenthema: die Aktualisierung einer der unzähligen Vergangenheiten, mit denen die Gegenwart überladen ist. Alles, was sich heute auf der Bühne darstellt, ist repräsentativ für irgendeinen Gesichtspunkt in der heutigen Welt. [...] Oft stellt sich gerade in den Halbheiten und in der Ambivalenz die heutige Welt dar. Das gesättigte gutbürgerliche Theater, mit perfekten ideelosen Vorstellungen, ist Ausdruck für diese Welt. Auch das Experiment, der Versuch des radikalen Angriffs, bleibt zumeist in der konservativen Welt eingebettet und verbraucht sich darin. Zwischen den Extremen einer Revolte und dem Bekenntnis zur Verlorenheit spielen sich die Darstellungen der heutigen Welt ab.

Integrales Theater ist damit unhintergehbar: »Was auch an Erneuerungsversuchen stattgefunden hat: übrig bleibt immer der Salon und die Bühne [...], was ringsum auf diesen Bühnen stattfindet, so schauderhaft, verlogen und mißglückt es oft ist, es ist immer ein Bild der heutigen Welt«. Vor diesem Hintergrund muß der moderne Dramatiker über ein Reservoir verschiedenster Theatertechniken verfügen:

> So wie die Aspekte ständig wechseln, wechseln auch die Mittel der Darstellung. In einem Fall ist die konstruktive Zeitkritik angebracht, in einem andern Fall gelten Antonin Arrauds [sic!] Thesen. Der gewaltsame grausame Angriff auf den Zuschauer, mit dem Ziel, ihm den Boden unter den Füßen wegzureißen und ihn mit den unüberstandenen Katastrophen zu konfrontieren, ist ein legales Mittel, ein anderes Mittel ist es, die psychologischen Wahrheiten in grotesker Form hervorzurufen und durch das Gelächter zu befreien. [...] Wüste Schlägereien und Schimpfereien können ebensoviel über die heutige Zeit aussagen wie differenzierte Analysen. Als Ausdrucksmittel taugt fast alles, wenn der Stückeschreiber damit seine Ansichten manifestieren kann: vom schizofrenen Welttheater bis zum Bänkellied.[817]

Vergleichbare Tendenzen bestimmen den internationalen Bereich: Für Jean Cocteau sind Dramen lediglich eine »occasion de jouer«,[818] d.h. das ›théâtre pur‹ reflektiert sich

---

816 Auch für Dürrenmatt gibt es 1955 »keinen Stil mehr, sondern nur noch Stile« (Theater-Schriften und Reden, S. 102 [Theaterprobleme]).

817 Wie ist die heutige Welt auf dem Theater darzustellen? (1963), S. 70. Selbst der DDR-Dramatiker Peter Hacks konzediert mit Blick auf die Vielfalt der Theatermodelle nach 1945: »Es ist eine müßige und rechthaberische Frage, welche dieser Strömungen und Möglichkeiten die ›richtige‹ sei. Es gibt keine richtigen und falschen Kunstwerke, sondern nur gute und schlechte. Jeder Dogmatismus ist ärgerlich« (ebd., S. 72).

818 Cocteau (zit.n. Kesting [1969], S. 115).

in seinen vielfältigen Erscheinungsformen. Daher verwendet der Franzose nahezu sämtliche Gattungsmodelle: vom klassizistisch-mythischen über das psychologische zum Boulevardtheater.[819] Jacques Audiberti zieht in seinen Dramen ebenfalls die »Summe allen französischen Theaters von Molière bis Anouilh und Adamov«.[820] Ist *Quoat Quoat* (1946) streng an den klassischen Einheiten ausgerichtet, so besticht das Phantasiestück *La fête noire* (1948) trotz Drei-Akt-Schemas durch serielle Szenenreihung. Dem ›historischen Drama‹ *La hobereaute* (1956) steht das Märchenspiel *Le mal court* (1947) gegenüber sowie die realistische Groteske *La logeuse* (1954). Ähnliches gilt für das Theater Jean Anouilhs, der seine Stücke nicht nur kategorisiert (u.a. pièces roses, noires, brillantes, grinçantes, costumées), sondern auch formal entsprechend vielfältig gestaltet. Vorbilder sind der französische Klassizismus, Molières Komödientradition, das Gesellschaftsstück der Jahrhundertwende, das historische Schauspiel, das Drama des kritischen Realismus sowie das epische Theater.[821] Auch Jean Tardieu kann – so Martin Esslin – »von sich behaupten, daß er in seinem Werk die ganze Skala der experimentellen Möglichkeiten durchgeprobt hat«.[822]

4.4 Film-, Hörspiel-, ›ortlose‹ Dramaturgie

Während die Gattungserweiterung in poetisch-performativen Modellen den Sinnverlust der Sprache kompensieren soll, dient sie in den hier zur Debatte stehenden Theaterkonzepten dazu, dem Wort eine Vorrangstellung zu verschaffen, die es aus sich heraus und mit herkömmlichen Mitteln nicht erreichen könnte. Vor diesem Hintergrund sucht man entweder die Defizienz des Konkurrenzmediums aufzuzeigen oder mit dessen Hilfe den Sprachbezug zu stärken. Im Rahmen illusionistischer Konzepte dienen photographisch-phonographische Techniken zunächst der exakten Darstellung von Wirklichkeitsgeschehen, das meist peripetisch inszeniert wird – sei es mit Blick auf den Krieg (B, 1.2.2) oder den Aufbau des Sozialismus (B, 4.1.3). Die damit verbundene Annäherung von Wirklichkeit und Fiktion läßt sich aber auch als Kennzeichen ästhetisch-epistemologischer Unzulänglichkeit begreifen, zumal dieses Verdikt mit Blick auf Photographie und Film eine lange Tradition hat. So kommt es in Zuckmayers Erfolgsstück *Des Teufels General* (1942-1945) um der Ethik und Transzendenz willen zur metapoetischen Infragestellung des filmisch inspirierten Dramaturgieverfahrens, das den ersten Akt bestimmt. Dasselbe trifft auf die nachfolgenden Stücke *Der Gesang im Feuerofen* (1948/49) und *Das kalte Licht* (1955) zu.[823] Auch Egon Viettas Komödie *Goethe in Italien* (1947) ist »filmisch angelegt« (7), um am Beispiel des deutschen Edel-Spießers Baron Jolander von Schallstadt und dessen Dichteridolatrie darzustellen, wie oberflächlich eine Weltbetrachtung bleiben muß, die das Inkalkulable menschlich-kosmischer Existenz zu banaler Kunstreligion umdeutet (C, 3.2). Indem Vietta allerdings epische Parameter verwendet (C, 4.2.1) sowie intermediale Gegendiskurse etabliert (C, 4.3), rückt

---

[819] Orphée (1926), La voix humaine (1930), Les parents terribles (1938).

[820] Kesting (1969), S. 152.

[821] Medée (1948), Le Bal des Voleurs (1938), Ardèle ou la marguerite (1949), Becket ou l'honneur de Dieu (1959), Le Voyageur sans Bagage (1937), Antigone (1942).

[822] Esslin (1964), S. 257f.

[823] Vgl. C, 4.1.3. *Der Gesang im Feuerofen* wird von Hilpert entsprechend inszeniert (A, 3.1.4).

seine Dramatik in eine konzeptionelle Zwischenposition. Trotz aller Performanz soll das geplante »Theater, das sich in die Katakomben zurückzieht«, die Zuschauer zu »*Zuhörern*« machen, »in denen das Wort der Bühne weiterzeugt und nicht verlorengeht«.[824] Gleiches gilt für Nelly Sachs' szenische Dichtungen, die dramaturgisch innovativer sind, obwohl man sie aufgrund der metaphysischen Implikate nicht ›postmodern‹ nennen sollte (C, 4.3). In dem Kurzdrama *Beryll sieht in der Nacht* (1961) stehen mythische und moderne Welt einander kontrastiv gegenüber. Vertreter der Zivilisation ist ein Fernsehkommentator, der mit dem ›Alphabet‹ die letzte sinntragende Instanz zu zerstören droht. Im Wissen um die »Unverbrauchbarkeit der Schöpfungskraft« gelingt es Beryll schließlich, die lebensfeindliche Mechanik der Industriegesellschaft zu überwinden und eine »Verbindung mit den geistigen Kräften« herzustellen (SD, 353f.).

Ursache für die Kritik an den modernen Medien ist aber auch der Versuch, sich ästhetisch vom Dritten Reich abzusetzen, das Bild und Film größere politische Bedeutung beimißt als die Weimarer Republik.[825] Die Rückkehr zur Humanität wird daher im kulturpolitischen Diskurs oft mit der Absage an entsprechende Techniken verbunden. Ähnliche Vorbehalte kennzeichnen Teile des Theaterbereichs. Nicht wenige bevorzugen Bewegungsregie statt filmästhetischer Verfahren. Dahinter steht die Vorstellung, man könne dem Menschen die verlorene Ganzheit und Identität nur wiedergeben, wenn er als ›Körper‹ auftrete, nicht als ›Abbild‹. Jürgen Fehling ist deshalb noch 1953 überzeugt, der Film werde sich bald selbst überlebt haben.[826] Im Rahmen zunehmender Medienkonkurrenz erscheinen Film und Fernsehen vermehrt als Katalysatoren menschlicher Entfremdung. Joachim Tettenborn zeigt den modernen Politikbetrieb mit seinem Drama *Der Mann auf dem Sockel* (ca. 1958) als inhaltsleere Performanz. Um den für tot erklärten Revolutionsführer weiterhin funktionalisieren zu können, werden bei der Trauerfeier riesige Leinwände und Monitore auf der Bühne und im Zuschauerraum angebracht, die die Prozession zum medialen Ereignis machen (49). Der Film – so die These – scheint aufgrund seiner Oberflächenwirkung leichter zu mißbrauchen als die komplexe Textur eines literarischen Werks. In Richard Heys Tragikomödie *Weh dem, der nicht lügt* (1960/61) gerät die Ablichtung eines kauzigen Aristokraten, der 1918 ein ganzes belgisches Bataillon »in die Pfanne gehaun hat« (8), daher zur spätbürgerlichen Farce. Relevant ist allein die Performanz: Historische Echtheit erweist sich als unrentabel, deshalb verfälscht man die Pose zum authentischen Dokument, während der Mensch zum »Stoff« regrediert (35). Trotzdem wenden sich viele deutsche Nachkriegsdramatiker in den sechziger Jahren Rundfunk und Fernsehen zu – neben Ahlsen, Oelschlegel und Hubalek auch Richard Hey.[827] Einige Theaterstücke basieren zudem auf Filmen oder Fernsehspielen[828] oder werden später selbst Grundlage eines Drehbuchs.[829] Zuweilen begegnet allerdings der Versuch, filmischer Dramaturgie produktive Wirkung

---

824 Vietta: Katastrophe oder Wende des deutschen Theaters (1955), S. 221.

825 Vgl. Lange (1980), S. 147.

826 Vgl. FM, S. 72 (Autor, Dichtung und Regisseur).

827 Vgl. Buddecke/Fuhrmann (1981), S. 77. Dasselbe Phänomen begegnet bei zahlreichen DDR-Dramatikern (siehe Nössig [1972], S. 425f./Anm. 40).

828 U.a. Wolf: Bürgermeister Anna (1950), Ahlsen: Raskolnikoff (1960), Sakowski: Steine im Weg (1960), Schneider: Der Mann aus England (1960), Wittlinger: Seelenwanderung (1961).

829 U.a. Zuckmayer: Des Teufels General (1942-1945), Borchert: Draußen vor der Tür (1947), Strittmatter: Katzgraben (1953), Bengsch: Versuchsreihe K 7 (1955), Altendorf: Schleuse (1958), Simmel: Der Schulfreund (1959).

zuzuschreiben. Rüdiger Syberberg wünscht sich für die Inszenierung seiner *Abendländischen Tragödie* (1947) eine »möglichst ›gleitende‹ Aufeinanderfolge der einzelnen Szenen innerhalb eines jeden Aktes, ähnlich der fliessenden Wirkung von Überblendungen im Film« (I*). Die Handlungs*präsentation* wird damit zum Gegenbild des Handlungs*verlaufs*, der am Beispiel einer Don Juan-Aktualisierung den Zweiten Weltkrieg als Höhepunkt der »Unstetigkeit« nachreformatorischer Geschichte darstellt (19). Die radikal nebenordnende Filmtechnik setzt hierbei Syberbergs These um, daß alle Epochen »gleich gut und böse«[830] sind, politisch basierte Weltverbesserung somit nicht möglich ist. Ex negativo sieht sich der Mensch damit jedoch auf die Religion verwiesen, denn das innerweltlich angemessene ästhetische Verfahren offenbart durch ebendiese horizontale Adäquanz seine vertikale Defizienz.

Im sozialkritisch-marxistischen Diskurs soll die Integration entsprechender Parameter statt dessen zur weltgeschichtlichen Öffnung des Plots beitragen. Dies gilt in Fortführung der Weimarer Praxis für Piscators Nachkriegsarbeiten (A, 3.2.2) sowie daran anschließend für Kipphardts Dokumentardramen, deren erstes – *Der Hund des Generals* (1961) – den stärksten Piscator-Einfluß aufweist (C, 4.5). Beim frühen Peter Weiss zielt die Filmdramaturgie hingegen auf Abschreckung – vergleichbar den Wochenschaubildern über das Grauen der NS-Maschinerie. »Sie wirkten auf ihn ganz unmittelbar, schockhaft. Dabei bedurfte es dafür weder der Tricks noch der raffinierten Inszenierung: die Wirklichkeit selbst glich einer Halluzination, angesichts derer es Weiss die Sprache verschlug«.[831] Zudem erweist sich der Film als Medium, in dem verschiedene Kunstformen kombiniert sind, ohne miteinander zu verschmelzen. »Wie keine andere Kunst« vermittelt er »die Zusammengesetztheit eines Erlebnisses«.[832] In dem bereits besprochenen Drama *Die Versicherung* (1952) versinnbildlicht die Filmdramaturgie denn auch das Nebeneinander des Divergenten, das wiederum der Inkommensurabilität menschlicher Verhaltensweisen entspricht, die den Plot bestimmt (B, 6.2.1). Weiss konstatiert 1968 in einer *Notiz*:

> Die surrealistisch-visionäre Form des Dramas hängt eng zusammen mit meinen damaligen filmischen Versuchen. Ursprünglich stellte ich mir eine Bühnenaufführung vor in einer Mischtechnik, bei der einzelne Szenen gefilmt auf verschiedenen Ebenen neben der Darstellung einherliefen. Ich wollte einen vielschichtigen Eindruck hervorrufen: Sprecher, und dazu überlebensgroße gefilmte Gesichter; kleine Handlungszellen, und dazu eingeblendete Bilder aus der Großstadt; das Eindringen der Außenwelt in den Bühnenraum (WD 1, 260).

In Bild VII ist diese Vorstellung realisiert. Es hat keine eigentliche Handlung, sondern besteht lediglich aus folgender Regieanweisung: »Während der Veränderungen, die auf der Bühne vorgenommen werden, laufen ein paar kurze Reklamefilme ab, von der gleichen Art, wie sie auch zur Zeit in den Kinos der Stadt laufen. Anpreisungen von Tellern und Gläsern, von Küchenherden, von Kleidungsstücken und Puddingpulvern« (54). Obwohl die Projektionen – denen in Szene XII ähnlich – keine Kriegsereignisse zeigen, sondern Alltagsgeschehen, sollen sie gerade dadurch den Wirklichkeitsgehalt der im Stück gezeigten Perversitäten deutlich machen. Das Groteske ist hier kein Modus der Verzerrung, sondern krasser Realismus. Bereits fünf Jahre vor Becketts *Fin de partie*

---

[830] Syberberg: Der Mensch im Spiegel des Dramas (1946), S. 50.
[831] Mazenauer (1996), S. 75.
[832] Weiss: Über die künstlerischen Ausdrucksmittel (1952) zit.n. ebd., S. 80.

werden Menschen vorgeführt, die zum Abfall geworden sind. (Leo kopuliert mit Erna in der Mülltonne und sperrt sie hernach darin ein.) Weiss ist sich allerdings der Ambivalenz intermedialer Praktiken bewußt: Filme könnten durchaus »in eine lähmende Passivität versetzen«[833] und seien daher »meist« nicht geeignet, »unsere Fähigkeit, das Dasein zu erkennen, zu erweitern«.[834]

In Brechts epischem Theater erfüllt die Filmtechnik eine andere Funktion: Schnitte und Collagen dienen hier dazu, die Fabel so weit auszusetzen, daß der Zuschauer zum Weiterdenken angeregt wird (C, 4.2.2). Dieses Verfahren ist bei Heiner Müller radikalisiert. Die durch filmische Parameter (Abbruch, Sprung, Kurzszene) hergestellten ›Lükken‹ bezeichnen im *Lohndrücker* (1956/57) nicht mehr den Ort der Synthese, sondern der Aporie (B, 6.4.3), d.h. eine dramaturgische »Notbremse«[835] angesichts der Widersprüche eines Systems, das die »biologische Geschwindigkeit des Menschen« verkennt.[836] Gleichzeitig bleibt die Leerstelle jedoch letztes Reservat der Utopie (B, 6.5.3).

Von besonderer Bedeutung für das deutsche Nachkriegstheater ist die Hörspielsowie die auf ihr basierende ›ortlose‹ Dramaturgie. Tatsächlich werden zahlreiche Bühnenwerke zunächst für den Rundfunk konzipiert.[837] Dies hat einerseits geschichtliche Gründe: Die allgemeine Notlage, fehlende Aufführungs- und Publikationsmöglichkeiten sowie die Notwendigkeit, den Lebensunterhalt bestreiten zu müssen, ›zwingt‹ viele junge AutorInnen in das Hörspiel-Genre.[838] Hinzu kommen ästhetische Aspekte: Man sucht nach neuen geschützten Bereichen, wobei das Fehlen visueller Darstellung erlaubt, die Sprache ins Zentrum zu rücken und der Lyrik anzunähern. Innere und äußere Stimme stehen wie in Borcherts Heimkehrerdrama *Draußen vor der Tür* (1947) meist gleichberechtigt nebeneinander (B, 6.5.1). Die damit verbundene ›Ortlosigkeit‹ weist auf Isolation und Identitätsverlust des Nachkriegsmenschen. Es wundert daher nicht, daß die Anziehungskraft der Gattung ›Hörspiel‹ im Zuge der Politisierung der sechziger Jahre deutlich abnimmt.[839] Ähnliches gilt für die ›ortlose‹ Dramaturgie, die sich aus Film- und Hörspieltechnik speist, aber auch andere Traditionen einbezieht: u.a. das moderne Mysterienspiel (Hofmannsthal, Claudel, Fry), Wilders Universalmodell sowie Brechts episches Theater. Es handelt sich zudem um ein Phänomen, das sowohl im Drama (Weisenborn, Hey, Dorst) als auch im Regiebereich begegnet (Sellner/Koch, Piscator). Die ›ortlose‹ Dramaturgie kann dabei verschiedene Funktionen erfüllen: Zunächst bietet sie die Möglichkeit, durch transhistorische Vergleichsszenarien Sinn zu stiften, was semantisch dem Wiederholungsdiskurs entspricht (B, 1.2.1). Hauptrefe-

---

833 Idem.

834 Weiss: Filmens uttrycksmedel (1953). Für die Übersetzung danke ich Cornelia Rémi.

835 GI 3, S. 193 (Es gibt ein Menschenrecht auf Feigheit [1993]).

836 [Müller:] Denken ist grundsätzlich schuldhaft (1990), S. 14.

837 U.a. Borchert: Draußen vor der Tür (1947), Denger: Bikini (1948), Weiss: Der Turm (1949), Oelschlegel: Romeo und Julia in Berlin (1952), Ahlsen: Philemon und Baukis (1955), Hildesheimer: Der Drachenthron (1955), Rossmann: Testflug B 29 (1957), Meichsner: Besuch aus der Zone (1958), Lenz: Zeit der Schuldlosen (1960/61). Ähnliches gilt mit Abstrichen für die DDR-Dramatik. Vgl. H. Müller: Der Lohndrücker (1956/57), ders.: Die Korrektur (1957/58), Reimann/Pitschmann: Ein Mann steht vor der Tür (1960), dies.: Sieben Scheffel Salz (1960).

838 Vgl. Drewitz/Sauer: Literatur und Engagement (1985), S. 743.

839 Auf das deutsche Hörspiel kann im Rahmen der vorliegenden Arbeit nicht eingegangen werden. Vgl. hierzu Keckeis (1973), I. Schneider (1986) und Siegert (2002)

renzinstanz ist Wilder, der in seinen Stücken die ›absolute Wirklichkeit‹[840] zeigen möchte und auf jede Form naturalistischer Theatralität verzichtet. Wer die Welt photographisch abbilden wolle werde zum »Tyrannen des Phantasielebens« und damit »Beihelfer« der »Diktatoren« des Medienzeitalters.[841] Wilder wendet sich hier mit der Moderne gegen die Moderne. Für die Wiederherstellung des Menschen muß nämlich dessen Kreativität angeregt werden, und dies gelingt nur, wenn die drei Einheiten zerstört sind (C, 4.2.1). Vorbild ist Cocteaus *Orphée* (1926), in dem der Autor nach Ansicht Wilders die »Überwindung von Raum und Zeit« paradigmatisch realisiert hat.[842] Auch viele deutsche Stücke zeigen das ›ewige Jetzt‹,[843] wobei die Einheit der Handlung meist erhalten bleibt. Im christlich-religiösen Diskurs dient solche Perspektiverweiterung dem Einbezug der Transzendenz, d.h. dem Aufweis, daß die Heilsgeschichte Vorrang besitzt vor der Welthistorie und sich immer und überall konkretisiert (B, 3.1). Folgerichtig spielt Wilhelm Michael Munds *Feuersturm* (1947), ein Theaterstück um den Antichristen, ebenso in einer »poetische[n]« Zeit (7) wie Gerhard Traugott Buchholz' agapistisches Drama *Reich Gottes auf Erden* (1949). Selbst die stärker episierten Mysterienspiele Günter Rutenborns, *Das Zeichen des Jona* (1947) und *Der Fall Pilatus* (1951), sind dem Projekt eines ›geistlichen Theaters‹ gemäß dort situiert, »wo von Zeit und Raum zu sprechen keinen Sinn mehr hat«.[844] Der Verzicht auf Dekoration soll ein neues Nähe-Verhältnis zwischen Mensch und Gott initiieren (C, 4.2.1), denn – so der Spielleiter in Manfred Hausmanns *Fischbecker Wandteppich* (1955): »Wir brauchen [...] nichts, kein Bühnenbild, keine Requisiten, keine Kostüme, nichts« (HR, 199).

Hieraus entsteht – auch im Säkulardiskurs – eine neue Raumästhetik, die darauf abzielt, den modernen Menschen zur kreativen Imaginationsleistung anzuregen, gleichzeitig aber die Sprache in den Mittelpunkt des Theaters stellen möchte. Horst Lange schreibt deshalb in der Vorrede seines Schauspiels *Der Traum von Wassilikowa* (1945): »Die Wirkung dieses Stückes soll nicht von der Dekoration und von den Möglichkeiten einer brillanten Inszenierung, sondern allein vom Wort und den ihm innewohnenden Spannungen ausgehen« (1).[845] Fred Denger bedient sich ebenfalls ›ortloser‹ Dramaturgie, um in *Bikini* (1948) die Gefahr einer nuklearen Apokalypse »bis zur Grenze des Erträglichen« zu steigern (B, 5.2.2). Im Vorwort skizziert der Autor das eigene Projekt: »BIKINI ist ein Versuch. Das Wort, die Mimik und die Gestik sind die Gestaltungsmittel. Es stellt folglich an den Schauspieler die höchsten Anforderungen, denn nur er allein ist in der Lage, die Atmosphäre zu schaffen. Das Gebärdenspiel ohne jegliches Requisit, das auch bei sparsamster Anwendung leicht die Gefahr des Grotesken in sich birgt, darf lediglich symbolisierend und unterstreichend zu Anwendung kommen« (5). Die ›ortlose‹ Bühne dient demnach der Versachlichung des Diskurses. Nicht von ungefähr verbindet Wolfgang Altendorf mit ihr in seinem Drama *Schleuse* (1957) das Konzept eines neuen Realismus, der »aufs Wort abgestimmt« ist (7) und menschliche Ab-

[840] Vgl. Wilder: Vorwort (1959/60), S. 54.
[841] Wilder: Gegen die Tyrannen der Phantasie (1955/56), S. 147.
[842] Wilder: Ich selber bin nur ein Bewahrer (1955/56), S. 148.
[843] Vgl. Ambesser: Das Abgründige in Herrn Gerstenberg (1945), S. I*; Jung: Der goldene Löffel (1948), S. I*; Scholz: Nein (1948), S. 5 und Rossmann: Fünf Mann – ein Brot (1952), S. I*f.
[844] Rutenborn: Der Fall Pilatus, S. 5.
[845] Vgl. auch Meier: Zwei neue Handtücher (1948), S. 7; Hirche: Triumph in tausend Jahren (1955), S. 1 und Rudorf: Die Stunde der Unschuldigen (1955), S. 6.

gründe unpathetisch darstellt (B, 6.2.1). Ähnliche Zielsetzungen verfolgt Erwin Sylvanus mit seinem 1957 entstandenen Holocaust-Drama *Korczak und die Kinder* (B, 1.2.2), das desgleichen ohne Dekoration auskommt. Das Integraltheater modifiziert dieses Konzept dagegen: Hier soll – wie Ferdinand Kriwet Ende der fünfziger Jahre betont – die »sprache« zum »raum« werden,[846] d.h. die Bühne ist nicht leer, sondern eine strukturhomologe Umsetzung der Bedeutungspluralität des Textes (A, 3.1.3).

Ein zweites Verfahren, um Mensch und Sprache die verlorene Zentralposition zurückzugeben, ist die von der Forschung bisher vernachlässigte Lichtregie. Schon 1948 konstatiert Ernst Kirchhoff in seiner Studie *Theaterbau der Zukunft*: »Der wichtigste Faktor ist heute das Licht. Seiner Verwendung müssen wir im künftigen Theater weitesten Raum schaffen«.[847] Auch Jürgen Fehling sucht 1949 in der Berliner Inszenierung von Sartres *Fliegen* (A, 3.1.1) »durch Beleuchtung zusätzliche Betonung zu setzen«.[848] Er tut dies wie das Sellner-Team in der Tradition Adolphe Appias, der in seinen Operninszenierungen mit wechselnder Helligkeit musikalische Abläufe nachbildet.[849] Aber selbst im engagierten Theater Erwin Piscators wirkt das Licht erkenntnisfördernd, verändert es doch »Auffassung«[850] und »Proportionen des Körpers«, so daß das entfremdete Individuum seine Dekadenz erkennt und wieder »zum Menschen an sich« werden kann. Die notwendigen »Röntgenaufnahmen«[851] liefert eine von unten beleuchtete Bühne, die Piscator 1953 entwickelt (A, 3.2.2). Im Dramenbereich spielt die Lichtregie ebenfalls eine herausragende Rolle. Hauptzweck ist erneut der Versuch, das Subjekt, das in der Moderne peripher geworden scheint, als handlungsfähigen Akteur zu retablieren. Hierfür benutzt man häufig Scheinwerfer: Sie können auf den Stage Manager gerichtet sein oder zentrale Stückfiguren.[852] Mit ihrer Hilfe soll dem Verlassenen Bedeutung[853] und dem Gescheiterten Würde verliehen werden.[854] Zudem schafft das Licht die Transparenz, die das moderne Individuum in der undurchsichtigen Welt vermißt, der Zuschauer aber wahrnehmen soll. Vor diesem Hintergrund »durchtasten« zu Beginn von Hansjörg Schmitthenners Schauspiel *Ein jeder von uns* (1947) einige Scheinwerfer »suchend den dunklen Raum«, bis sie den Protagonisten gefunden haben (5), und in Zuckmayers modernem Mysterienspiel *Der Gesang im Feuerofen* (1948/49) wird zur »Realisierung der einzelnen Schauplätze und Vorgänge« »hauptsächlich *Licht* benutzt« (ZT 2, 13). Das sozialkritische Drama setzt das Anleuchten darüber hinaus für die Aktivierung des Publikums ein. Am Ende von Dengers *Bikini* blenden Scheinwerfer ins Theater, um den Zuschauern deutlich zu machen, das Schicksal der Welt hänge von ihnen ab. Auch in anderen politisch engagierten Stücken wird auf der Basis von Licht-

---

846 Kriwet: Möglichkeiten des Theaters (1959/60), S. 159 (Kleinschreibung im Original).

847 Kirchhoff: Theaterbau der Zukunft, S. 55.

848 Mündliche Äußerung von Joana Maria Gorvin (zit.n. Steiner [1986], S. 343).

849 Vgl. Beacham (2006), S. 185-188 (Die Rhythmische Gymnastik und das Licht [1912]). Siehe auch A, 3.1.3.

850 PT, S. 271, 269 (Erwin Piscator über Theater [1956]).

851 PT, S. 243f. (Gedanken zu einer Erneuerung der Bühnenkunst durch das Licht [1954]).

852 Vgl. Lampel: Flucht vor uns selber (1945), S. 45, 179 und Becker-Trier: Die heilige Johanna von Rom (1946), S. 124.

853 Vgl. Ahlsen: Pflicht zur Sünde (1952), S. 84.

854 Vgl. Hirche: Triumph in tausend Jahren (1955), S. III* und Gressieker: Seneca und die goldenen Jahre (1959), S. 137.

regie versucht eine gewünschte Polarität herzustellen (Täter/Opfer,[855] Kapitalist/Sozialist[856]) oder eine vorhandene als problematisch zu entlarven (Ost/West[857]).

Der einzige Dramatiker, der ein theoretisches Konzept ›ortloser Dramaturgie‹ entwickelt, ist Günther Weisenborn. Bereits 1948 propagiert er das Modell einer »Lektürenbühne«,[858] die er drei Jahre später als Chefdramaturg der Hamburger »Kammerspiele« fest etabliert. Auf ihr stellt man u.a. Stücke von Hans Henny Jahnn, Albin Stuebs und Joachim Jomeyer zur Diskussion; mitunter werden einige Dramen zur Uraufführung in den Spielplan größerer Theater übernommen.[859] Trotzdem gerät Weisenborn politisch wie ästhetisch zwischen die Fronten, weil er die internationale Avantgarde mit der Brecht-Tradition synthetisieren möchte: »Vom Westen«, so die These, »kommt die stilistische Rebellion, die Zertrümmerung der Form – vom Osten die Revolution des Inhalts«. Das neue Deutschland müsse beides zusammenbringen und einen »eigenen Stil« entwickeln.[860] In der Tat sucht die Lektürenbühne Anthropologie (Wilder) und Engagement (Brecht) produktiv zu verbinden. Dies zeigt die Beschreibung einer fiktiven Inszenierung:

> Auf der Bühne, dem Podium, befinden sich im Hintergrund Sitze für die Schauspieler, abseits ein kleiner Tisch. Nützlich sind einige Scheinwerfer. Die Lesenden mit dem Buch in der Hand treten auf und setzen sich auf die Bank im Hintergrund. Die Leser der ersten Szene verteilen sich an das Lesepult des ersten Aktes oder setzen sich nach ihrer Rolle gravitätisch, geziert, oder rittlings. Die Bewegungen deuten die Charaktere an. Die Lesung eines Dramas führt durch die verschiedensten Stimmungen, die von arbeitendem Licht unterstützt werden. Wenn sich ein Dialog einem szenischen Höhepunkt nähert, springen zwei Leser auf, werfen ihre Bücher auf die Pulte und spielen einen kurzen, probierten Dialog, in den am Ende andere wieder lesend einfallen, die auf der Wartebank saßen. Der Akt wird weiter gelesen, indes die beiden Darsteller sich wieder setzen. Die vorprobierten Spielszenen wiederholen sich gelegentlich.[861]

Während das Verhalten der Schauspieler an Brechts *Antigone*-Modell erinnert (A, 3.3.3), verweisen der Dekorationsverzicht und die fehlende marxistische Fundierung auf die Praxis des US-Dramatikers (C, 4.2.1). Auch Weisenborn möchte nämlich die Phantasie des Zuschauers aktivieren. Das Publikum soll selbst Bühnenbildner werden und sich »nicht vom gewohnten Übermaß optischer Effekte« überwältigen lassen. »Der Sinn der Lektürenbühne ist: Die Imaginationskraft des dichterischen Dialogs, des Wortes also, direkt und mit aller Energie wiederzugeben«.[862]

In den fünfziger Jahren wird das Modell durch die »ortlose Dramaturgie« ergänzt (WT 4, 197). Weisenborn sucht auf diese Weise »den szenischen Ablauf von zwei der drei aristotelischen Einheiten zu befreien, denen des Ortes und der Zeit«.[863] Er tut dies jedoch nur, um die dritte, die der Handlung zu stärken, denn die Absage an Detailrealismus und »Stil-Experiment« dient allein der »Zentrierung« auf die »dramatische Fa-

---

855 Vgl. Sylvanus: [Auszug aus:] Der rote Buddha, S. 114, 117, 119, 123.
856 Vgl. Pfeiffer: Hamlet in Heidelberg (1958), S. 47.
857 Vgl. Rudorf: Die Stunde der Unschuldigen (1955), S. 21, 40.
858 Weisenborn: Drei Verfahrensweisen der neuen Dramaturgie (1957), S. 136.
859 Vgl. ebd., S. 137.
860 Äußerung von Weisenborn aus dem Jahr 1946 (zit.n. Reinhold [1980], S. 102).
861 WT 4, S. 193f. (Die Lektürenbühne [1950]).
862 Ebd., S. 195.
863 WT 4, S. 279 ([Anmerkung zu:] »Ballade vom Eulenspiegel«).

bel«.[864] Dahinter steht die Idee einer »Reinigung des Dramas«[865] durch absolute sprachliche Klarheit: »Bei einer ortlosen Aufführung wird jeder Dialog, jeder Satz erbarmungslos geprüft. Es gibt keine dekorativen Stützen mehr, weder für den Autor noch für den Schauspieler. Der innere Vorgang wird klar bis zur Emanation«.[866] An dieser Stelle offenbart sich ein Unterschied zu Wilder. Während jener die Fabel auflöst und Dramen schreibt, die nach außen »bloß Diskontinuität« zeigen,[867] will Weisenborn die Handlung transparenter machen, den »innere[n] Vorgang« in besonderer Weise »deutlich werden« lassen. Hieraus erklärt sich die Kritik an der Pariser Avantgarde, deren Stücke der Autor als »formlos, zerfließend, theaterfremd« charakterisiert,[868] um selbst eine neue Klassizität einzufordern.[869] Er verbindet dies wie Richard Wagner mit dem Versuch, die große abendländische Dramentradition der eigenen Ästhetik zu integrieren. Sowohl das antike wie das elisabethanische Theater seien Beispiele ›ortloser Dramaturgie‹.[870] Im Gegensatz zu Brecht denkt Weisenborn jedoch an keine radikale, alle Bereiche umfassende Neuorientierung der Bühne. »Vorstellungstheater« und »Spielplantheater« dürften nicht abgeschafft werden, weil jenes den Schauspieler, dieses den Zuschauer entwickle. Der gebürtige Westfale plädiert vielmehr für eine Integralität, wenn er beide Modelle zusammen mit der ›Lektürenbühne‹ als »drei verschiedene Wege« betrachtet, »von denen jeder seine Berechtigung hat«.[871] Eine vergleichbare Zielsetzung verfolgt Weisenborn mit der Raumkonzeption. Das Theater soll weitgehend leer sein. d.h. offen bleiben für die Vielzahl differenter Stücke und deren Bedeutungspluralismus – ein Hauptgrund, weshalb Piscator die von ihm selbst projektierte ›ortlose‹ Dramaturgie nachdrücklich davon absetzt (A, 3.2.2). Aber auch der Unterschied zu Sellner und Koch ist evident. Fordern die genannten Regisseure einen Raum, der dem aufzuführenden Werk strukturell entspricht, so tendiert Weisenborn zu einer »neutralen Grunddekoration«, die »filmisch oder hörspielmäßig«, »je nach dem Bedarf« gewechselt werden kann. Theoretisch scheint es »sogar« denkbar, »mehrere Stücke« »in der gleichen Dekoration« zu spielen.[872] Anders als Brecht, dessen Aufführungstechnik trotz aller Episierung tangential ausgerichtet ist (A, 3.3.3), wendet sich Weisenborn gegen Regisseure, die »die völlig verschiedenen Ansichten der Zuschauer in eine Konzeption« zwingen. Statt die Phantasietätigkeit durch Texteingriff oder Bühnenbild zu ›normen‹, soll die Aufführung die »Eigenarbeit« des Publikums fördern. Grundlage hierfür ist jedoch nicht die Vorstellung, dramatische Werke seien inkommensurabel. Im Gegenteil, das Theater erscheint als der Ort, an dem sich die Klarheit des Wortes adäquat vermitteln läßt. Es bleibt das Imago des ›reinen Textes‹, das bei Weisenborn sinnstiftend wirkt: »Die ortlose Dramaturgie ist die Dramaturgie des inneren Vorgangs, der Fabel, der Erkenntnis. [...] Nur die natürliche Sprache mit ihrem Reichtum und ihrer Kraft, die Mutter aller Dramatik, entscheidet auf der ortlosen Bühne über die Qualität des Autors,

864 WT 4, S. 198f. (Ortlose Dramaturgie [1951-1954]).
865 Weisenborn: Dramaturg und Autor (1953), S. 40.
866 WT 4, S. 204 (Ortlose Dramaturgie [1951-1954]).
867 Wilder: Ich selber bin nur ein Bewahrer (1955/56), S. 148.
868 WT 4, S. 202, 198 (Ortlose Dramaturgie [1951-1954]).
869 Vgl. Weisenborn: Von der Wahrhaftigkeit des Realismus (1955), S. 125.
870 WT 4, S. 200 (Ortlose Dramaturgie [1951-1954]).
871 Ebd., S. 196.
872 Ebd., S. 201.

des Schauspielers und auch des Zuschauers«.[873] Weisenborns eigene Dramenproduktion erfüllt diese Vorgaben auf den ersten Blick. So sind die Stücke *Ballade vom Eulenspiegel* (1949) und *Drei ehrenwerte Herren* (1951) ›ortlos‹ konzipiert. Die Aufführung des *Eulenspiegels* erfordert »nur eine Spielfläche«, weil die Dekoration »gesprochen« wird (WT 4, 279). Auch das Geschehen der *Drei ehrenwerten Herren* findet »auf einer ortlosen Bühne« statt, wobei zwei Pfähle zu beiden Seiten das menschliche »Dasein ›zwischen Garbe und Schädel‹« symbolisieren (286). Überzeitlich ausgerichtet sind des weiteren die Dramen *Zwei Engel steigen aus* (1954) und *Die Familie von Makabah* (1961). Dennoch ist keines der genannten Werke mehrdeutig. Die Offenheit der Theorie wird durch die Eindimensionalität des Plots beschnitten. Aus diesem Grund kann sich die Phantasietätigkeit des Zuschauers nur begrenzt entfalten. Das Publikum mag die Dekoration imaginieren müssen, auf das Handlungsziel wird es gelenkt, und zwar stärker als bei Brecht (B, 4.2.5).

Um sein neues Theaterkonzept publik zu machen und das deutsche Gegenwartsstück zu fördern, gründet Weisenborn 1951 in Hamburg ein »Dramaturgische[s] Kollegium«. Es besteht aus einer wöchentlichen Versammlung von etwa dreißig Autoren, Regisseuren und Kritikern, die in wechselnder Besetzung über das zeitgenössische Schauspiel diskutieren – nach Ansicht des Initiators ein »erster derartiger Versuch in der deutschen Theatergeschichte«. Während der zwei Jahre, in denen das Kollegium stattfindet, nehmen u.a. teil: Erwin Piscator, Guntram Prüfer, Hans Erich Nossack, Hans Henny Jahnn, Fred Denger und Claus Hubalek. Weisenborn selbst schreibt 1957 rückblickend: »Wir besprachen in oft temperamentvollen Diskussionen die aristotelische, die klassische, die epische und die ortlose Dramaturgie, wir erkundeten die Gesetze der Spannung. Die Arbeit war teils theoretisch, teils praktisch«.[874] Zudem etabliert man einen internen Wettbewerb unter dem Motto »Des Menschen Grundgesetz«. Von den insgesamt 22 eingereichten Kurzdramen werden fünf ausgewählt und im April 1952 bei den Hamburger Kammerspielen uraufgeführt – in Inszenierungen von Käutner, Piscator und Weisenborn. Die Resonanz im In- und Ausland ist erstaunlich groß (WT 4, 207-209), dennoch bleibt eine zweite Uraufführung »in der Selbstkritik« stekken. Eine dritte, die den Leitgedanken »Es ist später, als du glaubst« trägt, erreicht 1953 zumindest »einen lebhaften Diskussionserfolg«.[875]

Neben die ›aufklärerische‹ Funktion der ortlosen Dramaturgie tritt die skeptizistische. Richard Heys Drama *Thymian und Drachentod* (1955) spielt im Niemandsland zwischen den Fronten. Jussam, ein Widerstandskämpfer gegen das Terrorregime des Drachen gelangt mit zerschossenen Beinen in den christlichen Nachbarstaat. Aber auch hier erweist sich das Revolutionäre als rhetorischer Gestus, der nur Scheinfreiheit schafft. Der Protagonist stirbt schließlich mit seiner Geliebten auf der Flucht (B, 6.1.2). Nach Heys Ansicht ist in der Nachkriegsmoderne »alles längst entlarvt« (WA, 4) und jede Ideologie kontingent. Die Welt biete »keinen Widerstand« mehr, der Agitation rechtfertige (TiG, 254). Versuche einzelner, gegen systemische Ungerechtigkeiten anzukämpfen, seien zum Scheitern verurteilt. Für den Autor entzieht sich Geschichte dem

---

873 Ebd., S. 203f.

874 Weisenborn: Drei Verfahrensweisen der neuen Dramaturgie (1957), S. 135f. Die Sitzungen wurden stenographisch protokolliert und sind auszugsweise gedruckt (vgl. WT 4, S. 213-230).

875 Vgl. Weisenborn: Drei Verfahrensweisen der neuen Dramaturgie (1957), S. 136.

Schauspiel allerdings auch deshalb, weil sie »schon längst eine Art Übertheater« geworden ist. In ihr finde man »sämtliche Gags, sämtliche dramatischen Effekte«, sie sei »reißerisch bis zum Überdruß«. »Was soll der Dramatiker da noch überspitzen [...], um sichtbar zu machen?«[876] Doch wenngleich Hey das Ende der politischen Erzählungen darstellt, verbleibt seine ›ortlose‹ Dramaturgie diesseits der Metaphysik. Der Glaube auf den »Anfang einer Idee« persistiert im beglückten Dasein ohne »Beweise« und »Lehre«.[877] Solche Hoffnung sucht man bei Tankred Dorst vergebens. Seine Dramaturgie der »Ortlosigkeit«, des »Ich-weiß-nicht« ist postpsychologisch und utopiefrei. Indem sie jede »Sicherheit der Wahl« negiert, entspricht sie der neuen skeptischen Zeit. Anders als Ionescos Absurdismus sind Dorsts Schauspiele »gesellschaftlich« ausgerichtet, zeigen nicht *den*, sondern einen »*bestimmte*[*n*]« Menschen. Die Bühne befindet sich trotzdem jenseits der Ideologien. Sie zieht »nicht für und nicht gegen eine bestimmte Gesellschaft« ins Felde, sie avanciert zum »absolute[n] Ort«.[878]

4.5 Ansätze zum Dokumentarismus

Folgt man der Forschung, so ist ein Einfluß dokumentarischer Tendenzen auf die deutsche Nachkriegsdramatik nahezu inexistent. Erst während der sechziger Jahre seien entsprechende Verfahrensweisen aus der Weimarer Republik wiederaufgegriffen worden.[879] Solche Thesen sind vor der Folie des philologisch Nachweisbaren differenziert zu betrachten. Mit Sicherheit kann von ›Dokumentartheater‹ als eigenständigem literarischen Genre zwischen 1945 und 1961 nicht gesprochen werden; dennoch gibt es unterschiedliche Tendenzen, das dramatisch Dargestellte durch historische Belege zu verifizieren. Dahinter steht im Westen der Versuch, nach dem Ende politischer Ideologiebildung einen Bereich zu konturieren, in dem der Wahrheitsbegriff weiterhin Gültigkeit besitzt. Das Faktisch-Belegbare verleiht dem Text dabei eine höhere Echtheitsqualität, da sich der Materialwert jenseits des Diskutablen bewegt. Teile der bundesdeutschen Nachkriegsdramatik sehen den Bezug auf geschichtlich Verbürgtes aber auch als Möglichkeit, Vergangenheitsverdrängung auszuschließen. Dem sicheren Beweis gegenüber – so die Annahme – müsse man Stellung beziehen, könne sich nicht einfach freisprechen.[880] Zentrale Themen, die dokumentarisch fundiert werden, sind daher Willkür von Politik und Justiz (Weimarer Republik, Nachkriegszeit),[881] militärischer Nonsens (Stalingrad, Genozid, Volkssturm),[882] Holocaust (Warschauer Ghetto)[883] sowie nuklea-

[876] Hey: »Ich lande immer in der Gegenwart« (1962), S. 36.
[877] Hey: Thymian und Drachentod (1956), S. 30, 70f.
[878] DS, S. 116f., 119, 114 (Die Bühne ist der absolute Ort [1962]). Vgl. B, 5.2 und C, 4.3.
[879] Vgl. u.a. Zipes (1971), S. 462; Theisz (1975), S. 95; Buck (1977), S. 17; Miller (1982), S. 96; Barton (1987), S. 48f.; Hanuschek (1993), S. 83; Stunell (1996), S. 3 und Lehmann (^{2}2001), S. 89.
[880] Vgl. Rühle (1967), S. 51 und Saße (1986), S. 17.
[881] Becker-Trier: Es war Mord, meine Herren Richter! (1946), Engel/Stemmle: Affäre Blum (1960). Im zweiten Fall handelt sich um die Bühnenfassung des gleichnamigen Drehbuchs aus dem Jahr 1948. Sie wird am 25. April 1961 bei den Münchner Kammerspielen uraufgeführt (Regie: August Everding).
[882] Hubalek: Stalingrad (ca. 1961), Breinlinger: Konzert an der Memel (1957), Wolf: Wie Tiere des Waldes (1947).

re Bedrohung (Atomspionage, Göttinger Manifest).[884] Die Rede vom autonomen Subjekt läßt sich auf diese Weise fortschreiben, denn dessen tragische Heldentaten (Annemarie Bigotte, Stauffenberg)[885] scheinen ebenso ›real‹ wie seine Fähigkeit zu moralischer Wandlung (B, 1.2.2). In der DDR-Dramatik dient die dokumentarische Basis statt dessen der Beglaubigung des eigenen Geschichtsverständnisses – sei es mit Blick auf ›faschistische‹ Perversität[886] oder Erfolgsaktionen des Realsozialismus.[887]

Die dramatischen Modelle, mit denen historisch Bewiesenes präsentiert wird, sind vielfältig. Man vermittelt das Material aristotelisch (Wolf, Zinner), episch (Brecht, Sylvanus, Harlan) oder entwickelt erste dokumentarische Konzepte (Weisenborn, Kipphardt). Vorbild ist hier Piscators politisches Theater, das dieser 1925 in seiner Inszenierung der marxistischen Revue *Trotz alledem!* prototypisch umsetzt. Denn »zum erstenmal« bildet »das politische Dokument textlich und szenisch die alleinige Grundlage«. Die gesamte Aufführung ist eine »Montage von authentischen Reden, Aufsätzen, Zeitungsausschnitten, Aufrufen, Flugblättern, Fotografien und Filmen des Krieges, der Revolution, von historischen Personen und Szenen«. Indem Piscator nicht darüber reflektiert, daß es sich stets um vermitteltes Material handelt, bleibt sein Wahrheitsbegriff totalitär. Ziel ist der »Beweis unserer Weltanschauung«.[888]

Das erste Nachkriegsprojekt, das mit Bezug auf dieses Modells konzipiert wird, ist die von Piscator geleitete Uraufführung von Günther Weisenborns *Göttinger Kantate* auf dem SPD-Parteitag 1958. Das Stück ist ein szenisches Oratorium, das Geschichte, Einsatz, Weiterentwicklung und Gefahr der Atombombe beschreibt. Dabei werden die Fakten wie in einem »dokumentarischen Hörspiel (feature)« »registriert«. »Nur die Balladen oder Lieder haben eine gewisse Unmittelbarkeit«.[889] Piscator und Weisenborn nehmen hier Kompositionstechniken vorweg, wie sie Peter Weiss 1968 für das Dokumentartheater fordert. Dort soll im Rahmen einer Oratorienform der Kommentar »von Songs übernommen« werden, die Einführung dagegen »von Chor und Pantomime«.[890] Einer ähnlichen Struktur folgt Weisenborns Kantate, allerdings mit stark didaktischem Impetus. Der »Berichter« fungiert als Sprachrohr des Autors, wenn er sich bei der »Elite der deutschen Atomforscher« für das Göttinger »Manifest der Vernunft« bedankt (26). Auch der Schlußgesang des großen Chors appelliert an die »Pflicht, die jeder Tag uns lehrt«, und die darin besteht, »den Ungeborenen« die Erde »frei und lebenswert« zu hinterlassen (28).

In Piscator-Tradition steht ein weiteres Drama, das deutliche Züge dokumentarischer Literatur trägt: Heinar Kipphardts *Hund des Generals* (1960/61). Wie Weisenborns Oratorium wird es von der einschlägigen Forschung meist ausgespart. Tatsächlich handelt es sich jedoch um ein »Prozeß-Stück«, das teilweise parallel zum *Oppenheimer* entsteht (KS, 188). Hintergrund ist der 1955 unternommene Versuch, zusam-

883 Sylvanus: Korczak und die Kinder (1957), Harlan: Ich selbst und kein Engel (1958).

884 Zuckmayer: Das kalte Licht (1955), Weisenborn: Göttinger Kantate (1958).

885 Zur Nedden: Das andere Urteil (1951), Michel: Stauffenberg (1947).

886 Brecht: Die Tage der Kommune (1948/49), Scheer: Die Rosenbergs (1953), Zinner: Der Teufelskreis (1953).

887 H. Müller: Klettwitzer Bericht 1958 (vgl. Klatt [1977], S. 46f.).

888 Piscator: Das politische Theater (1929), S. 63, 67, 147.

889 Piscator: Notizen zu der Göttinger Kantate, S. 5 (Johann Wolfgang Goethe-Universität Frankfurt a.M., Universitätsbibliothek Johann Christian Senckenberg [Nachlaß Aleida Montijn]).

890 Weiss: Material und die Modelle (1968), S. 56.

men mit Piscator eine neue Poetik des politischen Theaters zu entwickeln. Das Projekt wird indes aus Termingründen nicht realisiert (223). Trotzdem scheint evident, daß Kipphardt die eigene Vorstellung vom sozialistischen Realismus in Piscators epischem Modell verwirklicht sieht und den Regisseur deshalb für die Uraufführung seines Bewältigungsdramas gewinnen möchte – jedoch ohne Erfolg. Die übrigen Theaterkonzepte erweisen sich nach Ansicht des Autors als defizitär, weil sie »nur die Gardine zeigen«, nicht aber »den Wind, der sie bewegt«. Der dramatische Psychologismus bleibe durch seine »Beschränktheit« ebenso »unwahr«[891] wie der sozialistische ›Idealismus‹.[892] Selbst Brechts Parabel, die gesellschaftliche Kausalitäten aufdecken will, zeitigt nach Kipphardt keinen Effekt. Obwohl bei der Zürcher *Turandot*-Uraufführung »das ganze Auditorium voller Tuis« gewesen sei, habe sich »niemand« »betroffen« gefühlt.[893] Das authentische Material gewinnt vor diesem Hintergrund quasi transzendentale Qualität. Nur mit seiner Hilfe lassen sich im Sinne Hegels objektive Wirklichkeit und subjektive Erfahrung versöhnen. Um dies zu gewährleisten, muß der Dramatiker eine »neue Form von Zeitdokument« herstellen,[894] das in nuce Sinn und Zweck der Begebenheit enthält und dadurch ›unwiderleglich‹ ist.[895] Kipphardt versteht seine Dramaturgie hier als postideologisch. Geschichte wird nicht mehr von einem archimedischen Punkt aus dargestellt, sondern ist Teil der »komplizierteren Dialektik verschiedener Bezugssysteme«.[896] Zum einheitsstiftenden Medium avanciert der »Stil«. Er soll dem Geschehen so adäquat werden, daß man ihn kaum noch wahrnimmt.[897] Vorstufen zu dieser Ästhetik, die an Stanislawski und Langhoff erinnert,[898] finden sich bereits während der Nachkriegszeit. Mit Blick auf den Schauspieler Rudolf Wessely schreibt Kipphardt, daß »Kunst« erst dann »groß« ist, »wenn man ihre Mittel nicht mehr bemerkt«.[899]

Der Hund des Generals erweist sich in diesem Zusammenhang als Übergangsstück. Kipphardt transgrediert mit ihm zwar Piscators emotionales Theater, indem er Brechtsche Verfremdungstechniken einbaut, hält zugleich aber am dokumentarischen Diskurs fest. Denn allein die Synthese beider Komponenten scheint es dem Dramatiker zu erlauben, das Reale abzubilden, ohne es zu bestätigen. Die inhaltliche Zielsetzung ist daher eine historisch-kritische: Die Vergangenheit wird nur »ruhen, wenn sie wirklich Vergangenheit geworden«, d.h. »wenn sie behandelt ist«.[900] Der Plot zeigt eine entsprechende Schwerpunktbildung. Vor der Untersuchungskommission, die die Justizministerkonferenz der Bundesländer eingesetzt hat, um »bislang ungeahndete Verbrechen deutscher Staatsbürger aufzuklären« (KT, 179), beschuldigt der Zeuge Pfeiffer seinen ehemaligen Vorgesetzten General Rampf, 1943 im Dnjeprbogen eine sechzig Mann starke Abteilung sinnlos in die vorderste Frontlinie beordert zu haben. Auch der Angeklagte nennt das Kommando rückblickend absurd, leugnet jedoch, daß dies ein persön-

---

[891] KS, S. 276 (Soll die Vergangenheit nicht endlich ruhen? [1962]).
[892] Vgl. KS, S. 198, 232 (Kritik an Hacks' Blankvers und Wolfs *Professor Mamlock*).
[893] KR, S. 25 (Die Regiearbeit Erwin Piscators und Bertolt Brecht [1971]).
[894] KS, S. 280 (Das Geschäft des Theaters ist es, unbequem zu sein [1964]).
[895] Vgl. KR, S. 22 (Für Erwin Piscator [1966]).
[896] Kipphardt: Brief vom 12. Mai 1963 an Peter Hacks (Nachlaß Hacks, Marbach).
[897] KS, S. 282 (Das Geschäft des Theaters ist es, unbequem zu sein [1964]).
[898] Vgl. Karbach (1991), S. 342 und Hanuschek (1993), S. 100.
[899] KS, S. 146 (Über Rudolf Wessely [ca. 1961]). Vgl. auch ebd., S. 141 (Wolfgang Langhoff [1951]).
[900] KS, S. 275 (Soll die Vergangenheit nicht endlich ruhen? [1962]).

licher Racheakt gewesen sei. (Pfeiffer hatte zuvor in Notwehr den Schäferhund des Generals erschossen.) Statt dessen beruft sich Rampf auf Befehlsnotstand. Die Heeresleitung habe die Aktion angeordnet, und selbst die Auswahl der Truppe sei nicht vom ihm zu verantworten. Da ein kausaler Zusammenhang zwischen den Vorfällen juristisch nicht nachgewiesen werden kann, verzichtet man – gegen den Widerstand des Historikers Professor Schweigeis – auf eine Anklage. Für Kipphardt zeigen sich hier Unvermögen und Unwille der deutschen Justiz, die NS-Vergangenheit aufzuarbeiten. Während Oberstaatsanwalt Hill solche »Gerechtigkeitswünsche« als utopisch bezeichnet und die »Rechtsnorm« zur Urteilsgrundlage erklärt, insistiert Schweigeis, daß »Mord, Mord« bleibe (242).

Obwohl diese Problematik auf *Oppenheimer* und *Ermittlung* vorausweist, ist *Der Hund des Generals* stricto sensu noch kein Dokumentarstück, weil ihm trotz Exaktheit des historischen Hintergrunds eine erfundene Fabel zugrundeliegt. Diese wird aber so präsentiert, als handele es sich um beglaubigtes Material. Wie bei Piscator, der ebenfalls fiktive Bühnentexte verwendet, sind die Dokumente filmisches Supplement (u.a. Bilder vom Rückzug der deutschen Armee, Schlagzeilen internationaler Nachrichtensender, Nachtaufnahmen einer brennenden Stadt, Karten mit aktuellem Frontverlauf). Der dargestellte Einzelfall wird auf diese Weise in seiner historischen Bedingtheit gezeigt. Darüber hinaus verwendet Kipphardt drei Spielflächen, die dazu dienen, die verschiedenen Handlungsdimensionen bühnentechnisch umzusetzen. Das im Jetzt situierte Untersuchungsverfahren wird teils durch gespielte Szenen, teils durch pseudo-authentische Photoprojektionen aus der Vergangenheit ergänzt. Um zu verhindern, daß die Dramenwirklichkeit affirmativ erscheinen könnte, betont Kipphardt in Brecht-Tradition den Zeigecharakter der Aufführung:

> Die Requisiten für die einzelnen Szenen werden von den Bühnenhelfern sichtbar hereingebracht und sichtbar weggeschafft. Es wird nicht verheimlicht, daß die Beleuchtung, auf Illusionen nicht bedacht, von einer Apparatur hergestellt wird. Die Schauspieler werden gelegentlich auf der Bühne für die Szenen hergerichtet. Wenn sie als Zeugen einen vergangenen Vorgang darzustellen haben, begnügen sie sich in Kostüm und Maske mit notwendigen charakteristischen Details. Die Arbeit des Schauspielers, die der übrigen Theaterarbeiter und die exakt arbeitende Theatermaschinerie wird in ihrer sachlichen Schönheit gezeigt (KT, 179).

Gestischen Charakter besitzen auch die eingefügten Songs sowie der epische Kommentar des Oberstaatsanwalts, der sich zu Beginn ad spectatores wendet und die Eigenart des nachfolgenden Gerichtsverfahrens erläutert. (Diese Ich-Perspektive wird im *Oppenheimer* zur distanzierten Er-Form anonymer Lautsprecheransagen.)

Selbst im rezeptionsästhetischen Bereich verweisen Kipphardts Vorstellungen auf Brecht. Das Publikum soll durch die Montagetechnik aktiviert werden und fehlende Zusammenhänge ergänzen.[901] Nur die Möglichkeit, sich ein eigenes Urteil zu bilden, könne »die verändernde Haltung« als »persönliche« etablieren und ihr Dauer verleihen.[902] Die diskursive Komplexität des Plots muß aus diesem Grund so gestaltet werden, daß die Wirklichkeit »durchschaubar« bleibt.[903] Nun erst vermag der Zuschauer den Sinn

901 Vgl. KR, S. 102f. ([Das Theater und die Lust an Veränderung] [ca. 1971]).
902 KR, S. 268 (Aus den Notatheften [1974]).
903 Kipphardt: Gespräch mit Hellmuth Karasek (1966) [zit.n. Karbach (1991), S. 357].

des Gezeigten »für sich selber« zu erkennen.[904] Das Theaterstück *Der Hund des Generals* ist deshalb im Vergleich zur ursprünglichen Erzählung stärker didaktisiert. Dokumentarische Offenheit scheint zu diesem Zeitpunkt (noch) nicht beabsichtigt: »Wenn die Lehre nicht herauskommt, daß Nazigenerale [sic!] als solche Obermörder und Verbrecher sind, dann muß sie hinein. Mich interessiert doch kein sogenannter Gewissenskonflikt. Die Lehre ist drin, aber wahrscheinlich zu fein«.[905] Mitte der sechziger Jahre wird Kipphardt skeptischer. Der Autor des *Oppenheimer* möchte die Realität nicht mehr verändern, sondern »in ihrer Veränderung [...] beschreiben«,[906] ohne das Material zu beugen.

FINIS OPERIS

---

904 KS, S. 275 (Soll die Vergangenheit nicht endlich ruhen? [1962]).
905 KS, S. 203 (Brief vom 17. August 1961 an Peter Hacks).
906 Kipphardt: In Memoriam Piscator (1968) [zit.n. Karbach (1991), S. 343].

Bibliographie

Abkürzungen

*	im Original unpaginiert
AdK-O	Akademie der Künste (Berlin), Archiv der Akademie der Künste der DDR
BBA	Bertolt-Brecht-Archiv (Akademie der Künste)
Bd(e).	Band (Bände)
Bl.	Blatt
BM	Bühnenmanuskript
DE	Deutschsprachige Erstaufführung
DE*	Deutsche Erstaufführung
e	entstanden
EB	Ergänzungsband (-bände)
F	Fassung
FS	Fernsehspiel
FWA	Friedrich-Wolf-Archiv
H.	Heft
Ltg.	Leitung
MS	Manuskript
n.n.	Ausgabe über Bibliotheks-, Museums- und Verlagsrecherche nicht nachweisbar
o.J.	ohne Jahresangabe
o.O.	ohne Ortsangabe
o.T.	ohne Titel
o.V.	ohne Verlagsangabe
PrA	Probeaufführung
SAdK	Stiftung Akademie der Künste (Berlin)
SAdK/PC	Piscator-Center
SAdK/PS	Piscator-Sammlung
SB	Supplementband
SV	Selbstverlag
Tab.	Tabelle
UA	Uraufführung
v	veröffentlicht
Vf.	Verfasser

Siglenverzeichnis

AD	Jean Anouilh: Dramen. 8 Bde. München/Wien 1956-1970.
AS	Theodor W. Adorno: Gesammelte Schriften. Hrsg. von Rolf Tiedemann unter Mitwirkung von Gretel Adorno, Susan Buck-Morss und Klaus Schultz. 20 Bde. Darmstadt 1998 (Lizenzausgabe für die Wissenschaftliche Buchgesellschaft).
BD	Wolfgang Borchert: Draußen vor der Tür und ausgewählte Erzählungen. Mit einem Nachwort von Heinrich Böll. Hamburg 1956 (^{87}2005).
BG	Wolfgang Borchert: Das Gesamtwerk. Mit einem biographischen Nachwort von Bernhard Meyer-Marwitz. Hamburg 1959.
BK	Bertolt Brecht: Der kaukasische Kreidekreis (Fassung 1956). Frankfurt a.M. 1964 (edition suhrkamp; 31).
BS	Helmut Baierl: Stücke. Berlin [Ost] 1969 (Dramatiker der Deutschen Demokratischen Republik).
DD	Dramaturgie in der DDR (1945-1990). Hrsg. von Helmut Kreuzer und Karl-Wilhelm Schmidt. Bd. 1 (1945-1969). Heidelberg 1998 (Reihe Siegen: Editionen; Bd. 8: Germanistische Abteilung).
DS	Tankred Dorst: Große Schmährede an der Stadtmauer. Freiheit für Clemens. Die Kurve. Köln: Kiepenheuer & Witsch 1962 (Collection Theater. Texte; 5).
DSED	Dokumente zur Kunst-, Literatur- und Kulturpolitik der SED. Hrsg. von Elimar Schubbe. Stuttgart 1972.
DT	Dokumente zur Dramaturgie des zeitgenössischen Theaters. In: Siegfried Melchinger: Drama zwischen Shaw und Brecht. Ein Leitfaden durch das zeitgenössische Schauspiel Bremen ^{4}1961, S. 77-110.
DW	Friedrich Dürrenmatt: Werkausgabe in dreißig Bänden. Zürich 1980.
FM	Jürgen Fehling: Die Magie des Theaters. Äußerungen und Aufzeichnungen mit einem Essay von Siegfried Melchinger. Velber 1965 (Reihe Theater heute; 17).
FS	Leonhard Frank: Schauspiele. Berlin [Ost] 1959 (Gesammelte Werke in sechs Bänden. SB).
GB	Gustaf Gründgens: Briefe, Aufsätze, Reden. Hrsg. von Rolf Badenhausen und Peter Gründgens-Gorski. Hamburg 1967.
GBA	Bertolt Brecht: Werke. Große kommentierte Berliner und Frankfurter Ausgabe. Hrsg. von Werner Hecht u.a. 30 Bde. und Registerbd. Berlin/Weimar/Frankfurt a.M. 1988-2000.
GD	Jean Giraudoux: Dramen. Hrsg. von Otto F. Best in Verbindung mit Jean-Pierre Giraudoux. 2 Bde. Frankfurt a.M. 1961.
GGW	Günter Grass: Werkausgabe in zehn Bänden. Hrsg. von Volker Neuhaus. Darmstadt/Neuwied 1987.

GH Günter Grass: Hochwasser. Ein Stück in zwei Akten [1. Fassung]. In: Akzente. Zeitschrift für Dichtung 7 (1960), S. 498-539.

GI 1 Heiner Müller: Gesammelte Irrtümer. Interviews und Gespräche. Frankfurt a.M. 1986 (Theaterbibliothek).

GI 2 Heiner Müller: Gesammelte Irrtümer 2. Interviews und Gespräche. Hrsg. von Gregor Edelmann und Renate Ziemer. Frankfurt a.M. 1990 (Theaterbibliothek).

GI 3 Heiner Müller: Gesammelte Irrtümer 3. Texte und Gespräche. Frankfurt a.M. 1994 (Theaterbibliothek).

GM [Drei Gespräche über Alfred Matusche.] In: MD, S. 79-88, 156-170, 218-230.

GW Bertolt Brecht: Gesammelte Werke in 20 Bänden. Hrsg. vom Suhrkamp Verlag in Zusammenarbeit mit Elisabeth Hauptmann. Frankfurt a.M. 1967.

GWT Gustaf Gründgens: Wirklichkeit des Theaters. Frankfurt a.M. 1953.

HA Wolfgang Hildesheimer: Theaterstücke. Über das absurde Theater. Frankfurt a.M. 1976.

HG Heinz Hilpert: Gedanken zum Theater. Göttingen 1951.

HK Peter Hacks: Vier Komödien. Frankfurt a.M. 1971.

HM 1 Peter Hacks: Die Maßgaben der Kunst. Gesammelte Aufsätze. Düsseldorf 1977.

HM 2 Peter Hacks: Die Maßgaben der Kunst. Gesammelte Aufsätze 1959-1994. Hamburg 1996 (Edition Nautilus).

HR Manfred Hausmann: Der dunkle Reigen. Theaterstücke. Frankfurt a.M. 1988 (Gesammelte Werke).

HS Peter Hacks: Fünf Stücke. Frankfurt a.M. 1965.

HT Wolfgang Hildesheimer: Die Theaterstücke. Hrsg. und mit einem Nachwort versehen von Volker Jehle. Frankfurt a.M. 1989.

IA Eugène Ionesco: Argumente und Argumente. Neuwied/Berlin 1964.

IT Eugène Ionesco: Theaterstücke. 4 Bde. Neuwied/Berlin 1962-1967.

JD Hans Henny Jahnn: Dramen II 1930-1959. Dramen, dramatische Versuche, Fragmente. Hrsg. von Uwe Schweikert unter Mitarbeit von Ulrich Bitz, Jan Bürger und Sebastian Schulin. Hamburg 1993 (Werke in Einzelbänden. Hamburger Ausgabe).

JS Hans Henny Jahnn: Schriften zur Literatur, Kunst und Politik. Zweiter Teil: Politik – Kultur – Öffentlichkeit 1946-1959. Hrsg. von Ulrich Bitz und Uwe Schweikert. Hamburg 1991 (Werke in Einzelbänden. Hamburger Ausgabe).

KO Heinar Kipphardt: In der Sache J. Robert Oppenheimer. Ein Stück und seine Geschichte. Hrsg. von Uwe Naumann. Reinbek bei Hamburg 1987 (Gesammelte Werke in Einzelausgaben).

KR Heinar Kipphardt: Ruckediguh, Blut ist im Schuh. Essays, Briefe, Entwürfe. Hrsg. von Uwe Naumann. Bd. 2: 1964-1982. Reinbek bei Hamburg 1989 (Gesammelte Werke in Einzelausgaben).

KS Heinar Kipphardt: Schreibt die Wahrheit. Essays, Briefe, Entwürfe. Hrsg. von Uwe Naumann. Bd. 1: 1949-1964. Reinbek bei Hamburg 1989 (Gesammelte Werke in Einzelausgaben).

KW Erich Kästner: Trojanische Esel. Theater, Hörspiel, Film. Hrsg. von Thomas Anz in Zusammenarbeit mit Matthias Springer und Stefan Neuhaus. München 1998 (Werke; V).

KT Heinar Kipphardt: Theaterstücke. Bd. 1. Köln 1978.

MA Johann Wolfgang Goethe: Sämtliche Werke nach Epochen seines Schaffens. Münchner Ausgabe. Hrsg. von Karl Richter. 21 Bde. in 33 Teilen. München 1985-1998.

MD Alfred Matusche: Dramen. Berlin [Ost] 1971 (Dramatiker der Deutschen Demokratischen Republik).

MEW Karl Marx und Friedrich Engels: Werke. Hrsg. von der Rosa-Luxemburg-Stiftung Gesellschaftsanalyse und Politische Bildung. 44 Bde. und 2 EB. Berlin [Ost] 1956-1990.

MK Heiner Müller: Krieg ohne Schlacht. Leben in zwei Diktaturen. Eine Autobiographie. Erweiterte Neuausgabe. Köln 1994.

MT Heiner Müller: Texte. 11 Bde. Berlin [West] 1974-1989.

MW Heiner Müller: Werke. Hrsg. von Frank Hörnigk in Zusammenarbeit mit der Stiftung Archiv der Akademie der Künste, Berlin. 6 Bde. Frankfurt a.M. 1998-2003.

PA Erwin Piscator. Eine Arbeitsbiographie in 2 Bänden. Hrsg. von Knut Boeser und Renata Vatková. Bd. 2: Moskau – Paris – New York – Berlin 1931-1966. Berlin [West] 1986 (Stätten der Geschichte Berlins; 11).

PB »Keine Spruchbänder und Transparente«. Der Briefwechsel Erwin Piscator und Boleslaw Barlog, 1951-1965. Ausgewählt, hrsg. und kommentiert von Dagmar Wünsche. In: »Leben – ist immer ein Anfang!« Erwin Piscator 1893-1966. Der Regisseur des politischen Theaters. Hrsg. von Ullrich Amlung in Zusammenarbeit mit der Akademie der Künste, Berlin. Marburg 1993, S. 113-160.

PS Erwin Piscator: Schriften 1/2. Hrsg. von Ludwig Hoffmann. Berlin [Ost] 1968.

PT Erwin Piscator: Theater · Film · Politik. Ausgewählte Schriften. Hrsg. von Ludwig Hoffmann. Berlin [Ost] 1980.

PZ Erwin Piscator: Zeittheater. »Das Politische Theater« und weitere Schriften von 1915 bis 1966. Ausgewählt und bearbeitet von Manfred Brauneck und Peter Stertz. Mit einem Nachwort von Hansgünther Heyme. Reinbek bei Hamburg 1986 (rowohlts enzyklopädie; 429).

SD Zeichen im Sand. Die szenischen Dichtungen der Nelly Sachs. Frankfurt a.M. 1962.

SED Dokumente der Sozialistischen Einheitspartei Deutschlands. Beschlüsse und Erklärungen des Zentralkomitees sowie seines Politbüros und seines Sekretariats. Hrsg. vom Zentralkomitee der Sozialistischen Einheitspartei Deutschlands. 21 Bde. Berlin [Ost] 1948-1989.

SF Die soziologische Funktion des Theaters in der Gegenwart. In: Die Kultur. Eine unabhängige Zeitung mit internationalen Beiträgen. München 1961. 9. Jg. Nr. 162, S. 3-5.

SG Reinhold Schneider: Dem lebendigen Geist. Auswahl und Nachwort von Carsten Peter Thiede. Frankfurt a.M. 1987.

SK In der Sache Heinar Kipphardt. Bearbeitet von Uwe Naumann und Michael Töteberg. Mit einer Bibliographie von Nicolai Riedel. Marbach a.N. 1992.

SKH Erwin Strittmatter: Katzgraben. Szenen aus dem Bauernleben. Die Holländerbraut. Schauspiel in fünf Akten. Berlin/Weimar 1967.

SL Reinhold Schneider. Leben und Werk in Dokumenten. Hrsg. von Franz Anselm Schmitt. Olten/Freiburg i.Br. 1969.

SW Reinhold Schneider: Gesammelte Werke. Im Auftrag der Reinhold Schneider-Gesellschaft hrsg. von Edwin Maria Landau. Frankfurt a.M. 1977-1981.

TF Das Theater des deutschen Regisseurs Jürgen Fehling. Hrsg. im Auftrag des Jürgen Fehling Archivs Joana Maria Gorvin von Gerhard Ahrens. Berlin [West] 1985, S. 120-124.

TiG Theater im Gespräch. Ein Forum der Dramaturgie. Aus den Tagungen 1953-1960 der Deutschen Dramaturgischen Gesellschaft ausgewählt und hrsg. von Friedrich Schultze. München/Wien 1963.

TK Jean Tardieu: Kammertheater. Darmstadt/Berlin-Spandau/Neuwied am Rhein 1960.

WA Welche neuen Aufgaben haben heute das Theater und seine Autoren? Die jungen deutschen Dramatiker antworten den Intendanten, Schauspielern und Kritikern. In: Die Kultur. Eine unabhängige Zeitung mit internationalen Beiträgen. München 1961. 9. Jg. Nr. 163, S. 3-5.

WD Peter Weiss: Dramen 1/2. Hrsg. vom Suhrkamp Verlag in Zusammenarbeit mit Gunilla Palmstierna-Weiss. Frankfurt a.M. 1991 (Werke in sechs Bänden; 4/5).

WH Wolfgang Hildesheimer. Hrsg. von Volker Jehle. Frankfurt a.M. 1989 (suhrkamp taschenbuch materialien).

WT Günther Weisenborn: Theater. 4 Bde. München/Wien/Basel 1964-1967.

WW Friedrich Wolf: Gesammelte Werke in sechzehn Bänden. Hrsg. von Else Wolf und Walther Pollatschek. Berlin [Ost] 1960-1968.

ZM Carl Zuckmayer. Materialien zu Leben und Werk. Hrsg. von Harro Kieser. Frankfurt a.M. 1986.

ZT 1 Carl Zuckmayer: Des Teufels General. Theaterstücke 1947-1949. Hrsg. von Knut Beck und Maria Guttenbrunner-Zuckmayer. Frankfurt a.M. 1996 (Gesammelte Werke in Einzelbänden).

ZT 2 Carl Zuckmayer: Der Gesang im Feuerofen. Theaterstücke 1950-1953. Hrsg. von Knut Beck und Maria Guttenbrunner-Zuckmayer. Frankfurt a.M. 1996 (Gesammelte Werke in Einzelbänden).

ZT 3 Carl Zuckmayer: Das kalte Licht. Theaterstücke 1955-1961. Hrsg. von Knut Beck und Maria Guttenbrunner-Zuckmayer. Frankfurt a.M. 1996 (Gesammelte Werke in Einzelbänden).

Quellen[1]

Abschließende Stellungnahme des Sekretariats des Deutschen Schriftstellerverbandes zu »Die Sorgen und die Macht«. In: Neue Deutsche Literatur 11 (1963). H. 3, S. 117f.

Abusch, Alexander: Literatur und Wirklichkeit. Beiträge zu einer neuen deutschen Literaturgeschichte. Berlin [Ost] 1952.

– Die künstlerische Persönlichkeit in unserem Staat. In: Neues Deutschland (B) vom 28. März 1954. Nr. 74, S. 4.

– Nochmals: Das neue Bild unserer Klassik. In: Neue deutsche Literatur 4 (1956). H. 1, S. 129-134.

– Zur Geschichte und Gegenwart unserer sozialistischen Literatur. In: Ebd. 5 (1957). H. 3, S. 133-140.

– Zu einigen Fragen der Literatur und Kunst. In: Neues Deutschland (B) vom 27. Juli 1956. Nr. 178, S. 4.

– Es gibt nur eine Kulturpolitik. Rede auf dem 32. Plenum des Zentralkomitees der Sozialistischen Einheitspartei Deutschlands. In: Sonntag vom 28. Juli 1957, S. 3f.

– Schillers Menschenbild und der sozialistische Humanismus. In: Neue deutsche Literatur 8 (1960). H. 1, S. 3-20.

– Kulturelle Probleme des sozialistischen Humanismus. Beiträge zur deutschen Kulturpolitik 1946-1967. 2., erweiterte Auflage. Berlin/Weimar 1967 (Schriften; 3).

Ackermann, Anton: Marxistische Kulturpolitik. [Rede auf dem ersten Kulturtag der Sozialistischen Einheitspartei Deutschlands am 7. Mai 1948.] Berlin [Ost] 1948.

Adamov, Arthur: Théâtre I-II. [Paris] 1953-1955.

Adling, Wilfried: Zu einigen Problemen und Stücken zeitgenössischer Dramatik. In: Junge Kunst 2 (1958). H. 8, S. 9-20.

– Die Entwicklung des Dramatikers Carl Zuckmayer. In: Schriften zur Theaterwissenschaft. Hrsg. von der Theaterhochschule Leipzig. Bd. 1. Berlin [Ost] 1959, S. 9-286.

– Zur Diskussion um die »Studentenkomödie«. In: Junge Kunst 3 (1959). H. 6, S. 61-66.

Adorno, Theodor W.: Was bedeutet: Aufarbeitung der Vergangenheit [1959]. In: Ders.: Eingriffe. Neun kritische Modelle. Frankfurt a.M. 1963, S. 125-146.

– *Auf die Frage:* Was ist deutsch (1965). In: Ders.: Stichworte. Kritische Modelle 2. Frankfurt a.M. ^{3}1970, S. 102-112.

Agitprop. In: Junge Kunst 2 (1958). H. 1, S. 17-27.

Ahlsen, Leopold: Pflicht zur Sünde. Schauspiel in fünf Akten. München: Drei Masken Verlag GmbH [1952] (BM).

– Wolfszeit. Ein Schauspiel (1953). München: Drei Masken Verlag GmbH 1954 (BM).

– Philemon und Baukis (1955). In: Junges deutsches Theater von heute. Hrsg. von Joachim Schondorff. Mit einem Vorwort von Joachim Kaiser. München: Albert Langen · Georg Müller [1962], S. 359-424.

---

1 Mit Blick auf die alphabetische Reihenfolge sind Vokale und Umlaute gleichbehandelt. Bei Theaterstücken, die als Einzelausgaben veröffentlicht wurden, ist jeweils der Verlag genannt, um Identifikation und Beschaffung zu erleichtern. Ein vollständiges Verzeichnis aller deutschsprachigen Dramen von 1945 bis 1961 (einschließlich Bibliothekssignaturen) hätte den Rahmen der vorliegenden Arbeit gesprengt. – Die »Quellen« sind in den Anmerkungen des Haupttextes mit Nachname, Kurztitel und Jahr zitiert, die »Forschungsliteratur« nur mit Nachname und Jahr. Bei Publikationen einschlägiger Intellektueller (Philosophen, Soziologen, Literaturtheoretiker etc.) wird der besseren Orientierung wegen der Kurztitel beibehalten. Darüber hinaus erscheinen – unter der Bedingung, daß die Quelle spezifiziert ist – Ausgaben im Fließtext mit Sigle und ohne »S.« vor der Seitenzahl (häufig sogar ohne Sigle), ansonsten in der Fußnote mit dem Zusatz »S.«.

- Raskolnikoff. Schauspiel nach Dostojewski. München: Drei Masken Verlag GmbH 1960 (BM).

Altendorf, Wolfgang: Der arme Mensch. Hamburg: Chronos Verlag Martin Mörike [1945] (BM).
- Der arme Soldat. Eine Tragödie in 5 Aufzügen. Bad Godesberg: SV 1948 (BM).
- Der arme Mensch. Hamburg: Felix Bloch Erben [1952] (BM).
- Die Heimkehr, ein Drama in 5 Akten (1946). Bad Godesberg: SV [1949] (BM).
- Die Feuer verlöschen. Ein Schauspiel in 5 Aufzügen. Bad Godesberg: SV 1948 (BM).
- Jeder geht seinen eigenen Weg. Ein Schauspiel in 5 Aufzügen. Bad Godesberg: SV 1948 (BM).
- Josef und seine Brüder, ein christliches Spiel in 6 Bildern. Bad Godesberg: SV 1948 (BM).
- Der Mord an Agnes Schütz. Bad Godesberg: SV 1949 (BM).
- Die gezauberte Jungfrau. Eine Komödie. Berlin-Charlottenburg: Felix Bloch Erben [1950] (BM).
- Die Erschiessung. Eine Komödie [= 1. Fassung]. Oberkail/Eifel: SV [1951] (BM).
- Die Mücke und der Elefant. Eine Komödie [= 2. Fassung]. Hamburg: Chronos Verlag Martin Mörike [1953] (BM).
- Der Puppenspieler, eine satirische Komödie. Kyllburg/Eifel: SV [1952] (BM).
- Bauernpassion. Hrsg. von Irmeli Altendorf. Freudenstadt-Wittlensweiler: SV [1954] (BM).
- Die Wettermaschine. Ein Spiel für die Jugend in 6 Akten. Hamburg: Chronos-Verlag Martin Mörike [1952] (BM).
- Die Stunde der Mutter (1953). Hamburg: Chronos Verlag Martin Mörike [1955] (BM).
- Vorrede und Allgemeines über »Die Mücke und der Elefant«. In: Blätter der Remscheider Bühne 1952/53, Einlageblatt.
- Lobt die Dichter. In: Blätter der Remscheider Bühne 1953/54, S. 12*.
- Partisanen. Drama in 3 Akten (1953). Oberkail/Eifel: SV [1954] (BM).
- Das Dunkel. Schauspiel (1954). Oberkail[/Eifel]: SV [1956] (BM).
- »Wie Blätter im Herbst«. Uraufführung in Saarbrücken. In: Frankfurter Allgemeine Zeitung vom 29. Juni 1954. Nr. 147, S. 6.
- Reinhold Schneiders »Die Abrechnung« in Saarbrücken. In: Frankfurter Allgemeine Zeitung vom 18. November 1954.
- Starkenburg. Schauspiel in vier Aufzügen. Oberkail/Kyllburg/Eifel: SV [1955] (BM).
- Zwischen Himmel und Hölle. Frank-Thieß-Uraufführungen in Saarbrücken. In: Frankfurter Allgemeine Zeitung vom 31. Mai 1955.
- Thomas Adamsohn. Spiel. Hamburg: Chronos Verlag Martin Mörike [1954] (BM).
- Vogelinsel. Eine märchenhafte Komödie (1956). Pfalzgrafenweiler bei Freudenstadt/Schwarzwald: SV [ca. 1958] (BM).
- Not und Erfüllung. Spiel um die Stadtwerdung der Stadt Gernsheim. Kyllburg/Eifel: SV [1956] (BM).
- Schleuse ein Schauspiel. Pfalzgrafenweiler bei Freudenstadt/Schwarzwald: SV [1957] (BM).

Altermann, Susanne: Wo beginnt die Dekadenz? Bemerkungen zur Polemik um Brechts »Mutter Courage«. In: Tägliche Rundschau vom 12. März 1949, S. II (Beilage).

Ambesser, Axel von: Das Abgründige in Herrn Gerstenberg. München: Verlag Kurt Desch [1945] (BM).

Amerikanische Theaterstücke. Eine Einführung in Themen und Inhalte amerikanischer Bühnenwerke, die in deutscher Übersetzung erschienen sind. Hrsg. durch die amerikanische Nachrichtenkontrolle, Theater- und Musikabteilung, OMGUS. Berlin [West] 1948.

Andersch, Alfred: Deutsche Literatur in der Entscheidung. Ein Beitrag zur Analyse der literarischen Situation. Karlsruhe [19]48.

Anders, Günther: Die Antiquiertheit des Menschen. Bd. 1. München 1956.

Andres, Stefan: [Brief an Pierre Elcheroth] Positano (Salerno), 4.11.1942. In: Nouvelle Revue Luxembourgeoise 1971. Nr. 3, S. 247-249.
- Ein Herz, wie mans braucht. Drama in fünf Akten (1944/45). O.O.u.J. (BM).
- Tanz durchs Labyrinth. Dramatische Dichtung (1946). München: R. Piper & Co. Verlag 1948 (BM).
- Über die Sendung des Dichters. In: Literarische Revue 3 (1948), S. 129-139.
- Gottes Utopia. Tragödie in fünf Akten (1950). Berlin-Charlottenburg: Felix-Bloch Erben [ca. 1955].

- Die Touristen (Die Söhne Platons). Eine burleske Komödie. Berlin [West]: Felix Bloch Erben 1953 (BM).
- Die Sendung des Dichters (1953). In: Stefan Andres. Ein Reader zu Person und Werk. Hrsg. von Wilhelm Große. Trier 1980, S. 63-74.
- Wann kommen die Götter. Dramatische Dichtung. O.O.u.V. [1956] (BM).
- Und Zeus lächelt. Komödie in 6 Bildern. O.O.u.V. [1957] (BM).
- Sperrzonen. Eine deutsche Tragödie. Frankfurt a.M. [1958] (BM).
- Ein gutes Gewissen für alle Menschen. Der Schriftsteller und der Staat. In: Die Kultur. München 1958. 7. Jg. Nr. 121, S. 1f.
- Der Dichter in dieser Zeit. Reden und Aufsätze. München 1974.
- Lieber Freund – lieber Denunziant. Briefe. München/Zürich 1977.
- Einige Briefe von Stefan Andres an Albrecht Knaus. [Hrsg. von Wilhelm Große.] In: Mitteilungen der Stefan-Andres-Gesellschaft 22 (2001), S. 68-72.

Anonym: Währungsreform – auch gegen Kulturinflation. In: Der Tagesspiegel vom 23. Juni 1948. Nr. 143, S. 4.

Anonym: »Die Hinterbliebenen« verboten. In: Neue Zeitung vom 7. Oktober 1948, S. 4.

Anonym: Einigen Knieweichen ins Stammbuch! In: Neues Deutschland (B) vom 12. Juli 1953. Nr. 161, S. 1.

Anonym: Kritische Auseinandersetzung. Die Diskussion auf dem IV. Deutschen Schriftstellerkongreß. In: Neues Deutschland vom 13. Januar 1956.

Anonym: Probleme des Realismus in unserer Literatur. In: Neue deutsche Literatur 6 (1958). H. 7, S. 103.

Appia, Adolphe: Die Musik und die Inscenierung. München 1899.

Ardrey, Robert: Leuchtfeuer (Thunder Rock). Schauspiel in drei Akten. Übertragung von Frank C. Ruddy. München: Zinnen-Verlag Kurt Desch [1946] (BM).

Arendt, Hannah: Elemente und Ursprünge totaler Herrschaft. Frankfurt a.M. 1955.
- Eichmann in Jerusalem. Ein Bericht von der Banalität des Bösen. München 1964.

Arrabal, Fernando: Schwarzes Theater. Neuwied/Berlin 1963.

Asmodi, Herbert: Pardon wird nicht gegeben. Komödie in vier Akten [1954]. München: Drei Masken Verlag G.m.b.H. [1958] (BM).
- Jenseits vom Paradies. Ein Schauspiel in vier Akten. Berlin/Wiesbaden: Bühnenverlag Ahn & Simrock 1954 (BM).
- Tigerjagd. Komödie in vier Akten. München: Drei Masken Verlag G.m.b.H. [1958] (BM).
- Nachsaison. Komödien. Mit einem Nachwort von Marianne Kesting. Hamburg 1977.
- Die Menschenfresser. Eine Komödie. München: Drei Masken Verlag G.m.b.H. 1961 (BM).
- Der Autor an seinen Verleger. In: Ebd., S. 89-101.
- Mohrenwäsche. Komödie in zwei Akten. Zürich: Verlag H.R. Stauffacher [1963] (BM).
- Fragen an Herbert Asmodi [von James von Berlepsch] (1977). In: H.A.: Geld. [Programmheft] Münchner Volkstheater. Spielzeit 2000/2001. H. 6, S. 23*f.
- Zwölf Fragen an Herbert Asmodi. In: H.A.: Königsmarck oder Die ewigen Gefühle. Eine Operette für Schauspieler. Neues Theater Hannover. Spielzeit 2001/2002. H. 3, S. 9.
- »Die Wirklichkeit ist eine Komödie«. Der Heilbronner Schriftsteller Herbert Asmodi wird 80 – Theater, Unterhaltung und des Lebens Sinn. In: Kultur vom 29. März 2003, S. 30.

Audiberti, Jacques: Théâtre I-III. Paris 1948-1956.

Ausstellung »Theaterbau« vom 23. April bis 25. Mai 1955 auf der Mathildenhöhe zu Darmstadt anläßlich des V. Darmstädter Gesprächs »Theater«. In: Der Architekt 4 (1955), S. 111-121.

Autorenkolletiv [Boleslav Barlog u.a.]: Schafft neue Volksbühnen! Ein Aufruf der Berliner Künstlerschaft. In: Tägliche Rundschau vom 13. Dezember 1946. Nr. 291, S. 4.

Autorenkollektiv: Thesen zum sozialistischen Realismus. In: Neue deutsche Literatur 6 (1958). H. 3, S. 120-132.

Autorenkollektiv: Ein Nachwort zu den »Thesen«. In: Ebd. H. 5, S. 116f.

Backer, Hans Willibald: Die Jugend und das Positive. In: Der Theater-Almanach 1947. 2. Jahrgang. Hrsg. von Alfred Dahlmann. München 1947, S. 133-140.

Backhaus, Hans-Joachim: Neun Tage. Schauspiel in 7 Bildern. Leipzig: VEB Friedrich Hofmeister 1954 (Dramatischer Zirkel; 34).

Backhaus, Wilhelm: Bretter, die die Welt nicht mehr bedeuten? In: Der Theater-Almanach 1946/1947. Hrsg. von Alfred Dahlmann. München 1946, S. 168-181.

Bagdahn, Alfred: Das oberste Gesetz. Schauspiel in 5 Akten. Berlin [Ost]: Henschelverlag, Abteilung Bühnenvertrieb [19]60 (BM).

Bahn, Eugene: Report from Western Germany, II: Drama in the U.S. Zone, 1945-48. In: Educational Theatre Journal. Dezember 5 (1953), S. 313-321.

Baierl, Helmut: Ein Wegweiser. Spiel in einem Aufzug. Halle a.d.S.: Mitteldeutscher Verlag [1953] (Dramatischer Zirkel; 7).

– Die drei Irrtümer des Sebastian Fünfling. Lustspiel in einem Aufzug. Halle a.d.S.: Mitteldeutscher Verlag [1953] (Dramatischer Zirkel; 8).

– Gladiolen, ein Tintenfaß und eine bunte Kuh. Drei Einakter. Leipzig: VEB Friedrich Hofmeister [19]53.

– Der Streit um J.S. Bach. Satirischer Schwank in fünf Akten. Leipzig: VEB Friedrich Hofmeister 1955 (Dramatischer Zirkel; 79).

– Der rote Veit. Kriminalkomödie für Kinder nach Motiven eines Spiels von Reinhard Franke. Leipzig: VEB Friedrich Hofmeister [19]56 (Kinderbühne).

– Tölpel-Hans und die gelehrten Brüder. Ein Spiel nach Motiven von Hans Christian Andersen. Leipzig: VEB Friedrich Hofmeister 1956.

– Die Feststellung. Lehrstück (1957). In: Junge Kunst 2 (1958). H. 3, S. 56-67.

– Über die Bedeutung des Details in der darstellenden Kunst. In: Theater der Zeit 13 (1958). Nr. 11 (Beilage), S. 2-11.

– Frau Flinz. Komödie. In: Junge Kunst 5 (1961). H. 6, S. 1-31.

– Was ist der Gegenstand der Dramatik heute? Aus einer Rede auf dem III. Forum der sozialistischen Dramatik. In: Theater der Zeit 18 (1963). Nr. 15, S. 15-17.

– Gesichtspunkte. Über die Arbeit von Manfred Wekwerth. In: Sinn und Form 18 (1966). Sonderheft: Probleme der Dramatik, S. 666-675.

– Wie ist die heutige Wirklichkeit auf dem Theater darstellbar. In: Ebd., S. 736-742.

– Gespräch mit Helmut Baierl. In: Theater der Zeit 31 (1976). Nr. 5, S. 57-61.

Barcava, Stefan: Die Gefangenen. Schauspiel in fünf Akten (neun Bildern). Berlin-Charlottenburg: Felix Bloch Erben [1953] (BM).

Barkhoff, Hermann: Nationales Erbe – Neue deutsche Dramatik. Die Intendantentagung in Berlin. In: Theater der Zeit 7 (1952). Nr. 9, S. 7-9.

Barlog, Boleslaw: Dank und Hoffnung. In: Theaterstadt Berlin. Ein Almanach. Hrsg. von Herbert Ihering. Berlin [Ost]: Bruno Henschel & Sohn 1948, S. 125f.

– Ist das Theater überflüssig? In: Maske und Kothurn. Vierteljahrsschrift für Theaterwissenschaft 1 (1955), S. 24f.

– Theater lebenslänglich. Erweiterte Ausgabe. Frankfurt a.M./Berlin 1990 (Ullstein-Buch; 34700).

Barnewold, Ernst [i.e. **Wilhelm Nolting-Hauff**]: Entselbstete. Moriskos. Zwei Dramen. Bremen/Hannover: Walter Dorn Verlag 1948.

– Promethiden. Drama (Bühnenfassung). Bremen-Horn: Walter Dorn Verlag 1950.

Bättcher, Wolfgang und **Ilse Nürnberg**: Ehe eine Ehe eine Ehe wird. Nach dem Happyend (1954). Lustspiel in 5 Bildern mit Musik [...] von Benno Lipinski. Berlin [Ost]: Henschelverlag, Abteilung Bühnenvertrieb [19]60 (BM).

Bauer, Walter: Die Gabe der Hirten von heute (1945). Gütersloh: C. Bertelsmann Verlag 1947.

Bäuerle, Theodor: Aus der Begrüßungsansprache des Kultministers des Landes Württemberg-Baden T.B. In: Das deutsche Theater der Gegenwart. Werk und Aufführung. Verwaltung und Wirtschaft. Aus den Ansprachen auf der 1. Delegiertenversammlung des Deutschen Bühnenvereins am 16. April 1948 in Stuttgart. Ebd. [1949], S. 15-17 (Festgabe der Stadt Stuttgart für den Deutschen Bühnenverein).

Baum, Georgina: Humor und Satire in der bürgerlichen Ästhetik. Zur Kritik ihres apologetischen Charakters. Berlin [Ost] 1959.

Baumann, Hans: Im Zeichen der Fische. Schauspiel. Gütersloh: Sigbert Mohn Verlag 1960 (Das kleine Buch; 139).

Baumeister, Willi: Über die Bühnenbilder zu »Monte Cassino«. In: Egon Vietta: Monte Cassino. Ein Mysterienspiel. Mit Beiträgen von Gustav Rudolf Sellner und W.B. Krefeld 1950, S. 88f.

Baumgart, Hans: Schriftsteller im Kampf gegen den Faschismus. Eine aktuelle Reminiszenz. In: Neue deutsche Literatur 9 (1961). H. 11, S. 140-148.

Baumrucker, Gerhard: Die Grenze. Bühnenstück in einem Akt. München: Dr. Heinrich Buchner Verlag [1959] (Studio; 4).

Becher, Johannes R.: Das Führerbild. Ein deutsches Spiel in fünf Teilen (1942). München: Zinnen-Verlag Kurt Desch [1946] (BM).

– Winterschlacht. (Schlacht um Moskau.) Eine deutsche Tragödie in fünf Akten mit einem Vorspiel (1941-1953). Berlin [Ost]: Aufbau-Verlag 1953.

– Aufruf zur Gründung des »Kulturbundes zur demokratischen Erneuerung Deutschlands«. In: Manifest und Ansprachen von Bernhard Kellermann [...], gehalten bei der Gründungskundgebung des Kulturbundes zur demokratischen Erneuerung Deutschlands am 4. Juli 1945 im Haus des Berliner Rundfunks. Berlin [Ost] 1945, S. 4-9.

– Deutsches Bekenntnis. In: Aufbau 1 (1945). H. 1, S. 2-12.

– Deutschland klagt an! In: Aufbau 2 (1946). H. 1, S. 9-18.

– Auf andere Art so große Hoffnung. Rede zum Jahrestag der Gründung des Kulturbundes. In: Ebd. H. 7, S. 675-681.

– Auf andere Art so große Hoffnung. Tagebuch 1950. Berlin [Ost] 1951.

– Der Weg nach Füssen. [Schauspiel in 5 Akten.] Berlin [Ost]: Rütten & Loening 1953.

– Programmerklärung des Ministeriums für Kultur der Deutschen Demokratischen Republik. Zur Verteidigung der deutschen Kultur (= Beilage zu: Neue deutsche Literatur 2 [1954]. H. 5).

– Bemühungen I: Verteidigung der Poesie. Poetische Konfession. Berlin/Weimar 1972 (Gesammelte Werke; 13).

– Publizistik II (1939-1945). Berlin/Weimar 1978 (Gesammelte Werke; 16).

– Publizistik III (1946-1951). Berlin/Weimar 1979 (Gesammelte Werke; 17).

– Selbstzensur (1956). In: Sinn und Form 40 (1988), S. 543-551.

Beck, Friedrich: Der Tiefstapler. Komödie in drei Akten. Berlin-Charlottenburg: Bühnenvertrieb und Verlag Bruno Henschel & Sohn, Abteilung Bühnenvertrieb [1948] (BM).

Becker, Julius Maria: Das Mahl des Herrn. Schauspiel in 12 Bildern (1947). Zweite Auflage. Dülmen: A. Laumann'sche Verlagsbuchhandlung 1948 (Lizensausgabe des Aloys-Henn-Verlages).

Becker, Michel: Die neue Zunft. Ein chorisches Spiel aus der Zeit. Tettnang/Württemberg: Verlag Buchdruckerei L. Senn 1945.

– Die neue Zunft. Ein chorisches Spiel aus der Zeit. München: Dr. Heinrich Buchner Verlag 1947.

– Der Tor des Herrn. Ein Weihnachtsspiel unserer Zeit. Musik von Hans Sabel (1946). München: Dr. Heinrich Buchner Verlag 1947.

Becker, Susanne, **Claudia Weber** und **Hans-Joachim Müller**: Interview [mit Günter Grass] (1984). In: Butzbacher Autoren-Interviews 3. Hrsg. von H.-J.M. Darmstadt 1985, S. 138-158.

Becker-Trier, Heinz: Der König von Wunderland. Eine Komödie. Berlin [Ost]: Aufbau-Bühnenvertrieb G.m.b.H. 1946 (BM).

– Die heilige Johanna von Rom. Tragödie. Berlin [Ost]: Aufbau-Bühnenvertrieb G.m.b.H. 1946 (BM).

– Keine Angst vor morgen. Schauspiel in drei Akten. Berlin-Charlottenburg: Bühnenvertrieb und Verlag Bruno Henschel & Sohn [1946] (BM).

– Es war Mord, meine Herren Richter! Eine Tragödie. Hamburg: Chronos-Verlag Martin Mörike [ca. 1946] (BM).

Beckett, Samuel: Warten auf Godot – En attendant Godot – Waiting for Godot (1949). Frankfurt a.M. 1971.

– Endspiel – Fin de partie – Endgame (1957). Frankfurt a.M. 1974.

– Das letzte Band. Krapp's Last Tape. La dernière bande (1959). Frankfurt a.M. 1996.

– Proust and three Dialogues with Georges Duthuit. London 1965.

– Vier Texte über moderne Malerei. In: Samuel Beckett. Hrsg. von Hartmut Engelhardt. Frankfurt a.M. 1984, S. 8-25 (suhrkamp taschenbuch; 2044).

– Le Monde et le Pantalon suivi de Peintres de l'empêchement. Paris 1990.

Befehle des Obersten Chefs der Sowjetischen Militärverwaltung in Deutschland [i.e. Georgi Schukow]. Aus dem Stab der Sowjetischen Militärverwaltung in Deutschland. Sammelheft 1 (1945). Berlin [Ost] 1946.

Behr, Walter: Zum Geleit. In: Der Theater-Almanach 1946/1947. Hrsg. von Alfred Dahlmann. München 1946, S. 9.

– Gefahren des Darstellungsstils. In: Der Theater-Almanach 1947. 2. Jahrgang. Hrsg. von Alfred Dahlmann. München 1947, S. 155-160.

Bengsch, Gerhard: Die Versuchsreihe K 7 [ca. 1955] (n.n.).

Benjamin, Walter: Versuche über Brecht. Hrsg. und mit einem Nachwort versehen von Rolf Tiedemann. Frankfurt a.M. 1966 (edition suhrkamp; 172).

Benn, Gottfried: Ausgewählte Briefe. Mit einem Nachwort von Max Rychner. Wiesbaden 1957.

Berger, Manfred u.a.: Kulturpolitisches Wörterbuch. Berlin [Ost] ²1978.

Berghahn, Wilfried: Von den Elementen des heutigen Theaters. Anläßlich der Berliner Festwochen 1953. In: Frankfurter Hefte 8 (1953), S. 879-884.

Berlin [von Wolfgang Schimming]. In: Der Theater-Almanach 1947. 2. Jahrgang. Hrsg. von Alfred Dahlmann. München 1947, S. 300-329.

Berliner Spielpläne 1945-1946. In: Walther Karsch: Was war – was blieb... Berliner Theater 1945-46. Berlin [West] 1947, S. 101-106.

Bern, Peter [i.e. **Georg Basner**]: Das Urteil (Michaela). Tragödie. O.O.u.J. [1946] (BM).

Bernhard, Alfred: Herr der Welt. Mythisches Drama in 10 Bildern. Berlin-Charlottenburg: o.V. 1946 (BM).

– »Die Aufgab' ist gestellt...« In: Theater der Zeit 7 (1952). Nr. 19, S. 4f.

Bernhard, Fritz: Der Lohnausgleich. Duo-Szene. Halle a.d.S.: Mitteldeutscher Verlag [1952] (Dramatischer Zirkel; 3).

Besch, Lutz: Das Provinztheater. Auftrag und Probleme. In: Theaterstadt Berlin. Ein Almanach. Hrsg. von Herbert Ihering. Berlin [Ost]: Bruno Henschel & Sohn 1948, S. 203-209.

Beseler, Horst: Die Moorbande. Ein nationales Kinderstück in neun Bildern. Berlin [Ost]: Henschelverlag, Abteilung Bühnenvertrieb 1953 (BM).

Betke, Lotte: Wir, die wir im Aschengarten sind. Berlin [West]: Chronos-Verlag Martin Mörike [1947] (BM).

Bettauer, Fritz Ernst: Der Volkstribun. Schauspiel in fünf Akten. Bad Kissingen: Vereingte Bühnen- und Musikverlage 1947 (BM).

– Selbsthilfe und Mitarbeit. In: Der Autor 1947. H. 3, S. 3-6.

– Deutsche Autoren: Ferner liefen... In: Der Autor 1947. H. 12, S. 11-14; ebd. 1948. H. 3/4, S. 13-15; H. 5/6, S. 16f. und ebd. 1949. H. 5/6, S. 3-7.

Biel, Achim von: Unter dem Gesetz von Ort und Zeit. In: Theaterstadt Berlin. Ein Almanach. Hrsg. von Herbert Ihering. Berlin [Ost]: Bruno Henschel & Sohn 1948, S. 127-130.

Bieleke, Paul: Baugeschäft Menzel. Schauspiel in drei Akten. Berlin [Ost]: Aufbau-Bühnen-Vertrieb G.m.b.H. 1950 (BM).

Bienek, Horst: Werkstattgespräche mit Schriftstellern (1965). 3., vom Autor durchgesehene und erweiterte Auflage. München 1976.

Bill-Bjelozerkowski, W.N.: Sturm. Schauspiel in 4 Akten (11 Bildern). Bühnenfassung des Deutschen Theaters, Berlin. Berlin [Ost]: Henschelverlag 1960 (Zeitgenössische Dramatik).

Birnbaum, Charlotte: Zinnober. Romantische Zauberkomödie in zwölf Bildern nach E.T.A. Hoffmann. München: Verlag Kurt Desch [ca. 1945] (BM).

Bloch, Ernst: Das Prinzip Hoffnung. 3 Bde. Frankfurt a.M. 1973 (stw 3).

Bloom, Harold: A Map of Misreading. New York 1975.

Blumenberg, Hans: Das Verhältnis von Natur und Technik als philosophisches Problem. In: Studium Generale 4 (1951). H. 8, S. 461-467.

Böckler, Hans: Festspielwochen im Ruhrgebiet. In: [Programmheft] Ruhr-Festspiele Recklinghausen 1948, S. 5.

– Gewerkschaften und Kulturpolitik. Rede Hans *Böcklers* am 2. Juni 1950 in Goslar auf der Vertreterversammlung der Gewerkschaft Erziehung und Wissenschaft. In: Gewerkschaften und Kulturpolitik. Hrsg.: Bundesvorstand der Gewerkschaft Erziehung und Wissenschaft.

Essen 1954, S. 9-21 (Um Schule und Stand. Eine Schriftenreihe der Gewerkschaft Erziehung und Wissenschaft; 2).

Boeckh, Joachim G.: Die erzieherische Aufgabe der deutschen Literatur. In: Karussell 2 (1947). H. 14, S. 13-21.

Boeheim, Alex: Die letzten Stunden von Maidanek [1946] (n.n.).

Böll, Heinrich: Ein Schluck Erde. Köln: Kiepenheuer & Witsch 1962 (Collection Theater. Texte; 3).

Bonk, Jürgen: Auf dem Wege zum neuen Helden. In: Junge Kunst 5 (1961). H. 12, S. 71-74.

Bonsels, Bernd Holger: Orpheus. Tragödie in drei Teilen (1945). Stockholm: Alexander-Verlag 1948.

– Persephone. Dramatisches Gedicht. Aschaffenburg: Paul Pattloch Verlag 1948.

– Hans Stock. Der Schmied von Ochsenfurt. Ein Schauspiel. Ochsenfurt/Main: SV 1955 (BM).

– Gottmensch und Menschengott. Eine Kritik der Gesellschaft. Hamburg 1957.

Borchert, Wolfgang: »Stalingrad«. In: Hamburger Freie Presse vom 25. September 1946. Nr. 51.

– Sechzig Jahre Hamburg. Adoph Wittmaack: »Konsul Möllers Erben« (12. Februar 1947). In: Ders.: Das Gesamtwerk. Hrsg. von Michael Töteberg unter Mitarbeit von Irmgard Schindler. Reinbek bei Hamburg 2007, S. 505.

– [Brief] An Dr. Max Grantz / Hamburg, d. 27.2.47. In: Akzente 2 (1955), S. 118f.

– Allein mit meinem Schatten und dem Mond. Briefe, Gedichte und Dokumente. Hrsg. von Gordon J.A. Burgess und Michael Töteberg. Reinbek bei Hamburg 1996.

Borew, Jurij: Über das Komische. Berlin [Ost] 1960.

Bork, Kurt: Vielgestaltig – interessant – sozialistisch. Probleme unseres Theaters, die sich aus der Intendantentagung ergeben haben. In: Neues Deutschland (B) vom 24. Mai 1957. Nr. 122, S. 4.

Bormann, Arnold: Biedermänner. Komödie in 3 Akten. Berlin-Charlottenburg: Bühnenvertrieb und Verlag Bruno Henschel & Sohn [ca. 1945] (BM).

Börnsen, Hans: Die geistige Situation der Gegenwart und die Aufgaben des Dramas. In: Hamburger Jahrbuch für Theater und Musik 1948-49, S. 23-39.

– Über die Auferstehung der Musik aus dem Ungeist der modernen Kulturtragödie. In: Hamburger Jahrbuch für Theater und Musik 1950, S. 9-17.

– Abstraktion, Wirklichkeit, Surrealismus. In: Hamburger Jahrbuch für Theater und Musik 1951, S. 24-43.

Bortfeldt, Kurt: Schiessbudenfiguren – ? Dramatische Skizze. Berlin-Charlottenburg: Gustav Kiepenheuer Bühnenvertriebs GmbH 1947 (BM).

Bostroem, Annemarie: Die Kette fällt. Schauspiel in 7 Bildern. Berlin [Ost]: Aufbau-Bühnen-Vertrieb G.m.b.H. 1948 (BM).

Böttcher, Helmuth Maximilian: Die Geburt Hamlets. Ein Shakespeare-Bacon-Schauspiel in 5 Aufzügen. Berlin [West]: C.M. Roehr-Verlag 1946 (BM).

– Fabrikbetrieb »Schriftstellerei«. In: Der Autor 1949. H. 10/11, S. 6-9.

Braemer, Edith: Problem »Positiver Held«. Ein Diskussionsbeitrag. In: Neue deutsche Literatur 9 (1961). H. 6, S. 41-65.

Leben und Schriften **Ulrich Bräkers**, des Armen Mannes im Tockenburg. Dargestellt und hrsg. von Michael Voellmy. 3 Bde. Basel 1945.

Brandauer, Klaus Maria: Bleiben tu' ich mir nicht. Wien 1991.

Branstner, Gerhard: Der positive Held und seine Widersacher. Vom Wert einer richtigen Theorie. In: Neue deutsche Literatur 7 (1959). H. 9/10, S. 223-227.

Braun, Hanns: Der gedoppelte Prusias. Komödie. München: Verlag Kurt Desch 1946 (BM).

Braun, Mattias: Die Troerinnen. Medea. Nach Euripides. Frankfurt a.M.: Fischer 1959 (Theater von heute).

Brecht, Bertolt: Versuche 29/37. H. 15. Berlin [West] 1957.

– Schriften zur Literatur und Kunst 1-3. Frankfurt a.M. 1967.

– Was arbeiten Sie? Berlin 1926. In: Brecht im Gespräch. Diskussionen, Dialoge, Interviews. Hrsg. von Werner Hecht. Frankfurt a.M. 1975, S. 187-190 (edition suhrkamp; 771).

– Über mein Theater. Skovbodrand 1934. In: Ebd., S. 191-196.

– Über Bemühungen um den Frieden. Paris 1951. In: Ebd., S. 203-205.

– Ein schwieriges Unternehmen (1953). In: Études germaniques 58 (2003), Nr. 1, S. 61f.

Brecht nach zehn Jahren. In: Süddeutsche Zeitung vom 13./14./15. August 1966. Nr. 193/194 (Feuilleton) [unpaginiert].

Brechts ›Kaukasischer Kreidekreis‹. Hrsg. von Werner Hecht. Franfurt a.M. 1985 (suhrkamp taschenbuch; 2054).

Brechts »Kreidekreis«. Ein Revolutionsstück. Eine Interpretation von Betty Nance Weber. Mit Texten aus dem Nachlaß. Frankfurt a.M. 1978 (edition suhrkamp; 928).

Brechts »Leben des Galilei«. Hrsg. von Werner Hecht. Franfurt a.M. 1981 (suhrkamp taschenbuch; 2001).

Brechts »Tage der Commune«. Hrsg. von Wolf Siegert. Frankfurt a.M. 1983 (suhrkamp taschenbuch; 2031).

Breinlinger, Hans: Konzert an der Memel. Szenischer Bericht in neun Bildern. Norderstedt: Vertriebsstelle und Verlag deutscher Bühnenschriftsteller und Bühnenkomponisten G.m.b.H. [ca. 1957].

– Gekados. Szenischer Bericht in 9 Bildern. Hamburg: Vertriebsstelle und Verlag Deutscher Bühnenschriftsteller und Bühnenkomponisten G.m.b.H. 1960 (BM).

Bremer, Claus: Der Bühnenbildner Franz Mertz. In: Das Neue Forum 3 (1953/54), S. 140-142.

– Absetzung des Hirnes zugunsten der Herrschaft des Herzens. Skizzen zu Tennessee Williams' »Camino Real«. In: Das Neue Forum 4 (1954/55), S. 89-92.

– Zu den Montage-Elementen in Wilders Heiratsvermittlerin. In: Das Neue Forum 5 (1955/56), S. 145f.

– Kunst und Uniform. In: Das Neue Forum 6 (1956/57), S. 19-21.

– Die moderne Inszenierung. Notizen anläßlich Werner Düggelins Darmstädter Inszenierung des »Schatten« von Jewgenij Schwarz. In: Ebd., S. 93-95.

– Eugène Ionesco. Ein Avantgardist des Theaters. In: Ebd., S. 220-222.

– Das heutige Publikum und der heutige Schauspieler. In: Ebd., S. 249-252.

– Gegenüber- und wohinlos. In: Das Neue Forum 7 (1957/58), S. 8.

– Der Teufel auf der Bühne. In: Ebd., S. 34f.

– Der Dichter muß zeichnen. In: Ebd., S. 155-157.

– Das instrumentale Theater. In: Das Neue Forum 8 (1958/59), S. 172-176.

– Stichworte zu einem zeitgemäßen Theater. In: Das Neue Forum 10 (1960/61), S. 268-272.

– Stadien des Sellner-Theaters – in fünf Beispielen. In: Theater heute 2 (1961). Nr. 9, S. 19-22.

– Theater ohne Vorhang. Drei dramaturgische Essays mit einem Vorwort von Gustav Rudolf Sellner und sieben Fotos. St. Gallen/Stuttgart 1962 (Die Quadrat-Bücher; 31).

Brief der Stahlwerker an Minister Goschütz. SM-Öfen brauchen Qualitätsbriketts! In: Neues Deutschland (B) vom 26. Februar 1958. Nr. 49, S. 5.

Brodwin, Stefan [**Slatan Dudow**]: Das Narrenparadies. Komödie in sieben Bildern. Berlin [Ost]: Verlag Bruno Henschel & Sohn 1947 (Internationale Dramatik; 1).

– Die Komödie und ihre gesellschaftliche Bedeutung. In: Aufbau 3 (1947). H. 7, S. 21-28.

– Der leichtgläubige Thomas. Komödie in 8 Bildern. Berlin [Ost]: Verlag Bruno Henschel & Sohn, Abteilung Bühnenvertrieb 1950 (BM).

Brück, Max von: Mythos und Gegenwart. In: Der Theater-Almanach 1946/1947. Hrsg. von Alfred Dahlmann. München 1946, S. 95-111.

Buch, Fritz Peter: Der Prophet. Schauspiel. München: Verlag Kurt Desch 1946 (BM).

– Vom Gegenwartsauftrag des Theaters. In: Der Theater-Almanach 1946/1947. Hrsg. von Alfred Dahlmann. München 1946, S. 72-83.

– Die Fahrt der »Patmos«. Schauspiel in drei Akten. Bad Kissingen: Vertriebsstelle und Verlag Deutscher Bühnenschriftsteller und Bühnenkomponisten G.m.b.H. [ca. 1950] (BM).

Buchholz, Gerhard Traugott: Kibiw. Ein Lustspiel mit etwas Musik. Berlin [Ost]: Drei Masken Verlag A.G. 1945 (BM).

– Reich Gottes auf Erden. Schauspiel in zwei Zeiten. Berlin-Charlottenburg: Gustav Kiepenheuer-Bühnenvertriebs-G.m.b.H. [1949] (BM).

Büchner, Ulrich: Michael Jason [1948] (n.n.).

Buckwitz, Harry: Das sozialkritische Theater. In: Elemente des modernen Theaters. Frankfurt a.M. 1961, S. 55-91 (Schriften der Frankfurter Gesellschaft für Theaterwissenschaft).

Bundeswehr-Komödie in drei Akten. In: Theater der Zeit 12 (1957). Nr. 6, S. 9f.

Burghardt, Max: Warum spielen wir »Winterschlacht«? In: Programmheft der Städtischen Theater Leipzig zu Johannes R. Bechers »Winterschlacht«. Spielzeit 1953/54.

Burgmaier, Albert: [Vorrede.] In: Friedrich Leonhard Schäfer: Die Wiederkehr des Prometheus. Ein Weihespiel. Amorbach/Ufr. 1951, S. I* (Werkstunden-Schriftenreihe; 91).

Burrmeister, Otto: Warum Ruhrfestspiele? In: [Programmheft] Ruhrfestspiele Recklinghausen 1959.

Camus, Albert: Le mythe de Sisyphe. Nouvelle Édition augmentée d'une étude sur Franz Kafka. Paris 1942.

– Der Mythos von Sisyphos. Ein Versuch über das Absurde (1942). Hamburg 1959 (rowohlts deutsche enzyklopädie; 90).

– Der Mensch in der Revolte [L'Homme révolté]. Essays (1951). Hamburg ³1961.

– Die Dramen. Ins Deutsche übertragen von Guido G. Meister. Hamburg 1959.

Carpentier, Karl Heinz: Antwort auf eine Antwort. In: Junge Kunst 2 (1958). H. 7, S. 54-59.

Carwin, Heinz: Moses. Berlin-Charlottenburg: Felix Bloch Erben [ca. 1949] (n.n.).

Castagne, Helmut: Die umstrittene Uraufführung oder das Ius primae noctis (1953). In: Theater im Gespräch. Ein Forum der Dramaturgie. München/Wien 1963, S. 42-45.

Chruschtschow, N.S.: Für eine enge Verbindung der Literatur und Kunst mit dem Leben des Volkes. In: Neues Deutschland (B) vom 7. September 1957. Nr. 211, S. 3-5.

Claudel, Paul: Dramen. Zweiter Teil. Mit einem Nachwort von Elisabeth Brock-Sulzer. Heidelberg/Zürich/Köln 1958 (Gesammelte Werke; 3).

Cocteau, Jean: Journal d'un inconnu. Paris 1953 (Les cahiers verts; 14).

Corhag, Erwin: Heimkehr. Schauspiel in 5 Aufzügen. Hamburg: J.P. Toth Verlag, Bühnenvertrieb 1947 (BM).

Coubier, Heinz [i.e. **Heinz Kuhbier**]: Mohamed. Komödie. Leipzig: Dietzmann-Verlag 1945 (BM).

Craig, Edward Gordon: Über die Kunst des Theaters. Berlin [West] 1969.

Cramer, Heinz von: Kunstwerk und Betrachter in unserer Zeit. In: Aufbau 3 (1947). H. 12, S. 402-407.

Creutz, Lothar: Eine unamerikanische Prostituierte. In: Die Weltbühne 19 (1954), S. 680-682.

– »Die Dorfstraße«. In: Deutsches Theater. Bericht über 10 Jahre. Redaktion Ernst Schoen. Berlin [Ost]: Henschelverlag 1957, S. 274-278.

Dahlmann, Alfred: Der Theater-Almanach. Anschauung und Umkreis. In: Der Theater-Almanach 1946/1947. Hrsg. von A.D. München 1946, S. 10-12.

– Die Hydra. Ein Standpunkt zwischen Bühne und Parkett. In: Ebd., S. 195-205.

Dahrendorf, Ralf: Homo sociologicus. Ein Versuch zur Geschichte, Bedeutung und Kritik der Kategorie der sozialen Rolle. Vierte, erweiterte Auflage. Köln/Opladen 1964.

– Gesellschaft und Demokratie in Deutschland. München 1965.

Damm-Wendler, Ursula: Wiedersehn am Wochenend. Zwei Akte, eine Pause und ein bißchen Musik. Berlin [Ost]: VEB Lied der Zeit Musikverlag – Bühnenvertrieb [1959] (BM).

Darboven, Anna Maria: Wolfgang Borchert und seine Aufgabe in unserer Zeit. In: Hamburger Jahrbuch für Theater und Musik 1948-49, S. 112-125.

Darmstädter Gespräch »Theater«. Hrsg. im Auftrag des Magistrats der Stadt Darmstadt und des Komitees Darmstädter Gespräch 1955 von Egon Vietta. Darmstadt 1955.

Das Feuer darf nicht verlöschen. Ein Dichter mit Brotbeutel. In: Der Spiegel 2 (1948). Nr. 48, S. 21f.

Das Theater der Gegenwart. Eine Rundfrage. In: Neue deutsche Literatur 5 (1957). H. 4, S. 127-134.

DDR-Dramatiker über Brecht. Akademie der Künste der DDR / Berliner Ensemble. Podiumsgespräch. In: Brecht 73: Brecht-Woche der DDR, 9.-15. Februar 1973. Dokumentation. Hrsg. von Werner Hecht. Berlin [Ost] 1973, S. 197-230.

Debatte mit Gründgens. Mittwochsgespräch über das Düsseldorfer Theatermanifest. In: Neue literarische Welt vom 31. Dezember 1952. Nr. 24, S. 9.

Deicke, Günther: Das Atom. Auszüge aus einem Poem. In: Neue deutsche Literatur 6 (1958). H. 5, S. 40-47.

Deiters, Heinrich: Wiedergeburt einer Kultur. In: Sonntag vom 16. März 1947. Nr. 11, S. 1f.

De Kowa, Victor: Katechismus des gesunden Menschenverstandes. Stuttgart/Berlin 1949.

Demokritikus: Schreiben eines Theaterenthusiasten an einen Freund. In: Komödie. Zeitschrift für künstlerisches Theater 2 (1947). H. 1, S. 31f.

Denger, Fred: Wir heissen Euch hoffen. Schauspiel um die heutige Jugend in drei Akten. Berlin-Charlottenburg: Gustav Kiepenheuer Bühnenvertrieb G.m.b.H. [1946] (BM).

– Hunger? Hunger! Tragödie in drei Akten. Berlin-Charlottenburg: Gustav Kiepenheuer Bühnenvertriebs GmbH. [1946] (BM).

– Die Pest. Schauspiel in 3 Akten. Berlin-Charlottenburg: Gustav Kiepenheuer Bühnenvertriebs G.m.b.H. 1946 (BM).

– Die heilige Hannah von Auschwitz oder ›Es muß noch vieles frisch gestrichen werden‹. Eine Deutsche Tragödie in 3 Akten [ca. 1946/47] (n.n.).

– Bikini. München: Drei Fichten Verlag 1948 (BM).

– Drachen steigen gegen den Wind. Schauspiel in fünf Akten. Berlin [Ost]: Henschelverlag, Abteilung Bühnenvertrieb 1952 (BM).

– Langusten. Ein Schauspiel für eine Person in drei Akten. Berlin [West]: Felix Bloch Erben 1957 (BM).

Der erste Bundeskongreß. Protokoll der ersten Bundeskonferenz des Kulturbundes zur demokratischen Erneuerung Deutschlands am 20. und 21. Mai 1947 in Berlin. Berlin [Ost] 1947.

Der Fall Heiner Müller. Dokumente zur »Umsiedlerin«. Protokolle, Gutachten, Briefe, Kommentare. In: Sinn und Form 43 (1991). H. 3, S. 435-486.

Der Kampf gegen den Formalismus in Kunst und Literatur, für eine fortschrittliche deutsche Kultur. Referat von Hans Lauter, Diskussion und Entschließung von der 5. Tagung des Zentralkomitees der Sozialistischen Einheitspartei Deutschlands vom 15.-17. März 1951. Berlin [Ost] 1951.

Der Nachterstedter Brief. Diskussionsbeiträge von Arbeitern und Schriftstellern zur Vorbereitung des IV. Deutschen Schriftstellerkongresses. Hrsg. vom Deutschen Schriftstellerverband und vom Bundesvorstand des Freien Deutschen Gewerkschaftsbundes. Berlin [Ost] [19]55.

Der neue Stil Bayreuth. In: Das Neue Forum 2 (1952/53), S. 57.

Der Sinn des Theaters [Antwortschreiben internationaler Dramatiker]. In: Das neue Nationaltheater. Festschrift zur Eröffnung des neuen Mannheimer Nationaltheaters am 175. Jahrestag der Uraufführung der »Räuber«. Hrsg. im Auftrage der Intendanz des Mannheimer Nationaltheaters von Dr. Claus Helmut Drese. Mannheim 1957, S. 13-90.

Der Theater-Almanach 1946/1947. Kritisches Jahrbuch der Bühnenkunst. Hrsg. von Alfred Dahlmann. München 1946.

Der Theater-Almanach 1947. Kritisches Jahrbuch der Bühnenkunst. 2. Jahrgang. Hrsg. von Alfred Dahlmann. München 1947.

Der Weg zum Wir. Anthologie neuer deutscher Dramatik. Hrsg. von Wilfried Adling. Leipzig: Reclam 1959 (RUB 8557).

Deuerlein, Ernst: Die Einheit Deutschlands. Bd. 1. Die Erörterungen und Entscheidungen der Kriegs- und Nachkriegskonferenzen 1941-1949. Darstellung und Dokumente. Zweite, durchgesehene und erweiterte Auflage. Frankfurt a.M./Berlin 1961.

Deutsches Bühnen-Jahrbuch. Theatergeschichtliches Jahr- und Adreßbuch 56 (1945/1948) ff.

Deutsches Theater. Bericht über 10 Jahre. Redaktion Ernst Schoen. Berlin [Ost]: Henschelverlag 1957.

Dialog der Theaterleute mit Philosophen, Politikern und Naturwissenschaftlern. In: Brecht-Dialog 1968. Politik auf dem Theater. Hrsg. von Werner Hecht. München 1969, S. 207-236.

Die Alternative oder Brauchen wir eine neue Regierung? Hrsg. von Martin Walser. Reinbek bei Hamburg 1961.

Die Misere westdeutscher Dramatik. [Auszüge aus einer Rundfrage der Zeitschrift *Die Kultur*.] In: Theater der Zeit 16 (1961). Nr. 8, S. 56f.

Die neuen deutschen Bühnen in der Spielzeit 1945/46. In: Der Theater-Almanach 1946/1947. Hrsg. von Alfred Dahlmann. München 1946, S. 351-376.

Die Pariser Theateravantgardisten. [Stellungnahmen von zwanzig deutschsprachigen Dramatikern.] Zusammengestellt und eingeleitet von Hermann Wanderscheck. In: Maske und Kothurn 4 (1958). H. 1, S. 1-14.

Die Verfassung der Deutschen Demokratischen Republik. Mit einer Einleitung von Otto Grotewohl. Berlin [Ost] 1949.
»Dieser Mann müßte einmal zum Psychator [sic!]«. Auszüge aus einem Spitzelprotokoll nach der Premiere von »Die Umsiedlerin«, November 1961 in Karlshorst. Gefunden von Heiner Müller in seiner Akte. In: Wochenpost vom 11. Februar 1993. Nr. 7, S. 15f.
Dietrich: Strindberg und O'Neill. In: Hamburger Jahrbuch für Theater und Musik 1950, S. 76-85.
Dietrich, Margret: Die dramaturgische Technik im modernen Drama (1956). In: Theater im Gespräch. Ein Forum der Dramaturgie. München/Wien 1963, S. 137-158.
– Das Groteske als tragisches Weltgefühl im modernen Drama (1959). In: Ebd., S. 277-305.
– Sinnlichkeit und Sittlichkeit des Theaters (1960). In: Ebd., S. 176-233.
– Antiker Mythos im modernen Drama. In: Das Neue Forum 10 (1960/61), S. 219-224.
Dill, Liesbet: Notruf eines Autors. In: Der Autor 1948. H. 5/6, S. 13f.
Dirks, Walter: Ein Fest und ein Zeichen. Zehn Jahre Ruhr-Festspiele. Frankfurt a.M. 1956.
Diskussionsbeiträge zu den Referaten von Alexander Abusch und Kuba auf dem 32. Plenum des ZK der SED. In: Neue deutsche Literatur 5 (1957). H. 10, S. 111-127.
Djacenko, Boris: Hans Bockums Höllenfahrt [ca. 1945] (n.n.).
– Menschen an der Grenze. Schauspiel. Berlin [Ost]: Bruno Henschel & Sohn, Abteilung Bühnenvertrieb [1950] (BM).
– Dschungel. Berlin [Ost]: Bruno Henschel & Sohn, Abteilung Bühnenvertrieb 1951 (BM).
– Lern lachen, Lazarus [ca. 1956] (n.n.).
Dokumente zu Friedrich Dürrenmatt ›Die Physiker‹. Hrsg. von Peter C. Plett. Stuttgart 1972.
Domin, Friedrich: Die Not und das Notwendige. Gedanken zur Lage des Schauspielers und der Bühnen. In: Der Theater-Almanach 1947. 2. Jahrgang. Hrsg. von Alfred Dahlmann. München 1947, S. 37-53.
Dornberger, Paul: Die Volksbühne. In: Theater der Zeit 8 (1953). Nr. 2, S. 45-47.
– Das eiserne Büffelchen. Schauspiel in fünf Akten (zehn Bildern) nach Motiven des gleichnamigen Romans von Alex Wedding. Fassung des Theaters der jungen Garde Halle. Berlin [Ost]: Henschelverlag, Abteilung Bühnenvertrieb [19]58 (BM).
Dorst, Tankred: Das Geheimnis der Marionette. Mit einem Vorwort von Marcel Marceau. München 1957.
– Gesellschaft im Herbst (1959). In: Junges deutsches Theater von heute. Mit einem Vorwort von Joachim Kaiser. München: Albert Langen · Georg Müller [1962], S. 223-292.
– Die Wirklichkeit auf dem Theater. In: Theater heute 3 (1962). Nr. 1, S. 8.
– Dialog. Etwas über das Schreiben von Theaterstücken. In: Seiltanz auf festen Versesfüßen. Neun Autoren in der Marburger Universität. Hrsg. vom Präsidenten der Philipps-Universität. Redaktion: Wilhelm Solms. Marburg 1987, S. 83-110.
Dreher, Walther: Ursprünge und Traditionen. In: Neue deutsche Literatur 6 (1958). H. 5, S. 119-123.
Dresden. Kritischer Rückblick von Felix v. Lepel. In: Der Theater-Almanach 1946/1947. Hrsg. von Alfred Dahlmann. München 1946, S. 317-331.
Dressler, Dieter: »Schwarze Pumpe«. In: Junge Kunst 2 (1958). H. 5, S. 62f.
Drewitz, Ingeborg: Prometheus II. O.O. [1946-1949] (n.n.).
– Unio mystica – ein Spuk? O.O. [1949] (n.n.).
– Die Mutter. Eine Tragödie in drei Akten. O.O. [ca. 1950] (n.n.).
– Der Turm von Babel. O.O. [1951] (n.n.).
– Alle Tore waren bewacht. O.O. [1951/52] [insgesamt acht Fassungen] (n.n.).
– Der Richter. O.O. [1952] (n.n.).
– Der Mann, der Gott gehasst hat. Ein Stück um Judas Ischariot (1952/53). Starnberg: Josef Keller Verlag [1955] (BM).
– Moses. Ein Drame [sic!]. Frankfurt a.M.: S. Fischer Verlag [1953] (BM).
– Stadt ohne Brücke. Schauspiel in 3 Akten. Essen-Bredeney: Thespis-Verlag [1955] (BM).
– Wege zur Frauendramatik. In: Neue deutsche Hefte 2 (1955/56), S. 152-155.
– Die Macht der Hölle [1956] (n.n.).
– Flamingos. Schauspiel in 3 Akten. Essen-Bredeney: Thespis-Verlag [1957] (BM).
– Groteske Literatur – Chance und Gefahr. In: Merkur 19 (1965), S. 338-347.

- Carl Zuckmayer – Versuch eines Portraits (1966). In: Geschichte der deutschen Literatur aus Methoden. Westdeutsche Literatur 1945-71. Hrsg. von Heinz-Ludwig Arnold. Bd. 1. Frankfurt a.M. 1972, S. 174-179.
- [Brief an:] Anat Feinberg. 1000 Berlin 37 (Zehlendorf), Quermatenweg 178, 20.10.[19]81. [Kopie im Besitz von W.G.S.]
- Hinterm Fenster die Stadt. Aus einem Familienalbum. München 1985.
- Ernst Bloch und meine Wirklichkeit. In: Die Neue Gesellschaft. Frankfurter Hefte 32 (1985), S. 874-877.
- Documentation: Ingeborg Drewitz. Ein Gespräch mit Jutta-Arend-Bernstein. In: The German Quarterly 59 (1986), S. 270-278.
- ›Die ganze Welt umwenden‹. Ein engagiertes Leben. Mit einem Vorwort von Erich Fried. Hrsg. von Uwe Schweikert. Düsseldorf 1987.
- und **Jutta Sauer**: Literatur und Engagement. Ein Gespräch. In: Neue Deutsche Hefte 32 (1985), S. 733-747.

Drews, Richard: Für und wider das Zeitstück. In: Der Theater-Almanach 1947. 2. Jahrgang. Hrsg. von Alfred Dahlmann. München 1947, S. 98-103.

Drews, Wolfgang: Stilbildende Kräfte im Theater (1955). In: Theater im Gespräch. Ein Forum der Dramaturgie. München/Wien 1963, S. 103-114.

Dröge, Ernst Wolf: Penelope. Komödie in drei Akten: Chemnitz: Barbarossa-Verlag [1948] (BM) (n.n.).

Drolinvaux, Ernst: ...Zeppelin...Dora...0,52... Visionen um die Schlacht bei Cheprew. München: Drei Fichten Verlag 1948 (BM).

Dudow, Slatan [**Stefan Brodwin**]: Der Feigling. Komödie in 5 Akten. Berlin [Ost]: Henschelverlag 1960 (Zeitgenössische Dramatik).
- **Henryk Keisch** und **Michael Tschesno-Hell**: Der Hauptmann von Köln. Eine satirische Filmkomödie. Berlin [Ost]: Henschelverlag 1956.

Dürrenmatt, Friedrich: Der Besuch der alten Dame (1956). Zürich 1985.
- Theater-Schriften und Reden. Hrsg. von Elisabeth Brock-Sulzer. Zürich 1966.
- Dramaturgisches und Kritisches. Theater-Schriften und Reden II. Zürich 1972.
- Über die Grenzen. Zürich 1990 (pendo-profile).
- Die Entdeckung des Erzählens. Gespräche 1971-1980. Hrsg. von Heinz Ludwig Arnold. Zürich 1996 (Gespräche 1961-1990 in vier Bänden; 2)

Durieux, Tilla: Zagreb 1945. Berlin [West]: Felix Bloch Erben [1946] (BM).

Dymschitz, Alexander: Der »kleine Mann« kämpft gegen die Nazis. »Schweyk« – Bert Brechts neues Schauspiel. In: Tägliche Rundschau vom 12. Januar 1947. Nr. 10.
- Schmutzige Hände. In: Tägliche Rundschau vom 21. Dezember 1948.

Eberlein, Ludwig: Bewährungsprobe der Kunst. Die kulturelle Situation nach der Geldreform. In: Der Tagesspiegel vom 29. Juni 1948. Nr. 148, S. 4.

Ebert, Gerhard: Die provozierten Dramatiker. In: Neue deutsche Literatur 5 (1957). H. 7, S. 158-161.

Ebert, Günter: Gedanken zur Bitterfelder Konferenz. In: Neue deutsche Literatur 7 (1959). H. 6, S. 33f.

Ein Gespräch zwischen Wolfgang Heise und Heiner Müller. In: Brecht 88. Anregungen zum Dialog über die Vernunft am Jahrtausendende. Hrsg. von W.H. 2., erweiterte Auflage. Berlin [Ost] 1989, S. 189-208.

Einstein, Albert und **Leopold Infeld**: Die Evolution der Physik. Von Newton bis zur Quantentheorie. Hamburg 1956.

Eliot, T.S.: Theodore-Spencer-Lesung an der Havard-Universität (1950). In: Das Neue Forum 1 (1951/52), S. 13-15.
- Die Dramen. Frankfurt a.M. 1974.

Ellermann, Rolf: Der Strohhalm. Ein Spiel um junge Menschen. Berlin-Charlottenburg: Gustav Kiepenheuer Bühnenvertrieb G.m.b.H. [1947] (BM).

Ellmar, Paul: Pariser Theater. In: Hamburger Jahrbuch für Theater und Musik 1948-49, S. 127-140.
- Das amerikanische Theater. In: Hamburger Jahrbuch für Theater und Musik 1951, S. 84-95.

– Das französische Avantgardetheater. In: Das Neue Forum 3 (1953/54), S. 49f.
Empfehlungen der Bitterfelder Konferenz. In: Neue deutsche Literatur 7 (1959). H. 6, S. 6.
Enders, Horst: Victory-Day. Schauspiel in drei Akten. Nach Motiven von Maupassant [1956]. Berlin [Ost]: Henschelverlag, Abteilung Bühnenvertrieb [1957] (BM).
– Trufanowo. Stück (1957) [Fernsehfassung] [Schöneiche-Berlin:] o.V. [ca. 1972] (BM).
– Das Haus im Schatten. Stück in zwei Teilen (1958/59). Leipzig: VEB Friedrich Hofmeister [1961] (BM).
Engel, Erich und **Robert A. Stemmle**: Affäre Blum. In: Theater heute 2 (1961). Nr. 6, S. 52/I-XX.
Engel, Thomas: Treibgut. 5 Akte. Berlin-Charlottenburg: Felix Bloch Erben 1948 (BM).
Engels, Friedrich: Der deutsche Bauernkrieg. Berlin [Ost] ^{12}1975.
Entschließung der Intendantentagung vom Mai dieses Jahres. In: Theaterdienst 9 (1954). H. 30-32.
Enzensberger, Hans Magnus: Die Aporien der Avantgarde. In: Ders.: Einzelheiten. Frankfurt a.M. 1962, S. 290-315.
Erpenbeck, Fritz: Wunde Punkte. In: Der Theater-Almanach 1947. 2. Jahrgang. Hrsg. von Alfred Dahlmann. München 1947, S. 61-75.
– Lebendiges Theater. Aufsätze und Kritiken. Berlin [Ost] 1949.
– Verantwortung für die Rolle. In: Theater der Zeit 4 (1949). Nr. 2, S. 1-4.
– Aktualisieren oder Historisieren? Einige Bemerkungen zur Inszenierung von Zeitstücken. In: Theater der Zeit 5 (1950). Nr. 3, S. 7-9.
– Old Shatterhand im kalten Krieg. Zu Carl Zuckmayers neuem Drama. In: Theater der Zeit 10 (1955). Nr. 12, S. 1-5.
Eschmann, Ernst Wilhelm: Tessiner Episteln. Hamburg: Verlag Heinrich Ellermann 1949.
– Alkestis. Schauspiel. Tübingen: Heliopolis Verlag 1950.
– Von Schauspielern und anderem. In: Das Neue Forum 1 (1951/52), S. 33f.
Eulenberg, Herbert: Europa. Ein Hirtenstück aus der griechischen Sagenwelt. Düsseldorf: Die Faehre [1949].
Eylau, Hans Ulrich: Ein junger Sechziger. Fritz Wisten zum Geburtstag. In: Berliner Zeitung vom 26. März 1950. Nr. 73.
– Gegen den Tyrannen. Premiere von Schillers »Fiesco« im Theater am Schiffbauerdamm. In: Berliner Zeitung vom 10. November 1951.
– Ein Feldwebel und ein Mann. Zur Aufführung von Bechers »Winterschlacht« beim Berliner Ensemble. In: Berliner Zeitung vom 22. Januar 1955. Nr. 18, S. 3.
Fabian, Gerhard: Geschichten um Marie Hedder. Schauspiel in 3 Akten. Berlin [1958] (BM).
– Die Stärkeren. Schauspiel in 13 Bildern gewidmet den Mansfelder Bergarbeitern. Leipzig [1959] (BM).
– Die Stärkeren. Schauspiel in 17 Bildern. [Neufassung.] Leipzig 1959 (BM).
Fadejew, Alexander: Der sozialistische Realismus und die Romantik. In: Tägliche Rundschau vom 13. Juli 1947. Nr. 161, S. 4 und vom 15. Juli 1947. Nr. 162, S. 4.
Falckenberg, Otto: Schauspieler und »Chorische Einheit«. In: Der Theater-Almanach 1946/1947. Hrsg. von Alfred Dahlmann. München 1946, S. 182-194.
Felkel, Günter: Unsterbliche Flamme. Ein Drama um die letzten Stunden Georg Büchners. [Berlin-Glienicke:] Bühnenvertrieb die kassette [1948] (BM).
– Aufstand. Schauspiel. [Berlin-Glienicke:] Bühnenvertrieb die kassette [1949] (BM).
– Narkose. Schauspiel. Berlin [Ost]: Henschelverlag, Abteilung Bühnenvertrieb [1955] (BM).
– Narkose. Schauspiel. [Neufassung.] Berlin [Ost]: Henschelverlag [19]59 (BM).
Festschrift für Heinz Hilpert zum 70. Geburtstag. Hrsg. von Joachim Brinkmann. Göttingen 1960.
Feuchtwanger, Leon / Arnold Zweig: Briefwechsel 1933-1958. 2 Bde. Frankfurt a.M. 1986.
Fiebach, Joachim: Dramatik auf dem Wege. In: Neue deutsche Literatur 10 (1962). H. 9, S. 67-83.
Finster, Ernst: Der Mann im Staubmantel. Beinahe ein Kriminalstück. Halle a.d.S.: Mitteldeutscher Verlag [19]52 (Dramatischer Zirkel; 3).
Fischer, Christa: Unser aller Sorgenkind – das Spielgut für Dramatische Zirkel. In: Wort und Spiel 1 (1956). H. 2, S. 68.
Fischer, Ernst: Der grosse Verrat. Ein politisches Drama in fünf Akten. Wien: Globus Verlag 1950 (Tagblatt-Bibliothek; 1328).

– Entfremdung, Dekadenz, Realismus. In: Sinn und Form 14 (1962), S. 816-854.

Fischer-Föbus, Karl Georg: Sir Thomas. Schauspiel in einem Vorspiel und vier Akten (1935-1946). Krefeld: o.V. 1946 (BM).

– Die Frau Bürgermeisterin ist auch nicht zu verachten. Drei Akte nach dem Spanischen. Krefeld/Rhld.: AFL-Bühnenvertrieb [ca. 1946] (BM).

– Robespierre. Vier Akte. Krefeld/Rhld.: AFL-Bühnenvertrieb [1947] (BM).

– Die Bürger von Weisedum (1947). Lustspiel in drei Aufzügen frei nach Schilda. Baden-Baden: Battert [1983].

– Das jüngste Gericht. Drama in drei Akten und einem Vorspiel. Krefeld-Bockum: SV [1947] (BM).

– Rufer vor dem Tore. Drama. Krefeld/Rhld.: AFL-Bühnenvertrieb 1947 (BM).

– An die Presse des In- und Auslandes! An die Verbände und Kulturorganisationen! An den Rundfunk! Ich berichte Ihnen über das Verbot der Aufführung meines Dramas »Rufer vor dem Tore« beim Städtischen Theater in Leipzig. [Offener Brief] Krefeld-Bockum (Rhld.). An der Wildbahn 19, im April 1948. [Typoskript im Besitz von W.G.S.]

– Zeitstück und Tendenz. In: Sächsisches Tageblatt vom 24. Januar 1948. 3. Jg., S. 3.

Fleißer, Marieluise: Der starke Stamm. Komödie in vier Akten (1944/45). München: Verlag Kurt Desch [1950] (BM).

– Gesammelte Werke. Bd. 1: Dramen. Hrsg. von Günther Rühle. Frankfurt a.M. 1972.

Flickenschildt, Elisabeth: Der Föhn. Schauspiel in drei Akten. Hamburg: Rowohlt Verlag GmbH, Abteilung Bühnenvertrieb [1949] (BM).

Forster, Friedrich: Die Gesteinigten. Ein Schauspiel. München: Verlag Kurt Desch [ca. 1949] (BM).

Frank, Waldemar [i.e. **Waldemar Rosenbaum**]: Ministerkrise. Lustspiel in drei Akten. Berlin-Charlottenburg: Felix Bloch Erben [1948] (BM).

Franz, Michael: Der geschlagene Mars oder Wenn die Götter gehn. Historisches Drama (Ausschnitte). In: Junge Kunst 5 (1961). H. 3, S. 14-17.

Franzen, Erich: Stilfragen des Theaters (1955). In: Theater im Gespräch. Ein Forum der Dramaturgie. München/Wien 1963, S. 93-102.

Freese, Rudolf: Das stärkere Gesetz. Schauspiel in drei Akten. Berlin-Charlottenburg/Berlin [Ost]: Bruno Henschel & Sohn, Abteilung Bühnenvertrieb [1948] (BM).

Freyer, Paul Herbert: Der Pfad der Irrenden. Schauspiel in 3 Akten (1950). Berlin [Ost]: Bruno Henschel & Sohn, Abteilung Bühnenvertrieb [1951] (BM).

– Auf verlorenem Posten. Schauspiel in drei Akten (1951). Ausgabe für dramatische Zirkel mit Regiekonzeption, Bühnenbild und Kostümentwürfen. Halle a.d.S.: Mitteldeutscher Verlag / Wien: Bühnen- und Musikverlag Hans Pero 1953.

– Der Dämpfer. Lustspiel in 3 Akten (1952). In: Gegenwartsdramatik. Leipzig: VEB Friedrich Hofmeister 1954, S. 5-59 (Dramatischer Zirkel).

– Kornblumen. Schauspiel in 4 Akten. Fassung der Meininger Uraufführung. Bearbeitung Erich Heller. Berlin [Ost]: Henschelverlag Kunst und Gesellschaft G.m.b.H., Abteilung Bühnenvertrieb 1954 (BM).

– Die Straße hinauf. Dessau 1954 (n.n.).

– Schiff auf großer Fahrt. Schauspiel für die Jugend in 3 Akten. Berlin [Ost]: Henschelverlag Kunst und Gesellschaft G.m.b.H., Abteilung Bühnenvertrieb [19]54 (BM).

– Claus Jürgens: Wenn man Freunde hat...?! Komödie in 3 Akten [1956]. Berlin [Ost]: Henschelverlag Kunst und Gesellschaft, Abteilung Bühnenvertrieb [19]57 (BM) [pseudonym erschienen].

– Flacon Chanel. Brokat aus Frankreich. Ein Spiel mit Ironie um Liebe. Zwischenakt Musik: Fritz Oettel (1957). Berlin [Ost]: Henschelverlag Kunst und Gesellschaft, Abteilung Bühnenvertrieb [19]58 (BM) [anonym erschienen].

– Karl Marx. Schauspiel. Berlin [Ost]: Henschelverlag Kunst und Gesellschaft, Abteilung Bühnenvertrieb [19]60 (BM).

– Das Amulett. Schauspiel (1961). Berlin [Ost]: Henschelverlag Kunst und Gesellschaft, Bühnenvertrieb [19]62 (BM).

Fried, Erich und **Heiner Müller**: Ein Gespräch geführt am 16.10.1987 in Frankfurt/Main. Mit sechzehn Fotos von Cornelius Groenewold. Berlin [West] 1989.
Friedrich, E.: Theaterexperimente in Paris. In: Das Neue Forum 4 (1954/55), S. 149-152.
Friedrich, Hans Eberhard: Die Halbgöttin. Komödie in drei Akten. München: Verlag Kurt Desch 1946.
– Wirklichkeit, Überwirklichkeit und Wahrheit im modernen Drama. In: Der Theater-Almanach 1947. 2. Jahrgang. Hrsg. von Alfred Dahlmann. München 1947, S. 76-84.
Friedrich, Heinz: Die Straße Nirgendwo. Die golgathäischen Gesichte, Phantasien, Gaukeleien und Träume eines Landstreichers. Eine Vision am Karfreitag. Karlsruhe: Stahlberg Verlag 1948 (Ruf der Jugend; 8).
Friedrich Wolf und der Film. Aufsätze und Briefe 1920-1953. Hrsg. von Ruth Herlinghaus. Berlin [Ost] 1988 (Beiträge zur Film- und Fernsehwissenschaft 29 [1988], Nr. 33).
Frisch, Max: Erinnerungen an Brecht. In: Kursbuch 7 (1966), S. 54-79.
– Gesammelte Werke in zeitlicher Folge. Jubiläumsausgabe in sieben Bänden. Hrsg. von Hans Mayer unter Mitwirkung von Walter Schmitz. Frankfurt a.M. 1986.
– Jetzt ist Sehenszeit. Briefe, Notate, Dokumente 1943-1963. Hrsg. und mit einem Nachwort versehen von Julian Schütt. Frankfurt a.M. [2]1998.
Fröhlich, Paul: Kühner und mutiger im ideologischen Kampf. In: Neues Deutschland (B) vom 21. Juli 1957. Nr. 170, S. 4.
Fromm, Friedrich Karl: Urian. Eine Tragödie. Berlin [West]: Wedding-Verlag 1946.
Fry, Christopher: Ein Phönix zuviel. Über das zeitgenössische Theater. Frankfurt a.M. 1954.
– Das Dunkel ist Licht genug. In: Englische und irische Dramen. Frankfurt a.M. 1960, S. 87-159 (Theatrum mundi).
Gadamer, Hans-Georg: Wahrheit und Methode. Grundzüge einer philosophischen Hermeneutik. Tübingen 1960.
Gaillard, Ottofritz: Von der Arbeit des deutschen Theaterinstituts in Weimar. In: Der Theater-Almanach 1947. 2. Jahrgang. Hrsg. von Alfred Dahlmann. München 1947, S. 125-132.
– Das deutsche Stanislawski-Buch. Lehrbuch der Schauspielkunst nach dem Stanislawski-System. Mit einem Geleitwort von Maxim Vallentin. Berlin [Ost] 1948.
– Erste Begegnung mit dem Partner. Aus der Arbeit des Stanislawski-Seminars. In: Theater der Zeit 6 (1951). Nr. 3, S. 9f.
Galfert, Ilse: »Kabale und Liebe«. Gastspiel des Deutschen Theaters Berlin. In: Theater der Zeit 10 (1955). Nr. 6, S. 47-49.
– Vom Irrtum, nur an eine »Konjunktur« zu denken. Ein paar Worte zur neueren sowjetischen und unserer Gegenwartsdramatik. In: Theater der Zeit 12 (1957). Nr. 11, S. 18-20.
– Vergleich über die Grenze. »Affäre Blum« in München und Berlin. In: Theater der Zeit 16 (1961). Nr. 7, S. 26-30.
Garaudy, Roger: Antwort an Jean-Paul Sartre. In: Sonntag vom 9. Dezember 1956. Nr. 50, S. 10f.
Gatti, Armand: Der schwarze Fisch. Ein Bühnenstück (1957). In: Theater im S. Fischer Verlag I. Frankfurt a.M. 1962, S. 97-200.
Gehlen, Arnold: Urmensch und Spätkultur. Philosophische Ergebnisse und Aussagen. Bonn 1956.
– Das Ende der Persönlichkeit? In: Merkur 10 (1956), S. 1149-1158.
– Zeit-Bilder. Zur Soziologie und Ästhetik der modernen Malerei. Frankfurt a.M./Bonn 1960.
– Das Engagement der Intellektuellen gegenüber dem Staat. In: Merkur 18 (1964), S. 401-413.
Geis, Jacob: Die Brüder Allemann. Ein Zeitstück. München: Verlag Kurt Desch [1948] (BM).
Genet, Jean: Der Balkon. Schauspiel (1956). Hamburg [2]1966.
– Wände überall (1961). In: Französisches Theater der Avantgarde. Hrsg. von Joachim Schondorff. München [1961], S. 247-384.
Gerlach, Harald: Epitaph für Matusche. In: Goethe eines Nachmittags. Porträtgedichte. Eine Anthologie. Hrsg. von Ulrich Berkes und Wolfgang Trampe. Berlin [Ost] 1979, S. 157.
Geschichte der deutschen Arbeiterbewegung in acht Bänden. Hrsg. vom Institut für Marxismus-Leninismus beim Zentralkomitee der SED. Berlin [Ost] 1966.
Gesellschaftsvertrag [zur Gründung der »Ruhrfestspiele-Gesellschaft«]. Recklinghausen 1948 (Typoskript).
Gespräch mit Arthur Adamov. In: Sinn und Form (1965). H. 1, S. 103-108.

Ghirardini, Günther: Der Untergang der Stadt Sun. Schauspiel in 9 Bildern. München: Thomas Sessler Verlag [ca. 1960] (BM).

Ginsberg, Ernst: Kleines Denkmal für Else Lasker-Schüler. In: Theater. Meinungen und Erfahrungen [...]. Affoltern a.A. 1945, S. 37-42 (Über die Grenzen. Schriftenreihe; 4).

Girnus, Wilhelm: Über künstlerische Meisterschaft und ideologische Klarheit. Zu einem Diskussionsbeitrag von Walther Victor zur Vorbereitung des Schriftstellerkongresses. In: Neues Deutschland (B) vom 2. Oktober 1955. Nr. 231, S. 4.

– Zur Idee der sozialistischen Hochschule. In: Das Hochschulwesen 5 (1957), S. 290-295.

Glaeser, Ernst: Die deutsche Libertaet. Ein dramatisches Testament in zwei Aufzügen und mit einem Nachwort. Kassel: Harriet Schleber Verlag 1948.

– Kreuzweg der Deutschen. Ein Vortrag. Wiesbaden: Limes-Verlag 1947.

Gnade, Heinz [i.e. **Franz Rieder**]: Hinter den Hügeln das Paradies. Komödie in vier Akten. Reinbek bei Hamburg: Rowohlt Verlag GmbH Theaterverlag [ca. 1960] (BM).

Goertz, Heinrich: Das Donnerwetter. Schauspiel in fünf Akten. Berlin [Ost]: Aufbau-Bühnen-Vertrieb G.m.b.H. 1945 (BM).

– Peter Kiewe oder Die Methode von Thaddäus Wohltat und Dr. Ast. Drama. Berlin-Charlottenburg: Bühnenvertrieb und Verlag Bruno Henschel & Sohn 1946 (BM).

– Das Institut des Herrn Maillard. Komödie. Berlin-Charlottenburg: Bühnenvertrieb und Verlag Bruno Henschel & Sohn [1948] (BM).

– Das Leben kein Traum. Schauspiel in 3 Akten. Musik von Paul Dessau. O.O.u.J. [ca. 1950] (BM).

Goetz, Wolfgang: Goethe-Rede [1947]. In: Deutsches Bühnen-Jahrbuch. Theatergeschichtliches Jahr- und Adreßbuch 57 (1949), S. 32-34.

– Die Seifenblase. Eine Farce. Berlin-Charlottenburg: Gustav Kiepenheuer Bühnenvertrieb G.m.b.H. [1948] (BM).

Goldschmit-Jentner, Rudolf K.: Die Bühnen und die Generationen. In: Der Theater-Almanach 1946/1947. Hrsg. von Alfred Dahlmann. München 1946, S. 84-94.

Goodrich, Frances und **Albert Hackett**: Das Tagebuch der Anne Frank. Ein Schauspiel (1955). Frankfurt a.M.: Fischer-Bücherei 1958 (Fischer-Bücherei; 244).

Gorki, Maxim: Bemerkungen über das Kleinbürgertum. Zum 20. Todestag Maxim Gorkis am 18. Juni. In: Neue deutsche Literatur 4 (1956). H. 6, S. 84-90.

Görlich, Günter: Die Ehrgeizigen. Erzählung. Berlin [Ost]: Verlag Neues Leben 1959 (Kompass-Bücherei; 3).

– Die Ehrgeizigen. Schauspiel. Berlin [Ost]: Henschelverlag, Abteilung Bühnenvertrieb [19]62 (BM).

– Das zentrale Thema. In: Neue deutsche Literatur 11 (1963). H. 1, S. 118-125.

Gorrish, Walter: Revolte der Gefühle. Schauspiel. Berlin [Ost]: Henschelverlag, Abteilung Bühnenvertrieb [19]60 (BM).

– Schwarze Ratten. Aus dem Stück »Revolte der Gefühle«. In: Neue deutsche Literatur 8 (1960). H. 5, S. 14-22.

Gortschakow, Nikolai: Regie-Unterricht bei Stanislawski (1951). Berlin [Ost] 1963.

– Physische Handlungen bei der Probenarbeit. In: Theater der Zeit 8 (1953). Nr. 1, S. 11-31.

Grabbe, Christian Dietrich: Briefe 1. 1812-1832. Emsdetten (Westf.) 1970 (Werke und Briefe. Historisch-kritische Gesamtausgabe in sechs Bänden; 5).

Grabner, Hasso: Die Sieger. Ein Spiel von der Zukunft, in der wir leben. Leipzig: VEB Friedrich Hofmeister 1959 (BM).

Grass, Günter und Manfred Durzak: Geschichte ist absurd. Eine Antwort auf Hegel. Ein Gespräch mit G.G. (1982). In: Zu Günter Grass. Geschichte auf dem poetischen Prüfstand. Hrsg. von M.D. Stuttgart 1985, S. 9-19 (Literaturwissenschaft – Gesellschaftswissenschaft; 68: LGW-Interpretationen).

Grass-Premiere: In der Küche. In: Der Spiegel 15 (1961). Nr. 10, S. 77f.

Graubner, Gerhard: Theaterbau – Aufgabe und Planung. München 1968.

»Greif zur Feder, Kumpel!« Protokoll der Autorenkonferenz des Mitteldeutschen Verlages am 24. und 25. April 1959 in Bitterfeld. Halle a.d.S.: Mitteldeutscher Verlag 1959.

Gressieker, Hermann: Der Regenbogen. Komödie in 3 Akten. Berlin-Charlottenburg: Felix Bloch Erben [19]48 (BM).
– Heinrich der Achte und seine Frauen. Komödie in fünf Akten. Berlin [West]: Felix Bloch Erben 1956 (BM).
– Spielregeln. Komödie in 3 Akten. Berlin [West]: Felix Bloch Erben [1956] (BM).
– Seneca und die goldenen Jahre. Tragödie in 3 Akten. Berlin-Charlottenburg: Felix Bloch Erben [1959] (BM).
Greulich, E.R.: Krieg in der Friedenstraße. Volksstück vom Berliner Aufbau in drei Akten. In: Neue deutsche Literatur 1 (1953). H. 5, S. 3-67.
Groll, Gunter: Das magische Theater. Vom Einbruch des Metaphysischen in die junge Dramatik. In: Der Theater-Almanach 1946/1947. Hrsg. von Alfred Dahlmann. München 1946, S. 252-268.
Groll, Helmut: Die Flucht. Schauspiel in 4 Akten. Berlin-Charlottenburg: Felix Bloch Erben [ca. 1949] (BM).
Grotewohl, Otto: Deutsche Kulturpolitik. Reden. Dresden 1952.
– Unsere Kunst kämpft für das Emporwachsende, für das Neue. Aus der Rede des Ministerpräsidenten O.G. zur Eröffnung der Dritten Deutschen Kunstausstellung in Dresden. In: Neues Deutschland (B) vom 3. März 1953. Nr. 52, S. 4.
Gruendgens. Die ominöse Silbe Grün. In: Der Spiegel 6 (1952). Nr. 51, S. 30f.
Grünberg, Karl: Golden fließt der Stahl. Schauspiel in acht Bildern. Berlin [Ost]: Aufbau-Bühnen-Vertrieb G.m.b.H. 1950 (BM).
– Elektroden. Schauspiel in acht Bildern. Berlin [Ost]: Henschelverlag Kunst und Gesellschaft, Abteilung Bühnenvertrieb [1954] (BM).
Gründgens über Sartre. In: Der Kurier vom 11. November 1947. Nr. 264, S. 3.
Gründgens, Gustaf: »Sartres Argos ist Europa«. Erstes Interview mit dem Regisseur der »Fliegen« [von Egon Vietta]. In: Die Weltpresse vom 1. Dezember 1947. Nr. 8, S. 5.
Grundlagen der marxistisch-leninistischen Ästhetik. Berlin [Ost] ^{2}[1963].
Guddat, Rolf: Mord an der Grenze. Kriminalstück in zwei Akten. Berlin [Ost]: Henschelverlag Kunst und Gesellschaft [19]58 (BM).
Guggenheimer, Walter Maria: Das existentialistische Drama. In: Der Theater-Almanach 1947. 2. Jahrgang. Hrsg. von Alfred Dahlmann. München 1947, S. 85-97.
Günther, Sergio: Agit-Prop. In: Junge Kunst 2 (1958). H. 4, S. 46-51.
Gutkelch, Walter: Drei Begebenheiten. München: Chr. Kaiser Verlag 1951 (Kirche und Theater; 1).
– Der Herr von drüben. Familienstück in einem Akt. München: Val. Höfling Verlag [ca. 1959] (BM).
Gutzeit, Kurt: Projekt eines Idealtheaters. In: Der Architekt 4 (1955), S. 128.
Gysi, Klaus: Neue Entwicklungen. In: Aufbau 4 (1948). H. 7, S. 545-549.
H.: Gespräch mit Wolfgang Langhoff. Zur neuen Aufführung von »Kabale und Liebe«. In: Sonntag vom 15. Mai 1955. Nr. 20, S. 7.
Haas, Willy: Poetisches Theater in Deutschland und England. In: Das Neue Forum 1 (1951/52), S. 89-91.
– Wir sprachen mit Gustaf Gründgens. »Zeigen Sie mir den neuen Dramatiker«. Zuviel Klassiker auf unseren Bühnen? Tradition und Kontinuität bedeuten nicht Stillstand. In: Die Welt vom 29. August 1956. Nr. 202, S. 6.
Haase, Horst: Bertolt Brechts »Erziehung der Hirse« und Fragen der Perspektive. In: Weimarer Beiträge 4 (1958). Sonderheft, S. 65-74.
Hacks, Peter: Einige Gemeinplätze über das Stückeschreiben. In: Neue deutsche Literatur 4 (1956). H. 9, S. 119-126.
– Bitte nicht erschrecken: Polit-Dramaturgie! In: Theater der Zeit 11 (1956). Nr. 11, S. 5f.
– Theaterstücke. Berlin [Ost]: Aufbau Verlag 1957.
– Wagners Kindermörderin. [1. Fassung.] In: Junge Kunst 1 (1957). H. 2, S. 2-23.
– Das realistische Theaterstück. In: Neue deutsche Literatur 5 (1957). H. 10, S. 90-104.
– Liberalismus auf dem Theater. In: Theater der Zeit 12 (1957). Nr. 3, S. 2f.
– Nachtrag zu einem Vorschlag. In: Ebd. H. 10, S. 9f.
– Inzwischen dies... In: Ebd. H. 12, S. 33.

– Aristoteles, Brecht oder Zwerenz? In: Ebd. (Beilage Studien Nr. 3), S. 2-7.
– Warnung. In: Theater der Zeit 13 (1958). Nr. 2, S. 33f.
– An einige Aristoteliker. In: Ebd. H. 5, S. 23-28.
– Kurzer Protest. In: Ebd. H. 11, S. 15f.
– Die Sorgen und die Macht. Historie. [Fassung und] Eigentum des Deutschen Theaters Berlin. Berlin [Ost]: o.V. (E. Banemann) [19]59 (BM).
– Die Sorgen und die Macht. Historie. Berlin [Ost]: Henschelverlag, Abteilung Bühnenvertrieb [19]60 (BM).
– Über Lieder zu Stücken. In: Sinn und Form 14 (1962). H. 3, S. 421-429.
– Zwei Bearbeitungen. ›Der Frieden‹ nach Aristophanes. ›Die Kindermörderin‹, ein Lust- und Trauerspiel nach Heinrich Leopold Wagner. Frankfurt a.M. 1963 (edition suhrkamp; 47).
– Ein Hacks-Interview? Sorry, ich kenne das nicht. In: Theater heute 15 (1974). Nr. 6, S. 50.

Haecker, Hans-Joachim: Der Tod des Odysseus. Tragödie. Mit Zeichnungen von Professor Eva Schwimmer. Hamburg-Bergedorf: Stromverlag 1948 (BM).
– Stimme des jungen Autors. In: Das Neue Forum 2 (1952/53), S. 76f.
– Ist Theater ein kultisches Instrument? In: Das Neue Forum 3 (1953/54), S. 59-61.
– Die Antike und der Autor der Gegenwart. In: Das Neue Forum 4 (1954/55), S. 152-154.
– Piavara oder Die Mauern sind wieder weiß. Hamburg: Chronos Verlag Martin Mörike 1955 (BM).
– Nicht im Hause, nicht auf der Strasse. Schauspiel (Zweite Fassung). Lahnstein: Calatra Press Willem Enzinck [1963] (Erstfassung UA 1953).
– Dreht euch nicht um. Gedenktag. Der Briefträger kommt. Köln: Kiepenheuer & Witsch 1962 (Collection Theater. Texte; 4).

Halden, Hans: Der verlorene Sohn. Schauspiel in vier Akten. Berlin-Charlottenburg: Bühnenvertrieb und Verlag Bruno Henschel & Sohn [1946] (BM).

Hall, Heinz: Eine notwendige Vorbemerkungen [...]. In: Hans Lucke: Taillenweite 68. Schwank in drei Akten. Leipzig: VEB Friedrich Hofmeister [19]58, S. 94-124 (Hofmeister-Spiele).

Hamburg. Kritischer Rückblick von Dr. Bruno E. Werner. In: Der Theater-Almanach 1946/1947. Hrsg. von Alfred Dahlmann. München 1946, S. 299-317.

Hamburg [von Otto Herrmann]. In: Der Theater-Almanach 1947. 2. Jahrgang. Hrsg. von Alfred Dahlmann. München 1947, S. 329-342.

Hamm, Christoph: Heller als tausend Sonnen [1958] (n.n.).
– Szenen gegen den Atomkrieg. In: Neue deutsche Literatur 7 (1959). H. 1, S. 109-112.

Hammel, Claus: Klassiker und Zeitgenosse Rehfisch. In: Neue deutsche Literatur 9 (1961). H. 11, S. 148-153.

Handbuch für den Kulturfunktionär. Hrsg. vom Bundesvorstand des FDGB, Abteilung Kultur. Berlin [Ost] 1973.

Handbuch für schreibende Arbeiter. Hrsg. von Ursula Steinhaußen, Dieter Faulseit und Jürgen Bonk. Berlin [Ost] 1969.

Happ, Alfred: Nachwort. In: Elemente des modernen Theaters. Frankfurt a.M. 1961, S. 134f. (Schriften der Frankfurter Gesellschaft für Theaterwissenschaft).

Harden, Hannes: »Bürger in Uniform«, aus dem 3. Akt. In: Theater der Zeit 12 (1957). Nr. 6, S. 10-13.

Harich, Wolfgang: »Freiheit – jenseits der Verzweiflung«. »Die Fliegen« von Jean Paul Sartre im Hebbel-Theater. In: Tägliche Rundschau vom 9. Januar 1948.

Harlan, Thomas Christoph: Ich selbst und kein Engel. Dramatische Chronik aus dem Warschauer Ghetto [1958]. Berlin [Ost] Henschelverlag 1961 (Zeitgenössische Dramatik).

Harnack, Falk: Die Aufgaben des deutschen Theaters in der Gegenwart. Vortrag gehalten am 13. Juli auf der Hochschulwoche in Garmisch-Partenkirchen. München 1946.

Hartlaub, Geno: Das Gebot der Stunde. Schauspiel in drei Akten. Stuttgart-Zuffenhausen/Berlin: Chronos-Verlag Martin Mörike [ca. 1949/50] (BM).

Hasselbach, Ernst: Der Pfirsichblütentraum oder Die zweite Frau Tschu. Ein Schauspiel in 5 Akten (nach einer alten chinesischen Novelle). Berlin [West]: Felix Bloch Erben (Die Drehbühne) [19]46 (BM).

Hastedt, Regina: Den laß ich nicht mehr los. In: Neue deutsche Literatur 7 (1959). H. 6, S. 28-31.

Hauptmann, Helmut: Wie Erwin Strittmatter Schriftsteller wurde. In: Neue deutsche Literatur 7 (1959). H. 7, S. 122-128.

Hauser, Arnold: Sozialgeschichte der Kunst und Literatur. 2 Bde. München 1953.

Hauser, Harald: Prozeß Wedding. Schauspiel in 4 Akten und einem Vorspiel. Berlin [Ost]: Verlag Bruno Henschel & Sohn, Abteilung Bühnenvertrieb 1951 (BM).

– Am Ende der Nacht. Schauspiel in drei Akten (1955). In: Sozialistische Dramatik. Autoren der Deutschen Demokratischen Republik. Berlin [Ost] 1968, S. 37-104.

– Im Himmlischen Garten. Dramatische Erzählung (1958). Berlin [Ost]: Henschelverlag ^{5}[19]62 (Zeitgenössische Dramatik).

– Weißes Blut. Schauspiel in zwei Akten (1959). Berlin [Ost]: Henschelverlag ^{3}1962 (Zeitgenössische Dramatik).

– Nitschewo (Spuk von Frankenhöh). Satirische Komödie. Berlin [Ost]: Henschelverlag Kunst und Gesellschaft, Abteilung Bühnenvertrieb [19]61 (BM).

Haushofer, Albrecht: Chinesische Legende. Eine dramatische Dichtung. Berlin [West]: Lothar Blanvalet Verlag 1949.

Hausmann, Manfred: Das Worpsweder Hirtenspiel. Göttingen: Vandenhoeck und Ruprecht ^{3}1946.

– Der dunkle Reigen. Theaterstücke. Frankfurt a.M. 1988 (Gesammelte Werke).

Havemann, Robert: Kriegsziel: Niemandsland Europa. Was wollen die Amerikaner mit der Atombombe? In: Sonntag vom 3. Juni 1951, S. 4.

Haward, Michael [i.e. **Curt Johannes Braun**]: Das verschlossene Haus. Komödie. Leipzig: Dietzmann-Verlag [ca. 1948] (BM).

Heer, Fritz: Humanität und modernes Theater (1960). In: Theater im Gespräch. Ein Forum der Dramaturgie. München/Wien 1963, S. 159-175.

Hegel, Georg Wilhelm Friedrich: Vorlesungen über die Ästhetik III. Frankfurt a.M. 1986 (= Werke; 15).

Heiden, Ellis: Regiekonzeption »Don Carlos« von Friedrich von Schiller (1953). In: Probennotate. Archiv des Deutschen Theaters Berlin. Nicht numeriertes Archivgut, S. 1-22.

Hein, Christoph: Warum sehe ich den Radwechsel mit Ungeduld? In: Freitag vom 6. Februar 1998. Nr. 7, S. 3.

Heinen, Josef Maria: Nachwort an die Spieler. In: Walter Gutkelch: Der Herr von drüben. Familienstück in einem Akt. München [ca. 1959], S. 116f.

Heiner Müller Material. Texte und Kommentare. Hrsg. von Frank Hörnigk. Göttingen 1989.

Heinz, Wolfgang: Gedanken zum Erziehungsproblem des Schauspielers. In: Theater. Meinungen und Erfahrungen. Affoltern a.A. 1945, S. 48-53 (Über die Grenzen. Schriftenreihe; 4).

Heinze, Herbert und **Armin Karl**: Die schwarze Madonna. Kriminalstück in drei Akten. Berlin [Ost]: Henschelverlag [19]62 (BM).

Heise, Wolfgang: Zu einigen Problemen der literaturtheoretischen Konzeption Georg Lukács'. In: Junge Kunst 2 (1958). H. 7, S. 1-4.

– Hegel und das Komische. In: Sinn und Form 16 (1964), S. 811-830.

Heiseler, Bernt von: Philoktet. Nach dem Drama des Sophokles. München: Franz Ehrenwirth Verlag 1948.

– Schauspiele. 3 Bde. Gütersloh: C. Bertelsmann Verlag 1949-1951.

– Bühnenstücke. 3 Bde. Stuttgart 1968-1970.

Heisenberg, Werner: Der Teil und das Ganze. Gespräche im Umkreis der Atomphysik. München 1969.

– Schritte über Grenzen. Gesammelte Reden und Aufsätze. München 1971.

Hellberg, Martin: Gedanken zur »Räuber«-Inszenierung. In: Blätter des Staatsschauspiels Dresden. H. 3 (1959/60), S. 14*-16*.

Heller, Erich und **Margret Gruchmann-Reuter**: Alwin der Letzte [1959] (n.n.).

Henning, Peter: Urlaub mit Jumbo. Lustspiel in 3 Akten und einem Vorspiel. In: Gegenwartsdramatik. Leipzig: VEB Friedrich Hofmeister 1954, S. 117-157 (Dramatischer Zirkel).

Henze, Anton: Die Stadttheater in Münster und Gelsenkirchen. In: Der Architekt 4 (1955), S. 135-137.

Hermanowski, Georg: Des Spielmanns Heimkehr. Lyrisch-legendäre Szenen aus unserer Zeit. Bonn: Verlag Götz Wippert 1947.

– Weltpassion (Ein Weltentag). München: Dr. Heinrich Buchner-Verlag [1949] (BM).

Hermlin, Stephan, **H.[elmut] Schneider**, **H.[Günther] Cwoydrak** und **Friedrich Wolf**: Ich war, Ich bin, Ich werde sein... Politische Revue [1948]. Berlin-Charlottenburg: Bühnenvertrieb und Verlag Bruno Henschel & Sohn 1950 (BM).

– **Ludwig Renn** und **Henryk Keisch**: Die Bücherverbrenner von gestern sind die Atommörder von morgen. Aus der Gedenkveranstaltung des Deutschen Schriftstellerverbandes zum 25. Jahrestag der faschistischen Bücherverbrennung. In: Neue deutsche Literatur 6 (1958). H. 7, S. 148-151.

Herrmann, Klaus: Die Götterwitwe. Komödie. München: Zinnen-Verlag Kurt Desch [ca. 1945] (BM).

– Die tote Zeit. Schauspiel in vier Akten. München: Zinnen-Verlag Kurt Desch [ca. 1945] (BM).

– Salto mortale. Komödie. Berlin [Ost]: Aufbau-Bühnen-Vertrieb GmbH 1946 (BM).

– Diskussion im Zuschauerraum. In: Theaterstadt Berlin. Ein Almanach. Hrsg. von Herbert Ihering. Berlin [Ost]: Bruno Henschel & Sohn 1948, S. 302-307.

Herrmann, Otto: Helmut Käutner. In: Der Theater-Almanach 1947. 2. Jahrgang. Hrsg. von Alfred Dahlmann. München 1947, S. 263-267.

Herzfelde, Wieland: Theorie und Praxis eines Ensembles (1952). In: Wer war Brecht. Wandlung und Entwicklung der Ansichten über Brecht. Sinn und Form. Hrsg. von Werner Mittenzwei. Berlin [Ost] 1977, S. 129-145.

Hey, Richard: Revolutionäre. Ein unernstes Stück in elf Bildern. [Zweite Auflage.] Berlin-Grunewald: Gustav Kiepenheuer Bühnenvertriebs-GmbH [ca. 1954] (BM).

– Lysiane. Lustspiel in zwei Akten (1955). Berlin-Dahlem: Gustav Kiepenheuer Bühnenvertriebs-GmbH 1960 (BM).

– Thymian und Drachentod. Ein Stück in zwei Teilen. München: Carl Hanser Verlag 1956 (Reihe: Junge Autoren).

– Der Fisch mit dem goldenen Dolch (1957). In: Junges deutsches Theater von heute. Mit einem Vorwort von Joachim Kaiser. München: Albert Langen · Georg Müller [1962], S. 293-358.

– Margaret oder Das wahre Leben. Komödie in einem Akt. Berlin-Dahlem: Gustav Kiepenheuer Bühnenvertriebs-GmbH 1958 (BM).

– Weh dem, der nicht lügt. Komödie (1960/61). Köln: Kiepenheuer & Witsch 1962 (Collection Theater. Texte; 8).

– Der Dramatiker und der Theaterbetrieb. Eine Diskussion zwischen dem Autor von »Weh dem, der nicht lügt« und dem Chefdramaturgen am Deutschen Schauspielhaus Hamburg. In: Theater heute 3 (1962). Nr. 3, S. If.

– »Ich lande immer in der Gegenwart«. Henning Rischbieter spricht mit dem Dramatiker R.H. In: Ebd. H. 9, S. 36f.

Hildesheimer, Wolfgang: Der Drachenthron. Komödie in drei Akten. Wien/München/Basel: Verlag Kurt Desch 1955 (Welt des Theaters).

– Die Jüngeren schwören auf Beckett. Versuch einer Ergänzung des literarischen Streitgesprächs zwischen Alfred Andersch und Robert Neumann. In: Die Zeit vom 23. Oktober 1959. Nr. 43, S. 6.

– Die Realität selbst ist absurd. In: Theater heute 3 (1962). Nr. 1, S. 7f.

– Vergebliche Aufzeichnungen. Nachtstück. Frankfurt a.M. 1963 (edition suhrkamp; 23).

– Pastorale. Groteske in einem Akt (Neufassung 1965). In: Deutsches Theater der Gegenwart I. Hrsg. von Karlheinz Braun. Frankfurt a.M. 1967, S. 293-349.

– Die Musik und das Musische. In: Süddeutsche Zeitung vom 9./10. September 1967. Nr. 216, S. 71f.

– Interpretationen. James Joyce · Georg Büchner. Zwei Frankfurter Vorlesungen. Frankfurt a.M. 1969 (edition suhrkamp; 297).

– Die Eroberung der Prinzessin Turandot. Eine Komödie in zwei Akten. Das Opfer Helena. Eine Komödie in zwei Teilen. Frankfurt a.M./Hamburg 1969 (FTB 971).

– »Ich kann die Wirklichkeit nicht mehr ertragen«. Gespräch [von Christiane Korff] mit dem Schriftsteller W.H. In: [Bonner] General-Anzeiger vom 19./20. Oktober 1985.

– Das Ende der Fiktionen. Reden aus fünfundzwanzig Jahren. Frankfurt a.M. 1988.

– und Karl-Josef Kuschel: Ich will mich in die Rolle des Gläubigen versetzen. Gespräch mit W.H. [1989]. In: K.-J.K.: »Ich glaube nicht, daß ich Atheist bin«. Neue Gespräche über Religion und Literatur. München 1992, S. 79-97.

Hilty, Hans Rudolf: Barockes Theater – Heutiges Theater. In: Das Neue Forum 6 (1956/57), S. 153-156.

Himstedt, Hermann: Söhne. Schauspiel in 5 Akten. Geisenheim: o.V. [1947] (BM).

Hirche, Peter: Triumph in tausend Jahren. Schauspiel in vier Akten. Berlin [West]: Gustav Kiepenheuer Bühnenvertriebs G.m.b.H. [1955] (BM).

– Die Söhne des Herrn Proteus (1960). In: Junges deutsches Theater von heute. München: Albert Langen · Georg Müller [1962], S. 95-153.

Hirschfeld, Kurt: Dramaturgische Bilanz. In: Theater. Meinungen und Erfahrungen. Affoltern a.A. 1945, S. 11-16 (Über die Grenzen. Schriftenreihe; 4).

Hochhuth, Rolf: Soll das Theater die heutige Welt darstellen? (1963). In: Poesie und Politik. Zur Situation der Literatur in Deutschland. Hrsg. von Wolfgang Kuttenkeuler. Stuttgart u.a. 1973, S. 284-292.

Höcker, Karla: Die letzten und die ersten Tage. Berliner Aufzeichnungen 1945 mit Berichten von Boleslaw Barlog, Erna Berger, Käte Haack u.a. Berlin [West] 1966 (Schriften zur Berliner Kunst- und Kulturgeschichte; 9).

– Beschreibung eines Jahres: Berliner Notizen 1945. Einführung von Ingeborg Drewitz. Beiträge von Boleslaw Barlog, Erna Berger, Käte Haack u.a. Berlin [West] 1984.

Hoffmann, Paul Th.: Theater, Drama und Gegenwart. In: Hamburger Jahrbuch für Theater und Musik 1947-48, S. 11-22.

– Zeitgeist, Drama, Ewigkeit. In: Hamburger Jahrbuch für Theater und Musik 1948-49, S. 13-22.

– Das Weltbild im europäischen Drama von der Jahrhundertwende bis heute. In: Hamburger Jahrbuch für Theater und Musik 1951, S. 7-23.

Hofmann, Heinz: Blick auf die neue Dramatik. In: Neue deutsche Literatur 3 (1955). H. 3, S. 132-136.

Hohoff, Margarete: Die Legende von Babie Doly. Schauspiel. München: Verlag Kurt Desch [1953] (n.n.).

Holthusen, Hans Egon: Der unbehauste Mensch. Motive und Probleme der modernen Literatur. Dritte, erweiterte, neubearbeitete Auflage. München 1955.

Honold, Rolf: Der Stoß nach Ssogrebitsche. Schauspiel in fünf Bildern. Berlin-Charlottenburg: Astoria Verlag [1952] (BM).

– Geschwader Fledermaus. Schauspiel in drei Akten (1954). Wien/München/Basel: Verlag Kurt Desch 1957 (Welt des Theaters; 18).

– Der Fall Zikade. Schauspiel. München/Wien/Basel: Theaterverlag Kurt Desch [1956] (BM).

Honsell, Robert: Nachwort. In: Bernt von Heiseler: Philoktet. Nach dem Drama des Sophokles. Braunschweig u.a. 1952, S. 56-64 (Westermanns Textausgaben für den Deutschunterricht an höheren Lehranstalten).

Horn, Herbert: Kamerad Vasile. Einakter nach dem gleichnamigen Hörspiel. Halle a.d.S.: Mitteldeutscher Verlag 1952 (Dramatischer Zirkel).

– Paul im Glück. Ein heiteres Spiel. Halle a.d.S.: Mitteldeutscher Verlag [1953] (Dramatischer Zirkel; 12).

Horneffer, Ernst: Ricarda und Manfred. Schicksal einer Ehe. Schauspiel. Iserlohn 1947 (BM).

Horwitz, Kurt: Bemerkungen zum Problem des Stils. In: Theater. Meinungen und Erfahrungen. Affoltern a.A. 1945, S. 35f. (Über die Grenzen. Schriftenreihe; 4).

Hörz, Helga: Der neue gesellschaftliche Charakter der Arbeit und die Erziehung zur sozialistischen Arbeitsmoral. In: Deutsche Zeitschrift für Philosophie 9 (1961), S. 698-707.

Hubalek, Claus: Der Hauptmann und sein Held. Eine Komödie in zehn Bildern. Ausgezeichnet mit dem Gerhart Hauptmann-Preis 1953. Berlin-Charlottenburg: Felix Bloch Erben o.J. (BM).

– Keine Fallen für Füchse. Komödie. Berlin-Charlottenburg: Felix Bloch Erben 1956 (BM).

– Die Festung. Schauspiel in drei Akten. Berlin-Charlottenburg: Felix Bloch Erben 1957 (BM).

– Die Festung. Ein Bericht vom Untergang einer ostpreußischen Stadt, 1945. Weinheim: Deutscher Laienspiel-Verlag [1960] (Leseszenen und Lesespiele; 20).

– Die Stunde der Antigone (1959). Berlin-Charlottenburg: Felix Bloch Erben 1960 (BM).

- Stalingrad. Schauspiel nach dem Roman von Theodor Plievier. München/Wien/Basel: Theaterverlag Kurt Desch [ca. 1961] (BM).
- und **Egon Monk**: Über den Gehorsam. Szenen aus Deutschland, wo die Unterwerfung des eigenen Willens unter einen fremden als Tugend gilt. O.O.u.V. [1968] (BM).

Hugenroth, Klemens: Mensch und Welt in Paul Claudels Drama »Der seidene Schuh«. In: Hamburger Jahrbuch für Theater und Musik 1948-49, S. 40-77.

Hull, Heinz [i.e. **Heinz Ullstein**]: Die Mutter. Schauspiel in drei Akten. Berlin [West]: Wedding-Verlag 1946 (BM).

Husserl, Edmund: Erfahrung und Urteil. Untersuchungen zur Genealogie der Logik (1939). Redigiert und hrsg. von Ludwig Landgrebe. Hamburg 1972 (Philosophische Bibliothek; 280).

Ihering, Herbert: Lessing und Paul Wegener. In: Aufbau 1 (1945). H. 2, S. 146-149.
- »Peter Kiewe« und die dramaturgische Situation. In: Tägliche Rundschau vom 6. Oktober 1946.
- Nach zwei Jahren. In: Aufbau 3 (1947). H. 4, S. 329-334.
- Vom Geist und Ungeist der Zeit. Berlin [Ost] 1947.
- »Die Tage der Kommune«. In: Sonntag vom 25. November 1956. Nr. 48, S. 5.
- Theater der produktiven Widersprüche 1945-1949. Berlin/Weimar 1967.

Illing, Werner: Die grosse Flut. Eine dramatische Begebenheit. Berlin-Charlottenburg: Gustav Kiepenheuer Bühnenvertriebs G.m.b.H. [1947] (BM).

Ingeborg Drewitz. Materialien zu Werk und Wirken. Unter Mitarbeit von Bernhard Drewitz hrsg. von Titus Häussermann. Völlig überarbeitete, erweiterte und aktualisierte 2. Auflage. Stuttgart 1988 (Radius-Bücher).

Ionesco, Eugène: Ganz einfache Gedanken über das Theater. In: Das Abenteuer Ionesco. Beiträge zum Theater von heute. Von E.I., Albert Schulze Vellinghausen, Gustav Rudolf Sellner. Zürich 1958, S. 21-50.
- Habe ich Anti-Theater gemacht? In: Die Kultur. Eine unabhängige Zeitung mit internationalen Beiträgen. München 1961. 9. Jg. Nr. 164, S. 3.
- Von den Problemen des Schriftstellers. In: Die Neue Rundschau 76 (1965), S. 406-422.
- Bekenntnisse. Nach den Gesprächen aufgezeichnet von Claude Bonnefoy (1966). Zürich 1969.
- Présent passé, passé présent. [Paris] 1968.
- Entretien avec Eugène Ionesco. In: Mouvements littéraires d'avantgarde. Lausanne 1976, S. 8-19, 64-71 (Bibliothèque Laffont des grands thèmes; 89).
- Wortmeldungen. Gespräche mit André Coutin (1978). Berlin 2000.

Italiaander, Rolf: Die Bühnenschriftsteller der Gegenwart und das heutige Theater. In: Hamburger Jahrbuch für Theater und Musik 1951, S. 132-141.

Jaesrich, Hellmut: Der Schnitt durch die Kunst. Die Geschichte eines Berliner Boykotts. In: Der Monat 1 (1949). H. 7, S. 90-97.
- Ein Schlußwort. In: Der Monat 7 (1955). H. 80, S. 178-180.

Jahnn, Hans Henny: Der staubige Regenbogen. Schauspiel in 7 Bildern neu eingerichtet von Erwin Piscator und Karlheinz Braun. Frankfurt a.M.: Suhrkamp Verlag [ca. 1960] (BM).
- Die Trümmer des Gewissens – Der staubige Regenbogen – Drama. Hrsg. und mit einem Nachwort versehen von Walter Muschg. Frankfurt a.M.: Europäische Verlagsanstalt 1961.

Jaspers, Karl: Geleitwort. In: Die Wandlung 1 (1945/46), S. 3-6.
- Unsere Zukunft und Goethe. In: Die Wandlung 2 (1947), S. 559-578.
- Die Atombombe und die Zukunft des Menschen. Politisches Bewußtsein in unserer Zeit. München 1961.

Jatho, Carl Oskar: Urbanität. Über die Wiederkehr einer Stadt. Düsseldorf: Verlag L. Schwann 1946.

Jean Paul: (Sämtliche) Werke. 10 Bde. Hrsg. von Norbert Miller (und Wilhelm Schmidt-Biggemann). München 1959-1985.

Jenssen, Otto: Der moralische Faktor in der Arbeiterbewegung. In: Einheit 2 (1947), S. 129-135.

Jeßner, Leopold: Schriften. Theater der zwanziger Jahre. Hrsg. von Hugo Fetting. Berlin [Ost] 1979.

John, Erhard: Probleme der Kultur und der Kulturarbeit. Berlin [Ost] 1965.

Joho, Wolfgang: Kulturbund – Wollen und Wirken. In: Sonntag vom 18. Mai 1947. Nr. 20.

– Das literarische Erbe, die künstlerische Qualität und unsere neue Literatur. In: Neue deutsche Literatur 2 (1954). H. 5, S. 108-118.
– Wir begannen nicht im Jahre Null. In: Neue deutsche Literatur 13 (1965). H. 5, S. 5-11.
Jomeyer, Joachim: Römische Ballade. Schauspiel in acht Bildern. Berlin [Ost]: Henschelverlag, Abteilung Bühnenvertrieb [19]57 (BM).
Jostau, Jakob [i.e. **Jakob Stauder**]: 2:1 für Irmgard. Lustspiel in drei Akten. [Neue Auflage.] Berlin [Ost]: Henschelverlag, Abteilung Bühnenvertrieb [19]60 (BM).
Jung, C.G.: Psychologie und Alchemie. Olten/Freiburg i.Br. ^{4}1975 [erste Auflage innerhalb der Studienausgabe] (Gesammelte Werke; 12).
Jung, Ilse: Spiegel der Welt: Theater. Gustav von Wangenheim über den Spielplan in »Max Reinhardts Deutschem Theater«. In: Tägliche Rundschau vom 18. September 1945, S. 4.
– Wo ist der Weg? Schauspiel in 7 Bildern. Berlin-Charlottenburg: Bühnenvertrieb Dr. Oscar Goetz 1946 (BM).
– Was erwartet die Jugend vom deutschen Theater? Gedanken und Ergebnisse einer Diskussion. In: Tägliche Rundschau vom 5. Februar 1946. Nr. 29.
– »Wir heißen euch hoffen«. Gespräch mit dem jungen Dramatiker Fred Denger. In: Tägliche Rundschau vom 22. Februar 1946.
– Jugendproblem und Reaktion. Diskussion über Fred Dengers Schauspiel: »Wir heißen Euch hoffen«. In: Tägliche Rundschau vom 18. April 1946. Nr. 91, S. 3.
– Der goldene Löffel. Ein Spiel vom echten und falschen Glück in fünf Akten (6 Bildern). Berlin [Ost]: Aufbau-Bühnen-Vertrieb G.m.b.H. 1948 (BM).
Jungnickel, Rudolf: Heinrich von Kleists Tod. Ein dramatisches Gedicht in einem Prolog und elf Bildern. Boppard am Rhein: Verlag Die Pforte 1947 (Prometheus-Dramenreihe der Pforte; 1).
Kadow, Manes: Vom Teufel inszeniert [1948] (n.n.).
Kahane, Arthur: Tagebuch des Dramaturgen. Berlin 1928.
Kaiser, Helmut: Jugendproblem und Theater. In: Theaterstadt Berlin. Ein Almanach. Hrsg. von Herbert Ihering. Berlin [Ost]: Bruno Henschel & Sohn 1948, S. 349-354.
Kaiser, Joachim: Schauspiel in der Bundesrepublik, Anfang der Fünfziger Jahre (1952). In: Theater heute 11 (1970). Nr. 10, S. 8-29.
– Vorwort. In: Heinrich Böll: Ein Schluck Erde. Köln 1962, S. 5-9 (Collection Theater. Texte; 3).
– Vorwort. Drei Schwierigkeiten beim Schreiben des Dramas. In: Junges deutsches Theater von heute. München: Albert Langen · Georg Müller [1962], S. 7-18.
– Triumph für Schiller und Gründgens. In: Theater heute 4 (1963). Nr. 1, S. 8-17.
Kalow, Gert: Moralische Anstalt und Zeigefinger. Piscator inszeniert Frischs »Biedermann« in Mannheim. In: Frankfurter Allgemeine Zeitung vom 29. Mai 1959. Nr. 121, S. 13.
Kant, Immanuel: Werke in zehn Bänden. Hrsg. von Wilhelm Weischedel. Sonderausgabe. Darmstadt 1983.
Kantorowicz, Alfred: Wo bleibt die junge deutsche Dichtung? In: Ost und West 1 (1947). H. 4, S. 88-91.
– Die Verbündeten. Schauspiel in drei Akten (1944). Berlin [Ost]: Aufbau-Bühnen-Vertrieb G.m.b.H. 1950 (BM).
– Der Schubert-Chor. Schauspiel. [1. bis 3. Bild.] In: Neue deutsche Literatur 1 (1953). H. 5, S. 68-108.
– Deutsches Tagebuch. Erster Teil. Berlin [West] 1978.
Karl, G.P.: Was ist künstlerische Meisterschaft? Bemerkungen anläßlich eines literarischen Streitgesprächs. In: Neues Deutschland (B) vom 2. Dezember 1955. Nr. 282, S. 4.
Karsch, Walther: Was war – was blieb... Berliner Theater 1945-46. Berlin [West] 1947.
– Plädoyer für das Theater. In: Deutsches Bühnen-Jahrbuch. Theatergeschichtliches Jahr- und Adreßbuch 58 (1950), S. 23-25.
– Kortner inszeniert »Don Carlos« im Hebbel-Theater. In: Der Tagesspiegel vom 5. Dezember 1950. Nr. 1593, Beiblatt, S. 1.
– Theater aus dem Geist der Sprache. In: Das Neue Forum 8 (1958/59), S. 23-27.
Kaschnitz, Marie Luise: Von der Schuld. In: Die Wandlung 1 (1945/46), S. 143-147.
– Totentanz und Gedichte zur Zeit. Hamburg: Claassen & Goverts 1947.

Kast, Peter: Vom Handwerk des Dramatikers. Verschüttete Erkenntnisse, ausgegraben von P.K. In: Neue deutsche Literatur 4 (1956). H. 3, S. 121-127.

Kästner, Erich: Die Dramaturgie des Dramas und das Drama der Dramaturgie (1958). In: Ders.: Vermischte Beiträge III. Zürich 1969, S. 269-277 (Gesammelte Schriften für Erwachsene; 8).

– Splitter und Balken. Publizistik. Hrsg. von Hans Sarkowicz und Franz Josef Görtz in Zusammenarbeit mit Anja Johann. München 1998 (Werke; VI).

Kaufmann, Charlotte [i.e. **Christine Leykam**]: Liebe zwischen den Fronten. Schauspiel in fünf Akten. München: Verlag Kurt Desch [1947] (BM).

Kaufmann, Hans: Ästhetische Probleme der ältesten und der jüngsten sozialistischen deutschen Literatur. In: Junge Kunst 2 (1958). H. 12, S. 76-80.

– Wider den sozialistischen Realismus. Lukács' Konzeption eines »dritten Weges«. In: Neue deutsche Literatur 7 (1959). H. 9/10, S. 209-222.

Kay, Juliane: Primarius Dr. Stephan Maree. Schauspiel in fünf Akten. Berlin/Wiesbaden: Bühnenverlag Ahn & Simrock 1948 (BM).

Keisch, Henryk: [Beitrag in der Rubrik:] Unsere Meinung. In: Neue deutsche Literatur 6 (1958). H. 2, S. 6-8.

– »Robespierre«. Zur Welturaufführung des Trauerspieles von Romain Rolland im Leipziger Schauspielhaus. In: Neues Deutschland (B) vom 28. Mai 1952. Nr. 124, S. 6.

– Kriterien einer sozialistischen Bühnenkunst. Offener Brief an den Chefdramaturgen des Deutschen Theaters [Heinar Kipphardt]. Ein Diskussionbeitrag. In: Neues Deutschland (B) vom 26. Juli 1957. Nr. 174, S. 4.

– »Der Müller von Sanssouci«. Uraufführung eines Stückes von Peter Hacks in den Kammerspielen des Deutschen Theaters. In: Neues Deutschland (B) vom 20. März 1958. Nr. 68, S. 4.

– Dramatische Figur oder soziales Modell? In: Neue deutsche Literatur 9 (1961). H. 11, S. 109-113.

– Ein gelungenes Wagnis. »Die Räuber« im Maxim Gorki Theater Berlin. In: Neues Deutschland (B) vom 13. Mai 1960. Nr. 132, S. 5.

– Die Sorgen der Macht und das Morgen der Macht. In: Neue deutsche Literatur 11 (1963). H. 1, S. 126-140.

Keller, Herbert: Die Freiheit des Gefangenen. Ein Spiel für junge Menschen – vor Jungen und Alten zu spielen. [Leipzig:] Zentralhaus für Volkskunst, Abteilung Künstlerisches Wort [19]56.

– Zum neuen Jahr, zum neuen Plan, zur neuen Zeitschrift. In: Wort und Spiel 1 (1956). H. 1, S. 57-59.

– Begegnung 1957. Ein Spiel über ein Stück deutsche Wirklichkeit. Leipzig: VEB Friedrich Hofmeister 1958 (BM). [A]

– Versuch einer Vorbemerkung. In: Junge Kunst 2 (1958). H. 6, S. 65.

– Begegnung 1957. In: Ebd., S. 66-80. [B]

– Begegnung 1957. Ein Spiel über ein Stück deutsche Wirklichkeit. Zweite, veränderte Auflage. Leipzig: VEB Friedrich Hofmeister 1960 (BM). [C]

Kendzia, Marie-Louise: Tobias Ahoi! Schauspiel für die Jugend. 1 Vorspiel und 3 Akte. Zweite Auflage. Berlin [Ost]: Bruno Henschel & Sohn, Abteilung Bühnenvertrieb [1950] (BM).

Kerndl, Rainer: Damals, vor fünfzehn Jahren. Ein Agitprop-Stück (Ausschnitte). In: Junge Kunst 5 (1961). H. 1, S. 67-69.

– Schatten eines Mädchens. Schauspiel in zwei Teilen. In: Junge Kunst 5 (1961). H. 11, S. 14-16 und 45-62.

– Tassows Gaben und Getöse. Zur Uraufführung von Peter Hacks' »Moritz Tassow« in der Volksbühne. In: Neues Deutschland (B) vom 9. Oktober 1965. Nr. 278, S. 4.

– Stücke. Berlin [Ost] 1972 (Dramatiker der Deutschen Demokratischen Republik).

Kerr, Charlotte: AZ-Gespräch mit dem Intendanten der Deutschen Oper Berlin, Gustav Rudolf Sellner. Ein einmaliges Theaterland. In: [Berliner] Abendzeitung vom 15./16. April 1967, S. 7.

Kiewert, Walter [i.e. **Walter Schröder**]: Der Untergang des Christian Grabbe. Tragisches Spiel. Berlin [Ost]: Aufbau-Bühnen-Vertrieb G.m.b.H. 1945 (BM).

– Am Anfang war die Tat. Tragisches Spiel in fünf Akten um Ferdinand Lassalle. Berlin [Ost]: Aufbau-Bühnen-Vertrieb G.m.b.H. 1946 (BM).

Kilger, Heinrich: Ähnlichkeit und Wahrheit im Bühnenbild. In: Theaterstadt Berlin. Ein Almanach. Hrsg. von Herbert Ihering. Berlin [Ost]: Bruno Henschel & Sohn 1948, S. 222-226.

Kilz, Hans-Otto: Tomaten und Stahl. Lustspiel. Berlin [Ost]: Henschelverlag, Abteilung Bühnenvertrieb [1954] (BM).

Kipphardt, Heinar: Napoleon Antropos. O.O. [1948] (Fragment / Nachlaß Kipphardt, Marbach).

– Der Hungerkünstler. [S]cenischer Ablauf. O.O. [1949] (Typoskript / Nachlaß Kipphardt, Marbach).

– Entscheidungen. Vier Szenen. O.O. [1952] (mehrere fragmentarische Exemplare / Nachlaß Kipphardt, Marbach).

– Bürgerliches Lustspiel... In: Deutsches Theater. Spielzeit 1952/53. H. 3 (»Minna von Barnhelm«), S. 18f.

– Bemerkungen zu »Shakespeare dringend gesucht« (1953). In: Deutsches Theater. Bericht über 10 Jahre. Redaktion Ernst Schoen. Berlin [Ost]: Henschelverlag 1957, S. 167f.

– Im Westen wenig Neues. Notizen von einer Reise nach Westdeutschland. In: Neue deutsche Literatur 1 (1953). H. 11, S. 108-115.

– Wohin führt »Die Dorfstraße«? In: Neue deutsche Literatur 3 (1955). H. 7, S. 136-138.

– Vorbildliche Zusammenarbeit. Zur Uraufführung von Alfred Matusches »Die Dorfstraße«. In: Theater der Zeit 10 (1955). Nr. 1, S. 6-9.

– Zum Geleit. In: Deutsches Theater. Bericht über 10 Jahre. Redaktion Ernst Schoen. Berlin [Ost]: Henschelverlag 1957, S. 5.

– Zu »Nathan der Weise« und »Gerichtstag«. In: Ebd., S. 15f.

– Neue Dramatik und neue Zuschauer. In: Ebd., S. 27-30.

– Sowjetdramatik im Spielplan. In: Ebd., S. 30.

– Wilhelm Krey oder die zeitdeutsche Revolution. In: Ebd., S. 97f.

– Das Theater und seine Zeit. In: Ebd., S. 99f.

– Theaterstück und Theateraufführung. In: Ebd., S. 170-172.

– Der Schauspieler Ernst Busch. In: Ebd., S. 190-194.

– [Brief vom 29. September 1958] An den Henschel Bühnenvertrieb z. Hd. v. Herrn Schulz [zu Gustav von Wangenheims »Studentenkomödie«] In: Sonntag 14 (1959). Nr. 4, S. 7.

– Esel schrein im Dunkeln. Satire. München: Drei Masken Verlag G.m.b.H. 1960 (BM).

– Die Stühle des Herrn Szmil. Satire. In: Junges deutsches Theater von heute. München: Albert Langen · Georg Müller [1962], S. 25-94.

– Die lustvollen Abenteuer der schöpferischen Veränderungen. In: Volksbühnen-Spiegel 1 (1965), S. 5f.

– Diagnose und Therapeutik in der Literatur heute. Gespräch [von Rolf Traube] mit dem Stükkeschreiber Heinar Kipphardt. In: Deutsche Volkszeitung vom 6. Oktober 1967, S. 13.

– März: Roman und Materialien. Hrsg. von Uwe Naumann. Unter Mitarbeit von Pia Kipphardt. Reinbek bei Hamburg 1987 (Gesammelte Werke in Einzelausgaben).

Kirch, August: Die deutsche Volksbühnen-Bewegung. In: Hamburger Jahrbuch für Theater und Musik 1948-49, S. 157-161.

Kirchhoff, Ernst: Theaterbau der Zukunft. Hamburg 1948 (Hamburger Theaterbücherei; 3).

Kirst, Hans Hellmut: Auch dem Gesindel spielen Flöten. Satirische Komödie (nach chinesischen Motiven). Berlin [Ost]: Drei Masken Verlag 1947 (BM).

– Galgenstrick. Schauspiel in vier Akten. Berlin [Ost]: Drei Masken Verlag 1948 (BM).

– Brief an Norbert Frýd. In: Neue deutsche Literatur 3 (1955). H. 7, S. 153.

– Aufstand der Offiziere. München: Verlag Kurt Desch [1966] (BM).

Klein, Matthäus: Über Wesen und Bedeutung des sozialistischen Pflichtbewußtseins. In: Einheit 11 (1956), S. 424-432.

– Über das Wesen und die gesellschaftliche Funktion der sozialistischen Moral (I/II). In: Einheit 11 (1956), S. 1202-1209 und ebd. 12 (1957), S. 57-66.

– Vom hohen sittlichen Gehalt unserer sozialistischen Ordnung. In: Ebd., S. 699-704.

Kleineidam, Horst: Millionenschmidt. Schauspiel in fünf Akten. Berlin [Ost]: Henschelverlag Kunst und Gesellschaft, Abteilung Bühnenvertrieb 1963 (BM).

Klemperer, Viktor: Die Rolle des Intellektuellen in der Gesellschaft. In: Aufbau 2 (1946). H. 7, S. 682-686.

Klocké, Gerhard: Die Gefangenen [ca. 1948] (n.n.).
– [Vorwort zur Komödie *Olympisches Zwischenspiel*.] In: Bühnenblätter des Stadttheaters Pforzheim 34 (1948/49), S. I*-VI*.
Klotz, Ernst: Ein guter Mensch. Tragikomödie in 5 Akten. München: Verlag Kurt Desch [ca. 1946] (BM).
Kluge, Alexander und **Heiner Müller**: Ich bin ein Landvermesser. Gespräche. Neue Folge. Hamburg 1996.
Knauth, Joachim: Heinrich VIII. oder Der Ketzerkönig. Historische Komödie (1955). Berlin [Ost]: Henschelverlag 1960 (Zeitgenössische Dramatik).
– Der Tambour und sein Herr König. Die Geschichte eines westfälischen Soldaten aus dem Jahre 1813. Schauspiel. Musik von Peter Fischer. Berlin [Ost]: Henschelverlag Kunst und Gesellschaft, Abteilung Bühnenvertrieb [19]57 (BM).
– Komödiantisch vertrillert. Kritische Bemerkungen eines Autors. In: Theater der Zeit 12 (1957). Nr. 2, S. 8f.
– Wer die Wahl hat. Komödie in drei Akten. Berlin [Ost]: Henschelverlag Kunst und Gesellschaft, Abteilung Bühnenvertrieb [19]58 (BM).
– Die sterblichen Götter. Komödie in einem Akt. Badenweiler Abgesang. Komödie in fünf Tagewerken. Berlin [Ost]: Henschelverlag Kunst und Gesellschaft, Abteilung Bühnenvertrieb [19]60 (BM).
– Pro domo, aber nicht nur. In: Theater der Zeit 16 (1961). Nr. 5, S. 5f.
– Die Kampagne. Satirisches Lustspiel (1961). Berlin [Ost]: Henschelverlag Kunst und Gesellschaft, Abteilung Bühnenvertrieb [19]63 (BM).
– Stücke. Mit einem Nachwort von Jochen Ziller. Berlin [Ost] 1973 (dialog).
Knöller, Fritz: Das Tausendjährige Reich. Tragikomödie in vier Akten. München: Verlag Kurt Desch [1946] (BM).
Kobbe, Friedrich-Carl: Zur Situation des deutschen Dramas in der Gegenwart. In: Der Theater-Almanach 1947. 2. Jahrgang. Hrsg. von Alfred Dahlmann. München 1947, S. 11-36.
Koch, Hans: Kultur in den Kämpfen unserer Tage. Theoretische Probleme der sozialistischen Kulturrevolution in der Deutschen Demokratischen Republik. Berlin [Ost] 1959.
– Die Geburt des neuen Menschen. In: Neue deutsche Literatur 7 (1959). H. 9/10, S. 238-244.
Koch, Walter: Zu Grundfragen des Spielplans. In: Der Theater-Almanach 1947. 2. Jahrgang. Hrsg. von Alfred Dahlmann. München 1947, S. 54-60.
Koeppel, Jochen: Heiße Eisen. Ein Stück in fünf Bildern. Berlin [Ost]: Henschelverlag 1959 (Zeitgenössische Dramatik).
Kogon, Eugen: Die Rolle der Arbeiterschaft in der Kultur. Zur Eröffnung der Ruhrfestspiele 1958 / 14. Juni 1958 (Typoskript).
Köhler, Hans: Der Umbau der Orangerie. In: Das Neue Forum 2 (1952/53), S. 129-131.
Kohlhaas, Wilhelm: Die Paladine. Schauspiel in sechs Akten. Hamburg: J.P. Toth Verlag, Bühnenvertrieb 1947 (BM).
Kolakowski, Leszek: Der Mensch ohne Alternative. Von der Möglichkeit und Unmöglichkeit, Marxist zu sein. München 1964.
Kolander, Friedrich: Die Stunde Null. 5 Szenen. Berlin [West]: Felix Bloch Erben [1953] (BM).
– Ein Rest kehrt um (1957). O.O.u.V. [1960] (BM).
Koller, Henry W.: Begegnung mit Tennessee Williams. In: Das Neue Forum 4 (1954/55), S. 92-94.
Köllner, Hans Fritz: Diagramm der Zeit. Theaterstück in 3 Akten. Berlin-Charlottenburg: Gustav Kiepenheuer Bühnenvertrieb G.m.b.H. [1946] (BM).
Korb, Peter: Einige Hinweise zum Spiel. In: Ernst Finster: Der Mann im Staubmantel. Beinahe ein Kriminalstück. Halle a.d.S. [19]52, S. 5-8.
Korn, Karl: Die Kulturfabrik. Wiesbaden 1953 (Die weissen Hefte; 2).
Korn, Vilmos: Müntzers Tod [1946] (n.n.).
Kortner anekdotisch. Hrsg. von Claus Landsittel. München 1967.
Kortner, Fritz: Gruß an das deutsche Theater. In: Theaterstadt Berlin. Ein Almanach. Hrsg. von Herbert Ihering. Berlin [Ost]: Bruno Henschel & Sohn 1948, S. 73.

– Über die Darstellung von Helden (1953). In: Klaus Völker: Fritz Kortner. Schauspieler und Regisseur. Berlin ²1993, S. 357-359.
– Aller Tage Abend. München ²1959.
– Schiller gegen die Schiller-Schwärmer. In: Der Tagesspiegel vom 10. November 1959. Nr. 4308, S. 4.
– Letzten Endes. Fragmente. Hrsg. von Johanna Kortner. München 1971.

Kraft [Edler von Helmhacker], Zdenko von: Flucht zu Gott. Dramatische Vision in drei Akten. Chemnitz: Barbarossa-Verlag [ca. 1947] (BM).

Krahn, Horst: Nachtdienst. Kurz-Szene für Laienspieler. Halle a.d.S.: Mitteldeutscher Verlag [19]50 (BM).

Krischke, Traugott: Kreuze am Horizont. Schauspiel in vier Akten. Neufassung. Reinbek bei Hamburg: Rowohlt Verlag GmbH Theaterverlag 1960 (BM).

Kritik in der Zeit. Literaturkritik der DDR 1945-1975. Hrsg. von Klaus Jarmatz u.a. Bd. 1. Halle/ Leipzig ²1978.

Kriwet, Ferdinand: Möglichkeiten des Theaters. In: Das Neue Forum 9 (1959/60), S. 156-160.

Krüger, Answald: Hamburger Theaterkrise? In: Hamburger Jahrbuch für Theater und Musik 1947-48, S. 289-297.

Kuba [i.e. **Kurt Barthel**]: Wie steht es mit der Ehrlichkeit des Schriftstellers? In: Neues Deutschland (B) vom 21. Juli 1957. Nr. 170, S. 4.
– Klaus Störtebeker. Dramatische Ballade in sechs Episoden, einem Vorspiel und einem Nachspiel. In der Inszenierung und dramaturgischen Einrichtung der Rügenfestspiele 1959 von Hanns Anselm Perten. Leipzig: VEB Friedrich Hofmeister [ca. 1960].
– Georg Büchner. In: Programmheft des Volkstheaters Rostock zu Georg Büchners »Dantons Tod«. Spielzeit 1961/62.

Kubsch, Hermann Werner: Ende und Anfang. Schauspiel. Berlin [Ost]: Bruno Henschel & Sohn, Abteilung Bühnenvertrieb [1949] (BM).
– Die ersten Schritte (Das tägliche Brot). Schauspiel in fünf Aufzügen. Berlin [Ost]: Bruno Henschel & Sohn, Abteilung Bühnenvertrieb [1950] (BM).

Küchenmeister, Wera und **Claus Küchenmeister**: Damals – achtzehn, neunzehn. Berlin [Ost]: Henschelverlag, Abteilung Bühnenvertrieb [19]58 (BM).

Kuhlmann, Karl: Ein Prolog und zwei Jahre später. Drama. / Ein doppeltes Puppenspiel. Drama in einem Akt. München: Verlag Kurt Desch [1948] (BM).

Kuhn, Fritz: Der künstliche Mond geht auf. Groteskkomödie in 4 Akten. Berlin [Ost]: Henschelverlag, Bühnenvertrieb [19]56 (BM).
– Leicht bewölkt, vorwiegend heiter. Lustspiel in 2 Akten (5 Bildern). Berlin [Ost]: Henschelverlag, Abteilung Bühnenvertrieb [19]56 (BM).
– Venezianisches Glas. Schauspiel in 4 Akten. Berlin [Ost]: Henschelverlag, Abteilung Bühnenvertrieb [19]57 (BM).
– Kredit bei Nibelungen. Eine tragische Komödie in acht Bildern. Berlin [Ost]: Henschelverlag 1961 (Zeitgenössische Dramatik).

Kühne, Erich: Realistische Darstellung und dramaturgischer Perfektionismus. In: Junge Kunst 5 (1961). H. 5, S. 68-80.

Kühnelt, Hans Friedrich: Es ist später als du denkst. Schauspiel [ca. 1960]. Reinbek bei Hamburg: Rowohlt Verlag GmbH, Theater-Verlag 1962 (BM).

Kunkel, Erhard: Wir spielten auf westdeutschen Bühnen. In: Wort und Spiel 1 (1956). H. 9, S. 62f.

Kupsch, Joachim: König für einen Tag. Komödie in 3 Akten. Berlin [Ost]: Henschelverlag, Abteilung Bühnenvertrieb 1953 (BM).

Kurella, Alfred: Von der Lehrbarkeit der literarischen Meisterschaft. Vortrag zur Eröffnung des Instituts für Literatur in Leipzig. In: Neue deutsche Literatur 3 (1955). H. 11, S. 98-109.
– Tatsachen gegen Legenden. Zur Geschichte des Begriffs »Sozialistischer Realismus«. In: Neue deutsche Literatur 5 (1957). H. 2, S. 136-145.
– Die Einflüsse der Dekadenz. In: Sonntag vom 21. Juli 1957. Nr. 29, S. 7.
– Der Mensch als Schöpfer seiner selbst. Beiträge zum sozialistischen Humanismus. Berlin [Ost] 1958.

– Wege zur sozialistischen Volkskultur. In: Sonntag vom 15. Februar 1959. Nr. 7, S. 7.
– Eine neue Etappe unserer Kulturrevolution. In: Neue deutsche Literatur 7 (1959). H. 6, S. 7-19.
– Unsere künstlerische Freiheit. Auszug aus einem Diskussionsbeitrag. In: Neue deutsche Literatur 9 (1961). H. 8, S. 56-61.

Kutscher, Artur: Das poetische Theater (1958). In: Theater im Gespräch. Ein Forum der Dramaturgie. München/Wien 1963, S. 261-277.

L., H.: Weltfriedensbewegung im Jahre 1950. In: Neues Deutschland vom 3. Januar 1951.

Lacan, Jacques: Schriften I. Ausgewählt und hrsg. von Norbert Haas. Olten/Freiburg i.Br. 1973.

Lackner, Stephan: In letzter Instanz. Ein Spiel in drei Akten. München: Verlag Kurt Desch 1953 (BM).

Lampel, Peter Martin: Flucht vor uns selber. Schauspiel. Berlin [Ost]: Aufbau-Bühnen-Vertrieb GmbH 1946 (BM).
– Kampf um Helgoland. Schauspiel in 5 Akten in der sogenannten Novemberfassung. Berlin [Ost]: Aufbau-Bühnen-Vertrieb G.m.b.H. 1952 (BM).

Lang, Hans-Joachim: Jean Anouilh: Welt und Wirkung. In: Hamburger Jahrbuch für Theater und Musik 1947-48, S. 115-134.

Lang, Lothar: Peter Hacks und der literarische Vulgärsoziologismus. In: Die Weltbühne 13 (1958). Nr. 19, S. 598-600.

Lang, Otto: Von der Arbeit des Deutschen Theater-Instituts Weimar. In: Theaterstadt Berlin. Ein Almanach. Hrsg. von Herbert Ihering. Berlin [Ost]: Bruno Henschel & Sohn 1948, S. 355-360.
– Die Bedeutung des Stanislawski-Systems. In: Theater der Zeit 6 (1951). Nr. 19, S. 24-28.
– Ein Versuch mit Wagners »Kindsmörderin«. In: Theater der Zeit 12 (1957). Nr. 11, S. 16-18.

Lange, Hartmut: Senftenberger Erzählungen oder Die Enteignung. In: Theaterstücke 1960-72. Hrsg. von Jürgen Manthey. Reinbek bei Hamburg 1973, S. 15-42 (das neue buch; 22).
– Die Revolution als Geisterschiff. Massenemanzipation und Kunst. Reinbek bei Hamburg 1973 (das neue buch; 36).
– Die Erkenntnis rettet niemanden. Ein Gespräch mit dem Schriftsteller H.L. In: Am Erker 22 (1999). H. 38, S. 31-37.

Lange, Horst: Der Traum von Wassilikowa. Ein Theaterstück (1945). München: Zinnen-Verlag Kurt Desch [ca. 1950] (BM).
– Die Frau, die sich Helena wähnte. Ein Monolog. München: Verlag Kurt Desch [1946] (BM).
– Kephalos und Prokris. Eine Dichtung. München: R. Piper & Co. Verlag 1948.

Langenbeck, Kurt: Der Phantast. Schauspiel in drei Akten. München: Verlag Kurt Desch [ca. 1945].
– Heimkehr (Anna Maria). Tragödie. [3. Fassung in vierzehn Szenen] O.O.u.V. [1948] (BM).

Langhoff, Wolfgang: Theater – eine Waffe im Kampf um den Frieden. In: Theater der Zeit 5 (1950). Nr. 8, S. 1f.
– Die deutsche Bühne und Deutschlands Einheit. In: Referate von Herbert Gute, W.L., Günther Sauer auf der 2. Jahresvollversammlung des Büros für Theaterfragen in Berlin am 1. und 2. April 1950. Hrsg. vom Büro für Theaterfragen. Berlin [Ost] 1950, S. 18-28.
– »Egmont« – eine optimistische Tragödie. Interview mit W.L. In: Deutsches Theater. Spielzeit 1951/52. H. 3 (»Egmont«), S. 4f.
– Die Darstellung der Wahrheit auf der Bühne mit Hilfe der Stanislawski-Methode (1953). Manuskript. SAdK, Wolfgang-Langhoff-Archiv (Rep. 05, IV.a., Nr. 6). [1953a]
– Die Darstellung der Wahrheit auf der Bühne mit Hilfe der Stanislawski-Methode (1953). In: Deutsches Theater. Bericht über 10 Jahre. Redaktion Ernst Schoen. Berlin [Ost]: Henschelverlag 1957, S. 110-114. [1953b]
– Dank an die sowjetischen Kulturoffiziere. In: Ebd., S. 38.
– Die Gestalt des Egmont. In: Ebd., S. 118f.
– Über unsere Arbeit an »Thomas Münzer«. In: Ebd., S. 201f.
– Ein großes, feuriges Herz schlägt nicht mehr. In: Ebd., S. 203-206.
– Faust 1949 – Faust 1954. In: Ebd., S. 252-254.

Langner, Ilse: Drei Pariser Stücke. Mit einem Nachwort von Ernst Johann. Darmstadt 1974 (Hessische Beiträge zur deutschen Literatur; 49).

– Salome [1. Fassung 1955]. Neufassung 1972. In: Ein königliches Kind. Geistliche Stücke und Hörspiele von Marie-Luise Kaschnitz und Ilse Langner. Leipzig 1982, S. 85-163.
– Dramen I. Mit einer Bibliographie von Margarete Dierks. Hrsg. von Eberhard Günter Schulz. Würzburg 1983.
– Von der Unverwüstlichkeit des Menschen. Dramenzyklus. Hrsg. von Monika Melchert. Berlin 2002 (Reihe Spurensuche; 2).

Latsch, Günter: Wer wagt – gewinnt! Zur Arbeit der ersten künstlerischen Agitationsbrigaden in Leipzig. In: Wort und Spiel 1 (1956). H. 7, S. 57-59.

Lauckner, Rolf: Dramen. Darmstadt: Eduard Stichnote 1952.
– Ausgewählte Bühnendichtungen. Mit einem Nachwort von Günther Goebel. Emsdetten/Westf.: Verlag Lechte 1963.

Leisner, Wulf: Ich bin kein Napoleon. Eine schwankhafte Komödie in 3 Akten. Hamburg: J.P. Toth Verlag, Bühnenvertrieb 1949 (BM).

Lemarchand, Jacques: Zehn Jahre Theater 1944-1954. In: Antares 6 (1954), S. 45-52.
– Das Theater Eugène Ionescos. In: Das Neue Forum 6 (1956/57), S. 243-246.

Lemp, Liselotte: Lilith. Schauspiel in drei Akten [1946] (n.n.).

Lenin, Wladimir Iljitsch: Ausgewählte Werke in zwei Bänden. Moskau 1946-1947.
– Aus dem philosophischen Nachlaß. Exzerpte und Randglossen. Berlin [Ost] 1954.
– Werke. Ins Dt. übertr. nach der 4. russ. Ausg. Die dt. Ausg. wird vom Inst. für Marxismus-Leninismus beim ZK der SED besorgt. 40 Bde und 2 EB. Berlin [Ost] 1955-1989.
– Über Kultur und Kunst. Eine Sammlung ausgewählter Aufsätze und Reden. Berlin [Ost] 1960.
– Über die Pariser Kommune. Berlin [Ost] ^{5}1971.

Lenz, Siegfried: Zeit der Schuldlosen (1960/61). Köln: Kiepenheuer & Witsch 1962 (Collection Theater. Texte; 2).
– Mein erstes Theaterstück. Wie »Zeit der Schuldlosen« entstand. In: Die Zeit vom 22. September 1961. Nr. 39, S. 16.
– O.T. In: Wir und Dostojewskij. Eine Debatte mit Heinrich Böll, S.L., André Malraux, Hans Erich Nossack, geführt von Manès Sperber. Hamburg 1972, S. 73-85 (Standpunkt).

Leonhard, Rudolf: Gustav von Wangenheim. In: G.v.W.: Die Maus in der Falle. Komödie in drei Akten. Berlin [Ost] 1947, S. III-VI.
– Über die Anfänge des politischen Theaters in Deutschland. In: Theaterstadt Berlin. Ein Almanach. Hrsg. von Herbert Ihering. Berlin [Ost]: Bruno Henschel & Sohn 1948, S. 159-167.

Leonhardt, Hans Walter: Diktator Bockelson. 7 Bilder. Berlin-Charlottenburg: Gustav Kiepenheuer Bühnenvertriebs-G.m.b.H. [1947] (BM).

Leuteritz, Gustav: Friedrich Wolf wieder in Deutschland. In: Tägliche Rundschau vom 27. September 1945. Nr. 117, S. 4.

Lewin, Willi: Die Aufgaben des Theaters im Fünfjahrplan. Eine kritische Zwischenbilanz über die Erfolge und Mängel unserer Theaterpolitik. In: Theater der Zeit 7 (1952). Nr. 8, S. 10-13.
– Zum Beginn der neuen Spielzeit. In: Theater der Zeit 8 (1953). Nr. 9, S. 1-3.

Lichnowsky, Mechtilde: Gespräche in Sybaris. Tragödie einer Stadt in 21 Dialogen. Wien: Gallus-Verlag 1946.

Lierke, Walther C.F.: Theater des Bodenlosen. In: Die Weltbühne 3 (1948). Nr. 5/6, S. 122-125.

Lietzmann, Sabina: Nach der Schublade-Legende. Das Zeitstück in der Retorte. In: Dionysos 2 (1948). H. 6, S. 6f.

Lilje, Hanns: Atheismus – Humanismus – Christentum. Der Kampf um das Menschenbild unserer Zeit. Hamburg 1962 (Stundenbuch 1).

Lindtberg, Leopold: Wendepunkt. In: Theater. Meinungen und Erfahrungen. Affoltern a.A. 1945, S. 23-26 (Über die Grenzen. Schriftenreihe; 4).
– Reden und Aufsätze. Hrsg. und mit Anmerkungen und einem Nachwort versehen von Christian Jauslin. Zürich/Freiburg i.Br. 1972 (Schweizer Theater-Jahrbuch der Schweizerischen Gesellschaft für Theaterkultur; 36/37).

Linfert, Carl: Was tun – in einer zerstörten Welt? »Die Fliegen« von Sartre im Berliner Hebbel-Theater. In: Der Kurier vom 8. Januar 1948. Nr. 6, S. 3.

Linke, Dieter: Der Eimer. Szene. Halle a.d.S.: Mitteldeutscher Verlag 1953 (Dramatischer Zirkel; 14).

Lintzel, Martin: Der göttliche Orpheus. [Reise in die Unterwelt oder Der Retter der Eurydike.] Eine Tragikomödie in fünf Akten. Berlin-Charlottenburg: Bühnenvertrieb und Verlag Bruno Henschel & Sohn [1947] (BM).

Linz, Eugen: Der Doppelgänger. Tragikomödie (1945). O.O.u.V. [ca. 1950] (BM).

– Dein Bruder Judas. Ein Drama in vier Akten (1947). Düsseldorf-Oberkassel: Renaissance-Verlag 1948 (BM).

Linzer, Martin: Bausteine zu einem realistischen Theater. Peter Hacks: Theaterstücke, Aufbau-Verlag, Berlin 1957. In: Neue deutsche Literatur 6 (1958). H. 2, S. 138-142.

– Heiteres Spiel um ernste Dinge. »Unternehmen Ölzweig« von Ewan MacColl im Maxim-Gorki-Theater. In: Theater der Zeit 13 (1958). Nr. 2, S. 45-47.

– Komik – Parteilichkeit – Wirklichkeit. Zur Inszenierung der »Frau Flinz«. In: Theater der Zeit 16 (1961). Nr. 7, S. 16-19.

Liste der auszusondernden Literatur. Hrsg. von der Deutschen Verwaltung für Volksbildung in der sowjetischen Besatzungszone. Vorläufige Ausgabe nach den Stand vom 1. April 1946. Berlin [Ost]: Zentralverlag 1946.

Liste des principales œuvres dramatiques françaises traduites en allemand et jouées en Allemagne depuis janvier 1946. In: Réalités allemandes vom 14. Februar 1950, S. 36f.

Literatur der Arbeiterklasse. Aufsätze über die Herausbildung der deutschen sozialistischen Literatur 1918-1933. Berlin/Weimar 1971.

Livius: Der Dichter in mystischer Wolke... Ernst Wiechert nahm »Abschied von der Zeit«. In: Tägliche Rundschau vom 29. Mai 1946.

Loetscher, Hugo: Ionescos Mörder ohne Bezahlung. In: Das Neue Forum 7 (1957/58), S. 210-214.

Lohmeyer, Wolfgang: Die Liebe siegt am Jüngsten Tag [1949] (n.n.).

Lommer, Horst: Die Arche Noah. Lustspiel in 3 Akten. Berlin [Ost]: Aufbau-Bühnen-Vertrieb G.m.b.H. 1945 (BM).

– Der General. Schauspiel in fünf Akten. Berlin [Ost]: Aufbau-Bühnen-Vertrieb G.m.b.H. 1946 (BM).

– Höllenparade eine [sic!] Revue. Berlin [Ost]: Aufbau-Bühnen-Vertrieb [19]46 (BM).

– Thersites und Helena. Schauspiel in fünf Akten. Berlin [Ost]: Aufbau-Bühnen-Vertrieb G.m.b.H. 1948 (BM).

– Zum Tag des freien deutschen Buches am 10. Mai 1948. In: Der Autor 1948. H. 3/4, S. 1f.

– Aufbruch nach Atlantis. Drama in fünf Akten. Hamburg: Chronos Verlag Martin Mörike o.J. [zwischen 1945 und 1950] (BM).

Lotar, Peter: Das Bild des Menschen. Gespräche einer letzten Nacht. Eine Legende unserer Zeit. Hamburg: Felix Meiner Verlag 1953.

Lucke, Hans: Taillenweite 68. Schwank in 3 Akten. Berlin [Ost]: Henschelverlag, Abteilung Bühnenvertrieb 1953 (BM).

– Fanal. Schauspiel. Berlin [Ost]: Henschelverlag, Abteilung Bühnenvertrieb 1954 (BM).

– Kaution. Kriminalstück in drei Akten (1954). Berlin [Ost]: Henschelverlag, Abteilung Bühnenvertrieb [19]62 (BM).

– Glatteis. Fast eine Gaunerkomödie (1956). Berlin [Ost]: Henschelverlag, Abteilung Bühnenvertrieb [19]57 (BM).

– Der Keller. Schauspiel. Berlin [Ost]: Henschelverlag, Abteilung Bühnenvertrieb [1]957 (BM).

– Über einige Schwierigkeiten beim Schreiben von Zeitstücken. In: Theater der Zeit 12 (1957). Nr. 11, S. 13-16.

– Bessere Drehbücher – bessere Filme. In: Neues Deutschland vom 25. September 1960.

– Einige Fragen. In: Theater der Zeit 16 (1961). Nr. 5, S. 5.

– Satanische Komödie. Ein menschliches Stück in sechs Episoden, Vor- und Nachspiel, sowie mit Zwischenspielen. Berlin [Ost]: Henschelverlag, Abteilung Bühnenvertrieb 1962 (BM).

– und **Peter Korb**: Die letzte Stunde. Halle a.d.S.: Mitteldeutscher Verlag [19]53 (Dramatischer Zirkel; 15).

Luft, Friedrich: Boleslav Barlog. In: Der Theater-Almanach 1947. 2. Jahrgang. Hrsg. von Alfred Dahlmann. München 1947, S. 259-262.

– Helden ohne Heroik. Eine Einführung. In: Günther Weisenborn: Die Illegalen. Drama aus der deutschen Widerstandsbewegung. München 1948, S. 5-7.
– Was fehlt? In: Theaterstadt Berlin. Ein Almanach. Hrsg. von Herbert Ihering. Berlin [Ost]: Bruno Henschel & Sohn 1948, S. 59-65.
– Umstrittener »Don Carlos«. Kortners Berliner Schiller-Inszenierung. In: Neue Zeitung vom 6. Dezember 1950, S. 2.
– Berliner Theater 1945-1961. Sechzehn kritische Jahre. Hrsg. von Henning Rischbieter. Hannover ^{2}1962.
– Vorwort. In: 25 Jahre Theater in Berlin. Theaterpremieren 1945-1970. Hrsg. im Auftrage des Senats von Berlin. Berlin [West] 1972, S. 7-20 (Schriftenreihe zur Berliner Zeitgeschichte; 7).
– Einleitung. In: Günter Neumann: Schwarzer Jahrmarkt. Eine Revue der Stunde Null neu eingerichtet von Tatjana Sais und Karl Vibach. Berlin-Wannsee 1975, S. 5-9.
Lukács, Georg: Deutsche Literatur im Zeitalter des Imperialismus. Eine Übersicht ihrer Hauptströmungen. Berlin [Ost] [1945].
– Fortschritt und Reaktion in der deutschen Literatur. Berlin [Ost] 1947.
– Probleme des Realismus. Zweite, vermehrte und verbesserte Auflage der »Essays über Realismus«. Berlin [Ost] 1955.
– Wider den mißverstandenen Realismus. Hamburg 1957.
– Werke. 18 Bde. Neuwied/Berlin 1962-2005.
– Schriften zur Literatursoziologie. Ausgewählt und hrsg. von Peter Ludz. Neuwied/Berlin ^{4}1970 (Soziologische Texte; 9).
Lusset, Félix: Französische Theaterstücke in Deutschland 1947. In: Theaterstadt Berlin. Ein Almanach. Hrsg. von Herbert Ihering. Berlin [Ost]: Bruno Henschel & Sohn 1948, S. 103-110.
Lüth, Erich: »Wir heissen Euch hoffen!«. In: Der Schriftsteller 1947. Nr. 2, S. 1.
Lutz, Joseph Maria: Die Erlösung Kains. München: Verlag Kurt Desch [1949] (n.n.).
Magnus, B. und **Azett** [i.e. **Peter S. Burg**]: Ein Mann, der lachen lernte. Schwank in 10 Bildern. Berlin [Ost]: Bühnenvertrieb und Verlag Bruno Henschel & Sohn 1946 (BM).
Makarowa-Linfert, Araca: Terpsichore, die Dienerin des Mannes. In: Das Neue Forum 2 (1952/53), S. 70-72.
Malraux, André: Psychologie der Kunst. Das imaginäre Museum (1947). Hamburg 1957.
Manifest des Ersten Deutschen Schriftstellerkongresses. In: Der Autor 1947. H. 8, S. 3.
Mann, Thomas: Gesammelte Werke in dreizehn Bänden. Frankfurt a.M. 1990.
Mansfeld, Michael: Einer von uns. Schauspiel in drei Akten. Berlin-Charlottenburg: Felix Bloch Erben [ca. 1960] (BM).
– Gesellschaftskritik nur noch »eine Art Zeitvertreib«? In: Die Kultur. Eine unabhängige Zeitung mit internationalen Beiträgen. München 1961. 9. Jg. Nr. 164, S. 2.
Marcuse, Herbert: Der eindimensionale Mensch. Studien zur Ideologie der fortgeschrittenen Industriegesellschaft. Neuwied ^{6}1968 (Soziologische Texte; 40).
Marschke, Klaus: Bühne im Freien. In: Neue deutsche Literatur 8 (1960). H. 12, S. 152-155.
Marwitz, Roland: Napoleon muß nach Nürnberg. Ein Bühnenstück in acht Bildern. München: Verlag Kurt Desch [1946] (BM).
– Paradies ohne Schlange. Komödie. München: Verlag Kurt Desch [1947] (BM).
Marx, Engels, Lenin und **Stalin**: Zur deutschen Geschichte. Aus Werken, Schriften, Briefen. Bd. 1. Berlin [Ost] 1953.
Marx, Karl: Grundrisse der Kritik der politischen Ökonomie (Rohentwurf) 1857-1858. Berlin [Ost] 1953.
Matchenz, Horst und **Ekkehart Witzke**: Sprengt den Teufelskreis. Ein Spiel um Arbeitsfreude. Laienspiel. Halle a.d.S.: Mitteldeutscher Verlag 19[49].
Materialien zu Brechts »Der kaukasische Kreidekreis«. Zusammengestellt von Werner Hecht. Frankfurt a.M. ^{8}1981 (edition suhrkamp; 155).
Matusche, Alfred: Welche, von den Frauen? (1951/52). Hrsg. von Armin Stolper und Jochen Ziller. Berlin [Ost] 1979 (dialog).
– Nacktes Gras. Drama. Berlin [Ost]: Henschelverlag 1959 (Zeitgenössische Dramatik).
– Gleiche Strecke. Berlin [Ost]: Henschelverlag, Abteilung Bühnenvertrieb [1959] (n.n.)

– Der Regenwettermann (ca. 1961). In: Sozialistische Dramatik. Autoren der Deutschen Demokratischen Republik. Nachwort Karl-Heinz Schmidt. Berlin [Ost] 1968, S. 5-36.

May, Ferdinand: Der Aufstand des Babeuf. Schauspiel in acht Bildern. Berlin [Ost]: Henschelverlag, Abteilung Bühnenvertrieb 1953 (BM).

May, Gisela: Nicht einverstanden! In: Theater der Zeit 12 (1957). Nr. 8, S. 12f.

Mayer, Hans: Eine Stimme aus dem Zuschauerraum. In: Theater. Meinungen und Erfahrungen. Affoltern a.A. 1945, S. 54-58 (Über die Grenzen. Schriftenreihe; 4).

– Tagebuch vom Breslauer Kongreß. In: Sonntag vom 19. September 1948. Nr. 37, S. 7f.

– Deutsche Dramatik im zwanzigsten Jahrhundert. Ein Rückblick. In: Neue deutsche Literatur 3 (1955). H. 8, S. 83-90.

Mehl, Dieter: Briefwechsel Stefan Andres (Positano), Ernst Mehl (Lochham bei München) 1946/47 und 1950. In: Mitteilungen der Stefan-Andres-Gesellschaft 25 (2004), S. 21-39.

Mehring, Franz: Zur Literaturgeschichte von Hebbel bis Gorki. Berlin 1929 (Gesammelte Schriften und Aufsätze in Einzelausgaben; 2).

Meichsner, Dieter: Besuch aus der Zone. Schauspiel in drei Akten. Hamburg: Rowohlt Theater Verlag 1958 (BM).

Meier, Heinrich Christian: Zwei neue Handtücher. Ein Drama unserer Zeit. Hamburg: Bühnenvertrieb Horst Büssow [1948] (BM).

Meinungsstreit um die Unabhängigkeit der Kammerspiele. Bürgermeister von Müller zum Weggang von Harry Buckwitz – Max Christian Feiler entgegnet. In: Münchner Merkur vom 20./21. Januar 1951. Nr. 18, S. 4.

Melchinger, Siegfried: Theater der Gegenwart. Frankfurt a.M./Hamburg 1956.

– Das poetische Theater (1959). In: Elemente des modernen Theaters. Frankfurt a.M. 1961, S. 20-54 (Schriften der Frankfurter Gesellschaft für Theaterwissenschaft).

Meller, Rose: Ein Ballen Reis. Berlin-Charlottenburg: Bühnenvertrieb und Verlag Bruno Henschel & Sohn [1948] (BM).

Mellinger, Frederic: Das Theater am Broadway. Vorträge und Essays. Berlin [West] 1950.

Menke, Jürg: Einmal tot ... und nie wieder. Schwank in 3 Akten. Donaueschingen-Baden: Rohrbacher 1949 (BM).

Mensel, Gerhard W.: Förderung der junger Autoren? In: Der Autor 1948. H. 5/6, S. 10-12.

Mewes, Joan Carl: Nach dem Sturm. Schauspiel. Vollständiges Text- und Regiebuch. Chemnitz: Barbarossa-Verlag [ca. 1947] (BM).

Meyer, Rolf: Kaffee aus Quantocosta. Ein Lustspiel in drei Akten. Berlin [Ost]: Aufbau-Bühnen-Vertrieb G.m.b.H. 1946 (BM).

Michael, Friedrich: Drei Komödien. Wiesbaden: Dieterich'sche Verlagsbuchhandlung 1946.

Michaud, Helmuth: Sophonisbe. Tragödie. Hamburg: J.P. Toth Verlag [1949] (n.n.).

Michel, Karl: Stauffenberg. Historisches Drama. Zürich: Thomas-Verlag 1947.

Michelsen, Hans Günter: Stienz (1955). Lappschiess. Frankfurt a.M.: Suhrkamp 1963 (im Dialog. Neues deutsches Theater).

Miller, Arthur: Der Tod des Handlungsreisenden. Zwei Akte und ein Requiem. Deutsche Fassung von Ferdinand Bruckner (1950). Frankfurt a.M.: S. Fischer-Verlag [ca. 1951] (BM).

Mit der *Umsiedlerin* durch die DDR-Geschichte: B.K. Tragelehn. In: Thomas Irmer und Matthias Schmidt: Die Bühnenrepublik. Theater in der DDR. Ein *kurzer* Abriß mit längeren Interviews. Hrsg. von Wolfgang Bergmann. Berlin 2003, S. 67-98.

Moers, Hermann: Zur Zeit der Distelblüte (1958). Koll. Köln: Kiepenheuer & Witsch 1962 (Collection Theater. Texte; 6).

– Meine Einstellung zum Theater. In: [Programmheft des Staatstheaters Braunschweig.] Zur Zeit der Distelblüte. Ein Schauspiel von Hermann Moers (1958).

– Ausgangspunkte. In: Ebd.

– Beginn der Badesaison. Ein vorwiegend heiteres Schauspiel in fünf Bildern (1960). Köln-Marienburg: Verlag Kiepenheuer & Witsch Bühnenvertrieb [1961] (BM).

– Im Haus des Riesen. Ein Schauspiel in zwei Teilen. Köln-Marienburg: Verlag Kiepenheuer & Witsch Bühnenvertrieb [ca. 1961] (BM).

Monato, Max: Sylva. Schauspiel in 5 Akten. Donaueschingen: Andreas Rohrbacher Verlag 1946 (BM).

Mostar, Herrmann: Der Zimmerherr. Eine Entwicklung in zwei Phasen (1945). Frankfurt a.M.: Verlag Josef Knecht 1947.
– Die Geburt. Ein Spiel (1946). Frankfurt a.M.: Verlag Josef Knecht 1947 (BM).
– Meier Helmbrecht. Drama in fünf Akten (1946). Frankfurt a.M.: Verlag Josef Knecht 1947 (BM).
– Putsch in Paris. Ein Schauspiel in fünf Akten. Frankfurt a.M.: Verlag Josef Knecht 1947 (BM).
– Bis der Schnee schmilzt. Lustspiel in drei Akten (1947). München: Verlag Kurt Desch [1948] (BM).
Mueller-Stahl, Hagen: Die Ansteckungsfähigkeit der Kunst. Zu drei Westberliner Aufführungen. In: Theater der Zeit 10 (1955). Nr. 9, S. 3f.
– Liberalismus auf dem Theater. In: Theater der Zeit 12 (1957). Nr. 3, S. 5f.
Mugrauer, Hans, **Ermbrecht Rindtorff**, **Wilhelm Michaelis** und **Hubert Hansen**: o.T. In: An die Freunde der Ruhr-Festspiele. [Recklinghausen 1956], S. 7*-9*.
Müller, Adam H.: Die Elemente der Staatskunst. 2 Bde. Jena 1922.
Müller, André: Westdeutsche Theater-Tendenzen. In: Theater der Zeit 14 (1959). Nr. 4, S. 9-12.
– Die Revolution als Passionsspiel. »Dantons Tod« von Georg Büchner im Münchener Residenztheater In: Ebd. H. 11, S. 42-45.
Müller, Artur: Wacht auf, Verdammte dieser Erde. Schauspiel in 3 Akten. München: Verlag Kurt Desch [ca. 1950] (BM).
– François Cenodoxus. Der Doktor von Paris. Ein Schauspiel. Emsdetten (Westf.): Verlag Lechte 1954 (Dramen der Zeit; 13).
Müller, Heiner: Das Loch im Strumpf. In: Sonntag vom 28. Juni 1953. Nr. 26, S. 13.
– »Sieg des Realismus«. In: Neue deutsche Literatur 1 (1953). H. 11, S. 161-163.
– Shakespeares Stücke sind komplexer als jede Aneignung – man braucht zu verschiedenen Zeiten verschiedene Übersetzungen. Ein Gespräch. In: Theater heute 16 (1975). Nr. 7, S. 32-37.
– Geschichte und Drama. Ein Gespräch mit H.M. In: Basis. Jahrbuch für deutsche Gegenwartsliteratur 6 (1976), S. 48-64.
– Brecht gebrauchen, ohne ihn zu kritisieren, ist Verrat. In: Theater 1980. Jahrbuch der Zeitschrift »Theater heute«. Hrsg. von Erhard Friedrich und Henning Rischbieter mit Sonderteil zum 20jährigen Bestehen von »Theater heute«: Theater 1960-1980, S. 134f.
– Rotwelsch. Berlin [West] 1982.
– »Deutschland spielt noch immer die Nibelungen«. DDR-Dramatiker H.M. über seine Theaterarbeit zwischen Ost und West. In: Der Spiegel 37 (1983). Nr. 19, S. 196-207.
– »Zur Lage der Nation«. Heiner Müller im Interview mit Frank M. Raddatz. Berlin [West] 1990 (Rotbuch Taschenbuch 13).
– Argumente gab es nie. Der Skandal um die Uraufführung von Heiner Müllers Stück »Die Umsiedlerin«. Das Gespräch mit Heiner Müller und B.K. Tragelehn führte Dieter Kranz. In: Sonntag 45 (1990). Nr. 31, S. 3f.
– Denken ist grundsätzlich schuldhaft. Die Kunst als Waffe gegen das Zeitdiktat der Maschinen. H.M. im Gespräch mit Frank Raddatz. In: TransAtlantik 1990. Nr. 7, S. 14-22.
– Intelligenz muß auch stören. BZ im Gespräch mit H.M., Heiner Carow und Ulrich Dietzel. In: Berliner Zeitung vom 25./26. August 1990. Nr. 198, S. 9.
– Stalingrad interessiert mich mehr als Bonn. Ein Interview mit H.M. In: Literatur konkret 15 (1990/91), S. 67-71.
– »Jenseits der Nation«. H.M. im Interview mit Frank M. Raddatz. Berlin 1991 (Rotbuch Taschenbuch; 49).
– Jetzt sind eher die infernalischen Aspekte bei Benjamin wichtig. Gespräch mit H.M. (1991). In: Aber ein Sturm weht vom Paradiese her. Texte zu Walter Benjamin. Hrsg. von Michael Opitz und Erdmut Wizisla. Leipzig 1992, S. 348-362.
– Das Liebesleben der Hyänen. In: Thomas Grimm: Was von den Träumen blieb. Eine Bilanz der sozialistischen Utopie. Berlin 1993, S. 7f.
– Dialoge gibt es heute nicht mehr... In: Schattenlinien 1994. Nr. 8/9, S. 27-36.
– Über Brecht. Gespräch mit H.M. In: Sinn und Form 48 (1996), H. 2, S. 223-237.

– Ende der Handschrift. Gedichte. Ausgewählt und mit einem Nachwort versehen von Durs Grünbein. Frankfurt a.M. 2000.

Müller, Wolfgang S.: Verlorene Menschen [1946] (n.n.).

Müller-Glösa, Otto: Zur Problematik des Zeitstücks. In: Neues Deutschland vom 26. Juni 1946, S. 3.

Mumelter, Maria: Das Spiel vom Opfergang. Freiburg/Düsseldorf: Christopherus Verlag 1950.

München. Kritischer Rückblick von Alfred Dahlmann und Dr. Heinz Pringsheim. In: Der Theater-Almanach 1946/1947. Hrsg. von A.D. München 1946, S. 270-299.

München [von Alfred Dahlmann]. In: Der Theater-Almanach 1947. 2. Jahrgang. Hrsg. von A.D. München 1947, S. 281-299.

Mund, Wilhelm Michael: Feuersturm. Ein dramatisches Gedicht in vier Akten (1945). Köln: Balduin Pick Verlag 1947.

Nagel, Ivan: Kortner · Zadek · Stein. München/Wien 1989 (Edition Akzente).

Nahke, Eva: Plebejisches oder sozialistisches Theater? In: Junge Kunst 2 (1958). H. 9, S. 39-44.

Nawrath, Marta: Die Mutprobe. Ein Segelfliegerstück in fünf Bildern. Bühnenbilder von Herbert Löchner. Leipzig: VEB Friedrich Hofmeister 1954 (Dramatischer Zirkel).

Nedden, Otto Carl August zur: Das Testament des Friedens. Ein Schauspiel um den Erfinder des Dynamits Alfred Nobel in drei Akten (1951). Wuppertal-Barmen: Fr. Staats GmbH 1973.

– Das andere Urteil. Das Schicksal der Annemarie Bigotte (1951). Düsseldorf: interma-orb Verlagsgruppe GmbH 1985.

– T.E. Lawrence (Lawrence von Arabien). Die Legende seines Lebens (1954). Wuppertal-Barmen: Verlag Fr. Staats GmbH 1958.

– Der Engel des Abgrunds. Eine apokalyptische Phantasie (3 Akte). München: Das Werk 1964 (BM).

Nell, Peter: Die Eysenhardts. Der Weg einer Frau. Halle a.d.S.: Mitteldeutscher Verlag [19]50 (BM).

Nestle, Wilhelm: Griechische Weltanschauung in ihrer Bedeutung für die Gegenwart. Vorträge und Abhandlungen. Stuttgart 1946.

Neubert, Kurt Robert: Zweimal klingeln. Lustspiel in 3 Akten. Berlin [Ost]: Bühnenvertrieb und Verlag Bruno Henschel & Sohn [1946] (BM).

Neues Leben – neue Menschen. Konferenz des Lehrstuhls Philosophie des Instituts für Gesellschaftswissenschaften beim ZK der SED über theoretische und praktische Probleme der sozialistischen Moral am 16. und 17. April 1957. Berlin [Ost] 1957.

Neuhaus, Lutz: Brot der Armen. Ein Bühnenstück in drei Akten. München: Verlag Kurt Desch [ca. 1947] (BM).

– Illusion. Improvisationen mit Musik und tieferer Bedeutung. Drei Aufzüge, Ausklang. München: Verlag Kurt Desch [ca. 1947] (BM).

Neuhaus, Wolfgang: Der Siegeszug. Scenen für die Arbeiterfestspiele Halle 1959. In: Junge Kunst 3 (1959). H. 6, S. 55-60 und [u.d.T. Agitprop-Szene] in: Neue deutsche Literatur 7 (1959). H. 6, S. 64-68.

Neumann, Alfred: Abel. Schauspiel in drei Akten (oder zwei Teilen). Berlin-Friedenau: Chronos-Verlag Martin Mörike [19]48 (BM).

– **Erwin Piscator** und **Guntram Prüfer**: Krieg und Frieden. Nach dem Roman von Leo Tolstoi für die Bühne nacherzählt und bearbeitet. Hamburg: Rowohlt Verlag 1955.

Neumann, Günter: Schwarzer Jahrmarkt. Ein Revue der Stunde Null [1948] neu eingerichtet von Tatjana Sais und Karl Vibach. Berlin-Wannsee 1975.

– Ich war Hitlers Schnurrbart. Eine Groteske. Berlin [West]: Paul Steegemann Verlag 1950 (Die Bank der Spötter).

– Die Insulaner. 3 Bde. Berlin [West]: Lothar Blanvalet Verlag 1954-1957.

Niehoff, Karena: Wer wird Eberts Nachfolger? Nach Wieland Wagners Ausbootung: Widerstand gegen Sellner. In: Stuttgarter Nachrichten vom 10. Februar 1960.

Niekisch, Ernst: Der Existentialismus / Eine neofaschistische Nachkriegsmode. In: Tägliche Rundschau vom 10. Januar 1947. Nr. 8, S. 3.

Nietzsche, Friedrich: Werke in drei Bänden. Hrsg. von Karl Schlechta. Darmstadt 1994.

Nöbel, Manfred: Regie-Konzeption zu dem Schauspiel »Die Ehrgeizigen« von Günter Görlich. Hrsg. vom Zentralhaus für Kulturarbeit, Sektor Wort und Spiel. [Leipzig] [19]63 (Methodische Beiträge für Laientheater; 2).

Noelte, Rudolf: Jürgen Fehlings Erbe. In: Theater heute 11 (1970). Nr. 10, S. 30-33.

Nowatschin, Paul: Es spielt sich doch was ab. Ein Landstück. Leipzig: VEB Friedrich Hofmeister [19]58 (Studio auf Papier).

Oelschlegel, Gerd: Romeo und Julia in Berlin (1952). Eine deutsche Tragödie. Hamburg: Rowohlt Verlag GmbH, Abteilung Bühnenvertrieb [ca. 1957] (BM).

– Die tödliche Lüge. Schauspiel in fünf Akten (1955). Berlin, Wiesbaden: Bühnenverlag Ahn & Simrock 1956 (BM).

– Staub auf dem Paradies. Komödie. Reinbek bei Hamburg: Rowohlt Theater Verlag [ca. 1957] (BM).

Oelssner, Fred: Wirtschaftsplanung und Planwirtschaft. Einige kritische Bemerkungen zu dem Artikel von Rita Sprengel. In: Einheit 2 (1947), S. 751-765.

Offener Brief an die amerikanischen Dramatiker Lilian Hellmann, Clifford Odets, Arthur Miller. In: Protokoll über die Tagung der Ostzonen-Intendanten am 16. und 17. Juli 1948 in Berlin. Hrsg. vom Büro für Theaterfragen. Berlin [Ost] 1948, S. 39f. und [u.d.T.] »Warum dürfen wir Sie nicht hören?« Offener Brief deutscher Intendanten an die fortschrittlichen Dramatiker Amerikas. In: Berliner Zeitung vom 14. Juli 1948. Nr. 161.

O'Neill, Eugene: Meisterdramen I/II. Frankfurt a.M. 1963-1966.

Ortner, Eugen: Insulinde oder Die Kaffeemaschinen von Lebak. Schauspiel in 3 Akten. München: Die Wende [ca. 1946].

Otto, Teo: Gedanken. In: Theater. Meinungen und Erfahrungen. Affoltern a.A. 1945, S. 17-22 (Über die Grenzen. Schriftenreihe; 4).

Otto, Walter F.: Die antiken Grundlagen des abendländischen Theaters. In: Darmstädter Gespräch »Theater«. Hrsg. im Auftrag des Magistrats der Stadt Darmstadt und des Komitees Darmstädter Gespräch 1955 von Egon Vietta. Darmstadt 1955, S. 104-119.

Paarmann, Heinz: Insel im Weltmeer [1950] (n.n.).

Palitzsch, Peter: »Mutter Courage«, 20 Jahre danach. Arbeit an Brecht am Beispiel einer Aufführung. In: Theater heute 6 (1965). Nr. 1, S. 60-64.

Parth, Wolfgang W.: Die Sendung des amerikanischen Theaters. In: Sie vom 10. November 1946. Nr. 49, S. 4.

Paryla, Karl: Beständigkeit. In: Theater. Meinungen und Erfahrungen. Affoltern a.A. 1945, S. 45-47 (Über die Grenzen. Schriftenreihe; 4).

Paul Wegener: Sein Leben und seine Rollen. Ein Buch von ihm und über ihn. Eingerichtet von Kai Möller. Hamburg 1954.

Peiper, Walter: Von »Oedipus« bis Mackie Messer. Theater in Düsseldorf, Essen, Köln und Wuppertal. In: Die Epoche vom 23. November 1947. Nr. 37/38, S. 8.

Pempelfort, Karl: Zur Idee der Ruhr-Festspiele. In: [Programmheft] Ruhr-Festspiele Recklinghausen 1948, S. 8-15.

– Vom Sinn der Ruhr-Festspiele. In: [Programmheft] Ruhr-Festspiele Recklinghausen 1949, S. 5-8.

– Zum Spielplan der Ruhr-Festspiele 1951. In: [Programmheft] Ruhrfestspiele. Recklinghausen 1951, S. 5-9.

Penzoldt, Ernst: Der Diogenes von Paris. Graf Gustav von Schlabrendorf. Erster Teil: Die verlorenen Schuhe. Zweiter Teil: Der historische Schlabrendorf. Dokumente ausgewählt von Ilse Foerst. München: Heimeran 1948.

– Der gläserne Storch oder Es hat alles sein Gutes. Zauberkomödie in sechs Bildern. Frankfurt a.M.: Suhrkamp Verlag [1949] (BM).

– Nachspiel zu den »Räubern«. 5. Akt, 3. Szene. Hamburg: Dulk 1946.

– Dramen. Frankfurt a.M.: Suhrkamp 1962 (Gesammelte Schriften in Einzelbänden).

Peregrin, Peter [i.e. **René Prévot**]: Odysseus in Ithaka. Komödie in drei Akten mit einem Vorspiel Telemachos in Sparta. Berlin-Charlottenburg: Gustav Kiepenheuer Bühnenvertriebs GmbH [1947] (BM).

Peterich, Eckart: Nausikaa. Schauspiel in fünf Aufzügen. Freiburg i.Br.: Verlag Karl Alber 1947.

– Die Schreiber oder die ägyptische Finsternis. Komödie in fünf Aufzügen. Freiburg i.Br.: Verlag Karl Alber 1949.

Peters, Carl: Luzifer [ca. 1945] (n.n.)

Petzet, Wolfgang: Lassalles Begegnung. Tragische Komödie in vier Akten. München: Verlag Kurt Desch [1946] (BM).

Pfeiffer, Hans: Nachtlogis. Schauspiel in 5 Akten. Berlin [Ost]: Henschelverlag Kunst und Gesellschaft, Abteilung Bühnenvertrieb [1955] (BM).

– Laternenfest. Schauspiel in drei Akten (1956). Berlin [Ost]: Henschelverlag 1958 (Zeitgenössische Dramatik).

– Ein Abschied (1957). Leipzig: VEB Friedrich Hofmeister [1958] (Hofmeister-Spiele).

– Hamlet in Heidelberg. Hrsg. vom Zentralhaus für Volkskunst, Abt. Künstlerisches Wort. [Leipzig:] o.V. [1958].

– Zwei Ärzte. Schauspiel in 10 Bildern. Berlin [Ost]: Henschelverlag Kunst und Gesellschaft, Abteilung Bühnenvertrieb [19]59 (BM).

– Die dritte Schicht. Schauspiel in fünf Bildern. Berlin [Ost]: Henschelverlag Kunst und Gesellschaft, Abteilung Bühnenvertrieb [19]60 (BM).

– Schuld sind die anderen. Schauspiel in neun Bildern (1961). Berlin [Ost]: Henschelverlag Kunst und Gesellschaft, Abteilung Bühnenvertrieb [19]62 (BM).

– Begegnung mit Herkules. [Komödie.] In: Neue deutsche Literatur 14 (1966). H. 9, S. 117-165.

– Gegen-Anmerkungen zu meiner Komödie. In: Ebd., S. 168-170.

– Prämissen sozialistischer Dramatik. In: Ebd. H. 10, S. 140-147.

Pfeiffer, Herbert: Der Dramaturg Bertolt Brecht (1957). In: Theater im Gespräch. Ein Forum der Dramaturgie. München/Wien 1963, S. 306-320.

Pfützner, Klaus: Ein verheißungsvoller Neubeginn. In: Wort und Spiel 1 (1956). H. 5, S. 64.

– Das Kollektiv – Polit-Kern des Agitproptheaters. Einige Parallelen. In: Junge Kunst 2 (1958). H. 5, S. 8-12.

– Revolutionäre Lyrik im Klassenkampf. Gestaltung und Darstellung in der Agitpropbewegung. In: Ebd. H. 10, S. 41-47.

– »Die Mausefalle« von Gustav von Wangenheim. Ein bedeutendes Stück der jungen sozialistisch-realistischen Dramatik vor 1933. In: Junge Kunst 3 (1959). H. 8, S. 19-24.

Philosophisches Wörterbuch. Hrsg. von Georg Klaus und Manfred Buhr. 6., überarbeitete und erweiterte Auflage. Bd. 1. Leipzig 1969.

Phoebus, F.: Ferner liefen mit.... Ein Spruchkammerspiel in drei Akten mit kleinem Prolog und kurzem Epilog. Zürich: Conversa-Verlag [1948] (BM).

Picard, Max: Hitler in uns selbst. Zweite, vermehrte Auflage. Erlenbach/Zürich 1946.

Pieck, Wilhelm: Karl Liebknecht zu seinem 75. Geburtstag am 13. August. In: Einheit 1 (1946), S. 146-159.

Piens, Gerhard: Repertoire des sozialistischen Theaters. Bericht über eine Diskussion – Beitrag zur Diskussion. In: Neue deutsche Literatur 7 (1959). H. 5, S. 124-129.

Pilaczek, Richard: Dämon, Tod und Teufel. Parabel in fünf Aufzügen. Berlin-Zehlendorf: Berliner Bühnenvertrieb 1945 (BM).

– Das große Erwachen. Schauspiel in drei Akten. Berlin-Charlottenburg: Bühnenvertrieb Dr. Oscar Goetz 1946 (BM).

Pintzka, Wolfgang: Autor und Theater. In: Junge Kunst 2 (1958). H. 1, S. 16.

Piscator, Erwin: Das politische Theater. Berlin 1929.

– Theater der Auseinandersetzung. Ausgewählte Schriften und Reden. Frankfurt a.M. 1977 (edition Suhrkamp; 883).

Podehl, Peter: Kommen und Gehen. Ein Spiel in 5 Fensterszenen und 5 Bildern. Berlin-Charlottenburg: Felix Bloch Erben [1948] (BM).

Pohl, Gerhard: Magischer Realismus? In: Aufbau 4 (1948). H. 8, S. 650-653.

Pollatschek, Walther: Junge deutsche Dramatik. Zu den Ergebnissen eines Preisausschreibens. In: Neues Deutschland (B) vom 1. Januar 1954. Nr. 1, S. 6.

– Diese Dorfstraße ist keine Straße der Dramatik. In: Freie Welt 1955. H. 1 (April), S. 16.

Pons, Peter: Irrenhaus. Kleine Geschichte aus dem Land der unbegrenzten Möglichkeiten. Berlin [Ost]: Verlag Neues Leben [1948] (Kleine Bücherei der Freien Deutschen Jugend; 17).

– Ausgerechnet Bananen. Groteskszene für 3 Damen von 2mal 25 und 1mal doppelt. Halle a.d.S.: Mitteldeutscher Verlag [19]50 (BM).
– Zement. Komödie in einem Akt. Halle a.d.S.: Mitteldeutscher Verlag [19]52 (Dramatischer Zirkel).
– Grenzfall. Ein heiteres Stück. Leipzig: VEB Friedrich Hofmeister 1961 (BM).
– Feuer im Dorf. Kriminalstück. Leipzig: VEB Friedrich Hofmeister 1961 (BM).

Popow, I.: Der schöpferische Mut. In: Theater der Zeit 7 (1952). Nr. 20, S. 12-18, Nr. 22, S. 4-11 und Nr. 23, S. 3f.

Potthast, A.: An die Intendanten aller Deutsch sprechenden Bühnen! Betrifft: Verbot der Aufführung des Dramas »Rufer vor dem Tore« beim Städtischen Theater in Leipzig. [Offener Brief] Krefeld/Rhld. Postfach 61, den 10. April 1948. [MS im Besitz von W.G.S.]

Prodöhl, Günter: Kippentütchen. Kriminalstück in fünf Bildern. Berlin [Ost]: Henschelverlag Kunst und Gesellschaft [1961] (BM).

Prokofjew, W.: Die physischen Handlungen und die Arbeit an der Rolle (1950). In: K.S. Stanislawski, W.P., W. Toporkow, B. Sachawa und G. Gurjew: Der schauspielerische Weg zur Rolle. Fünf Aufsätze über Stanislawskis »Methode der physischen Handlungen«. Berlin [Ost] 1952, S. 21-93.

Protokoll: Konferenz der »Einheit« mit Wissenschaftlern, Partei- und Staatsfunktionären, Autoren und Lesern. Berlin, am 13. Mai 1957. In: Einheit 12 (1957) [Sonderheft].

Protokoll der Besprechung vom 29. Januar 1946 des Generalsekretariats des Länderrats, Villa Reitzenstein, Stuttgart. In: Bundesarchiv Koblenz Z1/1040, Bl. 202.

Protokoll der Verhandlungen des Ersten Kulturtages der Sozialistischen Einheitspartei Deutschlands. 5. bis 7. Mai 1948 in der Deutschen Staatsoper zu Berlin. Berlin [Ost] 1948.

Przywara, Erich: Humanitas. Der Mensch gestern und morgen. Nürnberg 1952.

Quadflieg, Will: Menschenwürde auf dem heutigen Theater. In: Hamburger Jahrbuch für Theater und Musik 1947-48, S. 281-283.

Rahner, Paul: Der sozialistische Staat braucht sozialistische Künstler. In: Junge Kunst 2 (1958). H. 4, S. 50f.

Redslob, Edwin: Die neue Stadt. Dramatische Dichtung. Berlin-Charlottenburg: Gustav Kiepenheuer Bühnenvertrieb-G.m.b.H. 1946 (BM).

Rehberg, Hans: Heinrich VII. Schauspiel in drei Akten. München: Verlag Kurt Desch [ca. 1947/48] (BM).
– Bothwell. Tragödie in drei Akten. München: Verlag Kurt Desch [ca. 1947/48] (BM).
– Elisabeth und Essex. Tragödie in drei Akten. München: Verlag Kurt Desch [ca. 1947/48] (BM).
– Der Gattenmord. Tragödie (Erster Teil der Atriden-Trilogie) mit einem Vorspiel »Der Opfertod«. München: Verlag Kurt Desch [ca. 1953] (BM).
– Der Muttermord (Zweiter Teil der Atriden-Tragödie). München: Verlag Kurt Desch [ca. 1955] (BM).
– Königsberg. Das Duisburger Festspiel 1955. Dortmund: Commedia-Verlag Karl Fr. Kloepper [1955] (Theater im Freien; 1).
– Kleist. Drama in drei Akten. Köln-Marienburg: Verlag Kiepenheuer & Witsch [ca. 1960] (BM).

Rehfisch, Hans José: Quell der Verheißung. Schauspiel. München: Verlag Kurt Desch 1946 (n.n.).
– Hände weg von Helena! (1950). Berlin-Charlottenburg: Felix Bloch Erben [1951] (BM).
– Politik, Dichtung, Theater (1955). In: Theater im Gespräch. Ein Forum der Dramaturgie. München/Wien 1963, S. 73-85.
– Jenseits der Angst. Schauspiel in drei Akten. München: Verlag Kurt Desch 1962 (BM).
– Ausgewählte Werke. Hrsg. von der Deutschen Akademie der Künste zu Berlin. 4 Bde. Berlin [Ost]: Rütten & Loening [1967].

Reichwald, Fred: Dachziegel oder Bomben. Ein Laienspiel in 1 Akt. Halle a.d.S.: Mitteldeutscher Verlag [19]51 (Laienspiele).
– Das Haberfeldtreiben (1956). Eisleben 1957 (n.n.).
– Das Wagnis der Maria Diehl. Schauspiel (1957). Berlin [Ost]: Henschelverlag [19]58 (BM).
– Der Hektarjäger. Das Wagnis der Maria Diehl. Fernsehspiele. Berlin [Ost]: Aufbau-Verlag 1959 (die Reihe; 15).
– Erzieher im Examen. Schauspiel in zehn Bildern. Berlin [Ost]: Henschelverlag [1960] (BM).

– Zum Thema des Stückes »Erzieher im Examen«. In: Junge Kunst 4 (1960). H. 1, S. 73.
Reif, Guido: Der Rebell. Ein Schauspiel in drei Akten (dreizehn Bildern). Berlin [Ost]: Bruno Henschel & Sohn, Abteilung Bühnenvertrieb [1948] (BM).
– Deutsche Tragödie. Eine Chronik in vier Akten. Berlin [Ost]: Bruno Henschel & Sohn, Abteilung Bühnenvertrieb [1949] (BM).
Reimann, Brigitte und **Siegfried Pitschmann**: Ein Mann steht vor der Tür. Berlin [Ost]: Aufbau-Verlag 1960 (die Reihe; 50).
– Sieben Scheffel Salz. In: hörspieljahrbuch 1 (1961), S. 63-93.
– Sieben Scheffel Salz. [Bühnenfassung.] Leipzig: Zentralhaus für Kulturarbeit der DDR [19]69 (Laientheater).
Reinhardt, Max: Schriften. Briefe, Reden, Aufsätze, Interviews, Gespräche, Auszüge aus Regiebüchern. Hrsg. von Hugo Fetting. Berlin [Ost] 1974.
Reinking, Karl Franz: Wege zu einer neuen Bühnenform. In: Die Quelle 2 (1948). H. 5, S. 15-21.
Remarque, Erich Maria: Die letzte Station (1956). In: Ders.: Das unbekannte Werk. Frühe Prosa, Werke aus dem Nachlaß, Briefe und Tagebücher. Hrsg. von Thomas F. Schneider und Tilman Westpfahlen. Bd. 3. Köln 1998, S. 153-257.
Renn, Ludwig: Weshalb keine Literatur über den Krieg? In: Neue deutsche Literatur 4 (1956). H. 1, S. 126-129.
Rentzsch, Gerhard: Nachbemerkung zu »Sieben Scheffel Salz«. In: hörspieljahrbuch 1 (1961), S. 94-96.
Resolution des [Ersten Deutschen] Schriftstellerkongresses. In: Der Autor 1947. H. 8, S. 3f.
Resolution gegen den Antisemitismus. In: Ebd., S. 4.
Revolutionäre deutsche Parteiprogramme vom Kommunistischen Manifest zum Programm des Sozialismus. Hrsg. und eingeleitet von Lothar Berthold und Ernst Diehl. Berlin [Ost] 1964.
Rhein-Main-Neckar-Gebiet [von Ulrich Seelmann-Eggebert]. In: Der Theater-Almanach 1947. 2. Jahrgang. Hrsg. von Alfred Dahlmann. München 1947, S. 342-358.
Richert, Ernst: Die materielle Lage des Autors. In: Der Autor 1948. H. 3/4, S. 7-10.
Richter, Hans Werner: Warum schweigt die junge Generation? (1946). In: Der Ruf. Unabhängige Blätter für die junge Generation. Eine Auswahl. Hrsg. und mit einer Einleitung von Hans A. Neunzig. München 1976, S. 60-65.
Richter, Manfred: Kommando von links. Schauspiel. Berlin [Ost]: Henschelverlag, Abteilung Bühnenvertrieb [19]58 (BM).
– Die Insel Gottes. Schauspiel (1959). Berlin [Ost]: Henschelverlag 1962 (Zeitgenössische Dramatik).
– Ehrengericht oder Der Tag ist noch nicht zu Ende. Weimar 1961 (n.n.).
Ricoeur, Paul: Die Interpretation. Ein Versuch über Freud. Frankfurt a.M. 1974.
Riemer, Hermann E.: Ich komme aus Sibirien. Schauspiel. München: Verlag Kurt Desch [ca. 1945] (BM).
– Flandrisches Nocturno. Schauspiel in drei Aufzügen. München: Verlag Kurt Desch [ca. 1947] (BM).
Ries, A.E.: Bluff. Ein Lustspiel in drei Akten. Berlin [West]: Globus Bühnenvertrieb [1947] (BM).
Riess, Curt: Das Kabarett als politisch-moralische Anstalt. In: Günter Neumann: Ich war Hitlers Schnurrbart. Eine Groteske. Berlin [West] 1950, S. 3f. (Die Bank der Spötter).
Rilla, Paul: Drama und Zeitnähe. In: Dramaturgische Blätter 1 (1947). H. 1, S. 5-7.
– Förderung junger Dramatiker. In: Ebd. H. 3, S. 1-5.
– Literatur, Kritik und Polemik. Berlin [Ost] 1950.
Rischbieter, Henning: Hoffnung für das deutsche Drama? Über die neuen Stücke der jungen Autoren. In: Theater heute 2 (1961). Nr. 12, S. 11-16.
– Wir wollten's wissen. Ein Gespräch mit Fritz Kortner. In: Theater 1963. Chronik und Bilanz eines Bühnenjahres [Sonderheft »Theater heute«], S. 47f.
Rödel, Fritz: Didaktisches Theater – pro und kontra. Ein Beitrag zur Diskussion um die Gegenwartsdramatik. In: Sonntag 14 (1959). Nr. 10, S. 5.
Rohde, Hedwig: Ein anderes Land. Drei Akte. O.O.u.V. [1946] (BM).
Rohk, Dietrich: Der weichende Schatten [1949] (n.n.).

Röhricht, Gertraude: Die Söhne der Bäuerin Li. Stück in einem Akt. Halle a.d.S.: Mitteldeutscher Verlag [19]52 (Dramatischer Zirkel).

Rombach, Otto: Licht im Fenster. Schauspiel in fünf Akten. Berlin [Ost]: Drei Masken Verlag 1948 (BM).

Rose, Reginald und **Horst Budjuhn**: Die zwölf Geschworenen. Köln: Kiepenheuer & Witsch 1962 (Collection Theater. Texte; 1).

Rosenzweig, Franz: Der Stern der Erlösung (1923). Mit einer Einführung von Reinhold Mayer und einer Gedenkrede von Gershom Scholem. Frankfurt a.M. [3]1990.

Roßbacher, Heinrich: Söhne. Komödie in drei Teilen (1945). Berlin [Ost]: Aufbau-Bühnen-Vertrieb G.m.b.H. 1946 (BM).

– Deserteure. Berlin [West]: Bühnenverlag Ahn & Simrock [ca. 1948] (n.n.).

Rossmann, Hermann: Die große Armee. Drama in fünf Akten (1945). München: Verlag Kurt Desch [1949] (BM).

– Im Herrgottswinkel. Ein Spiel. Kassel/Basel: Bärenreiter-Verlag 1951 (Bärenreiter-Laienspiele; 156).

– Oberleutnant Achilles. Schauspiel in drei Akten. München: Kurt Desch Verlag [1951] (n.n.).

– Titanen. Drei Einakter. Shakespeares Tod. König Toas. Dante und Beatrice (1951). Wien/München/Basel: Verlag Kurt Desch 1955 (Welt des Theaters).

– Fünf Mann – ein Brot. Schauspiel in 6 Bildern. O.O.u.V. [1952] (BM).

– Eine Tür geht auf. Kassel/Basel: Bärenreiter-Verlag 1955 (Bärenreiter-Laienspiele; 276).

– Mann im Mond. Dramatische Studie. Kassel/Basel: Bärenreiter-Verlag 1956 (Bärenreiter-Laienspiele; 292).

– Testflug B 29 (Nie wieder!). Drama. Berlin/Wiesbaden: Bühnenverlag Ahn & Simrock 1957 (BM).

– [Undatierter Brief von Herbst 1957 an:] Herrn Max Tau. Herausgeber der Friedensbücherei im Christian Wegner Verlag Hamburg. Crailsheim (Württbg.). Friedenstraße 17. [Kopie im Besitz von W.G.S.]

– Freitag, der Dreizehnte. Spiel zu Zweien in 3 Akten. Berlin/Wiesbaden: Bühnenverlag Ahn & Simrock 1960 (BM).

Rudolph, Johanna: Literatur unserer Gegenwart. Theoretische Konferenz der Parteigruppe im Deutschen Schriftstellerverband. In: Neues Deutschland vom 11. Juni 1958.

– Vom Werden der sozialistischen deutschen Nationalliteratur. In: Neue deutsche Literatur 6 (1958). H. 7, S. 104-113.

Rudorf, Günter: Die Stunde der Unschuldigen. Schauspiel. Berlin/Wiesbaden: Bühnenverlag Ahn & Simrock 1955 (BM).

Der Ruf. Unabhängige Blätter für die junge Generation. Eine Auswahl. Hrsg. und mit einer Einleitung von Hans A. Neunzig. München 1976.

Rühle, Jürgen: Kulturpolitik im Tauwetter. Die kurze Geschichte des Neuen Kurses in der Sowjetzone. In: Der Monat 7 (1955). H. 82, S. 329-347.

Rülicke, Käthe: Hans Garbe erzählt. Berlin [Ost] 1952.

– Agitprop in unseren Tagen? In: Wort und Spiel 1 (1956). H. 5, S. 62-64.

– Bemerkungen Brechts zur Kunst. Notate 1951-1955. In: Weimarer Beiträge 14 (1968). Brecht-Sonderheft, S. 5-11.

Ruppel, Karl H.: Geisteswandel im modernen Spielplan. In: Der Theater-Almanach 1946/1947. Hrsg. von Alfred Dahlmann. München 1946, S. 60-71.

Rutenborn, Günter: Auferstehung. Schauspiel in drei Aufzügen. Berlin [Ost]: Drei Masken Verlag A.G. 1946 (BM).

– Iphigenie in Aulis. Trauerspiel in drei Aufzügen. Berlin [Ost]: Drei Masken Verlag [19]46 (BM).

– Durst. Kammerspiel in sechs Bildern. Berlin [Ost]: Drei Masken Verlag 1947 (BM).

– Das Zeichen des Jona. Biblisches Zeitstück in einem Bild. Hamburg: Friedrich Wittig Verlag 1948.

– Die Wandlung des Titus. Tragödie in einem Aufzug. Berlin [Ost]: Drei Masken Verlag 1948 (BM).

- Iphigenie in Tauris. Schauspiel in einem Aufzug. Berlin [Ost]: Drei Masken Verlag [1949] (BM).
- Iphigenie in Argolis. Schauspiel in einem Aufzug. Berlin [Ost]: Drei Masken Verlag [1949] (BM).
- Das Theater als theologische Anstalt. In: Almanach des Wittig-Verlags 1949, S. 154-168.
- Der Fall Pilatus. Mysterienspiel. Berlin [Ost]: Drei Masken Verlag A.G. 1951 (BM).
- Glücklich geschieden. Komödie in drei Akten. München: Drei Masken Verlag G.m.b.H. 1954 (BM).
- Die ewige Exzellenz. Komödie in 4 Akten. A.D. 1957. München: Drei Masken Verlag G.m.b.H. 1959 (BM).

S., M.: Marionetten statt Menschen. Uraufführung [Dietrich Rohk:] »Der weichende Schatten«. In: Westfalenpost vom 22. Februar 1949. Nr. 22, S. 67.

Sabais, Heinz-Winfried: Vom klassischen zum modernen Humanismus (I). In: Aufbau 3 (1947). H. 8, S. 74-81.
- Vom klassischen zum modernen Humanismus (II). In: Ebd. H. 9, S. 167-174.

Sakowski, Helmut: Die Entscheidung der Lene Mattke. Schauspiel in sieben Bildern (1958). Berlin [Ost]: Henschelverlag, Abteilung Bühnenvertrieb [19]62 (BM).
- Steine im Weg. Volksstück in acht Bildern [1962]. Nach einem Fernsehspiel unter Mitarbeit von Hans Müncheberg. In: Sozialistische Dramatik. Autoren der Deutschen Demokratischen Republik. Nachwort Karl-Heinz Schmidt. Berlin [Ost] 1968, S. 239-300.
- Weiberzwist und Liebeslist. Schwank. Berlin [Ost]: Henschelverlag, Abteilung Bühnenvertrieb [19]61 (BM).
- Nach dem 11. Plenum. Rede vor Schriftstellern. In: Neue deutsche Literatur 14 (1966). H. 2, S. 11-18.

Salchow, Werner: Ein Liebestrunk (Himbeersaft und Liebe). Eine ländliche Komödie in drei Aufzügen. Berlin [Ost]: Henschelverlag Kunst und Gesellschaft [19]58 (BM).

Salomon, Horst: Der eigenen Kraft bewußt... In: Junge Kunst 5 (1961). H. 5, S. 81f.
- Vortrieb. In: Junge Kunst 5 (1961). H. 7/8, S. 71-90.

Sander, Hans-Dietrich: Die Verwendung von Archetypen. Zu Hans Pfeiffers »Laternenfest«. In: Theater der Zeit 12 (1957). Nr. 2, S. 10f.

Sarti, Rita: [Karl-Heinz Stroux.] In: Der Theater-Almanach 1947. 2. Jahrgang. Hrsg. von Alfred Dahlmann. München 1947, S. 272-277.

Sartre, Jean-Paul: Marxismus und Existentialismus. Versuch einer Methodik. Reinbek bei Hamburg 1964.
- Die Fliegen. Die schmutzigen Hände. Zwei Dramen. Reinbek bei Hamburg 1974.

Satlow, Ulrich: »Komische« Wissenschaft. Einige ernste Gedanken über die heitere dramatische Kunst. In: Theater der Zeit 7 (1952). Nr. 16, S. 1-4.

Sattler, Hanns Walther: Das deutsche Privattheater. In: Das deutsche Theater der Gegenwart. Werk und Aufführung. Verwaltung und Wirtschaft. Aus den Ansprachen auf der 1. Delegiertenversammlung des Deutschen Bühnenvereins am 16. April 1948 in Stuttgart. Ebd. [1949], S. 61-72 (Festgabe der Stadt Stuttgart für den Deutschen Bühnenverein).

Sauer, Günther: Signal Stalingrad. Drama in einem Prolog und 3 Akten. O.O.u.V. [1945] (BM Freiberger Fassung). [FF]
- Signal Stalingrad. Drama in einem Prolog und 3 Akten. O.O.u.V. [1945] (BM Magdeburger Fassung). [MF]
- Der Staatsstreich eine [sic!] Komödie in 3 Akten. Vollständiges Text- u. Regiebuch. Chemnitz: Barbarossa-Verlag [1946] (BM).
- Wo bleibt die moderne Komödie? In: Theater der Zeit 2 (1947). Nr. 9, S. 7-9.

Savitch, Marie: Eurythmie als Bühnenkunst. In: Hamburger Jahrbuch für Theater und Musik 1951, S. 49-57.

Schaarwächter, Hans: Die Trauer der Altäa. Tragödie. Berlin-Wilmersdorf: Astoria Verlag [ca. 1948] (BM).

Schadewaldt, Wolfgang: Die antike Tragödie auf der modernen Bühne (1956). In: Theater im Gespräch. Ein Forum der Dramaturgie. München/Wien 1963, S. 115-136.

Schäfer, Friedrich Leonhard: Die Wiederkehr des Prometheus. Ein Weihespiel (1945). Amorbach/Ufr.: Albert Burgmaier 1951 (Werkstunden-Schriftenreihe; 91).

Schäfer, Georg: Der Teufel Imperialismus und der Teufel Kommunismus. Die Bedeutung der Einfühlungspsychologie und Semantik für die Völkerverständigung. In: Die Kultur. Eine unabhängige Zeitung mit internationalen Beiträgen. München 1961. 9. Jg. Nr. 164, S. 8.

Schäfer, Walter Erich: Die Verschwörung. Schauspiel. Überlingen/Bodensee: Bühnenvertrieb Gerhard Dietzmann 1949 (BM).

Schäferdiek, Willi: Gesammelte Bühnenwerke. Siegburg 1981.

Schaffensfragen der sozialistischen Dramatik. Ein Rundtischgespräch. In: Neue deutsche Literatur 10 (1962). H. 6, S. 120-139.

Schaller, Rudolf: Meine Nachdichtung der »Lustigen Weiber von Windsor«. In: Theater der Zeit 7 (1952). Nr. 18, S. 5-7.

Schaper, Edzard: Die Freiheit des Gefangenen. Köln/Olten: Jakob Hegner Verlag ^{3}1953.

– Die Freiheit des Gefangenen. Schauspiel. Weinheim/Bergstraße: Deutscher Laienspiel-Verlag [1953] (BM).

Schede, Wolfgang Martin: Die Liebe und der Tod. 5 Caprichos nach Blättern des Francisco de Goya. Stuttgart/Calw: Verlag Gerd Hatje [1946].

– Das himmlische Saitenspiel. Schauspiel in 7 Bildern. Mit Illustrationen von Anni Schröder. München: Verlag Kurt Desch 1948.

Scheer, Maximilian: Die Rosenbergs. Schauspiel in neun Bildern und vier Zwischenbildern. Berlin [Ost]: Aufbau-Bühnen-Vertrieb G.m.b.H. 1953 (BM).

Scheffler, Herbert: Penelope wartet. Ein Spiel in drei Akten. Hamburg: Norddeutscher Bühnenverlag [1947] (BM).

Schéhadé, Georges: Sprichwörterabend (1954). In: Französisches Theater der Avantgarde. Hrsg. von Joachim Schondorff. München [1961], S. 115-193.

Schelsky, Helmut: Die skeptische Generation. Eine Soziologie der deutschen Jugend. Düsseldorf/ Köln 1957.

– Die Bedeutung des Klassenbegriffes für die Analyse unserer Gesellschaft (1961). In: Ders.: Auf der Suche nach Wirklichkeit. Gesammelte Aufsätze. Düsseldorf/Köln 1965, S. 352-388.

Scheu, Just und **Ernst Nebhut**: Wer leben will, muß tot sein .... Komödie in einem Vor- und Nachspiel in 3 Akten, frei nach Mark Twain. Berlin-Wilmersdorf: Bühnenvertrieb Edition Meisel & Co. 1949 (BM).

Schiller, Friedrich: Sämtliche Werke. 5 Bde. Hrsg. von Gerhard Fricke und Herbert G. Göpfert. Darmstadt 1993.

Schilling, Werner: Die Talente. Lustspiel in fünf Akten. In: Junge Kunst 3 (1959). H. 5, S. 13-27 und H. 6, S. 67-80.

Schlumberger, Hella: Autoren der Gegenwart (VIII.): Heinar Kipphardt. Vom großen Besänftiger »Kunst« [Interview]. In: [Münchner] Abendzeitung vom 11./12. Dezember 1971, S. 8.

Schmidt, Ernst Walter: Der dunkle Weg. Schauspiel in 6 Bildern. Berlin-Charlottenburg: California-Verlag, Abteilung Bühnenvertrieb [1948] (BM).

– Marja. Dramatisches Schauspiel in 6 Bildern. Berlin-Charlottenburg: California-Theater-Verlag, Bühnenvertrieb [1947] (BM).

Schmidt, Hans-Dieter: 3 x klingeln. Ein heiteres Stück um ein beinahe ernstes Problem. Berlin [Ost]: Henschelverlag, Abteilung Bühnenvertrieb [1960] (BM).

Schmitthenner, Hansjörg: Ein jeder von uns. Schauspiel. Bergen II, Obb.: Verlag Müller & Kiepenheuer 1947 (BM).

– Die Bürger von X. Eine dramatische Parabel. Berlin-Dahlem: Gustav Kiepenheuer Bühnenvertriebs G.m.b.H. 1960 (BM).

Schnabel, Ernst: Eine Injektion Nihilismus. In: Hamburger akademische Rundschau 1 (1946/47), S. 385-392.

Schneider, Reinhold: Die Stunde des heiligen Franz von Assisi (1943). Heidelberg ^{2}1946.

– Die Tragiker des Abendlandes. In: Der Theater-Almanach 1946/1947. Kritisches Jahrbuch der Bühnenkunst. Hrsg. von Alfred Dahlmann. München 1946, S. 23-33.

– Der Kronprinz. Politisches Drama. München: Verlag Karl Alber 1948.

– Belsazar. Drama nach Calderons »Cena de Baltasar« (1949). München: Verlag Schnell & Steiner 1950.
– Das Spiel vom Menschen. Nach Calderons »Schiff des Kaufmanns« (1949). München: Verlag Schnell & Steiner 1950.
– Der große Verzicht. Wiesbaden: Insel-Verlag 1950.
– Die Tarnkappe. Wiesbaden: Insel-Verlag 1951 (Insel-Bücherei; 486).
– Die Abrechnung (Zar Alexander I.). Drama in 4 Akten, Vor- und Nachspiel. Für die Aufführung eingerichtet von Fritz Umgelter. Wiesbaden: Ralf Steyer Verlag [ca. 1962] (BM).
– Der Traum des Eroberers. Zar Alexander. Wiesbaden: Insel-Verlag 1951.
– Innozenz und Franziskus. Wiesbaden: Insel-Verlag 1952.
– Der christliche Protest. Zürich 1954.
– Artur Müller. In: Das Neue Forum 4 (1954/55), S. 209-211.
– Der Tod des Vizekönigs (1955). Erstveröffentlichung eingeleitet und mit Anmerkungen versehen von Carsten Peter Thiede. In: Reinhold-Schneider-Blätter 4 (1979), S. 5-25.
– Der Auftrag des Dramas. In: Darmstädter Gespräch »Theater«. Hrsg. im Auftrag des Magistrats der Stadt Darmstadt und des Komitees Darmstädter Gespräch 1955 von Egon Vietta. Darmstadt 1955, S. 203-216.
– Der Balkon. Aufzeichnungen eines Müßiggängers in Baden-Baden. Mit einem Nachwort von Pirmin A. Meier. Frankfurt a.M. 1978.
– Der ferne König. Erzählungen. Freiburg/Basel/Wien 1959.
– Erfüllte Einsamkeit. Freiburg/Basel/Wien 1963.
– Briefe von Reinhold Schneider an Georg D. Heidingsfelder. In: Schriften der Reinhold-Schneider-Stiftung 26 (1984), S. 29-86.

Schneider, Rolf: Godefroys. Schauspiel. Berlin [Ost]: Henschelverlag, Abteilung Bühnenvertrieb [19]61 (BM).
– Prozess Richard Waverly. 7 Szenen. Berlin [Ost]: Henschelverlag, Abteilung Bühnenvertrieb [1963] (BM).
– Stücke. Berlin [Ost] 1970.

Schneider-Schelde, Rudolf: R VII. Schauspiel in 5 Akten. München: Zinnen-Verlag Kurt Desch [ca. 1946] (BM).

Schoen, Ernst: Zur Steuer der Wahrheit. In: [Programmheft des Deutschen Theaters Berlin] Columbus oder: Eröffnung des indischen Zeitalters. Schauspiel von Peter Hacks (1956), S. 12f.

Scholz, Gerhard: Modernismus als ästhetische und theoretische Restauration. In: Junge Kunst 1 (1957). H. 2, S. 24-28.

Scholz, Markus: Berlin. (Dramatische Vision.) Fragment in achtzehn Bildern. Berlin [West]: Der Neue Geist Verlag 1948.
– Nein. (Dramatische Vision.) Ein Schauspiel in zwölf Bildern. Berlin [West]: Der Neue Geist Verlag 1948.

Schöpf, Otto Friedrich: Dramatisches Wesen und Wort. In: Der Theater-Almanach 1946/1947. Hrsg. von Alfred Dahlmann. München 1946, S. 112-124.

Schrade, Wolfgang: Schiller und der sozialistische Realismus. »Don Carlos« im Berliner Deutschen Theater. In: Neue literarische Welt vom 25. Januar 1953, S. 7.

Schroeder, Max: Dramatik und Bühne heute. In: Sonntag vom 29. Januar 1956. Nr. 11, S. 7f.

Schröder, Ernst: Kreuzberger Krippenspiel 1945 (n.n.).
– Der Rutenbinder. Drama in drei Aufzügen. Berlin [West]: Minerva-Verlag 1946.
– Die Arbeit des Schauspielers. Aufsätze und Notizen. Zürich 1966.
– Das Leben – verspielt. Frankfurt a.M. 1981.

Schübel, Theodor: Der Kürassier Sebastian und sein Sohn. Stück in 5 Akten (1957). München: Thomas Sessler Verlag [ca. 1970] (BM).

Schuberth, Ottmar: Projekt eines Raumtheaters. In: Der Architekt 4 (1955), S. 129-131.

Schuh, Oscar Fritz: Der Regisseur von heute. In: Fünfzig Jahre Stadttheater Bielefeld. [Hrsg. von Joseph Gregor.] Städtische Bühnen Bielefeld 1954, S. 31-35.
– Zur Situation des Theaters (1955). In: Theater im Gespräch. Ein Forum der Dramaturgie. München/Wien 1963, S. 89-92.

– Zur Situation des deutschen Theaters. In: Ders. und Franz Willnauer: Bühne als geistiger Raum. Bremen 1963, S. 21-35.
– Die Säulenheiligen meines Theaters. In: Ebd., S. 69-98.
– Bühne als geistiger Raum. In: Ebd., S. 115-133.
– Der Theaterleiter. Zürich 1966 (Separatabdruck aus dem Atlantisbuch des Theaters, S. 51-59).
– So war es – war es so? Notizen und Erinnerungen eines Theatermannes. Berlin/Frankfurt a.M./Wien 1980.

Schulz, Peter-Bernd: Was heißt sozialistische Moral? In: Neues Deutschland (B) vom 26. Juni 1957. Nr. 148, S. 4.

Schulz-Wienold, Irmgard: Die zwölfte Krankheit. Satirisches Lustspiel. Halle a.d.S.: Mitteldeutscher Verlag [19]53 (Dramatischer Zirkel; 17).

Schulze Vellinghausen, Albert: Die Banalität als poetisches Element. In: Das Neue Forum 6 (1956/57), S. 246-249.
– Eugène Ionesco (1957). In: Das Abenteuer Ionesco. Beiträge zum Theater von heute. Zürich 1958, S. 5-18.
– Das absurde Theater (1959). In: Elemente des modernen Theaters. Frankfurt a.M. 1961, S. 7-19 (Schriften der Frankfurter Gesellschaft für Theaterwissenschaft).

Schumacher, Ernst: Agitprop-Theater und Arbeiterbühne. In: Aufbau 12 (1956). H. 3, S. 223-234.
– Er wird bleiben (1956). In: Erinnerungen an Brecht. Zusammengestellt von Hubert Witt. Leipzig 1964, S. 326-340.
– Brecht-Kritiken. Berlin [Ost] 1977.

Schwab, Arnold: Der Morgen. Schauspiel. Berlin [West]: Meisel Bühnenverlage [19]47 (BM).

Schwarz, Hans: Iphigeneia in Aulis. Tragödie. Hamburg-Bergedorf: Stromverlag 1947.

Schwarze, Hans Dieter: Aus Faustens Ende (1957). In: Lotblei. Junge Autoren. Hrsg. von Horst Wolff. Lechte-Emsdetten: Verlagsdruckerei Lechte 1962, S. 80-89.
– Der Mohr von Brandenburg. Komödie in der Art eines schwarz-weißen Bilderbogens. Frankfurt a.M.: S. Fischer Verlag [ca. 1960] (BM).

Schwirten, Ethel: Kontaktmangel – Das Thema der modernen Dramatik. In: Die Kultur. Eine unabhängige Zeitung mit internationalen Beiträgen. München 1961. 9. Jg. Nr. 164, S. 3.

Sedlmayr, Hans: Verlust der Mitte. Die bildende Kunst des 19. und 20. Jahrhunderts als Symbol der Zeit. Salzburg 1948.

Seeger, Kurt und **Heinrich Goertz**: Wir spielen wieder. In: Deutsches Theater. Bericht über 10 Jahre. Redaktion Ernst Schoen. Berlin [Ost]: Henschelverlag 1957, S. 9-15.

Seelmann-Eggebert, Ulrich: Theaterskandal um Eugène Ionesco. »Die Unterrichtsstunde« und »Opfer der Pflicht« in der Darmstädter Orangerie. In: Darmstädter Echo vom 7. Mai 1957, S. 3.

Seghers, Anna: Die Stiefel. (Eine Szene aus dem unveröffentlichten Roman »Die Toten bleiben jung«.) In: Theaterstadt Berlin. Ein Almanach. Hrsg. von Herbert Ihering. Berlin [Ost]: Bruno Henschel & Sohn 1948, S. 168-174.
– Tiefe und Breite in der Literatur. Aus der Rede auf dem V. Deutschen Schriftstellerkongreß. In: Neues Deutschland (B) vom 26. Mai 1961. Nr. 143, S. 4.
– Das siebte Kreuz. Roman. Darmstadt/Neuwied 1973.

Sellner, Gustav Rudolf: Anmerkungen zu Szenarium und Dramaturgie von »Monte Cassino«. In: Egon Vietta: Monte Cassino. Ein Mysterienspiel. Krefeld 1950, S. 83-87.
– Das neue Bühnenhaus (Auszug aus einem Vortrag). Dramaturgisches Protokoll VI. In: Das Neue Forum 1 (1951/52), S. 145f.
– Theater aus dem Geist der Sprache. Zur Grundlage eines Spielplans. In: Deutsche Zeitung und Wirtschafts Zeitung vom 24. April 1954. Nr. 33, S. 4.
– Die Wirklichkeit des Theaters und seiner technischen Zweigkünste. In: Das Neue Forum 7 (1957/58), S. 279-282.
– Banalität als szenisches Material. In: Das Abenteuer Ionesco. Beiträge zum Theater von heute. Von Eugène Ionesco, Albert Schulze Vellinghausen, G.R.S. Zürich 1958, S. 19f.
– Auch er gibt das Absurde im Erhabenen. In: Der Tagesspiegel vom 10. November 1959. Nr. 4308, S. 4.

– Theater ohne Vorhang. Vorwort. In: Claus Bremer: Theater ohne Vorhang. Drei dramaturgische Essays mit einem Vorwort von Gustav Rudolf Sellner und sieben Fotos. St. Gallen/Stuttgart 1962, S. 5 (Die Quadrat-Bücher; 31).
– Grundlagen zur Aufführung des »Idomeneo« (1973), Typoskript (Nachlaß).
– und **Werner Wien**: Theatralische Landschaft. Bremen 1962.

Senftenberg. In: Deutsches Theater. Bericht über 10 Jahre. Redaktion Ernst Schoen. Berlin [Ost]: Henschelverlag 1957, S. 168f.

Sidow, Max: Zur Dramaturgie des Hörspiels. In: Hamburger Jahrbuch für Theater und Musik 1948-49, S. 194-208.

Siegmund, Günther: Afmunstert. Volksstück in fief Akten. Hamburg: Richard Hermes Verlag, Niederdeutscher Bühnenvertrieb [1948] (Niederdeutsche Bücherei; 219).

Simmel, Georg: Die Probleme der Geschichtsphilosophie. Eine erkenntnistheoretische Studie. Zweite, völlig veränderte Auflage. Leipzig 1905.

Simmel, Johannes Mario: Der Schulfreund. Ein Schauspiel in zwölf Bildern (1959). Reinbek bei Hamburg: Rowohlt-Taschenbuch-Verlag 1983.

Sozialistische Realismuskonzeptionen. Dokumente zum I. Allunionskongreß der Sowjetschriftsteller. Hrsg. von Hans-Jürgen Schmitt und Godehard Schramm. Frankfurt a.M. 1974 (edition suhrkamp; 701).

Spethmann, Hans: Heimkehr. Ein Schauspiel in vier Aufzügen. Lübeck: o.V. [1947] (BM).

Spiel, Hilde: Theater als Wirklichkeit. In: Theaterstadt Berlin. Ein Almanach. Hrsg. von Herbert Ihering. Berlin [Ost]: Bruno Henschel & Sohn 1948, S. 111-115.

Spielplan der Berliner Theater vom 20. Juni 1945 bis 1. Februar 1948. In: Theaterstadt Berlin. Ein Almanach. Hrsg. von Herbert Ihering. Berlin [Ost]: Bruno Henschel & Sohn 1948, S. 361-375.

Spieß, Emil: Marxismus als säkularisiertes Christentum. In: Civitas 6 (1951), S. 395-399.

Spoerl, Heinrich: Die weisse Weste. München: Verlag Kurt Desch 1946.

Stahl, Ernst Leopold: Karl-Heinz Stroux. In: Der Theater-Almanach 1947. 2. Jahrgang. Hrsg. von Alfred Dahlmann. München 1947, S. 267-272.

Stanislawski, Konstantin Sergejewitsch: Das Geheimnis des schauspielerischen Erfolges. Übersetzt aus dem Russischen von Alexandra Meyenburg. Zürich [1938].
– Die Arbeit des Schauspielers an sich selbst. Tagebuch eines Schülers. 3 Bde. Westberlin ^{3}1984.

Steckel, Leonard: Notizen zum ideellen Neuaufbau des Theaterwesens im freien Deutschland. In: Theater. Meinungen und Erfahrungen. Affoltern a.A. 1945, S. 27-34 (Über die Grenzen. Schriftenreihe; 4).

Steguweit, Heinz: Wohltun bringt Zinsen. Spiel in Reimen. Rotenburg/Fulda: Deutscher Laienspiel-Verlag 1949 (Spiele der Jugend; 3).
– Ein Buchfink hat gesungen... Ein Schwank in Reimen. Rotenburg a.d. Fulda: Deutscher Laienspiel-Verlag 1949 (Spiele der Jugend; 12).

Stellungnahme des »Neuen Deutschland« [zu: Ludwig Renn: Im Kampf für eine neue deutsche Architektur]. In: Neues Deutschland (B) vom 14. März 1951. Nr. 61, S. 3f.

Stimmen der Dichter. In: Blätter der Remscheider Bühne 1953/54, S. 2*.

Stobbe, Rudolf: Europäisches Theater – deutsche Situation. In: Hamburger Jahrbuch für Theater und Musik 1947-48, S. 104-114.
– Das Zeitstück, ein Baustein zum Volkstheater. In: Hamburger Jahrbuch für Theater und Musik 1948-49, S. 141-156.
– Heinrich Kochs Hamburger Theaterarbeit. In: Neues Hamburg 9 (1954), S. 34-37 und 112.

Stolle, Kurt Werner: Mensch an der Wende. Schauspiel in zehn Bildern (1948). Berlin-Charlottenburg: Bühnenvertrieb und Verlag Bruno Henschel & Sohn [ca. 1950] (BM).

Strambowski, Anton: Bürgermeister Faust (Variationen über ein Thema von Goethe). Tragikomödie in fünf Aufzügen. Leipzig: W.H. Hans Badnitz, Theaterverlag und Bühnenvertrieb [1948] (BM).
– Quartett der Eifersucht. Komödie. Leipzig: W.H. Hans Badnitz, Theaterverlag und Bühnenvertrieb [1948] (BM).

– Die Walewska. Drei Akte mit Vorspiel. Leipzig: W.H. Hans Badnitz, Theaterverlag und Bühnenvertrieb [1948] (BM).

Strittmatter, Erwin: Einige Lehren vom 16./17. Juni. In: Der Schriftsteller 1953. Nr. 7, S. 1f.

– Besuch bei Brecht – heute. In: DDR-Revue 1957. H. 9, S. 36-40.

– Gesellenjahre bei Brecht (1957). In: Brecht. Eine Lesebuch für unsere Zeit. Berlin/Weimar [10]1973, S. XXV-XXXII (Lesebücher für unsere Zeit).

– Der neue Mensch. In: Neue deutsche Literatur 6 (1958). H. 11, S. 23-30.

– Gehen wir voraus! In: Neue deutsche Literatur 7 (1959). H. 6, S. 19-28.

– Notizen vom Schriftstellerkongreß in Moskau. In: Ebd. H. 8, S. 3-14.

– Genossenschaftsgespräche. Diskussionsbeitrag auf der 8. Tagung des Zentralkomitees der Sozialistischen Einheitspartei Deutschlands. In: Neue deutsche Literatur 8 (1960). H. 6, S. 7-12.

– Literatur heute. In: Neue deutsche Literatur 9 (1961). H. 8, S. 42-55.

– Selbstermunterungen (1966/67). Berlin 1995.

– Die Lage in den Lüften. Aus Tagebüchern. Berlin/Weimar 1990.

– Nur, was ich weiß und fühle. Gespräch mit Alexander U. Martens in der Reihe »Zeugen des Jahrhunderts«. Hrsg. von Ingo Hermann. Göttingen 1994.

Stroux, Karl Heinz: Düsseldorfer Schauspielhaus. Kurzer Bericht an die Bürger der Stadt Düsseldorf. [Ebd. 1972] (unpaginiert).

– Aufsätze, Reden, Interviews. In: Karl Heinz Stroux. Eine Dokumentation des Düsseldorfer Schauspielhauses und des Dumont-Lindemann-Archivs anläßlich der Karl-Heinz-Stroux-Ausstellung zu seinem achtzigsten Geburtstag am 25. Februar [1988]. Hrsg. vom Düsseldorfer Schauspielhaus. Düsseldorf 1988, S. 138-159.

– Briefe. In: Ebd., S. 184-191.

Strudthoff, Ingeborg: Unsere Großeltern nannten es – Liebe. Fast ein Traumspiel. Berlin-Charlottenburg: Gustav Kiepenheuer Bühnenvertriebe G.m.b.H. [1947] (BM).

– Der Gast. Schauspiel in drei Akten (ca. 1948). Berlin [Ost]: Bühnenvertrieb und Verlag Bruno Henschel & Sohn [1950] (BM).

– Der taube Acker. Schauspiel in vier Akten. [1. Fassung.] O.O. [ca. 1949] (BM).

– Der taube Acker (Blindgänger). Schauspiel in vier Akten. [2. Fassung.] O.O. [ca. 1949/50] (BM).

– Georg Büchner. Literatur oder Theater. Berlin/Stuttgart 1949 (Theater und Drama; 1).

Stuebs, Albin: Geh aus, mein Herz... Schauspiel in fünf Akten. Kühlenfels bei Pegnitz/Ofr.: Nest-Verlag, Abt. Bühnenvertrieb 1947 (BM).

Syberberg, Rüdiger: Die unverlierbare Herberge. Ein Weihnachtsspiel (1945). München: Verlag Kurt Desch [1946] (BM).

– Lilith. Ein Stück in drei Aufzügen. Stuttgart: Otto Blessing [1946].

– Der Mensch im Spiegel des Dramas. In: Der Theater-Almanach 1946/1947. Hrsg. von Alfred Dahlmann. München 1946, S. 34-59.

– Abendländische Tragödie. München: Verlag Kurt Desch [1947] (BM).

– Josip und Joana. Schauspiel in drei Akten. München: Verlag Kurt Desch [1950] (BM).

– Hoffen auf morgen. Tragikomödie. München: Verlag Kurt Desch o.J. (n.n.)

– Wenn das Korn stirbt. Tragikomödie in drei Akten. München: Verlag Kurt Desch o.J. (n.n.).

Sylvanus, Erwin: Korczak und die Kinder. Ein Stück (1957). St. Gallen: Tschudy-Verlag 1959 (Die Quadrat-Bücher; 1).

– Zwei Worte töten. Ein Stück (1959). Reinbek bei Hamburg: Rowohlt Theater Verlag 1960 (BM).

– Unterm Sternbild der Waage. Ein Stück. Reinbek bei Hamburg: Rowohlt Theater Verlag [ca. 1960] (BM).

– Der rote Buddha. Stück in 6 Vorgängen [1960] (n.n.).

– [Auszug aus:] Der rote Buddha. In: Lotblei. Junge Autoren. Hrsg. von Horst Wolff. Lechte-Emsdetten: Verlagsdruckerei Lechte 1962, S. 114-124.

— Zadik Yesot Olam. Ein Pfeiler, der die Welt trägt. [1960] (n.n.).

Sz., Dr.: Autor ohne Lampenfieber. In: Berliner Zeitung am Abend vom 25. Juni 1956. Nr. 145.

Szondi, Peter: Theorie des modernen Dramas. Frankfurt a.M. 1956.

– Versuch über das Tragische. Frankfurt a.M. 1961.

T., H.: Hinreißender Theaterabend im Deutschen Schauspielhaus. »Von Bergamo bis morgen früh«. In: Hamburger Abendblatt vom 23. Dezember 1960.

Teich, Walther: Das rote Siegel. Drama in drei Akten. Hamburg: Chronos Verlag Martin Mörike [ca. 1949] (BM).

Tettenborn, Joachim: Der Mann auf dem Sockel. Drei Kapitel aus dem Leben eines siegreichen Revolutionärs. Frankfurt a.M.: S. Fischer Verlag [ca. 1958] (BM).

Texte zur Faschismusdiskussion I. Positionen und Kontroversen. Hrsg. von Reinhard Kühnl. Reinbek bei Hamburg 1974.

Theater. Meinungen und Erfahrungen von Therese Giehse, Ernst Ginsberg, Wolfgang Heinz, Kurt Hirschfeld, Kurt Horwitz, Leopold Lindtberg, Teo Otto, Karl Paryla, Leonard Steckel, Oskar Wälterlin, Mitglieder des Zürcher Schauspielhauses. Nachwort von Hans Mayer. Zeichnungen von Teo Otto. Affoltern a.A. 1945 (Über die Grenzen. Schriftenreihe; 4).

Theaterarbeit. 6 Aufführungen des Berliner Ensembles. Redaktion. Ruth Berlau, Bertolt Brecht, Claus Hubalek, Peter Palitzsch, Käthe Rülicke. Hrsg.: Berliner Ensemble, Helene Weigel. Dresden 1952.

Theater für morgen. Die Bearbeitung und Lösungsversuche einer Aufgabe der Zeitschrift »Theater heute« durch eine Seminargruppe am Lehrstuhl Rolf Gutbrod an der Technischen Hochschule Stuttgart unter Leitung von Roland Ostertag. [Hrsg. von] Heinrich Job. Stuttgart 1970 (Projekt; 8).

Thiem, Jochen: Der Zirkus brennt. Eine deutsche Tragödie. Frankfurt a.M.: Siegel-Verlag 1947 (Begegnung der Generationen).

Thiem, Willy H.: Der freigebige Kontinent. Zur Psychologie amerikanischer Theaterwirkung. In: Das Neue Forum 7 (1957/58), S. 274-279.

Thiess, Frank: Zum Problem der künstlerischen Freiheit. In: Der Theater-Almanach 1946/1947. Hrsg. von Alfred Dahlmann. München 1946, S. 13-22.

– Tödlicher Karneval. Dramatische Historie in einem Vorspiel und vier Akten. München: Verlag Kurt Desch [ca. 1948] (BM).

– Hat das Zimmertheater eine Zukunft? In: Das literarische Deutschland vom 5. Januar 1951. Nr. 1, S. 3.

– Tho –: In der ganzen Republik wurde vom 23.-30. September gespielt. In: Wort und Spiel 1 (1956). H. 11, S. 58-62.

Thoms, Liselotte: Premiere in Unterwellenborn. In: Sonntag vom 13. Februar 1949. Nr. 7, S. 9.

Thun, Nyota: Gegenwartsthema und sozialistische Aussage. In: Neue deutsche Literatur 6 (1958). H. 5, S. 118f.

Toussell, Peter: Heimkehr ins Paradies. Eine utopische Komödie in drei Akten. Wien: Thomas Sessler Verlag [ca. 1945-1950] (BM).

Tse-tung, Mao: Über die richtige Lösung von Widersprüchen im Volke. In: Neues Deutschland (B) vom 22. Juni 1957. Nr. 145 (Beilage), S. 1-5.

Tündern, Franz: Die Formenwelt Heinrich Kilgers. In: Dramaturgische Blätter 2 (1948). H. 6, S. 269-273.

Turowski, Hermann: Da kräht kein Hahn nach. Ein Volksstück in drei Akten. Berlin [Ost]: Aufbau-Bühnen-Vertrieb G.m.b.H. 1949 (BM).

Uhl, Renate [i.e. **Erika von Zobeltitz**]: Um den Menschen wird noch gekämpft... Schauspiel in acht Bildern. Wien: Georg Marton-Verlag [1948] (BM).

Uhse, Bodo: Preis des Lebens. Ein Schauspiel in vier Akten (1947). In: Stücke aus dem Exil. Hrsg. von Hansjörg Schneider. Berlin [Ost] 1984, S. 411-443.

Ulbricht, Walter: Zur Geschichte der deutschen Arbeiterbewegung. Aus Reden und Aufsätzen. 10 Bde. Berlin [Ost] 1953-1971.

– Grundfragen der Politik der Sozialistischen Einheitspartei Deutschlands. Referat auf der 30. Tagung des Zentralkomitees der Sozialistischen Einheitspartei Deutschlands am 30. Januar 1957. Berlin [Ost] 1957.

– Zehn Gebote für den neuen sozialistischen Menschen. W.U. auf dem V. Parteitag der SED. [Reichenbach i.V.] [19]58.

– Der Kampf um den Frieden, für den Sieg des Sozialismus, für die nationale Wiedergeburt Deutschlands als friedliebender demokratischer Staat. Referat des Genossen W.U. auf dem V.

Parteitag. In: Neues Deutschland (B) vom 11. Juli 1958. Nr. 163, S. 3-11 und vom 12. Juli 1958. Nr. 164, S. 4-7.
– Fragen der Entwicklung der sozialistischen Literatur und Kultur. Rede von W.U., gehalten in Bitterfeld vor Schriftstellern, Brigaden der sozialistischen Arbeit und Kulturschaffenden (Beilage zu: Neue deutsche Literatur 7 [1959]. H. 6).
– An alle Bürger der Deutschen Demokratischen Republik! An die ganze deutsche Nation! Rede von W.U. [...] auf der Tagung des Nationalrates der Nationalen Front am 25. März 1962. In: Neues Deutschland (B) vom 28. März 1962. Nr. 87, S. 3-5.

Um die Erneuerung der deutschen Kultur. Erste Zentrale Kulturtagung der Kommunistischen Partei Deutschlands vom 3. bis 5. Februar in Berlin. Berlin [Ost] 1946.

Um die Erneuerung der deutschen Kultur. Dokumente zur Kulturpolitik 1945-1949. Zusammengestellt und eingeleitet von Gerd Dietrich. Berlin [Ost] 1983.

Unruh, Fritz von: Der Befreiungsminister. Komödie [1948] (n.n.).
– Gefängnis [1950] (n.n.).
– Am offenen Meer [1952] (n.n.).
– Wilhelmus. Drama. Köln: Comel Verlag 1953.
– 17. Juni. Schauspiel [1954] (n.n.).
– Duell an der Havel. Schauspiel. Berlin-Charlottenburg: Verlagsbuchhandlung Krüger & Co 1954.
– Abschied. In: Neue deutsche Literatur 3 (1955). H. 10, S. 86-92.
– Strandbad [1956] (n.n.).
– Dramen. Nürnberg: H. Carl 1960.

Unruh, Walther: Theaterbau. In: Deutsches Bühnen-Jahrbuch. Theatergeschichtliches Jahr- und Adreßbuch 57 (1949), S. 28-31.

Vallentin, Maxim: Nachbemerkung (1945). In: Aus den Erfahrungen des Sowjet-Theaters. Neudruck einer Aufsatzreihe von Julius Hay und M.V. Weimar 1945, S. 47.

Van Loon, Gerard Willem: Bavaria: Showcase of Democracy. In: Theatre Arts 31 (August 1947), S. 61-65.

Vauthier, Jean: Theaterstücke. Neuwied am Rhein/Berlin-Spandau 1961.

Veken, Karl: Baller contra Baller. Lustspiel in 5 Bildern (1951). In: Gegenwartsdramatik. Leipzig: VEB Friedrich Hofmeister 1954, S. 61-115 (Dramatischer Zirkel).

Verbannung. Aufzeichnungen deutscher Schriftsteller im Exil. Hrsg. von Egon Schwarz und Matthias Wegner. Hamburg 1964.

Verhandlungen des Deutschen Bundestages. Stenographische Berichte und Protokolle. Bd. 26. Bonn 1957.

Versuche 29/37. H. 15. Berlin [Ost] 1957.

Victor, Walther: Zur Frage der Meisterschaft. Diskussionsbeitrag zur Vorbereitung des Schriftstellerkongresses. In: Neues Deutschland (B) vom 23. September 1955. Nr. 223, S. 4.

Viertel, Berthold: Schriften zum Theater. Hrsg. von Gert Heidenreich. München 1970.

Vietta, Egon [i.e. **Karl Egon Fritz**]: Der Tanz. Eine kleine Metaphysik. Mit Zeichnungen von Alfredo Bortoluzzi. Frankfurt a.M. 1938.
– Orpheustrilogie (Vorspiel – Vorspiel zur Orpheustrilogie: Apoll – Orpheus – Orpheus und Esther – Der Parnaß) (1943-1945). Taranto 1945 (MS).
– Theologie ohne Gott. Versuch über die menschliche Existenz in der modernen französischen Philosophie. Zürich 1946 (Schriften zur Zeit; 12).
– Goethe in Italien oder Die italiänische Reise. Komödie. Säckingen am Rhein: Hermann Stratz Verlag 1947.
– Die Vögel ehren Aristophanes. Eine Komödie. Hamburg: Dr. Ernst Hauswedell & Co. 1948.
– Iphigenie in Amerika. Ein Schauspiel. Hamburg: J.P. Toth Verlag 1948.
– Monte Cassino. Ein Mysterienspiel. Mit Beiträgen von Gustav Rudolf Sellner und Willi Baumeister. Krefeld: Scherpe-Verlag 1950.
– Die Seinsfrage bei Martin Heidegger. Stuttgart 1950 (CES-Bücherei; 23).
– Ernst Wilhelm Eschmanns »Tessiner Episteln« (1949). In: Das Neue Forum 1 (1951/52), S. 34-36.
– Dramaturgisches Protokoll. In: Ebd., S. 43-46.

– Grundfragen des Raums auf der Bühne. Dramaturgisches Protokoll II. In: Ebd., S. 65-70.
– Die tragische Gestrigkeit des heutigen Theaters. In: Ebd., S. 138-142.
– Judith oder Gott und die Literatur. Glosse zu Jean Giraudoux. In: Ebd., S. 161-165.
– Bühnenbild und Bühne in den Darmstädter Inszenierungen. In: Ebd., S. 182-186.
– Die Einheit der Künste im Theater. In: Das Neue Forum 2 (1952/53), S. 5-9.
– Giraudoux und Rousseau. In: Das Neue Forum 3 (1953/54), S. 51-58.
– Das Theater als Realität. Zu einer Broschüre von Gustaf Gründgens: »Die Wirklichkeit des Theaters«. In: Ebd., S. 158-160.
– Die Perfektion der Aufführung. Bemerkungen zu Tennessee Williams. In: Das Neue Forum 4 (1954/55), S. 82-86.
– Schauspiel auf Schallplatte – eine neue »Hör«-Bühne. In: Ebd., S. 158f.
– Gespräche über das Theater. In: Ebd., S. 173-175.
– Katastrophe oder Wende des deutschen Theaters. Düsseldorf 1955.

Vogel, Julius: Anno Domini nach der Pest. Schauspiel in vier Akten. Stuttgart: Verlag Müller & Kiepenheuer [1948] (BM).

Vogt, Helmut: Jede Nacht geht zu Ende. Berlin [Ost]: Aufbau-Bühnen-Vertrieb G.m.b.H. 1949 (BM).
– Herr Glitsch wird es schaffen... Volksstück in 5 Bildern. Berlin [Ost]: Verlag Bruno Henschel & Sohn, Abteilung Bühnenvertrieb [1950] (BM).
– Zwischenfall auf Norderney. Schauspiel. Berlin [Ost]: Aufbau-Bühnen-Vertrieb G.m.b.H. 1951 (BM).
– Das Fräulein aus Potsdam. Berliner Lustspiel in drei Akten. Berlin [Ost]: Aufbau-Bühnen-Vertrieb 1951 (BM).

Volkacher, Hans: Marcel und Antoinette. Ein Kammerspiel in 5 Bildern. O.O.u.J. (BM).

Wagner, Heinrich Leopold: Die Kindermörderin. Ein Trauerspiel. Hrsg. von Jörg-Ulrich Fechner. Stuttgart 1969.

Wagner, Klaus: Kabale und Liebe im Escorial. Gründgens inszeniert »Don Carlos« im Deutschen Schauspielhaus Hamburg. In Frankfurter Allgemeine Zeitung vom 23. November 1962. Nr. 273, S. 32.

Wagner, Richard: Der fliegende Holländer. Romantische Oper in drei Aufzügen. Hrsg. von Wilhelm Zentner. Stuttgart 1953.

Wagner, Siegfried: Künstler und Publikum auf dem Weg zu einem sozialistischen Nationaltheater. Aus dem Referat des Leiters der Abteilung Kultur beim ZK der Sozialistischen Einheitspartei Deutschlands auf der Parteiaktivtagung der Theaterschaffenden am 28. und 29. Mai 1959. In: Theater der Zeit 14 (1959). Nr. 8 (Beilage 13), S. 2-26.

Wagner, Wieland: Überlieferung und Neugestaltung. In: Fünfzig Jahre Stadttheater Bielefeld. [Hrsg. von Joseph Gregor.] Städtische Bühnen Bielefeld 1954, S. 36-43.

Wahre Satire dient dem Neuen. Die Aufgaben der satirischen Zeitschriften, satirischen Sendungen des Rundfunks und der satirischen Filme. In: Sonntag vom 22. Januar 1956. Nr. 4, S. 3*.

Waldmann, Dieter: Etüden (Zwei schwarze Mäuse. Der Schirm.) Hamburg: Chronos-Verlag Martin Mörike [1958] (BM).
– Der blaue Elefant. Schauspiel in drei Akten. Hamburg: Chronos-Verlag Martin Mörike [1959] (BM).
– Von Bergamo bis morgen früh. Komödie (1960). 2. Fassung. Frankfurt a.M.: Suhrkamp Verlag [ca. 1965] (BM).

Walser, Martin: Erfahrungen und Leseerfahrungen. Frankfurt a.M. 1965.

Wälterlin, Oskar: Entzaubertes Theater. Zürich/New York 1945 (Schriftenreihe des Schauspielhauses Zürich; 8).
– Zum Geleit. In: Theater. Meinungen und Erfahrungen. Affoltern a.A. 1945, S. 7-10 (Über die Grenzen. Schriftenreihe; 4).
– Verantwortung des Theaters. Berlin [West] 1947.

Wangenheim, Gustav von: Die Mausefalle. Berlin 1931 (Originalfassung: deutscher Erstdruck). In: Junge Kunst 2 (1958). H. 10, S. 48-80.
– Die Maus in der Falle. Komödie in drei Akten. Berlin [Ost]: Verlag Bruno Henschel & Sohn, Abteilung Bühnenvertrieb 1947 (BM).

– Du bist der Richtige. Komödie mit ernstem Vorspiel. Berlin [Ost]: Verlag Neues Leben [19]50.
– Amerikanische Tragödie 1950. Schauspiel in 3 Akten [1. Fassung]. Berlin [Ost]: Verlag Bruno Henschel und Sohn, Abteilung Bühnenvertrieb [1950] (BM).
– Auch in Amerika.... Schauspiel in drei Akten [2. Fassung]. Berlin [Ost]: Verlag Bruno Henschel und Sohn, Abteilung Bühnenvertrieb [19]50 (BM).
– Toleranz [1952] (n.n.)
– Studentenkomödie. (Mit der Zeit werden wir fertig). Berlin [Ost]: Verlag Neues Leben ²1959.
– Die vertauschten Brüder. Berlin [Ost]: Henschelverlag, [Abteilung] Bühnenvertrieb 1959 (BM).
– Hier muß ein Mann ins Haus. Spanisches Lustspiel in sieben Bildern nach einem Motiv von Lope de Vega. Berlin [Ost]: Henschelverlag, Abteilung Bühnenvertrieb [19]60 (BM).

Wangenheim, Inge von: Theater in der Sowjetunion. In: Der Theater-Almanach 1947. 2. Jahrgang. Hrsg. von Alfred Dahlmann. München 1947, S. 141-154.

Warsitz, Viktor: Prolet – Poet – Prophet. Drama in Balladen. Berlin [West]: Meisel Bühnenverlage o.J. [zwischen 1945 und 1950] (BM).

Was ist Demokratie? In: Einheit 1 (1946), S. 216-223.

Waterstradt, Berta: Ehesache Lorenz (1956). Berlin [Ost]: Henschelverlag, Abteilung Bühnenvertrieb [19]63 (BM).

Wehner, Josef Magnus: Das goldene Kalb. Ein Zeitstück auf biblischem Hintergrund. Weinheim/Bergstraße: Deutscher Laienspiel-Verlag [ca. 1961] (Münchener Laienspiele; 95).

Weigend, Friedrich: Imperium. Ein Schauspiel. [Berlin-Glienicke:] Bühnenvertrieb die kassette [ca. 1948] (BM).

Weise, Gerhard: Woche des christlichen Theaters. Eine dünne Gesamtbilanz in Braunschweig. In: Frankfurter Rundschau vom 28. April 1958, S. 5.

Weisenborn, Günther: Die Illegalen. Drama aus der deutschen Widerstandsbewegung. Berlin [Ost]: Aufbau-Verlag GmbH 1946.
– Rede über die deutsche Widerstandsbewegung gehalten im Berliner Hebbel-Theater [am 11. Mai 1946] vor den politischen Häftlingen des Konzentrationslagers Sachsenhausen anläßlich der einjährigen Wiederkehr ihres Befreiungstages. O.O.u.J.
– An die Deutschen Dichter im Ausland. Aus einer Gedächtnisrede für Ernst Toller. In: Der Autor 1947. H. 1, S. 1-6.
– Von Tod und Hoffnung der Dichter. In: Ebd. H. 8, S. 5-9.
– Tod und Hoffnung. In: Ost und West 1 (1947). H. 4, S. 29-35.
– Arena der nicht gespielten Dramatiker. In: Der Autor 1949/50. H. 9/10, S. 1-3.
– Dramaturg und Autor (1953). In: Theater im Gespräch. Ein Forum der Dramaturgie. München/Wien 1963, S. 39-41.
– Von der Wahrhaftigkeit des Realismus. In: Neue deutsche Literatur 3 (1955). H. 8, S. 122-126.
– Drei Verfahrensweisen der neuen Dramaturgie. In: Ebd. 5 (1957). H. 7, S. 132-137.
– Göttinger Kantate. Den Aufruf der achtzehn Wissenschaftler und die großen Gefahren unseres Jahrhunderts szenisch darstellend, als öffentliche Warnung niedergeschrieben. Berlin-Grunewald: Arani-Verlag-GmbH 1958 (BM).
– Göttinger Kantate. Reinbek bei Hamburg: Rowohlt Theater Verlag 1989 (BM).
– Die Familie von Nevada und ihre Darstellung auf dem Theater [1. Fassung]. Berlin [Ost]: Henschelverlag, Abteilung Bühnenvertrieb [1959] (BM).
– Die Familie von Makabah. Schauspiel in zwei Teilen [2. Fassung]. München/Wien/Basel: Theaterverlag Kurt Desch [1961] (BM).

Weiss, Helmut: Danach. Kammerspiel in 3 Akten. Berlin [West]: Felix Bloch Erben 1945 (BM).
– Robert und seine Brüder. Berlin [West]: Wedding Verlag 1946 (BM).

Weiss, Matthias Josef: Gebündelte Strahlen. Ein Schauspiel in drei Akten. Berlin [West]: Edition Meisel & Co. GmbH, Musik- und Bühnenverlag [1950] (BM).

Weiss, Peter: Filmens uttrycksmedel. In: Dagens Nyheter vom 5. Mai 1953.
– Rede in englischer Sprache gehalten an der Princeton University USA am 25. April 1966, unter dem Titel: *I Come out of My Hiding Place*. In: Über Peter Weiss. Hrsg. von Volker Canaris. Frankfurt a.M. 1970, S. 9-14 (edition suhrkamp; 408).

– Der historische Prozeß [Interview mit Henning Rischbieter] (1967). In: Theater im Umbruch. Eine Dokumentation aus ›Theater heute‹. Hrsg. und eingeleitet von H.R. München 1970, S. 17-19.
– Das Material und die Modelle (1968). In: Ebd., S. 50-58.

Wekwerth, Manfred: Anblick, Einblick, Ausblick. Bemerkungen zum Sowjettheater. In: Theater der Zeit 12 (1957). Nr. 10, S. 18-25.
– Verfremden wir die Lehre Brechts! In: Theater heute 6 (1965). Nr. 1, S. 64-66.
– Schriften. Arbeit mit Brecht. 2. durchgesehene und erweiterte Auflage. Berlin [Ost] 1975.
– **Werner Hecht** und **Helmut Baierl**: Notate zu »Frau Flinz«. In: Junge Kunst 5 (1961). H. 7/8, S. 1-16.

Wendland, Werner [i.e. **Gert Tetzlaff**]: Die Zugewiesenen. Drei Akte aus unserem Alltag. Chemnitz: Barbarossa-Verlag [ca. 1947] (BM).

Wendler, Horst Ulrich: Wenn wir zusammenstehn... Schauspiel in drei Akten. Berlin [Ost]: Henschelverlag, Abteilung Bühnenvertrieb 1952 (BM).
– Thomas Müntzer in Mühlhausen. Schauspiel in 5 Akten (1953). Herausgabe und Nachwort H.D. Tschörtner. Mühlhausen 1989 (Mühlhäuser Beiträge. Sonderheft 8).
– Das Spiel von der verlorenen Zeit. Nach einem Märchen von J. Schwarz. Halle a.d.S.: Mitteldeutscher Verlag 1953 (Dramatischer Zirkel; 24).
– Die Hussiten vor Bernau. Ein lehrreiches und ergötzliches Spiel von Liebe und Not und vielerlei Geschehnis und Historie allen zu Nuz und Frommen. [Leipzig:] Zentralhaus für Volkskunst, Abteilung Künstlerisches Wort [19]56.
– Wer zuletzt lacht... Nach der alten Farce von Maistre Pathelin neu bearbeitet von H.U.W. Leipzig: VEB Friedrich Hofmeister 1958 (Hofmeister-Spiele).

Wendt, Herbert: Das Regiment der Mäuse. Tragikomödie in vier Akten. Berlin [Ost]: Aufbau-Bühnen-Vertrieb GmbH 1946 (BM).

Wenke, Hans: Die kulturpolitische Lage des deutschen Theaters. Zum »Düsseldorfer Manifest«. In: Universitas. Zeitschrift für Wissenschaft, Kunst und Kultur 8 (1953), S. 435-438.

Wer ist die Avantgarde? Eine Kontroverse zwischen Eugène Ionesco und Erwin Piscator. In: Theater heute 4 (1963). Nr. 2, S. 57.

Wer war Wolf. Friedrich Wolf (1888-1953) in Selbstzeugnissen, Bilddokumenten und Erinnerungen. Hrsg. von Henning Müller. Köln 1988 (Reihe Röderberg).

Wessely, Rudolf: Über das Komische. In: Theater der Zeit 8 (1953). Nr. 8, S. 27-29.

Westecker, W.: Junge Dramatiker beim Hürdensprung. Spiel der Ironie. Kurzschlüsse als Lösungen. In: Christ und Welt 8 (1955). Nr. 13, S. 2.

Westpfahl, Inge: Dionysos. Trilogie. München: R. Piper & Co. Verlag 1948.

Weymann, Gert: Generationen. Tragikomödie in vier Akten. Berlin-Charlottenburg: Felix Bloch Erben 1955 (BM).
– Eh' die Brücken verbrennen. Schauspiel in fünf Akten. Reinbek bei Hamburg: Rowohlt Verlag GmbH Theater-Verlag [ca. 1955] (BM).

Weyrauch, Wolfgang: Realismus des Unmittelbaren. In: Aufbau 2 (1946). H. 7, S. 701-706.
– Fragment über Bertolt Brecht. In: Aufbau 4 (1948), S. 134-136.
– Nachwort. In: Tausend Gramm. Sammlung neuer deutscher Geschichten. Hrsg. von W.W. Hamburg u.a. 1949, S. 207-219.

Wichmann, Joachim: Keine Zeit für Heilige. Schauspiel. München: Drei Masken Verlag G.m.b.H. 1958 (BM).

Wie ist die heutige Welt auf dem Theater darzustellen? 1. Eine Umfrage bei Dramatikern. In: Theater 1963. Chronik und Bilanz eines Bühnenjahres [Sonderheft »Theater heute«], S. 65-74.

Wiechert, Ernst: Okay oder Die Unsterblichen. Eine ernsthafte Komödie in drei Aufzügen (1945). Zürich: Artemis Verlag 1946.
– Der armen Kinder Weihnachten. Ein Weihnachtsspiel. München: Verlag Kurt Desch [1946] (BM).
– Über Kunst und Künstler. Aus einer ungesprochenen Rede. In: Aufbau 2 (1946). H. 1, S. 1-8.
– Totenmesse. München: Verlag Kurt Desch 1947.

Wilder, Thornton: Some Thoughts on Playwrighting (1941). In: American Characteristics and other Essays. Hrsg. von Donald Gallup. New York u.a. 1979, S. 115-126.

- Theater. Frankfurt a.M.: S. Fischer Verlag 1955.
- Adresse an das Neue Forum. In: Das Neue Forum 2 (1952/53), S. 193.
- Gegen die Tyrannen der Phantasie. Aus einem Gespräch zwischen Thornton Wilder und Robert Jungk. In: Das Neue Forum 5 (1955/56), S. 147f.
- Ich selber bin nur ein Bewahrer. In: Ebd., S. 148.
- Die schweigsame Generation. In: Ebd., S. 154-156.
- Vorwort. In: Das Neue Forum 9 (1959/60), S. 49-56.

Williams, Tennessee: Camino Real (1953). Ein Stück in sechzehn Stationen. Frankfurt a.M. 1954.
- Vorwort (zur Broadway-Premiere von »Camino Real«) (1953). In: Das Neue Forum 4 (1954/55), S. 86-89.
- Für und wider Camino Real (1953). In: Ebd., S. 94f.
- Der Standpunkt des freien Dichters. In: Die Kultur. Eine unabhängige Zeitung mit internationalen Beiträgen. München 1961. 9. Jg. Nr. 164, S. 1.
- Meisterdramen. Frankfurt a.M. 1978.

Wischnewski, Wsewolod: Optimistische Tragödie. Aufsätze · Briefe · Tagebuchnotizen. Leipzig 1977.

Wisten, Fritz: [Vorwort]. In: Theater am Schiffbauerdamm. 5 Jahre Intendanz Fritz Wisten. Redaktion: Heinrich Goertz. Berlin [Ost] [19]51, S. 2*.

Wittlinger, Karl: Der Himmel der Besiegten. Utopische Komödie in zwei Teilen. Berlin-Charlottenburg: Felix Bloch Erben 1954 (BM).
- Junge Liebe auf Besuch. Lustspiel in drei Aufzügen. Berlin [West]: Felix Bloch Erben [1954] (BM).
- Kennen Sie die Milchstraße? Eine Komödie (1956). Nebst dem Hörspiel »Ein Fünfmarkstück namens Müller« und dem Fernsehspiel »Seelenwanderung«. Zürich: Diogenes Verlag 1961.
- Kinder des Schattens (1957). Komödie in fünf Akten. Berlin [West]: Felix Bloch Erben 1966 (BM).
- Lazarus. Schauspiel. Hamburg: Chronos-Verlag Martin Mörike [1958] (BM).
- Zwei rechts zwei links. Lustspiel. Berlin-Charlottenburg: Felix Bloch Erben 1960 (BM).

Wohlgemuth, Joachim: Der Mann, der nie nein sagen konnte. Schauspiel. [I. Akt.] In: Junge Kunst 4 (1960). H. 12, S. 59-64.

[**Wolf, Christa**, **Helmut Hauptmann**, **Helmut Kaiser** und **Achim Roscher**:] Die literarische Hauptaufgabe. In: Neue deutsche Literatur 7 (1959). H. 6, S. 3-6.

Wolf, Friedrich: Auch wir können nicht schweigen. Aus einer Ansprache, gehalten auf der Berliner Kundgebung des Kulturbundes am 25. November 1945 zur Eröffnung des Nürnberger Prozesses. In: Aufbau 1 (1945). H. 3, S. 201-205.
- So fing es an! Zwei Szenen. Halle a.d.S.: Mitteldeutscher Verlag [19]50 (Laienspiele).
- Briefe von Friedrich Wolf. In: Neue deutsche Literatur 6 (1958). H. 7, S. 88-102.
- Briefwechsel. Eine Auswahl. Berlin/Weimar 1968.
- Briefe. Eine Auswahl. Berlin/Weimar 1969.

Wolf, Klaus: Prometheus an jeder Geige. Notizen zur Verständigung über einige Möglichkeiten der Poesie auf dem sozialistischen Theater. In: Theater der Zeit 25 (1970). Nr. 4, S. 43-46.

Wolf-Fried [i.e. **Wolfgang Friedrich Knoll**]: Tragödie Stalingrad. Drama in 3 Akten. Basel: Humanitheon 1948.
- Ätherus. Dramatischer Gesang in drei Teilen. Lörrach/Baden: Humanitheon 1948.

Wolfgang Langhoff. Schauspieler, Regisseur, Intendant. Berichte, Beschreibungen, Erinnerungen, Verzeichnisse, Bilddokumente. Gesammelt, untersucht und hrsg. von Christoph Funke und Dieter Kranz. Berlin [Ost] 1969 (Theaterpraxis; 3).

Wüllner, Heinrich: Kulturdemontage durch Reprivatisierung? In: Die Bühnengenossenschaft. Hamburg 1949. Nr. 7, S. 132.

Wunder, Werner: Eine Festung wird erobert. Spiel in 3 Aufzügen. Halle a.d.S.: Mitteldeutscher Verlag [19]52 (Dramatischer Zirkel; 6).

Ypsi: Das hat Schiller nicht verdient! Skandal im Hebbel-Theater bei Kortners »Don Carlos«-Inszenierung. In: Neue Zeit vom 6. Dezember 1950.
- »Egmont« als optimistische Tragödie. In: Neue Zeit vom 30. Oktober 1951.

Zach, Sepp: Wir haben den Schriftsteller schätzengelernt. In: Neue deutsche Literatur 7 (1959). H. 6, S. 31-33.

Zapff, Eva: Um ein sozialistisches Nationaltheater. In: Neue deutsche Literatur 8 (1960). H. 4, S. 137f.

Zebrowski, Bernhard: Heimkehr – ohne anzuklopfen? Komödie in 7 Bildern. Berlin-Charlottenburg: California-Verlag, Abteilung Bühnenvertrieb [ca. 1947] (BM).

Zehm, Günter: Gehirnwäsche auf der Bühne. »Die Ermittlung« von Peter Weiss. Dokumentation oder Kunstwerk? Propaganda im Sinne der Zone. In: Die Welt vom 25. Oktober 1965. Nr. 248, S. 1f.

Zehn Jahre Theater am Kurfürstendamm. Das Haus der Freien Volksbühne Berlin 1949/1959. Dargestellt von Walther G. Oschilewski. Berlin-Grunewald 1960.

Zink, Anton: Die Probe Jobs. München: Dr. Heinrich Buchner Verlag 1950 (n.n.).

Zinner, Hedda: Spiel ins Leben. Schauspiel in 3 Akten (sechs Bildern). Berlin [Ost]: Verlag Bruno Henschel und Sohn, Abteilung Bühnenvertrieb [19]51 (BM).

- Der Mann mit dem Vogel. Komödie in drei Akten. Berlin [Ost]: Henschelverlag, Abteilung Bühnenvertrieb 1952 (BM).
- Lützower. Schauspiel in 5 Akten (1955/56). Berlin [Ost]: Henschelverlag ^{2}1961 (Zeitgenössische Dramatik).
- Das Urteil. Politische Revue (1957). In: Neue deutsche Literatur 6 (1958). H. 9, S. 19-44.
- Auf jeden Fall verdächtig. Schauspiel in fünf Akten (1959). Berlin [Ost]: Henschelverlag Kunst und Gesellschaft G.m.b.H., Abteilung Bühnenvertrieb [19]61 (BM).
- Was wäre, wenn –? Komödie in drei Akten. Berlin [Ost]: Henschelverlag 1959 (Zeitgenössische Dramatik).
- Leistungskontrolle. Schauspiel in drei Akten. Berlin [Ost]: Henschelverlag Kunst und Gesellschaft G.m.b.H., Abteilung Bühnenvertrieb [19]60 (BM).
- Stücke. Berlin [Ost] 1973.

Zöllner, Maria: Eine Humor-Komödie, wie wir sie brauchen. »Weiberzwist und Liebeslist« von Helmut Sakowski in Halberstadt und Magdeburg. In: Theater der Zeit 16 (1961). Nr. 4, S. 62-64.

Zuchardt, Karl: Rechtfertigung der Komödie. Gespräch mit einer jungen Schauspielerin. In: Theater der Zeit 4 (1949). Nr. 5, S. 23f.

Zuckmayer, Carl: Pro Domo. Stockholm 1938 (Schriftenreihe »Ausblicke«).

- Persönliche Notizen zu meinem Stück »Des Teufels General«. In: Die Wandlung 3 (1948), S. 331-333.
- Zeichen für Klage und Lust. Zur Hamburger Fassung meines Dramas »Der Gesang im Feuerofen«. In: Die Welt vom 11. November 1950.
- Jugend und Theater. Ein Vortrag, gehalten an der Universität Göttingen. In: Der Monat 3 (1951). H. 31, S. 3-14.
- Die langen Wege. Ein Stück Rechenschaft. Frankfurt a.M. 1952.
- Notizen zur Situation des Dramas. In: Frankfurter Allgemeine Zeitung vom 23. September 1953. Nr. 221, S. 7.
- Theater und Jugend. Eine Rede. In: Maske und Kothurn. Vierteljahrsschrift für Theaterwissenschaft 1 (1955), S. 6-20.
- Geleitwort. In: Ingeborg Engelsing-Malek: »Amor fati« in Zuckmayers Dramen. Konstanz 1960, S. VI-VIII.

Zum Geleit. In: Aufbau 1 (1945). H. 1, S. 1.

Zur Premiere von Brechts: *Mutter Courage und ihre Kinder*. In: Schauspielhaus Zürich 1940/41 [Programmheft zur Uraufführung am 19. April 1941], S. 2-4.

Zur Tradition der deutschen sozialistischen Literatur. Eine Auswahl von Dokumenten. Veröffentlichung der Akademie der Künste der Deutschen Demokratischen Republik. Sektion Literatur und Sprachpflege. Abteilung Geschichte der sozialistischen Literatur. 4 Bde. Berlin/Weimar 1979.

Zweig, Arnold: Notiz über »Katzgraben« und das Dramatische. In: Sonntag vom 14. Juni 1953, S. 4.

Forschungsliteratur

Abou-Esber, Ali: Theorie und Praxis politischen Theaters im Spätwerk Bertolt Brechts. Frankfurt a.M. u.a. 1995 (Europäische Hochschulschriften. Reihe I: Deutsche Sprache und Literatur; Bd. 1525).

Adam, Bernhard und **Dieter Müller**: Amerikanische Literaturpolitik und Literatur. In: Zur literarischen Situation 1945-1949. Hrsg. von Gerhard Hay. Kronberg 1977, S. 147-168 (Athenäum-Taschenbücher. Literaturwissenschaft; 2117).

Adel, Kurt: Die Literatur der DDR. Ein Wintermärchen? Wien 1992.

Allemann, Beda: Die Struktur der Komödie bei Frisch und Dürrenmatt. In: Positionen des Dramas. Analyse und Theorien der deutschen Gegenwartsliteratur. Hrsg. von Heinz Ludwig Arnold und Theo Buck. München 1977, S. 53-71.

Alt, Peter-André: Der Schlaf der Vernunft. Literatur und Traum in der Kulturgeschichte der Neuzeit. München 2002.

Althaus, Thomas: Die Stunde Null in der kleinbürgerlichen Überbrückung: Film und Literatur 1944-47. In: Schuld und Sühne? Kriegserlebnis und Kriegsdeutung in deutschen Medien der Nachkriegszeit (1945-1961). Internationale Konferenz vom 01.-04.09.1999 in Berlin. Hrsg. von Ursula Heukenkamp. Amsterdam/Atlanta, GA 2001. Bd. 1, S. 259-266 (Amsterdamer Beiträge zu neueren Germanistik; 50.1/2 – 2001).

Aly, Götz: Hitlers Volksstaat. Raub, Rassenkrieg und nationaler Sozialismus. Frankfurt a.M. 2005.

Ambrosius, Gerold: Wirtschaftlicher Strukturwandel und Technikentwicklung. In: Modernisierung im Wiederaufbau. Die westdeutsche Gesellschaft der 50er Jahre. Hrsg. von Axel Schildt und Arnold Sywottek. Ungekürzte, durchgesehene und aktualisierte Studienausgabe. Bonn 1998, S. 107-128.

Amlung, Ullrich: »Es bleibt also alles im experimentellen Fluß« – Erwin Piscators vier Gastinszenierungen in Marburg (1952-1960). In: »Leben – ist immer ein Anfang!« Erwin Piscator 1893-1966. Der Regisseur des politischen Theaters. Hrsg. von U.A. in Zusammenarbeit mit der Akademie der Künste, Berlin. Marburg 1993, S. 85-104.

Ammer, Sigrid: Das deutschsprachige Zeitstück der Gegenwart unter besonderer Berücksichtigung der Nachkriegsdramatik. Köln 1966 (Diss.).

Anders, William: Der Heimkehrer aus zwei Weltkriegen im deutschen Drama. Philadelphia 1951 (Diss. University of Pennsylvania) [Masch.].

Angermair, Elisabeth: Theaterleben in den ersten Nachkriegsjahren: Kammerspiele, Volkstheater, Privattheater. In: Trümmerzeit in München. Kultur und Gesellschaft einer deutschen Großstadt im Aufbruch 1945-1949. Hrsg. von Friedrich Prinz. München 1984, S. 193-202.

Anz, Thomas: Über einige Missverständnisse und andere Fragwürdigkeiten in Anke-Marie Lohmeiers Aufsatz »Was ist eigentlich modern?« In: Internationales Archiv für Sozialgeschichte der deutschen Literatur 33 (2008). H. 1, S. 227-232.

Apel, Karl-Otto: Das Problem der philosophischen Letztbegründung im Lichte einer transzendentalen Sprachpragmatik: Versuch einer Metakritik des ›kritischen Rationalismus‹. In: Sprache und Erkenntnis. Festschrift für Gerhard Frey zum 60. Geburtstag. Hrsg. von Bernulf Kanitschneider. Innsbruck 1976, S. 55-82 (Innsbrucker Beiträge zur Kulturwissenschaft; 19).

– Grenzen der Diskursethik? Versuch einer Zwischenbilanz. In: Zeitschrift für Philosophische Forschung 40 (1986). H. 1, S. 3-31.

Arntzen, Helmut: Die Komödie als dramatische Intention. Aristophanes – Shakespeare – Molière (1963/65). In: Ders.: Literatur im Zeitalter der Information. Aufsätze. Essays · Glossen · Frankfurt a.M. 1971, S. 246-268 (Athenäum Paperbacks Germanisitik).

– Die ernste Komödie. Das deutsche Lustspiel von Lessing bis Kleist. München 1968.

Autorenkollektiv: Brecht in der Öffentlichkeit der BRD: Bühne, Presse, Parlament. In: Alternative 16 (1973), S. 275-283.

Backes, Dirk: Die erste Kunst ist die Beobachtungskunst. Bertolt Brecht und der Sozialistische Realismus. Berlin [West] 1981.

Badstübner, Rolf: Restauration in Westdeutschland 1945-1949. Berlin [Ost] 1965.

Bahn, Volker: Das subventionierte Theater der Bundesrepublik Deutschland. Berlin [West] 1972 (Diss.).

Bahr, Ehrhard: Nelly Sachs. München 1980.

Bald, Detlef: »Bürger in Uniform«: Tradition und Neuanfang des Militärs in Westdeutschland. In: Modernisierung im Wiederaufbau. Die westdeutsche Gesellschaft der 50er Jahre. Hrsg. von Axel Schildt und Arnold Sywottek. Ungekürzte, durchgesehene und aktualisierte Studienausgabe. Bonn 1998, S. 392-402.

Balthasar, Hans Urs von: Reinhold Schneider. Sein Weg und sein Werk. Köln/Olten 1953.

Balzer, Bernd: Wolfgang Borchert: Draußen vor der Tür. Frankfurt a.M. [6]2001 (Grundlagen und Gedanken zum Verständnis des Dramas).

– Kriegserlebnis und Friedensperspektive im »jungen deutschen Zeitstück« zwischen 1945 und 1948. In: Militärische und zivile Mentalität. Ein literaturkritischer Report. Hrsg. von Ursula Heukenkamp. Berlin 1991, S. 264-281.

– Der Nullpunkt auf den Bühnen. Deutsche Zeitstücke 1945-1950. In: Orbis linguarum 3 (1995), S. 25-33. [1995a]

– »Nach der Schubladenlegende«. Zeittheater in den ersten Nachkriegsjahren. In: 1945-1995. Fünfzig Jahre deutschsprachige Literatur in Aspekten. Hrsg. von Gerhard P. Knapp und Gerd Labroisse. Amsterdam/Atlanta, GA 1995, S. 119-139 (Amsterdamer Beiträge zur neueren Germanistik; 38/39 – 1995). [1995b]

– Die Legende vom »guten Anfang«. »Junge deutsche Dramatik« in der SBZ/DDR von 1945-1950. In: Interkulturelle Perspektiven. Germanistische Beiträge. Hrsg. von Norbert Honsza. Wroclaw 1997, S. 5-16 (Acta Universitatis Wratislaviensis; Nr. 1887. Germanica Wratislaviensia; 119).

– Nur drei Ausnahmen? Das »aktuelle Gegenwartsstück« 1945-1950. In: »Uns selbst mussten wir misstrauen.« Die »junge Generation« in der deutschsprachigen Nachkriegsliteratur. Hrsg. von Hans-Gert Winter. Hamburg 2002, S. 191-199.

Bänsch, Dieter: Vorwort mit Bildern. In: Die fünfziger Jahre. Beiträge zu Politik und Kultur. Hrsg. von D.B. Tübingen 1985, S. 8-26 (Deutsche Text-Bibliothek; 5).

Barck, Karlheinz, **Dieter Schlenstedt** und **Wolfgang Thierse**: Einleitung. In: Künstlerische Avantgarde. Annäherungen an ein unabgeschlossenes Kapitel. Hrsg. von K.B., D.S. und W.T. Berlin [Ost] 1979, S. 7-21 (Literatur und Gesellschaft; 25).

Barner, Wilfried: Über das Negieren von Tradition. Zur Typologie literaturprogrammatischer Epochenwenden in Deutschland. In: Epochenschwelle und Epochenbewußtsein. Hrsg. von Reinhart Herzog und Reinhart Koselleck. München 1987, S. 3-51.

Barthes, Roland: Die Lust am Text. Frankfurt a.M. 1974.

– Œuvres complètes. Édition établie et présentée par Éric Marty. 3 Bde. Paris 1993-1995.

Bartholmes, Herbert: Meine Begegnungen mit Friedrich Wolf 1947 bis 1949. In: »Mut, nochmals Mut immerzu Mut!« Protokollband »Internationales wissenschaftliches Friedrich-Wolf-Symposion« der Volkshochschule der Stadt Neuwied. Ebd. 1990, S. 282-285.

Barton, Brian: Das Dokumentartheater. Stuttgart 1987 (Sammlung Metzler; 232).

Baßler, Moritz: Moderne und Postmoderne. Über die Verdrängung der Kulturindustrie und die Rückkehr des Realismus als Phantastik. In: Literarische Moderne. Begriff und Phänomen. Hrsg. von Sabina Becker und Helmuth Kiesel. Berlin/New York 2007, S. 435-450.

Bathrick, David: The Dialectics of Legitimation: Brecht in the GDR. In: New German Critique 1 (1974). Nr. 2, S. 90-103.

– Agroprop: Kollektivismus und Drama in der DDR. In: Geschichte im Gegenwartsdrama. Hrsg. von Reinhold Grimm und Jost Hermand. Stuttgart u.a. 1976, S. 96-110 und 119.

– Agitproptheater in der DDR. Auseinandersetzung mit einer Tradition. In: Dramatik der DDR. Hrsg. von Ulrich Profitlich. Frankfurt a.M. 1987, S. 128-149.

Batorsky, Barry Joseph: ›Gestus‹ in the Theaters of Brecht and Beckett. City University of New York 1987 (Diss.) [Masch.].

Bauer, Arnold: Carl Zuckmayer. Berlin [West] 1970 (Köpfe des XX. Jahrhunderts; 62).

Baumgarten, Jürgen: Volksfrontpolitik auf dem Theater. Zur kulturpolitischen Strategie in der ›antifaschistisch-demokratischen Ordnung‹ in Berlin 1945-1949. Gaiganz/Oberfranken 1975 (Politladen Typoskripte; 7).

Bayerdörfer, Hans-Peter: Avant propos: Theatergeschichte im Schatten der Shoah. In: Theatralia Judaica (II). Nach der Shoa. Israelisch-deutsche Theaterbeziehungen seit 1949. Hrsg. von H.P.B. Tübingen 1996, S. 1-26. [1996a]

– *Ewiger Jude* und *Israeli* – Stationen der *Nathan*-Rezeption in der Bundesrepublik. In: Ebd., S. 71-99. [1996b]

– Körperlichkeit des Erinnerns. Zum Problem der Vergangenheit auf der Bühne der Nachkriegszeit. In: Brücke zu einem vereinten Europa. Literatur, Werte und Europäische Identität. Dokumentation der Internationalen Fachtagung der Konrad-Adenauer-Stiftung und der Karls-Universität Prag, 28.11. – 1.12.2002 in Prag. Hrsg. von Birgit Lermen und Milan Tvrdík. Prag 2003, S. 81-99.

Beacham, Richard C.: Adolphe Appia. Künstler und Visionär des modernen Theaters. Deutsch von Petra Schreyer und Dieter Hornig. Berlin 2006.

Becher, Jürgen und **Paul Friedrich**: Das Schöpfertum der Jugend in der technischen Revolution. Gedanken zur Gestaltung des sozialistischen Menschenbildes. In: Das sozialistische Menschenbild. Weg und Wirklichkeit. Hrsg. von Elmar Faber und Erhard John. Leipzig 1967, S. 525-544.

Becker, Hellmut und **Alexander Kluge**: Kulturpolitik und Ausgabenkontrolle. Zur Theorie und Praxis der Rechnungsprüfung. Frankfurt a.M. 1961.

Becker, Sabina und **Helmuth Kiesel**: Literarische Moderne. Begriff und Phänomen. In: Literarische Moderne. Begriff und Phänomen. Hrsg. von S.B und H.K. Berlin/New York 2007, S. 9-35.

Beise, Arnd: Geburt eines Vampirs. Auto(r)reflexion Heiner Müllers vor und nach 1989. In: Weimarer Beiträge 48 (2002), S. 165-180.

Bendick, Rainer: Zweierlei Entlastung des deutschen Volkes. Die Darstellung des Zweiten Weltkriegs in Schulgeschichtsbüchern der DDR und BRD. In: Schuld und Sühne? Kriegserlebnis und Kriegsdeutung in deutschen Medien der Nachkriegszeit (1945-1961). Internationale Konferenz vom 01.-04.09.1999 in Berlin. Hrsg. von Ursula Heukenkamp. Amsterdam/Atlanta, GA 2001. Bd. 2, S. 541-554 (Amsterdamer Beiträge zu neueren Germanistik; 50.1/2 – 2001).

Berg, Jan: Hochhuths ›Stellvertreter‹ und die ›Stellvertreter‹-Debatte. ›Vergangenheitsbewältigung‹ in Theater und Presse der sechziger Jahre. Kronberg/Ts. 1977 (Hochschulschriften Literaturwissenschaft; 17).

– Werktreue: eine Kategorie geht fremd. Über Klassikeraufführungen. In: TheaterZeitSchrift 1 (1982), S. 93-100.

– Drama und Theater. In: Literatur in der Bundesrepublik Deutschland bis 1967. Hrsg. von Ludwig Fischer. München 1986, S. 493-524 (Hansers Sozialgeschichte der deutschen Literatur vom 16. Jahrhundert bis zur Gegenwart; 10).

Berger, Johanna: Erwin Strittmatter: »Man hat seine Schwierigkeiten mit der Weisheit...« In: Konturen 4 (1992), S. 57-64.

Berger, Manfred: Drama und Theater in der Zeit von 1945 bis 1949. In: Werner Mittenzwei u.a.: Theater in der Zeitenwende. Zur Geschichte des Dramas und des Schauspieltheaters in der Deutschen Demokratischen Republik 1945-1968. Bd. 1. Berlin [Ost] 1972, S. 23-81, 107-195 und 367-373, 375-384 (Anmerkungen).

Berghahn, Klaus L.: Die Geschichte des Deutschen Bauernkriegs – dramatisiert. In: Geschichte im Gegenwartsdrama. Hrsg. von Reinhold Grimm und Jost Hermand. Stuttgart u.a. 1976, S. 81-95 und 118f.

Bernhardt, Rüdiger: Die Bedeutung sowjetischer Kulturoffiziere für die Konzeptionsbildung bis 1947. In: Zwischen politischer Vormundschaft und künstlerischer Selbstbestimmung. Hrsg. von Irmfried Hiebel, Hartmut Kahn und Alfred Klein. Berlin [West] [1989], S. 42-45.

Beßlich, Barbara: Der deutsche Napoleon-Mythos. Literatur und Erinnerung 1800-1945. Darmstadt 2007.

Best, Otto: Peter Weiss. Vom existentialistischen Drama zum marxistischen Welttheater. Bern/München 1971.

Bey, Gesine: Das Schriftstellertreffen in Knokke het Zoute (April 1954). Ein unbekannter Ost-West-Dialog mit Bertolt Brecht und Jean-Paul Sartre. In: Peter-Weiss-Jahrbuch 9 (2000), S. 130-150.

Beyme, Klaus von: Das Zeitalter der Avantgarden. Kunst und Gesellschaft 1905-1955. München 2005.

Biburger, Tom: Sprengsätze. »Der Lohndrücker« von Heiner Müller und der 17. Juni 1953. Mit einer Kurzgeschichte von Heiner Müller und einem Nachwort von Dietmar Kamper. Pfaffenweiler 1997 (Schnittpunkt Zivilisationsprozeß; 21).

Biener, Joachim: »Ideologiezertrümmerung« – Bertolt Brecht im Januar 1949 als Gast in der Vorlesung Professor Hans Mayers. In: Leipziger Brecht-Begegnungen 1923-1994. Leipzig 1998, S. 31-39 (Texte zur Literatur; 5).

Binneberg, Kurt: Die Konfiguration in Brechts Drama *Der kaukasische Kreidekreis*. In: Die dramatische Konfiguration. Hrsg. von Karl Konrad Polheim. Paderborn u.a. 1997, S. 275-348 (UTB 1996).

Birke, Adolf M.: Nation ohne Haus. Deutschland 1945-1961. Berlin [West] 1989 (Die Deutschen und ihre Nation).

Bittorf, Wilhelm: »Mein Platz wäre auf beiden Seiten der Front«. SPIEGEL-Autor W.B. über den Grenzgänger Heiner Müller und seinen Theatertriumph in Ost-Berlin. In: Der Spiegel 42 (1988). Nr. 7, S. 166-178.

Bläss, Petra: Blick auf einen Außenseiter – Alfred Matusches dramatischer Erstling »Welche, von den Frauen?« In: Zwischen politischer Vormundschaft und künstlerischer Selbstbestimmung. Hrsg. von Irmfried Hiebel, Hartmut Kahn und Alfred Klein. Berlin [West] [1989], S. 64f.

Blamberger, Günter: Der Rest ist Schweigen. Hildesheimers Literatur des Absurden. In: Wolfgang Hildesheimer. Hrsg. von Heinz Ludwig Arnold. München 1986, S. 33-44 (Text & Kritik; 89/90).

Blanz, Stefan und **Jürgen Wertheimer**: Tankred Dorst (*1925). In: Deutsche Dramatiker des 20. Jahrhunderts. Hrsg. von Alo Allkemper und Norbert Otto Eke. Berlin 2000, S. 459-473.

Blattmann, Ekkehard: Welt im Feuer – Zu Reinhold Schneiders spätem Weltbild unter Erich Przywaras Einfluß. In: Trauer und Widerspruch – Über Reinhold Schneider. Hrsg. von E.B. München/Zürich 1984, S. 68-116.

– Reinhold Schneider – Militarisierung oder Passion. Ein Beitrag zum »Fall Reinhold Schneider«. Frankfurt a.M. u.a. 1992 (Christliche deutsche Autoren des 20. Jahrhunderts; 1).

Blohm, Walter: Die außerrealen Figuren in den Dramen Hans Henny Jahnns. Hamburg 1971 (Geistes- und sozialwissenschaftliche Dissertationen; 17).

Blumenberg, Hans: Das Verhältnis von Natur und Technik als philosophisches Problem. In: Studium Generale 8 (1951). H. 4, S. 461-467.

– Wirklichkeiten in denen wir leben. Aufsätze und eine Rede. Stuttgart 1981.

Blumenthal, Sieghild von: Christentum und Antike im Werk von Stefan Andres. Hamburg 1999 (Schriftenreihe Poetica; 37).

Blumer, A.: Das dokumentarische Theater der sechziger Jahre in der Bundesrepublik Deutschland. Meisenheim 1977.

Bock, Stephan: Chronik zu Brechts ›Garbe/Büsching‹-Projekt und Käthe Rülickes Bio-Interview »Hans Garbe erzählt«. In: Brecht-Jahrbuch 1977. Frankfurt a.M. 1977, S. 81-107.

– Literatur Gesellschaft Nation. Materielle und ideelle Rahmenbedingungen der frühen DDR-Literatur (1949-1956). Stuttgart 1980 (Metzler-Studienausgabe). [1980a]

– Die Geschichte des Aktivisten Hans Garbe und ihre Bearbeitungen. Bibliograhie. Bochum 1980 [Masch.]. [1980b]

– Der 17. Juni 1953 in der Literatur der DDR. Eine Bibliographie (1953-1979). In: Literatur im geteilten Deutschland. Hrsg. von Paul Gerhard Klussmann und Heinrich Mohr. Bonn 1980, S. 141-159 (Jahrbuch zur Literatur in der DDR 1 [1981]).

– Brechts Vorschläge zur Überwindung der »Deutschen Misere« (1948-1956). In: Deutsche Misere als Thema der Gegenwartsliteratur. Das Preußensyndrom in der Literatur der DDR. Hrsg. von Paul Gerhard Klussmann und Heinrich Mohr. Bonn 1982, S. 49-67 (Jahrbuch zur Literatur der DDR 2 [1981/82]).

– Die Tage des Büsching. Brechts *Garbe* – ein deutsches Lehrstück. In: Dramatik der DDR. Hrsg. von Ulrich Profitlich. Frankfurt a.M. 1987, S. 19-77.

Bodek, Richard: Proletarian Performance in Weimar Berlin: Agitprop, Chorus, and Brecht. Columbia, SC 1997.

Boehncke, Heiner: Überlegungen zu einer proletarisch-avantgardistischen Ästhetik. In: ›Theorie der Avantgarde‹. Antworten auf Peter Bürgers Bestimmung von Kunst und bürgerlicher Gesellschaft. Hrsg. von W. Martin Lüdke. Frankfurt a.M. 1976, S. 166-189.

Bogdal, Klaus-Michael: Kann Interpretieren Sünde sein? Literaturwissenschaft zwischen sakraler Poetik und profaner Texttheorie. In: Ideologie nach ihrem ›Ende‹. Gesellschaftskritik zwischen Marxismus und Postmoderne. Hrsg. von Hansjörg May und Christof Hamann. Opladen 1995, S. 129-145.

Bohnen, Klaus: Vom revolutionären »Sinn« im »natürlichen Gang der Dinge«. Nordahl Griegs *Niederlage* vor dem Hintergrund von Brechts »Gegenentwurf« *Die Tage der Commune*. In: Bertolt Brecht – Die Widersprüche sind die Hoffnungen. Vorträge des Internationalen Symposiums zum dreißigsten Todesjahr Bertolt Brechts in Roskilde 1986. Hrsg. von Wolf Wucherpfennig und Klaus Schulte. Kopenhagen/München 1988, S. 13-32 (Publications of the Department of Languages and Intercultural Studies University of Aalborg; 3 / Text & Kontext. Sonderreihe; 26).

Boner, Jürg: Dialektik und Theater. Die Dialektik im Theater Bertolt Brechts. Zürich 1995.

Bollenbeck, Georg: Bildung und Kultur. Glanz und Elend eines deutschen Deutungsmusters. Frankfurt a.M. 1996.

– Tradition, Avantgarde, Reaktion. Deutsche Kontroversen um die kulturelle Moderne 1880-1945. Frankfurt a.M. 1999.

– Die fünfziger Jahre und die Künste: Kontinuität und Diskontinuität. In: Die janusköpfigen 50er Jahre. Kulturelle Moderne und bildungsbürgerliche Semantik III. Hrsg. von G.B. und Gerhard Kaiser unter Mitarbeit von Edda Bleek. Wiesbaden 2000, S. 190-213.

– ›Gefühlte Moderne‹ und negativer Resonanzboden. Kein Sonderweg, aber deutsche Besonderheiten. In: Literarische Moderne. Begriff und Phänomen. Hrsg. von Sabina Becker und Helmuth Kiesel. Berlin/New York 2007, S. 39-60.

– und **Gerhard Kaiser**: Einleitung. In: Die janusköpfigen 50er Jahre. Kulturelle Moderne und bildungsbürgerliche Semantik III. Hrsg. von G.B. und G.K. unter Mitarbeit von Edda Bleek. Wiesbaden 2000, S. 7-15.

Bohrer, Karl Heinz: Die gefährdete Phantasie, oder Surrealismus und Terror. München 1970 (Reihe Hanser; 40).

– Plötzlichkeit. Zum Augenblick des ästhetischen Scheins. Frankfurt/Main 1981.

– Das Ethische am Ästhetischen (2000). In: Ders.: Imaginationen des Bösen. Für eine ästhetische Kategorie. München/Wien 2004, S. 247-267.

Borchmeyer, Dieter: Die Postmoderne – eine konservative Revolution? Architektur als Paradigma. In: Avantgarde und Postmoderne. Prozesse struktureller und funktioneller Veränderungen. Hrsg. von Erika Fischer-Lichte und Klaus Schwind. Tübingen 1991, S. 115-128 (Stauffenburg Colloquium; 40).

Bormann, Alexander von: [Rezension zu:] Franz Norbert Mennemeier: Modernes Deutsches Drama. Kritiken und Charakteristiken. 2 Bde. München 1973-1975. In: Germanistik 16 (1975), S. 517f.

Bosker, Margo Ruth: Peter Hacks: Sechs Stücke nach Stücken. University of Michigan 1991 (Diss.) [Masch.].

Bossle, Lothar: Die Suche nach dem Reich der Deutschen. Die Wandlung Reinhold Schneiders nach 1950. In: Neue deutsche Hefte 33 (1986), S. 323-331.

Brand, Matthias: Fritz Kortner in der Weimarer Republik. Annäherungsversuche an die Entwicklung eines jüdischen Schauspielers in Deutschland. Rheinfelden 1981 (Theater unserer Zeit; 17).

Braulich, Heinrich: Max Reinhardt. Theater zwischen Traum und Wirklichkeit. Berlin [Ost] 1966.

Braun, Hanns: Theater in Deutschland. München 1956.

Braun, Karlheinz: Schaubude – Irrenhaus – Auschwitz. Überlegungen zum Theater des Peter Weiss. In: Positionen des Dramas. Analyse und Theorien der deutschen Gegenwartsliteratur. Hrsg. von Heinz Ludwig Arnold und Theo Buck. München 1977, S. 80-99.

Braun, Matthias: Drama um eine Komödie. Das Ensemble von SED und Staatssicherheit, FDJ und Ministerium für Kultur gegen Heiner Müllers »Die Umsiedlerin oder Das Leben auf dem Lande« im Oktober 1961. Berlin 1995 (Analysen und Dokumente; 4). [1995a]

– Das Verbot von Heiner Müllers Komödie »Die Umsiedlerin« im Jahre 1961 – Beispiel einer konzertierten Aktion von SED, MfS, FDJ und Ministerium für Kultur. In: Siegener Periodicum zur Internationalen Empirischen Literaturwissenschaft 14 (1995). H. 2, S. 180-190. [1995b]

Braun, Michael: Stefan Andres. Leben und Werk. Bonn 1997 (Abhandlungen zur Kunst-, Musik- und Literaturwissenschaft; 398).

– Forschungsstand. In: ders. und Birgit Lermen: Nelly Sachs »an letzter Atemspitze des Lebens«. Bonn 1998, S. 9-19 (Lebensspuren – deutsche Dichter des 20. Jahrhunderts; 2).

– Die Bühne als Tribunal. Zu den Dramen von Stefan Andres. In: Stefan Andres. Zeitzeuge des 20. Jahrhunderts. Hrsg. von M.B., Georg Guntermann und Birgit Lermen. Frankfurt a.M. u.a. 1999, S. 161-174 (Trierer Studien zur Literatur; 32).

– »Lichterhelle kehrt ein in den dunklen Vers«. Nelly Sachs – eine deutsche Dichterin jüdischer Herkunft. In: Zions Töchter. Jüdische Frauen in Literatur, Kunst und Politik. Hrsg. von Andrea M. Lauritsch. Münster 2006 (Edition Mnemosyne; 14).

Brauneck, Manfred: Klassiker der Schauspielregie. Positionen und Kommentare zum Theater im 20. Jahrhundert. Reinbek bei Hamburg 1988 (rowohlts enzyklopädie; 477).

– Die Welt als Bühne. Geschichte des europäischen Theaters. 5 Bde. Stuttgart/Weimar 1993-2007.

Brenner, Hildegard: Schule des Helden. Anmerkungen zu Brechts *Büsching*-Entwurf. In: Alternative 16 (1973), S. 213-221.

Brettschneider, Werner: Zwischen literarischer Autonomie und Staatsdienst. Die Literatur der DDR. 2., verbesserte und ergänzte Auflage. Berlin [West] 1974.

Breuer, Rolf: Samuel Beckett. Eine Einführung. München 2005.

Brockmann, Stephen: German Literary Culture at the Zero Hour. Rochester, NY 2004.

Brough, Neil und **R.J. Kavanagh**: But who is Azdak? The Main Source of Brecht's *Der kaukasische Kreidekreis*. In: Neophilologus 75 (1991), S. 573-580.

Brüning, Eberhard: Amerikanische Dramen an den Bühnen der Deutschen Demokratischen Republik und Berlins von 1945 bis 1955. In: Zeitschrift für Anglistik und Amerikanistik 7 (1959), S. 246-269.

Brüns, Elke: Marieluise Fleißer (1901-1974). In: Deutsche Dramatiker des 20. Jahrhunderts. Hrsg. von Alo Allkemper und Norbert Otto Eke. Berlin 2000, S. 287-302.

Bucher, André: Text und Performanz. Walter Serners Kriminalgeschichten. In: Der unfeste Text. Perspektiven auf einen literatur- und kulturwissenschaftlichen Leitbegriff. Würzburg 2001, S. 7-22.

Buck, Theo: Einleitung. In: Positionen des Dramas. Analyse und Theorien der deutschen Gegenwartsliteratur. Hrsg. von Heinz Ludwig Arnold und T.B. München 1977, S. 11-26.

– Der Garten des Azdak: Von der Ästhetik gesellschaftlicher Produktivität im *Kaukasischen Kreidekreis*. In: Brechts Dramen. Neue Interpretationen. Hrsg. von Walter Hinderer. Stuttgart 1984, S. 194-216.

– Von der fortschreitenden Dialektisierung des Dramas. Dramaturgie bei Bertolt Brecht und Heiner Müller. In: Études germaniques 44 (1989), S. 107-122.

– Leben im Widerspruch. Bertolt Brecht in der DDR. In: Literatur in der Diktatur. Schreiben im Nationalsozialismus und DDR-Sozialismus. Hrsg. von Günther Rüther. Paderborn u.a. 1997, S. 343-355.

Buddecke, Wolfram und **Helmut Fuhrmann**: Das deutschsprachige Drama seit 1945. Schweiz, Bundesrepublik, Österreich, DDR. Kommentar zu einer Epoche. München 1981.

Bühler-Dietrich, Annette: Auf dem Weg zum Theater: Else Lasker-Schüler, Marieluise Fleißer, Nelly Sachs, Gerlind Reinshagen, Elfriede Jelinek. Würzburg 2003 (Epistemata; 444).

Bunge, Hans-Joachim: Der Streit um das Tal. In: Brechts ›Kaukasischer Kreidekreis‹. Hrsg. von Werner Hecht. Frankfurt a.M. 1985, S. 147-154 (suhrkamp taschenbuch; 2054).

– Die Debatte um Hanns Eislers »Johann Faustus«. Eine Dokumentation. Hrsg. vom Brecht-Zentrum Berlin. Berlin 1991.

Bungenstab, Karl-Ernst: Umerziehung zur Demokratie? Re-education-Politik im Bildungswesen der US-Zone 1945-49. Düsseldorf 1970.

Burckhardt, Jürgen: Die Besuchersituation in den Theatern der DDR. Studie. In: Theater hier und heute. Zum 50. Jahrestag der Großen Sozialistischen Oktoberrevolution und zum 20. Jahrestag der Theaterhochschule Leipzig. Berlin [Ost] 1968, S. 213-321 (Beiträge zur Theaterwissenschaft).

Bürger, Jan: Hans Henny Jahnn (1894-1959). In: Deutsche Dramatiker des 20. Jahrhunderts. Hrsg. von Alo Allkemper und Norbert Otto Eke. Berlin 2000, S. 234-248.

Bürger, Peter: Theorie der Avantgarde. Frankfurt a.M. 1974.

Burgess, Gordon J.A.: »Sein oder Nichtsein ist tatsächlich immer noch die größte Frage und wird es auch ewig sein!« Wolfgang Borcherts Auseinandersetzung mit der ausländischen Literatur. In: Jenseits der Grenzen. Die Auseinandersetzung mit der Fremde in der deutschsprachigen Kultur. Hrsg. von Margaret Stone und Gundula Sharman. Oxford u.a. 2000, S. 109-118.

Büscher, Hermann: Günter Grass. In: Deutsche Literatur seit 1945 in Einzeldarstellungen. Hrsg. von Dieter Weber. Stuttgart 1968, S. 35-43.

Butler, Judith: Körper von Gewicht. Die diskursiven Grenzen des Geschlechts. Berlin 1995.

Canaris, Volker: »Wir Schauspieler«. Erinnerungen an Karl Heinz Stroux. In: Karl Heinz Stroux. Eine Dokumentation des Düsseldorfer Schauspielhauses und des Dumont-Lindemann-Archivs anläßlich der Karl-Heinz-Stroux-Ausstellung zu seinem achtzigsten Geburtstag am 25. Februar [1988]. Hrsg. vom Düsseldorfer Schauspielhaus u.a. Düsseldorf 1988, S. 7f.

Carl, Rolf-Peter: Dokumentarisches Theater. In: Positionen des Dramas. Analyse und Theorien der deutschen Gegenwartsliteratur. Hrsg. von Heinz Ludwig Arnold und Theo Buck. München 1977, S. 100-136.

Castoriadis, Cornelius: Gesellschaft als imaginäre Institution. Entwurf einer politischen Philosophie. Übersetzt von Horst Brühmann. Frankfurt a.M. 1984.

Certeau, Michel de: L'invention du quotidien. I: Arts de faire. Paris ²1990.

Charbon, Rémy: Die Naturwissenschaften im modernen deutschen Drama. Zürich/München 1974 (Zürcher Beiträge zur deutschen Literatur- und Geistesgeschichte; 41).

– Zwei deutsche Literaturen. Überlegungen zu einer Kontroverse. In: Vier deutsche Literaturen? – Literatur seit 1945 – nur die alten Modelle? – Medium Film – das Ende der Literatur. Hrsg. von Karl Pestalozzi, Alexander von Bormann und Thomas Koebner. Tübingen 1986, S. 84-88 (Akten des VII. Internationalen Germanisten-Kongresses Göttingen 1985. Kontroversen, alte und neue; 10).

Christ, Barbara: Die Splitter des Scheins. Friedrich Schiller und Heiner Müller. Zur Geschichte und Ästhetik des dramatischen Fragments. Paderborn 1996 (Literatur- und Musikwissenschaft; 52).

Clarke, David: Parteischule oder Dichterschmiede? The Institut für Literatur »Johannes R. Becher« from Its Founding to Its *Abwicklung*. In: German Studies Review 29 (2006). S. 87-106.

Conrad, Hiltrud: Die Konfrontation der Deutschen mit ihrer Nazivergangenheit in Andres' Drama »*Sperrzonen* – Eine deutsche Tragödie«. In: Mitteilungen der Stefan-Andres-Gesellschaft 14 (1993), S. 13-29.

Conrad, Wolfgang: Perspektiven der DDR-Literatur. Vom gegenwärtigen zu einem künftigen Umgang mit Literatur der DDR. In: Die deutsche Literatur im 20. Jahrhundert. Germanistentag 1992. Fachgruppe der Deutschlehrerinnen und Deutschlehrer. Vortragsmanuskripte. Berlin. Vom 30. September bis 3. Oktober. Humboldt-Universität zu Berlin. Hrsg. von Thomas Gey. Berlin [1993], S. 159-174.

Cunliffe, W.G.: Aspects of the Absurd in Günter Grass. In: Wisconsin Studies in Contemporary Literature 7 (1966). Nr. 3, S. 311-327.

Curtius, Ernst Robert: Europäische Literatur und lateinisches Mittelalter. Bern/München ¹⁰1984.

Daiber, Hans: Theater. Eine Bilanz. München/Wien 1965.

– Deutsches Theater seit 1945. Bundesrepublik Deutschland, Deutsche Demokratische Republik, Österreich, Schweiz. Stuttgart 1976.

Danneberg, Lutz: Zu Brechts Rezeption des Logischen Empirismus. In: Deutsche Zeitschrift für Philosophie 44 (1996), H. 3, S. 363-387.

Das Jahr 1945. Brüche und Kontinuitäten. Hrsg. von Christine Krauss und Daniel Küchenmeister. Berlin 1995.

Das Verhör in der Oper. Die Debatte um die Aufführung »Das Verhör des Lukullus« von Bertolt Brecht und Paul Dessau. Hrsg. und kommentiert von Joachim Lucchesi. Berlin 1993.

Das verschonte Haus. Das Zürcher Schauspielhaus im Zweiten Weltkrieg. Hrsg. von Dieter Bachmann und Rolf Schneider. Zürich 1987.

De Michelis, Marco: Heinrich Tessenow 1876-1950. Das architektonische Gesamtkunstwerk. Stuttgart 1991.

Deichsel, Wolfgang: Wie man sich eine Situation schafft, in der Fehler erlaubt sind. In: Theater 1974. Chronik und Bilanz eines Bühnenjahres [Sonderheft der Zeitschrift »Theater heute«], S. 90-94.

Delft, Klaus von: Brechts »Kaukasischer Kreidekreis« in nachrevolutionärer Zeit. In: Hundert Jahre Brecht – Brechts Jahrhundert? Hrsg. von Hans-Jörg Knobloch und Helmut Koopmann. Tübingen 1998, S. 169-186 (Stauffenburg-Colloquium; 50).

Denkler, Horst: [Rezension zu:] Wolfram Buddecke und Helmut Fuhrmann: Das deutschsprachige Drama seit 1945. Schweiz, Bundesrepublik, Österreich, DDR. Kommentar zu einer Epoche. München 1981. In: Arbitrium 1983, S. 312-316.

Der moderne Theaterbau und seine Entwicklung. Zusammengestellt von der Arbeitsgruppe 4, Wien (W. Holzbauer, F. Kurrent, J. Spalt). [Hrsg.:] Österreichisches Bauzentrum. Wien [1961] (= bau-forum [1961]. H. 3).

Der Tod der Moderne. Eine Diskussion. Tübingen 1983.

Derrida, Jacques: L'écriture et la différence. Paris 1967.

– Randgänge der Philosophie. Frankfurt a.M./Berlin/Wien 1976.

– Marx' Gespenster. Der Staat der Schuld, die Trauerarbeit und die neue Internationale. Frankfurt a.M. 2004.

– und Elisabeth Roudinesco: Woraus wird Morgen gemacht sein? Ein Dialog. Stuttgart 2006.

Deutsch-Schreiner, Evelyn: »Und der Haifisch, der hat keine Zähne...« Brecht an österreichischen Theatern vor und nach dem Boykott. In: Hundert Jahre Brecht – Brechts Jahrhundert? Hrsg. von Hans-Jörg Knobloch und Helmut Koopmann. Tübingen 1998, S. 187-199 (Stauffenburg-Colloquium; 50).

Deutsche Erinnerung. Berliner Beiträge zur Prosa der Nachkriegsjahre (1945-1960). Hrsg. von Ursula Heukenkamp. Berlin 2000.

Deutsches Bücherverzeichnis. Eine Zusammenstellung der im deutschen Buchhandel erschienenen Bücher, Zeitschriften und Landkarten. Nebst Stich- und Schlagwortregister. Bd. 1ff. Leipzig: Verlag des Börsenvereins 1916ff.

Deutsches Theater in Göttingen, Heinz Hilpert: 1950-1966. Hrsg. von Norbert Baensch. Göttingen 1966.

Die fünfziger Jahre. Heimat · Glaube · Glanz · Der Stil eines Jahrzehnts. Hrsg. von Michael Koetzle, Klaus-Jürgen Sembach und Klaus Schölzel. München 1998.

Die janusköpfigen 50er Jahre. Kulturelle Moderne und bildungsbürgerliche Semantik III. Hrsg. von Georg Bollenbeck und Gerhard Kaiser unter Mitarbeit von Edda Bleek. Wiesbaden 2000.

Dieckmann, Friedrich: Brechts Utopia. Exkurs über das Saturnische (1987). In: Brecht 88. Anregungen zum Dialog über die Vernunft am Jahrtausendende. Hrsg. von Wolfgang Heise. 2., erweiterte Auflage. Berlin [Ost] 1989, S. 69-108 und 386-389. [1987a]

– »Galilei«-Komplikationen (1987). In: Ders.: Wer war Brecht? Erkundungen und Erörterungen. Berlin 2003, S. 81-105. [1987b]

– Brechts Modernität. Anmerkungen zu einem entrückten Autor (1988). In: Ders.: Wer war Brecht? Erkundungen und Erörterungen. Berlin 2003, S. 118-131.

Diesener, Gerald: Friedrich Wolf und das Nationalkomitee »Freies Deutschland«. In: »Mut, nochmals Mut immerzu Mut!« Protokollband »Internationales wissenschaftliches Friedrich-Wolf-Symposion« der Volkshochschule der Stadt Neuwied. Ebd. 1990, S. 264-270.

Dietrich, Gerd: Politik und Kultur in der Sowjetischen Besatzungszone Deutschlands (SBZ) 1945-1949. Bern u.a. 1993.

Dietrich, Margret: Episches Theater? Beitrag zur Dramaturgie des 20. Jahrhunderts. In: Episches Theater. Hrsg. von Reinhold Grimm. Köln/Berlin 1966, S. 94-153 (Neue wissenschaftliche Bibliothek; 15).

Dillmann, Michael: Heinz Hilpert. Leben und Werk. Berlin [West] 1990 (Reihe Deutsche Vergangenheit: Stätten der Geschichte Berlins; 39).

Doll, Hans Peter: Hans Schalla. Texte und Bilder. Zweiundvierzig Geschichten. Bochum 1983.

Domdey, Horst: Produktivkraft Tod. Das Drama Heiner Müllers. Köln/Weimar/Wien 1998.

Dramenlexikon. Ein Wegweiser zu etwa 10000 urheberrechtlich geschützten Bühnenwerken der Jahre 1945-1957. Begründet von Friedrich Ernst Schulz. Neu hrsg. von Wilhelm Allgayer. [Bd. 1.] Köln/Berlin 1958.

Dramenlexikon. Zweiter Band. Mit Nachtrag 1957-1960. Begründet von Friedrich Ernst Schulz. Neu hrsg. von Wilhelm Allgayer. Köln/Berlin 1962.

Drommer, Günther: Erwin Strittmatter. Des Lebens Spiel. Eine Biographie. Berlin ^{2}2000.

Dücker, Burkhard: Wolfgang Hildesheimer und die deutsche Literatur des Absurden. [Rheinfelden] 1976 (Deutsche und Vergleichende Literaturwissenschaft; 1).

Duhamel, Roland: Metaliterarische Diskurse bei Brecht. In: Germanistische Mitteilungen 1998. H. 48, S. 45-51.

Durzak, Manfred: Dürrenmatt, Frisch, Weiss. Deutsches Drama der Gegenwart zwischen Kritik und Utopie. Stuttgart 1972.

– Das Amerika-Bild in der deutschen Gegenwartsliteratur. Historische Voraussetzungen und aktuelle Beispiele. Stuttgart u.a. 1979 (Sprache und Literatur; 105).

Eberan, Barbo: Luther? Friedrich der Große?? Wagner? Nietzsche?...? ...? Wer war an Hitler schuld? Die Debatte um die Schuldfrage 1945-1949. München 1983.

Ebert, Jens: Auf der Suche nach Helden. Literarische Funktionen im Kalten Krieg. In: Schuld und Sühne? Kriegserlebnis und Kriegsdeutung in deutschen Medien der Nachkriegszeit (1945-1961). Internationale Konferenz vom 01.-04.09.1999 in Berlin. Hrsg. von Ursula Heukenkamp. Amsterdam/Atlanta, GA 2001. Bd. 1, S. 35-43 (Amsterdamer Beiträge zu neueren Germanistik; 50.1/2 – 2001).

Eckhardt, Juliane: Das epische Theater. Darmstadt 1983 (Erträge der Forschung; 204).

Eisendle, Helmut: Spieltheorie, Kritik, Wirklichkeit. In: Der Autor im Dialog. Beiträge zu Autorität und Autorschaft. St. Gallen 1995, S. 143-151.

Eke, Norbert Otto: Heiner Müller. Apokalypse und Utopie. Paderborn u.a. 1989 (Schriften der Universität-Gesamthochschule Paderborn: Reihe Sprach- und Literaturwissenschaft; 11).

– Heiner Müller. Stuttgart 1999 (RUB 17615: Literaturstudium).

– »Optima philosophia mortis meditatio« oder Der Weg des Dramatikers Hartmut Lange von der Geschichtsdialektik zur Endlichkeitsphilosophie. In: Der Dramatiker und Erzähler Hartmut Lange. Hrsg. von Manfred Durzak. Würzburg 2003, S. 90-114.

Ekmann, Bjørn: Verfremdung und Einfühlung – eine überzogene Polarisierung. In: Text & Kontext 19 (1994/95). H. 1, S. 46-80.

Elliott, Jim, **Bruce Little** und **Carol Poore**: Naturwissenschaftlerdramen und Kalter Krieg. In: Geschichte im Gegenwartsdrama. Hrsg. von Reinhold Grimm und Jost Hermand. Stuttgart u.a. 1976, S. 54-65 und 117.

Elsdörfer, Matthias: Ein tiefer Blick in »leere« Schubladen. Deutsches im Nachkriegstheater 1945-1948. Frankfurt a.M. 2007 (Frankfurter Forschungen zur Kultur- und Sprachwissenschaft; 12).

Emmerich, Wolfgang: Kleine Literaturgeschichte der DDR. 2., korrigierte Auflage. Darmstadt/ Neuwied 1984.

– Nullpunkt. In: Handbuch zur deutsch-deutschen Wirklichkeit. Bundesrepublik Deutschland – Deutsche Demokratische Republik im Kulturvergleich. Hrsg. von Wolfgang R. Langenbucher. Stuttgart 1988, S. 538-542.

– Schicksale der Moderne in der DDR. In: Literarische Moderne. Begriff und Phänomen. Hrsg. von Sabina Becker und Helmuth Kiesel. Berlin/New York 2007, S. 417-434.

Endres, Elisabeth: Die Literatur der Adenauerzeit. München 1980.

Engel, Manfred: Kulturwissenschaft/en – Literaturwissenschaft als Kulturwissenschaft – kulturgeschichtliche Literaturwissenschaft. In: KulturPoetik 1 (2001). Nr. 1, S. 8-36.

Engelbach, Horst und **Konrad Krauss**: Der *Kulturbund* und seine Zeitschrift *Aufbau* in der SBZ. In: Zur literarischen Situation 1945-1949. Hrsg. von Gerhard Hay. Kronberg 1977, S. 169-188 (Athenäum-Taschenbücher. Literaturwissenschaft; 2117).

Engelbert, Waltraut: Bert Brecht bei Hans Mayer. In: Hans Mayers Leipziger Jahre. Beiträge des dritten Walter-Markov-Kolloquiums. Hrsg. von Alfred Klein, Manfred Neuhaus und Klaus Pezold. Leipzig 1997, S. 133-135.

Ensberg, Claus: Die Orientierungsproblematik der Moderne im Spiegel abendländischer Geschichte. Das literarische Werk Reinhold Schneiders. Tübingen 1995 (Mannheimer Beiträge zur Sprach- und Literaturwissenschaft; 29).

Erbe, Günter: Die verfemte Moderne. Die Auseinandersetzung mit dem »Modernismus« in Kulturpolitik, Literaturwissenschaft und Literatur in der DDR. Opladen 1993 (Schriften des Zentralinstituts für Sozialwissenschaftliche Forschung der Freien Universität Berlin; 68).

Erschens, Hermann: Anmerkungen zu Stefan Andres' Komödie *Und Zeus lächelt*. In: Mitteilungen der Stefan-Andres-Gesellschaft 5 (1984), S. 49-60.

– Der Fall Violette Nozière und Stefan Andres' Schauspiel »Schwestern«. In: Mitteilungen der Stefan-Andres-Gesellschaft 15 (1994), S. 52-57.

– Anmerkungen zu »Gottes Utopia« von Stefan Andres, zur Aufführung des Schauspiels am 8. April 1952 im Stadttheater Trier und zur »Literarischen Morgenfeier« mit Stefan Andres am 6. April 1952 in Trier. In: Mitteilungen der Stefan-Andres-Gesellschaft 24 (2003), S. 3-11.

Erwin Strittmatter. Eine Biographie in Bildern. Hrsg. von Eva Strittmatter und Günther Drommer. Berlin ²2003.

Esslin, Martin: Das Theater des Absurden. Frankfurt a.M./Bonn 1964 (erweiterte Neuausgabe u.d.T. Das Theater des Absurden. Von Beckett bis Pinter. Reinbek bei Hamburg 1985).

– Jenseits des Absurden. Aufsätze zum modernen Drama. Wien 1972.

– An Anatomy of Drama. New York ³1979.

Falkenberg, Hans-Geert: Heinz Hilpert – Das Ende einer Epoche. Hrsg. und mit Nachwort versehen von Norbert Baensch. Göttingen 1968.

Fangmeier, Jürgen: Ernst Wiechert – ein christlicher Dichter. In: Wort und Dichtung als Zufluchtsstätte in schwerer Zeit. Hrsg. von Frank-Lothar Kroll. Berlin 1996, S. 71-86.

Faschismus und Kapitalismus. Theorien über die sozialen Ursprünge und die Funktion des Faschismus. Hrsg. von Wolfgang Abendroth. Frankfurt a.M. 1967.

Faulstich, Werner: »Der Teufel und der liebe Gott«. Zur Bedeutung von Philosophie, Religion und Kirche im zeitgenössischen Wertesystem. In: Die Kultur der fünfziger Jahre. Hrsg. von W.F. München 2002, S. 23-34 (Kulturgeschichte des zwanzigsten Jahrhunderts).

– Überblick: Wirtschaftliche, politische und soziale Eckdaten des Jahrzehnts. In: Die Kultur der achtziger Jahre. Hrsg. von Werner Faulstich. München 2005 (Kulturgeschichte des zwanzigsten Jahrhunderts).

Fehervary, Helen: Heiner Müllers Brigadenstücke (1971). In: Mit den Toten reden. Fragen an Heiner Müller. Hrsg. von Jost Hermand und H.F. Köln/Weimar/Wien 1999, S. 1-38, 200-203 (Literatur – Kultur – Geschlecht. Kleine Reihe; 13).

– Der »gotische« Realismus der Anna Seghers und das Moment der »Erlösung« in Heiner Müllers »Die Umsiedlerin«. In: Argonautenschiff 5 (1996), S. 87-105.

Feinberg, Anat: Erwin Sylvanus and the Theatre of the Holocaust. In: Studien zur Dramatik in der Bundesrepublik Deutschland. Hrsg. von Gerhard Kluge. Amsterdam 1983, S. 163-175 (Amsterdamer Beiträge zur neueren Germanistik; 16 – 1983).

– Wiedergutmachung im Programm. Jüdisches Schicksal im deutschen Nachkriegsdrama. Köln 1988.

– Vom bösen Nathan und edlen Shylock. Überlegungen zur Konstruktion jüdischer Bühnenfiguren in Deutschland nach 1945. In: Literarischer Antisemitismus nach Auschwitz. Hrsg. von Klaus-Michael Bogdal, Klaus Holz und Matthias N. Lorenz. Stuttgart/Weimar 2007, S. 263-282.

Felbick, Dieter: Schlagwörter der Nachkriegszeit 1945-1949. Berlin/New York 2003.

Feldhammer, Hannah: Raum und Interaktion. Bühnen- und Raumkonzepte im Theaterbau der BRD der 50er und 60er Jahre. Bochum 1999 (Diss.) [Masch.].

Fellner, Harald: Die optimistische Tragödie von V.V. Višnevskij und das Dramenverständnis in den literarischen Diskussionen von 1934 bis 1954 in der Sowjetunion. Regensburg 1990 (Magisterarbeit).

Fischborn, Gottfried: Katharsis und sozialistische Dramatik. Einige Gedanken zum Problem. In: Lessing-Konferenz. Halle 1979. Teil 2. Hrsg. von Hans-Georg Werner. Halle (Saale) 1980, S. 588-594 (Martin-Luther-Universität Halle-Wittenberg. Wissenschaftliche Beiträge 1980/3 [F 21]).

– Paul Rilla, Fritz Erpenbeck und das Publikum: zwei Theaterkonzepte in der Theaterkritik um 1947/48. In: Zwischen politischer Vormundschaft und künstlerischer Selbstbestimmung. Hrsg. von Irmfried Hiebel, Hartmut Kahn und Alfred Klein. Berlin [West] [1989], S. 57-59.

– **Frank Hörnigk**, **Marianne Streisand** und **Renate Ullrich**: »Der Lohndrücker« von Heiner Müller. In: Weimarer Beiträge 34 (1988), S. 1180-1194.

Fischer, Gerhard: Brechts Dramen 1948-1950. In: »Die Mühen der Ebenen«. Kontinuität und Wandel in der deutschen Literatur und Gesellschaft. 1945-1949. Hrsg. von Bernd Hüppauf. Heidelberg 1981, S. 271-306 (Reihe Siegen; 17: Germanistische Abteilung).

Fischer, Ludwig: Literatur und sozialgeschichtliche Phase. In: Literatur in der Bundesrepublik Deutschland bis 1967. Hrsg. von L.F. München 1986, S. 17-26 (Hansers Sozialgeschichte der deutschen Literatur vom 16. Jahrhundert bis zur Gegenwart; 10). [1986a]

– Die Zeit von 1945 bis 1967 als Phase der Literatur- und Gesellschaftsentwicklung. In: Ebd., S. 29-96. [1986b]

Fischer, Matthias-Johannes: Brechts Theatertheorie. Forschungsgeschichte – Forschungsstand – Perspektiven. Frankfurt a.M. u.a. 1989 (Europäische Hochschulschriften. Reihe I: Deutsche Sprache und Literatur; Bd. 1115).

Fischer-Lichte, Erika: Semiotik des Theaters. Eine Einführung. 3 Bde. Tübingen 1983.

– Was ist eine »werkgetreue« Inszenierung? Überlegungen zum Prozeß der Transformation eines Dramas in eine Aufführung. In: Das Drama und seine Inszenierung. Hrsg. von E.F.-L. Tübingen 1985, S. 37-49 (Medien in Forschung + Unterricht: Serie A; 16).

– Geschichte des Dramas. Epochen der Identität auf dem Theater von der Antike bis zur Gegenwart. Bd. 2. Tübingen 1990 (^{2}1999) (UTB 1566).

– Zwischen Differenz und Indifferenz. Funktionalisierungen des Montage-Verfahrens bei Heiner Müller. In: Avantgarde und Postmoderne. Prozesse struktureller und funktioneller Veränderungen. Hrsg. von E.F.-L. und Klaus Schwind. Tübingen 1991, S. 231-246 (Stauffenburg Colloquium; 40).

– Kurze Geschichte des deutschen Theaters. Tübingen/Basel 1993 (UTB 1667). [1993a]

– Die Verklärung des Körpers. Theater im Medienzeitalter. In: Welttheater – Nationaltheater – Lokaltheater? Europäisches Theater am Ende des 20. Jahrhunderts. Hrsg. von E.F.-L. und Harald Xander. Tübingen/Basel 1993, S. 99-116 (Mainzer Forschungen zu Drama und Theater; 9). [1993b]

– Einleitung. Wahrnehmung – Körper – Sprache. Kultureller Wandel und Theateravantgarde. In: TheaterAvantgarde. Wahrnehmung – Körper – Sprache. Hrsg. von E.F.-L. Tübingen/Basel 1995, S. 1-14 (UTB 1807).

– Theater im Prozeß der Zivilisation. Tübingen/Basel 2000.

– Einleitung. In: Theatralität und die Krisen der Repräsentation. Hrsg. von E.F.-L. Stuttgart/Weimar 2001, S. 1-19 (Germanistische Symposien. Berichtsbände; 22). [2001a]

– Wahrnehmung und Medialität. In: Wahrnehmung und Medialität. Hrsg. von E.F.-L., Christian Horn, Sandra Umathum und Matthias Warstat. Tübingen/Basel 2001, S. 11-28 (Theatralität; 3). [2001b]

– Ästhetik des Performativen. Frankfurt a.M. 2004.

Flashar, Hellmut: Aristoteles und Brecht. In: Poetica 6 (1974), S. 17-37.

– Inszenierung der Antike. Das griechische Drama auf der Bühne der Neuzeit 1585-1990. München 1991.

Fleischer, Burga: Gebärde der Versöhnung. Die Dramatische Dichtung der Nelly Sachs. Eitorf 1996 (Pädagogik und Hermeneutik; 4).

Foucault, Michel: Das unendliche Sprechen (1963). In: Ders.: Schriften zur Literatur. München 1974, S. 90-103.

– Die Ordnung der Dinge. Eine Archäologie der Humanwissenschaften (1966). Frankfurt a.M. 1971.

– Was ist ein Autor? (1969). In: Ders.: Schriften zur Literatur. München 1974, S. 7-31.

- Die Ordnung des Diskurses. Inauguralvorlesung am Collège de France, 2. Dezember 1970. Frankfurt a.M. u.a. 1977.
- Die Rückkehr der Moral (1984). In: Ders.: Ästhetik der Existenz. Schriften zur Lebenskunst. Hrsg. von Daniel Defert und François Ewald. Frankfurt a.M. 2007, S. 239-252.
- Eine Ästhetik der Existenz (1984). In: Ebd., S. 280-286.

Fradkin, Ilja: Bertolt Brecht. Weg und Methode. Leipzig 1974 (RUB 551).

François, Jean-Claude: Le théâtre allemand de l'après-guerre (1945-1950): Traditions et novations. Thèse de Doctorat d'Etat. Université de Paris VIII. 4 Teile in 6 Bdn. Paris 1987.
- *Die Bauern* de Heiner Müller: Du discours à la réception. In: Cahiers d'études germaniques 1991, S. 221-234.
- Le théâtre allemand contre le nazisme de l'exil à l'après-guerre. Nantes 1992.
- Heiner Müller et »la vie à la campagne« en R.D.A.: modèles et contre-modèles. In: Etudes germaniques 48 (1993). Nr. 1, S. 3-26.
- Heiner Müllers *Die Umsiedlerin oder Das Leben auf dem Lande*. Zum Kontext einer kulturpolitischen Affäre in der DDR. In: Heiner Müller – Rückblicke, Perspektiven. Vorträge des Pariser Kolloquiums 1993. Hrsg. von Theo Buck und Jean-Marie Valentin. Frankfurt a.M. 1995, S. 77-100 (Literarhistorische Untersuchungen; 25).

Frank, Manfred: Die Unhintergehbarkeit von Individualität. Reflexionen über Subjekt, Person und Individuum aus Anlaß ihrer ›postmodernen‹ Toterklärung. Frankfurt a.M. 1986.

Franke, Berthold: Die Kleinbürger. Begriff, Ideologie, Politik. Frankfurt a.M. 1988.

Franke, Konrad: Die Dramatik in der Deutschen Demokratischen Republik. In: Kindlers Literaturgeschichte der Gegenwart. Autoren · Werke · Themen · Tendenzen seit 1945. [Bd. 2] K.F.: Die Literatur der Deutschen Demokratischen Republik. Neubearbeitete Ausgabe mit drei einführenden Essays von Heinrich Vormweg. Zürich/München 1974, S. 491-630.

Franke, Manfred: Jenseits der Wälder. Der Schriftsteller Ernst Wiechert als politischer Redner und Autor. Köln 2003.

Frankreichs Kulturpolitik in Deutschland 1945-1950. Ein Tübinger Symposium, 19. und 20. September 1985. Hrsg. von Franz Knipping und Jacques Le Rider. Tübingen 1987.

Freeman, Thomas: Hans Henny Jahnn. Eine Biographie. Hamburg 1986.

Frenz, Horst: The Reception of Thornton Wilder's Plays in Germany. In: Modern Drama 3 (1960). Nr. 2, S. 123-137.
- Amerikanische Dramatiker auf den Bühnen und vor der Theaterkritik der Bundesrepublik. In: Nordamerikanische Literatur im deutschen Sprachraum seit 1945. Beiträge zu ihrer Rezeption. Hrsg. von H.F. und Hans-Joachim Lang. München 1973, S. 79-102.
- und **John Hess**: Die nordamerikanische Literatur in der Deutschen Demokratischen Republik. In: Ebd., S. 171-199.

Freund, Winfried: Wolfgang Borchert: *Draußen vor der Tür*. Literatur ohne Antwort. In: Dramen des 20. Jahrhunderts. Interpretationen. Bd. 2. Stuttgart 1996, S. 27-44 (RUB 9461).

Frick, Werner: Die mythische Methode. Komparatistische Studien zur Transformation der griechischen Tragödie im Drama der klassischen Moderne. Tübingen 1998.

Friedrich Wolf: Bilder einer deutschen Biographie. Dokumentation von Lew Hohmann. Berlin [West] 1988.

Friedrich, Rainer: The deconstructed Self in Artaud and Brecht: Negation of Subject and Antitotalitarianism. In: Forum for Modern Language Studies 26 (1990). Nr. 3, S. 282-297.

Friedman, Dan: Dialectical Method in the Work of Brecht and its Role in the Postmodernizing of the Theater. In: Communications from the International Brecht Society 31 (2002), S. 44-50.

Fries, Ursula: West German Theatre in the Period of Reconstruction. In: The Culture of Reconstruction. European Literature, Thought and Film 1945-50. Hrsg. von Nicolas Hewitt. New York 1989, S. 208-221.

Friesen, Hans: Undarstellbarkeit und Unbestimmbarkeit. Das Erhabene und Schöne in Lyotards Ästhetik der Postmoderne. Ruhr-Universität Bochum 1990.

Fritsch-Vivié, Gabriele: Der biographische Aspekt in den Szenischen Dichtungen der Nelly Sachs. In: Nelly Sachs. Neue Interpretationen. Hrsg. von Michael Kessler und Jürgen Wertheimer. Tübingen 1994, S. 271-282 (Stauffenberg Colloquium; 30).

Frühwald, Wolfgang: Der Heimkehrer auf der Bühne. Lion Feuchtwanger, Bertolt Brecht und die Erneuerung des Volksstückes in den zwanziger Jahren. In: Internationales Archiv für Sozialgeschichte der deutschen Literatur 8 (1983), S. 169-199.

– Das alte Europa und der Friede. Zur Modernität von Reinhold Schneiders Denken. Festvortrag bei der Feier von Reinhold Schneiders 100. Geburtstag im Theater in Baden-Baden am 10. Mai 2003. In: »Und nun, dächt ich, wäre Zeit zum Frieden«. Dichter gegen den Krieg. Zusammengestellt von Hans-Joachim Simm. Frankfurt a.M./Leipzig 2003, S. 144-159.

Fuchs, Peter: Bertolt Brecht. Der aufdringliche Dichter. Das Selbstverständnis Bertolt Brechts im Kontext der Moderne. München 1986.

Fuhrmann, Helmut: Warten auf »Geschichte«. Der Dramatiker Heiner Müller. Würzburg 1997.

25 Jahre Theater in Berlin. Theaterpremieren 1945-1970. Hrsg. im Auftrage des Senats von Berlin. Berlin [West] 1972.

Funke, Christoph: Zum Theater Brechts. Kritiken, Berichte, Beschreibungen aus drei Jahrzehnten. Berlin [Ost] 1990.

Gabriel, Karl: Die Katholiken in den 50er Jahren: Restauration, Modernisierung und beginnende Auflösung eines konfessionellen Milieus. In: Modernisierung im Wiederaufbau. Die westdeutsche Gesellschaft der 50er Jahre. Hrsg. von Axel Schildt und Arnold Sywottek. Ungekürzte, durchgesehene und aktualisierte Studienausgabe. Bonn 1998, S. 418-430.

Gajek, Konrad: Deutschsprachige Dramatik nach 1945. Entwicklungstendenzen in der Nachkriegszeit. In: Das deutsche Drama des 20. Jahrhunderts. Hrsg. von K.G., Anna Stroka und Marian Szyrocki. Warschau/Breslau 1982 (^{2}1985), S. 253-335.

Gandner, Christiane: »Wenn so ein Heimkommer die Tür öffnet, kann er ins Bodenlose treten!« Stefan Andres' Drama *Ein Herz, wie mans braucht* im Vergleich mit Wolfgang Borcherts *Draußen vor der Tür*. In: Mitteilungen der Stefan-Andres-Gesellschaft 24 (2003), S. 12-24.

Gansel, Carsten: Parlament des Geistes? Literatur zwischen Hoffnung und Repression 1945-1961. Berlin 1995.

Garbe, Detlef: Äußerliche Abkehr, Erinnerungsverweigerung und »Vergangenheitsbewältigung«. Der Umgang mit dem Nationalsozialismus in der frühen Bundesrepublik. In: Modernisierung im Wiederaufbau. Die westdeutsche Gesellschaft der 50er Jahre. Hrsg. von Axel Schildt und Arnold Sywottek. Ungekürzte, durchgesehene und aktualisierte Studienausgabe. Bonn 1998, S. 693-716.

Garner jr., Stanton B.: Bodied Spaces. Phenomenology and Performance in Contemporary Drama. Ithaca/London 1994.

Gebhard, Walter: Von der Thanatologie des Tones zur Zwitschermaschine? Zum Verhältnis von Avantgarde und Postmoderne. In: Avantgarde und Postmoderne. Prozesse struktureller und funktioneller Veränderungen. Hrsg. von Erika Fischer-Lichte und Klaus Schwind. Tübingen 1991, S. 45-96 (Stauffenburg Colloquium; 40).

Gehring, Hansjörg: Amerikanische Literaturpolitik in Deutschland 1945-1953. Ein Aspekt des Re-Education-Programms. Stuttgart 1976 (Schriftenreihe der Vierteljahrshefte für Zeitgeschichte; 32).

Geiger, Heinz: Widerstand und Mitschuld. Zum deutschen Drama von Brecht bis Weiss. Düsseldorf 1973 (Literatur in der Gegenwart; 9).

Gemünden, Gerd: The Author as Battlefield: Heiner Müller's Autobiography *War without Battle*. In: Heiner Müller. ConTEXTS and HISTORY. A Collection of Essays from The Sydney German Studies Symposium 1994. Hrsg. von Gerhard Fischer. Tübingen 1995, S. 117-127 (Studien zur deutschsprachigen Gegenwartsliteratur; 2).

Gerlach, Ingeborg: Bitterfeld. Arbeiterliteratur und Literatur der Arbeitswelt in der DDR. Kronberg/Ts. 1974 (Skripten. Literatur + Sprache + Didaktik; 2).

Germay, Robert: Les grandes tendances du théâtre allemand d'après-guerre. Essai de synthèse. In: Revue des langues vivantes 41 (1975), S. 162-182.

Gerz, Raimund: Bertolt Brecht und der Faschismus. In den Parabelstücken »Die Rundköpfe und die Spitzköpfe«, »Der aufhaltsame Aufstieg des Arturo Ui« und »Turandot oder Der Kongreß der Weißwäscher«. Rekonstruktion einer Versuchsreihe. Bonn 1983 (Abhandlungen zur Kunst-, Musik- und Literaturwissenschaft; 343).

– Die Formalismusdebatte. In: Brecht-Handbuch in fünf Bänden. Hrsg. von Jan Knopf. Bd. 4. Stuttgart/Weimar 2003, S. 375-392.

Geschichte der deutschen Literatur von 1945 bis zur Gegenwart. Hrsg. von Wilfried Barner. München 1994 (Geschichte der deutschen Literatur von den Anfängen bis zur Gegenwart; 12).

Getzeny, Hans: Reinhold Schneider. Seine geistige und künstlerische Entwicklung am Beispiel der erzählenden Prosa. Frankfurt a.M. u.a. 1987 (Europäische Hochschulschriften. Reihe I: Deutsche Sprache und Literatur; Bd. 1023).

Giese, Peter Christian: Das »Gesellschaftlich-Komische«. Zu Komik und Komödie am Beispiel der Stücke und Bearbeitungen Brechts. Stuttgart 1974.

Gilmore, Richard: France's Postwar Cultural Policies and Activities in Germany: 1945-1956. Washington, D.C. 1973.

Girnus, Wilhelm: Zukunftslinien. Gedanken zur Theorie des sozialistischen Realismus. In: Sinn und Form 20 (1968), S. 182-201, 429-445, 697-709 und 21 (1969), S. 172-196, 485-508.

Girshausen, Theo: Realismus und Utopie. Die frühen Stücke Heiner Müllers. Köln 1981.

– Baal, Fatzer – und Fondrak. Die Figur des Asozialen bei Brecht und Müller. In: Dramatik der DDR. Hrsg. von Ulrich Profitlich. Frankfurt a.M. 1987, S. 327-343.

Glade, Henry: »Der Gesang im Feuerofen«: Zuckmayers Humanitätsideal (1974). In: Carl Zuckmayer. Materialien zu Leben und Werk. Hrsg. von Harro Kieser. Frankfurt a.M. 1986, S. 103-116.

Glaser, Hermann: Kulturgeschichte der Bundesrepublik Deutschland. 2 Bde. München/Wien 1985f.

Gleber, Klaus: Theater und Öffentlichkeit. Produktions- und Rezeptionsbedingungen politischen Theaters am Beispiel Piscator 1920-1966. Frankfurt a.M./Bern/Las Vegas 1979 (Europäische Hochschulschriften. Reihe I: Deutsche Sprache und Literatur; Bd. 287).

Gossner, Jutta: Der Fall Reinhold Schneider. In: Zur literarischen Situation 1945-1949. Hrsg. von Gerhard Hay. Kronberg 1977, S. 227-239 (Athenäum-Taschenbücher. Literaturwissenschaft; 2117).

Grabes, Herbert: Textwissenschaftlich fundierte Kulturwissenschaft/Landeskunde. In: Anglistik 7 (1996), S. 35-40.

Grange, William: Partnership in the German Theatre. Zuckmayer and Hilpert, 1925-1961. New York u.a. 1991 (Studies in Modern German Literature; 43).

Gregor, Joseph: Die Theaterregie in der Welt unseres Jahrhunderts. Große Regisseure der modernen Bühne. Wien 1958 (Schriftenreihe der Österreichischen UNESCO-Kommission).

Greif, Stefan: Fritz von Unruh (1885-1970). In: Deutsche Dramatiker des 20. Jahrhunderts. Hrsg. von Alo Allkemper und Norbert Otto Eke. Berlin 2000, S. 155-172.

Greiner, Bernhard: Von der Allegorie zur Idylle: Die Literatur der Arbeitswelt in der DDR. Heidelberg 1974 (UTB 327).

– Arbeitswelt als Perspektive literarischer Öffentlichkeit in der DDR. In: Handbuch zur deutschen Arbeiterliteratur. Hrsg. von H.L. Arnold. München 1977, S. 34-48.

– Proletarische Öffentlichkeit – Begriff aufgehobener deutscher Misere und der Literatur in der DDR. In: Deutsche Misere als Thema der Gegenwartsliteratur. Das Preußensyndrom in der Literatur der DDR. Hrsg. von Paul Gerhard Klussmann und Heinrich Mohr. Bonn 1982, S. 1-47 (Jahrbuch zur Literatur der DDR 2 [1981/82]).

– Im Zeichen des Aufbruchs: die Literatur der fünfziger Jahre. In: Die Literatur der DDR. Hrsg. von Hans-Jürgen Schmitt. München 1983, S. 337-384 (Hansers Sozialgeschichte der deutschen Literatur vom 16. Jahrhundert bis zur Gegenwart; 11). [1983a]

– DDR-Literatur als Problem der Literaturwissenschaft. In: Probleme deutscher Identität. Zeitgenössische Autobiographien. Identitätssuche und Zivilisationskritik. Hrsg. von Paul Gerhard Klussmann und Heinrich Mohr. Bonn 1983, S. 233-254 (Jahrbuch zur Literatur in der DDR 3 [1983]). [1983b]

– »Jetzt will ich sitzen wo gelacht wird«: Über das Lachen bei Heiner Müller. In: Dialektik des Anfangs. Spiele des Lachens. Literaturpolitik in Bibliotheken. Über Texte von: Heiner Müller, Franz Fühmann, Stefan Heym. Hrsg. von Paul Gerhard Klussmann und Heinrich Mohr. Bonn 1986, S. 29-63 (Jahrbuch zur Literatur in der DDR 5 [1986]). [1986a]

– Über das Lachen und die Komödie, mit ständiger Rücksicht auf die Dramatik Heiner Müllers. In: Ders.: Literatur der DDR in neuer Sicht. Studien und Interpretationen. Frankfurt a.M./ Bern/New York 1986, S. 181-223 (Literarhistorische Untersuchungen; 5). [1986b]
– »Zweiter Clown im kommunistischen Frühling«. Peter Hacks und die Geschichte der komischen Figur im Drama der DDR. In: Dramatik der DDR. Hrsg. von Ulrich Profitlich. Frankfurt a.M. 1987, S. 344-374.
– »Einheit (Gleichzeitigkeit) von Beschreibung und Vorgang«: Versuch über Heiner Müllers Theater. In: Spiele und Spiegelungen von Schrecken und Tod. Zum Werk von Heiner Müller. Sonderband zum 60. Geburtstag des Dichters. Hrsg. in Verbindung mit Gregor Laschen von Paul Gerhard Klussmann und Heinrich Mohr. Bonn 1990, S. 69-81 (Jahrbuch zur Literatur in der DDR 7 [1990]).
– Die Komödie. Eine theatralische Sendung: Grundlagen und Interpretationen. Tübingen 1992 (UTB 1665).

Greven, Michael Th.: Der einzelne als historisches Subjekt. Kritische Theorie und Sartres Existentialismus. In: Die fünfziger Jahre. Beiträge zu Politik und Kultur. Hrsg. von Dieter Bänsch. Tübingen 1985, S. 184-208 (Deutsche Text-Bibliothek; 5).

Grimm, Reinhold: Spiel und Wirklichkeit in einigen Revolutionsdramen. In: Basis. Jahrbuch für deutsche Gegenwartsliteratur 1 (1970), S. 49-93.
– Brecht, Artaud und das moderne Theater (1976). In: Ders.: Nach dem Naturalismus. Essays zur modernen Dramatik. Kronberg/Ts. 1978, S. 185-201 (Athenäum-Taschenbücher; 2134).
– Bertolt Brecht und das moderne Welttheater. In: Universitas 41 (1986), S. 379-386.
– und **Caroline Molina y Vedia**: Artaudsche Vollendung? Antonin Artaud und das Werk von Peter Weiss. In: Peter-Weiss-Jahrbuch 3 (1994), S. 135-149.

Grimm, Roderich: Verfremdung in Bertolt Brechts »Leben des Galilei«. Frankfurt a.M./Bern/ New York 1987 (Bochumer Schriften zur deutschen Literatur; 1).

Grittner, Sabine: »Aber wo Göttliches wohnt – die Farbe ›Nichts‹«. Mystik-Rezeption und mystisches Erleben im Werk der Nelly Sachs. St. Ingbert 1999 (Sofie; 11).

Grobmann, Ralph: Gefühlssozialist im 20. Jahrhundert. Leonhard Frank 1882-1961. Frankfurt a.M. u.a. 2004.

Grübel, Rainer: Die Geburt des Textes aus dem Tod der Texte. Strukturen und Funktionen der Intertextualität in Dostoevskijs Roman »Die Brüder Karamazov« im Lichte seines Mottos. In: Dialog der Texte. Hamburger Kolloquium zur Intertextualität. Hrsg. von Wolf Schmid und Wolf-Dieter Stempel. Wien 1983, S. 205-271 (Wiener Slawistischer Almanach. Sonderband 11).

Guldin, Rainer: Dichtung als Fälschung. Zur Chatterton-Diskussion bei Hans Henny Jahnn und Hubert Fichte. In: Archaische Moderne. Der Dichter, Architekt und Orgelbauer Hans Henny Jahnn. Stuttgart 1996, S. 144-164.

Gullvag, Kare E.: Der Mann aus den Trümmern: Wolfgang Borchert und seine Dichtung. Aachen 1997.

Gumbrecht, Hans-Ulrich: Postmoderne (2003). In: Ders.: Dimensionen und Grenzen der Begriffsgeschichte. München 2006, S. 81-87.
– Pyramiden des Geistes. Über den schnellen Aufstieg, die unsichtbaren Dimensionen und das plötzliche Abebben der begriffsgeschichtlichen Bewegung. In: Ebd., S. 7-36.

Gumtau, Helmut: Wolfgang Borchert. Berlin [West] 1969 (Köpfe des XX. Jahrhunderts; 55).

Gustaf Gründgens. Eine Dokumentation des Dumont-Lindemann-Archivs anläßlich der Gustaf-Gründgens-Ausstellung zu seinem achtzigsten Geburtstag am 22. Dezember 1979. Hrsg. vom Dumont-Lindemann-Archiv, Theatermuseum der Stadt Düsseldorf. Direktor: Heinrich Riemenschneider. 2., verbesserte Auflage. München/Wien 1981.

Gustav Rudolf Sellner. Regisseur und Intendant 1905-1990. Eine Ausstellung der Theaterwissenschaftlichen Sammlung, Universität zu Köln in Zusammenarbeit mit dem Theatermuseum der Landeshauptstadt Düsseldorf, Dumont-Lindemann-Archiv, vom 21. April – 2. Juni 1996. [Hrsg. von Elmar Buck, Joachim Geil und Gerald Köhler.] Köln 1996.

Guthke, Karl S.: Geschichte und Poetik der deutschen Tragikomödie. Göttingen 1961.
– Die moderne Tragikomödie. Theorie und Gestalt. Göttingen 1968.

– Wolfgang Borchert · Draußen vor der Tür. In: Das deutsche Drama vom Expressionismus bis zur Gegenwart. Hrsg. von Manfred Brauneck. Zweite, erweiterte Auflage. Bamberg 1972, S. 112-117.

Haag, Ingrid: »Phantasie des Körpers« und epische Demonstration. In: Brecht 98. Poétique et Politique / Poetik und Politik. Hrsg. von Michel Vanoosthuyse. Montpellier 1999, S. 55-68 (Bibliothèque d'Études Germaniques et Centre-Européennes; 4).

Haarmann, Hermann: Erwin Piscator und die Schicksale der Berliner Dramaturgie. Nachträge zu einem Kapitel deutscher Theatergeschichte. München 1991.

Haas, Birgit: Einleitung. Symbolische Politik und mündiges Individuum. In: Macht. Performativität, Performanz und Polittheater seit 1990. Hrsg. von B.H. Würzburg 2005, S. 7-15.

Haase, Horst: Zur Spezifik der Literatur der Deutschen Demokratischen Republik. In: Vier deutsche Literaturen? – Literatur seit 1945 – nur die alten Modelle? – Medium Film – das Ende der Literatur. Hrsg. von Karl Pestalozzi, Alexander von Bormann und Thomas Koebner. Tübingen 1986, S. 72-76 (Akten des VII. Internationalen Germanisten-Kongresses Göttingen 1985. Kontroversen, alte und neue; 10).

– **u.a.**: Literatur der Deutschen Demokratischen Republik. Berlin [Ost] 1977 (Geschichte der Deutschen Literatur von den Anfängen bis zur Gegenwart. Hrsg. von Hans-Günther Thalheim u.a.; 11).

Habermas, Jürgen: Wahrheitstheorien. In: Wirklichkeit und Reflexion. Festschrift für Walter Schulz. Hrsg. von Helmut Fahrenbach. Pfullingen 1973, S. 211-265.

– Diskursethik – Notizen zu einem Begründungsprogramm. In: Ders.: Moralbewußtsein und kommunikatives Handeln. Frankfurt a.M. 1983, S. 53-125.

– Die neue Unübersichtlichkeit. Frankfurt a.M. 1985.

– Die Moderne – ein unvollendetes Projekt. Philosophisch-politische Aufsätze 1977-1990. Leipzig 1990.

– Vom Gepäck deutscher Geschichte. Jürgen Habermas an Christa Wolf (26. November 1991). In: C.W.: Auf dem Weg nach Tabou. Texte 1990-1994. München 1995, S. 140-149.

Hadamczik, Dieter, Jochen Schmidt und **Werner Schulze-Reimpell**: Was spielten die Theater? Bilanz der Spielpläne in der Bundesrepublik Deutschland 1947-1975. Hrsg. Deutscher Bühnenverein. Bundesverband deutscher Theater. Köln 1978 (Die Deutsche Bühne. Theatermagazin. Sonderdruck).

Haffad, Dorothea: Zwischen eingreifendem Denken und Utopie. Zu einem Aspekt der Auffassung Brechts von der Liebe als einer »Produktion«. In: Zeitschrift für Germanistik. N.F. 5 (1995). H. 1, 103-111.

Hakkarainen, Marja-Leena: Das Turnier der Texte. Stellenwert und Funktion der Intertextualität im Werk Bertolt Brechts. Frankfurt a.M. u.a. 1994 (Europäische Hochschulschriften. Reihe I: Deutsche Sprache und Literatur; Bd. 1436).

Hallet, Wolfgang: Von der Weitergabe des Wissens. Brecht, »Leben des Galilei«, 1938/39, 1947, 1955/56. In: (K)ein Kanon. 30 Schulklassiker neu gelesen. Hrsg. von Klaus-Michael Bogdal und Clemens Kammler 2000, S. 132-137 (Oldenbourg Interpretationen; 100). [2000b]

Hammer, Klaus: Harald Hauser. In: Literatur der Deutschen Demokratischen Republik. Hrsg. von Hans Jürgen Geerdts u.a. Bd. 2. Berlin [Ost] 1979, S. 119-134.

Hansen, Gisela: Christliches Erbe in der DDR-Literatur. Bibelrezeption und Verwendung religiöser Sprache im Werk Erwin Strittmatters und in ausgewählten Texten Christa Wolfs. Frankfurt a.M. u.a. 1995 (Beiträge zur Literatur und Literaturwissenschaft des 20. Jahrhunderts; 14).

Häntzschel, Hiltrud: Marieluise Fleißer. Eine Biographie. Frankfurt a.M./Leipzig 2007.

Hanuschek, Sven: »Ich nenne das Wahrheitsfindung«. Heinar Kipphardts Dramen und ein Konzept des Dokumentartheaters als Historiographie. Bielefeld 1993 (Diss.).

– Heinar Kipphardts Bibliothek. Ein Verzeichnis. Bielefeld 1997.

Hardach, Gerd: Die Wirtschaftsentwicklung der fünfziger Jahre. Restauration und Wirtschaftswunder. In: Die fünfziger Jahre. Beiträge zu Politik und Kultur. Hrsg. von Dieter Bänsch. Tübingen 1985, S. 49-60 (Deutsche Text-Bibliothek; 5).

Hardt, Manfred: Zu Begriff, Geschichte und Theorie der literarischen Avantgarde (1983). In: Literarische Avantgarden. Hrsg. von M.H. Darmstadt 1989, S. 145-171 (Wege der Forschung; 648).

Harry Buckwitz. Schauspieler, Regisseur, Intendant 1904-1987. Materialien zusammengestellt und bearbeitet von Renate Rätz. Mitarbeit: Michael Gonszar. Einleitender Essay von Hans-Peter Kurr. Hrsg. von der Stiftung Archiv der Akademie der Künste. Berlin 1998.

Hartmann, Anneli: »Wer Sonne sucht, beginnt von dir zu lernen...« Zur Rolle der Sowjetliteratur im Prozeß der gesellschaftlichen und literarischen Selbstverständigung in der DDR. In: Probleme deutscher Identität. Zeitgenössische Autobiographien. Identitätssuche und Zivilisationskritik. Hrsg. von Paul Gerhard Klussmann und Heinrich Mohr. Bonn 1983, S. 99-130 (Jahrbuch zur Literatur in der DDR 3 [1983]).

– »Erneuerung der deutschen Kultur?« Zur sowjetischen Kultur- und Literaturpolitik in der SBZ und frühen DDR. In: Frühe DDR-Literatur. Traditionen, Institutionen, Tendenzen. Hrsg. von Klaus R. Scherpe und Lutz Winckler. Hamburg/Berlin 1988, S. 33-61 (Literatur im historischen Prozeß; N.F. 17 / Das Argument. Argument-Sonderband; AS 149).

– und **Wolfram Eggeling**: Von Gremjatschi Log nach Katzgraben. Zum Transfer sowjetischer Arbeitskultur und ihrer Literatur. In: Literatur in der DDR. Rückblicke. Hrsg. von Heinz Ludwig Arnold und Frauke Meyer-Gosau. München 1991, S. 10-22 (text + kritik. Sonderband).

Hartmann, Karl-Heinz: Aspekte der Bewältigungsdramatik in den vierziger und fünfziger Jahren. In: Dramatik der DDR. Hrsg. von Ulrich Profitlich. Frankfurt a.M. 1987, S. 78-97.

– »... dem Objektivismus verfallen.« Der Streit um den *harten Stil* in der Kriegsliteratur der fünfziger Jahre. In: Frühe DDR-Literatur. Traditionen, Institutionen, Tendenzen. Hrsg. von Klaus R. Scherpe und Lutz Winckler. Hamburg/Berlin 1988, S. 132-145 (Literatur im historischen Prozeß; N.F. 17 / Das Argument. Argument-Sonderband; AS 149).

Hartung, Günter: Brechts Stück »Die Tage der Commune«. In: Weimarer Beiträge 18 (1972), S. 106-144.

Haverkamp, Anselm und **Renate Lachmann**: Text als Mnemotechnik – Panorama einer Diskussion. In: Gedächtniskunst. Raum – Bild – Schrift. Studien zur Mnemotechnik. Hrsg. von A.H. und R.L. Frankfurt a.M. 1991, S. 9-22.

Hauck, Gerhard: Zur Ideologiekritik der Postmoderne. In: Ideologie nach ihrem ›Ende‹. Gesellschaftskritik zwischen Marxismus und Postmoderne. Hrsg. von Hansjörg Bay und Christof Hamann. Opladen 1995, S. 97-114.

Haug, Wolfgang Fritz: Theorie des Ideologischen. In: Ideologie nach ihrem ›Ende‹. Gesellschaftskritik zwischen Marxismus und Postmoderne. Hrsg. von Hansjörg Bay und Christof Hamann. Opladen 1995, S. 42-63.

– Brecht – Philosoph unter der Maske des Poeten? In: Brecht – Eisler – Marcuse 100. Fragen kritischer Theorie heute. Hrsg. im Auftrag des Instituts für kritische Theorie (InkriT) von Victor Rego Diaz, Kamil Uludag und Gunter Willing. Berlin/Hamburg 1999, S. 9-20 (Berliner Beiträge zur kritischen Theorie; 1 / Argument-Sonderband. N.F. AS 266).

Hauschild, Jan-Christoph: Heiner Müller oder Das Prinzip Zweifel. Eine Biographie. Berlin 2001.

Hecht, Werner: Der Weg zum epischen Theater. In: Brechts Theorie des Theaters. Hrsg. von W.H. Frankfurt a.M. 1986, S. 45-90.

– »Der Pudding bewährt sich beim Essen«. Brechts ›Prüfung‹ Stanislawskis 1953. In: Brecht & Stanislawski – und die Folgen. Anregungen für die Theaterarbeit. Hrsg. von Ingrid Hentschel, Klaus Hoffmann und Florian Vaßen. Berlin 1997, S. 57-71. [1997a]

– »Zur freundlichen Beherzigung«. Hans Mayers Rat an den subversiven Brecht, »mit großen Herren nicht frey« zu reden. In: Hans Mayers Leipziger Jahre. Beiträge des dritten Walter-Markov-Kolloquiums. Hrsg. von Alfred Klein, Manfred Neuhaus und Klaus Pezold. Leipzig 1997, S. 125-128. [1997b]

– Brecht-Chronik 1898-1956. Frankfurt a.M. 1997. [1997c]

Heer, Friedrich: Reinhold Schneider (1903-1958) (1974). In: Über Reinhold Schneider. Hrsg. von Carsten Peter Thiede. Frankfurt a.M. 1980, S. 136-153 (suhrkamp taschenbuch; 504).

Heidsieck, Arnold: Das Groteske und das Absurde im modernen Drama. Zweite, unveränderte Auflage. Stuttgart u.a. 1971.

Heinrich, Klaus: Erinnerung an die Fliegen. In: Das Theater des deutschen Regisseurs Jürgen Fehling. Hrsg. im Auftrag des Jürgen Fehling Archivs Joana Maria Gorvin von Gerhard Ahrens. Mitarbeit Carsten Ahrens. (Jürgen Fehling zum 100. Geburtstag, 1. März 1985.) Berlin [West] 1985, S. 204-213.

Heinze, Helmut: Bedeutung und Verfremdung. Brechts Semantikmodell gestischer Zeichen. In: Zeitschrift für Literaturwissenschaft und Linguistik 81 (1991), S. 37-52.

– Brechts Ästhetik des Gestischen. Versuch einer Rekonstruktion. Heidelberg 1992 (Reihe Siegen; 115).

Heiser-Duron, Meredith A.: Brecht's political and cultural Dilemma in the Summer of 1953. In: Communications from the International Brecht Society 30 (2001). Nr. 1/2, S. 47-57.

Heitz, Raymond: Peter Hacks. Théâtre et socialisme. Bern/Frankfurt a.M./New York 1984 (Contacts. Série 1 – Theatrica).

Helbling, Robert E.: Groteskes und Absurdes – Paradoxie und Ideologie. Versuch einer Bilanz. In: Friedrich Dürrenmatt. Studien zu seinem Werk. Hrsg. von Gerhard P. Knapp. Heidelberg 1976, S. 233-253 (Poesie und Wissenschaft; 33).

Heller, Agnes: Der Positivismusstreit als Wendepunkt in der deutschen Nachkriegstheorie. In: »Die Mühen der Ebenen«. Kontinuität und Wandel in der deutschen Literatur und Gesellschaft. 1945-1949. Hrsg. von Bernd Hüppauf. Heidelberg 1981, S. 181-193 (Reihe Siegen; 17: Germanistische Abteilung).

Heller, Heinz-B.: Untersuchungen zur Theorie und Praxis des dialektischen Theaters. Brecht und Adamov. Bern/Frankfurt a.M. 1975 (Europäische Hochschulschriften. Reihe I: Deutsche Sprache und Literatur; Bd. 104).

Hempfer, Klaus W.: Gattungstheorie. Information und Synthese. München 1973 (UTB 133).

Henrichs, Benjamin: Vom braven B.B. Vier Brecht-Inszenierungen und ihre Konsequenzen. In: Die Zeit vom 7. Mai 1976. Nr. 20, S. 33f.

Hensel, Georg: Spielplan. Schauspielführer von der Antike bis zur Gegenwart. 2 Bde. Berlin [West] 1966.

– Der konservative Grundzug des Nachkriegstheaters. 1. Exempel: 25 Jahre Darmstadt. In: Theater heute 11 (1970). Nr. 10, S. 36-41.

– Theater für Überlebende. Wie es nach dem Krieg weiterging: Bilder und Notizen. In: Insel-Almanach auf das Jahr 1996. Frankfurt a.M./Leipzig 1995, S. 94-111.

Hensing, Dieter: Tankred Dorst: Von der geschlossenen zur offenen Figurenkonzeption. In: Studien zur Dramatik in der Bundesrepublik Deutschland. Hrsg. von Gerhard Kluge. Amsterdam 1983, S. 177-223 (Amsterdamer Beiträge zur neueren Germanistik; 16 – 1983).

– Die Marionetten und Spieler bei Tankred Dorst – Tradition und Verarbeitung. In: Literarische Tradition heute. Deutschsprachige Gegenwartsliteratur in ihrem Verhältnis zur Tradition. Hrsg. von Gerd Labroisse und Gerhard P. Knapp. Amsterdam 1988, S. 261-296 (Amsterdamer Beiträge zur neueren Germanistik; 24).

– Wenn der Stein der Geschichte zurückrollt. Über einen glücklichen und vor allem einen unglücklichen Sisyphos – über Albert Camus und Heiner Müller. In: Rückblicke auf die Literatur der DDR. Hrsg. von Hans-Christian Stillmark unter Mitarbeit von Christoph Lehker. Amsterdam/New York, NY 2002, S. 253-305 (Amsterdamer Beiträge zur neueren Germanistik; 52 – 2002).

Herde, Lars: Erwin Strittmatter. »Der Laden« und das Lebenswerk. Rostock 2001.

Hermand, Jost: Das Gute-Neue und das Schlechte-Neue: Wandlungen der Modernismus-Debatte in der DDR seit 1956. In: Literatur und Literaturtheorie in der DDR. Hrsg. von Peter Uwe Hohendahl und Patricia Herminghouse. Frankfurt a.M. 1976, S. 73-99.

– Heines »Wintermärchen« – Zum Topos der ›deutschen Misere‹. In: Diskussion Deutsch 8 (1977), S. 234-249.

– Fortschritt im Rückschritt. Zur politischen Polarisierung der westdeutschen Literatur seit 1961. In: Deutsche Gegenwartsliteratur. Ausgangspositionen und aktuelle Entwicklungen. Hrsg. von Manfred Durzak. Stuttgart 1981, S. 299-313.

– Streit in den fünfziger Jahren? In: Vier deutsche Literaturen? – Literatur seit 1945 – nur die alten Modelle? – Medium Film – das Ende der Literatur. Hrsg. von Karl Pestalozzi, Alexander von Bormann und Thomas Koebner. Tübingen 1986, S. 207-211 (Akten des VII. Internationalen Germanisten-Kongresses Göttingen 1985. Kontroversen, alte und neue; 10).

– Fridericus Rex. Das schwarze Preußen im Drama der DDR. In: Dramatik der DDR. Hrsg. von Ulrich Profitlich. Frankfurt a.M. 1987, S. 266-296.
– Regisseure unter sich. Ein Gespräch über *Lohndrücker*. In: Heiner Müller Material. Texte und Kommentare. Hrsg. von Frank Hörnigk. Göttingen 1989, S. 236-250.
– Diskursive Widersprüche. Fragen an Heiner Müllers »Autobiographie» (1993). In: Mit den Toten reden. Fragen an Heiner Müller. Hrsg. von J.H. und Helen Fehervary. Köln/Weimar/Wien 1999, S. 94-112, 207 (Literatur – Kultur – Geschlecht. Kleine Reihe; 13).
– Blick zurück auf Heiner Müller. In: Zeitschrift für Germanistik. N.F. 7 (1997). H. 3, S. 559-571.
– Zwischen Partei und Volk. Brechts utopischer Ort. In: Bertolt Brecht (1898-1956). Hrsg. von Walter Delabar und Jörg Döring. Berlin 1998, S. 379-385.
– Zehn Tage, die die Welt erschütterten. Müllers Bekenntnis zu Lenin. In: Mit den Toten reden. Fragen an Heiner Müller. Hrsg. von J.H. und Helen Fehervary. Köln/Weimar/Wien 1999, S. 190-199, 216-218 (Literatur – Kultur – Geschlecht. Kleine Reihe; 13).

Hermann, István: Georg Lukács. Sein Leben und Wirken. Wien/Köln/Graz 1986.

Herrmann, Elisabeth M.: Zur Theorie und Praxis der Presse in der Sowjetischen Besatzungszone Deutschlands. Berichte und Dokumente. Berlin [West] 1963 (Abhandlungen und Materialien zur Publizistik; 2).

Hertling, Ralf: Das literarische Werk Hartmut Langes. Hoffnung auf Geschichte und Glaube an die Kunst – Dramatik und Prosa zwischen 1960 und 1992. Frankfurt a.M. u.a. 1994 (Bochumer Schriften zur deutschen Literatur; 41).

Heukenkamp, Rudolf: »Gesellschaftliche Verantwortung des Wissenschaftlers«. Literarische Beiträge zum Atomdiskurs. In: Unerwünschte Erfahrung. Kriegsliteratur und Zensur in der DDR. Hrsg. von Ursula Heukenkamp. Berlin/Weimar 1990, S. 261-304 und 344-353 (Anmerkungen). [1990a]
– Dichter im Dienste der Nuklearrüstung? Die literarischen Beiträge zum Atomdiskurs der DDR zwischen 1945 und 1957 mit einem Blick auf Brechts *Leben des Galilei*. In: Krieg und Literatur / War and Literature 2 (1990). Nr. 3, S. 117-133. [1990b]

Heukenkamp, Ursula: Geistige Auseinandersetzung. Das Konzept der demokratischen Erneuerung der Kultur im Spiegel der Zeitschrift »Sonntag« (1946-1948). In: Zwischen politischer Vormundschaft und künstlerischer Selbstbestimmung. Hrsg. von Irmfried Hiebel, Hartmut Kahn und Alfred Klein. Berlin [West] [1989], S. 25-29.
– Ein Erbe für die Friedenswissenschaft. Das Konzept der kulturellen Erneuerung in der SBZ (1945-1949). In: Unerwünschte Erfahrung. Kriegsliteratur und Zensur in der DDR. Hrsg. von U.H. Berlin/Weimar 1990, S. 9-71 und 307-316 (Anmerkungen). [1990a]
– »Neues hat nie begonnen«. Das Wandlungsthema im Gefangenschaftsbericht von Johannes Bobrowski. In: Ebd., S. 227-260 und 340-343 (Anmerkungen). [1990b]
– Das Frauenbild in der antifaschistischen Erneuerung der SBZ. In: Wen kümmert's wer spricht? Zur Literatur und Kulturgeschichte von Frauen aus Ost und West. Hrsg. von Inge Stephan, Sigrid Weigel und Kerstin Wilhelms. Köln/Wien 1991, S. 3-13. [1991a]
– »Der Gegenwart verpflichtet und für die Zukunft bauend...« Junge Literatur in der Sowjetischen Besatzungszone. In: Literatur in der DDR. Rückblicke. Hrsg. von Heinz Ludwig Arnold und Frauke Meyer-Gosau. München 1991, S. 23-33 (text + kritik. Sonderband). [1991b]
– Das lautlose Deutschland. Widerstandsliteratur und ihre Rezeption. In: Unterm Notdach. Nachkriegsliteratur in Berlin 1945-1949. Hrsg. von U.H. Berlin 1996, S. 267-316.
– Kälte bei Brecht 1945. Ein Marxist korrigiert sein Weltbild. In: Wechsel der Orte. Studien zum Wandel des literarischen Geschichtsbewußtseins. Festschrift für Anke Bennholdt-Thomsen. Hrsg. von Irmela von der Lühe und Anita Runge. Göttingen 1997, S. 39-50.

Hickethier, Knut: Das Theater der Bundesrepublik in den fünfziger Jahren. In: Die Kultur der fünfziger Jahre. Hrsg. von Werner Faulstich. München 2002, S. 35-51 (Kulturgeschichte des zwanzigsten Jahrhunderts).

Hillich, Reinhard: Erwin Strittmatter: A Poetical Philosopher from the Land of *Naivitas*. In: Socialism and the Literary Imagination. Hrsg. von Martin Kane. New York/Oxford 1991, S. 41-59.

Hillmann, Heinz: Arbeiterheld oder Lohndrücker? Arbeiter, Dichter, Ökonomen. In: Spiele und Spiegelungen von Schrecken und Tod. Zum Werk von Heiner Müller. Sonderband zum 60. Geburtstag des Dichters. Hrsg. in Verbindung mit Gregor Laschen von Paul Gerhard Klussmann und Heinrich Mohr. Bonn 1990, S. 201-228 (Jahrbuch zur Literatur in der DDR 7 [1990]).

Hilzinger, Klaus Harro: Die Dramaturgie des dokumentarischen Theaters. Tübingen 1976 (Untersuchungen zur deutschen Literaturgeschichte; 15).

Hinck, Walter: Die Dramaturgie des späten Brecht (1959). 5., durchgesehene Auflage. Göttingen 1971 (Palaestra; 229).

– Von der Parabel zum Straßentheater. Notizen zum Drama der Gegenwart (1969). In: Poesie und Politik. Zur Situation der Literatur in Deutschland. Hrsg. von Wolfgang Kuttenkeuler. Stuttgart u.a. 1973, S. 69-90.

– Das moderne Drama in Deutschland. Vom expressionistischen zum dokumentarischen Theater. Göttingen 1973 (Sammlung Vandenhoeck).

– Einführung in die Theorie des Komischen und der Komödie. In: Die deutsche Komödie. Vom Mittelalter bis zur Gegenwart. Hrsg. von W.H. Düsseldorf 1977, S. 11-31.

– Zur Dramentheorie nach 1945. Stückfabel und Parabel. In: Deutsche Dramentheorien II. Beiträge zu einer historischen Poetik des Dramas in Deutschland. Hrsg. von Reinhold Grimm. 3., verbesserte Auflage. Wiesbaden 1981, S. 232-248 (Athenaion Literaturwissenschaft; 12). [1981a]

– Haben wir heute vier deutsche Literaturen oder *eine*? Plädoyer in einer Streitfrage. 31. Jahresfeier am 13. Mai 1981. Opladen 1981 (Vorträge / Rheinisch-Westfälische Akademie der Wissenschaften: Geisteswissenschaften; G 252). [1981b]

Hinderer, Walter: Die Sickingen-Debatte als Modell: Eine kritische Zusammenfassung. In: Sickingen-Debatte. Ein Beitrag zur materialistischen Literaturtheorie. Hrsg. von W.H. Darmstadt/Neuwied 1974, S. 353-397 (Sammlung Luchterhand; 141).

– »Das Gehirn der Bevölkerung arbeitet in vollem Licht«: *Die Tage der Commune*. In: Brechts Dramen. Neue Interpretationen. Hrsg. von W.H. Stuttgart 1984, S. 217-243.

Hintze, Joachim: Erwin Piscator im Moskauer Exil (1931-1936). In: »Leben – ist immer ein Anfang!« Erwin Piscator 1893-1966. Der Regisseur des politischen Theaters. Hrsg. von Ullrich Amlung in Zusammenarbeit mit der Akademie der Künste, Berlin. Marburg 1993, S. 59-68.

Hirsch, Wolfgang: Zwischen Wirklichkeit und erfundener Biographie. Zum Künstlerbild bei Wolfgang Hildesheimer. Hamburg 1997 (Reihe Schmalkalden; 5).

Hirschfeld, Alexandra von: Frauenfiguren im dramatischen Werk Heiner Müllers. Marburg 2000.

Hochschild, Arlie R.: The Need for Nurture and the Culture of Coolness. In: Die Modernisierung moderner Gesellschaften. Verhandlungen des 25. Deutschen Soziologentags. Opladen 1991, S. 175-198.

Hoefert, Sigfrid: Zur Wirkung Gerhart Hauptmanns im Hörspiel (unter besonderer Berücksichtigung einer funkdramatischen Arbeit von Alfred Matusche). In: Gerhart Hauptmann »Nu jaja! – Nu nee nee!« (Ansorge in Gerhart Hauptmanns »De Waber/Die Weber«). Beiträge eines Colloquiums. Hrsg. von Rüdiger Bernhardt. Lübeck-Travemünde 1998, S. 61-71 (Travemünder Protokolle. Berichte aus der Ostsee-Akademie; 4).

Hoffmann, Christa: Stunde Null? Vergangenheitsbewältigung in Deutschland 1945 und 1989. Bonn 1991.

Hoffmann, Gerhard, **Alfred Hornung** und **Rüdiger Kunow**: »Modern«, »Postmodern« und »Contemporary«. Zur Klassifikation der amerikanischen Erzählliteratur des 20. Jahrhunderts. In: Der zeitgenössische amerikanische Roman: Von der Moderne zur Postmoderne. Bd. 1: Elemente und Perspektiven. Hrsg. von G.H. München 1988, S. 7-43.

Hoffmeier, Dieter: Das literarische Spätwerk Stanislawskis. Versuch einer Übersicht. In: Theater hier und heute. Zum 50. Jahrestag der Großen Sozialistischen Oktoberrevolution und zum 20. Jahrestag der Theaterhochschule Leipzig. Berlin [Ost] 1968, S. 52-108 (Beiträge zur Theaterwissenschaft).

Hofmann, Michael: Die Versicherung. In: Peter Weiss' Dramen. Neue Interpretationen. Hrsg. von Martin Rector und Christoph Weiß. Opladen 1999, S. 25-42.

– Geschichte als Katastrophe. Heiner Müllers theatralisches Nachdenken über Deutschland aus heutiger Sicht. In: Mitteilungen des Deutschen Germanistenverbandes 48 (2001). H. 3, S. 406-428.

Hohnhäuser, Josef: Brecht und der Kalte Krieg. Materialien zur Brecht-Rezeption in der BRD. In: Bertolt Brecht II. Sonderband aus der Reihe TEXT + KRITIK. Hrsg. von Heinz Ludwig Arnold. München 1973, S. 192-203.

Honnef, Theo: »Was nie anwendbar war, wird es nicht mehr«. Peter Hacks und die Romantik. In: The Germanic review 66 (1991). Nr. 3, S. 122-131.

Honsza, Norbert: Zur literarischen Situation nach 1945 in der BRD, in Österreich und in der Schweiz. Wroclaw 1974 (Acta Universitatis Wratislaviensis; 214).

– Dokumente einer unglücklichen Liebe? Zu den Dramen von Grass. In: Zu Günter Grass. Geschichte auf dem poetischen Prüfstand. Hrsg. von Manfred Durzak. Stuttgart 1985, S. 155-165 (Literaturwissenschaft – Gesellschaftswissenschaft; 68: LGW-Interpretationen).

Hörisch, Jochen: Die Wut des Verstehens. Zur Kritik der Hermeneutik. Frankfurt a.M. 1988 (edition suhrkamp; 1485).

Horn, Elfriede: Geehrt – geliebt – vergessen? Begegnungen mit 38 Dichtern. Melsungen 1985.

Horn, Peter: Das schon immer schwindende Bewußtsein und die Konstruktion des Seins. Hartmut Langes *Vom Werden der Vernunft und andre Stücke fürs Theater*. In: Der Dramatiker und Erzähler Hartmut Lange. Hrsg. von Manfred Durzak. Würzburg 2003, S. 40-66.

Hörnigk, Therese: Die erste Bitterfelder Konferenz. Programm und Praxis der sozialistischen Kulturrevolution am Ende der Übergangsperiode. In: Ingeborg Münz-Koenen (Ltg.): Literarisches Leben in der DDR 1945 bis 1960. Literaturkonzepte und Leseprogramme. 2. Auflage. Berlin [Ost] 1980, S. 196-243 und 320-328 (Anmerkungen).

Hübler, Axel: Drama in der Vermittlung von Handlung, Sprache und Szene. Eine repräsentative Untersuchung an Theaterstücken der 50er und 60er Jahre. Bonn 1973 (Abhandlungen zur Kunst-, Musik- und Literaturwissenschaft; 140).

Hudemann, Rainer: Kulturpolitik und Deutschlandpolitik. Frühe Direktiven für die französische Besatzung in Deutschland. In: Frankreichs Kulturpolitik in Deutschland 1945-1950. Ein Tübinger Symposium, 19. und 20. September 1985. Hrsg. von Franz Knipping und Jacques Le Rider. Tübingen 1987, S. 15-31.

Hüfner, Agnes: Brecht in Frankreich 1930-1963. Verbreitung, Aufnahme, Wirkung. Stuttgart 1968.

Humble, Malcolm: Heiner Müllers *Gesammelte Irrtümer*. Bekenntnisse und Provokationen. In: Heiner Müller: Probleme und Perspektiven. Bath-Symposium 1998. Hrsg. von Ian Wallace, Dennis Tate und Gerd Labroisse. Amsterdam/Atlanta, GA 2000, S. 171-186 (Amsterdamer Beiträge zu neueren Germanistik; 48 – 2000).

Hummel, Adrian und **Sigrid Nieberle**: Zur Literatur einer Dekade: 1950-1960. Einleitung. In: weiter schreiben wieder schreiben. Deutschsprachige Literatur der fünfziger Jahre. Festschrift für Günter Häntzschel. Hrsg. von A.H. und S.N. München 2004, S. IX-XXII.

100 Jahre Deutsches Schauspielhaus in Hamburg. [Hrsg. vom Zentrum für Theaterforschung der Universität Hamburg und vom Deutschen Schauspielhaus in Hamburg. Hamburg 1999 (Schriftenreihe der Hamburgischen Kulturstiftung; 9).

100 Jahre Deutsches Theater Berlin 1883-1983. Hrsg. von Michael Kuschnia. Berlin [Ost] 1983.

Hüppauf, Bernd: Einleitung: Schwierigkeiten mit der Nachkriegszeit. In: »Die Mühen der Ebenen«. Kontinuität und Wandel in der deutschen Literatur und Gesellschaft. 1945-1949. Hrsg. von B.H. Heidelberg 1981, S. 7-20 (Reihe Siegen; 17: Germanistische Abteilung). [1981a]

– Krise ohne Wandel. Die kulturelle Situation 1945-1949. In: »Die Mühen der Ebenen«. Kontinuität und Wandel in der deutschen Literatur und Gesellschaft. 1945-1949. Hrsg. von B.H. Heidelberg 1981, S. 47-112 (Reihe Siegen; 17: Germanistische Abteilung). [1981b]

– Der moderne Krieg und das Irrationale. In: Schuld und Sühne? Kriegserlebnis und Kriegsdeutung in deutschen Medien der Nachkriegszeit (1945-1961). Internationale Konferenz vom 01.-04.09.1999 in Berlin. Hrsg. von Ursula Heukenkamp. Amsterdam/Atlanta, GA 2001. Bd. 1, S. 155-171 (Amsterdamer Beiträge zu neueren Germanistik; 50.1/2 – 2001).

Hüttich, Gunner: Zur Entwicklung des Dramas in der DDR. In: Deutsche Gegenwartsliteratur. Ausgangspositionen und aktuelle Entwicklungen. Hrsg. von Manfred Durzak. Stuttgart 1981, S. 552-578.

Huyssen, Andreas: Unbewältigte Vergangenheit – Unbewältigte Gegenwart. In: Geschichte im Gegenwartsdrama. Hrsg. von Reinhold Grimm und Jost Hermand. Stuttgart u.a. 1976, S. 39-53 und 114-116.

– The Politics of Identification: ›Holocaust‹ and West German Drama. In: New German Critique 19 (1980), S. 117-136.

Innes, Christopher D.: Erwin Piscator's Political Theatre. The Development of Modern German Drama. London/New York 1972.

Iser, Wolfgang: Die Appellstruktur der Texte. Unbestimmtheit als Wirkungsbedingung literarischer Prosa. Konstanz 1970 (Konstanzer Universitätsreden; 28).

– Der Akt des Lesens. Theorie ästhetischer Wirkung. München 1976 (UTB 636).

– Das Komische: ein Kipp-Phänomen. In: Das Komische. Hrsg. von Wolfgang Preisendanz und Rainer Warning. München 1976, S. 398-402 (Poetik und Hermeneutik; VII).

– Das Fiktive und das Imaginäre. Perspektiven literarischer Anthropologie. Frankfurt a.M. 1991.

– im Gespräch mit Ellen Spielmann. Neu starten, Spurenwechsel: Poetik und Hermeneutik, ein Exportprodukt. In: Weimarer Beiträge 44 (1998), S. 92-103.

Ismayr, Wolfgang: Das politische Theater in Westdeutschland. Meisenheim am Glan 1977 (Hochschulschriften Literaturwissenschaft; 24).

Jäger, Andrea: Der Dramatiker Peter Hacks. Vom Produktionsstück zur Klassizität. Marburg 1986 (Marburger Studien zur Literatur; 2).

– Schriftsteller-Identität und Zensur. Über die Bedingungen des Schreibens im »realen Sozialismus«. In: Literatur in der DDR. Rückblicke. Hrsg. von Heinz Ludwig Arnold und Frauke Meyer-Gosau. München 1991, S. 137-148 (text + kritik. Sonderband).

– Über die ästhetische Beglaubigung des sozialistischen Idealismus. Zu Peter Hacks' Produktionsstück »Die Sorgen und die Macht«. In: »Es genügt nicht die einfache Wahrheit«. DDR-Literatur der sechziger Jahre in der Diskussion. Redaktion: Michael Hametner und Kerstin Schilling. Leipzig 1995, S. 148-158.

Jäger, Christian: Penser Brecht. Zur Deutung Brechts bei Barthes, Althusser und Deleuze. In: Bertolt Brecht (1898-1956). Hrsg. von Walter Delabar und Jörg Döring. Berlin 1998, S. 325-340.

Jäger, Erwin: Untergang im Untergrund. Die jugendliche Gruppe in den Dramen Hans Henny Jahnns. Frankfurt a.M./Bern/Las Vegas 1979 (Europäische Hochschulschriften. Reihe I: Deutsche Literatur und Germanistik; Bd. 282).

Jäger, Manfred: Sozialliteraten. Funktion und Selbstverständnis der Schriftsteller in der DDR. Düsseldorf 1973 (Literatur in der Gesellschaft; 14).

– Kultur und Politik in der DDR 1945-1990. Köln 1995 (Edition Deutschland Archiv).

Jameson, Fredric: Lust und Schrecken der unaufhörlichen Verwandlung aller Dinge. Brecht und die Zukunft. Berlin/Hamburg 1998.

Jansen, Karin: Stanislawskis »Methode der physischen Handlung« im Visier. In: Brecht & Stanislawski – und die Folgen. Anregungen für die Theaterarbeit. Hrsg. von Ingrid Hentschel, Klaus Hoffmann und Florian Vaßen. Berlin 1997, S. 46-56.

Japp, Uwe: Hermeneutik. Der theoretische Diskurs, die Literatur und die Konstruktion ihres Zusammenhanges in den philologischen Wissenschaften. München 1977 (Theorie und Geschichte der Literatur und der schönen Künste; 47).

– Das deutsche Künstlerdrama. Von der Aufklärung bis zur Gegenwart. Berlin/New York 2004.

Jarmatz, Klaus: Zur Rezeption des Werkes von Friedrich Wolf in der früheren DDR und BRD. In: Die Resonanz des Exils. Gelungene und mißlungene Rezeption deutschsprachiger Exilautoren. Hrsg. von Dieter Sevin. Amsterdam/Atlanta, GA 1992, S. 299-312 (Amsterdamer Publikationen zur Sprache und Literatur; 99).

Jehle, Volker: Wolfgang Hildesheimer. Eine Bibliographie. Frankfurt a.M. u.a. 1984 (Helicon. Beiträge zur deutschen Literatur; 3).

– Das Ende im Anfang. In: Wolfgang Hildesheimer: Die Theaterstücke. Hrsg. und mit einem Nachwort versehen von Volker Jehle. Frankfurt a.M. 1989, S. 621-641.
– Wolfgang Hildesheimer. Werkgeschichte. Frankfurt a.M. 1990.

Jehser, Werner: Sozialistische Parteilichkeit. In: Weimarer Beiträge 16 (1970). H. 3, S. 74-90.
– Friedrich Wolf. Leben und Werk. Berlin [West] 1982.
– Sozialethische Auffassungen in Friedrich Wolfs Bauernkriegsdramen. In: »Mut, nochmals Mut immerzu Mut!« Protokollband »Internationales wissenschaftliches Friedrich-Wolf-Symposion« der Volkshochschule der Stadt Neuwied. Ebd. 1990, S. 154-159.

Jenkinson, David: *Verfremdung* and the Critique of the Bourgeoisie: The Myth of Brecht's Theory of an ›Unemotional‹ Theatre. In: Patterns of Change: German Drama and the European Tradition. Essays in Honour of Ronald Peacock. Hrsg. von Dorothy James und Silvia Ranawake. New York u.a. 1990, S. 269-283 (Studies in European Thought; 1).

Jens, Walter: Deutsche Literatur der Gegenwart. Themen, Stile, Tendenzen. München 1961.

Johnston, Andrew James: Chaucer, Galilei, Brecht. Sprache und Diskurs im *Leben des Galilei*. In: Bertolt Brecht (1898-1956). Hrsg. von Walter Delabar und Jörg Döring. Berlin 1998, S. 239-264.

Jonas, Lutz: Die Finanzierung der öffentlichen Theater in der Bundesrepublik Deutschland. Mainz 1972 (Diss.).

Joost, Jörg-Wilhelm, **Klaus-Detlef Müller** und **Michael Voges**: Bertolt Brecht. Epoche – Werk – Wirkung. München 1985 (Beck'sche Elementarbücher. Arbeitsbücher zur Literaturgeschichte).

Jürgen Fehling. Der Regisseur (1885-1968). Ausstellung in der Akademie der Künste vom 28. Oktober bis 26. November 1978. Berlin [West] 1978.

Jurgensen, Manfred: Über Günter Grass. Untersuchungen zur sprachbildlichen Rollenfunktion. Bern/München 1974.

Kaes, Anton: Literatur und nationale Identität: Kontroversen um Goethe 1945-49. In: Vier deutsche Literaturen? – Literatur seit 1945 – nur die alten Modelle? – Medium Film – das Ende der Literatur. Hrsg. von Karl Pestalozzi, Alexander von Bormann und Thomas Koebner. Tübingen 1986, S. 199-206 (Akten des VII. Internationalen Germanisten-Kongresses Göttingen 1985. Kontroversen, alte und neue; 10).

Kähler, Hermann: Gegenwart auf der Bühne. Die sozialistische Wirklichkeit in den Bühnenstükken der DDR von 1956-1963/64. Hrsg. vom Institut für Gesellschaftswissenschaften beim ZK der SED. Berlin [Ost] 1966.

Kaiser, Gerhard R.: Parteiliche Wahrheit – Wahrheit der Partei? Zu Inhalt, Form und Funktion der DDR-Dramatik. In: Einführung in Theorie, Geschichte und Funktion der DDR-Literatur. Hrsg. von Hans-Jürgen Schmitt. Stuttgart 1975, S. 213-246 (Literaturwissenschaft und Sozialwissenschaften; 6).

Kaiser, Hermann: Vom Zeittheater zur Sellner-Bühne. Das Landestheater Darmstadt von 1933 bis 1960. Darmstadt 1961.

Kaiser, Joachim: Werktreue – warum und wie? In: Theater 1974. Sonderheft der Zeitschrift »Theater heute«, S. 12-14.
– Phasenverschiebungen und Einschnitte in der kulturellen Entwicklung. In: Zäsuren nach 1945. Essays zur Periodisierung der deutschen Nachkriegsgeschichte. Hrsg. von Martin Broszat. München 1990, S. 69-74 (Schriftenreihe der Vierteljahrshefte für Zeitgeschichte; 61).

Kalb, Jonathan: The Theater of Heiner Müller. Cambridge/New York/Melbourne 1998.
– Through the Lens of Heiner Müller: Brecht and Beckett – Three Points of Plausible Convergence for the Future. In: Begegnung der Extreme. Brecht und Beckett: Eine Re-interpretation. Das Brecht-Jahrbuch / Where Extremes Meet: Rereading Brecht and Beckett. The Brecht Yearbook 27 (2002), S. 95-118.

Karasek, Hellmuth: Dramatik in der Bundesrepublik seit 1945. In: Kindlers Literaturgeschichte der Gegenwart. Autoren · Werke · Themen · Tendenzen seit 1945. [Bd. 1] Die Literatur der Bundesrepublik Deutschland. Hrsg. von Dieter Lattmann. Zweite, neu durchgesehene Auflage. Zürich/München 1973, S. 535-699.
– Bertolt Brecht. Der jüngste Fall eines Theaterklassikers. München 1978.

Karbach, Walter: »Ich lebte geräuschlos dahin«. Erste Hinweise auf Büchners Bedeutung für Heinar Kipphardts Ästhetik und Werk. In: Georg-Büchner-Jahrbuch 7 (1988/89), S. 322-328.
– Mit Vernunft zu rasen: Heinar Kipphardt. Studien zu seiner Ästhetik und zu seinem veröffentlichten und nachgelassenen Werk. Oberwesel am Rhein 1989 (Diss.).
– Produzieren wider die Verhältnisse. Heinar Kipphardts ästhetische Positionen. In: Deutsche Vierteljahrsschrift für Literaturwissenschaft und Geistesgeschichte 65 (1991), S. 335-387.
– Faszination durch Fakten. Zur Verarbeitung historischen Materials in den Dramen Heinar Kipphardts. In: TheaterZeitSchrift 33/34 (1993), S. 64-73 (Theater und Geschichte. Hrsg. von Peter Roessler mit Ulrike Oedl).
Karl Heinz Stroux. Eine Dokumentation des Düsseldorfer Schauspielhauses und des Dumont-Lindemann-Archivs anläßlich der Karl-Heinz-Stroux-Ausstellung zu seinem achtzigsten Geburtstag am 25. Februar [1988]. Hrsg. vom Düsseldorfer Schauspielhaus u.a. Düsseldorf 1988.
Karsunke, Yaak: Manchmal ist Ich schwer – Skizzen zu einem Portrait Heinar Kipphardts. In: Litfass 16 (1992), S. 85-101.
Kaufmann, Hans: Bertolt Brecht – Geschichtsdrama und Parabelstück. Berlin [Ost] 1962 (Germanistische Studien).
Kässens, Wend: Das Marionettentheater von Günter Grass. Überlegungen zu seinen frühen Stükken. In: Günter Grass: Auskunft für Leser. Hrsg. von Franz-Josef Görtz. Darmstadt/Neuwied 1984, S. 205-236 (Sammlung Luchterhand).
Kayser, Wolfgang: Das Groteske. Seine Gestaltung in Malerei und Dichtung. Zweite, unveränderte Auflage. Oldenburg 1961.
Keckeis, Hermann: Das deutsche Hörspiel 1923-1973. Ein systematischer Überblick mit kommentierter Bibliographie. Frankfurt a.M. 1973.
Keller, Andreas: Drama und Dramaturgie Heiner Müllers zwischen 1956 und 1988. Frankfurt a.M. u.a. 1992 (Europäische Hochschulschriften. Reihe I: Deutsche Sprache und Literatur; Bd. 1321).
Keller, Werner: Das Paradox der christlichen Tragödie. Reinhold Schneiders *Der große Verzicht*. In: Geschichte als Schauspiel. Deutsche Geschichtsdramen. Interpretationen. Hrsg. von Walter Hinck. Frankfurt a.M. 1981, S. 270-288.
Kempf, Franz R.: Brecht und Dürrenmatt als Dramatiker: Antipoden oder Dioskuren? Versuch einer Bilanz. In: Literatur für Leser 1991, H. 3, 185-197 und in: Weimarer Beiträge 37 (1991), S. 1002-1017.
Kersten, Heinz: Theater und Theaterpolitik in der DDR. In: Theater hinter dem »Eisernen Vorhang«. Hrsg. von Reinhold Grimm, Willy Jäggi und Hans Oesch. Basel/Hamburg/Wien 1964, S. 13-57 (Theater unserer Zeit; 6).
Kesting, Marianne: Das epische Theater. Zur Struktur des modernen Dramas (1959). Stuttgart u.a. ^{6}1974.
– Panorama des zeitgenössischen Theaters. 58 literarische Porträts. Revidierte und erweiterte Neuausgabe. München 1969.
– Das deutsche Drama vom Ende des Zweiten Weltkriegs bis Ende der sechziger Jahre. In: Deutsche Gegenwartsliteratur. Ausgangspositionen und aktuelle Entwicklungen. Hrsg. von Manfred Durzak. Stuttgart 1981, S. 107-136.
Ketelsen, Uwe-Karsten: Heroisches Theater. Untersuchungen zur Dramentheorie des Dritten Reiches, Bonn 1968 (Literatur und Wirklichkeit; 2).
– Das ›sozialistische Menschenbild‹ als dramentheoretisches Problem in der DDR-Literatur. In: Basis. Jahrbuch für deutsche Gegenwartsliteratur 5 (1975), S. 65-79.
– Peter Hacks · Moritz Tassow. In: Die deutsche Komödie. Vom Mittelalter bis zur Gegenwart. Hrsg. von Walter Hinck. Düsseldorf 1977, S. 342-359.
– »Isten veled, porosz kameràd« oder Peter Hacks, *Die Schlacht bei Lobositz*, Komödie in drei Akten. In: Geschichte als Schauspiel. Deutsche Geschichtsdramen. Interpretationen. Hrsg. von Walter Hinck. Frankfurt a.M. 1981, S. 340-354.
– Bochumer Theater 1908 bis 1988. Fotos – Bühnenbilder – Kostümentwürfe. Bochum 1988.
– Ein Theater und seine Stadt. Die Geschichte des Bochumer Schauspielhauses. Köln 1999.
Kienberger, Silvia: Poesie, Revolte und Revolution. Peter Weiss und die Surrealisten. Opladen 1994.

Kienzle, Siegfried: Modernes Welttheater. Ein Führer durch das internationale Schauspiel der Nachkriegszeit in 755 Einzelinterpretationen. Stuttgart 1966 (Kröners Taschenbuchausgabe; 369).
– Schauspielführer der Gegenwart. 714 Einzelinterpretationen zum Schauspiel seit 1945. Stuttgart 1973 (2., vollständig revidierte Auflage des Bandes *Modernes Welttheater* [1966]).
Kiesel, Helmuth: Die Restaurationsthese als Problem für die Literaturgeschichtsschreibung. In: Zwei Wendezeiten. Blicke auf die deutsche Literatur 1945 und 1989. Hrsg. von Walter Erhart und Dirk Niefanger. Tübingen 1997, S. 13-45.
– Die Restauration des Restaurationsbegriffs im Intellektuellendiskurs der frühen Bundesrepublik. In: Herausforderungen der Begriffsgeschichte. Hrsg. von Carsten Dutt. Heidelberg 2003, S. 173-193.
– Geschichte der literarischen Moderne. Sprache · Ästhetik · Dichtung im zwanzigsten Jahrhundert. München 2004.
Kill, Reinhard: Die Bühne als Bild der Welt. Zum 80. Geburtstag von Karl Heinz Stroux. In: Karl Heinz Stroux. Eine Dokumentation des Düsseldorfer Schauspielhauses und des Dumont-Lindemann-Archivs anläßlich der Karl-Heinz-Stroux-Ausstellung zu seinem achtzigsten Geburtstag am 25. Februar [1988]. Hrsg. vom Düsseldorfer Schauspielhaus u.a. Düsseldorf 1988, S. 122-125.
Kim, Hyung-Ki: Eine vergleichende Untersuchung zu Brechts Theatertheorien im ›Messingkauf‹ und im ›Kleinen Organon für das Theater‹. Frankfurt a.M. u.a. 1992 (Europäische Hochschulschriften. Reihe I: Deutsche Sprache und Literatur; Bd. 1293).
Kinder, Hermann: Deutschsprachige Literatur zwischen 1945 und dem Ende der fünziger Jahre. In: Die literarische Moderne in Europa. Hrsg. von Hans Joachim Piechotta, Ralph-Rainer Wuthenow und Sabine Rothemann. Bd. 3. Opladen 1994, S. 238-243.
King, Janet K.: Literarische Zeitschriften 1945-1970. Stuttgart 1974.
Kirberger, Bettina: Deutsche Literatur nach Auschwitz. Auschwitz als literaturtheoretisches Problem. In: Die literarische Moderne in Europa. Hrsg. von Hans Joachim Piechotta, Ralph-Rainer Wuthenow und Sabine Rothemann. Bd. 3. Opladen 1994, S. 175-187.
Kistner, Ulrike: Psychoanalytische Betrachtung über Brechts Schwierigkeiten des epischen Theaters. In: Acta Germanica 25 (1997), S. 55-67.
Klapper, John: Stefan Andres. The Christian Humanist as a Critic of his Times. Bern u.a. 1995 (Britische und Irische Studien zur deutschen Sprache und Literatur; 10).
Klatt, Gudrun: Arbeiterklasse und Theater. Agitprop-Tradition – Theater im Exil – Sozialistisches Theater. Berlin [Ost] 1975 (Literatur und Gesellschaft).
– Erfahrungen des »didaktischen« Theaters der fünfziger Jahre in der DDR. In: Weimarer Beiträge 23 (1977). H. 7, S. 34-69.
– Proletarisch-revolutionäres Erbe als Angebot. Vom Umgang mit Erfahrungen proletarisch-revolutionärer Kunst während der Übergangsperiode. In: Ingeborg Münz-Koenen (Ltg.): Literarisches Leben in der DDR 1945 bis 1960. Literaturkonzepte und Leseprogramme. 2. Auflage. Berlin [Ost] 1980, S. 244-292 und 328-339 (Anmerkungen).
– Streit um frühe Kunstleistungen – Brechts »Mutter«-Inszenierung (1951). In: Zwischen politischer Vormundschaft und künstlerischer Selbstbestimmung. Hrsg. von Irmfried Hiebel, Hartmut Kahn und Alfred Klein. Berlin [West] [1989], S. 59-64.
Klein, Christian: Heiner Müller ou l'idiot de la république. Le dialogisme à la scène. Bern u.a. 1992 (Collection Contacts: Sér. 1, Theatrica; 13).
Kleinschmidt, Erich: Der Turm. In: Peter Weiss' Dramen. Neue Interpretationen. Hrsg. von Martin Rector und Christoph Weiß. Opladen 1999, S. 9-24.
Kleinschmidt, Sebastian: Ideenherrschaft als geistige Konstellation. Zwang und Selbstzwang literarischer Loyalität in sozialistischen Diktaturen. In: Literatur in der Diktatur. Schreiben im Nationalsozialismus und DDR-Sozialismus. Hrsg. von Günther Rüther. Paderborn u.a. 1997, S. 39-52.
– Gewißheit der Ungewißheit. Hartmut Langes Poetik der Irritation. In: Der Dramatiker und Erzähler Hartmut Lange. Hrsg. von Manfred Durzak. Würzburg 2003, S. 30-39.
Kleßmann, Christoph: Kontinuitäten und Veränderungen im protestantischen Milieu. In: Modernisierung im Wiederaufbau. Die westdeutsche Gesellschaft der 50er Jahre. Hrsg. von Axel

Schildt und Arnold Sywottek. Ungekürzte, durchgesehene und aktualisierte Studienausgabe. Bonn 1998, S. 403-417.

Kloepfer, Albrecht: Nützen oder erfreuen? Bertolt Brecht – poetischer und politischer Auftrag. In: Sinn und Form 50 (1998), H. 5, S. 709-731.

Klotz, Volker: Bürgerliches Lachtheater. Komödie, Posse, Schwank, Operette. München 1980.

Klüger, Ruth: Gibt es ein »Judenproblem« in der deutschen Nachkriegsliteratur? In: Dies.: Katastrophen. Über deutsche Literatur. Göttingen 1994, S. 9-38.

Knopf, Jan: Bertolt Brecht. Ein kritischer Forschungsbericht. Fragwürdiges in der Brecht-Forschung. Frankfurt a.M. 1974 (Schwerpunkte Germanistik).

– Brecht-Handbuch. 2 Bde. Stuttgart 1980-1984.

– Verfremdung. In: Brechts Theorie des Theaters. Hrsg. von Werner Hecht. Frankfurt a.M. 1986, S. 93-141.

– Das »verfluchte Altern« oder Dürrenmatt und Brecht. In: Sinn und Form 39 (1987), S. 635-639.

– Bertolt Brecht: *Leben des Galilei*. Sichtbarmachen des Unsichtbaren. In: Dramen des 20. Jahrhunderts. Interpretationen. Bd. 2. Stuttgart 1996, S. 7-26 (RUB 9461).

– Bertolt Brecht. Stuttgart 2000 (RUB 17619: Literaturstudium).

Kobel, Jan: Kritik als Genuß. Über die Widersprüche der Brechtschen Theatertheorie und die Unfähigkeit der Literaturwissenschaft, sie zu kritisieren. Frankfurt a.M. u.a. 1992 (Europäische Hochschulschriften. Reihe I: Deutsche Sprache und Literatur; Bd. 1330).

Koberstein, Anja: »Gott oder das Nichts«. Sartre-Rezeption im frühen Nachkriegswerk von Alfred Andersch im Kontext der zeitgenössischen Existentialismusdiskussion. Frankfurt a.M. u.a. 1996 (Beiträge zur Literatur und Literaturwissenschaft des 20. Jahrhunderts; 15).

Koch, Hans (Gesamtleitung): Zur Theorie des sozialistischen Realismus. Hrsg. vom Institut für Gesellschaftswissenschaften beim ZK der SED. Berlin [Ost] 1974.

Koebner, Thomas: Dramatik und Dramaturgie seit 1945. In: Tendenzen der deutschen Literatur seit 1945. Hrsg. von T.K. Stuttgart 1971, S. 348-461 (Kröners Taschenausgabe; 405).

– Tendenzen des Dramas. In: Tendenzen der deutschen Gegenwartsliteratur. Hrsg. von T.K. 2., neuverfaßte Auflage. Stuttgart 1984, S. 287-349.

Kohl, Stephan: Realismus. Theorie und Geschichte. München 1977 (UTB 643).

Kohlberg, Lawrence: Essays on Moral Development. Bd. 1: The Philosophy of Moral Development. San Francisco 1981.

Köhler, Gerald: Das Instrumentale Theater des Gustav Rudolf Sellner unter besonderer Berücksichtigung seiner Bewegungsregie. Köln 2002 (Theaterwissenschaft; 12).

Köhler, Ursula E.E.: »Wer a sagt, der muß nicht b sagen«. Brechts dialektische Methode oder das Spiel mit Spielräumen. In: Widersprüche im Widersprechen. Historische und aktuelle Ansichten der Verneinung. Festgabe für Horst Meixner zum 60. Geburtstag. Hrsg. von Peter Rau. Frankfurt a.M. 1996, S. 115-136.

Koller, Alexander: Wolfgang Borcherts »Draußen vor der Tür«. Zu den überzeitlichen Dimensionen eines Dramas. Marburg 2000.

Koopmann, Helmut: Brecht – Schreiben in Gegensätzen. In: Bertolt Brecht – Aspekte seines Werkes, Spuren seiner Wirkung. Hrsg. von H.K. und Theo Stammen. München 1994, S. 9-29 (Schriften der Philosophischen Fakultäten der Universität Augsburg; Nr. 25: Sprach- und literaturwissenschaftliche Reihe).

Koß, Siegfried: Vorstellungen der Alliierten von Nachkriegs-Deutschland. Planungen zwischen 1943 und 1945. In: Aus Politik und Zeitgeschichte. Beilage zur Wochenzeitung *Das Parlament*. B 42-43/72 (14. Oktober 1972), S. 15-30.

Krabiel, Klaus-Dieter: Turandot oder Der Kongreß der Weißwäscher. In: Brecht-Handbuch in fünf Bänden. Hrsg. von Jan Knopf. Bd. 1. Stuttgart/Weimar 2001, S. 597-612.

Krah, Hans: »Zeichen, die wir deuten müßten«. Raumentwurf, Zeiterfahrung und Selbstfindung in Hans Henny Jahnns *Der staubige Regenbogen* (1959). In: Forum Homosexualität und Literatur 2001. H. 39, S. 5-25.

Krenzlin, Leonore: Theoretische Diskussionen und praktisches Bemühen um die Neubestimmung der Funktion der Literatur an der Wende der fünfziger Jahre. In: Ingeborg Münz-Koenen

(Ltg.): Literarisches Leben in der DDR 1945 bis 1960. Literaturkonzepte und Leseprogramme. 2. Auflage. Berlin [Ost] 1980, S. 152-195 und 310-319 (Anmerkungen).
– Zwischen allen Stühlen. Ernst Wiechert in der politischen Öffentlichkeit 1933-1947. In: Spurensuche. Alfred Döblin – Ernst Wiechert – Johannes Urzidil – Jochen Klepper: Deutsch-polnisch-tschechische Begegnungen mit einer vergessenen Klassik der Moderne. Hrsg. von Lothar Bluhm. Hamburg 2000, S. 21-36 (Schriften zur Kulturwissenschaft; 39).

Kreuzer, Helmut: Zur Dramaturgie im ›östlichen‹ Deutschland (SBZ und DDR). In: Dramaturgie in der DDR (1945-1990). Hrsg. von H.K. und Karl-Wilhelm Schmidt. Bd. 1 (1945-1969). Heidelberg 1998, S. 557-581 (Reihe Siegen: Editionen; Bd. 8: Germanistische Abteilung).

Krieg und Nachkrieg. Konfigurationen der deutschsprachigen Literatur (1940-1965). Hrsg. von Hania Siebenpfeiffer und Ute Wölfel. Berlin 2004.

Kröll, Friedhelm: Literaturpreise nach 1945. Wegweiser in die Restauration. In: Nachkriegsliteratur in Westdeutschland 1945-49. Schreibweisen, Gattungen, Institutionen. Hrsg. von Jost Hermand, Helmut Peitsch und Klaus R. Scherpe. Berlin [West] 1982, S. 143-164.
– Anverwandlung der ›klassischen Moderne‹. In: Literatur in der Bundesrepublik Deutschland bis 1967. Hrsg. von Ludwig Fischer. München 1986, S. 244-262 (Hansers Sozialgeschichte der deutschen Literatur vom 16. Jahrhundert bis zur Gegenwart; 10).

Kruntorad, Paul: Charakteristika der Literaturentwicklung in Österreich 1945-1967. In: Literatur in der Bundesrepublik Deutschland bis 1967. Hrsg. von Ludwig Fischer. München 1986, S. 629-650 (Hansers Sozialgeschichte der deutschen Literatur vom 16. Jahrhundert bis zur Gegenwart; 10).

Kuckhoff, Armin-Gerd: Nach dem Gesetz, wonach du angetreten... Deutsches Theater-Institut Weimar und Theaterhochschule Leipzig 1947-1967. In: Theater hier und heute. Zum 50. Jahrestag der Großen Sozialistischen Oktoberrevolution und zum 20. Jahrestag der Theaterhochschule Leipzig. Berlin [Ost] 1968, S. 11-51 (Beiträge zur Theaterwissenschaft).

Kühlken, Edda: Die Klassiker-Inszenierungen von Gustaf Gründgens. Meisenheim am Glan 1972 (Deutsche Studien; 15).

Kühnl, Reinhard: Faschismustheorien. Texte zur Faschismusdiskussion 2. Ein Leitfaden. Reinbek bei Hamburg 1979.

Küntzel, Heinrich: Der Faschismus: seine Theorie, seine Darstellung in der Literatur. In: Die Literatur der DDR. Hrsg. von Hans-Jürgen Schmitt. München 1983, S. 435-467 (Hansers Sozialgeschichte der deutschen Literatur vom 16. Jahrhundert bis zur Gegenwart; 11).

Kurz, Gerhard: Nullpunkt, Kahlschlag, tabula rasa. Zum Zusammenhang von Existentialismus und Literatur in der Nachkriegszeit. In: Philosophie und Poesie. Otto Pöggeler zum 60. Geburtstag. Hrsg. von Annemarie Gethmann-Siefert. Bd. 2. Stuttgart 1988, S. 309-332 (Spekulation und Erfahrung. Texte und Untersuchungen zum Deutschen Idealismus. Abteilung II: Untersuchungen; Bd. 8).

Kurzweg, Volker: Die Heimkehr des antifaschistischen Dramas. In: Werner Mittenzwei u.a.: Theater in der Zeitenwende. Zur Geschichte des Dramas und des Schauspieltheaters in der Deutschen Demokratischen Republik 1945-1968. Bd. 1. Berlin [Ost] 1972, S. 82-107 und 373f. (Anmerkungen).
– Der historische Stücktypus. In: Ebd., S. 257-283 und 388-390 (Anmerkungen).
– Das Gesicht der alten Gesellschaft. In: Ebd. Bd. 2. Berlin [Ost] 1972, S. 111-129 und 430f. (Anmerkungen).

Kwiet, Konrad: Die deutsche Geschichtswissenschaft und die Zäsur nach 1945. In: »Die Mühen der Ebenen«. Kontinuität und Wandel in der deutschen Literatur und Gesellschaft. 1945-1949. Hrsg. von Bernd Hüppauf. Heidelberg 1981, S. 159-180 (Reihe Siegen; 17: Germanistische Abteilung).

Laass, Henner: Samuel Beckett. Dramatische Form als Medium der Reflexion. Bonn 1978 (Schriftenreihe Literaturwissenschaft; 8).

Lamberechts, Luc: Von der Spätmoderne zu einer resistenten Postmoderne. Über die Dynamik eines Literatur- und Kulturwandels. In: Postmoderne Literatur in deutscher Sprache: Eine Ästhetik des Widerstands? Hrsg. von Henk Harbers. Amsterdam/Atlanta, GA 2000, S. 59-77 (Amsterdamer Beiträge zu neueren Germanistik; 49 – 2000).

Lange, Mechthild: Peter Zadek. Frankfurt a.M. 1989 (Fischer Taschenbuch Verlag; 7125).

Lange, Wigand: Theater in Deutschland nach 1945. Zur Theaterpolitik der amerikanischen Besatzungsbehörden. Frankfurt a.M./Bern/Cirencester, U.K. 1980 (Europäische Hochschulschriften. Reihe I: Deutsche Sprache und Literatur; Bd. 366).
– Die Schaubühne als politische Umerziehungsanstalt betrachtet. Theater in den Westzonen. In: Nachkriegsliteratur in Westdeutschland 1945-49. Schreibweisen, Gattungen, Institutionen. Hrsg. von Jost Hermand, Helmut Peitsch und Klaus R. Scherpe. Berlin [West] 1982, S. 6-35.
Langemeyer, Peter: Bertolt Brecht. Leben des Galilei. Erläterungen und Dokumente. Stuttgart 2001 (RUB 16020).
Langguth, Frauke und **Jan Weirauch**: Einleitung. In: Irgendwie, irgendwo, irgendwann. Die Achtziger. Hrsg. von F.L. und J.W. Berlin 1999, S. 7-11.
Laschitza, Horst: Kämpferische Demokratie gegen Faschismus. Die programmatische Vorbereitung auf die antifaschistisch-demokratische Umwälzung in Deutschland durch die Parteiführung der KPD. Berlin [Ost] 1969.
Lattmann, Dieter: Kulturpolitik. In: Die Bundesrepublik Deutschland. Geschichte in drei Bänden. Hrsg. von Wolfgang Benz. Bd. 3. Frankfurt a.M. 1983, S. 420-446.
Laube, Horst: Peter Hacks. Velber bei Hannover 1972 (Friedrichs Dramatiker des Welttheaters; 68).
Lauscher, Ilona: Brechts episches Theater aus postmoderner Sicht. In: Brecht 90. Schwierigkeiten mit der Kommunikation? Kulturtheoretische Aspekte der Brechtschen Medienprogrammatik. Dokumentation. Hrsg. von Inge Gellert und Barbara Wallburg. Berlin u.a. 1991, S. 55-65 und 237 (Schriftenreihe BrechtZentrumBerlin; 7).
Lea, Henry A.: Verfolger und Verfolgte: Wolfgang Hildesheimers Erfahrung der Nürnberger Prozesse. In: Rechenschaften. Juristischer und literarischer Diskurs in der Auseinandersetzung mit den NS-Verbrechen. Hrsg. von Stephan Braese. Göttingen 2004, S. 67-86.
Lederer, Herbert: Handbook of East German Drama 1945-1985. DDR Drama Handbuch. New York u.a. [2]1991 (DDR-Studien / East German Studies; 1).
Lefèvre, Eckard: Sophokles' und Bernt von Heiselers ›Philoktet‹. In: Orchestra. Hrsg. von Anton Bierl. Berlin 1994, S. 211-223.
Lehmann, Hans-Thies: Ästhetik des Textes – Ästhetik des Theaters. Heiner Müllers *Der Lohndrücker* in Ostberlin. In: Spiele und Spiegelungen von Schrecken und Tod. Zum Werk von Heiner Müller. Sonderband zum 60. Geburtstag des Dichters. Hrsg. in Verbindung mit Gregor Laschen von Paul Gerhard Klussmann und Heinrich Mohr. Bonn 1990, S. 51-62 (Jahrbuch zur Literatur in der DDR 7 [1990]).
– Schlaglichter auf den anderen Brecht. In: Der andere Brecht I. Das Brecht-Jahrbuch / The Other Brecht. The Brecht Yearbook 17 (1992), S. 1-13.
– Postdramatisches Theater. Frankfurt a.M. [2]2001.
– Frühe Stücke, Szenarien und Skizzen. In: Heiner Müller Handbuch. Leben – Werk – Wirkung. Hrsg. von H.-T.L. und Patrick Primavesi. Stuttgart/Weimar 2003, S. 183-185.
– und Renate Voris: [Call for Papers:] Der andere Brecht. In: Communications from the International Brecht Society 19 (1990). H. 2, S. 5.
Levin, Charles: Carnal Knowledge of Aesthetic States. In: Body Invaders: Panic Sex in America. Hrsg. von Arthur und Marilouise Kroker. New York 1987, S. 99-119.
Lexikon der »Vergangenheitsbewältigung« in Deutschland. Debatten- und Diskursgeschichte des Nationalsozialismus nach 1945. Hrsg. von Torben Fischer und Matthias N. Lorenz. Bielefeld 2007.
Limbach, Adelheid: Die Ruhrfestspiele. Eine Darstellung ihrer Geschichte bis zur Eröffnung des Neuen Festspielhauses 1965. Köln 1965 (Diss.).
Link, Jürgen: Die Struktur des literarischen Symbols. Theoretische Beiträge am Beispiel der späten Lyrik Brechts. München 1975 (Kritische Information; 24).
– Die andere Seite. Bertold [sic!] Brecht und Mao Tsetung. In: Das Neue China 15 (1976). Nr. 11, S. 12-15.
– Von der Spaltung zur Wiedervereinigung der deutschen Literatur? (Überlegungen am Beispiel des Produktionsstücks). In: Literatur im geteilten Deutschland. Hrsg. von Paul Gerhard Klussmann und Heinrich Mohr. Bonn 1980, S. 59-77 (Jahrbuch zur Literatur in der DDR 1 [1981]).

Lohmeier, Anke-Marie: Aufklärung und Propaganda. Politische Konsensbildung in Literatur und Publizistik der frühen Nachkriegszeit in Westdeutschland. In: Internationales Archiv für Sozialgeschichte der deutschen Literatur 25 (2000). H. 2, S. 115-133.

– Was ist eigentlich modern? Vorschläge zur Revision literaturwissenschaftlicher Modernebegriffe. In: Internationales Archiv für Sozialgeschichte der deutschen Literatur 32 (2007). H. 1, S. 1-15.

Lohner, Edgar: Die Problematik des Begriffes der Avantgarde (1976). In: Literarische Avantgarden. Hrsg. von Manfred Hardt. Darmstadt 1989, S. 113-127 (Wege der Forschung; 648).

Lommel, Michael: Samuel Beckett. Synästhesie als Medienspiel. München 2006.

Lorenz, Christoph F.: Das fragende Theater des Wolfgang Hildesheimer. In: Wolfgang Hildesheimer. Hrsg. von Heinz Ludwig Arnold. München 1986, S. 90-102 (Text & Kritik; 89/90).

Löschner, Sascha: Geschichte als persönliches Drama. Heiner Müller im Spiegel seiner Interviews und Gespräche. Frankfurt a.M. u.a. 2002.

Lubich, Frederick A.: Wendewelten. Paradigmenwechsel in der deutschen Literatur- und Kulturgeschichte nach 1945. Würzburg 2002.

Lucchesi, Joachim: Macht-Spiele. Die Kontroverse um die *Lukullus*-Oper 1951. In: Bertolt Brecht (1898-1956). Hrsg. von Walter Delabar und Jörg Döring. Berlin 1998, S. 315-323.

– Das Verhör des Lukullus / Die Verurteilung des Lukullus. In: Brecht-Handbuch in fünf Bänden. Hrsg. von Jan Knopf. Bd. 1. Stuttgart/Weimar 2001, S. 401-418.

Ludwig, Janine: Frauenfiguren. In: Heiner Müller Handbuch. Leben – Werk – Wirkung. Hrsg. von Hans-Thies Lehmann und Patrick Primavesi. Stuttgart/Weimar 2003, S. 69-75.

Ludwig, Karl-Heinz: Bertolt Brecht: Tätigkeit und Rezeption von der Rückkehr aus dem Exil bis zur Gründung der DDR. Kronberg/Ts. 1976 (Monographien Literaturwissenschaft; 31).

Luhmann, Niklas: Archimedes und wir. Interviews. Hrsg. von Dirk Baecker und Georg Stanitzek. Berlin [West] 1987.

Lusset, Félix: Sartre in Berlin (Januar 1948). Zur Arbeit der französischen Kulturmission in Berlin. In: Französische Kulturpolitik in Deutschland 1945-1949. Berichte und Dokumente. Hrsg. von Jérôme Vaillant. Konstanz 1984, S. 107-119.

Lütkehaus, Ludger: Von Schopenhauer zu Schopenhauer. Zu Reinhold Schneiders zyklischem Denkweg. In: Schopenhauer-Jahrbuch 66 (1985), S. 263-266.

Lutz, Günther: Marieluise Fleißer. Verdichtetes Leben. [München] 1989.

Lyon, James K.: Brecht und Stalin – des Dichters »letztes Wort«. In: Exilforschung 1 (1983), 120-129.

Lyotard, Jean-François: Das postmoderne Wissen. Ein Bericht (1979). Hrsg. von Peter Engelmann. Wien 1986 (Edition Passagen).

– Essays zu einer affirmativen Ästhetik (1980). Berlin [West] 1982.

– Le différend. Paris 1983 (collection »critique«).

– Das Erhabene und die Avantgarde. In: Merkur 38 (1984), S. 151-164.

– Das Interesse des Erhabenen. In: Das Erhabene. Zwischen Grenzerfahrung und Größenwahn. Hrsg. von Christine Pries. Weinheim 1989, S. 91-118.

Maczewski, Johannes: Der adaptierte Held. Untersuchungen zur Dramatik in der DDR. Bern/Frankfurt a.M./Las Vegas 1978 (Europäische Hochschulschriften. Reihe 1: Deutsche Literatur und Germanistik; Bd. 243).

Mahl, Bernd: Brechts und Monks Urfaust-Inszenierung mit dem Berliner Ensemble 1952/53: Materialien, Spielfassung, Szenenfotos, Wirkungsgeschichte. Stuttgart/Zürich 1986 (Studien zur Goethe-Zeit und Goethe-Wirkung; 1).

Mahlke, Stefan: Klassisch = Episch. Brecht als Agent seiner Produktion. In: LiteraturGesellschaft DDR. Kanonkämpfe und ihre Geschichte(n). Hrsg. von Birgit Dahlke, Martina Langermann und Thomas Taterka. Stuttgart/Weimar 2000, S. 146-172.

Maier-Schaeffer, Francine: »Unser Unternehmen ist schwierig, aber es ist nicht klein«. Les *Notes sur Katzgraben* de Bertolt Brecht à la lumière d'une note inédite. In: Études germaniques 58 (2003), Nr. 1, S. 45-62.

Mallad, Heike: Komik im Werk von Wolfgang Hildesheimer. Frankfurt a.M. u.a. 1994 (Helicon; 14).

Maltzan, Carlotta von: Zur Bedeutung von Geschichte, Sexualität und Tod im Werk Heiner Müllers. Frankfurt a.M. u.a. 1988 (Europäische Hochschulschriften. Reihe I: Deutsche Sprache und Literatur; Bd. 1047).

Malycha, Andreas: Die SED. Geschichte ihrer Stalinisierung 1946-1953. Paderborn u.a. 2000.

Mandelkow, Karl Robert: Neuer und sozialistischer Realismus. Zu Fragen der Rezeption von DDR-Literatur in der Bundesrepublik. In: kontext 1. Literatur und Wirklichkeit. Hrsg. von Uwe Timm und Gerd Fuchs. München 1976, S. 175-198 (AutorenEdition).

– Die literarische und kulturpolitische Bedeutung des Erbes. In: Die Literatur der DDR. Hrsg. von Hans-Jürgen Schmitt. München 1983, S. 78-119 (Hansers Sozialgeschichte der deutschen Literatur vom 16. Jahrhundert bis zur Gegenwart; 11).

– Der »restaurierte« Goethe: Klassikerrezeption in Westdeutschland nach 1945 und ihre Vorgeschichte seit 1870. In: Modernisierung im Wiederaufbau. Die westdeutsche Gesellschaft der 50er Jahre. Hrsg. von Axel Schildt und Arnold Sywottek. Ungekürzte, durchgesehene und aktualisierte Studienausgabe. Bonn 1998, S. 541-550.

Mannack, Eberhard: Konvergenzen in der jüngeren Literatur der Bundesrepublik und der Deutschen Demokratischen Republik. In: Vier deutsche Literaturen? – Literatur seit 1945 – nur die alten Modelle? – Medium Film – das Ende der Literatur. Hrsg. von Karl Pestalozzi, Alexander von Bormann und Thomas Koebner. Tübingen 1986, S. 77-83 (Akten des VII. Internationalen Germanisten-Kongresses Göttingen 1985. Kontroversen, alte und neue; 10).

Marquardt, Matthias: Dialog und Kontroverse mit Georg Lukács in der DDR-Literaturwissenschaft? Konturen einer Diskursgeschichte. In: LiteraturGesellschaft DDR. Kanonkämpfe und ihre Geschichte(n). Hrsg. von Birgit Dahlke, Martina Langermann und Thomas Taterka. Stuttgart/Weimar 2000, S. 366-392.

Marshall, Catherine C.: America: A Modern Day Tauris? A Study of Two Adaptations of the Iphigenia Myth. In: Focus on Literatur 1 (1994). Nr. 2, S. 129-140.

Martini, Fritz: Das Drama der Gegenwart. In: Deutsche Literatur in unserer Zeit. Göttingen 1959, S. 80-104.

Matuschek, Stefan: Literarische Spieltheorie. Von Petrarca bis zu den Brüdern Schlegel. Heidelberg 1998 (Jenaer Germanistische Forschungen; N.F. 2).

Matzigkeit, Rafaela: Teo Otto – ein Leben für die Bühnenbildkunst. In: Romerike Berge. Zeitschrift für das Bergische Land 51 (2001). H. 2, S. 30-35.

Mauranges, Jean-Paul: Der Einfluß Thornton Wilders auf das literarische Schaffen von Friedrich Dürrenmatt und Max Frisch. In: Nordamerikanische Literatur im deutschen Sprachraum seit 1945. Beiträge zu ihrer Rezeption. Hrsg. von Horst Frenz und Hans-Joachim Lang. München 1973, S. 225-250.

Mayer, Hans: Zur deutschen Literatur der Zeit. Zusammenhänge, Schriftsteller, Bücher. Reinbek bei Hamburg 1967.

– An Aesthetic Debate of 1951: Comment on a Text by Hanns Eisler. In: New German Critique 1 (1974). Nr. 2, S. 58-62.

– Fehling und die plebejische Tradition. In: Das Theater des deutschen Regisseurs Jürgen Fehling. Hrsg. im Auftrag des Jürgen Fehling Archivs Joana Maria Gorvin von Gerhard Ahrens. Mitarbeit Carsten Ahrens. (Jürgen Fehling zum 100. Geburtstag, 1. März 1985.) Berlin [West] 1985, S. 120-124.

– Brecht und Beckett. Erfahrungen und Erinnerungen. In: Ders.: Brecht. Frankfurt a.M. ²1996, S. 420-444.

Mayer-Burger, Bernhard: Entwicklung und Funktion der Literaturpolitik der DDR (1945-1978). München ²1986 (tuduv-Studien: Reihe Sprach- und Literaturwissenschaft; 17).

Mazenauer, Beat: Staunen und Erschrecken. Peter Weiss' filmische Ästhetik. In: Peter-Weiss-Jahrbuch 5 (1996), S. 75-94.

McGowan, Moray: Geschichtsbild und dramatische Form bei Heiner Müller. In: Kurz bevor der Vorhang fiel. Zum Theater der DDR. Londoner Symposium. Hrsg. von John F. Flood. Amsterdam/Atlanta, GA 1990, S. 65-79 (GDR Monitor Special Series; 7).

– Marxist – Postmodernist – German: History and Dramatic Form in the Work of Heiner Müller. In: Socialism and the Literary Imagination. Hrsg. von Martin Kane. New York/Oxford 1991, S. 125-146.

Meiszies, Winrich: Wolfgang Langhoff. Theater für ein gutes Deutschland. Düsseldorf – Zürich – Berlin 1901-1966. Düsseldorf 1996.

Melchert, Monika: »Mutter Berlin« und ihre Töchter. Weibliche Perspektiven in der Nachkriegsliteratur. In: Unterm Notdach. Nachkriegsliteratur in Berlin 1945-1949. Hrsg. von Ursula Heukenkamp. Berlin 1996, S. 355-386.

Melchinger, Siegfried: Drama zwischen Shaw und Brecht. Ein Leitfaden durch das zeitgenössische Schauspiel. Bremen ^{4}1961.

– Jürgen Fehling. Ein Versuch. In: Jürgen Fehling: Die Magie des Theaters. Äußerungen und Aufzeichnungen mit einem Essay von S.M. Velber 1965, S. 6-44 (Reihe Theater heute; 17).

– Struktur, Klima, Personen. Deutsches Theater seit 1945 ein Überblick. In: Theater heute 11 (1970). Nr. 10, S. 3-7.

Menke, Christoph: Tragödie und Spiel. Der doppelte Tod der Tragödie: Steiner und Schmitt. In: Akzente 43 (1996), S. 210-225.

Mennemeier, Franz Norbert: Modernes Deutsches Drama. Kritiken und Charakteristiken. Bd. 2: 1933 bis zur Gegenwart. München 1975.

– Zur Frage der »Tragikomödie«. In: Drama und Theater im 20. Jahrhundert. Festschrift für Walter Hinck. Hrsg. von Hans Dietrich Irmscher und Werner Keller. Göttingen 1983, S. 66-70.

– Zeichensprache, Körpersprache. Bertolt Brecht und Antonin Artaud: ein Vergleich. In: Theaterwesen und dramatische Literatur. Beiträge zur Geschichte des Theaters. Hrsg. von Günter Holtus. Tübingen 1987, S. 359-378 (Mainzer Forschungen zu Drama und Theater; 1).

– und **Frithjof Trapp**: Deutsche Exildramatik 1933 bis 1950. München 1980.

Messing, Axel Sanjosé: Untersuchungen zum Werk Ernst Wiecherts. München 1987.

Mews, Siegfried: Zuckmayer. Des Teufels General. Frankfurt a.M. 1973 (Grundlagen und Gedanken zum Verständnis des Dramas).

– Der kaukasische Kreidekreis. In: Brecht-Handbuch in fünf Bänden. Hrsg. von Jan Knopf. Bd. 1. Stuttgart/Weimar 2001, S. 512-531.

Michelsen, Peter: »Und das Tal den Bewässerern...« Über das Vorspiel zum »Kaukasischen Kreidekreis«. In: Drama und Theater im 20. Jahrhundert. Festschrift für Walter Hinck. Hrsg. von Hans Dietrich Irmscher und Werner Keller. Göttingen 1983, S. 190-203.

Mieth, Corinna: Das Utopische in Literatur und Philosophie. Zur Ästhetik Heiner Müllers und Alexander Kluges. Tübingen/Basel 2003.

Mieth, Matias: Zur Rezeption von Heiner Müller in DDR und BRD. Eine Erinnerung an das Verhältnis von politischer und ästhetischer Wertung. In: Weimarer Beiträge 37 (1991), S. 604-614.

Milfull, John: »Mühen der Gebirge. Mühen der Ebene«. Probleme des Heimkehrers Brecht. In: »Die Mühen der Ebenen«. Kontinuität und Wandel in der deutschen Literatur und Gesellschaft. 1945-1949. Hrsg. von Bernd Hüppauf. Heidelberg 1981, S. 233-247 (Reihe Siegen; 17: Germanistische Abteilung).

Miller, Nikolaus: Prolegomena zu einer Poetik der Dokumentarliteratur. München 1982 (Münchner Germanistische Beiträge; 30).

Mitscherlich, Alexander und **Margarete**: Die Unfähigkeit zu trauern. Grundlagen kollektiven Verhaltens. München 1967.

Mitscherlich, Margarete: Erinnerungsarbeit. Zur Psychoanalyse der Unfähigkeit zu trauern. Darmstadt 1987.

Mittenzwei, Werner: Deutsche Dramatik gegen die Atomkriegsgefahr. In: Sozialismus und Frieden. Hrsg. vom Institut für Gesellschaftswissenschaften beim ZK der SED. Berlin [Ost] 1961, S. 199-270.

– Gestaltung und Gestalten im modernen Drama. Zur Technik des Figurenaufbaus in der sozialistischen und spätbürgerlichen Dramatik. Berlin/Weimar 1965.

– Erprobung einer neuen Methode. Zur ästhetischen Position Bertolt Brechts. In: Positionen. Beiträge zur marxistischen Literaturtheorie in der DDR. Hrsg. von W.M. Leipzig 1969, S. 59-100 und S. 612-619. [1969a]

– Streitschriften für eine neue Funktionsbestimmung der Kunst. Zur ästhetischen Position Friedrich Wolfs. In: Positionen. Beiträge zur marxistischen Literaturtheorie in der DDR. Hrsg. von W.M. Leipzig 1969, S. 280-326 und S. 638-644. [1969b]

– Der Realismus-Streit um Brecht. Grundriß zu einer Brecht-Rezeption der DDR 1945-1975. In: Wer war Brecht. Wandlung und Entwicklung der Ansichten über Brecht. Sinn und Form. Hrsg. von W.M. Berlin [Ost] 1977, S. 7-114. [1977a]

– Die Brecht-Lukács-Debatte (1975). In: Ebd. [1977b]

– Das Zürcher Schauspielhaus 1933-1945 oder Die letzte Chance. Berlin [Ost] 1979 (Deutsches Theater im Exil). [1979a]

– Exil in der Schweiz. Frankfurt a.M. 1979 (Kunst und Literatur im antifaschistischen Exil 1933-1945; 2). [1979b]

– Der Methodenstreit – Brecht oder Stanislawski? In: Brechts Theorie des Theaters. Hrsg. von Werner Hecht. Frankfurt a.M. 1986, S. 246-268.

– Die »exekutive Kritik« des Heiner Müller. Das Frühwerk. In: Responsibility and Commitment. Ethische Postulate der Kulturvermittlung. Festschrift für Jost Hermand. Hrsg. von Klaus L. Berghahn, Robert C. Holub und Klaus R. Scherpe. Frankfurt a.M. u.a. 1996, S. 193-207 (Forschungen zur Literatur- und Kulturgeschichte; 54).

– **u.a.**: Theater in der Zeitenwende. Zur Geschichte des Dramas und des Schauspieltheaters in der Deutschen Demokratischen Republik 1945-1968. 2 Bde. Berlin [Ost] 1972.

Modern Times? German Literature and Arts Beyond Political Chronologies / Kontinuitäten der Kultur: 1925-1955. Hrsg. von Gustav Frank, Rachel Palfreyman und Stefan Scherer. Bielefeld 2005.

Mödlhammer-Zöller, Jutta: Inszenierung als Interpretation. Klassische Dramen im deutschen Theater der Gegenwart. Erlangen-Nürnberg 1985 (Diss.).

Morley, Michael: Brecht and Stanislavski: Polarities or Proximities? In: Ich bin noch da. Das Brecht-Jahrbuch / I'm Still Here. The Brecht Yearbook 22 (1997), S. 195-203.

Motekat, Helmut: Das zeitgenössische deutsche Drama. Einführung und kritische Analyse. Stuttgart u.a. 1977 (Sprache und Literatur; 90).

Mühlfriedel, Wolfgang: Zur technischen Entwicklung in der Industrie der DDR in den 50er Jahren. In: Modernisierung im Wiederaufbau. Die westdeutsche Gesellschaft der 50er Jahre. Hrsg. von Axel Schildt und Arnold Sywottek. Ungekürzte, durchgesehene und aktualisierte Studienausgabe. Bonn 1998, S. 155-169.

Mühr, Alfred: Großes Theater. Begegnungen mit Gustaf Gründgens. Berlin [West] 1950.

– Mephisto ohne Maske. Gustaf Gründgens – Legende und Wahrheit. München 1981.

Müller, André: Kreuzzug gegen Brecht. Die Kampagne in der Bundesrepublik 1961/62. Darmstadt [ca. 1962].

Müller, Henning: Theater im Zeichen des Kalten Krieges. Untersuchungen zur Theater- und Kulturpolitik in den Westsektoren Berlins 1945-1953. Berlin [West] 1976 (Diss.).

– Friedrich Wolf. Weltbürger aus Neuwied. Selbstzeugnisse in Lyrik und Prosa. Dokumente und Dokumentarisches. Bilder und Briefe. Hrsg. und kommentiert zum 100. Geburtstag Friedrich Wolfs 1988. Neuwied 1988.

– Aus Liebe zu unserem deutschen Volke. Friedrich Wolf – Exil und Heimkehr. XII Annotationen zu einem künftigen Forschungsschwerpunkt. In: »Mut, nochmals Mut immerzu Mut!« Protokollband »Internationales wissenschaftliches Friedrich-Wolf-Symposion« der Volkshochschule der Stadt Neuwied. Ebd. 1990, S. 109-130. [1990a]

– Friedrich Wolf – Kindheitsmuster und Lebenslinien. Aus Thesen zu einer Dissertation (B). In: Weimarer Beiträge 36 (1990), S. 823-836. [1990b]

– Friedrich Wolf (1888-1953). In: Deutsche Dramatiker des 20. Jahrhunderts. Hrsg. von Alo Allkemper und Norbert Otto Eke. Berlin 2000, S. 184-199.

Müller, Klaus-Detlef: Die Funktion der Geschichte im Werk Bertolt Brechts. Studien zum Verhältnis von Marxismus und Ästhetik. Tübingen 1967.

– Bertolt Brechts *Leben des Galilei*. In: Geschichte als Schauspiel. Deutsche Geschichtsdramen. Interpretationen. Hrsg. von Walter Hinck. Frankfurt a.M. 1981, S. 240-253.

– Brechts Theatermodelle: Historische Begründung und Konzept. In: Bertolt Brecht. Actes du Colloque franco-allemand tenu en Sorbonne (15-19 novembre 1988). Publiés par Jean-Marie Valentin en collaboration avec Theo Buck. Bern u.a. 1990, S. 315-332 (Contacts: Série 1 – Theatrica).

– Brecht und Stalin. In: Von Poesie und Politik. Zur Geschichte einer dubiosen Beziehung. Hrsg. von Jürgen Wertheimer. Tübingen 1994, S. 106-122. [1994a]
– Historisierung und ihre Grenzen. Zu Brechts Bearbeitung *Der Biberpelz und der rote Hahn*. In: Der Deutschunterricht 46 (1994). H. 6, S. 17-25. [1994b]
– Bertolt Brechts *Die Tage der Kommune*. Probleme einer quellenbezogenen Edition. In: Editio 11 (1997), S. 129-151.
– Brecht – ein letzter Aristoteliker des Theaters? Zur Bedeutung des Fabelbegriffs für das epische Theater. In: Internationales Archiv für Sozialgeschichte der deutschen Literatur 25 (2000), H. 1, S. 134-147.
– Die Tage der Kommune. In: Brecht-Handbuch in fünf Bänden. Hrsg. von Jan Knopf. Bd. 1. Stuttgart/Weimar 2001, S. 544-563.

Müller, Kurt: Das amerikanische Drama. Eine Einführung. Berlin 2006 (Grundlagen der Anglistik und Amerikanistik; 28).

Müller, Rita: Geschichtlichkeit und Dramaturgie in Sakowskis dramatischem Fernsehroman »Wege übers Land«. In: Schriften zur Theaterwissenschaft. Schriftenreihe der Theaterhochschule »Hans Otto« Leipzig hrsg. von Rolf Rohmer. Bd. 5: Dramaturgie und Geschichtlichkeit. Berlin [Ost] 1973, S. 471-503.

Müller, Severin: Topographien der Moderne. Philosophische Perspektiven – literarische Spiegelungen. München 1991.
– Handeln im Spiegel der Wahrnehmung. Formen der Dialektik bei Bertolt Brecht. In: Bertolt Brecht – Aspekte seines Werkes, Spuren seiner Wirkung. Hrsg. von Helmut Koopmann und Theo Stammen. München 1994, S. 239-272 (Schriften der Philosophischen Fakultäten der Universität Augsburg; Nr. 25: Sprach- und literaturwissenschaftliche Reihe).

Müller-Michaels, Harro: Bertolt Brecht: Der kaukasische Kreidekreis. In: Deutsche Dramen. Interpretationen zu Werken von der Aufklärung bis zur Gegenwart. Bd. 2: Von Hauptmann bis Botho Strauß. Hrsg. von Harro Müller-Michaels. Bd. 2. Königstein/Ts. 1981, S. 68-84 (Athenäum-Taschenbücher Literaturwissenschaft; 2163).

Müller-Schöll, Nikolaus: Das »epische Theater« ist »uns« (k)eine Hilfe. Brechts Erfindung des *Theaters der Potentialität*. In: Brecht 98. Poétique et Politique / Poetik und Politik. Hrsg. von Michel Vanoosthuyse. Montpellier 1999, S. 43-54 (Bibliothèque d'Études Germaniques et Centre-Européennes; 4). [1999a]
– Theater im Text der Theorie: Zur rhetorischen Subversion der »Lehre« in Brechts theoretischen Schriften. In: Brecht 100 < = > 2000. Das Brecht-Jahrbuch / The Brecht Yearbook 24 (1999), S. 265-275. [1999b]
– Das Theater des »konstruktiven Defaitismus«. Lektüren zur Theorie eines Theaters der A-Identität bei Walter Benjamin, Bertolt Brecht und Heiner Müller. Frankfurt a.M./Basel 2002 (nexus; 59).

Müller-Waldeck, Gunnar: Helmut Baierl. In: Literatur der Deutschen Demokratischen Republik. Hrsg. von Hans Jürgen Geerdts u.a. Bd. 2. Berlin [Ost] 1979, S. 34-44.
– Vom »Tui«-Roman zu »Turandot«. Berlin [Ost] 1981 (Brecht-Studien).
– Erbestrategie und dramatische Methode. Zur Gestaltung des Bauernkriegsstoffes in der DDR-Dramatik um 1950. In: Neuanfänge. Studien zur frühen DDR-Literatur. Hrsg. von Walter Pallus und G.M.-W. Berlin/Weimar 1986, S. 102-171 (Ernst-Moritz-Arndt-Universität Greifswald. Sektion Germanistik, Kunst- und Musikwissenschaft).
– Heinar Kipphardts »Shakespeare dringend gesucht«. Zu Fragen der Satire in der jungen DDR. In: Weimarer Beiträge 36 (1990), S. 1407-1418.

Mumford, Meg: Brecht Studies Stanislavski: Just a Tactical Move? In: New Theatre Quarterly 11 (1995), S. 241-258.

Münz, Rudolf: Theatralität und Theater. Konzeptionelle Erwägungen zum Forschungsprojekt »Theatergeschichte« (1989). In: Ders.: Theatralität und Theater. Zur Historiographie von Theatralitätsgefügen. Mit einem einführenden Beitrag von Gerda Baumbach. Hrsg. von Gisbert Amm. Berlin 1998, S. 66-81.

Münz-Koenen, Ingeborg: Die Theaterarbeit des Berliner Ensembles. In: Werner Mittenzwei u.a.: Theater in der Zeitenwende. Zur Geschichte des Dramas und des Schauspieltheaters in der

Deutschen Demokratischen Republik 1945-1968. Bd. 1. Berlin [Ost] 1972, S. 285-312 und 390-392 (Anmerkungen).

– Literaturverhältnisse und literarische Öffentlichkeit 1945 bis 1949. In: Dies. (Ltg.): Literarisches Leben in der DDR 1945 bis 1960. Literaturkonzepte und Leseprogramme. 2. Auflage. Berlin [Ost] 1980, S. 23-100 und 296-305 (Anmerkungen).

– Johann Faustus – ein Werk, das Fragment blieb, und eine Debatte, die Legende wurde. In: Werke und Wirkungen. DDR-Literatur in der Diskussion. Hrsg. von Inge Münz-Koenen. Leipzig 1987, S. 256-305 (RUB 1207).

Muschg, Walter: Nachwort. In: Hans Henny Jahnn: Die Trümmer des Gewissens – Der staubige Regenbogen – Drama. Hrsg. und mit einem Nachwort versehen von W.M. Frankfurt a.M.: Europäische Verlagsanstalt 1961, S. 200-208.

Negt, Oskar: Marxismus als Legitimationswissenschaft. Zur Genese der stalinistischen Philosophie. In: Abram Deborin / Nikolai Bucharin: Kontroversen über dialektischen und mechanistischen Materialismus. Frankfurt a.M. 1969, S. 7-48.

Nehring, Elisabeth: Im Spannungsfeld der Moderne. Theatertheorien zwischen Sprachkrise und ›Versinnlichung‹. Tübingen 2004 (Forum Modernes Theater; 32).

Neubauer, Gerhard: Stanislawski, Brecht – und die Sinnlichkeit? In: Brecht & Stanislawski – und die Folgen. Anregungen für die Theaterarbeit. Hrsg. von Ingrid Hentschel, Klaus Hoffmann und Florian Vaßen. Berlin 1997, S. 128-135.

Neuhaus, Volker: Günter Grass. 2., überarbeitete und erweiterte Auflage. Stuttgart/Weimar 1993 (Sammlung Metzler; 179).

Neuhäuser, Rudolf: »Avantgarde« und »Avantgardismus«. Zur Problematik von Epochenschwellen und Epochenstrukturen. In: Europäische Avantgarde. Hrsg. von Peter V. Zima und Johann Strutz. Frankfurt a.M. u.a. 1987, S. 21-35.

Neukirchen, Alfons: Wahrheit für die Stunde – Zu den Ionesco-Aufführungen (1970). In: Karl Heinz Stroux. Eine Dokumentation des Düsseldorfer Schauspielhauses und des Dumont-Lindemann-Archivs anläßlich der Karl-Heinz-Stroux-Ausstellung zu seinem achtzigsten Geburtstag am 25. Februar [1988]. Hrsg. vom Düsseldorfer Schauspielhaus u.a. Düsseldorf 1988, S. 82f.

Neumann, Gerhard: Theatralität der Zeichen. Roland Barthes' Theorie einer szenischen Semiotik. In: Szenographien. Theatralität als Kategorie der Literaturwissenschaft. Hrsg. von Gerhard Neumann, Caroline Pross und Gerald Wildgruber. Freiburg i.Br. 2000, S. 65-112 (Rombach Wissenschaften. Reihe Litterae; 78).

Neumann, Marion: Alfred Kurellas Übersiedlung in die DDR und seine Tätigkeit als Direktor des Literaturinstituts. In: Zwischen politischer Vormundschaft und künstlerischer Selbstbestimmung. Hrsg. von Irmfried Hiebel, Hartmut Kahn und Alfred Klein. Berlin [West] [1989], S. 98-101.

Niedhart, Gottfried: »›So viel Anfang war noch nie‹ oder: ›Das Leben und nichts anderes‹ – deutsche Nachkriegszeiten im Vergleich. In: Lernen aus dem Krieg? Deutsche Nachkriegszeiten 1918 und 1945. Beiträge zur historischen Friedensforschung. Hrsg. von G.N. und Dieter Riesenberger. München 1992, S. 11-38.

Niefanger, Dirk: Die Dramatisierung der ›Stunde Null‹. Die frühen Nachkriegsstücke von Borchert, Weisenborn und Zuckmayer. In: Zwei Wendezeiten. Blicke auf die deutsche Literatur 1945 und 1989. Hrsg. von Walter Erhart und D.N. Tübingen 1997, S. 47-70.

Niethammer, Lutz: Entnazifizierung in Bayern. Säuberung und Rehabilitierung unter amerikanischer Besatzung. Frankfurt a.M. 1972.

Nordstrand, Karl O.: Hinter hundert Generationen. Monographisches zu Stefan Andres in der Exil- und Nachkriegszeit. Stockholm 1968.

Nössig, Manfred: Drama und Theater in der Zeit von 1956 bis 1962. In: Werner Mittenzwei u.a.: Theater in der Zeitenwende. Zur Geschichte des Dramas und des Schauspieltheaters in der Deutschen Demokratischen Republik 1945-1968. Bd. 2. Berlin [Ost] 1972, S. 13-110, 131-217 und 421-430, 431-439 (Anmerkungen).

Obad, Vlado: Zu Müllers Poetik des Fragmentarischen. In: Heiner Müller Material. Texte und Kommentare. Hrsg. von Frank Hörnigk. Göttingen 1989, S. 157-164.

Oehler, Dolf: Hinsehen, Hinlangen: Für eine Dynamisierung der Theorie der Avantgarde. Dargestellt an Marcel Duchamps *Fountain*. In: ›Theorie der Avantgarde‹. Antworten auf Peter

Bürgers Bestimmung von Kunst und bürgerlicher Gesellschaft. Hrsg. von W. Martin Lüdke. Frankfurt a.M. 1976, S. 143-165.

Oehm, Heide: Künstlerische Avantgarde und ästhetischer Totalitätsbegriff bei Einstein, Brecht und Benjamin. In: Spiegelungen. Festschrift für Hans Schumacher zum 60. Geburtstag. Hrsg. von Reiner Matzker, Petra Küchler-Sakellariou und Marius Babias. Frankfurt a.M. u.a. 1991, S. 153-173.

Oestreich, Gisa: Alfred Matusche. Grundzüge seines dramatischen Schaffens. Greifswald 1987 (Diplomarbeit).

Oh, Seong-Kyun: Die materialistisch-dialektische Fundierung des epischen Theaters Brechts als eines zweidimensionalen theatralischen Kommunikationssystems. Frankfurt a.M. u.a. 1998 (Bochumer Schriften zur deutschen Literatur; 49).

Oliva, Achille Bonito: Im Labyrinth der Kunst. Berlin [West] 1982.

Onderdelinden, Sjaak: [Rezension zu:] Hans Daiber: Deutsches Theater seit 1945. Bundesrepublik Deutschland, deutsche Demokratische Republik, Österreich, Schweiz. Stuttgart 1976. In: Deutsche Bücher 9 (1979), S. 153f.

Oppel, Horst: Thornton Wilder in Deutschland. Wirkung und Wertung seines Werkes im deutschen Sprachraum. Mainz/Wiesbaden 1977 (Abhandlungen der Klasse der Literatur / Akademie der Wissenschaften und der Literatur 3 [1976/77]).

Ostmeier, Dorothee: Sprache des Dramas – Drama der Sprache. Zur Poetik der Nelly Sachs. Tübingen 1997 (Conditio Judaica; 16).

Overesch, Manfred: Kulturelle Neuanfänge in Deutschland nach dem 2. Weltkrieg: Renaissance, Restauration, Moderne. In: Deutsche Studien 27 (1989), S. 225-244.

Palm, Kurt: Vom Boykott zur Anerkennung. Brecht und Österreich. Wien/München 1983.

Pamperrien, Sabine: Ideologische Konstanten – ästhetische Variablen. Zur Rezeption des Werks von Heiner Müller. Frankfurt a.M. u.a. 2003 (Schriften zur Europa- und Deutschlandforschung; 10).

Partilla, Wilhelm: Erlösung aus der Sicht von Stefan Andres. In: Mitteilungen der Stefan-Andres-Gesellschaft 18 (1997), S. 63-67.

Patraka, Vivian M.: Spectacular Suffering. Theatre, Fascism, and the Holocaust. Bloomington/Indianapolis 1999.

Patterson, Michael: German Theatre Today. Post-war Theatre in West and East Germany, Austria and Northern Switzerland. London u.a. 1976.

Pauli, Manfred: Spurensuche. Wirkungen von Brechts Volksstück-Konzept auf Stückeschreiber und Theater in der DDR. In: Das zeitgenössische deutschsprachige Volksstück. Akten des internationalen Symposions University College Dublin 28. Februar – 2. März 1991. Hrsg. von Ursula Hassel und Herbert Herzmann. Tübingen 1992, S. 65-74 (Stauffenburg Colloquium; 23).

Pausch, Holger A.: [Rezension zu:] Wolfram Buddecke und Helmut Fuhrmann: Das deutschsprachige Drama seit 1945. Schweiz, Bundesrepublik, Österreich, DDR. Kommentar zu einer Epoche. München 1981. In: Seminar 18 (1982), S. 153f.

Pausch, Rolf: Theaterbau in der BRD. Zur Ideologiekritik des monofunktionalen Theaterbaus seit 1945. Berlin [West] 1974 (Publikation der Arbeitsgruppe Versammlungsbauten der TU Berlin).

Pavis, Patrice: Problèmes de sémiologie théâtrale. Montreal 1976 (Genres et discours).

Paz, Octavio: Essays 2. Frankfurt a.M. 1980.

Peitsch, Helmut: »Die Freiheit fordert klare Entscheidungen«. Die Spaltung des PEN-Zentrums Deutschland. In: Kürbiskern 1985. H. 3, S. 105-124.

– Vorbilder, Verräter und andere Intellektuelle. DDR-Friedensdramatik 1950/51. In: Dramatik der DDR. Hrsg. von Ulrich Profitlich. Frankfurt a.M. 1987, S. 98-127.

– Deutsche Literatur 1945: Befreiung zum Neubeginn? In: Das Argument 37 (1995), S. 245-258. [1995a]

– Zur Geschichte von ›Vergangenheitsbewältigung‹: BRD- und DDR-Kriegsromane in den fünfziger Jahren. In: 1945-1995. Fünfzig Jahre deutschsprachige Literatur in Aspekten. Hrsg. von Gerhard P. Knapp und Gerd Labroisse. Amsterdam/Atlanta, GA 1995, S. 89-117 (Amsterdamer Beiträge zur neueren Germanistik; 38/39 – 1995). [1995b]

– Vom Faschismus zum Kalten Krieg – auch eine deutsche Literaturgeschichte. Literaturgeschichte. Literaturverhältnisse, Genres, Themen. Berlin 1996.

Pelzer, Jürgen: Das politische Kabarett in Westzonesien. In: Nachkriegsliteratur in Westdeutschland 1945-49. Schreibweisen, Gattungen, Institutionen. Hrsg. von Jost Hermand, Helmut Peitsch und Klaus R. Scherpe. Berlin [West] 1982, S. 128-143.

Peters, Heinrich und **Michael Töteberg**: Heinar Kipphardt (2005). In: Kritisches Lexikon zur deutschsprachigen Gegenwartsliteratur. Hrsg. von Heinz Ludwig Arnold. München 1978ff.

Peters, Peter: [Rezension zu:] Herbert Lederer: Handbook of East German Drama 1945-1985. DDR Drama Handbuch. 2. Auflage. New York u.a. 1991 (DDR-Studien / East German Studies; 1). In: Germanistik 33 (1992), S. 207.

Petsch, Joachim: Die gebremste Sachlichkeit der Nachkriegsarchitektur. Zum Städtebau und zur Architektur der 50er-Jahre. In: Die janusköpfigen 50er Jahre. Kulturelle Moderne und bildungsbürgerliche Semantik III. Hrsg. von Georg Bollenbeck und Gerhard Kaiser unter Mitarbeit von Edda Bleek. Wiesbaden 2000, S. 143-169.

Petzet, Wolfgang: Theater. Die Münchner Kammerspiele 1911-1972. München/Wien/Basel 1973.

Pfelling, Liane: Die Klassikerinszenierungen Wolfgang Langhoffs. In: Werner Mittenzwei u.a.: Theater in der Zeitenwende. Zur Geschichte des Dramas und des Schauspieltheaters in der Deutschen Demokratischen Republik 1945-1968. Bd. 1. Berlin [Ost] 1972, S. 312-323 und 392f. (Anmerkungen). [1972a]

– Handschriften sozialistischer Regisseure. In: Ebd., S. 323-345 und 393f. (Anmerkungen). [1972b]

– und **Manfred Berger**: Der neue Staat und sein Theater. In: Ebd., S. 199-225 und 385f. (Anmerkungen).

– und **Werner Mittenzwei**: Der Methodenstreit – Stanislawski oder Brecht? In: Ebd., S. 347-361 und 394f. (Anmerkungen).

– und **Manfred Nössig**: Gegenwart und Vergangenheit im sozialistischen Drama. In: Ebd. Bd. 2. Berlin [Ost] 1972, S. 227-257 und 386-388 (Anmerkungen).

Pfister, Manfred: Das Drama. Theorie und Analyse. München ^{9}1997 (UTB 580).

Pfützner, Klaus: Das revolutionäre Arbeitertheater in Deutschland 1918-1933. Skizze einer Entwicklung. In: Schriften zur Theaterwissenschaft. Hrsg. von der Theaterhochschule Leipzig. Bd. 1. Berlin [Ost] 1959, S. 373-493.

Philpotts, Matthew: ›Aus so prosaischen Dingen wie Kartoffeln, Straßen, Traktoren werden poetische Dinge!‹: Brecht, *Sinn und Form*, and Strittmatter's *Katzgraben*. In: German Life and Letters 56 (2003), Nr. 1, S. 56-71.

Picard, Hans Rudolf: Wie absurd ist das absurde Theater? Konstanz 1978.

Pietzcker, Carl: Das Groteske. In: Deutsche Vierteljahrsschrift für Literaturwissenschaft und Geistesgeschichte 45 (1971), S. 197-211.

Pike, David: The Politics of Culture in Soviet-Occupied Germany, 1945-1949. Stanford 1992.

– Brecht und der Stalinismus. »Der Vorhang zu und alle Fragen offen«. In: Rot = Braun? Brecht Dialog 2000. Nationalsozialismus und Stalinismus bei Brecht und Zeitgenossen. Hrsg. von Therese Hörnigk und Alexander Stephan. Berlin 2000, S. 182-201 (Theater der Zeit. Recherchen; 4).

Plessner, Helmuth: Gesammelte Schriften. Hrsg. von Günter Dux, Odo Marquard und Elisabeth Ströker. 10 Bde. Frankfurt a.M. 1980-1985.

– Conditio humana. Pfullingen 1964 (Opuscula; 14).

Plumpe, Gerhard: Avantgarde. Notizen zum historischen Ort ihrer Programme. In: Aufbruch ins 20. Jahrhundert. Über Avantgarden. Hrsg. von Heinz Ludwig Arnold. München 2001, S. 7-14 (text + kritik. Sonderband).

Podiumsdiskussion: Neuwied und sein großer Sohn: Friedrich Wolf – Erbe und Gegenwart. In: »Mut, nochmals Mut immerzu Mut!« Protokollband »Internationales wissenschaftliches Friedrich-Wolf-Symposion« der Volkshochschule der Stadt Neuwied. Ebd. 1990, S. 295-318.

Pollatschek, Walther: Das Bühnenwerk Friedrich Wolfs. Ein Spiegel der Geschichte des Volkes. Berlin [Ost] 1958.

– Friedrich Wolf. Sein Leben in Bildern. Text- und Bildteil. Leipzig 1960.

– Friedrich Wolf. Eine Biographie. Berlin [Ost] 1963.

Popov, Ivan Libertov: »Draußen vor der Tür« als expressionistisches Stationendrama. In: Jahresheft der Internationalen Wolfgang-Borchert-Gesellschaft 11 (1999), S. 35-42.

Poppe, Reiner: Absurdes Theater. Beispiele und Perspektiven. Arrabal, Beckett, Ionesco und Tardieu. Hollfeld/Ofr. 1979 (Analysen und Reflexionen; 36).

Popper, Karl R.: Die offene Gesellschaft und ihre Feinde. Bd. 1. Tübingen 7 1992 (UTB 1724).

Poser, Therese: Siegfried Lenz: *Zeit der Schuldlosen* und *Das Gesicht*. Zur Problematik des Parabelstücks. In: Studien zur Dramatik in der Bundesrepublik Deutschland. Hrsg. von Gerhard Kluge. Amsterdam 1983, S. 313-328 (Amsterdamer Beiträge zur neueren Germanistik; 16 – 1983).

Pott, Wilhelm Heinrich: Die Philosophien der Nachkriegszeit. In: Literatur in der Bundesrepublik Deutschland bis 1967. Hrsg. von Ludwig Fischer. München 1986, S. 263-278 (Hansers Sozialgeschichte der deutschen Literatur vom 16. Jahrhundert bis zur Gegenwart; 10).

Pracht, Erwin: Sozialistischer Realismus und Leninsche Abbildtheorie. In: Deutsche Zeitschrift für Philosophie 19 (1971), S. 755-777.

– (Ltg.): Einführung in den sozialistischen Realismus. Berlin [Ost] 1975. [1975a]

– Sozialistischer Realismus als künstlerische Methode. In: Textsammlung zur Literaturtheorie. Hrsg. von Horst Hartmann. Berlin [Ost] 1975, S. 313-342. [1975b]

– und **Werner Neubert** (Hrsg.): Sozialistischer Realismus. Positionen · Probleme · Perspektiven. Eine Einführung. Berlin [Ost] 1970.

Profitlich, Ulrich: Über Begriff und Terminus »Komödie« in der Literaturkritik der DDR. In: LiLi. Zeitschrift für Literaturwissenschaft und Linguistik 8 (1978). H. 30/31, S. 190-205.

– »Des Menschen edles Bild vollkommen schwarz« – Zur Darstellung Preußens in Peter Hacks' *Müller von Sanssouci*. In: Deutsche Misere als Thema der Gegenwartsliteratur. Das Preußensyndrom in der Literatur der DDR. Hrsg. von Paul Gerhard Klussmann und Heinrich Mohr. Bonn 1982, S. 89-113 (Jahrbuch zur Literatur der DDR 2 [1981/82]).

– »Dialektische« Tragik im DDR-Drama? In: Drama und Theater im 20. Jahrhundert. Festschrift für Walter Hinck. Hrsg. von Hans Dietrich Irmscher und Werner Keller. Göttingen 1983, S. 317-332.

– »Beim Menschen geht der Umbau langsamer«. Der »neue Mensch« im Drama der DDR. In: Dramatik der DDR. Hrsg. von U.P. Frankfurt a.M. 1987, S. 297-326.

– »Menschen unserer Zeit«. Zu Peter Hacks' *Die Sorgen und die Macht*. In: Die Schuld der Worte. Gert Neumanns Sprachreflexionen. Zum Werk von Peter Hacks. Über Texte von: Karl Mickel, Sarah Kirsch, Günther Weisenborn, Heiner Müller. Hrsg. von Paul Gerhard Klussmann und Heinrich Mohr. Bonn 1988, S. 27-42 (Jahrbuch zur Literatur in der DDR 6 [1987]). [1988a]

– Unblutige Opfer. Heroismus und Askese im DDR-Zeitstück der fünfziger und sechziger Jahre. In: Daß eine Nation die ander verstehen möge. Festschrift für Marian Szyrocki zu seinem 60. Geburtstag. Hrsg. von Norbert Honsza und Hans-Gert Roloff. Amsterdam 1988, S. 569-597 (Chloe. Beihefte zum Daphnis; 7). [1988b]

– Literarische Geschichtsvermittlung als Thema deutschsprachiger Nachkriegsdramatik. In: Geschichte als Literatur. Formen und Grenzen der Repräsentation von Vergangenheit. Hrsg. von Hartmut Eggert, Ulrich Profitlich und Klaus R. Scherpe. Stuttgart 1990, S. 315-329.

– Argumente für die ›Komödie‹. Zur deutschsprachigen Dramentheorie nach 1945. In: »die in dem alten Haus der Sprache wohnen«. Beiträge zum Sprachdenken in der Literaturgeschichte. Helmut Arntzen zum 60. Geburtstag. Zusammen mit Thomas Althaus und Burkhard Spinnen hrsg. von Eckehard Czucka. Münster 1991, S. 513-525.

– Die Ohnmacht des einzelnen. Zur Auseinandersetzung des deutschen Nachkriegsdramas mit dem Modell »Tragödie«. In: Wahrnehmungen im Poetischen All. Festschrift für Alfred Behrmann zum 65. Geburtstag. Hrsg. von Klaus Deterding. Heidelberg 1993, S. 90-99 (Beiträge zur neueren Literaturgeschichte; 129).

– Sittliche Schizophrenie. Zu einem Aspekt »grotesker« Figurengestaltung in der deutschen Nachkriegsdramatik. In: Analogon Rationis. Festschrift für Gerwin Marahrens zum 65. Geburtstag. Hrsg. von Marianne Henn und Christoph Lorey. Edmonton, Alberta 1994, S. 473-491.

– »Niemand hat gern ein schlechtes Gewissen«. Zur moralischen Physiognomie des Personals im deutschen Nachkriegsdrama. In: Literatur und Demokratie. Festschrift für Hartmut Stei-

necke zum 60. Geburtstag. Hrsg. von Alo Allkemper und Norbert Otto Eke. Berlin 2000, S. 197-212.
– Komödien-Konzepte ohne das Element *Komik*. In: Theorie der Komödie – Poetik der Komödie. Hrsg. von Ralf Simon. Bielefeld 2001, S. 13-30.
– und **Frank Stucke**: »Only Limited Utopias are Realizable«: On a Motif in the Plays of Peter Hacks. In: Contemporary Theatre Review 4 (1995). Nr. 2, S. 49-58.

Pross, Caroline: Textspiele. Funktionen des Fiktiven bei Wolfgang Iser. In: Szenographien. Theatralität als Kategorie der Literaturwissenschaft. Hrsg. von Gerhard Neumann, Caroline Pross und Gerald Wildgruber. Freiburg i.Br. 2000, S. 145-167 (Rombach Wissenschaften. Reihe Litterae; 78).

Puknus, Heinz: Wolfgang Hildesheimer. München 1978 (Autorenbücher; 11).

Quint-Wegemund, Uschi: Das Theater des Absurden auf der Bühne und im Spiegel der literaturwissenschaftlichen Kritik. Eine Untersuchung zur Rezeption und Wirkung Becketts und Ionescos in der Bundesrepublik Deutschland. Frankfurt a.M. 1983 (Saarbrücker Beiträge zu Literaturwissenschaft; 7).

Raddatz, Frank-Michael: Dämonen unterm Roten Stern. Zu Geschichtsphilosophie und Ästhetik Heiner Müllers. Stuttgart 1991.

Raddatz, Fritz J.: Traditionen und Tendenzen. Materialien zur Literatur der DDR. Frankfurt a.M. 1972.

Rahner, Mechthild: ›Tout est neuf ici, tout est à recommencer...‹ Die Rezeption des französischen Existentialismus im kulturellen Feld Westdeutschlands (1945/1949). Würzburg 1993.

Rathenow, Lutz: Der Zonen-Beckett. Erinnerungen an Heiner Müller. In: Gegengift 8 (1996). H. 5, S. 11-16.

Reich, Bernhard: Im Wettlauf mit der Zeit. Erinnerungen aus fünf Jahrzehnten deutscher Theatergeschichte. Berlin [Ost] 1970.

Reich-Ranicki, Marcel: Der Fall Hans Baumann. In: Literarisches Leben in Deutschland. Kommentare und Pamphlete. München 1965, S. 63-69.
– Über Ruhestörer. Juden in der deutschen Literatur. München 1973.

Reichel, Peter: Zwischen Dämonisierung und Verharmlosung: Das NS-Bild und seine politische Funktion in den 50er Jahren. Eine Skizze. In: Modernisierung im Wiederaufbau. Die westdeutsche Gesellschaft der 50er Jahre. Hrsg. von Axel Schildt und Arnold Sywottek. Ungekürzte, durchgesehene und aktualisierte Studienausgabe. Bonn 1998, S. 679-692.

Reinhold, Ursula: Humanismus und Realismus in der Diskussion (1945 bis 1949). In: Ingeborg Münz-Koenen (Ltg.): Literarisches Leben in der DDR 1945 bis 1960. Literaturkonzepte und Leseprogramme. 2. Auflage. Berlin [Ost] 1980, S. 101-151 und 305-310 (Anmerkungen).

Rennert, Hal H.: The Threat of the Invisible: The Portrait of the Physicist in Modern German Drama. In: To hold a Mirror to Nature. Dramatic Images and Reflections. Hrsg. von Karelisa V. Hartigan. Washington, D.C. 1982, S. 91-104 (The University of Florida Department of Classics Comparative Drama Conference Papers; 1).

Richert, Ernst: Macht ohne Mandat. Der Staatsapparat in der Sowjetischen Besatzungszone Deutschlands. Köln [2]1963.
– **Carola Stern** und **Peter Dietrich**: Agitation und Propaganda. Das System der publizistischen Massenführung in der Sowjetzone. Mit einem Vorwort von Otto Stammer. Berlin/Frankfurt a.M. 1958.

Richter, Karl: Vom Herrschaftsanspruch der Komödie. Dramentheoretische Betrachtungen im Anschluß an Dürrenmatt und Hacks. In: Jahrbuch der Deutschen Schillergesellschaft 22 (1978), S. 637-656.

Rickes, Joachim: Das ungenaue Lesen der gegenwärtigen Germanistik – ein Plädoyer für das scheinbar Selbstverständliche: ›close reading‹. In: Wirkendes Wort 49 (1999), S. 431-444.

Riedel, Volker: Antikerezeption in der Literatur der Deutschen Demokratischen Republik. Berlin [Ost] 1984 (Veröffentlichung der Akademie der Künste der DDR).

Riedl, Gerda: Autobiographie und Apokalypse – Reinhold Schneiders *Winter in Wien. Aus meinen Notizbüchern 1957/58*. In: weiter schreiben wieder schreiben. Deutschsprachige Literatur der fünfziger Jahre. Festschrift für Günter Häntzschel. Hrsg. von Adrian Hummel und Sigrid Nieberle. München 2004, S. 232-244.

Riemenschneider, Heinrich: Einleitung. In: Karl Heinz Stroux. Eine Dokumentation des Düsseldorfer Schauspielhauses und des Dumont-Lindemann-Archivs anläßlich der Karl-Heinz-Stroux-Ausstellung zu seinem achtzigsten Geburtstag am 25. Februar [1988]. Hrsg. vom Düsseldorfer Schauspielhaus u.a. Düsseldorf 1988, S. 9-59.

Rienäcker, Gerd: »Der verdiente Mörder des Volkes« – Brecht und Stalin. In: Rot = Braun? Brecht Dialog 2000. Nationalsozialismus und Stalinismus bei Brecht und Zeitgenossen. Hrsg. von Therese Hörnigk und Alexander Stephan. Berlin 2000, S. 210-217 (Theater der Zeit. Recherchen; 4).

Riess, Curt: Zürcher Schauspielhaus. Sein oder Nichtsein. Der Roman eines Theaters. Zürich 1963.

Riewoldt, Otto F.: Von Zuckmayer bis Kroetz. Die Rezeption westdeutscher Theaterstücke durch Kritik und Wissenschaft in der DDR. Berlin [West] 1978.

– Theaterarbeit. Über den Wirkungszusammenhang von Bühne, Dramatik, Kulturpolitik und Publikum. In: Die Literatur der DDR. Hrsg. von Hans-Jürgen Schmitt. München 1983, S. 133-186 (Hansers Sozialgeschichte der deutschen Literatur vom 16. Jahrhundert bis zur Gegenwart; 11).

Rischbieter, Henning: Das deutschsprachige Theater. In: Welttheater · Bühnen · Autoren · Inszenierungen. Hrsg. von Siegfried Melchinger und H.R. Braunschweig 1962, S. 9-28.

– Auf dem Weg ans Ende einer Utopie? Stadien und Schwierigkeiten bei Hacks, Müller und Lange. In: Theater heute 10 (1969). Nr. 10, S. 24-31.

– Professionalität, Pädagogik, Experiment. In: Theater heute 11 (1970). Nr. 10, S. 58-60.

– Theater. In: Die Bundesrepublik Deutschland. Geschichte in drei Bänden. Hrsg. von Wolfgang Benz. Bd. 3. Frankfurt a.M. 1983, S. 73-109.

– Bühnenhunger. In: So viel Anfang war nie. Deutsche Städte 1945-1949. Hrsg. von Hermann Glaser, Lutz von Pufendorf und Michael Schöneich. Berlin [West] 1989, S. 226-235.

– Gustaf Gründgens, Theater-Repräsentant der Adenauerzeit 1946-1963. In: Durch den eisernen Vorhang. Theater im geteilten Deutschland 1945 bis 1990. Hrsg. von Henning Rischbieter in Zusammenarbeit mit der Akademie der Künste. Berlin 1999, S. 21-32. [1999a]

– Fritz Kortner, der unerbittliche Realist. Seine Inszenierungen 1949-1970. In: Ebd., S. 67-84. [1999b]

– Antiken-Inszenierungen auf dem deutschen Theater seit 1945. In: Inszenierte Antike – Die Antike, Frankreich und wir. Neue Beiträge zur Antikenrezeption in der Gegenwart. Hrsg. von Henry Thorau und Hartmut Köhler. Frankfurt a.M. u.a. 2000, S. 113-122 (Trierer Studien zur Literatur; 33).

– und **Ernst Wendt**: Deutsche Dramatik in West und Ost. Velber 1965 (Reihe Theater heute; 16).

Ritchie, James M.: The Exile Plays of Hans José Rehfisch (1994). In: Ders.: German Exiles. British Perspectives. New York u.a. 1997, S. 146-160 (Exil-Studien; 6).

Roberts, David: Nach der Apokalypse. Kontinuität und Diskontinuität in der deutschen Literatur nach 1945. In: »Die Mühen der Ebenen«. Kontinuität und Wandel in der deutschen Literatur und Gesellschaft. 1945-1949. Hrsg. von Bernd Hüppauf. Heidelberg 1981, S. 21-45 (Reihe Siegen; 17: Germanistische Abteilung).

Rödel, Fritz: Drama und Theater in der Zeit von 1963 bis 1968 mit Ausblick: Das Theater an der Schwelle der siebziger Jahre. In: Werner Mittenzwei u.a.: Theater in der Zeitenwende. Zur Geschichte des Dramas und des Schauspieltheaters in der Deutschen Demokratischen Republik 1945-1968. Bd. 2. Berlin [Ost] 1972, S. 221-359 und 440-449 (Anmerkungen).

– »Der Tod ist die Maske der Revolution die Revolution ist die Maske des Todes...« Zu Heiner Müllers Umgang mit Motiven von Anna Seghers. In: Argonautenschiff 11 (2002), S. 217-229.

Roessler, Peter: Zeitgeschehen und Geschichte im Werk Ferdinand Bruckners. In: TheaterZeitSchrift 33/34 (1993), S. 94-109 (Theater und Geschichte. Hrsg. von P.R. mit Ulrike Oedl).

Rohmer, Rolf: Two generations of post-Brechtian playwrights in the German Democratic Republic. In: Re-interpreting Brecht: his influence on contemporary drama and film. Hrsg. von Pia Kleber und Colin Visser. Cambridge u.a. 1990, S. 50-62.

Rokem, Freddie: Der Deus ex Machina im Theater der historischen Avantgarde. In: Theater-Avantgarde. Wahrnehmung – Körper – Sprache. Hrsg. von Erika Fischer-Lichte. Tübingen/Basel 1995, S. 324-368 (UTB 1807).

Rorrison, Hugh: Küchenschabe und Kanalisation: Montage als Selbstinterpretation bei Heiner Müller. In: Kurz bevor der Vorhang fiel. Zum Theater der DDR. Londoner Symposium. Hrsg. von John F. Flood. Amsterdam/Atlanta, GA 1990, S. 81-90 (GDR Monitor Special Series; 7).

Rose, Paul: Berlins große Theaterzeit. Schauspieler-Porträts der zwanziger und dreißiger Jahre. Berlin [West] 1969.

Rosellini, Jay: Thomas Müntzer im deutschen Drama. Verteufelung, Apotheose und Kritik. Bern/Frankfurt a.M./Las Vegas 1978 (New York University Ottendorfer Series; N.F. 10).

Rotermund, Erwin: Zur Vergangenheitsbewältigung im deutschen Nachkriegsdrama: Zuckmayer, Borchert, Frisch. In: Blätter der Carl-Zuckmayer-Gesellschaft 2 (1976). H. 2, S. 76-85.

– Zwischen Ost und West: Leonhard Frank im Nachkriegsdeutschland (1950-1961). In: Rückkehr aus dem Exil. Emigranten aus dem Dritten Reich in Deutschland nach 1945. Essays zu Ehren von Ernst Loewy. Hrsg. von Thomas Koebner und E.R. Marburg 1990, S. 67-81.

Ruchatz, Jens: Konkurrenzen – Vergleiche. Die diskursive Konstruktion des Felds der Medien. In: Medienkultur der 50er Jahre. Diskursgeschichte der Medien nach 1945. Hrsg. von Irmela Schneider und Peter M. Spangenberg. Bd. 1. Wiesbaden 2002, S. 137-153.

Rückkehr des Autors. Zur Erneuerung eines umstrittenen Begriffs. Hrsg. von Fotis Jannidis, Gerhard Lauer, Matias Martinez und Simone Winko. Tübingen 1999 (Studien und Texte zur Sozialgeschichte der Literatur; 71).

Rühle, Günther: Das gefesselte Theater. Vom Revolutionstheater zum Sozialistischen Realismus. Köln/Berlin 1957.

– Das dokumentarische Drama und die deutsche Gesellschaft. In: Deutsche Akademie für Sprache und Dichtung. Jahrbuch 1966. Heidelberg 1967, S. 39-73.

– Zeit und Theater. 3 Bde. Berlin [West] 1972-1974.

– Theater in unserer Zeit. Frankfurt a.M. 1976 (^{2}1980).

Rülicke-Weiler, Käthe: Die Dialektik von Darstellen und Erleben. In: Brechts Theorie des Theaters. Hrsg. von Werner Hecht. Frankfurt a.M. 1986, S. 217-245.

Sander, Hans-Dietrich: Marxistische Ideologie und allgemeine Kunsttheorie. Tübingen 1970.

– Geschichte der Schönen Literatur in der DDR. Ein Grundriß. Freiburg 1972.

Saße, Günter: Faktizität und Fiktionalität. Literaturtheoretische Überlegungen am Beispiel des Dokumentartheaters. In: Wirkendes Wort 36 (1986), S. 15-26.

Sautermeister, Gert: Zweifelskunst, abgebrochene Dialektik, blinde Stellen: *Leben des Galilei* (3. Fassung, 1955). In: Brechts Dramen. Neue Interpretationen. Hrsg. von Walter Hinderer. Stuttgart 1984, S. 125-161.

Sautter, Ulrich: »Ich selber nehme kaum noch an einer Diskussion teil, die ich nicht sogleich in eine Diskussion über Logik verwandeln möchte.« Der Logische Empirismus Bertolt Brechts. In: Deutsche Zeitschrift für Philosophie 43 (1995), S. 687-709.

Schäfer, Gerhard: Ökonomische Bedingungen des Faschismus. In: Ist die Epoche des Faschismus beendet? Hrsg. von D. Horster und M. Nikolinakos. Frankfurt a.M. 1971, S. 54-68.

– Die nivellierte Mittelstandsgesellschaft – Strategien der Soziologie in den 50er Jahren. In: Die janusköpfigen 50er Jahre. Kulturelle Moderne und bildungsbürgerliche Semantik III. Hrsg. von Georg Bollenbeck und Gerhard Kaiser unter Mitarbeit von Edda Bleek. Wiesbaden 2000, S. 115-142.

Schäfer, Hans Dieter: Zur Periodisierung der deutschen Literatur seit 1930. In: Literaturmagazin 7 (1977), S. 95-115.

– Kultur als Simulation. Das Dritte Reich und die Postmoderne. In: Literatur in der Diktatur. Schreiben im Nationalsozialismus und DDR-Sozialismus. Hrsg. von Günther Rüther. Paderborn u.a. 1997, S. 215-245.

Schalk, Axel: Als Galilei abschwor. Bertolt Brecht und Heiner Müller und die Bombe. In: Heiner Müller: Probleme und Perspektiven. Bath-Symposium 1998. Hrsg. von Ian Wallace, Dennis Tate und Gerd Labroisse. Amsterdam/Atlanta, GA 2000, S. 153-170 (Amsterdamer Beiträge zu neueren Germanistik; 48 – 2000).

– Bewohnte Schrecken. Zur Metaphorik des Inkommensurablen. Berlin 2004. [2004a]

– Das moderne Drama. Stuttgart 2004. [2004b]

Schaller, Branka: Der Atridenstoff in der Literatur der 1940er Jahre. Unter besonderer Berücksichtigung der Nachkriegsdramatik. Frankfurt a.M. 2001 (Berliner Beiträge zur neueren deutschen Literaturgeschichte; 24).

Scharfschwerdt, Jürgen: Die Klassikideologie in Kultur-, Wissenschafts- und Literaturpolitik. In: Einführung in Theorie, Geschichte und Funktion der DDR-Literatur. Hrsg. von Hans-Jürgen Schmitt. Stuttgart 1975, S. 109-163 (Literaturwissenschaft und Sozialwissenschaften; 6).

Schartner, Irmgard: Hanns Eisler, *Johann Faustus*. Das Werk und seine Aufführungsgeschichte. Frankfurt a.M. u.a. 1998 (Musikleben; 7).

Scheichl, Sigurd Paul: Weder Kahlschlag noch Stunde Null. Besonderheiten des Voraussetzungssystems der Literatur in Österreich zwischen 1945 und 1966. In: Vier deutsche Literaturen? – Literatur seit 1945 – nur die alten Modelle? – Medium Film – das Ende der Literatur. Hrsg. von Karl Pestalozzi, Alexander von Bormann und Thomas Koebner. Tübingen 1986, S. 37-51 (Akten des VII. Internationalen Germanisten-Kongresses Göttingen 1985. Kontroversen, alte und neue; 10).

Scheid, Judith R.: »Enfant terrible« of contemporary East German drama. Peter Hacks in his role as adaptor and innovator. Bonn 1977 (Studien zur Germanistik, Anglistik und Komparatistik; 65).

Schildt, Axel: Moderne Zeiten. Freizeit, Massenmedien und »Zeitgeist« in der Bundesrepublik der fünfziger Jahre. Hamburg 1995.

– Ende der Ideologien? Politisch-ideologische Strömungen in den 50er Jahren. In: Modernisierung im Wiederaufbau. Die westdeutsche Gesellschaft der 50er Jahre. Hrsg. von Axel Schildt und Arnold Sywottek. Ungekürzte, durchgesehene und aktualisierte Studienausgabe. Bonn 1998, S. 627-635.

– Modernisierung im Wiederaufbau. Die westdeutsche Gesellschaft der fünfziger Jahre. In: Die Kultur der fünfziger Jahre. Hrsg. von Werner Faulstich. München 2002, S. 11-21 (Kulturgeschichte des zwanzigsten Jahrhunderts).

– und **Arnold Sywottek**: Einleitung. In: Modernisierung im Wiederaufbau. Die westdeutsche Gesellschaft der 50er Jahre. Hrsg. von A.S. und A.S. Ungekürzte, durchgesehene und aktualisierte Studienausgabe. Bonn 1998, S. 3-11.

Schimpf, Sigurd: Thornton Wilders Theaterstücke und ihre Inszenierungen auf den deutschen Bühnen. Köln 1964 (Diss.).

Schirmer, Lothar: Avantgardistische und traditionelle Aspekte im Theater von Eugène Ionesco. Zur Rezeption von »Die kahle Sängerin« auf deutschsprachigen Bühnen. Frankfurt a.M. u.a. 1977 (Europäische Hochschulschriften: Reihe 30, Film- und theaterwissenschaftliche Studien; 6).

Schivelbusch, Wolfgang: Sozialistisches Drama nach Brecht. Drei Modelle: Peter Hacks – Heiner Müller – Hartmut Lange. Darmstadt/Neuwied 1974 (Sammlung Luchterhand, 139).

– Vor dem Vorhang. Das geistige Berlin 1945-1948. München/Wien 1995.

Schlenker, Wolfram: Das »Kulturelle Erbe« in der DDR. Gesellschaftliche Entwicklung und Kulturpolitik 1945-1965. Stuttgart 1977 (Metzler-Studienausgabe).

Schlenstedt, Silvia: Ein Wunsch Brechts im Jahre 1945. In: Rot = Braun? Brecht Dialog 2000. Nationalsozialismus und Stalinismus bei Brecht und Zeitgenossen. Hrsg. von Therese Hörnigk und Alexander Stephan. Berlin 2000, S. 85-92 (Theater der Zeit. Recherchen; 4).

Schleyer, Winfried: Die Stücke von Peter Hacks. Tendenzen – Themen – Theorien. Stuttgart 1976 (Literaturwissenschaft – Gesellschaftswissenschaft; 20).

Schmid, Ulrich: Psychomachie, Figuration und Erzählstruktur. Darstellungsformen des komplexen Bewusstseins bei Dostoevskij. In: Seelengespräche. Hrsg. von Béatrice Jakobs und Volker Kapp. Berlin 2008.

Schmidt, Gertrud: Peter Hacks in BRD und DDR. Ein Rezeptionsvergleich. Köln 1980 (Pahl-Rugenstein-Hochschulschriften. Gesellschafts- und Naturwissenschaften; 40: Serie Literatur und Geschichte).

Schmidt, Hannes: Ein Fenster nach Osten [1970]. In: Karl Heinz Stroux. Eine Dokumentation des Düsseldorfer Schauspielhauses und des Dumont-Lindemann-Archivs anläßlich der Karl-

Heinz-Stroux-Ausstellung zu seinem achtzigsten Geburtstag am 25. Februar [1988]. Hrsg. vom Düsseldorfer Schauspielhaus u.a. Düsseldorf 1988, S. 105f.

Schmidt, Ute und **Tilman Fichter**: Der erzwungene Kapitalismus. Klassenkämpfe in den Westzonen 1945-48. Berlin [West] 1971.

Schmidt, Wolf Gerhard: »... wie nahe beisammen das weit Auseinanderliegende ist«. Das Prinzip der *Metamorphose* in der Oper *Die Ägyptische Helena* von Hugo von Hofmannsthal und Richard Strauss. In: Jahrbuch zur Kultur und Literatur der Weimarer Republik 7 (2002), S. 169-223.

– ›Tod‹ und ›Leben‹ des Bertolt Brecht. Kulturpoetische Strategien in der Nachkriegsrezeption eines ›Klassikers‹. In: Dennoch leben sie. Verfemte Bücher, verfolgte Autorinnen und Autoren. Zu den Auswirkungen nationalsozialistischer Literaturpolitik. Hrsg. von Reiner Wild in Zusammenarbeit mit Sabina Becker, Matthias Luserke-Jaqui und Reiner Marx. [München] 2003, S. 59-68 (edition text + kritik). [2003a]

– Zwischen Bücherverbrennung und sozialistischer Utopie. Bertolt Brecht, die Furcht vor dem Vergessen und das Problem adäquater Kunstproduktion. In: Sprachkunst. Beiträge zur Literaturwissenschaft 34 (2003). H. 1, S. 51-70. [2003b]

– Die »süsse Wehmuth« der »Neuern«. Zur Provenienz der Vorstellung vom sentimentalischen Dichter. In: Jahrbuch der Deutschen Schillergesellschaft 47 (2003), S. 70-98. [2003c]

– ›Homer des Nordens‹ und ›Mutter der Romantik‹. James Macphersons *Ossian* und seine Rezeption in der deutschsprachigen Literatur. 4 Bde. Berlin/New York 2003/04.

– [Rezension zu:] Ralf Trinks: Zwischen Ende und Anfang. Die Heimkehrerdramatik der ersten Nachkriegsjahre (1945-1949) (Epistemata, Bd. 375). In: Zeitschrift für Germanistik. N.F. 14 (2004). H. 1, S. 224f.

– Das Ende der »Repräsentationsmaschinerie«. (Meta)Poetische Thanatos-Diskurse beim späten Brecht. In: Ende, Grenze, Schluss? – Brecht und der Tod. Hrsg. von Stephen Brockmann, Mathias Mayer und Jürgen Hillesheim. Würzburg: Königshausen & Neumann 2008, S. 210-223 (Der Neue Brecht; 5).

– *Renouveau catholique* zwischen den Fronten. Orte und Strategien produktiver Claudel-Rezeption im deutschen Nachkriegsdrama. In: Moderne und Antimoderne. Der *Renouveau catholique* und die deutsche Literatur. Beiträge des Heidelberger Colloquiums vom 12. bis 16. September 2006. Hrsg. von Wilhelm Kühlmann und Roman Luckscheiter. Freiburg i.Br./Berlin/Wien: Rombach, 2008, S. 413-431 (Reihe Catholica; 1).

– »Parodierte Peripetie« oder »Der Endpunkt liegt schon hinter uns«. Die Transformation des Tragödienmodells im absurden Theater. In: Die Tragödie der Moderne. Interferenzen zwischen Kulturtheorie, Epochendiagnose und Gattungsgeschichte. Hrsg. von Daniel Fulda und Thorsten Valk. [erscheint 2009] [2009a]

– Nach dem »Ende der Ideologien«. Modelle intermedialer Ästhetik im europäischen Nachkriegstheater. In: Comparative arts. Neue Ansätze zu einer universellen Ästhetik. Hrsg. von Achim Hölter u.a. [erscheint 2009] [2009b]

– Zwischen Abwehr und Katalyse der Moderne: (Re)Konstruierte Originalität in der englischen Vorromantik. [erscheint 2010]

Schmitt, Hans-Jürgen: Literaturbetrieb als Staatsmonopol. In: Die Literatur der DDR. Hrsg. von H.-J.S. München 1983, S. 45-77 (Hansers Sozialgeschichte der deutschen Literatur vom 16. Jahrhundert bis zur Gegenwart; 11).

Schmitt, Peter: Materialien zu Bertolt Brechts URFAUST-Inszenierungen. Erlangen 1981 (Erlanger Studien; 31).

Schmitz, Walter: Johannes R. Becher – der ›klassische Nationalautor‹ der DDR. In: Literatur in der Diktatur. Schreiben im Nationalsozialismus und DDR-Sozialismus. Hrsg. von Günther Rüther. Paderborn u.a. 1997, S. 303-342.

Schnabel, Stefan: Szenische Mythographie. Die »Lohndrücker«- Inszenierung von Heiner Müller am Deutschen Theater. In: TheaterZeitSchrift 1989. H. 4, S. 109-132.

Schneider, Irmela: Verschlüsselte Opposition und verspätete ›Stunde Null‹. Zum Hörspiel nach 1945 in der Bundesrepublik Deutschland. In: Vier deutsche Literaturen? – Literatur seit 1945 – nur die alten Modelle? – Medium Film – das Ende der Literatur. Hrsg. von Karl Pestalozzi,

Alexander von Bormann und Thomas Koebner. Tübingen 1986, S. 160-166 (Akten des VII. Internationalen Germanisten-Kongresses Göttingen 1985. Kontroversen, alte und neue; 10).

Schneider, Manfred: Utopie, Unzeit, Verlangsamung. In: Heiner Müller Handbuch. Leben – Werk – Wirkung. Hrsg. von Hans-Thies Lehmann und Patrick Primavesi. Stuttgart/Weimar 2003, S. 58-62.

Schneider, Michael: Bertolt Brecht und sein illegitimer Erbe Heiner Müller. Eine Streitschrift. In: Neue deutsche Literatur 46 (1998). H. 3, S. 124-140.

Schneider, Rolf: Theater in einem besiegten Land. Dramaturgie der deutschen Nachkriegszeit 1945-1949. Frankfurt a.M./Berlin 1989 (Ullstein-Buch; 34580).

Schneider, Ronald: Realismustradition und literarische Moderne: Überlegungen zu einem Epochenkonzept ›Nachkriegsliteratur‹. In: Der Deutschunterricht 33 (1981). H. 3, S. 3-22.

Schneider, Wolfgang: Seine Lust an Eulenspiegelei hat ihn nie verlassen. Vor fünfzig Jahren erschien Frischs »Stiller«: Ein Jahrhundertroman aus der Zeit des Wirtschaftswunders. In: Frankfurter Allgemeine Zeitung vom 21. Oktober 2004. Nr. 246, S. 40.

Schnell, Ralf: Die Literatur der Bundesrepublik. Autoren, Geschichte, Literaturbetrieb. Stuttgart 1986.

– Geschichte der deutschsprachigen Literatur seit 1945. Stuttgart/Weimar 1993.

– Medienästhetik. Zu Geschichte und Theorie audiovisueller Wahrnehmungsformen. Stuttgart/ Weimar 2000.

Schoeps, Karl-Heinz Joachim: *Der Lohndrücker* revisited. In: Heiner Müller. ConTEXTS and HISTORY. A Collection of Essays from The Sydney German Studies Symposium 1994. Hrsg. von Gerhard Fischer. Tübingen 1995, S. 41-53 (Studien zur deutschsprachigen Gegenwartsliteratur; 2).

Scholz, Sebastian: Der maskierte Dramatiker oder der Autor als Zitat. Zum autopoetischen Konzept der performativen Vielstimmigkeit in den autobiographischen Texten Heiner Müllers. In: Selbstpoetik 1800-2000. Ich-Identität als literarisches Zeichenrecycling. Hrsg. von Ralph Köhnen. Frankfurt a.M. 2001, S. 235-250.

Schölzel, Klaus: Die Entlastung des Geistes. In: So viel Anfang war nie. Deutsche Städte 1945-1949. Hrsg. von Hermann Glaser, Lutz von Pufendorf und Michael Schöneich. Berlin [West] 1989, S. 310-315.

– Contenance und Herausforderung – Theater. In: Die fünfziger Jahre. Heimat · Glaube · Glanz · Der Stil eines Jahrzehnts. Hrsg. von Michael Koetzle, Klaus-Jürgen Sembach und K.S. München 1998, S. 122-137.

Schoop, Günther: Das Zürcher Schauspielhaus im Zweiten Weltkrieg. Zürich 1957.

Schöttker, Detlev: Bertolt Brechts Ästhetik des Naiven. Stuttgart 1989.

Schreiber, Ulrich: Dramatik in der Bundesrepublik Deutschland und Österreich. In: Handbuch des deutschen Dramas. Hrsg. von Walter Hinck. Düsseldorf 1980, S. 465-481 und 578-581.

Schröder, Albrecht: La réaction du public allemand devant des œuvres littéraires de caractère politique pendant la période 1945-1950. Genf 1964.

Schröder, Claus B.: Draußen vor der Tür. Eine Wolfgang-Borchert-Biographie. Berlin ^{2}1989.

– Auf der Suche nach einer Urfassung. Zur Geschichte des Manuskripts von »Draußen vor der Tür«. In: Jahresheft der Internationalen Wolfgang-Borchert-Gesellschaft 1 (1989), S. 8-13.

Schröder, Jürgen: Hamlet als Heimkehrer. Zum deutschen Nachkriegsdrama. In: Literatur in der Demokratie. Für Walter Jens zum 60. Geburtstag. Hrsg. von Wilfried Barner, Martin Gregor-Dellin, Peter Härtling und Egidius Schmalzriedt. München 1983, S. 457-467.

– Das deutschsprachige Drama und Theater der Nachkriegszeit. In: Patterns of Change: German Drama and the European Tradition. Hrsg. von Dorothy James und Silvia Ranawake. New York u.a. 1990, S. 285-296 (Studies in European Thought; 1).

– Das Drama: Der mühsame Anfang. In: Geschichte der deutschen Literatur von 1945 bis zur Gegenwart. Hrsg. von Wilfried Barner. München 1994, S. 99-115 (Geschichte der deutschen Literatur von den Anfängen bis zur Gegenwart; 12). [1994a]

– Brecht oder Wolf? Alternativen eines sozialistischen deutschen Theaters. In: Ebd., S. 147-160. [1994b]

– Das Jahrzehnt Frischs und Dürrenmatts. In: Ebd., S. 260-273. [1994c]

– Sozialistischer Sturm und Drang. In: Ebd., S. 321-337. [1994d]

– Das »dramatische« Jahrzehnt der Bundesrepublik. In: Ebd., S. 463-501. [1994e]

Schubert, Hannelore: Moderner Theaterbau. Internationale Situation · Dokumentation · Projekte · Bühnentechnik. Stuttgart/Bern 1971.

Schuhmann, Klaus: Christliche Tradition und DDR-Literatur. In: Studien zur DDR-Literatur. Hrsg. von Norbert Honsza und Slawomir Tryc. Wroclaw 1994, S. 65-78.

– Von Marski zu Dsugashwili. Grenzüberschreitungen in der Dramatik der sechziger Jahre bei Hartmut Lange, Heiner Müller und Volker Braun. In: »Es genügt nicht die einfache Wahrheit«. DDR-Literatur der sechziger Jahre in der Diskussion. Redaktion: Michael Hametner und Kerstin Schilling. Leipzig 1995, S. 184-191.

Schulmeister, Karl-Heinz: Zur Entstehung und Gründung des Kulturbundes zur demokratischen Erneuerung Deutschlands. Berlin [Ost] 1965.

– Johannes R. Becher als sozialistischer Kulturpolitiker. Berlin [Ost] 1972.

Schulz, Genia: Heiner Müller. Stuttgart 1980 (Sammlung Metzler; M 197: Abt. D, Literaturgeschichte).

– »Ein Bier und vor dir steht ein Kommunist, Flint«. Zur Dialektik des Anfangs bei Heiner Müller. In: Dialektik des Anfangs. Spiele des Lachens. Literaturpolitik in Bibliotheken. Über Texte von: Heiner Müller, Franz Fühmann, Stefan Heym. Hrsg. von Paul Gerhard Klussmann und Heinrich Mohr. Bonn 1986, S. 15-28 (Jahrbuch zur Literatur in der DDR 5 [1986]).

– Der zersetzte Blick. Sehzwang und Blendung bei Heiner Müller. In: Heiner Müller Material. Texte und Kommentare. Hrsg. von Frank Hörnigk. Göttingen 1989, S. 165-182.

– Peter Weiss (1916-1982). In: Deutsche Dramatiker des 20. Jahrhunderts. Hrsg. von Alo Allkemper und Norbert Otto Eke. Berlin 2000, S. 403-416.

– Die Umsiedlerin/Die Bauern. In: Heiner Müller Handbuch. Leben – Werk – Wirkung. Hrsg. von Hans-Thies Lehmann und Patrick Primavesi. Stuttgart/Weimar 2003, S. 280-286.

Schurz, Gerhard: Grenzen rationaler Ethikbegründung. Das Sein-Sollen-Problem aus moderner Sicht. In: Ethik und Sozialwissenschaften 6 (1995). H. 2, S. 163-177.

Schuster, Ralf: Antwort in der Geschichte. Zu den Übergängen zwischen den Werkphasen bei Reinhold Schneider. Tübingen 2001 (Mannheimer Beiträge zur Sprach- und Literaturwissenschaft; 51).

Schütte, Uwe: Die Poetik des Extremen. Ausschreitungen einer Sprache des Radikalen. Göttingen 2006.

Schütze, Peter: Peter Hacks. Ein Beitrag zur Ästhetik des Dramas – Antike und Mythenaneignung – Mit einem Originalbeitrag von Peter Hacks »Der Fortschritt in der Kunst«. Kronberg/Ts. 1976 (Literatur im historischen Prozeß; 6).

– Fritz Kortner. Reinbek bei Hamburg 1994 (rowohlts monographien).

Schwab, Klaus: Zum Goethe-Kult. In: Zur literarischen Situation 1945-1949. Hrsg. von Gerhard Hay. Kronberg 1977, S. 240-251 (Athenäum-Taschenbücher. Literaturwissenschaft; 2117).

Schwab-Felisch, Hans: Am Ende des bürgerlichen Theaters? Der konservative Grundzug des deutschen Nachkriegstheaters – 2. Exempel: Düsseldorfer Schauspielhaus. In: Theater heute 11 (1970). Nr. 10, S. 46-51.

Schwöbel, Stefan: Autonomie und Auftrag. Studien zur Kunsttheorie im Werk von Peter Weiss. Frankfurt a.M. u.a. 1999 (Studien zur Deutschen und Europäischen Literatur des 19. und 20. Jahrhunderts; 41).

Seeck, Gustav Adolf: Aristotelische Poetik und Brechtsche Theatertheorie. In: Gymnasium 83 (1976), S. 389-404.

Seidensticker, Bernd: Die Grenzen der Katharsis. In: Grenzen der Katharsis in den modernen Künsten. Hrsg. von Martin Vöhler und Dirck Linck. Berlin/New York 2009 [im Druck].

Seidowsky, Manfred: Die Spielplanpolitik des Deutschen Nationaltheaters Weimar 1948 bis 1958. Eine Untersuchung der Entwicklungstendenzen von der bürgerlich-humanistischen zur sozialistischen Spielplangestaltung. Berlin [Ost] 1966 (Diss. Jena) [Masch.].

Sembach, Klaus-Jürgen: Die Dominanz der konstruktiven Gesinnung – Architektur. In: Die fünfziger Jahre. Heimat · Glaube · Glanz · Der Stil eines Jahrzehnts. Hrsg. von Michael Koetzle, K.-J.S. und Klaus Schölzel. München 1998, S. 56-73.

Serke, Jürgen: Alfred Matusche: *Hungern nach Himmel*. In: Ders.: Zu Hause im Exil. Dichter, die eigenmächtig blieben in der DDR. Mit Fotos von Christian G. Irrgang. München/Zürich 1998, S. 69-107.

Sickingen-Debatte. Ein Beitrag zur materialistischen Literaturtheorie. Hrsg. von Walter Hinderer. Darmstadt/Neuwied 1974 (Sammlung Luchterhand; 141).

Siebenhaar, Klaus: »Der freundliche Blick der Widersprüche...«. Volksstücktradition und Realismus im DDR-Drama. In: Dramatik der DDR. Hrsg. von Ulrich Profitlich. Frankfurt a.M. 1987, S. 375-396.

17. Juni 1953. Arbeiteraufstand in der DDR. Hrsg. von Ilse Spittmann und Karl Wilhelm Fricke. Köln 1982 (Edition Deutschland Archiv).

Siegert, Bernhard: Das Hörspiel als Vergangenheitsbewältigung. In: Medienkultur der 50er Jahre. Diskursgeschichte der Medien nach 1945. Hrsg. von Irmela Schneider und Peter M. Spangenberg. Bd. 1. Wiesbaden 2002, S. 287-298.

Siegert, Wolf: Die Furcht vor der Kommune. Untersuchungen zur Entstehung und Bedeutung von Bertolt Brechts »Die Tage der Commune«. Frankfurt a.M./Bern 1983 (Europäische Hochschulschriften. Reihe I: Deutsche Sprache und Literatur; Bd. 590). [1983a]

– *Die Tage der Commune* – ein Exildrama. In: Brechts »Tage der Commune«. Hrsg. von W.S. Frankfurt a.M. 1983, S. 312-334 (suhrkamp taschenbuch; 2031). [1983b]

Siegrist, Christoph: Nationalliterarische Aspekte bei Schweizer Autoren. In: Literatur in der Bundesrepublik Deutschland bis 1967. Hrsg. von Ludwig Fischer. München 1986, S. 651-671 (Hansers Sozialgeschichte der deutschen Literatur vom 16. Jahrhundert bis zur Gegenwart; 10).

Sieß, Jürgen: Das Theater des Absurden und die Krise des Dramas. In: Die literarische Moderne in Europa. Hrsg. von Hans Joachim Piechotta, Ralph-Rainer Wuthenow und Sabine Rothemann. Bd. 3. Opladen 1994, S. 119-134.

Silberman, Marc: Heiner Müller. Amsterdam 1990 (Forschungsberichte zur DDR-Literatur; 2).

Simon, Ralf: Zur poetischen Anthropologie der Komödie in Brechts *Messingkauf*. In: Brecht 100 < = > 2000. Das Brecht-Jahrbuch / The Brecht Yearbook 24 (1999), S. 277-290.

Skloot, Robert: Holocaust theatre and the problem of justice. In: Staging the Holocaust. The Shoah in drama and performance. Hrsg. von Claude Schumacher. Cambridge/New York/Melbourne 1998, S. 10-26 (Cambridge Studies in Modern Theatre).

So spiel ich viel Personen ganz allein... Der Theatermann Gustaf Gründgens. Bayerischer Rundfunk 1980.

Spariosu, Mihai I.: Dionysus reborn. Play and the Aesthetic Dimension in Modern Philosophical and Scientific Discourse. Ithaca/London 1989.

Speirs, Ronald: Brecht als Verführer. Die Schaubühne als eine rhetorische Anstalt betrachtet. In: Brecht 98. Poétique et Politique / Poetik und Politik. Hrsg. von Michel Vanoosthuyse. Montpellier 1999, S. 23-34 (Bibliothèque d'Études Germaniques et Centre-Européennes; 4).

Spies, Bernhard: Georg Lukács und der Sozialistische Realismus in der DDR. In: Literatur in der DDR. Rückblicke. Hrsg. von Heinz Ludwig Arnold und Frauke Meyer-Gosau. München 1991, S. 34-44 (text + kritik. Sonderband).

Stallbaum, Klaus: Kunst und Künstlerexistenz im Frühwerk von Günter Grass. Köln 1989.

Stapelberg, Peter: Sean O'Casey und das deutschsprachige Theater 1948-1974. Bern 1979.

Stauch-von Quitzow, Wolfgang: Erstaufführungen in Westdeutschland. In: Neue Zürcher Zeitung vom 12. Januar 1971. Morgenausgabe Nr. 16, S. 25.

Steffen, Friederike: Theaterstücke zum Thema Holocaust in didaktischer Perspektive. In: Mitteilungen des Deutschen Germanistenverbandes 48 (2001). H. 3, S. 430-450.

Steinbach, Peter: Nationalsozialistische Gewaltverbrechen. Die Diskussion in der Öffentlichkeit nach 1945. Berlin [West] 1985 (Beiträge zur Zeitgeschichte).

Steinecke, Hartmut: Hartmut Lange. Realitätserfahrungen. In: Ders.: Gewandelte Wirklichkeit – verändertes Schreiben? Zur neuesten deutschen Literatur: Gespräche, Werke, Porträts. Oldenbourg 1999, S. 187-192 (Literatur- und Medienwissenschaft; 68).

Steiner, Pamela: Von der Résistance zum Viermächtestatus: Sartres »Fliegen« in der Diskussion: Paris – Düsseldorf – Berlin. Gründgens – Fehling. Berlin [West] 1986 (Diss.).

Steinweg, Reiner: Das Lehrstück – ein Modell des sozialistischen Theaters. Brechts Lehrstücktheorie. In: Alternative 14 (1971), S. 102-116.

Stephan, Inge: Im Zeichen des Mythos. Neupositionierung der Intellektuellen im literarischen Feld der Nachkriegszeit. In: »Uns selbst mussten wir misstrauen.« Die »junge Generation« in der deutschsprachigen Nachkriegsliteratur. Hrsg. von Hans-Gert Winter. Hamburg 2002, S. 49-66.

Stern, Frank: »Ein freundlich aufgenähter Davidstern«: Antisemitismus und Philosemitismus in der politischen Kultur der 50er Jahre. In: Modernisierung im Wiederaufbau. Die westdeutsche Gesellschaft der 50er Jahre. Hrsg. von Axel Schildt und Arnold Sywottek. Ungekürzte, durchgesehene und aktualisierte Studienausgabe. Bonn 1998, S. 717-732.

Stiefele, Werner: Kampf dem Atomtod. Theaterstücke aus den 50er Jahren gegen atomare Bewaffnung und Kernwaffentests. In: Kürbiskern 1982. H. 1, S. 104-113.

Stock, Adolf: Heinar Kipphardt mit Selbstzeugnissen und Bilddokumenten. Reinbek bei Hamburg 1987.

Stolper, Armin: Begegnungen mit Alfred Matusche. In: A.M.: Dramen. Berlin [Ost] 1971, S. 193-215 (Dramatiker der Deutschen Demokratischen Republik).

Stolz, Dieter: Günter Grass (*1927). In: Deutsche Dramatiker des 20. Jahrhunderts. Hrsg. von Alo Allkemper und Norbert Otto Eke. Berlin 2000, S. 489-512.

Storck, Gerhard: Probleme des modernen Bauens – und die Theaterarchitektur des 20. Jahrhunderts in Deutschland. Bonn 1971 (Diss.).

Streisand, Marianne: Frühe Stücke Heiner Müllers. Werkanalysen im Kontext zeitgenössischer Rezeption. 2 Bde. Berlin [Ost] 1983 (Diss.).

– Heiner Müllers »Die Umsiedlerin oder Das Leben auf dem Lande«. Entstehung und Metamorphosen des Stückes. In: Weimarer Beiträge 32 (1986), S. 1358-1384.

– Heiner Müllers »Der Lohndrücker« – Zu verschiedenen Zeiten ein anderes Stück. In: Werke und Wirkungen. DDR-Literatur in der Diskussion. Hrsg. von Inge Münz-Koenen. Leipzig 1987, S. 306-360 (RUB 1207).

– »Das Theater braucht den Widerstand der Literatur«. Heiner Müllers Beitrag zu Veränderungen des Verständnisses von Theater in der DDR. In: Weimarer Beiträge 34 (1988), S. 1156-1179.

– Chronik einer Ausgrenzung. In: Sinn und Form 43 (1991). H. 3, S. 429-434. [1991a]

– Fondrak bei Heiner Müller und die Volkstheater-Tradition. In: Lach- und Clownstheater. Die Vielfalt des Komischen in Musik, Literatur, Film und SchauSpiel. Hrsg. von Gerd Koch und Florian Vaßen. Frankfurt a.M. 1991, S. 186-191 (Wissen & Praxis; 38). [1991b]

– Frau und Revolution bei Heiner Müller. In: Frauen – Literatur – Revolution. Hrsg. von Helga Grubitzsch u.a. Pfaffenweiler 1992, S. 325-337 (Thetis; 3).

– Vom Nutzen und Nachteil feministischer Ideologiekritik. Frauenbilder bei Heiner Müller. In: Ideologie nach ihrem ›Ende‹. Gesellschaftskritik zwischen Marxismus und Postmoderne. Hrsg. von Hansjörg Bay und Christof Hamann. Opladen 1995, S. 269-293.

Stucke, Frank: Von den Mühen des Erbens – Die Auseinandersetzung deutscher Nachkriegsdramatiker mit den »Vorschlägen« des Stückeschreibers Bertolt Brecht. In: Die deutsche Literatur im 20. Jahrhundert. Germanistentag 1992. Fachgruppe der Deutschlehrerinnen und Deutschlehrer. Vortragsmanuskripte. Berlin. Vom 30. September bis 3. Oktober. Humboldt-Universität zu Berlin. Hrsg. von Thomas Gey. Berlin [1993], S. 296-311.

Stunell, James: ›Gespielte Wirklichkeit‹. The Rise and Demise of Documentary Theatre in Twentieth-Century Germany. Leicester 1996 (Diss.) [Masch.].

Sturzenegger, Yvonne: Theater für ein neues Publikum: Ruhrfestspiele Recklinghausen und Festival d'Avignon. Zwei Typen des Volkstheaters. Wien 1961 (Diss.) [Masch.].

Stürzer, Anne: Dramatikerinnen und Zeitstücke: ein vergessenes Kapitel der Theatergeschichte von der Weimarer Republik bis zur Nachkriegszeit. Stuttgart u.a. 1993.

Suh, Yo-Sung: Das Opfer des Individuums und die Geschichte in den Stücken Bertolt Brechts und Heiner Müllers. Aachen 2002 (Berichte aus der Literaturwissenschaft).

Szczesny, Gerhard: Das Leben des Galilei und der Fall Bertolt Brecht. Frankfurt a.M./Berlin 1966.

Taëni, Rainer: Drama nach Brecht. Möglichkeiten heutiger Dramatik. Basel 1968 (Theater unserer Zeit; 9).

Tank, Kurt Lothar: Günter Grass. 5. ergänzte und überarbeitete Auflage. Berlin [West] 1974 (Köpfe des XX. Jahrhunderts; 38).

Tatlow, Antony: Brecht and Postmodernism. In: Brecht: frauen und politik. Das Brecht-Jahrbuch / Brecht: women and politics. The Brecht Yearbook 12 (1983), S. 215-220.

Tax, Sissi: marieluise fleißer: schreiben, überleben. ein biographischer versuch. Basel/Frankfurt a.M. 1984.

Teo Otto (1904-1968). Der Bühnenbildner, der Maler, der Lehrer. Galerie der Stadt Remscheid: 25.11.2000 bis 4.2.2001. Theatermuseum der Landeshauptstadt Düsseldorf: 18.2.2001 bis 22. 4.2001. Hrsg.: Stadt Remscheid – Der Oberbürgermeister [u.a.]. Bottrop 2000 (bis 4.2.2001).

Teraoka, Arlene Akiko: The Silence of Entropy or Universal Discourse. The Postmodernist Poetics of Heiner Müller. New York/Berne/Frankfurt a.M. 1985 (New York University Ottendorfer Series; N.F. 21).

The Modern Restoration. Re-thinking German Literary History 1930-1960. Hrsg. von Stephen Parker, Peter Davies und Matthew Philpotts. Berlin/New York 2004.

Theaterbau in der Bundesrepublik Deutschland. Hrsg. vom Informationszentrum Raum und Bau der Fraunhofer-Gesellschaft (IRB). Redaktionelle Bearbeitung: Terje Nils Dahle. Bd. 1. Stuttgart 1985 (IRB-Literaturauslese; 872).

Theater-Bilanz 1945-1969. Eine Bilddokumentation über die Bühnen der Deutschen Demokratischen Republik. Hrsg. im Auftrag des Verbandes der Theaterschaffenden der DDR von Christoph Funke, Daniel Hoffmann-Ostwald und Hans-Gerald Otto. Berlin [Ost] 1971.

Theisz, Reinhard D.: Das dokumentarische Drama und seine Zeit: Eine vergleichende Untersuchung zum dokumentarischen Drama der zwanziger und sechziger Jahre. In: Ideologiekritische Studien zur Literatur. Essays II. Bern/Frankfurt a.M. 1975, S. 85-157 (New York University Ottendorfer Series. Neue Folge; 8).

Theweleit, Klaus: Heiner Müller. Traumtext. Basel/Frankfurt a.M. 1996 (Roter Stern).

Thiede, Carsten Peter: Reinhold Schneider als Dramatiker. In: Reinhold-Schneider-Blätter 5 (1980), S. 39-50.

Thiele, Dieter: Bertolt Brecht. Selbstverständnis, Tui-Kritik und politische Ästhetik. Frankfurt a.M./Bern 1981 (Europäische Hochschulschriften. Reihe I: Deutsche Sprache und Literatur; Bd. 465).

Thomson, Philip: The Tui and the Wise Teacher. Brecht and Intellectuals. In: Weltbürger – Textwelten. Helmut Kreuzer zum Dank. Hrsg. von Leslie Bodi u.a. Frankfurt a.M. u.a. 1995, S. 195-218.

Tismar, Jens: Herakles in der DDR-Dramatik. In: Text & Kontext 11 (1983). H. 1, S. 56-72.

Totzeva, Sophia: Das theatrale Potential (TP) und andere systematische Konzepte zur Theatralität des dramatischen Textes. In: Theater der Region – Theater Europas. Kongreß der Gesellschaft für Theaterwissenschaft e.V. vom 3.-6. November 1994 in Bern. Hrsg. von Andreas Kotte. Basel 1995, S. 337-354 (Kongreß der Gesellschaft für Theaterwissenschaft; 2. Materialien des ITW Bern; 2).

Trapp, Frithjof: Logen- und Parterreplätze. Was behinderte die Rezeption der Exilliteratur? In: 10. Mai 1933. Bücherverbrennung in Deutschland und die Folgen. Hrsg. von Ulrich Walberer. Frankfurt a.M. 1983, S. 240-259.

Trautwein, Wolfgang: Das Dritte Reich aus der Sicht des westdeutschen Dramas 1945-65. Dramaturgie und Geschichtsbild. In: Jahrbuch des Instituts für Deutsche Geschichte 11 (1982), S. 325-380.

Trilse, Christoph: Joachim Knauth. In: Literatur der Deutschen Demokratischen Republik. Hrsg. von Hans Jürgen Geerdts u.a. Bd. 2. Berlin [Ost] 1979, S. 186-199. [1979a]

– Alfred Matusche. In: Ebd., S. 200-211. [1979b]

– Peter Hacks. Leben und Werk. Westberlin 1980.

Trinks, Ralf: Zwischen Ende und Anfang. Die Heimkehrerdramatik der ersten Nachkriegsjahre (1945-1949). Würzburg 2002 (Epistemata; 375).

Trommler, Frank: Der ›Nullpunkt 1945‹ und seine Verbindlichkeit für die Literaturgeschichte. In: Basis. Jahrbuch für deutsche Gegenwartsliteratur 1 (1970), S. 9-25.

– Der ›sozialistische Realismus‹ im historischen Kontext. In: Realismustheorien in Literatur, Malerei, Musik und Politik. Hrsg. von Reinhold Grimm und Jost Hermand. Stuttgart 1975, S. 68-86.
– Sozialistische Literatur in Deutschland. Ein historischer Rückblick. Stuttgart 1976. [1976a]
– Die Kulturpolitik der DDR und die kulturelle Tradition des deutschen Sozialismus. In: Literatur und Literaturtheorie in der DDR. Hrsg. von Peter Uwe Hohendahl und Patricia Herminghouse. Frankfurt a.M. 1976, S. 13-72. [1976b]
– Komödie und Öffentlichkeit nach dem Zweiten Weltkrieg. In: Die deutsche Komödie im zwanzigsten Jahrhundert. Sechstes Amherster Kolloquium zur modernen deutschen Literatur 1972. Hrsg. von Wolfgang Paulsen. Heidelberg 1976, S. 154-186. [1976c]
– Tragik und Drama im Umkreis des Zweiten Weltkrieges. In: Drama und Theater im 20. Jahrhundert. Festschrift für Walter Hinck. Hrsg. von Hans Dietrich Irmscher und Werner Keller. Göttingen 1983, S. 281-293.
– Auf dem Wege zu einer kleineren Literatur. Ästhetische Perioden und Probleme seit 1945. In: Tendenzen der deutschen Gegenwartsliteratur. Hrsg. von Thomas Koebner. 2., neuverfaßte Auflage. Stuttgart 1984, S. 1-106.

Tschapke, Reinhard: Heiner Müller. Berlin 1996 (Köpfe des 20. Jahrhunderts; 128).

Tugendhat, Ernst: Vorlesungen über Ethik. Frankfurt a.M. 1993.

Tümmler, Edgar, **Konrad Merkel** und **Georg Blohm**: Die Agrarpolitik in Mitteldeutschland und ihre Auswirkung auf Produktion und Verbrauch landwirtschaftlicher Erzeugnisse. Berlin [West] 1969 (Wirtschaft und Gesellschaft in Mitteldeutschland; 3).

Turk, Horst: Naives oder sentimentalisches Theater? Das Verhältnis Brechts zu Schiller. In: Bertolt Brecht. Actes du Colloque franco-allemand tenu en Sorbonne (15-19 novembre 1988). Publiés par Jean-Marie Valentin en collaboration avec Theo Buck. Bern u.a. 1990, S. 181-202 (Contacts: Série 1 – Theatrica).

Über die Arbeit am Berliner Ensemble. Bertolt Brecht, Claus Küchenmeister, Prof. Dr. Bruno Markwardt und Studenten der Universität Greifswald. Berlin 1954. In: Brecht im Gespräch. Diskussionen, Dialoge, Interviews. Hrsg. von Werner Hecht. Frankfurt a.M. 1975, S. 119-132. (edition suhrkamp; 771).

Über Wolfgang Hildesheimer. Hrsg. von Dierk Rodewald. Frankfurt a.M. 1971.

Ullrich, Renate: »Und zudem bringt Ihr noch den genialen Stanislawski in Verruf«. Zur Kanonisierung einer Schauspielmethode. In: LiteraturGesellschaft DDR. Kanonkämpfe und ihre Geschichte(n). Hrsg. von Birgit Dahlke, Martina Langermann und Thomas Taterka. Stuttgart/Weimar 2000, S. 104-145.

Ulrich, Roland: Die List des Odysseus. Tiefenstrukturen später Brecht-Texte. In: Vernünfte und Mythen. Kolloquium der Universitäten Greifswald und Aarhus zum Thema: Aufklärung heute? (Mai 1992). Hrsg. von Gunnar Müller-Waldeck und Michael Gratz. Essen 1996, S. 143-165 (Allgemeine Literatur- und Sprachwissenschaft; 6).

Vaillant, Jérôme: Einleitung. Bedeutung und Ausmaß des französischen Einflusses auf die kulturelle Entwicklung im Nachkriegsdeutschland. In: Französische Kulturpolitik in Deutschland 1945-1949. Berichte und Dokumente. Hrsg. von J.V. Konstanz 1984, S. 9-21.

Van den Dries, Luk: Heiner Müller. Brechts erster Erbe. In: Germanistische Mitteilungen 1998. H. 48, S. 68-78.

Vanovitch, Katherine: Female Roles in East German Drama 1949-1977. A Selective History of Drama in the G.D.R. Frankfurt a.M./Bern 1982 (European University Studies. Series 1: German Language and Literature; Bd. 483).

Vaßen, Florian: Das Lachen und der Schrei oder Herr Schmitt, die Clowns und die Puppe. Versuch über die Krise der Komödie im 20. Jahrhundert. In: Lach- und Clownstheater. Die Vielfalt des Komischen in Musik, Literatur, Film und SchauSpiel. Hrsg. von Gerd Koch und F.V. Frankfurt a.M. 1991, S. 158-183 (Wissen & Praxis; 38).
– Bertolt Brechts Experimente. Zur ästhetischen Autonomie und sozialen Funktion von Brechts literarischen und theatralen Modellen und Versuchen. In: Die literarische Moderne in Europa. Hrsg. von Hans Joachim Piechotta, Ralph-Rainer Wuthenow und Sabine Rothemann. Bd. 3. Opladen 1994, S. 146-174.

Veit, Walter: Die Stunde Null im Spiegel einiger zeitgenössischer Zeitschriften. In: »Die Mühen der Ebenen«. Kontinuität und Wandel in der deutschen Literatur und Gesellschaft. 1945-1949. Hrsg. von Bernd Hüppauf. Heidelberg 1981, S. 195-232 (Reihe Siegen; 17: Germanistische Abteilung).

Vellusig, Robert Heinz: Dramatik im Zeitalter der Wissenschaft. Die Fiktionen des Bertolt Brecht. Erlangen 1989 (Erlanger Studien; 80).

Verdofsky, Jürgen: Der Tod ist: nicht gefragt zu werden. Inge Müller tritt als Dichterin aus dem Schatten Heiner Müllers. In: »Nun breche ich in Stücke...«. Leben / Schreiben / Suizid. Über Sylvia Plath, Virginia Woolf, Marina Zwetajewa, Anne Sexton, Unica Zürn, Inge Müller. Hrsg. von Ursula Keller. Berlin 2000, S. 187-199.

Vergleichende Theater-Statistik 1949-1974. Hrsg. vom Deutschen Bühnenverein. 2. Sonderheft. Köln 1977.

Vietta, Silvio: Ästhetik der Moderne. Literatur und Bild. München 2001.

Vogel, Ruth: Max Frisch et Bertolt Brecht: polémiques et influences. In: Brecht 98. Poétique et Politique / Poetik und Politik. Hrsg. von Michel Vanoosthuyse. Montpellier 1999, S. 271-280 (Bibliothèque d'Études Germaniques et Centre-Européennes; 4).

Völker, Klaus: Das Phänomen des Grotesken im neueren deutschen Drama. In: Sinn oder Unsinn? Das Groteske im modernen Drama. Hrsg. von Martin Esslin. Basel/Stuttgart 1962, S. 9-46 (Theater unserer Zeit; 3).

– Drama und Dramaturgie in der DDR. In: Theater hinter dem »Eisernen Vorhang«. Hrsg. von Reinhold Grimm, Willy Jäggi und Hans Oesch. Basel/Hamburg/Wien 1964, S. 59-87 (Theater unserer Zeit; 6).

– Die Herausforderung Brecht wurde nicht angenommen. In: Theater heute 11 (1970). Nr. 10, S. 34f.

– Brecht-Chronik. Daten zu Leben und Werk. München 1971 (Reihe Hanser; 74).

– Fritz Kortner. Schauspieler und Regisseur. Berlin ²1993 (Reihe Deutsche Vergangenheit. Stätten der Geschichte Berlins; 27).

Vondung, Klaus: Die Apokalypse in Deutschland. München 1988.

Vormweg, Heinrich: Die Mühen der Ebenen. Zur Geschichte des Dramas in der DDR. In: Kindlers Literaturgeschichte der Gegenwart. Autoren · Werke · Themen · Tendenzen seit 1945. [Bd. 2] Konrad Franke: Die Literatur der Deutschen Demokratischen Republik. Neubearbeitete Ausgabe mit drei einführenden Essays von H.V. Zürich/München 1974, S. 474-489.

– Deutsche Literatur 1945-1960: Keine Stunde Null (1971). In: Deutsche Gegenwartsliteratur. Ausgangspositionen und aktuelle Entwicklungen. Hrsg. von Manfred Durzak. Stuttgart 1981, S. 14-31.

– Peter Weiss. München 1981.

Voss, Renate: Die Umsetzung von Thornton Wilders *The Skin of our Teeth* im deutschsprachigen Raum: Übersetzungen und Aufführungen. Kiel 1963 (Diss.) [Masch.].

Voßkamp, Wilhelm: Gattungen als literarisch-soziale Institutionen. Zu Problemen sozial- und funktionsgeschichtlich orientierter Gattungstheorie und -historie. In: Textsortenlehre – Gattungsgeschichte. Hrsg. von Walter Hinck. Heidelberg 1977, S. 27-44.

– Literaturwissenschaft und Kulturwissenschaften. In: Interpretation 2000: Positionen und Kontroversen. Festschrift zum 65. Geburtstag von Horst Steinmetz. Hrsg. von Henk de Berg und Matthias Prangel. Heidelberg 1999, S. 183-195.

Wächter, Hans-Christof: Theater im Exil. Sozialgeschichte des deutschen Exiltheaters 1933-1945. München 1973.

Wagener, Hans: Stefan Andres. Berlin [West] 1974 (Köpfe der XX. Jahrhunderts; 77).

– Carl Zuckmayer. München 1983 (Autorenbücher, 34).

– Vom Rampenlicht zum »kalten Licht«. Zur Dramatik Carl Zuckmayers nach 1945. In: Nachkriegsliteratur in Westdeutschland. Bd. 2: Autoren, Sprache, Traditionen. Hrsg. von Jost Hermand, Helmut Peitsch und Klaus R. Scherpe. Berlin [West] 1984, S. 73-88 (Literatur im historischen Prozeß; N.F. 10 / Das Argument: Argument-Sonderband; AS 116).

Wagner, Frank Dietrich: Bertolt Brecht. Kritik des Faschismus. Opladen 1989.

Wagner, Hans-Ulrich: Autoren, Foren, Diskussionen – Die »junge Generation« nach 1945. In: »Uns selbst mussten wir misstrauen.« Die »junge Generation« in der deutschsprachigen Nachkriegsliteratur. Hrsg. von Hans-Gert Winter. Hamburg 2002, S. 16-46.

Wang, Fang: »Man experimentiert auch an Menschen ...« Zur Thematik der Einheit von Wissenschaft und Kunst bei Brecht. Würzburg 1992.

Wannemacher, Klaus: Erwin Piscators Theater gegen das Schweigen. Politisches Theater zwischen den Fronten des Kalten Kriegs (1951-1966). Tübingen 2004 (Theatron; 42).

Ward, Margaret E.: Ingeborg Drewitz's Forgotten Dramas of the 1950s. In: Thalia's Daughters. German Women Dramatists from the Eighteenth Century to the Present. Hrsg. von Susan L. Cocalis und Ferrel Rose in Zusammenarbeit mit Karin Obermeier. Tübingen/Basel 1996, S. 173-190.

Warkentin, Erwin J.: Unpublishable works. Wolfgang Borchert's Literary Production in Nazi Germany. Columbia, SC 1997.

Warm, Günther: Zur Scholochow-Rezeption in der DDR. In: Michail Scholochow. Werk und Wirkung. Materialien des Internationalen Symposiums ›Scholochow und wir‹. Leipzig, 18.-19. März 1965. Leipzig 1966, S. 264-276.

Warning, Rainer: Der inszenierte Diskurs. Bemerkungen zur pragmatischen Relation der Fiktion. In: Funktionen des Fiktiven. Hrsg. von Dieter Henrich und Wolfgang Iser. München 1983, S. 183-206 (Poetik und Hermeneutik; X).

Was wird bei uns gespielt? Versuch einer quantitativen Analyse der Spielpläne der letzten anderthalb Jahrzehnte. In: Theater heute 11 (1970). Nr. 10, S. 52f.

Watanabe, Narumi: Ernst Schnabels Eingriff in das Hörspiel »Draußen vor der Tür«. Eine kritische Betrachtung. In: Jahresheft der Internationalen Wolfgang-Borchert-Gesellschaft 10 (1998), S. 10-13.

Weber, Betty Nance: Brechts »Kreidekreis«, ein Revolutionsstück. Eine Interpretation mit Texten aus dem Nachlaß. Frankfurt a.M. 1978 (edition suhrkamp; 928).

Weber, Carl: Brecht and the Berliner Ensemble – the making of a model. In: The Cambridge Companion to Brecht. Hrsg. von Peter Thomson und Glendyr Sacks. Cambridge 1994, S. 167-184.

Weber, Heinz-Dieter: Schwundstufen des Lachens in der frühen Komödie der DDR. In: Dialektik des Anfangs. Spiele des Lachens. Literaturpolitik in Bibliotheken. Über Texte von: Heiner Müller, Franz Fühmann, Stefan Heym. Hrsg. von Paul Gerhard Klussmann und Heinrich Mohr. Bonn 1986, S. 1-14 (Jahrbuch zur Literatur in der DDR 5 [1986]).

Weber, Jochen: Das Theater in der Sowjetischen Besatzungszone. Bonn 1955 (Bonner Berichte aus Mittel- und Ostdeutschland).

Weber, Jürgen: Geschichte der Bundesrepublik Deutschland. Hrsg. von Jürgen Weber. 4 Bde. Paderborn u.a. 1979-1987.

Weber, Verena: Das Schauspielhaus Zürich 1945-1965. Wien 1970 (Diss.). [Masch.].

Wege, Carl: Spielplan(politik) und Inszenierungskalkül des Berliner Ensembles zwischen 1952 und 1956. In: Zweifel – Fragen – Vorschläge. Bertolt Brecht anläßlich des Einhundertsten. Hrsg. von Thomas Jung. Frankfurt a.M. 1999, S. 93-98 (Osloer Beiträge zur Germanistik; 23).

Wehdeking, Volker: Der Nullpunkt. Stuttgart 1971.

– Mythologisches Ungewitter. Carl Zuckmayers problematisches Exildrama »Des Teufels General«. In: Die deutsche Exilliteratur 1933-1945. Hrsg. von Manfred Durzak. Stuttgart 1973, S. 509-519.

Wehler, Hans-Ulrich: Modernisierungstheorie und Geschichte. Göttingen 1975.

– Deutsche Gesellschaftsgeschichte. Bd. 4: Vom Beginn des Ersten Weltkrieges bis zur Gründung der beiden deutschen Staaten 1914-1949. München 2003.

Wehner, Jens: Kulturpolitik und Volksfront. Ein Beitrag zur Geschichte der Sowjetischen Besatzungszone Deutschlands 1945-1949. 2 Bde. Frankfurt a.M. u.a. 1992 (Europäische Hochschulschriften. Reihe III: Geschichte und ihre Hilfswissenschaften; Bd. 518).

Weigelt, Klaus: Ernst Wiecherts Reden an die Jugend. In: Von bleibenden Dingen. Über Ernst Wiechert und sein Werk. Hrsg. von Bärbel Beutner und Hans-Martin Pleßke. Frankfurt a.M. 2002, S. 59-86 (Schriften der Internationalen Ernst Wiechert-Gesellschaft; 3).

Weimann, Robert: »Realismus« als Kategorie der Literaturgeschichte. In: Literatur und Literaturtheorie in der DDR. Hrsg. von Peter Uwe Hohendahl und Patricia Herminghouse. Frankfurt a.M. 1976, S. 163-188.

Weimar, Karl S.: No Entry, no Exit. A Study of Borchert with some Notes on Sartre. In: Modern Language Quarterly 17 (1956), S. 153-165.

– The Scientist and Society. A Study of three Modern Plays. In: Ebd. 27 (1966), S. 431-448.

Weinhold, Ulrike: Die Absurdität Wolfgang Hildesheimers. In: Studien zur Dramatik in der Bundesrepublik Deutschland. Hrsg. von Gerhard Kluge. Amsterdam 1983, S. 329-362 (Amsterdamer Beiträge zur neueren Germanistik; 16 – 1983).

Welsch, Wolfgang: Unsere postmoderne Moderne. Weinheim 1987.

Wende, Waltraud: Einen Nullpunkt hat es nie gegeben. Schriftsteller zwischen Neuanfang und Restauration – oder: Kontinuitäten bildungsbürgerlicher Deutungsmuster in der unmittelbaren Nachkriegsära. In: Die janusköpfigen 50er Jahre. Kulturelle Moderne und bildungsbürgerliche Semantik III. Hrsg. von Georg Bollenbeck und Gerhard Kaiser unter Mitarbeit von Edda Bleek. Wiesbaden 2000, S. 17-29.

Werner, Hendrik: Im Namen des Verrats. Heiner Müllers Gedächtnis der Texte. Würzburg 2001 (Epistemata; 345).

Wertheimer, Jürgen: »Une saison en purgatoire«. Aspekte der Sartre-Rezeption. In: Zur literarischen Situation 1945-1949. Hrsg. von Gerhard Hay. Kronberg 1977, S. 270-284 (Athenäum-Taschenbücher. Literaturwissenschaft; 2117).

Wezel, Wolfdietrich: Das subventionierte öffentliche Theater. Seine Struktur und seine Problematik. München 1964 (Diss.).

White, John J.: [Rezension zu:] Wolfram Buddecke und Helmut Fuhrmann: Das deutschsprachige Drama seit 1945. Schweiz, Bundesrepublik, Österreich, DDR. Kommentar zu einer Epoche. München 1981. In: The Modern Language Review 78 (1983), S. 993f.

Widerruf oder Vollendung. Reinhold Schneiders »Winter in Wien« in der Diskussion. Freiburg/Basel/Wien 1981 (Schriften der Reinhold-Schneider-Stiftung Hamburg; 3).

Wieghaus, Georg: Heiner Müller. München 1981 (Autorenbücher; 25).

Wilhelm, Frank: Literarische Satire in der SBZ/DDR 1945-1961. Autoren, institutionelle Rahmenbedingungen und kulturpolitische Leitlinien. Hamburg 1998 (Schriftenreihe Poetica; 34).

Wilke, Christiane: Das Theater der großen Erwartungen. Wiederaufbau des Theaters 1945-1948 am Beispiel des Bayerischen Staatstheaters. Frankfurt a.M. u.a. 1992 (Europäische Hochschulschriften. Reihe III: Geschichte und ihre Hilfswissenschaften; Bd. 507).

Willett, John: Erwin Piscator. Die Eröffnung des politischen Zeitalters auf dem Theater. Frankfurt a.M. 1982 (edition Suhrkamp; 924).

Winckler, Lutz: Das »Arbeitsprogramm zur Entfaltung der kulturellen Massenarbeit«. Zur Kulturprogrammatik des Freien Deutschen Gewerkschaftsbundes 1948-1950. In: Frühe DDR-Literatur. Traditionen, Institutionen, Tendenzen. Hrsg. von Klaus R. Scherpe und L.W. Hamburg/Berlin 1988, S. 81-100 (Literatur im historischen Prozeß; N.F. 17 / Das Argument. Argument-Sonderband; AS 149).

Winter, Hans-Gerd: Der sich opfernde Narr, der siegreiche Künstler und der abgewiesene Heimkehrer. Drei Selbst-Entwürfe Wolfgang Borcherts. In: »Liebe, die im Abgrund Anker wirft«. Autoren und literarisches Feld im Hamburg des 20. Jahrhunderts. Hrsg. von Inge Stephan und H.-G.W. Hamburg 1990, S. 197-221 (Literatur im historischen Prozeß).

– »Wovon soll ich leben? Mit wem? Für was?« Viermal die Figur des unbehausten Heimkehrers: Wolfgang Borchert und Bertolt Brecht, Ernst Toller und Fred Denger. In: Auskunft 17 (1997), H. 3, S. 290-310.

– »Wohin sollen wir denn auf dieser Welt!« Wolfgang Borchert, der früh vereinnahmte Autor und sein unbehauster Heimkehrer. In: Studien zur literarischen Kultur in Hamburg 1945-1950. Hrsg. von Ludwig Fischer u.a. Hamburg 1999, S. 25-55 (Schriftenreihe der Hamburgischen Kulturstiftung; 7).

– »Du kommst, und niemand will dich haben.« Heimkehrertexte der unmittelbaren Nachkriegszeit. In: Schuld und Sühne? Kriegserlebnis und Kriegsdeutung in deutschen Medien der Nachkriegszeit (1945-1961). Internationale Konferenz vom 01.-04.09.1999 in Berlin. Hrsg. von Ursula Heukenkamp. Amsterdam/Atlanta, GA 2001. Bd. 1, S. 283-296 (Amsterdamer Beiträge zu neueren Germanistik; 50.1/2 – 2001).

– »Jugend« und »junge Autoren«. Zuschreibungen und Selbstdefinitionen im Hamburger Raum. In: »Uns selbst mussten wir misstrauen.« Die »junge Generation« in der deutschsprachigen Nachkriegsliteratur. Hrsg. von H.G.W. Hamburg 2002, S. 127-154.

Wippermann, Wolfgang: Faschismustheorien. Zum Stand der gegenwärtigen Diskussion. Darmstadt 1972 (Erträge der Forschung; 17).

Wittkowski, Wolfgang: Zerstört das Regietheater die deutsche Literatur? In: Drama und Theater im 20. Jahrhundert. Festschrift für Walter Hinck. Hrsg. von Hans Dietrich Irmscher und Werner Keller. Göttingen 1983, S. 469-482.

– Aktualität der Historizität: Bevormundung des Publikums in Brechts Bearbeitungen. In: Brechts Dramen. Neue Interpretationen. Hrsg. von Walter Hinderer. Stuttgart 1984, S. 343-368.

Wizisla, Erdmut: Berliner Thema. Brecht und Frisch: Theater und Architektur. In: Brecht 100 < = > 2000. Das Brecht-Jahrbuch / The Brecht Yearbook 24 (1999), S. 25-39.

Woll, Stefan: Das Totaltheater. Ein Projekt von Walter Gropius und Erwin Piscator. Berlin [West] 1984 (Schriften der Gesellschaft für Theatergeschichte e.V.; 68).

Wright, Elizabeth: Postmodern Brecht. A Re-Presentation. London/New York 1989 (Critics of the Twentieth Century).

Wulf, Joseph: Theater und Film im Dritten Reich. Eine Dokumentation. Gütersloh 1964.

Wyss, Monika: Brecht in der Kritik. Rezensionen aller Brecht-Uraufführungen sowie ausgewählter deutsch- und fremdsprachiger Premieren. München 1977.

Young, James Edward: Beschreiben des Holocaust. Darstellung und Folgen der Interpretation. Frankfurt a.M. 1992.

Zäsuren nach Hitler. Essays zur Periodisierung der deutschen Nachkriegsgeschichte. Hrsg. von Martin Broszat. München 1990.

Zelle, Carsten: Die doppelte Ästhetik der Moderne. Revisionen des Schönen von Boileau bis Nietzsche. Stuttgart/Weimar 1995.

Zill, Rüdiger: Im Wendepunkt des Sputnik. Technikdiskurse in der Bundesrepublik Deutschland der 50er Jahre. (Technikphilosophie) In: Medienkultur der 50er Jahre. Diskursgeschichte der Medien nach 1945. Hrsg. von Irmela Schneider und Peter M. Spangenberg. Bd. 1. Wiesbaden 2002, S. 25-49.

Ziller, Jochen: Zwischenbescheid über Joachim Knauth. In: J.K.: Stücke. Mit einem Nachwort von J.Z. Berlin [Ost] 1973, S. 281-298 (dialog).

Zima, Peter V.: Der Mythos der Monosemie. Parteilichkeit und künstlerischer Standpunkt. In: Einführung in Theorie, Geschichte und Funktion der DDR-Literatur. Hrsg. von Hans-Jürgen Schmitt. Stuttgart 1975, S. 77-107 (Literaturwissenschaft und Sozialwissenschaften; 6).

– Literarische Ästhetik. Methoden und Modelle der Literaturwissenschaft. Tübingen/Basel ^{2}1995.

Zimmermann, Peter: Industrieliteratur in der DDR. Vom Helden der Arbeit zum Planer und Leiter. Stuttgart 1984.

Zimmermann, Rainer E.: Leben des Galilei. In: Brecht-Handbuch in fünf Bänden. Hrsg. von Jan Knopf. Bd. 1. Stuttgart/Weimar 2001, S. 357-379.

Zimmermann, Werner: Bertolt Brecht. Leben des Galilei. Dramatik der Widersprüche. Paderborn u.a. 1985 (Modellanalysen: Literatur; 15).

Zipes, Jack D.: Das dokumentarische Drama. In: Tendenzen der deutschen Literatur seit 1945. Hrsg. von T.K. Stuttgart 1971, S. 462-479 (Kröners Taschenausgabe; 405).

– Bertolt Brecht oder Friedrich Wolf? Zur Tradition des Dramas in der DDR. In: Literatur und Literaturtheorie in der DDR. Hrsg. von Peter Uwe Hohendahl und Patricia Herminghouse. Frankfurt a.M. 1976, S. 191-240. [1976a]

– Die Funktion der Frau in den Komödien der DDR. Noch einmal: Brecht und die Folgen. In: Die deutsche Komödie im zwanzigsten Jahrhundert. Sechstes Amherster Kolloquium zur modernen deutschen Literatur 1972. Hrsg. von Wolfgang Paulsen. Heidelberg 1976, S. 187-205. [1976b]

Žmegač, Viktor: Zur Diagnose von Moderne und Postmoderne. In: Avantgarde und Postmoderne. Prozesse struktureller und funktioneller Veränderungen. Hrsg. von Erika Fischer-Lichte und Klaus Schwind. Tübingen 1991, S. 17-27 (Stauffenburg Colloquium; 40).

Zürrlein, Hans: Die Frage der Kollektivschuld aus dem Blickwinkel deutscher Literaten und Publizisten. In: Zur literarischen Situation 1945-1949. Hrsg. von Gerhard Hay. Kronberg 1977, S. 15-35 (Athenäum-Taschenbücher. Literaturwissenschaft; 2117).

Zymner, Rüdiger: Gattungstheorie. Probleme und Positionen der Literaturwissenschaft. Paderborn 2003.

Personenregister

Abusch, Alexander 70, 74f., 261, 265-268, 270f., 273, 276, 286, 296, 450, 502, 600
Ackermann, Anton 61, 263, 280
Adling, Wilfried 271, 314, 410, 600
Adam, Bernhard 89
Adamov, Arthur 8, 15, 17, 121, 135, 205, 251, 316, 319f., 326, 330, 429, 604, 618, 626f., 630
Adenauer, Konrad 1, 24, 51, 59, 128, 141, 201, 205, 210, 291f., 332, 362, 431, 452, 508, 594, 609
Adling, Wilfried 72, 274, 276
Adorno, Theodor W. 3, 8, 11, 21, 37, 100, 119, 122, 205, 213, 266, 354f., 359, 391, 423, 436f., 445, 457, 473, 543, 550
Ahlsen, Leopold 33f., 50, 91, 135, 203, 231, 234, 242f., 244, 246-248, 319, 342, 352, 359, 456, 467, 517f., 633, 635, 637
Aischylos 169, 511
Albee, Edward 133
Alexander der Große 193, 196, 228, 552
Alexander I. (russischer Zar) 363
Allgayer, Wilhelm 28, 33
Alt, Peter-André 25
Altendorf, Wolfgang 73, 190, 192, 199, 207f., 209, 219f., 226f., 231, 233, 235, 237, 241f., 244, 247, 319, 332, 342, 348, 351, 452, 460, 507, 517f., 551, 633, 636f.
Altermann, Susanne 70
Althusser, Louis 562
Aly, Götz 332
Ambesser, Axel von 88, 213, 352, 435, 485, 522, 558, 636
Amlung, Ullrich 146
Ammers, Sigrid 31
Andersch, Alfred 536
Andres, Stefan 17, 28, 40, 48, 51, 73, 90, 198, 202, 205, 207, 210, 216, 222f., 226f., 234, 244-247, 293, 317, 319, 342, 344, 348, 352, 443, 459-461, 465f., 484, 516, 518, 554f.
Anouilh, Jean 17, 22, 63, 74, 85, 90, 129, 135f., 148, 163, 191, 253f., 257, 330, 332, 366, 427, 462, 473, 477, 486, 518, 522, 545, 548, 550, 559, 561, 609, 613
Anz, Thomas 13
Apel, Karl-Otto 18, 598
Appia, Adolphe 108, 117f., 637
Arbusow, Alexei 276
Ardrey, Robert 57, 79, 522, 550
Arendt, Hannah 50, 347, 457
Aristophanes 401, 409, 481, 503, 511, 592
Aristoteles 238, 270, 293, 341, 421, 455, 471f., 477, 525, 566, 571, 604
Arntzen, Helmut 475
Arrabal, Fernando 429, 627
Artaud, Antonin 180, 186, 320, 336, 349, 562, 619, 631
Asmodi, Herbert 2, 15f., 36, 43, 94, 153f., 201, 292f., 332-334, 344, 452, 457, 485f., 516-519, 610f., 622f.
Attila 193
Audiberti, Jacques 21, 445, 617f., 626
Augstein, Rudolf 194
Ayling, Ronald 143

Babel, Isaak 263
Babeuf, François Noël 311
Bach, Johann Sebastian 162
Bachmann-Medick, Doris 37
Bachofen, Johann Jakob 252
Backer, Hans Willibald 424
Backhaus, Hans-Joachim 282, 296, 314, 601
Backhaus, Wilhelm
Badstübner, Rolf 141
Bahn, Eugene 56, 57
Bahn, Volker 100
Baierl, Helmut 18, 30, 32, 73f., 95, 220, 249, 261, 275, 278f., 281, 283, 287-289, 294-296, 315, 337, 356f., 422, 491-495, 532, 553, 591, 593, 596-599, 601
Balázs, Béla 263
Balthasar, Hans Urs von 365
Balzac, Honoré de 201
Balzer, Bernd 2, 27f., 32, 66, 88, 91f., 205, 241, 246, 253, 425f., 428
Barcava, Stefan 91, 133, 198f., 231, 234, 517

Barck, Karlheinz 11
Barfuss, Grischa 48
Barkhoff, Hermann 166
Barlach, Ernst 91
Barlog, Boleslaw 84, 87, 91, 132, 133, 135, 151, 154
Barner, Wilfried 20, 27
Barnewold, Ernst (d.i. Wilhelm Nolting-Hauff) 238
Barrault, Jean-Louis 135
Barthel, Kurt s. Kuba
Barthes, Roland 42, 119, 184, 329, 452, 562, 625f.
Bartholmes, Herbert 526
Barton, Brian 641
Bartsch, Karl 73
Basner, Georg s. Bern, Peter
Bassermann, Albert 171
Baßler, Moritz 5
Bathrick, David 278, 358, 380, 407, 599
Batorsky, Barry Joseph 562
Bättcher, Wolfgang 279, 354, 491
Baudissin, Wolf Graf von 302, 312
Baudrillard, Jean 7
Bauer, Walter 243, 536
Bäuerle, Theodor 48
Baum, Georgina 489, 495
Baumann, Hans 193, 197, 199, 251
Baumgarten, Jürgen 58, 166, 271, 285
Baumrucker, Gerhard 230
Bayerdörfer, Hans-Peter 201, 205, 214, 219
Beacham, Richard C. 117, 637
Becher, Johannes R. 49, 60f., 66, 69f., 72, 168, 202, 204, 209, 213, 221, 225, 227, 248f., 260f., 263f., 266, 273, 450, 462, 567
Becher, Ulrich 74, 91
Beck, Friedrich 199f., 348, 479
Becker, Hellmut 99
Becker, Julius Maria 238, 448, 516
Becker, Michel 227, 242-244
Becker, Sabina 11
Becker, Susanne 430
Becker-Trier, Heinz 192, 199, 209f., 212, 226, 237, 240, 245, 248, 252, 459f., 476, 637, 641
Beckett, Samuel 8, 15f., 21f., 26, 51, 121f., 125, 130, 133, 135, 144, 148, 159, 191, 205, 244, 316-320, 322f., 325, 330, 370, 413f., 421, 429, 435, 437, 457, 557, 562, 576, 598, 611, 616, 618, 620-622, 626-628, 634
Beckmann, Heinz 352, 456
Beethoven, Ludwig van 86, 162, 171, 481
Bejach, Peter 71
Bengsch, Gerhard 239, 297, 315, 633
Benjamin, Walter 375, 436, 451, 487, 566, 580
Benn, Gottfried 195
Bentley, Eric 379, 381
Berg, Alban 135
Berg, Jan 20, 23, 27, 34f., 87, 110f., 151, 327, 425, 429
Bergengruen, Werner 368
Berger, Christian 268
Berger, Erna 84
Berger, Johanna 582
Berger, Manfred 27, 63, 160, 165, 269, 274, 285
Berger, Uwe 76
Berghahn, Klaus L. 311
Berghahn, Wilfried 94
Bergold, Werner 333, 479
Berlioz, Hector 444
Bern, Peter (d.i. Georg Basner) 195, 459
Bernanos, Georges 50, 233, 241f., 555
Bernhard, Alfred 71, 193, 196, 228
Bernhard, Fritz 294, 491, 601
Bernhardt, Sarah 15
Beseler, Horst 315
Beßlich, Barbara 194
Besson, Benno 81, 166, 176, 581, 590
Betke, Lotte 234
Bettauer, Fritz Ernst 33, 92, 207, 254, 359
Bey, Gesine 390
Beyme, Klaus von 10
Biburger, Tom 413, 417
Bicker, Margarethe 245
Bieleke, Paul 227, 234, 278, 281, 284
Bienek, Horst 9, 319, 536
Bill-Bjelozerkowski, Wladimir N. 175, 313
Binneberg, Kurt 376f.
Birke, Adolf M. 24
Bismarck, Otto von 345, 380, 382
Blamberger, Günter 321, 328
Blanchot, Maurice 7
Bläss, Petra 546
Blattmann, Ekkehard 368
Bloch, Ernst 52, 119, 183, 262, 285, 301f., 354
Blohm, Georg 601
Blohm, Walter 447
Blumenberg, Hans 38, 117
Bock, Stephan 393, 562, 565, 576f., 579-581, 592
Bockelson, Johann 193, 504
Böckler, Hans 134, 136
Bode, Arnold 3

Bodek, Richard 593
Boeheim, Alex 214
Boehncke, Heiner 8
Böll, Heinrich 2, 34, 130, 191, 238, 426, 476
Bollenbeck, Georg 3, 23, 36, 96
Boner, Jürg 563
Bonifaz VIII., Papst 361f., 474
Bonk, Jürgen 281
Bonsels, Bernd Holger 189, 202f., 240, 243, 459, 516
Borchardt, Hermann 391
Borchert, Wolfgang 1, 5, 18, 22, 27, 33, 41f., 64, 92, 200, 209, 213, 215f., 227, 343, 352f., 424, **425-429**, 435, 437, 455, 463, 473, 504, 506, 512, 560, 633, 635
Borchmeyer, Dieter 10, 16, 127, 317, 626
Borew, Jurij 489
Bork, Kurt 73, 400
Bormann, Alexander von 29
Bormann, Arnold 479
Bornemann, Fritz 104
Börnsen, Hans 342
Bortfeldt, Kurt 549
Bößl, Rudolf 99
Bossle, Lothar 4
Bostroem, Annemarie 190, 213, 226, 228, 237
Böttcher, Helmuth Maximilian 204, 445f.
Bourdieu, Pierre 28, 40
Braemer, Edith 281, 283, 285
Brahm, Otto 129, 163, 170, 174
Bräker, Ulrich 302f.
Brand, Matthias 138
Brandauer, Klaus Maria 138
Brandt, Willy 24, 146
Branstner, Gerhard 283f.
Braulich, Heinrich 162
Braun, Eva 345, 420, 488
Braun, Hanns 84, 195f., 483, 516
Braun, Karlheinz 154, 499f.
Braun, Matthias 414, 420
Braun, Mattias 194
Braun, Michael 216, 245, 615
Braun, Volker 95, 354, 358
Brecht, Bertolt 2f., 5f., 8, 11, 15, 17-20, 22, 28-31, 33f., 50, 52, 58f., 62, 67, 70-73, 78-81, 87-91, 93-97, 105f., 112, 114, 120-122, 125, 128-132, 134-139, 145-149, 157, 163-165, 168, 172-175, **177-186**, 189-191, 193f., 198f., 203f., 213f., 228, 231, 239, 242, 250, 259, 262, 265, 269, 271-273, 276, 278-280, 282, 285, 287, 292f., 296f., 302, 304, 306, 308-310, 313, 315, 321f., 331, 337f., 344f., 348, 353-356, 364, **374-395**, 397, 401, 409-416, 418, 420f., 430, 436f., 448, 452, 456-458, 462-464, 466, 470-472, 480, 485, 490, 492f., 497f., 500-502, 508-513, 520, 524-533, 539f., 548, 550f., 553, 556, 559, **561-611**, 621, 635, 638-640, 642-644
Bredel, Willi 263, 273, 420
Breinlinger, Hans 206, 209-211, 220f., 226, 641
Bremer, Claus 1, 14f., 94, 100, 117-121, 123f., 140, 180, 445
Brenner, Hildegard 580
Brentano, Heinrich von 59
Breton, André: 611
Brockmann, Stephen 5
Brodwin, Stefan s. Dudow, Slatan
Bröhl, Günter 520
Brook, Peter 186
Brough, Neil 378
Brück, Max von 253, 463
Bruckner, Ferdinand 29, 58, 78, 227, 319, 531
Brüning, Eberhard 63, 89, 548
Brutus, M. Iunius 307
Buch, Fritz Peter 6, 48, 83, 194, 251, 358, 369
Bucharin, Nikolai Iwanowitsch 262
Bucher, André 42, 43
Buchholz, Gerhard Traugott 238, 240, 242, 244, 476, 636
Büchi, Ella 116
Büchner, Georg 121f., 169, 290, 294, 312, 320, 354, 426, 429, 432, 449, 500, 502, 504, 511, 518, 528, 612, 621
Büchner, Ulrich 206
Buck, Theo 320, 409, 423, 589, 641
Buckwitz, Harry 81, 93f., 97, 99, 135-137, 146, 180, 185, 193, 234, 375
Buddecke, Wolfram 19, 23, 25, 27, 29, 180, 311, 320, 327, 405, 407, 425, 429, 503, 519f., 526, 582, 633
Bühler-Dietrich, Annette 615
Bunge, Hans-Joachim 70
Burckhardt, Jacob 481
Burckhardt, Jürgen 73
Burg, Peter S. 476
Burger, Eric 219
Bürger, Jan
Bürger, Peter 8
Burgess, Gordon J.A. 427
Burghardt, Max 168
Burgmaier, Albert 238, 254

Burrmeister, Otto 135
Busch, Ernst 89, 95, 177, 220
Busch, Fritz 62
Busch, Wilhelm 405
Butler, Judith 42

Calderón de la Barca, Pedro 125, 217, 361, 365, 537, 550, 554, 612
Caligula 193
Camus, Albert 18, 90, 120, 135f., 193, 196, 212, 234, 253f., 316, 322, 330, 346, 424, 429f., 436, 522, 603
Canaris, Wilhelm 206
Canetti, Elias 36
Carwin, Heinz 245
Cäsar, Gaius Iulius 193, 552
Caspar, Horst 143f.
Certeau, Michel de 624
Cervantes, Miguel de 167
Charbon, Rémy 19, 238, 338
Chatterton, Thomas 447f.
Chopin, Frédéric 444
Christ, Barbara 422
Chruschtschow, Nikita Sergejewitsch 272f.
Cicero, Marcus Tullius 207
Clarke, David 72
Clarke, Eric 330
Claudel, Paul 18, 22, 89, 125, 250, 255-257, 259, 301, 365-368, 443, 472, 539, 542, 548, 554-556, 612-615, 635
Cocteau, Jean 40, 250, 252, 467, 472, 550, 555, 617, 631f., 636
Cölestin V., Papst 361f., 474
Columbus, Christopher 256, 298, 300-302, 395f.
Conrad, Hiltrud 222, 554
Conrad, Wolfgang
Copeau, Jacques 104
Copfermann, Émile 159
Cordan, Wolfgang 373
Corhag, Erwin 246
Coubier, Heinz 18, 234, 319, 347, 482f.
Craig, Edward Gordon 140, 614, 619
Cramer, Heinz von 69
Craon, Pierre de 367
Crémer, Gisela 214
Creutz, Lothar 541, 547
Creveaux, Louis 468, 537
Cromwell, Oliver 194
Curie, Marie 470
Curjel, Hans 81
Curtius, Ernst Robert 39
Cwoydrak, Günther 592
Czechowski, Heinz 73

Da Vinci, Leonardo 238, 448
Dahlmann, Alfred 33, 47
Dahrendorf, Ralf 39, 480
Daiber, Hans 19, 27, 31, 35f., 51, 63, 66, 70, 83, 101, 104, 160, 180, 194, 225, 241, 304, 319, 382
Danneberg, Lutz 564
Dante Alighieri 198, 223, 370, 446, 448, 461
Davies, Peter 20
Deichsel, Wolfgang 386
Deilmann, Harald 102
Deiters, Heinrich 60
Deleuze, Gilles 562
Delft, Klaus von 4
Deltgen, René 51, 320
Demokritikus (Pseudonym) 475
Denger, Fred 33, 57, 64, 88, 92, 94, 190, 202, 214, 226, 231, 338, 344, 347, 444, 460, 516, 522, 602, 635-637, 640
Denkler, Horst 22, 27, 33
Derrida, Jacques 7, 16f., 37, 42f., 234, 315, 412, 436, 630
Dessau, Paul 70, 179
Deuerlein, Ernst 53
Diderot, Denis 147
Dieckmann, Friedrich 391
Dietrich, Gerd 57
Dietrich, Margret 42, 342f., 446, 456, 548
Dillmann, Michael 128
Diokletian 197
Dirks, Walter 2, 135, 248
Djacenko, Boris 260, 277-279, 287, 291, 296, 314f., 354
Dobloff, R. von 103
Doll, Hans Peter 131
Dornberger, Paul 67, 293, 313
Dorst, Tankred 2-4, 7, 17f., 43, 51, 91, 94, 330f., 333, 335, 337f., 344, 452, 457, 514f., 519, 549, 621-624, 635, 641
Dos Passos, John 262
Dostojewksij, Fjodor Michailowitsch 348, 353, 448
Drese, Claus Helmut 251
Drewitz, Ingeborg 2, 42, 193f., 198, 207, 212, 217-219, 229f., 235, 237f., 242, 244f., 253, 330, 346, 461, 519, 554, 635
Drews, Richard 6, 33, 48
Drews, Wolfgang
Dröge, Ernst Wolf 194
Drolinvaux, Ernst 228, 252
Drommer, Günther 574, 581-583, 587-589
Dudow, Slatan 62, 177, 291, 315, 475, 480f., 489, 494, 496f., 549

Dufhues, Josef Hermann 130
Duhamel, Roland 374
Duncan, Ronald 244, 250f., 348
Dürer, Albrecht 446
Durieux, Tilla 88, 212
Dürrenmatt, Friedrich 10f., 18, 26f., 94, 97, 112, 121, 125, 135, 194, 204, 324, 331f., 340, 343, 345, 349, 359, 384, 397, 429, 459, 463, 475, 485f., 504, 506, 548, 562, 604, 621, 629-631
Durzak, Manfred 19, 27, 34, 320, 351, 429f, 453f., 548
Duthuit, Georges 318
Duvignaud, Jean 617f.
Dymschitz, Alexander 52, 57, 60, 63, 177

Eberlein, Ludwig 162
Ebert, Jens 24
Echnaton 193
Eggeling, Wolfram 277
Ehlert, Hans Joachim 579
Ehrenburg, Ilja 70, 413
Eichmann, Adolf 24, 202, 347, 457
Eidam, Klaus 596
Einem, Gottfried von 81
Einstein, Albert 347, 376, 391, 395, 528, 564, 566, 575
Eisendle, Helmut 43
Eisenhower, Dwight D. 56
Eisenlohr, Friedrich 525
Eisler, Hanns 70, 173, 175, 203, 262, 265, 423
Eke, Norbert Otto 410f., 419, 422
Ekhoff, Konrad Dietrich 171
Ekmann, Bjørn 570
Elcheroth, Pierre 245
Eliot, T.S. 81, 93f., 135, 148, 250, 512, 612, 623
Elliott, Jim 238, 338
Ellmar, Paul 9, 318, 320, 454
Elsdörfer, Matthias 28
Emmerich, Wolfgang 1, 24, 27, 177
Ende, Michael 288
Enders, Horst 227, 239, 315
Engel, Erich 58, 79, 93f., 185, 201, 420, 641
Engel, Manfred 37
Engel, Thomas 200, 237, 518
Engelbach, Horst 60
Engelmann, Hans Ulrich 124
Engels, Friedrich 261f., 264, 267, 282, 284f., 288, 300, 306, 308-310f., 381, 450, 512, 576, 600
Ensberg, Claus 362
Enzensberger, Hans Magnus 9, 23
Epiktet 293
Erbe, Günter 271
Erhard, Ludwig 287
Erpenbeck, Fritz 41, 48, 63, 65, 68, 71, 73, 91f., 95, 163, 165f., 174, 177f., 264, 268-271, 275, 278, 494, 571
Erschens, Hermann 352
Eschmann, Ernst Wilhelm 2, 10, 22, 196, 372f.
Esslin, Martin 153, 327, 618, 629f.
Eulenberg, Herbert 194, 201, 516
Everding, August 641
Eylau, Hans Ulrich 167f.

Fabian, Gerhard 285, 287, 294, 296
Fadejew, Alexander 70, 264, 297
Falckenberg, Otto 49, 443
Fassbinder, Rainer Werner 479
Faulstich, Werner 3, 10
Fedin, Konstantin 262
Fehervary, Helen 412, 420, 487
Fehling, Jürgen 2, 15, 22, 63, 86, 90, 97, **105-110**, 111f., 127, 129-131, 133, 138f., 150, 180, 251, 633, 637
Feinberg, Anat 23, 32, 85, 219-221, 224
Felbick, Dieter 165, 248
Feldhammer, Hannah 102
Felkel, Günter 71, 239, 295, 297, 312f., 315, 449
Fernau, Rudolf 549
Feuchtwanger, Lion 387, 479, 527
Fichter, Tilman 291
Fiebach, Joachim 146, 276, 494
Fink, Eugen 37
Finster, Ernst 294, 297, 601
Fiore, Joachim von 264
Fischborn, Gottfried 469
Fischer, Christa 601
Fischer, Ernst 70f., 276, 282, 290, 293, 295, 358
Fischer, Gerhard 379f., 382
Fischer, Ludwig 19, 22, 35, 332
Fischer, Matthias-Johannes 24, 180, 263
Fischer, Sebastian 115
Fischer-Lichte, Erika 1, 4, 15, 21f., 25, 31, 42f., 111, 114, 121, 138, 141, 173, 184, 439, 614-616, 619
Fischer-Föbus, Karl-Georg 64, 206f., 228, 233, 235, 242, 246, 448
Flashar, Hellmut 87, 566
Fleischer, Burga 615
Fleißer, Marieluise 2, 18, 479f.
Flickenschildt, Elisabeth 2, 88, 237
Fontane, Theodor 433
Forster, Friedrich 193, 235, 251

Foucault, Michel 16f., 38, 43, 189, 544, 565f.
Fouché, Joseph 194
Fradkin, Ilja 375, 563
François, Jean-Claude 27, 30, 420
Frank, Benno 56, 58
Frank, Gustav 20
Frank, Leonhard 210f., 221f.
Frank, Manfred 43
Frank, Waldemar
Franke, Berthold
Franke, Konrad 19, 29, 70, 77, 310, 382, 493
Franz von Assisi 365
Franzen, Erich 347
Freeman, Thomas 341, 447
Freese, Rudolf 238
Frenz, Horst 89, 548
Freund, Winfried 425, 427f., 463
Freyer, Paul Herbert 71, 277f., 281, 284f., 287, 291, 294f., 297, 312f., 315, 354, 489-491, 494, 532f., 592, 601f.
Freytag, Gustav 91, 270, 518-520
Fried, Erich 488
Friedmann, Dan 562
Friedrich II., *auch* Friedrich der Große 194, 306f., 345, 420, 488
Friedrich von Sizilien, König 364
Friedrich, Hans Eberhard 206, 254, 342, 518
Friedrich, Heinz 189, 242, 246, 549, 551
Friedrich, Michael 254
Friedrich, Rainer 562
Fringeli, Dieter 429
Frisch, Max 18, 27, 83, 93f., 133, 135f., 137, 153, 183, 319, 321, 337, 386, 476, 548, 562, 566, 604
Fritsch-Vivié, Gabriele 615
Fritz, Thomas 539
Fröhlich, Paul 273
Fromm, Friedrich Karl 244, 247, 451, 459
Frühwald, Wolfgang 429
Fry, Christopher 94, 135, 148, 242, 250f., 612, 635
Fuchs, Klaus 538
Fühmann, Franz 420
Fuhrmann, Helmut 18f., 23, 25, 27, 29, 180, 311, 320, 327, 405, 407, 411, 414, 419, 425, 429, 503, 519f., 526, 582, 633
Funke, Christoph 31, 174
Fürnberg, Louis 399, 451

Gabriel, Karl 241
Gadamer, Hans-Georg 37, 86, 140
Gaëtani, Benedetto s. Bonifaz VIII.
Gaillard, Ottofritz 61, 163f., 269
Gajek, Konrad 27, 30
Galfert, Ilse 202, 268, 276, 278
Galilei, Galileo 239, 302, 355, 364, 368, 376, 389-395, 458, 565f., 575
Garbe, Hans 283, 287, 415f., 577-579
Garner jr., Stanton B. 43
Gaugler, Hans 181
Gautschky, Heiner 536
Geertz, Clifford 37
Gehlen, Arnold 9, 10, 50, 113
Gehring, Hansjörg 32, 54, 55
Geiger, Heinz 208, 238
Geis, Jacob 212, 215f., 237, 251
Gellert, Christian Fürchtegott 572
Gemünden, Gerd 411
Genet, Jean 125, 316, 330, 390, 457, 618
George, Stefan 373, 375
Gerlach, Ingeborg
Gerlach, Harald 76, 540
Germay, Robert 23
Gerz, Raimund 271, 382, 386, 388
Ghirardini, Günther 195, 199, 206
Gide, André 135, 253f.
Giehse, Therese 79, 81, 89
Giese, Peter Christian 182, 308, 488
Gilmore, Richard 53
Ginsberg, Ernst 80f., 204
Giordano, Ralph 272
Giraudoux, Jean 63, 79, 81, 89, 94, 125, 129f., 135f., 148, 194, 196, 253f., 327, 330f., 336, 373, 424, 462f., 473, 480, 522, 614, 617f., 623
Girnus, Wilhelm 271, 275
Girshausen, Theo 594
Gladkow, Fedor 262
Glaeser, Ernst 209, 246, 252f.
Gleber, Klaus 147, 149, 154, 157, 264
Glock, K.B. 364
Gluck, Christoph Willibald 23, 118
Gnade, Heinz 477
Goertz, Heinrich 65f., 95, 190, 206f., 226, 228, 237f., 251, 344, 352, 477, 516
Goethe, Johann Wolfgang 12, 56, 86f., 91, 93, 111, 130, 135, 162, 165f., 170f., 173, 176, 225, 235, 242f., 252f., 258, 264-266, 286, 342, 356, 365, 421, 435, 448, 473, 482, 505, 511, 518, 522f., 536, 550, 562, 603, 619
Goetz, Curt 87, 479
Goetz, Hanna 65
Goetz, Wolfgang 86, 444
Gogol, Nikolai Wassiljewitsch 166
Goldoni, Carlo 623

Goldschmit-Jentner, Rudolf K. 49, 443
Goll, Ivan 320
Goodrich, Frances 219
Goretti, Maria 245
Gorki, Maxim 78, 80, 166, 262, 280, 283, 285, 293, 310, 337, 469, 521, 523f., 591, 604
Görlich, Günter 281, 291, 294, 404, 591
Gorrish, Walter 240
Gortschakow, Nikolai 165
Gorvin, Joana Maria 106-109, 637
Gottsched, Johann Christoph 405
Gowe, James 57
Gozzi, Carlo 323
Grabbe, Christian Dietrich 116, 320, 368, 446f., 518, 612, 621
Grabes, Herbert 37
Grabner, Hasso 287
Graetz, Wolfgang 206
Gramsci, Antonio 564
Grange, William 129
Grantz, Max 428
Granville-Barker, Harley 104
Grass, Günter 2, 9, 17f., 22f., 28, 34, 91, 94, 318-320, 329, 336, 424, **429-435**, 447, 452, 454, 475, 513f., 545, 549, 621f., 624f., 627, 629, 631
Graubner, Gerhard 101
Gregor, Joseph 129, 132f.
Greiner, Bernhard 4f., 24, 31, 66, 401, 407f., 410, 416, 488, 494, 509, 512
Gressieker, Hermann 193f., 448, 456, 461, 476, 480, 637
Greulich, E.R. 266, 283, 294
Greven, Michael Th. 360
Grieg, Edvard 126
Grieg, Nordahl 379
Grillparzer, Franz 336
Grimm, Reinhold 562
Grimm, Roderich
Grittner, Sabine 615f.
Grobmann, Ralph 210
Groll, Gunter 18, 250, 549
Groll, Helmut 207
Gronski, Iwan 262
Gropius, Walter 102
Grotewohl, Otto 170, 259, 270, 388, 497, 527, 574, 576, 588
Grübel, Rainer 43
Gruchmann-Reuter, Margret 281
Grünberg, Karl 282, 285, 287, 294f., 297, 523, 583
Gründgens, Gustav 2, 14, 22, 31, 63, 81-83, 86, 88, 90, 92- 94, 99f., 105, 107, **110-116**, 119, 121, 127, 130-133, 135f., 140, 142, 146, 150, 157, 180, 447, 473, 477, 624
Guddat, Rolf 297
Guldin, Rainer 447f.
Guillemin, Bernard 390
Gullvag, Kare E. 428
Gumbrecht, Hans-Ulrich 8, 11
Gundolf, Friedrich 166
Günther, Sergio 295, 593f.
Gutbrod, Rolf 104
Guthke, Karl S. 428, 504
Gutkelch, Walter 194, 200, 229, 241f., 245, 248
Gysi, Klaus 70, 161

Haack, Käte 84
Haag, Ingrid 391
Haarmann, Hermann 146f., 149
Haas, Willy 111
Haase, Horst 20, 24, 227, 274, 280, 354, 502, 592
Habermas, Jürgen 10-12, 18, 66f., 380, 553, 573, 597
Hackett, Albert 219
Hacks, Peter 2, 11, 17-19, 21f., 25, 31f., 34, 43, 75-77, 95, 173, 227, 236, 259, 268f., 271, 274, 276, 278, 281, 283, 285-289, 293-295, 297, **298-308**, 309, 312, 315, 332, 344f., 353-358, 381, 390f., **395-410**, 411-413, 416, 420-422, 451, 458, 462f., 471f., 486f., 489, 491-493, 495, 497, 500, 502, 508, **509-512**, 528-530, 533f., 539f., 563, 570, 573, 581, 583, 586, 590f., 593f., 596-600, 631, 643, 645
Hadamczik, Dieter 36, 56, 81, 86, 89, 219, 245, 344, 560
Haecker, Hans-Joachim 2, 7, 17f., 22, 97f., 194, 205, 208, 223, 319, 344, 369-371, 454, 461
Hager, Kurt 400
Halden, Hans 202, 242, 249
Hall, Heinz 489, 491
Hallstein, Walter 130
Halstenberg, Armin 529-531, 533
Hamm, Christoph 239, 377
Hammel, Claus 539
Hamsun, Knut 49
Hannibal 195, 483
Hanns, Heinz 52
Hansen, Gisela 249
Häntzschel, Günter 3, 479
Hanuschek, Sven 531, 641, 643
Harden, Hannes 291
Hardenberg, Karl August 446

Hardt, Manfred 8, 10
Harich, Wolfgang 63, 86, 178, 271, 273, 293, 387f.
Harkness, Margaret 262
Harlan, Thomas Christoph 223f., 260, 609f., 642
Harlan, Veit 223
Harnack, Arvid 604
Harnack, Falk 47
Hartlaub, Geno 227
Hartmann, Anneli 277
Hartmann, Karl-Heinz 213, 314
Hasenclever, Walter 5, 56
Hasselbach, Ernst 189
Hauck, Gerhard 10
Haug, Wolfgang Fritz 374
Hauptmann, Elisabeth 592
Hauptmann, Helmut 11, 289, 584, 590
Hauptmann, Gerhart 18, 56, 111, 166, 168, 186, 253, 333, 382, 511, 547
Hauschild, Jan-Christoph 415, 436
Hausen, Max von 102
Hauser, Arnold 10
Hauser, Harald 71, 73, 162, 210, 231f., 239, 275, 284, 291f., 294-296f., 315, 344, 354, 497, 520, 523, 593, 600
Haushofer, Albrecht 516
Hausmann, Manfred 244f., 247f., 472f., 556, 636
Havemann, Robert 290
Haverkamp, Anselm 39
Hay, Julius 94, 567
Hebbel, Friedrich 56, 91, 106f., 166, 169, 362
Hecht, Werner 493f., 563, 572, 582
Heer, Friedrich 348
Hegel, Georg Wilhelm Friedrich 41, 102, 177, 309, 430, 489f., 510, 512, 523, 529, 567, 576, 643
Heidegger, Martin 37, 120, 257, 293, 427, 613
Heiden, Ellis 173
Heidingsfelder, Georg D. 367
Heidsieck, Arnold 343, 504
Hein, Christoph 581
Heine, Heinrich 522, 543
Heinen, Josef Maria 241
Heinrich VIII. 294, 311, 456
Heinrich, Klaus 109
Heinz, Wolfgang 75, 80f., 167f., 174
Heinze, Helmut 181, 563
Heinze, Herbert 297
Heise, Wolfgang 52, 182, 186, 267, 392, 409, 414, 439, 489, 563
Heiseler, Bernt von 194, 203, 207, 210, 243-245, 516, 518
Heisenberg, Werner 300, 413, 456, 528, 564, 595
Heiser-Duron, Meredith A. 293, 387, 574
Heiss, Hermann 124
Heißenbüttel, Helmut 23
Heitz, Raymond 401
Helbling, Robert E. 343
Held, Hans Ludwig 99
Held, Martin 109
Hellberg, Martin 169
Heller, Agnes 24
Heller, Erich 281
Heller, Heinz-B. 15
Hellman, Lillian 55, 57
Henker, Paul R. 305
Henning, Peter 279, 491
Henrichs, Helmut 48, 390
Hensel, Georg 108, 121, 213
Hensing, Dieter 331, 411, 436
Henze, Herbert 63, 102
Herbst, Karl 241
Herde, Lars 581
Herder, Johann Gottfried 165
Hermand, Jost 1, 173, 308, 412, 416, 418
Hermann, István 267
Hermanowski, Georg 242, 244, 246, 252, 472f., 555
Herrmann, Elisabeth M. 69
Herrmann, Klaus 206, 476
Herrmann, Otto
Hermlin, Stephan 239, 272, 420, 592
Herostrat 193
Hertling, Ralf 356f.
Herzfelde, Wieland 262, 422
Herzog von Alba (d.i. Fernando Álvarez de Toledo y Pimentel) 193
Hessen, Robert 272
Hessling, Hans 141
Heukenkamp, Rudolf
Heukenkamp, Ursula 4, 28, 69
Heuschele, Otto 366
Hey, Richard 2, 4, 7, 17f., 41f., 50, 93, 96, 116, 189, 205, 251, 319, 331, 336f., 345f., 348, 429, 451f., 454, 480, 483-485, 506, 534, 621, 629, 633, 635, 640f.
Hickethier, Knut 133, 138
Hildesheimer, Wolfgang 2f., 7, 18, 22, 28, 51, 93, 148, 194, 316-319, **320-329**, 336, 359, 369, 371, 410, 414, 429, 433f., 445f., 452, 454, 457, 486, 513, 549, 607, 611, 618f., 621f., 626, 627, 629f., 635

Hillmann, Heinz 418
Hilpert, Heinz 82, 93, 124, 126, 128-130, 132f., 135, 142, 150, 189, 193, 224, 234, 243, 250, 475, 537, 632
Himmler, Heinrich 507
Hinck, Walter 29, 378, 475, 488, 611
Hinderer, Walter 379, 383, 385
Hintze, Joachim 156
Hirche, Peter 2, 9, 73, 196f., 317, 331, 345, 369, 452, 551, 561, 636f.
Hirsch, Wolfgang 323
Hirschfeld, Alexandra von 279, 422f.
Hirschfeld, Kurt 78, 80, 104, 111, 251
Hitler, Adolf 2, 12, 49, 56, 60, 78, 80, 86, 88, 105f., 121, 138, 141, 167, 182, 190, 193f., 200, 205, 207-211, 220, 226, 228, 243, 247, 258, 297, 306, 311, 315, 332, 345, 347-349, 352, 360, 374, 377, 381, 414, 417, 420, 444, 446, 451, 464f., 478f., 488, 504, 508, 544, 546, 580, 608f.
Hobbes, Thomas 190
Hochhuth, Rolf 15, 21, 26, 35, 129, 151, 156, 159f., 219, 359, 532
Hochschild, Arlie R. 7
Hochwälder, Fritz 146
Höcker, Karla 84
Hoefert, Sigfrid 547
Hoffmann, Christa
Hoffmann, Gerhard 7
Hofmann, Heinz 461
Hofmannsthal, Hugo von 41, 334, 371, 475, 512, 519, 537, 612, 635
Hohnhäuser, Josef 59
Hohoff, Margarete 135
Hölderlin, Friedrich 124, 578
Hömberg, Hans 112
Honegger, Arthur 135
Honnef, Theo 406
Honold, Rolf 73, 206, 212, 228
Honsell, Robert 233
Honsza, Norbert 19, 27
Hoppe, Marianne 111, 113
Hörisch, Jochen 14, 118
Horkheimer, Max 355, 391
Horn, Elfriede 197
Horn, Herbert 287, 491, 601
Horn, Peter A. 357, 446
Horneffer, Ernst 516
Hornung, Alfred 7
Horváth, Ödön von 93
Horwitz, Kurt 80, 81
Hörz, Helga 236
Hubalek, Claus 33, 50, 73, 194, 210, 222, 228f., 231, 350, 457, 480, 518, 608f., 633, 640f.
Hübner, Kurt 145
Hüfner, Agnes 15
Hugenroth, Klemens 256
Hugo, Victor 607
Hull, Heinz 192
Humble, Malcolm 436
Hummel, Adrian 3
Hüppauf, Bernd 21
Hurwicz, Angelika 269
Hus, Jan 309
Husserl, Edmund 106
Huyssen, Andreas 23, 205

Ibsen, Henrik 78, 107, 125, 166, 174, 333, 511, 519f.
Ihering, Herbert 17, 48, 62, 89, 95, 162f., 175, 177f., 271, 289, 379, 518, 562
Ilf, Ilja 501
Illing, Werner 189, 228
Infeld, Leopold 564
Innozenz, Papst 364
Ionesco, Eugène 6, 8, 10f., 13, 15-18, 21f., 26, 93f., 97, 121f., 123-126, 129f., 148f., 205, 241, 251, 293, 316-320, 322f., 325-327, 330f., 334, 339, 344, 351, 414, 423, 429f., 432, 435, 445, 456f., 501, **512-515**, 530, 557, 604, 611, 618-621-623, 626-630, 641
Iser, Wolfgang 11, 37-40, 85, 119f., 127, 136, 476, 565, 567
Italiaander, Rolf 1, 91
Iwanow, Wsewolod 165

Jaesrich, Hellmut 137
Jäger, Andrea 76, 396, 402, 408
Jäger, Christian
Jäger, Erwin 340
Jäger, Manfred
Jagger, Mick 3
Jahnn, Ellinor 341
Jahnn, Hans Henny 12, 26, 29, 50, 91, 93, 108, 111, 116, 153f., 189f., 239, **338-341**, 359, 446-448, 459, 543, 638, 640
Jameson, Fredric 562, 570
Jannidis, Fotis 43
Jansen, Karin 164
Japp, Uwe 25, 446
Jarmatz, Klaus 526
Jarry, Alfred 8, 121, 316, 320
Jaspers, Karl 13, 50, 212, 245, 251, 342
Jatho, Carl Oskar 246

Jauß, Hans Robert 565
Jean Paul 313, 481
Jefimow, Alexander Wladimir 311
Jehle, Volker 322-327, 329
Jenkinson, David 563, 570
Jens, Walter 6, 10, 24
Jenssen, Otto 287
Jeßner, Leopold 15, 97, 105, 118, 138-140, 170, 173
Jesus Christus 245f., 252, 301, 365f.
Joachim von Fiore 249
John, Erhard 266
John, Hans-Rainer 170, 268
Jomeyer, Joachim 638
Joho, Wolfgang 61, 271f.
Joost, Jörg-Wilhelm 266
Jostau, Jakob (d.i. Jakob Stauder) 278, 294, 491
Jouvet, Louis 81
Jovian, Flavius Claudius Jovianus 352, 484
Joyce, James 262, 550
Judas Ischariot 242, 244, 246
Julian (römischer Kaiser) 352, 484
Jung, C.G. 131, 223, 255, 370
Jung, Ilse 47, 88, 92, 94, 237, 636
Jünger, Ernst 50, 227
Jungnickel, Rudolf 446

Kadow, Manes 252
Kaes, Anton 86
Kafka, Franz 135, 316
Kahane, Arthur 86
Kahler, Ernst 95, 168
Kähler, Hermann 30, 400, 404
Kahn-Ackermann, Georg 59
Kaiser, Georg 62, 78, 91, 96, 129, 227, 535
Kaiser, Gerhard R. 24, 30, 96, 408
Kaiser, Helmut 11, 289
Kaiser, Hermann 89, 94, 117, 119, 121, 319, 362, 372
Kaiser, Jakob 248
Kaiser, Joachim 3, 23, 35, 111, 115
Kalb, Jonathan 414
Kalow, Gert 154
Kandinsky, Wassily 616
Kant, Immanuel 147, 165, 234-236, 267, 310, 347, 356, 380, 391, 404, 447, 481
Kantorowicz, Alfred 91, 199, 213, 266, 291f., 294-296, 314f., 355, 449, 528
Kapp, Wolfgang 314
Karasek, Hellmuth 19, 27, 29, 90, 338, 429, 477, 519, 531, 560, 644
Karbach, Walter 292, 350, 499f., 502, 531f., 643-645
Karl II. 361f.
Karl X. 194
Karl, Armin 297
Karl, G.P. 271
Karsch, Walter 85, 111, 120, 139, 203, 244, 369, 424
Karsunke, Yaak 3
Kaschnitz, Marie Luise 2, 192, 246, 252, 254f., 344, 347
Kässens, Wend 429
Kassil, Lew 283
Kast, Peter 272
Kästner, Erich 199, 207f., 238, 350, 424, 452, 457, 485, 505, 517f., 558
Kaufmann, Charlotte 348
Kaufmann, Hans 52, 384, 594f., 600
Käutner, Helmut 640
Kavanagh, R.J. 378
Kayser, Karl 167f., 313
Keckeis, Hermann 635
Keisch, Henryk 76, 166, 168f., 174f., 239, 268f., 275, 278, 280, 284, 291f., 307, 315, 496f., 519
Keller, Andreas
Keller, Gottfried 496
Keller, Herbert 11, 249, 270, 280, 285, 295f., 594, 596, 599
Keller, Werner 361, 367
Kempner, Friederike 399, 451
Kerndl, Rainer 210, 268, 293f., 354f., 410, 594
Kerr, Charlotte 17, 123, 141
Kersten, Anne 106
Kersten, Heinz 30, 63, 70, 165, 382
Kesting, Marianne 28, 184, 320, 333, 429, 445, 519, 631
Ketelsen, Uwe-Karsten 35, 129, 227, 302, 304f.
Kiesel, Helmuth 1, 2, 5, 6, 10, 11
Kiewert, Walter (d.i. Walter Schröder) 190, 260, 446f.
Kilger, Heinrich 108
Kilz, Hans-Otto 287f., 491
Kim, Hyung-Ki 569
King, Janet K. 69
Kipphardt, Heinar 2, 15, 17f., 22, 35, 71, 94f., 97, 146, 160, 174, 194, 204, 213, 220, 223, 225, 229, 249, 274, 278, 285, 289, 292f., 297, 314, 332, 337, 344, 350, 353, 356, 398, 409f., 449-451, 492, 494, 497-502, 507f., 519f., **528-534**, 541, 551f., 593, 597, 608, 634, 642-645
Kirberger, Bettina 213
Kirchhoff, Ernst 637
Kirkland, Jack 532

Kirsch, Sarah 73
Kirst, Hans Hellmut 190, 193, 195, 206, 209, 483, 549
Klapper, John 245
Klatt, Gudrun 179, 593, 642
Klein, Christian 417
Klein, Matthäus 236
Kleineidam, Horst 286, 355
Kleinschmidt, Erich 453
Kleinschmidt, Karl 286, 310, 451, 533
Kleinschmidt, Sebastian 357
Kleist, Ewald von 304
Kleist, Heinrich von 56, 86, 121, 125, 130, 169f., 176, 199, 319f., 429, 446, 499, 518, 612, 621
Klemperer, Victor 449
Kleßmann, Christoph 241
Klocké, Gerhard 194, 476
Kloepfer, Albrecht 374f., 384, 572
Klotz, Ernst 505
Kluge, Alexander 99, 411
Knappstein, Karl Heinz 248
Knauth, Joachim 279, 291, 293-295f., 308f., 311-314, 452f., 462, 489, 495f., 502f., 507, 520, 593, 596, 600
Knoll, Wolfgang Friedrich s. Wolf-Fried
Knöller, Fritz 194, 207, 504
Knopf, Jan 267, 377, 379, 389, 488, 561f., 570, 581
Knuth, Gustav 82
Kobbes, Friedrich-Carl 254, 549
Koch, Heinrich 97, 100, 105, **116-128**, 133, 135, 156-158, 236, 275, 280, 635, 639
Koebner, Thomas 23, 28, 105, 126, 205, 327, 425
Koeppel, Jochen 283, 286
Koetzle, Michael 3
Kofman, Sarah 213
Kogon, Eugen 134, 214
Kohl, Helmut 10
Köhler, Gerald 14, 31, 104, 121, 123f.
Kohlhaas, Wilhelm 194f.
Kolakowski, Leszek 572
Kolander, Friedrich 221, 226, 241, 319, 338
Koller, Alexander 342, 425
Köllner, Hans-Fritz 190, 216, 237, 251
Koltès, Bernard-Marie 16
Konfuzius 552
Koopmann, Helmut 374, 566
Kopernikus 198
Korb, Peter 277, 295, 311, 601
Kord, Peter 72
Korn, Karl 100
Korn, Vilmoš 225, 310
Kornejtschuk, Alexander 313
Kornfeld, Paul 5
Kortner, Fritz 2, 15, 22, 87, 93f., 96, 110f., 113f., 133, 135, 137, **138-145**, 147, 155-158, 169, 173f., 186, 208, 318, 349, 455, 547
Koß, Siegfried 54
Kotzebue, August von 405
Kowa, Victor de 87, 233, 241
Kraft, Zdenko von 248
Krah, Hans 338, 340
Kranz, Dieter 175f., 313
Krapp, Annemarie 241
Krauss, Konrad 60
Křenek, Ernst 3, 124
Kreuzer, Helmut 31
Krischke, Traugott 196
Kristeva, Julia 37, 42
Kriwet, Ferdinand 104, 637
Kroetz, Franz Xaver 479
Kröll, Friedhelm 4, 22
Krumm, Albert 179
Kruntorad, Paul 19
Kuba (d.i. Kurt Barthel) 75, 160, 169, 268, 273, 276, 281, 286, 296, 309, 591, 594, 600
Kubsch, Hermann Werner 65, 227, 265, 278-282, 285, 294f., 354, 523
Küchenmeister, Claus 314, 596
Küchenmeister, Wera 314, 596
Kuckhoff, Armin-Gerd 61, 163, 167, 214
Kuhbier, Heinz s. Coubier, Heinz
Kühlken, Edda 31, 86, 113-115
Kuhn, Fritz 278, 287, 290f., 294, 344, 491, 496f., 507f.
Kühne, Erich 270f., 491, 592
Kühnelt, Hans Friedrich 238
Kühnl, Reinhard 289
Kunkel, Erhard 595
Kunow, Rüdiger 7
Kupsch, Joachim 294, 296, 315, 492
Kurella, Alfred 73, 162, 175, 269, 272f., 275f., 283, 285f., 450, 534, 540, 567, 600
Kurz, Gerhard 20
Kurzweg, Volker 64, 310f.
Kuschel, Karl-Josef 322

Laass, Henner 629
Lacan, Jacques 38, 39
Lachmann, Renate 39
Lackner, Stephan 192
Lampel, Peter Martin 29, 72, 194f., 252, 314, 557f., 558f., 637

Lang, Lothar 307
Lang, Otto 61, 71, 163-165, 270
Lange, Hartmut 17, 19, 276, 286, 297, 354-358, 390, 399, 405, 407, 451, 570, 573
Lange, Helmut 374
Lange, Horst 49, 88, 92, 95, 194, 251f., 254, 371, 444f., 517, 636
Lange, Wigand 20, 23, 27, 32, 34, 53-55, 57f., 87f., 98, 165, 205, 330, 633
Langemeyer, Peter 389
Langenbeck, Kurt 192, 234, 238, 338, 459, 516
Langgässer, Elisabeth 536
Langguth, Frauke 11
Langhoff, Wolfgang 19, 71, 75f., 80, 95, 163, 167f., **170-176**, 274, 278, 302, 305, 308-310, 313, 502, 528f., 532f, 541, 643
Langner, Ilse 2, 33, 148, 191, 209f., 216, 226, 237f., 252, 343
Laschitza, Horst 60
Lasky, Melvin J. 57
Lassalle, Ferdinand 207, 254, 260, 264, 359, 505
Latsch, Günter 602
Lattmann, Dieter 47
Laube, Horst 402, 408
Lauckner, Rolf 192f., 197, 199, 207, 245
Lauer, Gerhard 43
Laughton, Charles 181
Lauscher, Ilona 562
Lavery, Emmy 241
Lazis, Anna 145, 147, 466
Lea, Henry A. 323
Leddihn, Inge Maria 129
Lederer, Herbert 31
Lehmann, Hans-Thies 2, 4, 16, 103, 123, 328, 374, 418, 563, 616, 626f., 641
Leisner, Wulf 194, 226, 477
Lemarchand, Jacques 459
Lemp, Liselotte 242
Lenin, Wladimir Iljitsch 32, 175, 223, 260-262, 266, 269, 270, 282, 287, 289, 311, 355f., 381, 417, 552, 565, 598, 601
Lenz, Siegfried 34, 93, 116, 208, 211f., 317, 342, 348, 635
Leonhard, Rudolf 33
Leonhardt, Hans Walter 194, 200, 242, 252, 551
Leonow, Leonid 262
Lessing, Gotthold Ephraim 12, 85f., 91, 94, 165f., 176, 225, 264, 270, 305, 469, 471, 498, 518f., 522, 532
Leuschner, Ulrike 3
Leuteritz, Gustav 522
Levi, Paolo 251
Levin, Charles 43
Lewin, Willi 69
Leykam, Christine s. Kaufmann, Charlotte
Lichnowsky, Mechtilde 194, 459
Liebmann, Kurt 276, 600
Liebknecht, Karl 287
Lierke, Walther C.F. 109
Lietzau, Hans 91, 94
Lietzmann, Sabina 1, 28, 91f., 193, 204
Lietzmann, Ursula 427
Lilje, Hanns 249
Limbach, Adelheid 133f.
Lindtberg, Leopold 48, 79-81, 85, 104, 234
Linfert, Carl 109
Link, Jürgen 20, 578f.
Linke, Dieter 280, 601
Links, Fritz 305
Lintzel, Martin 65, 203, 347, 373, 505
Linz, Eugen 194, 236, 242, 250, 252
Linzer, Martin 489, 507
Little, Bruce 238, 338
Livius 443
Lohmeier, Anke-Marie 12, 443
Lohner, Edgar 9
Lommer, Horst 88, 194, 199, 209, 213, 226, 260, 343f., 373, 444, 477
Lope de Vega 511
Lorbeer, Hans 273
Lorca, García 107
Lotar, Peter 91, 135, 206
Lucke, Hans 73, 227, 249, 271, 275, 277, 280, 285, 291-293, 295-297, 308, 311, 314f., 450, 491, 520, 593, 600f.
Luckner, Heinrich Graf 360, 365f.
Lucullus, Lucius Licinius 193
Lüdecke, Heinz 177
Ludwig XI. 603
Ludwig, Janine 422
Ludwig, Karl-Heinz 271, 562
Luft, Friedrich 58, 84, 94, 137, 141, 152, 478
Luhmann, Niklas 184
Lukács, Georg 62, 73, 177f., 261f., 264, 266-269, 271, 276, 296f., 313, 402, 461, 524, 528, 567, 592
Lusset, Félix 63, 90
Lüth, Erich 444
Luther, Martin 311, 552
Lütkehaus, Ludger 368
Lutz, Joseph Maria 242
Luxemburg, Rosa 564
Lyon, James K. 580

Lyotard, Jean-François 6-8, 13, 16, 159, 180, 213, 250, 320, 364, 562

Maczewski, Johannes 31, 281, 402, 407
Mäde, Hans-Dieter 167-169
Maeterlinck, Maurice 619
Mahl, Bernd 70
Mahlke, Stefan 374
Maier-Schaeffer, Francine 582
Majakowski, Wladimir 262, 375, 592
Makarenko, Anton 262
Makarowa-Linfert, Araca 123
Malenkow, Georgi Maximilianowitsch 530
Mallad, Heike 323
Malraux, André 96, 124, 262, 626
Maltz, Albert 57
Maltzan, Carlotta von 423
Mandelkow, Karl Robert 86, 263
Mann, Heinrich 496
Mann, Thomas 12, 264, 267, 562
Mansfeld, Michael 203, 206, 210, 452
Mao Tse-Tung 260, 293, 313, 388, 525, 565, 579, 598
Maraun, Frank 195
Marcel, Gabriel 250
Marchwitza, Hans 273, 581
Margarete von Schottland 603
Maria Stuart 198
Marquardt, Matthias 266
Marshall, Catherine C. 53, 259
Martin, Bernhard 241
Martin, Claude 53
Martin, Karlheinz 57, 62, 87, 89f., 107, 177
Martinez, Matias 43
Martini, Fritz 27
Marwitz, Roland 200, 210f., 252
Marx, Karl 234f., 249, 261f., 264, 266f., 279, 282, 284f., 288, 309, 313, 388, 421, 436, 489f., 494f., 510, 512, 576
Matchenz, Horst 519
Mathies, Frank-Wolf 413
Matusche, Alfred 2, 19, 22, 34, 95, 178, 226, 276, 281, 297, 308, 314, 348, 350, 390, 405, 492, 517, 520, 528, 530, 533, **539-548**, 593
Matusche, Friedsorg 542
Matusche, Gottfriede 542
Matusche, Treusorg 542
Matuschek, Stefan 38, 39
Mauranges, Jean-Paul 548
May, Ferdinand 296, 311
May, Gisela 174
Mayer, Hans 19, 70, 105, 109, 177f., 186, 255, 273, 572
Mazenauer, Beat 634
McGowan, Moray 438
Mehl, Dieter 216
Mehring, Franz 176, 186
Meichsner, Dieter 231, 635
Meier, Heinrich Christian 216f., 252, 550, 558f., 636
Melchinger, Siegfried 48, 127f., 189f., 612
Meller, Rose 208, 237
Mellinger, Frederic 56, 330
Mendelssohn, Moses 225
Mengele, Josef 221
Mennemeier, Franz Norbert 29, 425, 504, 562
Mensak, Alfred 452
Menzel, Wolfgang 368
Merkel, Konrad 601
Mertz, Franz 94, 117, 120
Mewes, Joan Carl 200, 234, 237, 240
Meyenburg, Alexandra 164
Meyer, Rolf 477
Meyerhold, Wsewolod Emiljewitsch 104, 108, 148, 163, 263, 614
Mhé, Margarethe 124
Michaud, Helmuth 459
Michel, Karl 206, 642
Michelsen, Hans Günter 22, 125, 330, 351, 457
Michelsen, Peter 377f.
Miedel, Klaus 150
Mieth, Corinna 436, 438
Mieth, Matias 410, 415
Milfull, John 379, 561, 570, 573
Miller, Arthur 55, 57, 63, 89, 128f., 135f., 148, 189f., 251, 276, 330, 459, 480
Miller, Nikolaus 641
Minetti, Bernhard 319
Minetti, Hans-Peter 176
Mitscherlich, Alexander 205, 210, 219, 236f.
Mitscherlich, Margarete 205, 210, 219, 236f.
Mittenzwei, Werner 19, 30, 62, 74, 78f., 164, 178, 238f., 262, 271, 414f., 520, 525, 570
Moers, Hermann 2, 33, 330, 335f., 457, 549, 625
Mohamed 234, 482f.
Molart, Pierre du 245
Molière 176, 182, 500, 523
Molotow, Wjatscheslaw 239
Mon, Franz 23
Monato, Max 348
Mons-Franken, Paul 241
Montaigne, Michel de 392, 395

Montijn, Aleida 151, 157, 642
Mörchen, Helmut 10
Morgenthau jr., Henry M. 53, 54
Morley, Michael 584
Mostar, Herrmann 56, 192, 194f., 200, 203, 206, 210f., 237, 241, 243, 247, 251f., 476, 516, 549
Motekat, Helmut 4, 29
Mueller-Stahl, Hagen 151, 286, 313, 417, 593f.
Mugrauer, Hans 134
Müller, Adam 290
Müller, André 73, 166, 169
Müller, Artur 206f., 228, 242, 244, 362
Müller, Dieter 89
Müller, Hans-Joachim 430
Müller, Heiner 2, 11, 14, 16-19, 21f., 25, 30-32, 34, 41, 43, 75f., 95, 114, 123, 182, 186, 190, 192, 194, 211, 225-227, 257, 271, 275-279, 285-287, 289, 296f., 308-310, 313, 315, 317, 337f., 340, 344-346, 348, 353-355, 357f., 362, 366f., 379, 383, 389f., 392, 396f, 399, 401, 403, 404f., 408f., **410-423**, 424, 427f., **435-439**, 451, 458, 463, 486-488, 491f., 505, 508f., 533, 539f., 543, 563, 566, 570, 573, 577, 579-581, 583, 585f., 590f., 593f., 596-600, 627, 635, 642
Müller, Henning 32, 57, 225, 520, 522, 526
Müller, Inge 76, 275, 286, 313, 415
Müller, Klaus-Detlef 8, 181, 266, 377, 379, 382, 393, 566, 568, 580
Müller, Kurt 551
Müller, Severin 225, 374
Müller, Wolfgang S. 214
Müller-Glösa, Otto 47, 206, 518
Müller-Michaels, Harro 376
Müller-Schöll, Nikolaus 186, 412, 416f., 421
Müller-Waldeck, Gunnar 311, 469, 498f., 531, 606
Mumelter, Maria 241, 244
Mumford, Meg 584
Mund, Wilhelm Michael 88, 237, 242, 247, 636
Mundorff, Hans 91
Münz, Rudolf 39
Münz-Koenen, Ingeborg 24, 60, 70, 177, 180
Müntzer, Thomas 249, 309f., 462
Muschg, Walter 154
Müthel, Lothar 125
Nagel, Ivan 145
Nahke, Eva 307
Napoleon III. 478
Napoleon Bonaparte 150, 194-196, 210, 228, 311f., 358, 444, 446, 476, 483, 552, 560
Nasser, Abd el- 194
Nawrath, Marta 281, 294, 601
Nebhut, Ernst 479
Nedden, Otto Carl August zur 238, 252, 642
Negt, Oskar 67
Neher, Caspar 82, 143, 592
Nehring, Elisabeth 117
Nell, Peter 226, 277, 296, 314
Nero 193
Nestle, Wilhelm 252f.
Nestroy, Johann 409, 495
Neuberin, Caroline Friederike 171
Neubert, Kurt Robert 192, 235, 237, 476
Neubert, Werner 275
Neuhaus, Lutz 199, 244
Neuhaus, Wolfgang 594f.
Neumann, Alfred 145, 149-152, 192, 209, 228, 242, 466
Neumann, Günter 477f.
Neumann, Marion 72
Neveux, Georges 251, 611f.
Newton, Isaac 347
Nieberle, Sigrid 3
Niedhart, Gottfried 12, 35
Niefanger, Dirk 27
Niehoff, Karena 124
Niekisch, Ernst 63, 178
Niethammer, Lutz 281
Nietzsche, Friedrich 41, 252, 254, 257, 266, 364, 437, 462f., 535f., 614
Nikolaus I. (russischer Zar) 363
Nobel, Alfred 238
Noelte, Rudolf 108, 133
Nolting-Hauff, Wilhelm s. Barnewold, Ernst
Nordstrand, Karl O. 222
Nossack, Hans Erich 640
Nössig, Manfred 24, 80, 161f., 168, 170, 174f., 176, 354, 491, 633
Novalis 475
Nürnberg, Ilse 279, 354, 491

Obad, Vlado 436
O'Casey, Sean 51, 143, 148, 206
Octavian 207
Odets, Clifford 55, 57, 63
Oehler, Dolf 8
Oehlmann, Werner 124

Oelschlegel, Gerd 9, 40, 93, 111, 116, 202, 230, 251, 319, 334, 336, 424f., 445, 459, 517f., 549, 633, 635
Oelssner, Fred 179, 287f.
Oettinger, Uz 81
Oh, Seong-Kyun 562
Oliva, Achille Bonito 10
O'Neill, Eugene 21, 26, 56, 63, 74, 79, 89, 97, 129, 132, 135, 148, 194, 241, 253, 460, 558
Onderdelinden, Sjaak 31
Oppel, Horst 89, 548f.
Orff, Carl 3, 123f., 135
Origenes 245
Osborne, John 349
Ostmeier, Dorothee 615
Otto (I.) von Lüneburg-Braunschweig 364
Otto, Teo 79, 81, 89, 104, 114, 136, 140
Otto, Walter F.
Ovid 359

Paarmann, Heinz 65
Palfreyman, Rachel 20
Palitzsch, Peter 94, 145, 185
Pamperrien, Sabine 313, 412, 415
Panfijorow, Fjodor 262
Päpstin Johanna 245
Parker, Stephen 20
Parth, Wolfgang W. 55
Partilla, Wilhelm 245
Paryla, Karl 80f., 168
Patraka, Vivian M. 214
Patrick, John 219
Patterson, Michael 27, 29
Pauli, Manfred 539
Pauling, Linus Carl 391
Pausch, Holger A. 30
Pausch, Rolf 101
Paz, Octavio 9
Peiper, Walter 112
Peitsch, Helmut 228, 231, 239, 295, 297, 449
Pelzer, Jürgen 477
Pempelfort, Karl 134
Penzoldt, Ernst 207, 233
Peregrin, Peter 22, 194, 212, 347, 371f., 484
Perottet von Laban, André 102
Perpetua, Schwester 245
Perten, Hanns Anselm 65, 74, 169, 594
Pestalozzi, Johann Heinrich 435
Peter I. (russischer Zar) 363
Peterich, Eckart 190, 195, 479, 516
Peters, Carl 242
Peters, Heinrich 498
Peters, Peter 31
Petersen, Jan 273
Petrow, Jewgeni 501
Petrus 258, 301, 468
Petrus von Murrhone s. Cölestin V.
Petsch, Joachim 117
Petzet, Wolfgang 36, 87, 94, 207, 504f.
Peymann, Claus 524
Pfeiffer, Hans 204, 226, 239, 276, 278, 281, 283f., 286, 290f., 294-296f., 354, 400, 461, 600f., 638
Pfeiffer, Herbert 520, 549
Pfelling, Liane 11, 160, 162, 164-168, 173, 212
Pfützner, Klaus 146, 275, 594f., 602
Philipp IV. von Frankreich 361
Philipp von Schwaben 364
Philpotts, Matthew 20, 581f., 584, 589
Phoebus, F. (Pseudonym) 213, 451, 549
Picard, Hans Rudolf
Picard, Max 348
Picasso, Pablo 97, 131, 252, 296
Pieck, Wilhelm 263, 287, 582
Piens, Gerhard 274
Pietzcker, Carl 343
Pike, David 57
Pilaczek, Richard 88, 208, 211, 246f., 343, 516, 551
Pilatus 242
Pilnjak, Boris Andrejewitsch 263
Pinter, Harold 26, 125, 319
Pintzka, Wolfgang 581
Pirandello, Luigi 97, 132, 522, 553, 619
Piscator, Erwin 2, 6, 8, 15, 22, 31, 51, 93f., 96f., 102, 105, 127, 133, 135, 137, 141, **145-160**, 175, 209, 220, 223, 228, 237, 251, 271, 292, 338, 394, 417, 460, 466, 474, 521, 526-529, 531f., 576, 581, 592, 595, 598, 634f., 637, 639f., 642-644f.
Pitschmann, Siegfried 278f., 287, 291f., 294, 591, 601, 635
Pius XII., Papst 258, 468
Platon 245, 446
Plavius, Heinz 587
Plechanow, Georgi Walentinowitsch 269
Pledath, Werner 305
Plessner, Helmuth 38, 39
Plett, Peter C. 486
Plievier, Theodor 427, 608
Plotin 245
Plumpe, Gerhard 8
Pocci, Franz von 305
Podehl, Peter 192, 240, 517f., 549
Poe, Edgar Allan 238, 477

Pogodin, Nikolaj Fjodorowitsch 313
Pohl, Gerhard 69, 264
Pohl, Martin 392f., 579, 581
Pollatschek, Walther 49, 71, 259, 521, 523, 525-527, 546
Pons, Peter 285, 287, 297, 344, 491, 601
Poore, Carol 238, 338
Popov, Ivan Libertov 425
Popper, Karl R. 260
Pott, Wilhelm Heinrich 34
Potthast, A. 64, 65
Pracht, Erwin 269, 275
Preetorius, Emil 40, 48
Presley, Elvis 3
Priestley, John 63, 68, 351
Prodöhl, Günter 297
Profitlich, Ulrich 23, 30, 281, 288, 302, 304, 306, 337, 354, 401, 409, 423, 463, 475, 488, 504
Prokofjew, W. 164
Proust, Marcel 262
Prüfer, Guntram 145, 149-152, 209, 228, 466, 640
Prusias I. von Bithynien 195, 483
Przywara, Erich 361, 368
Puknus, Heinz 327, 513
Puschkin, Alexander Sergejewitsch 444

Quadflieg, Will 114-116
Quint-Wegemund, Uschi 629

Rabelais, François 405, 435
Rachmanow, Leonid 63, 94
Raddatz, Frank-Michael
Raddatz, Fritz J. 19, 30, 355, 520
Rahner, Mechthild
Raky, Hortense 80
Rathenow, Lutz 413
Rave, Ortwin 102
Raynal, Paul 94
Razum, Hannes 98
Redslob, Edwin 195, 241, 243, 245
Reed, John 313, 417
Rehberg, Hans 194, 197, 252, 445f., 460
Rehfisch, Hans José 33, 74, 91, 192, 194, 201, 207, 226, 228, 239, 251
Reich, Bernhard 145, 147f., 466
Reich-Ranicki, Marcel 197, 320
Reichert, Franz 119
Reichwald, Fred 278, 285, 287, 294, 297, 354, 461
Reif, Guido 190, 192, 202, 211, 228, 237, 242, 248, 449, 459, 549
Reimann, Brigitte 278f., 287, 291f., 294, 591, 601, 635
Reimann, Max 521
Reinhardt, Max 15, 85f., 97, 129, 138, 162, 167, 170, 174
Reinhold, Ursula 604, 638
Remarque, Erich Maria 196, 206, 220, 350f.
Rembrandt van Rijn 446
Rémi, Cornelia 635
Renn, Ludwig 227, 239
Rennert, Hal H. 238
Rentzsch, Gerhard 279, 281
Rice, Elmar 550
Richter, Hans-Werner 2, 34, 41, 233
Richter, Karl 475, 488
Richter, Manfred 227, 278, 286, 314, 596
Richter, Walter 81
Rickes, Joachim 4
Ricoeur, Paul 260
Riedel, Volker 259, 368
Riemenschneider, Heinrich 130
Riemenschneider, Tilman 207
Riemer, Hermann E. 212, 229, 252, 347
Rienäcker, Gerd 580
Rieser, Ferdinand 78
Riess, Curt 82, 478
Riewoldt, Otto F. 19, 25, 32-34, 64, 69, 72-74, 160, 169, 224, 316, 320, 539, 596, 605
Rilla, Paul 95, 166, 177, 260, 271, 449
Ringelband, Wilhelm 122, 319
Rischbieter, Henning 3, 27f., 35, 87, 89, 104, 110, 113f., 133, 139, 142f., 429, 452, 486, 519
Roberts, David 21, 23
Robespierre, Maximilien Marie Isidore de 207, 481
Rockefeller, John D. 552
Rödel, Fritz 419, 600
Rodenberg, Hans 62
Rodewald, Dierk 323, 325
Rohde, Hedwig 2, 88, 214f., 226, 240, 252
Rohk, Dietrich 226f.
Röhm, Ernst Julius 608
Rohmer, Rolf 412, 596
Röhricht, Gertraude 278, 295, 315, 601
Rokem, Freddie 611
Rolland, Romain 168
Rorrison, Hugh 418
Rombach, Otto 194, 237, 347, 358
Roscher, Achim 11, 289
Rose, Paul 107
Rosellini, Jay 311
Rosenzweig, Franz 453
Roßbacher, Heinrich 202, 226

Rossmann, Hermann 194-196, 226, 230, 235, 251, 319, 358, 424, 446, 461, 518, 635f.
Rotermund, Erwin 205, 536
Roudinesco, Elisabeth 17
Rouget de Lisle, Claude-Joseph 207
Rousseau, Jean-Jacques 190, 435, 614
Roussin, André 251
Rücker, Günther 593
Rückert, Friedrich 568, 587
Rudolph, Johanna 273, 410
Rudorf, Günter 206, 209, 230, 251, 319, 636, 638
Rühle, Günther 34, 137, 641
Rühle, Jürgen 229
Rühmann, Heinz 144, 319
Rühmkorf, Peter 24
Ruhnau, Werner 102, 103
Rülicke(-Weiler), Käthe 416, 490, 492, 500, 563, 574, 577, 580, 582, 589, 593
Runkehl, Karla 305
Ruppel, Karl H. 17, 47, 86, 208, 369, 549
Russell, Bertrand 391
Rutenborn, Günter 40, 194, 228, 241-244, 246-248, 252, 346, 365, 448, 459f., 466f., 472f., 481, 516, 555, 636

Sabais, Heinz-Winfried 234f.
Sachs, Hans 310
Sachs, Nelly 2, 18, 22, 28, 43, 129, 214, 342, 516, 613, 615-617, 619, 633
Sakowski, Helmut 30, 32, 52, 277-279, 284, 286, 294, 356, 491, 590f., 633
Salacrou, Armand 63
Salomon, Horst 281, 296, 337
Sander, Hans-Dietrich 20, 295, 461
Saroyan, William 56, 135, 235, 250, 424
Sarti, Rita 130
Sartre, Jean-Paul 17f., 38, 53, 58, 63f., 79, 90, 97, 108-112, 116, 120, 129, 135, 146, 148, 150, 194, 196, 206, 212, 225, 234, 250, 253-257, 276, 297, 316, 330, 342, 351, 365, 390, 424, 457, 522, 550, 562, 637
Saße, Günter 641
Sattler, Hanns Walther 54, 98
Sauer, Günther 88, 92, 213, 226, 237, 475, 478, 635
Saunders, James 319
Sautermeister, Gert 391
Sautter, Ulrich 564
Schadewaldt, Wolfgang 119
Schäfer, Friedrich Leonhard 252-254
Schäfer, Hans Dieter 20, 22, 96
Schäfer, Walter Erich 64, 91, 206, 226
Schäferdiek, Willi 244, 424
Schalla, Hans 97, 100, 129-131, 133, 135, 157, 319
Schaller, Branka 32, 243, 252-254, 259, 372
Schaller, Rudolf 489
Schalk, Axel 4, 26, 338f., 389, 391, 516
Schaper, Edzard 194, 245
Schartner, Irmgard 70
Schaarwächter, Hans 459
Schede, Wolfgang Martin 88, 190, 203, 233, 242, 252, 444, 448
Scheer, Maximilian 239, 291, 297, 642
Scheffler, Herbert 194, 253f.
Schehadé, Georges 121, 318, 445, 616, 618, 626f.
Scheid, Judith R. 76
Scheler, Max 462
Schelling, Friedrich Wilhelm Joseph 264, 462
Schelsky, Helmut 10, 13, 115, 120
Scherer, Stefan 20, 96
Scheu, Just 479
Schildt, Axel 3
Schiller, Friedrich 12, 35, 47, 56, 86, 91, 97, 107, 109, 113, 115, 130, 135, 142, 144, 147, 149, 155, 162, 165-168, 173, 177, 258, 261, 266, 276, 278, 320, 323, 384, 408, 455, 464, 466, 469, 481, 489f., 510, 518, 535f., 569, 580, 600, 603
Schilling, Werner 450, 491
Schimpf, Sigurd 89, 548f.
Schivelbusch, Wolfgang 31, 357, 401f., 407
Schlabrendorf, Gustav Graf von 207
Schleef, Einar 626
Schlemmer, Oskar 616
Schlenker, Wolfram 271
Schlenstedt, Dieter 11
Schleyer, Winfried 306, 402, 407
Schlumberger, Hella 531
Schmid, Ulrich 353
Schmidt, Ernst Walter 240, 446
Schmidt, Gertrud 76, 303, 397, 407f.
Schmidt, Hannes 130
Schmidt, Hans-Dieter 491
Schmidt, Heinz 584
Schmidt, Karl Wilhelm 31
Schmidt, Ute 291
Schmidt, Willi 85
Schmidt, Wolf Gerhard 8, 43, 154, 226, 293, 323, 332f., 354, 371, 448, 460, 486, 513, 580, 611, 618, 629
Schmitt, Peter 70

Schmitt, Saladin 129
Schmitthenner, Hansjörg 190, 196, 207, 209, 212f., 226, 233f., 237, 343, 347f., 637
Schmitz, Walter 61
Schnabel, Ernst 425, 473
Schnabel, Stefan 418
Schneider, Gérard 620
Schneider, Hansjörg 170
Schneider, Helmut 592
Schneider, Irmela 635
Schneider, Manfred 412, 417
Schneider, Michael 414, 437
Schneider, Reinhold 16, 22, 28, 41, 114, 193f., 198, 213, 217, 228, 243f., 252, 339, 346, 348, **360-368**, 424, 426f., 443f., 447, 461, 464, 473f., 516, 518, 538, 581
Schneider, Rolf 30, 239, 291, 293f., 297, 633
Schneider, Wolfgang 3
Schneider-Schelde, Rudolf 190, 210, 234, 237, 347, 451
Schnell, Ralf 1, 16, 23f., 27, 34f., 58f, 429, 494, 499
Schnitzler, Arthur 90
Schoen, Ernst 301
Schoeps, Karl-Heinz Joachim 283, 416, 463
Scholochow, Michail 262, 277
Scholz, Gerhard 273
Scholz, Markus 192, 199, 203f., 209f., 228, 242, 348, 353, 636
Scholz, Sebastian 411
Schölzel, Klaus 3, 131, 138
Schönthans, Franz 87
Schoop, Günther 79
Schopenhauer, Arthur 323, 348
Schöpf, Otto Friedrich 40, 464
Schöttker, Detlev 179, 384, 563, 569
Schrade, Wolfgang 173
Schreiber, Otto Andreas 241
Schreiber, Ulrich 27, 34
Schreyer, Lothar 614
Schreyvogel, Friedrich 319
Schröder, Albrecht 536
Schröder, Claus B. 425-427
Schröder, Ernst 84, 144, 252, 254f., 347
Schröder, Friedrich Ludwig 171
Schröder, Jürgen 1, 7, 19, 27, 33, 34, 35, 87, 88, 204f., 311, 320, 328, 359, 384, 409, 425, 458, 520, 540
Schröder, Max s. Schroeder, Max
Schroeder, Max 165, 177, 295f., 540
Schroth, Christoph 540f.
Schübel, Theodor 91, 194, 199, 518, 606
Schubert, Hannelore 101, 103
Schuh, Oscar Fritz 5, 10, 17, 18, 97, 100, 131-133, 135, 140, 158, 228f., 333, 608
Schuhmann, Klaus 249
Schukow, Georgi 51
Schulmeister, Karl-Heinz 60
Schulz, Genia 419, 423, 436
Schulz, Peter-Bernd 236
Schulz-Wienold, Irmgard 294, 601
Schulze-Boysen, Harro 604
Schulze-Reinpell, Werner
Schulze Vellinghausen, Albert 121-123, 623, 626
Schumacher, Ernst 146, 170, 385, 391, 492, 509, 577
Schuster, Ralf 360-362, 365, 368
Schütz, Stefan 437
Schütze, Peter 76, 141, 143
Schwab, Arnold 207
Schwab, Klaus 86
Schwab-Felisch, Hans 113, 130
Schwarz, Hans 194, 243, 250, 252f., 459, 516
Schwarz, Jewgeni 63
Schweikart, Hans 94, 111, 131, 133, 135, 300
Schweikert, Uwe 447
Schweitzer, Albert 391
Seeck, Gustav Adolf 566
Sedlmayr, Hans 122
Sedlmayr, Walter 50, 242, 369
Seelenbinder, Werner 412
Seelmann-Eggebert, Ulrich 123
Seghers, Anna 76, 145, 228, 273, 284, 391, 419
Seidensticker, Bernd 464
Seidowsky, Manfred 168
Selbmann, Fritz 577
Sellner, Gustav Rudolf 2f., 14f., 17, 22, 31, 94, 97, 100, 104f., 108, 111, **116-128**, 129, 132f., 135, 138, 140, 145f., 151, 154, 156-158, 166, 180, 252, 258f., 319f., 372, 468, 556, 613, 615, 626, 635, 637, 639
Sembach, Klaus-Jürgen 3
Semjonow, Wladimir 265
Semmer, Gerd 149
Seneca, Lucius Annaeus 448, 461
Sengle, Friedrich 20
Serke, Jürgen 539-544, 546-548
Shakespeare, William 56, 86, 94, 121, 125, 130, 135, 143, 167, 169, 174, 182, 198,

203f., 230, 256, 320, 409, 412, 414, 424, 446, 451, 461, 498-500, 511, 523
Shaw, Irwin 57
Shaw, George Bernhard 133, 166, 509
Shdanow, Andrei 262, 353, 416
Siebenhaar, Klaus 539, 590
Siegert, Bernhard 635
Siegmund, Günther 192
Siegrist, Christoph 19
Sieß, Jürgen 16
Silberman, Marc 411
Simmel, Georg 288, 462
Simmel, Johannes Mario 201, 633
Simonow, Konstantin 58, 63, 80
Sloterdijk, Peter 339
Smith, Lilian 57
Sodann, Peter 540, 542
Sokrates 258, 481
Sophokles 97, 124, 182, 194, 578, 609
Sorge, Reinhard 535
Spariosu, Mihai I. 39
Spartakus 207
Spengler, Oswald 50
Spethmann, Hans 226f., 237, 347
Spielmann, Ellen 39, 85
Spieß, Emil 249, 267
Spoerl, Heinrich 235, 351f., 483, 557
Spoerris, Daniel 124
Staargard, Herbert G. 194
Stalin, Josef 141, 182, 194, 262, 265f., 272, 294, 311, 374f., 381, 438, 451, 499, 522, 528, 562, 578, 580
Stallbaum, Klaus 429, 434
Stanislawski, Konstantin Sergejewisch 19, 38, 61, 68, 80, 95, 157, **162-170**, 171f., 174, 183f., 263, 269f., 313, 469, 519, 562f., 571, 583f., 643
Stauch-von Quitzow, Wolfgang 386
Stauder, Jakob s. Jostau, Jakob
Stauffenberg, Claus Schenk Graf von 199, 206, 642
Stauffacher, Hans Rudolf 154
Steckel, Leonard 51, 58, 79-81, 86, 104f., 234
Steffen, Friederike 205
Stein, Peter 15, 145
Steinbach, Peter 219
Steiner, Pamela 47, 63, 107-109, 112, 637
Steinweg, Reiner 570
Stemmle, Robert A. 202, 641
Stephan, Inge 87
Stephanus 245
Sternheim, Carl 55, 485, 519
Stiefele, Werner 238
Stobbe, Rudolf 6, 13, 17, 97, 125f., 156, 518
Stock, Adolf 534
Stoecklin, Erwin 102-103
Stöhr, Emil 80
Stolle, Kurt Werner 13, 226, 444
Stolper, Armin 540-542, 544-546
Stolz, Dieter 429
Storck, Gerhard 133
Störtebeker, Klaus 309
Strambowski, Anton 203, 444, 505
Strawinsky, Igor 135
Strehler, Giorgio 623
Streisand, Marianne 279, 310, 412-415, 419f., 422f., 438
Strindberg, Johan August 132, 252, 327, 522, 548, 612, 619
Strittmatter, Erwin 11, 32, 81, 95, 162, 185, 269, 277-280, 282f., 286f., 291, 354f., 396, 416, 422, 450, 492, 497, 533, 542, 572, 580, **581-591**, 599f., 633
Stroux, Karl Heinz 15, 89, 93, 97, 100, 130f., 133, 135, 146, 157, 318f., 534
Strudthoff, Ingeborg 2, 65f., 192, 200, 209, 226, 235, 252
Stucke, Frank 205, 302, 598
Stuebs, Albin 237, 638
Sudermann, Hermann 333
Stunell, James 641
Supervielle, Jules 617f.
Syberberg, Rüdiger 6, 17, 48f., 73, 88, 90, 96, 198, 203, 205, 231, 241-247, 250-256f., 259, 317, 330, 344, 347, 365, 368f., 443, 456, 460, 506, 613f., 634
Sylvanus, Erwin 18, 34, 50, 73, 199, 206, 211, 220, 223-225, 228, 319, 424, 452, 516, 544, 549, 553, 610, 637f., 642
Sywottek, Arnold 3
Szczesny, Gerhard 391, 572
Szondi, Peter 35, 41, 462

Tairow, Alexander Jakowlewitsch 132, 614
Tardieu, Jean 21, 125, 326, 619f., 622, 626f.
Tasso, Torquato 405
Tatlow, Antony 562
Tauler, Johannes 249
Tax, Sissi 479f.
Teraoka, Arlene Akiko 438
Tettenborn, Joachim 73, 231, 319, 560f., 633
Tetzlaff, Gert s. Wendland, Werner
Theisz, Reinhard D. 641

Theweleit, Klaus 561
Thiede, Carsten Peter 360
Thiele, Dieter 386f.
Thiem, Jochen 194, 200, 202, 208, 251
Thiers, Louis Adolphe 380
Thierse, Wolfgang 11
Thiess, Frank 6, 13, 17, 40, 104, 194, 196, 208, 251, 347, 358, 456, 483, 549
-Tho- 602
Thoms, Liselotte 61
Thun, Nyota 268, 450
Tieck, Ludwig 107, 344
Tilly, Johann Tserclaes 194
Toller, Ernst 33, 62, 96, 343, 535, 595
Tolstoi, Lew Nikolajewitsch 133, 146f., 149-152, 158f., 466, 595
Töteberg, Michael 498
Totzeva, Sophia 43
Toussell, Peter 240
Toynbee, Arnold 297
Tragelehn, Bernard Klaus 422, 488
Trapp, Frithjof 29
Trautwein, Wolfgang 27
Trede, Yngve Jan 447
Trenjow, Konstantin 168, 313
Trilse, Christoph 397, 402, 408
Trinks, Ralf 2, 18, 21, 28, 32f., 57, 59, 92, 200, 205, 226f., 353, 358, 425, 455, 517f., 559
Trommler, Frank 19-21, 27, 28, 96, 176, 266, 429, 459, 462f., 519
Trösch, Ernst 80
Trösch, Robert 80, 95
Truman, Harry S. 53
Tschapke, Reinhard 416
Tschechow, Anton Pawlowitsch 78, 80, 166
Tschesno-Hell, Michael 291, 315, 496f.
Tulpanow, Sergeij 236, 264
Tümmler, Edgar 601
Tündern, Franz 108
Tung Tscho 193
Tur/Scheinin 95
Turowski, Hermann 278

Ubenauf, Georg 502
Uhl, Renate (d.i. Erika von Zobeltitz) 233, 253, 347
Uhse, Bodo 420
Ulbricht, Walter 41, 59, 68, 70, 75, 76, 166, 182, 236, 249, 265, 270, 275, 280, 284, 286, 288f., 291, 493, 533, 574, 588, 594
Ullrich, Renate 163
Ulrich, Roland 3, 374
Unruh, Fritz von 33, 194, 201, 206, 231, 235, 239f., 244
Usseau, Arnaud d' 57
Ustinov, Peter 194, 250f., 454
Utzerath, Hansjörg 329

Vaihinger, Hans 38
Vaillant, Jérôme 53
Vallentin, Maxim 61, 163-165, 167-169, 176
Van Gogh, Vincent 446
Van Loon, Gerard Willem 55, 56
Vanovitch, Katherine 32
Vaßen, Florian 374, 475, 508
Vauthier, Jean 626f., 630
Veken, Karl 278, 491, 601
Vellusig, Robert Heinz 391
Verdofsky, Jürgen 415
Victor, Walther 271
Viertel, Berthold 137
Vietta, Egon 2, 6, 14, 18, 22, 29, 40, 43, 90, 94, 96, 100, 104, 116-118, 120f., 123f., 140, 189, 194, 217, 245, 250, 252-259, 317, 342, 365, 373, 446, 467f., 474, 481f., 555f., 613-616, 618, 632f.
Vietta, Silvio 14
Villon, François 449, 602
Vogel, Julius 190, 200f., 215, 220, 224, 251
Voges, Michael 266
Vogt, Helmut 65, 277, 282, 291, 294f.
Völker, Klaus 30, 59, 137-141, 143, 566, 621
Voltaire, François Marie Arouet 258, 481
Voris, Renate 563
Vormweg, Heinrich 19f., 178, 185, 561
Voss, Renate 89, 548
Voßkamp, Wilhelm 26

Wagener, Hans 208, 537, 539
Wagner, Frank Dietrich
Wagner, Hans-Ulrich
Wagner, Heinrich Leopold 293, 298, 508
Wagner, Klaus 115
Wagner, Richard 184, 259, 339, 362, 432, 437, 610, 614, 639
Wagner, Siegfried 271, 273, 400, 413, 491, 597, 600
Wagner, Wieland 124
Waldmann, Dieter 33, 93, 116, 135, 334f., 476, 549, 624f.
Wallenstein, Albrecht Wenzel Eusebius von Waldstein 194

Walser, Martin 23f., 27, 34f., 91, 94, 111, 229, 608
Walter, Paul 153
Wälterlin, Oskar 78, 80-82, 105, 448
Wandel, Paul 66
Wanderscheck, Hermann 206, 444
Wangenheim, Gustav von 57, 61, 64, 80, 85, 94, 163, 165f., 171, 174, 203, 214, 239, 274, 278, 281, 290, 292, 294f., 310, 315, 337f., 462, 491, 533, 593-595
Wannemacher, Klaus 146, 148f., 155, 158
Ward, Margaret E. 198, 212, 217f., 230, 235, 253, 519
Warren, Robert Penn 135, 148
Warsitz, Roland 449, 559, 602f.
Watanabe, Narumi 426
Waterstradt, Berta 278f.
Weber, Betty Nance 374
Weber, Carl 581
Weber, Claudia 430
Weber, Heinz-Dieter 485, 488, 491, 493
Weber, Jochen 63, 68, 71, 72
Weber, Jürgen
Weber, Verena 81f.
Wedekind, Frank 55, 129f., 133, 485, 509, 519
Wege, Carl 180, 182, 589
Wegener, Paul 85, 107, 234
Wehdeking, Volker 15, 534
Wehner, Jens 57, 61, 86, 214, 248, 450
Wehner, Josef Magnus 241
Weigel, Helene 178, 379, 479, 488, 584
Weigend, Friedrich 242
Weimar, Karl S. 238, 427
Weirauch, Jan 11
Weise, Gerhard 221, 241
Weisenborn, Günther 1, 6, 12, 15, 25, 27, 33, 40, 47, 49, 51, 62, 64, 74, 87, 89, 91f., 156, 158, 177, 189, 203, 206f., 209, 224, 230, 234, 238f., 276, 319, 347, 443-445, 464f., 474, 507, 518, 531, 534, 604-607, 635, 638-640, 642
Weisgerber, Jean 9
Weiss, Helmut 88, 192, 235-238, 251
Weiss, Matthias Josef 238
Weiss, Peter 2, 17, 22, 28f., 34-36, 91, 156, 159f., 219, 221, 224, 305, 320, 336, 343f., 349f., 360, 421, 453f., 458, 525, 576, 617, 631, 634f., 642
Weitling, Wilhelm 554
Wekwerth, Manfred 179, 185, 380, 492-494, 569f., 577, 580, 592, 598
Welsch, Wolfgang 6-8
Wendland, Werner (d.i. Gert Tetzlaff) 238
Wendler, Horst Ulrich 71, 288, 296f, 309f., 523
Wendt, Ernst 27f., 35, 141, 429, 519
Wendt, Herbert 190, 194, 200, 213, 237, 348, 504
Wenke, Hans 111
Werner, Bruno 33
Wernicke, Otto 106
Wertheimer, Jürgen 424
Wessel, Horst 59
Wessely, Rudolf 499, 643
Westecker, W. 302
Westergaard, Mogens 339
Westphal, Inge 372
Weymann, Gert 73, 201, 206, 212, 221, 226, 231, 319, 334, 504
Weyrauch, Wolfgang 41, 69, 177, 264
Wezel, Wolfdietrich 99
White, John J. 30
Whiting, John 250, 445, 459
Wichmann, Joachim 200, 222
Wiechert, Ernst 194, 199f., 203f., 212f., 242f., 246, 443, 447, 478f.
Wiede, Anna Elisabeth 593
Wieghaus, Georg 412
Wieland, Christoph Martin 306
Wien, Werner 105, 120-122, 156, 252, 319
Wiens, Paul 271
Wilde, Oscar 336
Wilder, Thornton 13, 15, 18, 22, 54, 56f., 63, 78f., 82, 89, 93, 125, 135, 189, 195, 237, 242, 250, 254, 258, 276, 330f., 365, 374, 424, 431, 451, 464, 472f., 516, 522, **548-561**, 603, 610f., 613, 627, 631, 635f., 638f.
Wilhelm I. von Oranien 206
Wilhelm II. 332
Wilhelm der Eroberer 193, 363
Wilke, Christiane 27
Willems, Paul 40, 250f., 618, 629f.
Willett, John 156
Williams, Tennessee 15, 22, 89, 122, 128f., 276, 349, 351, 460, 548, 612, 618
Willnauer, Franz 132
Wilson, Robert 123, 626
Winckler, Lutz 61
Winko, Simone 43
Winter, Hans-Gerd 12, 216, 426f.
Winterstein, Eduard 171
Wippermann, Wolfgang 289
Wirth, Franz Peter 319
Wischnewski, Sonja 62, 524
Wischnewski, Wsewolod 62, 167, 313, 461, 519, 524

Wisten, Fritz 57, 71, 85, 89, 94f., 167
Wittgenstein, Ludwig 37
Wittkowski, Wolfgang 111, 186
Wittlinger, Karl 191, 202f., 226, 319, 352, 477, 484, 506, 559f., 633
Witzke, Ekkehart 519
Wolf, Christa 11f., 289
Wolf, Else 526, 528
Wolf, Emmi 525
Wolf, Friedrich 2, 17, 29f., 40, 49, 57f., 62, 64, 67, 71, 78, 83, 89, 91f., 94f., 153, 159, 178, 190, 225f., 237, 249, 252, 259f., 266, 273, 277-279, 281, 294, 297, 310, 314, 348, 354, 384, 450f., 455, 469f., 472, 491, 493f., 498, 519, **520-528**, 531, 562, 581, 584, 590-594, 606, 633, 641f.
Wolf-Fried (d.i. Wolfgang Friedrich Knoll) 203, 208, 246f., 460
Woll, Stefan 102
Wouk, Herman 133
Wright, Elizabeth 562
Wulf, Joseph 134
Wüllner, Heinrich 100
Wunder, Werner 450, 601

Ypsi 141, 171

Zadek, Peter 94, 145
Zapff, Eva 52, 282
Zebrowski, Bernhard 476, 550
Zehm, Günter 213
Zelle, Carsten 385, 569
Ziller, Jochen 503
Zimmering, Max 273
Zimmermann, Peter
Zimmermann, Rainer E. 389
Zink, Marianne 241
Zink, Anton 245
Zinner, Hedda 71, 88, 212f., 226, 239, 274f., 277f., 281f., 287, 291, 294-296, 312, 314f., 337, 396, 450, 492, 496, 498, 520, 532, 593-595, 600, 642
Zipes, Jack D. 32, 278, 407, 409, 525f., 641
Žmegač, Viktor 7f.
Zobeltitz, Erika von s. Uhl, Renate
Zola, Émile 521
Zöllner, Maria 489
Zuchardt, Karl 475f.
Zuckmayer, Carl 1f., 5, 9, 15, 27, 33, 35, 40, 58, 64, 72-74, 82, 91-93, 111, 125f., 129, 135, 154, 206, 208, 211-213, 219, 226f., 238, 245, 251f., 254, 460, 467f., 496, 505f., 517f., 522, 528, 531, **534-539**, 544, 632f., 637, 642
Zweig, Arnold 387, 582
Zweig, Friederike 536
Zwerenz, Gerhard 471f.

Dramenregister[1]

2:1 für Irmgard (Jakob Jostau) 278, 294, 491
3 x klingeln (Hans-Dieter Schmidt) 491
17. Juni (Fritz von Unruh) 231

A Phoenix too frequent, dt. Ein Phönix zuviel (Christopher Fry) 612
A Streetcar Named Desire, dt. Endstation Sehnsucht (Tennessee Williams) 128
Abel (Alfred Neumann) 192, 242
Abendländische Tragödie (Rüdiger Syberberg) 203, 241, 244, 246f., 252, 368, 460, 634
Abram im Salz (Nelly Sachs) 616
Abschied (Fritz von Unruh) 201
Affäre Blum (Erich Engel, Robert A. Stemmle) 202, 641
Afmunstert (Günther Siegmund) 192
Albrecht Dürer (Peter A. Horn) 446
Alcestiad (Thornton Wilder) 550
Alkestis (Ernst Wilhelm Eschmann) 22, 372f.
All my Sons, dt. Alle meine Söhne (Arthur Miller) 55, 57, 63
Alle Tore waren bewacht (Ingeborg Drewitz) 218f., 237
Alt-Heidelberg (Wilhelm Meyer-Förster) 557
Alwin der Letzte (Erich Heller, Margret Gruchmann-Reuter) 281
Am Anfang war die Tat (Walter Kiewert) 260
Am Ende der Nacht (Harald Hauser) 73, 210, 231f., 292, 294f., 354
Amédée (Eugène Ionesco) 319, 327
Amerikanische Tragödie s. Auch in Amerika...
Amphitryon 38 (Jean Giraudoux) 130
Amphitryon (Peter Hacks) 397
Anno Domini nach der Pest (Julius Vogel) 190, 200f., 215, 251
Antigone (Sophokles) 124, 133, 194, 240, 451, 578
Antigone (Jean Anouilh) 90, 93, 191, 253, 427, 462, 473, 522, 545, 561, 632
Antigone (Bertolt Brecht) 70, 81, 181f., 191, 259, 416, 638
Ardèle ou la marguerite (Jean Anouilh) 486, 518, 632
Ariadne auf Naxos (Hugo von Hofmannsthal/Richard Strauss) 512
Auch dem Gesindel spielen Flöten (Hans Hellmut Kirst) 190, 193, 195, 483, 549
Auch in Amerika... [Erstfassung: Amerikanische Tragödie] (Gustav von Wangenheim) 239, 290, 295, 338, 462
Auf jeden Fall verdächtig (Hedda Zinner) 239, 282, 287, 294-296, 450
Auf verlorenem Posten (Paul Herbert Freyer) 278, 281, 284, 315, 601f.
Auferstehung (Günter Rutenborn) 246-248, 448
Aufstand (Günter Felkel) 313
Aufstand der Offiziere (Hans Hellmut Kirst) 206
Ausflug mit Damen (Michael Friedrich) 254
Ausgerechnet Bananen (Peter Pons) 344
Awake and sing, dt. Die das Leben ehren (Clifford Odets) 55, 57, 63

Baal (Bertolt Brecht) 420
Babel (Günther Weisenborn) 605
Badenweiler Abgesang (Joachim Knauth) 294, 296, 314, 496
Ballade vom Eulenspiegel (Günther Weisenborn) 207, 606, 638, 640
Baller contra Baller (Karl Veken) 278, 491, 601
Barbara Blomberg (Carl Zuckmayer) 72, 93, 226, 537
Bauernpassion (Wolfgang Altendorf) 207

[1] Die Theaterstücke sind alphabetisch geordnet. Existieren mehrere Titelvarianten, wurden entsprechende Hinweise angebracht. Fremdsprachige Dramen findet man in der Regel unter dem Originaltitel, es sei denn die deutsche Übersetzung ist einschlägiger und/oder im Text der vorliegenden Arbeit präsenter.

Baugeschäft Menzel (Paul Bielekc) 227, 234, 278, 281, 284
Bauhaustänze (Oskar Schlemmer) 616
Beaumarchais (Friedrich Wolf) 94
Becket ou l'honneur de Dieu (Jean Anouilh) 632
Begegnung 1957 (Herbert Keller) 249, 280, 296, 596, 599
Begegnung mit Herkules (Hans Pfeiffer) 283, 354
Beginn der Badesaison (Hermann Moers) 336
Bei geschlossenen Türen (Jean-Paul Sartre) 90
Belsazar (Reinhold Schneider) 194, 217, 361, 365, 367, 444, 516
Beritten hin und zurück (Günter Grass) 22, 429f., 434, 514, 624, 631
Berlin (Markus Scholz) 203
Beryll sieht in der Nacht (Nelly Sachs) 616f., 633
Besuch aus der Zone (Dieter Meichsner) 231, 635
Biedermann und die Brandstifter (Max Frisch) 8, 145, 147f., 150, 152f., 157, 159, 271, 321, 466
Biedermänner (Arnold Bormann) 479
Bikini (Fred Denger) 338, 516, 635-637
Bis der Schnee schmilzt (Herrmann Mostar) 211, 476
Blut auf dem Mond (Robert Penn Warren) 135
Bothwell (Hans Rehberg) 194, 197f., 460
Brot der Armen (Lutz Neuhaus) 199, 244
Bruder Moriz, der Sonderling, oder Die Colonie für die Pelew-Inseln (August von Kotzebue) 405
Bumerang (Hans José Rehfisch) 226
Bürger in Uniform (Hannes Harden) 291
Bürgermeister Anna (Friedrich Wolf) 71, 277f., 354, 491, 493, 498, 521, 526f., 581, 590, 633
Bürgermeister Faust (Anton Strambowski) 203, 505
Büsching/Garbe (Bertolt Brecht) 31, 287, 389, 392, 413, 415, 463, 573-582, 587

Caféhaus Payer (Hedda Zinner) 88
Caligula (Albert Camus) 193, 253
Camino Real (Tennessee Williams) 122, 548, 612, 618
Cäsar und Cicero (Rolf Lauckner) 193, 207
Chinesische Legende (Albrecht Haushofer) 516
Cocktailparty (T.S. Eliot) 512
Columbus, oder Die Weltidee zu Schiffe s. Eröffnung des indischen Zeitalters
Conversation-sinfonietta (Jean Tardieu) 619
Coriolan (William Shakespeare) 56
Coriolan (Bertolt Brecht) 174, 182
Cornelia Kungström (Ilse Langner) 238
Cyankali (Friedrich Wolf) 58

Da kräht kein Hahn nach (Hermann Turowski) 278
Damals – achtzehn, neunzehn (Wera und Claus Küchenmeister) 314, 596
Damals, vor fünfzehn Jahren (Rainer Kerndl) 594
Dämon, Tod und Teufel (Richard Pilaczek) 208, 211, 245, 247, 516, 551
Danach (Helmut Weiss) 88, 192, 235-238
Dante (Bertolt Brecht) 592
Dantons Tod (Georg Büchner) 133, 139, 151, 154, 169, 502
Das Abgründige in Herrn Gerstenberg (Axel von Ambesser) 88, 213, 352, 435, 485, 558, 636
Das Amulett (Paul Herbert Freyer) 277, 291
Das andere Urteil (Otto Carl August zur Nedden) 642
Das Bild des Menschen (Peter Lotar) 206
Das Donnerwetter (Heinrich Goertz) 190, 207
Das Dunkel (Wolfgang Altendorf) 247, 342
Das eiserne Büffelchen (Paul Dornberger) 293, 313
Das Führerbild (Johannes R. Becher) 225
Das Gebot der Stunde (Geno Hartlaub) 227
Das Glockenspiel des Kreml (Pogodin) 313
Das Goldene Kalb (Josef Magnus Wehner) 241
Das große Erwachen (Richard Pilaczek) 88
Das Große Welttheater (Pedro Calderón de la Barca) 550
Das Haberfeldtreiben (Fred Reichwald) 285, 287, 354
Das Haus der Angst (Bernt von Heiseler) 194, 244
Das Haus im Schatten (Horst Enders) 239
Das himmlische Saitenspiel (Wolfgang Martin Schede) 203, 233, 444, 448
Das Institut des Herrn Maillard (Heinrich Goertz) 65, 477

Das jüngste Gericht (Karl Georg Fischer-Föbus) 228, 246
Das kalte Licht (Carl Zuckmayer) 73, 93, 238, 251, 538f., 632, 642
Das kleine Teehaus (John Patrick) 219
Das Laken (Heiner Müller) 412, 416
Das Leben kein Traum (Heinrich Goertz) 66, 207, 228, 516
Das letzte Band (Samuel Beckett) 133, 319
Das Mahl des Herrn (Julius Maria Becker) 238, 448, 516
Das Narrenparadies (Stefan Brodwin) 480f.
Das Opfer Helena (Wolfgang Hildesheimer) 194, 323, 327f., 359, 369, 371, 486, 611
Das Regiment der Mäuse (Herbert Wendt) 190, 194, 200, 213, 237, 348, 504
Das Salzburger Große Welttheater (Hugo von Hofmannsthal) 537
Das Schloß (*Dramatisierung*) (Franz Kafka) 316
Das Spiel vom Menschen (Reinhold Schneider) 360, 365, 516
Das Spiel vom Opfergang (Maria Mumelter) 244
Das Spiel von der verlorenen Zeit (Horst Ulrich Wendler) 288
Das stärkere Gesetz (Rudolf Freese) 238
Das Stephanus-Spiel (Bernt von Heiseler) 245
Das Tagebuch der Anne Frank (*Dramatisierung*) (Frances Goodrich, Albert Hackett) 219, 473
Das Tausendjährige Reich (Fritz Knöller) 194, 207, 251, 504
Das Testament des Friedens (Otto Carl August zur Nedden) 238, 252
Das Urteil (Peter Bern) 195, 459
Das Urteil (Hedda Zinner) 291, 295f., 594f.
Das Verhör des Lukullus, *auch* Die Verurteilung des Lukullus (Bertolt Brecht) 70, 179, 193, 308
Das verlorene Gesicht (Günther Weisenborn) 607
Das Volksbuch des Herzog Ernst (Peter Hacks) 298-301, 353, 355, 395, 397, 399, 471
Das Wagnis der Maria Diehl (Fred Reichwald) 278, 285, 294, 297
Das wundertätige Puppentheater (Miguel de Cervantes) 167
Das Zeichen des Jona (Günter Rutenborn) 241, 246, 466f., 472, 481, 555, 636
Days without End (Eugene O'Neill) 558
Death of a Salesman, dt. Tod eines Handlungsreisenden (Arthur Miller) 89, 128, 480
Deep are the Roots (Arnaud d'Usseau/James Gowe) 57
Dein Bruder Judas (Eugen Linz) 242, 252
Der Admiral (Artur Müller) 206
Der arme Mensch (Wolfgang Altendorf) 460
Der armen Kinder Weihnachten (Ernst Wiechert) 243
Der aufhaltsame Aufstieg des Arturo Ui (Bertolt Brecht) 508
Der Aufstand des Babeuf (Ferdinand May) 296, 311
Der Aufstieg des Alois Piontek (Heinar Kipphardt) 292, 332, 344, 501, 507, 529
Der Außenseiter (Leonhard Frank) 210
Der Bau (Heiner Müller) 95, 411, 436
Der Besuch der alten Dame (Friedrich Dürrenmatt) 349
Der Biberpelz (Gerhart Hauptmann) 186, 382
Der blaue Elefant (Dieter Waldmann) 334f.
Der Briefträger kommt (Hans-Joachim Haecker) 344, 370f.
Der Dämpfer (Paul Herbert Freyer) 281, 285, 287, 295, 491, 494, 532f.
Der deutsche Michel (Bertolt Brecht) 337
Der Dildapp (Peter Hacks) 298
Der Diogenes von Paris (Ernst Penzoldt) 207
Der Doppelgänger (Eugen Linz) 194, 236
Der Drachenthron (Wolfgang Hildesheimer) 323f., 328, 359, 410, 486, 635
Der dunkle Reigen (Manfred Hausmann) 247
Der dunkle Weg (Ernst Walter Schmidt) 446
Der Eimer (Dieter Linke) 280, 601
Der Erstgeborene (Christopher Fry) 135
Der Fall Pilatus (Günter Rutenborn) 241f., 244, 246, 555, 636
Der Fisch mit dem goldenen Dolch (Richard Hey) 345f., 348
Der Fischbecker Wandteppich (Manfred Hausmann) 242, 556, 636
Der fliegende Holländer (Richard Wagner) 339
Der Föhn (Elisabeth Flickenschildt) 237

Der Gast, *auch* Der Schicksalsacker (Ingeborg Strudthoff) 65, 200, 209, 226, 235
Der Gattenmord (Hans Rehberg) 194, 197, 252, 460
Der gedoppelte Prusias (Hanns Braun) 195f., 483, 516
Der gelbe Klang (Wassily Kandinsky) 616
Der Gemüsekeller (Heiner Müller) 412
Der General (Horst Lommer) 199, 209, 213, 226, 260, 343
Der Gesang im Feuerofen (Carl Zuckmayer) 93, 125f., 129, 245, 252, 254, 468, 537f., 632, 637
Der gestiefelte Kater (Ludwig Tieck, Tankred Dorst) 344
Der goldene Löffel (Ilse Jung) 636
Der göttliche Orpheus, *auch* Reise in die Unterwelt oder Der Retter der Eurydike (Martin Lintzel) 65, 347, 373, 505
Der grosse Verrat (Ernst Fischer) 282, 290, 293, 295, 358
Der große Verzicht (Reinhold Schneider) 244, 360-362, 367f., 474
Der grüne Kakadu (Arthur Schnitzler) 90
Der gute Mensch von Sezuan (Bertolt Brecht) 79, 131, 180, 355, 376, 412, 566, 579, 590, 611
Der Hauptmann und sein Held (Claus Hubalek) 73, 228f., 480, 608
Der Hauptmann von Köln (Slatan Dudow, Henryk Keisch, Michael Tschesno-Hell) 291, 315, 496f.
Der Hauptmann von Köpenick (Carl Zuckmayer) 496
Der Heimkehrer (Heiner Müller) 227
Der Hektarjäger (Fred Reichwald) 287
Der Herr von drüben (Walter Gutkelch) 194, 200, 241f.
Der Himmel der Besiegten (Karl Wittlinger) 484
Der Hofmeister (Bertolt Brecht) 182, 186, 292, 306, 308, 353, 380, 382, 387, 395, 508, 573
Der Hund des Generals (Heinar Kipphardt) 204, 229, 501, 530, 634, 642-645
Der Hungerkünstler (Heinar Kipphardt) 449f.
Der Jasager (Bertolt Brecht) 88f.
Der Kassenarzt (Hans José Rehfisch) 201f.
Der kaukasische Kreidekreis (Bertolt Brecht) 5, 93, 134, 136, 184, 279, 374-378, 384, 387, 565, 573, 578, 580, 596, 606, 609
Der Keller (Hans Lucke) 73, 227, 600
Der König von Wunderland (Heinz Becker-Trier) 209f., 212, 252
Der Kronprinz (Reinhold Schneider) 194, 228, 243, 360f., 365, 516
Der Kürassier Sebastian und sein Sohn (Theodor Schübel) 194, 199, 518, 606
Der Lohndrücker (Heiner Müller) 19, 31, 287, 348, 412-419, 438f., 463, 508, 533, 577, 596, 600, 635
Der künstliche Mond geht auf (Fritz Kuhn) 290, 344, 496f.
Der leichtgläubige Thomas (Stefan Brodwin) 481, 549
Der Lohnausgleich (Fritz Bernhard) 294, 491, 601
Der magische Tänzer (Nelly Sachs) 617
Der Mann auf dem Sockel (Joachim Tettenborn) 73, 231, 560f., 633
Der Mann aus England (Rolf Schneider) 291, 633
Der Mann, der Gott gehasst hat (Ingeborg Drewitz) 242, 244
Der Mann im Staubmantel (Ernst Finster) 294, 297, 601
Der Mann mit dem Vogel (Hedda Zinner) 291, 295f., 492
Der Mord an Agnes Schütz (Wolfgang Altendorf) 207
Der Morgen (Arnold Schwab) 207
Der Müller von Sanssouci (Peter Hacks) 95, 283, 298, 304-308, 355, 397, 462, 471
Der Muttermord (Hans Rehberg) 194, 460
Der Pfad der Irrenden (Paul Herbert Freyer) 315
Der Pfirsichblütentraum oder Die zweite Frau Tschu (Ernst Hasselbach) 189
Der Phantast (Kurt Langenbeck) 238, 338
Der Preispokal (Sean O'Casey) 143
Der Privatsekretär (T.S. Eliot) 135
Der Prophet (Fritz Peter Buch) 194
Der Prozeß (Franz Kafka, André Gide, Jean-Louis Barrault) 135, 316
Der Prozeß der Jeanne d'Arc zu Rouen (Bertolt Brecht) 145
Der Puppenspieler (Wolfgang Altendorf) 332
Der Raub der Sabinerinnen (Franz Schönthans) 87
Der Rebell (Guido Reif) 242, 248, 449
Der Regenbogen (Hermann Gressieker) 194, 476
Der Regenwettermann (Alfred Matusche) 226, 348, 350, 540, 542-545, 547f.

Der Richter (Ingeborg Drewitz) 212, 229f.
Der Ring des Nibelungen (Richard Wagner) 362
Der rote Buddha (Erwin Sylvanus) 554, 638
Der rote Hahn (Gerhart Hauptmann) 382
Der rote Veit (Helmut Baierl) 597
Der Rutenbinder (Ernst Schröder) 255, 347
Der Salzburger Totentanz (Bertolt Brecht) 304, 421
Der Schatten (Jewgeni Schwarz) 63
Der Schicksalsacker s. Der Gast
Der schiefe Turm von Pisa (Wolfgang Hildesheimer) 323, 327f., 336
Der Schirm (Dieter Waldmann) 334
Der Schubert-Chor (Alfred Kantorowicz) 266, 291f., 294
Der Schulfreund (Johannes Mario Simmel) 201, 633
Der Siegeszug (Wolfgang Neuhaus) 594f.
Der Soldat Tanaka (Georg Kaiser) 91
Der Staatsstreich (Günther Sauer) 226, 478
Der starke Stamm (Marieluise Fleißer) 479f.
Der staubige Regenbogen (Hans Henny Jahnn) 153f., 239, 338-341, 359
Der Stellvertreter (Rolf Hochhuth) 15, 26, 35, 156, 159f., 219
Der Stoß nach Ssogrebitsche (Rolf Honold) 212
Der Streit um J.S. Bach (Helmut Baierl) 294, 597, 601
Der Tambour und sein Herr König (Joachim Knauth) 295, 311f., 507
Der taube Acker (Ingeborg Strudthoff) 65, 192f.
Der Teufelskreis (Hedda Zinner) 71, 226, 281, 294, 314, 337, 498, 642
Der Teufelsschüler (George Bernhard Shaw) 133
Der Tiefstapler (Friedrich Beck) 199f., 348, 479
Der Tod des Odysseus (Hans-Joachim Haecker) 22, 194, 369f., 461
Der Tod des Vizekönigs (Reinhold Schneider) 368
Der Tor des Herrn (Michel Becker) 227, 243
Der Traum des Eroberers (Reinhold Schneider) 193, 252, 361-363, 367
Der Traum von Wassilikowa (Horst Lange) 49, 88, 251f., 444f., 636
Der Turm (Peter Weiss) 453f., 617, 635
Der Unbestechliche (Hugo von Hofmannsthal) 334
Der Untergang der Stadt Sun (Günther Ghirardini) 195, 199, 206
Der Untergang des Christian Grabbe (Walter Kiewert) 190
Der Untergang des Geschwaders (Kornejtschuk) 313
Der verlorene Sohn (Hans Halden) 202, 242, 249
Der Volkstribun (Fritz Ernst Bettauer) 207, 254, 359
Der Wagen des Ares (Bertolt Brecht) 297, 592
Der Weg nach Füssen (Johannes R. Becher) 213, 225, 227, 249
Der weichende Schatten (Dietrich Rohk) 226f.
Der weiße Fächer (Hugo von Hofmannsthal) 612
Der zerbrochene Krug (Heinrich von Kleist) 130, 169f., 176, 319, 499
Der Zimmerherr (Herrmann Mostar) 194, 200, 251, 516, 549
Der Zirkus brennt (Jochen Thiem) 194, 200, 202, 208, 251
Des Spielmanns Heimkehr (Georg Hermanowski) 244, 246, 252
Des Teufels General (Carl Zuckmayer) 1, 5, 15, 27, 33, 58, 64, 82, 93, 129, 206, 208, 211-213, 219, 252, 506, 517, 534-537, 632f.
Deserteure (Heinrich Roßbacher) 226
Deutsche Tragödie (Guido Reif) 190, 192, 202, 211, 228, 237, 459, 549
Diagramm der Zeit (Hans Fritz Köllner) 190, 216, 237
Die Abrechnung s. Zar Alexander
Die Ägyptische Helena (Hugo von Hofmannsthal/Richard Strauss) 371
Die Bauern s. Die Umsiedlerin oder das Leben auf dem Lande
Die Befristeten (Elias Canetti) 36
Die bösen Köche (Günter Grass) 434f., 621f., 631
Die Brüder Allemann (Jacob Geis) 212, 215f., 237, 251
Die Büchse der Pandora (Frank Wedekind) 133
Die Bürger von Weisedum (Karl-Georg Fischer-Föbus) 448
Die Bürger von X (Hansjörg Schmitthenner) 207
Die deutsche Libertaet (Ernst Glaeser) 209, 252f.
Die Dorfstraße (Alfred Matusche) 22, 34, 533, 540-547

Die Dreigroschenoper (Bertolt Brecht/Kurt Weill) 87, 88, 90, 130, 602
Die drei Irrtümer des Sebastian Fünfling (Helmut Baierl) 294, 491, 597, 601
Die dritte Schichte (Hans Pfeiffer) 281, 283f., 286, 400
Die ehrbare Dirne (Jean-Paul Sartre) 64
Die Ehrgeizigen (Günter Görlich) 281, 291, 294
Die Entscheidung der Lene Mattke (Helmut Sakowski) 277f., 286, 294, 590
Die Erlösung Kains (Joseph Maria Lutz) 242
Die Ermittlung (Peter Weiss) 160, 219, 359f., 458, 44
Die Eroberung der Prinzessin Turandot (Wolfgang Hildesheimer) 328
Die erste Legion (Emmy Lavery) 241
Die ersten Schritte (Hans Werner Kubsch) 65, 285, 294
Die ewige Exzellenz (Günter Rutenborn) 346, 481
Die Eysenhardts (Peter Nell) 226, 277, 296, 314
Die Fahrt der »Patmos« (Fritz Peter Buch) 358
Die Familie von Makabah, *auch* Die Familie von Nevada (Günther Weisenborn) 230, 235, 238f., 607f., 640
Die Familie von Nevada s. Die Familie von Makabah
Die Feststellung (Helmut Baierl) 275, 295, 493, 596f.
Die Festung (Claus Hubalek) 518, 608f.
Die Feuer verlöschen (Wolfgang Altendorf) 192, 208
Die Fledermaus (Johann Strauß) 557
Die Flucht (Helmut Groll) 207
Die Frau, die sich Helena wähnte (Horst Lange) 194, 371, 517
Die Freiheit des Gefangenen (Herbert Keller) 295
Die Freiheit des Gefangenen (Edzard Schaper) 194, 245,
Die Gabe der Hirten von heute (Walter Bauer) 243
Die Geburt (Hermann Mostar) 241, 243, 247
Die Geburt Hamlets (Helmuth Maximilian Böttcher) 204, 445f.
Die Gefangenen (Stefan Barcava) 133, 198f., 231, 234, 517
Die Gefangenen (Gerhard Klocké) 194
Die Geschichte der Simone Machard (Bertolt Brecht) 136
Die Gesteinigten (Friedrich Forster) 193
Die Gewehre der Frau Carrar (Bertolt Brecht) 88, 91
Die Grenze (Gerhard Baumrucker) 230
Die große Armee (Hermann Rossmann) 194-196, 358
Die große Flut (Werner Illing) 189, 228
Große Schmährede an der Stadtmauer (Tankred Dorst) 335
Die Halbgöttin (Hans Eberhard Friedrich) 254
Die Hamletmaschine (Heiner Müller) 439
Die heilige Hannah von Auschwitz oder ›Es muß noch vieles frisch gestrichen werden‹ (Fred Denger) 202, 214, 602
Die heilige Johanna der Schlachthöfe (Bertolt Brecht) 114, 157, 605
Die heilige Johanna von Rom (Heinz Becker-Trier) 192, 245, 248, 460, 637
Die Heimkehr (Wolfgang Altendorf) 209, 227
Die Herren der Welt (Wolfgang Hildesheimer) 323-325, 359, 457
Die Hermannsschlacht (Heinrich von Kleist) 170
Die Holländerbraut (Erwin Strittmatter) 81, 95, 277-279, 291, 422, 582, 590f., 599
Die Hussiten vor Bernau (Horst Ulrich Wendler) 309
Die Hutdynastie (Leonhard Frank) 210
Die Illegalen (Günther Weisenborn) 1, 27, 33, 64, 89, 91, 206, 464f., 518, 604f.
Die Insel Gottes (Manfred Richter) 227
Die Jungfrau von Orleans (Friedrich Schiller) 167
Die Kampagne (Joachim Knauth) 294, 495, 502f.
Die Kette fällt (Annemarie Bostroem) 190, 213, 226, 228, 237
Die Kindermörderin (bearbeitet von Peter Hacks) 293, 298, 462, 508
Die Korrektur (Heiner und Inge Müller) 30, 76-77, 275, 286, 355, 358, 414f., 418-421, 596, 599f., 635
Die Kurve (Tankred Dorst) 337
Die letzte Magd (Walter Gutkelch) 245
Die letzte Probe (Friedrich Wolf) 29, 260, 470
Die letzte Station (Erich Maria Remarque) 196, 206, 220, 351
Die letzte Stunde (Hans Lucke, Peter Korb) 277, 295, 311, 601

Die letzten Stunden von Maidanek (Alex Boeheim) 214
Die Liebe und der Tod (Wolfgang Martin Schede) 88, 190, 242, 252
Die Macht der Hölle (Ingeborg Drewitz) 230
Die Maßnahme (Bertolt Brecht) 383, 573, 577
Die Matrosen von Cattaro (Friedrich Wolf) 58, 89, 95
Die Maus in der Falle (Gustav von Wangenheim) 275, 281, 337, 594
Die Menschenfresser (Herbert Asmodi) 519
Die Mitschuldigen (Johann Wolfgang Goethe) 176
Die Monde des Jupiter (Reinhold Schneider) 364, 368
Die Moorbande (Horst Beseler) 315
Die Mücke und der Elefant (Wolfgang Altendorf) 233, 241, 507
Die Mutprobe (Marta Nawrath) 281, 294, 601
Die Mutter (Ingeborg Drewitz) 212, 461
Die Mutter (Heinz Hull) 145, 192
Die natürliche Tochter (Johann Wolfgang Goethe) 365
Die Nibelungen (Friedrich Hebbel) 362
Die Niederlage (Nordahl Grieg) 379
Die neue Stadt (Edwin Redslob) 195, 241, 243, 245
Die neue Zunft (Michel Becker) 242, 244
Die Paladine (Wilhelm Kohlhaas) 194f.
Die Perser (Aischylos) 169
Die Pest (Fred Denger) 190, 344
Die Physiker (Friedrich Dürrenmatt) 26, 397
Die Probe Jobs (Anton Zink) 245
Die Räuber (Friedrich Schiller) 139, 154f., 168f., 455, 474
Die Reisen des Glücksgotts (Bertolt Brecht) 378
Die Rosenbergs (Maximilian Scheer) 239, 291, 297, 642
Die russische Frage (Konstantin Simonow) 58, 63, 80
Die Schlacht bei Lobositz (Peter Hacks) 95, 274, 295, 298, 302-304, 312, 353, 355, 403, 421, 471
Die Schlacht von Harmagon (Friedrich Wolf) 527f.
Die schmutzigen Hände (Jean-Paul Sartre) 58, 63f.
Die Schreiber oder die ägyptische Finsternis (Eckart Peterich) 190, 195, 479
Die Schule der Diktatoren (Erich Kästner) 199, 207f., 238, 350, 485, 505
Die schwarze Madonna (Herbert Heinze, Armin Karl) 297
Die Seifenblase (Wolfgang Goetz) 444
Die seltsame Reise des Alois Fingerlein (Rainer Kerndl) 354f., 530
Die Sieger (Hasso Grabner) 287
Die Söhne der Bäuerin Li (Gertraude Röhricht) 278, 295, 315, 601
Die Söhne des Herrn Proteus (Peter Hirche) 9, 331, 369, 561
Die Sorgen und die Macht (Peter Hacks) 31, 34, 75f., 95, 276, 278, 283, 286-288, 295, 298, 315, 355, 357f., 396-405f., 409, 416, 472, 509f., 533, 596, 599f.
Die spanische Hochzeit (Günther Weisenborn) 518, 606
Die Spitzköpfe und die Rundköpfe (Bertolt Brecht) 183
Die Spur des dunklen Engels (Hans Henny Jahnn) 447f.
Die Stärkeren (Gerhard Fabian) 287, 296
Die sterblichen Götter (Joachim Knauth) 279, 293, 309, 496
Die Straße hinauf (Paul Herbert Freyer) 71, 285, 287, 592
Die Straße Nirgendwo (Heinz Friedrich) 189, 242, 246, 549, 551
Die Stühle des Herrn Szmil (Heinar Kipphardt) 292, 501f., 529, 534
Die Stunde der Antigone (Claus Hubalek) 194, 210, 609
Die Stunde der Unschuldigen (Günter Rudorf) 230, 251, 636, 638
Die Stunde Null (Friedrich Kolander) 338
Die Tabakstraße (Jack Kirkland) 532
Die Tage der Kommune (Bertolt Brecht) 15, 70, 344, 354, 375, 378-385, 387, 452, 462, 566, 568f., 573, 575, 610, 642
Die Talente (Werner Schilling) 450, 491
Die Tarnkappe (Reinhold Schneider) 360, 362f.
Die tödliche Lüge (Gerd Oelschlegel) 334, 549
Die tote Zeit (Klaus Herrmann) 206
Die Touristen (Stefan Andres) 352
Die Trauer der Altäa (Hans Schaarwächter) 459
Die Troerinnen (Mattias Braun) 194

Die Uhr schlägt eins (Carl Zuckmayer) 93, 226f., 539
Die Uhren (Wolfgang Hildesheimer) 323, 327
Die Umsiedlerin oder das Leben auf dem Lande (Heiner Müller) 17, 19, 34, 77, 192, 276-279, 315, 345, 354f., 358f., 396f., 412, 414f., 419-423, 438, 458, 463, 487f., 491, 508f., 583, 585, 599
Die Unterrichtsstunde (Eugène Ionesco) 123, 130, 319, 618
Die Verbündeten (Alfred Kantorowicz) 199, 213, 291, 295f., 314f., 355, 449
Die Verfolgung und Ermordung Jean Paul Marats dargestellt durch die Schauspielgruppe des Hospizes zu Charenton unter Anleitung des Herrn de Sade, *auch* Marat/Sade (Peter Weiss) 17, 91, 421
Die vergeblichen Schatten (Walter Gutkelch) 229, 248
Die Verschwörer (Wolfgang Graetz) 206
Die Verschwörung (Walter Erich Schäfer) 64, 206, 226
Die Verschwörung des Fiesco zu Genua (Friedrich Schiller) 167
Die Versicherung (Peter Weiss) 22, 36, 320, 336, 343f., 349f., 360, 453, 458, 634f.
Die Verspätung (Wolfgang Hildesheimer) 7, 8, 22, 323, 328f., 454, 457, 513, 626
Die Versuchsreihe K 7 (Gerhard Bengsch) 239, 297, 315, 633
Die vertauschten Brüder (Gustav von Wangenheim) 295
Die Verurteilung des Lukullus s. Das Verhör des Lukullus
Die Vögel ehren Aristophanes (Egon Vietta) 252, 258f., 481
Die Walewska (Anton Strambowski) 444
Die Wandlung (Ernst Toller) 343
Die Wandlung des Titus (Günter Rutenborn) 244, 459
Die Weber (Gerhart Hauptmann) 168
Die weisse Weste (Heinrich Spoerl) 235, 351f., 483, 557
Die Wiederkehr des Prometheus (Friedrich Leonhard Schäfer) 254
Die Zauberin von Buxtehude (Manfred Hausmann) 244f., 247f., 472f., 556
Die Zeit ist nahe (Rudolf Augstein) 194
Die Zoo-Geschichte (Edward Albee) 133
Die Zugewiesenen (Werner Wendland) 238
Die zwölfte Krankheit (Irmgard Schulz-Wienold) 294, 601
Diktator Bockelson (Hans Walter Leonhardt) 194, 200, 242, 252, 551
Dionysos (Inge Westphal) 372
Don Carlos (Friedrich Schiller) 93, 113-115, 133, 138f., 141-143, 167f., 173
Don Juan oder Die Liebe zur Geometrie (Max Frisch) 133, 182f.
Doña Rosita (García Lorca) 107
Dr. med. Hiob Prätorius (Curt Goetz) 87
Drachen steigen gegen den Wind (Fred Denger) 231
Draußen vor der Tür (Wolfgang Borchert) 1, 5, 22, 27f., 33, 64, 92, 209, 213, 216, 343, 352f, 425-429, 436, 473, 506, 546, 633, 635
Dreht euch nicht um (Hans-Joachim Haecker) 223, 344, 370f.
Drei Begebenheiten (Walter Gutkelch) 229
Drei ehrenwerte Herren (Günther Weisenborn) 607, 640
Dschungel (Boris Djacenko) 287, 315, 354
Du bist der Richtige (Gustav von Wangenheim) 281, 294, 491
Duell an der Havel (Fritz von Unruh) 194, 235
Durst (Günter Rutenborn) 228

Egmont (Johann Wolfgang Goethe) 56, 163, 166-168, 171-173
Eh' die Brücken verbrennen (Gert Weymann) 212, 221, 226
Ehe eine Ehe eine Ehe wird (Wolfgang Bättcher, Ilse Nürnberg) 279, 354, 491
Ehesache Lorenz (Berta Waterstradt) 278f.
Ehrengericht oder Der Tag ist noch nicht zu Ende (Manfred Richter) 278, 286
Eiche und Angora (Martin Walser) 229
Ein Abschied (Hans Pfeiffer) 239, 278, 295f., 600f.
Ein anderes Land (Hedwig Rohde) 88, 214f., 226, 240, 252
Ein Ballen Reis (Rose Meller) 208, 237
Ein guter Mensch (Ernst Klotz) 505
Ein Herz, wie mans braucht (Stefan Andres) 227, 348
Ein Inspektor kommt (John Priestley) 63
Ein jeder von uns (Hansjörg Schmitthenner) 190, 196, 209, 212f., 226, 233f., 237, 343, 347f., 637
Ein Mann, der lachen lernte (Peter S. Burg) 476

Ein Mann steht vor der Tür (Brigitte Reimann, Siegfried Pitschmann) 278f., 291f., 635
Ein Rest kehrt um (Friedrich Kolander) 221, 226, 241
Ein Schluck Erde (Heinrich Böll) 130, 191, 238, 426, 476
Ein Wegweiser (Helmut Baierl) 295, 315, 596, 601
Eine Festung wird erobert (Werner Wunder) 450, 601
Eine Tür geht auf (Hermann Rossmann) 226, 230
Einer von uns (Michael Mansfeld) 203, 210
Elektroden (Karl Grünberg) 282, 285, 294f.
Eli (Nelly Sachs) 616
Elisabeth und Essex (Hans Rehberg) 194, 197f., 460
En attendant Godot, dt. Warten auf Godot (Samuel Beckett) 8, 21, 130, 133, 144, 155, 158, 317f., 326, 337, 414, 437, 474, 518, 557, 575, 621, 626, 628f.
Ende und Anfang (Hermann Werner Kubsch) 227, 265, 278-280f., 295, 354
Entscheidungen (Heinar Kipphardt) 350
Eröffnung des indischen Zeitalters (Peter Hacks) 95, 298, 300-302, 355, 395-397, 471
Erzieher im Examen (Fred Reichwald) 278, 461
Erziehung der Hirse (Bertolt Brecht) 280
Es ist später als du denkst (Hans Friedrich Kühnelt) 238
Es war Mord, meine Herren Richter! (Heinz Becker-Trier) 199f., 459, 641
Esel schrein im Dunkeln s. Die Stühle des Herrn Szmil
Europa (Herbert Eulenberg) 194, 201, 516
Eurydice (Jean Anouilh) 253

Fanal (Hans Lucke) 314
Fatzer (Bertolt Brecht) 410-412, 420, 435, 437, 487, 577
Faust I (Johann Wolfgang Goethe) 23, 93, 115f., 139f., 170, 174, 238, 247, 265, 311, 328, 389, 444, 448, 450, 476, 514, 530
Faust II (Johann Wolfgang Goethe) 133, 191, 203, 256, 550
Ferner liefen mit... (F. Phoebus) 213, 451, 549
Die Feststellung (Helmut Baierl) 73
Feuer aus den Kesseln (Ernst Toller) 595
Feuer im Dorf (Peter Pons) 297
Feuersturm (Wilhelm Michael Mund) 88, 237, 242, 247, 636
Fidelio (Ludwig van Beethoven) 86, 171
Fin de partie, dt. Endspiel (Samuel Beckett) 8, 21, 133, 316f, 319, 457, 518, 618, 629, 634f.
Flacon Chanel. Brokat aus Frankreich (Paul Herbert Freyer) 490
Flandrisches Nocturno (Hermann E. Riemer) 229, 252
Flucht vor uns selber (Peter Martin Lampel) 194f., 252, 557-559, 637
Flucht zu Gott (Zdenko von Kraft) 248
François Cenodoxus (Artur Müller) 206f., 242, 244, 362
Frau Flinz (Helmut Baierl) 30, 95, 249, 275, 278f., 281, 289, 296, 337, 357, 422, 492-495, 596
Freiheit für Clemens (Tankred Dorst) 330f., 457, 622
Fünf Mann – ein Brot (Hermann Rossmann) 235
Fünfzehn Schnüre Geld (Günther Weisenborn) 606
Furcht und Elend des Dritten Reiches (Bertolt Brecht) 79, 89, 177, 416
Fußgänger der Luft (Eugène Ionesco) 130

Galgenstrick (Hans Hellmut Kirst) 206
Gebündelte Strahlen (Matthias Josef Weiss) 238
Gedenktag (Hans-Joachim Haecker) 208
Geh aus, mein Herz... (Albin Stuebs) 237
Gekados (Hans Breinlinger) 221
General Landt (Hedda Zinner) 212, 291, 496
Generationen (Gert Weymann) 73, 201, 231, 504
Gerichtstag (Julius Hay) 94, 225
Germania Tod in Berlin (Heiner Müller) 414
Geschichten um Marie Hedder (Gerhard Fabian) 285, 294
Geschlossene Gesellschaft (Jean-Paul Sartre) 196
Geschwader Fledermaus (Rolf Honold) 73, 228
Gesellschaft im Herbst (Tankred Dorst) 335, 514f., 623f.
Gespräch der Bediensteten im Palast des Agamemnon während dieser ermordet wird in der Küche (Heiner Müller) 194

Gespräche in Sybaris (Mechtilde Lichnowsky) 194, 459
Gladiolen, ein Tintenfaß und eine bunte Kuh (Helmut Baierl) 597
Glatteis (Hans Lucke) 280, 491
Glückliche Tage (Samuel Beckett) 133, 319
Godefroys (Rolf Schneider) 293f.
Goethe in Italien oder Die italiänische Reise (Egon Vietta) 481f., 632
Golden fließt der Stahl (Karl Grünberg) 278, 285, 287, 294, 297, 583
Gottes Utopia (Stefan Andres) 73, 245, 247, 342, 461, 467
Göttinger Kantate (Günther Weisenborn) 156, 642
Götz von Berlichingen (Johann Wolfgang Goethe) 167
Grabmal des unbekannten Soldaten (Paul Raynal) 94
Graf Öderland (Max Frisch) 93
Gyges und sein Ring (Friedrich Hebbel) 169

Hamlet (William Shakespeare) 117, 133, 139, 166, 171, 174, 203f., 328
Hamlet in Heidelberg (Hans Pfeiffer) 204, 226, 281, 291, 601, 638
Hände weg von Helena (Hans José Rehfisch) 192
Hans Stock (Bernd Holger Bonsels) 202
Haute surveillance, dt. Unter Aufsicht (Jean Genet) 330, 457
Heimkehr (Erwin Corhag) 246
Heimkehr (Kurt Langenbeck) 192, 234, 459, 516
Heimkehr (Ilse Langner) 148, 191, 210, 216, 226, 237, 252, 343
Heimkehr (Hans Spethmann) 226, 237, 347
Heimkehr ins Paradies (Peter Toussell) 240
Heimkehr – ohne anzuklopfen (Bernhard Zebrowski) 476, 550
Heinrich VII. (Hans Rehberg) 194, 197
Heinrich VIII. (Hermann Gressieker) 456
Heinrich VIII. oder Der Ketzerkönig (Joachim Knauth) 294, 308, 311, 452f., 462, 489, 495f., 507
Heinrich von Kleists Tod (Rudolf Jungnickel) 446
Heiße Eisen (Jochen Koeppel) 283, 286
Held im Ring. Festliches Requiem für Werner Seelenbinder (Heiner Müller) 225f.
Helena bleibt in Troja (Bernt von Heiseler) 194, 210
Herr der Welt (Alfred Bernhard) 193, 196, 228
Herr Glitsch wird es schaffen (Helmut Vogt) 65, 282, 294
Herr Puntila und sein Knecht Matti (Bertolt Brecht) 59, 81, 89, 177, 179, 355, 376, 566
Hier muß ein Mann ins Haus (Gustav von Wangenheim) 294
Hinter den Hügeln das Paradies (Heinz Gnade) 477
Hiob (Rolf Lauckner) 245
Hirse für die Achte (Bertolt Brecht) 592
Hochwasser (Günter Grass) 336, 430-434, 545, 622, 631
Hokuspokus (Curt Goetz) 87, 479
Höllenparade (Horst Lommer) 344, 477
Huis clos (Jean-Paul Sartre) 330, 457
Hunger? Hunger! (Fred Denger) 347, 460
Hunger und Durst (Eugène Ionesco) 130
Hydromin (Hans Mundorff) 91

Ich bin kein Napoleon (Wulf Leisner) 194, 226, 477
Ich komme aus Sibirien (Hermann E. Riemer) 212, 347
Ich selbst und kein Engel (Thomas Christoph Harlan) 223f., 260, 609f., 642
Ich war Hitlers Schnurrbart (Günter Neumann) 478
Ich war, Ich bin, Ich werde sein... (Stephan Hermlin, Helmut Schneider, Günther Cwoydrak, Friedrich Wolf) 592
Idomeneo (Wolfgang Amadeus Mozart) 120
Il servitore di due padroni, dt. Diener zweier Herren (Carlo Goldoni) 623
Im Haus des Riesen (Hermann Moers) 335f.
Im Himmlischen Garten (Harald Hauser) 284
Im Namen der Freiheit (Artur Müller) 207
Im Zeichen der Fische (Hans Baumann) 193, 197, 199, 251
Imperium (Friedrich Weigend) 242
In der Sache J. Robert Oppenheimer (Heinar Kipphardt) 160, 501, 642, 644f.
In letzter Instanz (Stephan Lackner) 192
Ingeborg (Curt Goetz) 87
Innozenz und Franziskus (Reinhold Schneider) 22, 363f., 367f., 473

Insel im Weltmeer (Heinz Paarmann) 65
Invitation au Château, dt. Einladung ins Schloß (Jean Anouilh) 191
Iphigeneia in Aulis (Hans Schwarz) 194, 253, 459, 516
Iphigenie (Hans Rehberg) 194
Iphigenie auf Tauris (Johann Wolfgang Goethe) 86, 93, 120, 166, 216, 235, 243, 252, 258
Iphigenie in Amerika (Egon Vietta) 189, 194, 217, 252, 258f, 555f.
Iphigenie in Argolis (Günter Rutenborn) 194, 243, 252
Iphigenie in Aulis (Günter Rutenborn) 194, 242f., 516
Iphigenie in Tauris (Günter Rutenborn) 194
Irkutsker Geschichte (Alexei Arbusow) 276

Jeb (Robert Ardrey) 57
Jeder geht seinen eigenen Weg (Wolfgang Altendorf) 190, 227, 237
Jedermann (Hugo von Hofmannsthal) 87
Jedermann 1948 (Willi Schäferdiek) 244
Jedes Jahr im Mai (Peter Bejach) 71
Jenseits (Walter Hasenclever) 5
Jenseits der Angst (Hans José Rehfisch) 239
Jenseits vom Paradies (Herbert Asmodi) 201, 333, 517
Johann Faustus (Hanns Eisler) 70
Josef und seine Brüder (Wolfgang Altendorf) 244
Josip und Joana (Rüdiger Syberberg) 73, 231, 244
Julius Cäsar (William Shakespeare) 143
Junge Liebe auf Besuch (Karl Wittlinger) 191, 477

Kabale und Liebe (Friedrich Schiller) 166, 173, 278
Kaffee aus Quantocosta (Rolf Meyer) 477
Kamerad Vasile (Herbert Horn) 287, 491, 601
Kampf um Erdöl (Günter Felkel) 71
Kampf um Helgoland (Peter Martin Lampel) 72, 314
Karl X. (Herbert G. Staargard) 194
Karl Marx (Paul Herbert Freyer) 312f.
Käthchen von Heilbronn (Heinrich von Kleist) 170
Katzgraben (Erwin Strittmatter) 95, 184f., 277f., 283, 354, 390, 392, 396, 472, 492, 526, 533, 563, 567-573, 576, 581-590, 598, 633
Kaution (Hans Lucke) 249, 291-293, 296f., 315
Keine Angst vor Morgen (Heinz Becker-Trier) 209, 226, 237, 240
Keine Fallen für Füchse (Claus Hubalek) 231, 480, 608
Keine Zeit für Heilige (Joachim Wichmann) 200, 222
Kennen Sie die Milchstraße? (Karl Wittlinger) 226, 506, 560
Kephalos und Prokris (Horst Lange) 254
Kibiw (Gerhard Traugott Buchholz) 476
Kinder des Schattens (Karl Wittlinger) 226, 477
King Lear, dt. König Lear (William Shakespeare) 173-176
Kippentütchen (Günter Prodöhl) 297
Kipper Paul Bauch (Volker Braun) 95, 354, 358
Klaus Störtebeker (Kuba) 75, 160f., 169, 281, 309
Kleist (Hans Rehberg) 194, 446
Klettwitzer Bericht 1958 (Heiner Müller, Hagen Mueller-Stahl) 76, 286f., 417, 594, 642
Kommando von links (Manfred Richter) 314, 596
Kommen und Gehen (Peter Podehl) 192, 240, 517f., 549
König Augias (Peter Hacks) 298
König Belsazar (Peter Hacks) 298
König für einen Tag (Joachim Kupsch) 294, 296, 315, 492
König Ödipus (Sophokles) 123, 125
König von Wunderland (Heinz Becker-Trier) 192, 476
Konzert an der Memel (Hans Breinlinger) 206, 209-211, 220f, 226, 641
Korczak und die Kinder (Erwin Sylvanus) 34, 73, 211, 220, 224, 553, 610, 637, 642
Kornblumen (Paul Herbert Freyer) 278, 281, 285, 294, 297, 354
Kranichtanz (Carl Zuckmayer) 539
Krapp's last Tape, dt. Das letzte Band (Samuel Beckett) 317
Kredit bei Nibelungen (Fritz Kuhn) 291, 508
Krieg in der Friedenstraße (E.R. Greulich) 266, 283, 294
Krieg und Frieden (Leo Tolstoi, Alfred Neumann/Erwin Piscator/Guntram

Prüfer) 133, 146, 148-153, 155f., 158f., 209, 228, 466, 595

L'ABC de notre vie (Jean Tardieu) 619
L'annonce faite à Marie (Paul Claudel) 367
Le balcon, dt. Der Balkon (Jean Genet) 316
L'engrenage (Jean-Paul Sartre) 146
L'invasion (Arthur Adamov) 319
La cantatrice chauve, dt. Die kahle Sängerin (Eugéne Ionseco) 8, 21, 241, 317, 319, 331, 557, 618, 620-622, 626
La fête noire (Jacques Audiberti) 626, 632
La Folle de Chaillot, dt. Die Irre von Chaillot (Jean Giraudoux) 81, 225, 336, 480, 623
La guerre de Troie n'aura pas lieu, dt. Der Trojanische Krieg findet nicht statt (Jean Giraudoux) 89, 94, 194, 196, 253, 473
La hobereaute (Jacques Audiberti) 632
La logeuse (Jacques Audiberti) 632
La politesse inutile (Jean Tardieu) 21
La soirée des proverbes, dt. Der Sprichwörterabend (Georges Schehadé) 616, 626
La sonate et les trois messieurs (Jean Tardieu) 619, 622, 626
La voix humaine (Jean Cocteau) 632
Landschaft mit Figuren (Wolfgang Hildesheimer) 322-324, 326
Lassalles Begegnung (Wolfgang Petztet) 207, 505
Laternenfest (Hans Pfeiffer) 239, 295, 461
Lazarus (Karl Wittlinger) 352
Le Bal des Voleurs (Jean Anouilh) 632
Le mal court (Jacques Audiberti) 21, 632
Le Meuble (Jean Tardieu) 326
Le père humilié (Paul Claudel) 256
Le personnage combattant ou Fortissimo (Jean Vauthier) 626, 630
Le Printemps 71 (Arthur Adamov) 15
Le professeur Taranne (Arthur Adamov) 626
Le soulier de satin, dt. Der seidene Schuh (Paul Claudel) 89, 256f., 366, 614
Le Voyageur sans Bagage, dt. Der Reisende ohne Gepäck (Jean Anouilh) 632
Leben des Einstein (Bertolt Brecht) 297, 308, 392, 564, 575, 577, 580
Leben des Galilei (Bertolt Brecht) 79, 137, 183, 239, 302, 338, 348, 354f., 364, 376, 385, 389-395, 448, 452, 458, 502, 525, 566, 575f.
Leicht bewölkt, vorwiegend heiter (Fritz Kuhn) 278, 287, 491
Leistungskontrolle (Hedda Zinner) 281
Leonce und Lena (Georg Büchner) 294
Les Chaises, dt. Die Stühle (Eugène Ionesco) 8, 327, 334, 512f., 619, 630
Les jeus sont faits (Jean-Paul Sartre) 550
Les justes, dt. Die Gerechten (Albert Camus) 212
Les Mouches, dt. Die Fliegen (Jean-Paul Sartre) 53, 58, 63, 79, 90, 97, 107-110, 112, 139, 194, 253, 342, 424, 637
Les parents terribles (Jean Cocteau) 632
Les Rhinocéros, dt. Die Nashörner (Eugène Ionesco) 93, 130, 319, 619
Licht im Fenster (Otto Rombach) 194, 237, 347, 358
Liebe zwischen den Fronten (Charlotte Kaufmann) 348
Lilith (Liselotte Lemp) 242
Lilith (Rüdiger Syberberg) 88, 242, 251f., 256f., 344, 347, 506, 613
Livre de Christophe Colomb (Paul Claudel) 256
Ljubow Jarowaja (Konstantin Trenjow) 168, 313
Luiza Lee (Günther Weisenborn) 224
Lützower (Hedda Zinner) 274, 277, 295, 312, 396
Luzifer (Carl Peters) 242
Lysiane (Richard Hey) 336, 480

Majestäten (Jean Anouilh) 135
Mann im Mond (Hermann Rossmann) 195
Männerquartett (Leonhard Frank) 211
Marat/Sade s. Die Verfolgung und Ermordung Jean Paul Marats dargestellt durch die Schauspielgruppe des Hospizes zu Charenton unter Anleitung des Herrn de Sade
Margaret oder das wahre Leben (Richard Hey) 485
Margarete in Aix (Peter Hacks) 397
Maria Magdalena (Friedrich Hebbel) 106f., 139
Maria Stuart (Friedrich Schiller) 86, 107, 109, 133
Marja (Ernst Walter Schmidt) 240
Marski (Hartmut Lange) 354, 399, 405, 407
Medée, dt. Medea (Jean Anouilh) 257, 561, 632

Meier Helmbrecht (Herrmann Mostar) 192, 195, 237
Mensch an der Wende (Kurt Werner Stolle) 226, 444
Menschen an der Grenze (Boris Djacenko) 260, 277-279, 291, 296, 314
Methusalem (Ivan Goll) 320
Meuterei auf der Caine (Herman Wouk) 133
Michael Jason (Ulrich Büchner) 206
Millionenschmidt (Horst Kleineidam) 286
Minna von Barnhelm (Gotthold Ephraim Lessing) 176
Mit der Zeit werden wir fertig (Gustav von Wangenheim) 271, 274, 278, 281, 292, 315, 491, 533, 595
Mohamed (Heinz Coubier) 347, 482f.
Mohrenwäsche (Herbert Asmodi) 153f., 486, 610f.
Monte Cassino (Egon Vietta) 118, 123, 252, 258f., 468, 556, 614f.
Mord an der Grenze (Rolf Guddat) 297
Moritz Tassow (Peter Hacks) 34, 289, 308, 345, 354-356, 359, 395, 397-399, 404-410, 420, 458, 472, 486f., 491, 512, 539, 546
Moses (Heinz Carwin) 245
Moses (Ingeborg Drewitz) 245
Mourning becomes Electra, dt. Trauer muß Elektra tragen (Eugene O'Neill) 21, 26, 63, 79, 89, 194, 241, 253, 460
Münchhausen (Klaus Eidam) 596
Müntzers Tod (Vilmoš Korn) 310
Murder in the Cathedral (T.S. Eliot) 81
Mutter Courage und ihre Kinder (Bertolt Brecht) 15, 52, 59, 62, 70, 78f., 89, 93, 95, 177-180, 184, 199, 376, 385, 492, 526, 563, 572, 577-579, 606, 608f.

Nach dem Sturm (Joan Carl Mewes) 200, 234, 237, 240
Nachsaison (Herbert Asmodi) 333f., 610, 623
Nachspiel zu den »Räubern« (Ernst Penzoldt) 233
Nächte des Zorns (Armand Salacrou) 63
Nachtlogis (Hans Pfeiffer) 240, 294, 297, 354
Nachtwache (Nelly Sachs) 616
Nacktes Gras (Alfred Matusche) 281, 314, 539f., 542-548
Napoleon Antropos (Heinar Kipphardt) 194, 213, 314, 528, 551f.
Napoleon muß nach Nürnberg (Roland Marwitz) 200, 211, 252
Narkose (Günter Felkel) 239, 295, 297, 315
Nathan der Weise (Gotthold Ephraim Lessing) 85f., 94, 119, 133, 166, 225
Nausikaa (Eckart Peterich) 516
Nazi-Dämmerung (Peter Martin Lampel) 29
Nein (Markus Scholz) 192, 199, 203f., 209f., 228, 242, 348, 353, 636
Nekrassow (Jean-Paul Sartre) 64
Neun Tage (Hans-Joachim Backhaus) 282, 296, 314, 601
Nitschewo, *auch* Spuk von Frankenhöh (Harald Hauser) 291, 315, 344, 497
Noch zehn Minuten bis Buffalo (Günter Grass) 9, 433, 454, 631
Nora oder ein Puppenheim (Henrik Ibsen) 107
Not und Erfüllung (Wolfgang Altendorf) 247
Nun singen sie wieder (Max Frisch) 94, 215

Oberst Chabert (Hans José Rehfisch) 194, 201, 226, 228
Oberst Kusmin (Tur/Scheinin) 95
Odysseus in Ithaka (Peter Peregrin) 22, 194, 212, 347, 371f., 484
Oedipe (André Gide) 253
Okay oder Die Unsterblichen (Ernst Wiechert) 194, 199f., 203f., 212f., 447, 478f.
Olympisches Zwischenspiel (Gerhard Klocké) 194, 476
Omphale (Peter Hacks) 397
Ondine (Jean Giraudoux) 79
Onkel, Onkel (Günter Grass) 432f., 631
Optimistische Tragödie (Wsewolod Wischnewski) 167, 313, 461
Orfeo (Christoph Willibald Gluck) 118
Orphée (Jean Cocteau) 253, 550, 632, 636
Orpheus (Bernd Holger Bonsels) 459, 516
Orpheustrilogie (Egon Vietta) 252, 257-259, 446, 467f., 555, 613f.
Othello (William Shakespeare) 167, 174
Our Town, dt. Unsere kleine Stadt (Thornton Wilder) 54, 57, 79, 82, 89, 93, 237, 374, 549f., 558

Panzerzug 14-69 (*Dramatisierung*) (Wsewolod Iwanow) 165
Pardon wird nicht gegeben (Herbert Asmodi) 36, 332f., 457, 485, 610, 623
Partisanen (Wolfgang Altendorf) 348

Pastorale oder die Zeit für Kakao (Wolfgang Hildesheimer) 323, 325f., 328
Pauken und Trompeten (Bertolt Brecht) 182
Paul im Glück (Herbert Horn) 491, 601
Peer Gynt (Henrik Ibsen) 126, 145
Penelope (Ernst Wolf Dröge) 194
Penelope wartet (Herbert Scheffler) 194, 253f.
Persephone (Bernd Holger Bonsels) 189, 240, 243
Peter Kiewe (Heinrich Goertz) 95, 206, 226, 237, 251, 344, 352, 518
Pflicht zur Sünde (Leopold Ahlsen) 231, 242-244, 246, 248, 342, 352, 467, 637
Philemon und Baukis (Leopold Ahlsen) 34, 234, 359, 635
Philoktet (Bernt von Heiseler) 194, 243, 516
Philoktet (Heiner Müller) 487
Ping Pong (Arthur Adamov) 326
Pique-nique en campagne (Fernando Arrabal) 429
Play, dt. Spiel (Samuel Beckett) 319
Prinz Friedrich von Homburg (Heinrich von Kleist) 56, 169
Professor Mamlock (Friedrich Wolf) 57, 62, 64, 89, 91, 94, 643
Prolet – Poet – Prophet (Roland Warsitz) 449, 559, 602
Prometheus (Carl Orff) 123
Prometheus II (Ingeborg Drewitz) 238, 253
Promethiden (Ernst Barnewold) 238
Prozeß Richard Waverly (Rolf Schneider) 239, 291, 297
Prozeß Wedding (Harald Hauser) 71, 296f., 315
Putsch in Paris (Herrmann Mostar) 194, 206, 252

Qui est là? (Jean Tardieu) 21
Quoat-Quoat (Jacques Audiberti) 21, 632

R VII (Rudolf Schneider-Schelde) 190, 234, 237, 347, 451
Raskolnikoff (Leopold Ahlsen) 244, 247, 633
Ravensbrücker Ballade (Hedda Zinner) 226
Reich Gottes auf Erden (Gerhard Traugott Buchholz) 238, 240, 242, 244, 636
Reise in die Unterwelt oder Der Retter der Eurydike s. Der göttliche Orpheus
Rembrandt (Hans Rehberg) 446
Requiem (Rolf Lauckner) 192, 196, 199
Revolte der Gefühle (Walter Gorrish) 240
Revolutionäre (Richard Hey) 483f.
Ricarda und Manfred (Ernst Horneffer) 516
Richard II. (William Shakespeare) 133
Richard III. (William Shakespeare) 584
Ritter Blaubart (Ludwig Tieck) 107
Robert und seine Brüder (Helmut Weiss) 236, 251
Robespierre (Romain Rolland) 168
Robespierre (Karl-Georg Fischer-Föbus) 207
Romeo und Julia (William Shakespeare) 230
Romeo und Julia in Berlin (Gerd Oelschlegel) 202, 230, 459, 635
Romulus der Große (Friedrich Dürrenmatt) 204, 345, 384
Rosa Luxemburg (Bertolt Brecht) 392
Rufer vor dem Tore (Karl-Georg Fischer-Föbus) 64, 206, 233, 242
Ruth (Leonhard Frank) 221f.

Salto mortale (Klaus Herrmann) 476
Satanische Komödie (Hans Lucke) 275, 280
Schatten eines Mädchens (Rainer Kerndl) 210, 293f.
Schiessbudenfiguren – ? (Kurt Bortfeld) 549
Schleuse (Wolfgang Altendorf) 73, 231, 233, 351, 551, 633, 636f.
Schuld sind die anderen (Hans Pfeiffer) 281
Schwarzer Jahrmarkt (Günter Neumann) 477f.
Schwestern (Stefan Andres) 245
Schweyk (Bertolt Brecht) 136, 228, 307
Schiff auf großer Fahrt (Paul Herbert Freyer) 281
Sechs Personen suchen einen Autor (Luigi Pirandello) 553
Seelenwanderung (Karl Wittlinger) 560, 633
Seit Adam und Eva (John Priestley) 68
Seneca und die goldenen Jahre (Hermann Gressieker) 193, 448, 461, 637
Senftenberger Erzählungen oder die Enteignung (Hartmut Lange) 276, 356f.
Shakespeare dringend gesucht (Heinar Kipphardt) 71, 249, 278, 292, 356, 451, 492, 494, 497-501, 531f.

Sieben Scheffel Salz (Brigitte Reimann, Siegfried Pietschmann) 279, 281, 287, 294, 601, 635
Signal Stalingrad (Günther Sauer) 88, 213, 226, 237
Sir Thomas (Karl-Georg Fischer-Föbus) 233, 235, 246
So fing es an! (Friedrich Wolf) 314
Sodome et Gomorrhe, dt. Sodom und Gomorrha (Jean Giraudoux) 79
Söhne (Heinrich Roßbacher) 202, 226
Sophonisbe (Helmuth Michaud) 459
Sperrzonen (Stefan Andres) 202, 207, 210, 222f., 293, 459, 465f., 554
Spiel ins Leben (Hedda Zinner) 278, 295
Spielregeln (Hermann Gressieker) 480
Sprengt den Teufelskreis (Horst Matchenz, Ekkehart Witzke) 519
Stadt ohne Brücke (Ingeborg Drewitz) 194, 346
Stalingrad (Claus Hubalek) 608, 641
Starkenburg (Wolfgang Altendorf) 199, 226, 242
Staub auf dem Paradies (Gerd Oelschlegel) 336
Stauffenberg (Karl Michel) 206, 642
Steine im Weg (Helmut Sakowski) 30, 277, 279, 284, 286, 294, 356, 633
Stienz (Hans-Günter Michelsen) 22, 125, 351
Strange Fruit (Lilian Smith) 57
Studentenkomödie s. Mit der Zeit werden wir fertig
Sturm (Wladimir N. Bill-Bjelozerkowski) 175, 313
Stürmischer Lebensabend (Leonid Rachmanow) 63, 94
Stützpunkt Trufanowo (Horst Enders) 227
Suddenly last Summer (Tennessee Williams) 460
Sylva (Max Monato) 348
Szenen gegen den Atomkrieg (Christoph Hamm) 239

Taillenweite (Hans Lucke) 491
Tanz durchs Labyrinth (Stefan Andres) 198, 216, 226, 234, 244f., 344, 516, 554f.
Tartüff (Molière) 176
Testflug B 29 (Nie wieder!) (Hermann Rossmann) 635
The Adding Machine (Elmar Rice) 550
The Dark is Light enough, dt. Das Dunkel ist Licht genug (Christopher Fry) 612
The Glass Menagerie, dt. Die Glasmenagerie (Tennessee Williams) 15, 89, 548
The Skin of our Teeths, dt. Wir sind noch einmal davongekommen (Thornton Wilder) 79, 89, 189, 195, 237, 242, 331, 431, 473, 550, 554, 556-558
Thersites und Helena (Horst Lommer) 194, 373
Thomas Adamsohn (Wolfgang Altendorf) 219f., 233, 237, 518
Thomas Chatterton (Hans Henny Jahnn) 340, 359, 446f., 459
Thomas Müntzer in Mühlhausen (Horst Ulrich Wendler) 71, 310
Thomas Münzer (Friedrich Wolf) 249, 278f., 281, 308, 310, 384, 521, 523, 525, 527f., 591
Thunder Rock, dt. Leuchtfeuer (Robert Ardrey) 79, 89, 550
Thymian und Drachentod (Richard Hey) 345, 348, 640f.
Tigerjagd (Herbert Asmodi) 610, 623
Till Eulenspiegel (Bernt von Heiseler) 207
Titanen (Hermann Rossmann) 424, 446, 461
Tödlicher Karneval (Frank Thiess) 194, 196, 251, 347, 358, 456, 483, 549
Toleranz (Gustav von Wangenheim) 294, 310
Tölpel-Hans und die gelehrten Brüder (Helmut Baierl) 597
Torquato Tasso (Johann Wolfgang Goethe) 145
Tomaten und Stahl (Hans-Otto Kilz) 287f., 491
Totenmesse (Ernst Wiechert) 242, 246
Totentanz (Marieluise Kaschnitz) 192, 246, 255, 344, 347
Totentanz (Johan August Strindberg) 327
Tous contre tous (Arthur Adamov) 319
Tragödie Stalingrad (Wolf-Fried) 203, 208, 246f., 460
Traktor (Heiner Müller) 412, 416
Treibgut (Thomas Engel) 200, 237, 518
Triumph des Todes oder Das große Massakerspiel (Eugène Ionesco) 130
Triumph in tausend Jahren (Peter Hirche) 73, 196f., 317, 345, 551, 636f.
Troilus und Cressida (William Shakespeare) 133
Tueur sans gages, dt. Mörder ohne Bezahlung (Eugène Ionesco) 97, 121, 317, 319, 339, 432, 512, 628

Turandot oder Der Kongreß der Weißwäscher (Bertolt Brecht) 194, 293, 313, 385-389, 566, 573, 575, 643

Ubu roi, dt. König Ubu (Alfred Jarry) 8, 316, 320
Ulla Winblad (Carl Zuckmayer) 93
Um den Menschen wird noch gekämpft... (Renate Uhl) 233, 253, 347
Und Zeus lächelt (Stefan Andres) 352, 484
Unio mystica – ein Spuk? (Ingeborg Drewitz) 198, 207, 217, 238, 253, 554
Unsere Großeltern nannten es – Liebe (Ingeborg Strudthoff) 252
Unsterbliche Flamme (Günter Felkel) 312, 449
Unterm Sternbild der Waage (Erwin Sylvanus) 199, 224f., 228, 424, 554
Urbanität (Carl Oskar Jatho) 246
Urfaust (Johann Wolfgang von Goethe) 203
Urfaust (Bertolt Brecht) 70, 179
Urian (Friedrich Karl Fromm) 244, 247, 451, 459
Urlaub mit Jumbo (Peter Henning) 279, 491

Van Gogh (Alfred Matusche) 546
Venezianisches Glas (Fritz Kuhn) 294
Verlorene Menschen (Wolfgang S. Müller) 214
Verrat in Rom (Hans José Rehfisch) 207
Victimes de devoir, dt. Opfer der Pflicht (Eugèn Ionesco) 121, 319, 351, 513
Victory-Day (Horst Enders) 315
Viel Lärm um nichts (William Shakespeare) 529
Virginia (Fritz Hochwälder) 146
Vom Teufel inszeniert (Manes Kadow) 252
Von Bergamo bis morgen früh (Dieter Waldmann) 93, 476, 624f.
Von Riesen und Menschen (Horst Kleineidam) 355
Vortrieb (Horst Salomon) 281, 296, 337

Wacht auf, Verdammte dieser Erde (Artur Müller) 228
Wallenstein (Hans Rehberg) 194
Wallenstein (Friedrich Schiller) 93, 167f.
Walküre-44 (Günther Weisenborn) 206
Wann kommen die Götter (Stefan Andres) 352
Was der Mensch säet (Friedrich Wolf) 71, 294, 521, 523f.
Was wäre, wenn - ? (Hedda Zinner) 295, 315
Watch on the Rhine, dt. Die Wacht am Rhein (Lillian Hellman) 55, 57
Weh dem, der nicht lügt (Richard Hey) 50, 336f., 506, 633
Weiberzwist und Liebeslist (Helmut Sakowski) 279, 286, 491
Weißes Blut (Harald Hauser) 239, 291, 600
Welche, von den Frauen? (Alfred Matusche) 308, 492, 542-548
Weltpassion (Georg Hermanowski) 242, 246, 472, 555
Wenn man Freunde hat...?! (Paul Herbert Freyer) 489f.
Wenn wir zusammenstehen... (Horst Ulrich Wendler) 296f.
Wer die Wahl hat (Joachim Knauth) 291, 294, 312f., 495f.
Wer leben will, muß tot sein... (Just Scheu, Ernst Nebhut) 479
Wie Blätter im Herbst (Alfred Mensak) 452
Wie Tiere des Waldes (Friedrich Wolf) 226, 228, 237, 252, 260, 278, 521, 527, 641
Wilhelm Tell (Friedrich Schiller) 56, 118, 167, 176, 325
Wilhelmus (Fritz von Unruh) 194, 206, 244
Winterschlacht (Johannes R. Becher) 168, 202, 204, 221, 227, 462
Wir, die wir im Aschengarten sind (Lotte Betke) 234
Wir heissen Euch hoffen (Fred Denger) 33, 57, 64, 88, 94, 226, 444
Wo ist der Weg? (Ilse Jung) 88, 237
Wolfszeit (Leopold Ahlsen) 231, 242
Woyzeck (Georg Büchner) 122, 169, 500
Wozzeck (Alban Berg) 81

Yorick der Narr! (Wolfgang Borchert) 427

Zagreb 1945 (Tilla Durieux) 212
Zar Alexander, *auch* Die Abrechnung (Reinhold Schneider) 360, 363, 367f.
Zehn Tage, die die Welt erschütterten (Heiner Müller, Hagen Mueller-Stahl, Inge Müller) 313, 413, 417, 594
Zeit der Schuldlosen (Siegfried Lenz) 208, 211f., 317, 348, 635
Zement (Peter Pons) 285, 287, 491, 601
...Zeppelin...Dora...0,52... (Ernst Drolinvaux) 228, 252

Zur Zeit der Distelblüte (Hermann Moers) 330
Zwei Ärzte (Hans Pfeiffer) 291, 297
Zwei Engel steigen aus (Günther Weisenborn) 607, 640
Zwei neue Handtücher (Heinrich Christian Meier) 216f., 252, 550, 558f., 636
Zwei rechts, zwei links (Karl Wittlinger) 191, 477
Zwei schwarze Mäuse (Dieter Waldmann) 334
Zwei Wege (Herbert Keller) 285
Zwei Worte töten (Erwin Sylvanus) 224, 553f.
Zweimal klingeln (Kurt Robert Neubert) 192, 235, 237, 476
Zweiunddreißig Zähne (Günter Grass) 435
Zwischenfall auf Norderney (Helmut Vogt) 277, 291, 295

Abbildungsverzeichnis

Abb. 1, S. 79	Günther Schoop: Das Zürcher Schauspielhaus im zweiten Weltkrieg. Zürich 1957, zwischen S. 80 und 81.
Abb. 2, S. 82	Stadtarchiv Zürich, VII. 200.: 11.1.1.1, Saison 1946/47.
Abb. 3, S. 84	Archiv Deutsches Theater Berlin.
Abb. 4, S. 85	Durch den eisernen Vorhang. Theater im geteilten Deutschland 1945 bis 1990. Hrsg. von Henning Rischbieter in Zusammenarbeit mit der Akademie der Künste. Berlin 1999, S. 12.
Abb. 5, S. 101	Gerhard Graubner: Theaterbau – Aufgabe und Planung. München 1968, S. 55.
Abb. 6, S. 102	Hannelore Schubert: Moderner Theaterbau. Internationale Situation • Dokumentation • Projekte • Bühnentechnik. Stuttgart/Bern 1971, S. 111.
Abb. 7, S. 103	Ebd., S. 169.
Abb. 8, S. 106	Das Theater des deutschen Regisseurs Jürgen Fehling. Hrsg. im Auftrag des Jürgen Fehling Archivs Joana Maria Gorvin von Gerhard Ahrens. Berlin [West] 1985, S. 221.
Abb. 9, S. 109	Ebd., S. 207.
Abb. 10, S. 110	Ebd., S. 211.
Abb. 11, S. 113	Theatermuseum Düsseldorf. Photo: Liselotte Strelow.
Abb. 12, S. 114	Durch den eisernen Vorhang. Theater im geteilten Deutschland 1945 bis 1990. Hrsg. von Henning Rischbieter in Zusammenarbeit mit der Akademie der Künste. Berlin 1999, S. 31.
Abb. 13, S. 115	100 Jahre Deutsches Schauspielhaus in Hamburg. [Hrsg. vom Zentrum für Theaterforschung der Universität Hamburg und vom Deutschen Schauspielhaus in Hamburg. Hamburg 1999, S. 113. (Schriftenreihe der Hamburgischen Kulturstiftung; 9).
Abb. 14, S. 116	Durch den eisernen Vorhang. Theater im geteilten Deutschland 1945 bis 1990. Hrsg. von Henning Rischbieter in Zusammenarbeit mit der Akademie der Künste. Berlin 1999, S. 26.
Abb. 15, S. 117	Hermann Kaiser: Vom Zeittheater zur Sellner-Bühne. Das Landestheater Darmstadt von 1933 bis 1960. Darmstadt 1961, S. 121.
Abb. 16, S. 118	Marco de Michelis: Heinrich Tessenow 1876-1950. Das architektonische Gesamtkunstwerk. Stuttgart 1991, S. 25.
Abb. 17, S. 119	Hermann Kaiser: Vom Zeittheater zur Sellner-Bühne. Das Landestheater Darmstadt von 1933 bis 1960. Darmstadt 1961, S. 118.
Abb. 18, S. 122	Ebd., S. 131.
Abb. 19, S. 122	Gustav Rudolf Sellner. Regisseur und Intendant 1905-1990. Eine Ausstellung der Theaterwissenschaftlichen Sammlung, Universität zu Köln in Zusammenarbeit mit dem Theatermuseum der Lan-

	deshauptstadt Düsseldorf, Dumont-Lindemann-Archiv, vom 21. April – 2. Juni 1996. [Hrsg. von Elmar Buck, Joachim Geil und Gerald Köhler.] Köln 1996, S. 28.
Abb. 20, S. 125	Zentrum für Theaterforschung/Hamburger Theatersammlung.
Abb. 21, S. 126	Hermann Kaiser. Vom Zeittheater zur Sellner-Bühne. Das Landestheater Darmstadt von 1933 bis 1960. Darmstadt 1961, S. 115.
Abb. 22, S. 140	Durch den eisernen Vorhang. Theater im geteilten Deutschland 1945 bis 1990. Hrsg. von Henning Rischbieter in Zusammenarbeit mit der Akademie der Künste. Berlin 1999, S. 74.
Abb. 23, S. 142	Peter Schütze: Fritz Kortner. Reinbek bei Hamburg 1994, S. 99 (rowohlts monographien).
Abb. 24, S. 143	Völker Klaus: Fritz Kortner. Schauspieler und Regisseur. Berlin ^{2}1993, S. 234.
Abb. 25, S. 144	Stadtarchiv München.
Abb. 26, S. 150	Erwin Piscator. Eine Arbeitsbiographie in 2 Bänden. Hrsg. von Knut Boeser und Renata Vatková. Bd. 2: Moskau – Paris – New York – Berlin 1931-1966. Berlin [West] 1986 (Stätten der Geschichte Berlins; 11), S. 148.
Abb. 27, S. 155	Ebd., S. 177.
Abb. 28, S. 161	Durch den eisernen Vorhang. Theater im geteilten Deutschland 1945 bis 1990. Hrsg. von Henning Rischbieter in Zusammenarbeit mit der Akademie der Künste. Berlin 1999, S. 64.
Abb. 29, S. 172	100 Jahre Deutsches Theater Berlin 1883-1983. Hrsg. von Michael Kuschnia. Berlin [Ost] 1983, S. 228.
Abb. 30, S. 175	Durch den eisernen Vorhang. Theater im geteilten Deutschland 1945 bis 1990. Hrsg. von Henning Rischbieter in Zusammenarbeit mit der Akademie der Künste. Berlin 1999, S. 87.
Abb. 31, S. 176	Archiv Deutsches Theater Berlin. Photo: Georg Meyer-Hanno.
Abb. 32, S. 178	Durch den eisernen Vorhang. Theater im geteilten Deutschland 1945 bis 1990. Hrsg. von Henning Rischbieter in Zusammenarbeit mit der Akademie der Künste. Berlin 1999, S. 36.
Abb. 33, S. 179	Ebd., S. 43.
Abb. 34, S. 181	Ebd., S. 35.
Abb. 35, S. 395	Archiv Deutsches Theater Berlin. Photo: Georg Meyer-Hanno.
Abb. 36, S. 586	Erwin Strittmatter. Eine Biographie in Bildern. Hrsg. von Eva Strittmatter und Günther Drommer. Berlin ^{2}2003, S. 88.
Abb. 36, S. 588	Ebd., S. 95.